REAL

R E A L O R I G I N A L

수능기출학력평가 7개년 모의고사

지구과학 I

Contents

※ 6월·9월 모의평가와 수능은 표기 명칭과 시행 연도가 다릅니다. 예 2025학년도 6월 모의평가는?
➡ 2024년도 6월에 시행!

수능 모의고사 전문 출판
입시플라이

교재의 구성과 특징

실전은 연습처럼! 연습은 실전처럼! 「리얼 오리지널」

수능 시험장에 가면 낯선 환경과 긴장감 때문에 실력을 제대로 발휘 못하는 경우가 많습니다. 실전 연습은 여러분의 실력이 됩니다.

01 실제 시험지와 똑같은 문제지

수능기출 [7개년] 모의고사는 **총 50회분의 문제가 수록되어 있으며, 실전과 동일하게 학습**할 수 있습니다.

❶ 리얼 오리지널 모의고사는 **실제 시험지의 크기와 느낌을 그대로 살려 실전과 동일한 조건 속에서 문제를 풀어** 볼 수 있습니다.

❷ 문제를 풀기 전에 먼저 **학습 체크표에 학습 날짜와 시간을 기록하고, [30분] 타이머를 작동해 실전처럼 풀어** 보십시오.

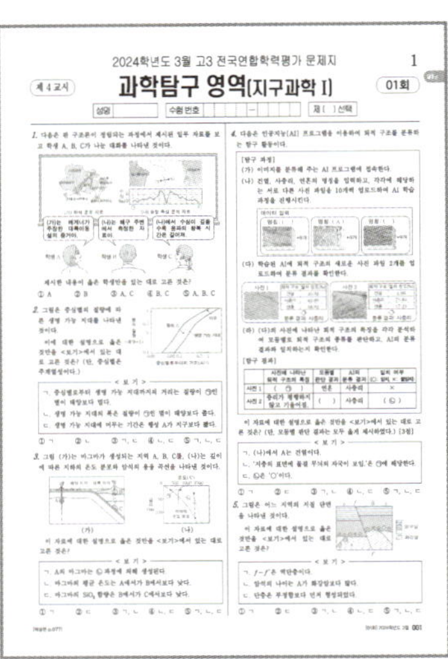

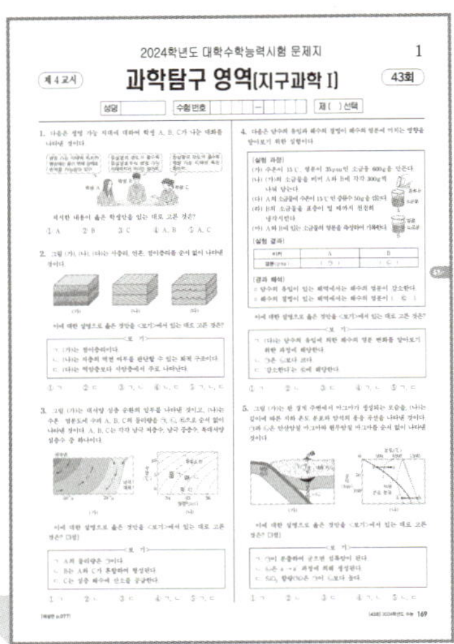

02 기출 문제집 [최다 회분] 50회

2015 교육과정에 맞는 **기출 우수 문항을 선별해 수록했고 기출 문제집 중 최다 회분을 수록**했습니다.

❶ **2015** 교육과정에 맞는 **수능기출 우수 문항을 선별 수록했으며 최신 5개년 기출 문제**도 모두 수록했습니다.

❷ 수능 기출 문제집 중 **가장 많은 총 50회분의 문제를 풀어 보면 상대적 우위와 함께 수능대비 실전 마무리**가 충분합니다.

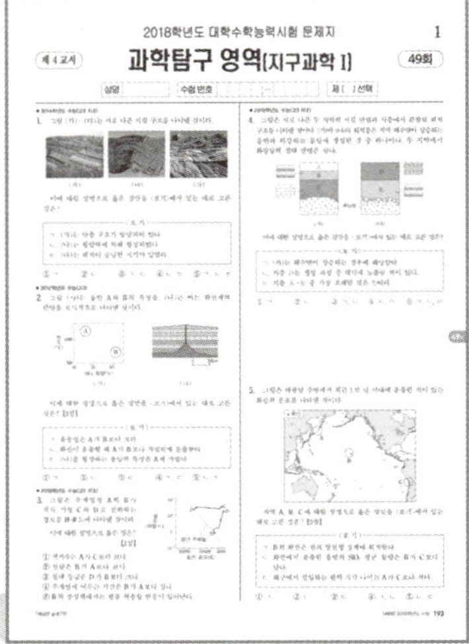

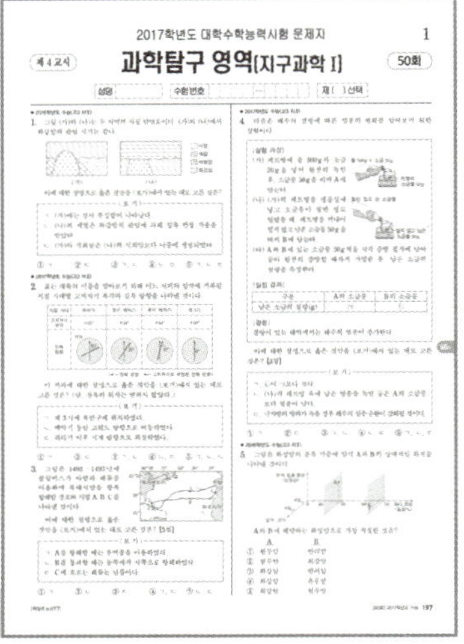

03 수능 시험+학력평가 대비

수능 시험 및 6월·9월 평가원 모의고사와 교육청에서 시행하는 전국연합 학력평가를 대비할 수 있습니다.

❶ 평가원 [6월, 9월] 모의평가와 수능시험을 대비해 **총 50회분 모의고사를 풀어 보면 실전에서 실력을 마음껏 발휘**할 수 있습니다.

❷ 1년에 4회 [3월, 5월, 7월, 10월] 시행되는 **전국연합 학력평가를 대비할 수 있으며, 내신도 동시에 대비**가 됩니다.

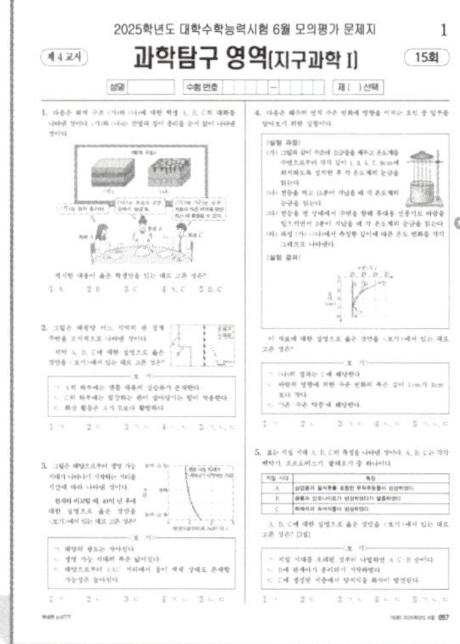

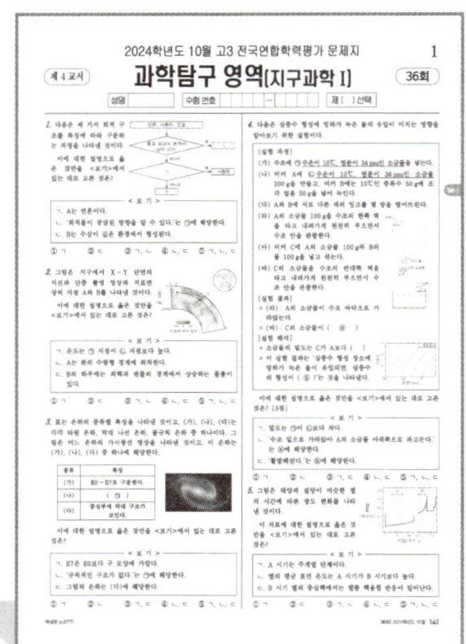

Structure & Features

★ 모의고사를 실전과 똑같이 풀어보면
내 실력과 점수는 반드시 올라갈 수밖에 없습니다.

04 등급 컷 & 명쾌한 해설 제공

자신의 등급을 바로 확인할 수 있는 등급 컷과 혼자서도 학습이 가능한 명쾌한 해설을 수록했습니다.

❶ 회차별로 등급 컷을 제공하므로 문제를 풀고 바로 자신의 실력을 확인할 수 있습니다.

❷ 혼자서도 학습이 충분하도록 왜 정답인지? 왜 오답인지? 명쾌한 해설을 수록해 답답함이 없습니다.

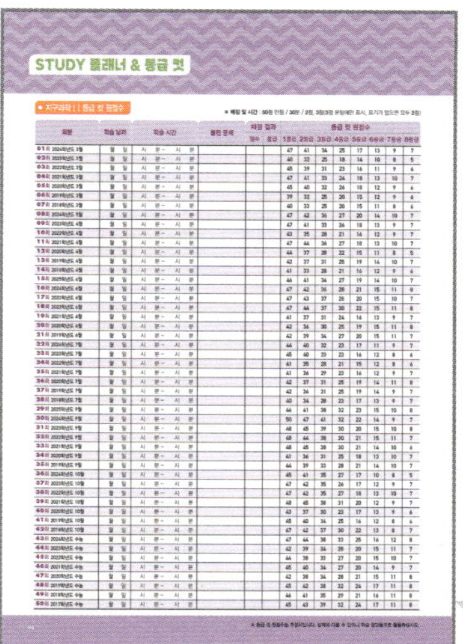

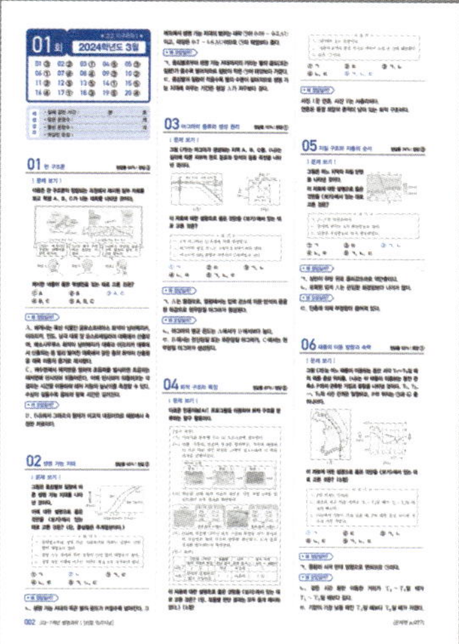

05 STUDY 플래너 & 정답률

학습 계획에 따라 **날짜와 시간 등을 기록할 수 있는 STUDY 플래너와 전 회분 [문항별] 정답률**을 제공합니다.

❶ 문제를 풀기 전 먼저 **STUDY 플래너에 학습 날짜, 시간, 등급을 표기하고 성적 변화를 체크하면서 학습**할 수 있습니다.

❷ 문항별로 정답률을 제공하므로 **문제의 난이도까지 파악할 수 있어 문제 풀이에 답답함 없는 학습**이 가능합니다.

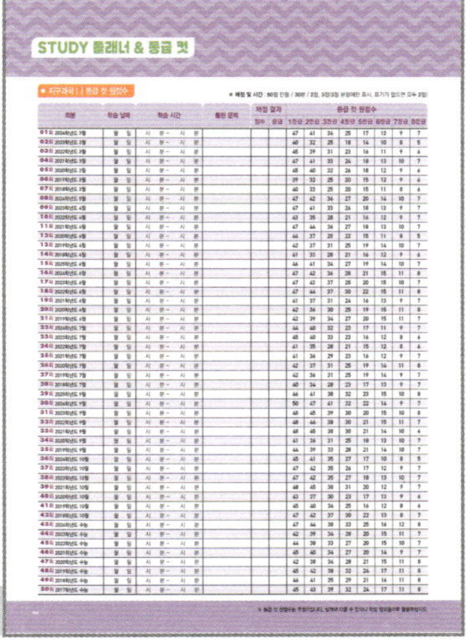

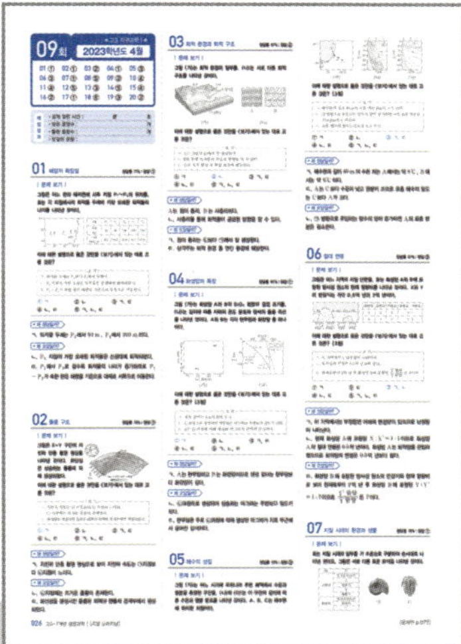

06 SPEED 정답 체크 표

문제를 푼 후 빠르게 **정답을 확인할 수 있는 [SPEED 정답] 체크표를 별지로 제공**합니다.

❶ 회차별로 문제를 푼 후 **빠르게 정답을 체크할 수 있는 SPEED 정답 체크표를 별지로 제공**합니다.

❷ **SPEED** 정답 체크표는 **[별지와 해설편]에 모두 수록되어 있고 정답 체크표는 오려서 책갈피로도 활용**할 수 있습니다.

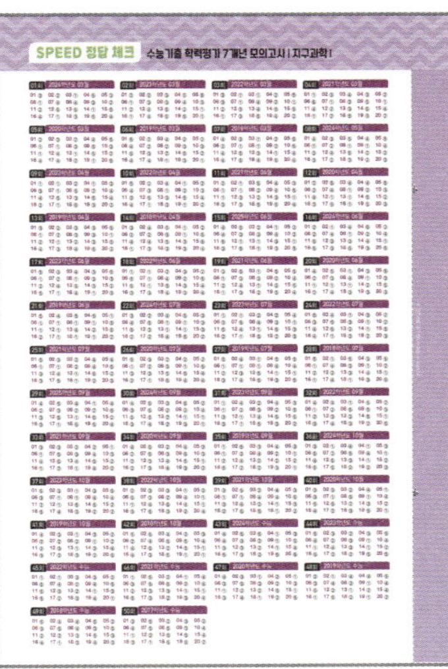

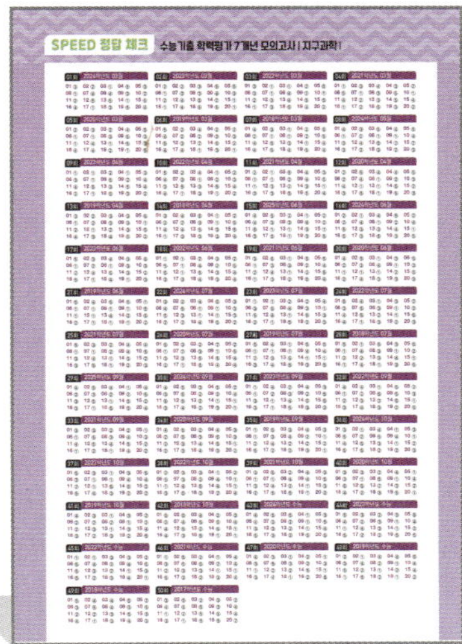

STUDY 플래너 & 등급 컷

● 지구과학 I | 등급 컷 원점수

※ 배점 및 시간 : 50점 만점 / 30분 / 2점, 3점(3점 문항에만 표시, 표기가 없으면 모두 2점)

회분	학습 날짜	학습 시간	틀린 문제	채점 결과		등급 컷 원점수							
				점수	등급	1등급	2등급	3등급	4등급	5등급	6등급	7등급	8등급
01회 2024학년도 3월	월 일	시 분 ~ 시 분				47	41	34	25	17	13	9	7
02회 2023학년도 3월	월 일	시 분 ~ 시 분				40	32	25	18	14	10	8	5
03회 2022학년도 3월	월 일	시 분 ~ 시 분				45	39	31	23	16	11	9	6
04회 2021학년도 3월	월 일	시 분 ~ 시 분				47	41	33	24	18	13	10	7
05회 2020학년도 3월	월 일	시 분 ~ 시 분				45	40	32	26	18	12	9	6
06회 2019학년도 3월	월 일	시 분 ~ 시 분				39	32	25	20	15	12	9	6
07회 2018학년도 3월	월 일	시 분 ~ 시 분				40	33	25	20	15	11	8	6
08회 2024학년도 5월	월 일	시 분 ~ 시 분				47	42	36	27	20	14	10	7
09회 2023학년도 4월	월 일	시 분 ~ 시 분				47	41	33	26	18	13	9	7
10회 2022학년도 4월	월 일	시 분 ~ 시 분				43	35	28	21	16	12	9	7
11회 2021학년도 4월	월 일	시 분 ~ 시 분				47	44	36	27	18	13	10	7
12회 2020학년도 4월	월 일	시 분 ~ 시 분				44	37	28	22	15	11	8	5
13회 2019학년도 4월	월 일	시 분 ~ 시 분				42	37	31	25	19	14	10	7
14회 2018학년도 4월	월 일	시 분 ~ 시 분				41	33	28	21	16	12	9	6
15회 2025학년도 6월	월 일	시 분 ~ 시 분				46	41	34	27	19	14	10	7
16회 2024학년도 6월	월 일	시 분 ~ 시 분				47	42	36	28	21	15	11	8
17회 2023학년도 6월	월 일	시 분 ~ 시 분				47	43	37	28	20	15	10	7
18회 2022학년도 6월	월 일	시 분 ~ 시 분				47	44	37	30	22	15	11	8
19회 2021학년도 6월	월 일	시 분 ~ 시 분				41	37	31	24	16	13	9	7
20회 2020학년도 6월	월 일	시 분 ~ 시 분				42	36	30	25	19	15	11	8
21회 2019학년도 6월	월 일	시 분 ~ 시 분				42	39	34	27	20	15	11	7
22회 2024학년도 7월	월 일	시 분 ~ 시 분				44	40	32	23	17	11	9	7
23회 2023학년도 7월	월 일	시 분 ~ 시 분				45	40	33	23	16	12	8	6
24회 2022학년도 7월	월 일	시 분 ~ 시 분				41	35	28	21	15	12	8	6
25회 2021학년도 7월	월 일	시 분 ~ 시 분				41	36	29	23	16	12	9	7
26회 2020학년도 7월	월 일	시 분 ~ 시 분				42	37	31	25	19	14	11	8
27회 2019학년도 7월	월 일	시 분 ~ 시 분				42	36	31	25	19	14	9	7
28회 2018학년도 7월	월 일	시 분 ~ 시 분				40	34	28	23	17	13	9	7
29회 2025학년도 9월	월 일	시 분 ~ 시 분				46	41	38	32	23	15	10	8
30회 2024학년도 9월	월 일	시 분 ~ 시 분				50	47	41	32	22	14	9	7
31회 2023학년도 9월	월 일	시 분 ~ 시 분				48	45	39	30	20	15	10	8
32회 2022학년도 9월	월 일	시 분 ~ 시 분				48	44	38	30	21	15	11	7
33회 2021학년도 9월	월 일	시 분 ~ 시 분				48	45	38	30	21	14	10	6
34회 2020학년도 9월	월 일	시 분 ~ 시 분				41	36	31	25	18	13	10	7
35회 2019학년도 9월	월 일	시 분 ~ 시 분				44	39	33	28	21	14	10	7
36회 2024학년도 10월	월 일	시 분 ~ 시 분				45	41	35	27	17	10	8	5
37회 2023학년도 10월	월 일	시 분 ~ 시 분				47	42	35	26	17	12	9	7
38회 2022학년도 10월	월 일	시 분 ~ 시 분				47	42	35	27	18	13	10	7
39회 2021학년도 10월	월 일	시 분 ~ 시 분				48	45	38	31	20	12	9	7
40회 2020학년도 10월	월 일	시 분 ~ 시 분				43	37	30	23	17	13	9	6
41회 2019학년도 10월	월 일	시 분 ~ 시 분				45	40	34	25	16	12	8	6
42회 2018학년도 10월	월 일	시 분 ~ 시 분				47	42	37	30	22	13	8	7
43회 2024학년도 수능	월 일	시 분 ~ 시 분				47	44	38	33	25	16	12	8
44회 2023학년도 수능	월 일	시 분 ~ 시 분				42	39	34	28	20	15	11	7
45회 2022학년도 수능	월 일	시 분 ~ 시 분				44	38	33	27	20	15	10	7
46회 2021학년도 수능	월 일	시 분 ~ 시 분				45	40	34	27	20	14	9	7
47회 2020학년도 수능	월 일	시 분 ~ 시 분				42	38	34	28	21	15	11	8
48회 2019학년도 수능	월 일	시 분 ~ 시 분				45	42	38	32	24	17	11	8
49회 2018학년도 수능	월 일	시 분 ~ 시 분				46	41	35	29	21	16	11	8
50회 2017학년도 수능	월 일	시 분 ~ 시 분				45	43	39	32	24	17	11	8

※ 등급 컷 원점수는 추정치입니다. 실제와 다를 수 있으니 학습 참고용으로 활용하십시오.

제 4 교시

과학탐구 영역(지구과학 I)

01회

성명		수험 번호		제〔 〕선택

1. 다음은 판 구조론이 정립되는 과정에서 제시된 일부 자료를 보고 학생 A, B, C가 나눈 대화를 나타낸 것이다.

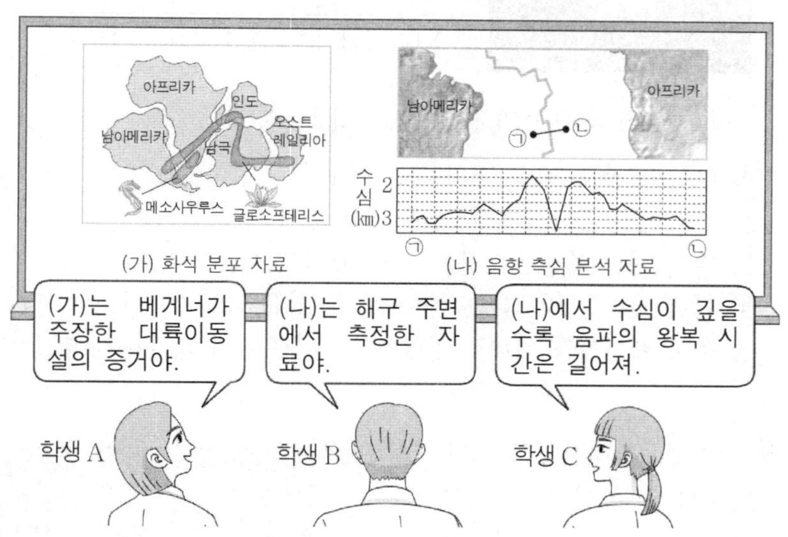

제시한 내용이 옳은 학생만을 있는 대로 고른 것은?

① A ② B ③ A, C ④ B, C ⑤ A, B, C

2. 그림은 중심별의 질량에 따른 생명 가능 지대를 나타낸 것이다.

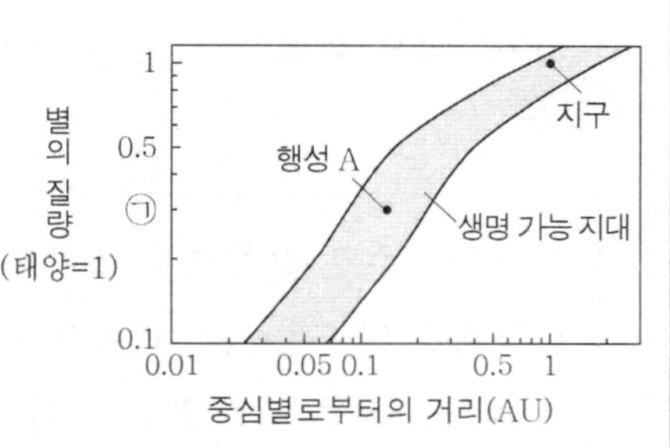

이에 대한 설명으로 옳은 것만을 <보기>에서 있는 대로 고른 것은? (단, 중심별은 주계열성이다.)

< 보 기 >

ㄱ. 중심별로부터 생명 가능 지대까지의 거리는 질량이 ㉠인 별이 태양보다 멀다.

ㄴ. 생명 가능 지대의 폭은 질량이 ㉠인 별이 태양보다 좁다.

ㄷ. 생명 가능 지대에 머무는 기간은 행성 A가 지구보다 짧다.

① ㄱ ② ㄴ ③ ㄱ, ㄷ ④ ㄴ, ㄷ ⑤ ㄱ, ㄴ, ㄷ

3. 그림 (가)는 마그마가 생성되는 지역 A, B, C를, (나)는 깊이에 따른 지하의 온도 분포와 암석의 용융 곡선을 나타낸 것이다.

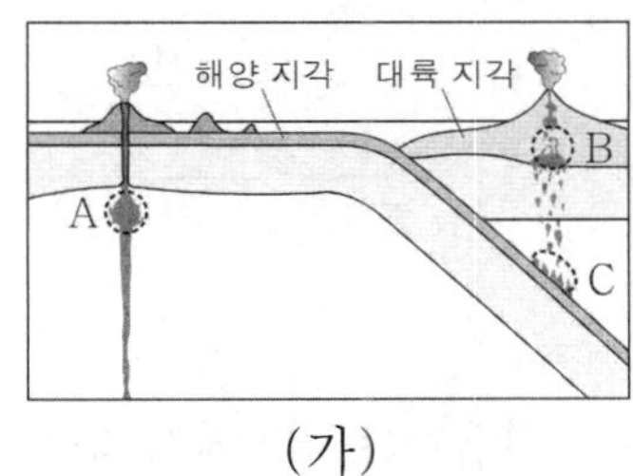

(가)

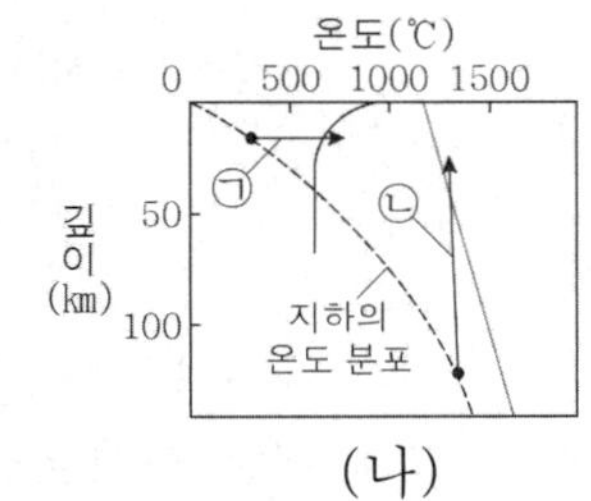

(나)

이 자료에 대한 설명으로 옳은 것만을 <보기>에서 있는 대로 고른 것은?

< 보 기 >

ㄱ. A의 마그마는 ㉡ 과정에 의해 생성된다.

ㄴ. 마그마의 평균 온도는 A에서가 B에서보다 낮다.

ㄷ. 마그마의 SiO_2 함량은 B에서가 C에서보다 낮다.

① ㄱ ② ㄷ ③ ㄱ, ㄴ ④ ㄴ, ㄷ ⑤ ㄱ, ㄴ, ㄷ

4. 다음은 인공지능[AI] 프로그램을 이용하여 퇴적 구조를 분류하는 탐구 활동이다.

[탐구 과정]

(가) 이미지를 분류해 주는 AI 프로그램에 접속한다.

(나) 건열, 사층리, 연흔의 명칭을 입력하고, 각각에 해당하는 서로 다른 사진 파일을 10개씩 업로드하여 AI 학습 과정을 진행시킨다.

데이터 입력

명칭: ( ) +9개 | 명칭: (A) +9개 | 명칭: ( ) +9개

(다) 학습된 AI에 퇴적 구조의 새로운 사진 파일 2개를 업로드하여 분류 결과를 확인한다.

사진 1

퇴적 구조	일치 정도(%)
건열	20.32
사층리	40.86
연흔	38.82

분류 결과: 사층리

사진 2

퇴적 구조	일치 정도(%)
건열	2.96
사층리	79.83
연흔	17.21

분류 결과: 사층리

(라) (다)의 사진에 나타난 퇴적 구조의 특징을 각각 분석하여 모둠별로 퇴적 구조의 종류를 판단하고, AI의 분류 결과와 일치하는지 확인한다.

[탐구 결과]

	사진에 나타난 퇴적 구조의 특징	모둠별 판단 결과	AI의 분류 결과	일치 여부 (○: 일치, ×: 불일치)
사진 1	(㉠)	연흔	사층리	×
사진 2	층리가 평행하지 않고 기울어짐.	( )	사층리	(㉡)

이 자료에 대한 설명으로 옳은 것만을 <보기>에서 있는 대로 고른 것은? (단, 모둠별 판단 결과는 모두 옳게 제시하였다.) [3점]

< 보 기 >

ㄱ. (나)에서 A는 건열이다.

ㄴ. '지층의 표면에 물결 무늬의 자국이 보임.'은 ㉠에 해당한다.

ㄷ. ㉡은 '○'이다.

① ㄱ ② ㄷ ③ ㄱ, ㄴ ④ ㄴ, ㄷ ⑤ ㄱ, ㄴ, ㄷ

5. 그림은 어느 지역의 지질 단면을 나타낸 것이다.

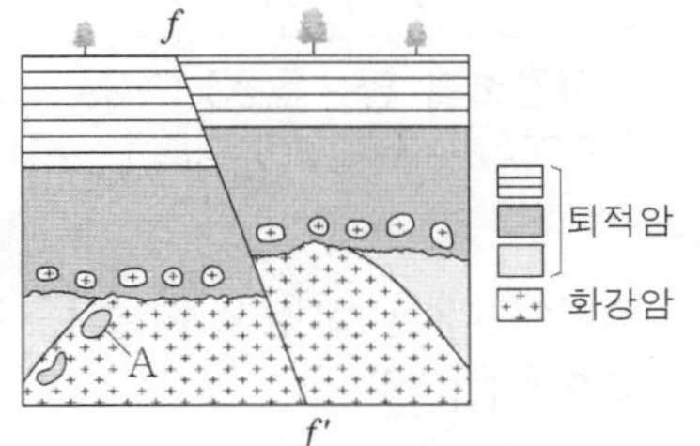

이 자료에 대한 설명으로 옳은 것만을 <보기>에서 있는 대로 고른 것은?

< 보 기 >

ㄱ. $f-f'$은 역단층이다.

ㄴ. 암석의 나이는 A가 화강암보다 많다.

ㄷ. 단층은 부정합보다 먼저 형성되었다.

① ㄱ ② ㄷ ③ ㄱ, ㄴ ④ ㄴ, ㄷ ⑤ ㄱ, ㄴ, ㄷ

[해설편 p.002]

6. 그림 (가)는 어느 태풍이 이동하는 동안 시각 $T_1 \sim T_9$일 때의 태풍 중심 위치를, (나)는 이 태풍이 이동하는 동안 관측소 P에서 관측한 기압과 풍향을 나타낸 것이다. T_1, T_2, ⋯, T_9의 시간 간격은 일정하고, P의 위치는 ㉠과 ㉡ 중 하나이다.

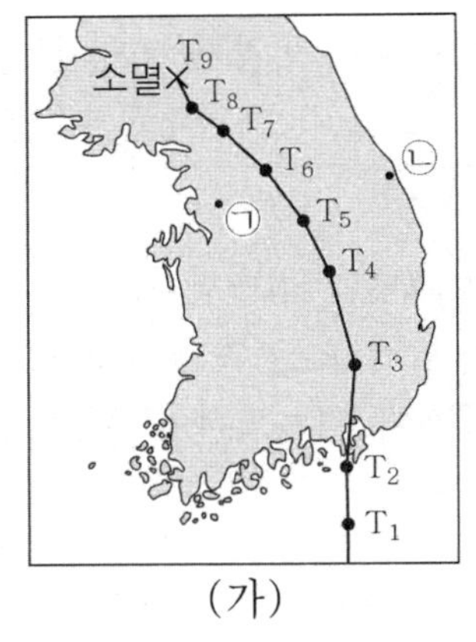

(가)

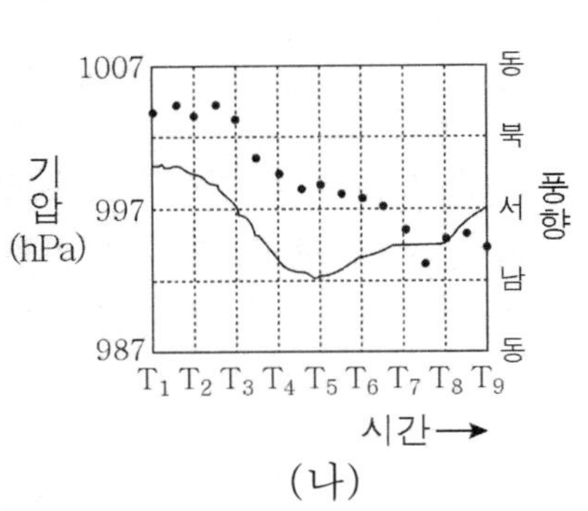

(나)

이 자료에 대한 설명으로 옳은 것만을 <보기>에서 있는 대로 고른 것은? [3점]

< 보 기 >

ㄱ. P의 위치는 ㉠이다.

ㄴ. 태풍의 평균 이동 속력은 $T_1 \sim T_2$일 때가 $T_3 \sim T_4$일 때보다 빠르다.

ㄷ. (나)에서 기압이 가장 낮을 때, P와 태풍 중심 사이의 거리가 가장 가깝다.

① ㄱ ② ㄷ ③ ㄱ, ㄴ ④ ㄴ, ㄷ ⑤ ㄱ, ㄴ, ㄷ

7. 표는 화성암 A, B에 포함된 방사성 원소 X와 X의 자원소 양을, 그림은 시간에 따른 $\frac{\text{자원소의 양}}{\text{X의 처음 양}}$을 나타낸 것이다. 암석에 포함된 자원소는 모두 암석이 생성된 후부터 X가 붕괴하여 생성되었으며, 'X의 처음 양 = X의 양 + 자원소의 양'이다.

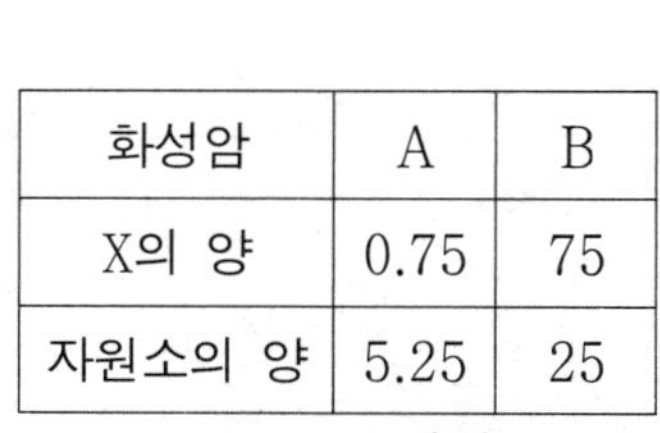

화성암	A	B
X의 양	0.75	75
자원소의 양	5.25	25

(단위 : ppm)

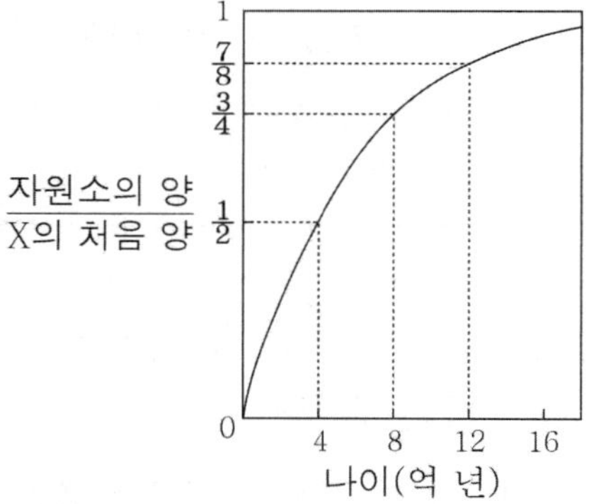

이에 대한 설명으로 옳은 것만을 <보기>에서 있는 대로 고른 것은? [3점]

< 보 기 >

ㄱ. X의 반감기는 8억 년이다.

ㄴ. A에 포함된 X는 세 번의 반감기를 거쳤다.

ㄷ. 암석의 나이는 A가 B보다 많다.

① ㄱ ② ㄴ ③ ㄱ, ㄷ ④ ㄴ, ㄷ ⑤ ㄱ, ㄴ, ㄷ

8. 그림은 지구로부터 거리가 같은 별 (가)와 (나)의 가시광선 영상을, 표는 (가)와 (나)의 물리량을 각각 나타낸 것이다. (가)와 (나)는 각각 주계열성과 백색 왜성 중 하나이다.

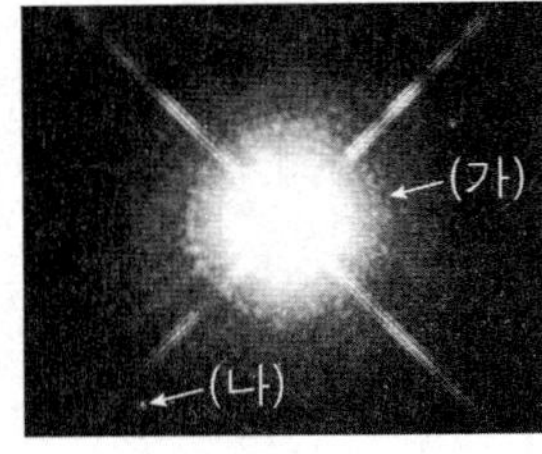

	(가)	(나)
분광형	A1	B1
절대 등급	1.5	11.3

이 자료에 대한 설명으로 옳은 것은? [3점]

① (나)의 광도 계급은 태양과 같다.
② 겉보기 등급은 (가)가 (나)보다 크다.
③ 별의 평균 밀도는 (가)가 (나)보다 크다.
④ 단위 시간당 방출하는 복사 에너지양은 (가)가 (나)보다 많다.
⑤ 복사 에너지를 최대로 방출하는 파장은 (가)가 (나)보다 짧다.

9. 그림은 남대서양의 수괴 A, B, C와 염분 분포를 나타낸 것이다. A, B, C는 각각 남극 저층수, 남극 중층수, 북대서양 심층수 중 하나이다.

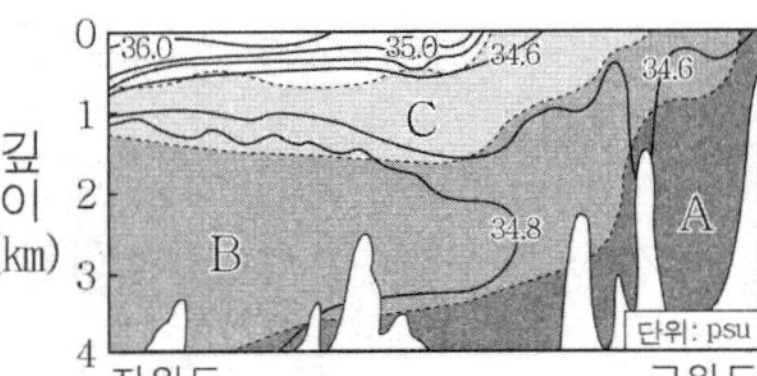

이에 대한 설명으로 옳은 것만을 <보기>에서 있는 대로 고른 것은?

< 보 기 >

ㄱ. A는 주로 북쪽으로 흐른다.

ㄴ. 평균 밀도는 A가 C보다 크다.

ㄷ. 평균 이동 속력은 B가 표층 해류보다 빠르다.

① ㄴ ② ㄷ ③ ㄱ, ㄴ ④ ㄱ, ㄷ ⑤ ㄴ, ㄷ

10. 그림 (가)는 수소 핵융합 반응 ㉠과 ㉡을, (나)는 현재 태양의 중심으로부터의 거리에 따른 수소와 헬륨의 질량비를 나타낸 것이다. ㉠과 ㉡은 각각 p-p 반응과 CNO 순환 반응 중 하나이다.

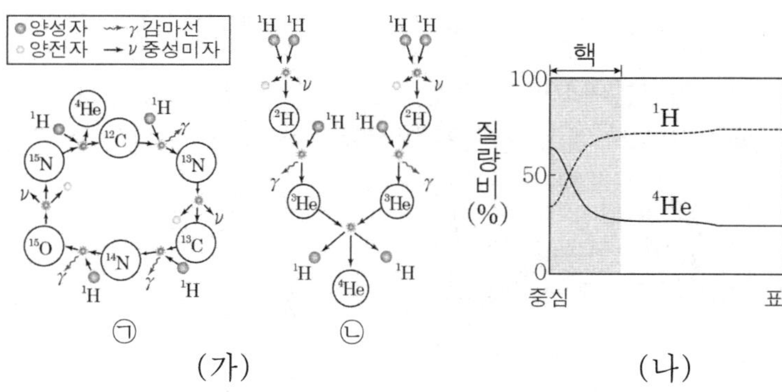

이 자료에 대한 설명으로 옳은 것만을 <보기>에서 있는 대로 고른 것은?

< 보 기 >

ㄱ. ㉠은 p-p 반응이다.

ㄴ. 태양의 핵에서는 ㉠이 ㉡보다 우세하게 일어난다.

ㄷ. 태양의 핵에서 헬륨(^{4}He)의 평균 질량비는 주계열 단계가 끝날 때가 현재보다 클 것이다.

① ㄴ ② ㄷ ③ ㄱ, ㄴ ④ ㄱ, ㄷ ⑤ ㄴ, ㄷ

[해설편 p.002]

11. 그림은 어느 날 특정 시각의 온대 저기압 모습과 구간 A, B, C에서 관측한 기상 요소를 나타낸 것이다.

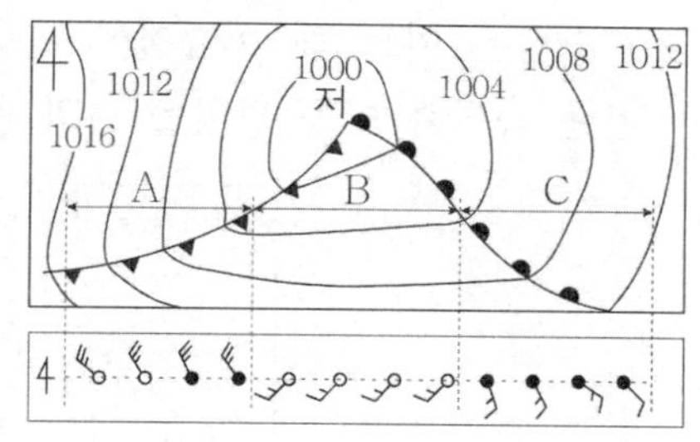

이 자료에 대한 설명으로 옳은 것만을 <보기>에서 있는 대로 고른 것은?

< 보 기 >

ㄱ. 평균 기온은 A가 B보다 높다.
ㄴ. 평균 풍속은 A가 C보다 느리다.
ㄷ. 구름의 수평 분포 범위는 A가 C보다 좁다.

① ㄴ ② ㄷ ③ ㄱ, ㄴ ④ ㄱ, ㄷ ⑤ ㄱ, ㄴ, ㄷ

12. 그림 (가)는 어느 은하의 가시광선 영상을, (나)는 (가)와 종류가 다른 은하의 가시광선 영상과 전파 영상을 나타낸 것이다.

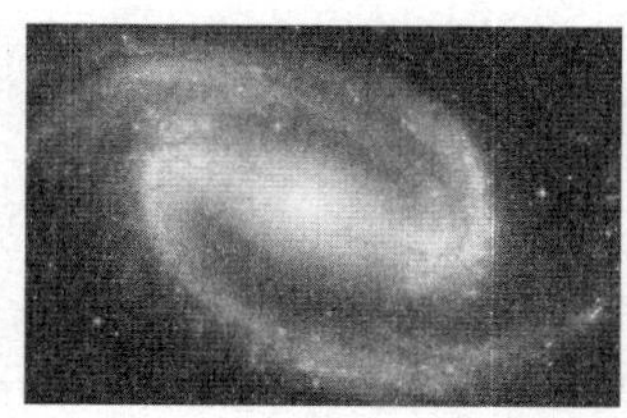

가시광선 영상
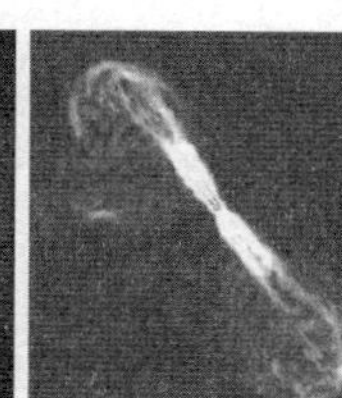
전파 영상

(가) (나)

이에 대한 설명으로 옳은 것만을 <보기>에서 있는 대로 고른 것은?

< 보 기 >

ㄱ. (가)에서는 막대 구조가 관찰된다.
ㄴ. (나)의 전파 영상에서는 제트가 관찰된다.
ㄷ. 새로운 별의 생성은 (가)에서가 (나)에서보다 활발하다.

① ㄱ ② ㄷ ③ ㄱ, ㄴ ④ ㄴ, ㄷ ⑤ ㄱ, ㄴ, ㄷ

13. 그림 (가)는 어느 우주 모형에서 시간에 따른 우주의 크기 변화를, (나)는 현재 우주 구성 요소의 비율을 나타낸 것이다. A, B, C는 각각 암흑 물질, 암흑 에너지, 보통 물질 중 하나이다.

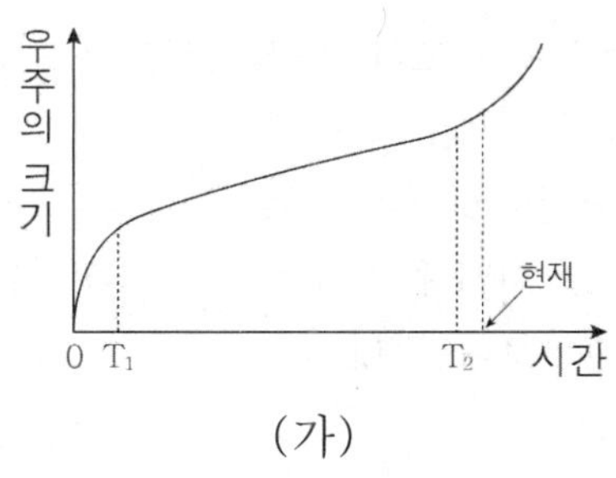

(가)

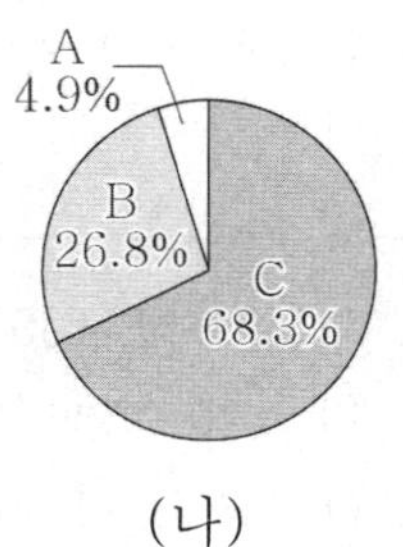

(나)

이에 대한 설명으로 옳은 것만을 <보기>에서 있는 대로 고른 것은? [3점]

< 보 기 >

ㄱ. 우주의 평균 온도는 T_1 시기가 T_2 시기보다 높다.
ㄴ. T_1 시기에 우주는 감속 팽창했다.
ㄷ. $\frac{(A+B)\text{의 비율}}{C\text{의 비율}}$은 T_1 시기가 T_2 시기보다 크다.

① ㄱ ② ㄷ ③ ㄱ, ㄴ ④ ㄴ, ㄷ ⑤ ㄱ, ㄴ, ㄷ

14. 그림 (가)는 어느 해역에서의 수심에 따른 밀도, 수온, 염분을, (나)는 (가)의 자료를 수온－염분도에 나타낸 것이다.

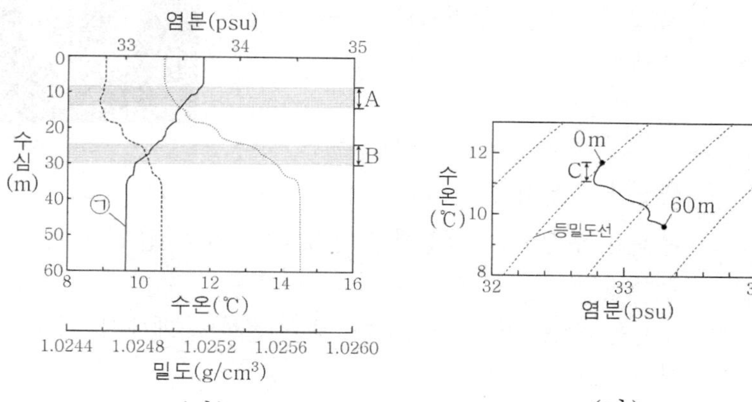

(가) (나)

이 자료에 대한 설명으로 옳은 것만을 <보기>에서 있는 대로 고른 것은? [3점]

< 보 기 >

ㄱ. ㉠은 수온이다.
ㄴ. 수심에 따른 밀도 변화량은 A 구간이 B 구간보다 크다.
ㄷ. C 구간은 혼합층에 해당한다.

① ㄱ ② ㄷ ③ ㄱ, ㄴ ④ ㄴ, ㄷ ⑤ ㄱ, ㄴ, ㄷ

15. 그림은 지구가 근일점에 위치할 때 A 시기와 현재의 지구 자전축 방향을, 표는 A 시기와 현재의 공전 궤도 이심률과 자전축 경사각을 나타낸 것이다.

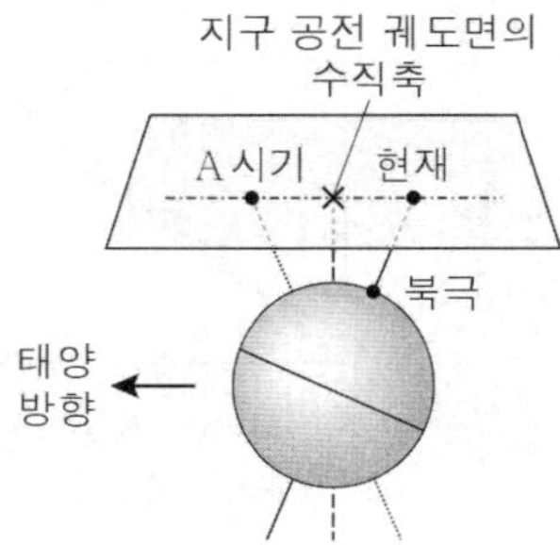

시기	공전 궤도 이심률	자전축 경사각(°)
A	0.03	24.0
현재	0.017	23.5

이 자료에 대한 설명으로 옳은 것만을 <보기>에서 있는 대로 고른 것은? (단, 공전 궤도 이심률, 자전축 경사각, 세차 운동 이외의 요인은 고려하지 않는다.) [3점]

< 보 기 >

ㄱ. 현재 북반구는 근일점에서 겨울철이다.
ㄴ. 원일점에서 지구와 태양까지의 거리는 A 시기가 현재보다 멀다.
ㄷ. 30°N에서 여름철 평균 기온은 A 시기가 현재보다 높다.

① ㄱ ② ㄴ ③ ㄱ, ㄷ ④ ㄴ, ㄷ ⑤ ㄱ, ㄴ, ㄷ

16. 그림은 질량이 태양과 비슷한 별의 진화 과정에서 생성된 성운을 나타낸 것이다.

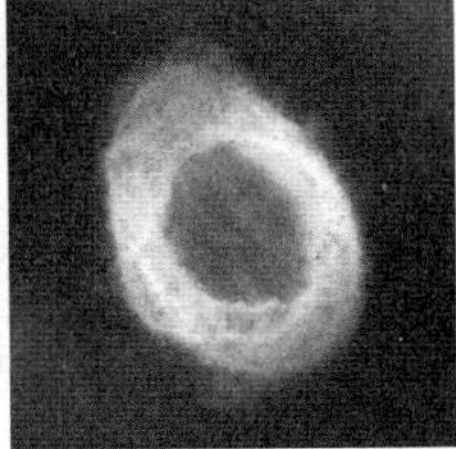

이 성운에 대한 설명으로 옳은 것만을 <보기>에서 있는 대로 고른 것은?

< 보 기 >

ㄱ. 행성상 성운이다.

ㄴ. 성운이 형성되는 과정에서 철보다 무거운 원소가 만들어진다.

ㄷ. 성운을 만든 별의 중심부는 최종 진화 단계에서 백색 왜성이 된다.

① ㄴ ② ㄷ ③ ㄱ, ㄴ ④ ㄱ, ㄷ ⑤ ㄴ, ㄷ

17. 표는 어느 대륙의 한 지점에서 서로 다른 시기에 생성된 화성암의 고지자기 복각을, 그림은 위도와 복각의 관계를 나타낸 것이다.

생성 시기 (백만 년 전)	고지자기 복각(°)
0	+38
20	+18
60	−37
80	−48
200	−66
225	−55

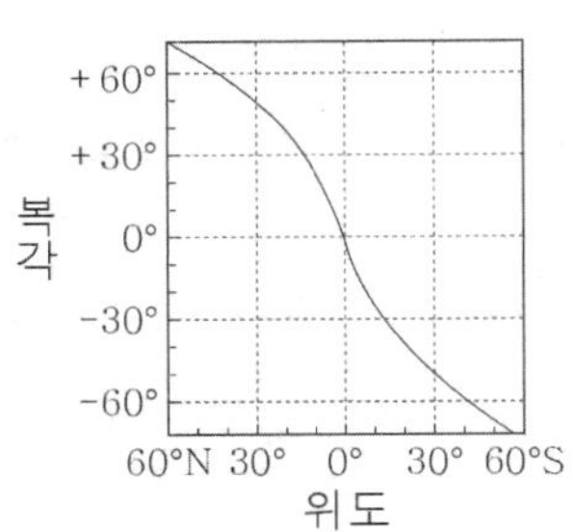

이 지점에 대한 설명으로 옳은 것만을 <보기>에서 있는 대로 고른 것은? (단, 고지자기극은 고지자기 방향으로 추정한 지리상 북극이고, 지리상 북극은 변하지 않았다.) [3점]

< 보 기 >

ㄱ. 2.25억 년 전부터 현재 사이에 남쪽으로 이동한 적이 있다.

ㄴ. 6천만 년 전에는 북반구에 위치하였다.

ㄷ. 6천만 년 전부터 현재까지의 위도 변화는 75°이다.

① ㄱ ② ㄴ ③ ㄱ, ㄷ ④ ㄴ, ㄷ ⑤ ㄱ, ㄴ, ㄷ

18. 그림 (가)와 (나)는 각각 가까운 은하들과 먼 은하들의 거리와 후퇴 속도를 나타낸 것이다.

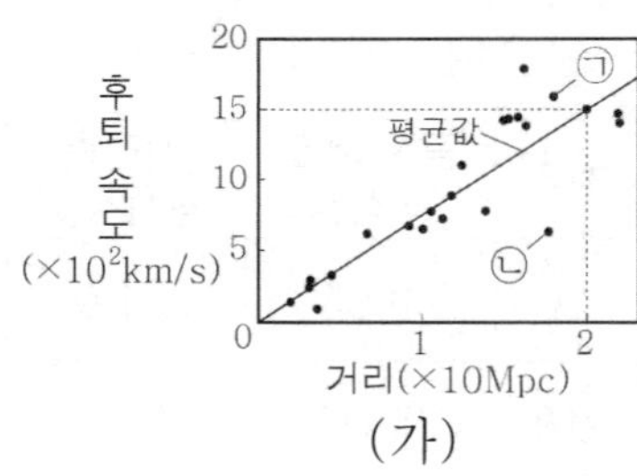

(가)

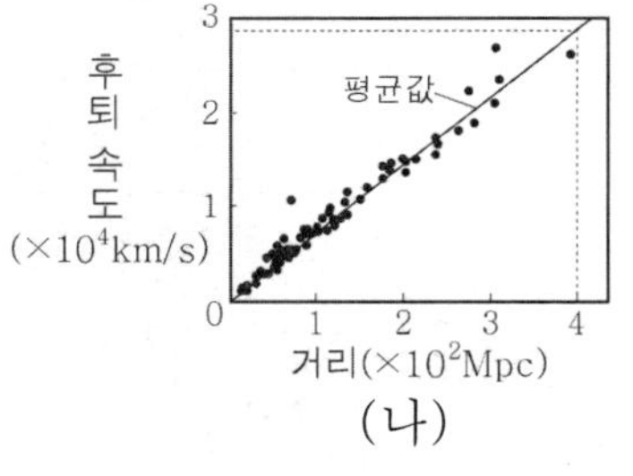

(나)

이 자료에 대한 설명으로 옳은 것만을 <보기>에서 있는 대로 고른 것은? [3점]

< 보 기 >

ㄱ. 은하의 적색 편이량($= \dfrac{\text{관측 파장} - \text{기준 파장}}{\text{기준 파장}}$)은 ㉠이 ㉡보다 크다.

ㄴ. 우주의 팽창을 지지하는 증거 자료이다.

ㄷ. (가)를 이용해 구한 우주의 나이는 (나)를 이용해 구한 우주의 나이보다 많다.

① ㄱ ② ㄷ ③ ㄱ, ㄴ ④ ㄴ, ㄷ ⑤ ㄱ, ㄴ, ㄷ

19. 그림은 어느 해 여름철에 관측한 우리나라 주변 표층 해류의 평균 속력과 이동 방향을 나타낸 것이다.

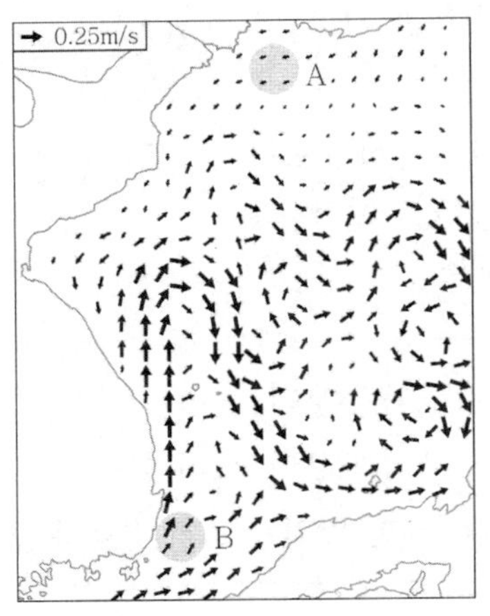

이에 대한 설명으로 옳은 것만을 <보기>에서 있는 대로 고른 것은?

< 보 기 >

ㄱ. A 해역에서는 한류, B 해역에서는 난류가 흐른다.

ㄴ. B 해역에서 해류는 여름철이 겨울철보다 대체로 강하게 흐른다.

ㄷ. 겨울철 B 해역에 흐르는 해류는 주변 대기로 열을 공급한다.

① ㄱ ② ㄷ ③ ㄱ, ㄴ ④ ㄴ, ㄷ ⑤ ㄱ, ㄴ, ㄷ

20. 그림 (가)는 기상 위성으로 관측한 적도 부근 160°E ~ 160°W 지역의 적외선 방출 복사 에너지 편차를, (나)는 태평양 적도 부근 해역에서 A와 B 중 어느 한 시기에 관측한 바람의 동서 방향 풍속 편차를 나타낸 것이다. A와 B는 각각 엘니뇨와 라니냐 시기 중 하나이고, 편차는 (관측값 − 평년값)이다. 복사 에너지 편차가 양(+)일 때에는 구름 최상부의 평균 온도가 평상시보다 높을 때이다.

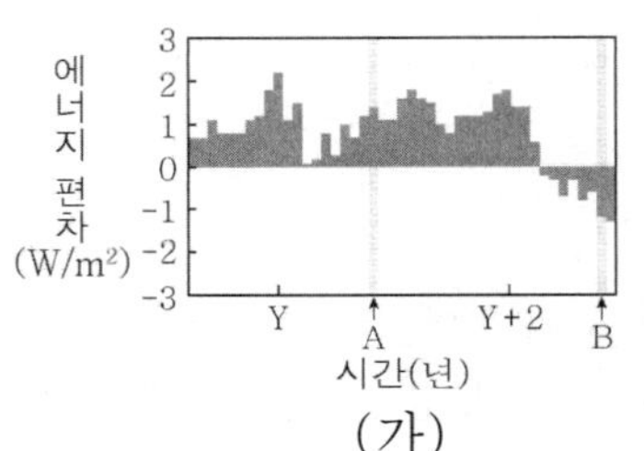

(가)

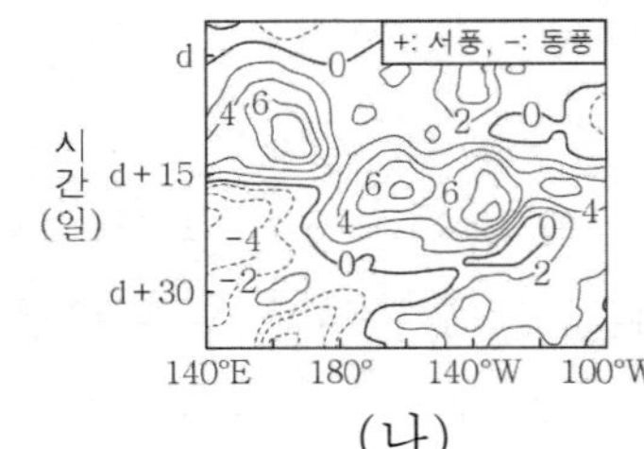

(나)

이에 대한 설명으로 옳은 것만을 <보기>에서 있는 대로 고른 것은? [3점]

< 보 기 >

ㄱ. 적도 부근 160°E ~ 160°W 지역에서 두꺼운 적운형 구름의 발생은 A 시기가 B 시기보다 많다.

ㄴ. (나)는 B 시기에 해당한다.

ㄷ. 동태평양 적도 부근 해역에서 수온 약층이 나타나기 시작하는 깊이는 A 시기가 B 시기보다 얕다.

① ㄱ ② ㄷ ③ ㄱ, ㄴ ④ ㄴ, ㄷ ⑤ ㄱ, ㄴ, ㄷ

＊ 확인 사항

○ 답안지의 해당란에 필요한 내용을 정확히 기입(표기) 했는지 확인하시오.

[해설편 p.004]

제 4 교시

과학탐구 영역(지구과학 I)

02회

성명 | 수험 번호 | 제 [ ] 선택

1. 그림은 수업 시간에 학생이 작성한 대륙 이동설에 대한 마인드 맵이다.

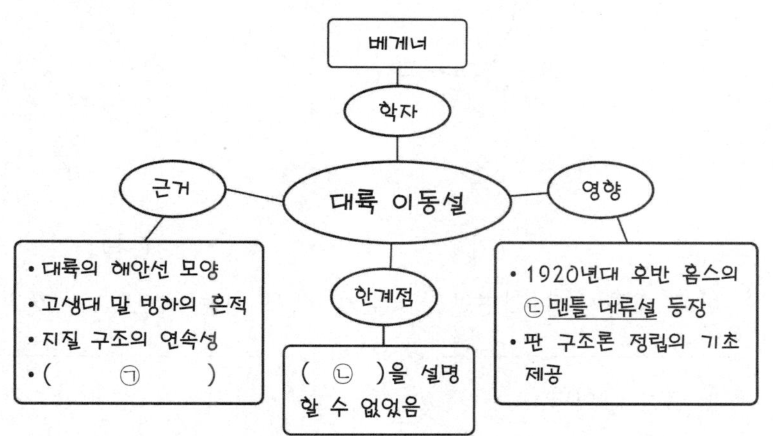

이에 대한 옳은 설명만을 <보기>에서 있는 대로 고른 것은?

< 보 기 >

ㄱ. '변환 단층의 발견'은 ㉠에 해당한다.
ㄴ. '대륙 이동의 원동력'은 ㉡에 해당한다.
ㄷ. ㉢에서는 고지자기 줄무늬가 해령을 축으로 대칭을 이룬다고 설명하였다.

① ㄱ ② ㄴ ③ ㄱ, ㄷ ④ ㄴ, ㄷ ⑤ ㄱ, ㄴ, ㄷ

2. 그림 (가)는 어느 해역의 깊이에 따른 수온과 염분 분포를 ㉠과 ㉡으로 순서 없이 나타낸 것이고, (나)는 수온-염분도를 나타낸 것이다.

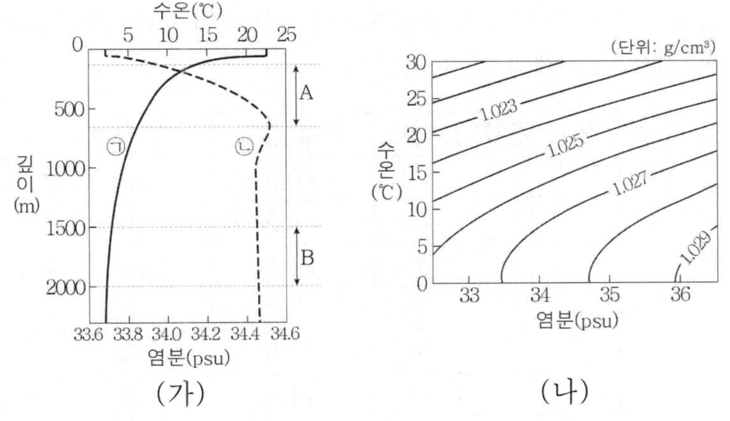

(가) (나)

이에 대한 옳은 설명만을 <보기>에서 있는 대로 고른 것은?

< 보 기 >

ㄱ. ㉠은 염분 분포이다.
ㄴ. 혼합층의 평균 밀도는 1.025 g/cm³보다 크다.
ㄷ. 깊이에 따른 해수의 밀도 변화는 A 구간이 B 구간보다 크다.

① ㄱ ② ㄷ ③ ㄱ, ㄴ ④ ㄴ, ㄷ ⑤ ㄱ, ㄴ, ㄷ

3. 그림은 플룸 구조론을 나타낸 모식도이다. A와 B는 각각 뜨거운 플룸과 차가운 플룸 중 하나이며, a, b, c는 동일한 열점에서 생성된 화산섬이다.

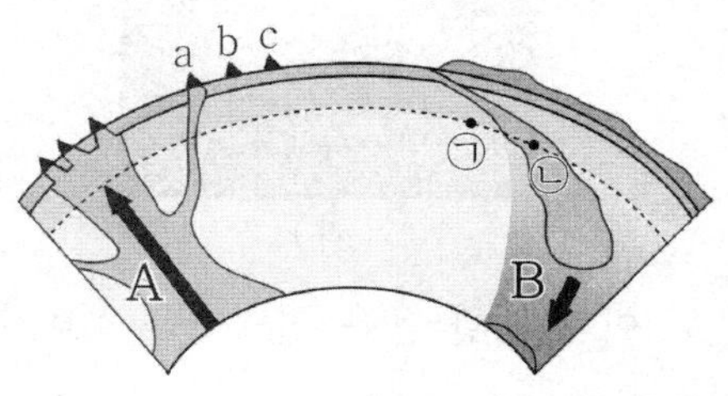

이에 대한 옳은 설명만을 <보기>에서 있는 대로 고른 것은?

< 보 기 >

ㄱ. A는 뜨거운 플룸이다.
ㄴ. 밀도는 ㉠ 지점이 ㉡ 지점보다 작다.
ㄷ. 화산섬의 나이는 a > b > c이다.

① ㄱ ② ㄷ ③ ㄱ, ㄴ ④ ㄴ, ㄷ ⑤ ㄱ, ㄴ, ㄷ

4. 그림은 어느 지역의 지층과 퇴적 구조를 나타낸 것이다.

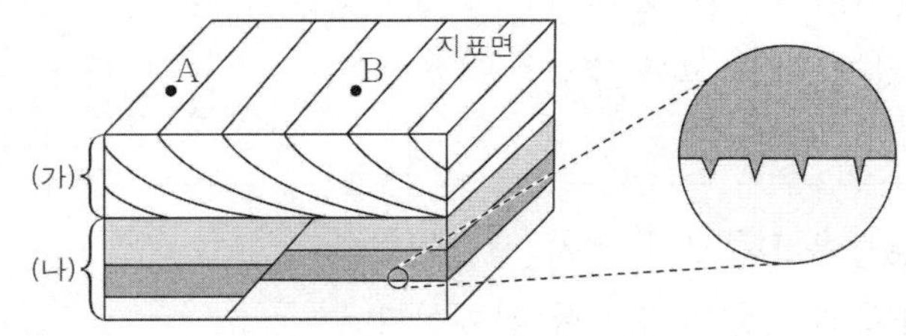

이 자료에 대한 설명으로 옳은 것은?

① (가)에는 연흔이 나타난다.
② A는 B보다 나중에 퇴적되었다.
③ (나)에는 역전된 지층이 나타난다.
④ (나)의 단층은 횡압력에 의해 형성되었다.
⑤ (나)는 형성 과정에서 수면 위로 노출된 적이 있다.

5. 그림은 A와 B 시기에 관측한 북반구의 평균 해면 기압을 위도에 따라 나타낸 것이다.

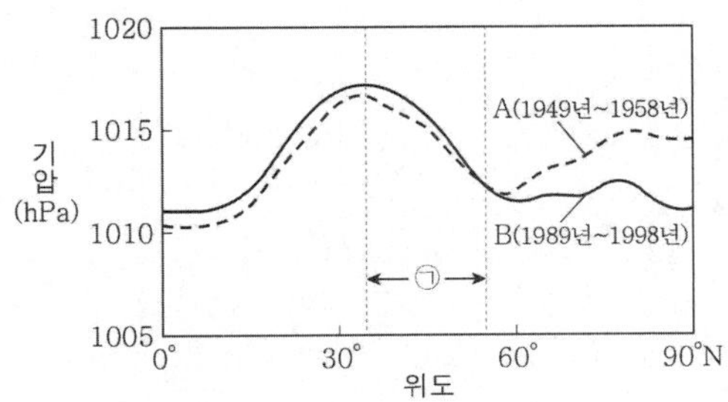

이 자료에 대한 옳은 설명만을 <보기>에서 있는 대로 고른 것은?

< 보 기 >

ㄱ. 무역풍대에서는 위도가 높아질수록 평균 해면 기압이 대체로 높아진다.
ㄴ. ㉠ 구간의 지표 부근에서는 북풍 계열의 바람이 우세하다.
ㄷ. 중위도 고압대의 평균 해면 기압은 A 시기가 B 시기보다 낮다.

① ㄱ ② ㄴ ③ ㄷ ④ ㄱ, ㄴ ⑤ ㄱ, ㄷ

[해설편 p.005]

6. 그림 (가)와 (나)는 나선 은하와 불규칙 은하를 순서 없이 나타낸 것이다.

(가)

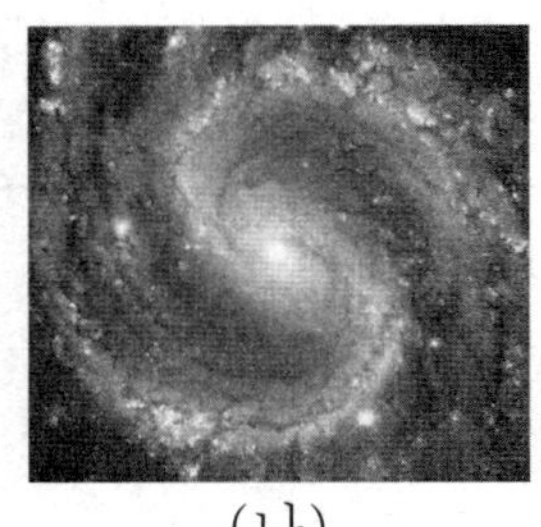
(나)

이에 대한 옳은 설명만을 <보기>에서 있는 대로 고른 것은?

< 보 기 >

ㄱ. (가)는 불규칙 은하이다.
ㄴ. (나)에서 별은 주로 은하 중심부에서 생성된다.
ㄷ. 우리은하의 형태는 (나)보다 (가)에 가깝다.

① ㄱ ② ㄴ ③ ㄱ, ㄷ ④ ㄴ, ㄷ ⑤ ㄱ, ㄴ, ㄷ

7. 그림은 어느 지역의 지질 단면과 산출 화석을 나타낸 것이다.

이에 대한 옳은 설명만을 <보기>에서 있는 대로 고른 것은? [3점]

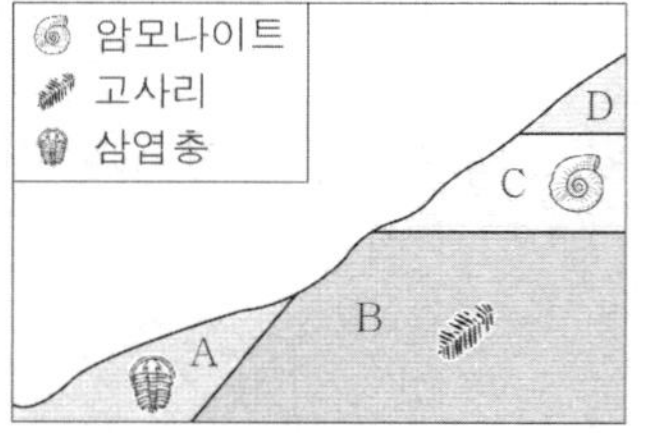

< 보 기 >

ㄱ. A층은 D층보다 먼저 생성되었다.
ㄴ. B층과 C층은 부정합 관계이다.
ㄷ. C층은 판게아가 형성되기 전에 퇴적되었다.

① ㄱ ② ㄷ ③ ㄱ, ㄴ ④ ㄴ, ㄷ ⑤ ㄱ, ㄴ, ㄷ

8. 그림 (가)는 우리나라를 통과한 어느 태풍 중심의 이동 방향과 이동 속력을 순서 없이 ㉠과 ㉡으로 나타낸 것이고, (나)는 18시일 때 이 태풍 중심의 위치를 나타낸 것이다.

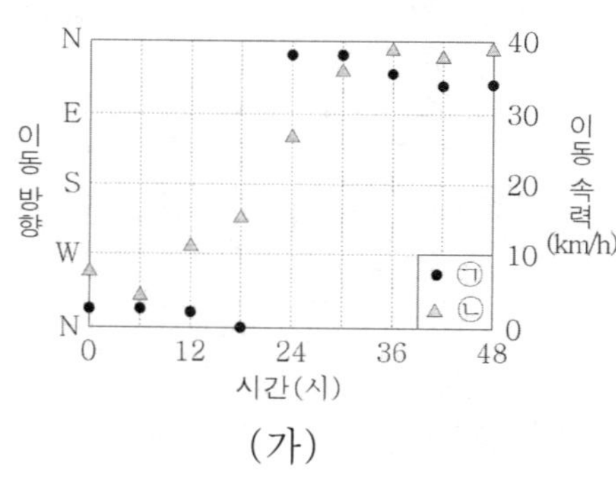

(가)

(나)

이 자료에 대한 옳은 설명만을 <보기>에서 있는 대로 고른 것은? [3점]

< 보 기 >

ㄱ. 태풍 중심의 이동 방향은 ㉠이다.
ㄴ. 태풍이 지나가는 동안 제주도에서의 풍향은 시계 방향으로 변한다.
ㄷ. 태풍 중심의 평균 이동 속력은 전향점 통과 전이 통과 후보다 빠르다.

① ㄱ ② ㄷ ③ ㄱ, ㄴ ④ ㄴ, ㄷ ⑤ ㄱ, ㄴ, ㄷ

9. 그림 (가)는 온대 저기압에 동반된 전선이 우리나라를 통과하는 동안 관측소 A와 B에서 측정한 기온을, (나)는 T + 9시에 관측한 강수 구역을 나타낸 것이다. ㉠과 ㉡은 각각 A와 B 중 하나이다.

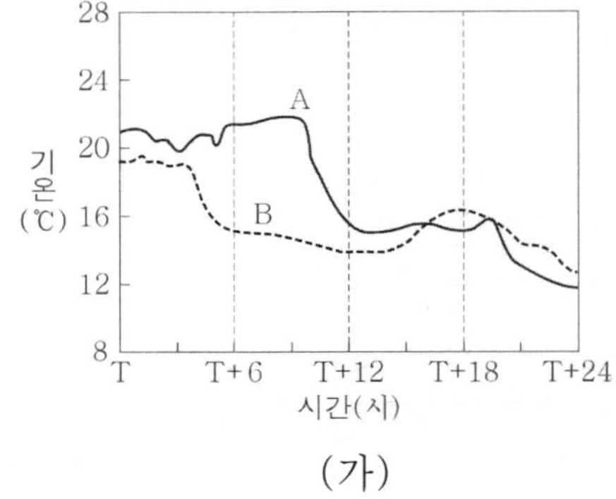

(가)

(나)

이에 대한 옳은 설명만을 <보기>에서 있는 대로 고른 것은?

< 보 기 >

ㄱ. A는 ㉠이다.
ㄴ. (나)에서 우리나라에는 한랭 전선이 위치한다.
ㄷ. T + 6시에 A에는 남풍 계열의 바람이 분다.

① ㄱ ② ㄷ ③ ㄱ, ㄴ ④ ㄴ, ㄷ ⑤ ㄱ, ㄴ, ㄷ

10. 표는 별의 종류 (가), (나), (다)에 해당하는 별들의 절대 등급과 분광형을 나타낸 것이다. (가), (나), (다)는 각각 거성, 백색 왜성, 주계열성 중 하나이다.

별의 종류	별	절대 등급	분광형
(가)	㉠	+0.5	A0
	㉡	−0.6	B7
(나)	㉢	+1.1	K0
	㉣	−0.7	G2
(다)	㉤	+13.3	F5
	㉥	+11.5	B1

이에 대한 옳은 설명만을 <보기>에서 있는 대로 고른 것은?

< 보 기 >

ㄱ. (가)는 주계열성이다.
ㄴ. 평균 밀도는 (나)가 (다)보다 작다.
ㄷ. 단위 시간당 단위 면적에서 방출하는 에너지양은 ㉠ ~ ㉥ 중 ㉣이 가장 많다.

① ㄱ ② ㄷ ③ ㄱ, ㄴ ④ ㄴ, ㄷ ⑤ ㄱ, ㄴ, ㄷ

[해설편 p.005]

11. 그림은 대서양의 심층 순환과 두 해역 A와 B의 위치를 나타낸 것이다.

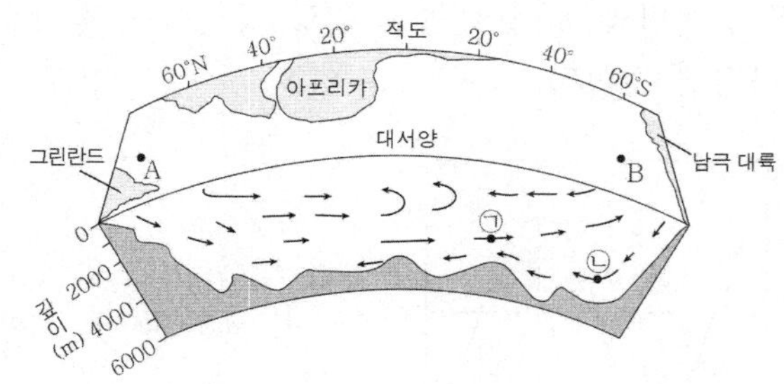

이에 대한 옳은 설명만을 <보기>에서 있는 대로 고른 것은?

< 보 기 >

ㄱ. A 해역에서는 해수의 용승이 침강보다 우세하다.
ㄴ. B 해역에서 표층 해류는 서쪽으로 흐른다.
ㄷ. 해수의 밀도는 ㉠ 지점이 ㉡ 지점보다 작다.

① ㄱ ② ㄷ ③ ㄱ, ㄴ ④ ㄴ, ㄷ ⑤ ㄱ, ㄴ, ㄷ

12. 그림은 적도 부근 서태평양과 중앙 태평양 중 어느 한 해역에서 최근 40년 동안 매년 같은 시기에 기상 위성으로 관측한 적외선 방출 복사 에너지 편차와 수온 편차를 나타낸 것이다. 편차는 (관측값−평년값)이며, A는 엘니뇨 시기에 관측한 값이다.

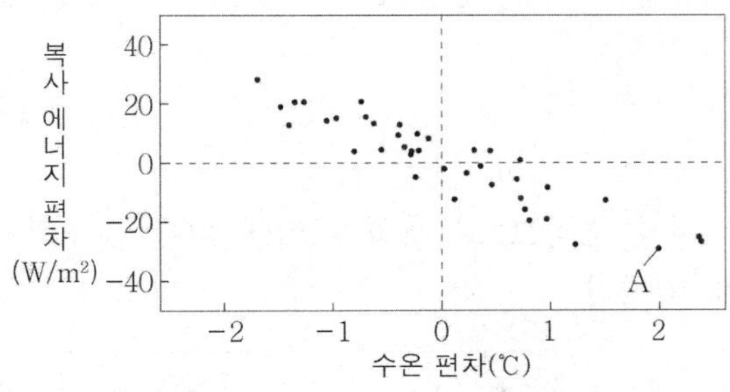

이 해역에 대한 옳은 설명만을 <보기>에서 있는 대로 고른 것은? [3점]

< 보 기 >

ㄱ. 서태평양에 위치한다.
ㄴ. 강수량은 적외선 방출 복사 에너지 편차가 (+)일 때가 (−)일 때보다 대체로 적다.
ㄷ. 평균 해면 기압은 엘니뇨 시기가 평년보다 낮다.

① ㄱ ② ㄴ ③ ㄱ, ㄷ ④ ㄴ, ㄷ ⑤ ㄱ, ㄴ, ㄷ

13. 그림은 우리은하에서 관측한 외부 은하 A와 B의 거리와 후퇴 속도를 나타낸 것이다. A와 B는 허블 법칙을 만족한다.

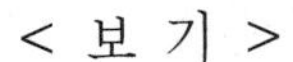

이에 대한 옳은 설명만을 <보기>에서 있는 대로 고른 것은? (단, 빛의 속도는 3×10^5 km/s이다.) [3점]

< 보 기 >

ㄱ. R_A는 60 Mpc이다.
ㄴ. 허블 상수는 70 km/s/Mpc이다.
ㄷ. 우리은하에서 A를 관측했을 때 관측된 흡수선의 파장이 507 nm라면 이 흡수선의 기준 파장은 500 nm이다.

① ㄱ ② ㄷ ③ ㄱ, ㄴ ④ ㄴ, ㄷ ⑤ ㄱ, ㄴ, ㄷ

14. 그림 (가)와 (나)는 두 외계 행성계의 생명 가능 지대를 나타낸 것이다. 중심별 A와 B는 모두 주계열성이다.

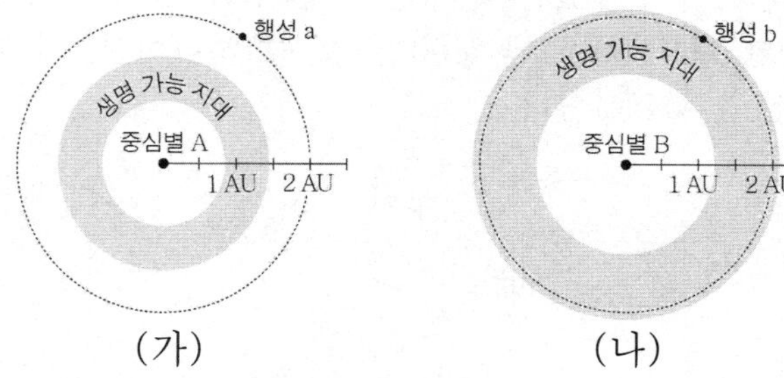

이에 대한 옳은 설명만을 <보기>에서 있는 대로 고른 것은? (단, 행성의 대기에 의한 효과는 무시한다.)

< 보 기 >

ㄱ. 광도는 A가 B보다 크다.
ㄴ. 행성의 표면 온도는 a가 b보다 높다.
ㄷ. 주계열 단계에 머무르는 기간은 A가 B보다 길다.

① ㄱ ② ㄷ ③ ㄱ, ㄴ ④ ㄴ, ㄷ ⑤ ㄱ, ㄴ, ㄷ

15. 그림은 판 경계가 존재하는 어느 지역의 화산섬과 활화산의 분포를 나타낸 것이다. 이 지역에는 하나의 열점이 분포한다.

이에 대한 옳은 설명만을 <보기>에서 있는 대로 고른 것은? [3점]

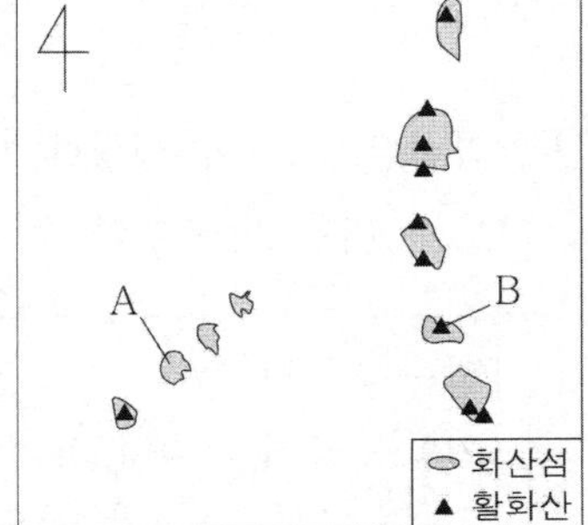

< 보 기 >

ㄱ. 이 지역에는 해구가 존재한다.
ㄴ. 화산섬 A는 주로 안산암으로 이루어져 있다.
ㄷ. 활화산 B에서 분출되는 마그마는 압력 감소에 의해 생성된다.

① ㄱ ② ㄴ ③ ㄷ ④ ㄱ, ㄴ ⑤ ㄴ, ㄷ

16. 그림은 현재와 A, B, C 시기일 때 지구 자전축 경사각과 공전 궤도 이심률을 나타낸 것이다.

이에 대한 옳은 설명만을 <보기>에서 있는 대로 고른 것은? (단, 지구 자전축 경사각과 공전 궤도 이심률 이외의 요인은 변하지 않는다고 가정한다.) [3점]

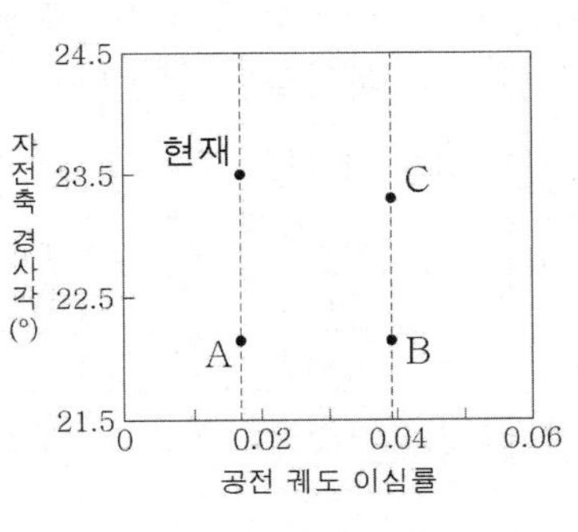

< 보 기 >

ㄱ. 우리나라에서 여름철 평균 기온은 현재가 A보다 높다.
ㄴ. 지구가 근일점에 위치할 때 하루 동안 받는 태양 복사 에너지양은 현재가 B보다 많다.
ㄷ. 남반구 중위도 지역에서 기온의 연교차는 B가 C보다 크다.

① ㄱ ② ㄴ ③ ㄱ, ㄷ ④ ㄴ, ㄷ ⑤ ㄱ, ㄴ, ㄷ

17. 그림 (가)는 어느 지괴의 한 지점에서 서로 다른 세 시기에 생성된 화성암 A, B, C의 고지자기 복각을, (나)는 500만 년 동안의 고지자기 연대표를 나타낸 것이다. A, B, C의 절대 연령은 각각 10만 년, 150만 년, 400만 년 중 하나이며, 이 지괴는 계속 북쪽으로 이동하였다.

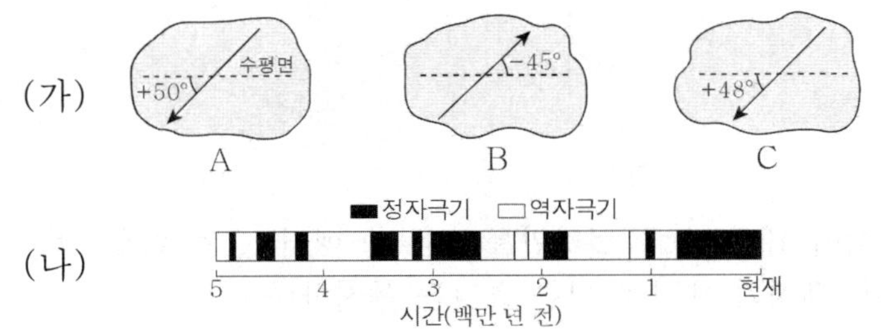

이에 대한 옳은 설명만을 <보기>에서 있는 대로 고른 것은? (단, 이 지괴는 최근 400만 년 동안 적도를 통과하지 않았다.) [3점]

< 보 기 >

ㄱ. 이 지괴는 북반구에 위치한다.
ㄴ. 정자극기에 생성된 암석은 B이다.
ㄷ. 화성암의 생성 순서는 A → C → B 이다.

① ㄱ ② ㄴ ③ ㄱ, ㄷ ④ ㄴ, ㄷ ⑤ ㄱ, ㄴ, ㄷ

18. 다음은 우주의 팽창에 따른 우주 배경 복사의 파장 변화를 알아보기 위한 탐구이다.

[탐구 과정]

(가) 눈금자를 이용하여 탄성 밴드에 이웃한 점 사이의 간격(L)이 1 cm가 되도록 몇 개의 점을 찍는다.

(나) 그림과 같이 각 점이 파의 마루에 위치하도록 물결 모양의 곡선을 그린다. L은 우주 배경 복사 중 최대 복사 에너지 세기를 갖는 파장(λ_{max})이라고 가정한다.

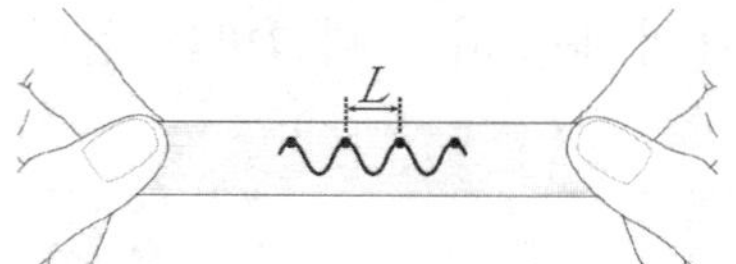

(다) 탄성 밴드를 조금 늘린 상태에서 L을 측정한다.

(라) 탄성 밴드를 (다)보다 늘린 상태에서 L을 측정한다.

(마) 측정값 1 cm를 파장 2 μm로 가정하고 λ_{max}에 해당하는 파장을 계산한다.

[탐구 결과]

과정	L(cm)	λ_{max}에 해당하는 파장(μm)
(나)	1.0	2
(다)	1.9	( )
(라)	2.8	( )

이에 대한 옳은 설명만을 <보기>에서 있는 대로 고른 것은? (단, 현재 우주의 λ_{max}은 약 1000 μm이다.) [3점]

< 보 기 >

ㄱ. 우주의 크기는 (다)일 때가 (라)일 때보다 작다.
ㄴ. 우주가 팽창함에 따라 λ_{max}은 길어진다.
ㄷ. 우주의 온도는 (라)일 때가 현재보다 높다.

① ㄱ ② ㄷ ③ ㄱ, ㄴ ④ ㄴ, ㄷ ⑤ ㄱ, ㄴ, ㄷ

19. 그림 (가)는 공전 궤도면이 시선 방향과 나란한 어느 외계 행성계에서 관측된 중심별의 시선 속도 변화를, (나)는 이 외계 행성계의 중심별과 행성이 공통 질량 중심을 중심으로 공전하는 모습을 나타낸 것이다.

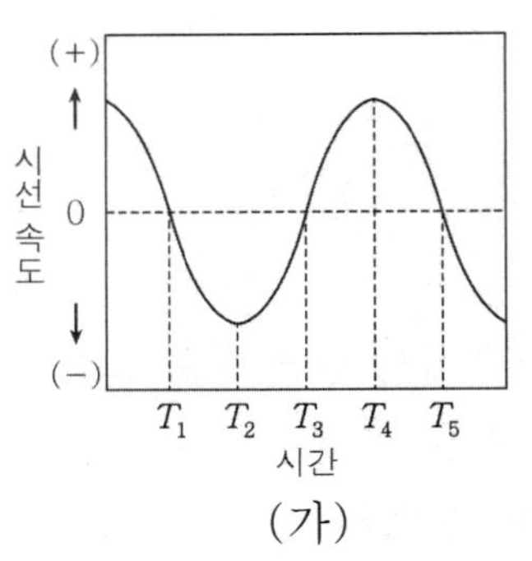

(가)

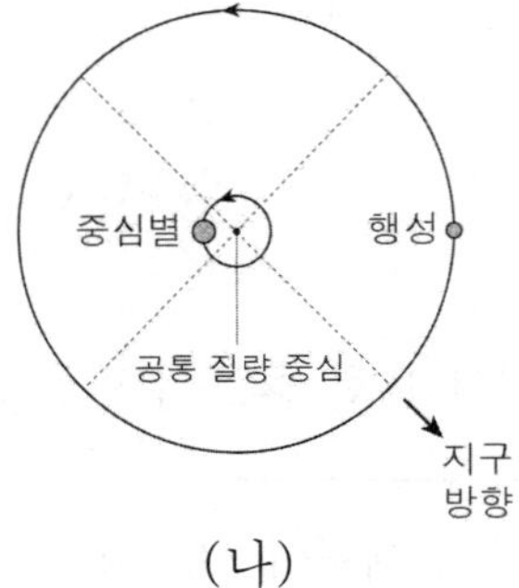

(나)

이에 대한 옳은 설명만을 <보기>에서 있는 대로 고른 것은? [3점]

< 보 기 >

ㄱ. 지구와 중심별 사이의 거리는 T_1일 때가 T_2일 때보다 크다.
ㄴ. 중심별과 행성이 (나)와 같이 위치한 시기는 $T_2 \sim T_3$에 해당한다.
ㄷ. T_5일 때 행성에 의한 식 현상이 나타난다.

① ㄱ ② ㄴ ③ ㄷ ④ ㄱ, ㄴ ⑤ ㄱ, ㄷ

20. 그림은 태양 중심으로부터의 거리에 따른 밀도와 온도의 변화를 나타낸 것이다.

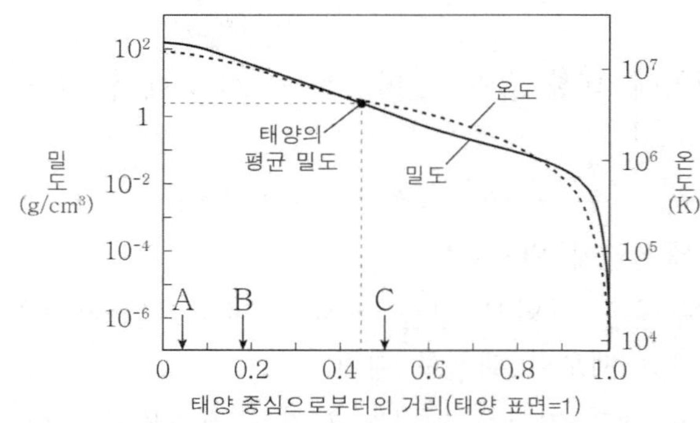

이에 대한 옳은 설명만을 <보기>에서 있는 대로 고른 것은? [3점]

< 보 기 >

ㄱ. p−p 반응에 의한 에너지 생성량은 A 지점이 B 지점보다 많다.
ㄴ. C 지점에서는 주로 대류에 의해 에너지가 전달된다.
ㄷ. 태양 내부에서 밀도가 평균 밀도보다 큰 영역의 부피는 태양 전체 부피의 40 %보다 크다.

① ㄱ ② ㄴ ③ ㄱ, ㄷ ④ ㄴ, ㄷ ⑤ ㄱ, ㄴ, ㄷ

*** 확인 사항**

○ 답안지의 해당란에 필요한 내용을 정확히 기입(표기) 했는지 확인하시오.

[해설편 p.007]

제 4 교시

과학탐구 영역(지구과학 I)

03회

성명 | 수험 번호 | 제 [ ] 선택

1. 그림은 고생대, 중생대, 신생대의 상대적 길이를 나타낸 것이다.

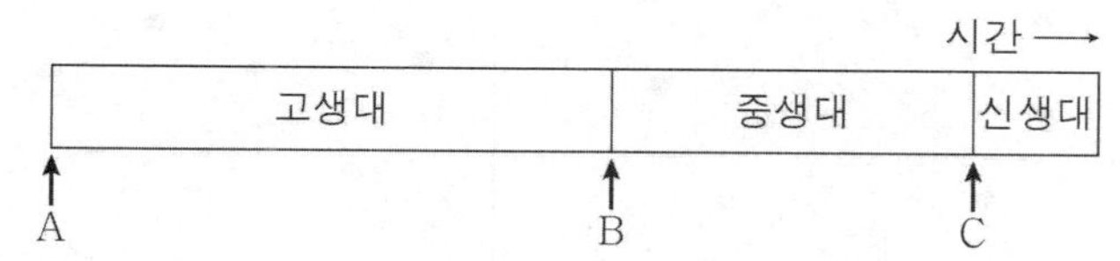

이에 대한 옳은 설명만을 <보기>에서 있는 대로 고른 것은?

< 보 기 >

ㄱ. 최초의 육상 식물은 A 시기 이후에 출현하였다.
ㄴ. B 시기에 삼엽충이 출현하였다.
ㄷ. 암모나이트는 C 시기에 멸종하였다.

① ㄱ ② ㄴ ③ ㄱ, ㄷ ④ ㄴ, ㄷ ⑤ ㄱ, ㄴ, ㄷ

2. 그림은 북반구에서 대기 대순환을 이루는 순환 세포 A, B, C를 나타낸 것이다.

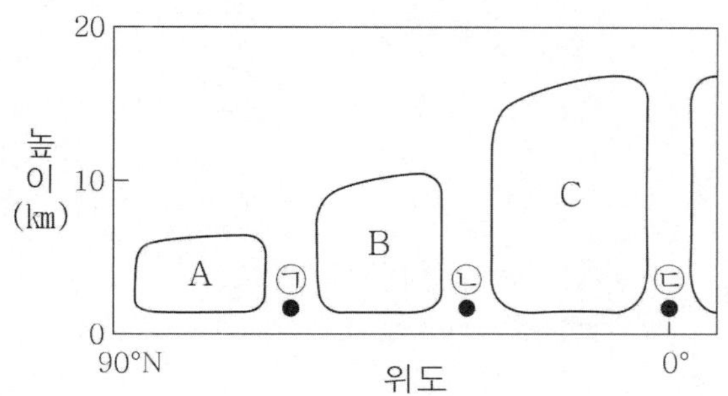

이에 대한 옳은 설명만을 <보기>에서 있는 대로 고른 것은?

< 보 기 >

ㄱ. 직접 순환에 해당하는 것은 A와 C이다.
ㄴ. 온대 저기압은 ㉠보다 ㉡ 부근에서 주로 발생한다.
ㄷ. ㉢에서는 공기가 발산한다.

① ㄱ ② ㄷ ③ ㄱ, ㄴ ④ ㄴ, ㄷ ⑤ ㄱ, ㄴ, ㄷ

3. 그림은 두 해역 A, B의 해저 퇴적물에서 측정한 잔류 자기 분포를 나타낸 것이다. ㉠과 ㉡은 각각 정자극기와 역자극기 중 하나이다.

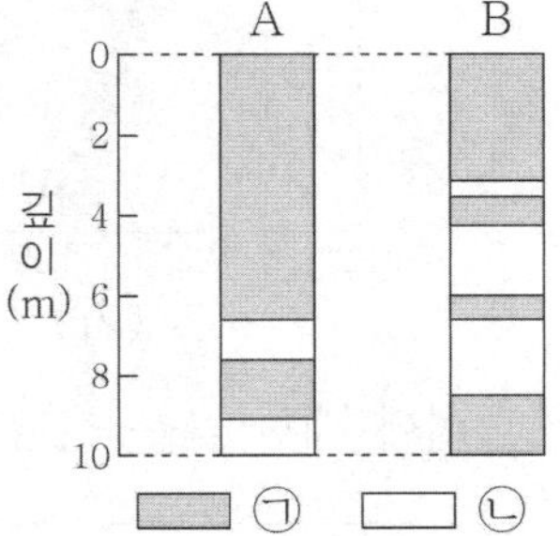

이에 대한 옳은 설명만을 <보기>에서 있는 대로 고른 것은? [3점]

< 보 기 >

ㄱ. ㉠은 정자극기, ㉡은 역자극기에 해당한다.
ㄴ. 6 m 깊이에서 퇴적물의 나이는 A가 B보다 많다.
ㄷ. 베게너는 해저 퇴적물에서 측정한 잔류 자기 분포를 대륙 이동의 증거로 제시하였다.

① ㄱ ② ㄴ ③ ㄷ ④ ㄱ, ㄷ ⑤ ㄴ, ㄷ

4. 그림은 어느 지괴가 서로 다른 종류의 힘 A, B를 받아 형성된 단층의 모습을 나타낸 것이다.

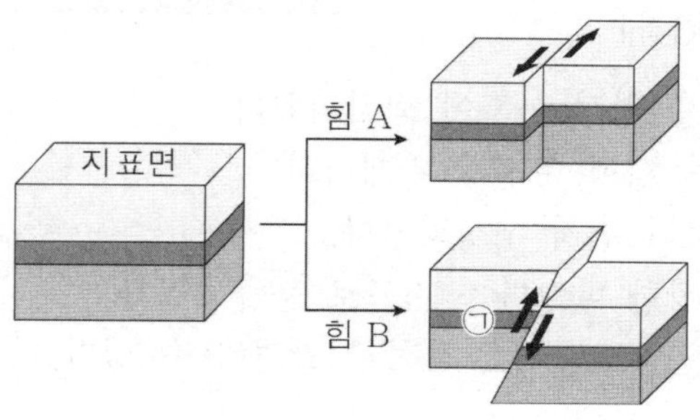

이에 대한 옳은 설명만을 <보기>에서 있는 대로 고른 것은?

< 보 기 >

ㄱ. 힘 A에 의해 역단층이 형성되었다.
ㄴ. ㉠은 상반이다.
ㄷ. 힘 B는 장력이다.

① ㄱ ② ㄴ ③ ㄱ, ㄷ ④ ㄴ, ㄷ ⑤ ㄱ, ㄴ, ㄷ

5. 다음은 H-R도를 작성하여 별을 분류하는 탐구이다.

[탐구 과정]
표는 별 a ~ f의 분광형과 절대 등급이다.

별	a	b	c	d	e	f
분광형	A0	B1	G2	M5	M2	B6
절대 등급	+11.0	−3.6	+4.8	+13.2	−3.1	+10.3

(가) 각 별의 위치를 H-R도에 표시한다.
(나) H-R도에 표시한 위치에 따라 별들을 백색 왜성, 주계열성, 거성의 세 집단으로 분류한다.

[탐구 결과]

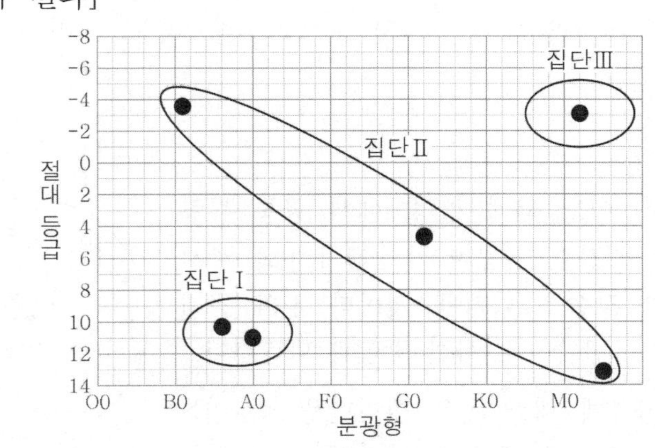

이에 대한 옳은 설명만을 <보기>에서 있는 대로 고른 것은?

< 보 기 >

ㄱ. a와 f는 집단 Ⅰ에 속한다.
ㄴ. 집단 Ⅱ는 주계열성이다.
ㄷ. 별의 평균 밀도는 집단 Ⅰ이 집단 Ⅲ보다 크다.

① ㄱ ② ㄴ ③ ㄱ, ㄷ ④ ㄴ, ㄷ ⑤ ㄱ, ㄴ, ㄷ

[해설편 p.008]

6. 그림은 어느 지역의 지질 단면도를 나타낸 것이다. 화성암 Q에 포함된 방사성 원소 X의 양은 처음 양의 25 %이고, X의 반감기는 2억 년이다.

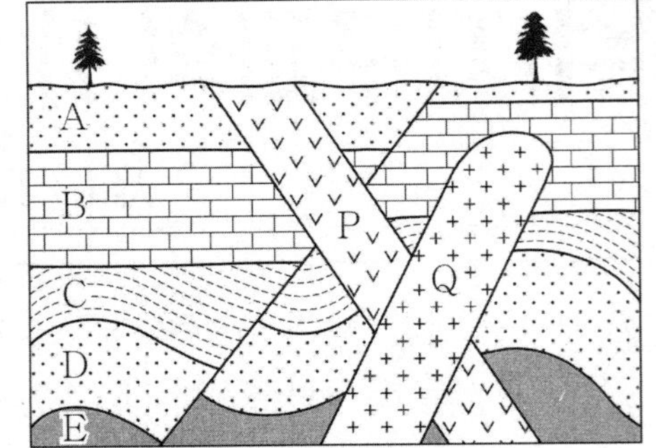

이에 대한 설명으로 옳은 것은? [3점]

① A는 단층 형성 이후에 퇴적되었다.
② B와 C는 평행 부정합 관계이다.
③ P는 Q보다 먼저 생성되었다.
④ Q를 형성한 마그마는 지표로 분출되었다.
⑤ B에서는 암모나이트 화석이 발견될 수 있다.

7. 그림은 2020년 12월부터 2021년 1월까지 태평양 적도 부근 해역의 해수면 기압 편차(관측값 − 평년값)를 나타낸 것이다. 이 기간은 엘니뇨 시기와 라니냐 시기 중 하나이다.

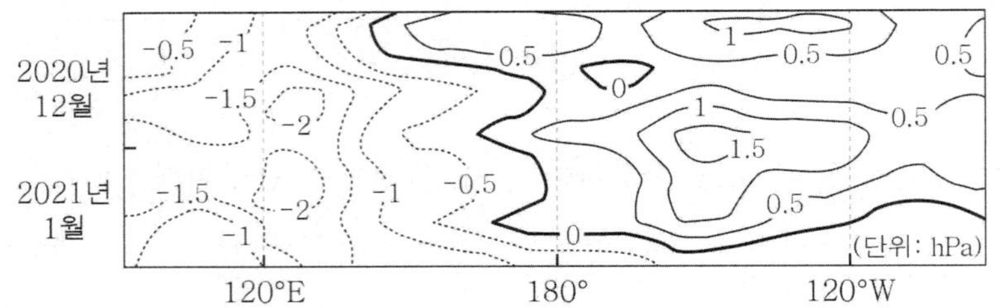

이 시기에 대한 옳은 설명만을 <보기>에서 있는 대로 고른 것은?

< 보 기 >

ㄱ. 서태평양 적도 부근 해역에서 상승 기류는 평상시보다 강하다.
ㄴ. 동태평양 적도 부근 해역에서 따뜻한 해수층의 두께는 평상시보다 두껍다.
ㄷ. 동태평양 적도 부근 해역의 해수면 높이 편차는 (+)값을 가진다.

① ㄱ ② ㄴ ③ ㄱ, ㄷ ④ ㄴ, ㄷ ⑤ ㄱ, ㄴ, ㄷ

8. 그림은 어느 외계 행성계에서 공통 질량 중심을 중심으로 공전하는 행성 P와 중심별 S의 모습을 나타낸 것이다. P의 공전 궤도면은 관측자의 시선 방향과 나란하다.

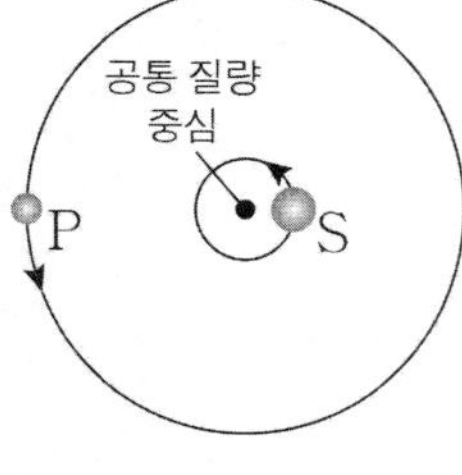

이 자료에 대한 옳은 설명만을 <보기>에서 있는 대로 고른 것은? [3점]

< 보 기 >

ㄱ. P와 S가 공통 질량 중심을 중심으로 공전하는 주기는 같다.
ㄴ. P의 질량이 작을수록 S의 스펙트럼 최대 편이량은 크다.
ㄷ. P의 반지름이 작을수록 식 현상에 의한 S의 밝기 감소율은 작다.

① ㄱ ② ㄴ ③ ㄷ ④ ㄱ, ㄷ ⑤ ㄴ, ㄷ

9. 그림 (가)와 (나)는 전선이 발달해 있는 북반구의 두 지역에서 전선의 위치와 일기 기호를 나타낸 것이다. (가)와 (나)의 전선은 각각 온난 전선과 정체 전선 중 하나이고, 영역 A, B, C는 지표상에 위치한다.

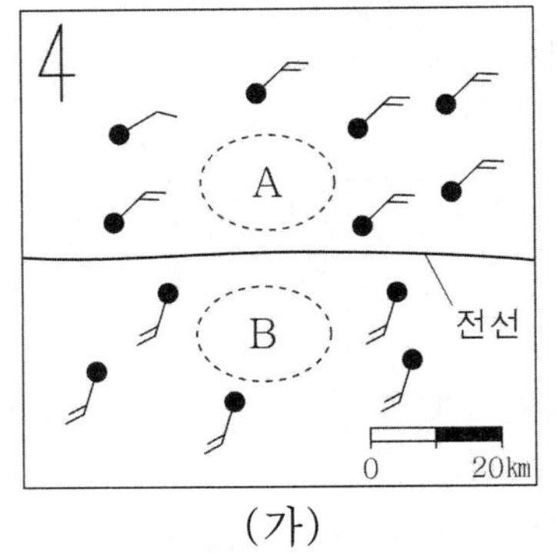

(가)

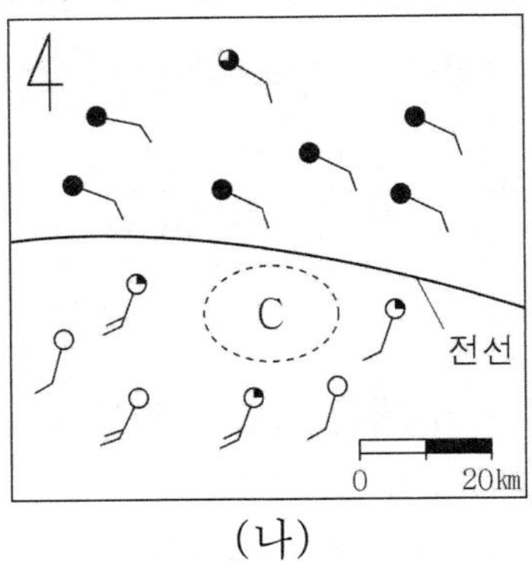

(나)

이에 대한 옳은 설명만을 <보기>에서 있는 대로 고른 것은? [3점]

< 보 기 >

ㄱ. (가)의 전선은 온난 전선이다.
ㄴ. 평균 기온은 A보다 B에서 높다.
ㄷ. C의 상공에는 전선면이 존재한다.

① ㄱ ② ㄴ ③ ㄱ, ㄴ ④ ㄱ, ㄷ ⑤ ㄴ, ㄷ

10. 그림 (가)는 우리나라를 통과한 어느 태풍의 이동 경로와 최대 풍속이 20 m/s 이상인 지역의 범위를, (나)는 (가)의 기간 중 18일 하루 동안 이어도 해역에서 관측한 수심 10 m와 40 m의 수온 변화를 나타낸 것이다.

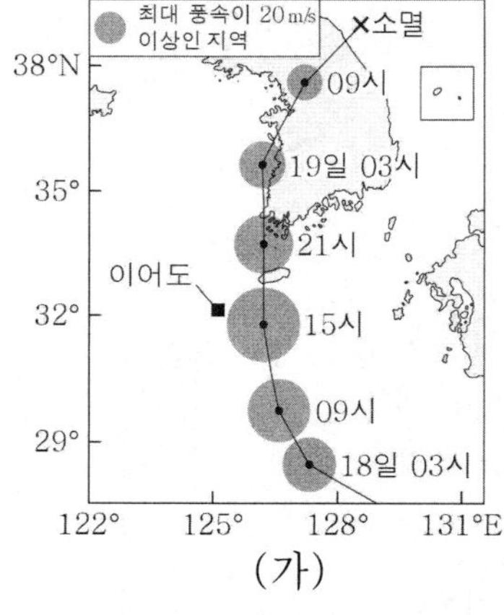

(가)

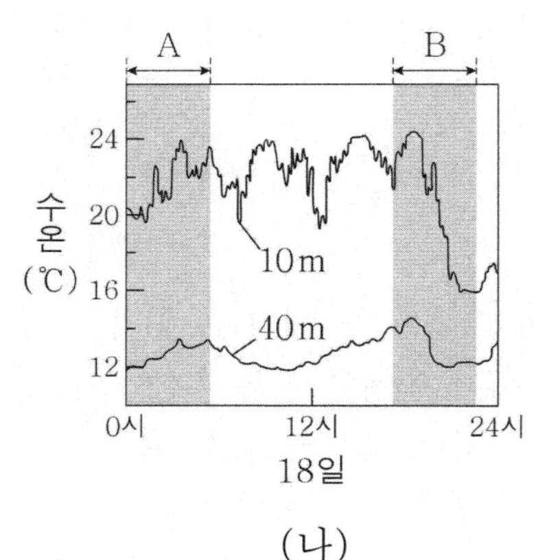

(나)

이에 대한 옳은 설명만을 <보기>에서 있는 대로 고른 것은?

< 보 기 >

ㄱ. 18일 09시부터 21시까지 이어도에서 풍향은 시계 반대 방향으로 변했다.
ㄴ. 태풍의 중심 기압은 18일 09시가 19일 09시보다 높았다.
ㄷ. 이어도 해역에서 표층 해수의 연직 혼합은 A 시기가 B 시기보다 강했다.

① ㄱ ② ㄷ ③ ㄱ, ㄴ ④ ㄴ, ㄷ ⑤ ㄱ, ㄴ, ㄷ

[해설편 p.008]

11. 그림은 남태평양에서 표층 해수의 용존 산소량이 같은 지점을 연결한 선을 나타낸 것이다.

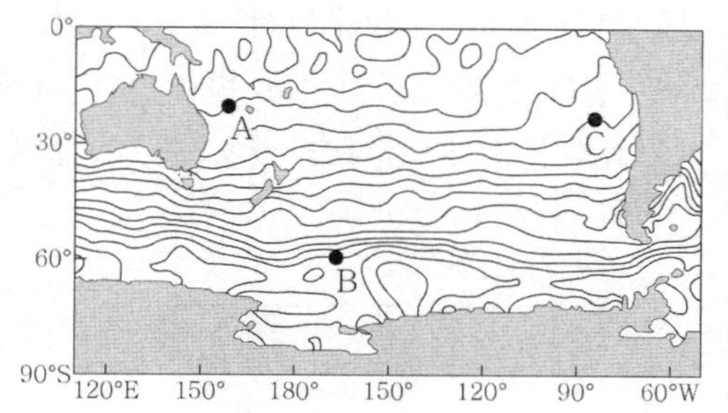

이에 대한 옳은 설명만을 <보기>에서 있는 대로 고른 것은?

< 보 기 >

ㄱ. 표층 해수의 용존 산소량은 A 해역이 B 해역보다 많다.
ㄴ. C 해역에는 한류가 흐른다.
ㄷ. 남태평양에서 아열대 순환의 방향은 시계 방향이다.

① ㄱ ② ㄴ ③ ㄱ, ㄷ ④ ㄴ, ㄷ ⑤ ㄱ, ㄴ, ㄷ

12. 표는 주계열성 A, B의 물리량을 나타낸 것이다.

주계열성	광도 (태양=1)	질량 (태양=1)	예상 수명 (억 년)
A	1	1	100
B	80	3	X

이에 대한 옳은 설명만을 <보기>에서 있는 대로 고른 것은? [3점]

< 보 기 >

ㄱ. A에서는 p-p 반응이 CNO 순환 반응보다 우세하다.
ㄴ. X는 100보다 작다.
ㄷ. 중심핵의 단위 시간당 질량 감소량은 A가 B보다 많다.

① ㄱ ② ㄷ ③ ㄱ, ㄴ ④ ㄴ, ㄷ ⑤ ㄱ, ㄴ, ㄷ

13. 그림은 남극 중층수, 북대서양 심층수, 남극 저층수를 각각 ㉠, ㉡, ㉢으로 순서 없이 수온-염분도에 나타낸 것이고, 표는 남대서양에 위치한 A, B 해역에서의 깊이에 따른 수온과 염분을 나타낸 것이다.

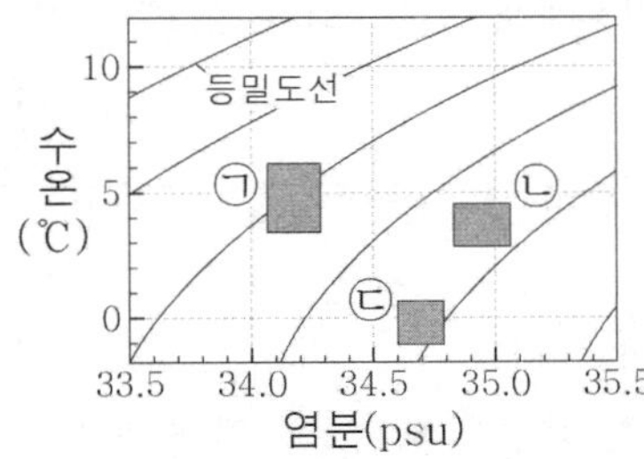

깊이 (m)	A 해역		B 해역	
	수온 (℃)	염분 (psu)	수온 (℃)	염분 (psu)
1000	3.8	34.2	0.3	34.6
2000	3.4	34.9	0.0	34.7
3000	3.1	34.9	−0.3	34.7

이에 대한 옳은 설명만을 <보기>에서 있는 대로 고른 것은? [3점]

< 보 기 >

ㄱ. ㉠은 남극 저층수이다.
ㄴ. A의 3000 m 깊이에는 북대서양 심층수가 존재한다.
ㄷ. 위도는 A가 B보다 낮다.

① ㄱ ② ㄴ ③ ㄱ, ㄷ ④ ㄴ, ㄷ ⑤ ㄱ, ㄴ, ㄷ

14. 그림은 지구에서 X-Y 단면을 따라 관측한 지진파 단층 촬영 영상을 나타낸 것이다. A는 용암이 분출되는 지역이다.

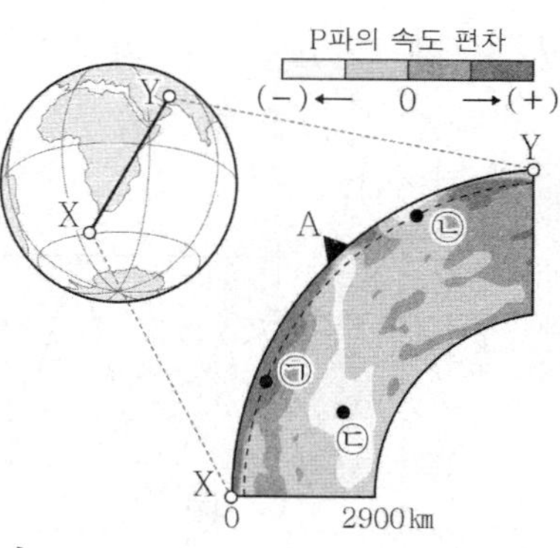

이에 대한 옳은 설명만을 <보기>에서 있는 대로 고른 것은? [3점]

< 보 기 >

ㄱ. 평균 온도는 ㉠ 지점이 ㉡ 지점보다 낮다.
ㄴ. ㉢ 지점에서는 플룸이 상승하고 있다.
ㄷ. A의 하부에서는 압력 감소로 인해 마그마가 생성된다.

① ㄱ ② ㄷ ③ ㄱ, ㄴ ④ ㄴ, ㄷ ⑤ ㄱ, ㄴ, ㄷ

15. 그림 (가)는 현재 판의 이동 방향과 이동 속력을, (나)는 시간에 따른 대양의 면적 변화를 나타낸 것이다. A와 B는 각각 태평양과 대서양 중 하나이다.

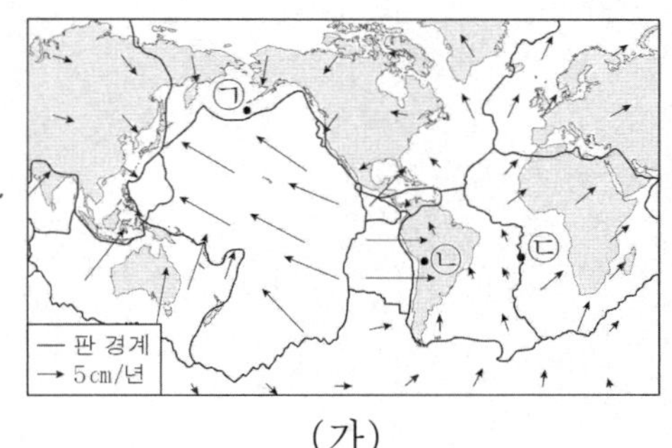

(가)

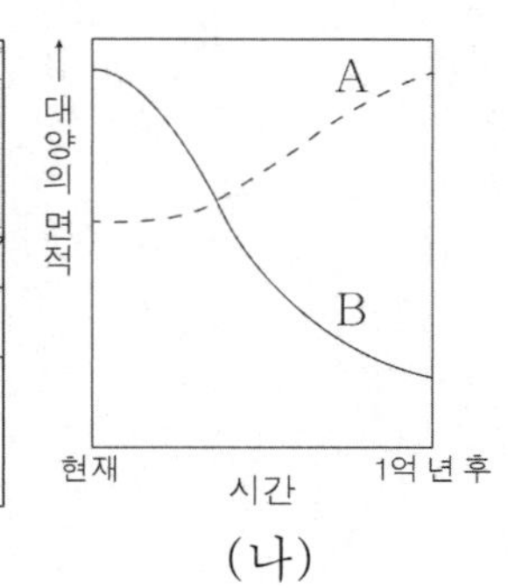

(나)

이에 대한 옳은 설명만을 <보기>에서 있는 대로 고른 것은?

< 보 기 >

ㄱ. ㉠의 하부에서는 해양판이 섭입하고 있다.
ㄴ. 지진이 발생하는 평균 깊이는 ㉡보다 ㉢에서 얕다.
ㄷ. A는 대서양, B는 태평양이다.

① ㄱ ② ㄷ ③ ㄱ, ㄴ ④ ㄴ, ㄷ ⑤ ㄱ, ㄴ, ㄷ

16. 표는 별 A, B의 표면 온도와 반지름을, 그림은 A, B에서 단위 면적당 단위 시간에 방출되는 복사 에너지의 파장에 따른 세기를 ㉠과 ㉡으로 순서 없이 나타낸 것이다.

별	A	B
표면 온도 (K)	5000	10000
반지름 (상댓값)	2	1

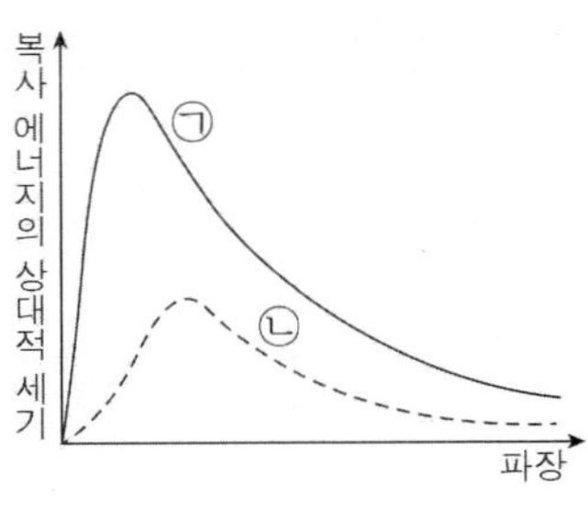

이에 대한 옳은 설명만을 <보기>에서 있는 대로 고른 것은?

< 보 기 >

ㄱ. A는 ㉡에 해당한다.
ㄴ. B는 붉은색 별이다.
ㄷ. 별의 광도는 A가 B의 4배이다.

① ㄱ ② ㄷ ③ ㄱ, ㄴ ④ ㄴ, ㄷ ⑤ ㄱ, ㄴ, ㄷ

17. 그림 (가)는 지구 자전축 경사각과 지구 공전 궤도 이심률의 변화를, (나)는 ㉠ 또는 ㉡ 시기의 지구 자전축 경사각을 나타낸 것이다.

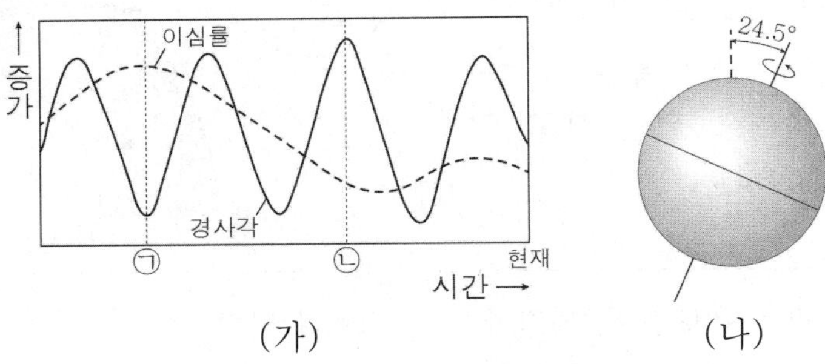

(가) (나)

이에 대한 옳은 설명만을 <보기>에서 있는 대로 고른 것은? (단, 지구 자전축 경사각과 지구 공전 궤도 이심률 이외의 요인은 고려하지 않는다.) [3점]

< 보 기 >

ㄱ. 근일점 거리는 ㉠ 시기가 ㉡ 시기보다 가깝다.
ㄴ. (나)는 ㉠ 시기에 해당한다.
ㄷ. 우리나라에서 기온의 연교차는 현재가 ㉠ 시기보다 크다.

① ㄱ ② ㄴ ③ ㄱ, ㄷ ④ ㄴ, ㄷ ⑤ ㄱ, ㄴ, ㄷ

18. 그림은 빅뱅 이후 시간에 따른 우주의 온도 변화를 나타낸 것이다. A와 B는 각각 헬륨 원자핵과 중성 원자가 형성된 시기 중 하나이다.

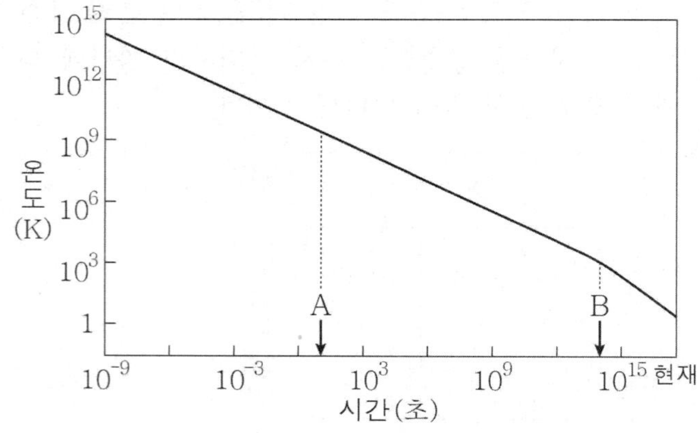

이에 대한 옳은 설명만을 <보기>에서 있는 대로 고른 것은?

< 보 기 >

ㄱ. A는 헬륨 원자핵이 형성된 시기이다.
ㄴ. 우주의 밀도는 A 시기가 B 시기보다 크다.
ㄷ. 최초의 별은 B 시기 이후에 형성되었다.

① ㄱ ② ㄷ ③ ㄱ, ㄴ ④ ㄴ, ㄷ ⑤ ㄱ, ㄴ, ㄷ

19. 그림 (가)는 지구에서 관측한 어느 퀘이사 X의 모습을, (나)는 X의 스펙트럼과 Hα 방출선의 파장 변화(→)를 나타낸 것이다. X의 절대 등급은 -26.7이고, 우리은하의 절대 등급은 -20.8이다.

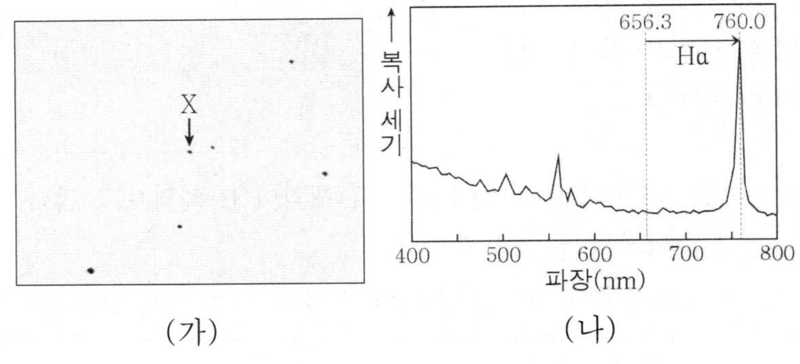

(가) (나)

이에 대한 옳은 설명만을 <보기>에서 있는 대로 고른 것은? [3점]

< 보 기 >

ㄱ. X는 많은 별들로 이루어진 천체이다.
ㄴ. $\frac{\text{X의 광도}}{\text{우리은하의 광도}}$는 100보다 작다.
ㄷ. X보다 거리가 먼 퀘이사의 스펙트럼에서는 Hα 방출선의 파장 변화량이 103.7 nm보다 크다.

① ㄱ ② ㄴ ③ ㄱ, ㄴ ④ ㄱ, ㄷ ⑤ ㄴ, ㄷ

20. 그림 (가)는 질량이 태양과 같은 어느 별의 진화 경로를, (나)의 ㉠과 ㉡은 별의 내부 구조와 핵융합 반응이 일어나는 영역을 나타낸 것이다. ㉠과 ㉡은 각각 A와 B 시기 중 하나에 해당한다.

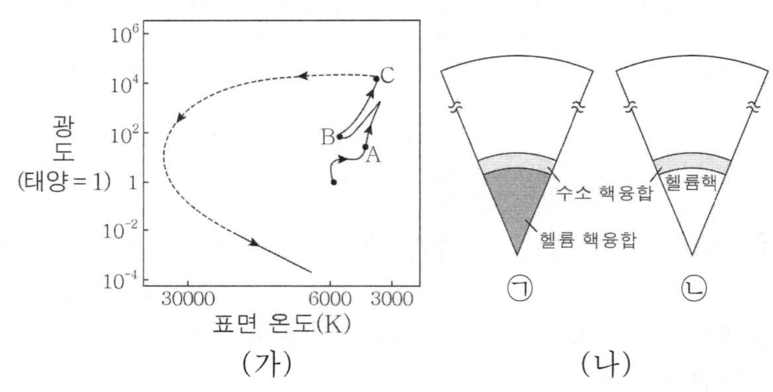

(가) (나)

이에 대한 옳은 설명만을 <보기>에서 있는 대로 고른 것은? [3점]

< 보 기 >

ㄱ. ㉠에 해당하는 시기는 A이다.
ㄴ. ㉡의 헬륨핵은 수축하고 있다.
ㄷ. C 시기 이후 중심부에서 탄소 핵융합 반응이 일어난다.

① ㄱ ② ㄴ ③ ㄱ, ㄷ ④ ㄴ, ㄷ ⑤ ㄱ, ㄴ, ㄷ

*** 확인 사항**

○ 답안지의 해당란에 필요한 내용을 정확히 기입(표기)했는지 확인하시오.

[해설편 p.010]

제 4 교시

과학탐구 영역(지구과학 I)

04회

성명		수험 번호		제 [ ] 선택

1. 다음은 플룸 상승류를 관찰하기 위한 모형 실험이다.

[실험 과정]
(가) 그림 I과 같이 찬물을 담은 비커 바닥에 스포이트로 잉크를 조금씩 떨어뜨린다.
(나) 그림 II와 같이 잉크가 가라앉은 부분을 촛불로 가열한다.
(다) 비커에서 잉크가 움직이는 모양을 관찰한다.

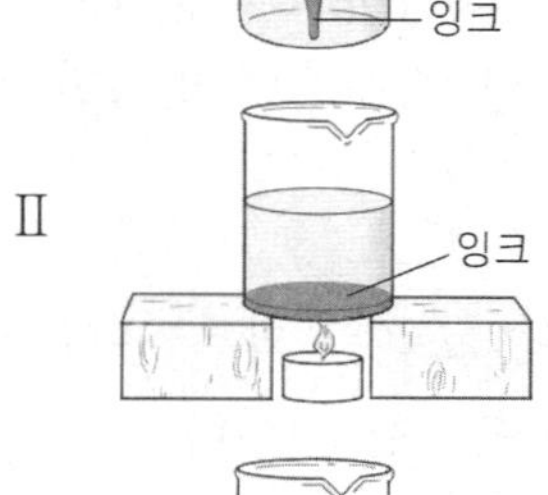

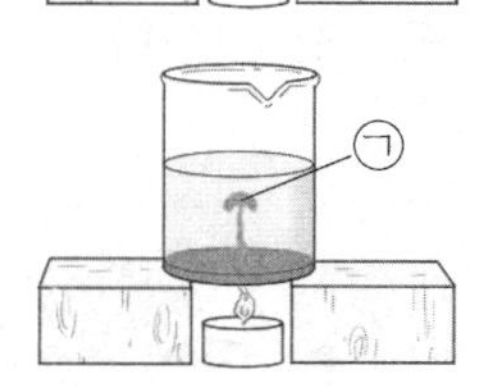

[실험 결과]
• 그림 III과 같이 바닥에 가라앉은 잉크 일부가 버섯 모양으로 상승하는 모습이 나타났다.

III ㉠

이 실험 결과에 대한 옳은 설명만을 <보기>에서 있는 대로 고른 것은?

< 보 기 >
ㄱ. ㉠은 플룸 상승류에 해당한다.
ㄴ. ㉠은 주변의 찬물보다 밀도가 크다.
ㄷ. 잉크가 상승하기 시작하는 지점은 지구 내부에서 내핵과 외핵의 경계부에 해당한다.

① ㄱ ② ㄷ ③ ㄱ, ㄴ ④ ㄱ, ㄷ ⑤ ㄴ, ㄷ

2. 그림 (가)는 화성암의 생성 위치를, (나)는 북한산 인수봉의 모습을 나타낸 것이다.

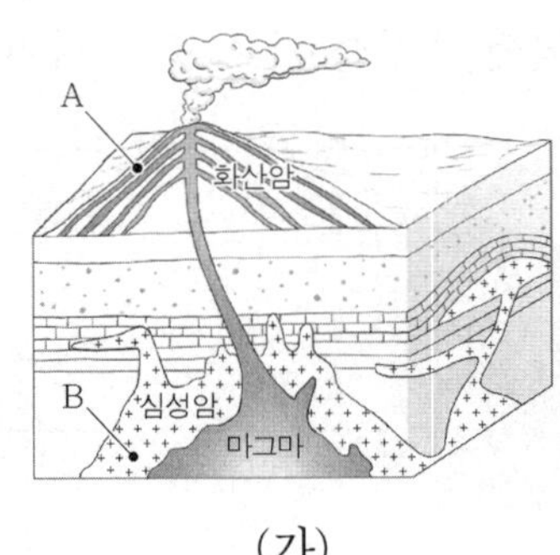

(가)

(나)

이에 대한 옳은 설명만을 <보기>에서 있는 대로 고른 것은?

< 보 기 >
ㄱ. 주상 절리는 B보다 A에서 잘 형성된다.
ㄴ. (나)의 암석은 A에서 생성되었다.
ㄷ. 마그마의 냉각 속도는 B보다 A에서 빠르다.

① ㄱ ② ㄴ ③ ㄱ, ㄷ ④ ㄴ, ㄷ ⑤ ㄱ, ㄴ, ㄷ

3. 그림 (가), (나), (다)는 서로 다른 세 시기의 대륙 분포를 나타낸 것이다.

(가) (나) (다)

이에 대한 옳은 설명만을 <보기>에서 있는 대로 고른 것은?

< 보 기 >
ㄱ. (가)의 초대륙은 고생대 말에 형성되었다.
ㄴ. (나)의 초대륙이 형성되는 과정에서 습곡 산맥이 만들어졌다.
ㄷ. (다)에서 대서양의 면적은 현재보다 좁다.

① ㄱ ② ㄴ ③ ㄱ, ㄷ ④ ㄴ, ㄷ ⑤ ㄱ, ㄴ, ㄷ

4. 그림 (가)는 퇴적암 A ~ D와 화성암 P가 존재하는 어느 지역의 지질 단면을, (나)는 방사성 동위 원소 X의 붕괴 곡선을 나타낸 것이다. P에 포함된 X의 양은 처음 양의 25%이다.

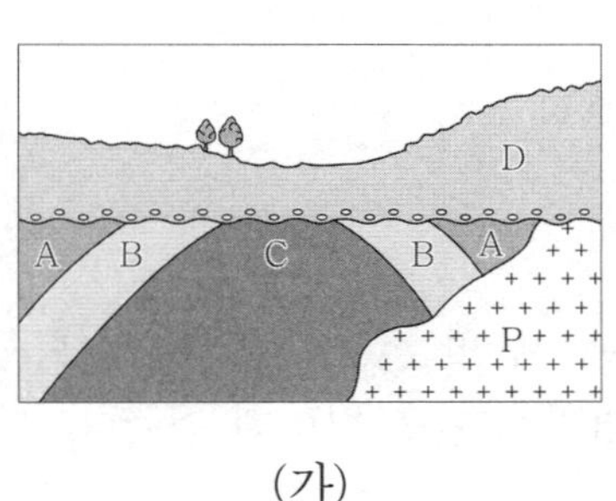

(가)

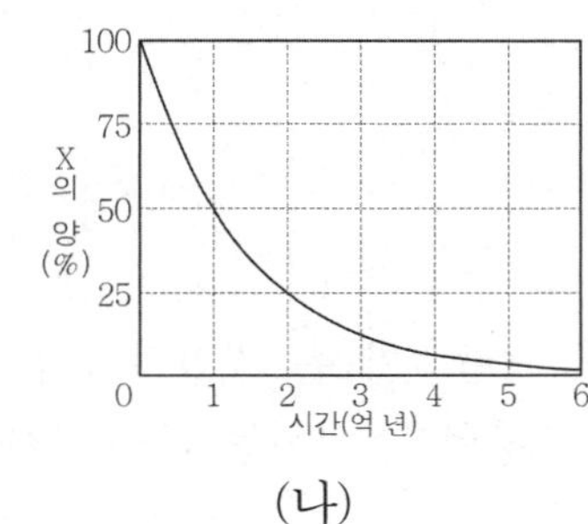

(나)

이에 대한 옳은 설명만을 <보기>에서 있는 대로 고른 것은? [3점]

< 보 기 >
ㄱ. 이 지역에는 배사 구조가 나타난다.
ㄴ. C와 D는 부정합 관계이다.
ㄷ. D가 생성된 시기는 2억 년보다 오래되었다.

① ㄱ ② ㄷ ③ ㄱ, ㄴ ④ ㄴ, ㄷ ⑤ ㄱ, ㄴ, ㄷ

5. 그림은 온대 저기압의 발생 과정 중 전선에 파동이 형성되는 모습을 나타낸 것이다.

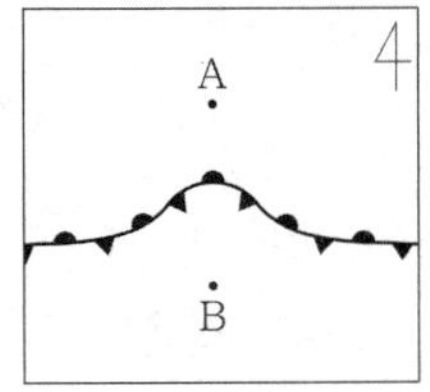

이 자료에 대한 옳은 설명만을 <보기>에서 있는 대로 고른 것은?

< 보 기 >
ㄱ. 이러한 파동은 주로 열대 해상에서 발생한다.
ㄴ. 폐색 전선이 발달해 있다.
ㄷ. 기온은 A 지점이 B 지점보다 낮다.

① ㄱ ② ㄷ ③ ㄱ, ㄴ ④ ㄴ, ㄷ ⑤ ㄱ, ㄴ, ㄷ

[해설편 p.011]

6. 그림 (가)와 (나)는 각각 관입암과 포획암이 존재하는 암석의 모습을 나타낸 것이다. (가)와 (나)에 있는 관입암과 포획암의 나이는 같다.

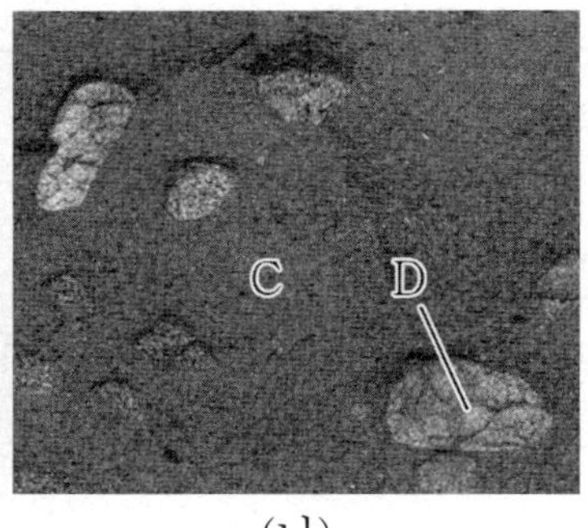

(가) (나)

암석 A ~ D에 대한 옳은 설명만을 <보기>에서 있는 대로 고른 것은? [3점]

< 보 기 >

ㄱ. A는 B를 관입하였다.
ㄴ. 포획암은 D이다.
ㄷ. 암석의 나이는 C가 가장 적다.

① ㄱ ② ㄴ ③ ㄱ, ㄷ ④ ㄴ, ㄷ ⑤ ㄱ, ㄴ, ㄷ

7. 그림 (가)는 전갈자리에 있는 세 별 ㉠, ㉡, ㉢의 절대 등급과 분광형을, (나)는 H-R도에 별의 집단을 나타낸 것이다.

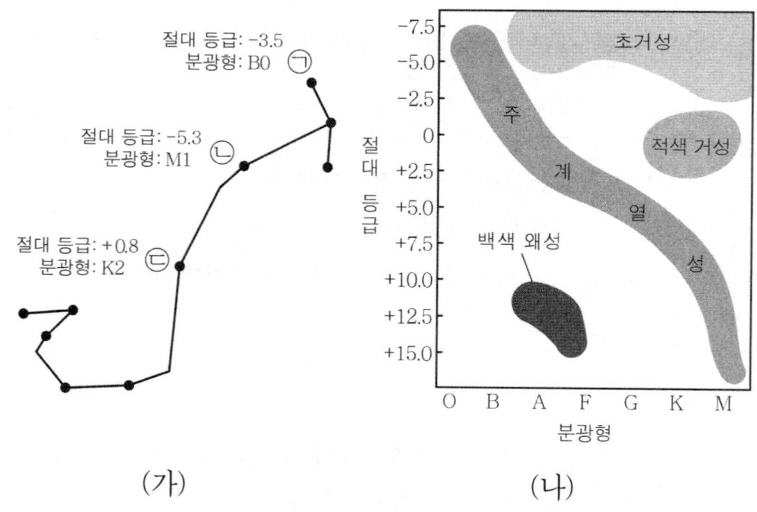

(가) (나)

별 ㉠, ㉡, ㉢에 대한 옳은 설명만을 <보기>에서 있는 대로 고른 것은? [3점]

< 보 기 >

ㄱ. ㉠은 주계열성이다.
ㄴ. ㉡은 파란색으로 관측된다.
ㄷ. 반지름은 ㉢이 가장 크다.

① ㄱ ② ㄴ ③ ㄷ ④ ㄱ, ㄷ ⑤ ㄴ, ㄷ

8. 그림은 지질 시대 동안 일어난 주요 사건을 나타낸 것이다.

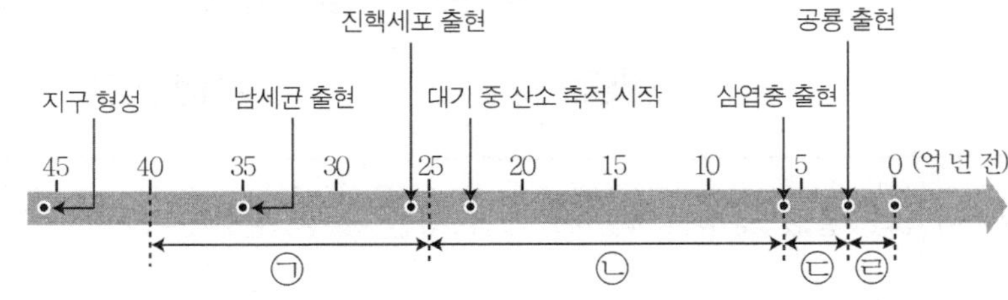

이에 대한 설명으로 옳은 것은? [3점]

① 최초의 다세포 생물이 출현한 지질 시대는 ㉠이다.
② 생물의 광합성이 최초로 일어난 지질 시대는 ㉡이다.
③ 최초의 육상 식물이 출현한 지질 시대는 ㉢이다.
④ 빙하기가 없었던 지질 시대는 ㉢이다.
⑤ 방추충이 번성한 지질 시대는 ㉣이다.

9. 그림은 외부 은하 중 일부를 형태에 따라 (가), (나), (다)로 분류한 것이다.

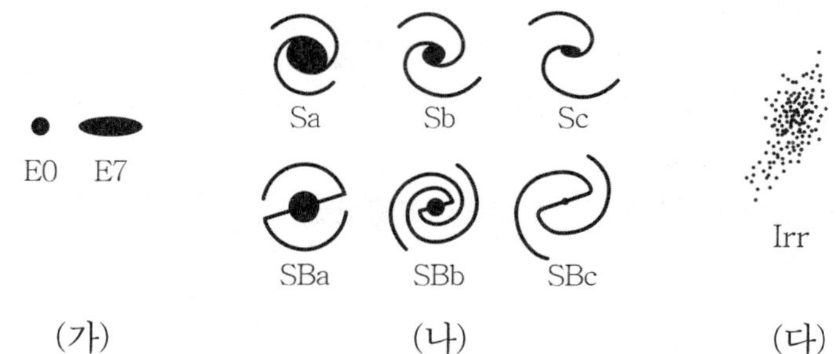

이에 대한 옳은 설명만을 <보기>에서 있는 대로 고른 것은?

< 보 기 >

ㄱ. (가)는 타원 은하이다.
ㄴ. (나)의 은하들은 나선팔이 있다.
ㄷ. 은하를 구성하는 별의 평균 표면 온도는 (가)가 (다)보다 낮다.

① ㄱ ② ㄷ ③ ㄱ, ㄴ ④ ㄴ, ㄷ ⑤ ㄱ, ㄴ, ㄷ

10. 그림 (가)와 (나)는 동해의 어느 지점에서 두 시기에 측정한 수심 0 ~ 500 m 구간의 수온과 염분 분포를 나타낸 것이다. (가)와 (나)는 각각 2월 또는 8월에 측정한 자료 중 하나이다.

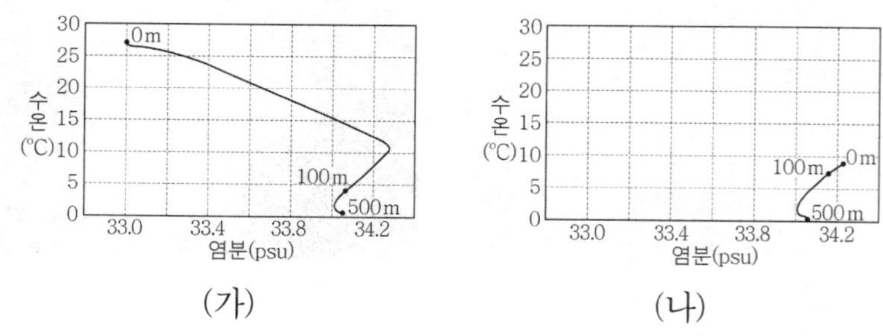

(가) (나)

이에 대한 옳은 설명만을 <보기>에서 있는 대로 고른 것은?

< 보 기 >

ㄱ. (가)는 8월에 측정한 자료이다.
ㄴ. 수온 약층은 (가)보다 (나)에서 뚜렷하게 나타난다.
ㄷ. 표면 해수의 밀도는 (가)보다 (나)에서 작다.

① ㄱ ② ㄴ ③ ㄱ, ㄷ ④ ㄴ, ㄷ ⑤ ㄱ, ㄴ, ㄷ

[해설편 p.011]

11. 표는 어느 태풍의 중심 위치와 중심 기압을, 그림은 관측 지점 A의 위치를 나타낸 것이다.

일시	태풍의 중심 위치		중심 기압 (hPa)
	위도(°N)	경도(°E)	
29일 03시	18	128	985
30일 03시	21	124	975
1일 03시	26	121	965
2일 03시	31	123	980
3일 03시	36	128	992

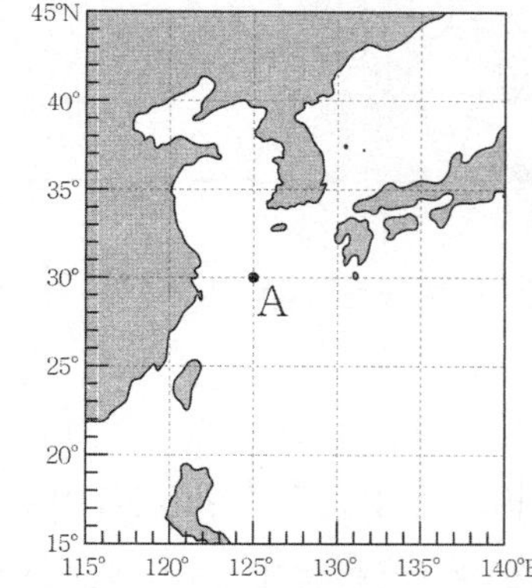

이 자료에 대한 옳은 설명만을 <보기>에서 있는 대로 고른 것은? [3점]

< 보 기 >

ㄱ. 태풍은 30일 03시 이전에 전향점을 통과하였다.
ㄴ. 태풍 중심 부근의 최대 풍속은 1일 03시가 3일 03시보다 강했을 것이다.
ㄷ. 1일~3일에 A 지점의 풍향은 시계 방향으로 변했을 것이다.

① ㄱ ② ㄴ ③ ㄱ, ㄷ ④ ㄴ, ㄷ ⑤ ㄱ, ㄴ, ㄷ

12. 그림 (가)와 (나)는 우리나라 일부 지역에 폭설 주의보가 발령된 어느 날 21시의 지상 일기도와 위성 영상을 나타낸 것이다.

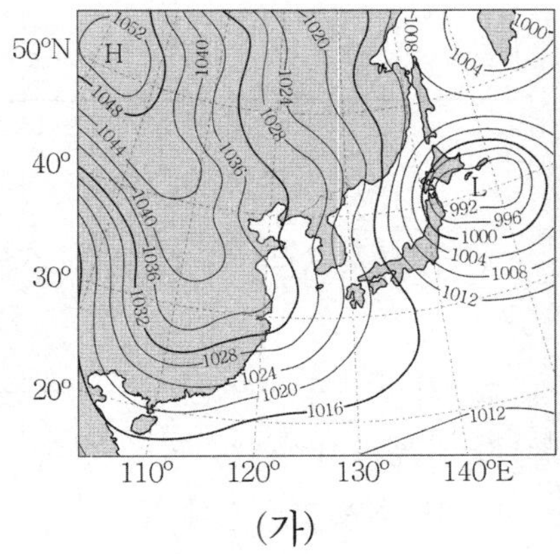

(가)

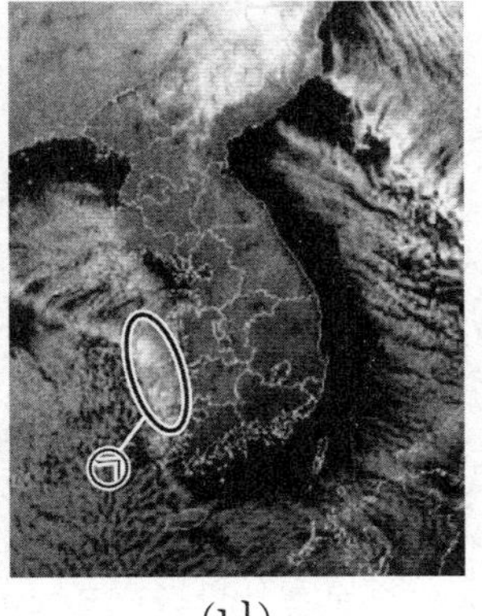

(나)

이날 우리나라의 날씨에 대한 옳은 설명만을 <보기>에서 있는 대로 고른 것은? [3점]

< 보 기 >

ㄱ. 동풍 계열의 바람이 우세하였다.
ㄴ. ㉠에서 상승 기류가 발달하였다.
ㄷ. 폭설이 내릴 가능성은 서해안보다 동해안이 높다.

① ㄱ ② ㄴ ③ ㄱ, ㄴ ④ ㄱ, ㄷ ⑤ ㄴ, ㄷ

13. 그림 (가)는 북대서양의 표층수와 심층수의 이동을, (나)는 대서양의 해수 순환을 나타낸 것이다. A, B, C는 각각 표층수, 남극 저층수, 북대서양 심층수 중 하나이다.

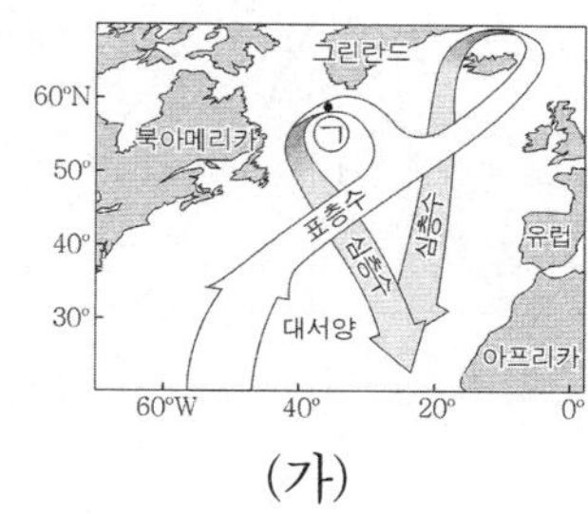

(가)

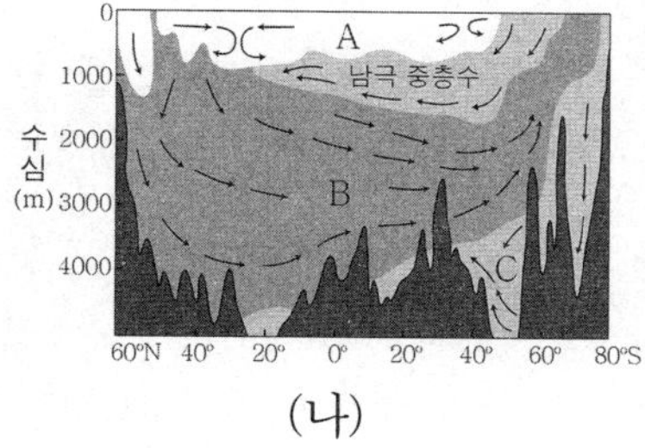

(나)

이에 대한 옳은 설명만을 <보기>에서 있는 대로 고른 것은?

< 보 기 >

ㄱ. (가)의 심층수는 (나)의 B에 해당한다.
ㄴ. 해수의 평균 이동 속도는 A가 C보다 크다.
ㄷ. ㉠ 해역에서 표층수의 밀도가 현재보다 커지면 침강이 약해진다.

① ㄱ ② ㄷ ③ ㄱ, ㄴ ④ ㄱ, ㄷ ⑤ ㄴ, ㄷ

14. 그림은 태양 내부의 온도 분포를 나타낸 것이다. ㉠, ㉡, ㉢은 각각 중심핵, 복사층, 대류층 중 하나이다.

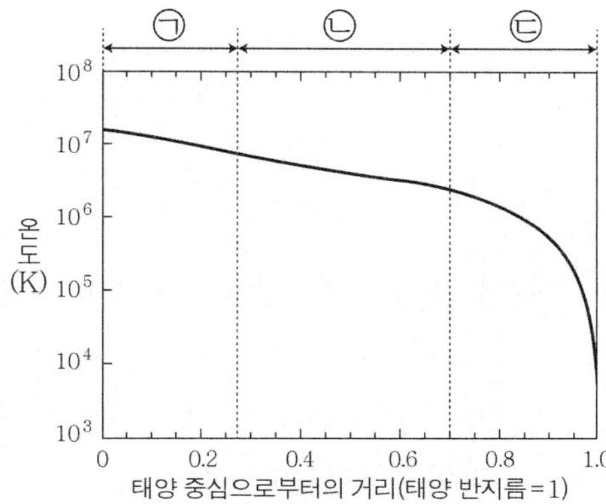

이에 대한 옳은 설명만을 <보기>에서 있는 대로 고른 것은?

< 보 기 >

ㄱ. 태양 중심에서 표면으로 갈수록 온도는 낮아진다.
ㄴ. ㉠에서는 수소 핵융합 반응이 일어난다.
ㄷ. ㉢에서는 주로 대류에 의해 에너지 전달이 일어난다.

① ㄱ ② ㄴ ③ ㄱ, ㄷ ④ ㄴ, ㄷ ⑤ ㄱ, ㄴ, ㄷ

15. 그림은 현재와 A 시기에 근일점에 위치한 지구의 모습과 지구 공전 궤도 일부를 나타낸 것이다.

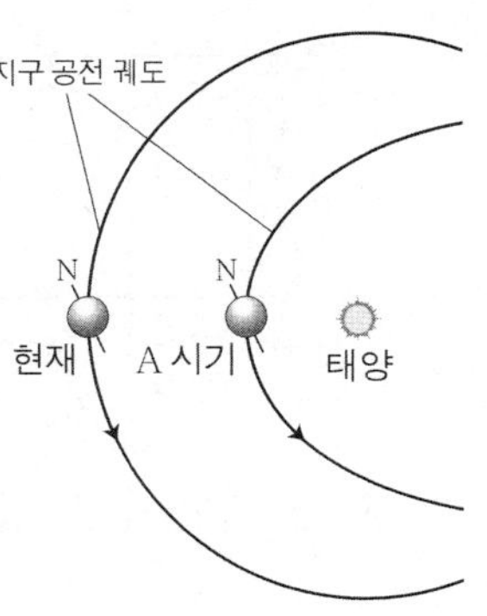

이에 대한 옳은 설명만을 <보기>에서 있는 대로 고른 것은? (단, 지구 공전 궤도 이심률 이외의 요인은 변하지 않는다.) [3점]

< 보 기 >

ㄱ. 지구 공전 궤도 이심률은 현재가 A 시기보다 크다.
ㄴ. 현재 북반구는 근일점에서 겨울철이다.
ㄷ. 지구가 원일점에 위치할 때, 지구가 받는 태양 복사 에너지양은 현재가 A 시기보다 많다.

① ㄱ ② ㄷ ③ ㄱ, ㄴ ④ ㄴ, ㄷ ⑤ ㄱ, ㄴ, ㄷ

16. 그림은 북아메리카 부근의 판 A, B, C와 판 경계를 나타낸 것이다. 이 지역에는 세 종류의 판 경계가 모두 존재한다.

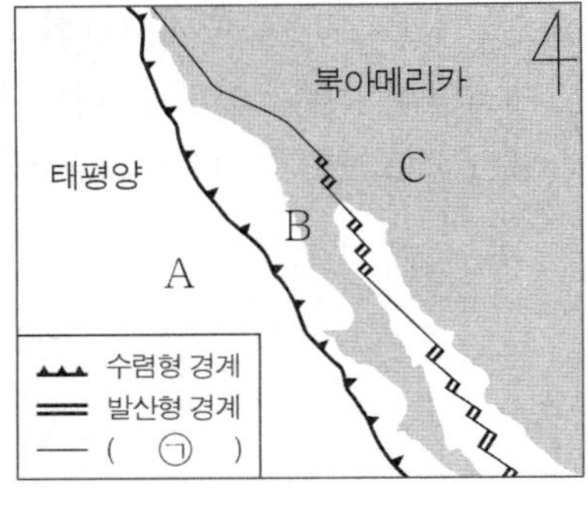

이에 대한 옳은 설명만을 <보기>에서 있는 대로 고른 것은?

< 보 기 >

ㄱ. 판의 밀도는 A가 B보다 크다.
ㄴ. B는 C에 대해 남동쪽으로 이동한다.
ㄷ. ㉠의 발견은 맨틀 대류설이 등장하게 된 계기가 되었다.

① ㄱ ② ㄴ ③ ㄱ, ㄷ ④ ㄴ, ㄷ ⑤ ㄱ, ㄴ, ㄷ

17. 그림은 두 주계열성 (가)와 (나)의 파장에 따른 복사 에너지 세기의 분포를 나타낸 것이다. (가)와 (나)의 분광형은 각각 B형과 G형 중 하나이다.

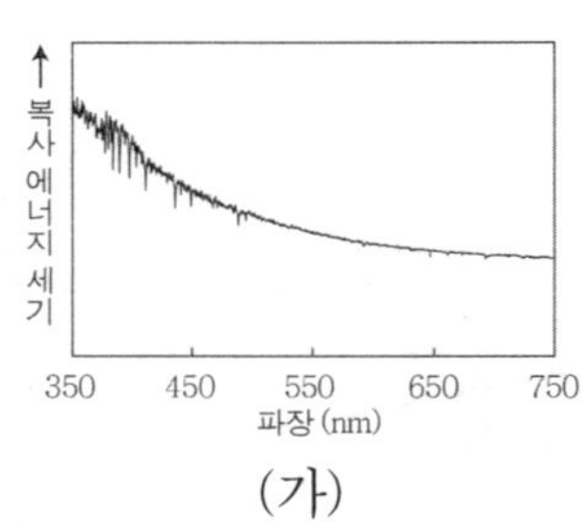

(가)

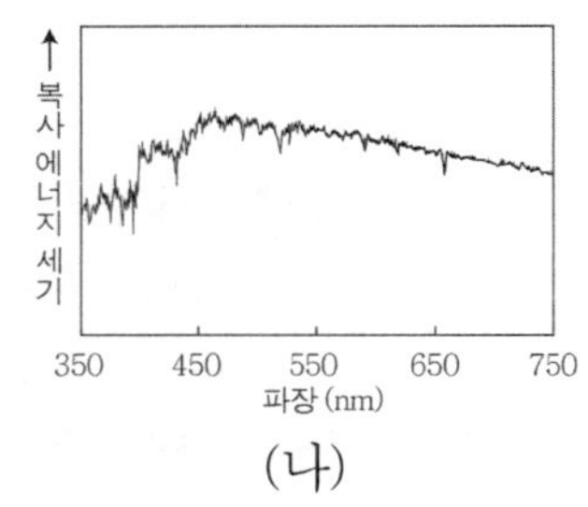

(나)

이에 대한 옳은 설명만을 <보기>에서 있는 대로 고른 것은?

< 보 기 >

ㄱ. 표면 온도는 (가)가 (나)보다 낮다.
ㄴ. 질량은 (가)가 (나)보다 작다.
ㄷ. 태양의 파장에 따른 복사 에너지 세기의 분포는 (가)보다 (나)와 비슷하다.

① ㄱ ② ㄷ ③ ㄱ, ㄴ ④ ㄴ, ㄷ ⑤ ㄱ, ㄴ, ㄷ

18. 그림 (가)와 (나)는 어느 외계 행성에 의한 중심별의 시선 속도 변화와 밝기 변화를 나타낸 것이다.

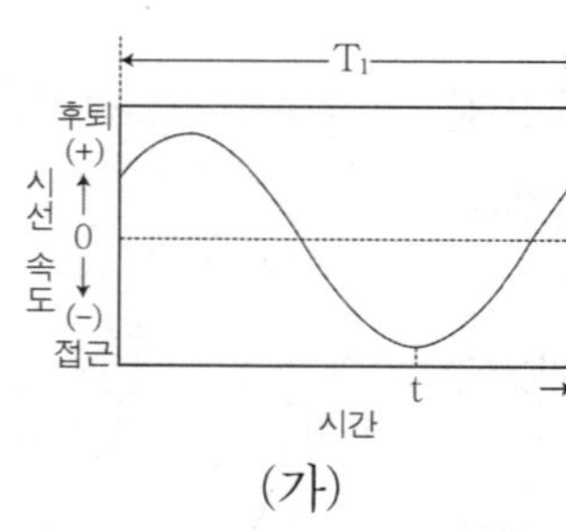

(가)

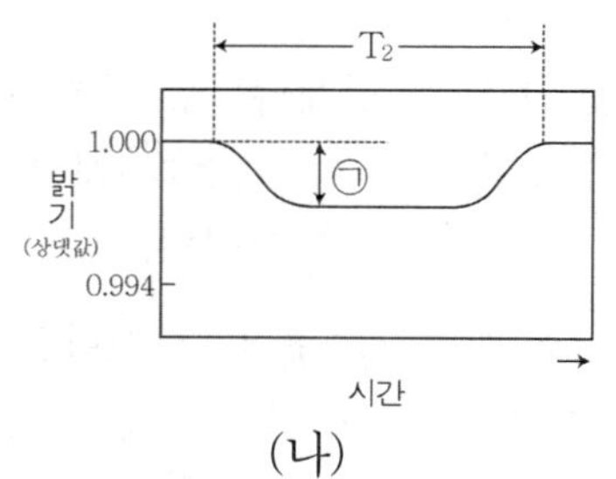

(나)

이에 대한 옳은 설명만을 <보기>에서 있는 대로 고른 것은? [3점]

< 보 기 >

ㄱ. 관측 시간은 T_1이 T_2보다 길다.
ㄴ. t일 때 외계 행성은 지구로부터 멀어진다.
ㄷ. $\frac{\text{행성의 반지름}}{\text{중심별의 반지름}}$ 값이 클수록 ㉠은 커진다.

① ㄱ ② ㄴ ③ ㄱ, ㄷ ④ ㄴ, ㄷ ⑤ ㄱ, ㄴ, ㄷ

19. 그림 (가)와 (나)는 각각 엘니뇨 시기와 라니냐 시기에 관측한 태평양 적도 부근 해역의 해수면 높이 변화를 순서 없이 나타낸 것이다. 그림에서 (+)인 곳은 해수면이 평년보다 높아진 해역이고, (−)인 곳은 평년보다 낮아진 해역이다.

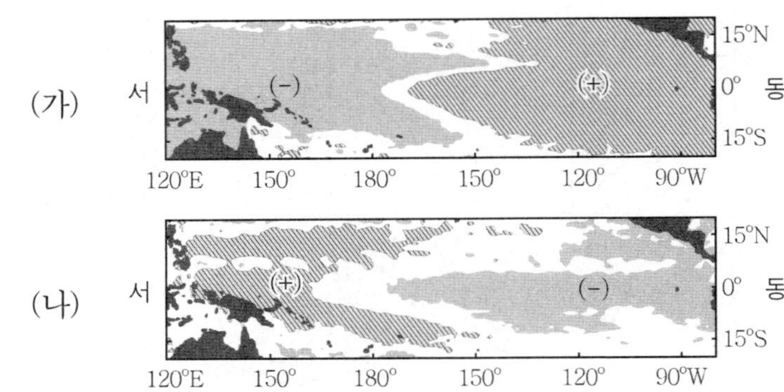

이에 대한 옳은 설명만을 <보기>에서 있는 대로 고른 것은? [3점]

< 보 기 >

ㄱ. (가)는 엘니뇨 시기에 관측한 자료이다.
ㄴ. 태평양 적도 부근 해역에서 동서 방향의 해수면 경사는 (가)가 (나)보다 완만하다.
ㄷ. 동태평양 적도 부근 해역에서 표층 수온은 (가)가 (나)보다 낮다.

① ㄱ ② ㄷ ③ ㄱ, ㄴ ④ ㄱ, ㄷ ⑤ ㄴ, ㄷ

20. 그림 (가)는 현재 우주에서 암흑 물질, 보통 물질, 암흑 에너지가 차지하는 비율을 각각 ㉠, ㉡, ㉢으로 순서 없이 나타낸 것이고, (나)는 우리은하의 회전 속도를 은하 중심으로부터의 거리에 따라 나타낸 것이다. A와 B는 각각 관측 가능한 물질만을 고려한 추정값과 실제 관측값 중 하나이다.

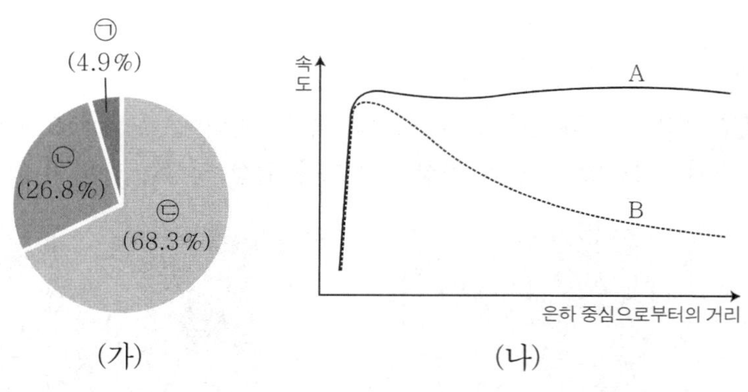

(가) (나)

이에 대한 옳은 설명만을 <보기>에서 있는 대로 고른 것은? [3점]

< 보 기 >

ㄱ. ㉠과 ㉡은 현재 우주를 가속 팽창시키는 역할을 한다.
ㄴ. 관측 가능한 물질만을 고려한 추정값은 B이다.
ㄷ. A와 B의 회전 속도 차이는 ㉢의 영향으로 나타난다.

① ㄱ ② ㄴ ③ ㄱ, ㄷ ④ ㄴ, ㄷ ⑤ ㄱ, ㄴ, ㄷ

*** 확인 사항**

○ 답안지의 해당란에 필요한 내용을 정확히 기입(표기) 했는지 확인하시오.

[해설편 p.013]

제 4 교시

과학탐구 영역[지구과학 I]

05회

성명 | 수험 번호 | 제 [ ] 선택

1. 다음은 음향 측심 자료를 이용하여 해저 지형을 알아보기 위한 탐구 과정이다.

[탐구 과정]

표는 A와 B 해역에서 직선 구간을 따라 일정한 간격으로 음향 측심을 한 자료이다. A와 B 해역에는 각각 해령과 해구 중 하나가 존재한다.

A 해역	탐사 지점	A_1	A_2	A_3	A_4	A_5	A_6
	음파 왕복 시간(초)	5.5	5.2	4.8	4.2	4.7	5.1
B 해역	탐사 지점	B_1	B_2	B_3	B_4	B_5	B_6
	음파 왕복 시간(초)	5.6	9.4	6.2	5.9	5.7	5.6

(가) A와 B 해역의 음향 측심 자료를 바탕으로 각 지점의 수심을 구한다.

(나) 가로축은 탐사 지점, 세로축은 수심으로 그래프를 작성한다.

이에 대한 옳은 설명만을 <보기>에서 있는 대로 고른 것은? (단, 해양에서 음파의 평균 속력은 1500 m/s이다.)

< 보 기 >

ㄱ. A 해역에는 수렴형 경계가 존재한다.

ㄴ. B 해역에는 수심이 7000 m보다 깊은 지점이 존재한다.

ㄷ. 판의 경계에서 해양 지각의 평균 연령은 A 해역이 B 해역보다 많다.

① ㄱ ② ㄴ ③ ㄱ, ㄷ ④ ㄴ, ㄷ ⑤ ㄱ, ㄴ, ㄷ

2. 그림은 7100만 년 전부터 현재까지 인도 대륙의 위치 변화를 나타낸 것이다.

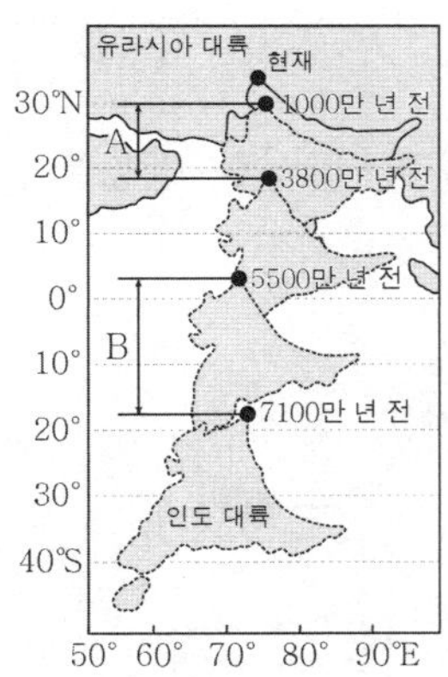

이에 대한 옳은 설명만을 <보기>에서 있는 대로 고른 것은?

< 보 기 >

ㄱ. 1000만 년 전에 인도 대륙과 유라시아 대륙 사이에는 수렴형 경계가 존재하였다.

ㄴ. 인도 대륙의 평균 이동 속도는 A 구간보다 B 구간에서 빨랐다.

ㄷ. 이 기간 동안 인도 대륙에서 생성된 암석들의 복각은 동일하다.

① ㄱ ② ㄷ ③ ㄱ, ㄴ ④ ㄴ, ㄷ ⑤ ㄱ, ㄴ, ㄷ

3. 그림은 두 지역 (가)와 (나)에서 지하의 온도 분포와 판의 구조를 나타낸 것이다. (가)와 (나)에서는 각각 플룸의 상승류와 하강류 중 하나가 나타난다.

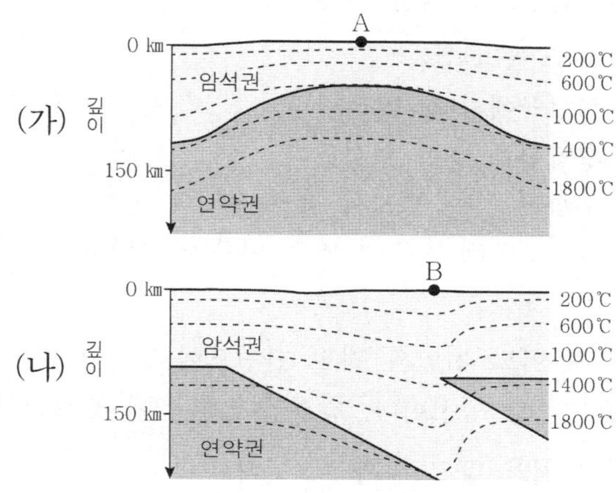

이에 대한 옳은 설명만을 <보기>에서 있는 대로 고른 것은? [3점]

< 보 기 >

ㄱ. 0 ~ 150 km 사이에서 깊이에 따른 온도 증가율은 A보다 B에서 크다.

ㄴ. (가)의 하부에는 차가운 플룸이 존재한다.

ㄷ. (나)에서는 섭입하는 판을 지구 내부로 잡아당기는 힘이 작용하고 있다.

① ㄱ ② ㄷ ③ ㄱ, ㄴ ④ ㄱ, ㄷ ⑤ ㄴ, ㄷ

4. 그림 (가)는 지하의 온도 분포와 암석의 용융 곡선을, (나)와 (다)는 설악산 울산바위와 제주도 용두암의 모습을 나타낸 것이다.

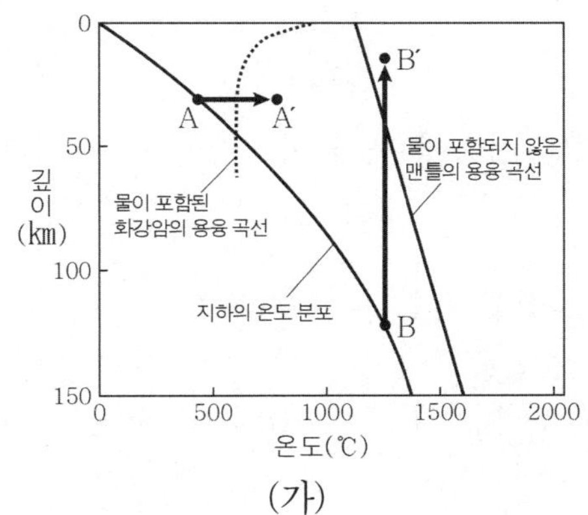

(가)

(나) 설악산 울산바위

(다) 제주도 용두암

이에 대한 옳은 설명만을 <보기>에서 있는 대로 고른 것은? [3점]

< 보 기 >

ㄱ. A → A′ 과정을 거쳐 생성된 마그마는 B → B′ 과정을 거쳐 생성된 마그마보다 SiO_2 함량이 높다.

ㄴ. (나)를 형성한 마그마는 B → B′ 과정을 거쳐 생성되었다.

ㄷ. 암석을 이루는 광물 입자의 크기는 (나)가 (다)보다 크다.

① ㄱ ② ㄷ ③ ㄱ, ㄴ ④ ㄱ, ㄷ ⑤ ㄴ, ㄷ

5. 그림 (가), (나), (다)는 세 암석에서 각각 관찰한 건열, 연흔, 절리를 순서 없이 나타낸 것이다.

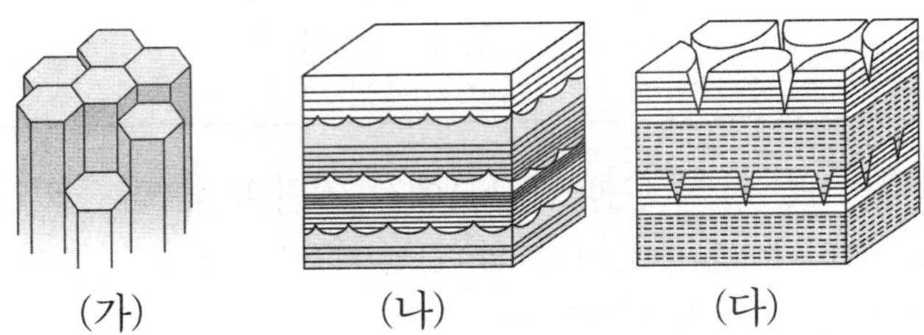
(가) (나) (다)

이에 대한 설명으로 옳은 것은?

① (가)는 판상 절리이다.
② (가)는 심성암에서 잘 나타난다.
③ (나)는 횡압력을 받아 형성된다.
④ (다)는 수심이 깊은 곳에서 잘 형성된다.
⑤ (나)와 (다)로부터 지층의 역전 여부를 판단할 수 있다.

6. 그림 (가)는 어느 지역의 지질 단면도이고, (나)는 방사성 동위 원소 X의 붕괴 곡선이다. 화성암 C와 D에 포함되어 있는 X의 양은 각각 처음 양의 $\frac{1}{4}$과 $\frac{1}{16}$이다.

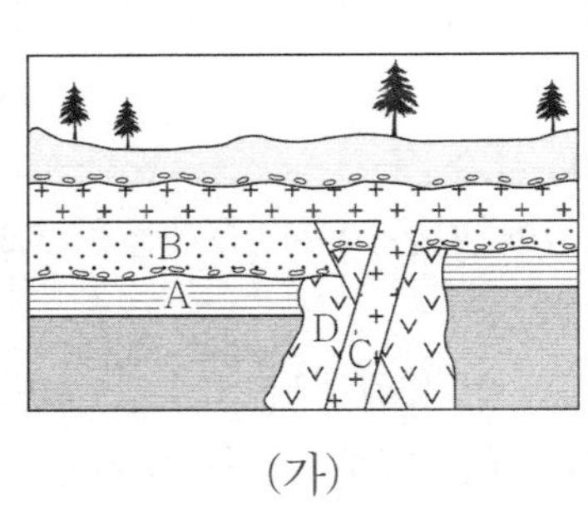

(가)

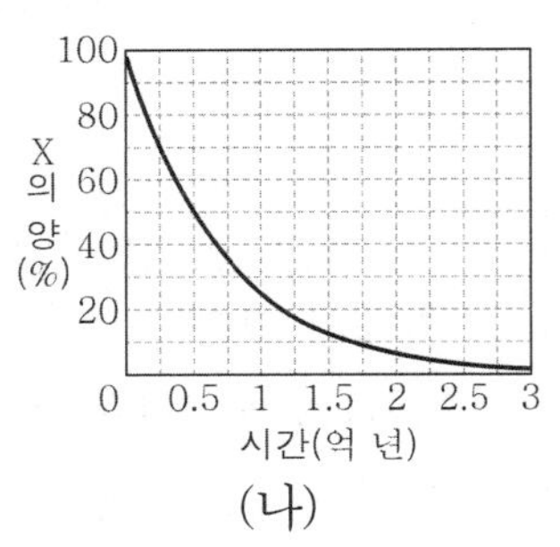

(나)

이에 대한 옳은 설명만을 <보기>에서 있는 대로 고른 것은? [3점]

< 보 기 >
ㄱ. A는 D보다 먼저 생성되었다.
ㄴ. B가 퇴적된 시기에는 매머드가 번성하였다.
ㄷ. 이 지역은 현재까지 2회 융기하였다.

① ㄱ ② ㄷ ③ ㄱ, ㄴ ④ ㄴ, ㄷ ⑤ ㄱ, ㄴ, ㄷ

7. 다음은 판게아가 존재했던 시기에 대해 학생들이 나눈 대화를 나타낸 것이다.

이에 대해 옳게 설명한 학생만을 있는 대로 고른 것은? [3점]

① A ② B ③ A, C ④ B, C ⑤ A, B, C

8. 그림 (가)는 대서양의 심층 순환을, (나)는 수온－염분도를 나타낸 것이다. (나)의 A, B, C는 각각 북대서양 심층수, 남극 중층수, 남극 저층수 중 하나이다.

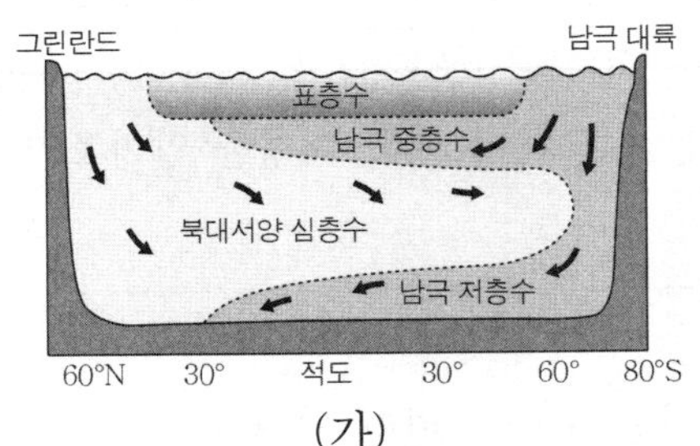

(가)

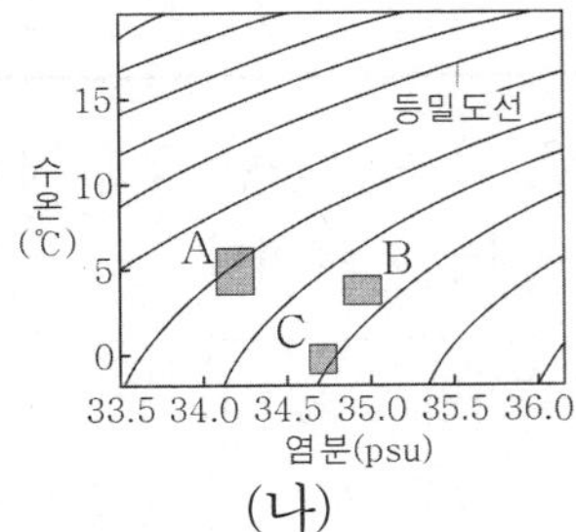

(나)

이 자료에 대한 옳은 설명만을 <보기>에서 있는 대로 고른 것은? [3점]

< 보 기 >
ㄱ. A는 남극 중층수이다.
ㄴ. B는 침강한 후 대체로 북쪽으로 흐른다.
ㄷ. 남극 저층수는 북대서양 심층수보다 수온과 염분이 낮다.

① ㄱ ② ㄴ ③ ㄱ, ㄷ ④ ㄴ, ㄷ ⑤ ㄱ, ㄴ, ㄷ

9. 그림 (가)는 세이퍼트은하, (나)는 전파 은하를 관측한 것이다.

(가)

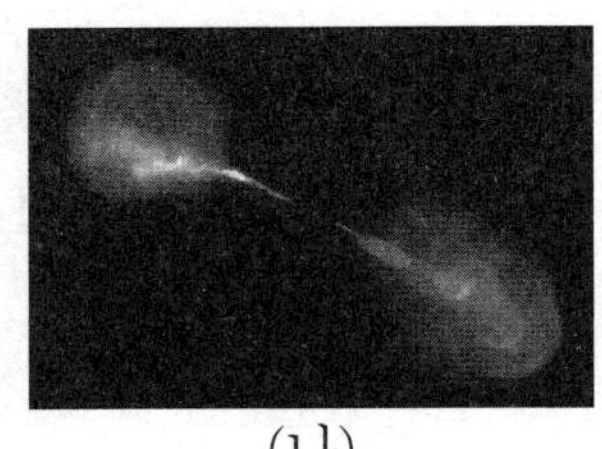
(나)

이에 대한 옳은 설명만을 <보기>에서 있는 대로 고른 것은?

< 보 기 >
ㄱ. (가)에서는 나선팔이 관측된다.
ㄴ. (나)에서는 제트가 관측된다.
ㄷ. (가)와 (나)는 모두 특이 은하에 속한다.

① ㄱ ② ㄷ ③ ㄱ, ㄴ ④ ㄴ, ㄷ ⑤ ㄱ, ㄴ, ㄷ

10. 그림 (가)는 양성자·양성자 반응을, (나)는 어느 주계열성의 내부 구조를 나타낸 것이다.

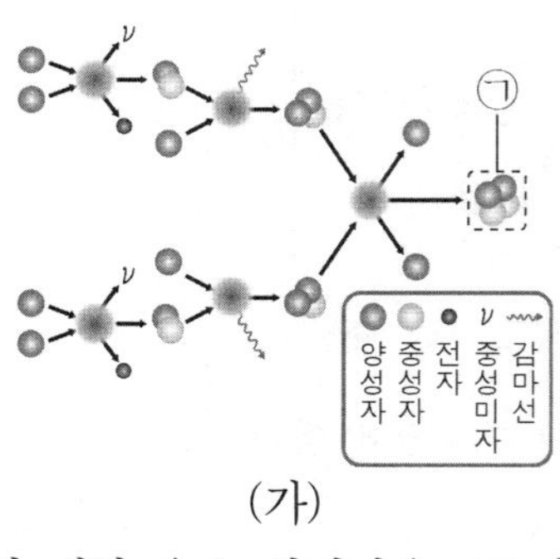

(가)

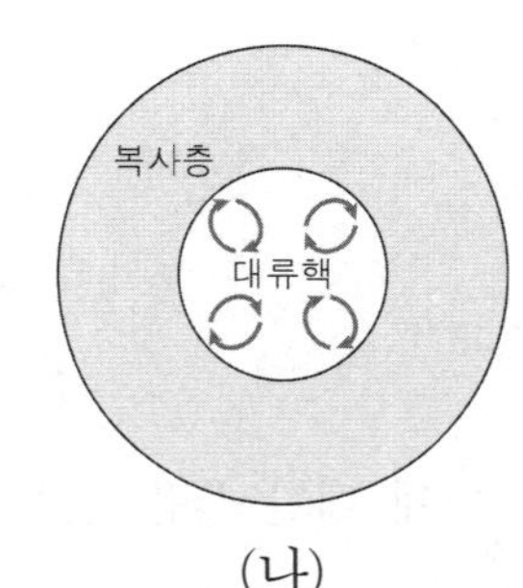

(나)

이에 대한 옳은 설명만을 <보기>에서 있는 대로 고른 것은?

< 보 기 >
ㄱ. ㉠은 헬륨 원자핵이다.
ㄴ. (나)는 태양보다 질량이 큰 별의 내부 구조이다.
ㄷ. (나)의 대류핵에서는 탄소·질소·산소 순환 반응보다 (가)의 반응이 우세하다.

① ㄱ ② ㄷ ③ ㄱ, ㄴ ④ ㄴ, ㄷ ⑤ ㄱ, ㄴ, ㄷ

[해설편 p.014]

11. 그림은 태양과 별 (가), (나)의 파장에 따른 복사 에너지 분포를, 표는 세 별의 절대 등급을 나타낸 것이다.

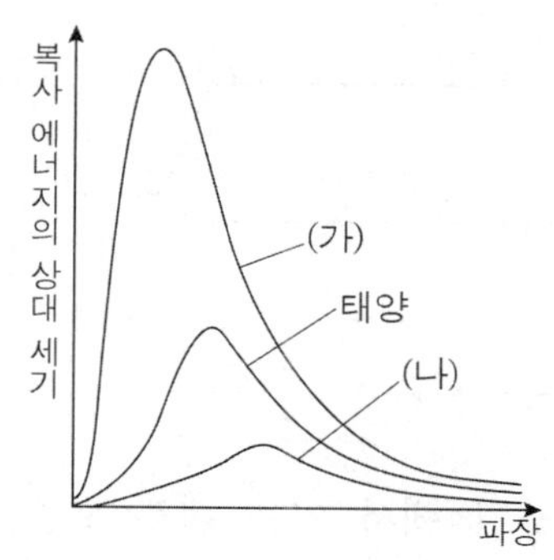

별	절대 등급
태양	+4.8
(가)	+1.0
(나)	-4.0

이에 대한 옳은 설명만을 <보기>에서 있는 대로 고른 것은? [3점]

< 보 기 >
ㄱ. 별이 단위 시간 동안 단위 면적에서 방출하는 에너지양은 (가)가 태양보다 많다.
ㄴ. (나)는 파란색 별이다.
ㄷ. 별의 반지름은 (나)가 (가)의 10배이다.

① ㄱ ② ㄷ ③ ㄱ, ㄴ ④ ㄴ, ㄷ ⑤ ㄱ, ㄴ, ㄷ

12. 그림은 H－R도에 별 (가)~(라)를 나타낸 것이다.

이에 대한 옳은 설명만을 <보기>에서 있는 대로 고른 것은?

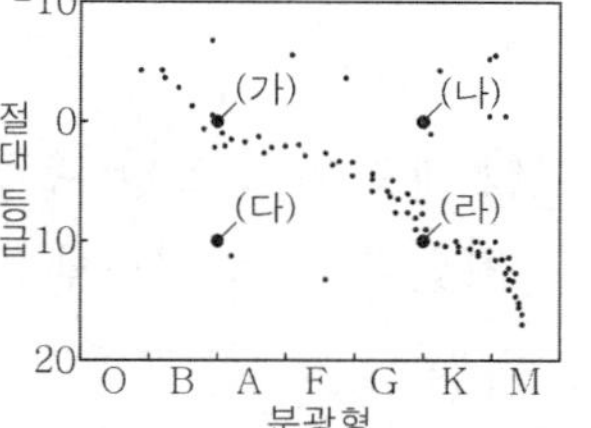

< 보 기 >
ㄱ. 별의 평균 밀도는 (가)가 (나)보다 크다.
ㄴ. (다)는 초신성 폭발을 거쳐 형성되었다.
ㄷ. 별의 수명은 (가)가 (라)보다 짧다.

① ㄱ ② ㄷ ③ ㄱ, ㄴ ④ ㄱ, ㄷ ⑤ ㄴ, ㄷ

13. 그림 (가)는 어느 날 우리나라를 통과한 온대 저기압의 이동 경로를, (나)는 이날 관측소 A, B 중 한 곳에서 관측한 풍향의 변화를 나타낸 것이다.

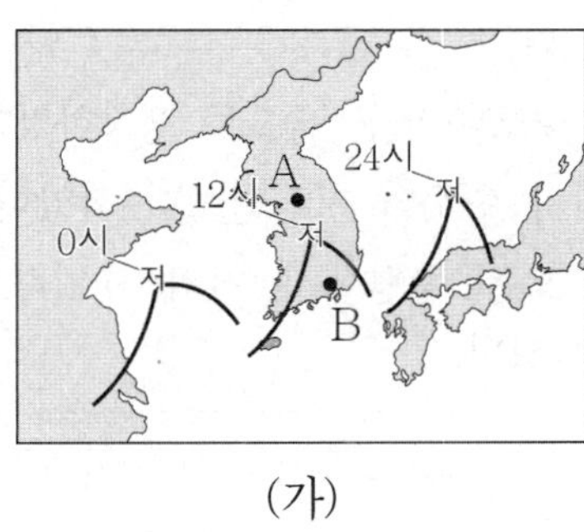

(가)

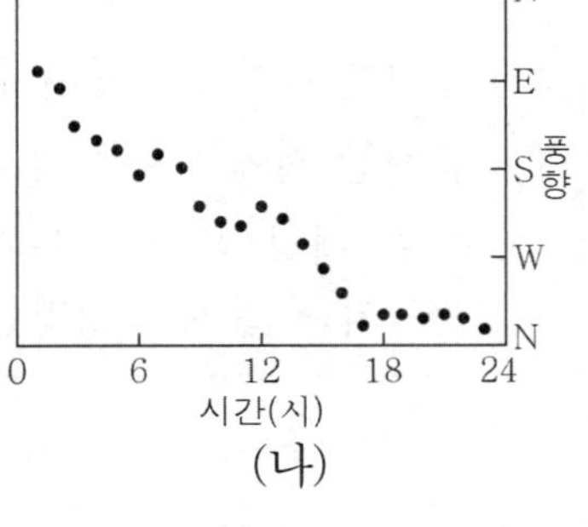

(나)

이에 대한 옳은 설명만을 <보기>에서 있는 대로 고른 것은?

< 보 기 >
ㄱ. (가)에서 온대 저기압의 이동은 편서풍의 영향을 받았다.
ㄴ. (나)는 A에서 관측한 결과이다.
ㄷ. (나)를 관측한 지역에서는 이날 12시 이전에 소나기가 내렸을 것이다.

① ㄱ ② ㄷ ③ ㄱ, ㄴ ④ ㄴ, ㄷ ⑤ ㄱ, ㄴ, ㄷ

14. 그림 (가)는 우리나라의 계절별 길이 변화를, (나)는 우리나라에서 아열대 기후 지역의 경계 변화를 예상하여 나타낸 것이다.

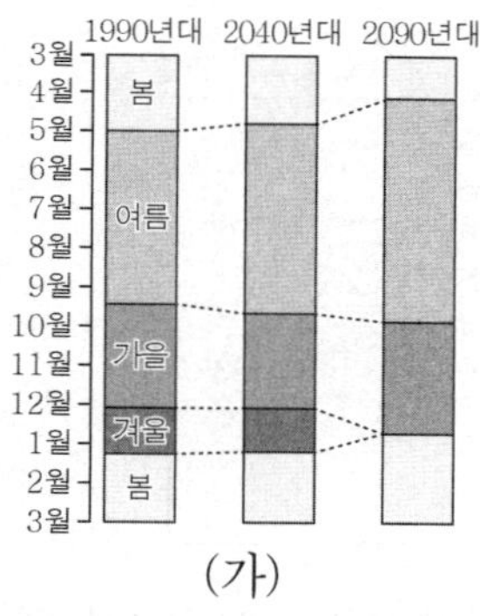

(가)

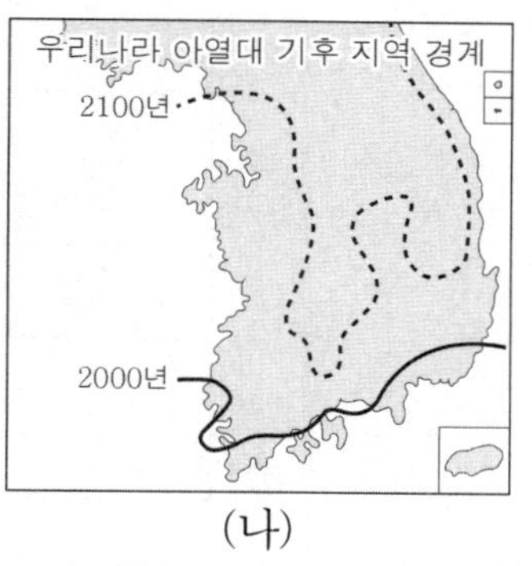

(나)

이에 대한 옳은 설명만을 <보기>에서 있는 대로 고른 것은?

< 보 기 >
ㄱ. (가)에서 여름의 길이 변화는 봄의 길이 변화보다 크다.
ㄴ. (나)에서 아열대 기후 지역의 확장은 대체로 내륙 지역보다 해안 지역에서 뚜렷하다.
ㄷ. 아열대 기후에서 자라는 작물의 재배 가능 지역은 북상할 것이다.

① ㄱ ② ㄴ ③ ㄱ, ㄷ ④ ㄴ, ㄷ ⑤ ㄱ, ㄴ, ㄷ

15. 그림은 정체 전선의 영향으로 호우가 발생했던 어느 날 자정에 관측한 우리나라 부근의 기상 위성 영상이다.

이에 대한 옳은 설명만을 <보기>에서 있는 대로 고른 것은?

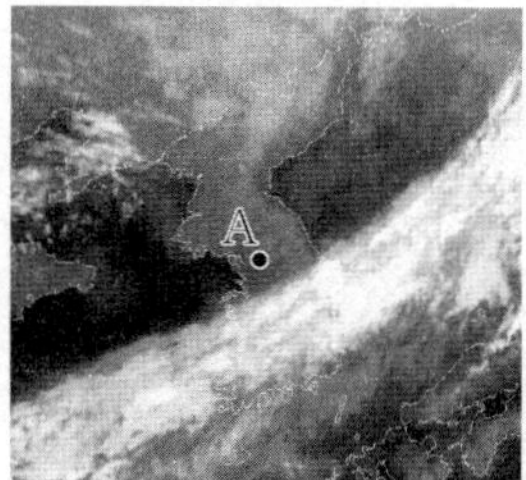

< 보 기 >
ㄱ. 가시광선 영역을 촬영한 영상이다.
ㄴ. A 지역에는 남풍 계열의 바람이 우세하다.
ㄷ. 정체 전선은 북동－남서 방향으로 발달해 있다.

① ㄱ ② ㄷ ③ ㄱ, ㄴ ④ ㄴ, ㄷ ⑤ ㄱ, ㄴ, ㄷ

16. 그림은 우리나라에서 연안 용승이 발생한 A 해역의 위치와 3일간의 표층 수온 변화를 나타낸 것이다.

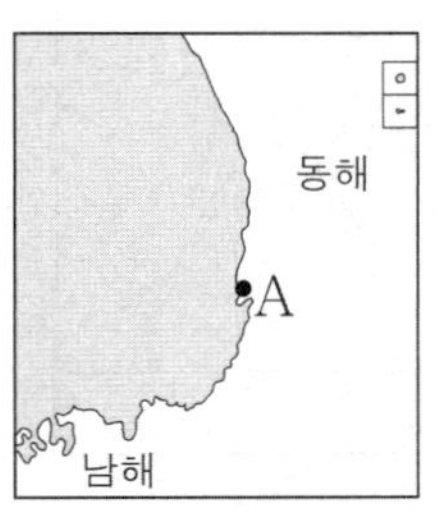

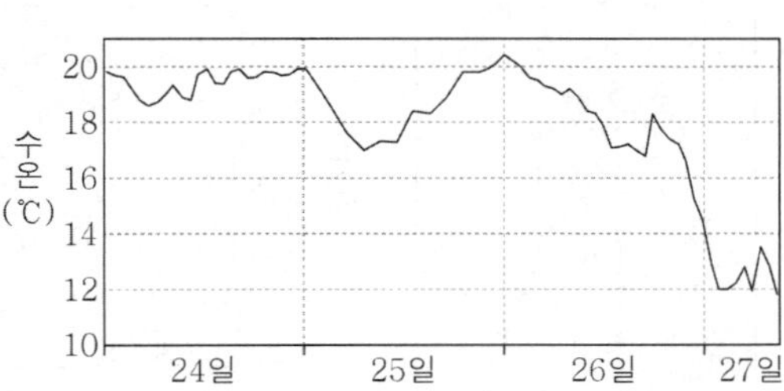

A 해역에 대한 옳은 설명만을 <보기>에서 있는 대로 고른 것은? [3점]

< 보 기 >
ㄱ. 연안 용승은 24일보다 26일에 활발하였다.
ㄴ. 연안 용승이 일어나는 기간에는 북풍 계열의 바람이 우세하였다.
ㄷ. 표층 해수의 용존 산소량은 24일보다 26일에 대체로 높았을 것이다.

① ㄱ ② ㄷ ③ ㄱ, ㄴ ④ ㄱ, ㄷ ⑤ ㄴ, ㄷ

17. 그림은 해수의 위도별 층상 구조를 나타낸 것이다. A, B, C는 각각 혼합층, 수온 약층, 심해층 중 하나이다.

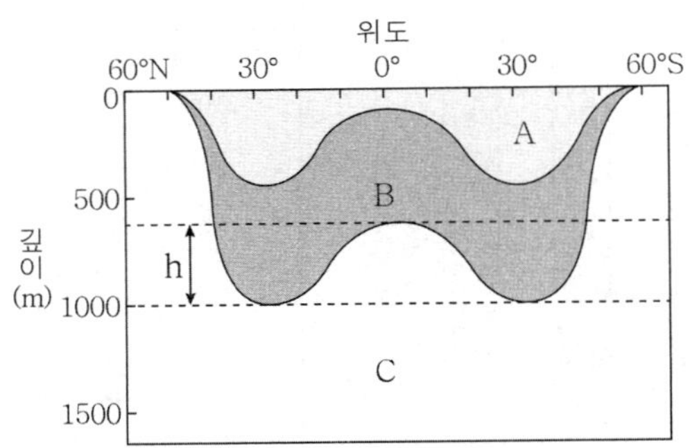

이에 대한 옳은 설명만을 <보기>에서 있는 대로 고른 것은?

< 보 기 >

ㄱ. 적도 지역은 30°N 지역보다 바람이 강하게 분다.
ㄴ. B층은 A층과 C층 사이의 물질 교환을 억제하는 역할을 한다.
ㄷ. 구간 h에서 깊이에 따른 수온 변화율은 30°N 지역이 적도 지역보다 크다.

① ㄱ ② ㄴ ③ ㄱ, ㄷ ④ ㄴ, ㄷ ⑤ ㄱ, ㄴ, ㄷ

18. 그림 (가)는 어느 해 9월 6일 15시부터 8일 09시까지 태풍이 이동한 경로를, (나)는 이 기간 동안 서울에서 관측한 기압과 풍속의 변화를 나타낸 것이다.

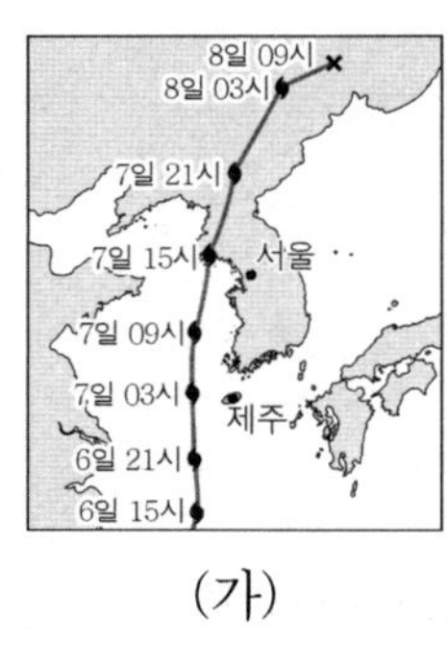

(가)

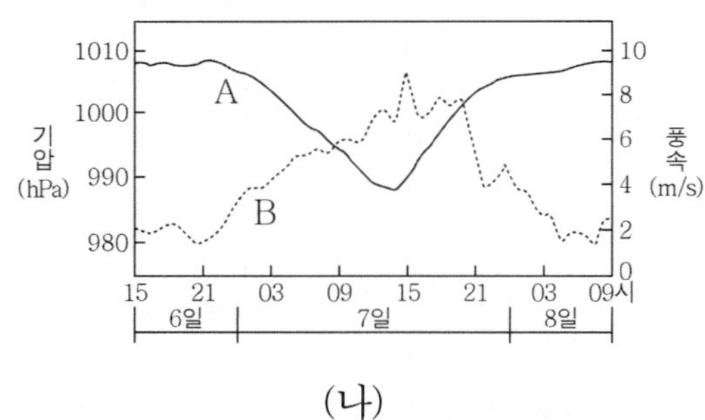

(나)

이에 대한 옳은 설명만을 <보기>에서 있는 대로 고른 것은? [3점]

< 보 기 >

ㄱ. A는 풍속, B는 기압이다.
ㄴ. 6일 21시부터 7일 09시까지 제주에서의 풍향은 시계 방향으로 변하였다.
ㄷ. 7일 15시에 서울은 태풍의 눈에 위치하였다.

① ㄱ ② ㄴ ③ ㄱ, ㄷ ④ ㄴ, ㄷ ⑤ ㄱ, ㄴ, ㄷ

19. 그림은 외계 행성의 식 현상에 의해 일어나는 중심별의 밝기 변화를 나타낸 것이다.

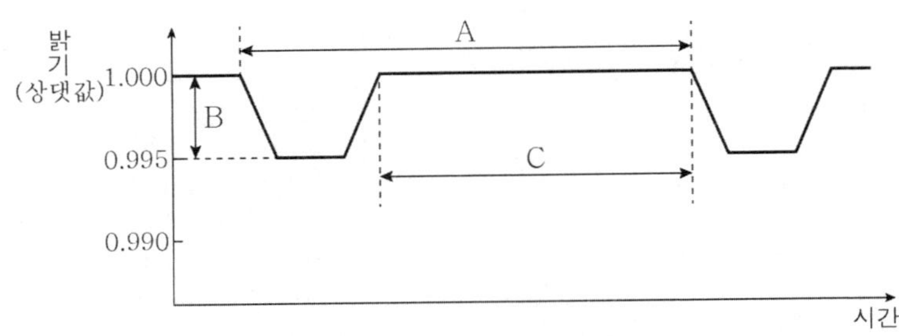

이에 대한 옳은 설명만을 <보기>에서 있는 대로 고른 것은? (단, 이 외계 행성계의 행성은 한 개이다.) [3점]

< 보 기 >

ㄱ. A 기간은 행성의 공전 주기에 해당한다.
ㄴ. 행성의 반지름이 2배가 되면 B는 2배가 된다.
ㄷ. C 기간에 중심별의 스펙트럼을 관측하면 적색 편이가 청색 편이보다 먼저 나타난다.

① ㄱ ② ㄴ ③ ㄷ ④ ㄱ, ㄷ ⑤ ㄴ, ㄷ

20. 그림은 급팽창 우주론에 따른 우주의 크기 변화를 우주의 지평선과 함께 나타낸 것이다.

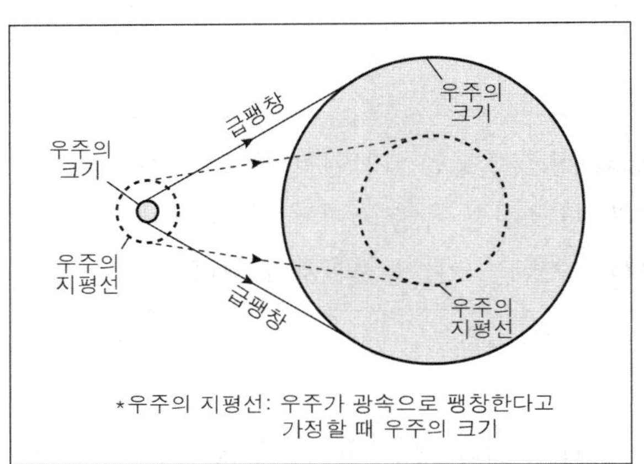

급팽창 우주론에 대한 옳은 설명만을 <보기>에서 있는 대로 고른 것은? [3점]

< 보 기 >

ㄱ. 급팽창이 일어날 때 우주는 빛보다 빠른 속도로 팽창하였다.
ㄴ. 급팽창 전에는 우주의 크기가 우주의 지평선보다 작았다.
ㄷ. 우주 배경 복사가 우주의 모든 방향에서 거의 균일하게 관측되는 현상을 설명할 수 있다.

① ㄱ ② ㄴ ③ ㄱ, ㄷ ④ ㄴ, ㄷ ⑤ ㄱ, ㄴ, ㄷ

* 확인 사항
○ 답안지의 해당란에 필요한 내용을 정확히 기입(표기)했는지 확인하시오.

[해설편 p.015]

제 4 교시

과학탐구 영역(지구과학 I)

06회

성명 | 수험 번호 | 제 [ ] 선택

1. 다음은 세 학생 A, B, C가 지구에 생명체가 번성할 수 있는 이유에 대해 나눈 대화이다.

지구는 태양으로부터 적절한 거리에 떨어져 있어 물이 액체 상태로 존재할 수 있어.

지구의 대기는 자외선을 흡수하여 생명체를 보호하는 역할을 해.

태양의 수명은 생명체가 탄생하고 진화하기에 충분히 길어.

제시한 내용이 옳은 학생만을 있는 대로 고른 것은?

① A ② B ③ A, C ④ B, C ⑤ A, B, C

● 2019학년도 4월(고3 지Ⅱ)

2. 그림은 두 해양판 A, B의 경계와 화산 분포를 최근 20년간 발생한 규모 5.0 이상인 지진의 진앙 분포와 함께 나타낸 것이다.

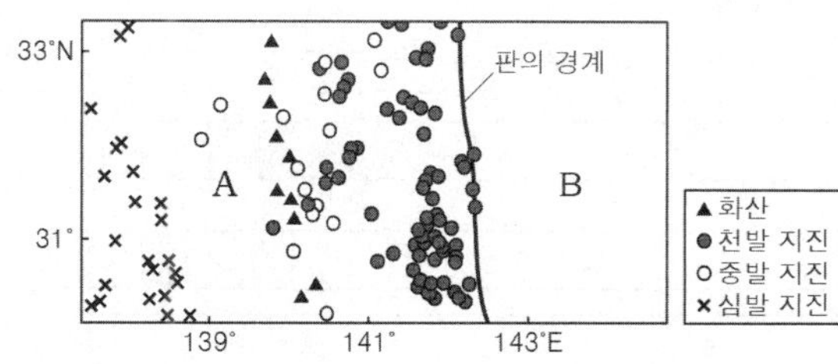

이에 대한 설명으로 옳은 것만을 <보기>에서 있는 대로 고른 것은? [3점]

< 보 기 >

ㄱ. 판의 경계는 맨틀 대류의 상승부에 위치한다.
ㄴ. A의 화산 하부에서는 물에 의해 암석의 용융점이 하강하여 마그마가 생성될 수 있다.
ㄷ. 판의 밀도는 B보다 A가 크다.

① ㄱ ② ㄴ ③ ㄷ ④ ㄱ, ㄴ ⑤ ㄴ, ㄷ

● 2014학년도 4월(고3 지Ⅱ)

3. 그림 (가)와 (나)는 서로 다른 지질 구조의 수직 단면을 나타낸 것이다.

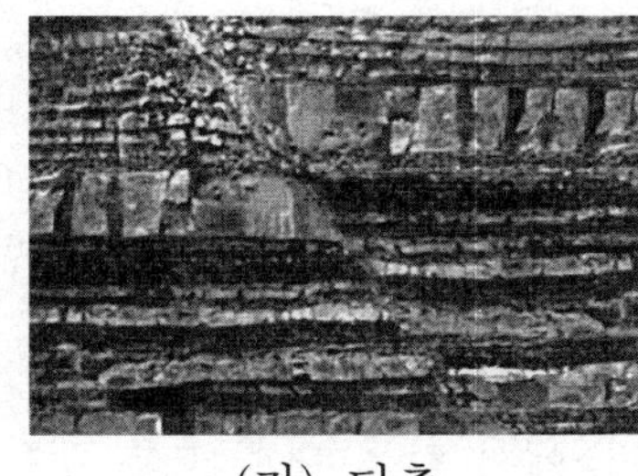
(가) 단층

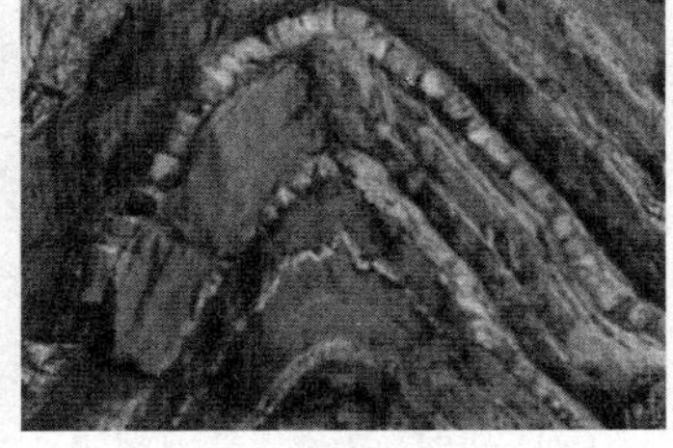
(나) 습곡

이에 대한 설명으로 옳은 것만을 <보기>에서 있는 대로 고른 것은?

< 보 기 >

ㄱ. (가)는 정단층이다.
ㄴ. (나)는 횡압력을 받아 형성되었다.
ㄷ. (가)와 (나)는 조산 운동의 결과로 나타날 수 있는 구조이다.

① ㄱ ② ㄷ ③ ㄱ, ㄴ ④ ㄴ, ㄷ ⑤ ㄱ, ㄴ, ㄷ

● 2014학년도 4월(고3)

4. 그림 (가)와 (나)는 남극의 빙하 연구를 통해 알아낸 과거 42만 년 동안의 대기 중 CO_2 농도와 기온 편차를, (다)는 해양 생물의 껍질에서 측정한 이 기간 동안의 산소 동위 원소 비를 나타낸 것이다.

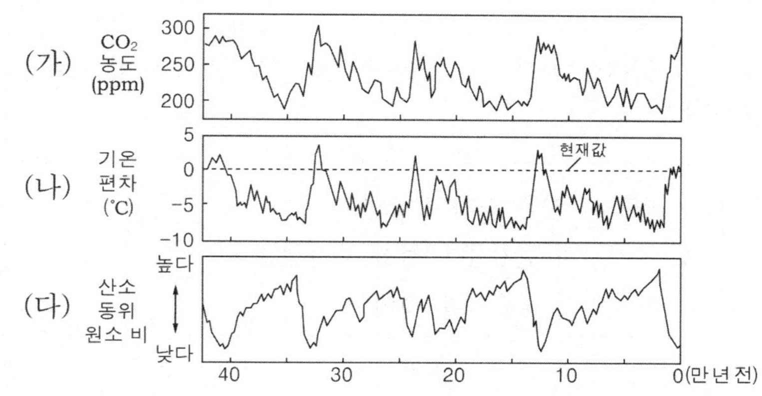

이에 대한 설명으로 옳은 것만을 <보기>에서 있는 대로 고른 것은? [3점]

< 보 기 >

ㄱ. 이 기간 동안에 대기 중의 CO_2 평균 농도는 현재보다 높다.
ㄴ. 35만 년 전에 빙하의 면적은 현재보다 넓었다.
ㄷ. 해양 생물의 산소 동위 원소 비는 간빙기가 빙하기보다 높았다.

① ㄱ ② ㄴ ③ ㄱ, ㄷ ④ ㄴ, ㄷ ⑤ ㄱ, ㄴ, ㄷ

● 2014학년도 수능(고3 지Ⅱ)

5. 그림은 엘니뇨가 나타나지 않았을 때 태평양 적도 부근 해수의 연직 단면을 나타낸 모식도이다.

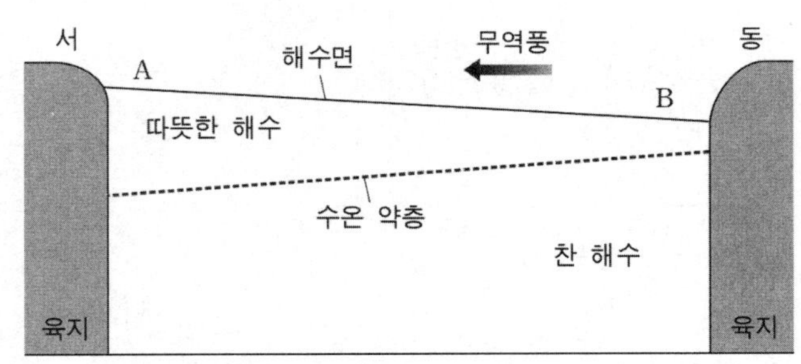

엘니뇨 시기에 일어나는 변화에 대한 설명으로 옳은 것만을 <보기>에서 있는 대로 고른 것은?

< 보 기 >

ㄱ. A 해역의 해수면은 높아진다.
ㄴ. B 해역에서 수온 약층의 깊이가 깊어진다.
ㄷ. 무역풍이 강해진다.

① ㄱ ② ㄴ ③ ㄷ ④ ㄱ, ㄴ ⑤ ㄴ, ㄷ

● 2013학년도 4월(고3)

6. 그림은 1960년을 기준으로 나타낸 전 세계 빙하의 총 부피 변화량이며, 표는 지표면 상태에 따른 반사율을 나타낸 것이다.

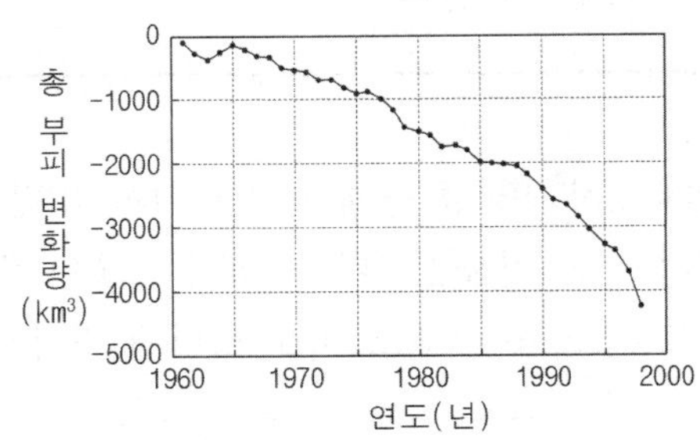

지표면 상태	반사율(%)
삼림	3 ~ 10
물	5 ~ 10
사막	15 ~ 25
얼음	50 ~ 70
신선한 눈	80 ~ 95

이에 대한 해석으로 옳은 것만을 <보기>에서 있는 대로 고른 것은?

< 보 기 >

ㄱ. 빙하의 양은 점차 감소하고 있다.
ㄴ. 극지방의 반사율이 점점 증가했을 것이다.
ㄷ. 해수면이 상승했을 것이다.

① ㄱ ② ㄷ ③ ㄱ, ㄴ ④ ㄱ, ㄷ ⑤ ㄴ, ㄷ

7. 그림은 우리나라에 영향을 준 어떤 전선의 6월 29일부터 7월 4일까지의 위치 변화를 나타낸 것이다.

이에 대한 옳은 설명만을 <보기>에서 있는 대로 고른 것은?

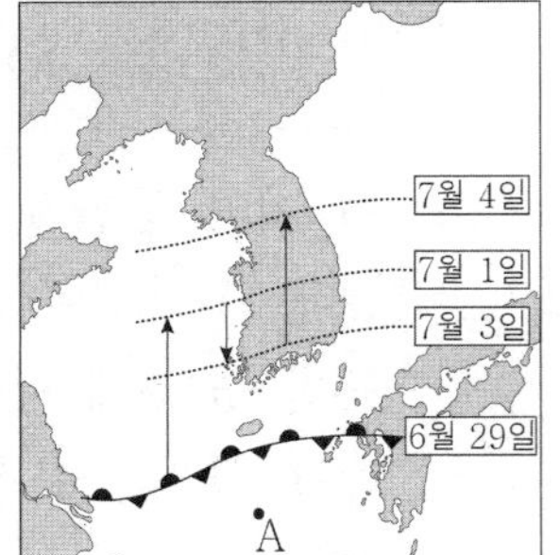

< 보 기 >

ㄱ. 이 전선은 폐색 전선이다.
ㄴ. A 지점에 영향을 주는 기단은 고온 다습하다.
ㄷ. 이 기간 동안 한랭한 기단의 세력은 계속 확장되었다.

① ㄱ ② ㄴ ③ ㄱ, ㄷ ④ ㄴ, ㄷ ⑤ ㄱ, ㄴ, ㄷ

8. 그림 (가)는 동태평양 적도 부근 해역의 수온 편차(관측 수온 − 평균 수온)를, (나)는 태평양 적도 부근의 두 해역 ㉠, ㉡을 나타낸 것이다.

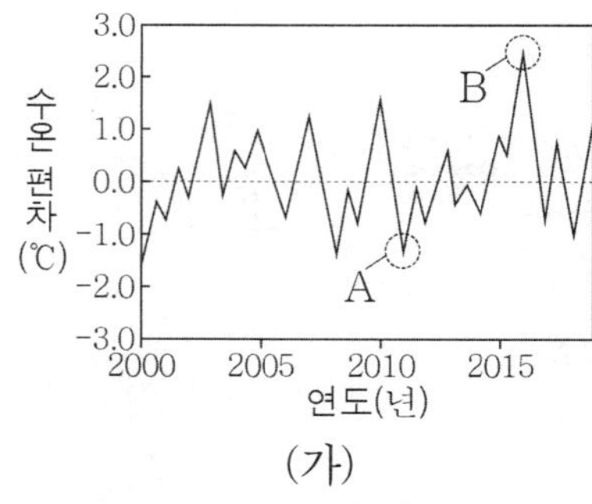

(가)

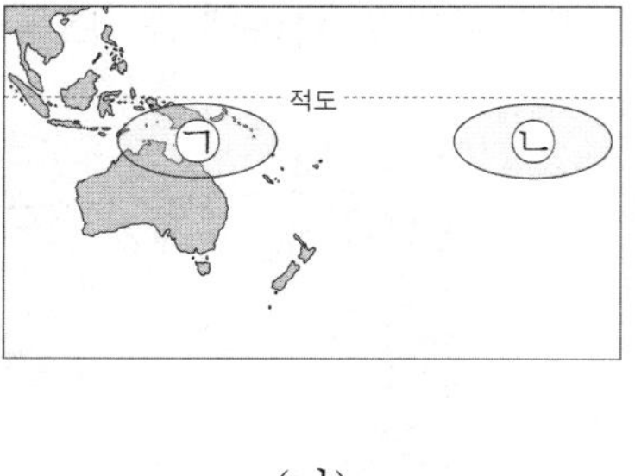

(나)

이에 대한 옳은 설명만을 <보기>에서 있는 대로 고른 것은? [3점]

< 보 기 >

ㄱ. A 시기에 엘니뇨가 나타났다.
ㄴ. B 시기에는 ㉠ 지역의 기압이 평상시보다 높았다.
ㄷ. ㉡ 해역의 해류는 A 시기보다 B 시기에 강했을 것이다.

① ㄱ ② ㄴ ③ ㄱ, ㄷ ④ ㄴ, ㄷ ⑤ ㄱ, ㄴ, ㄷ

● 2018학년도 6월(고3 지Ⅱ)

9. 그림은 퇴적 구조가 관찰되는 지층의 단면을 나타낸 것이다.

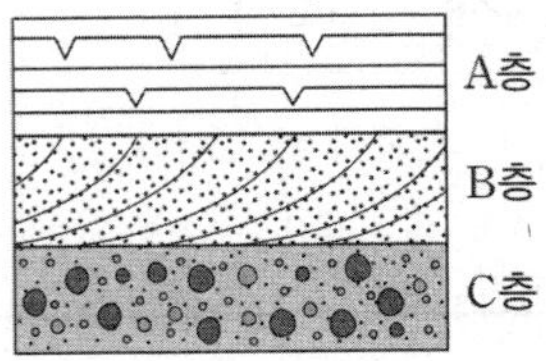

이에 대한 설명으로 옳은 것만을 <보기>에서 있는 대로 고른 것은?

< 보 기 >

ㄱ. A층은 생성되는 동안 건조한 대기에 노출된 시기가 있었다.
ㄴ. B층의 퇴적 구조는 지층의 상하 판단에 이용된다.
ㄷ. C층에서는 점이 층리가 관찰된다.

① ㄱ ② ㄷ ③ ㄱ, ㄴ ④ ㄴ, ㄷ ⑤ ㄱ, ㄴ, ㄷ

● 2013학년도 4월(고3 지Ⅱ)

10. 그림은 서로 다른 두 종류의 화성암을, 그래프는 이 암석들의 구성 성분비를 나타낸 것이다.

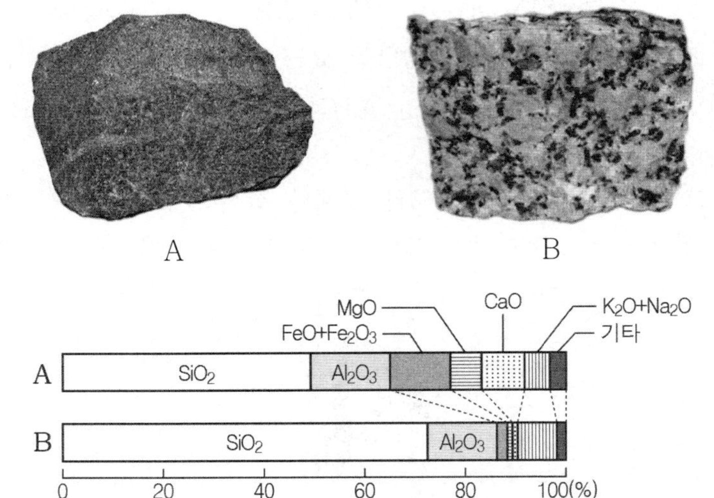

A와 B를 옳게 비교한 것만을 <보기>에서 있는 대로 고른 것은?

< 보 기 >

ㄱ. 유색 광물의 함량은 A가 많다.
ㄴ. 생성 장소는 B가 깊다.
ㄷ. 밀도는 B가 크다.

① ㄱ ② ㄷ ③ ㄱ, ㄴ ④ ㄱ, ㄷ ⑤ ㄴ, ㄷ

11. 그림 (가)는 북태평양의 두 해역 A, B의 위치를, (나)는 A − B 구간에서 측정한 표층 해수의 수온과 염분을 나타낸 것이다.

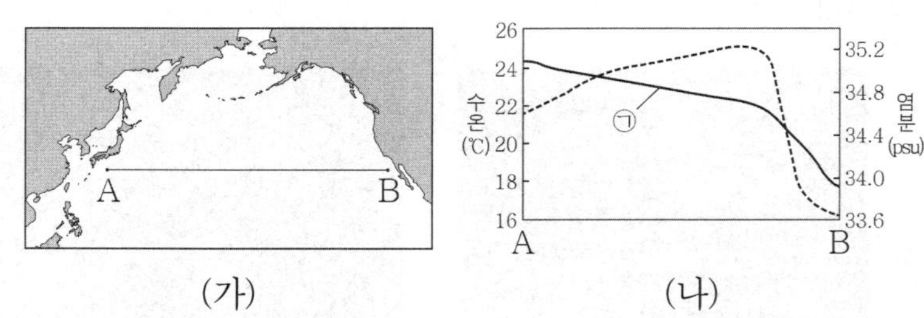

이에 대한 옳은 설명만을 <보기>에서 있는 대로 고른 것은? [3점]

< 보 기 >

ㄱ. ㉠은 염분이다.
ㄴ. A에는 저위도에서 고위도로 해류가 흐른다.
ㄷ. 표층 해수의 용존 산소량은 A보다 B에서 많다.

① ㄱ ② ㄴ ③ ㄷ ④ ㄱ, ㄴ ⑤ ㄴ, ㄷ

[해설편 p.017]

● 2015학년도 6월(고3 지Ⅱ)

12. 그림 (가)는 잔류 자기를 이용하여 과거의 지자기 북극을 찾는 방법을 모식적으로 나타낸 것이고, (나)는 유럽과 북아메리카 대륙에서 측정한 지자기 북극의 겉보기 이동 경로를 나타낸 것이다.

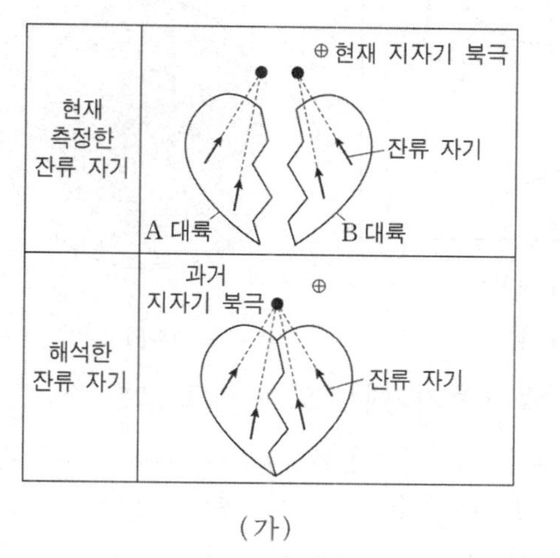

(가)

(나)

이에 대한 설명으로 옳은 것만을 <보기>에서 있는 대로 고른 것은? [3점]

< 보 기 >

ㄱ. 같은 시기에 하나의 대륙에서 형성된 잔류 자기의 방향은 한 점으로 수렴된다.
ㄴ. (가)에서 A와 B 대륙 사이에는 습곡 산맥이 형성된다.
ㄷ. (나)에서 3.5억 년 전 지자기 북극은 하나였다.

① ㄱ ② ㄴ ③ ㄱ, ㄷ ④ ㄴ, ㄷ ⑤ ㄱ, ㄴ, ㄷ

13. 그림은 북반구 어느 지점에서 태풍이 통과하는 동안 관측한 기압, 풍속, 풍향을 나타낸 것이다.

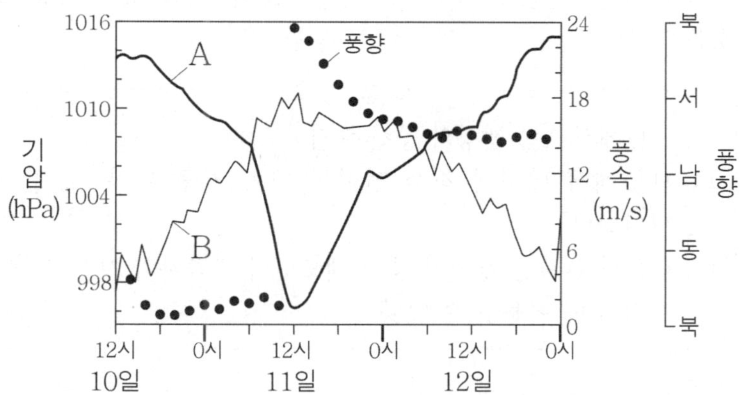

이에 대한 옳은 설명만을 <보기>에서 있는 대로 고른 것은? [3점]

< 보 기 >

ㄱ. A는 풍속이다.
ㄴ. 이 지점은 안전 반원에 위치하였다.
ㄷ. 11일 12시에 이 지점에는 하강 기류가 우세하였다.

① ㄱ ② ㄴ ③ ㄱ, ㄷ ④ ㄴ, ㄷ ⑤ ㄱ, ㄴ, ㄷ

● 2014학년도 9월(고3 지Ⅱ)

14. 그림 (가)와 (나)는 서로 다른 지역에서 판이 수렴하는 모습을 나타낸 것이다.

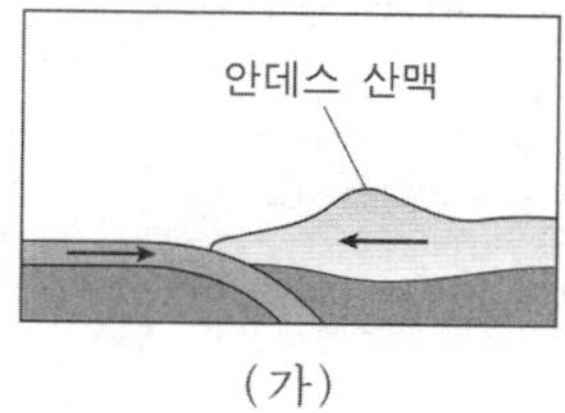

(가)

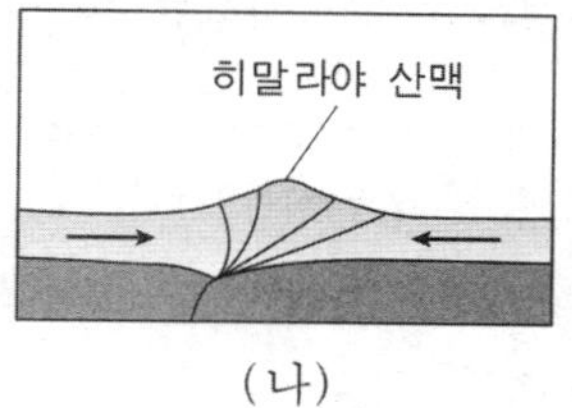

(나)

이에 대한 설명으로 옳은 것만을 <보기>에서 있는 대로 고른 것은?

< 보 기 >

ㄱ. 판의 섭입은 (가)가 (나)보다 활발하다.
ㄴ. 심발 지진은 (가)가 (나)보다 자주 발생한다.
ㄷ. 안산암질 마그마는 (가)가 (나)보다 많이 생성된다.

① ㄱ ② ㄴ ③ ㄱ, ㄷ ④ ㄴ, ㄷ ⑤ ㄱ, ㄴ, ㄷ

● 2015학년도 10월(고3)

15. 그림은 남태평양의 아열대 순환을 나타낸 것이다.

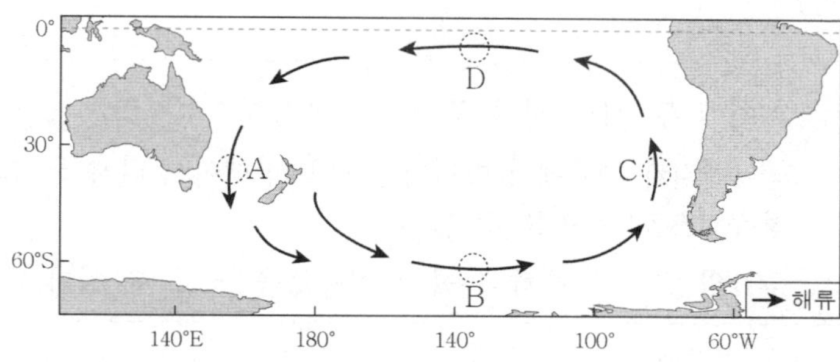

이에 대한 옳은 설명만을 <보기>에서 있는 대로 고른 것은? [3점]

< 보 기 >

ㄱ. 표층 염분은 A 해역이 C 해역보다 낮다.
ㄴ. 표층 해수의 용존 산소량은 B 해역이 D 해역보다 많다.
ㄷ. 엘니뇨가 발생한 시기에 D 해역의 해류는 강해진다.

① ㄱ ② ㄴ ③ ㄷ ④ ㄱ, ㄴ ⑤ ㄴ, ㄷ

● 2015학년도 9월(고3)

16. 그림 (가)는 우리나라 주변의 초여름 일기도이고, (나)는 (가)의 일기도에서 전선면의 모습을 나타낸 모식도이다.

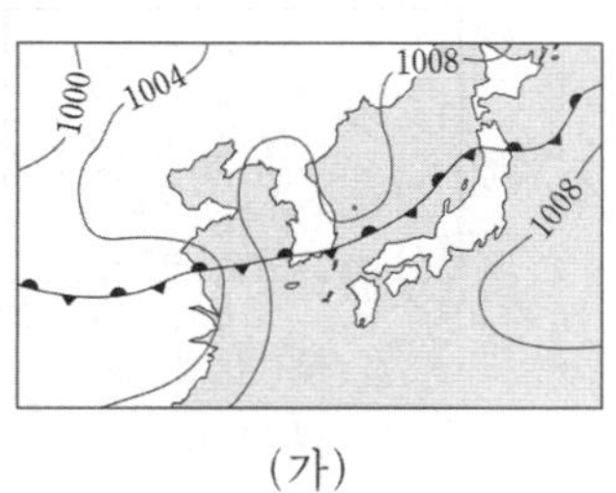

(가)

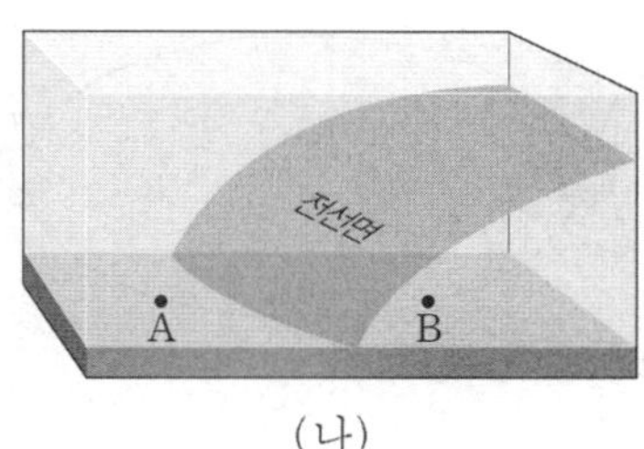

(나)

이 자료에 대한 설명으로 옳은 것만을 <보기>에서 있는 대로 고른 것은? [3점]

< 보 기 >

ㄱ. A지역보다 B지역에 강수량이 많다.
ㄴ. B지역에 영향을 주는 기단의 세력이 더 커지면 전선은 북상한다.
ㄷ. 강수를 형성하는 수증기는 주로 전선의 남쪽에 위치한 기단에서 공급된다.

① ㄱ ② ㄴ ③ ㄷ ④ ㄱ, ㄷ ⑤ ㄴ, ㄷ

[해설편 p.018]

● 2015학년도 4월(고3 지Ⅱ)

17. 그림 (가)는 북아메리카와 유라시아 대륙에서 측정한 고지자기 북극의 이동 경로를 나타낸 것이고, (나)는 두 대륙에서 측정한 자극의 이동 경로를 일치시켰을 때 나타나는 대륙 분포이다.

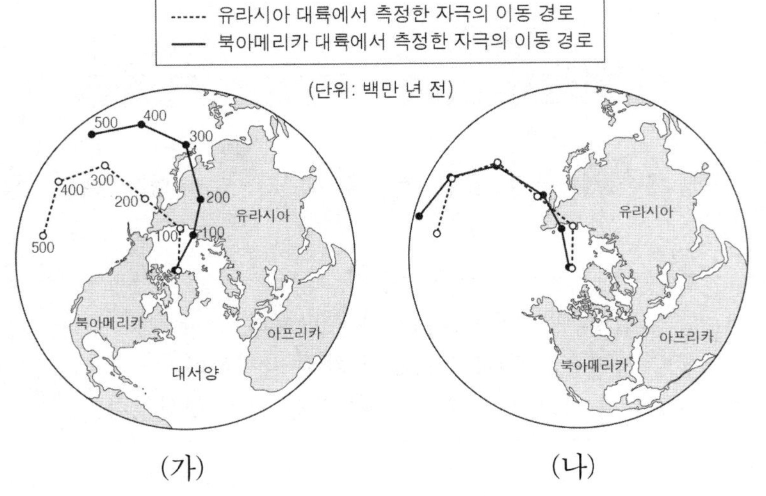

(가) (나)

이에 대한 설명으로 옳은 것만을 <보기>에서 있는 대로 고른 것은?

< 보 기 >

ㄱ. 과거에 두 개의 자기 북극이 존재했다.
ㄴ. 북아메리카 대륙에서 발견되는 습곡 산맥이 유라시아 대륙에 연속적으로 분포할 수 있다.
ㄷ. (가)와 (나)를 통해 대륙이 이동했음을 알 수 있다.

① ㄱ ② ㄴ ③ ㄱ, ㄷ ④ ㄴ, ㄷ ⑤ ㄱ, ㄴ, ㄷ

18. 그림 (가)는 현재 지구의 공전 궤도와 자전축 경사 방향을, (나)는 10만 년 전부터 현재까지 지구 공전 궤도의 이심률 변화를 나타낸 것이다.

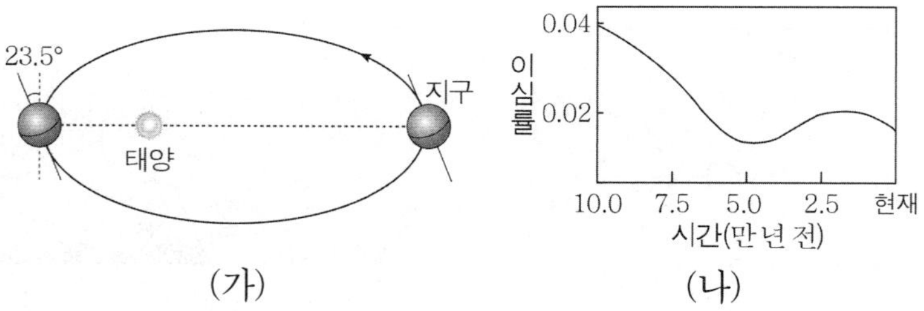

(가) (나)

이에 대한 옳은 설명만을 <보기>에서 있는 대로 고른 것은? (단, 세차 운동의 주기는 26000년이며, 지구 공전 궤도의 이심률과 세차 운동 이외의 요인은 고려하지 않는다.) [3점]

< 보 기 >

ㄱ. 13000년 전 북반구는 근일점에서 여름철이다.
ㄴ. 근일점에서 태양의 시직경은 현재가 10만 년 전보다 크다.
ㄷ. 북반구에서 기온의 연교차는 26000년 전이 52000년 전보다 크다.

① ㄱ ② ㄷ ③ ㄱ, ㄴ ④ ㄴ, ㄷ ⑤ ㄱ, ㄴ, ㄷ

● 2015학년도 10월(고3 지Ⅱ)

19. 그림 (가)는 태양 정도의 질량을 가진 별의 진화 경로를, (나)는 어떤 별의 내부 구조를 나타낸 것이다.

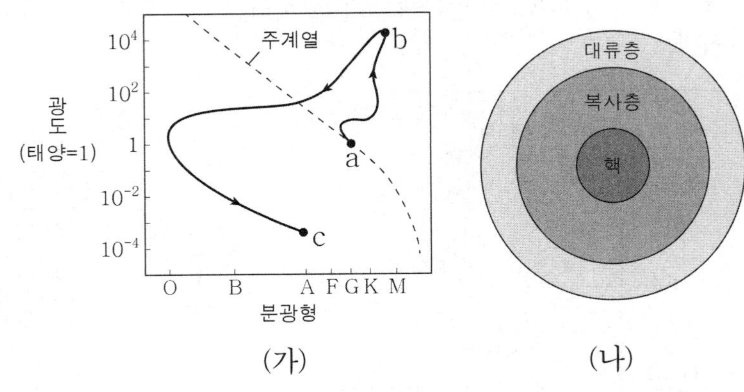

(가) (나)

이에 대한 옳은 설명만을 <보기>에서 있는 대로 고른 것은?

< 보 기 >

ㄱ. 별은 a 단계에서 일생 중 가장 오랜 시간을 보낸다.
ㄴ. 별의 반지름은 a 단계보다 b 단계에서 크다.
ㄷ. (나)는 c 단계에 있는 별의 내부 구조이다.

① ㄱ ② ㄷ ③ ㄱ, ㄴ ④ ㄴ, ㄷ ⑤ ㄱ, ㄴ, ㄷ

● 2015학년도 4월(고3)

20. 그림 (가)와 (나)는 외계 행성을 탐사하는 서로 다른 방법을 나타낸 것이다.

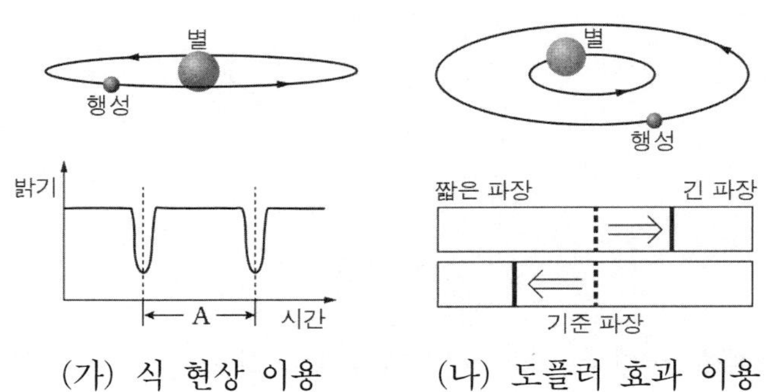

(가) 식 현상 이용 (나) 도플러 효과 이용

이에 대한 설명으로 옳은 것만을 <보기>에서 있는 대로 고른 것은? [3점]

< 보 기 >

ㄱ. (가)에서 A는 행성의 공전 주기와 같다.
ㄴ. (나)에서 별빛의 적색 편이는 별이 지구와 가까워질 때 나타난다.
ㄷ. (가)와 (나)는 행성의 공전 궤도면이 관측자의 시선 방향에 수직일 때 이용할 수 있다.

① ㄱ ② ㄴ ③ ㄱ, ㄴ ④ ㄱ, ㄷ ⑤ ㄴ, ㄷ

※ 확인 사항
◦ **답안지의 해당란에 필요한 내용을 정확히 기입(표기)했는지 확인하시오.**

[해설편 p.019]

2018학년도 3월 고3 전국연합학력평가 문제지

1

제 4 교시

과학탐구 영역(지구과학 I)

07회

성명		수험 번호		제 [ ] 선택

1. 그림 (가)는 최근까지 발견된 외계 행성의 공전 주기에 따른 개수를, (나)는 이 외계 행성들의 공전 주기와 중심별의 질량과의 관계를 나타낸 것이다.

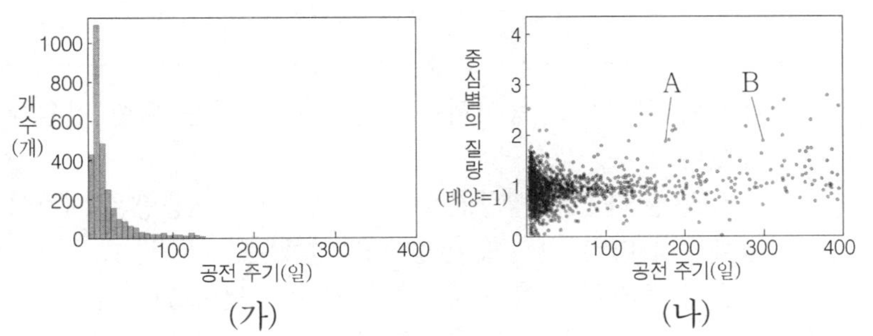

(가) (나)

이 자료에 대한 옳은 설명만을 <보기>에서 있는 대로 고른 것은? (단, A와 B의 공전 궤도면은 관측자의 시선 방향에 나란하다.)

< 보 기 >

ㄱ. 외계 행성은 대부분 지구보다 공전 주기가 길다.
ㄴ. 중심별의 질량은 대부분 태양 질량의 3배를 넘지 않는다.
ㄷ. 행성에 의한 중심별의 밝기 변화가 나타나는 주기는 A가 B보다 짧다.

① ㄱ ② ㄷ ③ ㄱ, ㄴ ④ ㄴ, ㄷ ⑤ ㄱ, ㄴ, ㄷ

● 2014학년도 10월(고3)

2. 그림은 지구에 도달하는 태양 복사 에너지를 100 단위라고 할 때 지구의 열수지를 나타낸 것이다.

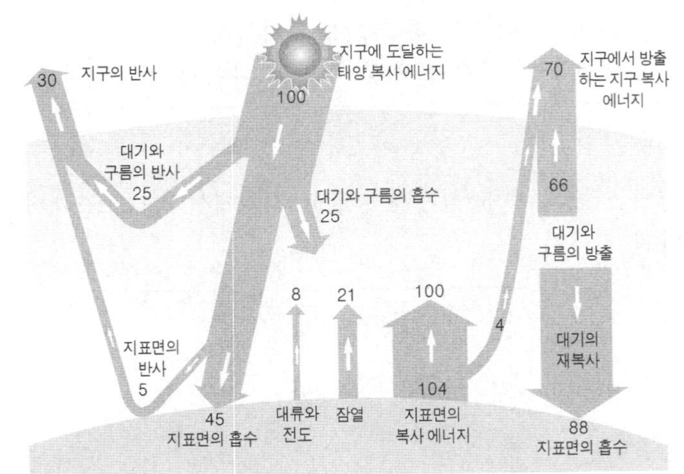

이에 대한 옳은 설명만을 <보기>에서 있는 대로 고른 것은? [3점]

< 보 기 >

ㄱ. 지구의 반사율은 30 %이다.
ㄴ. 물의 상태 변화를 통해 지표에서 방출되는 에너지는 29 단위이다.
ㄷ. 대기가 없다면 지표면의 복사 에너지는 104 단위보다 적을 것이다.

① ㄱ ② ㄴ ③ ㄱ, ㄷ ④ ㄴ, ㄷ ⑤ ㄱ, ㄴ, ㄷ

● 2016학년도 4월(고3 지Ⅱ)

3. 그림 (가)와 (나)는 서로 다른 지질 구조를 나타낸 것이다.

(가) 습곡 (나) 정단층

이에 대한 설명으로 옳은 것만을 <보기>에서 있는 대로 고른 것은?

< 보 기 >

ㄱ. (가)는 횡압력을 받아 형성되었다.
ㄴ. (나)에서는 상반이 단층면을 따라 위로 이동했다.
ㄷ. (가)와 (나)는 모두 판의 수렴형 경계에서 발달하는 지질 구조이다.

① ㄱ ② ㄷ ③ ㄱ, ㄴ ④ ㄱ, ㄷ ⑤ ㄴ, ㄷ

● 2016학년도 7월(고3)

4. 그림은 우리나라를 통과하는 어느 온대 저기압에 동반된 한랭 전선과 온난 전선을 물리량에 따라 구분한 것이다.

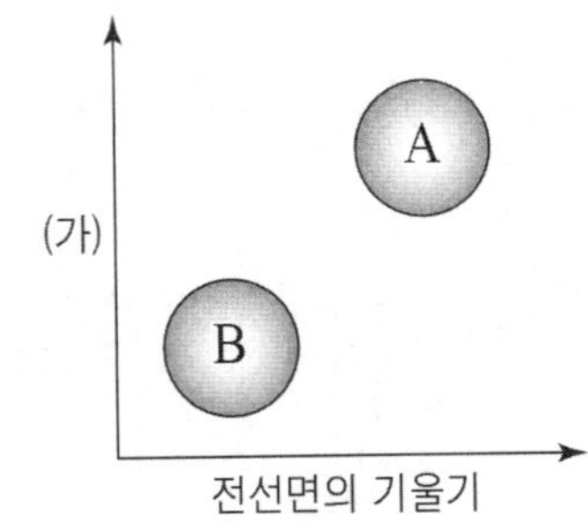

이에 대한 설명으로 옳은 것만을 <보기>에서 있는 대로 고른 것은?

< 보 기 >

ㄱ. 온난 전선은 A이다.
ㄴ. B가 통과하는 동안 풍향은 시계 반대 방향으로 변한다.
ㄷ. (가)에 해당하는 물리량으로 전선의 이동 속도가 있다.

① ㄱ ② ㄷ ③ ㄱ, ㄴ ④ ㄴ, ㄷ ⑤ ㄱ, ㄴ, ㄷ

● 2014학년도 4월(고3)

5. 그림은 질량이 다른 세 중심별의 생명 가능 지대와 각 중심별에 속한 행성의 위치를 나타낸 것이다.

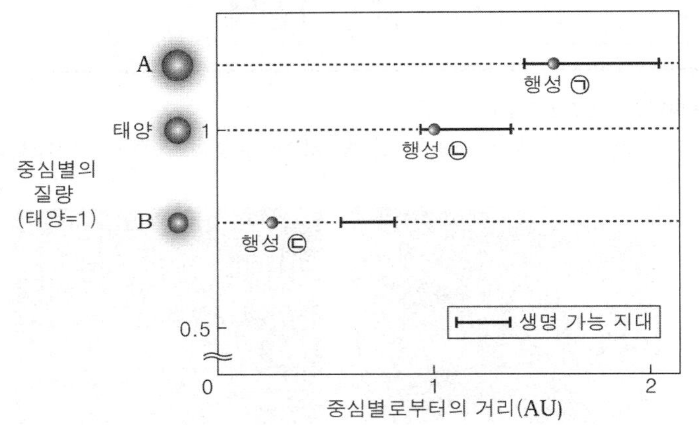

이에 대한 설명으로 옳은 것만을 <보기>에서 있는 대로 고른 것은?

< 보 기 >

ㄱ. 별의 질량이 클수록 생명 가능 지대는 별에서 멀다.
ㄴ. 생명 가능 지대의 범위는 A가 B보다 넓다.
ㄷ. 액체 상태의 물이 존재할 수 있는 행성은 ㉠과 ㉡이다.

① ㄱ ② ㄷ ③ ㄱ, ㄴ ④ ㄴ, ㄷ ⑤ ㄱ, ㄴ, ㄷ

6. 그림은 남반구의 세 해역 A, B, C를 나타낸 것이다.

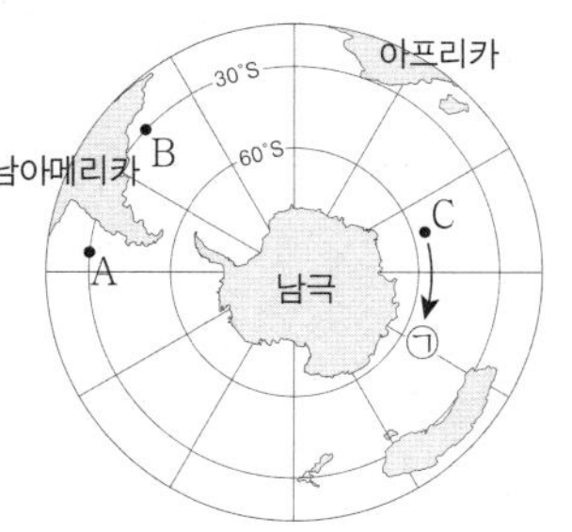

이에 대한 옳은 설명만을 <보기>에서 있는 대로 고른 것은? [3점]

< 보 기 >

ㄱ. A 해역에는 난류가 흐르고 있다.
ㄴ. 표층 염분은 A 해역이 B 해역보다 높다.
ㄷ. C 해역에서 표층 해류는 ㉠ 방향으로 흐른다.

① ㄱ ② ㄷ ③ ㄱ, ㄴ ④ ㄴ, ㄷ ⑤ ㄱ, ㄴ, ㄷ

● 2016학년도 4월(고3 지Ⅱ)

7. 그림은 지질 시대 동안 해양 동물과 육상 척추동물 과(科)의 수를 순서 없이 나타낸 것이다.

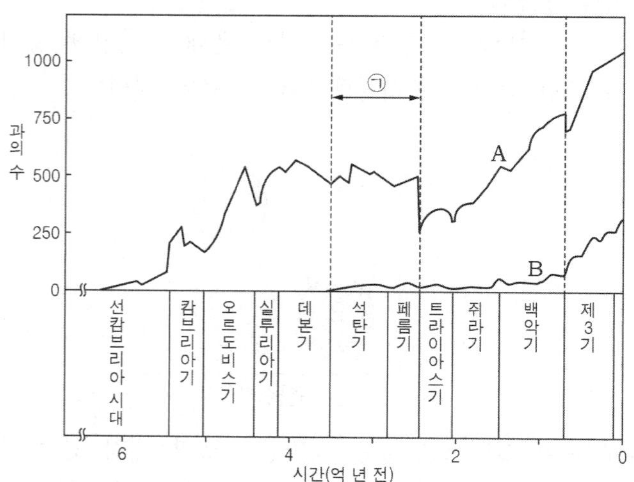

이에 대한 설명으로 옳은 것만을 <보기>에서 있는 대로 고른 것은?

< 보 기 >

ㄱ. A는 해양 동물을 나타낸 것이다.
ㄴ. ㉠ 시기에 번성한 육상 척추동물은 주로 포유류이다.
ㄷ. 백악기 말에 판게아가 형성되었다.

① ㄱ ② ㄴ ③ ㄷ ④ ㄱ, ㄴ ⑤ ㄱ, ㄷ

● 2013학년도 4월(고3)

8. 그림은 2012년 8월 우리나라에 영향을 준 태풍 볼라벤의 이동 경로를 나타낸 것이다.

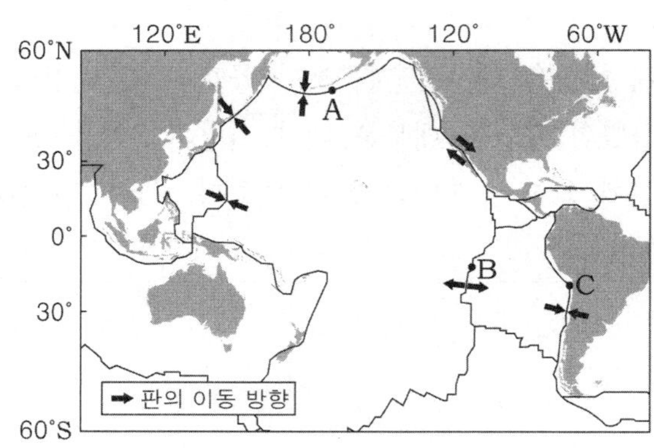

이에 대한 설명으로 옳은 것만을 <보기>에서 있는 대로 고른 것은? [3점]

< 보 기 >

ㄱ. 태풍이 서해상을 통과하는 동안 우리나라는 위험 반원에 속했다.
ㄴ. 8월 28일 태풍의 영향권에 속할 때, 서울의 풍향은 시간이 경과함에 따라 반시계 방향으로 변했다.
ㄷ. 태풍이 육지에 상륙한 후 중심 기압은 낮아졌다.

① ㄱ ② ㄴ ③ ㄷ ④ ㄱ, ㄷ ⑤ ㄴ, ㄷ

● 2014학년도 4월(고3)

9. 그림은 태평양 주변 판의 경계와 이동 방향을 나타낸 것이다.

세 지점 A, B, C에 대한 설명으로 옳은 것만을 <보기>에서 있는 대로 고른 것은? [3점]

< 보 기 >

ㄱ. A 부근에는 습곡 산맥이, C 부근에는 호상 열도가 발달한다.
ㄴ. B는 맨틀 대류의 하강부에 위치한다.
ㄷ. B에서 C로 갈수록 해양 지각의 나이가 많아진다.

① ㄱ ② ㄷ ③ ㄱ, ㄴ ④ ㄴ, ㄷ ⑤ ㄱ, ㄴ, ㄷ

10. 그림은 판의 수렴 경계가 발달한 지역에서 베니오프대의 깊이를 나타낸 것이다.

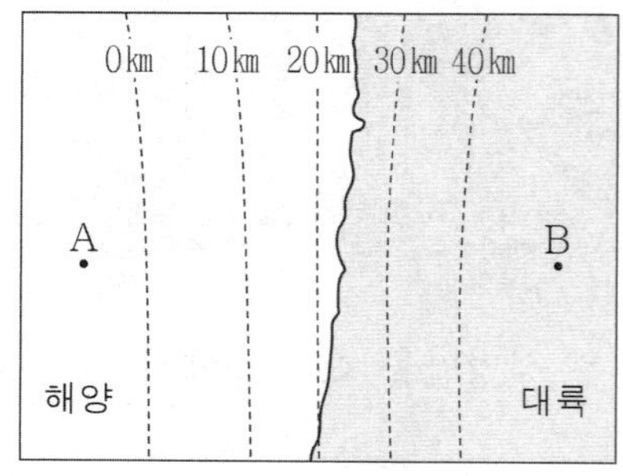

이에 대한 옳은 설명만을 <보기>에서 있는 대로 고른 것은? [3점]

< 보 기 >

ㄱ. A에서 B로 갈수록 진원의 깊이는 대체로 깊어진다.
ㄴ. 판의 밀도는 A가 속한 판이 B가 속한 판보다 크다.
ㄷ. 화산 활동은 A 부근보다 B 부근에서 활발하다.

① ㄱ ② ㄷ ③ ㄱ, ㄴ ④ ㄴ, ㄷ ⑤ ㄱ, ㄴ, ㄷ

[해설편 p.020]

11. 표는 외계 행성계 X, Y의 중심별에서 생명 가능 지대의 안쪽 경계까지의 거리를 나타낸 것이다.

행성계	거리(AU)
X	0.4
Y	1.5

X보다 Y가 더 큰 값을 가지는 것만을 <보기>에서 있는 대로 고른 것은? (단, 중심별은 모두 주계열성이다.)

< 보 기 >

ㄱ. 중심별의 수명　　ㄴ. 중심별의 질량

ㄷ. 생명 가능 지대의 폭

① ㄱ　② ㄷ　③ ㄱ, ㄴ　④ ㄴ, ㄷ　⑤ ㄱ, ㄴ, ㄷ

● 2013학년도 7월(고3 지Ⅱ)

12. 그림 (가)는 대서양의 심층 순환을, (나)는 북대서양 어느 지점의 수심에 따른 용존 산소의 농도를 나타낸 것이다.

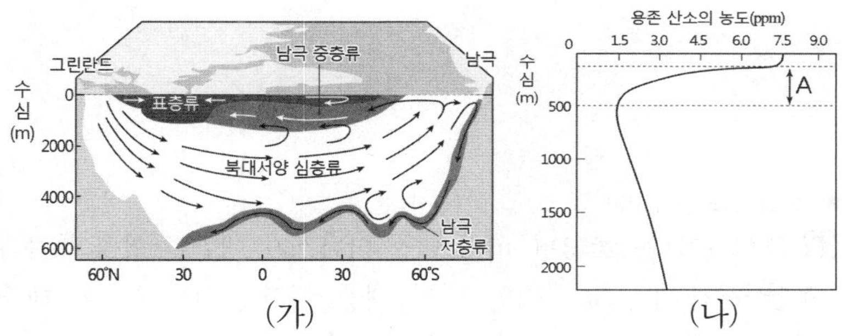

(가)　(나)

이에 대한 설명으로 옳은 것만을 <보기>에서 있는 대로 고른 것은?

< 보 기 >

ㄱ. 남극 저층류는 북대서양 심층류보다 밀도가 크다.

ㄴ. 해수의 심층 순환은 표층 순환과 연결되어 열에너지를 수송하는 역할을 한다.

ㄷ. A에서 용존 산소의 농도가 감소하는 것은 생물의 호흡 및 분해 활동과 관련 있다.

① ㄴ　② ㄷ　③ ㄱ, ㄴ　④ ㄱ, ㄷ　⑤ ㄱ, ㄴ, ㄷ

13. 그림은 지구 자전축의 기울기가 다른 두 시기 A, B에 하짓날 태양의 남중 고도가 90°인 위도를 나타낸 것이다.

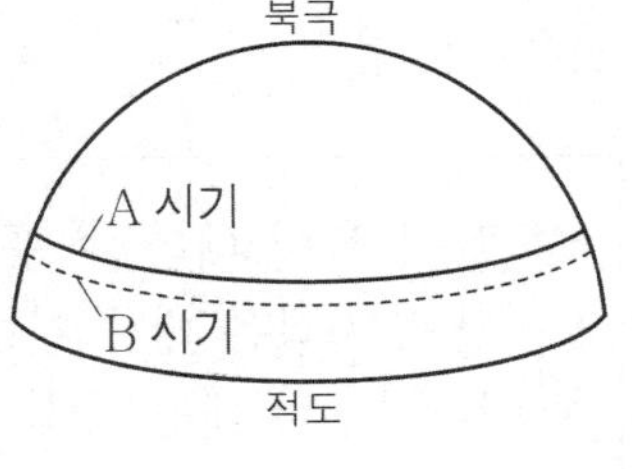

B 시기보다 A 시기에 큰 값만을 <보기>에서 있는 대로 고른 것은? (단, 지구 자전축의 기울기 변화 이외의 요인은 변하지 않는다고 가정한다.) [3점]

< 보 기 >

ㄱ. 지구 자전축의 기울기

ㄴ. 우리나라에서 기온의 연교차

ㄷ. 지구 전체에 1년 동안 입사하는 태양 에너지의 양

① ㄱ　② ㄴ　③ ㄱ, ㄴ　④ ㄱ, ㄷ　⑤ ㄴ, ㄷ

14. 그림 (가)는 어느 온대 저기압 중심의 이동 경로와 관측 지역을, (나)의 A, B, C는 이 온대 저기압 중심이 우리나라를 통과하는 동안 원주와 거제 중 한 지역에서 관측한 풍향과 풍속을 시간 순서에 관계없이 나타낸 것이다.

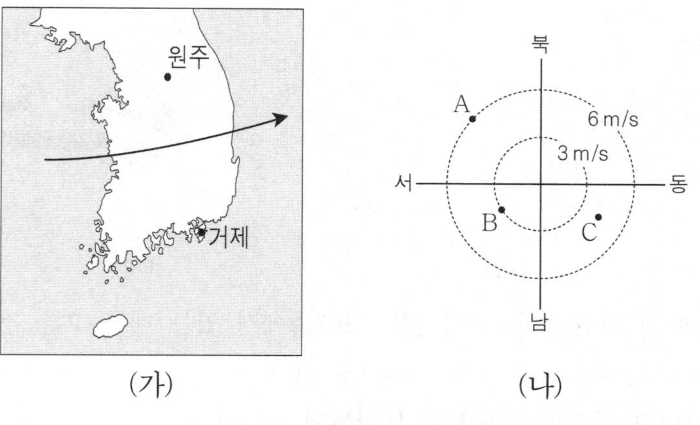

(가)　(나)

이에 대한 옳은 설명만을 <보기>에서 있는 대로 고른 것은? [3점]

< 보 기 >

ㄱ. (나)는 거제에서 관측한 결과이다.

ㄴ. 관측 순서는 A→B→C이다.

ㄷ. B와 C가 관측된 시각 사이에 관측 지역에는 소나기가 내렸을 것이다.

① ㄱ　② ㄷ　③ ㄱ, ㄴ　④ ㄴ, ㄷ　⑤ ㄱ, ㄴ, ㄷ

● 2010학년도 9월(고3)

15. 다음은 백두산 화산 활동에 대한 조선 시대의 기록과 함경도의 경성과 부령의 위치를 나타낸 지도이다.

(가) 1668년 6월 2일, 함경도 경성에 재가 내렸다. 부령에도 같은 날에 재가 내렸다.

(나) 1702년 6월 3일 정오 경, 함경도 부령에 하늘과 땅이 갑자기 캄캄해졌는데, 때로 연기와 불꽃 같은 것이 있었고, 썩은 달걀 냄새가 방에 꽉 찬 것 같았다.

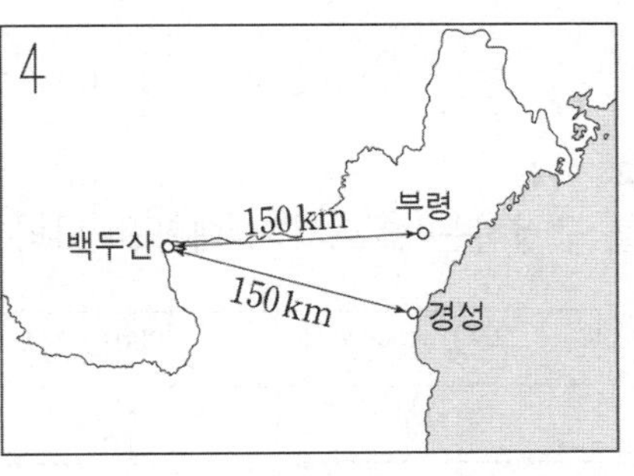

이 기록을 근거로 백두산 화산 활동에 대하여 옳게 추정한 것만을 <보기>에서 있는 대로 고른 것은?

< 보 기 >

ㄱ. (가)의 화산 활동에 의해 경성과 부령 지역에 현무암이 만들어졌을 것이다.

ㄴ. (나)의 화산 분출물에는 가스가 다량 포함되었을 것이다.

ㄷ. 이 시기의 화산 활동은 폭발성 분출이었을 것이다.

① ㄱ　② ㄷ　③ ㄱ, ㄴ　④ ㄴ, ㄷ　⑤ ㄱ, ㄴ, ㄷ

16. 그림 (가)는 동태평양 적도 해역의 해수면 온도 편차(관측값 - 평년값)를, (나)는 (가)의 A, B 중 어느 시기에 나타날 수 있는 기후를 나타낸 것이다.

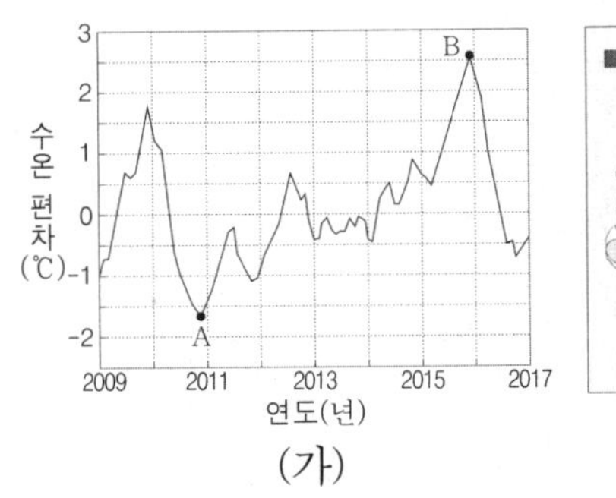

(가)

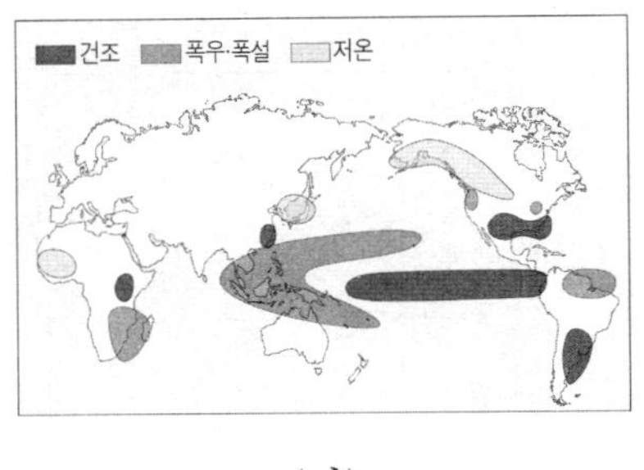

(나)

이에 대한 옳은 설명만을 <보기>에서 있는 대로 고른 것은?

<보 기>

ㄱ. A 시기에 엘니뇨가 나타났다.
ㄴ. 무역풍의 세기는 B 시기보다 A 시기에 강하다.
ㄷ. (나)는 A 시기에 나타날 수 있다.

① ㄱ ② ㄷ ③ ㄱ, ㄴ ④ ㄴ, ㄷ ⑤ ㄱ, ㄴ, ㄷ

● 2014학년도 3월(고3)

17. 그림은 태평양에서 해수의 표층 순환과 대기 대순환에 의한 바람의 방향을 나타낸 것이다.

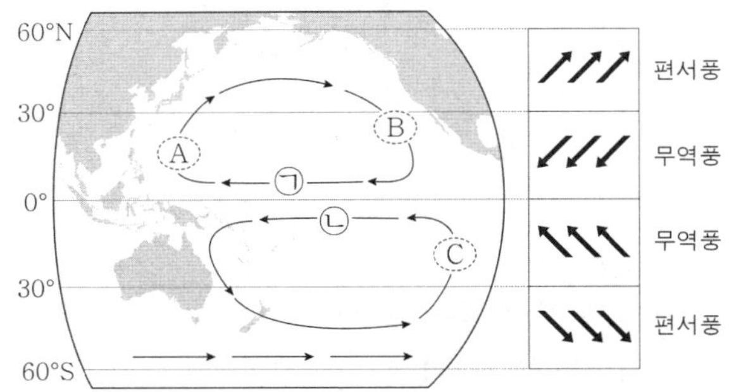

이에 대한 옳은 설명만을 <보기>에서 있는 대로 고른 것은? [3점]

<보 기>

ㄱ. 해류 ㉠, ㉡은 모두 무역풍의 영향으로 형성된다.
ㄴ. A 해역에는 난류가, B 해역에는 한류가 흐른다.
ㄷ. 열대 저기압의 발생 빈도는 A 해역이 C 해역보다 높다.

① ㄱ ② ㄷ ③ ㄱ, ㄴ ④ ㄴ, ㄷ ⑤ ㄱ, ㄴ, ㄷ

● 2014학년도 9월(고3 지Ⅱ)

18. 표는 우주를 구성하는 요소의 상대량을 나타낸 것이다.

구성 요소	상대량(%)
(가)	72
암흑 물질	A
보통 물질	B

이에 대한 설명으로 옳은 것만을 <보기>에서 있는 대로 고른 것은?

<보 기>

ㄱ. (가)는 암흑 에너지이다.
ㄴ. A는 B보다 크다.
ㄷ. 암흑 물질은 우주를 가속 팽창시키는 원인이 된다.

① ㄱ ② ㄴ ③ ㄷ ④ ㄱ, ㄴ ⑤ ㄴ, ㄷ

19. 그림 (가)는 1979년부터 2015년까지 북극 빙하 면적의 변화를, (나)는 지구의 열수지를 나타낸 것이다.

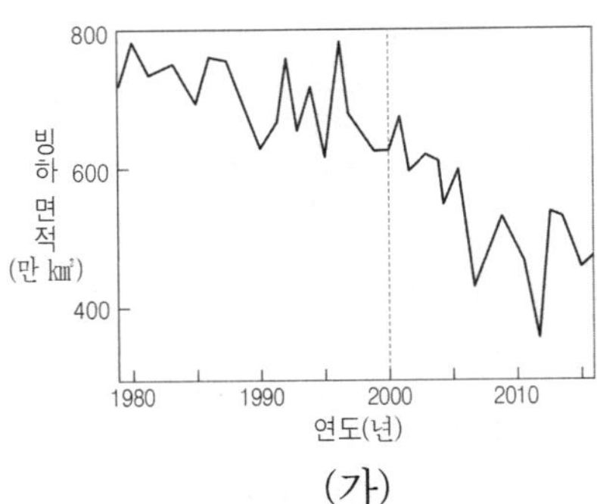

(가)

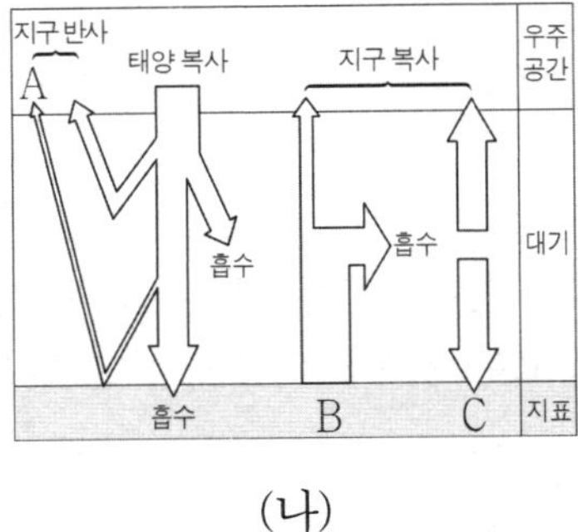

(나)

이 기간에 대한 옳은 설명만을 <보기>에서 있는 대로 고른 것은? [3점]

<보 기>

ㄱ. 빙하 면적의 평균 감소율은 2000년 이전보다 이후가 크다.
ㄴ. 북극 지방에서 A에 해당하는 값은 1980년보다 2010년이 작았다.
ㄷ. B와 C에 해당하는 값은 증가하는 추세이다.

① ㄱ ② ㄷ ③ ㄱ, ㄴ ④ ㄴ, ㄷ ⑤ ㄱ, ㄴ, ㄷ

● 2015학년도 수능(고3)

20. 그림 (가)는 2013년 10월 태풍 다나스가 대한 해협을 통과하는 동안 시각 T_1, T_2, T_3일 때의 태풍 위치를, (나)는 이 태풍의 영향을 받은 어느 관측소에서 관측한 풍향과 풍속을 나타낸 것이다.

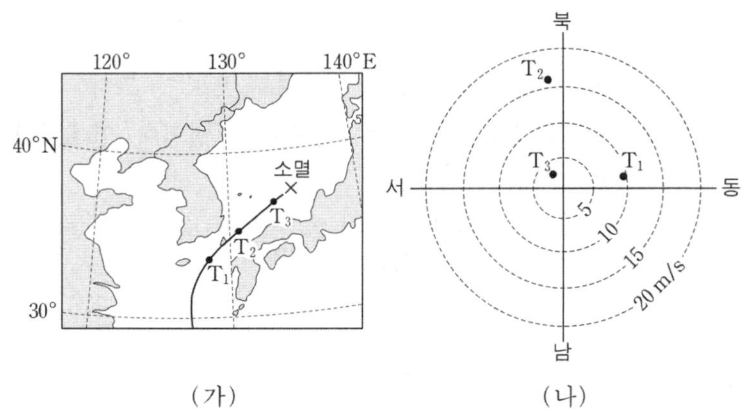

(가) (나)

이에 대한 설명으로 옳은 것만을 <보기>에서 있는 대로 고른 것은? [3점]

<보 기>

ㄱ. T_1과 T_3일 때의 두 풍향이 이루는 각은 180° 이다.
ㄴ. 관측 지점은 태풍 진행 경로의 왼쪽에 위치한다.
ㄷ. T_3 이후의 태풍 중심 기압은 높아졌다.

① ㄱ ② ㄴ ③ ㄱ, ㄷ ④ ㄴ, ㄷ ⑤ ㄱ, ㄴ, ㄷ

※ 확인 사항

○ 답안지의 해당란에 필요한 내용을 정확히 기입(표기) 했는지 확인하시오.

제 4 교시

과학탐구 영역(지구과학 I)

08회

성명 | 수험 번호 | 제〔 〕선택

1. 그림 (가)는 어느 열점으로부터 생성된 화산섬과 해산의 분포를 절대 연령과 함께 나타낸 것이고, (나)는 X – X′ 구간의 지진파 단층 촬영 영상을 나타낸 것이다.

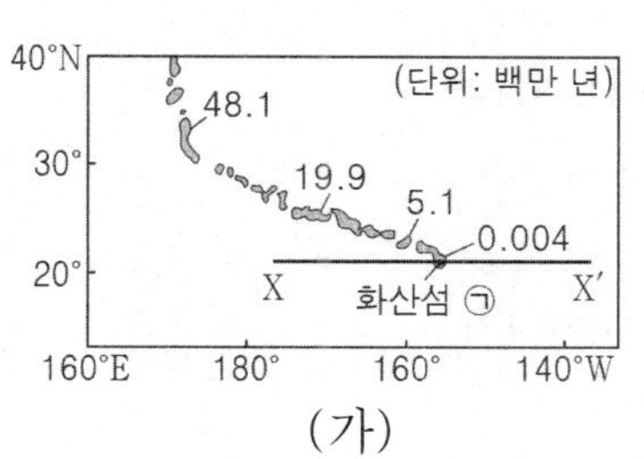

(가)

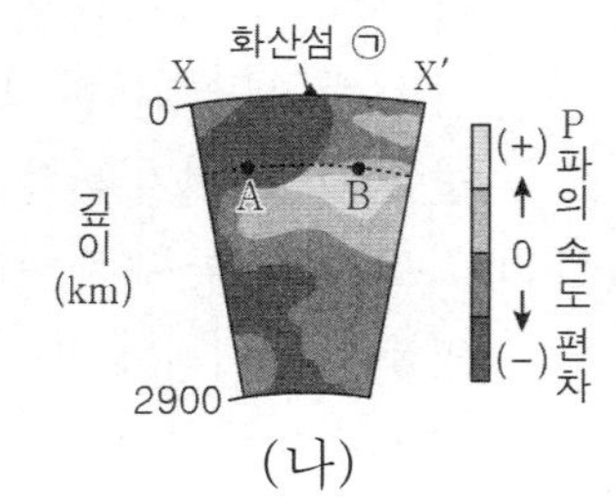

(나)

이에 대한 설명으로 옳은 것만을 <보기>에서 있는 대로 고른 것은?

〈보 기〉
ㄱ. ㉠이 속한 판의 이동 방향은 남동쪽이다.
ㄴ. 지진파의 속도는 A 지점보다 B 지점에서 빠르다.
ㄷ. ㉠은 뜨거운 플룸에 의해 생성되었다.

① ㄱ ② ㄴ ③ ㄱ, ㄷ ④ ㄴ, ㄷ ⑤ ㄱ, ㄴ, ㄷ

2. 그림 (가)는 마그마 분출 지역 A와 B를, (나)는 깊이에 따른 지하 온도 분포와 암석의 용융 곡선을 나타낸 것이다. ㉠과 ㉡은 A와 B의 지하 온도 분포를 순서 없이 나타낸 것이다.

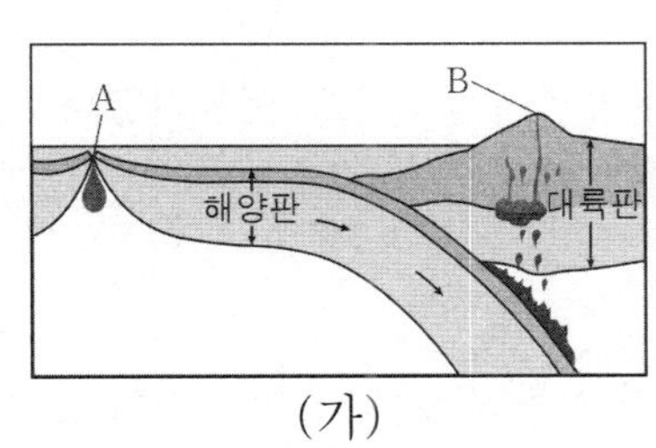

(가)

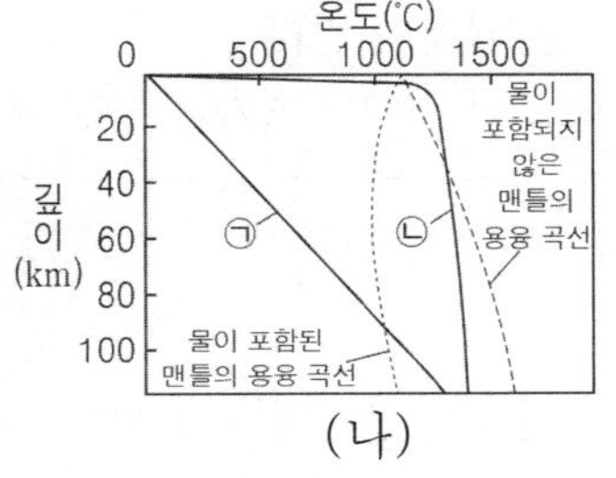

(나)

이에 대한 설명으로 옳은 것만을 <보기>에서 있는 대로 고른 것은? [3점]

〈보 기〉
ㄱ. A에서 마그마가 분출하여 굳으면 주로 현무암이 된다.
ㄴ. 깊이 0 ~ 20 km 구간에서 지하의 평균 온도 변화율은 ㉠보다 ㉡이 크다.
ㄷ. ㉡은 B의 지하 온도 분포이다.

① ㄱ ② ㄷ ③ ㄱ, ㄴ ④ ㄴ, ㄷ ⑤ ㄱ, ㄴ, ㄷ

3. 그림은 퇴적 구조 A와 B가 발달한 지층 단면을 나타낸 것이다. A와 B는 각각 건열과 연흔 중 하나이다.

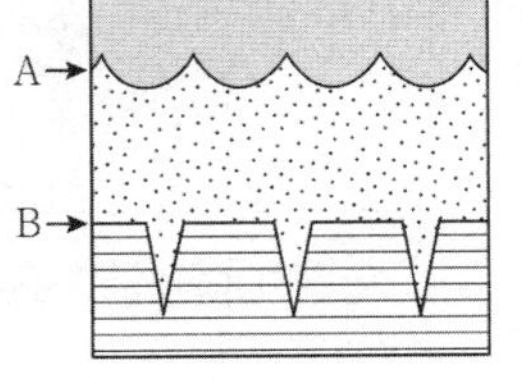

이에 대한 설명으로 옳은 것만을 <보기>에서 있는 대로 고른 것은?

〈보 기〉
ㄱ. A는 연흔이다.
ㄴ. B는 주로 건조한 환경에서 형성된다.
ㄷ. A와 B를 통해 지층의 역전 여부를 확인할 수 있다.

① ㄱ ② ㄷ ③ ㄱ, ㄴ ④ ㄴ, ㄷ ⑤ ㄱ, ㄴ, ㄷ

4. 그림 (가)는 화성암 A, B, C와 퇴적암 D, E가 분포하는 어느 지역의 지질 단면을, (나)는 방사성 동위 원소 X, Y, Z의 붕괴 곡선을 나타낸 것이다. A, B, C에 방사성 원소는 각각 순서대로 X, Y, Z만 존재하고, X, Y, Z의 현재 양은 각각 처음 양의 12.5%, 25%, 50%이다.

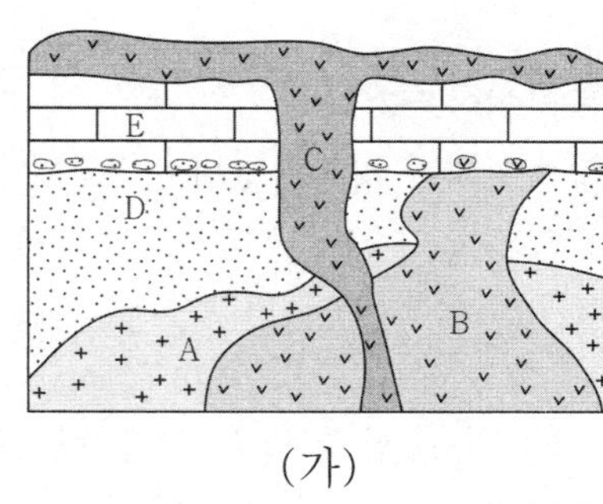

(가)

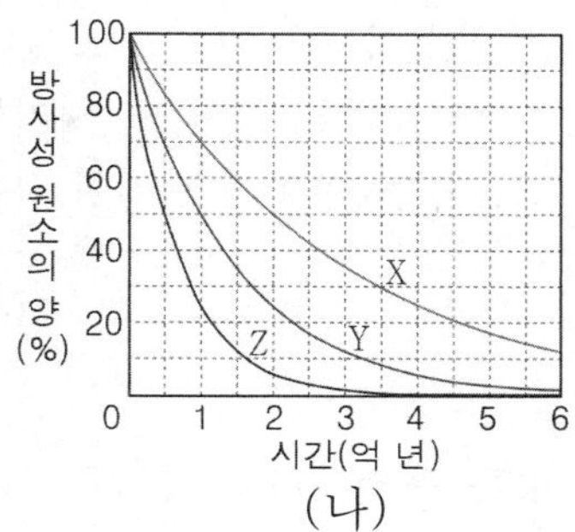

(나)

이에 대한 설명으로 옳은 것은? [3점]

① A의 절대 연령은 2억 년이다.
② 반감기는 Y보다 Z가 길다.
③ B에는 E의 암석 조각이 포획암으로 발견된다.
④ C는 E보다 나중에 생성되었다.
⑤ D는 신생대에 생성되었다.

5. 다음은 지난 10년간 우리나라에서 관측한 우박의 월별 누적 발생 일수와 뇌우의 성숙 단계에 대한 학생들의 대화이다.

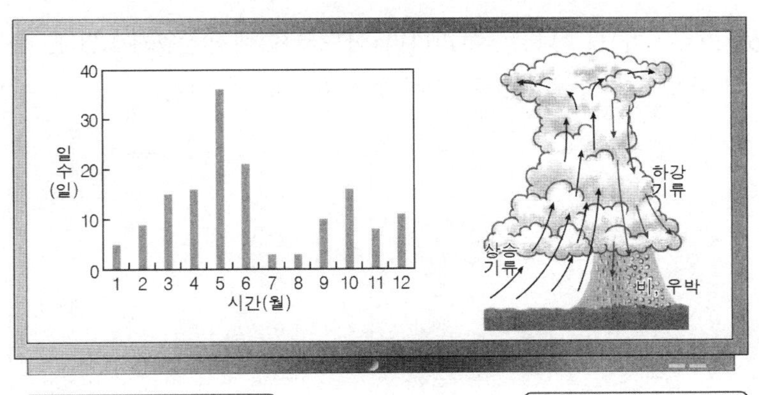

제시한 내용이 옳은 학생만을 있는 대로 고른 것은?

① A ② C ③ A, B ④ B, C ⑤ A, B, C

6. 그림은 지질 시대 동안 생물 A, B, C의 생존 기간을 나타낸 것이다. A, B, C는 각각 겉씨식물, 공룡, 어류 중 하나이다.

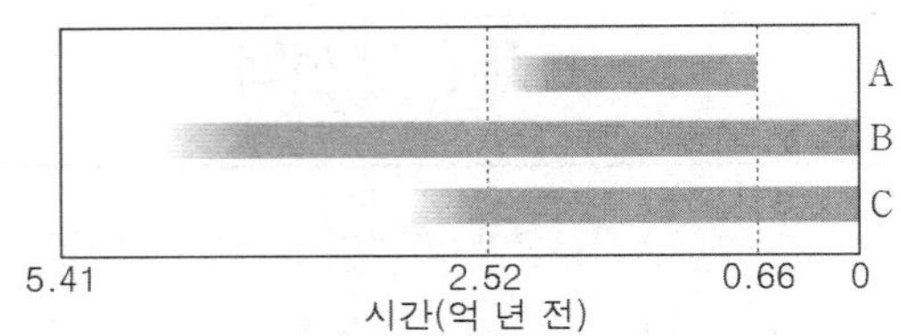

이에 대한 설명으로 옳은 것만을 <보기>에서 있는 대로 고른 것은?

<보 기>

ㄱ. A는 공룡이다.
ㄴ. B가 최초로 출현한 시기는 트라이아스기이다.
ㄷ. 오존층은 C가 번성한 시기에 형성되기 시작하였다.

① ㄱ ② ㄴ ③ ㄱ, ㄷ ④ ㄴ, ㄷ ⑤ ㄱ, ㄴ, ㄷ

7. 표는 우리나라를 통과한 어느 태풍의 중심 기압과 강풍 반경을, 그림은 이 태풍의 영향을 받은 우리나라 관측소 A에서 관측한 기압과 풍향을 나타낸 것이다.

일시	중심 기압 (hPa)	강풍 반경 (km)
10일 03시	970	330
10일 06시	970	330
10일 09시	975	320
10일 12시	980	300

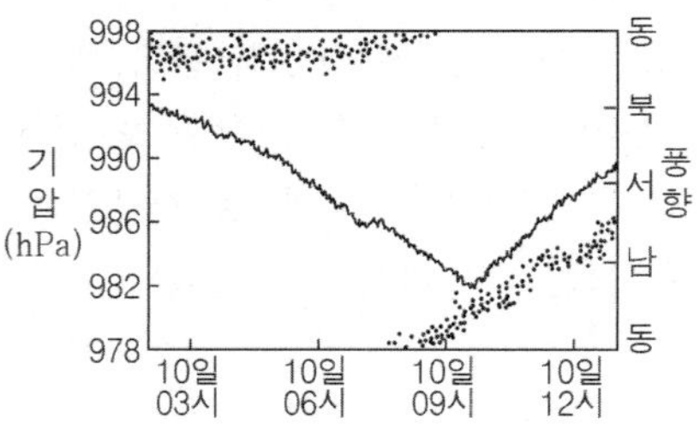

이 자료에 대한 설명으로 옳은 것만을 <보기>에서 있는 대로 고른 것은? [3점]

<보 기>

ㄱ. 태풍의 세력은 03시보다 12시에 강하다.
ㄴ. A와 태풍 중심 사이의 거리는 03시보다 09시에 가깝다.
ㄷ. 태풍의 영향을 받는 동안 A는 안전 반원에 위치한다.

① ㄱ ② ㄴ ③ ㄱ, ㄷ ④ ㄴ, ㄷ ⑤ ㄱ, ㄴ, ㄷ

8. 그림 (가)와 (나)는 우리나라 어느 해역에서 2월과 8월에 관측한 깊이에 따른 수온 분포를 순서 없이 나타낸 것이다.

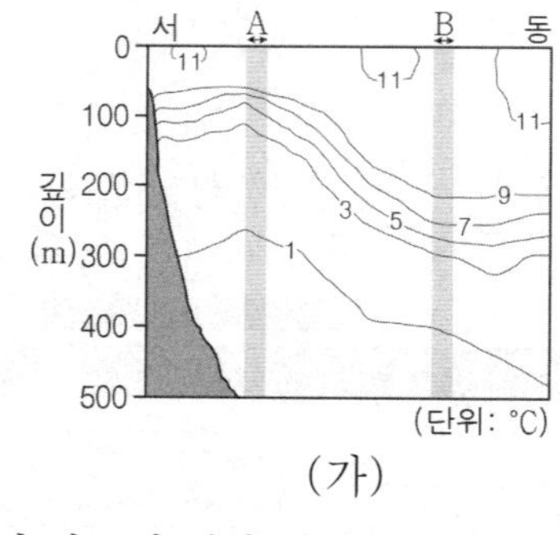

(가)

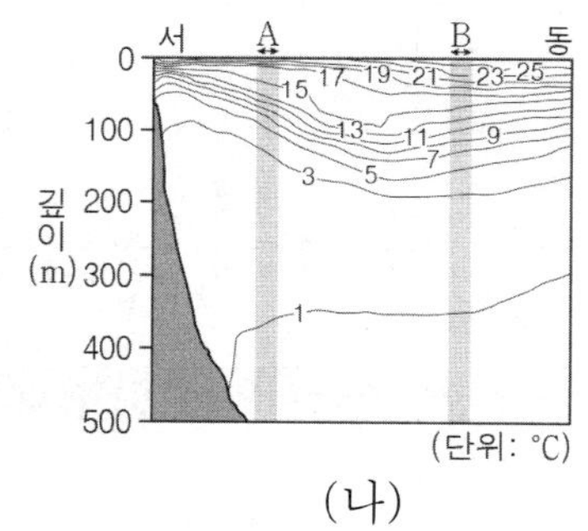

(나)

이 자료에 대한 설명으로 옳은 것만을 <보기>에서 있는 대로 고른 것은?

<보 기>

ㄱ. (가)는 2월에 관측한 자료이다.
ㄴ. A 구간에서 깊이 0 m와 400 m의 평균 수온 차이는 (가)보다 (나)에서 작다.
ㄷ. B 구간에서 혼합층의 두께는 (가)보다 (나)에서 두껍다.

① ㄱ ② ㄴ ③ ㄱ, ㄷ ④ ㄴ, ㄷ ⑤ ㄱ, ㄴ, ㄷ

9. 다음은 고지자기 복각을 이용하여 어느 지괴의 이동을 알아보는 탐구이다.

[가정]
○ 고지자기극은 고지자기 방향으로 추정한 지리상 북극이고, 지리상 북극은 변하지 않았다.
○ 지괴는 동일 경도를 따라 일정한 방향으로 이동했다.

[탐구 과정]

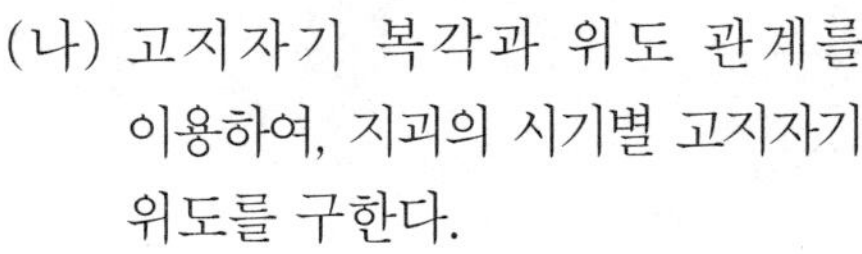

(가) 지괴의 한 지역에서 서로 다른 시기에 생성된 화성암의 절대 연령과 고지자기 복각을 조사한다.
(나) 고지자기 복각과 위도 관계를 이용하여, 지괴의 시기별 고지자기 위도를 구한다.

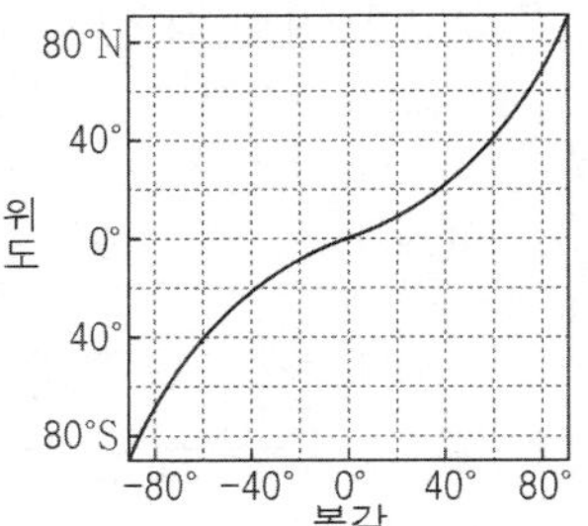

[탐구 결과]

화성암	절대 연령(만 년)	복각	위도
A	8000	−48°	약 29°S
B	6000	−37°	
C	2000	+18°	
D	0	+38°	약 21°N

이에 대한 설명으로 옳은 것만을 <보기>에서 있는 대로 고른 것은? [3점]

<보 기>

ㄱ. B가 생성된 위치는 남반구이다.
ㄴ. 지리상 북극과의 최단 거리는 C가 생성된 위치보다 D가 생성된 위치가 멀다.
ㄷ. 이 지괴는 A가 생성된 후 현재까지 남쪽으로 이동하였다.

① ㄱ ② ㄴ ③ ㄱ, ㄷ ④ ㄴ, ㄷ ⑤ ㄱ, ㄴ, ㄷ

10. 다음은 붉은바다거북의 생애와 이동 경로에 대한 설명이다.

붉은바다거북은 오스트레일리아 해변에서 부화한 후 이동 과정에서 ㉠ 남태평양 아열대 순환을 이용한다. ㉡ 동오스트레일리아 해류를 이용하여 남쪽으로 이동하고 남태평양을 횡단하여 남아메리카 연안에서 성장한다. 이후 산란을 위해 해류를 이용하여 다시 오스트레일리아 해변으로 돌아온다.

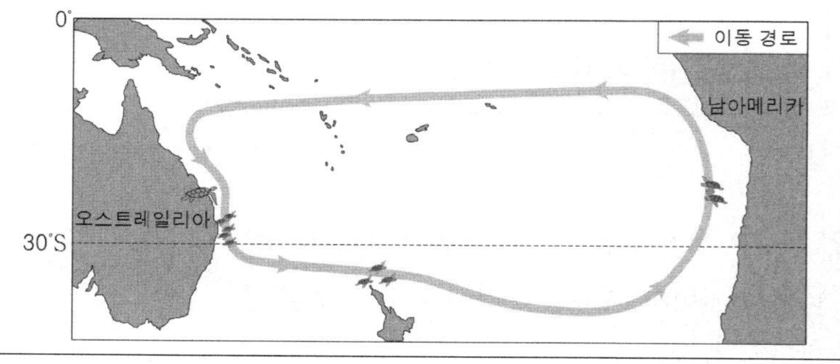

이에 대한 설명으로 옳은 것만을 <보기>에서 있는 대로 고른 것은?

<보 기>

ㄱ. ㉠의 방향은 시계 방향이다.
ㄴ. ㉡은 저위도의 열에너지를 고위도로 수송한다.
ㄷ. 붉은바다거북이 남아메리카에서 오스트레일리아로 돌아올 때 남적도 해류를 이용한다.

① ㄱ ② ㄴ ③ ㄱ, ㄷ ④ ㄴ, ㄷ ⑤ ㄱ, ㄴ, ㄷ

[해설편 p.023]

11. 그림은 북대서양 표층 순환과 심층 순환의 일부를 나타낸 것이다. A와 B는 각각 표층수와 심층수 중 하나이다.

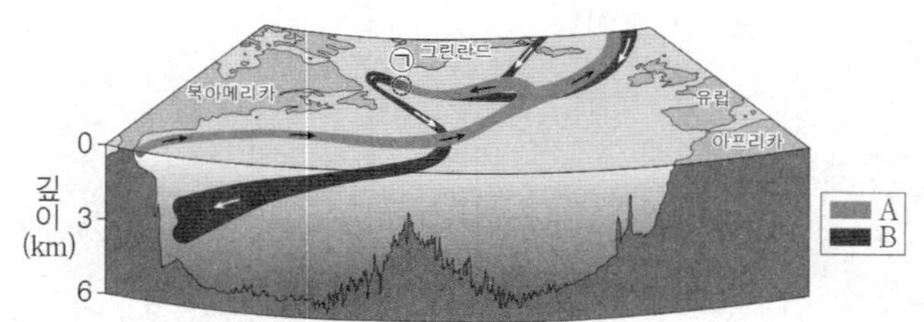

이에 대한 설명으로 옳은 것만을 <보기>에서 있는 대로 고른 것은?

<보 기>

ㄱ. A는 표층수이다.

ㄴ. 해수의 평균 이동 속력은 A보다 B가 느리다.

ㄷ. 빙하가 녹은 물이 해역 ㉠에 유입되면 B의 흐름은 강해질 것이다.

① ㄱ ② ㄷ ③ ㄱ, ㄴ ④ ㄴ, ㄷ ⑤ ㄱ, ㄴ, ㄷ

12. 그림 (가)는 현재 지구의 공전 궤도와 자전축 경사 방향을, (나)는 지구의 공전 궤도 이심률과 자전축 경사각의 변화를 나타낸 것이다.

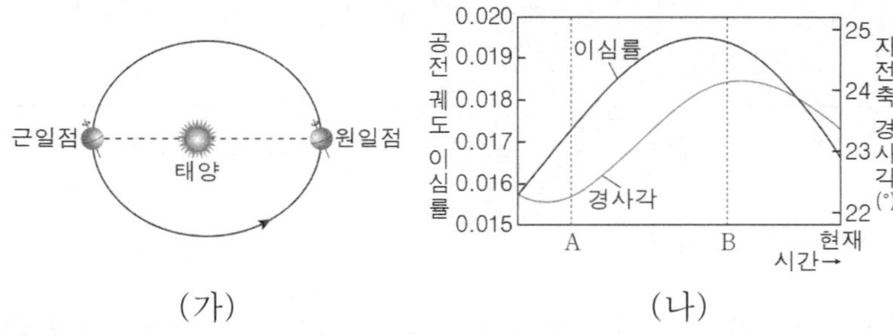

(가) (나)

이에 대한 설명으로 옳은 것만을 <보기>에서 있는 대로 고른 것은? (단, 지구의 공전 궤도 이심률과 자전축 경사각 이외의 요인은 변하지 않는다고 가정한다.) [3점]

<보 기>

ㄱ. 현재 지구가 근일점에 위치할 때 북반구는 여름철이다.

ㄴ. 원일점 거리는 현재보다 B 시기가 멀다.

ㄷ. 35°S에서 기온의 연교차는 A 시기보다 B 시기가 크다.

① ㄱ ② ㄴ ③ ㄱ, ㄷ ④ ㄴ, ㄷ ⑤ ㄱ, ㄴ, ㄷ

13. 그림 (가)는 별의 분광형에 따른 흡수선의 상대적 세기를, (나)는 주계열성 ㉠과 ㉡의 스펙트럼을 나타낸 것이다. ㉠과 ㉡의 분광형은 각각 A0와 G0 중 하나이다.

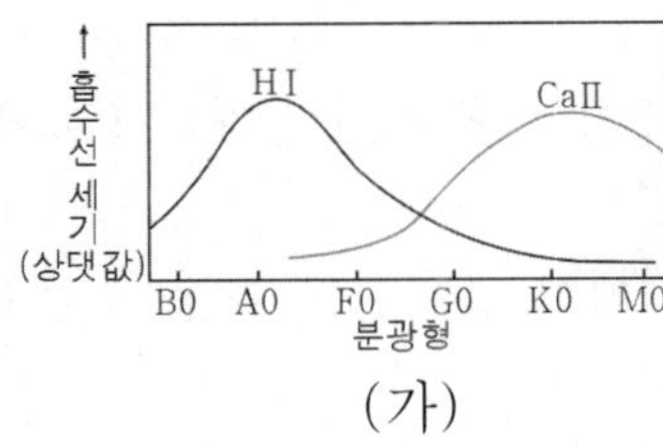

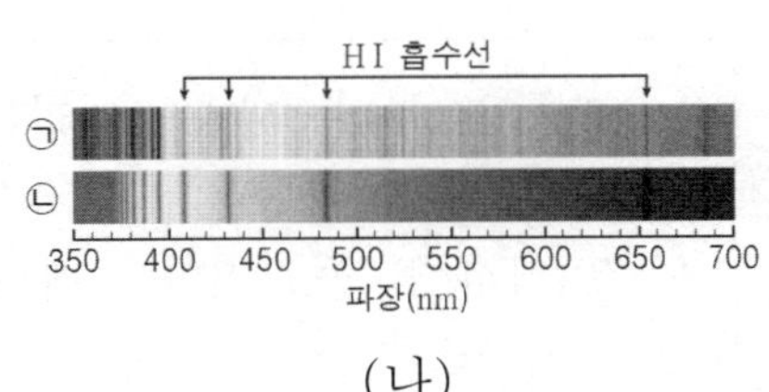

(가) (나)

이에 대한 설명으로 옳은 것만을 <보기>에서 있는 대로 고른 것은?

<보 기>

ㄱ. 분광형이 G0인 별에서는 H I 흡수선보다 CaII 흡수선이 강하게 나타난다.

ㄴ. ㉡의 분광형은 A0이다.

ㄷ. 광도는 ㉠보다 ㉡이 크다.

① ㄱ ② ㄷ ③ ㄱ, ㄴ ④ ㄴ, ㄷ ⑤ ㄱ, ㄴ, ㄷ

14. 그림 (가)는 태평양 적도 부근 해역에서 시간에 따라 관측한 해수면 높이 편차를, (나)는 이 해역에서 A와 B 중 한 시기에 관측한 표층 수온 편차를 나타낸 것이다. A와 B는 각각 엘니뇨와 라니냐 시기 중 하나이고, 편차는 (관측값 − 평년값)이다.

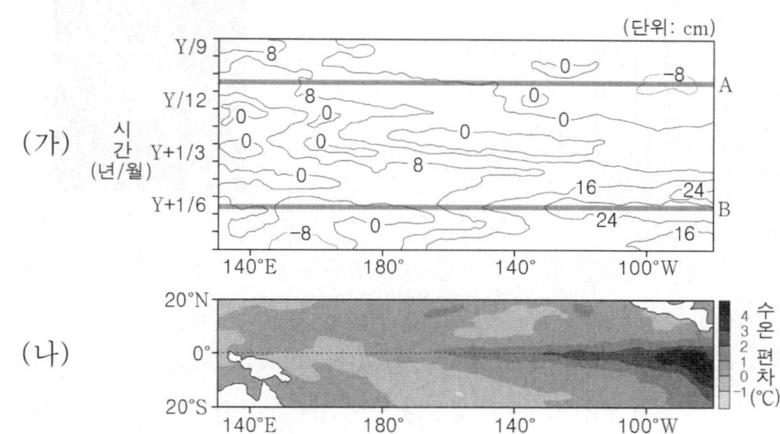

이에 대한 설명으로 옳은 것만을 <보기>에서 있는 대로 고른 것은? [3점]

<보 기>

ㄱ. 적도 부근 해역에서 (서태평양 해수면 높이 − 동태평양 해수면 높이) 값은 A보다 B일 때 크다.

ㄴ. (나)는 B일 때 관측한 자료이다.

ㄷ. 동태평양 적도 부근 해역의 용승은 평년보다 B일 때 강하다.

① ㄱ ② ㄴ ③ ㄱ, ㄴ ④ ㄱ, ㄷ ⑤ ㄴ, ㄷ

15. 그림 (가)는 질량이 서로 다른 주계열성 A와 B의 내부 구조를, (나)는 어느 수소 핵융합 반응을 나타낸 것이다. A와 B의 질량은 각각 태양 질량의 1배와 5배 중 하나이다.

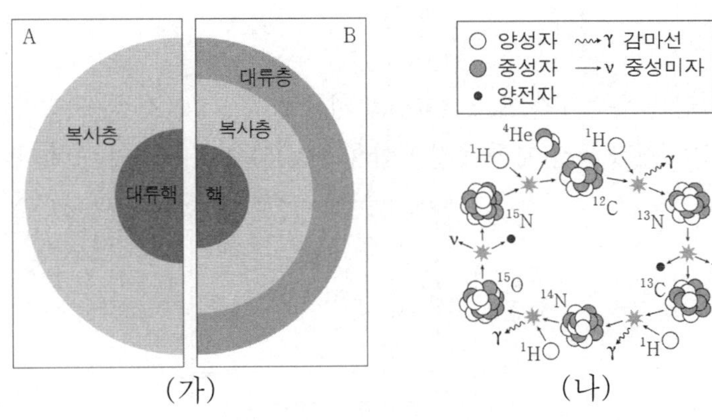

(가) (나)

이에 대한 설명으로 옳은 것만을 <보기>에서 있는 대로 고른 것은? [3점]

<보 기>

ㄱ. 별의 중심부 온도는 A보다 B가 높다.

ㄴ. (나)에서 ^{12}C는 촉매로 작용한다.

ㄷ. $\frac{\text{(나)에 의한 에너지 생산량}}{\text{수소 핵융합 반응에 의한 총에너지 생산량}}$ 은 A보다 B가 크다.

① ㄱ ② ㄴ ③ ㄱ, ㄷ ④ ㄴ, ㄷ ⑤ ㄱ, ㄴ, ㄷ

16. 그림 (가)는 타원 은하와 나선 은하의 시간에 따른 연간 별 생성량을, (나)는 은하 A의 모습을 나타낸 것이다. A는 허블의 은하 분류 체계에서 E1과 SBb 중 하나에 해당한다.

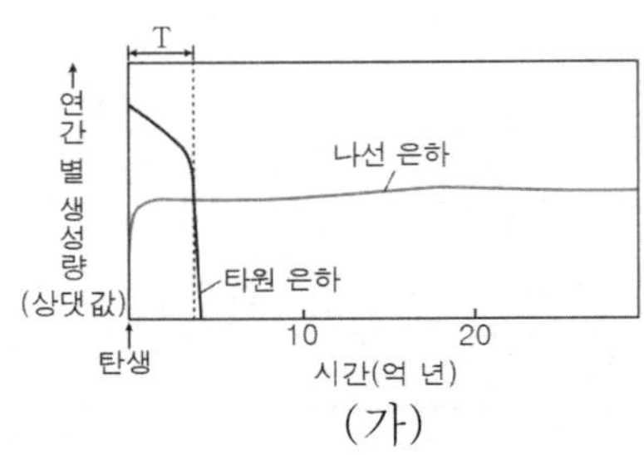

(가)

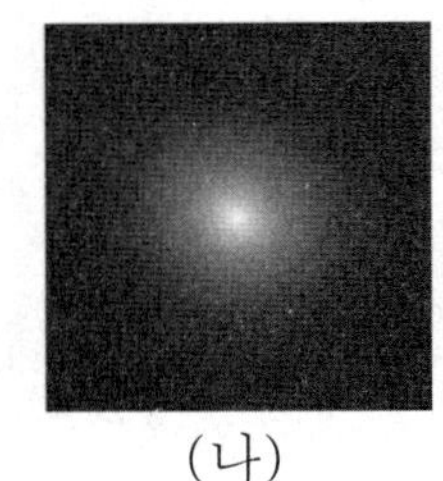
(나)

이 자료에 대한 설명으로 옳은 것만을 <보기>에서 있는 대로 고른 것은?

〈보 기〉

ㄱ. T 기간 동안 누적 별 생성량은 나선 은하보다 타원 은하가 많다.
ㄴ. A는 E1에 해당한다.
ㄷ. A는 탄생 이후 연간 별 생성량이 지속적으로 증가한다.

① ㄱ ② ㄷ ③ ㄱ, ㄴ ④ ㄴ, ㄷ ⑤ ㄱ, ㄴ, ㄷ

17. 다음은 우리은하와 외부 은하 A, B에 대한 설명이다.

- 우리은하에서 A까지의 거리는 40 Mpc이다.
- 우리은하에서 관측할 때 A의 시선 방향과 B의 시선 방향이 이루는 각도는 30°이다.
- B에서 관측한 우리은하의 후퇴 속도는 A에서 관측한 우리은하의 후퇴 속도의 $\frac{\sqrt{3}}{2}$ 배이다.

이에 대한 설명으로 옳은 것만을 <보기>에서 있는 대로 고른 것은? (단, 세 은하는 동일 평면상에 위치하며 허블 법칙을 만족한다.) [3점]

〈보 기〉

ㄱ. 우리은하에서 관측한 후퇴 속도는 A보다 B가 빠르다.
ㄴ. A에서 B까지의 거리는 20 Mpc이다.
ㄷ. A에서 관측할 때 우리은하의 시선 방향과 B의 시선 방향이 이루는 각도는 90°이다.

① ㄱ ② ㄴ ③ ㄷ ④ ㄱ, ㄴ ⑤ ㄴ, ㄷ

18. 그림은 우주 구성 요소 A와 B의 시간에 따른 밀도를 나타낸 것이다. A와 B는 각각 물질(보통 물질 + 암흑 물질)과 암흑 에너지 중 하나이다.

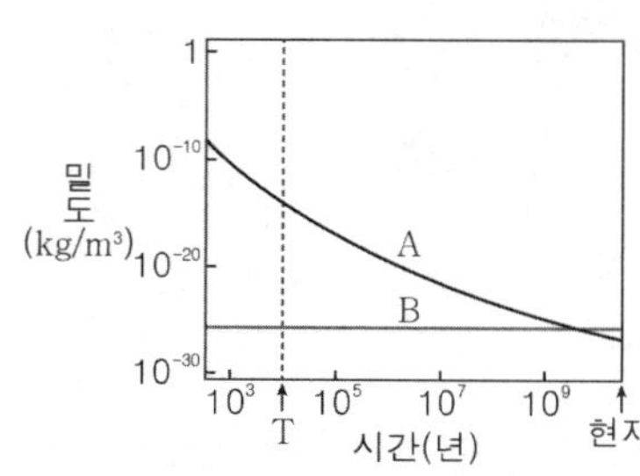

이에 대한 설명으로 옳은 것만을 <보기>에서 있는 대로 고른 것은?

〈보 기〉

ㄱ. A는 물질이다.
ㄴ. $\frac{\text{물질의 밀도}}{\text{암흑 에너지의 밀도}}$는 T 시기보다 현재가 크다.
ㄷ. B는 현재 우주를 가속 팽창시키는 요소이다.

① ㄱ ② ㄴ ③ ㄱ, ㄷ ④ ㄴ, ㄷ ⑤ ㄱ, ㄴ, ㄷ

19. 그림 (가)는 주계열성 A와 B가 각각 A′과 B′으로 진화하는 경로를, (나)는 A와 B 중 한 별의 중심부에서 핵융합 반응이 종료된 직후의 내부 구조를 나타낸 것이다.

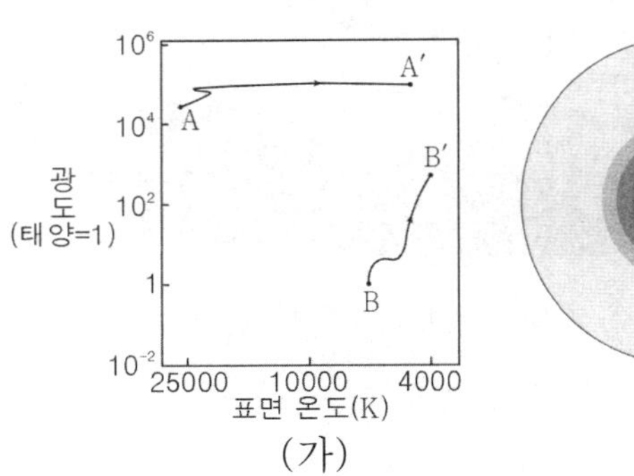

(가)

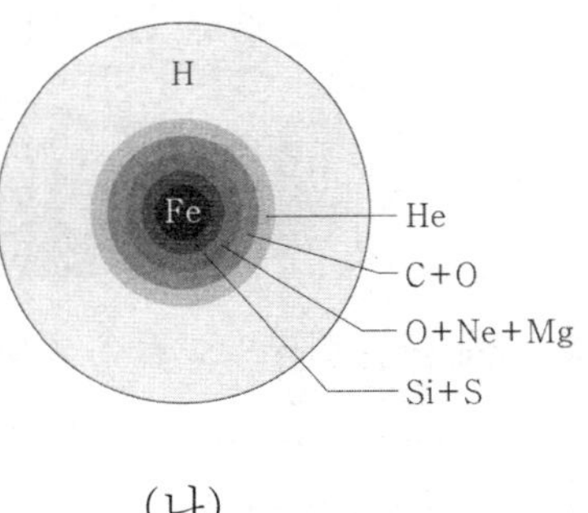

(나)

이에 대한 설명으로 옳은 것만을 <보기>에서 있는 대로 고른 것은? [3점]

〈보 기〉

ㄱ. 주계열 단계에 도달한 후, 이 단계에 머무는 시간은 A보다 B가 짧다.
ㄴ. 절대 등급의 변화 폭은 A가 A′으로 진화할 때보다 B가 B′으로 진화할 때가 크다.
ㄷ. (나)는 B의 중심부에서 핵융합 반응이 종료된 직후의 내부 구조이다.

① ㄱ ② ㄴ ③ ㄱ, ㄷ ④ ㄴ, ㄷ ⑤ ㄱ, ㄴ, ㄷ

20. 그림 (가)는 공통 질량 중심에 대해 원 궤도로 공전하는 외계 행성 P와 중심별 S의 공전 궤도를, (나)는 P에 의한 S의 시선 속도 변화를 나타낸 것이다. T_1일 때 P는 ㉠에 위치하고, θ는 관측자의 시선 방향과 공전 궤도면이 이루는 각의 크기이며 h는 S의 시선 속도 변화 폭이다.

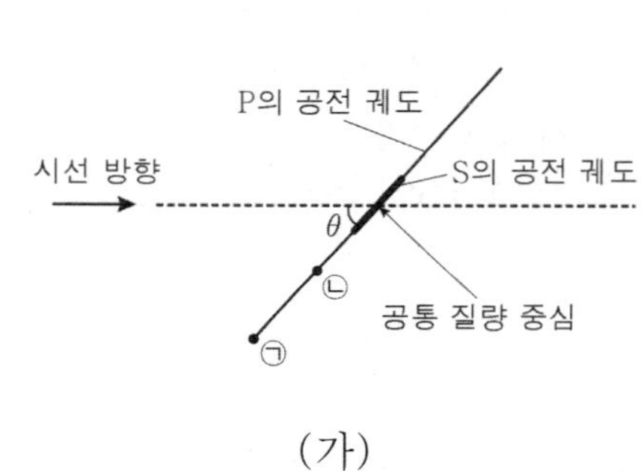

(가)

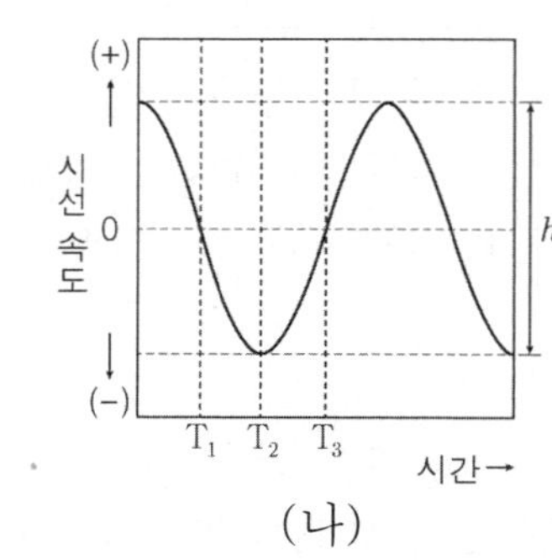

(나)

이 자료에 대한 설명으로 옳은 것만을 <보기>에서 있는 대로 고른 것은? [3점]

〈보 기〉

ㄱ. 관측자로부터 S까지의 거리는 P가 ㉠에 위치할 때보다 ㉡에 위치할 때가 가깝다.
ㄴ. T_2에서 T_3 동안 S의 스펙트럼에서 흡수선의 파장은 점차 짧아진다.
ㄷ. θ가 작아지면 h는 커진다.

① ㄱ ② ㄴ ③ ㄱ, ㄷ ④ ㄴ, ㄷ ⑤ ㄱ, ㄴ, ㄷ

※ 확인 사항

- 답안지의 해당란에 필요한 내용을 정확히 기입(표기)했는지 확인하시오.

[해설편 p.024]

제 4 교시

과학탐구 영역(지구과학 I)

09회

성명		수험 번호	—	제 [ ] 선택

1. 그림은 어느 판의 해저면에 시추 지점 $P_1 \sim P_5$의 위치를, 표는 각 지점에서의 퇴적물 두께와 가장 오래된 퇴적물의 나이를 나타낸 것이다.

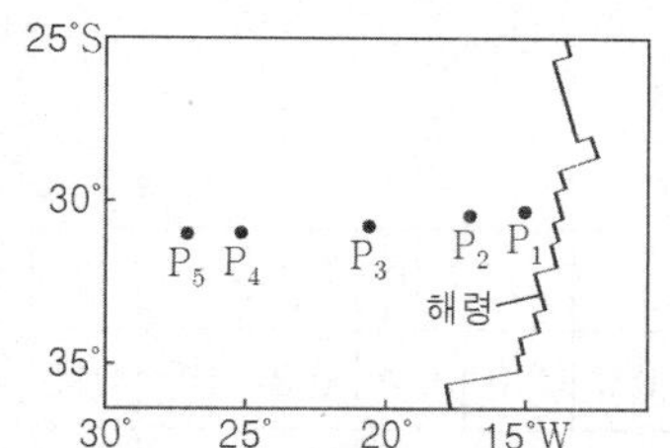

구분	P_1	P_2	P_3	P_4	P_5
두께 (m)	50	94	138	203	510
나이 (백만 년)	6.6	15.2	30.6	49.2	61.2

이에 대한 설명으로 옳은 것만을 <보기>에서 있는 대로 고른 것은?

〈보 기〉
ㄱ. 퇴적물 두께는 P_2보다 P_4에서 두껍다.
ㄴ. P_5 지점의 가장 오래된 퇴적물은 중생대에 퇴적되었다.
ㄷ. $P_1 \sim P_5$가 속한 판은 해령을 기준으로 동쪽으로 이동한다.

① ㄱ ② ㄴ ③ ㄱ, ㄷ ④ ㄴ, ㄷ ⑤ ㄱ, ㄴ, ㄷ

2. 그림은 X－Y 구간의 지진파 단층 촬영 영상을 나타낸 것이다. 화산섬은 상승하는 플룸에 의해 생성되었다.

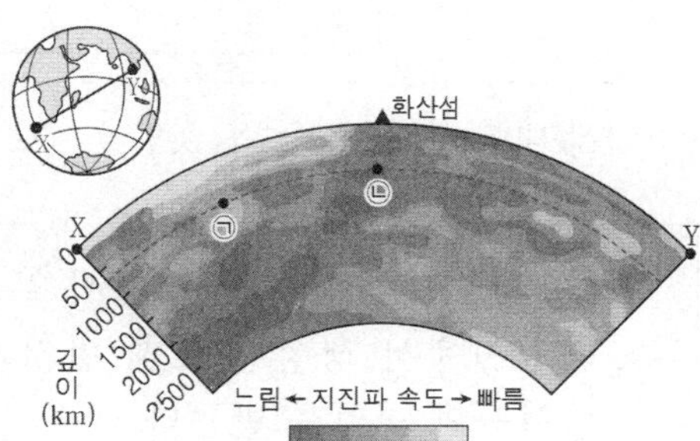

이에 대한 설명으로 옳은 것만을 <보기>에서 있는 대로 고른 것은?

〈보 기〉
ㄱ. 지진파 속도는 ㉠ 지점보다 ㉡ 지점이 느리다.
ㄴ. ㉡ 지점에는 차가운 플룸이 존재한다.
ㄷ. 화산섬을 생성시킨 플룸은 내핵과 외핵의 경계부에서 생성되었다.

① ㄱ ② ㄴ ③ ㄱ, ㄷ ④ ㄴ, ㄷ ⑤ ㄱ, ㄴ, ㄷ

3. 그림 (가)는 퇴적 환경의 일부를, (나)는 서로 다른 퇴적 구조를 나타낸 것이다.

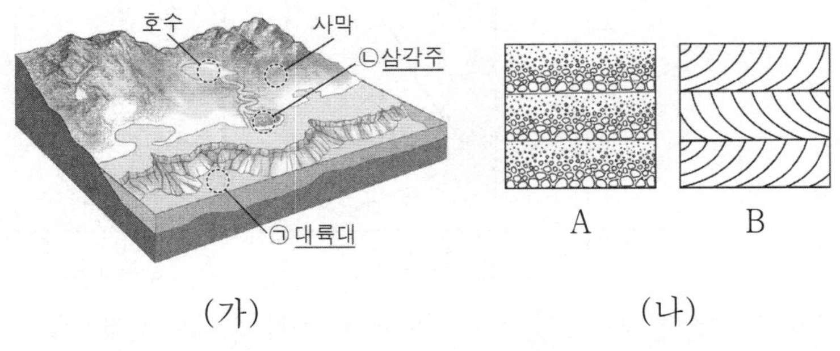

(가) (나)

이에 대한 설명으로 옳은 것만을 <보기>에서 있는 대로 고른 것은?

〈보 기〉
ㄱ. A는 ㉠보다 ㉡에서 잘 생성된다.
ㄴ. B를 통해 퇴적물이 공급된 방향을 알 수 있다.
ㄷ. ㉡은 퇴적 환경 중 육상 환경에 해당한다.

① ㄱ ② ㄴ ③ ㄱ, ㄷ ④ ㄴ, ㄷ ⑤ ㄱ, ㄴ, ㄷ

4. 그림 (가)는 화성암 A와 B의 SiO_2 함량과 결정 크기를, (나)는 깊이에 따른 지하의 온도 분포와 암석의 용융 곡선을 나타낸 것이다. A와 B는 각각 현무암과 화강암 중 하나이다.

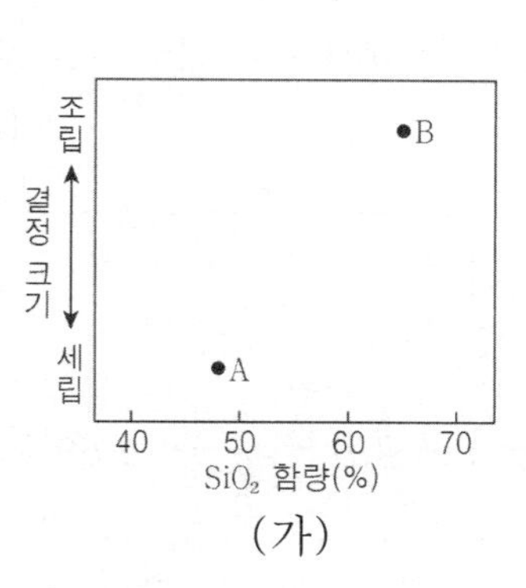

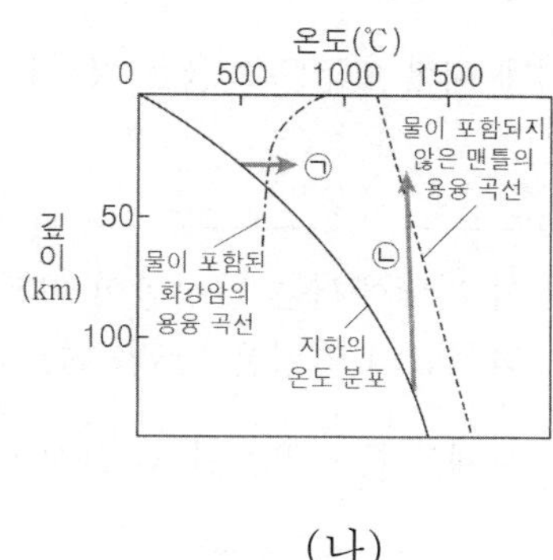

(가) (나)

이에 대한 설명으로 옳은 것만을 <보기>에서 있는 대로 고른 것은? [3점]

〈보 기〉
ㄱ. 생성 깊이는 A보다 B가 깊다.
ㄴ. ㉡ 과정으로 생성되어 상승하는 마그마는 주변보다 밀도가 크다.
ㄷ. A는 ㉠ 과정에 의해 생성된 마그마가 굳어진 암석이다.

① ㄱ ② ㄴ ③ ㄱ, ㄷ ④ ㄴ, ㄷ ⑤ ㄱ, ㄴ, ㄷ

5. 그림 (가)는 어느 시기에 우리나라 주변 해역에서 수온과 염분을 측정한 구간을, (나)와 (다)는 이 구간의 깊이에 따른 수온과 염분 분포를 나타낸 것이다. A, B, C는 해수면에 위치한 지점이다.

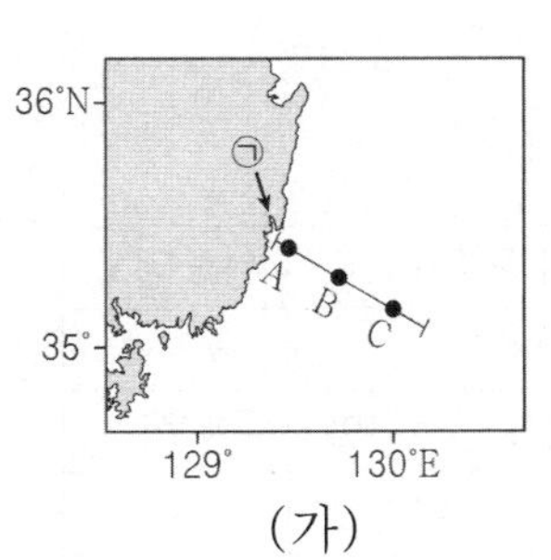

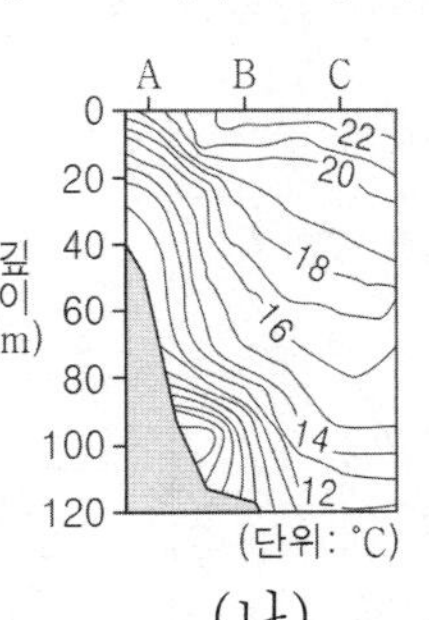

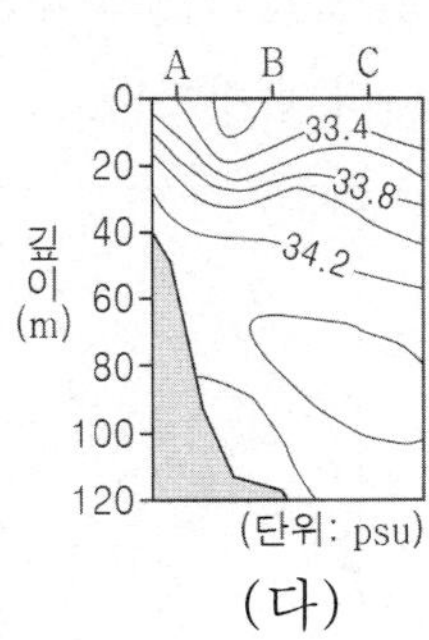

(가) (나) (다)

이에 대한 설명으로 옳은 것만을 <보기>에서 있는 대로 고른 것은? [3점]

〈보 기〉
ㄱ. 해수면과 깊이 40 m의 수온 차는 B보다 A가 크다.
ㄴ. ㉠ 방향으로 유입되는 담수의 양이 증가하면 A의 표층 염분은 33.4 psu보다 커진다.
ㄷ. 표층 해수의 밀도는 C보다 A가 크다.

① ㄱ ② ㄴ ③ ㄱ, ㄷ ④ ㄴ, ㄷ ⑤ ㄱ, ㄴ, ㄷ

[해설편 p.026]

6. 그림은 어느 지역의 지질 단면을, 표는 화성암 A와 B에 포함된 방사성 원소의 현재 함량비를 나타낸 것이다. X와 Y의 반감기는 각각 0.5억 년과 2억 년이다.

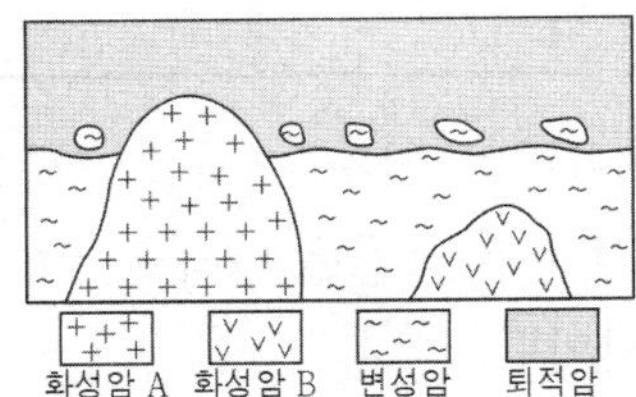

화성암	모원소	자원소	모원소 : 자원소
A	X	X′	1 : 1
B	Y	Y′	1 : 3

이에 대한 설명으로 옳은 것만을 <보기>에서 있는 대로 고른 것은? [3점]

〈 보 기 〉
ㄱ. 이 지역에서는 난정합이 나타난다.
ㄴ. 퇴적암의 연령은 0.5억 년보다 많다.
ㄷ. 현재로부터 2억 년 후 화성암 B에 포함된 $\frac{\text{Y′ 함량}}{\text{Y 함량}}$은 8이다.

① ㄱ ② ㄷ ③ ㄱ, ㄴ ④ ㄴ, ㄷ ⑤ ㄱ, ㄴ, ㄷ

7. 표는 지질 시대의 일부를 기 수준으로 구분하여 순서대로 나타낸 것이고, 그림은 서로 다른 표준 화석을 나타낸 것이다.

대	기
고생대	오르도비스기
	A
	데본기
	B
	페름기
중생대	트라이아스기
	쥐라기
	C

㉠

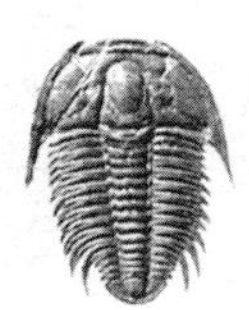
㉡

이에 대한 설명으로 옳은 것은?
① A는 실루리아기이다.
② B에 파충류가 번성하였다.
③ 판게아는 C에 형성되었다.
④ ㉠은 A를 대표하는 표준 화석이다.
⑤ ㉠과 ㉡은 육상 생물의 화석이다.

8. 그림은 어느 태풍의 이동 경로에 6시간 간격으로 중심 기압과 최대 풍속을 나타낸 것이고, 표는 태풍의 최대 풍속에 따른 태풍 강도를 나타낸 것이다.

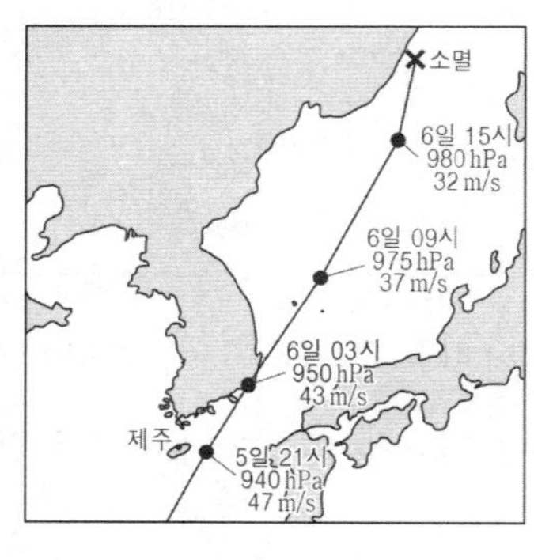

최대 풍속 (m/s)	태풍 강도
54 이상	초강력
44 이상 ~ 54 미만	매우강
33 이상 ~ 44 미만	강
25 이상 ~ 33 미만	중

이에 대한 설명으로 옳은 것만을 <보기>에서 있는 대로 고른 것은?

〈 보 기 〉
ㄱ. 5일 21시에 제주는 태풍의 안전 반원에 위치한다.
ㄴ. 태풍의 세력은 6일 09시보다 6일 03시가 강하다.
ㄷ. 6일 15시의 태풍 강도는 '중'이다.

① ㄱ ② ㄴ ③ ㄱ, ㄷ ④ ㄴ, ㄷ ⑤ ㄱ, ㄴ, ㄷ

9. 다음은 우리나라에 영향을 주는 황사와 관련된 탐구 활동이다.

[탐구 과정]
(가) 공공데이터포털을 이용하여 최근 10년 동안 서울과 부산의 월평균 황사 일수를 조사한다.
(나) 우리나라에 영향을 주는 황사의 발원지와 이동 경로를 조사하여 지도에 나타낸다.

[탐구 결과]
○ (가)의 결과 (단위: 일)

월	1	2	3	4	5	6	7	8	9	10	11	12
서울	0.5	0.6	2.2	1.4	1.7	0.0	0.0	0.0	0.0	0.2	1.0	0.2
부산	0.4	0.3	0.7	1.0	1.4	0.0	0.0	0.0	0.0	0.1	0.3	0.2

○ (나)의 결과

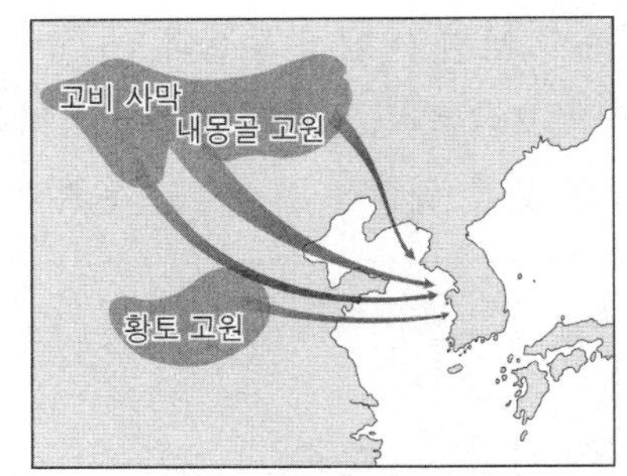

이에 대한 설명으로 옳은 것만을 <보기>에서 있는 대로 고른 것은?

〈 보 기 〉
ㄱ. 최근 10년 동안의 연평균 황사 일수는 서울보다 부산이 많다.
ㄴ. 발원지에서 생성된 모래 먼지가 우리나라로 이동할 때 편서풍의 영향을 받는다.
ㄷ. 우리나라에서 황사는 고온 다습한 기단의 영향이 우세한 계절에 주로 발생한다.

① ㄱ ② ㄴ ③ ㄱ, ㄷ ④ ㄴ, ㄷ ⑤ ㄱ, ㄴ, ㄷ

10. 그림은 경도 150°E의 해수면 부근에서 측정한 연평균 풍속의 남북 방향 성분 분포와 동서 방향 성분 분포를 위도에 따라 나타낸 것이다.

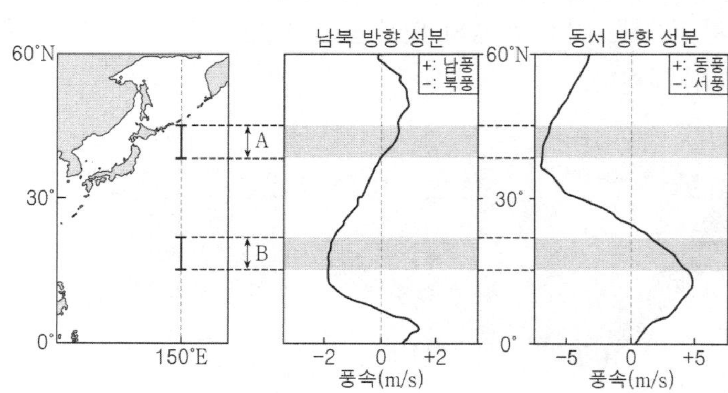

이에 대한 설명으로 옳은 것만을 <보기>에서 있는 대로 고른 것은? [3점]

〈 보 기 〉
ㄱ. A 구간의 해수면 부근에는 북서풍이 우세하다.
ㄴ. B 구간의 해역에 흐르는 해류는 해들리 순환의 영향을 받는다.
ㄷ. 표층 수온은 A 구간의 해역보다 B 구간의 해역에서 높다.

① ㄱ ② ㄷ ③ ㄱ, ㄴ ④ ㄴ, ㄷ ⑤ ㄱ, ㄴ, ㄷ

[해설편 p.026]

11. 그림은 대서양 어느 해역에서 깊이에 따라 측정한 수온과 염분을 심층 수괴의 분포와 함께 수온-염분도에 나타낸 것이다. A, B, C는 각각 북대서양 심층수, 남극 중층수, 남극 저층수 중 하나이다.

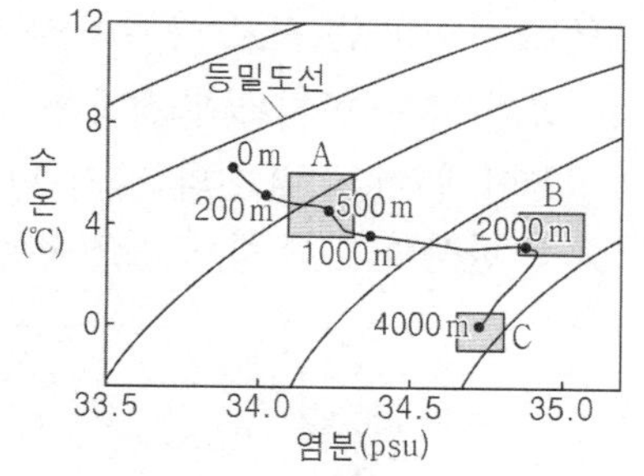

이에 대한 설명으로 옳은 것만을 <보기>에서 있는 대로 고른 것은?

〈보 기〉
ㄱ. 평균 밀도는 A보다 C가 크다.
ㄴ. 이 해역의 깊이 4000 m인 지점에는 남극 중층수가 존재한다.
ㄷ. 해수의 평균 이동 속도는 0 ~ 200 m보다 2000 ~ 4000 m에서 느리다.

① ㄱ ② ㄴ ③ ㄷ ④ ㄱ, ㄷ ⑤ ㄴ, ㄷ

12. 그림은 외부 은하까지의 거리와 후퇴 속도를 나타낸 것이다. A와 B는 각각 서로 다른 시기에 관측한 자료이다.

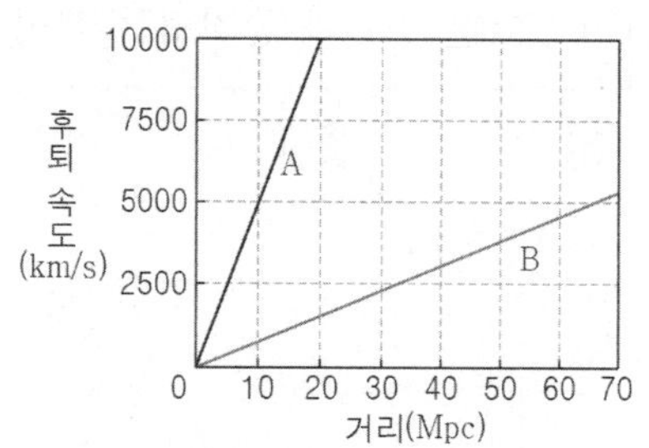

이에 대한 설명으로 옳은 것만을 <보기>에서 있는 대로 고른 것은?

〈보 기〉
ㄱ. A에서 허블 상수는 500 km/s/Mpc이다.
ㄴ. 후퇴 속도가 5000 km/s인 은하까지의 거리는 A보다 B에서 멀다.
ㄷ. 허블 법칙으로 계산한 우주의 나이는 A보다 B에서 많다.

① ㄱ ② ㄷ ③ ㄱ, ㄴ ④ ㄴ, ㄷ ⑤ ㄱ, ㄴ, ㄷ

13. 그림은 서로 다른 별의 스펙트럼, 최대 복사 에너지 방출 파장(λ_{max}), 반지름을 나타낸 것이다. (가), (나), (다)의 분광형은 각각 A0V, G0V, K0V 중 하나이다.

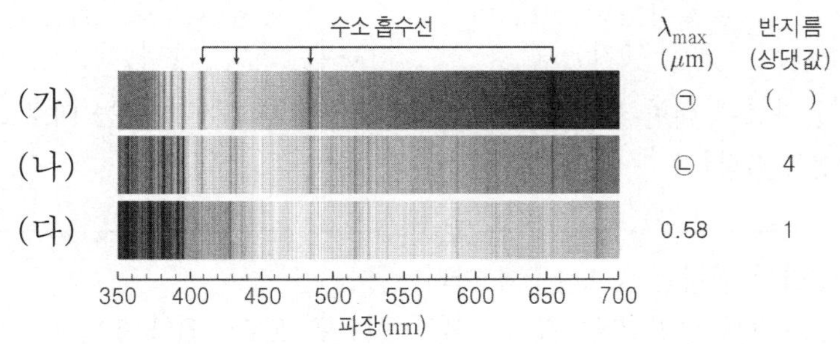

이에 대한 설명으로 옳은 것만을 <보기>에서 있는 대로 고른 것은? [3점]

〈보 기〉
ㄱ. (가)의 분광형은 A0V이다.
ㄴ. ㉠은 ㉡보다 짧다.
ㄷ. 광도는 (나)가 (다)의 16배이다.

① ㄱ ② ㄷ ③ ㄱ, ㄴ ④ ㄴ, ㄷ ⑤ ㄱ, ㄴ, ㄷ

14. 그림 (가)는 다윈과 타히티에서 측정한 해수면 기압 편차(관측 기압 − 평년 기압)를, (나)는 A와 B 중 한 시기의 태평양 적도 부근 해역의 대기 순환 모습을 나타낸 것이다. A와 B는 각각 엘니뇨와 라니냐 시기 중 하나이다.

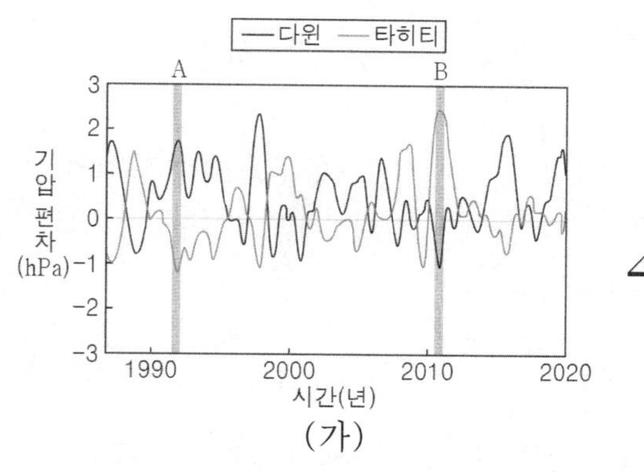

(가)

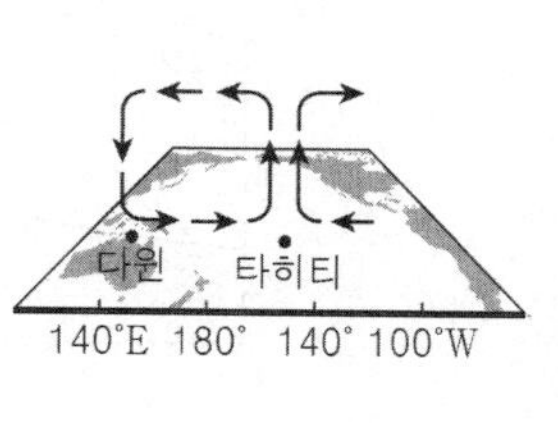

(나)

이에 대한 설명으로 옳은 것만을 <보기>에서 있는 대로 고른 것은? [3점]

〈보 기〉
ㄱ. (나)는 A 시기의 대기 순환 모습이다.
ㄴ. B 시기에 타히티 부근 해역의 강수량은 평상시보다 적다.
ㄷ. $\frac{\text{다윈 부근 해역의 평균 수온}}{\text{타히티 부근 해역의 평균 수온}}$은 A 시기보다 B 시기에 크다.

① ㄱ ② ㄴ ③ ㄱ, ㄷ ④ ㄴ, ㄷ ⑤ ㄱ, ㄴ, ㄷ

15. 그림 (가)는 2015년부터 2100년까지 기후 변화 시나리오에 따른 연간 이산화 탄소 배출량의 변화를, (나)는 (가)의 시나리오에 따른 육지와 해양이 흡수한 이산화 탄소의 누적량과 대기 중에 남아 있는 이산화 탄소의 누적량을 나타낸 것이다.

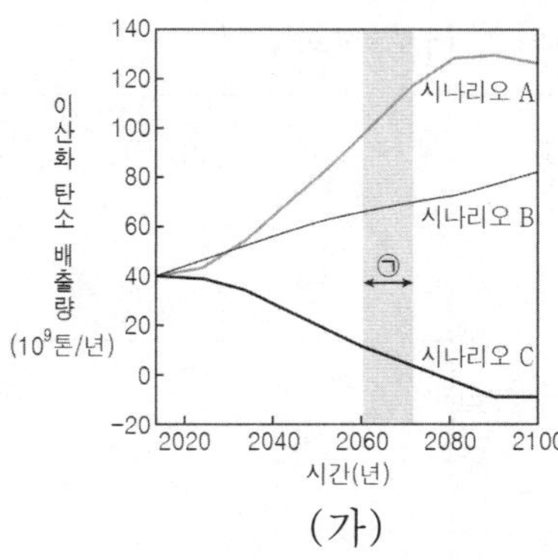

(가)

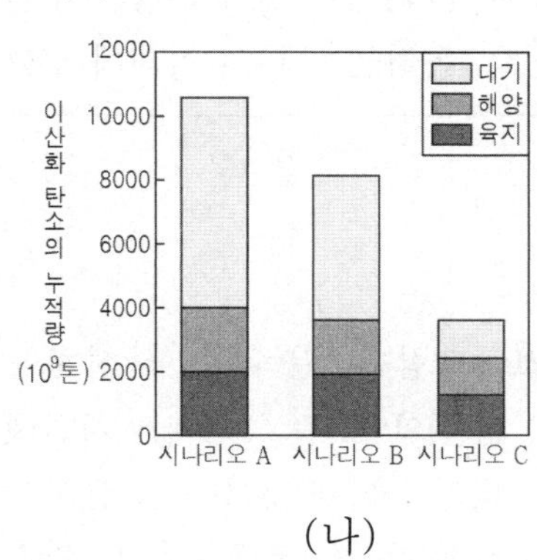

(나)

시나리오 A, B, C에 대한 설명으로 옳은 것만을 <보기>에서 있는 대로 고른 것은? [3점]

〈보 기〉
ㄱ. ㉠ 기간 동안 이산화 탄소 배출량의 변화율은 A보다 B에서 크다.
ㄴ. 2080년에 지구 표면의 평균 온도는 A보다 C에서 낮다.
ㄷ. $\frac{\text{육지와 해양이 흡수한 이산화 탄소의 누적량}}{\text{대기 중에 남아 있는 이산화 탄소의 누적량}}$은 A < B < C이다.

① ㄱ ② ㄴ ③ ㄱ, ㄷ ④ ㄴ, ㄷ ⑤ ㄱ, ㄴ, ㄷ

16. 그림 (가)는 태양의 나이에 따른 광도 변화를, (나)는 A와 B 중 한 시기의 내부 구조와 수소 핵융합 반응이 일어나는 영역을 나타낸 것이다.

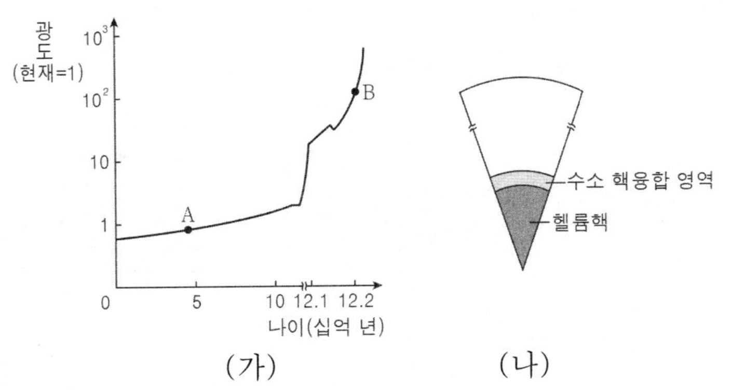

(가) (나)

이에 대한 설명으로 옳은 것만을 <보기>에서 있는 대로 고른 것은? [3점]

< 보 기 >

ㄱ. 태양의 절대 등급은 A 시기보다 B 시기에 크다.
ㄴ. (나)는 B 시기이다.
ㄷ. B 시기 이후 태양의 주요 에너지원은 탄소 핵융합 반응이다.

① ㄱ ② ㄴ ③ ㄱ, ㄷ ④ ㄴ, ㄷ ⑤ ㄱ, ㄴ, ㄷ

17. 그림 (가)와 (나)는 나선 은하와 타원 은하를 순서 없이 나타낸 것이다.

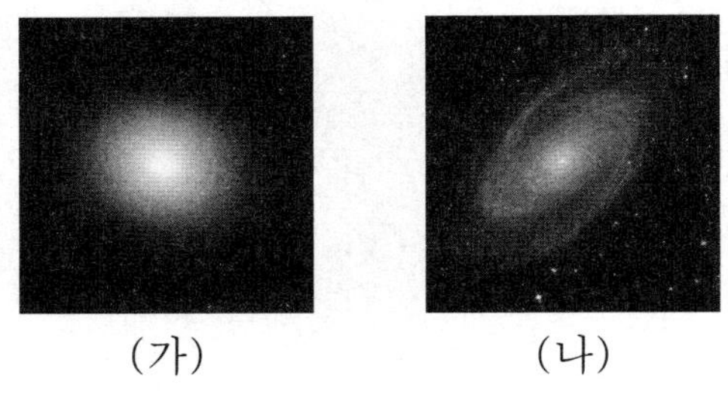
(가) (나)

이에 대한 설명으로 옳은 것만을 <보기>에서 있는 대로 고른 것은?

< 보 기 >

ㄱ. (가)는 타원 은하이다.
ㄴ. (나)에서 성간 물질은 주로 은하 중심부에 분포한다.
ㄷ. 은하는 (가)의 형태에서 (나)의 형태로 진화한다.

① ㄱ ② ㄴ ③ ㄱ, ㄷ ④ ㄴ, ㄷ ⑤ ㄱ, ㄴ, ㄷ

18. 그림은 우주를 구성하는 요소의 비율 변화를 시간에 따라 나타낸 것이다. A, B, C는 보통 물질, 암흑 물질, 암흑 에너지 중 하나이다.

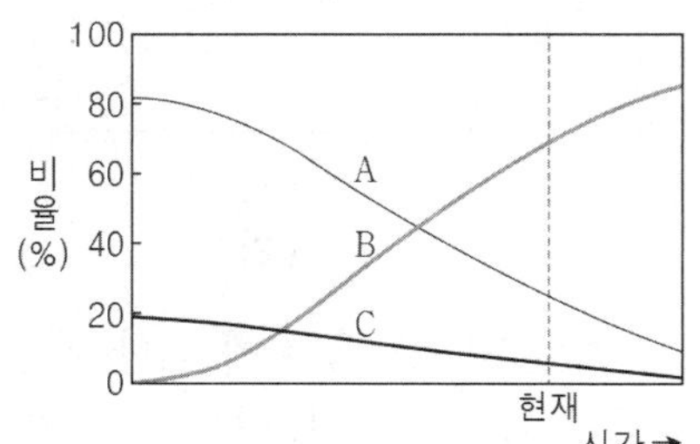

이에 대한 설명으로 옳은 것만을 <보기>에서 있는 대로 고른 것은?

< 보 기 >

ㄱ. 현재 우주를 구성하는 요소의 비율은 C < A < B이다.
ㄴ. A는 암흑 물질이다.
ㄷ. B는 현재 우주를 가속 팽창시키는 요소이다.

① ㄱ ② ㄷ ③ ㄱ, ㄴ ④ ㄴ, ㄷ ⑤ ㄱ, ㄴ, ㄷ

19. 그림 (가)는 서로 다른 탐사 방법을 이용하여 발견한 외계 행성의 공전 궤도 반지름과 질량을, (나)는 A 또는 B를 이용한 방법으로 알아낸 어느 별 S의 밝기 변화를 나타낸 것이다. A와 B는 각각 식 현상과 미세 중력 렌즈 현상 중 하나이다.

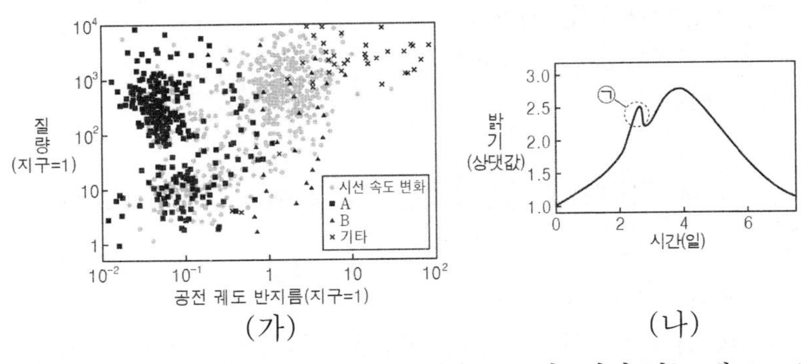

(가) (나)

이 자료에 대한 설명으로 옳은 것만을 <보기>에서 있는 대로 고른 것은? [3점]

< 보 기 >

ㄱ. A를 이용한 방법으로 발견한 외계 행성의 공전 궤도 반지름은 대체로 1 AU보다 작다.
ㄴ. (나)는 B를 이용한 방법으로 알아낸 것이다.
ㄷ. ㉠은 별 S를 공전하는 행성에 의해 나타난다.

① ㄱ ② ㄷ ③ ㄱ, ㄴ ④ ㄴ, ㄷ ⑤ ㄱ, ㄴ, ㄷ

20. 그림 (가)는 주계열성 A와 B의 중심으로부터 거리에 따른 생명 가능 지대의 지속 시간을, (나)는 A 또는 B가 주계열 단계에 머무는 동안 생명 가능 지대의 변화를 나타낸 것이다.

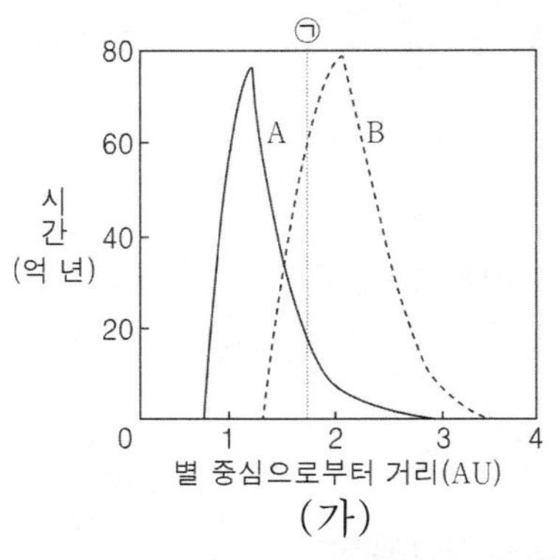

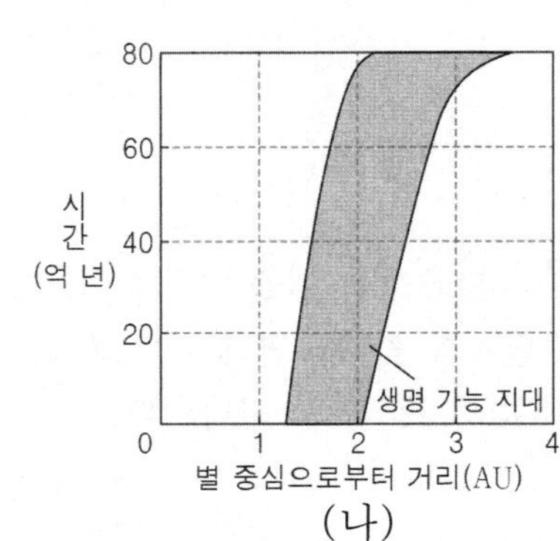

(가) (나)

이 자료에 대한 설명으로 옳은 것만을 <보기>에서 있는 대로 고른 것은? [3점]

< 보 기 >

ㄱ. 별의 질량은 A보다 B가 작다.
ㄴ. ㉠에서 생명 가능 지대의 지속 시간은 A보다 B가 짧다.
ㄷ. (나)는 B의 자료이다.

① ㄱ ② ㄷ ③ ㄱ, ㄴ ④ ㄴ, ㄷ ⑤ ㄱ, ㄴ, ㄷ

※ 확인 사항

○ 답안지의 해당란에 필요한 내용을 정확히 기입(표기)했는지 확인 하시오.

[해설편 p.028]

제 4 교시

과학탐구 영역(지구과학 I)

10회

성명		수험 번호		제 [ ] 선택

1. 그림은 베게너가 제시한 대륙 이동의 증거 중 일부를 나타낸 것이다.

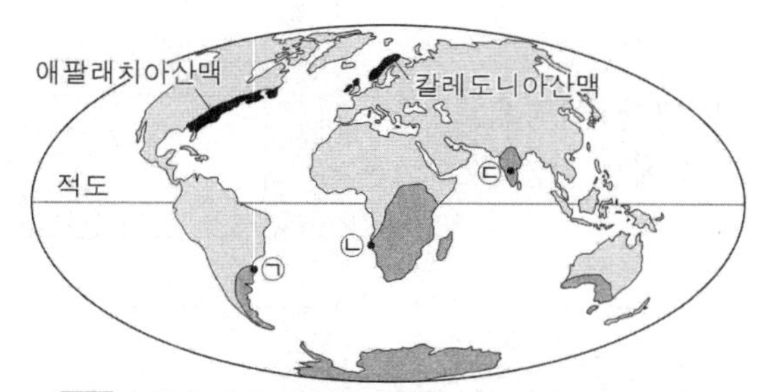

이에 대한 설명으로 옳은 것만을 <보기>에서 있는 대로 고른 것은?

〈 보 기 〉

ㄱ. ㉠지점과 ㉡지점 사이의 거리는 현재보다 고생대 말에 가까웠다.
ㄴ. 고생대 말에 애팔래치아산맥과 칼레도니아산맥은 하나로 연결된 산맥이었다.
ㄷ. ㉢ 지점은 고생대 말에 남반구에 위치하였다.

① ㄱ ② ㄷ ③ ㄱ, ㄴ ④ ㄴ, ㄷ ⑤ ㄱ, ㄴ, ㄷ

2. 그림 (가)는 어느 열점으로부터 생성된 해산의 배열을 연령과 함께 선으로 나타낸 것이고, (나)는 X – X′ 구간의 지진파 단층 촬영 영상을 나타낸 것이다.

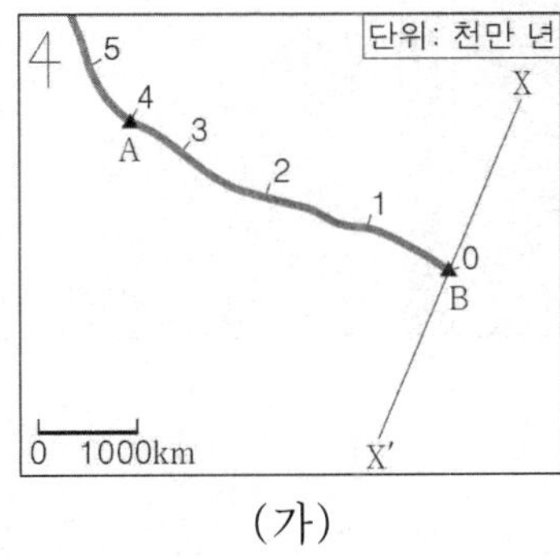

(가)

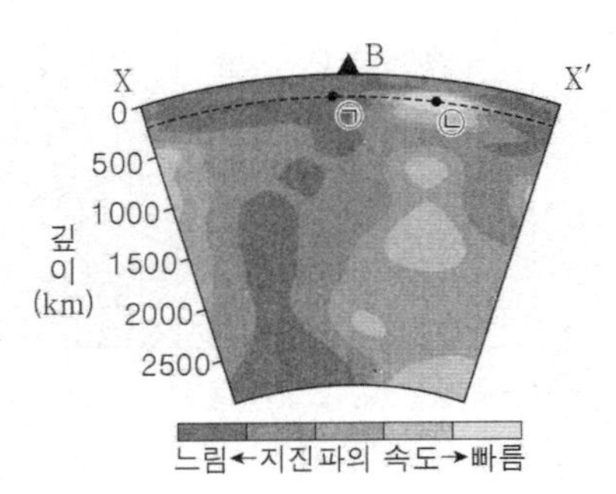

(나)

이 자료에 대한 설명으로 옳은 것만을 <보기>에서 있는 대로 고른 것은? [3점]

〈 보 기 〉

ㄱ. 해산 A가 생성된 이후 A가 속한 판의 이동 속력은 지속적으로 감소하였다.
ㄴ. 온도는 ㉠ 지점보다 ㉡ 지점이 높다.
ㄷ. 해산 B는 뜨거운 플룸에 의해 생성되었다.

① ㄱ ② ㄷ ③ ㄱ, ㄴ ④ ㄴ, ㄷ ⑤ ㄱ, ㄴ, ㄷ

3. 표는 지질 시대의 환경과 생물에 대한 특징을 기 수준으로 구분하여 나타낸 것이다.

지질 시대(기)	특징
A	양치식물과 방추충 등이 번성하였고, 말기에 가장 큰 규모의 생물 대멸종이 일어났다.
B	삼엽충과 필석 등이 번성하였고, 최초의 척추동물인 어류가 출현하였다.
C	대형 파충류가 번성하였고, 시조새가 출현하였다.

A, B, C에 해당하는 지질 시대(기)로 가장 적절한 것은?

	A	B	C
①	석탄기	오르도비스기	백악기
②	석탄기	캄브리아기	쥐라기
③	페름기	캄브리아기	백악기
④	페름기	오르도비스기	쥐라기
⑤	페름기	트라이아스기	데본기

4. 그림 (가)는 해성층 A, B, C로 이루어진 어느 지역의 지층 단면과 A의 일부에서 발견된 퇴적 구조를, (나)는 A의 퇴적이 완료된 이후 해수면에 대한 ⓐ 지점의 상대적 높이 변화를 나타낸 것이다.

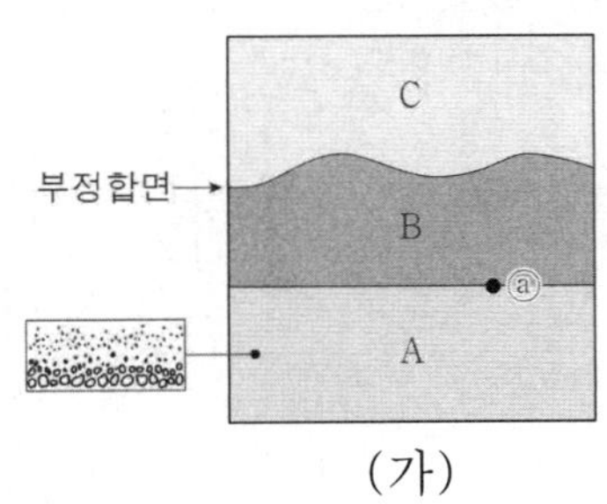

(가)

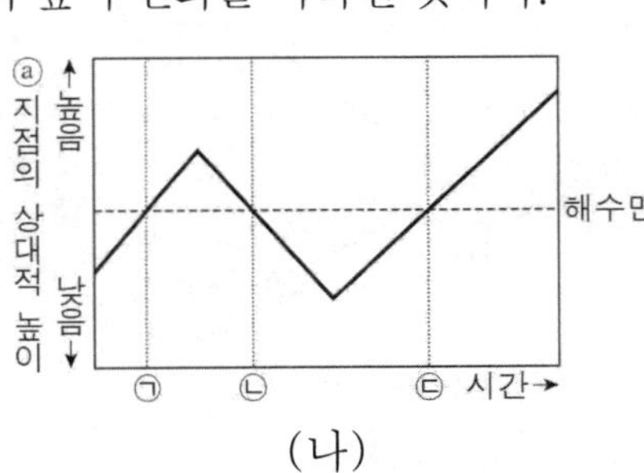

(나)

이에 대한 설명으로 옳은 것만을 <보기>에서 있는 대로 고른 것은? [3점]

〈 보 기 〉

ㄱ. A의 퇴적 구조는 입자 크기에 따른 퇴적 속도 차이에 의해 형성되었다.
ㄴ. B의 두께는 ㉠ 시기보다 ㉡ 시기에 두꺼웠다.
ㄷ. C는 ㉢ 시기 이후에 생성되었다.

① ㄱ ② ㄷ ③ ㄱ, ㄴ ④ ㄴ, ㄷ ⑤ ㄱ, ㄴ, ㄷ

[해설편 p.029]

5. 그림은 어느 지역의 지질 단면과 산출되는 화석을 나타낸 것이다. 화성암 A와 D에 각각 포함된 방사성 원소 X와 Y의 양은 처음 양의 $\frac{1}{2}$이다.

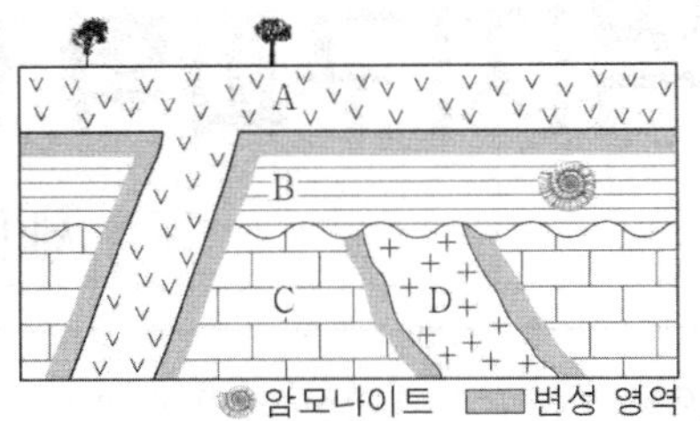

이에 대한 설명으로 옳은 것만을 <보기>에서 있는 대로 고른 것은?

〈 보 기 〉

ㄱ. 생성 순서는 C→B→A→D이다.
ㄴ. 반감기는 X보다 Y가 길다.
ㄷ. 지층 C에서는 화폐석이 산출될 수 있다.

① ㄱ ② ㄴ ③ ㄷ ④ ㄱ, ㄴ ⑤ ㄴ, ㄷ

6. 그림 (가)는 어느 지역의 판 경계와 마그마가 분출되는 영역 A와 B의 위치를, (나)는 A와 B 중 한 영역의 하부에서 마그마가 생성되는 과정 ㉠을 나타낸 것이다.

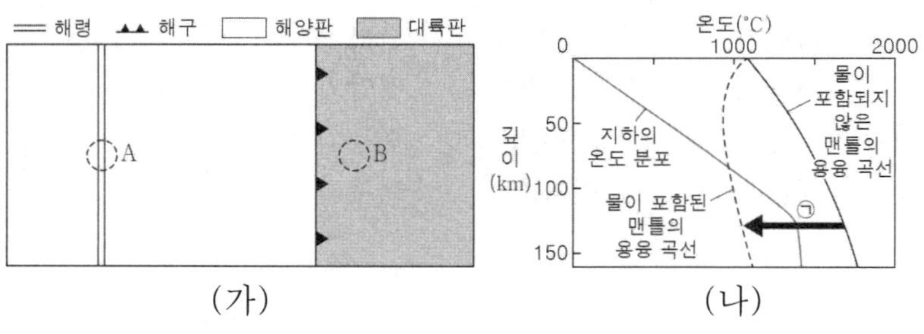

(가) (나)

이에 대한 설명으로 옳은 것만을 <보기>에서 있는 대로 고른 것은?

〈 보 기 〉

ㄱ. A에서 분출되는 마그마는 주로 현무암질 마그마이다.
ㄴ. (나)에서 맨틀의 용융점은 물이 포함되지 않은 경우보다 물이 포함된 경우가 높다.
ㄷ. ㉠은 B의 하부에서 마그마가 생성되는 과정이다.

① ㄱ ② ㄴ ③ ㄷ ④ ㄱ, ㄷ ⑤ ㄴ, ㄷ

7. 그림 (가)는 현재와 비교한 A와 B 시기의 지구 자전축 경사각을, (나)는 A 시기와 비교한 B 시기의 지구에 입사하는 태양 복사 에너지의 변화량을 나타낸 것이다.

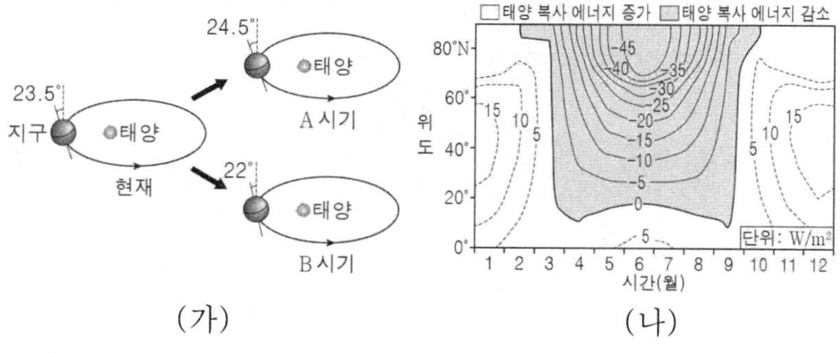

(가) (나)

이에 대한 설명으로 옳은 것만을 <보기>에서 있는 대로 고른 것은? (단, 지구 자전축 경사각 이외의 요인은 고려하지 않는다.) [3점]

〈 보 기 〉

ㄱ. 현재 근일점에서 북반구의 계절은 겨울이다.
ㄴ. (나)에서 6월의 태양 복사 에너지의 감소량은 20°N보다 60°N에서 많다.
ㄷ. 40°N에서 연교차는 A 시기보다 B 시기가 크다.

① ㄱ ② ㄷ ③ ㄱ, ㄴ ④ ㄴ, ㄷ ⑤ ㄱ, ㄴ, ㄷ

8. 그림은 폐색 전선을 동반한 온대 저기압 주변 지표면에서의 풍향과 풍속 분포를 강수량 분포와 함께 나타낸 것이다. 지표면의 구간 X－X′과 Y－Y′에서의 강수량 분포는 각각 A와 B 중 하나이다.

이 자료에 대한 설명으로 옳은 것만을 <보기>에서 있는 대로 고른 것은? [3점]

〈 보 기 〉

ㄱ. A는 X－X′에서의 강수량 분포이다.
ㄴ. Y－Y′에는 폐색 전선이 위치한다.
ㄷ. ㉠ 지점의 상공에는 전선면이 있다.

① ㄱ ② ㄷ ③ ㄱ, ㄴ ④ ㄴ, ㄷ ⑤ ㄱ, ㄴ, ㄷ

9. 그림 (가)는 서로 다른 해에 발생한 태풍 ㉠과 ㉡의 이동 경로에 6시간 간격으로 중심 기압과 강풍 반경을 나타낸 것이고, (나)의 A와 B는 각각 태풍 ㉠과 ㉡의 중심으로부터 제주도까지의 거리가 가장 가까운 시기에 발효된 특보 상황 중 하나이다.

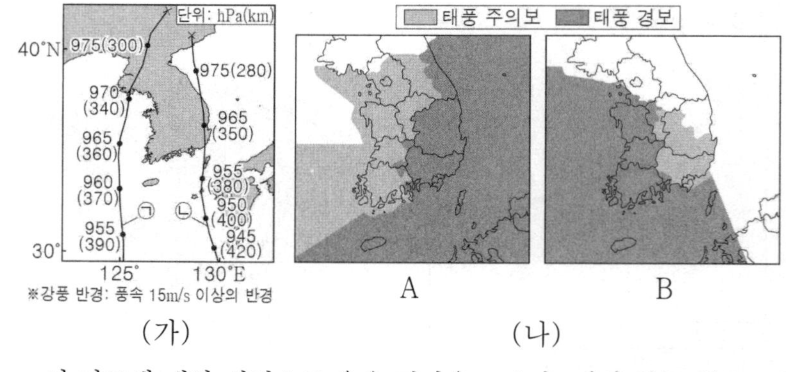

(가) (나)

이 자료에 대한 설명으로 옳은 것만을 <보기>에서 있는 대로 고른 것은? [3점]

〈 보 기 〉

ㄱ. A는 태풍 ㉠에 의한 특보 상황이다.
ㄴ. B의 특보 상황이 발효된 시기에 제주도는 태풍의 위험 반원에 위치한다.
ㄷ. A와 B의 특보 상황이 발효된 시기에 태풍의 세력은 ㉠보다 ㉡이 약하다.

① ㄱ ② ㄴ ③ ㄱ, ㄷ ④ ㄴ, ㄷ ⑤ ㄱ, ㄴ, ㄷ

[해설편 p.029]

10. 그림 (가)는 우리나라가 정체 전선의 영향을 받은 어느 날 06시의 지상 일기도를 나타낸 것이고, (나)와 (다)는 각각 이날 06시와 18시의 레이더 영상 중 하나이다.

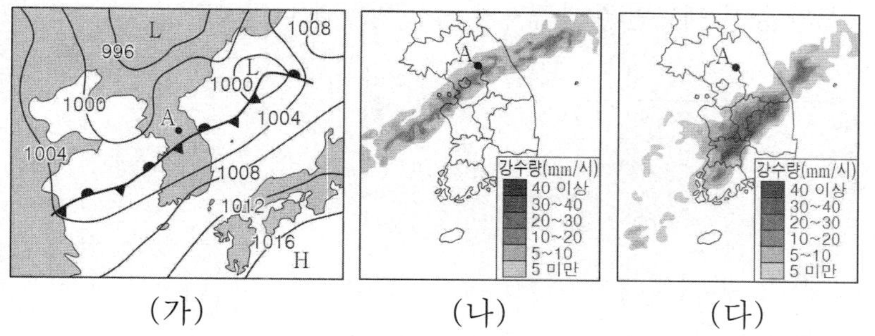

(가)　(나)　(다)

이 자료에 대한 설명으로 옳은 것만을 <보기>에서 있는 대로 고른 것은?

〈보 기〉
ㄱ. (나)는 06시의 레이더 영상이다.
ㄴ. (다)에는 집중 호우가 발생한 지역이 있다.
ㄷ. A 지점에서는 06시와 18시 사이에 전선이 통과하였다.

① ㄱ　② ㄷ　③ ㄱ, ㄴ　④ ㄴ, ㄷ　⑤ ㄱ, ㄴ, ㄷ

11. 그림 (가)는 북태평양 아열대 순환을 구성하는 표층 해류가 흐르는 해역 A, B, C를, (나)는 A, B, C에서 동일한 시기에 측정한 수온과 염분 자료를 나타낸 것이다. ㉠, ㉡, ㉢은 각각 A, B, C에서 측정한 자료 중 하나이다.

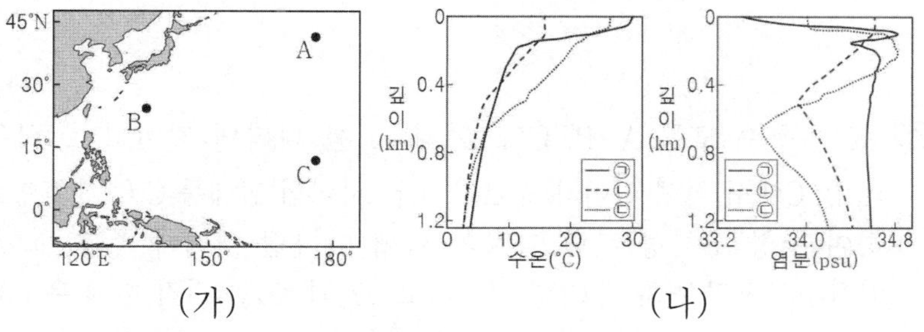

(가)　(나)

이 자료에 대한 설명으로 옳지 <u>않은</u> 것은?
① A에는 북태평양 해류가 흐른다.
② ㉠은 C에서 측정한 자료이다.
③ 표면 해수의 염분은 B에서 가장 높다.
④ C에 흐르는 표층 해류는 무역풍의 영향을 받는다.
⑤ 혼합층의 두께는 C보다 A에서 두껍다.

12. 그림은 대서양 심층 순환의 일부를 나타낸 것이다. A, B, C는 각각 남극 저층수, 남극 중층수, 북대서양 심층수 중 하나이다.

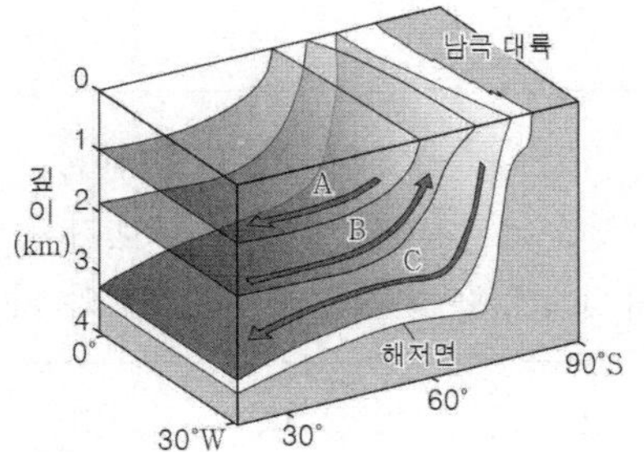

이에 대한 설명으로 옳은 것만을 <보기>에서 있는 대로 고른 것은?

〈보 기〉
ㄱ. A는 남극 중층수이다.
ㄴ. 해수의 밀도는 B보다 C가 크다.
ㄷ. C는 심해층에 산소를 공급한다.

① ㄱ　② ㄷ　③ ㄱ, ㄴ　④ ㄴ, ㄷ　⑤ ㄱ, ㄴ, ㄷ

13. 그림은 태평양 적도 부근 해역의 깊이에 따른 수온 편차(관측값 − 평년값)를 나타낸 것이다. (가)와 (나)는 각각 엘니뇨 시기와 라니냐 시기 중 하나이다.

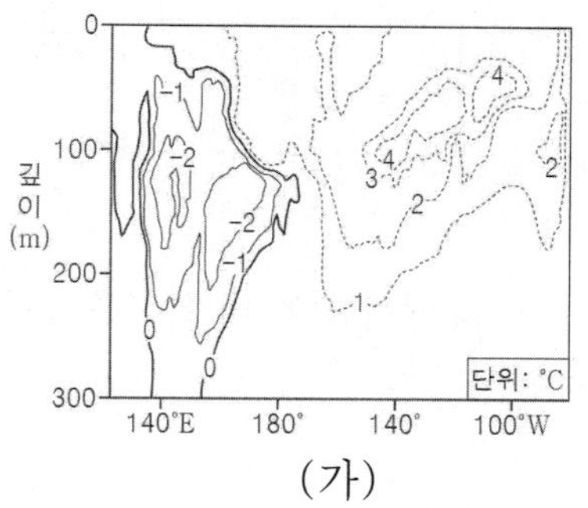

(가)

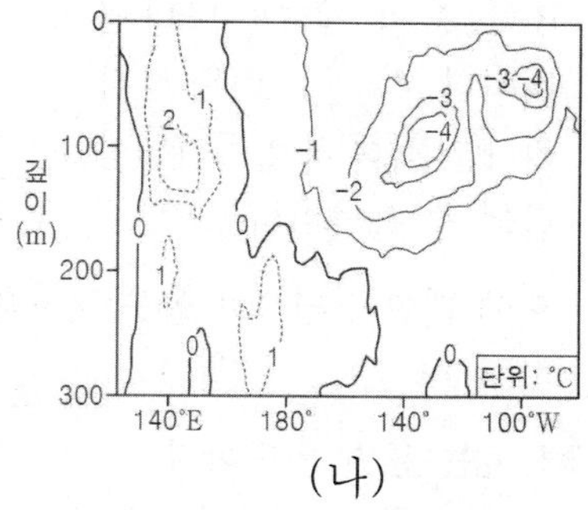

(나)

(가) 시기와 비교할 때, (나) 시기에 대한 설명으로 옳은 것만을 <보기>에서 있는 대로 고른 것은? [3점]

〈보 기〉
ㄱ. 무역풍의 세기가 강하다.
ㄴ. 동태평양 적도 부근 해역에서의 용승이 강하다.
ㄷ. 서태평양 적도 부근 해역에서의 해면 기압이 크다.

① ㄱ　② ㄷ　③ ㄱ, ㄴ　④ ㄴ, ㄷ　⑤ ㄱ, ㄴ, ㄷ

14. 표는 별 A와 B의 물리량을 태양과 비교하여 나타낸 것이다.

별	광도 (상댓값)	반지름 (상댓값)	최대 복사 에너지 방출 파장(nm)
태양	1	1	500
A	170	25	㉠
B	64	㉡	250

이에 대한 설명으로 옳은 것만을 <보기>에서 있는 대로 고른 것은? [3점]

〈보 기〉
ㄱ. ㉠은 500보다 크다.
ㄴ. ㉡은 4이다.
ㄷ. 단위 면적당 단위 시간에 방출하는 복사 에너지의 양은 A보다 B가 많다.

① ㄱ　② ㄴ　③ ㄷ　④ ㄱ, ㄴ　⑤ ㄱ, ㄷ

15. 그림은 주계열성 내부의 에너지 전달 영역을 주계열성의 질량과 중심으로부터의 누적 질량비에 따라 나타낸 것이다. A와 B는 각각 복사와 대류에 의해 에너지 전달이 주로 일어나는 영역 중 하나이다.

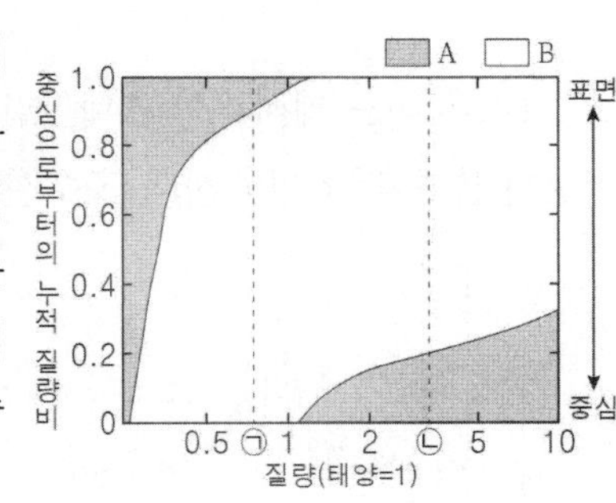

이에 대한 설명으로 옳은 것만을 <보기>에서 있는 대로 고른 것은? [3점]

〈보 기〉
ㄱ. A 영역의 평균 온도는 질량이 ㉠인 별보다 ㉡인 별이 높다.
ㄴ. B는 복사에 의해 에너지 전달이 주로 일어나는 영역이다.
ㄷ. 질량이 ㉠인 별의 중심부에서는 p-p 반응보다 CNO 순환 반응이 우세하게 일어난다.

① ㄱ　② ㄴ　③ ㄷ　④ ㄱ, ㄴ　⑤ ㄱ, ㄷ

16. 그림은 질량이 태양과 비슷한 별의 나이에 따른 광도와 표면 온도를 A와 B로 순서 없이 나타낸 것이다. ㉠, ㉡, ㉢은 각각 원시별, 적색 거성, 주계열성 단계 중 하나이다.

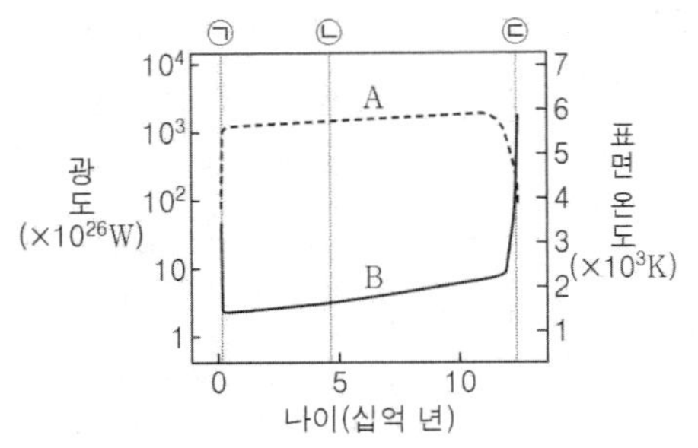

이에 대한 설명으로 옳은 것만을 <보기>에서 있는 대로 고른 것은?

〈보 기〉
ㄱ. A는 표면 온도이다.
ㄴ. ㉠의 주요 에너지원은 수소 핵융합 반응이다.
ㄷ. 별의 평균 밀도는 ㉡보다 ㉢일 때 작다.

① ㄱ ② ㄴ ③ ㄷ ④ ㄱ, ㄷ ⑤ ㄴ, ㄷ

17. 표는 외계 행성계 (가)와 (나)의 특징을 나타낸 것이다. (가)와 (나)는 각각 중심별과 중심별을 원 궤도로 공전하는 하나의 행성으로 구성된다.

구분	(가)	(나)
중심별의 분광형	F6 V	M2 V
생명 가능 지대(AU)	1.7 ~ 3.0	(　)
행성의 공전 궤도 반지름(AU)	1.82	3.10
행성의 단위 면적당 단위 시간에 입사하는 중심별의 복사 에너지양(지구=1)	1.03	㉠

이에 대한 설명으로 옳은 것만을 <보기>에서 있는 대로 고른 것은?

〈보 기〉
ㄱ. (가)의 행성에서는 물이 액체 상태로 존재할 수 있다.
ㄴ. (나)에서 생명 가능 지대의 폭은 1.3AU보다 넓다.
ㄷ. ㉠은 1.03보다 크다.

① ㄱ ② ㄴ ③ ㄱ, ㄷ ④ ㄴ, ㄷ ⑤ ㄱ, ㄴ, ㄷ

18. 그림은 어느 퀘이사의 스펙트럼 분석 자료 중 일부를 나타낸 것이다. A와 B는 각각 방출선과 흡수선 중 하나이다.

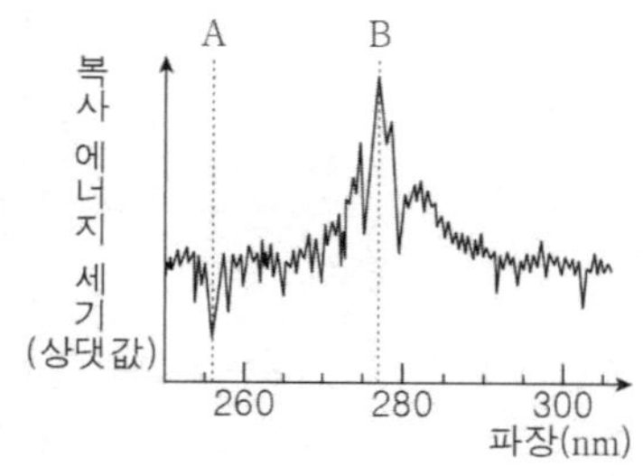

(단위: nm)

A의 정지 상태 파장	112
A의 관측 파장	256
B의 정지 상태 파장	㉠
B의 관측 파장	277

이에 대한 설명으로 옳은 것만을 <보기>에서 있는 대로 고른 것은?

〈보 기〉
ㄱ. A는 흡수선이다.
ㄴ. ㉠은 133이다.
ㄷ. 이 퀘이사는 우리은하로부터 멀어지고 있다.

① ㄱ ② ㄴ ③ ㄱ, ㄷ ④ ㄴ, ㄷ ⑤ ㄱ, ㄴ, ㄷ

19. 그림 (가)는 중심별을 원 궤도로 공전하는 외계 행성 A와 B의 공전 방향을, (나)는 A와 B에 의한 중심별의 겉보기 밝기 변화를 나타낸 것이다. A와 B의 공전 궤도 반지름은 각각 0.4AU와 0.6AU이고, B의 공전 궤도면은 관측자의 시선 방향과 나란하다.

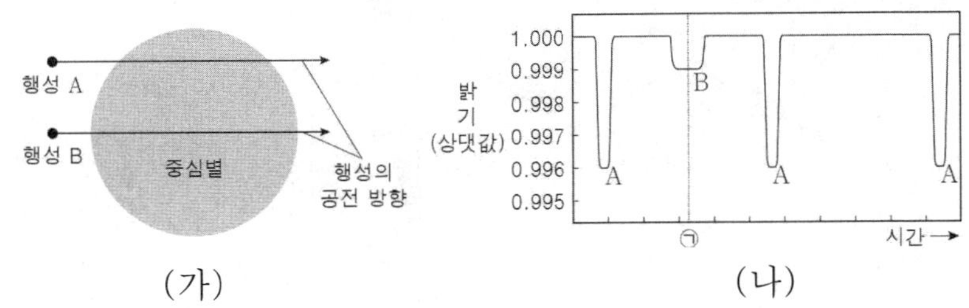

(가) (나)

이에 대한 설명으로 옳은 것만을 <보기>에서 있는 대로 고른 것은? [3점]

〈보 기〉
ㄱ. 공전 주기는 A보다 B가 길다.
ㄴ. 반지름은 A가 B의 4배이다.
ㄷ. ㉠ 시기에 A와 B 사이의 거리는 1AU보다 멀다.

① ㄱ ② ㄷ ③ ㄱ, ㄴ ④ ㄴ, ㄷ ⑤ ㄱ, ㄴ, ㄷ

20. 표는 우주 모형 A, B, C의 Ω_m과 Ω_Λ를 나타낸 것이고, 그림은 A, B, C에서 적색 편이와 겉보기 등급 사이의 관계를 C를 기준으로 하여 Ia형 초신성 관측 자료와 함께 나타낸 것이다. ㉠과 ㉡은 각각 A와 B의 편차 자료 중 하나이고, Ω_m과 Ω_Λ는 각각 현재 우주의 물질 밀도와 암흑 에너지 밀도를 임계 밀도로 나눈 값이다.

우주 모형	Ω_m	Ω_Λ
A	0.27	0.73
B	1.0	0
C	0.27	0

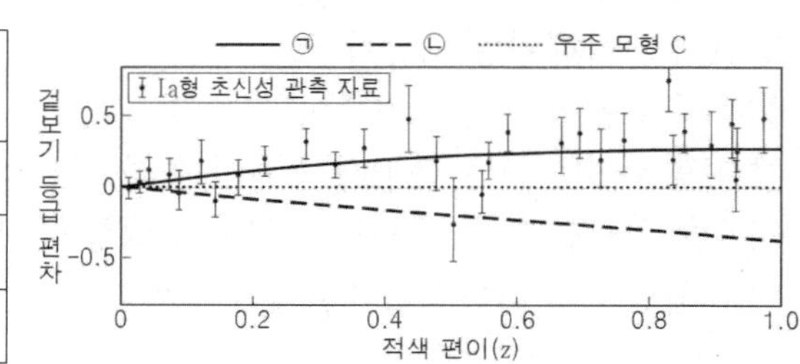

이 자료에 대한 설명으로 옳은 것만을 <보기>에서 있는 대로 고른 것은? [3점]

〈보 기〉
ㄱ. ㉠은 B의 편차 자료이다.
ㄴ. z=1.0인 천체의 겉보기 등급은 A보다 B에서 크다.
ㄷ. Ia형 초신성 관측 자료와 가장 부합하는 모형은 A이다.

① ㄱ ② ㄷ ③ ㄱ, ㄴ ④ ㄴ, ㄷ ⑤ ㄱ, ㄴ, ㄷ

※ 확인 사항
답안지의 해당란에 필요한 내용을 정확히 기입(표기)했는지 확인하시오.

[해설편 p.031]

제 4 교시

과학탐구 영역(지구과학 I)

11회

성명		수험 번호	–	제 [ ] 선택

1. 그림 (가)와 (나)는 각각 서로 다른 해령 부근에서 열곡으로부터의 거리에 따른 해양 지각의 나이와 고지자기 분포를 나타낸 것이다.

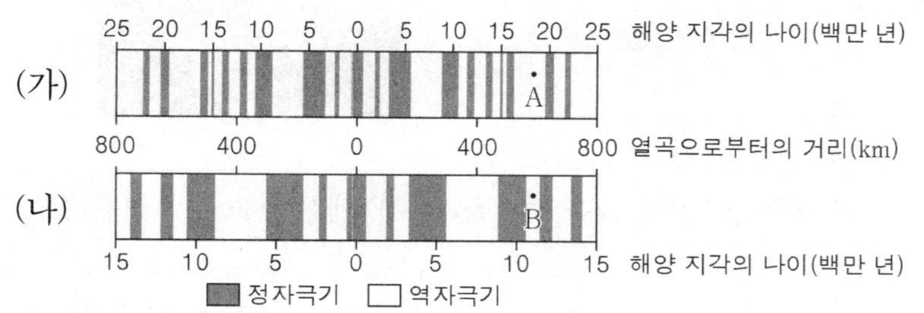

이 자료에 대한 설명으로 옳은 것만을 <보기>에서 있는 대로 고른 것은?

<보 기>
ㄱ. 해양 지각의 나이는 A와 B 지점이 같다.
ㄴ. B 지점의 해양 지각이 생성될 당시 지구 자기장의 방향은 현재와 같았다.
ㄷ. 해양 지각의 평균 이동 속력은 (가)보다 (나)에서 빠르게 나타난다.

① ㄱ ② ㄷ ③ ㄱ, ㄴ ④ ㄴ, ㄷ ⑤ ㄱ, ㄴ, ㄷ

2. 그림은 고지자기 복각과 위도의 관계를 나타낸 것이고, 표는 어느 대륙의 한 지역에서 생성된 화성암 A ~ D의 생성 시기와 고지자기 복각을 측정한 자료이다.

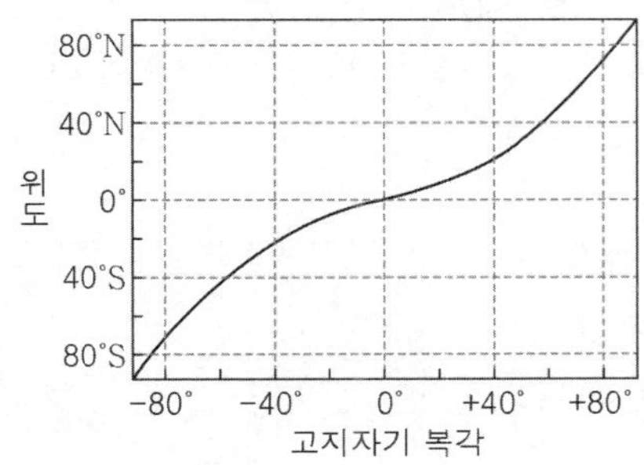

화성암	생성 시기	고지자기 복각
A	현재	+38°
B	↑	+18°
C	↓	-37°
D	과거	-48°

이 지역에 대한 설명으로 옳은 것만을 <보기>에서 있는 대로 고른 것은? (단, 화성암 A ~ D는 정자극기일 때 생성되었고, 지리상 북극의 위치는 변하지 않았다.) [3점]

<보 기>
ㄱ. A가 생성될 당시 북반구에 위치하였다.
ㄴ. B가 생성될 당시 위도와 C가 생성될 당시 위도의 차는 55°이다.
ㄷ. D가 생성된 이후 현재까지 남쪽으로 이동하였다.

① ㄱ ② ㄴ ③ ㄱ, ㄷ ④ ㄴ, ㄷ ⑤ ㄱ, ㄴ, ㄷ

3. 그림 (가)는 판 경계와 열점의 분포를, (나)는 A 또는 B 구간의 깊이에 따른 지진파 속도 분포를 나타낸 것이다.

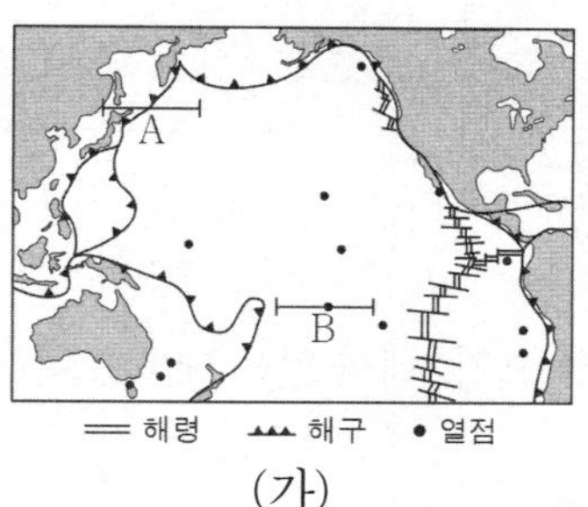

(가)

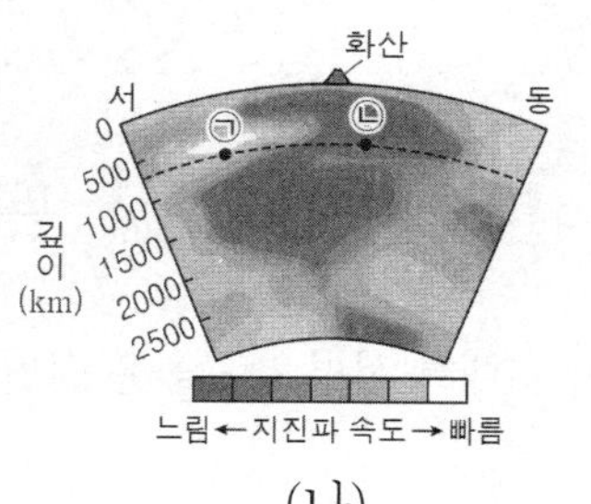

(나)

이에 대한 설명으로 옳은 것만을 <보기>에서 있는 대로 고른 것은?

<보 기>
ㄱ. A 구간에는 판의 수렴형 경계가 있다.
ㄴ. 온도는 ㉠보다 ㉡ 지점이 높다.
ㄷ. (나)는 B 구간의 지진파 속도 분포이다.

① ㄱ ② ㄴ ③ ㄱ, ㄷ ④ ㄴ, ㄷ ⑤ ㄱ, ㄴ, ㄷ

4. 그림은 서로 다른 퇴적 구조를 나타낸 것이다.

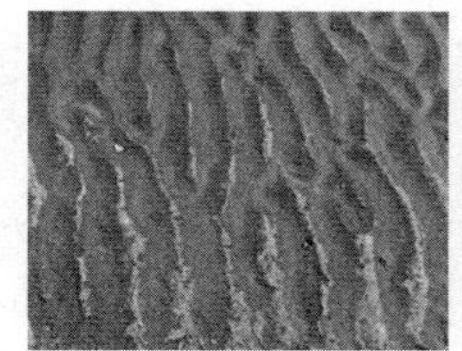
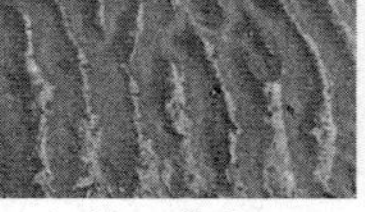

(가) 연흔

(나) 점이 층리

(다) 건열

이에 대한 설명으로 옳은 것만을 <보기>에서 있는 대로 고른 것은?

<보 기>
ㄱ. (가)는 (나)보다 주로 수심이 깊은 곳에서 형성된다.
ㄴ. (나)는 입자의 크기에 따른 퇴적 속도 차이에 의해 형성된다.
ㄷ. (다)는 형성되는 동안 건조한 환경에 노출된 시기가 있었다.

① ㄱ ② ㄴ ③ ㄱ, ㄷ ④ ㄴ, ㄷ ⑤ ㄱ, ㄴ, ㄷ

5. 그림 (가)는 지질 시대의 평균 기온 변화를, (나)는 암모나이트 화석을 나타낸 것이다.

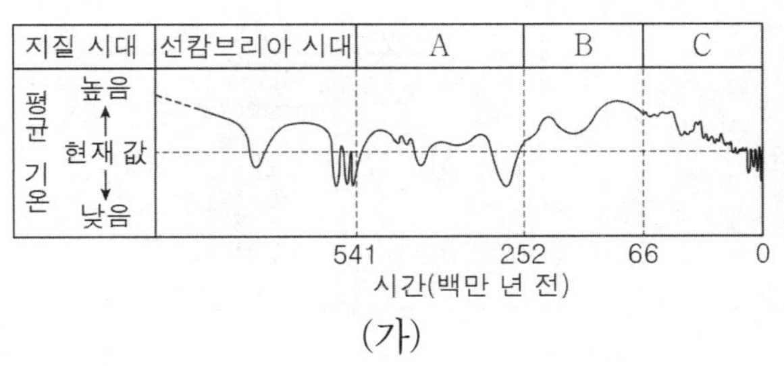

(가)

(나)

이에 대한 설명으로 옳은 것만을 <보기>에서 있는 대로 고른 것은?

<보 기>
ㄱ. A 시기 말에는 판게아가 형성되었다.
ㄴ. B 시기는 현재보다 대체로 온난하였다.
ㄷ. (나)는 C 시기의 표준 화석이다.

① ㄱ ② ㄷ ③ ㄱ, ㄴ ④ ㄴ, ㄷ ⑤ ㄱ, ㄴ, ㄷ

[해설편 p.032]

6. 그림 (가)는 어느 지역의 지질 단면도를, (나)는 방사성 원소 X의 붕괴 곡선을 나타낸 것이다. 화성암 A와 B에 포함된 방사성 원소 X의 양은 각각 처음 양의 50%, 25%이다.

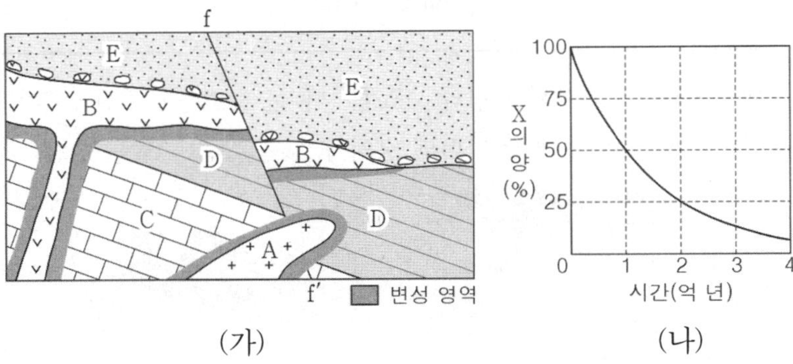

(가) (나)

이에 대한 설명으로 옳은 것만을 <보기>에서 있는 대로 고른 것은? [3점]

<보 기>
ㄱ. 화성암 A는 단층 f－f′보다 나중에 생성되었다.
ㄴ. 화성암 B에 포함된 방사성 원소 X는 세 번의 반감기를 거쳤다.
ㄷ. 지층 E에서는 화폐석이 산출될 수 있다.

① ㄱ ② ㄴ ③ ㄱ, ㄷ ④ ㄴ, ㄷ ⑤ ㄱ, ㄴ, ㄷ

7. 그림은 대서양 표층 순환과 심층 순환의 일부를 확대하여 나타낸 것이다. ㉠과 ㉡은 각각 표층수와 심층수 중 하나이다.

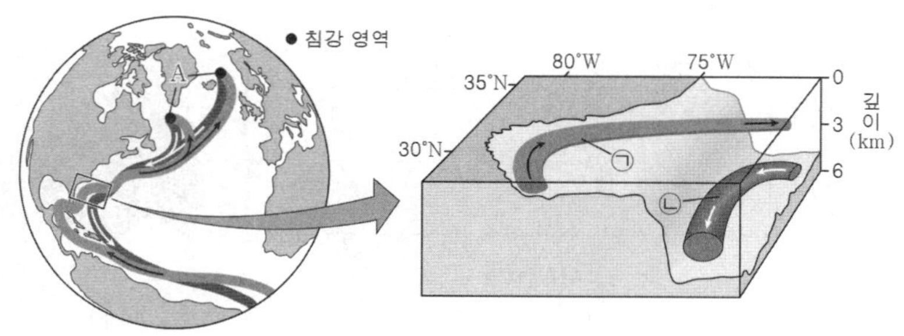

이에 대한 설명으로 옳은 것만을 <보기>에서 있는 대로 고른 것은?

<보 기>
ㄱ. 해수의 밀도는 ㉠보다 ㉡이 크다.
ㄴ. 해수가 흐르는 평균 속력은 ㉠보다 ㉡이 빠르다.
ㄷ. A 해역에 빙하가 녹은 물이 유입되면 표층수의 침강은 강해진다.

① ㄱ ② ㄴ ③ ㄱ, ㄷ ④ ㄴ, ㄷ ⑤ ㄱ, ㄴ, ㄷ

8. 그림 (가)는 서로 다른 시기에 우리나라에 영향을 준 태풍 A와 B의 이동 경로를, (나)는 A 또는 B의 영향을 받은 시기에 촬영한 적외선 영상을 나타낸 것이다.

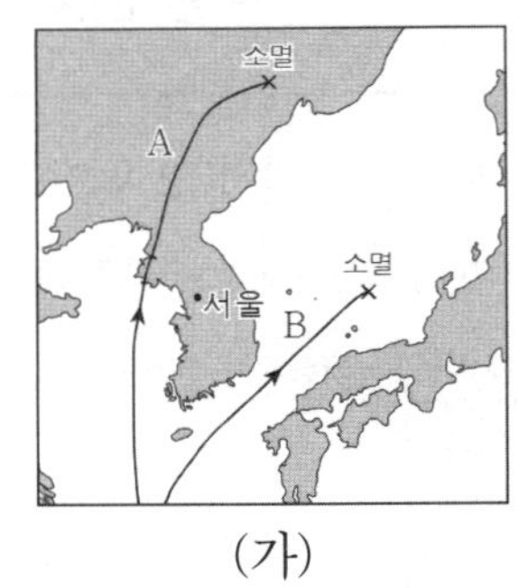

(가) (나)

이에 대한 설명으로 옳은 것만을 <보기>에서 있는 대로 고른 것은?

<보 기>
ㄱ. A는 육지를 지나는 동안 중심 기압이 지속적으로 낮아졌다.
ㄴ. 서울은 B의 영향을 받는 동안 위험 반원에 위치하였다.
ㄷ. (나)는 A의 영향을 받은 시기에 촬영한 것이다.

① ㄱ ② ㄷ ③ ㄱ, ㄴ ④ ㄴ, ㄷ ⑤ ㄱ, ㄴ, ㄷ

9. 그림은 우리나라에 영향을 주는 황사의 발원지와 이동 경로에 대한 자료를 보고 학생들이 나눈 대화를 나타낸 것이다.

제시한 내용이 옳은 학생만을 있는 대로 고른 것은?

① A ② B ③ A, C ④ B, C ⑤ A, B, C

10. 그림은 우리나라 주변의 해류를 나타낸 것이다. A, B, C는 각각 동한 난류, 북한 한류, 쿠로시오 해류 중 하나이다.

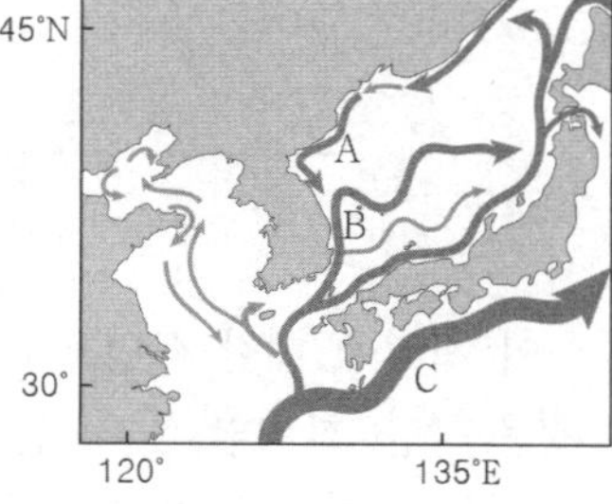

이에 대한 설명으로 옳은 것만을 <보기>에서 있는 대로 고른 것은?

<보 기>
ㄱ. A는 북한 한류이다.
ㄴ. 동해에서는 A와 B가 만나 조경 수역이 형성된다.
ㄷ. C는 북태평양 아열대 순환의 일부이다.

① ㄱ ② ㄴ ③ ㄱ, ㄷ ④ ㄴ, ㄷ ⑤ ㄱ, ㄴ, ㄷ

[해설편 p.032]

11. 그림 (가)와 (나)는 어느 해역에서 1년 동안 해수면으로부터 깊이에 따라 측정한 염분과 수온 분포를 각각 나타낸 것이다.

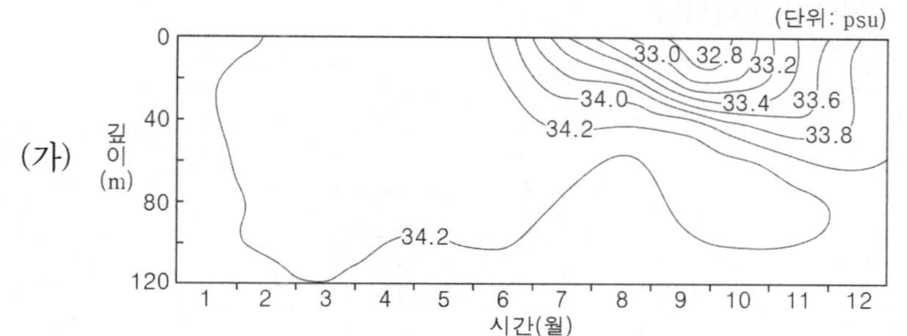

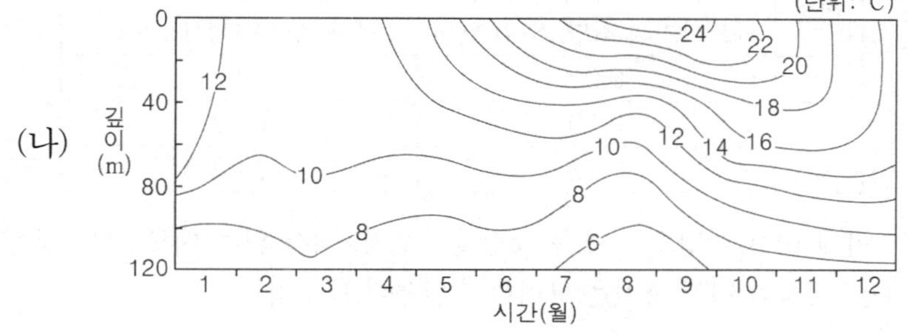

이 자료에 대한 설명으로 옳은 것만을 <보기>에서 있는 대로 고른 것은? [3점]

〈보 기〉
ㄱ. 해수면에서의 염분은 2월보다 9월이 작다.
ㄴ. 수온의 연교차는 깊이 0m보다 80m에서 크다.
ㄷ. 깊이 0 ~ 20m 구간에서 해수의 평균 밀도는 3월보다 8월이 크다.

① ㄱ ② ㄴ ③ ㄱ, ㄷ ④ ㄴ, ㄷ ⑤ ㄱ, ㄴ, ㄷ

12. 그림 (가)와 (나)는 지구 공전 궤도면의 수직 방향에서 바라보았을 때, 지구 중심을 지나는 지구 공전 궤도면의 수직축에 대한 북극의 상대적인 위치를 나타낸 것이다.

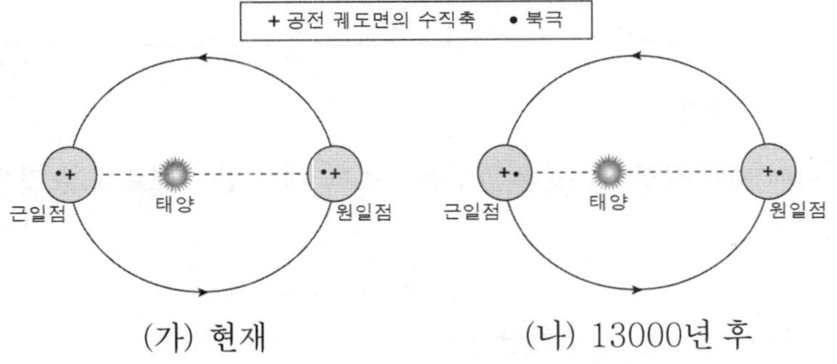

(가) 현재 (나) 13000년 후

이에 대한 설명으로 옳은 것만을 <보기>에서 있는 대로 고른 것은? (단, 지구 자전축 경사 방향 이외의 요인은 변하지 않는다고 가정한다.) [3점]

〈보 기〉
ㄱ. (가)에서 지구가 근일점에 위치할 때 북반구는 겨울이다.
ㄴ. 우리나라 기온의 연교차는 (가)보다 (나)에서 작다.
ㄷ. 남반구가 여름일 때 지구와 태양 사이의 거리는 (가)보다 (나)에서 길다.

① ㄱ ② ㄴ ③ ㄱ, ㄷ ④ ㄴ, ㄷ ⑤ ㄱ, ㄴ, ㄷ

13. 그림은 2014년부터 2016년까지 관측한 태평양 적도 부근 해역의 해수면 기압 편차(관측 기압 – 평년 기압)를 나타낸 것이다. A는 엘니뇨 시기와 라니냐 시기 중 하나이다.

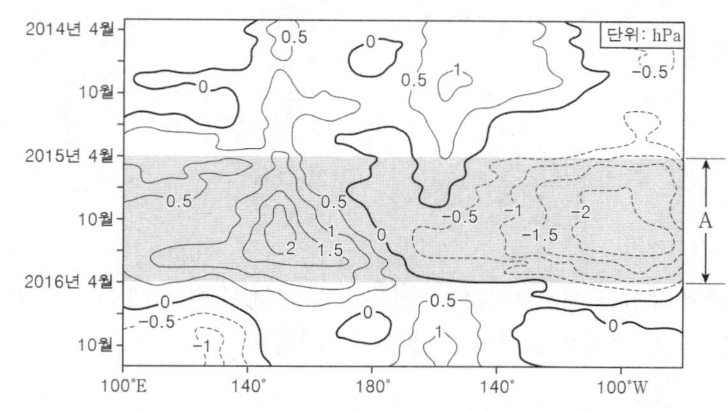

A 시기에 대한 설명으로 옳은 것만을 <보기>에서 있는 대로 고른 것은? [3점]

〈보 기〉
ㄱ. 라니냐 시기이다.
ㄴ. 평상시보다 남적도 해류가 약하다.
ㄷ. 평상시보다 동태평양 적도 부근 해역에서의 용승이 강하다.

① ㄱ ② ㄴ ③ ㄷ ④ ㄱ, ㄷ ⑤ ㄴ, ㄷ

14. 표는 주계열성 (가)와 (나)의 분광형과 절대 등급을 나타낸 것이다.

별	분광형	절대 등급
(가)	A0 V	+0.6
(나)	M4 V	+13.2

(가)가 (나)보다 큰 값을 가지는 것만을 <보기>에서 있는 대로 고른 것은?

〈보 기〉
ㄱ. 표면 온도 ㄴ. 광도 ㄷ. 주계열에 머무는 시간

① ㄱ ② ㄷ ③ ㄱ, ㄴ ④ ㄴ, ㄷ ⑤ ㄱ, ㄴ, ㄷ

15. 그림 (가)는 어느 별의 진화 경로를, (나)는 이 별의 진화 과정 일부를 나타낸 것이다.

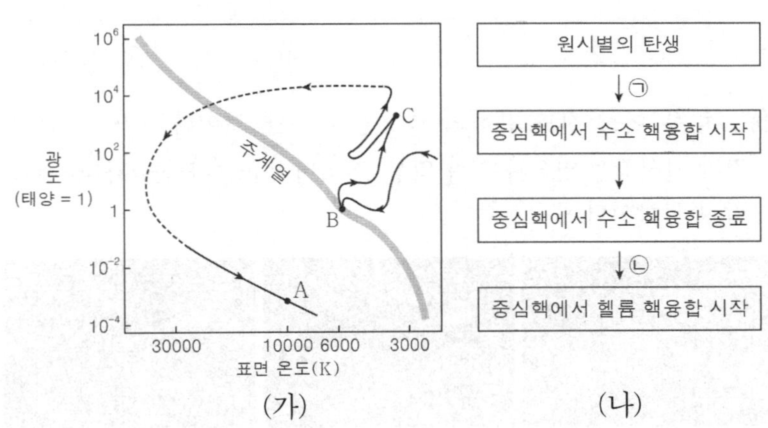

(가) (나)

이 별에 대한 설명으로 옳은 것만을 <보기>에서 있는 대로 고른 것은? [3점]

〈보 기〉
ㄱ. 별의 평균 밀도는 A보다 B일 때 작다.
ㄴ. C일 때는 ㉠ 과정에 해당한다.
ㄷ. ㉡ 과정에서 별의 중심핵은 정역학 평형 상태이다.

① ㄱ ② ㄴ ③ ㄱ, ㄷ ④ ㄴ, ㄷ ⑤ ㄱ, ㄴ, ㄷ

16. 그림 (가)는 별의 중심부 온도에 따른 수소 핵융합 반응의 에너지 생산량을, (나)는 주계열성 A와 B의 내부 구조를 나타낸 것이다. A와 B의 중심부 온도는 각각 ㉠과 ㉡ 중 하나이다.

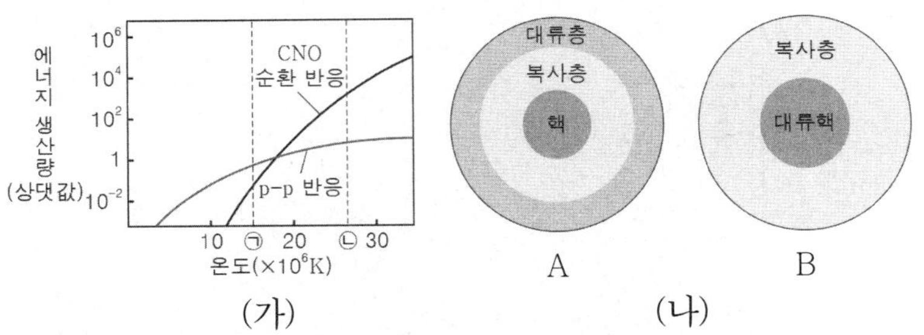

(가) (나)

이에 대한 설명으로 옳은 것만을 <보기>에서 있는 대로 고른 것은? (단, 별의 크기는 고려하지 않는다.) [3점]

< 보 기 >
ㄱ. 중심부 온도가 ㉠인 주계열성의 중심부에서는 CNO 순환 반응보다 p−p 반응이 우세하게 일어난다.
ㄴ. 별의 질량은 A보다 B가 크다.
ㄷ. A의 중심부 온도는 ㉡이다.

① ㄱ ② ㄷ ③ ㄱ, ㄴ ④ ㄴ, ㄷ ⑤ ㄱ, ㄴ, ㄷ

17. 그림 (가)와 (나)는 어느 외계 행성에 의한 중심별의 시선 속도 변화와 겉보기 밝기 변화를 각각 나타낸 것이다. (나)의 t는 (가)의 T_1, T_2, T_3, T_4 중 하나이다.

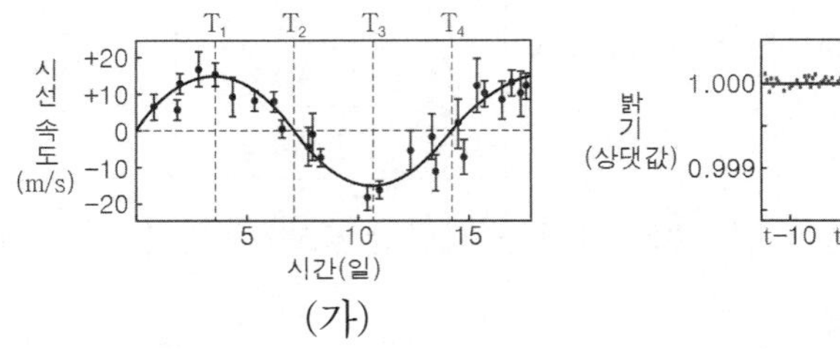

(가) (나)

이 자료에 대한 설명으로 옳은 것만을 <보기>에서 있는 대로 고른 것은? [3점]

< 보 기 >
ㄱ. 중심별은 T_1일 때 적색 편이가 나타난다.
ㄴ. 지구로부터 외계 행성까지의 거리는 T_2보다 T_3일 때 멀다.
ㄷ. (나)의 t는 (가)의 T_4이다.

① ㄱ ② ㄷ ③ ㄱ, ㄴ ④ ㄴ, ㄷ ⑤ ㄱ, ㄴ, ㄷ

18. 그림은 어느 전파 은하의 영상을 나타낸 것이다. (가)와 (나)는 각각 가시광선 영상과 전파 영상 중 하나이고, (다)는 (가)와 (나)의 합성 영상이다.

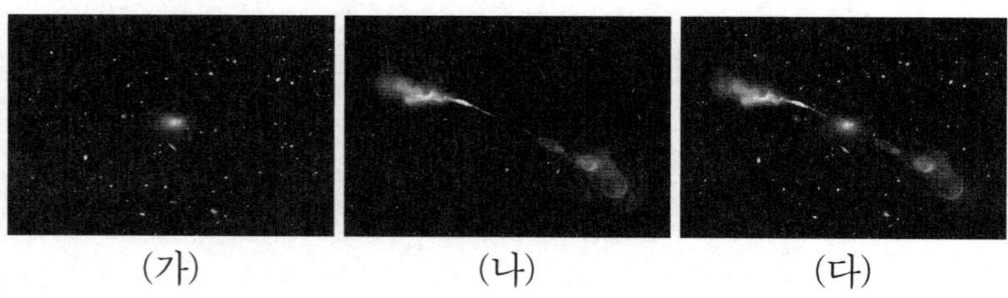
(가) (나) (다)

이에 대한 설명으로 옳은 것만을 <보기>에서 있는 대로 고른 것은?

< 보 기 >
ㄱ. (가)는 가시광선 영상이다.
ㄴ. (나)에서는 제트가 관측된다.
ㄷ. 이 은하는 특이 은하에 해당한다.

① ㄱ ② ㄷ ③ ㄱ, ㄴ ④ ㄴ, ㄷ ⑤ ㄱ, ㄴ, ㄷ

19. 그림은 주계열성 S의 생명가능 지대를, 표는 S를 원궤도로 공전하는 행성 a, b, c의 특징을 나타낸 것이다. ㉠은 생명가능 지대의 가운데에 해당하는 면이다.

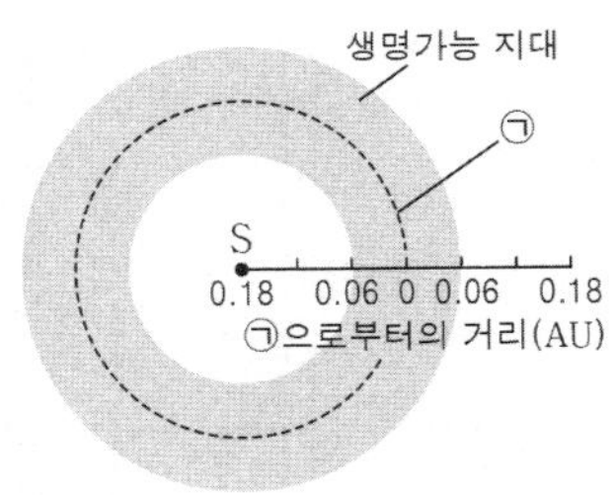

행성	㉠으로부터 행성 공전 궤도까지의 최단 거리(AU)	단위 시간당 단위 면적이 받는 복사 에너지(행성 a = 1)
a	0.02	1
b	0.10	0.32
c	0.13	9.68

이에 대한 설명으로 옳은 것만을 <보기>에서 있는 대로 고른 것은? (단, 행성의 대기 조건은 고려하지 않는다.) [3점]

< 보 기 >
ㄱ. 광도는 태양보다 S가 작다.
ㄴ. a에서는 물이 액체 상태로 존재할 수 있다.
ㄷ. 행성의 평균 표면 온도는 b보다 c가 높다.

① ㄱ ② ㄷ ③ ㄱ, ㄴ ④ ㄴ, ㄷ ⑤ ㄱ, ㄴ, ㄷ

20. 그림 (가)는 현재 우주를 구성하는 요소 ㉠, ㉡, ㉢의 상대적 비율을, (나)는 우주 모형 A와 B에서 시간에 따른 우주의 상대적 크기를 나타낸 것이다. ㉠, ㉡, ㉢은 각각 보통 물질, 암흑 물질, 암흑 에너지 중 하나이다.

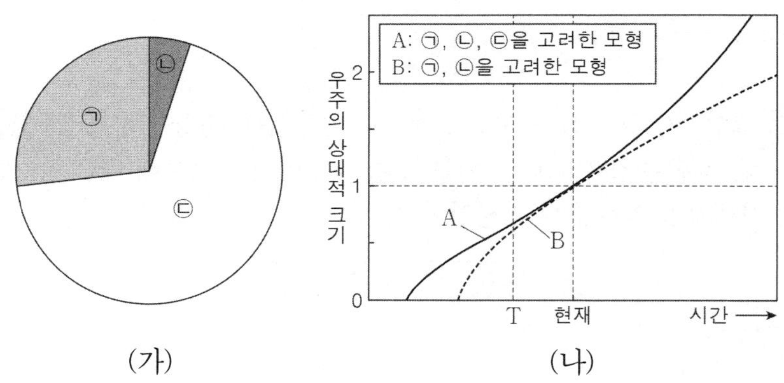

(가) (나)

이에 대한 설명으로 옳은 것만을 <보기>에서 있는 대로 고른 것은? [3점]

< 보 기 >
ㄱ. 별과 행성은 ㉠에 해당한다.
ㄴ. 대폭발 이후 현재까지 걸린 시간은 A보다 B에서 짧다.
ㄷ. A에서 우주를 구성하는 요소 중 ㉢이 차지하는 비율은 T 시기보다 현재가 크다.

① ㄱ ② ㄴ ③ ㄱ, ㄷ ④ ㄴ, ㄷ ⑤ ㄱ, ㄴ, ㄷ

※ 확인 사항
답안지의 해당란에 필요한 내용을 정확히 기입(표기)했는지 확인하시오.

과학탐구 영역(지구과학 I)

성명		수험 번호		제 [ ] 선택

1. 그림은 대륙 이동설과 해양저 확장설에 대한 학생들의 대화 장면이다.

제시한 내용이 옳은 학생만을 있는 대로 고른 것은?

① A ② C ③ A, B ④ B, C ⑤ A, B, C

2. 그림 (가)와 (나)는 서로 다른 지질 구조를 나타낸 것이다.

(가) 습곡

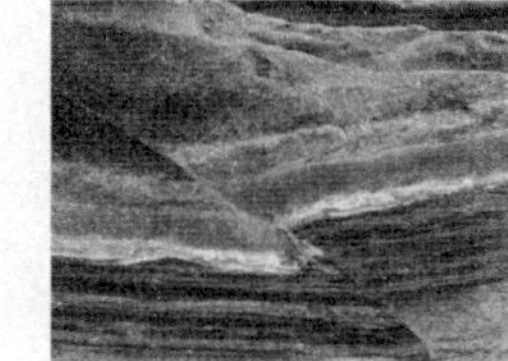
(나) 단층

이에 대한 설명으로 옳은 것만을 <보기>에서 있는 대로 고른 것은? (단, 지층의 역전은 없었다.)

〈보 기〉

ㄱ. (가)에서는 향사 구조가 나타난다.
ㄴ. (나)에서 상반은 단층면을 따라 위로 이동하였다.
ㄷ. (가)와 (나)는 모두 횡압력을 받아 형성되었다.

① ㄱ ② ㄷ ③ ㄱ, ㄴ ④ ㄴ, ㄷ ⑤ ㄱ, ㄴ, ㄷ

3. 그림 (가)는 섭입대 부근에서 생성된 마그마 A와 B의 위치를, (나)는 마그마 X와 Y의 성질을 나타낸 것이다. A와 B는 각각 X와 Y 중 하나이다.

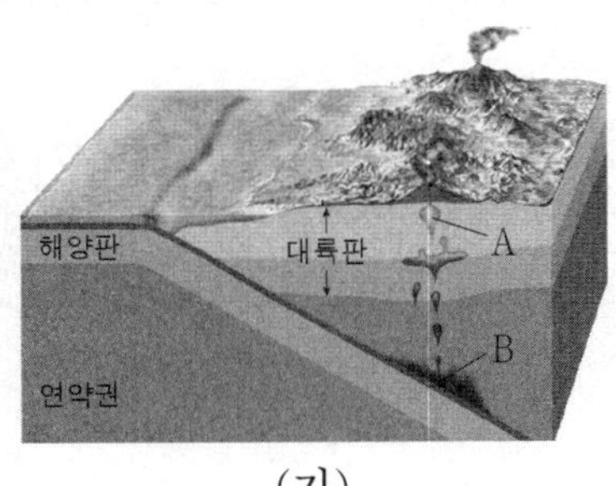

(가)

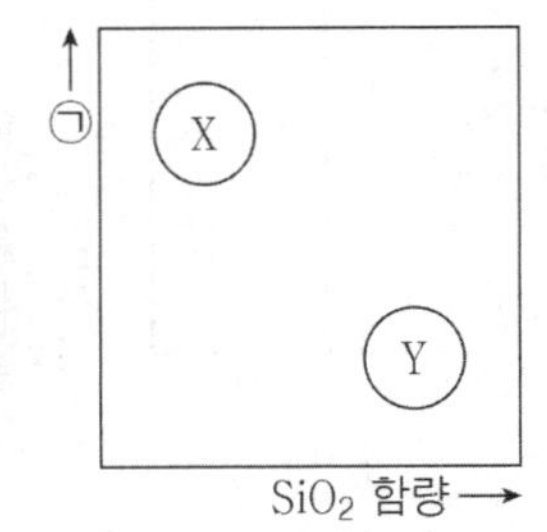

(나)

이에 대한 설명으로 옳은 것만을 <보기>에서 있는 대로 고른 것은?

〈보 기〉

ㄱ. A는 X이다.
ㄴ. B가 생성될 때, 물은 암석의 용융점을 낮추는 역할을 한다.
ㄷ. 온도는 ㉠에 해당하는 물리량이다.

① ㄱ ② ㄷ ③ ㄱ, ㄴ ④ ㄴ, ㄷ ⑤ ㄱ, ㄴ, ㄷ

4. 그림 (가)는 현생 누대 동안 대륙 수의 변화를, (나)는 서로 다른 시기의 대륙 분포를 나타낸 것이다. A, B, C는 각각 ㉠, ㉡, ㉢ 시기의 대륙 분포 중 하나이다.

(가)

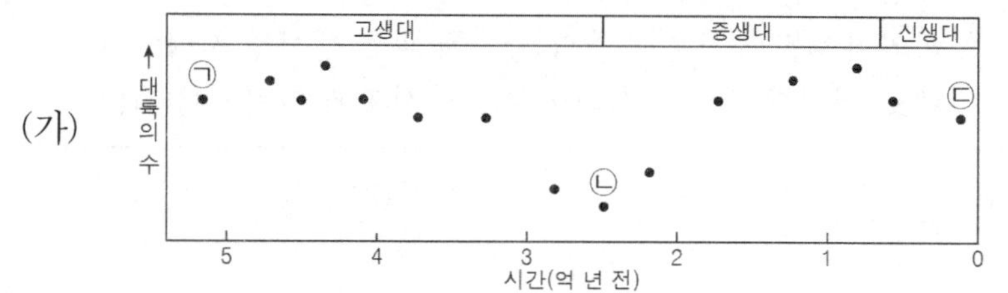

(나)

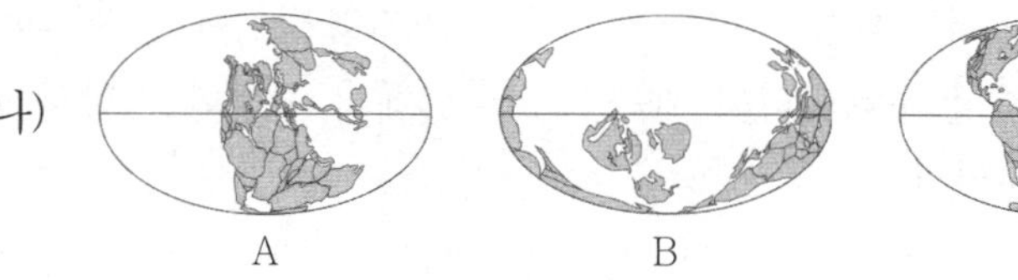

이에 대한 설명으로 옳은 것만을 <보기>에서 있는 대로 고른 것은? [3점]

〈보 기〉

ㄱ. ㉠ 시기에 최초의 육상 척추동물이 출현하였다.
ㄴ. ㉡ 시기의 대륙 분포는 A이다.
ㄷ. 해안선의 길이는 ㉡보다 ㉢ 시기에 길었다.

① ㄱ ② ㄷ ③ ㄱ, ㄴ ④ ㄴ, ㄷ ⑤ ㄱ, ㄴ, ㄷ

5. 그림 (가)는 어느 지역의 지질 단면을, (나)는 X－Y 구간에 해당하는 암석의 생성 시기를 나타낸 것이다.

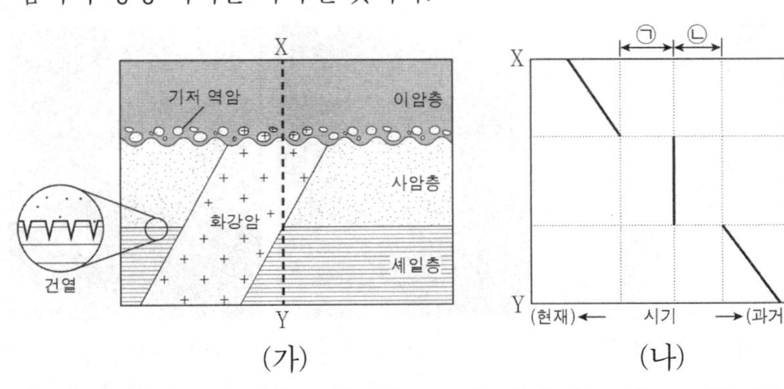

(가) (나)

이에 대한 설명으로 옳은 것만을 <보기>에서 있는 대로 고른 것은? [3점]

〈보 기〉

ㄱ. ㉠ 시기에 융기와 침식 작용이 있었다.
ㄴ. 사암층은 ㉡ 시기 중에 퇴적되었다.
ㄷ. 셰일층은 건조한 환경에 노출된 적이 있었다.

① ㄱ ② ㄴ ③ ㄱ, ㄷ ④ ㄴ, ㄷ ⑤ ㄱ, ㄴ, ㄷ

[해설편 p.035]

6. 그림은 태평양판에 위치한 하와이 열도의 각 섬들을 화산의 연령과 함께 나타낸 것이다.

이에 대한 설명으로 옳은 것만을 <보기>에서 있는 대로 고른 것은?

< 보 기 >

ㄱ. 태평양판은 일정한 속도로 이동하였다.
ㄴ. 하와이섬은 뜨거운 플룸의 상승에 의해 생성된 지역이다.
ㄷ. 새로 생성되는 섬은 하와이섬의 북서쪽에 위치할 것이다.

① ㄱ ② ㄴ ③ ㄷ ④ ㄱ, ㄴ ⑤ ㄴ, ㄷ

7. 그림 (가)는 어느 태풍의 이동 경로와 중심 기압을, (나)는 이 태풍의 영향을 받은 날 우리나라의 관측소 A와 B에서 측정한 기압과 풍향을 나타낸 것이다.

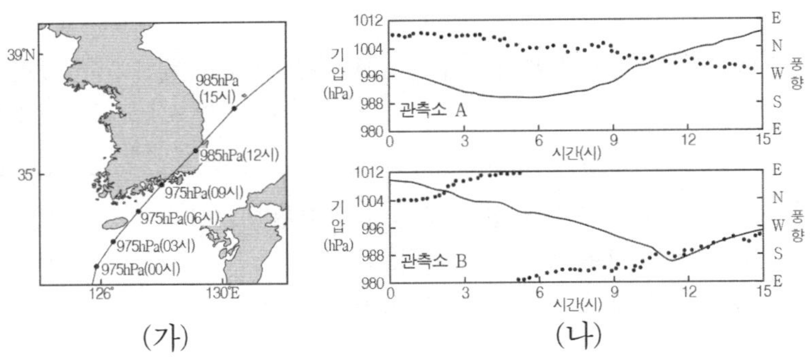

(가) (나)

이에 대한 설명으로 옳은 것만을 <보기>에서 있는 대로 고른 것은? [3점]

< 보 기 >

ㄱ. (가)에서 태풍의 세력은 06시보다 12시에 강하다.
ㄴ. 태풍의 영향을 받는 동안 B는 위험 반원에 위치한다.
ㄷ. 태풍의 이동 경로와 관측소 사이의 최단 거리는 A보다 B가 짧다.

① ㄱ ② ㄴ ③ ㄱ, ㄷ ④ ㄴ, ㄷ ⑤ ㄱ, ㄴ, ㄷ

8. 그림 (가)는 우리나라에 집중 호우가 발생했을 때의 기상 레이더 영상을, (나)와 (다)는 (가)와 같은 시각의 위성 영상을 나타낸 것이다.

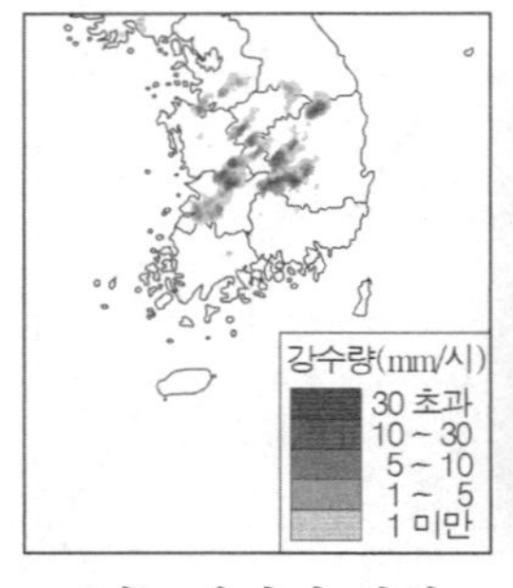

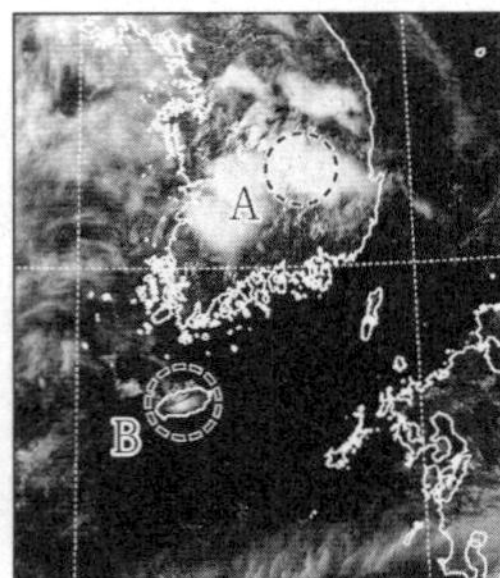

(가) 레이더 영상 (나) 가시 영상 (다) 적외 영상

이 자료에 대한 설명으로 옳은 것만을 <보기>에서 있는 대로 고른 것은? [3점]

< 보 기 >

ㄱ. A 지역의 대기는 불안정하다.
ㄴ. (나)는 야간에 촬영한 것이다.
ㄷ. 구름 정상부의 고도는 A보다 B 지역이 높다.

① ㄱ ② ㄴ ③ ㄱ, ㄷ ④ ㄴ, ㄷ ⑤ ㄱ, ㄴ, ㄷ

9. 그림은 어느 해역에서 서로 다른 시기에 수심에 따라 측정한 수온과 염분을 수온 – 염분도에 나타낸 것이다.

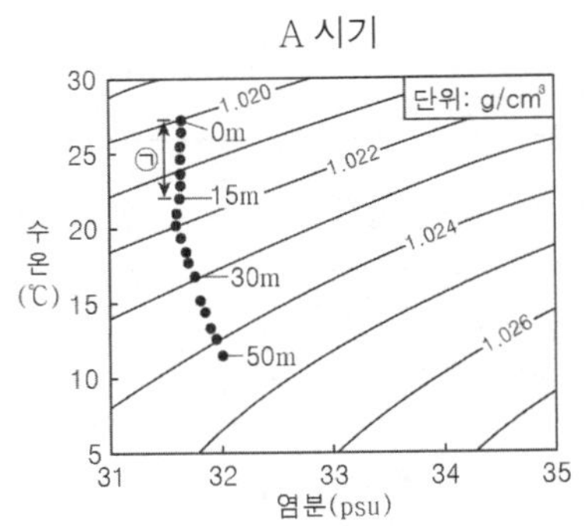

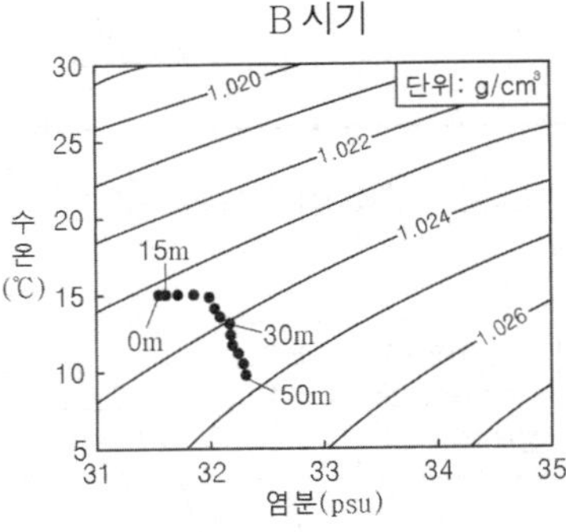

이에 대한 설명으로 옳은 것만을 <보기>에서 있는 대로 고른 것은?

< 보 기 >

ㄱ. 이 해역의 해수면에 입사하는 태양 복사 에너지양은 A보다 B 시기에 많다.
ㄴ. A 시기에 ㉠ 구간에서의 밀도 변화는 수온보다 염분의 영향이 크다.
ㄷ. 혼합층의 두께는 A보다 B 시기에 두껍다.

① ㄱ ② ㄷ ③ ㄱ, ㄴ ④ ㄴ, ㄷ ⑤ ㄱ, ㄴ, ㄷ

10. 그림 (가)는 북태평양 해역의 일부를, (나)는 (가)의 A – B 구간과 C – D 구간에서의 수심에 따른 해류의 평균 유속과 방향을 나타낸 것이다.

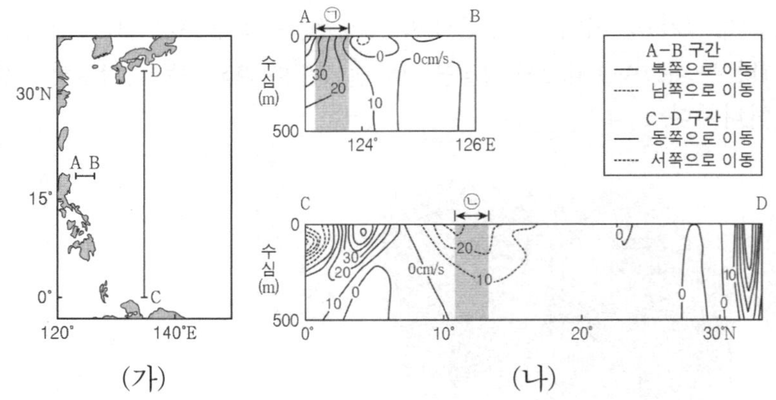

(가) (나)

이에 대한 설명으로 옳은 것만을 <보기>에서 있는 대로 고른 것은? [3점]

< 보 기 >

ㄱ. ㉠ 구간에는 난류가 흐른다.
ㄴ. ㉡ 구간의 표층 해류는 무역풍의 영향을 받아 흐른다.
ㄷ. 북태평양에서 아열대 표층 순환의 방향은 시계 반대 방향이다.

① ㄱ ② ㄷ ③ ㄱ, ㄴ ④ ㄴ, ㄷ ⑤ ㄱ, ㄴ, ㄷ

11. 그림 (가)와 (나)는 태평양 적도 부근 해역에서 측정한 무역풍의 동서 방향 풍속 편차와 20℃ 등수온선 깊이 편차의 변화를 시간에 따라 나타낸 것이다. 편차는 (관측값 − 평년값)이고, (가)에서 무역풍이 서쪽으로 향하는 방향을 양(+)으로 한다.

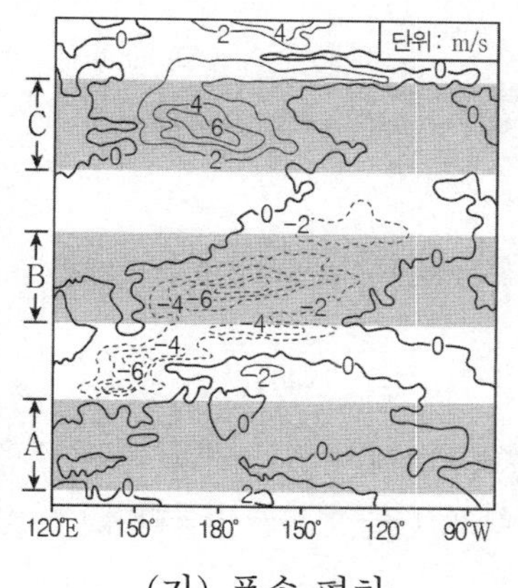

(가) 풍속 편차

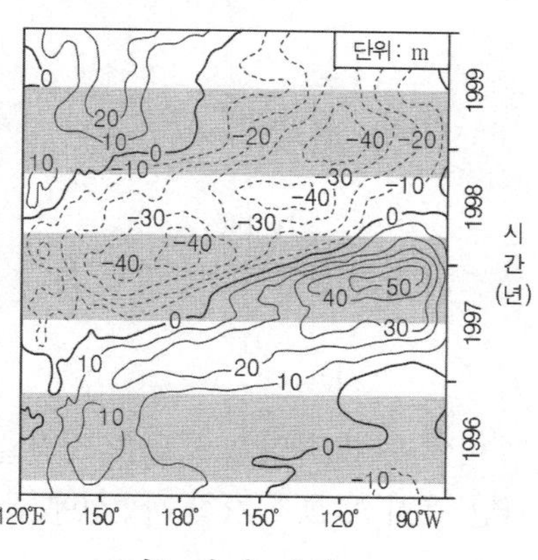

(나) 깊이 편차

A, B, C 시기에 대한 설명으로 옳은 것만을 <보기>에서 있는 대로 고른 것은? [3점]

〈보 기〉

ㄱ. 동태평양의 용승은 A보다 B가 강하다.
ㄴ. 동태평양과 서태평양의 수온 약층 깊이 차이는 A보다 C가 크다.
ㄷ. $\dfrac{\text{동태평양의 해수면 평균 기압}}{\text{서태평양의 해수면 평균 기압}}$은 B보다 C가 크다.

① ㄱ ② ㄴ ③ ㄱ, ㄷ ④ ㄴ, ㄷ ⑤ ㄱ, ㄴ, ㄷ

12. 그림은 2004년 1월부터 2016년 1월까지 서로 다른 관측소 A와 B에서 측정한 대기 중 이산화 탄소와 메테인의 농도 변화를 나타낸 것이다. A와 B는 각각 30°N과 30°S에 위치한 관측소 중 하나이다.

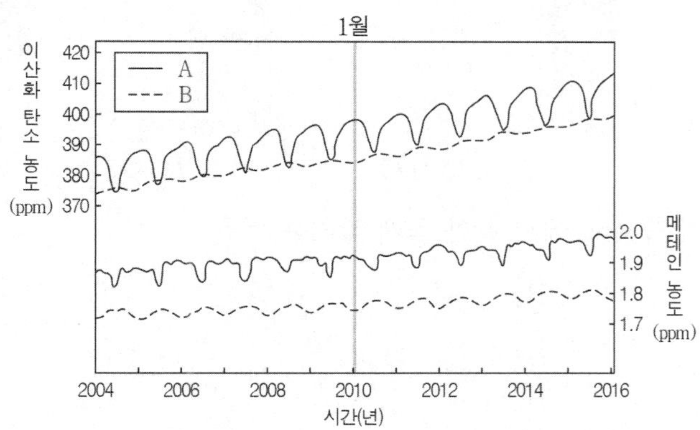

이 자료에 대한 설명으로 옳은 것만을 <보기>에서 있는 대로 고른 것은?

〈보 기〉

ㄱ. A는 30°N에 위치한 관측소이다.
ㄴ. 2010년 1월에 이산화 탄소의 평균 농도는 A보다 B가 높다.
ㄷ. 이 기간 동안 기체 농도의 평균 증가율은 이산화 탄소보다 메테인이 크다.

① ㄱ ② ㄴ ③ ㄱ, ㄷ ④ ㄴ, ㄷ ⑤ ㄱ, ㄴ, ㄷ

13. 그림은 북대서양의 해수 흐름과 침강 해역을 나타낸 것이다. A와 B는 각각 표층수와 심층수의 흐름 중 하나이다.

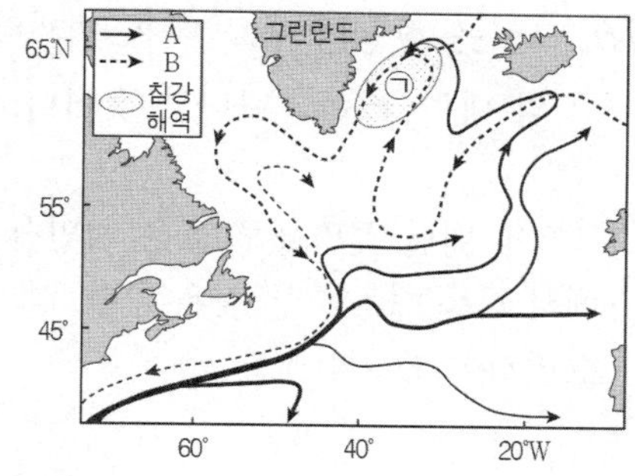

이 자료에 대한 설명으로 옳은 것만을 <보기>에서 있는 대로 고른 것은?

〈보 기〉

ㄱ. A는 표층수의 흐름이다.
ㄴ. 유속은 A보다 B가 빠르다.
ㄷ. 그린란드에서 ㉠ 해역으로 빙하가 녹은 물이 유입되면 해수의 침강이 강해진다.

① ㄱ ② ㄴ ③ ㄱ, ㄷ ④ ㄴ, ㄷ ⑤ ㄱ, ㄴ, ㄷ

14. 그림은 서로 다른 두 별 A와 B에서 방출되는 복사 에너지의 상대 세기와 수소 흡수선의 파장을 나타낸 것이다.

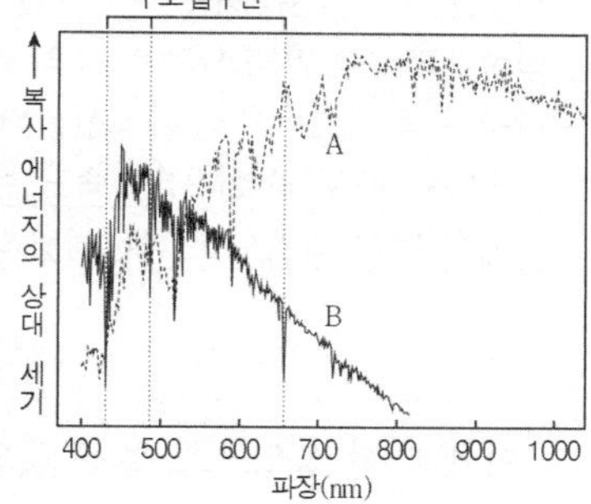

별 A와 B를 비교한 설명으로 옳지 않은 것은? [3점]

① 광도는 A가 크다.
② 반지름은 A가 크다.
③ 표면 온도는 B가 높다.
④ 수소 흡수선의 세기는 B가 크다.
⑤ 단위 시간당 동일한 면적에서 방출되는 복사 에너지는 A가 크다.

15. 그림은 서로 다른 질량의 주계열성 A_1과 B_1이 진화하는 경로의 일부를 H-R도에 나타낸 것이다. A_2와 A_3, B_2와 B_3은 별 A_1과 B_1이 각각 진화하는 경로상에 위치한 별이고, A_3과 B_3의 중심핵에서는 헬륨 핵융합 반응이 일어난다.

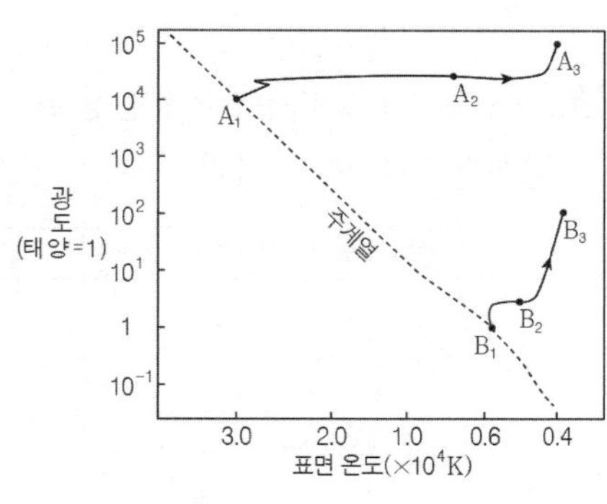

이에 대한 설명으로 옳은 것만을 <보기>에서 있는 대로 고른 것은? [3점]

〈보 기〉

ㄱ. 별의 질량은 A_1보다 B_1이 크다.
ㄴ. A_2와 B_2의 내부에서는 수소 핵융합 반응이 일어나지 않는다.
ㄷ. $\dfrac{A_3\text{의 반지름}}{A_1\text{의 반지름}} > \dfrac{B_3\text{의 반지름}}{B_1\text{의 반지름}}$이다.

① ㄱ ② ㄷ ③ ㄱ, ㄴ ④ ㄴ, ㄷ ⑤ ㄱ, ㄴ, ㄷ

12회

16. 그림은 질량이 서로 다른 주계열성 A와 B의 내부 구조를 나타낸 것이다.

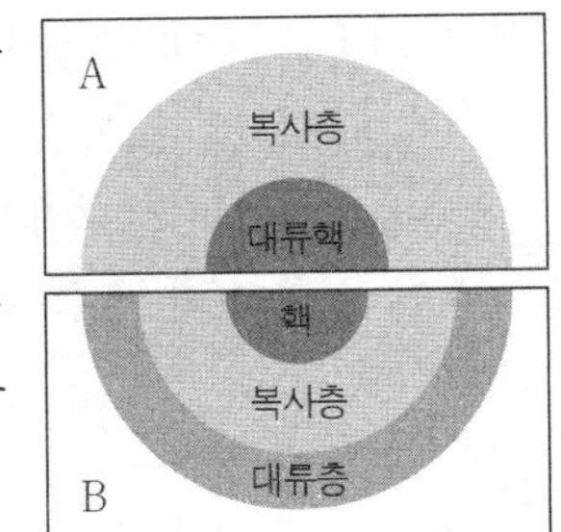

이에 대한 설명으로 옳은 것만을 <보기>에서 있는 대로 고른 것은? (단, 별의 크기는 고려하지 않는다.)

<보 기>

ㄱ. 별의 질량은 A보다 B가 작다.
ㄴ. A와 B는 정역학적 평형 상태에 있다.
ㄷ. 수소 핵융합 반응 중 CNO 순환 반응이 차지하는 비율은 A보다 B가 높다.

① ㄱ ② ㄷ ③ ㄱ, ㄴ ④ ㄴ, ㄷ ⑤ ㄱ, ㄴ, ㄷ

17. 다음은 어느 외계 행성계에 대한 기사의 일부이다.

한글 이름을 사용하는 외계 행성계 '백두'와 '한라'

우리나라 천문학자가 발견한 외계 행성계의 중심별과 외계 행성의 이름에 각각 '백두'와 '한라'가 선정되었다. '한라'는 '백두'의 ㉠ 시선 속도 변화를 이용한 탐사 방법으로 발견하였다.

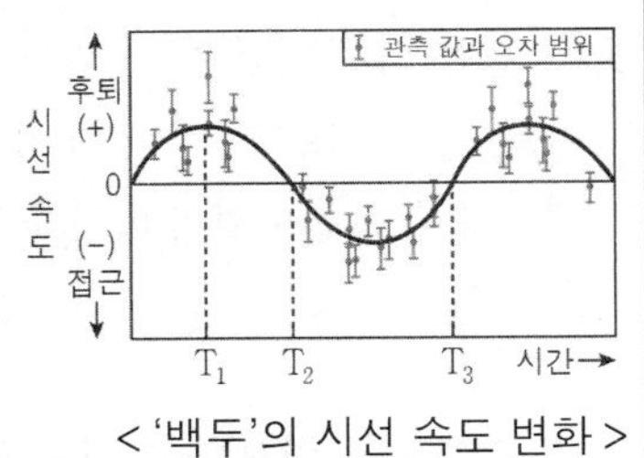

<'백두'의 시선 속도 변화>

이에 대한 설명으로 옳은 것만을 <보기>에서 있는 대로 고른 것은? [3점]

<보 기>

ㄱ. T_1일 때 '백두'는 적색 편이가 나타난다.
ㄴ. 태양으로부터 '한라'까지의 거리는 T_2보다 T_3일 때 멀다.
ㄷ. ㉠에서 행성의 질량이 클수록 중심별의 시선 속도 변화가 커진다.

① ㄱ ② ㄴ ③ ㄱ, ㄷ ④ ㄴ, ㄷ ⑤ ㄱ, ㄴ, ㄷ

18. 그림은 서로 다른 주계열성 A, B, C를 각각 원궤도로 공전하는 행성을 나타낸 것이다.

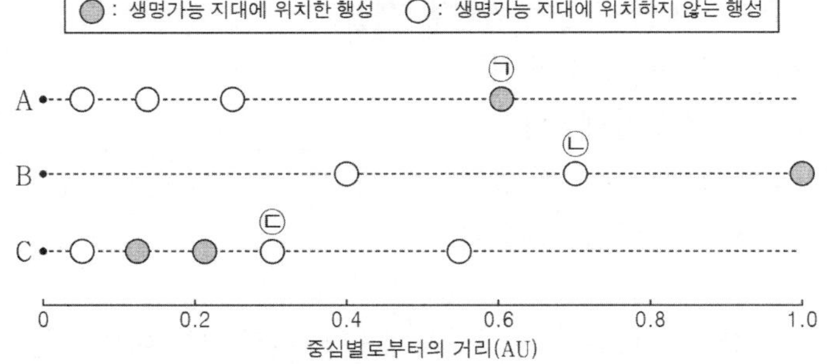

이에 대한 설명으로 옳은 것만을 <보기>에서 있는 대로 고른 것은? (단, 행성의 대기 조건은 고려하지 않는다.)

<보 기>

ㄱ. ㉠에서는 물이 액체 상태로 존재할 수 있다.
ㄴ. 행성의 평균 표면 온도는 ㉡보다 ㉢이 높다.
ㄷ. 생명가능 지대의 폭은 A, B, C 중 C가 가장 넓다.

① ㄱ ② ㄴ ③ ㄱ, ㄷ ④ ㄴ, ㄷ ⑤ ㄱ, ㄴ, ㄷ

19. 그림 (가)는 은하 B에서 관측되는 은하 A와 C의 후퇴 방향과 은하 사이의 거리를, (나)는 은하 B에서 관측되는 은하 A와 C의 스펙트럼을 나타낸 것이다. 정지 상태에서 파장이 λ_0인 방출선은 각각 파장이 λ_A와 λ_C로 적색 편이되었다.

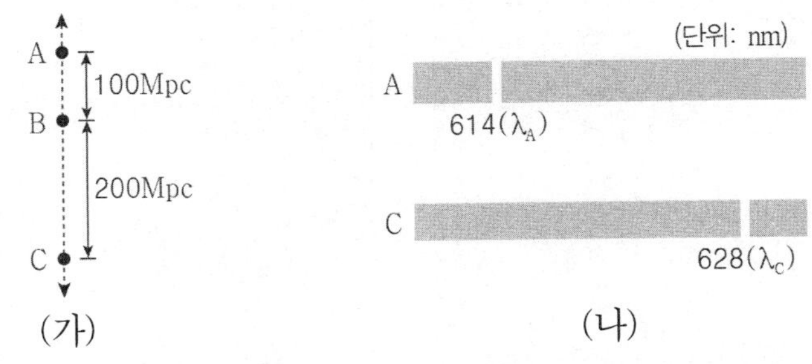

(가) (나)

이에 대한 설명으로 옳은 것만을 <보기>에서 있는 대로 고른 것은? (단, 은하 A, B, C는 한 직선상에 위치하고, 허블 법칙을 만족한다.) [3점]

<보 기>

ㄱ. B는 우주의 중심에 위치한다.
ㄴ. A에서 관측되는 후퇴 속도는 C가 B의 3배이다.
ㄷ. λ_0은 600nm이다.

① ㄱ ② ㄴ ③ ㄷ ④ ㄱ, ㄴ ⑤ ㄴ, ㄷ

20. 그림 (가)는 우주에 대한 두 과학자의 설명을, (나)는 현재 우주를 구성하는 요소의 비율을 나타낸 것이다. ㉠, ㉡, ㉢은 각각 보통 물질, 암흑 물질, 암흑 에너지 중 하나이다.

나선 은하의 실제 회전 속도는 광학적으로 관측 가능한 물질을 통해 예상한 회전 속도와는 달랐습니다. 이는 (A)에 의한 중력이 영향을 미치기 때문입니다.

먼 거리에 위치한 Ia형 초신성의 겉보기 밝기가 예상보다 어둡게 관측되었습니다. 이는 (B)에 의해 우주가 가속 팽창하기 때문입니다.

㉠ 68.3%
㉡ 26.8%
㉢ 4.9%

(가) (나)

A와 B를 (나)에서 찾아 옳게 짝지은 것은?

	A	B		A	B
①	㉠	㉡	②	㉠	㉢
③	㉡	㉠	④	㉡	㉢
⑤	㉢	㉠			

※ **확인 사항**
답안지의 해당란에 필요한 내용을 정확히 기입(표기)했는지 확인하시오.

제 4 교시

과학탐구 영역(지구과학 I)

13회

성명		수험 번호	-	제 [ ] 선택

1. 그림은 미래 어느 시기의 태양계 생명 가능 지대를 나타낸 것이다.

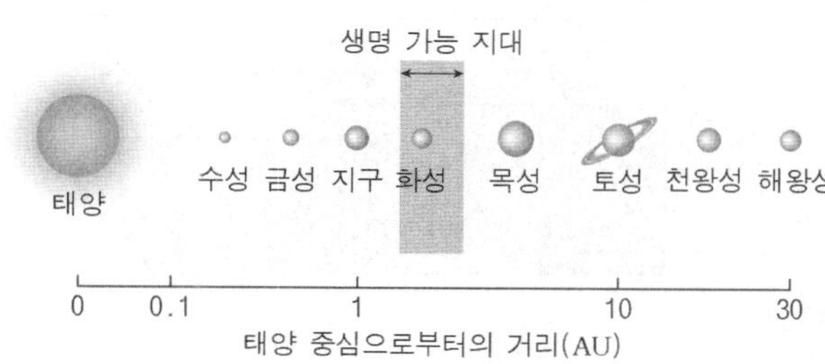

현재의 태양계와 비교할 때, 이 시기에 증가한 값으로 옳은 것만을 <보기>에서 있는 대로 고른 것은?

〈보 기〉

ㄱ. 태양의 광도
ㄴ. 생명 가능 지대의 폭
ㄷ. 지구에 존재하는 액체 상태 물의 양

① ㄱ ② ㄷ ③ ㄱ, ㄴ ④ ㄴ, ㄷ ⑤ ㄱ, ㄴ, ㄷ

● 2015학년도 7월(고3 지Ⅱ)

2. 그림 (가)는 판의 경계를, (나)는 고지자기 분포를 나타낸 것이다.

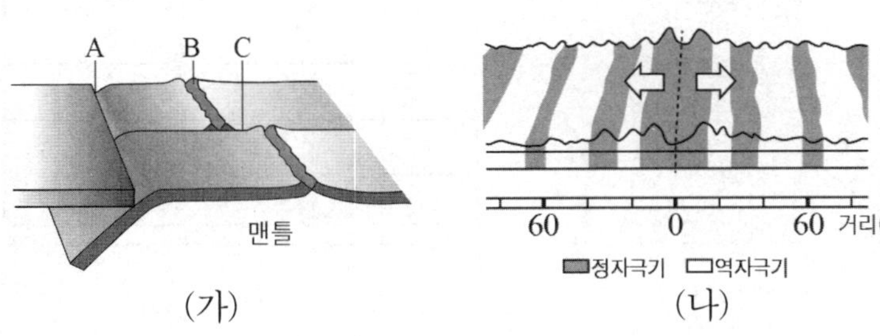

(가) (나)

이에 대한 설명으로 옳은 것만을 <보기>에서 있는 대로 고른 것은? (단, 판의 이동 속도는 일정하다.)

〈보 기〉

ㄱ. A와 C에서는 화산 활동이 활발하다.
ㄴ. (나)는 B를 중심으로 대칭적으로 나타난다.
ㄷ. 고지자기의 역전 주기는 일정하다.

① ㄱ ② ㄴ ③ ㄱ, ㄷ ④ ㄴ, ㄷ ⑤ ㄱ, ㄴ, ㄷ

● 2014학년도 4월(고3 지Ⅱ)

3. 그림 (가)는 남태평양 주변 판의 경계를, (나)는 구간 A, B 중 어느 한 구간의 진원 분포를 나타낸 것이다.

서 해구 동
0 200 400 600 800 깊이(km)
해구 해령 변환 단층

(가) (나)

이에 대한 설명으로 옳은 것만을 <보기>에서 있는 대로 고른 것은? [3점]

〈보 기〉

ㄱ. A와 B의 해구 부근에는 역단층이 발달한다.
ㄴ. (나)에서 해구를 기준으로 동쪽 판이 서쪽 판 아래로 섭입한다.
ㄷ. (나)는 (가)에서 B 구간의 진원 분포이다.

① ㄱ ② ㄷ ③ ㄱ, ㄴ ④ ㄴ, ㄷ ⑤ ㄱ, ㄴ, ㄷ

● 2019학년도 4월(고3 지Ⅱ)

4. 그림 (가)와 (나)는 서로 다른 두 지역의 지질 단면도를 나타낸 것이다.

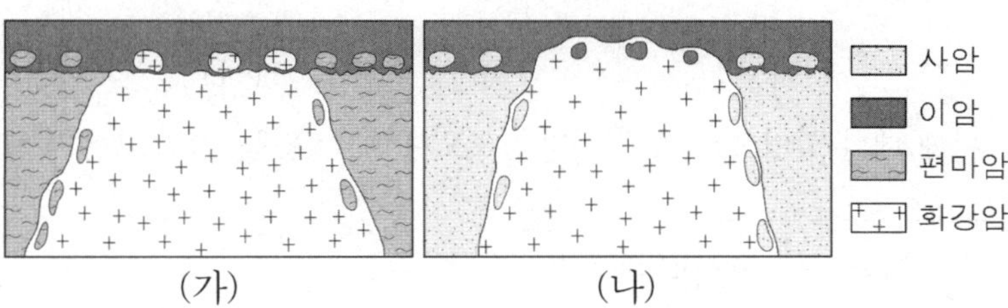

(가) (나)

이에 대한 설명으로 옳은 것만을 <보기>에서 있는 대로 고른 것은? [3점]

〈보 기〉

ㄱ. (가)에서 편마암은 화강암보다 먼저 생성되었다.
ㄴ. (나)의 화강암에서는 사암과 이암이 포획암으로 나타난다.
ㄷ. (가)와 (나)에는 모두 난정합이 나타난다.

① ㄱ ② ㄷ ③ ㄱ, ㄴ ④ ㄴ, ㄷ ⑤ ㄱ, ㄴ, ㄷ

● 2019학년도 4월(고3 지Ⅱ)

5. 그림은 모래로 이루어진 퇴적물로부터 퇴적암이 생성되는 과정을 나타낸 것이다.

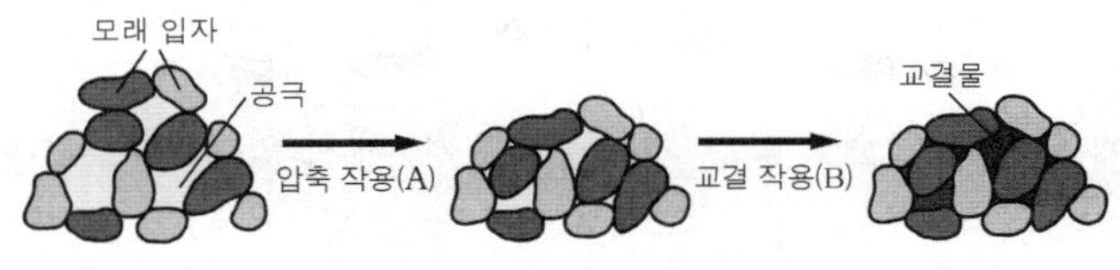

이에 대한 설명으로 옳은 것만을 <보기>에서 있는 대로 고른 것은?

〈보 기〉

ㄱ. A에 의해 공극이 감소한다.
ㄴ. B에서 교결물은 모래 입자들을 결합시켜 주는 역할을 한다.
ㄷ. 이 과정에서 생성된 퇴적암은 사암이다.

① ㄱ ② ㄷ ③ ㄱ, ㄴ ④ ㄴ, ㄷ ⑤ ㄱ, ㄴ, ㄷ

● 2014학년도 9월(고3)

6. 다음은 과거의 기후를 추정하는 데 사용하는 자료이다.

(가) 산호 화석
(나) 나무의 나이테
(다) 빙하 코어 물 분자의 산소 동위원소비 ($^{18}O/^{16}O$)

이에 대한 설명으로 옳은 것만을 <보기>에서 있는 대로 고른 것은? [3점]

<보 기>
ㄱ. (가)가 산출되는 지역은 과거에 따뜻한 바다 환경이었음을 알 수 있다.
ㄴ. (나)가 조밀한 시기는 고온 다습한 기후이었음을 알 수 있다.
ㄷ. (다)는 빙하기가 간빙기보다 크다.

① ㄱ ② ㄴ ③ ㄱ, ㄷ ④ ㄴ, ㄷ ⑤ ㄱ, ㄴ, ㄷ

● 2019학년도 4월(고3 지Ⅱ)

7. 그림은 서로 다른 두 암석의 조암 광물 부피비(%)를 나타낸 것이다. (가)와 (나)는 각각 현무암과 화강암 중 하나이다.

(가)

(나)

이에 대한 설명으로 옳은 것만을 <보기>에서 있는 대로 고른 것은?

<보 기>
ㄱ. (가)는 현무암이다.
ㄴ. 유색 광물의 부피비는 (가)보다 (나)가 크다.
ㄷ. 광물 입자의 크기는 대체로 (가)보다 (나)가 크다.

① ㄱ ② ㄴ ③ ㄱ, ㄷ ④ ㄴ, ㄷ ⑤ ㄱ, ㄴ, ㄷ

● 2014학년도 4월(고3 지Ⅱ)

8. 그림은 현재 해양 지각에 기록된 고지자기의 분포가 형성되는 과정을 나타낸 것이고, 점선은 생성 시기가 같은 지점을 연결한 것이다.

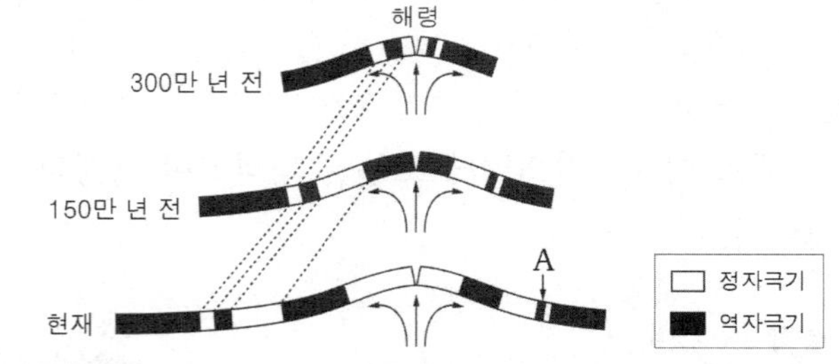

이에 대한 설명으로 옳은 것만을 <보기>에서 있는 대로 고른 것은? [3점]

<보 기>
ㄱ. 고지자기의 분포를 통해 해저가 확장되었음을 알 수 있다.
ㄴ. A 지점 해양 지각의 절대 연령은 300만 년보다 크다.
ㄷ. 이 기간 동안 해령을 기준으로 왼쪽 판의 평균 이동 속도는 오른쪽 판보다 작다.

① ㄱ ② ㄷ ③ ㄱ, ㄴ ④ ㄱ, ㄷ ⑤ ㄴ, ㄷ

● 2019학년도 4월(고3 지Ⅱ)

9. 다음은 어느 퇴적 구조의 형성 과정을 알아보기 위한 실험이다.

[실험 과정]
(가) 수조에 모래와 물을 채우고, 막대를 설치한다.
(나) 막대를 상하로 움직여 물의 표면에 파동을 일으킨다.
(다) 파동에 의해 퇴적 구조가 형성될 때까지 (나) 과정을 반복한다.

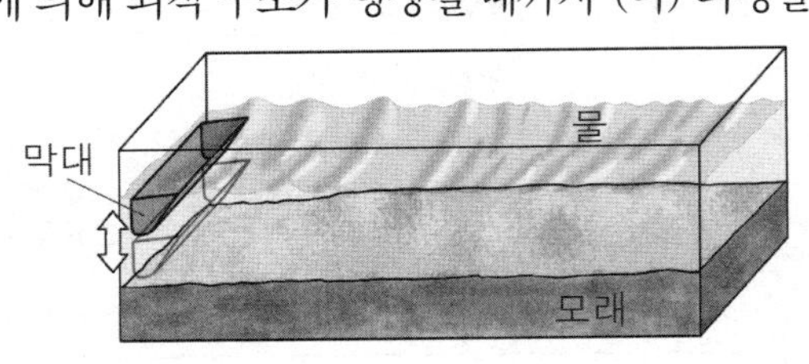

[실험 결과]

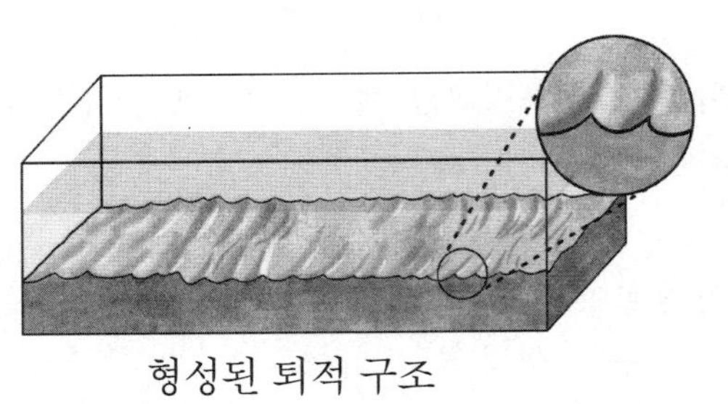

형성된 퇴적 구조

이에 대한 설명으로 옳은 것만을 <보기>에서 있는 대로 고른 것은?

<보 기>
ㄱ. 이 퇴적 구조는 연흔이다.
ㄴ. (나)는 저탁류의 발생 과정에 해당한다.
ㄷ. 이 퇴적 구조는 지층의 역전 여부를 판단하는 데 이용할 수 있다.

① ㄱ ② ㄴ ③ ㄱ, ㄷ ④ ㄴ, ㄷ ⑤ ㄱ, ㄴ, ㄷ

● 2019학년도 4월(고3 지Ⅱ)

10. 그림 (가)는 어느 지역의 지질 단면도와 지층군 A와 C에서 산출되는 화석을, (나)는 (가)에서 화석으로 산출되는 생물의 생존 기간을 나타낸 것이다. 이 지역은 지층의 역전이 없었고, 지층군 A와 C는 각각 ㉠과 ㉡ 중 어느 하나의 시기에 형성된 것이다.

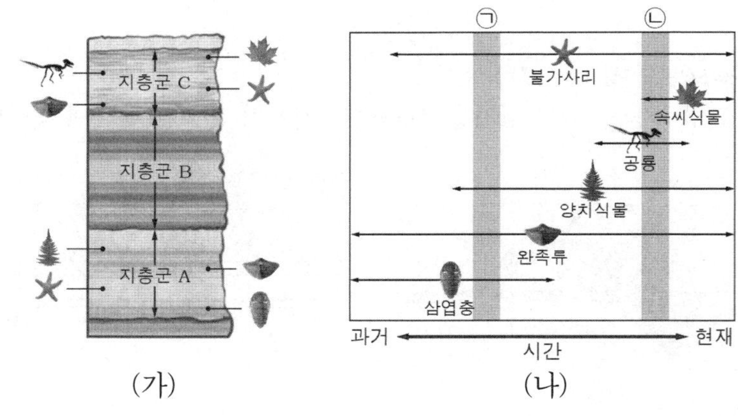

(가) (나)

지층군 A, B, C에 대한 설명으로 옳은 것만을 <보기>에서 있는 대로 고른 것은? [3점]

<보 기>
ㄱ. A는 ㉠ 시기에 형성된 것이다.
ㄴ. B에서는 화폐석이 산출될 수 있다.
ㄷ. C는 모두 해성층으로 이루어져 있다.

① ㄱ ② ㄴ ③ ㄱ, ㄷ ④ ㄴ, ㄷ ⑤ ㄱ, ㄴ, ㄷ

11. 그림은 기상 현상의 특징에 대해 학생들이 대화를 나누는 장면을 나타낸 것이다.

제시한 내용이 옳은 학생만을 있는 대로 고른 것은?

① A ② B ③ C ④ A, B ⑤ B, C

12. 그림 (가)는 어느 해 우리나라에 영향을 준 태풍 A와 B의 이동 경로를, (나)는 A와 B 중 어느 하나의 영향을 받을 때 부산에서의 기상 관측 자료를 나타낸 것이다.

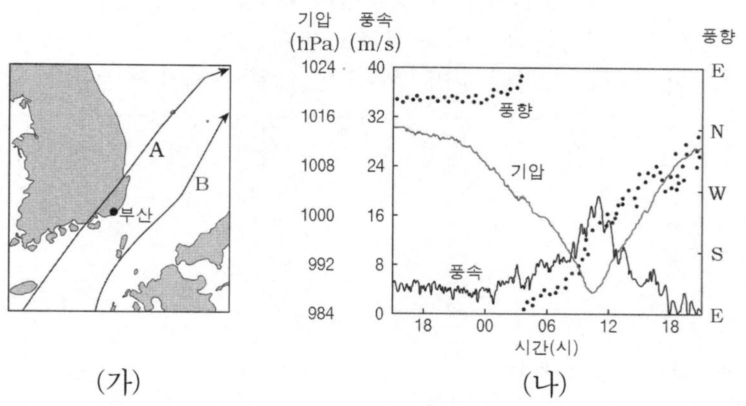

(가) (나)

이에 대한 설명으로 옳은 것만을 <보기>에서 있는 대로 고른 것은? [3점]

〈 보 기 〉
ㄱ. A의 영향을 받을 때 부산은 위험 반원에 위치한다.
ㄴ. (나)에서 기압이 높을수록 풍속이 크다.
ㄷ. (나)는 B의 영향을 받을 때 관측된 자료이다.

① ㄱ ② ㄴ ③ ㄱ, ㄷ ④ ㄴ, ㄷ ⑤ ㄱ, ㄴ, ㄷ

● 2013학년도 4월(고3 지Ⅱ)

13. 그림 (가)는 어느 지역의 지질 단면도를, (나)는 방사성 원소 X의 붕괴 곡선을 나타낸 것이다. (가)의 화성암 P와 Q에 포함된 방사성 원소 X의 양은 각각 암석이 생성될 당시의 25%, 50%이다.

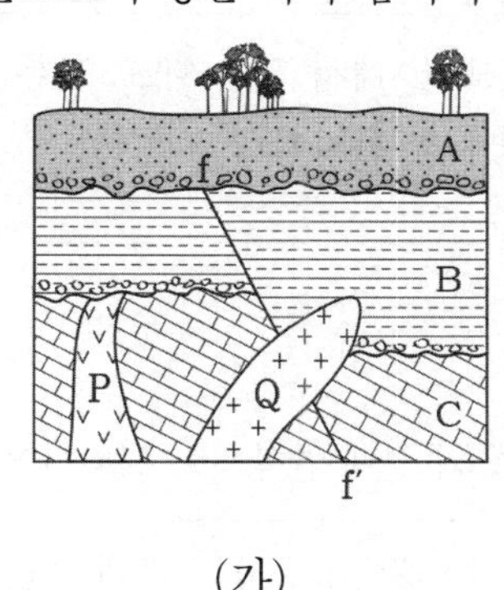

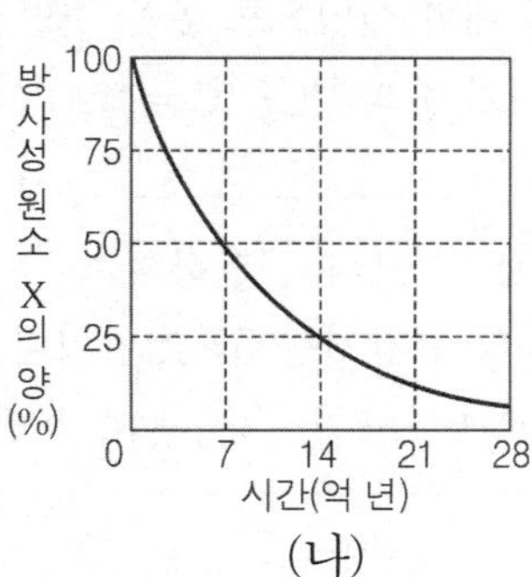

(가) (나)

이에 대한 설명으로 옳은 것만을 <보기>에서 있는 대로 고른 것은? [3점]

〈 보 기 〉
ㄱ. 화성암 Q는 지층 B보다 먼저 생성되었다.
ㄴ. 이 지역은 최소한 3회 이상 융기했다.
ㄷ. 단층 f − f′는 고생대에 형성된 것이다.

① ㄱ ② ㄴ ③ ㄷ ④ ㄱ, ㄴ ⑤ ㄱ, ㄷ

14. 그림 (가)는 2003년부터 2012년까지 남극 대륙과 그린란드의 빙하량 변화를, (나)는 같은 기간 동안 빙하의 총누적 변화량을 나타낸 것이다.

(가)

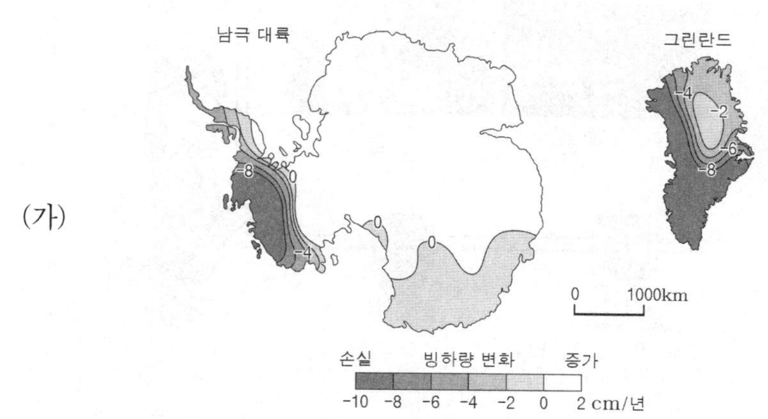

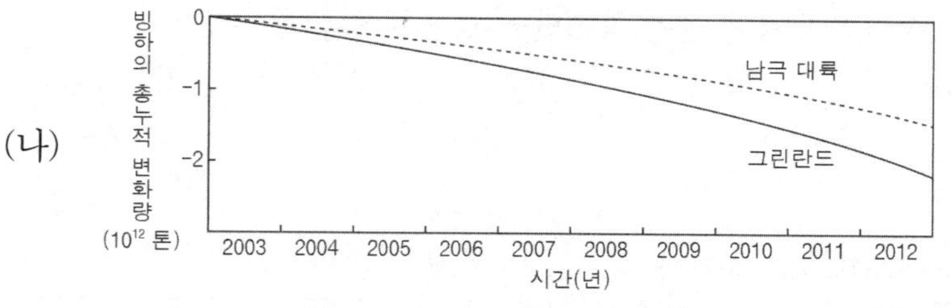

(나)

이 기간 동안의 변화에 대한 설명으로 옳은 것만을 <보기>에서 있는 대로 고른 것은?

〈 보 기 〉
ㄱ. $\frac{\text{빙하가 손실된 육지 면적}}{\text{전체 육지 면적}}$ 의 값은 남극 대륙보다 그린란드가 크다.
ㄴ. 남극 대륙에서는 빙하의 증가량보다 손실량이 크다.
ㄷ. 그린란드의 지표면에서 태양 복사 에너지의 반사율은 증가하였다.

① ㄱ ② ㄷ ③ ㄱ, ㄴ ④ ㄴ, ㄷ ⑤ ㄱ, ㄴ, ㄷ

15. 그림은 서로 다른 시기에 관측한 동태평양 적도 부근 해역의 연직 수온 분포를 나타낸 것이다. (가)와 (나)는 각각 엘니뇨와 라니냐 시기 중 하나이다.

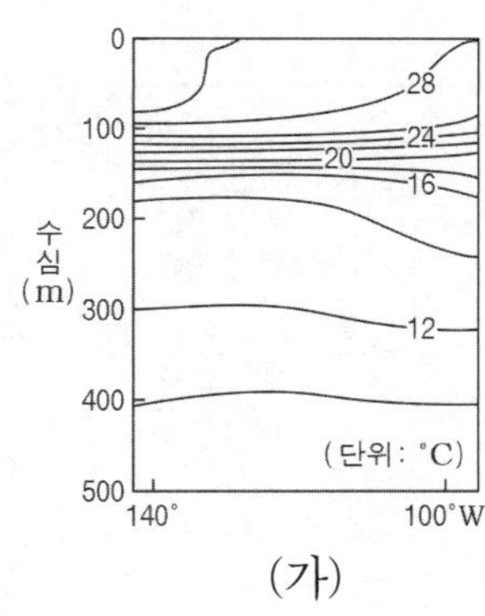

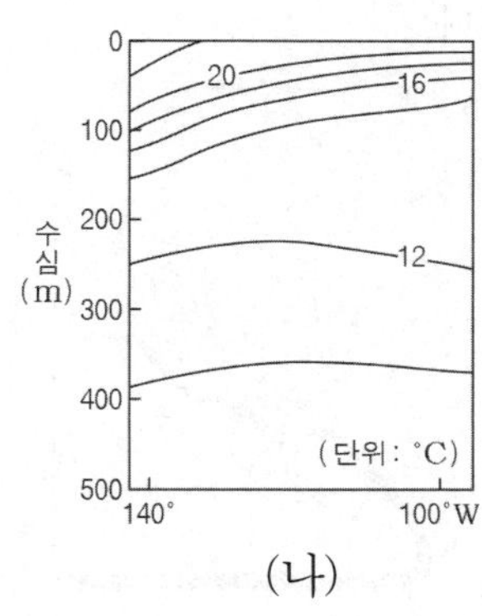

(가) (나)

이에 대한 설명으로 옳은 것만을 <보기>에서 있는 대로 고른 것은?

〈 보 기 〉
ㄱ. (가)는 엘니뇨 시기이다.
ㄴ. 이 해역의 평균 해수면은 (가)보다 (나) 시기에 낮다.
ㄷ. 이 해역에서 수심 100 ~ 200m 구간의 깊이에 따른 수온 감소율은 (가)보다 (나) 시기에 작다.

① ㄱ ② ㄷ ③ ㄱ, ㄴ ④ ㄴ, ㄷ ⑤ ㄱ, ㄴ, ㄷ

● 2019학년도 4월(고3 지Ⅱ)

16. 그림은 지질 구조에 대해 수업하는 장면을 나타낸 것이다.

설명한 내용이 옳은 학생만을 있는 대로 고른 것은?

① A ② B ③ C ④ A, B ⑤ B, C

● 2019학년도 4월(고3 지Ⅱ)

17. 그림은 현생 이언 동안 생물 과의 멸종 비율과 대멸종 시기 A, B, C를 나타낸 것이다.

이에 대한 설명으로 옳은 것만을 <보기>에서 있는 대로 고른 것은?

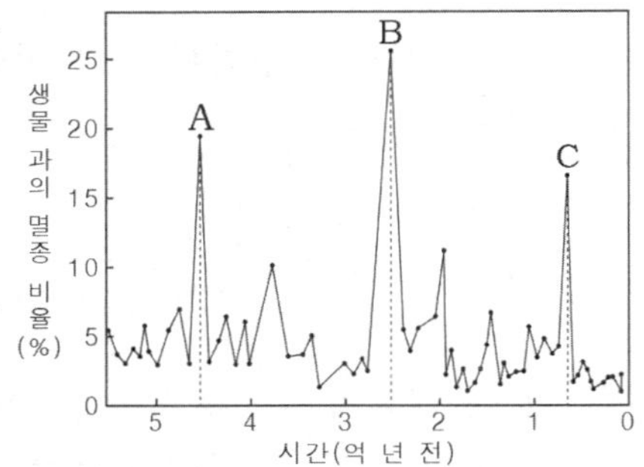

〈보 기〉

ㄱ. 생물 과의 멸종 비율은 A보다 B 시기에 높다.
ㄴ. B 시기를 경계로 고생대와 중생대가 구분된다.
ㄷ. 방추충은 C 시기에 멸종하였다.

① ㄱ ② ㄷ ③ ㄱ, ㄴ ④ ㄴ, ㄷ ⑤ ㄱ, ㄴ, ㄷ

● 2015학년도 9월(고3)

18. 그림은 우리나라 주변 해류와 태평양의 해류 분포를 나타낸 것이다.

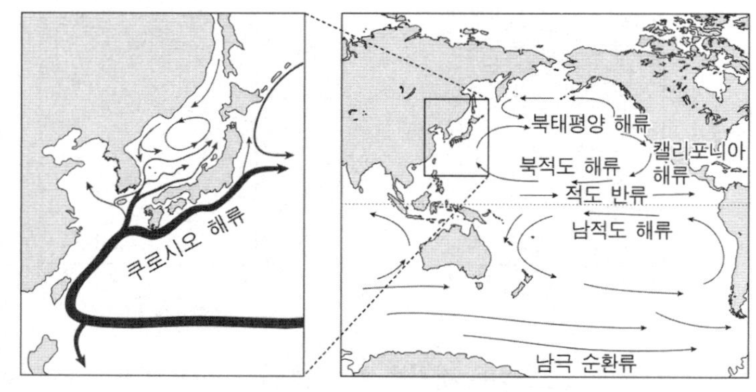

이에 대한 설명으로 옳지 않은 것은? [3점]

① 아열대 해역의 표층 순환(아열대 순환)은 북반구와 남반구가 대칭적이다.
② 우리나라 해역의 난류는 쿠로시오 해류에서 유입된다.
③ 동해에는 난류와 한류가 만나는 조경 수역이 형성된다.
④ 남극 순환류는 극동풍에 의해 형성된다.
⑤ 캘리포니아 해류는 한류이다.

● 2014학년도 수능(고3 지Ⅱ)

19. 그림 (가)와 (나)는 전파 은하 M87을 각각 가시광선과 전파로 관측한 영상이다.

(가) 가시광선 영상

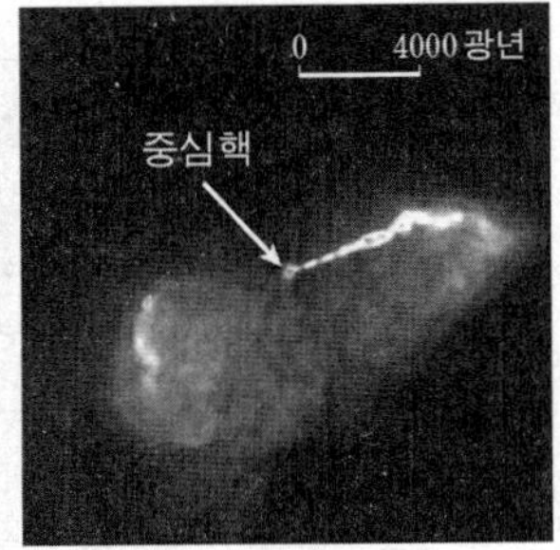

(나) 전파 영상

이에 대한 설명으로 옳은 것만을 <보기>에서 있는 대로 고른 것은? [3점]

〈보 기〉

ㄱ. 이 은하는 강한 전파를 방출한다.
ㄴ. 중심핵에서는 물질이 분출되고 있다.
ㄷ. 이 은하를 모양에 따라 분류하면 타원 은하에 해당한다.

① ㄱ ② ㄷ ③ ㄱ, ㄴ ④ ㄴ, ㄷ ⑤ ㄱ, ㄴ, ㄷ

● 2019학년도 4월(고3 지Ⅱ)

20. 다음은 방사성 원소 ^{14}C를 이용한 절대 연령 측정 원리를 설명한 것이다.

대기 중과 생물체 내의 방사성 원소 ^{14}C와 안정한 원소 ^{12}C의 비율($^{14}C/^{12}C$)은 같다. 생물체가 죽으면 ㉠ ^{14}C가 ㉡ ^{14}N로 붕괴되는 과정은 진행되지만 ^{14}C의 공급은 중단되므로, 죽은 생물체 내의 $^{14}C/^{12}C$가 감소한다. 따라서 대기 중 $^{14}C/^{12}C$에 대한 죽은 생물체 내 $^{14}C/^{12}C$의 비를 이용하여 절대 연령을 측정할 수 있다.

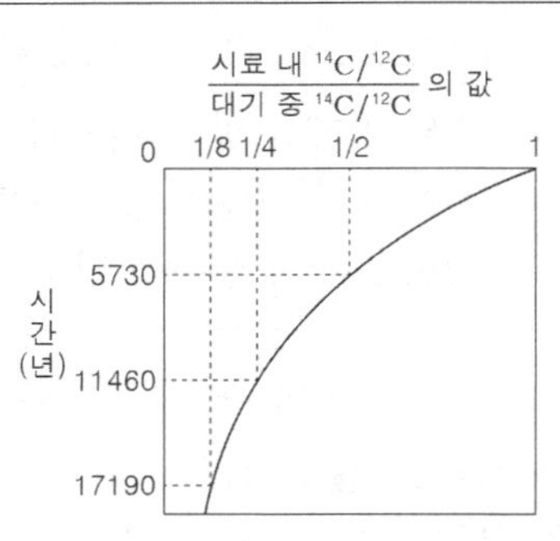

이에 대한 설명으로 옳은 것만을 <보기>에서 있는 대로 고른 것은? (단, 대기 중의 $^{14}C/^{12}C = 1.2 \times 10^{-12}$으로 일정하다.) [3점]

〈보 기〉

ㄱ. ㉠은 ㉡보다 안정하다.
ㄴ. ㉠의 반감기는 5730년이다.
ㄷ. $^{14}C/^{12}C$의 값이 0.3×10^{-12}인 시료의 절대 연령은 17190년이다.

① ㄱ ② ㄴ ③ ㄷ ④ ㄱ, ㄴ ⑤ ㄴ, ㄷ

※ 확인 사항

답안지의 해당란에 필요한 내용을 정확히 기입(표기)했는지 확인하시오.

[해설편 p.040]

제 4 교시

과학탐구 영역(지구과학 I)

14회

성명 | 수험 번호 | — | 제〔 〕선택

1. 그림은 주계열성 A 주위를 공전하는 행성 ㉠, ㉡의 궤도와 생명 가능 지대를 수성의 공전 궤도와 비교하여 나타낸 것이다.

이에 대한 설명으로 옳은 것만을 <보기>에서 있는 대로 고른 것은? (단, 행성의 대기 효과는 무시한다.)

〈보 기〉
ㄱ. ㉠에서는 물이 액체 상태로 존재할 수 있다.
ㄴ. 행성의 평균 표면 온도는 ㉡보다 수성이 높다.
ㄷ. 별의 수명은 A보다 태양이 길다.

① ㄱ ② ㄷ ③ ㄱ, ㄴ ④ ㄴ, ㄷ ⑤ ㄱ, ㄴ, ㄷ

● 2018학년도 4월(고3 지Ⅱ)

2. 다음은 학생들이 어느 암석을 관찰하며 나눈 대화이다.

철수: 이 암석은 마그마가 굳어져서 생성된 것이라고 했어.
영희: 결정의 크기로 보아 마그마가 천천히 굳었을 거야.
민수: 암석의 색을 보면 SiO_2 함량이 높다는 것을 알 수 있어.
순이: 그렇다면 이 암석은 [A] 이야.

학생들이 관찰한 암석 A의 모습으로 가장 적절한 것은?

● 2016학년도 9월(고3 지Ⅱ)

3. 그림 (가), (나), (다)는 퇴적 구조를 나타낸 것이다.

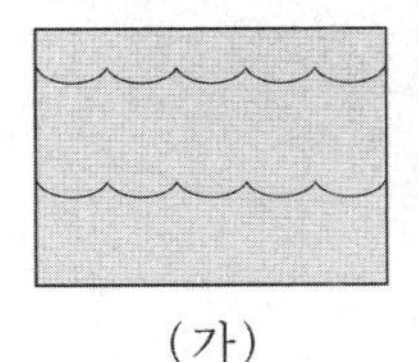
(가)

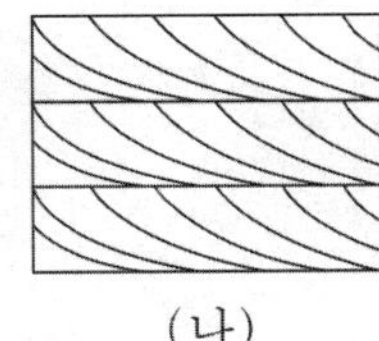
(나)

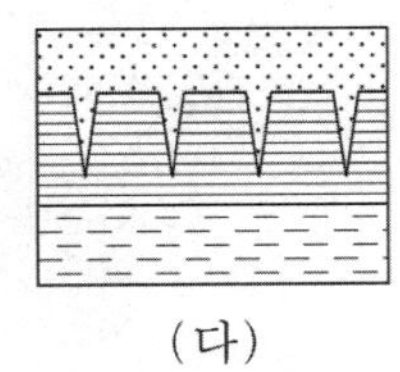
(다)

이에 대한 설명으로 옳은 것만을 <보기>에서 있는 대로 고른 것은?

〈보 기〉
ㄱ. (가)는 연흔이다.
ㄴ. (나)로부터 퇴적물이 공급된 방향을 알 수 있다.
ㄷ. (가), (나), (다)로부터 지층의 상하를 판단할 수 있다.

① ㄱ ② ㄷ ③ ㄱ, ㄴ ④ ㄴ, ㄷ ⑤ ㄱ, ㄴ, ㄷ

● 2014학년도 9월(고3 지Ⅱ)

4. 그림은 은하를 형태에 따라 분류하는 과정을 나타낸 것이다.

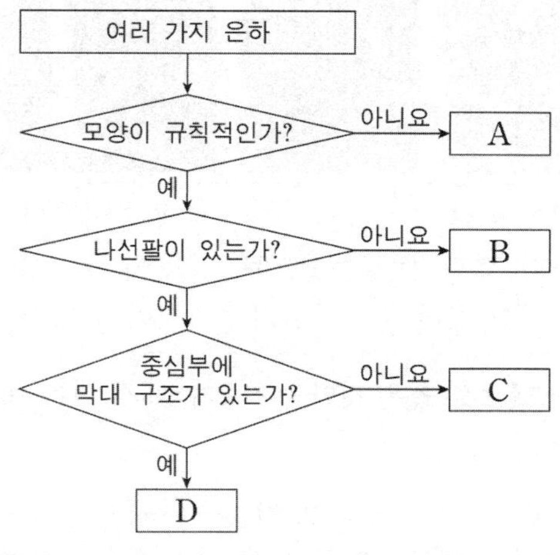

이에 대한 설명으로 옳은 것만을 <보기>에서 있는 대로 고른 것은?

〈보 기〉
ㄱ. A는 불규칙 은하이다.
ㄴ. 우리 은하는 B에 해당한다.
ㄷ. D는 편평도에 따라 세분된다.

① ㄱ ② ㄴ ③ ㄷ ④ ㄱ, ㄴ ⑤ ㄴ, ㄷ

● 2015학년도 수능(고3)

5. 그림 (가)는 지난 40 년 동안 서울과 부산에서 관측된 월별 황사 일수를, (나)는 우리나라에 영향을 미치는 황사의 발원지를 나타낸 것이다.

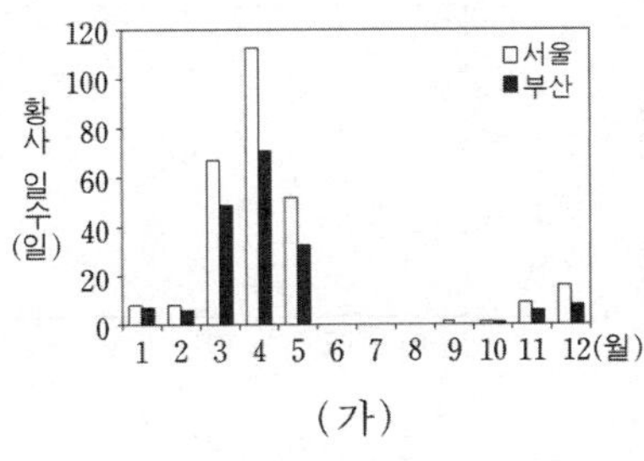

(가)

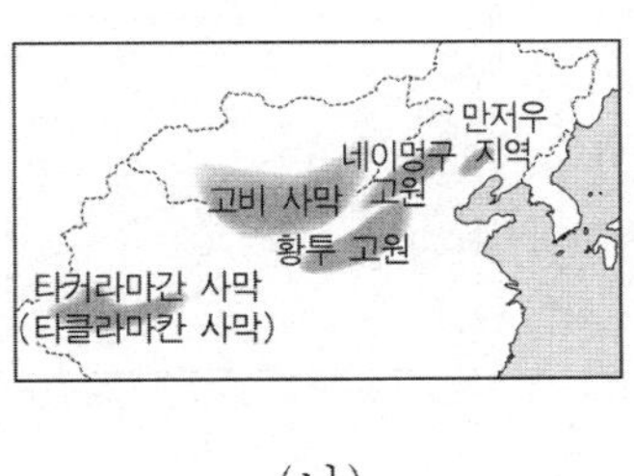

(나)

이 자료에 대한 설명으로 옳은 것만을 <보기>에서 있는 대로 고른 것은?

〈보 기〉
ㄱ. 봄철 황사 일수는 서울보다 부산이 많다.
ㄴ. 황사의 발생은 지권과 기권의 상호 작용에 해당한다.
ㄷ. 황사는 발원지가 한랭 건조한 기단의 영향을 받는 계절에 주로 관측된다.

① ㄱ ② ㄴ ③ ㄷ ④ ㄱ, ㄷ ⑤ ㄴ, ㄷ

[해설편 p.041]

6. 다음은 한반도의 지질 명소인 두 폭포의 사진과 주변 화성암의 특징을 나타낸 것이다.

구분	(가) 박연 폭포	(나) 천제연 폭포
사진		
암석의 특징	○ 색이 밝다. ○ 양파 껍질처럼 층상으로 벗겨진 절리가 나타난다.	○ 색이 어둡다. ○ 다각형 기둥 모양으로 갈라진 절리가 나타난다.

이에 대한 설명으로 옳은 것만을 <보기>에서 있는 대로 고른 것은? [3점]

〈보 기〉
ㄱ. (가)의 암석은 현무암질 용암이 냉각되어 생성되었다.
ㄴ. (나)의 절리는 융기로 인한 압력 감소에 의해 형성되었다.
ㄷ. 광물 입자의 크기는 (나)보다 (가)의 암석이 크다.

① ㄱ ② ㄷ ③ ㄱ, ㄴ ④ ㄴ, ㄷ ⑤ ㄱ, ㄴ, ㄷ

● 2018학년도 4월(고3 지Ⅱ)

7. 그림 (가)는 A 판과 B 판의 경계를, (나)는 2004년부터 2016년까지 GPS를 이용하여 측정한 두 판의 남북 방향과 동서 방향의 위치를 2016년 말을 기준으로 나타낸 것이다.

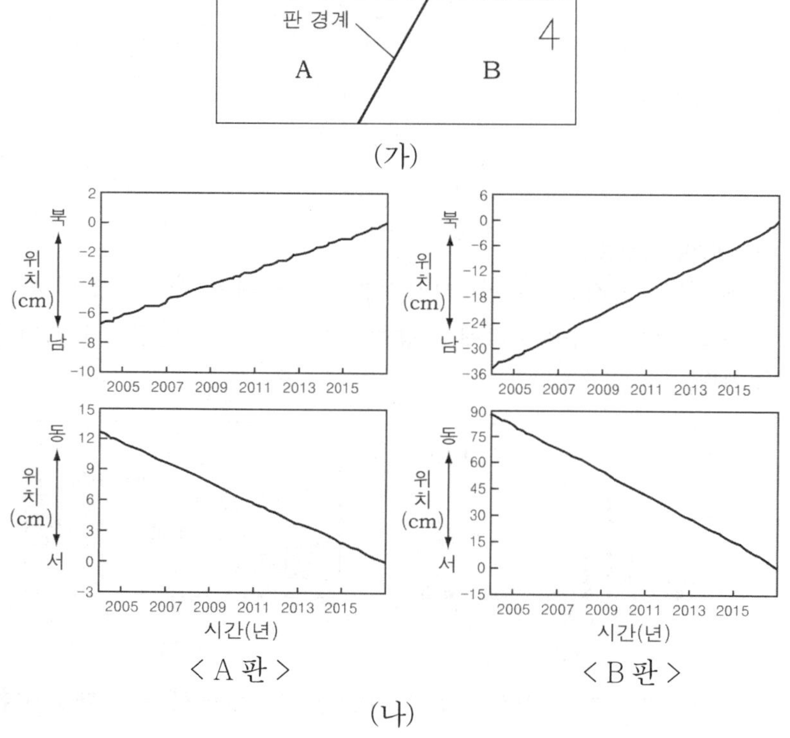

이에 대한 설명으로 옳은 것만을 <보기>에서 있는 대로 고른 것은? [3점]

〈보 기〉
ㄱ. 두 판은 모두 남동 방향으로 이동했다.
ㄴ. 판의 이동 속도는 A보다 B가 빠르다.
ㄷ. (가)의 판 경계는 맨틀 대류의 상승부에 위치한다.

① ㄱ ② ㄴ ③ ㄱ, ㄷ ④ ㄴ, ㄷ ⑤ ㄱ, ㄴ, ㄷ

8. 그림은 북아메리카 대륙 주변 판의 경계와 이동 방향을 나타낸 것이다.

A ~ C 지역에 대한 설명으로 옳은 것만을 <보기>에서 있는 대로 고른 것은?

〈보 기〉
ㄱ. A에는 해구가 발달한다.
ㄴ. B에서는 심발 지진이 활발하게 발생한다.
ㄷ. C는 맨틀 대류의 상승부에 위치한다.

① ㄱ ② ㄴ ③ ㄱ, ㄷ ④ ㄴ, ㄷ ⑤ ㄱ, ㄴ, ㄷ

● 2018학년도 4월(고3 지Ⅱ)

9. 그림 (가)와 (나)는 서로 다른 지질 구조를 나타낸 것이다.

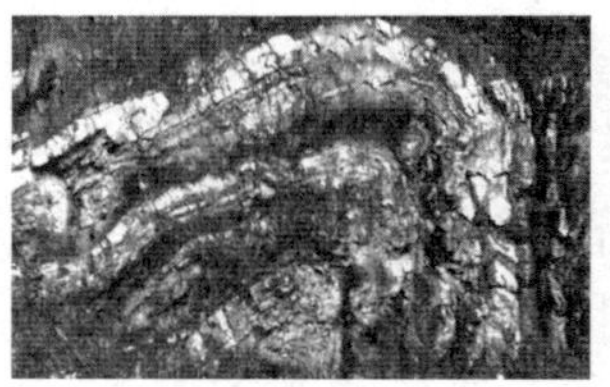
(가) 습곡

(나) 단층

이에 대한 설명으로 옳은 것만을 <보기>에서 있는 대로 고른 것은? (단, 지층의 역전은 없었다.)

〈보 기〉
ㄱ. (가)에서는 배사 구조가 나타난다.
ㄴ. (나)에서 상반은 단층면을 따라 위로 이동하였다.
ㄷ. (가)와 (나)는 장력에 의해 형성되었다.

① ㄱ ② ㄴ ③ ㄱ, ㄷ ④ ㄴ, ㄷ ⑤ ㄱ, ㄴ, ㄷ

● 2013학년도 7월(고3 지Ⅱ)

10. 그림은 판의 경계와 이동 방향을 나타낸 것이다.

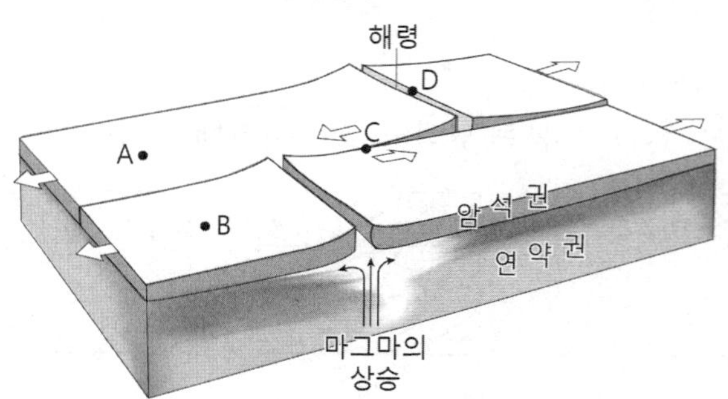

이에 대한 설명으로 옳은 것만을 <보기>에서 있는 대로 고른 것은?

〈보 기〉
ㄱ. 해양 지각의 나이는 A가 B보다 많다.
ㄴ. C에서 천발 지진이 발생하고 화산 활동은 일어나지 않는다.
ㄷ. D는 맨틀 대류의 상승부로 판이 서로 멀어지는 경계이다.

① ㄱ ② ㄴ ③ ㄱ, ㄷ ④ ㄴ, ㄷ ⑤ ㄱ, ㄴ, ㄷ

[해설편 p.041]

11. 그림은 어느 태풍의 이동 경로를, 표는 이 태풍의 영향을 받는 기간 중 어느 날 측정한 두 관측소의 풍향과 기압을 나타낸 것이다. A, B 관측소는 각각 제주와 부산 중 하나에 위치한다.

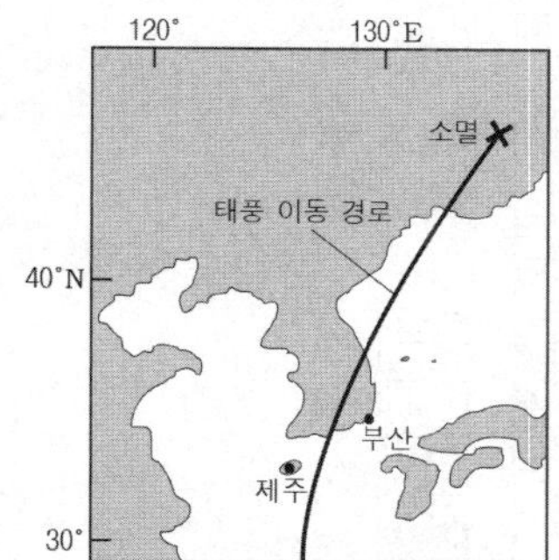

구분 시각	A 관측소		B 관측소	
	풍향	기압 (hPa)	풍향	기압 (hPa)
06시	북동	993	북북동	986
12시	남남동	988	서북서	995
18시	남서	993	서	1003

이에 대한 설명으로 옳은 것만을 <보기>에서 있는 대로 고른 것은? [3점]

<보 기>

ㄱ. A 관측소는 부산에 위치한다.
ㄴ. B 관측소는 태풍의 영향을 받는 동안 위험 반원에 속했다.
ㄷ. 18시에 태풍 중심까지의 거리는 B보다 A 관측소가 가깝다.

① ㄱ　② ㄴ　③ ㄷ　④ ㄱ, ㄷ　⑤ ㄴ, ㄷ

12. 그림 (가)는 10만 년 전부터 현재까지의 지구 공전 궤도 이심률 변화를, (나)는 현재 지구의 북반구 어느 한 지점에서 여름과 겨울에 촬영한 태양 상을 나타낸 것이다.

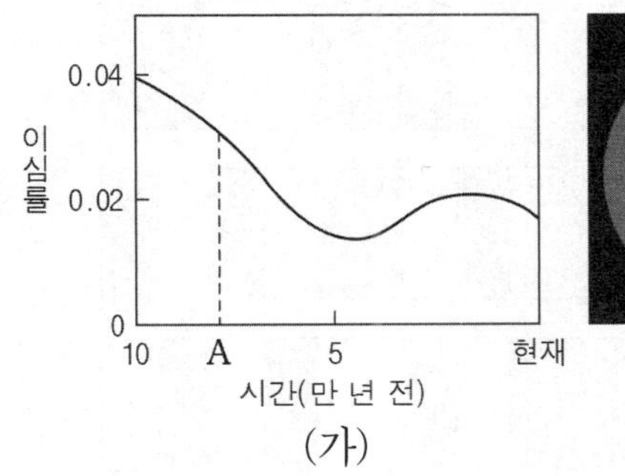

(가)

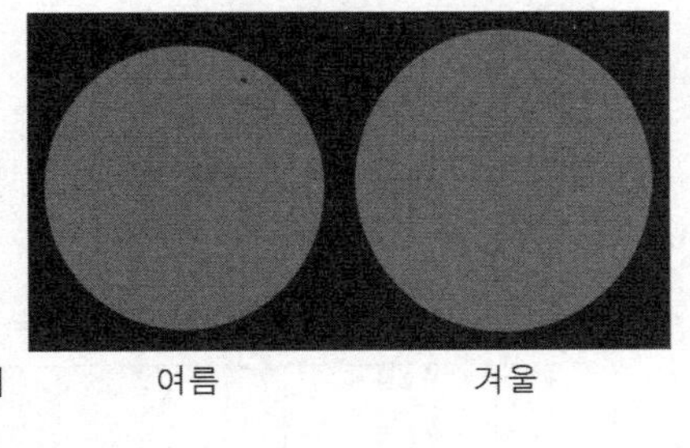

(나)

이에 대한 설명으로 옳은 것만을 <보기>에서 있는 대로 고른 것은? (단, 지구 공전 궤도 이심률 이외의 요인은 변하지 않는다고 가정한다.) [3점]

<보 기>

ㄱ. 지구 공전 궤도의 원일점에서 태양까지의 거리는 현재보다 A 시기가 가깝다.
ㄴ. 현재 지구가 근일점에 위치할 때 북반구는 겨울이다.
ㄷ. 북반구 기온의 연교차는 현재보다 A 시기가 작다.

① ㄱ　② ㄴ　③ ㄱ, ㄷ　④ ㄴ, ㄷ　⑤ ㄱ, ㄴ, ㄷ

13. 그림은 북반구 아열대 순환의 해류가 흐르는 해역 A~D를 나타낸 것이다.

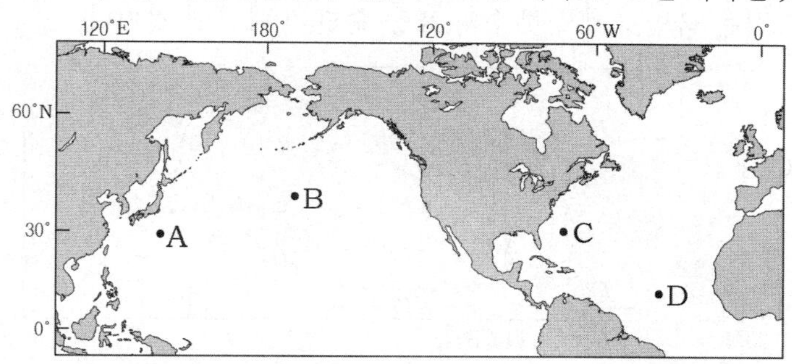

이에 대한 설명으로 옳은 것만을 <보기>에서 있는 대로 고른 것은?

<보 기>

ㄱ. A에는 난류, C에는 한류가 흐른다.
ㄴ. B에 흐르는 해류는 북태평양 해류이다.
ㄷ. D에는 무역풍에 의해 형성된 해류가 흐른다.

① ㄱ　② ㄴ　③ ㄷ　④ ㄱ, ㄴ　⑤ ㄴ, ㄷ

14. 그림은 복사 평형 상태에 있는 지구의 열수지를 나타낸 것이다.

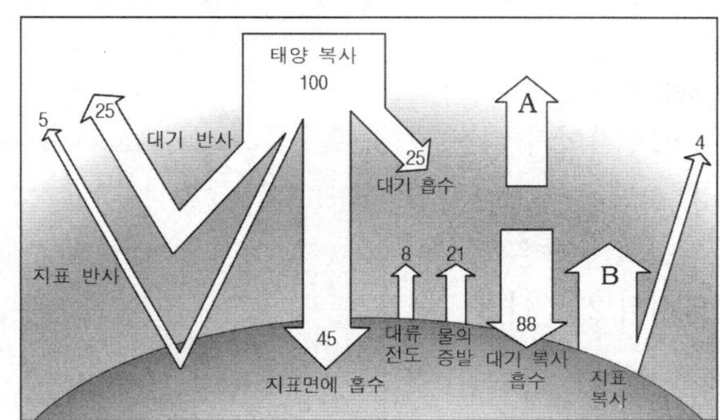

이에 대한 설명으로 옳은 것만을 <보기>에서 있는 대로 고른 것은? [3점]

<보 기>

ㄱ. A의 값은 66, B의 값은 100이다.
ㄴ. 지구 복사 에너지는 주로 가시광선 형태로 방출된다.
ㄷ. 대기 중 이산화 탄소의 양이 증가하면 지표 복사량이 증가할 것이다.

① ㄱ　② ㄴ　③ ㄱ, ㄷ　④ ㄴ, ㄷ　⑤ ㄱ, ㄴ, ㄷ

15. 그림 (가)와 (나)는 평상시와 비교한 엘니뇨와 라니냐 시기의 강수량 변화를 순서 없이 나타낸 것이다.

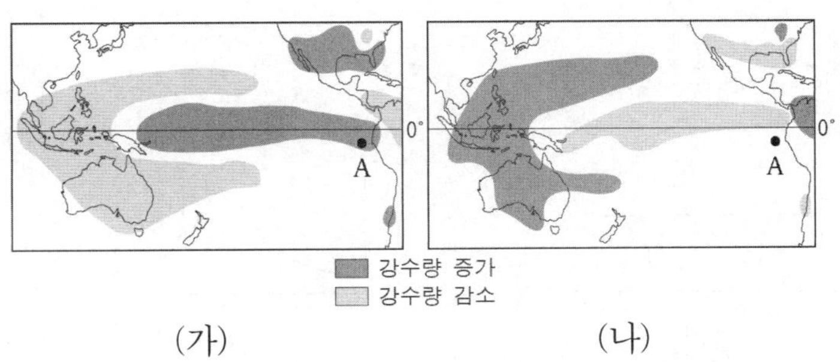

(가)　(나)

이에 대한 설명으로 옳은 것만을 <보기>에서 있는 대로 고른 것은? [3점]

<보 기>

ㄱ. (가)의 시기에 A 해역의 수온은 평상시보다 높다.
ㄴ. (나)의 시기에 무역풍의 세기는 평상시보다 강하다.
ㄷ. A 해역의 용승은 (가)보다 (나)의 시기에 활발하다.

① ㄱ　② ㄷ　③ ㄱ, ㄴ　④ ㄴ, ㄷ　⑤ ㄱ, ㄴ, ㄷ

[해설편 p.042]

● 2013학년도 6월(고3)

16. 그림은 북반구에서 해수의 표층 순환을 나타낸 것이다.

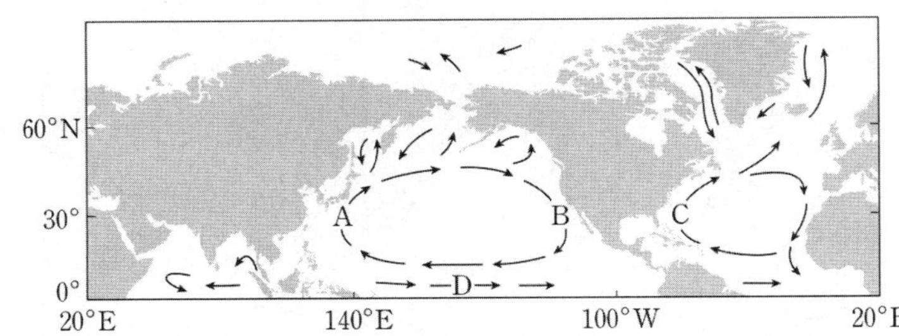

A~D해역에 대한 설명으로 옳은 것만을 <보기>에서 있는 대로 고른 것은?

〈보 기〉
ㄱ. A를 지나는 해류는 저위도에서 고위도로 열에너지를 수송한다.
ㄴ. 표층 해수의 용존 산소량은 C가 B보다 많다.
ㄷ. D를 지나는 해류는 편서풍에 의해 형성된다.

① ㄱ ② ㄴ ③ ㄱ, ㄷ ④ ㄴ, ㄷ ⑤ ㄱ, ㄴ, ㄷ

● 2018학년도 4월(고3 지Ⅱ)

17. 그림은 어느 지역의 지질 단면도이다. 화성암 A에 포함된 방사성 원소 X의 양은 암석이 생성될 당시의 25%이다.

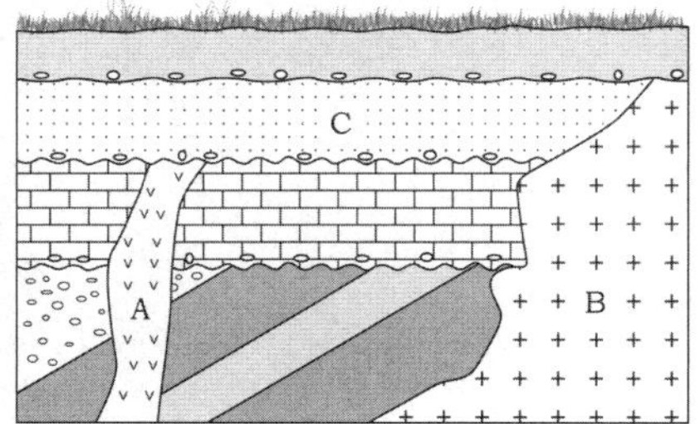

이에 대한 설명으로 옳은 것만을 <보기>에서 있는 대로 고른 것은? (단, 방사성 원소 X의 반감기는 2억 년이다.) [3점]

〈보 기〉
ㄱ. 이 지역에는 경사 부정합이 있다.
ㄴ. A의 절대 연령은 4억 년이다.
ㄷ. C층의 기저 역암에는 A와 B의 암석 조각이 있다.

① ㄱ ② ㄷ ③ ㄱ, ㄴ ④ ㄴ, ㄷ ⑤ ㄱ, ㄴ, ㄷ

18. 그림 (가)는 식 현상, (나)는 미세 중력 렌즈 현상에 의한 별의 밝기 변화를 이용하여 외계 행성을 탐사하는 방법을 나타낸 것이다.

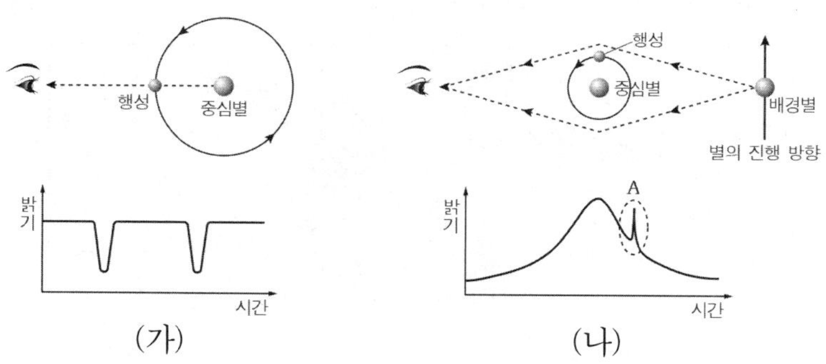

이에 대한 설명으로 옳은 것만을 <보기>에서 있는 대로 고른 것은? [3점]

〈보 기〉
ㄱ. (가)에서 행성의 반지름이 클수록 별의 밝기 변화가 크다.
ㄴ. (나)에서 A는 행성의 중력 때문에 나타난다.
ㄷ. (가)와 (나)는 행성에 의한 중심별의 밝기 변화를 이용한다.

① ㄱ ② ㄷ ③ ㄱ, ㄴ ④ ㄴ, ㄷ ⑤ ㄱ, ㄴ, ㄷ

● 2018학년도 4월(고3 지Ⅱ)

19. 그림은 인접한 세 지역 (가), (나), (다)의 지질 주상도와 지층에서 산출된 화석을 나타낸 것이다.

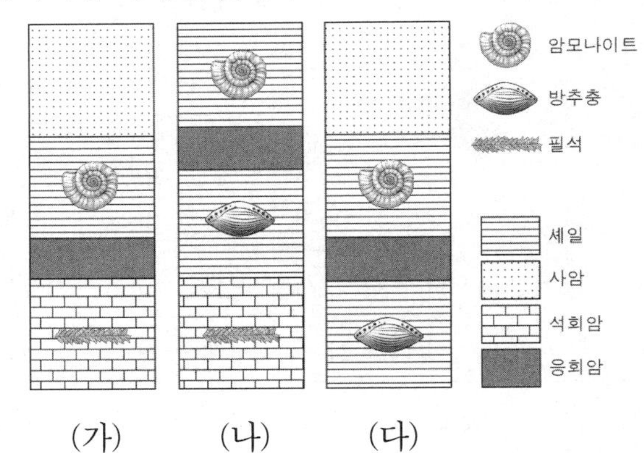

이에 대한 설명으로 옳은 것만을 <보기>에서 있는 대로 고른 것은? [3점]

〈보 기〉
ㄱ. 세 지역은 모두 화산 활동의 영향을 받았다.
ㄴ. 최상층과 최하층의 시간 간격은 (가)보다 (나)에서 길다.
ㄷ. (다)에는 고생대 지층이 있다.

① ㄱ ② ㄴ ③ ㄱ, ㄷ ④ ㄴ, ㄷ ⑤ ㄱ, ㄴ, ㄷ

● 2018학년도 4월(고3 지Ⅱ)

20. 다음은 어느 해령 부근 고지자기 분포의 특징이다.

○ 가장 최근에 생성된 해양 지각은 정자극기에 해당한다.
○ 역자극기가 4회 있었다.
○ 해령을 중심으로 고지자기 분포가 대칭적으로 나타난다.

이 해령 부근의 고지자기 분포를 나타낸 모식도로 가장 적절한 것은? (단, ▇은 정자극기, □은 역자극기이다.) [3점]

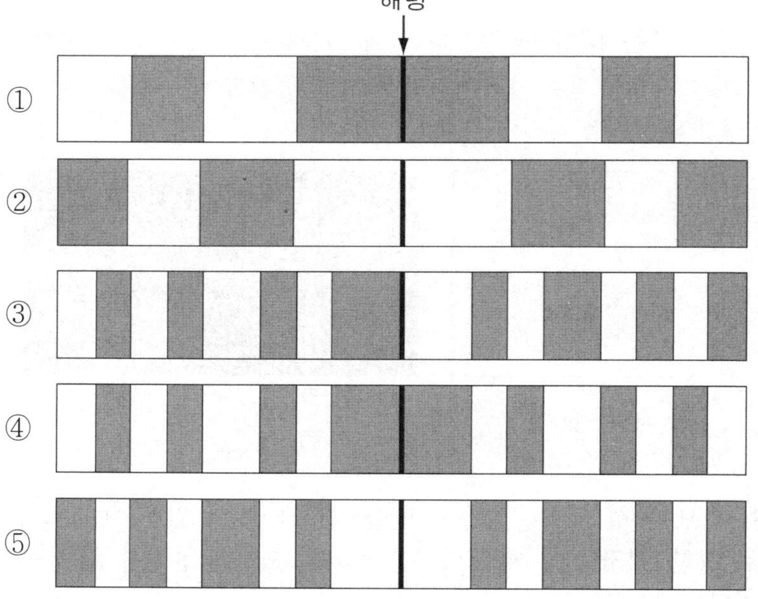

※ 확인 사항
답안지의 해당란에 필요한 내용을 정확히 기입(표기)했는지 확인하시오.

제 4 교시

과학탐구 영역(지구과학 I)

15회

성명		수험 번호		제 [ ] 선택

1. 다음은 퇴적 구조 (가)와 (나)에 대한 학생 A, B, C의 대화를 나타낸 것이다. (가)와 (나)는 건열과 점이 층리를 순서 없이 나타낸 것이다.

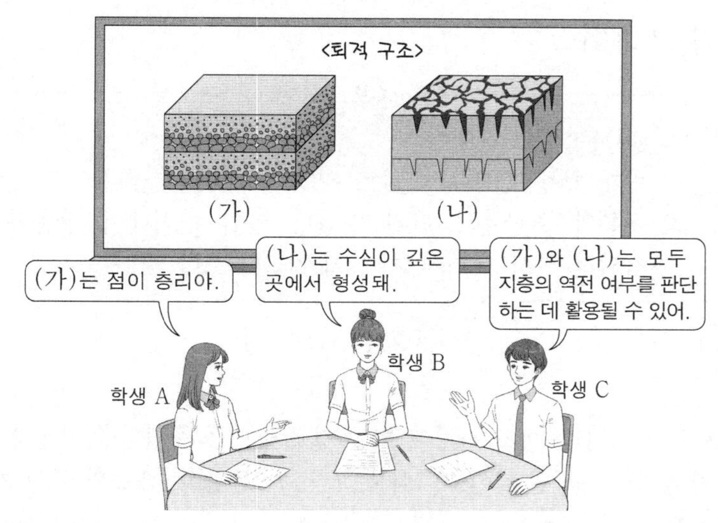

제시한 내용이 옳은 학생만을 있는 대로 고른 것은?

① A ② B ③ C ④ A, C ⑤ B, C

2. 그림은 태평양 어느 지역의 판 경계 주변을 모식적으로 나타낸 것이다.

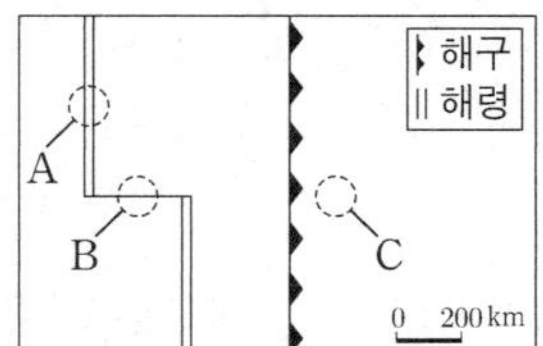

지역 A, B, C에 대한 설명으로 옳은 것만을 <보기>에서 있는 대로 고른 것은?

<보 기>

ㄱ. A의 하부에는 맨틀 대류의 상승류가 존재한다.
ㄴ. C의 하부에는 침강하는 판이 잡아당기는 힘이 작용한다.
ㄷ. 화산 활동은 A가 B보다 활발하다.

① ㄱ ② ㄷ ③ ㄱ, ㄴ ④ ㄴ, ㄷ ⑤ ㄱ, ㄴ, ㄷ

3. 그림은 태양으로부터 생명 가능 지대가 나타나기 시작하는 거리를 시간에 따라 나타낸 것이다.

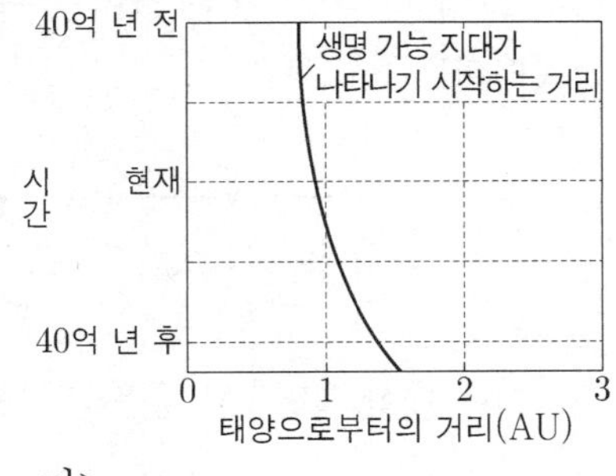

현재와 비교할 때, 40억 년 후에 대한 설명으로 옳은 것만을 <보기>에서 있는 대로 고른 것은?

<보 기>

ㄱ. 태양의 광도는 작아진다.
ㄴ. 생명 가능 지대의 폭은 넓어진다.
ㄷ. 태양으로부터 1AU 거리에서 물이 액체 상태로 존재할 가능성은 높아진다.

① ㄱ ② ㄴ ③ ㄷ ④ ㄱ, ㄴ ⑤ ㄴ, ㄷ

4. 다음은 해수의 연직 수온 변화에 영향을 미치는 요인 중 일부를 알아보기 위한 실험이다.

[실험 과정]
(가) 그림과 같이 수조에 소금물을 채우고 온도계를 수면으로부터 각각 깊이 1, 3, 5, 7, 9cm에 위치하도록 설치한 후 각 온도계의 눈금을 읽는다.

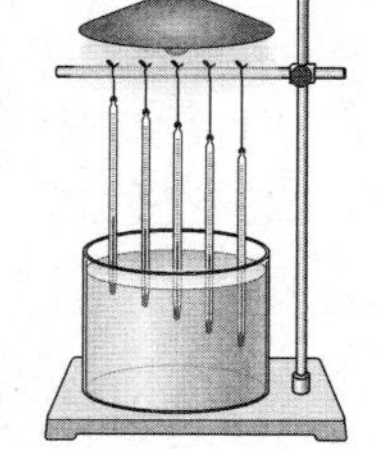

(나) 전등을 켜고 15분이 지났을 때 각 온도계의 눈금을 읽는다.
(다) 전등을 켠 상태에서 수면을 향해 휴대용 선풍기로 바람을 일으키면서 3분이 지났을 때 각 온도계의 눈금을 읽는다.
(라) 과정 (가)~(다)에서 측정한 깊이에 따른 온도 변화를 각각 그래프로 나타낸다.

[실험 결과]

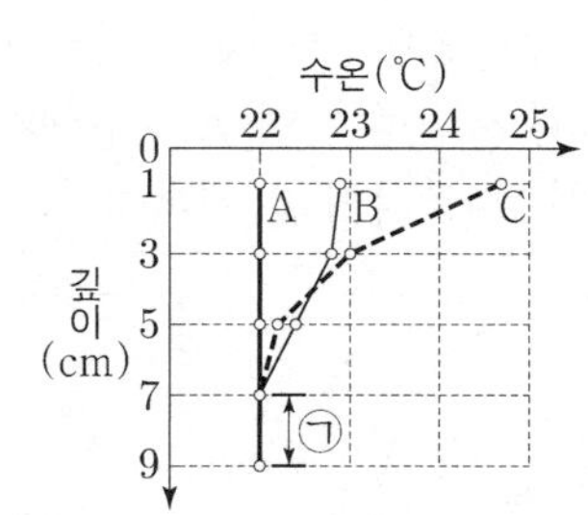

이 자료에 대한 설명으로 옳은 것만을 <보기>에서 있는 대로 고른 것은?

<보 기>

ㄱ. (나)의 결과는 C에 해당한다.
ㄴ. 바람의 영향에 의한 수온 변화의 폭은 깊이 1cm가 3cm보다 작다.
ㄷ. ㉠은 '수온 약층'에 해당한다.

① ㄱ ② ㄴ ③ ㄱ, ㄷ ④ ㄴ, ㄷ ⑤ ㄱ, ㄴ, ㄷ

5. 표는 지질 시대 A, B, C의 특징을 나타낸 것이다. A, B, C는 각각 백악기, 오르도비스기, 팔레오기 중 하나이다.

지질 시대	특징
A	삼엽충과 필석류를 포함한 무척추동물이 번성하였다.
B	공룡과 암모나이트가 번성하였다가 멸종하였다.
C	화폐석과 속씨식물이 번성하였다.

A, B, C에 대한 설명으로 옳은 것만을 <보기>에서 있는 대로 고른 것은? [3점]

<보 기>

ㄱ. 지질 시대를 오래된 것부터 나열하면 A-C-B 순이다.
ㄴ. B에 판게아가 분리되기 시작하였다.
ㄷ. C에 생성된 지층에서 양치식물 화석이 발견된다.

① ㄱ ② ㄷ ③ ㄱ, ㄴ ④ ㄴ, ㄷ ⑤ ㄱ, ㄴ, ㄷ

15회

[해설편 p.044]

6. 그림 (가)는 마그마가 생성되는 지역 A와 B를, (나)는 깊이에 따른 지하 온도 분포와 암석의 용융 곡선을 나타낸 것이다. (나)의 ㉠과 ㉡은 A와 B에서 마그마가 생성되는 과정을 순서 없이 나타낸 것이다.

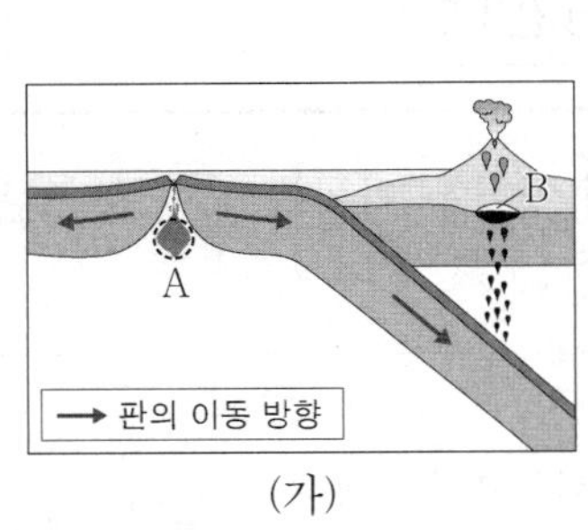

(가)

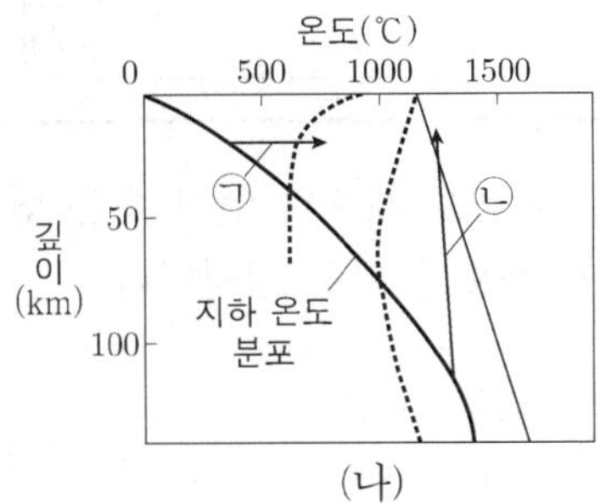

(나)

이 자료에 대한 설명으로 옳은 것만을 <보기>에서 있는 대로 고른 것은?

<보 기>
ㄱ. A에서 맨틀 물질이 용융되는 주된 요인은 압력 증가이다.
ㄴ. B에서 유문암질 마그마가 생성될 수 있다.
ㄷ. 마그마가 생성되기 시작하는 온도는 ㉠이 ㉡보다 낮다.

① ㄱ ② ㄴ ③ ㄱ, ㄷ ④ ㄴ, ㄷ ⑤ ㄱ, ㄴ, ㄷ

7. 그림 (가)는 어느 날 온대 저기압 주변의 기압 분포를 모식적으로 나타낸 것이고, (나)는 이때 지역 A와 B에서 나타나는 기상 요소를 ㉠과 ㉡으로 순서 없이 나타낸 것이다.

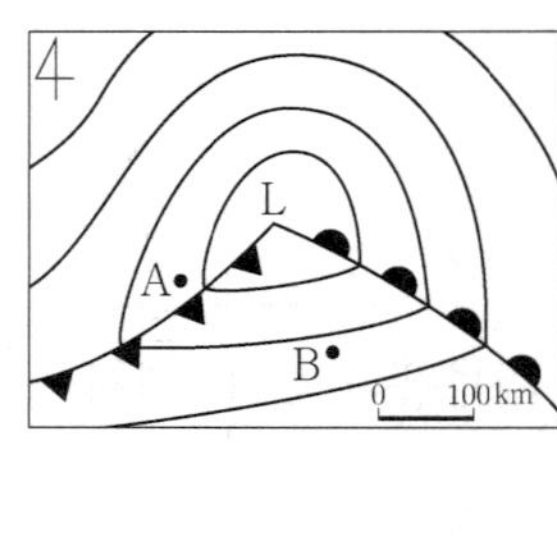

(가)

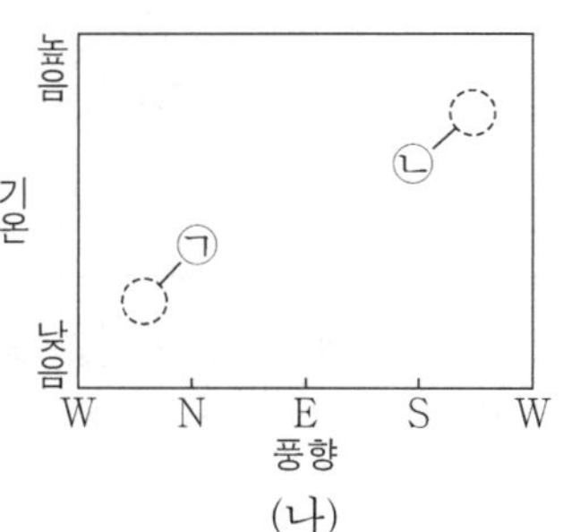

(나)

이에 대한 설명으로 옳은 것만을 <보기>에서 있는 대로 고른 것은?

<보 기>
ㄱ. 기압은 A가 B보다 낮다.
ㄴ. B의 상공에는 전선면이 나타난다.
ㄷ. ㉠은 A의 기상 요소를 나타낸 것이다.

① ㄱ ② ㄴ ③ ㄱ, ㄷ ④ ㄴ, ㄷ ⑤ ㄱ, ㄴ, ㄷ

8. 그림은 해수면 부근의 평년 바람 분포를 나타낸 것이다. A, B, C는 주요 표층 해류가 흐르는 해역이다.

이에 대한 설명으로 옳은 것만을 <보기>에서 있는 대로 고른 것은? [3점]

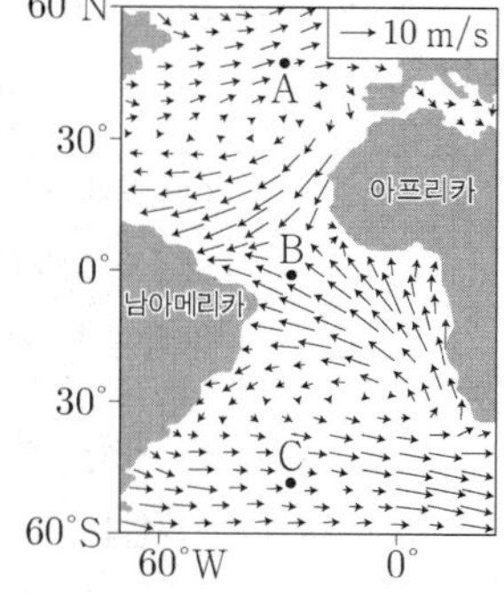

<보 기>
ㄱ. A에서는 북대서양 해류가 흐른다.
ㄴ. B에서는 해들리 순환에 의한 하강 기류가 우세하다.
ㄷ. C의 표층 해류는 편서풍에 의해 형성된다.

① ㄱ ② ㄴ ③ ㄱ, ㄷ ④ ㄴ, ㄷ ⑤ ㄱ, ㄴ, ㄷ

9. 그림 (가)와 (나)는 어느 뇌우의 발달 과정 중 성숙 단계와 적운 단계를 순서 없이 나타낸 것이다.

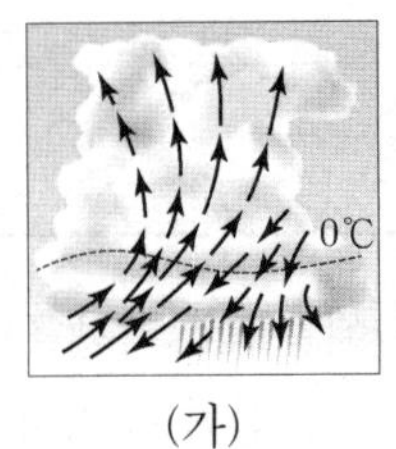

(가)

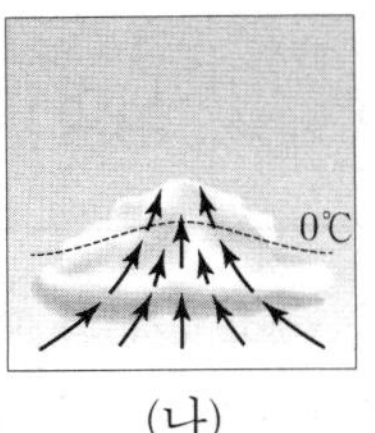

(나)

이에 대한 설명으로 옳은 것만을 <보기>에서 있는 대로 고른 것은? [3점]

<보 기>
ㄱ. (나)는 성숙 단계이다.
ㄴ. 번개 발생 빈도는 대체로 (가)가 (나)보다 높다.
ㄷ. 구름의 최상부가 단위 시간당 단위 면적에서 방출하는 적외선 복사 에너지양은 (가)가 (나)보다 적다.

① ㄱ ② ㄴ ③ ㄱ, ㄷ ④ ㄴ, ㄷ ⑤ ㄱ, ㄴ, ㄷ

10. 그림 (가)는 어느 태풍의 이동 경로에 태풍 중심의 위치를 3시간 간격으로 나타낸 것이고, (나)는 $t_1 \rightarrow t_9$ 동안 이 태풍의 중심 기압, 이동 속도, 최대 풍속을 ㉠, ㉡, ㉢으로 순서 없이 나타낸 것이다.

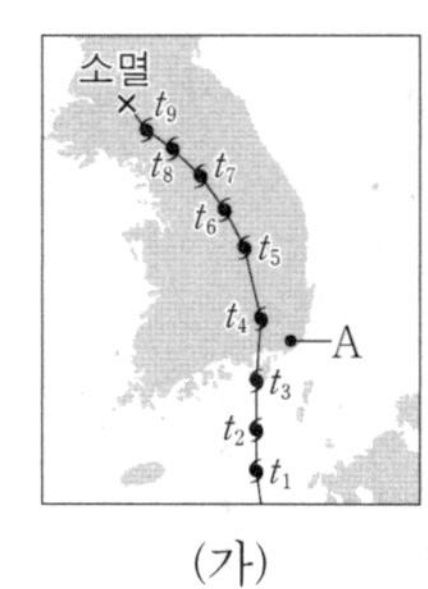

(가)

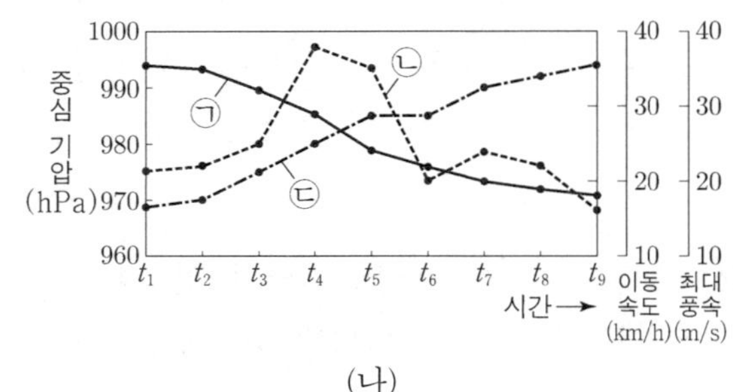

(나)

이 자료에 대한 설명으로 옳은 것만을 <보기>에서 있는 대로 고른 것은? [3점]

<보 기>
ㄱ. ㉡은 태풍의 최대 풍속이다.
ㄴ. 태풍의 세력은 t_4일 때가 t_7일 때보다 강하다.
ㄷ. $t_2 \rightarrow t_4$ 동안 A 지점의 풍향은 시계 반대 방향으로 변한다.

① ㄱ ② ㄴ ③ ㄷ ④ ㄱ, ㄴ ⑤ ㄴ, ㄷ

11. 그림은 빅뱅 이후 일어난 주요 사건을 시간 순서대로 나타낸 것이다.

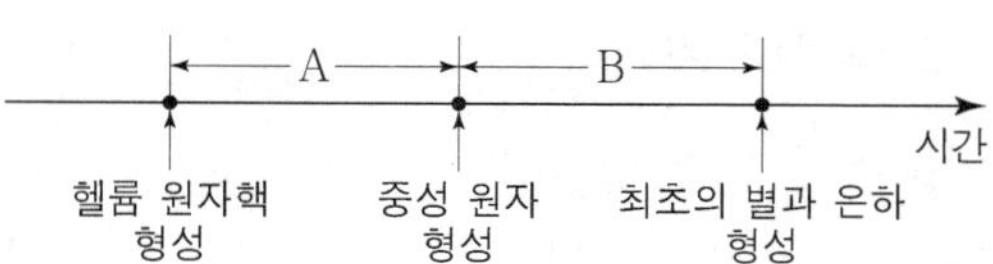

이에 대한 설명으로 옳은 것만을 <보기>에서 있는 대로 고른 것은?

<보 기>
ㄱ. A 기간에 우주의 급팽창이 일어났다.
ㄴ. B 기간에 우주에서 수소와 헬륨의 질량비는 약 3:1이다.
ㄷ. B 기간 동안 우주 배경 복사의 평균 온도는 3000K 이하이다.

① ㄱ ② ㄴ ③ ㄷ ④ ㄱ, ㄴ ⑤ ㄴ, ㄷ

[해설편 p.045]

12. 그림은 은하 A와 B가 탄생한 후부터 연간 생성된 별의 총 질량을 시간에 따라 나타낸 것이다. A와 B는 나선 은하와 타원 은하를 순서 없이 나타낸 것이다.

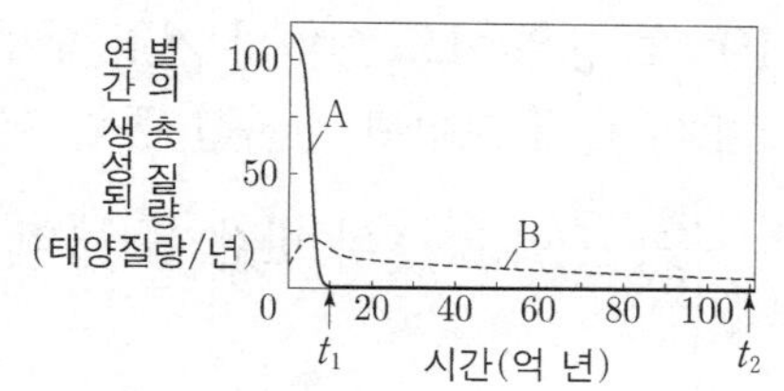

이 자료에 대한 설명으로 옳은 것만을 <보기>에서 있는 대로 고른 것은?

<보 기>

ㄱ. B는 나선 은하이다.
ㄴ. t_2일 때 은하를 구성하는 별의 평균 나이는 A가 B보다 적다.
ㄷ. A에서 태양보다 질량이 큰 주계열성의 개수는 t_1일 때가 t_2일 때보다 적다.

① ㄱ ② ㄴ ③ ㄷ ④ ㄱ, ㄴ ⑤ ㄱ, ㄷ

13. 그림은 태양이 $A_0 \to A_1 \to A_2 \to A_3$으로 진화하는 경로를 H－R도에 나타낸 것이다.

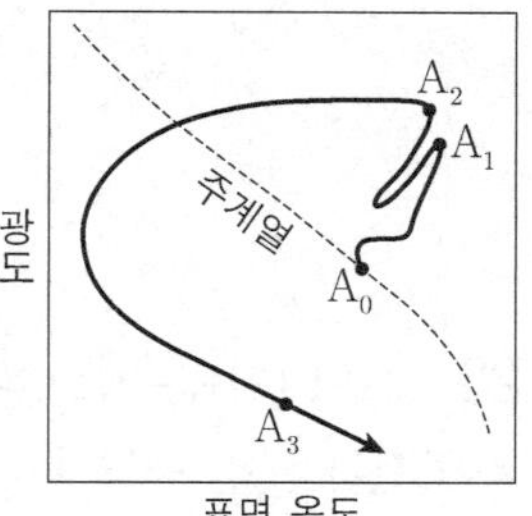

이에 대한 설명으로 옳은 것만을 <보기>에서 있는 대로 고른 것은? [3점]

<보 기>

ㄱ. A_0의 중심핵은 탄소를 포함한다.
ㄴ. 수소의 총 질량은 A_0이 A_1보다 작다.
ㄷ. $\frac{A_1\text{의 반지름}}{A_0\text{의 반지름}} > \frac{A_2\text{의 반지름}}{A_3\text{의 반지름}}$이다.

① ㄱ ② ㄴ ③ ㄷ ④ ㄱ, ㄴ ⑤ ㄱ, ㄷ

14. 그림 (가)와 (나)는 지구 공전 궤도면의 수직 방향에서 바라보았을 때 지구의 북극점 위치를 나타낸 것이다. (가)는 현재이고, (나)는 현재로부터 6500년 전과 19500년 전 중 하나이다. 세차 운동의 방향은 지구 공전 방향과 반대이고, 주기는 약 26000년이다.

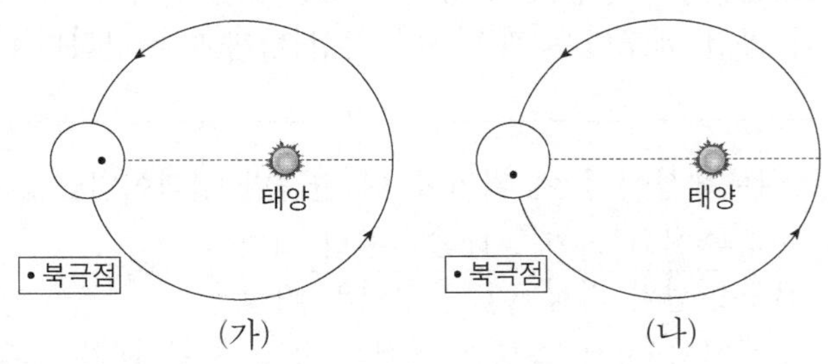

이 자료에 대한 설명으로 옳은 것만을 <보기>에서 있는 대로 고른 것은? (단, 세차 운동 이외의 요인은 변하지 않는다고 가정한다.) [3점]

<보 기>

ㄱ. (나)는 현재로부터 19500년 전의 모습이다.
ㄴ. (나)일 때 근일점에서 30°S의 계절은 가을철이다.
ㄷ. 30°N에서 여름철 평균 기온은 (가)가 (나)보다 높다.

① ㄱ ② ㄷ ③ ㄱ, ㄴ ④ ㄴ, ㄷ ⑤ ㄱ, ㄴ, ㄷ

15. 그림 (가)와 (나)는 태평양 적도 부근 해역에서 관측된 수온 편차 분포를 나타낸 것이다. (가)와 (나)는 각각 엘니뇨와 라니냐 시기 중 하나이며, 편차는 (관측값 － 평년값)이다.

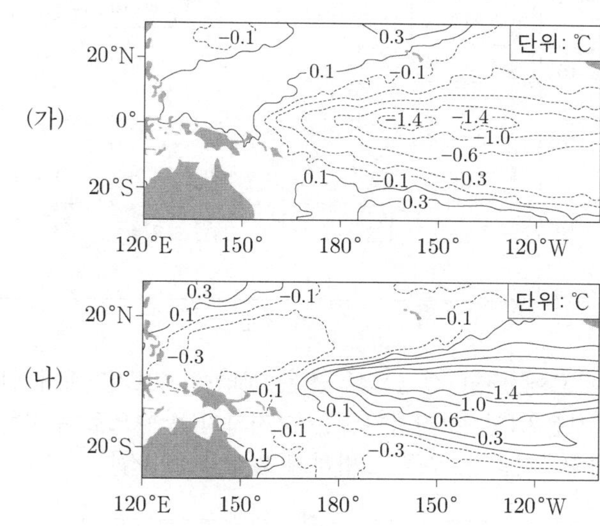

이 자료에 대한 설명으로 옳은 것만을 <보기>에서 있는 대로 고른 것은?

<보 기>

ㄱ. 워커 순환의 세기는 (가)가 (나)보다 강하다.
ㄴ. 동태평양 적도 부근 해역에서 수온 약층이 나타나기 시작하는 깊이는 (가)가 (나)보다 깊다.
ㄷ. 적도 부근에서 (동태평양 해면 기압 － 서태평양 해면 기압) 값은 (가)가 (나)보다 작다.

① ㄱ ② ㄴ ③ ㄱ, ㄷ ④ ㄴ, ㄷ ⑤ ㄱ, ㄴ, ㄷ

16. 그림은 표준 우주 모형에 따라 우주가 팽창하는 동안 우주 구성 요소의 밀도비 ㉠과 ㉡의 변화를 나타낸 것이다. A, B, C는 보통 물질, 암흑 물질, 암흑 에너지를 순서 없이 나타낸 것이다. 현재 ㉡은 1보다 작다.

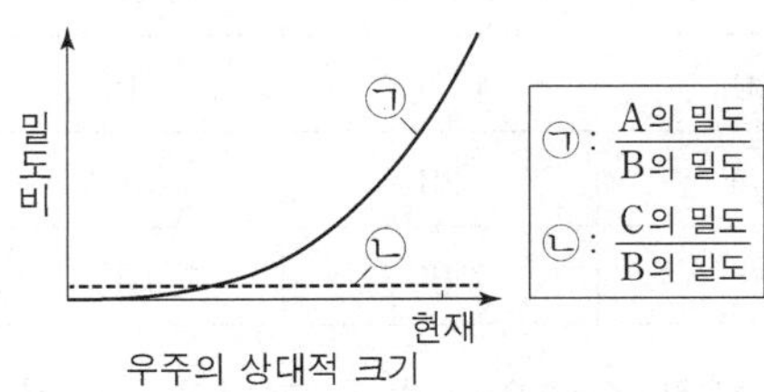

A, B, C에 대한 설명으로 옳은 것만을 <보기>에서 있는 대로 고른 것은? [3점]

<보 기>

ㄱ. 현재 우주를 가속 팽창시키는 역할을 하는 것은 A이다.
ㄴ. 우주가 팽창하는 동안 B의 밀도는 일정하다.
ㄷ. C는 전자기파로 관측할 수 있다.

① ㄱ ② ㄴ ③ ㄱ, ㄷ ④ ㄴ, ㄷ ⑤ ㄱ, ㄴ, ㄷ

15회

17. 그림은 동일 위도를 따라 이동한 지괴 A와 B의 시기별 위치를 나타낸 것이다.

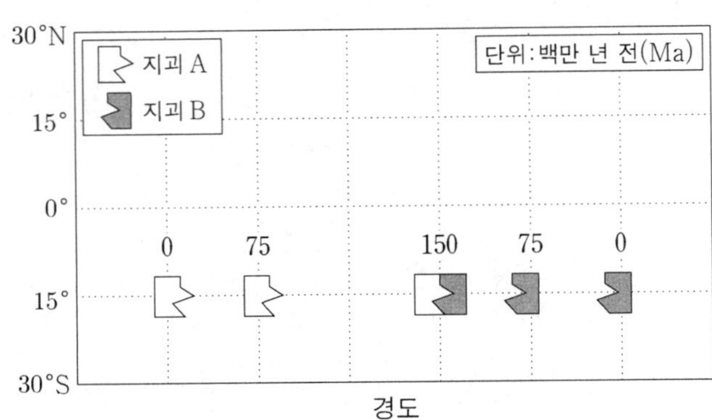

이 자료에 대한 설명으로 옳은 것만을 <보기>에서 있는 대로 고른 것은? (단, 고지자기극은 고지자기 방향으로 추정한 지리상 북극이고, 지리상 북극은 변하지 않았다.) [3점]

<보 기>

ㄱ. 150 Ma ~ 0 Ma 동안 지괴의 평균 이동 속도는 A가 B보다 빠르다.
ㄴ. 75 Ma에 A와 B에서 생성된 암석에 기록된 고지자기 복각은 모두 (+) 값이다.
ㄷ. A에서 구한 고지자기극의 위치는 75 Ma와 150 Ma가 같다.

① ㄱ ② ㄴ ③ ㄷ ④ ㄱ, ㄴ ⑤ ㄱ, ㄷ

18. 표는 별 ㉠, ㉡, ㉢의 물리량을 나타낸 것이다. 태양의 절대 등급은 +4.8 등급이다.

별	반지름 (태양 = 1)	지구로부터의 거리(pc)	광도 (태양 = 1)	분광형
㉠	10	( )	100	( )
㉡	0.4	20	0.04	( )
㉢	( )	100	100	M1

이 자료에 대한 설명으로 옳은 것만을 <보기>에서 있는 대로 고른 것은? [3점]

<보 기>

ㄱ. 단위 시간당 단위 면적에서 방출하는 복사 에너지양은 ㉠이 ㉡의 4배이다.
ㄴ. 별의 반지름은 ㉠이 ㉢보다 크다.
ㄷ. (㉡의 겉보기 등급 + ㉢의 겉보기 등급) 값은 15보다 크다.

① ㄱ ② ㄴ ③ ㄷ ④ ㄱ, ㄴ ⑤ ㄱ, ㄷ

19. 그림은 어느 지역의 지질 단면을 나타낸 것이다. 현재 화성암 P와 Q에 포함된 방사성 동위 원소 X의 함량은 각각 처음 양의 $\frac{3}{16}$, $\frac{3}{8}$이고, X의 반감기는 1억 년이다.

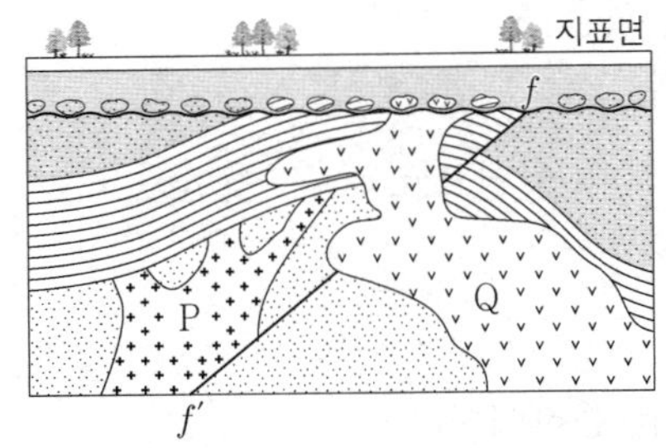

이 자료에 대한 설명으로 옳은 것만을 <보기>에서 있는 대로 고른 것은? [3점]

<보 기>

ㄱ. 단층 $f-f'$은 횡압력을 받아 형성되었다.
ㄴ. P는 Q보다 1억 년 먼저 형성되었다.
ㄷ. P는 고생대에 형성되었다.

① ㄱ ② ㄷ ③ ㄱ, ㄴ ④ ㄴ, ㄷ ⑤ ㄱ, ㄴ, ㄷ

20. 그림 (가)는 어느 외계 행성과 중심별이 공통 질량 중심을 중심으로 공전하는 원 궤도를 나타낸 것이고, (나)는 행성이 ㉠~㉣에 위치할 때 지구에서 관측한 중심별의 스펙트럼을 A~D로 순서 없이 나타낸 것이다. 중심별의 공전 속도는 2 km/s이고, 관측한 흡수선의 기준 파장은 동일하다.

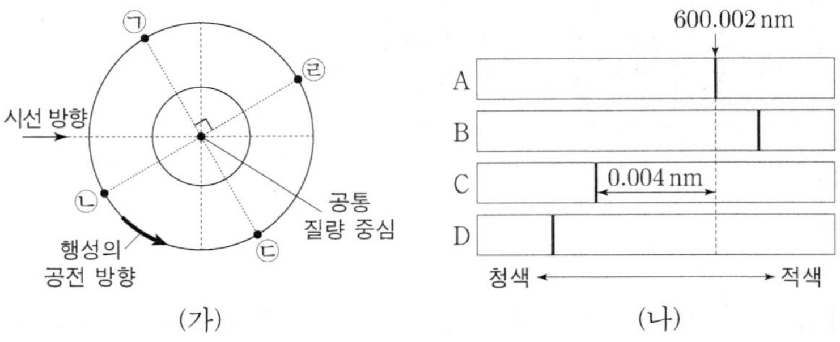

(가) (나)

이 자료에 대한 설명으로 옳은 것만을 <보기>에서 있는 대로 고른 것은? (단, 빛의 속도는 3×10^5 km/s이고, 중심별의 시선 속도 변화는 행성과의 공통 질량 중심에 대한 공전에 의해서만 나타나며, 행성의 공전 궤도면은 관측자의 시선 방향과 나란하다.)

<보 기>

ㄱ. A는 행성이 ㉡에 위치할 때 관측한 결과이다.
ㄴ. $\frac{\text{A 흡수선의 파장}-\text{D 흡수선의 파장}}{\text{B 흡수선의 파장}-\text{C 흡수선의 파장}}$은 1이다.
ㄷ. 중심별의 시선 속도는 행성이 ㉢을 지날 때가 ㉡을 지날 때의 $\sqrt{3}$배이다.

① ㄱ ② ㄴ ③ ㄷ ④ ㄱ, ㄴ ⑤ ㄴ, ㄷ

* 확인 사항
○ 답안지의 해당란에 필요한 내용을 정확히 기입(표기)했는지 확인하시오.

제 4 교시

과학탐구 영역(지구과학 I)

16회

성명		수험 번호	–	제〔 〕선택

1. 다음은 판 구조론이 정립되는 과정에서 등장한 이론에 대하여 학생 A, B, C가 나눈 대화를 나타낸 것이다. ㉠과 ㉡은 각각 대륙 이동설과 해양저 확장설 중 하나이다.

이론	내용
㉠	과거에 하나로 모여 있던 초대륙 판게아가 분리되고 이동하여 현재와 같은 수륙 분포가 되었다.
㉡	해령을 축으로 해양 지각이 생성되고 양쪽으로 멀어짐에 따라 해양저가 확장된다.

제시한 내용이 옳은 학생만을 있는 대로 고른 것은?

① A ② C ③ A, B ④ B, C ⑤ A, B, C

2. 그림 (가), (나), (다)는 타원 은하, 나선 은하, 불규칙 은하를 순서 없이 나타낸 것이다.

(가) (나) (다)

이에 대한 설명으로 옳은 것만을 <보기>에서 있는 대로 고른 것은?

<보 기>

ㄱ. (가)는 타원 은하이다.
ㄴ. 은하를 구성하는 별의 평균 나이는 (가)가 (나)보다 적다.
ㄷ. (가)는 (다)로 진화한다.

① ㄱ ② ㄷ ③ ㄱ, ㄴ ④ ㄱ, ㄷ ⑤ ㄴ, ㄷ

3. 그림은 해수의 심층 순환을 나타낸 모식도이다. A와 B는 각각 표층 해류와 심층 해류 중 하나이다.

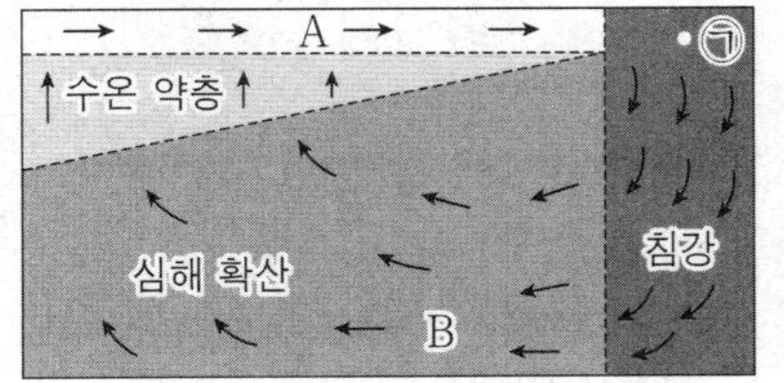

이에 대한 설명으로 옳은 것만을 <보기>에서 있는 대로 고른 것은? [3점]

<보 기>

ㄱ. A에 의해 에너지가 수송된다.
ㄴ. ㉠ 해역에서 해수가 침강하여 심해층에 산소를 공급한다.
ㄷ. 평균 이동 속력은 A가 B보다 느리다.

① ㄱ ② ㄴ ③ ㄷ ④ ㄱ, ㄴ ⑤ ㄱ, ㄷ

4. 다음은 쇄설성 퇴적암이 형성되는 과정의 일부를 알아보기 위한 실험이다.

〔실험 목표〕
○ 쇄설성 퇴적암이 형성되는 과정 중 (㉠)을/를 설명할 수 있다.

〔실험 과정〕
(가) 크기가 다양한 자갈, 모래, 점토를 각각 준비하여 투명한 원통에 넣는다.
(나) (가)의 원통의 퇴적물에서 입자 사이의 빈 공간(공극)의 모습을 관찰한다.
(다) 컵에 석회질 물질과 물을 부어 석회질 반죽을 만든다.
(라) ㉡ 석회질 반죽을 (가)의 원통에 부어 퇴적물이 쌓인 높이(h)까지 채운 후 건조시켜 굳힌다.
(마) (라)의 입자 사이의 빈 공간(공극)의 모습을 관찰한다.

〔실험 결과〕

㉢ (나)의 결과	㉣ (마)의 결과
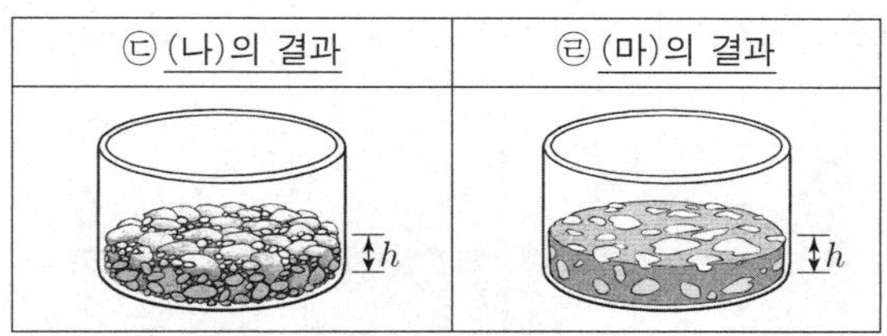	

이 자료에 대한 설명으로 옳은 것만을 <보기>에서 있는 대로 고른 것은? [3점]

<보 기>

ㄱ. '교결 작용'은 ㉠에 해당한다.
ㄴ. ㉡은 퇴적물 입자들을 단단하게 결합시켜 주는 물질에 해당한다.
ㄷ. 단위 부피당 공극이 차지하는 부피는 ㉢이 ㉣보다 크다.

① ㄱ ② ㄷ ③ ㄱ, ㄴ ④ ㄴ, ㄷ ⑤ ㄱ, ㄴ, ㄷ

5. 그림은 위도에 따른 연평균 증발량과 강수량을 순서 없이 나타낸 것이다.

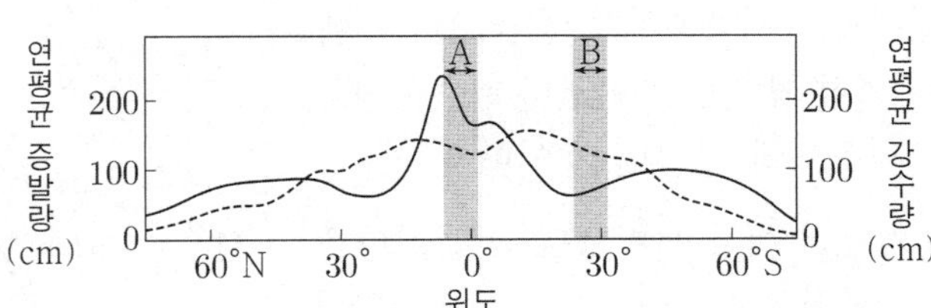

이 자료에 대한 설명으로 옳은 것만을 <보기>에서 있는 대로 고른 것은?

<보 기>

ㄱ. 표층 해수의 평균 염분은 A 해역이 B 해역보다 높다.
ㄴ. A에서는 해들리 순환의 상승 기류가 나타난다.
ㄷ. 캘리포니아 해류는 B 해역에서 나타난다.

① ㄱ ② ㄴ ③ ㄷ ④ ㄱ, ㄴ ⑤ ㄴ, ㄷ

16회

6. 그림은 1940~2003년 동안 지구 평균 기온 편차(관측값 − 기준값)와 대규모 화산 분출 시기를 나타낸 것이다. 기준값은 1940년의 평균 기온이다.

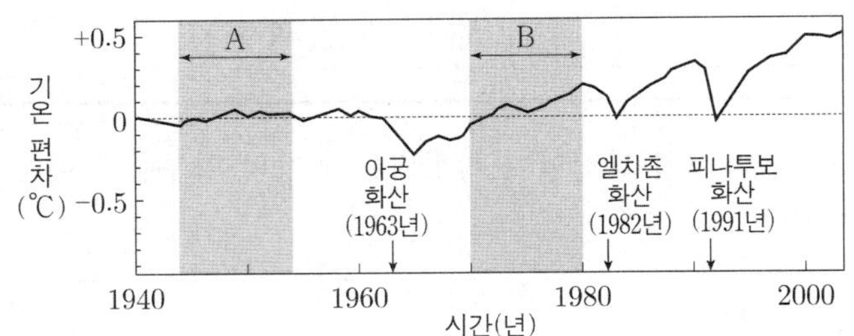

이 자료에 대한 설명으로 옳은 것만을 <보기>에서 있는 대로 고른 것은?

<보 기>

ㄱ. 기온의 평균 상승률은 A 시기가 B 시기보다 크다.
ㄴ. 화산 활동은 기후 변화를 일으키는 지구 내적 요인에 해당한다.
ㄷ. 성층권에 도달한 다량의 화산 분출물은 지구 평균 기온을 높이는 역할을 한다.

① ㄱ ② ㄴ ③ ㄷ ④ ㄱ, ㄴ ⑤ ㄴ, ㄷ

7. 그림은 마그마가 생성되는 지역 A, B, C를 나타낸 것이다.

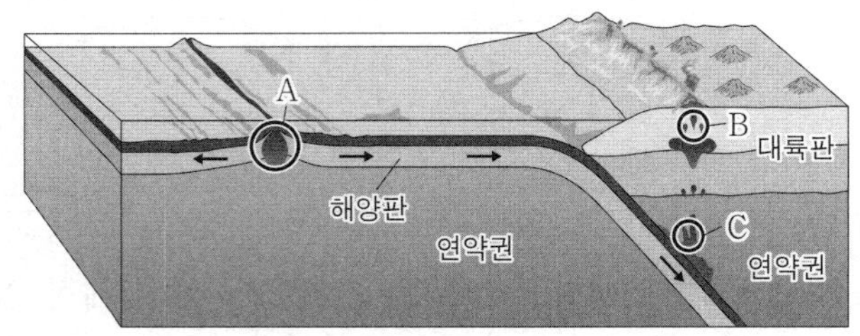

이 자료에 대한 설명으로 옳은 것만을 <보기>에서 있는 대로 고른 것은?

<보 기>

ㄱ. 생성되는 마그마의 SiO_2 함량(%)은 A가 B보다 낮다.
ㄴ. A에서 주로 생성되는 암석은 유문암이다.
ㄷ. C에서 물의 공급은 암석의 용융 온도를 감소시키는 요인에 해당한다.

① ㄱ ② ㄷ ③ ㄱ, ㄴ ④ ㄱ, ㄷ ⑤ ㄴ, ㄷ

8. 그림은 어느 해역에서 A 시기와 B 시기에 각각 측정한 깊이 0~200 m의 해수 특성을 수온-염분도에 나타낸 것이다.

이에 대한 설명으로 옳은 것만을 <보기>에서 있는 대로 고른 것은? [3점]

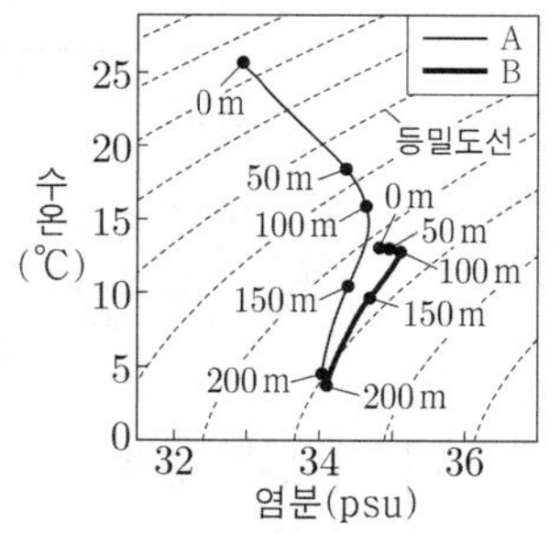

<보 기>

ㄱ. A 시기에 깊이가 증가할수록 해수의 밀도는 증가한다.
ㄴ. 수온만을 고려할 때, 표층에서 산소 기체의 용해도는 A 시기가 B 시기보다 크다.
ㄷ. 혼합층의 두께는 A 시기가 B 시기보다 두껍다.

① ㄱ ② ㄴ ③ ㄷ ④ ㄱ, ㄴ ⑤ ㄱ, ㄷ

9. 그림은 플룸 구조론을 나타낸 모식도이다. A와 B는 각각 뜨거운 플룸과 차가운 플룸 중 하나이다.

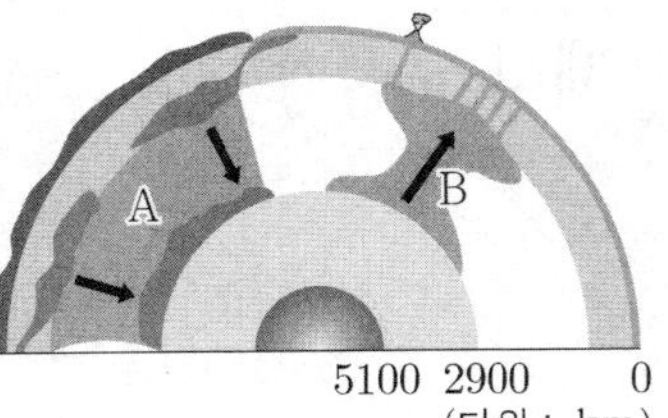

이에 대한 설명으로 옳은 것만을 <보기>에서 있는 대로 고른 것은?

<보 기>

ㄱ. A는 뜨거운 플룸이다.
ㄴ. B에 의해 여러 개의 화산이 형성될 수 있다.
ㄷ. B는 내핵과 외핵의 경계에서 생성된다.

① ㄱ ② ㄴ ③ ㄷ ④ ㄱ, ㄴ ⑤ ㄴ, ㄷ

10. 그림은 어느 날 t_1 시각의 지상 일기도에 온대 저기압 중심의 이동 경로를, 표는 이 날 관측소 A에서 t_1, t_2 시각에 관측한 기상 요소를 나타낸 것이다. t_2는 전선 통과 3시간 후이며, $t_1 \rightarrow t_2$ 동안 온난 전선과 한랭 전선 중 하나가 A를 통과하였다.

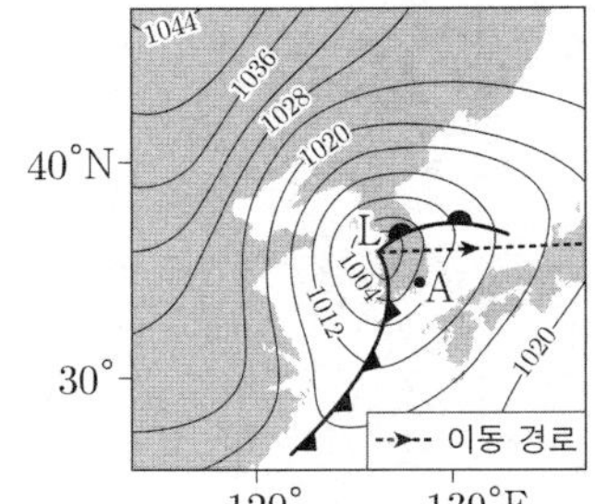

시각	기온 (℃)	바람	강수
t_1	17.1	남서풍	없음
t_2	12.5	북서풍	있음

이 자료에 대한 설명으로 옳은 것만을 <보기>에서 있는 대로 고른 것은? [3점]

<보 기>

ㄱ. t_1일 때 A 상공에는 전선면이 나타난다.
ㄴ. $t_1 \sim t_2$ 사이에 A에서는 적운형 구름이 관측된다.
ㄷ. $t_1 \rightarrow t_2$ 동안 A에서의 풍향은 시계 방향으로 변한다.

① ㄱ ② ㄴ ③ ㄱ, ㄷ ④ ㄴ, ㄷ ⑤ ㄱ, ㄴ, ㄷ

11. 그림은 어느 지역의 지질 단면을 나타낸 것이다.

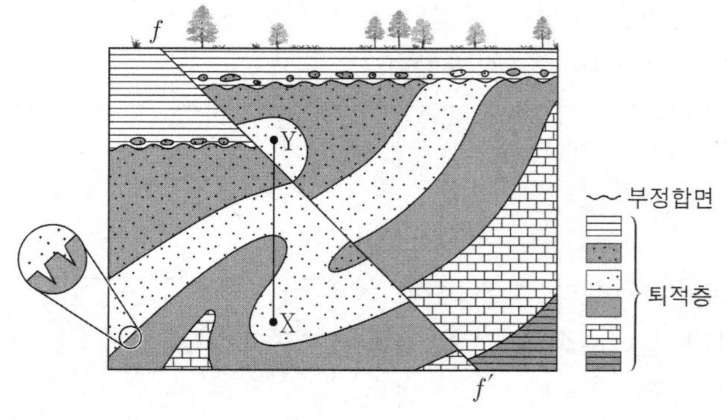

이 자료에 대한 설명으로 옳은 것만을 <보기>에서 있는 대로 고른 것은? [3점]

<보 기>

ㄱ. 단층 $f-f'$은 장력에 의해 형성되었다.
ㄴ. 습곡과 단층의 형성 시기 사이에 부정합면이 형성되었다.
ㄷ. X → Y를 따라 각 지층 경계를 통과할 때의 지층 연령의 증감은 '증가 → 감소 → 감소 → 증가'이다.

① ㄱ ② ㄴ ③ ㄷ ④ ㄱ, ㄴ ⑤ ㄴ, ㄷ

[해설편 p.048]

12. 그림은 주계열성 (가)와 (나)의 내부 구조를 나타낸 것이다. (가)와 (나)의 질량은 각각 태양 질량의 1배와 5배 중 하나이다.

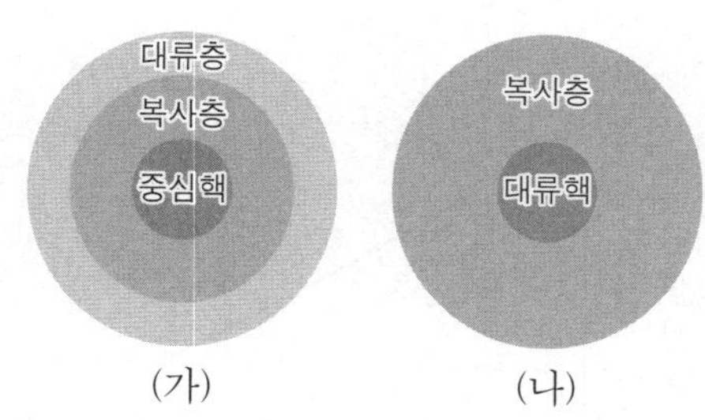

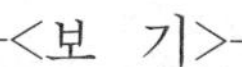

이에 대한 설명으로 옳은 것만을 <보기>에서 있는 대로 고른 것은?

<보 기>

ㄱ. 질량은 (가)가 (나)보다 작다.

ㄴ. (나)의 핵에서 $\frac{\text{p-p 반응에 의한 에너지 생성량}}{\text{CNO 순환 반응에 의한 에너지 생성량}}$은 1보다 작다.

ㄷ. 주계열 단계가 끝난 직후부터 핵에서 헬륨 연소가 일어나기 직전까지의 절대 등급의 변화 폭은 (가)가 (나)보다 작다.

① ㄱ ② ㄷ ③ ㄱ, ㄴ ④ ㄴ, ㄷ ⑤ ㄱ, ㄴ, ㄷ

13. 그림은 태풍의 영향을 받은 우리나라 어느 관측소에서 24시간 동안 관측한 표층 수온과 기상 요소를 시간에 따라 나타낸 것이다.

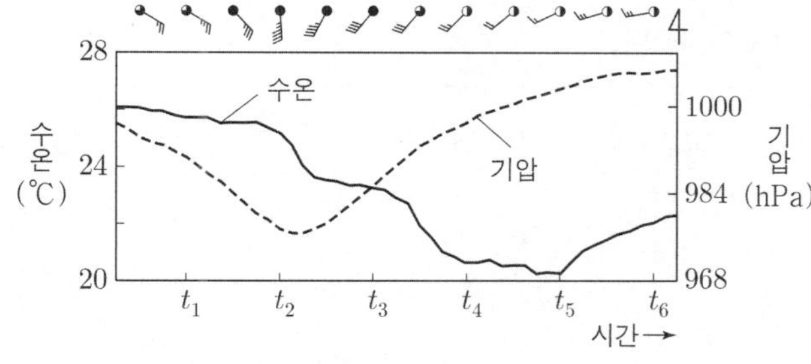

이 자료에 대한 설명으로 옳은 것만을 <보기>에서 있는 대로 고른 것은? [3점]

<보 기>

ㄱ. 이 기간 동안 관측소는 태풍의 위험 반원에 위치하였다.

ㄴ. 관측소와 태풍 중심 사이의 거리는 t_2가 t_4보다 가깝다.

ㄷ. $t_2 \rightarrow t_4$ 동안 수온 변화는 태풍에 의한 해수 침강에 의해 발생하였다.

① ㄱ ② ㄷ ③ ㄱ, ㄴ ④ ㄴ, ㄷ ⑤ ㄱ, ㄴ, ㄷ

14. 그림은 어느 별의 시간에 따른 생명 가능 지대의 범위를 나타낸 것이다. 이 별은 현재 주계열성이다.

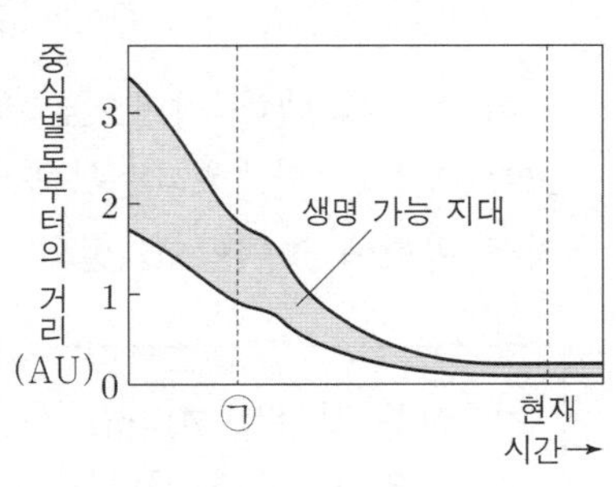

이 자료에 대한 설명으로 옳은 것만을 <보기>에서 있는 대로 고른 것은? [3점]

<보 기>

ㄱ. 이 별의 광도는 ㉠ 시기가 현재보다 작다.

ㄴ. 현재 중심별에서 생명 가능 지대까지의 거리는 이 별이 태양보다 가깝다.

ㄷ. 현재 표면에서 단위 면적당 단위 시간에 방출하는 에너지양은 이 별이 태양보다 적다.

① ㄱ ② ㄴ ③ ㄱ, ㄷ ④ ㄴ, ㄷ ⑤ ㄱ, ㄴ, ㄷ

15. 그림 (가)는 은하에 의한 중력 렌즈 현상을, (나)는 T 시기 이후 우주 구성 요소의 밀도 변화를 나타낸 것이다. A, B, C는 각각 보통 물질, 암흑 물질, 암흑 에너지 중 하나이다.

(가)

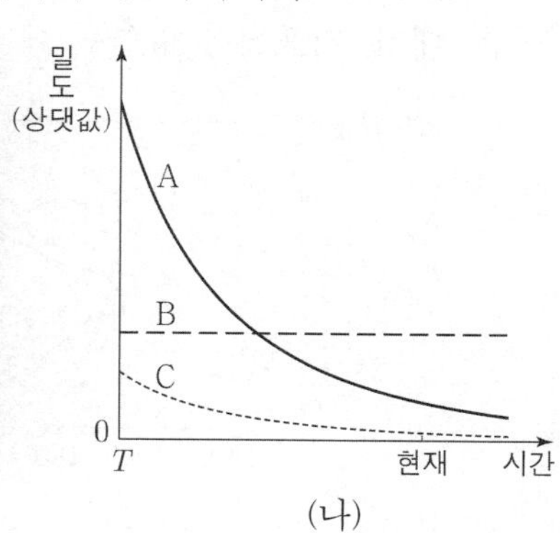

(나)

이에 대한 설명으로 옳은 것만을 <보기>에서 있는 대로 고른 것은?

<보 기>

ㄱ. (가)를 이용하여 A가 존재함을 추정할 수 있다.

ㄴ. B에서 가장 많은 양을 차지하는 것은 양성자이다.

ㄷ. T 시기부터 현재까지 우주의 팽창 속도는 계속 증가하였다.

① ㄱ ② ㄴ ③ ㄱ, ㄷ ④ ㄴ, ㄷ ⑤ ㄱ, ㄴ, ㄷ

16회

16. 그림은 별 ㉠과 ㉡의 물리량을 나타낸 것이다.

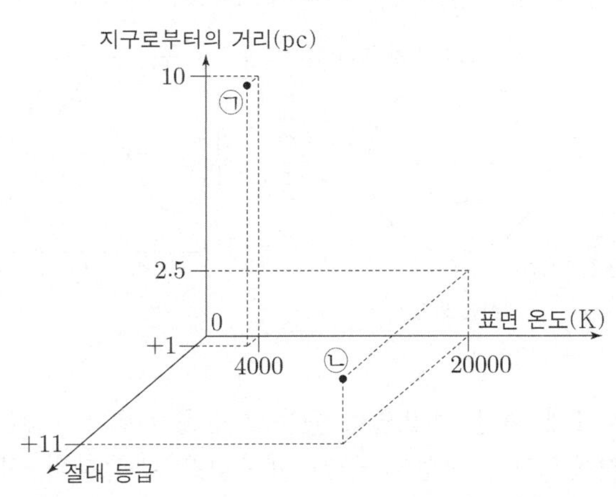

이 자료에 대한 설명으로 옳은 것만을 <보기>에서 있는 대로 고른 것은? [3점]

<보 기>

ㄱ. 복사 에너지를 최대로 방출하는 파장은 ㉠이 ㉡의 $\frac{1}{5}$배이다.

ㄴ. 별의 반지름은 ㉠이 ㉡의 2500배이다.

ㄷ. (㉡의 겉보기 등급 − ㉠의 겉보기 등급) 값은 6보다 크다.

① ㄱ ② ㄴ ③ ㄷ ④ ㄱ, ㄴ ⑤ ㄴ, ㄷ

17. 그림은 엘니뇨 또는 라니냐 중 어느 한 시기에 태평양 적도 부근에서 기상 위성으로 관측한 적외선 방출 복사 에너지의 편차(관측값 − 평년값)를 나타낸 것이다. 적외선 방출 복사 에너지는 구름, 대기, 지표에서 방출된 에너지이다.

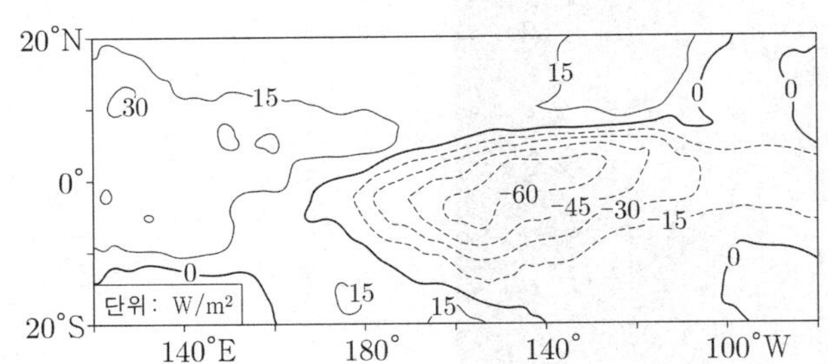

이 시기에 대한 설명으로 옳은 것만을 <보기>에서 있는 대로 고른 것은?

<보 기>

ㄱ. 서태평양 적도 부근 해역의 강수량은 평년보다 적다.
ㄴ. 동태평양 적도 부근 해역의 용승은 평년보다 강하다.
ㄷ. 적도 부근의 (동태평양 해면 기압 − 서태평양 해면 기압) 값은 평년보다 작다.

① ㄱ ② ㄴ ③ ㄱ, ㄷ ④ ㄴ, ㄷ ⑤ ㄱ, ㄴ, ㄷ

18. 그림 (가)는 어느 외계 행성계에서 중심별과 행성이 공통 질량 중심에 대하여 공전하는 원 궤도를 나타낸 것이고, (나)는 이 중심별의 시선 속도를 일정한 시간 간격에 따라 나타낸 것이다. t_1일 때 중심별의 위치는 ㉠과 ㉡ 중 하나이다.

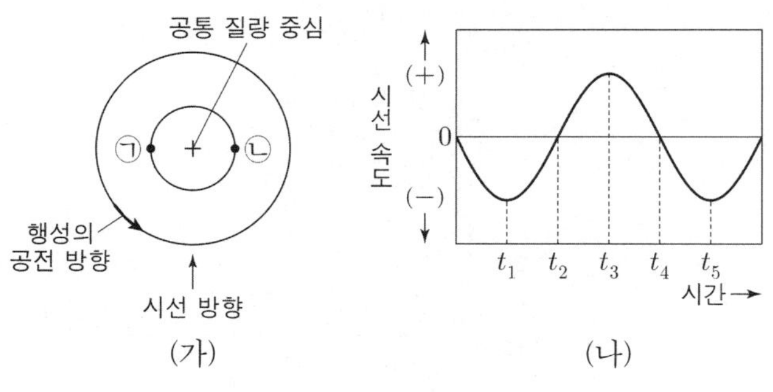

(가) (나)

이 자료에 대한 설명으로 옳은 것만을 <보기>에서 있는 대로 고른 것은? (단, 행성의 공전 궤도면은 관측자의 시선 방향과 나란하고, 중심별의 겉보기 등급 변화는 행성의 식 현상에 의해서만 나타난다.) [3점]

<보 기>

ㄱ. t_1일 때 중심별의 위치는 ㉠이다.
ㄴ. 중심별의 겉보기 등급은 t_2가 t_4보다 작다.
ㄷ. $t_1 \rightarrow t_2$ 동안 중심별의 스펙트럼에서 흡수선의 파장은 점차 길어진다.

① ㄱ ② ㄷ ③ ㄱ, ㄴ ④ ㄴ, ㄷ ⑤ ㄱ, ㄴ, ㄷ

19. 그림은 방사성 동위 원소 X의 붕괴 곡선의 일부를 나타낸 것이다. 화성암에 포함된 X의 자원소 Y는 모두 X가 붕괴하여 생성되었다.

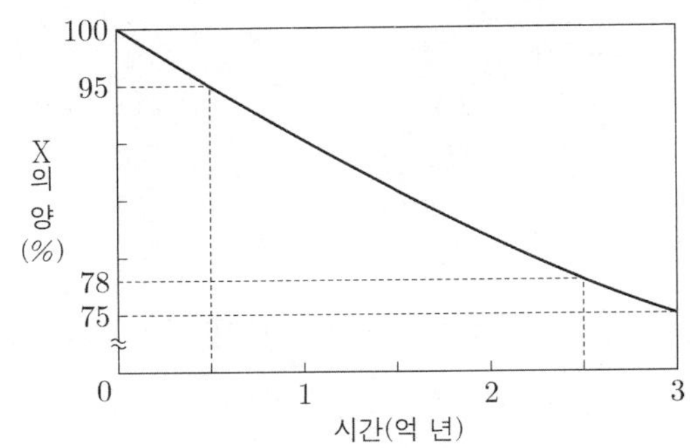

이 자료에 대한 설명으로 옳은 것만을 <보기>에서 있는 대로 고른 것은? (단, 모든 화성암에는 X가 포함되어 있으며, X의 양(%)은 화성암 생성 당시 X의 함량에 대한 남아 있는 X의 함량의 비율이고, Y의 양(%)은 붕괴한 X의 양과 같다.) [3점]

<보 기>

ㄱ. 현재의 X의 양이 95%인 화성암은 속씨식물이 존재하던 시기에 생성되었다.
ㄴ. X의 반감기는 6억 년보다 길다.
ㄷ. 중생대에 생성된 모든 화성암에서는 현재의 $\frac{\text{X의 양(\%)}}{\text{Y의 양(\%)}}$이 4보다 크다.

① ㄱ ② ㄷ ③ ㄱ, ㄴ ④ ㄴ, ㄷ ⑤ ㄱ, ㄴ, ㄷ

20. 그림은 허블 법칙을 만족하는 외부 은하의 거리와 후퇴 속도의 관계 l과 우리은하에서 은하 A, B, C를 관측한 결과이고, 표는 이 은하들의 흡수선 관측 결과를 나타낸 것이다. B의 흡수선 관측 파장은 허블 법칙으로 예상되는 값보다 8nm 더 길다.

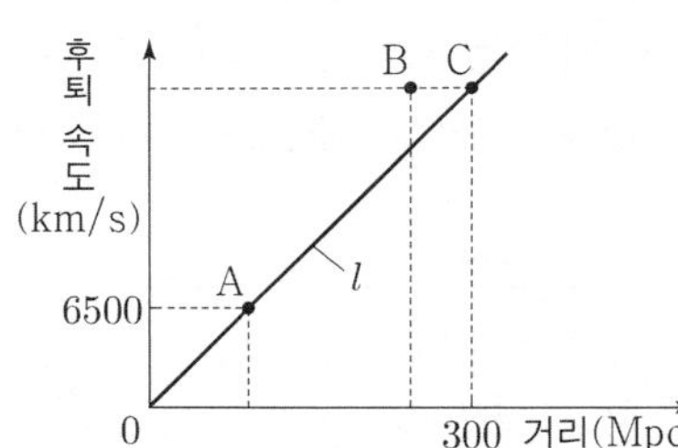

은하	기준 파장	관측 파장
A	400	㉠
B	600	( )
C	600	642

(단위 : nm)

이 자료에 대한 설명으로 옳은 것만을 <보기>에서 있는 대로 고른 것은? (단, 우리은하에서 관측했을 때 A, B, C는 동일한 시선 방향에 놓여있고, 빛의 속도는 3×10^5km/s이다.)

<보 기>

ㄱ. 허블 상수는 70km/s/Mpc이다.
ㄴ. ㉠은 410보다 작다.
ㄷ. A에서 B까지의 거리는 140Mpc보다 크다.

① ㄱ ② ㄷ ③ ㄱ, ㄴ ④ ㄴ, ㄷ ⑤ ㄱ, ㄴ, ㄷ

* 확인 사항
○ 답안지의 해당란에 필요한 내용을 정확히 기입(표기)했는지 확인하시오.

[해설편 p.050]

제 4 교시

과학탐구 영역(지구과학 I)

17회

성명 | 수험 번호 | 제 [ ] 선택

1. 다음은 초대륙의 형성과 분리 과정 중 일부에 대하여 학생 A, B, C가 나눈 대화를 나타낸 것이다.

제시한 내용이 옳은 학생만을 있는 대로 고른 것은?

① A ② B ③ A, C ④ B, C ⑤ A, B, C

2. 그림은 어느 외부 은하를 나타낸 것이다. A와 B는 각각 은하의 중심부와 나선팔이다.

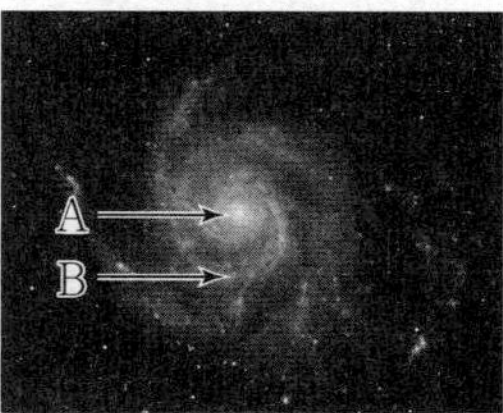

이 은하에 대한 설명으로 옳은 것만을 <보기>에서 있는 대로 고른 것은?

<보 기>
ㄱ. 막대 나선 은하에 해당한다.
ㄴ. B에는 성간 물질이 존재하지 않는다.
ㄷ. 붉은 별의 비율은 A가 B보다 높다.

① ㄱ ② ㄴ ③ ㄷ ④ ㄱ, ㄴ ⑤ ㄴ, ㄷ

3. 그림은 1750년 대비 2011년의 지구 기온 변화를 요인별로 나타낸 것이다.

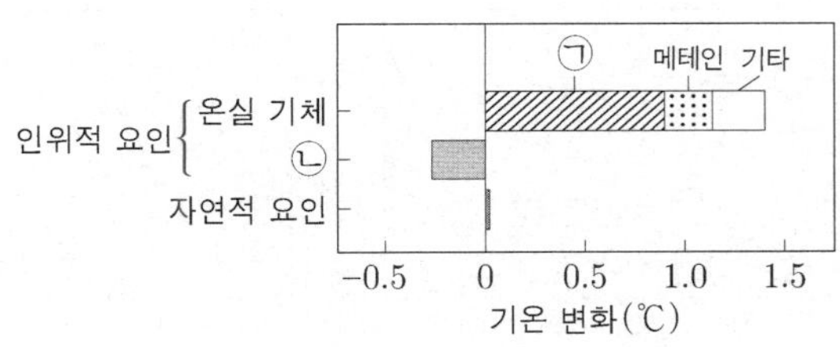

이 자료에 대한 설명으로 옳은 것만을 <보기>에서 있는 대로 고른 것은?

<보 기>
ㄱ. 기온 변화에 대한 영향은 ㉠이 자연적 요인보다 크다.
ㄴ. 인위적 요인 중 ㉡은 기온을 상승시킨다.
ㄷ. 자연적 요인에는 태양 활동이 포함된다.

① ㄱ ② ㄴ ③ ㄷ ④ ㄱ, ㄷ ⑤ ㄴ, ㄷ

4. 다음은 어느 플룸의 연직 이동 원리를 알아보기 위한 실험이다.

[실험 목표]
○ (A)의 연직 이동 원리를 설명할 수 있다.

[실험 과정]
(가) 비커에 5℃ 물 800mL를 담는다.
(나) 그림과 같이 비커 바닥에 수성 잉크 소량을 스포이트로 주입한다.
(다) 비커 바닥의 물이 고르게 착색된 후, 비커 바닥 중앙을 촛불로 30초간 가열하면서 착색된 물이 움직이는 모습을 관찰한다.

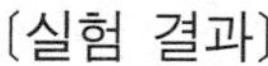

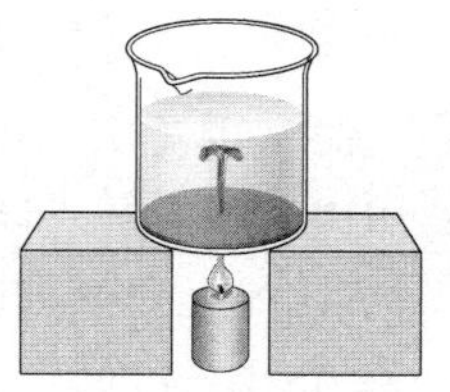

[실험 결과]
○ 그림과 같이 착색된 물이 밀도 차에 의해 (B)하는 모습이 관찰되었다.

이에 대한 설명으로 옳은 것만을 <보기>에서 있는 대로 고른 것은? [3점]

<보 기>
ㄱ. '뜨거운 플룸'은 A에 해당한다.
ㄴ. '상승'은 B에 해당한다.
ㄷ. 플룸은 내핵과 외핵의 경계에서 생성된다.

① ㄱ ② ㄷ ③ ㄱ, ㄴ ④ ㄴ, ㄷ ⑤ ㄱ, ㄴ, ㄷ

5. 그림 (가)와 (나)는 어느 해 A, B 시기에 우리나라 두 해역에서 측정한 연직 수온 자료를 각각 나타낸 것이다.

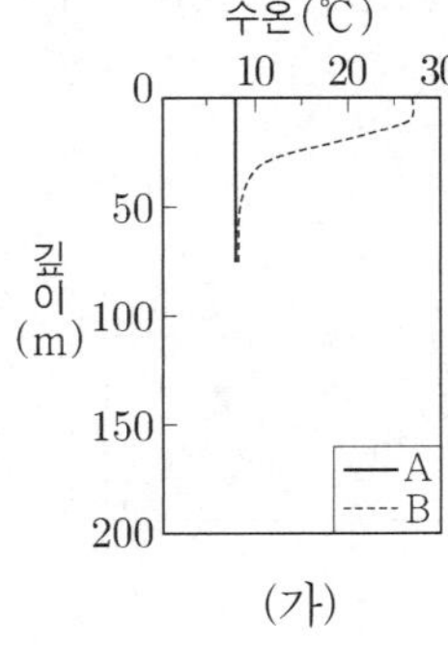

(가)

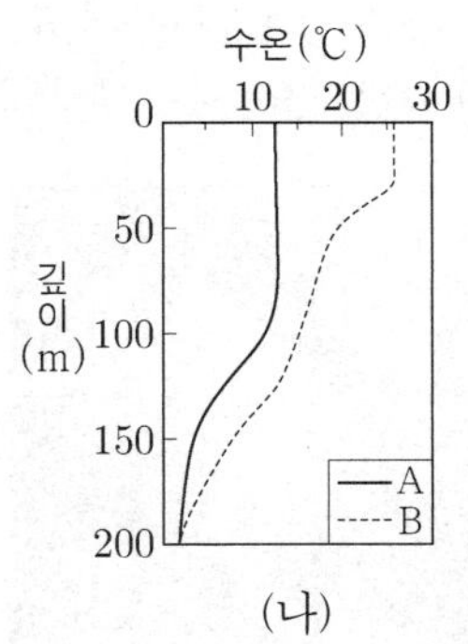

(나)

이에 대한 설명으로 옳은 것만을 <보기>에서 있는 대로 고른 것은? [3점]

<보 기>
ㄱ. (가)에서 50m 깊이의 수온과 표층 수온의 차이는 B가 A보다 크다.
ㄴ. A와 B의 표층 수온 차이는 (가)가 (나)보다 크다.
ㄷ. B의 혼합층 두께는 (나)가 (가)보다 두껍다.

① ㄱ ② ㄷ ③ ㄱ, ㄴ ④ ㄴ, ㄷ ⑤ ㄱ, ㄴ, ㄷ

[해설편 p.051]

6. 그림 (가)는 판의 경계를, (나)는 어느 단층 구조를 나타낸 것이다.

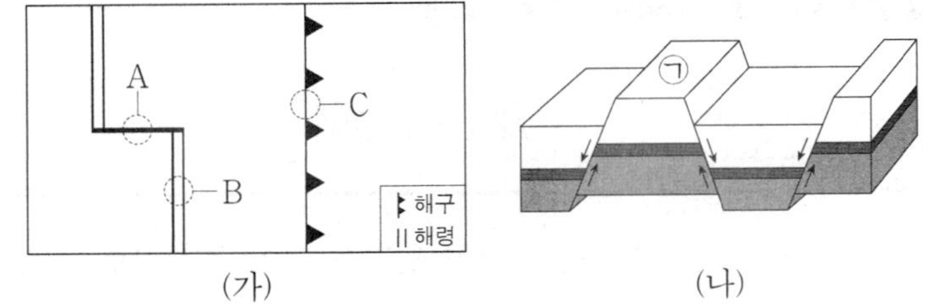

(가) (나)

이에 대한 설명으로 옳은 것만을 <보기>에서 있는 대로 고른 것은?

ㄱ. A 지역에서는 주향 이동 단층이 발달한다.
ㄴ. ㉠은 상반이다.
ㄷ. (나)는 C 지역에서가 B 지역에서보다 잘 나타난다.

① ㄱ ② ㄴ ③ ㄱ, ㄷ ④ ㄴ, ㄷ ⑤ ㄱ, ㄴ, ㄷ

7. 표는 별 (가), (나), (다)의 분광형과 절대 등급을 나타낸 것이다. (가), (나), (다) 중 2개는 주계열성, 1개는 초거성이다.

별	분광형	절대 등급
(가)	G	−5
(나)	A	0
(다)	G	+5

이에 대한 설명으로 옳은 것만을 <보기>에서 있는 대로 고른 것은?

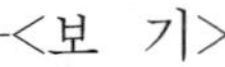

ㄱ. 질량은 (다)가 (나)보다 크다.
ㄴ. 생명 가능 지대에서 액체 상태의 물이 존재할 수 있는 시간은 (다)가 (나)보다 길다.
ㄷ. 생명 가능 지대의 폭은 (다)가 (가)보다 넓다.

① ㄱ ② ㄴ ③ ㄱ, ㄷ ④ ㄴ, ㄷ ⑤ ㄱ, ㄴ, ㄷ

8. 그림 (가)는 어느 태풍이 우리나라 부근을 지나는 어느 날 21 시에 촬영한 적외 영상에 태풍 중심의 이동 경로를 나타낸 것이고, (나)는 다음 날 05 시부터 3 시간 간격으로 우리나라 어느 관측소에서 관측한 기상 요소를 나타낸 것이다.

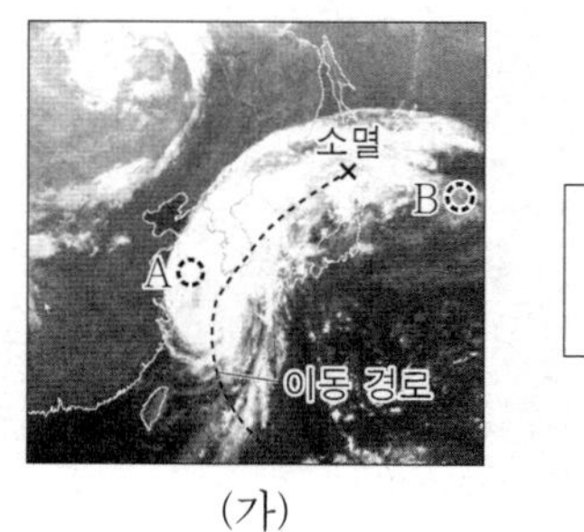

(가)

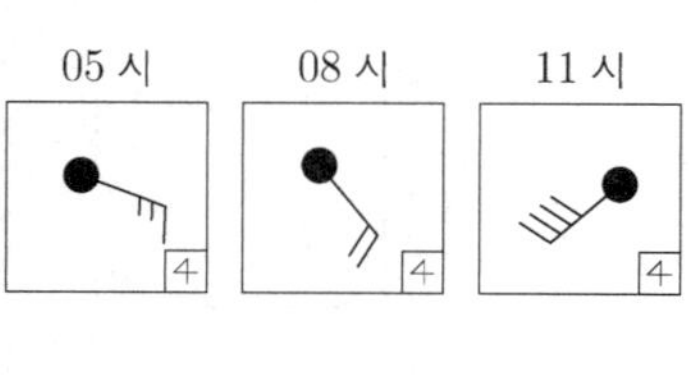

(나)

이 자료에 대한 설명으로 옳은 것만을 <보기>에서 있는 대로 고른 것은? [3점]

<보 기>

ㄱ. (가)에서 태풍의 최상층 공기는 주로 바깥쪽으로 불어 나간다.
ㄴ. (가)에서 구름 최상부의 고도는 B 지역이 A 지역보다 높다.
ㄷ. 관측소는 태풍의 안전 반원에 위치하였다.

① ㄱ ② ㄴ ③ ㄱ, ㄷ ④ ㄴ, ㄷ ⑤ ㄱ, ㄴ, ㄷ

9. 그림은 어느 지역의 지질 단면을 나타낸 것이다. 지층 A에서는 삼엽충 화석이, 지층 C와 D에서는 공룡 화석이 발견되었다.

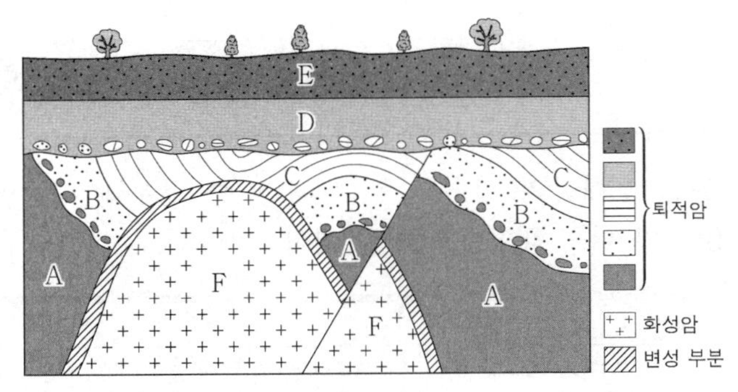

이에 대한 설명으로 옳은 것만을 <보기>에서 있는 대로 고른 것은?

<보 기>

ㄱ. F에서는 고생대 암석이 포획암으로 나타날 수 있다.
ㄴ. 단층이 형성된 시기에 암모나이트가 번성하였다.
ㄷ. 습곡은 고생대에 형성되었다.

① ㄱ ② ㄷ ③ ㄱ, ㄴ ④ ㄴ, ㄷ ⑤ ㄱ, ㄴ, ㄷ

10. 그림은 우주에서 일어난 주요한 사건 (가)~(라)를 시간 순서대로 나타낸 것이다.

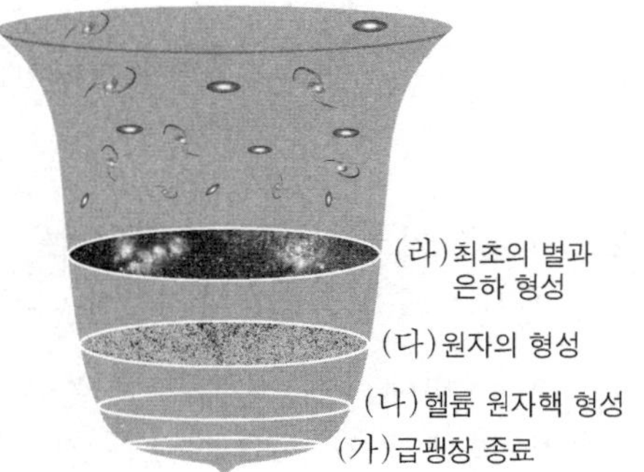

이에 대한 설명으로 옳은 것만을 <보기>에서 있는 대로 고른 것은? [3점]

<보 기>

ㄱ. (가)와 (라) 사이에 우주는 감속 팽창한다.
ㄴ. (나)와 (다) 사이에 퀘이사가 형성된다.
ㄷ. (라) 시기에 우주 배경 복사 온도는 2.7K보다 높다.

① ㄱ ② ㄴ ③ ㄱ, ㄷ ④ ㄴ, ㄷ ⑤ ㄱ, ㄴ, ㄷ

11. 그림 (가)와 (나)는 어느 해 2월과 8월의 남태평양의 표층 수온을 순서 없이 나타낸 것이다. A와 B는 주요 표층 해류가 흐르는 해역이다.

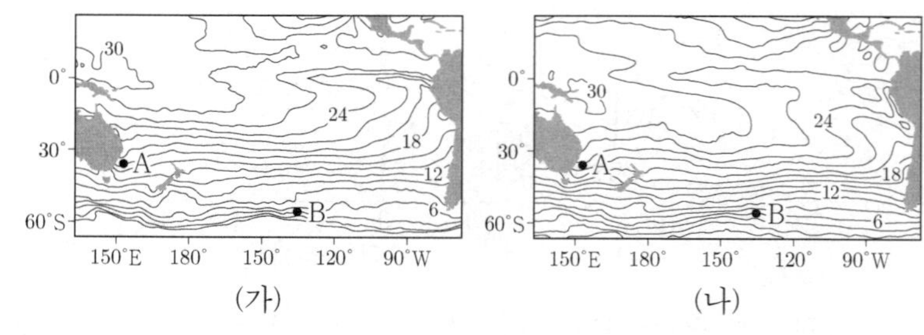

(가) (나)

이에 대한 설명으로 옳은 것만을 <보기>에서 있는 대로 고른 것은?

<보 기>

ㄱ. 8월에 해당하는 것은 (나)이다.
ㄴ. A에서 흐르는 해류는 고위도 방향으로 에너지를 이동시킨다.
ㄷ. B에서 흐르는 해류와 북태평양 해류의 방향은 반대이다.

① ㄱ ② ㄴ ③ ㄷ ④ ㄱ, ㄴ ⑤ ㄴ, ㄷ

[해설편 p.052]

12. 그림 (가)는 $T_1 \rightarrow T_2$ 동안 온대 저기압의 이동 경로를, (나)는 관측소 P에서 T_1, T_2 시각에 관측한 높이에 따른 기온을 나타낸 것이다. 이 기간 동안 (가)의 온난 전선과 한랭 전선 중 하나가 P를 통과하였다.

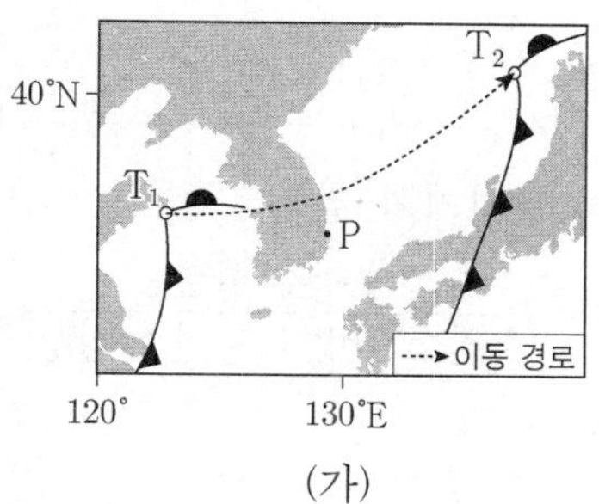

(가)

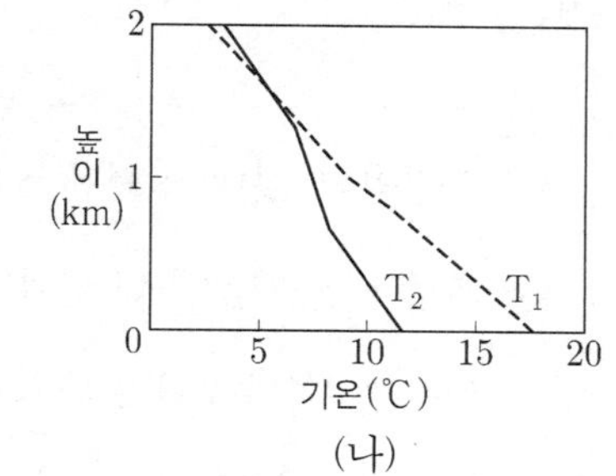

(나)

이 자료에 대한 설명으로 옳은 것만을 <보기>에서 있는 대로 고른 것은? [3점]

<보 기>

ㄱ. (나)에서 높이에 따른 기온 감소율은 T_1이 T_2보다 작다.
ㄴ. P를 통과한 전선은 한랭 전선이다.
ㄷ. P에서 전선이 통과하는 동안 풍향은 시계 방향으로 바뀌었다.

① ㄱ ② ㄴ ③ ㄱ, ㄷ ④ ㄴ, ㄷ ⑤ ㄱ, ㄴ, ㄷ

13. 그림 (가)는 깊이에 따른 지하 온도 분포와 암석의 용융 곡선 ㉠, ㉡, ㉢을, (나)는 마그마가 생성되는 지역 A, B를 나타낸 것이다.

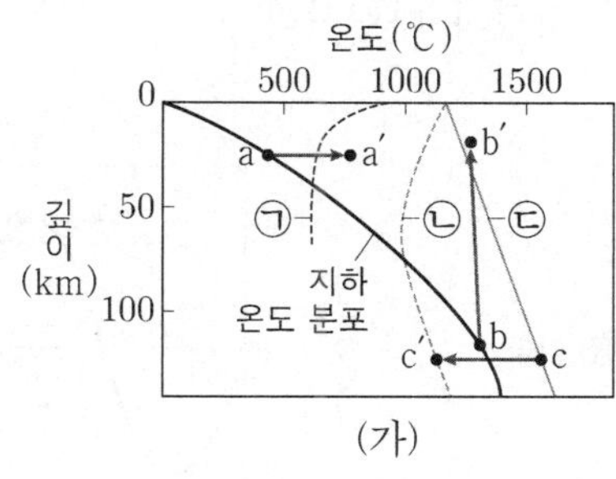

(가)

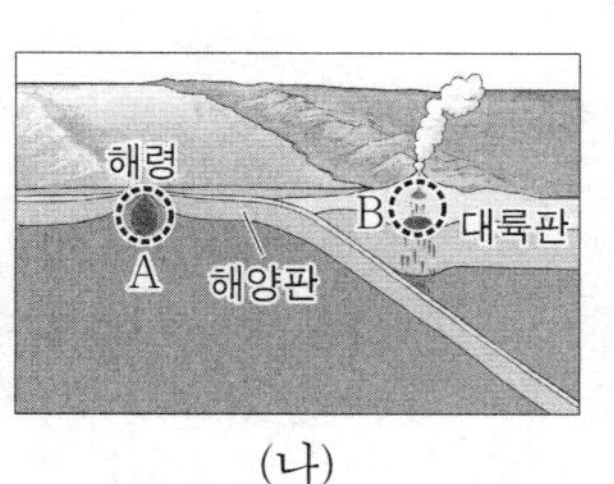

(나)

이에 대한 설명으로 옳은 것만을 <보기>에서 있는 대로 고른 것은? [3점]

<보 기>

ㄱ. 물이 포함되지 않은 암석의 용융 곡선은 ㉢이다.
ㄴ. B에서는 섬록암이 생성될 수 있다.
ㄷ. A에서는 주로 b→b′ 과정에 의해 마그마가 생성된다.

① ㄴ ② ㄷ ③ ㄱ, ㄴ ④ ㄱ, ㄷ ⑤ ㄱ, ㄴ, ㄷ

14. 표는 우주 구성 요소 A, B, C의 상대적 비율을 T_1, T_2 시기에 따라 나타낸 것이다. T_1, T_2는 각각 과거와 미래 중 하나에 해당하고, A, B, C는 각각 보통 물질, 암흑 물질, 암흑 에너지 중 하나이다.

구성 요소	T_1	T_2
A	66	11
B	22	87
C	12	2

(단위 : %)

이에 대한 설명으로 옳은 것만을 <보기>에서 있는 대로 고른 것은?

<보 기>

ㄱ. T_2는 미래에 해당한다.
ㄴ. A는 항성 질량의 대부분을 차지한다.
ㄷ. C는 전자기파로 관측할 수 있다.

① ㄱ ② ㄴ ③ ㄱ, ㄷ ④ ㄴ, ㄷ ⑤ ㄱ, ㄴ, ㄷ

15. 그림 (가)는 태양이 $A_0 \rightarrow A_1 \rightarrow A_2$로 진화하는 경로를 H-R도에 나타낸 것이고, (나)는 A_0, A_1, A_2 중 하나의 내부 구조를 나타낸 것이다.

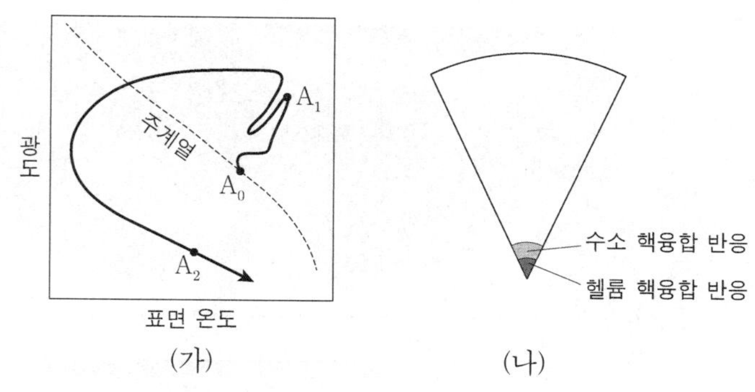

(가) (나)

이에 대한 설명으로 옳은 것만을 <보기>에서 있는 대로 고른 것은? [3점]

<보 기>

ㄱ. (나)는 A_0의 내부 구조이다.
ㄴ. 수소의 총 질량은 A_2가 A_0보다 작다.
ㄷ. A_0에서 A_1로 진화하는 동안 중심핵은 정역학 평형 상태를 유지한다.

① ㄱ ② ㄴ ③ ㄷ ④ ㄱ, ㄴ ⑤ ㄴ, ㄷ

16. 그림은 동태평양 적도 부근 해역의 강수량 편차와 수온 약층 시작 깊이 편차를 나타낸 것이다. A, B, C는 각각 엘니뇨와 라니냐 시기 중 하나이고, 편차는 (관측값 − 평년값)이다.

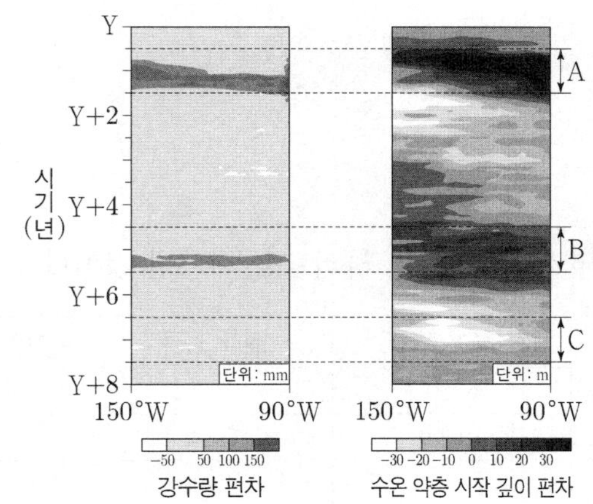

이 해역에 대한 설명으로 옳은 것만을 <보기>에서 있는 대로 고른 것은?

<보 기>

ㄱ. 강수량은 A가 B보다 많다.
ㄴ. 용승은 C가 평년보다 강하다.
ㄷ. 평균 해수면 높이는 A가 C보다 높다.

① ㄱ ② ㄷ ③ ㄱ, ㄴ ④ ㄴ, ㄷ ⑤ ㄱ, ㄴ, ㄷ

17. 그림은 대서양의 수온과 염분 분포를, 표는 수괴 A, B, C의 평균 수온과 염분을 나타낸 것이다. A, B, C는 남극 저층수, 남극 중층수, 북대서양 심층수를 순서 없이 나타낸 것이다.

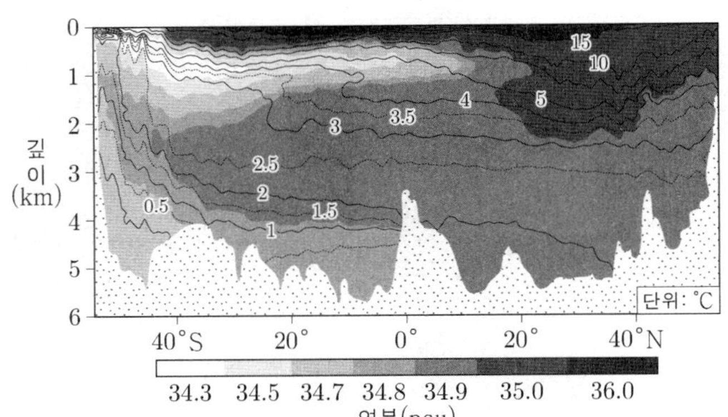

수괴	평균 수온(℃)	평균 염분(psu)
A	2.5	34.9
B	0.4	34.7
C	( )	34.3

이 자료에 대한 설명으로 옳은 것만을 <보기>에서 있는 대로 고른 것은? [3점]

<보 기>

ㄱ. A는 북대서양 심층수이다.
ㄴ. 평균 밀도는 A가 C보다 작다.
ㄷ. B는 주로 남쪽으로 이동한다.

① ㄱ ② ㄴ ③ ㄱ, ㄷ ④ ㄴ, ㄷ ⑤ ㄱ, ㄴ, ㄷ

18. 표는 별 (가)~(라)의 물리량을 나타낸 것이다.

별	표면 온도(K)	절대 등급	반지름($\times 10^6$km)
(가)	6000	+3.8	1
(나)	12000	−1.2	㉠
(다)	( )	−6.2	100
(라)	3000	( )	4

이에 대한 설명으로 옳은 것은?

① ㉠은 25이다.
② (가)의 분광형은 M형에 해당한다.
③ 복사 에너지를 최대로 방출하는 파장은 (다)가 (가)보다 길다.
④ 단위 시간당 방출하는 복사 에너지양은 (나)가 (라)보다 많다.
⑤ (가)와 같은 별 10000개로 구성된 성단의 절대 등급은 (라)의 절대 등급과 같다.

19. 방사성 동위 원소 X, Y가 포함된 어느 화강암에서, 현재 X의 자원소 함량은 X 함량의 3배이고, Y의 자원소 함량은 Y 함량과 같다. 자원소는 모두 각각의 모원소가 붕괴하여 생성된다.

이에 대한 설명으로 옳은 것만을 <보기>에서 있는 대로 고른 것은? [3점]

<보 기>

ㄱ. 화강암의 절대 연령은 Y의 반감기와 같다.
ㄴ. 화강암 생성 당시부터 현재까지 $\frac{\text{모원소 함량}}{\text{모원소 함량} + \text{자원소 함량}}$의 감소량은 X가 Y의 2배이다.
ㄷ. Y의 함량이 현재의 $\frac{1}{2}$이 될 때, X의 자원소 함량은 X 함량의 7배이다.

① ㄱ ② ㄴ ③ ㄱ, ㄷ ④ ㄴ, ㄷ ⑤ ㄱ, ㄴ, ㄷ

20. 그림 (가)는 중심별과 행성이 공통 질량 중심에 대하여 공전하는 원 궤도를, (나)는 중심별의 시선 속도를 시간에 따라 나타낸 것이다. 행성이 A에 위치할 때 중심별의 시선 속도는 −60m/s이고, 행성의 공전 궤도면은 관측자의 시선 방향과 나란하다.

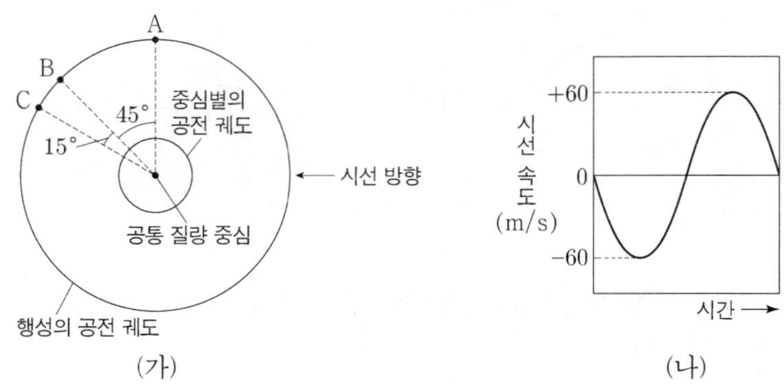

(가) (나)

이에 대한 설명으로 옳은 것만을 <보기>에서 있는 대로 고른 것은? (단, 빛의 속도는 3×10^8m/s이다.) [3점]

<보 기>

ㄱ. 행성의 공전 방향은 A → B → C이다.
ㄴ. 중심별의 스펙트럼에서 500nm의 기준 파장을 갖는 흡수선의 최대 파장 변화량은 0.001nm이다.
ㄷ. 중심별의 시선 속도는 행성이 B를 지날 때가 C를 지날 때의 $\sqrt{2}$ 배이다.

① ㄱ ② ㄴ ③ ㄱ, ㄷ ④ ㄴ, ㄷ ⑤ ㄱ, ㄴ, ㄷ

* 확인 사항
○ 답안지의 해당란에 필요한 내용을 정확히 기입(표기)했는지 확인하시오.

[해설편 p.054]

제 4 교시

과학탐구 영역(지구과학 I)

18회

성명 | 수험번호 | 제 [ ] 선택

1. 다음은 지질 시대의 특징에 대하여 학생 A, B, C가 나눈 대화를 나타낸 것이다. (가), (나), (다)는 각각 고생대, 중생대, 신생대 중 하나이다.

지질 시대	특징
(가)	• 판게아가 분리되기 시작하였다. • 파충류가 번성하였다.
(나)	• 히말라야 산맥이 형성되었다. • 속씨식물이 번성하였다.
(다)	• 육상에 식물이 출현하였다. • 삼엽충이 번성하였다.

제시한 내용이 옳은 학생만을 있는 대로 고른 것은?

① A ② B ③ C ④ A, B ⑤ A, C

2. 그림은 북대서양의 연평균 (증발량 − 강수량) 값 분포를 나타낸 것이다.

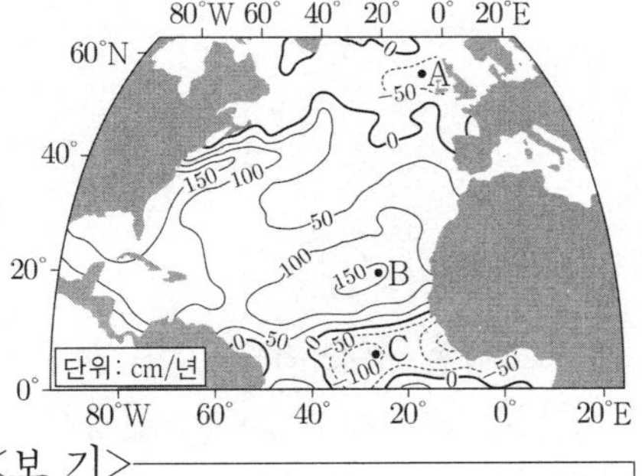

이 자료에 대한 설명으로 옳은 것만을 <보기>에서 있는 대로 고른 것은? [3점]

<보 기>
ㄱ. 연평균 (증발량 − 강수량) 값은 B 지점이 A 지점보다 크다.
ㄴ. B 지점은 대기 대순환에 의해 형성된 저압대에 위치한다.
ㄷ. 표층 염분은 C 지점이 B 지점보다 높다.

① ㄱ ② ㄴ ③ ㄱ, ㄷ ④ ㄴ, ㄷ ⑤ ㄱ, ㄴ, ㄷ

3. 그림은 SiO_2 함량과 결정 크기에 따라 화성암 A, B, C의 상대적인 위치를 나타낸 것이다. A, B, C는 각각 유문암, 현무암, 화강암 중 하나이다.

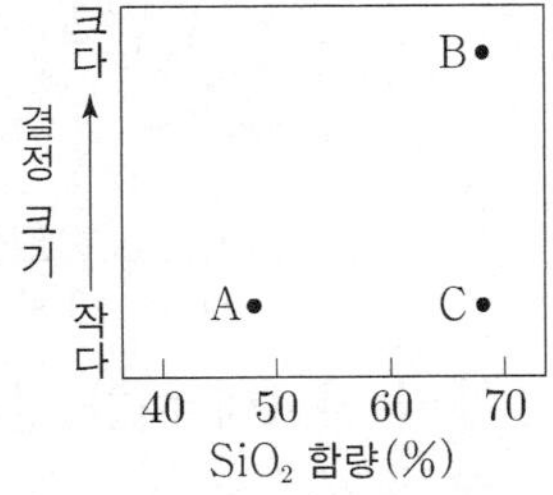

이에 대한 설명으로 옳은 것만을 <보기>에서 있는 대로 고른 것은?

<보 기>
ㄱ. C는 화강암이다.
ㄴ. B는 A보다 천천히 냉각되어 생성된다.
ㄷ. B는 주로 해령에서 생성된다.

① ㄱ ② ㄴ ③ ㄷ ④ ㄱ, ㄴ ⑤ ㄴ, ㄷ

4. 그림 (가)는 대서양에서 시추한 지점 P_1~P_7을 나타낸 것이고, (나)는 각 지점에서 가장 오래된 퇴적물의 연령을 판의 경계로부터 거리에 따라 나타낸 것이다.

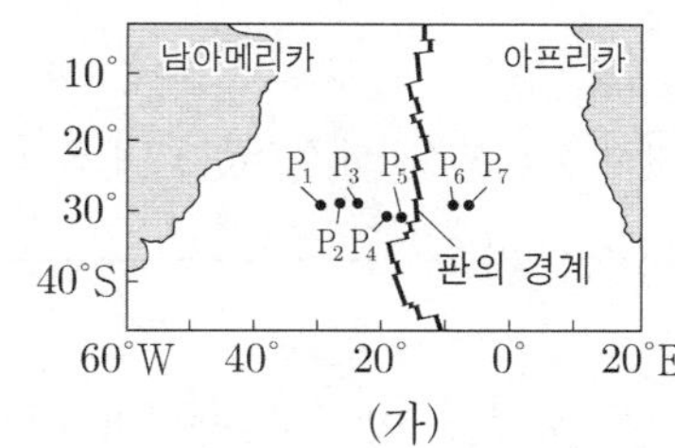

(가)

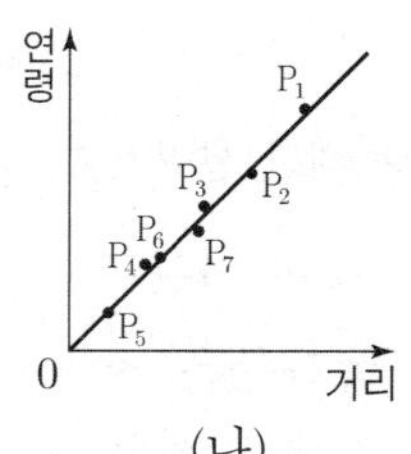

(나)

이에 대한 설명으로 옳은 것만을 <보기>에서 있는 대로 고른 것은?

<보 기>
ㄱ. 가장 오래된 퇴적물의 연령은 P_2가 P_7보다 많다.
ㄴ. 해저 퇴적물의 두께는 P_1에서 P_5로 갈수록 두꺼워진다.
ㄷ. P_3과 P_7 사이의 거리는 점점 증가할 것이다.

① ㄱ ② ㄴ ③ ㄱ, ㄷ ④ ㄴ, ㄷ ⑤ ㄱ, ㄴ, ㄷ

5. 그림 (가)와 (나)는 가시광선으로 관측한 외부 은하와 퀘이사를 나타낸 것이다.

(가) 외부 은하

(나) 퀘이사

이에 대한 설명으로 옳은 것만을 <보기>에서 있는 대로 고른 것은?

<보 기>
ㄱ. (가)는 불규칙 은하이다.
ㄴ. (나)는 항성이다.
ㄷ. (나)는 우리은하로부터 멀어지고 있다.

① ㄱ ② ㄷ ③ ㄱ, ㄴ ④ ㄴ, ㄷ ⑤ ㄱ, ㄴ, ㄷ

6. 그림은 화산 활동으로 형성된 하와이와 그 주변 해산들의 분포를 절대 연령과 함께 나타낸 것이다. B 지점에서 판의 이동 방향은 ㉠과 ㉡ 중 하나이다.

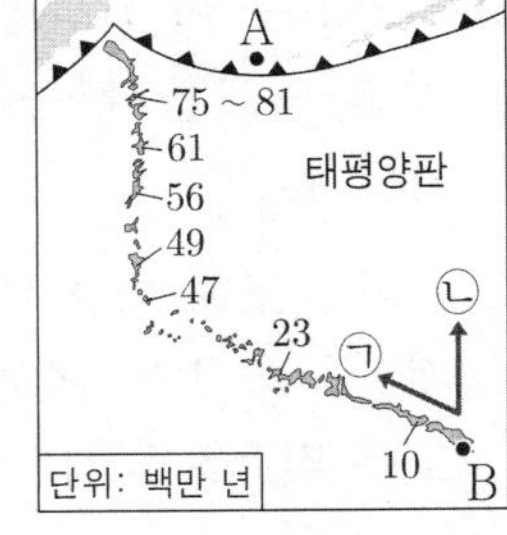

이 자료에 대한 설명으로 옳은 것만을 <보기>에서 있는 대로 고른 것은? [3점]

<보 기>
ㄱ. A 지점의 하부에는 맨틀 대류의 하강류가 있다.
ㄴ. B 지점의 화산은 뜨거운 플룸에 의해 형성되었다.
ㄷ. B 지점에서 판의 이동 방향은 ㉠이다.

① ㄴ ② ㄷ ③ ㄱ, ㄴ ④ ㄱ, ㄷ ⑤ ㄱ, ㄴ, ㄷ

[해설편 p.055]

7. 그림 (가)는 질량이 태양과 같은 주계열성의 내부 구조를, (나)는 이 별의 진화 과정을 나타낸 것이다. A와 B는 각각 대류층과 복사층 중 하나이다.

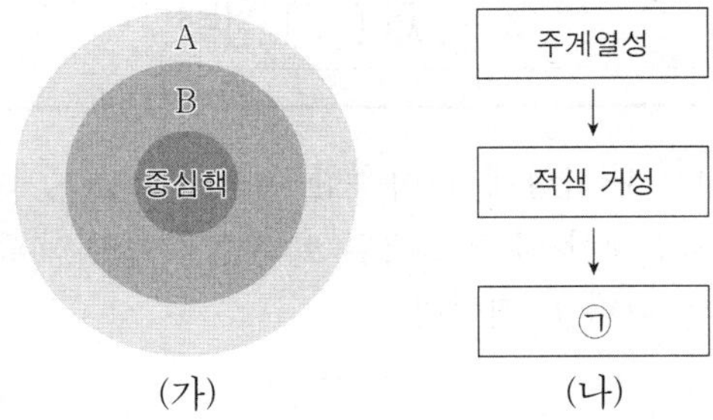

(가) (나)

이에 대한 설명으로 옳은 것만을 <보기>에서 있는 대로 고른 것은?

<보 기>

ㄱ. 복사층은 B이다.
ㄴ. 적색 거성의 중심핵에서는 주로 양성자·양성자 반응(p-p 반응)이 일어난다.
ㄷ. ㉠ 단계의 별 내부에서는 철보다 무거운 원소가 생성된다.

① ㄱ ② ㄴ ③ ㄱ, ㄷ ④ ㄴ, ㄷ ⑤ ㄱ, ㄴ, ㄷ

8. 그림 (가)와 (나)는 어느 날 같은 시각의 지상 일기도와 적외 영상을 나타낸 것이다. 이때 우리나라 주변에는 전선을 동반한 2개의 온대 저기압이 발달하였다.

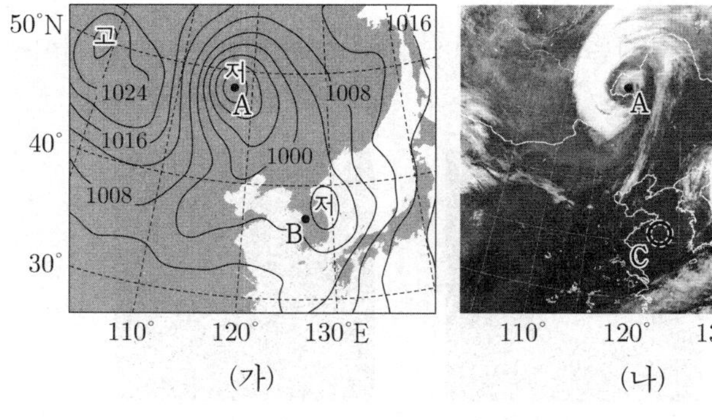

(가) (나)

이 자료에 대한 설명으로 옳은 것만을 <보기>에서 있는 대로 고른 것은? [3점]

<보 기>

ㄱ. A 지점의 저기압은 폐색 전선을 동반하고 있다.
ㄴ. B 지점은 서풍 계열의 바람이 우세하다.
ㄷ. C 지역에는 적란운이 발달해 있다.

① ㄱ ② ㄴ ③ ㄷ ④ ㄱ, ㄴ ⑤ ㄴ, ㄷ

9. 그림은 어느 외계 행성계의 시선 속도를 관측하여 나타낸 것이다.

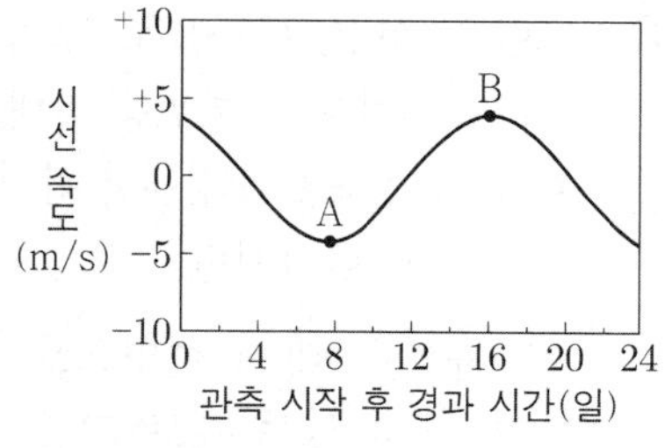

이 자료에 대한 설명으로 옳은 것만을 <보기>에서 있는 대로 고른 것은? [3점]

<보 기>

ㄱ. 행성의 스펙트럼을 관측하여 얻은 자료이다.
ㄴ. A 시기에 행성은 지구로부터 멀어지고 있다.
ㄷ. B 시기에 행성으로 인한 식 현상이 관측된다.

① ㄱ ② ㄴ ③ ㄷ ④ ㄱ, ㄴ ⑤ ㄴ, ㄷ

10. 그림 (가)는 지난 20년간 우리나라에서 관측한 우박의 월별 누적 발생 일수와 월별 평균 크기를 나타낸 것이고, (나)는 뇌우에서 우박이 성장하는 과정을 나타낸 모식도이다.

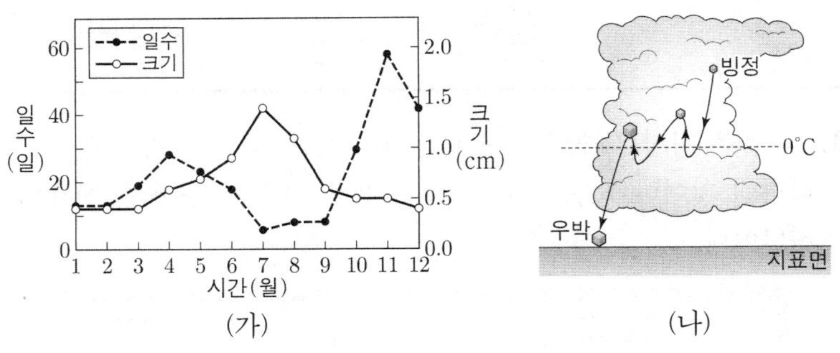

(가) (나)

이 자료에 대한 설명으로 옳은 것만을 <보기>에서 있는 대로 고른 것은?

<보 기>

ㄱ. 우박은 7월에 가장 빈번하게 발생하였다.
ㄴ. (나)에서 빙정이 우박으로 성장하기 위해서는 과냉각 물방울이 필요하다.
ㄷ. 상승 기류는 여름철 우박의 크기가 커지는 주요 원인이다.

① ㄱ ② ㄴ ③ ㄷ ④ ㄱ, ㄴ ⑤ ㄴ, ㄷ

11. 그림은 심층 해수의 연령 분포를 나타낸 것이다. 심층 해수의 연령은 해수가 표층에서 침강한 이후부터 현재까지 경과한 시간을 의미한다.

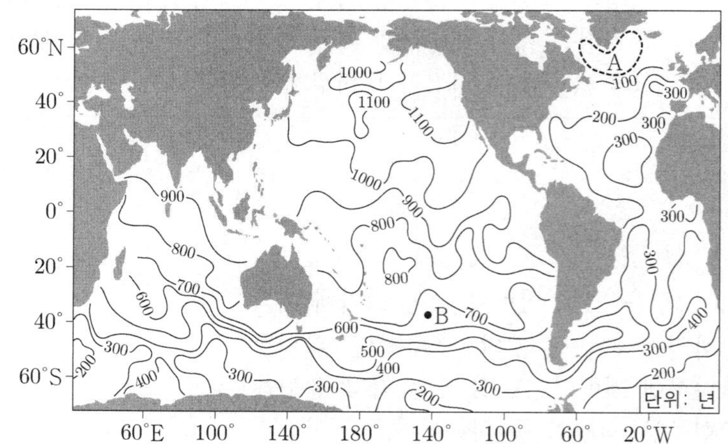

이 자료에 대한 설명으로 옳은 것만을 <보기>에서 있는 대로 고른 것은?

<보 기>

ㄱ. 심층 해수의 평균 연령은 북태평양이 북대서양보다 많다.
ㄴ. A 해역에는 표층 해수가 침강하는 곳이 있다.
ㄷ. B에는 저위도로 흐르는 심층 해수가 있다.

① ㄱ ② ㄷ ③ ㄱ, ㄴ ④ ㄴ, ㄷ ⑤ ㄱ, ㄴ, ㄷ

[해설편 p.055]

12. 다음은 기후 변화 요인 중 지구 자전축 기울기 변화의 영향을 알아보기 위한 탐구이다.

〔탐구 과정〕

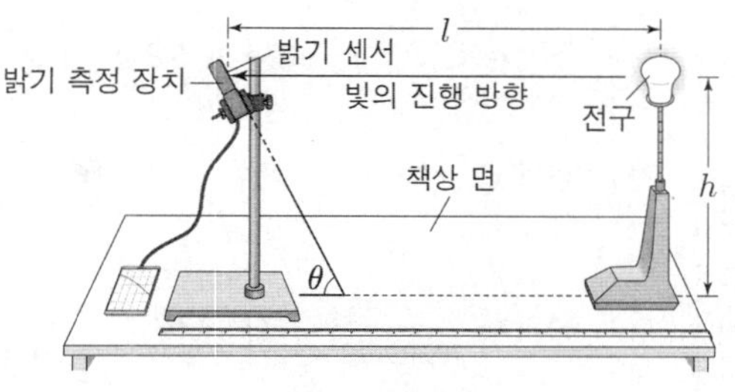

(가) 실험실을 어둡게 한 후 그림과 같이 밝기 측정 장치와 전구를 설치하고 전원을 켠다.
(나) 각도기를 사용하여 ㉠밝기 측정 장치와 책상 면이 이루는 각(θ)이 70°가 되도록 한다.
(다) 밝기 센서에 측정된 밝기(lux)를 기록한다.
(라) 밝기 센서에서 전구까지의 거리(l)와 밝기 센서의 높이(h)를 일정하게 유지하면서, θ를 10°씩 줄이며 20°가 될 때까지 (다)의 과정을 반복한다.

〔탐구 결과〕

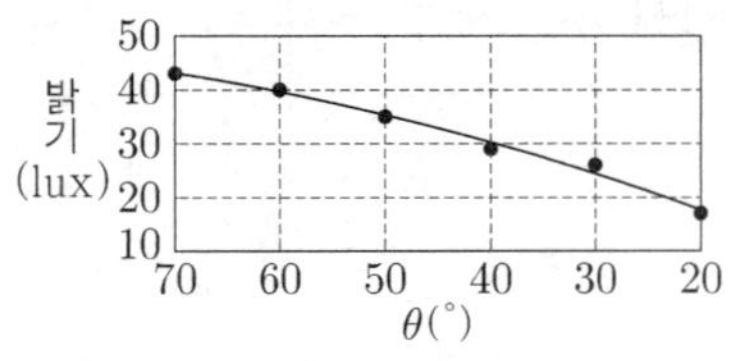

이에 대한 설명으로 옳은 것만을 <보기>에서 있는 대로 고른 것은? [3점]

<보 기>
ㄱ. ㉠의 크기는 '태양의 남중 고도'에 해당한다.
ㄴ. 측정된 밝기는 θ가 클수록 감소한다.
ㄷ. 다른 요인의 변화가 없다면 지구 자전축의 기울기가 커질수록 우리나라 기온의 연교차는 감소한다.

① ㄱ ② ㄴ ③ ㄱ, ㄷ ④ ㄴ, ㄷ ⑤ ㄱ, ㄴ, ㄷ

13. 그림은 동태평양 적도 부근 해역에서 관측된 수온 편차 분포를 깊이에 따라 나타낸 것이다. (가)와 (나)는 각각 엘니뇨와 라니냐 시기 중 하나이다. 편차는 (관측값 − 평년값)이다.

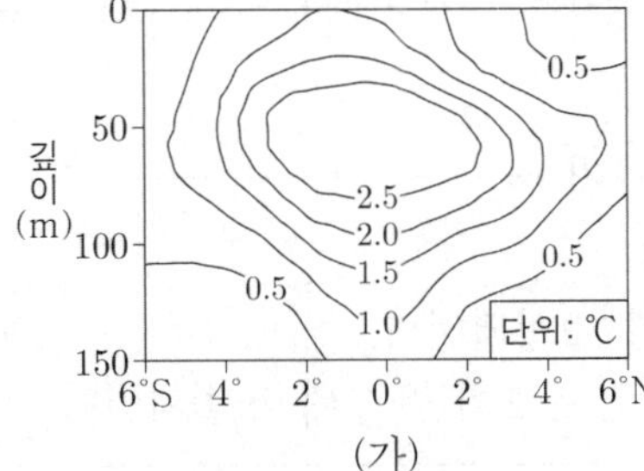

(가)

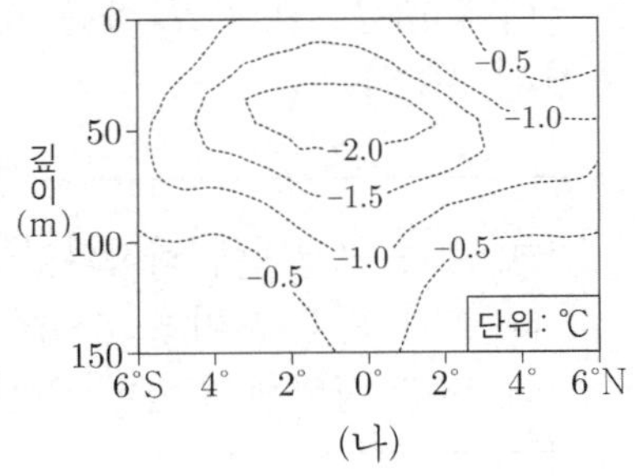

(나)

이 해역에 대한 설명으로 옳은 것만을 <보기>에서 있는 대로 고른 것은? [3점]

<보 기>
ㄱ. (가)는 엘니뇨 시기이다.
ㄴ. 용승은 (나)일 때가 (가)일 때보다 강하다.
ㄷ. (나)일 때 해수면의 높이 편차는 (−) 값이다.

① ㄱ ② ㄷ ③ ㄱ, ㄴ ④ ㄴ, ㄷ ⑤ ㄱ, ㄴ, ㄷ

14. 그림은 분광형이 서로 다른 별 (가), (나), (다)가 방출하는 복사 에너지의 상대적 세기를 파장에 따라 나타낸 것이다. (가)의 분광형은 O형이고, (나)와 (다)는 각각 A형과 G형 중 하나이다.

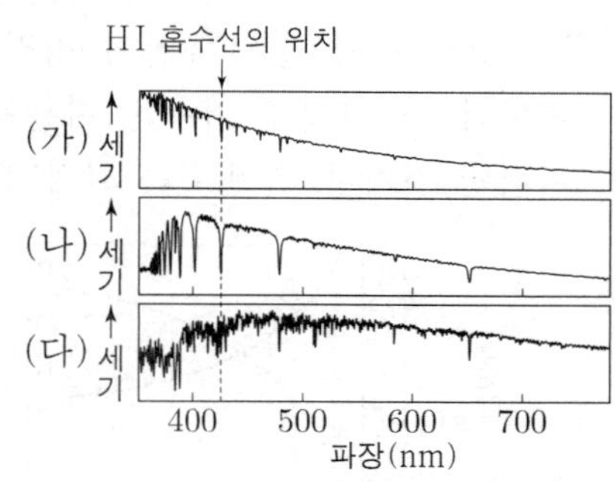

이 자료에 대한 설명으로 옳은 것만을 <보기>에서 있는 대로 고른 것은? [3점]

<보 기>
ㄱ. HI 흡수선의 세기는 (가)가 (나)보다 강하게 나타난다.
ㄴ. 복사 에너지를 최대로 방출하는 파장은 (나)가 (다)보다 길다.
ㄷ. 표면 온도는 (나)가 태양보다 높다.

① ㄱ ② ㄴ ③ ㄷ ④ ㄱ, ㄴ ⑤ ㄴ, ㄷ

15. 그림 (가)와 (나)는 현재와 과거 어느 시기의 우주 구성 요소 비율을 순서 없이 나타낸 것이다. A, B, C는 각각 보통 물질, 암흑 물질, 암흑 에너지 중 하나이다.

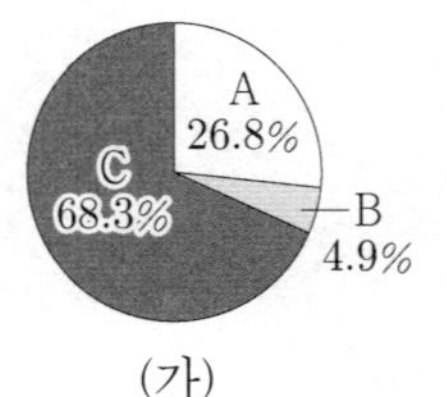

(가)

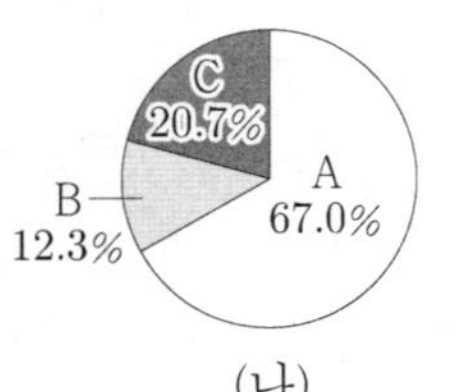

(나)

이에 대한 설명으로 옳은 것만을 <보기>에서 있는 대로 고른 것은?

<보 기>
ㄱ. (가)일 때 우주는 가속 팽창하고 있다.
ㄴ. B는 전자기파로 관측할 수 있다.
ㄷ. $\frac{\text{A의 비율}}{\text{C의 비율}}$은 (가)일 때와 (나)일 때 같다.

① ㄱ ② ㄴ ③ ㄷ ④ ㄱ, ㄴ ⑤ ㄴ, ㄷ

18회

16. 그림 (가)는 어느 쇄설성 퇴적층의 단면을, (나)는 속성 작용이 일어나는 동안 (가)의 모래층에서 모래 입자 사이 공간(㉠)의 부피 변화를 나타낸 것이다.

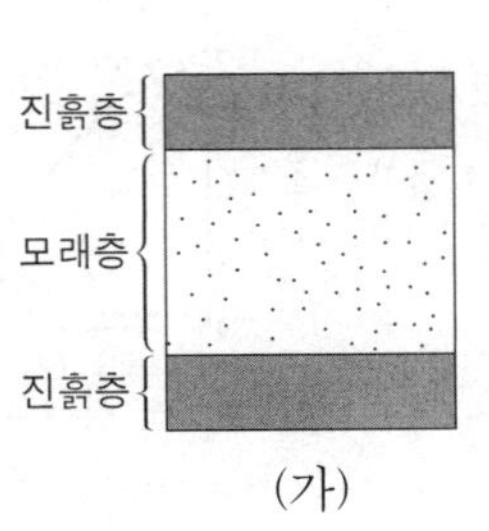

(가)

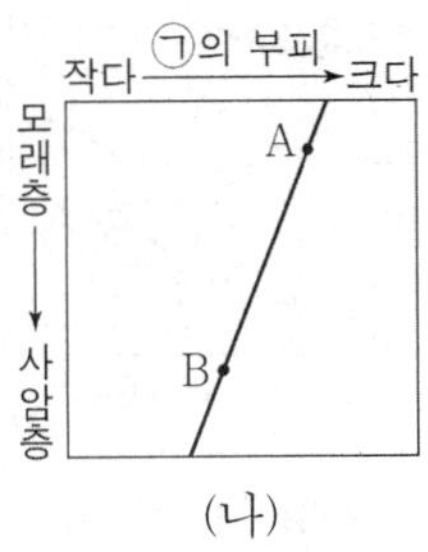

(나)

(가)의 모래층에서 속성 작용이 일어나는 동안 나타나는 변화에 대한 설명으로 옳은 것만을 <보기>에서 있는 대로 고른 것은?

<보 기>
ㄱ. ㉠에 교결 물질이 침전된다.
ㄴ. 밀도는 증가한다.
ㄷ. 단위 부피당 모래 입자의 개수는 A에서 B로 갈수록 감소한다.

① ㄱ ② ㄷ ③ ㄱ, ㄴ ④ ㄴ, ㄷ ⑤ ㄱ, ㄴ, ㄷ

17. 그림 (가)는 별의 질량에 따라 주계열 단계에 도달하였을 때의 광도와 이 단계에 머무는 시간을, (나)는 주계열성을 H-R도에 나타낸 것이다. A와 B는 각각 광도와 시간 중 하나이다.

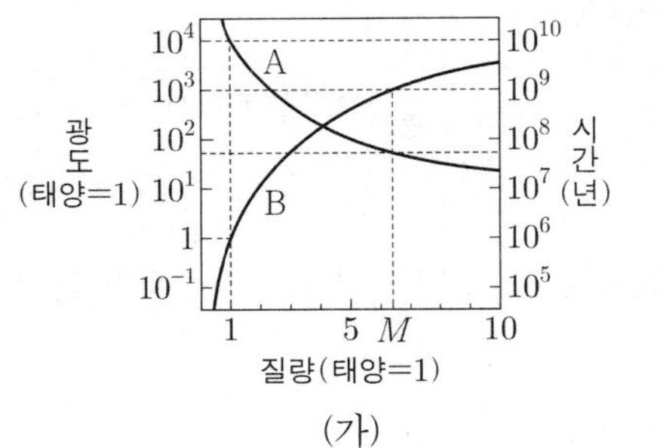

(가)

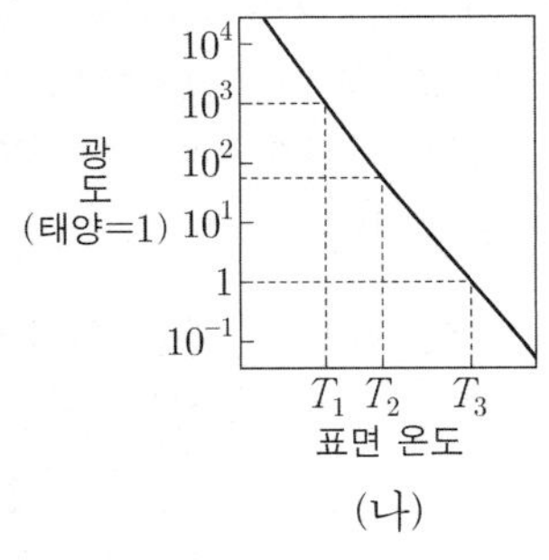

(나)

이 자료에 대한 설명으로 옳은 것만을 <보기>에서 있는 대로 고른 것은? [3점]

<보 기>

ㄱ. B는 광도이다.
ㄴ. 질량이 M인 별의 표면 온도는 T_2이다.
ㄷ. 표면 온도가 T_3인 별은 T_1인 별보다 주계열 단계에 머무는 시간이 100배 이상 길다.

① ㄱ ② ㄴ ③ ㄱ, ㄷ ④ ㄴ, ㄷ ⑤ ㄱ, ㄴ, ㄷ

18. 그림 (가)와 (나)는 어느 날 동일한 태풍의 영향을 받은 우리나라 관측소 A와 B에서 측정한 기압, 풍속, 풍향의 변화를 순서 없이 나타낸 것이다.

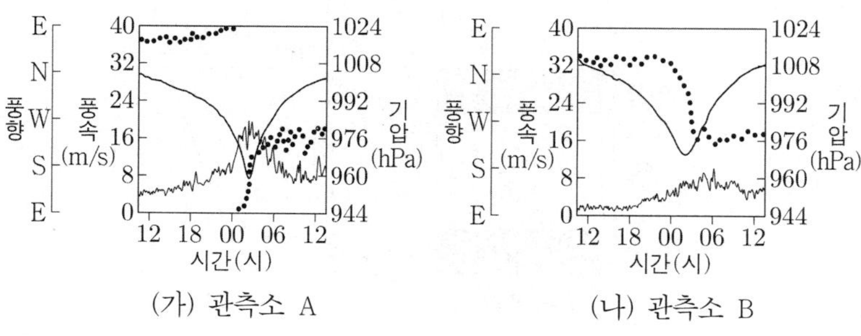

(가) 관측소 A (나) 관측소 B

이 자료에 대한 설명으로 옳은 것만을 <보기>에서 있는 대로 고른 것은?

<보 기>

ㄱ. 최대 풍속은 B가 A보다 크다.
ㄴ. 태풍 중심까지의 최단 거리는 A가 B보다 가깝다.
ㄷ. B는 태풍의 안전 반원에 위치한다.

① ㄱ ② ㄴ ③ ㄱ, ㄷ ④ ㄴ, ㄷ ⑤ ㄱ, ㄴ, ㄷ

19. 그림은 우주의 나이가 38만 년일 때 A와 B의 위치에서 출발한 우주 배경 복사를 우리은하에서 관측하는 상황을 가정하여 나타낸 것이다. (가)와 (나)는 우주의 나이가 각각 138억 년과 60억 년일 때이다.

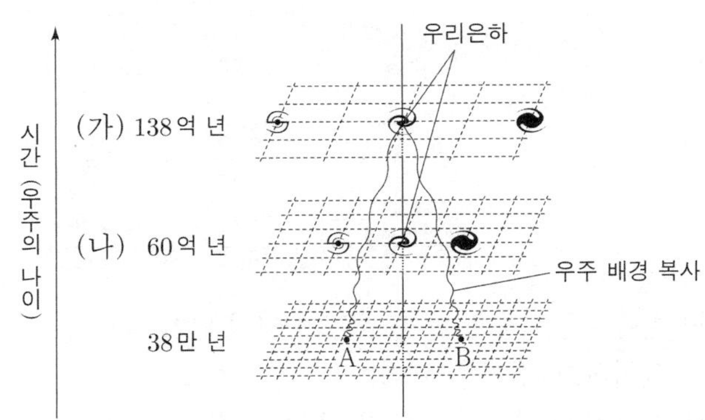

이에 대한 설명으로 옳은 것만을 <보기>에서 있는 대로 고른 것은? [3점]

<보 기>

ㄱ. A와 B로부터 출발한 우주 배경 복사의 온도가 (가)에서 거의 같게 측정되는 것은 우주의 급팽창으로 설명된다.
ㄴ. (나)에서 측정되는 우주 배경 복사의 온도는 2.7 K보다 높다.
ㄷ. A에서 출발한 우주 배경 복사는 (나)의 우리은하에 도달한다.

① ㄱ ② ㄷ ③ ㄱ, ㄴ ④ ㄴ, ㄷ ⑤ ㄱ, ㄴ, ㄷ

20. 그림 (가)는 어느 지역의 지질 단면도로, A~E는 퇴적암, F와 G는 화성암, $f-f'$은 단층이다. 그림 (나)는 F와 G에 포함된 방사성 원소 X의 함량을 붕괴 곡선에 나타낸 것이다. X의 반감기는 1억 년이다.

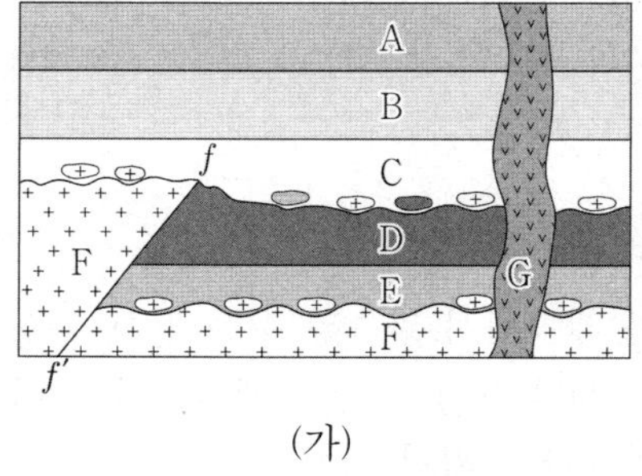

(가)

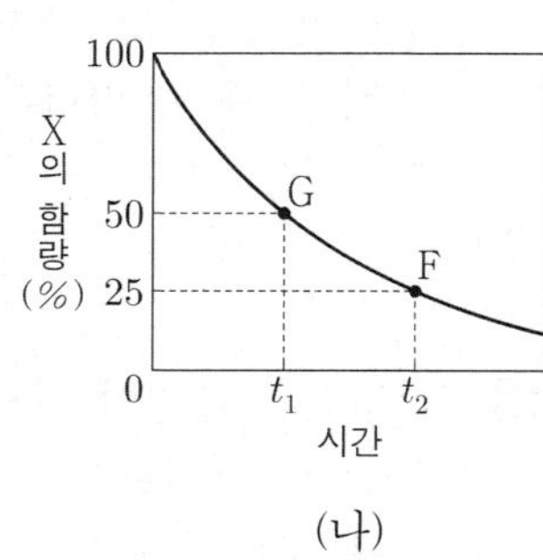

(나)

이에 대한 설명으로 옳은 것만을 <보기>에서 있는 대로 고른 것은? [3점]

<보 기>

ㄱ. A는 고생대에 퇴적되었다.
ㄴ. D가 퇴적된 이후 $f-f'$이 형성되었다.
ㄷ. 단층 상반에 위치한 F는 최소 2회 육상에 노출되었다.

① ㄴ ② ㄷ ③ ㄱ, ㄴ ④ ㄴ, ㄷ ⑤ ㄱ, ㄴ, ㄷ

* 확인 사항
○ 답안지의 해당란에 필요한 내용을 정확히 기입(표기)했는지 확인하시오.

[해설편 p.057]

제 4 교시

과학탐구 영역[지구과학 I]

19회

성명 | 수험 번호 | 제 [ ] 선택

1. 다음은 어느 지층의 퇴적 구조에 대한 학생 A, B, C의 대화를 나타낸 것이다.

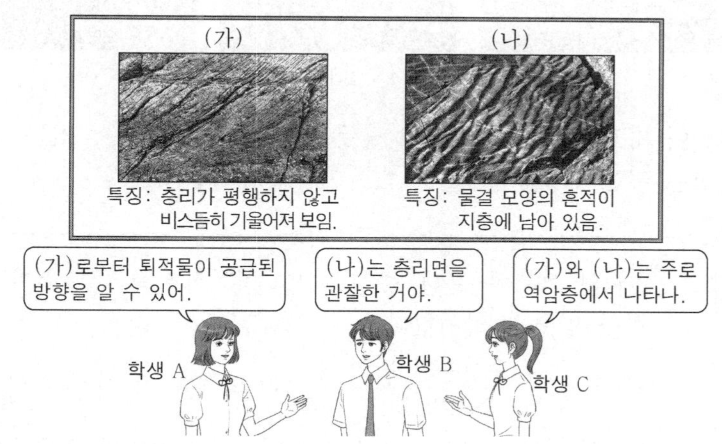

제시한 내용이 옳은 학생만을 있는 대로 고른 것은?

① A ② C ③ A, B ④ B, C ⑤ A, B, C

2. 그림 (가), (나), (다)는 습곡, 포획, 절리를 순서 없이 나타낸 것이다.

(가) (나) (다)

이에 대한 설명으로 옳은 것만을 <보기>에서 있는 대로 고른 것은? [3점]

<보 기>

ㄱ. (가)는 (나)보다 깊은 곳에서 형성되었다.
ㄴ. (나)는 수축에 의해 형성되었다.
ㄷ. (다)에서 A는 B보다 먼저 생성되었다.

① ㄱ ② ㄷ ③ ㄱ, ㄴ ④ ㄴ, ㄷ ⑤ ㄱ, ㄴ, ㄷ

3. 그림은 별의 분광형에 따른 흡수선의 상대적 세기를 나타낸 것이다.

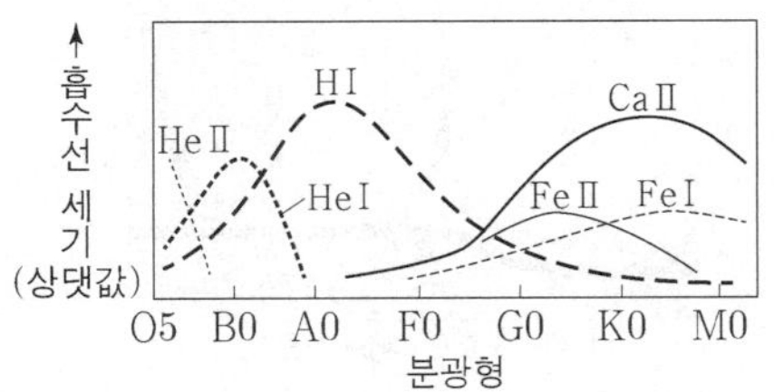

이 자료에 대한 설명으로 옳은 것만을 <보기>에서 있는 대로 고른 것은?

<보 기>

ㄱ. 흰색 별에서 H I 흡수선이 Ca II 흡수선보다 강하게 나타난다.
ㄴ. 주계열에서 B0형보다 표면 온도가 높은 별일수록 H I 흡수선의 세기가 강해진다.
ㄷ. 태양과 광도가 같고 반지름이 작은 별의 Ca II 흡수선은 G2형 별보다 강하게 나타난다.

① ㄱ ② ㄴ ③ ㄱ, ㄷ ④ ㄴ, ㄷ ⑤ ㄱ, ㄴ, ㄷ

4. 다음은 해수의 염분에 영향을 미치는 요인을 알아보기 위한 실험이다.

[실험 과정]

(가) 염분이 34.5psu인 소금물 900mL를 만들고, 3개의 비커에 각각 300mL씩 나눠 담는다.

(나) 각 비커의 소금물에 다음과 같이 각각 다른 과정을 수행한다.

과정	실험 방법
A	증류수 100mL를 넣어 섞는다.
B	10분간 가열하여 증발시킨다.
C	표층이 얼음으로 덮일 정도까지 천천히 얼린다.

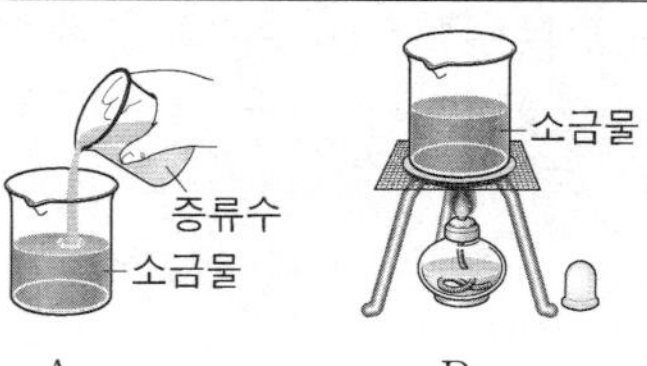

A B C

(다) 각 비커에 있는 소금물의 염분을 측정하여 기록한다.

[실험 결과]

과정	A	B	C
염분(psu)	㉠	㉡	㉢

이에 대한 설명으로 옳은 것만을 <보기>에서 있는 대로 고른 것은? [3점]

<보 기>

ㄱ. 담수의 유입에 의한 염분 변화를 알아보기 위한 과정은 A에 해당한다.
ㄴ. 실험 결과에서 34.5보다 큰 값은 ㉡과 ㉢이다.
ㄷ. 남극 저층수가 형성되는 과정은 C에 해당한다.

① ㄱ ② ㄴ ③ ㄱ, ㄷ ④ ㄴ, ㄷ ⑤ ㄱ, ㄴ, ㄷ

5. 그림 (가)와 (나)는 서로 다른 계절에 관측된 우리나라 주변 표층 해류의 평균 속력과 이동 방향을 나타낸 것이다.

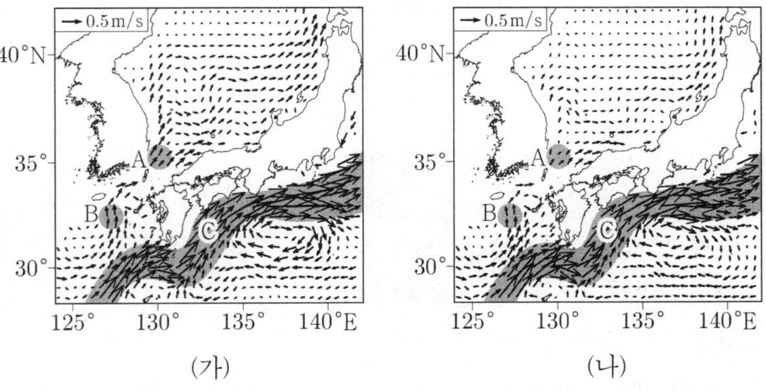

(가) (나)

이 자료에 대한 설명으로 옳은 것만을 <보기>에서 있는 대로 고른 것은?

<보 기>

ㄱ. (가)와 (나)의 평균 속력 차는 해역 A보다 B에서 크다.
ㄴ. 동한 난류의 평균 속력은 (나)보다 (가)가 빠르다.
ㄷ. 해역 C에 흐르는 해류는 북태평양 아열대 순환의 일부이다.

① ㄱ ② ㄴ ③ ㄷ ④ ㄱ, ㄴ ⑤ ㄴ, ㄷ

[해설편 p.058]

6. 그림 (가)는 지하 온도 분포와 암석의 용융 곡선 ㉠, ㉡, ㉢을, (나)는 마그마가 분출되는 지역 A와 B를 나타낸 것이다.

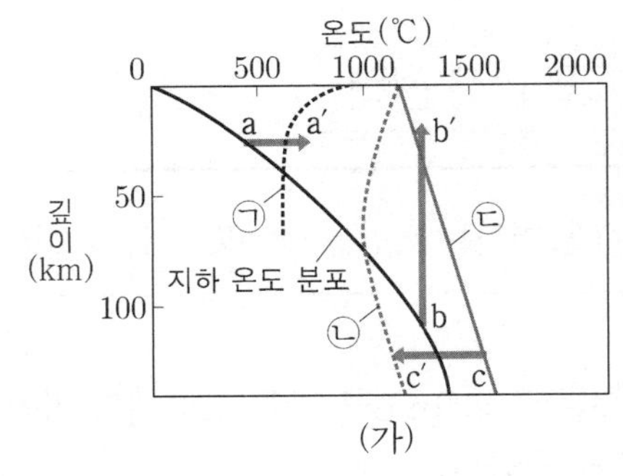

(가)

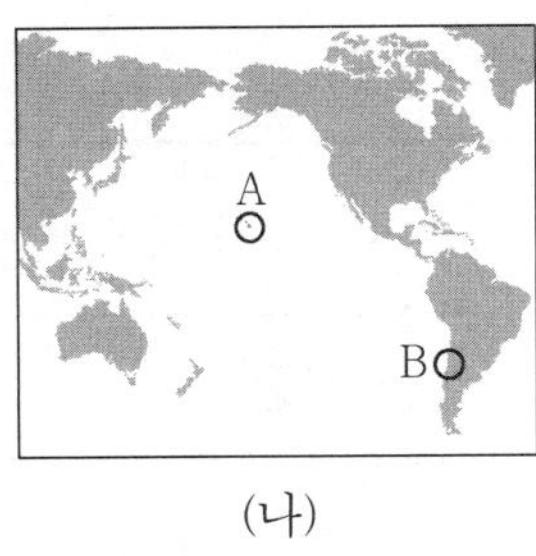

(나)

이에 대한 설명으로 옳은 것만을 <보기>에서 있는 대로 고른 것은?

<보 기>

ㄱ. (가)에서 물이 포함된 암석의 용융 곡선은 ㉠과 ㉡이다.
ㄴ. B에서는 주로 현무암질 마그마가 분출된다.
ㄷ. A에서 분출되는 마그마는 주로 $c \rightarrow c'$ 과정에 의해 생성된다.

① ㄱ ② ㄴ ③ ㄷ ④ ㄱ, ㄷ ⑤ ㄴ, ㄷ

7. 그림은 대서양의 해저면에서 판의 경계를 가로지르는 $P_1 - P_6$ 구간을, 표는 각 지점의 연직 방향에 있는 해수면상에서 음파를 발사하여 해저면에 반사되어 되돌아오는 데 걸리는 시간을 나타낸 것이다.

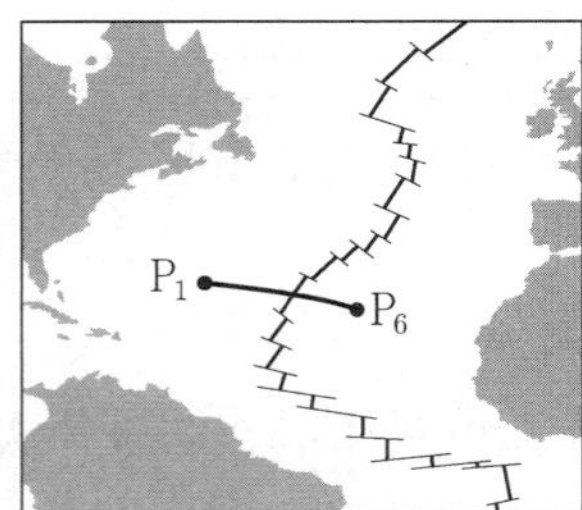

지점	P_1로부터의 거리(km)	시간(초)
P_1	0	7.70
P_2	420	7.36
P_3	840	6.14
P_4	1260	3.95
P_5	1680	6.55
P_6	2100	6.97

이 자료에 대한 설명으로 옳은 것만을 <보기>에서 있는 대로 고른 것은? (단, 해수에서 음파의 속도는 일정하다.)

<보 기>

ㄱ. 수심은 P_6이 P_4보다 깊다.
ㄴ. $P_3 - P_5$ 구간에는 발산형 경계가 있다.
ㄷ. 해양 지각의 나이는 P_4가 P_2보다 많다.

① ㄱ ② ㄷ ③ ㄱ, ㄴ ④ ㄴ, ㄷ ⑤ ㄱ, ㄴ, ㄷ

8. 그림은 어느 외계 행성과 중심별이 공통 질량 중심을 중심으로 공전하는 모습을 나타낸 것이다. 행성은 원 궤도를 따라 공전하며, 공전 궤도면은 관측자의 시선 방향과 나란하다.

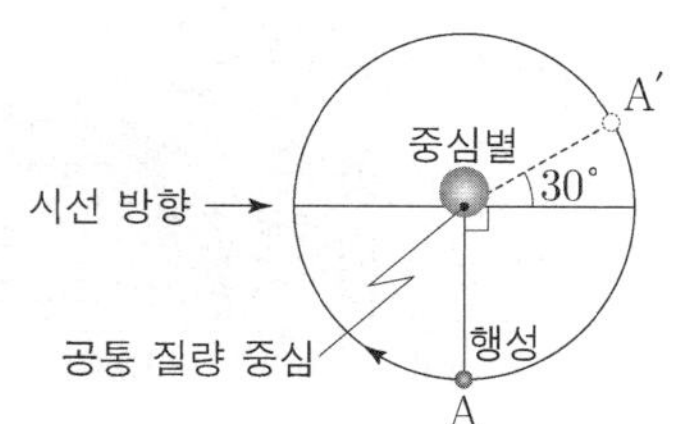

이에 대한 설명으로 옳은 것만을 <보기>에서 있는 대로 고른 것은?

<보 기>

ㄱ. 식 현상을 이용하여 행성의 존재를 확인할 수 있다.
ㄴ. 행성이 A를 지날 때 중심별의 청색 편이가 나타난다.
ㄷ. 중심별의 어느 흡수선의 파장 변화 크기는 행성이 A를 지날 때가 A′를 지날 때의 2배이다.

① ㄱ ② ㄴ ③ ㄱ, ㄷ ④ ㄴ, ㄷ ⑤ ㄱ, ㄴ, ㄷ

9. 그림 (가), (나), (다)는 각각 세이퍼트은하, 퀘이사, 전파 은하의 영상을 나타낸 것이다. (가)와 (나)는 가시광선 영상이고, (다)는 가시광선과 전파로 관측하여 합성한 영상이다.

(가)

(나)

(다)

이 자료에 대한 설명으로 옳은 것만을 <보기>에서 있는 대로 고른 것은? [3점]

<보 기>

ㄱ. (가)와 (다)의 은하 중심부 별들의 회전축은 관측자의 시선 방향과 일치한다.
ㄴ. 각 은하의 $\frac{\text{중심부의 밝기}}{\text{전체의 밝기}}$는 (나)의 은하가 가장 크다.
ㄷ. (다)의 제트는 은하의 중심에서 방출되는 별들의 흐름이다.

① ㄱ ② ㄴ ③ ㄷ ④ ㄱ, ㄴ ⑤ ㄴ, ㄷ

10. 그림 (가)는 대서양의 해수 순환의 모식도를, (나)는 ㉠과 ㉡에서 형성되는 각각의 수괴를 수온-염분도에 A와 B로 순서 없이 나타낸 것이다.

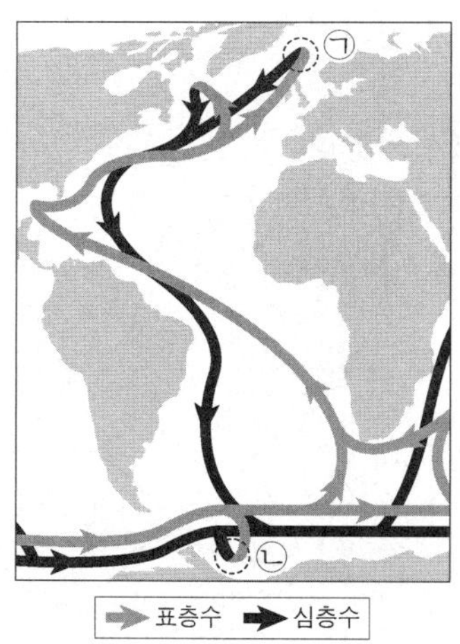

(가)

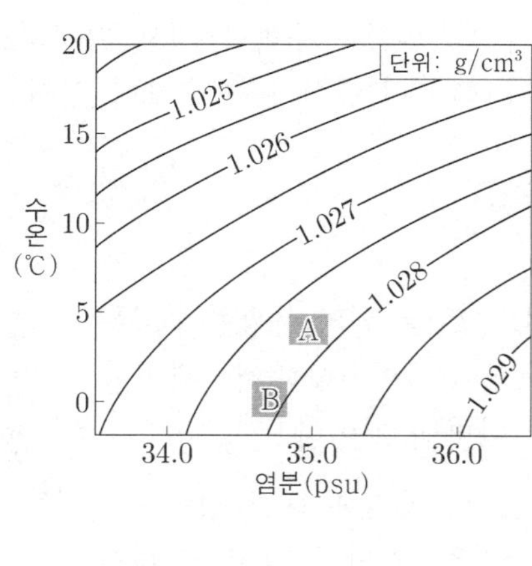

(나)

이에 대한 설명으로 옳은 것만을 <보기>에서 있는 대로 고른 것은? [3점]

<보 기>

ㄱ. ㉡에서 형성되는 수괴는 A에 해당한다.
ㄴ. A와 B는 심층 해수에 산소를 공급한다.
ㄷ. 심층 순환은 표층 순환보다 느리다.

① ㄱ ② ㄴ ③ ㄱ, ㄷ ④ ㄴ, ㄷ ⑤ ㄱ, ㄴ, ㄷ

11. 그림 (가)는 지구의 플룸 구조 모식도이고, (나)는 판의 경계와 열점의 분포를 나타낸 것이다. (가)의 ㉠~㉣은 플룸이 상승하거나 하강하는 곳이고, 이들의 대략적 위치는 각각 (나)의 A~D 중 하나이다.

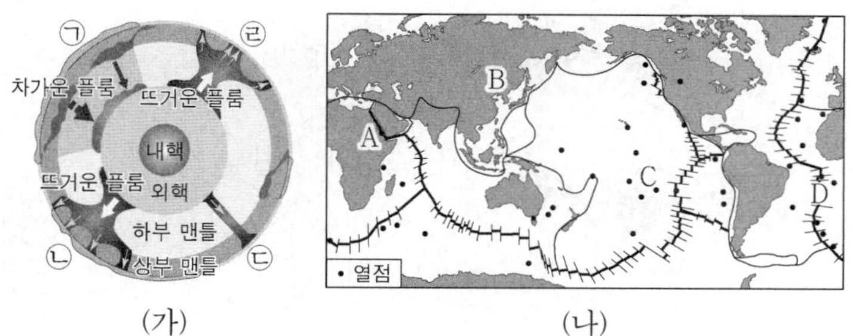

(가) (나)

이에 대한 설명으로 옳은 것만을 <보기>에서 있는 대로 고른 것은? [3점]

<보 기>
ㄱ. A는 ㉠에 해당한다.
ㄴ. 열점은 판과 같은 방향과 속력으로 움직인다.
ㄷ. 대규모의 뜨거운 플룸은 맨틀과 외핵의 경계부에서 생성된다.

① ㄱ ② ㄷ ③ ㄱ, ㄴ ④ ㄴ, ㄷ ⑤ ㄱ, ㄴ, ㄷ

12. 표는 질량이 서로 다른 별 A~D의 물리적 성질을, 그림은 별 A와 D를 H-R도에 나타낸 것이다. $L_{\odot}$는 태양 광도이다.

별	표면 온도 (K)	광도 ($L_{\odot}$)
A	( )	( )
B	3500	100000
C	20000	10000
D	( )	( )

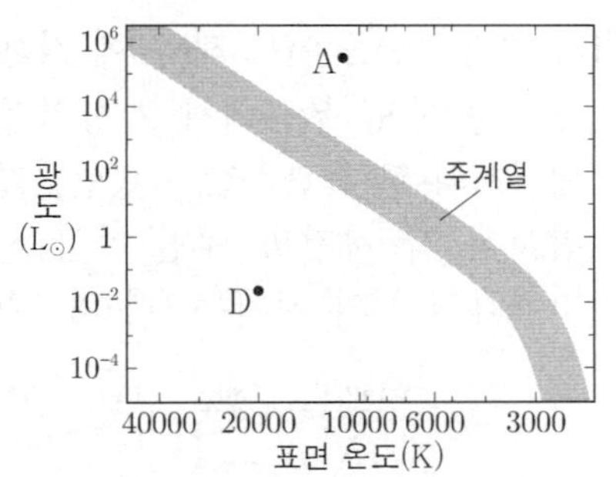

이 자료에 대한 설명으로 옳은 것만을 <보기>에서 있는 대로 고른 것은? [3점]

<보 기>
ㄱ. A와 B는 적색 거성이다.
ㄴ. 반지름은 B > C > D이다.
ㄷ. C의 나이는 태양보다 적다.

① ㄱ ② ㄷ ③ ㄱ, ㄴ ④ ㄴ, ㄷ ⑤ ㄱ, ㄴ, ㄷ

13. 그림은 지구 자전축 경사각의 변화를 나타낸 것이다.

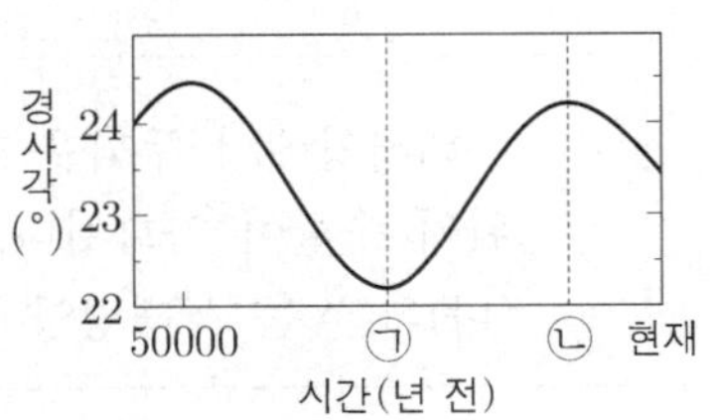

이에 대한 설명으로 옳은 것만을 <보기>에서 있는 대로 고른 것은? (단, 지구 자전축 경사각 이외의 요인은 변하지 않는다.)

<보 기>
ㄱ. 30°S에서 기온의 연교차는 현재가 ㉡ 시기보다 작다.
ㄴ. 30°N에서 겨울철 태양의 남중 고도는 현재가 ㉠ 시기보다 높다.
ㄷ. 1년 동안 지구에 입사하는 평균 태양 복사 에너지양은 ㉠ 시기가 ㉡ 시기보다 많다.

① ㄱ ② ㄴ ③ ㄷ ④ ㄱ, ㄴ ⑤ ㄱ, ㄷ

14. 그림 (가)는 어느 지역의 지질 단면을, (나)는 방사성 원소 X에 의해 생성된 자원소 Y의 함량을 시간에 따라 나타낸 것이다. 화성암 A, B, C에는 X와 Y가 포함되어 있으며, Y는 모두 X의 붕괴 결과 생성되었다. 현재 C에 있는 X와 Y의 함량은 같다.

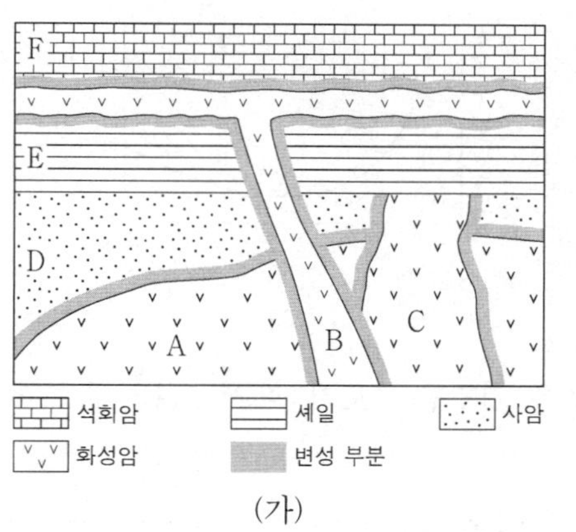

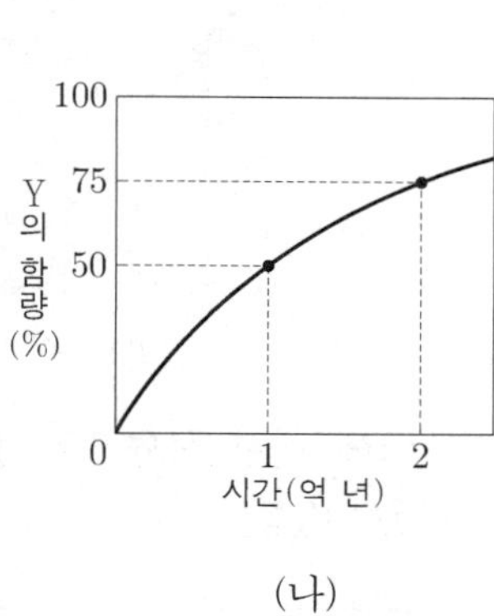

(가) (나)

이에 대한 설명으로 옳은 것만을 <보기>에서 있는 대로 고른 것은? [3점]

<보 기>
ㄱ. D는 화폐석이 번성하던 시대에 생성되었다.
ㄴ. $\frac{\text{Y의 함량}}{\text{X의 함량}}$은 A가 B보다 크다.
ㄷ. 암석의 생성 순서는 D → A → C → E → B → F이다.

① ㄱ ② ㄴ ③ ㄷ ④ ㄱ, ㄴ ⑤ ㄴ, ㄷ

19회

15. 그림 (가)와 (나)는 어느 온대 저기압이 우리나라를 지날 때 12시간 간격으로 작성한 지상 일기도를 순서대로 나타낸 것이다. 일기 기호는 A 지점에서 관측한 기상 요소를 표시한 것이다.

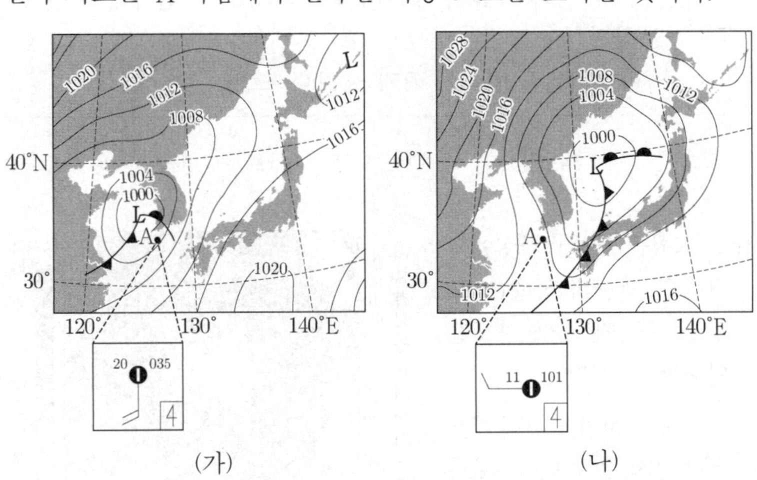

(가) (나)

이 자료에 대한 설명으로 옳은 것만을 <보기>에서 있는 대로 고른 것은?

<보 기>
ㄱ. A 지점의 풍향은 시계 방향으로 바뀌었다.
ㄴ. 한랭 전선이 통과한 후에 A에서의 기온은 9°C 하강하였다.
ㄷ. 온난 전선면과 한랭 전선면은 각각 전선으로부터 지표상의 공기가 더 차가운 쪽에 위치한다.

① ㄱ ② ㄷ ③ ㄱ, ㄴ ④ ㄴ, ㄷ ⑤ ㄱ, ㄴ, ㄷ

16. 그림 (가)는 현재 우주를 구성하는 요소 A, B, C의 상대적 비율을 나타낸 것이고, (나)는 빅뱅 이후 현재까지 우주의 팽창 속도를 추정하여 나타낸 것이다. A, B, C는 각각 보통 물질, 암흑 물질, 암흑 에너지 중 하나이다.

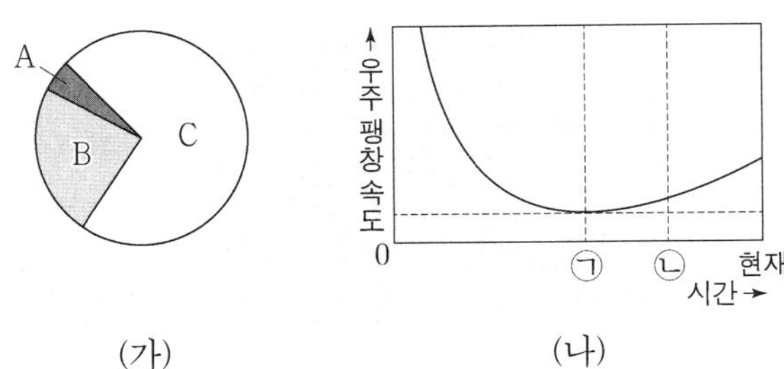

(가) (나)

이에 대한 설명으로 옳은 것만을 <보기>에서 있는 대로 고른 것은? [3점]

<보 기>

ㄱ. 우주가 팽창하는 동안 C가 차지하는 비율은 증가한다.
ㄴ. ㉠ 시기에 우주는 팽창하지 않았다.
ㄷ. 우주 팽창에 미치는 B의 영향은 ㉡ 시기가 ㉠ 시기보다 크다.

① ㄱ ② ㄴ ③ ㄷ ④ ㄱ, ㄴ ⑤ ㄱ, ㄷ

17. 그림 (가)는 우주론 A에 의한 우주의 크기를, (나)는 우주론 B에 의한 우주의 온도를 나타낸 것이다. A와 B는 우주 팽창을 설명한다.

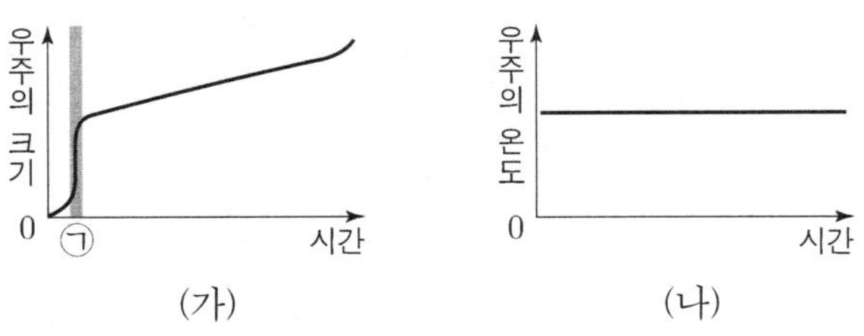

(가) (나)

이에 대한 설명으로 옳은 것만을 <보기>에서 있는 대로 고른 것은?

<보 기>

ㄱ. 우주 배경 복사가 우주의 양쪽 반대편 지평선에서 거의 같게 관측되는 것은 (가)의 ㉠ 시기에 일어난 팽창으로 설명된다.
ㄴ. A는 수소와 헬륨의 질량비가 거의 3 : 1로 관측되는 결과와 부합된다.
ㄷ. 우주의 밀도 변화는 B가 A보다 크다.

① ㄱ ② ㄷ ③ ㄱ, ㄴ ④ ㄴ, ㄷ ⑤ ㄱ, ㄴ, ㄷ

18. 그림은 북반구 해상에서 관측한 태풍의 하층(고도 2km 수평면) 풍속 분포를 나타낸 것이다.

이에 대한 설명으로 옳은 것만을 <보기>에서 있는 대로 고른 것은? (단, 등압선은 태풍의 이동 방향 축에 대해 대칭이라고 가정한다.) [3점]

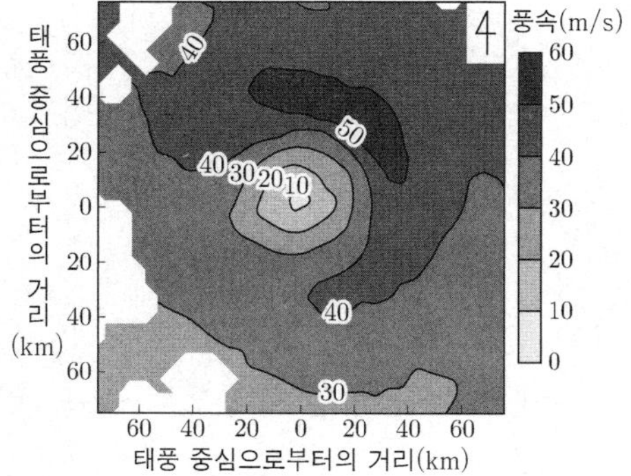

<보 기>

ㄱ. 태풍은 북동 방향으로 이동하고 있다.
ㄴ. 태풍 중심 부근의 해역에서 수온 약층의 차가운 물이 용승한다.
ㄷ. 태풍의 상층 공기는 반시계 방향으로 불어 나간다.

① ㄱ ② ㄴ ③ ㄷ ④ ㄱ, ㄴ ⑤ ㄴ, ㄷ

19. 그림 (가)와 (나)는 주계열에 속한 별 A와 B에서 우세하게 일어나는 핵융합 반응을 각각 나타낸 것이다.

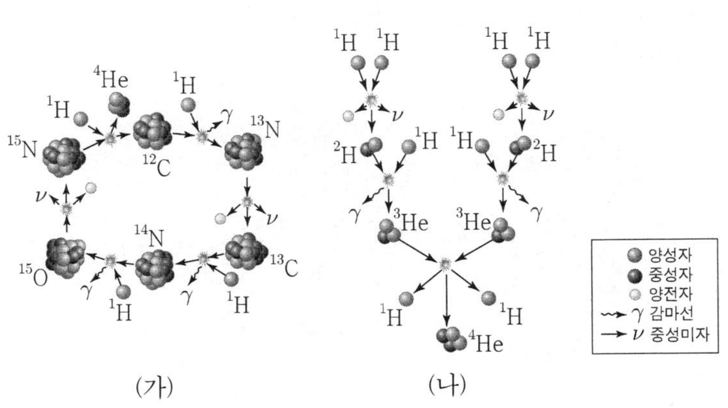

(가) (나)

이에 대한 설명으로 옳은 것만을 <보기>에서 있는 대로 고른 것은?

<보 기>

ㄱ. 별의 내부 온도는 A가 B보다 높다.
ㄴ. (가)에서 ^{12}C는 촉매이다.
ㄷ. (가)와 (나)에 의해 별의 질량은 감소한다.

① ㄱ ② ㄷ ③ ㄱ, ㄴ ④ ㄴ, ㄷ ⑤ ㄱ, ㄴ, ㄷ

20. 그림 (가)는 어느 해(Y)에 시작된 엘니뇨 또는 라니냐 시기 동안 태평양 적도 부근에서 기상위성으로 관측한 적외선 방출 복사 에너지의 편차(관측값 − 평년값)를, (나)는 서태평양과 동태평양에 위치한 각 지점의 해면 기압 편차(관측값 − 평년값)를 나타낸 것이다. (가)의 시기는 (나)의 ㉠에 해당한다.

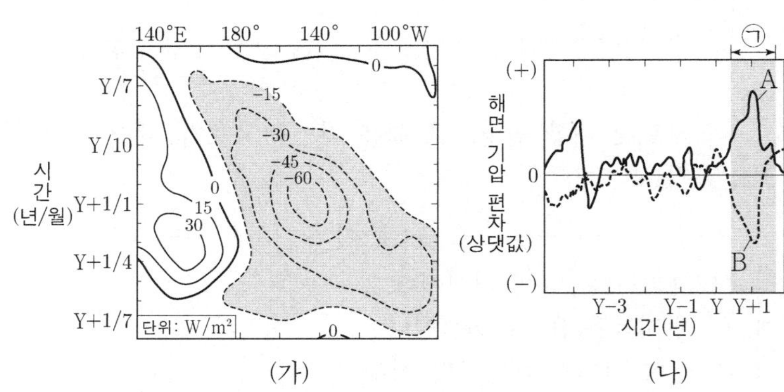

(가) (나)

이 자료에 근거해서 평년과 비교할 때, (가) 시기에 대한 설명으로 옳은 것만을 <보기>에서 있는 대로 고른 것은? [3점]

<보 기>

ㄱ. 동태평양에서 두꺼운 적운형 구름의 발생이 줄어든다.
ㄴ. 워커 순환이 약화된다.
ㄷ. (나)의 A는 서태평양에 해당한다.

① ㄱ ② ㄴ ③ ㄱ, ㄷ ④ ㄴ, ㄷ ⑤ ㄱ, ㄴ, ㄷ

* 확인 사항
○ 답안지의 해당란에 필요한 내용을 정확히 기입(표기)했는지 확인하시오.

제 4 교시

과학탐구 영역(지구과학 I)

20회

성명		수험 번호	–	제 [ ] 선택

● 2015학년도 7월(고3)

1. 다음은 태평양 주변 판의 경계와 A~D 중 두 지역의 특징을 나타낸 것이다.

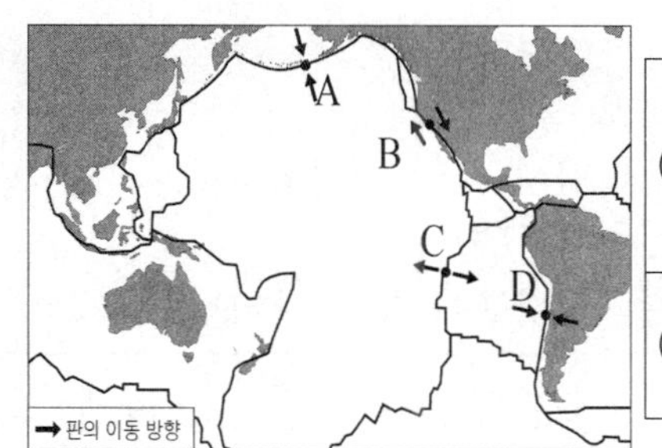

(가)	· 맨틀 대류의 상승부 · 천발 지진과 화산 활동 발생
(나)	· 호상 열도 발달 · 천발 및 심발 지진 발생

(가), (나)에 해당하는 지역을 옳게 짝지은 것은?

	(가)	(나)		(가)	(나)
①	A	D	②	B	A
③	B	D	④	C	A
⑤	C	B			

● 2015학년도 6월(고3 지Ⅱ)

2. 그림은 어느 지역의 지질 단면도이다.

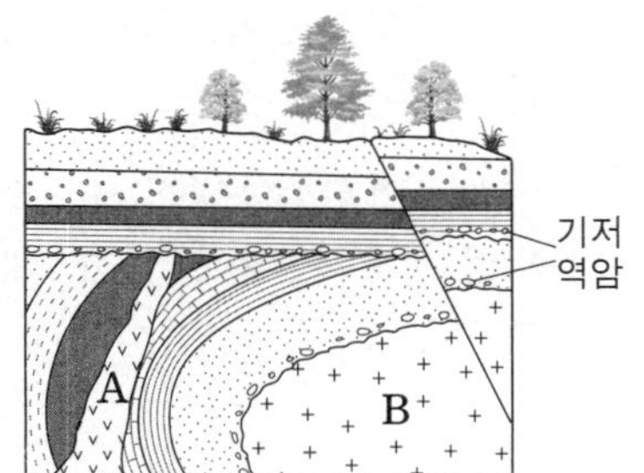

이에 대한 해석으로 옳은 것만을 〈보기〉에서 있는 대로 고른 것은? [3점]

〈보 기〉

ㄱ. 화성암 B는 A보다 먼저 관입하였다.
ㄴ. 습곡은 단층보다 먼저 형성되었다.
ㄷ. 최소한 3번의 융기가 있었다.

① ㄱ ② ㄴ ③ ㄱ, ㄷ ④ ㄴ, ㄷ ⑤ ㄱ, ㄴ, ㄷ

● 2014학년도 수능(고3)

3. 그림 (가)는 어느 외계 행성이 별 주위를 공전하는 모습을, (나)는 이 별의 겉보기 밝기를 시간에 따라 나타낸 것이다.

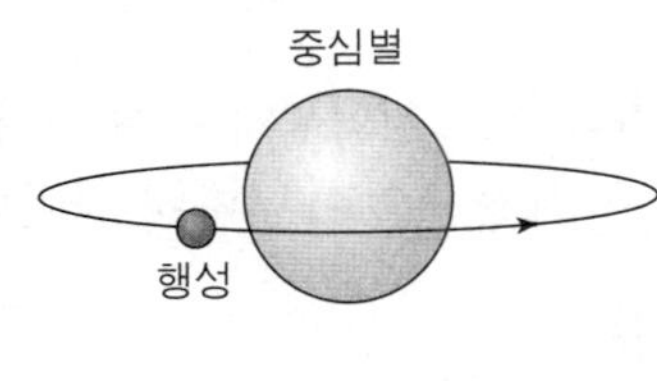

(가)

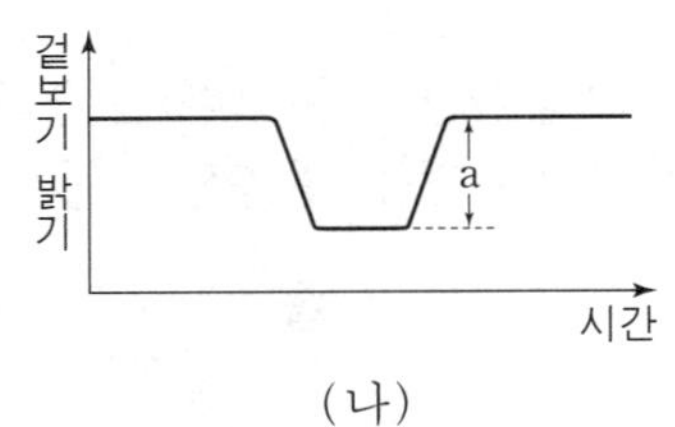

(나)

이에 대한 설명으로 옳은 것만을 〈보기〉에서 있는 대로 고른 것은? [3점]

〈보 기〉

ㄱ. 관측자의 시선 방향이 행성의 공전 궤도면과 나란할 경우 (나)의 현상을 관측할 수 있다.
ㄴ. 겉보기 밝기가 최소일 때 중심별의 스펙트럼 파장이 가장 길게 관측된다.
ㄷ. 행성의 반지름이 2배가 되면 a는 2배로 커진다.

① ㄱ ② ㄴ ③ ㄷ ④ ㄱ, ㄴ ⑤ ㄱ, ㄷ

4. 다음은 어느 태풍의 이동 경로와 그에 따른 풍향과 기압 변화를 알아보기 위한 탐구 활동이다.

[탐구 과정]

(가) 표를 이용하여 태풍의 이동 경로를 지도에 표시한다.
(나) 지점 A에서의 풍향 변화를 추정하여 기록한다.
(다) 관측 풍향을 조사하여 추정 풍향과 비교한다.
(라) 태풍 중심의 기압 변화량(관측 당시 기압 – 생성 당시 기압)을 기록한다.

일시	태풍 중심		
	위도 (°N)	경도 (°E)	기압 (hPa)
⋮	⋮	⋮	⋮
6일 06시	33.8	127.3	975
6일 09시	34.7	128.1	975
6일 12시	35.8	129.2	985
6일 15시	37.2	130.5	985
⋮	⋮	⋮	⋮
7일 09시 (소멸)	42.0	141.1	990

[탐구 결과]

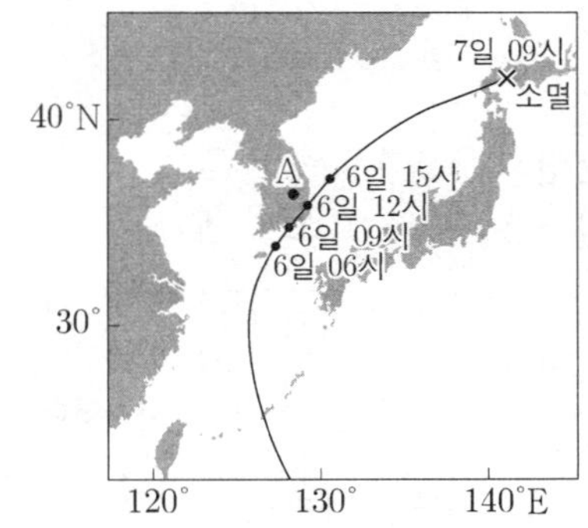

일시	추정 풍향	기압 변화량 (hPa)
⋮	⋮	⋮
6일 06시		–25
6일 09시		
6일 12시		
6일 15시		
⋮	⋮	⋮
7일 09시		

이 자료에 대한 설명으로 옳은 것만을 <보기>에서 있는 대로 고른 것은? [3점]

<보 기>

ㄱ. 6일 06시에 태풍은 편서풍의 영향을 받는다.
ㄴ. 6일 06시부터 6일 15시까지 A의 관측 풍향은 시계 반대 방향으로 변한다.
ㄷ. 이 태풍의 $\frac{\text{소멸 당시 중심 기압}}{\text{생성 당시 중심 기압}}$은 1보다 크다.

① ㄱ ② ㄷ ③ ㄱ, ㄴ ④ ㄴ, ㄷ ⑤ ㄱ, ㄴ, ㄷ

5. 그림은 주계열성인 외계 항성 S를 공전하는 5개 행성과 생명 가능 지대를 나타낸 것이다.

이에 대한 설명으로 옳은 것만을 <보기>에서 있는 대로 고른 것은?

<보 기>

ㄱ. S의 광도는 태양의 광도보다 작다.
ㄴ. a는 액체 상태의 물이 존재할 수 있다.
ㄷ. 생명 가능 지대에 머물 수 있는 기간은 지구가 a보다 짧다.

① ㄱ ② ㄷ ③ ㄱ, ㄴ ④ ㄴ, ㄷ ⑤ ㄱ, ㄴ, ㄷ

20회

[해설편 p.062]

6. 그림은 대기와 해양에서 남북 방향으로의 연평균 에너지 수송량을 위도별로 나타낸 것이다. A와 B는 각각 대기와 해양 중 하나이다.

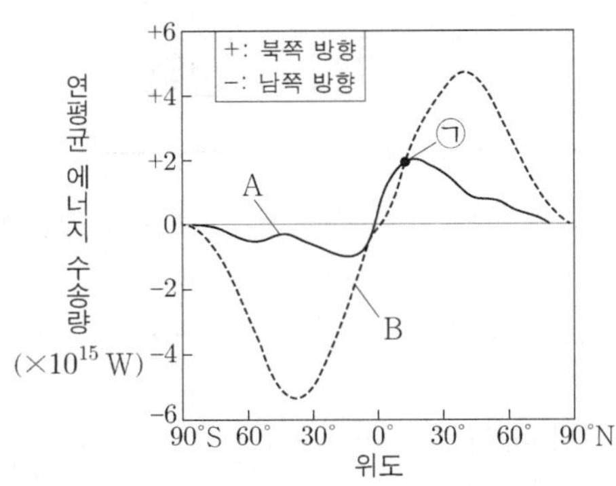

이에 대한 설명으로 옳은 것만을 <보기>에서 있는 대로 고른 것은? [3점]

<보 기>

ㄱ. A는 대기에 해당한다.
ㄴ. A와 B가 교차하는 ㉠의 위도에서 복사 평형을 이루고 있다.
ㄷ. 적도에서는 에너지 과잉이다.

① ㄴ ② ㄷ ③ ㄱ, ㄴ ④ ㄱ, ㄷ ⑤ ㄱ, ㄴ, ㄷ

● 2015학년도 수능(고3 지Ⅱ)

7. 그림은 어느 지역의 지질 단면과 지층 A, B, C에서 발견되는 화석을 나타낸 것이다.

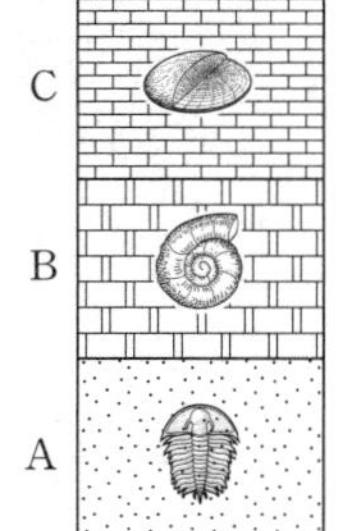

이에 대한 설명으로 옳은 것을 <보기>에서 고른 것은?

<보 기>

ㄱ. A의 지질 시대 초기에 판게아가 분리되었다.
ㄴ. B의 지질 시대에는 공룡이 번성하였다.
ㄷ. C의 지질 시대에는 포유류가 번성하였다.
ㄹ. A, B, C는 모두 육지에서 형성되었다.

① ㄱ, ㄷ ② ㄱ, ㄹ ③ ㄴ, ㄷ ④ ㄴ, ㄹ ⑤ ㄷ, ㄹ

● 2016학년도 수능(고3 지Ⅱ)

8. 그림은 해수에 녹아 있는 두 기체 A와 B의 수심에 따른 농도를 나타낸 것이다. A와 B 중 하나는 산소이고 다른 하나는 이산화 탄소이다.

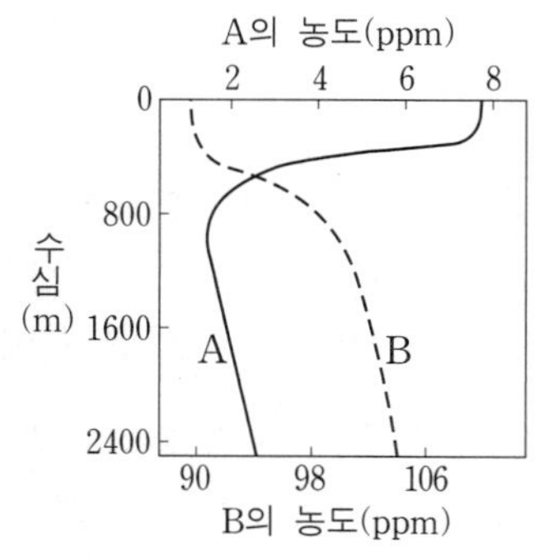

이에 대한 설명으로 옳은 것만을 <보기>에서 있는 대로 고른 것은?

<보 기>

ㄱ. A의 농도는 표층에서 가장 낮다.
ㄴ. B는 이산화 탄소이다.
ㄷ. 심해층의 A는 극지방의 표층 해수로부터 공급된다.

① ㄱ ② ㄴ ③ ㄱ, ㄷ ④ ㄴ, ㄷ ⑤ ㄱ, ㄴ, ㄷ

● 2019학년도 6월(고3 지Ⅱ)

9. 그림은 어느 지역의 단층 구조를 모식적으로 나타낸 것이다.

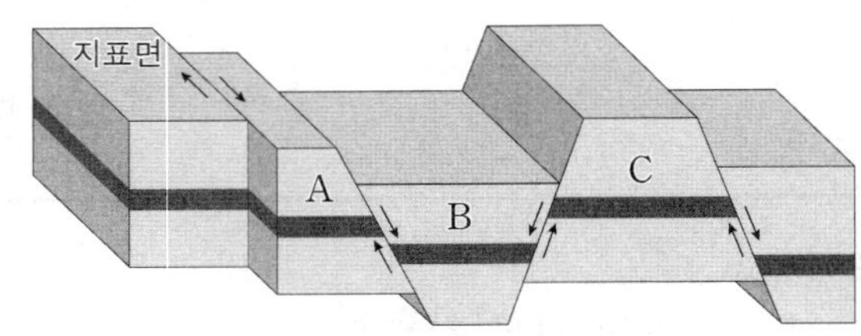

이 지역에 대한 설명으로 옳은 것만을 <보기>에서 있는 대로 고른 것은?

<보 기>

ㄱ. A와 B 사이의 단층은 장력에 의해 형성되었다.
ㄴ. C는 상반이다.
ㄷ. 주향 이동 단층, 정단층, 역단층이 모두 나타난다.

① ㄱ ② ㄴ ③ ㄱ, ㄷ ④ ㄴ, ㄷ ⑤ ㄱ, ㄴ, ㄷ

● 2016학년도 수능(고3 지Ⅱ)

10. 그림은 어느 팽창 우주 모형에서 시간에 따른 우주의 크기와 우주를 구성하는 요소의 상대량을 나타낸 것이다.

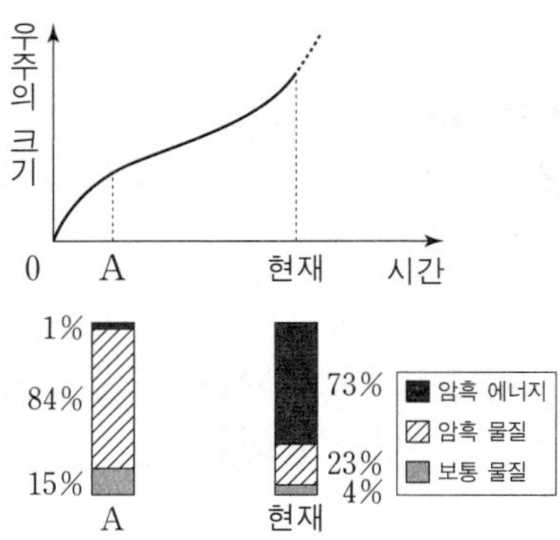

이에 대한 설명으로 옳은 것만을 <보기>에서 있는 대로 고른 것은?

<보 기>

ㄱ. 현재 시점에서 우주의 팽창 속도는 증가하고 있다.
ㄴ. 암흑 에너지의 비율은 A시점보다 현재가 크다.
ㄷ. 우주의 평균 밀도는 A시점보다 현재가 크다.

① ㄱ ② ㄷ ③ ㄱ, ㄴ ④ ㄴ, ㄷ ⑤ ㄱ, ㄴ, ㄷ

● 2012학년도 9월(고3)

11. 그림 (가), (나), (다)는 우리나라의 어느 지역에서 온대 저기압이 통과하는 동안 관측한 기상 요소를 시간순으로 나타낸 것이다.

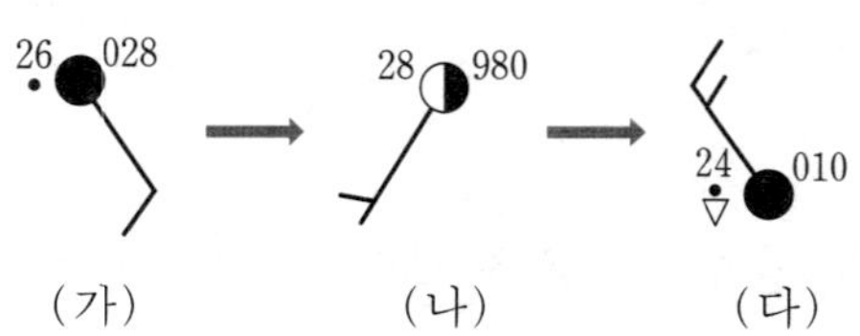

이에 대한 설명으로 옳은 것만을 <보기>에서 있는 대로 고른 것은?

<보 기>

ㄱ. (가), (나), (다) 중 기압이 가장 높은 때는 (가)이다.
ㄴ. (가)와 (나) 사이에 한랭 전선이 통과하였다.
ㄷ. 저기압 중심은 이 지역보다 남쪽에 있는 지역을 통과한다.

① ㄱ ② ㄴ ③ ㄱ, ㄷ ④ ㄴ, ㄷ ⑤ ㄱ, ㄴ, ㄷ

[해설편 p.062]

12. 그림 (가)는 지구에 입사하는 파장별 태양 복사 에너지의 세기를, (나)는 복사 평형 상태에 있는 지구의 열수지를 나타낸 것이다.

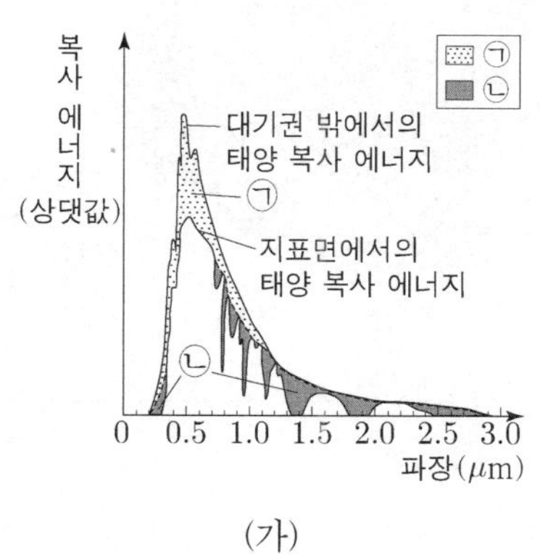

(가)

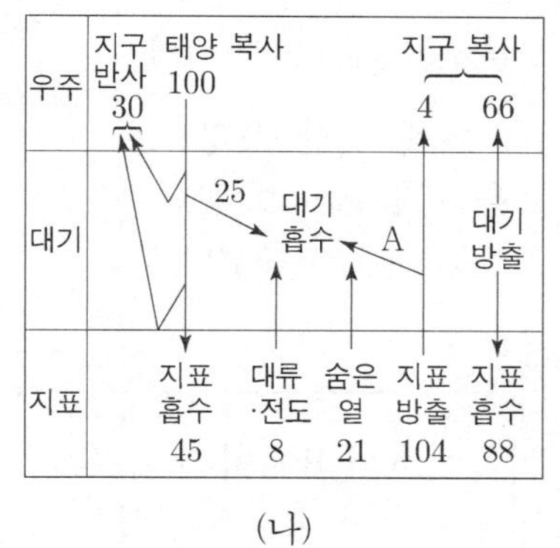

(나)

이에 대한 설명으로 옳은 것만을 <보기>에서 있는 대로 고른 것은? [3점]

<보 기>

ㄱ. (가)에서 지표에 흡수되는 태양 복사 에너지는 자외선 영역이 적외선 영역보다 적다.
ㄴ. 성층권에 도달한 다량의 화산재는 ㉠을 감소시킨다.
ㄷ. ㉡은 A에 해당한다.

① ㄱ ② ㄷ ③ ㄱ, ㄴ ④ ㄴ, ㄷ ⑤ ㄱ, ㄴ, ㄷ

● 2020학년도 6월(고3 지Ⅱ)

13. 그림 (가)는 어느 지역의 지질 단면을, (나)는 방사성 원소 X의 붕괴 곡선을 나타낸 것이다. (가)의 화성암 E와 F에 포함된 방사성 원소 X의 양은 각각 처음 양의 $\frac{1}{4}$과 $\frac{1}{2}$이다.

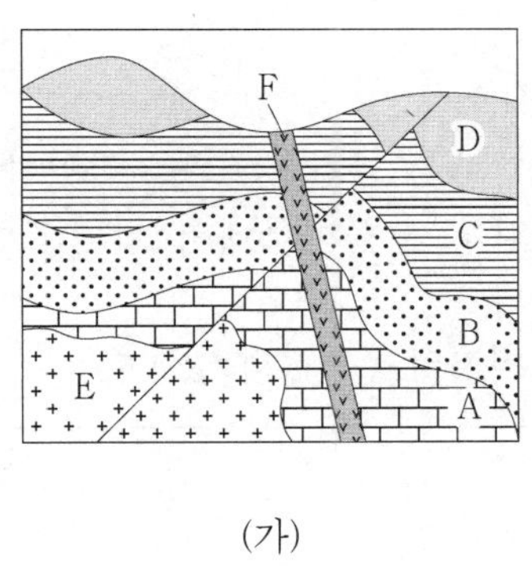

(가)

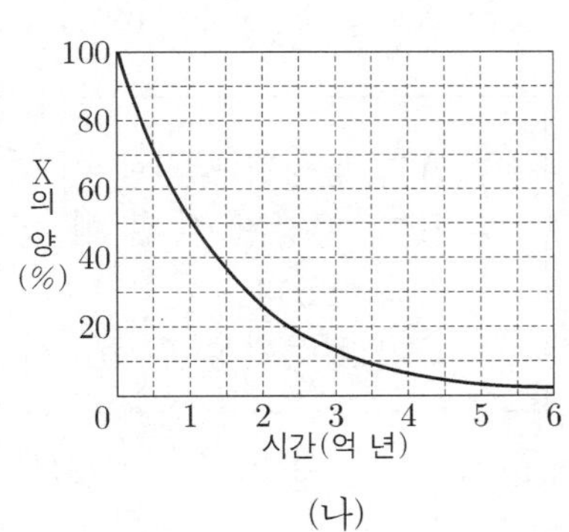

(나)

이에 대한 설명으로 옳은 것만을 <보기>에서 있는 대로 고른 것은? [3점]

<보 기>

ㄱ. 단층은 습곡 생성 이후에 만들어졌다.
ㄴ. 암석 A는 신생대에 생성되었다.
ㄷ. 가장 최근에 생성된 암석은 D이다.

① ㄱ ② ㄴ ③ ㄷ ④ ㄱ, ㄴ ⑤ ㄱ, ㄷ

14. 그림은 남극 빙하 연구를 통해 알아낸 과거 40만 년 동안의 해수면 높이, 기온 편차(당시 기온 − 현재 기온), 대기 중 CO_2 농도 변화를 나타낸 것이다.

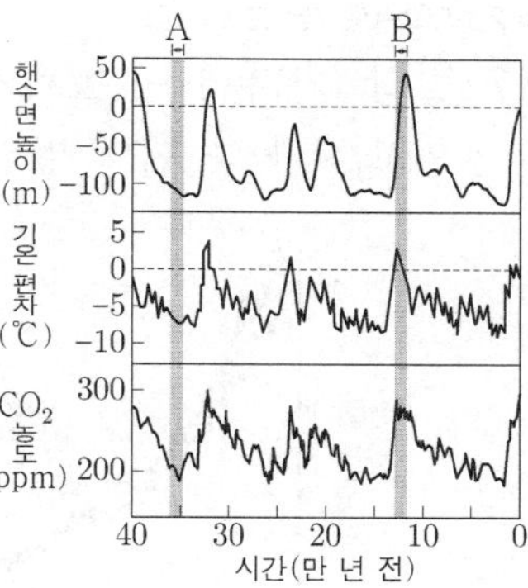

A와 B 시기에 대한 설명으로 옳은 것만을 <보기>에서 있는 대로 고른 것은?

<보 기>

ㄱ. 빙하 코어 속 얼음의 산소 동위 원소비 ($^{18}O/^{16}O$)는 A가 B보다 크다.
ㄴ. 대륙 빙하의 면적은 A가 B보다 넓다.
ㄷ. CO_2 농도가 높은 시기에 평균 기온이 낮다.

① ㄱ ② ㄴ ③ ㄷ ④ ㄱ, ㄴ ⑤ ㄴ, ㄷ

● 2015학년도 6월(고3)

15. 그림은 동해의 표층 해류도이다.

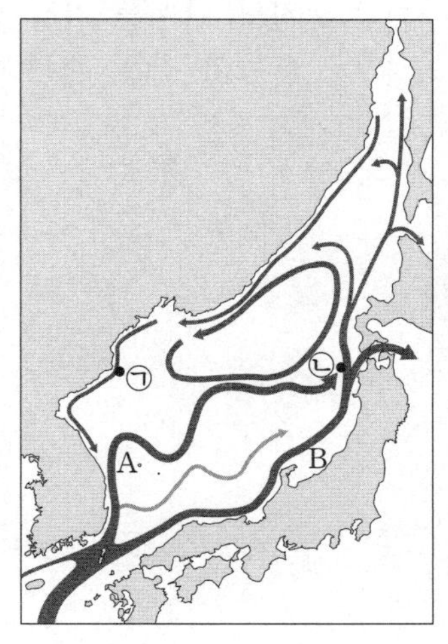

이에 대한 설명으로 옳은 것만을 〈보기〉에서 있는 대로 고른 것은? [3점]

〈 보 기 〉

ㄱ. 수온은 ㉠ 지점이 ㉡ 지점보다 낮다.
ㄴ. A 해류는 겨울철에 주변 지역의 대기에 열에너지를 공급한다.
ㄷ. B 해류의 일부는 태평양으로 빠져나가고 일부는 재순환된다.

① ㄱ ② ㄷ ③ ㄱ, ㄴ ④ ㄴ, ㄷ ⑤ ㄱ, ㄴ, ㄷ

● 2015학년도 6월(고3)

16. 그림 (가)와 (나)는 평상시와 비교한 라니냐와 엘니뇨 시기의 기후를 순서 없이 나타낸 것이다.

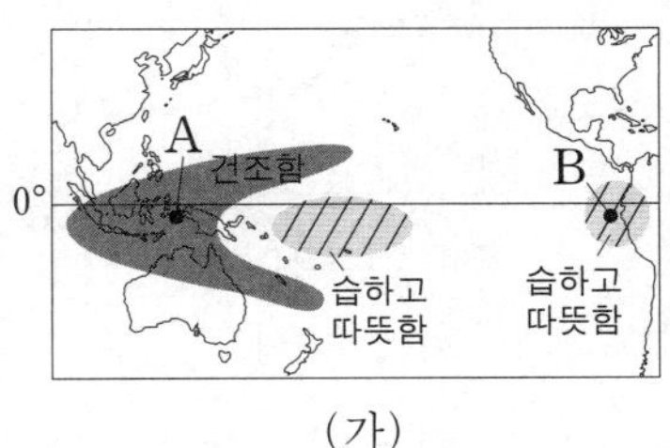

(가)

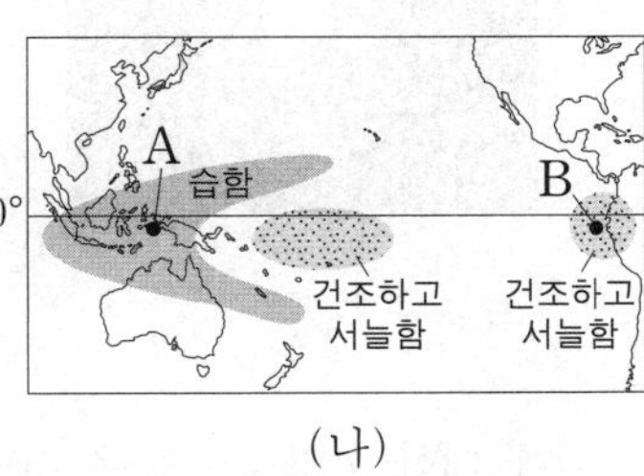

(나)

(가)와 (나) 시기를 비교한 설명으로 옳은 것은? [3점]

① A 해역의 강수량은 (가)일 때 더 많다.
② 남적도 해류는 (나)일 때 더 강하다.
③ A 해역의 상승 기류는 (가)일 때 더 강하다.
④ B 해역의 따뜻한 해수층은 (나)일 때 더 두껍다.
⑤ A와 B 해역의 해수면 높이 차는 (가)일 때 더 크다.

[해설편 p.063]

● 2015학년도 7월(고3 지Ⅱ)

17. 그림 (가)는 H-R도에서 별들을 특성에 따라 세 그룹으로 묶은 것이고, (나)는 어느 별의 내부 구조를 나타낸 것이다.

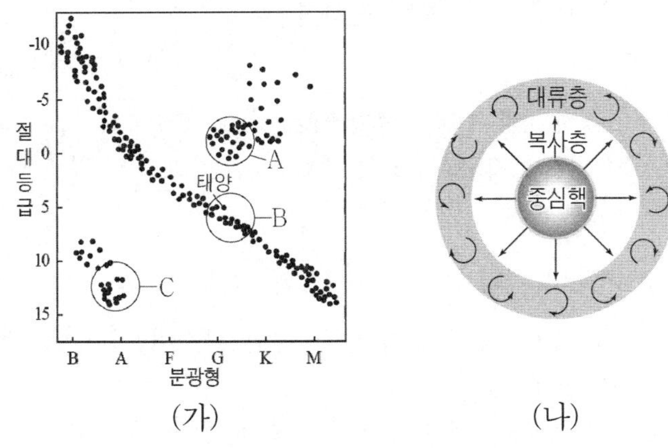

(가) (나)

A~C 그룹에 대한 설명으로 옳은 것만을 <보기>에서 있는 대로 고른 것은? [3점]

<보 기>

ㄱ. A의 별은 B의 별보다 반지름이 작다.
ㄴ. 진화 단계를 가장 많이 거친 것은 C이다.
ㄷ. (나)와 같은 내부 구조를 갖는 별은 B에 속한다.

① ㄱ ② ㄷ ③ ㄱ, ㄴ ④ ㄴ, ㄷ ⑤ ㄱ, ㄴ, ㄷ

● 2020학년도 수능(고3 지Ⅱ)

18. 그림 (가)는 가시광선 영역에서 관측된 어느 세이퍼트 은하를, (나)는 이 은하에서 관측된 스펙트럼을 나타낸 것이다.

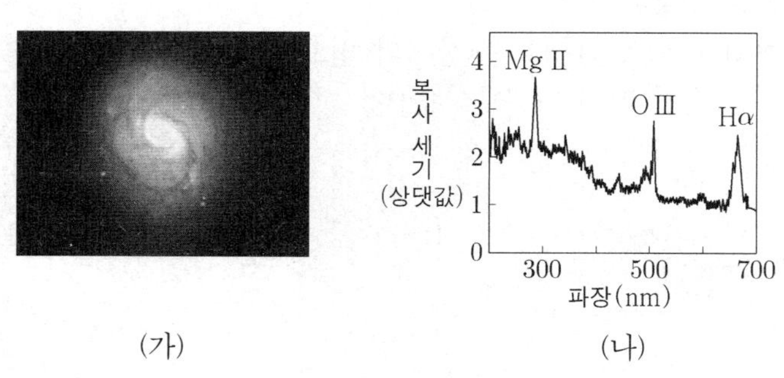

(가) (나)

이에 대한 설명으로 옳은 것만을 <보기>에서 있는 대로 고른 것은?

<보 기>

ㄱ. (가)는 허블의 은하 분류에서 나선 은하에 해당한다.
ㄴ. (나)는 전파 영역에서 관측된 스펙트럼이다.
ㄷ. (나)에는 폭이 넓은 수소 방출선이 나타난다.

① ㄱ ② ㄴ ③ ㄱ, ㄷ ④ ㄴ, ㄷ ⑤ ㄱ, ㄴ, ㄷ

● 2015학년도 6월(고3 지Ⅱ)

19. 그림은 아이슬란드의 암석 연령과 활화산 분포를 나타낸 것이다.

이에 대한 설명으로 옳은 것만을 <보기>에서 있는 대로 고른 것은?

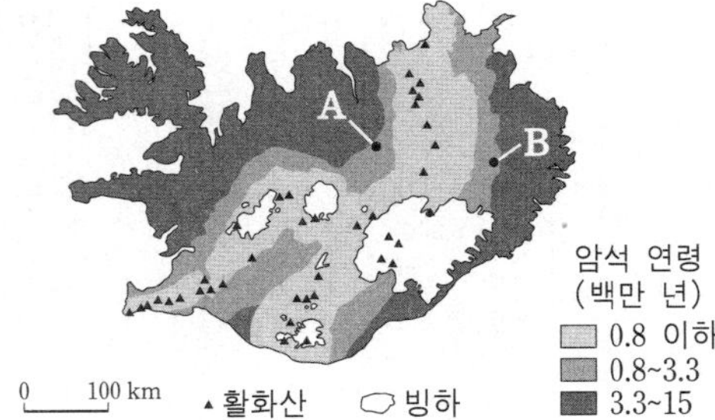

<보 기>

ㄱ. A와 B 지역은 서로 멀어지고 있다.
ㄴ. 가장 오래된 암석은 중생대에 생성되었다.
ㄷ. 활화산에서는 주로 현무암질 마그마가 분출된다.

① ㄱ ② ㄴ ③ ㄱ, ㄷ ④ ㄴ, ㄷ ⑤ ㄱ, ㄴ, ㄷ

● 2016학년도 6월(고3 지Ⅱ)

20. 그림 (가)는 어느 화산암체에 대한 고지자기 및 절대 연령 측정 결과이고, (나)는 최근 360만 년 동안의 고지자기 연대표이다.

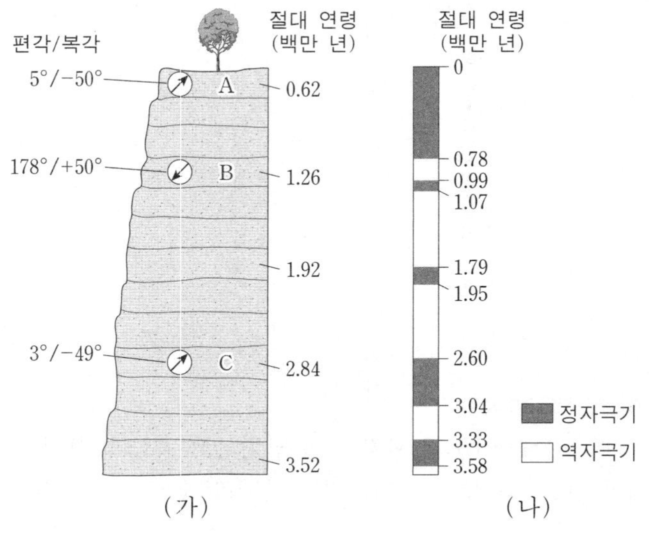

(가) (나)

화산암 A, B, C에 대한 설명으로 옳은 것만을 <보기>에서 있는 대로 고른 것은? [3점]

<보 기>

ㄱ. A가 형성될 당시에 이 화산암체는 남반구에 위치하였다.
ㄴ. B가 형성된 이후 이 화산암체는 북반구에서 남반구로 이동하였다.
ㄷ. C가 형성된 이후 현재까지 역자극기는 3회 있었다.

① ㄱ ② ㄴ ③ ㄱ, ㄷ ④ ㄴ, ㄷ ⑤ ㄱ, ㄴ, ㄷ

* 확인 사항

○ 답안지의 해당란에 필요한 내용을 정확히 기입(표기)했는지 확인하시오.

[해설편 p.064]

제 4 교시

과학탐구 영역(지구과학 I)

21회

성명 | 수험 번호 | 제〔 〕선택

● 2016학년도 9월(고3 지Ⅱ)

1. 그림 (가)는 대서양 중앙 해령 부근의 고지자기 분포의 일부를, (나)는 고지자기 줄무늬가 형성되는 과정을 모식적으로 나타낸 것이다.

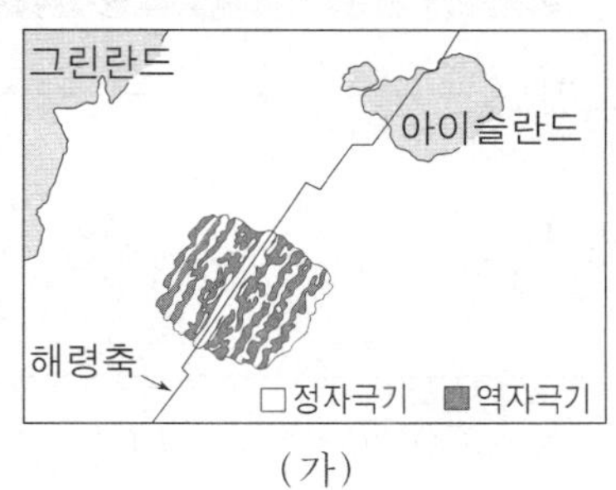

(가)

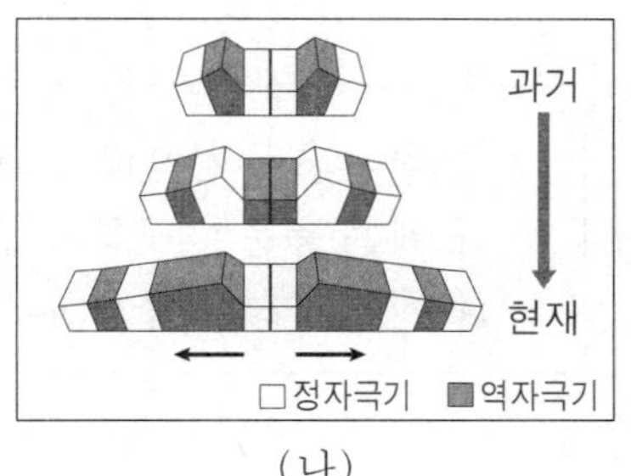

(나)

이에 대한 설명으로 옳은 것만을 〈보기〉에서 있는 대로 고른 것은?

〈보 기〉
ㄱ. 해령에서는 현무암질 지각이 생성된다.
ㄴ. 아이슬란드는 발산형 경계에 위치한다.
ㄷ. 해령에서는 해양 지각 생성 당시의 지구 자기장 방향이 기록된다.

① ㄱ ② ㄴ ③ ㄱ, ㄷ ④ ㄴ, ㄷ ⑤ ㄱ, ㄴ, ㄷ

● 2019학년도 6월(고3 지Ⅱ)

2. 그림은 판의 경계와 대륙의 분포를 나타낸 것이다.

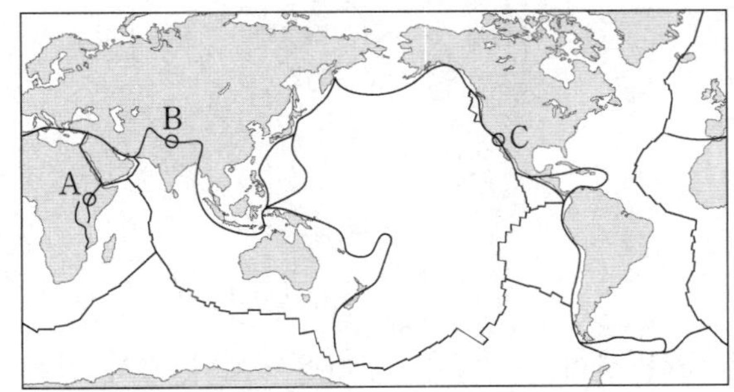

지역 A, B, C에 대한 설명으로 옳은 것만을 <보기>에서 있는 대로 고른 것은?

<보 기>
ㄱ. A의 하부에는 마그마가 생성된다.
ㄴ. B의 하부에는 화강암 관입이 있다.
ㄷ. C의 하부에는 베니오프대가 발달한다.

① ㄱ ② ㄴ ③ ㄷ ④ ㄱ, ㄴ ⑤ ㄴ, ㄷ

3. 그림은 지구 온난화의 원인과 결과의 일부를 나타낸 것이다.

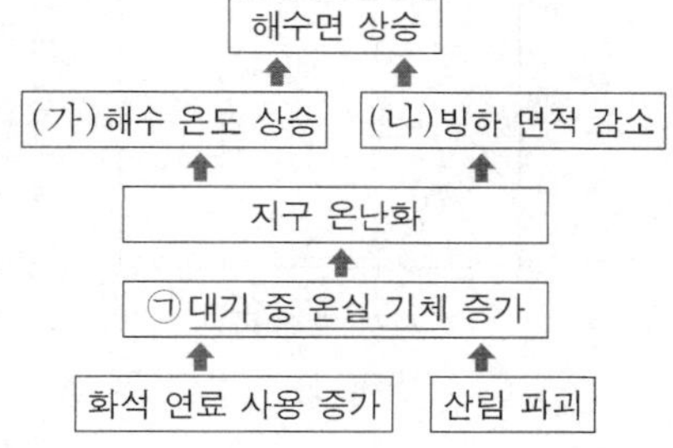

이에 대한 설명으로 옳은 것만을 <보기>에서 있는 대로 고른 것은? [3점]

<보 기>
ㄱ. (가)로 인해 해수의 이산화 탄소 용해도는 감소한다.
ㄴ. (나)로 인해 극지방의 지표면 반사율은 감소한다.
ㄷ. ㉠에 의한 복사 에너지의 흡수율은 적외선 영역이 가시광선 영역보다 높다.

① ㄱ ② ㄷ ③ ㄱ, ㄴ ④ ㄴ, ㄷ ⑤ ㄱ, ㄴ, ㄷ

● 2015학년도 6월(고3 지Ⅱ)

4. 다음은 지질 답사에서 촬영한 퇴적 구조와 관찰 결과이다.

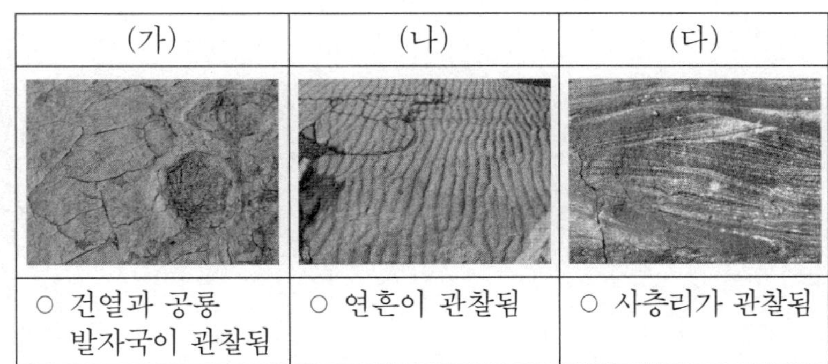

(가)	(나)	(다)
○ 건열과 공룡 발자국이 관찰됨	○ 연흔이 관찰됨	○ 사층리가 관찰됨

이에 대한 설명으로 옳은 것만을 〈보기〉에서 있는 대로 고른 것은?

〈보 기〉
ㄱ. (가)는 형성 당시에 건조한 시기가 있었다.
ㄴ. (나)는 얕은 물밑이나 바람의 영향을 받는 환경에서 형성되었다.
ㄷ. (다)는 지층의 단면에서 관찰된다.

① ㄱ ② ㄷ ③ ㄱ, ㄴ ④ ㄴ, ㄷ ⑤ ㄱ, ㄴ, ㄷ

● 2016학년도 6월(고3 지Ⅱ)

5. 그림은 현생 이언 동안 번성한 주요 동물계를 나타낸 것이다.

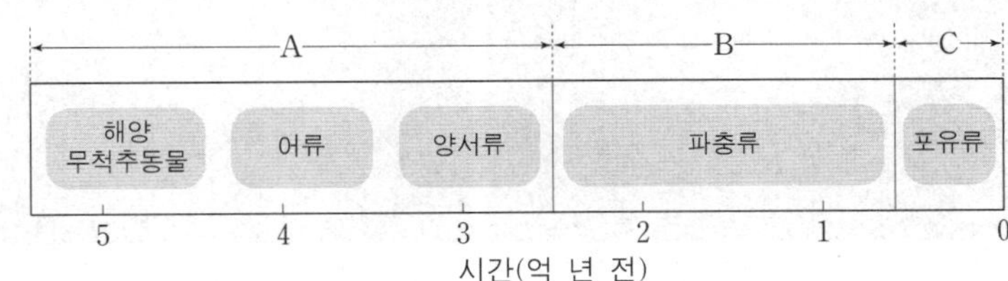

이에 대한 설명으로 옳은 것만을 〈보기〉에서 있는 대로 고른 것은?

〈보 기〉
ㄱ. 최초의 육상 식물은 A 시기에 출현하였다.
ㄴ. 히말라야 산맥은 B 시기에 형성되었다.
ㄷ. 암모나이트는 C 시기의 표준 화석이다.

① ㄱ ② ㄷ ③ ㄱ, ㄴ ④ ㄴ, ㄷ ⑤ ㄱ, ㄴ, ㄷ

[해설편 p.065]

● 2019학년도 6월(고3 지Ⅱ)

6. 그림 (가)는 현생 이언 동안 완족류와 삼엽충의 과의 수 변화를, (나)는 현생 이언 동안 생물 과의 멸종 비율을 나타낸 것이다. A와 B는 각각 완족류와 삼엽충 중 하나이다.

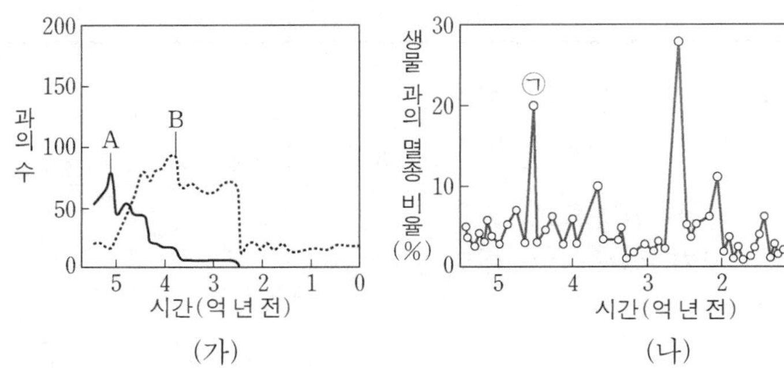

(가) (나)

이에 대한 설명으로 옳은 것만을 <보기>에서 있는 대로 고른 것은? [3점]

<보 기>

ㄱ. (가)에서 A는 삼엽충이다.
ㄴ. (나)에서 ㉠ 시기에 갑주어가 멸종하였다.
ㄷ. B의 과의 수는 공룡이 멸종한 시기에 가장 많이 감소하였다.

① ㄱ ② ㄷ ③ ㄱ, ㄴ ④ ㄴ, ㄷ ⑤ ㄱ, ㄴ, ㄷ

● 2015학년도 수능(고3 지Ⅱ)

7. 그림 (가)와 (나)는 서로 다른 두 은하의 가시광선 영상이다.

(가) (나)

이에 대한 설명으로 옳은 것만을 〈보기〉에서 있는 대로 고른 것은?

〈보 기〉

ㄱ. 푸른 별은 (가)보다 (나)에 많다.
ㄴ. (가)가 진화하면 나선팔이 형성된다.
ㄷ. 성간 기체는 (나)보다 (가)에 많이 분포한다.

① ㄱ ② ㄴ ③ ㄱ, ㄷ ④ ㄴ, ㄷ ⑤ ㄱ, ㄴ, ㄷ

● 2014학년도 6월(고3)

8. 그림은 폐색 전선을 동반한 온대 저기압의 모습을 인공위성에서 촬영한 가시광선 영상이다.

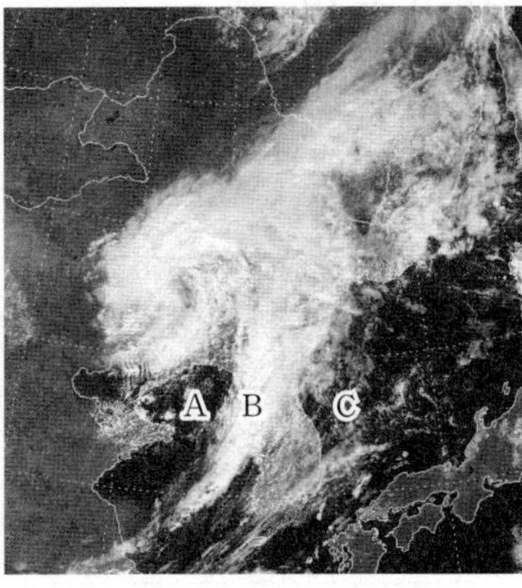

A, B, C 지역의 날씨에 대한 설명으로 옳은 것만을 〈보기〉에서 있는 대로 고른 것은? [3점]

〈보 기〉

ㄱ. 기온은 A가 C보다 낮다.
ㄴ. B에는 층운형 구름이 발달한다.
ㄷ. C에는 북풍이 우세하다.

① ㄱ ② ㄴ ③ ㄷ ④ ㄱ, ㄷ ⑤ ㄴ, ㄷ

● 2020학년도 6월(고3 지Ⅱ)

9. 그림의 A와 B는 동해에서 여름과 겨울에 관측한 해수의 밀도 분포를 순서 없이 나타낸 것이다.

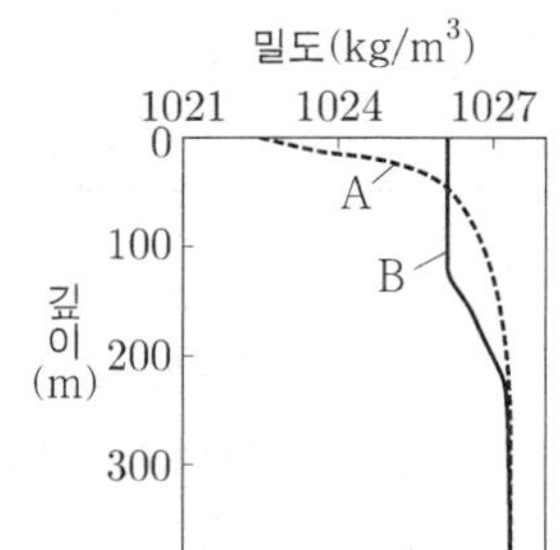

이에 대한 설명으로 옳은 것만을 <보기>에서 있는 대로 고른 것은? (단, 밀도는 수온에 의해서만 결정된다.)

<보 기>

ㄱ. A는 여름에 해당한다.
ㄴ. B에서 혼합층 두께는 300 m보다 크다.
ㄷ. 해수면에서 바람의 세기는 A일 때가 B일 때보다 크다.

① ㄱ ② ㄷ ③ ㄱ, ㄴ ④ ㄴ, ㄷ ⑤ ㄱ, ㄴ, ㄷ

● 2015학년도 6월(고3)

10. 그림은 도플러 효과를 이용한 외계 행성 탐사 방법을 모식적으로 나타낸 것이다.

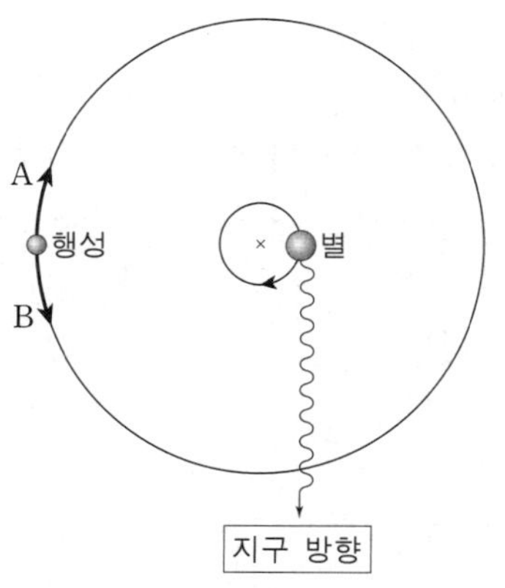

이에 대한 설명으로 옳은 것만을 〈보기〉에서 있는 대로 고른 것은? [3점]

〈보 기〉

ㄱ. 행성은 A 방향으로 공전한다.
ㄴ. 현재 위치에서 별빛은 청색 편이한다.
ㄷ. 같은 조건에서 질량이 큰 행성일수록 별빛의 편이량은 커진다.

① ㄱ ② ㄷ ③ ㄱ, ㄴ ④ ㄴ, ㄷ ⑤ ㄱ, ㄴ, ㄷ

[해설편 p.065]

11. 그림 (가)는 어느 태풍의 위치를 6시간 간격으로 나타낸 것이고, (나)는 이 태풍이 이동하는 동안 관측소 a와 b 중 한 곳에서 관측한 풍향, 풍속, 기압 자료의 일부를 나타낸 것이다. ㉠과 ㉡은 각각 풍속과 기압 중 하나이다.

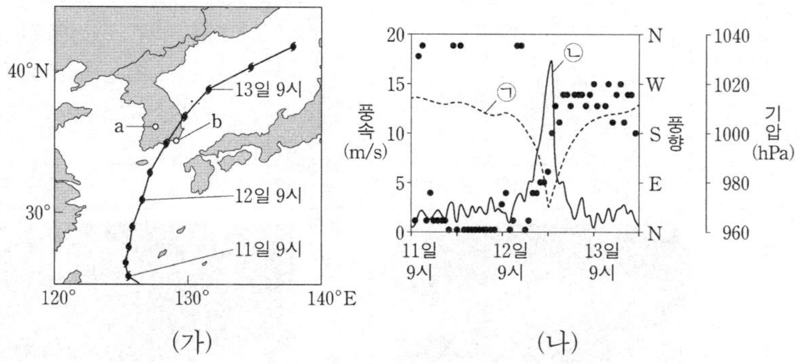

(가) (나)

이에 대한 설명으로 옳은 것만을 <보기>에서 있는 대로 고른 것은?

<보 기>
ㄱ. 9시 ~ 21시 동안 태풍의 이동 속도는 12일이 11일보다 빠르다.
ㄴ. (나)는 a의 관측 자료이다.
ㄷ. (나)에서 12일에 측정된 기압은 9시가 21시보다 낮다.

① ㄱ ② ㄷ ③ ㄱ, ㄴ ④ ㄴ, ㄷ ⑤ ㄱ, ㄴ, ㄷ

12. 그림은 밀란코비치 주기를 이용하여, 위도별로 지구에 도달하는 태양 복사 에너지양의 편차 (과거 추정값 − 현재 평균값) 를 나타낸 것이다. 그림에서 북반구는 7월에 여름이고, 1월에 겨울이다.

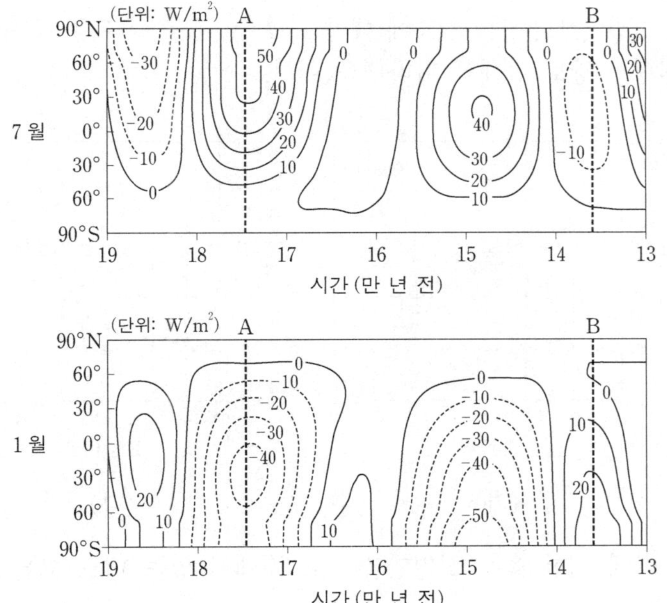

이 자료에 대한 설명으로 옳은 것만을 <보기>에서 있는 대로 고른 것은? (단, 공전 궤도 이심률, 자전축 경사각, 세차 운동 이외의 요인은 고려하지 않는다.) [3점]

<보 기>
ㄱ. 7월의 30°S에 도달하는 태양 복사 에너지양은 A 시기가 현재보다 많다.
ㄴ. 1월의 30°N에 도달하는 태양 복사 에너지양은 A 시기가 B 시기보다 많다.
ㄷ. 30°S에서 기온의 연교차(1월 평균 기온 − 7월 평균 기온)는 A 시기가 B 시기보다 크다.

① ㄱ ② ㄴ ③ ㄱ, ㄷ ④ ㄴ, ㄷ ⑤ ㄱ, ㄴ, ㄷ

13. 그림은 대기와 해양에서 남북 방향으로의 연평균 에너지 수송량을 위도별로 나타낸 것이다.

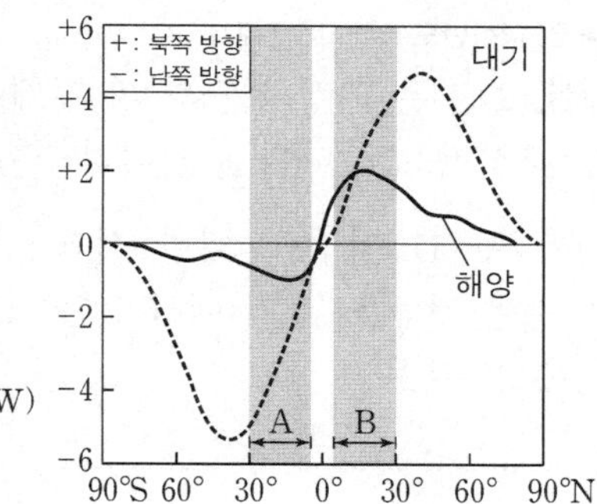

이에 대한 설명으로 옳은 것만을 <보기>에서 있는 대로 고른 것은? [3점]

<보 기>
ㄱ. 흡수하는 태양 복사 에너지양과 방출하는 지구 복사 에너지양의 차는 38°S가 0°보다 크다.
ㄴ. $\frac{\text{대기에 의한 에너지 수송량}}{\text{해양에 의한 에너지 수송량}}$ 은 A 지역이 B 지역보다 크다.
ㄷ. 위도별 에너지 불균형은 대기와 해양의 순환을 일으킨다.

① ㄱ ② ㄷ ③ ㄱ, ㄴ ④ ㄴ, ㄷ ⑤ ㄱ, ㄴ, ㄷ

14. 그림은 어느 지역의 판의 경계와 진앙 분포를 나타낸 것이다.

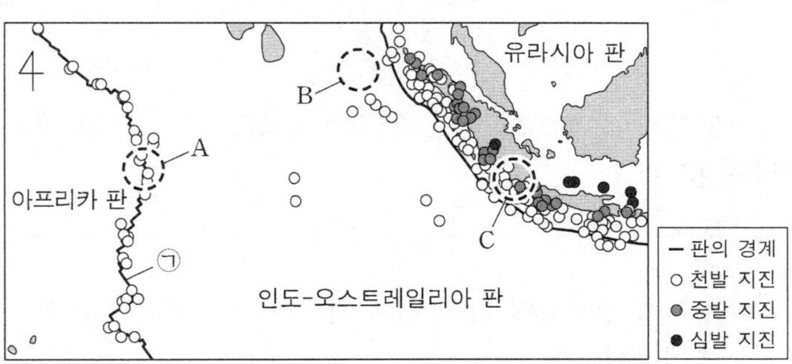

이에 대한 설명으로 옳은 것만을 <보기>에서 있는 대로 고른 것은? [3점]

<보 기>
ㄱ. 해양 지각의 나이는 A 지역이 B 지역보다 많다.
ㄴ. 화산 활동은 C 지역이 B 지역보다 활발하다.
ㄷ. 판의 경계 ㉠을 따라 수렴형 경계가 발달한다.

① ㄱ ② ㄴ ③ ㄱ, ㄷ ④ ㄴ, ㄷ ⑤ ㄱ, ㄴ, ㄷ

• 2014학년도 6월(고3 지Ⅱ)

15. 그림은 전 지구적인 해수 순환을 모식적으로 나타낸 것이다.

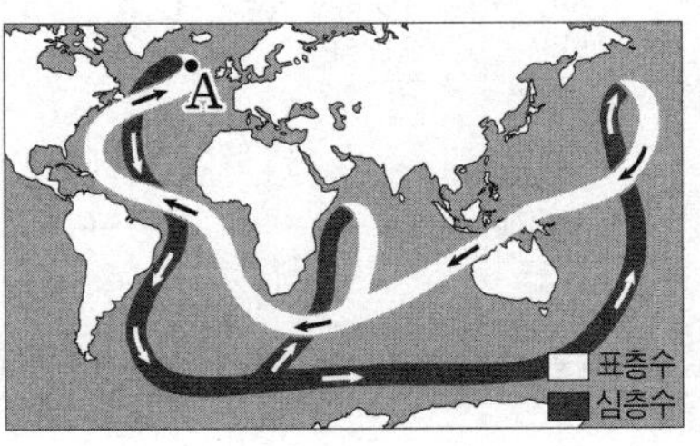

이에 대한 설명으로 옳은 것만을 〈보기〉에서 있는 대로 고른 것은?

〈보 기〉
ㄱ. A 해역에서 침강이 강해지면 이 순환이 약화된다.
ㄴ. 이 순환은 열에너지를 고위도로 수송한다.
ㄷ. 이 순환의 변화는 지구의 기후에 영향을 준다.

① ㄱ ② ㄴ ③ ㄷ ④ ㄱ, ㄴ ⑤ ㄴ, ㄷ

[해설편 p.066]

● 2014학년도 6월(고3 지Ⅱ)

16. 그림은 해령 부근의 판 경계를 모식적으로 나타낸 것이다.

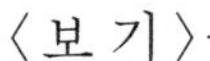

A~D 지점에 대한 설명으로 옳은 것만을 〈보기〉에서 있는 대로 고른 것은?

〈보 기〉
ㄱ. A와 B의 지각은 같은 시기에 생성되었다.
ㄴ. 퇴적물의 두께는 B가 D보다 두껍다.
ㄷ. C와 D의 이동 방향은 같다.

① ㄱ ② ㄴ ③ ㄷ ④ ㄱ, ㄴ ⑤ ㄴ, ㄷ

● 2016학년도 6월(고3 지Ⅱ)

17. 그림은 방사성 동위 원소 ㉠과 ㉡의 붕괴 곡선을 각각 나타낸 것이다.

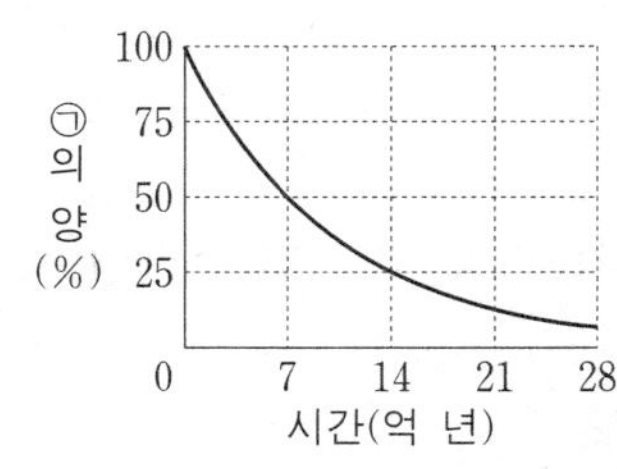

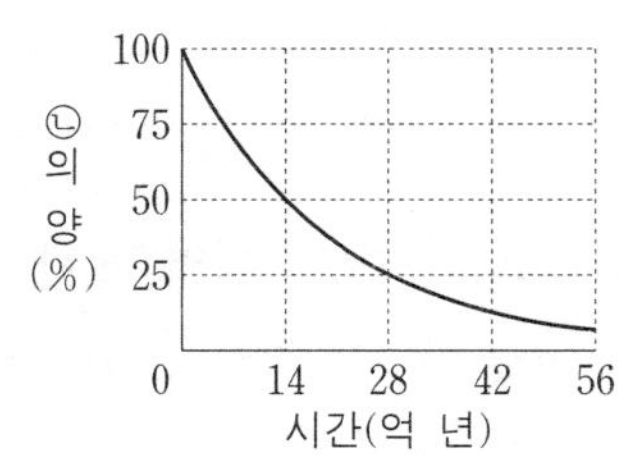

이에 대한 설명으로 옳은 것만을 〈보기〉에서 있는 대로 고른 것은? [3점]

〈보 기〉
ㄱ. 암석이 생성되어 14억 년이 지나면 ㉠의 양은 처음의 $\frac{1}{4}$로 줄어든다.
ㄴ. ㉡은 유기물의 절대 연령을 측정하는 데 이용하는 ^{14}C이다.
ㄷ. ㉠의 반감기는 ㉡의 2배이다.

① ㄱ ② ㄷ ③ ㄱ, ㄴ ④ ㄴ, ㄷ ⑤ ㄱ, ㄴ, ㄷ

● 2016학년도 6월(고3 지Ⅱ)

18. 그림 (가)는 지하의 온도 분포와 암석의 용융 곡선을, (나)는 마그마의 생성 장소 X와 Y를 나타낸 것이다.

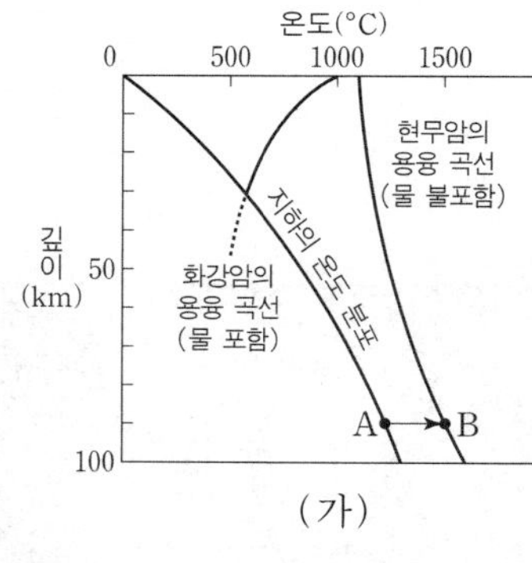

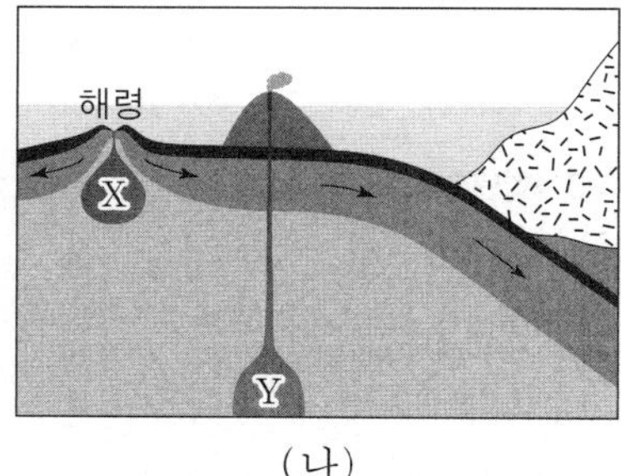

(가) (나)

이에 대한 설명으로 옳은 것만을 〈보기〉에서 있는 대로 고른 것은?

〈보 기〉
ㄱ. 20 km 깊이에서 암석의 용융 온도는 물을 포함하지 않은 현무암이 물을 포함한 화강암보다 높다.
ㄴ. X에서는 A→B와 같은 과정으로 마그마가 생성된다.
ㄷ. Y에서는 화강암질 마그마가 생성된다.

① ㄱ ② ㄴ ③ ㄱ, ㄷ ④ ㄴ, ㄷ ⑤ ㄱ, ㄴ, ㄷ

19. 표의 (가)와 (나)는 태평양 적도 부근 해역에서 관측된 해수면 높이 편차(관측값 − 평년값)와 엽록소 a 농도 분포를 엘니뇨 시기와 라니냐 시기로 구분하여 순서 없이 나타낸 것이다.

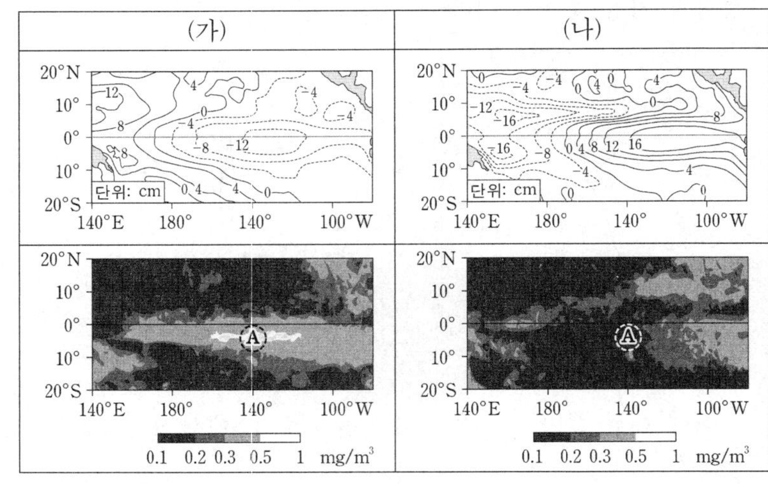

이에 대한 설명으로 옳은 것만을 <보기>에서 있는 대로 고른 것은? [3점]

<보 기>
ㄱ. 무역풍의 세기는 (가)가 (나)보다 강하다.
ㄴ. 동태평양 적도 부근 해역의 따뜻한 해수층의 두께는 (가)가 (나)보다 두껍다.
ㄷ. A 해역의 엽록소 a 농도는 엘니뇨 시기가 라니냐 시기보다 높다.

① ㄱ ② ㄷ ③ ㄱ, ㄴ ④ ㄴ, ㄷ ⑤ ㄱ, ㄴ, ㄷ

● 2013학년도 10월(고3 지Ⅱ)

20. 그림 (가)는 H−R도에 태양과 별 ㉠, ㉡을, (나)는 주계열성의 질량−광도 관계를 나타낸 것이다.

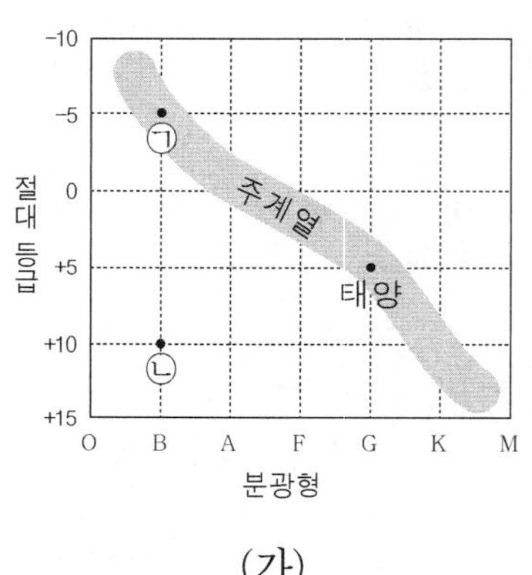

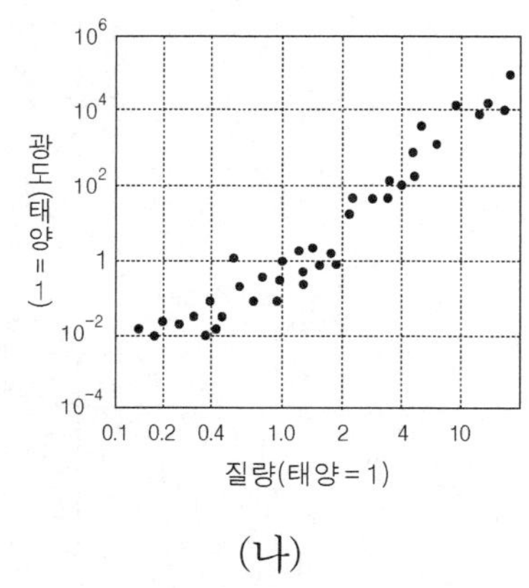

(가) (나)

이에 대한 옳은 설명만을 <보기>에서 있는 대로 고른 것은? [3점]

<보 기>
ㄱ. 광도는 ㉠이 ㉡보다 15배 크다.
ㄴ. 질량은 ㉠이 태양보다 4배 크다.
ㄷ. ㉡은 ㉠보다 더 진화한 별이다.

① ㄱ ② ㄷ ③ ㄱ, ㄴ ④ ㄴ, ㄷ ⑤ ㄱ, ㄴ, ㄷ

* 확인 사항
○ 답안지의 해당란에 필요한 내용을 정확히 기입(표기)했는지 확인하시오.

[해설편 p.067]

제 4 교시

과학탐구 영역(지구과학 I)

22회

성명		수험 번호		제 [ ] 선택

1. 그림은 플룸 구조론을 나타낸 모식도이다. A와 B는 각각 차가운 플룸과 뜨거운 플룸 중 하나이다.

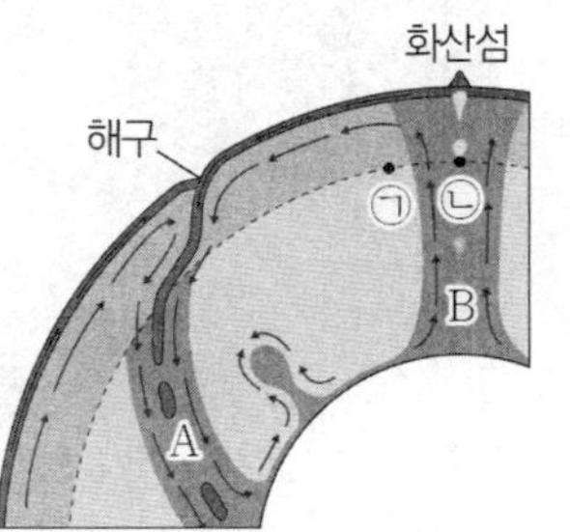

이에 대한 설명으로 옳은 것만을 <보기>에서 있는 대로 고른 것은?

<보 기>
ㄱ. A는 섭입한 해양판에 의해 형성된다.
ㄴ. 밀도는 ㉠ 지점이 ㉡ 지점보다 크다.
ㄷ. B는 내핵과 외핵의 경계에서 생성된다.

① ㄱ ② ㄷ ③ ㄱ, ㄴ ④ ㄴ, ㄷ ⑤ ㄱ, ㄴ, ㄷ

2. 그림은 서로 다른 두 지역 (가)와 (나)의 지하 온도 분포와 암석의 용융 곡선을 나타낸 것이다. (가)와 (나)는 각각 해령과 섭입대 중 하나이고, ㉠과 ㉡은 암석의 용융 곡선이다.

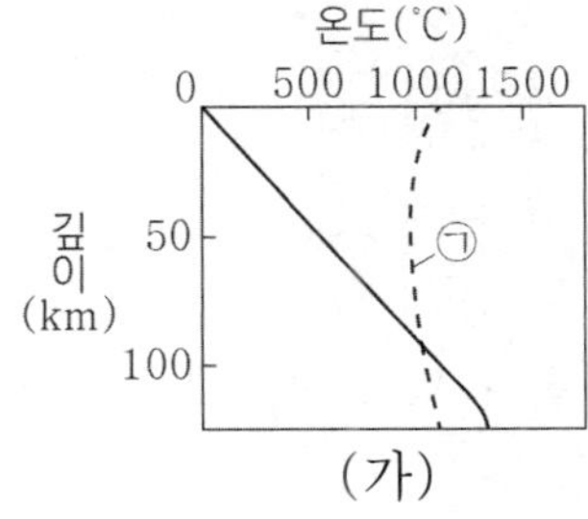

(가)

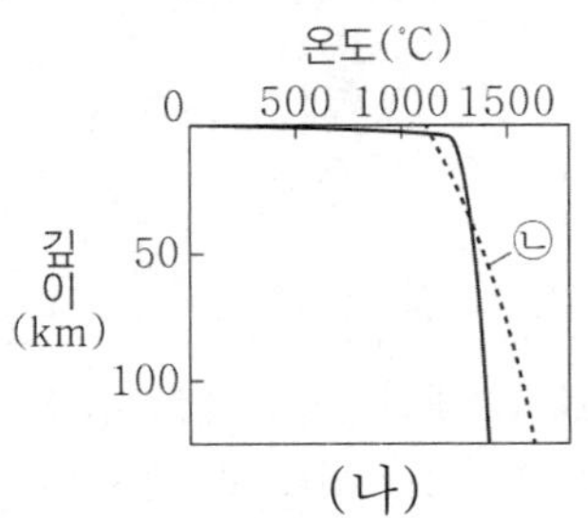

(나)

이 자료에 대한 설명으로 옳은 것만을 <보기>에서 있는 대로 고른 것은? [3점]

<보 기>
ㄱ. (가)는 해령이다.
ㄴ. 마그마가 생성되는 깊이는 (가)가 (나)보다 깊다.
ㄷ. 물을 포함한 암석의 용융 곡선은 ㉡이다.

① ㄱ ② ㄴ ③ ㄱ, ㄷ ④ ㄴ, ㄷ ⑤ ㄱ, ㄴ, ㄷ

3. 그림은 두 생물군의 생존 시기를 나타낸 것이다. A와 B는 각각 양서류와 포유류 중 하나이다.

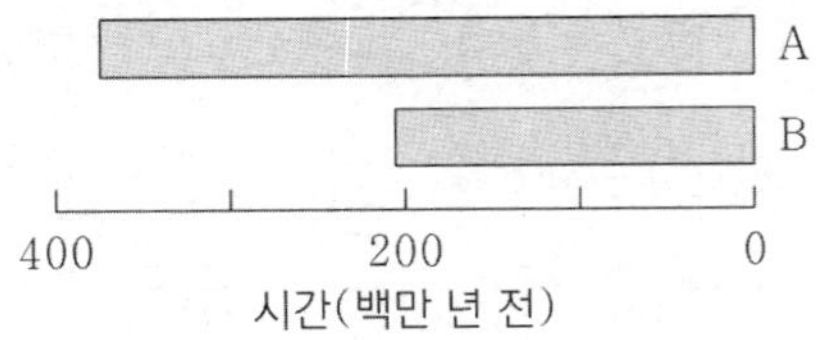

이에 대한 설명으로 옳은 것만을 <보기>에서 있는 대로 고른 것은? [3점]

<보 기>
ㄱ. B는 포유류이다.
ㄴ. 필석은 A보다 먼저 출현하였다.
ㄷ. B가 최초로 출현한 시기는 신생대이다.

① ㄱ ② ㄴ ③ ㄷ ④ ㄱ, ㄴ ⑤ ㄱ, ㄷ

4. 다음은 심층 순환의 형성 원리를 알아보기 위한 실험이다.

[실험 과정]
(가) 수온과 염분이 다른 소금물 A, B, C를 준비한 후 서로 다른 색의 잉크를 떨어뜨린다.

소금물	수온(℃)	염분(psu)
A	5	34
B	20	34
C	2	38

(나) 칸막이가 있는 수조의 한쪽 칸에는 A를, 다른 쪽 칸에는 B를 같은 높이로 채운다.
(다) 바닥에 구멍을 뚫은 종이컵을 그림과 같이 수면 바로 위에 오도록 하여 수조의 가장자리에 부착한다.

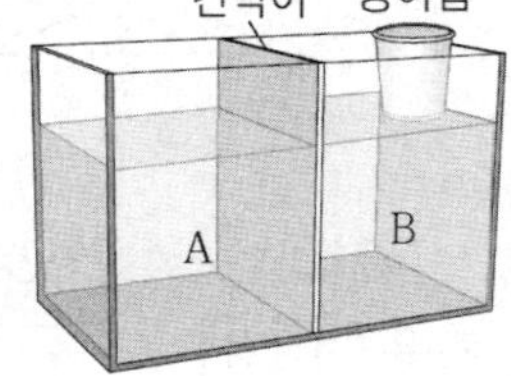

(라) 칸막이를 열고 A와 B의 이동을 관찰한다.
(마) C를 종이컵에 서서히 부으면서 C의 이동을 관찰한다.

[실험 결과]

과정	결과
(라)	A는 B의 (㉠)으로/로 이동한다.
(마)	C는 수조의 가장 아래로 이동한다.

이에 대한 설명으로 옳은 것만을 <보기>에서 있는 대로 고른 것은?

<보 기>
ㄱ. '아래'는 ㉠에 해당한다.
ㄴ. 과정 (라)는 염분이 같을 때 수온이 해수의 밀도에 미치는 영향을 알아보기 위한 것이다.
ㄷ. 밀도는 A, B, C 중 C가 가장 크다.

① ㄱ ② ㄴ ③ ㄱ, ㄷ ④ ㄴ, ㄷ ⑤ ㄱ, ㄴ, ㄷ

5. 그림 (가)와 (나)는 어느 쇄설성 퇴적암의 생성 과정 일부를 순서대로 나타낸 것이다.

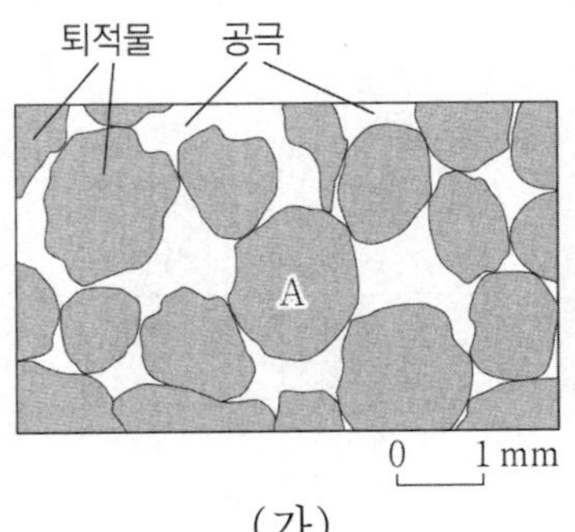

(가)

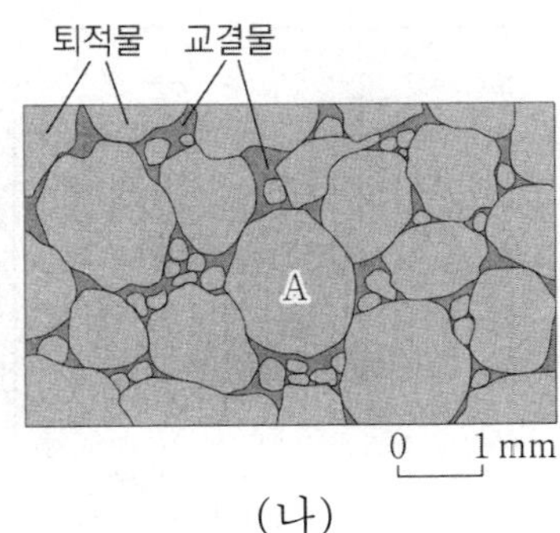

(나)

이에 대한 설명으로 옳은 것만을 <보기>에서 있는 대로 고른 것은?

<보 기>
ㄱ. (가)에서 다짐 작용을 받으면 공극은 감소한다.
ㄴ. (나)에서 교결물은 퇴적물 입자들을 결합시켜 주는 역할을 한다.
ㄷ. 이암은 주로 A와 같은 크기의 퇴적물 입자가 퇴적되어 만들어진다.

① ㄱ ② ㄷ ③ ㄱ, ㄴ ④ ㄴ, ㄷ ⑤ ㄱ, ㄴ, ㄷ

6. 그림은 어느 화강암에 포함된 방사성 원소 X와 Y의 붕괴 곡선을, 표는 현재 화강암에 포함된 방사성 원소 X와 Y의 $\frac{\text{자원소 함량}}{\text{방사성 원소 함량}}$을 나타낸 것이다. 자원소는 모두 각각의 모원소가 붕괴하여 생성된다.

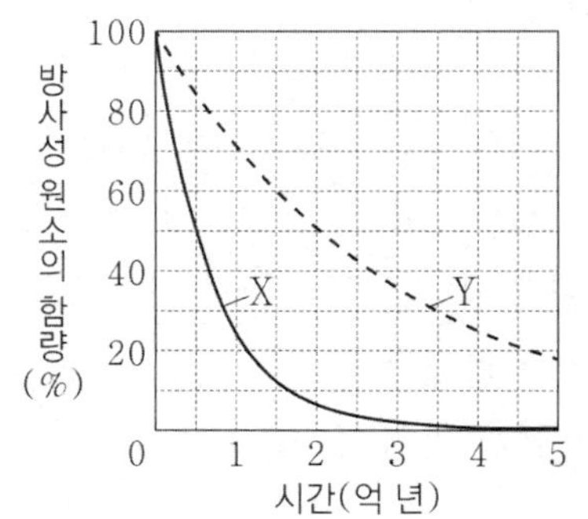

방사성 원소	$\frac{\text{자원소 함량}}{\text{방사성 원소 함량}}$
X	7
Y	㉠

이에 대한 설명으로 옳은 것만을 <보기>에서 있는 대로 고른 것은? [3점]

<보 기>

ㄱ. 반감기는 X가 Y의 $\frac{1}{4}$배이다.

ㄴ. ㉠은 $\frac{3}{5}$이다.

ㄷ. X의 함량이 현재의 $\frac{1}{2}$이 될 때, Y의 자원소 함량은 Y의 함량과 같다.

① ㄴ ② ㄷ ③ ㄱ, ㄴ ④ ㄱ, ㄷ ⑤ ㄱ, ㄴ, ㄷ

7. 그림 (가)는 어느 날 어느 태풍의 이동 경로와 중심 기압을, (나)는 이 태풍이 통과하는 동안 관측소 A와 B 중 한 관측소에서 06시, 09시, 12시, 15시에 관측한 풍향과 풍속을 나타낸 것이다.

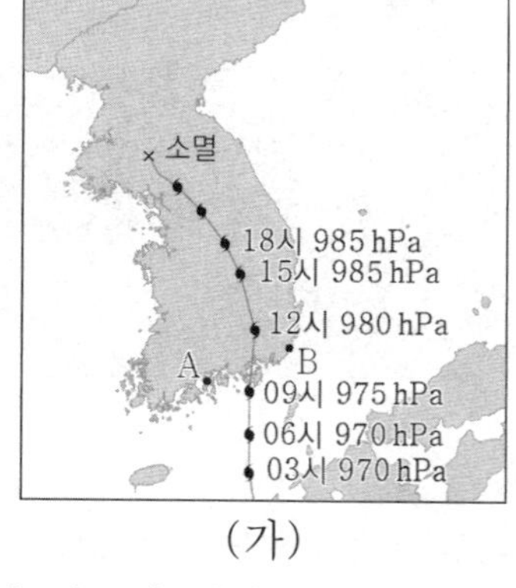

(가)

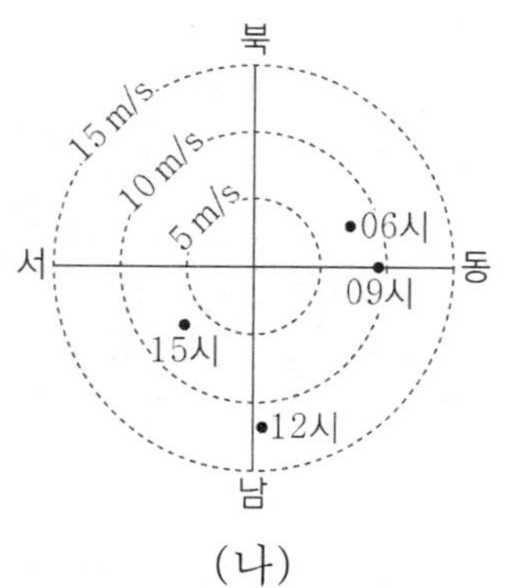

(나)

이 자료에 대한 설명으로 옳은 것만을 <보기>에서 있는 대로 고른 것은?

<보 기>

ㄱ. A는 안전 반원에 위치한다.

ㄴ. (나)는 B에서 관측한 결과이다.

ㄷ. 태풍의 세력은 03시가 18시보다 강하다.

① ㄱ ② ㄴ ③ ㄱ, ㄷ ④ ㄴ, ㄷ ⑤ ㄱ, ㄴ, ㄷ

8. 그림 (가)와 (나)는 어느 해 9월에 정체 전선이 우리나라 부근에 위치할 때, 24시간 간격으로 관측한 가시 영상을 순서대로 나타낸 것이다.

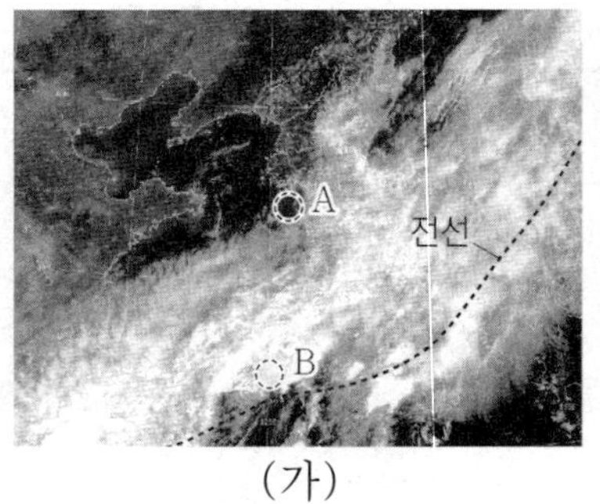

(가)

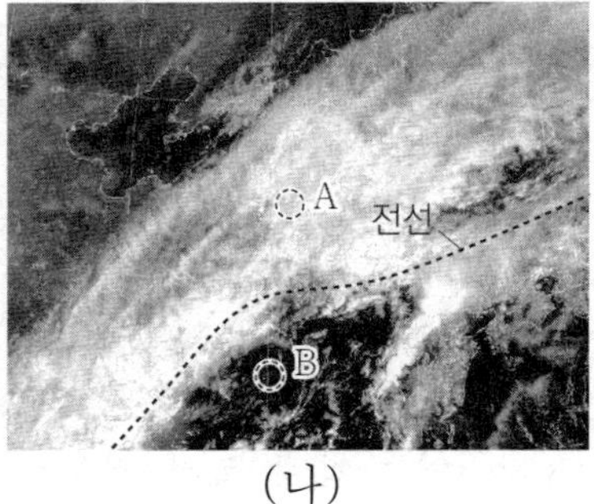

(나)

이 자료에 대한 설명으로 옳은 것만을 <보기>에서 있는 대로 고른 것은? [3점]

<보 기>

ㄱ. (가)에서 구름의 두께는 B 지역이 A 지역보다 두껍다.

ㄴ. (나)에서 A 지역에는 남풍 계열의 바람이 우세하다.

ㄷ. (나)에서 B 지역 상공에는 전선면이 나타난다.

① ㄱ ② ㄷ ③ ㄱ, ㄴ ④ ㄴ, ㄷ ⑤ ㄱ, ㄴ, ㄷ

9. 그림은 어느 지역의 지질 단면도를 나타낸 것이다.

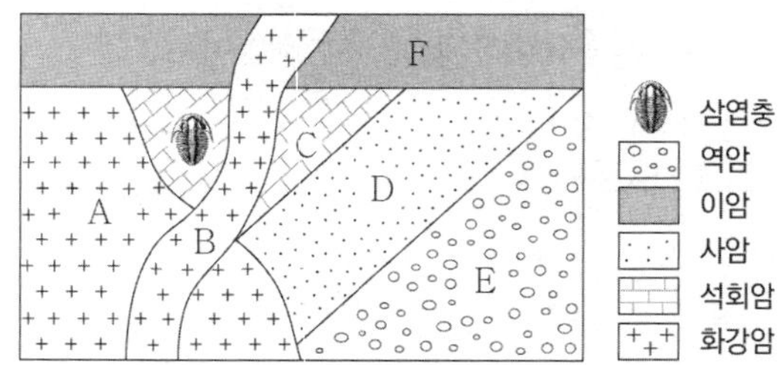

이 자료에 대한 설명으로 옳은 것만을 <보기>에서 있는 대로 고른 것은? (단, 지층의 역전은 없었다.)

<보 기>

ㄱ. 경사 부정합이 나타난다.

ㄴ. 지층 D에서는 매머드 화석이 산출될 수 있다.

ㄷ. 지층과 암석의 생성 순서는 E→D→C→A→B→F이다.

① ㄱ ② ㄷ ③ ㄱ, ㄴ ④ ㄴ, ㄷ ⑤ ㄱ, ㄴ, ㄷ

10. 그림은 7월의 지표 부근의 평년 풍향 분포를 나타낸 것이다.

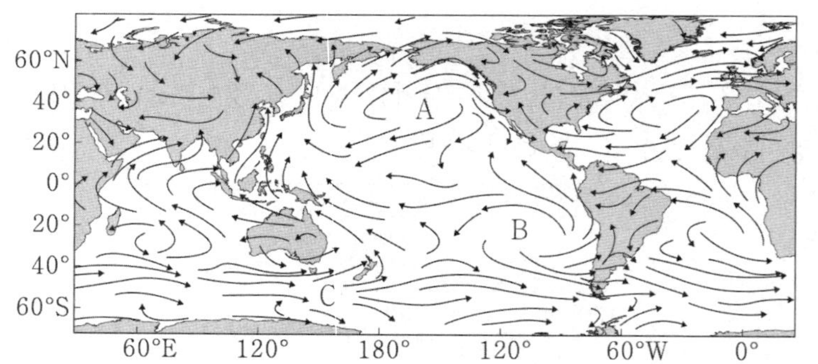

이 자료에 대한 설명으로 옳은 것만을 <보기>에서 있는 대로 고른 것은?

<보 기>

ㄱ. A 지역의 고기압은 해들리 순환의 하강으로 생성된다.

ㄴ. B 지역에는 저기압이 위치한다.

ㄷ. C 지역에는 남극 순환류가 흐른다.

① ㄱ ② ㄴ ③ ㄱ, ㄷ ④ ㄴ, ㄷ ⑤ ㄱ, ㄴ, ㄷ

[해설편 p.069]

11. 표는 주계열성 A, B, C의 질량, 생명 가능 지대, 생명 가능 지대에 위치한 행성의 공전 궤도 반지름을 나타낸 것이다. A, B, C는 각각 1개의 행성만 가지고 있으며, 행성들은 원 궤도로 공전한다. 별의 나이는 모두 같다.

주계열성	질량 (태양=1)	생명 가능 지대 (AU)	행성의 공전 궤도 반지름(AU)
A	1.0	0.82~1.17	1.16
B	1.2	1.27~1.81	1.28
C	2.0	( )	( )

이에 대한 설명으로 옳은 것만을 <보기>에서 있는 대로 고른 것은?

<보 기>

ㄱ. 광도는 C가 A보다 크다.
ㄴ. C의 생명 가능 지대의 폭은 0.54 AU보다 넓다.
ㄷ. 생명 가능 지대에 머무르는 기간은 A의 행성이 B의 행성보다 길다.

① ㄱ ② ㄷ ③ ㄱ, ㄴ ④ ㄴ, ㄷ ⑤ ㄱ, ㄴ, ㄷ

12. 그림은 빅뱅 우주론에 따라 우주가 팽창하는 동안 우주 구성 요소 A와 B의 밀도 변화를 시간에 따라 나타낸 것이다. A와 B는 각각 물질(보통 물질 + 암흑 물질)과 암흑 에너지 중 하나이다.

이에 대한 설명으로 옳은 것만을 <보기>에서 있는 대로 고른 것은?

<보 기>

ㄱ. A는 물질이다.
ㄴ. 우주 배경 복사는 ㉠ 시기 이전에 방출된 빛이다.
ㄷ. $\frac{\text{암흑 에너지 밀도}}{\text{물질 밀도}}$는 ㉡ 시기가 ㉠ 시기보다 크다.

① ㄱ ② ㄴ ③ ㄱ, ㄷ ④ ㄴ, ㄷ ⑤ ㄱ, ㄴ, ㄷ

13. 그림 (가)와 (나)는 각각 주계열성 A와 B의 중심으로부터 표면까지 거리에 따른 수소 함량 비율을 나타낸 것이다. A와 B가 주계열 단계에 도달했을 때의 질량은 태양 질량의 5배이다.

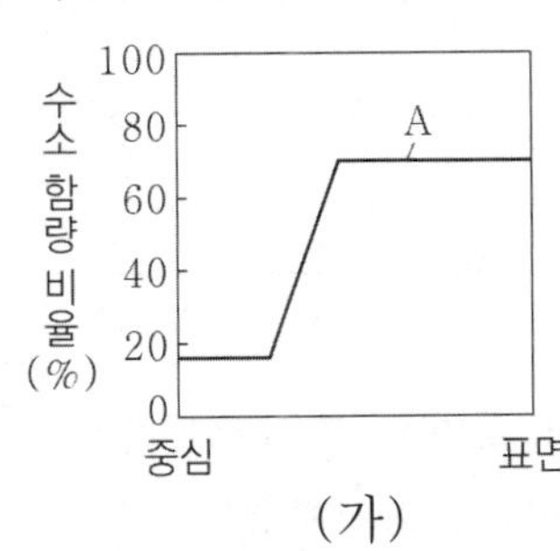

(가)

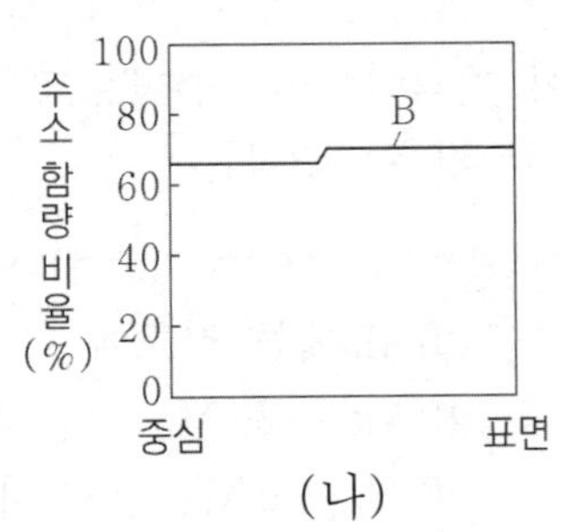

(나)

이 자료에 대한 설명으로 옳은 것만을 <보기>에서 있는 대로 고른 것은? [3점]

<보 기>

ㄱ. A의 중심부에는 대류핵이 존재한다.
ㄴ. A의 중심핵에서는 헬륨 핵융합 반응이 일어난다.
ㄷ. 주계열 단계에 도달한 이후 경과한 시간은 B가 A보다 길다.

① ㄱ ② ㄴ ③ ㄱ, ㄷ ④ ㄴ, ㄷ ⑤ ㄱ, ㄴ, ㄷ

14. 그림 (가)는 현재 지구의 공전 궤도를, (나)는 지구의 공전 궤도 이심률 변화를 나타낸 것이다. 지구 자전축 세차 운동의 방향은 지구 공전 방향과 반대이고 주기는 약 26000년이다.

(가)

(나)

이에 대한 설명으로 옳은 것만을 <보기>에서 있는 대로 고른 것은? (단, 지구의 공전 궤도 이심률과 지구 자전축 세차 운동 이외의 요인은 변하지 않는다고 가정한다.) [3점]

<보 기>

ㄱ. (가)에서 지구가 근일점에 위치할 때 남반구는 여름철이다.
ㄴ. 근일점과 원일점에서 지구에 도달하는 태양 복사 에너지양의 차는 A 시기가 B 시기보다 크다.
ㄷ. 우리나라에서 기온의 연교차는 약 13만 년 전이 현재보다 크다.

① ㄱ ② ㄷ ③ ㄱ, ㄴ ④ ㄴ, ㄷ ⑤ ㄱ, ㄴ, ㄷ

15. 그림 (가)는 태평양 적도 부근 해역에서 관측한 무역풍의 동서 방향 풍속 편차를, (나)는 (가)의 A와 B 중 어느 한 시기에 관측한 태평양 적도 해역의 깊이에 따른 수온 편차를 나타낸 것이다. (가)에서 A와 B는 각각 엘니뇨 시기와 라니냐 시기 중 하나이고, (+)는 서풍, (−)는 동풍에 해당한다. 편차는 (관측값 − 평년값)이다.

(가)

(나)

이에 대한 설명으로 옳은 것만을 <보기>에서 있는 대로 고른 것은? [3점]

<보 기>

ㄱ. (나)는 B에 관측한 것이다.
ㄴ. A일 때 동태평양 적도 부근 해역의 표층 수온 편차는 (−) 값이다.
ㄷ. 동태평양 적도 부근 해역에서 수온 약층이 나타나기 시작하는 깊이는 A가 B보다 깊다.

① ㄱ ② ㄴ ③ ㄱ, ㄷ ④ ㄴ, ㄷ ⑤ ㄱ, ㄴ, ㄷ

[해설편 p.069]

16. 그림은 동해의 어느 지점에서 두 시기에 측정한 수온과 염분 분포를 나타낸 것이다. ㉠과 ㉡은 각각 1월과 8월 중 하나이다.

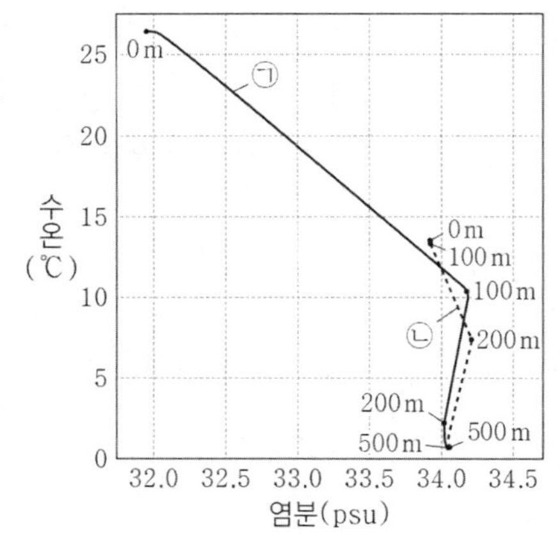

이에 대한 설명으로 옳은 것만을 <보기>에서 있는 대로 고른 것은?

<보 기>

ㄱ. ㉠은 1월에 해당한다.
ㄴ. 혼합층의 두께는 ㉠이 ㉡보다 두껍다.
ㄷ. ㉠에서 해수의 밀도 변화는 0 m ~ 100 m 구간이 100 m ~ 200 m 구간보다 크다.

① ㄱ ② ㄷ ③ ㄱ, ㄴ ④ ㄴ, ㄷ ⑤ ㄱ, ㄴ, ㄷ

17. 그림 (가)와 (나)는 두 외계 행성계에 속한 중심별의 시선 속도 변화를 나타낸 것이다. 두 외계 행성계에는 행성이 1개씩만 존재하고, 중심별의 질량, 중심별과 행성 사이의 거리는 각각 같다. 두 행성은 원 궤도를 따라 공전하며 공전 궤도면은 관측자의 시선 방향과 나란하다.

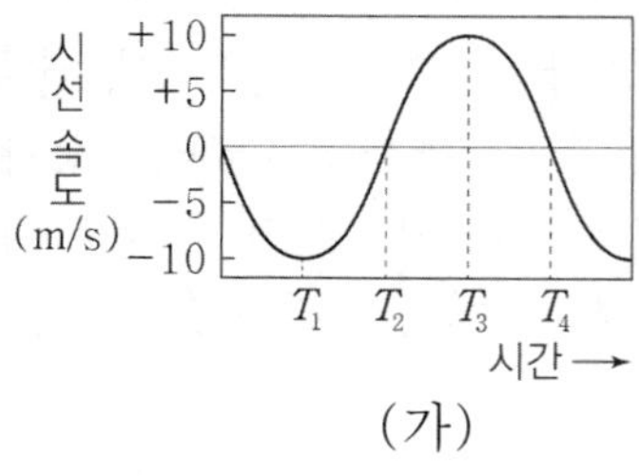

(가)

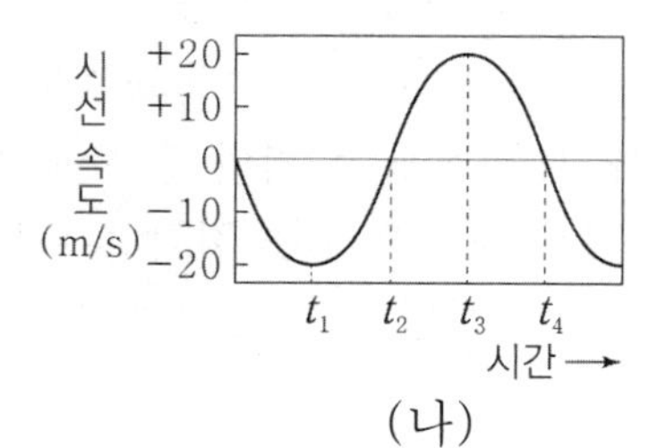

(나)

이에 대한 설명으로 옳은 것만을 <보기>에서 있는 대로 고른 것은? (단, 중심별의 시선 속도 변화는 행성과의 공통 질량 중심에 대한 공전에 의해서만 나타난다.) [3점]

<보 기>

ㄱ. (가)에서 T_2일 때 행성과 지구와의 거리는 가장 가깝다.
ㄴ. 행성의 질량은 (가)가 (나)보다 크다.
ㄷ. 행성과 공통 질량 중심 사이의 거리는 (가)가 (나)보다 멀다.

① ㄱ ② ㄷ ③ ㄱ, ㄴ ④ ㄴ, ㄷ ⑤ ㄱ, ㄴ, ㄷ

18. 그림은 별 A, B, C의 물리량을 나타낸 것이다. A, B, C 중 2개는 주계열성, 1개는 거성이다.

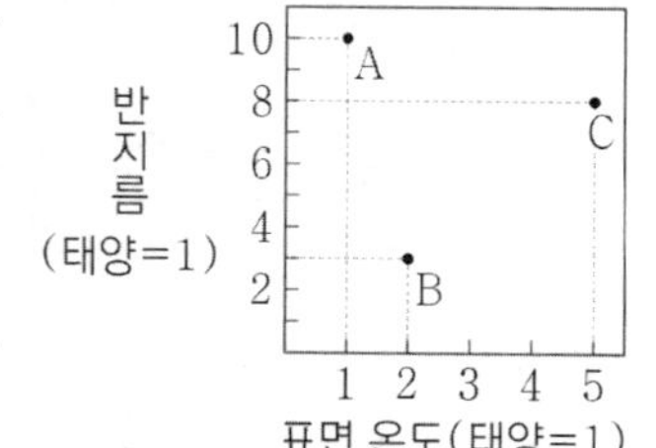

이에 대한 설명으로 옳은 것만을 <보기>에서 있는 대로 고른 것은?

<보 기>

ㄱ. A는 주계열성이다.
ㄴ. C는 B보다 질량이 크다.
ㄷ. A와 C의 절대 등급 차는 5보다 크다.

① ㄱ ② ㄴ ③ ㄱ, ㄷ ④ ㄴ, ㄷ ⑤ ㄱ, ㄴ, ㄷ

19. 다음은 우리은하와 외부 은하 A, B에 대한 설명이다. 적색 편이량은 $\left(\dfrac{\text{관측 파장}-\text{기준 파장}}{\text{기준 파장}}\right)$이고, 세 은하는 허블 법칙을 만족한다.

- 우리은하에서 A를 관측하면, 기준 파장이 500nm인 흡수선은 503.5nm로 관측된다.
- 우리은하에서 B를 관측하면, 기준 파장이 600nm인 흡수선은 608.4nm로 관측된다.
- B에서 A를 관측하면, 적색 편이량은 우리은하에서 A를 관측한 적색 편이량의 $\sqrt{3}$배이다.

이에 대한 설명으로 옳은 것만을 <보기>에서 있는 대로 고른 것은? (단, 빛의 속도는 3×10^5km/s이고, 허블 상수는 70km/s/Mpc이다.) [3점]

<보 기>

ㄱ. 우리은하에서 A까지의 거리는 30 Mpc이다.
ㄴ. 우리은하에서 관측한 적색 편이량은 B가 A의 2배이다.
ㄷ. B에서 관측할 때, 우리은하와 A의 시선 방향은 30°를 이룬다.

① ㄱ ② ㄷ ③ ㄱ, ㄴ ④ ㄴ, ㄷ ⑤ ㄱ, ㄴ, ㄷ

20. 그림은 어느 지괴의 현재 위치와 시기별 고지자기극의 위치를 나타낸 것이다. 고지자기극은 고지자기 방향으로 추정한 지리상 북극이고, 지리상 북극은 변하지 않았다. 현재 지자기 북극은 지리상 북극과 일치한다.

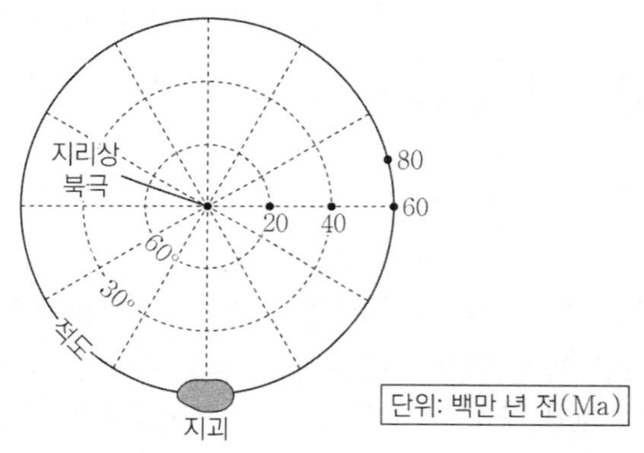

이 지괴에 대한 설명으로 옳은 것만을 <보기>에서 있는 대로 고른 것은? [3점]

<보 기>

ㄱ. 80 Ma에는 적도에 위치하였다.
ㄴ. 40 Ma ~ 20 Ma 동안 고지자기 복각은 증가하였다.
ㄷ. 60 Ma ~ 0 Ma 동안 시계 방향으로 회전하였다.

① ㄱ ② ㄷ ③ ㄱ, ㄴ ④ ㄴ, ㄷ ⑤ ㄱ, ㄴ, ㄷ

* 확인 사항

- 답안지의 해당란에 필요한 내용을 정확히 기입(표기)했는지 확인하시오.

[해설편 p.070]

제 4 교시

과학탐구 영역(지구과학 I)

23회

성명		수험 번호		제 [ ] 선택

1. 그림 (가)는 깊이에 따른 지하의 온도 분포와 암석의 용융 곡선을, (나)는 화성암 A와 B의 성질을 나타낸 것이다. A와 B는 각각 (가)의 ㉠ 과정과 ㉡ 과정으로 생성된 마그마가 굳어진 암석 중 하나이다.

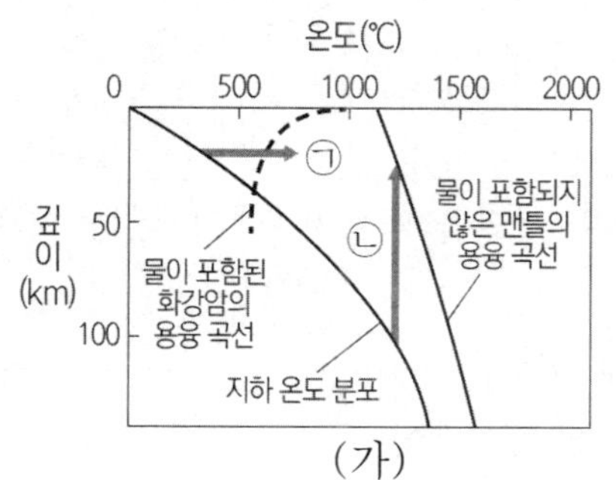

(가)

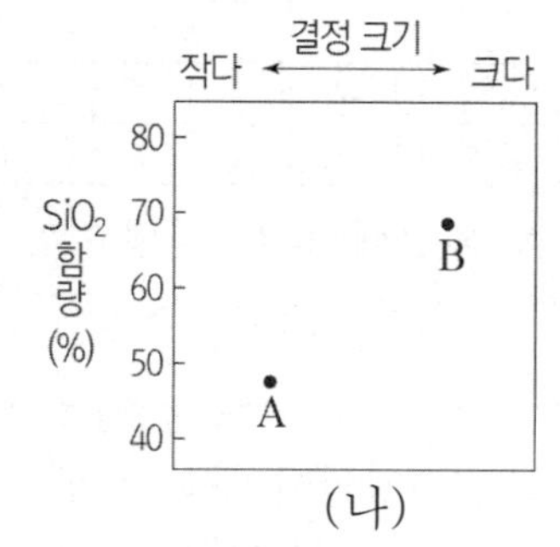

(나)

이 자료에 대한 설명으로 옳은 것만을 <보기>에서 있는 대로 고른 것은?

<보 기>

ㄱ. 압력 감소에 의한 마그마 생성 과정은 ㉡이다.
ㄴ. A는 B보다 마그마가 천천히 냉각되어 생성된다.
ㄷ. A는 ㉠ 과정으로 생성된 마그마가 굳어진 것이다.

① ㄱ ② ㄴ ③ ㄱ, ㄷ ④ ㄴ, ㄷ ⑤ ㄱ, ㄴ, ㄷ

2. 그림 (가)와 (나)는 섭입대가 나타나는 서로 다른 두 지역의 지진파 단층 촬영 영상을 진원 분포와 함께 나타낸 것이다.

(가)

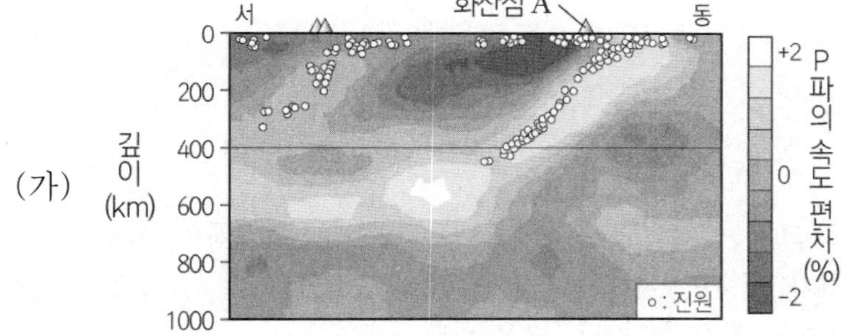

(나)

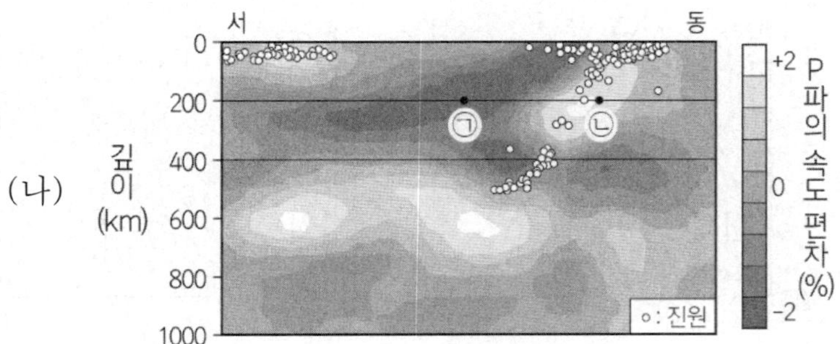

이 자료에 대한 설명으로 옳은 것만을 <보기>에서 있는 대로 고른 것은?

<보 기>

ㄱ. (가)에서 화산섬 A의 동쪽에 판의 경계가 위치한다.
ㄴ. 온도는 ㉡ 지점이 ㉠ 지점보다 높다.
ㄷ. 진원의 최대 깊이는 (가)가 (나)보다 깊다.

① ㄱ ② ㄴ ③ ㄱ, ㄷ ④ ㄴ, ㄷ ⑤ ㄱ, ㄴ, ㄷ

3. 표는 퇴적암 A, B, C를 이루는 자갈의 비율과 모래의 비율을 나타낸 것이다. A, B, C는 각각 역암, 사암, 셰일 중 하나이다.

퇴적암	자갈의 비율(%)	모래의 비율(%)
A	5	90
B	4	5
C	80	10

이에 대한 설명으로 옳은 것만을 <보기>에서 있는 대로 고른 것은?

<보 기>

ㄱ. A는 셰일이다.
ㄴ. 연흔은 C층에서 주로 나타난다.
ㄷ. A, B, C는 쇄설성 퇴적암이다.

① ㄱ ② ㄷ ③ ㄱ, ㄴ ④ ㄴ, ㄷ ⑤ ㄱ, ㄴ, ㄷ

4. 표는 누대 A, B, C의 특징을 나타낸 것이다. A, B, C는 각각 현생 누대, 시생 누대, 원생 누대 중 하나이다.

누대	특징
A	초대륙 로디니아가 형성되었다.
B	( )
C	남세균이 최초로 출현하였다.

이에 대한 설명으로 옳은 것만을 <보기>에서 있는 대로 고른 것은? [3점]

<보 기>

ㄱ. A는 시생 누대이다.
ㄴ. 가장 큰 규모의 대멸종은 B 시기에 발생했다.
ㄷ. C 시기 지층에서는 에디아카라 동물군 화석이 발견된다.

① ㄱ ② ㄴ ③ ㄱ, ㄷ ④ ㄴ, ㄷ ⑤ ㄱ, ㄴ, ㄷ

5. 그림은 어느 지역의 지질 단면도를 나타낸 것이다. B와 C는 화성암이고 나머지 층은 퇴적층이다.

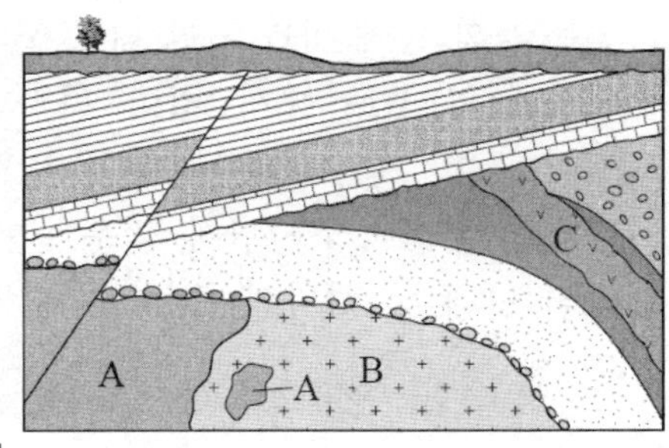

이 지역에 대한 설명으로 옳은 것만을 <보기>에서 있는 대로 고른 것은? [3점]

<보 기>

ㄱ. 습곡은 단층보다 나중에 형성되었다.
ㄴ. 최소 4회의 융기가 있었다.
ㄷ. A, B, C의 생성 순서는 A→B→C이다.

① ㄱ ② ㄷ ③ ㄱ, ㄴ ④ ㄴ, ㄷ ⑤ ㄱ, ㄴ, ㄷ

6. 그림은 지괴 A와 B의 현재 위치와 시기별 고지자기극 위치를 나타낸 것이다. 고지자기극은 이 지괴의 고지자기 방향으로 추정한 지리상 북극이고, 실제 지리상 북극의 위치는 변하지 않았다.

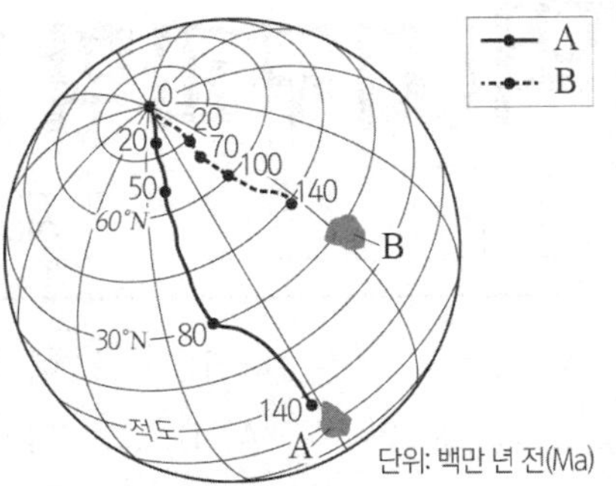

이에 대한 설명으로 옳은 것만을 <보기>에서 있는 대로 고른 것은? [3점]

<보 기>

ㄱ. 140Ma~0Ma 동안 A는 적도에 위치한 시기가 있었다.
ㄴ. 50Ma일 때 복각의 절댓값은 A가 B보다 크다.
ㄷ. 80Ma~20Ma 동안 지괴의 평균 이동 속도는 A가 B보다 빠르다.

① ㄱ ② ㄴ ③ ㄱ, ㄷ ④ ㄴ, ㄷ ⑤ ㄱ, ㄴ, ㄷ

7. 그림 (가)와 (나)는 8월 어느 날 같은 시각의 지상 일기도와 적외 영상을 나타낸 것이다.

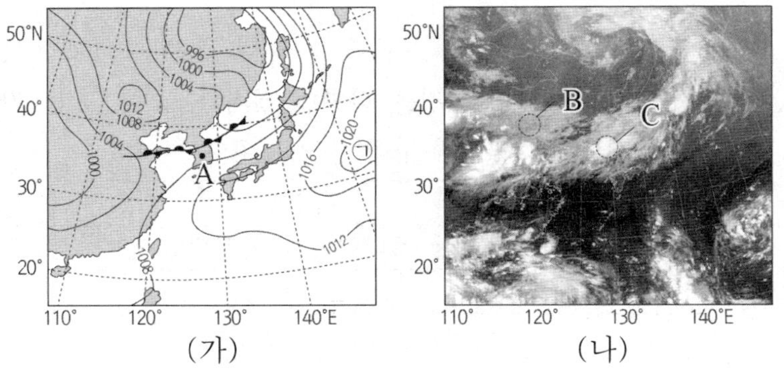

(가) (나)

이에 대한 설명으로 옳은 것만을 <보기>에서 있는 대로 고른 것은?

<보 기>

ㄱ. A 지역의 상공에는 전선면이 나타난다.
ㄴ. 구름의 최상부 높이는 C 지역이 B 지역보다 높다.
ㄷ. ㉠은 북태평양 고기압이다.

① ㄱ ② ㄴ ③ ㄷ ④ ㄱ, ㄴ ⑤ ㄴ, ㄷ

8. 그림은 시간에 따라 뇌우에 공급되는 물의 양과 비가 되어 내린 물의 양을 A와 B로 순서 없이 나타낸 것이다. ㉠, ㉡, ㉢은 뇌우의 발달 단계에서 각각 성숙 단계, 적운 단계, 소멸 단계 중 하나이다.

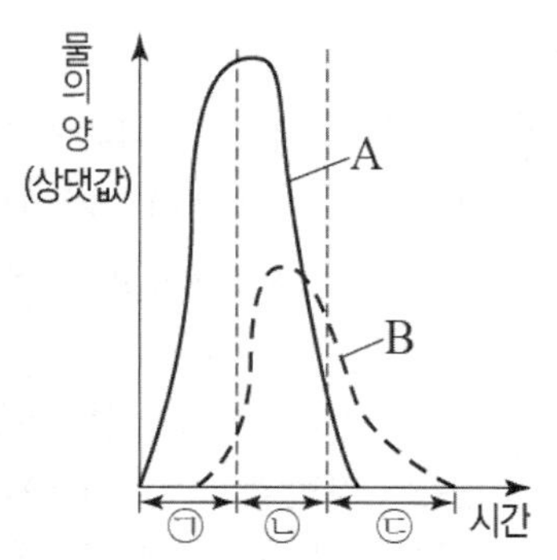

이에 대한 설명으로 옳은 것만을 <보기>에서 있는 대로 고른 것은?

<보 기>

ㄱ. A는 비가 되어 내린 물의 양이다.
ㄴ. 뇌우로 인한 강수량은 ㉠이 ㉡보다 적다.
ㄷ. ㉢은 하강 기류가 상승 기류보다 우세하다.

① ㄱ ② ㄴ ③ ㄱ, ㄷ ④ ㄴ, ㄷ ⑤ ㄱ, ㄴ, ㄷ

9. 표는 방사성 원소 X와 Y가 포함된 화성암이 생성된 뒤 각각 1억 년과 2억 년이 지난 후 X와 Y의 $\frac{\text{자원소의 함량}}{\text{모원소의 함량}}$을, 그림은 어느 지역의 지질 단면과 산출되는 화석을 나타낸 것이다. 화강암은 X와 Y 중 한 종류만 포함하고, 현재 포함된 방사성 원소의 함량은 처음 양의 12.5%이다. 자원소는 모두 각각의 모원소가 붕괴하여 생성된다.

시간	자원소의 함량 / 모원소의 함량	
	X	Y
1억 년 후	1	㉠
2억 년 후	( )	15

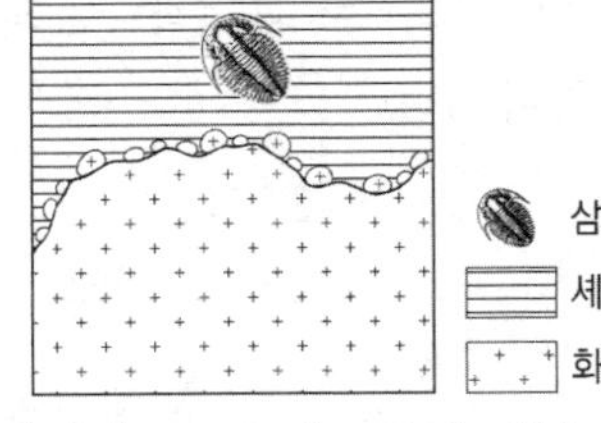

이 자료에 대한 설명으로 옳은 것만을 <보기>에서 있는 대로 고른 것은? [3점]

<보 기>

ㄱ. 화강암에 포함된 방사성 원소는 X이다.
ㄴ. ㉠은 3이다.
ㄷ. 반감기는 X가 Y의 4배이다.

① ㄱ ② ㄷ ③ ㄱ, ㄴ ④ ㄴ, ㄷ ⑤ ㄱ, ㄴ, ㄷ

10. 그림 (가)와 (나)는 북태평양 어느 해역에서 서로 다른 두 시기 해수면 위에서의 바람을 나타낸 것이다. 화살표의 방향과 길이는 각각 풍향과 풍속을 나타낸다.

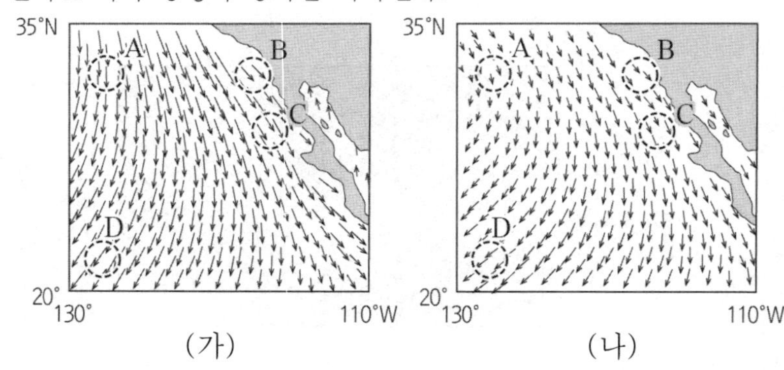

(가) (나)

이에 대한 설명으로 옳은 것만을 <보기>에서 있는 대로 고른 것은?

<보 기>

ㄱ. C 해역에서 표층 해류는 남쪽 방향으로 흐른다.
ㄴ. B 해역에는 쿠로시오 해류가 흐른다.
ㄷ. 수온만을 고려할 때, (나)에서 표층 해수의 용존 산소량은 D 해역에서가 A 해역에서보다 많다.

① ㄱ ② ㄴ ③ ㄱ, ㄷ ④ ㄴ, ㄷ ⑤ ㄱ, ㄴ, ㄷ

[해설편 p.072]

11. 그림은 1850~2020년 동안 육지와 해양에서의 온도 편차(관측값-기준값)를 각각 나타낸 것이다. 기준값은 1850~1900년의 평균 온도이다.

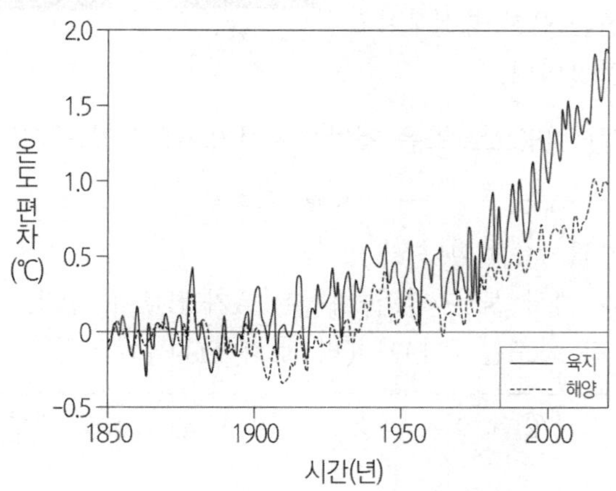

이에 대한 설명으로 옳은 것만을 <보기>에서 있는 대로 고른 것은?

<보 기>

ㄱ. 지구 해수면의 평균 높이는 2000년이 1900년보다 높다.
ㄴ. 이 기간 동안 온도의 평균 상승률은 육지가 해양보다 크다.
ㄷ. 육지 온도의 평균 상승률은 1950~2020년이 1850~1950년보다 크다.

① ㄱ ② ㄴ ③ ㄱ, ㄷ ④ ㄴ, ㄷ ⑤ ㄱ, ㄴ, ㄷ

12. 표는 중심별이 주계열성인 서로 다른 외계 행성계에 속한 행성 (가), (나), (다)에 대한 물리량을 나타낸 것이다. (가), (나), (다) 중 생명 가능 지대에 위치한 것은 2개이다.

외계 행성	중심별의 질량 (태양=1)	행성의 질량 (지구=1)	중심별로부터 행성까지의 거리(AU)
(가)	1	1	1
(나)	1	2	4
(다)	2	2	4

이에 대한 설명으로 옳은 것만을 <보기>에서 있는 대로 고른 것은? (단, 각각의 외계 행성계는 1개의 행성만 가지고 있으며, 행성 (가), (나), (다)는 중심별을 원 궤도로 공전한다.) [3점]

<보 기>

ㄱ. 별과 공통 질량 중심 사이의 거리는 (나)의 중심별에서가 (다)의 중심별에서보다 길다.
ㄴ. 중심별로부터 단위 시간당 단위 면적이 받는 복사 에너지양은 (나)가 (가)보다 많다.
ㄷ. (다)에는 물이 액체 상태로 존재할 수 있다.

① ㄱ ② ㄴ ③ ㄷ ④ ㄱ, ㄷ ⑤ ㄴ, ㄷ

13. 그림은 북반구의 대기 대순환을 나타낸 것이다. A, B, C는 각각 해들리 순환, 페렐 순환, 극순환 중 하나이다.

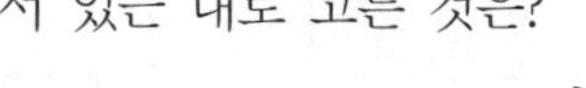

이에 대한 설명으로 옳은 것만을 <보기>에서 있는 대로 고른 것은?

<보 기>

ㄱ. A의 지상에는 동풍 계열의 바람이 우세하게 분다.
ㄴ. 직접 순환에 해당하는 것은 B이다.
ㄷ. 남북 방향의 온도 차는 ㉡에서가 ㉠에서보다 크다.

① ㄱ ② ㄴ ③ ㄱ, ㄷ ④ ㄴ, ㄷ ⑤ ㄱ, ㄴ, ㄷ

14. 그림 (가)와 (나)는 엘니뇨와 라니냐 시기에 태평양 적도 부근 해역에서 관측된 깊이에 따른 수온 편차(관측값-평년값)를 순서 없이 나타낸 것이다.

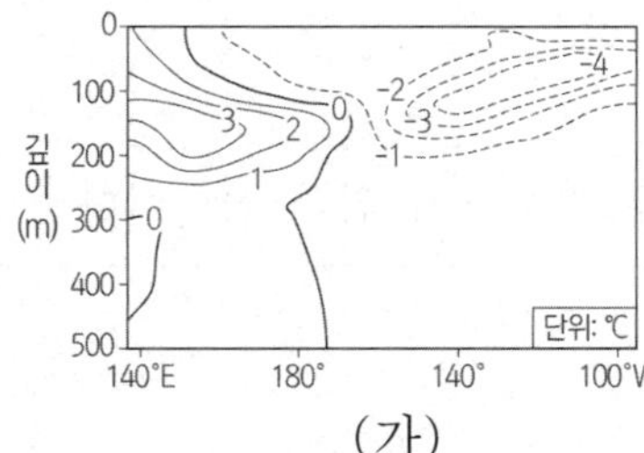

(가)

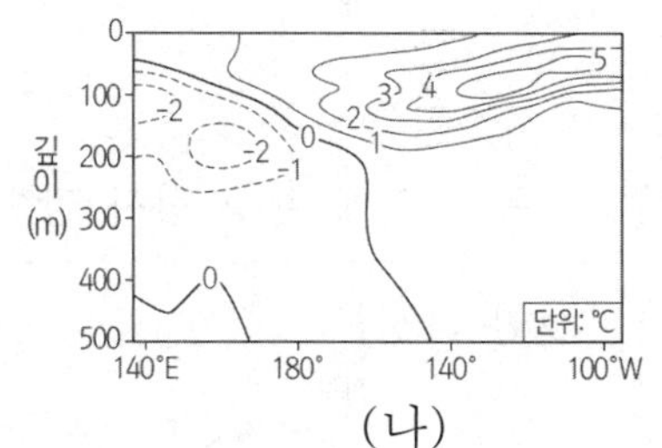

(나)

이에 대한 설명으로 옳은 것만을 <보기>에서 있는 대로 고른 것은? [3점]

<보 기>

ㄱ. 무역풍의 세기는 (가)가 (나)보다 강하다.
ㄴ. 서태평양 적도 부근 해역의 해면 기압은 (나)가 (가)보다 높다.
ㄷ. 동태평양 적도 부근 해역의 용승 현상은 (가)가 (나)보다 강하다.

① ㄱ ② ㄴ ③ ㄱ, ㄷ ④ ㄴ, ㄷ ⑤ ㄱ, ㄴ, ㄷ

15. 표는 별 S_1~S_6의 광도 계급, 분광형, 절대 등급을 나타낸 것이다. (가)와 (나)는 각각 광도 계급 Ib(초거성)와 V(주계열성) 중 하나이다.

별	광도 계급	분광형	절대 등급
S_1	(가)	A0	(㉠)
S_2		K2	(㉡)
S_3		M1	−5.2
S_4	(나)	A0	(㉢)
S_5		K2	(㉣)
S_6		M1	9.4

이에 대한 설명으로 옳은 것만을 <보기>에서 있는 대로 고른 것은? [3점]

<보 기>

ㄱ. (가)는 Ib(초거성)이다.
ㄴ. 광도는 S_4가 S_5보다 작다.
ㄷ. |㉠−㉢| < |㉡−㉣|이다.

① ㄱ ② ㄴ ③ ㄱ, ㄷ ④ ㄴ, ㄷ ⑤ ㄱ, ㄴ, ㄷ

[해설편 p.073]

16. 그림 (가)는 해역 A와 B의 위치를, (나)와 (다)는 4월에 측정한 A와 B의 연직 수온 분포를 순서 없이 나타낸 것이다.

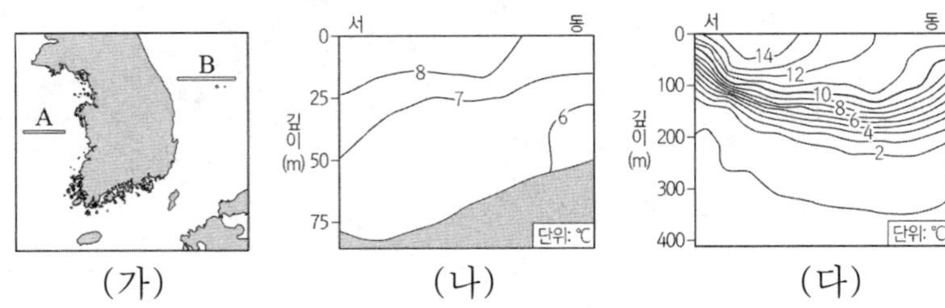

(가) (나) (다)

이에 대한 설명으로 옳은 것만을 <보기>에서 있는 대로 고른 것은?

<보 기>

ㄱ. (나)는 B의 측정 자료이다.
ㄴ. 수온 약층은 (다)가 (나)보다 뚜렷하다.
ㄷ. (다)가 (나)보다 표층 수온이 높은 이유는 위도의 영향 때문이다.

① ㄱ ② ㄴ ③ ㄱ, ㄷ ④ ㄴ, ㄷ ⑤ ㄱ, ㄴ, ㄷ

17. 다음은 외계 행성 탐사 방법을 알아보기 위한 실험이다.

[실험 과정]

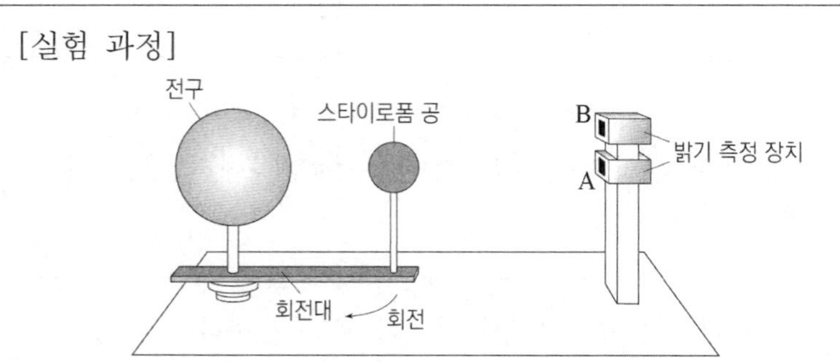

(가) 그림과 같이 전구와 스타이로폼 공을 회전대 위에 고정시키고 회전대를 일정한 속도로 회전시킨다.
(나) 회전대가 회전하는 동안 밝기 측정 장치 A와 B로 각각 측정한 밝기를 기록하고 최소 밝기가 나타나는 주기를 표시한다.
(다) 반지름이 $\frac{1}{2}$배인 스타이로폼 공으로 교체한 후 (나)의 과정을 반복한다.

[실험 결과]

구분	밝기 측정 장치	
	㉠	㉡
(나)의 결과	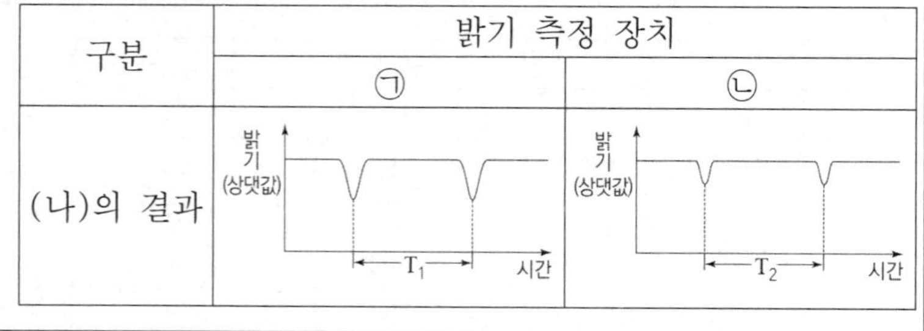	

이에 대한 설명으로 옳은 것만을 <보기>에서 있는 대로 고른 것은? [3점]

<보 기>

ㄱ. 최소 밝기가 나타나는 주기 T_1과 T_2는 같다.
ㄴ. ㉠은 B이다.
ㄷ. A로 측정한 밝기 감소 최대량은 (다) 결과가 (나) 결과의 2배이다.

① ㄱ ② ㄷ ③ ㄱ, ㄴ ④ ㄴ, ㄷ ⑤ ㄱ, ㄴ, ㄷ

18. 그림 (가)와 (나)는 가시광선 영역에서 관측한 퀘이사와 나선 은하를 나타낸 것이다. A는 은하 중심부이고 B는 나선팔이다.

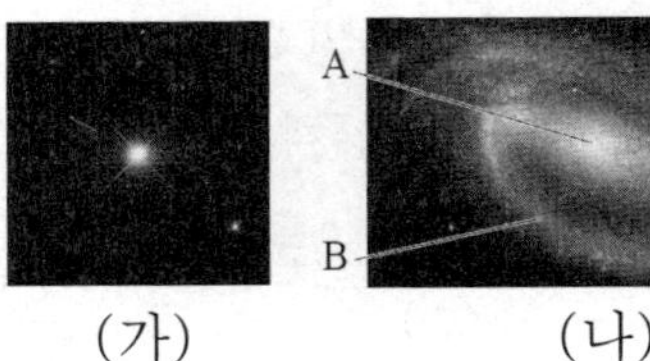

(가) (나)

이에 대한 설명으로 옳은 것만을 <보기>에서 있는 대로 고른 것은?

<보 기>

ㄱ. (가)는 은하이다.
ㄴ. (나)에서 붉은 별의 비율은 A가 B보다 높다.
ㄷ. 후퇴 속도는 (가)가 (나)보다 크다.

① ㄱ ② ㄴ ③ ㄱ, ㄷ ④ ㄴ, ㄷ ⑤ ㄱ, ㄴ, ㄷ

19. 그림은 주계열성의 내부에서 대류가 일어나는 영역의 질량을 별의 질량에 따라 나타낸 것이다.

주계열성 ㉠, ㉡, ㉢에 대한 설명으로 옳은 것만을 <보기>에서 있는 대로 고른 것은? [3점]

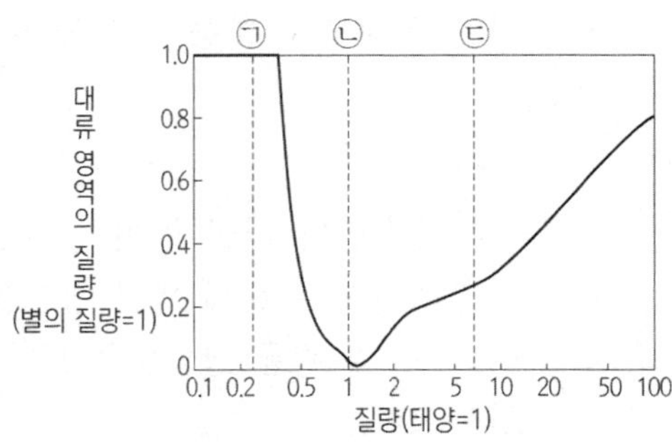

<보 기>

ㄱ. 별 내부의 $\frac{\text{주계열 단계가 끝난 직후 수소량}}{\text{주계열 단계에 도달한 직후 수소량}}$은 ㉡이 ㉠보다 작다.
ㄴ. ㉢의 중심핵에서는 p-p 반응이 CNO 순환 반응보다 우세하다.
ㄷ. 중심부에서 에너지 생성량은 ㉢이 ㉠보다 크다.

① ㄱ ② ㄷ ③ ㄱ, ㄴ ④ ㄴ, ㄷ ⑤ ㄱ, ㄴ, ㄷ

20. 표는 우리은하에서 관측한 은하 A, B, C의 스펙트럼 관측 결과를 나타낸 것이다. B에서 관측할 때 A와 C의 시선 방향은 정반대이다. 우리은하와 A, B, C는 허블 법칙을 만족한다.

기준 파장 (nm)	관측 파장(nm)		
	A	B	C
300	307.5	㉠	307.5
600		612	

이에 대한 설명으로 옳은 것만을 <보기>에서 있는 대로 고른 것은? (단, 빛의 속도는 3×10^5km/s이다.) [3점]

<보 기>

ㄱ. ㉠은 306이다.
ㄴ. B의 후퇴 속도는 6×10^3km/s이다.
ㄷ. 우리은하, B, C 중 A에서 가장 멀리 있는 은하는 우리은하이다.

① ㄱ ② ㄷ ③ ㄱ, ㄴ ④ ㄴ, ㄷ ⑤ ㄱ, ㄴ, ㄷ

* 확인 사항

○ 답안지의 해당란에 필요한 내용을 정확히 기입(표기)했는지 확인하시오.

[해설편 p.073]

제 4 교시

과학탐구 영역(지구과학 I)

24회

성명 | 수험 번호 | 제 [ ] 선택

1. 그림은 어느 지역 해양 지각의 나이 분포를 나타낸 것이다.

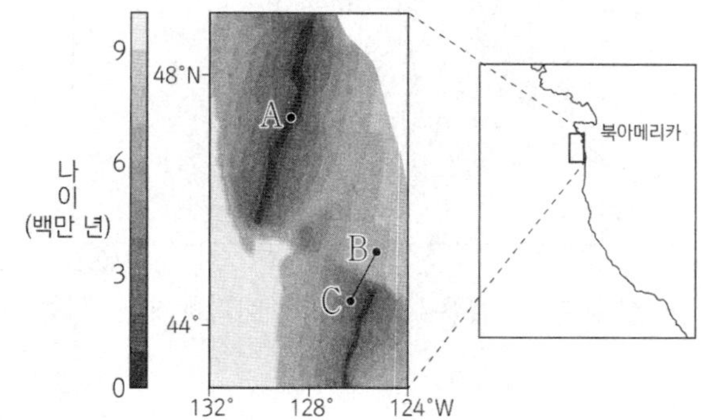

이에 대한 설명으로 옳은 것만을 <보기>에서 있는 대로 고른 것은?

<보 기>

ㄱ. 지점 A에서 현무암질 마그마가 분출된다.
ㄴ. 지점 B와 지점 C를 잇는 직선 구간에는 변환 단층이 있다.
ㄷ. 지각의 나이는 지점 B가 지점 C보다 많다.

① ㄱ ② ㄴ ③ ㄱ, ㄷ ④ ㄴ, ㄷ ⑤ ㄱ, ㄴ, ㄷ

2. 표는 현재 40°N에 위치한 A와 B 지역의 암석에서 측정한 연령, 고지자기 복각, 생성 당시 지구 자기의 역전 여부를 나타낸 것이다. 고지자기극은 고지자기 방향으로 추정한 지리상의 북극이고, 지리상 북극은 변하지 않았다.

지역	연령 (백만 년)	고지자기 복각	생성 당시 지구 자기의 역전 여부
A	45	+10°	× (정자극기)
B	10	+40°	× (정자극기)

이에 대한 설명으로 옳은 것만을 <보기>에서 있는 대로 고른 것은?

<보 기>

ㄱ. 4500만 년 전 지구의 자기장 방향은 현재와 반대였다.
ㄴ. A의 현재 위치는 4500만 년 전보다 고위도이다.
ㄷ. B는 1000만 년 전 북반구에 위치하였다.

① ㄱ ② ㄴ ③ ㄱ, ㄷ ④ ㄴ, ㄷ ⑤ ㄱ, ㄴ, ㄷ

3. 표는 고생대와 중생대를 기 단위로 구분하여 시간 순서대로 나타낸 것이다.

대	고생대						중생대		
기	캄브리아기	오르도비스기	A	데본기	B	페름기	C	쥐라기	백악기

이에 대한 설명으로 옳은 것만을 <보기>에서 있는 대로 고른 것은? [3점]

<보 기>

ㄱ. A 시기에 삼엽충이 생존하였다.
ㄴ. B 시기에 은행나무와 소철이 번성하였다.
ㄷ. C 시기에 히말라야산맥이 형성되었다.

① ㄱ ② ㄷ ③ ㄱ, ㄴ ④ ㄴ, ㄷ ⑤ ㄱ, ㄴ, ㄷ

4. 다음은 서로 다른 지역 A, B, C의 지층에서 산출되는 화석을 이용하여 지층의 선후 관계를 알아보기 위한 탐구 과정이다.

[탐구 자료]

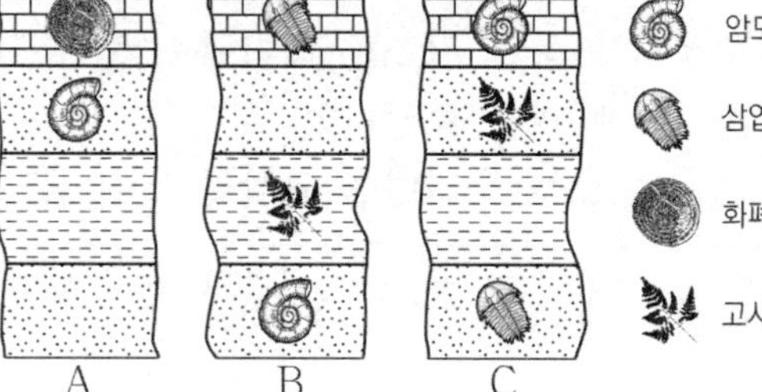

[탐구 과정]

(가) A, B, C의 지층에 포함된 화석의 생존 시기와 서식 환경을 조사한다.
(나) A, B, C의 표준 화석을 보고 지층의 역전 여부를 확인한다.
(다) 같은 종류의 표준 화석이 산출되는 지층을 A, B, C에서 찾아 연결한다.

이에 대한 설명으로 옳은 것만을 <보기>에서 있는 대로 고른 것은? [3점]

<보 기>

ㄱ. 가장 최근에 퇴적된 지층은 A에 위치한다.
ㄴ. B에는 역전된 지층이 발견된다.
ㄷ. C에는 해성층만 분포한다.

① ㄱ ② ㄷ ③ ㄱ, ㄴ ④ ㄴ, ㄷ ⑤ ㄱ, ㄴ, ㄷ

5. 그림 (가)는 마그마가 분출되는 지역 A, B, C를, (나)는 깊이에 따른 지하의 온도 분포와 암석의 용융 곡선을 마그마 생성 과정과 함께 나타낸 것이다.

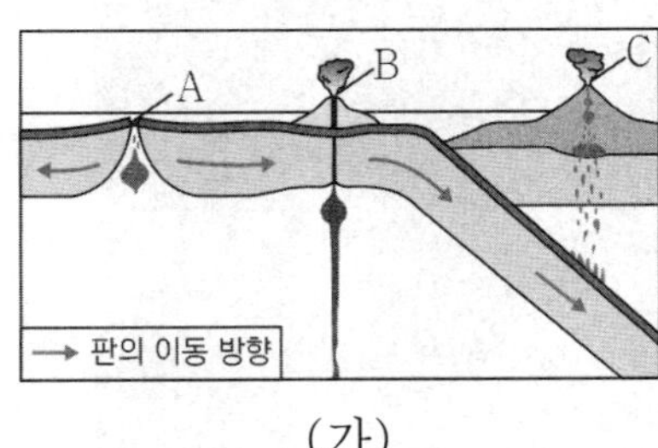

(가)

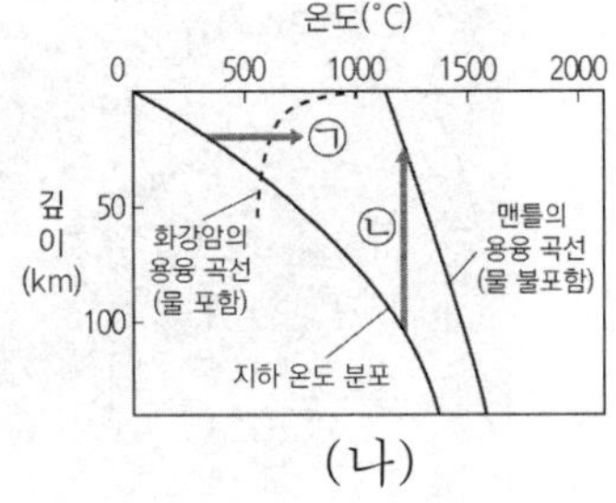

(나)

이에 대한 설명으로 옳은 것만을 <보기>에서 있는 대로 고른 것은?

<보 기>

ㄱ. A에서는 ㉠ 과정으로 형성된 마그마가 분출된다.
ㄴ. B의 하부에서는 플룸이 상승하고 있다.
ㄷ. C에서는 주로 현무암질 마그마가 분출된다.

① ㄱ ② ㄴ ③ ㄱ, ㄷ ④ ㄴ, ㄷ ⑤ ㄱ, ㄴ, ㄷ

[해설편 p.075]

6. 그림 (가)와 (나)는 퇴적 구조를 나타낸 것이다.

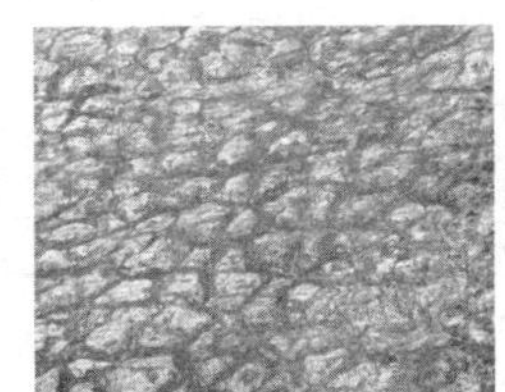

(가) 건열 (나) 연흔

이에 대한 설명으로 옳은 것만을 <보기>에서 있는 대로 고른 것은?

<보 기>

ㄱ. (가)는 형성되는 동안 건조한 대기에 노출된 적이 있다.
ㄴ. (나)는 횡압력에 의해 형성되었다.
ㄷ. (가)와 (나)는 모두 층리면을 관찰한 것이다.

① ㄱ ② ㄴ ③ ㄱ, ㄷ ④ ㄴ, ㄷ ⑤ ㄱ, ㄴ, ㄷ

7. 그림은 어느 지역의 지질 단면도를 나타낸 것이다.

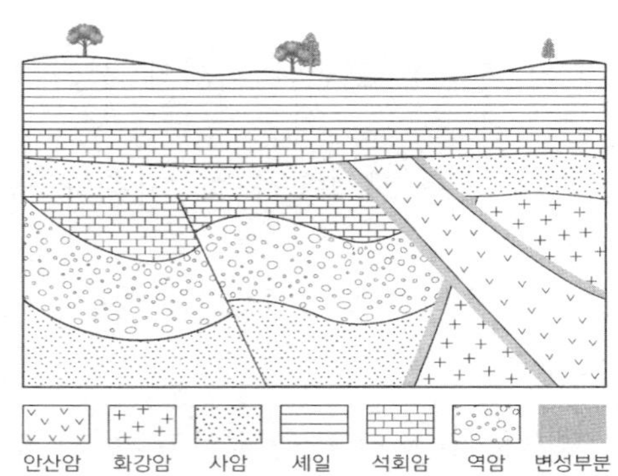

이 지역에 대한 설명으로 옳은 것만을 <보기>에서 있는 대로 고른 것은? (단, 지층의 역전은 없었다.)

<보 기>

ㄱ. 단층은 횡압력에 의해 형성되었다.
ㄴ. 최소 3회의 융기가 있었다.
ㄷ. 역암층은 화강암보다 먼저 생성되었다.

① ㄱ ② ㄴ ③ ㄱ, ㄷ ④ ㄴ, ㄷ ⑤ ㄱ, ㄴ, ㄷ

8. 그림은 전선을 동반한 온대 저기압의 모습을 인공위성에서 촬영한 가시광선 영상이다. ㉠과 ㉡은 각각 온난 전선과 한랭 전선 중 하나이다.

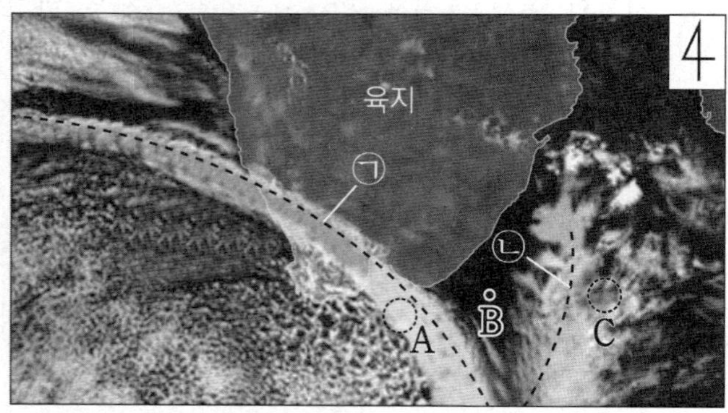

이에 대한 설명으로 옳은 것만을 <보기>에서 있는 대로 고른 것은? [3점]

<보 기>

ㄱ. 온난 전선은 ㉡이다.
ㄴ. 구름의 두께는 A 지역이 C 지역보다 두껍다.
ㄷ. 지점 B의 상공에는 전선면이 발달한다.

① ㄱ ② ㄷ ③ ㄱ, ㄴ ④ ㄴ, ㄷ ⑤ ㄱ, ㄴ, ㄷ

9. 그림은 어느 태풍의 이동 경로를 나타낸 것이다.

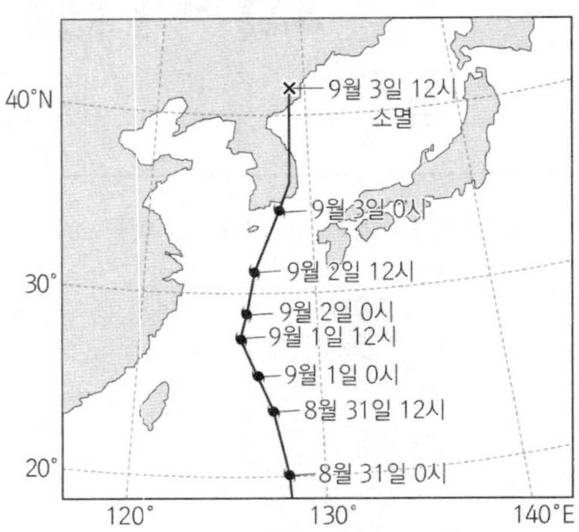

이에 대한 설명으로 옳은 것만을 <보기>에서 있는 대로 고른 것은?

<보 기>

ㄱ. 태풍의 평균 이동 속력은 8월 31일이 9월 1일보다 빠르다.
ㄴ. 9월 3일 0시 이후로 태풍 중심의 기압은 계속 낮아졌다.
ㄷ. 태풍이 우리나라를 통과하는 동안 서울에서의 풍향은 시계 방향으로 바뀌었다.

① ㄱ ② ㄴ ③ ㄱ, ㄷ ④ ㄴ, ㄷ ⑤ ㄱ, ㄴ, ㄷ

10. 그림은 어느 해역에서 측정한 깊이에 따른 수온과 염분을 수온-염분도에 나타낸 것이다.

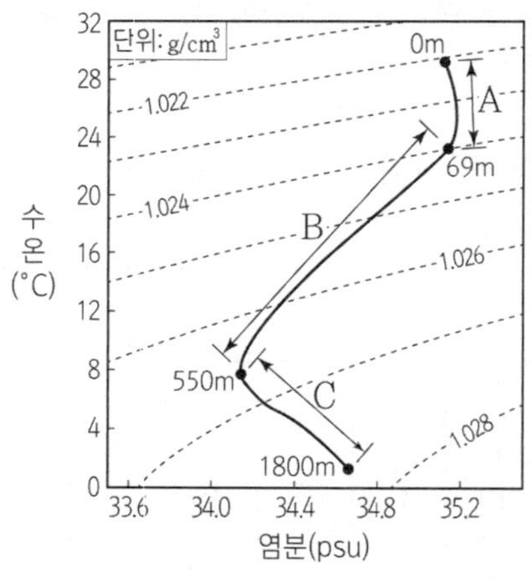

이에 대한 설명으로 옳은 것만을 <보기>에서 있는 대로 고른 것은? [3점]

<보 기>

ㄱ. A 구간은 혼합층이다.
ㄴ. B 구간에서는 해수의 연직 혼합이 활발하게 일어난다.
ㄷ. 깊이에 따른 수온의 평균 변화량은 B 구간이 C 구간보다 크다.

① ㄱ ② ㄷ ③ ㄱ, ㄴ ④ ㄴ, ㄷ ⑤ ㄱ, ㄴ, ㄷ

[해설편 p.075]

11. 그림 (가)와 (나)는 현재와 신생대 팔레오기의 대서양 심층 순환을 순서 없이 나타낸 것이다.

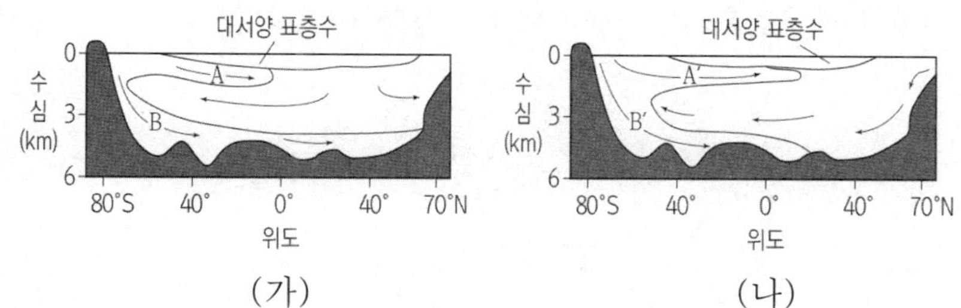

이에 대한 설명으로 옳은 것만을 <보기>에서 있는 대로 고른 것은? [3점]

<보 기>

ㄱ. 지구의 평균 기온은 (나)일 때가 (가)일 때보다 높다.
ㄴ. (나)에서 해수의 평균 염분은 B'가 A'보다 높다.
ㄷ. B는 B'보다 북반구의 고위도까지 흐른다.

① ㄱ ② ㄷ ③ ㄱ, ㄴ ④ ㄴ, ㄷ ⑤ ㄱ, ㄴ, ㄷ

12. 그림은 지구에 도달하는 태양 복사 에너지의 양을 100이라고 할 때, 복사 평형 상태에 있는 지구의 에너지 출입을 나타낸 것이다.

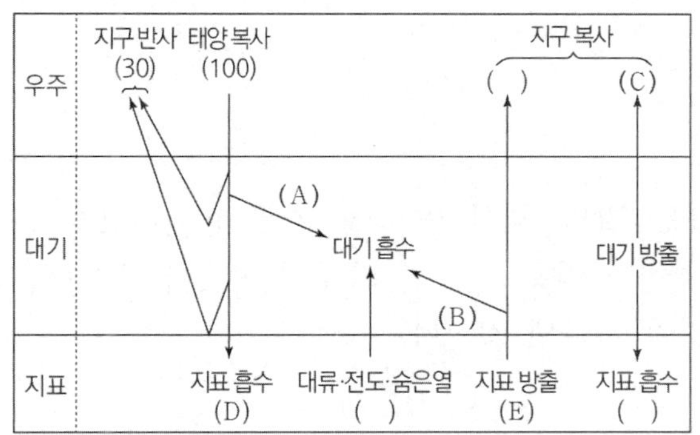

이에 대한 설명으로 옳은 것만을 <보기>에서 있는 대로 고른 것은?

<보 기>

ㄱ. A+B−C=E−D이다.
ㄴ. 지구 온난화가 진행되면 B가 증가한다.
ㄷ. C는 주로 적외선 영역으로 방출된다.

① ㄱ ② ㄴ ③ ㄱ, ㄷ ④ ㄴ, ㄷ ⑤ ㄱ, ㄴ, ㄷ

13. 표는 별 A ~ D의 특징을 나타낸 것이다. A ~ D 중 주계열성은 3개이다.

별	광도(태양=1)	표면 온도(K)
A	20000	25000
B	0.01	11000
C	1	5500
D	0.0017	3000

A ~ D에 대한 설명으로 옳은 것만을 <보기>에서 있는 대로 고른 것은? [3점]

<보 기>

ㄱ. 별의 반지름은 A가 C보다 10배 이상 크다.
ㄴ. Ca II 흡수선의 상대적 세기는 C가 A보다 강하다.
ㄷ. 별의 평균 밀도가 가장 큰 것은 D이다.

① ㄱ ② ㄴ ③ ㄱ, ㄷ ④ ㄴ, ㄷ ⑤ ㄱ, ㄴ, ㄷ

14. 그림은 지구 공전 궤도 이심률 변화, 지구 자전축의 기울기 변화, 북반구가 여름일 때 지구의 공전 궤도상 위치 변화를 나타낸 것이다.

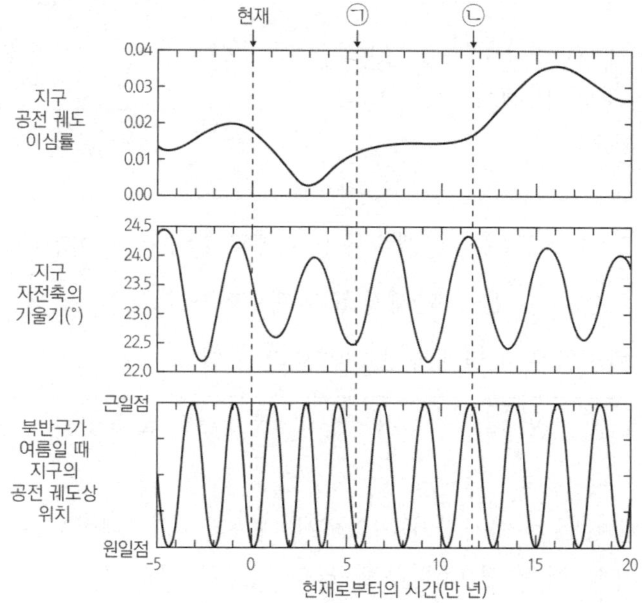

이에 대한 설명으로 옳은 것만을 <보기>에서 있는 대로 고른 것은? (단, 지구 공전 궤도 이심률과 자전축의 기울기, 북반구가 여름일 때 지구의 공전 궤도상 위치 이외의 요인은 변하지 않는다고 가정한다.) [3점]

<보 기>

ㄱ. 남반구 기온의 연교차는 현재가 ㉠ 시기보다 크다.
ㄴ. 30°N에서 겨울철 태양의 남중 고도는 ㉡ 시기가 현재보다 높다.
ㄷ. 근일점에서 태양까지의 거리는 ㉡ 시기가 ㉠ 시기보다 멀다.

① ㄱ ② ㄷ ③ ㄱ, ㄴ ④ ㄴ, ㄷ ⑤ ㄱ, ㄴ, ㄷ

15. 그림 (가)와 (나)는 태평양 적도 부근 해역에서 엘니뇨와 라니냐 시기의 표층 풍속 편차(관측값 - 평년값)를 순서 없이 나타낸 것이다.

(가)

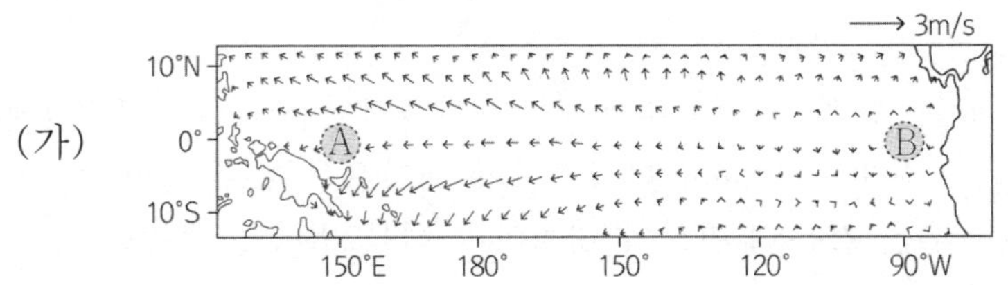

(나)

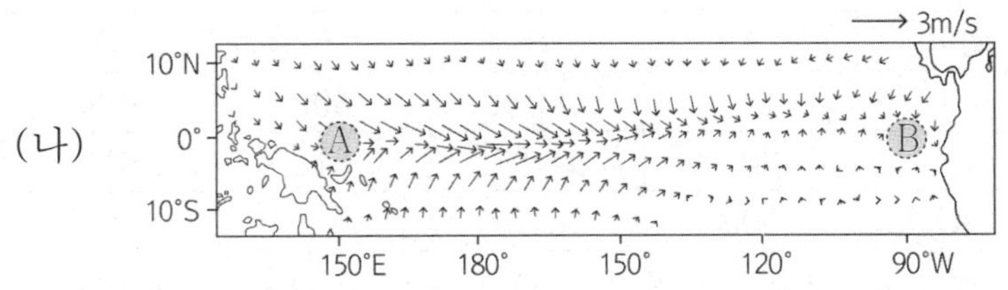

이에 대한 설명으로 옳은 것만을 <보기>에서 있는 대로 고른 것은?

<보 기>

ㄱ. A 해역의 강수량은 (가)일 때가 (나)일 때보다 많다.
ㄴ. (나)일 때 B 해역에서 수온 약층이 나타나기 시작하는 깊이 편차(관측값 - 평년값)는 양(+)의 값을 갖는다.
ㄷ. A 해역과 B 해역의 해수면 높이 차는 (가)일 때가 (나)일 때보다 크다.

① ㄱ ② ㄴ ③ ㄱ, ㄷ ④ ㄴ, ㄷ ⑤ ㄱ, ㄴ, ㄷ

[해설편 p.076]

16. 그림은 어느 별의 진화 경로를 H-R도에 나타낸 것이다.

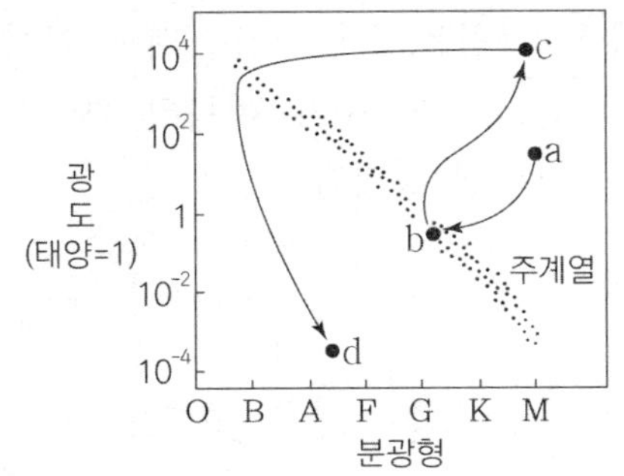

이 별에 대한 설명으로 옳은 것만을 <보기>에서 있는 대로 고른 것은?

<보 기>

ㄱ. 절대 등급은 a 단계에서 b 단계로 갈수록 작아진다.
ㄴ. $\frac{\text{반지름}}{\text{표면 온도}}$은 c 단계가 b 단계보다 크다.
ㄷ. 반지름은 c 단계가 d 단계보다 크다.

① ㄱ ② ㄷ ③ ㄱ, ㄴ ④ ㄴ, ㄷ ⑤ ㄱ, ㄴ, ㄷ

17. 그림 (가)는 가시광선 영역에서 관측된 어느 퀘이사를, (나)는 퀘이사의 적색 편이에 따른 개수 밀도를 나타낸 것이다.

(가)

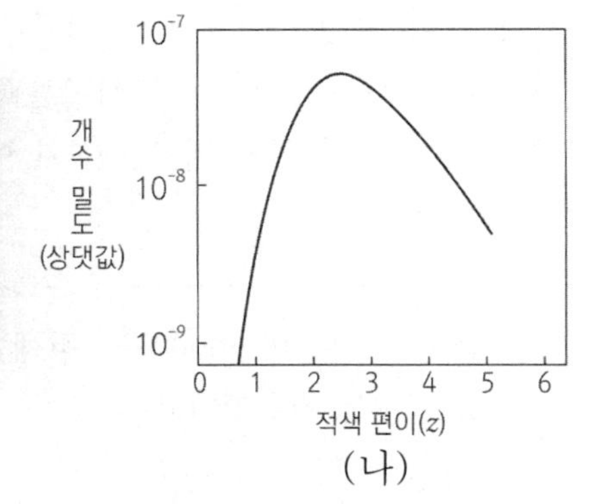

(나)

이에 대한 설명으로 옳은 것만을 <보기>에서 있는 대로 고른 것은?

<보 기>

ㄱ. 퀘이사의 광도는 항성의 광도보다 크다.
ㄴ. 퀘이사는 우리은하 내부에 있는 천체이다.
ㄷ. 퀘이사의 개수 밀도는 정상 우주론으로 설명할 수 있다.

① ㄱ ② ㄴ ③ ㄱ, ㄷ ④ ㄴ, ㄷ ⑤ ㄱ, ㄴ, ㄷ

18. 표는 은하 A ~ D에서 서로 관측하였을 때 스펙트럼에서 기준 파장이 600nm인 흡수선의 파장을 나타낸 것이다. 은하 A ~ D는 같은 평면상에 위치하며 허블 법칙을 만족한다.

(단위: nm)

은하	A	B	C	D
A		606	608	604
B	606		610	610
C	608	610		㉠

이에 대한 설명으로 옳은 것만을 <보기>에서 있는 대로 고른 것은? (단, 광속은 3×10^5km/s이고, 허블 상수는 70km/s/Mpc이다.) [3점]

<보 기>

ㄱ. A와 B 사이의 거리는 $\frac{200}{7}$Mpc이다.
ㄴ. ㉠은 608보다 작다.
ㄷ. D에서 거리가 가장 먼 은하는 B이다.

① ㄱ ② ㄴ ③ ㄷ ④ ㄱ, ㄴ ⑤ ㄴ, ㄷ

19. 그림은 어느 외계 행성과 중심별이 공통 질량 중심을 중심으로 공전하는 모습을 나타낸 것이다. 행성은 원 궤도로 공전하며 공전 궤도면은 관측자의 시선 방향과 나란하다.

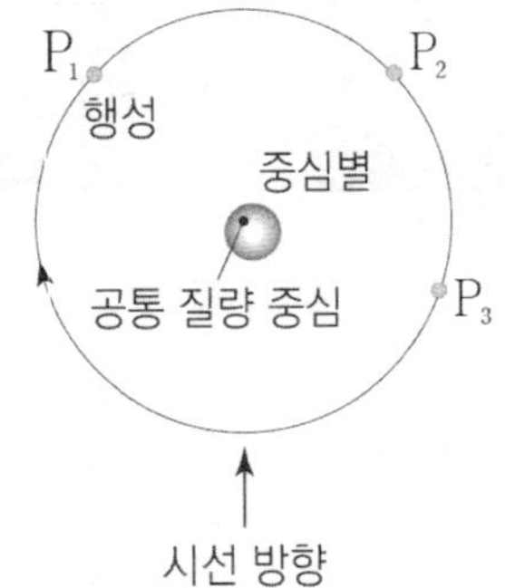

이에 대한 설명으로 옳은 것만을 <보기>에서 있는 대로 고른 것은? [3점]

<보 기>

ㄱ. 행성이 P_1에 위치할 때 중심별의 적색 편이가 나타난다.
ㄴ. 중심별의 질량이 클수록 중심별의 시선 속도 최댓값이 커진다.
ㄷ. 중심별의 어느 흡수선의 파장 변화 크기는 행성이 P_3에 위치할 때가 P_2에 위치할 때보다 크다.

① ㄱ ② ㄷ ③ ㄱ, ㄴ ④ ㄴ, ㄷ ⑤ ㄱ, ㄴ, ㄷ

20. 그림은 별의 중심 온도에 따른 p-p 반응과 CNO 순환 반응, 헬륨 핵융합 반응의 상대적 에너지 생산량을 A, B, C로 순서 없이 나타낸 것이다.

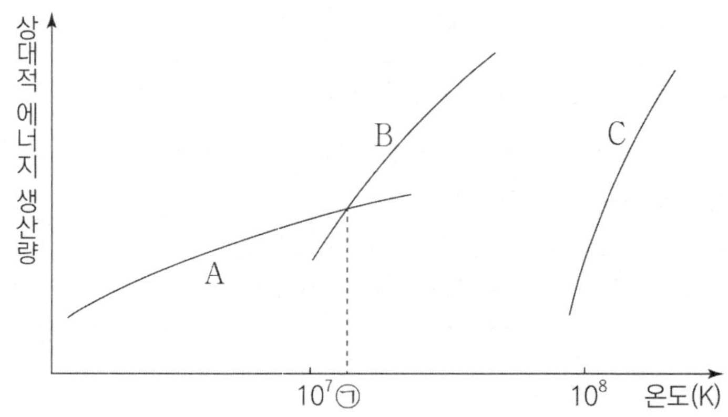

이에 대한 설명으로 옳은 것만을 <보기>에서 있는 대로 고른 것은? [3점]

<보 기>

ㄱ. A와 B는 수소 핵융합 반응이다.
ㄴ. 현재 태양의 중심 온도는 ㉠보다 낮다.
ㄷ. 주계열 단계에서는 질량이 클수록 전체 에너지 생산량에서 C에 의한 비율이 증가한다.

① ㄱ ② ㄷ ③ ㄱ, ㄴ ④ ㄴ, ㄷ ⑤ ㄱ, ㄴ, ㄷ

* 확인 사항
○ 답안지의 해당란에 필요한 내용을 정확히 기입(표기)했는지 확인하시오.

[해설편 p.077]

제 4 교시

과학탐구 영역(지구과학 I)

25회

성명 | 수험 번호 | 제 [ ] 선택

1. 그림 (가)와 (나)는 고생대 이후 서로 다른 두 시기의 대륙 분포를 나타낸 것이다.

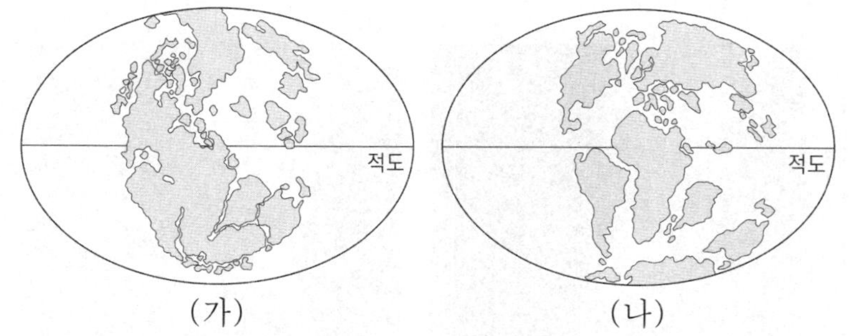

(가) (나)

이에 대한 설명으로 옳은 것만을 <보기>에서 있는 대로 고른 것은?

<보 기>
ㄱ. 대륙 분포는 (가)에서 (나)로 변하였다.
ㄴ. (나)에 애팔래치아 산맥이 존재하였다.
ㄷ. (가)와 (나) 모두 인도 대륙은 남반구에 존재하였다.

① ㄱ ② ㄴ ③ ㄱ, ㄷ ④ ㄴ, ㄷ ⑤ ㄱ, ㄴ, ㄷ

2. 그림은 태평양판에 위치한 열점들에 의해 형성된 섬과 해산의 일부를 나타낸 것이다.

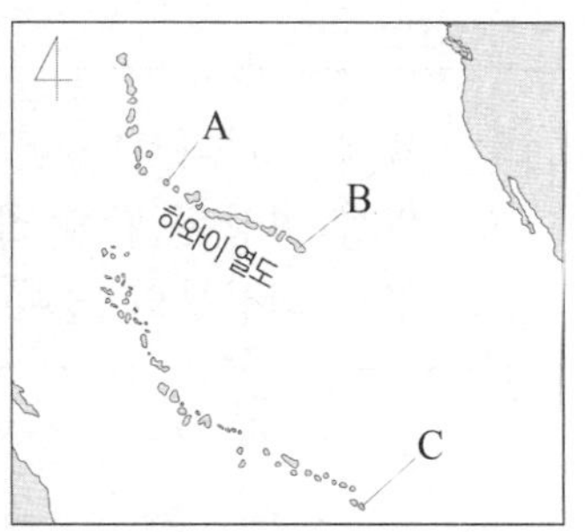

이에 대한 설명으로 옳은 것만을 <보기>에서 있는 대로 고른 것은?

<보 기>
ㄱ. A는 B보다 먼저 형성되었다.
ㄴ. C에는 현무암이 분포한다.
ㄷ. 태평양판의 이동 방향은 남동쪽이다.

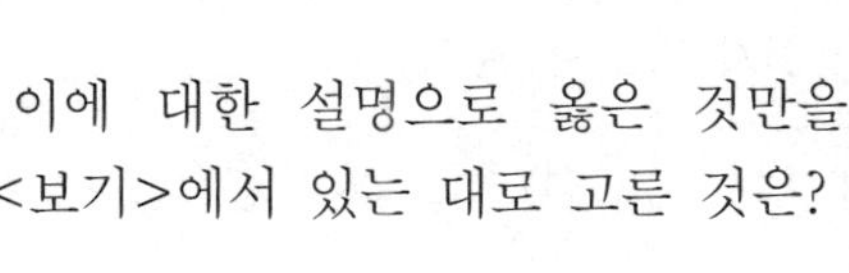

① ㄱ ② ㄷ ③ ㄱ, ㄴ ④ ㄴ, ㄷ ⑤ ㄱ, ㄴ, ㄷ

3. 그림 (가)와 (나)는 서로 다른 퇴적 구조를 나타낸 것이다.

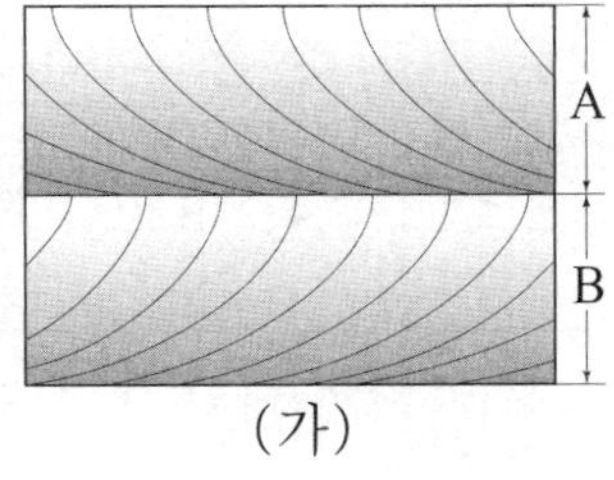

(가)

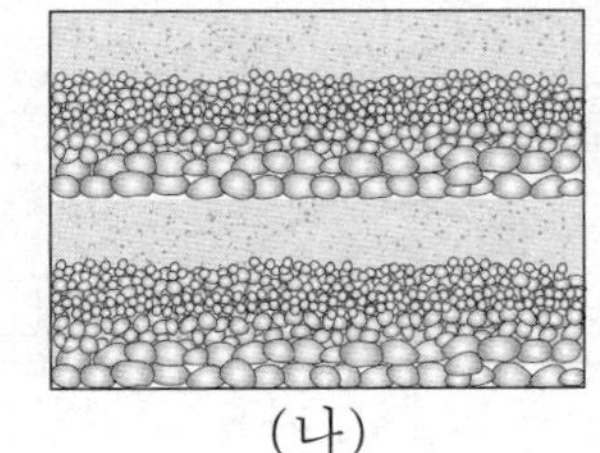
(나)

이에 대한 설명으로 옳은 것만을 <보기>에서 있는 대로 고른 것은?

<보 기>
ㄱ. (가)에서 퇴적물의 공급 방향은 A와 B가 같다.
ㄴ. (나)는 입자 크기에 따른 퇴적 속도 차이에 의해 생성된다.
ㄷ. (가)는 (나)보다 수심이 깊은 곳에서 잘 생성된다.

① ㄱ ② ㄴ ③ ㄱ, ㄷ ④ ㄴ, ㄷ ⑤ ㄱ, ㄴ, ㄷ

4. 그림 (가)와 (나)는 각각 태평양과 대서양에서 측정한 해령으로부터의 거리에 따른 해양 지각의 연령과 수심을 나타낸 것이다.

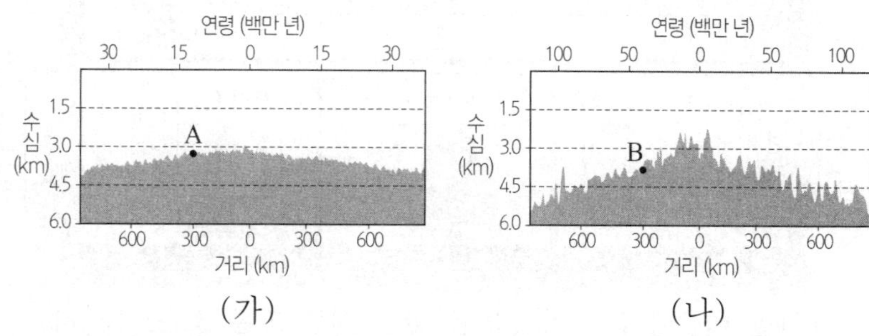

(가) (나)

이에 대한 설명으로 옳은 것만을 <보기>에서 있는 대로 고른 것은? (단, 태평양과 대서양에서 심해 퇴적물이 쌓이는 속도는 같다.) [3점]

<보 기>
ㄱ. 심해 퇴적물의 두께는 A에서가 B에서보다 두껍다.
ㄴ. (해령으로부터 거리가 600 km 지점의 수심 − 해령의 수심)은 (가)에서가 (나)에서보다 작다.
ㄷ. 최근 3천만 년 동안 해양 지각의 평균 확장 속도는 (가)가 (나)보다 빠르다.

① ㄱ ② ㄴ ③ ㄱ, ㄷ ④ ㄴ, ㄷ ⑤ ㄱ, ㄴ, ㄷ

5. 그림은 어느 지역의 지질 단면도를, 표는 화성암 P와 Q에 포함된 방사성 원소 X와 이 원소가 붕괴되어 생성된 자원소의 함량을 나타낸 것이다.

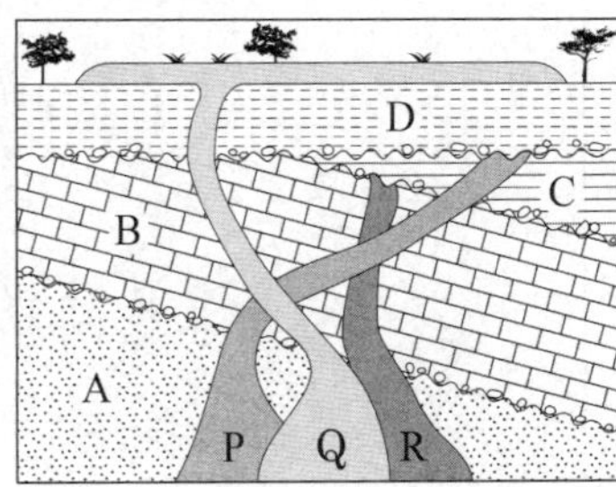

구분	방사성 원소 X(%)	자원소 (%)
P	24	76
Q	52	48

이에 대한 설명으로 옳은 것만을 <보기>에서 있는 대로 고른 것은? (단, 화성암 P, Q는 생성될 당시에 방사성 원소 X의 자원소가 포함되지 않았다.) [3점]

<보 기>
ㄱ. 이 지역에서는 최소한 4회 이상의 융기가 있었다.
ㄴ. $\frac{\text{P의 절대 연령}}{\text{Q의 절대 연령}}$은 2보다 크다.
ㄷ. 지층과 암석의 생성 순서는 A → B → C → R → P → D → Q이다.

① ㄱ ② ㄴ ③ ㄷ ④ ㄱ, ㄴ ⑤ ㄴ, ㄷ

6. 다음은 지질 시대에 대한 원격 수업 장면이다.

지질 시대	설명
(가)	갑주어를 비롯한 어류가 번성하였고 최초의 양서류가 출현하였다.
(나)	양서류가 전성기를 이루었으며 최초의 파충류가 출현하였다.
(다)	해안의 낮은 습지에서 최초의 육상 식물이 출현하였다.

제시한 내용이 옳은 학생만을 있는 대로 고른 것은? [3점]

① A ② B ③ A, C ④ B, C ⑤ A, B, C

7. 그림은 세 지역 A, B, C의 지질 단면과 지층에서 산출되는 화석을 나타낸 것이다.

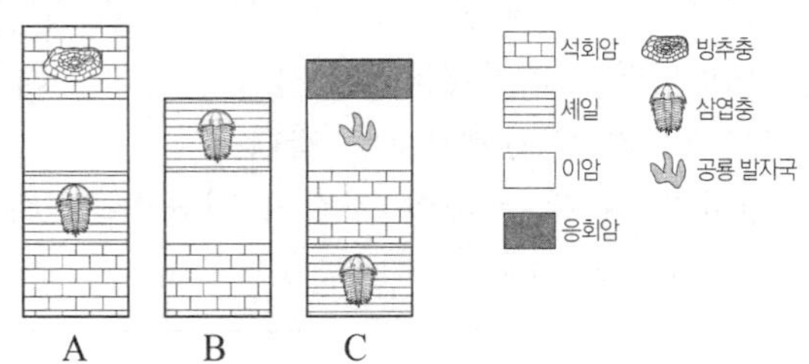

이에 대한 설명으로 옳은 것만을 <보기>에서 있는 대로 고른 것은? (단, 세 지역 모두 지층의 역전은 없었다.)

<보 기>

ㄱ. 가장 최근에 생성된 지층은 응회암층이다.
ㄴ. B 지역의 이암층은 중생대에 생성되었다.
ㄷ. 세 지역의 모든 지층은 바다에서 생성되었다.

① ㄱ ② ㄷ ③ ㄱ, ㄴ ④ ㄴ, ㄷ ⑤ ㄱ, ㄴ, ㄷ

8. 그림 (가)와 (나)는 어느 시기 우리나라 주변의 표층 수온과 표층 염분을 나타낸 것이다.

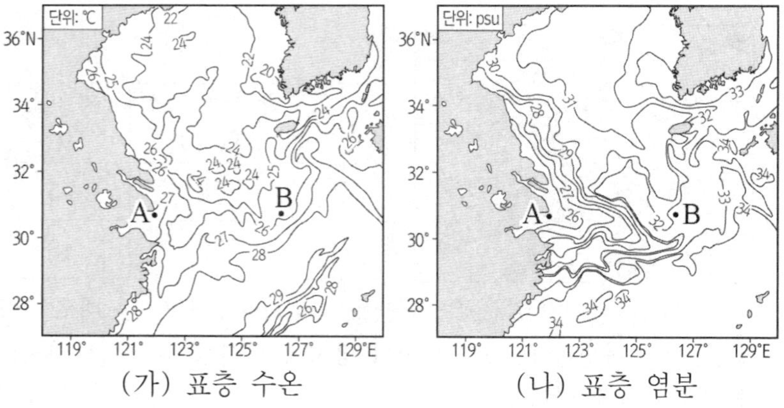

(가) 표층 수온 (나) 표층 염분

이에 대한 설명으로 옳은 것만을 <보기>에서 있는 대로 고른 것은?

<보 기>

ㄱ. 겨울철에 관측한 것이다.
ㄴ. A 해역에는 담수 유입이 일어나고 있다.
ㄷ. 표층 해수의 밀도는 A 해역이 B 해역보다 크다.

① ㄱ ② ㄴ ③ ㄱ, ㄷ ④ ㄴ, ㄷ ⑤ ㄱ, ㄴ, ㄷ

9. 다음은 위성 영상을 해석하는 탐구 활동이다.

[탐구 과정]
(가) 동일한 시각에 촬영한 가시 영상과 적외 영상을 준비한다.
(나) 가시 영상과 적외 영상에서 육지와 바다의 밝기를 비교한다.
(다) 가시 영상과 적외 영상에서 구름 A와 B의 밝기를 비교한다.

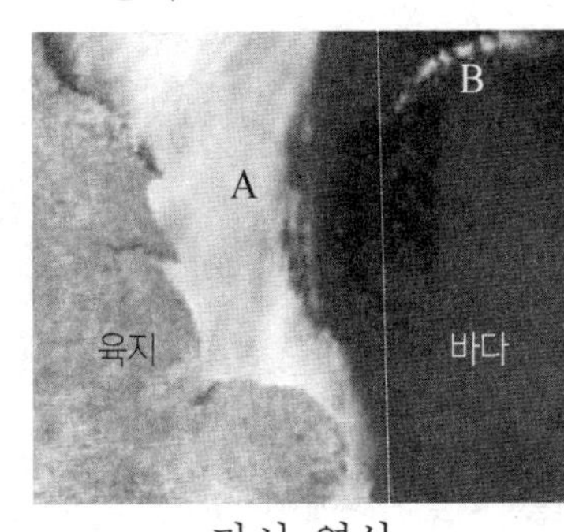

가시 영상

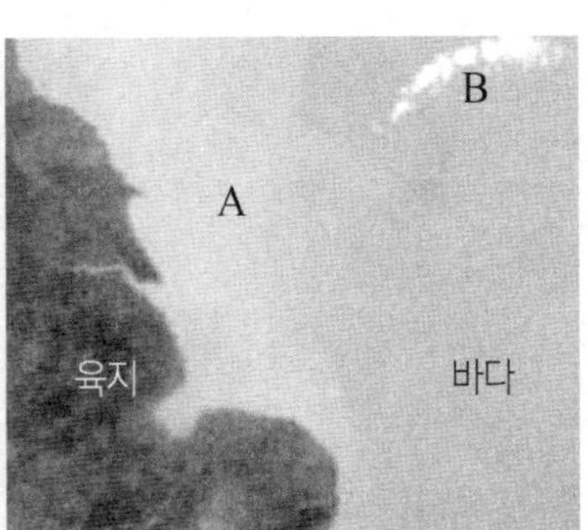

적외 영상

[탐구 결과]

구분	가시 영상	적외 영상
(나)	육지가 바다보다 밝다.	바다가 육지보다 밝다.
(다)	A와 B의 밝기가 비슷하다.	B가 A보다 밝다.

이에 대한 설명으로 옳은 것만을 <보기>에서 있는 대로 고른 것은? [3점]

<보 기>

ㄱ. 육지는 바다보다 온도가 높다.
ㄴ. 위성 영상은 밤에 촬영한 것이다.
ㄷ. 구름 최상부의 높이는 B가 A보다 높다.

① ㄱ ② ㄴ ③ ㄷ ④ ㄱ, ㄷ ⑤ ㄴ, ㄷ

10. 그림 (가)와 (나)는 겨울철 어느 날 6시간 간격으로 작성된 지상 일기도를 순서 없이 나타낸 것이다.

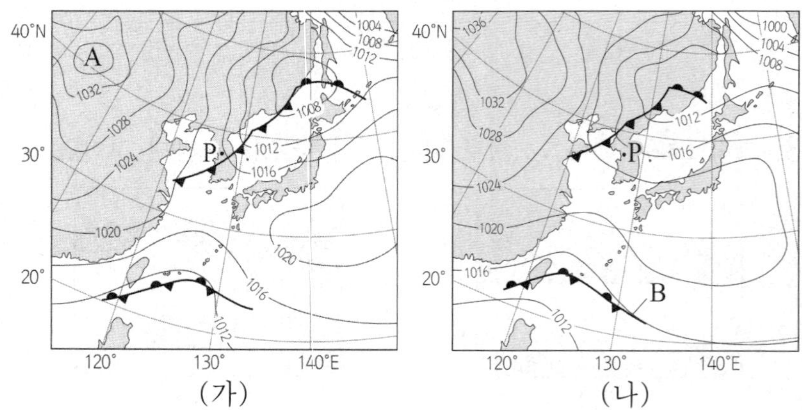

(가) (나)

이에 대한 설명으로 옳은 것만을 <보기>에서 있는 대로 고른 것은?

<보 기>

ㄱ. A는 한랭 건조한 고기압이다.
ㄴ. B는 정체 전선이다.
ㄷ. 이 기간 동안 P 지역의 풍향은 시계 방향으로 변했다.

① ㄱ ② ㄷ ③ ㄱ, ㄴ ④ ㄴ, ㄷ ⑤ ㄱ, ㄴ, ㄷ

[해설편 p.079]

11. 표는 어느 태풍의 중심 기압과 이동 속도를, 그림은 이 태풍이 우리나라를 통과할 때 어느 관측소에서 측정한 기온과 풍향 및 풍속을 나타낸 것이다.

일시	중심 기압 (hPa)	이동 속도 (km/h)
2일 00시	935	23
2일 06시	940	22
2일 12시	945	23
2일 18시	945	32
3일 00시	950	36
3일 06시	960	70
3일 12시	970	45

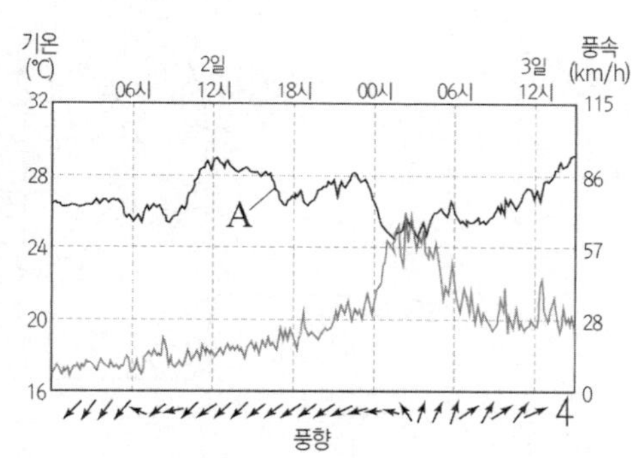

이 자료에 대한 설명으로 옳은 것만을 <보기>에서 있는 대로 고른 것은? [3점]

<보 기>
ㄱ. A는 기온이다.
ㄴ. 태풍의 세력이 약해질수록 이동 속도는 빠르다.
ㄷ. 관측소는 태풍 진행 경로의 오른쪽에 위치하였다.

① ㄱ ② ㄴ ③ ㄱ, ㄷ ④ ㄴ, ㄷ ⑤ ㄱ, ㄴ, ㄷ

12. 표는 심층 순환을 이루는 수괴에 대한 설명을 나타낸 것이다. (가), (나), (다)는 각각 남극 저층수, 북대서양 심층수, 남극 중층수 중 하나이다.

구분	설명
(가)	해저를 따라 북쪽으로 이동하여 30°N에 이른다.
(나)	수심 1000 m 부근에서 20°N까지 이동한다.
(다)	수심 약 1500 ~ 4000 m 사이에서 60°S까지 이동한다.

이에 대한 설명으로 옳은 것만을 <보기>에서 있는 대로 고른 것은?

<보 기>
ㄱ. (나)는 남극 대륙 주변의 웨델해에서 생성된다.
ㄴ. 평균 염분은 (가)가 (나)보다 높다.
ㄷ. 평균 밀도는 (가)가 (다)보다 크다.

① ㄱ ② ㄴ ③ ㄱ, ㄷ ④ ㄴ, ㄷ ⑤ ㄱ, ㄴ, ㄷ

13. 그림은 주계열성 A와 B가 각각 거성 A′와 B′로 진화하는 경로의 일부를 H-R도에 나타낸 것이다.

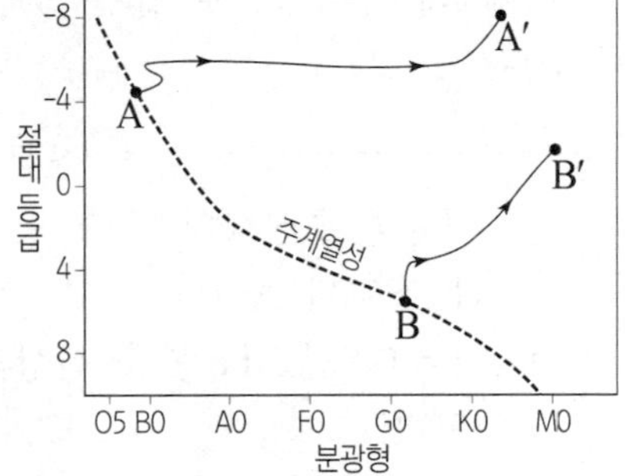

이에 대한 설명으로 옳은 것만을 <보기>에서 있는 대로 고른 것은?

<보 기>
ㄱ. 주계열에 머무는 기간은 A가 B보다 짧다.
ㄴ. 절대 등급의 변화량은 A가 A′로 진화했을 때가 B가 B′로 진화했을 때보다 크다.
ㄷ. $\frac{\text{CNO 순환 반응에 의한 에너지 생성량}}{\text{p-p 반응에 의한 에너지 생성량}}$은 A가 B보다 작다.

① ㄱ ② ㄴ ③ ㄱ, ㄷ ④ ㄴ, ㄷ ⑤ ㄱ, ㄴ, ㄷ

14. 그림은 과거 지구 자전축의 경사각과 지구 공전 궤도 이심률 변화를 나타낸 것이다.

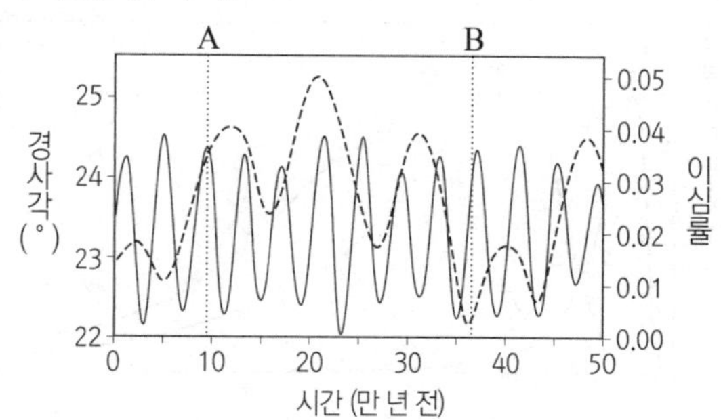

이에 대한 설명으로 옳은 것만을 <보기>에서 있는 대로 고른 것은? (단, 지구 자전축 경사각과 지구 공전 궤도 이심률 이외의 조건은 고려하지 않는다.) [3점]

<보 기>
ㄱ. 지구 자전축 경사각 변화의 주기는 6만 년보다 짧다.
ㄴ. A 시기의 남반구 기온의 연교차는 현재보다 크다.
ㄷ. 원일점과 근일점에서 태양까지의 거리 차는 A 시기가 B 시기보다 크다.

① ㄱ ② ㄷ ③ ㄱ, ㄴ ④ ㄴ, ㄷ ⑤ ㄱ, ㄴ, ㄷ

15. 그림은 태평양 적도 해역의 해수면으로부터 수심 300 m까지의 평균 수온 편차(관측값 − 평년값)를 나타낸 것이다. A와 B는 각각 엘니뇨와 라니냐 시기 중 하나이다.

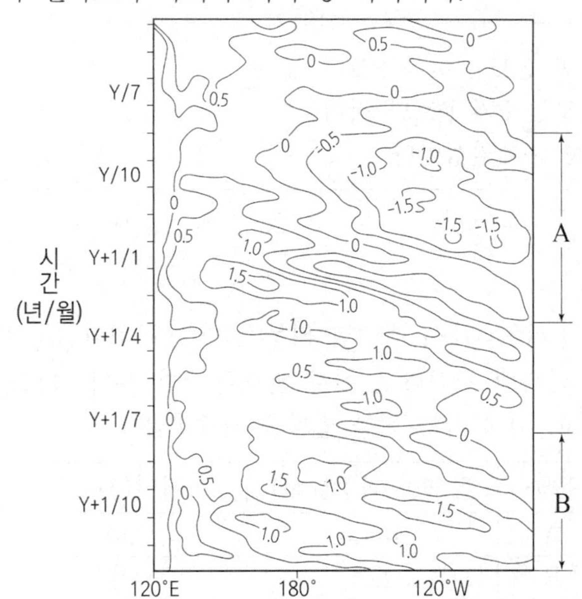

이에 대한 설명으로 옳은 것만을 <보기>에서 있는 대로 고른 것은? [3점]

<보 기>
ㄱ. 남적도 해류의 세기는 A가 B보다 약하다.
ㄴ. 적도 부근의 (동태평양 해면 기압 − 서태평양 해면 기압)은 A가 B보다 작다.
ㄷ. 적도 부근 동태평양 해역에서 수온 약층이 나타나기 시작하는 깊이는 B가 A보다 깊다.

① ㄱ ② ㄷ ③ ㄱ, ㄴ ④ ㄴ, ㄷ ⑤ ㄱ, ㄴ, ㄷ

16. 그림은 지구 대기권 밖에서 단위 시간 동안 관측한 주계열성 A, B, C의 복사 에너지 세기를 파장에 따라 나타낸 것이다.

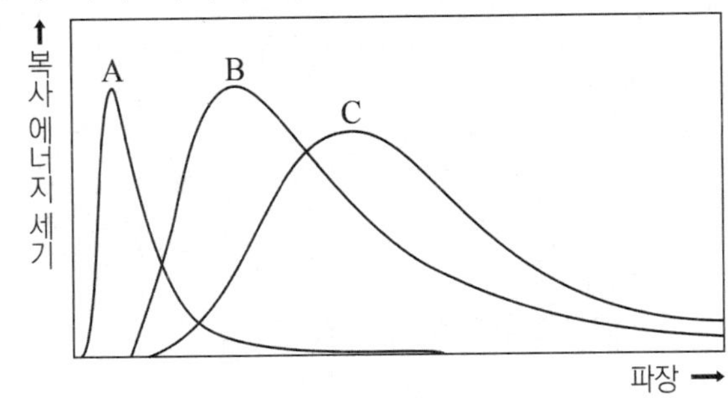

이에 대한 설명으로 옳은 것만을 <보기>에서 있는 대로 고른 것은? [3점]

<보 기>
ㄱ. 표면 온도는 A가 B보다 높다.
ㄴ. 광도는 B가 C보다 크다.
ㄷ. 반지름은 A가 C보다 작다.

① ㄱ ② ㄷ ③ ㄱ, ㄴ ④ ㄴ, ㄷ ⑤ ㄱ, ㄴ, ㄷ

17. 그림은 별 A ~ D의 상대적 크기를, 표는 별의 물리량을 나타낸 것이다. 별 A ~ D는 각각 ㉠ ~ ㉣ 중 하나이다.

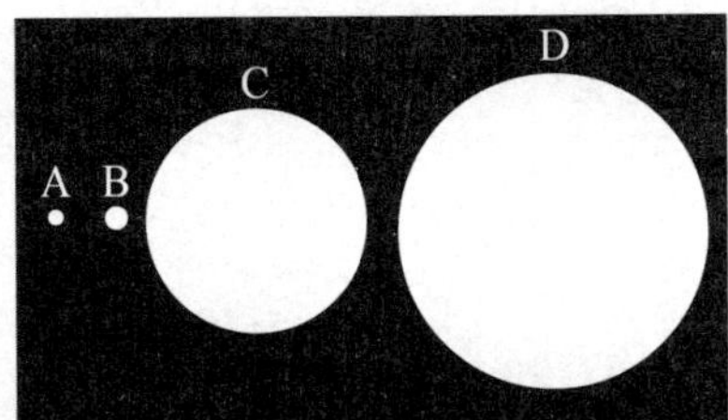

별	광도 (태양=1)	표면 온도 (태양=1)
㉠	0.01	1
㉡	1	1
㉢	1	4
㉣	2	1

이에 대한 설명으로 옳은 것만을 <보기>에서 있는 대로 고른 것은? [3점]

<보 기>
ㄱ. 표면 온도는 A가 B보다 높다.
ㄴ. 광도는 B가 D보다 작다.
ㄷ. C는 주계열성이다.

① ㄱ ② ㄴ ③ ㄱ, ㄷ ④ ㄴ, ㄷ ⑤ ㄱ, ㄴ, ㄷ

18. 표는 우리은하에서 관측한 외부 은하 A와 B의 흡수선 파장과 거리를 나타낸 것이다. A에서 관측한 B의 후퇴 속도는 17300 km/s이고, 세 은하는 허블 법칙을 만족한다.

은하	흡수선 파장(nm)	거리(Mpc)
A	404.6	50
B	423	(가)

이에 대한 설명으로 옳은 것만을 <보기>에서 있는 대로 고른 것은? (단, 빛의 속도는 3×10^5 km/s이고, 이 흡수선의 고유 파장은 400 nm이다.) [3점]

<보 기>
ㄱ. (가)는 250이다.
ㄴ. 허블 상수는 70 km/s/Mpc보다 크다.
ㄷ. 우리은하로부터 A까지의 시선 방향과 B까지의 시선 방향이 이루는 각도는 60°보다 작다.

① ㄱ ② ㄴ ③ ㄷ ④ ㄱ, ㄴ ⑤ ㄱ, ㄷ

19. 그림은 외계 행성이 중심별 주위를 공전하며 식현상을 일으키는 모습과 중심별의 밝기 변화를 나타낸 것이다. 이 외계 행성에 의해 중심별의 도플러 효과가 관측된다.

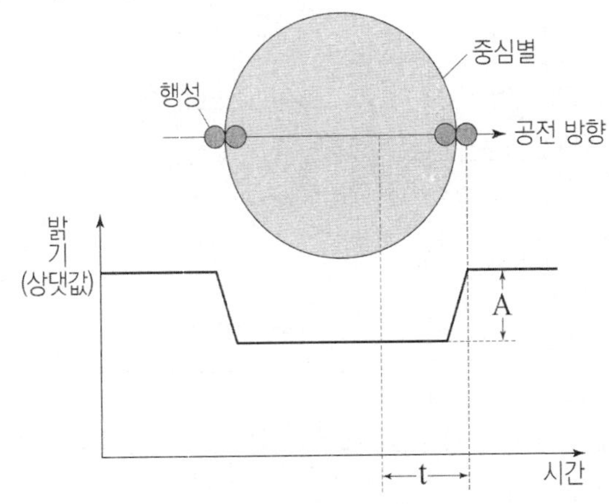

이에 대한 설명으로 옳은 것만을 <보기>에서 있는 대로 고른 것은?

<보 기>
ㄱ. 행성의 반지름이 2배 커지면 A 값은 2배 커진다.
ㄴ. t 동안 중심별의 적색 편이가 관측된다.
ㄷ. 중심별과 행성의 공통 질량 중심을 중심으로 공전하는 속도는 중심별이 행성보다 느리다.

① ㄱ ② ㄷ ③ ㄱ, ㄴ ④ ㄴ, ㄷ ⑤ ㄱ, ㄴ, ㄷ

20. 그림은 우주 모형 A, B와 외부 은하에서 발견된 Ⅰa형 초신성의 관측 자료를 나타낸 것이다. Ω_m과 Ω_Λ는 각각 현재 우주의 물질 밀도와 암흑 에너지 밀도를 임계 밀도로 나눈 값이다.

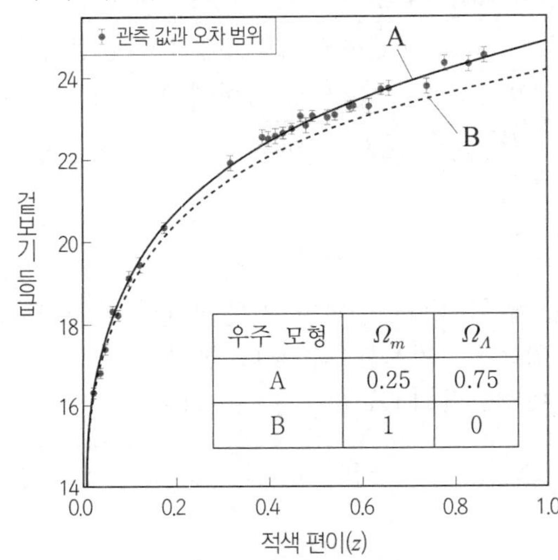

우주 모형	Ω_m	Ω_Λ
A	0.25	0.75
B	1	0

이에 대한 설명으로 옳은 것만을 <보기>에서 있는 대로 고른 것은?

<보 기>
ㄱ. Ⅰa형 초신성의 관측 결과를 설명할 수 있는 우주 모형은 B보다 A이다.
ㄴ. $z=0.8$인 Ⅰa형 초신성의 거리 예측 값은 A가 B보다 크다.
ㄷ. 보통 물질, 암흑 물질, 암흑 에너지를 모두 고려한 우주 모형은 B이다.

① ㄱ ② ㄷ ③ ㄱ, ㄴ ④ ㄴ, ㄷ ⑤ ㄱ, ㄴ, ㄷ

* 확인 사항
○ 답안지의 해당란에 필요한 내용을 정확히 기입(표기)했는지 확인하시오.

[해설편 p.080]

제 4 교시

과학탐구 영역(지구과학 Ⅰ)

26회

성명 | 수험 번호 | 제 [ ] 선택

1. 그림 (가)와 (나)는 퇴적 구조를 나타낸 것이다.

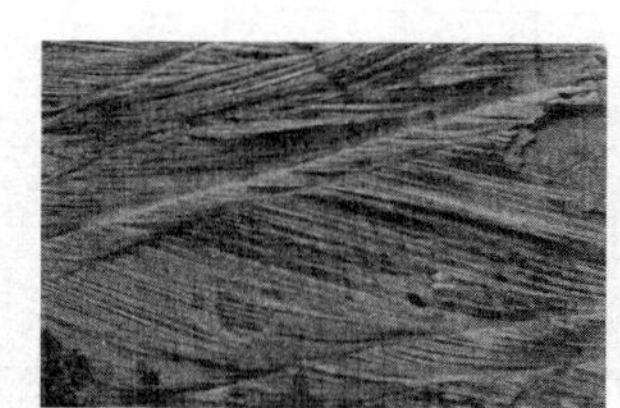
(가) 사층리

(나) 건열

이에 대한 설명으로 옳은 것만을 <보기>에서 있는 대로 고른 것은?

<보 기>
ㄱ. (가)로부터 퇴적물이 공급된 방향을 알 수 있다.
ㄴ. (나)는 형성 당시에 건조한 시기가 있었다.
ㄷ. (가)와 (나)를 통해 지층의 역전 여부를 판단할 수 있다.

① ㄱ ② ㄴ ③ ㄱ, ㄷ ④ ㄴ, ㄷ ⑤ ㄱ, ㄴ, ㄷ

2. 그림은 인도 대륙 중앙의 한 지점에서 채취한 암석 A, B, C의 나이와 암석이 생성될 당시 고지자기의 방향과 복각을 나타낸 것이다.

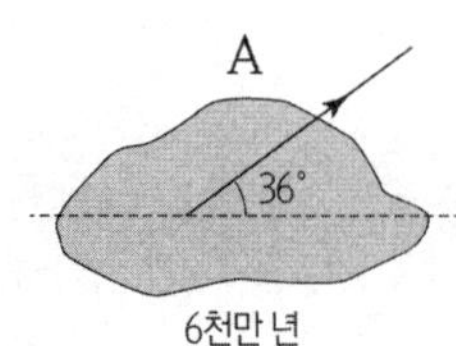

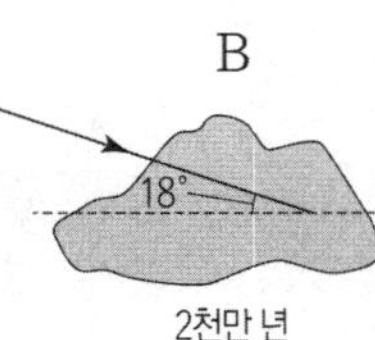

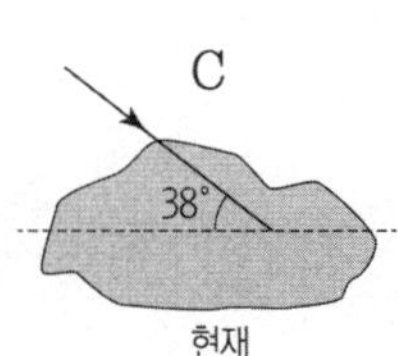

이에 대한 설명으로 옳은 것만을 <보기>에서 있는 대로 고른 것은? (단, A, B, C는 정자극기에 생성되었고, 지리상 북극의 위치는 변하지 않았다.) [3점]

<보 기>
ㄱ. A는 생성될 당시 남반구에 있었다.
ㄴ. B가 C보다 고위도에서 생성되었다.
ㄷ. A가 만들어진 이후 히말라야 산맥이 형성되었다.

① ㄱ ② ㄴ ③ ㄱ, ㄷ ④ ㄴ, ㄷ ⑤ ㄱ, ㄴ, ㄷ

3. 그림 (가), (나), (다)는 고생대, 중생대, 신생대의 모습을 순서 없이 나타낸 것이다.

(가)

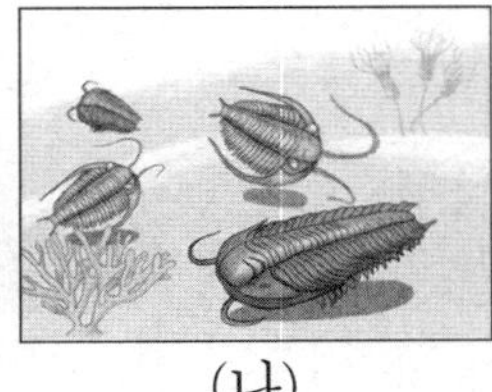
(나)

(다)

이에 대한 설명으로 옳은 것만을 <보기>에서 있는 대로 고른 것은?

<보 기>
ㄱ. (가) 시대에 판게아가 분리되기 시작하였다.
ㄴ. (나) 시대에 양치식물이 번성하였다.
ㄷ. (다) 시대에는 여러 번의 빙하기가 있었다.

① ㄱ ② ㄴ ③ ㄱ, ㄷ ④ ㄴ, ㄷ ⑤ ㄱ, ㄴ, ㄷ

4. 다음은 해수의 수온 연직 분포를 알아보기 위한 실험이다.

[실험 과정]
(가) 수조에 소금물을 채우고 온도계의 끝이 각각 수면으로부터 깊이 0 cm, 2 cm, 4 cm, 6 cm, 8 cm에 놓이도록 설치한 후 온도를 측정한다.
(나) 전등을 켠 후, 더 이상 온도 변화가 없을 때 온도를 측정한다.
(다) 1분 동안 수면 위에서 부채질을 한 후, 온도를 측정한다.

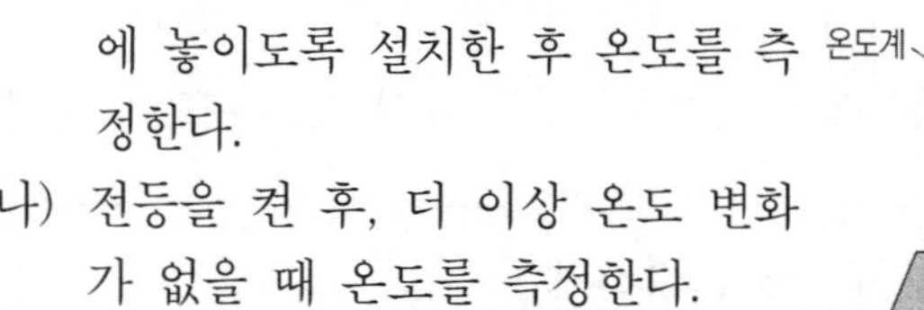

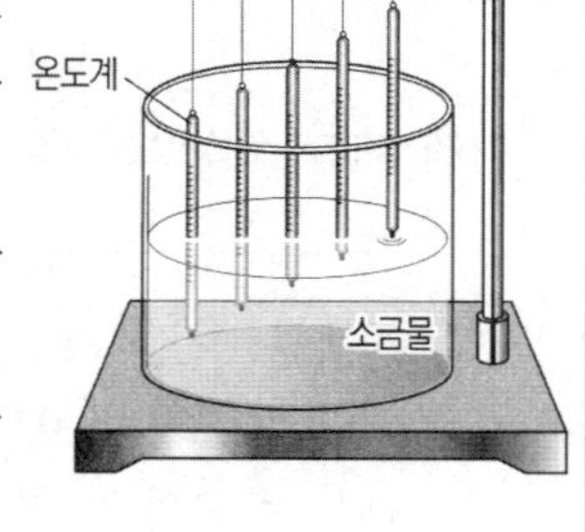

[실험 결과]

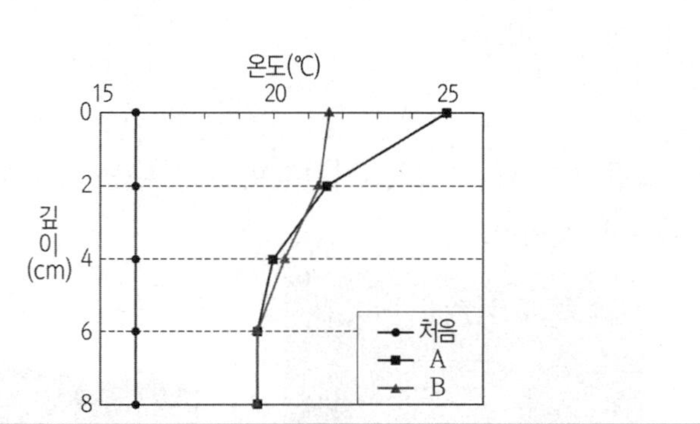

이에 대한 설명으로 옳은 것만을 <보기>에서 있는 대로 고른 것은? [3점]

<보 기>
ㄱ. (나)의 결과는 B이다.
ㄴ. A에서 깊이에 따른 온도 차는 0~4 cm 구간이 4~8 cm 구간보다 크다.
ㄷ. 표면과 깊이 8 cm 소금물의 밀도 차는 B가 A보다 크다.

① ㄱ ② ㄴ ③ ㄱ, ㄷ ④ ㄴ, ㄷ ⑤ ㄱ, ㄴ, ㄷ

5. 그림 (가)는 아메리카 대륙 주변의 열점 분포와 판의 경계를, (나)는 지하의 온도 분포와 암석의 용융 곡선을 나타낸 것이다.

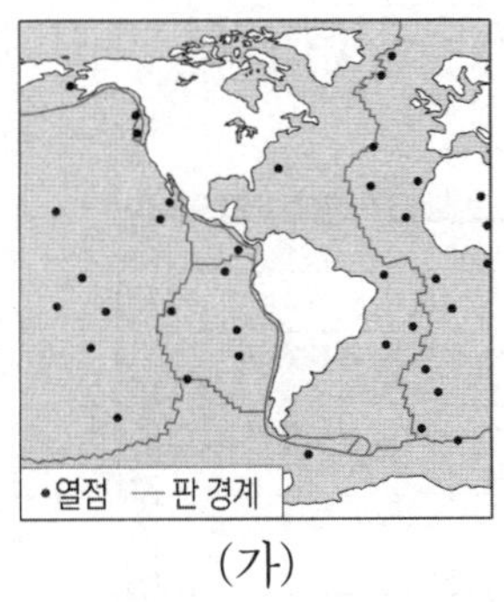

(가)

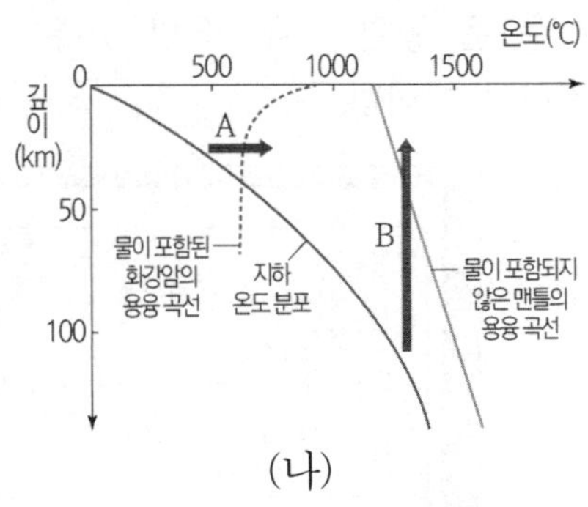

(나)

이에 대한 설명으로 옳은 것만을 <보기>에서 있는 대로 고른 것은?

<보 기>
ㄱ. 열점은 판의 내부에만 존재한다.
ㄴ. 열점에서는 (나)의 B 과정에 의해 마그마가 생성된다.
ㄷ. 열점에서는 안산암질 마그마가 우세하게 나타난다.

① ㄱ ② ㄴ ③ ㄱ, ㄷ ④ ㄴ, ㄷ ⑤ ㄱ, ㄴ, ㄷ

6. 그림 (가)는 어느 날 우리나라 주변의 지상 일기도를, (나)는 B, C 중 한 곳의 날씨를 일기 기호로 나타낸 것이다.

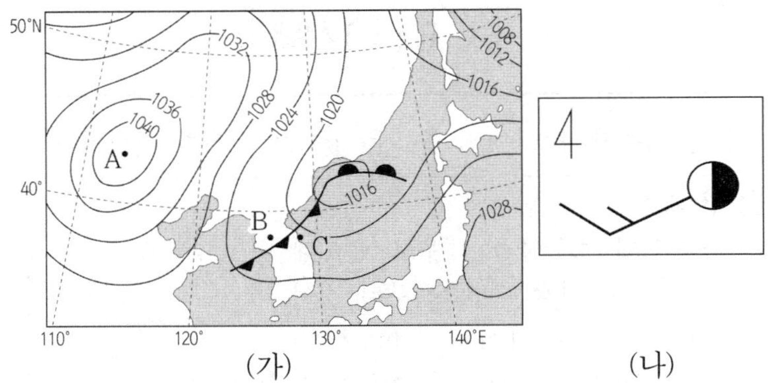

(가) (나)

이에 대한 설명으로 옳은 것만을 <보기>에서 있는 대로 고른 것은?

<보 기>

ㄱ. A에는 하강 기류가 나타난다.
ㄴ. 기온은 B가 C보다 높다.
ㄷ. (나)는 B의 일기 기호이다.

① ㄱ ② ㄴ ③ ㄱ, ㄷ ④ ㄴ, ㄷ ⑤ ㄱ, ㄴ, ㄷ

7. 그림 (가)와 (나)는 퇴적암이 나타나는 우리나라의 두 지역을 나타낸 것이다.

(가) 태백시 구문소

(나) 고성군 덕명리 해안

이에 대한 설명으로 옳은 것만을 <보기>에서 있는 대로 고른 것은?

<보 기>

ㄱ. (가)의 암석은 (나)의 암석보다 나중에 생성되었다.
ㄴ. (나)의 암석은 바다에서 퇴적되었다.
ㄷ. (가)와 (나)에는 층리가 나타난다.

① ㄱ ② ㄷ ③ ㄱ, ㄴ ④ ㄴ, ㄷ ⑤ ㄱ, ㄴ, ㄷ

8. 다음은 동한 난류, 북한 한류, 대마 난류의 특징을 순서 없이 정리한 것이다.

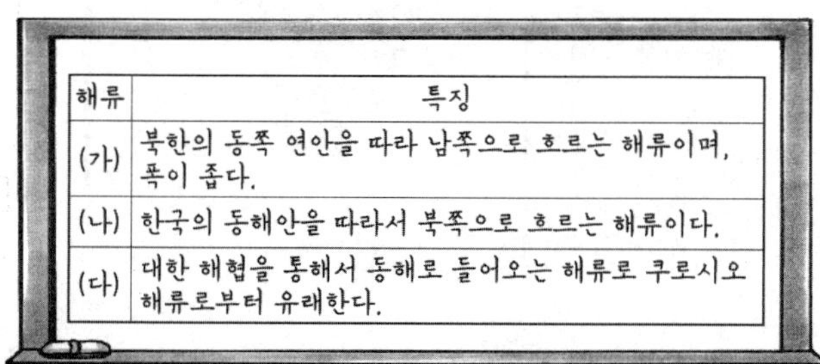

해류	특징
(가)	북한의 동쪽 연안을 따라 남쪽으로 흐르는 해류이며, 폭이 좁다.
(나)	한국의 동해안을 따라서 북쪽으로 흐르는 해류이다.
(다)	대한 해협을 통해서 동해로 들어오는 해류로 쿠로시오 해류로부터 유래한다.

이에 대한 설명으로 옳은 것만을 <보기>에서 있는 대로 고른 것은?

<보 기>

ㄱ. (가)와 (나)가 만나는 해역에는 조경 수역이 나타난다.
ㄴ. (나)는 겨울철보다 여름철에 강하게 나타난다.
ㄷ. 동일 위도에서 용존 산소량은 (가)가 (다)보다 적다.

① ㄱ ② ㄷ ③ ㄱ, ㄴ ④ ㄴ, ㄷ ⑤ ㄱ, ㄴ, ㄷ

9. 그림은 어느 해령 부근의 X-X′ 구간을 직선으로 이동하며 측정한 해양 지각의 나이를 나타낸 것이다.

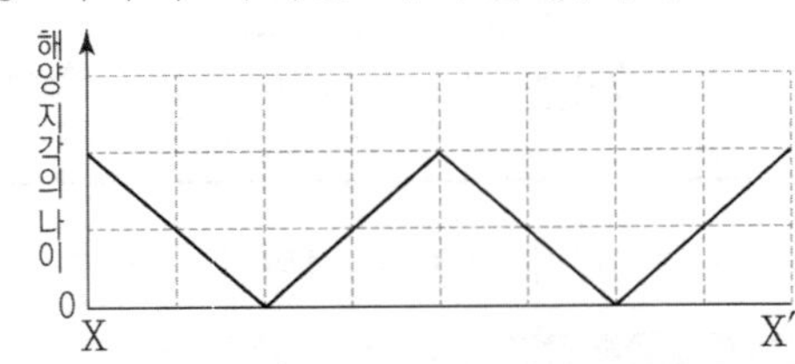

측정한 지역 부근의 고지자기 분포로 가장 적절한 것은? (단, ■은 정자극기, □은 역자극기이다.) [3점]

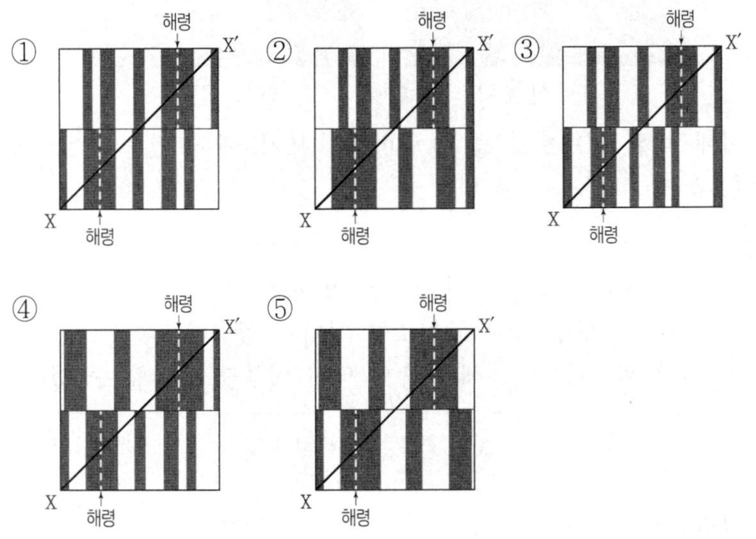

10. 그림은 어느 지역의 지질 단면도이다. 관입암 P와 Q에 포함된 방사성 원소 X의 양은 각각 처음의 $\frac{1}{8}$, $\frac{1}{64}$이고, 방사성 원소 X의 반감기는 1억 년이다.

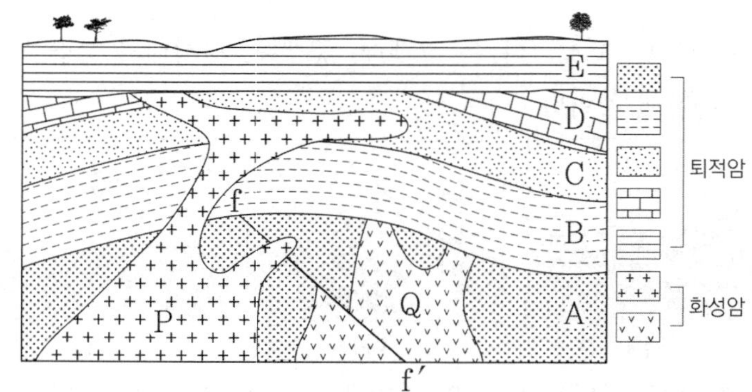

이에 대한 설명으로 옳지 않은 것은? (단, 지층의 역전은 없었다.) [3점]

① P는 3억 년 전에 생성되었다.
② 단층 f-f′는 장력에 의해 형성되었다.
③ 이 지역은 최소 3회의 융기가 있었다.
④ 생성 순서는 A → Q → B → C → D → P → E이다.
⑤ A층이 생성된 시기에 최초의 척추동물이 출현하였다.

[해설편 p.082]

11. 그림 (가)와 (나)는 어느 날 태풍이 우리나라를 통과하는 동안 서울과 부산에서 관측한 기압, 풍향, 풍속 자료를 순서 없이 나타낸 것이다.

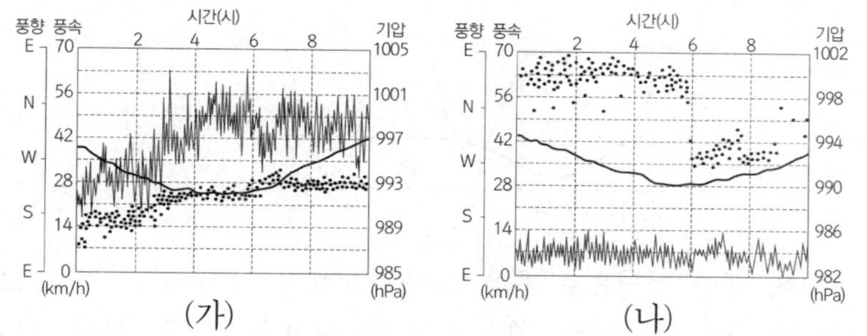

이 자료에 대한 설명으로 옳은 것만을 <보기>에서 있는 대로 고른 것은? [3점]

<보 기>

ㄱ. 태풍의 중심은 (가)가 관측된 장소의 서쪽을 통과하였다.
ㄴ. 최저 기압은 (가)가 (나)보다 낮다.
ㄷ. 평균 풍속은 (가)가 (나)보다 크다.

① ㄱ ② ㄴ ③ ㄱ, ㄷ ④ ㄴ, ㄷ ⑤ ㄱ, ㄴ, ㄷ

12. 그림은 별 A와 B에서 단위 시간당 동일한 양의 복사 에너지를 방출하는 면적을 나타낸 것이다. A의 광도는 B의 40배이다.

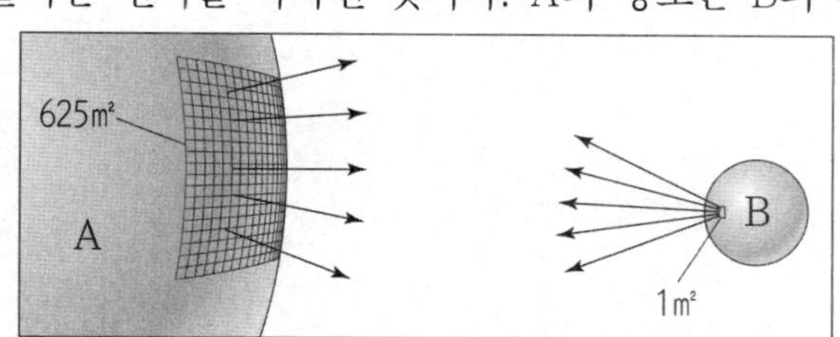

이에 대한 설명으로 옳은 것만을 <보기>에서 있는 대로 고른 것은? (단, A, B는 흑체로 가정한다.) [3점]

<보 기>

ㄱ. 표면 온도는 B가 A보다 5배 높다.
ㄴ. 반지름은 A가 B보다 150배 이상이다.
ㄷ. 최대 에너지를 방출하는 파장은 B가 A보다 길다.

① ㄱ ② ㄷ ③ ㄱ, ㄴ ④ ㄴ, ㄷ ⑤ ㄱ, ㄴ, ㄷ

13. 그림은 대서양에서 관측되는 수괴의 수온과 염분 분포를 나타낸 것이다. A~D는 북대서양 중앙 표층수, 남극 저층수, 북대서양 심층수, 남극 중층수를 순서 없이 나타낸 것이다.

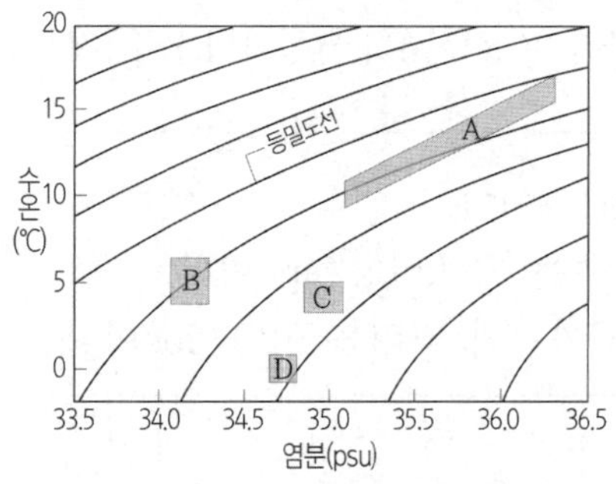

이에 대한 설명으로 옳은 것만을 <보기>에서 있는 대로 고른 것은?

<보 기>

ㄱ. 수온 분포의 폭이 가장 큰 것은 A이다.
ㄴ. C는 그린란드 해역 주변에서 침강한다.
ㄷ. 평균 밀도는 D가 가장 크다.

① ㄱ ② ㄷ ③ ㄱ, ㄴ ④ ㄴ, ㄷ ⑤ ㄱ, ㄴ, ㄷ

14. 그림은 복사 평형 상태에 있는 지구의 열수지를 나타낸 것이다.

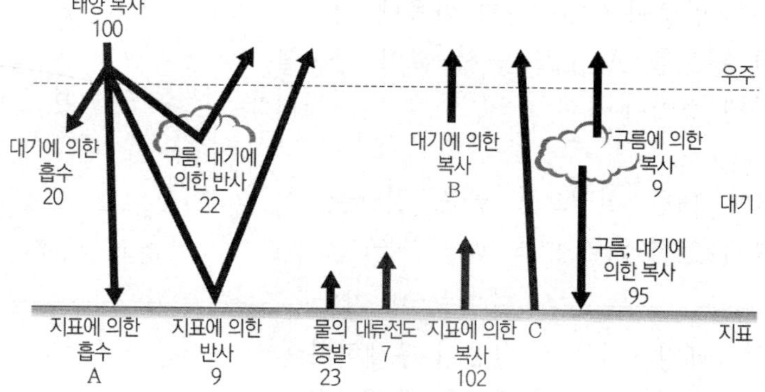

이에 대한 설명으로 옳은 것만을 <보기>에서 있는 대로 고른 것은? [3점]

<보 기>

ㄱ. A는 B보다 크다.
ㄴ. C는 지표에서 우주로 직접 방출되는 에너지양이다.
ㄷ. 대기에서는 방출되는 적외선 영역의 에너지양이 흡수되는 가시광선 영역 에너지양보다 크다.

① ㄱ ② ㄴ ③ ㄱ, ㄷ ④ ㄴ, ㄷ ⑤ ㄱ, ㄴ, ㄷ

15. 그림은 주계열성 A, B, C가 원시별에서 주계열성이 되기까지의 경로를 H-R도에 나타낸 것이다.

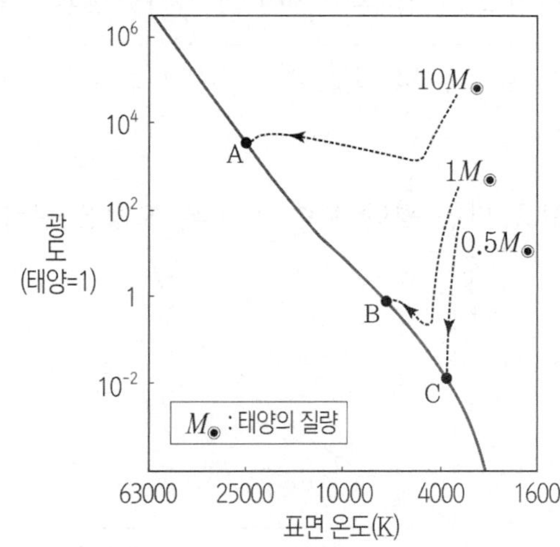

이에 대한 설명으로 옳은 것만을 <보기>에서 있는 대로 고른 것은?

<보 기>

ㄱ. 주계열성이 되는 데 걸리는 시간은 A가 B보다 길다.
ㄴ. A의 내부는 복사층이 대류층을 둘러싸고 있는 구조이다.
ㄷ. 절대 등급은 C가 가장 크다.

① ㄱ ② ㄷ ③ ㄱ, ㄴ ④ ㄴ, ㄷ ⑤ ㄱ, ㄴ, ㄷ

16. 그림은 중심부 온도에 따른 p-p 반응과 CNO 순환 반응에 의한 광도를 A, B로 순서 없이 나타낸 것이다.

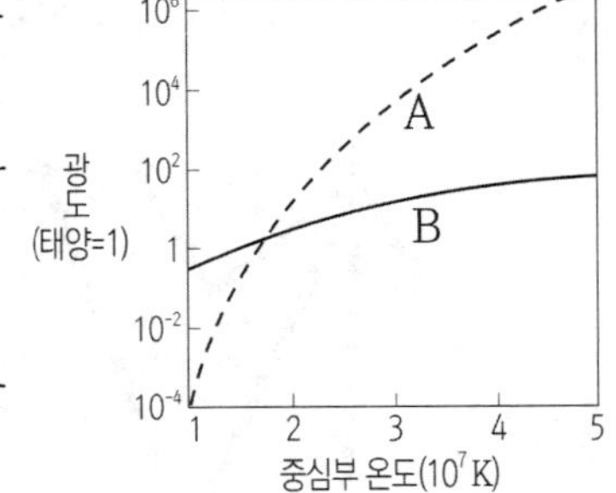

이에 대한 설명으로 옳은 것만을 <보기>에서 있는 대로 고른 것은?

<보 기>

ㄱ. 태양에서는 A 반응이 우세하다.
ㄴ. 태양의 중심부 온도는 2000만 K이다.
ㄷ. 주계열성의 질량이 클수록 전체 광도에서 B에 의한 비율이 감소한다.

① ㄱ ② ㄷ ③ ㄱ, ㄴ ④ ㄴ, ㄷ ⑤ ㄱ, ㄴ, ㄷ

17. 그림은 광도가 동일한 서로 다른 주계열성을 공전하는 행성 A와 B에 의한 중심별의 밝기 변화를 나타낸 것이다.

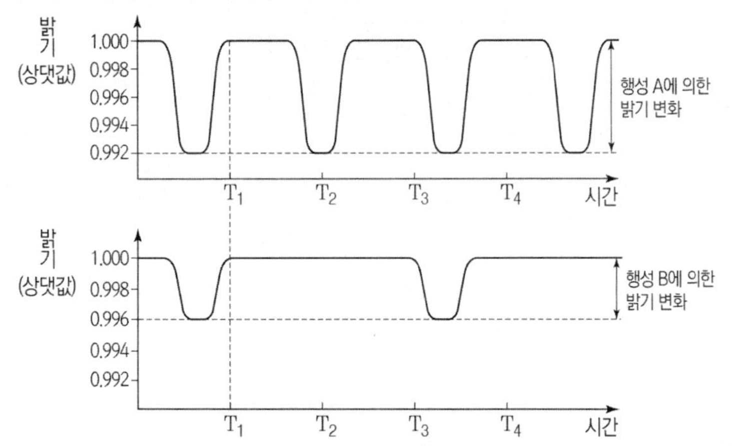

이에 대한 설명으로 옳은 것만을 <보기>에서 있는 대로 고른 것은? (단, 시선 방향과 행성의 공전 궤도면은 일치한다.) [3점]

<보 기>

ㄱ. 공전 주기는 A가 B보다 짧다.
ㄴ. 반지름은 A가 B의 2배이다.
ㄷ. T_1 시기에는 A, B 모두 지구에 가까워지고 있다.

① ㄱ ② ㄴ ③ ㄱ, ㄷ ④ ㄴ, ㄷ ⑤ ㄱ, ㄴ, ㄷ

18. 그림은 서로 다른 평탄 우주 A, B의 모형을 나타낸 것이다.

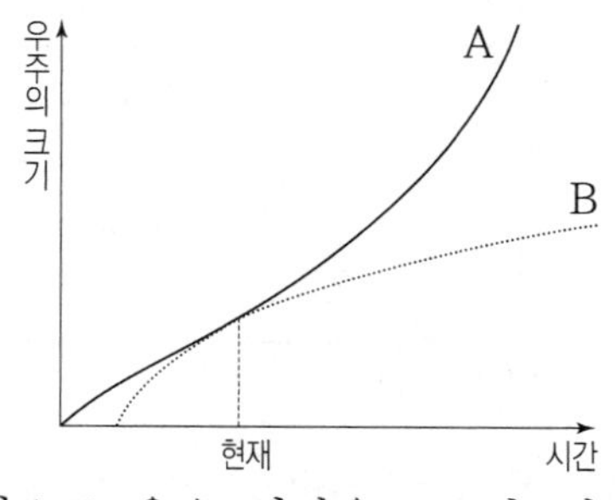

이에 대한 설명으로 옳은 것만을 <보기>에서 있는 대로 고른 것은?

<보 기>

ㄱ. 임계 밀도에 대한 우주의 평균 밀도 비는 A와 B가 같다.
ㄴ. 현재 암흑 에너지의 비율은 A가 B보다 크다.
ㄷ. 현재 우주의 나이는 A가 B보다 많다.

① ㄱ ② ㄴ ③ ㄱ, ㄷ ④ ㄴ, ㄷ ⑤ ㄱ, ㄴ, ㄷ

19. 그림은 지구 공전 궤도 이심률의 변화와 자전축 기울기의 변화를 나타낸 것이다.

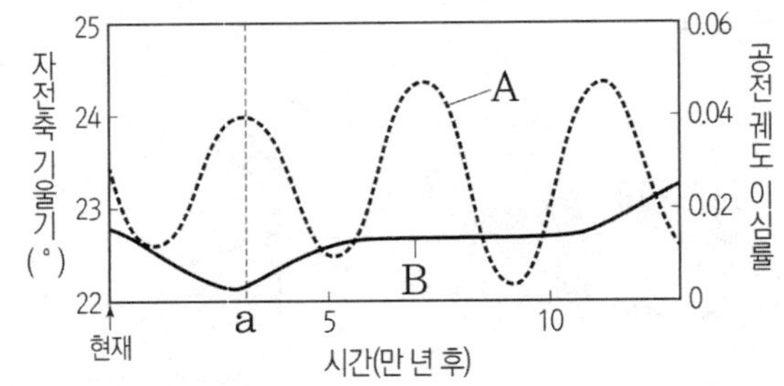

이에 대한 설명으로 옳은 것만을 <보기>에서 있는 대로 고른 것은? (단, 지구 공전 궤도 이심률, 자전축 기울기 외의 요인은 고려하지 않는다.) [3점]

<보 기>

ㄱ. 자전축 기울기의 변화는 B이다.
ㄴ. 10만 년 후 근일점에 위치할 때 우리나라는 겨울이다.
ㄷ. 우리나라에서 기온의 연교차는 현재보다 a 시기에 커진다.

① ㄱ ② ㄷ ③ ㄱ, ㄴ ④ ㄴ, ㄷ ⑤ ㄱ, ㄴ, ㄷ

20. 그림 (가)는 은하 A~D의 상대적인 위치를, (나)는 B에서 관측한 C와 D의 스펙트럼에서 방출선이 각각 적색 편이된 것을 비교 스펙트럼과 함께 나타낸 것이다. A~D는 동일 평면상에 위치하고, 허블 법칙을 만족한다.

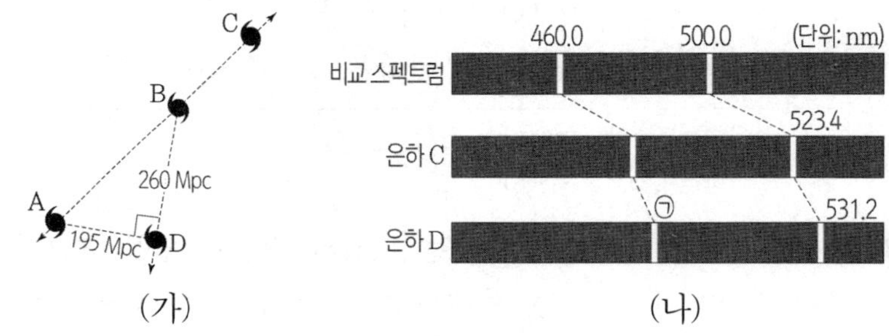

(가) (나)

이에 대한 설명으로 옳은 것만을 <보기>에서 있는 대로 고른 것은? (단, 광속은 3×10^5 km/s이다.) [3점]

<보 기>

ㄱ. ㉠은 491.2이다.
ㄴ. 허블 상수는 72 km/s/Mpc이다.
ㄷ. A에서 C까지의 거리는 520 Mpc이다.

① ㄱ ② ㄴ ③ ㄱ, ㄷ ④ ㄴ, ㄷ ⑤ ㄱ, ㄴ, ㄷ

* 확인 사항

○ 답안지의 해당란에 필요한 내용을 정확히 기입(표기)했는지 확인하시오.

[해설편 p.084]

제 4 교시

과학탐구 영역(지구과학 I)

27회

성명		수험 번호	-	제 [ ] 선택

● 2019학년도 7월(고3 지Ⅱ)

1. 그림은 아이슬란드가 형성되는 과정을 나타낸 것이다.

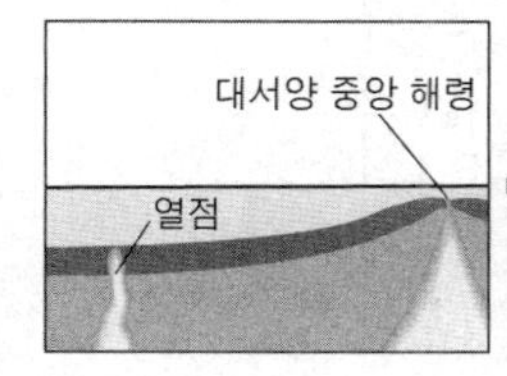

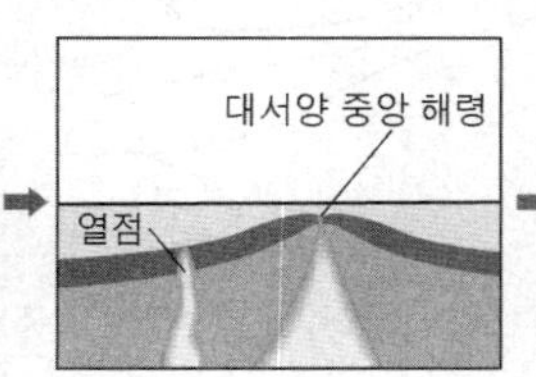

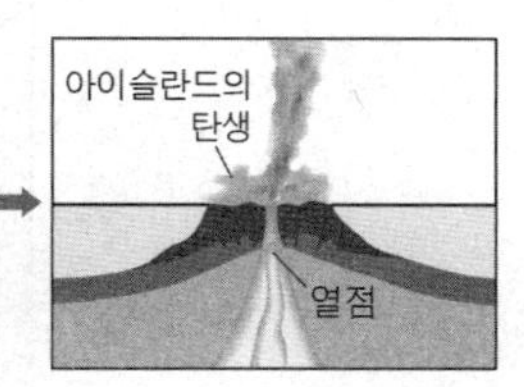

이에 대한 설명으로 옳은 것만을 <보기>에서 있는 대로 고른 것은?

<보 기>
ㄱ. 아이슬란드에서는 새로운 지각이 형성된다.
ㄴ. 아이슬란드는 주로 현무암으로 이루어졌다.
ㄷ. 대서양 중앙 해령 하부와 열점이 합쳐졌다.

① ㄱ ② ㄴ ③ ㄱ, ㄷ ④ ㄴ, ㄷ ⑤ ㄱ, ㄴ, ㄷ

2. 그림은 주계열성 A를 돌고 있는 행성 b, c의 공전 궤도를 생명 가능 지대와 함께 나타낸 것이다.

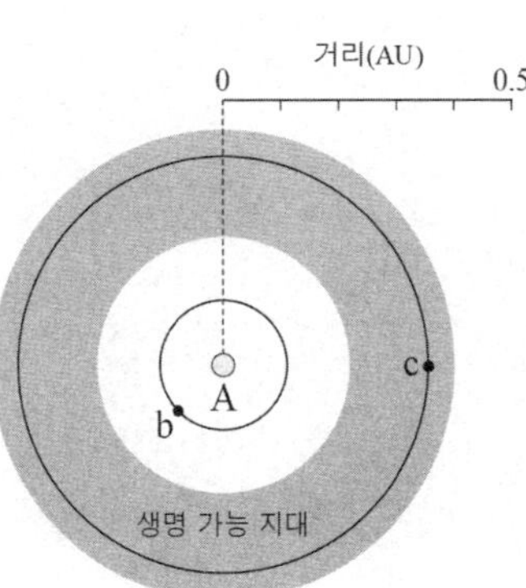

이에 대한 설명으로 옳은 것만을 <보기>에서 있는 대로 고른 것은?

<보 기>
ㄱ. 수명은 태양보다 A가 짧다.
ㄴ. c에서는 물이 액체 상태로 존재할 수 있다.
ㄷ. 단위 시간당 단위 면적에서 받는 A의 복사 에너지양은 c보다 b가 많다.

① ㄱ ② ㄴ ③ ㄱ, ㄷ ④ ㄴ, ㄷ ⑤ ㄱ, ㄴ, ㄷ

● 2017학년도 7월(고3 지Ⅱ)

3. 그림은 아라비아 반도 주변 지역 판의 경계와 이동 속도를 화살표로 나타낸 것이다.

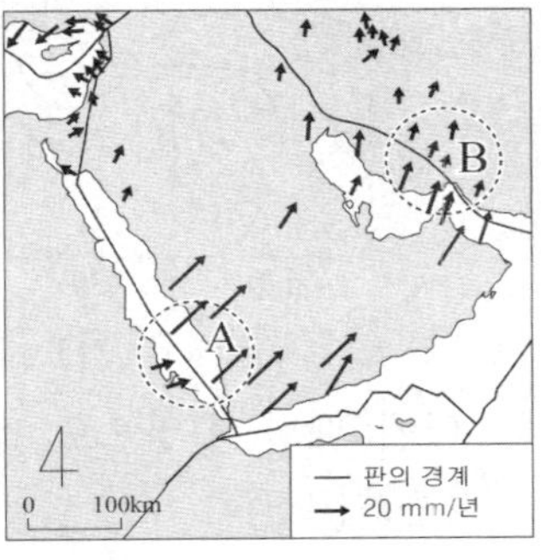

이에 대한 설명으로 옳은 것만을 <보기>에서 있는 대로 고른 것은? [3점]

<보 기>
ㄱ. A에는 발산형 경계가 나타난다.
ㄴ. B는 맨틀 대류의 상승부이다.
ㄷ. 화산 활동은 A보다 B에서 활발하다.

① ㄱ ② ㄴ ③ ㄱ, ㄷ ④ ㄴ, ㄷ ⑤ ㄱ, ㄴ, ㄷ

● 2014학년도 7월(고3)

4. 그림 (가)는 중위도에서 북상하는 어느 태풍의 단면을, (나)는 이 태풍 내부와 주변과의 기온 편차를 나타낸 것이다.

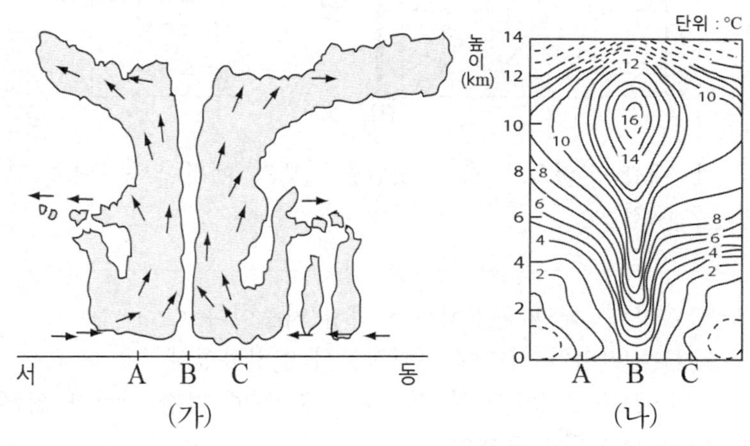

이에 대한 설명으로 옳은 것만을 <보기>에서 있는 대로 고른 것은? (단, 태풍 중심 B로부터 A와 C까지의 거리는 같다.) [3점]

< 보 기 >
ㄱ. A, B, C 중에 풍속이 가장 빠른 곳은 C이다.
ㄴ. 같은 높이에서 기온은 태풍의 중심으로 갈수록 높아진다.
ㄷ. B 지점의 상공에서는 공기의 단열 압축이 일어난다.

① ㄱ ② ㄷ ③ ㄱ, ㄴ ④ ㄴ, ㄷ ⑤ ㄱ, ㄴ, ㄷ

● 2019학년도 7월(고3 지Ⅱ)

5. 그림은 세계의 순상지와 A, B, C 지역을 나타낸 것이다.

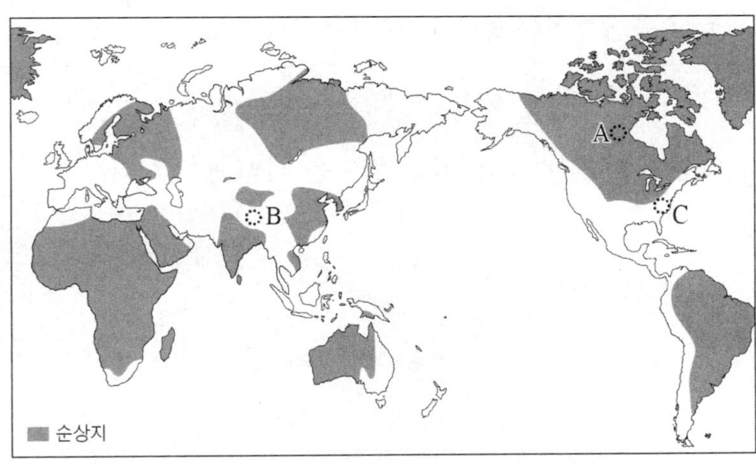

이에 대한 설명으로 옳은 것만을 <보기>에서 있는 대로 고른 것은?

<보 기>
ㄱ. A는 선캄브리아 시대의 암석이 주로 분포한다.
ㄴ. 현재 판의 수렴 경계 부근에 위치한 지역은 B이다.
ㄷ. 지진 활동은 C보다 B에서 활발하다.

① ㄱ ② ㄷ ③ ㄱ, ㄴ ④ ㄴ, ㄷ ⑤ ㄱ, ㄴ, ㄷ

[해설편 p.085]

● 2019학년도 7월(고3 지Ⅱ)

6. 그림은 어느 지역의 지질 단면도와 지층에서 산출되는 화석의 범위를 나타낸 것이다.

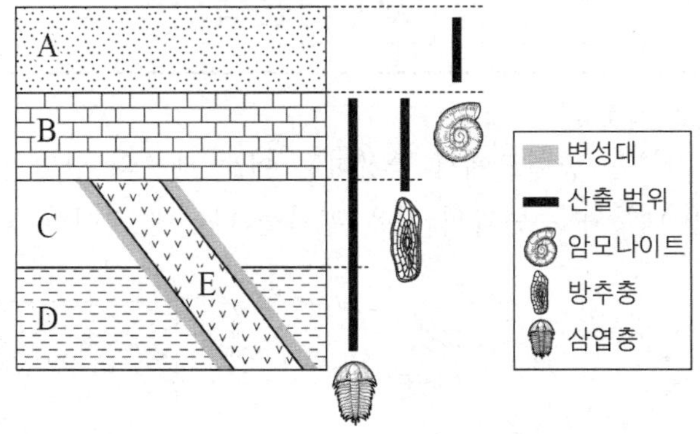

이에 대한 설명으로 옳은 것만을 <보기>에서 있는 대로 고른 것은? [3점]

<보 기>

ㄱ. A~D는 해양 환경에서 퇴적된 지층이다.
ㄴ. E가 관입한 시대에 속씨식물이 번성하였다.
ㄷ. A~D를 2개의 지질 시대로 구분할 때 가장 적합한 위치는 B와 C의 경계이다.

① ㄱ ② ㄴ ③ ㄱ, ㄷ ④ ㄴ, ㄷ ⑤ ㄱ, ㄴ, ㄷ

● 2014학년도 4월(고3 지Ⅱ)

7. 그림은 서로 다른 장소에서 생성되는 마그마 A, B, C의 위치를 간단히 나타낸 것이다.

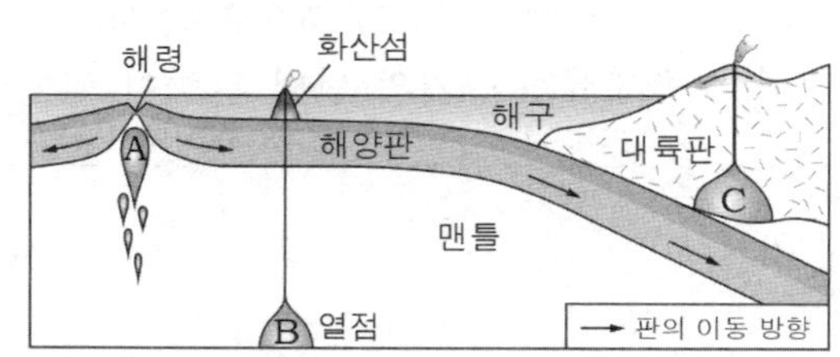

이에 대한 설명으로 옳은 것만을 <보기>에서 있는 대로 고른 것은?

<보 기>

ㄱ. A는 맨틀 물질의 상승으로 인해 압력이 감소하여 생성된다.
ㄴ. B는 주로 안산암질 마그마이다.
ㄷ. A를 구성하는 물질의 성분비는 C와 같다.

① ㄱ ② ㄷ ③ ㄱ, ㄴ ④ ㄴ, ㄷ ⑤ ㄱ, ㄴ, ㄷ

8. 그림은 판의 경계와 이동 방향을 나타낸 것이다.

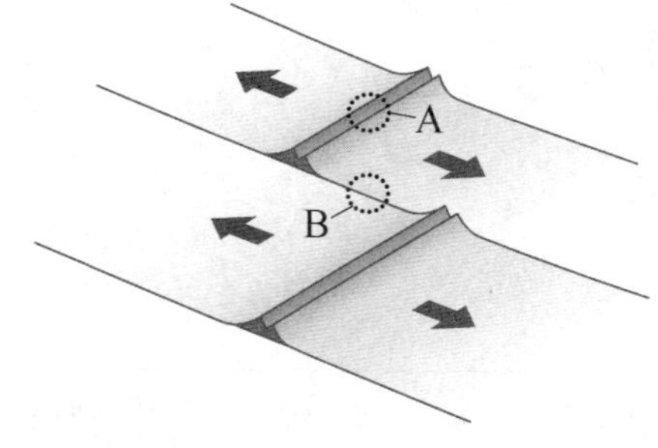

이에 대한 설명으로 옳은 것만을 <보기>에서 있는 대로 고른 것은?

<보 기>

ㄱ. A는 맨틀 대류의 상승부에 위치한다.
ㄴ. B에서는 화산 활동이 활발하다.
ㄷ. 해양 지각의 나이는 B보다 A가 많다.

① ㄱ ② ㄷ ③ ㄱ, ㄴ ④ ㄴ, ㄷ ⑤ ㄱ, ㄴ, ㄷ

9. 그림은 대서양의 표층 순환을 나타낸 것이다. A~D는 해류이다.

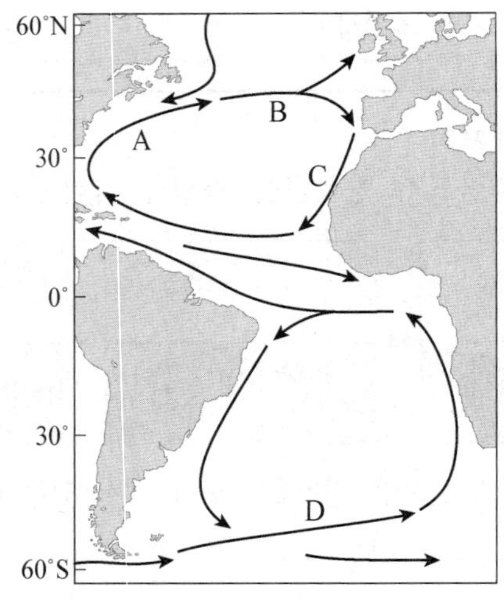

이에 대한 설명으로 옳은 것만을 <보기>에서 있는 대로 고른 것은?

<보 기>

ㄱ. A는 한류, C는 난류이다.
ㄴ. B와 D는 편서풍의 영향을 받는다.
ㄷ. 아열대 표층 순환의 분포는 북반구와 남반구가 적도를 경계로 대칭적이다.

① ㄱ ② ㄴ ③ ㄱ, ㄷ ④ ㄴ, ㄷ ⑤ ㄱ, ㄴ, ㄷ

10. 그림 (가)와 (나)는 12시간 간격으로 작성된 우리나라 주변의 일기도를 순서 없이 나타낸 것이다.

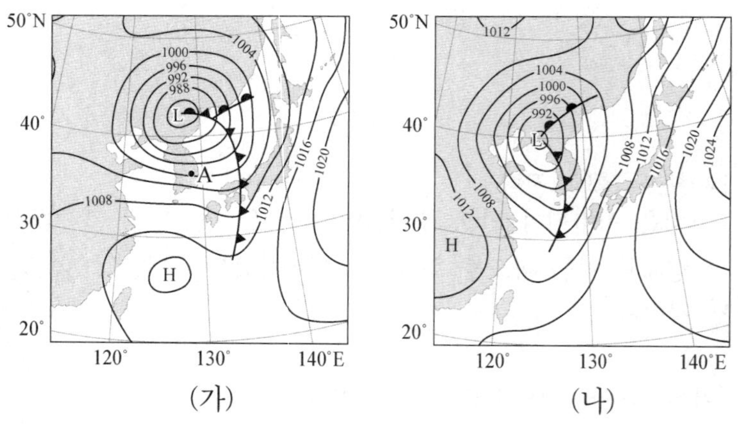

이에 대한 설명으로 옳은 것만을 <보기>에서 있는 대로 고른 것은? [3점]

<보 기>

ㄱ. (가)의 A 지역에는 북서풍이 분다.
ㄴ. (나)는 (가)보다 12시간 전의 일기도이다.
ㄷ. 온대 저기압의 세력은 (나)보다 (가)가 크다.

① ㄱ ② ㄴ ③ ㄱ, ㄷ ④ ㄴ, ㄷ ⑤ ㄱ, ㄴ, ㄷ

[해설편 p.085]

● 2019학년도 7월(고3 지Ⅱ)

11. 그림 (가)는 퇴적 환경의 일부를, (나)는 지층의 퇴적 구조를 나타낸 것이다.

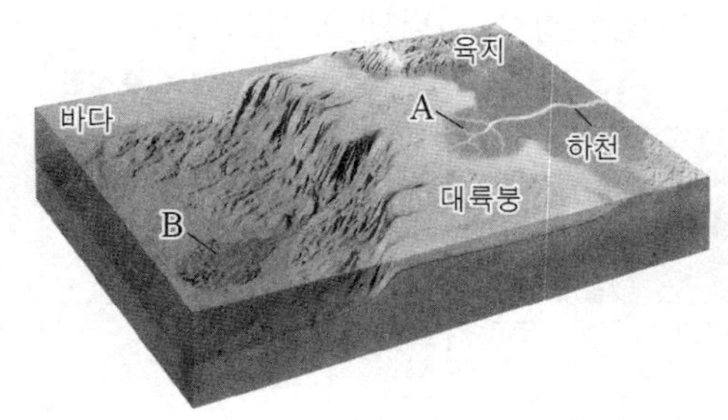

(가)　　(나)

이에 대한 설명으로 옳은 것만을 <보기>에서 있는 대로 고른 것은?

<보 기>

ㄱ. A는 선상지이다.
ㄴ. (나)로 지층의 역전 여부를 판단할 수 있다.
ㄷ. (나)와 같은 구조는 B보다 A에서 발견된다.

① ㄱ　② ㄴ　③ ㄱ, ㄷ　④ ㄴ, ㄷ　⑤ ㄱ, ㄴ, ㄷ

12. 그림 (가)와 (나)는 평상시와 엘니뇨 발생 시기의 태평양 적도 해역 대기 순환을 순서 없이 나타낸 것이다.

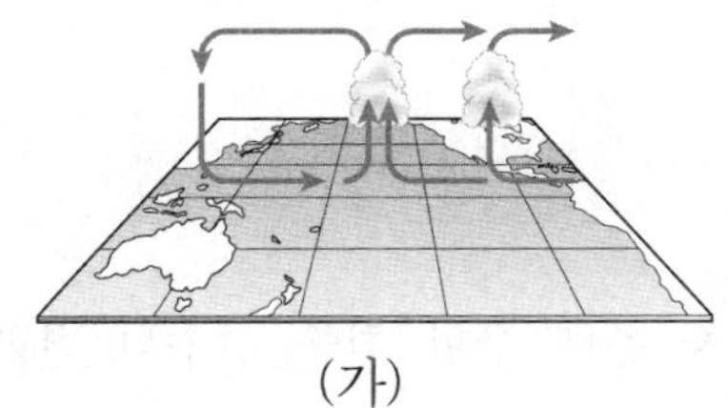

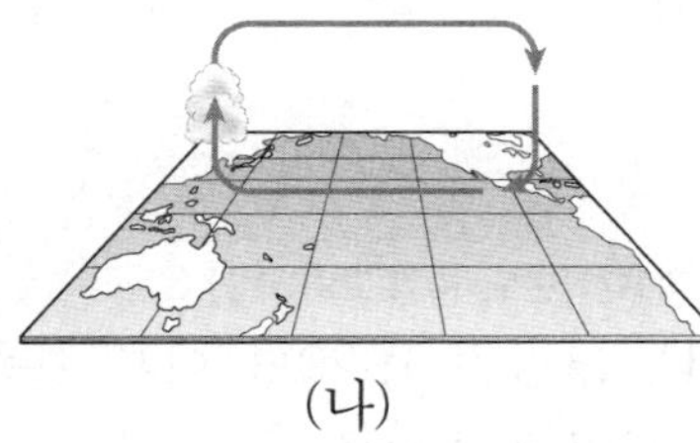

(가)　　(나)

(가)보다 (나)일 때 큰 값을 갖는 것만을 <보기>에서 있는 대로 고른 것은? [3점]

<보 기>

ㄱ. 무역풍의 세기
ㄴ. 동태평양 적도 해역의 강수량
ㄷ. 서태평양과 동태평양 적도 해역의 해수면 높이 차

① ㄱ　② ㄴ　③ ㄱ, ㄷ　④ ㄴ, ㄷ　⑤ ㄱ, ㄴ, ㄷ

● 2019학년도 7월(고3 지Ⅱ)

13. 다음은 어느 지역의 지질 단면도와 관찰 내용이다.

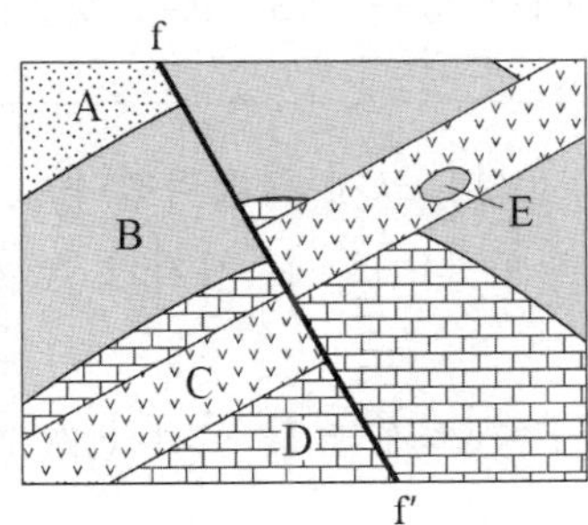

- C는 화성암임
- 습곡이 나타남
- B와 E는 동일 암석임
- f−f′를 경계로 암석이 어긋남

이에 대한 설명으로 옳은 것만을 <보기>에서 있는 대로 고른 것은? (단, 지층은 역전되지 않았다.)

<보 기>

ㄱ. 역단층이 관찰된다.
ㄴ. 배사 구조가 관찰된다.
ㄷ. C보다 E가 먼저 형성되었다.

① ㄱ　② ㄷ　③ ㄱ, ㄴ　④ ㄴ, ㄷ　⑤ ㄱ, ㄴ, ㄷ

14. 그림은 대기 중 이산화 탄소 농도가 현재보다 2배 증가할 경우 위도에 따른 기온 변화량(예측 기온 − 현재 기온) 예상도이다.

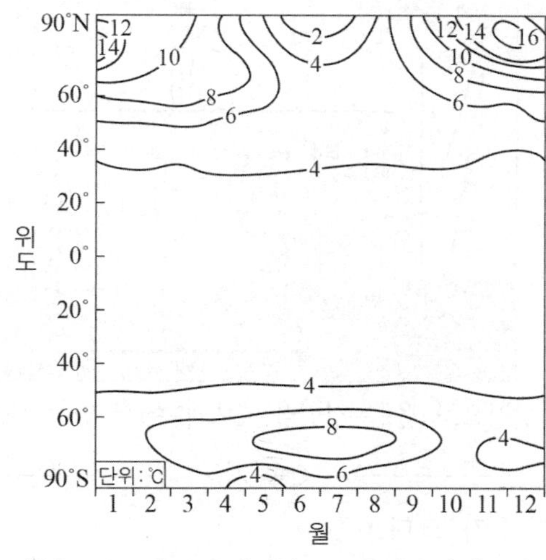

이에 대한 설명으로 옳은 것만을 <보기>에서 있는 대로 고른 것은? [3점]

<보 기>

ㄱ. 평균 해수면은 상승할 것이다.
ㄴ. 60°N의 기온 연교차는 현재보다 증가할 것이다.
ㄷ. 겨울철 극지방의 기온 변화량은 북반구보다 남반구가 더 크다.

① ㄱ　② ㄷ　③ ㄱ, ㄴ　④ ㄴ, ㄷ　⑤ ㄱ, ㄴ, ㄷ

● 2018학년도 6월(고3 지Ⅱ)

15. 그림은 서로 다른 두 해역 (가)와 (나)의 해저 퇴적물 시추 코어에서 측정한 잔류 자기의 복각과 자극기를 깊이에 따라 나타낸 것이다. 점선은 두 해저 퇴적물의 절대 연령이 같은 깊이를 연결한 것이다.

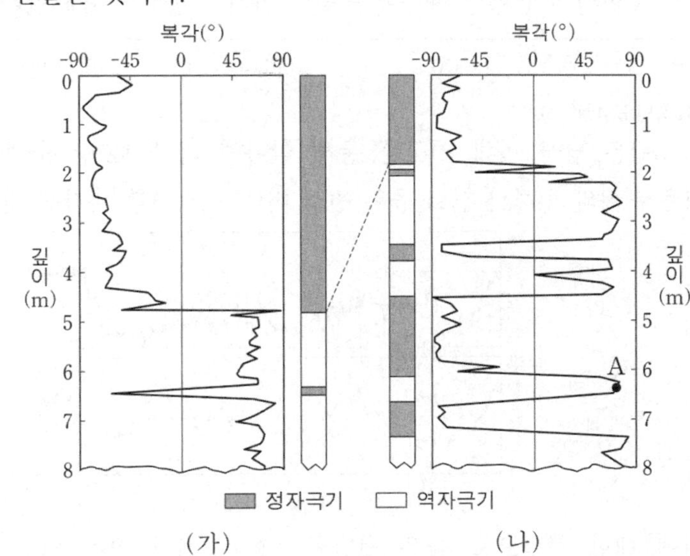

(가)　　(나)

이에 대한 설명으로 옳은 것만을 <보기>에서 있는 대로 고른 것은? [3점]

<보 기>

ㄱ. (가)와 (나)의 현재 위치는 남반구이다.
ㄴ. 깊이 0~5 m의 퇴적 시간은 (가)가 (나)보다 길다.
ㄷ. A가 형성될 당시의 자북극은 현재의 북반구에 위치한다.

① ㄱ　② ㄴ　③ ㄱ, ㄷ　④ ㄴ, ㄷ　⑤ ㄱ, ㄴ, ㄷ

16. 그림은 복사 평형 상태에 있는 지구의 열수지를 나타낸 것이다.

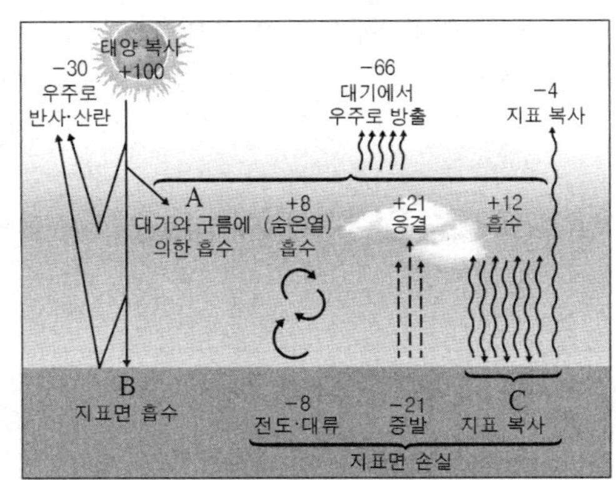

이에 대한 설명으로 옳은 것만을 <보기>에서 있는 대로 고른 것은?

<보 기>

ㄱ. A보다 B가 크다.
ㄴ. C는 -12이다.
ㄷ. 적외선 복사 에너지 방출량은 지표면보다 대기가 크다.

① ㄱ ② ㄴ ③ ㄱ, ㄷ ④ ㄴ, ㄷ ⑤ ㄱ, ㄴ, ㄷ

● 2015학년도 7월(고3)

17. 그림은 P 별의 밝기 변화를 이용해 X 항성계에 속한 외계 행성의 탐사 방법을 나타낸 것이다.

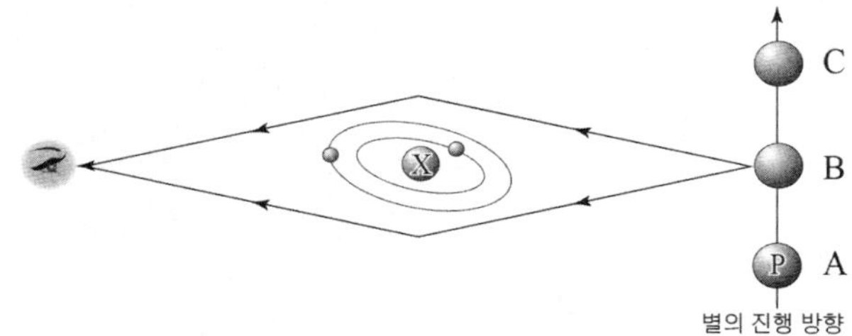

이에 대한 설명으로 옳은 것만을 <보기>에서 있는 대로 고른 것은? [3점]

<보 기>

ㄱ. 식 현상을 이용하는 방법이다.
ㄴ. P 별의 밝기는 A 보다 B 위치에서 밝게 관측된다.
ㄷ. X 항성계의 행성 때문에 P 별의 밝기가 불규칙하게 변한다.

① ㄱ ② ㄷ ③ ㄱ, ㄴ ④ ㄴ, ㄷ ⑤ ㄱ, ㄴ, ㄷ

● 2015학년도 4월(고3)

18. 그림은 남극 빙하 연구를 통해 알아낸 과거 12만 년 동안의 기온 편차와 빙하의 산소 동위 원소 비($^{18}O/^{16}O$)를 나타낸 것이다.

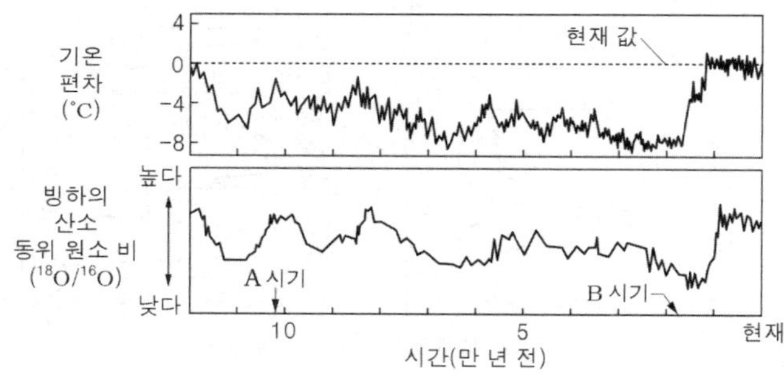

이에 대한 설명으로 옳은 것만을 <보기>에서 있는 대로 고른 것은? [3점]

<보 기>

ㄱ. 과거 12만 년 동안의 평균 기온은 현재보다 낮았다.
ㄴ. 해수에서 증발되는 물 분자의 산소 동위 원소 비는 A 시기가 B 시기보다 컸을 것이다.
ㄷ. 빙하의 면적은 B 시기가 현재보다 넓었을 것이다.

① ㄱ ② ㄷ ③ ㄱ, ㄴ ④ ㄴ, ㄷ ⑤ ㄱ, ㄴ, ㄷ

● 2018학년도 9월(고3 지Ⅱ)

19. 그림은 북반구에 위치한 어느 해령의 이동을 알아보기 위해 해령 주변 암석에 기록된 고지자기 복각과 고지자기로 추정한 진북 방향을 진앙 분포와 함께 나타낸 모식도이다.

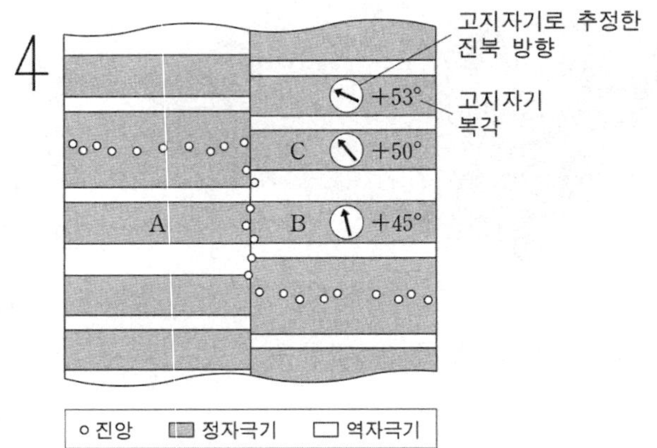

이에 대한 설명으로 옳은 것만을 <보기>에서 있는 대로 고른 것은? (단, 진북의 위치는 변하지 않았다.) [3점]

<보 기>

ㄱ. A와 B는 같은 시기에 생성되었다.
ㄴ. 해령은 C 시기 이후에 고위도로 이동하였다.
ㄷ. 이 해령은 시계 반대 방향으로 회전해 오면서 현재에 이르렀다.

① ㄱ ② ㄴ ③ ㄱ, ㄷ ④ ㄴ, ㄷ ⑤ ㄱ, ㄴ, ㄷ

● 2017학년도 10월(고3 지Ⅱ)

20. 그림은 1920년 이후 관측을 통해 구한 허블 상수의 변화를 나타낸 것이다.

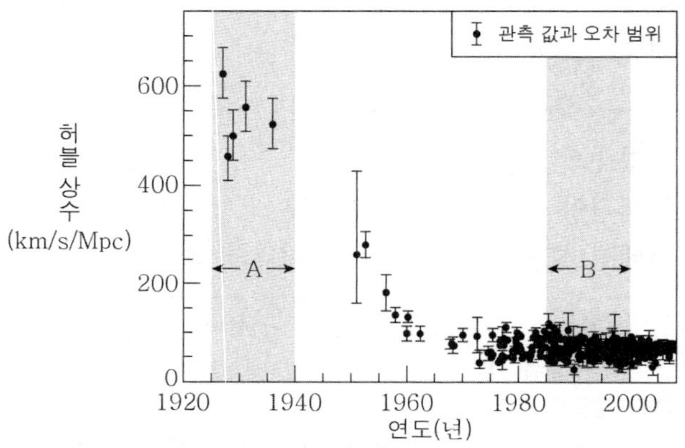

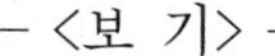

이에 대한 옳은 설명만을 <보기>에서 있는 대로 고른 것은?

<보 기>

ㄱ. 허블 상수는 A 시기가 B 시기보다 크게 측정되었다.
ㄴ. 허블 상수를 이용해 구한 우주의 나이는 B 시기가 A 시기보다 크다.
ㄷ. 허블 법칙을 이용해 구한 우주의 크기는 B 시기가 A 시기보다 크다.

① ㄱ ② ㄷ ③ ㄱ, ㄴ ④ ㄴ, ㄷ ⑤ ㄱ, ㄴ, ㄷ

＊ 확인 사항

○ 답안지의 해당란에 필요한 내용을 정확히 기입(표기)했는지 확인하시오.

[해설편 p.087]

제 4 교시

과학탐구 영역(지구과학 I)

28회

성명		수험 번호	–	제 [ ] 선택

● 2015학년도 9월(고3 지Ⅱ)

1. 다음은 대폭발 우주론에 대한 설명이다.

> 우주는 처음에 아주 작고 뜨거운 점에서 대폭발이 일어나 급팽창한 후 정상적인 팽창을 거치면서 냉각되어 현재의 형태로 진화하였다고 한다.

이 이론으로 설명할 수 있는 현상으로 옳은 것만을 <보기>에서 있는 대로 고른 것은?

<보 기>

ㄱ. 우주 배경 복사의 온도
ㄴ. 우주에서 관측되는 수소와 헬륨의 비율
ㄷ. 먼 은하의 스펙트럼선에 나타나는 적색 편이

① ㄱ ② ㄷ ③ ㄱ, ㄴ ④ ㄴ, ㄷ ⑤ ㄱ, ㄴ, ㄷ

● 2018학년도 7월(고3 지Ⅱ)

2. 그림은 세 대륙판의 판 경계와 이동 속도를 나타낸 모식도이다.

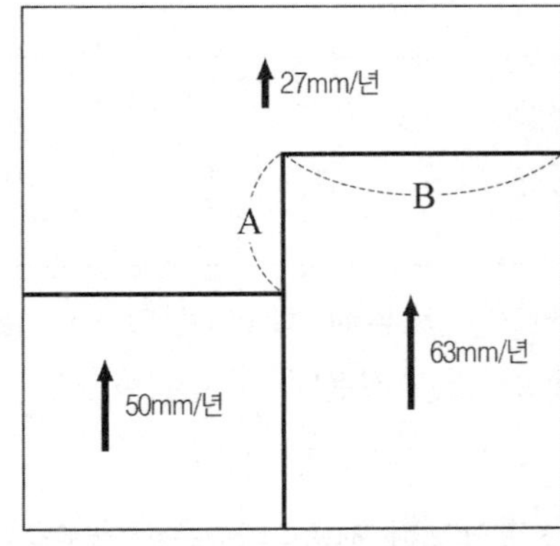

이에 대한 설명으로 옳은 것만을 <보기>에서 있는 대로 고른 것은? [3점]

<보 기>

ㄱ. A는 보존형 경계이다.
ㄴ. B에서는 화산 활동이 활발하다.
ㄷ. 이 지역의 예로는 안데스 산맥이 있다.

① ㄱ ② ㄴ ③ ㄱ, ㄷ ④ ㄴ, ㄷ ⑤ ㄱ, ㄴ, ㄷ

● 2015학년도 4월(고3)

3. 그림은 북태평양의 표층 해류를 나타낸 것이다.

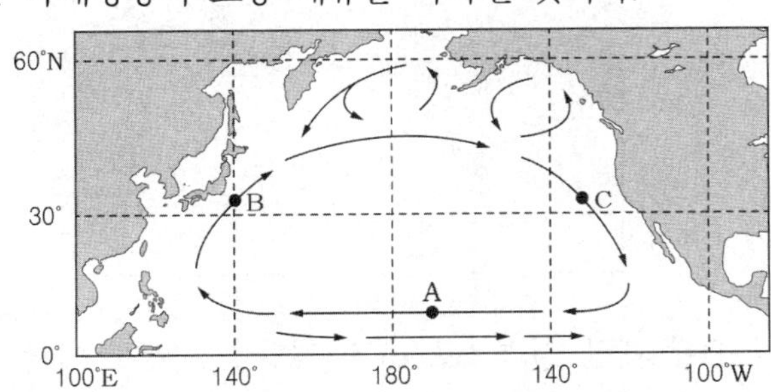

이에 대한 설명으로 옳은 것만을 <보기>에서 있는 대로 고른 것은?

<보 기>

ㄱ. A 해역에는 북적도 해류가 흐른다.
ㄴ. 표층 해수의 용존 산소량은 B 해역이 C 해역보다 적다.
ㄷ. 북태평양에서 아열대 순환의 방향은 시계 방향이다.

① ㄱ ② ㄷ ③ ㄱ, ㄴ ④ ㄴ, ㄷ ⑤ ㄱ, ㄴ, ㄷ

4. 그림 (가)는 화산 활동이 일어나는 지역 A와 B를, (나)와 (다)는 성질이 다른 두 용암에 의한 화산의 분출 모습을 나타낸 것이다.

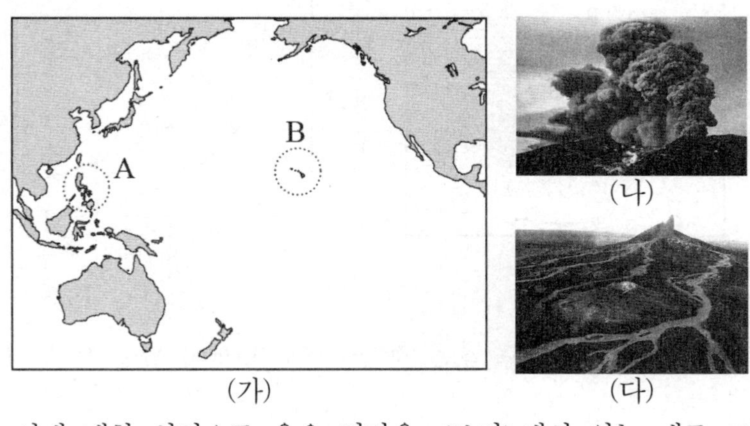

(가) (나) (다)

이에 대한 설명으로 옳은 것만을 <보기>에서 있는 대로 고른 것은? [3점]

<보 기>

ㄱ. 수렴형 경계 부근에 위치한 지역은 A이다.
ㄴ. 용암의 점성은 (나)가 (다)보다 크다.
ㄷ. B 지역의 화산은 주로 (나)의 형태로 나타난다.

① ㄱ ② ㄷ ③ ㄱ, ㄴ ④ ㄴ, ㄷ ⑤ ㄱ, ㄴ, ㄷ

5. 표는 세 중심별의 광도와 각 중심별의 생명 가능 지대에 속한 행성과 그 행성의 공전 주기를 나타낸 것이다.

중심별 (주계열성)	중심별 광도 (태양 = 1)	행성	행성 공전 주기 (일)
태양	1	지구	365
프록시마 센터우리	0.0017	프록시마 센터우리 b	11.186
베타 픽토리스	8.7	베타 픽토리스 b	8000

이에 대한 설명으로 옳은 것만을 <보기>에서 있는 대로 고른 것은?

<보 기>

ㄱ. 질량은 베타 픽토리스가 태양보다 크다.
ㄴ. 생명 가능 지대의 폭은 프록시마 센터우리가 태양보다 좁다.
ㄷ. 공전 궤도 장반경은 프록시마 센터우리 b가 베타 픽토리스 b보다 작다.

① ㄱ ② ㄷ ③ ㄱ, ㄴ ④ ㄴ, ㄷ ⑤ ㄱ, ㄴ, ㄷ

[해설편 p.088]

● 2018학년도 7월(고3 지Ⅱ)

6. 그림 (가)는 어느 지역의 지질 단면도를, (나)는 방사성 원소 P, Q의 붕괴 곡선을 나타낸 것이다. 화성암 A에 포함된 방사성 원소 P의 양은 처음 양의 $\frac{1}{8}$, 화성암 B에 포함된 방사성 원소 Q의 양은 처음 양의 $\frac{1}{4}$이다.

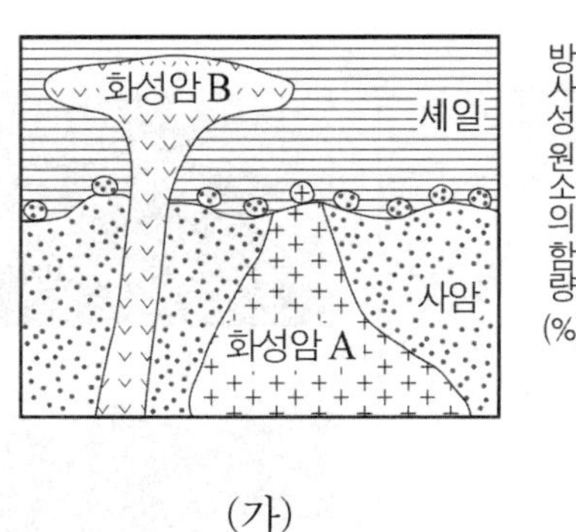

(가)

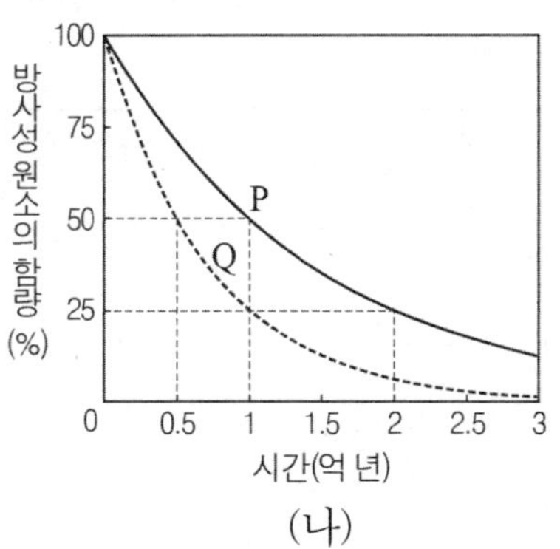

(나)

이에 대한 설명으로 옳은 것만을 <보기>에서 있는 대로 고른 것은? [3점]

<보 기>
ㄱ. 사암→화성암 A→셰일→화성암 B 순으로 생성되었다.
ㄴ. 반감기는 P가 Q보다 짧다.
ㄷ. 셰일층은 신생대 지층이다.

① ㄱ ② ㄷ ③ ㄱ, ㄴ ④ ㄴ, ㄷ ⑤ ㄱ, ㄴ, ㄷ

7. 그림 (가)와 (나)는 어느 날 12시간 간격의 지상 일기도를 순서 없이 나타낸 것이다.

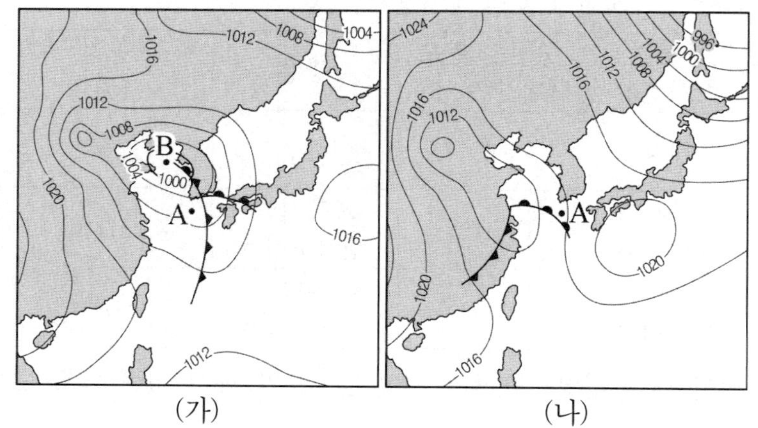

(가) (나)

이에 대한 설명으로 옳은 것만을 <보기>에서 있는 대로 고른 것은?

<보 기>
ㄱ. (가)의 B 지역에는 하강 기류가 발달한다.
ㄴ. (가)는 (나)보다 12시간 후의 일기도이다.
ㄷ. 이 기간 동안 A 지역의 풍향은 시계 방향으로 변하였다.

① ㄱ ② ㄴ ③ ㄱ, ㄷ ④ ㄴ, ㄷ ⑤ ㄱ, ㄴ, ㄷ

8. 그림은 복사 평형 상태에 있는 지구의 열수지를 나타낸 것이다.

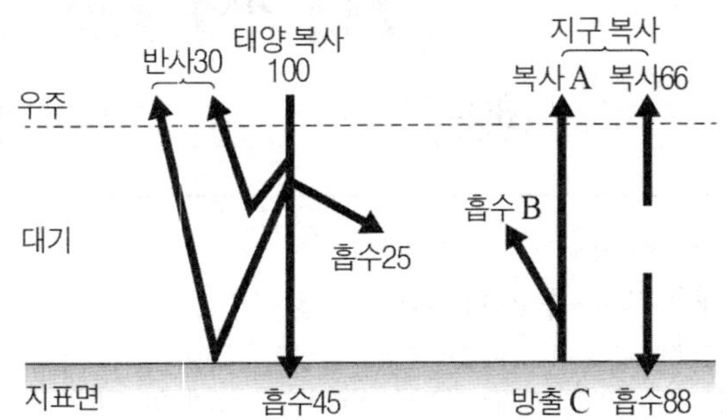

이에 대한 설명으로 옳은 것만을 <보기>에서 있는 대로 고른 것은? [3점]

<보 기>
ㄱ. A는 주로 대기의 창 영역을 통해 빠져나간다.
ㄴ. 대기 중의 이산화 탄소 농도가 증가하면 B는 증가한다.
ㄷ. C는 100보다 작다.

① ㄱ ② ㄷ ③ ㄱ, ㄴ ④ ㄴ, ㄷ ⑤ ㄱ, ㄴ, ㄷ

● 2010학년도 6월(고3)

9. 그림은 북반구 주요 표층 해류가 흐르는 해역과 해류에 영향을 주는 바람을 나타낸 것이다.

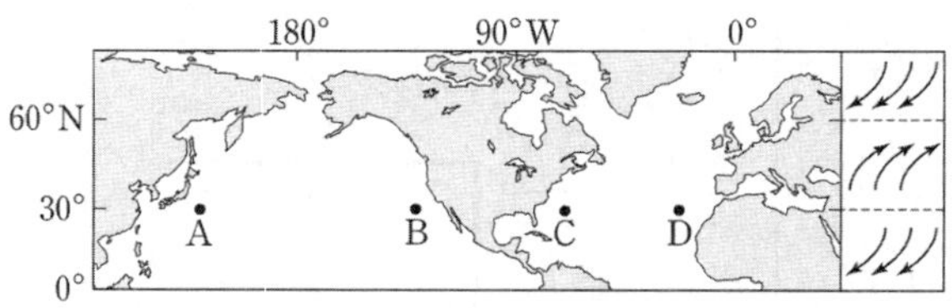

A~D해역에 흐르는 해류에 대한 설명으로 옳은 것만을 <보기>에서 있는 대로 고른 것은?

<보 기>
ㄱ. A해역이 D해역보다 해류의 수온이 높다.
ㄴ. B해역이 A해역보다 해류의 염분이 높다.
ㄷ. C해역의 해류는 남동쪽으로 흐른다.

① ㄱ ② ㄷ ③ ㄱ, ㄴ ④ ㄴ, ㄷ ⑤ ㄱ, ㄴ, ㄷ

10. 그림은 태평양의 주요 표층 해류를 나타낸 것이다.

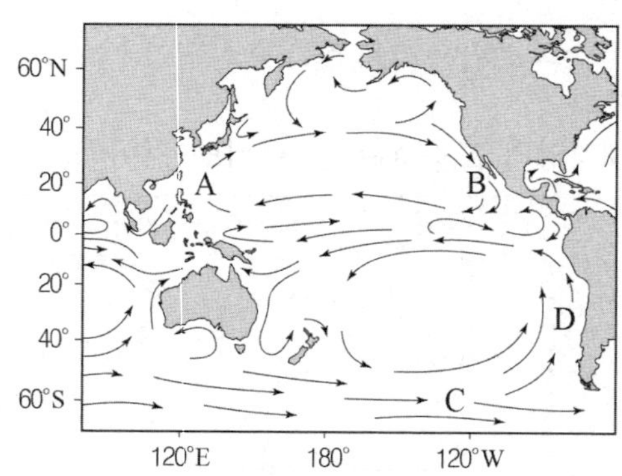

해류 A~D에 대한 설명으로 옳은 것만을 <보기>에서 있는 대로 고른 것은?

<보 기>
ㄱ. A와 D는 난류이다.
ㄴ. 20°N에서 용존 산소량은 A가 B보다 많다.
ㄷ. C는 편서풍에 의해 형성된다.

① ㄱ ② ㄷ ③ ㄱ, ㄴ ④ ㄴ, ㄷ ⑤ ㄱ, ㄴ, ㄷ

[해설편 p.088]

● 2018학년도 7월(고3 지Ⅱ)

11. 그림은 별의 진화 과정을 나타낸 것이다.

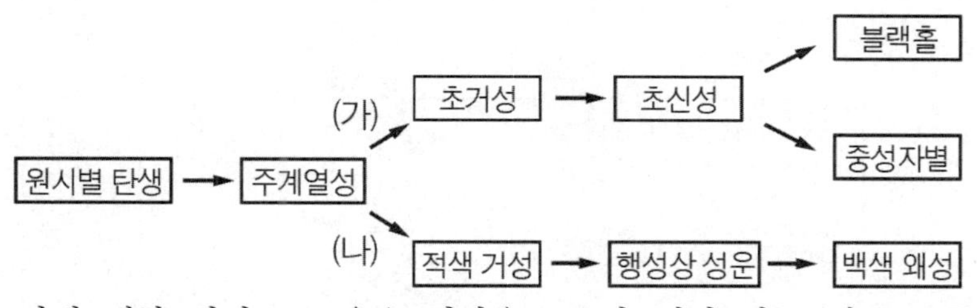

이에 대한 설명으로 옳은 것만을 <보기>에서 있는 대로 고른 것은?

<보 기>

ㄱ. 백색 왜성의 중심부에서 철이 생성된다.
ㄴ. 태양 정도의 질량인 별은 (가) 과정을 따라 진화한다.
ㄷ. 별의 진화 과정 중 주계열성 단계에서 머무르는 시간은 적색 거성 단계보다 길다.

① ㄱ ② ㄷ ③ ㄱ, ㄴ ④ ㄴ, ㄷ ⑤ ㄱ, ㄴ, ㄷ

12. 그림은 판의 경계와 이동 방향을 모식적으로 나타낸 것이다.

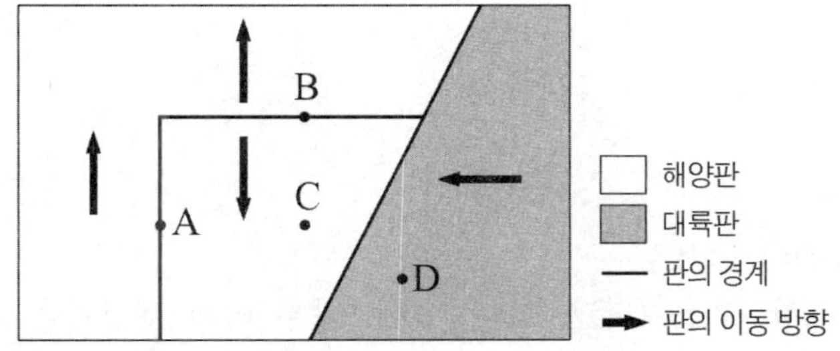

이에 대한 설명으로 옳은 것만을 <보기>에서 있는 대로 고른 것은?

<보 기>

ㄱ. A에서는 화산 활동이 활발하다.
ㄴ. 지각의 나이는 B가 C보다 많다.
ㄷ. C와 D사이에 해구가 발달한다.

① ㄱ ② ㄷ ③ ㄱ, ㄴ ④ ㄴ, ㄷ ⑤ ㄱ, ㄴ, ㄷ

13. 그림 (가)와 (나)는 외계 행성에 의한 미세 중력 렌즈 현상과 식 현상의 겉보기 밝기 변화를 순서 없이 나타낸 것이다.

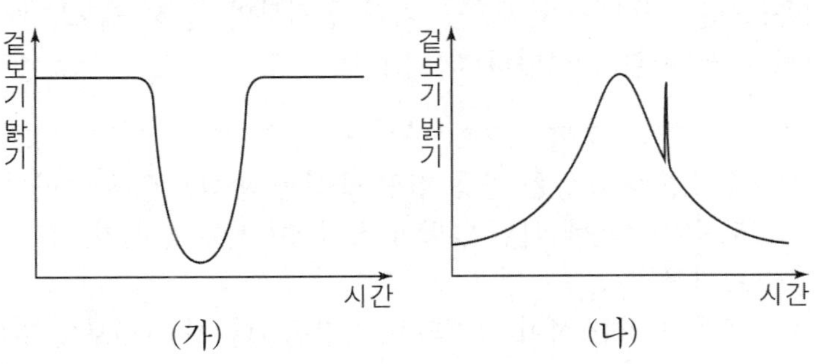

이에 대한 설명으로 옳은 것만을 <보기>에서 있는 대로 고른 것은? [3점]

<보 기>

ㄱ. 미세 중력 렌즈 현상에 의한 겉보기 밝기 변화는 (나)이다.
ㄴ. (가)를 이용한 탐사는 외계 행성의 반지름이 클수록 행성을 발견하는 데 유리하다.
ㄷ. (가)와 (나)는 외계 행성의 공전 궤도면과 관측자의 시선 방향이 나란해야만 외계 행성 탐사에 이용할 수 있다.

① ㄱ ② ㄷ ③ ㄱ, ㄴ ④ ㄴ, ㄷ ⑤ ㄱ, ㄴ, ㄷ

● 2018학년도 7월(고3 지Ⅱ)

14. 그림 (가), (나), (다)는 석호에서 퇴적암이 만들어지는 과정을 나타낸 것이다.

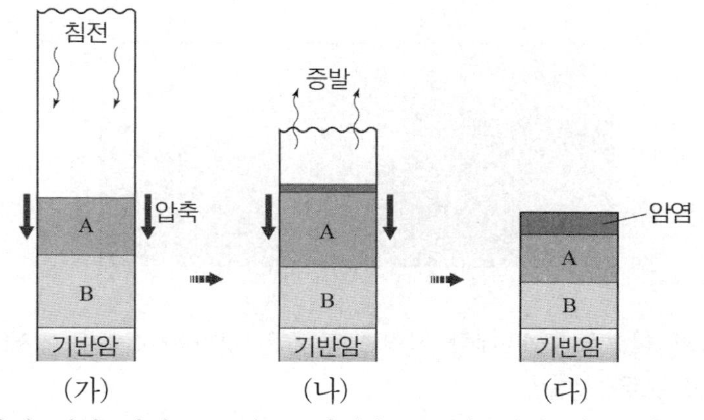

이에 대한 설명으로 옳은 것만을 <보기>에서 있는 대로 고른 것은?

<보 기>

ㄱ. A층에서는 엽리가 나타난다.
ㄴ. B층의 퇴적물 사이 공극의 크기는 (가)>(나)>(다)이다.
ㄷ. 이 과정을 통해 화학적 퇴적암이 생성되었다.

① ㄱ ② ㄴ ③ ㄱ, ㄷ ④ ㄴ, ㄷ ⑤ ㄱ, ㄴ, ㄷ

● 2018학년도 7월(고3 지Ⅱ)

15. 그림 (가)는 과거 어느 시점에 대륙 A, B의 위치와 대륙 A의 이동 방향을, (나)는 현재 대륙 A, B의 위치와 대륙 A에서 측정한 겉보기 자북극의 이동 경로를 나타낸 것이다.

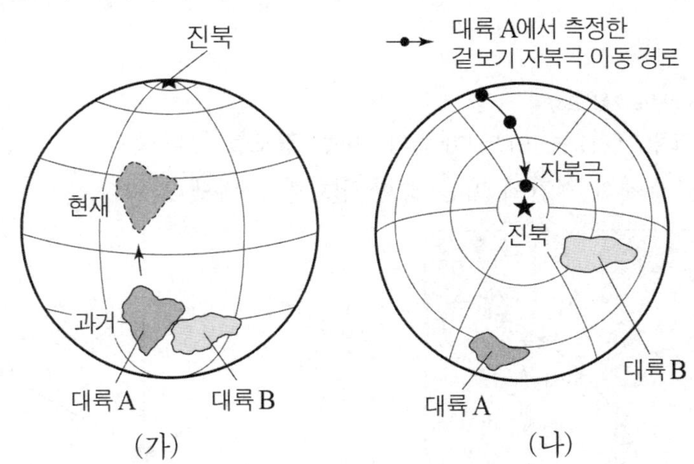

이에 대한 설명으로 옳은 것만을 <보기>에서 있는 대로 고른 것은? [3점]

<보 기>

ㄱ. 대륙을 이동시킨 원동력은 맨틀 대류이다.
ㄴ. (가)→(나) 기간 동안 대륙의 평균 이동 속도는 A가 B보다 빠르다.
ㄷ. (가)→(나) 기간 동안 대륙 A와 B에서 측정한 겉보기 자북극의 이동 경로는 같다.

① ㄱ ② ㄴ ③ ㄱ, ㄷ ④ ㄴ, ㄷ ⑤ ㄱ, ㄴ, ㄷ

16. 그림은 동태평양 적도 부근 해역에서 2년 동안의 깊이에 따른 온도를 나타낸 것이다. A와 B는 각각 평상시와 엘니뇨 시기 중 하나이다.

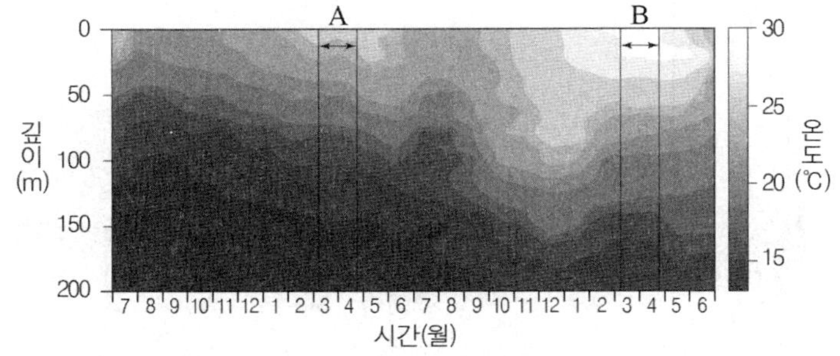

A와 비교한 B에 대한 설명으로 옳은 것만을 <보기>에서 있는 대로 고른 것은?

<보 기>

ㄱ. 무역풍의 세기가 약하다.
ㄴ. 동태평양 적도 부근 해역의 해수면의 높이가 낮다.
ㄷ. 서태평양 적도 부근 해역에서는 상승 기류가 강하다.

① ㄱ ② ㄴ ③ ㄱ, ㄷ ④ ㄴ, ㄷ ⑤ ㄱ, ㄴ, ㄷ

● 2015학년도 9월(고3 지Ⅱ)

17. 그림은 사층리와 건열이 나타나는 지층의 단면이다.

지층 A, B, C에 대한 설명으로 옳은 것만을 <보기>에서 있는 대로 고른 것은? [3점]

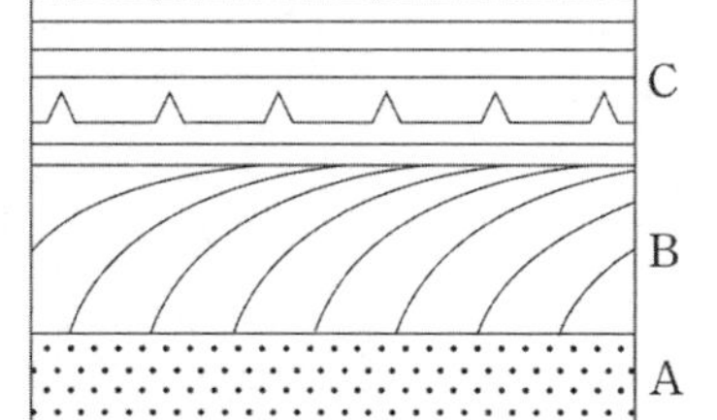

<보 기>

ㄱ. A가 가장 오래 전에 형성되었다.
ㄴ. B에서 퇴적 당시 유체의 이동 방향을 알 수 있다.
ㄷ. C가 형성되는 동안 건조한 시기가 있었다.

① ㄱ ② ㄷ ③ ㄱ, ㄴ ④ ㄴ, ㄷ ⑤ ㄱ, ㄴ, ㄷ

● 2013학년도 7월(고3)

18. 그림 (가)는 어느 태풍의 이동 경로를, (나)는 A, B 중 한 관측소에서 시간에 따른 풍향 변화를 나타낸 것이다.

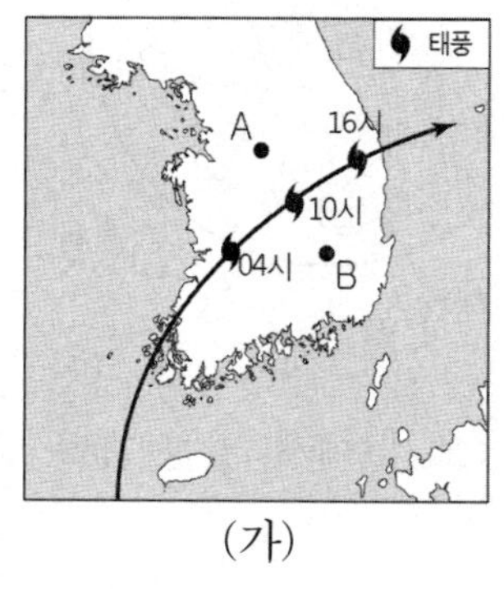

(가)

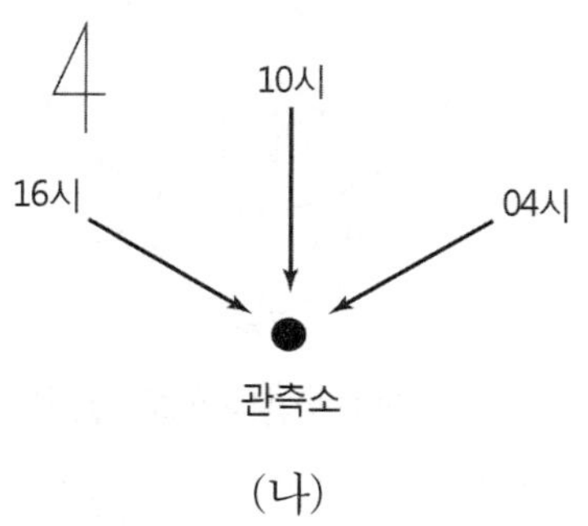

(나)

이에 대한 설명으로 옳은 것만을 <보기>에서 있는 대로 고른 것은? [3점]

<보 기>

ㄱ. 태풍이 육지에 상륙하면 세력은 약해진다.
ㄴ. 10시에 풍속은 B보다 A에서 더 클 것이다.
ㄷ. (나)와 같은 풍향 변화는 B에서 나타난다.

① ㄱ ② ㄴ ③ ㄷ ④ ㄱ, ㄷ ⑤ ㄴ, ㄷ

● 2014학년도 9월(고3)

19. 그림은 북반구의 주요 표층 해류가 흐르는 해역을 나타낸 것이다.

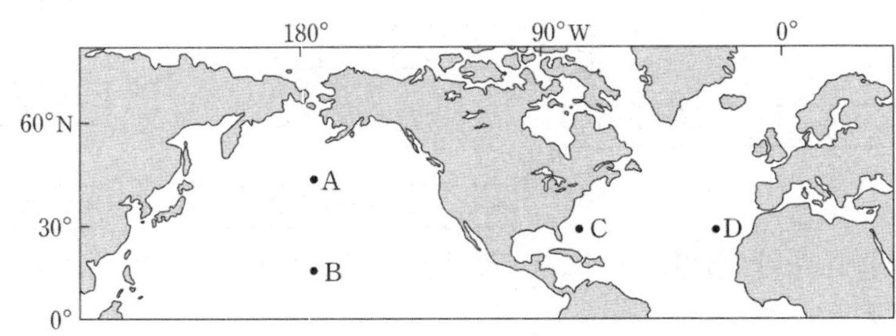

A~D 해역에 대한 설명으로 옳은 것만을 <보기>에서 있는 대로 고른 것은? [3점]

<보 기>

ㄱ. A의 해류는 편서풍의, B의 해류는 무역풍의 영향을 받는다.
ㄴ. 고위도로의 열 수송량은 C의 해류에서 가장 많다.
ㄷ. D에는 북대서양 해류가 흐른다.

① ㄱ ② ㄷ ③ ㄱ, ㄴ ④ ㄴ, ㄷ ⑤ ㄱ, ㄴ, ㄷ

● 2016학년도 9월(고3)

20. 그림 (가), (나), (다)는 서로 다른 외계 행성계를 나타낸 것이다. 세 중심별의 질량과 반지름은 태양과 같고, 세 행성의 반지름은 지구와 같다.

$M_⊕$: 지구 질량

(가)
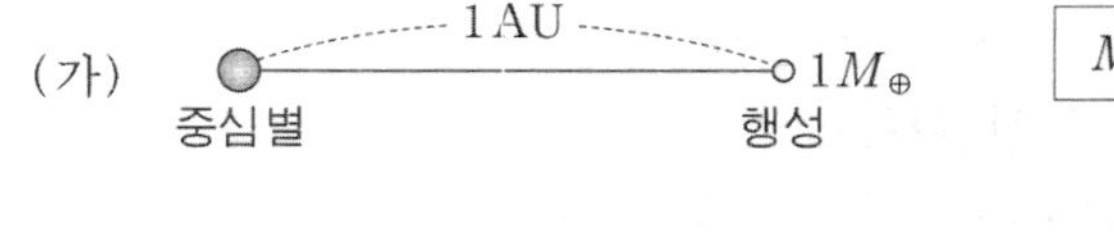

(나)
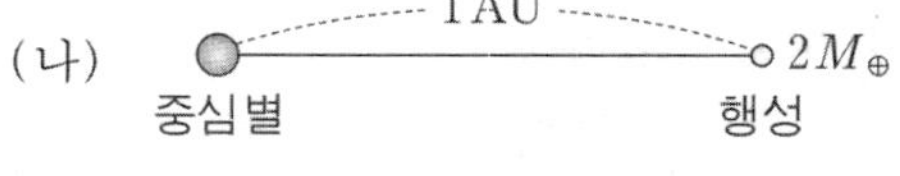

(다)
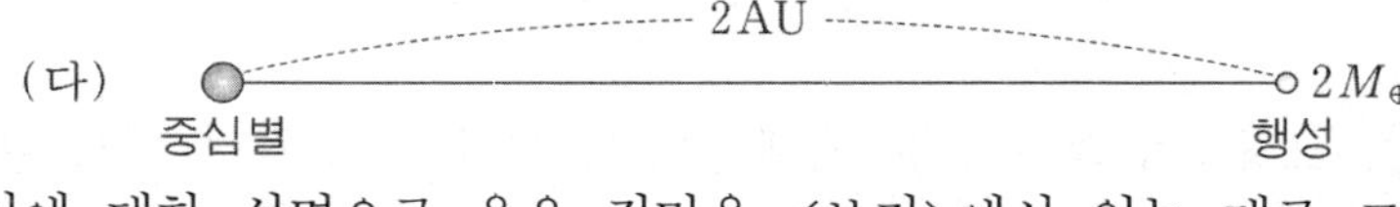

이에 대한 설명으로 옳은 것만을 <보기>에서 있는 대로 고른 것은? (단, 행성은 원 궤도를 따라 공전하며, 공전 궤도면은 관측자의 시선 방향과 나란하다.) [3점]

<보 기>

ㄱ. 중심별과 행성은 공통 질량 중심을 중심으로 공전한다.
ㄴ. 도플러 효과에 의한 별빛의 최대 편이량은 (나)가 (가)보다 크다.
ㄷ. 행성에 의한 식이 진행되는 시간은 (다)가 (나)보다 길다.

① ㄱ ② ㄷ ③ ㄱ, ㄴ ④ ㄴ, ㄷ ⑤ ㄱ, ㄴ, ㄷ

* 확인 사항

○ 답안지의 해당란에 필요한 내용을 정확히 기입(표기)했는지 확인하시오.

[해설편 p.090]

제 4 교시

과학탐구 영역(지구과학 I)

29회

성명		수험 번호	—	제 [ ] 선택

1. 그림 (가)와 (나)는 건열과 연흔을 순서 없이 나타낸 것이다.

(가)

(나)

이에 대한 설명으로 옳은 것만을 <보기>에서 있는 대로 고른 것은?

<보 기>

ㄱ. (가)는 건열이다.
ㄴ. (나)는 역암층보다 이암층에서 흔히 나타난다.
ㄷ. (가)와 (나)는 지층의 역전 여부를 판단하는 데 활용된다.

① ㄱ ② ㄷ ③ ㄱ, ㄴ ④ ㄴ, ㄷ ⑤ ㄱ, ㄴ, ㄷ

2. 그림은 플룸 구조론을 나타낸 모식도이다. A와 B는 뜨거운 플룸과 차가운 플룸을 순서 없이 나타낸 것이다.

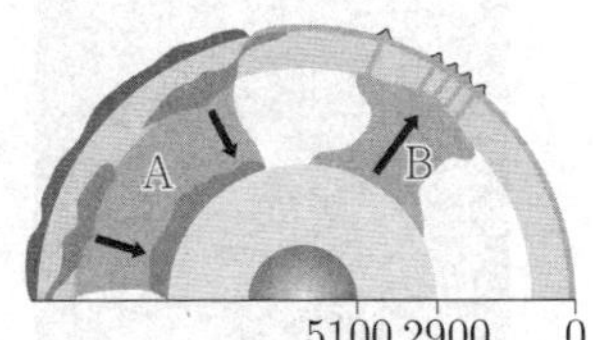

이에 대한 설명으로 옳은 것만을 <보기>에서 있는 대로 고른 것은?

<보 기>

ㄱ. A는 섭입한 해양판에 의해 생성된다.
ㄴ. B는 외핵과 맨틀의 경계 부근에서 생성되어 상승한다.
ㄷ. 판의 내부에서 일어나는 화산 활동은 B로 설명할 수 있다.

① ㄱ ② ㄷ ③ ㄱ, ㄴ ④ ㄴ, ㄷ ⑤ ㄱ, ㄴ, ㄷ

3. 그림은 마그마가 분출되는 지역 A와 B를, 표는 이 지역 하부에서 생성된 주요 마그마의 특성을 나타낸 것이다. (가)와 (나)는 A와 B를 순서 없이 나타낸 것이고, ㉠과 ㉡은 유문암질 마그마와 현무암질 마그마를 순서 없이 나타낸 것이다.

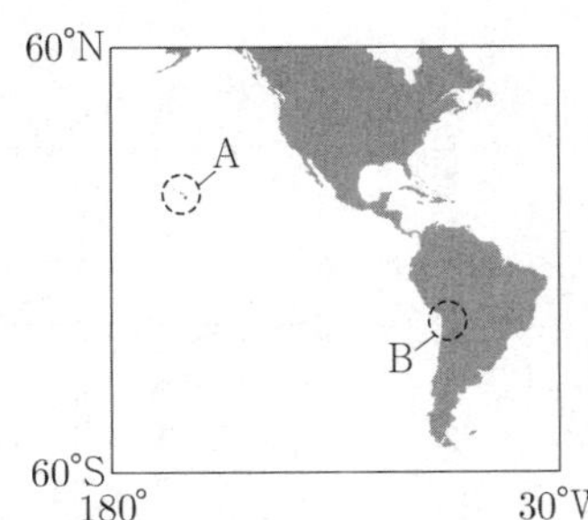

	마그마의 종류	마그마의 주요 생성 요인
(가)	(㉠)	물의 공급
	(㉡)	온도 증가
(나)	현무암질 마그마	(㉢)

이 자료에 대한 설명으로 옳은 것만을 <보기>에서 있는 대로 고른 것은? [3점]

<보 기>

ㄱ. SiO_2 함량(%)은 ㉠이 ㉡보다 높다.
ㄴ. '압력 감소'는 ㉢에 해당한다.
ㄷ. B의 하부에서는 화강암이 생성될 수 있다.

① ㄱ ② ㄴ ③ ㄱ, ㄷ ④ ㄴ, ㄷ ⑤ ㄱ, ㄴ, ㄷ

4. 다음은 음향 측심 자료를 이용하여 해저 지형을 알아보기 위한 탐구 활동이다.

[탐구 과정]
(가) 하나의 해구가 나타나는 어느 해역의 음향 측심 자료를 조사한다.
(나) (가)의 해역에서 해구를 가로지르는 직선 구간을 따라 일정한 거리 간격으로 탐사 지점 P_1~P_8을 선정한다.
(다) 각 지점별로 ㉠ 해수면에서 연직 방향으로 발사한 초음파가 해저면에서 반사되어 되돌아오는 데 걸리는 시간을 표에 기록한다.
(라) 초음파의 속력이 1500 m/s로 일정하다고 가정한 후, 각 지점의 수심을 계산하여 표에 기록한다.
(마) (라)에서 계산된 수심으로부터 해구가 나타나는 지점을 찾는다.

[탐구 결과]

지점	P_1	P_2	P_3	P_4	P_5	P_6	P_7	P_8
시간(초)	6.8	6.4	5.1	10.0	6.1	7.6	7.8	7.1
수심(m)				(㉡)				

이 자료에 대한 설명으로 옳은 것만을 <보기>에서 있는 대로 고른 것은?

<보 기>

ㄱ. ㉠은 수심에 비례한다.
ㄴ. ㉡은 '15000'이다.
ㄷ. P_2는 해구가 위치한 지점이다.

① ㄱ ② ㄴ ③ ㄷ ④ ㄱ, ㄴ ⑤ ㄴ, ㄷ

5. 그림은 우리나라 동해의 어느 해역에서 깊이 0~200 m의 해수 특성을 A 시기와 B 시기에 각각 측정하여 수온-염분도에 나타낸 것이다. A와 B는 2월과 8월을 순서 없이 나타낸 것이다.

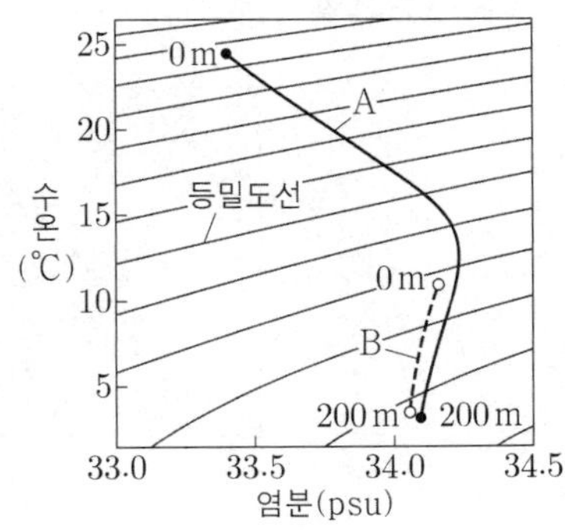

이 자료에 대한 설명으로 옳은 것만을 <보기>에서 있는 대로 고른 것은?

<보 기>

ㄱ. A의 해수 밀도는 표층이 깊이 200 m보다 크다.
ㄴ. B는 2월이다.
ㄷ. 수온만을 고려할 때, 표층에서 산소 기체의 용해도는 A가 B보다 작다.

① ㄱ ② ㄴ ③ ㄱ, ㄷ ④ ㄴ, ㄷ ⑤ ㄱ, ㄴ, ㄷ

6. 표는 어느 온대 저기압이 우리나라를 통과하는 동안 관측소 P에서 $t_1 \rightarrow t_5$ 시기에 6시간 간격으로 관측한 기상 요소를, 그림은 이 중 어느 한 시각의 지상 일기도에 온대 저기압 중심의 이동 경로를 나타낸 것이다. 이 기간 중 온난 전선과 한랭 전선 중 하나가 P를 통과하였다.

시각	기압 (hPa)	풍향
t_1	1007	남남서
t_2	1002	남서
t_3	998	남서
t_4	999	남서
t_5	1003	서북서

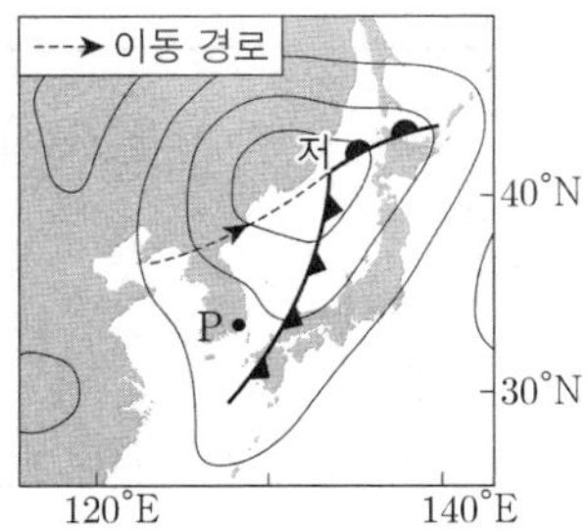

이 자료에 대한 설명으로 옳은 것만을 <보기>에서 있는 대로 고른 것은?

<보 기>

ㄱ. $t_1 \sim t_2$ 사이에 전선이 P를 통과하였다.
ㄴ. P의 기온은 t_1일 때가 t_5일 때보다 높다.
ㄷ. t_2일 때, P의 상공에는 전선면이 나타난다.

① ㄱ ② ㄴ ③ ㄷ ④ ㄱ, ㄷ ⑤ ㄴ, ㄷ

7. 그림은 지질 시대에 일어난 주요 사건을 시간 순서대로 나타낸 것이다.

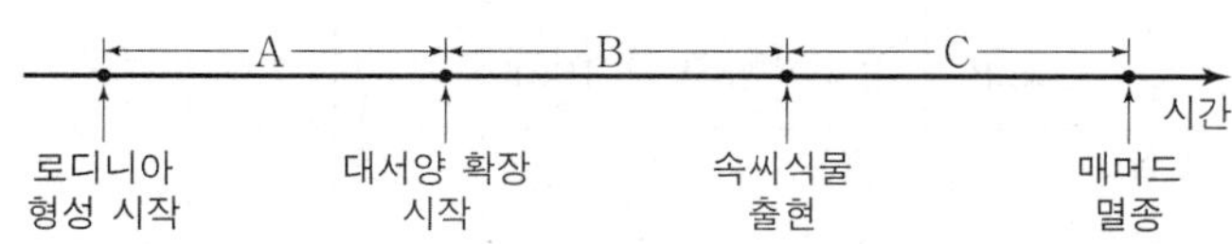

A, B, C 기간에 대한 설명으로 옳은 것만을 <보기>에서 있는 대로 고른 것은?

<보 기>

ㄱ. A에 최초의 육상 식물이 출현하였다.
ㄴ. B에 방추충이 번성하였다.
ㄷ. C에 히말라야산맥이 형성되었다.

① ㄱ ② ㄴ ③ ㄱ, ㄷ ④ ㄴ, ㄷ ⑤ ㄱ, ㄴ, ㄷ

8. 그림 (가)는 어느 태풍의 이동 경로에 6시간 간격으로 나타낸 태풍 중심의 위치를, (나)는 t_1 시각의 적외 영상을 나타낸 것이다.

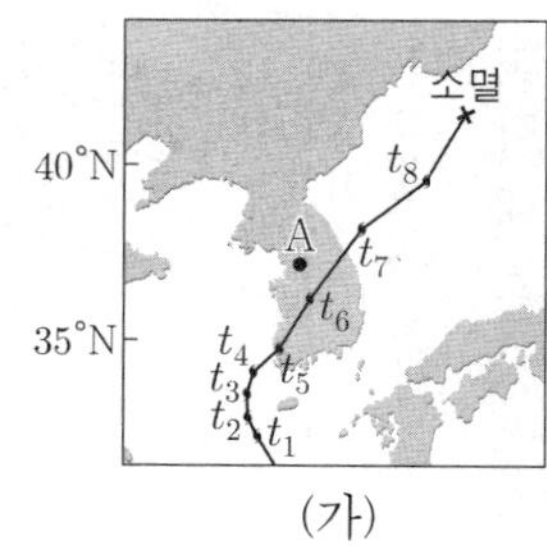

(가)

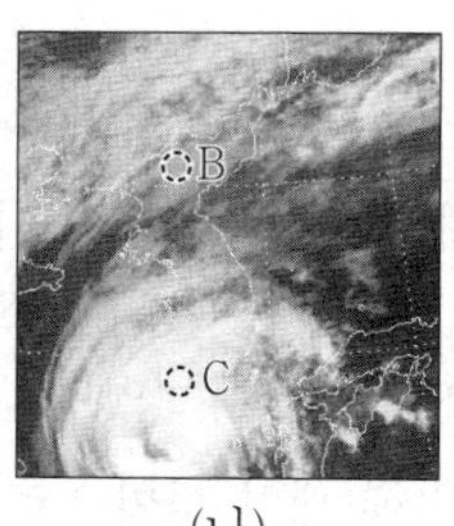

(나)

이 자료에 대한 설명으로 옳은 것만을 <보기>에서 있는 대로 고른 것은? [3점]

<보 기>

ㄱ. 태풍의 중심 기압은 t_4일 때가 t_7일 때보다 높다.
ㄴ. $t_6 \rightarrow t_7$ 동안 관측소 A의 풍향은 시계 반대 방향으로 변한다.
ㄷ. (나)에서 구름 최상부의 온도는 영역 B가 영역 C보다 낮다.

① ㄱ ② ㄴ ③ ㄷ ④ ㄱ, ㄴ ⑤ ㄴ, ㄷ

9. 그림은 서로 다른 외계 행성계에 위치한 행성 A~D가 중심별로부터 단위 시간당 단위 면적에서 받는 복사 에너지(S)와 중심별의 광도(L)를 나타낸 것이다.

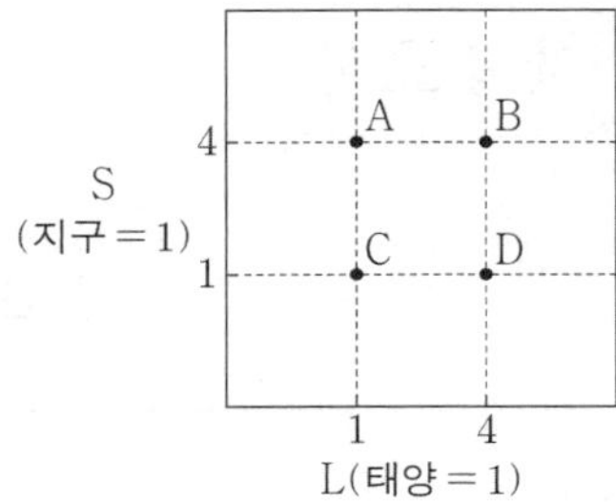

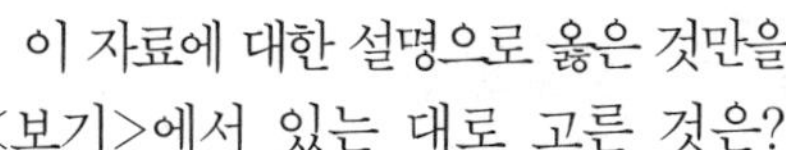

이 자료에 대한 설명으로 옳은 것만을 <보기>에서 있는 대로 고른 것은?

<보 기>

ㄱ. 액체 상태의 물이 존재할 가능성은 A가 D보다 높다.
ㄴ. 생명 가능 지대의 폭은 B의 중심별이 C의 중심별보다 넓다.
ㄷ. 중심별의 중심으로부터의 거리는 C가 D보다 멀다.

① ㄱ ② ㄴ ③ ㄷ ④ ㄱ, ㄷ ⑤ ㄴ, ㄷ

10. 그림 (가)는 어떤 은하의 모습을, (나)는 이 은하에서 관측된 수소 방출선 A의 위치를 나타낸 것이다. A의 기준 파장은 656.3nm이다.

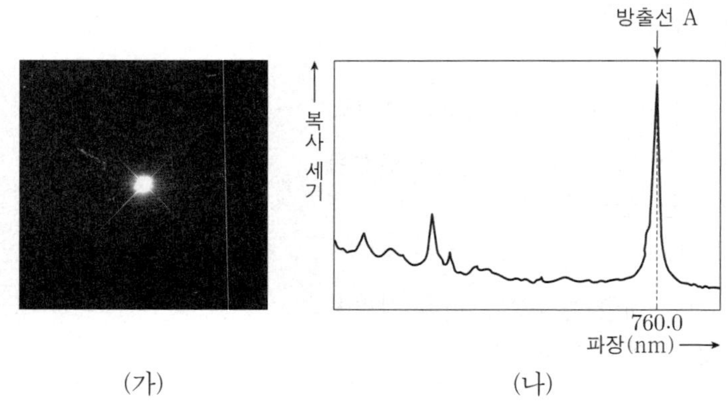

(가) (나)

이 은하에 대한 설명으로 옳은 것만을 <보기>에서 있는 대로 고른 것은? (단, 빛의 속도는 3×10^5km/s이고, 허블 상수는 70km/s/Mpc이다.) [3점]

<보 기>

ㄱ. 단위 시간 동안 방출하는 에너지양은 우리은하보다 적다.
ㄴ. 중심부에는 거대 질량의 블랙홀이 존재할 것으로 추정된다.
ㄷ. 은하까지의 거리는 400Mpc보다 멀다.

① ㄱ ② ㄴ ③ ㄷ ④ ㄱ, ㄴ ⑤ ㄴ, ㄷ

11. 그림은 대기와 해양에 의한 남북 방향으로의 연평균 에너지 수송량을 위도별로 나타낸 것이다.

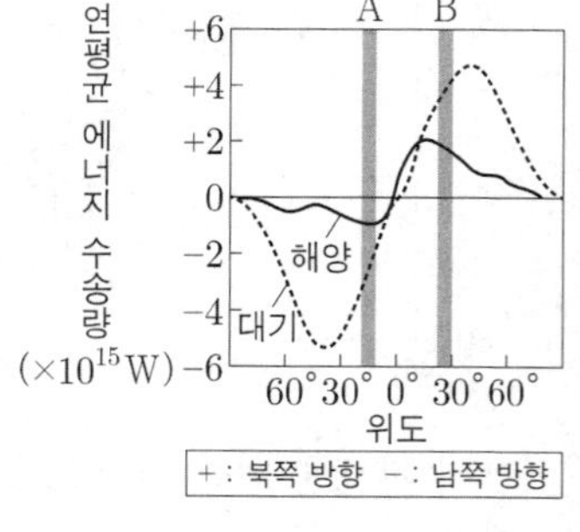

이에 대한 설명으로 옳은 것만을 <보기>에서 있는 대로 고른 것은? [3점]

<보 기>

ㄱ. A에서는 대기에 의한 에너지 수송량이 해양에 의한 에너지 수송량보다 많다.
ㄴ. A는 대기 대순환의 간접 순환 영역에 위치한다.
ㄷ. B의 해역에서 쿠로시오 해류에 의한 에너지 수송이 일어난다.

① ㄱ ② ㄴ ③ ㄱ, ㄷ ④ ㄴ, ㄷ ⑤ ㄱ, ㄴ, ㄷ

[해설편 p.091]

12. 그림은 동태평양 적도 부근 해역에서 관측한 해수면의 높이 편차를 시간에 따라 나타낸 것이다. A와 B는 각각 엘니뇨 시기와 라니냐 시기 중 하나이고, 편차는 (관측값 − 평년값)이다.

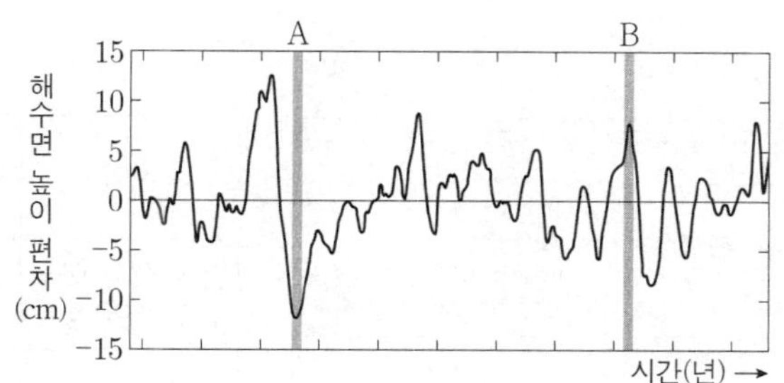

이에 대한 설명으로 옳은 것만을 <보기>에서 있는 대로 고른 것은?

<보 기>

ㄱ. 동태평양 적도 부근 해역의 용승은 A가 B보다 약하다.
ㄴ. 서태평양 적도 부근 해역에서 A의 강수량 편차는 (+) 값이다.
ㄷ. 적도 부근 해역에서 (동태평양 해면 기압 편차 − 서태평양 해면 기압 편차) 값은 A가 B보다 크다.

① ㄱ ② ㄴ ③ ㄷ ④ ㄱ, ㄴ ⑤ ㄴ, ㄷ

13. 그림은 빅뱅 우주론에 따라 팽창하는 우주 모형 A와 B의 우주 팽창 속도를 시간에 따라 나타낸 것이다. 현재 우주 배경 복사의 온도는 A와 B에서 동일하다.

이 자료에 대한 설명으로 옳은 것만을 <보기>에서 있는 대로 고른 것은?

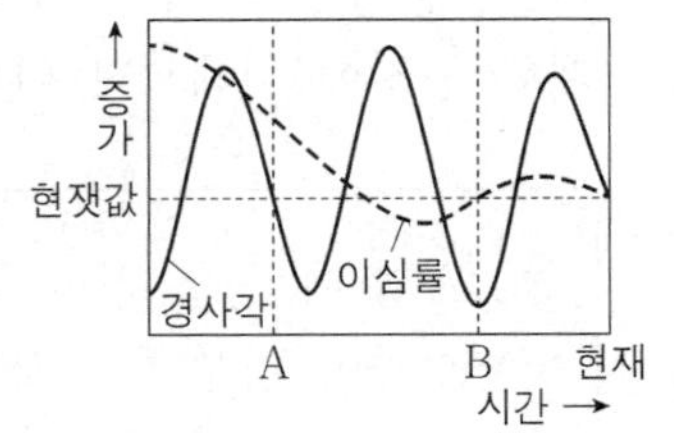

<보 기>

ㄱ. T 시기에 A의 우주는 팽창하고 있다.
ㄴ. T 시기 이후 현재까지 B의 우주는 계속 가속 팽창한다.
ㄷ. T 시기에 우주 배경 복사의 온도는 A가 B보다 낮다.

① ㄱ ② ㄴ ③ ㄱ, ㄷ ④ ㄴ, ㄷ ⑤ ㄱ, ㄴ, ㄷ

14. 그림은 지구 자전축 경사각과 지구 공전 궤도 이심률을 시간에 따라 나타낸 것이다.

이 자료에 대한 설명으로 옳은 것만을 <보기>에서 있는 대로 고른 것은? (단, 지구 자전축 경사각과 지구 공전 궤도 이심률 이외의 요인은 변하지 않는다고 가정한다.) [3점]

<보 기>

ㄱ. 35°N에서 기온의 연교차는 A 시기가 현재보다 크다.
ㄴ. 지구가 근일점에 위치할 때 지구에 도달하는 태양 복사 에너지양은 B 시기와 현재가 같다.
ㄷ. 35°S에서 겨울철 평균 기온은 A 시기가 B 시기보다 낮다.

① ㄱ ② ㄴ ③ ㄷ ④ ㄱ, ㄴ ⑤ ㄴ, ㄷ

15. 그림은 동일 경도를 따라 이동한 지괴의 현재 위치와 시기별 고지자기극의 위치를 나타낸 것이다.

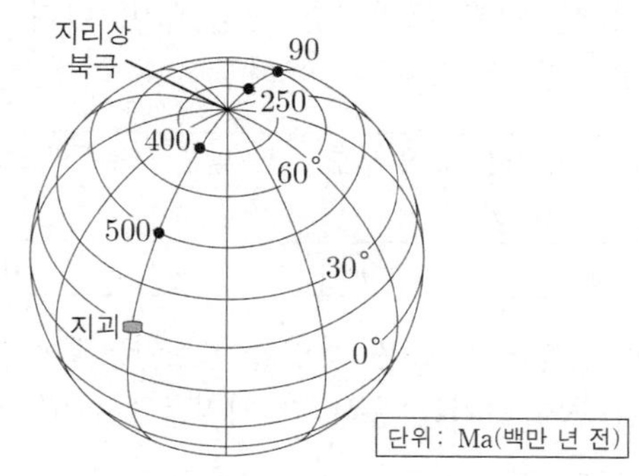

이 지괴에 대한 설명으로 옳은 것만을 <보기>에서 있는 대로 고른 것은? (단, 고지자기극은 고지자기 방향으로 추정한 지리상 북극이고, 지리상 북극은 변하지 않았다.) [3점]

<보 기>

ㄱ. 90 Ma에 지괴는 북반구에 위치하였다.
ㄴ. 지괴에서 구한 고지자기 복각은 400 Ma일 때가 500 Ma일 때보다 작다.
ㄷ. 지괴의 평균 이동 속도는 400 Ma ~ 250 Ma가 90 Ma ~ 현재보다 빠르다.

① ㄱ ② ㄴ ③ ㄷ ④ ㄱ, ㄷ ⑤ ㄴ, ㄷ

16. 그림은 질량이 다른 주계열성 (가)와 (나)의 내부 구조를 물리량 M과 R에 따라 나타낸 것이다. (가)와 (나)의 질량은 각각 태양 질량의 1배와 5배 중 하나이고, ㉠과 ㉡은 에너지가 전달되는 방식 중 대류와 복사를 순서 없이 나타낸 것이다.

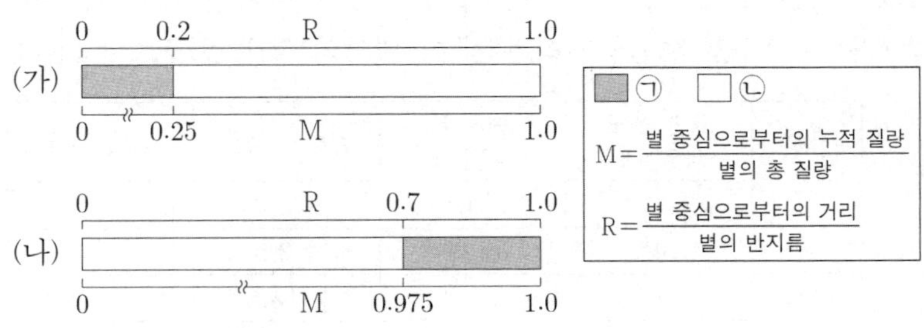

이 자료에 대한 설명으로 옳은 것만을 <보기>에서 있는 대로 고른 것은? [3점]

<보 기>

ㄱ. ㉡은 '복사'이다.
ㄴ. 대류가 일어나는 영역의 전체 질량은 (가)가 (나)의 10배이다.
ㄷ. 주계열 단계 동안, 수소 핵융합 반응이 일어나는 영역에서 헬륨 함량비(%)의 평균 증가 속도는 (가)가 (나)보다 빠르다.

① ㄱ ② ㄴ ③ ㄱ, ㄷ ④ ㄴ, ㄷ ⑤ ㄱ, ㄴ, ㄷ

17. 표는 빅뱅 우주론에 따라 팽창하는 우주에서 우주 구성 요소의 밀도와 우주의 크기를 시기별로 나타낸 것이다. A, B, C는 보통 물질, 암흑 물질, 암흑 에너지를 순서 없이 나타낸 것이다. 현재 우주 구성 요소의 총 밀도는 1이다.

시기	A 밀도	B 밀도	C 밀도	우주의 크기(상댓값)
현재	0.27	( )	0.05	1
T	( )	0.68	( )	0.5

이에 대한 설명으로 옳은 것만을 <보기>에서 있는 대로 고른 것은? (단, 우주의 크기는 은하 간 거리를 나타낸 척도이다.) [3점]

<보 기>

ㄱ. 중력 렌즈 현상을 통해 A가 존재함을 추정할 수 있다.
ㄴ. 우주가 팽창하는 동안 B의 총량은 일정하다.
ㄷ. T 시기에 우주 구성 요소 중 C가 차지하는 비율은 10 % 보다 낮다.

① ㄱ ② ㄴ ③ ㄷ ④ ㄱ, ㄴ ⑤ ㄱ, ㄷ

18. 표는 별 (가), (나), (다)의 물리량을 나타낸 것이다. (나)와 (다)는 지구로부터의 거리가 같고, 태양의 절대 등급은 +4.8이다.

별	표면 온도 (태양=1)	반지름 (태양=1)	겉보기 등급	광도 계급
(가)	1	10	+4.8	( )
(나)	4	6.25	+3.8	V
(다)	1	( )	+13.8	( )

이 자료에 대한 설명으로 옳은 것만을 <보기>에서 있는 대로 고른 것은? [3점]

<보 기>

ㄱ. 질량은 (가)가 (나)보다 작다.
ㄴ. 지구로부터의 거리는 (나)가 (가)의 6배보다 멀다.
ㄷ. 중심핵에서의 $\frac{\text{p-p 반응에 의한 에너지 생성량}}{\text{CNO 순환 반응에 의한 에너지 생성량}}$은 (나)가 (다)보다 작다.

① ㄱ ② ㄴ ③ ㄱ, ㄷ ④ ㄴ, ㄷ ⑤ ㄱ, ㄴ, ㄷ

19. 그림은 어느 지역의 지질 단면을, 표는 화성암 P와 Q에 포함된 방사성 동위 원소 X의 자원소인 Y의 함량을 시기별로 나타낸 것이다. Y는 모두 X가 붕괴하여 생성되었고, X의 반감기는 1.5억 년이다.

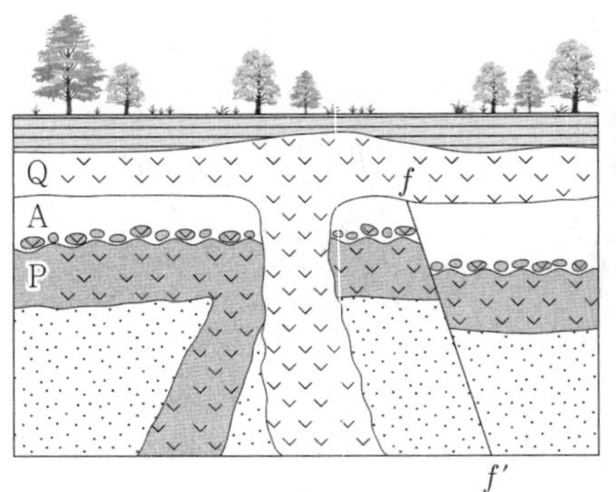

시기	Y 함량(%) P	Y 함량(%) Q
암석 생성 이후 1.5억 년 경과	a	a
현재	$1.8a$	$1.6a$

이 자료에 대한 설명으로 옳은 것만을 <보기>에서 있는 대로 고른 것은? (단, Y 함량(%)은 붕괴한 X 함량(%)과 같다.) [3점]

<보 기>

ㄱ. P에는 암석 A가 포획암으로 나타난다.
ㄴ. 단층 f-f'은 고생대에 형성되었다.
ㄷ. 현재로부터 1.5억 년 후까지 P의 X 함량(%)의 감소량은 Q의 Y 함량(%)의 증가량보다 적다.

① ㄱ ② ㄴ ③ ㄷ ④ ㄱ, ㄷ ⑤ ㄴ, ㄷ

20. 그림은 어느 외계 행성계에서 중심별과 행성이 공통 질량 중심에 대하여 원 궤도로 공전할 때 중심별의 시선 속도를 일정한 시간 간격에 따라 나타낸 것이다. A는 t_2와 t_3 사이의 어느 한 시기이다.

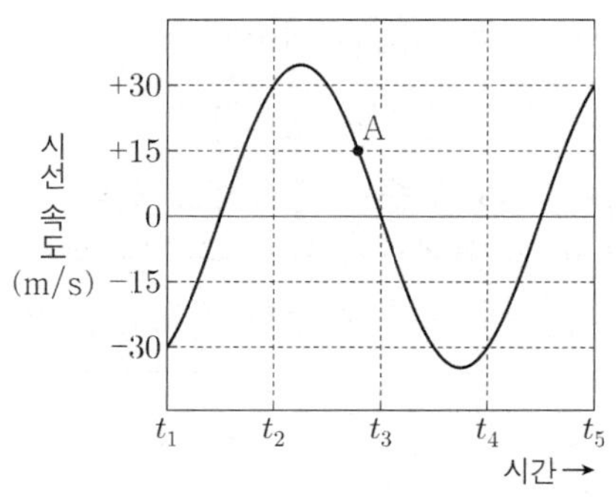

이 자료에 대한 설명으로 옳은 것만을 <보기>에서 있는 대로 고른 것은? (단, 행성의 공전 궤도면은 관측자의 시선 방향과 나란하고, 중심별의 시선 속도 변화는 행성과의 공통 질량 중심에 대한 공전에 의해서만 나타난다.)

<보 기>

ㄱ. A일 때, 공통 질량 중심으로부터 지구와 행성을 각각 잇는 선분이 이루는 사잇각은 30°보다 작다.
ㄴ. $t_4 \rightarrow t_5$ 동안 중심별의 스펙트럼에서 흡수선의 파장은 점차 짧아진다.
ㄷ. 중심별의 공전 속도는 $20\sqrt{3}$ m/s이다.

① ㄱ ② ㄴ ③ ㄷ ④ ㄱ, ㄷ ⑤ ㄴ, ㄷ

* 확인 사항

○ 답안지의 해당란에 필요한 내용을 정확히 기입(표기)했는지 확인하시오.

[해설편 p.093]

제 4 교시

과학탐구 영역(지구과학 I)

30회

성명		수험 번호	–	제 [ ] 선택

1. 다음은 방사성 동위 원소를 이용하여 암석의 절대 연령을 구하는 원리에 대하여 학생 A, B, C가 나눈 대화를 나타낸 것이다.

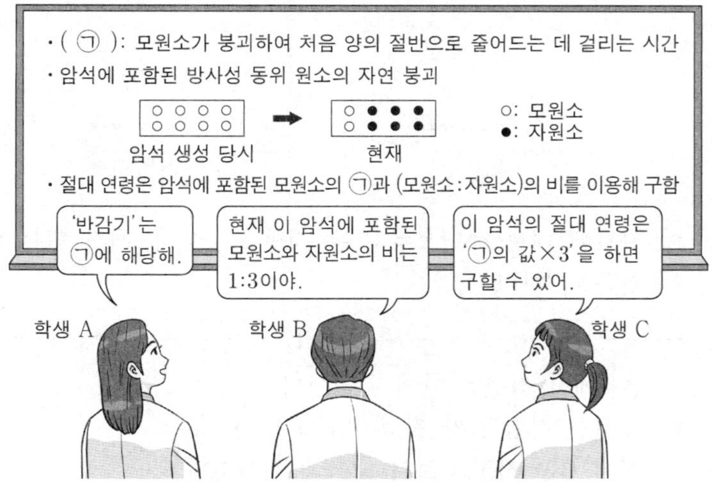

제시한 내용이 옳은 학생만을 있는 대로 고른 것은?

① A ② B ③ C ④ A, B ⑤ A, C

2. 그림은 서로 다른 별의 집단 (가)~(라)를 H-R도에 나타낸 것이다. (가)~(라)는 각각 거성, 백색 왜성, 주계열성, 초거성 중 하나이다.

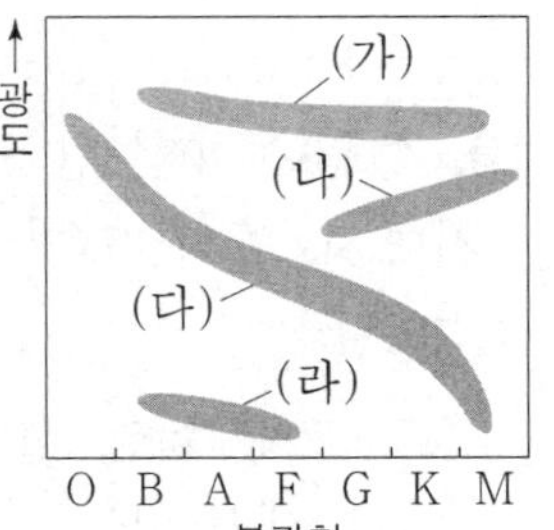

(가)~(라)에 대한 설명으로 옳은 것만을 <보기>에서 있는 대로 고른 것은?

<보 기>

ㄱ. 평균 광도는 (가)가 (라)보다 작다.
ㄴ. 평균 표면 온도는 (나)가 (라)보다 낮다.
ㄷ. 평균 밀도는 (라)가 가장 크다.

① ㄱ ② ㄴ ③ ㄷ ④ ㄱ, ㄴ ⑤ ㄴ, ㄷ

3. 그림 (가)는 우리나라 어느 해역의 표층 수온과 표층 염분을, (나)는 이 해역의 혼합층 두께를 나타낸 것이다. (가)의 A와 B는 각각 표층 수온과 표층 염분 중 하나이다.

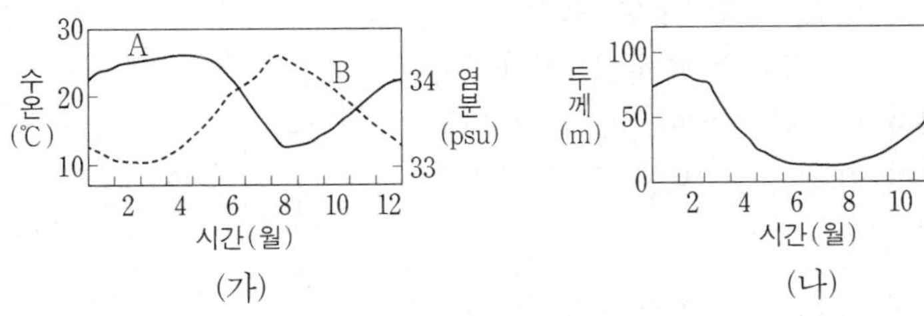

이 자료에 대한 설명으로 옳은 것만을 <보기>에서 있는 대로 고른 것은? [3점]

<보 기>

ㄱ. 표층 해수의 밀도는 4월이 10월보다 크다.
ㄴ. 수온 약층이 나타나기 시작하는 깊이는 1월이 7월보다 깊다.
ㄷ. 표층과 깊이 50m 해수의 수온 차는 2월이 8월보다 크다.

① ㄱ ② ㄷ ③ ㄱ, ㄴ ④ ㄴ, ㄷ ⑤ ㄱ, ㄴ, ㄷ

4. 다음은 심층 순환을 일으키는 요인 중 일부를 알아보기 위한 실험이다.

[실험 목표]
○ 해수의 (㉠)에 따른 밀도 차에 의해 심층 순환이 발생할 수 있음을 설명할 수 있다.

[실험 과정]
(가) 위와 아래에 각각 구멍이 뚫린 칸막이를 준비한다.
(나) 칸막이의 구멍을 필름으로 막은 후, 칸막이로 수조를 A 칸과 B 칸으로 분리한다.
(다) 염분이 35psu이고 수온이 20℃인 동일한 양의 소금물을 A와 B에 넣고, 각각 서로 다른 색의 잉크로 착색한다.
(라) 그림과 같이 A와 B에 각각 얼음물과 뜨거운 물이 담긴 비커를 설치한다.
(마) 칸막이의 필름을 제거하고 소금물의 이동을 관찰한다.

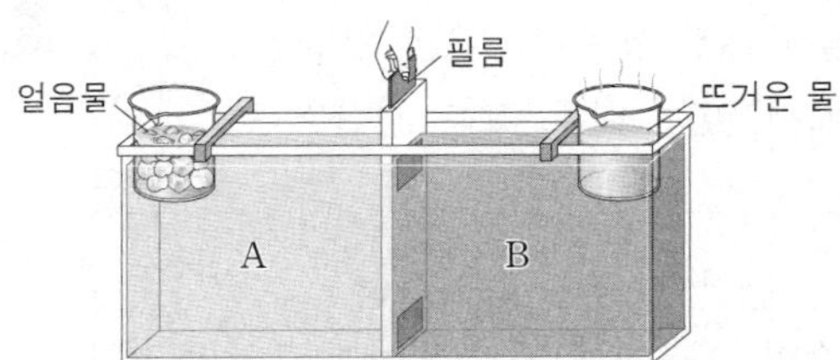

[실험 결과]
○ 아래쪽의 구멍을 통해 (㉡)의 소금물은 (㉢) 쪽으로 이동한다.

이에 대한 설명으로 옳은 것만을 <보기>에서 있는 대로 고른 것은?

<보 기>

ㄱ. '수온 변화'는 ㉠에 해당한다.
ㄴ. A는 고위도 해역에 해당한다.
ㄷ. A는 ㉡, B는 ㉢에 해당한다.

① ㄱ ② ㄷ ③ ㄱ, ㄴ ④ ㄴ, ㄷ ⑤ ㄱ, ㄴ, ㄷ

5. 그림 (가)와 (나)는 정상 나선 은하와 타원 은하를 순서 없이 나타낸 것이다.

(가)

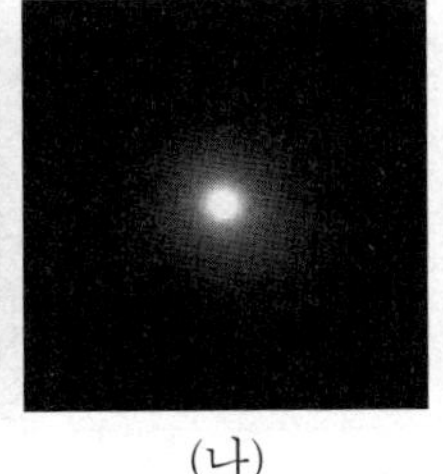
(나)

이에 대한 설명으로 옳은 것만을 <보기>에서 있는 대로 고른 것은? [3점]

<보 기>

ㄱ. 별의 평균 나이는 (가)가 (나)보다 많다.
ㄴ. 주계열성의 평균 질량은 (가)가 (나)보다 크다.
ㄷ. (나)에서 별의 평균 표면 온도는 분광형이 A0인 별보다 높다.

① ㄱ ② ㄴ ③ ㄷ ④ ㄱ, ㄴ ⑤ ㄴ, ㄷ

[해설편 p.094]

6. 그림은 암석의 용융 곡선과 지역 ㉠, ㉡의 지하 온도 분포를 깊이에 따라 나타낸 것이다. ㉠과 ㉡은 각각 해령과 섭입대 중 하나이다.

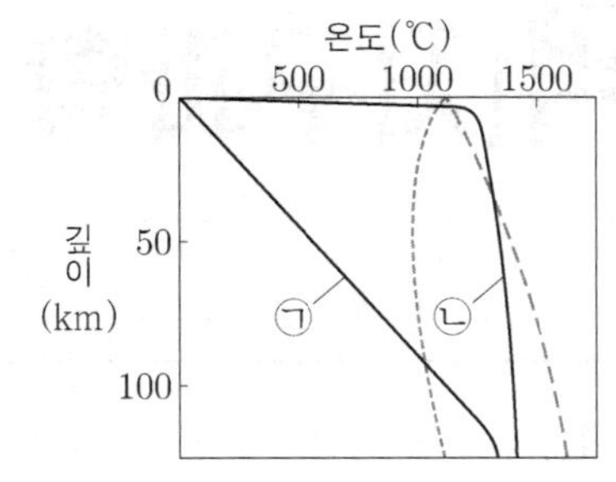

이 자료에 대한 설명으로 옳은 것만을 <보기>에서 있는 대로 고른 것은?

<보 기>

ㄱ. ㉠에서는 물이 포함된 맨틀 물질이 용융되어 마그마가 생성된다.
ㄴ. ㉡에서는 주로 유문암질 마그마가 생성된다.
ㄷ. 맨틀 물질이 용융되기 시작하는 온도는 ㉠이 ㉡보다 낮다.

① ㄱ ② ㄴ ③ ㄱ, ㄷ ④ ㄴ, ㄷ ⑤ ㄱ, ㄴ, ㄷ

7. 그림은 북쪽으로 이동하는 태풍의 풍속을 동서 방향의 연직 단면에 나타낸 것이다. 지점 A～E는 해수면상에 위치한다.

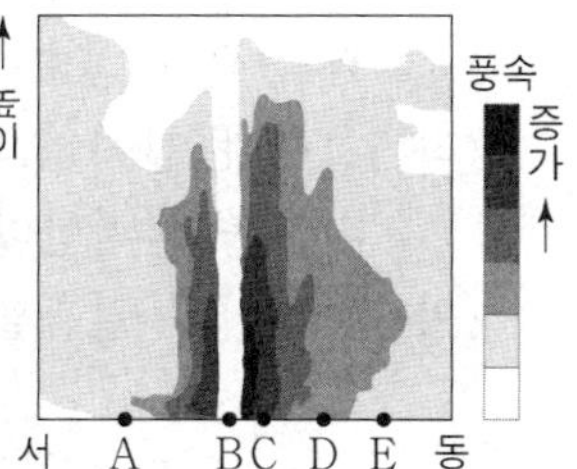

이 자료에 대한 설명으로 옳은 것만을 <보기>에서 있는 대로 고른 것은?

<보 기>

ㄱ. A는 안전 반원에 위치한다.
ㄴ. 해수면 부근에서 공기의 연직 운동은 B가 C보다 활발하다.
ㄷ. 지상 일기도에서 등압선의 평균 간격은 구간 C-D가 구간 D-E보다 좁다.

① ㄱ ② ㄴ ③ ㄷ ④ ㄱ, ㄴ ⑤ ㄱ, ㄷ

8. 그림 (가)는 어느 날 21시 우리나라 주변의 지상 일기도를, (나)는 같은 시각의 적외 영상을 나타낸 것이다. 이날 서해안 지역에서는 폭설이 내렸다.

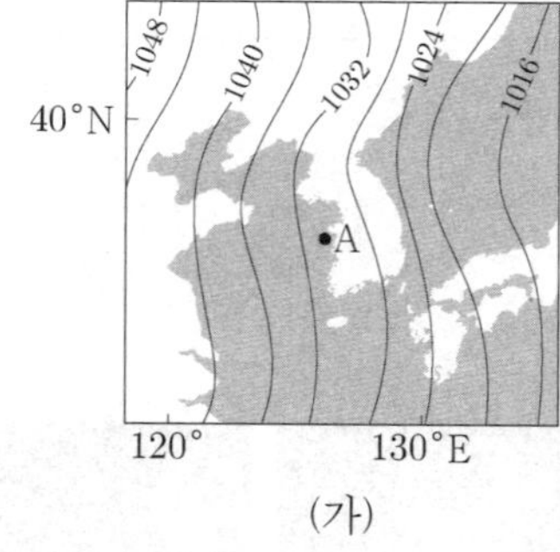

(가)

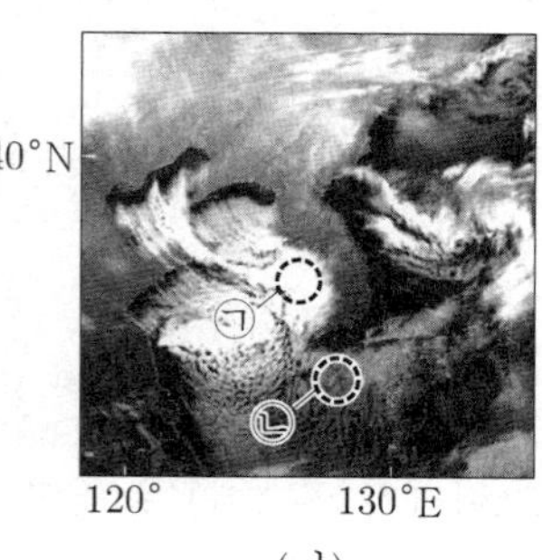

(나)

이 자료에 대한 설명으로 옳은 것만을 <보기>에서 있는 대로 고른 것은? [3점]

<보 기>

ㄱ. 지점 A에서는 남풍 계열의 바람이 분다.
ㄴ. 시베리아 기단이 확장하는 동안 황해상을 지나는 기단의 하층 기온은 높아진다.
ㄷ. 구름 최상부에서 방출하는 적외선 복사 에너지양은 영역 ㉠이 영역 ㉡보다 많다.

① ㄱ ② ㄴ ③ ㄷ ④ ㄱ, ㄴ ⑤ ㄴ, ㄷ

9. 그림 (가)와 (나)는 우리나라에 온대 저기압이 위치할 때, 이 온대 저기압에 동반된 온난 전선과 한랭 전선 주변의 지상 기온 분포를 순서 없이 나타낸 것이다. (가)와 (나)는 같은 시각의 지상 기온 분포이고, (나)에서 전선은 구간 ㉠과 ㉡ 중 하나에 나타난다.

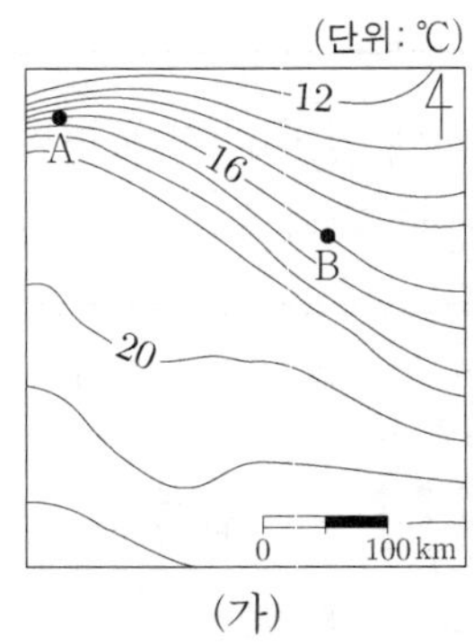

(가)

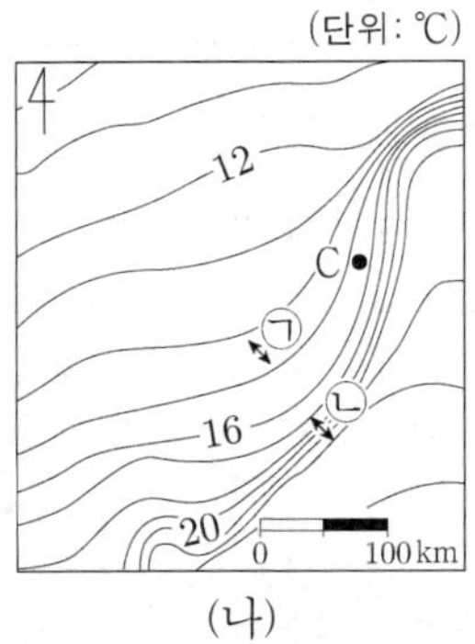

(나)

이 자료에 대한 설명으로 옳은 것만을 <보기>에서 있는 대로 고른 것은? [3점]

<보 기>

ㄱ. (나)에서 전선은 ㉠에 나타난다.
ㄴ. 기압은 지점 A가 지점 B보다 낮다.
ㄷ. 지점 B는 지점 C보다 서쪽에 위치한다.

① ㄱ ② ㄴ ③ ㄷ ④ ㄱ, ㄴ ⑤ ㄴ, ㄷ

10. 그림은 40억 년 전부터 현재까지 지질 시대 A～E의 지속 기간을 비율로 나타낸 것이다.

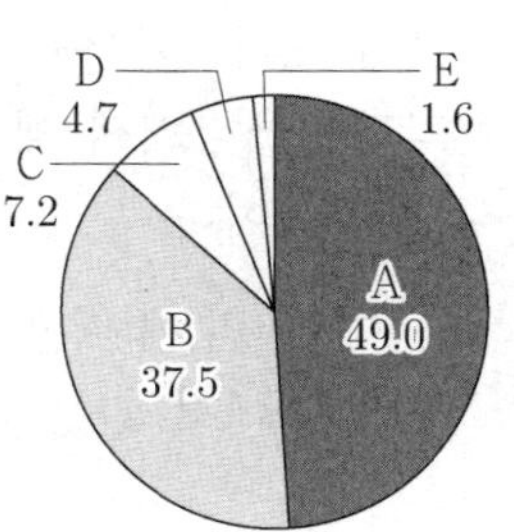

A～E에 대한 설명으로 옳은 것만을 <보기>에서 있는 대로 고른 것은? [3점]

<보 기>

ㄱ. 최초의 다세포 동물이 출현한 시기는 B이다.
ㄴ. 최초의 척추동물이 출현한 시기는 C이다.
ㄷ. 히말라야 산맥이 형성된 시기는 E이다.

① ㄱ ② ㄷ ③ ㄱ, ㄴ ④ ㄴ, ㄷ ⑤ ㄱ, ㄴ, ㄷ

11. 그림은 우주 구성 요소 A, B, C의 상대적 비율을 시간에 따라 나타낸 것이다. A, B, C는 각각 암흑 물질, 보통 물질, 암흑 에너지 중 하나이다.

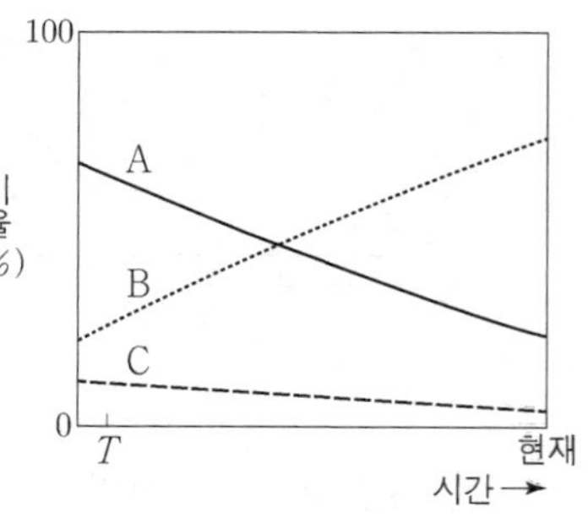

이에 대한 설명으로 옳은 것만을 <보기>에서 있는 대로 고른 것은?

<보 기>

ㄱ. 우주 배경 복사의 파장은 T시기가 현재보다 짧다.
ㄴ. T시기부터 현재까지 $\frac{\text{A의 비율}}{\text{B의 비율}}$은 감소한다.
ㄷ. A, B, C 중 항성 질량의 대부분을 차지하는 것은 C이다.

① ㄱ ② ㄷ ③ ㄱ, ㄴ ④ ㄴ, ㄷ ⑤ ㄱ, ㄴ, ㄷ

[해설편 p.095]

12. 그림은 판의 경계와 최근 발생한 화산 분포의 일부를 나타낸 것이다.

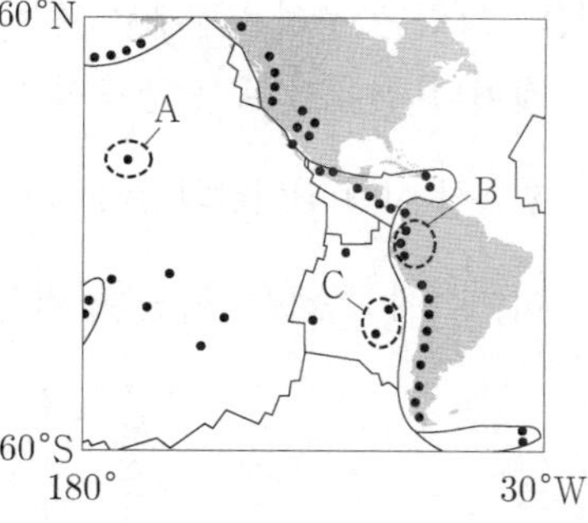

이 자료에 대한 설명으로 옳은 것만을 <보기>에서 있는 대로 고른 것은?

<보 기>

ㄱ. 지역 A의 하부에는 외핵과 맨틀의 경계부에서 상승하는 플룸이 있다.
ㄴ. 지역 B의 하부에는 맨틀 대류의 하강류가 존재한다.
ㄷ. 암석권의 평균 두께는 지역 B가 지역 C보다 두껍다.

① ㄱ ② ㄷ ③ ㄱ, ㄴ ④ ㄴ, ㄷ ⑤ ㄱ, ㄴ, ㄷ

13. 그림은 주계열 단계가 시작한 직후부터 별 A와 B가 진화하는 동안의 표면 온도를 시간에 따라 나타낸 것이다. A와 B의 질량은 각각 태양 질량의 1배와 4배 중 하나이다.

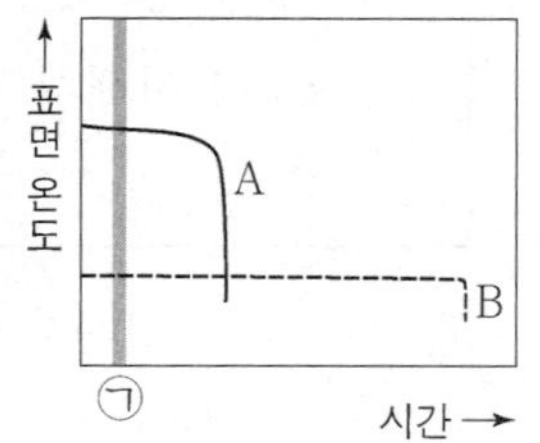

이 자료에 대한 설명으로 옳은 것만을 <보기>에서 있는 대로 고른 것은? [3점]

<보 기>

ㄱ. B는 중성자별로 진화한다.
ㄴ. ㉠ 시기일 때, 대류가 일어나는 영역의 평균 깊이는 A가 B보다 깊다.
ㄷ. ㉠ 시기일 때, 핵에서의 $\frac{\text{p-p 반응에 의한 에너지 생성량}}{\text{CNO 순환 반응에 의한 에너지 생성량}}$은 A가 B보다 크다.

① ㄱ ② ㄴ ③ ㄷ ④ ㄱ, ㄴ ⑤ ㄴ, ㄷ

14. 표는 태양과 별 (가), (나), (다)의 물리량을 나타낸 것이다.

별	표면 온도(태양＝1)	반지름(태양＝1)	절대 등급
태양	1	1	+4.8
(가)	0.5	(㉠)	−5.2
(나)	( )	0.01	+9.8
(다)	$\sqrt{2}$	2	( )

이 자료에 대한 설명으로 옳은 것만을 <보기>에서 있는 대로 고른 것은?

<보 기>

ㄱ. ㉠은 400이다.
ㄴ. 복사 에너지를 최대로 방출하는 파장은 (나)가 (다)의 $\frac{1}{2}$배보다 길다.
ㄷ. 절대 등급은 (다)가 태양보다 크다.

① ㄱ ② ㄴ ③ ㄷ ④ ㄱ, ㄴ ⑤ ㄱ, ㄷ

15. 그림 (가)는 태평양 적도 부근 해역에서 부는 바람의 동서 방향 풍속 편차를, (나)는 A와 B 중 어느 한 시기에 관측한 강수량 편차를 나타낸 것이다. A와 B는 각각 엘니뇨와 라니냐 시기 중 하나이고, 편차는 (관측값−평년값)이다. (가)에서 동쪽으로 향하는 바람을 양(+)으로 한다.

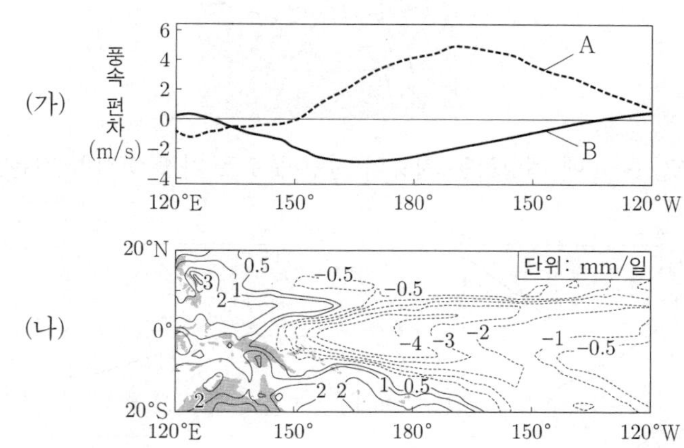

이에 대한 설명으로 옳은 것만을 <보기>에서 있는 대로 고른 것은? [3점]

<보 기>

ㄱ. (나)는 B에 관측한 것이다.
ㄴ. 동태평양 적도 부근 해역의 해면 기압은 A가 B보다 높다.
ㄷ. 적도 부근 해역에서 (서태평양 표층 수온 편차−동태평양 표층 수온 편차) 값은 A가 B보다 크다.

① ㄱ ② ㄴ ③ ㄱ, ㄷ ④ ㄴ, ㄷ ⑤ ㄱ, ㄴ, ㄷ

16. 그림은 지구 자전축의 경사각과 세차 운동에 의한 자전축의 경사 방향 변화를 나타낸 것이다.

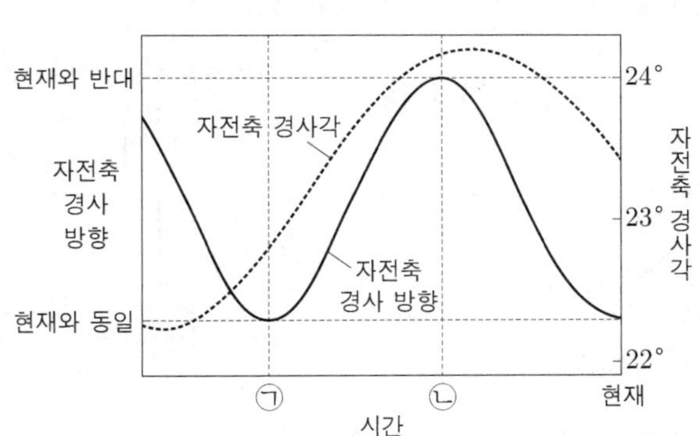

이에 대한 설명으로 옳은 것만을 <보기>에서 있는 대로 고른 것은? (단, 지구 자전축 경사각과 세차 운동 이외의 요인은 변하지 않는다고 가정한다.)

<보 기>

ㄱ. 우리나라의 겨울철 평균 기온은 ㉠ 시기가 현재보다 높다.
ㄴ. 우리나라에서 기온의 연교차는 ㉡ 시기가 현재보다 크다.
ㄷ. 지구가 근일점에 위치할 때 우리나라에서 낮의 길이는 ㉠ 시기가 ㉡ 시기보다 길다.

① ㄱ ② ㄷ ③ ㄱ, ㄴ ④ ㄴ, ㄷ ⑤ ㄱ, ㄴ, ㄷ

17. 그림은 어느 지역의 지질 단면을 나타낸 것이다.

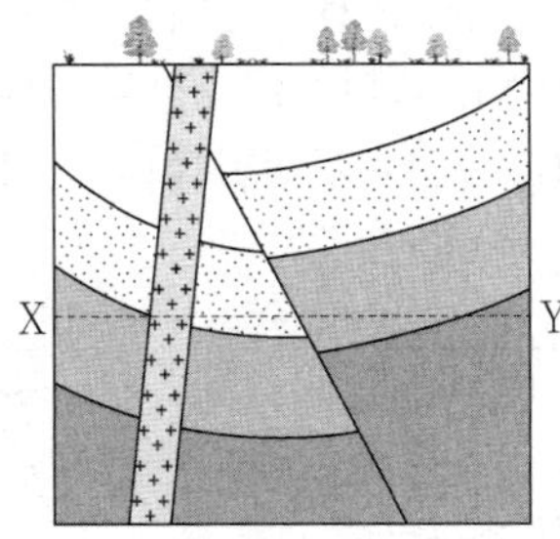

구간 X-Y에 해당하는 지층의 연령 분포로 가장 적절한 것은? [3점]

①
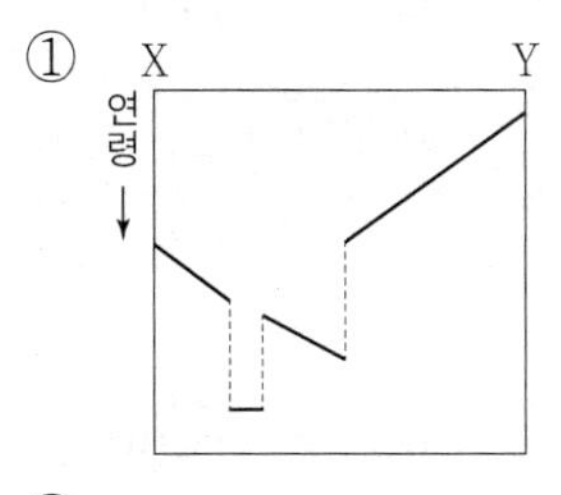

②
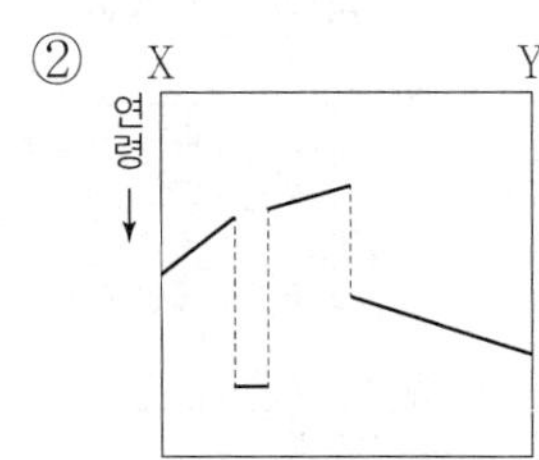

③
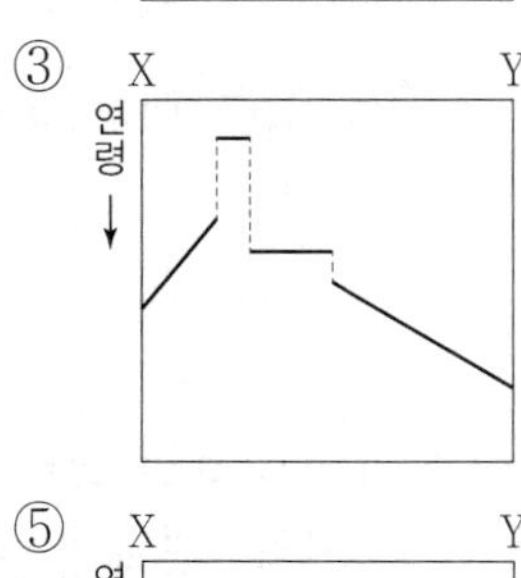

④
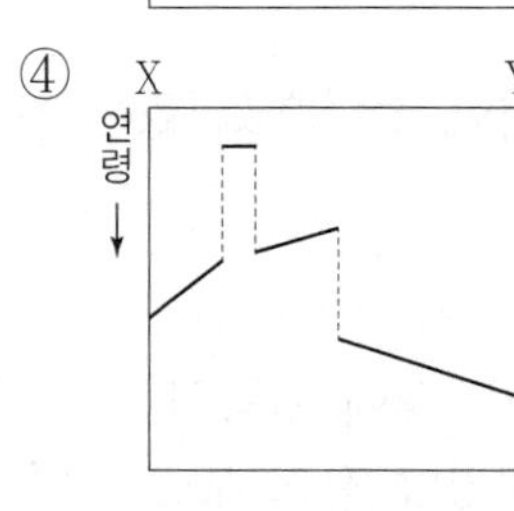

⑤ X Y 연령

18. 그림 (가)는 어느 외계 행성계에서 중심별과 행성이 공통 질량 중심에 대하여 원 궤도로 공전하는 모습을 나타낸 것이고, (나)는 행성이 ㉠, ㉡, ㉢에 위치할 때 지구에서 관측한 중심별의 스펙트럼을 A, B, C로 순서 없이 나타낸 것이다.

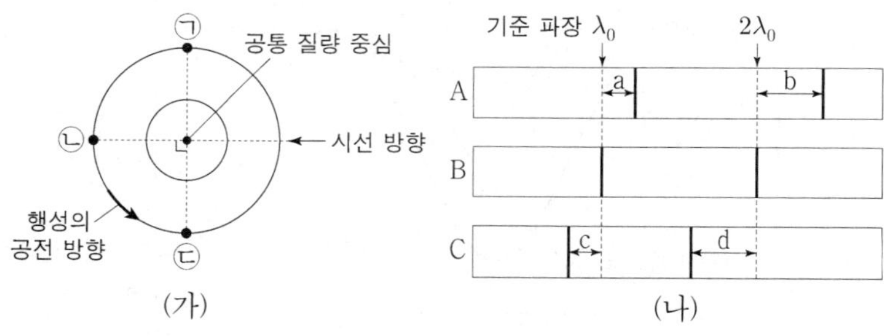

(가) (나)

이 자료에 대한 설명으로 옳은 것만을 <보기>에서 있는 대로 고른 것은? (단, 중심별의 시선 속도 변화는 행성과의 공통 질량 중심에 대한 공전에 의해서만 나타나고, 행성의 공전 궤도면은 관측자의 시선 방향과 나란하다.)

<보 기>

ㄱ. A는 행성이 ㉠에 위치할 때 관측한 결과이다.
ㄴ. 행성이 ㉡→㉢으로 공전하는 동안 중심별의 시선 속도는 커진다.
ㄷ. a×b는 c×d보다 작다.

① ㄱ ② ㄴ ③ ㄷ ④ ㄱ, ㄴ ⑤ ㄴ, ㄷ

19. 그림은 우리은하에서 외부 은하 A와 B를 관측한 결과를 나타낸 것이다. B에서 A를 관측할 때의 적색 편이량은 우리은하에서 A를 관측한 적색 편이량의 3배이다. 적색 편이량은 $\left(\frac{\text{관측 파장}-\text{기준 파장}}{\text{기준 파장}}\right)$ 이고, 세 은하는 허블 법칙을 만족한다.

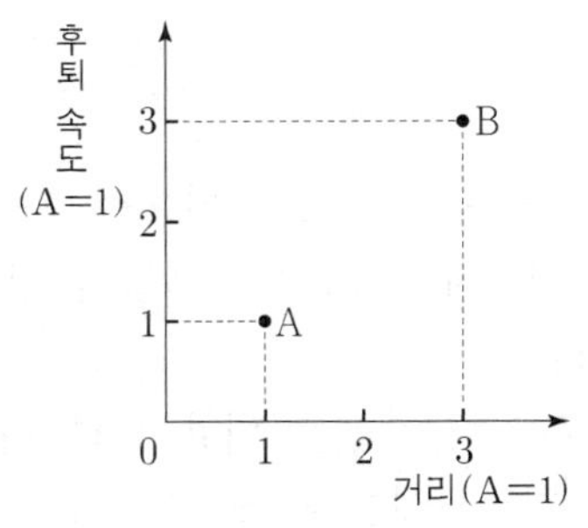

이 자료에 대한 설명으로 옳은 것만을 <보기>에서 있는 대로 고른 것은? [3점]

<보 기>

ㄱ. 우리은하에서 관측한 적색 편이량은 B가 A의 3배이다.
ㄴ. A에서 관측한 후퇴 속도는 B가 우리은하의 3배이다.
ㄷ. 우리은하에서 관측한 A와 B는 동일한 시선 방향에 위치한다.

① ㄱ ② ㄷ ③ ㄱ, ㄴ ④ ㄴ, ㄷ ⑤ ㄱ, ㄴ, ㄷ

20. 그림은 남반구에 위치한 열점에서 생성된 화산섬의 위치와 연령을 나타낸 것이다. 해양판 A와 B에는 각각 하나의 열점이 존재하고, 열점에서 생성된 화산섬은 동일 경도상을 따라 각각 일정한 속도로 이동한다.

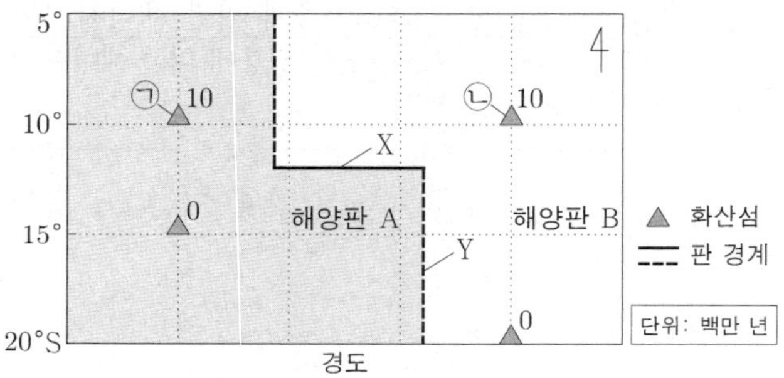

이 자료에 대한 설명으로 옳은 것만을 <보기>에서 있는 대로 고른 것은? (단, 고지자기극은 고지자기 방향으로 추정한 지리상 북극이고, 지리상 북극은 변하지 않았다.) [3점]

<보 기>

ㄱ. 판의 경계에서 화산 활동은 X가 Y보다 활발하다.
ㄴ. 고지자기 복각의 절댓값은 화산섬 ㉠과 ㉡이 같다.
ㄷ. 화산섬 ㉠에서 구한 고지자기극은 화산섬 ㉡에서 구한 고지자기극보다 저위도에 위치한다.

① ㄱ ② ㄴ ③ ㄷ ④ ㄱ, ㄴ ⑤ ㄱ, ㄷ

＊ 확인 사항

○ 답안지의 해당란에 필요한 내용을 정확히 기입(표기)했는지 확인하시오.

2023학년도 대학수학능력시험 9월 모의평가 문제지

제 4 교시

과학탐구 영역(지구과학 I)

31회

성명 | 수험 번호 | 제 [ ] 선택

1. 다음은 뇌우, 우박, 황사에 대하여 학생 A, B, C가 나눈 대화를 나타낸 것이다.

제시한 내용이 옳은 학생만을 있는 대로 고른 것은?

① A ② B ③ A, C ④ B, C ⑤ A, B, C

2. 그림은 상부 맨틀에서만 대류가 일어나는 모형을 나타낸 것이다.

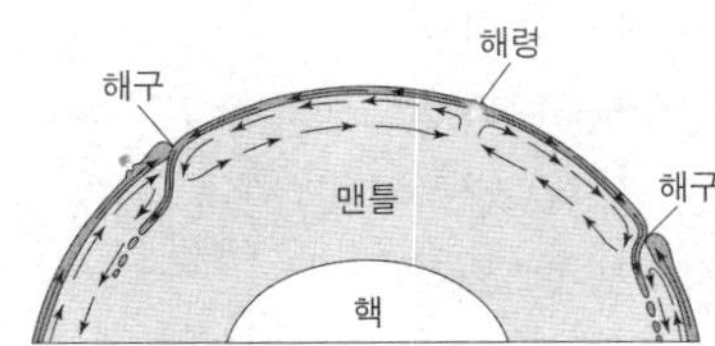

이 모형에 대한 설명으로 옳은 것만을 <보기>에서 있는 대로 고른 것은? [3점]

<보 기>

ㄱ. 판을 이동시키는 힘의 원동력을 설명할 수 있다.
ㄴ. 해양 지각의 평균 연령이 대륙 지각의 평균 연령보다 적은 이유를 설명할 수 있다.
ㄷ. 뜨거운 플룸이 핵과 맨틀의 경계 부근에서 생성되어 상승하는 것을 설명할 수 있다.

① ㄱ ② ㄴ ③ ㄷ ④ ㄱ, ㄴ ⑤ ㄱ, ㄷ

3. 그림은 어느 중위도 해역에서 A 시기와 B 시기에 각각 측정한 깊이 0~50 m의 해수 특성을 수온-염분도에 나타낸 것이다.

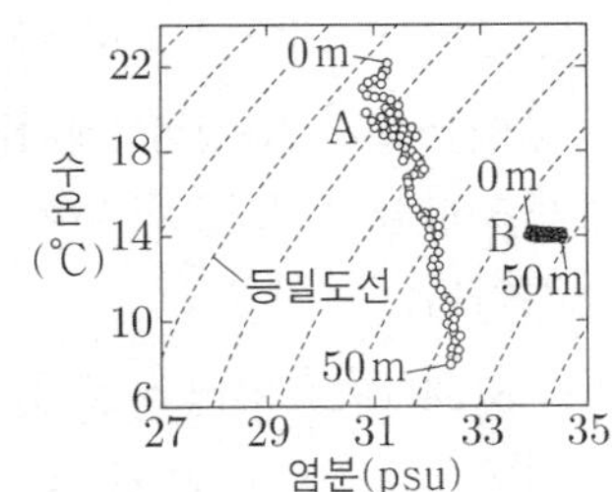

이 자료에 대한 설명으로 옳은 것만을 <보기>에서 있는 대로 고른 것은? [3점]

<보 기>

ㄱ. 수온만을 고려할 때, 해수면에서 산소 기체의 용해도는 A가 B보다 크다.
ㄴ. 수온이 14℃인 해수의 밀도는 A가 B보다 작다.
ㄷ. 혼합층의 두께는 A가 B보다 두껍다.

① ㄱ ② ㄴ ③ ㄷ ④ ㄱ, ㄷ ⑤ ㄴ, ㄷ

4. 다음은 어느 퇴적 구조가 형성되는 원리를 알아보기 위한 실험이다.

[실험 목표]
○ (㉠)의 형성 원리를 설명할 수 있다.

[실험 과정]

(가) 100 mL의 물이 담긴 원통형 유리 접시에 입자 크기가 $\frac{1}{16}$ mm 이하인 점토 100 g을 고르게 붓는다.
(나) 그림과 같이 백열전등 아래에 원통형 유리 접시를 놓고 전등 빛을 비춘다.
(다) ㉡ 전등 빛을 충분히 비추었을 때 변화된 점토 표면의 모습을 관찰하여 그 결과를 스케치한다.

[실험 결과]

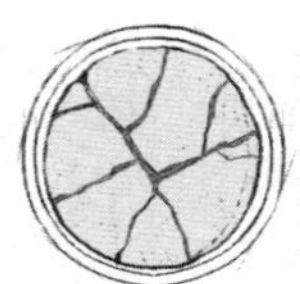
<위에서 본 모습>

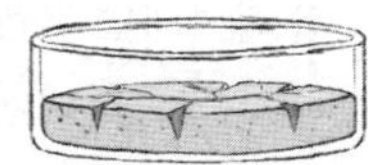
<옆에서 본 모습>

이에 대한 설명으로 옳은 것만을 <보기>에서 있는 대로 고른 것은? [3점]

<보 기>

ㄱ. '건열'은 ㉠에 해당한다.
ㄴ. 건조한 환경에 노출되어 퇴적물의 표면이 갈라진 모습은 ㉡에 해당한다.
ㄷ. 이 퇴적 구조는 주로 역암층에서 관찰된다.

① ㄱ ② ㄴ ③ ㄷ ④ ㄱ, ㄴ ⑤ ㄱ, ㄷ

5. 그림 (가)와 (나)는 가시광선으로 관측한 어느 타원 은하와 불규칙 은하를 순서 없이 나타낸 것이다.

(가)

(나)

이에 대한 설명으로 옳은 것만을 <보기>에서 있는 대로 고른 것은?

<보 기>

ㄱ. (가)는 불규칙 은하이다.
ㄴ. (나)를 구성하는 별들은 푸른 별이 붉은 별보다 많다.
ㄷ. 은하를 구성하는 별들의 평균 나이는 (가)가 (나)보다 적다.

① ㄱ ② ㄴ ③ ㄱ, ㄷ ④ ㄴ, ㄷ ⑤ ㄱ, ㄴ, ㄷ

6. 그림 (가)는 H-R도에 별 ㉠, ㉡, ㉢을, (나)는 별의 분광형에 따른 흡수선의 상대적 세기를 나타낸 것이다.

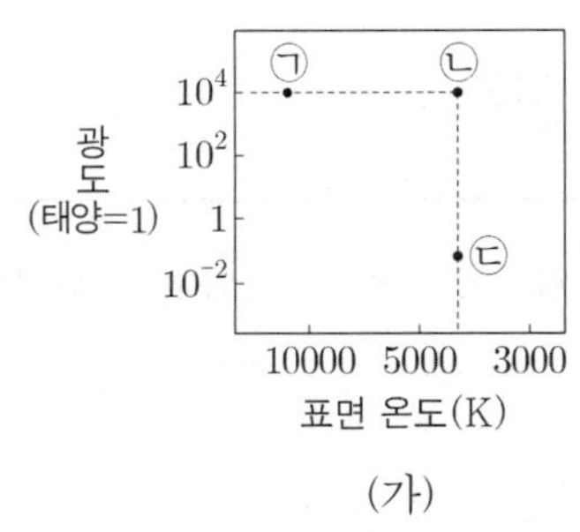

(가)

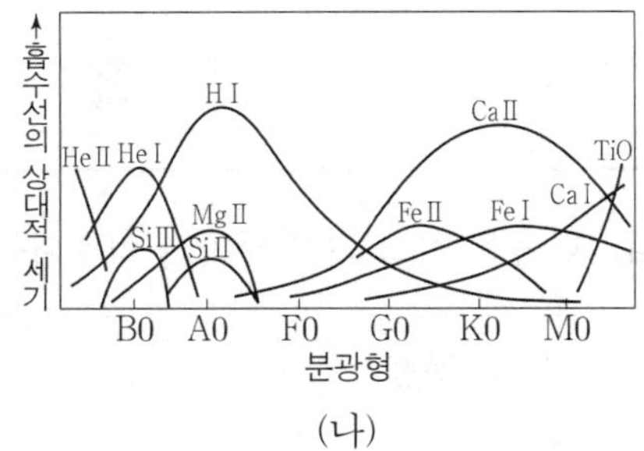

(나)

이에 대한 설명으로 옳은 것만을 <보기>에서 있는 대로 고른 것은?

<보 기>

ㄱ. 반지름은 ㉠이 ㉡보다 작다.
ㄴ. 광도 계급은 ㉡과 ㉢이 같다.
ㄷ. ㉢에서는 H I 흡수선이 Ca II 흡수선보다 강하게 나타난다.

① ㄱ ② ㄴ ③ ㄱ, ㄷ ④ ㄴ, ㄷ ⑤ ㄱ, ㄴ, ㄷ

7. 그림은 현생 누대 동안 생물 과의 멸종 비율과 대멸종이 일어난 시기 A, B, C를 나타낸 것이다.

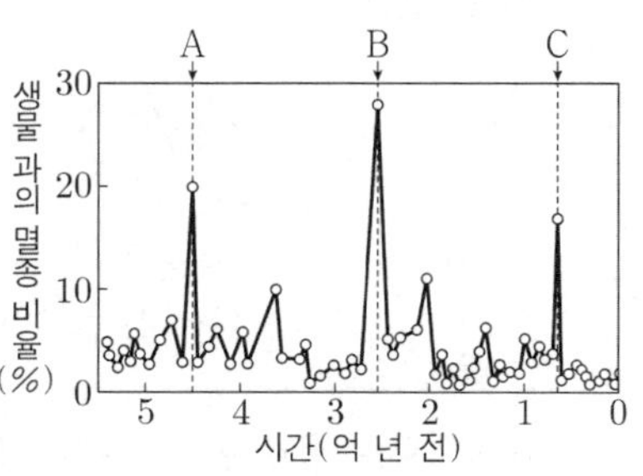

이에 대한 설명으로 옳은 것만을 <보기>에서 있는 대로 고른 것은?

<보 기>

ㄱ. 생물 과의 멸종 비율은 A가 B보다 높다.
ㄴ. A와 B 사이에 최초의 양서류가 출현하였다.
ㄷ. B와 C 사이에 히말라야 산맥이 형성되었다.

① ㄱ ② ㄴ ③ ㄷ ④ ㄱ, ㄷ ⑤ ㄴ, ㄷ

8. 그림은 온대 저기압 중심이 북반구 어느 관측소의 북쪽을 통과하는 36시간 동안 관측한 기상 요소를 나타낸 것이다. 이 기간 동안 온난 전선과 한랭 전선이 모두 이 관측소를 통과하였다.

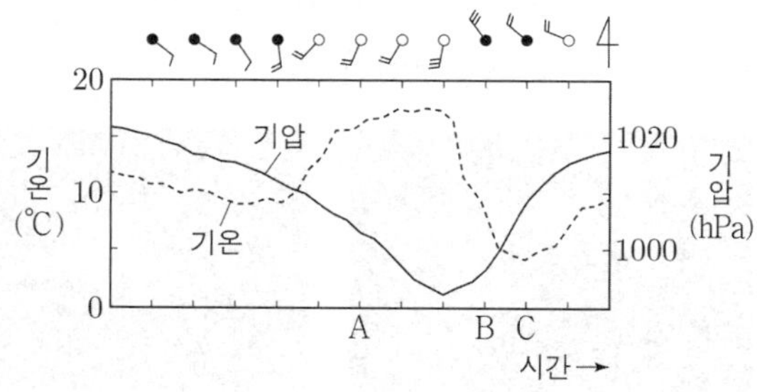

이 자료에 대한 설명으로 옳은 것만을 <보기>에서 있는 대로 고른 것은? [3점]

<보 기>

ㄱ. 기압이 가장 낮게 관측되었을 때 남풍 계열의 바람이 불었다.
ㄴ. A일 때 관측소의 상공에는 온난 전선면이 나타난다.
ㄷ. 관측소에서 B와 C 사이에는 주로 적운형 구름이 관측된다.

① ㄱ ② ㄴ ③ ㄱ, ㄷ ④ ㄴ, ㄷ ⑤ ㄱ, ㄴ, ㄷ

9. 그림 (가)는 마그마가 생성되는 지역 A, B, C를, (나)는 깊이에 따른 암석의 용융 곡선을 나타낸 것이다. (나)의 ㉠은 A, B, C 중 하나의 지역에서 마그마가 생성되는 조건이다.

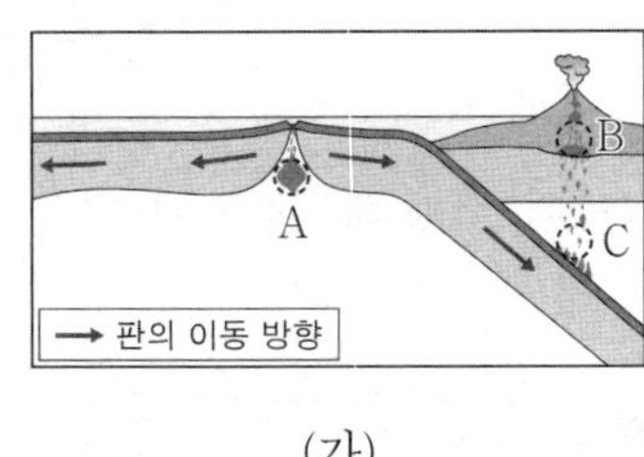

(가)

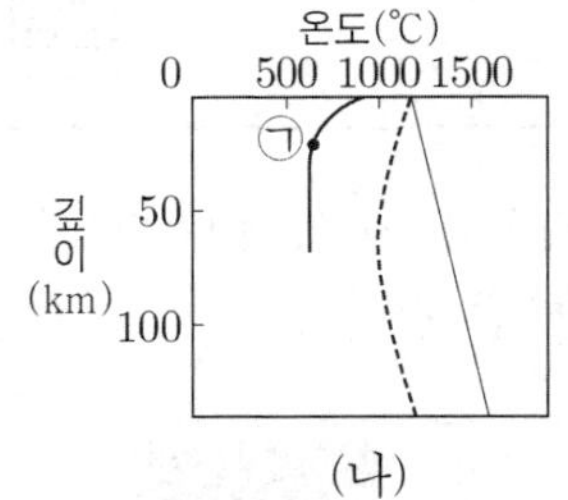

(나)

A, B, C에 대한 설명으로 옳은 것만을 <보기>에서 있는 대로 고른 것은?

<보 기>

ㄱ. A에서는 주로 물이 포함된 맨틀 물질이 용융되어 마그마가 생성된다.
ㄴ. 생성되는 마그마의 SiO_2 함량(%)은 B가 C보다 높다.
ㄷ. ㉠은 C에서 마그마가 생성되는 조건에 해당한다.

① ㄱ ② ㄴ ③ ㄷ ④ ㄱ, ㄴ ⑤ ㄴ, ㄷ

10. 그림 (가)는 현재 우주 구성 요소의 비율을, (나)는 은하에 의한 중력 렌즈 현상을 나타낸 것이다. A, B, C는 각각 암흑 물질, 암흑 에너지, 보통 물질 중 하나이다.

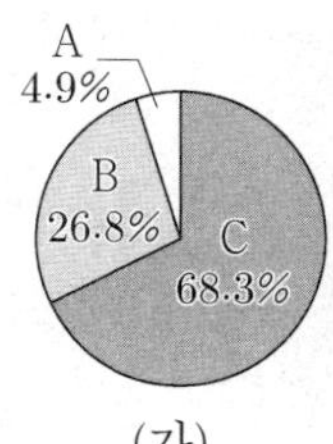

(가)

(나)

이에 대한 설명으로 옳은 것만을 <보기>에서 있는 대로 고른 것은? [3점]

<보 기>

ㄱ. A는 암흑 에너지이다.
ㄴ. 현재 이후 우주가 팽창하는 동안 $\frac{\text{B의 비율}}{\text{C의 비율}}$은 감소한다.
ㄷ. (나)를 이용하여 B가 존재함을 추정할 수 있다.

① ㄱ ② ㄴ ③ ㄷ ④ ㄱ, ㄴ ⑤ ㄴ, ㄷ

11. 그림은 대기에 의한 남북 방향으로의 연평균 에너지 수송량을 위도별로 나타낸 것이다.

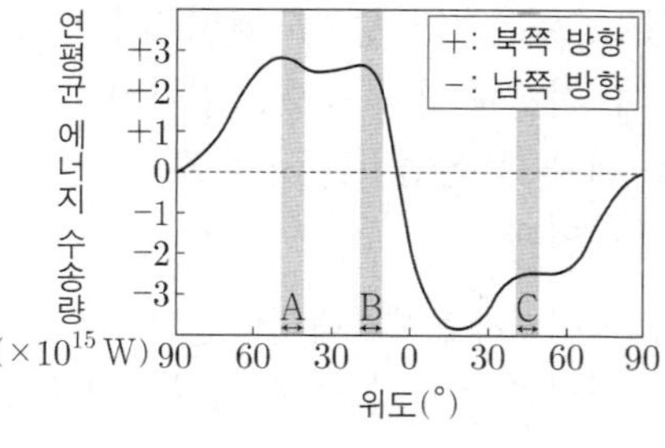

이에 대한 설명으로 옳은 것만을 <보기>에서 있는 대로 고른 것은?

<보 기>

ㄱ. A에서는 대기 대순환의 간접 순환이 위치한다.
ㄴ. B에서는 해들리 순환에 의해 에너지가 북쪽 방향으로 수송된다.
ㄷ. 캘리포니아 해류는 C의 해역에서 나타난다.

① ㄱ ② ㄷ ③ ㄱ, ㄴ ④ ㄴ, ㄷ ⑤ ㄱ, ㄴ, ㄷ

[해설편 p.098]

12. 그림은 질량이 태양 정도인 별이 진화하는 과정에서 주계열 단계가 끝난 이후 어느 시기에 나타나는 별의 내부 구조이다.

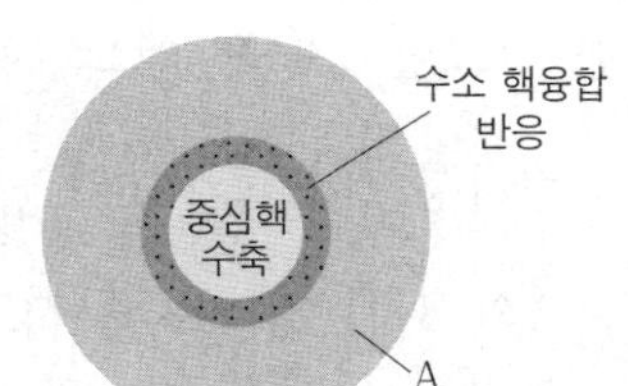

이 시기의 별에 대한 설명으로 옳은 것만을 <보기>에서 있는 대로 고른 것은? [3점]

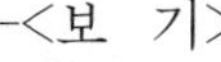

<보 기>

ㄱ. 중심핵의 온도는 주계열 단계일 때보다 높다.
ㄴ. 표면에서 단위 면적당 단위 시간에 방출하는 에너지양은 주계열 단계일 때보다 많다.
ㄷ. 수소 함량 비율(%)은 중심핵이 A 영역보다 높다.

① ㄱ ② ㄴ ③ ㄷ ④ ㄱ, ㄴ ⑤ ㄱ, ㄷ

13. 그림은 태풍의 영향을 받은 우리나라 어느 관측소에서 24시간 동안 관측한 시간에 따른 기압, 풍향, 풍속, 시간당 강수량을 순서 없이 나타낸 것이다. 이 기간 동안 태풍의 눈이 관측소를 통과하였다.

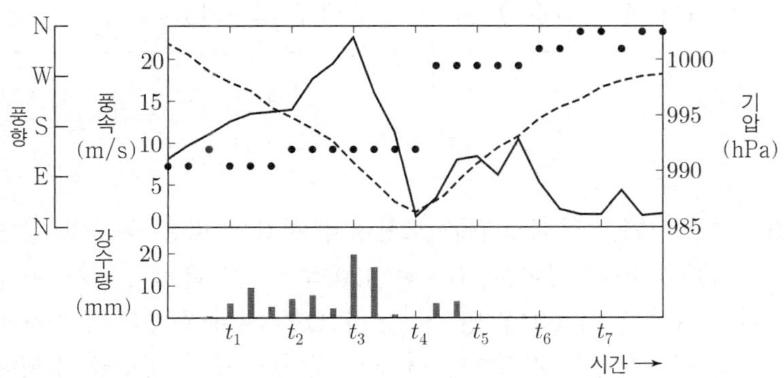

이 자료에 대한 설명으로 옳은 것만을 <보기>에서 있는 대로 고른 것은? [3점]

<보 기>

ㄱ. 관측소에서 풍속이 가장 강하게 나타난 시각은 t_3이다.
ㄴ. 관측소에서 태풍의 눈이 통과하기 전에는 서풍 계열의 바람이 불었다.
ㄷ. 관측소에서 공기의 연직 운동은 t_3이 t_4보다 활발하다.

① ㄱ ② ㄴ ③ ㄷ ④ ㄱ, ㄷ ⑤ ㄴ, ㄷ

14. 표는 별 ㉠, ㉡, ㉢의 표면 온도, 광도, 반지름을 나타낸 것이다. ㉠, ㉡, ㉢은 각각 주계열성, 거성, 백색 왜성 중 하나이다.

별	표면 온도(태양=1)	광도(태양=1)	반지름(태양=1)
㉠	$\sqrt{10}$	(　)	0.01
㉡	(　)	100	2.5
㉢	0.75	81	(　)

이에 대한 설명으로 옳은 것만을 <보기>에서 있는 대로 고른 것은?

<보 기>

ㄱ. 복사 에너지를 최대로 방출하는 파장은 ㉠이 ㉡보다 길다.
ㄴ. (㉠의 절대 등급 − ㉡의 절대 등급) 값은 10이다.
ㄷ. 별의 질량은 ㉡이 ㉢보다 크다.

① ㄱ ② ㄴ ③ ㄷ ④ ㄱ, ㄷ ⑤ ㄴ, ㄷ

15. 그림 (가)는 동태평양 적도 해역과 서태평양 적도 해역의 시간에 따른 해면 기압 편차를, (나)는 (가)의 A와 B 중 한 시기의 태평양 적도 해역의 깊이에 따른 수온 편차를 나타낸 것이다. A와 B는 각각 엘니뇨 시기와 라니냐 시기 중 하나이고, 편차는 (관측값−평년값)이다.

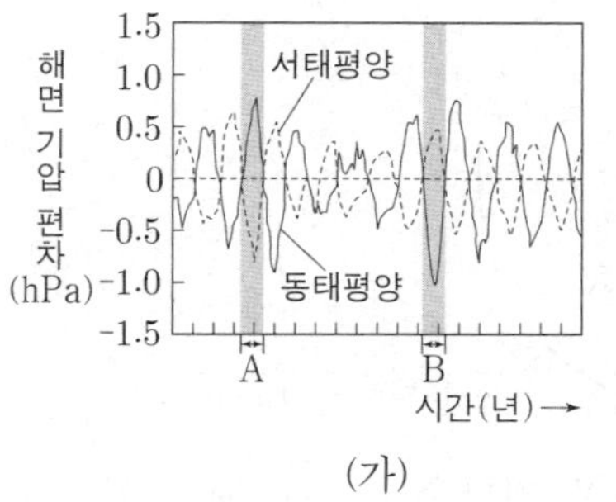

(가)

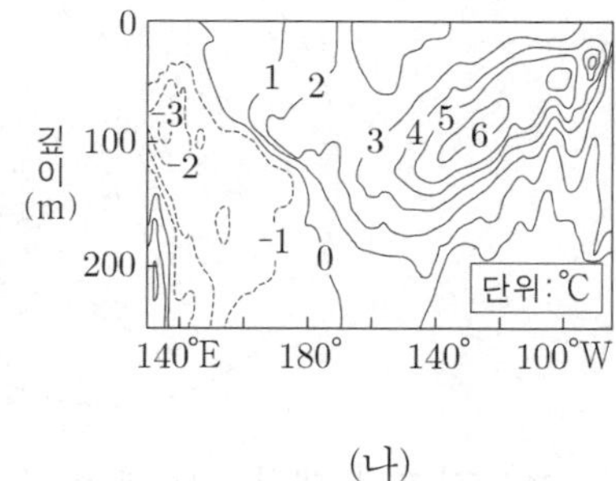

(나)

이에 대한 설명으로 옳은 것만을 <보기>에서 있는 대로 고른 것은?

<보 기>

ㄱ. (나)는 B에 측정한 것이다.
ㄴ. 적도 부근에서 (서태평양 평균 표층 수온 편차−동태평양 평균 표층 수온 편차) 값은 A가 B보다 크다.
ㄷ. 적도 부근에서 $\frac{\text{동태평양 평균 해면 기압}}{\text{서태평양 평균 해면 기압}}$은 A가 B보다 크다.

① ㄱ ② ㄷ ③ ㄱ, ㄴ ④ ㄴ, ㄷ ⑤ ㄱ, ㄴ, ㄷ

16. 그림 (가)는 지구의 공전 궤도를, (나)는 지구 자전축 경사각의 변화를 나타낸 것이다. 지구 자전축 세차 운동의 방향은 지구 공전 방향과 반대이고 주기는 약 26000년이다.

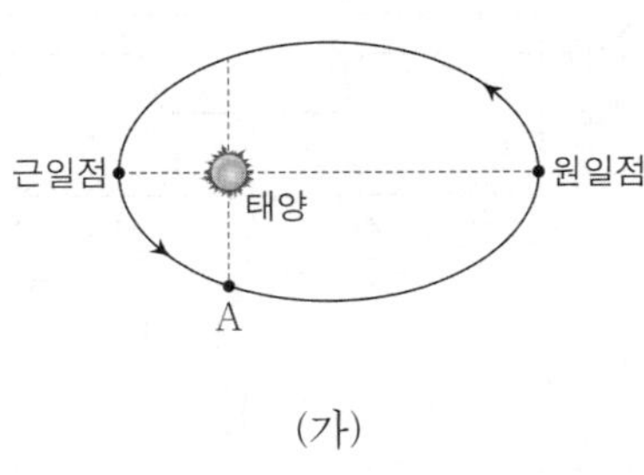

(가)

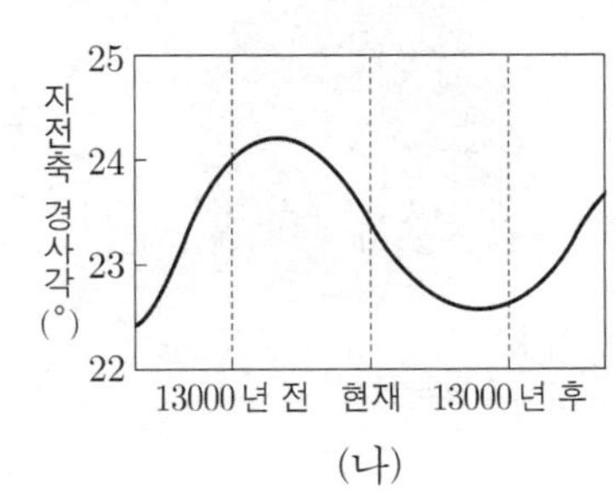

(나)

이에 대한 설명으로 옳은 것만을 <보기>에서 있는 대로 고른 것은? (단, 지구 자전축 세차 운동과 지구 자전축 경사각 이외의 요인은 변하지 않는다고 가정한다.) [3점]

<보 기>

ㄱ. 약 6500년 전 지구가 A 부근에 있을 때 북반구는 겨울철이다.
ㄴ. 35°N에서 기온의 연교차는 약 6500년 전이 현재보다 작다.
ㄷ. 35°S에서 여름철 평균 기온은 약 13000년 후가 현재보다 낮다.

① ㄱ ② ㄴ ③ ㄱ, ㄷ ④ ㄴ, ㄷ ⑤ ㄱ, ㄴ, ㄷ

17. 그림은 어느 지괴의 현재 위치와 시기별 고지자기극의 위치를 나타낸 것이다. 고지자기극은 고지자기 방향으로 추정한 지리상 북극이고, 지리상 북극은 변하지 않았다. 현재 지자기 북극은 지리상 북극과 일치한다.

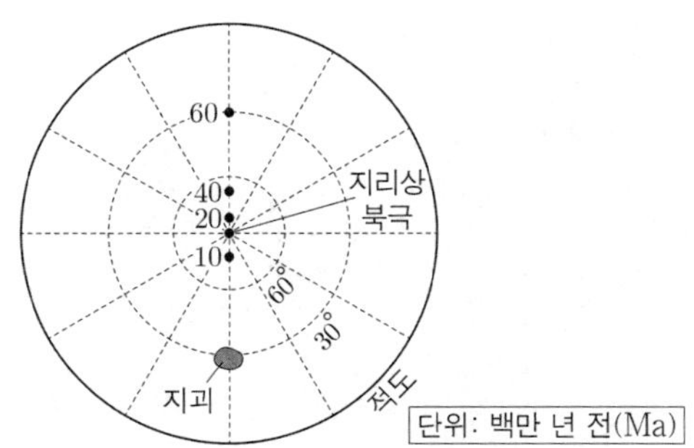

이 지괴에 대한 설명으로 옳은 것만을 <보기>에서 있는 대로 고른 것은?

<보 기>

ㄱ. 지괴는 60 Ma ~ 40 Ma가 40 Ma ~ 20 Ma보다 빠르게 이동하였다.
ㄴ. 60 Ma에 생성된 암석에 기록된 고지자기 복각은 (+) 값이다.
ㄷ. 10 Ma부터 현재까지 지괴의 이동 방향은 북쪽이다.

① ㄱ ② ㄴ ③ ㄱ, ㄷ ④ ㄴ, ㄷ ⑤ ㄱ, ㄴ, ㄷ

18. 그림 (가)는 중심별이 주계열성인 어느 외계 행성계의 생명 가능 지대와 행성의 공전 궤도를, (나)는 (가)의 행성이 식 현상을 일으킬 때 중심별의 상대적 밝기 변화를 시간에 따라 나타낸 것이다.

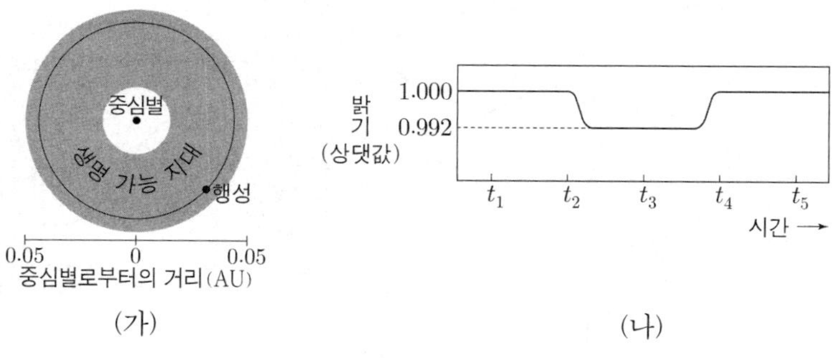

(가) (나)

이 자료에 대한 설명으로 옳은 것만을 <보기>에서 있는 대로 고른 것은? (단, 중심별의 시선 속도 변화는 행성과의 공통 질량 중심에 대한 공전에 의해서만 나타나고, 행성은 원 궤도를 따라 공전하며, 행성의 공전 궤도면은 관측자의 시선 방향과 나란하다.) [3점]

<보 기>

ㄱ. 생명 가능 지대의 폭은 이 외계 행성계가 태양계보다 좁다.
ㄴ. $\frac{\text{행성의 반지름}}{\text{중심별의 반지름}}$은 $\frac{1}{125}$이다.
ㄷ. 중심별의 흡수선 파장은 t_2가 t_1보다 짧다.

① ㄱ ② ㄴ ③ ㄷ ④ ㄱ, ㄴ ⑤ ㄱ, ㄷ

19. 그림 (가)는 어느 지역의 지질 단면을, (나)는 시간에 따른 방사성 원소 X와 Y의 $\frac{\text{자원소 함량}}{\text{방사성 원소 함량}}$을 나타낸 것이다. 화성암 A와 B에는 X와 Y 중 서로 다른 한 종류만 포함하고, 현재 A와 B에 포함된 방사성 원소의 함량은 각각 처음 양의 50%와 25% 중 서로 다른 하나이다.

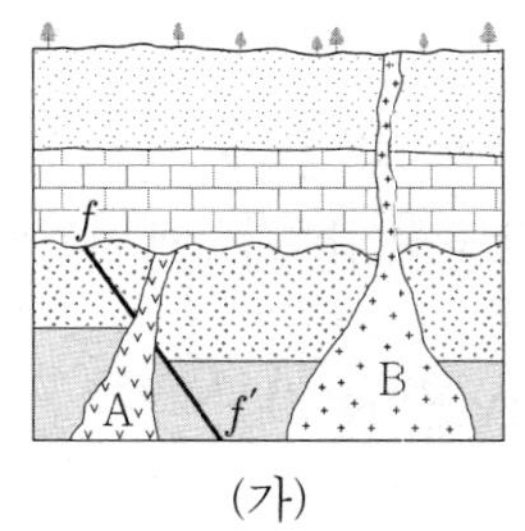

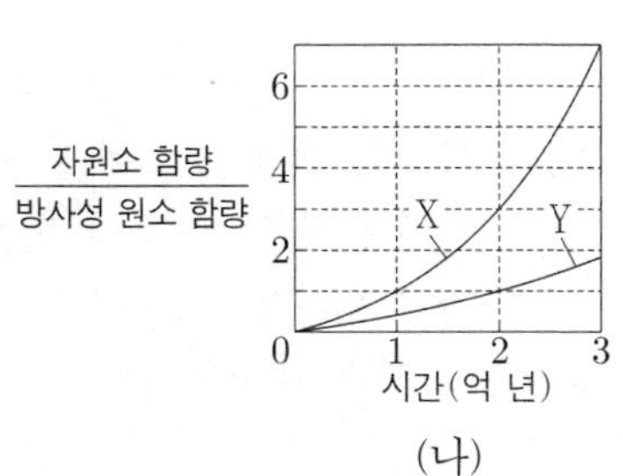

(가) (나)

이에 대한 설명으로 옳은 것만을 <보기>에서 있는 대로 고른 것은? [3점]

<보 기>

ㄱ. 반감기는 X가 Y의 $\frac{1}{2}$배이다.
ㄴ. A에 포함되어 있는 방사성 원소는 Y이다.
ㄷ. (가)에서 단층 $f-f'$은 중생대에 형성되었다.

① ㄱ ② ㄷ ③ ㄱ, ㄴ ④ ㄴ, ㄷ ⑤ ㄱ, ㄴ, ㄷ

20. 그림 (가)는 어느 우주 모형에서 시간에 따른 우주의 상대적 크기를 나타낸 것이고, (나)는 120억 년 전 은하 P에서 방출된 파장 λ인 빛이 80억 년 전 은하 Q를 지나 현재의 관측자에게 도달하는 상황을 가정하여 나타낸 것이다. 우주 공간을 진행하는 빛의 파장은 우주의 크기에 비례하여 증가한다.

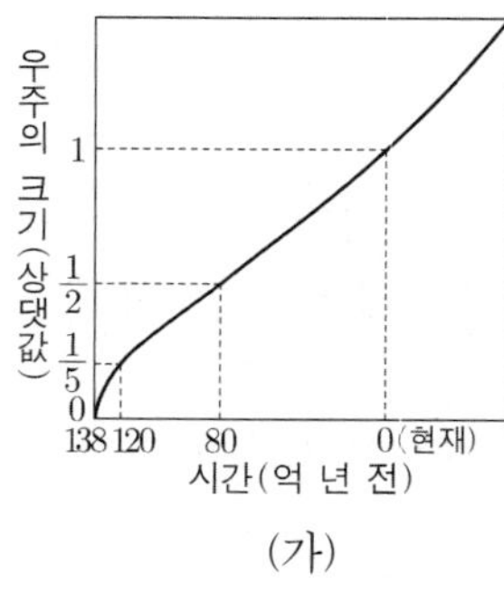

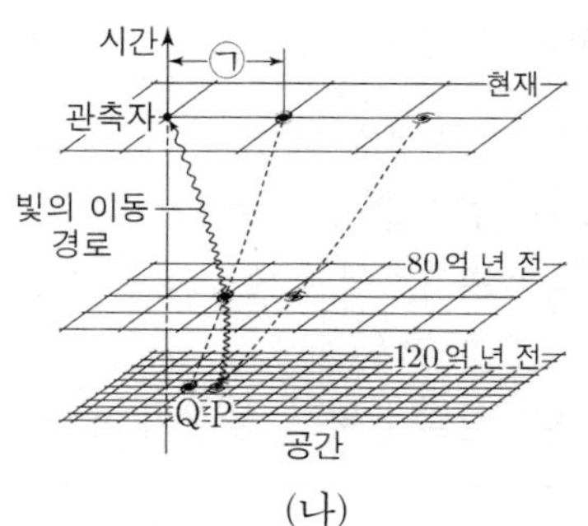

(가) (나)

이 자료에 대한 설명으로 옳은 것만을 <보기>에서 있는 대로 고른 것은? (단, P와 Q는 관측자의 시선과 동일한 방향에 위치한다.)

<보 기>

ㄱ. 120억 년 전에 우주는 가속 팽창하였다.
ㄴ. P에서 방출된 파장 λ인 빛이 Q에 도달할 때 파장은 2.5λ이다.
ㄷ. (나)에서 현재 관측자로부터 Q까지의 거리 ㉠은 80억 광년이다.

① ㄱ ② ㄴ ③ ㄷ ④ ㄱ, ㄷ ⑤ ㄴ, ㄷ

* 확인 사항

○ 답안지의 해당란에 필요한 내용을 정확히 기입(표기)했는지 확인하시오.

[해설편 p.100]

제 4 교시

과학탐구 영역(지구과학 I)

32회

성명 | 수험 번호 | – | 제 [ ] 선택

1. 그림은 주요 동물군의 생존 시기를 나타낸 것이다. A, B, C는 어류, 파충류, 포유류를 순서 없이 나타낸 것이다.

고생대 | 중생대 | 신생대

A

B

C

이에 대한 설명으로 옳은 것만을 <보기>에서 있는 대로 고른 것은?

<보 기>

ㄱ. A는 어류이다.
ㄴ. C는 신생대에 번성하였다.
ㄷ. B가 최초로 출현한 시기와 C가 최초로 출현한 시기 사이에 히말라야 산맥이 형성되었다.

① ㄱ ② ㄴ ③ ㄷ ④ ㄱ, ㄴ ⑤ ㄴ, ㄷ

2. 다음은 우주의 구성 요소에 대하여 학생 A, B, C가 나눈 대화이다. ㉠과 ㉡은 각각 암흑 물질과 암흑 에너지 중 하나이다.

구성 요소	특징
㉠	질량을 가지고 있으나 빛으로 관측되지 않음.
㉡	척력으로 작용하여 우주를 가속 팽창시키는 역할을 함.

제시한 내용이 옳은 학생만을 있는 대로 고른 것은?

① A ② B ③ C ④ A, B ⑤ A, C

3. 그림은 대서양의 심층 순환을 나타낸 것이다. 수괴 A, B, C는 각각 남극 저층수, 남극 중층수, 북대서양 심층수 중 하나이다.

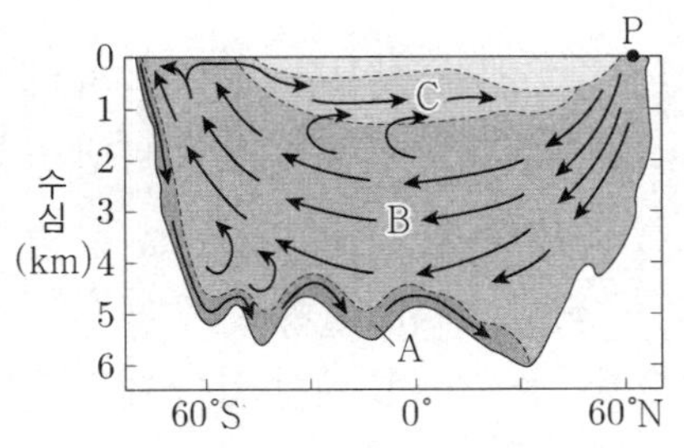

이에 대한 설명으로 옳은 것만을 <보기>에서 있는 대로 고른 것은? [3점]

<보 기>

ㄱ. A는 남극 저층수이다.
ㄴ. 밀도는 C가 A보다 크다.
ㄷ. 빙하가 녹은 물이 해역 P에 유입되면 B의 흐름은 강해질 것이다.

① ㄱ ② ㄴ ③ ㄷ ④ ㄱ, ㄷ ⑤ ㄴ, ㄷ

4. 다음은 어느 지질 구조의 형성 과정을 알아보기 위한 탐구이다.

[탐구 과정]
(가) 지점토 판 세 개를 하나씩 순서대로 쌓은 뒤, Ⅰ과 같이 경사지게 지점토 칼로 자른다.
(나) 잘린 지점토 판 전체를 조심스럽게 들어 올리고, Ⅱ와 같이 ㉠ 양쪽 끝을 서서히 잡아당겨 가운데 조각이 내려가도록 한다.
(다) Ⅲ과 같이 지점토 칼로 지점토 판의 위쪽을 수평으로 자른다.
(라) 잘린 지점토 판 위에 Ⅳ와 같이 새로운 지점토 판을 수평이 되도록 쌓는다.

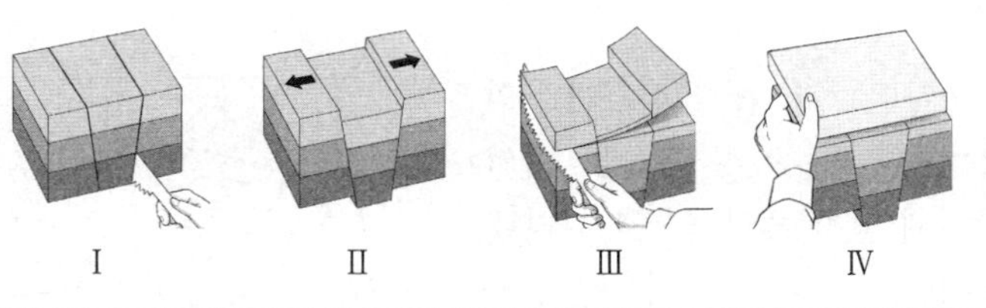

이에 대한 설명으로 옳은 것만을 <보기>에서 있는 대로 고른 것은? [3점]

<보 기>

ㄱ. ㉠에 해당하는 힘은 횡압력이다.
ㄴ. (다)는 지층의 침식 과정에 해당한다.
ㄷ. (라)에서 부정합 형태의 지질 구조가 만들어진다.

① ㄱ ② ㄴ ③ ㄷ ④ ㄱ, ㄴ ⑤ ㄴ, ㄷ

5. 그림 (가)는 2004년부터의 그린란드 빙하의 누적 융해량을, (나)는 전 지구에서 일어난 빙하 융해와 해수 열팽창에 의한 평균 해수면의 높이 편차(관측값 – 2004년 값)를 나타낸 것이다.

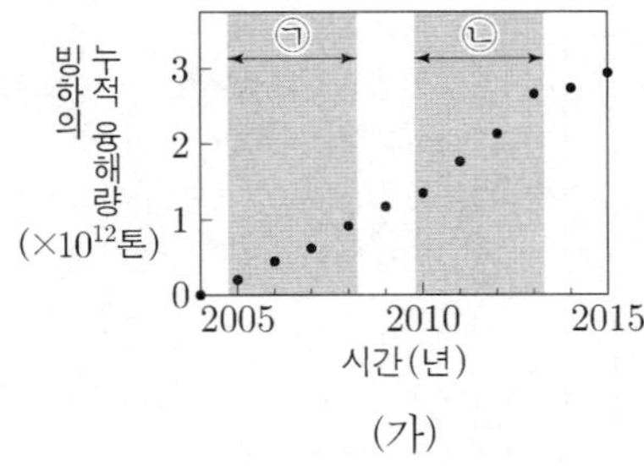

(가)

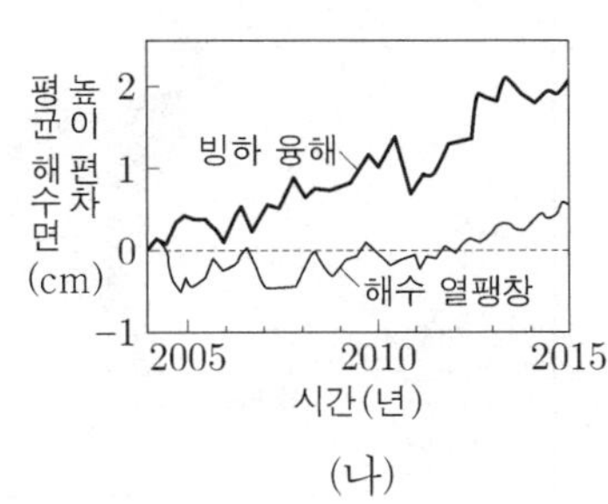

(나)

이 자료에 대한 설명으로 옳은 것만을 <보기>에서 있는 대로 고른 것은?

<보 기>

ㄱ. 그린란드 빙하의 융해량은 ㉠ 기간이 ㉡ 기간보다 많다.
ㄴ. (나)에서 해수 열팽창에 의한 평균 해수면 높이 편차는 2015년이 2010년보다 크다.
ㄷ. (나)의 전 기간 동안, 평균 해수면 높이의 평균 상승률은 해수 열팽창에 의한 것이 빙하 융해에 의한 것보다 크다.

① ㄱ ② ㄴ ③ ㄱ, ㄷ ④ ㄴ, ㄷ ⑤ ㄱ, ㄴ, ㄷ

[해설편 p.101]

6. 표는 서로 다른 외계 행성계에 속한 행성 (가)와 (나)에 대한 물리량을 나타낸 것이다. (가)와 (나)는 생명 가능 지대에 위치하고, 각각의 중심별은 주계열성이다.

외계 행성	중심별의 광도 (태양=1)	중심별로부터의 거리(AU)	단위 시간당 단위 면적이 받는 복사 에너지양(지구=1)
(가)	0.0005	㉠	1
(나)	1.2	1	㉡

이 자료에 대한 설명으로 옳은 것만을 <보기>에서 있는 대로 고른 것은?

<보 기>

ㄱ. ㉠은 1보다 작다.
ㄴ. ㉡은 1보다 작다.
ㄷ. 생명 가능 지대의 폭은 (나)의 중심별이 (가)의 중심별보다 좁다.

① ㄱ ② ㄷ ③ ㄱ, ㄴ ④ ㄴ, ㄷ ⑤ ㄱ, ㄴ, ㄷ

7. 그림은 잘 발달한 태풍의 물리량을 태풍 중심으로부터의 거리에 따라 개략적으로 나타낸 것이다. A, B, C는 해수면 상의 강수량, 기압, 풍속을 순서 없이 나타낸 것이다.

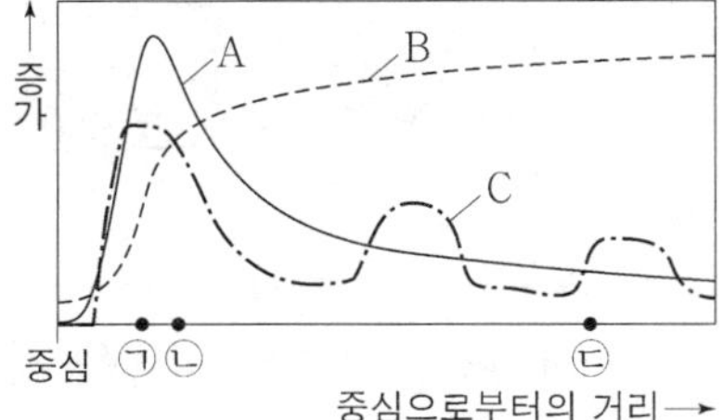

이에 대한 설명으로 옳은 것만을 <보기>에서 있는 대로 고른 것은?

<보 기>

ㄱ. B는 강수량이다.
ㄴ. 지역 ㉠에서는 상승 기류가 나타난다.
ㄷ. 일기도에서 등압선 간격은 지역 ㉢에서가 지역 ㉡에서보다 조밀하다.

① ㄱ ② ㄴ ③ ㄷ ④ ㄱ, ㄴ ⑤ ㄴ, ㄷ

8. 그림 (가)와 (나)는 남아메리카와 아프리카 주변에서 발생한 지진의 진앙 분포를 나타낸 것이다.

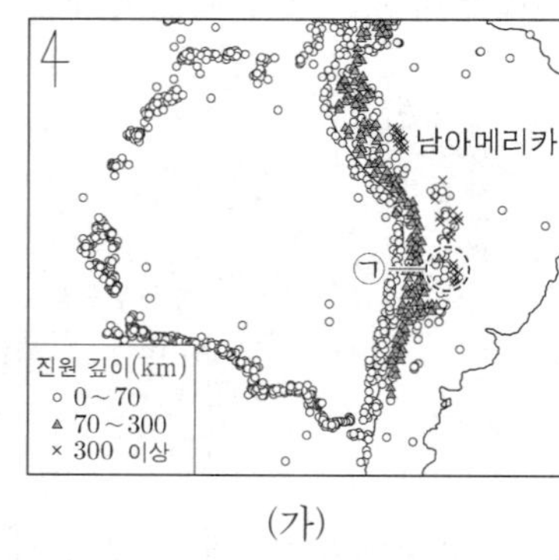

(가)

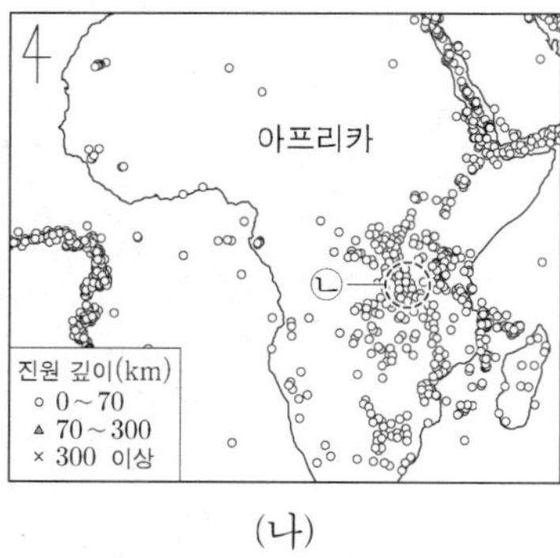

(나)

지역 ㉠과 ㉡에 대한 설명으로 옳은 것만을 <보기>에서 있는 대로 고른 것은?

<보 기>

ㄱ. ㉠의 하부에는 침강하는 해양판이 잡아당기는 힘이 작용한다.
ㄴ. ㉡의 하부에는 외핵과 맨틀의 경계부에서 상승하는 플룸이 있다.
ㄷ. 진원의 평균 깊이는 ㉠이 ㉡보다 깊다.

① ㄱ ② ㄷ ③ ㄱ, ㄴ ④ ㄴ, ㄷ ⑤ ㄱ, ㄴ, ㄷ

9. 그림은 두 은하 A와 B가 탄생한 후, 연간 생성된 별의 총질량을 시간에 따라 나타낸 것이다. A와 B는 허블 은하 분류 체계에 따른 서로 다른 종류이며, 각각 E0과 Sb 중 하나이다.

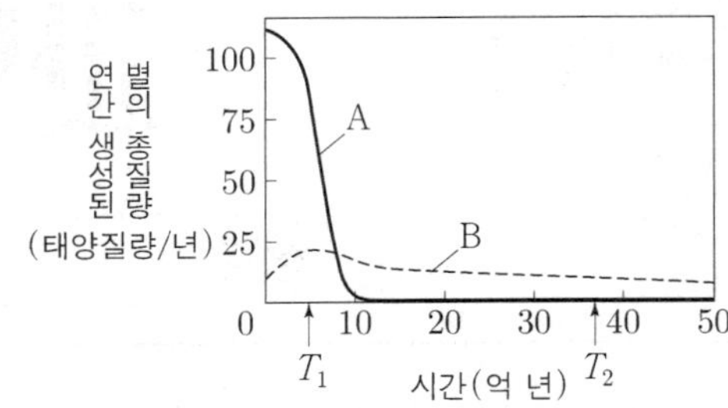

이에 대한 설명으로 옳은 것만을 <보기>에서 있는 대로 고른 것은?

<보 기>

ㄱ. B는 나선팔을 가지고 있다.
ㄴ. T_1일 때 연간 생성된 별의 총질량은 A가 B보다 크다.
ㄷ. T_2일 때 별의 평균 표면 온도는 B가 A보다 높다.

① ㄱ ② ㄷ ③ ㄱ, ㄴ ④ ㄴ, ㄷ ⑤ ㄱ, ㄴ, ㄷ

10. 그림 (가)와 (나)는 장마 기간 중 어느 날 같은 시각 우리나라 부근의 지상 일기도와 적외 영상을 각각 나타낸 것이다.

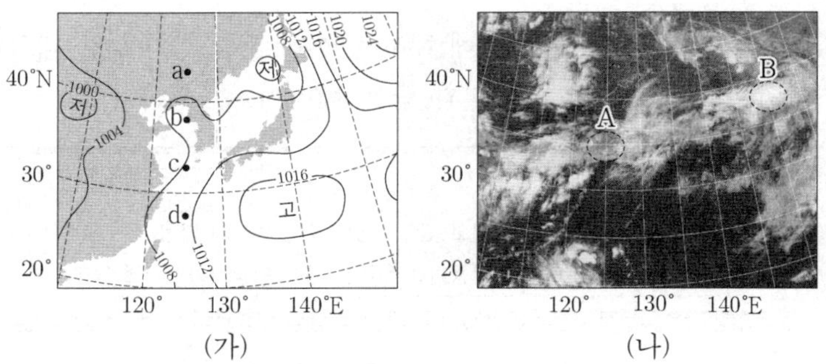

이 자료에 대한 설명으로 옳은 것만을 <보기>에서 있는 대로 고른 것은? [3점]

<보 기>

ㄱ. 북태평양 고기압은 고온 다습한 공기를 우리나라로 공급한다.
ㄴ. 125°E에서 장마 전선은 지점 a와 지점 b 사이에 위치한다.
ㄷ. 구름 최상부의 온도는 영역 A가 영역 B보다 높다.

① ㄱ ② ㄴ ③ ㄱ, ㄷ ④ ㄴ, ㄷ ⑤ ㄱ, ㄴ, ㄷ

11. 그림은 주계열성 ㉠, ㉡, ㉢의 반지름과 표면 온도를 나타낸 것이다.

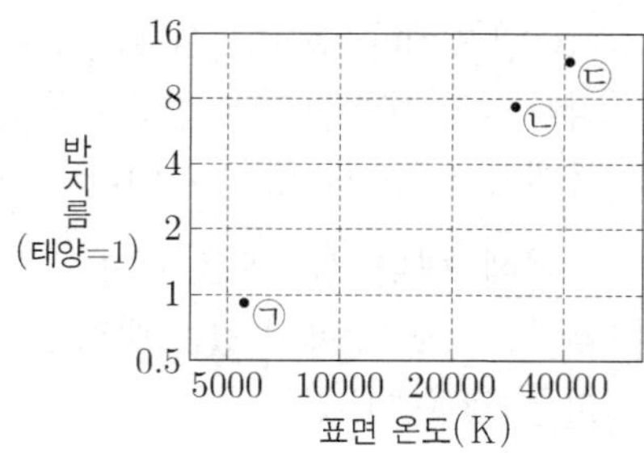

이에 대한 설명으로 옳은 것만을 <보기>에서 있는 대로 고른 것은? [3점]

<보 기>

ㄱ. ㉠이 주계열 단계를 벗어나면 중심핵에서 CNO 순환 반응이 일어난다.
ㄴ. ㉡의 중심핵에서는 주로 대류에 의해 에너지가 전달된다.
ㄷ. ㉢은 백색 왜성으로 진화한다.

① ㄱ ② ㄴ ③ ㄷ ④ ㄱ, ㄴ ⑤ ㄴ, ㄷ

[해설편 p.102]

12. 그림 (가)는 어느 날 우리나라 주변 표층 해수의 수온과 염분 분포를, (나)는 수온-염분도를 나타낸 것이다.

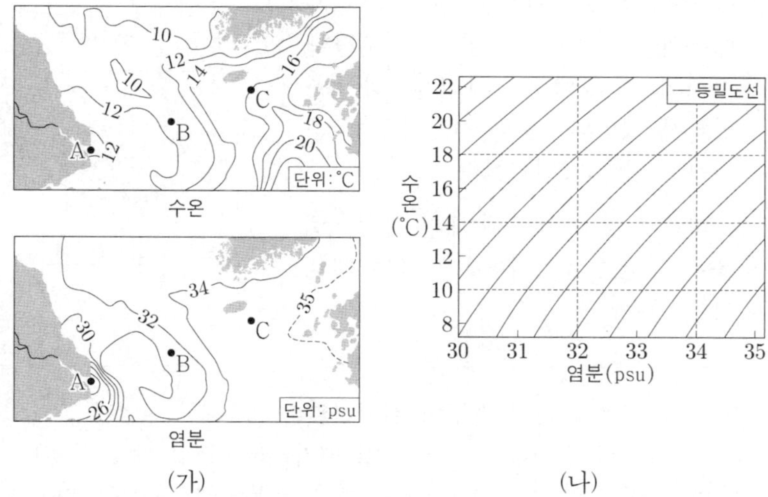

(가) (나)

이 자료에서 해역 A, B, C의 표층 해수에 대한 설명으로 옳은 것만을 <보기>에서 있는 대로 고른 것은? [3점]

<보 기>
ㄱ. 강물의 유입으로 A의 염분이 주변보다 낮다.
ㄴ. 밀도는 B가 C보다 작다.
ㄷ. 수온만을 고려할 때, 산소 기체의 용해도는 B가 C보다 작다.

① ㄱ ② ㄷ ③ ㄱ, ㄴ ④ ㄴ, ㄷ ⑤ ㄱ, ㄴ, ㄷ

13. 그림은 대륙과 해양의 지하 온도 분포를 나타낸 것이고, ㉠, ㉡, ㉢은 암석의 용융 곡선이다.

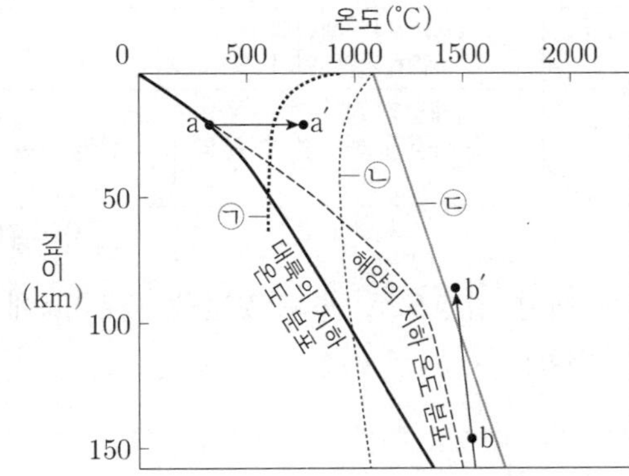

이 자료에 대한 설명으로 옳은 것만을 <보기>에서 있는 대로 고른 것은? [3점]

<보 기>
ㄱ. a→a′ 과정으로 생성되는 마그마는 b→b′ 과정으로 생성되는 마그마보다 SiO_2 함량이 많다.
ㄴ. b→b′ 과정으로 상승하고 있는 물질은 주위보다 온도가 높다.
ㄷ. 물의 공급에 의해 맨틀 물질의 용융이 시작되는 깊이는 해양 하부에서가 대륙 하부에서보다 깊다.

① ㄱ ② ㄷ ③ ㄱ, ㄴ ④ ㄴ, ㄷ ⑤ ㄱ, ㄴ, ㄷ

14. 표는 여러 별들의 절대 등급을 분광형과 광도 계급에 따라 구분하여 나타낸 것이다. (가), (나), (다)는 광도 계급 Ⅰb(초거성), Ⅲ(거성), Ⅴ(주계열성)를 순서 없이 나타낸 것이다.

분광형 \ 광도 계급	(가)	(나)	(다)
B0	−4.1	−5.0	−6.2
A0	+0.6	−0.6	−4.9
G0	+4.4	+0.6	−4.5
M0	+9.2	−0.4	−4.5

이 자료에 대한 설명으로 옳은 것만을 <보기>에서 있는 대로 고른 것은?

<보 기>
ㄱ. (가)는 Ⅴ(주계열성)이다.
ㄴ. (나)에서 광도가 가장 작은 별의 표면 온도가 가장 낮다.
ㄷ. (다)에서 별의 반지름은 G0인 별이 M0인 별보다 작다.

① ㄱ ② ㄴ ③ ㄷ ④ ㄱ, ㄴ ⑤ ㄱ, ㄷ

15. 그림은 해수면 부근에서 부는 바람의 남북 방향의 연평균 풍속을 나타낸 것이다. ㉠과 ㉡은 각각 60°N과 60°S 중 하나이다.

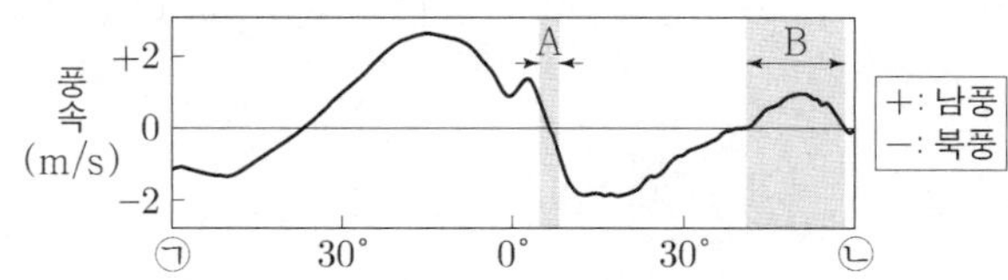

이 자료에 대한 설명으로 옳은 것만을 <보기>에서 있는 대로 고른 것은?

<보 기>
ㄱ. ㉠은 60°S이다.
ㄴ. A에서 해들리 순환의 하강 기류가 나타난다.
ㄷ. 페루 해류는 B에서 나타난다.

① ㄱ ② ㄴ ③ ㄷ ④ ㄱ, ㄴ ⑤ ㄱ, ㄷ

16. 그림 (가)와 (나)는 각각 COBE 우주 망원경과 WMAP 우주 망원경으로 관측한 우주 배경 복사의 온도 편차를 나타낸 것이다. 지점 A와 B는 지구에서 관측한 시선 방향이 서로 반대이다.

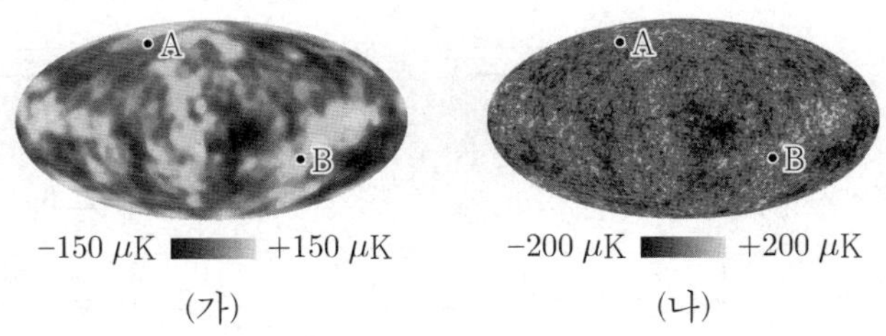

(가) (나)

이에 대한 설명으로 옳은 것만을 <보기>에서 있는 대로 고른 것은? [3점]

<보 기>
ㄱ. (나)가 (가)보다 온도 편차의 형태가 더욱 세밀해 보이는 것은 관측 기술의 발달 때문이다.
ㄴ. A와 B는 빛을 통하여 현재 상호 작용할 수 있다.
ㄷ. A와 B의 온도가 거의 같다는 사실은 급팽창 우주론으로 설명할 수 있다.

① ㄱ ② ㄴ ③ ㄱ, ㄷ ④ ㄴ, ㄷ ⑤ ㄱ, ㄴ, ㄷ

[해설편 p.103]

17. 그림 (가)는 어느 지역의 깊이에 따른 지층과 화성암의 연령을, (나)는 방사성 원소 X와 Y의 붕괴 곡선을 나타낸 것이다. 화성암 B와 D는 X와 Y 중 서로 다른 한 종류만 포함하고, 현재 B와 D에 포함된 방사성 원소의 함량은 각각 처음 양의 50%와 25%이다.

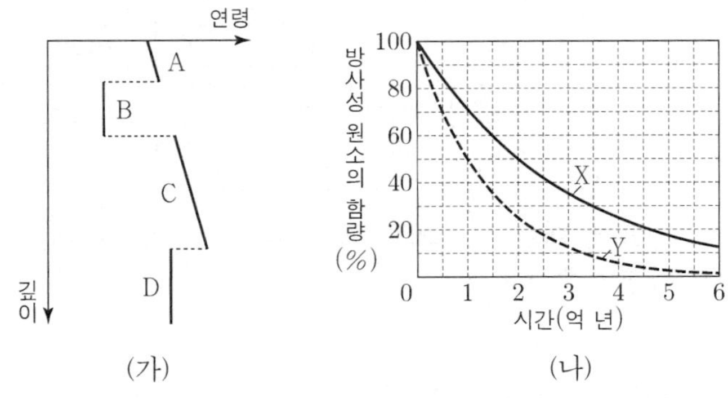

이에 대한 설명으로 옳은 것만을 <보기>에서 있는 대로 고른 것은? [3점]

<보 기>

ㄱ. A층 하부의 기저 역암에는 B의 암석 조각이 있다.
ㄴ. 반감기는 X가 Y의 2배이다.
ㄷ. B와 D의 연령 차는 3억 년이다.

① ㄱ ② ㄴ ③ ㄱ, ㄷ ④ ㄴ, ㄷ ⑤ ㄱ, ㄴ, ㄷ

18. 그림 (가)와 (나)는 서로 다른 외계 행성계에서 행성이 식 현상을 일으킬 때, 중심별의 상대적 밝기 변화를 시간에 따라 나타낸 것이다. 두 중심별의 반지름은 같고, 각 행성은 원궤도를 따라 공전하며, 공전 궤도면은 관측자의 시선 방향과 나란하다.

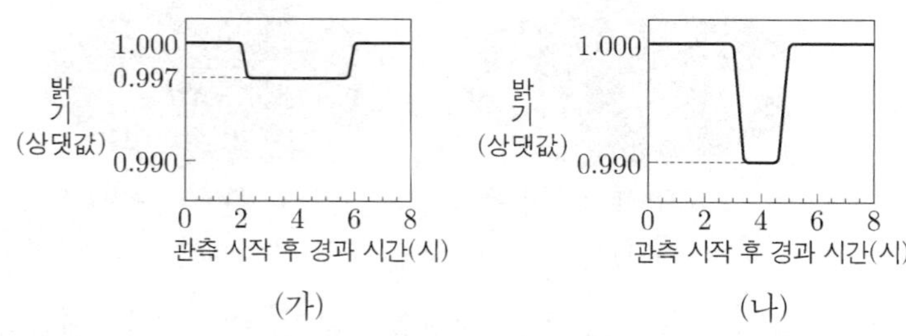

이에 대한 설명으로 옳은 것만을 <보기>에서 있는 대로 고른 것은? [3점]

<보 기>

ㄱ. 식 현상이 지속되는 시간은 (가)가 (나)보다 길다.
ㄴ. (가)의 행성 반지름은 (나)의 행성 반지름의 0.3배이다.
ㄷ. 중심별의 흡수선 파장은 식 현상이 시작되기 직전이 식 현상이 끝난 직후보다 길다.

① ㄱ ② ㄴ ③ ㄱ, ㄷ ④ ㄴ, ㄷ ⑤ ㄱ, ㄴ, ㄷ

19. 그림은 남아메리카 대륙의 현재 위치와 시기별 고지자기극의 위치를 나타낸 것이다. 고지자기극은 남아메리카 대륙의 고지자기 방향으로 추정한 지리상 남극이고, 지리상 남극은 변하지 않았다. 현재 지자기 남극은 지리상 남극과 일치한다.

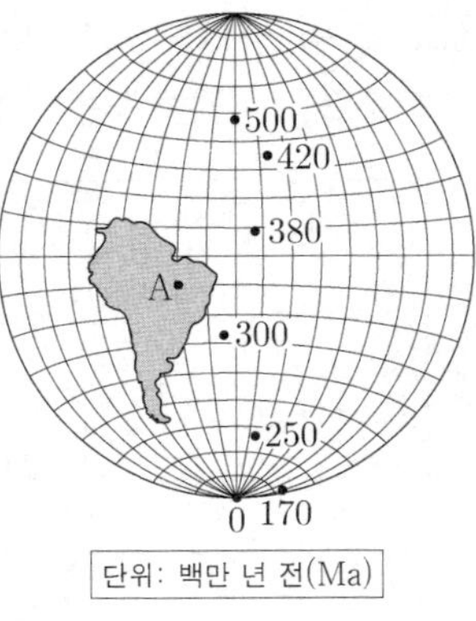

대륙 위의 지점 A에 대한 설명으로 옳은 것만을 <보기>에서 있는 대로 고른 것은?

<보 기>

ㄱ. 500 Ma에는 북반구에 위치하였다.
ㄴ. 복각의 절댓값은 300 Ma일 때가 250 Ma일 때보다 컸다.
ㄷ. 250 Ma일 때는 170 Ma일 때보다 북쪽에 위치하였다.

① ㄱ ② ㄴ ③ ㄷ ④ ㄱ, ㄴ ⑤ ㄱ, ㄷ

20. 그림의 유형 I과 II는 두 물리량 x와 y 사이의 대략적인 관계를 나타낸 것이다. 표는 엘니뇨와 라니냐가 일어난 시기에 태평양 적도 부근 해역에서 동시에 관측한 물리량과 이들의 관계 유형을 I 또는 II로 나타낸 것이다.

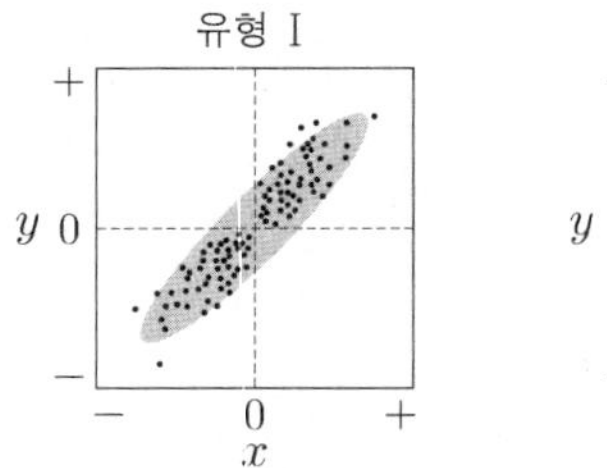

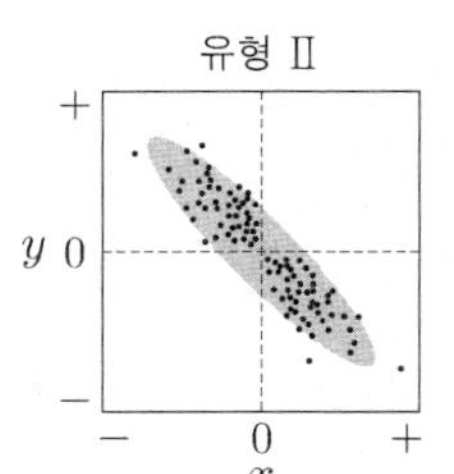

관계 유형 \ 물리량	x	y
ⓐ	동태평양에서 적운형 구름양의 편차	(서태평양 해수면 높이 − 동태평양 해수면 높이)의 편차
I	서태평양에서의 해면 기압 편차	(㉠)의 편차
ⓑ	(서태평양 해수면 수온 − 동태평양 해수면 수온)의 편차	워커 순환 세기의 편차

(편차 = 관측값 − 평년값)

이 자료에 대한 설명으로 옳은 것만을 <보기>에서 있는 대로 고른 것은? [3점]

<보 기>

ㄱ. ⓐ는 II이다.
ㄴ. '동태평양에서 수온 약층이 나타나기 시작하는 깊이'는 ㉠에 해당한다.
ㄷ. ⓑ는 I이다.

① ㄱ ② ㄷ ③ ㄱ, ㄴ ④ ㄴ, ㄷ ⑤ ㄱ, ㄴ, ㄷ

* 확인 사항

○ 답안지의 해당란에 필요한 내용을 정확히 기입(표기)했는지 확인 하시오.

[해설편 p.103]

제 4 교시

과학탐구 영역(지구과학 I)

33회

성명		수험 번호		—		제〔 〕선택

1. 표는 퇴적물의 기원에 따른 퇴적암의 종류를 나타낸 것이다.

구분	퇴적물	퇴적암
A	식물	석탄
	규조	처트
B	모래	㉠
	㉡	역암

이에 대한 설명으로 옳은 것만을 <보기>에서 있는 대로 고른 것은?

<보 기>

ㄱ. A는 쇄설성 퇴적암이다.
ㄴ. ㉠은 암염이다.
ㄷ. 자갈은 ㉡에 해당한다.

① ㄱ ② ㄴ ③ ㄷ ④ ㄱ, ㄷ ⑤ ㄴ, ㄷ

2. 그림은 현생 누대 동안 동물 과의 수를 현재 동물 과의 수에 대한 비로 나타낸 것이다.

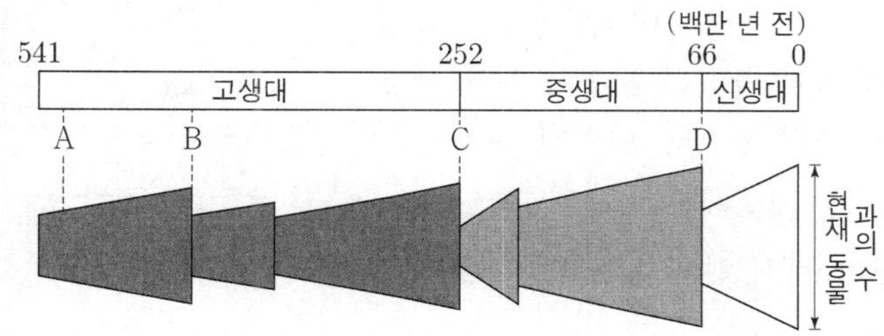

이에 대한 설명으로 옳은 것만을 <보기>에서 있는 대로 고른 것은? [3점]

<보 기>

ㄱ. A 시기에 육상 동물이 출현하였다.
ㄴ. 동물 과의 멸종 비율은 B 시기가 C 시기보다 크다.
ㄷ. D 시기에 공룡이 멸종하였다.

① ㄱ ② ㄴ ③ ㄷ ④ ㄱ, ㄴ ⑤ ㄱ, ㄷ

3. 그림은 분광형과 광도를 기준으로 한 H-R도이고, 표의 (가), (나), (다)는 각각 H-R도에 분류된 별의 집단 ㉠, ㉡, ㉢의 특징 중 하나이다.

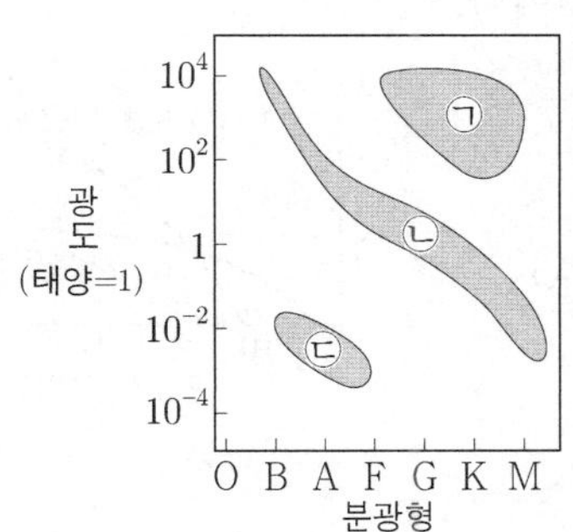

구분	특징
(가)	별이 일생의 대부분을 보내는 단계로, 정역학 평형 상태에 놓여 별의 크기가 거의 일정하게 유지된다.
(나)	주계열을 벗어난 단계로, 핵융합 반응을 통해 무거운 원소들이 만들어진다.
(다)	태양과 질량이 비슷한 별의 최종 진화 단계로, 별의 바깥층 물질이 우주로 방출된 후 중심핵만 남는다.

(가), (나), (다)에 해당하는 별의 집단으로 옳은 것은?

	(가)	(나)	(다)
①	㉠	㉡	㉢
②	㉡	㉠	㉢
③	㉡	㉢	㉠
④	㉢	㉠	㉡
⑤	㉢	㉡	㉠

4. 그림 (가)는 어느 날 21 시 우리나라 주변의 지상 일기도를, (나)는 (가)의 21 시부터 14 시간 동안 관측소 A와 B 중 한 곳에서 관측한 기온과 기압을 나타낸 것이다.

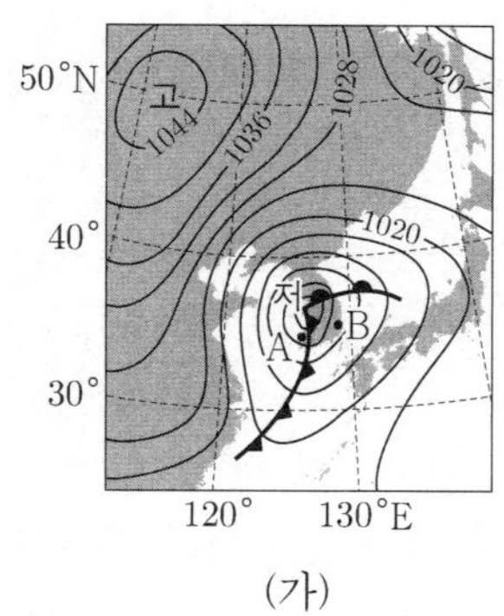

(가)

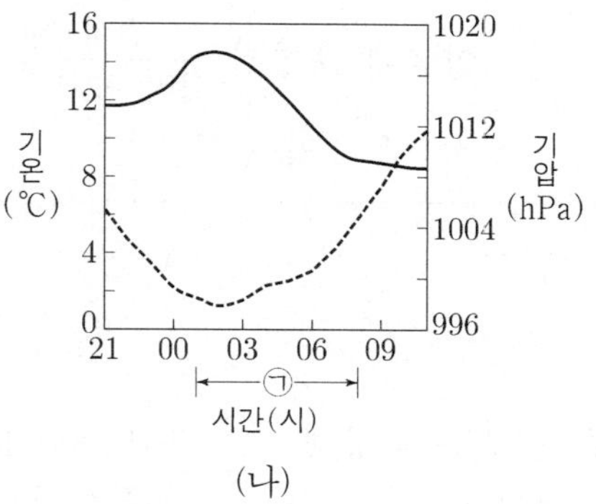

(나)

이 자료에 대한 설명으로 옳은 것만을 <보기>에서 있는 대로 고른 것은? [3점]

<보 기>

ㄱ. (가)에서 A의 상층부에는 주로 층운형 구름이 발달한다.
ㄴ. (나)는 B의 관측 자료이다.
ㄷ. (나)의 관측소에서 ㉠기간 동안 풍향은 시계 반대 방향으로 바뀌었다.

① ㄱ ② ㄴ ③ ㄱ, ㄷ ④ ㄴ, ㄷ ⑤ ㄱ, ㄴ, ㄷ

5. 그림 (가)는 우리나라 주변 해역 A, B, C를, (나)는 세 해역 표층 해수의 수온과 염분을 수온-염분도에 나타낸 것이다. B와 C의 수온과 염분 분포는 각각 ㉠과 ㉡ 중 하나이다.

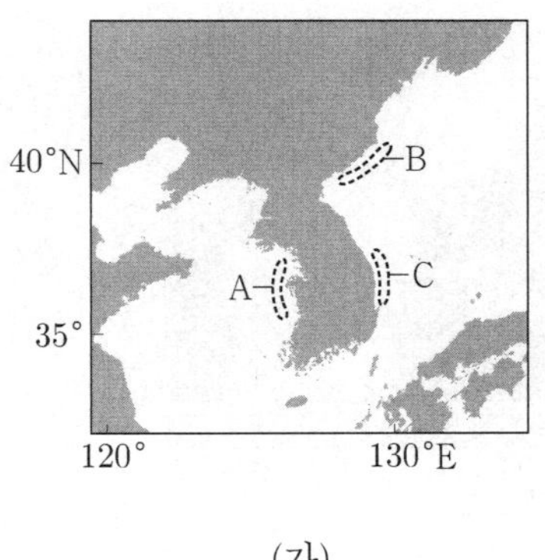

(가)

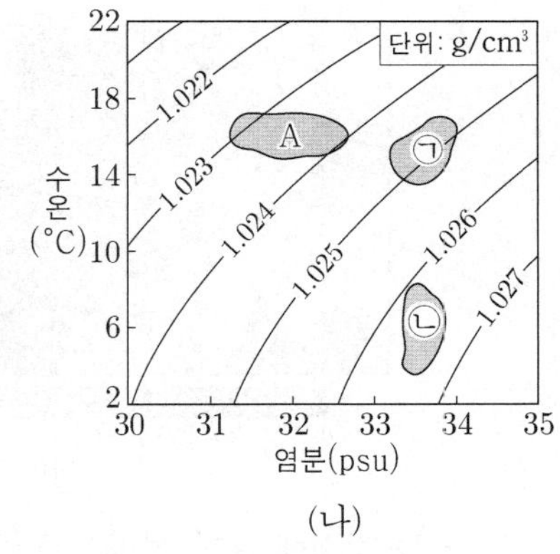

(나)

이 자료에 대한 설명으로 옳은 것만을 <보기>에서 있는 대로 고른 것은?

<보 기>

ㄱ. ㉡은 B에 해당한다.
ㄴ. 해수의 밀도는 A가 C보다 크다.
ㄷ. B와 C의 해수 밀도 차이는 수온보다 염분의 영향이 더 크다.

① ㄱ ② ㄴ ③ ㄱ, ㄷ ④ ㄴ, ㄷ ⑤ ㄱ, ㄴ, ㄷ

[해설편 p.104]

6. 그림은 방사성 동위 원소 A와 B의 붕괴 곡선을 나타낸 것이다.

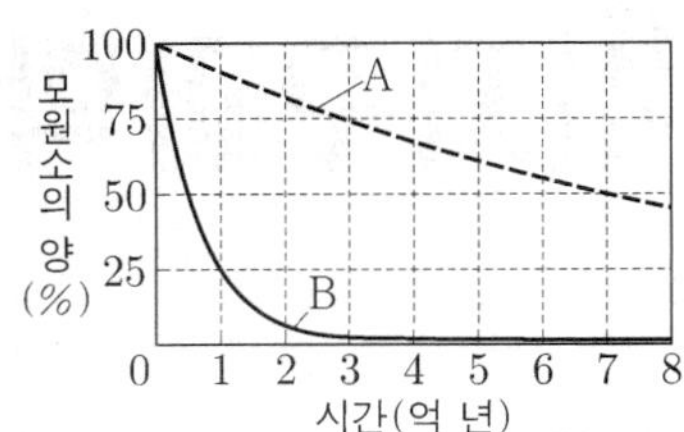

이에 대한 설명으로 옳은 것만을 <보기>에서 있는 대로 고른 것은?

<보 기>

ㄱ. 반감기는 A가 B의 14배이다.
ㄴ. 7억 년 전 생성된 화성암에 포함된 A는 두 번의 반감기를 거쳤다.
ㄷ. 암석에 포함된 $\frac{\text{B의 양}}{\text{B의 자원소 양}}$이 $\frac{1}{4}$로 되는 데 걸리는 시간은 1억 년이다.

① ㄱ ② ㄴ ③ ㄱ, ㄷ ④ ㄴ, ㄷ ⑤ ㄱ, ㄴ, ㄷ

7. 그림은 태평양 적도 부근 해역에서의 대기 순환 모습을 나타낸 것이다. (가)와 (나)는 각각 엘니뇨와 라니냐 시기 중 하나이다.

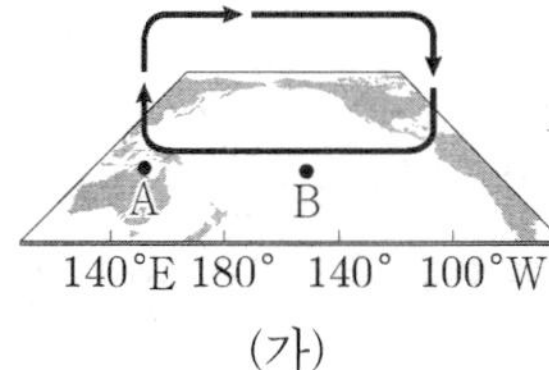

(가)

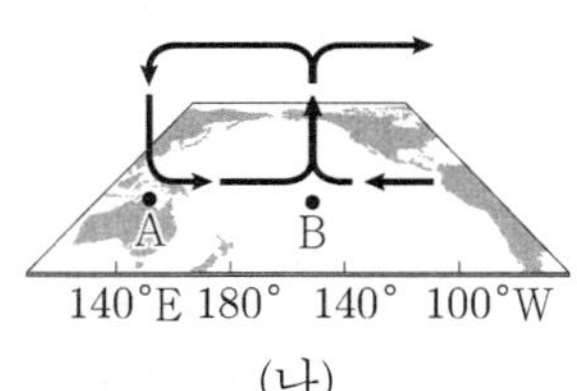

(나)

이에 대한 설명으로 옳은 것만을 <보기>에서 있는 대로 고른 것은? [3점]

<보 기>

ㄱ. 서태평양 적도 부근 무역풍의 세기는 (가)가 (나)보다 강하다.
ㄴ. 동태평양 적도 부근 해역의 용승은 (가)가 (나)보다 강하다.
ㄷ. (B 지점 해면 기압 − A 지점 해면 기압)의 값은 (가)가 (나)보다 크다.

① ㄱ ② ㄷ ③ ㄱ, ㄴ ④ ㄴ, ㄷ ⑤ ㄱ, ㄴ, ㄷ

8. 그림은 해양 지각의 연령 분포를 나타낸 것이다.

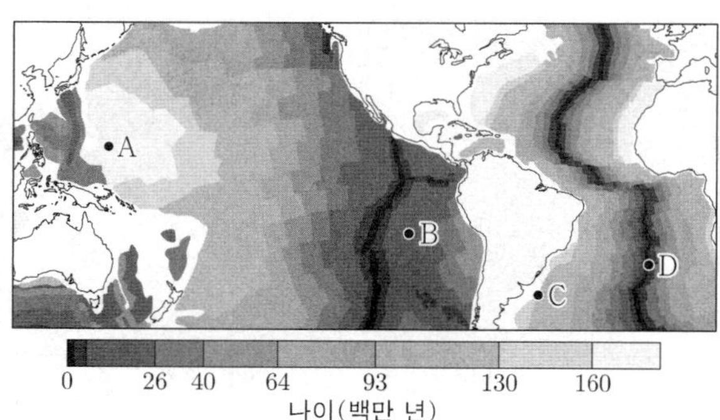

A ~ D 지점에 대한 설명으로 옳은 것만을 <보기>에서 있는 대로 고른 것은?

<보 기>

ㄱ. 해저 퇴적물의 두께는 A가 B보다 두껍다.
ㄴ. 최근 4천만 년 동안 평균 이동 속력은 B가 속한 판이 C가 속한 판보다 크다.
ㄷ. 지진 활동은 C가 D보다 활발하다.

① ㄱ ② ㄷ ③ ㄱ, ㄴ ④ ㄴ, ㄷ ⑤ ㄱ, ㄴ, ㄷ

9. 그림은 해양판이 섭입하면서 마그마가 생성되는 어느 해구 지역의 지진파 단층 촬영 영상을 나타낸 것이다.

이에 대한 설명으로 옳은 것만을 <보기>에서 있는 대로 고른 것은? [3점]

<보 기>

ㄱ. ㉠은 열점이다.
ㄴ. A 지점에서는 주로 SiO_2의 함량이 52 %보다 낮은 마그마가 생성된다.
ㄷ. B 지점은 맨틀 대류의 하강부이다.

① ㄱ ② ㄴ ③ ㄱ, ㄷ ④ ㄴ, ㄷ ⑤ ㄱ, ㄴ, ㄷ

10. 그림은 어느 해 태평양에서 유실된 컨테이너에 실려 있던 운동화가 발견된 지점과 표층 해류 A와 B의 일부를 나타낸 것이다.

이에 대한 설명으로 옳은 것만을 <보기>에서 있는 대로 고른 것은? [3점]

<보 기>

ㄱ. A는 편서풍의 영향을 받는다.
ㄴ. B는 아열대 순환의 일부이다.
ㄷ. 북아메리카 해안에서 발견된 운동화는 북태평양 해류의 영향을 받았다.

① ㄱ ② ㄴ ③ ㄱ, ㄷ ④ ㄴ, ㄷ ⑤ ㄱ, ㄴ, ㄷ

11. 그림 (가)의 A와 B는 분광형이 G2인 주계열성의 중심으로부터 표면까지 거리에 따른 수소 함량 비율과 온도를 순서 없이 나타낸 것이고, ㉠과 ㉡은 에너지 전달 방식이 다른 구간을 표시한 것이다. (나)는 별의 중심 온도에 따른 p-p 반응과 CNO 순환 반응의 상대적 에너지 생산량을 비교한 것이다.

(가) (나)

이에 대한 설명으로 옳은 것만을 <보기>에서 있는 대로 고른 것은?

<보 기>

ㄱ. A는 온도이다.
ㄴ. (가)의 핵에서는 CNO 순환 반응보다 p-p 반응에 의해 생성되는 에너지의 양이 많다.
ㄷ. 대류층에 해당하는 것은 ㉡이다.

① ㄱ ② ㄴ ③ ㄱ, ㄷ ④ ㄴ, ㄷ ⑤ ㄱ, ㄴ, ㄷ

[해설편 p.105]

12. 다음은 세 학생이 다양한 외부 은하를 형태에 따라 분류하는 탐구 활동의 일부를 나타낸 것이다.

[탐구 과정]
(가) 다양한 형태의 은하 사진을 준비한다.
(나) '규칙적인 구조가 있는가?'에 따라 은하를 분류한다.
(다) (나)의 조건을 만족하는 은하를 '(㉠)이/가 있는가?'에 따라 A와 B 그룹으로 분류한다.
(라) A와 B 그룹에 적용할 추가 분류 기준을 만든다.

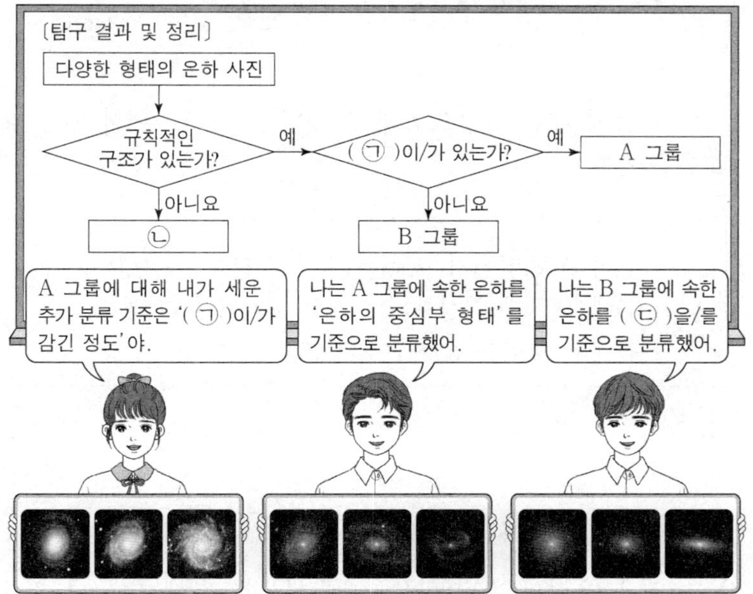

이에 대한 설명으로 옳은 것만을 <보기>에서 있는 대로 고른 것은? [3점]

<보 기>

ㄱ. 나선팔은 ㉠에 해당한다.
ㄴ. 허블의 분류 체계에 따르면 ㉡은 불규칙 은하이다.
ㄷ. '구에 가까운 정도'는 ㉢에 해당한다.

① ㄱ ② ㄴ ③ ㄱ, ㄷ ④ ㄴ, ㄷ ⑤ ㄱ, ㄴ, ㄷ

13. 그림 (가)는 어느 외계 행성계에서 식 현상을 일으키는 행성 A, B, C에 의한 시간에 따른 중심별의 겉보기 밝기 변화를, (나)는 A, B, C 중 두 행성에 의한 중심별의 겉보기 밝기 변화를 나타낸 것이다. 세 행성의 공전 궤도면은 관측자의 시선 방향과 나란하다.

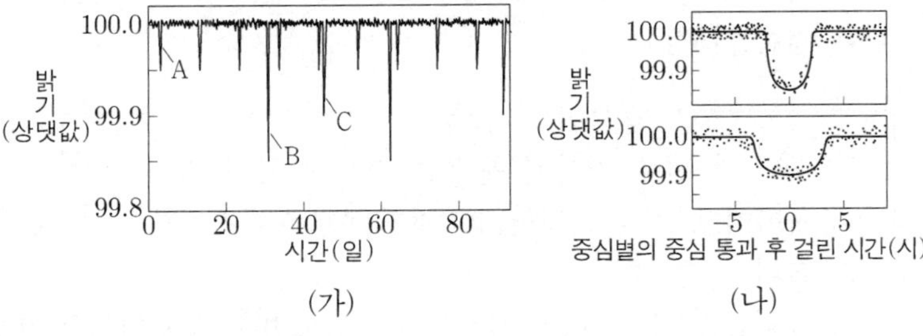

이 자료에 대한 설명으로 옳은 것만을 <보기>에서 있는 대로 고른 것은? [3점]

<보 기>

ㄱ. 행성의 반지름은 B가 A의 3배이다.
ㄴ. 행성의 공전 주기는 C가 가장 길다.
ㄷ. 행성이 중심별을 통과하는 데 걸리는 시간은 C가 B보다 길다.

① ㄱ ② ㄴ ③ ㄱ, ㄷ ④ ㄴ, ㄷ ⑤ ㄱ, ㄴ, ㄷ

14. 그림은 기후 변화 요인 ㉠과 ㉡을 고려하여 추정한 지구 평균 기온 편차(추정값 − 기준값)와 관측 기온 편차(관측값 − 기준값)를 나타낸 것이다. ㉠과 ㉡은 각각 온실 기체와 자연적 요인 중 하나이고, 기준값은 1880년~1919년의 평균 기온이다.

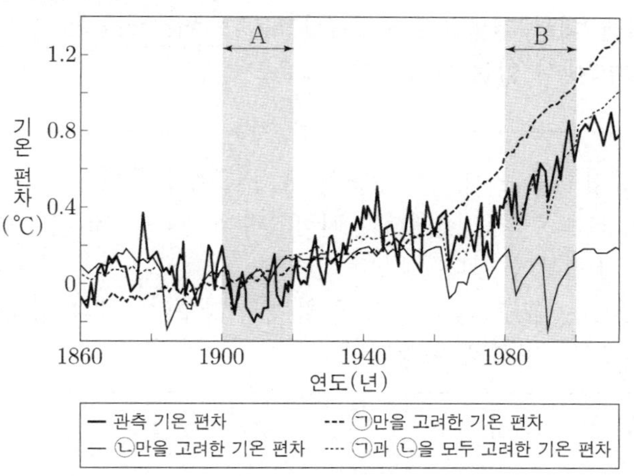

이에 대한 설명으로 옳은 것만을 <보기>에서 있는 대로 고른 것은? [3점]

<보 기>

ㄱ. 지구 해수면의 평균 높이는 B 시기가 A 시기보다 높다.
ㄴ. 대기권에 도달하는 태양 복사 에너지양의 변화는 ㉡에 해당한다.
ㄷ. B 시기의 관측 기온 변화 추세는 자연적 요인보다 온실 기체에 의한 영향이 더 크다.

① ㄱ ② ㄷ ③ ㄱ, ㄴ ④ ㄴ, ㄷ ⑤ ㄱ, ㄴ, ㄷ

15. 그림은 별의 스펙트럼에 나타난 흡수선의 상대적 세기를 온도에 따라 나타낸 것이고, 표는 별 A, B, C의 물리량과 특징을 나타낸 것이다.

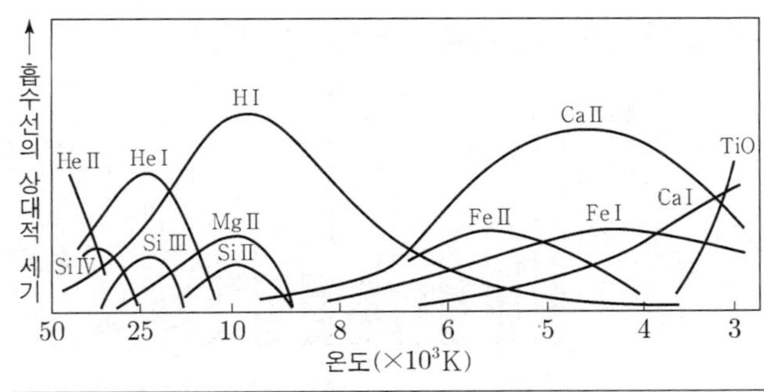

별	표면 온도(K)	절대 등급	특징
A	( )	11.0	별의 색깔은 흰색이다.
B	3500	( )	반지름이 C의 100배이다.
C	6000	6.0	( )

이에 대한 설명으로 옳은 것은?

① 반지름은 A가 C보다 크다.
② B의 절대 등급은 −4.0보다 크다.
③ 세 별 중 Fe I 흡수선은 A에서 가장 강하다.
④ 단위 시간 당 방출하는 복사 에너지양은 C가 B보다 많다.
⑤ C에서는 Fe II 흡수선이 Ca II 흡수선보다 강하게 나타난다.

16. 그림은 대서양 심층 순환의 일부를 모식적으로 나타낸 것이다. 수괴 A, B, C는 각각 북대서양 심층수, 남극 저층수, 남극 중층수 중 하나이다.

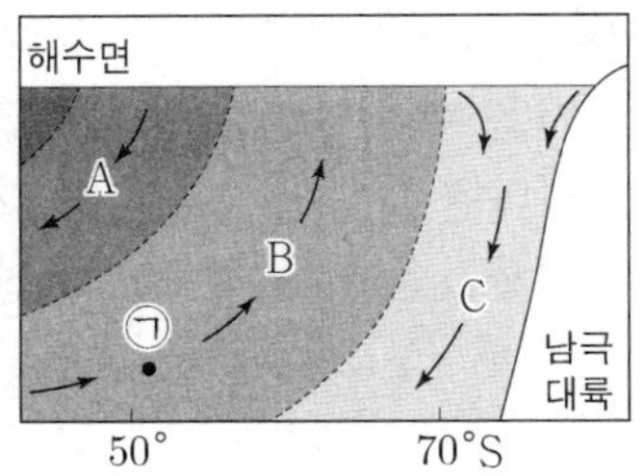

이에 대한 설명으로 옳은 것만을 <보기>에서 있는 대로 고른 것은?

<보 기>

ㄱ. 침강하는 해수의 밀도는 A가 C보다 작다.
ㄴ. B는 형성된 곳에서 ㉠지점까지 도달하는 데 걸리는 시간이 1년보다 짧다.
ㄷ. C는 표층 해수에서 (증발량 − 강수량) 값의 감소에 의한 밀도 변화로 형성된다.

① ㄱ ② ㄴ ③ ㄱ, ㄷ ④ ㄴ, ㄷ ⑤ ㄱ, ㄴ, ㄷ

17. 그림 (가)는 표준 우주 모형에서 시간에 따른 우주의 크기 변화를, (나)는 플랑크 망원경의 우주 배경 복사 관측 결과로부터 추론한 현재 우주를 구성하는 요소의 비율을 나타낸 것이다.

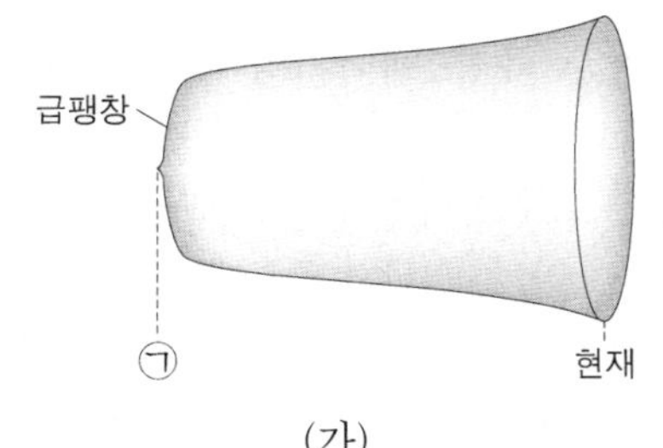

(가)

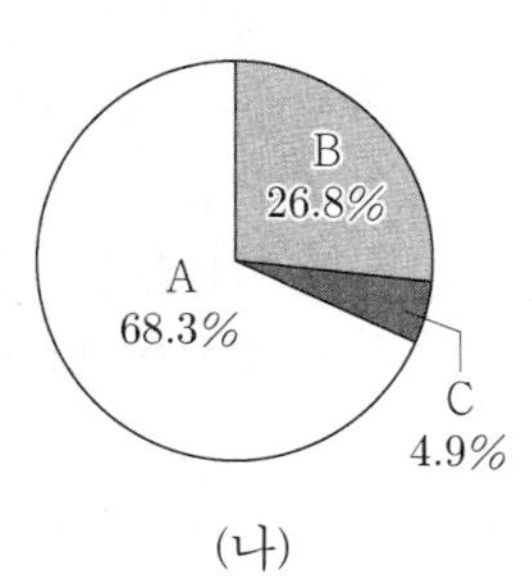

(나)

이에 대한 설명으로 옳은 것만을 <보기>에서 있는 대로 고른 것은?

<보 기>

ㄱ. 우주 배경 복사는 ㉠시기에 방출된 빛이다.
ㄴ. 현재 우주를 가속 팽창시키는 역할을 하는 것은 A이다.
ㄷ. B에서 가장 큰 비율을 차지하는 것은 중성자이다.

① ㄱ ② ㄴ ③ ㄷ ④ ㄱ, ㄴ ⑤ ㄱ, ㄷ

18. 그림은 여러 외부 은하를 관측해서 구한 은하 A~I의 성간 기체에 존재하는 원소의 질량비를 나타낸 것이다.

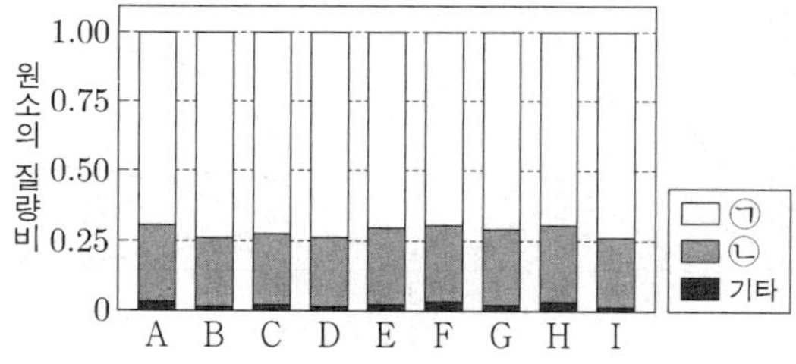

이에 대한 설명으로 옳은 것만을 <보기>에서 있는 대로 고른 것은? [3점]

<보 기>

ㄱ. ㉡은 수소 핵융합으로부터 만들어지는 원소이다.
ㄴ. 성간 기체에 포함된 $\frac{\text{수소의 총 질량}}{\text{산소의 총 질량}}$은 A가 B보다 크다.
ㄷ. 이 관측 결과는 우주의 밀도가 시간과 관계없이 일정하다고 보는 우주론의 증거가 된다.

① ㄱ ② ㄷ ③ ㄱ, ㄴ ④ ㄴ, ㄷ ⑤ ㄱ, ㄴ, ㄷ

19. 그림 (가)는 어느 날 05시 우리나라 주변의 적외 영상을, (나)는 다음 날 09시 지상 일기도를 나타낸 것이다.

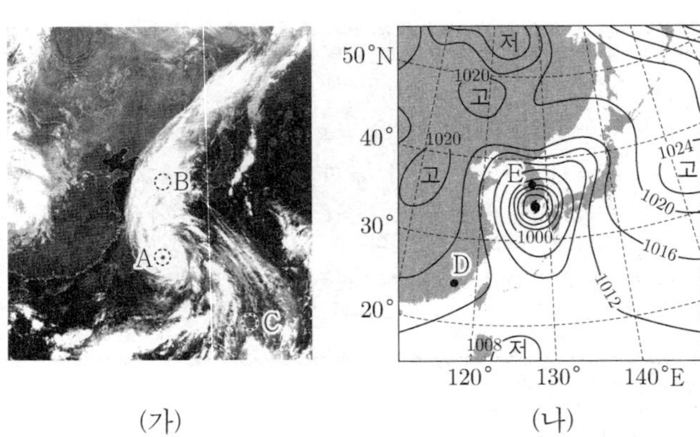

(가) (나)

이 자료에 대한 설명으로 옳은 것만을 <보기>에서 있는 대로 고른 것은?

<보 기>

ㄱ. (가)의 A 해역에서 표층 해수의 침강이 나타난다.
ㄴ. (가)에서 구름 최상부의 고도는 B가 C보다 높다.
ㄷ. (나)에서 풍속은 E가 D보다 크다.

① ㄱ ② ㄷ ③ ㄱ, ㄴ ④ ㄴ, ㄷ ⑤ ㄱ, ㄴ, ㄷ

20. 그림은 유럽과 북아메리카 대륙에서 측정한 5억 년 전부터 ㉢시기까지 고지자기극의 겉보기 이동 경로를 겹쳤을 때의 대륙 모습을 나타낸 것이다. 고지자기극은 고지자기 방향으로부터 추정한 지리상 북극이고, 실제 진북은 변하지 않았다.

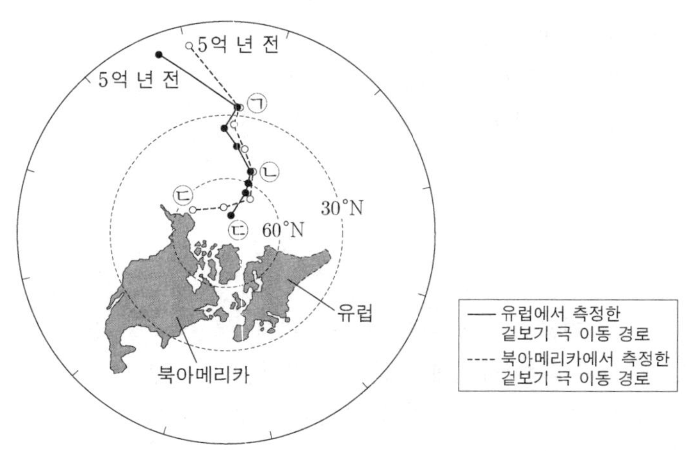

이 자료에 대한 설명으로 옳은 것만을 <보기>에서 있는 대로 고른 것은? [3점]

<보 기>

ㄱ. 5억 년 전에 지자기 북극은 적도 부근에 위치하였다.
ㄴ. 북아메리카에서 측정한 고지자기 복각은 ㉡시기가 ㉠시기보다 크다.
ㄷ. 유럽은 ㉡시기부터 ㉢시기까지 저위도 방향으로 이동하였다.

① ㄱ ② ㄴ ③ ㄱ, ㄷ ④ ㄴ, ㄷ ⑤ ㄱ, ㄴ, ㄷ

* 확인 사항
○ 답안지의 해당란에 필요한 내용을 정확히 기입(표기)했는지 확인하시오.

[해설편 p.107]

제 4 교시

과학탐구 영역(지구과학 I)

34회

성명		수험 번호		제 [ ] 선택

● 2020학년도 9월(고3 지Ⅱ)

1. 그림은 서로 다른 지역 (가)와 (나)의 지질 주상도와 각 지층에서 산출되는 화석을 나타낸 것이다.

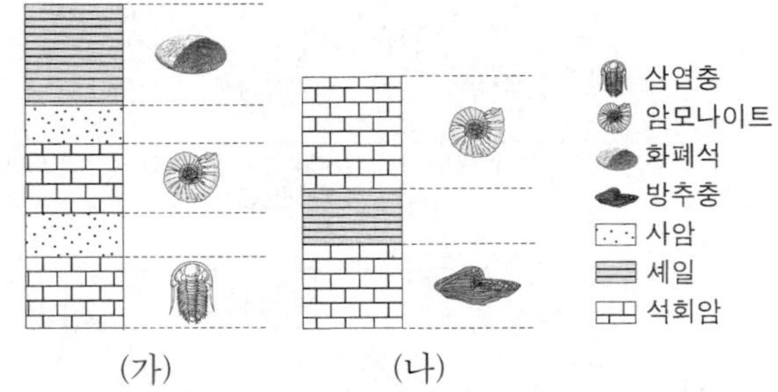

(가) (나)

이 자료에 대한 설명으로 옳은 것만을 <보기>에서 있는 대로 고른 것은?

<보 기>

ㄱ. 두 지역의 셰일은 동일한 시대에 퇴적되었다.
ㄴ. 가장 젊은 지층은 (가)에 나타난다.
ㄷ. 화석이 산출되는 지층은 모두 해성층이다.

① ㄱ ② ㄷ ③ ㄱ, ㄴ ④ ㄴ, ㄷ ⑤ ㄱ, ㄴ, ㄷ

● 2020학년도 9월(고3 지Ⅱ)

2. 그림은 퇴적 구조 A, B, C를 나타낸 것이다.

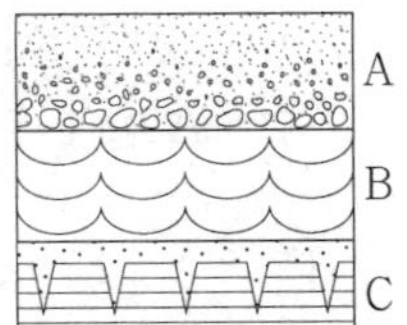

이에 대한 설명으로 옳은 것만을 <보기>에서 있는 대로 고른 것은?

<보 기>

ㄱ. A는 지층의 상하 판단에 이용된다.
ㄴ. B는 연흔이다.
ㄷ. C가 생성되는 동안 건조한 대기에 노출된 시기가 있었다.

① ㄱ ② ㄴ ③ ㄱ, ㄷ ④ ㄴ, ㄷ ⑤ ㄱ, ㄴ, ㄷ

● 2018학년도 수능(고3 지Ⅱ)

3. 그림은 마그마 A와 B의 화학 조성을 질량비(%)로 나타낸 것이다. A와 B는 각각 현무암질 마그마와 유문암질 마그마 중 하나이다.

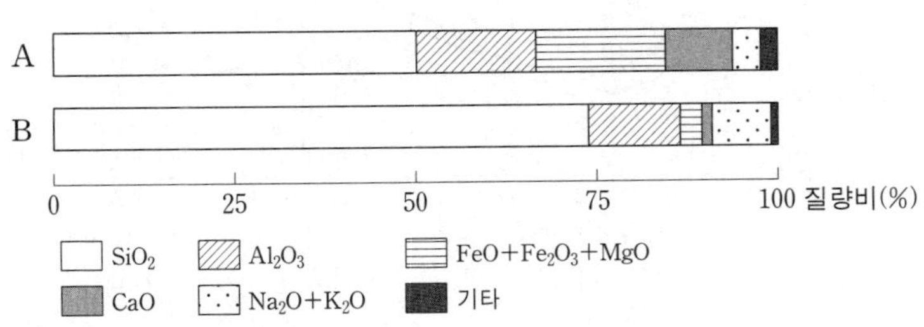

이에 대한 설명으로 옳은 것만을 〈보기〉에서 있는 대로 고른 것은? [3점]

〈보 기〉

ㄱ. A는 유문암질 마그마이다.
ㄴ. CaO의 질량비는 A가 B보다 크다.
ㄷ. 유색 광물은 A보다 B에서 많이 정출된다.

① ㄱ ② ㄴ ③ ㄱ, ㄷ ④ ㄴ, ㄷ ⑤ ㄱ, ㄴ, ㄷ

● 2012학년도 6월(고3)

4. 그림 (가)와 (나)는 여름철 어느 날과 겨울철 어느 날의 일기도를 순서 없이 나타낸 것이다.

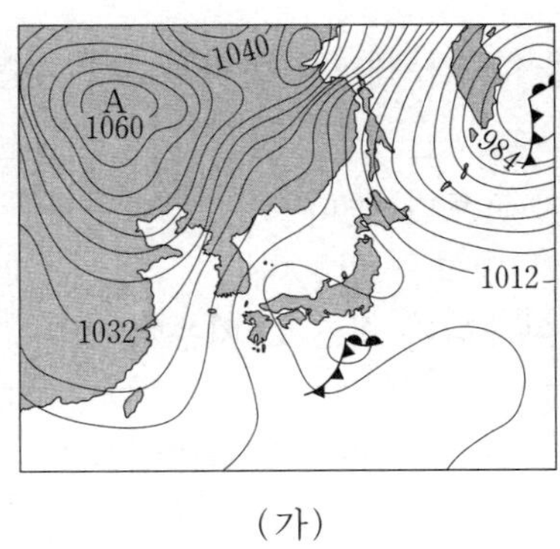

(가)

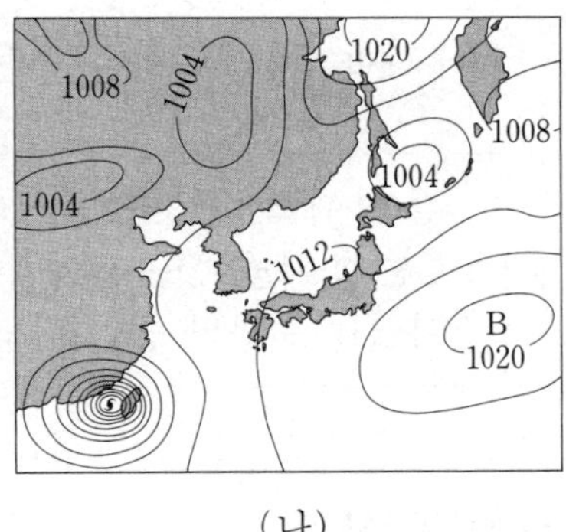

(나)

이에 대한 설명으로 옳은 것만을 〈보기〉에서 있는 대로 고른 것은?

〈보 기〉

ㄱ. (가)는 여름철의 일기도이다.
ㄴ. 우리나라에서 풍속은 (가)가 (나)보다 크다.
ㄷ. A는 건조한 고기압이고, B는 다습한 고기압이다.

① ㄱ ② ㄷ ③ ㄱ, ㄴ ④ ㄴ, ㄷ ⑤ ㄱ, ㄴ, ㄷ

● 2020학년도 9월(고3 지Ⅱ)

5. 그림 (가)는 물질과 암흑 에너지의 함량이 서로 다른 우주 모형 A, B, C에서 시간에 따른 우주의 상대적 크기를, (나)는 이들 모형에서 적색 편이(z)와 거리 지수 사이의 관계를 나타낸 것이다. Ω_m과 Ω_Λ는 각각 현재 우주의 물질 밀도와 암흑 에너지 밀도를 임계 밀도로 나눈 값이다.

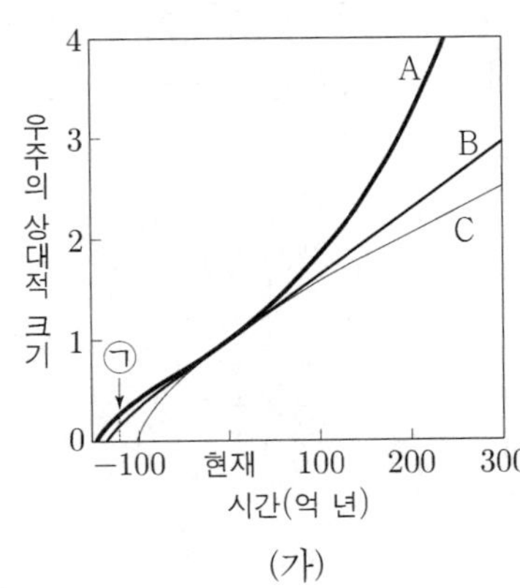

(가)

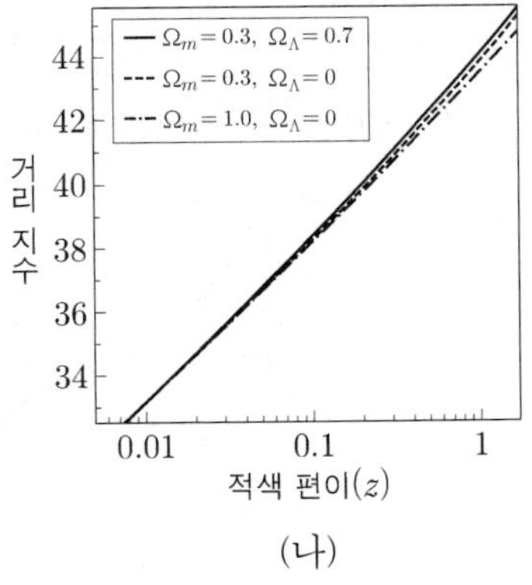

(나)

이에 대한 설명으로 옳은 것만을 <보기>에서 있는 대로 고른 것은? [3점]

<보 기>

ㄱ. A는 $\Omega_m = 0.3$, $\Omega_\Lambda = 0.7$인 우주에 해당한다.
ㄴ. A에서 ㉠ 시기에 우주 공간의 팽창 속도는 감소한다.
ㄷ. $z = 1$인 천체에서 방출된 빛이 지구에 도달하는 데 걸리는 시간은 B의 경우가 C의 경우보다 짧다.

① ㄱ ② ㄷ ③ ㄱ, ㄴ ④ ㄴ, ㄷ ⑤ ㄱ, ㄴ, ㄷ

[해설편 p.108]

● 2018학년도 7월(고3 지Ⅱ)

6. 그림은 남대서양의 표층 해류 A~D를 나타낸 것이다.

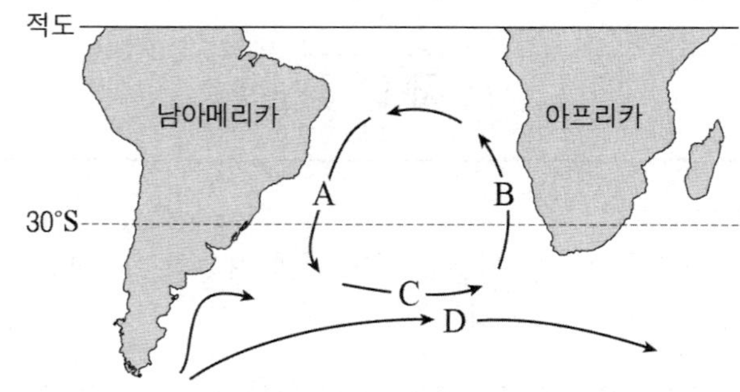

이에 대한 설명으로 옳은 것만을 <보기>에서 있는 대로 고른 것은?

<보 기>
ㄱ. 같은 위도에서 수온은 B가 A보다 높다.
ㄴ. C는 편서풍, D는 극동풍의 영향을 받는다.
ㄷ. 아열대 순환의 중심은 남아메리카 쪽으로 치우쳐 있다.

① ㄱ ② ㄷ ③ ㄱ, ㄴ ④ ㄴ, ㄷ ⑤ ㄱ, ㄴ, ㄷ

● 2014학년도 9월(고3)

7. 그림은 황사의 이동 과정을 나타낸 것이다.

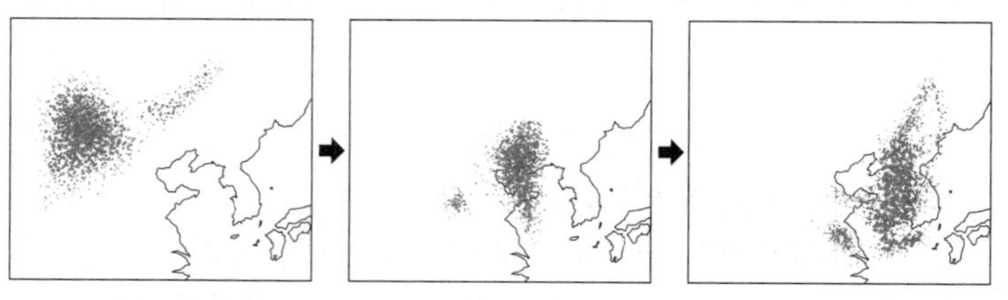

이에 대한 설명으로 옳은 것만을 〈보기〉에서 있는 대로 고른 것은?

〈보 기〉
ㄱ. 황사는 편서풍에 의해 이동한다.
ㄴ. 우리나라에서 황사는 주로 봄철에 나타난다.
ㄷ. 중국과 몽골의 사막화가 진행될수록 우리나라에 황사가 자주 나타날 것이다.

① ㄱ ② ㄴ ③ ㄱ, ㄷ ④ ㄴ, ㄷ ⑤ ㄱ, ㄴ, ㄷ

● 2020학년도 9월(고3 지Ⅱ)

8. 그림 (가)는 별 ㉠ ~ ㉣의 분광형과 절대 등급을 H－R도에 나타낸 것이고, (나)는 중심핵에서 수소 핵융합 반응을 하는 어느 별의 내부 구조를 나타낸 것이다.

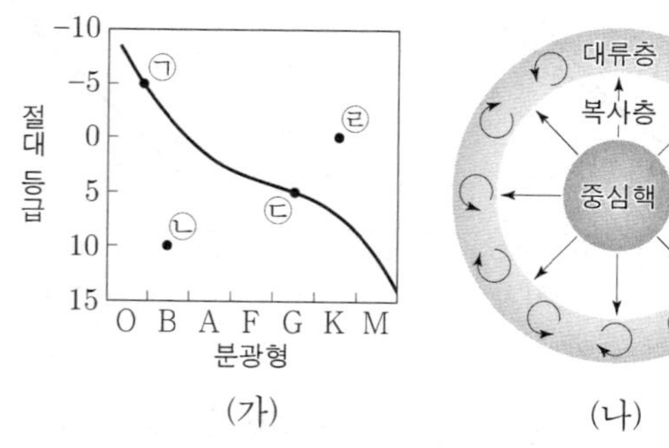

(가)

대류층
복사층
중심핵

(나)

별 ㉠ ~ ㉣에 대한 설명으로 옳은 것만을 <보기>에서 있는 대로 고른 것은?

<보 기>
ㄱ. 질량이 가장 큰 별은 ㉠이다.
ㄴ. 표면에서의 중력 가속도는 ㉣이 ㉡보다 크다.
ㄷ. (나)와 같은 내부 구조를 갖는 별은 ㉢이다.

① ㄱ ② ㄴ ③ ㄱ, ㄷ ④ ㄴ, ㄷ ⑤ ㄱ, ㄴ, ㄷ

9. 다음은 나무의 나이테 지수를 이용한 고기후 연구 방법에 대한 설명이다. 그림 (가)는 북반구 A 지역과 남반구 B 지역의 기온 편차를 각각 나타낸 것이고, (나)는 A 지역의 나이테 지수이다.

○ 나이테의 폭을 측정하여 나이테 지수를 구한다.
○ 나이테 지수가 클수록 기온이 높다고 추정한다.

(가)

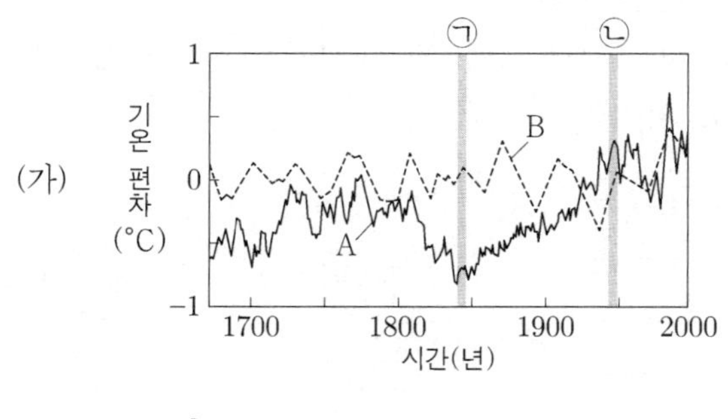

(나)

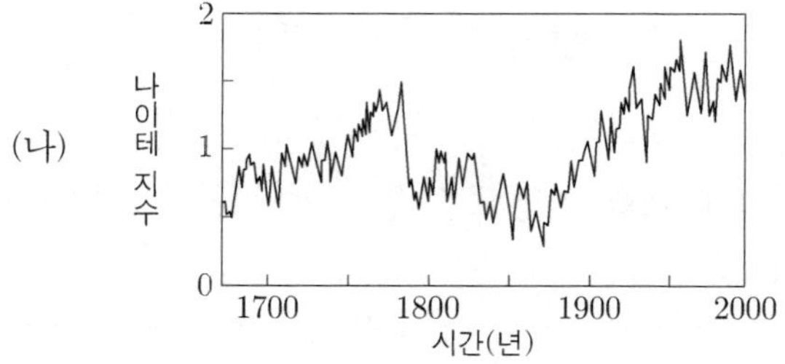

이 자료에 대한 설명으로 옳은 것만을 <보기>에서 있는 대로 고른 것은? [3점]

<보 기>
ㄱ. A의 기온은 ㉠ 시기가 ㉡ 시기보다 낮다.
ㄴ. 기온 편차의 최댓값과 최솟값의 차는 A가 B보다 작다.
ㄷ. ㉠ 시기의 나이테 지수와 ㉡ 시기의 나이테 지수의 차는 B가 A보다 작을 것이다.

① ㄱ ② ㄴ ③ ㄷ ④ ㄱ, ㄴ ⑤ ㄱ, ㄷ

10. 그림 (가)와 (나)는 어느 온대 저기압이 우리나라를 통과하는 동안 A와 B 지역의 기압과 풍향을 관측 시작 시각으로부터의 경과 시간에 따라 각각 나타낸 것이다. A와 B는 동일 경도 상이며, 온대 저기압의 영향권에 있었다.

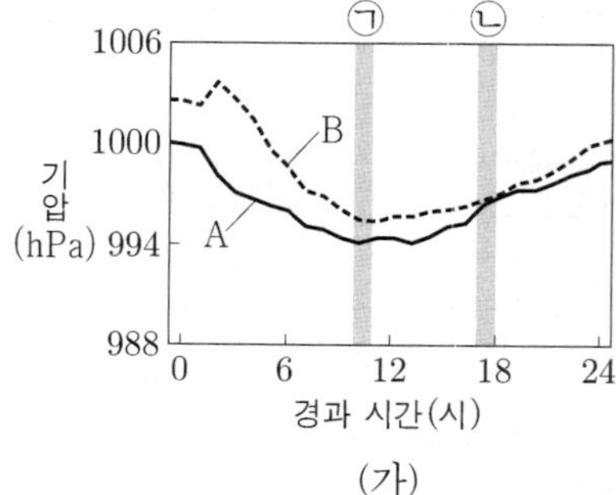

(가)

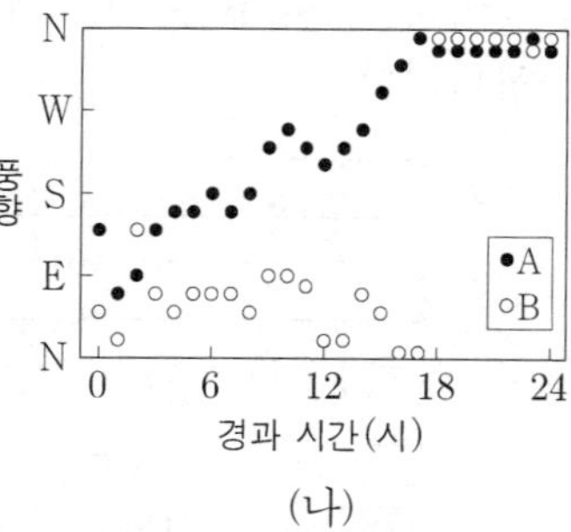

(나)

이에 대한 설명으로 옳은 것만을 <보기>에서 있는 대로 고른 것은? [3점]

<보 기>
ㄱ. A는 ㉡ 시기가 ㉠ 시기보다 찬 공기의 영향을 받았다.
ㄴ. 한랭 전선은 경과 시간 12~18시에 B를 통과하였다.
ㄷ. A는 B보다 저위도에 위치한다.

① ㄱ ② ㄴ ③ ㄱ, ㄷ ④ ㄴ, ㄷ ⑤ ㄱ, ㄴ, ㄷ

[해설편 p.108]

● 2020학년도 9월(고3 지Ⅱ)

11. 표는 세 방출선 (가), (나), (다)의 고유 파장과 퀘이사 A와 B의 스펙트럼 관측 결과를 적색 편이(z)와 함께 나타낸 것이다.

방출선	고유 파장(Å)	관측 파장(Å)	
		퀘이사 A (z=0.16)	퀘이사 B (z=0.32)
(가)	a	5036	5730
(나)	4861	b	c
(다)	5007	d	e

이에 대한 설명으로 옳은 것은?

① $\frac{b}{c}$는 $\frac{d}{e}$의 2배이다.
② c는 d보다 크다.
③ A는 B보다 거리가 멀다.
④ a는 (다)의 고유 파장보다 크다.
⑤ 태양은 A보다 광도가 크다.

12. 그림은 어느 태풍의 이동 경로를, 표는 이 태풍이 이동하는 동안 관측소 A에서 관측한 풍향과 태풍의 중심 기압을 나타낸 것이다. A의 위치는 ㉠과 ㉡ 중 하나이다.

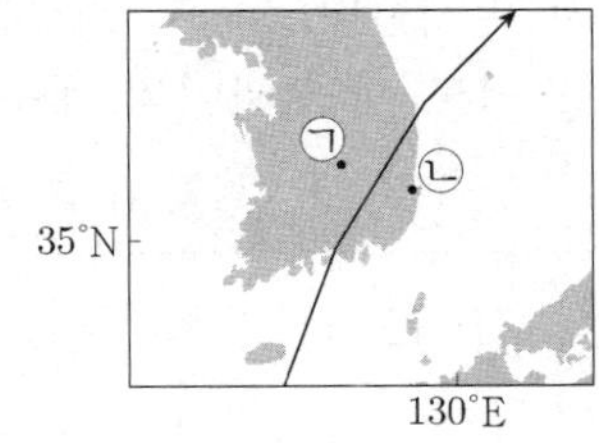

일시	풍향	태풍의 중심 기압 (hPa)
12일 21시	동	955
13일 00시	남동	960
13일 03시	남남서	970
13일 06시	남서	970

이에 대한 설명으로 옳은 것만을 <보기>에서 있는 대로 고른 것은? [3점]

<보 기>
ㄱ. A의 위치는 ㉡에 해당한다.
ㄴ. 태풍의 세력은 13일 03시가 12일 21시보다 강하다.
ㄷ. 태풍의 중심과 A 사이의 거리는 13일 06시가 13일 03시보다 멀다.

① ㄱ ② ㄴ ③ ㄱ, ㄷ ④ ㄴ, ㄷ ⑤ ㄱ, ㄴ, ㄷ

13. 그림은 지구에 도달하는 태양 복사 에너지를 100이라고 할 때, 복사 평형 상태에 있는 지구의 열수지를 나타낸 것이다.

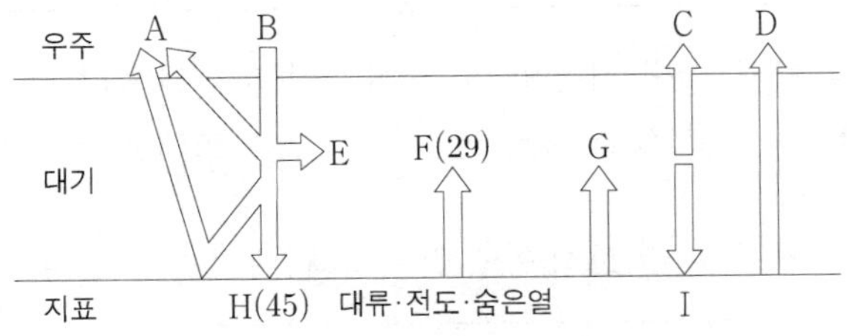

이에 대한 설명으로 옳은 것만을 <보기>에서 있는 대로 고른 것은? [3점]

<보 기>
ㄱ. B+I<A+D+E+G
ㄴ. 대기 중 이산화 탄소의 양이 증가하면 I가 증가한다.
ㄷ. 지표에서 적외선 복사 에너지의 방출량은 흡수량보다 많다.

① ㄱ ② ㄴ ③ ㄱ, ㄷ ④ ㄴ, ㄷ ⑤ ㄱ, ㄴ, ㄷ

14. 그림은 중앙 아메리카 어느 지역의 판 경계와 진앙 분포를 나타낸 것이다.

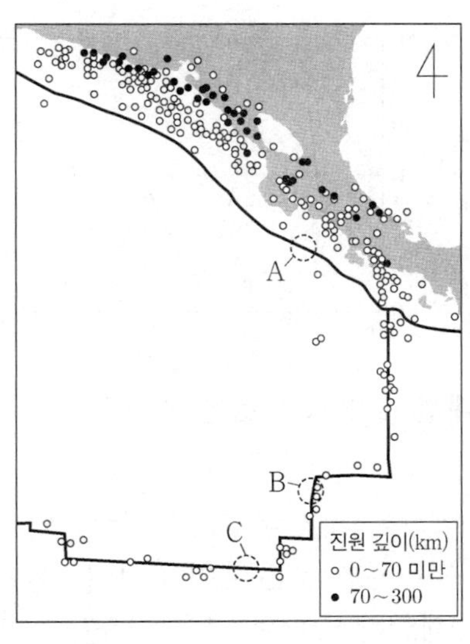

지역 A, B, C에 대한 설명으로 옳은 것만을 <보기>에서 있는 대로 고른 것은? [3점]

<보 기>
ㄱ. C에서 인접한 두 판의 이동 방향은 대체로 동서 방향이다.
ㄴ. 인접한 두 판의 밀도 차는 A가 C보다 크다.
ㄷ. 인접한 두 판의 나이 차는 B가 C보다 크다.

① ㄱ ② ㄴ ③ ㄷ ④ ㄱ, ㄴ ⑤ ㄴ, ㄷ

15. 그림은 여러 탐사 방법을 이용하여 최근까지 발견한 외계 행성의 특징을 나타낸 것이다.

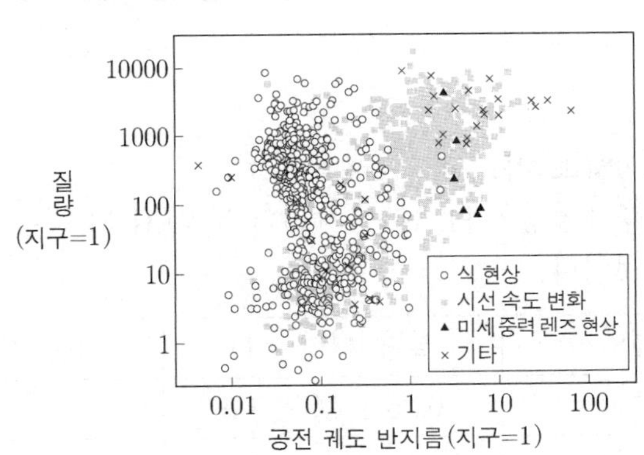

이 자료에 대한 설명으로 옳은 것만을 <보기>에서 있는 대로 고른 것은?

<보 기>
ㄱ. 시선 속도 변화 방법은 도플러 효과를 이용한다.
ㄴ. 중력에 의한 빛의 굴절 현상을 이용하여 발견한 행성의 수가 가장 많다.
ㄷ. 행성의 공전 궤도 반지름의 평균값은 식 현상을 이용한 방법이 시선 속도를 이용한 방법보다 크다.

① ㄱ ② ㄷ ③ ㄱ, ㄴ ④ ㄴ, ㄷ ⑤ ㄱ, ㄴ, ㄷ

34회

16. 그림은 대기 대순환에 의해 지표 부근에서 부는 동서 방향 바람의 연평균 풍속을 위도에 따라 나타낸 것이다.

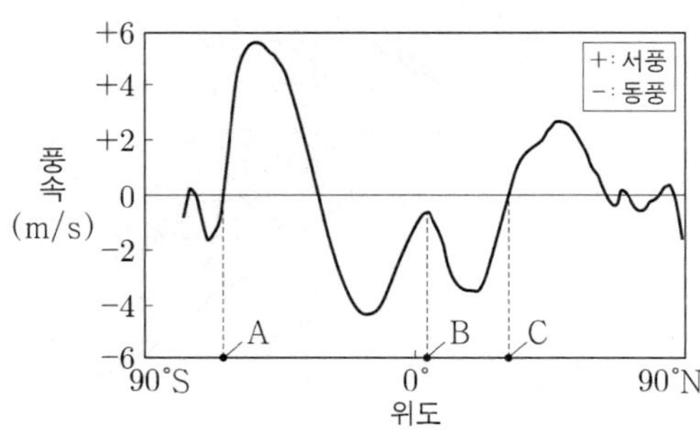

이 자료에 대한 설명으로 옳은 것만을 <보기>에서 있는 대로 고른 것은?

<보 기>

ㄱ. 남북 방향의 온도 차는 A가 C보다 작다.
ㄴ. B에서는 해들리 순환의 상승 기류가 나타난다.
ㄷ. C에 생성되는 고기압은 지표면 냉각에 의한 것이다.

① ㄱ ② ㄴ ③ ㄷ ④ ㄱ, ㄴ ⑤ ㄴ, ㄷ

● 2020학년도 9월(고3 지Ⅱ)

17. 그림은 어느 해역에서 깊이에 따른 수온과 염분을 수온 – 염분도에 나타낸 것이다.

이 자료에 대한 설명으로 옳은 것만을 <보기>에서 있는 대로 고른 것은?

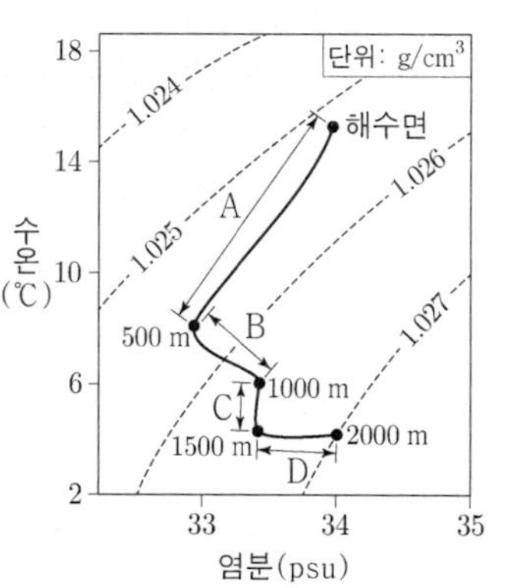

<보 기>

ㄱ. A 구간은 혼합층이다.
ㄴ. 해수의 밀도 변화는 C 구간이 B 구간보다 크다.
ㄷ. D 구간에서 해수의 밀도 변화는 수온보다 염분의 영향이 더 크다.

① ㄱ ② ㄴ ③ ㄷ ④ ㄱ, ㄴ ⑤ ㄱ, ㄷ

● 2014학년도 9월(고3 지Ⅱ)

18. 표는 주계열성 (가), (나), (다)의 질량(M)과 최종 진화 단계를 나타낸 것이다.

주계열성	질량(태양 = 1)	최종 진화 단계
(가)	$0.26 \le M \le 1.5$	A
(나)	$8 \le M < 25$	중성자별
(다)	$M \ge 25$	블랙홀

이에 대한 설명으로 옳은 것만을 〈보기〉에서 있는 대로 고른 것은? [3점]

〈보 기〉

ㄱ. 주계열성 단계에 머무는 시간은 (가)가 (나)보다 짧다.
ㄴ. (다)의 중심부에서는 CNO 순환 반응이 일어난다.
ㄷ. A는 백색 왜성이다.

① ㄱ ② ㄷ ③ ㄱ, ㄴ ④ ㄴ, ㄷ ⑤ ㄱ, ㄴ, ㄷ

19. 그림 (가)는 적도 부근 해역에서 서태평양과 동태평양의 겨울철 표층의 평균 수온 차(서태평양 수온 – 동태평양 수온)를, (나)는 (가)의 A와 B 중 한 시기에 관측한 적도 부근 태평양 해역의 동서 방향 풍속 편차(관측값 – 평년값)를 나타낸 것이다. A와 B는 각각 엘니뇨 시기와 라니냐 시기 중 하나이다. 동쪽으로 향하는 바람을 양(+)으로 한다.

(가)

수온 차 (℃)
6
4
2
0
2008 A 2013 B 2018
시간(년)

(나)

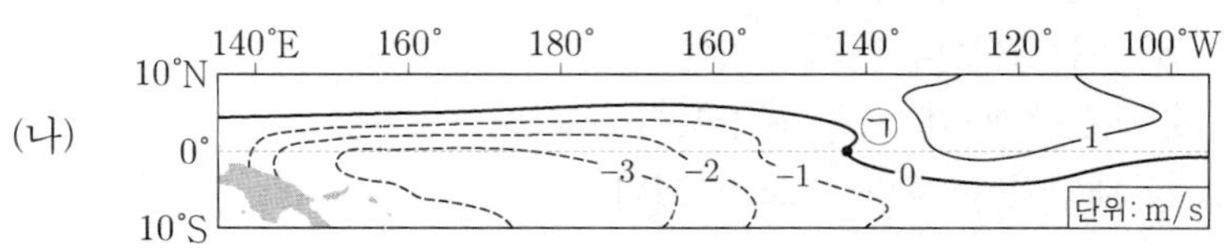

이 자료에 대한 설명으로 옳은 것만을 <보기>에서 있는 대로 고른 것은? [3점]

<보 기>

ㄱ. (나)는 A에 해당한다.
ㄴ. 상승 기류는 (나)의 ㉠ 해역에서 발생한다.
ㄷ. 서태평양 적도 해역과 동태평양 적도 해역 사이의 해수면 높이 차는 A가 B보다 크다.

① ㄱ ② ㄴ ③ ㄱ, ㄷ ④ ㄴ, ㄷ ⑤ ㄱ, ㄴ, ㄷ

● 2014학년도 6월(고3 지Ⅱ)

20. 그림은 현생 이언 동안 생물 속의 수 변화를 나타낸 것이다.

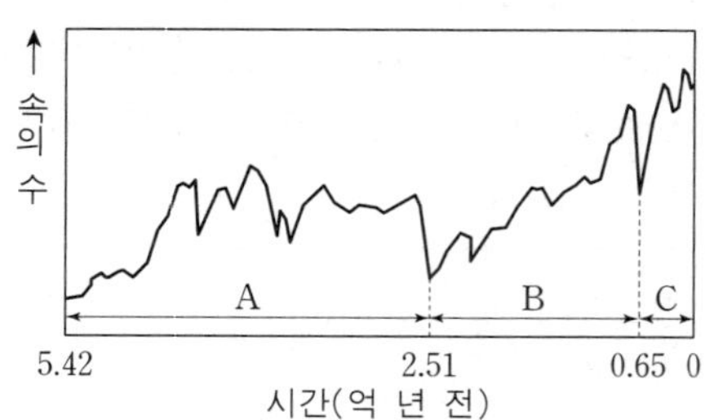

이에 대한 설명으로 옳은 것만을 〈보기〉에서 있는 대로 고른 것은? [3점]

〈보 기〉

ㄱ. A 시기 말에 최초의 육상 식물이 출현하였다.
ㄴ. B 시기 말 생물 속의 급격한 감소는 초대륙 형성과 관련이 있다.
ㄷ. C 시기 표준 화석으로 화폐석과 매머드가 있다.

① ㄱ ② ㄷ ③ ㄱ, ㄴ ④ ㄴ, ㄷ ⑤ ㄱ, ㄴ, ㄷ

* 확인 사항

○ 답안지의 해당란에 필요한 내용을 정확히 기입(표기)했는지 확인하시오.

[해설편 p.110]

제 4 교시

과학탐구 영역(지구과학 I)

35회

성명		수험 번호	—	제 [ ] 선택

● 2019학년도 9월(고3 지Ⅱ)

1. 그림은 겨울철 동해의 혼합층 두께를 나타낸 것이다.

이 자료에서 해역 A, B, C에 대한 설명으로 옳은 것만을 <보기>에서 있는 대로 고른 것은?

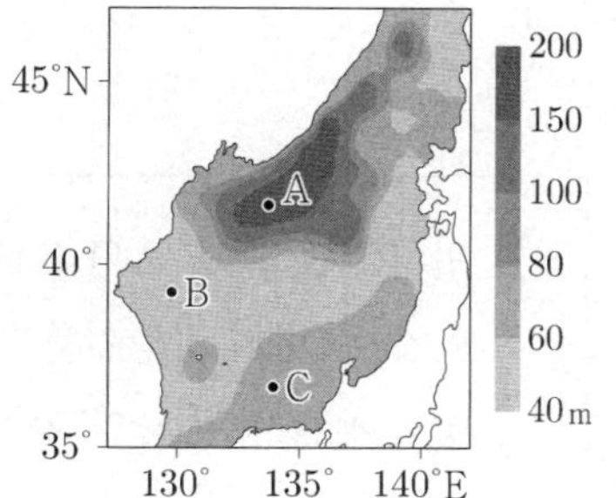

<보 기>

ㄱ. 바람의 세기는 A가 B보다 강하다.
ㄴ. 혼합층 두께는 B가 C보다 두껍다.
ㄷ. A의 혼합층 두께는 겨울이 여름보다 얇다.

① ㄱ ② ㄴ ③ ㄱ, ㄷ ④ ㄴ, ㄷ ⑤ ㄱ, ㄴ, ㄷ

2. 다음은 영희가 제주도 서귀포시의 어느 지질 명소에 대하여 조사한 탐구 활동의 일부이다.

[탐구 과정]

(가) 암석의 특징을 관찰하여 기록한다.
(나) 암석 기둥의 윗면에서 나타나는 다각형의 모양을 분류하고 모양에 따른 빈도수를 기록한다.
(다) (나)의 결과를 그래프로 나타낸다.

[탐구 결과]

암석의 특징	㉠
빈도수가 가장 높은 다각형	㉡
…	…

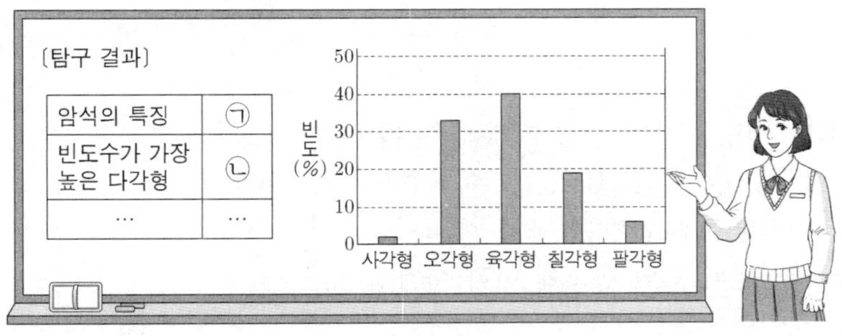

이에 대한 설명으로 옳은 것만을 <보기>에서 있는 대로 고른 것은? [3점]

<보 기>

ㄱ. '색이 어둡고 입자의 크기가 매우 작다.'는 ㉠에 해당한다.
ㄴ. ㉡은 '육각형'이다.
ㄷ. 기둥 모양을 형성하는 절리는 용암이 급격히 냉각 수축하는 과정에서 만들어진다.

① ㄱ ② ㄷ ③ ㄱ, ㄴ ④ ㄴ, ㄷ ⑤ ㄱ, ㄴ, ㄷ

● 2019학년도 9월(고3 지Ⅱ)

3. 그림 (가)는 대서양의 염분 분포와 수괴를 나타낸 것이고, (나)는 (가)의 9°S에서 깊이에 따른 수온과 염분의 분포를 수온 - 염분도에 나타낸 것이다. (나)의 A와 B는 각각 남극 저층수와 북대서양 심층수 중 하나이다.

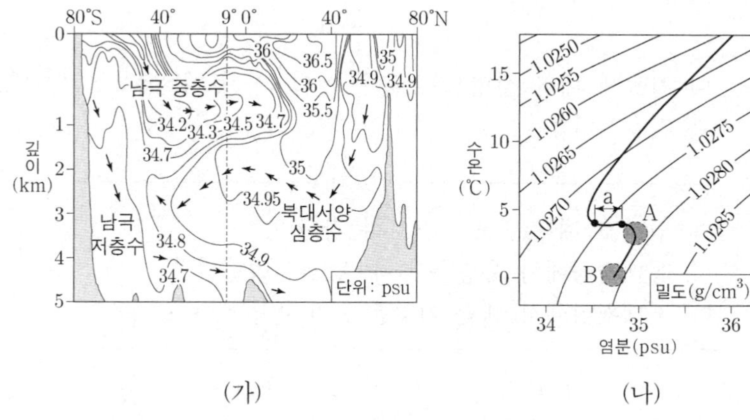

(가) (나)

이에 대한 설명으로 옳은 것만을 <보기>에서 있는 대로 고른 것은?

<보 기>

ㄱ. A는 북대서양 심층수이다.
ㄴ. 남극 중층수는 A와 B가 혼합하여 형성된다.
ㄷ. (나)의 a 구간에서 밀도 변화는 수온보다 염분에 더 영향을 받는다.

① ㄱ ② ㄴ ③ ㄱ, ㄷ ④ ㄴ, ㄷ ⑤ ㄱ, ㄴ, ㄷ

4. 그림은 우리나라 주변의 일기도이고, 표의 ㉠, ㉡, ㉢은 각각 일기도에 나타난 전선 A, B, C의 특징 중 하나이다.

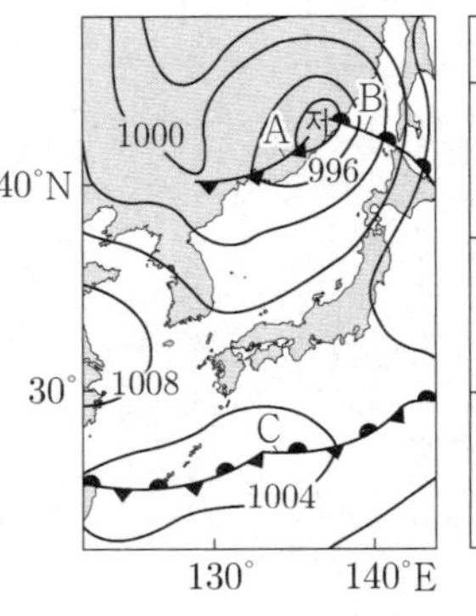

	특징
㉠	찬 공기와 따뜻한 공기의 세력이 비슷하여 거의 이동하지 않고 한 지역에 머무를 때 형성된다. 전선을 따라 상공에서 긴 구름 띠가 장시간 형성된다.
㉡	찬 공기가 따뜻한 공기 밑으로 밀고 들어가 따뜻한 공기를 들어 올리면서 형성된다. 전선은 빠르게 이동하며 전선면을 따라 적운형 구름이 형성된다.
㉢	따뜻한 공기가 찬 공기를 타고 올라가면서 형성된다. 전선은 천천히 이동하며 전선면을 따라 층운형 구름이 형성된다.

㉠, ㉡, ㉢에 해당하는 전선으로 옳은 것은?

	㉠	㉡	㉢
①	A	B	C
②	B	A	C
③	B	C	A
④	C	A	B
⑤	C	B	A

● 2019학년도 9월(고3 지Ⅱ)

5. 그림은 동태평양과 서태평양 적도 부근 해역에서 관측한 북반구 겨울철 표층의 평균 수온을 ○와 ×로 순서 없이 나타낸 것이다. A와 B는 각각 엘니뇨와 라니냐 시기 중 하나이다.

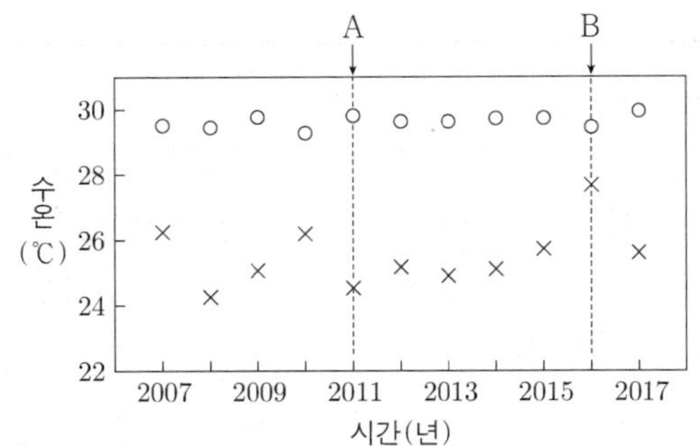

이 자료에 대한 설명으로 옳은 것만을 <보기>에서 있는 대로 고른 것은? [3점]

<보 기>

ㄱ. 남적도 해류는 A가 B보다 강하다.
ㄴ. 동태평양에서 용승은 B가 A보다 강하다.
ㄷ. 서태평양에서 해면 기압은 B가 평년보다 크다.

① ㄱ ② ㄴ ③ ㄱ, ㄷ ④ ㄴ, ㄷ ⑤ ㄱ, ㄴ, ㄷ

6. 그림 (가)는 일본 주변에 있는 판의 경계를, (나)는 (가)의 두 지역에서 섭입하는 판의 깊이를 나타낸 것이다.

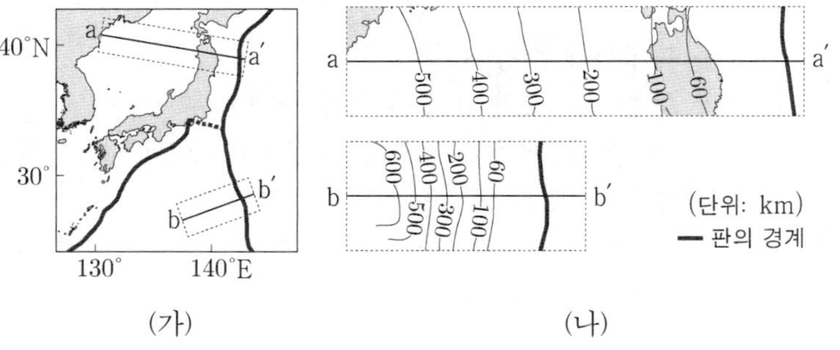

(가) (나)

이에 대한 설명으로 옳은 것만을 <보기>에서 있는 대로 고른 것은? [3점]

<보 기>

ㄱ. a-a′에는 해구가 존재하는 지점이 있다.
ㄴ. b-b′에서 지진은 판 경계의 서쪽보다 동쪽에서 자주 발생한다.
ㄷ. 섭입하는 판의 기울기는 a-a′이 b-b′보다 크다.

① ㄱ ② ㄴ ③ ㄱ, ㄷ ④ ㄴ, ㄷ ⑤ ㄱ, ㄴ, ㄷ

7. 그림은 1900년부터 2010년까지 북극해 얼음 면적과 전 지구 평균 해수면 높이를 A와 B로 순서 없이 나타낸 것이다.

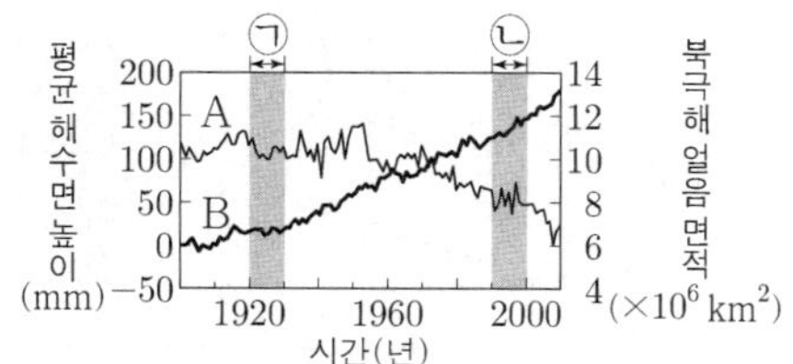

이에 대한 설명으로 옳은 것만을 <보기>에서 있는 대로 고른 것은?

<보 기>

ㄱ. A는 북극해 얼음 면적을 나타낸 것이다.
ㄴ. 북극 해역의 평균 기온은 ㉠ 기간이 ㉡ 기간보다 높다.
ㄷ. 북극 해역에서 태양 복사 에너지 반사율은 ㉠ 기간이 ㉡ 기간보다 높다.

① ㄱ ② ㄴ ③ ㄱ, ㄷ ④ ㄴ, ㄷ ⑤ ㄱ, ㄴ, ㄷ

● 2019학년도 9월(고3 지Ⅱ)

8. 그림은 서로 다른 방사성 원소 A, B, C의 붕괴 곡선을 나타낸 것이다.

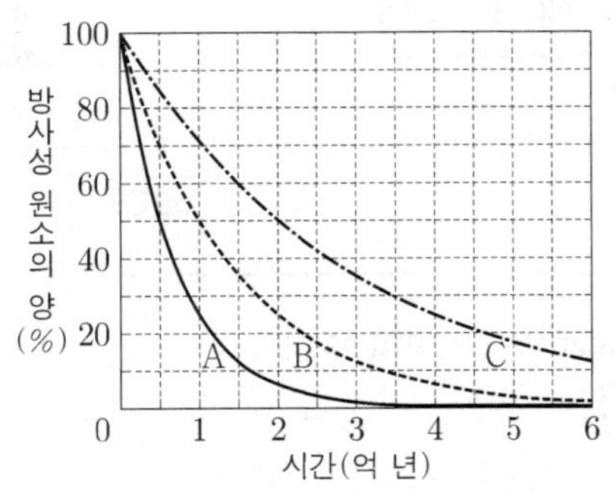

이에 대한 설명으로 옳은 것만을 <보기>에서 있는 대로 고른 것은?

<보 기>

ㄱ. 반감기는 C가 A의 3배이다.
ㄴ. A가 두 번의 반감기를 지나는 데 걸리는 시간은 1억 년이다.
ㄷ. 암석에 포함된 B의 양이 처음의 $\frac{1}{8}$로 감소하는 데 걸리는 시간은 3억 년이다.

① ㄱ ② ㄴ ③ ㄱ, ㄷ ④ ㄴ, ㄷ ⑤ ㄱ, ㄴ, ㄷ

● 2019학년도 9월(고3 지Ⅱ)

9. 그림 (가)는 원시별 A와 B가 주계열성으로 진화하는 경로를, (나)의 ㉠과 ㉡은 A와 B가 주계열 단계에 있을 때의 내부 구조를 순서 없이 나타낸 것이다.

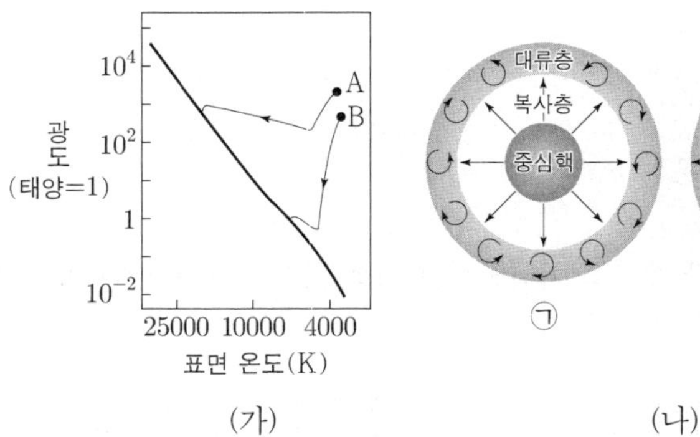

(가) (나)

이에 대한 설명으로 옳은 것만을 <보기>에서 있는 대로 고른 것은?

<보 기>

ㄱ. 주계열성이 되는 데 걸리는 시간은 A가 B보다 길다.
ㄴ. A가 주계열 단계에 있을 때의 내부 구조는 ㉡이다.
ㄷ. 핵에서의 CNO 순환 반응은 ㉠이 ㉡보다 우세하다.

① ㄱ ② ㄴ ③ ㄷ ④ ㄱ, ㄴ ⑤ ㄴ, ㄷ

10. 그림은 생명 가능 지대에 위치한 외계 행성 A, B, C가 주계열인 중심별로부터 받는 복사 에너지를 중심별의 표면 온도에 따라 나타낸 것이다.

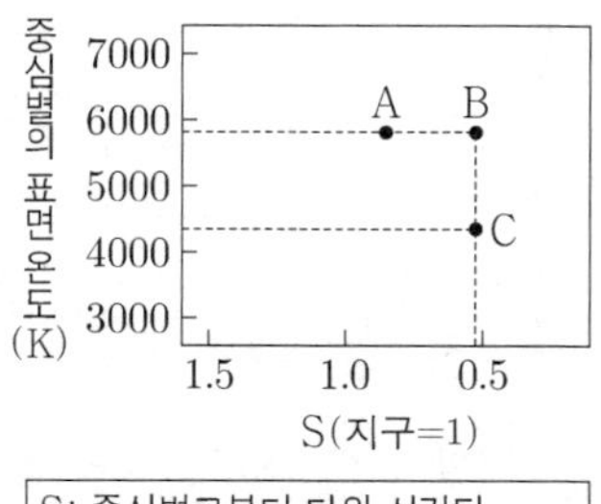

S: 중심별로부터 단위 시간당 단위 면적에서 받는 복사 에너지

이에 대한 설명으로 옳은 것만을 <보기>에서 있는 대로 고른 것은? [3점]

<보 기>

ㄱ. S는 A가 B보다 크다.
ㄴ. 중심별이 같을 때 행성이 받는 S가 크면 공전 궤도 반지름은 크다.
ㄷ. 행성의 공전 궤도 반지름은 C가 B보다 크다.

① ㄱ ② ㄴ ③ ㄱ, ㄷ ④ ㄴ, ㄷ ⑤ ㄱ, ㄴ, ㄷ

[해설편 p.112]

● 2014학년도 9월(고3)

11. 그림은 세계 주요 판의 분포를 나타낸 것이다.

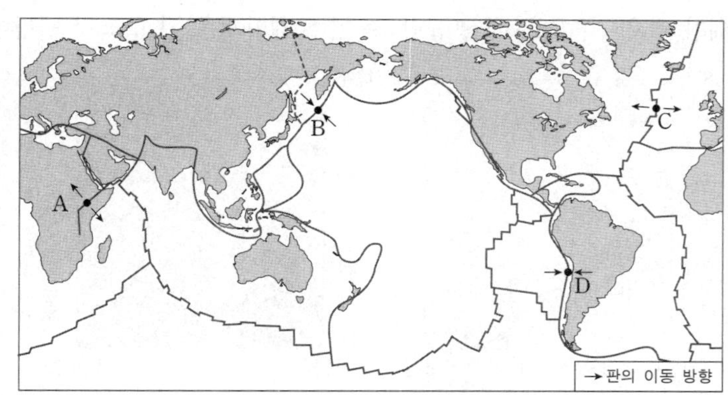

A~D 지역에 대한 설명으로 옳은 것만을 〈보기〉에서 있는 대로 고른 것은? [3점]

〈보 기〉

ㄱ. A와 C는 심발 지진이 활발하게 일어난다.
ㄴ. B는 맨틀 대류의 하강부이다.
ㄷ. 인접한 두 판의 밀도 차는 D에서 가장 작다.

① ㄱ ② ㄴ ③ ㄱ, ㄷ ④ ㄴ, ㄷ ⑤ ㄱ, ㄴ, ㄷ

12. 그림은 남극 대륙과 그 주변의 전형적인 기압 배치를 나타낸 것이다.

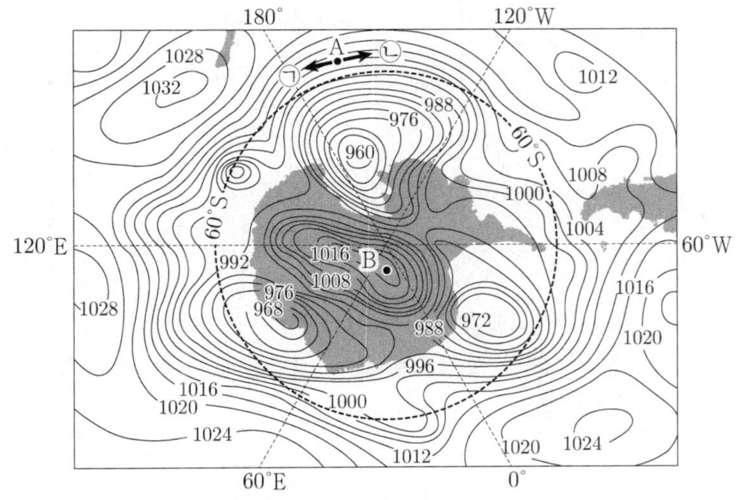

이에 대한 설명으로 옳은 것만을 <보기>에서 있는 대로 고른 것은? [3점]

<보 기>

ㄱ. A 해역에서는 극동풍이 나타난다.
ㄴ. A 해역에서 해류는 ㉡ 방향으로 흐른다.
ㄷ. B 지역에서는 하강 기류가 발달한다.

① ㄱ ② ㄷ ③ ㄱ, ㄴ ④ ㄴ, ㄷ ⑤ ㄱ, ㄴ, ㄷ

13. 그림 (가)는 북반구 여름철에 관측한 태평양 적도 부근 해역의 표층 수온 편차(관측값 - 평년값)를, (나)는 이 시기에 관측한 북서태평양 중위도 해역의 표층 수온 편차를 나타낸 것이다. 이 시기는 엘니뇨 시기와 라니냐 시기 중 하나이다.

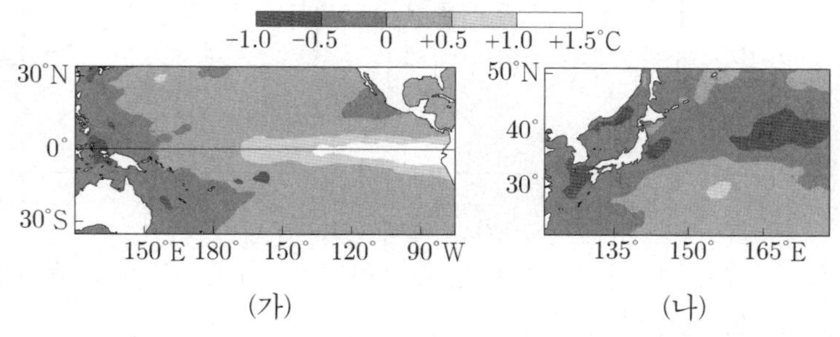

(가) (나)

이 자료에 근거해서 평년과 비교할 때, 이 시기에 대한 설명으로 옳은 것만을 <보기>에서 있는 대로 고른 것은?

<보 기>

ㄱ. 동태평양 적도 부근 연안에서는 가뭄이 심하다.
ㄴ. 서태평양 적도 해역에서는 상승 기류가 강하다.
ㄷ. 우리나라 주변 해역의 수온이 낮다.

① ㄱ ② ㄷ ③ ㄱ, ㄴ ④ ㄴ, ㄷ ⑤ ㄱ, ㄴ, ㄷ

14. 그림 (가)는 지구 공전 궤도 이심률의 변화를, (나)는 ㉠ 시기의 지구 자전축 방향과 공전 궤도를 나타낸 것이다. 지구 자전축 세차 운동의 주기는 약 26000년이며 방향은 지구의 공전 방향과 반대이다.

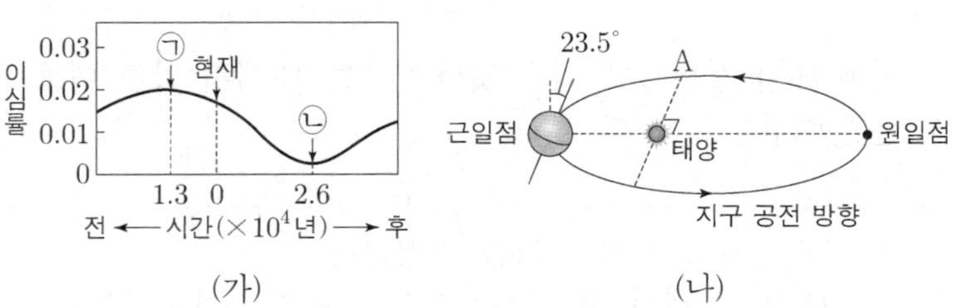

(가) (나)

이에 대한 설명으로 옳은 것만을 <보기>에서 있는 대로 고른 것은? (단, 지구 공전 궤도 이심률과 자전축 경사 방향 이외의 요인은 변하지 않는다고 가정한다.) [3점]

<보 기>

ㄱ. 현재 북반구는 근일점에서 여름철이다.
ㄴ. 현재로부터 약 6500년 전 지구가 A 부근에 있을 때 북반구는 겨울철이 된다.
ㄷ. 북반구 기온의 연교차는 ㉠ 시기가 ㉡ 시기보다 크다.

① ㄱ ② ㄷ ③ ㄱ, ㄴ ④ ㄴ, ㄷ ⑤ ㄱ, ㄴ, ㄷ

● 2017학년도 4월(고3 지Ⅱ)

15. 그림은 어느 퇴적 구조를 나타낸 것이다.

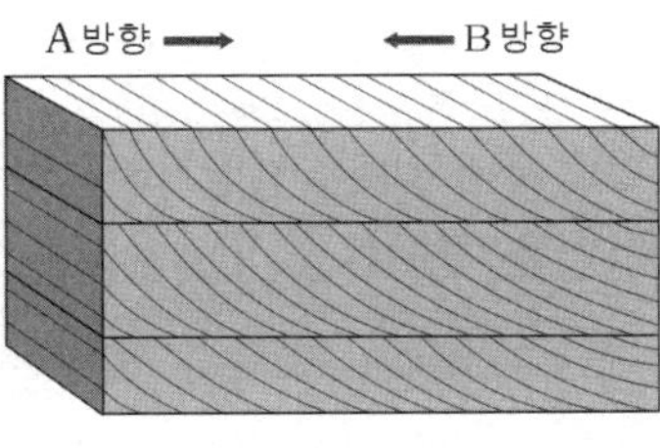

이 퇴적 구조에 대한 설명으로 옳은 것만을 <보기>에서 있는 대로 고른 것은?

<보 기>

ㄱ. 깊은 바다에서 형성되었다.
ㄴ. 퇴적 당시 퇴적물의 이동 방향은 B 방향이다.
ㄷ. 지층의 역전 여부를 판단할 때 이용할 수 있다.

① ㄱ ② ㄷ ③ ㄱ, ㄴ ④ ㄴ, ㄷ ⑤ ㄱ, ㄴ, ㄷ

● 2016학년도 9월(고3 지Ⅱ)

16. 그림은 우주 배경 복사의 파장에 따른 복사 강도를 나타낸 것이다.

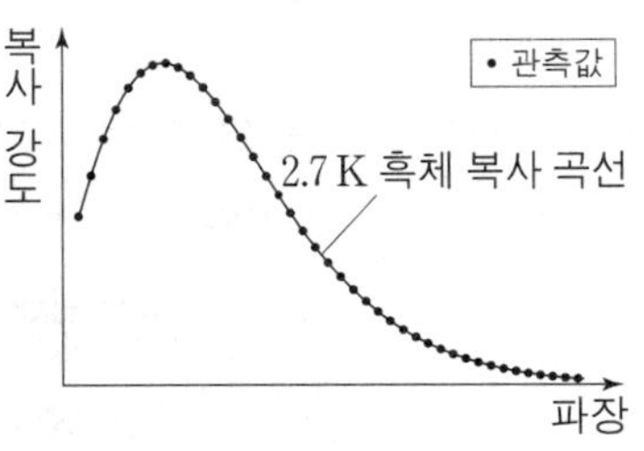

이에 대한 설명으로 옳은 것만을 〈보기〉에서 있는 대로 고른 것은?

〈보 기〉

ㄱ. 우주 배경 복사는 빅뱅 우주론의 증거가 된다.
ㄴ. 우주 배경 복사가 방출되었던 시기에 우주의 온도는 2.7 K였다.
ㄷ. 복사 강도가 최대인 파장은 우주 탄생 초기보다 현재가 길다.

① ㄱ ② ㄴ ③ ㄷ ④ ㄱ, ㄴ ⑤ ㄱ, ㄷ

● 2013학년도 4월(고3 지Ⅱ)

17. 그림은 서로 다른 두 해양 지각에서 해령으로부터의 거리에 따른 고지자기 분포를 나타내고, 연령이 같은 지점을 연결한 것이다.

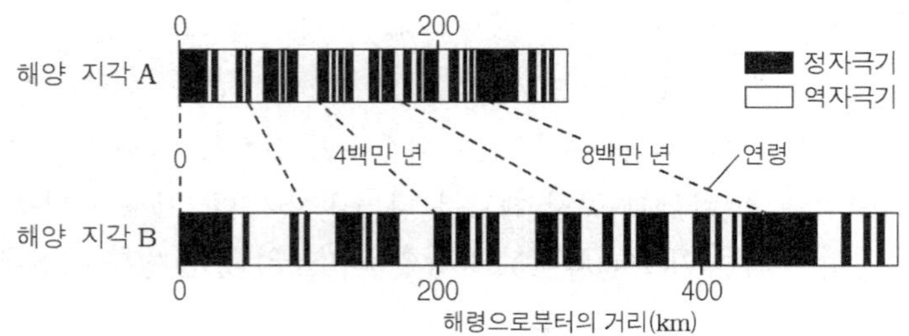

이에 대한 설명으로 옳은 것만을 <보기>에서 있는 대로 고른 것은? [3점]

<보 기>

ㄱ. 고지자기의 역전 주기는 일정하다.
ㄴ. 8백만 년 전의 지구 자기장의 방향은 현재와 같다.
ㄷ. 해양 지각의 이동 속도는 A가 B보다 빠르다.

① ㄱ ② ㄴ ③ ㄱ, ㄴ ④ ㄱ, ㄷ ⑤ ㄴ, ㄷ

18. 그림 (가)와 (나)는 어느 외계 행성에 의한 중심별의 시선 속도 변화와 겉보기 밝기 변화를 관측하여 각각 나타낸 것이다.

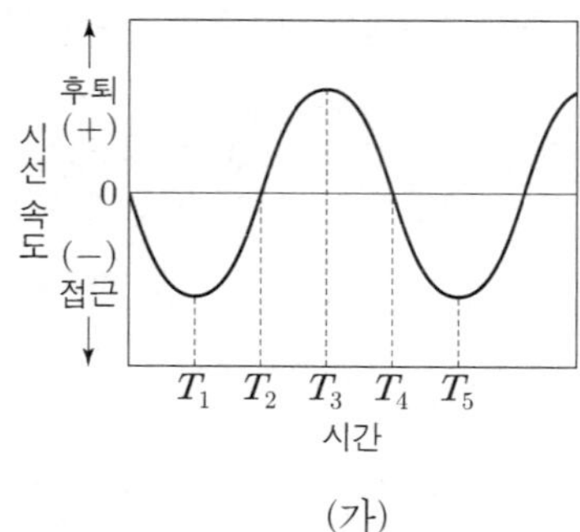

(가)

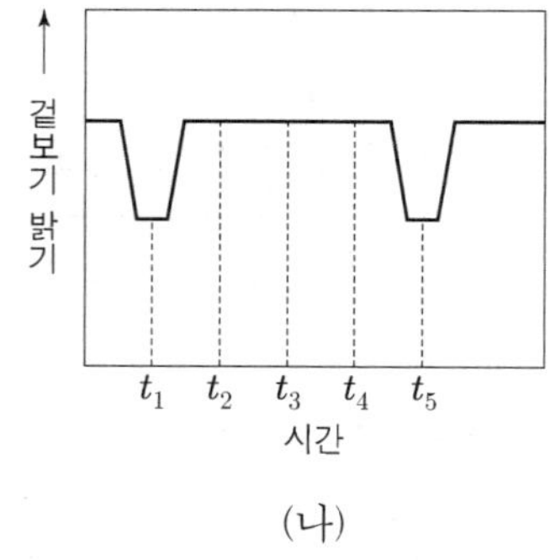

(나)

이에 대한 설명으로 옳은 것만을 <보기>에서 있는 대로 고른 것은? [3점]

<보 기>

ㄱ. (가)에서 T_1일 때 (나)에서 겉보기 밝기는 최소이다.
ㄴ. (가)에서 지구로부터 중심별까지의 거리는 T_2일 때가 T_3일 때보다 가깝다.
ㄷ. (나)에서 t_4일 때 외계 행성은 지구로부터 멀어지고 있다.

① ㄱ ② ㄴ ③ ㄱ, ㄷ ④ ㄴ, ㄷ ⑤ ㄱ, ㄴ, ㄷ

19. 그림 (가)는 어느 해 7월에 관측된 태풍의 위치를 24 시간 간격으로 표시한 이동 경로이고, (나)는 이 시기의 해양 열용량 분포를 나타낸 것이다. 해양 열용량은 태풍에 공급할 수 있는 해양의 단위 면적당 열량이다.

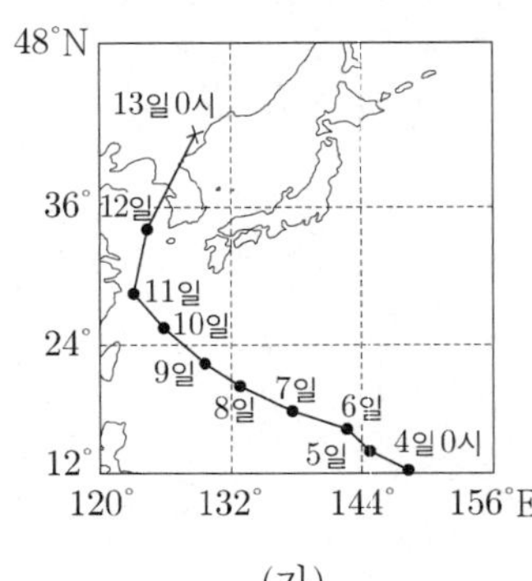

(가)

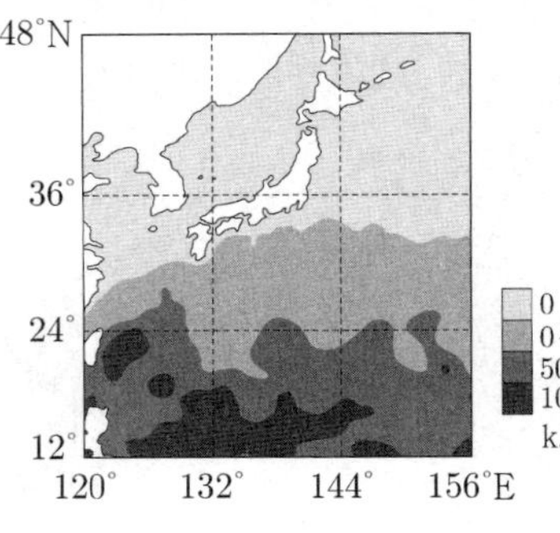

(나)

이에 대한 설명으로 옳은 것만을 <보기>에서 있는 대로 고른 것은?

<보 기>

ㄱ. 12 일 0 시에 태풍은 편서풍의 영향을 받는다.
ㄴ. 11 일 0 시부터 13 일 0 시까지 제주도에서는 풍향이 시계 반대 방향으로 변한다.
ㄷ. 해양에서 이 태풍으로 공급되는 에너지양은 12 일이 10 일보다 적다.

① ㄱ ② ㄴ ③ ㄱ, ㄷ ④ ㄴ, ㄷ ⑤ ㄱ, ㄴ, ㄷ

● 2019학년도 9월(고3 지Ⅱ)

20. 다음은 컴퓨터를 활용하여 태평양에서 마그마가 분출하는 두 지역의 해저 지형과 마그마 특성을 알아보는 탐구 활동이다.

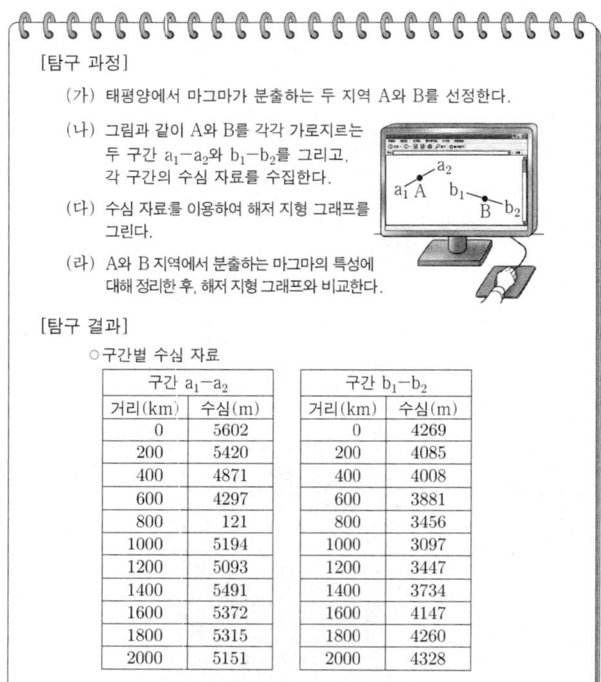

[탐구 과정]

(가) 태평양에서 마그마가 분출하는 두 지역 A와 B를 선정한다.

(나) 그림과 같이 A와 B를 각각 가로지르는 두 구간 a_1-a_2와 b_1-b_2를 그리고, 각 구간의 수심 자료를 수집한다.

(다) 수심 자료를 이용하여 해저 지형 그래프를 그린다.

(라) A와 B 지역에서 분출하는 마그마의 특성에 대해 정리한 후, 해저 지형 그래프와 비교한다.

[탐구 결과]

○ 구간별 수심 자료

구간 a_1-a_2	
거리(km)	수심(m)
0	5602
200	5420
400	4871
600	4297
800	121
1000	5194
1200	5093
1400	5491
1600	5372
1800	5315
2000	5151

구간 b_1-b_2	
거리(km)	수심(m)
0	4269
200	4085
400	4008
600	3881
800	3456
1000	3097
1200	3447
1400	3734
1600	4147
1800	4260
2000	4328

○ 구간별 해저 지형 그래프

…(이하 생략)…

탐구 결과에 대한 설명으로 옳은 것만을 <보기>에서 있는 대로 고른 것은? [3점]

<보 기>

ㄱ. A와 B에서 현무암질 마그마가 분출한다.
ㄴ. 마그마가 생성될 수 있는 최대 깊이는 B가 A보다 깊다.
ㄷ. B의 마그마는 주로 압력 증가에 의해 생성된다.

① ㄱ ② ㄷ ③ ㄱ, ㄴ ④ ㄴ, ㄷ ⑤ ㄱ, ㄴ, ㄷ

* 확인 사항

○ 답안지의 해당란에 필요한 내용을 정확히 기입(표기)했는지 확인하시오.

[해설편 p.113]

제 4 교시

과학탐구 영역(지구과학 I)

36회

성명		수험 번호	-	제 [ ] 선택

1. 다음은 세 가지 퇴적 구조를 특징에 따라 구분하는 과정을 나타낸 것이다.

이에 대한 설명으로 옳은 것만을 <보기>에서 있는 대로 고른 것은?

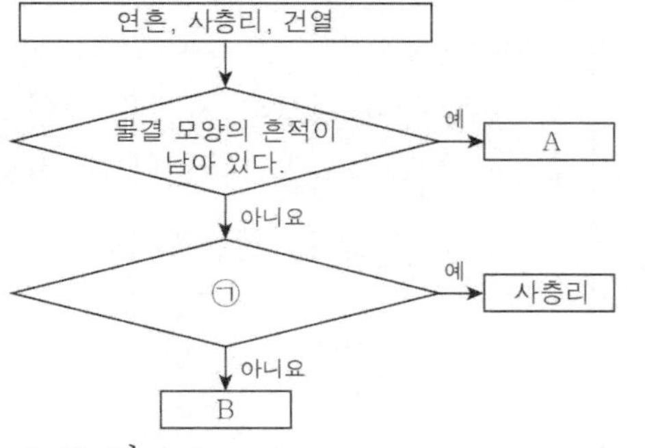

< 보 기 >

ㄱ. A는 연흔이다.
ㄴ. '퇴적물이 공급된 방향을 알 수 있다.'는 ㉠에 해당한다.
ㄷ. B는 수심이 깊은 환경에서 형성된다.

① ㄱ ② ㄷ ③ ㄱ, ㄴ ④ ㄴ, ㄷ ⑤ ㄱ, ㄴ, ㄷ

2. 그림은 지구에서 X－Y 단면의 지진파 단층 촬영 영상과 지표면상의 지점 A와 B를 나타낸 것이다.

이에 대한 설명으로 옳은 것만을 <보기>에서 있는 대로 고른 것은?

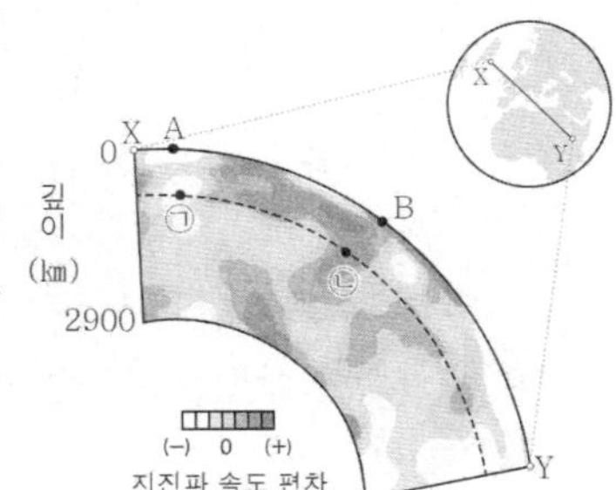

< 보 기 >

ㄱ. 온도는 ㉠ 지점이 ㉡ 지점보다 높다.
ㄴ. A는 판의 수렴형 경계에 위치한다.
ㄷ. B의 하부에는 외핵과 맨틀의 경계에서 상승하는 플룸이 있다.

① ㄱ ② ㄷ ③ ㄱ, ㄴ ④ ㄴ, ㄷ ⑤ ㄱ, ㄴ, ㄷ

3. 표는 은하의 종류별 특징을 나타낸 것이고, (가), (나), (다)는 각각 타원 은하, 막대 나선 은하, 불규칙 은하 중 하나이다. 그림은 어느 은하의 가시광선 영상을 나타낸 것이고, 이 은하는 (가), (나), (다) 중 하나에 해당한다.

종류	특징
(가)	E0 ~ E7로 구분한다.
(나)	(㉠)
(다)	중심부에 막대 구조가 보인다.

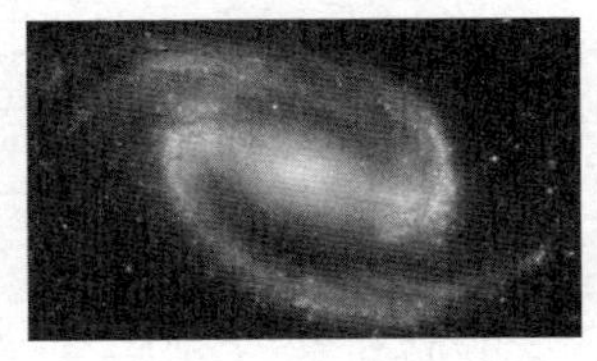

이에 대한 설명으로 옳은 것만을 <보기>에서 있는 대로 고른 것은?

< 보 기 >

ㄱ. E7은 E0보다 구 모양에 가깝다.
ㄴ. '규칙적인 구조가 없다.'는 ㉠에 해당한다.
ㄷ. 그림의 은하는 (다)에 해당한다.

① ㄱ ② ㄴ ③ ㄱ, ㄷ ④ ㄴ, ㄷ ⑤ ㄱ, ㄴ, ㄷ

4. 다음은 심층수 형성에 빙하가 녹은 물의 유입이 미치는 영향을 알아보기 위한 실험이다.

[실험 과정]
(가) 수조에 ㉠수온이 10℃, 염분이 34 psu인 소금물을 넣는다.
(나) 비커 A에 ㉡수온이 10℃, 염분이 36 psu인 소금물 200 g을 만들고, 비커 B에는 10℃인 증류수 50 g에 조각 얼음 50 g을 넣어 녹인다.
(다) A와 B에 서로 다른 색의 잉크를 몇 방울 떨어뜨린다.
(라) A의 소금물 100 g을 수조의 한쪽 벽을 타고 내려가게 천천히 부으면서 수조 안을 관찰한다.

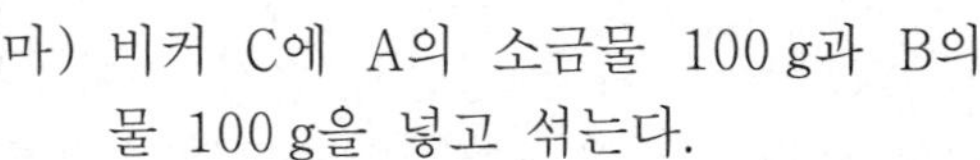

(마) 비커 C에 A의 소금물 100 g과 B의 물 100 g을 넣고 섞는다.
(바) C의 소금물을 수조의 반대쪽 벽을 타고 내려가게 천천히 부으면서 수조 안을 관찰한다.

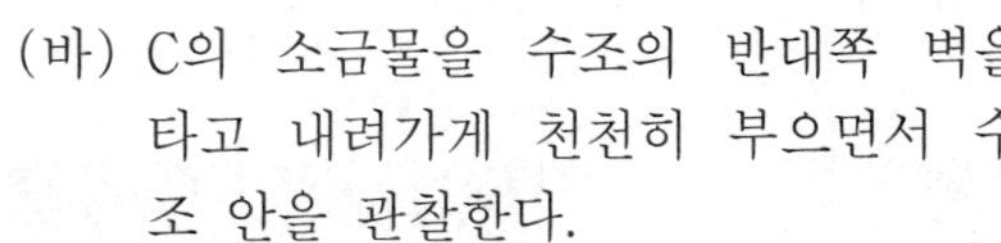

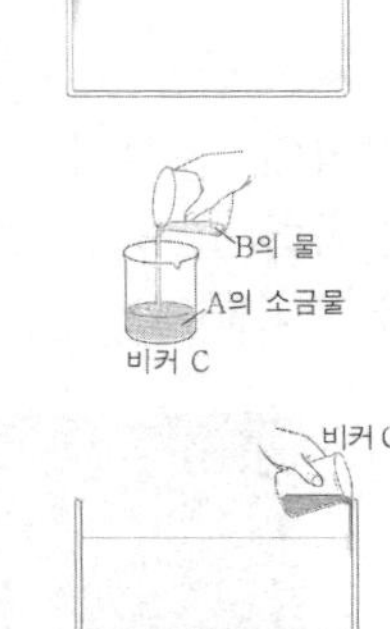

[실험 결과]
○ (라) : A의 소금물이 수조 바닥으로 가라앉는다.
○ (바) : C의 소금물이 (ⓐ)
[실험 해석]
○ 소금물의 밀도는 C가 A보다 ( )
○ 이 실험 결과는 '심층수 형성 장소에 빙하가 녹은 물이 유입되면, 심층수의 형성이 (ⓑ)'는 것을 나타낸다.

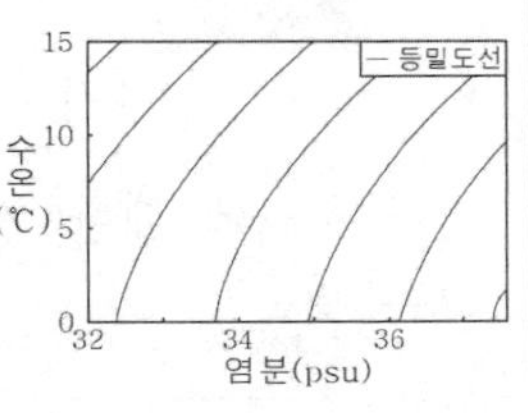

이에 대한 설명으로 옳은 것만을 <보기>에서 있는 대로 고른 것은? [3점]

< 보 기 >

ㄱ. 밀도는 ㉠이 ㉡보다 작다.
ㄴ. '수조 밑으로 가라앉아 A의 소금물 아래쪽으로 파고든다.'는 ⓐ에 해당한다.
ㄷ. '활발해진다.'는 ⓑ에 해당한다.

① ㄱ ② ㄴ ③ ㄱ, ㄷ ④ ㄴ, ㄷ ⑤ ㄱ, ㄴ, ㄷ

5. 그림은 태양과 질량이 비슷한 별의 시간에 따른 광도 변화를 나타낸 것이다.

이 자료에 대한 설명으로 옳은 것만을 <보기>에서 있는 대로 고른 것은?

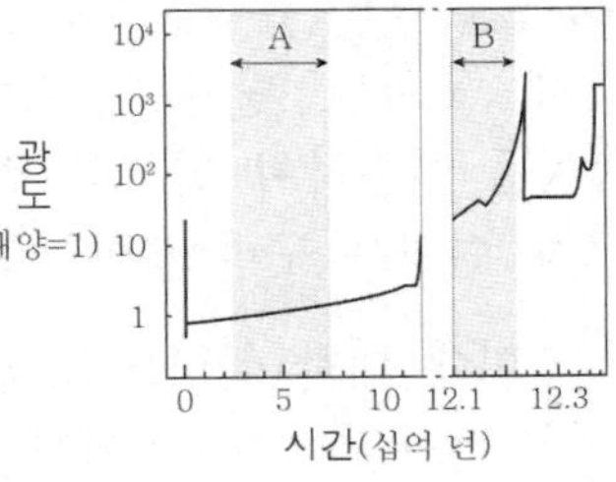

< 보 기 >

ㄱ. A 시기는 주계열 단계이다.
ㄴ. 별의 평균 표면 온도는 A 시기가 B 시기보다 높다.
ㄷ. B 시기 별의 중심핵에서는 헬륨 핵융합 반응이 일어난다.

① ㄱ ② ㄷ ③ ㄱ, ㄴ ④ ㄴ, ㄷ ⑤ ㄱ, ㄴ, ㄷ

[해설편 p.114]

6. 표는 중심별 A, B, C의 생명 가능 지대 안쪽 경계와 바깥쪽 경계가 중심별로부터 떨어진 거리를 나타낸 것이다. A, B, C는 주계열성이고, $x < y$이다.

중심별	중심별로부터의 거리(AU)	
	안쪽 경계	바깥쪽 경계
A	2.1	x
B	( )	1.8
C	y	5.5

이 자료에 대한 설명으로 옳은 것만을 <보기>에서 있는 대로 고른 것은? [3점]

< 보 기 >

ㄱ. 생명 가능 지대의 폭은 A가 B보다 좁다.
ㄴ. 주계열 단계에 머무는 기간은 A가 C보다 길다.
ㄷ. $x+y<7.6$이다.

① ㄱ ② ㄴ ③ ㄱ, ㄴ ④ ㄱ, ㄷ ⑤ ㄴ, ㄷ

7. 그림 (가)와 (나)는 우리나라 장마 기간 중 어느 날과 서해안 지역에 폭설이 내린 어느 날의 가시 영상을 순서 없이 나타낸 것이다. (가)와 (나)의 촬영 시각은 각각 오전 8시와 오후 7시 중 하나이다.

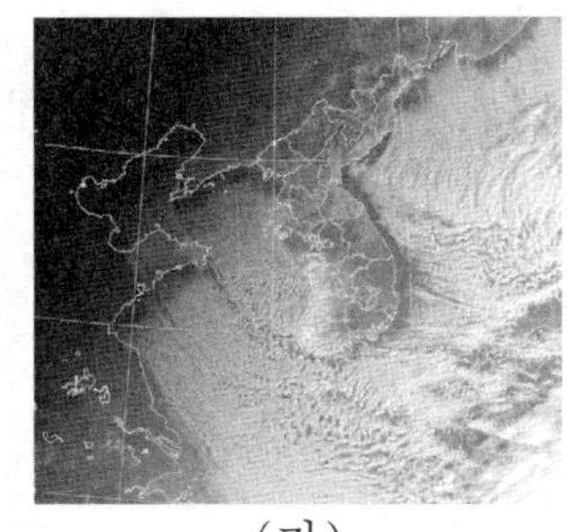
(가)

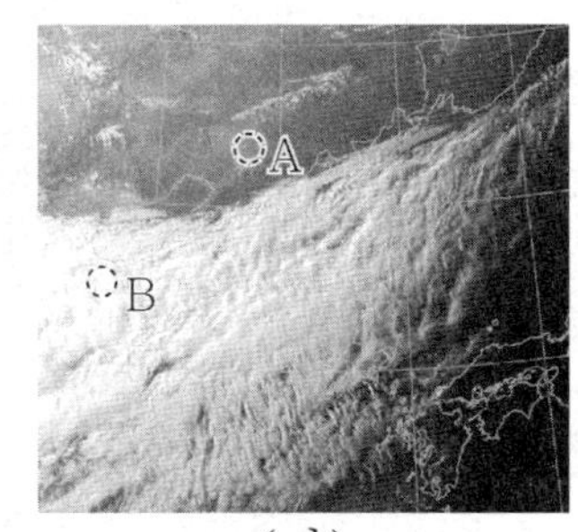

(나)

이 자료에 대한 설명으로 옳은 것만을 <보기>에서 있는 대로 고른 것은?

< 보 기 >

ㄱ. (가)의 촬영 시각은 오후 7시이다.
ㄴ. 영상을 촬영한 날 우리나라의 평균 기온은 (가)일 때가 (나)일 때보다 높다.
ㄷ. 구름이 반사하는 태양 복사 에너지의 세기는 영역 A에서가 영역 B에서보다 약하다.

① ㄱ ② ㄷ ③ ㄱ, ㄴ ④ ㄱ, ㄷ ⑤ ㄴ, ㄷ

8. 표는 화성암 ㉠, ㉡, ㉢에 포함된 방사성 원소 X를 이용하여 암석의 절대 연령을 구한 것이다.

화성암	처음 양에 대한 X의 현재 함량(%)	절대 연령 (억 년)
㉠	12.5	3.6
㉡	75	a
㉢	37.5	b

이에 대한 설명으로 옳은 것만을 <보기>에서 있는 대로 고른 것은? [3점]

< 보 기 >

ㄱ. X의 반감기는 1.8억 년이다.
ㄴ. ㉡은 신생대에 형성된 암석이다.
ㄷ. (b−a)는 X의 반감기와 같다.

① ㄱ ② ㄴ ③ ㄷ ④ ㄱ, ㄴ ⑤ ㄴ, ㄷ

9. 그림은 어느 지역의 지질 단면을 나타낸 것이다. 이 지역의 사암층에서는 공룡 화석이 발견되었다.

변성 부분
화강암
이암
셰일
석회암
사암

이 자료에 대한 설명으로 옳은 것만을 <보기>에서 있는 대로 고른 것은?

< 보 기 >

ㄱ. 화강암이 생성된 시기에 삼엽충이 번성하였다.
ㄴ. 이 지역에서는 난정합이 관찰된다.
ㄷ. 단층 $f-f'$는 정단층이다.

① ㄱ ② ㄷ ③ ㄱ, ㄴ ④ ㄴ, ㄷ ⑤ ㄱ, ㄴ, ㄷ

10. 그림 (가)는 암석의 용융 곡선과 지역 A, B의 지하 온도 분포를 깊이에 따라 나타낸 것이고, (나)는 마그마 X, Y, Z의 온도와 SiO_2 함량을 나타낸 것이다. A와 B는 각각 섭입대와 해령 중 하나이고, X, Y, Z는 각각 현무암질, 안산암질, 유문암질 마그마 중 하나이다.

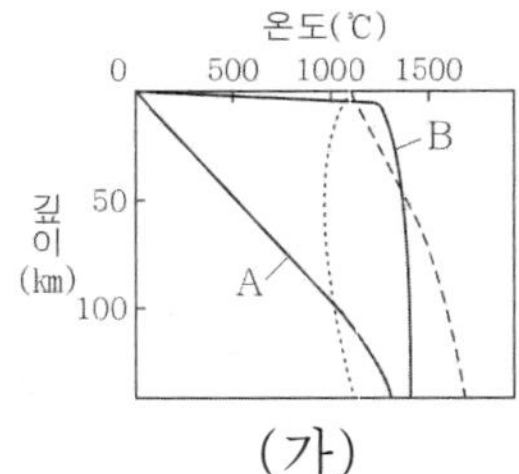

(가)

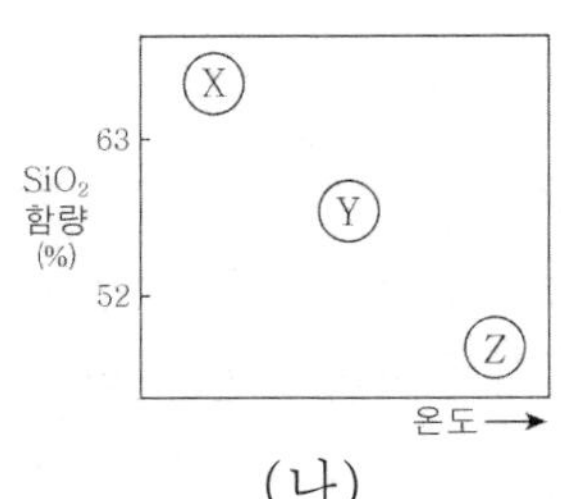

(나)

이에 대한 설명으로 옳은 것만을 <보기>에서 있는 대로 고른 것은?

< 보 기 >

ㄱ. A에서 물은 암석의 용융 온도를 감소시키는 요인이다.
ㄴ. Y가 지하 깊은 곳에서 굳으면 반려암이 생성된다.
ㄷ. B에서 생성되는 마그마는 주로 X이다.

① ㄱ ② ㄷ ③ ㄱ, ㄴ ④ ㄴ, ㄷ ⑤ ㄱ, ㄴ, ㄷ

11. 그림은 어느 해역에서 측정한 깊이에 따른 해수의 수온과 염분 분포를 나타낸 것이다. 이 해역에는 강물이 유입되고 있으며, 강물의 유입 방향은 ㉠과 ㉡ 중 하나이다. A, B는 해수면에 위치한 지점이다.

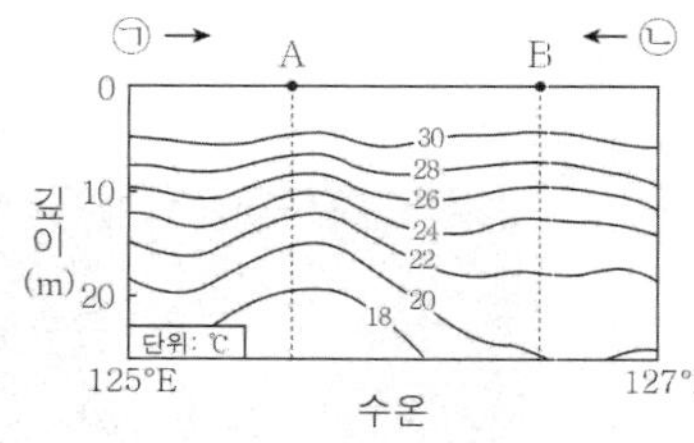

수온

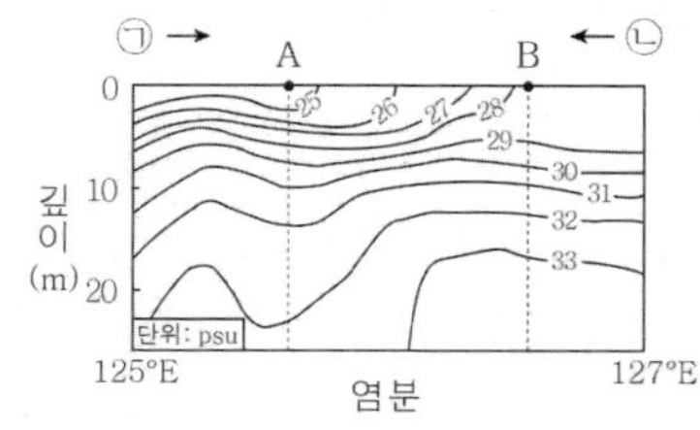

염분

이에 대한 설명으로 옳은 것만을 <보기>에서 있는 대로 고른 것은? [3점]

< 보 기 >

ㄱ. 수온만을 고려할 때, 깊이 20 m에서 산소 기체의 용해도는 A에서가 B에서보다 작다.
ㄴ. 강물의 유입 방향은 ㉠이다.
ㄷ. 해수면과 깊이 20 m의 해수 밀도 차는 A에서가 B에서보다 크다.

① ㄱ ② ㄷ ③ ㄱ, ㄴ ④ ㄴ, ㄷ ⑤ ㄱ, ㄴ, ㄷ

[해설편 p.115]

12. 그림은 빅뱅 이후 20억 년부터 현재까지 우주를 구성하는 요소 A, B, C가 차지하는 상대적 비율 변화를 나타낸 것이다. A, B, C는 각각 보통 물질, 암흑 물질, 암흑 에너지 중 하나이다.

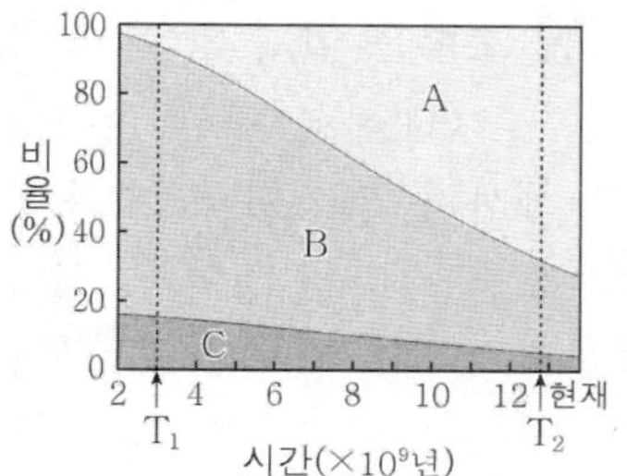

이에 대한 설명으로 옳은 것만을 <보기>에서 있는 대로 고른 것은?

< 보 기 >

ㄱ. A는 암흑 에너지이다.
ㄴ. B는 은하에 의한 중력 렌즈 현상을 이용하여 존재를 추정할 수 있다.
ㄷ. 우주는 T_1 시기에는 감속 팽창, T_2 시기에는 가속 팽창했다.

① ㄱ ② ㄴ ③ ㄱ, ㄷ ④ ㄴ, ㄷ ⑤ ㄱ, ㄴ, ㄷ

13. 그림 (가)와 (나)는 각각 서로 다른 거리에 있는 외부 은하의 거리와 후퇴 속도, 추세선의 기울기 H_1, H_2를 나타낸 것이다. 은하 ㉠은 추세선 상에 위치하고, H_1 = 70 km/s/Mpc이다.

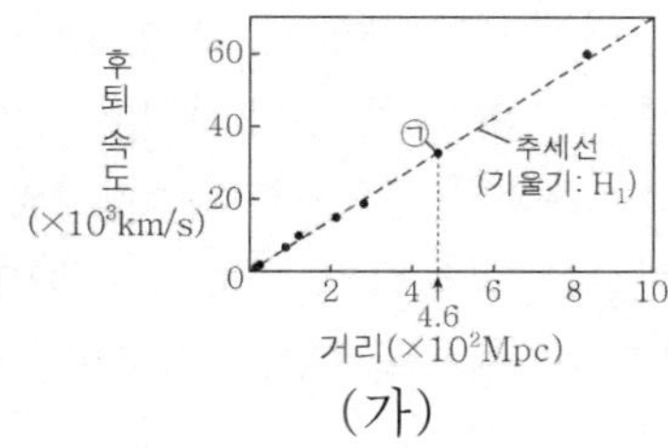

(가)

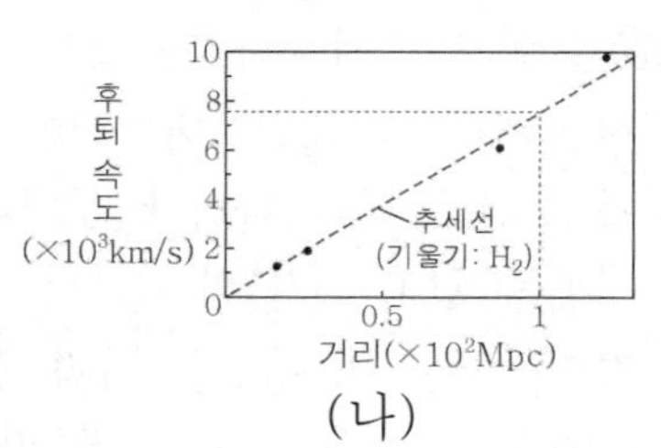

(나)

이 자료에 대한 설명으로 옳은 것만을 <보기>에서 있는 대로 고른 것은?

< 보 기 >

ㄱ. 은하 ㉠의 후퇴 속도는 32200 km/s이다.
ㄴ. H_2는 H_1보다 크다.
ㄷ. (가), (나)가 각각 허블 법칙을 만족할 때, 관측 가능한 우주의 크기는 H_2로 구한 값이 H_1로 구한 값보다 크다.

① ㄱ ② ㄷ ③ ㄱ, ㄴ ④ ㄴ, ㄷ ⑤ ㄱ, ㄴ, ㄷ

14. 표는 별 ㉠, ㉡, ㉢의 물리량을 나타낸 것이다. ㉠은 주계열성이다.

별	분광형	최대 복사 에너지 방출 파장 (상댓값)	절대 등급
㉠	A0	1	+0.6
㉡	A9	( )	( )
㉢	( )	2	−4.6

이 자료에 대한 설명으로 옳은 것만을 <보기>에서 있는 대로 고른 것은? [3점]

< 보 기 >

ㄱ. 단위 시간당 단위 면적에서 방출하는 복사 에너지양은 ㉠이 ㉡보다 크다.
ㄴ. ㉢은 주계열성이다.
ㄷ. $\frac{㉢의\ 반지름}{㉠의\ 반지름}$은 40보다 작다.

① ㄱ ② ㄴ ③ ㄷ ④ ㄱ, ㄷ ⑤ ㄴ, ㄷ

15. 그림 (가)는 관측소 A, B에서 측정한 우리나라에 영향을 준 어느 황사의 시간에 따른 황사 농도를, (나)는 이 기간 중 t 시각의 지상 일기도에 황사가 관측된 위치와 A, B의 위치를 나타낸 것이다. X는 고기압과 저기압 중 하나이다.

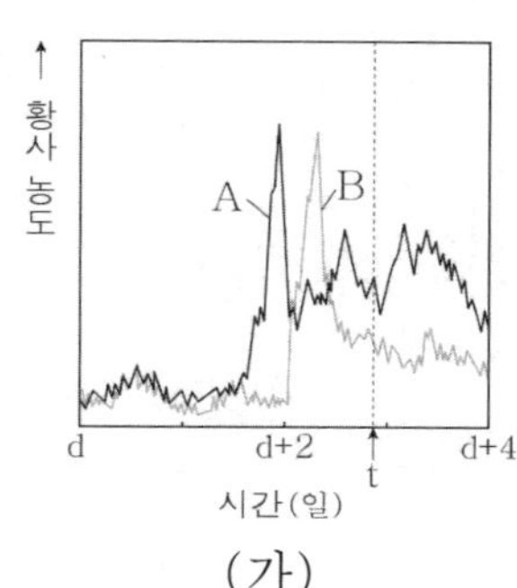

(가)

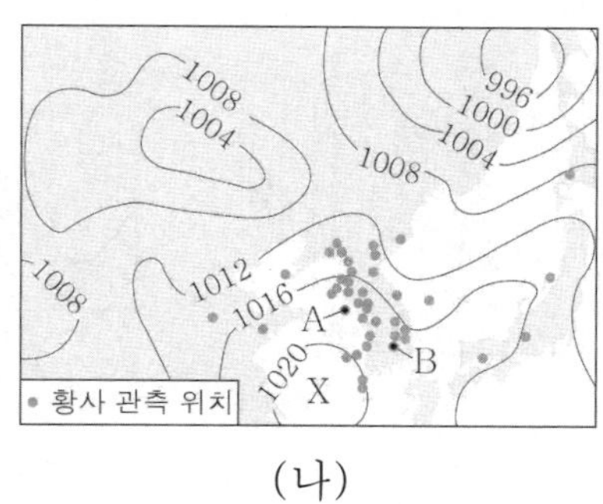

(나)

이 자료에 대한 설명으로 옳은 것만을 <보기>에서 있는 대로 고른 것은?

< 보 기 >

ㄱ. 이 황사는 발원지에서 (d+2)일에 발원하였다.
ㄴ. X는 고기압이다.
ㄷ. 이 황사는 극동풍을 타고 이동하였다.

① ㄱ ② ㄴ ③ ㄱ, ㄷ ④ ㄴ, ㄷ ⑤ ㄱ, ㄴ, ㄷ

16. 그림 (가)는 엘니뇨 시기와 라니냐 시기 적도 부근 태평양의 평균 표층 수온 분포를 나타낸 것이고, ㉠과 ㉡은 엘니뇨와 라니냐 시기 중 하나이다. 그림 (나)는 적도 부근 해역의 (동태평양 해면 기압 편차 − 서태평양 해면 기압 편차) 값(ΔP)을 시간에 따라 나타낸 것이고, A 시기는 ㉠과 ㉡ 중 하나이다. 편차는 (관측값 − 평년값)이다.

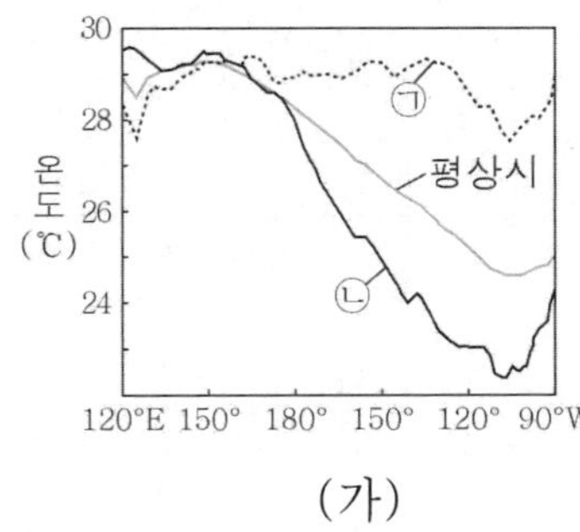

(가)

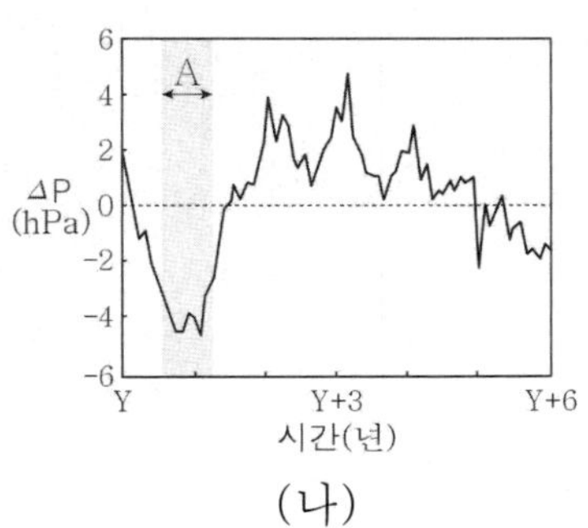

(나)

이 자료에 대한 설명으로 옳은 것만을 <보기>에서 있는 대로 고른 것은? [3점]

< 보 기 >

ㄱ. 적도 부근에서 (동태평양 평균 표층 수온 편차 − 서태평양 평균 표층 수온 편차) 값은 ㉠이 ㉡보다 크다.
ㄴ. 동태평양의 해면 기압은 A 시기가 평년보다 낮다.
ㄷ. A 시기는 ㉠에 해당한다.

① ㄱ ② ㄷ ③ ㄱ, ㄴ ④ ㄴ, ㄷ ⑤ ㄱ, ㄴ, ㄷ

[해설편 p.116]

17. 그림 (가)는 어느 태풍 중심의 이동 경로와 관측소 A, B를, (나)는 $t_1 \to t_5$ 동안 A, B에서 관측한 기압을, (다)는 t_2, t_3, t_4일 때 A와 B에서 관측한 풍속과 풍향을 ㉠과 ㉡으로 순서 없이 나타낸 것이다.

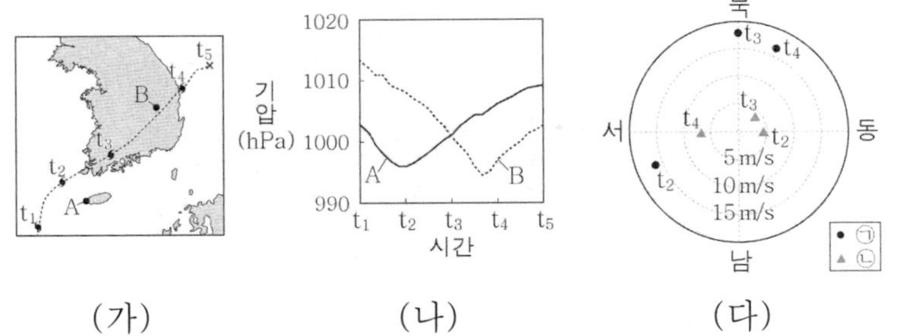

(가) (나) (다)

이 자료에 대한 설명으로 옳은 것만을 <보기>에서 있는 대로 고른 것은? [3점]

< 보 기 >

ㄱ. 태풍의 영향을 받는 동안 A는 위험 반원에 위치한다.

ㄴ. ㉡은 B에서 관측한 자료이다.

ㄷ. 태풍의 중심과 관측소의 거리가 가장 가까울 때 $\frac{\text{관측 기압}}{\text{태풍의 중심 기압}}$은 B에서가 A에서보다 작다.

① ㄱ ② ㄷ ③ ㄱ, ㄴ ④ ㄴ, ㄷ ⑤ ㄱ, ㄴ, ㄷ

18. 그림은 지구 공전 궤도 이심률과 세차 운동에 의한 자전축의 경사 방향 변화를, 표는 현재와 T 시기의 태양 겉보기 크기 비(근일점에서의 크기 : 원일점에서의 크기)를 나타낸 것이다. T는 ㉠과 ㉡ 중 하나이다.

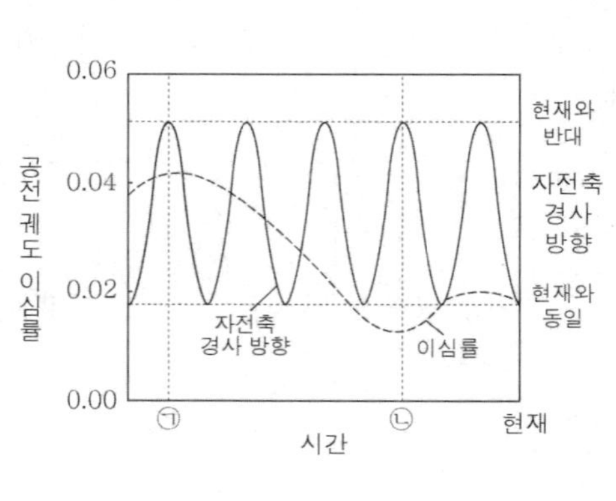

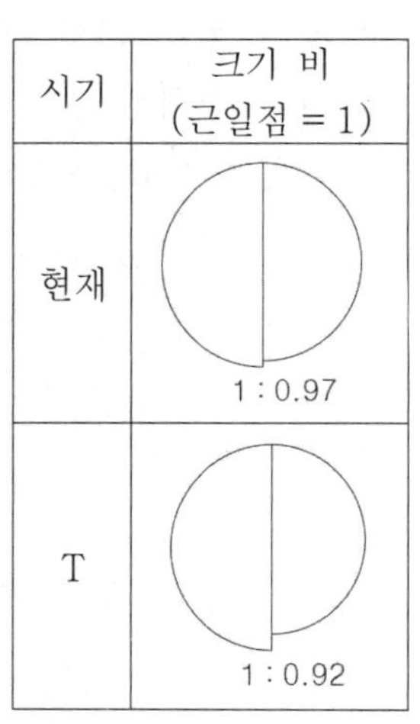

시기	크기 비 (근일점 = 1)
현재	1 : 0.97
T	1 : 0.92

이에 대한 설명으로 옳은 것만을 <보기>에서 있는 대로 고른 것은? (단, 지구 공전 궤도 이심률과 세차 운동 이외의 요인은 고려하지 않는다.) [3점]

< 보 기 >

ㄱ. ㉠일 때, 근일점에서 우리나라는 겨울이다.

ㄴ. T는 ㉡이다.

ㄷ. 우리나라에서 연교차는 ㉠이 ㉡보다 크다.

① ㄱ ② ㄷ ③ ㄱ, ㄴ ④ ㄴ, ㄷ ⑤ ㄱ, ㄴ, ㄷ

19. 그림은 현재 20°S에 위치한 어느 지괴에서 구한 60 Ma부터 현재까지 시기별 고지자기극의 위도를 나타낸 것이다. 시기별 고지자기극의 위치는 특정 경도 상에서 나타나고, 이 기간 동안 지괴도 이와 동일한 경도를 따라 이동하였다.

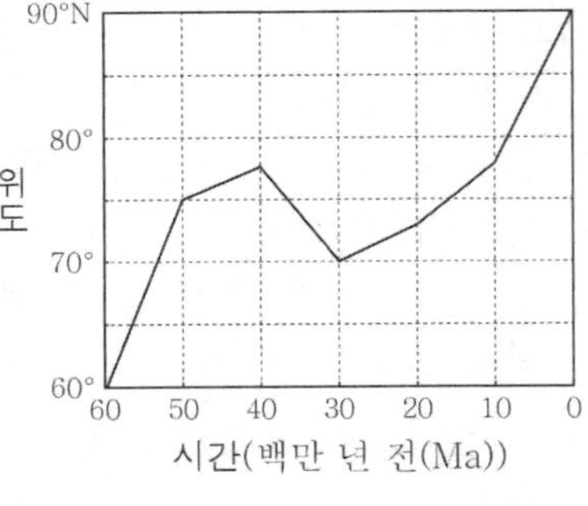

이 자료에 대한 설명으로 옳은 것만을 <보기>에서 있는 대로 고른 것은? (단, 고지자기극은 고지자기 방향으로 추정한 지리상 북극이고, 지리상 북극은 변하지 않았다.) [3점]

< 보 기 >

ㄱ. 이 지괴는 40 Ma ~ 30 Ma 동안 남쪽으로 이동하였다.

ㄴ. 지괴에서 구한 고지자기 복각의 절댓값은 60 Ma가 30 Ma보다 크다.

ㄷ. 이 기간 동안 지괴는 북반구에 머문 기간이 남반구에 머문 기간보다 길다.

① ㄱ ② ㄴ ③ ㄱ, ㄷ ④ ㄴ, ㄷ ⑤ ㄱ, ㄴ, ㄷ

20. 그림 (가)와 (나)는 서로 다른 외계 행성계에서 행성이 식 현상을 일으킬 때, 주계열성인 중심별 A와 B의 상대적 밝기 변화를 시간에 따라 나타낸 것이다. 식 현상을 일으키는 두 행성의 반지름은 같고, (가)의 $t_2 \sim t_3$의 시간은 (나)의 $t_4 \sim t_5$의 2배이다. 각 행성은 원 궤도를 따라 공전하며, 행성의 공전 궤도면은 관측자의 시선 방향과 나란하다.

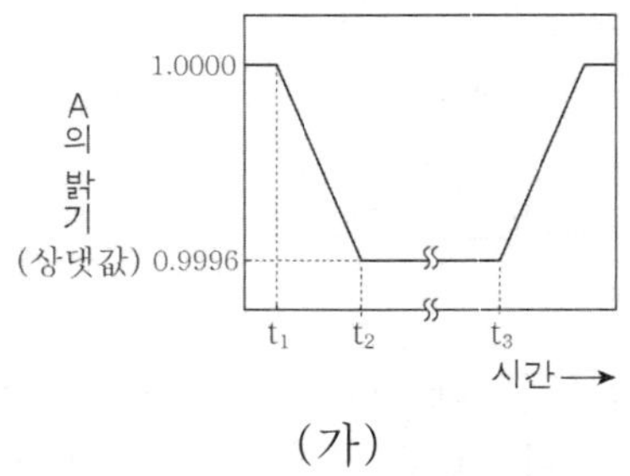

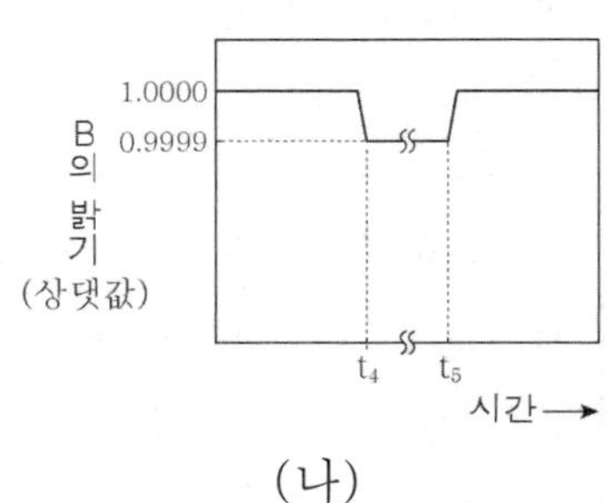

(가) (나)

이 자료에 대한 설명으로 옳은 것만을 <보기>에서 있는 대로 고른 것은? (단, 각 외계 행성계에서 공통 질량 중심과의 거리는 행성이 중심별보다 매우 멀고, 중심별의 시선 속도 변화는 식 현상을 일으키는 행성과의 공통 질량 중심에 대한 공전에 의해서만 나타난다.) [3점]

< 보 기 >

ㄱ. 별의 반지름은 A가 B의 $\frac{1}{2}$배이다.

ㄴ. 행성의 공전 속도는 (가)에서가 (나)에서의 $\frac{1}{4}$배보다 작다.

ㄷ. A의 흡수선 파장은 t_1일 때가 t_3일 때보다 짧다.

① ㄱ ② ㄷ ③ ㄱ, ㄴ ④ ㄴ, ㄷ ⑤ ㄱ, ㄴ, ㄷ

＊ 확인 사항

○ 답안지의 해당란에 필요한 내용을 정확히 기입(표기) 했는지 확인하시오.

제 4 교시

과학탐구 영역(지구과학 I)

37회

성명		수험 번호	–	제 [ ] 선택

1. 그림은 어느 학생이 생성형 인공 지능 서비스를 이용해 대륙 이동설과 해양저 확장설에 대해 검색한 결과의 일부이다.

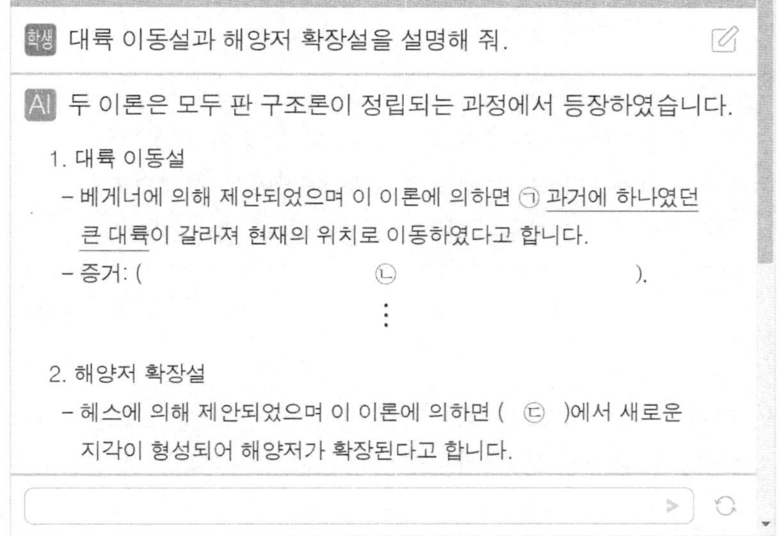

이에 대한 옳은 설명만을 <보기>에서 있는 대로 고른 것은?

< 보 기 >

ㄱ. ㉠은 판게아이다.
ㄴ. '같은 종류의 화석이 멀리 떨어진 여러 대륙에서 발견된다'는 ㉡에 해당한다.
ㄷ. '해령'은 ㉢에 해당한다.

① ㄱ ② ㄷ ③ ㄱ, ㄴ ④ ㄴ, ㄷ ⑤ ㄱ, ㄴ, ㄷ

2. 그림은 2000년부터 2015년까지 연간 온실 기체 배출량과 2015년 이후 지구 온난화 대응 시나리오 A, B, C에 따른 연간 온실 기체 예상 배출량을 나타낸 것이다. 기온 변화의 기준값은 1850년 ~ 1900년의 평균 기온이다.

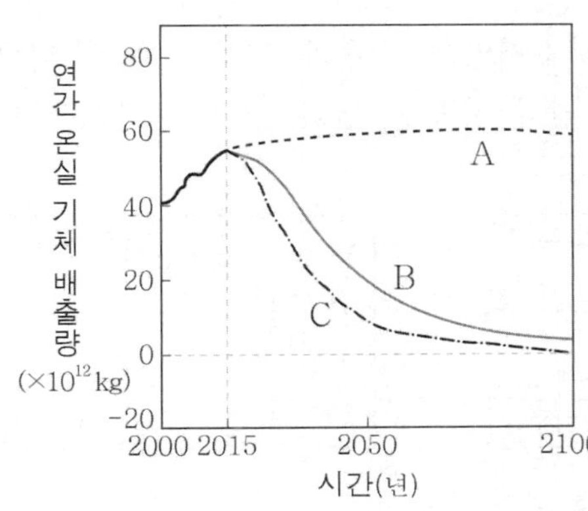

A: 현재 시행되고 있는 대응 정책에 따른 시나리오
B: 2100년까지 지구 평균 기온 상승을 기준값 대비 2℃로 억제하기 위한 시나리오
C: 2100년까지 지구 평균 기온 상승을 기준값 대비 1.5℃로 억제하기 위한 시나리오

이 자료에 대한 옳은 설명만을 <보기>에서 있는 대로 고른 것은? [3점]

< 보 기 >

ㄱ. 연간 온실 기체 배출량은 2015년이 2000년보다 많다.
ㄴ. C에 따르면 2100년에 지구의 평균 기온은 기준값보다 낮아질 것이다.
ㄷ. A에 따르면 2100년에 지구의 평균 기온은 기준값보다 2℃ 이상 높아질 것이다.

① ㄱ ② ㄴ ③ ㄱ, ㄷ ④ ㄴ, ㄷ ⑤ ㄱ, ㄴ, ㄷ

3. 그림은 해양판이 섭입되는 어느 지역에서 생성되는 마그마 A와 B를, 표는 A와 B의 SiO_2 함량을 나타낸 것이다.

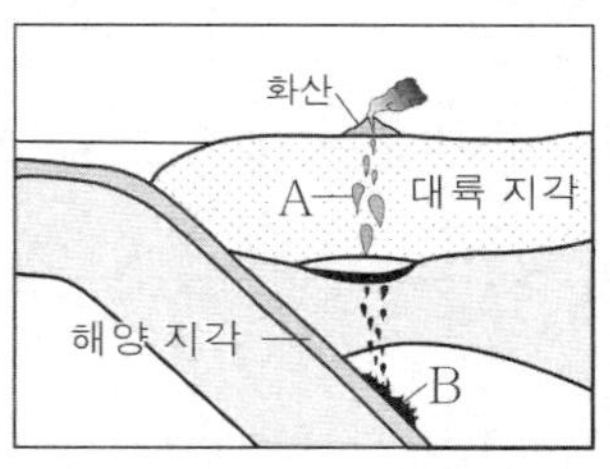

마그마	SiO_2 함량(%)
A	58
B	㉠

이에 대한 옳은 설명만을 <보기>에서 있는 대로 고른 것은?

< 보 기 >

ㄱ. A가 분출하면 반려암이 생성된다.
ㄴ. ㉠은 58보다 작다.
ㄷ. B는 주로 압력 감소에 의해 생성된다.

① ㄴ ② ㄷ ③ ㄱ, ㄴ ④ ㄱ, ㄷ ⑤ ㄴ, ㄷ

4. 다음은 해수의 성질을 알아보기 위한 탐구이다.

[탐구 과정]
(가) 우리나라 어느 해역에서 2월과 8월에 측정한 깊이에 따른 수온과 염분 자료를 준비한다.

<수온과 염분 자료>

	깊이(m)	0	10	20	30	50	75	100
2월	수온(℃)	11.6	11.6	11.3	11.0	9.9	5.8	4.5
	염분(psu)	34.3	34.3	34.3	34.3	34.2	34.0	34.0
8월	수온(℃)	25.4	21.9	13.8	12.9	8.9	4.1	2.7
	염분(psu)	32.7	33.3	34.2	34.3	34.2	34.1	34.0

(나) (가)의 자료를 수온 – 염분도에 나타내고 특징을 분석한다.

[탐구 결과]

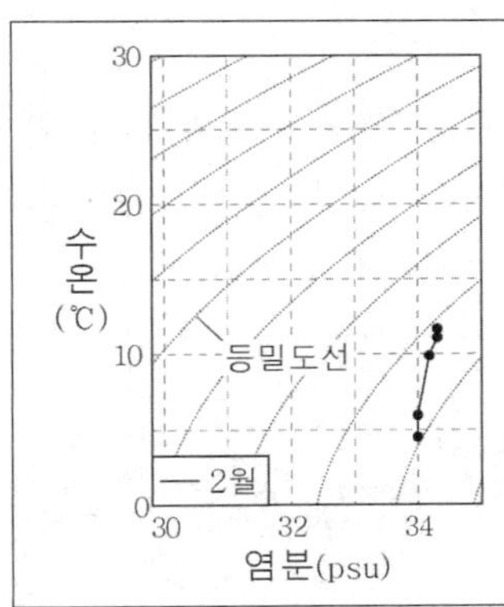

○ 혼합층의 두께는 2월이 8월보다 (㉠).
○ 깊이 0 ~ 100 m에서의 평균 밀도 변화율은 2월이 8월보다 (㉡).

이 자료에 대한 옳은 설명만을 <보기>에서 있는 대로 고른 것은? [3점]

< 보 기 >

ㄱ. '두껍다'는 ㉠에 해당한다.
ㄴ. 해수의 밀도는 2월의 75 m 깊이에서가 8월의 50 m 깊이에서보다 크다.
ㄷ. '크다'는 ㉡에 해당한다.

① ㄱ ② ㄷ ③ ㄱ, ㄴ ④ ㄴ, ㄷ ⑤ ㄱ, ㄴ, ㄷ

5. 그림은 표층 해류가 흐르는 해역 A, B, C의 위치와 대기 대순환에 의해 지표면에서 부는 바람을 나타낸 것이다. ㉠과 ㉡은 각각 중위도 고압대와 한대 전선대 중 하나이다.

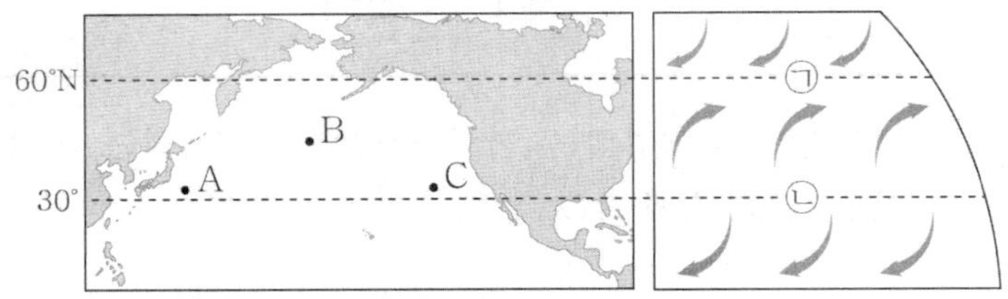

이에 대한 옳은 설명만을 <보기>에서 있는 대로 고른 것은?

< 보 기 >

ㄱ. 중위도 고압대는 ㉠이다.
ㄴ. 수온만을 고려할 때, 표층에서 산소의 용해도는 A에서보다 C에서 높다.
ㄷ. B에 흐르는 해류는 편서풍의 영향으로 형성된다.

① ㄴ ② ㄷ ③ ㄱ, ㄴ ④ ㄱ, ㄷ ⑤ ㄴ, ㄷ

6. 표는 주계열성 A, B, C의 생명 가능 지대 범위와 생명 가능 지대에 위치한 행성의 공전 궤도 반지름을 나타낸 것이다. A, B, C에는 각각 행성이 하나만 존재하고, 별의 연령은 모두 같다.

중심별	생명 가능 지대 범위(AU)	행성의 공전 궤도 반지름(AU)
A	0.61 ~ 0.83	0.78
B	(㉠) ~ 1.49	1.34
C	1.29 ~ 1.75	1.34

이에 대한 옳은 설명만을 <보기>에서 있는 대로 고른 것은?

< 보 기 >

ㄱ. A의 절대 등급은 태양보다 크다.
ㄴ. ㉠은 1.27보다 작다.
ㄷ. 생명 가능 지대에 머무르는 기간은 A의 행성이 C의 행성보다 짧다.

① ㄱ ② ㄷ ③ ㄱ, ㄴ ④ ㄴ, ㄷ ⑤ ㄱ, ㄴ, ㄷ

7. 그림 (가)는 어느 태풍의 이동 경로와 관측소 A와 B의 위치를, (나)는 이 태풍이 우리나라를 통과하는 동안 A와 B 중 한 곳에서 관측한 풍향, 풍속, 기압 변화를 나타낸 것이다.

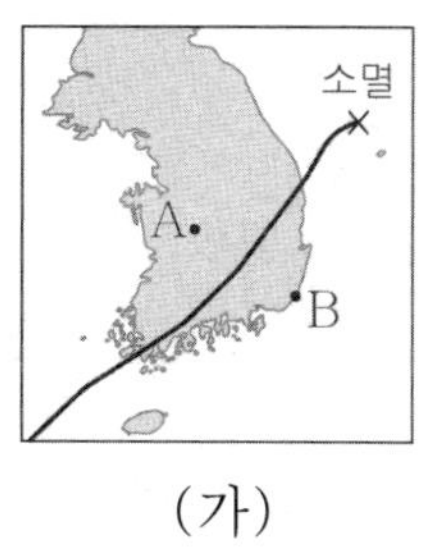

(가)

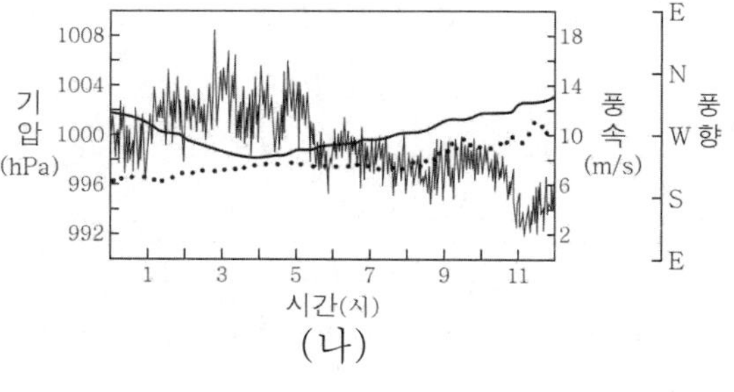

(나)

이에 대한 옳은 설명만을 <보기>에서 있는 대로 고른 것은?

< 보 기 >

ㄱ. (나)에서 기압은 4시가 11시보다 낮다.
ㄴ. (나)는 A에서 관측한 것이다.
ㄷ. 태풍이 통과하는 동안 관측된 평균 풍속은 A가 B보다 크다.

① ㄱ ② ㄴ ③ ㄱ, ㄷ ④ ㄴ, ㄷ ⑤ ㄱ, ㄴ, ㄷ

8. 그림 (가)는 지질 시대 중 어느 시기의 대륙 분포를, (나)와 (다)는 각각 단풍나무와 필석의 화석을 나타낸 것이다.

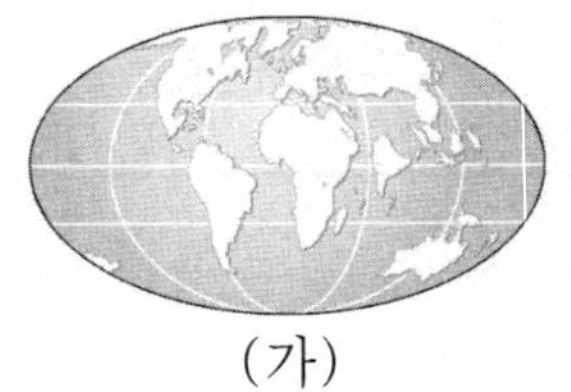
(가)

(나)

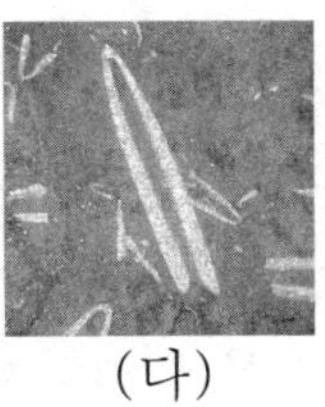
(다)

이에 대한 옳은 설명만을 <보기>에서 있는 대로 고른 것은? [3점]

< 보 기 >

ㄱ. 히말라야산맥은 (가)의 시기보다 나중에 형성되었다.
ㄴ. (나)와 (다)의 고생물은 모두 육상에서 서식하였다.
ㄷ. (가)의 시기에는 (다)의 고생물이 번성하였다.

① ㄱ ② ㄴ ③ ㄱ, ㄷ ④ ㄴ, ㄷ ⑤ ㄱ, ㄴ, ㄷ

9. 그림은 엘니뇨 또는 라니냐가 발생한 어느 해 11월~12월의 태평양의 강수량 편차(관측값 − 평년값)를 나타낸 것이다.

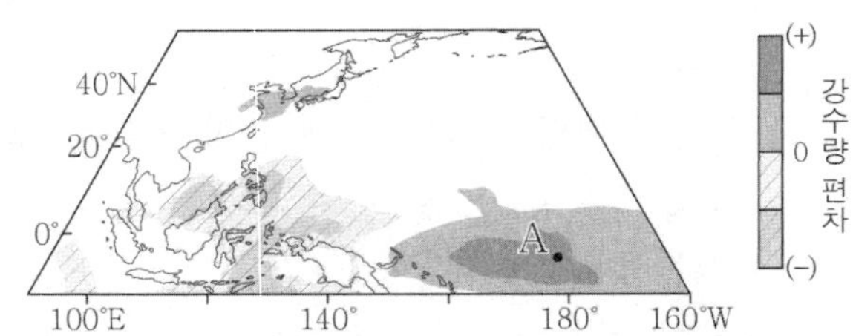

이 자료에 대한 옳은 설명만을 <보기>에서 있는 대로 고른 것은?

< 보 기 >

ㄱ. 우리나라의 강수량은 평년보다 많다.
ㄴ. A 해역의 표층 수온은 평년보다 높다.
ㄷ. 무역풍의 세기는 평년보다 강하다.

① ㄱ ② ㄴ ③ ㄷ ④ ㄱ, ㄴ ⑤ ㄴ, ㄷ

10. 그림 (가)와 (나)는 남대서양의 수온과 염분 분포를 나타낸 것이다. A, B, C는 각각 남극 저층수, 남극 중층수, 북대서양 심층수 중 하나이다.

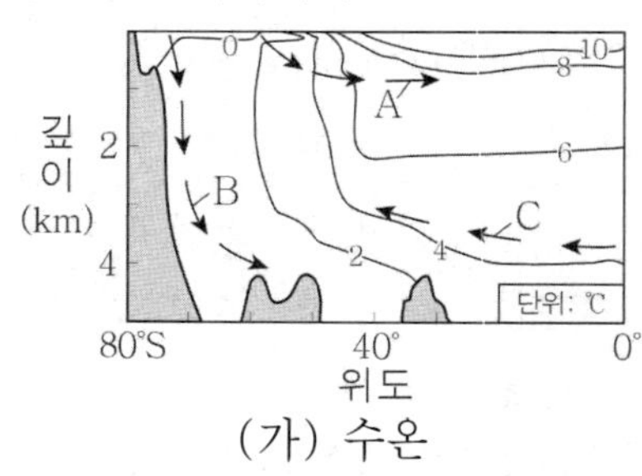

(가) 수온

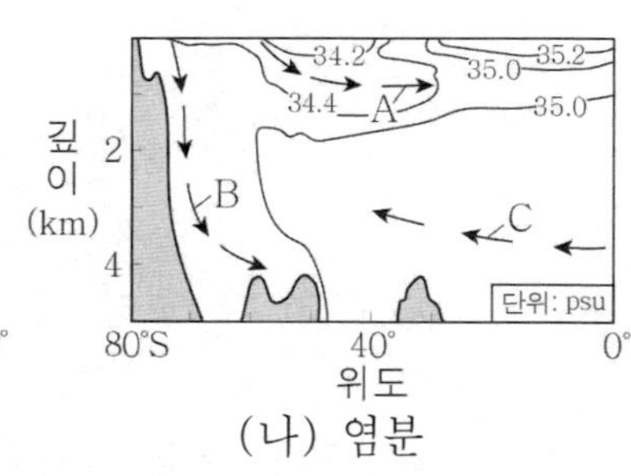

(나) 염분

이에 대한 옳은 설명만을 <보기>에서 있는 대로 고른 것은?

< 보 기 >

ㄱ. A가 표층에서 침강하는 데 미치는 영향은 염분이 수온보다 크다.
ㄴ. B는 북반구 해역의 심층에 도달한다.
ㄷ. A, B, C는 모두 저위도와 고위도의 에너지 불균형을 줄이는 역할을 한다.

① ㄱ ② ㄴ ③ ㄱ, ㄷ ④ ㄴ, ㄷ ⑤ ㄱ, ㄴ, ㄷ

[해설편 p.118]

11. 그림 (가)는 어느 지역의 지질 단면을, (나)는 X에서 Y까지의 암석의 연령 분포를 나타낸 것이다. P 지점에서는 건열이 ㉠과 ㉡ 중 하나의 모습으로 관찰된다.

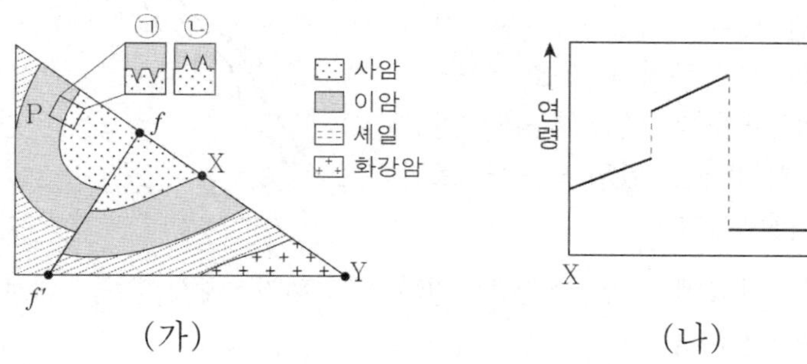

(가) (나)

이에 대한 옳은 설명만을 <보기>에서 있는 대로 고른 것은?

< 보 기 >

ㄱ. P 지점의 모습은 ㉠에 해당한다.
ㄴ. 단층 $f-f'$은 횡압력에 의해 형성되었다.
ㄷ. 이 지역에서는 난정합이 나타난다.

① ㄱ ② ㄴ ③ ㄱ, ㄷ ④ ㄴ, ㄷ ⑤ ㄱ, ㄴ, ㄷ

12. 그림은 별 ㉠~㉣의 반지름과 광도를 나타낸 것이다. A는 표면 온도가 T인 별의 반지름과 광도의 관계이다.

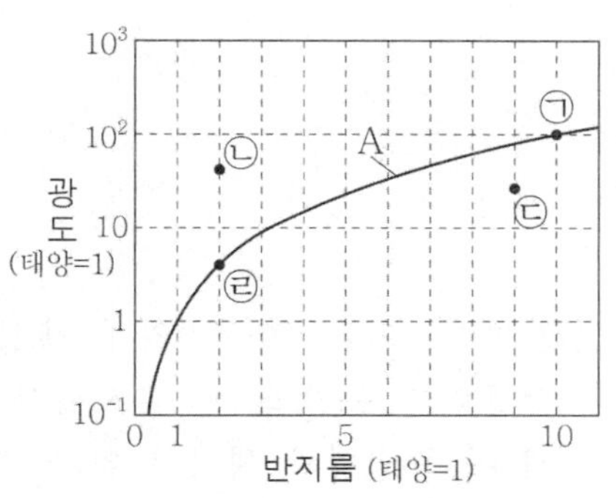

이 자료에 대한 옳은 설명만을 <보기>에서 있는 대로 고른 것은? (단, 태양의 절대 등급은 4.8이다.) [3점]

< 보 기 >

ㄱ. ㉠의 절대 등급은 0보다 작다.
ㄴ. ㉢의 표면 온도는 T보다 높다.
ㄷ. CaⅡ 흡수선의 상대적 세기는 ㉡이 ㉣보다 강하다.

① ㄱ ② ㄷ ③ ㄱ, ㄴ ④ ㄴ, ㄷ ⑤ ㄱ, ㄴ, ㄷ

13. 표는 우리은하에서 외부 은하 A와 B를 관측한 결과이다. 우리은하에서 관측한 A와 B의 시선 방향은 90°를 이룬다.

은하	흡수선의 파장(nm)		거리(Mpc)
	기준 파장	관측 파장	
A	400	405.6	60
B	600	606.3	( )

이에 대한 옳은 설명만을 <보기>에서 있는 대로 고른 것은? (단, A와 B는 허블 법칙을 만족하고, 빛의 속도는 3×10^5 km/s 이다.) [3점]

< 보 기 >

ㄱ. 허블 상수는 70 km/s/Mpc이다.
ㄴ. 우리은하에서 A를 관측하면 기준 파장이 600 nm인 흡수선의 관측 파장은 606.3 nm보다 길다.
ㄷ. A에서 관측한 B의 후퇴 속도는 5250 km/s이다.

① ㄱ ② ㄴ ③ ㄱ, ㄷ ④ ㄴ, ㄷ ⑤ ㄱ, ㄴ, ㄷ

14. 그림 (가)와 (나)는 같은 시각에 우리나라 주변을 관측한 가시 영상과 적외 영상을 순서 없이 나타낸 것이다.

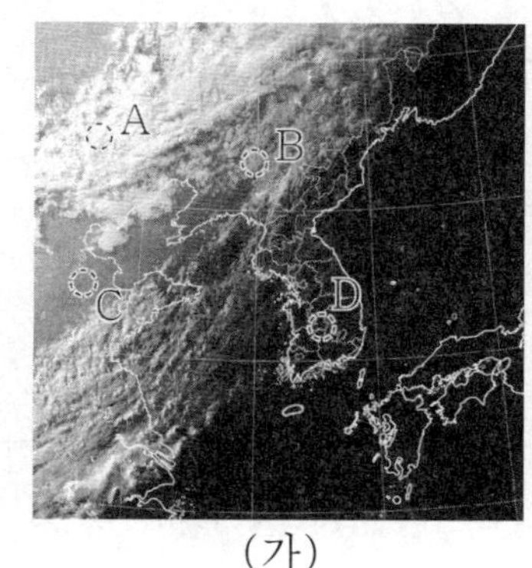

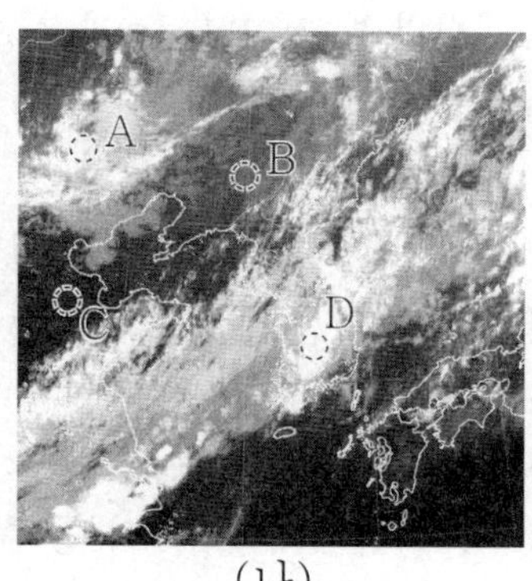

(가) (나)

이에 대한 옳은 설명만을 <보기>에서 있는 대로 고른 것은?

< 보 기 >

ㄱ. 관측 파장은 (가)가 (나)보다 길다.
ㄴ. 비가 내릴 가능성은 A에서가 C에서보다 높다.
ㄷ. 구름 최상부의 온도는 B에서가 D에서보다 높다.

① ㄴ ② ㄷ ③ ㄱ, ㄴ ④ ㄱ, ㄷ ⑤ ㄴ, ㄷ

15. 그림 (가)는 은하 ㉠과 ㉡의 모습을, (나)는 은하의 종류 A와 B가 탄생한 이후 시간에 따라 연간 생성된 별의 질량을 추정하여 나타낸 것이다. ㉠과 ㉡은 각각 A와 B 중 하나에 속한다.

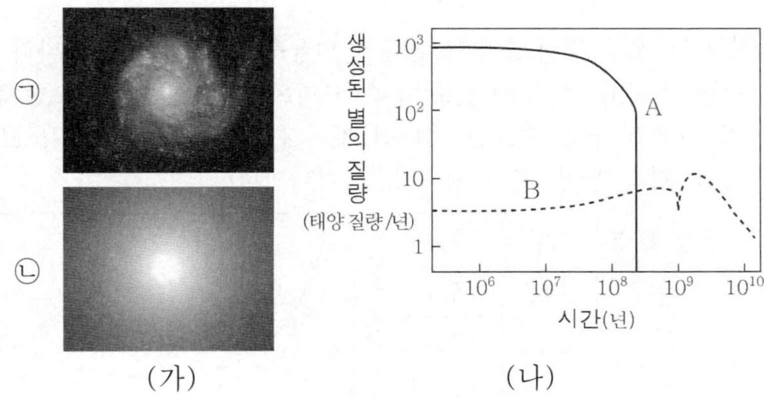

(가) (나)

이 자료에 대한 옳은 설명만을 <보기>에서 있는 대로 고른 것은? [3점]

< 보 기 >

ㄱ. ㉠은 A에 속한다.
ㄴ. 은하의 질량 중 성간 물질이 차지하는 질량의 비율은 ㉠이 ㉡보다 크다.
ㄷ. 은하가 탄생한 이후 10^{10}년이 지났을 때 은하를 구성하는 별의 평균 표면 온도는 A가 B보다 높다.

① ㄱ ② ㄴ ③ ㄱ, ㄷ ④ ㄴ, ㄷ ⑤ ㄱ, ㄴ, ㄷ

37회

16. 그림은 어느 지역의 판 경계 분포와 지진파 단층 촬영 영상을 나타낸 것이다. ㉠과 ㉡에는 각각 발산형 경계와 수렴형 경계 중 하나가 위치한다.

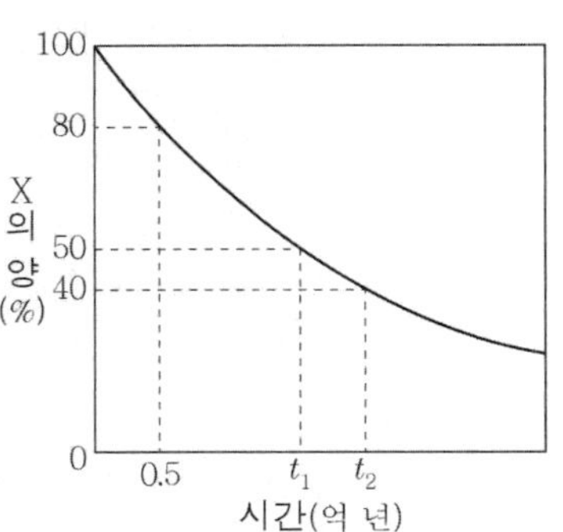

이 자료에 대한 옳은 설명만을 <보기>에서 있는 대로 고른 것은?

< 보 기 >

ㄱ. ㉠의 판 경계에서 동쪽으로 갈수록 지진이 발생하는 깊이는 대체로 깊어진다.
ㄴ. 판 경계 부근의 평균 수심은 ㉠이 ㉡보다 깊다.
ㄷ. 온도는 A 지점이 B 지점보다 높다.

① ㄴ ② ㄷ ③ ㄱ, ㄴ ④ ㄱ, ㄷ ⑤ ㄱ, ㄴ, ㄷ

17. 그림은 화성암 A에 포함된 방사성 동위 원소 X의 붕괴 곡선을 나타낸 것이다. Y는 X의 자원소이다.

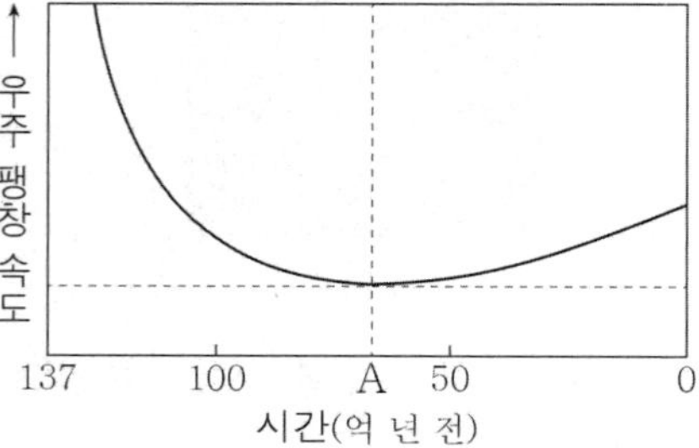

이 자료에 대한 옳은 설명만을 <보기>에서 있는 대로 고른 것은? (단, X의 양(%)은 화성암 생성 당시 X의 함량에 대한 남아 있는 함량의 비율이고, Y의 양(%)은 붕괴한 X의 양과 같다.) [3점]

< 보 기 >

ㄱ. A가 생성된 후 $2t_1$이 지났을 때 $\frac{\text{X의 양(\%)}}{\text{Y의 양(\%)}}$은 $\frac{1}{4}$이다.
ㄴ. $(t_2 - t_1)$은 0.5억 년이다.
ㄷ. A가 생성된 후 1억 년이 지났을 때 X의 양은 60%보다 크다.

① ㄱ ② ㄴ ③ ㄱ, ㄷ ④ ㄴ, ㄷ ⑤ ㄱ, ㄴ, ㄷ

18. 표는 우주 구성 요소의 상대적 비율을 T_1, T_2 시기에 따라 나타낸 것이고, 그림은 표준 우주 모형에 따른 빅뱅 이후 현재까지 우주의 팽창 속도를 나타낸 것이다. ㉠, ㉡, ㉢은 각각 보통 물질, 암흑 물질, 암흑 에너지 중 하나이다.

구성 요소	T_1	T_2
㉠	59.6	75.5
㉡	29.2	10.3
㉢	11.2	14.2

(단위 : %)

우주 팽창 속도 / 137 100 A 50 0 / 시간(억 년 전)

이에 대한 옳은 설명만을 <보기>에서 있는 대로 고른 것은? [3점]

< 보 기 >

ㄱ. ㉠은 질량을 가지고 있다.
ㄴ. T_2 시기는 A 시기보다 나중이다.
ㄷ. 우주 배경 복사는 A 시기 이전에 방출된 빛이다.

① ㄱ ② ㄴ ③ ㄱ, ㄷ ④ ㄴ, ㄷ ⑤ ㄱ, ㄴ, ㄷ

19. 그림은 질량이 서로 다른 별 A와 B의 진화에 따른 중심부에서의 밀도와 온도 변화를 나타낸 것이다. ㉠, ㉡, ㉢은 각각 별의 중심부에서 수소 핵융합, 탄소 핵융합, 헬륨 핵융합 반응이 시작되는 밀도 - 온도 조건 중 하나이다.

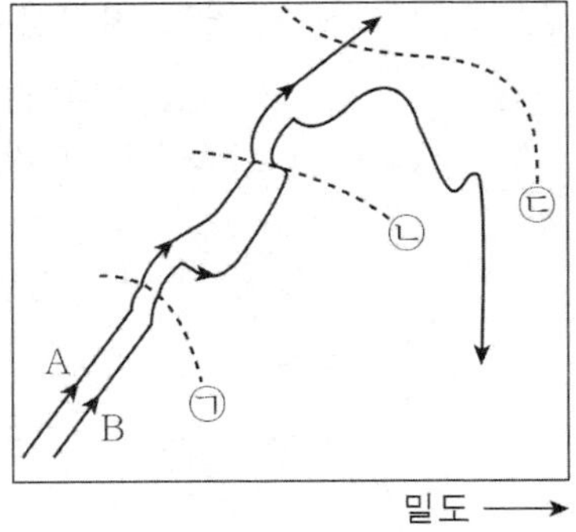

이 자료에 대한 옳은 설명만을 <보기>에서 있는 대로 고른 것은? [3점]

< 보 기 >

ㄱ. 별의 중심부에서 헬륨 핵융합 반응이 시작되는 밀도-온도 조건은 ㉠이다.
ㄴ. 별의 중심부에서 수소 핵융합 반응이 시작될 때, 중심부의 밀도는 A가 B보다 작다.
ㄷ. 별의 탄생 이후 별의 중심부에서 밀도와 온도가 ㉡에 도달할 때까지 걸리는 시간은 A가 B보다 길다.

① ㄱ ② ㄴ ③ ㄱ, ㄷ ④ ㄴ, ㄷ ⑤ ㄱ, ㄴ, ㄷ

20. 그림 (가)는 어느 외계 행성과 중심별이 공통 질량 중심을 중심으로 공전할 때 중심별의 시선 속도 변화를, (나)는 t일 때 이 중심별과 행성의 위치 관계를 나타낸 것이다.

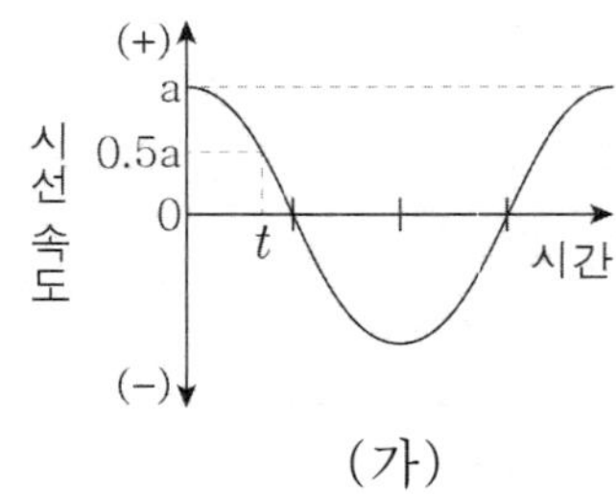

(가)

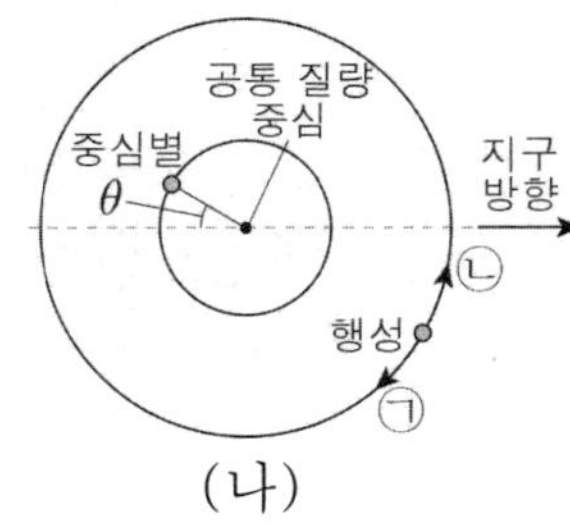

(나)

이에 대한 옳은 설명만을 <보기>에서 있는 대로 고른 것은? (단, 외계 행성은 원 궤도로 공전하며, 공전 궤도면은 관측자의 시선 방향과 나란하다.) [3점]

< 보 기 >

ㄱ. 공통 질량 중심에 대한 행성의 공전 방향은 ㉠이다.
ㄴ. θ의 크기는 30°이다.
ㄷ. 행성의 공전 주기가 현재보다 길어지면 a는 증가한다.

① ㄱ ② ㄴ ③ ㄱ, ㄷ ④ ㄴ, ㄷ ⑤ ㄱ, ㄴ, ㄷ

*** 확인 사항**

○ **답안지의 해당란에 필요한 내용을 정확히 기입(표기)했는지 확인하시오.**

[해설편 p.119]

제 4 교시

과학탐구 영역(지구과학 I)

38회

성명		수험 번호		제 [ ] 선택

1. 그림은 우리나라에 영향을 주는 황사의 발원지와 이동 경로를, 표는 우리나라의 관측소 ㉠과 ㉡에서 최근 20년간 관측한 황사 발생 일수를 계절별로 누적하여 나타낸 것이다. A와 B는 각각 ㉠과 ㉡ 중 한 곳이다.

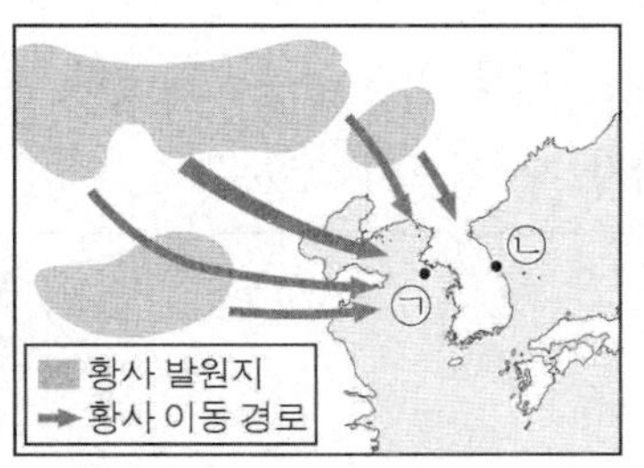

계절 \ 관측소	A	B
봄 (3~5월)	95	170
여름 (6~8월)	0	0
가을 (9~11월)	8	30
겨울 (12~2월)	22	32

이에 대한 옳은 설명만을 <보기>에서 있는 대로 고른 것은?

< 보 기 >

ㄱ. A는 ㉠이다.
ㄴ. 우리나라에서 황사는 북태평양 기단의 영향이 우세한 계절에 주로 발생한다.
ㄷ. 황사 발원지에서 사막화가 심해지면 우리나라의 연간 황사 발생 일수는 증가할 것이다.

① ㄱ ② ㄷ ③ ㄱ, ㄴ ④ ㄴ, ㄷ ⑤ ㄱ, ㄴ, ㄷ

2. 다음은 심층 순환의 형성 원리를 알아보기 위한 탐구이다.

[탐구 과정]
(가) 수조에 ㉠ 20℃의 증류수를 넣는다.
(나) 비커 A와 B에 각각 10 ℃의 증류수 500 g을 넣는다.
(다) A에는 소금 17 g을, B에는 소금 (㉡) g을 녹인다.
(라) A와 B에 각각 서로 다른 색의 잉크를 몇 방울 떨어뜨린다.
(마) 그림과 같이 A와 B의 소금물을 수조의 양 끝에서 동시에 천천히 부으면서 수조 안을 관찰한다.

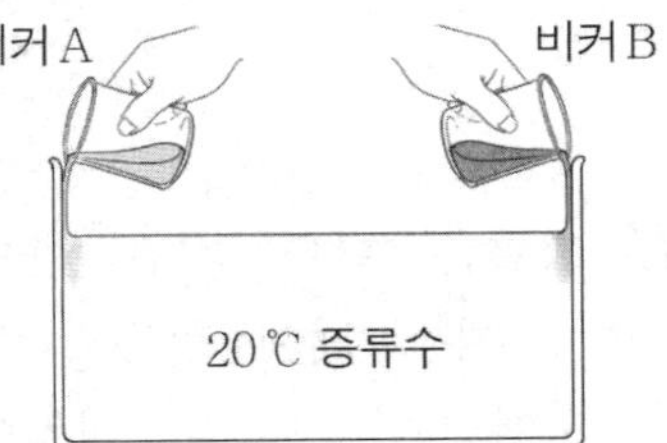

[탐구 결과]
◦ A와 B의 소금물이 수조 바닥으로 가라앉아 이동하다가 만나서 A의 소금물이 B의 소금물 아래로 이동한다.

이에 대한 옳은 설명만을 <보기>에서 있는 대로 고른 것은?

< 보 기 >

ㄱ. (다)에서 A의 소금물은 염분이 34 psu보다 작다.
ㄴ. ㉡은 17보다 작다.
ㄷ. ㉠을 10 ℃의 증류수로 바꾸어 실험하면 A와 B의 소금물이 수조 바닥으로 가라앉는 속도는 더 빠를 것이다.

① ㄱ ② ㄷ ③ ㄱ, ㄴ ④ ㄴ, ㄷ ⑤ ㄱ, ㄴ, ㄷ

3. 그림 (가)는 해양 지각의 나이 분포와 지점 A, B, C의 위치를, (나)는 태평양과 대서양에서 관측한 해양 지각의 나이에 따른 해령 정상으로부터 해저면까지의 깊이를 나타낸 것이다.

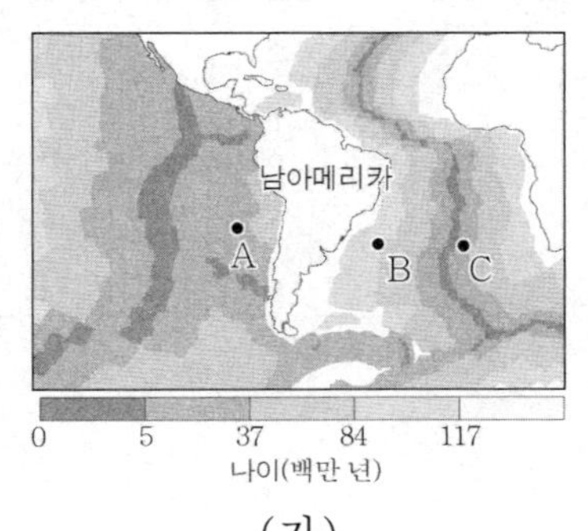

(가)

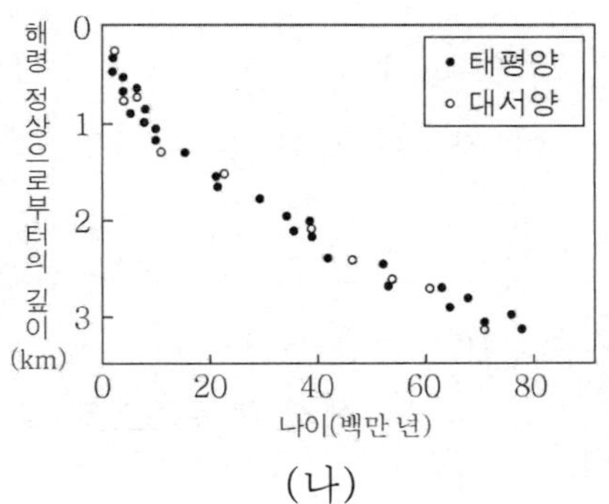

(나)

이 자료에 대한 옳은 설명만을 <보기>에서 있는 대로 고른 것은? [3점]

< 보 기 >

ㄱ. 해양 지각의 평균 확장 속도는 A가 속한 판이 B가 속한 판보다 빠르다.
ㄴ. 해양저 퇴적물의 두께는 B에서가 C에서보다 두껍다.
ㄷ. 해령 정상으로부터 해저면까지의 깊이는 A에서가 B에서보다 깊다.

① ㄱ ② ㄷ ③ ㄱ, ㄴ ④ ㄴ, ㄷ ⑤ ㄱ, ㄴ, ㄷ

4. 그림은 인도와 오스트레일리아 대륙에서 측정한 1억 4천만 년 전부터 현재까지 고지자기 남극의 겉보기 이동 경로를 천만 년 간격으로 나타낸 것이다.

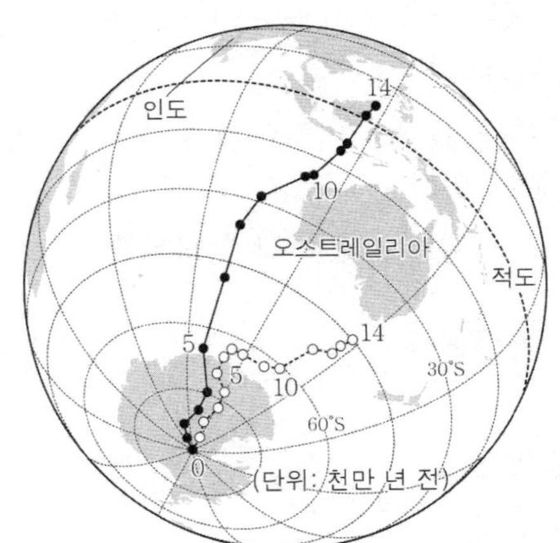

이 자료에 대한 옳은 설명만을 <보기>에서 있는 대로 고른 것은? (단, 고지자기 남극은 각 대륙의 고지자기 방향으로 추정한 지리상 남극이며 실제 지리상 남극의 위치는 변하지 않았다.) [3점]

< 보 기 >

ㄱ. 1억 4천만 년 전에 인도와 오스트레일리아 대륙은 모두 남반구에 위치하였다.
ㄴ. 인도 대륙의 평균 이동 속도는 6천만 년 전~7천만 년 전이 5천만 년 전~6천만 년 전보다 빨랐다.
ㄷ. 오스트레일리아 대륙에서 복각의 절댓값은 현재가 1억 년 전보다 크다.

① ㄱ ② ㄴ ③ ㄱ, ㄷ ④ ㄴ, ㄷ ⑤ ㄱ, ㄴ, ㄷ

[해설편 p.120]

5. 그림 (가)는 판 A와 B의 경계를, (나)는 A와 B의 이동 속력과 방향을, (다)는 A와 B에 포함된 지각의 평균 두께와 밀도를 나타낸 것이다. A와 B는 각각 대륙판과 해양판 중 하나이다.

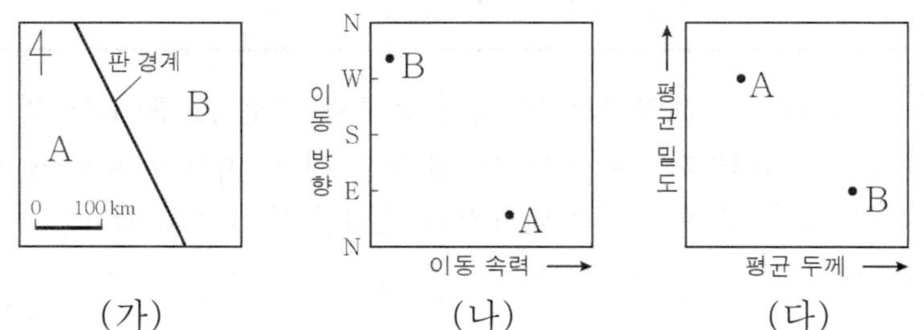

이 자료에 대한 옳은 설명만을 <보기>에서 있는 대로 고른 것은?

< 보 기 >

ㄱ. B는 해양판이다.
ㄴ. 판 경계에서 북동쪽으로 갈수록 진원의 깊이는 대체로 깊어진다.
ㄷ. 판 경계의 하부에서는 주로 압력 감소에 의해 마그마가 생성된다.

① ㄱ ② ㄴ ③ ㄱ, ㄷ ④ ㄴ, ㄷ ⑤ ㄱ, ㄴ, ㄷ

6. 그림은 지질 구조 (가), (나), (다)를 나타낸 것이다.

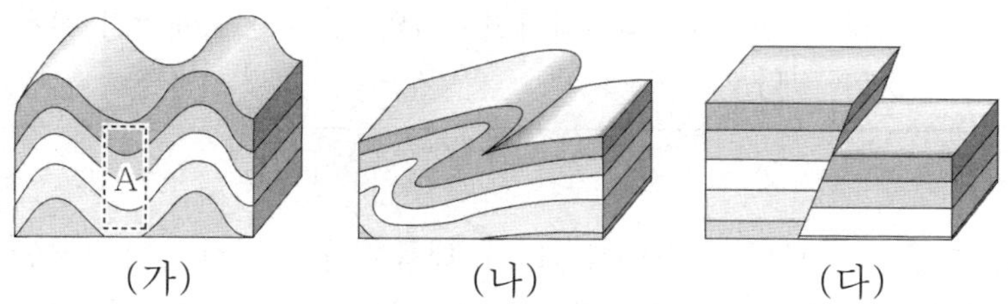

이에 대한 옳은 설명만을 <보기>에서 있는 대로 고른 것은?

< 보 기 >

ㄱ. A에는 향사 구조가 나타난다.
ㄴ. (나)와 (다)에는 나이가 많은 지층 아래에 나이가 적은 지층이 나타나는 부분이 있다.
ㄷ. (가), (나), (다)는 모두 횡압력에 의해 형성된다.

① ㄱ ② ㄴ ③ ㄱ, ㄷ ④ ㄴ, ㄷ ⑤ ㄱ, ㄴ, ㄷ

7. 그림은 표준 우주 모형에 근거하여 시간에 따른 우주의 크기 변화를 나타낸 것이다.

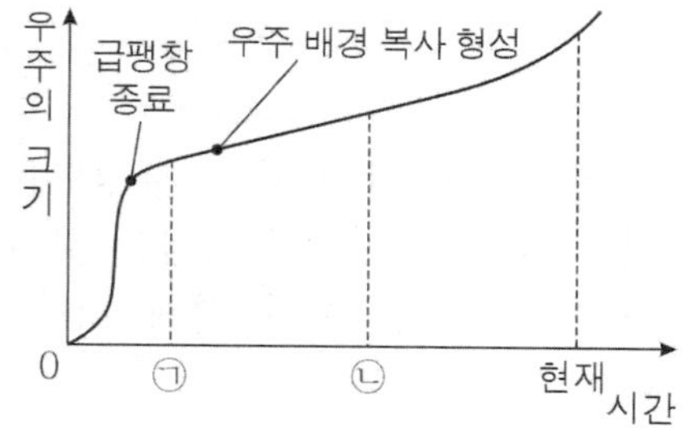

이에 대한 옳은 설명만을 <보기>에서 있는 대로 고른 것은? [3점]

< 보 기 >

ㄱ. ㉠ 시기에 우주의 모든 지점은 서로 정보 교환이 가능하였다.
ㄴ. ㉡ 시기에 우주는 불투명한 상태였다.
ㄷ. $\frac{\text{암흑 에너지 밀도}}{\text{물질 밀도}}$는 현재가 ㉡ 시기보다 크다.

① ㄱ ② ㄴ ③ ㄷ ④ ㄱ, ㄴ ⑤ ㄱ, ㄷ

8. 그림은 현생 누대에 북반구에서 대륙 빙하가 분포한 범위를 나타낸 것이다.

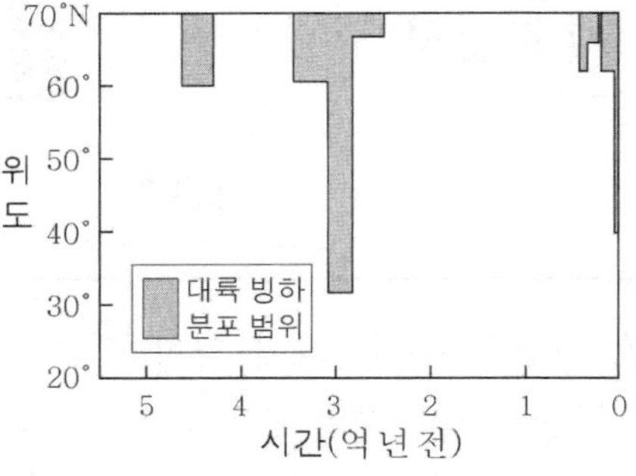

이 자료에 대한 옳은 설명만을 <보기>에서 있는 대로 고른 것은?

< 보 기 >

ㄱ. 지구의 평균 기온은 3억 년 전이 2억 년 전보다 높았다.
ㄴ. 공룡이 멸종한 시기에 35°N에는 대륙 빙하가 분포하였다.
ㄷ. 평균 해수면의 높이는 백악기가 제4기보다 높았다.

① ㄱ ② ㄷ ③ ㄱ, ㄴ ④ ㄴ, ㄷ ⑤ ㄱ, ㄴ, ㄷ

9. 그림 (가)와 (나)는 정체 전선이 발달한 두 시기에 한 시간 동안 측정한 강수량을 나타낸 것이다. A에서는 (가)와 (나) 중 한 시기에 열대야가 발생하였다.

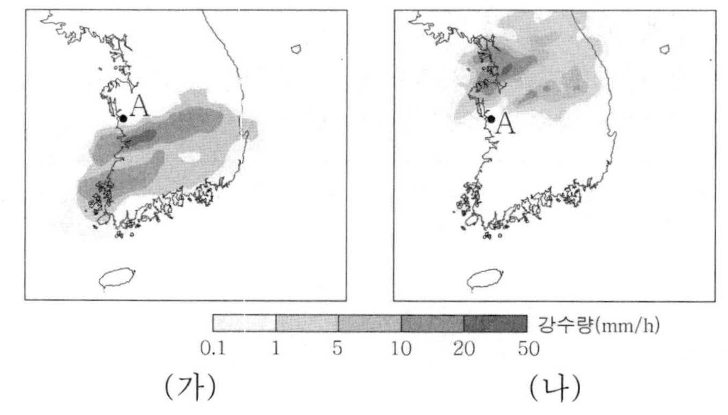

이에 대한 옳은 설명만을 <보기>에서 있는 대로 고른 것은?

< 보 기 >

ㄱ. 전선은 (가) 시기보다 (나) 시기에 북쪽에 위치하였다.
ㄴ. (가) 시기에 A에서는 주로 남풍 계열의 바람이 불었다.
ㄷ. A에서 열대야가 발생한 시기는 (나)이다.

① ㄱ ② ㄴ ③ ㄱ, ㄴ ④ ㄱ, ㄷ ⑤ ㄴ, ㄷ

10. 그림은 단위 시간 동안 별 ㉠과 ㉡에서 방출된 복사 에너지 세기를 파장에 따라 나타낸 것이다. 그래프와 가로축 사이의 면적은 각각 S, 4S이다.

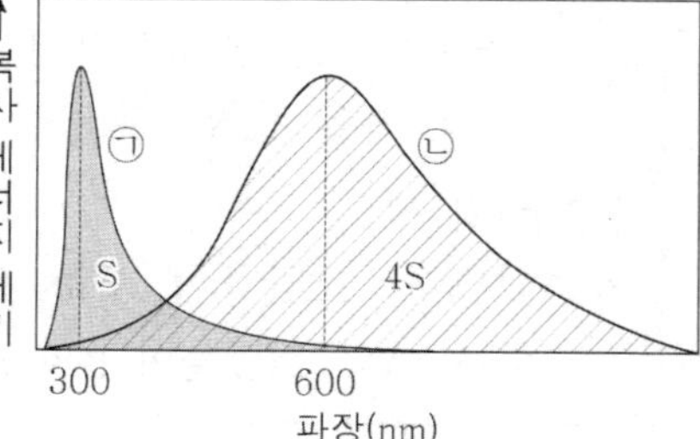

㉠과 ㉡에 대한 옳은 설명만을 <보기>에서 있는 대로 고른 것은?

< 보 기 >

ㄱ. 광도는 ㉡이 ㉠의 4배이다.
ㄴ. 표면 온도는 ㉡이 ㉠의 2배이다.
ㄷ. 반지름은 ㉡이 ㉠의 2배이다.

① ㄱ ② ㄴ ③ ㄱ, ㄷ ④ ㄴ, ㄷ ⑤ ㄱ, ㄴ, ㄷ

[해설편 p.121]

11. 그림은 북극 상공에서 바라본 주요 표층 해류의 방향을 나타낸 것이다.

해역 A ~ D에 대한 옳은 설명만을 <보기>에서 있는 대로 고른 것은?

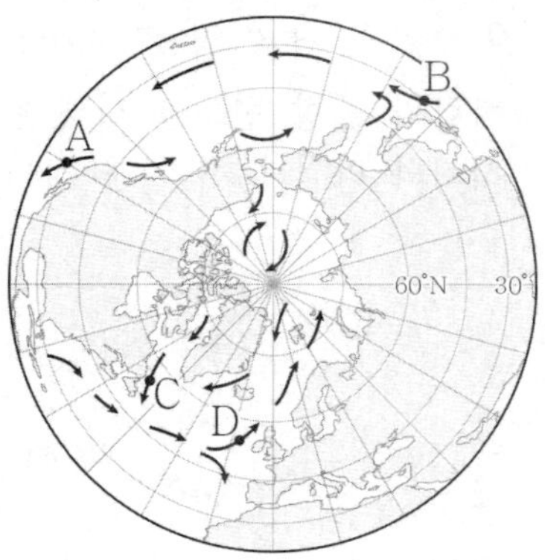

< 보 기 >

ㄱ. 표층 염분은 A에서가 B에서보다 낮다.
ㄴ. 표층 해수의 용존 산소량은 C에서가 D에서보다 적다.
ㄷ. D에는 주로 극동풍에 의해 형성된 해류가 흐른다.

① ㄱ ② ㄴ ③ ㄷ ④ ㄱ, ㄴ ⑤ ㄴ, ㄷ

12. 표는 현재와 (가), (나) 시기에 지구의 자전축 경사각, 공전 궤도 이심률, 지구가 근일점에 위치할 때 북반구의 계절을 나타낸 것이다.

시기	자전축 경사각	공전 궤도 이심률	근일점에 위치할 때 북반구의 계절
현재	23.5°	0.017	겨울
(가)	24.0°	0.004	겨울
(나)	24.3°	0.033	여름

이에 대한 옳은 설명만을 <보기>에서 있는 대로 고른 것은? (단, 지구의 자전축 경사각, 공전 궤도 이심률, 세차 운동 이외의 조건은 변하지 않는다고 가정한다.) [3점]

< 보 기 >

ㄱ. 45°N에서 여름철일 때 태양과 지구 사이의 거리는 (가) 시기가 현재보다 멀다.
ㄴ. 45°S에서 겨울철 태양의 남중 고도는 (나) 시기가 현재보다 낮다.
ㄷ. 45°N에서 기온의 연교차는 (가) 시기가 (나) 시기보다 작다.

① ㄱ ② ㄴ ③ ㄱ, ㄷ ④ ㄴ, ㄷ ⑤ ㄱ, ㄴ, ㄷ

13. 그림은 태양 중심으로부터의 거리에 따른 단위 시간당 누적 에너지 생성량과 누적 질량을 나타낸 것이다. ㉠, ㉡, ㉢은 각각 핵, 대류층, 복사층 중 하나이다.

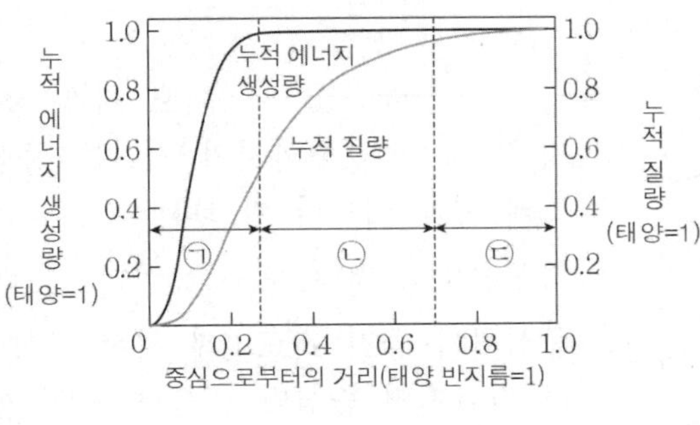

이에 대한 옳은 설명만을 <보기>에서 있는 대로 고른 것은?

< 보 기 >

ㄱ. 단위 시간 동안 생성되는 에너지양은 ㉠이 ㉡보다 많다.
ㄴ. ㉢에서는 주로 대류에 의해 에너지가 전달된다.
ㄷ. 평균 밀도는 ㉡이 ㉢보다 크다.

① ㄱ ② ㄷ ③ ㄱ, ㄴ ④ ㄴ, ㄷ ⑤ ㄱ, ㄴ, ㄷ

14. 그림 (가)와 (나)는 어느 전파 은하의 가시광선 영상과 전파 영상을 순서 없이 나타낸 것이다.

(가)

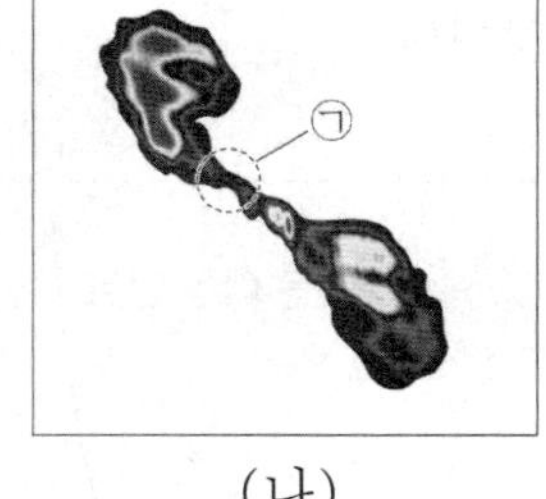

(나)

이 은하에 대한 옳은 설명만을 <보기>에서 있는 대로 고른 것은?

< 보 기 >

ㄱ. (가)는 전파 영상이다.
ㄴ. 허블의 분류 체계에 따르면 타원 은하에 해당한다.
ㄷ. ㉠은 은하 중심부에서 방출되는 물질의 흐름이다.

① ㄱ ② ㄴ ③ ㄱ, ㄷ ④ ㄴ, ㄷ ⑤ ㄱ, ㄴ, ㄷ

15. 표는 서로 다른 방향에 위치한 은하 (가)와 (나)의 스펙트럼에서 관측된 방출선 A와 B의 고유 파장과 관측 파장을 나타낸 것이다. 우리은하로부터의 거리는 (가)가 (나)의 두 배이다.

방출선	고유 파장(nm)	관측 파장(nm)	
		은하 (가)	은하 (나)
A	(㉠)	468	459
B	650	(㉡)	(㉢)

이에 대한 옳은 설명만을 <보기>에서 있는 대로 고른 것은? (단, (가)와 (나)는 허블 법칙을 만족한다.) [3점]

< 보 기 >

ㄱ. ㉠은 450이다.
ㄴ. ㉡ − 468 = ㉢ − 459이다.
ㄷ. (가)에서 (나)를 관측하면 A의 파장은 477 nm보다 길다.

① ㄱ ② ㄴ ③ ㄱ, ㄷ ④ ㄴ, ㄷ ⑤ ㄱ, ㄴ, ㄷ

16. 그림은 원시별 A, B, C를 H-R도에 나타낸 것이다. 점선은 원시별이 탄생한 이후 경과한 시간이 같은 위치를 연결한 것이다.

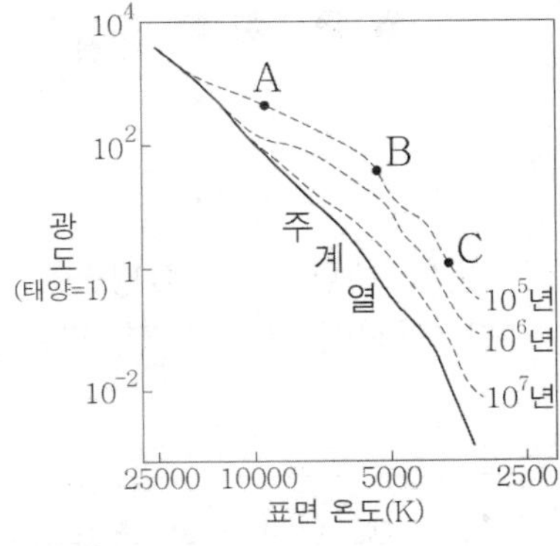

A, B, C에 대한 옳은 설명만을 <보기>에서 있는 대로 고른 것은? [3점]

< 보 기 >

ㄱ. 주계열성이 되기까지 걸리는 시간은 A가 C보다 길다.
ㄴ. B와 C의 질량은 같다.
ㄷ. C는 표면에서 중력이 기체 압력 차에 의한 힘보다 크다.

① ㄱ ② ㄴ ③ ㄷ ④ ㄱ, ㄷ ⑤ ㄴ, ㄷ

17. 그림 (가)는 위도가 동일한 관측소 A, B, C의 위치와 태풍의 이동 경로를, (나)는 태풍이 우리나라를 통과하는 동안 A, B, C에서 같은 시각에 관측한 날씨를 ㉠, ㉡, ㉢으로 순서 없이 나타낸 것이다.

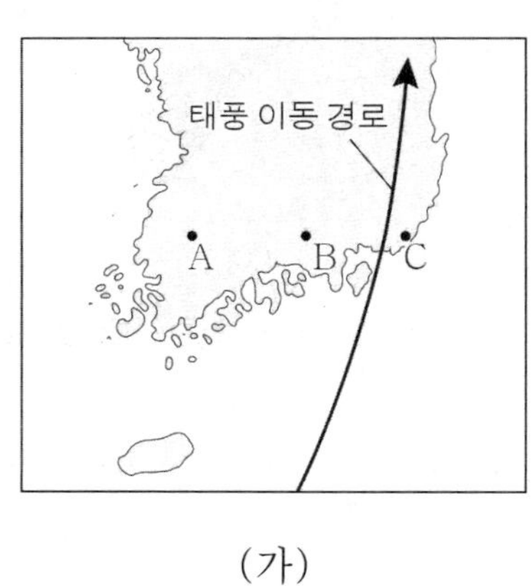

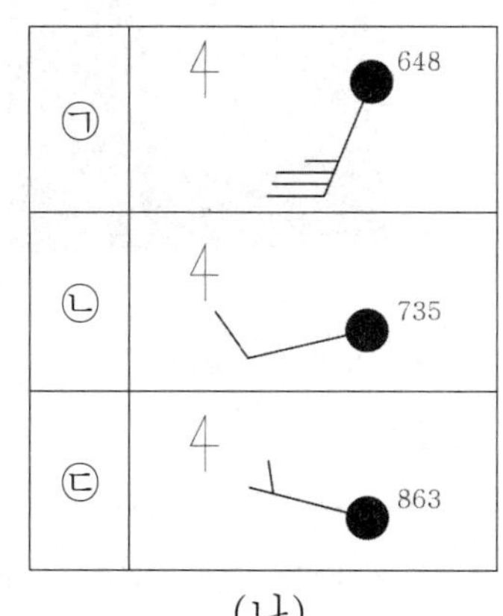

(가) (나)

이에 대한 옳은 설명만을 <보기>에서 있는 대로 고른 것은? [3점]

< 보 기 >

ㄱ. A는 태풍의 안전 반원에 위치한다.
ㄴ. ㉠은 C에서 관측한 자료이다.
ㄷ. (나)는 태풍의 중심이 세 관측소보다 고위도에 위치할 때 관측한 자료이다.

① ㄱ ② ㄷ ③ ㄱ, ㄴ ④ ㄴ, ㄷ ⑤ ㄱ, ㄴ, ㄷ

18. 그림 (가)는 현재 어느 화성암에 포함된 방사성 원소 X, Y와 각각의 자원소 X′, Y′의 함량을 ○, □, ●, ■의 개수로 나타낸 것이고, (나)는 X′와 Y′의 시간에 따른 함량 변화를 ㉠과 ㉡으로 순서 없이 나타낸 것이다.

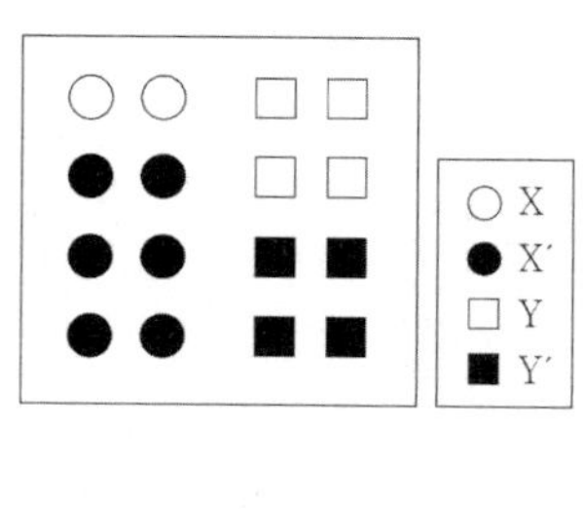

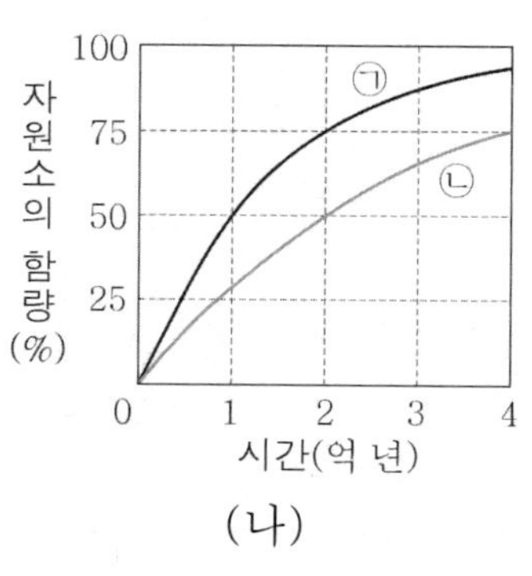

(가) (나)

이에 대한 옳은 설명만을 <보기>에서 있는 대로 고른 것은? (단, 암석에 포함된 X′, Y′는 모두 X, Y의 붕괴로 생성되었다.) [3점]

< 보 기 >

ㄱ. ㉠은 X′의 함량 변화를 나타낸 것이다.
ㄴ. 암석 생성 후 1억 년이 지났을 때 $\frac{\text{Y}'\text{의 함량}}{\text{X}'\text{의 함량}} = \frac{1}{2}$이다.
ㄷ. $\frac{\text{현재로부터 1억 년 후 모원소의 함량}}{\text{현재로부터 1억 년 전 모원소의 함량}}$은 X가 Y보다 작다.

① ㄱ ② ㄴ ③ ㄱ, ㄷ ④ ㄴ, ㄷ ⑤ ㄱ, ㄴ, ㄷ

19. 그림은 서로 다른 시기에 중앙 태평양 적도 해역에서 관측한 바람의 풍향 빈도를 나타낸 것이다. (가)와 (나)는 각각 엘니뇨 시기와 라니냐 시기 중 하나이다.

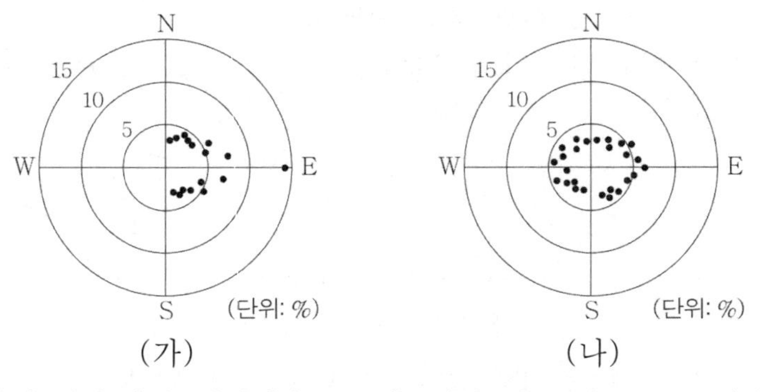

(가) (나)

이에 대한 옳은 설명만을 <보기>에서 있는 대로 고른 것은? [3점]

< 보 기 >

ㄱ. 무역풍의 세기는 (가)일 때가 (나)일 때보다 약하다.
ㄴ. (나)일 때 서태평양 적도 해역의 기압 편차(관측값 − 평년값)는 양(+)의 값을 갖는다.
ㄷ. 동태평양 적도 해역에서 따뜻한 해수층의 두께는 (가)일 때가 (나)일 때보다 두껍다.

① ㄱ ② ㄴ ③ ㄱ, ㄷ ④ ㄴ, ㄷ ⑤ ㄱ, ㄴ, ㄷ

20. 그림 (가)는 어느 외계 행성계에서 공통 질량 중심을 원 궤도로 공전하는 중심별의 모습을, (나)는 중심별의 시선 속도를 시간에 따라 나타낸 것이다. 이 외계 행성계에는 행성이 1개만 존재하고, 중심별의 공전 궤도면과 시선 방향이 이루는 각은 60°이다.

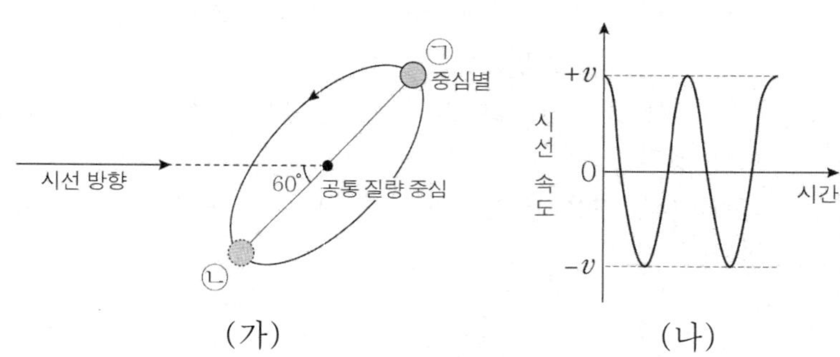

(가) (나)

이에 대한 옳은 설명만을 <보기>에서 있는 대로 고른 것은? [3점]

< 보 기 >

ㄱ. 지구로부터 행성까지의 거리는 중심별이 ㉠에 있을 때가 ㉡에 있을 때보다 가깝다.
ㄴ. 중심별의 공전 속도는 $2v$이다.
ㄷ. 중심별의 공전 궤도면과 시선 방향이 이루는 각이 현재보다 작아지면 중심별의 시선 속도 변화 주기는 길어진다.

① ㄱ ② ㄴ ③ ㄷ ④ ㄱ, ㄴ ⑤ ㄴ, ㄷ

*** 확인 사항**

○ 답안지의 해당란에 필요한 내용을 정확히 기입(표기)했는지 확인하시오.

[해설편 p.122]

제 4 교시

과학탐구 영역(지구과학 I)

39회

성명		수험 번호		제〔 〕선택

1. 다음은 판 구조론이 정립되는 과정에서 등장한 세 이론 (가), (나), (다)와 학생 A, B, C의 대화를 나타낸 것이다.

이론	내용
(가)	㉠해령을 중심으로 해양 지각이 양쪽으로 이동하면서 해양저가 확장된다.
(나)	맨틀 상하부의 온도 차로 맨틀이 대류하고 이로 인해 대륙이 이동할 수 있다.
(다)	과거에 하나로 모여 있던 대륙이 분리되고 이동하여 현재와 같은 수륙 분포를 이루었다.

제시한 내용이 옳은 학생만을 있는 대로 고른 것은?

① A ② C ③ A, B ④ B, C ⑤ A, B, C

2. 그림은 1991년부터 2020년까지 제주 지역의 연간 열대야 일수와 폭염 일수를 나타낸 것이다.

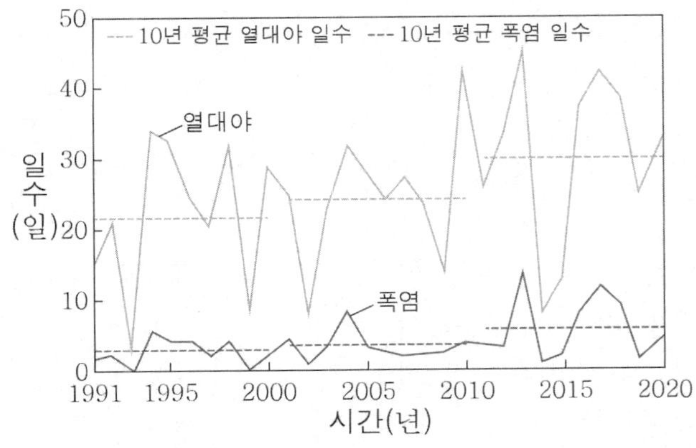

이 기간 동안 제주 지역의 기후 변화에 대한 옳은 설명만을 <보기>에서 있는 대로 고른 것은?

< 보 기 >

ㄱ. 연간 열대야 일수는 증가하는 추세이다.

ㄴ. 10년 평균 폭염 일수는 1991년~2000년이 2011년~2020년보다 적다.

ㄷ. 폭염 일수가 증가한 해에는 대체로 열대야 일수가 증가하였다.

① ㄱ ② ㄷ ③ ㄱ, ㄴ ④ ㄴ, ㄷ ⑤ ㄱ, ㄴ, ㄷ

3. 그림 (가)는 대서양의 해수 순환을, (나)는 대서양 해수의 연직 순환을 나타낸 모식도이다. A, B, C는 각각 남극 저층수, 북대서양 심층수, 표층수 중 하나이다.

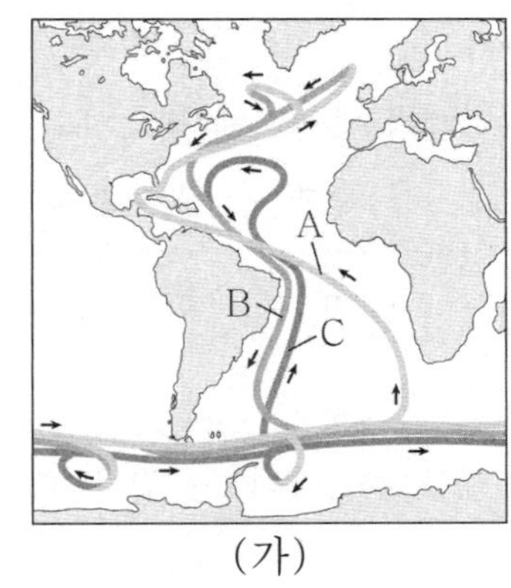

(가)

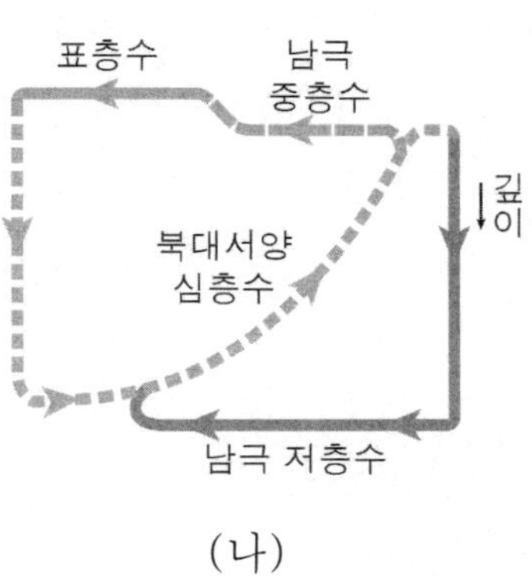

(나)

이에 대한 옳은 설명만을 <보기>에서 있는 대로 고른 것은?

< 보 기 >

ㄱ. 해수의 이동 속도는 A가 C보다 느리다.

ㄴ. B는 북대서양 심층수이다.

ㄷ. 해수의 평균 밀도는 B가 C보다 크다.

① ㄱ ② ㄴ ③ ㄱ, ㄷ ④ ㄴ, ㄷ ⑤ ㄱ, ㄴ, ㄷ

4. 그림은 2019년 10월부터 2020년 7월까지 태평양 적도 해역에서 20℃ 등수온선의 깊이 편차(관측값 − 평년값)를 나타낸 것이다. ㉠과 ㉡은 각각 엘니뇨 시기와 라니냐 시기 중 하나이다.

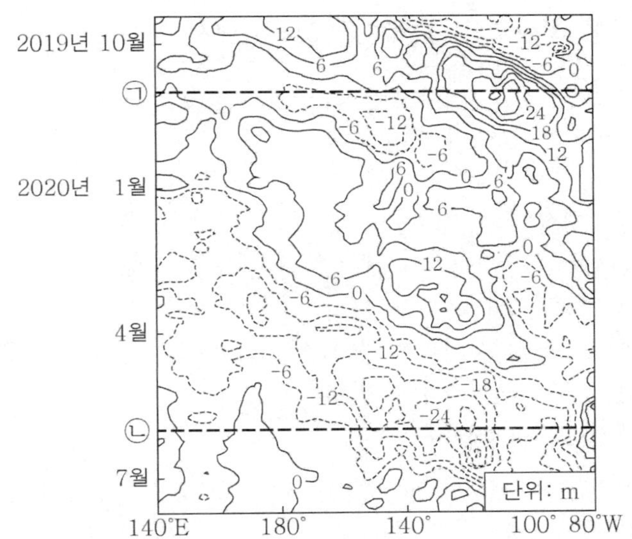

이에 대한 옳은 설명만을 <보기>에서 있는 대로 고른 것은? [3점]

< 보 기 >

ㄱ. ㉠은 라니냐 시기이다.

ㄴ. 이 해역의 동서 방향 해수면 경사는 ㉠보다 ㉡일 때 크다.

ㄷ. ㉡일 때 동태평양 적도 해역의 기압 편차(관측값 − 평년값)는 (+) 값이다.

① ㄱ ② ㄷ ③ ㄱ, ㄴ ④ ㄴ, ㄷ ⑤ ㄱ, ㄴ, ㄷ

5. 그림은 어느 판 경계 부근에서 진원의 평균 깊이를 점선으로 나타낸 것이다. A와 B 지점 중 한 곳은 대륙판에, 다른 한 곳은 해양판에 위치한다.

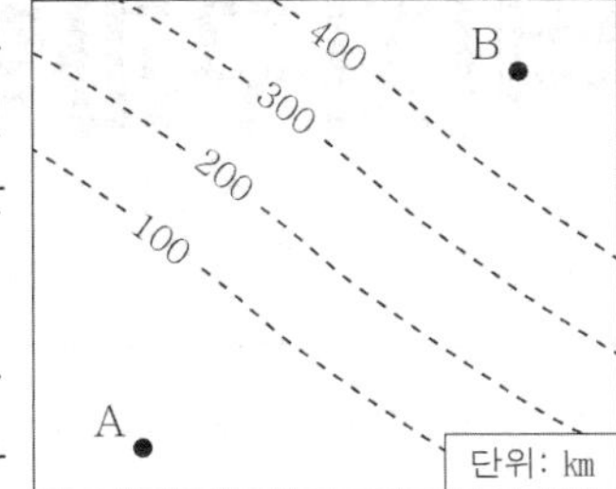

이에 대한 옳은 설명만을 <보기>에서 있는 대로 고른 것은? (단, A와 B는 모두 지표면 상의 지점이다.)

< 보 기 >

ㄱ. 판의 경계는 A보다 B에 가깝다.
ㄴ. 이 지역에서는 정단층이 역단층보다 우세하게 발달한다.
ㄷ. 이 지역에서 화산 활동은 주로 B가 속한 판에서 일어난다.

① ㄱ ② ㄴ ③ ㄷ ④ ㄱ, ㄴ ⑤ ㄴ, ㄷ

6. 그림 (가)는 어느 날 21시의 일기도이고, (나)는 같은 시각의 위성 영상이다.

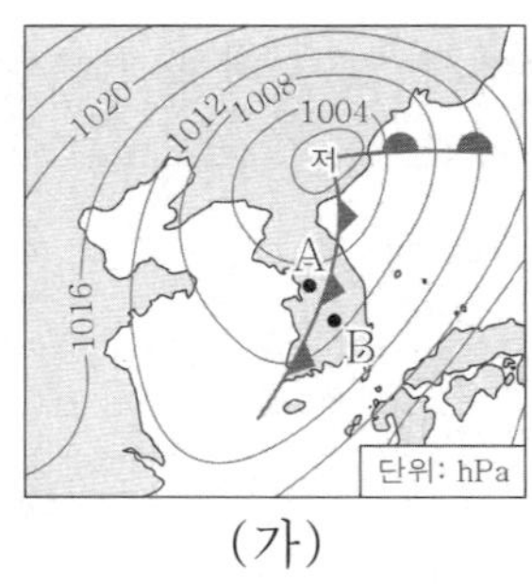

(가)

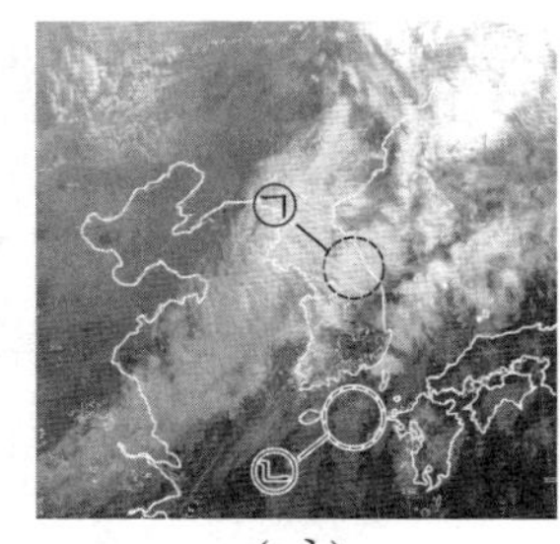

(나)

이에 대한 옳은 설명만을 <보기>에서 있는 대로 고른 것은? [3점]

< 보 기 >

ㄱ. 온대 저기압이 통과하는 동안 B 지점에서 바람의 방향은 시계 방향으로 변한다.
ㄴ. 지표면 부근의 기온은 A 지점이 B 지점보다 높다.
ㄷ. 구름 최상부의 높이는 ㉠보다 ㉡에서 높다.

① ㄱ ② ㄷ ③ ㄱ, ㄴ ④ ㄴ, ㄷ ⑤ ㄱ, ㄴ, ㄷ

7. 그림은 행성이 주계열성인 중심별로부터 받는 복사 에너지와 중심별의 표면 온도를 나타낸 것이다. 행성 A, B, C 중 B와 C만 생명 가능 지대에 위치하며 A와 B의 반지름은 같다.

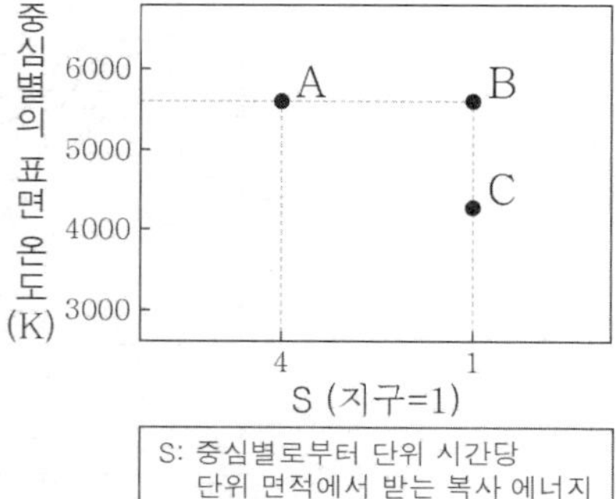

이에 대한 옳은 설명만을 <보기>에서 있는 대로 고른 것은? (단, 행성은 흑체이고, 행성 대기의 효과는 무시한다.) [3점]

< 보 기 >

ㄱ. 행성이 복사 평형을 이룰 때 표면 온도(K)는 A가 B의 $\sqrt{2}$배이다.
ㄴ. 공전 궤도 반지름은 B가 C보다 작다.
ㄷ. A의 중심별이 적색 거성으로 진화하면 A는 생명 가능 지대에 속할 수 있다.

① ㄱ ② ㄴ ③ ㄷ ④ ㄱ, ㄴ ⑤ ㄱ, ㄷ

8. 그림 (가)는 어느 해 겨울에 우리나라 주변 바다에서 표층 해수를 채취한 A와 B 지점의 위치를, (나)는 수온－염분도에 A와 B의 수온과 염분을 순서 없이 ㉠, ㉡으로 나타낸 것이다.

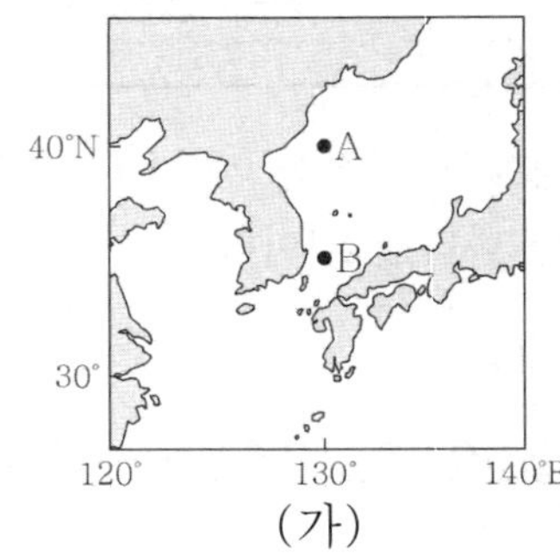

(가)

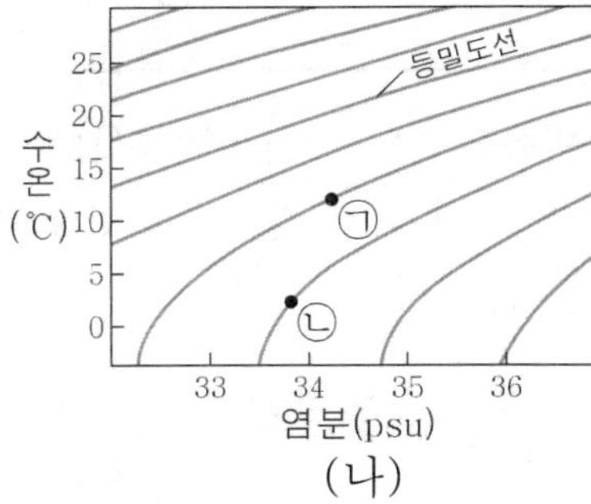

(나)

이에 대한 옳은 설명만을 <보기>에서 있는 대로 고른 것은?

< 보 기 >

ㄱ. 염분은 A에서가 B에서보다 낮다.
ㄴ. ㉠과 ㉡의 해수가 만난다면 ㉠의 해수는 ㉡의 해수 아래로 이동한다.
ㄷ. 여름에는 B의 해수 밀도가 (나)에서보다 감소할 것이다.

① ㄱ ② ㄴ ③ ㄷ ④ ㄱ, ㄷ ⑤ ㄴ, ㄷ

9. 그림은 중심부의 핵융합 반응이 끝난 별 (가)와 (나)의 내부 구조를 나타낸 것이다.

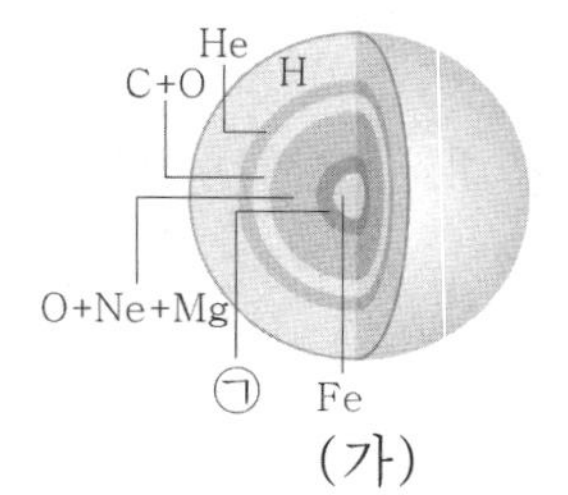

(가)

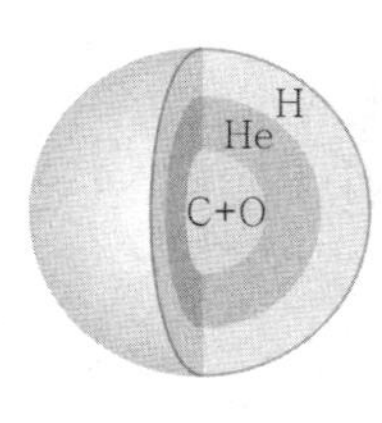

(나)

이에 대한 옳은 설명만을 <보기>에서 있는 대로 고른 것은? (단, 별의 크기는 고려하지 않는다.)

< 보 기 >

ㄱ. ㉠은 Fe보다 무거운 원소이다.
ㄴ. 별의 질량은 (가)가 (나)보다 크다.
ㄷ. (가)는 이후의 진화 과정에서 초신성 폭발을 거친다.

① ㄱ ② ㄷ ③ ㄱ, ㄴ ④ ㄴ, ㄷ ⑤ ㄱ, ㄴ, ㄷ

10. 그림은 현생 누대의 일부를 기 단위로 구분하여 생물의 생존 기간과 번성 정도를 나타낸 것이다. ㉠과 ㉡은 각각 양치식물과 겉씨식물 중 하나이다.

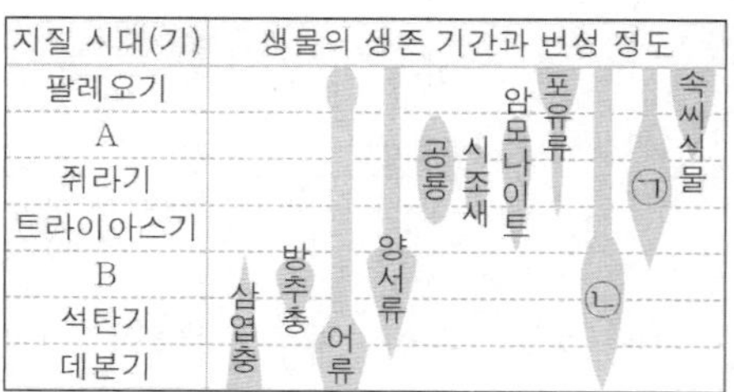

이에 대한 옳은 설명만을 <보기>에서 있는 대로 고른 것은? [3점]

< 보 기 >

ㄱ. A 시기는 중생대에 속한다.
ㄴ. ㉠은 겉씨식물이다.
ㄷ. B 시기 말에는 최대 규모의 대멸종이 있었다.

① ㄱ ② ㄴ ③ ㄱ, ㄷ ④ ㄴ, ㄷ ⑤ ㄱ, ㄴ, ㄷ

[해설편 p.124]

11. 그림은 깊이에 따른 지하의 온도 분포와 맨틀의 용융 곡선 X, Y를 나타낸 것이다. X, Y는 각각 물이 포함된 맨틀의 용융 곡선과 물이 포함되지 않은 맨틀의 용융 곡선 중 하나이고, ㉠, ㉡은 마그마의 생성 과정이다.

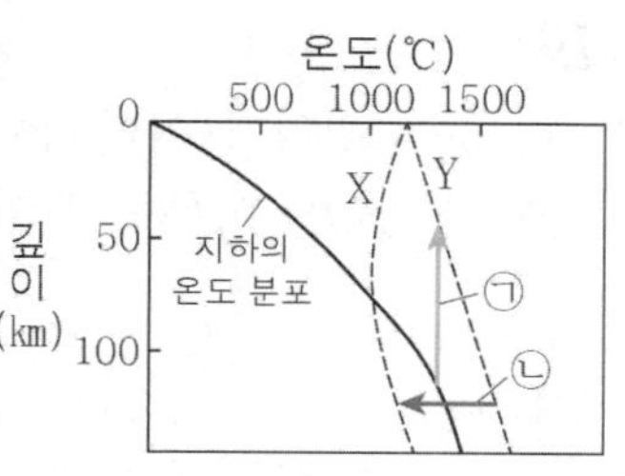

이에 대한 옳은 설명만을 <보기>에서 있는 대로 고른 것은? [3점]

< 보 기 >

ㄱ. X는 물이 포함된 맨틀의 용융 곡선이다.
ㄴ. 해령 하부에서는 마그마가 ㉠으로 생성된다.
ㄷ. ㉡으로 생성된 마그마는 SiO_2 함량이 63% 이상이다.

① ㄱ ② ㄷ ③ ㄱ, ㄴ ④ ㄴ, ㄷ ⑤ ㄱ, ㄴ, ㄷ

12. 그림 (가)는 H-R도를, (나)는 별 A와 B 중 하나의 중심부에서 일어나는 핵융합 반응을 나타낸 것이다.

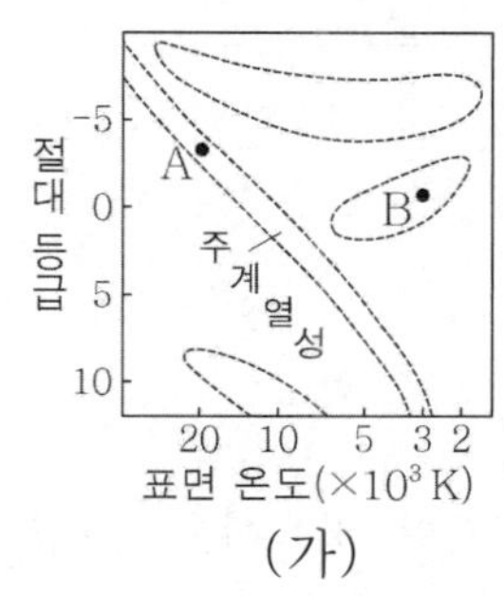

(가)

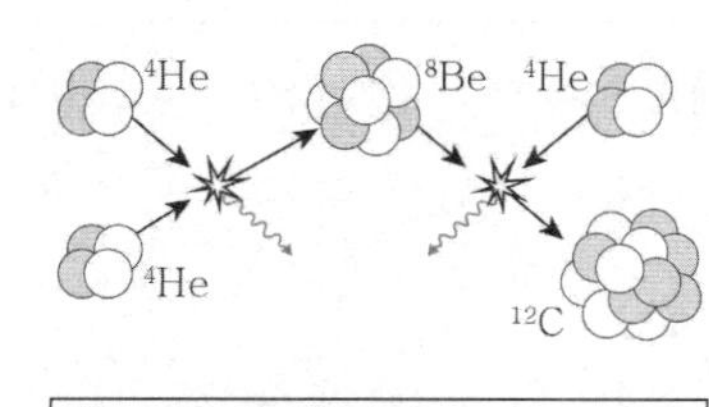

(나)

이에 대한 옳은 설명만을 <보기>에서 있는 대로 고른 것은?

< 보 기 >

ㄱ. (나)는 A의 중심부에서 일어난다.
ㄴ. 별의 평균 밀도는 A가 B보다 크다.
ㄷ. 광도 계급의 숫자는 A가 B보다 크다.

① ㄱ ② ㄴ ③ ㄱ, ㄷ ④ ㄴ, ㄷ ⑤ ㄱ, ㄴ, ㄷ

13. 그림은 주계열성 (가)와 (나)가 방출하는 복사 에너지의 상대적인 세기를 파장에 따라 나타낸 것이다. (가)와 (나)의 분광형은 각각 A0형과 G2형 중 하나이다.

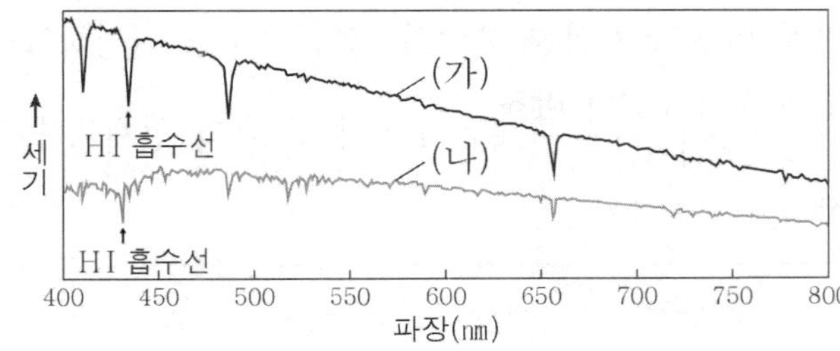

이 자료에 대한 옳은 설명만을 <보기>에서 있는 대로 고른 것은? [3점]

< 보 기 >

ㄱ. HI 흡수선의 세기는 (가)가 (나)보다 약하다.
ㄴ. 복사 에너지를 최대로 방출하는 파장은 (가)가 (나)보다 길다.
ㄷ. 별의 반지름은 (가)가 (나)보다 크다.

① ㄱ ② ㄷ ③ ㄱ, ㄴ ④ ㄴ, ㄷ ⑤ ㄱ, ㄴ, ㄷ

14. 표는 어느 날 03시, 12시, 21시의 태풍 중심 위치와 중심 기압이고, 그림은 이날 12시의 우리나라 부근의 일기도이다.

시각(시)	태풍 중심 위치		중심 기압(hPa)
	위도(°N)	경도(°E)	
03	35	125	970
12	38	127	990
21	40	131	995

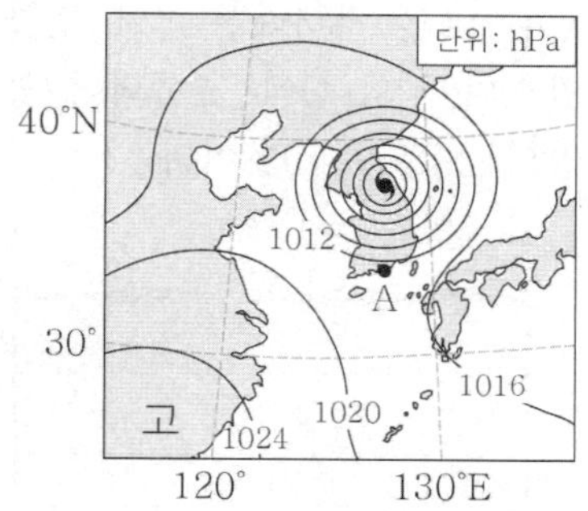

이에 대한 옳은 설명만을 <보기>에서 있는 대로 고른 것은? [3점]

< 보 기 >

ㄱ. 태풍이 지나가는 동안 A 지점의 풍향은 시계 방향으로 변한다.
ㄴ. 12시에 A 지점에서는 북풍 계열의 바람이 우세하다.
ㄷ. 이날 태풍의 최대 풍속은 21시에 가장 크다.

① ㄱ ② ㄷ ③ ㄱ, ㄴ ④ ㄴ, ㄷ ⑤ ㄱ, ㄴ, ㄷ

15. 그림 (가), (나), (다)는 주상 절리, 습곡, 사층리를 순서 없이 나타낸 것이다.

(가)

(나)

(다)

이에 대한 옳은 설명만을 <보기>에서 있는 대로 고른 것은?

< 보 기 >

ㄱ. (가)는 주로 퇴적암에 나타나는 구조이다.
ㄴ. (나)는 횡압력을 받아 형성된다.
ㄷ. (다)는 지하 깊은 곳에서 생성된 암석이 지표로 융기할 때 형성된다.

① ㄱ ② ㄷ ③ ㄱ, ㄴ ④ ㄴ, ㄷ ⑤ ㄱ, ㄴ, ㄷ

16. 그림 (가), (나), (다)는 타원 은하, 나선 은하, 불규칙 은하를 순서 없이 나타낸 것이다.

(가)

(나)

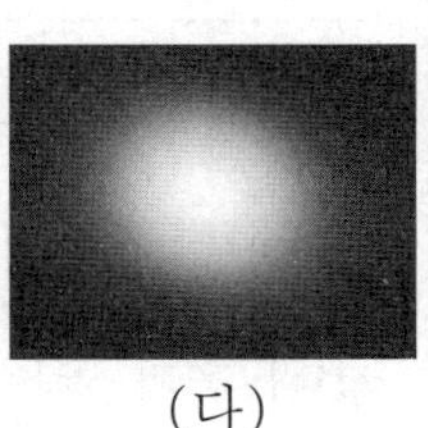
(다)

이에 대한 옳은 설명만을 <보기>에서 있는 대로 고른 것은?

< 보 기 >

ㄱ. (가)는 (나)로 진화한다.
ㄴ. 은하를 구성하는 별들의 평균 나이는 (나)가 (다)보다 많다.
ㄷ. 은하에서 성간 물질이 차지하는 비율은 (가)가 (다)보다 크다.

① ㄱ ② ㄷ ③ ㄱ, ㄴ ④ ㄴ, ㄷ ⑤ ㄱ, ㄴ, ㄷ

17. 그림 (가)는 어느 지역의 지질 단면을, (나)는 방사성 원소 X와 Y의 붕괴 곡선을 나타낸 것이다. 화성암 P와 Q 중 하나에는 X가, 다른 하나에는 Y가 포함되어 있다. X와 Y의 처음 양은 같았으며, P와 Q에 포함되어 있는 방사성 원소의 양은 각각 처음 양의 25%와 50%이다.

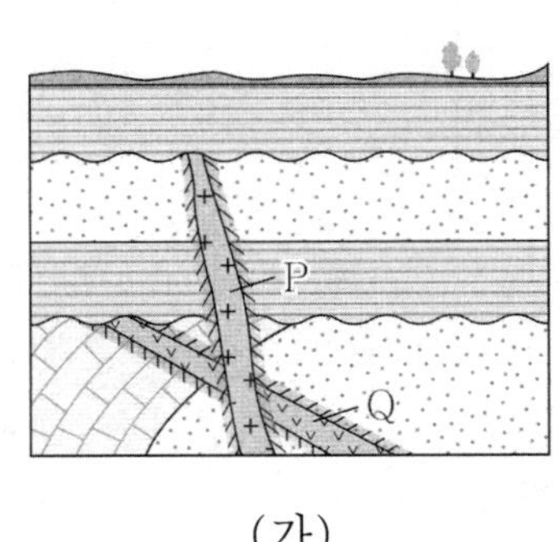

(가)

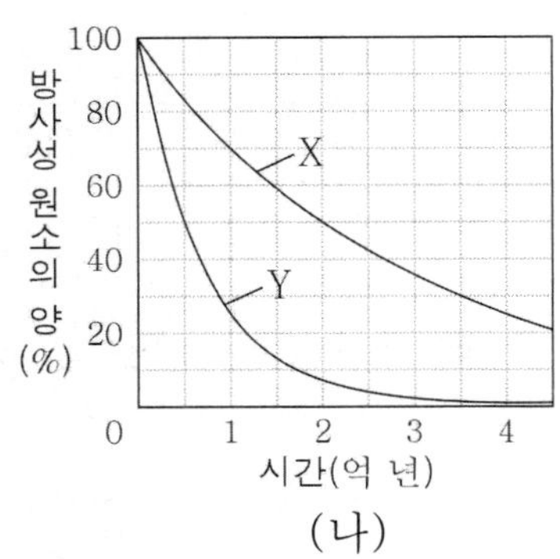

(나)

이에 대한 옳은 설명만을 <보기>에서 있는 대로 고른 것은? [3점]

< 보 기 >

ㄱ. 이 지역은 3번 이상 융기하였다.

ㄴ. P에 포함되어 있는 방사성 원소는 X이다.

ㄷ. 앞으로 2억 년 후의 $\frac{\text{Y의 양}}{\text{X의 양}}$은 $\frac{1}{16}$이다.

① ㄱ ② ㄴ ③ ㄷ ④ ㄱ, ㄴ ⑤ ㄱ, ㄷ

18. 다음은 스펙트럼을 이용하여 외부 은하의 후퇴 속도를 구하는 탐구이다.

[탐구 과정]

(가) 겉보기 등급이 같은 두 외부 은하 A와 B의 스펙트럼을 관측한다.

(나) 정지 상태에서 파장이 410.0 nm와 656.0 nm인 흡수선이 A와 B의 스펙트럼에서 각각 얼마의 파장으로 관측되었는지 분석한다.

(다) A와 B의 후퇴 속도를 계산한다. (단, 빛의 속도는 3×10^5 km/s이다.)

[탐구 결과]

정지 상태에서 흡수선의 파장(nm)	관측된 파장(nm)	
	은하 A	은하 B
410.0	451.0	414.1
656.0	(㉠)	( )

· A의 후퇴 속도: (㉡) km/s
· B의 후퇴 속도: ( ) km/s

이에 대한 옳은 설명만을 <보기>에서 있는 대로 고른 것은? (단, A와 B는 허블 법칙을 만족한다.) [3점]

< 보 기 >

ㄱ. ㉠은 721.6이다.

ㄴ. ㉡은 3×10^4이다.

ㄷ. A와 B의 절대 등급 차는 5이다.

① ㄱ ② ㄷ ③ ㄱ, ㄴ ④ ㄴ, ㄷ ⑤ ㄱ, ㄴ, ㄷ

19. 그림은 현재 지구의 공전 궤도와 자전축 경사를 나타낸 것이다. a는 원일점 거리, b는 근일점 거리, θ는 지구의 공전 궤도면과 자전축이 이루는 각이다.

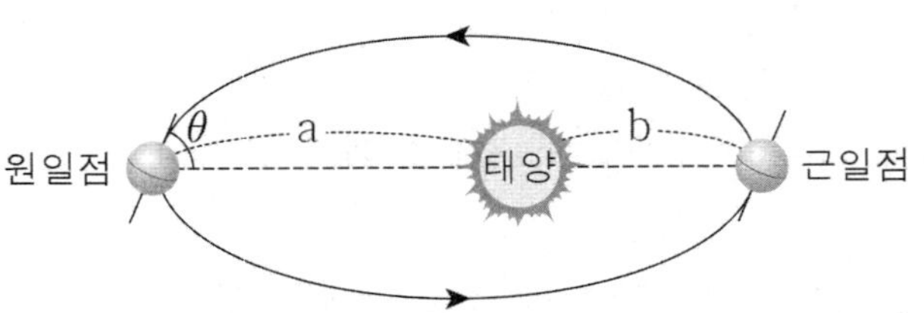

이에 대한 옳은 설명만을 <보기>에서 있는 대로 고른 것은? (단, 공전 궤도 이심률과 자전축 경사각 이외의 요인은 고려하지 않는다.) [3점]

< 보 기 >

ㄱ. θ가 일정할 때 (a − b)가 커지면 북반구 중위도에서 기온의 연교차는 작아질 것이다.

ㄴ. a, b가 일정할 때 θ가 커지면 남반구 중위도에서 기온의 연교차는 커질 것이다.

ㄷ. θ가 커지면 우리나라에서 여름철 태양의 남중 고도는 현재보다 높아질 것이다.

① ㄱ ② ㄴ ③ ㄷ ④ ㄱ, ㄴ ⑤ ㄴ, ㄷ

20. 표는 현재 우주 구성 요소 A, B, C의 비율이고, 그림은 시간에 따른 우주의 상대적 크기 변화를 나타낸 것이다. A, B, C는 각각 보통 물질, 암흑 물질, 암흑 에너지 중 하나이다.

우주 구성 요소	비율(%)
A	68.3
B	26.8
C	4.9

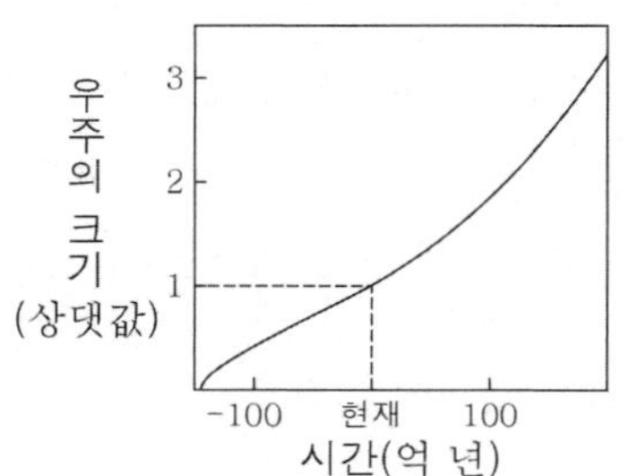

이에 대한 옳은 설명만을 <보기>에서 있는 대로 고른 것은?

< 보 기 >

ㄱ. B는 보통 물질이다.

ㄴ. 빅뱅 이후 현재까지 우주의 팽창 속도는 일정하였다.

ㄷ. $\frac{\text{B의 비율 + C의 비율}}{\text{A의 비율}}$은 100억 년 후가 현재보다 작을 것이다.

① ㄱ ② ㄷ ③ ㄱ, ㄴ ④ ㄴ, ㄷ ⑤ ㄱ, ㄴ, ㄷ

＊ 확인 사항

○ 답안지의 해당란에 필요한 내용을 정확히 기입(표기)했는지 확인하시오.

[해설편 p.125]

제 4 교시

과학탐구 영역(지구과학 I)

40회

성명 | 수험 번호 | 제 [ ] 선택

1. 그림 (가)는 북대서양의 표층 순환과 심층 순환의 일부를, (나)는 고위도 해역에서 결빙이 일어날 때 해수의 움직임을 나타낸 것이다.

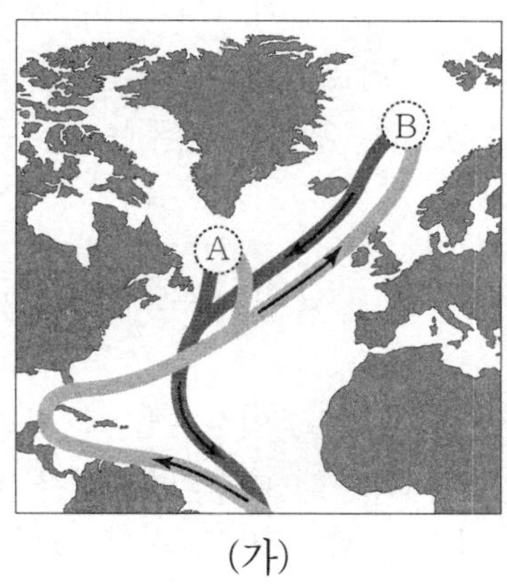

(가)

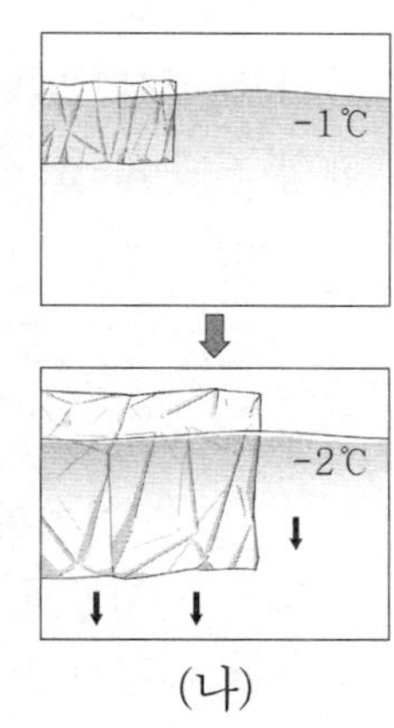

(나)

이에 대한 옳은 설명만을 <보기>에서 있는 대로 고른 것은?

< 보 기 >

ㄱ. A와 B에서는 표층 해수의 침강이 일어난다.

ㄴ. (나)의 과정에서 빙하 주변 표층 해수의 밀도는 커진다.

ㄷ. A와 B에 빙하가 녹은 물이 유입되면 북대서양의 심층 순환이 강화될 것이다.

① ㄱ ② ㄷ ③ ㄱ, ㄴ ④ ㄱ, ㄷ ⑤ ㄴ, ㄷ

2. 다음은 전선의 형성 원리를 알아보기 위한 실험이다.

[실험 과정]

(가) 수조의 가운데에 칸막이를 설치하고, 양쪽 칸에 온도계를 설치한 후 ㉠ 칸에 드라이아이스를 넣는다.

(나) 5분 후 ㉠ 칸과 ㉡ 칸의 기온을 측정하여 비교한다.

(다) 칸막이를 천천히 들어 올리면서 공기의 움직임을 살펴본다.

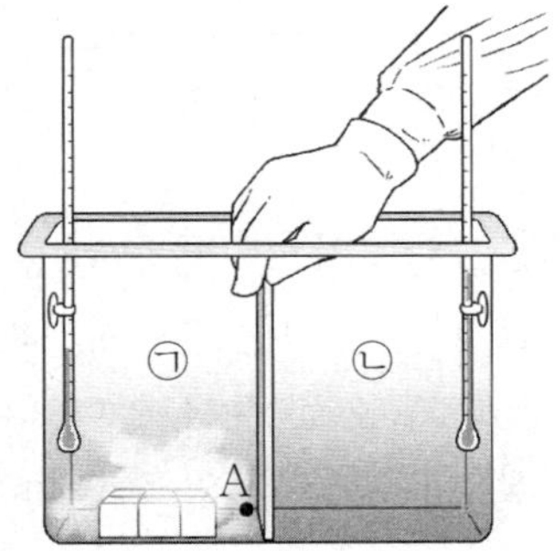

[실험 결과]

○ (나)에서 기온은 ㉠ 칸이 ㉡ 칸보다 낮았다.

○ (다)에서 A 지점의 공기는 수조의 바닥을 따라 ㉡ 칸 쪽으로 이동하였다.

이에 대한 옳은 설명만을 <보기>에서 있는 대로 고른 것은?

< 보 기 >

ㄱ. (나)에서 공기의 밀도는 ㉠ 칸이 ㉡ 칸보다 크다.

ㄴ. (다)에서 A 지점 부근의 공기 움직임으로 한랭 전선의 형성 과정을 설명할 수 있다.

ㄷ. 수조 안 전체 공기의 무게 중심은 (나)보다 (다)에서 높다.

① ㄱ ② ㄷ ③ ㄱ, ㄴ ④ ㄴ, ㄷ ⑤ ㄱ, ㄴ, ㄷ

3. 그림 (가)는 어느 해 우리나라에 상륙한 태풍의 이동 경로를, (나)는 B 지점에서 태풍이 통과하기 전과 통과한 후에 측정한 깊이에 따른 수온 분포를 각각 ㉠과 ㉡으로 순서 없이 나타낸 것이다.

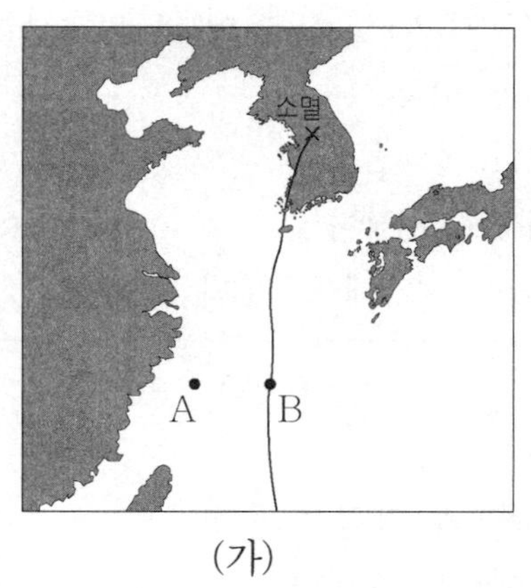

(가)

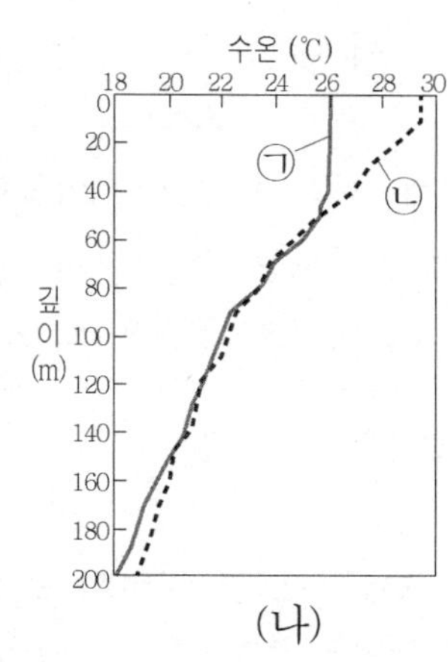

(나)

이에 대한 옳은 설명만을 <보기>에서 있는 대로 고른 것은? [3점]

< 보 기 >

ㄱ. 태풍이 통과하기 전의 수온 분포는 ㉠이다.

ㄴ. 태풍이 지나가는 동안 A 지점에서는 풍향이 시계 방향으로 변한다.

ㄷ. 태풍이 지나가는 동안 관측된 최대 풍속은 A 지점보다 B 지점에서 크다.

① ㄱ ② ㄷ ③ ㄱ, ㄴ ④ ㄴ, ㄷ ⑤ ㄱ, ㄴ, ㄷ

4. 그림 (가)와 (나)는 각각 엘니뇨 또는 라니냐가 발생한 어느 시기의 겨울철 기후 변화를 순서 없이 나타낸 것이다.

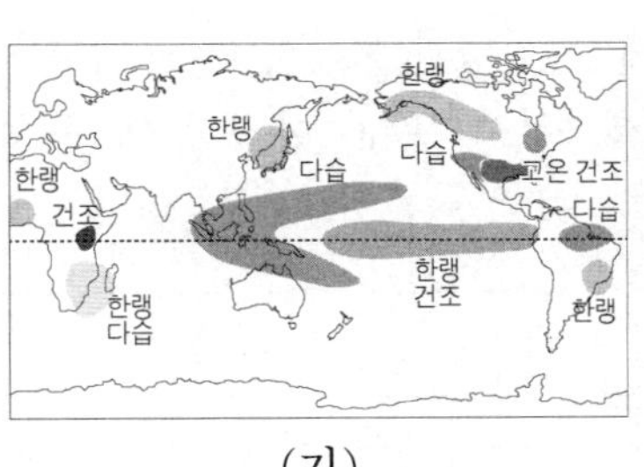

(가)

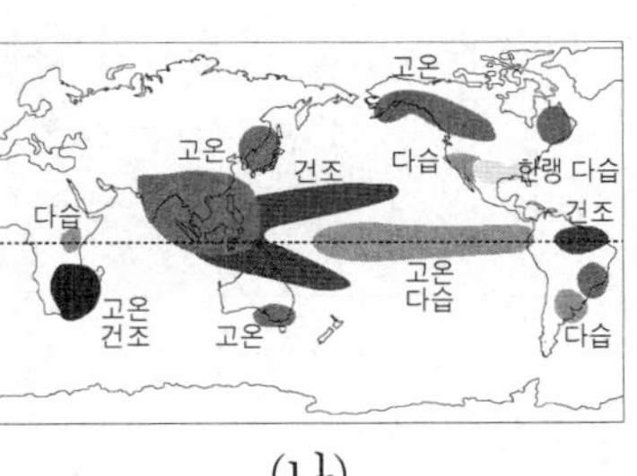

(나)

이에 대한 옳은 설명만을 <보기>에서 있는 대로 고른 것은?

< 보 기 >

ㄱ. 태평양에서 워커 순환의 상승 기류가 나타나는 지역은 (가)일 때가 (나)일 때보다 동쪽에 위치한다.

ㄴ. 서태평양에서 홍수가 발생할 가능성은 (가)일 때가 (나)일 때보다 높다.

ㄷ. 동태평양에서 수온 약층이 나타나는 깊이는 (가)일 때가 (나)일 때보다 얕다.

① ㄱ ② ㄴ ③ ㄱ, ㄷ ④ ㄴ, ㄷ ⑤ ㄱ, ㄴ, ㄷ

[해설편 p.126]

5. 그림은 뜨거운 플룸이 상승하는 모습을 나타낸 것이다.

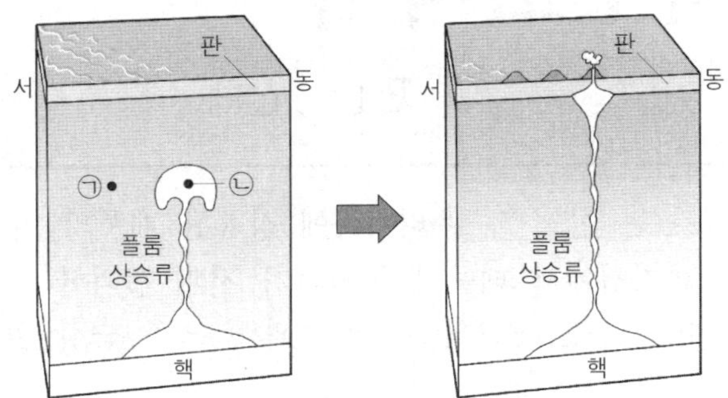

이에 대한 옳은 설명만을 <보기>에서 있는 대로 고른 것은?

< 보 기 >

ㄱ. 판은 서쪽으로 이동하였다.
ㄴ. 밀도는 ㉠ 지점이 ㉡ 지점보다 작다.
ㄷ. 뜨거운 플룸은 내핵과 외핵의 경계에서부터 상승한다.

① ㄱ ② ㄷ ③ ㄱ, ㄴ ④ ㄴ, ㄷ ⑤ ㄱ, ㄴ, ㄷ

6. 그림 (가)는 지하의 온도 분포와 암석의 용융 곡선을, (나)는 어느 판 경계 주변의 단면을 나타낸 것이다.

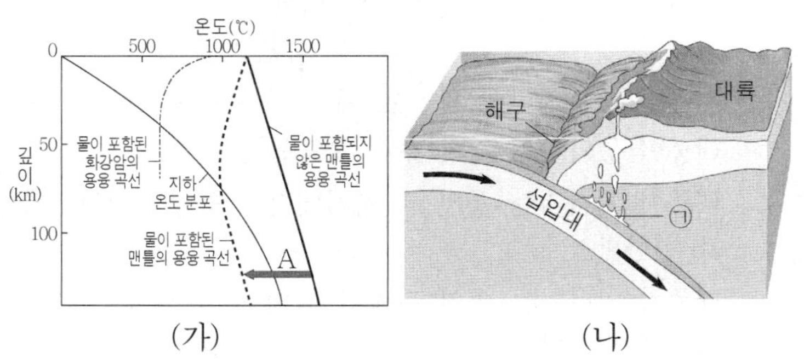

(가) (나)

이에 대한 옳은 설명만을 <보기>에서 있는 대로 고른 것은?

< 보 기 >

ㄱ. 대륙 지각은 맨틀보다 용융 온도가 대체로 낮다.
ㄴ. ㉠의 마그마는 (가)의 A와 같은 과정으로 생성된다.
ㄷ. ㉠의 마그마는 주로 해양 지각이 용융된 것이다.

① ㄱ ② ㄷ ③ ㄱ, ㄴ ④ ㄴ, ㄷ ⑤ ㄱ, ㄴ, ㄷ

7. 다음은 스트로마톨라이트에 대한 설명과 A, B, C 누대의 특징이다. A, B, C는 각각 시생 누대, 원생 누대, 현생 누대 중 하나이다.

스트로마톨라이트는 광합성을 하는 (㉠)이 만든 층상 구조의 석회질 암석으로 따뜻하고 수심이 얕은 바다에서 형성된다.

누대	특징
A	대륙 지각 형성 시작
B	에디아카라 동물군 출현
C	겉씨식물 출현

이에 대한 옳은 설명만을 <보기>에서 있는 대로 고른 것은?

< 보 기 >

ㄱ. ㉠은 A 누대에 출현하였다.
ㄴ. 지질 시대의 길이는 A 누대가 C 누대보다 짧다.
ㄷ. B 누대에는 초대륙이 존재하지 않았다.

① ㄱ ② ㄷ ③ ㄱ, ㄴ ④ ㄴ, ㄷ ⑤ ㄱ, ㄴ, ㄷ

8. 다음은 판 구조론이 정립되기까지 제시되었던 이론을 ㉠, ㉡, ㉢으로 순서 없이 나타낸 것이다.

㉠	㉡	㉢
대륙 이동설	해양저 확장설	맨틀 대류설

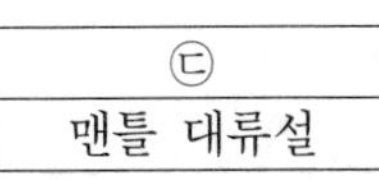

이에 대한 옳은 설명만을 <보기>에서 있는 대로 고른 것은?

< 보 기 >

ㄱ. 이론이 제시된 순서는 ㉠ → ㉢ → ㉡이다.
ㄴ. ㉠에서는 여러 대륙에 남아 있는 과거의 빙하 흔적들이 증거로 제시되었다.
ㄷ. 해령 양쪽의 고지자기 분포가 대칭을 이루는 것은 ㉡의 증거이다.

① ㄱ ② ㄴ ③ ㄱ, ㄷ ④ ㄴ, ㄷ ⑤ ㄱ, ㄴ, ㄷ

9. 표는 A, B, C 시기의 지구 공전 궤도 이심률을, 그림은 B 시기에 지구가 근일점과 원일점에 위치할 때 남반구에서 같은 배율로 관측한 태양의 모습을 각각 ㉠과 ㉡으로 순서 없이 나타낸 것이다.

시기	이심률
A	0.011
B	0.017
C	0.023

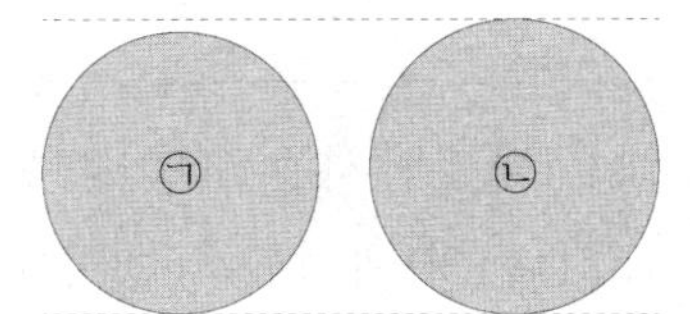

㉠을 관측한 시기가 남반구의 겨울철일 때, 이에 대한 옳은 설명만을 <보기>에서 있는 대로 고른 것은? (단, 공전 궤도 이심률 이외의 요인은 변하지 않는다.) [3점]

< 보 기 >

ㄱ. B 시기에 지구가 근일점을 지날 때 북반구는 겨울철이다.
ㄴ. 남반구의 겨울철 평균 기온은 A보다 B 시기에 높다.
ㄷ. 북반구에서 기온의 연교차는 A보다 C 시기에 크다.

① ㄱ ② ㄴ ③ ㄱ, ㄷ ④ ㄴ, ㄷ ⑤ ㄱ, ㄴ, ㄷ

10. 그림 (가)는 가속 팽창 우주 모형에 의한 시간에 따른 우주의 크기를, (나)는 T_1 시기와 T_2 시기의 우주 구성 요소의 비율을 ㉠과 ㉡으로 순서 없이 나타낸 것이다. A, B, C는 각각 보통 물질, 암흑 물질, 암흑 에너지 중 하나이다.

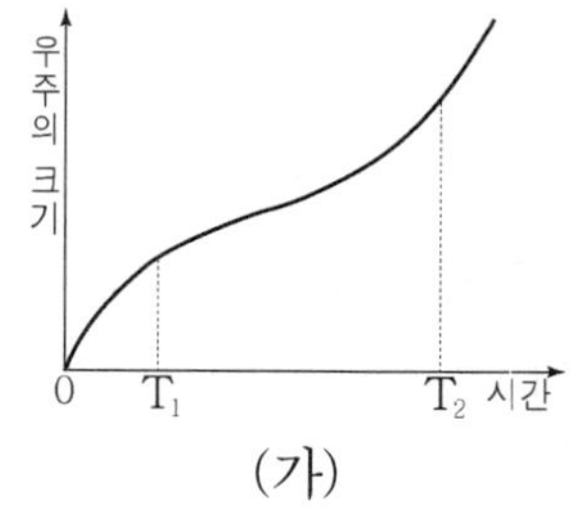

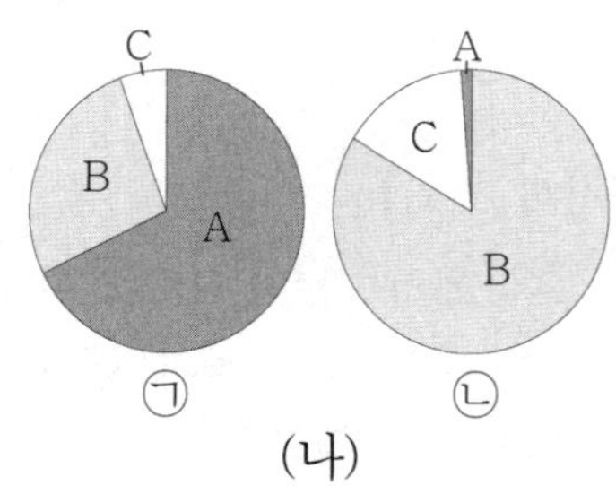

(가) (나)

이에 대한 옳은 설명만을 <보기>에서 있는 대로 고른 것은? [3점]

< 보 기 >

ㄱ. T_1 시기에 우주의 팽창 속도는 증가하고 있다.
ㄴ. T_2 시기의 우주 구성 요소의 비율은 ㉠이다.
ㄷ. 전자기파를 이용해 직접 관측할 수 있는 것은 C이다.

① ㄱ ② ㄷ ③ ㄱ, ㄴ ④ ㄴ, ㄷ ⑤ ㄱ, ㄴ, ㄷ

[해설편 p.127]

11. 그림은 어느 지역의 지질 구조를 나타낸 것이다. A는 화성암, B ~ E는 퇴적암이고, 단층은 C와 D층이 기울어지기 전에 형성되었다.

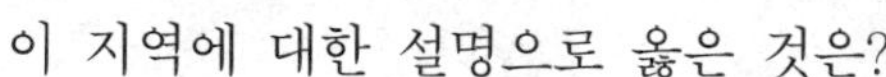

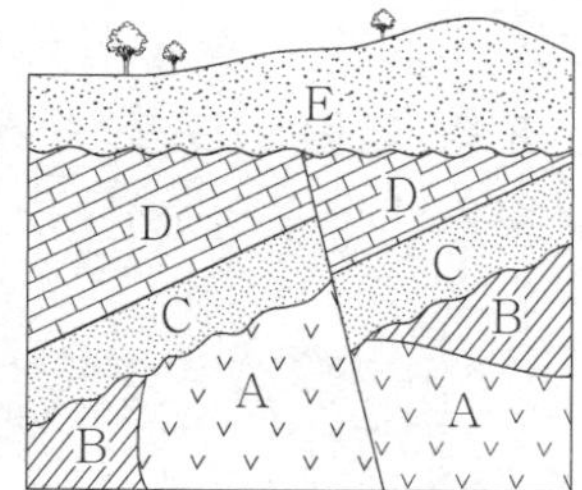

이 지역에 대한 설명으로 옳은 것은?

① 수면 위로 2회 융기하였다.
② A와 C는 평행 부정합 관계이다.
③ A에는 C의 암석 조각이 포획되어 나타난다.
④ 암석의 생성 순서는 A → B → C → D → E이다.
⑤ 단층은 횡압력에 의해 형성되었다.

12. 그림 (가)와 (나)는 서로 다른 두 시기에 태양 중심으로부터의 거리에 따른 수소와 헬륨의 질량비를 나타낸 것이다. A와 B는 각각 수소와 헬륨 중 하나이다.

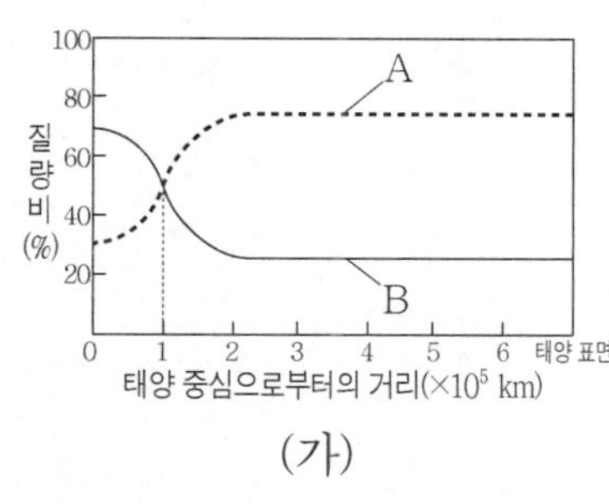

(가)

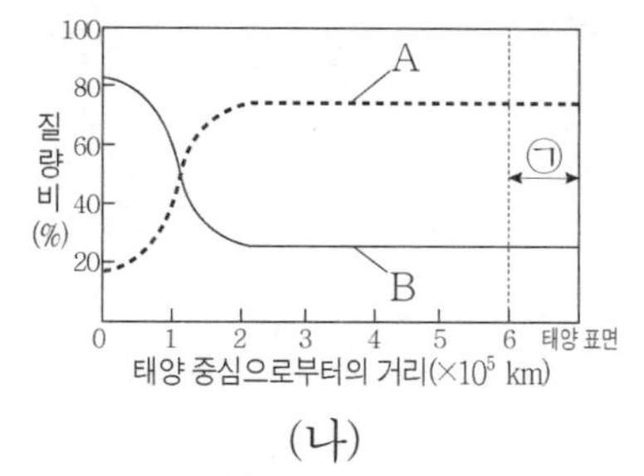

(나)

이에 대한 옳은 설명만을 <보기>에서 있는 대로 고른 것은? [3점]

< 보 기 >

ㄱ. 태양의 나이는 (가)보다 (나)일 때 많다.
ㄴ. (가)일 때 핵의 반지름은 1×10^5 km보다 크다.
ㄷ. ㉠에서는 주로 대류에 의해 에너지가 전달된다.

① ㄱ ② ㄴ ③ ㄱ, ㄷ ④ ㄴ, ㄷ ⑤ ㄱ, ㄴ, ㄷ

13. 다음은 한국 천문 연구원에서 발견한 어느 외계 행성계에 대한 설명이다.

국제 천문 연맹은 보현산 천문대에서 ㉠분광 관측 장비로 별의 주기적인 움직임을 관측해 발견한 외계 행성계의 중심별 8 UMi와 외계 행성 8 UMi b의 이름을 각각 백두와 한라로 결정했다. 한라는 목성보다 무거운 가스 행성으로 백두로부터 약 0.49 AU 떨어져 있다.

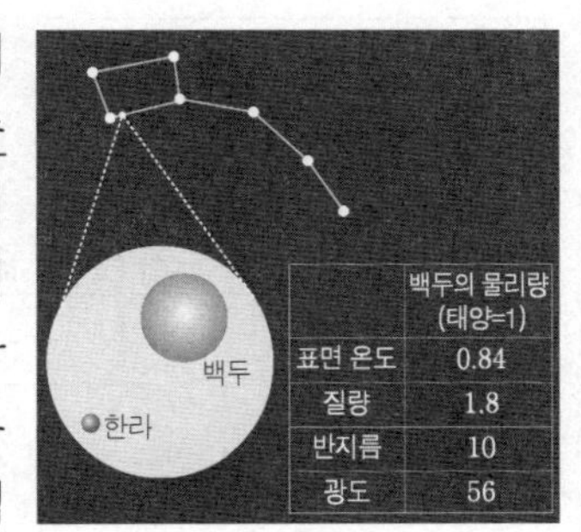

백두의 물리량 (태양=1)	
표면 온도	0.84
질량	1.8
반지름	10
광도	56

이에 대한 옳은 설명만을 <보기>에서 있는 대로 고른 것은? [3점]

< 보 기 >

ㄱ. 백두는 주계열성이다.
ㄴ. ㉠의 과정에서 백두의 도플러 효과를 관측하였다.
ㄷ. 한라는 백두의 생명 가능 지대에 위치한다.

① ㄱ ② ㄴ ③ ㄱ, ㄷ ④ ㄴ, ㄷ ⑤ ㄱ, ㄴ, ㄷ

14. 그림 (가)와 (나)는 어느 날 같은 시각에 우리나라 부근을 촬영한 기상 위성 영상을 나타낸 것이다.

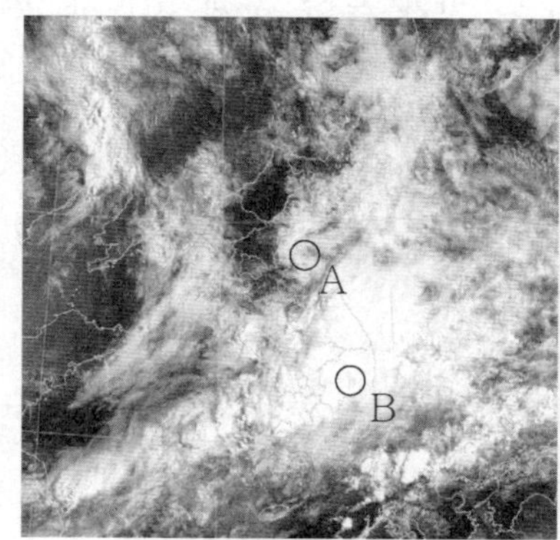

(가) 가시광선 영상

(나) 적외선 영상

이에 대한 옳은 설명만을 <보기>에서 있는 대로 고른 것은?

< 보 기 >

ㄱ. (가)에서는 구름이 두꺼운 곳일수록 밝게 보인다.
ㄴ. 구름 최상부에서 방출되는 적외선은 B가 A보다 강하다.
ㄷ. 집중 호우가 발생할 가능성은 B가 A보다 높다.

① ㄱ ② ㄴ ③ ㄱ, ㄷ ④ ㄴ, ㄷ ⑤ ㄱ, ㄴ, ㄷ

15. 그림은 세 별 (가), (나), (다)의 스펙트럼에서 세기가 강한 흡수선 4개의 상대적 세기를 나타낸 것이다. (가), (나), (다)의 분광형은 각각 A형, O형, G형 중 하나이다.

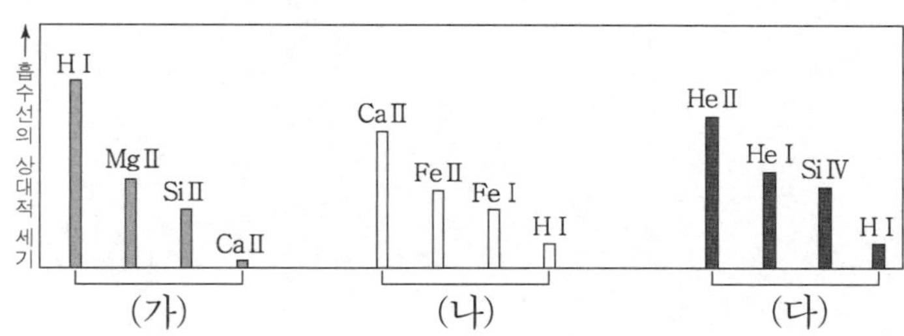

이에 대한 옳은 설명만을 <보기>에서 있는 대로 고른 것은? [3점]

< 보 기 >

ㄱ. 표면 온도가 태양과 가장 비슷한 별은 (가)이다.
ㄴ. (나)의 구성 물질 중 가장 많은 원소는 Ca이다.
ㄷ. 단위 시간당 단위 면적에서 방출되는 에너지양은 (나)가 (다)보다 적다.

① ㄱ ② ㄷ ③ ㄱ, ㄴ ④ ㄴ, ㄷ ⑤ ㄱ, ㄴ, ㄷ

16. 표는 별 ㉠ ~ ㉣의 절대 등급과 분광형을 나타낸 것이다. ㉠ ~ ㉣ 중 주계열성은 2개, 백색 왜성과 초거성은 각각 1개이다.

별	절대 등급	분광형
㉠	+12.2	B1
㉡	+1.5	A1
㉢	−1.5	B4
㉣	−7.8	B8

이에 대한 옳은 설명만을 <보기>에서 있는 대로 고른 것은? [3점]

< 보 기 >

ㄱ. ㉠의 중심에서는 수소 핵융합 반응이 일어난다.
ㄴ. 별의 질량은 ㉡이 ㉢보다 작다.
ㄷ. 광도 계급의 숫자는 ㉡이 ㉣보다 크다.

① ㄱ ② ㄴ ③ ㄱ, ㄷ ④ ㄴ, ㄷ ⑤ ㄱ, ㄴ, ㄷ

[해설편 p.128]

17. 그림은 6000만 년 전부터 현재까지 인도 대륙의 고지자기 방향으로 추정한 지리상 북극의 위치 변화를 현재 인도 대륙의 위치를 기준으로 나타낸 것이다. 이 기간 동안 실제 지리상 북극의 위치는 변하지 않았다.

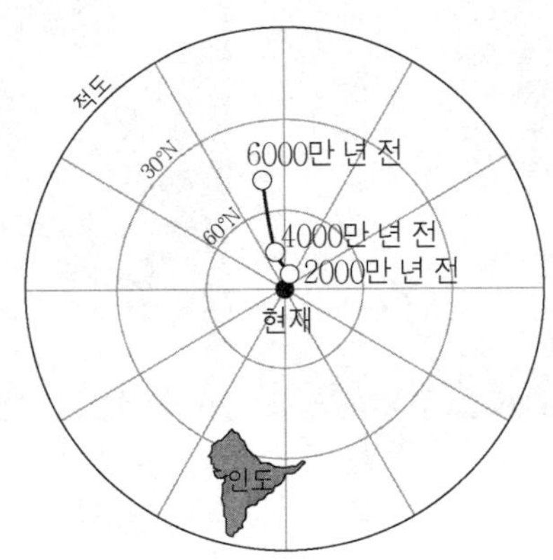

이에 대한 옳은 설명만을 <보기>에서 있는 대로 고른 것은? [3점]

< 보 기 >

ㄱ. 이 기간 동안 인도 대륙의 이동 속도는 계속 빨라졌다.
ㄴ. 인도 대륙은 6000만 년 전~4000만 년 전에 적도 부근에 위치하였다.
ㄷ. 4000만 년 전부터 현재까지 인도 대륙에서 고지자기 복각의 크기는 계속 작아졌다.

① ㄱ ② ㄴ ③ ㄱ, ㄷ ④ ㄴ, ㄷ ⑤ ㄱ, ㄴ, ㄷ

18. 그림 (가)는 마그마가 식으면서 두 종류의 광물이 생성된 때의 모습을, (나)는 (가) 이후 P의 반감기가 n회 지났을 때 화성암에 포함된 두 광물의 모습을 나타낸 것이다. 이 화성암에는 방사성 원소 P, Q와 P, Q의 자원소 P′, Q′가 포함되어 있다.

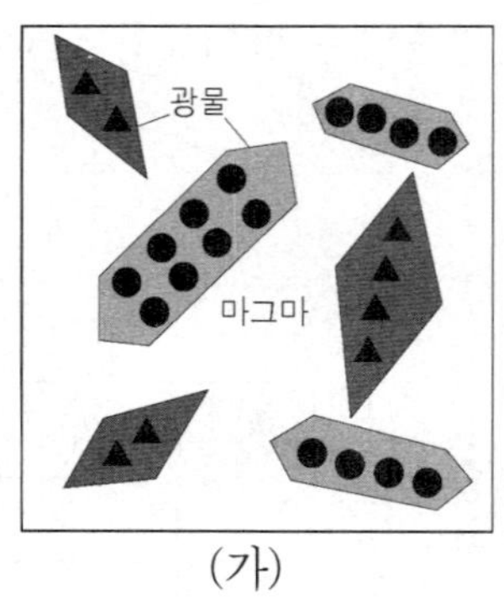

(가)

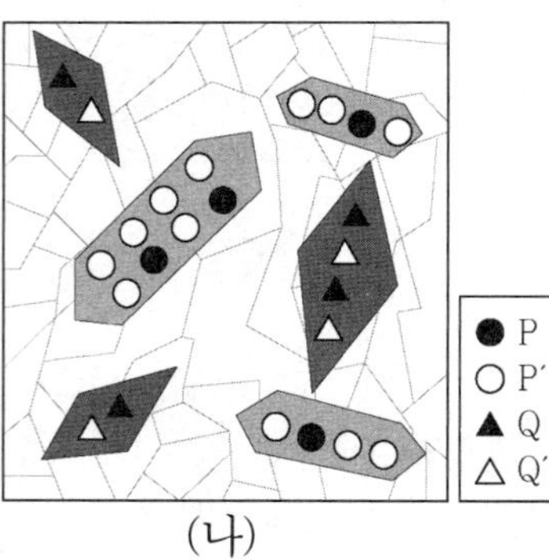

(나)

이에 대한 옳은 설명만을 <보기>에서 있는 대로 고른 것은? [3점]

< 보 기 >

ㄱ. 반감기는 P가 Q보다 짧다.
ㄴ. (나)의 화성암의 절대 연령은 P의 반감기의 약 2배이다.
ㄷ. (가)에서 광물 속 P의 양이 많을수록 P와 P′의 양이 같아질 때까지 걸리는 시간이 길어진다.

① ㄱ ② ㄷ ③ ㄱ, ㄴ ④ ㄴ, ㄷ ⑤ ㄱ, ㄴ, ㄷ

19. 그림 (가)와 (나)는 전 세계 해수면의 평균 수온 분포와 평균 표층 염분 분포를 순서 없이 나타낸 것이다. 등치선은 각각 등수온선과 등염분선 중 하나이다.

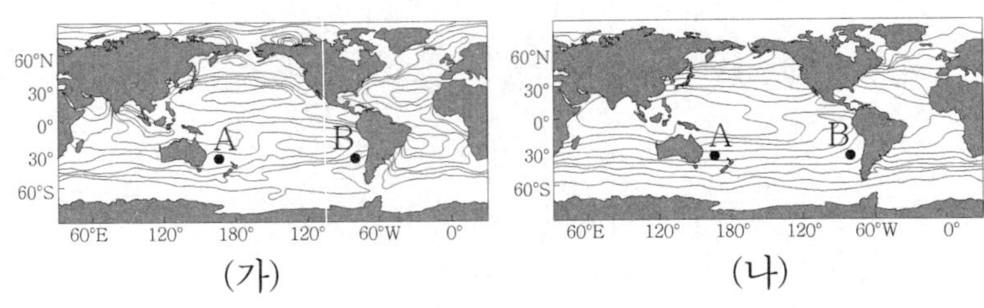

(가) (나)

이에 대한 옳은 설명만을 <보기>에서 있는 대로 고른 것은? [3점]

< 보 기 >

ㄱ. 해수면의 평균 수온 분포를 나타낸 것은 (나)이다.
ㄴ. 수온과 염분은 A 해역이 B 해역보다 높다.
ㄷ. 염류 중 염화 나트륨이 차지하는 비율은 A와 B 해역에서 거의 같다.

① ㄱ ② ㄷ ③ ㄱ, ㄴ ④ ㄴ, ㄷ ⑤ ㄱ, ㄴ, ㄷ

20. 그림 (가)와 (나)는 서로 다른 두 은하의 스펙트럼과 H_α 방출선의 파장 변화(→)를 나타낸 것이다. (가)와 (나)는 각각 퀘이사와 일반 은하 중 하나이다.

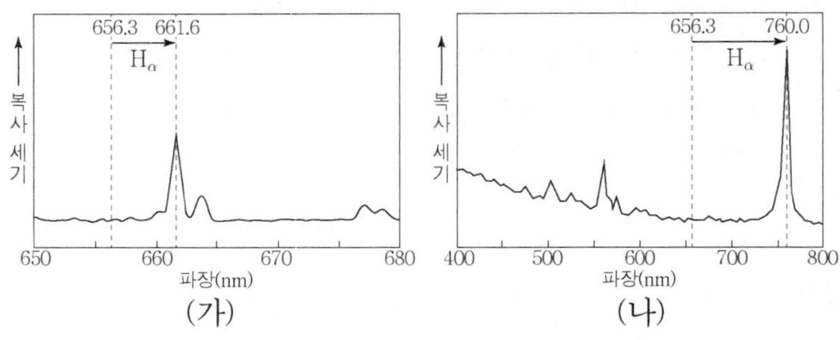

(가) (나)

이에 대한 옳은 설명만을 <보기>에서 있는 대로 고른 것은?

< 보 기 >

ㄱ. 퀘이사의 스펙트럼은 (나)이다.
ㄴ. 은하의 후퇴 속도는 (가)가 (나)보다 크다.
ㄷ. $\frac{\text{은하 중심부에서 방출되는 에너지}}{\text{은하 전체에서 방출되는 에너지}}$는 (가)가 (나)보다 크다.

① ㄱ ② ㄴ ③ ㄷ ④ ㄱ, ㄷ ⑤ ㄴ, ㄷ

＊ 확인 사항

○ 답안지의 해당란에 필요한 내용을 정확히 기입(표기)했는지 확인하시오.

[해설편 p.128]

제 4 교시

과학탐구 영역(지구과학 I)

41회

성명 | 수험 번호 | 제 [ ] 선택

1. 그림은 공전 궤도 반지름이 0.5 AU인 어느 외계 행성 P의 표면 온도 변화를 중심별의 나이에 따라 나타낸 것이다.

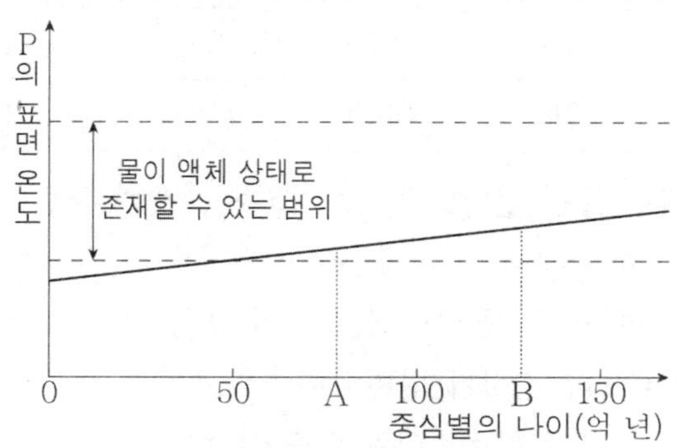

이에 대한 옳은 설명만을 <보기>에서 있는 대로 고른 것은? (단, P의 중심별은 주계열성이고, 행성의 표면 온도는 중심별의 광도에 의한 효과만 고려한다.)

< 보 기 >

ㄱ. 중심별의 광도는 증가하고 있다.
ㄴ. A 시기에 P는 생명 가능 지대에 위치한다.
ㄷ. 생명 가능 지대의 폭은 A 시기가 B 시기보다 넓다.

① ㄱ ② ㄴ ③ ㄷ ④ ㄱ, ㄴ ⑤ ㄴ, ㄷ

● 2019학년도 10월(고3 지Ⅱ)

2. 그림은 마그마 A, B, C를 이루고 있는 성분들의 질량비(%)를 나타낸 것이다. A, B, C는 각각 안산암질, 유문암질, 현무암질 마그마 중 하나이다.

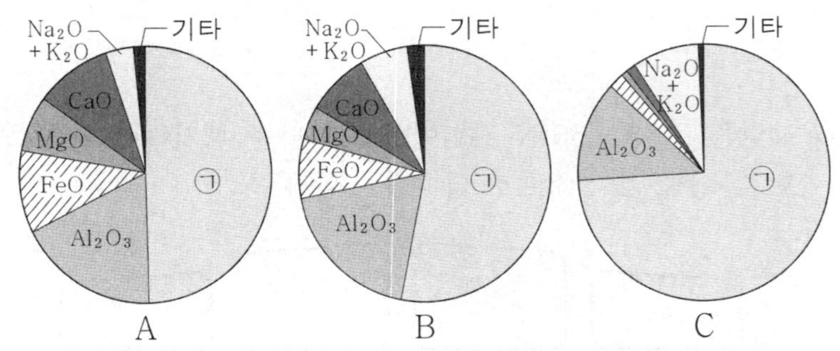

이에 대한 옳은 설명만을 <보기>에서 있는 대로 고른 것은?

< 보 기 >

ㄱ. ㉠은 SiO_2이다.
ㄴ. B는 현무암질 마그마이다.
ㄷ. 마그마에서 (FeO + MgO)이 차지하는 질량비는 A가 C보다 크다.

① ㄱ ② ㄴ ③ ㄱ, ㄷ ④ ㄴ, ㄷ ⑤ ㄱ, ㄴ, ㄷ

● 2019학년도 10월(고3 지Ⅱ)

3. 그림은 대폭발 우주론과 급팽창 이론에 따른 우주의 크기 변화를 A, B로 순서 없이 나타낸 것이다.

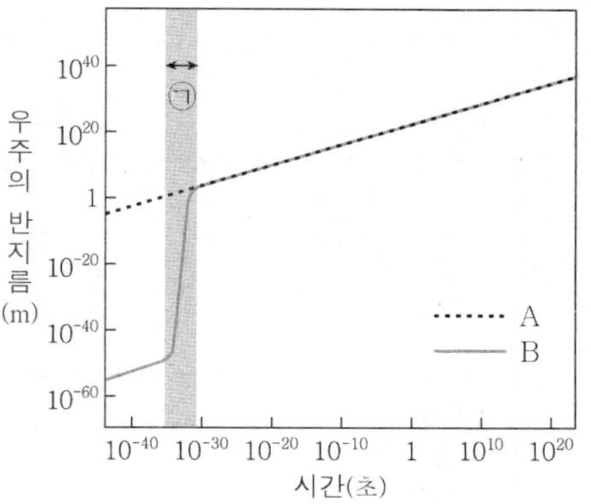

이에 대한 옳은 설명만을 <보기>에서 있는 대로 고른 것은?

< 보 기 >

ㄱ. A는 대폭발 우주론에 따른 우주의 크기 변화이다.
ㄴ. A에서 우주 배경 복사는 ㉠ 시기에 방출되었다.
ㄷ. B에서 ㉠ 시기에 우주의 온도가 증가하였다.

① ㄱ ② ㄴ ③ ㄱ, ㄷ ④ ㄴ, ㄷ ⑤ ㄱ, ㄴ, ㄷ

● 2016학년도 4월(고3 지Ⅱ)

4. 그림은 세 가지 퇴적암을 구분하는 과정을 나타낸 것이다.

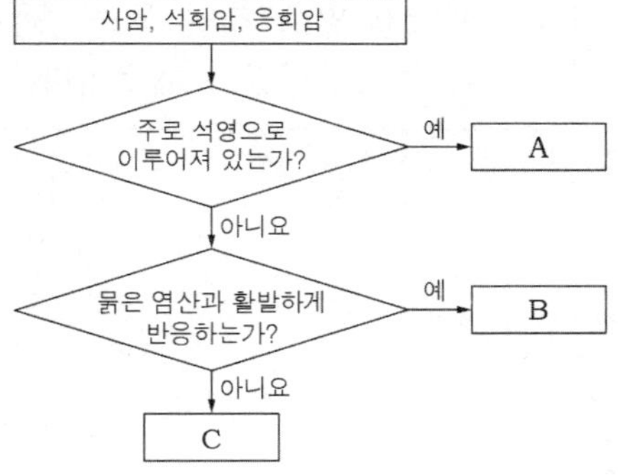

이에 대한 설명으로 옳은 것만을 <보기>에서 있는 대로 고른 것은?

< 보 기 >

ㄱ. A는 사암이다.
ㄴ. B는 쇄설성 퇴적암에 속한다.
ㄷ. C는 화산재가 퇴적되어 생성된 암석이다.

① ㄱ ② ㄴ ③ ㄱ, ㄷ ④ ㄴ, ㄷ ⑤ ㄱ, ㄴ, ㄷ

● 2019학년도 10월(고3 지Ⅱ)

5. 그림 (가)와 (나)는 서로 다른 해령 부근에서 측정된, 각 해령으로부터의 거리와 수심에 따른 해양 지각의 연령을 나타낸 것이다.

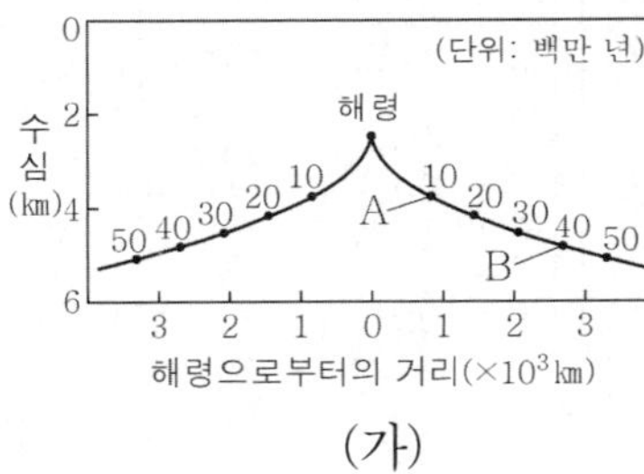

(가)

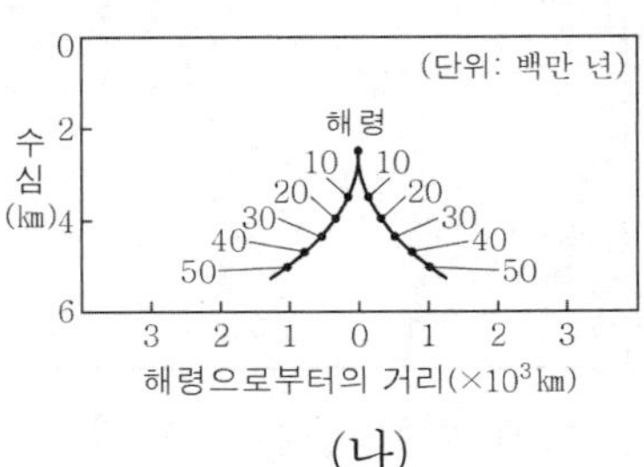

(나)

이에 대한 옳은 설명만을 <보기>에서 있는 대로 고른 것은?

< 보 기 >

ㄱ. 해령으로부터의 거리에 따른 수심 변화는 (가)보다 (나)에서 작다.
ㄴ. 해양 지각의 확장 속도는 (가)보다 (나)에서 빠르다.
ㄷ. 지각 열류량은 A보다 B에서 작다.

① ㄱ ② ㄷ ③ ㄱ, ㄴ ④ ㄴ, ㄷ ⑤ ㄱ, ㄴ, ㄷ

[해설편 p.129]

● 2017학년도 4월(고3 지Ⅱ)

6. 그림은 현생 이언에 생존했던 생물 종류의 수와 육상 식물의 생존 시기를 나타낸 것이다.

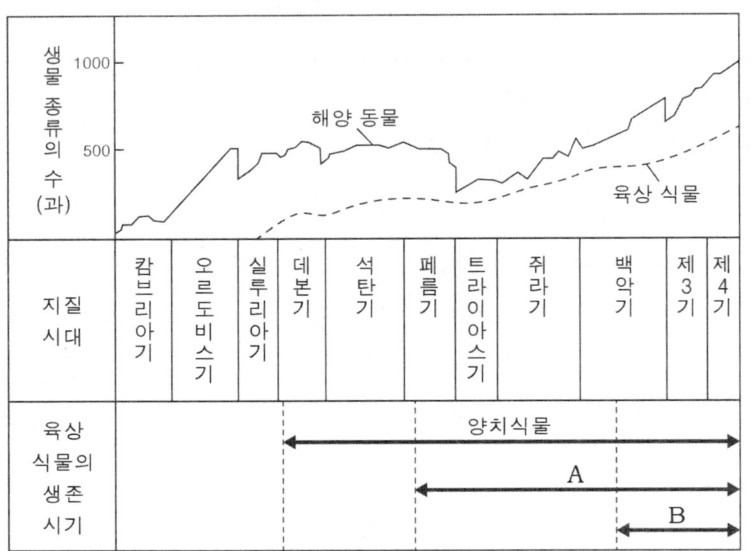

이에 대한 설명으로 옳은 것만을 <보기>에서 있는 대로 고른 것은? [3점]

< 보 기 >

ㄱ. A는 속씨식물, B는 겉씨식물이다.
ㄴ. 육상 식물 출현의 원인은 오존층의 형성과 관계가 있다.
ㄷ. 백악기 말에 해양 동물 종류의 수가 감소한 이유는 판게아가 형성되었기 때문이다.

① ㄱ ② ㄴ ③ ㄱ, ㄷ ④ ㄴ, ㄷ ⑤ ㄱ, ㄴ, ㄷ

7. 그림은 어느 해 10월 4일 00시부터 6일 00시까지 태풍이 이동한 경로와 4일의 해수면 온도 분포를, 표는 태풍의 중심 기압과 최대 풍속을 나타낸 것이다.

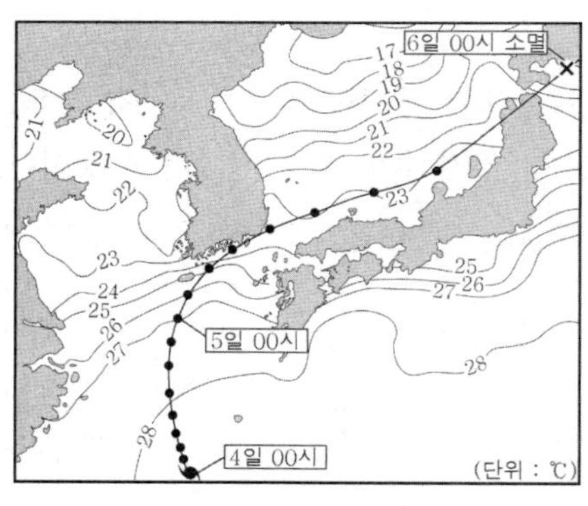

일시	중심 기압 (hPa)	최대 풍속 (m/s)
4일 00시	930	50
4일 12시	940	47
5일 00시	950	43
5일 12시	㉠	32
6일 00시	소멸	

이에 대한 옳은 설명만을 <보기>에서 있는 대로 고른 것은? (단, 태풍의 이동 경로는 3시간 간격으로 나타낸 것이다.) [3점]

< 보 기 >

ㄱ. 4일 하루 동안 태풍 이동 경로상의 해수면 온도는 고위도로 갈수록 높아진다.
ㄴ. 태풍의 평균 이동 속도는 4일이 5일보다 빠르다.
ㄷ. ㉠은 950보다 컸을 것이다.

① ㄱ ② ㄷ ③ ㄱ, ㄴ ④ ㄴ, ㄷ ⑤ ㄱ, ㄴ, ㄷ

8. 표는 화산체 A, B, C를 형성한 용암의 SiO_2 함량과 온도, 화산 분출 시 측정한 화산 가스의 성분을 나타낸 것이다.

화산체	용암		화산 가스의 성분(%)			
	SiO_2 함량(%)	온도(℃)	㉠	㉡	SO_2	기타
A	59	900	87.0	9.5	2.3	1.2
B	45	1150	75.0	19.0	4.5	1.5
C	70	820	94.0	4.5	1.3	0.2

이에 대한 옳은 설명만을 <보기>에서 있는 대로 고른 것은?

< 보 기 >

ㄱ. A는 현무암질 용암이 분출하여 생성되었다.
ㄴ. B는 C보다 경사가 완만하다.
ㄷ. ㉠은 이산화 탄소, ㉡은 수증기이다.

① ㄱ ② ㄴ ③ ㄱ, ㄷ ④ ㄴ, ㄷ ⑤ ㄱ, ㄴ, ㄷ

9. 그림은 중앙아메리카 부근의 판 경계와 지진의 진앙 분포를 나타낸 것이다.

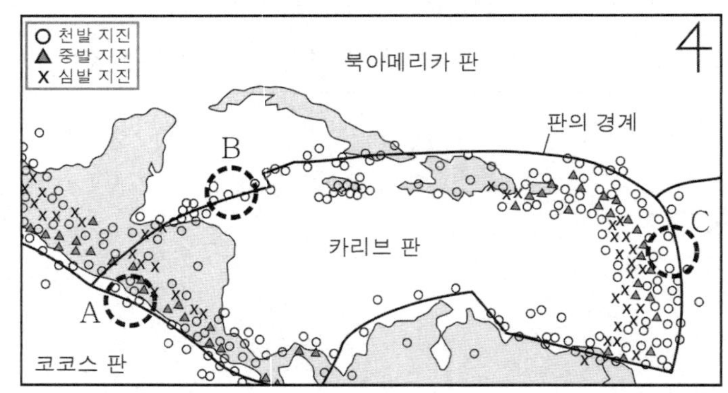

이에 대한 옳은 설명만을 <보기>에서 있는 대로 고른 것은? [3점]

< 보 기 >

ㄱ. A에서는 정단층보다 역단층이 발달한다.
ㄴ. B에서는 해구가 발달한다.
ㄷ. A와 C에서 판이 섭입하는 방향은 대체로 같다.

① ㄱ ② ㄴ ③ ㄷ ④ ㄱ, ㄴ ⑤ ㄴ, ㄷ

10. 그림은 60°S ~ 60°N 사이에서 나타나는 대기 대순환의 순환 세포 A ~ D를 모식적으로 나타낸 것이다.

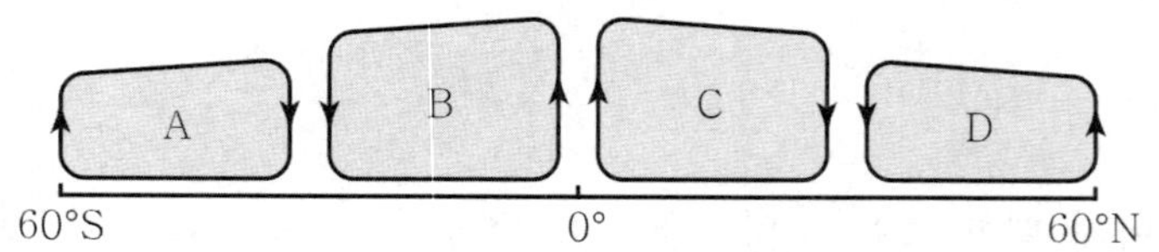

이에 대한 옳은 설명만을 <보기>에서 있는 대로 고른 것은?

< 보 기 >

ㄱ. A는 직접 순환이다.
ㄴ. B와 C의 지상에서는 주로 동풍 계열의 바람이 분다.
ㄷ. 온대 저기압은 주로 C와 D의 경계 부근에서 형성된다.

① ㄱ ② ㄴ ③ ㄱ, ㄷ ④ ㄴ, ㄷ ⑤ ㄱ, ㄴ, ㄷ

[해설편 p.130]

● 2015학년도 수능(고3 지Ⅱ)

11. 그림은 절대 등급이 같은 외부 은하 A, B, C의 거리에 따른 후퇴 속도를 나타낸 것이다.

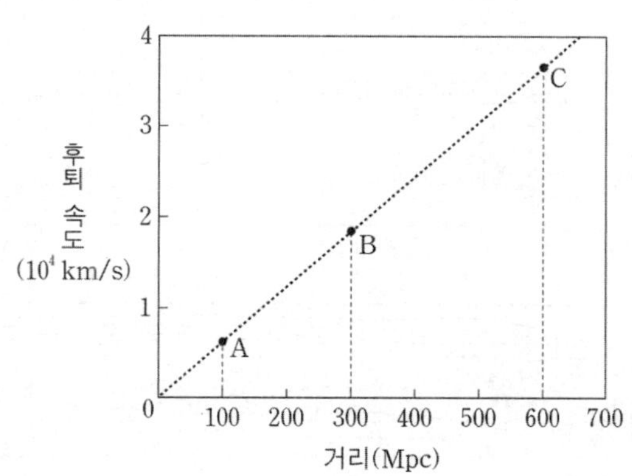

이에 대한 설명으로 옳은 것만을 <보기>에서 있는 대로 고른 것은?

< 보 기 >

ㄱ. 겉보기 밝기는 B보다 A가 약 3배 밝다.
ㄴ. B에서 관찰하면 A와 C는 모두 후퇴한다.
ㄷ. 20억 년 전 우리 은하에서 본 C의 후퇴 속도는 현재와 동일하다.

① ㄱ ② ㄴ ③ ㄷ ④ ㄱ, ㄴ ⑤ ㄴ, ㄷ

12. 그림 (가)는 현재 지구 자전축의 방향과 공전 궤도를, (나)는 지구가 근일점과 원일점에 위치할 때 태양과 지구 사이의 거리와 공전 속도를 나타낸 것이다. (나)에서 Δr는 '원일점 거리와 근일점 거리의 차'이고, Δv는 '근일점과 원일점에서의 공전 속도 차'이다.

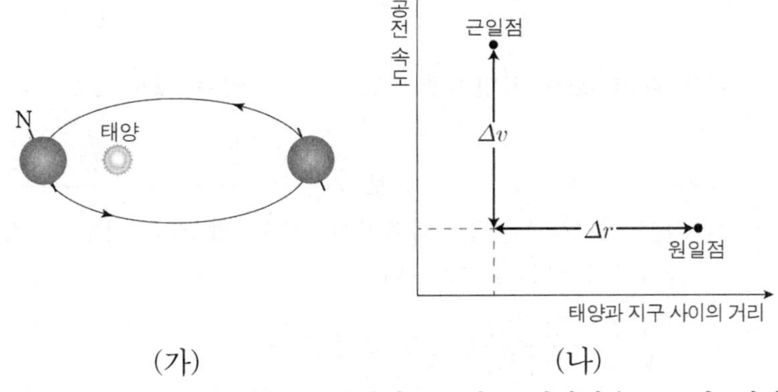

(가) (나)

Δr가 현재보다 증가할 때 나타날 수 있는 현상만을 <보기>에서 있는 대로 고른 것은? (단, 지구 공전 궤도 이심률의 변화 이외의 요인은 고려하지 않는다.) [3점]

< 보 기 >

ㄱ. Δv가 증가한다.
ㄴ. 북반구에서 기온의 연교차는 작아진다.
ㄷ. 원일점에 위치할 때 지구에 도달하는 태양 복사 에너지양은 증가한다.

① ㄱ ② ㄷ ③ ㄱ, ㄴ ④ ㄴ, ㄷ ⑤ ㄱ, ㄴ, ㄷ

13. 그림 (가)와 (나)는 북반구 어느 지점에서 온대 저기압이 통과하는 동안 관측한 풍향과 기온을 나타낸 것이다. 이 기간 동안 온난 전선과 한랭 전선이 이 지점을 통과하였다.

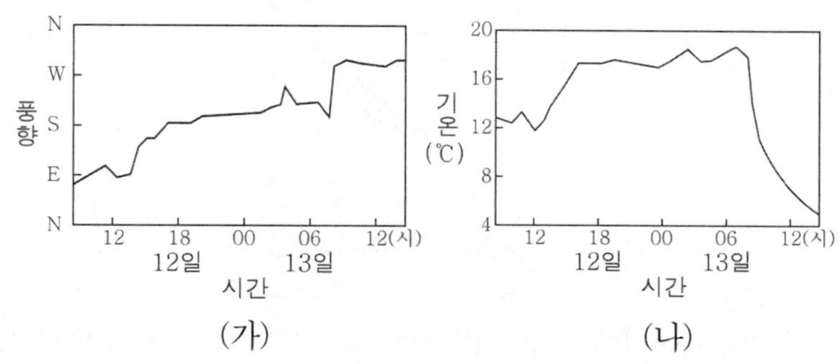

(가) (나)

이 지점에서 나타난 현상에 대한 옳은 설명만을 <보기>에서 있는 대로 고른 것은? [3점]

< 보 기 >

ㄱ. 풍향은 대체로 시계 방향으로 변하였다.
ㄴ. 한랭 전선은 13일 06시 이전에 통과하였다.
ㄷ. 저기압 중심은 이 지점의 남쪽으로 통과하였다.

① ㄱ ② ㄴ ③ ㄱ, ㄷ ④ ㄴ, ㄷ ⑤ ㄱ, ㄴ, ㄷ

41회

● 2019학년도 10월(고3 지Ⅱ)

14. 그림 (가)와 (나)는 엘니뇨와 라니냐 시기의 태평양 적도 해역의 연직 수온 분포를 순서 없이 나타낸 것이다.

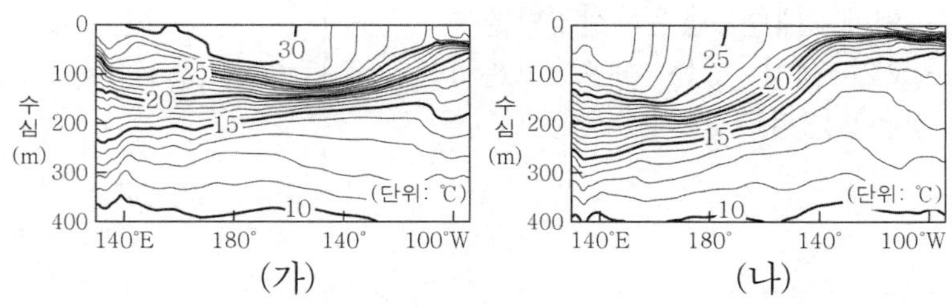

(가) (나)

이에 대한 옳은 설명만을 <보기>에서 있는 대로 고른 것은?

< 보 기 >

ㄱ. (가)는 엘니뇨 시기, (나)는 라니냐 시기이다.
ㄴ. 동태평양 적도 해역에서의 용승은 (가) 시기보다 (나) 시기에 약하다.
ㄷ. 무역풍의 세기는 (가) 시기보다 (나) 시기에 강하다.

① ㄱ ② ㄴ ③ ㄱ, ㄷ ④ ㄴ, ㄷ ⑤ ㄱ, ㄴ, ㄷ

● 2012학년도 수능(고3)

15. 그림은 태평양의 표층 해류를 나타낸 것이다.

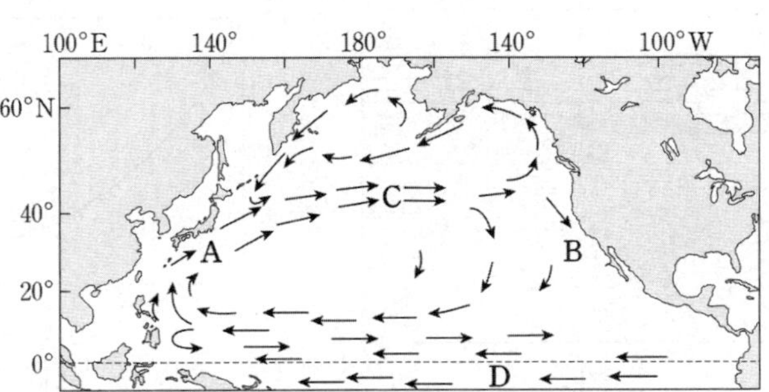

A~D 해역에 대한 설명으로 옳은 것만을 <보기>에서 있는 대로 고른 것은? [3점]

< 보 기 >

ㄱ. A는 B보다 수온이 낮다.
ㄴ. C에는 편서풍에 의한 해류가 흐른다.
ㄷ. D에 흐르는 해류는 남적도 해류이다.

① ㄱ ② ㄴ ③ ㄱ, ㄷ ④ ㄴ, ㄷ ⑤ ㄱ, ㄴ, ㄷ

● 2015학년도 9월(고3 지Ⅱ)

16. 그림은 어느 두 판의 경계를 나타낸 것이다.

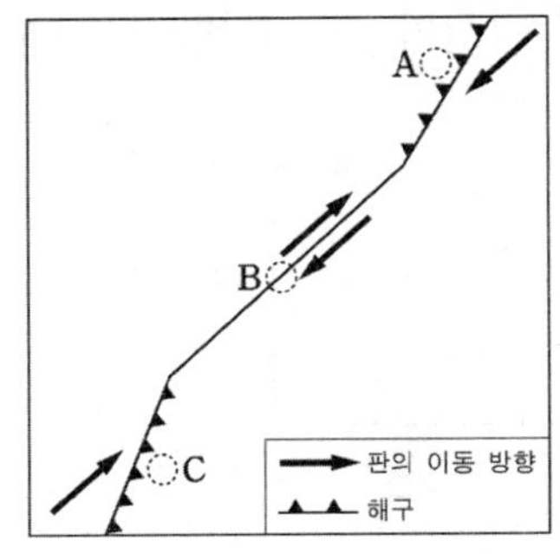

A, B, C지역에 대한 설명으로 옳은 것만을 <보기>에서 있는 대로 고른 것은?

< 보 기 >

ㄱ. 지진은 A, B, C에서 모두 발생한다.
ㄴ. 화산 활동은 B에서 가장 활발하다.
ㄷ. A와 C의 하부에 베니오프대가 나타난다.

① ㄱ ② ㄴ ③ ㄱ, ㄷ ④ ㄴ, ㄷ ⑤ ㄱ, ㄴ, ㄷ

● 2019학년도 10월(고3 지Ⅱ)

17. 그림은 주계열성 A, B가 적색 거성 A′, B′으로 진화하는 경로를 H-R도에 나타낸 것이다.

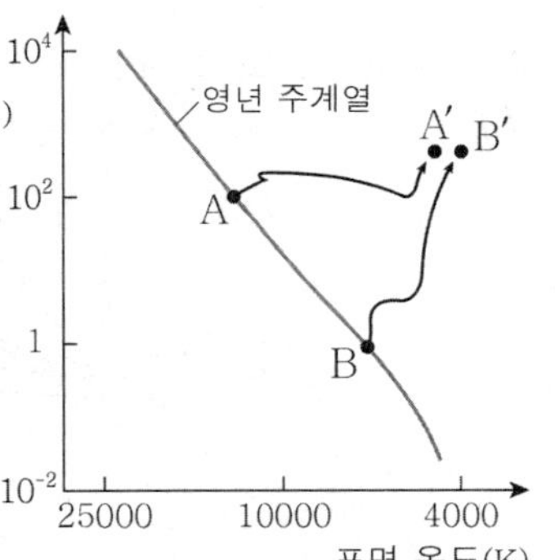

이에 대한 옳은 설명만을 <보기>에서 있는 대로 고른 것은? [3점]

< 보 기 >

ㄱ. A가 A′으로 진화하는 데 걸리는 시간은 B가 B′으로 진화하는 데 걸리는 시간보다 길다.
ㄴ. 색지수는 A가 B보다 작다.
ㄷ. 질량은 A가 B보다 작다.

① ㄱ ② ㄴ ③ ㄱ, ㄷ ④ ㄴ, ㄷ ⑤ ㄱ, ㄴ, ㄷ

● 2019학년도 10월(고3 지Ⅱ)

18. 그림 (가)는 어느 지역의 지질 단면도이고, (나)는 (가)의 화성암 F에 들어있는 방사성 원소 X의 붕괴 곡선이다. F에 들어있는 X의 모원소와 자원소의 함량비는 1 : 3이다.

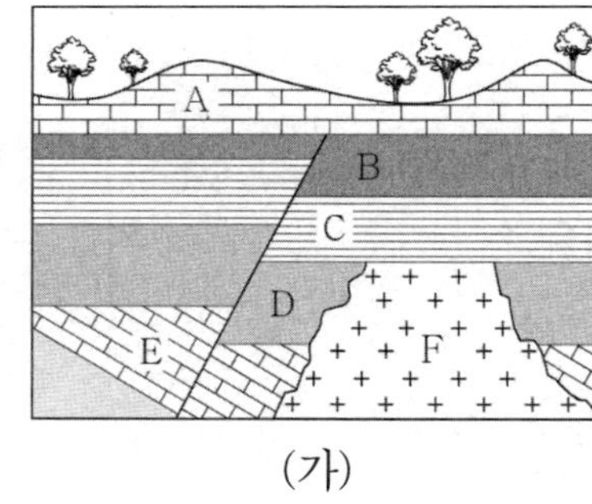

(가)

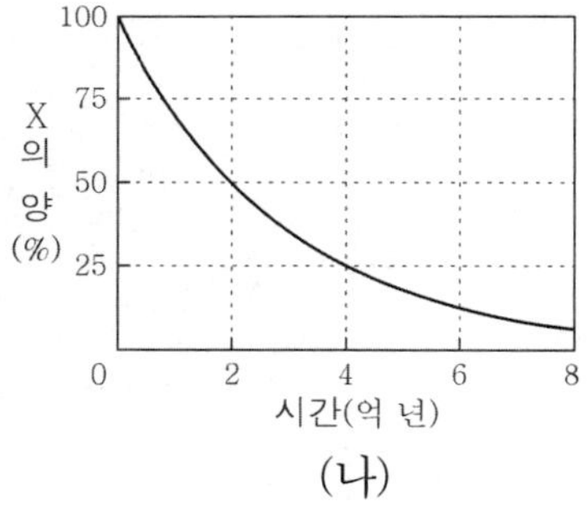

(나)

이에 대한 옳은 설명만을 <보기>에서 있는 대로 고른 것은? [3점]

< 보 기 >

ㄱ. 지층의 생성 순서는 E→D→F→C→B→A이다.
ㄴ. D에서는 암모나이트 화석이 산출될 수 있다.
ㄷ. 이 지역은 4번 이상 융기하였다.

① ㄱ ② ㄴ ③ ㄱ, ㄷ ④ ㄴ, ㄷ ⑤ ㄱ, ㄴ, ㄷ

19. 그림은 태평양 적도 부근 해역에서 깊이에 따른 수온을 측정하여 수온이 20℃인 곳의 깊이를 나타낸 것이다. (가)와 (나)는 각각 엘니뇨 시기와 라니냐 시기 중 하나이다.

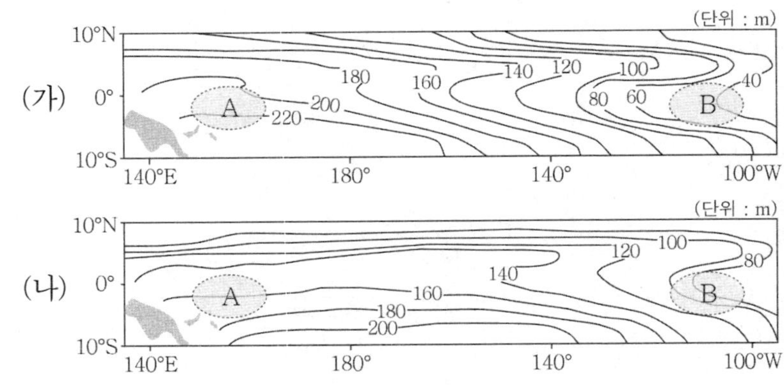

이에 대한 옳은 설명만을 <보기>에서 있는 대로 고른 것은? [3점]

< 보 기 >

ㄱ. B 해역에서 수온이 20℃ 이상인 해수층의 평균 두께는 (가)가 (나)보다 두껍다.
ㄴ. A 해역의 강수량은 (가)가 (나)보다 많다.
ㄷ. 남적도 해류는 (가)가 (나)보다 약하다.

① ㄱ ② ㄴ ③ ㄱ, ㄷ ④ ㄴ, ㄷ ⑤ ㄱ, ㄴ, ㄷ

20. 그림 (가)는 어느 외계 행성의 식 현상에 의한 중심별의 밝기 변화를, (나)는 이 외계 행성의 공전 궤도면과 시선 방향이 이루는 각이 달라졌을 때 예상되는 식 현상에 의한 중심별의 밝기 변화를 나타낸 것이다.

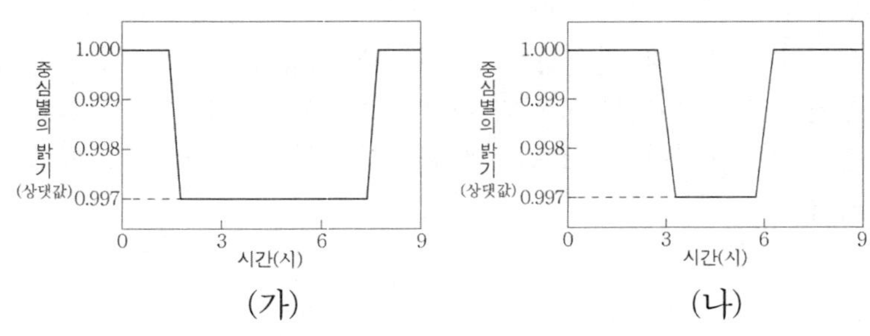

이에 대한 옳은 설명만을 <보기>에서 있는 대로 고른 것은? [3점]

< 보 기 >

ㄱ. 외계 행성의 공전 궤도면이 시선 방향과 이루는 각은 (가)보다 (나)일 때 크다.
ㄴ. $\frac{\text{중심별의 단면적}}{\text{행성의 단면적}}$은 100보다 크다.
ㄷ. 식 현상이 반복되는 주기는 (가)와 (나)에서 같다.

① ㄱ ② ㄴ ③ ㄱ, ㄷ ④ ㄴ, ㄷ ⑤ ㄱ, ㄴ, ㄷ

*** 확인 사항**

○ 답안지의 해당란에 필요한 내용을 정확히 기입(표기)했는지 확인하시오.

[해설편 p.131]

제 4 교시

과학탐구 영역(지구과학 I)

42회

성명		수험 번호	—	제 [ ] 선택

● 2014학년도 10월(고3)

1. 그림은 최근 발견된 외계 행성 케플러 186f가 중심별 케플러 186 주위를 공전하는 궤도와 태양계 행성들의 공전 궤도를 나타낸 것이다.

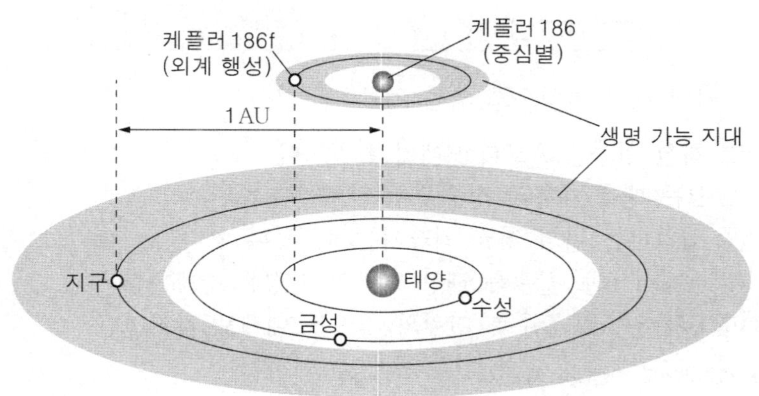

이에 대한 옳은 설명만을 <보기>에서 있는 대로 고른 것은?

< 보 기 >

ㄱ. 행성 케플러 186f에는 물이 액체 상태로 존재할 수 있다.
ㄴ. 중심별 케플러 186은 태양보다 질량이 작다.
ㄷ. 생명 가능 지대의 폭은 케플러 186 주변이 태양 주변보다 좁다.

① ㄱ ② ㄷ ③ ㄱ, ㄴ ④ ㄴ, ㄷ ⑤ ㄱ, ㄴ, ㄷ

● 2018학년도 10월(고3 지Ⅱ)

2. 그림은 특이 은하 (가)와 (나)의 스펙트럼을 나타낸 것이다. (가)와 (나)는 각각 퀘이사와 세이퍼트 은하 중 하나이다.

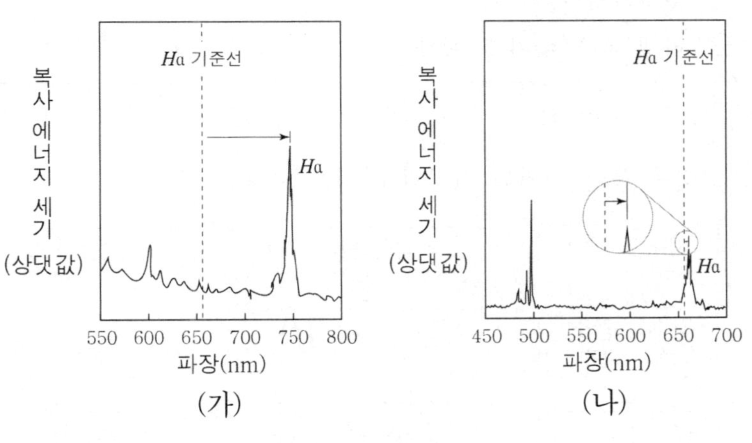

(가) (나)

이에 대한 옳은 설명만을 <보기>에서 있는 대로 고른 것은? [3점]

< 보 기 >

ㄱ. 은하의 후퇴 속도는 (가)가 (나)보다 크다.
ㄴ. (가)는 퀘이사이다.
ㄷ. (나)와 같은 종류의 특이 은하는 대부분 나선 은하의 형태로 관측된다.

① ㄱ ② ㄷ ③ ㄱ, ㄴ ④ ㄴ, ㄷ ⑤ ㄱ, ㄴ, ㄷ

● 2013학년도 7월(고3)

3. 그림 (가)는 어느 지역의 진원 분포를, (나)는 판의 경계와 이동 방향을 나타낸 것이다.

(가)

(나)

그림 (가)에 해당하는 지역을 (나)에서 옳게 고른 것은? (단, (가)에서 수평 거리는 실제 비례와 맞지 않는다.)

① A－A′ ② B－B′ ③ C－C′ ④ D－D′ ⑤ E－E′

● 2018학년도 10월(고3 지Ⅱ)

4. 그림 (가)는 질량이 다른 주계열성 ㉠, ㉡의 내부 구조를, (나)는 중심핵의 온도에 따른 p－p 연쇄 반응과 CNO 순환 반응에 의한 에너지 생성량을 순서 없이 A, B로 나타낸 것이다.

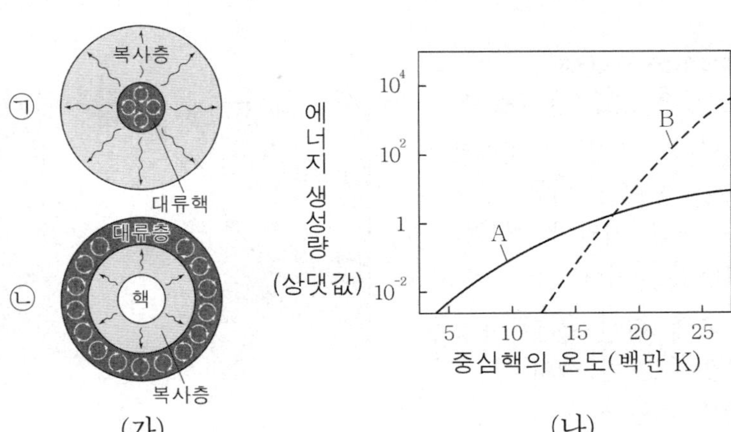

(가) (나)

이에 대한 옳은 설명만을 <보기>에서 있는 대로 고른 것은? (단, ㉠과 ㉡의 크기는 고려하지 않는다.) [3점]

< 보 기 >

ㄱ. 별의 질량은 ㉠이 ㉡보다 작다.
ㄴ. A는 p－p 연쇄 반응에 의한 에너지 생성량이다.
ㄷ. CNO 순환 반응에 의한 에너지 생성량은 ㉡이 ㉠보다 많다.

① ㄱ ② ㄴ ③ ㄱ, ㄷ ④ ㄴ, ㄷ ⑤ ㄱ, ㄴ, ㄷ

[해설편 p.132]

● 2018학년도 10월(고3 지Ⅱ)

5. 그림 (가)는 어느 지역의 지질 단면을, (나)는 시간에 따른 방사성 원소 X의 붕괴 곡선을 나타낸 것이다. (가)의 화강암에 포함되어 있는 X와 X 자원소의 비율은 1 : 3이다.

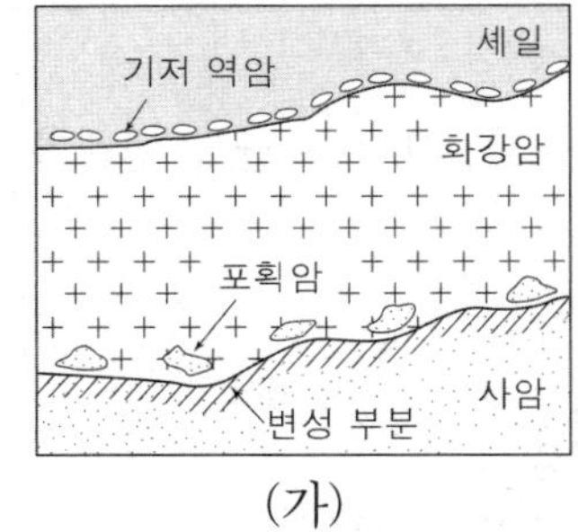

(가)

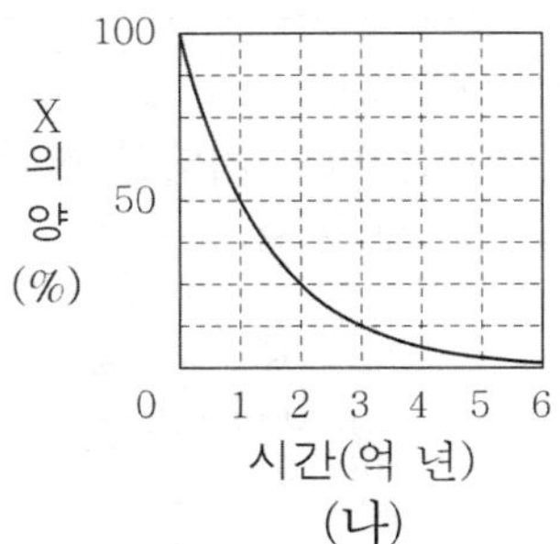

(나)

이에 대한 옳은 설명만을 <보기>에서 있는 대로 고른 것은? [3점]

<보 기>
ㄱ. 사암은 화강암보다 먼저 형성되었다.
ㄴ. 셰일에서는 삼엽충 화석이 발견될 수 있다.
ㄷ. 변성 부분에서는 규암이 나타난다.

① ㄱ ② ㄴ ③ ㄱ, ㄷ ④ ㄴ, ㄷ ⑤ ㄱ, ㄴ, ㄷ

● 2014학년도 6월(고3 지Ⅱ)

6. 그림은 인접한 세 지역 A, B, C의 지질 주상도이다. 이 지역에는 동일한 시기에 분출된 화산재가 쌓여 만들어진 암석이 있다.

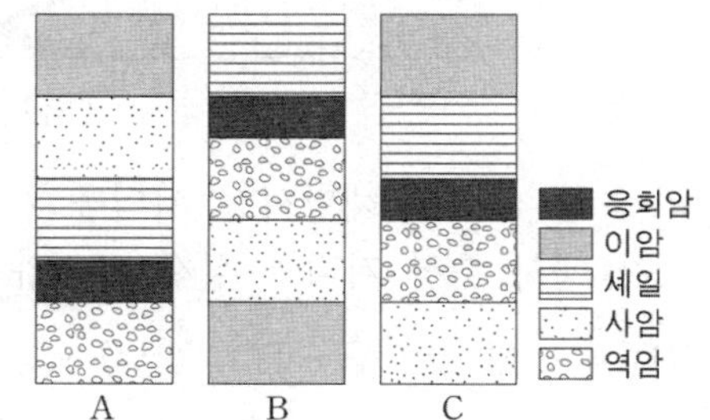

이 지역에 대한 설명으로 옳은 것만을 <보기>에서 있는 대로 고른 것은?

<보 기>
ㄱ. A와 C의 사암층은 같은 시기에 퇴적되었다.
ㄴ. 가장 오래된 암석층은 B에 있다.
ㄷ. 이 지역에는 화학적 퇴적암이 존재한다.

① ㄱ ② ㄴ ③ ㄱ, ㄷ ④ ㄴ, ㄷ ⑤ ㄱ, ㄴ, ㄷ

● 2015학년도 10월(고3)

7. 그림은 2015년 7월 우리나라 주변을 통과한 태풍 찬홈의 이동 경로와 중심 기압의 변화를 나타낸 것이다.

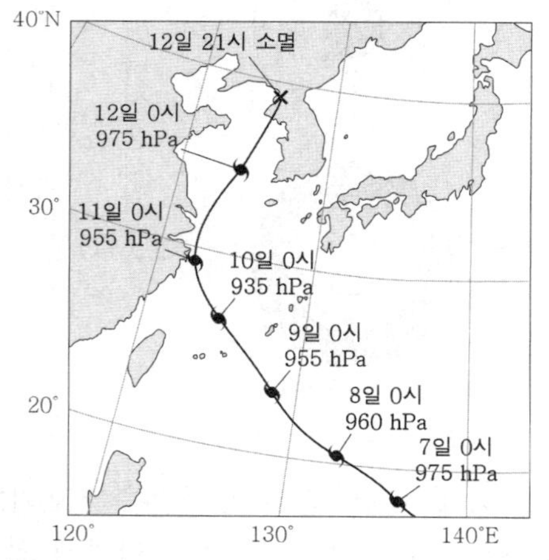

이에 대한 옳은 설명만을 <보기>에서 있는 대로 고른 것은? [3점]

<보 기>
ㄱ. 8일에 태풍의 이동 방향은 무역풍의 영향을 받았을 것이다.
ㄴ. 12일 0시 이후 태풍의 중심 기압은 낮아졌을 것이다.
ㄷ. 태풍이 황해를 지나는 동안 서울 지역의 풍향은 시계 방향으로 바뀌었을 것이다.

① ㄴ ② ㄷ ③ ㄱ, ㄴ ④ ㄱ, ㄷ ⑤ ㄱ, ㄴ, ㄷ

8. 그림은 북아메리카 대륙 주변의 판 경계와 섭입하는 판의 깊이를 나타낸 것이다.

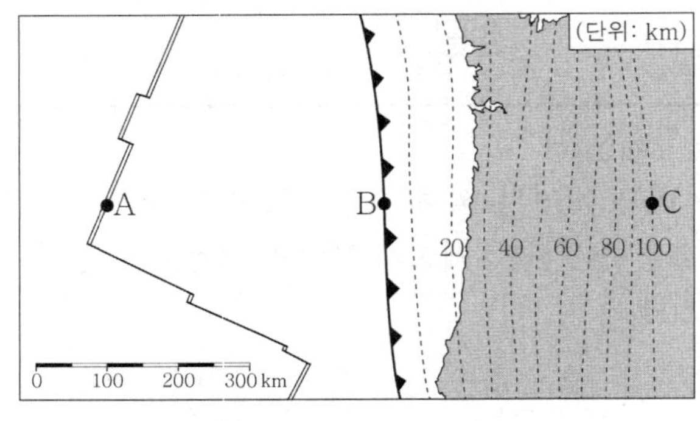

이에 대한 설명으로 옳은 것은? [3점]

① 화산 활동은 A보다 B에서 활발하다.
② B는 맨틀 대류의 상승부에 위치한다.
③ 섭입하는 판의 평균 기울기는 45°보다 크다.
④ A에서 B로 갈수록 해양 지각의 연령은 감소한다.
⑤ B에서 C로 갈수록 진원의 깊이는 대체로 깊어진다.

● 2018학년도 10월(고3 지Ⅱ)

9. 그림은 대폭발 우주론에서 우주 구성 요소인 복사 에너지, 물질, 암흑 에너지의 시간에 따른 밀도 변화를 나타낸 것이다.

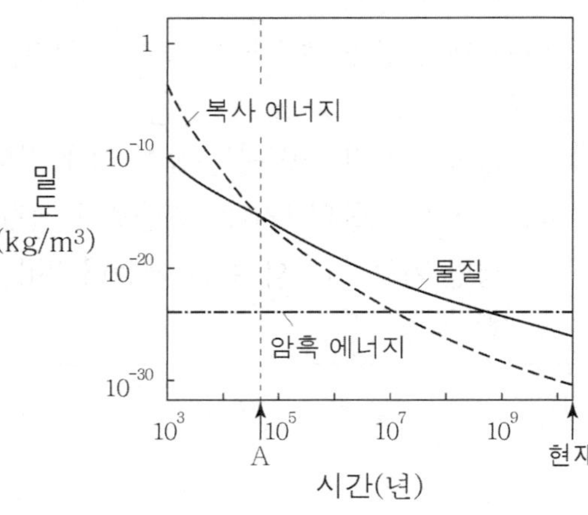

이에 대한 옳은 설명만을 <보기>에서 있는 대로 고른 것은?

<보 기>
ㄱ. A 시기 이전에는 복사 에너지의 밀도가 물질의 밀도보다 크다.
ㄴ. 우주 구성 요소 중 암흑 에너지가 차지하는 비율은 계속 증가하였다.
ㄷ. 현재 우주는 가속 팽창하고 있다.

① ㄱ ② ㄴ ③ ㄱ, ㄷ ④ ㄴ, ㄷ ⑤ ㄱ, ㄴ, ㄷ

10. 그림은 몽골 지역의 사막화 과정을 나타낸 것이다.

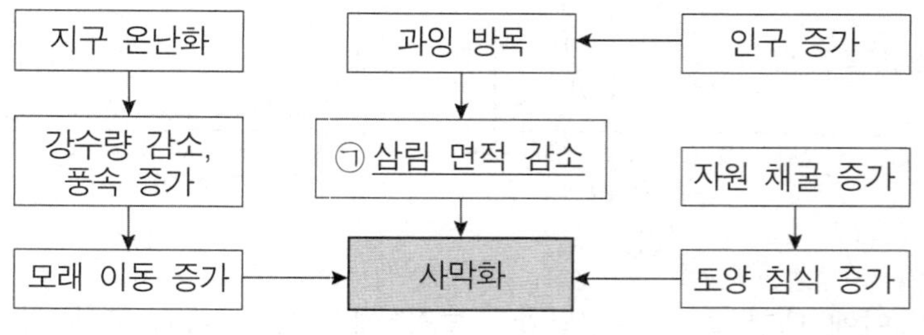

이에 대한 옳은 설명만을 <보기>에서 있는 대로 고른 것은?

<보 기>
ㄱ. ㉠으로 인해 지표면의 반사율은 감소한다.
ㄴ. 몽골 지역의 사막화는 인간 활동에 의해 가속화되고 있다.
ㄷ. 몽골 지역의 사막화가 계속되면 우리나라의 황사 발생 가능성은 커진다.

① ㄱ ② ㄴ ③ ㄱ, ㄷ ④ ㄴ, ㄷ ⑤ ㄱ, ㄴ, ㄷ

[해설편 p.133]

11. 그림 (가)와 (나)는 2018년 7월에 약 일주일 간격으로 작성한 일기도를 나타낸 것이다.

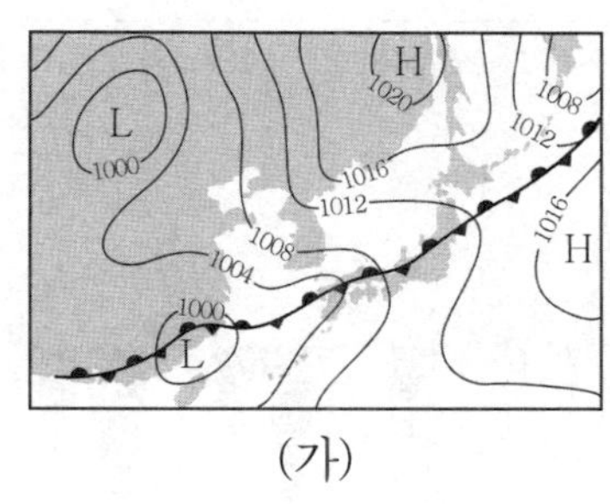

(가)

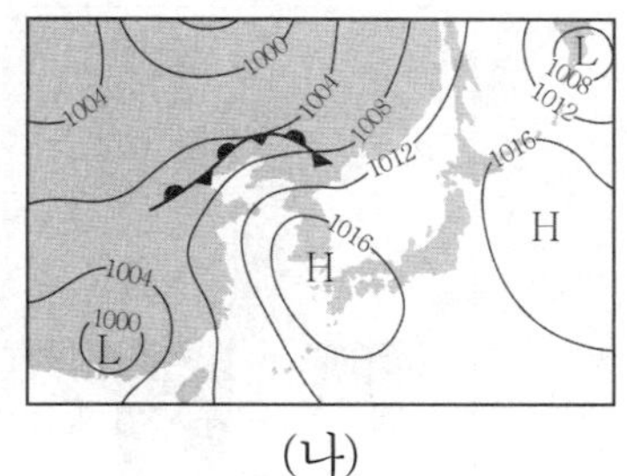

(나)

이에 대한 옳은 설명만을 <보기>에서 있는 대로 고른 것은? [3점]

< 보 기 >

ㄱ. (가)일 때 우리나라의 날씨는 오호츠크해 기단의 영향을 받는다.

ㄴ. (나)일 때 우리나라 남부 지방에서는 상승 기류가 발달한다.

ㄷ. 서울의 하루 중 최고 기온은 (가)보다 (나)일 때 높다.

① ㄱ ② ㄷ ③ ㄱ, ㄴ ④ ㄱ, ㄷ ⑤ ㄴ, ㄷ

12. 그림은 대기 대순환에 의해 지표 부근에서 부는 바람 A, B, C와 북태평양의 주요 표층 해류 ㉠, ㉡, ㉢을 나타낸 것이다.

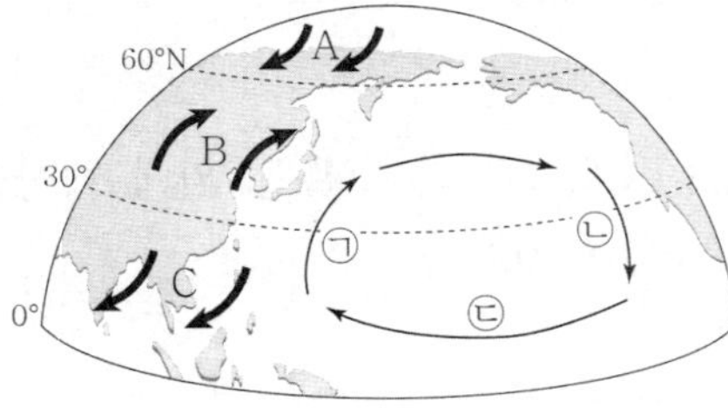

이에 대한 옳은 설명만을 <보기>에서 있는 대로 고른 것은? [3점]

< 보 기 >

ㄱ. 페렐 순환에 의해 형성된 바람은 B이다.

ㄴ. ㉠은 난류, ㉡은 한류이다.

ㄷ. ㉢은 C에 의해 형성된 해류이다.

① ㄱ ② ㄷ ③ ㄱ, ㄴ ④ ㄴ, ㄷ ⑤ ㄱ, ㄴ, ㄷ

13. 그림 (가)와 (나)는 각각 대기와 해양에 의한 에너지 수송이 일어나는 경우와 일어나지 않는 경우에 위도에 따른 태양 복사 에너지 흡수량과 지구 복사 에너지 방출량을 나타낸 것이다.

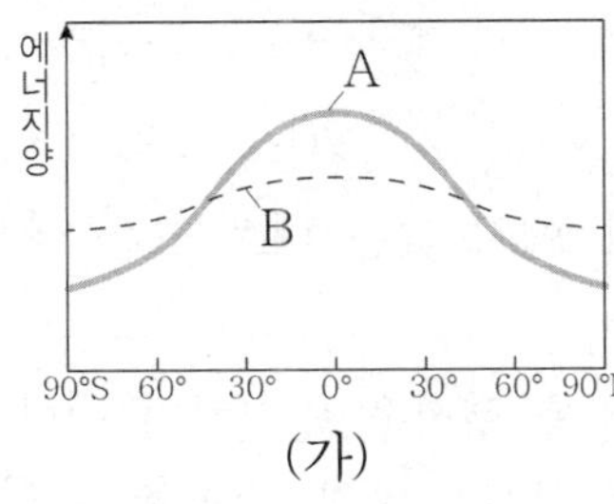

(가)

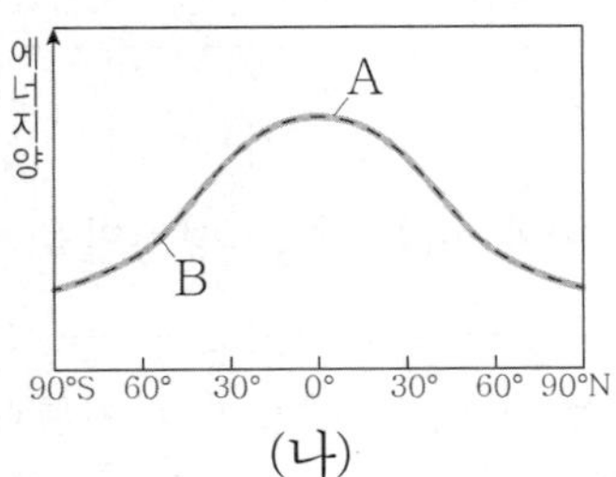

(나)

이에 대한 옳은 설명만을 <보기>에서 있는 대로 고른 것은? [3점]

< 보 기 >

ㄱ. A는 지구 복사 에너지 방출량이다.

ㄴ. (가)에서 적도 지방은 에너지 과잉 상태이다.

ㄷ. 적도와 극지방에서의 연평균 기온 차는 (가)가 (나)보다 크다.

① ㄱ ② ㄴ ③ ㄱ, ㄷ ④ ㄴ, ㄷ ⑤ ㄱ, ㄴ, ㄷ

● 2017학년도 9월(고3 지Ⅱ)

14. 그림은 어느 가속 팽창 우주 모형에서 시간에 따른 우주 구성 요소 A, B, C의 밀도를 나타낸 것이다. A, B, C는 각각 보통 물질, 암흑 물질, 암흑 에너지 중 하나이다.

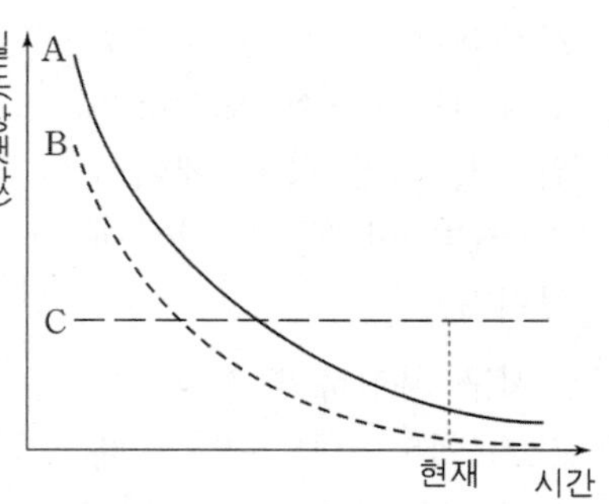

이에 대한 설명으로 옳은 것만을 <보기>에서 있는 대로 고른 것은?

< 보 기 >

ㄱ. A는 암흑 물질이다.

ㄴ. 우주에 존재하는 암흑 에너지의 총량은 시간에 따라 증가한다.

ㄷ. 보통 물질이 차지하는 비율은 시간에 따라 감소한다.

① ㄱ ② ㄴ ③ ㄱ, ㄷ ④ ㄴ, ㄷ ⑤ ㄱ, ㄴ, ㄷ

● 2015학년도 6월(고3 지Ⅱ)

15. 다음은 지표 부근과 지하 깊은 곳에서 일어나는 지층 변형의 차이를 알아보기 위한 실험이다.

[실험 과정]

(가) 동일한 두 개의 지점토 판 A와 B를 각각 비닐 봉지로 밀봉한다.

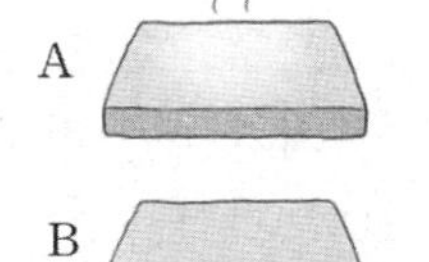

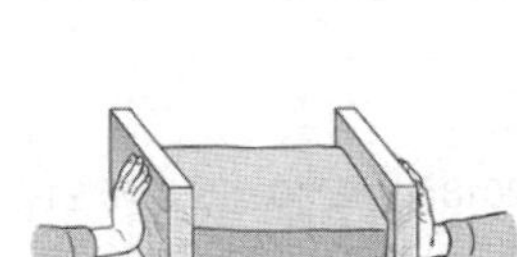

(나) A는 따뜻한 물에 넣어 부드러운 상태가, B는 냉동실에 넣어 딱딱한 상태가 되게 한다.

(다) 나무판을 이용하여 A의 모양이 변형될 때까지 양쪽에서 민다.

(라) B도 (다)와 같은 방법으로 실험한다.

[실험 결과]

A	B
휘어진다.	(　　) 끊어지면서 어긋난다.

이에 대한 설명으로 옳은 것만을 <보기>에서 있는 대로 고른 것은?

< 보 기 >

ㄱ. A는 지하 깊은 곳에서 변형되는 지층에 해당한다.

ㄴ. B는 정단층의 모양과 유사하게 변형된다.

ㄷ. A와 B는 주로 발산 경계에서 나타나는 변형에 해당한다.

① ㄱ ② ㄴ ③ ㄱ, ㄷ ④ ㄴ, ㄷ ⑤ ㄱ, ㄴ, ㄷ

42회

[해설편 p.134]

16. 그림은 지구 자전축의 경사각이 22.5°에서 θ로 변할 때, 지구에 도달하는 위도별 태양 복사 에너지의 월별 변화량을 나타낸 것이다.

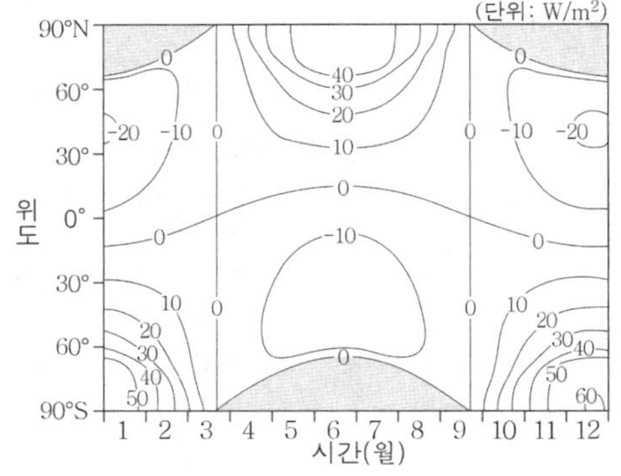

지구 자전축의 경사각이 22.5°에서 θ로 변할 때 증가하는 값만을 <보기>에서 있는 대로 고른 것은? (단, 지구 자전축 경사각 이외의 요인은 변하지 않는다고 가정한다.) [3점]

< 보 기 >

ㄱ. 지구 공전 궤도면과 자전축이 이루는 각
ㄴ. 위도 40°N에서 여름철에 입사하는 태양 복사 에너지양
ㄷ. 남반구 중위도에서 기온의 연교차

① ㄱ ② ㄷ ③ ㄱ, ㄴ ④ ㄴ, ㄷ ⑤ ㄱ, ㄴ, ㄷ

● 2014학년도 10월(고3 지Ⅱ)

17. 그림은 남대서양 중앙 해령과 동태평양 해령의 주변 해양 지각에서 측정한 4000만 년 동안의 고지자기 줄무늬를 나타낸 것이다.

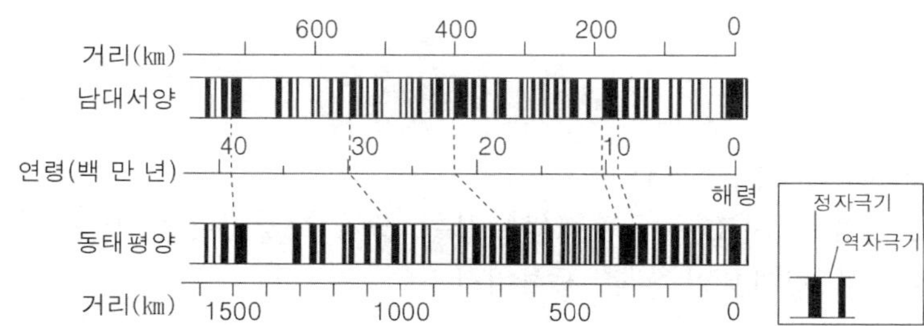

이에 대한 옳은 설명만을 <보기>에서 있는 대로 고른 것은?

< 보 기 >

ㄱ. 이 기간에는 정자극기와 역자극기가 반복되어 나타났다.
ㄴ. 1000만 년 전 지구 자기장의 방향은 현재와 반대였다.
ㄷ. 해저의 확장 속도는 남대서양보다 동태평양에서 빨랐다.

① ㄱ ② ㄴ ③ ㄱ, ㄷ ④ ㄴ, ㄷ ⑤ ㄱ, ㄴ, ㄷ

● 2018학년도 10월(고3 지Ⅱ)

18. 그림은 전 지구적인 해수의 순환을 나타낸 것이다.

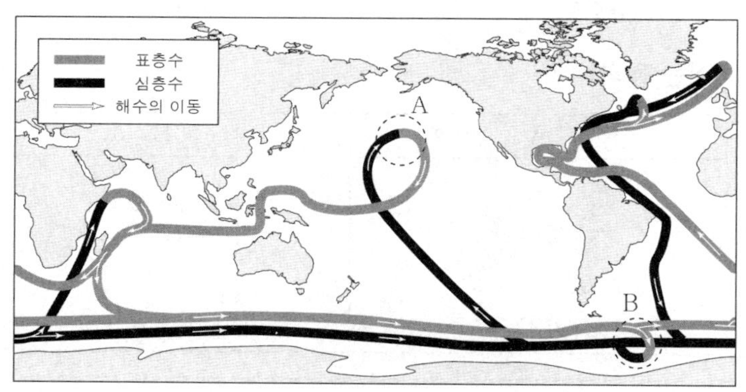

이에 대한 옳은 설명만을 <보기>에서 있는 대로 고른 것은?

< 보 기 >

ㄱ. A 해역에서는 심층 해수의 용승이 일어난다.
ㄴ. B 해역에서 침강하는 해수는 주변의 해수보다 밀도가 크다.
ㄷ. 해수의 순환은 위도에 따른 에너지 불균형을 줄이는 역할을 한다.

① ㄱ ② ㄴ ③ ㄱ, ㄷ ④ ㄴ, ㄷ ⑤ ㄱ, ㄴ, ㄷ

● 2013학년도 10월(고3)

19. 그림은 동태평양 적도 부근 해역의 수온 편차를 나타낸 것이다.

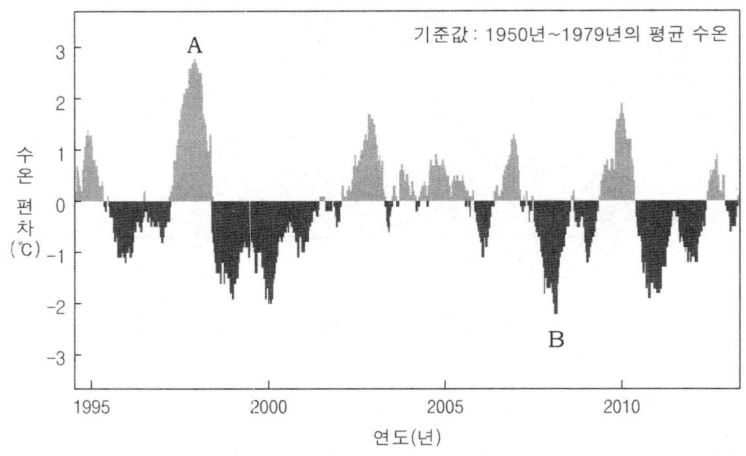

이에 대한 옳은 설명만을 <보기>에서 있는 대로 고른 것은? [3점]

< 보 기 >

ㄱ. A 시기에는 엘니뇨가 발생하였다.
ㄴ. 무역풍의 풍속은 A 시기보다 B 시기에 작았다.
ㄷ. B 시기에는 동태평양 페루 해역의 강수량이 평년보다 많았다.

① ㄱ ② ㄷ ③ ㄱ, ㄴ ④ ㄴ, ㄷ ⑤ ㄱ, ㄴ, ㄷ

20. 그림 (가)와 (나)는 외계 행성을 탐사하는 서로 다른 방법을 나타낸 것이다.

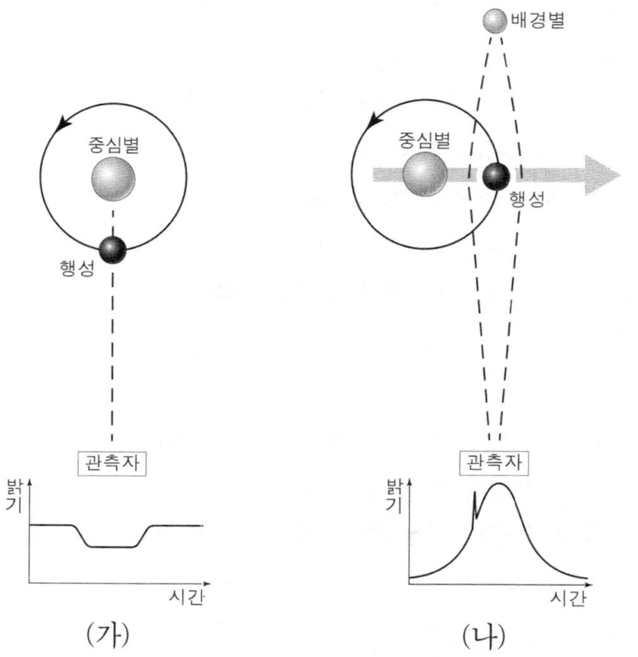

이에 대한 옳은 설명만을 <보기>에서 있는 대로 고른 것은?

< 보 기 >

ㄱ. (가)는 행성의 반지름이 클수록 행성을 발견하기 쉽다.
ㄴ. (나)의 그래프는 행성의 중심별의 밝기 변화를 나타낸 것이다.
ㄷ. (가)와 (나)는 행성의 공전 궤도면이 시선 방향에 나란한 경우에만 이용할 수 있다.

① ㄱ ② ㄴ ③ ㄱ, ㄷ ④ ㄴ, ㄷ ⑤ ㄱ, ㄴ, ㄷ

※ 확인 사항

○ 답안지의 해당란에 필요한 내용을 정확히 기입(표기)했는지 확인하시오.

[해설편 p.134]

제 4 교시

과학탐구 영역(지구과학 I)

43회

성명 | 수험 번호 | 제 [ ] 선택

1. 다음은 생명 가능 지대에 대하여 학생 A, B, C가 나눈 대화를 나타낸 것이다.

제시한 내용이 옳은 학생만을 있는 대로 고른 것은?

① A ② B ③ C ④ A, B ⑤ A, C

2. 그림 (가), (나), (다)는 사층리, 연흔, 점이층리를 순서 없이 나타낸 것이다.

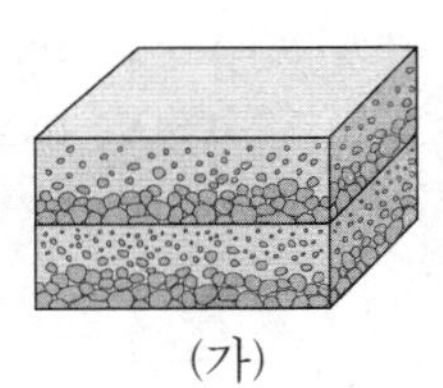
(가)

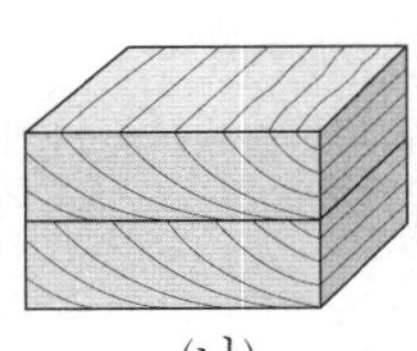
(나)

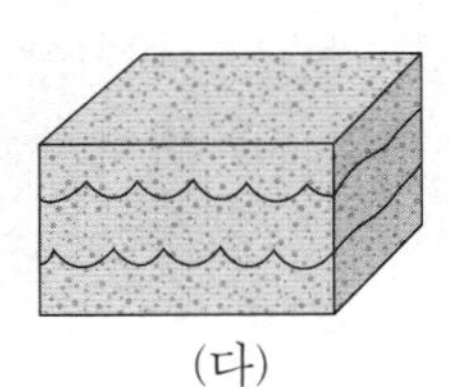
(다)

이에 대한 설명으로 옳은 것만을 <보기>에서 있는 대로 고른 것은?

<보 기>

ㄱ. (가)는 점이층리이다.
ㄴ. (나)는 지층의 역전 여부를 판단할 수 있는 퇴적 구조이다.
ㄷ. (다)는 역암층보다 사암층에서 주로 나타난다.

① ㄱ ② ㄷ ③ ㄱ, ㄴ ④ ㄴ, ㄷ ⑤ ㄱ, ㄴ, ㄷ

3. 그림 (가)는 대서양 심층 순환의 일부를 나타낸 것이고, (나)는 수온-염분도에 수괴 A, B, C의 물리량을 ㉠, ㉡, ㉢으로 순서 없이 나타낸 것이다. A, B, C는 각각 남극 저층수, 남극 중층수, 북대서양 심층수 중 하나이다.

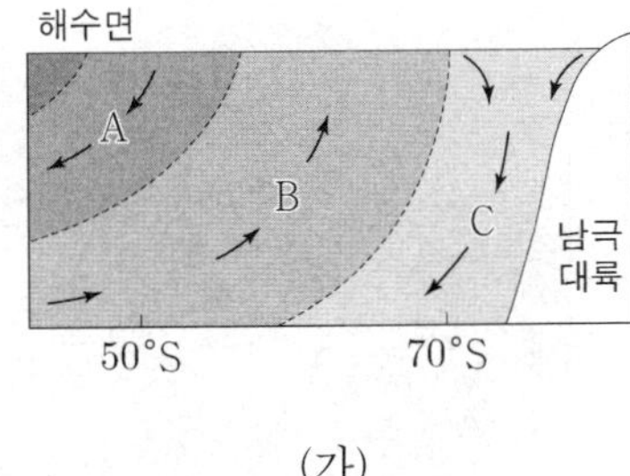

(가)

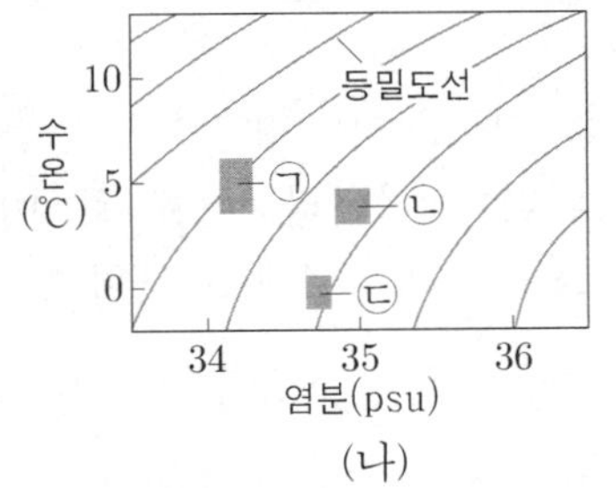

(나)

이에 대한 설명으로 옳은 것만을 <보기>에서 있는 대로 고른 것은? [3점]

<보 기>

ㄱ. A의 물리량은 ㉠이다.
ㄴ. B는 A와 C가 혼합하여 형성된다.
ㄷ. C는 심층 해수에 산소를 공급한다.

① ㄱ ② ㄴ ③ ㄷ ④ ㄱ, ㄴ ⑤ ㄱ, ㄷ

4. 다음은 담수의 유입과 해수의 결빙이 해수의 염분에 미치는 영향을 알아보기 위한 실험이다.

[실험 과정]
(가) 수온이 15℃, 염분이 35psu인 소금물 600g을 만든다.
(나) (가)의 소금물을 비커 A와 B에 각각 300g씩 나눠 담는다.
(다) A의 소금물에 수온이 15℃인 증류수 50g을 섞는다.
(라) B의 소금물을 표층이 얼 때까지 천천히 냉각시킨다.
(마) A와 B에 있는 소금물의 염분을 측정하여 기록한다.

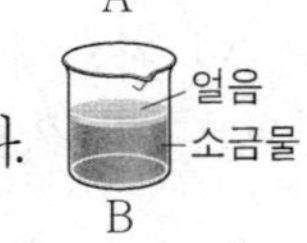

[실험 결과]

비커	A	B
염분(psu)	(㉠)	(㉡)

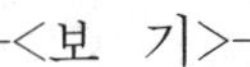

[결과 해석]
○ 담수의 유입이 있는 해역에서는 해수의 염분이 감소한다.
○ 해수의 결빙이 있는 해역에서는 해수의 염분이 (㉢).

이에 대한 설명으로 옳은 것만을 <보기>에서 있는 대로 고른 것은?

<보 기>

ㄱ. (다)는 담수의 유입에 의한 해수의 염분 변화를 알아보기 위한 과정에 해당한다.
ㄴ. ㉠은 ㉡보다 크다.
ㄷ. '감소한다'는 ㉢에 해당한다.

① ㄱ ② ㄴ ③ ㄷ ④ ㄱ, ㄴ ⑤ ㄱ, ㄷ

5. 그림 (가)는 판 경계 주변에서 마그마가 생성되는 모습을, (나)는 깊이에 따른 지하 온도 분포와 암석의 용융 곡선을 나타낸 것이다. ㉠과 ㉡은 안산암질 마그마와 현무암질 마그마를 순서 없이 나타낸 것이다.

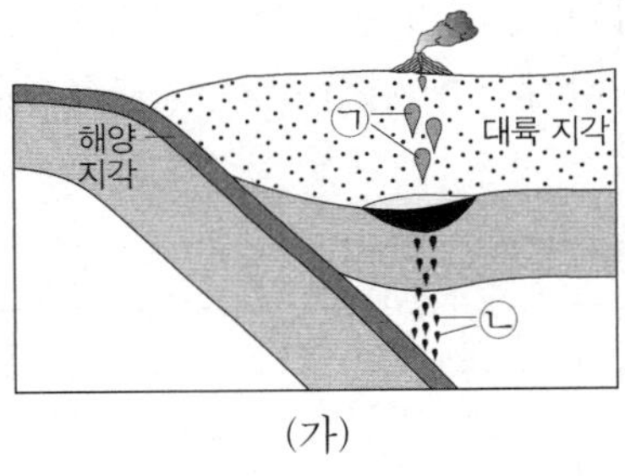

(가)

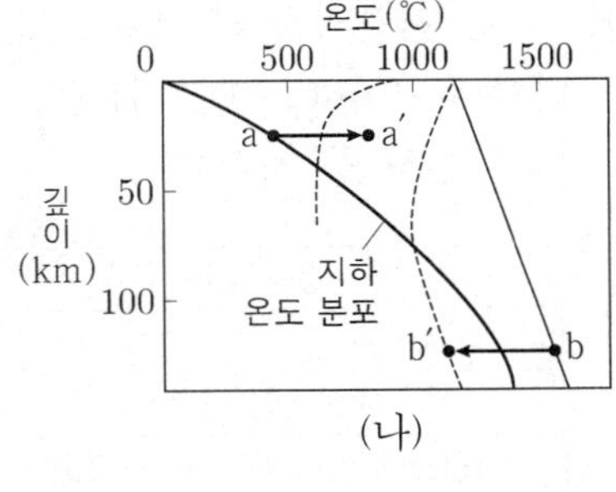

(나)

이에 대한 설명으로 옳은 것만을 <보기>에서 있는 대로 고른 것은? [3점]

<보 기>

ㄱ. ㉠이 분출하여 굳으면 섬록암이 된다.
ㄴ. ㉡은 a → a′ 과정에 의해 생성된다.
ㄷ. SiO_2 함량(%)은 ㉠이 ㉡보다 높다.

① ㄱ ② ㄴ ③ ㄷ ④ ㄱ, ㄴ ⑤ ㄴ, ㄷ

[해설편 p.135]

6. 그림 (가)는 어느 날 t_1 시각의 지상 일기도에 온대 저기압 중심의 이동 경로를 나타낸 것이고, (나)는 이날 관측소 A와 B에서 t_1부터 15시간 동안 측정한 기압, 기온, 풍향을 순서 없이 나타낸 것이다. A와 B의 위치는 각각 ㉠과 ㉡ 중 하나이다.

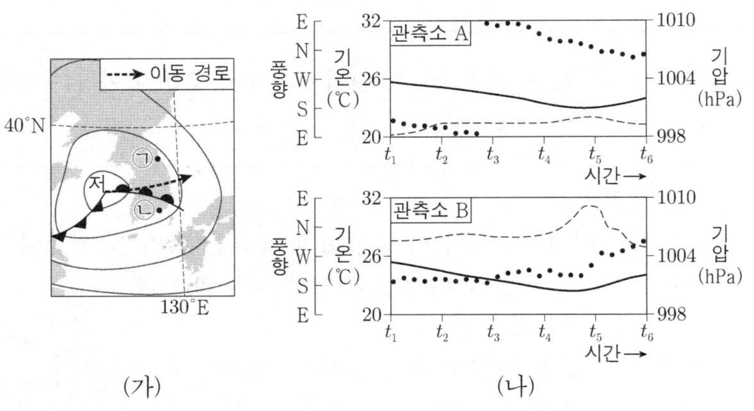

(가) (나)

이 자료에 대한 설명으로 옳은 것만을 <보기>에서 있는 대로 고른 것은? [3점]

<보 기>
ㄱ. A의 위치는 ㉠이다.
ㄴ. t_2에 기온은 A가 B보다 낮다.
ㄷ. t_3에 ㉡의 상공에는 전선면이 있다.

① ㄱ ② ㄴ ③ ㄷ ④ ㄱ, ㄴ ⑤ ㄱ, ㄷ

7. 그림은 현생 누대 동안 해양 생물 과의 수와 대멸종 시기 A, B, C를 나타낸 것이다.

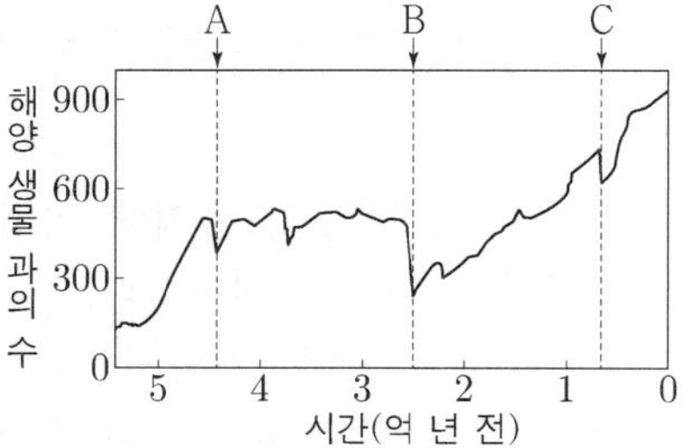

이에 대한 설명으로 옳은 것만을 <보기>에서 있는 대로 고른 것은?

<보 기>
ㄱ. 해양 생물 과의 수는 A가 B보다 많다.
ㄴ. B와 C 사이에 생성된 지층에서 양치식물 화석이 발견된다.
ㄷ. C는 쥐라기와 백악기의 지질 시대 경계이다.

① ㄱ ② ㄷ ③ ㄱ, ㄴ ④ ㄴ, ㄷ ⑤ ㄱ, ㄴ, ㄷ

8. 표는 허블의 은하 분류 기준과 이에 따라 분류한 은하의 종류를 나타낸 것이다. (가), (나), (다)는 각각 막대 나선 은하, 불규칙 은하, 타원 은하 중 하나이다.

분류 기준	(가)	(나)	(다)
(㉠)	○	○	×
나선팔이 있는가?	○	×	×
편평도에 따라 세분할 수 있는가?	×	○	×

(○: 있다, ×: 없다)

이에 대한 설명으로 옳은 것만을 <보기>에서 있는 대로 고른 것은?

<보 기>
ㄱ. '중심부에 막대 구조가 있는가?'는 ㉠에 해당한다.
ㄴ. 주계열성의 평균 광도는 (가)가 (나)보다 크다.
ㄷ. 은하의 질량에 대한 성간 물질의 질량비는 (나)가 (다)보다 크다.

① ㄱ ② ㄴ ③ ㄷ ④ ㄱ, ㄴ ⑤ ㄴ, ㄷ

9. 그림 (가)는 어느 날 어느 태풍의 이동 경로에 6시간 간격으로 태풍 중심의 위치와 중심 기압을, (나)는 이날 09시의 가시 영상을 나타낸 것이다.

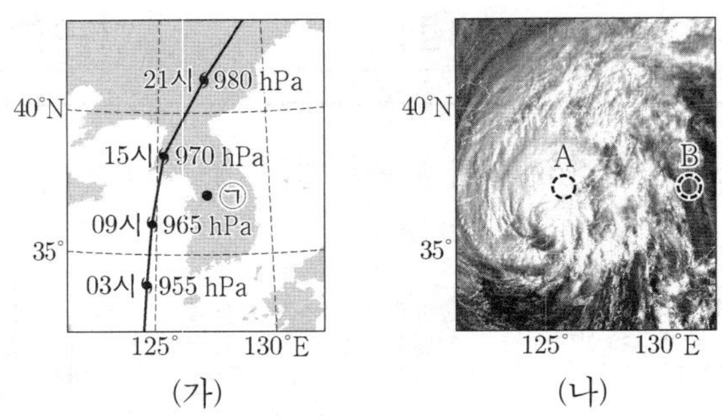

(가) (나)

이 자료에 대한 설명으로 옳은 것만을 <보기>에서 있는 대로 고른 것은?

<보 기>
ㄱ. 태풍의 영향을 받는 동안 지점 ㉠은 위험 반원에 위치한다.
ㄴ. 태풍의 세력은 03시가 21시보다 약하다.
ㄷ. (나)에서 구름이 반사하는 태양 복사 에너지의 세기는 영역 A가 영역 B보다 약하다.

① ㄱ ② ㄴ ③ ㄷ ④ ㄱ, ㄴ ⑤ ㄱ, ㄷ

10. 그림은 태평양 표층 해수의 동서 방향 연평균 유속을 위도에 따라 나타낸 것이다. (+)와 (−)는 각각 동쪽으로 향하는 방향과 서쪽으로 향하는 방향 중 하나이다.

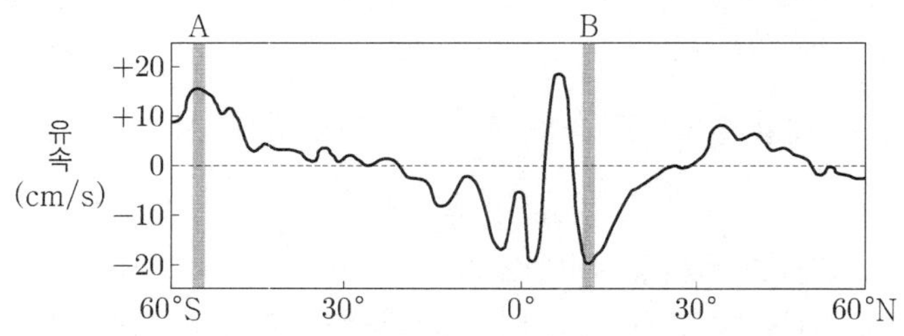

이 자료에 대한 설명으로 옳은 것만을 <보기>에서 있는 대로 고른 것은? [3점]

<보 기>
ㄱ. (+)는 동쪽으로 향하는 방향이다.
ㄴ. A의 해역에서 나타나는 주요 표층 해류는 극동풍에 의해 형성된다.
ㄷ. 북적도 해류는 B의 해역에서 나타난다.

① ㄱ ② ㄴ ③ ㄷ ④ ㄱ, ㄴ ⑤ ㄱ, ㄷ

11. 그림은 어느 지역의 지질 단면을 나타낸 것이다. 현재 화성암에 포함된 방사성 원소 X의 함량은 처음 양의 $\frac{1}{32}$이고, 지층 A에서는 방추충 화석이 산출된다.

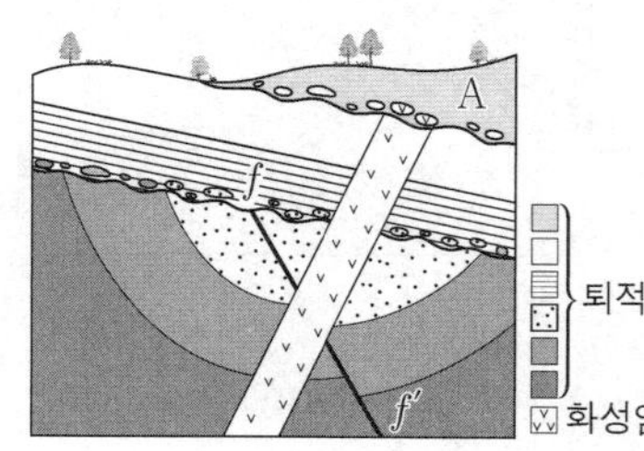

이 자료에 대한 설명으로 옳은 것만을 <보기>에서 있는 대로 고른 것은?

<보 기>
ㄱ. 경사 부정합이 나타난다.
ㄴ. 단층 $f-f'$은 화성암보다 먼저 형성되었다.
ㄷ. X의 반감기는 0.4억 년보다 짧다.

① ㄱ ② ㄷ ③ ㄱ, ㄴ ④ ㄴ, ㄷ ⑤ ㄱ, ㄴ, ㄷ

[해설편 p.136]

12. 다음은 외부 은하 A, B, C에 대한 설명이다.

> ○ A와 B 사이의 거리는 30Mpc이다.
> ○ A에서 관측할 때 B와 C의 시선 방향은 90°를 이룬다.
> ○ A에서 측정한 B와 C의 후퇴 속도는 각각 2100km/s와 2800km/s이다.

이 자료에 대한 설명으로 옳은 것만을 <보기>에서 있는 대로 고른 것은? (단, 빛의 속도는 3×10^5km/s이고, 세 은하는 허블 법칙을 만족한다.) [3점]

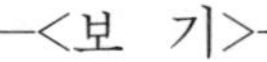

<보 기>

ㄱ. 허블 상수는 70km/s/Mpc이다.
ㄴ. B에서 측정한 C의 후퇴 속도는 3500km/s이다.
ㄷ. B에서 측정한 A의 $\left(\frac{\text{관측 파장} - \text{기준 파장}}{\text{기준 파장}}\right)$은 0.07이다.

① ㄱ ② ㄷ ③ ㄱ, ㄴ ④ ㄴ, ㄷ ⑤ ㄱ, ㄴ, ㄷ

13. 그림은 남반구 중위도에 위치한 어느 해양 지각의 연령과 고지자기 줄무늬를 나타낸 것이다. ㉠과 ㉡은 각각 정자극기와 역자극기 중 하나이다.

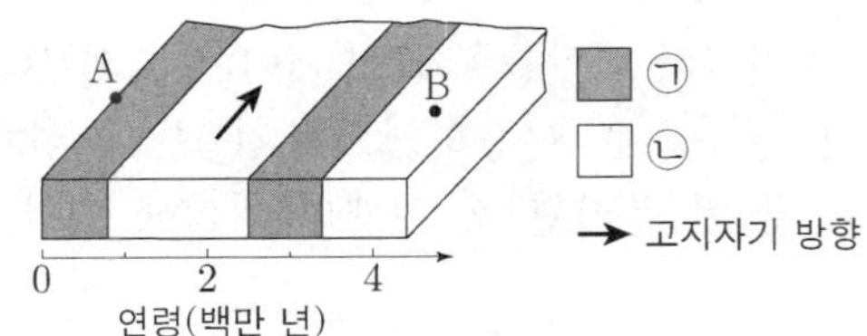

지역 A와 B에 대한 설명으로 옳은 것만을 <보기>에서 있는 대로 고른 것은? (단, 해저 퇴적물이 쌓이는 속도는 일정하다.) [3점]

<보 기>

ㄱ. 해저 퇴적물의 두께는 A가 B보다 두껍다.
ㄴ. A의 하부에는 맨틀 대류의 상승류가 존재한다.
ㄷ. B는 A의 동쪽에 위치한다.

① ㄱ ② ㄴ ③ ㄷ ④ ㄱ, ㄷ ⑤ ㄴ, ㄷ

14. 그림은 빅뱅 우주론에 따라 우주가 팽창하는 동안 우주 구성 요소 A와 B의 상대적 비율(%)을 시간에 따라 나타낸 것이다. A와 B는 각각 암흑 에너지와 물질(보통 물질 + 암흑 물질) 중 하나이다.

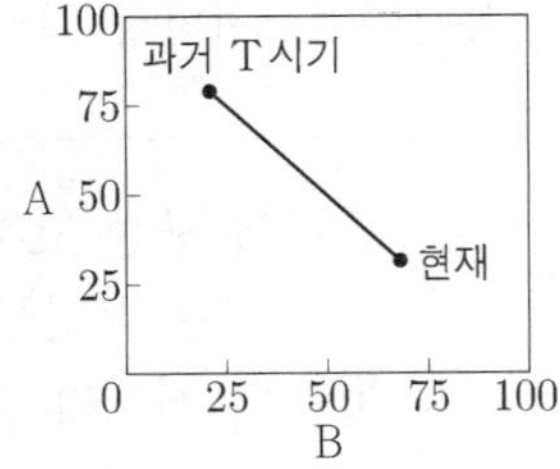

이에 대한 설명으로 옳은 것만을 <보기>에서 있는 대로 고른 것은?

<보 기>

ㄱ. A는 물질에 해당한다.
ㄴ. 우주 배경 복사의 온도는 과거 T 시기가 현재보다 낮다.
ㄷ. 우주가 팽창하는 동안 B의 총량은 일정하다.

① ㄱ ② ㄴ ③ ㄷ ④ ㄱ, ㄴ ⑤ ㄱ, ㄷ

15. 그림 (가)는 지구 자전축 경사각과 지구 공전 궤도 이심률의 변화를, (나)는 위도별로 지구에 도달하는 태양 복사 에너지양의 편차(추정값 − 현잿값)를 나타낸 것이다. (나)는 ㉠, ㉡, ㉢ 중 한 시기의 자료이다.

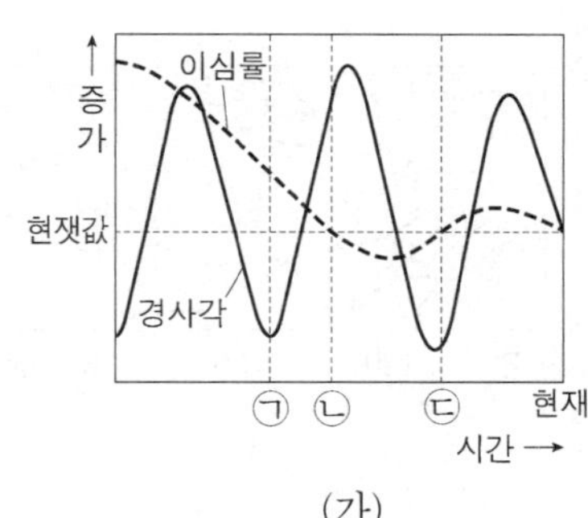

(가)

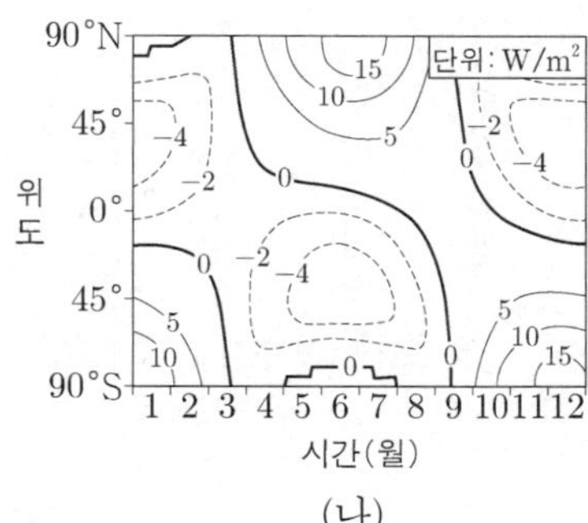

(나)

이 자료에 대한 설명으로 옳은 것만을 <보기>에서 있는 대로 고른 것은? (단, 자전축 경사각과 지구의 공전 궤도 이심률 이외의 요인은 변하지 않는다고 가정한다.) [3점]

<보 기>

ㄱ. 근일점과 원일점에서 지구에 도달하는 태양 복사 에너지양의 차는 ㉠이 ㉡보다 크다.
ㄴ. (나)는 ㉡의 자료에 해당한다.
ㄷ. 35°S에서 여름철 낮의 길이는 ㉢이 현재보다 길다.

① ㄱ ② ㄴ ③ ㄷ ④ ㄱ, ㄴ ⑤ ㄱ, ㄷ

16. 표는 중심핵에서 핵융합 반응이 일어나고 있는 별 (가), (나), (다)의 반지름, 질량, 광도 계급을 나타낸 것이다.

별	반지름 (태양=1)	질량 (태양=1)	광도 계급
(가)	50	1	( )
(나)	4	8	V
(다)	0.9	0.8	V

이에 대한 설명으로 옳은 것만을 <보기>에서 있는 대로 고른 것은? [3점]

<보 기>

ㄱ. 중심핵의 온도는 (가)가 (나)보다 높다.
ㄴ. (다)의 핵융합 반응이 일어나는 영역에서, 별의 중심으로부터 거리에 따른 수소 함량비(%)는 일정하다.
ㄷ. 단위 시간 동안 방출하는 에너지양에 대한 별의 질량은 (나)가 (다)보다 작다.

① ㄱ ② ㄴ ③ ㄷ ④ ㄱ, ㄴ ⑤ ㄱ, ㄷ

[해설편 p.137]

17. 그림 (가)는 기상 위성으로 관측한 서태평양 적도 부근의 수증기량 편차를, (나)는 A와 B 중 한 시기에 관측한 태평양 적도 부근 해역의 해수면 높이 편차를 나타낸 것이다. A와 B는 각각 엘니뇨와 라니냐 시기 중 하나이고, 편차는 (관측값 − 평년값)이다.

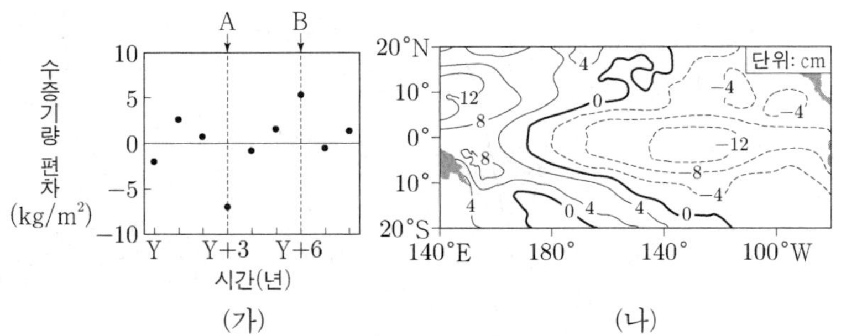

이에 대한 설명으로 옳은 것만을 <보기>에서 있는 대로 고른 것은?

<보 기>

ㄱ. (나)는 B에 해당한다.
ㄴ. 동태평양 적도 부근 해역에서 수온 약층이 나타나기 시작하는 깊이는 A가 B보다 깊다.
ㄷ. 적도 부근 해역에서 (동태평양 해면 기압 편차 − 서태평양 해면 기압 편차) 값은 A가 B보다 크다.

① ㄱ ② ㄷ ③ ㄱ, ㄴ ④ ㄴ, ㄷ ⑤ ㄱ, ㄴ, ㄷ

18. 표는 별 (가), (나), (다)의 물리량을 나타낸 것이다. 태양의 절대 등급은 +4.8 등급이다.

별	단위 시간당 단위 면적에서 방출하는 복사 에너지 (태양=1)	겉보기 등급	지구로부터의 거리(pc)
(가)	16	( )	( )
(나)	$\frac{1}{16}$	+4.8	1000
(다)	( )	−2.2	5

이에 대한 설명으로 옳은 것만을 <보기>에서 있는 대로 고른 것은?

<보 기>

ㄱ. 복사 에너지를 최대로 방출하는 파장은 (가)가 (나)의 $\frac{1}{2}$배이다.
ㄴ. 반지름은 (나)가 태양의 400배이다.
ㄷ. $\frac{\text{(다)의 광도}}{\text{태양의 광도}}$는 100보다 작다.

① ㄱ ② ㄴ ③ ㄷ ④ ㄱ, ㄴ ⑤ ㄴ, ㄷ

19. 그림은 어느 외계 행성과 중심별이 공통 질량 중심을 중심으로 공전하는 원 궤도를, 표는 행성이 A, B, C에 위치할 때 중심별의 어느 흡수선 관측 결과를 나타낸 것이다. 행성의 공전 궤도면은 관측자의 시선 방향과 나란하다.

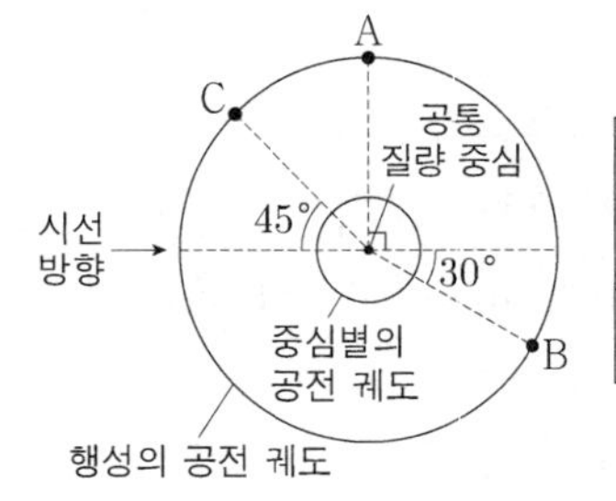

기준 파장(nm)	관측 파장(nm)		
	A	B	C
λ_0	499.990	500.005	(㉠)

이 자료에 대한 설명으로 옳은 것만을 <보기>에서 있는 대로 고른 것은? (단, 빛의 속도는 3×10^5 km/s이고, 중심별의 시선 속도 변화는 행성과의 공통 질량 중심에 대한 공전에 의해서만 나타난다.) [3점]

<보 기>

ㄱ. 행성이 B에 위치할 때, 중심별의 스펙트럼에서 적색 편이가 나타난다.
ㄴ. ㉠은 499.995보다 작다.
ㄷ. 중심별의 공전 속도는 6km/s이다.

① ㄱ ② ㄷ ③ ㄱ, ㄴ ④ ㄴ, ㄷ ⑤ ㄱ, ㄴ, ㄷ

20. 그림은 지괴 A와 B의 현재 위치와 ㉠ 시기부터 ㉡ 시기까지 시기별 고지자기극의 위치를 나타낸 것이다. A와 B는 동일 경도를 따라 일정한 방향으로 이동하였으며, ㉠부터 현재까지의 어느 시기에 서로 한 번 분리된 후 현재의 위치에 있다.

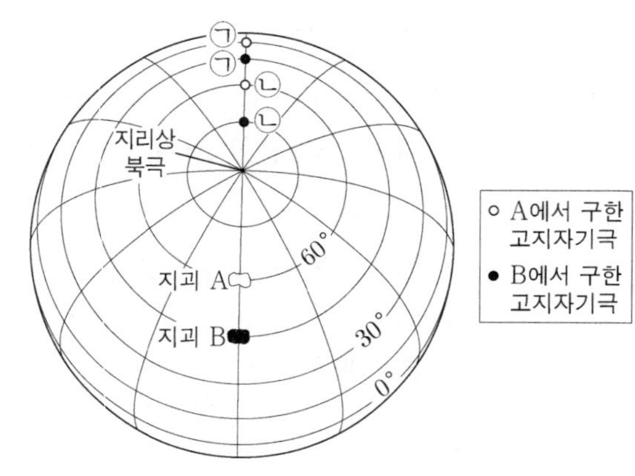

이 자료에 대한 설명으로 옳은 것만을 <보기>에서 있는 대로 고른 것은? (단, 고지자기극은 고지자기 방향으로 추정한 지리상 북극이고, 지리상 북극은 변하지 않았다.) [3점]

<보 기>

ㄱ. A에서 구한 고지자기 복각의 절댓값은 ㉠이 ㉡보다 작다.
ㄴ. A와 B는 북반구에서 분리되었다.
ㄷ. ㉡부터 현재까지의 평균 이동 속도는 A가 B보다 빠르다.

① ㄱ ② ㄷ ③ ㄱ, ㄴ ④ ㄴ, ㄷ ⑤ ㄱ, ㄴ, ㄷ

* 확인 사항
○ 답안지의 해당란에 필요한 내용을 정확히 기입(표기)했는지 확인하시오.

[해설편 p.138]

제 4 교시

과학탐구 영역(지구과학 I)

44회

성명		수험 번호	—	제〔 〕선택

1. 그림 (가)는 1850~2019년 동안 전 지구와 아시아의 기온 편차(관측값－기준값)를, (나)는 (가)의 A 기간 동안 대기 중 CO_2 농도를 나타낸 것이다. 기준값은 1850~1900년의 평균 기온이다.

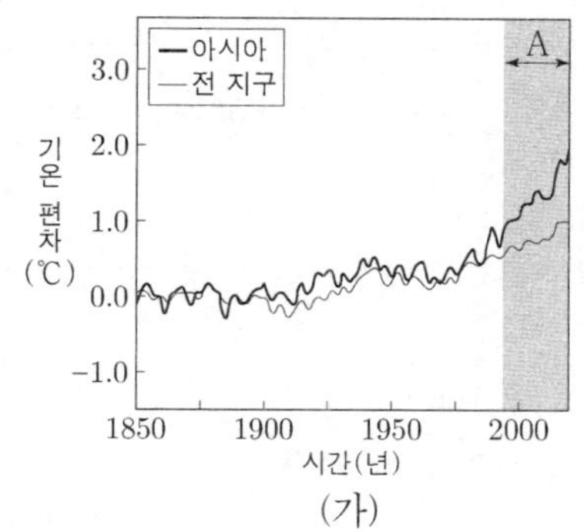

(가)

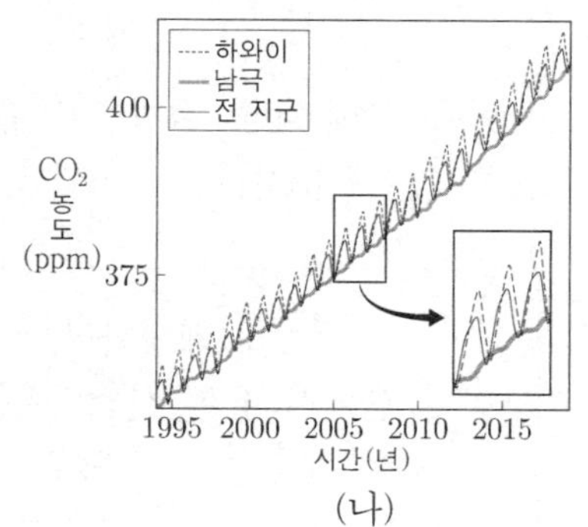

(나)

이 자료에 대한 설명으로 옳은 것만을 <보기>에서 있는 대로 고른 것은?

<보 기>

ㄱ. (가) 기간 동안 기온의 평균 상승률은 아시아가 전 지구보다 크다.
ㄴ. (나)에서 CO_2 농도의 연교차는 하와이가 남극보다 크다.
ㄷ. A 기간 동안 전 지구의 기온과 CO_2 농도는 높아지는 경향이 있다.

① ㄱ ② ㄷ ③ ㄱ, ㄴ ④ ㄴ, ㄷ ⑤ ㄱ, ㄴ, ㄷ

2. 그림은 플룸 구조론을 나타낸 모식도이다. A와 B는 각각 차가운 플룸과 뜨거운 플룸 중 하나이고, ㉠은 화산섬이다.

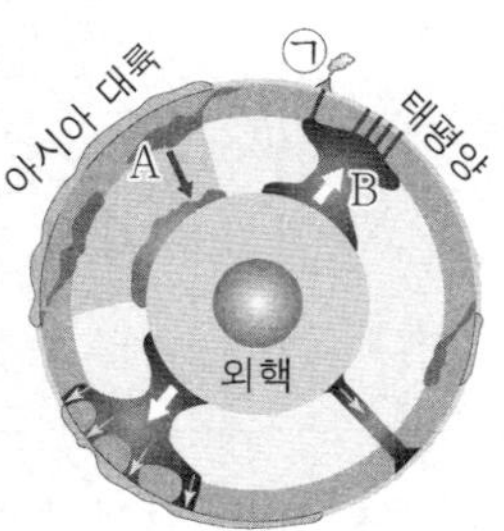

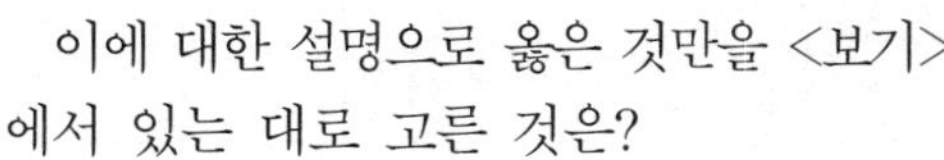

이에 대한 설명으로 옳은 것만을 <보기>에서 있는 대로 고른 것은?

<보 기>

ㄱ. A는 섭입한 해양판에 의해 형성된다.
ㄴ. B는 태평양에 여러 화산을 형성한다.
ㄷ. ㉠을 형성한 열점은 판과 같은 방향으로 움직인다.

① ㄱ ② ㄷ ③ ㄱ, ㄴ ④ ㄴ, ㄷ ⑤ ㄱ, ㄴ, ㄷ

3. 그림 (가)와 (나)는 어느 은하를 각각 가시광선과 전파로 관측한 영상이며, ㉠은 제트이다.

(가)

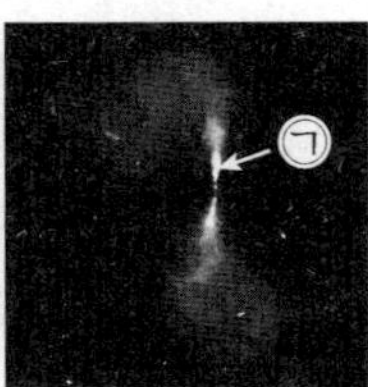

(나)

이 은하에 대한 설명으로 옳은 것만을 <보기>에서 있는 대로 고른 것은? [3점]

<보 기>

ㄱ. 나선팔을 가지고 있다.
ㄴ. 대부분의 별은 분광형이 A0인 별보다 표면 온도가 낮다.
ㄷ. ㉠은 암흑 물질이 분출되는 모습이다.

① ㄱ ② ㄴ ③ ㄷ ④ ㄱ, ㄷ ⑤ ㄴ, ㄷ

4. 다음은 퇴적암이 형성되는 과정의 일부를 알아보기 위한 실험이다.

〔실험 목표〕
○ 퇴적암이 형성되는 과정 중 (㉠)을/를 설명할 수 있다.

〔실험 과정〕
(가) 입자 크기 2mm 정도인 퇴적물 250mL가 담긴 원통에 물 250mL를 넣는다.
(나) 물의 높이가 퇴적물의 높이와 같아질 때까지 물을 추출한 뒤, 추출된 물의 부피를 측정한다.
(다) 그림과 같이 원형 판 1개를 원통에 넣어 퇴적물을 압축시킨다.
(라) 물의 높이가 퇴적물의 높이와 같아질 때까지 물을 추출하고, 그 물의 부피를 측정한다.
(마) 동일한 원형 판의 개수를 1개씩 증가시키면서 (라)의 과정을 반복한다.

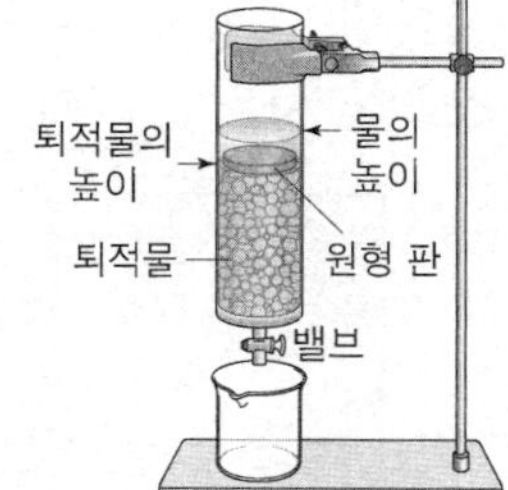

(바) 원형 판의 개수와 추출된 물의 부피와의 관계를 정리한다.

〔실험 결과〕
○ 과정 (나)에서 추출된 물의 부피 : 100mL
○ 과정 (다)~(마)에서 원형 판의 개수에 따른 추출된 물의 부피

원형 판 개수(개)	1	2	3	4	5
추출된 물의 부피(mL)	27.5	8.0	6.5	5.3	4.5

이 자료에 대한 설명으로 옳은 것만을 <보기>에서 있는 대로 고른 것은? [3점]

<보 기>

ㄱ. '다짐 작용'은 ㉠에 해당한다.
ㄴ. 과정 (나)에서 원통 속에 남아 있는 물의 부피는 222.5mL이다.
ㄷ. 원형 판의 개수가 증가할수록 단위 부피당 퇴적물 입자의 개수는 증가한다.

① ㄱ ② ㄴ ③ ㄱ, ㄷ ④ ㄴ, ㄷ ⑤ ㄱ, ㄴ, ㄷ

5. 표는 주계열성 A와 B의 질량, 생명 가능 지대에 위치한 행성의 공전 궤도 반지름, 생명 가능 지대의 폭을 나타낸 것이다.

주계열성	질량 (태양=1)	행성의 공전 궤도 반지름 (AU)	생명 가능 지대의 폭 (AU)
A	5	(㉠)	(㉢)
B	0.5	(㉡)	(㉣)

이에 대한 설명으로 옳은 것만을 <보기>에서 있는 대로 고른 것은?

<보 기>

ㄱ. 광도는 A가 B보다 크다.
ㄴ. ㉠은 ㉡보다 크다.
ㄷ. ㉢은 ㉣보다 크다.

① ㄱ ② ㄷ ③ ㄱ, ㄴ ④ ㄴ, ㄷ ⑤ ㄱ, ㄴ, ㄷ

44회

[해설편 p.139]

6. 그림은 해양판이 섭입되는 모습을 나타낸 것이다. A, B, C는 각각 마그마가 생성되는 지역과 분출되는 지역 중 하나이다.

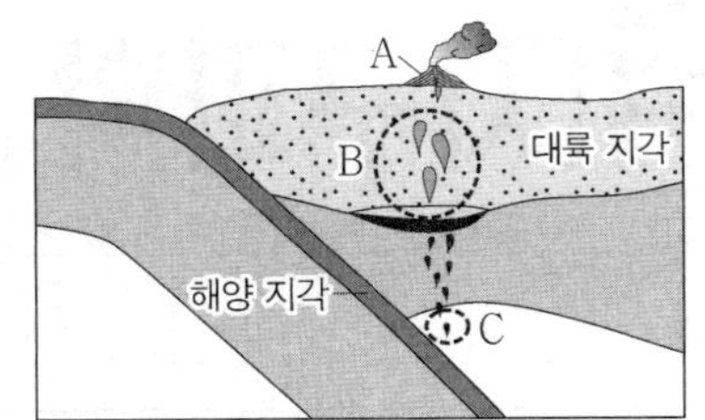

이에 대한 설명으로 옳은 것만을 <보기>에서 있는 대로 고른 것은?

<보 기>

ㄱ. A에서는 주로 조립질 암석이 생성된다.
ㄴ. B에서는 안산암질 마그마가 생성될 수 있다.
ㄷ. C에서는 맨틀 물질의 용융으로 마그마가 생성된다.

① ㄱ ② ㄴ ③ ㄱ, ㄷ ④ ㄴ, ㄷ ⑤ ㄱ, ㄴ, ㄷ

7. 그림 (가)는 어느 날 18시의 지상 일기도에 태풍의 이동 경로를 나타낸 것이고, (나)는 이 시기에 태풍에 의해 발생한 강수량 분포를 나타낸 것이다.

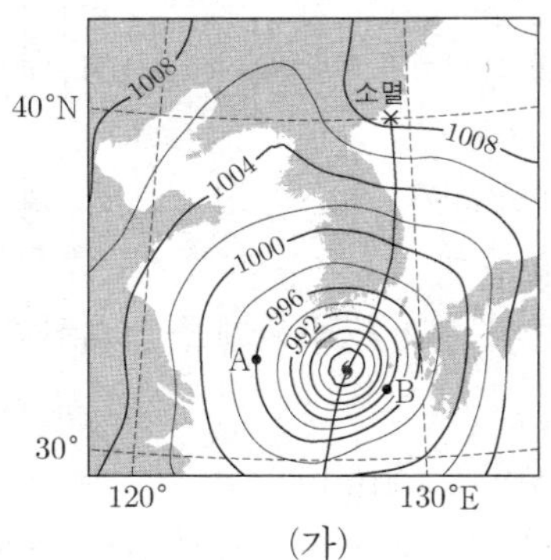

(가)

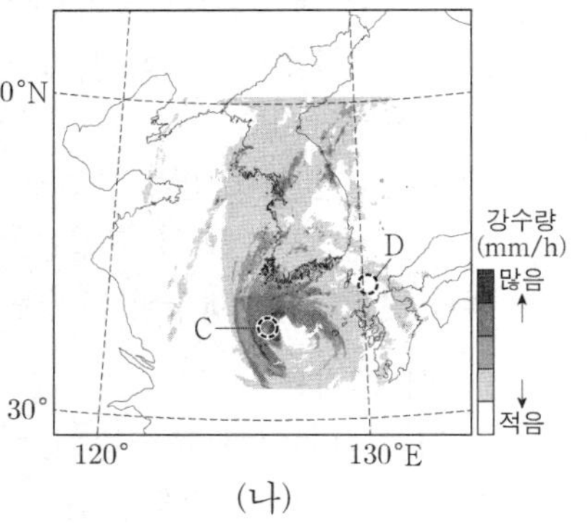

(나)

이 자료에 대한 설명으로 옳은 것만을 <보기>에서 있는 대로 고른 것은? [3점]

<보 기>

ㄱ. 풍속은 A 지점이 B 지점보다 크다.
ㄴ. 공기의 연직 운동은 C 지점이 D 지점보다 활발하다.
ㄷ. C 지점에서는 남풍 계열의 바람이 분다.

① ㄱ ② ㄴ ③ ㄷ ④ ㄱ, ㄴ ⑤ ㄴ, ㄷ

8. 그림은 어느 온대 저기압이 우리나라를 지나는 3시간($T_1 \rightarrow T_4$) 동안 전선 주변에서 발생한 번개의 분포를 1시간 간격으로 나타낸 것이다. 이 기간 동안 온난 전선과 한랭 전선 중 하나가 A 지역을 통과하였다.

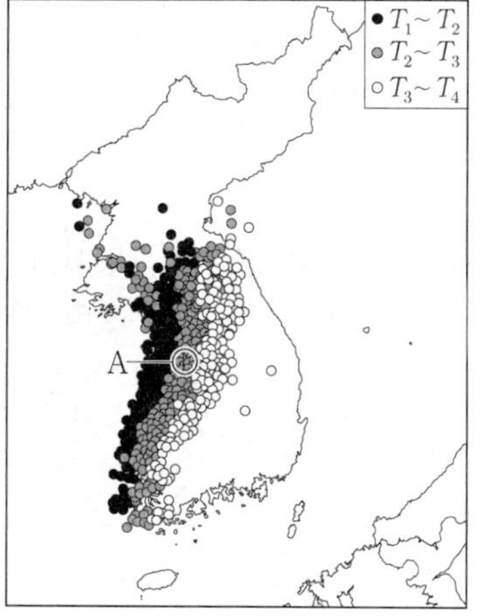

이 자료에 대한 설명으로 옳은 것만을 <보기>에서 있는 대로 고른 것은? [3점]

<보 기>

ㄱ. 이 기간 중 A의 상공에는 전선면이 나타났다.
ㄴ. $T_2 \sim T_3$ 동안 A에서는 적운형 구름이 발달하였다.
ㄷ. 전선이 통과하는 동안 A의 풍향은 시계 반대 방향으로 바뀌었다.

① ㄱ ② ㄷ ③ ㄱ, ㄴ ④ ㄴ, ㄷ ⑤ ㄱ, ㄴ, ㄷ

9. 그림 (가)는 북대서양의 해역 A와 B의 위치를, (나)와 (다)는 A와 B에서 같은 시기에 측정한 물리량을 순서 없이 나타낸 것이다. ㉠과 ㉡은 각각 수온과 용존 산소량 중 하나이다.

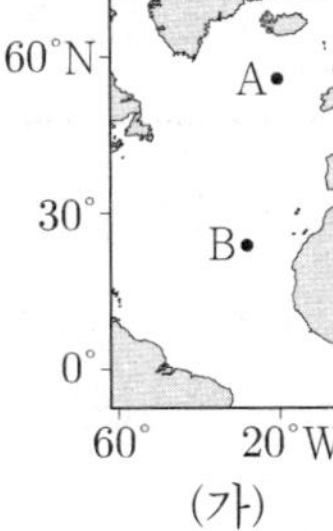

(가)

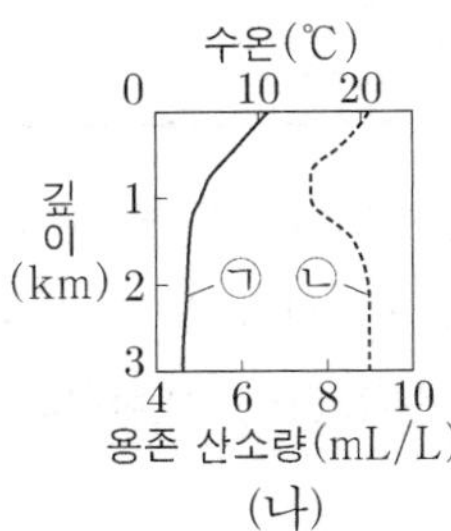

(나)

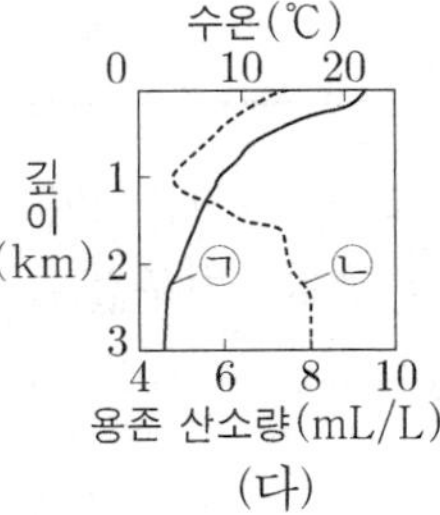

(다)

이 자료에 대한 설명으로 옳은 것만을 <보기>에서 있는 대로 고른 것은? [3점]

<보 기>

ㄱ. (나)는 A에 해당한다.
ㄴ. 표층에서 용존 산소량은 A가 B보다 작다.
ㄷ. 수온 약층은 A가 B보다 뚜렷하게 나타난다.

① ㄱ ② ㄴ ③ ㄷ ④ ㄱ, ㄴ ⑤ ㄱ, ㄷ

10. 그림 (가)는 40억 년 전부터 현재까지의 지질 시대를 구성하는 A, B, C의 지속 기간을 비율로 나타낸 것이고, (나)는 초대륙 로디니아의 모습을 나타낸 것이다. A, B, C는 각각 시생 누대, 원생 누대, 현생 누대 중 하나이다.

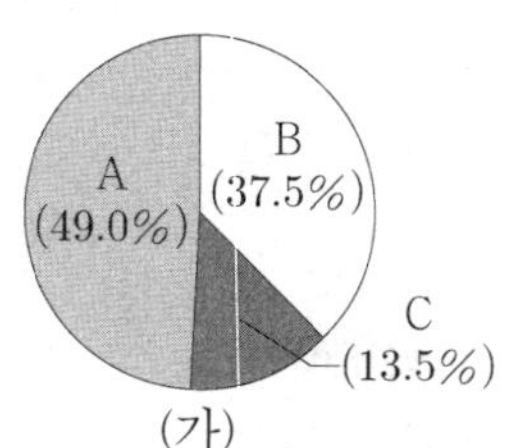

(가)

(나)

이 자료에 대한 설명으로 옳은 것만을 <보기>에서 있는 대로 고른 것은?

<보 기>

ㄱ. A는 원생 누대이다.
ㄴ. (나)는 A에 나타난 대륙 분포이다.
ㄷ. 다세포 동물은 B에 출현했다.

① ㄱ ② ㄴ ③ ㄷ ④ ㄱ, ㄴ ⑤ ㄴ, ㄷ

11. 그림 (가)와 (나)는 우주의 나이가 각각 10만 년과 100만 년일 때에 빛이 우주 공간을 진행하는 모습을 순서 없이 나타낸 것이다.

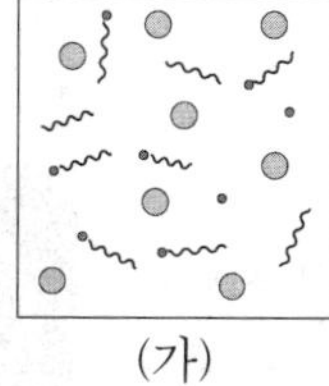
(가)

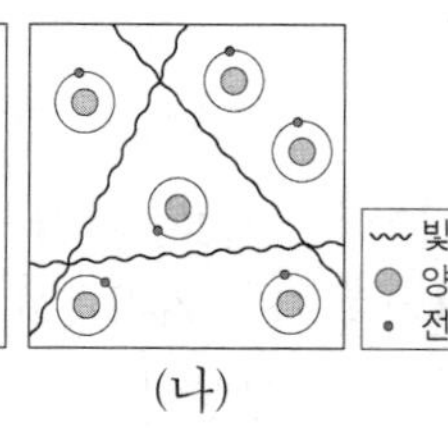

(나)

이에 대한 설명으로 옳은 것만을 <보기>에서 있는 대로 고른 것은?

<보 기>

ㄱ. (가) 시기 우주의 나이는 10만 년이다.
ㄴ. (나) 시기에 우주 배경 복사의 온도는 2.7K이다.
ㄷ. 수소 원자핵에 대한 헬륨 원자핵의 함량비는 (가) 시기가 (나) 시기보다 크다.

① ㄱ ② ㄴ ③ ㄷ ④ ㄱ, ㄴ ⑤ ㄱ, ㄷ

[해설편 p.139]

12. 그림 (가)와 (나)는 어느 해역의 수온과 염분 분포를 각각 나타낸 것이고, (다)는 수온-염분도이다. A, B, C는 수온과 염분이 서로 다른 해수이고, ㉠과 ㉡은 이 해역의 서로 다른 수괴이다.

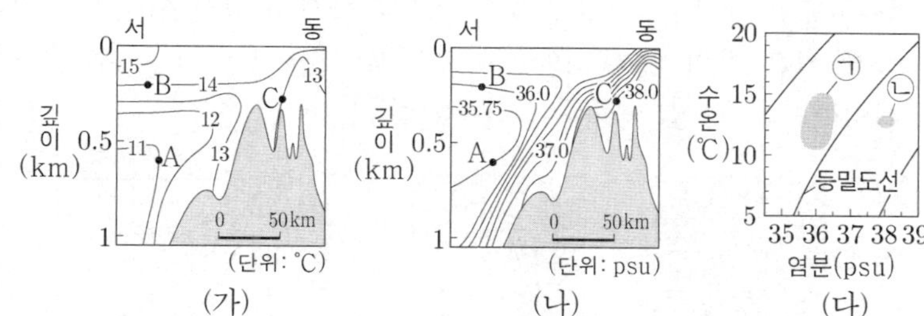

이 자료에 대한 설명으로 옳은 것만을 <보기>에서 있는 대로 고른 것은?

<보 기>

ㄱ. B는 ㉡에 해당한다.
ㄴ. A와 B의 수온에 의한 밀도 차는 A와 B의 염분에 의한 밀도 차보다 크다.
ㄷ. C의 수괴가 서쪽으로 이동하면, C의 수괴는 B의 수괴 아래쪽으로 이동한다.

① ㄱ ② ㄴ ③ ㄱ, ㄷ ④ ㄴ, ㄷ ⑤ ㄱ, ㄴ, ㄷ

13. 그림은 질량이 태양 정도인 어느 별이 원시별에서 주계열 단계 전까지 진화하는 동안의 반지름과 광도 변화를 나타낸 것이다. A, B, C는 이 원시별이 진화하는 동안의 서로 다른 시기이다.

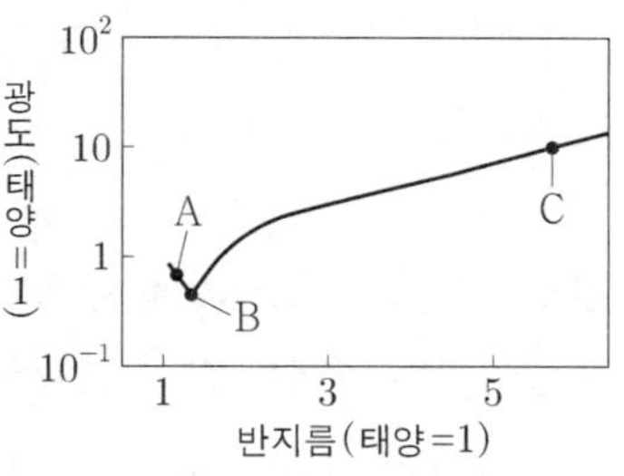

이 원시별에 대한 설명으로 옳은 것만을 <보기>에서 있는 대로 고른 것은? [3점]

<보 기>

ㄱ. 평균 밀도는 C가 A보다 작다.
ㄴ. 표면 온도는 A가 B보다 낮다.
ㄷ. 중심부의 온도는 B가 C보다 높다.

① ㄱ ② ㄴ ③ ㄱ, ㄷ ④ ㄴ, ㄷ ⑤ ㄱ, ㄴ, ㄷ

14. 그림은 1월과 7월의 지표 부근의 평년 바람 분포 중 하나를 나타낸 것이다. A, B, C는 주요 표층 해류가 흐르는 해역이다.

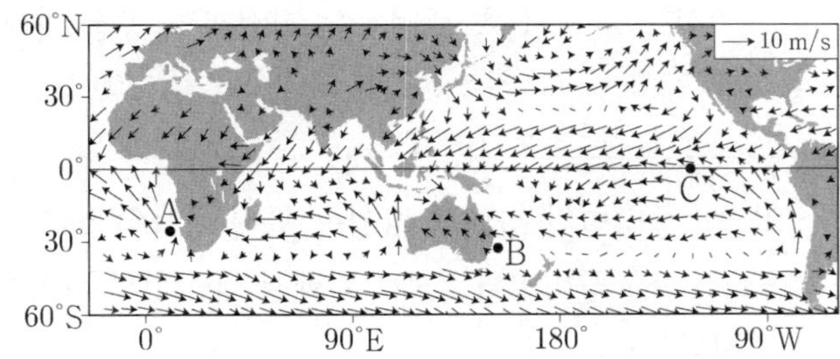

이에 대한 설명으로 옳은 것만을 <보기>에서 있는 대로 고른 것은? [3점]

<보 기>

ㄱ. 이 평년 바람 분포는 1월에 해당한다.
ㄴ. A와 B의 표층 해류는 모두 고위도 방향으로 흐른다.
ㄷ. C에서는 대기 대순환에 의해 표층 해수가 수렴한다.

① ㄱ ② ㄴ ③ ㄷ ④ ㄱ, ㄴ ⑤ ㄱ, ㄷ

15. 그림은 어느 해양판의 고지자기 분포와 지점 A, B의 연령을 나타낸 것이다. 해양판의 이동 속도와 해저 퇴적물이 쌓이는 속도는 일정하고, 현재 해양판의 이동 방향은 남쪽과 북쪽 중 하나이다.

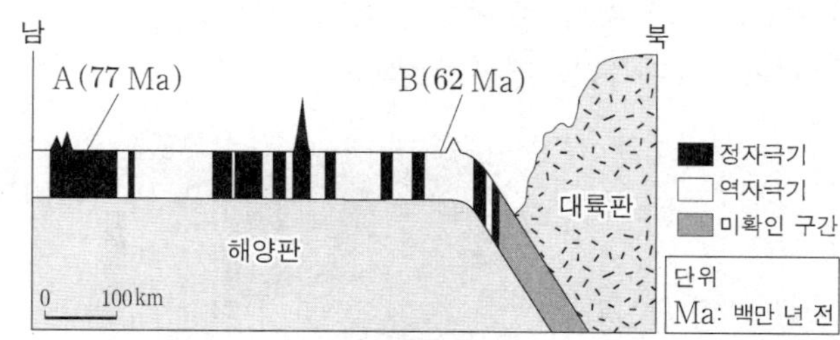

이 자료에 대한 설명으로 옳은 것만을 <보기>에서 있는 대로 고른 것은? (단, 해양판의 이동 속도는 대륙판보다 빠르다.) [3점]

<보 기>

ㄱ. A와 B 사이에 해령이 위치한다.
ㄴ. 해저 퇴적물의 두께는 A가 B보다 두껍다.
ㄷ. 현재 A의 이동 방향은 남쪽이다.

① ㄱ ② ㄴ ③ ㄱ, ㄷ ④ ㄴ, ㄷ ⑤ ㄱ, ㄴ, ㄷ

44회

16. 표는 태양과 별 (가), (나), (다)의 물리량을 나타낸 것이다. (가), (나), (다) 중 주계열성은 2개이고, (나)와 (다)의 겉보기 밝기는 같다.

별	복사 에너지를 최대로 방출하는 파장(μm)	절대 등급	반지름 (태양=1)
태양	0.50	+4.8	1
(가)	(㉠)	−0.2	2.5
(나)	0.10	( )	4
(다)	0.25	+9.8	( )

이 자료에 대한 설명으로 옳은 것만을 <보기>에서 있는 대로 고른 것은?

<보 기>

ㄱ. ㉠은 0.125이다.
ㄴ. 중심핵에서의 $\frac{\text{p-p 반응에 의한 에너지 생성량}}{\text{CNO 순환 반응에 의한 에너지 생성량}}$은 (나)가 태양보다 작다.
ㄷ. 지구로부터의 거리는 (나)가 (다)의 1000배이다.

① ㄱ ② ㄴ ③ ㄷ ④ ㄱ, ㄴ ⑤ ㄴ, ㄷ

17. 그림 (가)는 태평양 적도 부근 해역에서 관측한 바람의 동서 방향 풍속 편차를, (나)는 이 해역에서 A와 B 중 어느 한 시기에 관측된 20℃ 등수온선의 깊이 편차를 나타낸 것이다. A와 B는 각각 엘니뇨와 라니냐 시기 중 하나이고, (+)는 서풍, (−)는 동풍에 해당한다. 편차는 (관측값−평년값)이다.

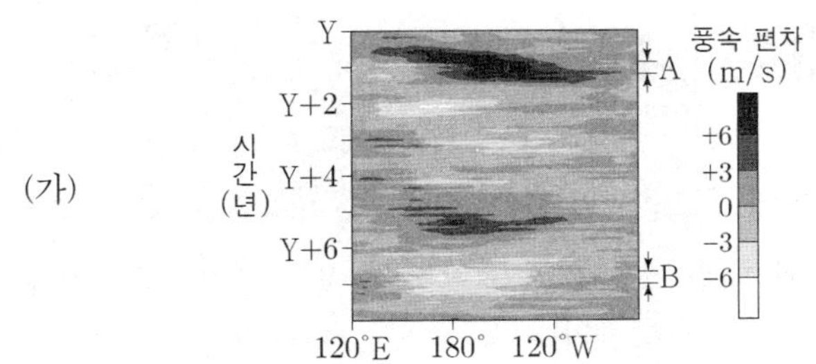

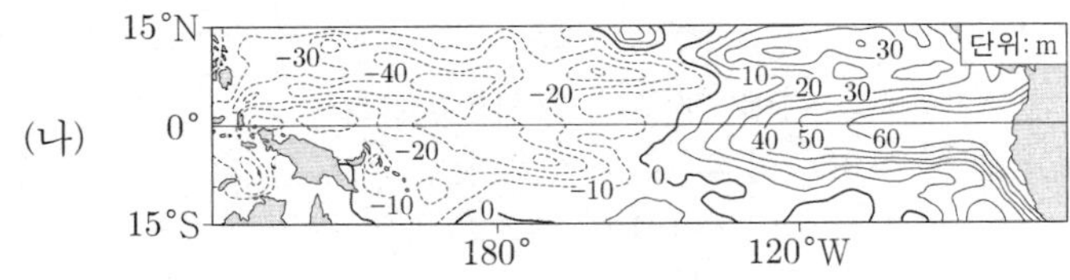

이에 대한 설명으로 옳은 것만을 <보기>에서 있는 대로 고른 것은?

<보 기>

ㄱ. (나)는 B에 해당한다.
ㄴ. 동태평양 적도 부근 해역에서 해수면 높이는 B가 평년보다 낮다.
ㄷ. 적도 부근의 (동태평양 해면 기압−서태평양 해면 기압) 값은 A가 B보다 크다.

① ㄱ ② ㄴ ③ ㄷ ④ ㄱ, ㄷ ⑤ ㄴ, ㄷ

18. 표 (가)는 외부 은하 A와 B의 스펙트럼 관측 결과를, (나)는 우주 구성 요소의 상대적 비율을 T_1, T_2 시기에 따라 나타낸 것이다. T_1, T_2는 관측된 A, B의 빛이 각각 출발한 시기 중 하나이고, a, b, c는 각각 보통 물질, 암흑 물질, 암흑 에너지 중 하나이다.

은하	기준 파장	관측 파장
A	120	132
B	150	600

(단위 : nm)

(가)

우주 구성 요소	T_1	T_2
a	62.7	3.4
b	31.4	81.3
c	5.9	15.3

(단위 : %)

(나)

이 자료에 대한 설명으로 옳은 것만을 <보기>에서 있는 대로 고른 것은? (단, 빛의 속도는 3×10^5 km/s이다.)

<보 기>

ㄱ. 우리은하에서 관측한 A의 후퇴 속도는 3000 km/s이다.
ㄴ. B는 T_2 시기의 천체이다.
ㄷ. 우주를 가속 팽창시키는 요소는 b이다.

① ㄱ ② ㄴ ③ ㄷ ④ ㄱ, ㄴ ⑤ ㄴ, ㄷ

19. 그림 (가)와 (나)는 어느 두 지역의 지질 단면을, (다)는 시간에 따른 방사성 원소 X와 Y의 붕괴 곡선을 나타낸 것이다. 화강암 A와 B에는 한 종류의 방사성 원소만 존재하고, X와 Y 중 서로 다른 한 종류만 포함한다. 현재 A와 B에 포함된 방사성 원소의 함량은 각각 처음 양의 25%, 12.5% 중 서로 다른 하나이다. 두 지역의 셰일에서는 삼엽충 화석이 산출된다.

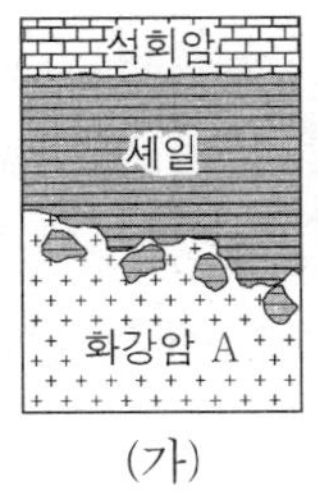

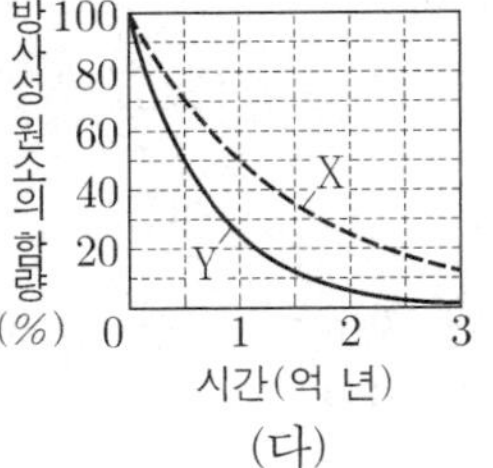

이 자료에 대한 설명으로 옳은 것만을 <보기>에서 있는 대로 고른 것은? [3점]

<보 기>

ㄱ. (가)에서는 관입이 나타난다.
ㄴ. B에 포함되어 있는 방사성 원소는 X이다.
ㄷ. 현재의 함량으로부터 1억 년 후의 $\frac{\text{A에 포함된 방사성 원소 함량}}{\text{B에 포함된 방사성 원소 함량}}$은 1이다.

① ㄱ ② ㄷ ③ ㄱ, ㄴ ④ ㄴ, ㄷ ⑤ ㄱ, ㄴ, ㄷ

20. 그림은 어느 외계 행성계에서 식 현상을 일으키는 행성에 의한 중심별의 상대적 밝기 변화를 일정한 시간 간격에 따라 나타낸 것이다. 중심별의 반지름에 대하여 행성 반지름은 $\frac{1}{20}$배, 행성의 중심과 중심별의 중심 사이의 거리는 4.2배이다. A는 식 현상이 끝난 직후이다.

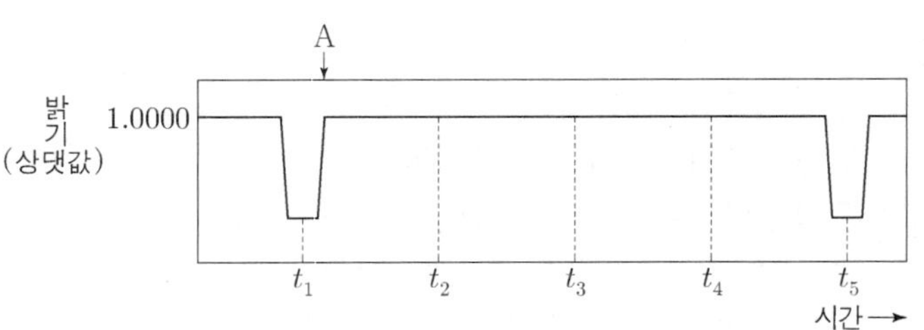

이 자료에 대한 설명으로 옳은 것만을 <보기>에서 있는 대로 고른 것은? (단, 행성은 원 궤도를 따라 공전하며, t_1, t_5일 때 행성의 중심과 중심별의 중심은 관측자의 시선과 동일한 방향에 위치하고, 중심별의 시선 속도 변화는 행성과의 공통 질량 중심에 대한 공전에 의해서만 나타난다.) [3점]

<보 기>

ㄱ. t_1일 때, 중심별의 상대적 밝기는 원래 광도의 99.75%이다.
ㄴ. $t_2 \rightarrow t_3$ 동안 중심별의 스펙트럼에서 흡수선의 파장은 점차 길어진다.
ㄷ. 중심별의 시선 속도는 A일 때가 t_2일 때의 $\frac{1}{4}$배이다.

① ㄱ ② ㄷ ③ ㄱ, ㄴ ④ ㄴ, ㄷ ⑤ ㄱ, ㄴ, ㄷ

* 확인 사항
○ 답안지의 해당란에 필요한 내용을 정확히 기입(표기)했는지 확인하시오.

[해설편 p.141]

제 4 교시

과학탐구 영역(지구과학 Ⅰ)

45회

성명		수험 번호	-	제 [ ] 선택

1. 그림 (가)는 우리나라에 영향을 준 어느 황사의 발원지와 관측소 A와 B의 위치를 나타낸 것이고, (나)는 A와 B에서 측정한 이 황사 농도를 ㉠과 ㉡으로 순서 없이 나타낸 것이다.

(가)

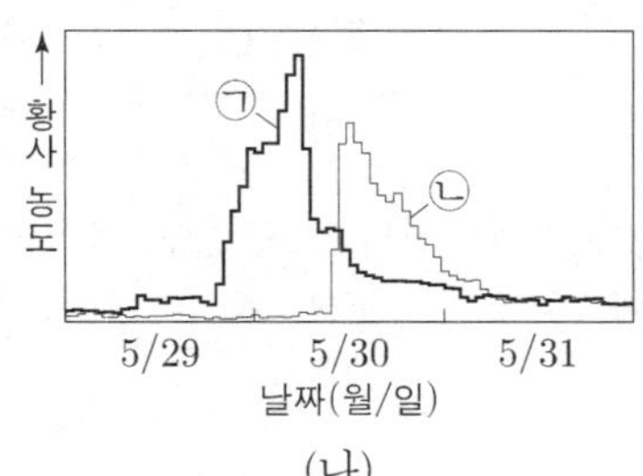

(나)

이 황사에 대한 설명으로 옳은 것만을 <보기>에서 있는 대로 고른 것은?

<보 기>

ㄱ. A에서 측정한 황사 농도는 ㉠이다.
ㄴ. 발원지에서 5월 30일에 발생하였다.
ㄷ. 무역풍을 타고 이동하였다.

① ㄱ ② ㄴ ③ ㄱ, ㄷ ④ ㄴ, ㄷ ⑤ ㄱ, ㄴ, ㄷ

2. 그림은 플룸 구조론을 나타낸 모식도이다. A와 B는 각각 차가운 플룸과 뜨거운 플룸 중 하나이다.

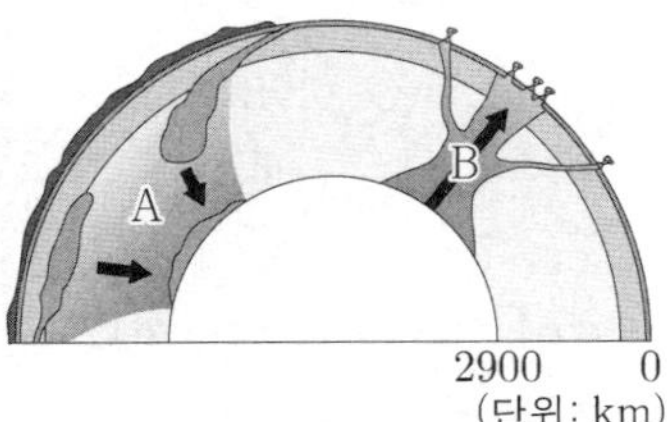

이에 대한 설명으로 옳은 것만을 <보기>에서 있는 대로 고른 것은?

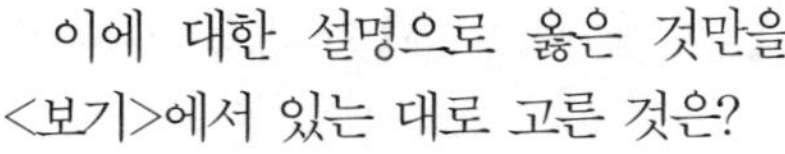

<보 기>

ㄱ. A는 차가운 플룸이다.
ㄴ. B에 의해 호상 열도가 형성된다.
ㄷ. 상부 맨틀과 하부 맨틀 사이의 경계에서 B가 생성된다.

① ㄱ ② ㄴ ③ ㄷ ④ ㄱ, ㄴ ⑤ ㄱ, ㄷ

3. 그림은 어느 고위도 해역에서 A 시기와 B 시기에 각각 측정한 깊이 50~500 m의 해수 특성을 수온-염분도에 나타낸 것이다. 이 해역의 수온과 염분은 유입된 담수의 양에 의해서만 변화하였다.

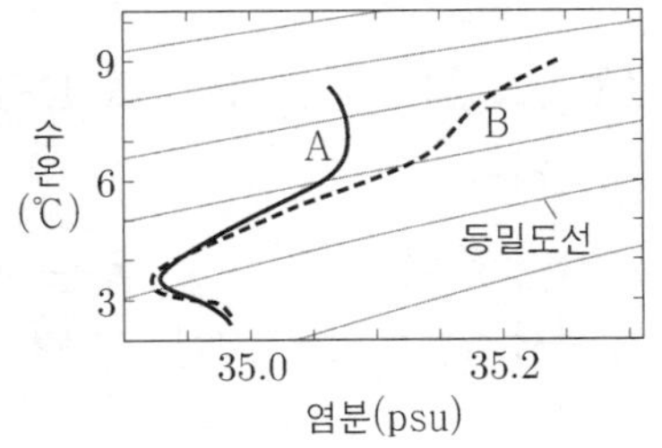

이 자료에 대한 설명으로 옳은 것만을 <보기>에서 있는 대로 고른 것은?

<보 기>

ㄱ. A 시기에 깊이가 증가할수록 밀도는 증가한다.
ㄴ. 50 m 깊이에서 산소의 용해도는 A 시기가 B 시기보다 높다.
ㄷ. 유입된 담수의 양은 A 시기가 B 시기보다 적다.

① ㄱ ② ㄷ ③ ㄱ, ㄴ ④ ㄴ, ㄷ ⑤ ㄱ, ㄴ, ㄷ

4. 다음은 어느 퇴적 구조가 형성되는 원리를 알아보기 위한 실험이다.

[실험 목표]
○ (㉠)의 형성 원리를 설명할 수 있다.

[실험 과정]
(가) 입자의 크기가 2 mm 이하인 모래, 2~4 mm인 왕모래, 4~6 mm인 잔자갈을 각각 100 g씩 준비하여 물이 담긴 원통에 넣는다.
(나) 원통을 흔들어 입자들을 골고루 섞은 후, 원통을 세워 입자들이 가라앉기를 기다린다.
(다) 그림과 같이 원통의 퇴적물을 같은 간격의 세 구간 A, B, C로 나눈다.
(라) 각 구간의 퇴적물을 모래, 왕모래, 잔자갈로 구분하여 각각의 질량을 측정한다.

[실험 결과]
○ A, B, C 구간별 입자 종류에 따른 질량비

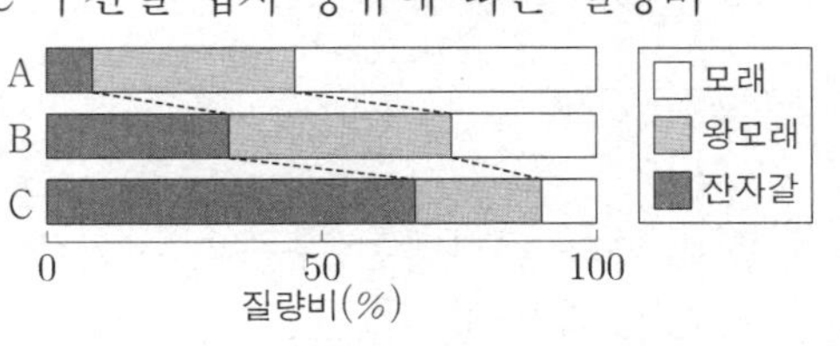

○ 퇴적물 입자의 크기가 클수록 (㉡) 가라앉는다.

이에 대한 설명으로 옳은 것만을 <보기>에서 있는 대로 고른 것은? [3점]

<보 기>

ㄱ. '점이 층리'는 ㉠에 해당한다.
ㄴ. '느리게'는 ㉡에 해당한다.
ㄷ. 경사가 급한 해저에서 빠르게 이동하던 퇴적물의 유속이 갑자기 느려지면서 퇴적되는 과정은 (나)에 해당한다.

① ㄱ ② ㄴ ③ ㄱ, ㄷ ④ ㄴ, ㄷ ⑤ ㄱ, ㄴ, ㄷ

5. 그림은 전파 은하 M87의 가시광선 영상과 전파 영상을 나타낸 것이다.

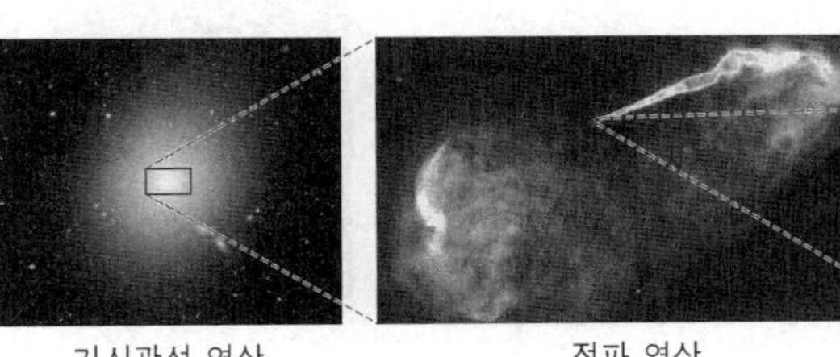

가시광선 영상 전파 영상 전파 영상

이 은하에 대한 설명으로 옳은 것만을 <보기>에서 있는 대로 고른 것은?

<보 기>

ㄱ. 은하를 구성하는 별들은 푸른 별이 붉은 별보다 많다.
ㄴ. 제트에서는 별이 활발하게 탄생한다.
ㄷ. 중심에는 질량이 거대한 블랙홀이 있다.

① ㄱ ② ㄷ ③ ㄱ, ㄴ ④ ㄴ, ㄷ ⑤ ㄱ, ㄴ, ㄷ

[해설편 p.142]

6. 그림은 지질 시대에 일어난 주요 사건을 시간 순서대로 나타낸 것이다.

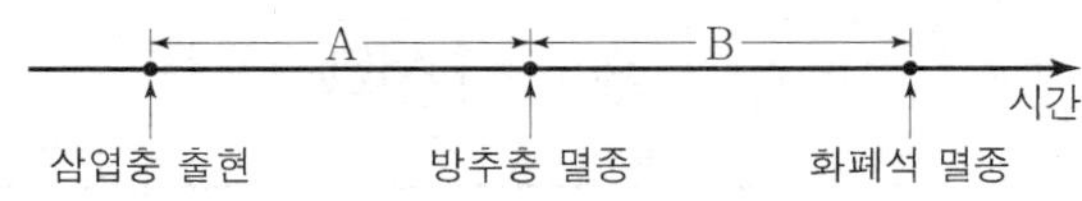

이에 대한 설명으로 옳은 것만을 <보기>에서 있는 대로 고른 것은?

<보 기>

ㄱ. A 기간에 최초의 척추동물이 출현하였다.
ㄴ. B 기간에 판게아가 분리되기 시작하였다.
ㄷ. B 기간의 지층에서는 양치식물 화석이 발견된다.

① ㄱ ② ㄴ ③ ㄱ, ㄷ ④ ㄴ, ㄷ ⑤ ㄱ, ㄴ, ㄷ

7. 그림은 빅뱅 우주론에 따라 팽창하는 우주에서 물질, 암흑 에너지, 우주 배경 복사를 시간에 따라 나타낸 것이다.

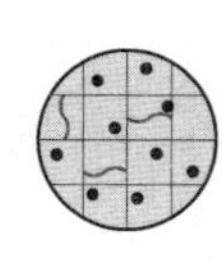
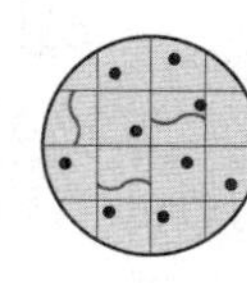
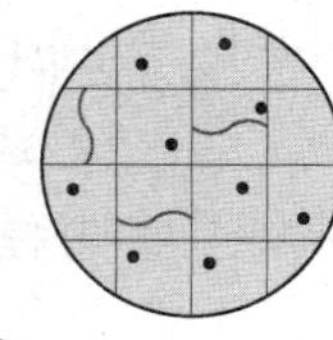

• 물질(보통 물질+암흑 물질)
암흑 에너지
∽ 우주 배경 복사

시간(우주의 나이)

시간이 흐름에 따라 나타나는 우주의 변화에 대한 설명으로 옳은 것만을 <보기>에서 있는 대로 고른 것은?

<보 기>

ㄱ. 물질 밀도는 일정하다.
ㄴ. 우주 배경 복사의 온도는 감소한다.
ㄷ. 물질 밀도에 대한 암흑 에너지 밀도의 비는 증가한다.

① ㄱ ② ㄴ ③ ㄱ, ㄷ ④ ㄴ, ㄷ ⑤ ㄱ, ㄴ, ㄷ

8. 그림 (가)는 어느 태풍이 이동하는 동안 관측소 P에서 관측한 기압과 풍속을 ㉠과 ㉡으로 순서 없이 나타낸 것이고, (나)는 이 기간 중 어느 한 시점에 촬영한 가시 영상에 태풍의 이동 경로, 태풍의 눈의 위치, P의 위치를 나타낸 것이다.

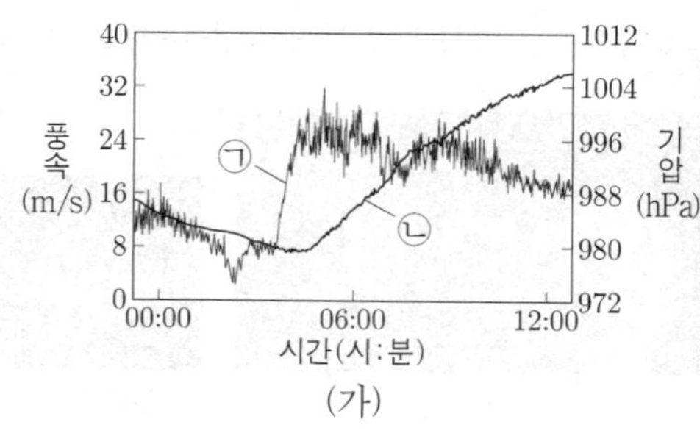

(가)

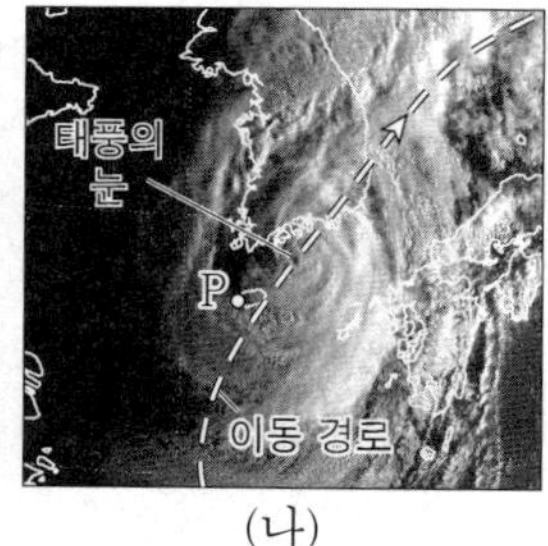

(나)

이 자료에 대한 설명으로 옳은 것만을 <보기>에서 있는 대로 고른 것은? [3점]

<보 기>

ㄱ. 기압은 ㉠이다.
ㄴ. (가)의 기간 동안 P에서 풍향은 시계 반대 방향으로 변했다.
ㄷ. (나)의 영상은 (가)에서 풍속이 최소일 때 촬영한 것이다.

① ㄱ ② ㄴ ③ ㄷ ④ ㄱ, ㄴ ⑤ ㄴ, ㄷ

9. 그림 (가)는 깊이에 따른 지하의 온도 분포와 암석의 용융 곡선을 나타낸 것이고, (나)는 반려암과 화강암을 A와 B로 순서 없이 나타낸 것이다. A와 B는 각각 (가)의 ㉠ 과정과 ㉡ 과정으로 생성된 마그마가 굳어진 암석 중 하나이다.

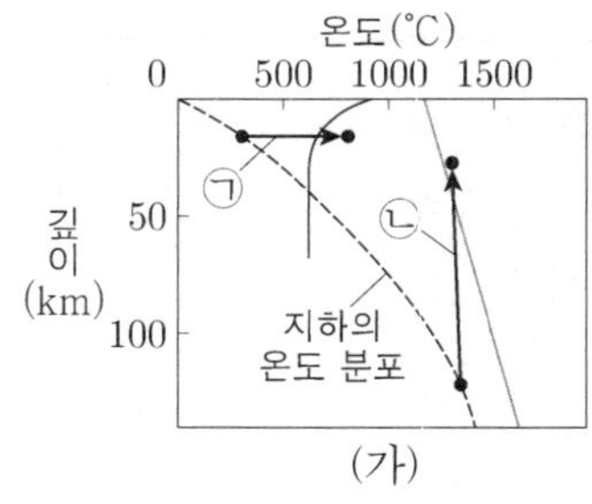

(가)

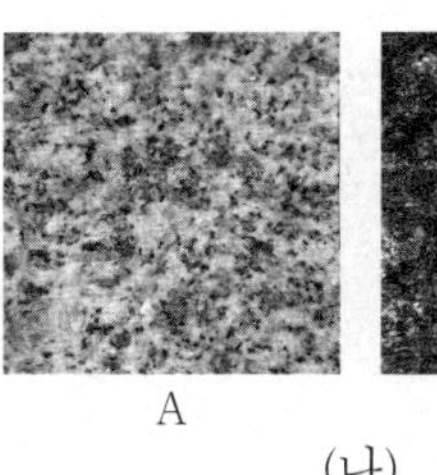
A

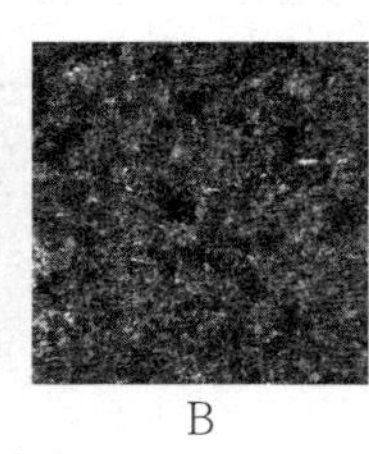
B

(나)

이에 대한 설명으로 옳은 것만을 <보기>에서 있는 대로 고른 것은?

<보 기>

ㄱ. ㉠ 과정으로 생성된 마그마가 굳으면 B가 된다.
ㄴ. ㉡ 과정에서는 열이 공급되지 않아도 마그마가 생성된다.
ㄷ. SiO_2 함량(%)은 A가 B보다 높다.

① ㄱ ② ㄷ ③ ㄱ, ㄴ ④ ㄴ, ㄷ ⑤ ㄱ, ㄴ, ㄷ

10. 그림은 평균 해면 기압을 위도에 따라 나타낸 것이다.

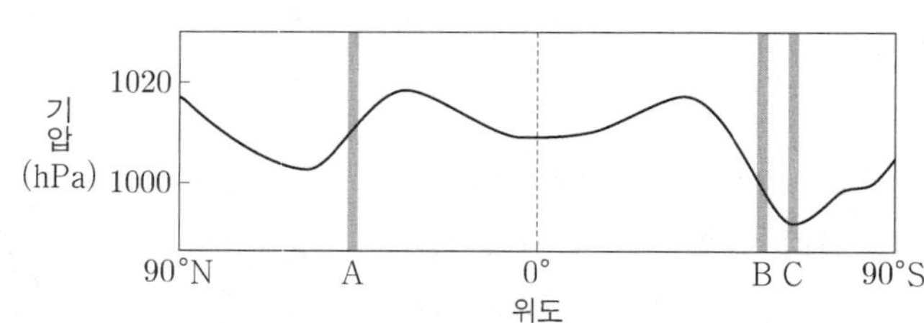

이 자료에 대한 설명으로 옳은 것만을 <보기>에서 있는 대로 고른 것은? [3점]

<보 기>

ㄱ. A는 대기 대순환의 간접 순환 영역에 위치한다.
ㄴ. B 해역에서는 남극 순환류가 흐른다.
ㄷ. C 해역에서는 대기 대순환에 의해 표층 해수가 발산한다.

① ㄱ ② ㄷ ③ ㄱ, ㄴ ④ ㄴ, ㄷ ⑤ ㄱ, ㄴ, ㄷ

11. 그림은 별 A, B, C를 H-R도에 나타낸 것이다.

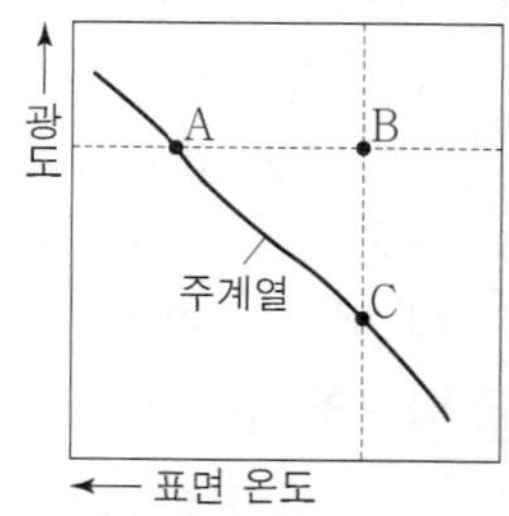

이에 대한 설명으로 옳은 것만을 <보기>에서 있는 대로 고른 것은?

<보 기>

ㄱ. 별의 중심으로부터 생명 가능 지대까지의 거리는 A와 B가 같다.
ㄴ. 생명 가능 지대의 폭은 B가 C보다 넓다.
ㄷ. 생명 가능 지대에 위치하는 행성에서 액체 상태의 물이 존재할 수 있는 시간은 C가 A보다 길다.

① ㄱ ② ㄴ ③ ㄱ, ㄷ ④ ㄴ, ㄷ ⑤ ㄱ, ㄴ, ㄷ

[해설편 p.143]

12. 그림 (가)와 (나)는 우리나라에 온대 저기압이 위치할 때, 온난 전선과 한랭 전선 주변의 지상 기온 분포를 순서 없이 나타낸 것이다.

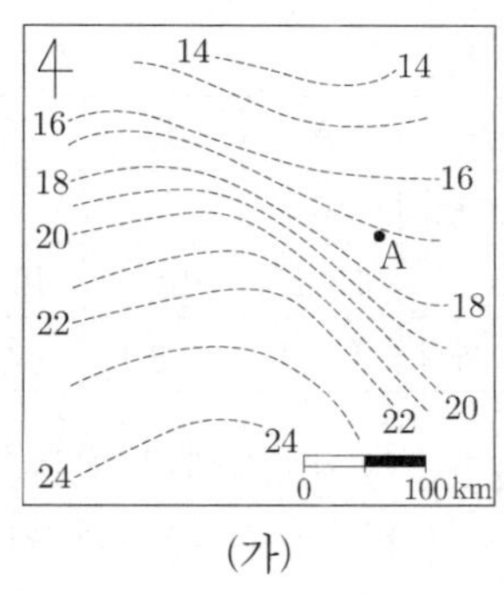

(가)

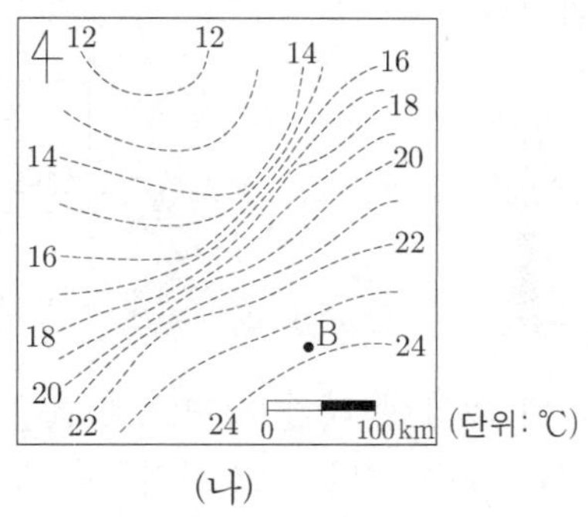

(나)

이에 대한 설명으로 옳은 것만을 <보기>에서 있는 대로 고른 것은? [3점]

<보 기>

ㄱ. 온난 전선 주변의 지상 기온 분포는 (가)이다.
ㄴ. A 지역의 상공에는 전선면이 나타난다.
ㄷ. B 지역에서는 북풍 계열의 바람이 분다.

① ㄱ ② ㄷ ③ ㄱ, ㄴ ④ ㄴ, ㄷ ⑤ ㄱ, ㄴ, ㄷ

13. 표는 별 (가), (나), (다)의 분광형, 반지름, 광도를 나타낸 것이다.

별	분광형	반지름 (태양=1)	광도 (태양=1)
(가)	( )	10	10
(나)	A0	5	( )
(다)	A0	( )	10

(가), (나), (다)에 대한 설명으로 옳은 것만을 <보기>에서 있는 대로 고른 것은? [3점]

<보 기>

ㄱ. 복사 에너지를 최대로 방출하는 파장은 (가)가 가장 짧다.
ㄴ. 절대 등급은 (나)가 가장 작다.
ㄷ. 반지름은 (다)가 가장 크다.

① ㄱ ② ㄴ ③ ㄷ ④ ㄱ, ㄴ ⑤ ㄴ, ㄷ

14. 그림은 동태평양 적도 부근 해역에서 A 시기와 B 시기에 관측한 구름의 양을 높이에 따라 나타낸 것이다. A와 B는 각각 엘니뇨 시기와 평상시 중 하나이다.

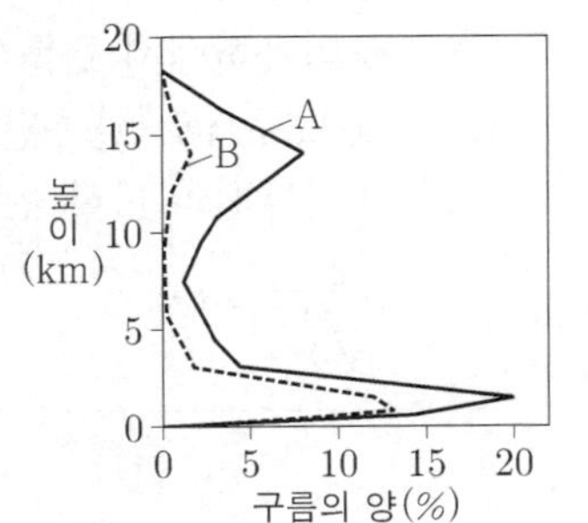

이에 대한 설명으로 옳은 것만을 <보기>에서 있는 대로 고른 것은?

<보 기>

ㄱ. A는 엘니뇨 시기이다.
ㄴ. 서태평양 적도 부근 해역에서 상승 기류는 A가 B보다 활발하다.
ㄷ. 동태평양 적도 부근 해역에서 수온 약층이 나타나기 시작하는 깊이는 A가 B보다 얕다.

① ㄱ ② ㄴ ③ ㄱ, ㄷ ④ ㄴ, ㄷ ⑤ ㄱ, ㄴ, ㄷ

15. 표는 주계열성 A, B, C를 각각 원 궤도로 공전하는 외계 행성 a, b, c의 공전 궤도 반지름, 질량, 반지름을 나타낸 것이다. 세 별의 질량과 반지름은 각각 같으며, 행성의 공전 궤도면은 관측자의 시선 방향과 나란하다.

외계 행성	공전 궤도 반지름 (AU)	질량 (목성=1)	반지름 (목성=1)
a	1	1	2
b	1	2	1
c	2	2	1

이에 대한 설명으로 옳은 것만을 <보기>에서 있는 대로 고른 것은? (단, A, B, C의 시선 속도 변화는 각각 a, b, c와의 공통 질량 중심을 공전하는 과정에서만 나타난다.) [3점]

<보 기>

ㄱ. 시선 속도 변화량은 A가 B보다 작다.
ㄴ. 별과 공통 질량 중심 사이의 거리는 B가 C보다 짧다.
ㄷ. 행성의 식 현상에 의한 겉보기 밝기 변화는 A가 C보다 작다.

① ㄱ ② ㄷ ③ ㄱ, ㄴ ④ ㄴ, ㄷ ⑤ ㄱ, ㄴ, ㄷ

16. 그림은 습곡과 단층이 나타나는 어느 지역의 지질 단면도이다.

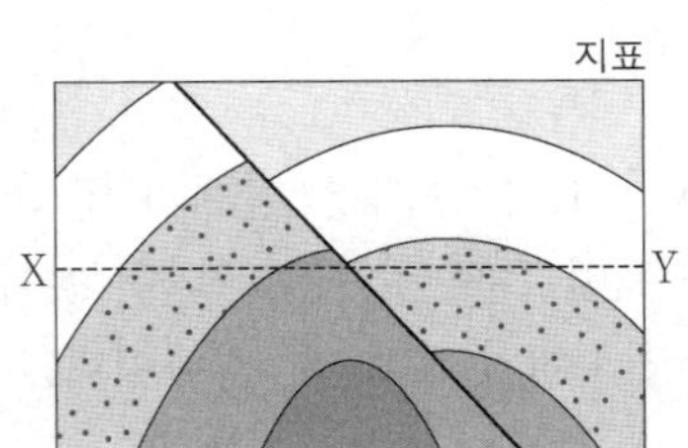

X-Y 구간에 해당하는 지층의 연령 분포로 가장 적절한 것은? [3점]

① X Y 연령

②
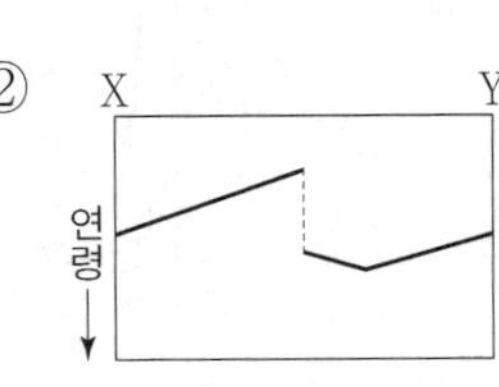

③ X Y 연령

④
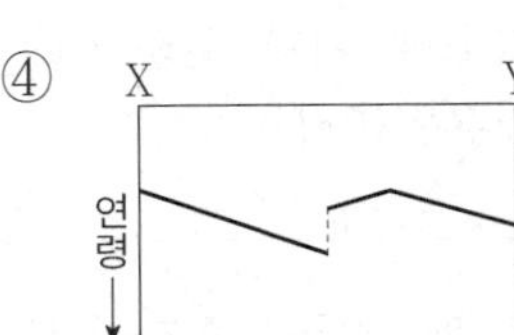

⑤
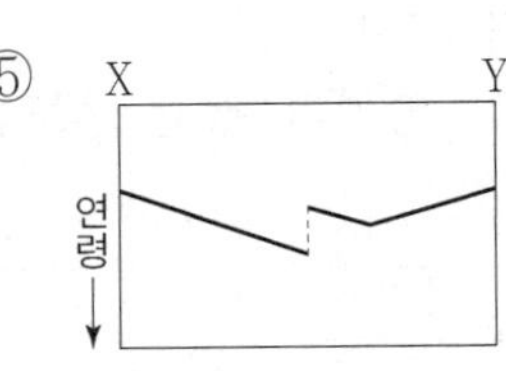

17. 그림 (가)는 현재와 A 시기의 지구 공전 궤도를, (나)는 현재와 A 시기의 지구 자전축 방향을 나타낸 것이다. (가)의 ㉠, ㉡, ㉢은 공전 궤도상에서 지구의 위치이다.

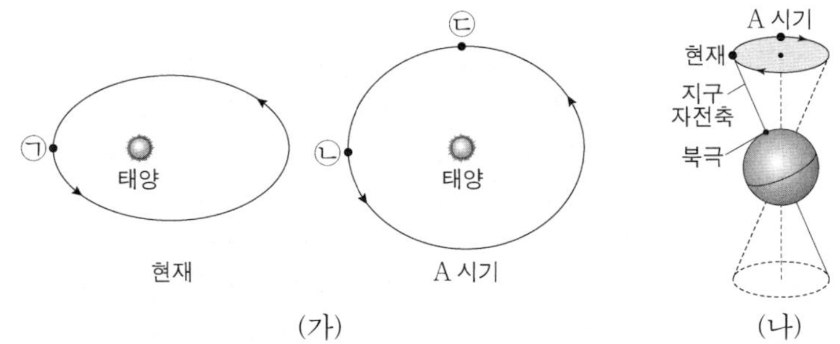

(가) (나)

이에 대한 설명으로 옳은 것만을 <보기>에서 있는 대로 고른 것은? (단, 지구의 공전 궤도 이심률, 세차 운동 이외의 요인은 변하지 않는다고 가정한다.)

<보 기>

ㄱ. ㉠에서 북반구는 여름이다.
ㄴ. 37°N에서 연교차는 현재가 A 시기보다 작다.
ㄷ. 37°S에서 태양이 남중했을 때, 지표에 도달하는 태양 복사 에너지양은 ㉢이 ㉡보다 적다.

① ㄱ ② ㄴ ③ ㄷ ④ ㄱ, ㄴ ⑤ ㄴ, ㄷ

18. 그림은 별 A와 B가 주계열 단계가 끝난 직후부터 진화하는 동안의 반지름과 표면 온도 변화를 나타낸 것이다. A와 B의 질량은 각각 태양 질량의 1배와 6배 중 하나이다.

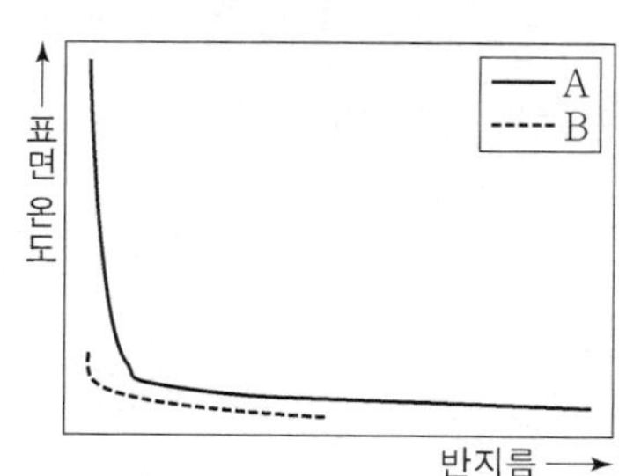

이 자료에 대한 설명으로 옳은 것만을 <보기>에서 있는 대로 고른 것은? [3점]

<보 기>

ㄱ. 진화 속도는 A가 B보다 빠르다.
ㄴ. 절대 등급의 변화 폭은 A가 B보다 크다.
ㄷ. 주계열 단계일 때, 대류가 일어나는 영역의 평균 온도는 A가 B보다 높다.

① ㄱ ② ㄴ ③ ㄱ, ㄷ ④ ㄴ, ㄷ ⑤ ㄱ, ㄴ, ㄷ

19. 그림은 고정된 열점에서 형성된 화산섬 A, B, C를, 표는 A, B, C의 연령, 위도, 고지자기 복각을 나타낸 것이다. A, B, C는 동일 경도에 위치한다.

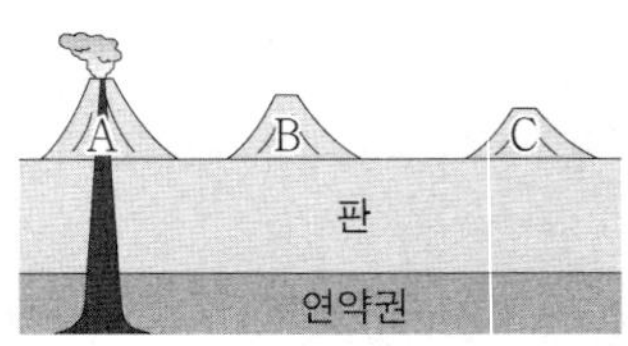

화산섬	A	B	C
연령(백만 년)	0	15	40
위도	10°N	20°N	40°N
고지자기 복각	( )	(㉠)	(㉡)

이 자료에 대한 설명으로 옳은 것만을 <보기>에서 있는 대로 고른 것은? (단, 고지자기극은 고지자기 방향으로 추정한 지리상 북극이고, 지리상 북극은 변하지 않았다.) [3점]

<보 기>

ㄱ. ㉠은 ㉡보다 작다.
ㄴ. 판의 이동 방향은 북쪽이다.
ㄷ. B에서 구한 고지자기극의 위도는 80°N이다.

① ㄱ ② ㄴ ③ ㄱ, ㄷ ④ ㄴ, ㄷ ⑤ ㄱ, ㄴ, ㄷ

20. 그림은 외부 은하 A와 B에서 각각 발견된 Ia형 초신성의 겉보기 밝기를 시간에 따라 나타낸 것이다. 우리은하에서 관측하였을 때 A와 B의 시선 방향은 60°를 이루고, F_0은 Ia형 초신성이 100 Mpc에 있을 때 겉보기 밝기의 최댓값이다.

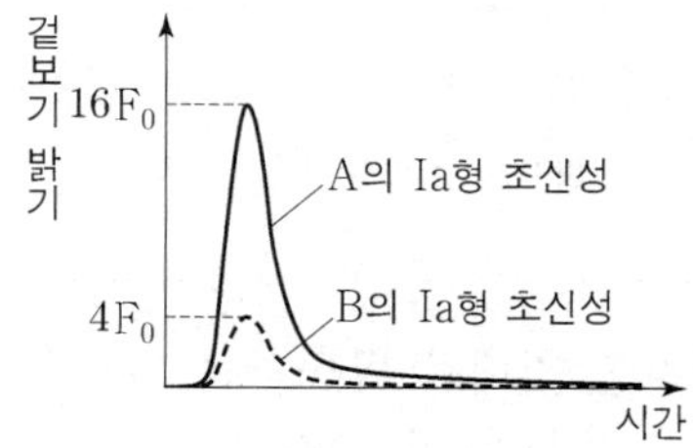

이 자료에 대한 설명으로 옳은 것만을 <보기>에서 있는 대로 고른 것은? (단, 빛의 속도는 3×10^5 km/s이고, 허블 상수는 70 km/s/Mpc이며, 두 은하는 허블 법칙을 만족한다.) [3점]

<보 기>

ㄱ. 우리은하에서 관측한 A의 후퇴 속도는 1750 km/s이다.
ㄴ. 우리은하에서 B를 관측하면, 기준 파장이 600 nm인 흡수선은 603.5 nm로 관측된다.
ㄷ. A에서 B의 Ia형 초신성을 관측하면, 겉보기 밝기의 최댓값은 $\frac{4}{\sqrt{3}}F_0$이다.

① ㄱ ② ㄴ ③ ㄱ, ㄷ ④ ㄴ, ㄷ ⑤ ㄱ, ㄴ, ㄷ

* 확인 사항

○ 답안지의 해당란에 필요한 내용을 정확히 기입(표기)했는지 확인 하시오.

[해설편 p.145]

제 4 교시

과학탐구 영역(지구과학 I)

46회

성명		수험 번호		제 [ ] 선택

1. 다음은 판 구조론이 정립되는 과정에서 등장한 두 이론에 대하여 학생 A, B, C가 나눈 대화를 나타낸 것이다.

이론	내용
㉠	고생대 말에 판게아가 존재하였고, 약 2억 년 전에 분리되기 시작하여 현재와 같은 대륙 분포가 되었다.
㉡	맨틀이 대류하는 과정에서 대륙이 이동할 수 있다.

제시한 내용이 옳은 학생만을 있는 대로 고른 것은?

① A ② B ③ A, C ④ B, C ⑤ A, B, C

2. 그림 (가)는 태평양의 해역 A, B, C를, (나)는 이 세 해역에서 관측한 수온과 염분을 수온-염분도에 ㉠, ㉡, ㉢으로 순서 없이 나타낸 것이다.

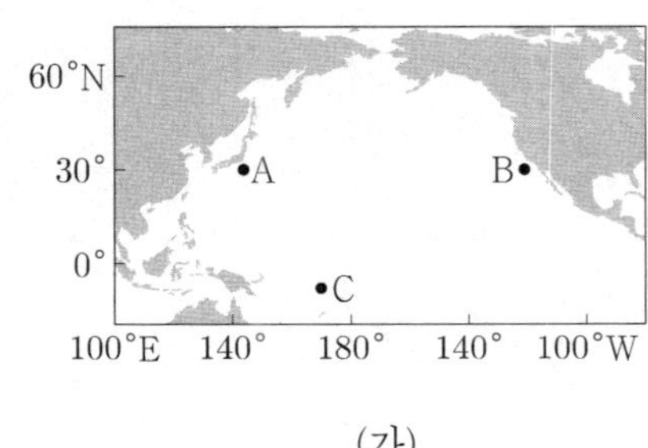

(가)

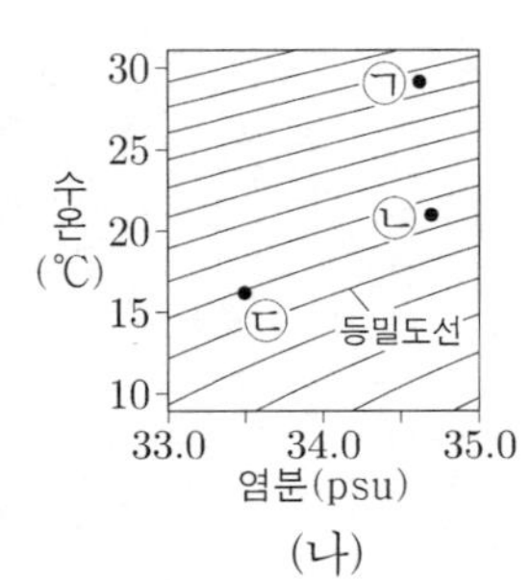

(나)

이에 대한 설명으로 옳은 것만을 <보기>에서 있는 대로 고른 것은?

<보 기>

ㄱ. A의 관측값은 ㉡이다.
ㄴ. A, B, C 중 해수의 밀도가 가장 큰 해역은 B이다.
ㄷ. C에 흐르는 해류는 무역풍에 의해 형성된다.

① ㄱ ② ㄷ ③ ㄱ, ㄴ ④ ㄴ, ㄷ ⑤ ㄱ, ㄴ, ㄷ

3. 그림은 북반구 중위도 어느 해역에서 1년 동안 관측한 수온 변화를 등수온선으로 나타낸 것이다.

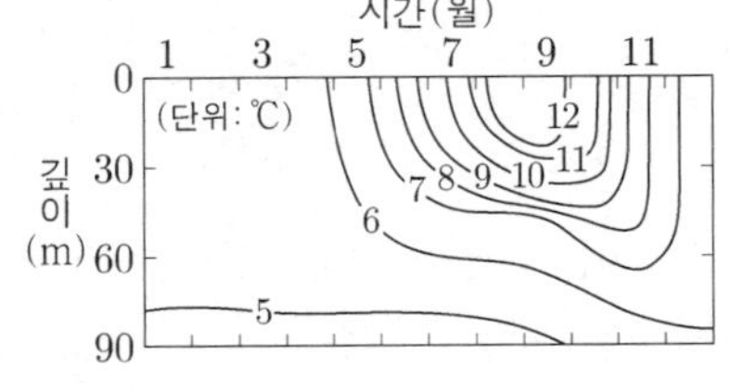

이 자료에 대한 설명으로 옳은 것만을 <보기>에서 있는 대로 고른 것은?

<보 기>

ㄱ. 표층에서 수온의 연교차는 10℃보다 크다.
ㄴ. 수온 약층은 9월이 5월보다 뚜렷하게 나타난다.
ㄷ. 6℃ 등수온선은 5월이 11월보다 깊은 곳에서 나타난다.

① ㄱ ② ㄴ ③ ㄱ, ㄷ ④ ㄴ, ㄷ ⑤ ㄱ, ㄴ, ㄷ

4. 그림 (가)는 마그마가 생성되는 지역 A~D를, (나)는 마그마가 생성되는 과정 중 하나를 나타낸 것이다.

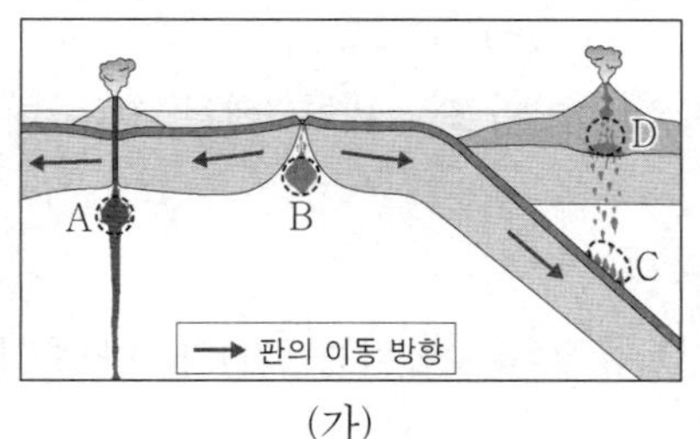

(가)

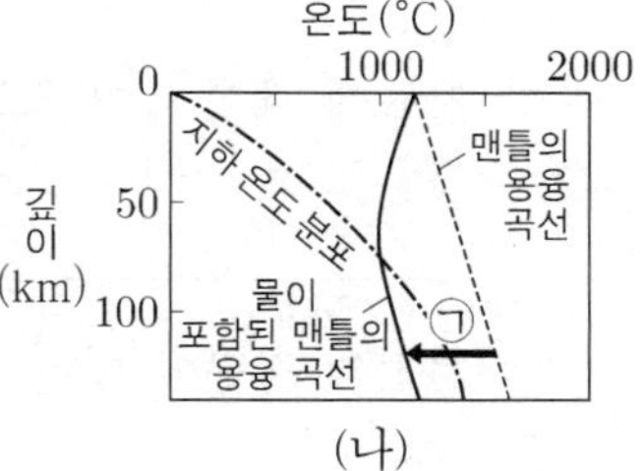

(나)

이에 대한 설명으로 옳은 것만을 <보기>에서 있는 대로 고른 것은? [3점]

<보 기>

ㄱ. A의 하부에는 플룸 상승류가 있다.
ㄴ. (나)의 ㉠ 과정에 의해 마그마가 생성되는 지역은 B이다.
ㄷ. 생성되는 마그마의 SiO_2 함량(%)은 C에서가 D에서보다 높다.

① ㄱ ② ㄴ ③ ㄱ, ㄷ ④ ㄴ, ㄷ ⑤ ㄱ, ㄴ, ㄷ

46회

5. 그림은 40억 년 전부터 현재까지의 지질 시대를 3개의 누대로 나타낸 것이다.

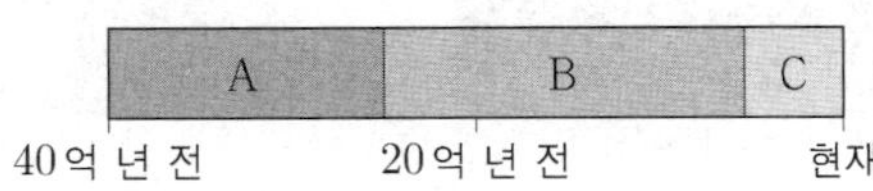

이에 대한 설명으로 옳은 것만을 <보기>에서 있는 대로 고른 것은? [3점]

<보 기>

ㄱ. 대기 중 산소의 농도는 A 시기가 B 시기보다 높았다.
ㄴ. 다세포 동물은 B 시기에 출현했다.
ㄷ. 가장 큰 규모의 대멸종은 C 시기에 발생했다.

① ㄱ ② ㄷ ③ ㄱ, ㄴ ④ ㄴ, ㄷ ⑤ ㄱ, ㄴ, ㄷ

6. 그림 (가)는 해수면이 하강하는 과정에서 형성된 퇴적층의 단면이고, (나)는 (가)의 퇴적층에서 나타나는 퇴적 구조 A와 B이다.

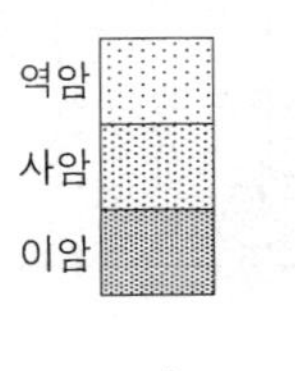

(가)

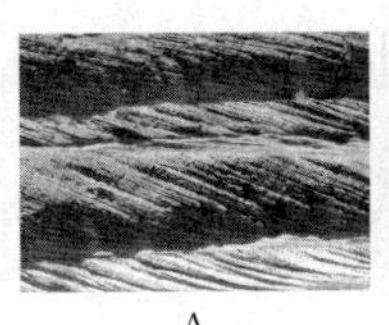

A

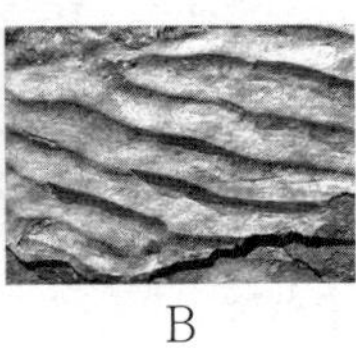

B

(나)

이 자료에 대한 설명으로 옳은 것만을 <보기>에서 있는 대로 고른 것은?

<보 기>

ㄱ. (가)의 퇴적층 중 가장 얕은 수심에서 형성된 것은 이암층이다.
ㄴ. (나)의 A와 B는 주로 역암층에서 관찰된다.
ㄷ. (나)의 A와 B 중 층리면에서 관찰되는 퇴적 구조는 B이다.

① ㄱ ② ㄴ ③ ㄷ ④ ㄱ, ㄷ ⑤ ㄴ, ㄷ

[해설편 p.146]

7. 표는 허블의 은하 분류 기준과 이에 따라 분류한 은하의 종류를 나타낸 것이고, 그림은 은하 A의 가시광선 영상이다. (가)~(라)는 각각 타원 은하, 정상 나선 은하, 막대 나선 은하, 불규칙 은하 중 하나이고, A는 (가)~(라) 중 하나에 해당한다.

분류 기준	(가)	(나)	(다)	(라)
규칙적인 구조가 있는가?	○	○	×	○
나선팔이 있는가?	○	○	×	×
중심부에 막대 구조가 있는가?	○	×	×	×

(○: 있다, ×: 없다)

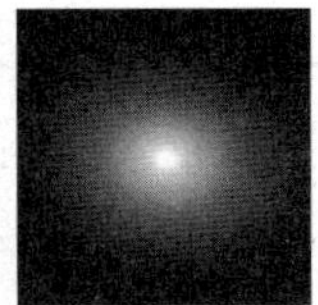
A

이 자료에 대한 설명으로 옳은 것만을 <보기>에서 있는 대로 고른 것은?

<보 기>

ㄱ. 은하의 질량에 대한 성간 물질의 질량비는 (가)가 (다)보다 작다.
ㄴ. 은하를 구성하는 별의 평균 표면 온도는 (나)가 (라)보다 높다.
ㄷ. A는 (라)에 해당한다.

① ㄱ ② ㄷ ③ ㄱ, ㄴ ④ ㄴ, ㄷ ⑤ ㄱ, ㄴ, ㄷ

8. 그림 (가)와 (나)는 어느 날 같은 시각 우리나라 부근의 가시 영상과 지상 일기도를 각각 나타낸 것이다.

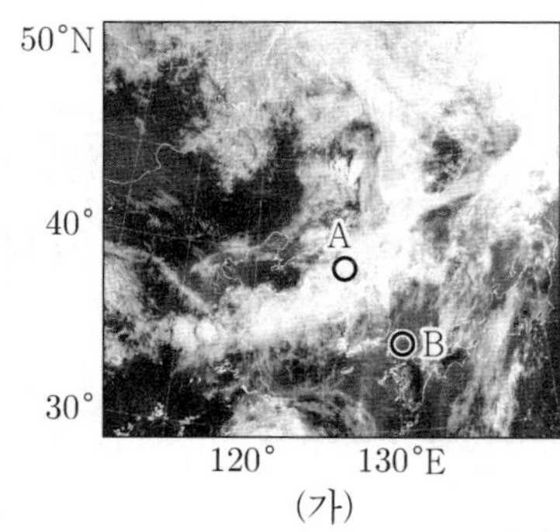

(가)

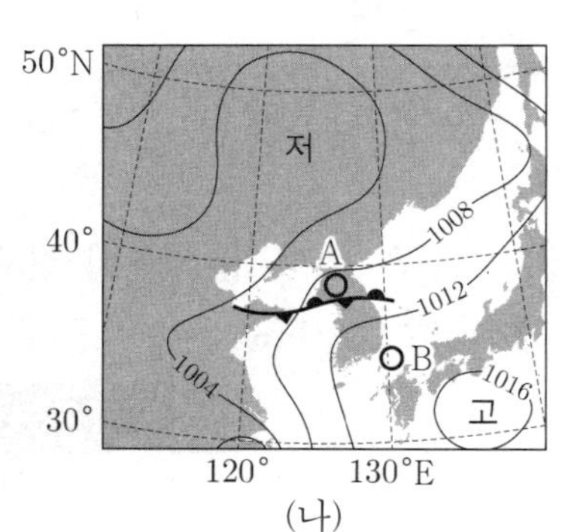

(나)

이 자료에 대한 설명으로 옳은 것만을 <보기>에서 있는 대로 고른 것은?

<보 기>

ㄱ. 구름의 두께는 A 지역이 B 지역보다 두껍다.
ㄴ. A 지역의 구름을 형성하는 수증기는 주로 전선의 남쪽에 위치한 기단에서 공급된다.
ㄷ. B 지역의 지상에서는 남풍 계열의 바람이 분다.

① ㄱ ② ㄴ ③ ㄱ, ㄷ ④ ㄴ, ㄷ ⑤ ㄱ, ㄴ, ㄷ

9. 표는 별 (가), (나), (다)의 분광형과 절대 등급을 나타낸 것이다.

별	분광형	절대 등급
(가)	G	0.0
(나)	A	+1.0
(다)	K	+8.0

(가), (나), (다)에 대한 설명으로 옳은 것만을 <보기>에서 있는 대로 고른 것은? [3점]

<보 기>

ㄱ. (가)의 중심핵에서는 주로 양성자·양성자 반응(p-p 반응)이 일어난다.
ㄴ. 단위 면적당 단위 시간에 방출하는 에너지양은 (나)가 가장 많다.
ㄷ. (다)의 중심핵 내부에서는 주로 대류에 의해 에너지가 전달된다.

① ㄱ ② ㄴ ③ ㄷ ④ ㄱ, ㄴ ⑤ ㄴ, ㄷ

10. 그림 (가)는 전 지구와 안면도의 대기 중 CO_2 농도를, (나)는 전 지구와 우리나라의 기온 편차(관측값−평년값)를 나타낸 것이다.

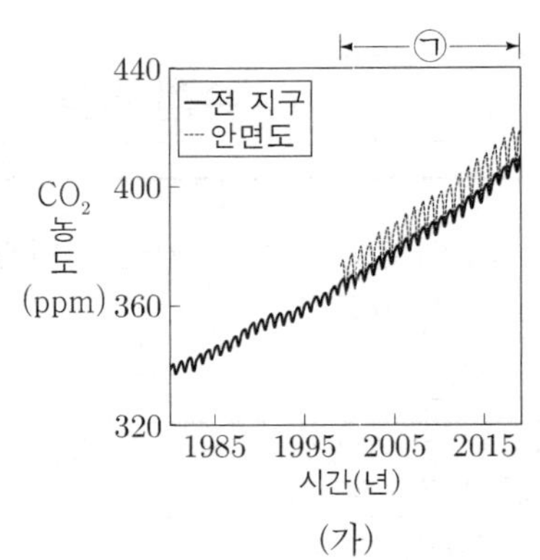

(가)

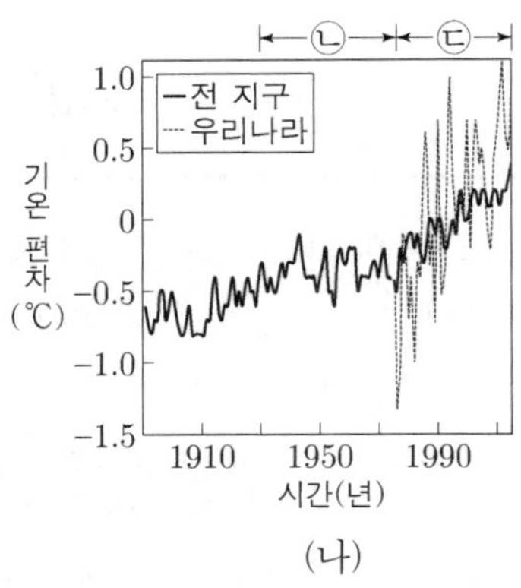

(나)

이 자료에 대한 설명으로 옳은 것만을 <보기>에서 있는 대로 고른 것은?

<보 기>

ㄱ. ㉠ 시기 동안 CO_2 평균 농도는 안면도가 전 지구보다 낮다.
ㄴ. ㉢ 시기 동안 기온 상승률은 전 지구가 우리나라보다 작다.
ㄷ. 전 지구 해수면의 평균 높이는 ㉡ 시기가 ㉢ 시기보다 낮다.

① ㄱ ② ㄷ ③ ㄱ, ㄴ ④ ㄴ, ㄷ ⑤ ㄱ, ㄴ, ㄷ

11. 그림 (가)는 우리나라의 어느 해양 관측소에서 관측된 풍속과 풍향 변화를, (나)는 이 관측소의 표층 수온 변화를 나타낸 것이다. A와 B는 서로 다른 두 태풍의 영향을 받은 기간이다.

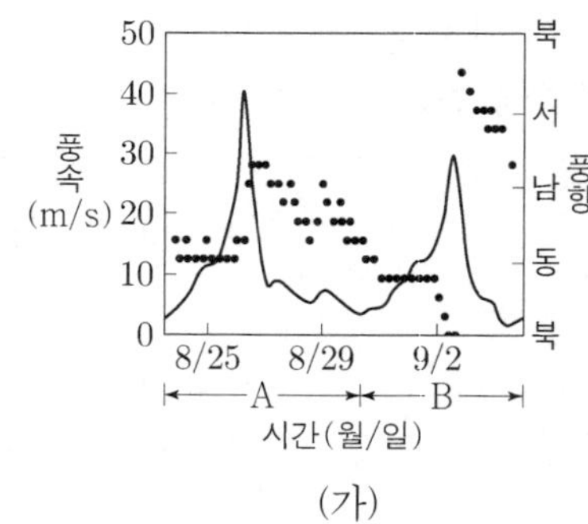

(가)

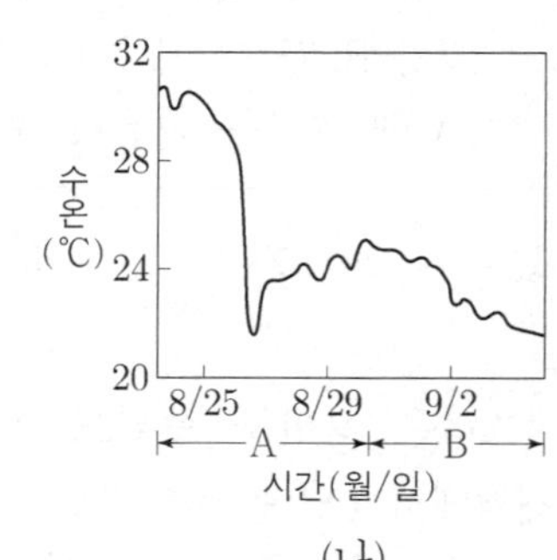

(나)

이 자료에 대한 설명으로 옳은 것만을 <보기>에서 있는 대로 고른 것은? [3점]

<보 기>

ㄱ. A 시기에 태풍의 눈은 관측소를 통과하였다.
ㄴ. B 시기에 관측소는 태풍의 안전 반원에 위치하였다.
ㄷ. A 시기의 급격한 수온 하강은 B 시기에 통과하는 태풍을 강화시켰다.

① ㄱ ② ㄴ ③ ㄷ ④ ㄱ, ㄴ ⑤ ㄴ, ㄷ

[해설편 p.147]

12. 다음은 고지자기 자료를 이용하여 대륙의 과거 위치를 알아보기 위한 탐구 활동이다.

〔가정〕
○ 고지자기극은 고지자기 방향으로 추정한 지리상 북극이고, 지리상 북극은 변하지 않았다.
○ 현재 지자기 북극은 지리상 북극과 일치한다.

〔탐구 과정〕
(가) 대륙 A의 현재 위치, 1억 년 전 A의 고지자기극 위치, 회전 중심이 표시된 지구본을 준비한다.
(나) 오른쪽 그림과 같이 회전 중심을 중심으로 1억 년 전 A의 고지자기극과 지리상 북극 사이의 각(θ)을 측정한다.

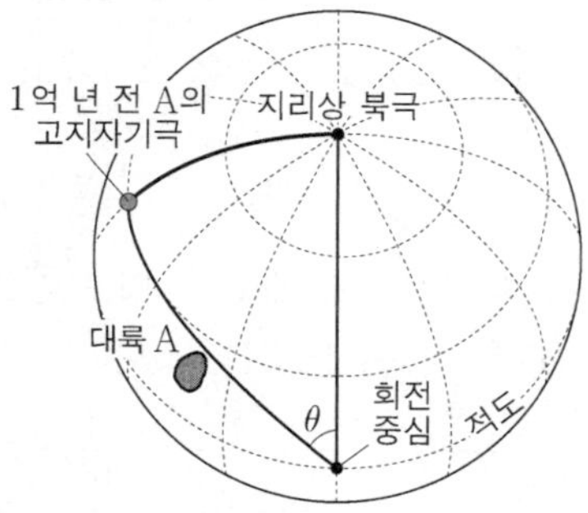

1억 년 전 A의 고지자기극
지리상 북극
대륙 A
θ
회전 중심
적도

(다) 회전 중심을 중심으로 A를 θ만큼 회전시키고, 1억 년 전 A의 위치를 표시한 후, 현재와 1억 년 전 A의 위치를 비교한다. 회전 방향은 1억 년 전 A의 고지자기극이 (㉠)을/를 향하는 방향이다.

〔탐구 결과〕
○ 각(θ) : (   )
○ 대륙 A의 위치 비교 : 1억 년 전 A의 위치는 현재보다 (㉡)에 위치한다.

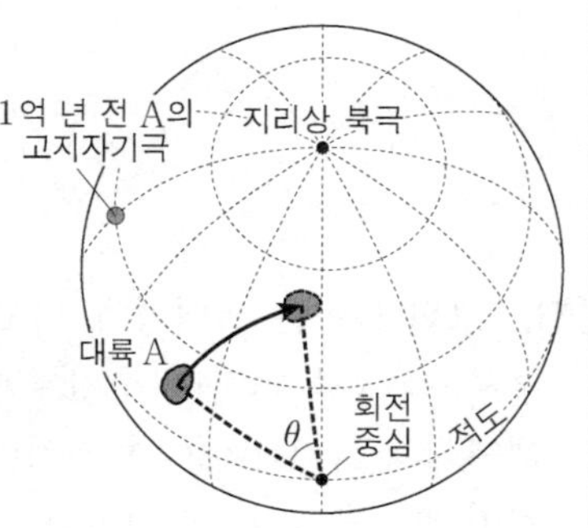

이에 대한 설명으로 옳은 것만을 <보기>에서 있는 대로 고른 것은? [3점]

<보 기>
ㄱ. 지리상 북극은 ㉠에 해당한다.
ㄴ. 고위도는 ㉡에 해당한다.
ㄷ. A의 고지자기 복각은 1억 년 전이 현재보다 작다.

① ㄱ ② ㄷ ③ ㄱ, ㄴ ④ ㄴ, ㄷ ⑤ ㄱ, ㄴ, ㄷ

13. 그림은 북대서양 심층 순환의 세기 변화를 시간에 따라 나타낸 것이다.

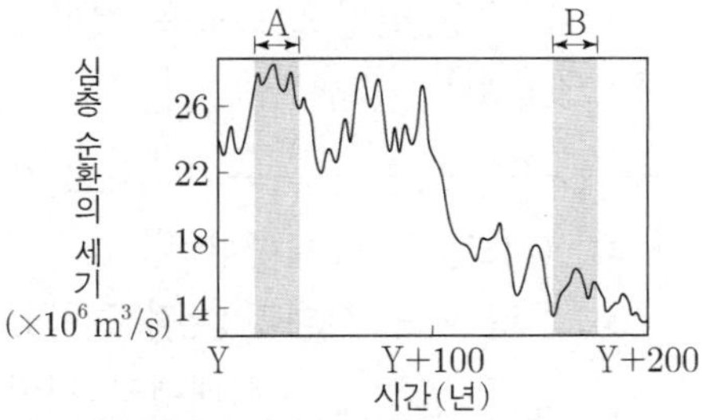

A 시기와 비교할 때, B 시기의 북대서양 심층 순환과 관련된 설명으로 옳은 것만을 <보기>에서 있는 대로 고른 것은? [3점]

심층 순환의 세기 ($\times10^6\,m^3/s$)
26, 22, 18, 14
A, B
Y, Y+100, Y+200
시간(년)

<보 기>
ㄱ. 북대서양 심층수가 형성되는 해역에서 침강이 약하다.
ㄴ. 북대서양에서 고위도로 이동하는 표층 해류의 흐름이 강하다.
ㄷ. 북대서양에서 저위도와 고위도의 표층 수온 차가 크다.

① ㄱ ② ㄴ ③ ㄱ, ㄷ ④ ㄴ, ㄷ ⑤ ㄱ, ㄴ, ㄷ

14. 그림은 별 A, B, C의 반지름과 절대 등급을 나타낸 것이다. A, B, C는 각각 초거성, 거성, 주계열성 중 하나이다.

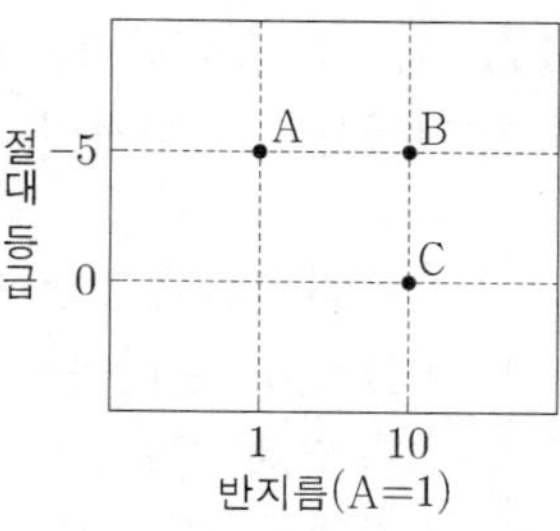

A, B, C에 대한 설명으로 옳은 것만을 <보기>에서 있는 대로 고른 것은? [3점]

<보 기>
ㄱ. 표면 온도는 A가 B의 $\sqrt{10}$배이다.
ㄴ. 복사 에너지를 최대로 방출하는 파장은 B가 C보다 길다.
ㄷ. 광도 계급이 V인 것은 C이다.

① ㄱ ② ㄴ ③ ㄷ ④ ㄱ, ㄷ ⑤ ㄴ, ㄷ

15. 그림은 어느 팽창 우주 모형에서 시간에 따른 우주의 크기 변화를 나타낸 것이다.

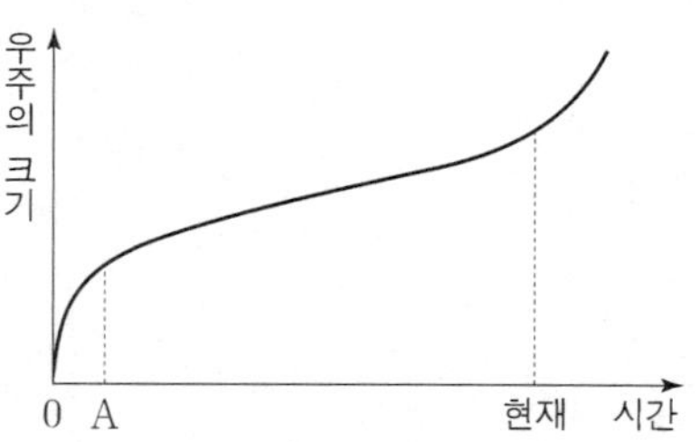

이에 대한 설명으로 옳은 것만을 <보기>에서 있는 대로 고른 것은?

<보 기>
ㄱ. A 시기에 우주는 감속 팽창했다.
ㄴ. 현재 우주에서 물질이 차지하는 비율은 암흑 에너지가 차지하는 비율보다 크다.
ㄷ. 우주 배경 복사의 파장은 A 시기가 현재보다 길다.

① ㄱ ② ㄷ ③ ㄱ, ㄴ ④ ㄴ, ㄷ ⑤ ㄱ, ㄴ, ㄷ

16. 그림은 주계열성 A와 B가 각각 A′와 B′로 진화하는 경로를 H-R도에 나타낸 것이다. B는 태양이다.

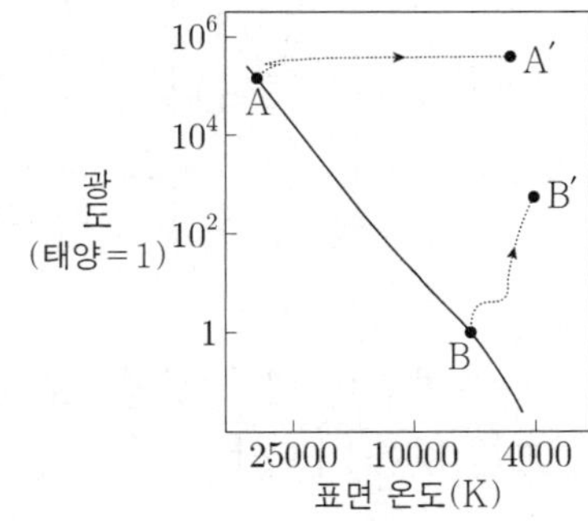

이에 대한 설명으로 옳은 것만을 <보기>에서 있는 대로 고른 것은?

<보 기>
ㄱ. A가 A′로 진화하는 데 걸리는 시간은 B가 B′로 진화하는 데 걸리는 시간보다 짧다.
ㄴ. B와 B′의 중심핵은 모두 탄소를 포함한다.
ㄷ. A는 B보다 최종 진화 단계에서의 밀도가 크다.

① ㄱ ② ㄷ ③ ㄱ, ㄴ ④ ㄴ, ㄷ ⑤ ㄱ, ㄴ, ㄷ

[해설편 p.147]

17. 다음은 우리은하와 외부 은하 A, B에 대한 설명이다. 세 은하는 일직선상에 위치하며, 허블 법칙을 만족한다.

> ○ 우리은하에서 A까지의 거리는 20 Mpc이다.
> ○ B에서 우리은하를 관측하면, 우리은하는 2800 km/s의 속도로 멀어진다.
> ○ A에서 B를 관측하면, B의 스펙트럼에서 500 nm의 기준 파장을 갖는 흡수선이 507 nm로 관측된다.

우리은하에서 A와 B를 관측한 결과에 대한 설명으로 옳은 것만을 <보기>에서 있는 대로 고른 것은? (단, 허블 상수는 70 km/s/Mpc이고, 빛의 속도는 3×10^5 km/s이다.)

<보 기>

ㄱ. A의 후퇴 속도는 1400 km/s이다.
ㄴ. 스펙트럼에서 기준 파장이 동일한 흡수선의 파장 변화량은 B가 A의 2배이다.
ㄷ. A와 B는 동일한 시선 방향에 위치한다.

① ㄱ ② ㄷ ③ ㄱ, ㄴ ④ ㄴ, ㄷ ⑤ ㄱ, ㄴ, ㄷ

18. 그림 (가)는 별 A와 B의 상대적 위치 변화를 시간 순서로 배열한 것이고, (나)는 (가)의 관측 기간 동안 이 중 한 별의 밝기 변화를 나타낸 것이다. 이 기간 동안 B는 A보다 지구로부터 멀리 있고, 별과 행성에 의한 미세 중력 렌즈 현상이 관측되었다.

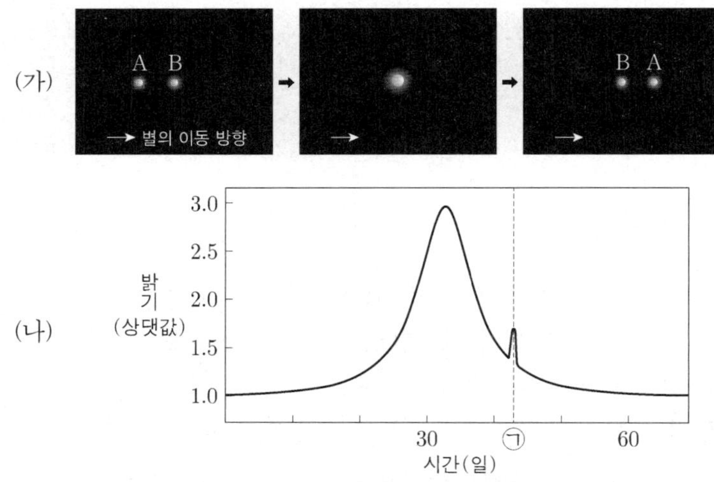

이 자료에 대한 설명으로 옳은 것만을 <보기>에서 있는 대로 고른 것은? [3점]

<보 기>

ㄱ. (나)의 ㉠ 시기에 관측자와 두 별의 중심은 일직선상에 위치한다.
ㄴ. (나)에서 별의 겉보기 등급 최대 변화량은 1등급보다 작다.
ㄷ. (나)로부터 A가 행성을 가지고 있다는 것을 알 수 있다.

① ㄱ ② ㄷ ③ ㄱ, ㄴ ④ ㄴ, ㄷ ⑤ ㄱ, ㄴ, ㄷ

19. 그림 (가)는 어느 지역의 지표에 나타난 화강암 A, B와 셰일 C의 분포를, (나)는 화강암 A, B에 포함된 방사성 원소의 붕괴 곡선 X, Y를 순서 없이 나타낸 것이다. A는 B를 관입하고 있고, B와 C는 부정합으로 접하고 있다. A, B에 포함된 방사성 원소의 양은 각각 처음 양의 20%와 50%이다.

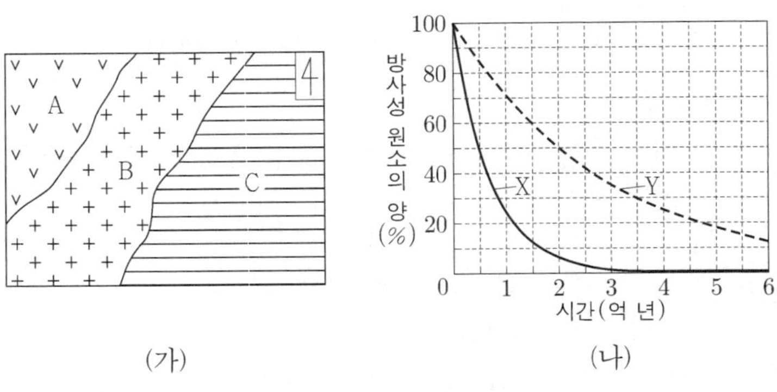

A, B, C에 대한 설명으로 옳은 것만을 <보기>에서 있는 대로 고른 것은? [3점]

<보 기>

ㄱ. A에 포함된 방사성 원소의 붕괴 곡선은 X이다.
ㄴ. 가장 오래된 암석은 B이다.
ㄷ. C는 고생대 암석이다.

① ㄱ ② ㄷ ③ ㄱ, ㄴ ④ ㄴ, ㄷ ⑤ ㄱ, ㄴ, ㄷ

20. 그림 (가)는 서태평양 적도 부근 해역의 표층에 도달하는 태양 복사 에너지 편차(관측값－평년값)를, (나)는 태평양 적도 부근 해역에서 A와 B 중 한 시기에 1년 동안 관측한 20℃ 등수온선의 깊이 편차를 나타낸 것이다. A와 B는 각각 엘니뇨와 라니냐 시기 중 하나이다.

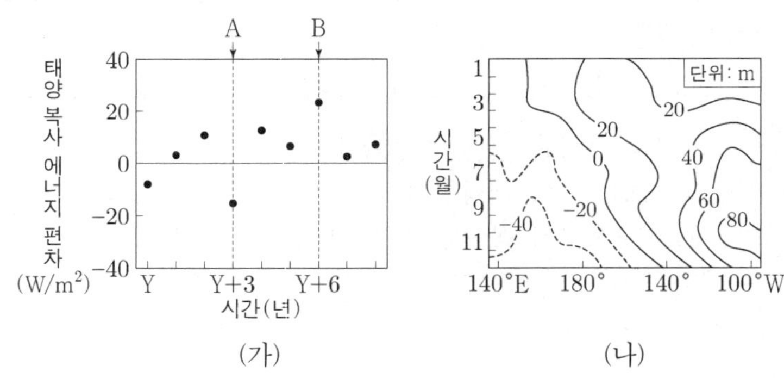

이에 대한 설명으로 옳은 것만을 <보기>에서 있는 대로 고른 것은? [3점]

<보 기>

ㄱ. (나)는 A에 해당한다.
ㄴ. B일 때는 서태평양 적도 부근 해역이 평년보다 건조하다.
ㄷ. 적도 부근에서 $\frac{\text{서태평양 해면 기압}}{\text{동태평양 해면 기압}}$은 A가 B보다 작다.

① ㄱ ② ㄴ ③ ㄱ, ㄷ ④ ㄴ, ㄷ ⑤ ㄱ, ㄴ, ㄷ

> ＊ 확인 사항
> ○ 답안지의 해당란에 필요한 내용을 정확히 기입(표기)했는지 확인하시오.

제 4 교시

과학탐구 영역(지구과학 I)

성명		수험 번호	-	제〔 〕선택

● 2019학년도 수능(고3 지Ⅱ)

1. 그림은 우주의 물리량을 시간에 따라 나타낸 것이다.

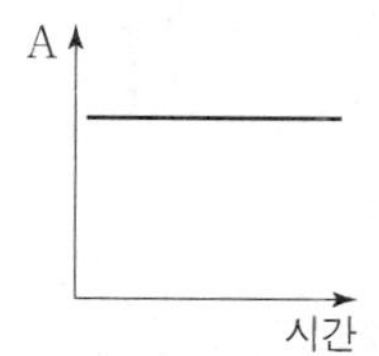

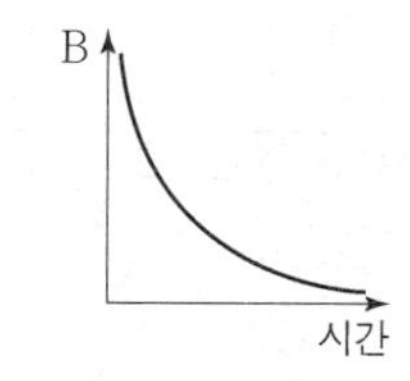

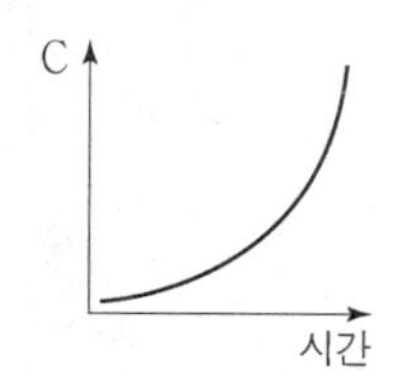

빅뱅 우주론에서 A, B, C에 해당하는 물리량으로 가장 적절한 것은?

	A	B	C
①	부피	밀도	온도
②	부피	온도	질량
③	온도	질량	부피
④	질량	온도	부피
⑤	질량	밀도	온도

● 2020학년도 수능(고3 지Ⅱ)

2. 그림 (가), (나), (다)는 어느 지역에서 관찰되는 건열, 사층리, 연흔을 순서 없이 나타낸 것이다.

(가)

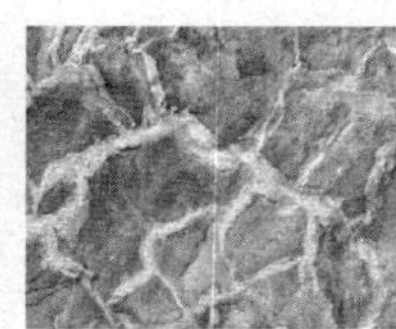
(나)

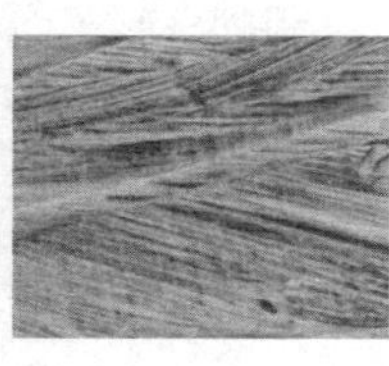
(다)

이에 대한 설명으로 옳은 것만을 <보기>에서 있는 대로 고른 것은?

<보 기>

ㄱ. (가)는 연흔이다.
ㄴ. (나)는 심해 환경에서 생성된다.
ㄷ. (다)에서는 퇴적물의 공급 방향을 알 수 있다.

① ㄱ ② ㄴ ③ ㄱ, ㄷ ④ ㄴ, ㄷ ⑤ ㄱ, ㄴ, ㄷ

● 2015학년도 수능(고3)

3. 그림은 항성의 밝기 변화를 이용하여 2014년 9월까지 발견한 모든 외계 행성들의 공전 궤도 긴반지름과 질량을 나타낸 것이다.

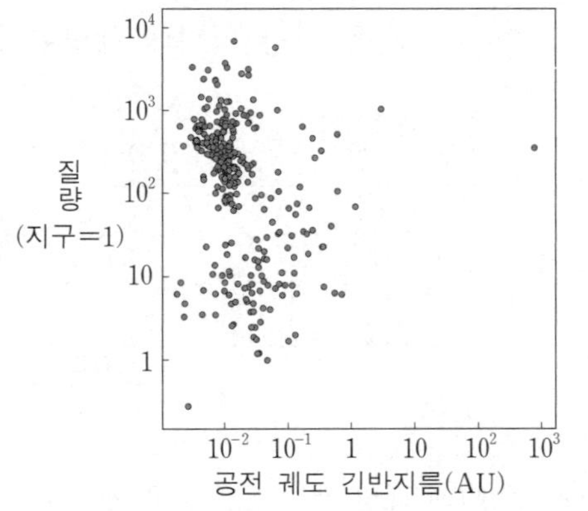

이 자료에 대한 설명으로 옳은 것만을 〈보기〉에서 있는 대로 고른 것은? [3점]

〈보 기〉

ㄱ. 외계 행성들의 크기는 대부분 지구보다 크다.
ㄴ. 공전 궤도 긴반지름은 지구보다 외계 행성들이 대부분 크다.
ㄷ. 이 방법을 이용한 외계 행성 탐사는 관측자의 시선 방향이 외계 행성의 공전 궤도면에 수직일 때 가능하다.

① ㄱ ② ㄷ ③ ㄱ, ㄴ ④ ㄴ, ㄷ ⑤ ㄱ, ㄴ, ㄷ

● 2014학년도 4월(고3 지Ⅱ)

4. 그림 (가)는 어느 지역의 지질 단면을, (나)는 방사성 원소 X의 붕괴 곡선을 나타낸 것이다. 화성암 Q에 포함된 방사성 원소 X의 양은 암석이 생성될 당시의 $\frac{1}{4}$이다.

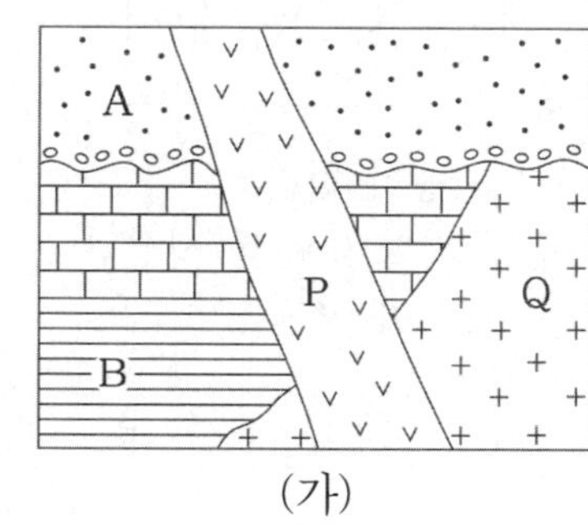

(가)

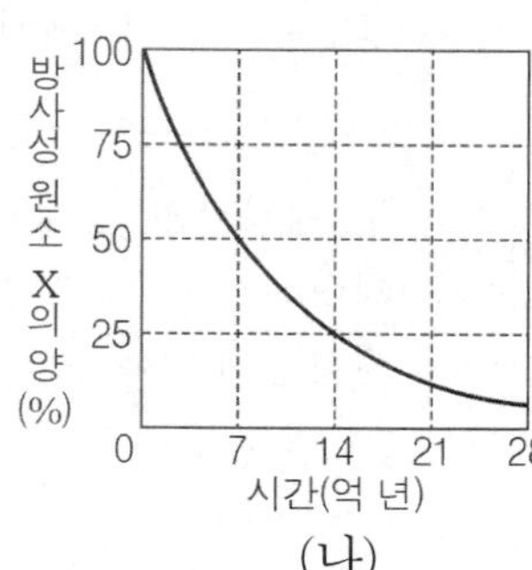

(나)

이에 대한 설명으로 옳은 것만을 <보기>에서 있는 대로 고른 것은? [3점]

<보 기>

ㄱ. A는 역전된 지층이다.
ㄴ. B의 절대 연령은 14억 년보다 크다.
ㄷ. P는 Q보다 먼저 생성되었다.

① ㄱ ② ㄴ ③ ㄱ, ㄷ ④ ㄴ, ㄷ ⑤ ㄱ, ㄴ, ㄷ

● 2020학년도 수능(고3 지Ⅱ)

5. 그림 (가)는 판 경계와 해양판 A, B를 나타낸 것이고, (나)는 시간에 따른 A와 B의 확장 속도를 순서 없이 나타낸 것이다.

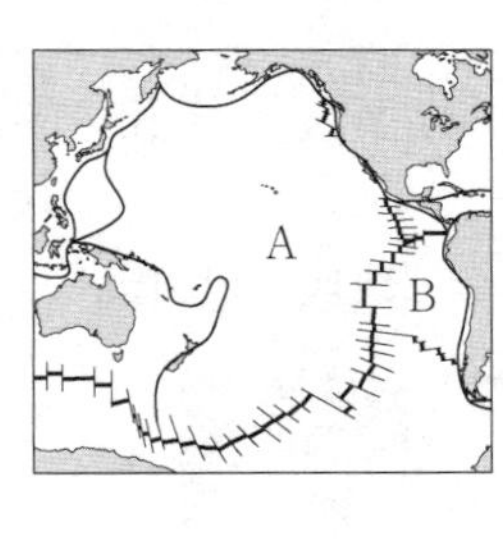

(가)

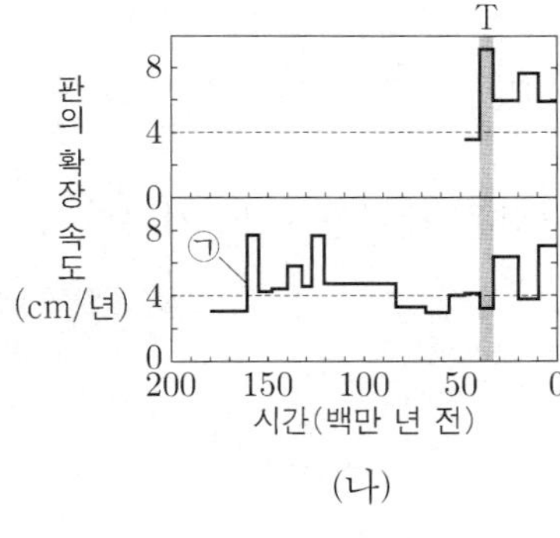

(나)

이 자료에 대한 설명으로 옳은 것만을 <보기>에서 있는 대로 고른 것은? (단, 태평양에서 심해 퇴적물이 쌓이는 속도는 일정하다.) [3점]

<보 기>

ㄱ. ㉠은 A의 확장 속도에 해당한다.
ㄴ. T 기간에 판의 확장 속도는 A가 B보다 빠르다.
ㄷ. T 기간에 생성된 판 위에 쌓인 심해 퇴적물의 두께는 A가 B보다 3배 두껍다.

① ㄱ ② ㄴ ③ ㄷ ④ ㄱ, ㄴ ⑤ ㄱ, ㄷ

● 2020학년도 6월(고3 지Ⅱ)

6. 그림은 동서 방향으로 이동하는 두 해양판의 경계와 이동 속도를 나타낸 것이다.

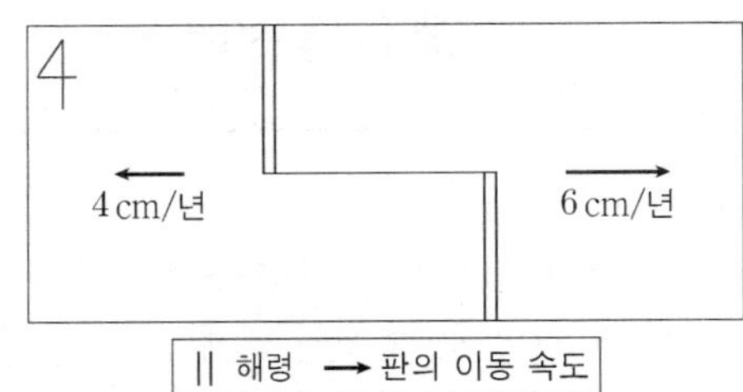

고지자기 줄무늬가 해령을 축으로 대칭일 때, 이에 대한 설명으로 옳은 것만을 <보기>에서 있는 대로 고른 것은? [3점]

<보 기>

ㄱ. 두 해양판의 경계에는 변환 단층이 있다.
ㄴ. 해령에서 두 해양판은 1년에 각각 5 cm씩 생성된다.
ㄷ. 해령은 1년에 2 cm씩 동쪽으로 이동한다.

① ㄱ ② ㄷ ③ ㄱ, ㄴ ④ ㄴ, ㄷ ⑤ ㄱ, ㄴ, ㄷ

7. 그림은 1월과 7월의 지표 부근의 평년 풍향 분포 중 하나를 나타낸 것이다.

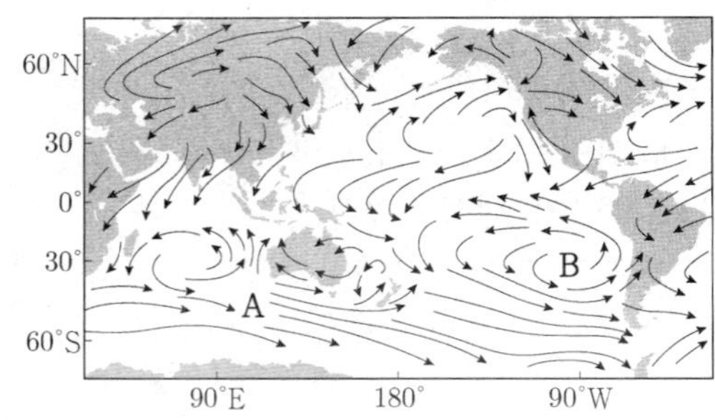

이 자료에 대한 설명으로 옳은 것만을 <보기>에서 있는 대로 고른 것은?

<보 기>

ㄱ. 1월의 평년 풍향 분포에 해당한다.
ㄴ. 지역 A의 표층 해류의 방향과 북태평양 해류의 방향은 반대이다.
ㄷ. 지역 B의 고기압은 해들리 순환의 하강으로 생성된다.

① ㄱ ② ㄴ ③ ㄷ ④ ㄱ, ㄴ ⑤ ㄱ, ㄷ

8. 그림은 태평양 어느 지역의 판 경계를 나타낸 것이다.

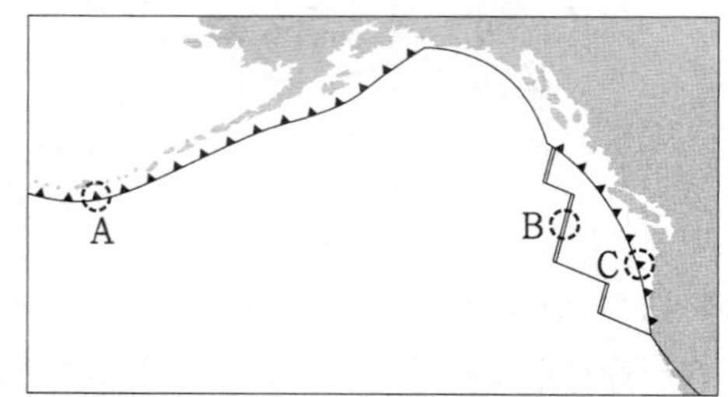

지역 A, B, C에 대한 설명으로 옳은 것만을 <보기>에서 있는 대로 고른 것은? [3점]

<보 기>

ㄱ. 판의 두께가 가장 얇은 곳은 B이다.
ㄴ. 분출된 용암의 평균 점성은 B가 A보다 작다.
ㄷ. 인접한 두 판의 밀도 차는 C가 B보다 작다.

① ㄱ ② ㄷ ③ ㄱ, ㄴ ④ ㄴ, ㄷ ⑤ ㄱ, ㄴ, ㄷ

9. 그림 (가)는 적도 부근 해역에서 동태평양과 서태평양의 해수면 기압 차(동태평양 기압 − 서태평양 기압)를, (나)는 태평양 적도 부근 해역에서 ㉠과 ㉡ 중 한 시기에 관측된 따뜻한 해수층의 두께 편차(관측값 − 평년값)를 나타낸 것이다. ㉠과 ㉡은 각각 엘니뇨와 라니냐 시기 중 하나이다.

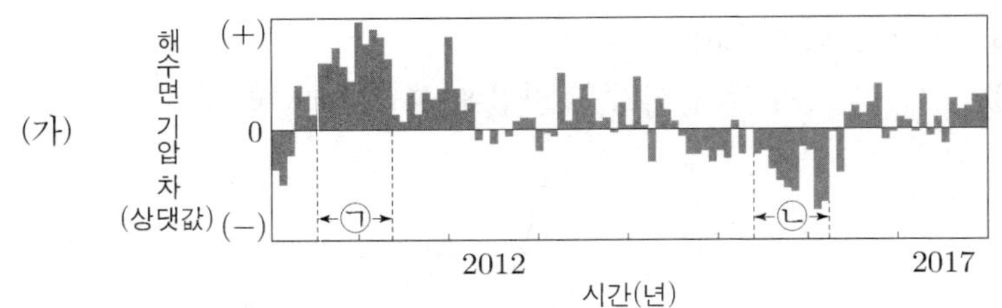

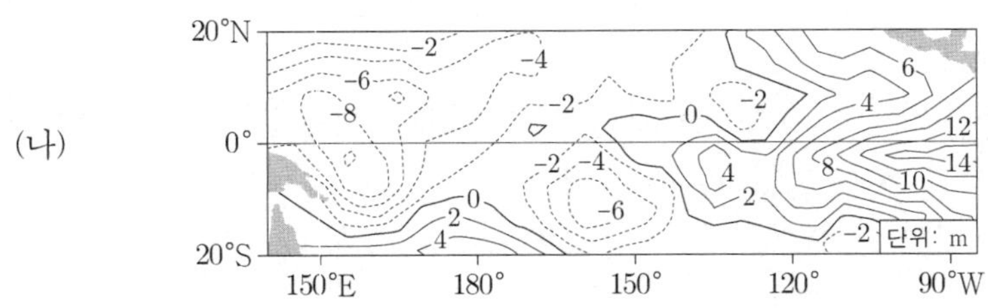

이에 대한 설명으로 옳은 것만을 <보기>에서 있는 대로 고른 것은? [3점]

<보 기>

ㄱ. (나)는 ㉠에 해당한다.
ㄴ. 서태평양 적도 해역과 동태평양 적도 해역 사이의 해수면 높이 차는 ㉠이 ㉡보다 크다.
ㄷ. 동태평양 적도 부근 해역에서 구름양은 ㉠이 ㉡보다 많다.

① ㄱ ② ㄴ ③ ㄷ ④ ㄱ, ㄴ ⑤ ㄴ, ㄷ

10. 그림 (가)는 복사 평형 상태에 있는 지구의 열수지를, (나)는 파장에 따른 대기의 지구 복사 에너지 흡수도를 나타낸 것이다. ㉠, ㉡, ㉢은 파장 영역에 해당한다.

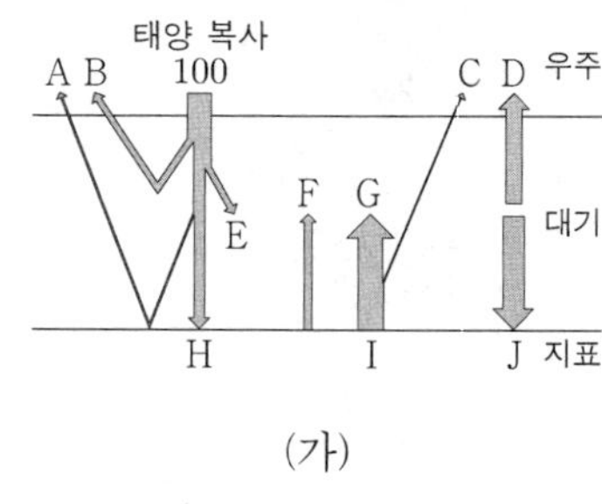

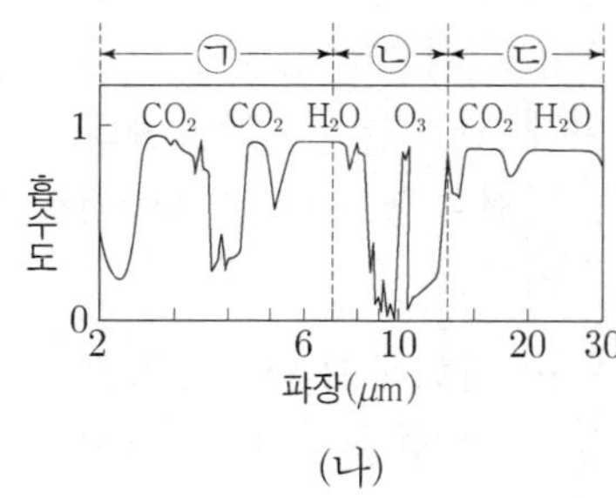

(가) (나)

이에 대한 설명으로 옳은 것만을 <보기>에서 있는 대로 고른 것은?

<보 기>

ㄱ. $\frac{E+H-C}{D}=1$이다.
ㄴ. C는 대부분 ㉠으로 방출되는 에너지양이다.
ㄷ. 대규모 산불이 진행되는 동안 발생하는 다량의 기체는 대기의 지구 복사 에너지 흡수도를 증가시킨다.

① ㄱ ② ㄴ ③ ㄱ, ㄷ ④ ㄴ, ㄷ ⑤ ㄱ, ㄴ, ㄷ

[해설편 p.150]

● 2020학년도 수능(고3 지Ⅱ)

11. 그림 (가)는 동태평양과 서태평양의 적도 부근 해역에서 관측한 표층 수온을 ○와 ×로 순서 없이 나타낸 것이다. 그림 (나)는 태평양 적도 부근 해역에서 2년 동안의 강수량 변화에 따른 표층 염분 편차(관측값 − 평년값)를 나타낸 것이다. A와 B는 각각 엘니뇨와 라니냐 시기 중 하나이고, ㉠은 A와 B 중 하나이다.

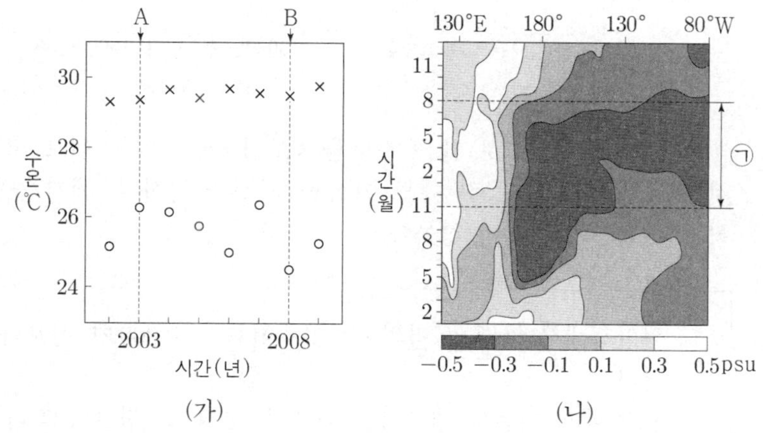

(가) (나)

이 자료에 대한 설명으로 옳은 것만을 <보기>에서 있는 대로 고른 것은? [3점]

<보 기>

ㄱ. (가)에서 시간에 따른 표층 수온 변화는 동태평양이 서태평양보다 크다.
ㄴ. 남적도 해류는 A일 때가 B일 때보다 강하다.
ㄷ. ㉠의 표층 염분 편차는 B일 때 나타난다.

① ㄱ ② ㄴ ③ ㄱ, ㄷ ④ ㄴ, ㄷ ⑤ ㄱ, ㄴ, ㄷ

12. 표의 (가)는 1일 강수량 분포를, (나)는 지점 A의 1일 풍향 빈도를 나타낸 것이다. $D_1 \rightarrow D_2$는 하루 간격이고 이 기간 동안 우리나라는 정체 전선의 영향권에 있었다.

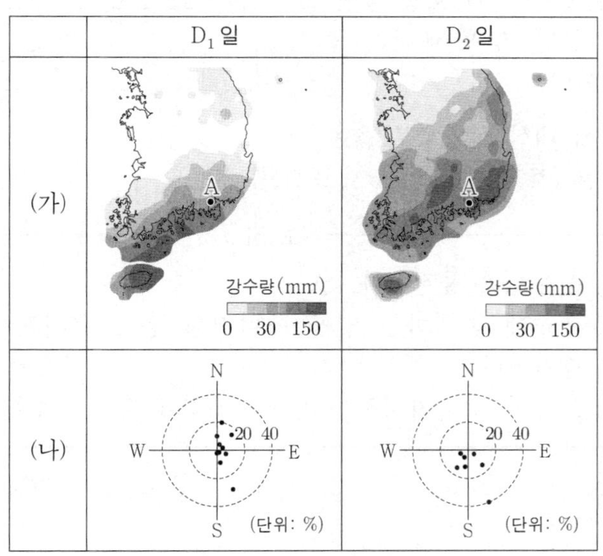

지점 A에 대한 설명으로 옳은 것만을 <보기>에서 있는 대로 고른 것은? [3점]

<보 기>

ㄱ. D_1일 때 정체 전선의 위치는 D_2일 때보다 북쪽이다.
ㄴ. D_2일 때 남동풍의 빈도는 남서풍의 빈도보다 크다.
ㄷ. D_1일 때가 D_2일 때보다 북태평양 기단의 영향을 더 받는다.

① ㄱ ② ㄴ ③ ㄱ, ㄷ ④ ㄴ, ㄷ ⑤ ㄱ, ㄴ, ㄷ

13. 그림 (가)와 (나)는 태풍의 영향을 받은 우리나라 관측소 A와 B에서 $T_1 \sim T_5$ 동안 측정한 기온, 기압, 풍향을 순서 없이 나타낸 것이다.

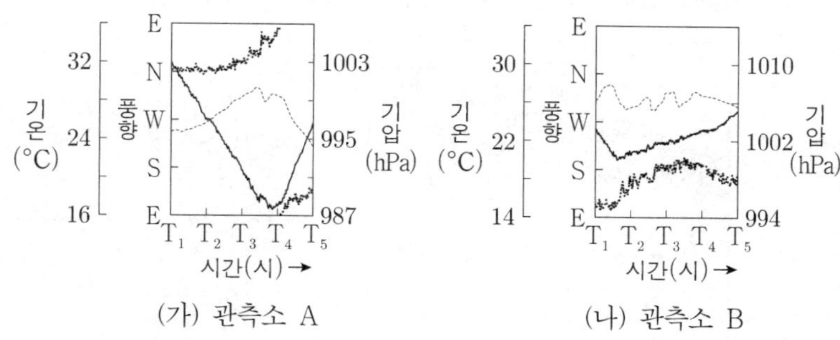

(가) 관측소 A (나) 관측소 B

이 자료에 대한 설명으로 옳은 것만을 <보기>에서 있는 대로 고른 것은?

<보 기>

ㄱ. $T_1 \sim T_4$ 동안 A는 위험 반원, B는 안전 반원에 위치한다.
ㄴ. 태풍의 중심이 가장 가까이 통과한 시각은 A가 B보다 늦다.
ㄷ. $T_4 \sim T_5$ 동안 A와 B의 기온은 상승한다.

① ㄱ ② ㄴ ③ ㄱ, ㄷ ④ ㄴ, ㄷ ⑤ ㄱ, ㄴ, ㄷ

● 2020학년도 수능(고3 지Ⅱ)

14. 그림은 같은 시기에 관측한 두 해역의 표층에서 심층까지의 수온과 염분을 수온-염분도에 나타낸 것이다. A와 B는 각각 저위도와 고위도 해역 중 하나이고, ㉠과 ㉡은 밀도가 같은 해수이다.

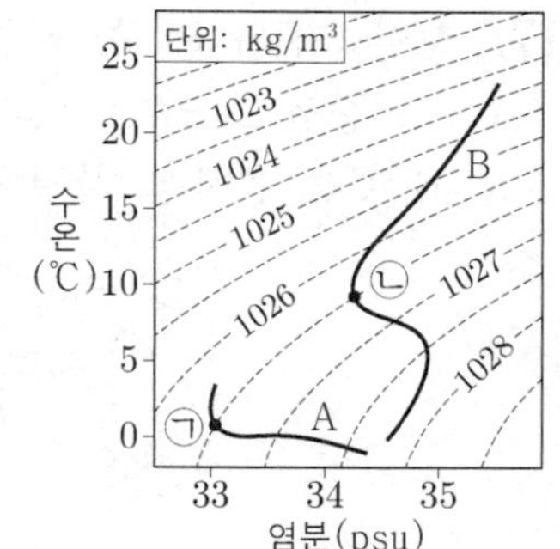

이 자료에 대한 설명으로 옳은 것만을 <보기>에서 있는 대로 고른 것은?

<보 기>

ㄱ. A는 저위도 해역이다.
ㄴ. 같은 부피의 ㉠과 ㉡이 혼합되어 형성된 해수의 밀도는 ㉠보다 크다.
ㄷ. 염분이 일정할 때, 수온 변화에 따른 밀도 변화는 수온이 높을 때가 낮을 때보다 크다.

① ㄱ ② ㄴ ③ ㄷ ④ ㄱ, ㄷ ⑤ ㄴ, ㄷ

15. 그림은 태양보다 질량이 작은 주계열성이 중심별인 어느 외계 행성계를 나타낸 것이다. 각 행성의 위치는 중심별로부터 행성까지의 거리에 해당하고, S 값은 그 위치에서 단위 시간당 단위 면적이 받는 복사 에너지이다. 생명 가능 지대에 존재하는 행성은 A이다.

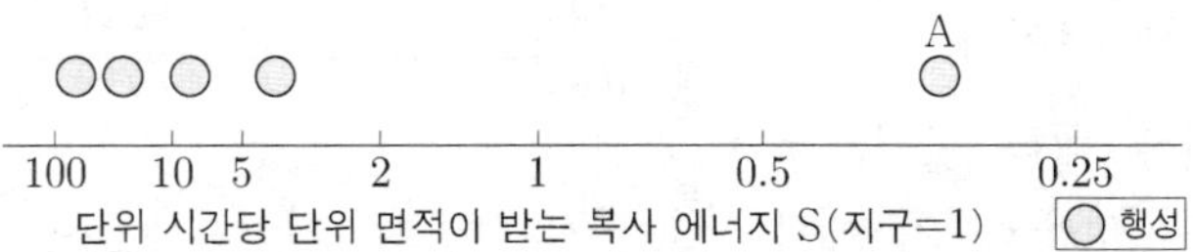

이 행성계가 태양계보다 큰 값을 가지는 것만을 <보기>에서 있는 대로 고른 것은? [3점]

<보 기>

ㄱ. 중심별로부터 생명 가능 지대 안쪽 경계까지의 행성 수
ㄴ. S=1인 위치에서 중심별까지의 거리
ㄷ. 생명 가능 지대에 존재하는 행성의 S 값

① ㄱ ② ㄷ ③ ㄱ, ㄴ ④ ㄴ, ㄷ ⑤ ㄱ, ㄴ, ㄷ

47회

● 2013학년도 7월(고3 지Ⅱ)

16. 그림 (가)는 H-R도 상에 별의 진화 경로를, (나)는 이 진화 경로 상에 있는 어떤 별의 내부 구조를 나타낸 것이다.

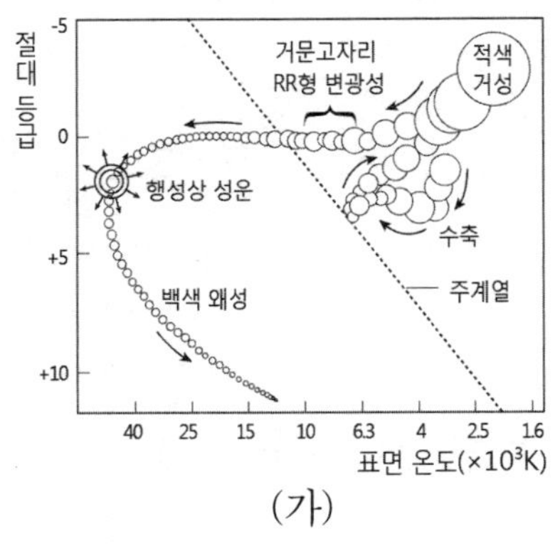

(가)

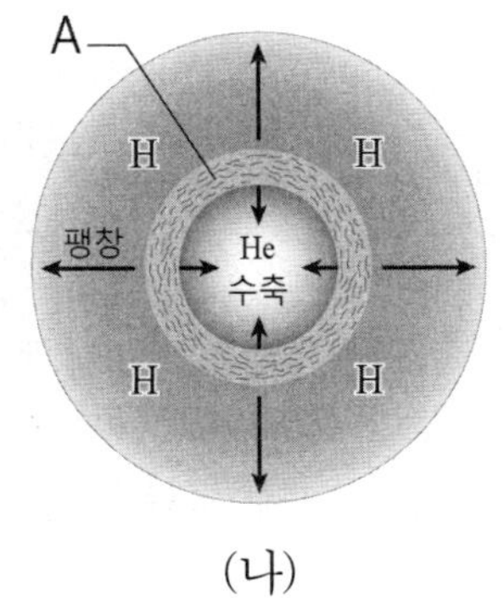

(나)

이에 대한 설명으로 옳은 것만을 <보기>에서 있는 대로 고른 것은?

<보 기>
ㄱ. (가)는 태양 정도 질량을 가진 별이 진화하는 경로이다.
ㄴ. A층의 수소 핵융합 반응으로 별의 크기가 커질 것이다.
ㄷ. (나) 별의 진화 과정은 (가)의 주계열 단계에 해당한다.

① ㄱ ② ㄷ ③ ㄱ, ㄴ ④ ㄴ, ㄷ ⑤ ㄱ, ㄴ, ㄷ

● 2020학년도 수능(고3 지Ⅱ)

17. 그림 (가)와 (나)는 허블의 법칙에 따라 팽창하는 어느 대폭발 우주를 풍선 모형으로 나타낸 것이다. 풍선 표면에 고정시킨 단추 A, B, C는 은하에, 물결 무늬(~)는 우주 배경 복사에 해당한다.

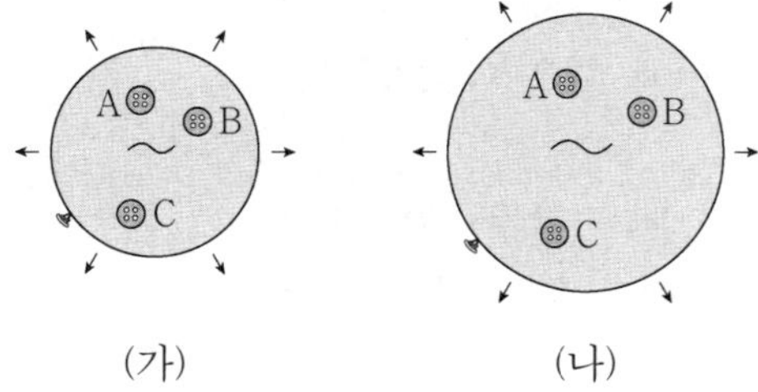

(가) (나)

이에 대한 설명으로 옳은 것만을 <보기>에서 있는 대로 고른 것은? [3점]

<보 기>
ㄱ. A로부터 멀어지는 속도는 B가 C보다 크다.
ㄴ. 우주 배경 복사의 온도는 (가)에 해당하는 우주가 (나)보다 높다.
ㄷ. 우주의 밀도는 (가)에 해당하는 우주가 (나)보다 크다.

① ㄱ ② ㄷ ③ ㄱ, ㄴ ④ ㄴ, ㄷ ⑤ ㄱ, ㄴ, ㄷ

● 2020학년도 수능(고3 지Ⅱ)

18. 그림은 현생 이언 동안의 해수면 높이와 해양 생물 과의 수를 나타낸 것이다.

이에 대한 설명으로 옳은 것만을 <보기>에서 있는 대로 고른 것은?

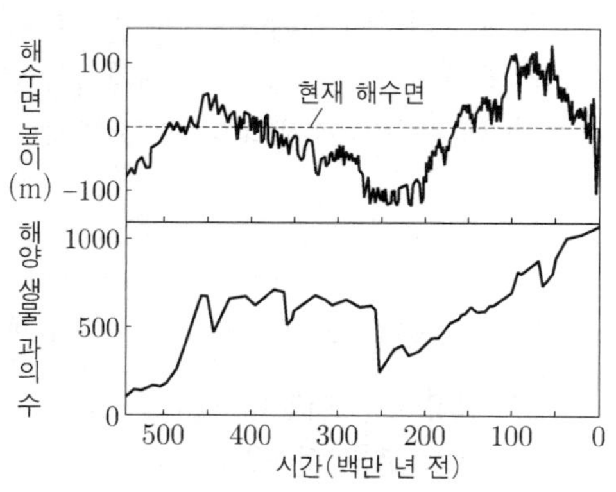

<보 기>
ㄱ. 최초의 다세포 생물은 캄브리아기 전에 출현하였다.
ㄴ. 중생대 말에 감소한 해양 생물 과의 수는 고생대 말보다 크다.
ㄷ. 판게아가 분리되기 시작했을 때의 해수면은 현재보다 높았다.

① ㄱ ② ㄷ ③ ㄱ, ㄴ ④ ㄴ, ㄷ ⑤ ㄱ, ㄴ, ㄷ

19. 그림 (가)와 (나)는 지구의 공전 궤도 이심률과 자전축 경사각의 변화를 각각 나타낸 것이다. 지구 자전축 세차 운동의 주기는 약 26000년이고 방향은 지구 공전 방향과 반대이다.

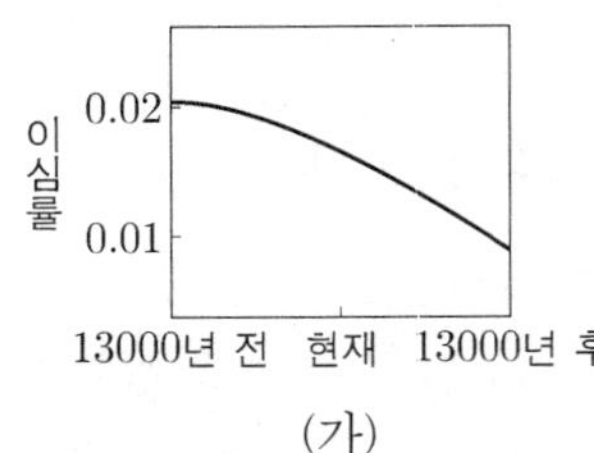

(가)

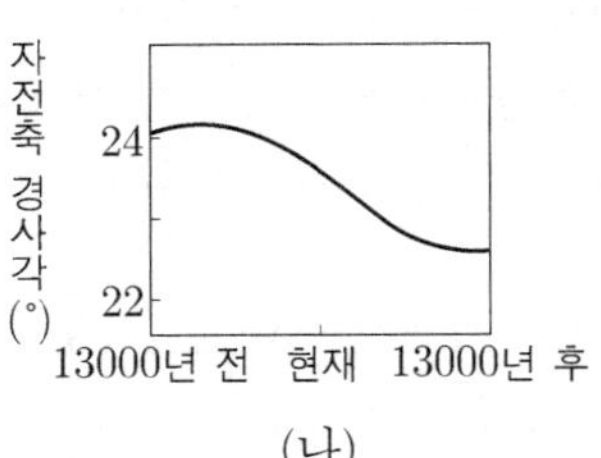

(나)

이에 대한 설명으로 옳은 것만을 <보기>에서 있는 대로 고른 것은? (단, 지구의 공전 궤도 이심률, 자전축 경사각, 세차 운동 이외의 요인은 변하지 않는다.)

<보 기>
ㄱ. 원일점에서 30°S의 밤의 길이는 현재가 13000년 전보다 짧다.
ㄴ. 30°N에서 기온의 연교차는 현재가 13000년 전보다 작다.
ㄷ. 30°S의 겨울철 태양의 남중 고도는 6500년 후가 현재보다 낮다.

① ㄱ ② ㄴ ③ ㄱ, ㄷ ④ ㄴ, ㄷ ⑤ ㄱ, ㄴ, ㄷ

● 2017학년도 9월(고3 지Ⅱ)

20. 그림은 어느 가속 팽창 우주 모형에서 시간에 따른 우주 구성 요소 A, B, C의 밀도를 나타낸 것이다. A, B, C는 각각 보통 물질, 암흑 물질, 암흑 에너지 중 하나이다.

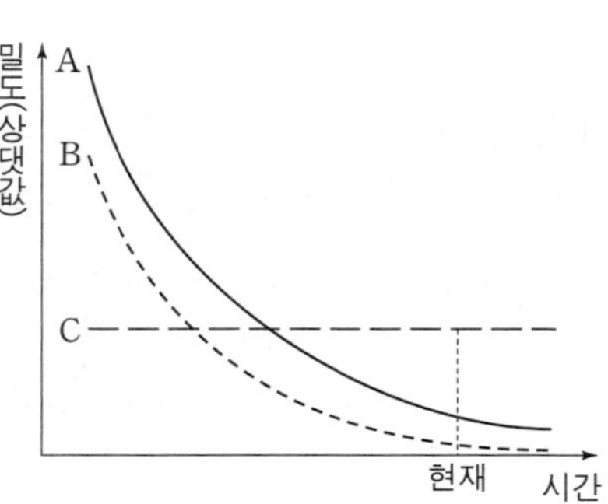

이에 대한 설명으로 옳은 것만을 〈보기〉에서 있는 대로 고른 것은?

〈보 기〉
ㄱ. A는 암흑 물질이다.
ㄴ. 우주에 존재하는 암흑 에너지의 총량은 시간에 따라 증가한다.
ㄷ. 보통 물질이 차지하는 비율은 시간에 따라 감소한다.

① ㄱ ② ㄴ ③ ㄱ, ㄷ ④ ㄴ, ㄷ ⑤ ㄱ, ㄴ, ㄷ

* 확인 사항

○ 답안지의 해당란에 필요한 내용을 정확히 기입(표기)했는지 확인하시오.

[해설편 p.152]

제 4 교시

과학탐구 영역(지구과학 Ⅰ)

48회

성명		수험 번호	—	제〔 〕선택

● 2018학년도 수능(고3 지Ⅱ)

1. 그림은 어느 지역의 지질 단면도를, 표는 화성암 D와 F에 포함된 방사성 원소 X와 이 원소가 붕괴되어 생성된 자원소의 함량비를 나타낸 것이다.

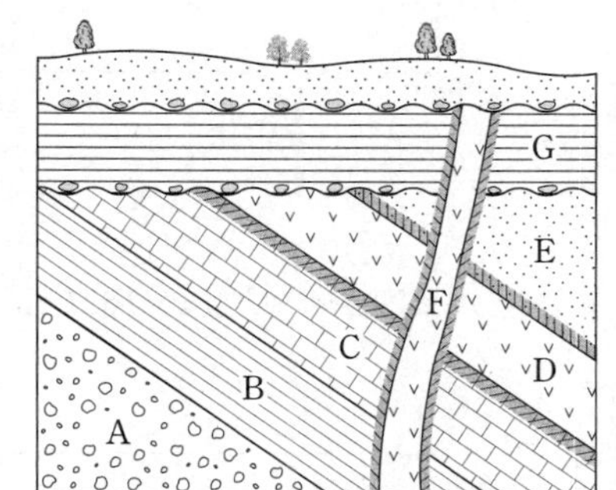

화성암	방사성 원소 X : 자원소
D	1 : 3
F	1 : 1

(X의 반감기: 1억 년)

역암, 사암, 셰일, 석회암, 화성암, 변성된 부분

이 지역에 대한 설명으로 옳은 것만을 〈보기〉에서 있는 대로 고른 것은?

〈보 기〉

ㄱ. D는 E보다 먼저 생성되었다.
ㄴ. D의 절대 연령은 2억 년이다.
ㄷ. G는 속씨식물이 번성한 시대에 생성되었다.

① ㄱ ② ㄴ ③ ㄷ ④ ㄱ, ㄴ ⑤ ㄴ, ㄷ

● 2019학년도 수능(고3 지Ⅱ)

2. 그림은 동해에서 측정한 수괴 A, B, C의 성질을 나타낸 것이다. (가)는 수온과 염분 분포이고, (나)는 수온과 용존 산소량 분포이다.

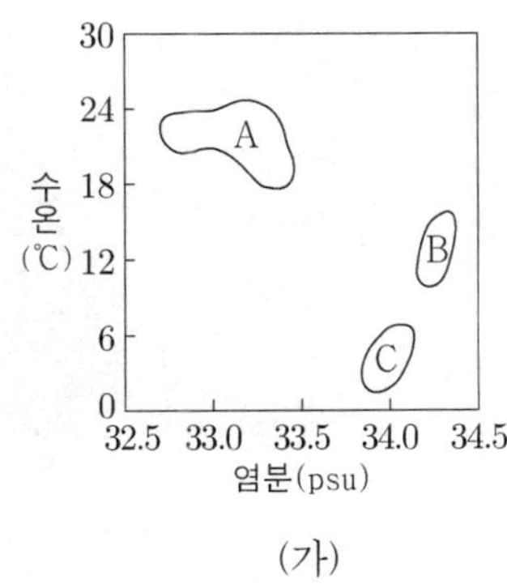

(가)

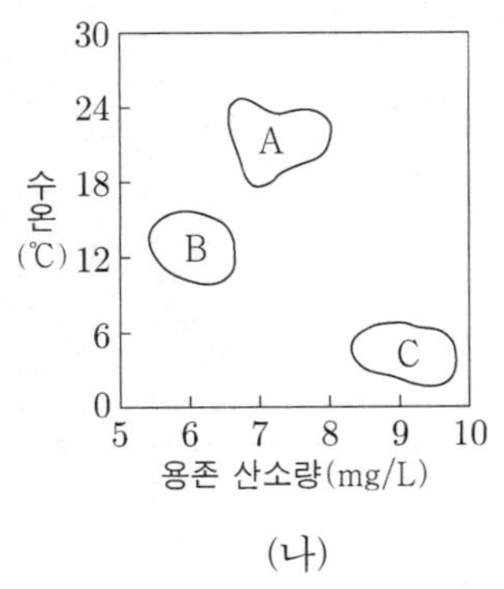

(나)

A, B, C에 대한 설명으로 옳은 것만을 <보기>에서 있는 대로 고른 것은?

<보 기>

ㄱ. 밀도는 A가 가장 낮다.
ㄴ. 염분이 높은 수괴일수록 용존 산소량이 많다.
ㄷ. B는 A와 C가 혼합되어 형성되었다.

① ㄱ ② ㄴ ③ ㄱ, ㄷ ④ ㄴ, ㄷ ⑤ ㄱ, ㄴ, ㄷ

● 2019학년도 수능(고3 지Ⅱ)

3. 표는 질량이 서로 다른 별 (가)와 (나)의 진화 과정을 나타낸 것이다.

별	진화 과정
(가)	주계열성 → 적색 초거성 → 초신성 폭발 → 중성자별
(나)	주계열성 → 적색 거성 → 행성상 성운 → 백색 왜성

이에 대한 설명으로 옳은 것만을 <보기>에서 있는 대로 고른 것은?

<보 기>

ㄱ. 주계열 단계에 머무르는 기간은 (가)가 (나)보다 길다.
ㄴ. 주계열 단계의 수소 핵융합 반응 중에서 CNO 순환 반응이 차지하는 비율은 (가)가 (나)보다 크다.
ㄷ. (가)의 진화 과정에서 철보다 무거운 원소가 생성된다.

① ㄱ ② ㄷ ③ ㄱ, ㄴ ④ ㄴ, ㄷ ⑤ ㄱ, ㄴ, ㄷ

● 2015학년도 수능(고3 지Ⅱ)

4. 그림은 우리나라 주변의 주요 판 경계를 나타낸 것이다.

A, B, C 지역의 공통점으로 옳은 것만을 〈보기〉에서 있는 대로 고른 것은? [3점]

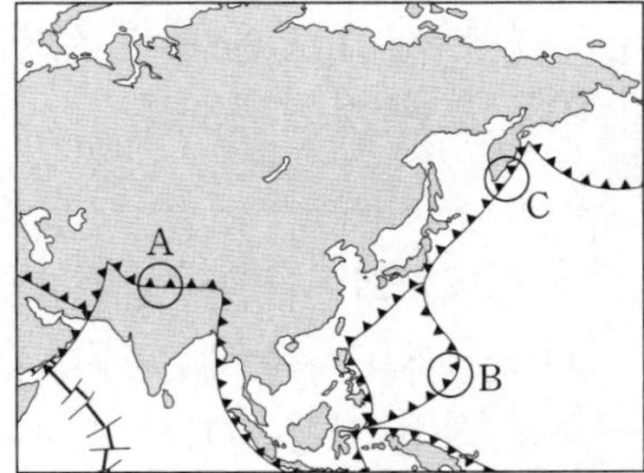

〈보 기〉

ㄱ. 안산암질 마그마가 분출한다.
ㄴ. 천발 지진이 발생한다.
ㄷ. 수렴형 경계이다.

① ㄱ ② ㄷ ③ ㄱ, ㄴ ④ ㄴ, ㄷ ⑤ ㄱ, ㄴ, ㄷ

5. 다음은 뇌우와 우박에 대하여 학생 A, B, C가 나눈 대화를 나타낸 것이다.

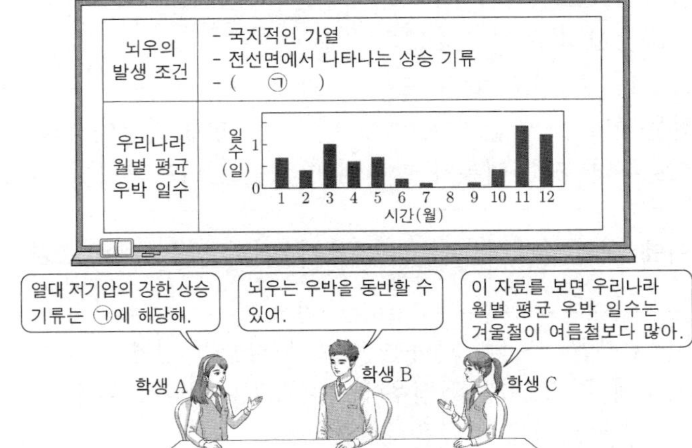

제시한 내용이 옳은 학생만을 있는 대로 고른 것은?

① A ② B ③ A, C ④ B, C ⑤ A, B, C

[해설편 p.153]

● 2019학년도 수능(고3 지Ⅱ)

6. 그림은 같은 성단의 별 a~d를 H-R도에 나타낸 것이다.

a~d에 대한 설명으로 옳은 것만을 <보기>에서 있는 대로 고른 것은? [3점]

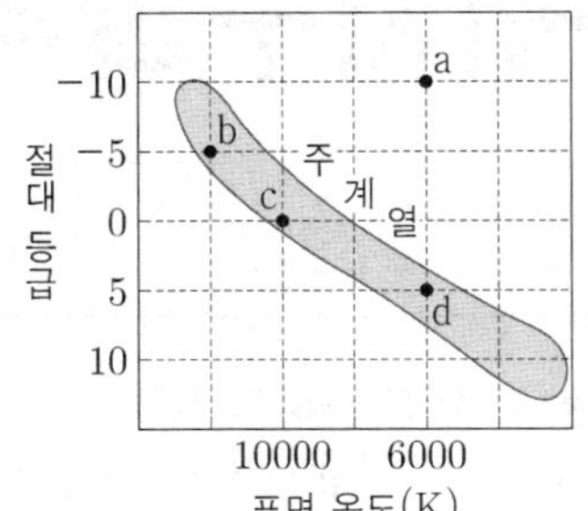

<보 기>
ㄱ. 반지름은 a가 d의 1000배이다.
ㄴ. 중심 온도가 가장 높은 별은 b이다.
ㄷ. 수소 흡수선이 가장 강한 별은 c이다.

① ㄱ ② ㄴ ③ ㄱ, ㄷ ④ ㄴ, ㄷ ⑤ ㄱ, ㄴ, ㄷ

7. 그림 (가)는 어느 지역의 판 경계 부근에서 발생한 진앙 분포를, (나)는 (가)의 X－X′에 따른 지형의 단면을 나타낸 것이다.

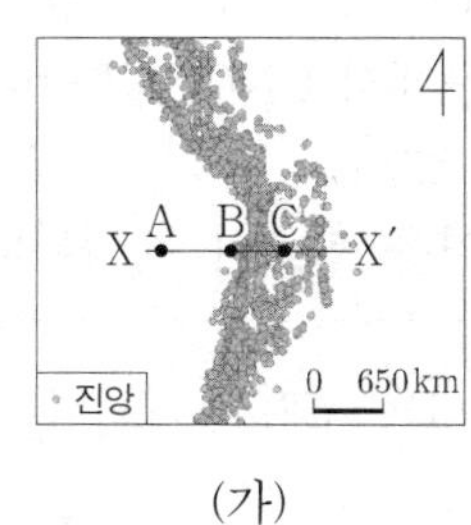

(가)

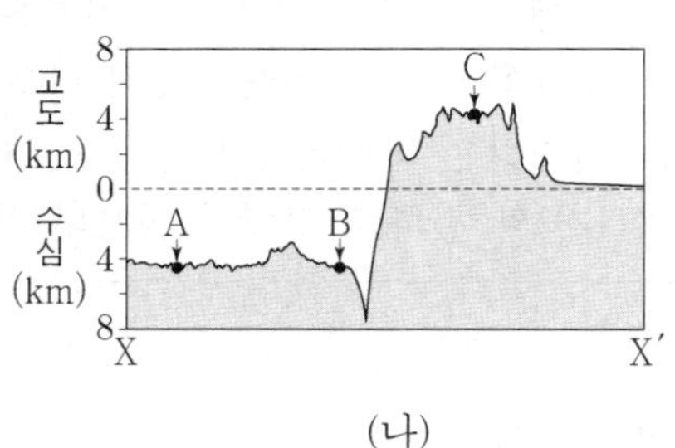

(나)

지역 A, B, C에 대한 설명으로 옳은 것만을 <보기>에서 있는 대로 고른 것은? [3점]

<보 기>
ㄱ. 지각의 나이는 A가 B보다 많다.
ㄴ. B와 C 사이에는 수렴형 경계가 존재한다.
ㄷ. 화산 활동은 C가 A보다 활발하다.

① ㄱ ② ㄷ ③ ㄱ, ㄴ ④ ㄴ, ㄷ ⑤ ㄱ, ㄴ, ㄷ

● 2014학년도 10월(고3)

8. 다음은 북대서양의 표층 해류와 관련된 내용이다.

18세기에 미국의 벤자민 프랭클린이 우체국장을 지내던 시절이었다. 그는 a에서 b로 오는 우편 선박이 A 항로보다 B 항로로 운항할 때 2주 정도 빨리 도착하는 이유가 궁금했다. 어느 날 그는 항해 경험이 많은 선장으로부터 표층 해류가 항해에 영향을 준다는 사실을 들었다.

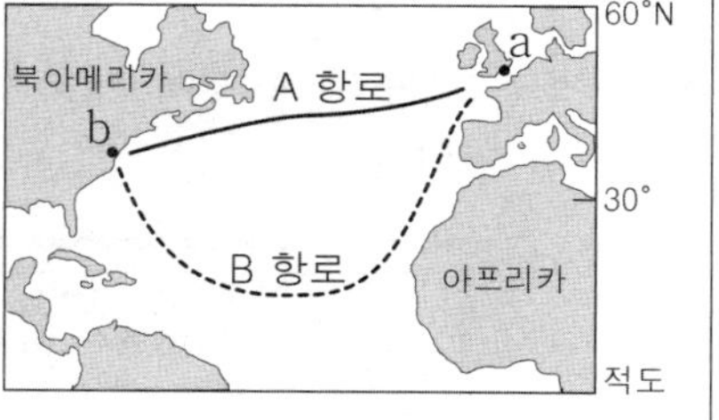

이에 대한 옳은 설명만을 <보기>에서 있는 대로 고른 것은?

<보 기>
ㄱ. A 항로 부근의 해류는 주로 무역풍의 영향을 받는다.
ㄴ. b에서 a로 이동할 경우에도 A보다 B 항로를 이용하는 것이 시간이 적게 걸렸을 것이다.
ㄷ. 북대서양 표층 해류의 아열대 순환 방향은 시계 방향이다.

① ㄱ ② ㄷ ③ ㄱ, ㄴ ④ ㄴ, ㄷ ⑤ ㄱ, ㄴ, ㄷ

● 2019학년도 수능(고3 지Ⅱ)

9. 그림 (가)는 어느 지역의 지질도를, (나)는 방사성 원소 X의 붕괴 곡선을 나타낸 것이다. 화성암 C와 D에 포함되어 있는 X의 양은 각각 처음 양의 $\frac{1}{4}$과 $\frac{1}{2}$이다. 지층 A와 B는 화성암 C에 의해 접촉 변성 작용을 받았다.

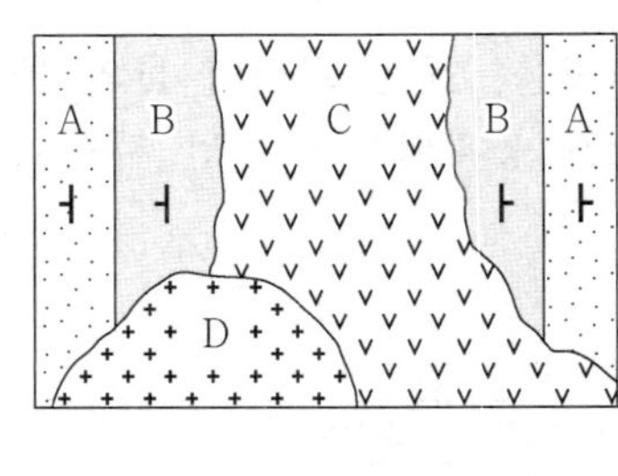
(가)

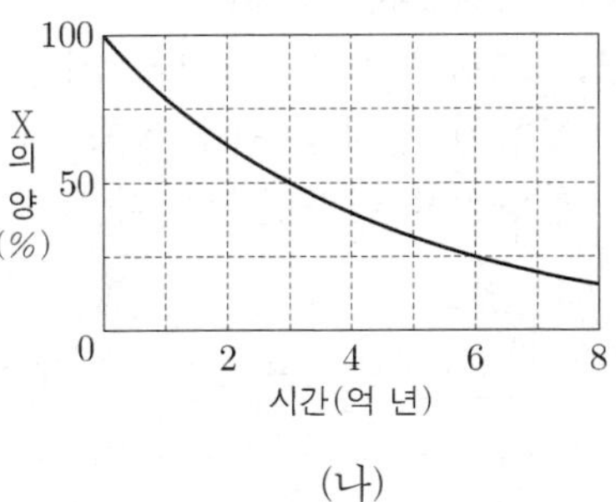

(나)

이에 대한 설명으로 옳은 것만을 <보기>에서 있는 대로 고른 것은? [3점]

<보 기>
ㄱ. D가 관입한 시기는 고생대이다.
ㄴ. B에서 필석이 산출될 수 있다.
ㄷ. 암석의 생성 순서는 A → B → C → D이다.

① ㄱ ② ㄴ ③ ㄱ, ㄷ ④ ㄴ, ㄷ ⑤ ㄱ, ㄴ, ㄷ

10. 그림 (가)는 어느 날 06시부터 21시간 동안 우리나라 어느 관측소에서 높이에 따른 기온을, (나)는 이날 06시의 우리나라 주변 지상 일기도를 나타낸 것이다. 관측 기간 동안 온난 전선과 한랭 전선 중 하나가 이 관측소를 통과하였다.

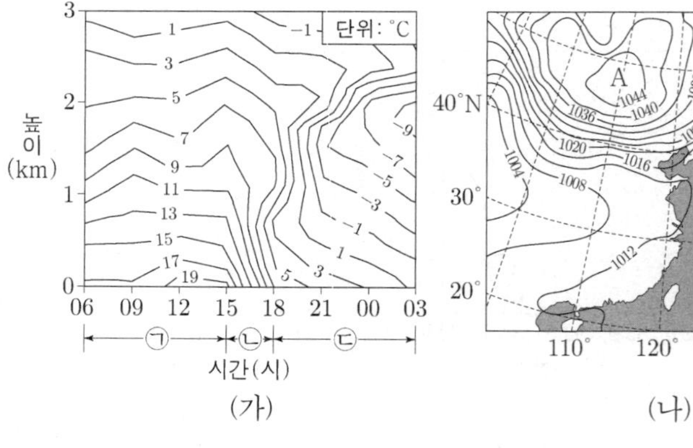

(가) (나)

이에 대한 설명으로 옳은 것만을 <보기>에서 있는 대로 고른 것은? [3점]

<보 기>
ㄱ. 관측소를 통과한 전선은 온난 전선이다.
ㄴ. 관측소의 지상 평균 기압은 ㉢ 시기가 ㉠ 시기보다 높다.
ㄷ. ㉢ 시기에 관측소는 A 지역 기단의 영향을 받는다.

① ㄱ ② ㄴ ③ ㄱ, ㄷ ④ ㄴ, ㄷ ⑤ ㄱ, ㄴ, ㄷ

[해설편 p.153]

● 2019학년도 수능(고3 지Ⅱ)

11. 그림 (가)는 태평양 적도 부근 해역에서 무역풍의 동서 성분 풍속 편차를, (나)는 해역 A와 B에서의 기압 편차를 나타낸 것이다. a 시기와 b 시기는 각각 엘니뇨 시기와 라니냐 시기 중 하나이고, A와 B는 각각 동태평양 적도 부근 해역과 서태평양 적도 부근 해역 중 하나이다. 편차는 (관측값 − 평년값)이다.

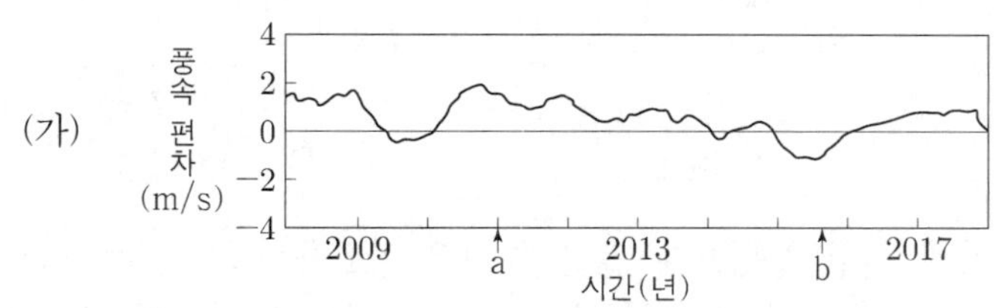

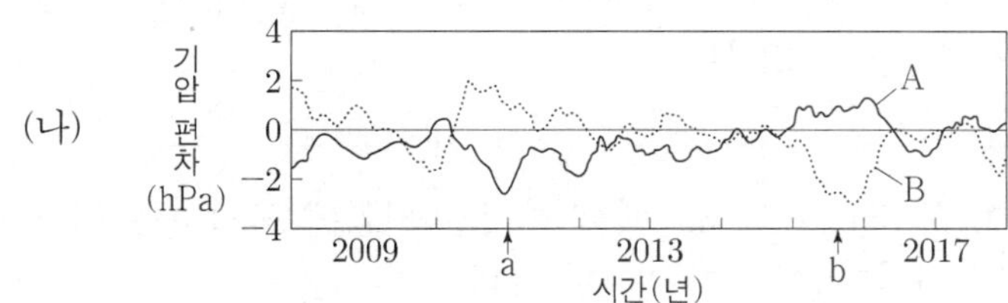

이 자료에 대한 설명으로 옳은 것만을 <보기>에서 있는 대로 고른 것은? (단, 무역풍에서 서쪽으로 향하는 방향을 양(+)으로 한다.) [3점]

<보 기>

ㄱ. A는 동태평양 적도 부근 해역이다.
ㄴ. a 시기에 표층 수온 편차가 음(−)의 값을 갖는 해역은 B이다.
ㄷ. B에서 수온 약층의 깊이는 b 시기가 a 시기보다 깊다.

① ㄱ ② ㄴ ③ ㄷ ④ ㄱ, ㄴ ⑤ ㄴ, ㄷ

12. 표의 (가)와 (나)는 태평양 적도 부근 해역에서 관측된 바람과 구름양의 분포를 엘니뇨 시기와 라니냐 시기로 구분하여 순서 없이 나타낸 것이다.

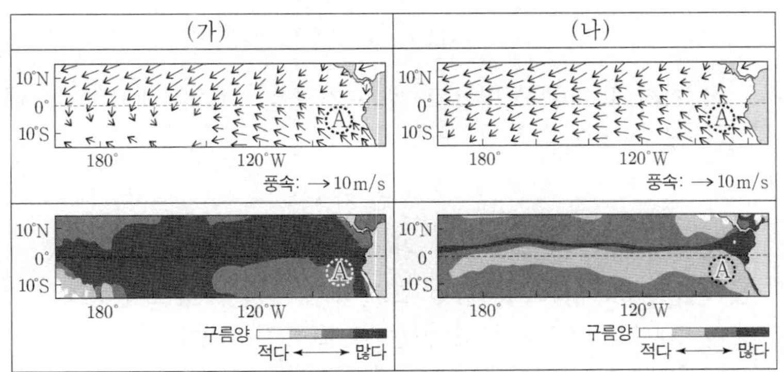

이에 대한 설명으로 옳은 것만을 <보기>에서 있는 대로 고른 것은? [3점]

<보 기>

ㄱ. 태평양 적도 부근 해역에서 구름양은 라니냐 시기가 엘니뇨 시기보다 많다.
ㄴ. A 해역의 수온은 (가)가 (나)보다 높다.
ㄷ. 남적도 해류는 (가)가 (나)보다 강하다.

① ㄱ ② ㄴ ③ ㄷ ④ ㄱ, ㄴ ⑤ ㄱ, ㄷ

13. 그림 (가)는 어느 태풍의 중심 기압을 22일부터 24일까지 3시간 간격으로, (나)는 이 태풍의 위치를 6시간 간격으로 나타낸 것이다.

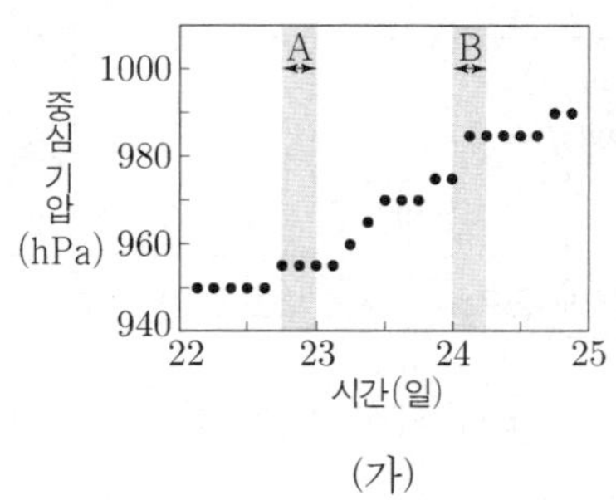

(가)

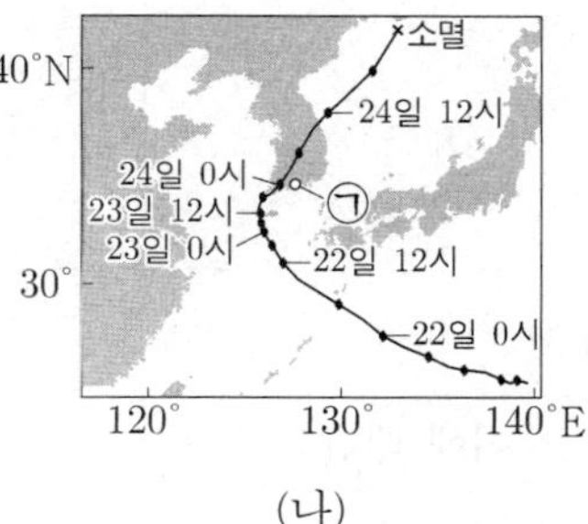

(나)

이에 대한 설명으로 옳은 것만을 <보기>에서 있는 대로 고른 것은?

<보 기>

ㄱ. 태풍의 세력은 A 시기가 B 시기보다 강하다.
ㄴ. 태풍의 평균 이동 속도는 A 시기가 B 시기보다 빠르다.
ㄷ. 23일 18시부터 24일 06시까지 ㉠ 지점에서 풍향은 시계 반대 방향으로 변한다.

① ㄱ ② ㄷ ③ ㄱ, ㄴ ④ ㄴ, ㄷ ⑤ ㄱ, ㄴ, ㄷ

14. 그림은 태평양 주변에서의 1월과 7월의 평년 기압 분포 중 하나를 나타낸 것이다.

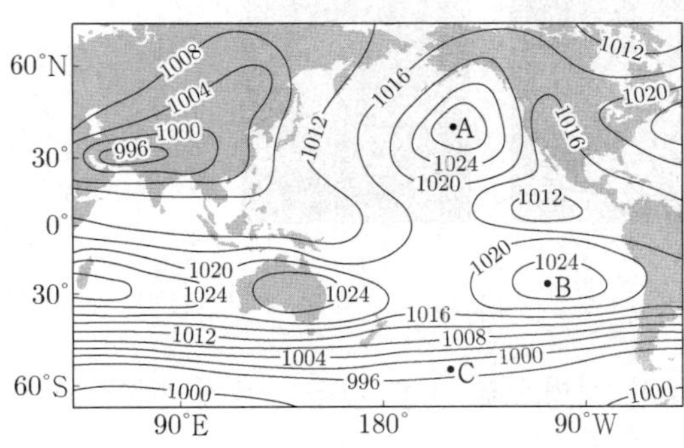

이에 대한 설명으로 옳은 것만을 <보기>에서 있는 대로 고른 것은?

<보 기>

ㄱ. 이 평년 기압 분포는 1월에 해당한다.
ㄴ. A와 B 지점의 고기압은 해들리 순환의 하강으로 생성된다.
ㄷ. C 지점의 표층 해류는 동쪽에서 서쪽으로 흐른다.

① ㄱ ② ㄴ ③ ㄱ, ㄷ ④ ㄴ, ㄷ ⑤ ㄱ, ㄴ, ㄷ

● 2015학년도 4월(고3 지Ⅱ)

15. 표는 퇴적암을 퇴적물의 기원에 따라 분류하고 그 예를 나타낸 것이다.

구분	퇴적물의 기원	퇴적암의 예
쇄설성 퇴적암	(A)	응회암, 집괴암
	풍화 · 침식 쇄설물	역암, 사암, 이암
유기적 퇴적암	식물체	(B)
	석회질 생물체	석회암
화학적 퇴적암	해수에 녹아 있던 NaCl	암염

이에 대한 설명으로 옳은 것만을 <보기>에서 있는 대로 고른 것은?

<보 기>

ㄱ. A는 화산 쇄설물이다.
ㄴ. 석탄은 B에 해당한다.
ㄷ. 암염은 다습한 환경에서 생성된다.

① ㄱ ② ㄴ ③ ㄷ ④ ㄱ, ㄴ ⑤ ㄴ, ㄷ

[해설편 p.154]

16. 그림은 복사 평형 상태에 있는 지구의 열수지를 나타낸 것이다.

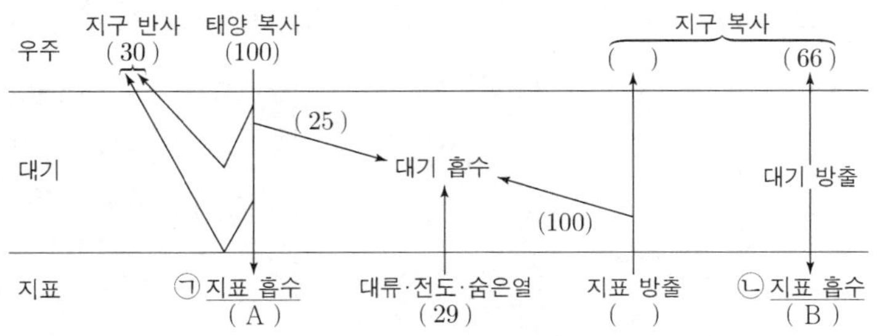

이에 대한 설명으로 옳은 것만을 <보기>에서 있는 대로 고른 것은?

<보 기>

ㄱ. A < B이다.

ㄴ. (A + B)는 지표가 방출하는 복사 에너지 양과 같다.

ㄷ. $\frac{\text{가시광선 영역 에너지의 양}}{\text{적외선 영역 에너지의 양}}$은 ㉠이 ㉡보다 작다.

① ㄱ ② ㄷ ③ ㄱ, ㄴ ④ ㄴ, ㄷ ⑤ ㄱ, ㄴ, ㄷ

● 2019학년도 수능(고3 지Ⅱ)

17. 그림 (가)는 은하 A와 B의 가시광선 영상을, (나)는 A와 B의 특성을 나타낸 것이다.

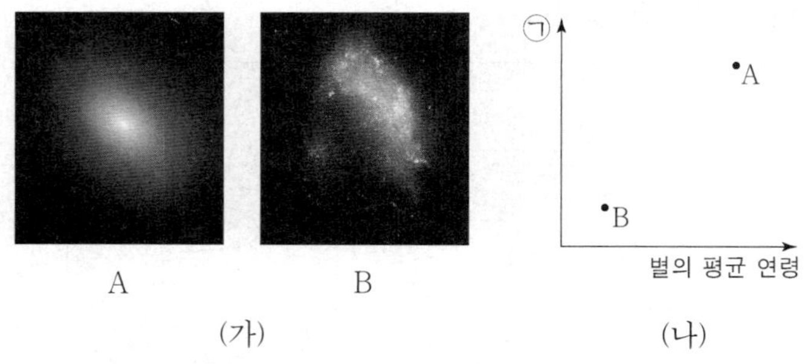

(가) (나)

이에 대한 설명으로 옳은 것을 <보기>에서 고른 것은? [3점]

<보 기>

ㄱ. 허블의 은하 분류에 의하면 A는 E0에 해당한다.

ㄴ. 은하는 B의 형태에서 A의 형태로 진화한다.

ㄷ. 은하의 질량에 대한 성간 물질의 비는 A가 B보다 작다.

ㄹ. 색지수는 (나)의 ㉠에 해당한다.

① ㄱ, ㄴ ② ㄱ, ㄷ ③ ㄱ, ㄹ ④ ㄴ, ㄷ ⑤ ㄷ, ㄹ

18. 그림 (가)는 어느 외계 행성과 중심별이 공통 질량 중심을 중심으로 공전하는 모습을, (나)는 도플러 효과를 이용하여 측정한 이 중심별의 시선 속도 변화를 나타낸 것이다.

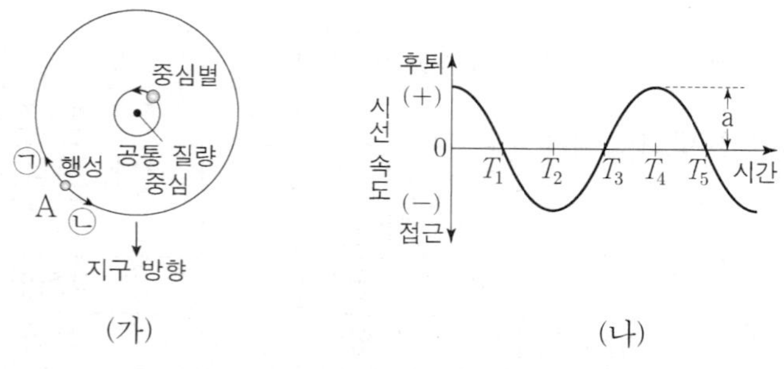

(가) (나)

이에 대한 설명으로 옳은 것만을 <보기>에서 있는 대로 고른 것은?

<보 기>

ㄱ. 공통 질량 중심에 대한 행성의 공전 방향은 ㉠이다.

ㄴ. 행성의 질량이 클수록 (나)에서 a가 커진다.

ㄷ. 행성이 A에 위치할 때 (나)에서는 $T_3 \sim T_4$에 해당한다.

① ㄱ ② ㄴ ③ ㄱ, ㄷ ④ ㄴ, ㄷ ⑤ ㄱ, ㄴ, ㄷ

19. 그림 (가)는 현재의 지구 공전 궤도와 자전축 경사 방향을, (나)는 13000년 후 이심률이 변화된 지구 공전 궤도와 자전축 경사 방향을 나타낸 것이다.

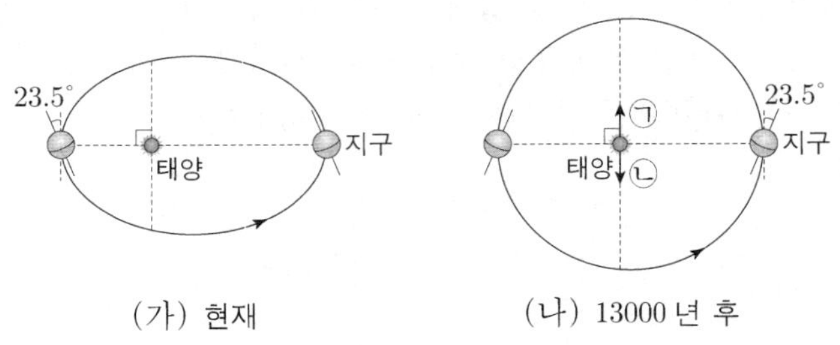

(가) 현재 (나) 13000년 후

이에 대한 설명으로 옳은 것만을 <보기>에서 있는 대로 고른 것은? (단, 지구 자전축 경사 방향과 이심률 이외의 조건은 고려하지 않는다.) [3점]

<보 기>

ㄱ. 북반구 위도 30°에서 하짓날 지표에 도달하는 태양 복사 에너지양은 (가)가 (나)보다 작다.

ㄴ. 남반구 위도 30°에서 기온의 연교차는 (가)가 (나)보다 작다.

ㄷ. (나)에서 춘분점의 방향은 ㉠이다.

① ㄱ ② ㄴ ③ ㄷ ④ ㄱ, ㄷ ⑤ ㄴ, ㄷ

● 2019학년도 수능(고3 지Ⅱ)

20. 그림은 어느 지괴의 현재 위치와 시기별 고지자기극 위치를 나타낸 것이다. 고지자기극은 이 지괴의 고지자기 방향으로 추정한 지리상 북극이고, 실제 지리상 북극의 위치는 변하지 않았다.

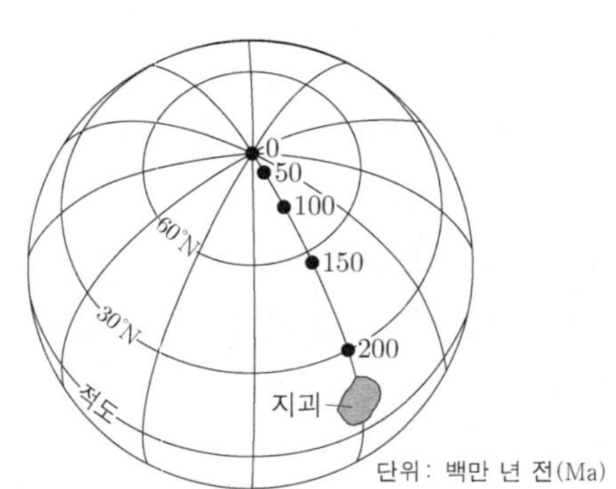

이 지괴에 대한 설명으로 옳은 것만을 <보기>에서 있는 대로 고른 것은? [3점]

<보 기>

ㄱ. 200 Ma에는 남반구에 위치하였다.

ㄴ. 150 Ma ~ 100 Ma 동안 고지자기 복각은 감소하였다.

ㄷ. 200 Ma ~ 0 Ma 동안 이동 속도는 점점 빨라졌다.

① ㄱ ② ㄴ ③ ㄷ ④ ㄱ, ㄴ ⑤ ㄴ, ㄷ

* 확인 사항

○ 답안지의 해당란에 필요한 내용을 정확히 기입(표기)했는지 확인하시오.

[해설편 p.155]

제 4 교시

과학탐구 영역(지구과학 I)

49회

성명		수험 번호		–		제 [ ] 선택

● 2014학년도 수능(고3 지Ⅱ)

1. 그림 (가)~(다)는 서로 다른 지질 구조를 나타낸 것이다.

(가)

(나)

(다)

이에 대한 설명으로 옳은 것만을 〈보기〉에서 있는 대로 고른 것은?

〈보 기〉
ㄱ. (가)는 단층 구조가 발달되어 있다.
ㄴ. (나)는 횡압력에 의해 형성되었다.
ㄷ. (다)는 퇴적이 중단된 시기가 있었다.

① ㄱ ② ㄴ ③ ㄱ, ㄷ ④ ㄴ, ㄷ ⑤ ㄱ, ㄴ, ㄷ

● 2012학년도 수능(고3)

2. 그림 (가)는 용암 A와 B의 특성을, (나)는 어느 화산체의 단면을 모식적으로 나타낸 것이다.

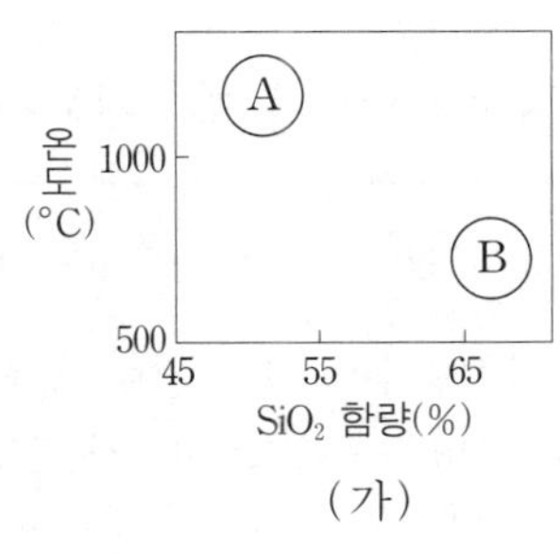

(가)

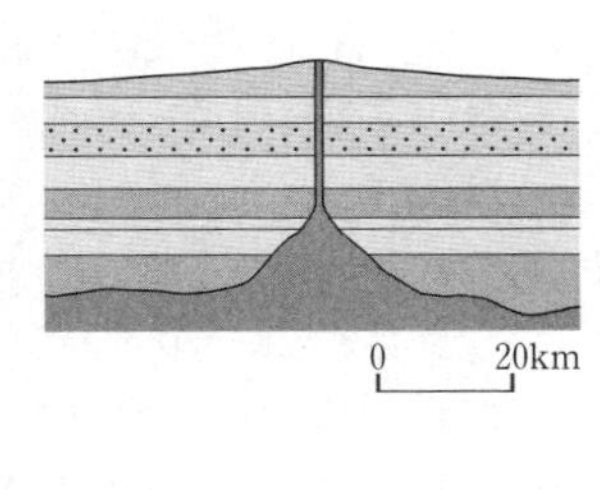

(나)

이에 대한 설명으로 옳은 것만을 〈보기〉에서 있는 대로 고른 것은? [3점]

〈보 기〉
ㄱ. 유동성은 A가 B보다 크다.
ㄴ. 화산이 분출할 때 A가 B보다 격렬하게 분출한다.
ㄷ. (나)를 형성하는 용암의 특성은 A에 가깝다.

① ㄱ ② ㄴ ③ ㄷ ④ ㄱ, ㄷ ⑤ ㄴ, ㄷ

● 2018학년도 수능(고3 지Ⅱ)

3. 그림은 주계열성 A와 B가 각각 거성 C와 D로 진화하는 경로를 H-R도에 나타낸 것이다.

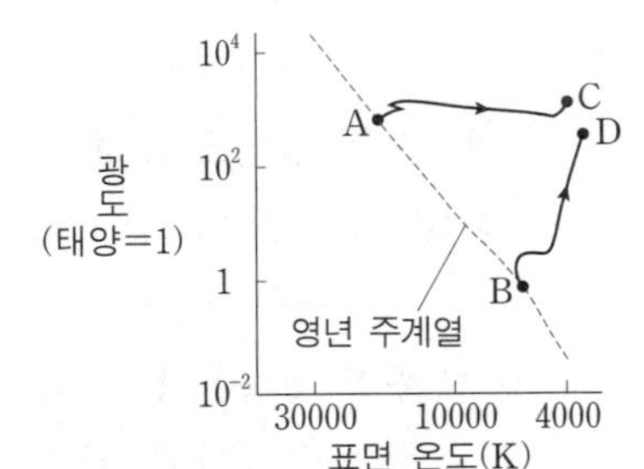

이에 대한 설명으로 옳은 것은? [3점]

① 색지수는 A가 C보다 크다.
② 질량은 B가 A보다 크다.
③ 절대 등급은 D가 B보다 크다.
④ 주계열에 머무는 기간은 B가 A보다 길다.
⑤ B의 중심핵에서는 헬륨 핵융합 반응이 일어난다.

● 2019학년도 수능(고3 지Ⅱ)

4. 그림은 서로 다른 두 지역의 지질 단면과 지층에서 관찰된 퇴적 구조를 나타낸 것이다. (가)와 (나)의 퇴적층은 각각 해수면이 상승하는 동안과 하강하는 동안에 생성된 것 중 하나이다. 두 지역에서 화강암의 절대 연령은 같다.

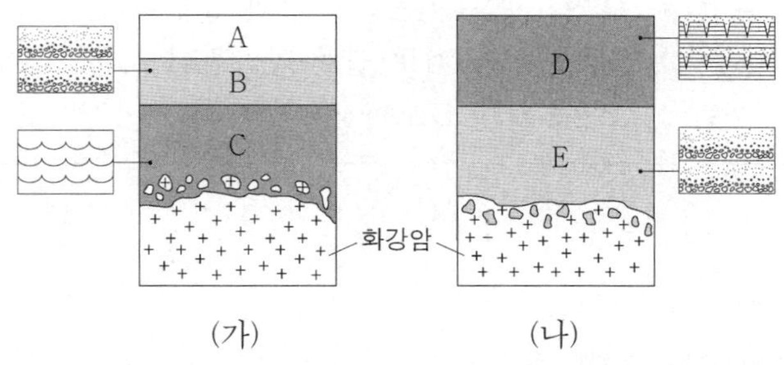

(가) (나)

이에 대한 설명으로 옳은 것만을 <보기>에서 있는 대로 고른 것은?

<보 기>
ㄱ. (가)는 해수면이 상승하는 경우에 해당한다.
ㄴ. 지층 D는 생성 과정 중 대기에 노출된 적이 있다.
ㄷ. 지층 A~E 중 가장 오래된 것은 E이다.

① ㄱ ② ㄴ ③ ㄱ, ㄷ ④ ㄴ, ㄷ ⑤ ㄱ, ㄴ, ㄷ

5. 그림은 태평양 주변에서 최근 1만 년 이내에 분출한 적이 있는 화산의 분포를 나타낸 것이다.

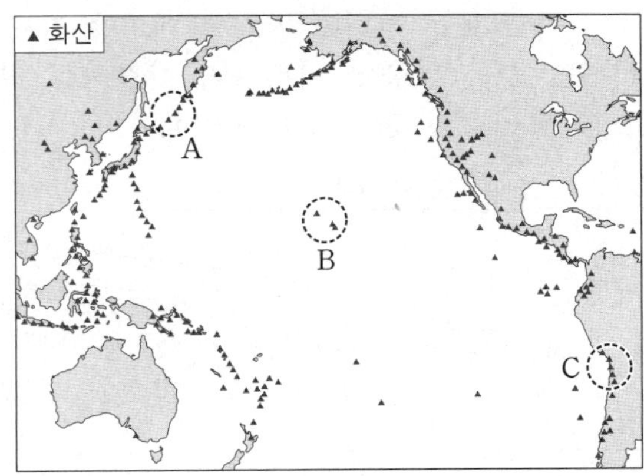

지역 A, B, C에 대한 설명으로 옳은 것만을 〈보기〉에서 있는 대로 고른 것은? [3점]

〈보 기〉
ㄱ. B의 화산은 판의 발산형 경계에 위치한다.
ㄴ. 화산에서 분출된 용암의 SiO_2 평균 함량은 B가 C보다 낮다.
ㄷ. 해구에서 섭입하는 판의 지각 나이는 A가 C보다 적다.

① ㄱ ② ㄴ ③ ㄷ ④ ㄱ, ㄴ ⑤ ㄴ, ㄷ

[해설편 p.156]

6. 그림은 우리나라 동해와 그 주변의 표층 해류 분포를 나타낸 것이다.

해류 A, B, C에 대한 설명으로 옳은 것만을 〈보기〉에서 있는 대로 고른 것은? [3점]

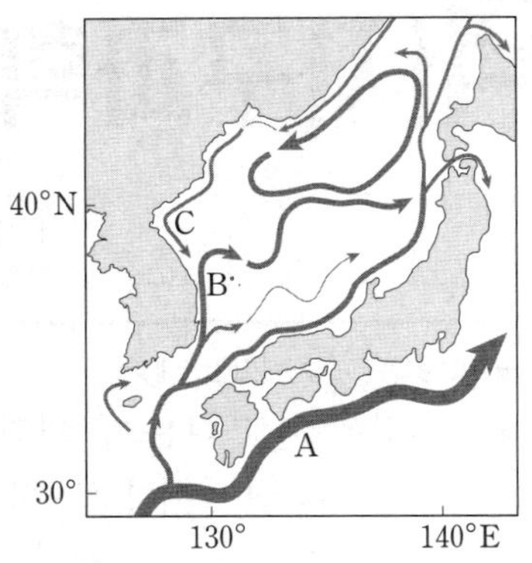

〈보 기〉

ㄱ. A는 북태평양 아열대 표층 순환의 일부이다.
ㄴ. B는 겨울에 주변 대기로 열을 공급한다.
ㄷ. 용존 산소량은 C가 B보다 적다.

① ㄱ ② ㄷ ③ ㄱ, ㄴ ④ ㄴ, ㄷ ⑤ ㄱ, ㄴ, ㄷ

● 2014학년도 수능(고3 지Ⅱ)

7. 그림은 쿠릴 열도 주변의 판 경계를 나타낸 것이다.

이에 대한 설명으로 옳은 것만을 〈보기〉에서 있는 대로 고른 것은? [3점]

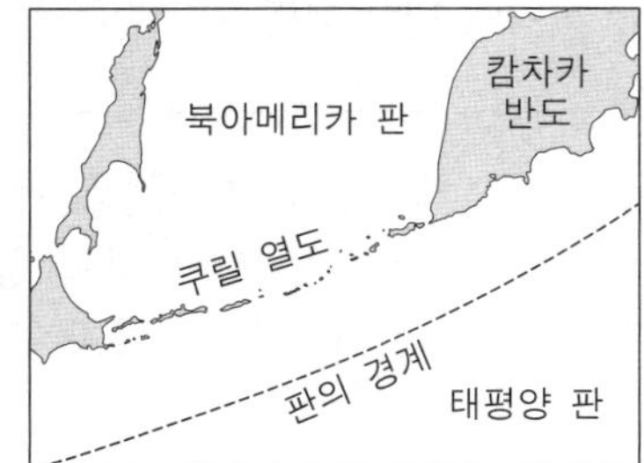

〈보 기〉

ㄱ. 쿠릴 열도는 북아메리카 판이 태평양 판 아래로 섭입하여 형성되었다.
ㄴ. 쿠릴 열도에는 해령 지역에 비해 안산암이 많이 분포한다.
ㄷ. 쿠릴 열도는 호상 열도이다.

① ㄱ ② ㄴ ③ ㄷ ④ ㄱ, ㄴ ⑤ ㄴ, ㄷ

● 2018학년도 수능(고3 지Ⅱ)

8. 그림은 엘니뇨 또는 라니냐 시기에 태평양 적도 부근 해역에서 관측된, 수온 약층이 나타나기 시작하는 깊이의 편차(관측 깊이－평년 깊이)를 나타낸 것이다.

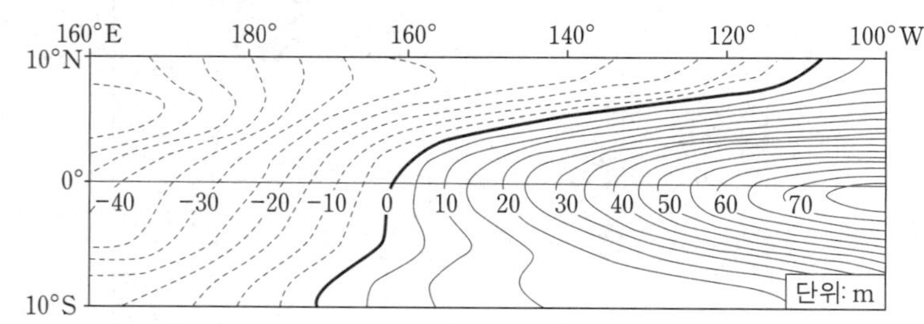

이 시기에 대한 설명으로 옳은 것만을 〈보기〉에서 있는 대로 고른 것은?

〈보 기〉

ㄱ. 엘니뇨 시기이다.
ㄴ. 평년에 비해 동태평양 적도 해역에서 혼합층의 두께는 증가한다.
ㄷ. 평년에 비해 동태평양 적도 해역에서 표층 수온은 낮아진다.

① ㄱ ② ㄴ ③ ㄷ ④ ㄱ, ㄴ ⑤ ㄴ, ㄷ

● 2018학년도 수능(고3 지Ⅱ)

9. 다음은 수온과 염분이 해수의 밀도에 미치는 영향을 알아보기 위한 실험이다.

[실험 과정]

(가) 수온과 염분이 다른 소금물 A, B, C에 서로 다른 색의 잉크를 한두 방울 떨어뜨려 각각 착색한다.

소금물	수온(℃)	염분(psu)
A	25	38
B	7	38
C	7	27

(나) 그림과 같이 칸막이로 분리된 수조 양쪽에 동일한 양의 A와 B를 각각 넣고, 칸막이를 제거한 후 소금물의 이동을 관찰한다.

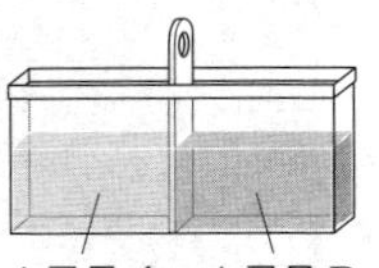

(다) 수조에 담긴 소금물을 제거한 후, 소금물을 B와 C로 바꾸어 (나) 과정을 반복한다.

소금물 B 소금물 C

[실험 결과]

과정	결과
(나)	소금물 (㉠)가 소금물 (㉡) 아래로 이동한다.
(다)	㉢ 소금물 B가 소금물 C 아래로 이동한다.

이에 대한 설명으로 옳은 것만을 〈보기〉에서 있는 대로 고른 것은?

〈보 기〉

ㄱ. 실험 과정 (나)는 염분이 같을 때 수온이 밀도에 미치는 영향을 알아보기 위한 것이다.
ㄴ. ㉠은 A, ㉡은 B이다.
ㄷ. ㉢은 수온이 같을 때 염분이 높을수록 밀도가 크기 때문이다.

① ㄱ ② ㄴ ③ ㄱ, ㄷ ④ ㄴ, ㄷ ⑤ ㄱ, ㄴ, ㄷ

10. 그림 (가)는 어느 해 9월 9일부터 18일까지 태풍 중심의 위치와 기압을 1일 간격으로 나타낸 것이고, (나)는 12일, 14일, 16일에 관측한 이 태풍 중심의 이동 방향과 이동 속도를 ㉠, ㉡, ㉢으로 순서 없이 나타낸 것이다. 화살표의 방향과 길이는 각각 이동 방향과 속도를 나타낸다.

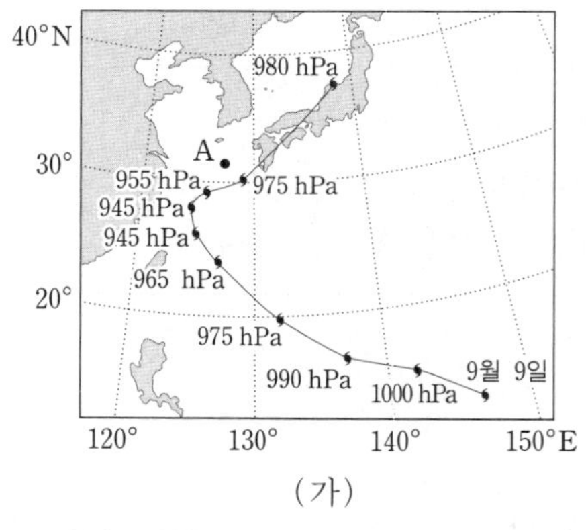

(가)

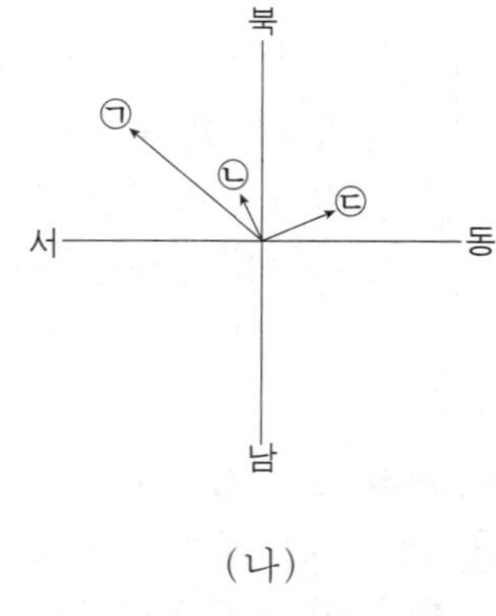

(나)

이에 대한 설명으로 옳은 것만을 〈보기〉에서 있는 대로 고른 것은? [3점]

〈보 기〉

ㄱ. 태풍의 세력은 10일이 16일보다 약하다.
ㄴ. 14일 태풍 중심의 이동 방향과 이동 속도는 ㉡에 해당한다.
ㄷ. 16일과 17일 사이에는 A지점의 풍향이 반시계 방향으로 변한다.

① ㄱ ② ㄴ ③ ㄱ, ㄷ ④ ㄴ, ㄷ ⑤ ㄱ, ㄴ, ㄷ

[해설편 p.157]

● 2016학년도 수능(고3)

11. 그림 (가)는 어느 날 온대 저기압이 우리나라 어느 관측소를 통과하는 동안 관측한 기온과 기압을, (나)는 이날 6시, 12시, 18시에 관측한 풍향과 풍속을 ㉠, ㉡, ㉢으로 순서 없이 나타낸 것이다.

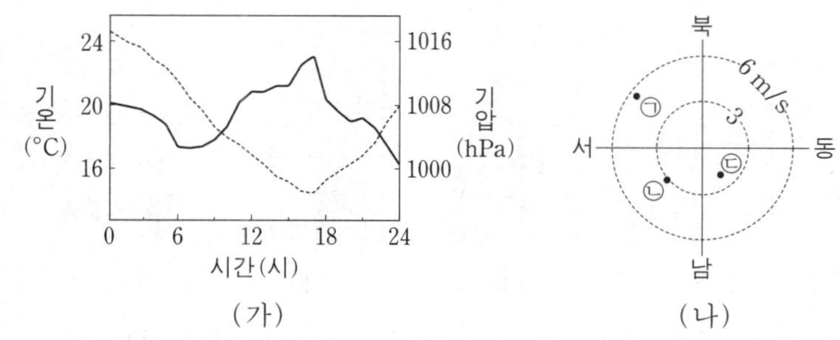

이에 대한 설명으로 옳은 것만을 〈보기〉에서 있는 대로 고른 것은? [3점]

〈보 기〉
ㄱ. 12시에 관측한 바람은 ㉠이다.
ㄴ. 온난 전선은 17시경에 통과하였다.
ㄷ. 이 온대 저기압의 중심은 관측소의 북쪽을 통과하였다.

① ㄱ ② ㄷ ③ ㄱ, ㄴ ④ ㄴ, ㄷ ⑤ ㄱ, ㄴ, ㄷ

● 2010학년도 수능(고3)

12. 다음은 최근에 지구에서 일어나고 있는 변화를 나타낸 것이다.

○ 남극 대륙의 빙하 면적이 점차 감소하고 있다.
○ 고산 지대의 빙하가 녹아 점점 줄어들고 있다.
○ 고위도 지역의 호수와 강의 연중 결빙 기간이 짧아지고 있다.

이러한 지구 환경 변화로 인해 나타날 수 있는 현상으로 적절한 것만을 〈보기〉에서 있는 대로 고른 것은?

〈보 기〉
ㄱ. 전 세계 해수면이 하강한다.
ㄴ. 지표면의 반사율이 감소한다.
ㄷ. 표층 해수의 염분이 증가한다.

① ㄱ ② ㄴ ③ ㄷ ④ ㄱ, ㄴ ⑤ ㄴ, ㄷ

● 2014학년도 수능(고3 지Ⅱ)

13. 그림은 허블의 법칙에 따라 팽창하는 우주의 모습을 나타낸 풍선 모형이다. 풍선 표면에 고정시킨 단추 A, B, C는 은하를, 물결 무늬(～)는 우주 배경 복사를 나타낸다.

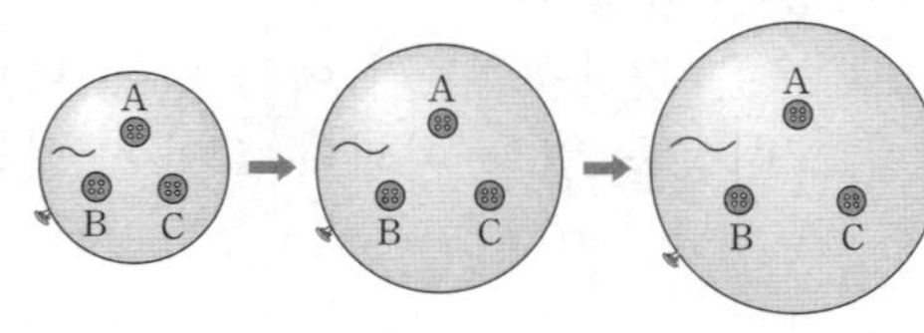

이에 대한 설명으로 옳은 것만을 〈보기〉에서 있는 대로 고른 것은?

〈보 기〉
ㄱ. 풍선 표면의 A, B, C는 서로 멀어진다.
ㄴ. 풍선 표면의 중심은 B의 위치에 있다.
ㄷ. 우주가 팽창하면 우주 배경 복사의 파장이 길어진다.

① ㄱ ② ㄴ ③ ㄱ, ㄷ ④ ㄴ, ㄷ ⑤ ㄱ, ㄴ, ㄷ

14. 그림은 엘니뇨 또는 라니냐 중 어느 한 시기의 강수량 편차(관측값 − 평년값)를 나타낸 것이다.

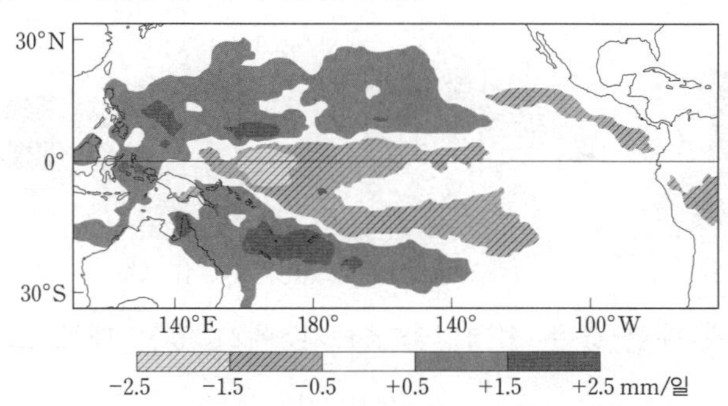

이 자료에 근거해서 평년과 비교할 때, 이 시기에 대한 설명으로 옳은 것만을 〈보기〉에서 있는 대로 고른 것은? [3점]

〈보 기〉
ㄱ. 강수량 편차가 +0.5 mm/일 이상인 해역은 주로 동태평양 적도 부근에 위치한다.
ㄴ. 서태평양 적도 해역과 동태평양 적도 해역 사이의 해수면 높이 차가 크다.
ㄷ. 남적도 해류가 강하다.

① ㄱ ② ㄴ ③ ㄷ ④ ㄱ, ㄴ ⑤ ㄴ, ㄷ

● 2018학년도 수능(고3 지Ⅱ)

15. 그림은 허블의 은하 분류상 서로 다른 형태의 세 은하 A, B, C를 가시광선으로 관측한 것이다.

A

B
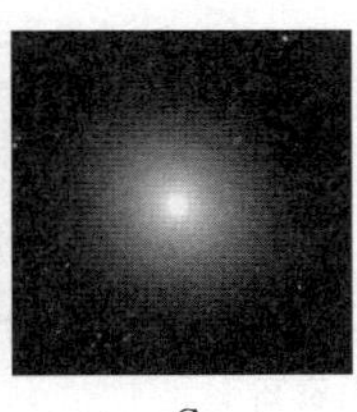
C

이에 대한 설명으로 옳은 것만을 〈보기〉에서 있는 대로 고른 것은?

〈보 기〉
ㄱ. A는 불규칙 은하이다.
ㄴ. B의 경우 별의 평균 색지수는 은하 중심부보다 나선팔에서 크다.
ㄷ. 보통 물질 중 성간 물질이 차지하는 질량의 비율은 B가 C보다 크다.

① ㄱ ② ㄴ ③ ㄱ, ㄷ ④ ㄴ, ㄷ ⑤ ㄱ, ㄴ, ㄷ

49회

16. 그림은 현재 지구의 공전 궤도를 나타낸 것이다.

1월 7월

공전 궤도 이심률이 작아질 때 나타날 수 있는 현상에 대한 설명으로 옳은 것만을 <보기>에서 있는 대로 고른 것은? (단, 공전 궤도 이심률 변화 이외의 요인은 변하지 않는다고 가정한다.)

<보 기>

ㄱ. 1월에 지구에 입사하는 태양 복사 에너지 양은 감소한다.
ㄴ. 우리나라에서 기온의 연교차는 작아진다.
ㄷ. 1월과 7월에서의 공전 속도 차는 작아진다.

① ㄱ ② ㄴ ③ ㄷ ④ ㄱ, ㄷ ⑤ ㄴ, ㄷ

● 2017학년도 10월(고3 지Ⅱ)

17. 그림은 우주를 구성하는 요소의 시간에 따른 비율 변화를 예측하여 나타낸 것이다.

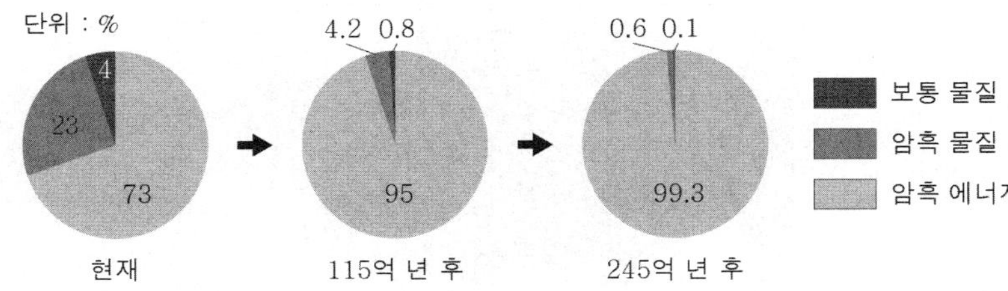

이에 대한 옳은 설명만을 <보기>에서 있는 대로 고른 것은?

<보 기>

ㄱ. 현재 우주에는 암흑 물질이 보통 물질보다 많다.
ㄴ. 우주의 물질 밀도는 점점 커질 것이다.
ㄷ. 115억 년 후에는 현재보다 우주의 팽창 속도가 느려질 것이다.

① ㄱ ② ㄷ ③ ㄱ, ㄴ ④ ㄴ, ㄷ ⑤ ㄱ, ㄴ, ㄷ

18. 그림은 지구에 도달하는 태양 복사 에너지의 양을 100이라고 할 때 복사 평형 상태에 있는 지구의 열수지를 나타낸 것이다.

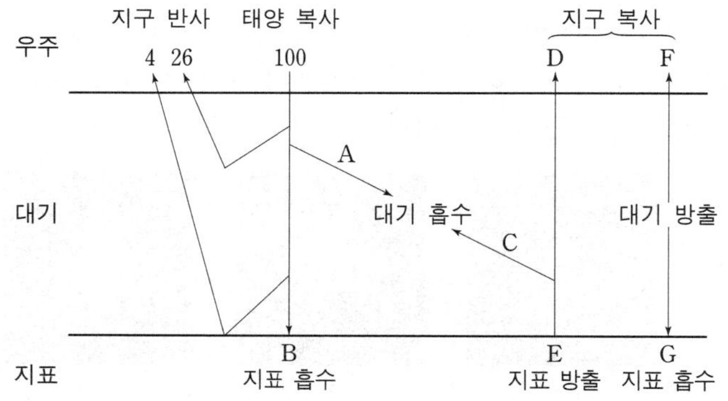

이에 대한 설명으로 옳은 것만을 <보기>에서 있는 대로 고른 것은? [3점]

<보 기>

ㄱ. A+E=D+F+G이다.
ㄴ. D는 지표에서 우주로 직접 방출되는 에너지 양이다.
ㄷ. 적외선 영역에서 대기가 흡수하는 에너지 양은 방출하는 에너지 양과 같다.

① ㄱ ② ㄷ ③ ㄱ, ㄴ ④ ㄴ, ㄷ ⑤ ㄱ, ㄴ, ㄷ

● 2015학년도 4월(고3 지Ⅱ)

19. 그림은 인접한 세 지역의 지층 단면과 지층에서 산출되는 화석을 나타낸 것이다.

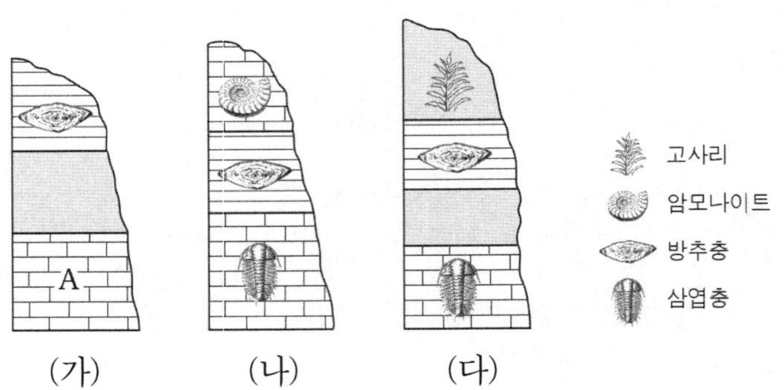

이에 대한 설명으로 옳은 것만을 <보기>에서 있는 대로 고른 것은?

<보 기>

ㄱ. A층에서는 암모나이트가 산출될 수 있다.
ㄴ. (나)에서 부정합이 발견된다.
ㄷ. (다)에는 육성층이 존재한다.

① ㄱ ② ㄴ ③ ㄱ, ㄷ ④ ㄴ, ㄷ ⑤ ㄱ, ㄴ, ㄷ

● 2015학년도 수능(고3 지Ⅱ)

20. 그림 (가)는 H-R도에서 주계열성을, (나)는 주계열성의 질량-광도 관계를 나타낸 것이다.

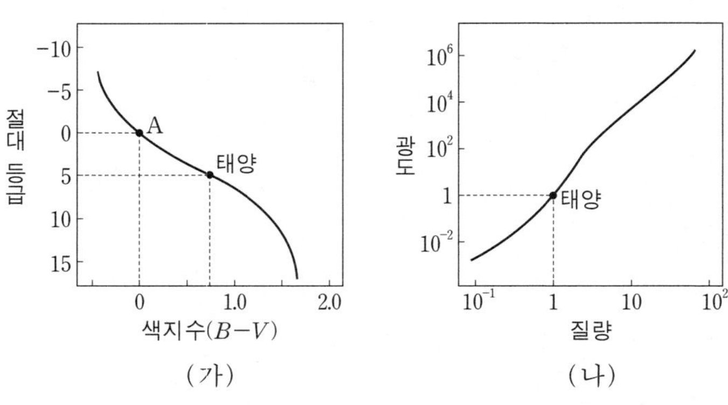

이에 대한 설명으로 옳은 것만을 <보기>에서 있는 대로 고른 것은? [3점]

<보 기>

ㄱ. 색지수가 작을수록 별의 질량은 크다.
ㄴ. 질량이 클수록 별의 반지름은 크다.
ㄷ. 별 A의 질량은 태양의 10배이다.

① ㄱ ② ㄷ ③ ㄱ, ㄴ ④ ㄴ, ㄷ ⑤ ㄱ, ㄴ, ㄷ

* 확인 사항

○ 답안지의 해당란에 필요한 내용을 정확히 기입(표기)했는지 확인하시오.

[해설편 p.158]

제 4 교시

과학탐구 영역(지구과학 Ⅰ)

50회

성명 | 수험 번호 — | 제 〔 〕선택

● 2016학년도 수능(고3 지Ⅱ)

1. 그림 (가)와 (나)는 두 지역의 지질 단면도이다. (가)와 (나)에서 화강암의 관입 시기는 같다.

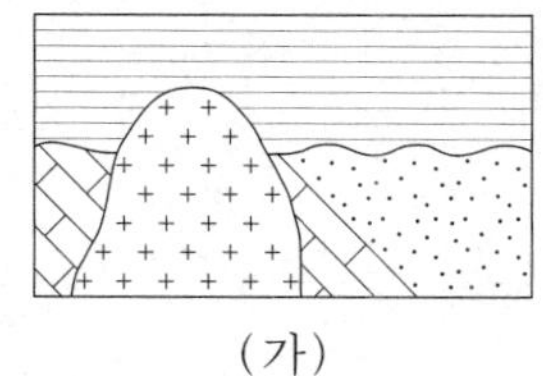

(가)

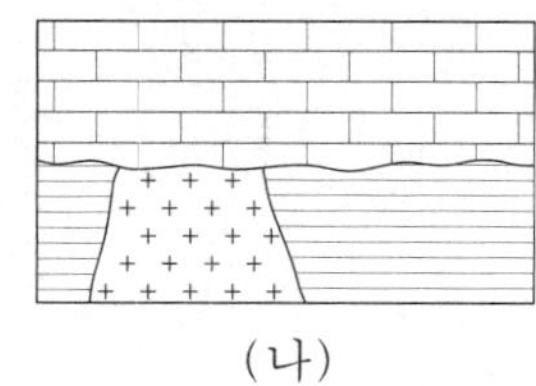

(나)

사암 / 셰일 / 석회암 / 화강암

이에 대한 설명으로 옳은 것만을 〈보기〉에서 있는 대로 고른 것은?

〈보 기〉

ㄱ. (가)에는 경사 부정합이 나타난다.
ㄴ. (나)의 셰일은 화강암의 관입에 의해 접촉 변성 작용을 받았다.
ㄷ. (가)의 석회암은 (나)의 석회암보다 나중에 생성되었다.

① ㄱ ② ㄷ ③ ㄱ, ㄴ ④ ㄴ, ㄷ ⑤ ㄱ, ㄴ, ㄷ

● 2017학년도 수능(고3 지Ⅱ)

2. 표는 대륙의 이동을 알아보기 위해 어느 지괴의 암석에 기록된 지질 시대별 고지자기 복각과 진북 방향을 나타낸 것이다.

지질 시대	쥐라기	전기 백악기	후기 백악기	제 3기
고지자기 복각	+25°	+36°	+44°	+50°
진북 방향	지괴 63°	35°	17°	0°

(←--- 진북 방향 ← 고지자기로 추정한 진북 방향)

이 지괴에 대한 설명으로 옳은 것만을 〈보기〉에서 있는 대로 고른 것은? (단, 진북의 위치는 변하지 않았다.)

〈보 기〉

ㄱ. 제 3기에 북반구에 위치하였다.
ㄴ. 백악기 동안 고위도 방향으로 이동하였다.
ㄷ. 쥐라기 이후 시계 방향으로 회전하였다.

① ㄱ ② ㄷ ③ ㄱ, ㄴ ④ ㄴ, ㄷ ⑤ ㄱ, ㄴ, ㄷ

3. 그림은 1492 ~ 1493년에 콜럼버스가 바람과 해류를 이용하여 북대서양을 왕복 항해한 경로와 지점 A, B, C를 나타낸 것이다.

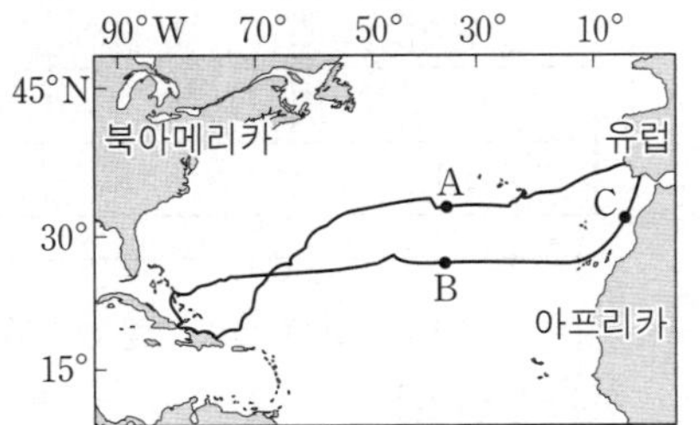

이에 대한 설명으로 옳은 것만을 〈보기〉에서 있는 대로 고른 것은? [3점]

〈보 기〉

ㄱ. A를 항해할 때는 무역풍을 이용하였다.
ㄴ. B를 통과할 때는 동쪽에서 서쪽으로 항해하였다.
ㄷ. C에 흐르는 해류는 난류이다.

① ㄱ ② ㄴ ③ ㄷ ④ ㄱ, ㄷ ⑤ ㄴ, ㄷ

● 2017학년도 수능(고3 지Ⅱ)

4. 다음은 해수의 결빙에 따른 염분의 변화를 알아보기 위한 실험이다.

〔실험 과정〕

(가) 페트병에 물 500 g과 소금 20 g을 넣어 완전히 녹인 후, 소금물 50 g을 비커 A에 담는다.

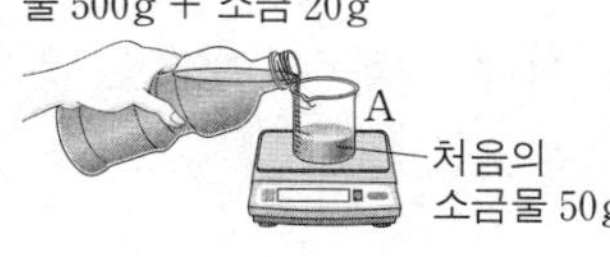

(나) (가)의 페트병을 냉동실에 넣고 소금물이 절반 정도 얼었을 때, 페트병을 꺼내어 얼지 않고 남은 소금물 50 g을 비커 B에 담는다.

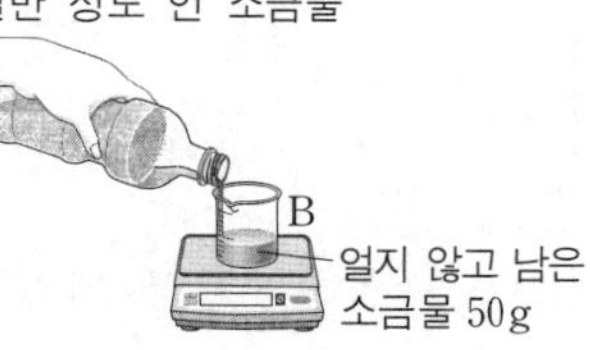

(다) A와 B에 있는 소금물 50 g씩을 각각 증발 접시에 담아 물이 완전히 증발할 때까지 가열한 후, 남은 소금의 질량을 측정한다.

〔실험 결과〕

구분	A의 소금물	B의 소금물
남은 소금의 질량(g)	㉠	㉡

〔결론〕

결빙이 있는 해역에서는 해수의 염분이 증가한다.

이에 대한 설명으로 옳은 것만을 〈보기〉에서 있는 대로 고른 것은? [3점]

〈보 기〉

ㄱ. ㉡이 ㉠보다 크다.
ㄴ. (나)의 페트병 속에 남은 얼음을 녹인 물은 A의 소금물보다 염분이 낮다.
ㄷ. 극지방의 빙하가 녹을 경우 해수의 심층 순환이 강화될 것이다.

① ㄱ ② ㄷ ③ ㄱ, ㄴ ④ ㄴ, ㄷ ⑤ ㄱ, ㄴ, ㄷ

● 2016학년도 수능(고3 지Ⅱ)

5. 그림은 화성암의 분류 기준에 암석 A와 B의 상대적인 위치를 나타낸 것이다.

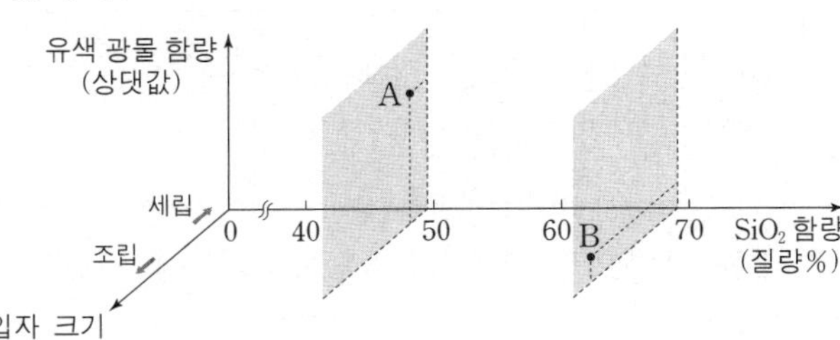

A와 B에 해당하는 화성암으로 가장 적절한 것은?

	A	B
①	현무암	반려암
②	현무암	화강암
③	화강암	반려암
④	화강암	유문암
⑤	화강암	현무암

50회

● 2017학년도 수능(고3 지Ⅱ)

6. 그림은 현생 이언 동안 해양 무척추동물과 육상 식물의 과의 수 변화를 나타낸 것이다.

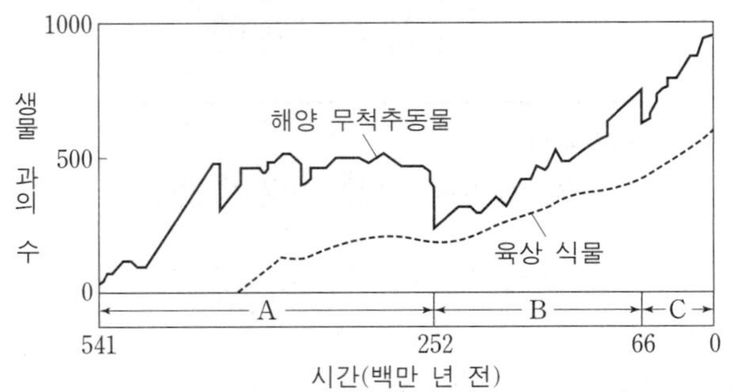

이에 대한 설명으로 옳은 것만을 〈보기〉에서 있는 대로 고른 것은?

〈보 기〉

ㄱ. 육상 식물이 해양 무척추동물보다 먼저 출현하였다.
ㄴ. 해양 무척추동물의 과의 수는 A 시기 말이 B 시기 말보다 적었다.
ㄷ. C 시기에는 화폐석이 번성하였다.

① ㄱ ② ㄷ ③ ㄱ, ㄴ ④ ㄴ, ㄷ ⑤ ㄱ, ㄴ, ㄷ

● 2014학년도 4월(고3 지Ⅱ)

7. 그림은 현생 이언에 생존했던 생물 종류의 수와 생물 A, B, C의 생존 시기를 나타낸 것이다.

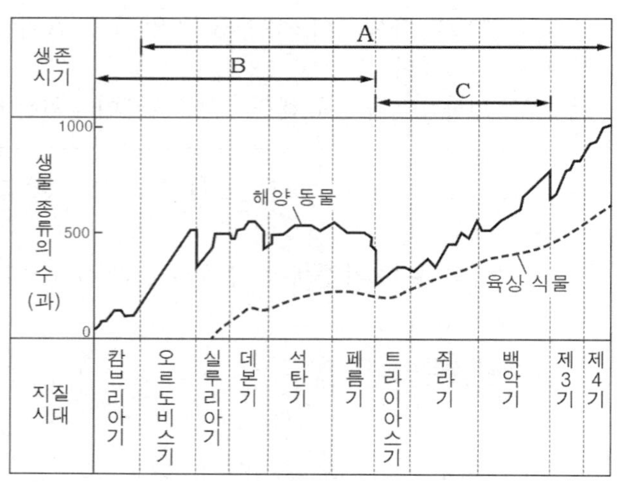

이에 대한 설명으로 옳은 것만을 <보기>에서 있는 대로 고른 것은? [3점]

<보 기>

ㄱ. 판게아의 형성은 페름기 말 생물 종류의 수를 감소시켰다.
ㄴ. A ~ C 중 중생대의 표준 화석으로 적합한 생물은 C이다.
ㄷ. 지질 시대의 구분 기준으로는 육상 식물보다 해양 동물 종류의 수 변화가 더 적합하다.

① ㄱ ② ㄷ ③ ㄱ, ㄴ ④ ㄴ, ㄷ ⑤ ㄱ, ㄴ, ㄷ

● 2011학년도 수능(고3)

8. 그림은 2010년 9월 21일에 2 hPa 간격으로 작성된 우리나라 주변의 지상 일기도이다.

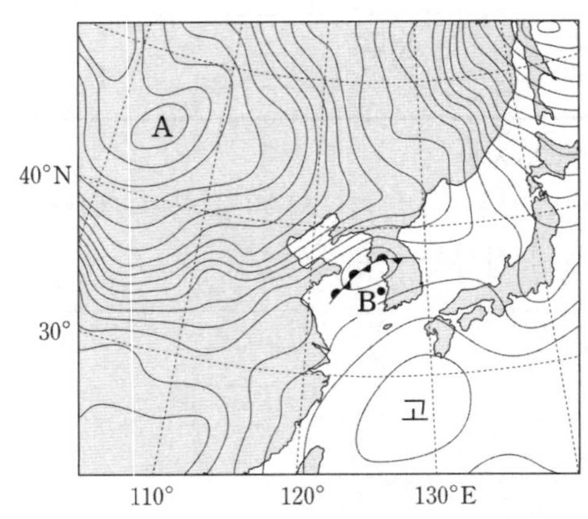

이에 대한 해석으로 옳은 것만을 〈보기〉에서 있는 대로 고른 것은? [3점]

〈보 기〉

ㄱ. A는 한랭 건조한 고기압이다.
ㄴ. B 지역에 고온 다습한 공기가 유입되고 있다.
ㄷ. 우리나라 중부 지방에는 정체 전선이 형성되어 있다.

① ㄱ ② ㄴ ③ ㄱ, ㄷ ④ ㄴ, ㄷ ⑤ ㄱ, ㄴ, ㄷ

● 2016학년도 수능(고3 지Ⅱ)

9. 다음은 심층 순환에서 염분이 해수의 침강 속도에 미치는 영향을 알아보기 위한 실험이다.

[실험 Ⅰ]
(가) 수조 바닥의 중앙에 P점을 표시하고, 밑면에 구멍이 뚫린 종이컵을 수조 가장자리에 부착한다.
(나) 수조에 상온의 물을 종이컵의 아랫면이 잠길 때까지 채운다.
(다) 4℃의 물 100 mL에 소금 3.0 g을 완전히 녹인 후 붉은 색 잉크를 몇 방울 떨어뜨린다.
(라) (다)의 소금물을 수조의 종이컵에 천천히 부으면서 소금물이 P점에 도달하는 시간을 측정한다.

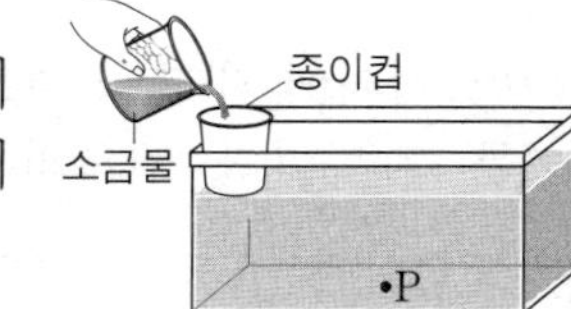

[실험 Ⅱ]
실험 Ⅰ의 (다) 과정에서 소금의 양을 1.0 g으로 바꾸어 (가) ~ (라) 과정을 반복한다.

[실험 결과]

실험	P점에 소금물이 도달하는 시간(초)
Ⅰ	8
Ⅱ	(㉠)

이에 대한 설명으로 옳은 것만을 〈보기〉에서 있는 대로 고른 것은? [3점]

〈보 기〉

ㄱ. 실험 결과에서 ㉠은 8보다 크다.
ㄴ. 소금물은 극지방의 침강하는 표층 해수에 해당한다.
ㄷ. 실험 Ⅱ에서 소금물의 농도를 낮춘 것은 극지방 표층 해수가 결빙되는 경우에 해당한다.

① ㄱ ② ㄷ ③ ㄱ, ㄴ ④ ㄴ, ㄷ ⑤ ㄱ, ㄴ, ㄷ

[해설편 p.160]

10. 다음은 지구 기후 변화의 요인과 영향에 대하여 학생 A, B, C가 나눈 대화를 나타낸 것이다.

제시한 내용이 옳은 학생만을 있는 대로 고른 것은?

① A ② C ③ A, B ④ B, C ⑤ A, B, C

11. 그림 (가)와 (나)는 태풍이 우리나라를 지나는 동안 어느 지점에서 관측한 기압, 풍속, 풍향을 나타낸 것이다.

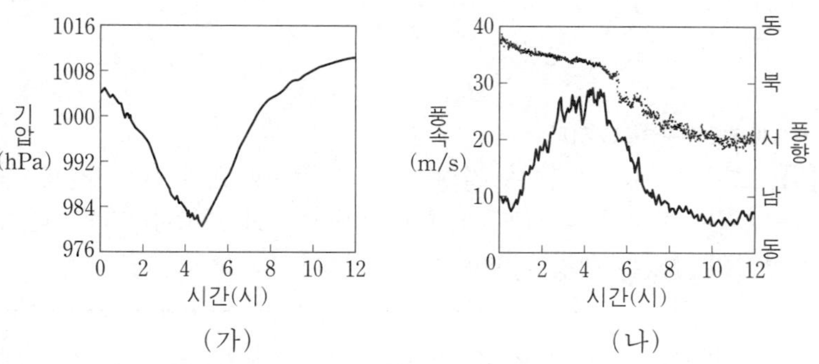

이 지점에 대한 설명으로 옳은 것만을 〈보기〉에서 있는 대로 고른 것은?

〈보 기〉

ㄱ. 4~6시에 상승 기류가 우세하였다.
ㄴ. 풍속이 최대일 때 기압이 가장 높았다.
ㄷ. 태풍 진행 경로의 오른쪽에 위치하였다.

① ㄱ ② ㄴ ③ ㄷ ④ ㄱ, ㄷ ⑤ ㄴ, ㄷ

12. 그림은 동태평양 적도 부근 해역의 관측 수온과 평년 수온을 나타낸 것이다.

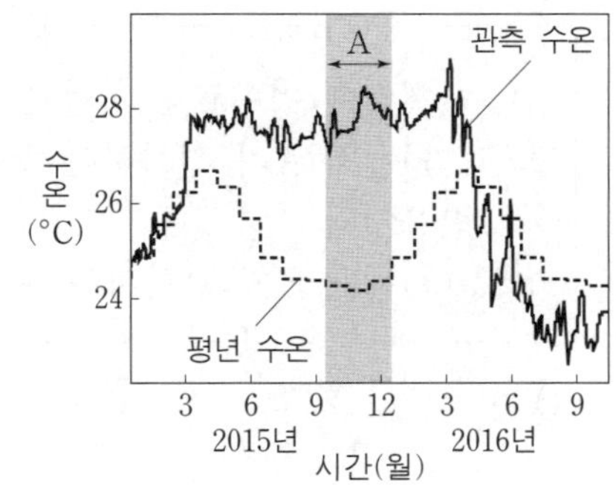

평상시와 비교했을 때, A 시기의 동태평양 적도 부근 해역에 대한 설명으로 옳은 것만을 〈보기〉에서 있는 대로 고른 것은? [3점]

〈보 기〉

ㄱ. 강수량이 적다.
ㄴ. 해수면이 높다.
ㄷ. 표층에서 영양 염류의 양이 많다.

① ㄱ ② ㄴ ③ ㄱ, ㄷ ④ ㄴ, ㄷ ⑤ ㄱ, ㄴ, ㄷ

13. 표는 주계열성 A, B, C의 질량, 생명 가능 지대, 생명 가능 지대에 위치한 행성의 공전 궤도 반지름을 나타낸 것이다.

주계열성	질량 (태양=1)	생명 가능 지대 (AU)	행성의 공전 궤도 반지름(AU)
A	2.0	(　　)	4.0
B	(　)	0.3~0.5	0.4
C	1.2	1.2~2.0	1.6

이에 대한 설명으로 옳은 것만을 〈보기〉에서 있는 대로 고른 것은?

〈보 기〉

ㄱ. 별의 광도는 A가 B보다 크다.
ㄴ. A에서 생명 가능 지대의 폭은 0.8 AU보다 크다.
ㄷ. 생명 가능 지대에 머무르는 기간은 B의 행성이 C의 행성보다 길다.

① ㄱ ② ㄷ ③ ㄱ, ㄴ ④ ㄴ, ㄷ ⑤ ㄱ, ㄴ, ㄷ

● 2013학년도 7월(고3)

14. 그림은 사막과 사막화 지역 분포를, 표는 지표면 상태에 따른 태양 복사 에너지의 반사율을 나타낸 것이다.

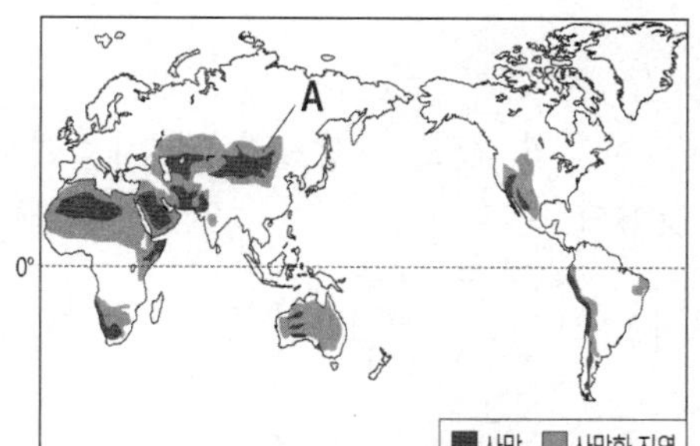

지표면 상태	반사율 (%)
사막	35~45
식물이 없는 땅	20~35
초원	20~30
삼림	10~20

이에 대한 설명으로 옳은 것만을 <보기>에서 있는 대로 고른 것은?

<보 기>

ㄱ. A가 확대되면 우리나라의 황사 피해는 증가할 것이다.
ㄴ. 강수량이 감소하고 가뭄이 지속되면 사막이 확대될 것이다.
ㄷ. 과다한 방목으로 초원과 삼림이 감소하면 지표면의 반사율은 증가할 것이다.

① ㄱ ② ㄷ ③ ㄱ, ㄴ ④ ㄴ, ㄷ ⑤ ㄱ, ㄴ, ㄷ

● 2017학년도 수능(고3 지Ⅱ)

15. 그림은 외부 은하에서 발견된 Ia형 초신성의 관측 자료와 우주 팽창을 설명하기 위한 두 모델 A와 B를, 표는 A와 B의 특징을 나타낸 것이다.

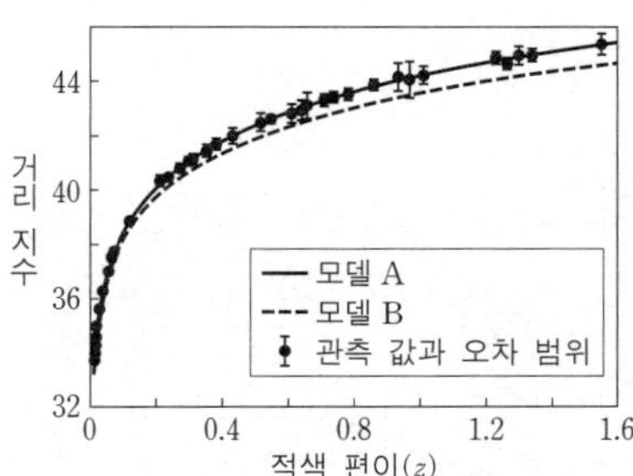

모델	특징
A	보통 물질, 암흑 물질, 암흑 에너지를 고려함
B	보통 물질과 암흑 물질을 고려함

이에 대한 설명으로 옳은 것만을 〈보기〉에서 있는 대로 고른 것은? [3점]

〈보 기〉

ㄱ. Ia형 초신성의 절대 등급은 거리가 멀수록 커진다.
ㄴ. $z=1.2$인 Ia형 초신성의 거리 예측 값은 A가 B보다 크다.
ㄷ. 관측 자료에 나타난 우주의 팽창을 설명하기 위해서는 암흑 에너지도 고려해야 한다.

① ㄱ ② ㄷ ③ ㄱ, ㄴ ④ ㄴ, ㄷ ⑤ ㄱ, ㄴ, ㄷ

50회

16. 그림은 같은 방향으로 이동하는 두 해양판 A와 B의 경계와 진앙의 분포를 모식적으로 나타낸 것이고, 표는 판의 이동 방향과 이동 속력이다.

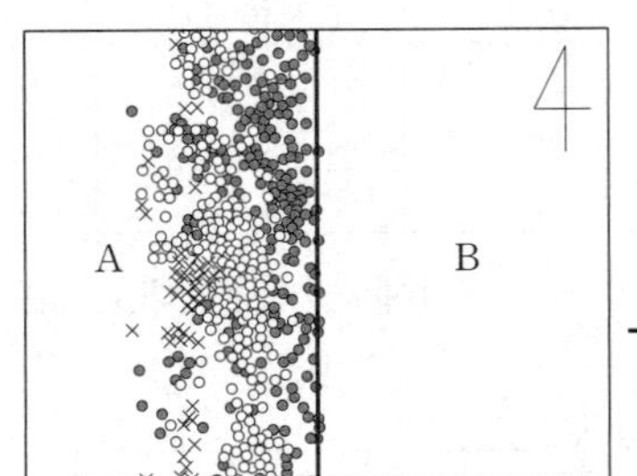

구분	A	B
이동 방향	서쪽	서쪽
이동 속력 (cm/년)	㉠	5

이에 대한 설명으로 옳은 것만을 〈보기〉에서 있는 대로 고른 것은? [3점]

〈보 기〉

ㄱ. ㉠은 5보다 작다.
ㄴ. 판의 경계는 맨틀 대류의 하강부에 해당한다.
ㄷ. 판의 경계를 따라 습곡 산맥이 발달한다.

① ㄱ ② ㄷ ③ ㄱ, ㄴ ④ ㄴ, ㄷ ⑤ ㄱ, ㄴ, ㄷ

● 2015학년도 6월(고3 지Ⅱ)

17. 그림은 (가)와 (나) 지역의 지질 주상도와 각 지층에서 산출되는 화석을 나타낸 것이다.

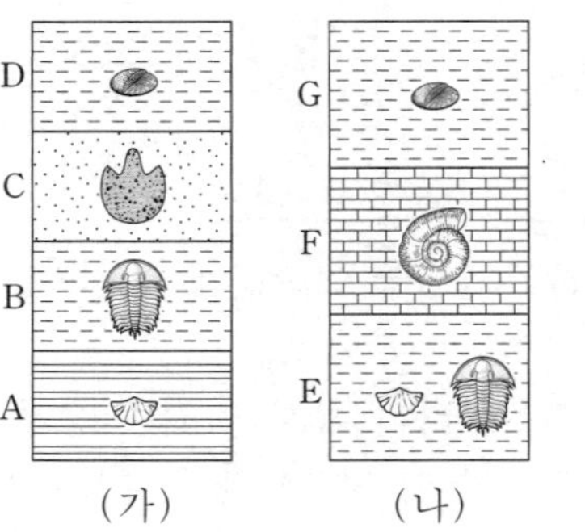

(가) (나)

이에 대한 설명으로 옳은 것만을 〈보기〉에서 있는 대로 고른 것은?

〈보 기〉

ㄱ. (가)에서 고생대 지층은 A와 B이다.
ㄴ. (나)에는 중생대 지층이 없다.
ㄷ. (가)와 (나)의 퇴적층은 모두 해성층이다.

① ㄱ ② ㄴ ③ ㄱ, ㄷ ④ ㄴ, ㄷ ⑤ ㄱ, ㄴ, ㄷ

● 2015학년도 수능(고3 지Ⅱ)

18. 그림은 어느 지역의 퇴적암과 퇴적 구조를 나타낸 것이다.

이에 대한 설명으로 옳은 것만을 〈보기〉에서 있는 대로 고른 것은?

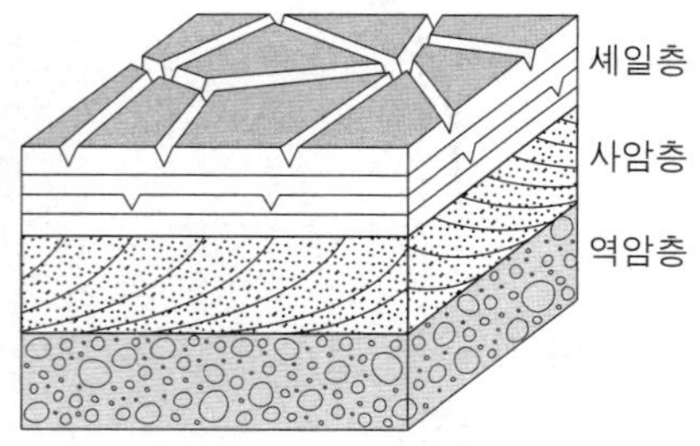

〈보 기〉

ㄱ. 역암층을 이루는 자갈은 둥글고 크기가 같다.
ㄴ. 사암층에서는 퇴적 당시의 퇴적물 이동 방향을 알 수 있다.
ㄷ. 셰일층이 형성되는 동안에 수면 밖으로 노출된 시기가 있었다.

① ㄱ ② ㄴ ③ ㄷ ④ ㄱ, ㄴ ⑤ ㄴ, ㄷ

19. 그림 (가)는 원궤도로 공전하는 어느 외계 행성에 의한 중심별의 밝기 변화를, (나)는 $t_1 \sim t_6$ 중 어느 한 시점부터 일정한 시간 간격으로 관측한 중심별의 스펙트럼을 순서대로 나타낸 것이다. $\Delta\lambda_{max}$은 스펙트럼의 최대 편이량이다.

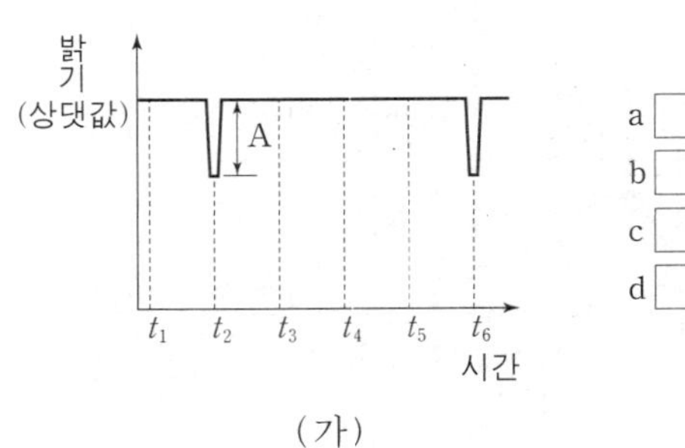

(가)

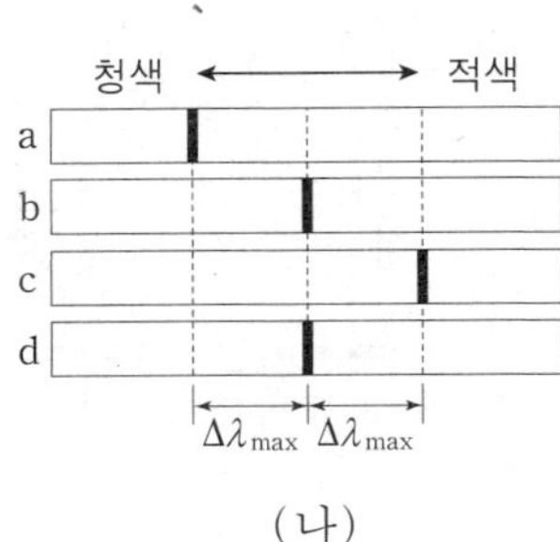

(나)

이에 대한 설명으로 옳은 것만을 〈보기〉에서 있는 대로 고른 것은? [3점]

〈보 기〉

ㄱ. (가)의 t_3에 관측한 스펙트럼은 (나)에서 a에 해당한다.
ㄴ. 행성의 반지름이 클수록 (가)에서 A가 커진다.
ㄷ. 행성의 질량이 클수록 (나)에서 $\Delta\lambda_{max}$이 커진다.

① ㄱ ② ㄴ ③ ㄱ, ㄷ ④ ㄴ, ㄷ ⑤ ㄱ, ㄴ, ㄷ

● 2016학년도 수능(고3 지Ⅱ)

20. 그림 (가)와 (나)는 질량이 다른 두 별 A와 B의 진화 경로 일부를 주계열 이전과 이후로 나누어 H-R도에 각각 나타낸 것이다. $L_\odot$는 태양 광도이다.

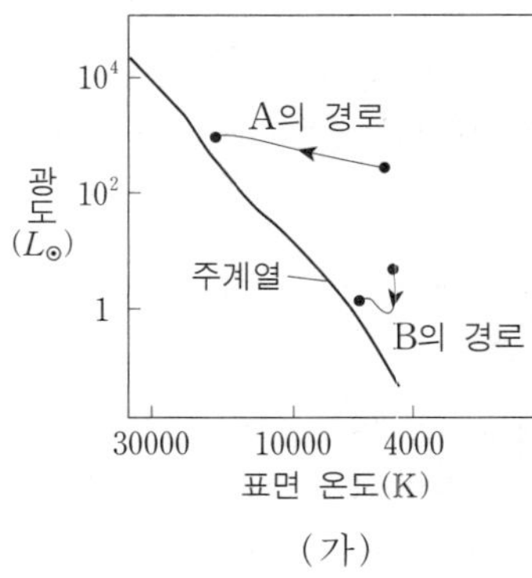

(가)

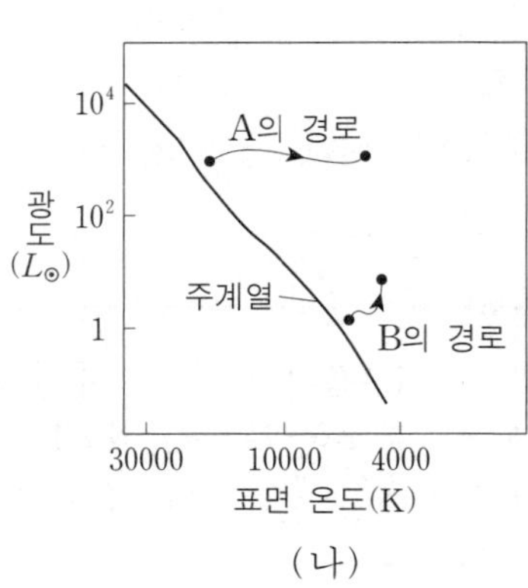

(나)

이에 대한 설명으로 옳은 것만을 〈보기〉에서 있는 대로 고른 것은? [3점]

〈보 기〉

ㄱ. 주계열에 머무르는 시간은 B보다 A가 길다.
ㄴ. (가)에서 A가 진화하는 동안의 주요 에너지원은 핵융합 반응이다.
ㄷ. (나)에서 B가 진화하는 동안 중심부는 수축한다.

① ㄱ ② ㄷ ③ ㄱ, ㄴ ④ ㄴ, ㄷ ⑤ ㄱ, ㄴ, ㄷ

＊ 확인 사항

○ 답안지의 해당란에 필요한 내용을 정확히 기입(표기)했는지 확인하시오.

[해설편 p.161]

SPEED 정답 체크 수능기출 학력평가 7개년 모의고사 | 지구과학Ⅰ

01회 2024학년도 03월
01 ③ 02 ② 03 ① 04 ⑤ 05 ③
06 ① 07 ④ 08 ④ 09 ③ 10 ②
11 ② 12 ⑤ 13 ⑤ 14 ① 15 ⑤
16 ④ 17 ① 18 ③ 19 ⑤ 20 ④

02회 2023학년도 03월
01 ② 02 ② 03 ③ 04 ⑤ 05 ⑤
06 ① 07 ③ 08 ③ 09 ④ 10 ③
11 ② 12 ④ 13 ⑤ 14 ② 15 ①
16 ① 17 ④ 18 ⑤ 19 ⑤ 20 ①

03회 2022학년도 03월
01 ③ 02 ① 03 ① 04 ② 05 ⑤
06 ③ 07 ① 08 ④ 09 ② 10 ①
11 ② 12 ③ 13 ④ 14 ⑤ 15 ⑤
16 ① 17 ③ 18 ⑤ 19 ④ 20 ②

04회 2021학년도 03월
01 ① 02 ③ 03 ④ 04 ③ 05 ②
06 ⑤ 07 ① 08 ③ 09 ⑤ 10 ①
11 ④ 12 ② 13 ③ 14 ⑤ 15 ④
16 ① 17 ② 18 ⑤ 19 ③ 20 ②

05회 2020학년도 03월
01 ② 02 ③ 03 ② 04 ④ 05 ⑤
06 ① 07 ① 08 ③ 09 ⑤ 10 ③
11 ① 12 ④ 13 ① 14 ⑤ 15 ②
16 ④ 17 ④ 18 ② 19 ① 20 ⑤

06회 2019학년도 03월
01 ⑤ 02 ② 03 ④ 04 ② 05 ②
06 ④ 07 ② 08 ② 09 ③ 10 ③
11 ⑤ 12 ③ 13 ② 14 ⑤ 15 ②
16 ④ 17 ④ 18 ① 19 ③ 20 ①

07회 2018학년도 03월
01 ④ 02 ③ 03 ① 04 ② 05 ⑤
06 ② 07 ① 08 ① 09 ② 10 ⑤
11 ④ 12 ⑤ 13 ③ 14 ① 15 ④
16 ④ 17 ⑤ 18 ④ 19 ⑤ 20 ④

08회 2024학년도 05월
01 ④ 02 ③ 03 ⑤ 04 ④ 05 ⑤
06 ① 07 ② 08 ① 09 ① 10 ④
11 ③ 12 ④ 13 ⑤ 14 ② 15 ②
16 ③ 17 ② 18 ③ 19 ② 20 ③

09회 2023학년도 04월
01 ① 02 ① 03 ② 04 ① 05 ③
06 ③ 07 ① 08 ⑤ 09 ② 10 ④
11 ④ 12 ⑤ 13 ③ 14 ⑤ 15 ④
16 ② 17 ① 18 ⑤ 19 ③ 20 ②

10회 2022학년도 04월
01 ⑤ 02 ② 03 ④ 04 ① 05 ②
06 ④ 07 ③ 08 ① 09 ② 10 ③
11 ③ 12 ⑤ 13 ③ 14 ⑤ 15 ④
16 ④ 17 ① 18 ③ 19 ① 20 ②

11회 2021학년도 04월
01 ② 02 ① 03 ⑤ 04 ④ 05 ③
06 ① 07 ① 08 ② 09 ④ 10 ⑤
11 ① 12 ③ 13 ② 14 ③ 15 ①
16 ③ 17 ③ 18 ⑤ 19 ⑤ 20 ④

12회 2020학년도 04월
01 ② 02 ⑤ 03 ④ 04 ④ 05 ⑤
06 ② 07 ④ 08 ① 09 ② 10 ③
11 ④ 12 ① 13 ① 14 ⑤ 15 ②
16 ③ 17 ⑤ 18 ① 19 ⑤ 20 ③

13회 2019학년도 04월
01 ③ 02 ② 03 ③ 04 ③ 05 ⑤
06 ① 07 ② 08 ③ 09 ③ 10 ①
11 ② 12 ① 13 ② 14 ③ 15 ⑤
16 ④ 17 ③ 18 ④ 19 ⑤ 20 ②

14회 2018학년도 04월
01 ③ 02 ④ 03 ⑤ 04 ① 05 ②
06 ② 07 ② 08 ③ 09 ① 10 ⑤
11 ④ 12 ④ 13 ⑤ 14 ③ 15 ⑤
16 ① 17 ③ 18 ③ 19 ③ 20 ④

15회 2025학년도 06월
01 ④ 02 ⑤ 03 ② 04 ① 05 ②
06 ④ 07 ③ 08 ③ 09 ④ 10 ②
11 ⑤ 12 ① 13 ① 14 ③ 15 ①
16 ③ 17 ⑤ 18 ① 19 ③ 20 ⑤

16회 2024학년도 06월
01 ② 02 ① 03 ④ 04 ⑤ 05 ②
06 ② 07 ④ 08 ① 09 ② 10 ④
11 ⑤ 12 ③ 13 ③ 14 ④ 15 ①
16 ⑤ 17 ③ 18 ⑤ 19 ③ 20 ⑤

17회 2023학년도 06월
01 ⑤ 02 ③ 03 ④ 04 ③ 05 ⑤
06 ① 07 ② 08 ① 09 ③ 10 ③
11 ② 12 ④ 13 ⑤ 14 ③ 15 ②
16 ⑤ 17 ① 18 ④ 19 ① 20 ③

18회 2022학년도 06월
01 ① 02 ① 03 ② 04 ③ 05 ②
06 ⑤ 07 ① 08 ④ 09 ② 10 ⑤
11 ⑤ 12 ① 13 ⑤ 14 ③ 15 ④
16 ③ 17 ③ 18 ④ 19 ③ 20 ④

19회 2021학년도 06월
01 ③ 02 ⑤ 03 ① 04 ⑤ 05 ⑤
06 ① 07 ③ 08 ③ 09 ② 10 ④
11 ② 12 ④ 13 ① 14 ② 15 ⑤
16 ① 17 ③ 18 ② 19 ⑤ 20 ④

20회 2020학년도 06월
01 ④ 02 ⑤ 03 ① 04 ③ 05 ⑤
06 ② 07 ③ 08 ④ 09 ① 10 ③
11 ① 12 ① 13 ① 14 ② 15 ⑤
16 ② 17 ④ 18 ③ 19 ③ 20 ③

21회 2019학년도 06월
01 ⑤ 02 ④ 03 ⑤ 04 ⑤ 05 ①
06 ① 07 ① 08 ① 09 ① 10 ⑤
11 ① 12 ① 13 ④ 14 ② 15 ⑤
16 ② 17 ① 18 ① 19 ① 20 ②

22회 2024학년도 07월
01 ③ 02 ② 03 ④ 04 ⑤ 05 ③
06 ④ 07 ⑤ 08 ① 09 ① 10 ③
11 ⑤ 12 ③ 13 ① 14 ① 15 ③
16 ② 17 ② 18 ④ 19 ⑤ 20 ②

23회 2023학년도 07월
01 ① 02 ① 03 ② 04 ② 05 ④
06 ③ 07 ⑤ 08 ④ 09 ③ 10 ①
11 ⑤ 12 ④ 13 ① 14 ⑤ 15 ③
16 ② 17 ① 18 ⑤ 19 ② 20 ③

24회 2022학년도 07월
01 ⑤ 02 ④ 03 ① 04 ③ 05 ②
06 ③ 07 ⑤ 08 ③ 09 ① 10 ②
11 ④ 12 ⑤ 13 ② 14 ① 15 ⑤
16 ④ 17 ① 18 ③ 19 ② 20 ③

25회 2021학년도 07월
01 ⑤ 02 ③ 03 ② 04 ④ 05 ④
06 ① 07 ① 08 ② 09 ④ 10 ⑤
11 ③ 12 ④ 13 ① 14 ⑤ 15 ②
16 ③ 17 ⑤ 18 ① 19 ② 20 ③

26회 2020학년도 07월
01 ⑤ 02 ③ 03 ② 04 ② 05 ②
06 ① 07 ② 08 ③ 09 ① 10 ⑤
11 ③ 12 ③ 13 ⑤ 14 ⑤ 15 ④
16 ② 17 ① 18 ⑤ 19 ④ 20 ④

27회 2019학년도 07월
01 ⑤ 02 ④ 03 ① 04 ⑤ 05 ⑤
06 ① 07 ① 08 ① 09 ④ 10 ④
11 ② 12 ③ 13 ⑤ 14 ① 15 ①
16 ③ 17 ④ 18 ⑤ 19 ③ 20 ⑤

28회 2018학년도 07월
01 ⑤ 02 ① 03 ⑤ 04 ③ 05 ⑤
06 ① 07 ④ 08 ③ 09 ① 10 ②
11 ② 12 ② 13 ③ 14 ④ 15 ①
16 ① 17 ④ 18 ① 19 ③ 20 ⑤

29회 2025학년도 09월
01 ④ 02 ⑤ 03 ④ 04 ① 05 ④
06 ② 07 ③ 08 ② 09 ② 10 ⑤
11 ③ 12 ⑤ 13 ① 14 ⑤ 15 ②
16 ③ 17 ① 18 ⑤ 19 ⑤ 20 ④

30회 2024학년도 09월
01 ④ 02 ⑤ 03 ③ 04 ⑤ 05 ②
06 ③ 07 ⑤ 08 ② 09 ② 10 ④
11 ⑤ 12 ⑤ 13 ② 14 ① 15 ①
16 ③ 17 ④ 18 ② 19 ③ 20 ①

31회 2023학년도 09월
01 ① 02 ④ 03 ② 04 ④ 05 ③
06 ① 07 ② 08 ③ 09 ② 10 ⑤
11 ③ 12 ① 13 ④ 14 ⑤ 15 ⑤
16 ③ 17 ① 18 ⑤ 19 ③ 20 ②

32회 2022학년도 09월
01 ④ 02 ④ 03 ① 04 ⑤ 05 ②
06 ① 07 ② 08 ⑤ 09 ⑤ 10 ③
11 ② 12 ③ 13 ③ 14 ⑤ 15 ①
16 ③ 17 ④ 18 ③ 19 ② 20 ⑤

33회 2021학년도 09월
01 ③ 02 ③ 03 ② 04 ② 05 ①
06 ① 07 ⑤ 08 ③ 09 ④ 10 ③
11 ④ 12 ⑤ 13 ④ 14 ⑤ 15 ②
16 ① 17 ② 18 ① 19 ④ 20 ②

34회 2020학년도 09월
01 ④ 02 ⑤ 03 ② 04 ④ 05 ③
06 ② 07 ⑤ 08 ③ 09 ⑤ 10 ③
11 ② 12 ③ 13 ④ 14 ⑤ 15 ①
16 ② 17 ③ 18 ④ 19 ③ 20 ②

35회 2019학년도 09월
01 ① 02 ⑤ 03 ③ 04 ④ 05 ③
06 ① 07 ③ 08 ④ 09 ② 10 ①
11 ② 12 ④ 13 ② 14 ② 15 ②
16 ⑤ 17 ② 18 ② 19 ③ 20 ①

36회 2024학년도 10월
01 ③ 02 ① 03 ④ 04 ① 05 ③
06 ⑤ 07 ② 08 ⑤ 09 ④ 10 ①
11 ④ 12 ⑤ 13 ③ 14 ① 15 ②
16 ⑤ 17 ⑤ 18 ② 19 ② 20 ③

37회 2023학년도 10월
01 ⑤ 02 ③ 03 ① 04 ③ 05 ⑤
06 ③ 07 ① 08 ① 09 ④ 10 ④
11 ② 12 ① 13 ⑤ 14 ⑤ 15 ②
16 ⑤ 17 ④ 18 ③ 19 ② 20 ②

38회 2022학년도 10월
01 ② 02 ③ 03 ③ 04 ① 05 ②
06 ⑤ 07 ③ 08 ② 09 ④ 10 ①
11 ① 12 ④ 13 ⑤ 14 ④ 15 ①
16 ③ 17 ⑤ 18 ③ 19 ② 20 ④

39회 2021학년도 10월
01 ③ 02 ⑤ 03 ② 04 ④ 05 ③
06 ① 07 ① 08 ④ 09 ④ 10 ⑤
11 ③ 12 ④ 13 ② 14 ① 15 ③
16 ② 17 ⑤ 18 ⑤ 19 ① 20 ②

40회 2020학년도 10월
01 ③ 02 ③ 03 ② 04 ④ 05 ①
06 ③ 07 ① 08 ⑤ 09 ① 10 ④
11 ⑤ 12 ⑤ 13 ② 14 ③ 15 ②
16 ④ 17 ② 18 ③ 19 ⑤ 20 ①

41회 2019학년도 10월
01 ④ 02 ③ 03 ① 04 ③ 05 ②
06 ② 07 ② 08 ② 09 ① 10 ②
11 ② 12 ③ 13 ① 14 ③ 15 ④
16 ③ 17 ② 18 ③ 19 ② 20 ⑤

42회 2018학년도 10월
01 ⑤ 02 ⑤ 03 ④ 04 ② 05 ③
06 ② 07 ④ 08 ⑤ 09 ⑤ 10 ④
11 ④ 12 ⑤ 13 ② 14 ⑤ 15 ①
16 ④ 17 ③ 18 ⑤ 19 ① 20 ①

43회 2024학년도 수능
01 ④ 02 ⑤ 03 ⑤ 04 ① 05 ③
06 ④ 07 ③ 08 ② 09 ① 10 ⑤
11 ③ 12 ③ 13 ② 14 ① 15 ④
16 ⑤ 17 ③ 18 ② 19 ⑤ 20 ⑤

44회 2023학년도 수능
01 ⑤ 02 ③ 03 ② 04 ③ 05 ⑤
06 ④ 07 ② 08 ③ 09 ① 10 ④
11 ① 12 ④ 13 ③ 14 ① 15 ②
16 ⑤ 17 ② 18 ② 19 ⑤ 20 ⑤

45회 2022학년도 수능
01 ① 02 ① 03 ③ 04 ③ 05 ②
06 ⑤ 07 ④ 08 ② 09 ④ 10 ⑤
11 ⑤ 12 ③ 13 ② 14 ① 15 ③
16 ⑤ 17 ② 18 ③ 19 ④ 20 ①

46회 2021학년도 수능
01 ① 02 ⑤ 03 ② 04 ① 05 ④
06 ③ 07 ⑤ 08 ⑤ 09 ② 10 ④
11 ② 12 ③ 13 ③ 14 ① 15 ①
16 ⑤ 17 ③ 18 ② 19 ③ 20 ④

47회 2020학년도 수능
01 ④ 02 ③ 03 ① 04 ② 05 ①
06 ③ 07 ⑤ 08 ③ 09 ② 10 ③
11 ① 12 ② 13 ② 14 ⑤ 15 ①
16 ③ 17 ④ 18 ① 19 ② 20 ⑤

48회 2019학년도 수능
01 ② 02 ① 03 ④ 04 ④ 05 ⑤
06 ③ 07 ④ 08 ② 09 ① 10 ④
11 ⑤ 12 ② 13 ① 14 ② 15 ④
16 ① 17 ⑤ 18 ② 19 ① 20 ②

49회 2018학년도 수능
01 ⑤ 02 ④ 03 ④ 04 ⑤ 05 ②
06 ③ 07 ⑤ 08 ④ 09 ③ 10 ⑤
11 ② 12 ② 13 ③ 14 ⑤ 15 ③
16 ④ 17 ① 18 ③ 19 ④ 20 ③

50회 2017학년도 수능
01 ③ 02 ⑤ 03 ② 04 ③ 05 ②
06 ④ 07 ⑤ 08 ⑤ 09 ③ 10 ④
11 ① 12 ② 13 ⑤ 14 ⑤ 15 ④
16 ③ 17 ① 18 ⑤ 19 ⑤ 20 ②

※ 절취선을 따라 잘라서 쓰실 수 있습니다.

리 얼 오 리 지 널

대학수학능력시험완벽대비

수능기출 학력평가 7개년 모의고사

50회 [6·9 모평·수능 22회 학력평가 기출 28회]

- 고3 최신 7개년 [3·4·7·10월 학평]+[6·9·수능] 50회
- 2015 교육과정에 맞는 수능 기출 [우수 문항] 선별 수록
- 수능 모의고사 문제집 중 최다 회분 [총 1,000문항]
- 실제 시험지와 동일한 문제지로 모의고사 [실전 연습] 50회
- 해설에 [문제와 보기]를 모두 수록해 학습 효과 UP
- 회차별 [등급 컷·SPEED 정답표·STUDY 플래너] 제공
- 자가 진단을 위한 회차별 [등급 컷] 제공

지구과학 I

•해설편•

The Real series ipsifly provide questions in previous real test and you can practice as real college scholastic ability test.

수능 모의고사 전문 출판

입시플라이

SPEED 정답 체크

수능기출 학력평가 7개년 모의고사 | 지구과학 I

01회 2024학년도 03월

01 ③ 02 ② 03 ① 04 ⑤ 05 ③
06 ① 07 ④ 08 ④ 09 ③ 10 ②
11 ② 12 ⑤ 13 ⑤ 14 ① 15 ⑤
16 ④ 17 ① 18 ③ 19 ⑤ 20 ④

02회 2023학년도 03월

01 ② 02 ② 03 ③ 04 ⑤ 05 ⑤
06 ① 07 ③ 08 ③ 09 ④ 10 ③
11 ② 12 ④ 13 ⑤ 14 ② 15 ①
16 ① 17 ④ 18 ⑤ 19 ⑤ 20 ①

03회 2022학년도 03월

01 ③ 02 ① 03 ① 04 ② 05 ⑤
06 ③ 07 ① 08 ④ 09 ② 10 ①
11 ② 12 ③ 13 ④ 14 ⑤ 15 ⑤
16 ① 17 ③ 18 ⑤ 19 ④ 20 ②

04회 2021학년도 03월

01 ① 02 ③ 03 ④ 04 ③ 05 ②
06 ⑤ 07 ① 08 ③ 09 ⑤ 10 ①
11 ④ 12 ② 13 ③ 14 ⑤ 15 ④
16 ① 17 ② 18 ⑤ 19 ③ 20 ②

05회 2020학년도 03월

01 ② 02 ③ 03 ② 04 ④ 05 ⑤
06 ① 07 ① 08 ③ 09 ⑤ 10 ③
11 ① 12 ④ 13 ① 14 ⑤ 15 ②
16 ④ 17 ④ 18 ② 19 ① 20 ⑤

06회 2019학년도 03월

01 ⑤ 02 ② 03 ④ 04 ② 05 ②
06 ④ 07 ② 08 ② 09 ③ 10 ③
11 ⑤ 12 ③ 13 ② 14 ⑤ 15 ②
16 ④ 17 ④ 18 ① 19 ③ 20 ①

07회 2018학년도 03월

01 ④ 02 ③ 03 ① 04 ② 05 ⑤
06 ② 07 ① 08 ① 09 ② 10 ⑤
11 ④ 12 ⑤ 13 ③ 14 ① 15 ④
16 ④ 17 ⑤ 18 ④ 19 ⑤ 20 ④

08회 2024학년도 05월

01 ④ 02 ③ 03 ⑤ 04 ④ 05 ⑤
06 ① 07 ② 08 ① 09 ① 10 ④
11 ③ 12 ④ 13 ⑤ 14 ② 15 ②
16 ③ 17 ② 18 ③ 19 ② 20 ③

09회 2023학년도 04월

01 ① 02 ① 03 ② 04 ① 05 ③
06 ③ 07 ① 08 ⑤ 09 ② 10 ④
11 ④ 12 ⑤ 13 ③ 14 ⑤ 15 ④
16 ② 17 ① 18 ⑤ 19 ③ 20 ②

10회 2022학년도 04월

01 ⑤ 02 ② 03 ④ 04 ① 05 ②
06 ④ 07 ③ 08 ① 09 ② 10 ③
11 ③ 12 ⑤ 13 ③ 14 ⑤ 15 ④
16 ④ 17 ① 18 ③ 19 ① 20 ②

11회 2021학년도 04월

01 ② 02 ① 03 ⑤ 04 ④ 05 ③
06 ① 07 ① 08 ② 09 ④ 10 ⑤
11 ① 12 ③ 13 ② 14 ③ 15 ①
16 ③ 17 ③ 18 ⑤ 19 ⑤ 20 ④

12회 2020학년도 04월

01 ② 02 ⑤ 03 ④ 04 ④ 05 ⑤
06 ② 07 ④ 08 ① 09 ② 10 ③
11 ④ 12 ① 13 ① 14 ⑤ 15 ②
16 ③ 17 ⑤ 18 ① 19 ⑤ 20 ③

13회 2019학년도 04월

01 ③ 02 ② 03 ③ 04 ③ 05 ⑤
06 ① 07 ② 08 ③ 09 ③ 10 ①
11 ② 12 ① 13 ② 14 ③ 15 ⑤
16 ④ 17 ③ 18 ④ 19 ⑤ 20 ②

14회 2018학년도 04월

01 ③ 02 ④ 03 ⑤ 04 ① 05 ②
06 ② 07 ② 08 ③ 09 ① 10 ⑤
11 ④ 12 ④ 13 ⑤ 14 ③ 15 ⑤
16 ① 17 ③ 18 ③ 19 ③ 20 ④

15회 2025학년도 06월

01 ④ 02 ⑤ 03 ② 04 ① 05 ②
06 ④ 07 ③ 08 ③ 09 ④ 10 ②
11 ⑤ 12 ① 13 ① 14 ③ 15 ①
16 ③ 17 ⑤ 18 ① 19 ③ 20 ⑤

16회 2024학년도 06월

01 ② 02 ① 03 ④ 04 ⑤ 05 ②
06 ② 07 ④ 08 ① 09 ② 10 ④
11 ⑤ 12 ③ 13 ③ 14 ④ 15 ①
16 ⑤ 17 ③ 18 ⑤ 19 ③ 20 ⑤

17회 2023학년도 06월

01 ⑤ 02 ③ 03 ④ 04 ③ 05 ⑤
06 ① 07 ② 08 ① 09 ③ 10 ③
11 ② 12 ④ 13 ⑤ 14 ③ 15 ②
16 ⑤ 17 ① 18 ④ 19 ① 20 ③

18회 2022학년도 06월

01 ① 02 ① 03 ② 04 ③ 05 ②
06 ⑤ 07 ① 08 ④ 09 ② 10 ⑤
11 ⑤ 12 ① 13 ⑤ 14 ③ 15 ④
16 ③ 17 ③ 18 ④ 19 ③ 20 ④

19회 2021학년도 06월

01 ③ 02 ⑤ 03 ① 04 ⑤ 05 ⑤
06 ① 07 ③ 08 ③ 09 ② 10 ④
11 ② 12 ④ 13 ① 14 ② 15 ⑤
16 ① 17 ③ 18 ② 19 ⑤ 20 ④

20회 2020학년도 06월

01 ④ 02 ⑤ 03 ① 04 ③ 05 ⑤
06 ② 07 ③ 08 ④ 09 ① 10 ③
11 ① 12 ① 13 ① 14 ② 15 ⑤
16 ② 17 ④ 18 ③ 19 ③ 20 ③

21회 2019학년도 06월

01 ⑤ 02 ④ 03 ⑤ 04 ⑤ 05 ①
06 ① 07 ① 08 ① 09 ① 10 ⑤
11 ① 12 ① 13 ④ 14 ② 15 ⑤
16 ② 17 ① 18 ① 19 ① 20 ②

22회 2024학년도 07월

01 ③ 02 ② 03 ④ 04 ⑤ 05 ③
06 ④ 07 ⑤ 08 ① 09 ① 10 ③
11 ⑤ 12 ③ 13 ① 14 ① 15 ③
16 ② 17 ② 18 ④ 19 ⑤ 20 ②

23회 2023학년도 07월

01 ① 02 ① 03 ② 04 ② 05 ④
06 ③ 07 ⑤ 08 ④ 09 ③ 10 ①
11 ⑤ 12 ④ 13 ① 14 ⑤ 15 ③
16 ② 17 ① 18 ⑤ 19 ② 20 ③

24회 2022학년도 07월

01 ⑤ 02 ④ 03 ① 04 ③ 05 ②
06 ③ 07 ⑤ 08 ③ 09 ① 10 ②
11 ④ 12 ⑤ 13 ② 14 ① 15 ⑤
16 ④ 17 ① 18 ③ 19 ② 20 ③

25회 2021학년도 07월

01 ⑤ 02 ③ 03 ② 04 ④ 05 ④
06 ① 07 ① 08 ② 09 ④ 10 ⑤
11 ③ 12 ④ 13 ① 14 ⑤ 15 ②
16 ③ 17 ⑤ 18 ① 19 ② 20 ③

26회 2020학년도 07월

01 ⑤ 02 ③ 03 ② 04 ② 05 ②
06 ① 07 ② 08 ③ 09 ① 10 ⑤
11 ③ 12 ③ 13 ⑤ 14 ⑤ 15 ④
16 ② 17 ① 18 ⑤ 19 ④ 20 ④

27회 2019학년도 07월

01 ⑤ 02 ④ 03 ① 04 ⑤ 05 ⑤
06 ① 07 ① 08 ① 09 ④ 10 ④
11 ② 12 ③ 13 ⑤ 14 ① 15 ①
16 ③ 17 ④ 18 ⑤ 19 ③ 20 ⑤

28회 2018학년도 07월

01 ⑤ 02 ① 03 ⑤ 04 ③ 05 ⑤
06 ① 07 ④ 08 ③ 09 ① 10 ②
11 ② 12 ② 13 ③ 14 ④ 15 ①
16 ① 17 ④ 18 ① 19 ③ 20 ⑤

29회 2025학년도 09월

01 ④ 02 ⑤ 03 ④ 04 ① 05 ④
06 ② 07 ③ 08 ② 09 ② 10 ⑤
11 ③ 12 ⑤ 13 ① 14 ⑤ 15 ②
16 ③ 17 ① 18 ⑤ 19 ⑤ 20 ④

30회 2024학년도 09월

01 ④ 02 ⑤ 03 ③ 04 ⑤ 05 ②
06 ③ 07 ⑤ 08 ② 09 ② 10 ④
11 ⑤ 12 ⑤ 13 ② 14 ① 15 ①
16 ③ 17 ④ 18 ② 19 ③ 20 ①

31회 2023학년도 09월

01 ① 02 ④ 03 ② 04 ④ 05 ③
06 ① 07 ② 08 ③ 09 ② 10 ⑤
11 ③ 12 ① 13 ④ 14 ⑤ 15 ⑤
16 ③ 17 ① 18 ⑤ 19 ③ 20 ②

32회 2022학년도 09월

01 ④ 02 ④ 03 ① 04 ⑤ 05 ②
06 ① 07 ② 08 ⑤ 09 ⑤ 10 ③
11 ② 12 ③ 13 ③ 14 ⑤ 15 ①
16 ③ 17 ④ 18 ③ 19 ② 20 ⑤

33회 2021학년도 09월

01 ③ 02 ③ 03 ② 04 ② 05 ①
06 ① 07 ⑤ 08 ③ 09 ④ 10 ③
11 ④ 12 ⑤ 13 ④ 14 ⑤ 15 ②
16 ① 17 ② 18 ① 19 ④ 20 ②

34회 2020학년도 09월

01 ④ 02 ⑤ 03 ② 04 ④ 05 ③
06 ② 07 ⑤ 08 ③ 09 ⑤ 10 ③
11 ② 12 ③ 13 ④ 14 ⑤ 15 ①
16 ② 17 ③ 18 ④ 19 ③ 20 ②

35회 2019학년도 09월

01 ① 02 ⑤ 03 ③ 04 ④ 05 ③
06 ① 07 ③ 08 ④ 09 ② 10 ①
11 ② 12 ④ 13 ② 14 ② 15 ②
16 ⑤ 17 ② 18 ② 19 ③ 20 ①

36회 2024학년도 10월

01 ③ 02 ① 03 ④ 04 ① 05 ③
06 ⑤ 07 ② 08 ⑤ 09 ④ 10 ①
11 ④ 12 ⑤ 13 ③ 14 ① 15 ②
16 ⑤ 17 ⑤ 18 ② 19 ② 20 ③

37회 2023학년도 10월

01 ⑤ 02 ③ 03 ① 04 ③ 05 ⑤
06 ③ 07 ① 08 ① 09 ④ 10 ④
11 ② 12 ① 13 ⑤ 14 ⑤ 15 ②
16 ⑤ 17 ④ 18 ③ 19 ② 20 ②

38회 2022학년도 10월

01 ② 02 ③ 03 ③ 04 ① 05 ②
06 ⑤ 07 ③ 08 ② 09 ④ 10 ①
11 ① 12 ④ 13 ⑤ 14 ④ 15 ①
16 ③ 17 ⑤ 18 ③ 19 ② 20 ④

39회 2021학년도 10월

01 ③ 02 ⑤ 03 ② 04 ④ 05 ③
06 ① 07 ① 08 ④ 09 ④ 10 ⑤
11 ③ 12 ④ 13 ② 14 ① 15 ③
16 ② 17 ⑤ 18 ⑤ 19 ① 20 ②

40회 2020학년도 10월

01 ③ 02 ③ 03 ② 04 ④ 05 ①
06 ③ 07 ① 08 ⑤ 09 ① 10 ④
11 ⑤ 12 ⑤ 13 ② 14 ③ 15 ②
16 ④ 17 ② 18 ③ 19 ⑤ 20 ①

41회 2019학년도 10월

01 ④ 02 ③ 03 ① 04 ③ 05 ②
06 ② 07 ② 08 ② 09 ① 10 ②
11 ② 12 ③ 13 ① 14 ③ 15 ④
16 ③ 17 ② 18 ③ 19 ② 20 ⑤

42회 2018학년도 10월

01 ⑤ 02 ⑤ 03 ④ 04 ② 05 ③
06 ② 07 ④ 08 ⑤ 09 ⑤ 10 ④
11 ④ 12 ⑤ 13 ② 14 ⑤ 15 ①
16 ④ 17 ③ 18 ⑤ 19 ① 20 ①

43회 2024학년도 수능

01 ④ 02 ⑤ 03 ⑤ 04 ① 05 ③
06 ④ 07 ③ 08 ② 09 ① 10 ⑤
11 ③ 12 ③ 13 ② 14 ① 15 ④
16 ⑤ 17 ③ 18 ② 19 ⑤ 20 ⑤

44회 2023학년도 수능

01 ⑤ 02 ③ 03 ② 04 ③ 05 ⑤
06 ④ 07 ② 08 ③ 09 ① 10 ④
11 ① 12 ④ 13 ③ 14 ① 15 ②
16 ⑤ 17 ② 18 ② 19 ⑤ 20 ⑤

45회 2022학년도 수능

01 ① 02 ① 03 ③ 04 ③ 05 ②
06 ⑤ 07 ④ 08 ② 09 ④ 10 ⑤
11 ⑤ 12 ③ 13 ② 14 ① 15 ③
16 ⑤ 17 ② 18 ③ 19 ④ 20 ①

46회 2021학년도 수능

01 ① 02 ⑤ 03 ② 04 ① 05 ④
06 ③ 07 ⑤ 08 ⑤ 09 ② 10 ④
11 ② 12 ③ 13 ③ 14 ① 15 ①
16 ⑤ 17 ③ 18 ② 19 ③ 20 ④

47회 2020학년도 수능

01 ④ 02 ③ 03 ① 04 ② 05 ①
06 ③ 07 ⑤ 08 ③ 09 ② 10 ③
11 ① 12 ② 13 ② 14 ⑤ 15 ①
16 ③ 17 ④ 18 ① 19 ② 20 ⑤

48회 2019학년도 수능

01 ② 02 ① 03 ④ 04 ④ 05 ⑤
06 ③ 07 ④ 08 ② 09 ① 10 ④
11 ⑤ 12 ② 13 ① 14 ② 15 ④
16 ① 17 ⑤ 18 ② 19 ① 20 ②

49회 2018학년도 수능

01 ⑤ 02 ④ 03 ④ 04 ⑤ 05 ②
06 ③ 07 ⑤ 08 ④ 09 ③ 10 ⑤
11 ② 12 ② 13 ③ 14 ⑤ 15 ③
16 ④ 17 ① 18 ③ 19 ④ 20 ③

50회 2017학년도 수능

01 ③ 02 ⑤ 03 ② 04 ③ 05 ②
06 ④ 07 ⑤ 08 ⑤ 09 ③ 10 ④
11 ① 12 ② 13 ⑤ 14 ⑤ 15 ④
16 ③ 17 ① 18 ⑤ 19 ⑤ 20 ②

REAL

REAL ORIGINAL

수능기출학력평가 7개년 모의고사

지구과학 I 해설편

Contents

※ 수록된 정답률은 실제와 차이가 있을 수 있습니다. 문제 난도를 파악하는데 참고용으로 활용하시기 바랍니다.

수능 모의고사 전문 출판
입시플라이

01 회

● 고3 지구과학Ⅰ ●

2024학년도 3월

01 ③	02 ②	03 ①	04 ⑤	05 ③
06 ①	07 ④	08 ④	09 ③	10 ②
11 ②	12 ⑤	13 ⑤	14 ①	15 ⑤
16 ④	17 ①	18 ③	19 ⑤	20 ④

채점 결과
- 실제 걸린 시간 : 분 초
- 맞은 문항수 : 개
- 틀린 문항수 : 개
- 헷갈린 문항 :

01 판 구조론

정답률 63% | 정답 ③

| 문제 보기 |

다음은 판 구조론이 정립되는 과정에서 제시된 일부 자료를 보고 학생 A, B, C가 나눈 대화를 나타낸 것이다.

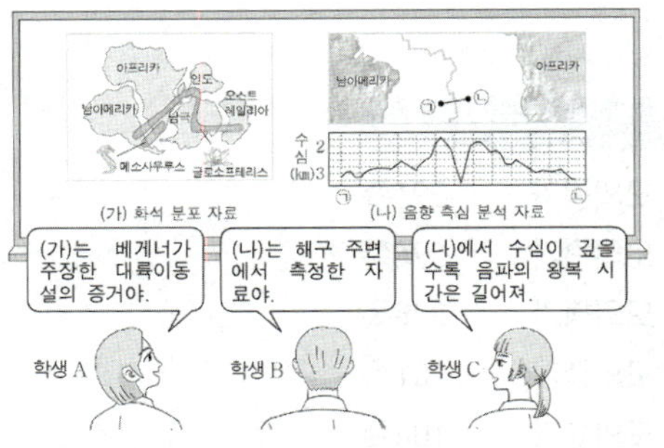

제시한 내용이 옳은 학생만을 있는 대로 고른 것은?

① A　② B　③ A, C
④ B, C　⑤ A, B, C

• 왜 정답일까?

A. 베게너는 육상 식물인 글로소프테리스 화석이 남아메리카, 아프리카, 인도, 남극 대륙 및 오스트레일리아 대륙에서 산출되며, 메소사우루스 화석이 남아메리카 대륙과 아프리카 대륙에서 산출되는 등 멀리 떨어진 대륙에서 같은 종의 화석이 산출됨을 대륙 이동의 증거로 제시했다.

C. 해수면에서 해저면을 향하여 초음파를 발사하면 초음파는 해저면에 반사되어 되돌아온다. 이때 반사되어 되돌아오는 데 걸리는 시간을 이용하여 해저 지형의 높낮이를 측정할 수 있다. 수심이 깊을수록 음파의 왕복 시간은 길어진다.

• 왜 오답일까?

B. (나)에서 그래프의 형태가 비교적 대칭이므로 해령에서 측정한 자료이다.

02 생명 가능 지대

정답률 60% | 정답 ②

| 문제 보기 |

그림은 중심별의 질량에 따른 생명 가능 지대를 나타낸 것이다.

이에 대한 설명으로 옳은 것만을 〈보기〉에서 있는 대로 고른 것은? (단, 중심별은 주계열성이다.)

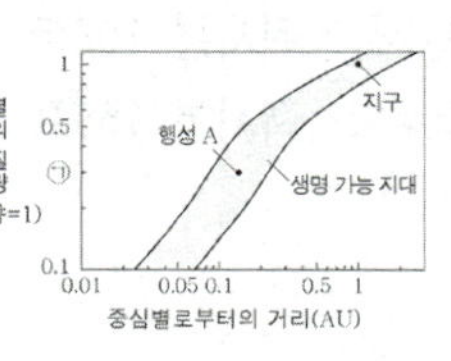

< 보 기 >
ㄱ. 중심별로부터 생명 가능 지대까지의 거리는 질량이 ㉠인 별이 태양보다 멀다.
ㄴ. 생명 가능 지대의 폭은 질량이 ㉠인 별이 태양보다 좁다.
ㄷ. 생명 가능 지대에 머무는 기간은 행성 A가 지구보다 짧다.

① ㄱ　② ㄴ　③ ㄱ, ㄷ
④ ㄴ, ㄷ　⑤ ㄱ, ㄴ, ㄷ

• 왜 정답일까?

ㄴ. 생명 가능 지대의 폭은 별의 광도가 커질수록 넓어진다. 그래프에서 생명 가능 지대의 범위는 대략 ㉠이 0.08 ~ 0.2 AU이고, 태양은 0.7 ~ 1.6 AU이므로 ㉠이 태양보다 좁다.

• 왜 오답일까?

ㄱ. 중심별로부터 생명 가능 지대까지의 거리는 별의 광도(또는 질량)가 클수록 멀어지므로 질량이 작은 ㉠이 태양보다 가깝다.
ㄷ. 중심별의 질량이 작을수록 별의 수명이 길어지므로 생명 가능 지대에 머무는 기간은 행성 A가 지구보다 길다.

03 마그마의 종류와 생성 원리

정답률 72% | 정답 ①

| 문제 보기 |

그림 (가)는 마그마가 생성되는 지역 A, B, C를, (나)는 깊이에 따른 지하의 온도 분포와 암석의 용융 곡선을 나타낸 것이다.

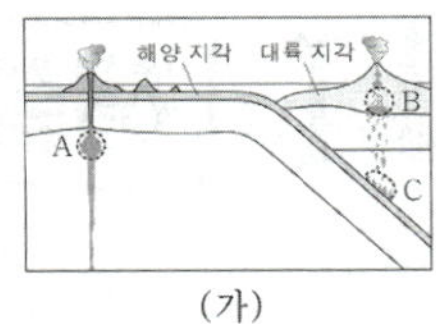

(가)

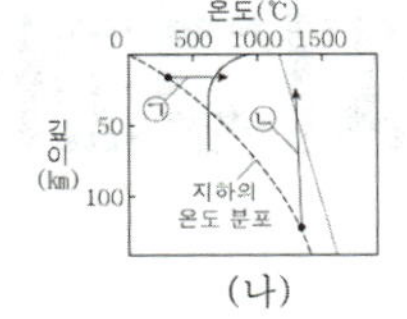

(나)

이 자료에 대한 설명으로 옳은 것만을 〈보기〉에서 있는 대로 고른 것은?

< 보 기 >
ㄱ. A의 마그마는 ㉡ 과정에 의해 생성된다.
ㄴ. 마그마의 평균 온도는 A에서가 B에서보다 낮다.
ㄷ. 마그마의 SiO_2 함량은 B에서가 C에서보다 낮다.

① ㄱ　② ㄷ　③ ㄱ, ㄴ
④ ㄴ, ㄷ　⑤ ㄱ, ㄴ, ㄷ

• 왜 정답일까?

ㄱ. A는 열점으로, 열점에서는 압력 감소에 의한 암석의 용융점 하강으로 현무암질 마그마가 형성된다.

• 왜 오답일까?

ㄴ. 마그마의 평균 온도는 A에서가 B에서보다 높다.
ㄷ. B에서는 안산암질 또는 유문암질 마그마가, C에서는 현무암질 마그마가 생성된다.

04 퇴적 구조와 특징

정답률 87% | 정답 ⑤

| 문제 보기 |

다음은 인공지능[AI] 프로그램을 이용하여 퇴적 구조를 분류하는 탐구 활동이다.

[탐구 과정]
(가) 이미지를 분류해 주는 AI 프로그램에 접속한다.
(나) 건열, 사층리, 연흔의 명칭을 입력하고, 각각에 해당하는 서로 다른 사진 파일을 10개씩 업로드하여 AI 학습 과정을 진행시킨다.

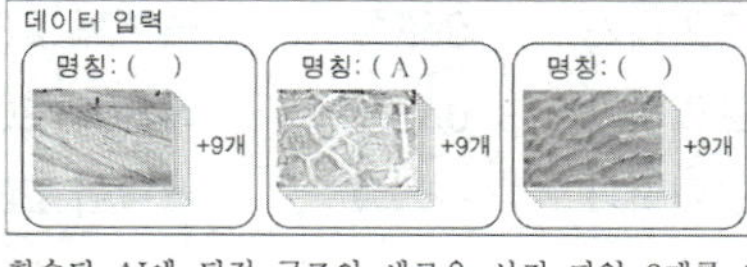

(다) 학습된 AI에 퇴적 구조의 새로운 사진 파일 2개를 업로드하여 분류 결과를 확인한다.

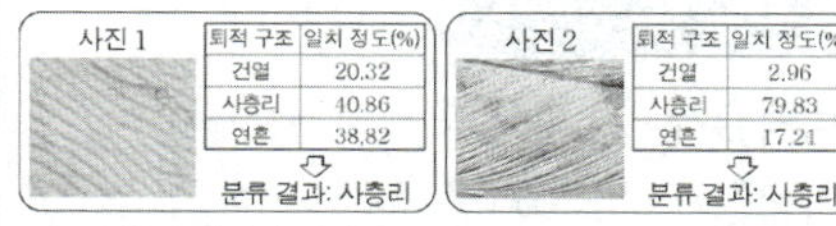

사진 1

퇴적 구조	일치 정도(%)
건열	20.32
사층리	40.86
연흔	38.82

분류 결과: 사층리

사진 2

퇴적 구조	일치 정도(%)
건열	2.96
사층리	79.83
연흔	17.21

분류 결과: 사층리

(라) (다)의 사진에 나타난 퇴적 구조의 특징을 각각 분석하여 모둠별로 퇴적 구조의 종류를 판단하고, AI의 분류 결과와 일치하는지 확인한다.

[탐구 결과]

	사진에 나타난 퇴적 구조의 특징	모둠별 판단 결과	AI의 분류 결과	일치 여부 (○: 일치, ×: 불일치)
사진 1	(㉠)	연흔	사층리	×
사진 2	층리가 평행하지 않고 기울어짐.	( )	사층리	(㉡)

이 자료에 대한 설명으로 옳은 것만을 〈보기〉에서 있는 대로 고른 것은? (단, 모둠별 판단 결과는 모두 옳게 제시하였다.) [3점]

< 보 기 >
ㄱ. (나)에서 A는 건열이다.
ㄴ. '지층의 표면에 물결 무늬의 자국이 보임.'은 ㉠에 해당한다.
ㄷ. ㉡은 '○'이다.

① ㄱ　② ㄷ　③ ㄱ, ㄴ
④ ㄴ, ㄷ　⑤ ㄱ, ㄴ, ㄷ

• 왜 정답일까?

사진 1은 연흔, 사진 2는 사층리이다.
연흔은 물결 모양의 흔적이 남아 있는 퇴적 구조이다.

05 지질 구조와 지층의 순서

정답률 74% | 정답 ③

| 문제 보기 |

그림은 어느 지역의 지질 단면을 나타낸 것이다.

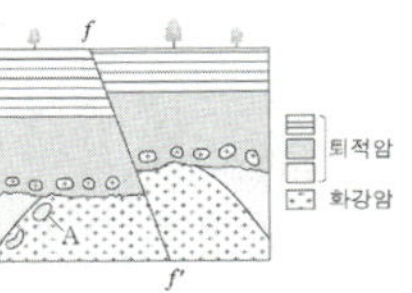

이 자료에 대한 설명으로 옳은 것만을 〈보기〉에서 있는 대로 고른 것은?

< 보 기 >
ㄱ. $f-f'$은 역단층이다.
ㄴ. 암석의 나이는 A가 화강암보다 많다.
ㄷ. 단층은 부정합보다 먼저 형성되었다.

① ㄱ　② ㄷ　③ ㄱ, ㄴ
④ ㄴ, ㄷ　⑤ ㄱ, ㄴ, ㄷ

• 왜 정답일까?

ㄱ. 상반이 하반 위로 올라갔으므로 역단층이다.
ㄴ. 포획된 암석 A는 관입한 화강암보다 나이가 많다.

• 왜 오답일까?

ㄷ. 단층에 의해 부정합이 끊어져 있다.

06 태풍의 이동 방향과 속력

정답률 53% | 정답 ①

| 문제 보기 |

그림 (가)는 어느 태풍이 이동하는 동안 시각 T_1~T_9일 때의 태풍 중심 위치를, (나)는 이 태풍이 이동하는 동안 관측소 P에서 관측한 기압과 풍향을 나타낸 것이다. T_1, T_2, …, T_9의 시간 간격은 일정하고, P의 위치는 ㉠과 ㉡ 중 하나이다.

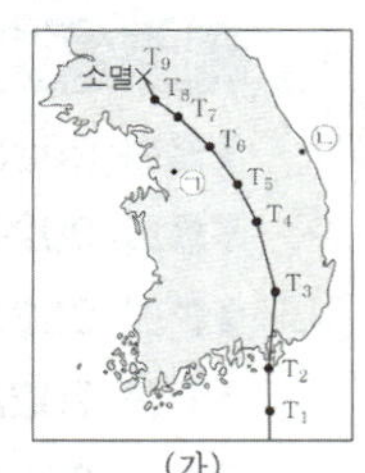

(가)

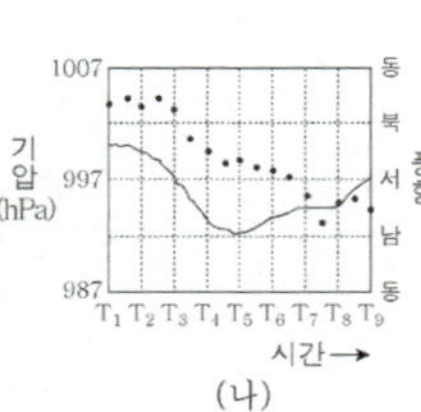

(나)

이 자료에 대한 설명으로 옳은 것만을 〈보기〉에서 있는 대로 고른 것은? [3점]

< 보 기 >
ㄱ. P의 위치는 ㉠이다.
ㄴ. 태풍의 평균 이동 속력은 T_1 ~ T_2일 때가 T_3 ~ T_4일 때보다 빠르다.
ㄷ. (나)에서 기압이 가장 낮을 때, P와 태풍 중심 사이의 거리가 가장 가깝다.

① ㄱ　② ㄷ　③ ㄱ, ㄴ
④ ㄴ, ㄷ　⑤ ㄱ, ㄴ, ㄷ

• 왜 정답일까?

ㄱ. 풍향이 시계 반대 방향으로 변하므로 ㉠이다.

• 왜 오답일까?

ㄴ. 같은 시간 동안 이동한 거리가 T_3 ~ T_4일 때가 T_1 ~ T_2일 때보다 길다.
ㄷ. 기압이 가장 낮을 때인 T_5일 때보다 T_6일 때가 가깝다.

[문제편 p.001]

07 절대 연령 측정 방법

정답률 75% | 정답 ④

| 문제 보기 |

표는 화성암 A, B에 포함된 방사성 원소 X와 X의 자원소 양을, 그림은 시간에 따른 $\frac{\text{자원소의 양}}{\text{X의 처음 양}}$을 나타낸 것이다. 암석에 포함된 자원소는 모두 암석이 생성된 후부터 X가 붕괴하여 생성되었으며, 'X의 처음 양=X의 양+자원소의 양'이다.

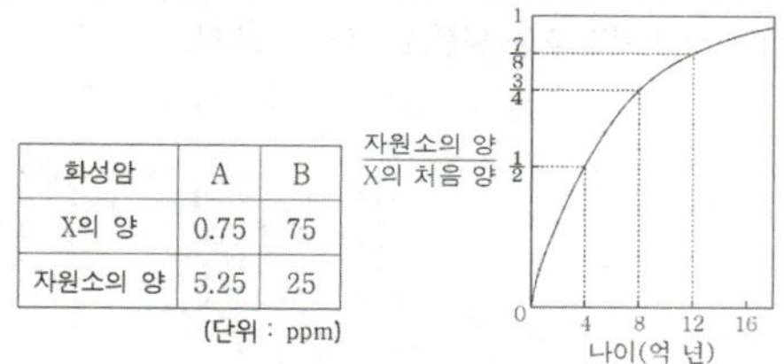

화성암	A	B
X의 양	0.75	75
자원소의 양	5.25	25

(단위 : ppm)

이에 대한 설명으로 옳은 것만을 <보기>에서 있는 대로 고른 것은? [3점]

< 보 기 >
ㄱ. X의 반감기는 8억 년이다.
ㄴ. A에 포함된 X는 세 번의 반감기를 거쳤다.
ㄷ. 암석의 나이는 A가 B보다 많다.

① ㄱ　② ㄴ　③ ㄱ, ㄷ
④ ㄴ, ㄷ　⑤ ㄱ, ㄴ, ㄷ

• 왜 정답일까?

ㄴ. $\frac{\text{자원소의 양}}{\text{X의 처음 양}}=\frac{7}{8}$이므로 세 번의 반감기를 거쳤다.

ㄷ. 암석의 나이는 $\frac{\text{자원소의 양}}{\text{X의 처음 양}}$이 클수록 많으므로 A가 B보다 많다.

• 왜 오답일까?

ㄱ. X의 반감기는 4억 년이다.

08 별의 물리적 특징

정답률 54% | 정답 ④

| 문제 보기 |

그림은 지구로부터 거리가 같은 별 (가)와 (나)의 가시광선 영상을, 표는 (가)와 (나)의 물리량을 각각 나타낸 것이다. (가)와 (나)는 각각 주계열성과 백색 왜성 중 하나이다.

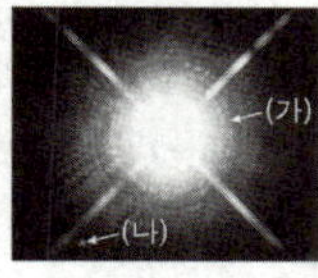

	(가)	(나)
분광형	A1	B1
절대 등급	1.5	11.3

이 자료에 대한 설명으로 옳은 것은? [3점]

① (나)의 광도 계급은 태양과 같다.
② 겉보기 등급은 (가)가 (나)보다 크다.
③ 별의 평균 밀도는 (가)가 (나)보다 크다.
④ 단위 시간당 방출하는 복사 에너지양은 (가)가 (나)보다 많다.
⑤ 복사 에너지를 최대로 방출하는 파장은 (가)가 (나)보다 짧다.

• 왜 정답일까?

(가)는 주계열성이고, (나)는 백색 왜성이다.

• 왜 오답일까?

① 광도 계급은 (나)가 Ⅶ이고, 태양은 Ⅴ이다.
② 거리가 같으므로 겉보기 등급은 절대 등급이 작을수록 작다.
③ (가)가 (나)보다 밀도가 작다.
⑤ B1인 별이 A1인 별보다 표면 온도가 높으므로 복사 에너지를 최대로 방출하는 파장이 짧다.

09 해수의 심층 순환

정답률 67% | 정답 ③

| 문제 보기 |

그림은 남대서양의 수괴 A, B, C와 염분 분포를 나타낸 것이다. A, B, C는 각각 남극 저층수, 남극 중층수, 북대서양 심층수 중 하나이다.

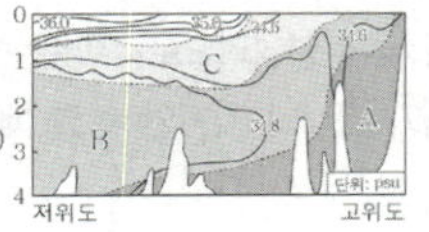

이에 대한 설명으로 옳은 것만을 <보기>에서 있는 대로 고른 것은?

< 보 기 >
ㄱ. A는 주로 북쪽으로 흐른다.
ㄴ. 평균 밀도는 A가 C보다 크다.
ㄷ. 평균 이동 속력은 B가 표층 해류보다 빠르다.

① ㄴ　② ㄷ　**③ ㄱ, ㄴ**
④ ㄱ, ㄷ　⑤ ㄴ, ㄷ

• 왜 정답일까?

A는 남극 저층수, B는 북대서양 심층수, C는 남극 중층수이다.
ㄱ. 해저면 근처의 34.8 psu 등염분선의 분포로 보아 A의 흐름은 북쪽 방향이다.

• 왜 오답일까?

ㄷ. 심층수의 평균 이동 속력은 표층 해류보다 느리다.

10 수소 핵융합 반응

정답률 67% | 정답 ②

| 문제 보기 |

그림 (가)는 수소 핵융합 반응 ㉠과 ㉡을, (나)는 현재 태양의 중심으로부터의 거리에 따른 수소와 헬륨의 질량비를 나타낸 것이다. ㉠과 ㉡은 각각 p-p 반응과 CNO 순환 반응 중 하나이다.

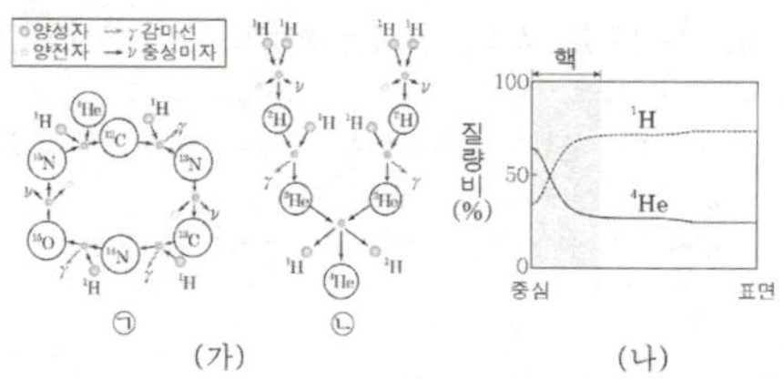

(가)　(나)

이 자료에 대한 설명으로 옳은 것만을 <보기>에서 있는 대로 고른 것은?

< 보 기 >
ㄱ. ㉠은 p-p 반응이다.
ㄴ. 태양의 핵에서는 ㉠이 ㉡보다 우세하게 일어난다.
ㄷ. 태양의 핵에서 헬륨(^{4}He)의 평균 질량비는 주계열 단계가 끝날 때가 현재보다 클 것이다.

① ㄴ　**② ㄷ**　③ ㄱ, ㄴ
④ ㄱ, ㄷ　⑤ ㄴ, ㄷ

• 왜 정답일까?

ㄷ. 수소 핵융합 반응으로 헬륨이 계속 생성되므로 헬륨의 평균 질량비는 주계열 단계가 끝날 때까지 증가한다.

• 왜 오답일까?

ㄱ. ㉠은 CNO 순환 반응이고, ㉡은 p−p 반응이다.
ㄴ. 현재 태양의 핵에서는 ㉡이 우세하다.

11 온대 저기압

정답률 77% | 정답 ②

| 문제 보기 |

그림은 어느 날 특정 시각의 온대 저기압 모습과 구간 A, B, C에서 관측한 기상 요소를 나타낸 것이다.

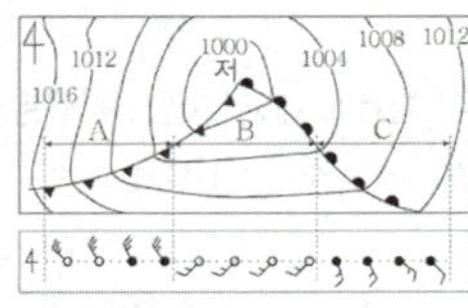

이 자료에 대한 설명으로 옳은 것만을 <보기>에서 있는 대로 고른 것은?

< 보 기 >
ㄱ. 평균 기온은 A가 B보다 높다.
ㄴ. 평균 풍속은 A가 C보다 느리다.
ㄷ. 구름의 수평 분포 범위는 A가 C보다 좁다.

① ㄴ　**② ㄷ**　③ ㄱ, ㄴ
④ ㄱ, ㄷ　⑤ ㄱ, ㄴ, ㄷ

• 왜 정답일까?

ㄷ. 일기 기호의 운량을 분석하면 구름의 수평 분포 범위는 C에서보다 A에서 더 좁다.

• 왜 오답일까?

ㄱ. 한랭 전선 후면에 위치한 A가 한랭 전선 전면에 위치한 B보다 평균 기온이 낮다.
ㄴ. 일기 기호의 풍속 자료에서 풍속은 A가 C보다 빠르다.

12 은하의 특징

정답률 60% | 정답 ⑤

| 문제 보기 |

그림 (가)는 어느 은하의 가시광선 영상을, (나)는 (가)와 종류가 다른 은하의 가시광선 영상과 전파 영상을 나타낸 것이다.

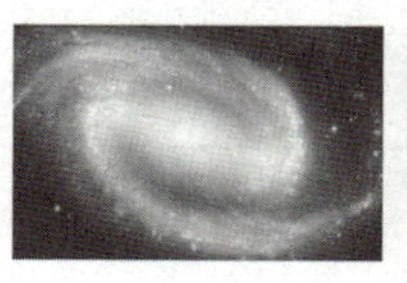

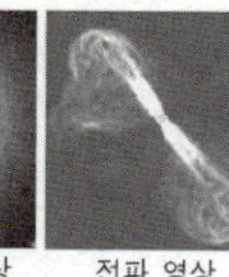

(가)　가시광선 영상　전파 영상
(나)

이에 대한 설명으로 옳은 것만을 <보기>에서 있는 대로 고른 것은?

< 보 기 >
ㄱ. (가)에서는 막대 구조가 관찰된다.
ㄴ. (나)의 전파 영상에서는 제트가 관찰된다.
ㄷ. 새로운 별의 생성은 (가)에서가 (나)에서보다 활발하다.

① ㄱ　② ㄷ　③ ㄱ, ㄴ
④ ㄴ, ㄷ　**⑤ ㄱ, ㄴ, ㄷ**

• 왜 정답일까?

ㄱ. (가)는 막대 나선 은하이다.
ㄴ. (나)는 전파 은하로 제트가 관찰된다.
ㄷ. 새로운 별의 생성은 성간 물질이 많은 (가)가 타원 은하인 (나)보다 활발하다.

13 우주의 크기 변화

정답률 59% | 정답 ⑤

| 문제 보기 |

그림 (가)는 어느 우주 모형에서 시간에 따른 우주의 크기 변화를, (나)는 현재 우주 구성 요소의 비율을 나타낸 것이다. A, B, C는 각각 암흑 물질, 암흑 에너지, 보통 물질 중 하나이다.

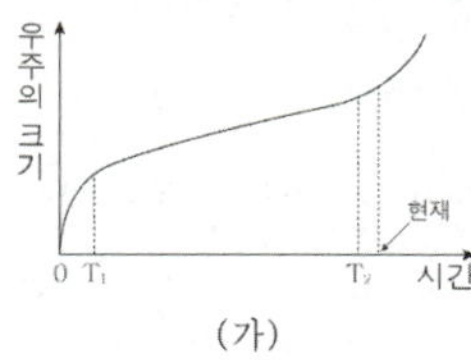

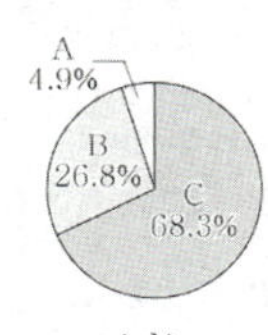

(가)　(나)

이에 대한 설명으로 옳은 것만을 <보기>에서 있는 대로 고른 것은? [3점]

< 보 기 >
ㄱ. 우주의 평균 온도는 T_1 시기가 T_2 시기보다 높다.
ㄴ. T_1 시기에 우주는 감속 팽창했다.
ㄷ. $\frac{\text{(A+B)의 비율}}{\text{C의 비율}}$은 T_1 시기가 T_2 시기보다 크다.

① ㄱ　② ㄷ　③ ㄱ, ㄴ
④ ㄴ, ㄷ　**⑤ ㄱ, ㄴ, ㄷ**

• 왜 정답일까?

ㄱ. 우주의 평균 온도는 우주의 크기가 커질수록 낮아진다.
ㄴ. (가)에서 T_1시기 전후로 그래프의 기울기가 작아지고 있으므로 우주가 감속 팽창했음을 알 수 있다.
ㄷ. 우주가 감속 팽창할 때는 물질의 비율이 암흑 에너지 비율보다 크고, 가속 팽창할 때는 암흑 에너지의 비율이 물질 비율보다 크다.

14 해수의 물리적 특징

정답률 61% | 정답 ①

| 문제 보기 |

그림 (가)는 어느 해역에서의 수심에 따른 밀도, 수온, 염분을, (나)는 (가)의 자료를 수온-염분도에 나타낸 것이다.

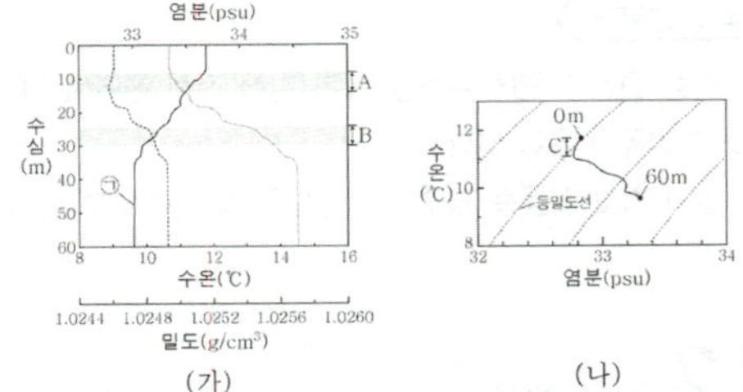

이 자료에 대한 설명으로 옳은 것만을 <보기>에서 있는 대로 고른 것은? [3점]

< 보 기 >
ㄱ. ㉠은 수온이다.
ㄴ. 수심에 따른 밀도 변화량은 A 구간이 B 구간보다 크다.
ㄷ. C 구간은 혼합층에 해당한다.

① ㄱ ② ㄷ ③ ㄱ, ㄴ ④ ㄴ, ㄷ ⑤ ㄱ, ㄴ, ㄷ

• 왜 정답일까?

ㄱ. 수심이 깊어질수록 온도가 낮아지므로 수온이다.

• 왜 오답일까?

ㄴ. (가)에서 수심에 따른 밀도(오른쪽 점선 그래프) 변화량은 A 구간이 B 구간보다 작다.

ㄷ. 혼합층은 표층에서부터 수온이 일정한 구간이다.

15 기후 변화의 외적 요인

정답률 54% | 정답 ⑤

| 문제 보기 |

그림은 지구가 근일점에 위치할 때 A 시기와 현재의 지구 자전축 방향을, 표는 A 시기와 현재의 공전 궤도 이심률과 자전축 경사각을 나타낸 것이다.

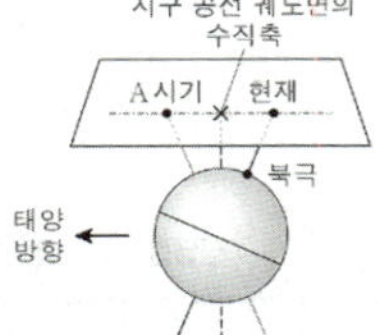

시기	공전 궤도 이심률	자전축 경사각(°)
A	0.03	24.0
현재	0.017	23.5

이 자료에 대한 설명으로 옳은 것만을 <보기>에서 있는 대로 고른 것은? (단, 공전 궤도 이심률, 자전축 경사각, 세차 운동 이외의 요인은 고려하지 않는다.) [3점]

< 보 기 >
ㄱ. 현재 북반구는 근일점에서 겨울철이다.
ㄴ. 원일점에서 지구와 태양까지의 거리는 A 시기가 현재보다 멀다.
ㄷ. 30°N에서 여름철 평균 기온은 A 시기가 현재보다 높다.

① ㄱ ② ㄴ ③ ㄱ, ㄷ ④ ㄴ, ㄷ ⑤ ㄱ, ㄴ, ㄷ

• 왜 정답일까?

ㄴ. A 시기가 현재보다 공전 궤도 이심률이 크므로 원일점에서 지구와 태양까지의 거리는 멀다.

ㄷ. A 시기 지구의 자전축 경사 방향이 현재와 반대이고, 자전축 경사각과 공전 궤도 이심률이 현재보다 크므로 30°N에서 여름철 평균 기온은 높아진다.

16 별의 진화 과정

정답률 74% | 정답 ④

| 문제 보기 |

그림은 질량이 태양과 비슷한 별의 진화 과정에서 생성된 성운을 나타낸 것이다. 이 성운에 대한 설명으로 옳은 것만을 <보기>에서 있는 대로 고른 것은?

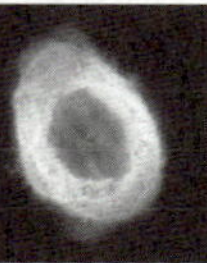

< 보 기 >
ㄱ. 행성상 성운이다.
ㄴ. 성운이 형성되는 과정에서 철보다 무거운 원소가 만들어진다.
ㄷ. 성운을 만든 별의 중심부는 최종 진화 단계에서 백색 왜성이 된다.

① ㄴ ② ㄷ ③ ㄱ, ㄴ ④ ㄱ, ㄷ ⑤ ㄴ, ㄷ

• 왜 정답일까?

ㄱ, ㄷ. 질량이 태양과 비슷한 별의 진화를 살펴보면, 거성 단계 이후 중심부는 계속 수축하고, 별의 바깥층은 정역학 평형 상태를 이루기 위해 수축과 팽창을 반복하여 반지름과 표면 온도, 광도가 주기적으로 변하는 맥동 변광성 단계를 거친다. 맥동 변광성 단계 이후, 별의 바깥층 물질이 우주 공간으로 방출되어 행성상 성운이 만들어지며, 별의 중심부는 더욱 수축하여 크기는 매우 작고 밀도가 큰 백색 왜성이 된다.

• 왜 오답일까?

ㄴ. 철보다 무거운 원소는 초신성 단계에서 만들어 진다.

17 복각의 원리와 대륙의 이동

정답률 61% | 정답 ①

| 문제 보기 |

표는 어느 대륙의 한 지점에서 서로 다른 시기에 생성된 화성암의 고지자기 복각을, 그림은 위도와 복각의 관계를 나타낸 것이다.

생성 시기 (백만 년 전)	고지자기 복각(°)
0	+38
20	+18
60	−37
80	−48
200	−66
225	−55

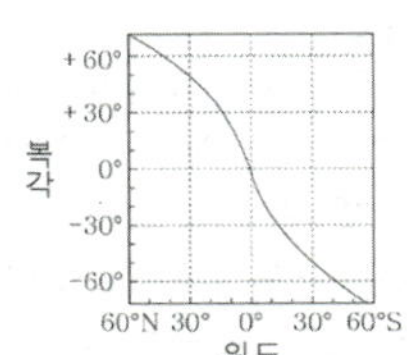

이 지점에 대한 설명으로 옳은 것만을 <보기>에서 있는 대로 고른 것은? (단, 고지자기극은 고지자기 방향으로 추정한 지리상 북극이고, 지리상 북극은 변하지 않았다.) [3점]

< 보 기 >
ㄱ. 2.25억 년 전부터 현재 사이에 남쪽으로 이동한 적이 있다.
ㄴ. 6천만 년 전에는 북반구에 위치하였다.
ㄷ. 6천만 년 전부터 현재까지의 위도 변화는 75°이다.

① ㄱ ② ㄴ ③ ㄱ, ㄷ ④ ㄴ, ㄷ ⑤ ㄱ, ㄴ, ㄷ

• 왜 정답일까?

ㄱ. 2.25억 년 전 복각(−55°)보다 2억 년 전 복각(−66°)의 값이 더 작으므로 남쪽으로 이동하였다.

• 왜 오답일까?

ㄴ. 6천만 년 전 고지자기 복각은 −37°이므로 남반구에 위치한다.

ㄷ. 복각과 위도 관계 그래프를 이용해 구한 위도 변화는 약 40°이다.

18 우주 팽창과 허블 상수

정답률 56% | 정답 ③

| 문제 보기 |

그림 (가)와 (나)는 각각 가까운 은하들과 먼 은하들의 거리와 후퇴 속도를 나타낸 것이다.

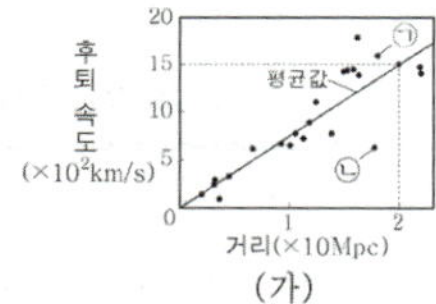

(가)

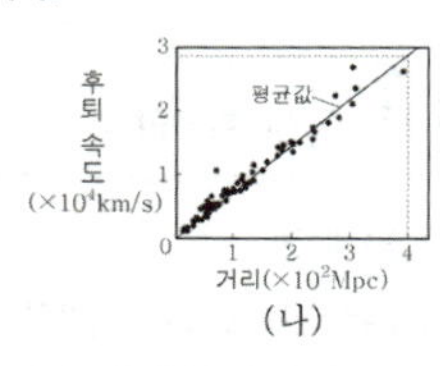

(나)

이 자료에 대한 설명으로 옳은 것만을 <보기>에서 있는 대로 고른 것은? [3점]

< 보 기 >
ㄱ. 은하의 적색 편이량$\left(=\frac{관측\ 파장-기준\ 파장}{기준\ 파장}\right)$은 ㉠이 ㉡보다 크다.
ㄴ. 우주의 팽창을 지지하는 증거 자료이다.
ㄷ. (가)를 이용해 구한 우주의 나이는 (나)를 이용해 구한 우주의 나이보다 많다.

① ㄱ ② ㄷ ③ ㄱ, ㄴ ④ ㄴ, ㄷ ⑤ ㄱ, ㄴ, ㄷ

• 왜 정답일까?

ㄱ. 후퇴 속도가 클수록 은하의 적색 편이량이 크다.

ㄴ. 거리가 멀수록 후퇴 속도가 빨라지는 것은 우주가 팽창할 때 나타나는 현상이다.

• 왜 오답일까?

ㄷ. 우주의 나이는 허블 상수의 역수에 비례한다.

19 우리나라 주변 해류

정답률 72% | 정답 ⑤

| 문제 보기 |

그림은 어느 해 여름철에 관측한 우리나라 주변 표층 해류의 평균 속력과 이동 방향을 나타낸 것이다.

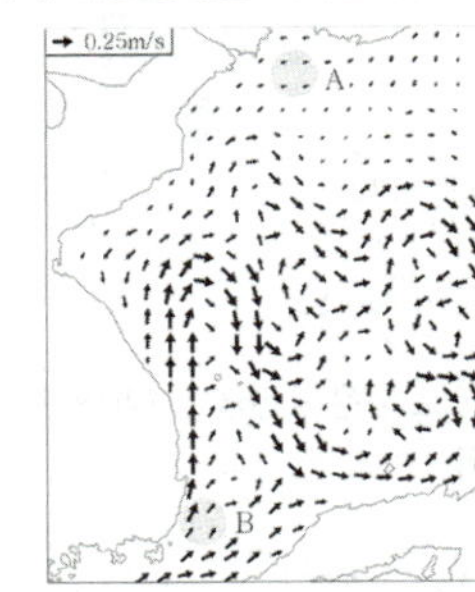

이에 대한 설명으로 옳은 것만을 <보기>에서 있는 대로 고른 것은?

< 보 기 >
ㄱ. A 해역에서는 한류, B 해역에서는 난류가 흐른다.
ㄴ. B 해역에서 해류는 여름철이 겨울철보다 대체로 강하게 흐른다.
ㄷ. 겨울철 B 해역에 흐르는 해류는 주변 대기로 열을 공급한다.

① ㄱ ② ㄷ ③ ㄱ, ㄴ ④ ㄴ, ㄷ ⑤ ㄱ, ㄴ, ㄷ

• 왜 정답일까?

ㄴ. B는 동한 난류이며 여름철에 강해진다.

ㄷ. 높은 수온의 해수는 낮은 기온의 대기로 열을 공급한다.

20 엘니뇨 시기

정답률 35% | 정답 ④

| 문제 보기 |

그림 (가)는 기상 위성으로 관측한 적도 부근 160°E ~160°W 지역의 적외선 방출 복사 에너지 편차를, (나)는 태평양 적도 부근 해역에서 A와 B 중 어느 한 시기에 관측한 바람의 동서 방향 풍속 편차를 나타낸 것이다. A와 B는 각각 엘니뇨와 라니냐 시기 중 하나이고, 편차는 (관측값−평년값)이다. 복사 에너지 편차가 양(+)일 때에는 구름 최상부의 평균 온도가 평상시보다 높을 때이다.

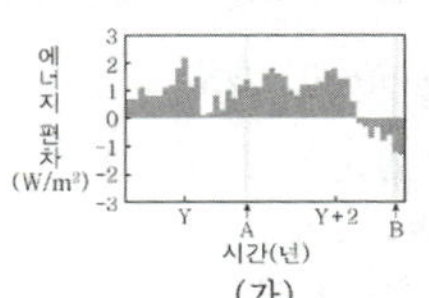

(가)

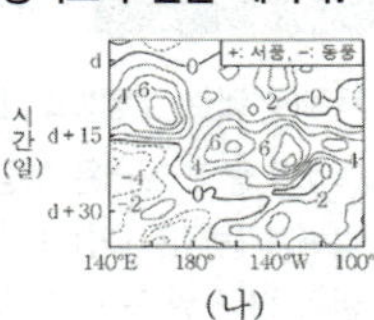

(나)

이에 대한 설명으로 옳은 것만을 <보기>에서 있는 대로 고른 것은? [3점]

< 보 기 >
ㄱ. 적도 부근 160°E ~ 160°W 지역에서 두꺼운 적운형 구름의 발생은 A 시기가 B 시기보다 많다.
ㄴ. (나)는 B 시기에 해당한다.
ㄷ. 동태평양 적도 부근 해역에서 수온 약층이 나타나기 시작하는 깊이는 A 시기가 B 시기보다 얕다.

① ㄱ ② ㄷ ③ ㄱ, ㄴ ④ ㄴ, ㄷ ⑤ ㄱ, ㄴ, ㄷ

• 왜 정답일까?

ㄴ. (나)는 무역풍이 약해졌으므로 엘니뇨 시기이고, B 시기는 에너지 편차가 음(−)이므로 엘니뇨 시기이다.

ㄷ. 수온 약층이 나타나기 시작하는 깊이는 엘니뇨 시기가 라니냐 시기보다 깊다.

• 왜 오답일까?

ㄱ. 에너지 편차가 양(+)인 A 시기에는 구름의 최상부 고도가 낮게 형성되므로 두꺼운 적운형 구름은 엘니뇨 시기인 B일 때가 라니냐 시기인 A일 때보다 더 많이 발생한다.

[문제편 p.003]

• 고3 지구과학 I •

02회 2023학년도 3월

01 ②	02 ②	03 ③	04 ⑤	05 ⑤
06 ①	07 ③	08 ③	09 ④	10 ③
11 ②	12 ④	13 ⑤	14 ②	15 ①
16 ①	17 ④	18 ⑤	19 ⑤	20 ①

채점 결과
- 실제 걸린 시간 : 분 초
- 맞은 문항수 : 개
- 틀린 문항수 : 개
- 헷갈린 문항 :

01 대륙 이동설

정답률 62% | 정답 ②

| 문제 보기 |

그림은 수업 시간에 학생이 작성한 대륙 이동설에 대한 마인드맵이다.

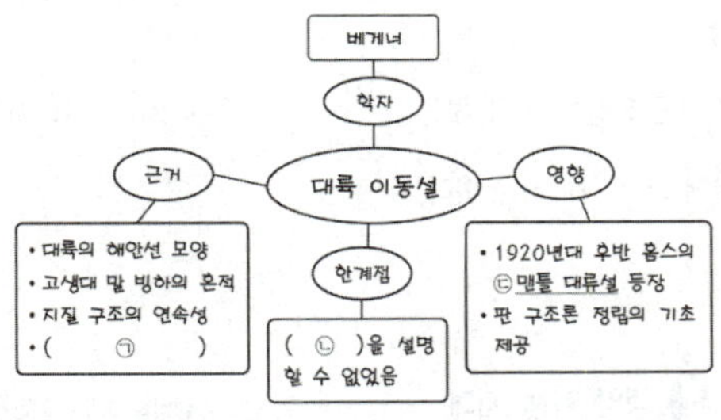

이에 대한 옳은 설명만을 〈보기〉에서 있는 대로 고른 것은?

〈보기〉
ㄱ. '변환 단층의 발견'은 ㉠에 해당한다.
ㄴ. '대륙 이동의 원동력'은 ㉡에 해당한다.
ㄷ. ㉢에서는 고지자기 줄무늬가 해령을 축으로 대칭을 이룬다고 설명하였다.

① ㄱ ② ㄴ ③ ㄱ, ㄷ ④ ㄴ, ㄷ ⑤ ㄱ, ㄴ, ㄷ

• 왜 정답일까?

ㄴ. 대륙 이동에 대해 제시한 여러 증거에도 불구하고 베게너는 대륙을 이동시키는 원동력을 설명하지 못해 대륙 이동설은 많은 과학자들에게 받아들여지지 않았다

• 왜 오답일까?

ㄷ. 고지자기 줄무늬의 대칭은 해저 확장설의 증거이다.

02 해수의 성질

정답률 58% | 정답 ②

| 문제 보기 |

그림 (가)는 어느 해역의 깊이에 따른 수온과 염분 분포를 ㉠과 ㉡으로 순서 없이 나타낸 것이고, (나)는 수온-염분도를 나타낸 것이다.

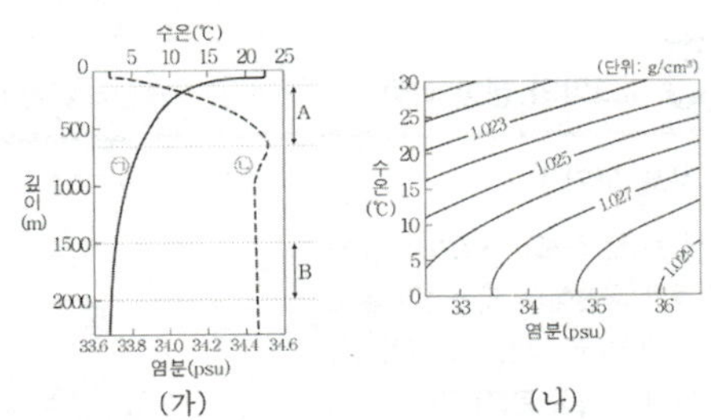

(가) (나)

이에 대한 옳은 설명만을 〈보기〉에서 있는 대로 고른 것은?

〈보기〉
ㄱ. ㉠은 염분 분포이다.
ㄴ. 혼합층의 평균 밀도는 $1.025\ g/cm^3$보다 크다.
ㄷ. 깊이에 따른 해수의 밀도 변화는 A 구간이 B 구간보다 크다.

① ㄱ ② ㄷ ③ ㄱ, ㄴ ④ ㄴ, ㄷ ⑤ ㄱ, ㄴ, ㄷ

• 왜 정답일까?

ㄷ. 밀도 변화는 깊이에 따른 수온과 염분의 변화가 큰 A 구간이 더 크다.

• 왜 오답일까?

ㄱ. 깊이에 따라 감소하는 ㉠은 수온이다.
ㄴ. 혼합층의 평균 수온은 약 22.5℃, 염분은 약 33.7 psu이므로 평균 밀도는 약 $1.023\ g/cm^3$이다.

03 플룸 구조론

정답률 77% | 정답 ③

| 문제 보기 |

그림은 플룸 구조론을 나타낸 모식도이다. A와 B는 각각 뜨거운 플룸과 차가운 플룸 중 하나이며, a, b, c는 동일한 열점에서 생성된 화산섬이다.

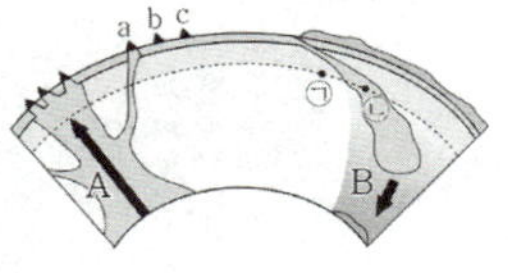

이에 대한 옳은 설명만을 〈보기〉에서 있는 대로 고른 것은?

〈보기〉
ㄱ. A는 뜨거운 플룸이다.
ㄴ. 밀도는 ㉠ 지점이 ㉡ 지점보다 작다.
ㄷ. 화산섬의 나이는 a > b > c이다.

① ㄱ ② ㄷ ③ ㄱ, ㄴ ④ ㄴ, ㄷ ⑤ ㄱ, ㄴ, ㄷ

• 왜 정답일까?

ㄱ. A는 상승하고 있는 뜨거운 플룸이다.
ㄴ. ㉡ 지점은 ㉠ 지점보다 밀도가 커서 섭입하며 하강한다.

• 왜 오답일까?

ㄷ. 열점에서 생성된 화산섬은 판의 이동에 따라 이동하므로 화산섬의 나이는 a < b < c이다.

04 지질 구조와 퇴적 구조

정답률 65% | 정답 ⑤

| 문제 보기 |

그림은 어느 지역의 지층과 퇴적 구조를 나타낸 것이다.

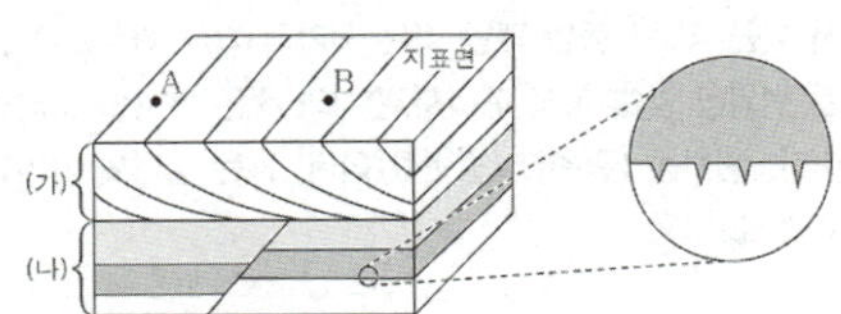

이 자료에 대한 설명으로 옳은 것은?

① (가)에는 연흔이 나타난다.
② A는 B보다 나중에 퇴적되었다.
③ (나)에는 역전된 지층이 나타난다.
④ (나)의 단층은 횡압력에 의해 형성되었다.
⑤ (나)는 형성 과정에서 수면 위로 노출된 적이 있다.

• 왜 정답일까?

(나)에는 건열이 나타난다. 건열은 퇴적물이 수면 위로 노출되어 건조되면서 발달한다.

05 기압 분포와 대기 대순환

정답률 52% | 정답 ⑤

| 문제 보기 |

그림은 A와 B 시기에 관측한 북반구의 평균 해면 기압을 위도에 따라 나타낸 것이다.

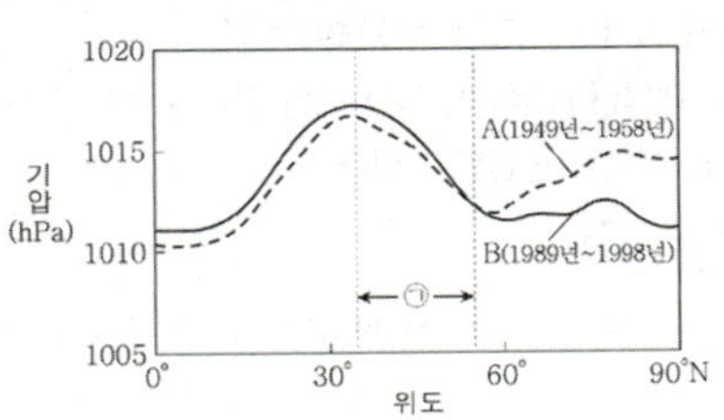

이 자료에 대한 옳은 설명만을 〈보기〉에서 있는 대로 고른 것은?

〈보기〉
ㄱ. 무역풍대에서는 위도가 높아질수록 평균 해면 기압이 대체로 높아진다.
ㄴ. ㉠ 구간의 지표 부근에서는 북풍 계열의 바람이 우세하다.
ㄷ. 중위도 고압대의 평균 해면 기압은 A 시기가 B 시기보다 낮다.

① ㄱ ② ㄴ ③ ㄷ ④ ㄱ, ㄴ ⑤ ㄱ, ㄷ

• 왜 정답일까?

ㄱ. 무역풍이 부는 지역에서는 위도가 높아질수록 평균 해면 기압이 높아진다.
ㄷ. 위도 30° 부근의 중위도 고압대에서 평균 해면 기압은 A 시기가 더 낮다.

• 왜 오답일까?

ㄴ. ㉠ 구간의 지표 부근에서는 남쪽의 기압이 높으므로 남풍 계열의 바람이 우세하다.

06 외부 은하의 특징

정답률 73% | 정답 ①

| 문제 보기 |

그림 (가)와 (나)는 나선 은하와 불규칙 은하를 순서 없이 나타낸 것이다.

(가)

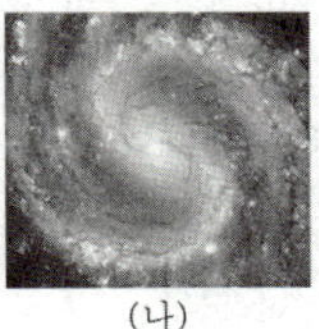
(나)

이에 대한 옳은 설명만을 〈보기〉에서 있는 대로 고른 것은?

〈보기〉
ㄱ. (가)는 불규칙 은하이다.
ㄴ. (나)에서 별은 주로 은하 중심부에서 생성된다.
ㄷ. 우리은하의 형태는 (나)보다 (가)에 가깝다.

① ㄱ ② ㄴ ③ ㄱ, ㄷ ④ ㄴ, ㄷ ⑤ ㄱ, ㄴ, ㄷ

• 왜 정답일까?

ㄱ. (가)는 불규칙 은하, (나)는 나선 은하이다.

• 왜 오답일까?

ㄴ. (나)에서 별은 주로 나선팔에서 생성된다.

07 지질 단면 분석과 특징

정답률 46% | 정답 ③

| 문제 보기 |

그림은 어느 지역의 지질 단면과 산출 화석을 나타낸 것이다.

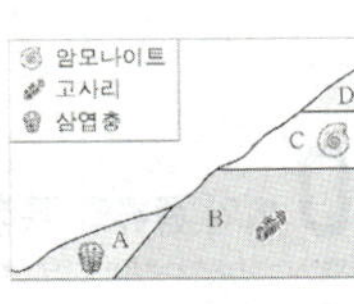

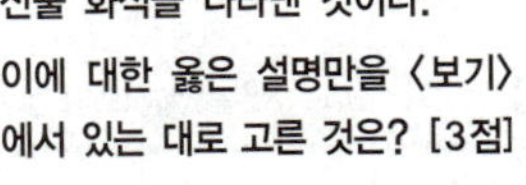

이에 대한 옳은 설명만을 〈보기〉에서 있는 대로 고른 것은? [3점]

〈보기〉
ㄱ. A층은 D층보다 먼저 생성되었다.
ㄴ. B층과 C층은 부정합 관계이다.
ㄷ. C층은 관계아가 형성되기 전에 퇴적되었다.

① ㄱ ② ㄷ ③ ㄱ, ㄴ ④ ㄴ, ㄷ ⑤ ㄱ, ㄴ, ㄷ

• 왜 정답일까?

ㄱ. A층은 고생대에, D층은 중생대 이후에 생성되었다.
ㄴ. B층은 육성층이고 C층은 해성층이므로 B와 C는 부정합 관계이다.

08 태풍의 이동 방향과 속력

정답률 59% | 정답 ③

| 문제 보기 |

그림 (가)는 우리나라를 통과한 어느 태풍 중심의 이동 방향과 이동 속력을 순서 없이 ㉠과 ㉡으로 나타낸 것이고, (나)는 18시일 때 이 태풍 중심의 위치를 나타낸 것이다.

[문제편 p.005]

(가) (나)

이 자료에 대한 옳은 설명만을 <보기>에서 있는 대로 고른 것은? [3점]

< 보 기 >

ㄱ. 태풍 중심의 이동 방향은 ㉠이다.
ㄴ. 태풍이 지나가는 동안 제주도에서의 풍향은 시계 방향으로 변한다.
ㄷ. 태풍 중심의 평균 이동 속력은 전향점 통과 전이 통과 후보다 빠르다.

① ㄱ ② ㄷ ③ ㄱ, ㄴ ④ ㄴ, ㄷ ⑤ ㄱ, ㄴ, ㄷ

• 왜 정답일까?

ㄱ. ㉠은 이동 방향, ㉡은 이동 속력이다.
ㄴ. 위험 반원에 위치한 제주도에서 풍향 변화는 시계 방향이다.

09 온대 저기압

정답률 51% | 정답 ④

| 문제 보기 |

그림 (가)는 온대 저기압에 동반된 전선이 우리나라를 통과하는 동안 관측소 A와 B에서 측정한 기온을, (나)는 T+9시에 관측한 강수 구역을 나타낸 것이다. ㉠과 ㉡은 각각 A와 B 중 하나이다.

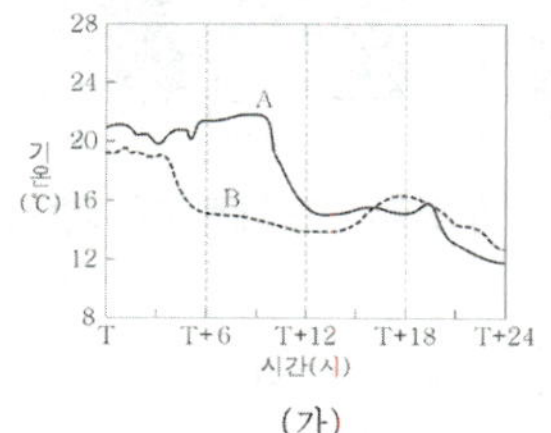

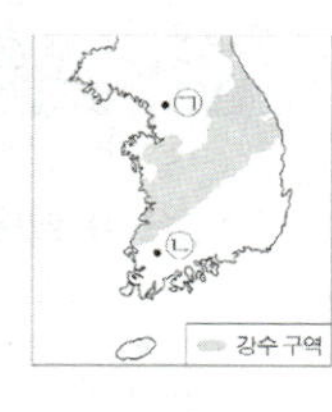

(가) (나)

이에 대한 옳은 설명만을 <보기>에서 있는 대로 고른 것은?

< 보 기 >

ㄱ. A는 ㉠이다.
ㄴ. (나)에서 우리나라에는 한랭 전선이 위치한다.
ㄷ. T+6시에 A에는 남풍 계열의 바람이 분다.

① ㄱ ② ㄷ ③ ㄱ, ㄴ ④ ㄴ, ㄷ ⑤ ㄱ, ㄴ, ㄷ

• 왜 정답일까?

ㄴ. T+9시 무렵에 A의 기온이 급격하게 낮아졌으므로 A는 ㉡에 해당하며 이 시기에 우리나라에는 한랭 전선이 위치한다.
ㄷ. T+6시는 A에 한랭 전선이 통과하기 이전이므로 남풍 계열의 바람이 분다.

10 별의 종류와 특징

정답률 45% | 정답 ③

| 문제 보기 |

표는 별의 종류 (가), (나), (다)에 해당하는 별들의 절대 등급과 분광형을 나타낸 것이다. (가), (나), (다)는 각각 거성, 백색 왜성, 주계열성 중 하나이다.

별의 종류	별	절대 등급	분광형
(가)	㉠	+0.5	A0
	㉡	−0.6	B7
(나)	㉢	+1.1	K0
	㉣	−0.7	G2
(다)	㉤	+13.3	F5
	㉥	+11.5	B1

이에 대한 옳은 설명만을 <보기>에서 있는 대로 고른 것은?

< 보 기 >

ㄱ. (가)는 주계열성이다.
ㄴ. 평균 밀도는 (나)가 (다)보다 작다.
ㄷ. 단위 시간당 단위 면적에서 방출하는 에너지양은 ㉠~㉥ 중 ㉣이 가장 많다.

① ㄱ ② ㄷ ③ ㄱ, ㄴ
④ ㄴ, ㄷ ⑤ ㄱ, ㄴ, ㄷ

• 왜 정답일까?

ㄱ. (가)는 주계열성, (나)는 거성, (다)는 백색 왜성이다.
ㄴ. 평균 밀도는 거성이 백색 왜성보다 작다.

• 왜 오답일까?

ㄷ. 단위 시간당 단위 면적에서 방출하는 에너지양은 표면 온도가 높을수록 많으므로 ㉥이 가장 많다.

11 표층 순환과 심층 순환

정답률 44% | 정답 ②

| 문제 보기 |

그림은 대서양의 심층 순환과 두 해역 A와 B의 위치를 나타낸 것이다.

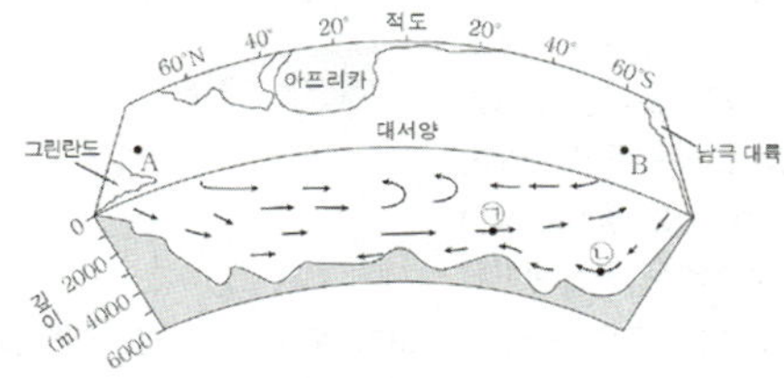

이에 대한 옳은 설명만을 <보기>에서 있는 대로 고른 것은?

< 보 기 >

ㄱ. A 해역에서는 해수의 용승이 침강보다 우세하다.
ㄴ. B 해역에서 표층 해류는 서쪽으로 흐른다.
ㄷ. 해수의 밀도는 ㉠ 지점이 ㉡ 지점보다 작다.

① ㄱ ② ㄷ ③ ㄱ, ㄴ
④ ㄴ, ㄷ ⑤ ㄱ, ㄴ, ㄷ

• 왜 정답일까?

ㄷ. 해수의 밀도는 남극 저층수(㉡ 지점)가 북대서양 심층수(㉠ 지점)보다 크다.

• 왜 오답일까?

ㄱ. A 해역에서는 침강이 일어난다.
ㄴ. B 해역에서는 남극 순환 해류가 동쪽으로 흐른다.

12 엘니뇨 시기의 특징

정답률 45% | 정답 ④

| 문제 보기 |

그림은 적도 부근 서태평양과 중앙 태평양 중 어느 한 해역에서 최근 40년 동안 매년 같은 시기에 기상 위성으로 관측한 적외선 방출 복사 에너지 편차와 수온 편차를 나타낸 것이다. 편차는 (관측값−평년값)이며, A는 엘니뇨 시기에 관측한 값이다.

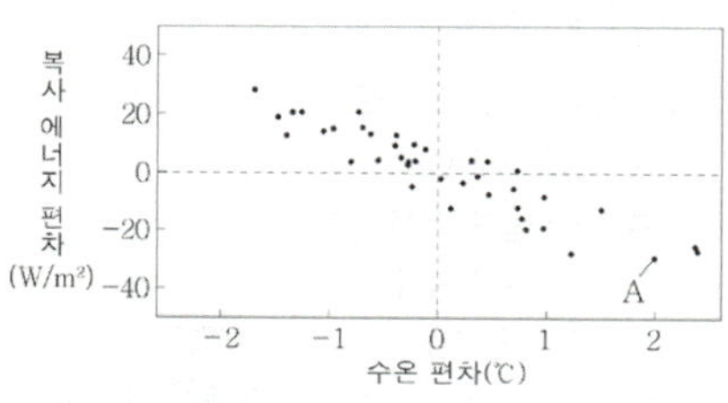

이 해역에 대한 옳은 설명만을 <보기>에서 있는 대로 고른 것은? [3점]

< 보 기 >

ㄱ. 서태평양에 위치한다.
ㄴ. 강수량은 적외선 방출 복사 에너지 편차가 (+)일 때가 (−)일 때보다 대체로 적다.
ㄷ. 평균 해면 기압은 엘니뇨 시기가 평년보다 낮다.

① ㄱ ② ㄴ ③ ㄱ, ㄷ
④ ㄴ, ㄷ ⑤ ㄱ, ㄴ, ㄷ

• 왜 정답일까?

ㄴ. 적외선 방출 복사 에너지 편차가 (+)일 때가 (−)일 때보다 구름의 양이 적으므로 강수량이 적다.
ㄷ. 중앙 태평양 해역에서 평균 해면 기압은 수온 편차가 (+)인 엘니뇨 시기가 평년보다 낮다.

• 왜 오답일까?

ㄱ. 엘니뇨 시기(A)에 수온 편차가 (+)인 곳은 중앙 태평양이다.

13 허블 법칙

정답률 50% | 정답 ⑤

| 문제 보기 |

그림은 우리은하에서 관측한 외부 은하 A와 B의 거리와 후퇴 속도를 나타낸 것이다. A와 B는 허블 법칙을 만족한다.

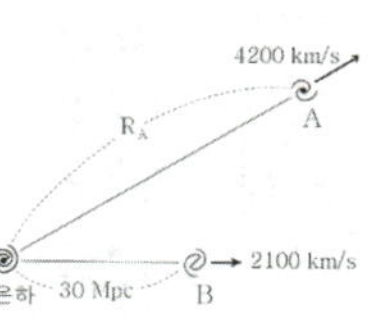

이에 대한 옳은 설명만을 <보기>에서 있는 대로 고른 것은? (단, 빛의 속도는 3×10^5 km/s이다.) [3점]

< 보 기 >

ㄱ. R_A는 60 Mpc이다.
ㄴ. 허블 상수는 70 km/s/Mpc이다.
ㄷ. 우리은하에서 A를 관측했을 때 관측된 흡수선의 파장이 507 nm라면 이 흡수선의 기준 파장은 500 nm이다.

① ㄱ ② ㄷ ③ ㄱ, ㄴ
④ ㄴ, ㄷ ⑤ ㄱ, ㄴ, ㄷ

• 왜 정답일까?

ㄱ. 허블 법칙에서 후퇴 속도와 은하까지의 거리는 비례하므로 후퇴 속도가 B의 2배인 A까지의 거리는 $30\times2=60$ Mpc이다.

ㄷ. 기준 파장을 x라 하면 $\frac{507-x}{x}\times3\times10^5=4200$으로부터 $x=500$ nm이다.

14 생명 가능 지대

정답률 67% | 정답 ②

| 문제 보기 |

그림 (가)와 (나)는 두 외계 행성계의 생명 가능 지대를 나타낸 것이다. 중심별 A와 B는 모두 주계열성이다.

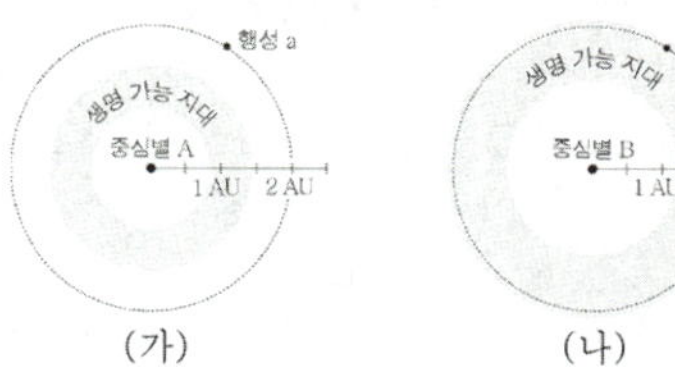

(가) (나)

이에 대한 옳은 설명만을 <보기>에서 있는 대로 고른 것은? (단, 행성의 대기에 의한 효과는 무시한다.)

< 보 기 >

ㄱ. 광도는 A가 B보다 크다.
ㄴ. 행성의 표면 온도는 a가 b보다 높다.
ㄷ. 주계열 단계에 머무르는 기간은 A가 B보다 길다.

① ㄱ ② ㄷ ③ ㄱ, ㄴ
④ ㄴ, ㄷ ⑤ ㄱ, ㄴ, ㄷ

• 왜 정답일까?

ㄷ. 중심별이 주계열성일 때 생명 가능 지대의 폭이 더 좁은 A가 B보다 질량이 작으므로 주계열 단계에 머무르는 기간은 A가 B보다 길다.

15 마그마의 생성 과정

정답률 44% | 정답 ①

| 문제 보기 |

그림은 판 경계가 존재하는 어느 지역의 화산섬과 활화산의 분포를 나타낸 것이다. 이 지역에는 하나의 열점이 분포한다.

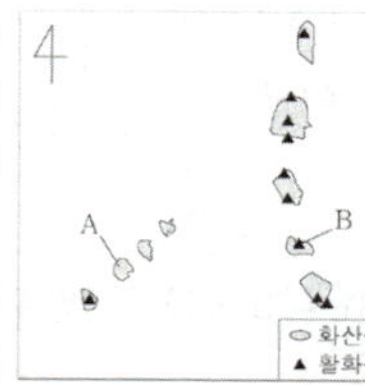

이에 대한 옳은 설명만을 <보기>에서 있는 대로 고른 것은? [3점]

< 보 기 >

ㄱ. 이 지역에는 해구가 존재한다.
ㄴ. 화산섬 A는 주로 안산암으로 이루어져 있다.
ㄷ. 활화산 B에서 분출되는 마그마는 압력 감소에 의해 생성된다.

① ㄱ ② ㄴ ③ ㄷ
④ ㄱ, ㄴ ⑤ ㄴ, ㄷ

[문제편 p.006]

• 왜 정답일까?

ㄱ. A를 포함한 해양판이 B를 포함한 판 아래로 섭입하여 호상 열도가 생성되므로 해구가 존재한다.

• 왜 오답일까?

ㄴ. 열점에서 생성된 A는 주로 현무암으로 이루어져 있다.

ㄷ. B의 하부에서는 물의 공급에 의한 용융점 하강으로 마그마가 생성된다.

16 기후 변화의 외적 요인

정답률 45% | 정답 ①

| 문제 보기 |

그림은 현재와 A, B, C 시기일 때 지구 자전축 경사각과 공전 궤도 이심률을 나타낸 것이다.

이에 대한 옳은 설명만을 〈보기〉에서 있는 대로 고른 것은? (단, 지구 자전축 경사각과 공전 궤도 이심률 이외의 요인은 변하지 않는다고 가정한다.) [3점]

< 보 기 >

ㄱ. 우리나라에서 여름철 평균 기온은 현재가 A보다 높다.
ㄴ. 지구가 근일점에 위치할 때 하루 동안 받는 태양 복사 에너지양은 현재가 B보다 많다.
ㄷ. 남반구 중위도 지역에서 기온의 연교차는 B가 C보다 크다.

① ㄱ ② ㄴ ③ ㄱ, ㄷ ④ ㄴ, ㄷ ⑤ ㄱ, ㄴ, ㄷ

• 왜 정답일까?

ㄱ. 우리나라에서 여름철 평균 기온은 자전축 경사각이 큰 현재가 A보다 높다.

• 왜 오답일까?

ㄴ. 지구가 근일점에 위치할 때 태양으로부터의 거리는 현재가 B보다 멀다.

ㄷ. 남반구 중위도 지역에서 기온의 연교차는 자전축 경사각이 큰 C가 B보다 크다.

17 고지자기 복각 변화

정답률 47% | 정답 ④

| 문제 보기 |

그림 (가)는 어느 지괴의 한 지점에서 서로 다른 세 시기에 생성된 화성암 A, B, C의 고지자기 복각을, (나)는 500만 년 동안의 고지자기 연대표를 나타낸 것이다. A, B, C의 절대 연령은 각각 10만 년, 150만 년, 400만 년 중 하나이며, 이 지괴는 계속 북쪽으로 이동하였다.

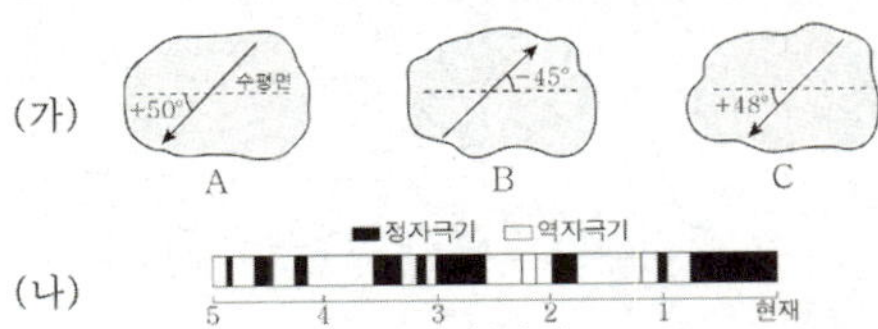

이에 대한 옳은 설명만을 〈보기〉에서 있는 대로 고른 것은? (단, 이 지괴는 최근 400만 년 동안 적도를 통과하지 않았다.) [3점]

< 보 기 >

ㄱ. 이 지괴는 북반구에 위치한다.
ㄴ. 정자극기에 생성된 암석은 B이다.
ㄷ. 화성암의 생성 순서는 A→C→B이다.

① ㄱ ② ㄴ ③ ㄱ, ㄷ ④ ㄴ, ㄷ ⑤ ㄱ, ㄴ, ㄷ

• 왜 정답일까?

ㄴ. 10만 년 전에는 정자극기, 150만 년 전과 400만 년 전에는 역자극기이므로 B는 정자극기, A와 C는 역자극기에 생성된 암석이다.

ㄷ. 이 지괴는 남반구에서 북쪽으로 이동한다. 따라서 화성암의 생성 순서는 복각의 크기가 작아지는 A→C→B이다.

• 왜 오답일까?

ㄱ. 정자극기일 때 생성된 B의 복각이 (−)값이므로 이 지괴는 남반구에 위치한다.

18 우주 배경 복사의 특성

정답률 41% | 정답 ⑤

| 문제 보기 |

다음은 우주의 팽창에 따른 우주 배경 복사의 파장 변화를 알아보기 위한 탐구이다.

[탐구 과정]

(가) 눈금자를 이용하여 탄성 밴드에 이웃한 점 사이의 간격(L)이 1 cm가 되도록 몇 개의 점을 찍는다.

(나) 그림과 같이 각 점이 파의 마루에 위치하도록 물결 모양의 곡선을 그린다. L은 우주 배경 복사 중 최대 복사 에너지 세기를 갖는 파장(λ_{max})이라고 가정한다.

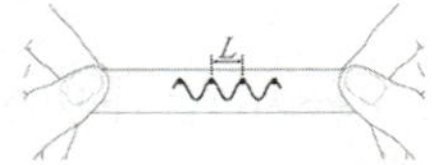

(다) 탄성 밴드를 조금 늘린 상태에서 L을 측정한다.

(라) 탄성 밴드를 (다)보다 늘린 상태에서 L을 측정한다.

(마) 측정값 1 cm를 파장 2 μm로 가정하고 λ_{max}에 해당하는 파장을 계산한다.

[탐구 결과]

과정	L(cm)	λ_{max}에 해당하는 파장(μm)
(나)	1.0	2
(다)	1.9	(　　)
(라)	2.8	(　　)

이에 대한 옳은 설명만을 〈보기〉에서 있는 대로 고른 것은? (단, 현재 우주의 λ_{max}은 약 1000μm이다.) [3점]

< 보 기 >

ㄱ. 우주의 크기는 (다)일 때가 (라)일 때보다 작다.
ㄴ. 우주가 팽창함에 따라 λ_{max}은 길어진다.
ㄷ. 우주의 온도는 (라)일 때가 현재보다 높다.

① ㄱ ② ㄷ ③ ㄱ, ㄴ ④ ㄴ, ㄷ ⑤ ㄱ, ㄴ, ㄷ

• 왜 정답일까?

ㄱ, ㄴ. 우주의 크기가 커질수록 우주의 온도가 낮아지므로 λ_{max}은 길어진다. 따라서 우주의 크기는 (다)일 때가 (라)일 때보다 작다.

ㄷ. 현재 우주의 λ_{max}은 (라)일 때보다 길다. 따라서 우주의 온도는 (라)일 때가 현재보다 높다.

19 외계 행성 탐사 방법

정답률 42% | 정답 ⑤

| 문제 보기 |

그림 (가)는 공전 궤도면이 시선 방향과 나란한 어느 외계 행성계에서 관측된 중심별의 시선 속도 변화를, (나)는 이 외계 행성계의 중심별과 행성이 공통 질량 중심을 중심으로 공전하는 모습을 나타낸 것이다.

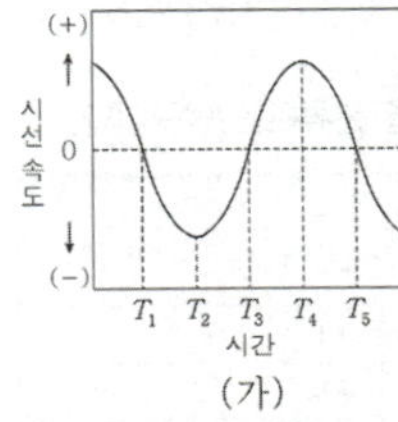

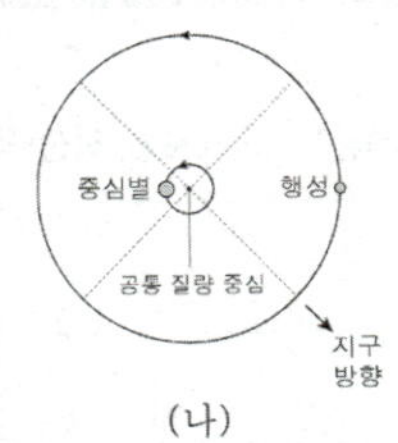

이에 대한 옳은 설명만을 〈보기〉에서 있는 대로 고른 것은? [3점]

< 보 기 >

ㄱ. 지구와 중심별 사이의 거리는 T_1일 때가 T_2일 때보다 크다.
ㄴ. 중심별과 행성이 (나)와 같이 위치한 시기는 $T_2 \sim T_3$에 해당한다.
ㄷ. T_5일 때 행성에 의한 식 현상이 나타난다.

① ㄱ ② ㄴ ③ ㄷ ④ ㄱ, ㄴ ⑤ ㄱ, ㄷ

• 왜 정답일까?

ㄷ. T_5일 때 행성이 중심별과 지구 사이에 위치하므로 행성에 의한 중심별의 식 현상이 일어난다.

• 왜 오답일까?

ㄴ. (나)에서 중심별의 시선 속도는 (−)값을 가지며 점점 빠르게 지구 방향으로 접근한다. 따라서 (나)의 시기는 $T_1 \sim T_2$에 해당한다.

20 태양 내부 구조와 에너지원

정답률 25% | 정답 ①

| 문제 보기 |

그림은 태양 중심으로부터의 거리에 따른 밀도와 온도의 변화를 나타낸 것이다.

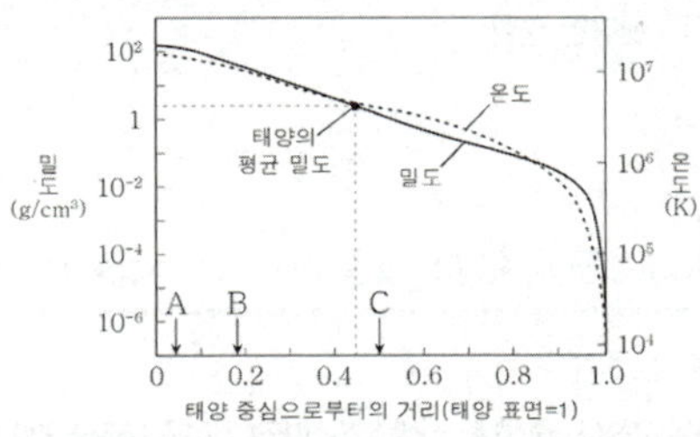

이에 대한 옳은 설명만을 〈보기〉에서 있는 대로 고른 것은? [3점]

< 보 기 >

ㄱ. p-p 반응에 의한 에너지 생성량은 A 지점이 B 지점보다 많다.
ㄴ. C 지점에서는 주로 대류에 의해 에너지가 전달된다.
ㄷ. 태양 내부에서 밀도가 평균 밀도보다 큰 영역의 부피는 태양 전체 부피의 40 %보다 크다.

① ㄱ ② ㄴ ③ ㄱ, ㄷ ④ ㄴ, ㄷ ⑤ ㄱ, ㄴ, ㄷ

• 왜 정답일까?

ㄱ. 온도가 높을수록 p−p 반응에 의한 에너지 생성량이 많다.

• 왜 오답일까?

ㄴ. 태양 중심에서 표면까지의 거리를 1.0이라고 할 때, 핵은 0 ~ 약 0.25, 복사층은 약 0.25 ~ 약 0.7, 대류층은 약 0.7 ~ 1.0이다.

ㄷ. 태양 내부에서 밀도가 평균 밀도와 같은 지점은 약 0.45이다. 따라서 밀도가 평균 밀도보다 큰 영역의 부피는 약 $0.45^3 \fallingdotseq 9.1\%$이다.

03회 2022학년도 3월

01 ③	02 ①	03 ①	04 ②	05 ⑤
06 ③	07 ①	08 ④	09 ②	10 ①
11 ②	12 ③	13 ④	14 ⑤	15 ⑤
16 ①	17 ③	18 ⑤	19 ④	20 ②

채점 결과
- 실제 걸린 시간 : 분 초
- 맞은 문항수 : 개
- 틀린 문항수 : 개
- 헷갈린 문항 :

01 고생물의 출현과 멸종 시기

정답률 65% | 정답 ③

| 문제 보기 |

그림은 고생대, 중생대, 신생대의 상대적 길이를 나타낸 것이다.

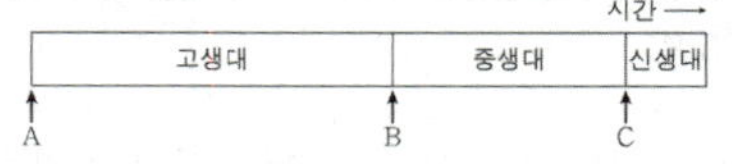

시간 ⟶

고생대	중생대	신생대

A B C

이에 대한 옳은 설명만을 〈보기〉에서 있는 대로 고른 것은?

< 보 기 >
ㄱ. 최초의 육상 식물은 A 시기 이후에 출현하였다.
ㄴ. B 시기에 삼엽충이 출현하였다.
ㄷ. 암모나이트는 C 시기에 멸종하였다.

① ㄱ ② ㄴ ③ ㄱ, ㄷ ④ ㄴ, ㄷ ⑤ ㄱ, ㄴ, ㄷ

• 왜 정답일까?

ㄱ. 최초의 육상 식물은 고생대 중기에 출현하였다.
ㄷ. 암모나이트는 중생대 말기인 C 시기에 멸종하였다.

• 왜 오답일까?

ㄴ. 삼엽충은 고생대의 시작 시기인 A 시기에 출현하였다.

02 대기 대순환의 순환 세포

정답률 32% | 정답 ①

| 문제 보기 |

그림은 북반구에서 대기 대순환을 이루는 순환 세포 A, B, C를 나타낸 것이다.

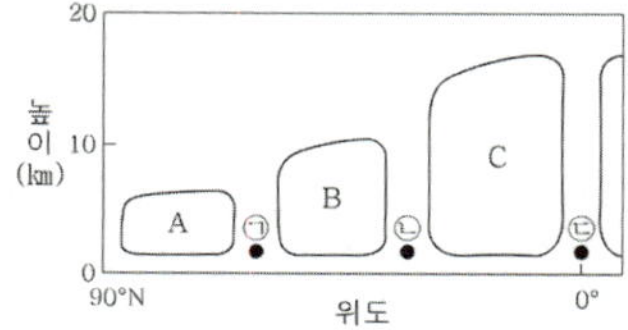

이에 대한 옳은 설명만을 〈보기〉에서 있는 대로 고른 것은?

< 보 기 >
ㄱ. 직접 순환에 해당하는 것은 A와 C이다.
ㄴ. 온대 저기압은 ㉢보다 ㉡ 부근에서 주로 발생한다.
ㄷ. ㉢에서는 공기가 발산한다.

① ㄱ ② ㄷ ③ ㄱ, ㄴ ④ ㄴ, ㄷ ⑤ ㄱ, ㄴ, ㄷ

• 왜 정답일까?

ㄱ. A와 C는 직접 순환, B는 간접 순환에 해당한다.

• 왜 오답일까?

ㄴ. 온대 저기압은 한대 전선대인 ㉠ 부근에서 주로 발생한다.
ㄷ. ㉢에서는 해들리 순환에 의해 불어온 공기가 수렴하여 상승한다.

03 해저 퇴적물의 고지자기

정답률 69% | 정답 ①

| 문제 보기 |

그림은 두 해역 A, B의 해저 퇴적물에서 측정한 잔류 자기 분포를 나타낸 것이다. ㉠과 ㉡은 각각 정자극기와 역자극기 중 하나이다.

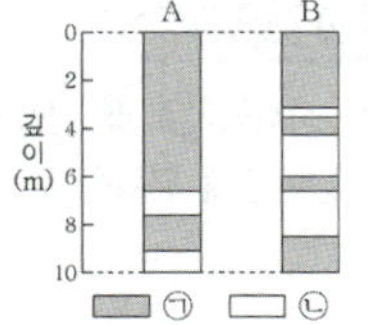

이에 대한 옳은 설명만을 〈보기〉에서 있는 대로 고른 것은? [3점]

< 보 기 >
ㄱ. ㉠은 정자극기, ㉡은 역자극기에 해당한다.
ㄴ. 6 m 깊이에서 퇴적물의 나이는 A가 B보다 많다.
ㄷ. 베게너는 해저 퇴적물에서 측정한 잔류 자기 분포를 대륙 이동의 증거로 제시하였다.

① ㄱ ② ㄴ ③ ㄷ
④ ㄱ, ㄷ ⑤ ㄴ, ㄷ

• 왜 정답일까?

ㄱ. 현재가 정자극기이므로 ㉠은 정자극기, ㉡은 역자극기이다.

• 왜 오답일까?

ㄴ. 깊이 $0 \sim 6$m 구간에서 A는 자극기가 바뀌지 않았으나 B는 여러 번 바뀌었다.
ㄷ. 고지자기 연구는 베게너의 대륙 이동설이 등장한 이후에 가능했다.

04 단층의 종류와 형성 과정

정답률 69% | 정답 ②

| 문제 보기 |

그림은 어느 지괴가 서로 다른 종류의 힘 A, B를 받아 형성된 단층의 모습을 나타낸 것이다.

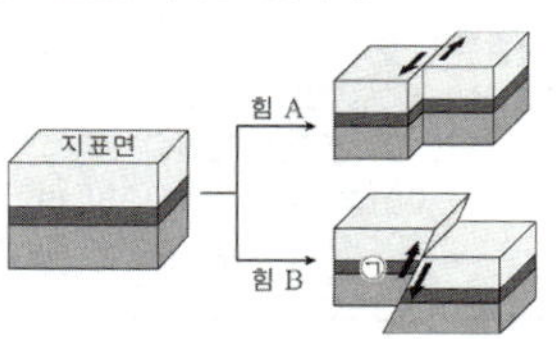

이에 대한 옳은 설명만을 〈보기〉에서 있는 대로 고른 것은?

< 보 기 >
ㄱ. 힘 A에 의해 역단층이 형성되었다.
ㄴ. ㉠은 상반이다.
ㄷ. 힘 B는 장력이다.

① ㄱ ② ㄴ ③ ㄱ, ㄷ
④ ㄴ, ㄷ ⑤ ㄱ, ㄴ, ㄷ

• 왜 정답일까?

ㄴ. 단층면에 대해 위쪽에 있는 지괴(㉠)는 상반이다.

05 별의 물리적 특징

정답률 80% | 정답 ⑤

| 문제 보기 |

다음은 H−R도를 작성하여 별을 분류하는 탐구이다.

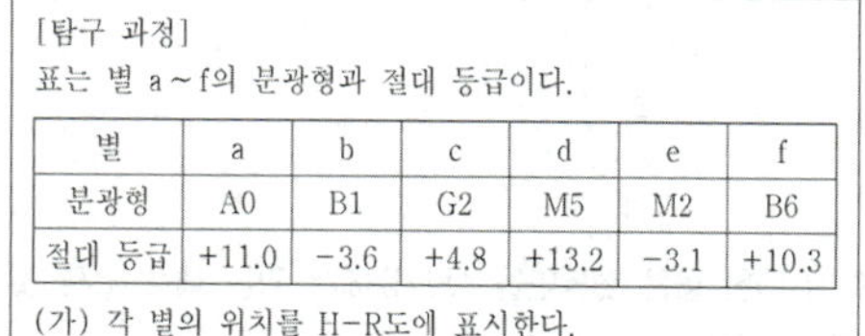

[탐구 과정]
표는 별 a ~ f의 분광형과 절대 등급이다.

별	a	b	c	d	e	f
분광형	A0	B1	G2	M5	M2	B6
절대 등급	+11.0	−3.6	+4.8	+13.2	−3.1	+10.3

(가) 각 별의 위치를 H-R도에 표시한다.
(나) H-R도에 표시한 위치에 따라 별들을 백색 왜성, 주계열성, 거성의 세 집단으로 분류한다.

[탐구 결과]

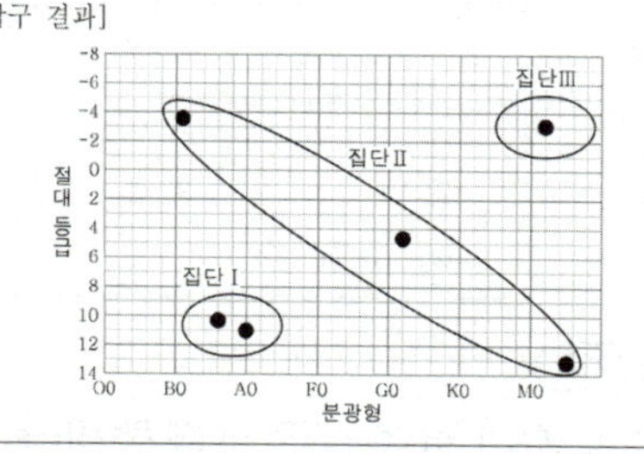

이에 대한 옳은 설명만을 〈보기〉에서 있는 대로 고른 것은?

< 보 기 >
ㄱ. a와 f는 집단 Ⅰ에 속한다.
ㄴ. 집단 Ⅱ는 주계열성이다.
ㄷ. 별의 평균 밀도는 집단 Ⅰ이 집단 Ⅲ보다 크다.

① ㄱ ② ㄴ ③ ㄱ, ㄷ
④ ㄴ, ㄷ ⑤ ㄱ, ㄴ, ㄷ

• 왜 정답일까?

ㄱ. a와 f는 H−R도에서 왼쪽 아래에 위치하므로 집단 Ⅰ에 속한다.
ㄷ. 집단 Ⅰ은 백색 왜성이고, 집단 Ⅲ은 거성이므로 별의 평균 밀도는 집단 Ⅰ이 집단 Ⅲ보다 크다.

06 지질 구조의 특징

정답률 77% | 정답 ③

| 문제 보기 |

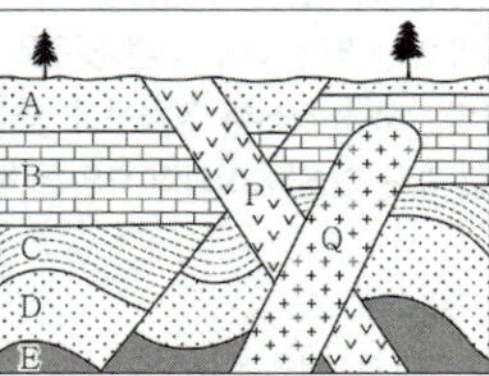

그림은 어느 지역의 지질 단면도를 나타낸 것이다. 화성암 Q에 포함된 방사성 원소 X의 양은 처음 양의 25%이고, X의 반감기는 2억 년이다.

이에 대한 설명으로 옳은 것은? [3점]

① A는 단층 형성 이후에 퇴적되었다.
② B와 C는 평행 부정합 관계이다.
③ P는 Q보다 먼저 생성되었다.
④ Q를 형성한 마그마는 지표로 분출되었다.
⑤ B에서는 암모나이트 화석이 발견될 수 있다.

• 왜 정답일까?

생성 순서는 'E−D−C−습곡−경사 부정합−B−A−정단층−P(관입)−Q(관입)'이다.
P는 Q보다 먼저 생성되었다.

• 왜 오답일까?

④ Q는 B를 관입하였다.
⑤ X는 반감기가 2번 지났으므로 Q의 절대 연령은 4억 년이고, B는 Q보다 먼저 생성되었으므로 B에서는 중생대 생물의 화석이 발견될 수 없다.

07 라니냐 시기의 특징

정답률 38% | 정답 ①

| 문제 보기 |

그림은 2020년 12월부터 2021년 1월까지 태평양 적도 부근 해역의 해수면 기압 편차(관측값−평년값)를 나타낸 것이다. 이 기간은 엘니뇨 시기와 라니냐 시기 중 하나이다.

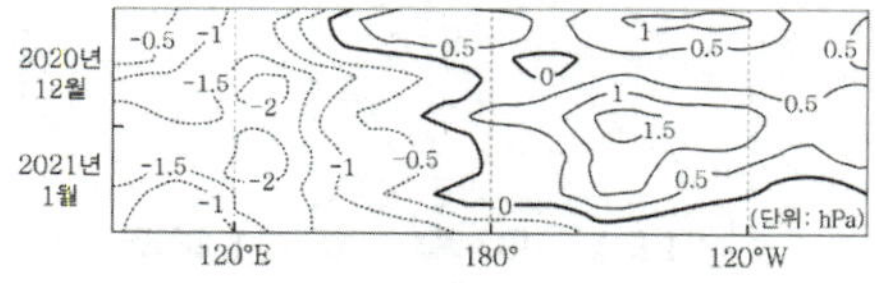

이 시기에 대한 옳은 설명만을 〈보기〉에서 있는 대로 고른 것은?

< 보 기 >
ㄱ. 서태평양 적도 부근 해역에서 상승 기류는 평상시보다 강하다.
ㄴ. 동태평양 적도 부근 해역에서 따뜻한 해수층의 두께는 평상시보다 두껍다.
ㄷ. 동태평양 적도 부근 해역의 해수면 높이 편차는 (+)값을 가진다.

① ㄱ ② ㄴ ③ ㄱ, ㄷ ④ ㄴ, ㄷ ⑤ ㄱ, ㄴ, ㄷ

• 왜 정답일까?

서태평양 적도 해역의 해수면 기압 편차가 (−)이므로 라니냐 시기이다.

• 왜 오답일까?

ㄴ. 이 시기에는 무역풍이 평상시보다 강해 동태평양 적도 부근 해역에서 따뜻한 해수층의 두께가 평상시보다 얇다.

[문제편 p.009]

08 외계 행성 탐사 방법

정답률 61% | 정답 ④

| 문제 보기 |

그림은 어느 외계 행성계에서 공통 질량 중심을 중심으로 공전하는 행성 P와 중심별 S의 모습을 나타낸 것이다. P의 공전 궤도면은 관측자의 시선 방향과 나란하다. 이 자료에 대한 옳은 설명만을 <보기>에서 있는 대로 고른 것은? [3점]

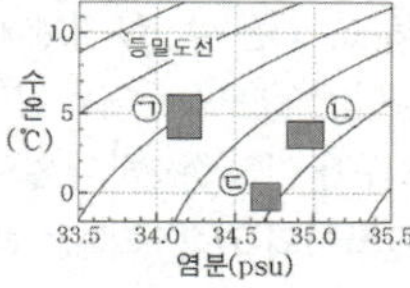

< 보 기 >

ㄱ. P와 S가 공통 질량 중심을 중심으로 공전하는 주기는 같다.
ㄴ. P의 질량이 작을수록 S의 스펙트럼 최대 편이량은 크다.
ㄷ. P의 반지름이 작을수록 식 현상에 의한 S의 밝기 감소율은 작다.

① ㄱ ② ㄴ ③ ㄷ ④ ㄱ, ㄷ ⑤ ㄴ, ㄷ

• 왜 정답일까?

ㄱ. 외계 행성(P)과 중심별(S)은 공통 질량 중심을 중심으로 공전하는 주기가 같다.

• 왜 오답일까?

ㄴ. P의 질량이 작을수록 시선 속도가 작아져 S의 스펙트럼 최대 편이량이 작다.

09 전선의 종류에 따른 특징

정답률 38% | 정답 ②

| 문제 보기 |

그림 (가)와 (나)는 전선이 발달해 있는 북반구의 두 지역에서 전선의 위치와 일기 기호를 나타낸 것이다. (가)와 (나)의 전선은 각각 온난 전선과 정체 전선 중 하나이고, 영역 A, B, C는 지표상에 위치한다.

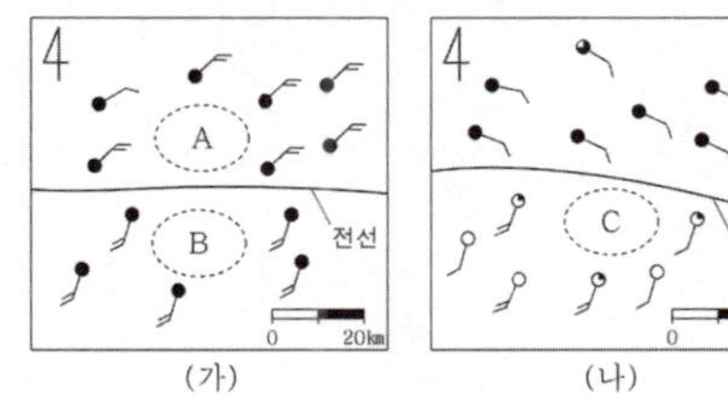

(가) (나)

이에 대한 옳은 설명만을 <보기>에서 있는 대로 고른 것은? [3점]

< 보 기 >

ㄱ. (가)의 전선은 온난 전선이다.
ㄴ. 평균 기온은 A보다 B에서 높다.
ㄷ. C의 상공에는 전선면이 존재한다.

① ㄱ ② ㄴ ③ ㄱ, ㄴ ④ ㄱ, ㄷ ⑤ ㄴ, ㄷ

• 왜 정답일까?

(가)는 정체 전선, (나)는 온난 전선이다.

ㄴ. B가 A보다 남쪽에 있으므로 평균 기온이 높다.

• 왜 오답일까?

ㄱ. 정체 전선 양쪽에는 남풍 계열의 바람과 북풍 계열의 바람이 나타난다.

ㄷ. 전선 북쪽의 찬 공기가 위치한 곳의 상공에 전선면이 존재한다.

10 태풍의 특징과 영향

정답률 47% | 정답 ①

| 문제 보기 |

그림 (가)는 우리나라를 통과한 어느 태풍의 이동 경로와 최대 풍속이 20m/s 이상인 지역의 범위를, (나)는 (가)의 기간 중 18일 하루 동안 이어도 해역에서 관측한 수심 10m와 40m의 수온 변화를 나타낸 것이다.

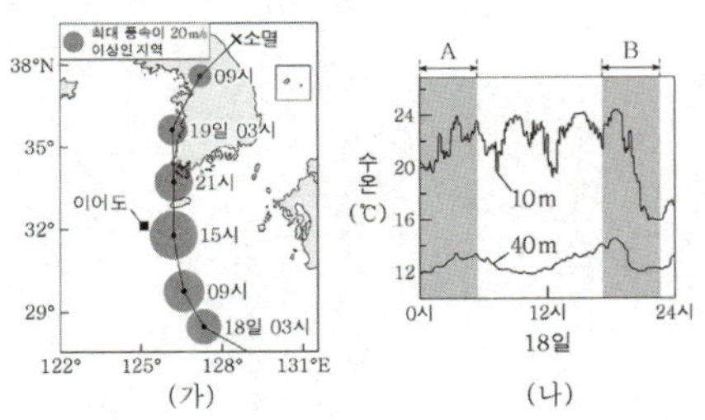

(가) (나)

이에 대한 옳은 설명만을 <보기>에서 있는 대로 고른 것은?

< 보 기 >

ㄱ. 18일 09시부터 21시까지 이어도에서 풍향은 시계 반대 방향으로 변했다.
ㄴ. 태풍의 중심 기압은 18일 09시가 19일 09시보다 높았다.
ㄷ. 이어도 해역에서 표층 해수의 연직 혼합은 A 시기가 B 시기보다 강했다.

① ㄱ ② ㄷ ③ ㄱ, ㄴ
④ ㄴ, ㄷ ⑤ ㄱ, ㄴ, ㄷ

• 왜 정답일까?

ㄱ. 18일 09시부터 21시까지 이어도는 태풍 진행 경로의 왼쪽에 있다. 따라서 풍향은 시계 반대 방향이다.

• 왜 오답일까?

ㄴ. 최대 풍속이 20m/s 이상인 지역의 범위는 18일 09시보다 19일 09시가 좁다. 이는 태풍의 중심 기압이 높아져 세력이 약해졌기 때문이다.

ㄷ. 태풍이 통과할 때 강한 바람에 의해 표층 해수의 혼합이 일어나면 표층 수온이 낮아진다.

11 표층 순환

정답률 49% | 정답 ②

| 문제 보기 |

그림은 남태평양에서 표층 해수의 용존 산소량이 같은 지점을 연결한 선을 나타낸 것이다.

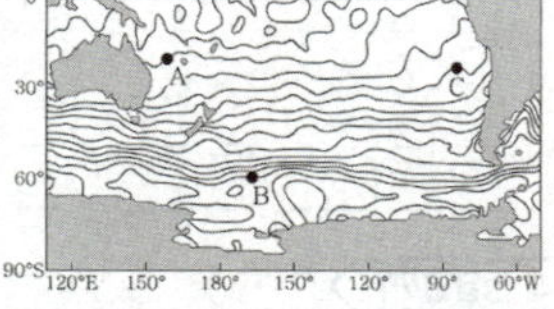

이에 대한 옳은 설명만을 <보기>에서 있는 대로 고른 것은?

< 보 기 >

ㄱ. 표층 해수의 용존 산소량이 A 해역이 B 해역보다 많다.
ㄴ. C 해역에는 한류가 흐른다.
ㄷ. 남태평양에서 아열대 순환의 방향은 시계 방향이다.

① ㄱ ② ㄴ ③ ㄱ, ㄷ
④ ㄴ, ㄷ ⑤ ㄱ, ㄴ, ㄷ

• 왜 정답일까?

ㄴ. C 해역에는 고위도에서 저위도로 한류가 흐른다.

• 왜 오답일까?

ㄱ. 표층 해수의 용존 산소량은 수온이 높을수록 적으므로 A 해역이 B 해역보다 적다.

12 주계열성의 특징

정답률 72% | 정답 ③

| 문제 보기 |

표는 주계열성 A, B의 물리량을 나타낸 것이다.

주계열성	광도 (태양=1)	질량 (태양=1)	예상 수명 (억 년)
A	1	1	100
B	80	3	X

이에 대한 옳은 설명만을 <보기>에서 있는 대로 고른 것은? [3점]

< 보 기 >

ㄱ. A에서는 p-p 반응이 CNO 순환 반응보다 우세하다.
ㄴ. X는 100보다 작다.
ㄷ. 중심핵의 단위 시간당 질량 감소량은 A가 B보다 많다.

① ㄱ ② ㄷ ③ ㄱ, ㄴ
④ ㄴ, ㄷ ⑤ ㄱ, ㄴ, ㄷ

• 왜 정답일까?

ㄱ. A는 태양과 질량이 같은 별이므로 p−p 반응이 CNO 순환 반응보다 우세하게 일어난다.

• 왜 오답일까?

ㄷ. 광도는 B가 A보다 크므로 중심핵의 질량 결손에 의한 에너지 생성량은 B가 A보다 많다.

13 심층 수괴의 특징

정답률 54% | 정답 ④

| 문제 보기 |

그림은 남극 중층수, 북대서양 심층수, 남극 저층수를 각각 ㉠, ㉡, ㉢으로 순서 없이 수온-염분도에 나타낸 것이고, 표는 남대서양에 위치한 A, B 해역에서의 깊이에 따른 수온과 염분을 나타낸 것이다.

깊이 (m)	A 해역 수온 (℃)	A 해역 염분 (psu)	B 해역 수온 (℃)	B 해역 염분 (psu)
1000	3.8	34.2	0.3	34.6
2000	3.4	34.9	0.0	34.7
3000	3.1	34.9	−0.3	34.7

이에 대한 옳은 설명만을 <보기>에서 있는 대로 고른 것은? [3점]

< 보 기 >

ㄱ. ㉠은 남극 저층수이다.
ㄴ. A의 3000m 깊이에는 북대서양 심층수가 존재한다.
ㄷ. 위도는 A가 B보다 낮다.

① ㄱ ② ㄴ ③ ㄱ, ㄷ
④ ㄴ, ㄷ ⑤ ㄱ, ㄴ, ㄷ

• 왜 정답일까?

ㄴ, ㄷ. A에는 남극 중층수와 북대서양 심층수가 존재하고, B에는 남극 저층수만 존재한다. B는 남극 저층수가 침강하는 해역이다.

• 왜 오답일까?

ㄱ. ㉠은 남극 중층수, ㉡은 북대서양 심층수, ㉢은 남극 저층수이다.

14 플룸 구조론

정답률 49% | 정답 ⑤

| 문제 보기 |

그림은 지구에서 X−Y 단면을 따라 관측한 지진파 단층 촬영 영상을 나타낸 것이다. A는 용암이 분출되는 지역이다.

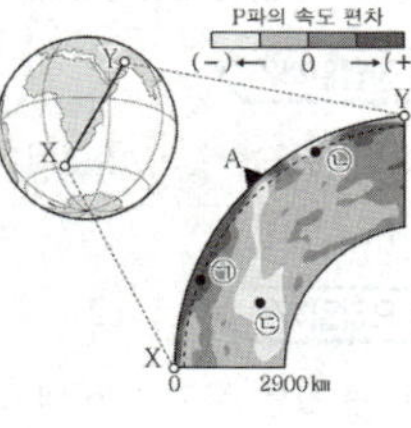

이에 대한 옳은 설명만을 <보기>에서 있는 대로 고른 것은? [3점]

< 보 기 >

ㄱ. 평균 온도는 ㉠ 지점이 ㉡ 지점보다 낮다.
ㄴ. ㉢ 지점에서는 플룸이 상승하고 있다.
ㄷ. A의 하부에서는 압력 감소로 인해 마그마가 생성된다.

① ㄱ ② ㄷ ③ ㄱ, ㄴ
④ ㄴ, ㄷ ⑤ ㄱ, ㄴ, ㄷ

• 왜 정답일까?

ㄱ. P파의 속도 편차는 ㉠ 지점이 (+)이고 ㉡ 지점은 (−)이므로 평균 온도는 ㉠ 지점이 ㉡ 지점보다 낮다.

ㄴ, ㄷ. ㉢ 지점에서는 뜨거운 플룸이 상승하고 있으며, A 지점의 하부에서는 압력 감소 과정을 거쳐 현무암질 마그마가 생성된다.

15 미래의 수륙 분포

정답률 65% | 정답 ⑤

| 문제 보기 |

그림 (가)는 현재 판의 이동 방향과 이동 속력을, (나)는 시간에 따른 대양의 면적 변화를 나타낸 것이다. A와 B는 각각 태평양과 대서양 중 하나이다.

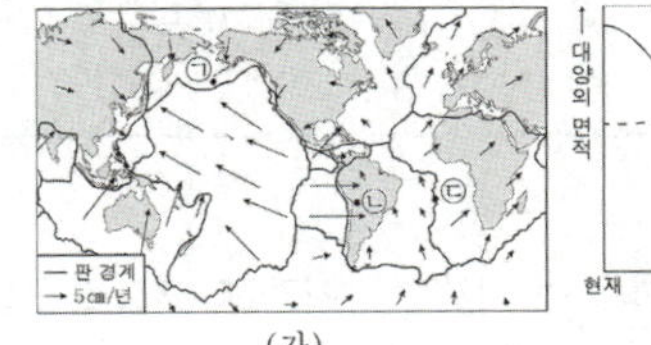

(가) (나)

이에 대한 옳은 설명만을 <보기>에서 있는 대로 고른 것은?

< 보 기 >

ㄱ. ㉠의 하부에서는 해양판이 섭입하고 있다.
ㄴ. 지진이 발생하는 평균 깊이는 ㉡보다 ㉢에서 얕다.
ㄷ. A는 대서양, B는 태평양이다.

① ㄱ ② ㄷ ③ ㄱ, ㄴ
④ ㄴ, ㄷ ⑤ ㄱ, ㄴ, ㄷ

• 왜 정답일까?

ㄴ. ㉡은 수렴형 경계 부근에 위치하고, ㉢은 발산형 경계에 위치하므로 지진이 발생하는 평균 깊이는 ㉡보다 ㉢에서 얕다.
ㄷ. 대서양(A)의 가장자리에는 해구가 거의 존재하지 않으므로 대양의 면적이 넓어지고, 태평양(B)의 가장자리에는 해구가 발달해 있으므로 대양의 면적이 좁아진다.

16 별의 물리량

정답률 60% | 정답 ①

| 문제 보기 |

표는 별 A, B의 표면 온도와 반지름을, 그림은 A, B에서 단위 면적당 단위 시간에 방출되는 복사 에너지의 파장에 따른 세기를 ㉠과 ㉡으로 순서 없이 나타낸 것이다.

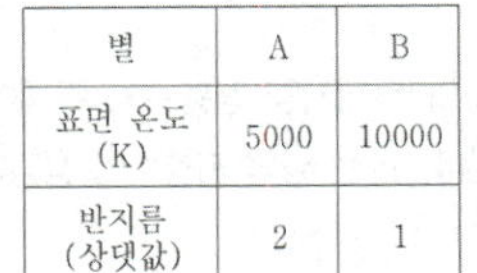

별	A	B
표면 온도 (K)	5000	10000
반지름 (상댓값)	2	1

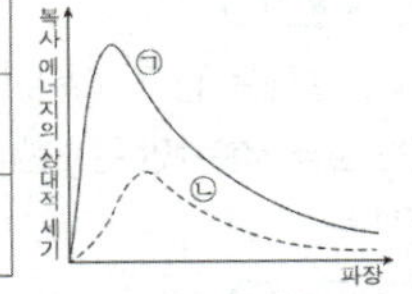

이에 대한 옳은 설명만을 <보기>에서 있는 대로 고른 것은?

< 보 기 >

ㄱ. A는 ㉡에 해당한다.
ㄴ. B는 붉은색 별이다.
ㄷ. 별의 광도는 A가 B의 4배이다.

① ㄱ ② ㄷ ③ ㄱ, ㄴ
④ ㄴ, ㄷ ⑤ ㄱ, ㄴ, ㄷ

• 왜 정답일까?

ㄱ. 표면 온도는 A가 B보다 낮으므로 ㉠은 B, ㉡은 A에 해당한다.

• 왜 오답일까?

ㄴ. B는 표면 온도가 10000 K이므로 흰색 별이다.
ㄷ. 광도는 표면 온도의 4제곱과 반지름의 제곱을 곱한 값에 비례한다. 따라서 광도는 B가 A의 4배이다.

17 기후 변화를 일으키는 요인

정답률 43% | 정답 ③

| 문제 보기 |

그림 (가)는 지구 자전축 경사각과 지구 공전 궤도 이심률의 변화를, (나)는 ㉠ 또는 ㉡ 시기의 지구 자전축 경사각을 나타낸 것이다.

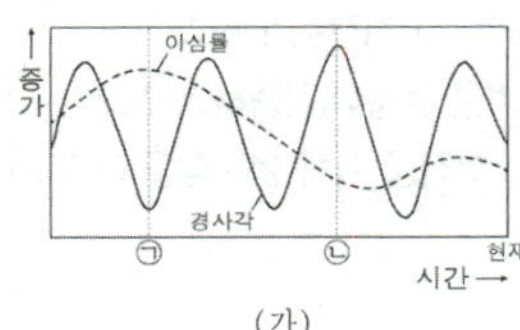

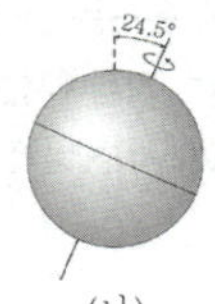

(가) (나)

이에 대한 옳은 설명만을 <보기>에서 있는 대로 고른 것은? (단, 지구 자전축 경사각과 지구 공전 궤도 이심률 이외의 요인은 고려하지 않는다.) [3점]

< 보 기 >

ㄱ. 근일점 거리는 ㉠ 시기가 ㉡ 시기보다 가깝다.
ㄴ. (나)는 ㉠ 시기에 해당한다.
ㄷ. 우리나라에서 기온의 연교차는 현재가 ㉠ 시기보다 크다.

① ㄱ ② ㄴ ③ ㄱ, ㄷ
④ ㄴ, ㄷ ⑤ ㄱ, ㄴ, ㄷ

• 왜 정답일까?

ㄱ. 공전 궤도 이심률은 ㉠ 시기가 ㉡ 시기보다 크므로 근일점 거리는 ㉠ 시기가 ㉡ 시기보다 가깝다.
ㄷ. 우리나라에서 기온의 연교차는 공전 궤도 이심률이 클수록, 자전축 경사각이 작을수록 작다. 따라서 우리나라에서 기온의 연교차는 현재가 ㉠ 시기보다 크다.

• 왜 오답일까?

ㄴ. (나)에서 자전축 경사각은 현재보다 크므로 ㉡ 시기에 해당한다.

18 빅뱅 우주론

정답률 39% | 정답 ⑤

| 문제 보기 |

그림은 빅뱅 이후 시간에 따른 우주의 온도 변화를 나타낸 것이다. A와 B는 각각 헬륨 원자핵과 중성 원자가 형성된 시기 중 하나이다.

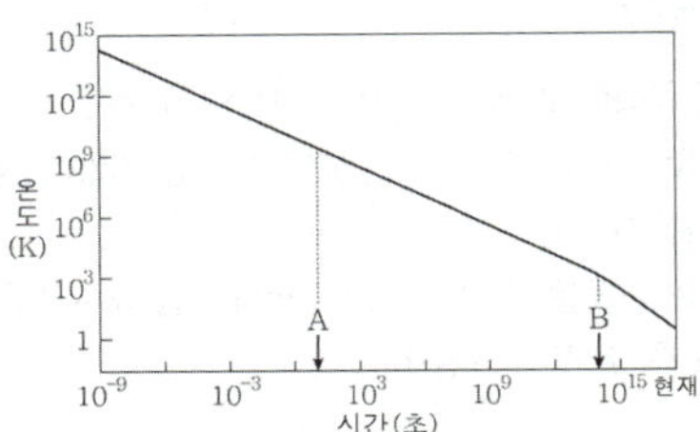

이에 대한 옳은 설명만을 <보기>에서 있는 대로 고른 것은?

< 보 기 >

ㄱ. A는 헬륨 원자핵이 형성된 시기이다.
ㄴ. 우주의 밀도는 A 시기가 B 시기보다 크다.
ㄷ. 최초의 별은 B 시기 이후에 형성되었다.

① ㄱ ② ㄷ ③ ㄱ, ㄴ
④ ㄴ, ㄷ ⑤ ㄱ, ㄴ, ㄷ

• 왜 정답일까?

ㄱ. A는 헬륨 원자핵이 형성된 시기, B는 중성 원자가 형성된 시기이다.
ㄴ. 우주가 팽창함에 따라 온도가 낮아지면서 밀도가 감소한다. 따라서 우주의 밀도는 A 시기가 B 시기보다 크다.

19 퀘이사의 특징

정답률 56% | 정답 ④

| 문제 보기 |

그림 (가)는 지구에서 관측한 어느 퀘이사 X의 모습을, (나)는 X의 스펙트럼과 Hα 방출선의 파장 변화(→)를 나타낸 것이다. X의 절대 등급은 −26.7이고, 우리은하의 절대 등급은 −20.8이다.

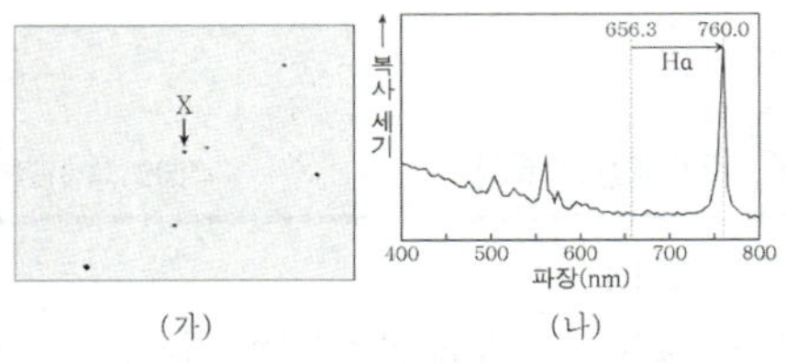

(가) (나)

이에 대한 옳은 설명만을 <보기>에서 있는 대로 고른 것은? [3점]

< 보 기 >

ㄱ. X는 많은 별들로 이루어진 천체이다.
ㄴ. $\frac{\text{X의 광도}}{\text{우리은하의 광도}}$는 100보다 작다.
ㄷ. X보다 거리가 먼 퀘이사의 스펙트럼에서는 Hα 방출선의 파장 변화량이 103.7 nm보다 크다.

① ㄱ ② ㄴ ③ ㄱ, ㄴ
④ ㄱ, ㄷ ⑤ ㄴ, ㄷ

• 왜 정답일까?

ㄱ. X는 하나의 별처럼 보이지만 많은 별들로 이루어진 은하이다.
ㄷ. 거리가 멀수록 적색 편이가 크므로 X보다 거리가 먼 퀘이사의 스펙트럼에서는 Hα 방출선의 파장 변화량이 103.7 nm보다 크다.

• 왜 오답일까?

ㄴ. X는 절대 등급이 우리은하보다 5.9등급 작으므로 광도는 우리은하의 100배보다 크다.

20 별의 진화

정답률 33% | 정답 ②

| 문제 보기 |

그림 (가)는 질량이 태양과 같은 어느 별의 진화 경로를, (나)의 ㉠과 ㉡은 별의 내부 구조와 핵융합 반응이 일어나는 영역을 나타낸 것이다. ㉠과 ㉡은 각각 A와 B 시기 중 하나에 해당한다.

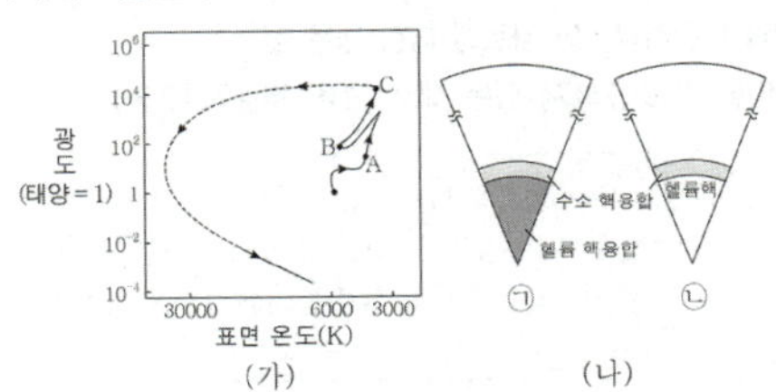

(가) (나)

이에 대한 옳은 설명만을 <보기>에서 있는 대로 고른 것은? [3점]

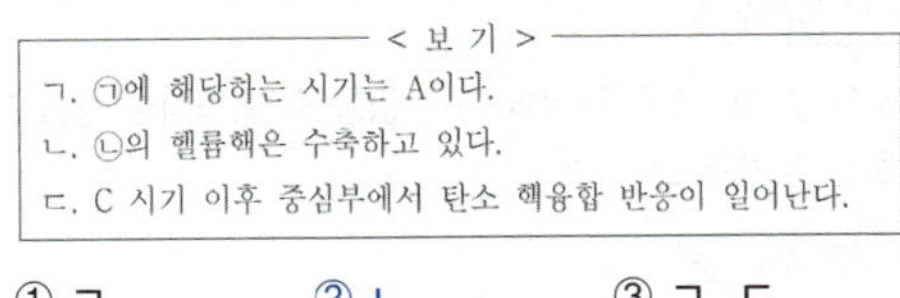

< 보 기 >

ㄱ. ㉠에 해당하는 시기는 A이다.
ㄴ. ㉡의 헬륨핵은 수축하고 있다.
ㄷ. C 시기 이후 중심부에서 탄소 핵융합 반응이 일어난다.

① ㄱ ② ㄴ ③ ㄱ, ㄷ
④ ㄴ, ㄷ ⑤ ㄱ, ㄴ, ㄷ

• 왜 정답일까?

ㄴ. ㉡에서는 헬륨핵이 수축하면서 발생한 열에 의해 수소 껍질 연소가 일어난다.

• 왜 오답일까?

ㄱ. ㉠에서는 헬륨 핵융합 반응과 수소 껍질 연소가 일어나고, ㉡에서는 수소 껍질 연소만 일어나므로 A일 때는 ㉡, B일 때는 ㉠에 해당한다.

[문제편 p.011]

• 고3 지구과학 I •

04회 2021학년도 3월

01 ①	02 ③	03 ④	04 ③	05 ②
06 ⑤	07 ①	08 ③	09 ⑤	10 ①
11 ④	12 ②	13 ③	14 ⑤	15 ④
16 ①	17 ②	18 ⑤	19 ③	20 ②

채점 결과
- 실제 걸린 시간 : 분 초
- 맞은 문항수 : 개
- 틀린 문항수 : 개
- 헷갈린 문항 :

01 플룸 운동에 대한 모형 실험

정답률 64% | 정답 ①

| 문제 보기 |

다음은 플룸 상승류를 관찰하기 위한 모형 실험이다.

[실험 과정]
(가) 그림 Ⅰ과 같이 찬물을 담은 비커 바닥에 스포이트로 잉크를 조금씩 떨어뜨린다. Ⅰ
(나) 그림 Ⅱ와 같이 잉크가 가라앉은 부분을 촛불로 가열한다.
(다) 비커에서 잉크가 움직이는 모양을 관찰한다. Ⅱ

찬물
잉크
잉크

[실험 결과]
• 그림 Ⅲ과 같이 바닥에 가라앉은 잉크 일부가 버섯 모양으로 상승하는 모습이 나타났다. Ⅲ
㉠

이 실험 결과에 대한 옳은 설명만을 <보기>에서 있는 대로 고른 것은?

< 보 기 >
ㄱ. ㉠은 플룸 상승류에 해당한다.
ㄴ. ㉠은 주변의 찬물보다 밀도가 크다.
ㄷ. 잉크가 상승하기 시작하는 지점은 지구 내부에서 내핵과 외핵의 경계부에 해당한다.

① ㄱ ② ㄷ ③ ㄱ, ㄴ ④ ㄱ, ㄷ ⑤ ㄴ, ㄷ

• 왜 정답일까?

ㄱ. 가열된 잉크는 밀도가 작아지면서 상승하게 된다. 따라서 ㉠은 플룸의 상승류에 해당한다.

• 왜 오답일까?

ㄴ. ㉠은 주변의 찬물보다 밀도가 작으므로 상승한다.
ㄷ. 뜨거운 플룸은 외핵과 맨틀의 경계부에서 상승한다.

02 마그마가 만든 암석의 특징

정답률 76% | 정답 ③

| 문제 보기 |

그림 (가)는 화성암의 생성 위치를, (나)는 북한산 인수봉의 모습을 나타낸 것이다.

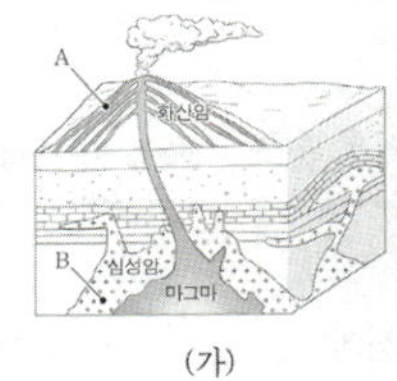

(가)

(나)

이에 대한 옳은 설명만을 <보기>에서 있는 대로 고른 것은?

< 보 기 >
ㄱ. 주상 절리는 B보다 A에서 잘 형성된다.
ㄴ. (나)의 암석은 A에서 생성되었다.
ㄷ. 마그마의 냉각 속도는 B보다 A에서 빠르다.

① ㄱ ② ㄴ ③ ㄱ, ㄷ ④ ㄴ, ㄷ ⑤ ㄱ, ㄴ, ㄷ

• 왜 정답일까?

ㄱ. 주상 절리는 용암이 급격히 냉각되면서 기둥 모양으로 만들어지는 절리로 A에서 잘 형성된다.

• 왜 오답일까?

ㄴ. (나)의 암석은 화강암(심성암)이므로 지하 깊은 곳에서 형성되었다.

03 지질 시대의 대륙 분포

정답률 73% | 정답 ④

| 문제 보기 |

그림 (가), (나), (다)는 서로 다른 세 시기의 대륙 분포를 나타낸 것이다.

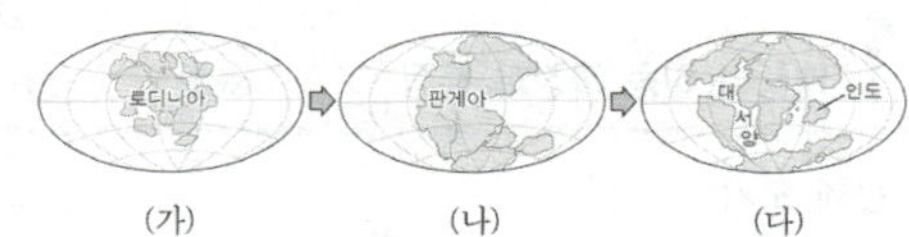

(가) (나) (다)

이에 대한 옳은 설명만을 <보기>에서 있는 대로 고른 것은?

< 보 기 >
ㄱ. (가)의 초대륙은 고생대 말에 형성되었다.
ㄴ. (나)의 초대륙이 형성되는 과정에서 습곡 산맥이 만들어졌다.
ㄷ. (다)에서 대서양의 면적은 현재보다 좁다.

① ㄱ ② ㄴ ③ ㄱ, ㄷ ④ ㄴ, ㄷ ⑤ ㄱ, ㄴ, ㄷ

• 왜 정답일까?

ㄴ. 초대륙이 형성되는 과정에서 대륙의 충돌이 일어나므로 습곡 산맥이 만들어진다.
ㄷ. (다)는 인도 대륙이 남반구에 위치하는 중생대 말 ~ 신생대 초의 대륙 분포에 해당한다. 이 시기에 대서양의 면적은 현재보다 좁았다.

• 왜 오답일까?

ㄱ. 초대륙 로디니아는 대략 12억 년 전에 형성되었고, 판게아는 고생대 말에 형성되었다.

04 지층의 상대 연령과 절대 연령

정답률 78% | 정답 ③

| 문제 보기 |

그림 (가)는 퇴적암 A~D와 화성암 P가 존재하는 어느 지역의 지질 단면을, (나)는 방사성 동위 원소 X의 붕괴 곡선을 나타낸 것이다. P에 포함된 X의 양은 처음 양의 25%이다.

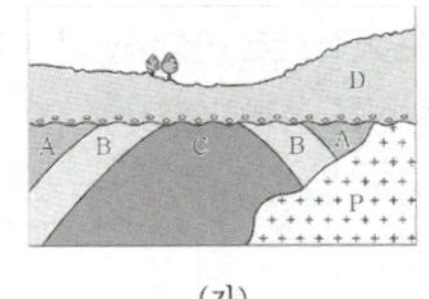

(가)

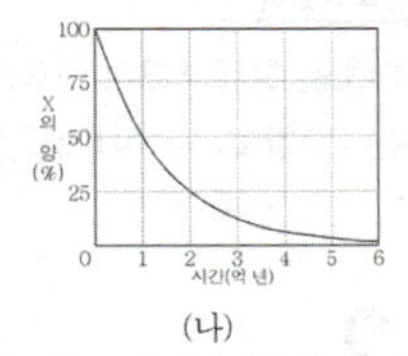

(나)

이에 대한 옳은 설명만을 <보기>에서 있는 대로 고른 것은? [3점]

< 보 기 >
ㄱ. 이 지역에는 배사 구조가 나타난다.
ㄴ. C와 D는 부정합 관계이다.
ㄷ. D가 생성된 시기는 2억 년보다 오래되었다.

① ㄱ ② ㄷ ③ ㄱ, ㄴ ④ ㄴ, ㄷ ⑤ ㄱ, ㄴ, ㄷ

• 왜 정답일까?

ㄱ, ㄴ. 이 지역에는 위로 볼록하게 휘어진 배사 구조와 부정합이 나타난다.

• 왜 오답일까?

ㄷ. P의 생성 시기는 약 2억 년 전이고, D는 P보다 나중에 생성되었다.

05 온대 저기압의 특징

정답률 47% | 정답 ②

| 문제 보기 |

그림은 온대 저기압의 발생 과정 중 전선에 파동이 형성되는 모습을 나타낸 것이다.

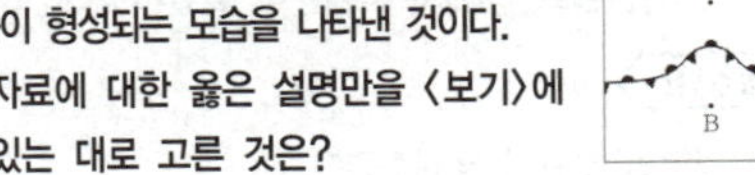

이 자료에 대한 옳은 설명만을 <보기>에서 있는 대로 고른 것은?

< 보 기 >
ㄱ. 이러한 파동은 주로 열대 해상에서 발생한다.
ㄴ. 폐색 전선이 발달해 있다.
ㄷ. 기온은 A 지점이 B 지점보다 낮다.

① ㄱ ② ㄷ ③ ㄱ, ㄴ ④ ㄴ, ㄷ ⑤ ㄱ, ㄴ, ㄷ

• 왜 정답일까?

ㄷ. A 지점에는 찬 공기가, B 지점에는 따뜻한 공기가 있으므로 A 지점의 온도가 B 지점보다 낮다.

• 왜 오답일까?

ㄱ. 온대 저기압의 발생 초기에 형성되는 파동은 고위도의 찬 공기와 저위도의 따뜻한 공기가 만나는 중위도 지역에서 잘 형성된다.

06 포획암과 관입암의 특징

정답률 80% | 정답 ⑤

| 문제 보기 |

그림 (가)와 (나)는 각각 관입암과 포획암이 존재하는 암석의 모습을 나타낸 것이다. (가)와 (나)에 있는 관입암과 포획암의 나이는 같다.

(가)

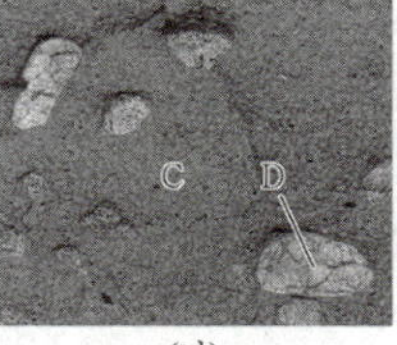

(나)

암석 A~D에 대한 옳은 설명만을 <보기>에서 있는 대로 고른 것은? [3점]

< 보 기 >
ㄱ. A는 B를 관입하였다.
ㄴ. 포획암은 D이다.
ㄷ. 암석의 나이는 C가 가장 적다.

① ㄱ ② ㄴ ③ ㄱ, ㄷ ④ ㄴ, ㄷ ⑤ ㄱ, ㄴ, ㄷ

• 왜 정답일까?

ㄱ, ㄴ. A는 관입암이고, D는 포획암이다.
ㄷ. 암석의 나이는 A가 B보다 적고, C가 D보다 적다. A와 D의 나이가 같으므로, A ~ D 중 나이가 가장 적은 암석은 C이다.

07 H-R도와 별의 종류

정답률 77% | 정답 ①

| 문제 보기 |

그림 (가)는 전갈자리에 있는 세 별 ㉠, ㉡, ㉢의 절대 등급과 분광형을, (나)는 H-R도에 별의 집단을 나타낸 것이다.

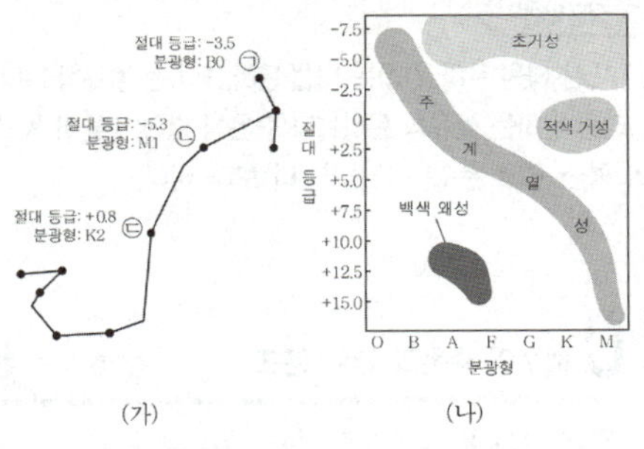

(가) (나)

별 ㉠, ㉡, ㉢에 대한 옳은 설명만을 <보기>에서 있는 대로 고른 것은? [3점]

< 보 기 >
ㄱ. ㉠은 주계열성이다.
ㄴ. ㉡은 파란색으로 관측된다.
ㄷ. 반지름은 ㉢이 가장 크다.

① ㄱ ② ㄴ ③ ㄷ
④ ㄱ, ㄷ ⑤ ㄴ, ㄷ

• 왜 정답일까?

㉠은 절대 등급이 −3.5, 분광형이 B0이므로 (나) 그래프에서 위치를 살펴보면 주계열성에 해당한다.

• 왜 오답일까?

ㄴ. ㉡은 분광형이 M1이므로 붉은색으로 관측된다.
ㄷ. 별의 반지름은 초거성인 ㉡이 가장 크다.

[문제편 p.013]

08 지질 시대의 환경과 생물

정답률 57% | 정답 ③

| 문제 보기 |

그림은 지질 시대 동안 일어난 주요 사건을 나타낸 것이다.

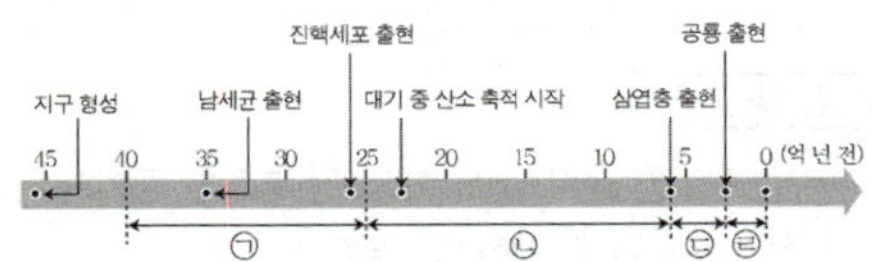

이에 대한 설명으로 옳은 것은? [3점]

① 최초의 다세포 생물이 출현한 지질 시대는 ㉠이다.
② 생물의 광합성이 최초로 일어난 지질 시대는 ㉡이다.
③ 최초의 육상 식물이 출현한 지질 시대는 ㉢이다.
④ 빙하기가 없었던 지질 시대는 ㉢이다.
⑤ 방추충이 번성한 지질 시대는 ㉣이다.

• 왜 정답일까?

육상 식물은 필석류, 산호, 갑주어, 바다전갈 등이 번성하던 고생대 실루아기 때 해안의 낮은 습지에서 최초로 출현하였다.

• 왜 오답일까?

①, ② 최초의 다세포 생물이 출현한 시대는 ㉡(원생 누대)이고, 생물의 광합성이 최초로 시작된 지질 시대는 ㉠(시생 누대)이다.
④ 빙하기가 없었던 지질 시대는 중생대이므로 ㉣(중생대 ~ 신생대)에 속한다.
⑤ 방추충이 번성한 지질 시대는 ㉢(고생대)이다.

09 외부 은하

정답률 67% | 정답 ⑤

| 문제 보기 |

그림은 외부 은하 중 일부를 형태에 따라 (가), (나), (다)로 분류한 것이다.

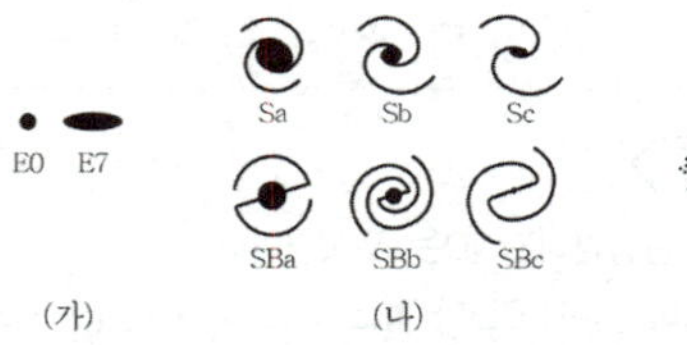

이에 대한 옳은 설명만을 <보기>에서 있는 대로 고른 것은?

< 보 기 >
ㄱ. (가)는 타원 은하이다.
ㄴ. (나)의 은하들은 나선팔이 있다.
ㄷ. 은하를 구성하는 별의 평균 표면 온도는 (가)가 (다)보다 낮다.

① ㄱ ② ㄷ ③ ㄱ, ㄴ ④ ㄴ, ㄷ ⑤ ㄱ, ㄴ, ㄷ

• 왜 정답일까?

ㄱ. (가)는 타원 은하, (나)는 나선 은하, (다)는 불규칙 은하이다.
ㄷ. 타원 은하는 불규칙 은하보다 붉은색 별의 비율이 높으므로 별의 평균 표면 온도는 (가)가 (다)보다 낮다.

10 해수의 수온과 염분 분포

정답률 74% | 정답 ①

| 문제 보기 |

그림 (가)와 (나)는 동해의 어느 지점에서 두 시기에 측정한 수심 0~500m 구간의 수온과 염분 분포를 나타낸 것이다. (가)와 (나)는 각각 2월 또는 8월에 측정한 자료 중 하나이다.

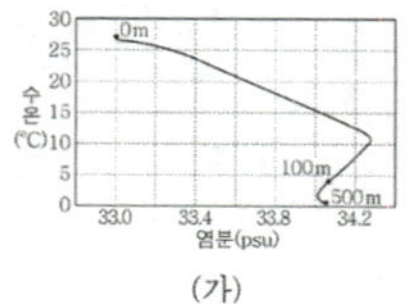

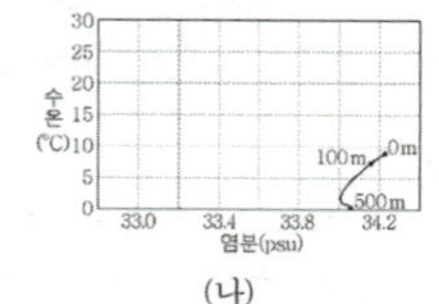

이에 대한 옳은 설명만을 <보기>에서 있는 대로 고른 것은?

< 보 기 >
ㄱ. (가)는 8월에 측정한 자료이다.
ㄴ. 수온 약층은 (가)보다 (나)에서 뚜렷하게 나타난다.
ㄷ. 표면 해수의 밀도는 (가)보다 (나)에서 작다.

① ㄱ ② ㄴ ③ ㄱ, ㄷ ④ ㄴ, ㄷ ⑤ ㄱ, ㄴ, ㄷ

• 왜 정답일까?

ㄱ. 표면 수온은 (가)가 (나)보다 높으므로 8월에 측정한 자료는 (가)이다.

• 왜 오답일까?

ㄴ. 수온 약층은 깊이에 따른 수온 변화가 큰 (가)에서 더 뚜렷하게 나타난다.
ㄷ. 표면 해수의 밀도는 수온이 높고 염분이 낮은 (가)가 (나)보다 작다.

11 태풍의 이동 과정과 특징

정답률 71% | 정답 ④

| 문제 보기 |

표는 어느 태풍의 중심 위치와 중심 기압을, 그림은 관측 지점 A의 위치를 나타낸 것이다.

일시	태풍의 중심 위치		중심 기압 (hPa)
	위도(°N)	경도(°E)	
29일 03시	18	128	985
30일 03시	21	124	975
1일 03시	26	121	965
2일 03시	31	123	980
3일 03시	36	128	992

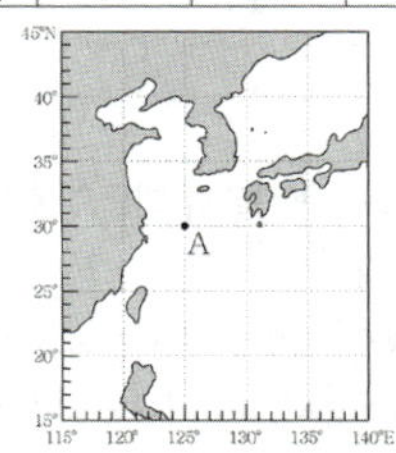

이 자료에 대한 옳은 설명만을 <보기>에서 있는 대로 고른 것은? [3점]

< 보 기 >
ㄱ. 태풍은 30일 03시 이전에 전향점을 통과하였다.
ㄴ. 태풍 중심 부근의 최대 풍속은 1일 03시가 3일 03시보다 강했을 것이다.
ㄷ. 1일 ~ 3일에 A 지점의 풍향은 시계 방향으로 변했을 것이다.

① ㄱ ② ㄴ ③ ㄱ, ㄷ ④ ㄴ, ㄷ ⑤ ㄱ, ㄴ, ㄷ

• 왜 정답일까?

ㄴ. 태풍 중심 부근의 최대 풍속은 중심 기압이 낮은 1일 03시가 3일 03시보다 강했을 것이다.

• 왜 오답일까?

ㄱ. 태풍은 30일 03시 이후에도 서쪽으로 진행하였다. 따라서 태풍은 30일 03시 이후에 전향점을 통과하였다.

12 우리나라의 주요 악기상

정답률 61% | 정답 ②

| 문제 보기 |

그림 (가)와 (나)는 우리나라 일부 지역에 폭설 주의보가 발령된 어느 날 21시의 지상 일기도와 위성 영상을 나타낸 것이다.

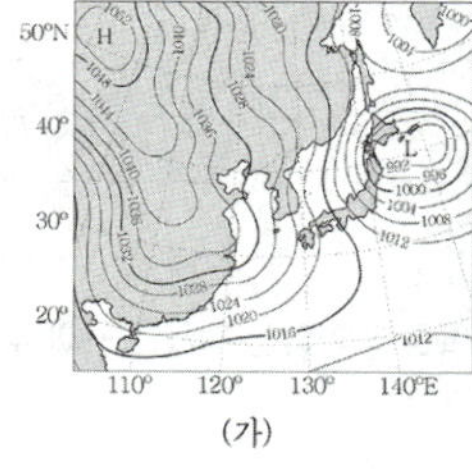

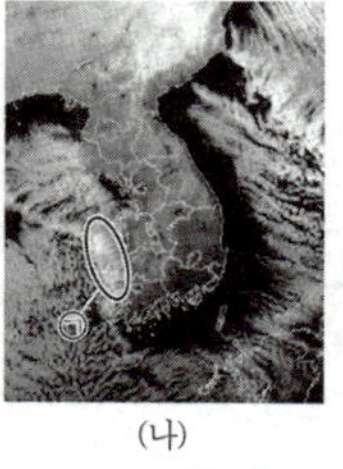

이날 우리나라의 날씨에 대한 옳은 설명만을 <보기>에서 있는 대로 고른 것은? [3점]

< 보 기 >
ㄱ. 동풍 계열의 바람이 우세하였다.
ㄴ. ㉠에서 상승 기류가 발달하였다.
ㄷ. 폭설이 내릴 가능성은 서해안보다 동해안이 높다.

① ㄱ ② ㄴ ③ ㄱ, ㄴ ④ ㄱ, ㄷ ⑤ ㄴ, ㄷ

• 왜 정답일까?

ㄴ. 찬 기단의 변질로 ㉠에서 적란운이 발달하였다.

• 왜 오답일까?

ㄱ. 서풍 계열의 바람이 우세하였다.
ㄷ. 서해안에서는 시베리아 기단의 변질로 폭설이 내릴 가능성이 높다.

13 해수 순환의 발생 원리와 특징

정답률 75% | 정답 ③

| 문제 보기 |

그림 (가)는 북대서양의 표층수와 심층수의 이동을, (나)는 대서양의 해수 순환을 나타낸 것이다. A, B, C는 각각 표층수, 남극 저층수, 북대서양 심층수 중 하나이다.

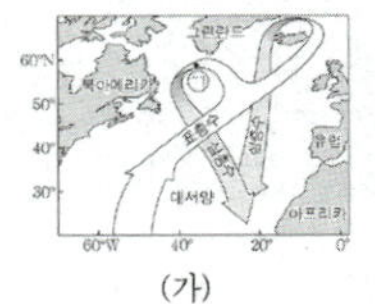

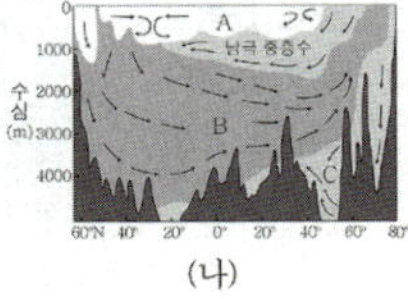

이에 대한 옳은 설명만을 <보기>에서 있는 대로 고른 것은?

< 보 기 >
ㄱ. (가)의 심층수는 (나)의 B에 해당한다.
ㄴ. 해수의 평균 이동 속도는 A가 C보다 크다.
ㄷ. ㉠ 해역에서 표층수의 밀도가 현재보다 커지면 침강이 약해진다.

① ㄱ ② ㄷ ③ ㄱ, ㄴ ④ ㄱ, ㄷ ⑤ ㄴ, ㄷ

• 왜 정답일까?

ㄱ. (가)의 심층수는 북대서양 심층수(B)이다.
ㄴ. 해수의 평균 이동 속도는 표층수(A)가 남극 저층수(C)보다 크다.

• 왜 오답일까?

ㄷ. ㉠ 해역에서 표층수의 밀도가 현재보다 커지면 침강이 강해진다.

14 태양의 에너지원과 내부 구조

정답률 76% | 정답 ⑤

| 문제 보기 |

그림은 태양 내부의 온도 분포를 나타낸 것이다. ㉠, ㉡, ㉢은 각각 중심핵, 복사층, 대류층 중 하나이다.

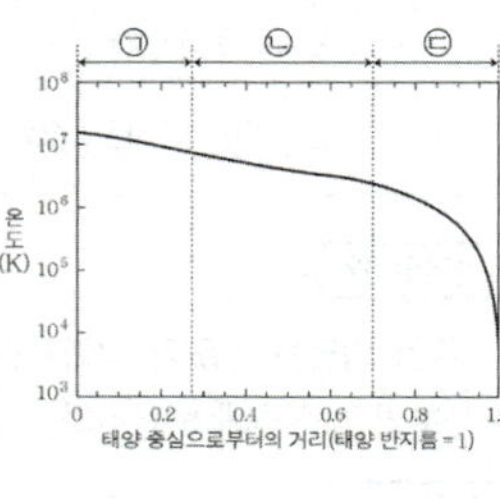

이에 대한 옳은 설명만을 <보기>에서 있는 대로 고른 것은?

< 보 기 >
ㄱ. 태양 중심에서 표면으로 갈수록 온도는 낮아진다.
ㄴ. ㉠에서는 수소 핵융합 반응이 일어난다.
ㄷ. ㉢에서는 주로 대류에 의해 에너지 전달이 일어난다.

① ㄱ ② ㄴ ③ ㄱ, ㄷ ④ ㄴ, ㄷ ⑤ ㄱ, ㄴ, ㄷ

• 왜 정답일까?

ㄴ, ㄷ. ㉠은 중심핵, ㉡은 복사층, ㉢은 대류층이다. 중심핵에서는 수소 핵융합 반응이 일어난다.

15 천문학적 요인에 의한 기후 변화

정답률 58% | 정답 ④

| 문제 보기 |

그림은 현재와 A 시기에 근일점에 위치한 지구의 모습과 지구 공전 궤도 일부를 나타낸 것이다.

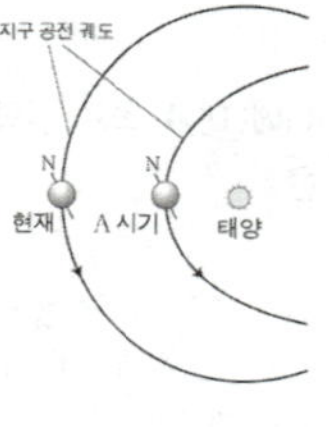

이에 대한 옳은 설명만을 <보기>에서 있는 대로 고른 것은? (단, 지구 공전 궤도 이심률 이외의 요인은 변하지 않는다.) [3점]

< 보 기 >
ㄱ. 지구 공전 궤도 이심률은 현재가 A 시기보다 크다.
ㄴ. 현재 북반구는 근일점에서 겨울철이다.
ㄷ. 지구가 원일점에 위치할 때, 지구가 받는 태양 복사 에너지양은 현재가 A 시기보다 많다.

① ㄱ ② ㄷ ③ ㄱ, ㄴ ④ ㄴ, ㄷ ⑤ ㄱ, ㄴ, ㄷ

[문제편 p.014]

• 왜 정답일까?

ㄷ. 원일점 거리는 현재가 A 시기보다 작으므로 지구가 받는 태양 복사 에너지양은 현재가 더 많다.

• 왜 오답일까?

ㄱ. 지구 공전 궤도 이심률은 공전 궤도의 모양이 원에 가까운 현재가 A 시기보다 작다.

16 판 경계와 판 구조론

정답률 70% | 정답 ①

| 문제 보기 |

그림은 북아메리카 부근의 판 A, B, C와 판 경계를 나타낸 것이다. 이 지역에는 세 종류의 판 경계가 모두 존재한다. 이에 대한 옳은 설명만을 <보기>에서 있는 대로 고른 것은?

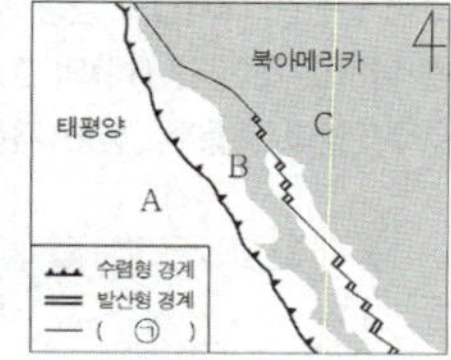

< 보 기 >

ㄱ. 판의 밀도는 A가 B보다 크다.
ㄴ. B는 C에 대해 남동쪽으로 이동한다.
ㄷ. ㉠의 발견은 맨틀 대류설이 등장하게 된 계기가 되었다.

① ㄱ ② ㄴ ③ ㄱ, ㄷ ④ ㄴ, ㄷ ⑤ ㄱ, ㄴ, ㄷ

• 왜 정답일까?

ㄱ. 수렴형 경계인 해구에서 A가 B 아래로 섭입하므로 판의 밀도는 A가 B보다 크다.

• 왜 오답일까?

ㄴ. B는 C에 대해 북서쪽으로 이동한다.
ㄷ. 맨틀 대류설은 보존형 경계(㉠)가 발견되기 이전에 등장하였다.

17 별의 물리량

정답률 62% | 정답 ②

| 문제 보기 |

그림은 두 주계열성 (가)와 (나)의 파장에 따른 복사 에너지 세기의 분포를 나타낸 것이다. (가)와 (나)의 분광형은 각각 B형과 G형 중 하나이다.

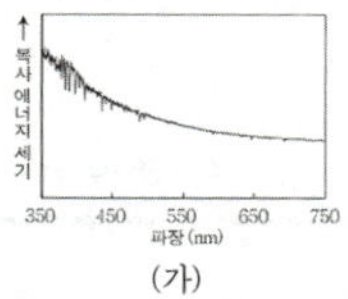

(가)

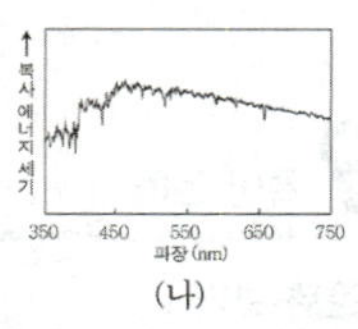

(나)

이에 대한 옳은 설명만을 <보기>에서 있는 대로 고른 것은?

< 보 기 >

ㄱ. 표면 온도는 (가)가 (나)보다 낮다.
ㄴ. 질량은 (가)가 (나)보다 작다.
ㄷ. 태양의 파장에 따른 복사 에너지 세기의 분포는 (가)보다 (나)와 비슷하다.

① ㄱ ② ㄷ ③ ㄱ, ㄴ ④ ㄴ, ㄷ ⑤ ㄱ, ㄴ, ㄷ

• 왜 정답일까?

ㄷ. 복사 에너지 세기가 최대인 파장은 (가)가 (나)보다 짧으므로 분광형은 (가)가 B형, (나)가 G형이다. 태양의 분광형은 G형이므로 파장에 따른 복사 에너지 세기의 분포는 (가)보다 (나)와 비슷하다.

18 외계 행성 탐사 방법

정답률 42% | 정답 ⑤

| 문제 보기 |

그림 (가)와 (나)는 어느 외계 행성에 의한 중심별의 시선 속도 변화와 밝기 변화를 나타낸 것이다.

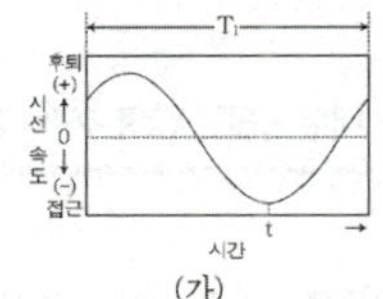

(가)

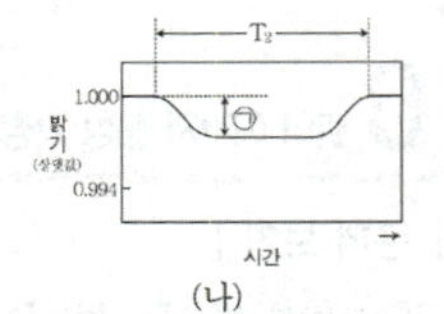

(나)

이에 대한 옳은 설명만을 <보기>에서 있는 대로 고른 것은? [3점]

< 보 기 >

ㄱ. 관측 시간은 T_1이 T_2보다 길다.
ㄴ. t일 때 외계 행성은 지구로부터 멀어진다.
ㄷ. $\frac{\text{행성의 반지름}}{\text{중심별의 반지름}}$ 값이 클수록 ㉠은 커진다.

① ㄱ ② ㄴ ③ ㄱ, ㄷ ④ ㄴ, ㄷ ⑤ ㄱ, ㄴ, ㄷ

• 왜 정답일까?

ㄱ. T_1은 행성의 공전 주기에 해당하고, T_2는 행성에 의한 식 현상이 나타나는 시간에 해당한다.
ㄴ. t일 때, 중심별은 지구에 가까워지므로 외계 행성은 지구로부터 멀어진다.

19 엘니뇨와 라니냐의 특징

정답률 62% | 정답 ③

| 문제 보기 |

그림 (가)와 (나)는 각각 엘니뇨 시기와 라니냐 시기에 관측한 태평양 적도 부근 해역의 해수면 높이 변화를 순서 없이 나타낸 것이다. 그림에서 (+)인 곳은 해수면이 평년보다 높아진 해역이고, (-)인 곳은 평년보다 낮아진 해역이다.

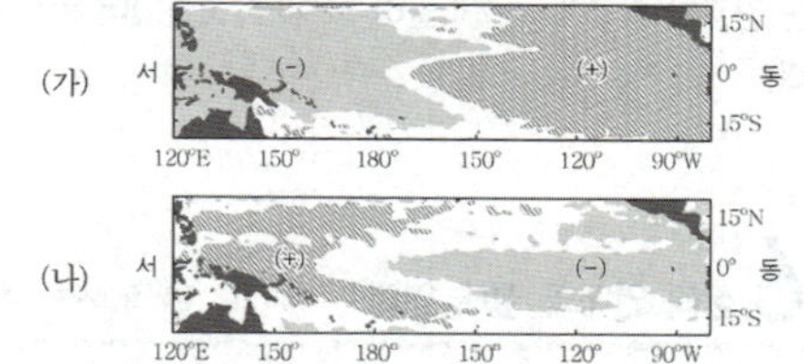

이에 대한 옳은 설명만을 <보기>에서 있는 대로 고른 것은? [3점]

< 보 기 >

ㄱ. (가)는 엘니뇨 시기에 관측한 자료이다.
ㄴ. 태평양 적도 부근 해역에서 동서 방향의 해수면 경사는 (가)가 (나)보다 완만하다.
ㄷ. 동태평양 적도 부근 해역에서 표층 수온은 (가)가 (나)보다 낮다.

① ㄱ ② ㄷ ③ ㄱ, ㄴ ④ ㄱ, ㄷ ⑤ ㄴ, ㄷ

• 왜 정답일까?

ㄴ. 엘니뇨 시기인 (가)일 때, 동태평양의 해수면 높이가 평상시보다 높아지므로 동서 방향의 해수면 경사는 평상시보다 완만해진다.

20 우주 구성 요소의 특징

정답률 36% | 정답 ②

| 문제 보기 |

그림 (가)는 현재 우주에서 암흑 물질, 보통 물질, 암흑 에너지가 차지하는 비율을 각각 ㉠, ㉡, ㉢으로 순서 없이 나타낸 것이고, (나)는 우리은하의 회전 속도를 은하 중심으로부터의 거리에 따라 나타낸 것이다. A와 B는 각각 관측 가능한 물질만을 고려한 추정값과 실제 관측값 중 하나이다.

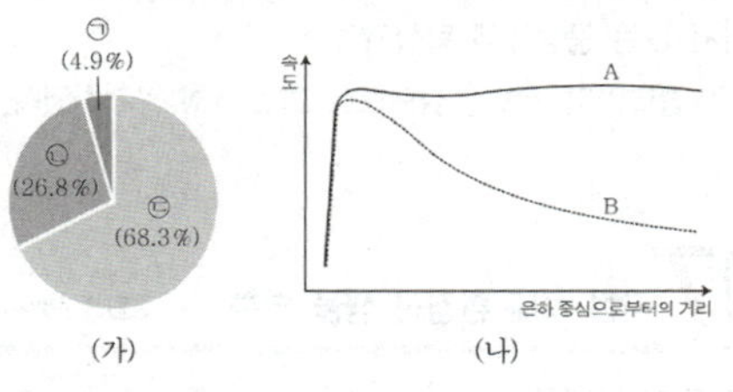

이에 대한 옳은 설명만을 <보기>에서 있는 대로 고른 것은? [3점]

< 보 기 >

ㄱ. ㉠과 ㉡은 현재 우주를 가속 팽창시키는 역할을 한다.
ㄴ. 관측 가능한 물질만을 고려한 추정값은 B이다.
ㄷ. A와 B의 회전 속도 차이는 ㉢의 영향으로 나타난다.

① ㄱ ② ㄴ ③ ㄱ, ㄷ ④ ㄴ, ㄷ ⑤ ㄱ, ㄴ, ㄷ

• 왜 정답일까?

ㄴ. A는 실제 관측값, B는 추정값이다.

• 왜 오답일까?

ㄱ. 암흑 에너지(㉢)는 현재 우주를 가속 팽창시키는 역할을 한다.
ㄷ. A와 B의 회전 속도 차이는 주로 암흑 물질의 영향 때문이다.

05회

● 고3 지구과학 Ⅰ ●

2020학년도 3월

01 ②	02 ③	03 ②	04 ④	05 ⑤
06 ①	07 ①	08 ③	09 ⑤	10 ③
11 ①	12 ④	13 ①	14 ⑤	15 ②
16 ④	17 ④	18 ②	19 ①	20 ⑤

채점 결과
- 실제 걸린 시간 : 분 초
- 맞은 문항수 : 개
- 틀린 문항수 : 개
- 헷갈린 문항 :

01 음향 측심 자료

정답률 79% | 정답 ②

| 문제 보기 |

다음은 음향 측심 자료를 이용하여 해저 지형을 알아보기 위한 탐구 과정이다.

[탐구 과정]

표는 A와 B 해역에서 직선 구간을 따라 일정한 간격으로 음향 측심을 한 자료이다. A와 B 해역에는 각각 해령과 해구 중 하나가 존재한다.

A 해역	탐사 지점	A_1	A_2	A_3	A_4	A_5	A_6
	음파 왕복 시간(초)	5.5	5.2	4.8	4.2	4.7	5.1
B 해역	탐사 지점	B_1	B_2	B_3	B_4	B_5	B_6
	음파 왕복 시간(초)	5.6	9.4	6.2	5.9	5.7	5.6

(가) A와 B 해역의 음향 측심 자료를 바탕으로 각 지점의 수심을 구한다.
(나) 가로축은 탐사 지점, 세로축은 수심으로 그래프를 작성한다.

이에 대한 옳은 설명만을 <보기>에서 있는 대로 고른 것은?(단, 해양에서 음파의 평균 속력은 1500 m/s이다.)

< 보 기 >

ㄱ. A 해역에는 수렴형 경계가 존재한다.
ㄴ. B 해역에는 수심이 7000 m보다 깊은 지점이 존재한다.
ㄷ. 판의 경계에서 해양 지각의 평균 연령은 A 해역이 B 해역보다 많다.

① ㄱ ② ㄴ ③ ㄱ, ㄷ ④ ㄴ, ㄷ ⑤ ㄱ, ㄴ, ㄷ

• 왜 정답일까?

ㄴ. B_2 지점 수심은 $\frac{1500(\text{m/s})\times 9.4(\text{s})}{2} = 7050\,\text{m}$ 이다.

• 왜 오답일까?

ㄱ. A 해역에는 발산형 경계가 존재한다.
ㄷ. A 해역은 해령, B 해역은 해구가 존재하므로 평균 연령은 A 해역이 B 해역보다 적다.

02 대륙의 이동

정답률 80% | 정답 ③

| 문제 보기 |

그림은 7100만 년 전부터 현재까지 인도 대륙의 위치 변화를 나타낸 것이다.

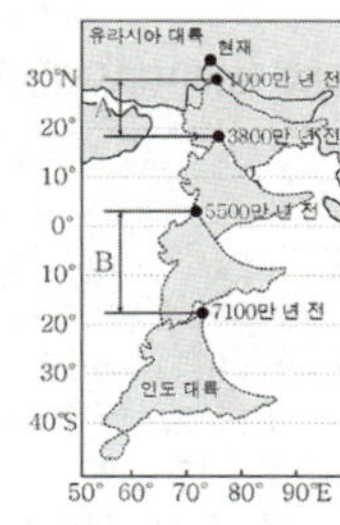

이에 대한 옳은 설명만을 <보기>에서 있는 대로 고른 것은?

< 보 기 >

ㄱ. 1000만 년 전에 인도 대륙과 유라시아 대륙 사이에는 수렴형 경계가 존재하였다.
ㄴ. 인도 대륙의 평균 이동 속도는 A 구간보다 B 구간에서 빨랐다.
ㄷ. 이 기간 동안 인도 대륙에서 생성된 암석들의 복각은 동일하다.

① ㄱ ② ㄷ ③ ㄱ, ㄴ
④ ㄴ, ㄷ ⑤ ㄱ, ㄴ, ㄷ

• 왜 정답일까?

ㄴ. A 구간에서 걸린 시간이 B 구간에서 걸린 시간보다 길고, A 구간의 길이가 B 구간의 길이보다 짧다. 따라서 인도 대륙의 평균 이동 속도는 A 구간보다 B 구간에서 빨랐다.

• 왜 오답일까?

ㄷ. 인도 대륙의 위도가 변화하였으므로 고지자기 복각은 변화하였다.

03 플룸 구조론

정답률 68% | 정답 ②

| 문제 보기 |

그림은 두 지역 (가)와 (나)에서 지하의 온도 분포와 판의 구조를 나타낸 것이다. (가)와 (나)에서는 각각 플룸의 상승류와 하강류 중 하나가 나타난다.

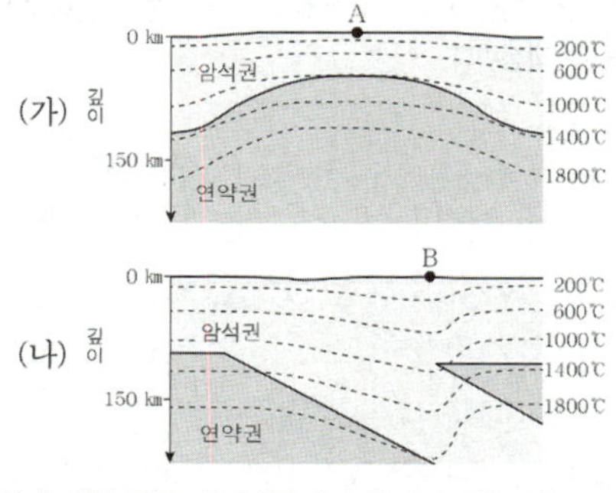

이에 대한 옳은 설명만을 <보기>에서 있는 대로 고른 것은? [3점]

< 보 기 >
ㄱ. 0~150 km 사이에서 깊이에 따른 온도 증가율은 A보다 B에서 크다.
ㄴ. (가)의 하부에는 차가운 플룸이 존재한다.
ㄷ. (나)에서는 섭입하는 판을 지구 내부로 잡아당기는 힘이 작용하고 있다.

① ㄱ ② ㄷ ③ ㄱ, ㄴ ④ ㄱ, ㄷ ⑤ ㄴ, ㄷ

• 왜 정답일까?

ㄷ. (나)에서는 냉각되어 무거워진 판이 중력에 의해 섭입하면서 판 전체를 지구 내부로 잡아당긴다.

04 마그마의 생성과 화성암의 특징

정답률 59% | 정답 ④

| 문제 보기 |

그림 (가)는 지하의 온도 분포와 암석의 용융 곡선을, (나)와 (다)는 설악산 울산바위와 제주도 용두암의 모습을 나타낸 것이다.

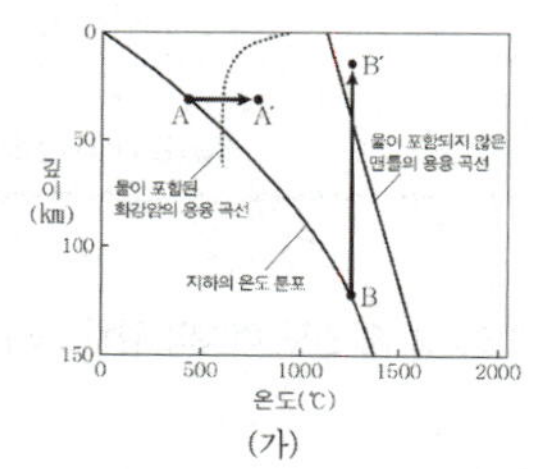

(가)

(나) 설악산 울산바위

(다) 제주도 용두암

이에 대한 옳은 설명만을 <보기>에서 있는 대로 고른 것은? [3점]

< 보 기 >
ㄱ. A→A' 과정을 거쳐 생성된 마그마는 B→B' 과정을 거쳐 생성된 마그마보다 SiO_2 함량이 높다.
ㄴ. (나)를 형성한 마그마는 B→B' 과정을 거쳐 생성되었다.
ㄷ. 암석을 이루는 광물 입자의 크기는 (나)가 (다)보다 크다.

① ㄱ ② ㄷ ③ ㄱ, ㄴ ④ ㄱ, ㄷ ⑤ ㄴ, ㄷ

• 왜 정답일까?

ㄷ. 설악산 울산바위는 화강암, 제주도 용두암은 현무암으로 이루어져 있다. 입자의 크기는 화강암이 현무암보다 크다.

• 왜 오답일까?

ㄴ. (나)를 형성한 마그마는 A→A′ 과정으로 형성되었다.

05 퇴적 구조와 지질 구조

정답률 82% | 정답 ⑤

| 문제 보기 |

그림 (가), (나), (다)는 세 암석에서 각각 관찰한 건열, 연흔, 절리를 순서 없이 나타낸 것이다.

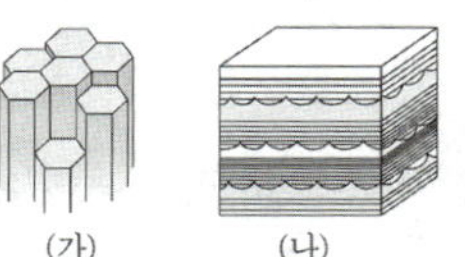

(가) (나) (다)

이에 대한 설명으로 옳은 것은?

① (가)는 판상 절리이다.
② (가)는 심성암에서 잘 나타난다.
③ (나)는 횡압력을 받아 형성된다.
④ (다)는 수심이 깊은 곳에서 잘 형성된다.
⑤ (나)와 (다)로부터 지층의 역전 여부를 판단할 수 있다.

• 왜 정답일까?

(가)는 주상 절리이고, 주상 절리는 화산암에서 잘 나타난다.
(나)는 주로 얕은 물 밑에서 물결의 영향으로 퇴적물의 표면에 물결 모양의 자국이 남아 있는 구조이다.
(다)는 건조한 환경에서 퇴적물이 물 위로 노출되어 형성된 구조이다.

06 상대 연대와 절대 연대

정답률 64% | 정답 ①

| 문제 보기 |

그림 (가)는 어느 지역의 지질 단면도이고, (나)는 방사성 동위 원소 X의 붕괴 곡선이다. 화성암 C와 D에 포함되어 있는 X의 양은 각각 처음 양의 $\frac{1}{4}$과 $\frac{1}{16}$이다.

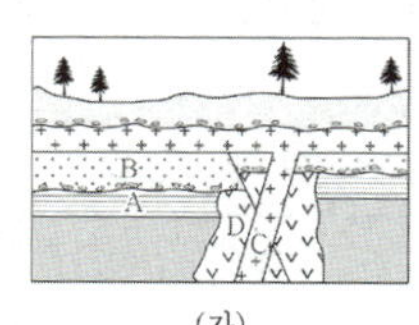

(가)

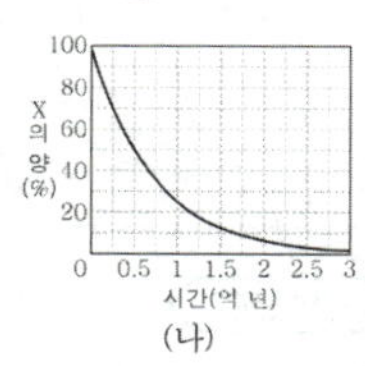

(나)

이에 대한 옳은 설명만을 <보기>에서 있는 대로 고른 것은? [3점]

< 보 기 >
ㄱ. A는 D보다 먼저 생성되었다.
ㄴ. B가 퇴적된 시기에는 매머드가 번성하였다.
ㄷ. 이 지역은 현재까지 2회 융기하였다.

① ㄱ ② ㄷ ③ ㄱ, ㄴ ④ ㄴ, ㄷ ⑤ ㄱ, ㄴ, ㄷ

• 왜 정답일까?

ㄱ. A→D→B→C 순으로 형성되었다.

• 왜 오답일까?

ㄴ. 반감기가 0.5억 년이므로 B의 연령은 1억 년~2억 년이다. 따라서 B는 중생대에 퇴적되었다.
ㄷ. 부정합면이 2회 관찰되므로 최소 3회 융기하였다.

07 지질 시대 환경과 생물 변화

정답률 48% | 정답 ①

| 문제 보기 |

다음은 판게아가 존재했던 시기에 대해 학생들이 나눈 대화를 나타낸 것이다.

이에 대해 옳게 설명한 학생만을 있는 대로 고른 것은? [3점]

① A ② B ③ A, C ④ B, C ⑤ A, B, C

• 왜 정답일까?

A. 판게아는 고생대 말기부터 중생대 초기에 존재했던 초대륙이다.

• 왜 오답일까?

B. 속씨식물은 중생대에 출현하여 신생대에 번성하였다.
C. 필석류는 고생대 초에 번성하였다.

08 해수의 심층 순환과 해수의 성질

정답률 66% | 정답 ③

| 문제 보기 |

그림 (가)는 대서양의 심층 순환을, (나)는 수온-염분도를 나타낸 것이다. (나)의 A, B, C는 각각 북대서양 심층수, 남극 중층수, 남극 저층수 중 하나이다.

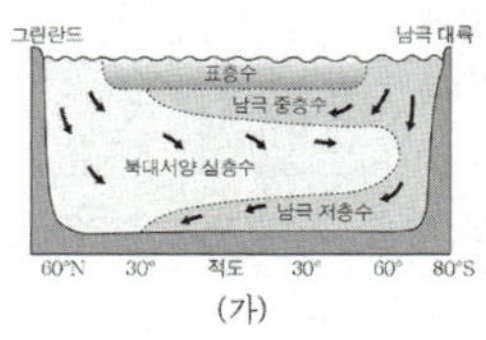

(가)

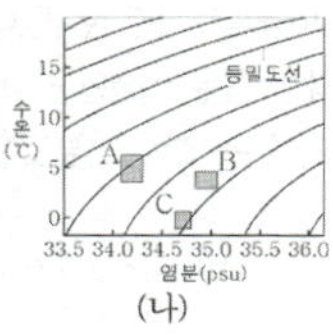

(나)

이 자료에 대한 옳은 설명만을 <보기>에서 있는 대로 고른 것은? [3점]

< 보 기 >
ㄱ. A는 남극 중층수이다.
ㄴ. B는 침강한 후 대체로 북쪽으로 흐른다.
ㄷ. 남극 저층수는 북대서양 심층수보다 수온과 염분이 낮다.

① ㄱ ② ㄴ ③ ㄱ, ㄷ
④ ㄴ, ㄷ ⑤ ㄱ, ㄴ, ㄷ

• 왜 정답일까?

ㄱ. 해수의 평균 밀도는 A<B<C이므로 A는 남극 중층수, B는 북대서양 심층수, C는 남극 저층수이다.
ㄷ. 남극 저층수의 평균 수온은 −0.5℃, 평균 염분은 34.7psu로 평균 수온이 3℃, 평균 염분은 34.9psu인 북대서양 심층수보다 수온과 염분이 낮다.

• 왜 오답일까?

ㄴ. 북대서양 심층수는 침강한 후 대체로 남쪽으로 흐른다.

09 특이 은하

정답률 61% | 정답 ⑤

| 문제 보기 |

그림 (가)는 세이퍼트은하, (나)는 전파 은하를 관측한 것이다.

(가)

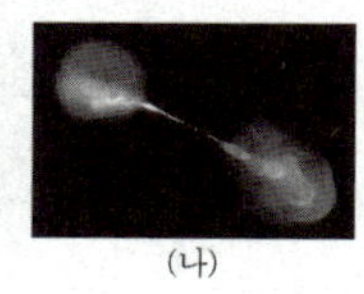

(나)

이에 대한 옳은 설명만을 <보기>에서 있는 대로 고른 것은?

< 보 기 >
ㄱ. (가)에서는 나선팔이 관측된다.
ㄴ. (나)에서는 제트가 관측된다.
ㄷ. (가)와 (나)는 모두 특이 은하에 속한다.

① ㄱ ② ㄷ ③ ㄱ, ㄴ
④ ㄴ, ㄷ ⑤ ㄱ, ㄴ, ㄷ

• 왜 정답일까?

ㄱ. 세이퍼트은하는 대부분 나선 은하의 형태로 관측되며, 전체 나선 은하 중 약 2%가 세이퍼트은하로 분류된다.
ㄴ. 전파 은하에서는 제트가 대칭적으로 관측된다.
ㄷ. 세이퍼트은하와 전파 은하는 특이 은하에 속한다.

10 별의 에너지 생성 과정과 내부 구조

정답률 68% | 정답 ③

| 문제 보기 |

그림 (가)는 양성자·양성자 반응을, (나)는 어느 주계열성의 내부 구조를 나타낸 것이다.

[문제편 p.017]

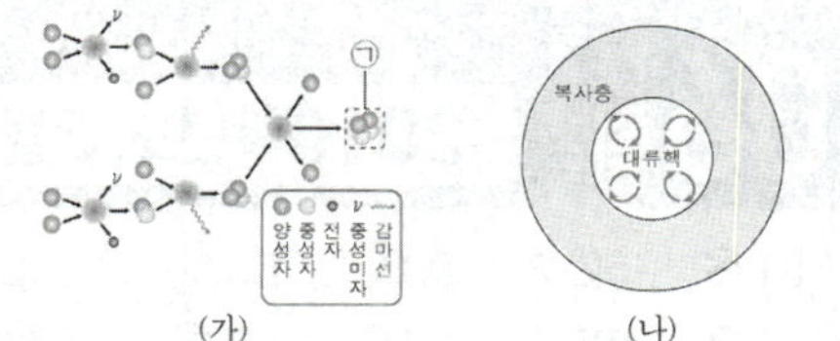

이에 대한 옳은 설명만을 〈보기〉에서 있는 대로 고른 것은?

〈 보 기 〉
ㄱ. ㉠은 헬륨 원자핵이다.
ㄴ. (나)는 태양보다 질량이 큰 별의 내부 구조이다.
ㄷ. (나)의 대류핵에서는 탄소·질소·산소 순환 반응보다 (가)의 반응이 우세하다.

① ㄱ ② ㄷ ③ ㄱ, ㄴ
④ ㄴ, ㄷ ⑤ ㄱ, ㄴ, ㄷ

• 왜 정답일까?

ㄱ. ㉠은 헬륨 원자핵이다. 양성자·양성자 반응은 수소 원자핵 6개가 여러 반응 단계를 거치는 동안 헬륨 원자핵 1개와 수소 원자핵 2개로 바뀌면서 에너지를 생성하는 과정이다.
ㄴ. 중심부는 대류핵, 바깥층은 복사층으로 이루어진 (나)는 태양보다 질량이 크다.

• 왜 오답일까?

ㄷ. (나)는 태양보다 질량이 큰 별의 내부 구조이므로 탄소·질소·산소 순환 반응이 양성자·양성자 반응보다 우세하다.

11 별의 물리량

정답률 55% | 정답 ①

| 문제 보기 |

그림은 태양과 별 (가), (나)의 파장에 따른 복사 에너지 분포를, 표는 세 별의 절대 등급을 나타낸 것이다.

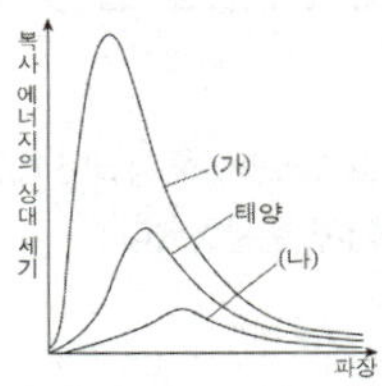

별	절대 등급
태양	+4.8
(가)	+1.0
(나)	−4.0

이에 대한 옳은 설명만을 〈보기〉에서 있는 대로 고른 것은? [3점]

〈 보 기 〉
ㄱ. 별이 단위 시간 동안 단위 면적에서 방출하는 에너지양은 (가)가 태양보다 많다.
ㄴ. (나)는 파란색 별이다.
ㄷ. 별의 반지름은 (나)가 (가)의 10배이다.

① ㄱ ② ㄷ ③ ㄱ, ㄴ
④ ㄴ, ㄷ ⑤ ㄱ, ㄴ, ㄷ

• 왜 정답일까?

ㄱ. 별이 단위 시간 동안 단위 면적에서 방출하는 에너지양은 표면 온도가 높은 (가)가 태양보다 많다.

• 왜 오답일까?

ㄷ. (나)는 (가)보다 절대 등급이 5등급 작으므로 광도가 100배이고, 표면 온도는 (나)가 (가)보다 낮다. 광도는 반지름의 제곱에 비례하고 표면 온도의 네제곱에 비례한다. 따라서 별의 반지름은 (나)가 (가)의 10배보다 크다.

12 H−R도와 별의 진화

정답률 65% | 정답 ④

| 문제 보기 |

그림은 H−R도에 별 (가)~(라)를 나타낸 것이다.

이에 대한 옳은 설명만을 〈보기〉에서 있는 대로 고른 것은?

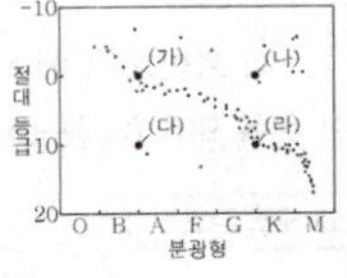

〈 보 기 〉
ㄱ. 별의 평균 밀도는 (가)가 (나)보다 크다.
ㄴ. (다)는 초신성 폭발을 거쳐 형성되었다.
ㄷ. 별의 수명은 (가)가 (라)보다 짧다.

① ㄱ ② ㄷ ③ ㄱ, ㄴ ④ ㄱ, ㄷ ⑤ ㄴ, ㄷ

• 왜 정답일까?

ㄱ. (가)는 주계열성이고, (나)는 적색 거성이므로 별의 평균 밀도는 (가)가 (나)보다 크다.
ㄷ. (가)는 (라)보다 질량이 큰 주계열성이므로 별의 수명은 (가)가 (라)보다 짧다.

• 왜 오답일까?

ㄴ. (다)는 백색 왜성이므로 초신성 폭발 단계를 거치지 않았다.

13 온대 저기압

정답률 63% | 정답 ①

| 문제 보기 |

그림 (가)는 어느 날 우리나라를 통과한 온대 저기압의 이동 경로를, (나)는 이날 관측소 A, B 중 한 곳에서 관측한 풍향의 변화를 나타낸 것이다.

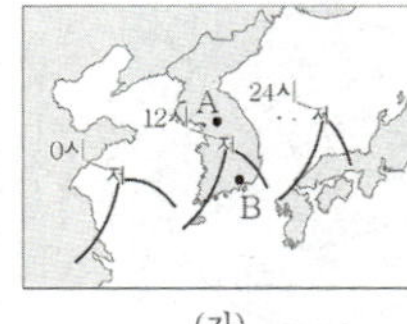

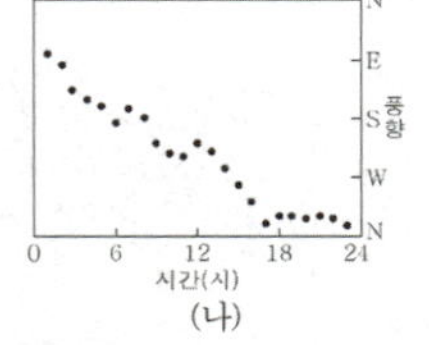

(가) (나)

이에 대한 옳은 설명만을 〈보기〉에서 있는 대로 고른 것은?

〈 보 기 〉
ㄱ. (가)에서 온대 저기압의 이동은 편서풍의 영향을 받았다.
ㄴ. (나)는 A에서 관측한 결과이다.
ㄷ. (나)를 관측한 지역에서는 이날 12시 이전에 소나기가 내렸을 것이다.

① ㄱ ② ㄷ ③ ㄱ, ㄴ
④ ㄴ, ㄷ ⑤ ㄱ, ㄴ, ㄷ

• 왜 정답일까?

ㄱ. 온대 저기압은 편서풍의 영향으로 서에서 동으로 이동한다.

• 왜 오답일까?

ㄴ. (나)에서 풍향은 남동풍 → 남서풍 → 북서풍으로 변하였으므로 (나)는 B에서 관측하였다.
ㄷ. (나)를 관측한 지역에서 한랭 전선이 통과한 시각은 12시 이후이다.

14 우리나라의 기후 변화

정답률 66% | 정답 ⑤

| 문제 보기 |

그림 (가)는 우리나라의 계절별 길이 변화를, (나)는 우리나라에서 아열대 기후 지역의 경계 변화를 예상하여 나타낸 것이다.

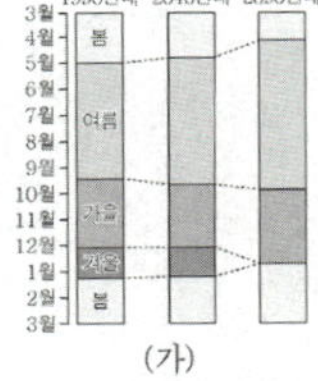

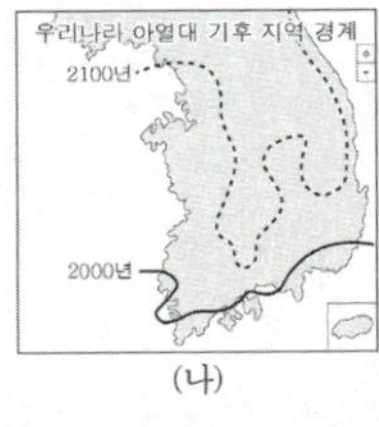

(가) (나)

이에 대한 옳은 설명만을 〈보기〉에서 있는 대로 고른 것은?

〈 보 기 〉
ㄱ. (가)에서 여름의 길이 변화는 봄의 길이 변화보다 크다.
ㄴ. (나)에서 아열대 기후 지역의 확장은 대체로 내륙 지역보다 해안 지역에서 뚜렷하다.
ㄷ. 아열대 기후에서 자라는 작물의 재배 가능 지역은 북상할 것이다.

① ㄱ ② ㄴ ③ ㄱ, ㄷ
④ ㄴ, ㄷ ⑤ ㄱ, ㄴ, ㄷ

• 왜 정답일까?

ㄱ. 1990년대부터 2090년대까지 여름의 길이는 약 2달 길어졌고, 봄의 길이는 거의 변하지 않았다.
ㄷ. 아열대 기후 지역 경계가 북상함에 따라 아열대 기후에서 자라는 작물의 재배 가능 지역 또한 북상할 것이다.

15 전선이 발달한 기상 영상

정답률 51% | 정답 ②

| 문제 보기 |

그림은 정체 전선의 영향으로 호우가 발생했던 어느 날 자정에 관측한 우리나라 부근의 기상 위성 영상이다.

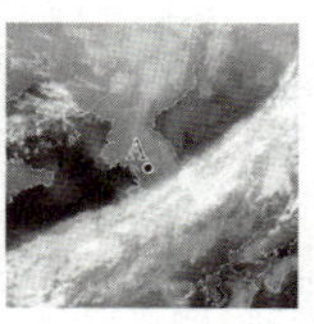

이에 대한 옳은 설명만을 〈보기〉에서 있는 대로 고른 것은?

〈 보 기 〉
ㄱ. 가시광선 영역을 촬영한 영상이다.
ㄴ. A 지역에는 남풍 계열의 바람이 우세하다.
ㄷ. 정체 전선은 북동−남서 방향으로 발달해 있다.

① ㄱ ② ㄷ ③ ㄱ, ㄴ
④ ㄴ, ㄷ ⑤ ㄱ, ㄴ, ㄷ

• 왜 정답일까?

ㄷ. 정체 전선은 찬 기단과 따뜻한 기단의 세력이 비슷하여 전선이 거의 이동하지 않고 한 곳에 오랫동안 머무르는 전선이다. 그림의 정체 전선은 북동−남서 방향으로 발달해 있다.

• 왜 오답일까?

ㄱ. 태양빛이 없는 야간에도 관측이 가능하므로 적외선 영역을 촬영한 영상이다.
ㄴ. A 지역은 정체 전선의 북쪽에 위치하므로 북풍 계열의 바람이 우세하다.

16 연안 용승

정답률 70% | 정답 ④

| 문제 보기 |

그림은 우리나라에서 연안 용승이 발생한 A 해역의 위치와 3일간의 표층 수온 변화를 나타낸 것이다.

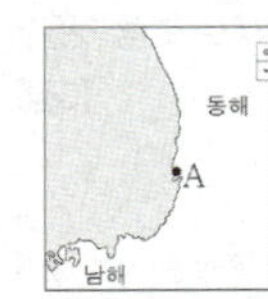

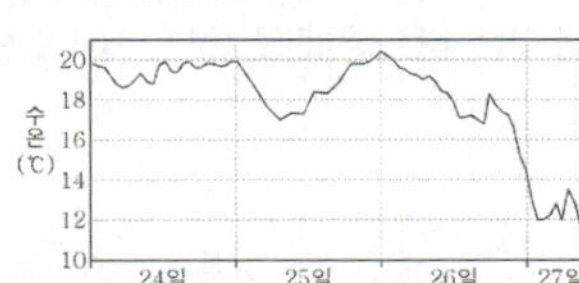

A 해역에 대한 옳은 설명만을 〈보기〉에서 있는 대로 고른 것은? [3점]

〈 보 기 〉
ㄱ. 연안 용승은 24일보다 26일에 활발하였다.
ㄴ. 연안 용승이 일어나는 기간에는 북풍 계열의 바람이 우세하였다.
ㄷ. 표층 해수의 용존 산소량은 24일보다 26일에 대체로 높았을 것이다.

① ㄱ ② ㄷ ③ ㄱ, ㄴ
④ ㄱ, ㄷ ⑤ ㄴ, ㄷ

• 왜 정답일까?

ㄱ. 연안 용승이 활발해지면 표층 수온이 낮아진다. 따라서 26일에 연안 용승이 활발하게 일어났다.
ㄷ. 용존 산소량은 표층 수온이 낮은 26일이 24일보다 높았다.

• 왜 오답일까?

ㄴ. A 해역에서 연안 용승이 일어나려면 남풍 계열의 바람이 지속적으로 불어야 한다.

17 해수의 위도별 층상 구조

정답률 66% | 정답 ④

| 문제 보기 |

그림은 해수의 위도별 층상 구조를 나타낸 것이다. A, B, C는 각각 혼합층, 수온 약층, 심해층 중 하나이다.

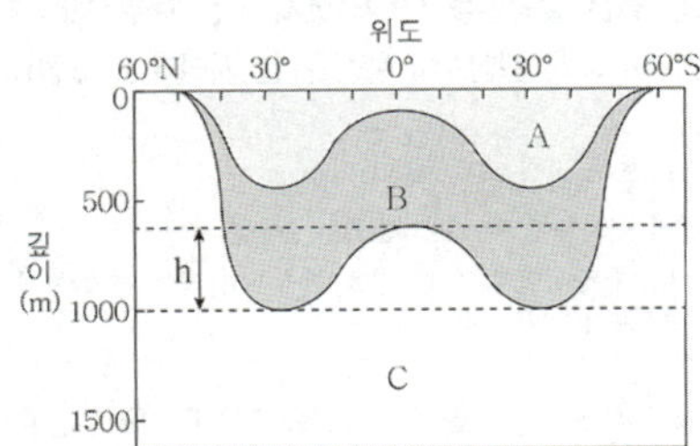

[문제편 p.019]

이에 대한 옳은 설명만을 <보기>에서 있는 대로 고른 것은?

< 보 기 >
ㄱ. 적도 지역은 30°N 지역보다 바람이 강하게 분다.
ㄴ. B층은 A층과 C층 사이의 물질 교환을 억제하는 역할을 한다.
ㄷ. 구간 h에서 깊이에 따른 수온 변화율은 30°N 지역이 적도 지역보다 크다.

① ㄱ ② ㄴ ③ ㄱ, ㄷ
④ ㄴ, ㄷ ⑤ ㄱ, ㄴ, ㄷ

• 왜 정답일까?

ㄴ. 수온 약층(B)은 상 · 하층간의 온도 차가 커서 안정하므로 혼합층(A)과 심해층(C) 사이의 물질과 에너지 교환을 억제한다.
ㄷ. 구간 h는 30 ° N 지역에서 수온 약층이고, 적도 지역에서 심해층이다. 심해층은 깊이에 따른 수온 변화가 거의 없으므로 깊이에 따른 수온 변화율은 30 ° N 지역이 적도 지역보다 크다.

• 왜 오답일까?

ㄱ. 수온 약층은 바람이 강한 지역에서 대체로 두껍다.

18 태풍의 이동과 날씨 변화

정답률 58% | 정답 ②

| 문제 보기 |

그림 (가)는 어느 해 9월 6일 15시부터 8일 09시까지 태풍이 이동한 경로를, (나)는 이 기간 동안 서울에서 관측한 기압과 풍속의 변화를 나타낸 것이다.

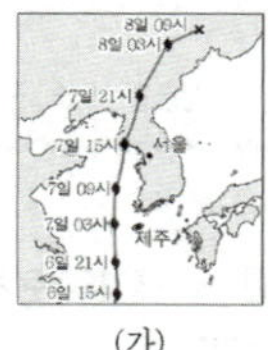

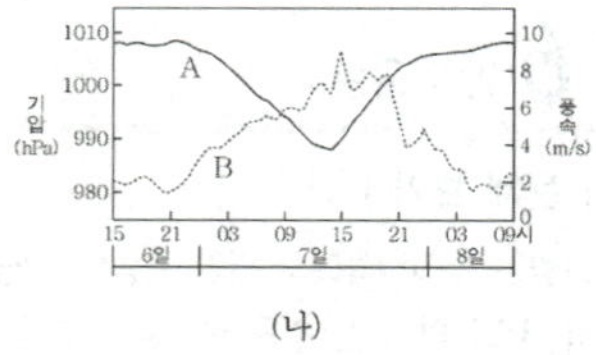

(가) (나)

이에 대한 옳은 설명만을 <보기>에서 있는 대로 고른 것은? [3점]

< 보 기 >
ㄱ. A는 풍속, B는 기압이다.
ㄴ. 6일 21시부터 7일 09시까지 제주에서의 풍향은 시계 방향으로 변하였다.
ㄷ. 7일 15시에 서울은 태풍의 눈에 위치하였다.

① ㄱ ② ㄴ ③ ㄱ, ㄷ
④ ㄴ, ㄷ ⑤ ㄱ, ㄴ, ㄷ

• 왜 정답일까?

ㄴ. 제주는 태풍 이동 경로의 오른쪽에 위치하였으므로 태풍이 통과하는 동안 풍향이 시계 방향으로 변하였다.

• 왜 오답일까?

ㄱ. 태풍이 접근할 때 기압은 낮아지고 풍속은 증가한다.
ㄷ. 서울은 7일 15시에 풍속이 가장 강했으므로 태풍의 눈에 위치하지 않았다.

19 식 현상과 중심별의 밝기 변화

정답률 48% | 정답 ①

| 문제 보기 |

그림은 외계 행성의 식 현상에 의해 일어나는 중심별의 밝기 변화를 나타낸 것이다.

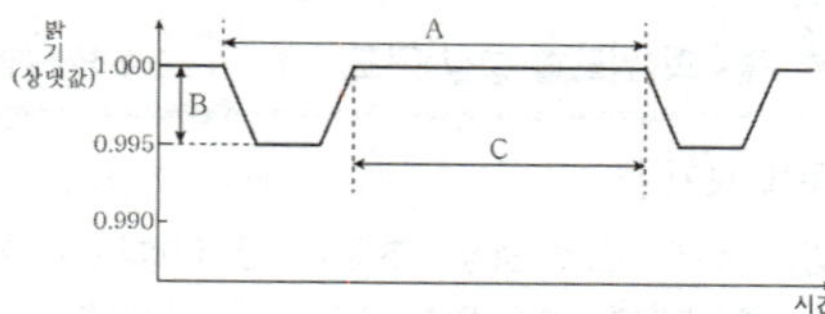

이에 대한 옳은 설명만을 <보기>에서 있는 대로 고른 것은? (단, 이 외계 행성계의 행성은 한 개이다.) [3점]

< 보 기 >
ㄱ. A 기간은 행성의 공전 주기에 해당한다.
ㄴ. 행성의 반지름이 2배가 되면 B는 2배가 된다.
ㄷ. C 기간에 중심별의 스펙트럼을 관측하면 적색 편이가 청색 편이보다 먼저 나타난다.

① ㄱ ② ㄴ ③ ㄷ ④ ㄱ, ㄷ ⑤ ㄴ, ㄷ

• 왜 정답일까?

ㄱ. A 기간은 식 현상이 반복되는 시간이므로 행성의 공전 주기에 해당한다.

• 왜 오답일까?

ㄴ. 행성의 반지름이 2배가 되면 행성에 의해 중심별이 가려지는 면적은 4배가 된다.
ㄷ. C 기간에 행성은 관측자로부터 멀어지다가 가까워지고, 중심별은 가까워지다가 멀어진다. 따라서 C 기간에는 청색 편이가 적색 편이보다 먼저 나타난다.

20 급팽창 우주론

정답률 69% | 정답 ⑤

| 문제 보기 |

그림은 급팽창 우주론에 따른 우주의 크기 변화를 우주의 지평선과 함께 나타낸 것이다.

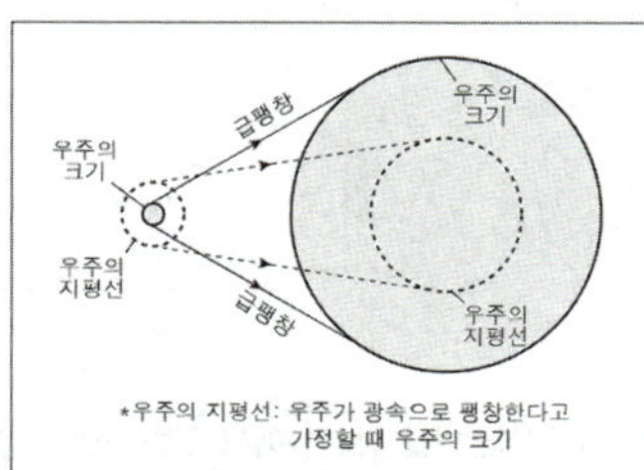

급팽창 우주론에 대한 옳은 설명만을 <보기>에서 있는 대로 고른 것은? [3점]

< 보 기 >
ㄱ. 급팽창이 일어날 때 우주는 빛보다 빠른 속도로 팽창하였다.
ㄴ. 급팽창 전에는 우주의 크기가 우주의 지평선보다 작았다.
ㄷ. 우주 배경 복사가 우주의 모든 방향에서 거의 균일하게 관측되는 현상을 설명할 수 있다.

① ㄱ ② ㄴ ③ ㄱ, ㄷ
④ ㄴ, ㄷ ⑤ ㄱ, ㄴ, ㄷ

• 왜 정답일까?

급팽창 전에 우주의 크기는 우주의 지평선보다 작았으므로 상호 작용을 통해 전체적으로 에너지 밀도가 균일해 질 수 있었다. 우주는 급팽창이 일어날 때 빛보다 빠르게 팽창하여 우주의 지평선보다 커졌다.

• 고3 지구과학 I •

06회 2019학년도 3월

01 ⑤	02 ②	03 ④	04 ②	05 ②
06 ④	07 ②	08 ②	09 ③	10 ③
11 ⑤	12 ③	13 ②	14 ⑤	15 ②
16 ④	17 ④	18 ①	19 ③	20 ①

채점 결과
• 실제 걸린 시간 : 분 초
• 맞은 문항수 : 개
• 틀린 문항수 : 개
• 헷갈린 문항 :

01 생명체의 번성

정답률 85% | 정답 ⑤

| 문제 보기 |

다음은 세 학생 A, B, C가 지구에 생명체가 번성할 수 있는 이유에 대해 나눈 대화이다.

제시한 내용이 옳은 학생만을 있는 대로 고른 것은?

① A ② B ③ A, C
④ B, C ⑤ A, B, C

• 왜 정답일까?

지구는 생명 가능 지대에 위치하고 있으며, 중심별인 태양의 수명은 생명체가 탄생하고 진화하기에 충분하였다.

02 판의 경계

정답률 71% | 정답 ②

| 문제 보기 |

그림은 두 해양판 A, B의 경계와 화산 분포를 최근 20년간 발생한 규모 5.0 이상인 지진의 진앙 분포와 함께 나타낸 것이다.

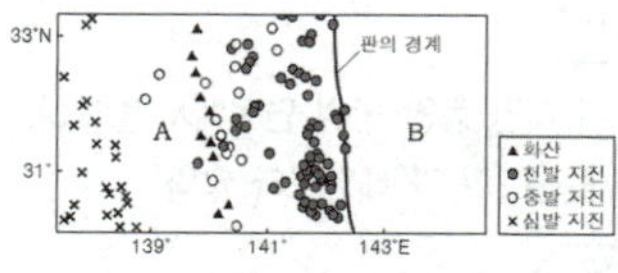

이에 대한 설명으로 옳은 것만을 <보기>에서 있는 대로 고른 것은? [3점]

< 보 기 >
ㄱ. 판의 경계는 맨틀 대류의 상승부에 위치한다.
ㄴ. A의 화산 하부에서는 물에 의해 암석의 용융점이 하강하여 마그마가 생성될 수 있다.
ㄷ. 판의 밀도는 B보다 A가 크다.

① ㄱ ② ㄴ ③ ㄷ
④ ㄱ, ㄴ ⑤ ㄴ, ㄷ

• 왜 정답일까?

ㄴ. A의 화산 하부에 베니오프대가 위치하므로 물에 의해 암석의 용융점이 하강하여 마그마가 생성될 수 있다.

• 왜 오답일까?

ㄱ. 판의 경계에서 서쪽으로 갈수록 진원 깊이가 깊어지므로 B가 A 아래로 섭입하는 수렴형 경계이며, 이 판의 경계는 맨틀 대류의 하강부에 위치한다.
ㄷ. 두 해양판이 수렴할 때 밀도가 큰 판이 밀도가 작은 판 아래로 섭입하므로 판의 밀도는 A보다 B가 크다.

[문제편 p.020]

03 지질 구조

정답률 78% | 정답 ④

| 문제 보기 |

그림 (가)와 (나)는 서로 다른 지질 구조의 수직 단면을 나타낸 것이다.

(가) 단층

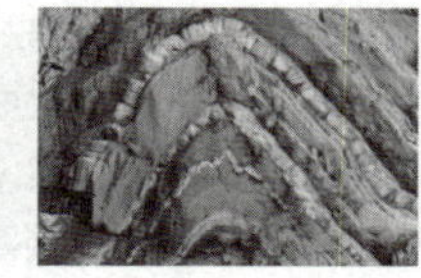
(나) 습곡

이에 대한 설명으로 옳은 것만을 <보기>에서 있는 대로 고른 것은?

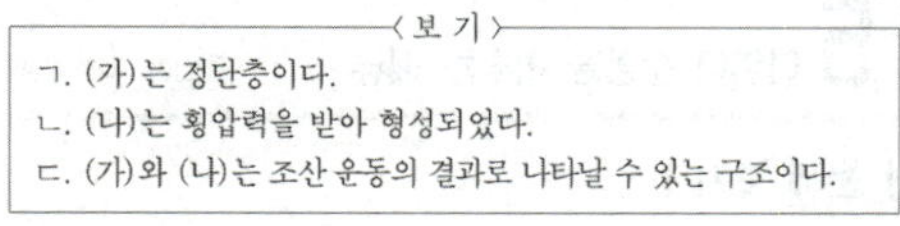
<보기>
ㄱ. (가)는 정단층이다.
ㄴ. (나)는 횡압력을 받아 형성되었다.
ㄷ. (가)와 (나)는 조산 운동의 결과로 나타날 수 있는 구조이다.

① ㄱ ② ㄷ ③ ㄱ, ㄴ ④ ㄴ, ㄷ ⑤ ㄱ, ㄴ, ㄷ

• 왜 정답일까?

ㄴ. 습곡은 횡압력을 받아 형성된다.
ㄷ. 역단층과 습곡은 모두 횡압력을 받을 때 형성되는 지질 구조이므로 조산 운동의 결과로 나타날 수 있다.

• 왜 오답일까?

ㄱ. (가)는 상반이 위로 올라간 역단층이다.

04 지구의 기후 변화 자료 해석

정답률 57% | 정답 ②

| 문제 보기 |

그림 (가)와 (나)는 남극의 빙하 연구를 통해 알아낸 과거 42만 년 동안의 대기 중 CO_2 농도와 기온 편차를, (다)는 해양 생물의 껍질에서 측정한 이 기간 동안의 산소 동위 원소 비를 나타낸 것이다.

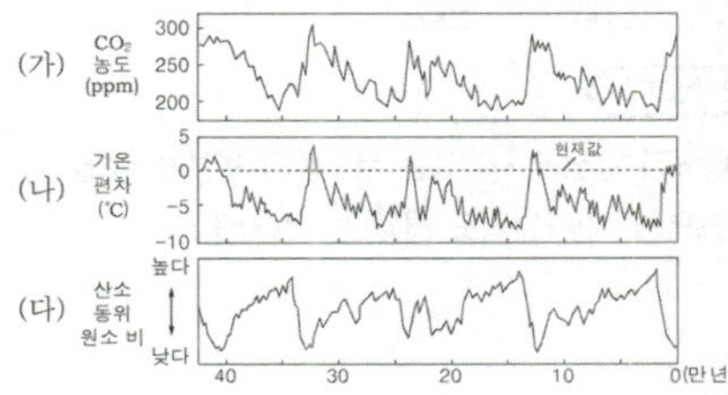

이에 대한 설명으로 옳은 것만을 <보기>에서 있는 대로 고른 것은? [3점]

<보기>
ㄱ. 이 기간 동안에 대기 중의 CO_2 평균 농도는 현재보다 높다.
ㄴ. 35만 년 전에 빙하의 면적은 현재보다 넓었다.
ㄷ. 해양 생물의 산소 동위 원소 비는 간빙기가 빙하기보다 높았다.

① ㄱ ② ㄴ ③ ㄱ, ㄷ ④ ㄴ, ㄷ ⑤ ㄱ, ㄴ, ㄷ

• 왜 정답일까?

ㄴ. 현재보다 기온이 낮았던 35만 년 전에는 빙하의 면적이 현재보다 넓었다.

• 왜 오답일까?

ㄱ. 과거 42만 년 동안의 대기 중 CO_2의 평균 농도 보다 현재 대기 중 CO_2의 농도가 높다.
ㄷ. 지구의 기온이 높은 기간에는 낮은 기간에 비해 해양 생물 껍질에서 측정한 산소 동위 원소의 비가 낮았다.

05 엘니뇨현상

정답률 85% | 정답 ②

| 문제 보기 |

그림은 엘니뇨가 나타나지 않았을 때 태평양 적도 부근 해수의 연직 단면을 나타낸 모식도이다.

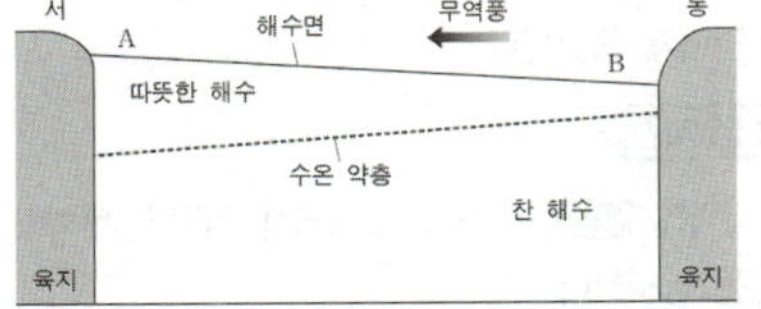

엘니뇨 시기에 일어나는 변화에 대한 설명으로 옳은 것만을 <보기>에서 있는 대로 고른 것은?

<보기>
ㄱ. A 해역의 해수면은 높아진다.
ㄴ. B 해역에서 수온 약층의 깊이가 깊어진다.
ㄷ. 무역풍이 강해진다.

① ㄱ ② ㄴ ③ ㄷ ④ ㄱ, ㄴ ⑤ ㄴ, ㄷ

• 왜 정답일까?

ㄴ. 엘니뇨현상은 무역풍의 약화로 시작되어 남적도해류의 약화에 따라 B 지역에서 용승의 약화로 나타난다. 용승의 약화에 따라 따뜻한 해수층이 두꺼워지면서 수온약층의 깊이가 깊어지게 된다.

• 왜 오답일까?

ㄱ. 엘니뇨 시기에 따뜻한 해수는 적도 반류와 함께 서에서 동으로 이동하므로 A 해역의 해수면은 낮아지게 된다.
ㄷ. 무역풍이 강해지면 라니냐현상이 나타난다. 엘니뇨현상은 무역풍의 약화로 나타나는 현상이다.

06 지구 온난화

정답률 90% | 정답 ④

| 문제 보기 |

그림은 1960년을 기준으로 나타낸 전 세계 빙하의 총 부피 변화량이며, 표는 지표면 상태에 따른 반사율을 나타낸 것이다.

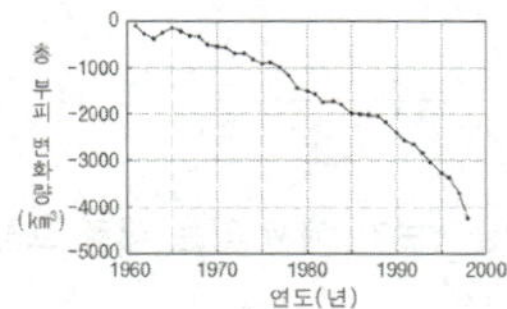

지표면 상태	반사율(%)
삼림	3 ~ 10
물	5 ~ 10
사막	15 ~ 25
얼음	50 ~ 70
신선한 눈	80 ~ 95

이에 대한 해석으로 옳은 것만을 <보기>에서 있는 대로 고른 것은?

<보기>
ㄱ. 빙하의 양은 점차 감소하고 있다.
ㄴ. 극지방의 반사율이 점점 증가했을 것이다.
ㄷ. 해수면이 상승했을 것이다.

① ㄱ ② ㄷ ③ ㄱ, ㄴ ④ ㄱ, ㄷ ⑤ ㄴ, ㄷ

• 왜 정답일까?

ㄱ. 이 기간 동안 빙하의 부피가 점차 줄어들고 있다.
ㄷ. 육지의 빙하가 녹은 물은 바다로 흘러가므로 해수면은 상승하게 된다.

• 왜 오답일까?

ㄴ. 빙하의 부피가 감소하면 반사율이 높은 빙하의 분포 면적이 감소하므로 극지방의 반사율은 감소한다.

07 전선의 특징

정답률 63% | 정답 ②

| 문제 보기 |

그림은 우리나라에 영향을 준 어떤 전선의 6월 29일부터 7월 4일까지의 위치 변화를 나타낸 것이다.

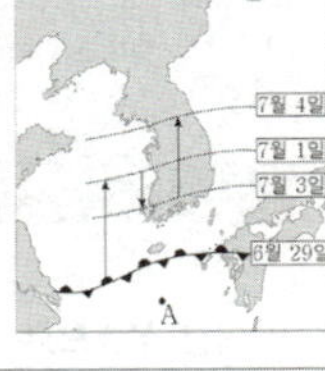

이에 대한 옳은 설명만을 <보기>에서 있는 대로 고른 것은?

<보기>
ㄱ. 이 전선은 폐색 전선이다.
ㄴ. A 지점에 영향을 주는 기단은 고온 다습하다.
ㄷ. 이 기간 동안 한랭한 기단의 세력은 계속 확장되었다.

① ㄱ ② ㄴ ③ ㄱ, ㄷ ④ ㄴ, ㄷ ⑤ ㄱ, ㄴ, ㄷ

• 왜 정답일까?

ㄴ. A 지점에 영향을 주는 기단은 북태평양 기단으로 고온 다습하다.

• 왜 오답일까?

ㄱ. 이 전선은 정체 전선이다.
ㄷ. 이 기간 동안 전선의 위치가 대체로 북상하였으므로 한랭한 기단의 세력은 축소되었다.

08 엘니뇨와 라니냐의 특징

정답률 45% | 정답 ②

| 문제 보기 |

그림 (가)는 동태평양 적도 부근 해역의 수온 편차(관측 수온−평균 수온)를, (나)는 태평양 적도 부근의 두 해역 ㉠, ㉡을 나타낸 것이다.

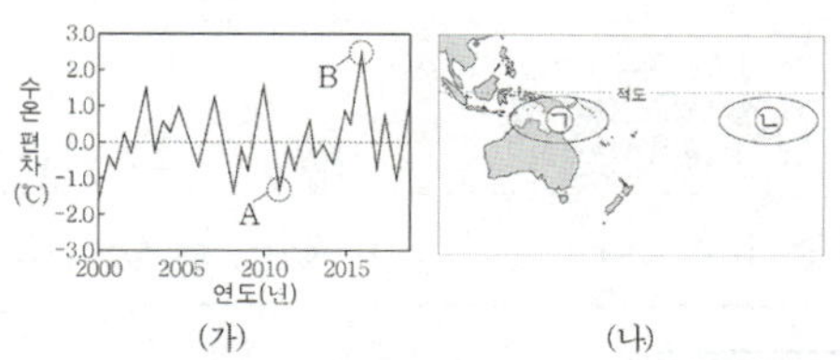

(가) (나)

이에 대한 옳은 설명만을 <보기>에서 있는 대로 고른 것은? [3점]

<보기>
ㄱ. A 시기에 엘니뇨가 나타났다.
ㄴ. B 시기에는 ㉠ 지역의 기압이 평상시보다 높았다.
ㄷ. ㉡ 해역의 해류는 A 시기보다 B 시기에 강했을 것이다.

① ㄱ ② ㄴ ③ ㄱ, ㄷ
④ ㄴ, ㄷ ⑤ ㄱ, ㄴ, ㄷ

• 왜 정답일까?

ㄴ. B는 엘니뇨 시기로 ㉠ 지역에서 하강 기류가 발달하므로 기압은 평상시보다 높아진다.

• 왜 오답일까?

ㄱ. A 시기는 수온 편차가 (−)이므로 동태평양의 관측 수온이 평균 수온보다 낮은 라니냐이다.
ㄷ. ㉡ 해역에 흐르는 남적도 해류는 무역풍이 약해진 B 시기에 약하다.

09 퇴적 구조

정답률 73% | 정답 ③

| 문제 보기 |

그림은 퇴적 구조가 관찰되는 지층의 단면을 나타낸 것이다.

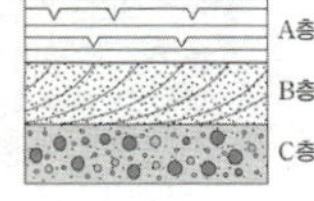

이에 대한 설명으로 옳은 것만을 <보기>에서 있는 대로 고른 것은?

<보기>
ㄱ. A층은 생성되는 동안 건조한 대기에 노출된 시기가 있었다.
ㄴ. B층의 퇴적 구조는 지층의 상하 판단에 이용된다.
ㄷ. C층에서는 점이 층리가 관찰된다.

① ㄱ ② ㄷ ③ ㄱ, ㄴ ④ ㄴ, ㄷ ⑤ ㄱ, ㄴ, ㄷ

• 왜 정답일까?

퇴적 당시의 환경에 따라 다양한 구조적 특징이 나타난다. 점이 층리, 사층리, 연흔, 건열 등은 지층의 역전을 판단하는 좋은 기준이 된다.
ㄱ. A층은 건열을 나타낸 것으로, 생성되는 동안 건조한 대기에 노출된 시기가 있었으며 퇴적층 표면이 갈라진 모습이 관찰된다.
ㄴ. B층은 사층리로, 지층의 상하 판단에 이용된다.

• 왜 오답일까?

ㄷ. C층은 분급이 불량한 상태로 퇴적물이 쌓여 있어서 크기에 따라 퇴적물들이 층을 이루고 있는 점이 층리와는 다른 모습이다.

10 화성암의 특징

정답률 55% | 정답 ③

| 문제 보기 |

그림은 서로 다른 두 종류의 화성암을, 그래프는 이 암석들의 구성 성분비를 나타낸 것이다.

A

B

[문제편 p.021]

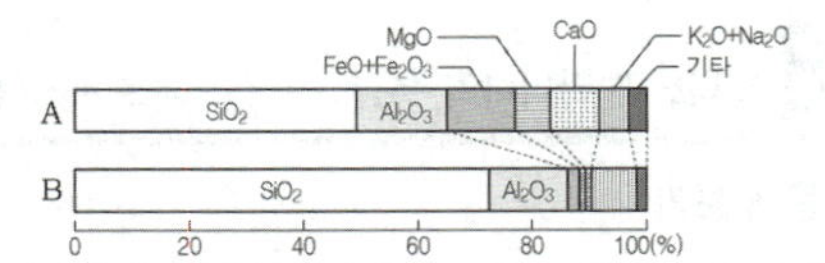

A와 B를 옳게 비교한 것만을 <보기>에서 있는 대로 고른 것은?

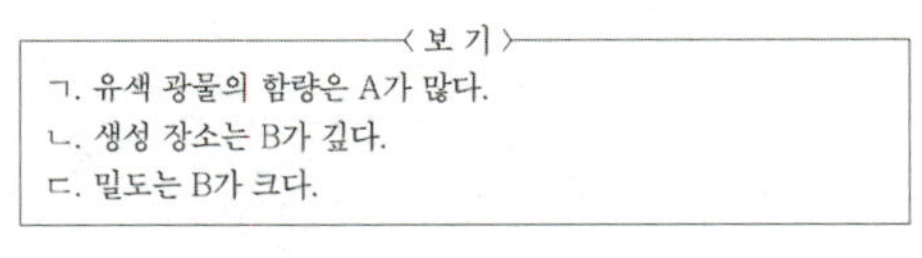
<보 기>
ㄱ. 유색 광물의 함량은 A가 많다.
ㄴ. 생성 장소는 B가 깊다.
ㄷ. 밀도는 B가 크다.

① ㄱ ② ㄷ ③ ㄱ, ㄴ ④ ㄱ, ㄷ ⑤ ㄴ, ㄷ

• 왜 정답일까?

ㄱ. 유색 광물에 많이 포함된 Fe, Mg의 비율이 높은 암석은 A이다.
ㄴ. 조립질의 B가 세립질의 A보다 깊은 곳에서 생성되었다.

• 왜 오답일까?

ㄷ. 유색 광물의 함량이 높은 A의 밀도는 B보다 크다.

11 표층 해수의 특징

정답률 64% | 정답 ⑤

| 문제 보기 |

그림 (가)는 북태평양의 두 해역 A, B의 위치를, (나)는 A－B 구간에서 측정한 표층 해수의 수온과 염분을 나타낸 것이다.

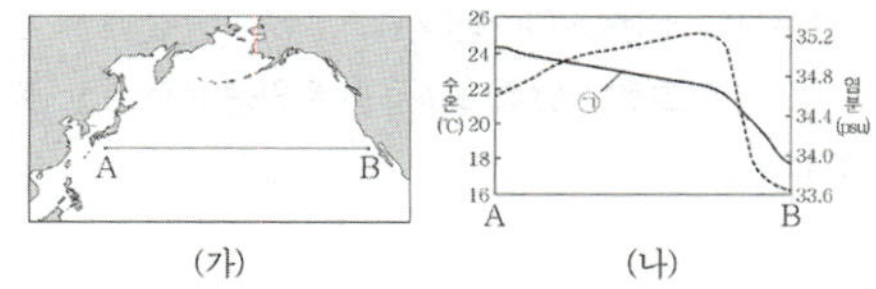

(가) (나)

이에 대한 옳은 설명만을 <보기>에서 있는 대로 고른 것은? [3점]

<보 기>
ㄱ. ㉠은 염분이다.
ㄴ. A에는 저위도에서 고위도로 해류가 흐른다.
ㄷ. 표층 해수의 용존 산소량은 A보다 B에서 많다.

① ㄱ ② ㄴ ③ ㄷ ④ ㄱ, ㄴ ⑤ ㄴ, ㄷ

• 왜 정답일까?

ㄴ. 난류가 흐르는 A에는 저위도에서 고위도로 해류가 흐른다.
ㄷ. 용존 산소량은 수온이 낮을수록 많다.

• 왜 오답일까?

ㄱ. 표층 염분은 육지의 영향으로 대양의 중앙부보다 대륙 주변에서 낮게 나타난다.

12 지자기 북극의 겉보기 이동

정답률 60% | 정답 ③

| 문제 보기 |

그림 (가)는 잔류 자기를 이용하여 과거의 지자기 북극을 찾는 방법을 모식적으로 나타낸 것이고, (나)는 유럽과 북아메리카 대륙에서 측정한 지자기 북극의 겉보기 이동 경로를 나타낸 것이다.

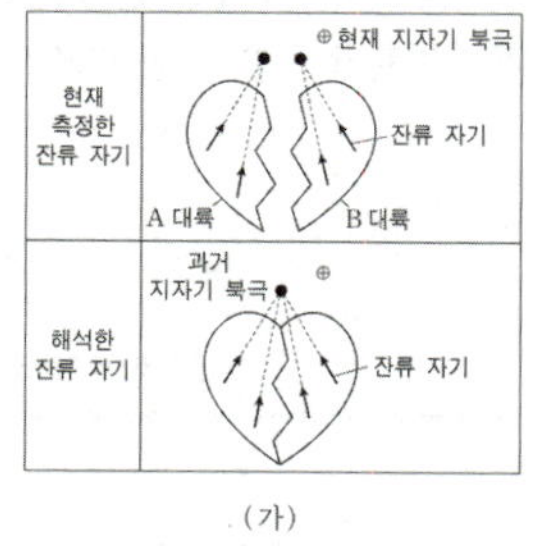

(가)

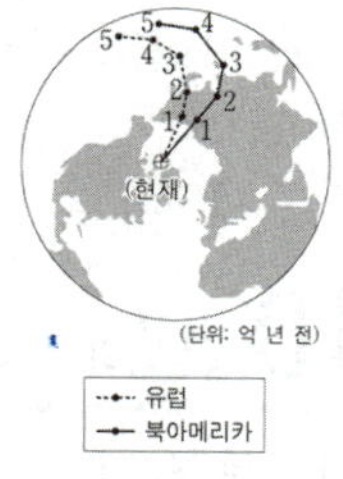

(나)

이에 대한 설명으로 옳은 것만을 <보기>에서 있는 대로 고른 것은? [3점]

<보 기>
ㄱ. 같은 시기에 하나의 대륙에서 형성된 잔류 자기의 방향은 한 점으로 수렴된다.
ㄴ. (가)에서 A와 B 대륙 사이에는 습곡 산맥이 형성된다.
ㄷ. (나)에서 3.5억 년 전 지자기 북극은 하나였다.

① ㄱ ② ㄴ ③ ㄱ, ㄷ
④ ㄴ, ㄷ ⑤ ㄱ, ㄴ, ㄷ

• 왜 정답일까?

한 시기의 지자기 북극은 한 개이므로 서로 다른 대륙에서 측정된 지자기 북극의 겉보기 이동으로 대륙의 이동을 설명할 수 있다.
ㄱ. 같은 시기에 하나의 대륙에서 형성된 잔류 자기의 방향은 그 시기의 지자기극으로 향한다.
ㄷ. 각 시기별로 지자기 북극은 하나이므로 (나)에서 3.5억 년 전에 2개로 떨어져 나타나는 지자기 북극도 하나로 합쳐서 보아야 한다.

• 왜 오답일까?

ㄴ. 과거의 하나였던 대륙이 떨어져서 서로 멀어진 경우이므로 A와 B 대륙 사이에는 열곡이나 해령이 형성된다.

13 태풍의 이동에 따른 변화

정답률 37% | 정답 ②

| 문제 보기 |

그림은 북반구 어느 지점에서 태풍이 통과하는 동안 관측한 기압, 풍속, 풍향을 나타낸 것이다.

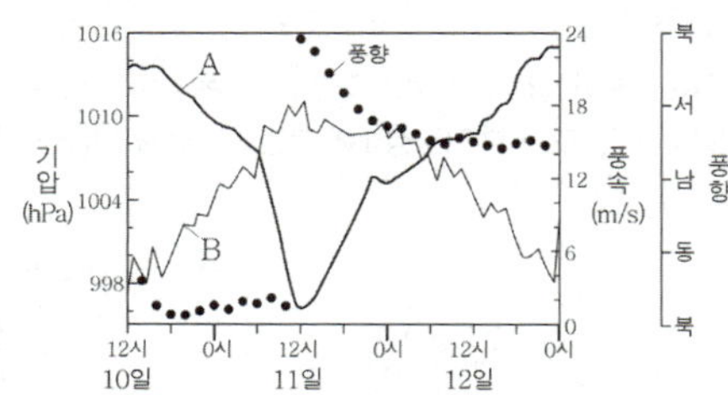

이에 대한 옳은 설명만을 <보기>에서 있는 대로 고른 것은? [3점]

<보 기>
ㄱ. A는 풍속이다.
ㄴ. 이 지점은 안전 반원에 위치하였다.
ㄷ. 11일 12시에 이 지점에는 하강 기류가 우세하였다.

① ㄱ ② ㄴ ③ ㄱ, ㄷ
④ ㄴ, ㄷ ⑤ ㄱ, ㄴ, ㄷ

• 왜 정답일까?

ㄴ. 관측 지점의 풍향이 시계 반대 방향으로 변하였으므로 안전 반원에 위치하였다.

• 왜 오답일까?

ㄷ. 11일 12시에 기압(A)은 가장 낮지만 풍속(B)이 강해 태풍의 눈에 위치하지 않으므로 상승 기류가 우세하다.

14 판의 수렴형 경계

정답률 80% | 정답 ⑤

| 문제 보기 |

그림 (가)와 (나)는 서로 다른 지역에서 판이 수렴하는 모습을 나타낸 것이다.

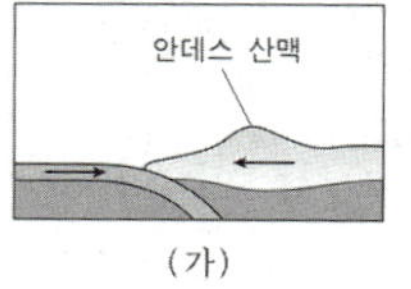

(가)

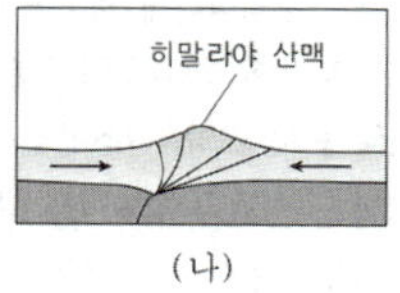

(나)

이에 대한 설명으로 옳은 것만을 <보기>에서 있는 대로 고른 것은?

<보 기>
ㄱ. 판의 섭입은 (가)가 (나)보다 활발하다.
ㄴ. 심발 지진은 (가)가 (나)보다 자주 발생한다.
ㄷ. 안산암질 마그마는 (가)가 (나)보다 많이 생성된다.

① ㄱ ② ㄴ ③ ㄱ, ㄷ
④ ㄴ, ㄷ ⑤ ㄱ, ㄴ, ㄷ

• 왜 정답일까?

ㄱ. (가)는 해양판이 대륙판 아래로 섭입하는 섭입형 수렴 경계를, (나)는 대륙판과 대륙판이 서로 충돌하는 충돌형 수렴 경계를 나타낸다. (가)는 (나)보다 두 판의 밀도차이가 크므로 판의 섭입이 (나)보다 활발하다.
ㄴ. 천발 지진과 심발 지진을 나누는 기준은 진원 깊이 100km 이다. (가)는 판의 섭입이 활발하여 깊이 100km 이하에서도 지진의 발생이 활발한 반면에 (나)는 판의 섭입이 원활하지 못하여 깊이 100km 이하에서 지진이 발생하는 경우가 드물다. 그러므로 심발 지진은 (가)가 (나) 보다 자주 발생한다.
ㄷ. 안산암질 마그마의 생성은 현무암질 마그마가 상승하는 과정에서 화강암질 암석을 녹여서 서로 혼합되는 등의 과정이 필요하다. 따라서 안산암질 마그마가 생성되기에 가장 적합한 위치는 해양판이 대륙판 아래로 섭입되는 곳인 (가)와 같은 곳이다. (나)는 판의 섭입이나 맨틀의 상승 등이 나타나기 어려운 곳으로 마그마의 생성 자체가 힘든 지역이다.

15 아열대 순환을 이루는 해류

정답률 75% | 정답 ②

| 문제 보기 |

그림은 남태평양의 아열대 순환을 나타낸 것이다.

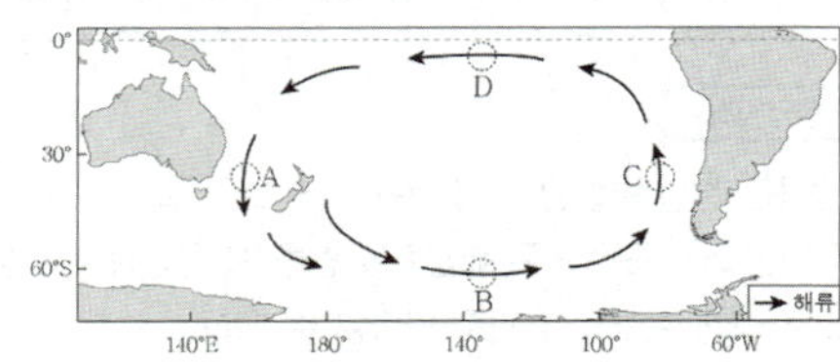

이에 대한 옳은 설명만을 <보기>에서 있는 대로 고른 것은? [3점]

<보 기>
ㄱ. 표층 염분은 A 해역이 C 해역보다 낮다.
ㄴ. 표층 해수의 용존 산소량은 B 해역이 D 해역보다 많다.
ㄷ. 엘니뇨가 발생한 시기에 D 해역의 해류는 강해진다.

① ㄱ ② ㄴ ③ ㄷ
④ ㄱ, ㄴ ⑤ ㄴ, ㄷ

• 왜 정답일까?

ㄴ. 표층 해수의 용존 산소량은 고위도 해역인 B 해역이 저위도 해역인 D 해역보다 많다.

• 왜 오답일까?

ㄷ. 엘니뇨가 발생한 시기에는 무역풍의 세기가 약해지기 때문에 D 해역의 해류(남적도 해류)는 약해진다.

16 정체 전선

정답률 63% | 정답 ④

| 문제 보기 |

그림 (가)는 우리나라 주변의 초여름 일기도이고, (나)는 (가)의 일기도에서 전선면의 모습을 나타낸 모식도이다.

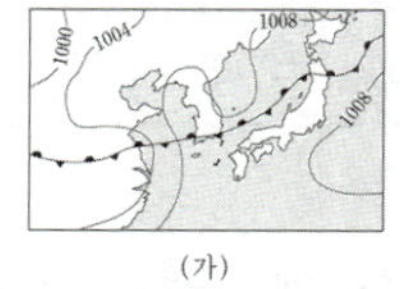

(가)

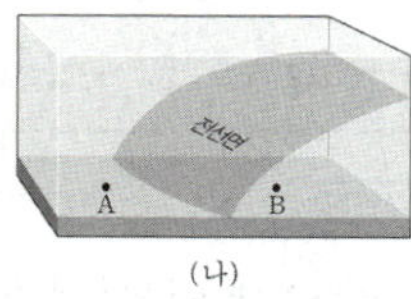

(나)

이 자료에 대한 설명으로 옳은 것만을 <보기>에서 있는 대로 고른 것은? [3점]

<보 기>
ㄱ. A지역보다 B지역에 강수량이 많다.
ㄴ. B지역에 영향을 주는 기단의 세력이 더 커지면 전선은 북상한다.
ㄷ. 강수를 형성하는 수증기는 주로 전선의 남쪽에 위치한 기단에서 공급된다.

① ㄱ ② ㄴ ③ ㄷ ④ ㄱ, ㄷ ⑤ ㄴ, ㄷ

• 왜 정답일까?

ㄱ. (나)는 온난 전선을 나타낸 그림으로 온난 전선은 전선의 앞에서 비가 내린다. 따라서 전선면의 앞인 B에서 강수량이 더 많다.
ㄷ. 강수를 형성하는 수증기는 주로 전선의 남쪽에 위치한 북태평양 기단에서 공급된다.

• 왜 오답일까?

ㄴ. B지역에 영향을 주는 오호츠크해 기단의 세력이 더 커지면 전선은 남하한다.

17 고지자기 북극의 이동 경로

정답률 82% | 정답 ④

| 문제 보기 |

그림 (가)는 북아메리카와 유라시아 대륙에서 측정한 고지자기 북극의 이동 경로를 나타낸 것이고, (나)는 두 대륙에서 측정한 자극의 이동 경로를 일치시켰을 때 나타나는 대륙 분포이다.

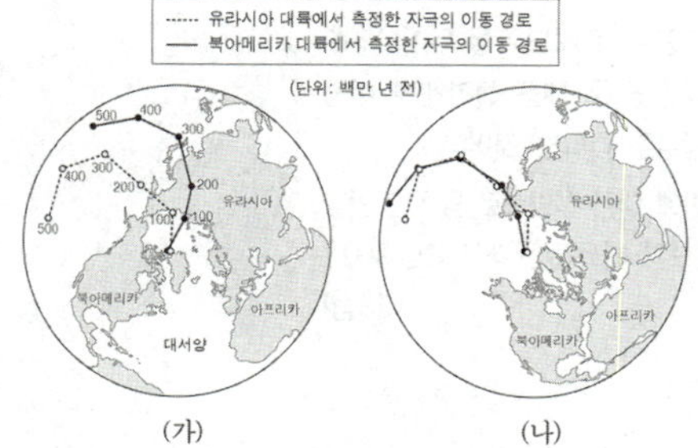

(가) (나)

이에 대한 설명으로 옳은 것만을 <보기>에서 있는 대로 고른 것은?

< 보 기 >

ㄱ. 과거에 두 개의 자기 북극이 존재했다.
ㄴ. 북아메리카 대륙에서 발견되는 습곡 산맥이 유라시아 대륙에 연속적으로 분포할 수 있다.
ㄷ. (가)와 (나)를 통해 대륙이 이동했음을 알 수 있다.

① ㄱ ② ㄴ ③ ㄱ, ㄷ
④ ㄴ, ㄷ ⑤ ㄱ, ㄴ, ㄷ

• 왜 정답일까?

ㄴ. 북아메리카 대륙과 유라시아 대륙은 붙어 있었던 적이 있으므로 두 대륙에서 연속적인 지질 구조가 분포할 수 있다.
ㄷ. 암석의 잔류 자기를 이용한 고지자기 자극 이동 경로 연구를 통해 대륙이 이동했음을 알 수 있다.

• 왜 오답일까?

ㄱ. 현재와 같이 과거에도 자기 북극은 하나였다.

18 기후 변화의 천문학적 요인

정답률 39% | 정답 ①

| 문제 보기 |

그림 (가)는 현재 지구의 공전 궤도와 자전축 경사 방향을, (나)는 10만 년 전부터 현재까지 지구 공전 궤도의 이심률 변화를 나타낸 것이다.

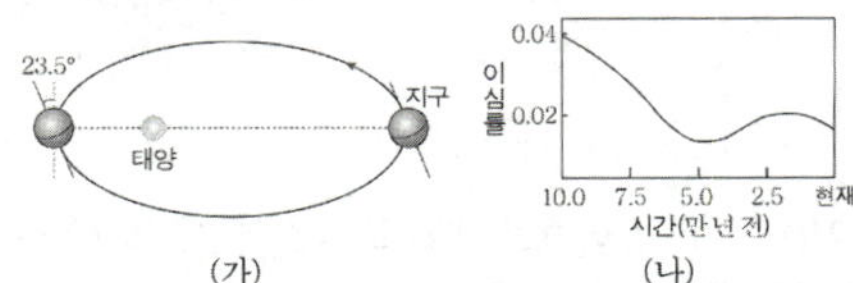

(가) (나)

이에 대한 옳은 설명만을 <보기>에서 있는 대로 고른 것은? (단, 세차 운동의 주기는 26000년이며, 지구 공전 궤도의 이심률과 세차 운동 이외의 요인은 고려하지 않는다.) [3점]

< 보 기 >

ㄱ. 13000년 전 북반구는 근일점에서 여름철이다.
ㄴ. 근일점에서 태양의 시직경은 현재가 10만 년 전보다 크다.
ㄷ. 북반구에서 기온의 연교차는 26000년 전이 52000년 전보다 크다.

① ㄱ ② ㄷ ③ ㄱ, ㄴ
④ ㄴ, ㄷ ⑤ ㄱ, ㄴ, ㄷ

• 왜 정답일까?

ㄱ. 13000년 전 지구의 자전축 방향은 현재와 반대였으므로 근일점에 위치할 때 북반구는 여름철이다.

• 왜 오답일까?

ㄴ. 10만 년 전에 지구의 공전 궤도 이심률은 현재보다 커서 근일점 거리가 더 가까우므로 근일점에서 태양의 시직경은 10만 년 전이 현재보다 크다.
ㄷ. 공전 궤도 이심률은 26000년 전이 52000년 전보다 크므로 북반구에서 기온의 연교차는 26000년 전이 52000년 전보다 작다.

19 별의 진화에 따른 특성

정답률 84% | 정답 ③

| 문제 보기 |

그림 (가)는 태양 정도의 질량을 가진 별의 진화 경로를, (나)는 어떤 별의 내부 구조를 나타낸 것이다.

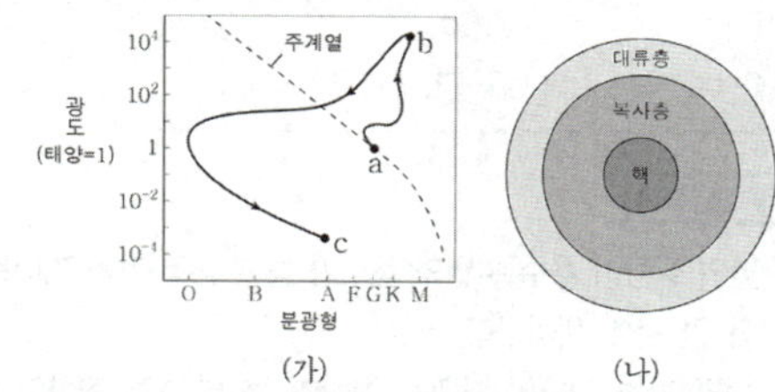

(가) (나)

이에 대한 옳은 설명만을 <보기>에서 있는 대로 고른 것은?

< 보 기 >

ㄱ. 별은 a 단계에서 일생 중 가장 오랜 시간을 보낸다.
ㄴ. 별의 반지름은 a 단계보다 b 단계에서 크다.
ㄷ. (나)는 c 단계에 있는 별의 내부 구조이다.

① ㄱ ② ㄷ ③ ㄱ, ㄴ
④ ㄴ, ㄷ ⑤ ㄱ, ㄴ, ㄷ

• 왜 정답일까?

별이 일생의 대부분을 주계열성으로 보내다가 b 단계에 이르면 표면 온도는 낮아지고 광도가 커지므로 반지름이 커진다. (나)는 주계열성의 내부 구조이다.

20 외계 행성 탐사 방법

정답률 51% | 정답 ①

| 문제 보기 |

그림 (가)와 (나)는 외계 행성을 탐사하는 서로 다른 방법을 나타낸 것이다.

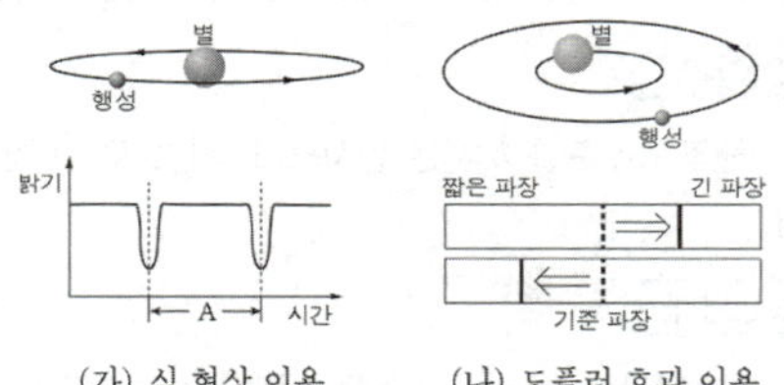

(가) 식 현상 이용 (나) 도플러 효과 이용

이에 대한 설명으로 옳은 것만을 <보기>에서 있는 대로 고른 것은? [3점]

< 보 기 >

ㄱ. (가)에서 A는 행성의 공전 주기와 같다.
ㄴ. (나)에서 별빛의 적색 편이는 별이 지구와 가까워질 때 나타난다.
ㄷ. (가)와 (나)는 행성의 공전 궤도면이 관측자의 시선 방향에 수직일 때 이용할 수 있다.

① ㄱ ② ㄴ ③ ㄱ, ㄴ ④ ㄱ, ㄷ ⑤ ㄴ, ㄷ

• 왜 정답일까?

ㄱ. (가)에서 식 현상에 의한 중심별 밝기의 감소 주기는 행성의 공전 주기와 같다.

• 왜 오답일까?

ㄴ. 별이 지구와 가까워질 때 별빛의 파장은 짧아지므로 청색 편이가 나타난다.
ㄷ. 행성의 공전 궤도면과 관측자의 시선 방향이 수직일 경우 행성에 의한 식 현상과 별빛의 도플러 효과는 관측되지 않는다.

• 고3 지구과학 I •

07회 2018학년도 3월

01 ④	02 ③	03 ①	04 ②	05 ⑤
06 ②	07 ①	08 ①	09 ②	10 ⑤
11 ④	12 ⑤	13 ③	14 ①	15 ④
16 ④	17 ⑤	18 ④	19 ⑤	20 ④

채점 결과
• 실제 걸린 시간 : 분 초
• 맞은 문항수 : 개
• 틀린 문항수 : 개
• 헷갈린 문항 :

01 외계 행성의 특징과 탐사 원리

정답률 82% | 정답 ④

| 문제 보기 |

그림 (가)는 최근까지 발견된 외계 행성의 공전 주기에 따른 개수를, (나)는 이 외계 행성들의 공전 주기와 중심 별의 질량과의 관계를 나타낸 것이다.

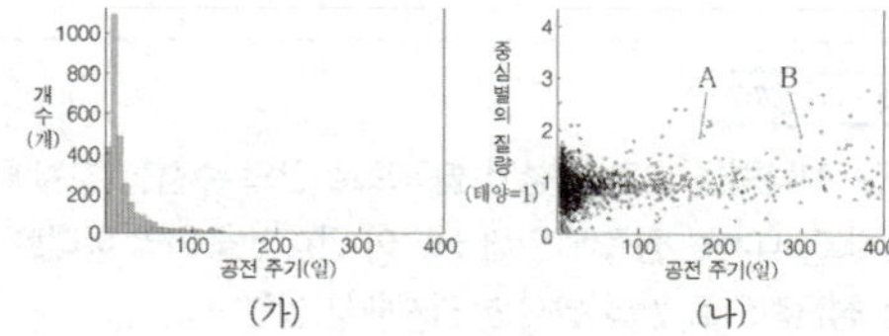

(가) (나)

이 자료에 대한 옳은 설명만을 <보기>에서 있는 대로 고른 것은? (단, A와 B의 공전 궤도면은 관측자의 시선 방향에 나란하다.)

< 보 기 >

ㄱ. 외계 행성은 대부분 지구보다 공전 주기가 길다.
ㄴ. 중심별의 질량은 대부분 태양 질량의 3배를 넘지 않는다.
ㄷ. 행성에 의한 중심별의 밝기 변화가 나타나는 주기는 A가 B보다 짧다.

① ㄱ ② ㄷ ③ ㄱ, ㄴ
④ ㄴ, ㄷ ⑤ ㄱ, ㄴ, ㄷ

• 왜 정답일까?

ㄴ. (나)에서 중심별의 질량은 대부분 태양 질량의 3배보다 작다.
ㄷ. A는 B보다 공전 주기가 짧으므로 식 현상에 의한 밝기 변화가 나타나는 주기가 짧다.

• 왜 오답일까?

ㄱ. (가)에서 외계 행성은 대부분 지구보다 공전 주기가 짧다.

02 지구계의 에너지 평형 상태

정답률 43% | 정답 ③

| 문제 보기 |

그림은 지구에 도달하는 태양 복사 에너지를 100 단위라고 할 때 지구의 열수지를 나타낸 것이다.

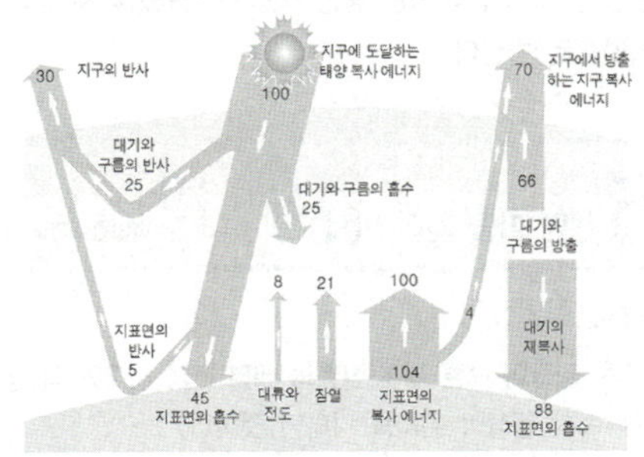

이에 대한 옳은 설명만을 <보기>에서 있는 대로 고른 것은?[3점]

< 보 기 >

ㄱ. 지구의 반사율은 30 %이다.
ㄴ. 물의 상태 변화를 통해 지표에서 방출되는 에너지는 29 단위이다.
ㄷ. 대기가 없다면 지표면의 복사 에너지는 104 단위보다 적을 것이다.

① ㄱ ② ㄴ ③ ㄱ, ㄷ ④ ㄴ, ㄷ ⑤ ㄱ, ㄴ, ㄷ

• 왜 정답일까?

ㄷ. 지표면에서 방출되는 복사 에너지는 대기가 있을 경우 104 단위이지만, 대기가 없을 경우 대기의 재복사 과정이 없으므로 100 단위를 넘을 수 없다.

03 지질 구조

정답률 76% | 정답 ①

| 문제 보기 |

그림 (가)와 (나)는 서로 다른 지질 구조를 나타낸 것이다.

(가) 습곡

(나) 정단층

이에 대한 설명으로 옳은 것만을 <보기>에서 있는 대로 고른 것은?

<보기>
ㄱ. (가)는 횡압력을 받아 형성되었다.
ㄴ. (나)에서는 상반이 단층면을 따라 위로 이동했다.
ㄷ. (가)와 (나)는 모두 판의 수렴형 경계에서 발달하는 지질 구조이다.

① ㄱ ② ㄷ ③ ㄱ, ㄴ ④ ㄱ, ㄷ ⑤ ㄴ, ㄷ

• 왜 정답일까?

(가)는 횡압력을 받아 형성된 습곡으로 판의 수렴형 경계에서 발달하고, (나)는 장력에 의해 상반이 단층면을 따라 아래로 이동한 정단층으로 판의 발산형 경계에서 발달한다.

04 한랭 전선과 온난 전선

정답률 35% | 정답 ②

| 문제 보기 |

그림은 우리나라를 통과하는 어느 온대 저기압에 동반된 한랭 전선과 온난 전선을 물리량에 따라 구분한 것이다.

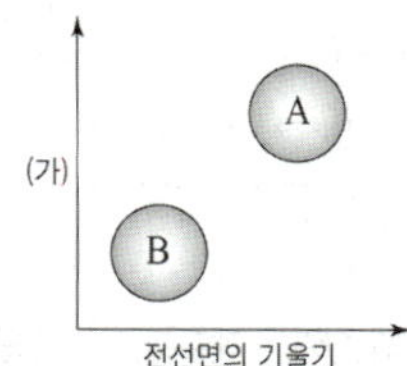

이에 대한 설명으로 옳은 것만을 <보기>에서 있는 대로 고른 것은?

<보기>
ㄱ. 온난 전선은 A이다.
ㄴ. B가 통과하는 동안 풍향은 시계 반대 방향으로 변한다.
ㄷ. (가)에 해당하는 물리량으로 전선의 이동 속도가 있다.

① ㄱ ② ㄷ ③ ㄱ, ㄴ
④ ㄴ, ㄷ ⑤ ㄱ, ㄴ, ㄷ

• 왜 정답일까?

A는 전선면의 기울기가 크고, 이동 속도가 빠른 한랭 전선, B는 전선면의 기울기가 작고, 이동 속도가 느린 온난 전선이다. B(온난 전선)가 통과하는 동안 풍향은 남동풍에서 남서풍(시계 방향)으로 변한다.

05 생명 가능 지대 이해

정답률 87% | 정답 ⑤

| 문제 보기 |

그림은 질량이 다른 세 중심별의 생명 가능 지대와 각 중심별에 속한 행성의 위치를 나타낸 것이다.

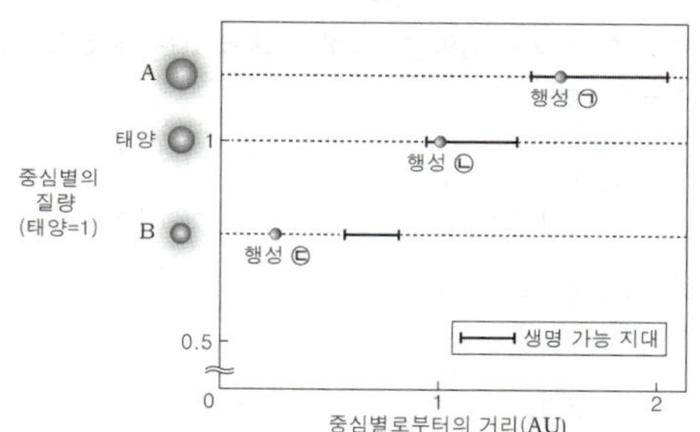

이에 대한 설명으로 옳은 것만을 <보기>에서 있는 대로 고른 것은?

<보기>
ㄱ. 별의 질량이 클수록 생명 가능 지대는 별에서 멀다.
ㄴ. 생명 가능 지대의 범위는 A가 B보다 넓다.
ㄷ. 액체 상태의 물이 존재할 수 있는 행성은 ㉠과 ㉡이다.

① ㄱ ② ㄷ ③ ㄱ, ㄴ
④ ㄴ, ㄷ ⑤ ㄱ, ㄴ, ㄷ

• 왜 정답일까?

ㄱ. 별의 질량이 클수록 별의 온도가 높고 생명 가능 지대는 별로부터 먼 곳에 위치한다.
ㄴ. 생명 가능 지대의 범위는 질량이 큰 별 A가 질량이 작은 별 B보다 넓다.
ㄷ. 생명 가능 지대에 속해 있는 행성 ㉠과 ㉡은 액체 상태의 물이 존재할 수 있다.

06 표층 해류의 흐름

정답률 46% | 정답 ②

| 문제 보기 |

그림은 남반구의 세 해역 A, B, C를 나타낸 것이다.

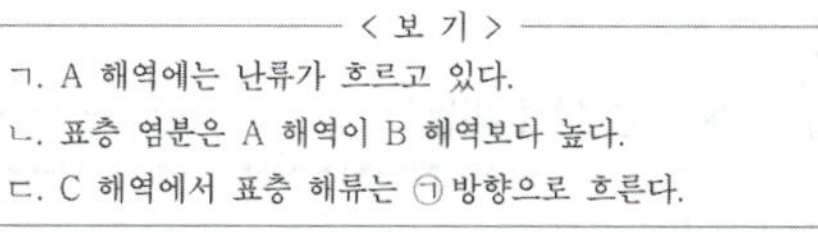

이에 대한 옳은 설명만을 <보기>에서 있는 대로 고른 것은? [3점]

<보기>
ㄱ. A 해역에는 난류가 흐르고 있다.
ㄴ. 표층 염분은 A 해역이 B 해역보다 높다.
ㄷ. C 해역에서 표층 해류는 ㉠ 방향으로 흐른다.

① ㄱ ② ㄷ ③ ㄱ, ㄴ
④ ㄴ, ㄷ ⑤ ㄱ, ㄴ, ㄷ

• 왜 정답일까?

ㄷ. C 해역에서 표층 해류는 편서풍의 영향으로 ㉠ 방향으로 흐른다.

• 왜 오답일까?

ㄱ, ㄴ. A 해역은 한류, B 해역은 난류가 흐르므로 표층 염분은 B 해역이 더 높다.

07 지질 시대의 환경과 생물

정답률 74% | 정답 ①

| 문제 보기 |

그림은 지질 시대 동안 해양 동물과 육상 척추동물 과(科)의 수를 순서 없이 나타낸 것이다.

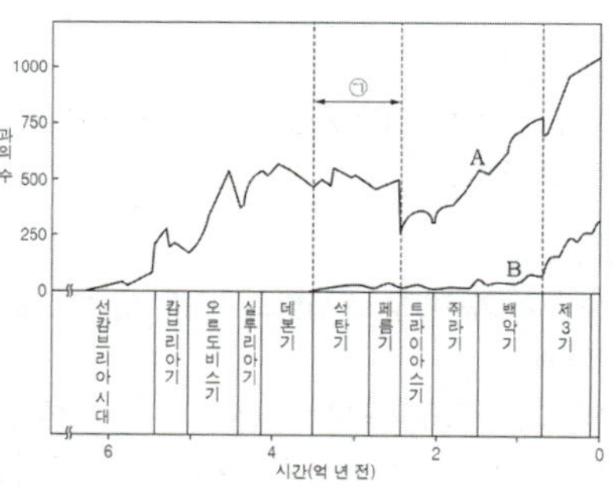

이에 대한 설명으로 옳은 것만을 <보기>에서 있는 대로 고른 것은?

<보기>
ㄱ. A는 해양 동물을 나타낸 것이다.
ㄴ. ㉠ 시기에 번성한 육상 척추동물은 주로 포유류이다.
ㄷ. 백악기 말에 판게아가 형성되었다.

① ㄱ ② ㄴ ③ ㄷ ④ ㄱ, ㄴ ⑤ ㄱ, ㄷ

• 왜 정답일까?

ㄱ. 해양 동물이 육상 척추동물보다 먼저 출현하였으므로 A는 해양 동물을 나타낸 것이다.

• 왜 오답일까?

ㄴ. B는 육상 척추동물을 나타낸 것으로 ㉠시기에 번성한 육상 척추동물은 양서류이고, 포유류가 번성한 시대는 신생대이다.
ㄷ. 판게아가 형성된 시기는 고생대 페름기 말이다.

08 태풍

정답률 65% | 정답 ①

| 문제 보기 |

그림은 2012년 8월 우리나라에 영향을 준 태풍 볼라벤의 이동 경로를 나타낸 것이다.

이에 대한 설명으로 옳은 것만을 <보기>에서 있는 대로 고른 것은? [3점]

<보기>
ㄱ. 태풍이 서해상을 통과하는 동안 우리나라는 위험 반원에 속했다.
ㄴ. 8월 28일 태풍의 영향권에 속할 때, 서울의 풍향은 시간이 경과함에 따라 반시계 방향으로 변했다.
ㄷ. 태풍이 육지에 상륙한 후 중심 기압은 낮아졌다.

① ㄱ ② ㄴ ③ ㄷ ④ ㄱ, ㄷ ⑤ ㄴ, ㄷ

• 왜 정답일까?

ㄱ. 태풍이 서해상을 통과하는 동안에 우리나라는 태풍 진행 경로의 오른쪽에 위치하게 되므로 풍속이 강한 위험 반원에 속한다.

• 왜 오답일까?

ㄴ. 태풍 진행 방향의 오른쪽에 위치한 지역에서는 태풍이 진행함에 따라 태풍 중심을 향해 등압선을 가로질러 불어 들어가는 바람의 방향이 점차 시계 방향으로 변하게 된다.
ㄷ. 태풍이 육지에 상륙하면 그 세력이 약해지므로 중심 기압은 높아진다.

09 판의 경계와 주변 지형 이해

정답률 76% | 정답 ②

| 문제 보기 |

그림은 태평양 주변 판의 경계와 이동 방향을 나타낸 것이다.

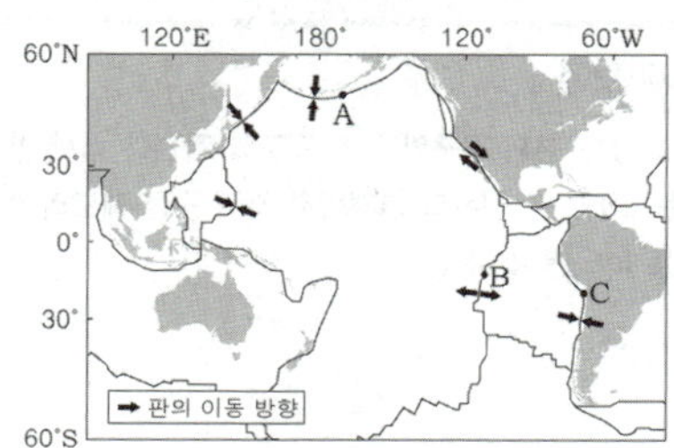

세 지점 A, B, C에 대한 설명으로 옳은 것만을 <보기>에서 있는 대로 고른 것은? [3점]

<보기>
ㄱ. A 부근에는 습곡 산맥이, C 부근에는 호상 열도가 발달한다.
ㄴ. B는 맨틀 대류의 하강부에 위치한다.
ㄷ. B에서 C로 갈수록 해양 지각의 나이가 많아진다.

① ㄱ ② ㄷ ③ ㄱ, ㄴ
④ ㄴ, ㄷ ⑤ ㄱ, ㄴ, ㄷ

• 왜 정답일까?

ㄷ. 해양 지각이 생성되는 B에서 해양 지각이 소멸되는 C로 갈수록 해양 지각의 나이가 많아진다.

• 왜 오답일까?

ㄱ. A 부근에는 호상 열도인 알류산 열도가, C 부근에는 습곡 산맥인 안데스 산맥이 발달해 있다.
ㄴ. B는 발산 경계로 맨틀 대류의 상승부에 위치한다.

10 판 운동에 따른 지각 변동

정답률 66% | 정답 ⑤

| 문제 보기 |

그림은 판의 수렴 경계가 발달한 지역에서 베니오프대의 깊이를 나타낸 것이다.

[문제편 p.025]

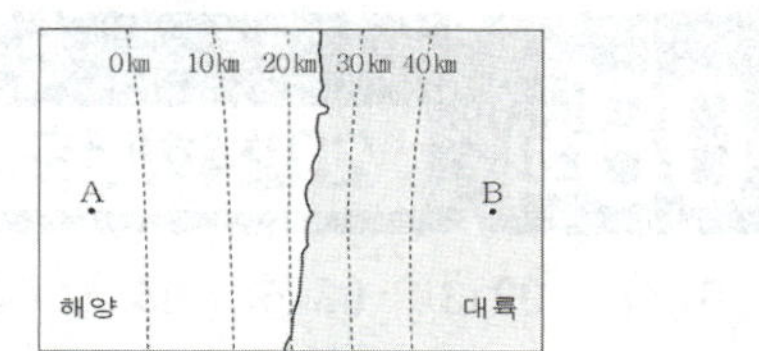

이에 대한 옳은 설명만을 <보기>에서 있는 대로 고른 것은? [3점]

< 보 기 >
ㄱ. A에서 B로 갈수록 진원의 깊이는 대체로 깊어진다.
ㄴ. 판의 밀도는 A가 속한 판이 B가 속한 판보다 크다.
ㄷ. 화산 활동은 A 부근보다 B 부근에서 활발하다.

① ㄱ ② ㄷ ③ ㄱ, ㄴ ④ ㄴ, ㄷ ⑤ ㄱ, ㄴ, ㄷ

• 왜 정답일까?

베니오프대는 해양판이 대륙판 또는 해양판 아래로 비스듬히 섭입하면서 진원이 집중적으로 분포하는 경사면이다.

ㄱ. A에서 B로 갈수록 판이 섭입한 깊이가 깊어지므로 진원의 깊이도 깊어진다.

ㄴ. A가 속한 판이 B가 속한 판의 아래로 섭입하므로 밀도가 더 크다.

ㄷ. 섭입 과정에서 만들어진 마그마에 의한 화산 활동은 B 부근에서 활발하다.

11 생명 가능 지대의 특징

정답률 61% | 정답 ④

| 문제 보기 |

표는 외계 행성계 X, Y의 중심별에서 생명 가능 지대의 안쪽 경계까지의 거리를 나타낸 것이다.

행성계	거리(AU)
X	0.4
Y	1.5

X보다 Y가 더 큰 값을 가지는 것만을 <보기>에서 있는 대로 고른 것은? (단, 중심별은 모두 주계열성이다.)

< 보 기 >
ㄱ. 중심별의 수명 ㄴ. 중심별의 질량
ㄷ. 생명 가능 지대의 폭

① ㄱ ② ㄷ ③ ㄱ, ㄴ ④ ㄴ, ㄷ ⑤ ㄱ, ㄴ, ㄷ

• 왜 정답일까?

ㄴ, ㄷ. 주계열성의 질량이 클수록 생명 가능 지대까지의 거리가 멀고 폭이 넓어진다.

• 왜 오답일까?

ㄱ. 주계열성인 중심별의 질량이 클 때 별의 중심에서 연료 소모율이 커서 광도가 크고 수명이 짧다.

12 심층 순환 및 용존 산소

정답률 51% | 정답 ⑤

| 문제 보기 |

그림 (가)는 대서양의 심층 순환을, (나)는 북대서양 어느 지점의 수심에 따른 용존 산소의 농도를 나타낸 것이다.

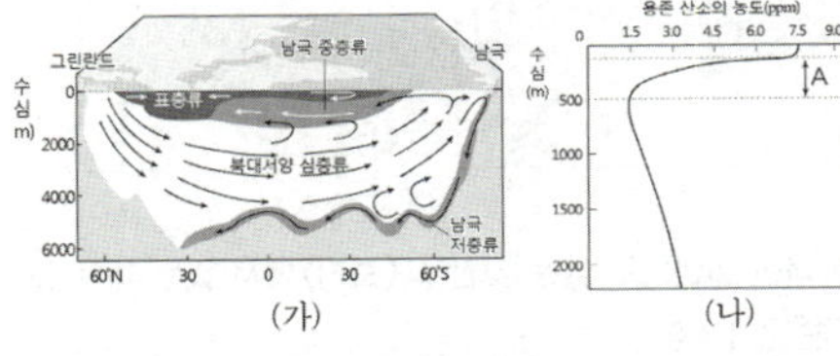

(가) (나)

이에 대한 설명으로 옳은 것만을 <보기>에서 있는 대로 고른 것은?

<보 기>
ㄱ. 남극 저층류는 북대서양 심층류보다 밀도가 크다.
ㄴ. 해수의 심층 순환은 표층 순환과 연결되어 열에너지를 수송하는 역할을 한다.
ㄷ. A에서 용존 산소의 농도가 감소하는 것은 생물의 호흡 및 분해 활동과 관련 있다.

① ㄴ ② ㄷ ③ ㄱ, ㄴ
④ ㄱ, ㄷ ⑤ ㄱ, ㄴ, ㄷ

• 왜 정답일까?

대서양의 심층 순환에서 남극 저층류는 밀도가 가장 큰 해류이다. 심층 순환은 표층 순환과 연결되어 해수의 대순환을 이루므로 열에너지를 수송하는 역할을 하여 저위도와 고위도 사이의 열수지 불균형을 해소시켜준다. A에서는 생물의 호흡 및 분해 활동이 활발하게 일어나 용존 산소의 농도가 감소한다.

13 지구 자전축 기울기 변화와 기후 변화

정답률 57% | 정답 ③

| 문제 보기 |

그림은 지구 자전축의 기울기가 다른 두 시기 A, B에 하짓날 태양의 남중 고도가 90°인 위도를 나타낸 것이다.

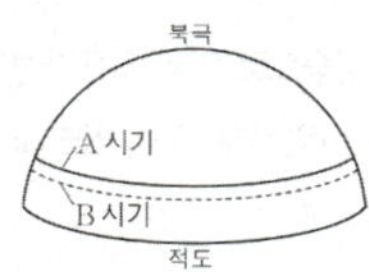

B시기보다 A시기에 큰 값만을 <보기>에서 있는 대로 고른 것은? (단, 지구 자전축의 기울기 변화 이외의 요인은 변하지 않는다고 가정한다.) [3점]

< 보 기 >
ㄱ. 지구 자전축의 기울기
ㄴ. 우리나라에서 기온의 연교차
ㄷ. 지구 전체에 1년 동안 입사하는 태양 에너지의 양

① ㄱ ② ㄴ ③ ㄱ, ㄴ ④ ㄱ, ㄷ ⑤ ㄴ, ㄷ

• 왜 정답일까?

ㄱ. 지구 자전축의 기울기가 클수록 하짓날 남중 고도가 90°인 위도는 더 고위도에 위치한다.

ㄴ. 지구 자전축의 기울기가 변하면 각 위도에서 받는 일사량이 변하므로 기후 변화가 생긴다. 지구 자전축 경사각이 커질수록 기온의 연교차가 커진다.

• 왜 오답일까?

ㄷ. 지구와 태양 사이의 거리 변화는 없기 때문에 지구 전체에 1년 동안 입사하는 태양 에너지의 양에는 변화가 없다.

14 온대 저기압의 이동과 날씨 변화

정답률 50% | 정답 ①

| 문제 보기 |

그림 (가)는 어느 온대 저기압 중심의 이동 경로와 관측 지역을, (나)의 A, B, C는 이 온대 저기압 중심이 우리나라를 통과하는 동안 원주와 거제 중 한 지역에서 관측한 풍향과 풍속을 시간 순서에 관계없이 나타낸 것이다.

(가)

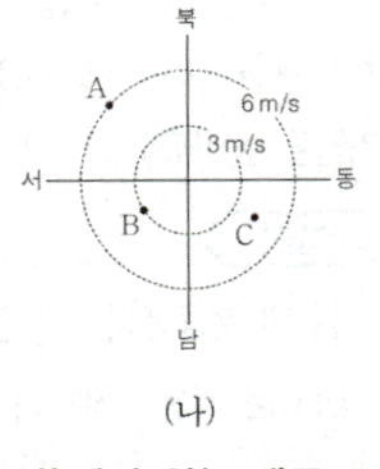

(나)

이에 대한 옳은 설명만을 <보기>에서 있는 대로 고른 것은? [3점]

< 보 기 >
ㄱ. (나)는 거제에서 관측한 결과이다.
ㄴ. 관측 순서는 A→B→C이다.
ㄷ. B와 C가 관측된 시각 사이에 관측 지역에는 소나기가 내렸을 것이다.

① ㄱ ② ㄷ ③ ㄱ, ㄴ
④ ㄴ, ㄷ ⑤ ㄱ, ㄴ, ㄷ

• 왜 정답일까?

ㄱ. 관측 지역은 온대 저기압 중심이 이동한 경로의 남쪽에 위치한다.

• 왜 오답일까?

ㄴ. 거제에서 풍향은 C→B→A(시계 방향)로 변하였다.

ㄷ. 온난 전선이 통과하였으므로 소나기는 내리지 않았다. 우리나라에 온대 저기압이 통과할 때는 온난 전선이 한랭 전선보다 먼저 통과한다. 따라서 주로 기온은 상승하였다가 하강하며, 층운형 구름이 관측된 후 날씨가 맑아졌다가 적운형 구름이 관측된다.

15 화산활동

정답률 78% | 정답 ④

| 문제 보기 |

다음은 백두산 화산 활동에 대한 조선 시대의 기록과 함경도의 경성과 부령의 위치를 나타낸 지도이다.

(가) 1668년 6월 2일, 함경도 경성에 재가 내렸다. 부령에도 같은 날에 재가 내렸다.
(나) 1702년 6월 3일 정오 경, 함경도 부령에 하늘과 땅이 갑자기 캄캄해졌는데, 때로 연기와 불꽃 같은 것이 있었고, 썩은 달걀 냄새가 방에 꽉 찬 것 같았다.

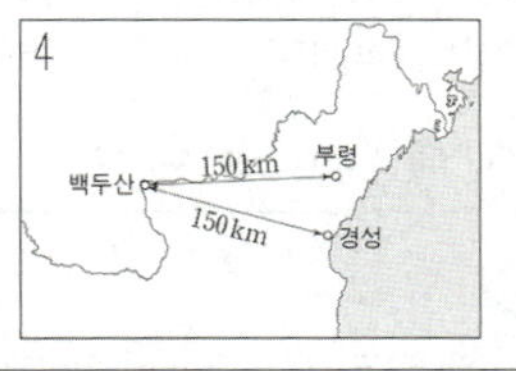

이 기록을 근거로 백두산 화산 활동에 대하여 옳게 추정한 것만을 <보기>에서 있는 대로 고른 것은?

<보 기>
ㄱ. (가)의 화산 활동에 의해 경성과 부령 지역에 현무암이 만들어졌을 것이다.
ㄴ. (나)의 화산 분출물에는 가스가 다량 포함되었을 것이다.
ㄷ. 이 시기의 화산 활동은 폭발성 분출이었을 것이다.

① ㄱ ② ㄷ ③ ㄱ, ㄴ
④ ㄴ, ㄷ ⑤ ㄱ, ㄴ, ㄷ

• 왜 정답일까?

ㄴ, ㄷ. 백두산은 한라산과 달리 폭발성 분출을 가진 화산이다. 그러므로 유문암질 마그마가 분출했으며 다량의 가스와 화산쇄설물들이 있었음을 유추할 수 있다.

• 왜 오답일까?

ㄱ. 현무암은 폭발성 분출의 화산활동에서는 생성될 가능성이 매우 낮다.

16 엘니뇨와 라니냐

정답률 49% | 정답 ④

| 문제 보기 |

그림 (가)는 동태평양 적도 해역의 해수면 온도 편차(관측값 – 평년값)를, (나)는 (가)의 A, B 중 어느 시기에 나타날 수 있는 기후를 나타낸 것이다.

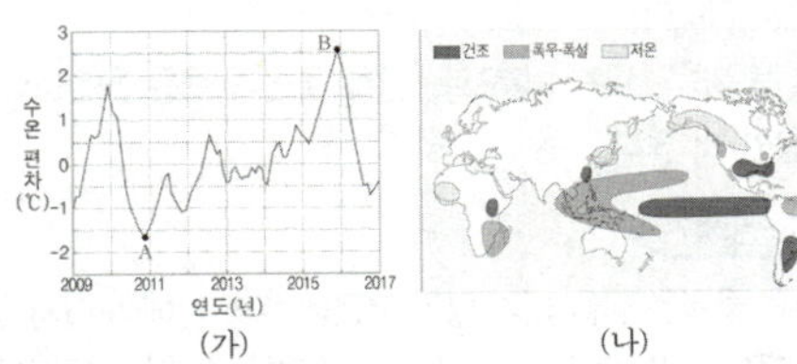

(가) (나)

이에 대한 옳은 설명만을 <보기>에서 있는 대로 고른 것은?

< 보 기 >
ㄱ. A 시기에 엘니뇨가 나타났다.
ㄴ. 무역풍의 세기는 B 시기보다 A 시기에 강하다.
ㄷ. (나)는 A 시기에 나타날 수 있다.

① ㄱ ② ㄷ ③ ㄱ, ㄴ
④ ㄴ, ㄷ ⑤ ㄱ, ㄴ, ㄷ

• 왜 정답일까?

ㄴ. 무역풍이 약해진 시기에 엘니뇨가 발생한다.

ㄷ. 동태평양 적도 부근 해역이 건조하고, 서태평양 적도 부근 해역에 폭우가 발생하는 때는 라니냐 시기이다.

• 왜 오답일까?

ㄱ. 동태평양 적도 해역의 수온이 평년보다 낮은 A는 라니냐, 높은 B는 엘니뇨 시기이다.

[문제편 p.027]

17 해류와 열대 저기압의 성질

정답률 73% | 정답 ⑤

| 문제 보기 |

그림은 태평양에서 해수의 표층 순환과 대기 대순환에 의한 바람의 방향을 나타낸 것이다.

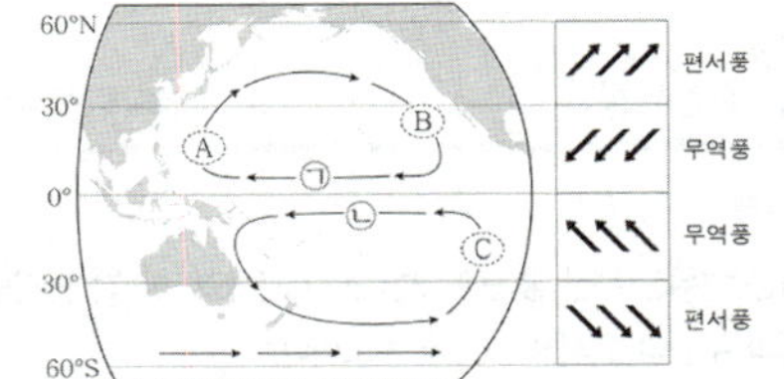

이에 대한 옳은 설명만을 <보기>에서 있는 대로 고른 것은? [3점]

< 보 기 >

ㄱ. 해류 ㉠, ㉡은 모두 무역풍의 영향으로 형성된다.
ㄴ. A 해역에는 난류가, B 해역에는 한류가 흐른다.
ㄷ. 열대 저기압의 발생 빈도는 A 해역이 C 해역보다 높다.

① ㄱ ② ㄷ ③ ㄱ, ㄴ ④ ㄴ, ㄷ ⑤ ㄱ, ㄴ, ㄷ

• 왜 정답일까?

ㄱ. 해류 ㉠과 ㉡은 모두 $0° \sim 30°$에 위치해 있으므로 무역풍의 영향을 받는다.

ㄴ. A는 북상하는 해류로 난류에 해당하고, B는 남하하는 해류로 한류에 해당한다.

ㄷ. A 해역은 수온이 높아 열대 저기압이 자주 발생하는 곳이고, C 해역은 수온이 낮아 열대 저기압이 거의 발생하지 않는 곳이다.

18 우주의 구성 요소

정답률 66% | 정답 ④

| 문제 보기 |

표는 우주를 구성하는 요소의 상대량을 나타낸 것이다.

구성 요소	상대량(%)
(가)	72
암흑 물질	A
보통 물질	B

이에 대한 설명으로 옳은 것만을 <보기>에서 있는 대로 고른 것은?

< 보 기 >

ㄱ. (가)는 암흑 에너지이다.
ㄴ. A는 B보다 크다.
ㄷ. 암흑 물질은 우주를 가속 팽창시키는 원인이 된다.

① ㄱ ② ㄴ ③ ㄷ ④ ㄱ, ㄴ ⑤ ㄴ, ㄷ

• 왜 정답일까?

ㄱ. 우주를 구성하는 요소 중 가장 많은 비율을 차지하는 것은 암흑 에너지이다.

ㄴ. A는 23, B는 4.6으로, 암흑 물질이 보통 물질보다 그 양이 훨씬 더 많다.

• 왜 오답일까?

ㄷ. 암흑 물질은 빛을 내지 않기 때문에 우리 눈에 보이지 않으며 중력적인 방법으로만 그 존재를 추정할 수 있는 물질이다. 우주가 중력을 가진 물질로만 되어 있다면 우주 자체는 물질들의 중력에 의해 수축되어야 하지만, 우주는 암흑 에너지에 의해 현재 가속 팽창되고 있다.

19 빙하의 면적과 지구의 열수지

정답률 63% | 정답 ⑤

| 문제 보기 |

그림 (가)는 1979년부터 2015년까지 북극 빙하 면적의 변화를, (나)는 지구의 열수지를 나타낸 것이다.

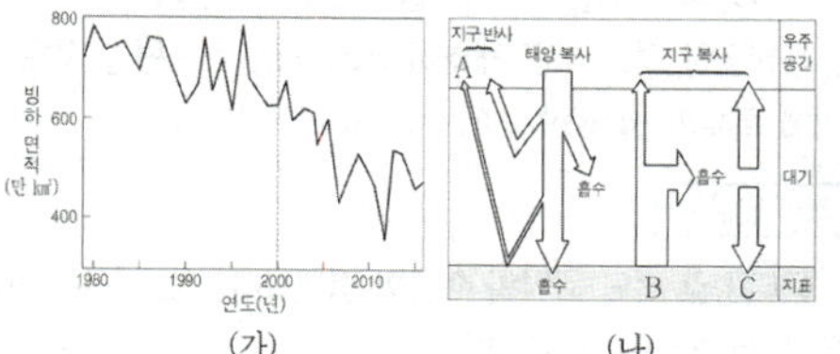

(가) (나)

이 기간에 대한 옳은 설명만을 <보기>에서 있는 대로 고른 것은? [3점]

< 보 기 >

ㄱ. 빙하 면적의 평균 감소율은 2000년 이전보다 이후가 크다.
ㄴ. 북극 지방에서 A에 해당하는 값은 1980년보다 2010년이 작았다.
ㄷ. B와 C에 해당하는 값은 증가하는 추세이다.

① ㄱ ② ㄷ ③ ㄱ, ㄴ
④ ㄴ, ㄷ ⑤ ㄱ, ㄴ, ㄷ

• 왜 정답일까?

ㄱ. 2000년 이전보다 이후에 빙하 면적의 감소를 나타내는 그래프의 평균 기울기가 더 급하다.

ㄴ. 1980년보다 2010년의 북극 빙하 면적이 작으므로 반사율이 작았다.

ㄷ. 북극 지방의 기온 상승으로 인해 지표가 방출하는 에너지(B), 지표가 대기로부터 흡수하는 에너지(C)는 모두 증가한다.

20 태풍

정답률 68% | 정답 ④

| 문제 보기 |

그림 (가)는 2013 년 10 월 태풍 다나스가 대한 해협을 통과하는 동안 시각 T_1, T_2, T_3일 때의 태풍 위치를, (나)는 이 태풍의 영향을 받은 어느 관측소에서 관측한 풍향과 풍속을 나타낸 것이다.

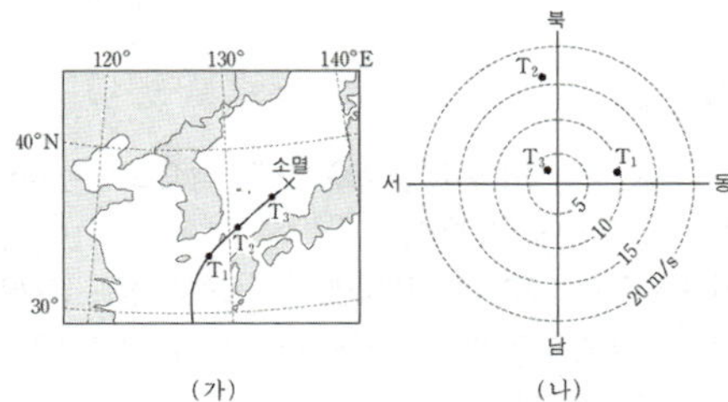

(가) (나)

이에 대한 설명으로 옳은 것만을 <보기>에서 있는 대로 고른 것은? [3점]

< 보 기 >

ㄱ. T_1과 T_3일 때의 두 풍향이 이루는 각은 180°이다.
ㄴ. 관측 지점은 태풍 진행 경로의 왼쪽에 위치한다.
ㄷ. T_3 이후의 태풍 중심 기압은 높아졌다.

① ㄱ ② ㄴ ③ ㄱ, ㄷ
④ ㄴ, ㄷ ⑤ ㄱ, ㄴ, ㄷ

• 왜 정답일까?

ㄴ. $T_1-T_2-T_3$을 지나며 풍향이 반시계 방향으로 변했으므로 관측 지점은 태풍 진행 경로의 왼쪽에 위치하고 있다.

ㄷ. 열대 저기압인 태풍은 중심 기압이 낮을수록 세력이 강해진다. 반대로 중심 기압이 높아질수록 태풍의 세력은 약해지다가 소멸한다. 태풍 다나스는 T_3을 지난 이후로 소멸했으므로 태풍 중심 기압은 높아졌다.

• 왜 오답일까?

ㄱ. T_1일 때 북동풍이, T_3일 때 북서풍이 불었다. 따라서 두 풍향이 이루는 각은 180°가 되지 않는다.

08회

• 고3 지구과학 I •

2024학년도 5월

01 ④	02 ③	03 ⑤	04 ④	05 ⑤
06 ①	07 ②	08 ①	09 ①	10 ④
11 ③	12 ④	13 ⑤	14 ②	15 ②
16 ③	17 ②	18 ③	19 ②	20 ③

채점 결과
- 실제 걸린 시간 : 분 초
- 맞은 문항수 : 개
- 틀린 문항수 : 개
- 헷갈린 문항 :

01 판의 운동과 플룸 구조

정답률 73% | 정답 ④

| 문제 보기 |

그림 (가)는 어느 열점으로부터 생성된 화산섬과 해산의 분포를 절대 연령과 함께 나타낸 것이고, (나)는 X−X′ 구간의 지진파 단층 촬영 영상을 나타낸 것이다.

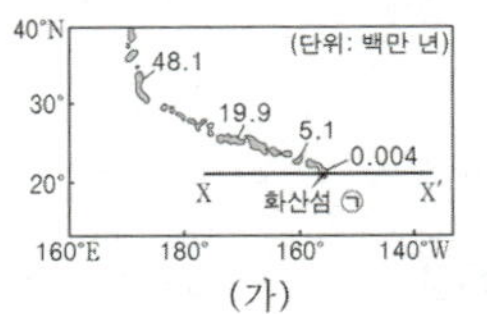

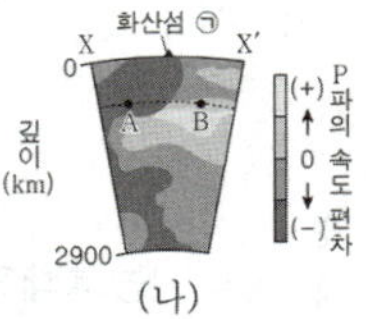

(가) (나)

이에 대한 설명으로 옳은 것만을 <보기>에서 있는 대로 고른 것은?

< 보 기 >

ㄱ. ㉠이 속한 판의 이동 방향은 남동쪽이다.
ㄴ. 지진파의 속도는 A 지점보다 B 지점에서 빠르다.
ㄷ. ㉠은 뜨거운 플룸에 의해 생성되었다.

① ㄱ ② ㄴ ③ ㄱ, ㄷ
④ ㄴ, ㄷ ⑤ ㄱ, ㄴ, ㄷ

• 왜 정답일까?

ㄴ. 지진파의 속도는 P파의 속도 편차가 (−)인 A 지점보다 (+)인 B 지점에서 빠르다.

ㄷ. ㉠은 열점이 나타나는 지역으로 뜨거운 플룸에 의해 생성되었다.

• 왜 오답일까?

ㄱ. 열점으로부터 생성된 화산섬과 해산의 분포 및 절대 연령으로 보아 화산섬 ㉠이 속한 판의 이동 방향은 북서쪽이다.

02 마그마의 생성 과정

정답률 52% | 정답 ③

| 문제 보기 |

그림 (가)는 마그마 분출 지역 A와 B를, (나)는 깊이에 따른 지하 온도 분포와 암석의 용융 곡선을 나타낸 것이다. ㉠과 ㉡은 A와 B의 지하 온도 분포를 순서 없이 나타낸 것이다.

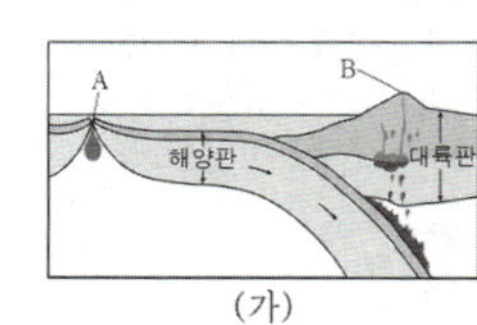

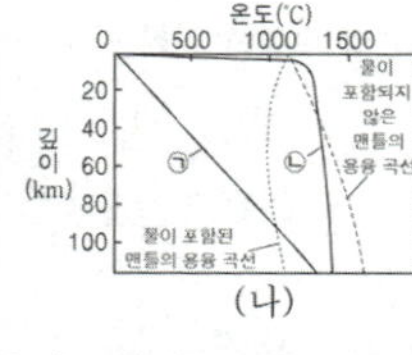

(가) (나)

이에 대한 설명으로 옳은 것만을 <보기>에서 있는 대로 고른 것은? [3점]

< 보 기 >

ㄱ. A에서 마그마가 분출하여 굳으면 주로 현무암이 된다.
ㄴ. 깊이 0~20 km 구간에서 지하의 평균 온도 변화율은 ㉠보다 ㉡이 크다.
ㄷ. ㉡은 B의 지하 온도 분포이다.

① ㄱ ② ㄷ ③ ㄱ, ㄴ
④ ㄴ, ㄷ ⑤ ㄱ, ㄴ, ㄷ

• 왜 정답일까?

ㄱ. A의 하부에서는 맨틀 물질이 용융되어 주로 현무암질 마

[문제편 p.028]

그마가 생성되므로 A에서 마그마가 분출하여 굳으면 주로 현무암이 된다.

ㄴ. 깊이 0 ~ 20 km 구간에서 지하의 평균 온도 변화율은 ㉠이 약 12 ℃/km, ㉡이 약 64 ℃/km이다.

ㄷ. ㉡은 A의 지하 온도 분포이다.

03 퇴적 구조

정답률 89% | 정답 ⑤

| 문제 보기 |

그림은 퇴적 구조 A와 B가 발달한 지층 단면을 나타낸 것이다. A와 B는 각각 건열과 연흔 중 하나이다.

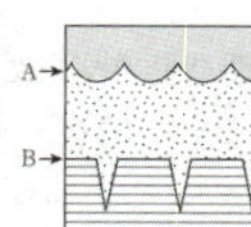

이에 대한 설명으로 옳은 것만을 〈보기〉에서 있는 대로 고른 것은?

〈보 기〉
ㄱ. A는 연흔이다.
ㄴ. B는 주로 건조한 환경에서 형성된다.
ㄷ. A와 B를 통해 지층의 역전 여부를 확인할 수 있다.

① ㄱ ② ㄷ ③ ㄱ, ㄴ
④ ㄴ, ㄷ ⑤ ㄱ, ㄴ, ㄷ

• 왜 정답일까?

ㄱ. A는 연흔, B는 건열이다.

ㄴ. 연흔은 주로 수심이 얕은 물밑에서 형성되고, 건열은 주로 건조한 환경에서 형성된다.

ㄷ. 연흔과 건열의 모습을 통해 지층의 역전 여부를 확인할 수 있다.

04 절대 연령

정답률 87% | 정답 ④

| 문제 보기 |

그림 (가)는 화성암 A, B, C와 퇴적암 D, E가 분포하는 어느 지역의 지질 단면을, (나)는 방사성 동위 원소 X, Y, Z의 붕괴 곡선을 나타낸 것이다. A, B, C에 방사성 원소는 각각 순서대로 X, Y, Z만 존재하고, X, Y, Z의 현재 양은 각각 처음 양의 12.5%, 25%, 50%이다.

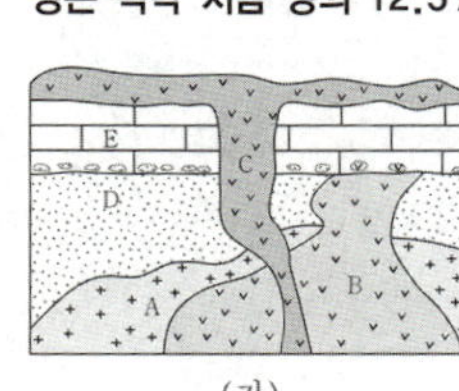

(가)

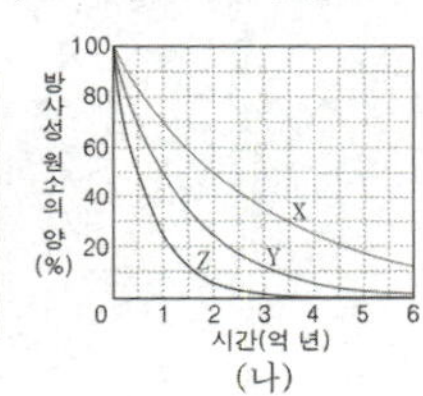

(나)

이에 대한 설명으로 옳은 것은? [3점]

① A의 절대 연령은 2억 년이다.
② 반감기는 Y보다 Z가 길다.
③ B에는 E의 암석 조각이 포획암으로 발견된다.
④ C는 E보다 나중에 생성되었다.
⑤ D는 신생대에 생성되었다.

• 왜 정답일까?

C가 E를 관입하여 분출하였으므로 C는 E보다 나중에 생성되었다.

• 왜 오답일까?

①, ② X, Y, Z의 반감기는 각각 2억 년, 1억 년, 0.5억 년이므로 A, B, C의 절대 연령은 각각 6억 년, 2억 년, 0.5억 년이다.

③ E가 B보다 나중에 생성되었으므로 B에는 E의 암석 조각이 포획암으로 발견될 수 없다.

⑤ B가 D를 관입하였으므로 D는 신생대보다 과거에 생성되었다.

05 악기상의 특징

정답률 84% | 정답 ⑤

| 문제 보기 |

다음은 지난 10년간 우리나라에서 관측한 우박의 월별 누적 발생 일수와 뇌우의 성숙 단계에 대한 학생들의 대화이다.

지난 10년간 우리나라에서 관측한 우박의 월별 누적 발생 일수는 5월이 가장 많아. (학생 A)

뇌우는 주로 대기가 불안정할 때 발생해. (학생 B)

우박은 뇌우의 성숙 단계에서 발생할 수 있어. (학생 C)

제시한 내용이 옳은 학생만을 있는 대로 고른 것은?

① A ② C ③ A, B ④ B, C ⑤ A, B, C

• 왜 정답일까?

A. 지난 10년 동안 우리나라에서 관측한 우박의 월별 누적 발생 일수는 5월이 36일로 가장 많다.

B, C. 뇌우는 주로 지표면의 국지적 가열 등에 의해 대기가 불안정할 때 잘 발생하며, 적운 단계 → 성숙 단계 →소멸 단계로 발달한다. 뇌우의 성숙 단계에서는 우박이 발생할 수 있다.

06 지질 시대의 환경과 생물

정답률 72% | 정답 ①

| 문제 보기 |

그림은 지질 시대 동안 생물 A, B, C의 생존 기간을 나타낸 것이다. A, B, C는 각각 겉씨식물, 공룡, 어류 중 하나이다.

이에 대한 설명으로 옳은 것만을 〈보기〉에서 있는 대로 고른 것은?

〈보 기〉
ㄱ. A는 공룡이다.
ㄴ. B가 최초로 출현한 시기는 트라이아스기이다.
ㄷ. 오존층은 C가 번성한 시기에 형성되기 시작하였다.

① ㄱ ② ㄴ ③ ㄱ, ㄷ ④ ㄴ, ㄷ ⑤ ㄱ, ㄴ, ㄷ

• 왜 정답일까?

ㄱ. A는 공룡, B는 어류, C는 겉씨식물이다.

• 왜 오답일까?

ㄴ. 어류가 최초로 출현한 시기는 오르도비스기이다.

ㄷ. 오존층이 형성되면서 육상 식물이 출현하였고, 육상 식물인 겉씨 식물은 중생대에 번성하였다.

07 태풍

정답률 61% | 정답 ②

| 문제 보기 |

표는 우리나라를 통과한 어느 태풍의 중심 기압과 강풍 반경을, 그림은 이 태풍의 영향을 받은 우리나라 관측소 A에서 관측한 기압과 풍향을 나타낸 것이다.

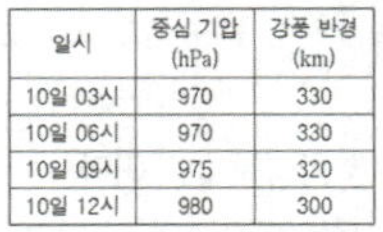

일시	중심 기압 (hPa)	강풍 반경 (km)
10월 03시	970	330
10월 06시	970	330
10월 09시	975	320
10월 12시	980	300

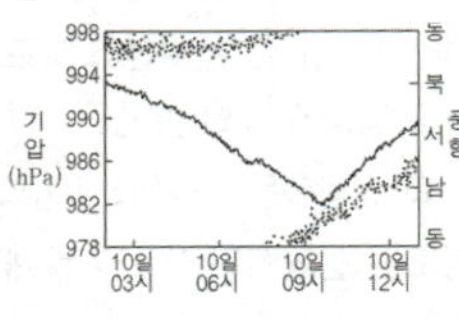

이 자료에 대한 설명으로 옳은 것만을 〈보기〉에서 있는 대로 고른 것은? [3점]

〈보 기〉
ㄱ. 태풍의 세력은 03시보다 12시에 강하다.
ㄴ. A와 태풍 중심 사이의 거리는 03시보다 09시에 가깝다.
ㄷ. 태풍의 영향을 받는 동안 A는 안전 반원에 위치한다.

① ㄱ ② ㄴ ③ ㄱ, ㄷ
④ ㄴ, ㄷ ⑤ ㄱ, ㄴ, ㄷ

• 왜 정답일까?

ㄴ. 태풍의 중심 기압은 03시보다 09시에 높지만, A에서 관측한 기압은 03시보다 09시가 낮으므로 A와 태풍 중심 사이의 거리는 03시보다 09시에 가깝다.

• 왜 오답일까?

ㄱ. 태풍은 03시보다 12시에 중심 기압이 높고 강풍 반경이 작으므로 태풍의 세력은 03시보다 12시에 약하다.

ㄷ. 태풍의 영향을 받는 동안 A에서 관측한 풍향이 대체로 시계 방향으로 변하는 것으로 보아 A는 위험 반원에 위치한다.

08 해수의 연직 수온 분포

정답률 68% | 정답 ①

| 문제 보기 |

그림 (가)와 (나)는 우리나라 어느 해역에서 2월과 8월에 관측한 깊이에 따른 수온 분포를 순서 없이 나타낸 것이다.

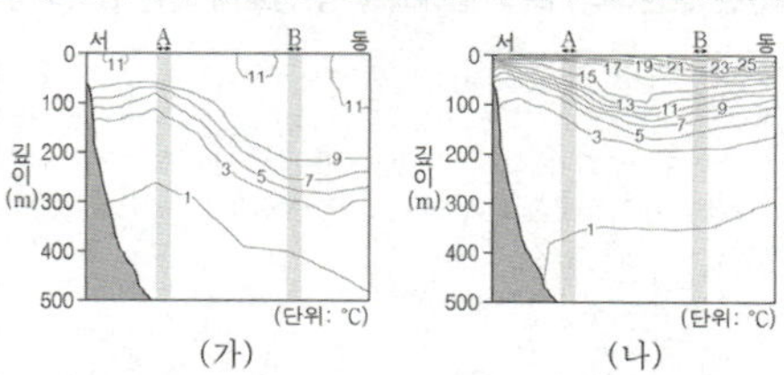

이 자료에 대한 설명으로 옳은 것만을 〈보기〉에서 있는 대로 고른 것은?

〈보 기〉
ㄱ. (가)는 2월에 관측한 자료이다.
ㄴ. A 구간에서 깊이 0 m와 400 m의 평균 수온 차이는 (가)보다 (나)에서 작다.
ㄷ. B 구간에서 혼합층의 두께는 (가)보다 (나)에서 두껍다.

① ㄱ ② ㄴ ③ ㄱ, ㄷ
④ ㄴ, ㄷ ⑤ ㄱ, ㄴ, ㄷ

• 왜 정답일까?

ㄱ. (가)는 2월, (나)는 8월에 관측한 자료이다.

• 왜 오답일까?

ㄴ. A 구간에서 깊이 0 m와 400 m의 평균 수온 차이는 (가)에서 약 10 ℃, (나)에서 약 21 ℃이므로 (가)보다 (나)에서 크다.

ㄷ. 혼합층은 바람의 혼합 작용에 의해 수온이 일정하게 나타나는 층이다. 연직 수온 분포로 보아 B 구간에서 혼합층의 두께는 (나)보다 (가)에서 두껍다.

09 대륙의 이동과 고지자기 복각

정답률 79% | 정답 ①

| 문제 보기 |

다음은 고지자기 복각을 이용하여 어느 지괴의 이동을 알아보는 탐구이다.

[가정]
○ 고지자기극은 고지자기 방향으로 추정한 지리상 북극이고, 지리상 북극은 변하지 않았다.
○ 지괴는 동일 경도를 따라 일정한 방향으로 이동했다.

[탐구 과정]
(가) 지괴의 한 지역에서 서로 다른 시기에 생성된 화성암의 절대 연령과 고지자기 복각을 조사한다.
(나) 고지자기 복각과 위도 관계를 이용하여, 지괴의 시기별 고지자기 위도를 구한다.

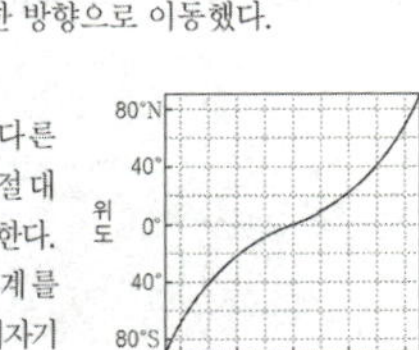

[탐구 결과]

화성암	절대 연령(만 년)	복각	위도
A	8000	−48°	약 29°S
B	6000	−37°	
C	2000	+18°	
D	0	+38°	약 21°N

이에 대한 설명으로 옳은 것만을 〈보기〉에서 있는 대로 고른 것은? [3점]

〈보 기〉
ㄱ. B가 생성된 위치는 남반구이다.
ㄴ. 지리상 북극과의 최단 거리는 C가 생성된 위치보다 D가 생성된 위치가 멀다.
ㄷ. 이 지괴는 A가 생성된 후 현재까지 남쪽으로 이동하였다.

① ㄱ ② ㄴ ③ ㄱ, ㄷ
④ ㄴ, ㄷ ⑤ ㄱ, ㄴ, ㄷ

• 왜 정답일까?

ㄱ. 고지자기 복각과 위도 관계를 이용하여 구한 B와 C가 생성된 위도는 각각 약 21°S와 약 9°N이다.

• 왜 오답일까?

ㄴ. D가 생성된 위도는 약 21°N이므로 지리상 북극과의 최단 거리는 C가 생성된 위치보다 D가 생성된 위치가 가깝다.
ㄷ. 이 지괴는 A가 생성된 후 현재까지 북쪽으로 이동하였다.

10 해수의 표층 순환

정답률 75% | 정답 ④

| 문제 보기 |

다음은 붉은바다거북의 생애와 이동 경로에 대한 설명이다.

붉은바다거북은 오스트레일리아 해변에서 부화한 후 이동 과정에서 ㉠ 남태평양 아열대 순환을 이용한다. ㉡ 동오스트레일리아 해류를 이용하여 남쪽으로 이동하고 남태평양을 횡단하여 남아메리카 연안에서 성장한다. 이후 산란을 위해 해류를 이용하여 다시 오스트레일리아 해변으로 돌아온다.

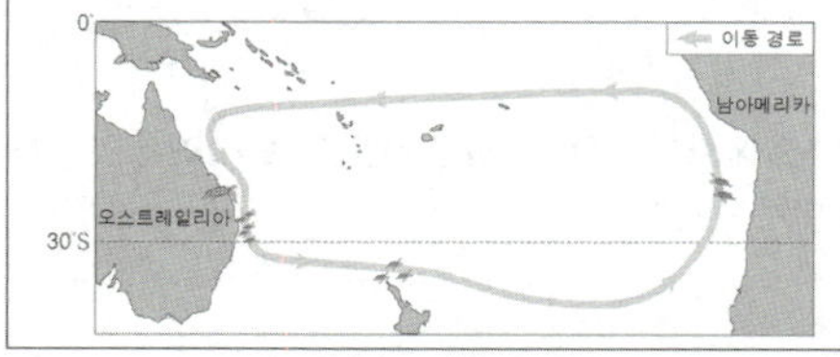

이에 대한 설명으로 옳은 것만을 〈보기〉에서 있는 대로 고른 것은?

〈보 기〉
ㄱ. ㉠의 방향은 시계 방향이다.
ㄴ. ㉡은 저위도의 열에너지를 고위도로 수송한다.
ㄷ. 붉은바다거북이 남아메리카에서 오스트레일리아로 돌아올 때 남적도 해류를 이용한다.

① ㄱ ② ㄴ ③ ㄱ, ㄷ
④ ㄴ, ㄷ ⑤ ㄱ, ㄴ, ㄷ

• 왜 정답일까?

ㄴ. 동오스트레일리아 해류는 저위도에서 고위도로 흐르는 난류이므로 저위도의 열에너지를 고위도로 수송한다.
ㄷ. 붉은바다거북은 남태평양 아열대 순환을 이용하여 이동하므로 남아메리카에서 오스트레일리아로 돌아올 때 남적도 해류를 이용한다.

• 왜 오답일까?

ㄱ. 남태평양 아열대 순환의 방향은 시계 반대 방향이다.

11 심층 순환

정답률 61% | 정답 ③

| 문제 보기 |

그림은 북대서양 표층 순환과 심층 순환의 일부를 나타낸 것이다. A와 B는 각각 표층수와 심층수 중 하나이다.

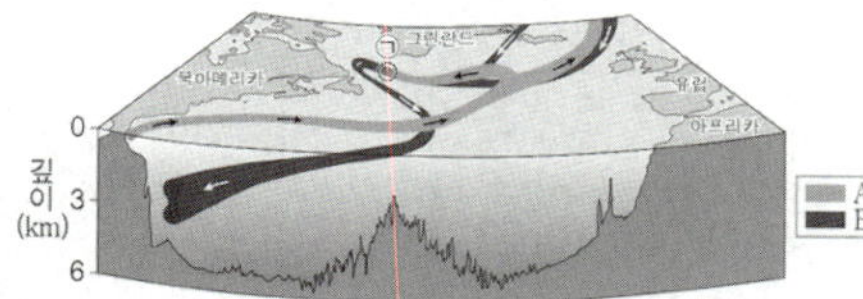

이에 대한 설명으로 옳은 것만을 〈보기〉에서 있는 대로 고른 것은?

〈보 기〉
ㄱ. A는 표층수이다.
ㄴ. 해수의 평균 이동 속력은 A보다 B가 느리다.
ㄷ. 빙하가 녹은 물이 해역 ㉠에 유입되면 B의 흐름은 강해질 것이다.

① ㄱ ② ㄷ ③ ㄱ, ㄴ
④ ㄴ, ㄷ ⑤ ㄱ, ㄴ, ㄷ

• 왜 정답일까?

ㄱ, ㄴ. A는 표층수, B는 심층수이며 해수의 평균 이동 속력은 표층수보다 심층수가 느리다.

• 왜 오답일까?

ㄷ. 빙하가 녹은 물이 해역 ㉠에 유입되면 심층수의 흐름은 약해질 것이다.

12 기후 변화 요인

정답률 72% | 정답 ④

| 문제 보기 |

그림 (가)는 현재 지구의 공전 궤도와 자전축 경사 방향을, (나)는 지구의 공전 궤도 이심률과 자전축 경사각의 변화를 나타낸 것이다.

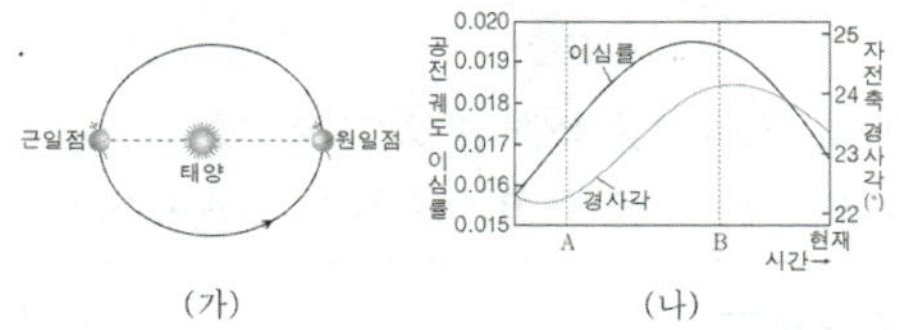

(가) (나)

이에 대한 설명으로 옳은 것만을 〈보기〉에서 있는 대로 고른 것은? (단, 지구의 공전 궤도 이심률과 자전축 경사각 이외의 요인은 변하지 않는다고 가정한다.) [3점]

〈보 기〉
ㄱ. 현재 지구가 근일점에 위치할 때 북반구는 여름철이다.
ㄴ. 원일점 거리는 현재보다 B 시기가 멀다.
ㄷ. 35°S에서 기온의 연교차는 A 시기보다 B 시기가 크다.

① ㄱ ② ㄴ ③ ㄱ, ㄷ ④ ㄴ, ㄷ ⑤ ㄱ, ㄴ, ㄷ

• 왜 정답일까?

ㄴ. 지구의 공전 궤도 이심률이 클수록 원일점 거리는 멀어지므로 원일점 거리는 현재보다 B 시기가 멀다.
ㄷ. 지구의 공전 궤도 이심률과 자전축 경사각은 모두 A 시기보다 B 시기가 크므로 35°S에서 기온의 연교차는 A 시기보다 B 시기가 크다.

• 왜 오답일까?

ㄱ. 현재 지구가 근일점에 위치할 때 북반구는 겨울철이다.

13 별의 물리량

정답률 64% | 정답 ⑤

| 문제 보기 |

그림 (가)는 별의 분광형에 따른 흡수선의 상대적 세기를, (나)는 주계열성 ㉠과 ㉡의 스펙트럼을 나타낸 것이다. ㉠과 ㉡의 분광형은 각각 A0와 G0 중 하나이다.

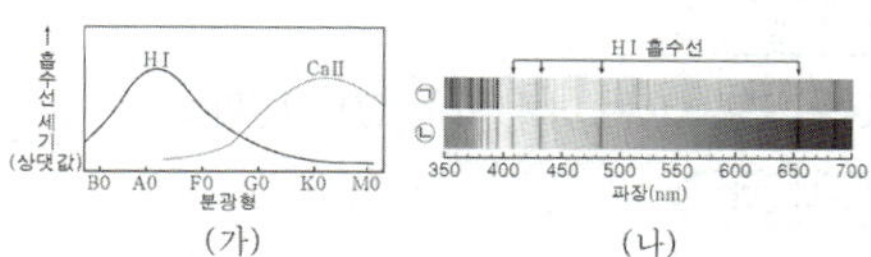

(가) (나)

이에 대한 설명으로 옳은 것만을 〈보기〉에서 있는 대로 고른 것은?

〈보 기〉
ㄱ. 분광형이 G0인 별에서는 HⅠ 흡수선보다 CaⅡ 흡수선이 강하게 나타난다.
ㄴ. ㉡의 분광형은 A0이다.
ㄷ. 광도는 ㉠보다 ㉡이 크다.

① ㄱ ② ㄷ ③ ㄱ, ㄴ ④ ㄴ, ㄷ ⑤ ㄱ, ㄴ, ㄷ

• 왜 정답일까?

ㄱ. 분광형이 G0인 별에서는 흡수선의 상대적 세기가 HⅠ 흡수선보다 CaⅡ 흡수선이 크므로 HⅠ 흡수선보다 CaⅡ 흡수선이 강하게 나타난다.
ㄴ. ㉠의 분광형은 G0이고, ㉡의 분광형은 A0이다.
ㄷ. 광도는 분광형이 G0인 주계열성보다 A0인 주계열성이 크다.

14 ENSO

정답률 58% | 정답 ②

| 문제 보기 |

그림 (가)는 태평양 적도 부근 해역에서 시간에 따라 관측한 해수면 높이 편차를, (나)는 이 해역에서 A와 B 중 한 시기에 관측한 표층 수온 편차를 나타낸 것이다. A와 B는 각각 엘니뇨와 라니냐 시기 중 하나이고, 편차는 (관측값－평년값)이다.

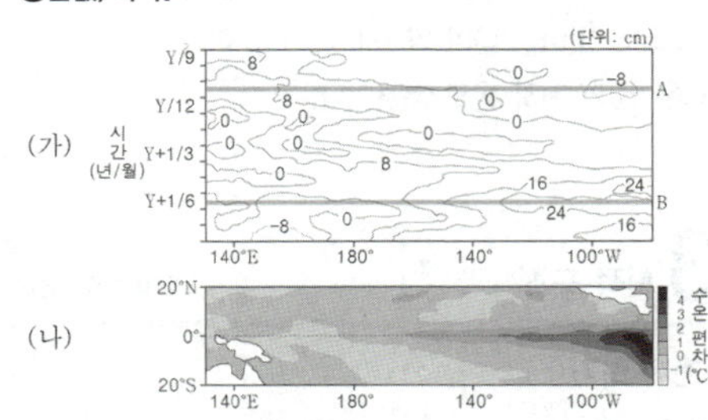

이에 대한 설명으로 옳은 것만을 〈보기〉에서 있는 대로 고른 것은? [3점]

〈보 기〉
ㄱ. 적도 부근 해역에서 (서태평양 해수면 높이－동태평양 해수면 높이) 값은 A보다 B일 때 크다.
ㄴ. (나)는 B일 때 관측한 자료이다.
ㄷ. 동태평양 적도 부근 해역의 용승은 평년보다 B일 때 강하다.

① ㄱ ② ㄴ ③ ㄱ, ㄴ ④ ㄱ, ㄷ ⑤ ㄴ, ㄷ

• 왜 정답일까?

A는 라니냐 시기, B는 엘니뇨 시기이다.
ㄴ. 동태평양의 표층 수온은 평년보다 엘니뇨 시기에 높으므로 (나)는 엘니뇨 시기일 때 관측한 자료이다.

• 왜 오답일까?

ㄱ. 적도 부근 해역에서 (서태평양 해수면 높이－동태평양 해수면 높이) 값은 라니냐 시기보다 엘니뇨 시기일 때 작다.
ㄷ. 동태평양 적도 부근 해역의 용승은 평년보다 엘니뇨 시기일 때 약하다.

15 별의 내부 구조와 에너지원

정답률 59% | 정답 ②

| 문제 보기 |

그림 (가)는 질량이 서로 다른 주계열성 A와 B의 내부 구조를, (나)는 어느 수소 핵융합 반응을 나타낸 것이다. A와 B의 질량은 각각 태양 질량의 1배와 5배 중 하나이다.

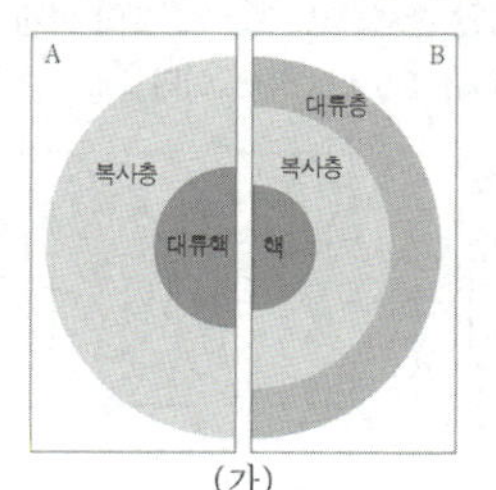

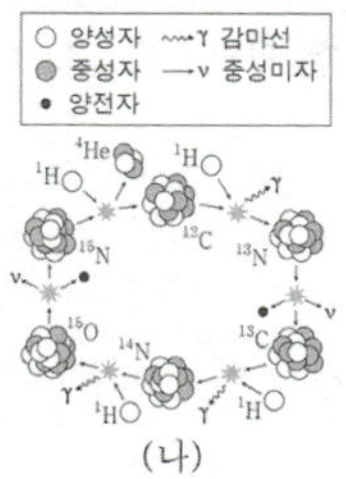

(가) (나)

이에 대한 설명으로 옳은 것만을 〈보기〉에서 있는 대로 고른 것은? [3점]

〈보 기〉
ㄱ. 별의 중심부 온도는 A보다 B가 높다.
ㄴ. (나)에서 ^{12}C는 촉매로 작용한다.
ㄷ. $\frac{\text{(나)에 의한 에너지 생산량}}{\text{수소 핵융합 반응에 의한 총에너지 생산량}}$은 A보다 B가 크다.

① ㄱ ② ㄴ ③ ㄱ, ㄷ ④ ㄴ, ㄷ ⑤ ㄱ, ㄴ, ㄷ

• 왜 정답일까?

ㄴ. (나)는 CNO 순환 반응으로, (나)에서 ^{12}C는 촉매로 작용한다.

• 왜 오답일까?

ㄱ. 주계열성의 내부 구조로 보아 A와 B의 질량은 각각 태양 질량의 5배와 1배이므로 별의 중심부 온도는 B보다 A가 높다.
ㄷ. $\frac{\text{CNO 순환 반응에 의한 에너지 생산량}}{\text{수소 핵융합 반응에 의한 총에너지 생산량}}$은 B보다 A가 크다.

16 은하의 분류와 특징

정답률 76% | 정답 ③

| 문제 보기 |

그림 (가)는 타원 은하와 나선 은하의 시간에 따른 연간 별 생성량을, (나)는 은하 A의 모습을 나타낸 것이다. A는 허블의 은하 분류 체계 에서 E1과 SBb 중 하나에 해당한다.

[문제편 p.030]

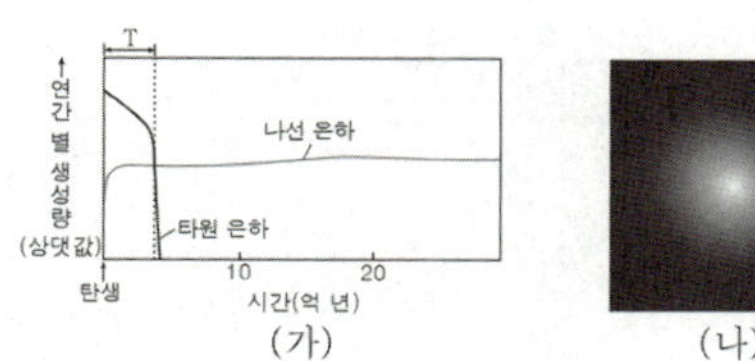

(가) (나)

이 자료에 대한 설명으로 옳은 것만을 <보기>에서 있는 대로 고른 것은?

<보기>

ㄱ. T 기간 동안 누적 별 생성량은 나선 은하보다 타원 은하가 많다.
ㄴ. A는 E1에 해당한다.
ㄷ. A는 탄생 이후 연간 별 생성량이 지속적으로 증가한다.

① ㄱ ② ㄷ ③ ㄱ, ㄴ ④ ㄴ, ㄷ ⑤ ㄱ, ㄴ, ㄷ

• 왜 정답일까?

ㄱ. T 기간 동안 연간 별 생성량은 나선 은하보다 타원 은하가 많으므로 누적 별 생성량은 나선 은하보다 타원 은하가 많다.
ㄴ. A는 허블의 은하 분류 체계에서 E1에 해당한다.

• 왜 오답일까?

ㄷ. 탄생 이후 연간 별 생성량이 대체로 감소한다.

17 허블 법칙

정답률 49% | 정답 ②

| 문제 보기 |

다음은 우리은하와 외부 은하 A, B에 대한 설명이다.

- 우리은하에서 A까지의 거리는 40 Mpc이다.
- 우리은하에서 관측할 때 A의 시선 방향과 B의 시선 방향이 이루는 각도는 30°이다.
- B에서 관측한 우리은하의 후퇴 속도는 A에서 관측한 우리은하의 후퇴 속도의 $\frac{\sqrt{3}}{2}$ 배이다.

이에 대한 설명으로 옳은 것만을 <보기>에서 있는 대로 고른 것은? (단, 세 은하는 동일 평면상에 위치하며 허블 법칙을 만족한다.) [3점]

<보기>

ㄱ. 우리은하에서 관측한 후퇴 속도는 A보다 B가 빠르다.
ㄴ. A에서 B까지의 거리는 20 Mpc이다.
ㄷ. A에서 관측할 때 우리은하의 시선 방향과 B의 시선 방향이 이루는 각도는 90°이다.

① ㄱ ② ㄴ ③ ㄷ ④ ㄱ, ㄴ ⑤ ㄴ, ㄷ

• 왜 정답일까?

ㄴ. 우리은하에서 B까지의 거리는 $20\sqrt{3}$ Mpc이고, A에서 B까지의 거리는 20 Mpc이다.

• 왜 오답일까?

ㄱ. 우리은하에서 관측한 후퇴 속도는 B가 A의 $\frac{\sqrt{3}}{2}$ 배이다.
ㄷ. A에서 관측할 때 우리은하의 시선 방향과 B의 시선 방향이 이루는 각도는 60° 이다.

18 우주 구성 요소

정답률 69% | 정답 ③

| 문제 보기 |

그림은 우주 구성 요소 A와 B의 시간에 따른 밀도를 나타낸 것이다. A와 B는 각각 물질(보통 물질+암흑 물질)과 암흑 에너지 중 하나이다.

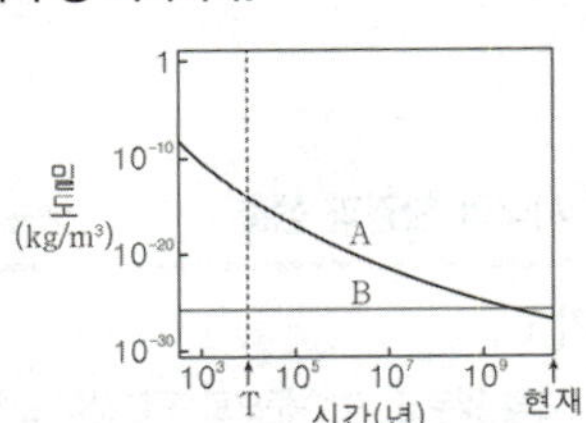

이에 대한 설명으로 옳은 것만을 <보기>에서 있는 대로 고른 것은?

<보기>

ㄱ. A는 물질이다.
ㄴ. $\frac{\text{물질의 밀도}}{\text{암흑 에너지의 밀도}}$ 는 T 시기보다 현재가 크다.
ㄷ. B는 현재 우주를 가속 팽창시키는 요소이다.

① ㄱ ② ㄴ ③ ㄱ, ㄷ
④ ㄴ, ㄷ ⑤ ㄱ, ㄴ, ㄷ

• 왜 정답일까?

ㄱ. A는 물질(보통 물질 + 암흑 물질)이고, B는 암흑 에너지이다.
ㄷ. 암흑 에너지는 현재 우주를 가속 팽창시키는 요소이다.

• 왜 오답일까?

ㄴ. 암흑 에너지의 밀도는 T 시기와 현재가 같고 물질의 밀도는 T 시기보다 현재가 작으므로 $\frac{\text{물질의 밀도}}{\text{암흑 에너지의 밀도}}$ 는 T 시기보다 현재가 작다.

19 별의 진화

정답률 66% | 정답 ②

| 문제 보기 |

그림 (가)는 주계열성 A와 B가 각각 A′과 B′으로 진화하는 경로를, (나)는 A와 B 중 한 별의 중심부에서 핵융합 반응이 종료된 직후의 내부 구조를 나타낸 것이다.

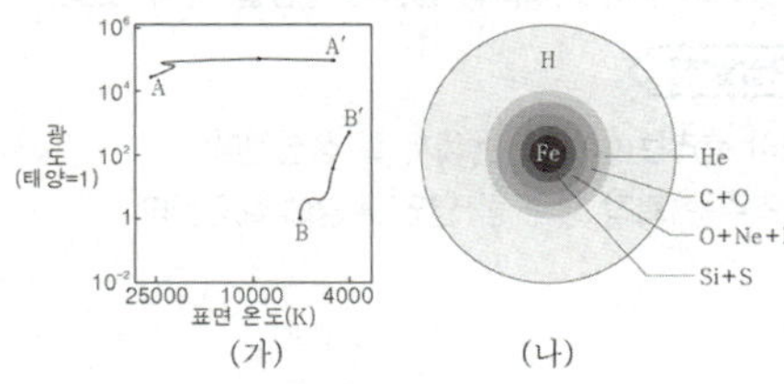

(가) (나)

이에 대한 설명으로 옳은 것만을 <보기>에서 있는 대로 고른 것은? [3점]

<보기>

ㄱ. 주계열 단계에 도달한 후, 이 단계에 머무는 시간은 A보다 B가 짧다.
ㄴ. 절대 등급의 변화 폭은 A가 A′으로 진화할 때보다 B가 B′으로 진화할 때가 크다.
ㄷ. (나)는 B의 중심부에서 핵융합 반응이 종료된 직후의 내부 구조이다.

① ㄱ ② ㄴ ③ ㄱ, ㄷ
④ ㄴ, ㄷ ⑤ ㄱ, ㄴ, ㄷ

• 왜 정답일까?

ㄴ. 광도의 변화율이 클수록 절대 등급의 변화 폭이 크므로, 절대 등급의 변화 폭은 A가 A′으로 진화할 때보다 B가 B′으로 진화할 때가 크다.

• 왜 오답일까?

ㄱ. A는 B보다 표면 온도가 높고 광도가 크므로 질량은 B보다 A가 크다. 주계열 단계에 도달한 후, 이 단계에 머무는 시간은 별의 질량이 클수록 짧으므로 A보다 B가 길다.
ㄷ. 별의 중심부에 Fe가 존재하므로 (나)는 A의 중심부에서 핵융합 반응이 종료된 직후의 내부 구조이다.

20 외계 행성 탐사 방법

정답률 42% | 정답 ③

| 문제 보기 |

그림 (가)는 공통 질량 중심에 대해 원 궤도로 공전하는 외계 행성 P와 중심별 S의 공전 궤도를, (나)는 P에 의한 S의 시선 속도 변화를 나타낸 것이다. T_1일 때 P는 ㉠에 위치하고, θ는 관측자의 시선 방향과 공전 궤도면이 이루는 각의 크기이며 *h*는 S의 시선 속도 변화 폭이다.

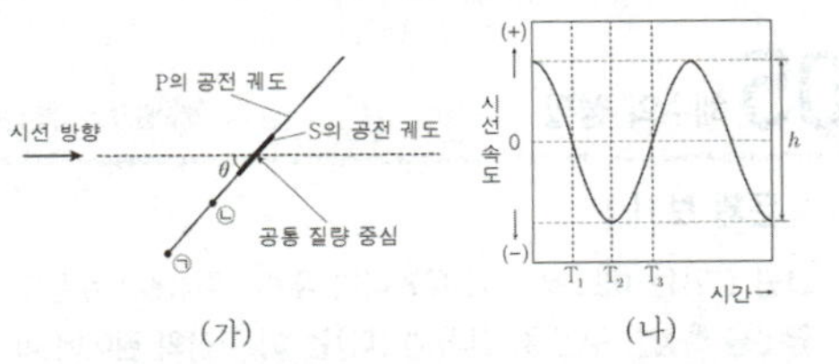

(가) (나)

이 자료에 대한 설명으로 옳은 것만을 <보기>에서 있는 대로 고른 것은? [3점]

<보기>

ㄱ. 관측자로부터 S까지의 거리는 P가 ㉠에 위치할 때보다 ㉡에 위치할 때가 가깝다.
ㄴ. T_2에서 T_3 동안 S의 스펙트럼에서 흡수선의 파장은 점차 짧아진다.
ㄷ. θ가 작아지면 *h*는 커진다.

① ㄱ ② ㄴ ③ ㄱ, ㄷ
④ ㄴ, ㄷ ⑤ ㄱ, ㄴ, ㄷ

• 왜 정답일까?

ㄱ. S와 P는 공통 질량 중심에 대해 원 궤도로 공전하므로 관측자로부터 S까지의 거리는 P가 ㉠에 위치할 때보다 ㉡에 위치할 때가 가깝다.
ㄷ. 관측자의 시선 방향과 공전 궤도면이 이루는 각의 크기가 작아지면 S의 시선 속도 변화 폭은 커진다.

• 왜 오답일까?

ㄴ. T_2에서 T_3동안 S의 시선 속도가 증가하므로 S의 스펙트럼에서 흡수선의 파장은 점차 길어진다.

● 고3 지구과학 Ⅰ ●

09회 2023학년도 4월

01 ①	02 ①	03 ②	04 ①	05 ③
06 ③	07 ①	08 ⑤	09 ②	10 ④
11 ④	12 ⑤	13 ③	14 ⑤	15 ④
16 ②	17 ①	18 ⑤	19 ③	20 ②

채점 결과
- 실제 걸린 시간 : 분 초
- 맞은 문항수 : 개
- 틀린 문항수 : 개
- 헷갈린 문항 :

01 해양저 확장설

정답률 77% | 정답 ①

| 문제 보기 |

그림은 어느 판의 해저면에 시추 지점 P_1~P_5의 위치를, 표는 각 지점에서의 퇴적물 두께와 가장 오래된 퇴적물의 나이를 나타낸 것이다.

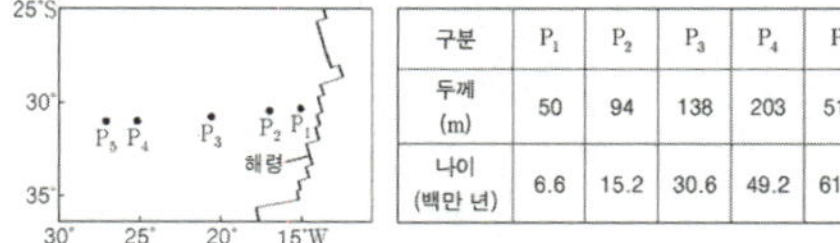

구분	P_1	P_2	P_3	P_4	P_5
두께 (m)	50	94	138	203	510
나이 (백만 년)	6.6	15.2	30.6	49.2	61.2

이에 대한 설명으로 옳은 것만을 〈보기〉에서 있는 대로 고른 것은?

〈보 기〉
ㄱ. 퇴적물 두께는 P_2보다 P_4에서 두껍다.
ㄴ. P_5 지점의 가장 오래된 퇴적물은 중생대에 퇴적되었다.
ㄷ. P_1 ~ P_5가 속한 판은 해령을 기준으로 동쪽으로 이동한다.

① ㄱ ② ㄴ ③ ㄱ, ㄷ
④ ㄴ, ㄷ ⑤ ㄱ, ㄴ, ㄷ

• 왜 정답일까?

ㄱ. 퇴적물 두께는 P_2에서 94 m, P_4에서 203 m 이다.

• 왜 오답일까?

ㄴ. P_5 지점의 가장 오래된 퇴적물은 신생대에 퇴적되었다.
ㄷ. P_1에서 P_5로 갈수록 퇴적물의 나이가 증가하므로 P_1 ~ P_5가 속한 판은 해령을 기준으로 대체로 서쪽으로 이동한다.

02 플룸 구조

정답률 72% | 정답 ①

| 문제 보기 |

그림은 X-Y 구간의 지진파 단층 촬영 영상을 나타낸 것이다. 화산섬은 상승하는 플룸에 의해 생성되었다.

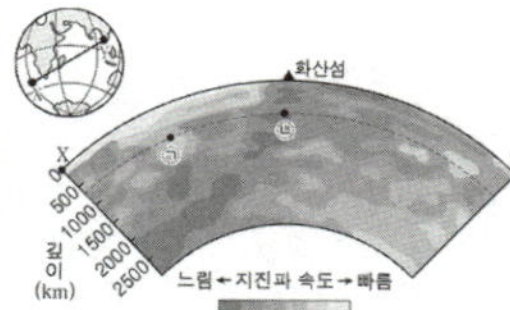

이에 대한 설명으로 옳은 것만을 〈보기〉에서 있는 대로 고른 것은?

〈보 기〉
ㄱ. 지진파 속도는 ㉠ 지점보다 ㉡ 지점이 느리다.
ㄴ. ㉡ 지점에는 차가운 플룸이 존재한다.
ㄷ. 화산섬을 생성시킨 플룸은 내핵과 외핵의 경계부에서 생성되었다.

① ㄱ ② ㄴ ③ ㄱ, ㄷ
④ ㄴ, ㄷ ⑤ ㄱ, ㄴ, ㄷ

• 왜 정답일까?

ㄱ. 지진파 단층 촬영 영상으로 보아 지진파 속도는 ㉠지점보다 ㉡지점이 느리다.

• 왜 오답일까?

ㄴ. ㉡지점에는 뜨거운 플룸이 존재한다.
ㄷ. 화산섬을 생성시킨 플룸은 외핵과 맨틀의 경계부에서 생성되었다.

03 퇴적 환경과 퇴적 구조

정답률 57% | 정답 ②

| 문제 보기 |

그림 (가)는 퇴적 환경의 일부를, (나)는 서로 다른 퇴적 구조를 나타낸 것이다.

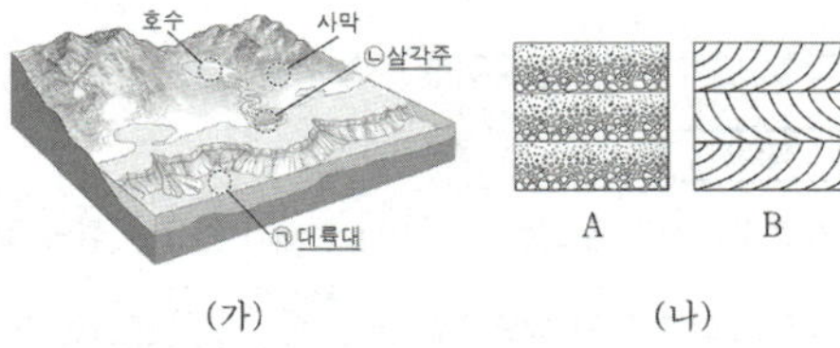

(가) (나)

이에 대한 설명으로 옳은 것만을 〈보기〉에서 있는 대로 고른 것은?

〈보 기〉
ㄱ. A는 ㉠보다 ㉡에서 잘 생성된다.
ㄴ. B를 통해 퇴적물이 공급된 방향을 알 수 있다.
ㄷ. ㉡은 퇴적 환경 중 육상 환경에 해당한다.

① ㄱ ② ㄴ ③ ㄱ, ㄷ
④ ㄴ, ㄷ ⑤ ㄱ, ㄴ, ㄷ

• 왜 정답일까?

A는 점이 층리, B는 사층리이다.
ㄴ. 사층리를 통해 퇴적물이 공급된 방향을 알 수 있다.

• 왜 오답일까?

ㄱ. 점이 층리는 ㉡보다 ㉠에서 잘 생성된다.
ㄷ. 삼각주는 퇴적 환경 중 연안 환경에 해당한다.

04 화성암의 특징

정답률 50% | 정답 ①

| 문제 보기 |

그림 (가)는 화성암 A와 B의 SiO_2 함량과 결정 크기를, (나)는 깊이에 따른 지하의 온도 분포와 암석의 용융 곡선을 나타낸 것이다. A와 B는 각각 현무암과 화강암 중 하나이다.

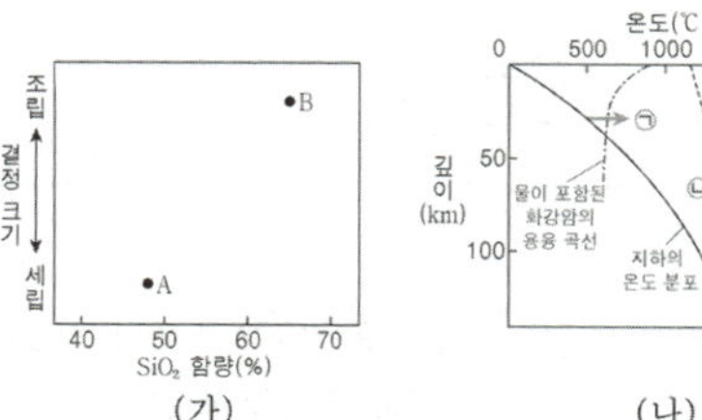

(가) (나)

이에 대한 설명으로 옳은 것만을 〈보기〉에서 있는 대로 고른 것은? [3점]

〈보 기〉
ㄱ. 생성 깊이는 A보다 B가 깊다.
ㄴ. ㉡ 과정으로 생성되어 상승하는 마그마는 주변보다 밀도가 크다.
ㄷ. A는 ㉠ 과정에 의해 생성된 마그마가 굳어진 암석이다.

① ㄱ ② ㄴ ③ ㄱ, ㄷ
④ ㄴ, ㄷ ⑤ ㄱ, ㄴ, ㄷ

• 왜 정답일까?

ㄱ. A는 현무암이고 B는 화강암이므로 생성 깊이는 현무암보다 화강암이 깊다.

• 왜 오답일까?

ㄴ. ㉡과정으로 생성되어 상승하는 마그마는 주변보다 밀도가 작다.
ㄷ. 현무암은 주로 ㉡과정에 의해 생성된 마그마가 지표 부근에서 굳어진 암석이다.

05 해수의 성질

정답률 73% | 정답 ③

| 문제 보기 |

그림 (가)는 어느 시기에 우리나라 주변 해역에서 수온과 염분을 측정한 구간을, (나)와 (다)는 이 구간의 깊이에 따른 수온과 염분 분포를 나타낸 것이다. A, B, C는 해수면에 위치한 지점이다.

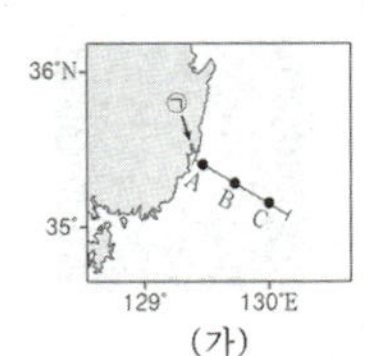

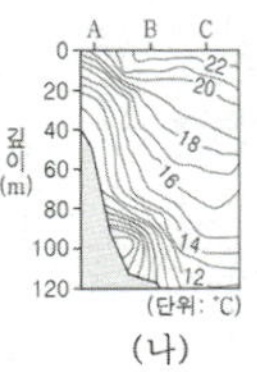

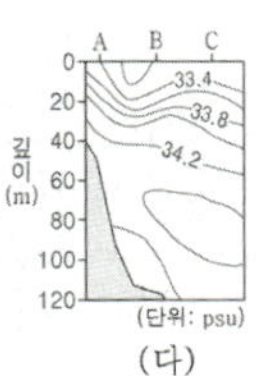

(가) (나) (다)

이에 대한 설명으로 옳은 것만을 〈보기〉에서 있는 대로 고른 것은? [3점]

〈보 기〉
ㄱ. 해수면과 깊이 40 m의 수온 차는 B보다 A가 크다.
ㄴ. ㉠ 방향으로 유입되는 담수의 양이 증가하면 A의 표층 염분은 33.4 psu보다 커진다.
ㄷ. 표층 해수의 밀도는 C보다 A가 크다.

① ㄱ ② ㄴ ③ ㄱ, ㄷ
④ ㄴ, ㄷ ⑤ ㄱ, ㄴ, ㄷ

• 왜 정답일까?

ㄱ. 해수면과 깊이 40 m 의 수온 차는 A에서는 약 8℃, B에서는 약 6℃ 이다.
ㄷ. A는 C보다 수온이 낮고 염분이 크므로 표층 해수의 밀도는 C보다 A가 크다.

• 왜 오답일까?

ㄴ. ㉠ 방향으로 유입되는 담수의 양이 증가하면 A의 표층 염분은 감소한다.

06 절대 연령

정답률 67% | 정답 ③

| 문제 보기 |

그림은 어느 지역의 지질 단면을, 표는 화성암 A와 B에 포함된 방사성 원소의 현재 함량비를 나타낸 것이다. X와 Y의 반감기는 각각 0.5억 년과 2억 년이다.

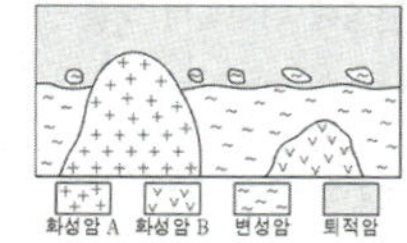

화성암	모원소	자원소	모원소 : 자원소
A	X	X′	1 : 1
B	Y	Y′	1 : 3

이에 대한 설명으로 옳은 것만을 〈보기〉에서 있는 대로 고른 것은? [3점]

〈보 기〉
ㄱ. 이 지역에서는 난정합이 나타난다.
ㄴ. 퇴적암의 연령은 0.5억 년보다 많다.
ㄷ. 현재로부터 2억 년 후 화성암 B에 포함된 $\frac{Y' \text{ 함량}}{Y \text{ 함량}}$ 은 8이다.

① ㄱ ② ㄷ ③ ㄱ, ㄴ
④ ㄴ, ㄷ ⑤ ㄱ, ㄴ, ㄷ

• 왜 정답일까?

ㄱ. 이 지역에서는 부정합면 아래에 변성암이 있으므로 난정합이 나타난다.
ㄴ. 현재 화성암 A에 포함된 $X : X' = 1 : 1$이므로 화성암 A의 절대 연령은 0.5억 년이다. 화성암 A는 퇴적암을 관입하였으므로 퇴적암의 연령은 0.5억 년보다 많다.

• 왜 오답일까?

ㄷ. 화성암 B에 포함된 방사성 원소의 반감기와 현재 함량비로 보아 현재로부터 2억 년 후 화성암 B에 포함된 $Y : Y' = 1 : 7$이므로 $\frac{Y' \text{ 함량}}{Y \text{ 함량}}$은 7이다.

07 지질 시대의 환경과 생물

정답률 78% | 정답 ①

| 문제 보기 |

표는 지질 시대의 일부를 기 수준으로 구분하여 순서대로 나타낸 것이고, 그림은 서로 다른 표준 화석을 나타낸 것이다.

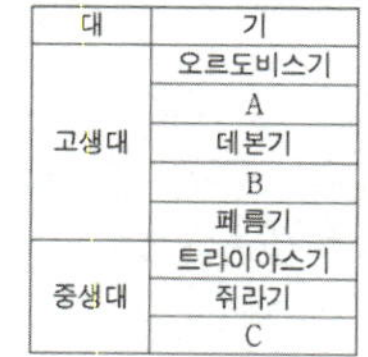

대	기
고생대	오르도비스기
	A
	데본기
	B
	페름기
중생대	트라이아스기
	쥐라기
	C

㉠

㉡

[문제편 p.033]

이에 대한 설명으로 옳은 것은?

① A는 실루리아기이다.
② B에 파충류가 번성하였다.
③ 판게아는 C에 형성되었다.
④ ㉠은 A를 대표하는 표준 화석이다.
⑤ ㉠과 ㉡은 육상 생물의 화석이다.

• 왜 정답일까?

A는 실루리아기, B는 석탄기, C는 백악기이다.

• 왜 오답일까?

② 파충류는 중생대에 번성하였다.
③ 판게아는 고생대 말에 형성된 초대륙이다.
④ ㉠은 암모나이트, ㉡은 삼엽충으로 ㉠은 중생대를 대표하는 표준 화석이다.
⑤ ㉠과 ㉡은 해양 생물의 화석이다.

08 태풍의 특징

정답률 76% | 정답 ⑤

| 문제 보기 |

그림은 어느 태풍의 이동 경로에 6시간 간격으로 중심 기압과 최대 풍속을 나타낸 것이고, 표는 태풍의 최대 풍속에 따른 태풍 강도를 나타낸 것이다.

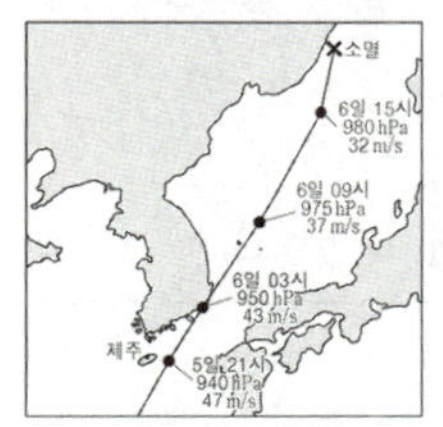

최대 풍속 (m/s)	태풍 강도
54 이상	초강력
44 이상 ~ 54 미만	매우강
33 이상 ~ 44 미만	강
25 이상 ~ 33 미만	중

이에 대한 설명으로 옳은 것만을 〈보기〉에서 있는 대로 고른 것은?

〈보 기〉
ㄱ. 5일 21시에 제주는 태풍의 안전 반원에 위치한다.
ㄴ. 태풍의 세력은 6일 09시보다 6일 03시가 강하다.
ㄷ. 6일 15시의 태풍 강도는 '중'이다.

① ㄱ ② ㄴ ③ ㄱ, ㄷ ④ ㄴ, ㄷ ⑤ ㄱ, ㄴ, ㄷ

• 왜 정답일까?

ㄱ. 5일 21시에 태풍의 이동 경로상 왼쪽에 있는 제주는 태풍의 안전 반원에 위치한다.
ㄴ. 태풍의 중심 기압과 최대 풍속은 6일 09시에 각각 975 hPa과 37 m/s이고, 6일 03시에 각각 950 hPa과 43 m/s이므로 태풍의 세력은 6일 09시보다 6일 03시가 강하다.
ㄷ. 6일 15시의 최대 풍속은 32 m/s이므로 태풍 강도는 '중'이다.

09 황사의 특징

정답률 86% | 정답 ②

| 문제 보기 |

다음은 우리나라에 영향을 주는 황사와 관련된 탐구 활동이다.

[탐구 과정]
(가) 공공데이터포털을 이용하여 최근 10년 동안 서울과 부산의 월평균 황사 일수를 조사한다.
(나) 우리나라에 영향을 주는 황사의 발원지와 이동 경로를 조사하여 지도에 나타낸다.

[탐구 결과]
○ (가)의 결과 (단위: 일)

월	1	2	3	4	5	6	7	8	9	10	11	12
서울	0.5	0.6	2.2	1.4	1.7	0.0	0.0	0.0	0.0	0.2	1.0	0.2
부산	0.4	0.3	0.7	1.0	1.4	0.0	0.0	0.0	0.0	0.1	0.3	0.2

○ (나)의 결과

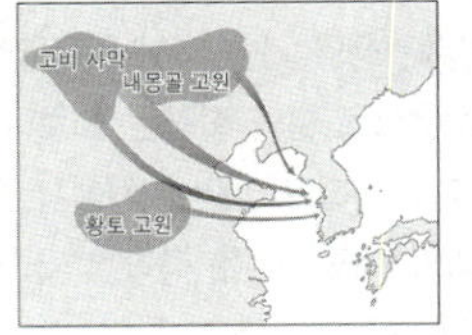

이에 대한 설명으로 옳은 것만을 〈보기〉에서 있는 대로 고른 것은?

〈보 기〉
ㄱ. 최근 10년 동안의 연평균 황사 일수는 서울보다 부산이 많다.
ㄴ. 발원지에서 생성된 모래 먼지가 우리나라로 이동할 때 편서풍의 영향을 받는다.
ㄷ. 우리나라에서 황사는 고온 다습한 기단의 영향이 우세한 계절에 주로 발생한다.

① ㄱ ② ㄴ ③ ㄱ, ㄷ ④ ㄴ, ㄷ ⑤ ㄱ, ㄴ, ㄷ

• 왜 정답일까?

ㄴ. 황사는 발원지에서 생성된 모래 먼지가 편서풍의 영향을 받아 동쪽으로 이동하여 우리나라에 영향을 주는 현상이다.

• 왜 오답일까?

ㄱ. 최근 10년 동안의 연평균 황사 일수는 서울이 약 7.8일, 부산이 약 4.4일이므로 부산보다 서울이 많다.
ㄷ. 우리나라에서 황사는 건조한 기단의 영향이 우세한 계절에 주로 발생한다.

10 대기 대순환과 표층 순환

정답률 73% | 정답 ④

| 문제 보기 |

그림은 경도 150°E의 해수면 부근에서 측정한 연평균 풍속의 남북 방향 성분 분포와 동서 방향 성분 분포를 위도에 따라 나타낸 것이다.

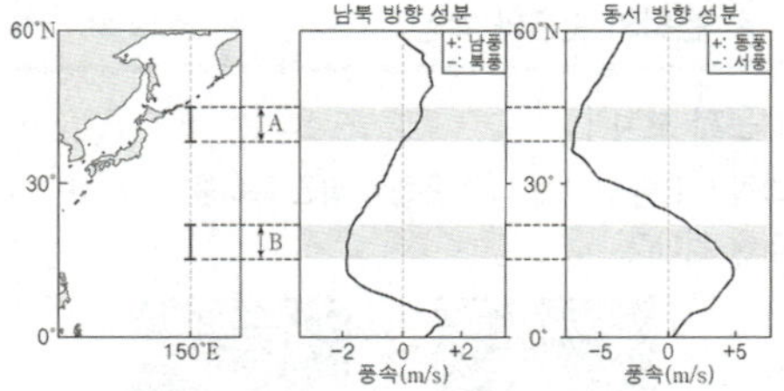

이에 대한 설명으로 옳은 것만을 〈보기〉에서 있는 대로 고른 것은? [3점]

〈보 기〉
ㄱ. A 구간의 해수면 부근에는 북서풍이 우세하다.
ㄴ. B 구간의 해역에 흐르는 해류는 해들리 순환의 영향을 받는다.
ㄷ. 표층 수온은 A 구간의 해역보다 B 구간의 해역에서 높다.

① ㄱ ② ㄷ ③ ㄱ, ㄴ ④ ㄴ, ㄷ ⑤ ㄱ, ㄴ, ㄷ

• 왜 정답일까?

ㄴ. B 구간의 해역에 흐르는 해류는 대기 대순환의 일부인 해들리 순환의 영향을 받는다.
ㄷ. 표층 수온은 중위도에 위치한 A 구간의 해역보다 저위도에 위치한 B 구간의 해역에서 높다.

• 왜 오답일까?

ㄱ. A 구간의 해수면 부근에는 주로 남서풍이 우세하다.

11 심층 순환

정답률 68% | 정답 ④

| 문제 보기 |

그림은 대서양 어느 해역에서 깊이에 따라 측정한 수온과 염분을 심층 수괴의 분포와 함께 수온-염분도에 나타낸 것이다. A, B, C는 각각 북대서양 심층수, 남극 중층수, 남극 저층수 중 하나이다.

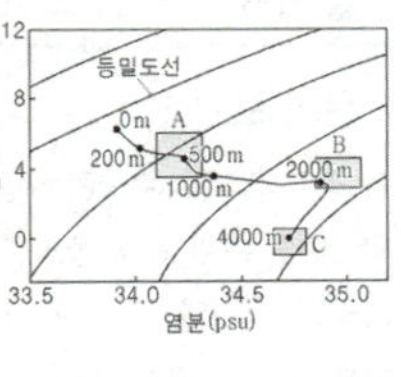

이에 대한 설명으로 옳은 것만을 〈보기〉에서 있는 대로 고른 것은?

〈보 기〉
ㄱ. 평균 밀도는 A보다 C가 크다.
ㄴ. 이 해역의 깊이 4000 m인 지점에는 남극 중층수가 존재한다.
ㄷ. 해수의 평균 이동 속도는 0 ~ 200 m보다 2000 ~ 4000 m에서 느리다.

① ㄱ ② ㄴ ③ ㄷ
④ ㄱ, ㄷ ⑤ ㄴ, ㄷ

• 왜 정답일까?

A는 남극 중층수, B는 북대서양 심층수, C는 남극 저층수이다.
ㄱ. 평균 밀도는 A(남극 중층수)보다 C(남극 저층수)가 크다.
ㄷ. 해수의 평균 이동 속도는 표층 부근의 해수보다 심층수가 느리다.

• 왜 오답일까?

ㄴ. 남극 저층수가 존재한다.

12 허블 법칙

정답률 59% | 정답 ⑤

| 문제 보기 |

그림은 외부 은하까지의 거리와 후퇴 속도를 나타낸 것이다. A와 B는 각각 서로 다른 시기에 관측한 자료이다. 이에 대한 설명으로 옳은 것만을 〈보기〉에서 있는 대로 고른 것은?

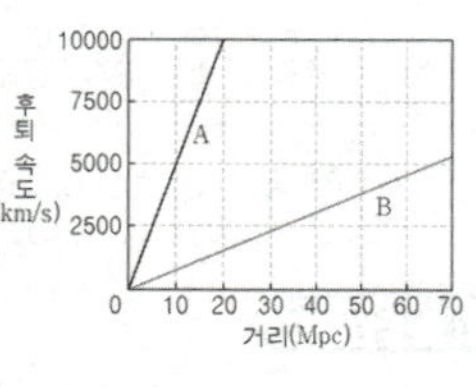

〈보 기〉
ㄱ. A에서 허블 상수는 500 km/s/Mpc이다.
ㄴ. 후퇴 속도가 5000 km/s인 은하까지의 거리는 A보다 B에서 멀다.
ㄷ. 허블 법칙으로 계산한 우주의 나이는 A보다 B에서 많다.

① ㄱ ② ㄷ ③ ㄱ, ㄴ ④ ㄴ, ㄷ ⑤ ㄱ, ㄴ, ㄷ

• 왜 정답일까?

ㄱ. A에서 외부 은하까지의 거리와 후퇴 속도의 관계를 이용하여 구한 허블 상수는 500 km/s/Mpc이다.
ㄴ. 후퇴 속도가 5000 km/s인 은하까지의 거리는 A에서 10 Mpc이고 B에서 약 66 Mpc이다.
ㄷ. 허블 법칙으로 계산한 우주의 나이는 허블 상수의 역수이므로 A보다 B에서 많다.

13 별의 물리량

정답률 56% | 정답 ③

| 문제 보기 |

그림은 서로 다른 별의 스펙트럼, 최대 복사 에너지 방출 파장(λ_{max}), 반지름을 나타낸 것이다. (가), (나), (다)의 분광형은 각각 A0V, G0V, K0V 중 하나이다.

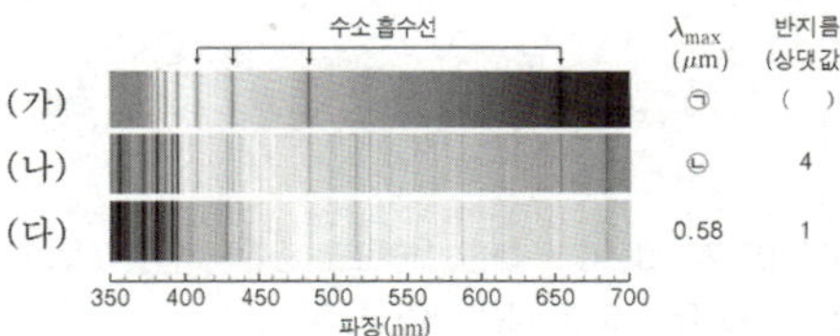

이에 대한 설명으로 옳은 것만을 〈보기〉에서 있는 대로 고른 것은? [3점]

〈보 기〉
ㄱ. (가)의 분광형은 A0V이다.
ㄴ. ㉠은 ㉡보다 짧다.
ㄷ. 광도는 (나)가 (다)의 16배이다.

① ㄱ ② ㄷ ③ ㄱ, ㄴ ④ ㄴ, ㄷ ⑤ ㄱ, ㄴ, ㄷ

• 왜 정답일까?

ㄱ, ㄴ. 수소 흡수선의 세기로 보아 (가), (나), (다)의 분광형은 각각 A0V, G0V, K0V이다. 따라서 최대 복사 에너지 방출 파장(λ_{max})은 ㉡보다 ㉠이 짧다.

• 왜 오답일까?

ㄷ. 최대 복사 에너지 방출 파장으로 보아 표면 온도는 (다)보다 (나)가 높고 반지름은 (나)가 (다)의 4배이므로 광도는 (나)가 (다)의 16배보다 크다.

14 ENSO

정답률 59% | 정답 ⑤

| 문제 보기 |

그림 (가)는 다윈과 타히티에서 측정한 해수면 기압 편차(관측 기압-평년 기압)를, (나)는 A와 B 중 한 시기의 태

09회

평양 적도 부근 해역의 대기 순환 모습을 나타낸 것이다. A와 B는 각각 엘니뇨와 라니냐 시기 중 하나이다.

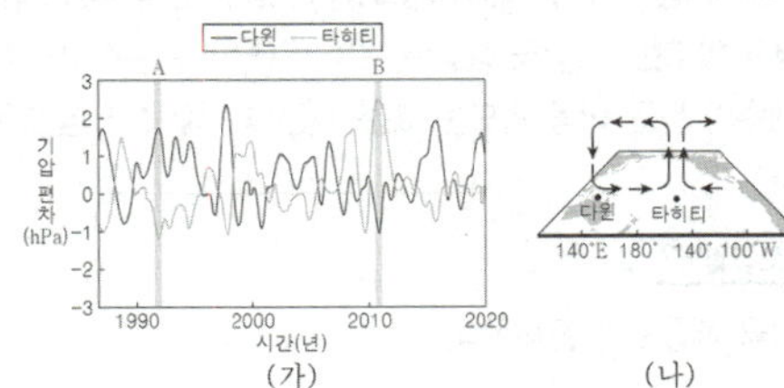

(가) (나)

이에 대한 설명으로 옳은 것만을 <보기>에서 있는 대로 고른 것은? [3점]

> <보 기>
> ㄱ. (나)는 A 시기의 대기 순환 모습이다.
> ㄴ. B 시기에 타히티 부근 해역의 강수량은 평상시보다 적다.
> ㄷ. $\frac{\text{다윈 부근 해역의 평균 수온}}{\text{타히티 부근 해역의 평균 수온}}$은 A 시기보다 B 시기에 크다.

① ㄱ ② ㄴ ③ ㄱ, ㄷ ④ ㄴ, ㄷ ⑤ ㄱ, ㄴ, ㄷ

• 왜 정답일까?

ㄱ. 다윈과 타히티에서 측정한 해수면 기압 편차(관측 기압－평년 기압)로 보아 A는 엘니뇨 시기, B는 라니냐 시기이다. (나)는 엘니뇨 시기의 대기 순환 모습이다.

ㄴ. 타히티 부근 해역의 강수량은 평상시보다 엘니뇨 시기에 많고 라니냐 시기에 적다.

ㄷ. 다윈 부근 해역의 평균 수온은 평상시보다 엘니뇨 시기에 낮고 라니냐 시기에 높다. 타히티 부근 해역의 평균 수온은 평상시보다 엘니뇨 시기에 높고 라니냐 시기에 낮다. 따라서 $\frac{\text{다윈 부근 해역의 평균 수온}}{\text{타히티 부근 해역의 평균 수온}}$은 A 시기보다 B 시기에 크다.

15 기후 변화

정답률 79% | 정답 ④

| 문제 보기 |

그림 (가)는 2015년부터 2100년까지 기후 변화 시나리오에 따른 연간 이산화 탄소 배출량의 변화를, (나)는 (가)의 시나리오에 따른 육지와 해양이 흡수한 이산화 탄소의 누적량과 대기 중에 남아 있는 이산화 탄소의 누적량을 나타낸 것이다.

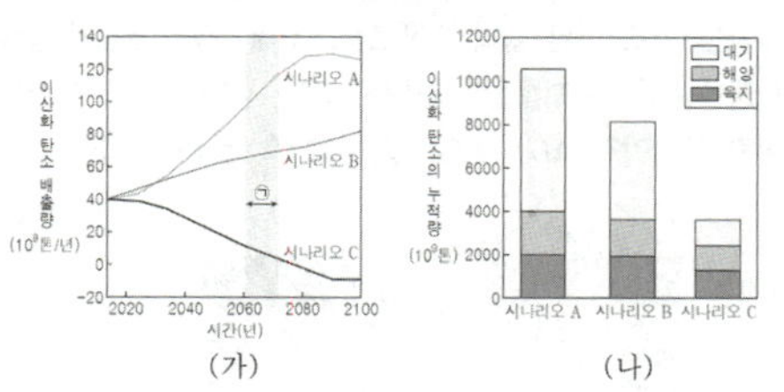

(가) (나)

시나리오 A, B, C에 대한 설명으로 옳은 것만을 <보기>에서 있는 대로 고른 것은? [3점]

> <보 기>
> ㄱ. ㉠ 기간 동안 이산화 탄소 배출량의 변화율은 A보다 B에서 크다.
> ㄴ. 2080년에 지구 표면의 평균 온도는 A보다 C에서 낮다.
> ㄷ. $\frac{\text{육지와 해양이 흡수한 이산화 탄소의 누적량}}{\text{대기 중에 남아 있는 이산화 탄소의 누적량}}$은 A < B < C이다.

① ㄱ ② ㄴ ③ ㄱ, ㄷ ④ ㄴ, ㄷ ⑤ ㄱ, ㄴ, ㄷ

• 왜 정답일까?

ㄴ. 2080년에 이산화 탄소 배출량은 A보다 C가 작으므로 지구 표면의 평균 온도는 A보다 C에서 낮다.

ㄷ. (나)에서 이산화 탄소의 누적량으로 보아 $\frac{\text{육지와 해양이 흡수한 이산화 탄소의 누적량}}{\text{대기 중에 남아 있는 이산화 탄소의 누적량}}$은 A < B < C이다.

• 왜 오답일까?

ㄱ. ㉠ 기간 동안 이산화 탄소 배출량의 변화율은 A에서 약 200억 톤이고 B에서 약 50억 톤이다.

16 별의 진화

정답률 49% | 정답 ②

| 문제 보기 |

그림 (가)는 태양의 나이에 따른 광도 변화를, (나)는 A와 B 중 한 시기의 내부 구조와 수소 핵융합 반응이 일어나는 영역을 나타낸 것이다.

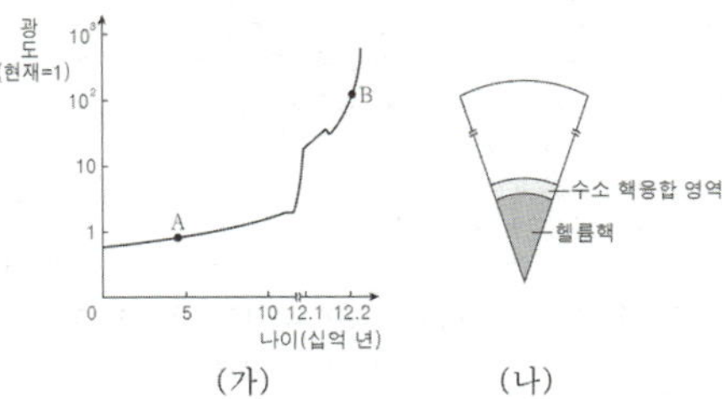

(가) (나)

이에 대한 설명으로 옳은 것만을 <보기>에서 있는 대로 고른 것은? [3점]

> <보 기>
> ㄱ. 태양의 절대 등급은 A 시기보다 B 시기에 크다.
> ㄴ. (나)는 B 시기이다.
> ㄷ. B 시기 이후 태양의 주요 에너지원은 탄소 핵융합 반응이다.

① ㄱ ② ㄴ ③ ㄱ, ㄷ ④ ㄴ, ㄷ ⑤ ㄱ, ㄴ, ㄷ

• 왜 정답일까?

ㄴ. (나)는 내부 구조에 헬륨핵이 있으므로 B 시기이다.

• 왜 오답일까?

ㄱ. 광도가 클수록 절대 등급은 작으므로 태양의 절대 등급은 A 시기보다 B 시기에 작다.

ㄷ. 태양은 중심핵에서 헬륨 핵융합 반응까지 일어난다.

17 은하의 분류와 특징

정답률 64% | 정답 ①

| 문제 보기 |

그림 (가)와 (나)는 나선 은하와 타원 은하를 순서 없이 나타낸 것이다.

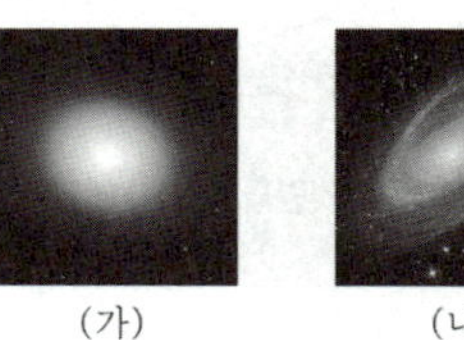

(가) (나)

이에 대한 설명으로 옳은 것만을 <보기>에서 있는 대로 고른 것은?

> <보 기>
> ㄱ. (가)는 타원 은하이다.
> ㄴ. (나)에서 성간 물질은 주로 은하 중심부에 분포한다.
> ㄷ. 은하는 (가)의 형태에서 (나)의 형태로 진화한다.

① ㄱ ② ㄴ ③ ㄱ, ㄷ ④ ㄴ, ㄷ ⑤ ㄱ, ㄴ, ㄷ

• 왜 정답일까?

ㄱ. 허블의 은하 분류 체계에 따르면 (가)는 타원 은하이고 (나)는 나선 은하이다.

• 왜 오답일까?

ㄴ. 나선 은하에서 성간 물질은 은하의 중심부에 거의 분포하지 않으며 주로 나선팔 영역에 분포한다.

ㄷ. 은하의 진화와 은하의 형태 사이에는 뚜렷한 상관관계가 없다.

18 우주의 구성 요소

정답률 69% | 정답 ⑤

| 문제 보기 |

그림은 우주를 구성하는 요소의 비율 변화를 시간에 따라 나타낸 것이다. A, B, C는 보통 물질, 암흑 물질, 암흑 에너지 중 하나이다.

이에 대한 설명으로 옳은 것만을 <보기>에서 있는 대로 고른 것은?

> <보 기>
> ㄱ. 현재 우주를 구성하는 요소의 비율은 C < A < B이다.
> ㄴ. A는 암흑 물질이다.
> ㄷ. B는 현재 우주를 가속 팽창시키는 요소이다.

① ㄱ ② ㄷ ③ ㄱ, ㄴ ④ ㄴ, ㄷ ⑤ ㄱ, ㄴ, ㄷ

• 왜 정답일까?

A는 암흑 물질, B는 암흑 에너지, C는 보통 물질이다. 현재 우주를 구성하는 요소의 비율은 보통 물질<암흑 물질<암흑 에너지이다. 암흑 에너지는 현재 우주를 가속 팽창시키는 요소이다.

19 외계 행성 탐사 방법

정답률 34% | 정답 ③

| 문제 보기 |

그림 (가)는 서로 다른 탐사 방법을 이용하여 발견한 외계 행성의 공전 궤도 반지름과 질량을, (나)는 A 또는 B를 이용한 방법으로 알아낸 어느 별 S의 밝기 변화를 나타낸 것이다. A와 B는 각각 식 현상과 미세 중력 렌즈 현상 중 하나이다.

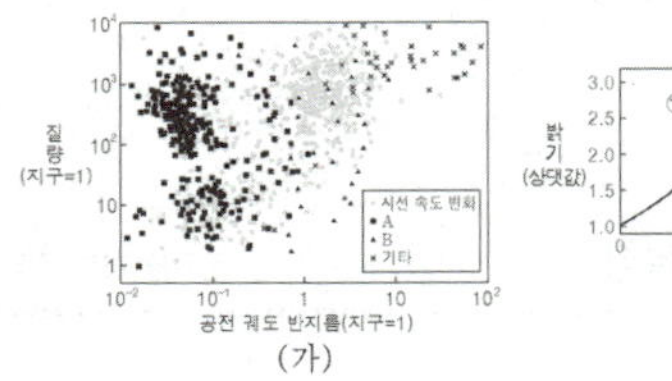

(가) (나)

이 자료에 대한 설명으로 옳은 것만을 <보기>에서 있는 대로 고른 것은? [3점]

> <보 기>
> ㄱ. A를 이용한 방법으로 발견한 외계 행성의 공전 궤도 반지름은 대체로 1 AU보다 작다.
> ㄴ. (나)는 B를 이용한 방법으로 알아낸 것이다.
> ㄷ. ㉠은 별 S를 공전하는 행성에 의해 나타난다.

① ㄱ ② ㄷ ③ ㄱ, ㄴ ④ ㄴ, ㄷ ⑤ ㄱ, ㄴ, ㄷ

• 왜 정답일까?

(가)의 A는 식 현상, B는 미세 중력 렌즈 현상이다.

ㄱ. 식 현상을 이용한 방법으로 발견한 외계 행성의 공전 궤도 반지름은 대체로 1 AU보다 작다.

ㄴ. 미세 중력 렌즈 현상은 외계 행성계의 중심별과 행성의 중력에 의해 배경별의 밝기가 변하는 현상이므로 (나)는 미세 중력 렌즈 현상을 이용한 방법으로 알아낸 것이다.

20 생명 가능 지대

정답률 58% | 정답 ②

| 문제 보기 |

그림 (가)는 주계열성 A와 B의 중심으로부터 거리에 따른 생명 가능 지대의 지속 시간을, (나)는 A 또는 B가 주계열 단계에 머무는 동안 생명 가능 지대의 변화를 나타낸 것이다.

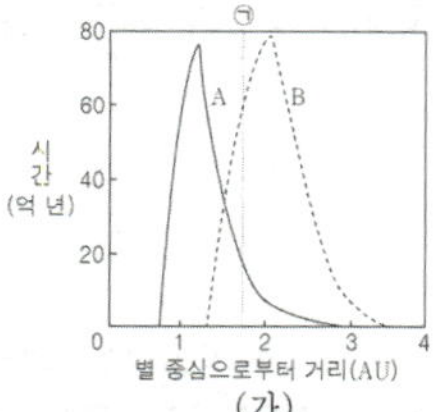

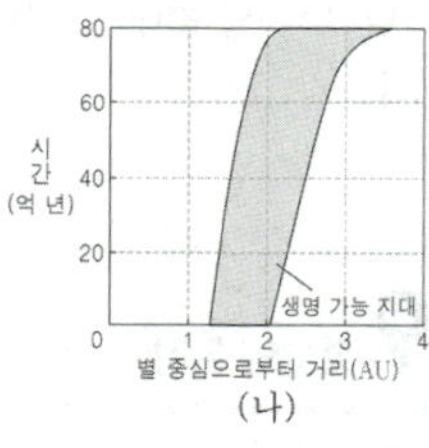

(가) (나)

이 자료에 대한 설명으로 옳은 것만을 <보기>에서 있는 대로 고른 것은? [3점]

> <보 기>
> ㄱ. 별의 질량은 A보다 B가 작다.
> ㄴ. ㉠에서 생명 가능 지대의 지속 시간은 A보다 B가 짧다.
> ㄷ. (나)는 B의 자료이다.

① ㄱ ② ㄷ ③ ㄱ, ㄴ ④ ㄴ, ㄷ ⑤ ㄱ, ㄴ, ㄷ

• 왜 정답일까?

ㄷ. (나)에서 별 중심으로부터 거리에 따른 생명 가능 지대의 지속 시간을 (가)의 자료와 비교했을 때 (나)는 B의 자료이다.

• 왜 오답일까?

ㄱ. 별 중심으로부터 생명 가능 지대 안쪽 경계까지의 거리는 B보다 A가 가까우므로 별의 질량은 A보다 B가 크다.

ㄴ. 별 중심으로부터 거리가 ㉠인 위치에서 주계열성 A와 B의 생명 가능 지대의 지속 시간은 각각 약 20억 년과 약 60억 년이다.

[문제편 p.035]

10회

• 고3 지구과학 I •

2022학년도 4월

01 ⑤	02 ②	03 ④	04 ①	05 ②
06 ④	07 ③	08 ①	09 ②	10 ③
11 ③	12 ⑤	13 ③	14 ⑤	15 ④
16 ④	17 ①	18 ③	19 ①	20 ②

채점 결과
- 실제 걸린 시간 :　　　　분　　　　초
- 맞은 문항수 :　　　　개
- 틀린 문항수 :　　　　개
- 헷갈린 문항 :

01 대륙 이동의 증거

정답률 89% | 정답 ⑤

| 문제 보기 |

그림은 베게너가 제시한 대륙 이동의 증거 중 일부를 나타낸 것이다.

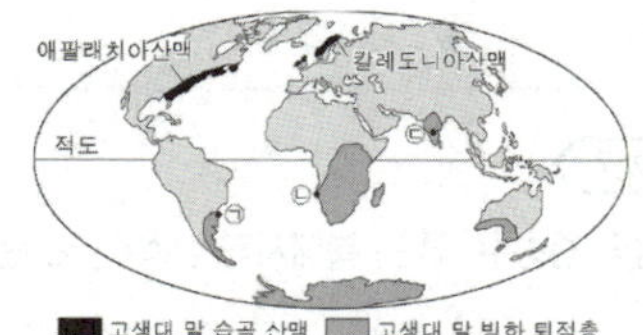

이에 대한 설명으로 옳은 것만을 <보기>에서 있는 대로 고른 것은?

<보기>
ㄱ. ㉠ 지점과 ㉡ 지점 사이의 거리는 현재보다 고생대 말에 가까웠다.
ㄴ. 고생대 말에 애팔래치아산맥과 칼레도니아산맥은 하나로 연결된 산맥이었다.
ㄷ. ㉢ 지점은 고생대 말에 남반구에 위치하였다.

① ㄱ　② ㄷ　③ ㄱ, ㄴ
④ ㄴ, ㄷ　⑤ ㄱ, ㄴ, ㄷ

• 왜 정답일까?

ㄱ, ㄴ. 고생대 말은 초대륙 판게아가 존재했던 시기이므로 ㉠ 지점과 ㉡ 지점 사이의 거리는 현재보다 고생대 말에 가까웠고, 애팔래치아산맥과 칼레도니아 산맥은 하나로 연결된 산맥이었다.
ㄷ. ㉢ 지점에서 발견되는 빙하 퇴적층은 고생대 말 남극 대륙 부근에서 형성된 것이므로 ㉢ 지점은 고생대 말에 남반구에 위치하였다.

02 판의 운동과 플룸 구조

정답률 66% | 정답 ②

| 문제 보기 |

그림 (가)는 어느 열점으로부터 생성된 해산의 배열을 연령과 함께 선으로 나타낸 것이고, (나)는 X－X′ 구간의 지진파 단층 촬영 영상을 나타낸 것이다.

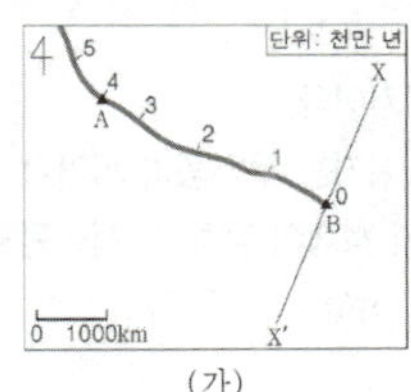

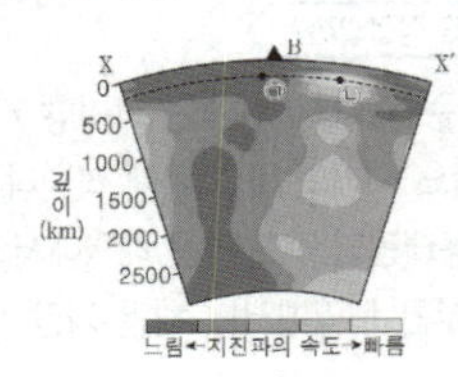

(가)　(나)

이 자료에 대한 설명으로 옳은 것만을 <보기>에서 있는 대로 고른 것은? [3점]

<보기>
ㄱ. 해산 A가 생성된 이후 A가 속한 판의 이동 속력은 지속적으로 감소하였다.
ㄴ. 온도는 ㉠ 지점보다 ㉡ 지점이 높다.
ㄷ. 해산 B는 뜨거운 플룸에 의해 생성되었다.

① ㄱ　② ㄷ　③ ㄱ, ㄴ
④ ㄴ, ㄷ　⑤ ㄱ, ㄴ, ㄷ

• 왜 정답일까?

ㄷ. 지진파의 속도 분포로 보아 해산 B는 뜨거운 플룸에 의해 생성되었다.

• 왜 오답일까?

ㄱ. 해산 배열의 연령 분포로 보아 해산 A가 생성된 이후 A가 속한 판의 이동 속력이 증가한 시기와 감소한 시기가 모두 나타난다.
ㄴ. 지진파의 속도는 ㉠ 지점보다 ㉡ 지점에서 빠르므로 온도는 ㉠ 지점보다 ㉡ 지점이 낮다.

03 지질 시대의 환경과 생물

정답률 52% | 정답 ④

| 문제 보기 |

표는 지질 시대의 환경과 생물에 대한 특징을 기 수준으로 구분하여 나타낸 것이다.

지질 시대(기)	특징
A	양치식물과 방추충 등이 번성하였고, 말기에 가장 큰 규모의 생물 대멸종이 일어났다.
B	삼엽충과 필석 등이 번성하였고, 최초의 척추동물인 어류가 출현하였다.
C	대형 파충류가 번성하였고, 시조새가 출현하였다.

A, B, C에 해당하는 지질 시대(기)로 가장 적절한 것은?

	A	B	C
①	석탄기	오르도비스기	백악기
②	석탄기	캄브리아기	쥐라기
③	페름기	캄브리아기	백악기
④	페름기	오르도비스기	쥐라기
⑤	페름기	트라이아스기	데본기

• 왜 정답일까?

고생대 오르도비스기의 해양에서는 삼엽충과 필석 등이 번성하였고, 최초의 척추동물인 어류가 출현하였다. 페름기에는 양치식물과 방추충 등이 번성하였고, 말기에 가장 큰 규모의 생물 대멸종이 일어났다. 중생대 쥐라기에는 공룡과 같은 대형 파충류가 번성하였고, 시조새가 출현하였다.
따라서 A, B, C는 각각 페름기, 오르도비스기, 쥐라기이다.

04 지질 구조와 퇴적 환경

정답률 45% | 정답 ①

| 문제 보기 |

그림 (가)는 해성층 A, B, C로 이루어진 어느 지역의 지층 단면과 A의 일부에서 발견된 퇴적 구조를, (나)는 A의 퇴적이 완료된 이후 해수면에 대한 ⓐ지점의 상대적 높이 변화를 나타낸 것이다.

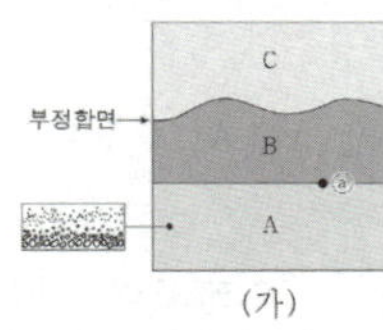

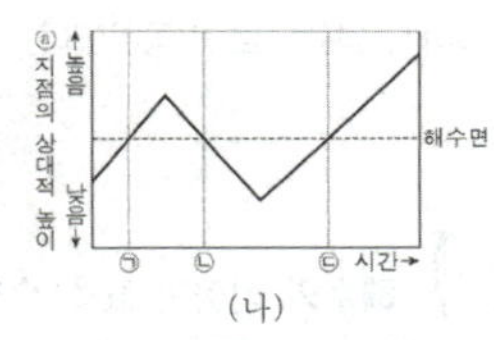

(가)　(나)

이에 대한 설명으로 옳은 것만을 <보기>에서 있는 대로 고른 것은? [3점]

<보기>
ㄱ. A의 퇴적 구조는 입자 크기에 따른 퇴적 속도 차이에 의해 형성되었다.
ㄴ. B의 두께는 ㉠ 시기보다 ㉡ 시기에 두꺼웠다.
ㄷ. C는 ㉢ 시기 이후에 생성되었다.

① ㄱ　② ㄷ　③ ㄱ, ㄴ　④ ㄴ, ㄷ　⑤ ㄱ, ㄴ, ㄷ

• 왜 정답일까?

ㄱ. A의 퇴적 구조는 점이 층리로, 입자의 크기에 따른 퇴적 속도 차이에 의해 형성되었다.

• 왜 오답일까?

ㄴ. ㉠ 시기와 ㉡ 시기 사이에 해성층인 B는 해수면 위로 드러나 있으므로 퇴적이 일어날 수 없다.
ㄷ. C는 해성층이므로 ㉢ 시기 이전에 생성되었다.

05 지층의 상대 연령과 절대 연령

정답률 67% | 정답 ②

| 문제 보기 |

그림은 어느 지역의 지질 단면과 산출되는 화석을 나타낸 것이다. 화성암 A와 D에 각각 포함된 방사성 원소 X와 Y의 양은 처음 양의 $\frac{1}{2}$이다.

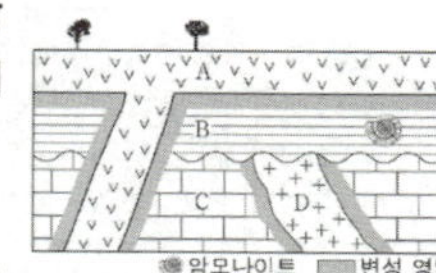

이에 대한 설명으로 옳은 것만을 <보기>에서 있는 대로 고른 것은?

<보기>
ㄱ. 생성 순서는 C → B → A → D이다.
ㄴ. 반감기는 X보다 Y가 길다.
ㄷ. 지층 C에서는 화폐석이 산출될 수 있다.

① ㄱ　② ㄴ　③ ㄷ
④ ㄱ, ㄴ　⑤ ㄴ, ㄷ

• 왜 정답일까?

ㄴ. D는 A보다 먼저 생성되었고, A와 D에 각각 포함된 X와 Y의 양이 모두 처음 양의 $\frac{1}{2}$이므로 반감기는 X보다 Y가 길다.

• 왜 오답일까?

ㄱ. 생성 순서는 C → D → B → A이다.
ㄷ. B에서 중생대의 암모나이트가 산출되므로 C에서는 신생대의 화폐석이 산출될 수 없다.

06 변동대와 마그마 생성 과정

정답률 78% | 정답 ④

| 문제 보기 |

그림 (가)는 어느 지역의 판 경계와 마그마가 분출되는 영역 A와 B의 위치를, (나)는 A와 B 중 한 영역의 하부에서 마그마가 생성되는 과정 ㉠을 나타낸 것이다.

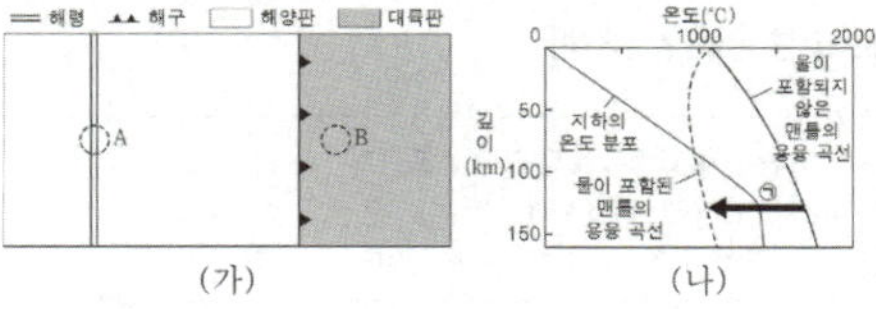

(가)　(나)

이에 대한 설명으로 옳은 것만을 <보기>에서 있는 대로 고른 것은?

<보기>
ㄱ. A에서 분출되는 마그마는 주로 현무암질 마그마이다.
ㄴ. (나)에서 맨틀의 용융점은 물이 포함되지 않은 경우보다 물이 포함된 경우가 높다.
ㄷ. ㉠은 B의 하부에서 마그마가 생성되는 과정이다.

① ㄱ　② ㄴ　③ ㄷ
④ ㄱ, ㄷ　⑤ ㄴ, ㄷ

• 왜 정답일까?

ㄱ. 해령에서 분출되는 마그마는 주로 현무암질 마그마이다.
ㄷ. B의 하부에서는 섭입하는 해양 지각으로부터 빠져나온 물이 맨틀의 용융점을 낮추므로 ㉠ 과정에 의해 마그마가 생성된다.

• 왜 오답일까?

ㄴ. (나)에서 맨틀의 용융점은 물이 포함되지 않은 경우보다 물이 포함된 경우가 낮다.

07 기후 변화의 자연적 요인

정답률 69% | 정답 ③

| 문제 보기 |

그림 (가)는 현재와 비교한 A와 B 시기의 지구 자전축 경사각을, (나)는 A시기와 비교한 B 시기의 지구에 입사하는 태양 복사 에너지의 변화량을 나타낸 것이다.

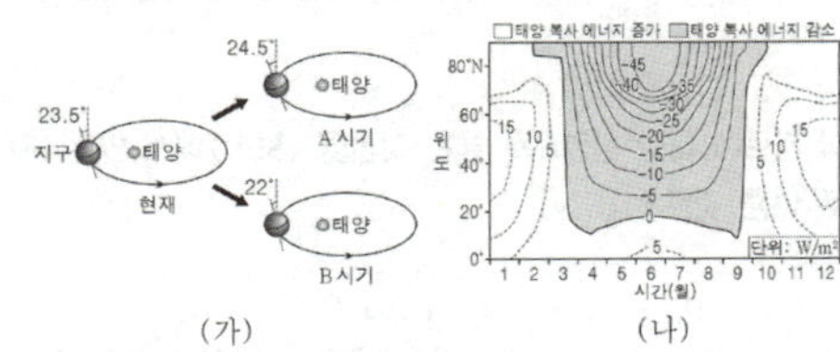

(가)　(나)

이에 대한 설명으로 옳은 것만을 <보기>에서 있는 대로 고른 것은? (단, 지구 자전축 경사각 이외의 요인은 고려하지 않는다.) [3점]

[문제편 p.037]

<보기>
ㄱ. 현재 근일점에서 북반구의 계절은 겨울이다.
ㄴ. (나)에서 6월의 태양 복사 에너지의 감소량은 20°N보다 60°N에서 많다.
ㄷ. 40°N에서 연교차는 A 시기보다 B 시기가 크다.

① ㄱ　② ㄷ　③ ㄱ, ㄴ　④ ㄴ, ㄷ　⑤ ㄱ, ㄴ, ㄷ

• 왜 정답일까?

ㄱ. 현재 북반구의 계절은 근일점에서 겨울, 원일점에서 여름이다.

ㄴ. 6월의 태양 복사 에너지 감소량은 20°N에서 약 $2W/m^2$, 60°N에서 약 $29W/m^2$이다.

• 왜 오답일까?

ㄷ. 40°N에서 A시기와 비교할 때 B시기의 태양 복사 에너지는 여름철에 감소하고 겨울철에 증가하므로, 연교차는 A 시기보다 B 시기가 작다.

08 온대 저기압

정답률 37% | 정답 ①

| 문제 보기 |

그림은 폐색 전선을 동반한 온대 저기압 주변 지표면에서의 풍향과 풍속 분포를 강수량 분포와 함께 나타낸 것이다. 지표면의 구간 X−X′과 Y−Y′에서의 강수량 분포는 각각 A와 B 중 하나이다.

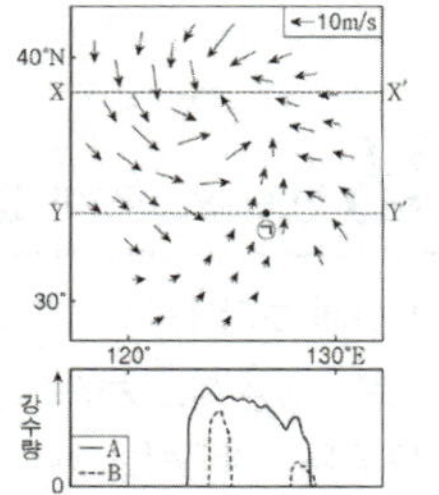

이 자료에 대한 설명으로 옳은 것만을 <보기>에서 있는 대로 고른 것은? [3점]

<보기>
ㄱ. A는 X−X′에서의 강수량 분포이다.
ㄴ. Y−Y′에는 폐색 전선이 위치한다.
ㄷ. ㉠ 지점의 상공에는 전선면이 있다.

① ㄱ　② ㄷ　③ ㄱ, ㄴ　④ ㄴ, ㄷ　⑤ ㄱ, ㄴ, ㄷ

• 왜 정답일까?

ㄱ. 북반구의 온대 저기압 주변 지표면에서 바람은 저기압 중심을 향해 시계 반대 방향으로 불어 들어가므로 X−X′에는 폐색 전선이, Y−Y′에는 한랭 전선과 온난 전선이 위치한다. 따라서 A는 X−X′에서의, B는 Y−Y′에서의 강수량 분포이다.

• 왜 오답일까?

ㄴ. Y−Y′에는 한랭 전선과 온난 전선이 위치한다.

ㄷ. ㉠ 지점은 한랭 전선과 온난 전선 사이에 위치한다.

09 태풍

정답률 53% | 정답 ②

| 문제 보기 |

그림 (가)는 서로 다른 해에 발생한 태풍 ㉠과 ㉡의 이동 경로에 6시간 간격으로 중심 기압과 강풍 반경을 나타낸 것이고, (나)의 A와 B는 각각 태풍 ㉠과 ㉡의 중심으로부터 제주도까지의 거리가 가장 가까운 시기에 발효된 특보 상황 중 하나이다.

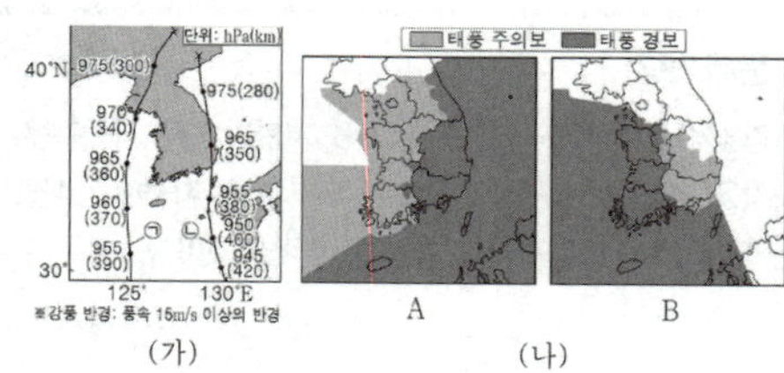

이 자료에 대한 설명으로 옳은 것만을 <보기>에서 있는 대로 고른 것은? [3점]

<보기>
ㄱ. A는 태풍 ㉠에 의한 특보 상황이다.
ㄴ. B의 특보 상황이 발효된 시기에 제주도는 태풍의 위험 반원에 위치한다.
ㄷ. A와 B의 특보 상황이 발효된 시기에 태풍의 세력은 ㉠보다 ㉡이 약하다.

① ㄱ　② ㄴ　③ ㄱ, ㄷ　④ ㄴ, ㄷ　⑤ ㄱ, ㄴ, ㄷ

• 왜 정답일까?

ㄴ. B의 특보 상황이 발효된 시기에 제주도는 태풍 ㉠의 영향을 받으므로 위험 반원에 위치한다.

• 왜 오답일까?

ㄱ. 태풍은 이동 경로의 오른쪽이 위험 반원이므로 A는 태풍 ㉡, B는 태풍 ㉠에 의한 특보 상황이다.

ㄷ. A와 B의 특보 상황이 발효된 시기에 태풍 ㉡은 태풍 ㉠보다 중심 기압이 작고 강풍 반경이 크므로 세력이 강하다.

10 악기상의 특징

정답률 47% | 정답 ③

| 문제 보기 |

그림 (가)는 우리나라가 정체 전선의 영향을 받은 어느 날 06시의 지상 일기도를 나타낸 것이고, (나)와 (다)는 각각 이날 06시와 18시의 레이더 영상 중 하나이다.

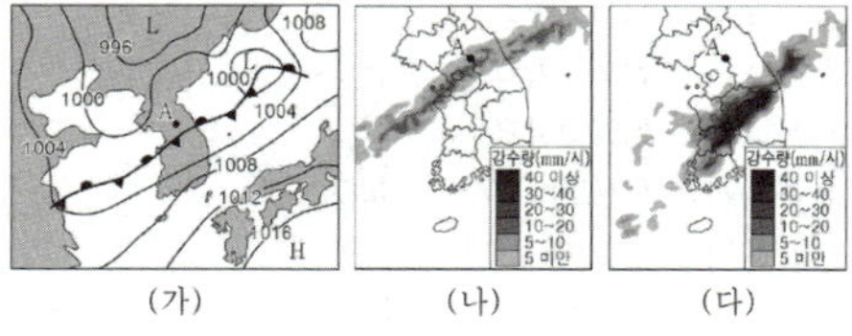

이 자료에 대한 설명으로 옳은 것만을 <보기>에서 있는 대로 고른 것은?

<보기>
ㄱ. (나)는 06시의 레이더 영상이다.
ㄴ. (다)에는 집중 호우가 발생한 지역이 있다.
ㄷ. A 지점에서는 06시와 18시 사이에 전선이 통과하였다.

① ㄱ　② ㄷ　③ ㄱ, ㄴ　④ ㄴ, ㄷ　⑤ ㄱ, ㄴ, ㄷ

• 왜 정답일까?

ㄱ. 우리나라 부근의 정체 전선은 주로 전선의 북쪽에서 강수 현상이 나타나므로 (나)는 06시의 레이더 영상이다.

ㄴ. (다)에는 30mm/시 이상의 강수량이 관측된 집중 호우가 발생한 지역이 있다.

• 왜 오답일까?

ㄷ. 정체 전선은 06시에 A 지점보다 남쪽에 위치하였고, 이후 18시까지 남쪽으로 이동하였다.

11 해수의 성질과 표층 순환

정답률 60% | 정답 ③

| 문제 보기 |

그림 (가)는 북태평양 아열대 순환을 구성하는 표층 해류가 흐르는 해역 A, B, C를, (나)는 A, B, C에서 동일한 시기에 측정한 수온과 염분 자료를 나타낸 것이다. ㉠, ㉡, ㉢은 각각 A, B, C에서 측정한 자료 중 하나이다.

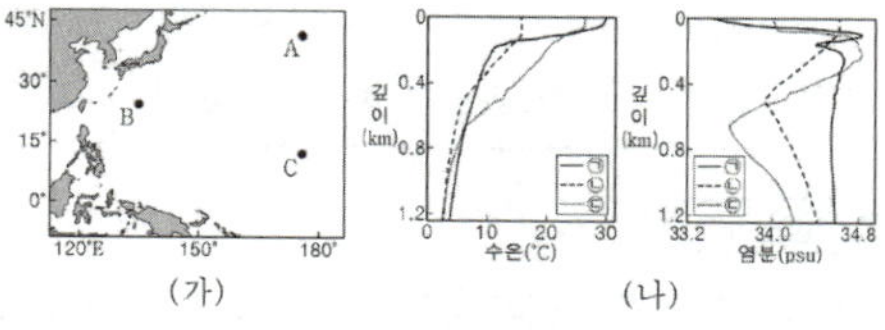

이 자료에 대한 설명으로 옳지 않은 것은?

① A에는 북태평양 해류가 흐른다.
② ㉠은 C에서 측정한 자료이다.
③ 표면 해수의 염분은 B에서 가장 높다.
④ C에 흐르는 표층 해류는 무역풍의 영향을 받는다.
⑤ 혼합층의 두께는 C보다 A에서 두껍다.

• 왜 정답일까?

③ 표면 해수의 염분은 A > B > C이다.

• 왜 오답일까?

① A에는 편서풍의 영향을 받는 북태평양 해류가 흐른다.
② ㉠은 C 해역, ㉡은 A 해역, ㉢은 B 해역에서 측정한 자료이다.
④ C에 흐르는 북적도 해류는 무역풍의 영향을 받는다.
⑤ 혼합층은 해수 표층에서 깊이에 따라 수온이 일정하게 나타나는 층이므로 혼합층의 두께는 C보다 A에서 두껍다.

12 심층 순환

정답률 61% | 정답 ⑤

| 문제 보기 |

그림은 대서양 심층 순환의 일부를 나타낸 것이다. A, B, C는 각각 남극 저층수, 남극 중층수, 북대서양 심층수 중 하나이다.

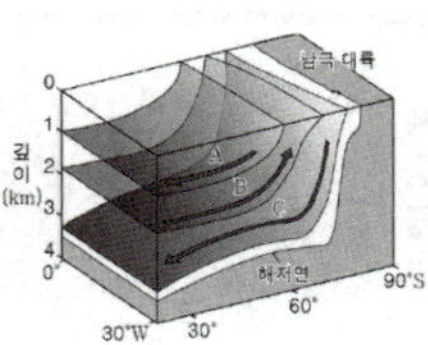

이에 대한 설명으로 옳은 것만을 <보기>에서 있는 대로 고른 것은?

<보기>
ㄱ. A는 남극 중층수이다.
ㄴ. 해수의 밀도는 B보다 C가 크다.
ㄷ. C는 심해층에 산소를 공급한다.

① ㄱ　② ㄷ　③ ㄱ, ㄴ　④ ㄴ, ㄷ　⑤ ㄱ, ㄴ, ㄷ

• 왜 정답일까?

ㄱ. A는 남극 중층수, B는 북대서양 심층수, C는 남극 저층수이다.

ㄴ. 해수의 밀도는 북대서양 심층수보다 남극 저층수가 크다.

ㄷ. 남극 저층수는 침강하면서 용존 산소가 풍부한 표층 해수를 심해로 운반하여 심해층에 산소를 공급한다.

13 엘니뇨와 라니냐

정답률 55% | 정답 ③

| 문제 보기 |

그림은 태평양 적도 부근 해역의 깊이에 따른 수온 편차(관측값−평년값)를 나타낸 것이다. (가)와 (나)는 각각 엘니뇨 시기와 라니냐 시기 중 하나이다.

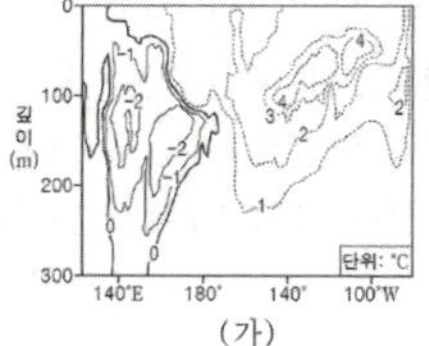
(가)

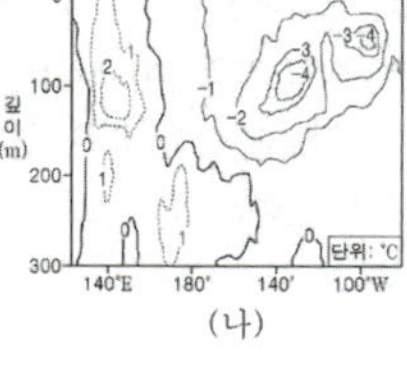
(나)

(가) 시기와 비교할 때, (나) 시기에 대한 설명으로 옳은 것만을 <보기>에서 있는 대로 고른 것은? [3점]

<보기>
ㄱ. 무역풍의 세기가 강하다.
ㄴ. 동태평양 적도 부근 해역에서의 용승이 강하다.
ㄷ. 서태평양 적도 부근 해역에서의 해면 기압이 크다.

① ㄱ　② ㄷ　③ ㄱ, ㄴ　④ ㄴ, ㄷ　⑤ ㄱ, ㄴ, ㄷ

• 왜 정답일까?

(가)는 엘니뇨, (나)는 라니냐 시기이다.
엘니뇨 시기와 비교할 때 라니냐 시기는 무역풍의 세기가 강하고 동태평양 적도 부근 해역에서의 용승이 강하며, 서태평양 적도 부근 해역에서의 해면 기압은 작다.

14 별의 물리량

정답률 32% | 정답 ⑤

| 문제 보기 |

표는 별 A와 B의 물리량을 태양과 비교하여 나타낸 것이다.

별	광도 (상댓값)	반지름 (상댓값)	최대 복사 에너지 방출 파장(nm)
태양	1	1	500
A	170	25	㉠
B	64	㉡	250

이에 대한 설명으로 옳은 것만을 <보기>에서 있는 대로 고른 것은? [3점]

[문제편 p.038]

〈보 기〉
ㄱ. ㉠은 500보다 크다.
ㄴ. ㉡은 4이다.
ㄷ. 단위 면적당 단위 시간에 방출하는 복사 에너지의 양은 A보다 B가 많다.

① ㄱ ② ㄴ ③ ㄷ
④ ㄱ, ㄴ ⑤ ㄱ, ㄷ

• 왜 정답일까?

ㄱ. 별의 광도는 반지름의 제곱과 표면 온도의 네 제곱에 비례하고, 최대 복사 에너지 방출 파장은 표면 온도에 반비례하므로 ㉠은 500보다 크다.
ㄷ. 표면 온도는 A보다 B가 높으므로 단위 면적당 단위 시간에 방출하는 복사 에너지의 양은 A보다 B가 많다.

• 왜 오답일까?

ㄴ. ㉡은 2이다.

15 주계열성의 내부 구조

정답률 56% | 정답 ④

| 문제 보기 |

그림은 주계열성 내부의 에너지 전달 영역을 주계열성의 질량과 중심으로부터의 누적 질량비에 따라 나타낸 것이다. A와 B는 각각 복사와 대류에 의해 에너지 전달이 주로 일어나는 영역 중 하나이다.

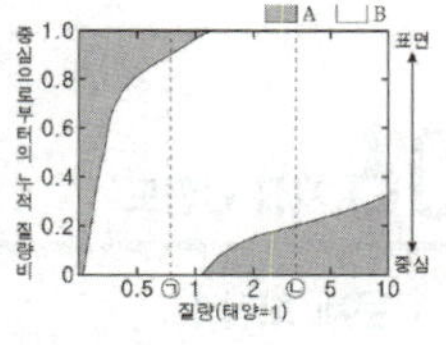

이에 대한 설명으로 옳은 것만을 〈보기〉에서 있는 대로 고른 것은? [3점]

〈보 기〉
ㄱ. A 영역의 평균 온도는 질량이 ㉠인 별보다 ㉡인 별이 높다.
ㄴ. B는 복사에 의해 에너지 전달이 주로 일어나는 영역이다.
ㄷ. 질량이 ㉠인 별의 중심부에서는 p-p 반응보다 CNO 순환 반응이 우세하게 일어난다.

① ㄱ ② ㄴ ③ ㄷ
④ ㄱ, ㄴ ⑤ ㄱ, ㄷ

• 왜 정답일까?

A는 대류, B는 복사에 의해 에너지 전달이 주로 일어나는 영역이다. 질량이 ㉠인 별은 질량이 ㉡인 별보다 대류에 의해 에너지 전달이 주로 일어나는 영역의 평균 온도가 낮고, 중심부에서 CNO 순환 반응보다 p－p 반응이 우세하게 일어난다.

16 별의 진화

정답률 49% | 정답 ④

| 문제 보기 |

그림은 질량이 태양과 비슷한 별의 나이에 따른 광도와 표면 온도를 A와 B로 순서 없이 나타낸 것이다. ㉠, ㉡, ㉢은 각각 원시별, 적색 거성, 주계열성 단계 중 하나이다.

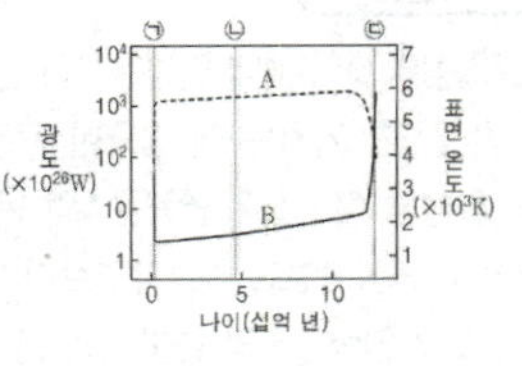

이에 대한 설명으로 옳은 것만을 〈보기〉에서 있는 대로 고른 것은?

〈보 기〉
ㄱ. A는 표면 온도이다.
ㄴ. ㉠의 주요 에너지원은 수소 핵융합 반응이다.
ㄷ. 별의 평균 밀도는 ㉡보다 ㉢일 때 작다.

① ㄱ ② ㄴ ③ ㄷ
④ ㄱ, ㄷ ⑤ ㄴ, ㄷ

• 왜 정답일까?

ㄱ. A는 표면 온도, B는 광도이다.
ㄷ. 별의 평균 밀도는 주계열성보다 적색 거성 단계일 때 작다.

• 왜 오답일까?

ㄴ. ㉠은 원시별, ㉡은 주계열성, ㉢은 적색 거성 단계이다. 원시별의 주요 에너지원은 중력 수축 에너지이다.

17 생명 가능 지대

정답률 48% | 정답 ①

| 문제 보기 |

표는 외계 행성계 (가)와 (나)의 특징을 나타낸 것이다. (가)와 (나)는 각각 중심별과 중심별을 원 궤도로 공전하는 하나의 행성으로 구성된다.

구분	(가)	(나)
중심별의 분광형	F6V	M2V
생명 가능 지대(AU)	1.7 ~ 3.0	(　)
행성의 공전 궤도 반지름(AU)	1.82	3.10
행성의 단위 면적당 단위 시간에 입사하는 중심별의 복사 에너지양(지구=1)	1.03	㉠

이에 대한 설명으로 옳은 것만을 〈보기〉에서 있는 대로 고른 것은?

〈보 기〉
ㄱ. (가)의 행성에서는 물이 액체 상태로 존재할 수 있다.
ㄴ. (나)에서 생명 가능 지대의 폭은 1.3AU보다 넓다.
ㄷ. ㉠은 1.03보다 크다.

① ㄱ ② ㄴ ③ ㄱ, ㄷ
④ ㄴ, ㄷ ⑤ ㄱ, ㄴ, ㄷ

• 왜 정답일까?

ㄱ. (가)의 행성은 생명 가능 지대에 위치하므로 물이 액체 상태로 존재할 수 있다.

• 왜 오답일까?

ㄴ. 중심별의 분광형으로 보아 광도는 (가)보다 (나)가 작으므로 (나)에서 생명 가능 지대의 폭은 1.3AU보다 좁다.
ㄷ. (나)의 중심별로부터 행성 공전 궤도까지의 거리는 생명 가능 지대보다 먼 거리에 위치하므로 ㉠은 1.03보다 작다.

18 특이 은하

정답률 42% | 정답 ③

| 문제 보기 |

그림은 어느 퀘이사의 스펙트럼 분석 자료 중 일부를 나타낸 것이다. A와 B는 각각 방출선과 흡수선 중 하나이다.

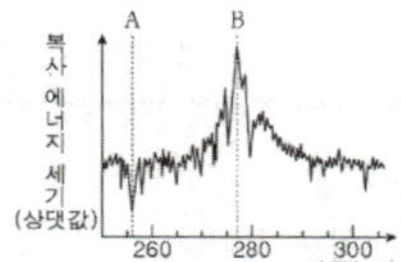

(단위: nm)

A의 정지 상태 파장	112
A의 관측 파장	256
B의 정지 상태 파장	㉠
B의 관측 파장	277

이에 대한 설명으로 옳은 것만을 〈보기〉에서 있는 대로 고른 것은?

〈보 기〉
ㄱ. A는 흡수선이다.
ㄴ. ㉠은 133이다.
ㄷ. 이 퀘이사는 우리은하로부터 멀어지고 있다.

① ㄱ ② ㄴ ③ ㄱ, ㄷ
④ ㄴ, ㄷ ⑤ ㄱ, ㄴ, ㄷ

• 왜 정답일까?

ㄱ. A는 흡수선, B는 방출선이다.
ㄷ. 이 퀘이사의 분석 자료에서 적색 편이가 나타나는 것으로 보아 이 퀘이사는 우리은하로부터 멀어지고 있다.

• 왜 오답일까?

ㄴ. 정지 상태 파장이 길수록 관측 파장과 정지 상태 파장의 차이가 크므로 ㉠은 133보다 작다.

19 외계 행성 탐사 방법

정답률 45% | 정답 ①

| 문제 보기 |

그림 (가)는 중심별을 원 궤도로 공전하는 외계 행성 A와 B의 공전 방향을, (나)는 A와 B에 의한 중심별의 겉보기 밝기 변화를 나타낸 것이다. A와 B의 공전 궤도 반지름은 각각 0.4AU와 0.6AU이고, B의 공전 궤도면은 관측자의 시선 방향과 나란하다.

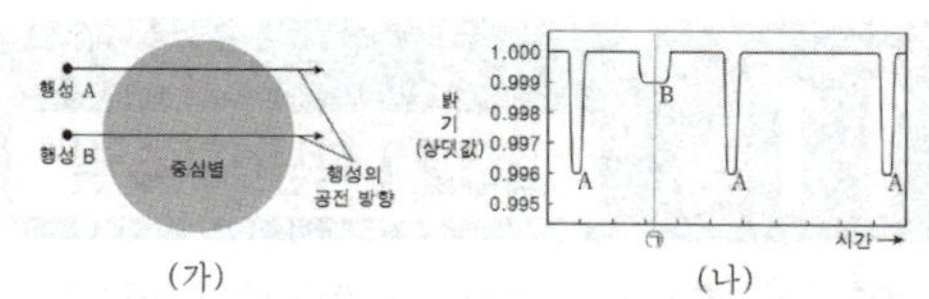

이에 대한 설명으로 옳은 것만을 〈보기〉에서 있는 대로 고른 것은? [3점]

〈보 기〉
ㄱ. 공전 주기는 A보다 B가 길다.
ㄴ. 반지름은 A가 B의 4배이다.
ㄷ. ㉠ 시기에 A와 B 사이의 거리는 1AU보다 멀다.

① ㄱ ② ㄷ ③ ㄱ, ㄴ
④ ㄴ, ㄷ ⑤ ㄱ, ㄴ, ㄷ

• 왜 정답일까?

ㄱ. 식 현상이 일어나는 시간 간격이 A보다 B가 크므로 공전 주기는 A보다 B가 길다.

• 왜 오답일까?

ㄴ. 식 현상이 일어날 때 중심별의 밝기는 행성이 별을 가리는 면적에 비례하여 감소하므로 반지름은 A가 B의 약 2배이다.
ㄷ. A의 공전 궤도면은 관측자의 시선 방향과 나란하지 않으므로 ㉠ 시기에 A와 B 사이의 거리는 1AU보다 가깝다.

20 가속 팽창 우주

정답률 37% | 정답 ②

| 문제 보기 |

표는 우주 모형 A, B, C의 Ω_m과 Ω_Λ를 나타낸 것이고, 그림은 A, B, C에서 적색 편이와 겉보기 등급 사이의 관계를 C를 기준으로 하여 Ⅰa형 초신성 관측 자료와 함께 나타낸 것이다. ㉠과 ㉡은 각각 A와 B의 편차 자료 중 하나이고, Ω_m과 Ω_Λ는 각각 현재 우주의 물질 밀도와 암흑 에너지 밀도를 임계 밀도로 나눈 값이다.

우주 모형	Ω_m	Ω_Λ
A	0.27	0.73
B	1.0	0
C	0.27	0

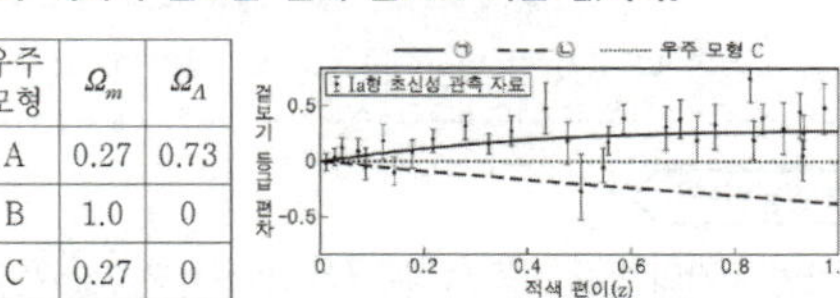

이 자료에 대한 설명으로 옳은 것만을 〈보기〉에서 있는 대로 고른 것은? [3점]

〈보 기〉
ㄱ. ㉠은 B의 편차 자료이다.
ㄴ. z=1.0인 천체의 겉보기 등급은 A보다 B에서 크다.
ㄷ. Ⅰa형 초신성 관측 자료와 가장 부합하는 모형은 A이다.

① ㄱ ② ㄷ ③ ㄱ, ㄴ
④ ㄴ, ㄷ ⑤ ㄱ, ㄴ, ㄷ

• 왜 정답일까?

ㄷ. Ⅰa형 초신성의 관측 자료는 모형 A와 가장 잘 부합한다.

• 왜 오답일까?

ㄱ. ㉠은 A, ㉡은 B의 편차 자료이다.
ㄴ. $z=1.0$인 천체의 겉보기 등급은 A보다 B에서 작다.

[문제편 p.039]

● 고3 지구과학 Ⅰ ●

11회 2021학년도 4월

01 ②	02 ①	03 ⑤	04 ④	05 ③
06 ①	07 ①	08 ②	09 ④	10 ⑤
11 ①	12 ③	13 ②	14 ③	15 ①
16 ③	17 ③	18 ⑤	19 ⑤	20 ④

채점 결과
- 실제 걸린 시간 : 분 초
- 맞은 문항수 : 개
- 틀린 문항수 : 개
- 헷갈린 문항 :

01 해양저 확장설

정답률 86% | 정답 ②

| 문제 보기 |

그림 (가)와 (나)는 각각 서로 다른 해령 부근에서 열곡으로부터의 거리에 따른 해양 지각의 나이와 고지자기 분포를 나타낸 것이다.

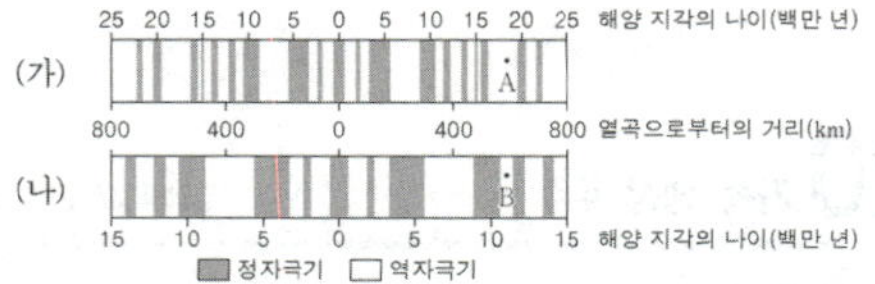

이 자료에 대한 설명으로 옳은 것만을 〈보기〉에서 있는 대로 고른 것은?

〈보 기〉
ㄱ. 해양 지각의 나이는 A와 B 지점이 같다.
ㄴ. B 지점의 해양 지각이 생성될 당시 지구 자기장의 방향은 현재와 같았다.
ㄷ. 해양 지각의 평균 이동 속력은 (가)보다 (나)에서 빠르게 나타난다.

① ㄱ ② ㄷ ③ ㄱ, ㄴ ④ ㄴ, ㄷ ⑤ ㄱ, ㄴ, ㄷ

• 왜 정답일까?

ㄷ. 해양 지각의 평균 이동 속력은 (가)에서 약 3.2cm/년, (나)에서 약 5.3cm/년으로 (가)보다 (나)에서 빠르게 나타난다.

• 왜 오답일까?

ㄱ. 해양 지각의 나이는 A 지점이 약 1800만 년, B 지점이 약 1100만 년으로 A보다 B 지점이 적다.

ㄴ. B 지점의 해양 지각은 지구 자기장의 방향이 현재와 반대인 역자극기에 생성되었다.

02 대륙의 이동과 고지자기 복각

정답률 68% | 정답 ①

| 문제 보기 |

그림은 고지자기 복각과 위도의 관계를 나타낸 것이고, 표는 어느 대륙의 한 지역에서 생성된 화성암 A ~ D의 생성 시기와 고지자기 복각을 측정한 자료이다.

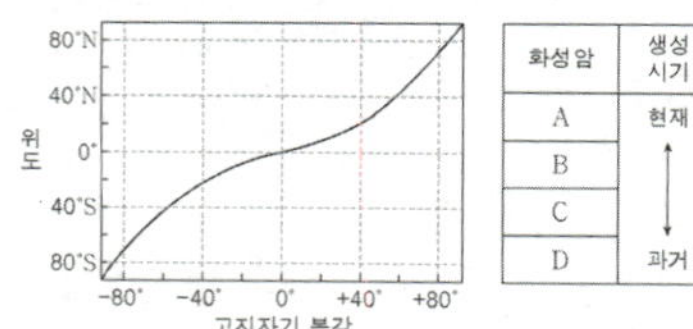

화성암	생성 시기	고지자기 복각
A	현재	+38°
B	↑	+18°
C	↓	-37°
D	과거	-48°

이 지역에 대한 설명으로 옳은 것만을 〈보기〉에서 있는 대로 고른 것은? (단, 화성암 A ~ D는 정자극기일 때 생성되었고, 지리상 북극의 위치는 변하지 않았다.) [3점]

〈보 기〉
ㄱ. A가 생성될 당시 북반구에 위치하였다.
ㄴ. B가 생성될 당시 위도와 C가 생성될 당시 위도의 차는 55°이다.
ㄷ. D가 생성된 이후 현재까지 남쪽으로 이동하였다.

① ㄱ ② ㄴ ③ ㄱ, ㄷ
④ ㄴ, ㄷ ⑤ ㄱ, ㄴ, ㄷ

• 왜 정답일까?

ㄱ. A는 고지자기 복각이 +38° 이므로 A가 생성될 당시 이 지역은 북반구에 위치하였다.

• 왜 오답일까?

ㄴ. B는 고지자기 복각이 +18° 이므로 약 9° N에서 생성되었고, C는 고지자기 복각이 -37° 이므로 약 21° S에서 생성되었다. 따라서 B가 생성될 당시 위도와 C가 생성될 당시 위도의 차는 55° 보다 작다.

ㄷ. D는 남반구에서 생성되었고, A는 북반구에서 생성되었으므로 이 지역은 북쪽으로 이동하였다.

03 플룸 구조론

정답률 81% | 정답 ⑤

| 문제 보기 |

그림 (가)는 판 경계와 열점의 분포를, (나)는 A 또는 B 구간의 깊이에 따른 지진파 속도 분포를 나타낸 것이다.

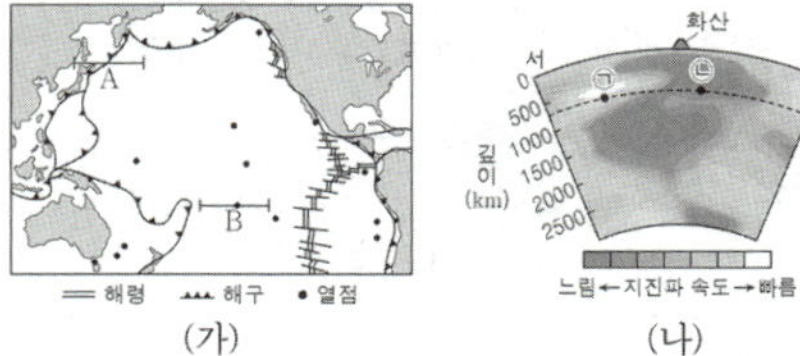

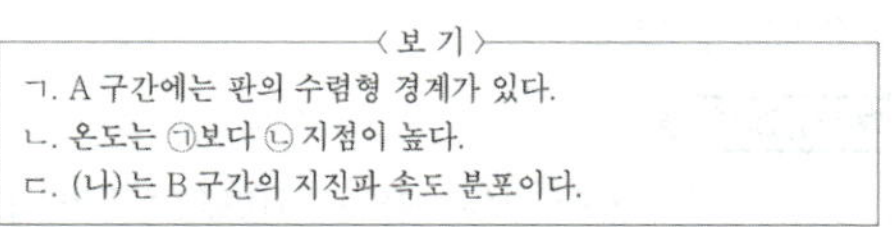

(가) (나)

이에 대한 설명으로 옳은 것만을 〈보기〉에서 있는 대로 고른 것은?

〈보 기〉
ㄱ. A 구간에는 판의 수렴형 경계가 있다.
ㄴ. 온도는 ㉠보다 ㉡ 지점이 높다.
ㄷ. (나)는 B 구간의 지진파 속도 분포이다.

① ㄱ ② ㄴ ③ ㄱ, ㄷ ④ ㄴ, ㄷ ⑤ ㄱ, ㄴ, ㄷ

• 왜 정답일까?

ㄱ. A 구간에는 해구가 있는 것으로 보아 판의 수렴형 경계가 있다.

ㄴ. 지진파의 속도는 ㉠보다 ㉡ 지점에서 느리게 나타나므로, 온도는 ㉠보다 ㉡ 지점이 높다.

ㄷ. (나)는 뜨거운 플룸의 상승으로 인해 형성된 열점이 위치한 B 구간의 지진파 속도 분포이다.

04 퇴적 구조

정답률 90% | 정답 ④

| 문제 보기 |

그림은 서로 다른 퇴적 구조를 나타낸 것이다.

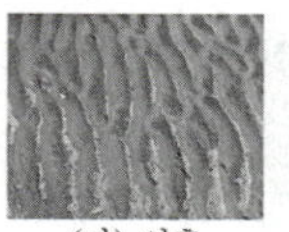
(가) 연흔

(나) 점이 층리

(다) 건열

이에 대한 설명으로 옳은 것만을 〈보기〉에서 있는 대로 고른 것은?

〈보 기〉
ㄱ. (가)는 (나)보다 주로 수심이 깊은 곳에서 형성된다.
ㄴ. (나)는 입자의 크기에 따른 퇴적 속도 차이에 의해 형성된다.
ㄷ. (다)는 형성되는 동안 건조한 환경에 노출된 시기가 있었다.

① ㄱ ② ㄴ ③ ㄱ, ㄷ ④ ㄴ, ㄷ ⑤ ㄱ, ㄴ, ㄷ

• 왜 정답일까?

ㄴ. 점이 층리는 입자의 크기에 따른 퇴적 속도 차이에 의해 형성된다.

ㄷ. 건열은 퇴적물이 건조한 환경에 노출되어 표면이 갈라져서 형성된 구조이다.

• 왜 오답일까?

ㄱ. 연흔은 주로 수심이 얕은 환경에서, 점이 층리는 주로 수심이 깊은 환경에서 형성된다.

05 지질 시대 기후 변화

정답률 85% | 정답 ③

| 문제 보기 |

그림 (가)는 지질 시대의 평균 기온 변화를, (나)는 암모나이트 화석을 나타낸 것이다.

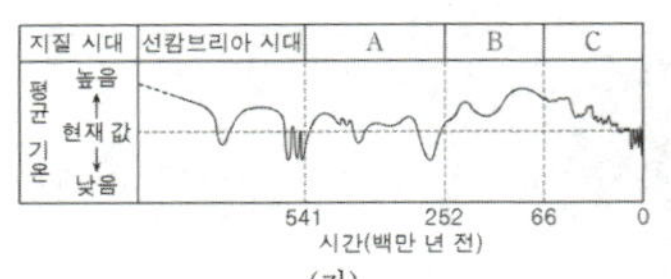

(가) (나)

이에 대한 설명으로 옳은 것만을 〈보기〉에서 있는 대로 고른 것은?

〈보 기〉
ㄱ. A 시기 말에는 판게아가 형성되었다.
ㄴ. B 시기는 현재보다 대체로 온난하였다.
ㄷ. (나)는 C 시기의 표준 화석이다.

① ㄱ ② ㄷ ③ ㄱ, ㄴ
④ ㄴ, ㄷ ⑤ ㄱ, ㄴ, ㄷ

• 왜 정답일까?

A는 고생대, B는 중생대, C는 신생대이다.

ㄱ. 판게아는 고생대 말에 형성된 초대륙이다.

ㄴ. 중생대는 전반적으로 온난하였고 평균 기온이 현재보다 높았다.

• 왜 오답일까?

ㄷ. 암모나이트 화석은 중생대의 표준 화석이다.

06 지질 단면도

정답률 60% | 정답 ①

| 문제 보기 |

그림 (가)는 어느 지역의 지질 단면도를, (나)는 방사성 원소 X의 붕괴 곡선을 나타낸 것이다. 화성암 A와 B에 포함된 방사성 원소 X의 양은 각각 처음 양의 50%, 25%이다.

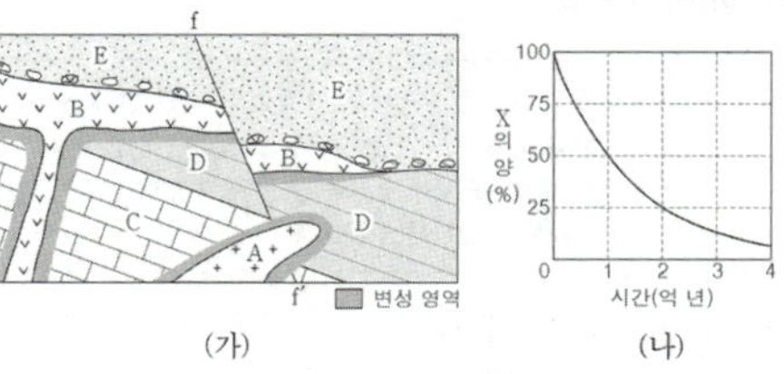

(가) (나)

이에 대한 설명으로 옳은 것만을 〈보기〉에서 있는 대로 고른 것은? [3점]

〈보 기〉
ㄱ. 화성암 A는 단층 f – f′보다 나중에 생성되었다.
ㄴ. 화성암 B에 포함된 방사성 원소 X는 세 번의 반감기를 거쳤다.
ㄷ. 지층 E에서는 화폐석이 산출될 수 있다.

① ㄱ ② ㄴ ③ ㄱ, ㄷ
④ ㄴ, ㄷ ⑤ ㄱ, ㄴ, ㄷ

• 왜 정답일까?

ㄱ. 화성암 A는 단층 f – f′ 를 관입하였으므로 화성암 A는 단층 f – f′ 보다 나중에 생성되었다.

• 왜 오답일까?

ㄴ. 화성암 B의 절대 연령은 2억 년이다. 방사성 원소 X가 3번의 반감기를 거치는 데 필요한 시간은 3억 년이다.

ㄷ. 화성암 A의 절대 연령은 1억 년이다. 지층 E는 화성암 A보다 먼저 생성되었고 화성암 B보다 나중에 생성되었으므로 지층 E의 절대 연령은 1억 년과 2억 년 사이이다. 따라서 지층 E에서는 신생대의 표준 화석인 화폐석이 산출될 수 없다.

07 표층 순환과 심층 순환

정답률 48% | 정답 ①

| 문제 보기 |

그림은 대서양 표층 순환과 심층 순환의 일부를 확대하여 나타낸 것이다. ㉠과 ㉡은 각각 표층수와 심층수 중 하나이다.

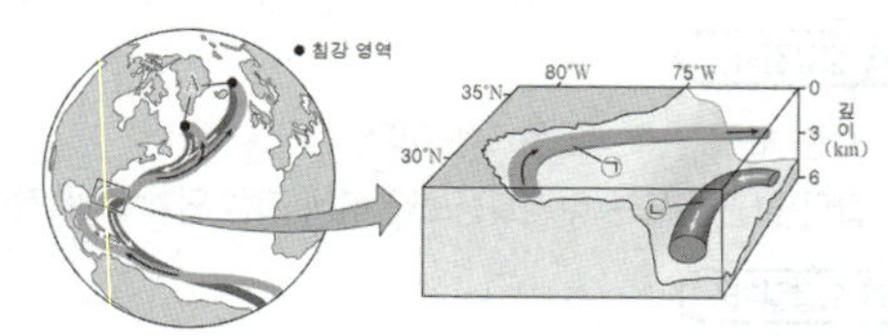

이에 대한 설명으로 옳은 것만을 〈보기〉에서 있는 대로 고른 것은?

[문제편 p.041]

<보 기>
ㄱ. 해수의 밀도는 ㉠보다 ㉡이 크다.
ㄴ. 해수가 흐르는 평균 속력은 ㉠보다 ㉡이 빠르다.
ㄷ. A 해역에 빙하가 녹은 물이 유입되면 표층수의 침강은 강해진다.

① ㄱ ② ㄴ ③ ㄱ, ㄷ ④ ㄴ, ㄷ ⑤ ㄱ, ㄴ, ㄷ

• 왜 정답일까?

ㄱ. ㉠은 표층수, ㉡은 심층수이다. 해수의 밀도는 표층수보다 심층수가 크다.

• 왜 오답일까?

ㄴ. 해수가 흐르는 평균 속력은 표층수보다 심층수가 느리다.
ㄷ. A 해역에 빙하가 녹은 물이 유입되면 표층수의 밀도가 감소하므로 표층수의 침강은 약해진다.

08 태풍

정답률 73% | 정답 ②

| 문제 보기 |

그림 (가)는 서로 다른 시기에 우리나라에 영향을 준 태풍 A와 B의 이동 경로를, (나)는 A 또는 B의 영향을 받은 시기에 촬영한 적외선 영상을 나타낸 것이다.

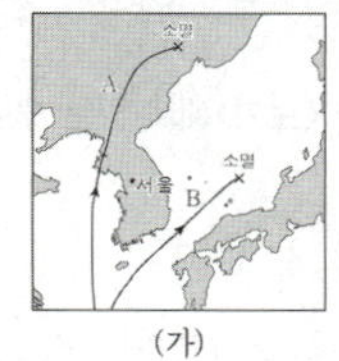
(가)

(나)

이에 대한 설명으로 옳은 것만을 <보기>에서 있는 대로 고른 것은?

<보 기>
ㄱ. A는 육지를 지나는 동안 중심 기압이 지속적으로 낮아졌다.
ㄴ. 서울은 B의 영향을 받는 동안 위험 반원에 위치하였다.
ㄷ. (나)는 A의 영향을 받은 시기에 촬영한 것이다.

① ㄱ ② ㄷ ③ ㄱ, ㄴ
④ ㄴ, ㄷ ⑤ ㄱ, ㄴ, ㄷ

• 왜 정답일까?

ㄷ. (나)에서 태풍의 중심이 황해에 위치하므로 (나)는 A의 영향을 받은 시기에 촬영한 것이다.

• 왜 오답일까?

ㄱ. 태풍은 육지를 지나는 동안 세력이 약해지므로 중심 기압이 높아진다.
ㄴ. 태풍 B의 영향을 받는 동안 서울은 태풍 이동 경로의 왼쪽에 있으므로, 서울은 안전 반원에 위치한다.

09 악기상의 특징

정답률 63% | 정답 ④

| 문제 보기 |

그림은 우리나라에 영향을 주는 황사의 발원지와 이동 경로에 대한 자료를 보고 학생들이 나눈 대화를 나타낸 것이다.

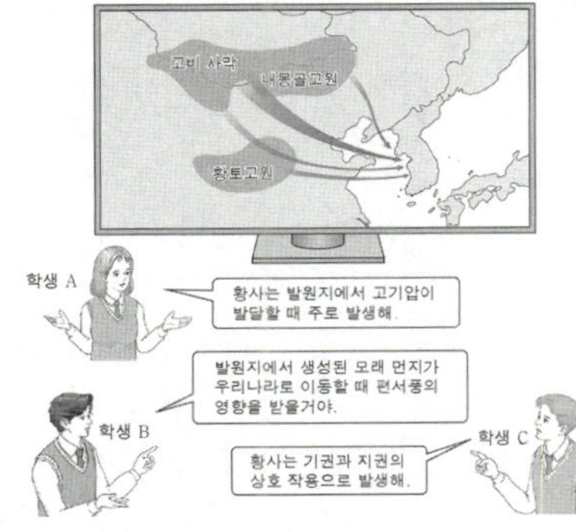

제시한 내용이 옳은 학생만을 있는 대로 고른 것은?

① A ② B ③ A, C
④ B, C ⑤ A, B, C

• 왜 정답일까?

황사는 중국 북부나 몽골의 사막 등에서 생성된 모래 먼지가 편서풍을 타고 이동하여 우리나라에 영향을 미치는 현상이다. 황사는 기권과 지권의 상호 작용으로 일어나며 발원지에서 저기압이 발달할 때 주로 발생한다.

10 우리나라의 주변 해류 분포

정답률 86% | 정답 ⑤

| 문제 보기 |

그림은 우리나라 주변의 해류를 나타낸 것이다. A, B, C는 각각 동한 난류, 북한 한류, 쿠로시오 해류 중 하나이다.

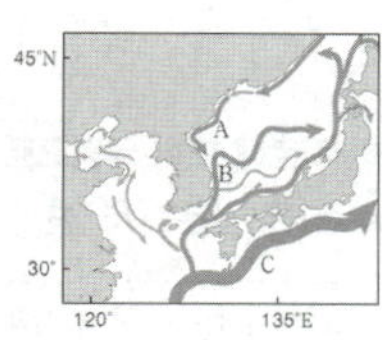

이에 대한 설명으로 옳은 것만을 <보기>에서 있는 대로 고른 것은?

<보 기>
ㄱ. A는 북한 한류이다.
ㄴ. 동해에서는 A와 B가 만나 조경 수역이 형성된다.
ㄷ. C는 북태평양 아열대 순환의 일부이다.

① ㄱ ② ㄴ ③ ㄱ, ㄷ
④ ㄴ, ㄷ ⑤ ㄱ, ㄴ, ㄷ

• 왜 정답일까?

ㄱ. A는 북한 한류, B는 동한 난류, C는 쿠로시오 해류이다.
ㄴ. 동해에서는 한류와 난류가 만나 조경 수역이 형성된다.
ㄷ. 쿠로시오 해류는 북태평양 아열대 순환의 일부이다.

11 해수의 성질

정답률 69% | 정답 ①

| 문제 보기 |

그림 (가)와 (나)는 어느 해역에서 1년 동안 해수면으로부터 깊이에 따라 측정한 염분과 수온 분포를 각각 나타낸 것이다.

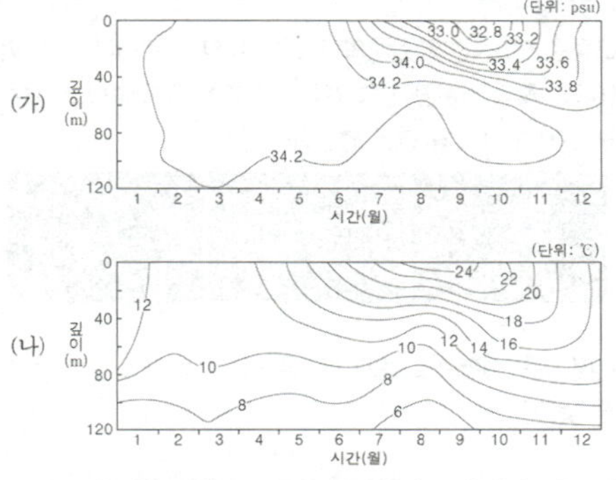

이 자료에 대한 설명으로 옳은 것만을 <보기>에서 있는 대로 고른 것은? [3점]

<보 기>
ㄱ. 해수면에서의 염분은 2월보다 9월이 작다.
ㄴ. 수온의 연교차는 깊이 0m보다 80m에서 크다.
ㄷ. 깊이 0 ~ 20m 구간에서 해수의 평균 밀도는 3월보다 8월이 크다.

① ㄱ ② ㄴ ③ ㄱ, ㄷ
④ ㄴ, ㄷ ⑤ ㄱ, ㄴ, ㄷ

• 왜 정답일까?

ㄱ. 해수면에서의 염분은 2월이 약 34.2 psu이고, 9월이 약 32.8 psu이다.

• 왜 오답일까?

ㄴ. 수온의 연교차는 깊이 0m에서 약 12℃이고, 깊이 80m에서 약 5℃이다.
ㄷ. 해수의 밀도는 염분과 비례하고 수온과는 반비례한다. 깊이 0 ~ 20m 구간에서 염분은 3월보다 8월이 낮고, 수온은 3월보다 8월이 높으므로 해수의 평균 밀도는 3월보다 8월이 작다.

12 기후 변화의 자연적 요인

정답률 70% | 정답 ③

| 문제 보기 |

그림 (가)와 (나)는 지구 공전 궤도면의 수직 방향에서 바라보았을 때, 지구 중심을 지나는 지구 공전 궤도면의 수직축에 대한 북극의 상대적인 위치를 나타낸 것이다.

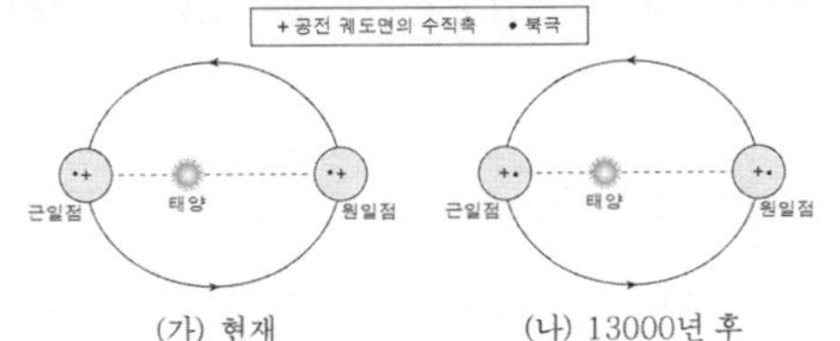

(가) 현재 (나) 13000년 후

이에 대한 설명으로 옳은 것만을 <보기>에서 있는 대로 고른 것은? (단, 지구 자전축 경사 방향 이외의 요인은 변하지 않는다고 가정한다.) [3점]

<보 기>
ㄱ. (가)에서 지구가 근일점에 위치할 때 북반구는 겨울이다.
ㄴ. 우리나라 기온의 연교차는 (가)보다 (나)에서 작다.
ㄷ. 남반구가 여름일 때 지구와 태양 사이의 거리는 (가)보다 (나)에서 길다.

① ㄱ ② ㄴ ③ ㄱ, ㄷ
④ ㄴ, ㄷ ⑤ ㄱ, ㄴ, ㄷ

• 왜 정답일까?

ㄱ. (가)에서 지구가 근일점에 위치할 때, 북극은 공전 궤도면의 수직축을 기준으로 태양 방향의 반대 편에 위치하므로 북반구는 겨울이다.
ㄷ. 남반구는 지구가 (가)에서 근일점 부근, (나)에서 원일점 부근에 위치할 때 여름이다. 따라서 남반구가 여름일 때 지구와 태양 사이의 거리는 (가)보다 (나)에서 길다.

• 왜 오답일까?

ㄴ. 우리나라는 (가)의 근일점에서 겨울, 원일점에서 여름이고, (나)의 근일점에서 여름, 원일점에서 겨울이다. 따라서 우리나라 기온의 연교차는 (가)보다 (나)에서 크다.

11회

13 엘니뇨와 라니냐

정답률 46% | 정답 ②

| 문제 보기 |

그림은 2014년부터 2016년까지 관측한 태평양 적도 부근 해역의 해수면 기압 편차(관측 기압 − 평년 기압)를 나타낸 것이다. A는 엘니뇨 시기와 라니냐 시기 중 하나이다.

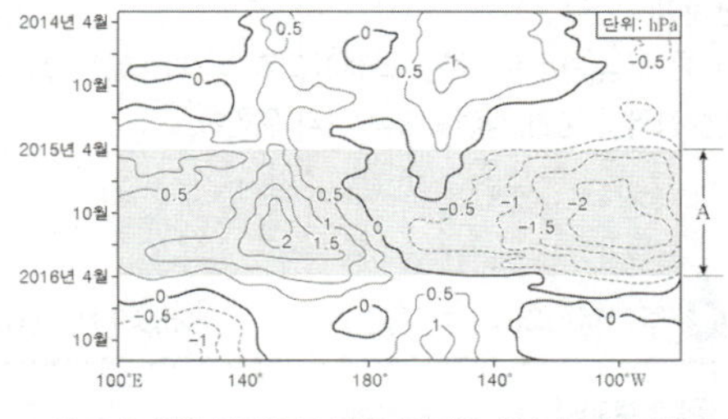

A 시기에 대한 설명으로 옳은 것만을 <보기>에서 있는 대로 고른 것은? [3점]

<보 기>
ㄱ. 라니냐 시기이다.
ㄴ. 평상시보다 남적도 해류가 약하다.
ㄷ. 평상시보다 동태평양 적도 부근 해역에서의 용승이 강하다.

① ㄱ ② ㄴ ③ ㄷ
④ ㄱ, ㄷ ⑤ ㄴ, ㄷ

• 왜 정답일까?

동태평양 적도 부근 해역의 해수면 기압이 평상시보다 낮은 시기는 엘니뇨 시기이다. A 시기에 동태평양 적도 부근 해역은 평상시보다 기압이 낮아졌으므로 A 시기는 엘니뇨 시기이다. 엘니뇨 시기에는 평상시보다 무역풍이 약해지므로 남적도 해류가 약해지고, 동태평양 적도 부근 해역에서의 용승도 약해진다.

14 별의 물리량

정답률 71% | 정답 ③

| 문제 보기 |

표는 주계열성 (가)와 (나)의 분광형과 절대 등급을 나타낸 것이다. (가)가 (나)보다 큰 값을 가지는 것만을 <보기>에서 있는 대로 고른 것은?

별	분광형	절대 등급
(가)	A0V	+0.6
(나)	M4V	+13.2

<보 기>
ㄱ. 표면 온도 ㄴ. 광도 ㄷ. 주계열에 머무는 시간

① ㄱ ② ㄷ ③ ㄱ, ㄴ ④ ㄴ, ㄷ ⑤ ㄱ, ㄴ, ㄷ

• 왜 정답일까?

ㄱ. 별의 분광형은 표면 온도에 따라 (고온)O − B − A − F − G − K − M(저온) 순이다.
ㄴ. 절대 등급이 작을수록 광도가 크다.

[문제편 p.042]

• 왜 오답일까?

ㄷ. 주계열성은 질량이 클수록 광도가 크고, 주계열에 머무는 시간이 짧다.

15 별의 진화

정답률 55% | 정답 ①

| 문제 보기 |

그림 (가)는 어느 별의 진화 경로를, (나)는 이 별의 진화 과정 일부를 나타낸 것이다.

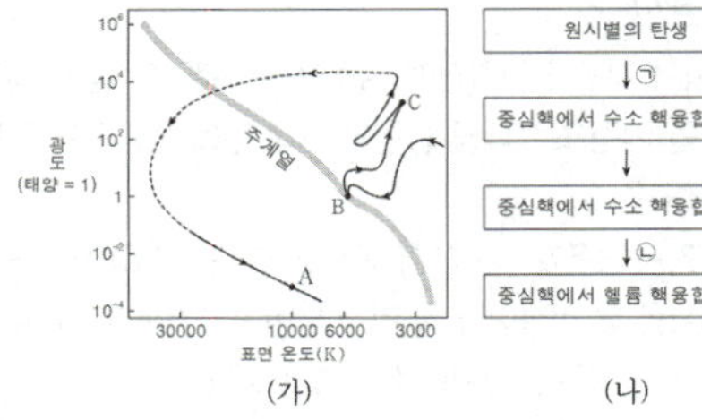

(가) (나)

이 별에 대한 설명으로 옳은 것만을 <보기>에서 있는 대로 고른 것은? [3점]

< 보 기 >

ㄱ. 별의 평균 밀도는 A보다 B일 때 작다.
ㄴ. C일 때는 ㉠ 과정에 해당한다.
ㄷ. ㉡ 과정에서 별의 중심핵은 정역학 평형 상태이다.

① ㄱ ② ㄴ ③ ㄱ, ㄷ ④ ㄴ, ㄷ ⑤ ㄱ, ㄴ, ㄷ

• 왜 정답일까?

ㄱ. A는 백색 왜성, B는 주계열성인 단계로, 별의 평균 밀도는 백색 왜성보다 주계열성일 때 작다.

• 왜 오답일까?

ㄴ. ㉠은 주계열 이전의 과정이고, C는 주계열 이후인 적색 거성 단계이다.

ㄷ. ㉡은 중심핵이 수축하는 과정이므로, ㉡ 과정에서 별의 중심핵은 정역학 평형 상태를 유지하지 못한다.

16 주계열성의 내부 구조

정답률 64% | 정답 ③

| 문제 보기 |

그림 (가)는 별의 중심부 온도에 따른 수소 핵융합 반응의 에너지 생산량을, (나)는 주계열성 A와 B의 내부 구조를 나타낸 것이다. A와 B의 중심부 온도는 각각 ㉠과 ㉡ 중 하나이다.

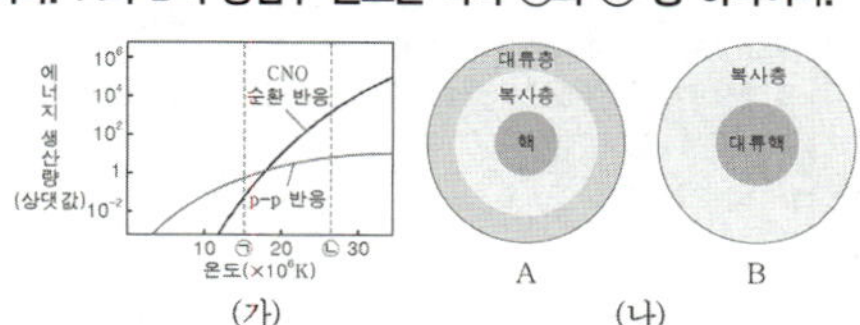

(가) (나)

이에 대한 설명으로 옳은 것만을 <보기>에서 있는 대로 고른 것은? (단, 별의 크기는 고려하지 않는다.) [3점]

< 보 기 >

ㄱ. 중심부 온도가 ㉠인 주계열성의 중심부에서는 CNO 순환 반응보다 p–p 반응이 우세하게 일어난다.
ㄴ. 별의 질량은 A보다 B가 크다.
ㄷ. A의 중심부 온도는 ㉡이다.

① ㄱ ② ㄷ ③ ㄱ, ㄴ ④ ㄴ, ㄷ ⑤ ㄱ, ㄴ, ㄷ

• 왜 정답일까?

ㄱ. 중심부 온도가 약 1800만 K보다 낮은 주계열성의 중심부에서는 CNO 순환 반응보다 p–p 반응이 우세하게 일어난다.

ㄴ, ㄷ. 대류핵에서 생성된 에너지가 복사층을 거쳐 표면까지 전달되는 주계열성은 핵에서 생성된 에너지가 복사층과 대류층을 거쳐 표면까지 전달되는 주계열성보다 질량이 크다. 주계열성은 질량이 클수록 중심부 온도가 높으므로 A의 중심부 온도는 ㉠이다.

17 외계 행성 탐사 방법

정답률 40% | 정답 ③

| 문제 보기 |

그림 (가)와 (나)는 어느 외계 행성에 의한 중심별의 시선 속도 변화와 겉보기 밝기 변화를 각각 나타낸 것이다.

(나)의 t는 (가)의 T_1, T_2, T_3, T_4 중 하나이다.

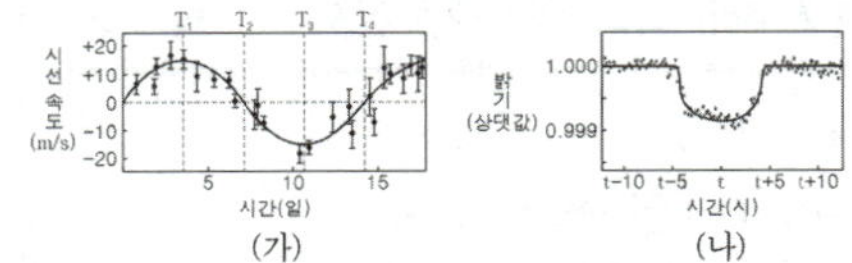

(가) (나)

이 자료에 대한 설명으로 옳은 것만을 <보기>에서 있는 대로 고른 것은? [3점]

< 보 기 >

ㄱ. 중심별은 T_1일 때 적색 편이가 나타난다.
ㄴ. 지구로부터 외계 행성까지의 거리는 T_2보다 T_3일 때 멀다.
ㄷ. (나)의 t는 (가)의 T_4이다.

① ㄱ ② ㄷ ③ ㄱ, ㄴ ④ ㄴ, ㄷ ⑤ ㄱ, ㄴ, ㄷ

• 왜 정답일까?

ㄱ. T_1일 때 중심별의 시선 속도가 (+)이므로 중심별은 적색 편이가 나타난다.

ㄴ. T_2일 때 중심별의 시선 속도가 (+)에서 (−)로 변하므로 중심별은 지구로부터의 거리가 가장 멀고, 공통 질량 중심을 기준으로 중심별의 반대 편에 위치한 외계 행성은 지구로부터의 거리가 가장 가깝다.

• 왜 오답일까?

ㄷ. (나)의 t는 (가)의 T_2이다.

18 특이 은하

정답률 75% | 정답 ⑤

| 문제 보기 |

그림은 어느 전파 은하의 영상을 나타낸 것이다. (가)와 (나)는 각각 가시광선 영상과 전파 영상 중 하나이고, (다)는 (가)와 (나)의 합성 영상이다.

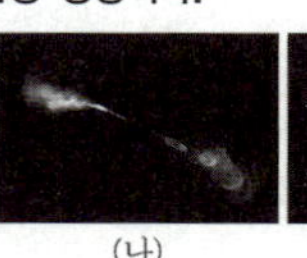
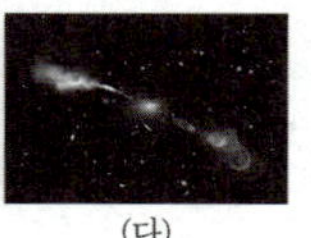

(가) (나) (다)

이에 대한 설명으로 옳은 것만을 <보기>에서 있는 대로 고른 것은?

< 보 기 >

ㄱ. (가)는 가시광선 영상이다.
ㄴ. (나)에서는 제트가 관측된다.
ㄷ. 이 은하는 특이 은하에 해당한다.

① ㄱ ② ㄷ ③ ㄱ, ㄴ ④ ㄴ, ㄷ ⑤ ㄱ, ㄴ, ㄷ

• 왜 정답일까?

ㄱ, ㄴ. 전파 은하는 가시광선 영역에서 대부분 타원 은하 형태로 관측되고, 전파 영역에서 중심으로부터 뻗어나가는 제트가 관측된다. 따라서 (가)는 가시광선 영상, (나)는 전파 영상이다.

ㄷ. 특이 은하의 예로는 전파 은하, 퀘이사 등이 있다.

19 생명가능 지대

정답률 51% | 정답 ⑤

| 문제 보기 |

그림은 주계열성 S의 생명가능 지대를, 표는 S를 원궤도로 공전하는 행성 a, b, c의 특징을 나타낸 것이다. ㉠은 생명가능 지대의 가운데에 해당하는 면이다.

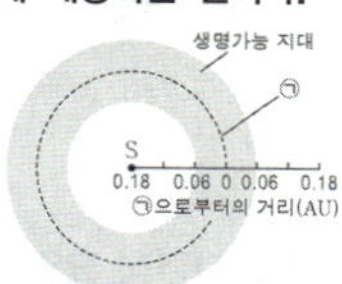

행성	㉠으로부터 행성 공전 궤도까지의 최단 거리(AU)	단위 시간당 단위 면적이 받는 복사 에너지(행성 a = 1)
a	0.02	1
b	0.10	0.32
c	0.13	9.68

이에 대한 설명으로 옳은 것만을 <보기>에서 있는 대로 고른 것은? (단, 행성의 대기 조건은 고려하지 않는다.) [3점]

< 보 기 >

ㄱ. 광도는 태양보다 S가 작다.
ㄴ. a에서는 물이 액체 상태로 존재할 수 있다.
ㄷ. 행성의 평균 표면 온도는 b보다 c가 높다.

① ㄱ ② ㄷ ③ ㄱ, ㄴ ④ ㄴ, ㄷ ⑤ ㄱ, ㄴ, ㄷ

• 왜 정답일까?

ㄱ. 생명가능 지대가 S로부터 약 0.12 ~ 0.24AU 사이인 것으로 보아 주계열성 S는 태양보다 광도가 작다.

ㄴ. a는 생명가능 지대에 위치한 행성이므로 a에서는 물이 액체 상태로 존재할 수 있다.

ㄷ. 행성의 평균 표면 온도는 중심별로부터 단위 시간당 단위 면적이 받는 복사 에너지가 많을수록 높다.

20 가속 팽창 이론

정답률 60% | 정답 ④

| 문제 보기 |

그림 (가)는 현재 우주를 구성하는 요소 ㉠, ㉡, ㉢의 상대적 비율을, (나)는 우주 모형 A와 B에서 시간에 따른 우주의 상대적 크기를 나타낸 것이다. ㉠, ㉡, ㉢은 각각 보통 물질, 암흑 물질, 암흑 에너지 중 하나이다.

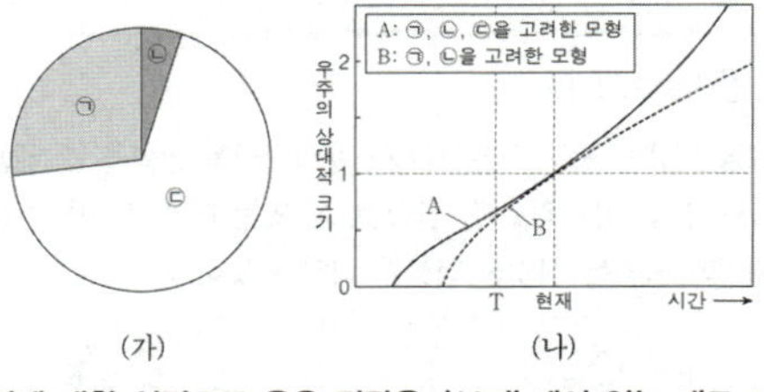

(가) (나)

이에 대한 설명으로 옳은 것만을 <보기>에서 있는 대로 고른 것은? [3점]

< 보 기 >

ㄱ. 별과 행성은 ㉠에 해당한다.
ㄴ. 대폭발 이후 현재까지 걸린 시간은 A보다 B에서 짧다.
ㄷ. A에서 우주를 구성하는 요소 중 ㉢이 차지하는 비율은 T 시기보다 현재가 크다.

① ㄱ ② ㄴ ③ ㄱ, ㄷ ④ ㄴ, ㄷ ⑤ ㄱ, ㄴ, ㄷ

• 왜 정답일까?

ㄴ. A에서 대폭발 이후 현재까지 걸린 시간은 약 138억 년으로 B에서보다 길다.

ㄷ. A는 가속 팽창 우주를 설명하는 모형으로, A에서 우주를 구성하는 요소 중 암흑 에너지 비율은 T 시기보다 현재가 크다.

• 왜 오답일까?

ㄱ. ㉠은 암흑 물질, ㉡은 보통 물질, ㉢은 암흑 에너지이다. 별과 행성은 보통 물질에 해당한다.

[문제편 p.043]

● 고3 지구과학 I ●

12회 2020학년도 4월

01 ②	02 ⑤	03 ④	04 ④	05 ⑤
06 ②	07 ④	08 ①	09 ②	10 ③
11 ④	12 ①	13 ①	14 ⑤	15 ②
16 ③	17 ⑤	18 ①	19 ⑤	20 ③

채점 결과
- 실제 걸린 시간 : 분 초
- 맞은 문항수 : 개
- 틀린 문항수 : 개
- 헷갈린 문항 :

01 대륙 이동설과 해양저 확장설
정답률 79% | 정답 ②

| 문제 보기 |

그림은 대륙 이동설과 해양저 확장설에 대한 학생들의 대화 장면이다.

제시한 내용이 옳은 학생만을 있는 대로 고른 것은?

① A ② C ③ A, B
④ B, C ⑤ A, B, C

• 왜 정답일까?

C. 고지자기 줄무늬가 해령을 축으로 대칭적으로 분포하는 것은 해령에서 생성된 해양 지각이 양쪽으로 멀어지기 때문이다.

• 왜 오답일까?

A. 베게너의 대륙 이동설 이후 홈스가 대륙 이동의 원동력을 맨틀의 대류로 설명했다.
B. 해령에서 멀어질수록 해저 퇴적물의 두께는 두꺼워진다.

02 지질 구조
정답률 70% | 정답 ⑤

| 문제 보기 |

그림 (가)와 (나)는 서로 다른 지질 구조를 나타낸 것이다.

(가) 습곡

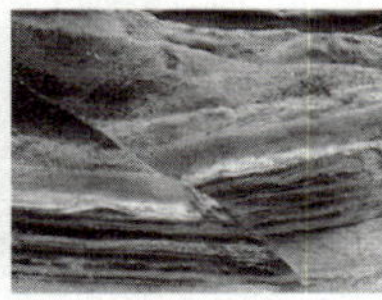
(나) 단층

이에 대한 설명으로 옳은 것만을 <보기>에서 있는 대로 고른 것은? (단, 지층의 역전은 없었다.)

<보기>
ㄱ. (가)에서는 향사 구조가 나타난다.
ㄴ. (나)에서 상반은 단층면을 따라 위로 이동하였다.
ㄷ. (가)와 (나)는 모두 횡압력을 받아 형성되었다.

① ㄱ ② ㄷ ③ ㄱ, ㄴ
④ ㄴ, ㄷ ⑤ ㄱ, ㄴ, ㄷ

• 왜 정답일까?

ㄱ. 습곡에서 아래로 오목한 부분을 향사라고 한다.
ㄴ. (나)는 상반이 단층면을 따라 위로 이동한 역단층이다.
ㄷ. 습곡, 역단층 모두 횡압력을 받아 형성되는 지질 구조이다.

03 변동대의 마그마 생성 과정
정답률 65% | 정답 ④

| 문제 보기 |

그림 (가)는 섭입대 부근에서 생성된 마그마 A와 B의 위치를, (나)는 마그마 X와 Y의 성질을 나타낸 것이다. A와 B는 각각 X와 Y 중 하나이다.

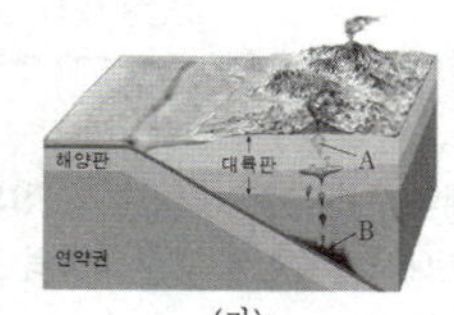

(가)

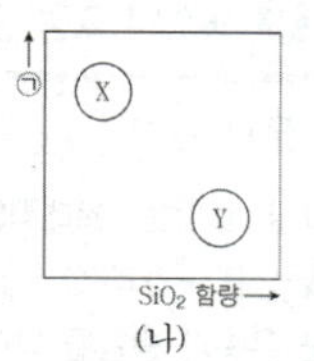

(나)

이에 대한 설명으로 옳은 것만을 <보기>에서 있는 대로 고른 것은?

<보기>
ㄱ. A는 X이다.
ㄴ. B가 생성될 때, 물은 암석의 용융점을 낮추는 역할을 한다.
ㄷ. 온도는 ㉠에 해당하는 물리량이다.

① ㄱ ② ㄷ ③ ㄱ, ㄴ
④ ㄴ, ㄷ ⑤ ㄱ, ㄴ, ㄷ

• 왜 정답일까?

ㄴ. 해양 지각으로부터 물이 공급되면 해양 지각과 맨틀을 구성하는 암석의 용융점이 낮아져 마그마가 생성된다.
ㄷ. 마그마의 온도는 A보다 B가 높다. 따라서 온도는 ㉠에 해당하는 물리량이다.

• 왜 오답일까?

ㄱ. 섭입대 부근에서 생성된 마그마의 SiO_2 함량은 B보다 A가 높다. 따라서 A는 Y이다.

04 지질 시대
정답률 63% | 정답 ④

| 문제 보기 |

그림 (가)는 현생 누대 동안 대륙 수의 변화를, (나)는 서로 다른 시기의 대륙 분포를 나타낸 것이다. A, B, C는 각각 ㉠, ㉡, ㉢ 시기의 대륙 분포 중 하나이다.

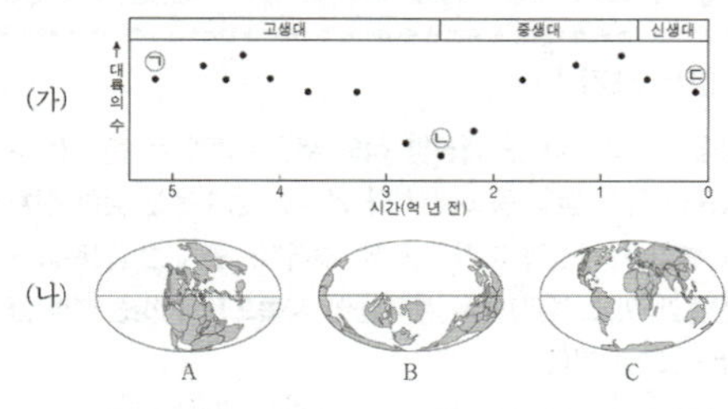

이에 대한 설명으로 옳은 것만을 <보기>에서 있는 대로 고른 것은? [3점]

<보기>
ㄱ. ㉠ 시기에 최초의 육상 척추동물이 출현하였다.
ㄴ. ㉡ 시기의 대륙 분포는 A이다.
ㄷ. 해안선의 길이는 ㉡보다 ㉢ 시기에 길었다.

① ㄱ ② ㄷ ③ ㄱ, ㄴ
④ ㄴ, ㄷ ⑤ ㄱ, ㄴ, ㄷ

• 왜 정답일까?

ㄴ. 대륙의 수는 ㉠, ㉢보다 ㉡ 시기에 적으므로 ㉡ 시기의 대륙 분포는 A이다.
ㄷ. 대륙의 수는 ㉡보다 ㉢ 시기가 많으므로 해안선의 길이는 ㉡보다 ㉢ 시기에 길었다.

• 왜 오답일까?

ㄱ. 육상 척추동물은 고생대 석탄기에 최초로 출현하였다.

05 지층의 생성 순서
정답률 69% | 정답 ⑤

| 문제 보기 |

그림 (가)는 어느 지역의 지질 단면을, (나)는 X－Y 구간에 해당하는 암석의 생성 시기를 나타낸 것이다.

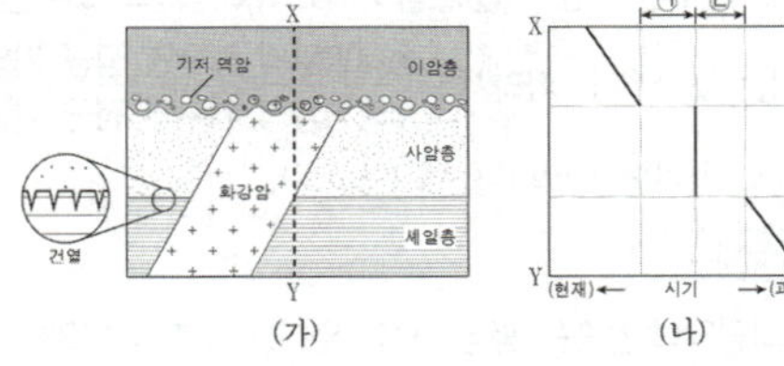

이에 대한 설명으로 옳은 것만을 <보기>에서 있는 대로 고른 것은? [3점]

<보기>
ㄱ. ㉠ 시기에 융기와 침식 작용이 있었다.
ㄴ. 사암층은 ㉡ 시기 중에 퇴적되었다.
ㄷ. 셰일층은 건조한 환경에 노출된 적이 있었다.

① ㄱ ② ㄴ ③ ㄱ, ㄷ
④ ㄴ, ㄷ ⑤ ㄱ, ㄴ, ㄷ

• 왜 정답일까?

이 지역에서 암석의 생성 순서는 셰일 → 사암 → 화강암 → 이암 순이다.
ㄱ. 화강암과 이암층 사이의 부정합은 ㉠ 시기에 나타났다. 따라서 ㉠ 시기에 융기와 침식 작용이 있었다.
ㄴ. 셰일층과 사암층 퇴적 이후, 마그마가 관입하여 화강암이 생성되었으므로 사암층은 ㉡ 시기 중에 퇴적되었다.
ㄷ. 셰일층에 건열이 나타나므로 셰일층은 건조한 환경에 노출된 적이 있었다.

06 판의 운동과 열점의 특징
정답률 65% | 정답 ②

| 문제 보기 |

그림은 태평양판에 위치한 하와이 열도의 각 섬들을 화산의 연령과 함께 나타낸 것이다.

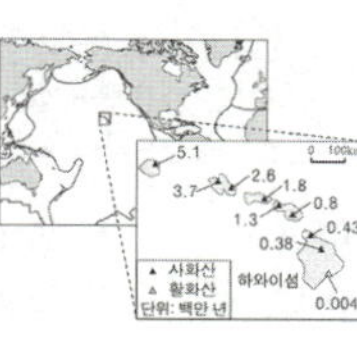

이에 대한 설명으로 옳은 것만을 <보기>에서 있는 대로 고른 것은?

<보기>
ㄱ. 태평양판은 일정한 속도로 이동하였다.
ㄴ. 하와이섬은 뜨거운 플룸의 상승에 의해 생성된 지역이다.
ㄷ. 새로 생성되는 섬은 하와이섬의 북서쪽에 위치할 것이다.

① ㄱ ② ㄴ ③ ㄷ ④ ㄱ, ㄴ ⑤ ㄴ, ㄷ

• 왜 정답일까?

ㄴ. 하와이섬은 지구 내부의 뜨거운 플룸이 상승하여 생성된 지역이다.

• 왜 오답일까?

ㄱ. 화산의 연령과 거리로 보아 태평양판의 이동 속도는 일정하지 않았다.
ㄷ. 태평양판이 북서쪽으로 이동하고 있으므로 새로 생성되는 섬은 하와이섬의 남동쪽에 위치할 것이다.

07 태풍의 특징
정답률 60% | 정답 ④

| 문제 보기 |

그림 (가)는 어느 태풍의 이동 경로와 중심 기압을, (나)는 이 태풍의 영향을 받은 날 우리나라의 관측소 A와 B에서 측정한 기압과 풍향을 나타낸 것이다.

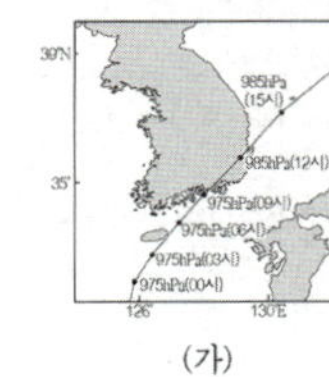

(가)

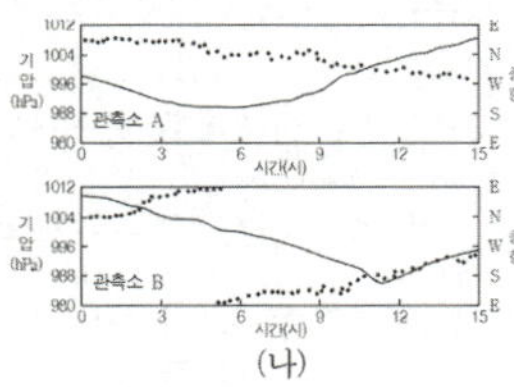

(나)

이에 대한 설명으로 옳은 것만을 <보기>에서 있는 대로 고른 것은? [3점]

<보기>
ㄱ. (가)에서 태풍의 세력은 06시보다 12시에 강하다.
ㄴ. 태풍의 영향을 받는 동안 B는 위험 반원에 위치한다.
ㄷ. 태풍의 이동 경로와 관측소 사이의 최단 거리는 A보다 B가 짧다.

① ㄱ ② ㄴ ③ ㄱ, ㄷ
④ ㄴ, ㄷ ⑤ ㄱ, ㄴ, ㄷ

• 왜 정답일까?

ㄴ. 관측소 B는 태풍의 영향을 받는 동안 풍향이 시계 방향으로 변하므로 위험 반원에 위치한다.
ㄷ. A에서 05시경에 측정된 기압보다 B에서 11시경에 측정

[문제편 p.045]

된 기압이 낮다. 태풍의 중심 기압은 05시경보다 11시경이 높으므로 태풍의 이동 경로와 관측소 사이의 최단 거리는 A보다 B가 짧다.

• 왜 오답일까?

ㄱ. 태풍의 세력은 중심 기압이 낮을수록 강하므로 06시보다 12시에 약하다.

08 집중호우와 위성 영상

정답률 70% | 정답 ①

| 문제 보기 |

그림 (가)는 우리나라에 집중 호우가 발생했을 때의 기상 레이더 영상을, (나)와 (다)는 (가)와 같은 시각의 위성 영상을 나타낸 것이다.

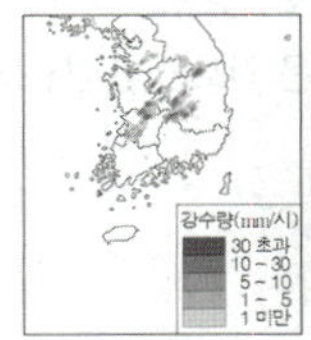
(가) 레이더 영상

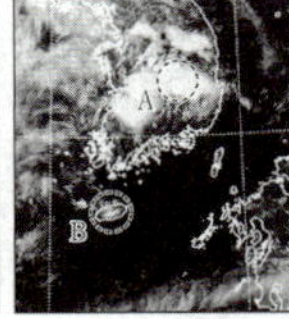
(나) 가시 영상

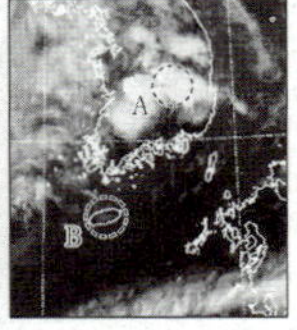
(다) 적외 영상

이 자료에 대한 설명으로 옳은 것만을 〈보기〉에서 있는 대로 고른 것은? [3점]

〈보 기〉
ㄱ. A 지역의 대기는 불안정하다.
ㄴ. (나)는 야간에 촬영한 것이다.
ㄷ. 구름 정상부의 고도는 A보다 B 지역이 높다.

① ㄱ ② ㄴ ③ ㄱ, ㄷ
④ ㄴ, ㄷ ⑤ ㄱ, ㄴ, ㄷ

• 왜 정답일까?

ㄱ. 집중 호우가 발생한 A 지역의 대기는 불안정하다.

• 왜 오답일까?

ㄴ. 위성의 가시광선 관측은 주간에만 가능하고 적외선 관측은 24시간 가능하다.
ㄷ. 적외 영상은 고도가 낮은 구름보다 고도가 높은 구름이 밝게 표현되므로 구름 정상부의 고도는 A보다 B 지역이 낮다.

09 해수의 성질

정답률 73% | 정답 ②

| 문제 보기 |

그림은 어느 해역에서 서로 다른 시기에 수심에 따라 측정한 수온과 염분을 수온-염분도에 나타낸 것이다.

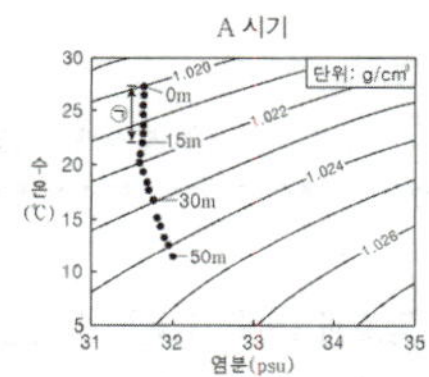
A 시기

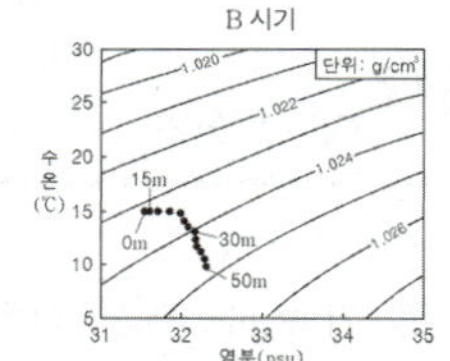
B 시기

이에 대한 설명으로 옳은 것만을 〈보기〉에서 있는 대로 고른 것은?

〈보 기〉
ㄱ. 이 해역의 해수면에 입사하는 태양 복사 에너지양은 A보다 B 시기에 많다.
ㄴ. A 시기에 ㉠ 구간에서의 밀도 변화는 수온보다 염분의 영향이 크다.
ㄷ. 혼합층의 두께는 A보다 B 시기에 두껍다.

① ㄱ ② ㄷ ③ ㄱ, ㄴ
④ ㄴ, ㄷ ⑤ ㄱ, ㄴ, ㄷ

• 왜 정답일까?

ㄷ. 혼합층은 바람에 의한 혼합 작용으로 수온이 일정한 층이다. 따라서 혼합층의 두께는 A보다 B 시기에 두껍다.

• 왜 오답일까?

ㄱ. 해수면에 입사하는 태양 복사 에너지양이 많을수록 표층 수온이 높게 나타난다.
ㄴ. A 시기에 ㉠ 구간에서는 염분이 거의 일정하고 수온은 감소한다. 따라서 ㉠ 구간에서의 밀도 변화는 염분보다 수온의 영향이 크다.

10 해수의 표층 순환

정답률 62% | 정답 ③

| 문제 보기 |

그림 (가)는 북태평양 해역의 일부를, (나)는 (가)의 A-B 구간과 C-D 구간에서의 수심에 따른 해류의 평균 유속과 방향을 나타낸 것이다.

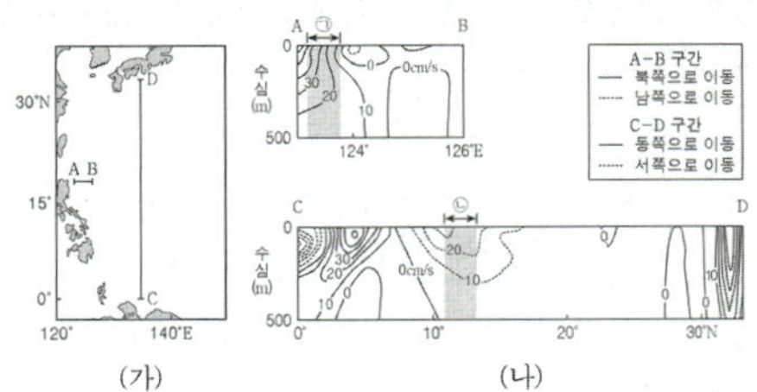
(가) (나)

이에 대한 설명으로 옳은 것만을 〈보기〉에서 있는 대로 고른 것은? [3점]

〈보 기〉
ㄱ. ㉠ 구간에는 난류가 흐른다.
ㄴ. ㉡ 구간의 표층 해류는 무역풍의 영향을 받아 흐른다.
ㄷ. 북태평양에서 아열대 표층 순환의 방향은 시계 반대 방향이다.

① ㄱ ② ㄷ ③ ㄱ, ㄴ
④ ㄴ, ㄷ ⑤ ㄱ, ㄴ, ㄷ

• 왜 정답일까?

ㄱ. ㉠ 구간에는 저위도에서 고위도 방향으로 난류가 흐른다.
ㄴ. ㉡ 구간의 표층 해류는 무역풍의 영향을 받아 서쪽으로 이동한다.

• 왜 오답일까?

ㄷ. 북태평양에서 아열대 표층 순환의 방향은 시계 방향이다.

11 엔소(ENSO) 이해하기

정답률 43% | 정답 ④

| 문제 보기 |

그림 (가)와 (나)는 태평양 적도 부근 해역에서 측정한 무역풍의 동서 방향 풍속 편차와 20°C 등수온선 깊이 편차의 변화를 시간에 따라 나타낸 것이다. 편차는 (관측값-평년값)이고, (가)에서 무역풍이 서쪽으로 향하는 방향을 양(+)으로 한다.

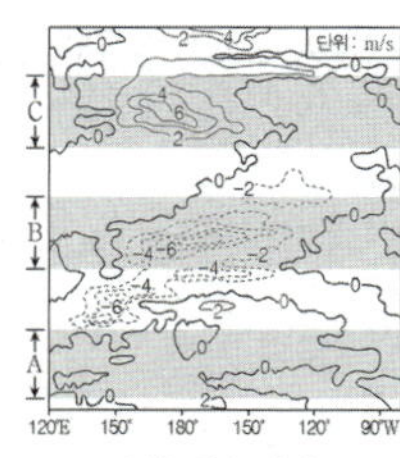
(가) 풍속 편차

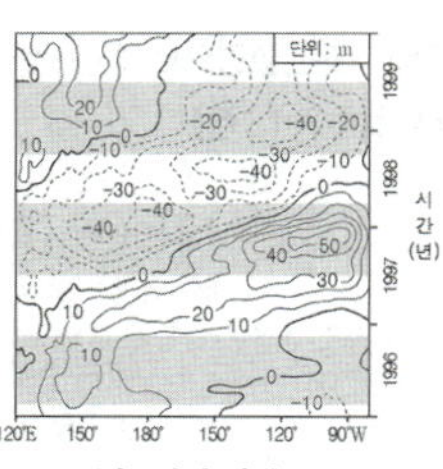
(나) 깊이 편차

A, B, C 시기에 대한 설명으로 옳은 것만을 〈보기〉에서 있는 대로 고른 것은? [3점]

〈보 기〉
ㄱ. 동태평양의 용승은 A보다 B가 강하다.
ㄴ. 동태평양과 서태평양의 수온 약층 깊이 차이는 A보다 C가 크다.
ㄷ. $\frac{\text{동태평양의 해수면 평균 기압}}{\text{서태평양의 해수면 평균 기압}}$은 B보다 C가 크다.

① ㄱ ② ㄴ ③ ㄱ, ㄷ
④ ㄴ, ㄷ ⑤ ㄱ, ㄴ, ㄷ

• 왜 정답일까?

A 시기는 평상시, B 시기는 엘니뇨 시기, C 시기는 라니냐 시기이다.
ㄴ. 동태평양과 서태평양의 수온 약층 깊이 차이는 평상시보다 라니냐 시기가 크다.
ㄷ. 엘니뇨 시기에는 동태평양의 해수면 평균 기압이 낮아지고 서태평양의 해수면 평균 기압은 높아진다. 라니냐 시기에는 동태평양의 해수면 평균 기압이 높아지고 서태평양의 해수면 평균 기압은 낮아진다. 따라서 $\frac{\text{동태평양의 해수면 평균 기압}}{\text{서태평양의 해수면 평균 기압}}$은 엘니뇨 시기보다 라니냐 시기가 크다.

• 왜 오답일까?

ㄱ. 동태평양의 용승은 평상시보다 엘니뇨 시기가 약하다.

12 지구 기후 변화

정답률 70% | 정답 ①

| 문제 보기 |

그림은 2004년 1월부터 2016년 1월까지 서로 다른 관측소 A와 B에서 측정한 대기 중 이산화 탄소와 메테인의 농도 변화를 나타낸 것이다. A와 B는 각각 30°N과 30°S에 위치한 관측소 중 하나이다.

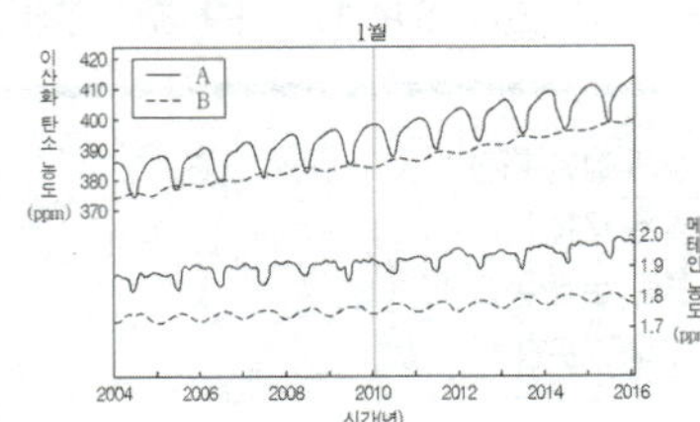

이 자료에 대한 설명으로 옳은 것만을 〈보기〉에서 있는 대로 고른 것은?

〈보 기〉
ㄱ. A는 30°N에 위치한 관측소이다.
ㄴ. 2010년 1월에 이산화 탄소의 평균 농도는 A보다 B가 높다.
ㄷ. 이 기간 동안 기체 농도의 평균 증가율은 이산화 탄소보다 메테인이 크다.

① ㄱ ② ㄴ ③ ㄱ, ㄷ ④ ㄴ, ㄷ ⑤ ㄱ, ㄴ, ㄷ

• 왜 정답일까?

화석 연료 사용 등의 영향으로 여름철보다 겨울철에 온실 기체의 평균 농도가 높다.
ㄱ. 1월에 이산화 탄소와 메테인의 농도는 A에서 높고 B에서 낮으므로 A는 30°N에 위치한 관측소이다.

• 왜 오답일까?

ㄴ. 2010년 1월에 이산화 탄소의 평균 농도는 30°S보다 30°N에서 높다.
ㄷ. 이 기간 동안 이산화 탄소 농도의 평균 증가율이 메테인 농도의 평균 증가율보다 높다.

13 표층수와 심층수의 순환

정답률 42% | 정답 ①

| 문제 보기 |

그림은 북대서양의 해수 흐름과 침강 해역을 나타낸 것이다. A와 B는 각각 표층수와 심층수의 흐름 중 하나이다.

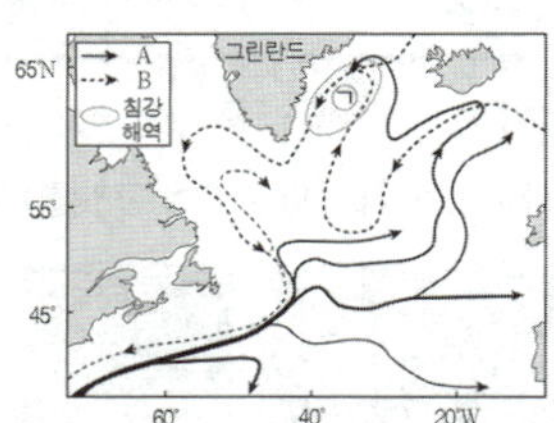

이 자료에 대한 설명으로 옳은 것만을 〈보기〉에서 있는 대로 고른 것은?

〈보 기〉
ㄱ. A는 표층수의 흐름이다.
ㄴ. 유속은 A보다 B가 빠르다.
ㄷ. 그린란드에서 ㉠ 해역으로 빙하가 녹은 물이 유입되면 해수의 침강이 강해진다.

① ㄱ ② ㄴ ③ ㄱ, ㄷ ④ ㄴ, ㄷ ⑤ ㄱ, ㄴ, ㄷ

• 왜 정답일까?

ㄱ. A는 표층수의 흐름이고, B는 심층수의 흐름이다.

• 왜 오답일까?

ㄴ. 표층수는 심층수보다 유속이 빠르다.
ㄷ. ㉠ 해역으로 빙하가 녹은 물이 유입되면 해수의 밀도가 낮아져 침강이 약해진다.

14 별의 물리량

정답률 38% | 정답 ⑤

| 문제 보기 |

그림은 서로 다른 두 별 A와 B에서 방출되는 복사 에너지의 상대 세기와 수소 흡수선의 파장을 나타낸 것이다.

[문제편 p.046]

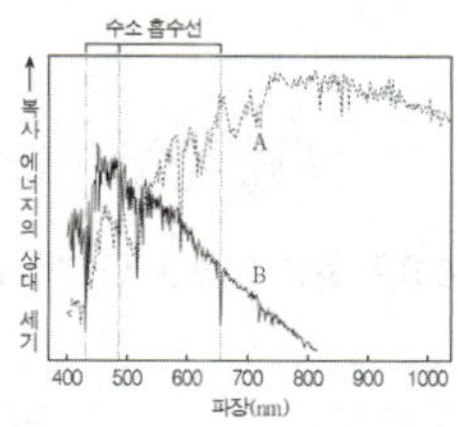

별 A와 B를 비교한 설명으로 옳지 않은 것은? [3점]

① 광도는 A가 크다.
② 반지름은 A가 크다.
③ 표면 온도는 B가 높다.
④ 수소 흡수선의 세기는 B가 크다.
⑤ 단위 시간당 동일한 면적에서 방출되는 복사 에너지는 A가 크다.

• 왜 오답일까?

별에서 방출되는 최대 복사 에너지 파장은 A보다 B가 짧으므로 별의 표면 온도는 A보다 B가 높고, 단위 시간당 동일한 면적에서 방출되는 복사 에너지도 A보다 B가 크다.
흑체 복사 곡선의 면적은 B보다 A가 크므로 별의 광도는 B보다 A가 크다. 별의 광도 $L = 4\pi R^2 \sigma T^4$이므로 반지름은 B보다 A가 크다.
수소 흡수선이 나타나는 파장에서 복사 에너지의 세기가 줄어드는 정도로 보아 수소 흡수선의 세기는 A보다 B가 크다.

15 별의 진행 과정

정답률 49% | 정답 ②

| 문제 보기 |

그림은 서로 다른 질량의 주계열성 A_1과 B_1이 진화하는 경로의 일부를 H−R도에 나타낸 것이다. A_2와 A_3, B_2와 B_3은 별 A_1과 B_1이 각각 진화하는 경로상에 위치한 별이고, A_3과 B_3의 중심핵에서는 헬륨 핵융합 반응이 일어난다. 이에 대한 설명으로 옳은 것만을 〈보기〉에서 있는 대로 고른 것은? [3점]

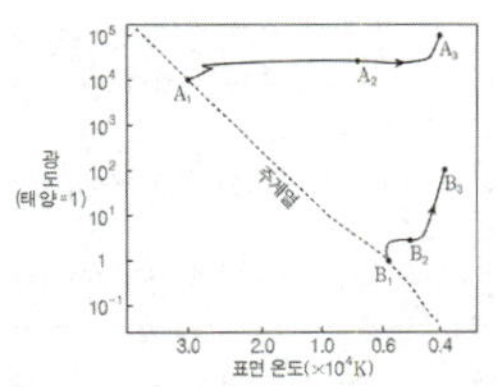

〈보기〉
ㄱ. 별의 질량은 A_1보다 B_1이 크다.
ㄴ. A_2와 B_2의 내부에서는 수소 핵융합 반응이 일어나지 않는다.
ㄷ. $\frac{A_3\text{의 반지름}}{A_1\text{의 반지름}} > \frac{B_3\text{의 반지름}}{B_1\text{의 반지름}}$이다.

① ㄱ ② ㄷ ③ ㄱ, ㄴ ④ ㄴ, ㄷ ⑤ ㄱ, ㄴ, ㄷ

• 왜 정답일까?

ㄷ. 주계열성이 거성으로 진화할 때 질량이 큰 별일수록 반지름이 크게 증가하므로, $\frac{A_3\text{의 반지름}}{A_1\text{의 반지름}} > \frac{B_3\text{의 반지름}}{B_1\text{의 반지름}}$이다.

• 왜 오답일까?

ㄱ. H−R도 상에서 좌상단으로 갈수록 주계열성의 질량이 크므로 질량은 A_1보다 B_1이 작다.
ㄴ. A_2와 B_2는 주계열성에서 거성으로 진화하는 단계의 별이며, 별의 내부에서 수소각 연소가 진행된다.

16 주계열성의 내부 구조

정답률 57% | 정답 ③

| 문제 보기 |

그림은 질량이 서로 다른 주계열성 A와 B의 내부 구조를 나타낸 것이다.

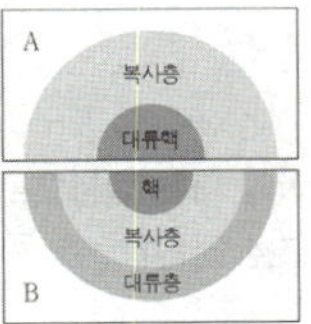

이에 대한 설명으로 옳은 것만을 〈보기〉에서 있는 대로 고른 것은? (단, 별의 크기는 고려하지 않는다.)

〈보기〉
ㄱ. 별의 질량은 A보다 B가 작다.
ㄴ. A와 B는 정역학적 평형 상태에 있다.
ㄷ. 수소 핵융합 반응 중 CNO 순환 반응이 차지하는 비율은 A보다 B가 높다.

① ㄱ ② ㄷ ③ ㄱ, ㄴ
④ ㄴ, ㄷ ⑤ ㄱ, ㄴ, ㄷ

• 왜 정답일까?

ㄱ. 대류핵에서 생성된 에너지가 복사층을 거쳐 표면까지 이동하는 별(A)은 중심핵에서 생성된 에너지가 복사층과 대류층을 거쳐 표면까지 이동하는 별(B)보다 질량이 크다.
ㄴ. 주계열성은 정역학적 평형 상태에 있다.

• 왜 오답일까?

ㄷ. 주계열성은 질량이 클수록 수소 핵융합 반응 중 CNO 순환 반응이 차지하는 비율이 높다.

17 외계 행성 탐사

정답률 37% | 정답 ⑤

| 문제 보기 |

다음은 어느 외계 행성계에 대한 기사의 일부이다.

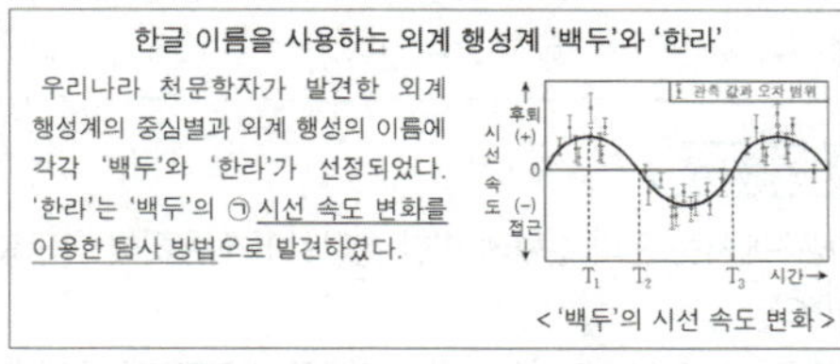
한글 이름을 사용하는 외계 행성계 '백두'와 '한라'

우리나라 천문학자가 발견한 외계 행성계의 중심별과 외계 행성의 이름에 각각 '백두'와 '한라'가 선정되었다. '한라'는 '백두'의 ㉠ 시선 속도 변화를 이용한 탐사 방법으로 발견하였다.

<'백두'의 시선 속도 변화>

이에 대한 설명으로 옳은 것만을 〈보기〉에서 있는 대로 고른 것은? [3점]

〈보기〉
ㄱ. T_1일 때 '백두'는 적색 편이가 나타난다.
ㄴ. 태양으로부터 '한라'까지의 거리는 T_2보다 T_3일 때 멀다.
ㄷ. ㉠에서 행성의 질량이 클수록 중심별의 시선 속도 변화가 커진다.

① ㄱ ② ㄴ ③ ㄱ, ㄷ ④ ㄴ, ㄷ ⑤ ㄱ, ㄴ, ㄷ

• 왜 정답일까?

ㄱ. T_1일 때 '백두'는 시선 속도가 양(+)의 값이므로 적색 편이가 나타난다.
ㄴ. 태양으로부터 외계 행성까지의 거리는 중심별의 시선 속도가 후퇴에서 접근으로 변할 때보다 접근에서 후퇴로 변할 때 멀다. 따라서 태양으로부터 '한라'까지의 거리는 T_2보다 T_3일 때 멀다.
ㄷ. 행성의 질량이 클수록 중심별로부터 공통 질량 중심까지의 거리가 멀어지므로 중심별의 시선 속도 변화가 커진다.

18 생명가능 지대

정답률 61% | 정답 ①

| 문제 보기 |

그림은 서로 다른 주계열성 A, B, C를 각각 원궤도로 공전하는 행성을 나타낸 것이다.

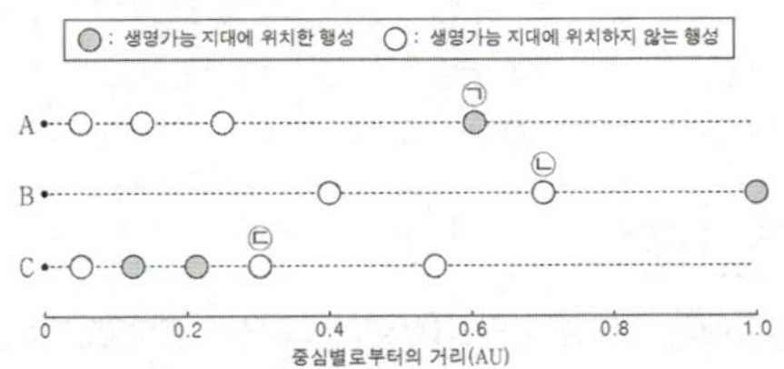

이에 대한 설명으로 옳은 것만을 〈보기〉에서 있는 대로 고른 것은? (단, 행성의 대기 조건은 고려하지 않는다.)

〈보기〉
ㄱ. ㉠에서는 물이 액체 상태로 존재할 수 있다.
ㄴ. 행성의 평균 표면 온도는 ㉡보다 ㉢이 높다.
ㄷ. 생명가능 지대의 폭은 A, B, C 중 C가 가장 넓다.

① ㄱ ② ㄴ ③ ㄱ, ㄷ ④ ㄴ, ㄷ ⑤ ㄱ, ㄴ, ㄷ

• 왜 정답일까?

ㄱ. ㉠은 생명가능 지대에 위치한 행성으로 물이 액체 상태로 존재할 수 있다.

• 왜 오답일까?

ㄴ. ㉡은 B의 생명가능 지대에 위치한 행성보다 중심별로부터 가까이 위치하고 ㉢은 C의 생명가능 지대에 위치한 행성보다 중심별로부터 멀리 위치한다. 따라서 행성의 평균 표면 온도는 ㉡보다 ㉢이 낮다.
ㄷ. 별의 광도가 클수록 생명가능 지대가 중심별로부터 멀어지고 폭은 넓어진다. A, B와 비교할 때 C는 생명가능 지대에 위치한 행성까지의 거리가 가까우므로 생명가능 지대의 폭이 가장 좁다.

19 허블 법칙

정답률 50% | 정답 ⑤

| 문제 보기 |

그림 (가)는 은하 B에서 관측되는 은하 A와 C의 후퇴 방향과 은하 사이의 거리를, (나)는 은하 B에서 관측되는 은하 A와 C의 스펙트럼을 나타낸 것이다. 정지 상태에서 파장이 λ_0인 방출선은 각각 파장이 λ_A와 λ_C로 적색 편이되었다.

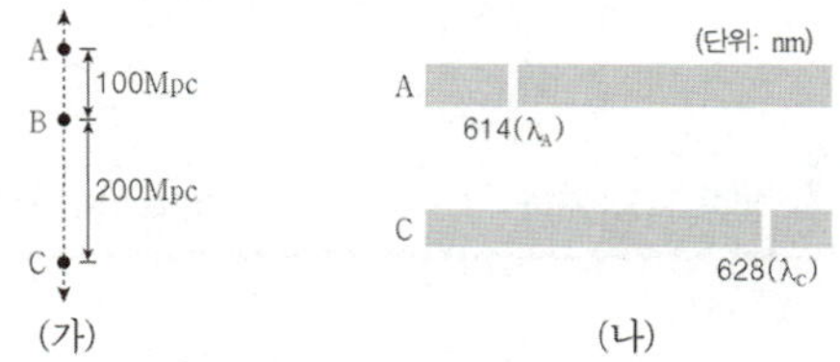

이에 대한 설명으로 옳은 것만을 〈보기〉에서 있는 대로 고른 것은? (단, 은하 A, B, C는 한 직선상에 위치하고, 허블 법칙을 만족한다.) [3점]

〈보기〉
ㄱ. B는 우주의 중심에 위치한다.
ㄴ. A에서 관측되는 후퇴 속도는 C가 B의 3배이다.
ㄷ. λ_0은 600nm이다.

① ㄱ ② ㄴ ③ ㄷ ④ ㄱ, ㄴ ⑤ ㄴ, ㄷ

• 왜 정답일까?

ㄴ. 허블 법칙($v = H \times r$)에 의하면 외부 은하의 후퇴 속도는 외부 은하까지의 거리에 비례한다. A로부터의 거리는 C가 B의 3배이므로 A에서 관측되는 후퇴 속도는 C가 B의 3배이다.
ㄷ. B로부터의 거리는 C가 A의 2배이므로 후퇴 속도는 C가 A의 2배이다. 외부 은하의 후퇴 속도와 방출선의 파장 변화량은 비례하므로 방출선의 파장 변화량은 C가 A의 2배이다. A와 C에 나타나는 방출선의 파장 차가 14nm이므로 λ_0은 600nm이다.

• 왜 오답일까?

ㄱ. 팽창하는 우주에서는 우주의 중심을 알 수 없다.

20 암흑 물질과 암흑 에너지

정답률 58% | 정답 ③

| 문제 보기 |

그림 (가)는 우주에 대한 두 과학자의 설명을, (나)는 현재 우주를 구성하는 요소의 비율을 나타낸 것이다. ㉠, ㉡, ㉢은 각각 보통 물질, 암흑 물질, 암흑 에너지 중 하나이다.

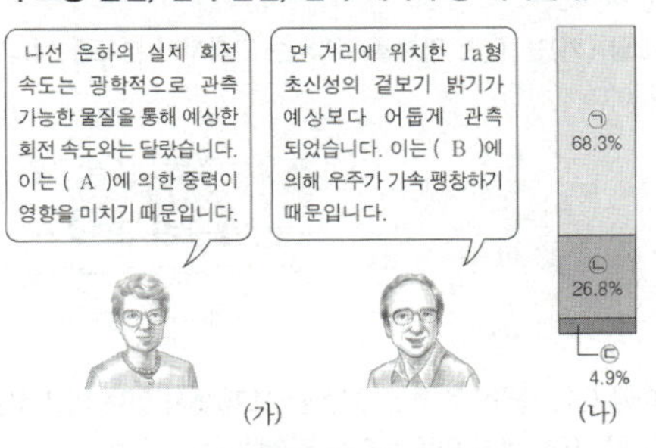

A와 B를 (나)에서 찾아 옳게 짝지은 것은?

	A	B		A	B
①	㉠	㉡	②	㉠	㉢
③	㉡	㉠	④	㉡	㉢
⑤	㉢	㉠			

• 왜 정답일까?

A는 광학적으로 관측 가능하지는 않지만, 중력이 작용하는 암흑 물질이다.
B는 우주의 가속 팽창을 일으키는 암흑 에너지이다.
㉠은 암흑 에너지, ㉡은 암흑 물질, ㉢은 보통 물질이므로 A는 ㉡, B는 ㉠이다.

[문제편 p.047]

● 고3 지구과학 I ●

13회 2019학년도 4월

01 ③	02 ②	03 ③	04 ③	05 ⑤
06 ①	07 ②	08 ③	09 ③	10 ①
11 ②	12 ①	13 ②	14 ③	15 ⑤
16 ④	17 ③	18 ④	19 ⑤	20 ②

채점 결과
- 실제 걸린 시간 : 분 초
- 맞은 문항수 : 개
- 틀린 문항수 : 개
- 헷갈린 문항 :

01 생명 가능 지대

정답률 82% | 정답 ③

| 문제 보기 |

그림은 미래 어느 시기의 태양계 생명 가능 지대를 나타낸 것이다.

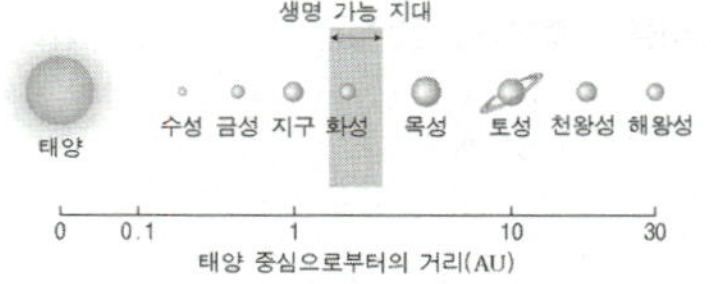

현재의 태양계와 비교할 때, 이 시기에 증가한 값으로 옳은 것만을 <보기>에서 있는 대로 고른 것은?

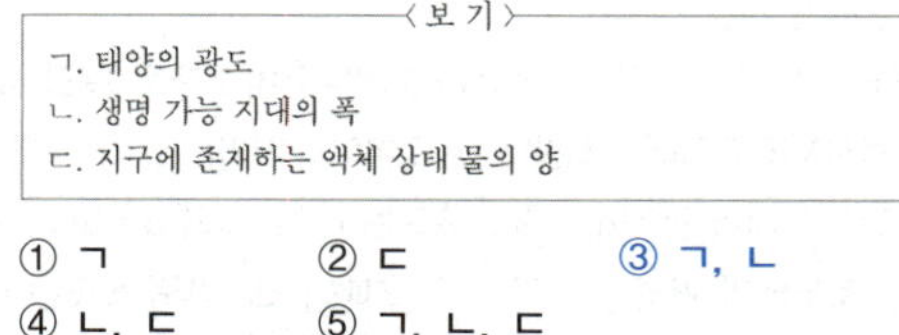
<보 기>
ㄱ. 태양의 광도
ㄴ. 생명 가능 지대의 폭
ㄷ. 지구에 존재하는 액체 상태 물의 양

① ㄱ ② ㄷ ③ ㄱ, ㄴ
④ ㄴ, ㄷ ⑤ ㄱ, ㄴ, ㄷ

• 왜 정답일까?

ㄱ. 생명 가능 지대가 이 시기에는 화성 부근으로 이동했으므로 태양의 광도는 증가한다.

ㄴ. 중심별인 태양의 광도가 증가함에 따라 생명 가능 지대의 폭은 커진다.

ㄷ. 이 시기에 지구는 생명 가능 지대보다 안쪽 궤도를 공전하고 있으므로 액체 상태의 물이 존재하기 어렵다.

02 판의 운동과 해저 확장

정답률 85% | 정답 ②

| 문제 보기 |

그림 (가)는 판의 경계를, (나)는 고지자기 분포를 나타낸 것이다.

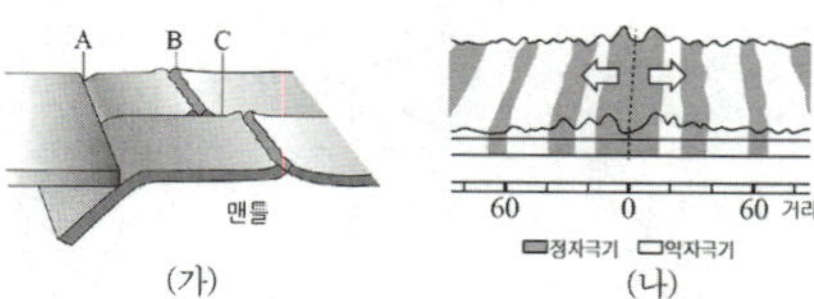

(가) (나)

이에 대한 설명으로 옳은 것만을 <보기>에서 있는 대로 고른 것은? (단, 판의 이동 속도는 일정하다.)

<보 기>
ㄱ. A와 C에서는 화산 활동이 활발하다.
ㄴ. (나)는 B를 중심으로 대칭적으로 나타난다.
ㄷ. 고지자기의 역전 주기는 일정하다.

① ㄱ ② ㄴ ③ ㄱ, ㄷ
④ ㄴ, ㄷ ⑤ ㄱ, ㄴ, ㄷ

• 왜 정답일까?

A는 수렴 경계, B는 발산 경계, C는 보존 경계이다.
보존 경계에서는 화산 활동이 거의 일어나지 않는다. 해령을 중심으로 고지자기 줄무늬가 대칭적으로 나타난다. 고지자기 줄무늬의 간격이 서로 다르므로 고지자기의 역전 주기는 일정하지 않다.

03 판의 운동

정답률 71% | 정답 ③

| 문제 보기 |

그림 (가)는 남태평양 주변 판의 경계를, (나)는 구간 A, B 중 어느 한 구간의 진원 분포를 나타낸 것이다.

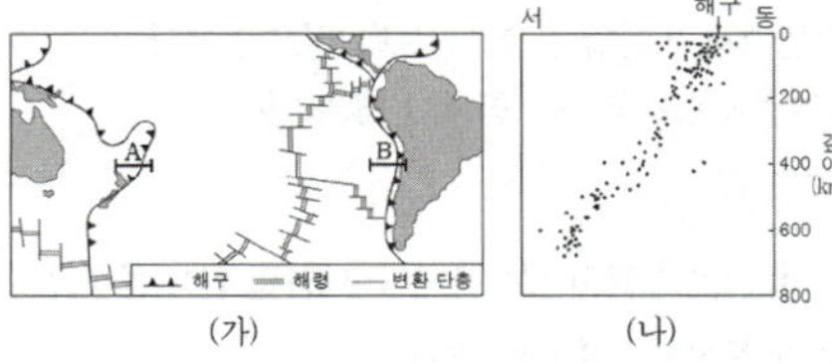

(가) (나)

이에 대한 설명으로 옳은 것만을 <보기>에서 있는 대로 고른 것은? [3점]

<보 기>
ㄱ. A와 B의 해구 부근에는 역단층이 발달한다.
ㄴ. (나)에서 해구를 기준으로 동쪽 판이 서쪽 판 아래로 섭입한다.
ㄷ. (나)는 (가)에서 B 구간의 진원 분포이다.

① ㄱ ② ㄷ ③ ㄱ, ㄴ
④ ㄴ, ㄷ ⑤ ㄱ, ㄴ, ㄷ

• 왜 정답일까?

ㄱ. 해구에서는 판의 수렴에 의한 횡압력이 작용하여 역단층이 발달한다.

ㄴ. 해구를 기준으로 진원이 서쪽 방향으로 깊어지므로 동쪽 판이 서쪽 판 아래로 섭입함을 알 수 있다.

• 왜 오답일까?

ㄷ. B 구간은 해구를 기준으로 서쪽 판이 동쪽 판 아래로 섭입하고, A 구간은 해구를 기준으로 동쪽 판이 서쪽 판 아래로 섭입하는 구간이다.

04 지질 단면도 해석하기

정답률 56% | 정답 ③

| 문제 보기 |

그림 (가)와 (나)는 서로 다른 두 지역의 지질 단면도를 나타낸 것이다.

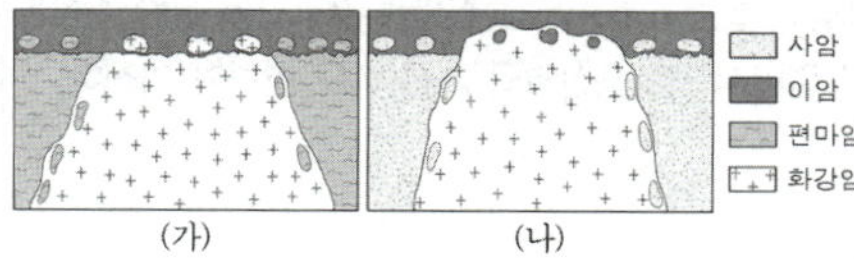

(가) (나)

이에 대한 설명으로 옳은 것만을 <보기>에서 있는 대로 고른 것은? [3점]

<보 기>
ㄱ. (가)에서 편마암은 화강암보다 먼저 생성되었다.
ㄴ. (나)의 화강암에서는 사암과 이암이 포획암으로 나타난다.
ㄷ. (가)와 (나)에는 모두 난정합이 나타난다.

① ㄱ ② ㄷ ③ ㄱ, ㄴ
④ ㄴ, ㄷ ⑤ ㄱ, ㄴ, ㄷ

• 왜 정답일까?

ㄱ. (가)에서 편마암이 관입을 당하였으므로 편마암은 화강암보다 먼저 생성되었다.

ㄴ. 마그마가 관입할 때 먼저 생성된 암석이 포획되어 관입암 내부에서 포획암으로 나타날 수 있다. (나)의 화강암에서는 사암과 이암이 포획암으로 나타난다.

• 왜 오답일까?

ㄷ. 난정합은 심성암체나 변성암체가 침식된 후, 그 위에 지층이 쌓여서 형성된 부정합이므로 (가)에는 나타나지만 (나)에는 나타나지 않는다.

05 퇴적암의 생성 과정

정답률 83% | 정답 ⑤

| 문제 보기 |

그림은 모래로 이루어진 퇴적물로부터 퇴적암이 생성되는 과정을 나타낸 것이다.

이에 대한 설명으로 옳은 것만을 <보기>에서 있는 대로 고른 것은?

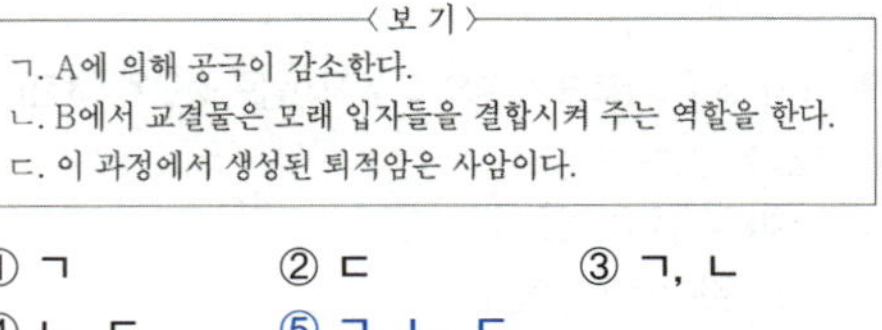
<보 기>
ㄱ. A에 의해 공극이 감소한다.
ㄴ. B에서 교결물은 모래 입자들을 결합시켜 주는 역할을 한다.
ㄷ. 이 과정에서 생성된 퇴적암은 사암이다.

① ㄱ ② ㄷ ③ ㄱ, ㄴ
④ ㄴ, ㄷ ⑤ ㄱ, ㄴ, ㄷ

• 왜 정답일까?

ㄱ. 압축 작용에 의해 공극은 감소한다.

ㄴ. 교결물은 모래 입자들을 결합시켜 주는 역할을 한다.

ㄷ. 모래로 이루어진 퇴적물이 압축 작용과 교결 작용을 받아 생성된 퇴적암은 사암이다.

06 과거의 기후 연구

정답률 49% | 정답 ①

| 문제 보기 |

다음은 과거의 기후를 추정하는 데 사용하는 자료이다.

(가) 산호 화석
(나) 나무의 나이테
(다) 빙하 코어 물 분자의 산소 동위원소비($^{18}O/^{16}O$)

이에 대한 설명으로 옳은 것만을 <보기>에서 있는 대로 고른 것은? [3점]

<보 기>
ㄱ. (가)가 산출되는 지역은 과거에 따뜻한 바다 환경이었음을 알 수 있다.
ㄴ. (나)가 조밀한 시기는 고온 다습한 기후이었음을 알 수 있다.
ㄷ. (다)는 빙하기가 간빙기보다 크다.

① ㄱ ② ㄴ ③ ㄱ, ㄷ ④ ㄴ, ㄷ ⑤ ㄱ, ㄴ, ㄷ

• 왜 정답일까?

ㄱ. 산호는 따뜻하고 얕은 바다에서 서식한다. 즉 산호 화석이 산출되는 지역은 과거에 따뜻한 바다 환경이었음을 알 수 있다.

• 왜 오답일까?

ㄴ. 나무의 나이테는 고온 다습할수록 성장이 빨라져 폭이 넓어진다.

ㄷ. 빙하기 때는 기온이 낮아 ^{16}O가 더 많이 증발을 하게 되고 ^{16}O를 포함한 눈이 극 지방에 내려서 쌓이고, 빙하가 형성되므로 빙하 코어 물 분자의 산소 동위원소비($^{18}O/^{16}O$)는 더 작아지게 된다.

07 화성암의 특징

정답률 65% | 정답 ②

| 문제 보기 |

그림은 서로 다른 두 암석의 조암 광물 부피비(%)를 나타낸 것이다. (가)와 (나)는 각각 현무암과 화강암 중 하나이다.

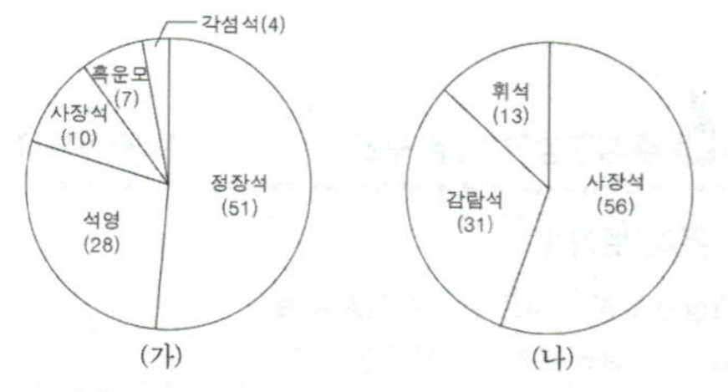

(가) (나)

이에 대한 설명으로 옳은 것만을 <보기>에서 있는 대로 고른 것은?

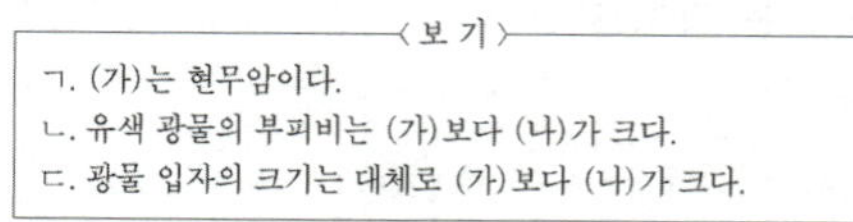
<보 기>
ㄱ. (가)는 현무암이다.
ㄴ. 유색 광물의 부피비는 (가)보다 (나)가 크다.
ㄷ. 광물 입자의 크기는 대체로 (가)보다 (나)가 크다.

① ㄱ ② ㄴ ③ ㄱ, ㄷ ④ ㄴ, ㄷ ⑤ ㄱ, ㄴ, ㄷ

[문제편 p.049]

• 왜 정답일까?

ㄱ, ㄴ. 유색 광물에는 감람석, 휘석, 각섬석, 흑운모 등이 있다. 유색 광물의 부피비는 (가)보다 (나)가 크므로 (가)는 화강암, (나)는 현무암이다.

ㄷ. 화강암은 심성암, 현무암은 화산암이므로 광물 입자의 크기는 대체로 (나)보다 (가)가 크다.

08 고지자기 분포의 생성 과정

정답률 67% | 정답 ③

그림은 현재 해양 지각에 기록된 고지자기의 분포가 형성되는 과정을 나타낸 것이고, 점선은 생성 시기가 같은 지점을 연결한 것이다.

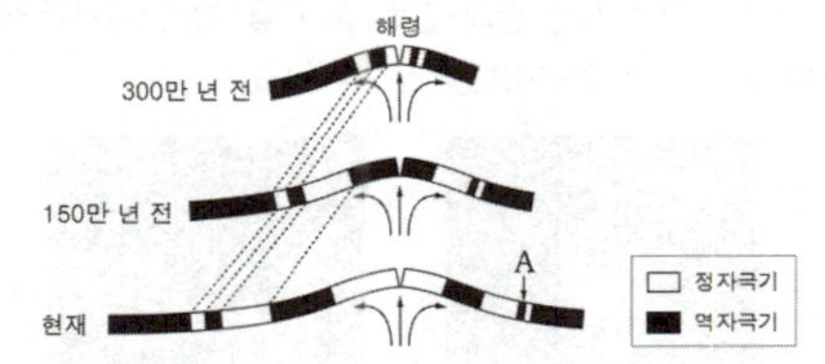

이에 대한 설명으로 옳은 것만을 <보기>에서 있는 대로 고른 것은? [3점]

<보기>
ㄱ. 고지자기의 분포를 통해 해저가 확장되었음을 알 수 있다.
ㄴ. A 지점 해양 지각의 절대 연령은 300만 년보다 크다.
ㄷ. 이 기간 동안 해령을 기준으로 왼쪽 판의 평균 이동 속도는 오른쪽 판보다 작다.

① ㄱ ② ㄷ ③ ㄱ, ㄴ ④ ㄱ, ㄷ ⑤ ㄴ, ㄷ

• 왜 정답일까?

해양 지각을 이루는 암석은 해령에서 분출한 마그마가 냉각될 때의 지구 자기장 방향으로 자화되므로 해령을 기준으로 고지자기의 분포는 대칭을 이룬다.

ㄱ. 해령을 기준으로 나타난 고지자기 분포의 대칭은 해저 확장의 증거이다.

ㄴ. A 지점 해양 지각에 기록된 고지자기는 300만 년 이전에 생성되었다.

• 왜 오답일까?

ㄷ. 같은 기간 동안 왼쪽 판이 오른쪽 판보다 더 많이 이동했으므로 판의 이동 속도는 왼쪽 판이 더 크다.

09 퇴적 구조의 특징

정답률 60% | 정답 ③

| 문제 보기 |

다음은 어느 퇴적 구조의 형성 과정을 알아보기 위한 실험이다.

[실험 과정]
(가) 수조에 모래와 물을 채우고, 막대를 설치한다.
(나) 막대를 상하로 움직여 물의 표면에 파동을 일으킨다.
(다) 파동에 의해 퇴적 구조가 형성될 때까지 (나) 과정을 반복한다.

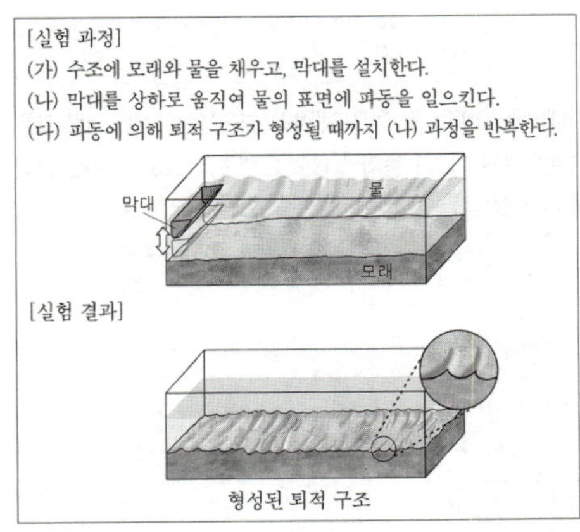

이에 대한 설명으로 옳은 것만을 <보기>에서 있는 대로 고른 것은?

<보기>
ㄱ. 이 퇴적 구조는 연흔이다.
ㄴ. (나)는 저탁류의 발생 과정에 해당한다.
ㄷ. 이 퇴적 구조는 지층의 역전 여부를 판단하는 데 이용할 수 있다.

① ㄱ ② ㄴ ③ ㄱ, ㄷ ④ ㄴ, ㄷ ⑤ ㄱ, ㄴ, ㄷ

• 왜 정답일까?

ㄱ. 실험 결과 형성된 물결 모양의 퇴적 구조는 연흔이다.

ㄷ. 연흔은 지층의 역전 여부를 판단하는 데 이용할 수 있다.

• 왜 오답일까?

ㄴ. (나)는 물의 표면에 파동을 일으키는 과정이다. 저탁류는 대륙 사면에서 중력에 의해 퇴적물이 흘러내리는 혼탁한 흐름이다.

10 지질 시대의 화석

정답률 76% | 정답 ①

| 문제 보기 |

그림 (가)는 어느 지역의 지질 단면도와 지층군 A와 C에서 산출되는 화석을, (나)는 (가)에서 화석으로 산출되는 생물의 생존 기간을 나타낸 것이다. 이 지역은 지층의 역전이 없었고, 지층군 A와 C는 각각 ㉠과 ㉡ 중 어느 하나의 시기에 형성된 것이다.

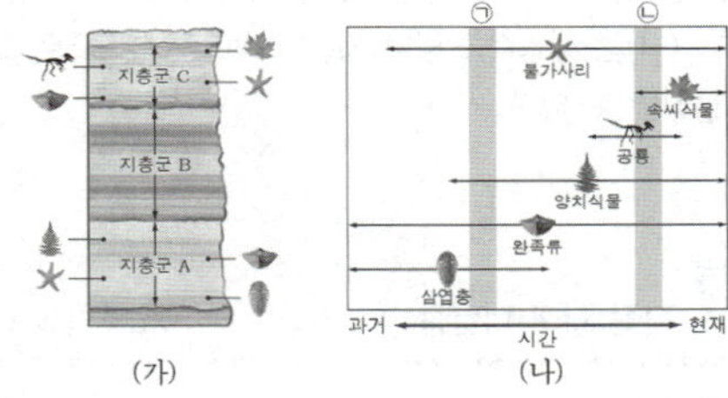

지층군 A, B, C에 대한 설명으로 옳은 것만을 <보기>에서 있는 대로 고른 것은? [3점]

<보기>
ㄱ. A는 ㉠ 시기에 형성된 것이다.
ㄴ. B에서는 화폐석이 산출될 수 있다.
ㄷ. C는 모두 해성층으로 이루어져 있다.

① ㄱ ② ㄴ ③ ㄱ, ㄷ ④ ㄴ, ㄷ ⑤ ㄱ, ㄴ, ㄷ

• 왜 정답일까?

ㄱ. A에서 산출되는 화석들은 (나)의 ㉠ 시기에 생존했던 생물로부터 형성되었다.

• 왜 오답일까?

ㄴ. A에서는 고생대 표준 화석인 삼엽충이 산출되고, C에서는 중생대 표준 화석인 공룡이 산출되므로 신생대 표준 화석인 화폐석은 두 지층군 사이에 위치한 B에서는 산출될 수 없다.

ㄷ. C에서 공룡과 속씨식물 화석이 산출되는 지층은 육성층이고, 완족류와 불가사리 화석이 산출되는 지층은 해성층이다.

11 기상 현상

정답률 55% | 정답 ②

| 문제 보기 |

그림은 기상 현상의 특징에 대해 학생들이 대화를 나누는 장면을 나타낸 것이다.

제시한 내용이 옳은 학생만을 있는 대로 고른 것은?

① A ② B ③ C ④ A, B ⑤ B, C

• 왜 정답일까?

A. 뇌우는 주로 지표면의 국지적 가열, 한랭 전선, 태풍 등에 의해 강한 상승 기류가 발달하여 적란운이 생성될 때 발생한다.

B. 토네이도의 지속 시간은 수 분~수 시간이고, 태풍은 약 1주일이다.

C. 우박은 얼음 결정 주위에 0℃ 이하의 차가운 물방울이 얼어붙어 땅 위로 떨어지는 얼음덩어리로, 주로 적란운에서 얼음 결정이 강한 상승 기류를 타고 상승과 하강을 반복하여 성장하면서 나타난다.

12 태풍

정답률 58% | 정답 ①

| 문제 보기 |

그림 (가)는 어느 해 우리나라에 영향을 준 태풍 A와 B의 이동 경로를, (나)는 A와 B 중 어느 하나의 영향을 받을 때 부산에서의 기상 관측 자료를 나타낸 것이다.

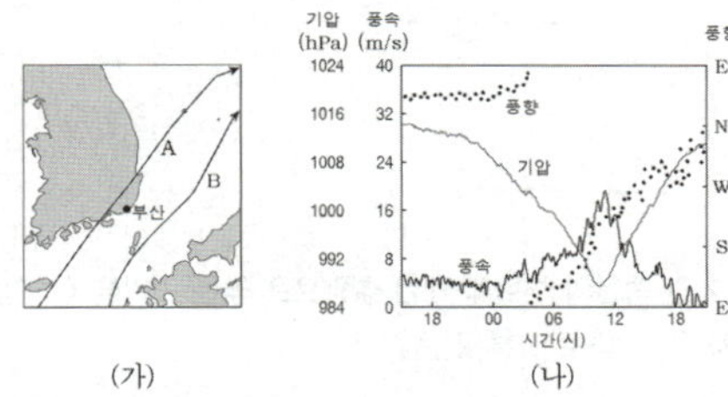

이에 대한 설명으로 옳은 것만을 <보기>에서 있는 대로 고른 것은? [3점]

<보기>
ㄱ. A의 영향을 받을 때 부산은 위험 반원에 위치한다.
ㄴ. (나)에서 기압이 높을수록 풍속이 크다.
ㄷ. (나)는 B의 영향을 받을 때 관측된 자료이다.

① ㄱ ② ㄴ ③ ㄱ, ㄷ ④ ㄴ, ㄷ ⑤ ㄱ, ㄴ, ㄷ

• 왜 정답일까?

ㄱ. 태풍 A의 영향을 받을 때 부산은 진행 방향의 오른쪽인 위험 반원에 위치한다.

ㄴ. (나)에서 기압이 낮을수록 대체로 풍속이 크다.

ㄷ. 풍향이 북동풍 → 동풍 → 남동풍 → 남풍 → 남서풍과 같이 시계 방향으로 변하므로 (나)는 부산이 위험 반원에 위치할 때의 자료이다.

13 상대 연령과 절대 연령

정답률 71% | 정답 ②

| 문제 보기 |

그림 (가)는 어느 지역의 지질 단면도를, (나)는 방사성 원소 X의 붕괴 곡선을 나타낸 것이다. (가)의 화성암 P와 Q에 포함된 방사성 원소 X의 양은 각각 암석이 생성될 당시의 25%, 50%이다.

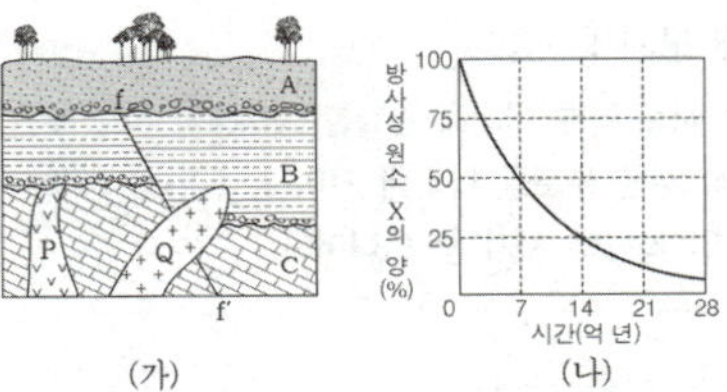

이에 대한 설명으로 옳은 것만을 <보기>에서 있는 대로 고른 것은? [3점]

<보기>
ㄱ. 화성암 Q는 지층 B보다 먼저 생성되었다.
ㄴ. 이 지역은 최소한 3회 이상 융기했다.
ㄷ. 단층 f－f'는 고생대에 형성된 것이다.

① ㄱ ② ㄴ ③ ㄷ ④ ㄱ, ㄴ ⑤ ㄱ, ㄷ

• 왜 정답일까?

ㄴ. 부정합면이 2개 발견되므로 이 지역은 적어도 3회 이상의 융기가 있었다.

• 왜 오답일까?

ㄱ. 이 지질 단면의 생성 순서는 C → P → B → (단층 f－f') → Q 순이다. 따라서 화성암 Q는 지층 B보다 나중에 생성되었다.

ㄷ. 화성암 P는 14억 년 전에 관입하였고, 화성암 Q는 7억 년 전에 관입하였다. 따라서 단층 f－f'는 선캄브리아 시대에 생성되었다.

14 빙하량 변화

정답률 64% | 정답 ③

| 문제 보기 |

그림 (가)는 2003년부터 2012년까지 남극 대륙과 그린란드의 빙하량 변화를, (나)는 같은 기간 동안 빙하의 총누적 변화량을 나타낸 것이다.

[문제편 p.050]

(가)	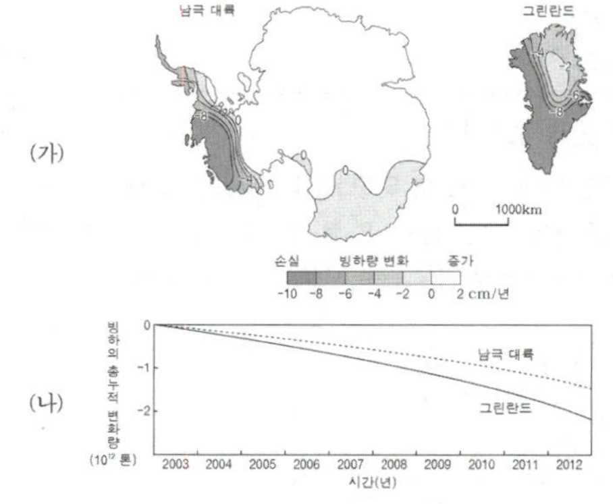
(나)	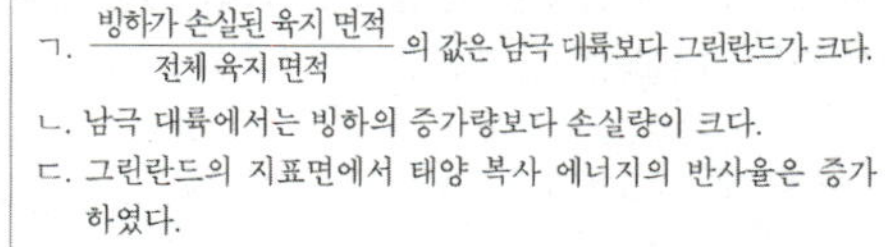

이 기간 동안의 변화에 대한 설명으로 옳은 것만을 〈보기〉에서 있는 대로 고른 것은?

〈보 기〉

ㄱ. $\frac{\text{빙하가 손실된 육지 면적}}{\text{전체 육지 면적}}$의 값은 남극 대륙보다 그린란드가 크다.

ㄴ. 남극 대륙에서는 빙하의 증가량보다 손실량이 크다.

ㄷ. 그린란드의 지표면에서 태양 복사 에너지의 반사율은 증가하였다.

① ㄱ ② ㄷ ③ ㄱ, ㄴ ④ ㄴ, ㄷ ⑤ ㄱ, ㄴ, ㄷ

• 왜 정답일까?

2003년부터 2012년까지 남극 대륙과 그린란드에서 빙하의 총량은 지속적으로 감소하고 있다. 남극 대륙에서는 부분적으로 빙하의 양이 증가된 지역이 있으나 그린란드에서는 모든 지역에서 빙하의 양이 손실되었다.

ㄱ. 전체 육지 면적에 대하여 빙하가 손실된 육지 면적의 비는 남극 대륙보다 그린란드가 크다.

ㄴ. 남극 대륙에서는 빙하의 증가량보다 손실량이 크다.

ㄷ. 그린란드에서는 모든 지역에서 빙하가 손실되었으므로 지표면에서 태양 복사 에너지의 반사율은 감소하였다.

15 엘니뇨와 라니냐

정답률 54% | 정답 ⑤

| 문제 보기 |

그림은 서로 다른 시기에 관측한 동태평양 적도 부근 해역의 연직 수온 분포를 나타낸 것이다. (가)와 (나)는 각각 엘니뇨와 라니냐 시기 중 하나이다.

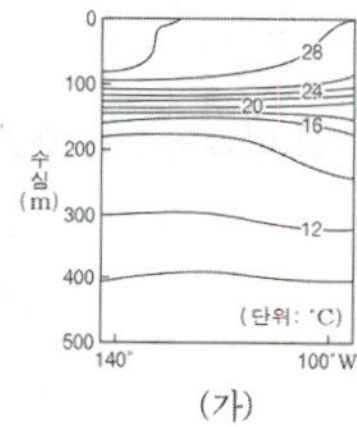

(가)

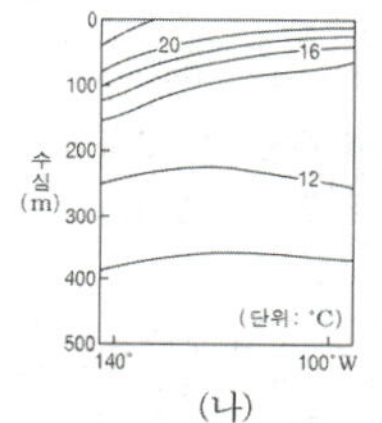

(나)

이에 대한 설명으로 옳은 것만을 〈보기〉에서 있는 대로 고른 것은?

〈보 기〉

ㄱ. (가)는 엘니뇨 시기이다.

ㄴ. 이 해역의 평균 해수면은 (가)보다 (나) 시기에 낮다.

ㄷ. 이 해역에서 수심 100 ~ 200m 구간의 깊이에 따른 수온 감소율은 (가)보다 (나) 시기에 작다.

① ㄱ ② ㄷ ③ ㄱ, ㄴ ④ ㄴ, ㄷ ⑤ ㄱ, ㄴ, ㄷ

• 왜 정답일까?

엘니뇨 시기에는 무역풍이 약해짐에 따라 서태평양 적도 부근 해역의 따뜻한 물이 동태평양 적도 부근 해역으로 이동하므로 동태평양 적도 부근 해역의 표층 수온과 평균 해수면이 평상시보다 높아진다.

라니냐 시기에는 무역풍이 강해짐에 따라 동태평양 적도 부근 해역에서 평균 해수면이 평상시보다 낮아지고, 용승이 강화되므로 표층 수온이 낮아진다.

ㄱ. (가)는 엘니뇨 시기, (나)는 라니냐 시기이다.

ㄴ. 평균 해수면은 (가)보다 (나) 시기에 낮다.

ㄷ. 동태평양 적도 부근 해역에서 수심 100 ~ 200m 구간의 깊이에 따른 수온 감소율은 (가)보다 (나) 시기에 작다.

16 지질 구조의 특징

정답률 75% | 정답 ④

| 문제 보기 |

그림은 지질 구조에 대해 수업하는 장면을 나타낸 것이다.

설명한 내용이 옳은 학생만을 있는 대로 고른 것은?

① A ② B ③ C ④ A, B ⑤ B, C

• 왜 정답일까?

(가)는 장력을 받아 상반이 단층면을 따라 아래로 이동한 정단층이다. (나)는 횡압력을 받아 지층이 휘어진 습곡으로 조산대에서 형성될 수 있다.

17 지질 시대 대멸종

정답률 71% | 정답 ③

| 문제 보기 |

그림은 현생 이언 동안 생물 과의 멸종 비율과 대멸종 시기 A, B, C를 나타낸 것이다.

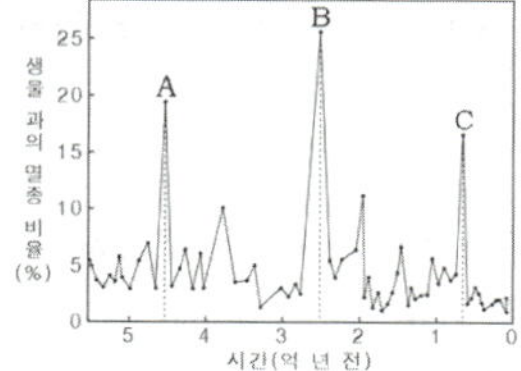

이에 대한 설명으로 옳은 것만을 〈보기〉에서 있는 대로 고른 것은?

〈보 기〉

ㄱ. 생물 과의 멸종 비율은 A보다 B 시기에 높다.

ㄴ. B 시기를 경계로 고생대와 중생대가 구분된다.

ㄷ. 방추충은 C 시기에 멸종하였다.

① ㄱ ② ㄷ ③ ㄱ, ㄴ ④ ㄴ, ㄷ ⑤ ㄱ, ㄴ, ㄷ

• 왜 정답일까?

ㄱ. 생물 과의 멸종 비율은 A보다 B 시기에 높다.

ㄴ. B 시기는 페름기 말 대멸종 시기로 B 시기를 경계로 고생대와 중생대가 구분된다.

• 왜 오답일까?

ㄷ. 방추충은 B 시기에 멸종하였다.

18 우리나라 해류와 태평양 해류

정답률 82% | 정답 ④

| 문제 보기 |

그림은 우리나라 주변 해류와 태평양의 해류 분포를 나타낸 것이다.

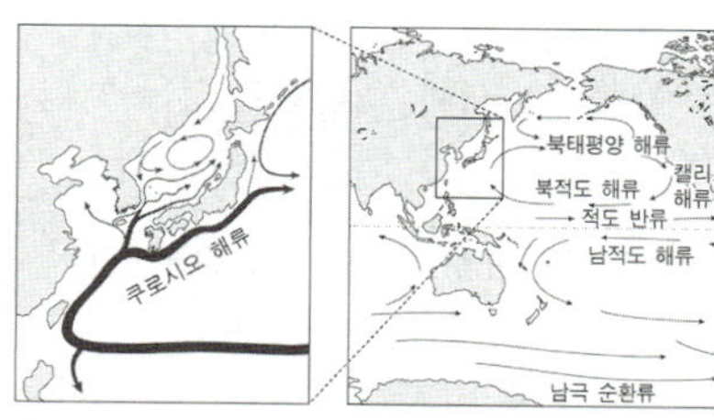

이에 대한 설명으로 옳지 않은 것은? [3점]

① 아열대 해역의 표층 순환(아열대 순환)은 북반구와 남반구가 대칭적이다.

② 우리나라 해역의 난류는 쿠로시오 해류에서 유입된다.

③ 동해에는 난류와 한류가 만나는 조경 수역이 형성된다.

④ 남극 순환류는 극동풍에 의해 형성된다.

⑤ 캘리포니아 해류는 한류이다.

• 왜 정답일까?

④ 남극 순환류는 편서풍에 의해 형성된다.

• 왜 오답일까?

① 아열대 해역의 표층 순환, 즉 아열대 순환은 북반구에서 시계 방향으로 나타나고 남반구에서 시계 반대 방향으로 나타나므로 대칭적이다.

② 우리나라 해역의 난류의 근원은 쿠로시오 해류이다.

③ 동해에는 독도 근처에서 난류와 한류가 만나는 조경 수역이 형성된다.

⑤ 캘리포니아 해류는 북태평양 아열대 순환에서 고위도에서 저위도로 흐르는 한류이다.

19 은하의 분류

정답률 61% | 정답 ⑤

| 문제 보기 |

그림 (가)와 (나)는 전파 은하 M87을 각각 가시광선과 전파로 관측한 영상이다.

(가) 가시광선 영상

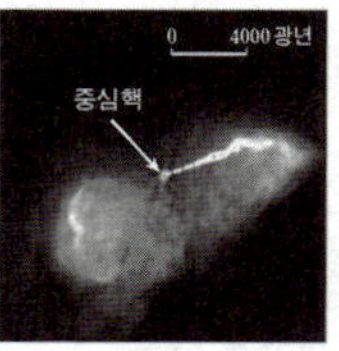

(나) 전파 영상

이에 대한 설명으로 옳은 것만을 〈보기〉에서 있는 대로 고른 것은? [3점]

〈보 기〉

ㄱ. 이 은하는 강한 전파를 방출한다.

ㄴ. 중심핵에서는 물질이 분출되고 있다.

ㄷ. 이 은하를 모양에 따라 분류하면 타원 은하에 해당한다.

① ㄱ ② ㄷ ③ ㄱ, ㄴ ④ ㄴ, ㄷ ⑤ ㄱ, ㄴ, ㄷ

• 왜 정답일까?

ㄱ. (나)에서 강한 전파가 방출되고 있음을 관찰할 수 있다.

ㄴ. (나)에서 중심핵에서 물질이 분출되고 있음을 관찰할 수 있다.

ㄷ. (가)에서 이 은하는 나선 팔이 없고 원에 가까운 타원 은하임을 알 수 있다.

20 절대 연령 측정

정답률 75% | 정답 ②

| 문제 보기 |

다음은 방사성 원소 ^{14}C를 이용한 절대 연령 측정 원리를 설명한 것이다.

대기 중과 생물체 내의 방사성 원소 ^{14}C와 안정한 원소 ^{12}C의 비율($^{14}C/^{12}C$)은 같다. 생물체가 죽으면 ㉠ ^{14}C가 ㉡ ^{14}N로 붕괴되는 과정은 진행되지만 ^{14}C의 공급은 중단되므로, 죽은 생물체 내의 $^{14}C/^{12}C$가 감소한다. 따라서 대기 중 $^{14}C/^{12}C$에 대한 죽은 생물체 내 $^{14}C/^{12}C$의 비를 이용하여 절대 연령을 측정할 수 있다.

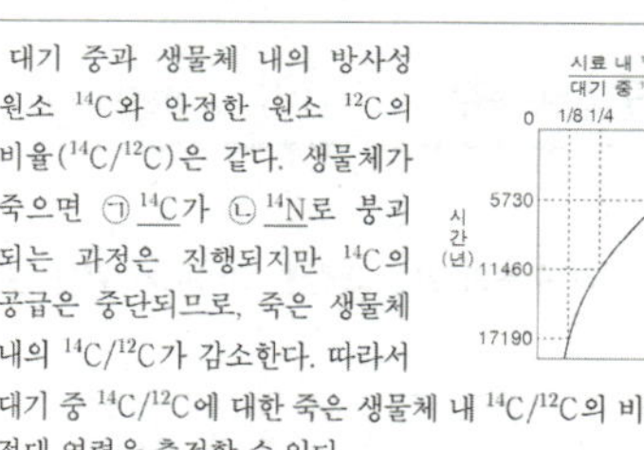

이에 대한 설명으로 옳은 것만을 〈보기〉에서 있는 대로 고른 것은? (단, 대기 중의 $^{14}C/^{12}C = 1.2 \times 10^{-12}$으로 일정하다.) [3점]

〈보 기〉

ㄱ. ㉠은 ㉡보다 안정하다.

ㄴ. ㉠의 반감기는 5730년이다.

ㄷ. $^{14}C/^{12}C$의 값이 0.3×10^{-12}인 시료의 절대 연령은 17190년이다.

① ㄱ ② ㄴ ③ ㄷ ④ ㄱ, ㄴ ⑤ ㄴ, ㄷ

• 왜 정답일까?

ㄴ. ^{14}C의 반감기는 대기 중 $^{14}C/^{12}C$에 대한 시료 내 $^{14}C/^{12}C$의 비가 $1/2$로 변하는 데 걸리는 시간인 5730년이다.

• 왜 오답일까?

ㄱ. 방사성 원소는 붕괴되어 안정한 원소로 변한다. ^{14}C는 ^{14}N로 붕괴되므로 ^{14}C보다 ^{14}N가 안정하다.

ㄷ. $^{14}C/^{12}C$의 값이 0.3×10^{-12}인 시료는 반감기를 2회 거쳤으므로 절대 연령은 11460년이다.

[문제편 p.051]

• 고3 지구과학 I •

14회 2018학년도 4월

01 ③	02 ④	03 ⑤	04 ①	05 ②
06 ②	07 ②	08 ③	09 ①	10 ⑤
11 ④	12 ④	13 ⑤	14 ③	15 ⑤
16 ①	17 ③	18 ③	19 ③	20 ④

채점 결과
- 실제 걸린 시간 : 분 초
- 맞은 문항수 : 개
- 틀린 문항수 : 개
- 헷갈린 문항 :

01 생명 가능 지대

정답률 61% | 정답 ③

| 문제 보기 |

그림은 주계열성 A주위를 공전하는 행성 ㉠, ㉡의 궤도와 생명 가능 지대를 수성의 공전 궤도와 비교하여 나타낸 것이다.

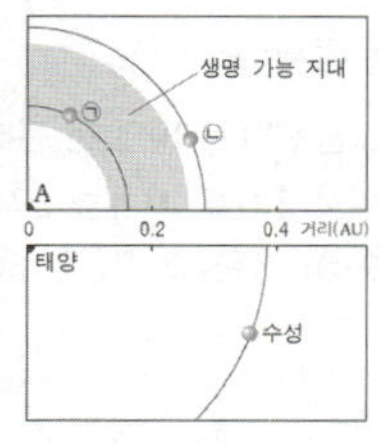

이에 대한 설명으로 옳은 것만을 <보기>에서 있는 대로 고른 것은? (단, 행성의 대기 효과는 무시한다.)

<보 기>
ㄱ. ㉠에서는 물이 액체 상태로 존재할 수 있다.
ㄴ. 행성의 평균 표면 온도는 ㉡보다 수성이 높다.
ㄷ. 별의 수명은 A보다 태양이 길다.

① ㄱ ② ㄷ ③ ㄱ, ㄴ
④ ㄴ, ㄷ ⑤ ㄱ, ㄴ, ㄷ

• 왜 정답일까?

ㄱ. 생명 가능 지대는 물이 액체 상태로 존재할 수 있는 구간이므로 생명 가능 지대에 위치한 ㉠에서는 물이 액체 상태로 존재할 수 있다.

ㄴ. 중심별로부터의 거리가 생명 가능 지대보다 먼 곳에서는 물이 고체 상태로, 가까운 곳에서는 기체 상태로 존재할 수 있다. 따라서 생명 가능 지대보다 먼 곳에 위치한 ㉡보다 태양계에서 생명 가능 지대보다 가까운 곳에 위치한 수성의 평균 표면 온도가 높다.

• 왜 오답일까?

ㄷ. 별의 광도가 클수록 별로부터 생명 가능 지대까지 거리가 멀다. 주계열성의 경우 질량이 클수록 별의 광도가 크고 수명이 짧으므로 별의 수명은 A보다 태양이 짧다.

02 화강암의 특징

정답률 73% | 정답 ④

| 문제 보기 |

다음은 학생들이 어느 암석을 관찰하며 나눈 대화이다.

철수: 이 암석은 마그마가 굳어져서 생성된 것이라고 했어.
영희: 결정의 크기로 보아 마그마가 천천히 굳었을 거야.
민수: 암석의 색을 보면 SiO_2 함량이 높다는 것을 알 수 있어.
순이: 그렇다면 이 암석은 [A]이야.

학생들이 관찰한 암석 A의 모습으로 가장 적절한 것은?

⑤ 

• 왜 정답일까?

학생들이 관찰한 암석은 마그마가 굳어져서 생성된 화성암이다. 마그마가 천천히 굳으면 결정의 크기가 크고, SiO_2 함량이 높으면 암석의 색이 밝으므로 이 암석은 화강암이다.
①사암, ②현무암, ③역암, ④화강암, ⑤편마암이다.

03 퇴적 구조

정답률 85% | 정답 ⑤

| 문제 보기 |

그림 (가), (나), (다)는 퇴적 구조를 나타낸 것이다.

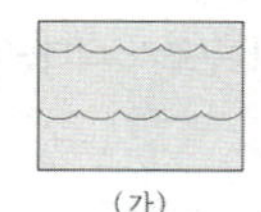
(가)

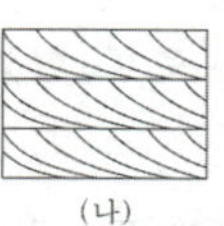
(나)

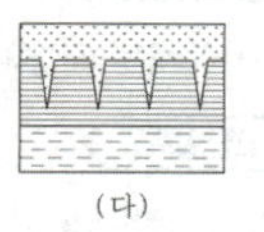
(다)

이에 대한 설명으로 옳은 것만을 <보기>에서 있는 대로 고른 것은?

<보 기>
ㄱ. (가)는 연흔이다.
ㄴ. (나)로부터 퇴적물이 공급된 방향을 알 수 있다.
ㄷ. (가), (나), (다)로부터 지층의 상하를 판단할 수 있다.

① ㄱ ② ㄷ ③ ㄱ, ㄴ
④ ㄴ, ㄷ ⑤ ㄱ, ㄴ, ㄷ

• 왜 정답일까?

(가)는 연흔, (나)는 사층리, (다)는 건열에 해당하는 퇴적 구조이다.

ㄱ. (가)는 물결 모양의 무늬를 나타내는 퇴적 구조이므로 연흔이다.

ㄴ. (나)는 바람이나 물 등에 의해 퇴적물이 공급된 방향을 알 수 있다.

ㄷ. (가), (나), (다)는 모두 그림의 위쪽이 지층의 상부에 해당하며, 이를 이용하여 지층의 상하를 판단할 수 있다.

04 은하의 분류

정답률 80% | 정답 ①

| 문제 보기 |

그림은 은하를 형태에 따라 분류하는 과정을 나타낸 것이다.

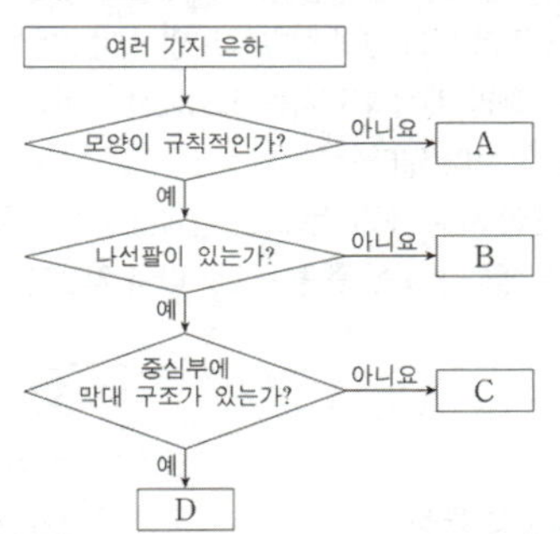

이에 대한 설명으로 옳은 것만을 <보기>에서 있는 대로 고른 것은?

<보 기>
ㄱ. A는 불규칙 은하이다.
ㄴ. 우리 은하는 B에 해당한다.
ㄷ. D는 편평도에 따라 세분된다.

① ㄱ ② ㄴ ③ ㄷ ④ ㄱ, ㄴ ⑤ ㄴ, ㄷ

• 왜 정답일까?

ㄱ. A는 모양이 규칙적이지 않으므로 불규칙 은하이다.

• 왜 오답일까?

ㄴ. B는 모양이 규칙적이지만 나선 팔이 없으므로 타원 은하이다. 우리 은하는 막대 나선 은하이므로 B에 해당하지 않는다.

ㄷ. D는 모양이 규칙적이고 나선 팔이 있으며 중심부에 막대 구조가 있으므로 막대 나선 은하이다. 편평도에 따라 세분되는 은하는 타원 은하이다.

05 황사

정답률 70% | 정답 ②

| 문제 보기 |

그림 (가)는 지난 40 년 동안 서울과 부산에서 관측된 월별 황사 일수를, (나)는 우리나라에 영향을 미치는 황사의 발원지를 나타낸 것이다.

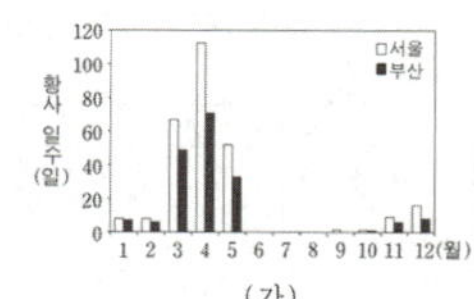

(가)

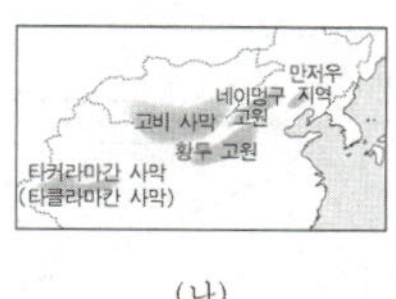

(나)

이 자료에 대한 설명으로 옳은 것만을 <보기>에서 있는 대로 고른 것은?

<보 기>
ㄱ. 봄철 황사 일수는 서울보다 부산이 많다.
ㄴ. 황사의 발생은 지권과 기권의 상호 작용에 해당한다.
ㄷ. 황사는 발원지가 한랭 건조한 기단의 영향을 받는 계절에 주로 관측된다.

① ㄱ ② ㄴ ③ ㄷ ④ ㄱ, ㄷ ⑤ ㄴ, ㄷ

• 왜 정답일까?

ㄴ. 황사는 모래 먼지가 바람을 타고 이동하는 현상이므로 지권과 기권의 상호 작용에 해당한다.

• 왜 오답일까?

ㄱ. (가) 그래프에서 봄철 황사 일수는 서울이 부산보다 많다는 사실을 확인할 수 있다.

ㄷ. 황사는 봄철에 주로 관측되는데, 봄은 발원지인 중국 지역이 온난 건조한 기단의 영향을 받는 계절이다.

06 화성암 지형의 특징

정답률 69% | 정답 ②

| 문제 보기 |

다음은 한반도의 지질 명소인 두 폭포의 사진과 주변 화성암의 특징을 나타낸 것이다.

구분	(가) 박연 폭포	(나) 천제연 폭포
사진	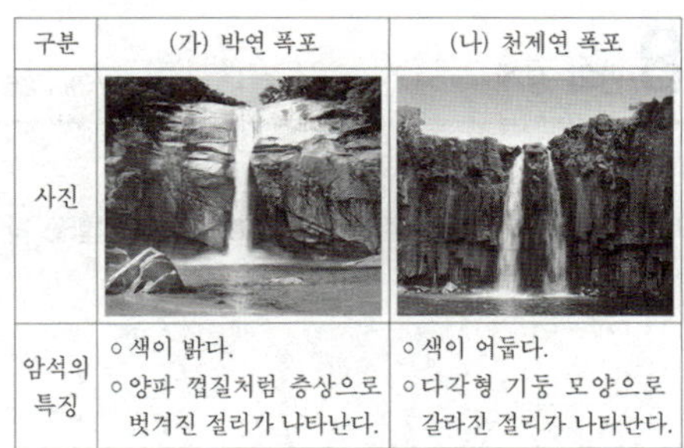	
암석의 특징	○ 색이 밝다. ○ 양파 껍질처럼 층상으로 벗겨진 절리가 나타난다.	○ 색이 어둡다. ○ 다각형 기둥 모양으로 갈라진 절리가 나타난다.

이에 대한 설명으로 옳은 것만을 <보기>에서 있는 대로 고른 것은? [3점]

<보 기>
ㄱ. (가)의 암석은 현무암질 용암이 냉각되어 생성되었다.
ㄴ. (나)의 절리는 융기로 인한 압력 감소에 의해 형성되었다.
ㄷ. 광물 입자의 크기는 (나)보다 (가)의 암석이 크다.

① ㄱ ② ㄷ ③ ㄱ, ㄴ
④ ㄴ, ㄷ ⑤ ㄱ, ㄴ, ㄷ

• 왜 정답일까?

(가)는 암석의 색이 밝고 판상 절리가 나타나는 화강암 지형이며, (나)는 암석의 색이 어둡고 주상 절리가 나타나는 현무암 지형이다.

ㄷ. 화강암은 마그마가 지하 깊은 곳에서 천천히 냉각되어 생성되는 심성암으로 화산암인 현무암보다 광물 입자의 크기가 크다.

• 왜 오답일까?

ㄱ. (가)의 암석은 화강암질 마그마가 지하 깊은 곳에서 냉각되어 생성되었다.

ㄴ. (나)의 절리는 용암이 급격하게 냉각될 때 수축에 의해 형성된 주상 절리이다.

[문제편 p.053]

07 판 경계의 특징

정답률 72% | 정답 ②

| 문제 보기 |

그림 (가)는 A 판과 B 판의 경계를, (나)는 2004년부터 2016년까지 GPS를 이용하여 측정한 두 판의 남북 방향과 동서 방향의 위치를 2016년 말을 기준으로 나타낸 것이다.

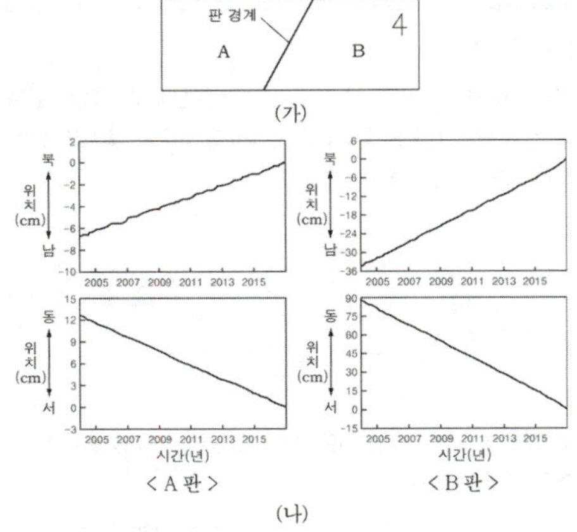

(가)

(나)

이에 대한 설명으로 옳은 것만을 〈보기〉에서 있는 대로 고른 것은? [3점]

〈보 기〉
ㄱ. 두 판은 모두 남동 방향으로 이동했다.
ㄴ. 판의 이동 속도는 A보다 B가 빠르다.
ㄷ. (가)의 판 경계는 맨틀 대류의 상승부에 위치한다.

① ㄱ ② ㄴ ③ ㄱ, ㄷ
④ ㄴ, ㄷ ⑤ ㄱ, ㄴ, ㄷ

• 왜 정답일까?

ㄴ. A 판의 북쪽 방향의 이동 속도는 약 5mm/년, 서쪽 방향의 이동 속도는 약 10mm/년이다. B 판의 북쪽 방향의 이동 속도는 약 28mm/년, 서쪽 방향의 이동 속도는 약 67mm/년이다. 그러므로 판의 이동 속도는 A보다 B가 빠르다.

• 왜 오답일까?

ㄱ. A, B 두 판은 2016년 말을 기준으로 과거에 남동쪽에 위치하였으므로 모두 북서 방향으로 이동했다.
ㄷ. A와 B의 경계는 수렴 경계로 맨틀 대류의 하강부에 위치한다.

08 판의 경계

정답률 75% | 정답 ③

| 문제 보기 |

그림은 북아메리카 대륙 주변 판의 경계와 이동 방향을 나타낸 것이다.

A ~ C 지역에 대한 설명으로 옳은 것만을 〈보기〉에서 있는 대로 고른 것은?

〈보 기〉
ㄱ. A에는 해구가 발달한다.
ㄴ. B에서는 심발 지진이 활발하게 발생한다.
ㄷ. C는 맨틀 대류의 상승부에 위치한다.

① ㄱ ② ㄴ ③ ㄱ, ㄷ
④ ㄴ, ㄷ ⑤ ㄱ, ㄴ, ㄷ

• 왜 정답일까?

ㄱ. A는 판과 판이 만나는 섭입형 수렴 경계로 해구가 발달한다.
ㄷ. C는 판과 판이 서로 멀어지는 발산 경계로 맨틀 대류의 상승부에 위치한다.

• 왜 오답일까?

ㄴ. B는 판과 판이 어긋나는 보존 경계로 천발 지진이 활발하게 발생한다.

09 지질 구조의 특징

정답률 75% | 정답 ①

| 문제 보기 |

그림 (가)와 (나)는 서로 다른 지질 구조를 나타낸 것이다.

(가) 습곡

(나) 단층

이에 대한 설명으로 옳은 것만을 〈보기〉에서 있는 대로 고른 것은? (단, 지층의 역전은 없었다.)

〈보 기〉
ㄱ. (가)에서는 배사 구조가 나타난다.
ㄴ. (나)에서 상반은 단층면을 따라 위로 이동하였다.
ㄷ. (가)와 (나)는 장력에 의해 형성되었다.

① ㄱ ② ㄴ ③ ㄱ, ㄷ
④ ㄴ, ㄷ ⑤ ㄱ, ㄴ, ㄷ

• 왜 정답일까?

ㄱ. (가)에서는 지층이 위로 볼록한 배사 구조가 나타난다.

• 왜 오답일까?

ㄴ. (나)는 상반이 단층면을 따라 아래로 이동한 정단층이다.
ㄷ. (가)는 횡압력, (나)는 장력을 받아 형성된 지질 구조이다.

10 판구조론

정답률 72% | 정답 ⑤

| 문제 보기 |

그림은 판의 경계와 이동 방향을 나타낸 것이다.

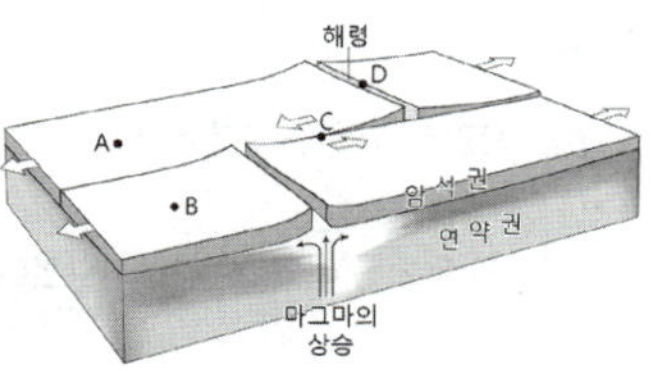

이에 대한 설명으로 옳은 것만을 〈보기〉에서 있는 대로 고른 것은?

〈보 기〉
ㄱ. 해양 지각의 나이는 A가 B보다 많다.
ㄴ. C에서 천발 지진이 발생하고 화산 활동은 일어나지 않는다.
ㄷ. D는 맨틀 대류의 상승부로 판이 서로 멀어지는 경계이다.

① ㄱ ② ㄴ ③ ㄱ, ㄷ
④ ㄴ, ㄷ ⑤ ㄱ, ㄴ, ㄷ

• 왜 정답일까?

해령이 발달하는 D는 맨틀 물질의 상승으로 새로운 해양 지각이 생성되어 판과 판이 반대 방향으로 멀어지는 발산 경계이다. 같은 판에서 해양 지각의 나이는 해령에서 멀어질수록 많아지므로 A가 B보다 많다.
C는 판과 판이 서로 어긋나는 보존 경계인 변환 단층이므로 천발 지진은 발생하나 화산 활동은 일어나지 않는다.

11 태풍의 특징

정답률 60% | 정답 ④

| 문제 보기 |

그림은 어느 태풍의 이동 경로를, 표는 이 태풍의 영향을 받는 기간 중 어느 날 측정한 두 관측소의 풍향과 기압을 나타낸 것이다. A, B 관측소는 각각 제주와 부산 중 하나에 위치한다.

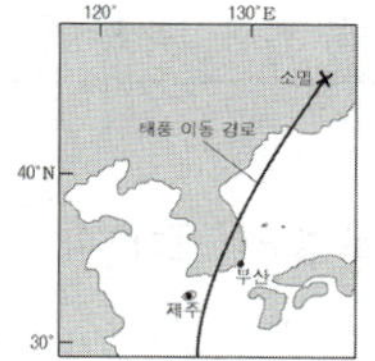

구분 \ 시각	A 관측소		B 관측소	
	풍향	기압 (hPa)	풍향	기압 (hPa)
06시	북동	993	북북동	986
12시	남남동	988	서북서	995
18시	남서	993	서	1003

이에 대한 설명으로 옳은 것만을 〈보기〉에서 있는 대로 고른 것은? [3점]

〈보 기〉
ㄱ. A 관측소는 부산에 위치한다.
ㄴ. B 관측소는 태풍의 영향을 받는 동안 위험 반원에 속했다.
ㄷ. 18시에 태풍 중심까지의 거리는 B보다 A 관측소가 가깝다.

① ㄱ ② ㄴ ③ ㄷ ④ ㄱ, ㄷ ⑤ ㄴ, ㄷ

• 왜 정답일까?

ㄱ. A 관측소는 풍향이 시계 방향으로 변화하므로 태풍 진행 방향의 오른쪽인 위험 반원에 해당하는 부산에 위치한다.
ㄷ. 18시에 태풍 중심까지의 거리는 기압이 높은 B 관측소보다 기압이 낮은 A 관측소에 가깝다.

• 왜 오답일까?

ㄴ. B 관측소는 풍향이 시계 반대 방향으로 변화하므로 태풍 진행 방향의 왼쪽인 안전 반원에 해당하는 제주에 위치한다.

12 지구 공전 궤도 이심률 변화

정답률 43% | 정답 ④

| 문제 보기 |

그림 (가)는 10만 년 전부터 현재까지의 지구 공전 궤도 이심률 변화를, (나)는 현재 지구의 북반구 어느 한 지점에서 여름과 겨울에 촬영한 태양 상을 나타낸 것이다.

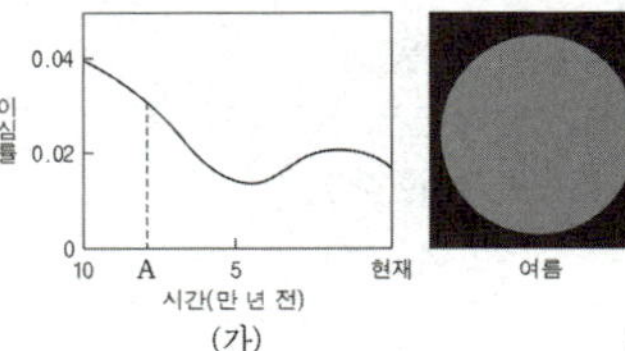

(가) (나)

이에 대한 설명으로 옳은 것만을 〈보기〉에서 있는 대로 고른 것은? (단, 지구 공전 궤도 이심률 이외의 요인은 변하지 않는다고 가정한다.) [3점]

〈보 기〉
ㄱ. 지구 공전 궤도의 원일점에서 태양까지의 거리는 현재보다 A 시기가 가깝다.
ㄴ. 현재 지구가 근일점에 위치할 때 북반구는 겨울이다.
ㄷ. 북반구 기온의 연교차는 현재보다 A 시기가 작다.

① ㄱ ② ㄴ ③ ㄱ, ㄷ
④ ㄴ, ㄷ ⑤ ㄱ, ㄴ, ㄷ

• 왜 정답일까?

겨울에 촬영한 태양 상의 크기가 여름보다 크므로 현재 지구가 근일점에 위치할 때 북반구는 겨울이다.
A 시기는 현재보다 이심률이 크므로 지구 공전 궤도의 원일점에서 태양까지의 거리는 현재보다 A 시기가 멀다. 따라서 A 시기는 여름철 기온이 현재보다 낮고 겨울철 기온은 현재보다 높아 기온의 연교차가 현재보다 작다.

13 북반구 아열대 순환

정답률 68% | 정답 ⑤

| 문제 보기 |

그림은 북반구 아열대 순환의 해류가 흐르는 해역 A~D를 나타낸 것이다.

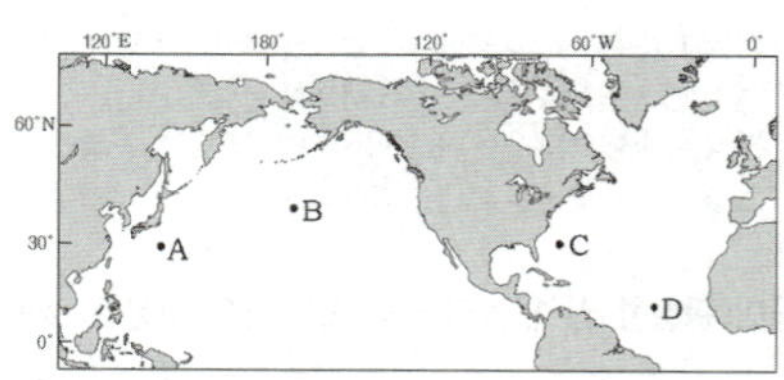

이에 대한 설명으로 옳은 것만을 〈보기〉에서 있는 대로 고른 것은?

〈보 기〉
ㄱ. A에는 난류, C에는 한류가 흐른다.
ㄴ. B에 흐르는 해류는 북태평양 해류이다.
ㄷ. D에는 무역풍에 의해 형성된 해류가 흐른다.

① ㄱ ② ㄴ ③ ㄷ ④ ㄱ, ㄴ ⑤ ㄴ, ㄷ

• 왜 정답일까?

A에는 쿠로시오 해류, B에는 북태평양 해류, C에는 멕시코 만류, D에는 북적도 해류가 흐른다.

[문제편 p.054]

ㄴ. B에 흐르는 해류는 편서풍의 영향으로 서쪽에서 동쪽으로 흐르는 북태평양 해류이다.
ㄷ. D에는 무역풍에 의해 형성된 북적도 해류가 흐른다.

• 왜 오답일까?

ㄱ. 쿠로시오 해류와 멕시코 만류는 저위도에서 고위도 방향으로 흐르는 난류이다.

14 복사 평형과 지구 열수지

정답률 48% | 정답 ③

| 문제 보기 |

그림은 복사 평형 상태에 있는 지구의 열수지를 나타낸 것이다.

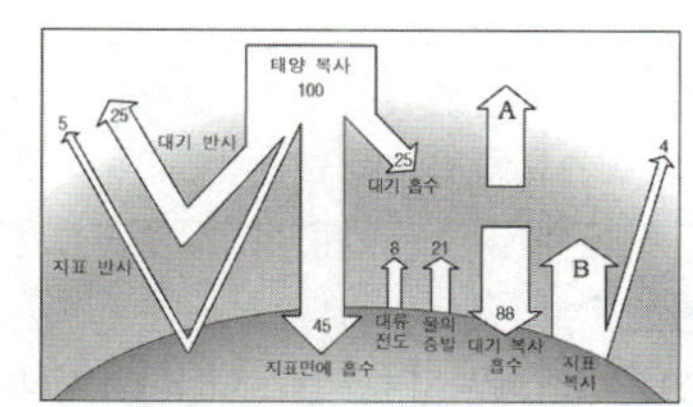

이에 대한 설명으로 옳은 것만을 〈보기〉에서 있는 대로 고른 것은? [3점]

〈보 기〉
ㄱ. A의 값은 66, B의 값은 100이다.
ㄴ. 지구 복사 에너지는 주로 가시광선 형태로 방출된다.
ㄷ. 대기 중 이산화 탄소의 양이 증가하면 지표 복사량이 증가할 것이다.

① ㄱ ② ㄴ ③ ㄱ, ㄷ
④ ㄴ, ㄷ ⑤ ㄱ, ㄴ, ㄷ

• 왜 정답일까?

ㄱ. 복사 평형 상태에서 태양 복사량은 지구 복사량과 반사량의 합과 평형을 이룬다. 따라서 태양 복사량(100) = 지구 복사량(A+4) + 반사량(5+25)이고, A의 값은 66이다. 지표 방출량(8+21+B+4) = 지표 흡수량(45+88)이고, B의 값은 100이다.
ㄷ. 대기 중 이산화 탄소의 양이 증가하면 대기에서 흡수하는 복사량이 증가하여 지표를 향하는 대기 복사량과 지표 복사량이 증가한다.

• 왜 오답일까?

ㄴ. 지구 복사 에너지는 주로 적외선 형태로 방출된다.

15 엘니뇨와 라니냐

정답률 63% | 정답 ⑤

| 문제 보기 |

그림 (가)와 (나)는 평상시와 비교한 엘니뇨와 라니냐 시기의 강수량 변화를 순서 없이 나타낸 것이다.

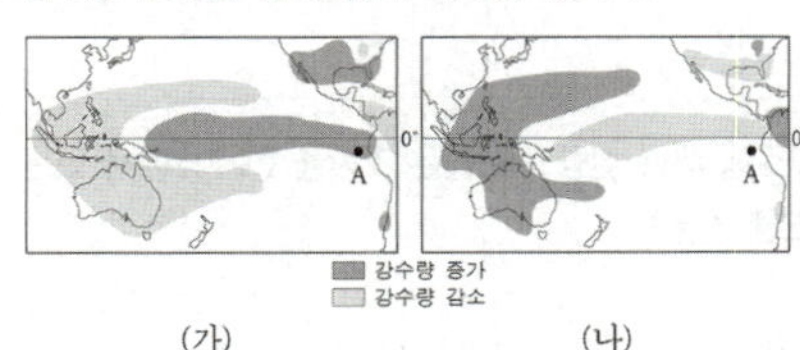

(가) (나)

이에 대한 설명으로 옳은 것만을 〈보기〉에서 있는 대로 고른 것은? [3점]

〈보 기〉
ㄱ. (가)의 시기에 A 해역의 수온은 평상시보다 높다.
ㄴ. (나)의 시기에 무역풍의 세기는 평상시보다 강하다.
ㄷ. A 해역의 용승은 (가)보다 (나)의 시기에 활발하다.

① ㄱ ② ㄷ ③ ㄱ, ㄴ
④ ㄴ, ㄷ ⑤ ㄱ, ㄴ, ㄷ

• 왜 정답일까?

(가)의 시기는 적도 부근 동태평양의 강수량이 증가하고 서태평양의 강수량이 감소한 엘니뇨 시기이고, (나)의 시기는 적도 부근 동태평양의 강수량이 감소하고 서태평양의 강수량이 증가한 라니냐 시기이다.
ㄱ. 엘니뇨 시기는 평상시보다 적도 부근 동태평양의 표층 수온이 높다.
ㄴ. 라니냐 시기는 평상시보다 무역풍의 세기가 강하다.
ㄷ. A 해역의 용승은 엘니뇨 시기보다 라니냐 시기에 활발하다.

16 해수의 표층 순환

정답률 67% | 정답 ①

| 문제 보기 |

그림은 북반구에서 해수의 표층 순환을 나타낸 것이다.

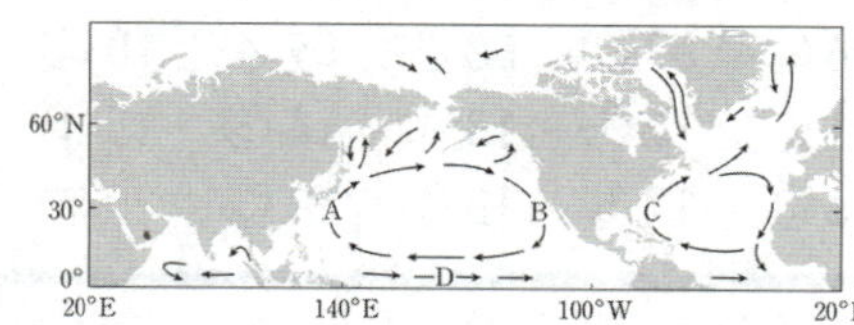

A~D 해역에 대한 설명으로 옳은 것만을 〈보기〉에서 있는 대로 고른 것은?

〈보 기〉
ㄱ. A를 지나는 해류는 저위도에서 고위도로 열에너지를 수송한다.
ㄴ. 표층 해수의 용존 산소량은 C가 B보다 많다.
ㄷ. D를 지나는 해류는 편서풍에 의해 형성된다.

① ㄱ ② ㄴ ③ ㄱ, ㄷ
④ ㄴ, ㄷ ⑤ ㄱ, ㄴ, ㄷ

• 왜 정답일까?

ㄱ. A는 저위도에서 고위도로 흐르는 난류로 저위도의 열에너지를 고위도로 운반한다.

• 왜 오답일까?

ㄴ. 용존 산소 농도는 수온이 낮을수록 높으므로, 한류(B)가 난류(A, C)보다 높다.
ㄷ. D는 적도 반류로 무역풍에 의한 해수면 경사 때문에 만들어진다. 편서풍과는 직접적인 관련이 없다.

17 지질 단면도 해석

정답률 70% | 정답 ③

| 문제 보기 |

그림은 어느 지역의 지질 단면도이다. 화성암 A에 포함된 방사성 원소 X의 양은 암석이 생성될 당시의 25%이다.

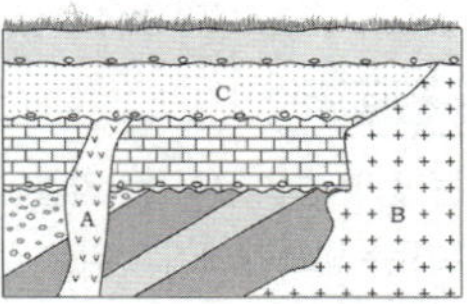

이에 대한 설명으로 옳은 것만을 〈보기〉에서 있는 대로 고른 것은? (단, 방사성 원소 X의 반감기는 2억 년이다.) [3점]

〈보 기〉
ㄱ. 이 지역에는 경사 부정합이 있다.
ㄴ. A의 절대 연령은 4억 년이다.
ㄷ. C층의 기저 역암에는 A와 B의 암석 조각이 있다.

① ㄱ ② ㄷ ③ ㄱ, ㄴ
④ ㄴ, ㄷ ⑤ ㄱ, ㄴ, ㄷ

• 왜 정답일까?

ㄱ. 이 지역에는 부정합면을 경계로 상하 지층의 층리가 서로 경사진 경사 부정합이 있다.
ㄴ. 반감기는 방사성 원소가 처음 양의 절반으로 줄어드는 데 걸리는 시간이다. 화성암 A에 포함된 방사성 원소 X의 양이 암석이 생성될 당시의 25%이므로 반감기는 두 번 지났다. 따라서 화성암 A의 절대 연령은 4억 년이다.

• 왜 오답일까?

ㄷ. 기저 역암을 이루는 암석들은 하층의 오래된 암석이 풍화된 것이므로 C층의 기저 역암에는 A의 암석 조각이 발견되며, B는 C층의 퇴적 이후에 관입하였다.

18 외계 행성 탐사 방법

정답률 35% | 정답 ③

| 문제 보기 |

그림 (가)는 식 현상, (나)는 미세 중력 렌즈 현상에 의한 별의 밝기 변화를 이용하여 외계 행성을 탐사하는 방법을 나타낸 것이다.

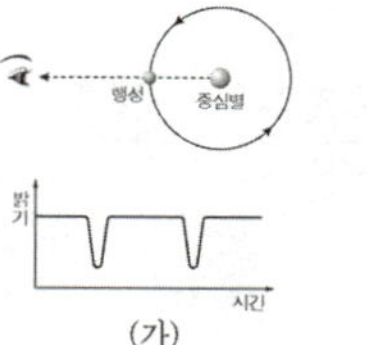

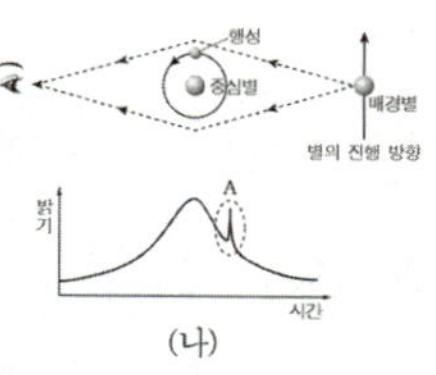

(가) (나)

이에 대한 설명으로 옳은 것만을 〈보기〉에서 있는 대로 고른 것은? [3점]

〈보 기〉
ㄱ. (가)에서 행성의 반지름이 클수록 별의 밝기 변화가 크다.
ㄴ. (나)에서 A는 행성의 중력 때문에 나타난다.
ㄷ. (가)와 (나)는 행성에 의한 중심별의 밝기 변화를 이용한다.

① ㄱ ② ㄷ ③ ㄱ, ㄴ
④ ㄴ, ㄷ ⑤ ㄱ, ㄴ, ㄷ

• 왜 정답일까?

ㄱ. (가)에서 행성의 반지름이 클수록 중심별이 많이 가려지므로 별의 밝기 변화가 크다.
ㄴ. (나)에서 A는 행성의 중력에 의한 추가적인 밝기 변화가 나타난 것이다.

• 왜 오답일까?

ㄷ. (가)는 행성에 의한 중심별의 밝기 변화를 이용하며, (나)는 중심별과 행성에 의한 배경별의 밝기 변화를 이용한다.

19 지질 주상도 해석

정답률 65% | 정답 ③

| 문제 보기 |

그림은 인접한 세 지역 (가), (나), (다)의 지질 주상도와 지층에서 산출된 화석을 나타낸 것이다.

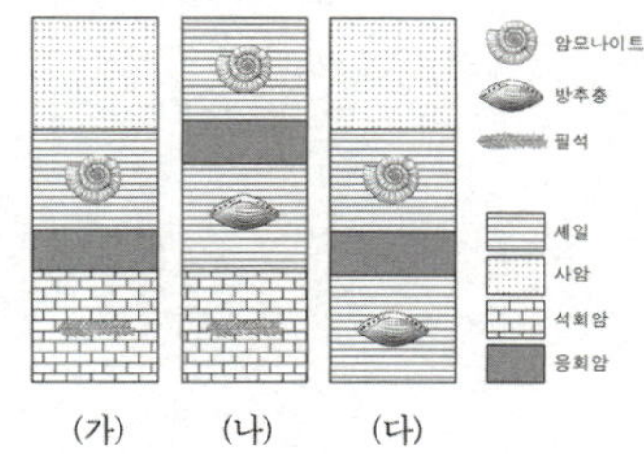

(가) (나) (다)

이에 대한 설명으로 옳은 것만을 〈보기〉에서 있는 대로 고른 것은? [3점]

〈보 기〉
ㄱ. 세 지역은 모두 화산 활동의 영향을 받았다.
ㄴ. 최상층과 최하층의 시간 간격은 (가)보다 (나)에서 길다.
ㄷ. (다)에는 고생대 지층이 있다.

① ㄱ ② ㄴ ③ ㄱ, ㄷ
④ ㄴ, ㄷ ⑤ ㄱ, ㄴ, ㄷ

• 왜 정답일까?

ㄱ. 세 지역 모두 화산 폭발 시 분출된 화산재가 쌓여 형성된 응회암층이 있다.
ㄷ. (다)에는 고생대 표준 화석인 방추충 화석이 산출된다.

• 왜 오답일까?

ㄴ. (가)와 (나)에서 가장 오래된 지층은 필석 화석이 산출된 석회암층이며 가장 젊은 지층은 사암층이므로 최상층과 최하층의 시간 간격은 (가)보다 (나)에서 짧다.

20 고지자기 분포

정답률 80% | 정답 ④

| 문제 보기 |

다음은 어느 해령 부근 고지자기 분포의 특징이다.

○ 가장 최근에 생성된 해양 지각은 정자극기에 해당한다.
○ 역자극기가 4회 있었다.
○ 해령을 중심으로 고지자기 분포가 대칭적으로 나타난다.

이 해령 부근의 고지자기 분포를 나타낸 모식도로 가장 적절한 것은? (단, ▒은 정자극기, □은 역자극기이다.) [3점]

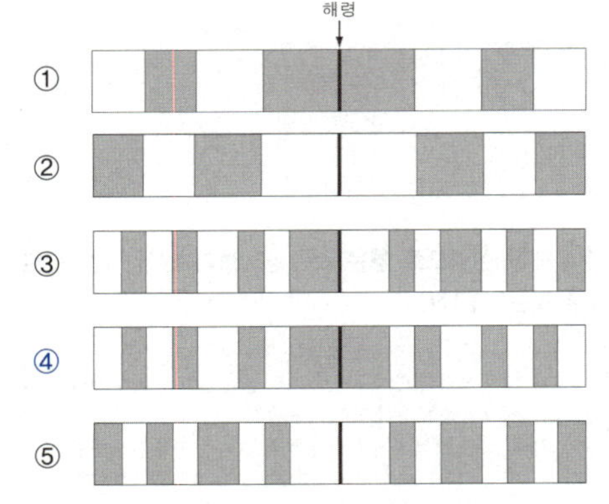

• 왜 정답일까?

해령을 중심으로 판이 서로 멀어지는 과정에서 생성된 해양 지각의 암석에는 생성 당시의 지구 자기장 방향이 기록되므로 고지자기 분포가 대칭적으로 나타난다.

15회 • 고3 지구과학 I • 2025학년도 6월

01 ④	02 ⑤	03 ②	04 ①	05 ②
06 ④	07 ③	08 ③	09 ④	10 ②
11 ⑤	12 ①	13 ①	14 ③	15 ①
16 ③	17 ⑤	18 ①	19 ③	20 ⑤

채점 결과
- 실제 걸린 시간 : 분 초
- 맞은 문항수 : 개
- 틀린 문항수 : 개
- 헷갈린 문항 :

01 퇴적 구조

정답률 94% | 정답 ④

| 문제 보기 |

다음은 퇴적 구조 (가)와 (나)에 대한 학생 A, B, C의 대화를 나타낸 것이다. (가)와 (나)는 건열과 점이 층리를 순서 없이 나타낸 것이다.

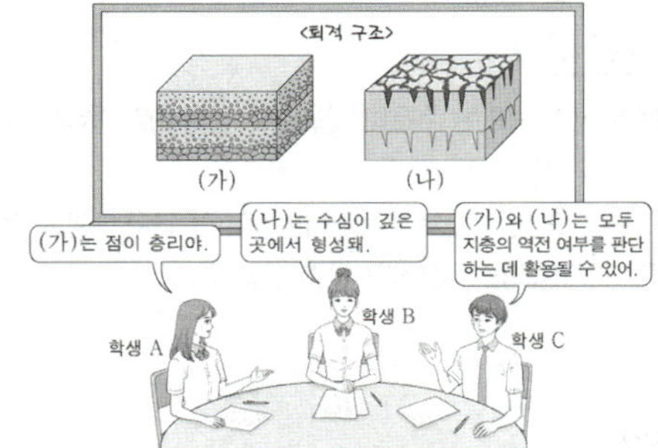

제시한 내용이 옳은 학생만을 있는 대로 고른 것은?

① A　② B　③ C　④ A, C　⑤ B, C

• 왜 정답일까?

(가)는 점이 층리, (나)는 건열이다.

A. (가)는 입자의 크기가 위로 갈수록 작아지는 점이 층리이다.

C. 점이 층리와 건열 모두 지층의 역전 여부를 판단하는 데 활용될 수 있다.

• 왜 오답일까?

B. (나)는 수심이 얕은 지역에서 퇴적물이 수면 위로 노출되어 형성된다.

02 판 경계의 특징

정답률 84% | 정답 ⑤

| 문제 보기 |

그림은 태평양 어느 지역의 판 경계 주변을 모식적으로 나타낸 것이다.

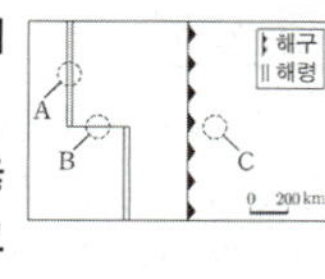

지역 A, B, C에 대한 설명으로 옳은 것만을 〈보기〉에서 있는 대로 고른 것은?

〈보 기〉
ㄱ. A의 하부에는 맨틀 대류의 상승류가 존재한다.
ㄴ. C의 하부에는 침강하는 판이 잡아당기는 힘이 작용한다.
ㄷ. 화산 활동은 A가 B보다 활발하다.

① ㄱ　② ㄷ　③ ㄱ, ㄴ　④ ㄴ, ㄷ　⑤ ㄱ, ㄴ, ㄷ

• 왜 정답일까?

A는 해령, B는 변환 단층이며, C의 하부에서는 해양판이 섭입하고 있다.

ㄱ. A는 해령이며, 해령의 하부에는 맨틀 대류의 상승류가 존재한다.

ㄴ. A와 C 사이에는 해구가 존재하며, 해령에서 생성된 판이 C의 하부에서 섭입하고 있다. 따라서 C의 하부에는 침강하는 판이 잡아당기는 힘이 작용한다.

ㄷ. 화산 활동은 해령인 A가 변환 단층인 B보다 활발하다.

03 생명 가능 지대

정답률 68% | 정답 ②

| 문제 보기 |

그림은 태양으로부터 생명 가능 지대가 나타나기 시작하는 거리를 시간에 따라 나타낸 것이다.

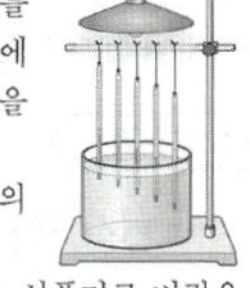

현재와 비교할 때, 40억 년 후에 대한 설명으로 옳은 것만을 〈보기〉에서 있는 대로 고른 것은?

〈보 기〉
ㄱ. 태양의 광도는 작아진다.
ㄴ. 생명 가능 지대의 폭은 넓어진다.
ㄷ. 태양으로부터 1AU 거리에서 물이 액체 상태로 존재할 가능성은 높아진다.

① ㄱ　② ㄴ　③ ㄷ　④ ㄱ, ㄴ　⑤ ㄴ, ㄷ

• 왜 정답일까?

ㄴ. 40억 년 후에는 생명 가능 지대가 나타나기 시작하는 거리가 현재보다 멀다. 따라서 생명 가능 지대의 폭도 넓어진다.

• 왜 오답일까?

ㄱ, ㄷ. 태양의 광도는 커지며, 40억 년 후에는 1AU보다 먼 거리에서 생명 가능 지대가 나타나기 시작하므로, 태양으로부터 1AU 거리는 현재보다 뜨거워진다. 따라서 물이 액체 상태로 존재할 가능성은 낮아진다.

04 해수의 수온 분포

정답률 73% | 정답 ①

| 문제 보기 |

다음은 해수의 연직 수온 변화에 영향을 미치는 요인 중 일부를 알아보기 위한 실험이다.

[실험 과정]
(가) 그림과 같이 수조에 소금물을 채우고 온도계를 수면으로부터 각각 깊이 1, 3, 5, 7, 9cm에 위치하도록 설치한 후 각 온도계의 눈금을 읽는다.
(나) 전등을 켜고 15분이 지났을 때 각 온도계의 눈금을 읽는다.
(다) 전등을 켠 상태에서 수면을 향해 휴대용 선풍기로 바람을 일으키면서 3분이 지났을 때 각 온도계의 눈금을 읽는다.
(라) 과정 (가)~(다)에서 측정한 깊이에 따른 온도 변화를 각각 그래프로 나타낸다.

[실험 결과]

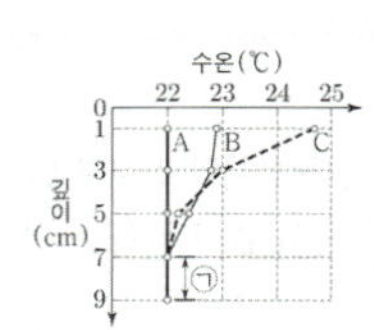

이 자료에 대한 설명으로 옳은 것만을 〈보기〉에서 있는 대로 고른 것은?

〈보 기〉
ㄱ. (나)의 결과는 C에 해당한다.
ㄴ. 바람의 영향에 의한 수온 변화의 폭은 깊이 1cm가 3cm보다 작다.
ㄷ. ㉠은 '수온 약층'에 해당한다.

① ㄱ　② ㄴ　③ ㄱ, ㄷ　④ ㄴ, ㄷ　⑤ ㄱ, ㄴ, ㄷ

• 왜 정답일까?

ㄱ. (나)의 결과는 전등을 켜고 15분이 지났을 때 온도 분포이므로 깊이가 깊어질수록 수온이 낮아지는 경향이 나타나는 C에 해당한다.

05 지질 시대의 환경과 생물

정답률 56% | 정답 ②

| 문제 보기 |

표는 지질 시대 A, B, C의 특징을 나타낸 것이다. A, B, C는 각각 백악기, 오르도비스기, 팔레오기 중 하나이다.

[문제편 p.057]

지질 시대	특징
A	삼엽충과 필석류를 포함한 무척추동물이 번성하였다.
B	공룡과 암모나이트가 번성하였다가 멸종하였다.
C	화폐석과 속씨식물이 번성하였다.

A, B, C에 대한 설명으로 옳은 것만을 <보기>에서 있는 대로 고른 것은? [3점]

<보 기>
ㄱ. 지질 시대를 오래된 것부터 나열하면 A-C-B 순이다.
ㄴ. B에 판게아가 분리되기 시작하였다.
ㄷ. C에 생성된 지층에서 양치식물 화석이 발견된다.

① ㄱ ② ㄷ ③ ㄱ, ㄴ
④ ㄴ, ㄷ ⑤ ㄱ, ㄴ, ㄷ

• 왜 정답일까?

ㄷ. C는 신생대 팔레오기에 해당하며, 양치식물은 고생대에 최초로 등장한 후 지금까지 서식하고 있으므로 C에 생성된 지층에서 양치식물 화석이 발견될 수 있다.

• 왜 오답일까?

ㄱ. A는 고생대의 오르도비스기, B는 중생대 백악기이다. 따라서 지질 시대를 오래된 것부터 나열하면 A－B－C 순이다.
ㄴ. 판게아는 중생대 초부터 분리되기 시작하였으므로 중생대 백악기인 B 이전부터 분리되기 시작했다.

06 마그마의 생성 과정

정답률 73% | 정답 ④

| 문제 보기 |

그림 (가)는 마그마가 생성되는 지역 A와 B를, (나)는 깊이에 따른 지하 온도 분포와 암석의 용융 곡선을 나타낸 것이다. (나)의 ㉠과 ㉡은 A와 B에서 마그마가 생성되는 과정을 순서 없이 나타낸 것이다.

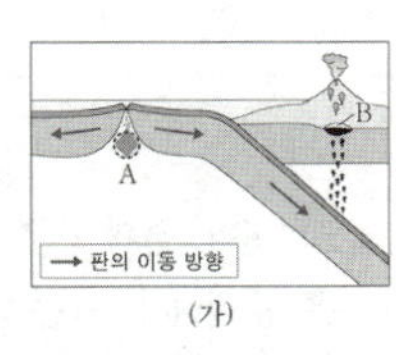

(가)

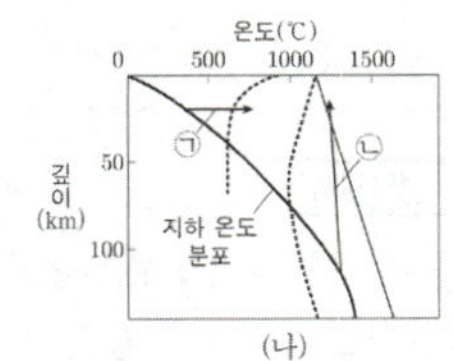

(나)

이 자료에 대한 설명으로 옳은 것만을 <보기>에서 있는 대로 고른 것은?

<보 기>
ㄱ. A에서 맨틀 물질이 용융되는 주된 요인은 압력 증가이다.
ㄴ. B에서 유문암질 마그마가 생성될 수 있다.
ㄷ. 마그마가 생성되기 시작하는 온도는 ㉠이 ㉡보다 낮다.

① ㄱ ② ㄴ ③ ㄱ, ㄷ
④ ㄴ, ㄷ ⑤ ㄱ, ㄴ, ㄷ

• 왜 정답일까?

ㄴ. 판이 섭입하면서 만들어진 마그마가 상승하여 B에 도달하면 B에서는 대륙 지각이 부분 용융되면서 유문암질 마그마가 생성될 수 있다.
ㄷ. 과정 ㉠에서 유문암질 마그마가 생성되고, 과정 ㉡에서 현무암질 마그마가 생성된다. 마그마가 생성되기 시작하는 온도는 ㉠이 ㉡보다 낮다.

07 온대 저기압과 날씨

정답률 79% | 정답 ③

| 문제 보기 |

그림 (가)는 어느 날 온대 저기압 주변의 기압 분포를 모식적으로 나타낸 것이고, (나)는 이때 지역 A와 B에서 나타나는 기상 요소를 ㉠과 ㉡으로 순서 없이 나타낸 것이다.

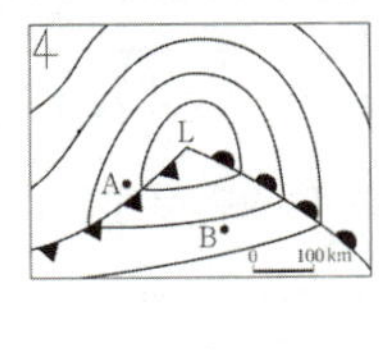

(가)

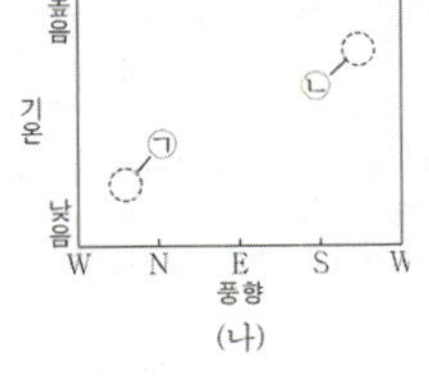

(나)

이에 대한 설명으로 옳은 것만을 <보기>에서 있는 대로 고른 것은?

<보 기>
ㄱ. 기압은 A가 B보다 낮다.
ㄴ. B의 상공에는 전선면이 나타난다.
ㄷ. ㉠은 A의 기상 요소를 나타낸 것이다.

① ㄱ ② ㄴ ③ ㄱ, ㄷ
④ ㄴ, ㄷ ⑤ ㄱ, ㄴ, ㄷ

• 왜 정답일까?

ㄱ. A와 B 사이를 지나는 등압선을 기준으로 A는 등압선의 안쪽(온대 저기압의 중심에 가까운 쪽)에 위치하고 B는 등압선의 바깥쪽에 위치한다. 기압은 온대 저기압의 중심에서 가장 낮으므로 A가 B보다 낮다.
ㄷ. ㉠은 북서풍이 불고 기온이 낮다. ㉡은 남서풍이 불고 기온이 높다. 따라서 ㉠은 한랭 전선 후면에 위치한 A의 기상 요소를, ㉡은 한랭 전선과 온난 전선 사이에 위치한 B의 기상 요소를 나타낸 것이다.

08 대기 대순환과 표층 순환

정답률 72% | 정답 ③

| 문제 보기 |

그림은 해수면 부근의 평년 바람 분포를 나타낸 것이다. A, B, C는 주요 표층 해류가 흐르는 해역이다.

이에 대한 설명으로 옳은 것만을 <보기>에서 있는 대로 고른 것은? [3점]

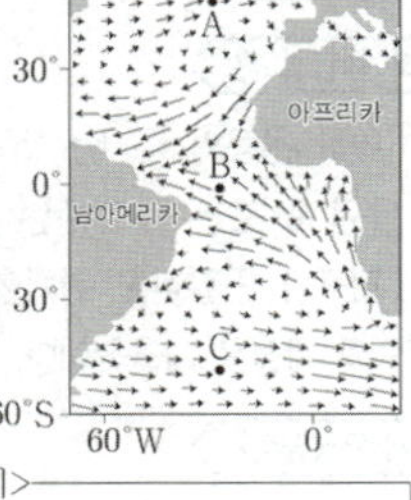

<보 기>
ㄱ. A에서는 북대서양 해류가 흐른다.
ㄴ. B에서는 해들리 순환에 의한 하강 기류가 우세하다.
ㄷ. C의 표층 해류는 편서풍에 의해 형성된다.

① ㄱ ② ㄴ ③ ㄱ, ㄷ
④ ㄴ, ㄷ ⑤ ㄱ, ㄴ, ㄷ

• 왜 정답일까?

ㄱ. A는 북대서양의 45°N 부근에 위치한다. 따라서 A에서는 편서풍의 영향으로 서쪽에서 동쪽으로 북대서양 해류가 흐른다.
ㄷ. C는 남대서양의 45°S 부근에 위치한다. 따라서 C에서는 편서풍에 의해 형성된 남극 순환 해류가 흐른다.

09 뇌우의 발달 과정

정답률 47% | 정답 ④

| 문제 보기 |

그림 (가)와 (나)는 어느 뇌우의 발달 과정 중 성숙 단계와 적운 단계를 순서 없이 나타낸 것이다.

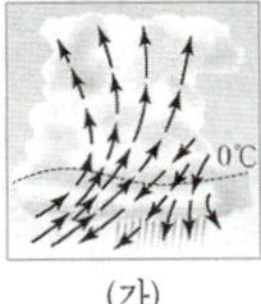

(가)

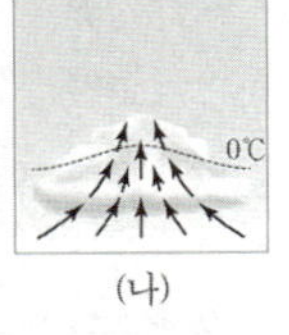

(나)

이에 대한 설명으로 옳은 것만을 <보기>에서 있는 대로 고른 것은? [3점]

<보 기>
ㄱ. (나)는 성숙 단계이다.
ㄴ. 번개 발생 빈도는 대체로 (가)가 (나)보다 높다.
ㄷ. 구름의 최상부가 단위 시간당 단위 면적에서 방출하는 적외선 복사 에너지양은 (가)가 (나)보다 적다.

① ㄱ ② ㄴ ③ ㄱ, ㄷ
④ ㄴ, ㄷ ⑤ ㄱ, ㄴ, ㄷ

• 왜 정답일까?

ㄴ. 번개는 뇌우가 크게 발달하는 성숙 단계 (가)에서 잘 나타난다.
ㄷ. (가)는 (나)보다 구름 최상부의 높이가 높다. 따라서 구름 최상부가 단위 시간당 단위 면적에서 방출하는 적외선 에너지양은 (가)가 (나)보다 적다.

• 왜 오답일까?

ㄱ. (나)는 강한 상승 기류에 의해 적운이 성장하는 적운 단계이다.

10 태풍과 날씨

정답률 49% | 정답 ②

| 문제 보기 |

그림 (가)는 어느 태풍의 이동 경로에 태풍 중심의 위치를 시간 간격으로 나타낸 것이고, (나)는 $t_1 \to t_9$ 동안 이 태풍의 중심 기압, 이동 속도, 최대 풍속을 ㉠, ㉡, ㉢으로 순서 없이 나타낸 것이다.

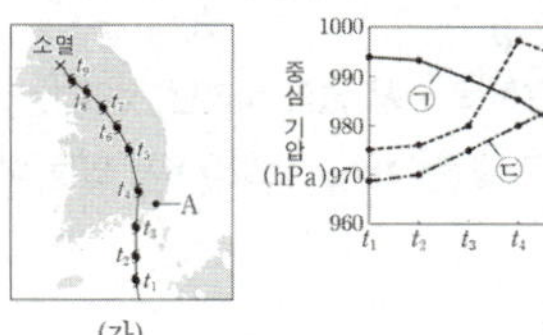

(가) (나)

이 자료에 대한 설명으로 옳은 것만을 <보기>에서 있는 대로 고른 것은? [3점]

<보 기>
ㄱ. ㉡은 태풍의 최대 풍속이다.
ㄴ. 태풍의 세력은 t_4일 때가 t_7일 때보다 강하다.
ㄷ. $t_2 \to t_4$ 동안 A 지점의 풍향은 시계 반대 방향으로 변한다.

① ㄱ ② ㄴ ③ ㄷ
④ ㄱ, ㄴ ⑤ ㄴ, ㄷ

• 왜 정답일까?

㉠은 최대 풍속, ㉡은 태풍의 이동 속도, ㉢은 중심 기압이다.
ㄴ. 태풍의 세력은 중심 기압(㉢)이 낮을수록 강하다. t_4에서 t_7로 갈수록 중심 기압이 커지므로 태풍의 세력은 t_4일 때가 t_7일 때보다 강하다.

• 왜 오답일까?

ㄱ. ㉡은 태풍의 이동 속도이다.
ㄷ. $t_2 \to t_4$ 동안 A 지점은 태풍 진행 경로의 오른쪽(위험 반원)에 위치하였다. 따라서 이 기간 동안 A 지점에서 풍향은 시계 방향으로 변했다.

11 빅뱅 우주론과 우주의 역사

정답률 46% | 정답 ⑤

| 문제 보기 |

그림은 빅뱅 이후 일어난 주요 사건을 시간 순서대로 나타낸 것이다.

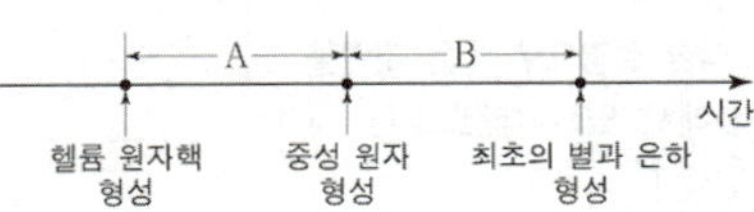

이에 대한 설명으로 옳은 것만을 <보기>에서 있는 대로 고른 것은?

<보 기>
ㄱ. A 기간에 우주의 급팽창이 일어났다.
ㄴ. B 기간에 우주에서 수소와 헬륨의 질량비는 약 3 : 1이다.
ㄷ. B 기간 동안 우주 배경 복사의 평균 온도는 3000 K 이하이다.

① ㄱ ② ㄴ ③ ㄷ
④ ㄱ, ㄴ ⑤ ㄴ, ㄷ

• 왜 정답일까?

ㄴ. 빅뱅 이후 약 38만 년이 지났을 때 원자핵과 전자가 결합하여 중성 원자가 형성되었으며, 이때 수소와 헬륨의 질량비는 약 3 : 1이었다. B 기간은 중성 원자가 형성된 이후부터 최초의 별과 은하가 형성되기까지이며, 이 기간 동안 핵융합 반응이 일어나지 않았기 때문에 수소와 헬륨의 질량비는 변하지 않았다.
ㄷ. 중성 원자가 처음 형성되었을 때 우주 배경 복사의 온도는 약 3000K였고, 이후 우주가 팽창함에 따라 온도가 점점 낮아졌다. 따라서 B 기간 동안 우주 배경 복사의 평균 온도는 3000K보다 낮다.

• 왜 오답일까?

ㄱ. 우주의 급팽창은 빅뱅 직후에 일어났으므로, 급팽창은 A 기간 이전에 일어났다.

12 타원 은하와 나선 은하

정답률 58% | 정답 ①

| 문제 보기 |

그림은 은하 A와 B가 탄생한 후부터 연간 생성된 별의 총 질량을 시간에 따라 나타낸 것이다. A와 B는 나선 은하와 타원 은하를 순서 없이 나타낸 것이다.

이 자료에 대한 설명으로 옳은 것만을 〈보기〉에서 있는 대로 고른 것은?

〈보 기〉

ㄱ. B는 나선 은하이다.
ㄴ. t_2일 때 은하를 구성하는 별의 평균 나이는 A가 B보다 적다.
ㄷ. A에서 태양보다 질량이 큰 주계열성의 개수는 t_1일 때가 t_2일 때보다 적다.

① ㄱ ② ㄴ ③ ㄷ ④ ㄱ, ㄴ ⑤ ㄱ, ㄷ

• 왜 정답일까?

ㄱ. A는 시간 t_1 이후에는 새로운 별이 거의 생성되지 않지만, B는 시간 t_1 이후에도 새로운 별들이 생성된다. 따라서 상대적으로 젊은 별들이 많은 B는 나선 은하이다.

• 왜 오답일까?

ㄴ. A의 별들은 거의 대부분 t_1 이전에 생성되었고, B는 t_2에도 새로운 별들이 생성되었다. 따라서 t_2일 때 은하를 구성하는 별의 평균 나이는 A가 B보다 많다.

ㄷ. A에서 t_1 이후에는 새로운 별이 거의 생성되지 않았으므로 태양보다 질량이 큰 주계열성의 개수는 t_1 이후에는 시간이 흐를수록 감소한다고 할 수 있다.

13 태양의 진화

정답률 45% | 정답 ①

| 문제 보기 |

그림은 태양이 $A_0 \rightarrow A_1 \rightarrow A_2 \rightarrow A_3$으로 진화하는 경로를 H-R도에 나타낸 것이다.

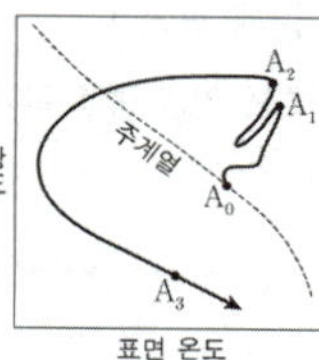

이에 대한 설명으로 옳은 것만을 〈보기〉에서 있는 대로 고른 것은? [3점]

〈보 기〉

ㄱ. B는 나선 은하이다.
ㄴ. t_2일 때 은하를 구성하는 별의 평균 나이는 A가 B보다 적다.
ㄷ. A에서 태양보다 질량이 큰 주계열성의 개수는 t_1일 때가 t_2일 때보다 적다.

① ㄱ ② ㄴ ③ ㄷ ④ ㄱ, ㄴ ⑤ ㄱ, ㄷ

• 왜 정답일까?

ㄱ. 태양의 중심핵에서는 CNO 순환 반응이 일어나므로 중심핵에 탄소를 포함한다.

• 왜 오답일까?

ㄴ. 태양이 주계열에 머무는 동안 중심부에서 수소 핵융합 반응이 일어나므로 수소의 총 질량은 계속 감소한다. 따라서 태양에서 수소의 총 질량은 주계열성인 A_0가 적색 거성인 A_1보다 크다.

ㄷ. H−R도에서 별의 반지름은 오른쪽 상단에 위치할수록 크므로 태양의 진화 경로에서 반지름은 A_2가 가장 크고, A_3이 가장 작다. 따라서 $\frac{A_1\text{의 반지름}}{A_0\text{의 반지름}} < \frac{A_2\text{의 반지름}}{A_3\text{의 반지름}}$이다.

14 세차 운동

정답률 49% | 정답 ③

| 문제 보기 |

그림 (가)와 (나)는 지구 공전 궤도면의 수직 방향에서 바라보았을 때 지구의 북극점 위치를 나타낸 것이다. (가)는 현재이고, (나)는 현재로부터 6500년 전과 19500년 전 중 하나이다. 세차 운동의 방향은 지구 공전 방향과 반대이고, 주기는 약 26000년이다.

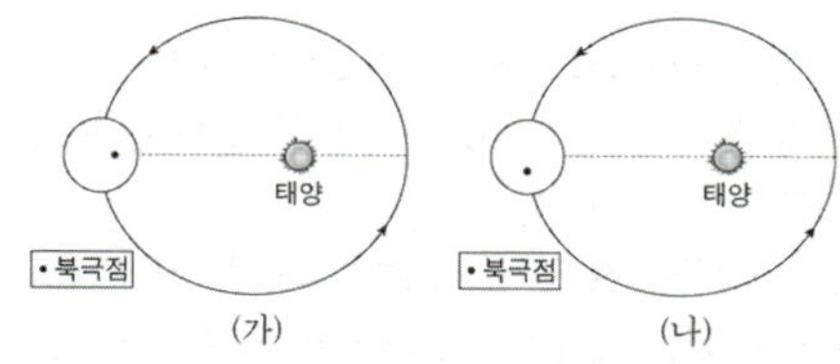

이 자료에 대한 설명으로 옳은 것만을 〈보기〉에서 있는 대로 고른 것은? (단, 세차 운동 이외의 요인은 변하지 않는다고 가정한다.) [3점]

〈보 기〉

ㄱ. (나)는 현재로부터 19500년 전의 모습이다.
ㄴ. (나)일 때 근일점에서 30°S의 계절은 가을철이다.
ㄷ. 30°N에서 여름철 평균 기온은 (가)가 (나)보다 높다.

① ㄱ ② ㄷ ③ ㄱ, ㄴ ④ ㄴ, ㄷ ⑤ ㄱ, ㄴ, ㄷ

• 왜 정답일까?

ㄱ. 세차 운동의 주기는 26000년이므로 (나)는 현재로부터 6500년 후 또는 19500년 전의 모습이다.

ㄴ. 지구가 근일점에 위치할 때 북반구의 계절은 봄철이며, 30°S의 계절은 가을철이다.

• 왜 오답일까?

ㄷ. (가)의 30°N에서 여름철은 지구가 원일점 부근일 때 나타나지만, (나)의 30°N에서 여름철은 원일점보다 태양과의 거리가 가까울 때 나타난다. 따라서 30°N에서 여름철 평균 기온은 (가)가 (나)보다 낮다.

15 엘니뇨와 라니냐

정답률 56% | 정답 ①

| 문제 보기 |

그림 (가)와 (나)는 태평양 적도 부근 해역에서 관측된 수온 편차 분포를 나타낸 것이다. (가)와 (나)는 각각 엘니뇨와 라니냐 시기 중 하나이며, 편차는 (관측값−평년값)이다.

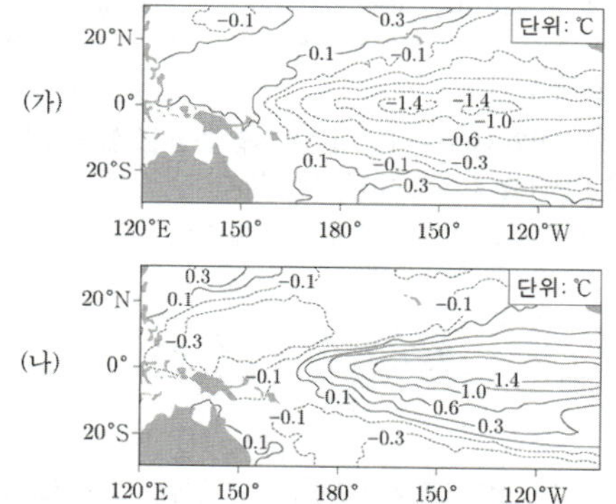

이 자료에 대한 설명으로 옳은 것만을 〈보기〉에서 있는 대로 고른 것은?

〈보 기〉

ㄱ. 워커 순환의 세기는 (가)가 (나)보다 강하다.
ㄴ. 동태평양 적도 부근 해역에서 수온 약층이 나타나기 시작하는 깊이는 (가)가 (나)보다 깊다.
ㄷ. 적도 부근에서 (동태평양 해면 기압 − 서태평양 해면 기압) 값은 (가)가 (나)보다 작다.

① ㄱ ② ㄴ ③ ㄱ, ㄷ ④ ㄴ, ㄷ ⑤ ㄱ, ㄴ, ㄷ

• 왜 정답일까?

ㄱ. (가)는 라니냐 시기이고, (나)는 엘니뇨 시기이다. 워커 순환의 세기는 라니냐 시기인 (가)가 엘니뇨 시기인 (나)보다 강하다.

• 왜 오답일까?

ㄴ. 라니냐 시기에는 동태평양 적도 부근 해역에서 평상시에 비해 용승이 강해져 수온 약층이 나타나기 시작하는 깊이가 얕아지고, 이와 반대로 엘니뇨 시기에는 깊어진다. 따라서 동태평양 적도 부근 해역에서 수온 약층이 나타나기 시작하는 깊이는 (가)가 (나)보다 얕다.

ㄷ. 라니냐 시기에는 동태평양 적도 부근 해역에서 평년보다 기압이 높아지고, 서태평양 적도 부근 해역에서 평년보다 기압이 낮아진다. 따라서 적도 부근에서 (동태평양 해면 기압−서태평양 해면 기압)값은 라니냐 시기인 (가)가 엘니뇨 시기인 (나)보다 크다.

16 우주의 팽창과 우주 구성 요소

정답률 59% | 정답 ③

| 문제 보기 |

그림은 표준 우주 모형에 따라 우주가 팽창하는 동안 우주 구성 요소의 밀도비 ㉠과 ㉡의 변화를 나타낸 것이다. A, B, C는 보통 물질, 암흑 물질, 암흑 에너지를 순서 없이 나타낸 것이다. 현재 ㉡은 1보다 작다.

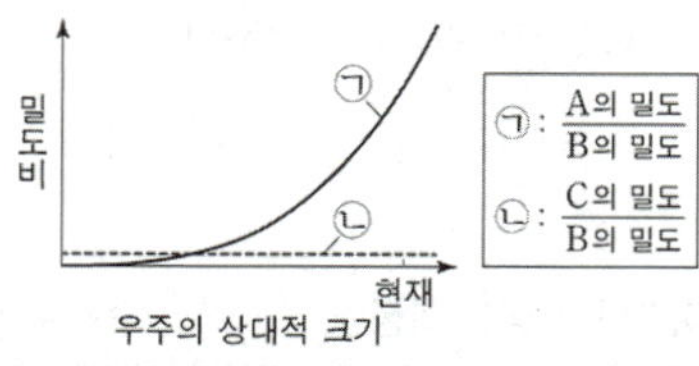

A, B, C에 대한 설명으로 옳은 것만을 〈보기〉에서 있는 대로 고른 것은? [3점]

〈보 기〉

ㄱ. 현재 우주를 가속 팽창시키는 역할을 하는 것은 A이다.
ㄴ. 우주가 팽창하는 동안 B의 밀도는 일정하다.
ㄷ. C는 전자기파로 관측할 수 있다.

① ㄱ ② ㄴ ③ ㄱ, ㄷ ④ ㄴ, ㄷ ⑤ ㄱ, ㄴ, ㄷ

• 왜 정답일까?

ㄱ. ㉡이 암흑 물질과 보통 물질의 밀도비이며, 현재 ㉡은 1보다 작으므로 B가 암흑 물질, C가 보통 물질이다. A는 암흑 에너지이므로 현재 우주를 가속 팽창시키는 역할을 하는 것은 A이다.

ㄷ. C는 보통 물질이므로 전자기파로 관측할 수 있다.

• 왜 오답일까?

ㄴ. B는 암흑 물질이며, 우주가 팽창하는 동안 밀도는 점차 작아진다.

17 고지자기극과 대륙 이동

정답률 54% | 정답 ⑤

| 문제 보기 |

그림은 동일 위도를 따라 이동한 지괴 A와 B의 시기별 위치를 나타낸 것이다.

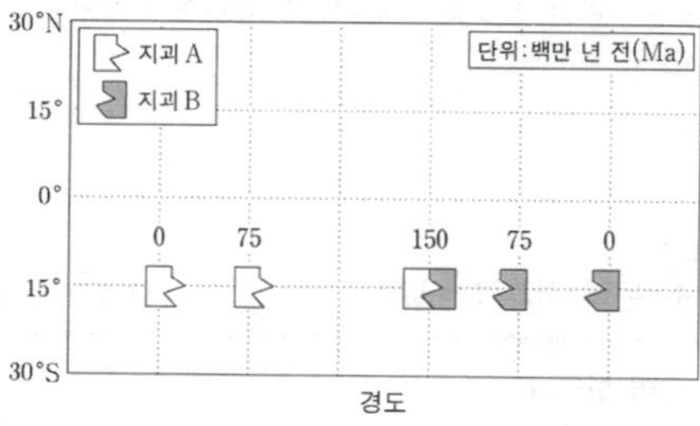

이 자료에 대한 설명으로 옳은 것만을 〈보기〉에서 있는 대로 고른 것은? (단, 고지자기극은 고지자기 방향으로 추정한 지리상 북극이고, 지리상 북극은 변하지 않았다.) [3점]

〈보 기〉

ㄱ. 150Ma~0Ma 동안 지괴의 평균 이동 속도는 A가 B보다 빠르다.
ㄴ. 75Ma에 A와 B에서 생성된 암석에 기록된 고지자기 복각은 모두 (+) 값이다.
ㄷ. A에서 구한 고지자기극의 위치는 75Ma와 150Ma가 같다.

① ㄱ ② ㄴ ③ ㄷ ④ ㄱ, ㄴ ⑤ ㄱ, ㄷ

[문제편 p.059]

• 왜 정답일까?

ㄱ. 150Ma ~ 0Ma 동안 지괴가 이동한 거리는 A가 B보다 길다. 따라서 이 기간 동안 지괴의 평균 이동 속도는 A가 B보다 빠르다.

ㄷ. A는 지리상 북극을 기준점으로 등위도선을 따라 회전하며 이동하였다. 따라서 지리상 북극까지의 거리가 일정했으며, A에서 구한 고지자기극의 위치는 일정하다.

• 왜 오답일까?

ㄴ. 75Ma에 A와 B에서 암석이 생성될 때 두 지괴는 모두 15°S에 위치하였으므로, 고지자기 복각은 모두 (−)값이다.

18 별의 물리량

정답률 27% | 정답 ①

| 문제 보기 |

표는 별 ㉠, ㉡, ㉢의 물리량을 나타낸 것이다. 태양의 절대 등급은 +4.8 등급이다.

별	반지름 (태양 = 1)	지구로부터의 거리(pc)	광도 (태양 = 1)	분광형
㉠	10	( )	100	( )
㉡	0.4	20	0.04	( )
㉢	( )	100	100	M1

이 자료에 대한 설명으로 옳은 것만을 〈보기〉에서 있는 대로 고른 것은? [3점]

〈보 기〉

ㄱ. 단위 시간당 단위 면적에서 방출하는 복사 에너지양은 ㉠이 ㉡의 4배이다.
ㄴ. 별의 반지름은 ㉠이 ㉢보다 크다.
ㄷ. (㉡의 겉보기 등급 + ㉢의 겉보기 등급) 값은 15보다 크다.

① ㄱ ② ㄴ ③ ㄷ
④ ㄱ, ㄴ ⑤ ㄱ, ㄷ

• 왜 정답일까?

ㄱ. 태양의 광도와 반지름이 각각 1이며, ㉠의 광도는 100, 반지름은 10이므로 ㉠의 표면 온도는 태양과 같다. ㉡의 광도는 0.04, 반지름은 0.4이므로 태양의 표면 온도를 1이라고 할 때, ㉡의 표면 온도는 $\frac{1}{\sqrt{2}}$이다. 따라서 단위 시간당 단위 면적에서 방출하는 복사 에너지양은 ㉠이 ㉡의 4배이다.

• 왜 오답일까?

ㄴ. ㉠의 표면 온도는 태양과 같으므로 분광형이 G2이다. ㉢은 분광형이 M1이므로 태양보다 표면 온도가 낮다. ㉠과 ㉢의 광도는 서로 같은데 표면 온도는 ㉠이 더 높으므로 반지름은 ㉠이 ㉢보다 작다.

ㄷ. ㉢은 광도가 태양의 100배이므로 절대 등급은 태양의 절대 등급인 +4.8보다 5등급 작은 −0.2이다. 따라서 10pc에 있을 때 겉보기 등급은 −0.2이다. ㉢은 100pc 거리에 있으므로 10pc에 있을 때보다 밝기가 $\frac{1}{100}$로 어두워져 겉보기 등급이 5등급 커진다. 따라서 ㉢의 겉보기 등급은 태양의 절대 등급과 같은 +4.8이다. ㉡의 광도는 ㉢의 $\frac{4}{10000}$배이며, ㉡의 거리는 20pc이므로 10pc에 있을 때보다 거리가 2배 멀어져 밝기가 $\frac{1}{4}$로 감소하므로, 20pc에 위치한 ㉡의 밝기는 ㉢이 10pc에 있을 때보다 $\frac{1}{10000}$로 줄어든다. 따라서 ㉡의 겉보기 등급은 ㉢의 절대 등급보다 10등급 큰 +9.8이다. 결국 ㉡과 ㉢의 겉보기 등급의 합은 +14.6으로 15보다 작다.

19 지층의 절대 연령

정답률 48% | 정답 ③

| 문제 보기 |

그림은 어느 지역의 지질 단면을 나타낸 것이다. 현재 화성암 P와 Q에 포함된 방사성 동위 원소 X의 함량은 각각 처음 양의 $\frac{3}{16}$, $\frac{3}{8}$이고, X의 반감기는 1억 년이다.

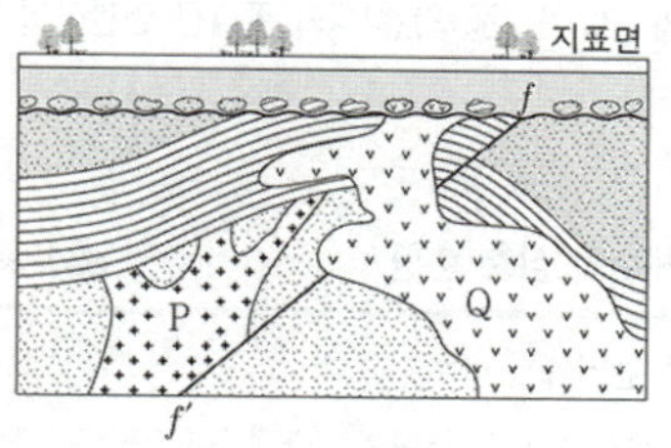

이 자료에 대한 설명으로 옳은 것만을 〈보기〉에서 있는 대로 고른 것은? [3점]

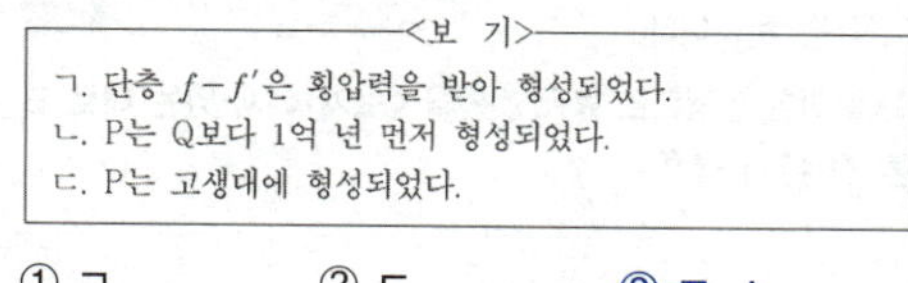
〈보 기〉

ㄱ. 단층 $f-f'$은 횡압력을 받아 형성되었다.
ㄴ. P는 Q보다 1억 년 먼저 형성되었다.
ㄷ. P는 고생대에 형성되었다.

① ㄱ ② ㄷ ③ ㄱ, ㄴ
④ ㄴ, ㄷ ⑤ ㄱ, ㄴ, ㄷ

• 왜 정답일까?

ㄱ. 단층 f − f′의 단층면을 기준으로 왼쪽의 상반이 오른쪽의 하반에 대해 상대적으로 위로 올라가 있으므로 이 단층은 횡압력을 받아 형성된 역단층이다.

ㄴ. P와 Q에 포함된 모원소의 양은 각각 처음 양의 $\frac{3}{16}$, $\frac{3}{8}$이다. $\frac{3}{8}=\frac{6}{16}$이므로, P에 포함된 모원소의 양은 Q에 포함된 모원소의 양의 절반이다. 따라서 P와 Q의 절대 연령 차는 반감기인 1억 년이므로, P는 Q보다 1억 년 먼저 형성되었다.

• 왜 오답일까?

ㄷ. P에 포함된 모원소의 양은 처음 양의 $\frac{3}{16}$ 이다. 반감기가 2번 지났을 경우 P에 포함된 모원소의 양은 처음 양의 $\frac{1}{4}=\frac{4}{16}$ 이며, 반감기가 3번 지났을 경우 P에 포함된 모원소의 양은 처음 양의 $\frac{1}{8}=\frac{2}{16}$이다. 단위 시간 동안 방사성 원소가 붕괴되는 양은 시간이 지날수록 점차 감소하므로, 모원소의 양이 $\frac{4}{16}$에서 $\frac{3}{16}$으로 줄어드는 데 걸리는 시간은 $\frac{3}{16}$에서 $\frac{2}{16}$로 줄어드는 데 걸리는 시간보다 짧다. 따라서 $\frac{4}{16}$에서 $\frac{3}{16}$으로 줄어드는 데 걸리는 시간은 반감기의 절반인 0.5억 년보다 짧다. 결국 P의 절대 연령은 2.5억 년보다 짧으므로 중생대에 형성되었다.

20 외계 행성계 탐사

정답률 36% | 정답 ⑤

| 문제 보기 |

그림 (가)는 어느 외계 행성과 중심별이 공통 질량 중심을 중심으로 공전하는 원 궤도를 나타낸 것이고, (나)는 행성이 ㉠~㉣에 위치할 때 지구에서 관측한 중심별의 스펙트럼을 A~D로 순서 없이 나타낸 것이다. 중심별의 공전 속도는 2km/s이고, 관측한 흡수선의 기준 파장은 동일하다.

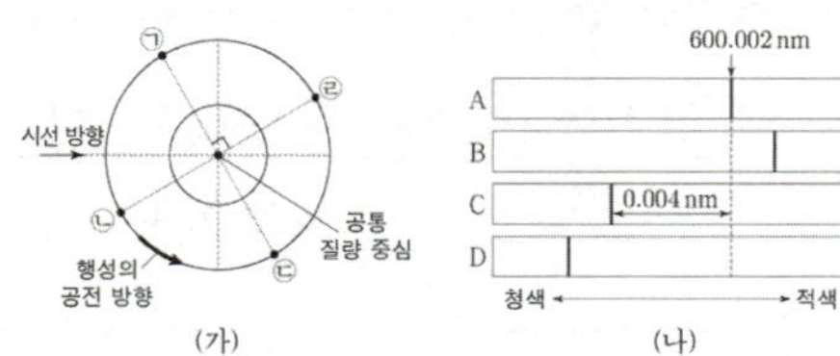

(가) (나)

이 자료에 대한 설명으로 옳은 것만을 〈보기〉에서 있는 대로 고른 것은? (단, 빛의 속도는 3×10^5km/s이고, 중심별의 시선 속도 변화는 행성과의 공통 질량 중심에 대한 공전에 의해서만 나타나며, 행성의 공전 궤도면은 관측자의 시선 방향과 나란하다.)

〈보 기〉

ㄱ. A는 행성이 ㉡에 위치할 때 관측한 결과이다.
ㄴ. $\frac{\text{A 흡수선의 파장} - \text{D 흡수선의 파장}}{\text{B 흡수선의 파장} - \text{C 흡수선의 파장}}$은 1이다.
ㄷ. 중심별의 시선 속도는 행성이 ㉢을 지날 때가 ㉡을 지날 때의 $\sqrt{3}$배이다.

① ㄱ ② ㄴ ③ ㄷ
④ ㄱ, ㄴ ⑤ ㄴ, ㄷ

• 왜 정답일까?

ㄴ. 행성이 ㉠과 ㉢에 위치할 때 시선 속도의 크기가 같으므로, 이때 파장 변화량을 $\Delta\lambda_1$, 행성이 ㉡과 ㉣에 위치할 때 시선 속도의 크기가 같으므로, 이때 파장 변화량을 $\Delta\lambda_2$라고 하면, A, B, C, D 흡수선의 파장은 각각 $(\lambda_0+\Delta\lambda_2)$, $(\lambda_0+\Delta\lambda_1)$, $(\lambda_0-\Delta\lambda_2)$, $(\lambda_0-\Delta\lambda_1)$이다. 따라서 $\frac{\text{A 흡수선의 파장} - \text{D 흡수선의 파장}}{\text{B 흡수선의 파장} - \text{C 흡수선의 파장}} = \frac{\Delta\lambda_2+\Delta\lambda_1}{\Delta\lambda_1+\Delta\lambda_2} = 1$이다.

ㄷ. 행성이 ㉡과 ㉣에 위치할 때 파장 변화량은 $\Delta\lambda_2$로 같으므로 $\Delta\lambda_2 = \frac{0.004}{2} = 0.002\text{nm}$이다. 따라서 기준 파장은 600nm이다. 행성이 ㉣에 위치할 때 스펙트럼은 A이며, 이때 시선 속도는 $2\cdot\sin\theta$이므로, $2\cdot\sin\theta = 3\times10^5\times\frac{0.002}{600}$이다. 따라서 $\theta=30°$이다. 결국 행성이 ㉢에 위치할 때 시선 속도는 $2\cdot\cos30°$, 행성이 ㉡에 위치할 때 시선 속도는 $2\cdot\sin30°$이므로, 중심별의 시선 속도는 행성이 ㉢을 지날 때가 ㉡을 지날 때의 $\sqrt{3}$ 배이다.

• 왜 오답일까?

ㄱ. A는 적색 편이가 나타나며 파장 변화량이 B보다 작으므로 ㉣에 위치할 때 관측한 결과이다.

15회

• 고3 지구과학Ⅰ •

16회 2024학년도 6월

01 ②	02 ①	03 ④	04 ⑤	05 ②
06 ②	07 ④	08 ①	09 ②	10 ④
11 ⑤	12 ③	13 ③	14 ④	15 ①
16 ⑤	17 ③	18 ⑤	19 ③	20 ⑤

채점 결과
- 실제 걸린 시간 : 분 초
- 맞은 문항수 : 개
- 틀린 문항수 : 개
- 헷갈린 문항 :

01 판 구조론 정답률 77% | 정답 ②

| 문제 보기 |

다음은 판 구조론이 정립되는 과정에서 등장한 이론에 대하여 학생 A, B, C가 나눈 대화를 나타낸 것이다. ㉠과 ㉡은 각각 대륙 이동설과 해양저 확장설 중 하나이다.

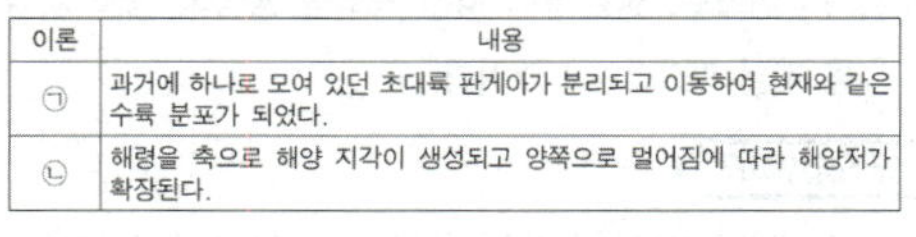

이론	내용
㉠	과거에 하나로 모여 있던 초대륙 판게아가 분리되고 이동하여 현재와 같은 수륙 분포가 되었다.
㉡	해령을 축으로 해양 지각이 생성되고 양쪽으로 멀어짐에 따라 해양저가 확장된다.

제시한 내용이 옳은 학생만을 있는 대로 고른 것은?

① A ② C ③ A, B
④ B, C ⑤ A, B, C

• 왜 정답일까?

C. 해령을 축으로 해양 지각이 생성되고 양쪽으로 멀어지므로, 해령에서 멀어질수록 해양 지각의 연령이 증가하는 것은 해양저 확장설인 ㉡의 증거가 될 수 있다.

• 왜 오답일까?

A. ㉠은 대륙 이동설이다.

B. 대륙 이동설인 ㉠을 제시한 베게너는 대륙의 이동은 주장하였지만, 대륙을 움직이는 힘의 원인은 설명하지 못하였다.

02 외부 은하 정답률 65% | 정답 ①

| 문제 보기 |

그림 (가), (나), (다)는 타원 은하, 나선 은하, 불규칙 은하를 순서 없이 나타낸 것이다.

(가)

(나)

(다)

이에 대한 설명으로 옳은 것만을 <보기>에서 있는 대로 고른 것은?

<보 기>
ㄱ. (가)는 타원 은하이다.
ㄴ. 은하를 구성하는 별의 평균 나이는 (가)가 (나)보다 적다.
ㄷ. (가)는 (다)로 진화한다.

① ㄱ ② ㄷ ③ ㄱ, ㄴ
④ ㄱ, ㄷ ⑤ ㄴ, ㄷ

• 왜 정답일까?

ㄱ. (가)는 타원 모양의 형태를 띠고 있으므로 타원 은하이다.

• 왜 오답일까?

ㄴ. 타원 은하인 (가)는 주로 나이가 많은 붉은색 별들로, 불규칙 은하인 (나)는 주로 나이가 젊은 푸른색 별들로 이루어져 있다. 따라서 은하를 구성하는 별의 평균 나이는 (가)가 (나)보다 많다.

ㄷ. 은하의 진화는 은하의 형태와 특별한 연관성이 없다.

03 해수의 심층 순환 정답률 85% | 정답 ④

| 문제 보기 |

그림은 해수의 심층 순환을 나타낸 모식도이다. A와 B는 각각 표층 해류와 심층 해류 중 하나이다.

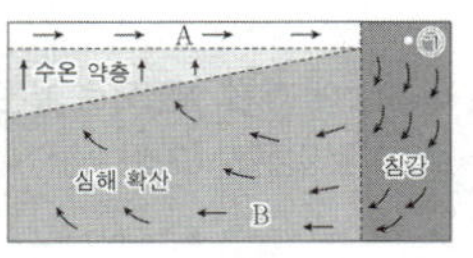

이에 대한 설명으로 옳은 것만을 <보기>에서 있는 대로 고른 것은? [3점]

<보 기>
ㄱ. A에 의해 에너지가 수송된다.
ㄴ. ㉠ 해역에서 해수가 침강하여 심해층에 산소를 공급한다.
ㄷ. 평균 이동 속력은 A가 B보다 느리다.

① ㄱ ② ㄴ ③ ㄷ
④ ㄱ, ㄴ ⑤ ㄱ, ㄷ

• 왜 정답일까?

ㄱ. A는 표층 해류이며, 표층 해류로 인해 저위도의 에너지가 고위도로 수송된다.

ㄴ. ㉠은 표층 해수의 냉각으로 침강이 일어나는 고위도 해역이며, 고위도 해역의 찬 해수는 용존 산소가 풍부하므로 ㉠ 해역에서 해수의 침강은 심해층에 산소를 공급한다.

• 왜 오답일까?

ㄷ. 표층 해류인 A는 심층 해류인 B보다 평균 이동 속력이 빠르다.

04 쇄설성 퇴적암의 형성 정답률 83% | 정답 ⑤

| 문제 보기 |

다음은 쇄설성 퇴적암이 형성되는 과정의 일부를 알아보기 위한 실험이다.

[실험 목표]
○ 쇄설성 퇴적암이 형성되는 과정 중 (㉠)을/를 설명할 수 있다.

[실험 과정]
(가) 크기가 다양한 자갈, 모래, 점토를 각각 준비하여 투명한 원통에 넣는다.
(나) (가)의 원통의 퇴적물 입자 사이의 빈 공간(공극)의 모습을 관찰한다.
(다) 컵에 석회질 물질과 물을 부어 석회질 반죽을 만든다.
(라) ㉡석회질 반죽을 (가)의 원통에 부어 퇴적물이 쌓인 높이(h)까지 채운 후 건조시켜 굳힌다.
(마) (라)의 입자 사이의 빈 공간(공극)의 모습을 관찰한다.

[실험 결과]

이 자료에 대한 설명으로 옳은 것만을 <보기>에서 있는 대로 고른 것은? [3점]

<보 기>
ㄱ. '교결 작용'은 ㉠에 해당한다.
ㄴ. ㉡은 퇴적물 입자들을 단단하게 결합시켜 주는 물질에 해당한다.
ㄷ. 단위 부피당 공극이 차지하는 부피는 ㉢이 ㉣보다 크다.

① ㄱ ② ㄷ ③ ㄱ, ㄴ
④ ㄴ, ㄷ ⑤ ㄱ, ㄴ, ㄷ

• 왜 정답일까?

ㄱ. 이 실험은 퇴적물 입자 사이의 빈 공간인 공극에 석회질 반죽을 부어 건조시킨 후 굳히는 과정을 담고 있으므로, 이 실험의 목표는 '쇄설성 퇴적암이 형성되는 과정 중 교결 작용을 설명할 수 있다'이다. 따라서 ㉠은 '교결 작용'이다.

ㄴ. 석회질 반죽인 ㉡은 공극을 채운 후 굳으면서 퇴적물 입자들을 단단하게 결합시켜 주는 교결 물질에 해당한다.

ㄷ. ㉢에는 퇴적물 입자 사이에 공극이 발달해 있지만, ㉣에는 석회질 반죽이 공극을 채우고 있으므로 공극이 거의 없다. 따라서 단위 부피당 공극이 차지하는 부피는 ㉢이 ㉣보다 크다.

05 위도에 따른 증발량과 강수량 정답률 41% | 정답 ②

| 문제 보기 |

그림은 위도에 따른 연평균 증발량과 강수량을 순서 없이 나타낸 것이다.

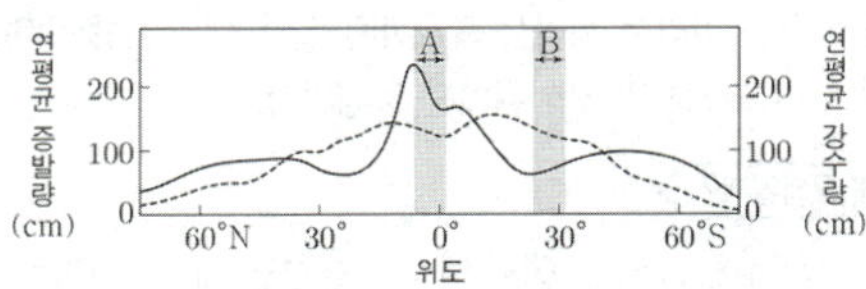

이 자료에 대한 설명으로 옳은 것만을 <보기>에서 있는 대로 고른 것은?

<보 기>
ㄱ. 표층 해수의 평균 염분은 A 해역이 B 해역보다 높다.
ㄴ. A에서는 해들리 순환의 상승 기류가 나타난다.
ㄷ. 캘리포니아 해류는 B 해역에서 나타난다.

① ㄱ ② ㄴ ③ ㄷ
④ ㄱ, ㄴ ⑤ ㄴ, ㄷ

• 왜 정답일까?

ㄴ. A는 적도 부근에서 강수량이 증발량보다 많은 해역이다. 따라서 해들리 순환의 상승 기류가 나타난다.

• 왜 오답일까?

ㄱ. A 해역은 강수량이 증발량보다 많고, B 해역은 증발량이 강수량보다 많으므로 표층 해수의 평균 염분은 A 해역이 B 해역보다 낮다.

ㄷ. 캘리포니아 해류는 동태평양의 위도 30°N 부근에서 남쪽으로 흐르는 해류이다. B 해역은 남반구에 위치하므로 캘리포니아 해류는 B 해역에서 나타나지 않는다.

06 화산 활동에 의한 기후 변화 정답률 71% | 정답 ②

| 문제 보기 |

그림은 1940~2003년 동안 지구 평균 기온 편차(관측값 −기준값)와 대규모 화산 분출 시기를 나타낸 것이다. 기준값은 1940년의 평균 기온이다.

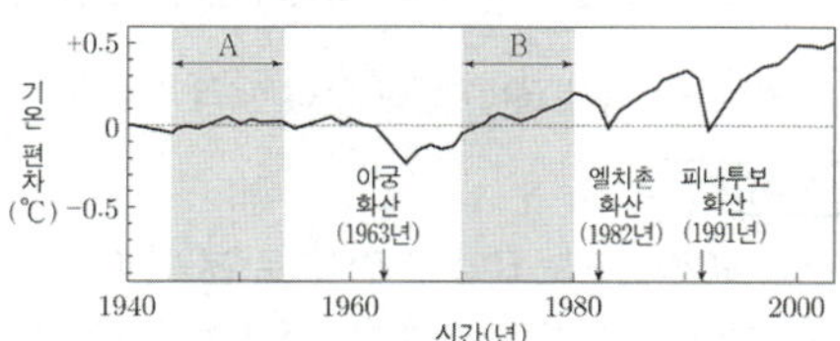

이 자료에 대한 설명으로 옳은 것만을 <보기>에서 있는 대로 고른 것은?

<보 기>
ㄱ. 기온의 평균 상승률은 A 시기가 B 시기보다 크다.
ㄴ. 화산 활동은 기후 변화를 일으키는 지구 내적 요인에 해당한다.
ㄷ. 성층권에 도달한 다량의 화산 분출물은 지구 평균 기온을 높이는 역할을 한다.

① ㄱ ② ㄴ ③ ㄷ
④ ㄱ, ㄴ ⑤ ㄴ, ㄷ

• 왜 정답일까?

ㄴ. 화산 활동은 기후 변화를 일으키는 지구 내적 요인에 해당한다. 화산 활동 외에도 수륙 분포의 변화, 지표면 상태의 변화 등도 지구 내적 요인에 해당한다.

07 마그마의 생성 조건 정답률 78% | 정답 ④

| 문제 보기 |

그림은 마그마가 생성되는 지역 A, B, C를 나타낸 것이다.

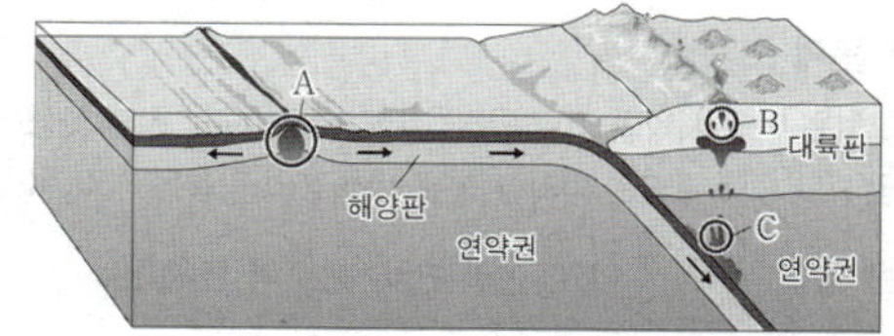

[문제편 p.061]

이 자료에 대한 설명으로 옳은 것만을 <보기>에서 있는 대로 고른 것은?

<보 기>
ㄱ. 생성되는 마그마의 SiO_2 함량(%)은 A가 B보다 낮다.
ㄴ. A에서 주로 생성되는 암석은 유문암이다.
ㄷ. C에서 물의 공급은 암석의 용융 온도를 감소시키는 요인에 해당한다.

① ㄱ ② ㄷ ③ ㄱ, ㄴ
④ ㄱ, ㄷ ⑤ ㄴ, ㄷ

• 왜 정답일까?

ㄱ. A에서는 압력 감소 과정을 거쳐 현무암질 마그마가 생성되고, B에서는 주로 마그마 혼합 과정을 거쳐 안산암질 마그마가 생성된다. 따라서 마그마의 SiO_2 함량(%)은 A가 B보다 낮다.

ㄷ. C에서는 섭입대에서 공급되는 물에 의해 암석의 용융 온도가 낮아진다.

08 수온-염분도와 해수의 층상 구조

정답률 52% | 정답 ①

| 문제 보기 |

그림은 어느 해역에서 A 시기와 B 시기에 각각 측정한 깊이 0~200m의 해수 특성을 수온-염분도에 나타낸 것이다.

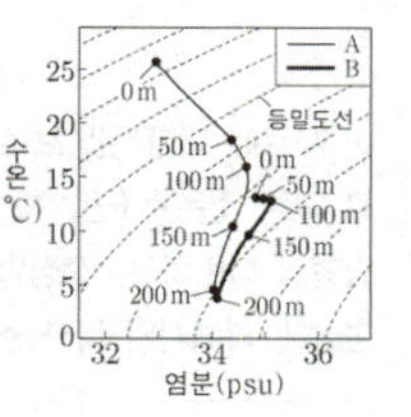

이 자료에 대한 설명으로 옳은 것만을 <보기>에서 있는 대로 고른 것은? [3점]

<보 기>
ㄱ. A 시기에 깊이가 증가할수록 해수의 밀도는 증가한다.
ㄴ. 수온만을 고려할 때, 표층에서 산소 기체의 용해도는 A 시기가 B 시기보다 크다.
ㄷ. 혼합층의 두께는 A 시기가 B 시기보다 두껍다.

① ㄱ ② ㄴ ③ ㄷ
④ ㄱ, ㄴ ⑤ ㄱ, ㄷ

• 왜 정답일까?

ㄱ. 수온-염분도에서 등밀도선값은 오른쪽 아래로 갈수록 증가한다. 따라서 A 시기에 해수의 밀도는 깊이가 증가할수록 커진다.

09 플룸 구조론

정답률 81% | 정답 ②

| 문제 보기 |

그림은 플룸 구조론을 나타낸 모식도이다. A와 B는 각각 뜨거운 플룸과 차가운 플룸 중 하나이다.

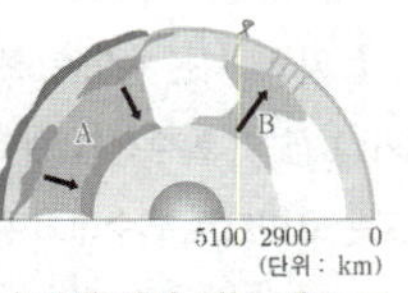

이에 대한 설명으로 옳은 것만을 <보기>에서 있는 대로 고른 것은?

<보 기>
ㄱ. A는 뜨거운 플룸이다.
ㄴ. B에 의해 여러 개의 화산이 형성될 수 있다.
ㄷ. B는 내핵과 외핵의 경계에서 생성된다.

① ㄱ ② ㄴ ③ ㄷ
④ ㄱ, ㄴ ⑤ ㄴ, ㄷ

• 왜 정답일까?

ㄴ. B는 뜨거운 플룸이며, 뜨거운 플룸에 의해 열점 활동이 활발해지면 여러 개의 화산이 형성될 수 있다.

• 왜 오답일까?

ㄱ. A는 섭입형 수렴형 경계에서 가라앉은 판이 상부 맨틀과 하부 맨틀의 경계에 쌓인 다음, 하부 맨틀과 외핵의 경계 쪽으로 가라앉으면서 형성되는 차가운 플룸이다.

ㄷ. 뜨거운 플룸은 외핵과 맨틀의 경계에서 맨틀 물질이 상승하면서 생성된다.

10 온대 저기압과 날씨

정답률 65% | 정답 ④

| 문제 보기 |

그림은 어느 날 t_1 시각의 지상 일기도에 온대 저기압 중심의 이동 경로를, 표는 이 날 관측소 A에서 t_1, t_2 시각에 관측한 기상 요소를 나타낸 것이다. t_2는 전선 통과 3시간 후이며, $t_1 \rightarrow t_2$ 동안 온난 전선과 한랭 전선 중 하나가 A를 통과하였다.

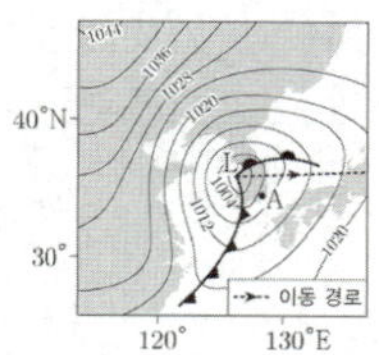

시각	기온(℃)	바람	강수
t_1	17.1	남서풍	없음
t_2	12.5	북서풍	있음

이 자료에 대한 설명으로 옳은 것만을 <보기>에서 있는 대로 고른 것은? [3점]

<보 기>
ㄱ. t_1일 때 A 상공에는 전선면이 나타난다.
ㄴ. t_1~t_2 사이에 A에서는 적운형 구름이 관측된다.
ㄷ. $t_1 \rightarrow t_2$ 동안 A에서의 풍향은 시계 방향으로 변한다.

① ㄱ ② ㄴ ③ ㄱ, ㄷ
④ ㄴ, ㄷ ⑤ ㄱ, ㄴ, ㄷ

• 왜 정답일까?

ㄴ. t_1 ~ t_2 사이에 한랭 전선이 A를 통과하였으므로 A에서는 적운형 구름이 관측된다.

ㄷ. t_1 ~ t_2 동안 A에서의 풍향은 시계 방향(남서풍 → 북서풍)으로 바뀌었다.

• 왜 오답일까?

ㄱ. t_1일 때 A는 한랭 전선과 온난 전선 사이에 위치하여 이 지역에는 따뜻한 공기가 존재한다. 따라서 t_1일 때 A 상공에는 전선면이 존재하지 않는다.

11 지질 단면도 해석

정답률 44% | 정답 ⑤

| 문제 보기 |

그림은 어느 지역의 지질 단면을 나타낸 것이다.

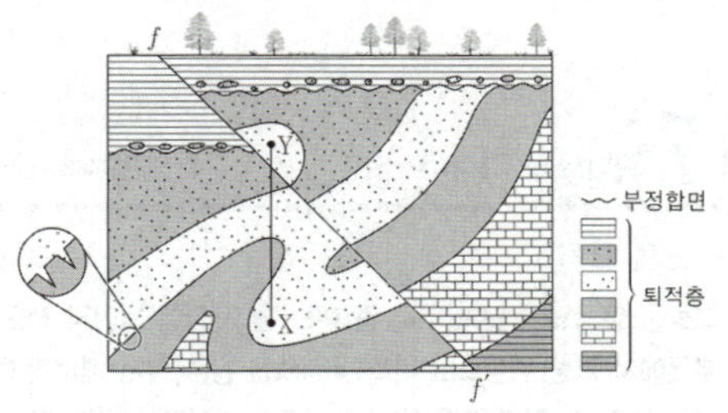

이 자료에 대한 설명으로 옳은 것만을 <보기>에서 있는 대로 고른 것은? [3점]

<보 기>
ㄱ. 단층 $f-f'$은 장력에 의해 형성되었다.
ㄴ. 습곡과 단층의 형성 시기 사이에 부정합면이 형성되었다.
ㄷ. X → Y를 따라 각 지층 경계를 통과할 때의 지층 연령의 증감은 '증가 → 감소 → 감소 → 증가'이다.

① ㄱ ② ㄴ ③ ㄷ
④ ㄱ, ㄴ ⑤ ㄴ, ㄷ

• 왜 정답일까?

ㄴ. 습곡된 지층이 침식을 받아 부정합이 형성되었고, 부정합이 단층에 의해 끊어지면서 이동하였다. 따라서 이 지역에서 일어난 지각 변동의 순서는 습곡 → 부정합 → 단층이다.

ㄷ. X → Y를 따라 이동할 때, 지층 사이의 경계를 총 4번 통과한다. 각 지층 사이의 경계면을 통과할 때, 퇴적층 연령의 증감을 비교하면 '증가 → 감소 → 감소 → 증가'로 나타난다.

• 왜 오답일까?

ㄱ. 단층 $f-f'$은 상반이 하반에 대해 상대적으로 위로 이동한 역단층이므로 횡압력에 의해 형성되었다.

12 주계열성의 내부 구조

정답률 49% | 정답 ③

| 문제 보기 |

그림은 주계열성 (가)와 (나)의 내부 구조를 나타낸 것이다. (가)와 (나)의 질량은 각각 태양 질량의 1배와 5배 중 하나이다.

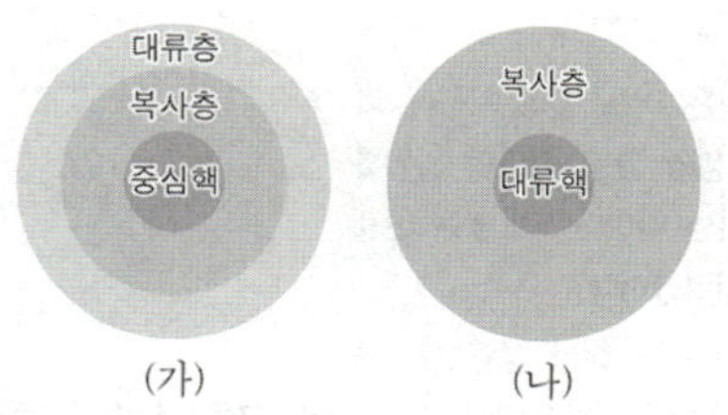

이에 대한 설명으로 옳은 것만을 <보기>에서 있는 대로 고른 것은?

<보 기>
ㄱ. 질량은 (가)가 (나)보다 작다.
ㄴ. (나)의 핵에서 $\frac{\text{p-p 반응에 의한 에너지 생성량}}{\text{CNO 순환 반응에 의한 에너지 생성량}}$은 1보다 작다.
ㄷ. 주계열 단계가 끝난 직후부터 핵에서 헬륨 연소가 일어나기 직전까지의 절대 등급의 변화 폭은 (가)가 (나)보다 작다.

① ㄱ ② ㄷ ③ ㄱ, ㄴ
④ ㄴ, ㄷ ⑤ ㄱ, ㄴ, ㄷ

• 왜 정답일까?

ㄱ. (가)는 태양과 질량이 비슷한 주계열성의 내부 구조이므로 별의 질량은 (가)가 태양의 1배, (나)가 태양의 5배이다.

ㄴ. 질량이 태양의 2배보다 큰 주계열성은 p−p 반응에 의한 에너지 생성량보다 CNO 순환 반응에 의한 에너지 생성량이 많다. (나)는 질량이 태양의 5배인 주계열성이므로 중심핵에서 CNO 순환 반응에 의한 에너지 생성량이 p−p 반응에 의한 에너지 생성량보다 훨씬 많다.

• 왜 오답일까?

ㄷ. (가)와 (나)의 경우, 주계열 단계가 끝난 직후부터 핵에서 헬륨 연소가 일어나기 직전까지의 절대 등급 변화 폭은 적색 거성으로 진화하는 (가)가 초거성으로 진화하는 (나)보다 크다.

13 태풍과 날씨

정답률 61% | 정답 ③

| 문제 보기 |

그림은 태풍의 영향을 받은 우리나라 어느 관측소에서 24시간 동안 관측한 표층 수온과 기상 요소를 시간에 따라 나타낸 것이다.

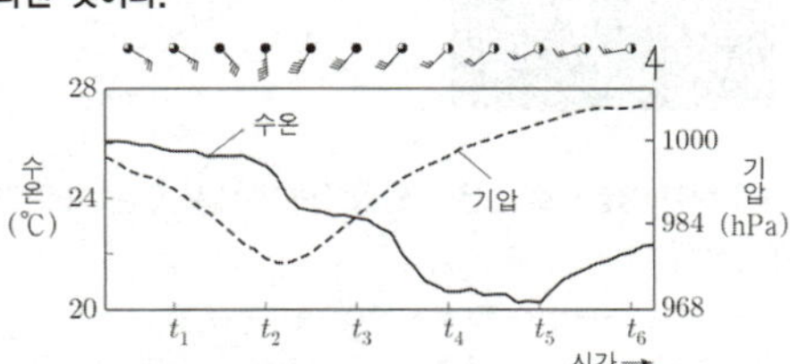

이 자료에 대한 설명으로 옳은 것만을 <보기>에서 있는 대로 고른 것은? [3점]

<보 기>
ㄱ. 이 기간 동안 관측소는 태풍의 위험 반원에 위치하였다.
ㄴ. 관측소와 태풍 중심 사이의 거리는 t_2가 t_4보다 가깝다.
ㄷ. $t_2 \rightarrow t_4$ 동안 수온 변화는 태풍에 의한 해수 침강에 의해 발생하였다.

① ㄱ ② ㄷ ③ ㄱ, ㄴ
④ ㄴ, ㄷ ⑤ ㄱ, ㄴ, ㄷ

• 왜 정답일까?

ㄱ. 태풍이 관측소를 지나는 동안 풍향이 시계 방향(남동풍 → 남서풍)으로 바뀌었으므로 관측소는 태풍의 위험 반원에 위치하였다.

ㄴ. 관측소에서 기압은 t_2 부근일 때 가장 낮았다. 따라서 관측소와 태풍 중심 사이의 거리는 t_2가 t_4보다 가깝다.

• 왜 오답일까?

ㄷ. t_2 ~ t_4 동안 표층 수온은 계속 감소하였다. 이는 태풍에

의한 강한 바람으로 수심이 깊은 곳까지 해수의 혼합이 활발하게 일어나면서 표층 수온이 낮아진 것이다.

14 생명 가능 지대

정답률 67% | 정답 ④

| 문제 보기 |

그림은 어느 별의 시간에 따른 생명 가능 지대의 범위를 나타낸 것이다. 이 별은 현재 주계열성이다.

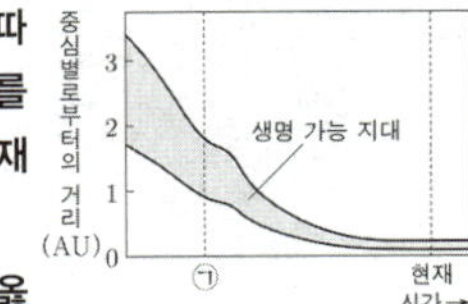

이 자료에 대한 설명으로 옳은 것만을 <보기>에서 있는 대로 고른 것은? [3점]

<보 기>

ㄱ. 이 별의 광도는 ㉠ 시기가 현재보다 작다.
ㄴ. 현재 중심별에서 생명 가능 지대까지의 거리는 이 별이 태양보다 가깝다.
ㄷ. 현재 표면에서 단위 면적당 단위 시간에 방출하는 에너지양은 이 별이 태양보다 적다.

① ㄱ ② ㄴ ③ ㄱ, ㄷ ④ ㄴ, ㄷ ⑤ ㄱ, ㄴ, ㄷ

• 왜 정답일까?

ㄴ. 이 별의 생명 가능 지대는 현재 1AU보다 안쪽에 위치하고 있다. 따라서 중심별에서 생명 가능 지대까지의 거리는 이 별이 태양보다 가깝다.
ㄷ. 이 별은 현재 주계열성이며, 광도가 태양보다 작으므로 표면 온도도 태양보다 낮다. 따라서 별의 표면에서 단위 면적당 단위 시간에 방출하는 에너지양도 이 별이 태양보다 적다.

• 왜 오답일까?

ㄱ. 이 별의 생명 가능 지대의 범위는 ㉠ 시기가 현재보다 넓다. 따라서 별의 광도는 ㉠ 시기가 현재보다 크다.

15 우주 구성 요소의 변화

정답률 34% | 정답 ①

| 문제 보기 |

그림 (가)는 은하에 의한 중력 렌즈 현상을, (나)는 T시기 이후 우주 구성 요소의 밀도 변화를 나타낸 것이다. A, B, C는 각각 보통 물질, 암흑 물질, 암흑 에너지 중 하나이다.

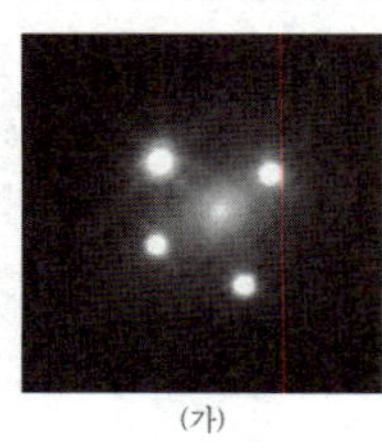
(가)

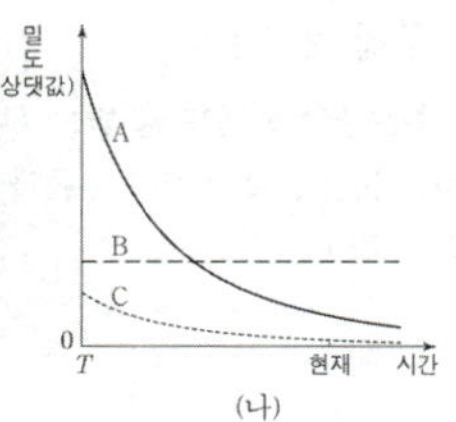

(나)

이에 대한 설명으로 옳은 것만을 <보기>에서 있는 대로 고른 것은?

<보 기>

ㄱ. (가)를 이용하여 A가 존재함을 추정할 수 있다.
ㄴ. B에서 가장 많은 양을 차지하는 것은 양성자이다.
ㄷ. T 시기부터 현재까지 우주의 팽창 속도는 계속 증가하였다.

① ㄱ ② ㄴ ③ ㄱ, ㄷ ④ ㄴ, ㄷ ⑤ ㄱ, ㄴ, ㄷ

• 왜 정답일까?

A는 암흑 물질, C는 보통 물질이고, 밀도가 일정한 B는 암흑 에너지이다.
ㄱ. 중력 렌즈 현상이 나타난 (가)를 이용하여 물질의 양을 추정할 수 있다. 추정된 물질의 양에서 관측 가능한 보통 물질의 양을 제외하면 암흑 물질(A)의 양이 남는다. 따라서 (가)를 이용하여 A가 존재함을 추정할 수 있다.

• 왜 오답일까?

ㄴ. B는 밀도가 일정하게 유지되는 암흑 에너지이다. 암흑 에너지의 정체는 아직 밝혀지지 않았다. 양성자는 보통 물질인 C에 해당한다.
ㄷ. T 시기에는 물질(A와 C)이 차지하는 밀도가 상대적으로 컸으므로 중력이 우세하여 감속 팽창하였다.

16 별의 물리량

정답률 31% | 정답 ⑤

| 문제 보기 |

그림은 별 ㉠과 ㉡의 물리량을 나타낸 것이다.

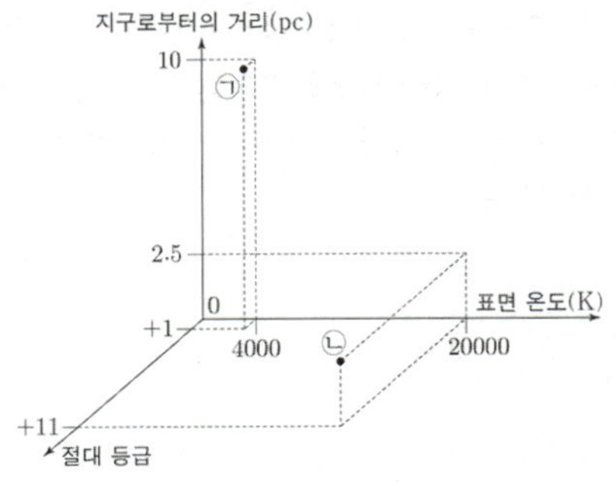

이 자료에 대한 설명으로 옳은 것만을 <보기>에서 있는 대로 고른 것은? [3점]

<보 기>

ㄱ. 복사 에너지를 최대로 방출하는 파장은 ㉠이 ㉡의 $\frac{1}{5}$배이다.
ㄴ. 별의 반지름은 ㉠이 ㉡의 2500배이다.
ㄷ. (㉡의 겉보기 등급 − ㉠의 겉보기 등급) 값은 6보다 크다.

① ㄱ ② ㄴ ③ ㄷ ④ ㄱ, ㄴ ⑤ ㄴ, ㄷ

• 왜 정답일까?

ㄴ. ㉠은 ㉡보다 절대 등급이 10등급 작으므로 광도는 10000배 크다. ㉠의 표면 온도는 ㉡의 $\frac{1}{5}$배이므로, 반지름은 ㉠이 ㉡의 2500배이다.
ㄷ. ㉡의 절대 등급은 +11이므로, 거리가 10pc일 때 겉보기 등급은 +11이다. 만약 ㉡의 거리가 1pc이라면 거리가 $\frac{1}{10}$로 가까워지므로 밝기는 100배 커져 겉보기 등급은 5등급 작아진다. 만약 1pc에서 현재 거리인 2.5pc으로 거리가 2.5배 멀어지면, 밝기는 $\frac{1}{2.5^2}$배가 되므로 겉보기 등급은 약 2등급 커진다. 따라서 ㉡의 겉보기 등급은 약 +8이며, 10pc에 위치한 ㉠의 겉보기 등급은 +1이므로, (㉡의 겉보기 등급−㉠의 겉보기 등급)의 값은 약 7이다.

• 왜 오답일까?

ㄱ. 표면 온도는 ㉡이 ㉠보다 5배 높으므로, 복사 에너지를 최대로 방출하는 파장은 ㉠이 ㉡의 5배이다.

17 엘니뇨와 라니냐

정답률 46% | 정답 ③

| 문제 보기 |

그림은 엘니뇨 또는 라니냐 중 어느 한 시기에 태평양 적도 부근에서 기상 위성으로 관측한 적외선 방출 복사 에너지의 편차(관측값−평년값)를 나타낸 것이다. 적외선 방출 복사 에너지는 구름, 대기, 지표에서 방출된 에너지이다.

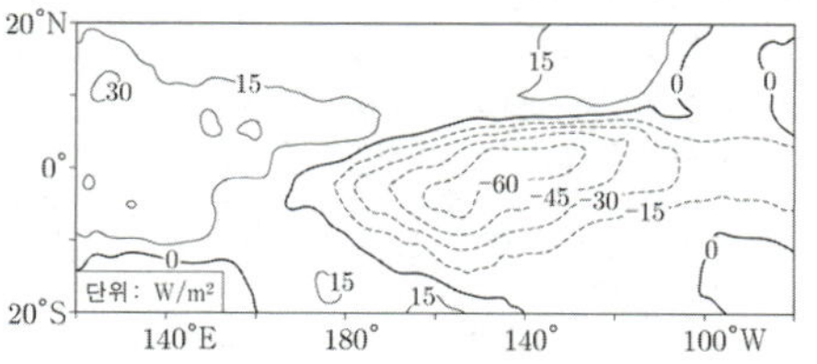

이 시기에 대한 설명으로 옳은 것만을 <보기>에서 있는 대로 고른 것은?

<보 기>

ㄱ. 서태평양 적도 부근 해역의 강수량은 평년보다 적다.
ㄴ. 동태평양 적도 부근 해역의 용승은 평년보다 강하다.
ㄷ. 적도 부근의 (동태평양 해면 기압 − 서태평양 해면 기압) 값은 평년보다 작다.

① ㄱ ② ㄴ ③ ㄱ, ㄷ ④ ㄴ, ㄷ ⑤ ㄱ, ㄴ, ㄷ

• 왜 정답일까?

ㄱ. 그림에서 적도 부근 서태평양은 엘니뇨 시기이다. 이 시기에 서태평양 적도 부근 해역의 강수량은 평년보다 적다.
ㄷ. 평년에는 동태평양의 해면 기압이 서태평양의 해면 기압보다 높다. 엘니뇨 시기에 동태평양의 해면 기압은 평년보다 낮아지고 서태평양의 해면 기압은 높아지므로, 적도 부근의 (동태평양 해면 기압−서태평양 해면 기압)값은 평년보다 작다.

• 왜 오답일까?

ㄴ. 엘니뇨 시기에 동태평양 적도 부근 해역의 용승은 평년보다 약하다.

18 외계 행성계 탐사

정답률 32% | 정답 ⑤

| 문제 보기 |

그림 (가)는 어느 외계 행성계에서 중심별과 행성이 공통 질량 중심에 대하여 공전하는 원 궤도를 나타낸 것이고, (나)는 이 중심별의 시선 속도를 일정한 시간 간격에 따라 나타낸 것이다. t_1일 때 중심별의 위치는 ㉠과 ㉡ 중 하나이다.

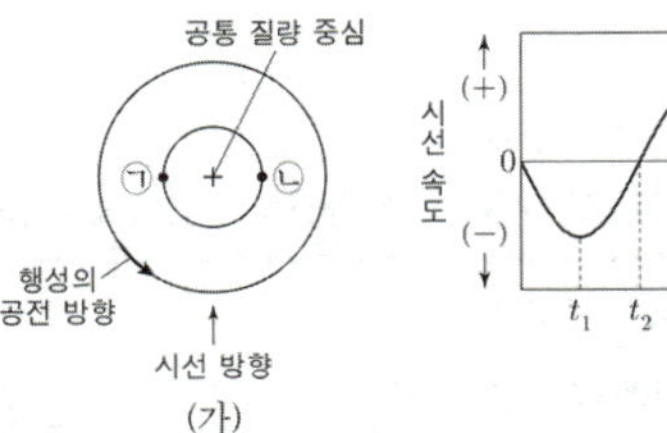

이 자료에 대한 설명으로 옳은 것만을 <보기>에서 있는 대로 고른 것은? (단, 행성의 공전 궤도면은 관측자의 시선 방향과 나란하고, 중심별의 겉보기 등급 변화는 행성의 식 현상에 의해서만 나타난다.) [3점]

<보 기>

ㄱ. t_1일 때 중심별의 위치는 ㉠이다.
ㄴ. 중심별의 겉보기 등급은 t_2가 t_4보다 작다.
ㄷ. $t_1 \to t_2$ 동안 중심별의 스펙트럼에서 흡수선의 파장은 점차 길어진다.

① ㄱ ② ㄷ ③ ㄱ, ㄴ ④ ㄴ, ㄷ ⑤ ㄱ, ㄴ, ㄷ

• 왜 정답일까?

ㄱ. 중심별과 행성의 공전 방향은 같고, t_1일 때 중심별의 시선 속도는 최대이며 (−)값을 갖는다. 시선 속도가 (−)이면 관측자에 가까워지며, 시선 속도가 최대이면 공전 방향은 시선 방향과 나란하다. 따라서 이 시기에 중심별은 시선 방향과 나란한 방향으로 가까워지는 ㉠에 위치한다.
ㄴ. t_2일 때는 중심별이 관측자에 가장 가까운 시기이므로 식 현상이 일어나지 않지만, t_4일 때는 지구−행성−중심별 순으로 배열되어 식 현상이 일어나므로 겉보기 밝기가 평상시보다 어두워져 겉보기 등급이 커진다. 따라서 식 현상이 일어나지 않는 t_2일 때 겉보기 등급이 더 작다.
ㄷ. t_1일 때 시선 속도는 최대이며 (−)값을 가지므로 청색 편이가 가장 커 흡수선의 관측 파장이 가장 짧다. t_2일 때 시선 속도는 0이므로 흡수선의 관측 파장은 고유 파장과 같다. 따라서 $t_1 \to t_2$동안 흡수선의 파장은 점차 길어진다.

19 방사성 원소의 반감기와 절대 연령

정답률 43% | 정답 ③

| 문제 보기 |

그림은 방사성 동위 원소 X의 붕괴 곡선의 일부를 나타낸 것이다. 화성암에 포함된 X의 자원소 Y는 모두 X가 붕괴하여 생성되었다.

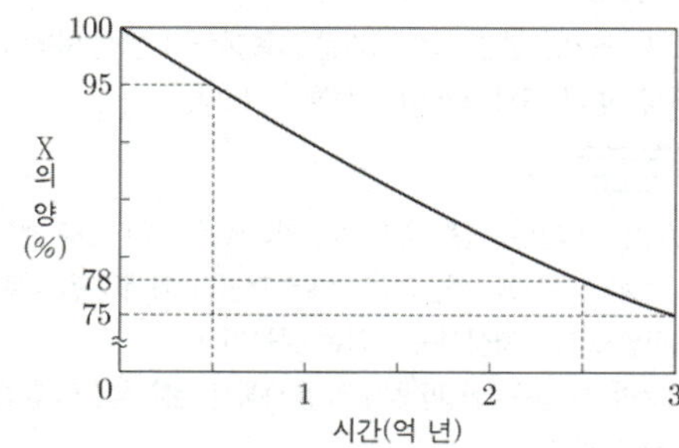

[문제편 p.063]

이 자료에 대한 설명으로 옳은 것만을 <보기>에서 있는 대로 고른 것은? (단, 모든 화성암에는 X가 포함되어 있으며, X의 양(%)은 화성암 생성 당시 X의 함량에 대한 남아 있는 X의 함량의 비율이고, Y의 양(%)은 붕괴한 X의 양과 같다.) [3점]

<보 기>

ㄱ. 현재의 X의 양이 95%인 화성암은 속씨식물이 존재하던 시기에 생성되었다.
ㄴ. X의 반감기는 6억 년보다 길다.
ㄷ. 중생대에 생성된 모든 화성암에서는 현재의 $\frac{\text{X의 양(\%)}}{\text{Y의 양(\%)}}$이 4보다 크다.

① ㄱ ② ㄷ ③ ㄱ, ㄴ
④ ㄴ, ㄷ ⑤ ㄱ, ㄴ, ㄷ

• 왜 정답일까?

ㄱ. 속씨식물은 중생대에 출현하였고 신생대에 번성하였다. 현재 X의 양이 95%인 화성암의 절대 연령은 0.5억 년이므로 이 화성암은 신생대에 생성되었으며, 이 시기에는 속씨식물이 존재하였다.
ㄴ. X의 양이 100%에서 75%로 감소하는데 걸린 시간은 3억 년이다. 시간에 따라 방사성 원소가 감소하는 비율은 점차 작아지므로, X의 양이 75%에서 50%로 감소하는 데 걸리는 시간은 3억 년보다 길다. 따라서 X의 반감기는 6억 년보다 길다.

• 왜 오답일까?

ㄷ. 현재의 $\frac{\text{X의 양(\%)}}{\text{Y의 양(\%)}}$이 4보다 크려면 X의 양이 80% 이상이어야 한다. 중생대는 약 2.52억 년 전부터 약 0.66억 년 전까지인데, 중생대에 해당하는 기간에는 대부분 X의 양이 80%보다 많지만, 중생대 후기에 해당하는 약 2.1억 년 이후에는 X의 양이 80%보다 작고, Y의 양은 20%보다 많으므로, $\frac{\text{X의 양(\%)}}{\text{Y의 양(\%)}}$이 4보다 작다. 따라서 중생대에 생성된 모든 화성암에서 $\frac{\text{X의 양(\%)}}{\text{Y의 양(\%)}}$이 4보다 작다.

20 허블 법칙

정답률 37% | 정답 ⑤

| 문제 보기 |

그림은 허블 법칙을 만족하는 외부 은하의 거리와 후퇴 속도의 관계 l과 우리은하에서 은하 A, B, C를 관측한 결과이고, 표는 이 은하들의 흡수선 관측 결과를 나타낸 것이다. B의 흡수선 관측 파장은 허블 법칙으로 예상되는 값보다 8nm 더 길다.

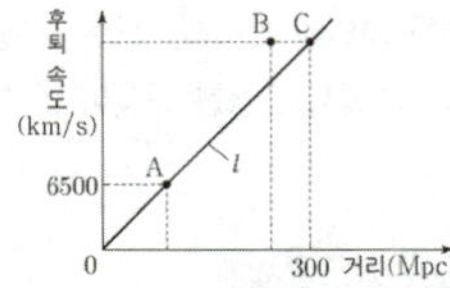

은하	기준 파장	관측 파장
A	400	㉠
B	600	( )
C	600	642

(단위 : nm)

이 자료에 대한 설명으로 옳은 것만을 <보기>에서 있는 대로 고른 것은? (단, 우리은하에서 관측했을 때 A, B, C는 동일한 시선 방향에 놓여있고, 빛의 속도는 3×10^5km/s이다.)

<보 기>

ㄱ. 허블 상수는 70km/s/Mpc이다.
ㄴ. ㉠은 410보다 작다.
ㄷ. A에서 B까지의 거리는 140Mpc보다 크다.

① ㄱ ② ㄷ ③ ㄱ, ㄴ
④ ㄴ, ㄷ ⑤ ㄱ, ㄴ, ㄷ

• 왜 정답일까?

ㄱ. 은하의 후퇴 속도=허블 상수×은하까지의 거리이다. 또한 은하의 후퇴 속도=빛의 속도×$\frac{\text{파장 변화량}}{\text{기준 파장}}$이다. C의 후퇴 속도$=300000\times\frac{42}{600}=21000$km/s이며 C의 거리는 300Mpc이므로, 허블 상수는 70km/s/Mpc이다.
ㄴ. A의 후퇴 속도는 6500km/s이며, 기준 파장은 400nm이므로, $6500=300000\times\frac{\text{파장 변화량}}{400}$이다. 따라서 파장 변화량은 약 8.67nm이므로 관측 파장인 ㉠은 약 408.67nm이다.
ㄷ. 그림에서 B와 C의 후퇴 속도가 같으므로 B의 관측 파장은 C의 관측 파장과 같은 642nm이다. 그러나 B의 관측 파장은 허블 법칙으로 예상되는 값보다 8nm 더 길므로 허블 법칙을 만족한다면 B의 관측 파장은 634nm여야 한다. 따라서 B가 허블 법칙을 만족한다면

후퇴 속도$=300000\times\frac{634-600}{600}=17000$km/s이고, 이때 B까지의 거리는 $\frac{17000\text{km/s}}{70\text{km/s/Mpc}}$이다.

A와 B는 동일한 시선 방향에 놓여있고, A까지의 거리는 $\frac{6500\text{km/s}}{70\text{km/s/Mpc}}$이므로 A에서 B까지의 거리는 $\frac{(17000-6500)\text{km/s}}{70\text{km/s/Mpc}}=150$Mpc이다.

17회 2023학년도 6월

• 고3 지구과학 Ⅰ •

01 ⑤	02 ③	03 ④	04 ③	05 ⑤
06 ①	07 ②	08 ①	09 ③	10 ③
11 ②	12 ④	13 ⑤	14 ③	15 ②
16 ⑤	17 ①	18 ④	19 ①	20 ③

채점결과
• 실제 걸린 시간 : 분 초
• 맞은 문항수 : 개
• 틀린 문항수 : 개
• 헷갈린 문항 :

01 초대륙의 형성과 분리 과정

정답률 73% | 정답 ⑤

| 문제 보기 |

다음은 초대륙의 형성과 분리 과정 중 일부에 대하여 학생 A, B, C가 나눈 대화를 나타낸 것이다.

제시한 내용이 옳은 학생만을 있는 대로 고른 것은?

① A ② B ③ A, C
④ B, C ⑤ A, B, C

• 왜 정답일까?

A. 판게아는 약 2억 7천만 년 전(고생대 말)에 형성된 초대륙이다.
B. 대륙이 분리되는 과정에서는 발산형 경계인 열곡대가 발달하고, 초대륙이 형성되는 과정에서는 대륙 충돌로 습곡 산맥이 발달한다.
C. 해령 주변에서는 해령의 중심축을 중심으로 고지자기의 역전 줄무늬가 대칭적으로 분포한다. 이는 해령에서 새로운 해양 지각이 생성되면서 확장된다는 해저 확장설의 근거가 된다.

02 정상 나선 은하

정답률 75% | 정답 ③

| 문제 보기 |

그림은 어느 외부 은하를 나타낸 것이다. A와 B는 각각 은하의 중심부와 나선팔이다.

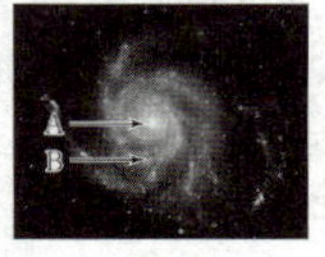

이 은하에 대한 설명으로 옳은 것만을 <보기>에서 있는 대로 고른 것은?

<보 기>

ㄱ. 막대 나선 은하에 해당한다.
ㄴ. B에는 성간 물질이 존재하지 않는다.
ㄷ. 붉은 별의 비율은 A가 B보다 높다.

① ㄱ ② ㄴ ③ ㄷ
④ ㄱ, ㄴ ⑤ ㄴ, ㄷ

• 왜 정답일까?

ㄷ. 나이가 많은 붉은색 별의 비율은 나선팔(B)보다 은하 중심부(A)에서 높다.

03 지구 기온 변화의 요인

정답률 92% | 정답 ④

| 문제 보기 |

그림은 1750년 대비 2011년의 지구 기온 변화를 요인별로 나타낸 것이다.

17회

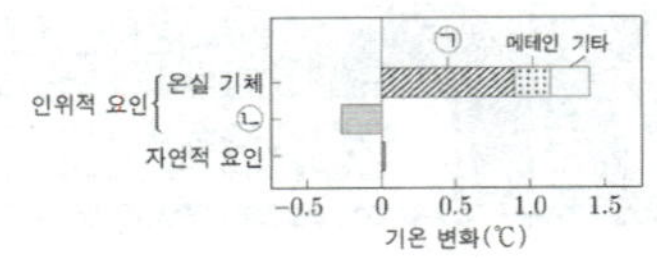

이 자료에 대한 설명으로 옳은 것만을 〈보기〉에서 있는 대로 고른 것은?

〈보 기〉
ㄱ. 기온 변화에 대한 영향은 ㉠이 자연적 요인보다 크다.
ㄴ. 인위적 요인 중 ㉡은 기온을 상승시킨다.
ㄷ. 자연적 요인에는 태양 활동이 포함된다.

① ㄱ ② ㄴ ③ ㄷ
④ ㄱ, ㄷ ⑤ ㄴ, ㄷ

• 왜 정답일까?

ㄱ. ㉠은 인위적 요인에 의해 배출된 온실 기체로, 지구 기온 변화에 가장 큰 영향을 미치는 이산화 탄소이다. ㉠이 지구 기온 변화에 미치는 영향은 자연적 요인보다 훨씬 크다.
ㄷ. 태양 활동은 지구의 기온 변화를 일으키는 자연적 요인 중 지구 외적 요인(천문학적 요인)에 포함된다.

04 뜨거운 플룸 모형실험

정답률 80% | 정답 ③

| 문제 보기 |

다음은 어느 플룸의 연직 이동 원리를 알아보기 위한 실험이다.

[실험 목표]
○ (A)의 연직 이동 원리를 설명할 수 있다.
[실험 과정]
(가) 비커에 5℃ 물 800mL를 담는다.
(나) 그림과 같이 비커 바닥에 수성 잉크 소량을 스포이트로 주입한다.
(다) 비커 바닥의 물이 고르게 착색된 후, 비커 바닥 중앙을 촛불로 30초간 가열하면서 착색된 물이 움직이는 모습을 관찰한다.

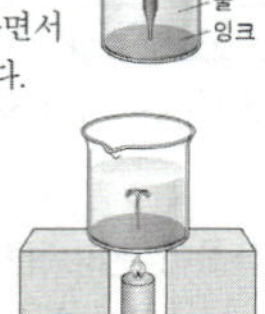

[실험 결과]
○ 그림과 같이 착색된 물이 밀도 차에 의해 (B)하는 모습이 관찰되었다.

이에 대한 설명으로 옳은 것만을 〈보기〉에서 있는 대로 고른 것은? [3점]

〈보 기〉
ㄱ. '뜨거운 플룸'은 A에 해당한다.
ㄴ. '상승'은 B에 해당한다.
ㄷ. 플룸은 내핵과 외핵의 경계에서 생성된다.

① ㄱ ② ㄷ ③ ㄱ, ㄴ
④ ㄴ, ㄷ ⑤ ㄱ, ㄴ, ㄷ

• 왜 정답일까?

ㄱ. 이 실험에서는 뜨거운 플룸에 해당하는 착색된 물이 가열되어 주변의 물보다 밀도가 작아져 상승이 일어나는 과정을 알아보기 위한 실험이다. 따라서 '뜨거운 플룸'은 A에 해당한다.
ㄴ. (다)에서 착색된 물이 촛불로 가열되어 상승이 일어난다. 따라서 '상승'은 B에 해당한다.

05 해수의 층상 구조

정답률 81% | 정답 ⑤

| 문제 보기 |

그림 (가)와 (나)는 어느 해 A, B 시기에 우리나라 두 해역에서 측정한 연직 수온 자료를 각각 나타낸 것이다.

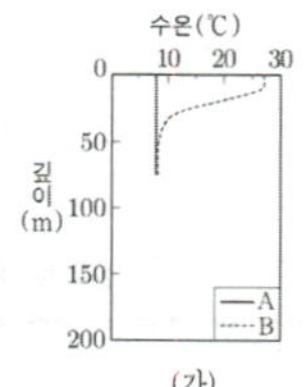

(가)

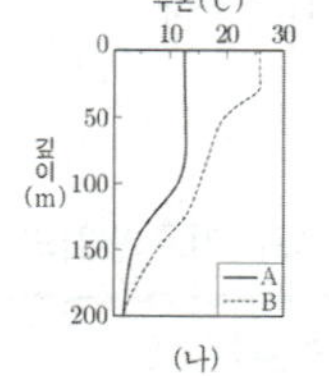

(나)

이에 대한 설명으로 옳은 것만을 〈보기〉에서 있는 대로 고른 것은? [3점]

〈보 기〉
ㄱ. (가)에서 50m 깊이의 수온과 표층 수온의 차이는 B가 A보다 크다.
ㄴ. A와 B의 표층 수온 차이는 (가)가 (나)보다 크다.
ㄷ. B의 혼합층 두께는 (나)가 (가)보다 두껍다.

① ㄱ ② ㄷ ③ ㄱ, ㄴ
④ ㄴ, ㄷ ⑤ ㄱ, ㄴ, ㄷ

• 왜 정답일까?

ㄱ. (가)에서 A 시기일 때, 50m 깊이의 수온과 표층 수온이 거의 같지만, B 시기일 때는 50m 깊이의 수온보다 표층 수온이 대략 20℃ 높다.
ㄴ. A와 B 시기일 때 표층 수온 차를 비교하면, (가)에서는 대략 20℃ 차이 나고, (나)에서는 대략 13℃ 차이난다.
ㄷ. B 시기일 때 혼합층의 두께를 비교하면, (가)에서는 대략 10m이고, (나)에서는 대략 30m이다.

06 판의 경계와 단층

정답률 59% | 정답 ①

| 문제 보기 |

그림 (가)는 판의 경계를, (나)는 어느 단층 구조를 나타낸 것이다.

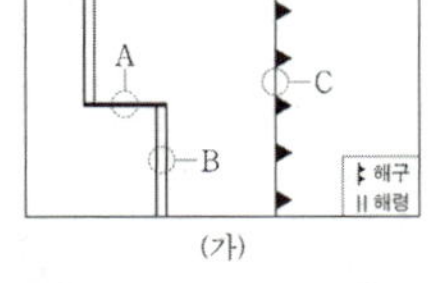

(가)

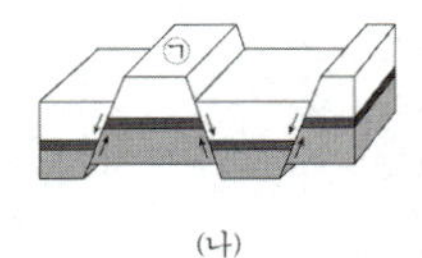

(나)

이에 대한 설명으로 옳은 것만을 〈보기〉에서 있는 대로 고른 것은?

〈보 기〉
ㄱ. A 지역에서는 주향 이동 단층이 발달한다.
ㄴ. ㉠은 상반이다.
ㄷ. (나)는 C 지역에서가 B 지역에서보다 잘 나타난다.

① ㄱ ② ㄴ ③ ㄱ, ㄷ ④ ㄴ, ㄷ ⑤ ㄱ, ㄴ, ㄷ

• 왜 정답일까?

A는 변환 단층, B는 해령, C는 해구이며, (나)는 정단층 구조이다.
ㄱ. A 지역에서는 해양판과 해양판이 수평으로 미끄러지면서 어긋나는 경계인 주향 이동 단층이 발달한다.

• 왜 오답일까?

ㄴ. (나)는 장력을 받아 상반이 하반에 대해 아래로 이동한 정단층 구조이다. 따라서 단층면을 경계로 상대적으로 위로 이동한 ㉠은 하반이다.
ㄷ. 발산형 경계가 발달한 B 지역에서는 장력을 받아 형성된 정단층이 주로 발달하며, 수렴형 경계가 발달한 C 지역에서는 횡압력을 받아 형성된 역단층이 주로 발달한다. 따라서 (나)는 B 지역에서가 C 지역에서보다 잘 나타난다.

07 별의 물리량

정답률 60% | 정답 ②

| 문제 보기 |

표는 별 (가), (나), (다)의 분광형과 절대 등급을 나타낸 것이다. (가), (나), (다) 중 2개는 주계열성, 1개는 초거성이다.

별	분광형	절대 등급
(가)	G	−5
(나)	A	0
(다)	G	+5

이에 대한 설명으로 옳은 것만을 〈보기〉에서 있는 대로 고른 것은?

〈보 기〉
ㄱ. 질량은 (다)가 (나)보다 크다.
ㄴ. 생명 가능 지대에서 액체 상태의 물이 존재할 수 있는 시간은 (다)가 (나)보다 길다.
ㄷ. 생명 가능 지대의 폭은 (다)가 (가)보다 넓다.

① ㄱ ② ㄴ ③ ㄱ, ㄷ ④ ㄴ, ㄷ ⑤ ㄱ, ㄴ, ㄷ

• 왜 정답일까?

표면 온도는 (나)>(가)=(다)이고, 광도는 (가)>(나)>(다)이다. (가)는 초거성이고, (나)와 (다)는 주계열성이다.
ㄴ. (나)와 (다)는 모두 주계열성이며, 주계열성의 경우 별의 질량이 작을수록 광도가 작고 수명이 길다. (다)는 (나)보다 광도가 작으므로 진화 속도가 느리다. 따라서 생명 가능 지대에서 액체 상태의 물이 존재할 수 있는 시간은 (다)가 (나)보다 길다.

• 왜 오답일까?

ㄱ. 주계열성의 경우 광도가 클수록, 표면 온도가 높을수록 질량이 크다.
따라서 질량은 절대 등급이 크고(광도가 작고) 표면 온도가 낮은 (다)가 (나)보다 작다.
ㄷ. 중심별의 광도가 클수록 생명 가능 지대는 중심별에서부터 멀어지고 폭도 넓어진다. 따라서 생명 가능 지대의 폭은 광도가 작은 (다)가 (가)보다 좁다.

08 태풍과 날씨

정답률 62% | 정답 ①

| 문제 보기 |

그림 (가)는 어느 태풍이 우리나라 부근을 지나는 어느 날 21시에 촬영한 적외 영상에 태풍 중심의 이동 경로를 나타낸 것이고, (나)는 다음 날 05시부터 3시간 간격으로 우리나라 어느 관측소에서 관측한 기상 요소를 나타낸 것이다.

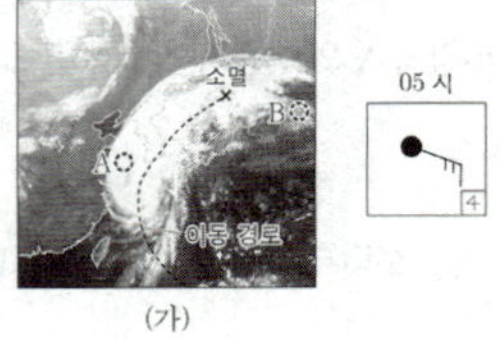
(가)

05 시 08 시 11 시
(나)

이 자료에 대한 설명으로 옳은 것만을 〈보기〉에서 있는 대로 고른 것은? [3점]

〈보 기〉
ㄱ. (가)에서 태풍의 최상층 공기는 주로 바깥쪽으로 불어 나간다.
ㄴ. (가)에서 구름 최상부의 고도는 B 지역이 A 지역보다 높다.
ㄷ. 관측소는 태풍의 안전 반원에 위치하였다.

① ㄱ ② ㄴ ③ ㄱ, ㄷ
④ ㄴ, ㄷ ⑤ ㄱ, ㄴ, ㄷ

• 왜 정답일까?

ㄱ. 북반구에서 태풍은 지상에서는 바람이 시계 반대 방향으로 회전하며 불어 들어가고, 상공에서는 바람이 시계 방향으로 회전하며 불어 나간다.

09 지질 단면 해석

정답률 63% | 정답 ③

| 문제 보기 |

그림은 어느 지역의 지질 단면을 나타낸 것이다. 지층 A에서는 삼엽충 화석이, 지층 C와 D에서는 공룡 화석이 발견되었다.

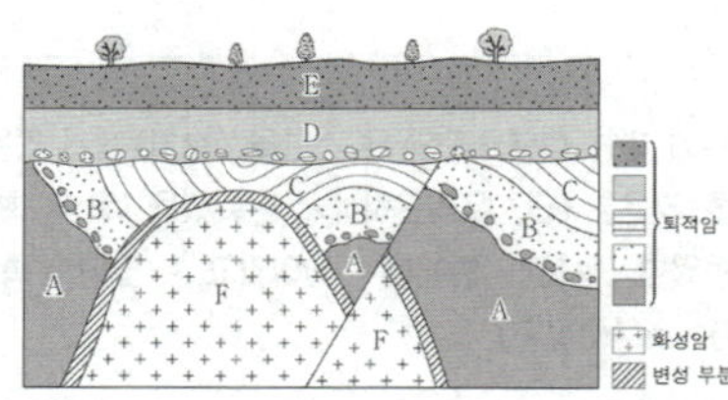

이에 대한 설명으로 옳은 것만을 〈보기〉에서 있는 대로 고른 것은?

〈보 기〉
ㄱ. F에서는 고생대 암석이 포획암으로 나타날 수 있다.
ㄴ. 단층이 형성된 시기에 암모나이트가 번성하였다.
ㄷ. 습곡은 고생대에 형성되었다.

① ㄱ ② ㄷ ③ ㄱ, ㄴ
④ ㄴ, ㄷ ⑤ ㄱ, ㄴ, ㄷ

• 왜 정답일까?

ㄱ. 삼엽충 화석이 발견되는 A는 고생대에 퇴적된 지층이다. 따라서 A를 관입한 F에서는 고생대 암석이 포획암으로 나타날 수 있다.
ㄴ. 단층은 C 퇴적(중생대) 이후, D 퇴적(중생대) 이전에 형성되었으므로 중생대에 형성되었다. 따라서 단층이 형성된 시기에 암모나이트가 번성하였다.

[문제편 p.065]

10 표준 우주 모형

정답률 56% | 정답 ③

| 문제 보기 |

그림은 우주에서 일어난 주요한 사건 (가) ~ (라)를 시간 순서대로 나타낸 것이다.

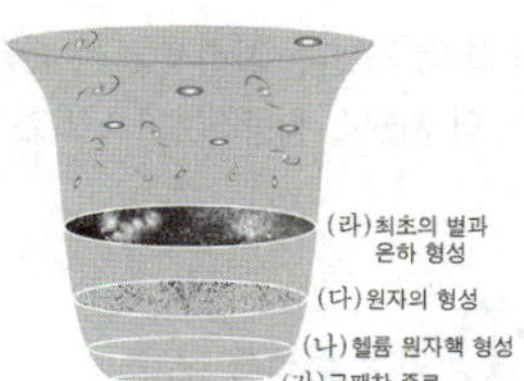

이에 대한 설명으로 옳은 것만을 <보기>에서 있는 대로 고른 것은? [3점]

<보 기>
ㄱ. (가)와 (라) 사이에 우주는 감속 팽창한다.
ㄴ. (나)와 (다) 사이에 퀘이사가 형성된다.
ㄷ. (라) 시기에 우주 배경 복사 온도는 2.7K보다 높다.

① ㄱ ② ㄴ ③ ㄱ, ㄷ ④ ㄴ, ㄷ ⑤ ㄱ, ㄴ, ㄷ

• 왜 정답일까?

ㄱ. (가)와 (라) 사이에 시간에 따른 우주의 크기 증가율이 대체로 감소한다. 따라서 (가)와 (라) 사이에 우주는 감속 팽창한다.
ㄷ. 우주 배경 복사는 우주의 온도가 약 3,000 K일 때 방출되었던 복사로, 우주가 팽창하는 동안 온도가 낮아지고 파장이 길어져 현재는 약 2.7 K 복사로 관측된다. 따라서 최초의 별과 은하가 형성된 (라) 시기에 우주 배경 복사 온도는 2.7 K보다 높았다.

• 왜 오답일까?

ㄴ. 퀘이사는 특이 은하로 (라) 이후에 형성되었다.

11 표층 수온 및 표층 순환

정답률 29% | 정답 ②

| 문제 보기 |

그림 (가)와 (나)는 어느 해 2월과 8월의 남태평양의 표층 수온을 순서 없이 나타낸 것이다. A와 B는 주요 표층 해류가 흐르는 해역이다.

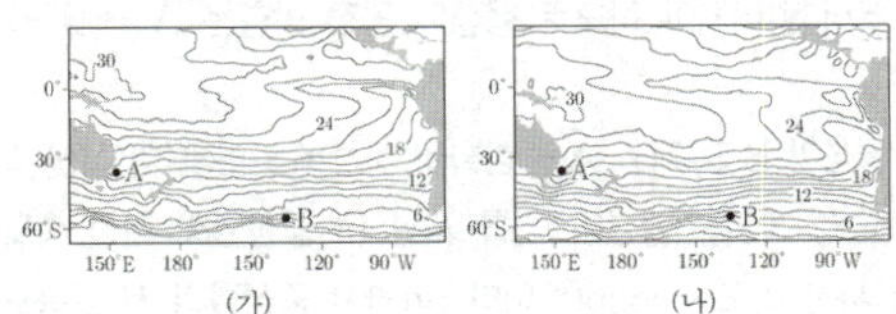

이에 대한 설명으로 옳은 것만을 <보기>에서 있는 대로 고른 것은?

<보 기>
ㄱ. 8월에 해당하는 것은 (나)이다.
ㄴ. A에서 흐르는 해류는 고위도 방향으로 에너지를 이동시킨다.
ㄷ. B에서 흐르는 해류와 북태평양 해류의 방향은 반대이다.

① ㄱ ② ㄴ ③ ㄷ ④ ㄱ, ㄴ ⑤ ㄴ, ㄷ

• 왜 정답일까?

ㄴ. A는 남태평양 아열대 해역의 서쪽 연안으로, 이 해역에서는 저위도에서 고위도로 난류가 흐른다. 따라서 A에서 흐르는 해류는 고위도 방향으로 에너지를 이동시킨다.

• 왜 오답일까?

ㄱ. 남반구는 2월에 여름이고, 8월에 겨울이다. 따라서 남태평양 중위도 해역의 표층 수온이 상대적으로 낮은 (가)가 8월, 상대적으로 높은 (나)가 2월이다.
ㄷ. B에서 흐르는 해류는 편서풍에 의해 형성된 남극 순환 해류로 북태평양 해류와 같은 방향(서쪽에서 동쪽)으로 흐른다.

12 온대 저기압과 날씨

정답률 58% | 정답 ④

| 문제 보기 |

그림 (가)는 $T_1 \rightarrow T_2$ 동안 온대 저기압의 이동 경로를, (나)는 관측소 P에서 T_1, T_2 시각에 관측한 높이에 따른 기온을 나타낸 것이다. 이 기간 동안 (가)의 온난 전선과 한랭 전선 중 하나가 P를 통과하였다.

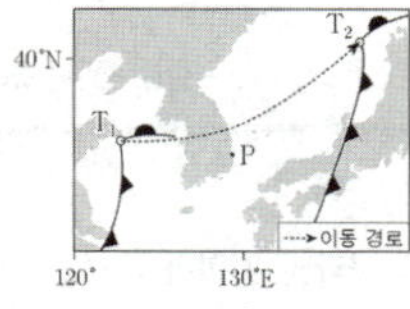

(가)

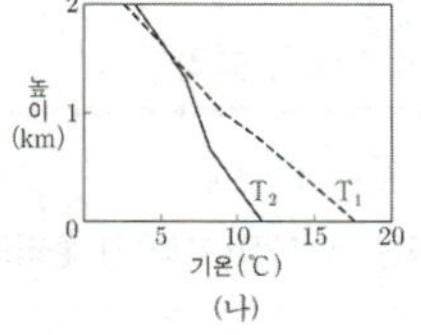

(나)

이 자료에 대한 설명으로 옳은 것만을 <보기>에서 있는 대로 고른 것은? [3점]

<보 기>
ㄱ. (나)에서 높이에 따른 기온 감소율은 T_1이 T_2보다 작다.
ㄴ. P를 통과한 전선은 한랭 전선이다.
ㄷ. P에서 전선이 통과하는 동안 풍향은 시계 방향으로 바뀌었다.

① ㄱ ② ㄴ ③ ㄱ, ㄷ ④ ㄴ, ㄷ ⑤ ㄱ, ㄴ, ㄷ

• 왜 정답일까?

ㄴ. $T_1 \rightarrow T_2$ 동안 P에서 지표 부근의 기온이 낮아지므로, P를 통과한 전선은 한랭 전선이다.
ㄷ. 저기압이 이동하는 동안 한랭 전선이 통과한 지역은 풍향이 남서풍에서 북서풍으로 변한다. 따라서 P에서 전선이 통과하는 동안 풍향은 시계 방향으로 바뀌었다.

• 왜 오답일까?

ㄱ. (나)에서 지표면과 높이 2 km의 기온 차는 T_1이 T_2보다 크다. 따라서 (나)에서 높이에 따른 기온 감소율은 T_1이 T_2보다 크다.

13 변동대에서의 마그마 활동

정답률 46% | 정답 ⑤

| 문제 보기 |

그림 (가)는 깊이에 따른 지하 온도 분포와 암석의 용융 곡선 ㉠, ㉡, ㉢을, (나)는 마그마가 생성되는 지역 A, B를 나타낸 것이다.

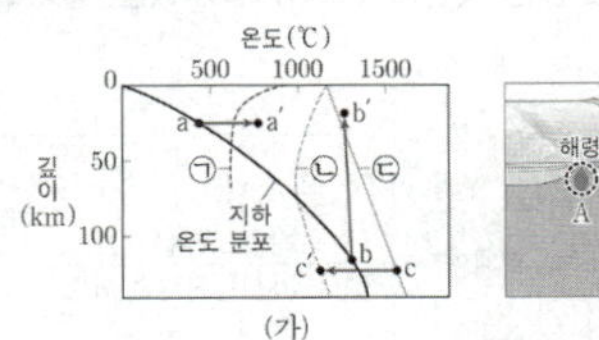

(가) (나)

이에 대한 설명으로 옳은 것만을 <보기>에서 있는 대로 고른 것은? [3점]

<보 기>
ㄱ. 물이 포함되지 않은 암석의 용융 곡선은 ㉢이다.
ㄴ. B에서는 섬록암이 생성될 수 있다.
ㄷ. A에서는 주로 b→b′ 과정에 의해 마그마가 생성된다.

① ㄴ ② ㄷ ③ ㄱ, ㄴ ④ ㄱ, ㄷ ⑤ ㄱ, ㄴ, ㄷ

• 왜 정답일까?

ㄱ. 물을 포함한 암석의 경우, 위치한 깊이가 깊어질수록 온도와 압력이 높아져 함수 광물에 포함된 물이 빠져나오고, 이 물의 영향으로 어느 정도까지 깊이가 깊어질수록 암석의 용융 온도가 낮아진다. 따라서 물이 포함되지 않은 암석의 용융 곡선은 깊이가 깊어질수록 암석의 용융 온도가 높아지는 ㉢이다.
ㄴ. B에서는 해양판이 섭입함에 따라 함수 광물에서 빠져나온 물의 영향으로 생성된 현무암질 마그마와 그 현무암질 마그마가 상승하여 대륙 지각 하부를 가열할 때 생성된 유문암질 마그마가 혼합되면 안산암질 마그마가 생성될 수 있다. 이 안산암질 마그마가 깊은 곳에서 서서히 냉각되면 섬록암이 생성된다.
ㄷ. A(해령 하부)에서는 맨틀 물질이 상승하여 압력이 감소하면 일부 맨틀 물질이 용융 되어 현무암질 마그마가 생성된다. 따라서 A에서는 주로 b→b′ 과정에 의해 마그마가 생성된다.

14 우주 구성 요소

정답률 51% | 정답 ③

| 문제 보기 |

표는 우주 구성 요소 A, B, C의 상대적 비율을 T_1, T_2 시기에 따라 나타낸 것이다. T_1, T_2는 각각 과거와 미래 중 하나에 해당하고, A, B, C는 각각 보통 물질, 암흑 물질, 암흑 에너지 중 하나이다.

구성 요소	T_1	T_2
A	66	11
B	22	87
C	12	2

(단위 : %)

이에 대한 설명으로 옳은 것만을 <보기>에서 있는 대로 고른 것은?

<보 기>
ㄱ. T_2는 미래에 해당한다.
ㄴ. A는 항성 질량의 대부분을 차지한다.
ㄷ. C는 전자기파로 관측할 수 있다.

① ㄱ ② ㄴ ③ ㄱ, ㄷ ④ ㄴ, ㄷ ⑤ ㄱ, ㄴ, ㄷ

• 왜 정답일까?

A는 암흑 물질, B는 암흑 에너지, C는 보통 물질이다.
ㄱ. 현재 우주는 암흑 에너지 약 68.3%, 암흑 물질 약 26.8%, 보통 물질 약 4.9%로 구성되어 있으므로, 미래에는 암흑 에너지가 차지하는 비율이 68.3%보다 커진다. 따라서 미래에 해당하는 시기는 T_2이다.
ㄷ. C는 보통 물질로 전자기파로 관측할 수 있다.

• 왜 오답일까?

ㄴ. A는 암흑 물질로 전자기파로 관측되지 않아 우리 눈에 보이지 않기 때문에 중력적인 방법으로만 존재를 추정할 수 있는 물질이다. 항성 질량의 대부분을 차지하는 것은 수소와 헬륨으로 이는 보통 물질(C)에 해당한다.

15 태양의 진화

정답률 56% | 정답 ②

| 문제 보기 |

그림 (가)는 태양이 $A_0 \rightarrow A_1 \rightarrow A_2$로 진화하는 경로를 H-R도에 나타낸 것이고, (나)는 A_0, A_1, A_2 중 하나의 내부 구조를 나타낸 것이다.

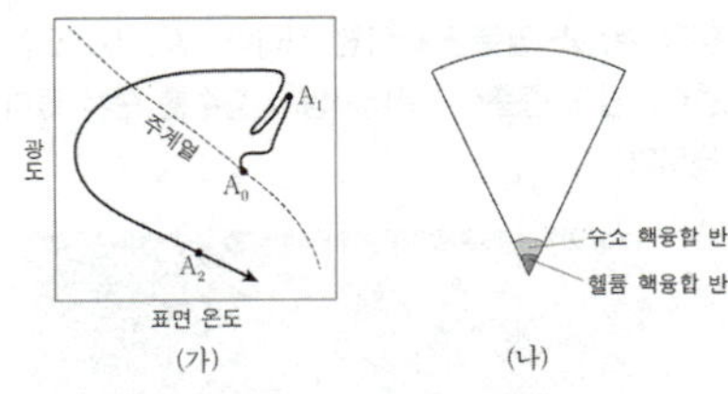

(가) (나)

이에 대한 설명으로 옳은 것만을 <보기>에서 있는 대로 고른 것은? [3점]

<보 기>
ㄱ. (나)는 A_0의 내부 구조이다.
ㄴ. 수소의 총 질량은 A_2가 A_0보다 작다.
ㄷ. A_0에서 A_1로 진화하는 동안 중심핵은 정역학 평형 상태를 유지한다.

① ㄱ ② ㄴ ③ ㄷ ④ ㄱ, ㄴ ⑤ ㄴ, ㄷ

• 왜 정답일까?

A_0은 주계열 단계, A_1은 적색 거성 단계, A_2는 백색 왜성 단계이다.
ㄴ. 태양을 이루고 있는 수소의 총 질량은 태양이 원시별에서 주계열성으로 진화하는 단계일 때 대체로 가장 크다. 그 후 수소는 핵융합 반응으로 소모되어 감소하고, 또 맥동 변광성 이후 바깥층의 물질(수소 등)이 우주 공간으로 방출되어 감소한다. 따라서 수소의 총 질량은 주계열 단계(A_0)부터 백색 왜성 단계(A_2)까지 계속 감소한다고 할 수 있다.

16 엘니뇨와 라니냐

정답률 60% | 정답 ⑤

| 문제 보기 |

그림은 동태평양 적도 부근 해역의 강수량 편차와 수온 약층 시작 깊이 편차를 나타낸 것이다. A, B, C는 각각 엘니뇨와 라니냐 시기 중 하나이고, 편차는 (관측값-평년값)이다.

[문제편 p.066]

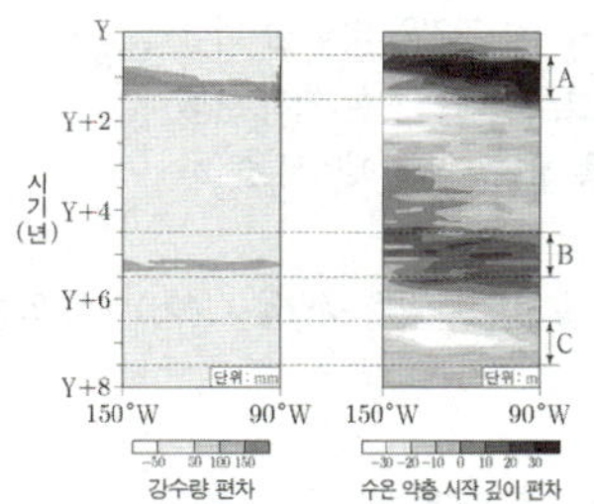

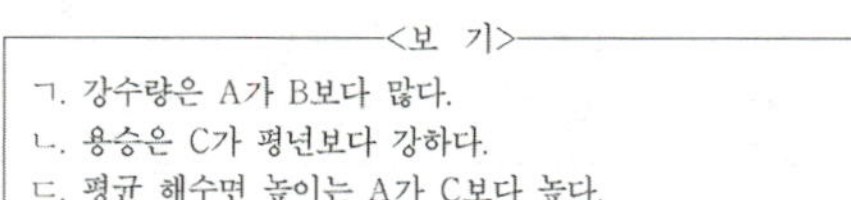

이 해역에 대한 설명으로 옳은 것만을 <보기>에서 있는 대로 고른 것은?

> <보 기>
> ㄱ. 강수량은 A가 B보다 많다.
> ㄴ. 용승은 C가 평년보다 강하다.
> ㄷ. 평균 해수면 높이는 A가 C보다 높다.

① ㄱ ② ㄷ ③ ㄱ, ㄴ
④ ㄴ, ㄷ ⑤ ㄱ, ㄴ, ㄷ

• 왜 정답일까?

ㄱ. 강수량 편차는 A가 B보다 더 큰 양의 값을 가지므로 강수량은 A가 B보다 많다.

ㄴ. C일 때 수온 약층 시작 깊이 편차가 음(−)의 값을 갖는다. 따라서 C일 때는 평년보다 따뜻한 해수층의 두께가 얇았고, 평년보다 용승이 활발했음을 알 수 있다.

ㄷ. A는 수온 약층 시작 깊이 편차가 (+)인 엘니뇨 시기이고, C는 수온 약층 시작 깊이 편차가 (−)인 라니냐 시기이다. 동태평양 적도 부근 해역에서 평균 해수면의 높이는 따뜻한 해수층이 두꺼운 엘니뇨 시기가 라니냐 시기보다 높으므로 A가 C보다 높다.

17 대서양의 심층 순환

정답률 50% | 정답 ①

| 문제 보기 |

그림은 대서양의 수온과 염분 분포를, 표는 수괴 A, B, C의 평균 수온과 염분을 나타낸 것이다. A, B, C는 남극 저층수, 남극 중층수, 북대서양 심층수를 순서 없이 나타낸 것이다.

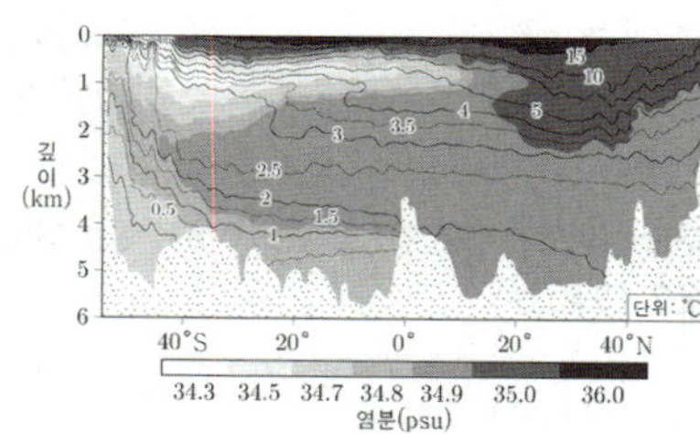

수괴	평균 수온(℃)	평균 염분(psu)
A	2.5	34.9
B	0.4	34.7
C	( )	34.3

이 자료에 대한 설명으로 옳은 것만을 <보기>에서 있는 대로 고른 것은? [3점]

> <보 기>
> ㄱ. A는 북대서양 심층수이다.
> ㄴ. 평균 밀도는 A가 C보다 작다.
> ㄷ. B는 주로 남쪽으로 이동한다.

① ㄱ ② ㄴ ③ ㄱ, ㄷ
④ ㄴ, ㄷ ⑤ ㄱ, ㄴ, ㄷ

• 왜 정답일까?

ㄱ. 북대서양 심층수가 분포하는 수심 1.5 ~ 4km 사이의 영역에서 해수는 남극 중층수 또는 남극 저층수가 분포하는 영역의 해수에 비해 염분이 더 높다. 따라서 수괴 A, B, C 중 평균 염분이 가장 높은 A가 북대서양 심층수이다.

• 왜 오답일까?

ㄴ. 남극 저층수가 분포하는 남반구 해저면 부근과 남극 중층수가 분포하는 수심 1km 부근의 영역을 비교하면 해수의 염분은 남극 저층수가 더 높다. 따라서 B는 남극 저층수, C는 남극 중층수이다. 평균 밀도는 남극 중층수 C가 북대서양 심층수 A보다 작다.

ㄷ. B는 남극 저층수로 해저면을 따라 주로 북쪽으로 이동한다.

18 별의 물리량

정답률 63% | 정답 ④

| 문제 보기 |

표는 별 (가)~(라)의 물리량을 나타낸 것이다.

별	표면 온도(K)	절대 등급	반지름($\times 10^6$km)
(가)	6000	+3.8	1
(나)	12000	−1.2	㉠
(다)	( )	−6.2	100
(라)	3000	( )	4

이에 대한 설명으로 옳은 것은?

① ㉠은 25이다.
② (가)의 분광형은 M형에 해당한다.
③ 복사 에너지를 최대로 방출하는 파장은 (다)가 (가)보다 길다.
④ 단위 시간당 방출하는 복사 에너지양은 (나)가 (라)보다 많다.
⑤ (가)와 같은 별 10000개로 구성된 성단의 절대 등급은 (라)의 절대 등급과 같다.

• 왜 정답일까?

표면 온도는 (라)가 (가)의 0.5배이고, 반지름은 (라)가 (가)의 4배이므로 광도는 (라)와 (가)가 같고, (라)의 절대 등급은 +3.8이다. (나)의 절대 등급은 −1.2이므로 광도(단위 시간당 방출하는 복사 에너지양)는 (나)가 (라)보다 크다.

19 방사성 원소의 반감기와 절대 연령

정답률 39% | 정답 ①

| 문제 보기 |

방사성 동위 원소 X, Y가 포함된 어느 화강암에서, 현재 X의 자원소 함량은 X 함량의 3배이고, Y의 자원소 함량은 Y 함량과 같다. 자원소는 모두 각각의 모원소가 붕괴하여 생성된다.

이에 대한 설명으로 옳은 것만을 <보기>에서 있는 대로 고른 것은? [3점]

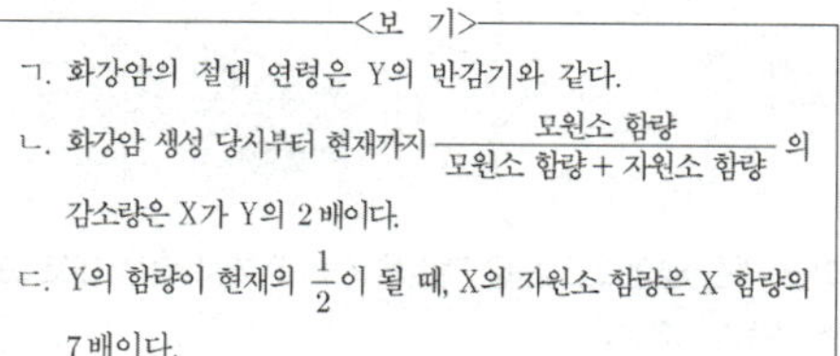

> <보 기>
> ㄱ. 화강암의 절대 연령은 Y의 반감기와 같다.
> ㄴ. 화강암 생성 당시부터 현재까지 $\frac{\text{모원소 함량}}{\text{모원소 함량 + 자원소 함량}}$의 감소량은 X가 Y의 2배이다.
> ㄷ. Y의 함량이 현재의 $\frac{1}{2}$이 될 때, X의 자원소 함량은 X 함량의 7배이다.

① ㄱ ② ㄴ ③ ㄱ, ㄷ ④ ㄴ, ㄷ ⑤ ㄱ, ㄴ, ㄷ

• 왜 정답일까?

현재, 화강암에 포함되어 있는 방사성 원소 X와 X의 자원소 함량비는 1 : 3이고, Y와 Y의 자원소 함량비는 1 : 1이다. 따라서 화강암의 생성된 이후 현재까지 X는 반감기 2회가 지났고, Y는 반감기 1회가 지났다.

ㄱ. 화강암이 생성된 이후 현재까지 Y의 반감기가 1회 지났으므로 화강암의 절대 연령은 Y의 반감기와 같다.

• 왜 오답일까?

ㄴ. 화강암이 생성될 당시 자원소는 존재하지 않았다. 따라서 화강암이 생성될 당시 $\frac{\text{모원소 함량}}{\text{모원소 함량+자원소 함량}}$은 X와 Y 모두 1이다. 현재 X는 반감기 2회, Y는 반감기 1회가 지났으므로 X의 경우 $\frac{\text{모원소 함량}}{\text{모원소 함량+자원소 함량}} = \frac{1}{4}$이고, Y의 경우 $\frac{\text{모원소 함량}}{\text{모원소 함량+자원소 함량}} = \frac{1}{2}$이다. 따라서 화강암의 생성 당시부터 현재까지 $\frac{\text{모원소 함량}}{\text{모원소 함량+자원소 함량}}$의 감소량은 X가 $1-\frac{1}{4}=\frac{3}{4}$이고, Y가 $1-\frac{1}{2}=\frac{1}{2}$이다. 즉, $\frac{\text{모원소 함량}}{\text{모원소 함량+자원소 함량}}$의 감소량은 X가 Y의 1.5배이다.

ㄷ. Y의 함량이 현재의 $\frac{1}{2}$이 되려면, Y의 반감기에 해당하는 시간이 지나야 하고 X의 반감기는 Y의 반감기의 $\frac{1}{2}$이므로 X의 함량은 현재의 $\frac{1}{4}$이 될 것이다. 현재 X는 반감기가 2회 지났으므로 Y의 함량이 현재의 $\frac{1}{2}$이 될 때, X는 반감기를 2회 더 지난다. 따라서 X는 반감기를 총 4회 지나므로 X와 X의 자원소 함량비는 1 : 15가 된다.

20 외계 행성계 탐사

정답률 35% | 정답 ③

| 문제 보기 |

그림 (가)는 중심별과 행성이 공통 질량 중심에 대하여 공전하는 원 궤도를, (나)는 중심별의 시선 속도를 시간에 따라 나타낸 것이다. 행성이 A에 위치할 때 중심별의 시선 속도는 -60m/s이고, 행성의 공전 궤도면은 관측자의 시선 방향과 나란하다.

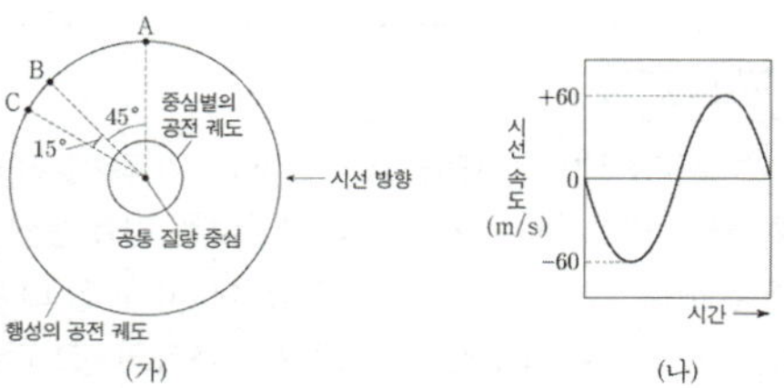

이에 대한 설명으로 옳은 것만을 <보기>에서 있는 대로 고른 것은? (단, 빛의 속도는 3×10^8m/s이다.) [3점]

> <보 기>
> ㄱ. 행성의 공전 방향은 A → B → C이다.
> ㄴ. 중심별의 스펙트럼에서 500nm의 기준 파장을 갖는 흡수선의 최대 파장 변화량은 0.001nm이다.
> ㄷ. 중심별의 시선 속도는 행성이 B를 지날 때가 C를 지날 때의 $\sqrt{2}$ 배이다.

① ㄱ ② ㄴ ③ ㄱ, ㄷ
④ ㄴ, ㄷ ⑤ ㄱ, ㄴ, ㄷ

• 왜 정답일까?

ㄱ. 행성이 A에 위치할 때 중심별의 시선 속도가 -60m/s이므로 중심별은 관측자 쪽으로 가까워진다. 이때 행성은 관측자로부터 멀어져야 하므로 행성의 공전 방향은 A → B → C이다.

ㄷ. 행성이 B를 지날 때 중심별의 시선 속도는 최대 시선 속도 $\times \cos45°$이고, 행성이 C를 지날 때 중심별의 시선 속도는 최대 시선 속도$\times \cos60°$이다. 따라서 중심별의 시선 속도는 행성이 B를 지날 때가 C를 지날 때의 $\sqrt{2}$ 배이다.

• 왜 오답일까?

ㄴ. 최대 시선 속도의 크기가 60m/s이고, 빛의 속도가 3×10^8m/s이므로 기준 파장을 λ_0, 최대 파장 변화량을 $\Delta\lambda$라고 할 때, $\frac{\Delta\lambda}{\lambda_0} = \frac{60}{3\times10^8} = 2\times10^{-7}$이다. 따라서 기준 파장이 500nm인 흡수선의 최대 파장 변화량 $\Delta\lambda$는 $500\text{nm}\times(2\times10^{-7}) = 0.0001\text{nm}$이다.

[문제편 p.068]

• 고3 지구과학 I •

18회 2022학년도 6월

01 ①	02 ①	03 ②	04 ③	05 ②
06 ⑤	07 ①	08 ④	09 ②	10 ⑤
11 ⑤	12 ①	13 ⑤	14 ③	15 ④
16 ③	17 ③	18 ④	19 ③	20 ④

채점 결과
- 실제 걸린 시간 : 분 초
- 맞은 문항수 : 개
- 틀린 문항수 : 개
- 헷갈린 문항 :

01 지질 시대의 생물과 환경

정답률 80% | 정답 ①

| 문제 보기 |

다음은 지질 시대의 특징에 대하여 학생 A, B, C가 나눈 대화를 나타낸 것이다. (가), (나), (다)는 각각 고생대, 중생대, 신생대 중 하나이다.

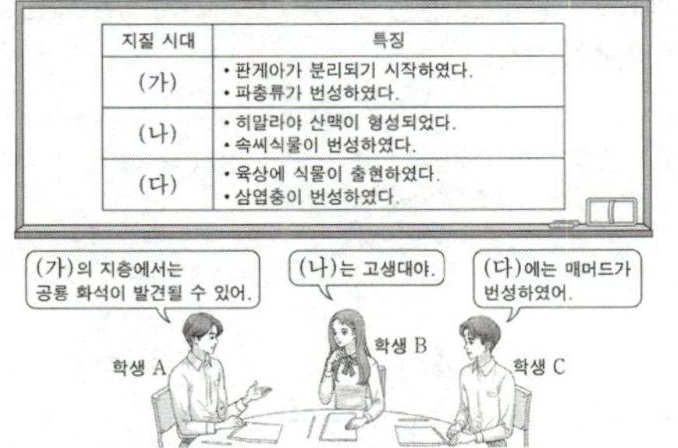

지질 시대	특징
(가)	• 판게아가 분리되기 시작하였다. • 파충류가 번성하였다.
(나)	• 히말라야 산맥이 형성되었다. • 속씨식물이 번성하였다.
(다)	• 육상에 식물이 출현하였다. • 삼엽충이 번성하였다.

제시한 내용이 옳은 학생만을 있는 대로 고른 것은?

① A ② B ③ C
④ A, B ⑤ A, C

• 왜 정답일까?

판게아가 분리되기 시작하고, 파충류가 번성한 지질 시대는 중생대이다. 중생대의 지층에서는 공룡 화석이 발견될 수 있다. 따라서 내용이 옳은 학생은 A이다.

02 (증발량-강수량)의 값과 표층 염분

정답률 70% | 정답 ①

| 문제 보기 |

그림은 북대서양의 연평균 (증발량 − 강수량) 값 분포를 나타낸 것이다. 이 자료에 대한 설명으로 옳은 것만을 〈보기〉에서 있는 대로 고른 것은? [3점]

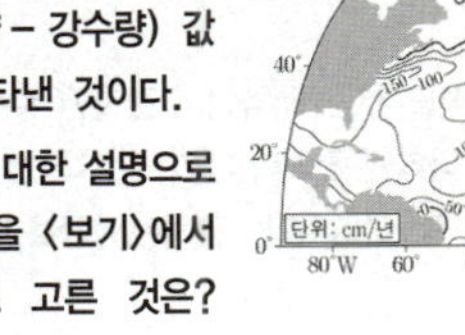

<보 기>

ㄱ. 연평균 (증발량 − 강수량) 값은 B 지점이 A 지점보다 크다.
ㄴ. B 지점은 대기 대순환에 의해 형성된 저압대에 위치한다.
ㄷ. 표층 염분은 C 지점이 B 지점보다 높다.

① ㄱ ② ㄴ ③ ㄱ, ㄷ
④ ㄴ, ㄷ ⑤ ㄱ, ㄴ, ㄷ

• 왜 정답일까?

ㄱ. 그림 자료에서 연평균 (증발량−강수량)값은 A 지점에서는 약 −50 cm/년, B 지점에서는 약 150 cm/년이다. 따라서 연평균 (증발량−강수량)값은 B 지점이 A 지점보다 크다.

• 왜 오답일까?

ㄴ. 대기 대순환에 의해 B 지점(위도 30° 부근)에는 중위도 고압대가 형성된다.

ㄷ. 표층 염분은 대체로 (증발량−강수량)값에 비례하므로, C 지점이 B 지점보다 표층 염분이 낮다.

[문제편 p.069]

03 화성암의 종류

정답률 68% | 정답 ②

| 문제 보기 |

그림은 SiO_2 함량과 결정 크기에 따라 화성암 A, B, C의 상대적인 위치를 나타낸 것이다. A, B, C는 각각 유문암, 현무암, 화강암 중 하나이다. 이에 대한 설명으로 옳은 것만을 〈보기〉에서 있는 대로 고른 것은?

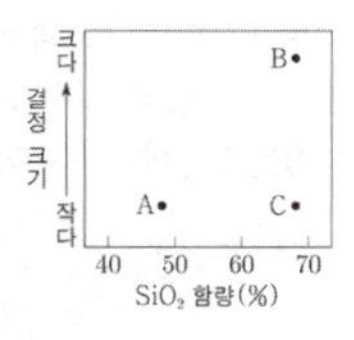

<보 기>

ㄱ. C는 화강암이다.
ㄴ. B는 A보다 천천히 냉각되어 생성된다.
ㄷ. B는 주로 해령에서 생성된다.

① ㄱ ② ㄴ ③ ㄷ ④ ㄱ, ㄴ ⑤ ㄴ, ㄷ

• 왜 정답일까?

ㄴ. B는 A보다 구성 광물의 크기가 크므로 A보다 천천히 냉각되어 생성되었다.

• 왜 오답일까?

ㄱ. A는 염기성암이면서 화산암이므로 현무암이다. B는 산성암이면서 심성암이므로 화강암이다. C는 산성암이면서 화산암이므로 유문암이다.

ㄷ. 해령 하부에서 맨틀 물질이 상승하여 압력이 감소하면 맨틀 물질이 부분 용융되어 주로 현무암질 마그마가 생성된다. 따라서 해령에서 주로 생성되는 암석은 현무암인 A이다.

04 판의 경계와 해저 퇴적물의 연령

정답률 87% | 정답 ③

| 문제 보기 |

그림 (가)는 대서양에서 시추한 지점 P_1 ~ P_7을 나타낸 것이고, (나)는 각 지점에서 가장 오래된 퇴적물의 연령을 판의 경계로부터 거리에 따라 나타낸 것이다.

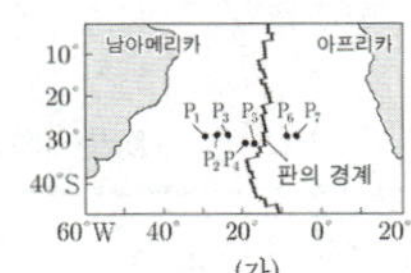

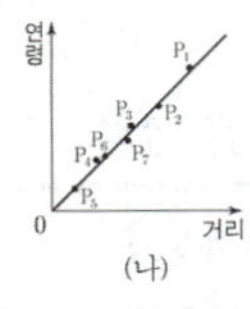

(가) (나)

이에 대한 설명으로 옳은 것만을 〈보기〉에서 있는 대로 고른 것은?

<보 기>

ㄱ. 가장 오래된 퇴적물의 연령은 P_2가 P_7보다 많다.
ㄴ. 해저 퇴적물의 두께는 P_1에서 P_5로 갈수록 두꺼워진다.
ㄷ. P_3과 P_7 사이의 거리는 점점 증가할 것이다.

① ㄱ ② ㄴ ③ ㄱ, ㄷ
④ ㄴ, ㄷ ⑤ ㄱ, ㄴ, ㄷ

• 왜 정답일까?

ㄱ. (나)에서 보면 가장 오래된 퇴적물의 연령은 P_2가 P_7보다 많다는 것을 알 수 있다.

ㄷ. 발산형 경계에서는 판의 경계를 중심으로 양쪽으로 판이 발산한다. 따라서 판의 경계를 중심으로 서로 반대쪽에 위치한 P_3과 P_7 사이의 거리는 점점 증가한다.

05 외부 은하와 특이 은하

정답률 59% | 정답 ②

| 문제 보기 |

그림 (가)와 (나)는 가시광선으로 관측한 외부 은하와 퀘이사를 나타낸 것이다.

(가) 외부 은하

(나) 퀘이사

이에 대한 설명으로 옳은 것만을 〈보기〉에서 있는 대로 고른 것은?

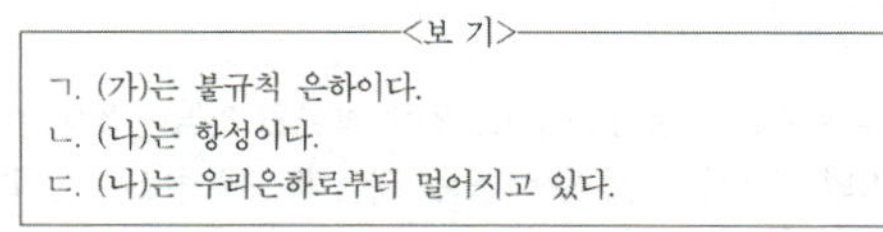

<보 기>

ㄱ. (가)는 불규칙 은하이다.
ㄴ. (나)는 항성이다.
ㄷ. (나)는 우리은하로부터 멀어지고 있다.

① ㄱ ② ㄷ ③ ㄱ, ㄴ
④ ㄴ, ㄷ ⑤ ㄱ, ㄴ, ㄷ

• 왜 정답일까?

ㄷ. 퀘이사가 우리은하로부터 매우 빠른 속도로 멀어지고 있기 때문에 적색 편이가 매우 크게 나타난다.

• 왜 오답일까?

ㄱ. (가)는 나선 은하이다. 불규칙 은하는 규칙적인 모양을 보이지 않거나 비대칭적인 은하이다.

ㄴ. 퀘이사는 매우 멀리 있어 별처럼 보이지만 일반 은하의 수백 배 정도의 에너지를 방출하는 은하이다.

06 하와이 열도의 형성

정답률 80% | 정답 ⑤

| 문제 보기 |

그림은 화산 활동으로 형성된 하와이와 그 주변 해산들의 분포를 절대 연령과 함께 나타낸 것이다. B 지점에서 판의 이동 방향은 ㉠과 ㉡ 중 하나이다.

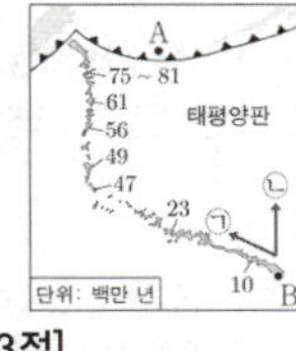

이 자료에 대한 설명으로 옳은 것만을 〈보기〉에서 있는 대로 고른 것은? [3점]

<보 기>

ㄱ. A 지점의 하부에는 맨틀 대류의 하강류가 있다.
ㄴ. B 지점의 화산은 뜨거운 플룸에 의해 형성되었다.
ㄷ. B 지점에서 판의 이동 방향은 ㉠이다.

① ㄴ ② ㄷ ③ ㄱ, ㄴ
④ ㄱ, ㄷ ⑤ ㄱ, ㄴ, ㄷ

• 왜 정답일까?

ㄱ. A 지점은 수렴형 경계인 해구 부근에 위치하므로 하부에 맨틀 대류의 하강류가 있다.

ㄴ. B 지점의 화산은 가장 최근에 형성되었으므로 열점에서의 화산 활동으로 형성되었다고 볼 수 있다. 따라서 B 지점의 화산은 뜨거운 플룸에 의해 형성되었다고 할 수 있다.

ㄷ. 열점에서의 화산 활동으로 형성된 화산섬은 판에 실려 이동한다. 즉, 판의 이동 방향이 열점에서 생성된 화산섬의 배열 방향이라고 할 수 있다. 따라서 최근에 형성된 하와이 열도의 배열 방향이 ㉠이므로 B 지점에서 판의 이동은 ㉠이다.

07 주계열성의 에너지원과 내부 구조

정답률 55% | 정답 ①

| 문제 보기 |

그림 (가)는 질량이 태양과 같은 주계열성의 내부 구조를, (나)는 이 별의 진화 과정을 나타낸 것이다. A와 B는 각각 대류층과 복사층 중 하나이다.

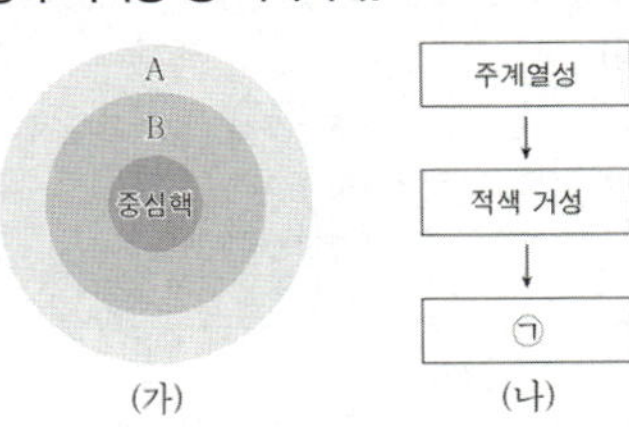

(가) (나)

이에 대한 설명으로 옳은 것만을 〈보기〉에서 있는 대로 고른 것은?

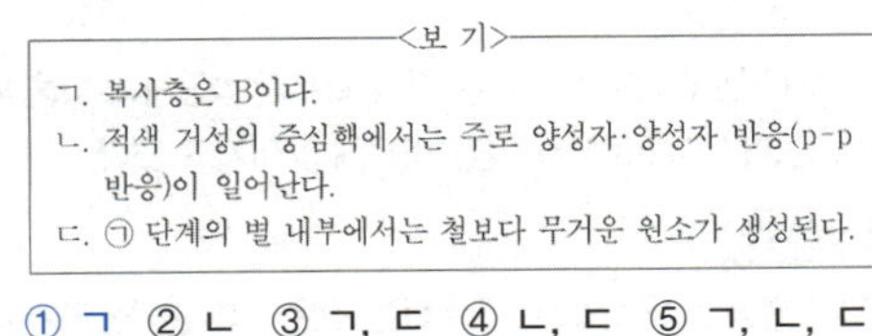

<보 기>

ㄱ. 복사층은 B이다.
ㄴ. 적색 거성의 중심핵에서는 주로 양성자·양성자 반응(p-p 반응)이 일어난다.
ㄷ. ㉠ 단계의 별 내부에서는 철보다 무거운 원소가 생성된다.

① ㄱ ② ㄴ ③ ㄱ, ㄷ ④ ㄴ, ㄷ ⑤ ㄱ, ㄴ, ㄷ

• 왜 정답일까?

ㄱ. 질량이 태양과 같은 주계열성은 수소 핵융합 반응이 일어나는 중심핵을 복사층과 대류층이 차례로 둘러싸고 있다. 따라서 A는 대류층, B는 복사층이다.

• 왜 오답일까?

ㄴ. 적색 거성의 중심핵에서는 헬륨 핵융합 반응이 일어난다.
ㄷ. 별의 내부에서 생성될 수 있는 가장 무거운 원소는 철이다. 철보다 무거운 원소는 태양보다 질량이 매우 큰 별이 진화 마지막 단계에서 초신성으로 폭발할 때 많은 양의 에너지가 한꺼번에 발생하면서 생성된다.

08 지상 일기도와 적외 영상

정답률 52% | 정답 ④

| 문제 보기 |

그림 (가)와 (나)는 어느 날 같은 시각의 지상 일기도와 적외 영상을 나타낸 것이다. 이때 우리나라 주변에는 전선을 동반한 2개의 온대 저기압이 발달하였다.

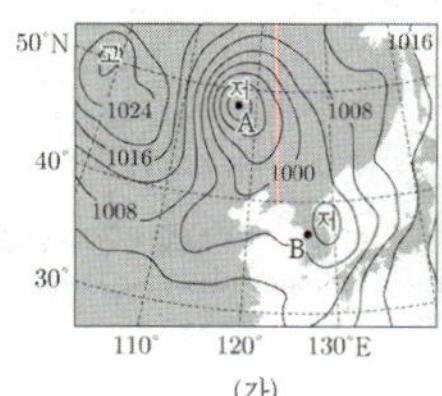

(가)

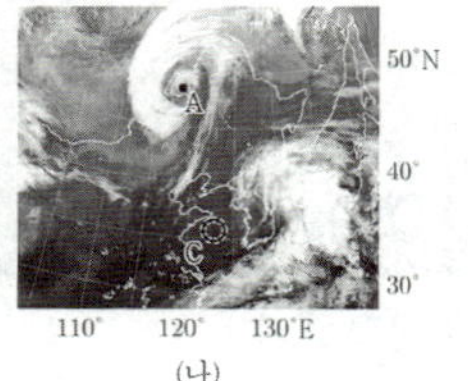

(나)

이 자료에 대한 설명으로 옳은 것만을 <보기>에서 있는 대로 고른 것은? [3점]

<보 기>
ㄱ. A 지점의 저기압은 폐색 전선을 동반하고 있다.
ㄴ. B 지점은 서풍 계열의 바람이 우세하다.
ㄷ. C 지역에는 적란운이 발달해 있다.

① ㄱ ② ㄴ ③ ㄷ
④ ㄱ, ㄴ ⑤ ㄴ, ㄷ

• 왜 정답일까?

ㄱ. (나)에서 온대 저기압이 발달한 A 지점의 구름 모습이 쉼표 모양을 하고 있는 것으로 보아 온대 저기압이 동반된 한랭 전선과 온난 전선이 겹쳐져 폐색 전선이 형성되었다고 볼 수 있다. 따라서 A 지점의 저기압은 폐색 전선을 동반하고 있다고 할 수 있다.
ㄴ. 바람은 고기압에서 저기압 쪽으로 불어가므로 B 지점에서는 서풍 계열의 바람이 우세하다.

• 왜 오답일까?

ㄷ. 적란운처럼 연직 방향으로 높게 발달한 구름은 적외 영상에서 밝게 보이므로, C 지역에는 적란운이 발달해 있지 않다.

09 외계 행성계의 탐사

정답률 31% | 정답 ②

| 문제 보기 |

그림은 어느 외계 행성계의 시선 속도를 관측하여 나타낸 것이다. 이 자료에 대한 설명으로 옳은 것만을 <보기>에서 있는 대로 고른 것은? [3점]

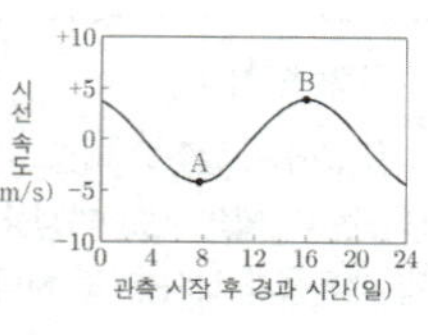

<보 기>
ㄱ. 행성의 스펙트럼을 관측하여 얻은 자료이다.
ㄴ. A 시기에 행성은 지구로부터 멀어지고 있다.
ㄷ. B 시기에 행성으로 인한 식 현상이 관측된다.

① ㄱ ② ㄴ ③ ㄷ
④ ㄱ, ㄴ ⑤ ㄴ, ㄷ

• 왜 정답일까?

ㄴ. A 시기는 중심별이 지구에 가장 빠르게 접근하고 있을 때이므로 행성은 지구로부터 가장 빠르게 멀어지고 있다.

• 왜 오답일까?

ㄱ. 외계 행성은 직접적으로 관측하는 것은 거의 불가능하기 때문에 주로 별을 이용하여 간접적인 방법으로 탐사한다. 따라서 주어진 그림은 중심별의 스펙트럼을 관측하여 얻은 자료이다.
ㄷ. B 시기는 중심별이 지구로부터 가장 빠르게 멀어질 때이므로 행성은 지구에 가장 빠르게 가까워지고 있다. 따라서 B 시기에는 행성에 의한 식 현상이 나타나지 않는다.

10 우박의 생성 과정

정답률 80% | 정답 ⑤

| 문제 보기 |

그림 (가)는 지난 20년간 우리나라에서 관측한 우박의 월별 누적 발생 일수와 월별 평균 크기를 나타낸 것이고, (나)는 뇌우에서 우박이 성장하는 과정을 나타낸 모식도이다.

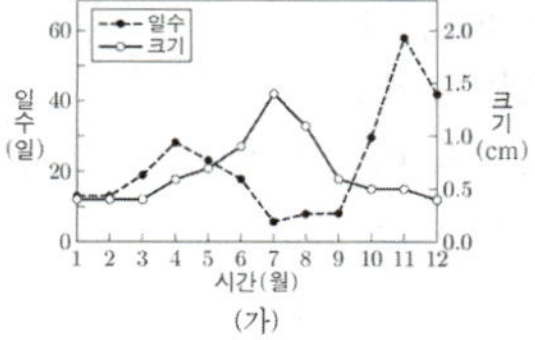

(가)

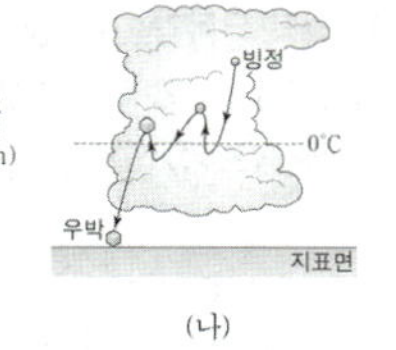

(나)

이 자료에 대한 설명으로 옳은 것만을 <보기>에서 있는 대로 고른 것은?

<보 기>
ㄱ. 우박은 7월에 가장 빈번하게 발생하였다.
ㄴ. (나)에서 빙정이 우박으로 성장하기 위해서는 과냉각 물방울이 필요하다.
ㄷ. 상승 기류는 여름철 우박의 크기가 커지는 주요 원인이다.

① ㄱ ② ㄴ ③ ㄷ
④ ㄱ, ㄴ ⑤ ㄴ, ㄷ

• 왜 정답일까?

ㄴ. 온도가 0℃ 이하인 구름속에 빙정과 과냉각 물방울이 공존하고 있을 때, 과냉각 물방울은 증발이 일어나면서 작아지고, 빙정에서는 수증기의 승화로 빙정이 커지면서 우박이 생성된다. 따라서 빙정이 우박으로 성장하기 위해서는 과냉각 물방울이 필요하다.
ㄷ. 우박은 적란운 내에서 강한 상승 기류를 타고 상승과 하강을 반복하며 성장한다. 따라서 상승 기류는 여름철 우박의 크기가 커지는 주요 원인이다.

11 심층 순환

정답률 65% | 정답 ⑤

| 문제 보기 |

그림은 심층 해수의 연령 분포를 나타낸 것이다. 심층 해수의 연령은 해수가 표층에서 침강한 이후부터 현재까지 경과한 시간을 의미한다.

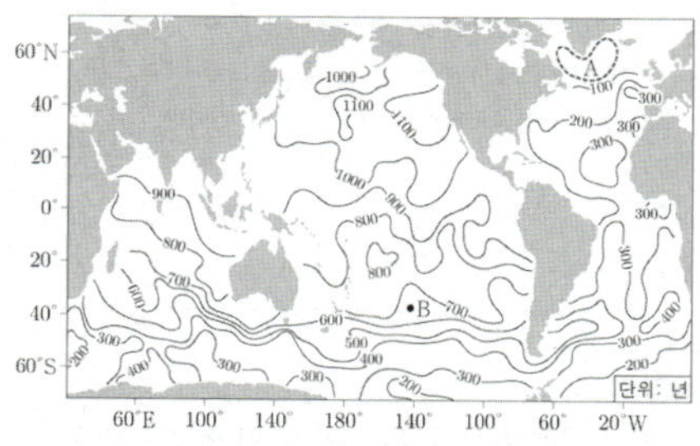

이 자료에 대한 설명으로 옳은 것만을 <보기>에서 있는 대로 고른 것은?

<보 기>
ㄱ. 심층 해수의 평균 연령은 북태평양이 북대서양보다 많다.
ㄴ. A 해역에는 표층 해수가 침강하는 곳이 있다.
ㄷ. B에는 저위도로 흐르는 심층 해수가 있다.

① ㄱ ② ㄷ ③ ㄱ, ㄴ
④ ㄴ, ㄷ ⑤ ㄱ, ㄴ, ㄷ

• 왜 정답일까?

ㄱ. 북태평양 심층 해수의 연령은 약 900 ~ 1100년이고 북대서양 심층 해수의 연령은 약 100 ~ 300년이다. 따라서 심층 해수의 평균 연령은 북태평양이 북대서양보다 많다.
ㄴ. A 해역은 주위보다 상대적으로 심층 해수의 연령이 젊고 A 해역으로부터 저위도로 갈수록 심층 해수의 연령이 대체로 증가 A 해역은 표층 해수가 침강하는 곳이라 볼 수 있다.
ㄷ. B에는 심층 해수의 연령이 600에서 700년 사이지만 저위도로 갈수록 심층 해수의 연령이 800년으로 증가하고 적도 부근에서는 900년으로 증가하기 때문에 저위도로 흐르는 심층 해수가 존재한다.

12 지구 자전축 기울기와 기후 변화

정답률 62% | 정답 ①

| 문제 보기 |

다음은 기후 변화 요인 중 지구 자전축 기울기 변화의 영향을 알아보기 위한 탐구이다.

[탐구 과정]

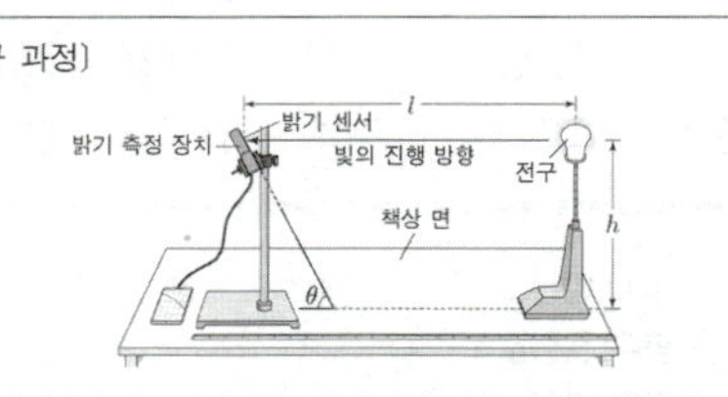

(가) 실험실을 어둡게 한 후 그림과 같이 밝기 측정 장치와 전구를 설치하고 전원을 켠다.
(나) 각도기를 사용하여 ㉠밝기 측정 장치와 책상 면이 이루는 각(θ)이 70°가 되도록 한다.
(다) 밝기 센서에 측정된 밝기(lux)를 기록한다.
(라) 밝기 센서에서 전구까지의 거리(l)와 밝기 센서의 높이(h)를 일정하게 유지하면서, θ를 10°씩 줄이며 20°가 될 때까지 (다)의 과정을 반복한다.

[탐구 결과]

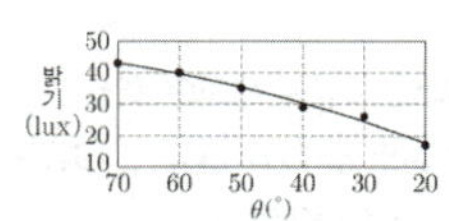

이에 대한 설명으로 옳은 것만을 <보기>에서 있는 대로 고른 것은? [3점]

<보 기>
ㄱ. ㉠의 크기는 '태양의 남중 고도'에 해당한다.
ㄴ. 측정된 밝기는 θ가 클수록 감소한다.
ㄷ. 다른 요인의 변화가 없다면 지구 자전축의 기울기가 커질수록 우리나라 기온의 연교차는 감소한다.

① ㄱ ② ㄴ ③ ㄱ, ㄷ
④ ㄴ, ㄷ ⑤ ㄱ, ㄴ, ㄷ

• 왜 정답일까?

ㄱ. 이 실험에서 밝기 측정 장치가 연직 방향에 대해 기울어진 각 $90° - \theta$는 지구 자전축의 기울기에 해당하고, ㉠ 밝기 측정 장치와 책상 면이 이루는 각(θ)은 태양의 남중 고도에 해당한다.

• 왜 오답일까?

ㄴ. 탐구 결과에서 θ가 클수록 밝기는 증가하고 θ가 작을수록 밝기는 감소한다.
ㄷ. 지구 자전축의 기울기가 현재보다 커지면 우리나라 여름철 기온은 증가하고 겨울철 기온은 감소하므로 우리나라 기온의 연교차는 증가한다.

13 엘니뇨와 라니냐

정답률 56% | 정답 ⑤

| 문제 보기 |

그림은 동태평양 적도 부근 해역에서 관측된 수온 편차 분포를 깊이에 따라 나타낸 것이다. (가)와 (나)는 각각 엘니뇨와 라니냐 시기 중 하나이다. 편차는 (관측값－평년값)이다.

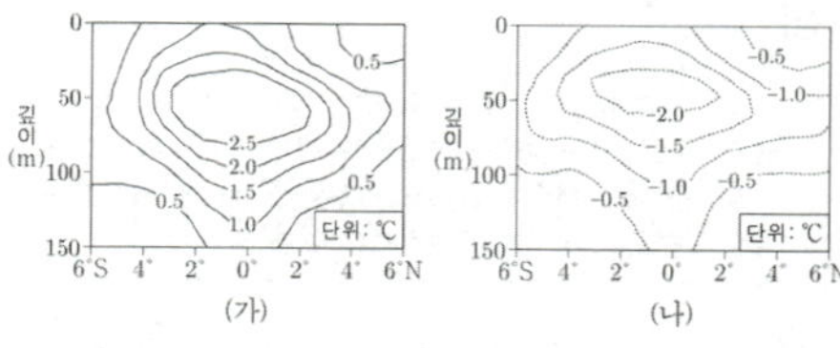

(가) (나)

이 해역에 대한 설명으로 옳은 것만을 <보기>에서 있는 대로 고른 것은? [3점]

<보 기>
ㄱ. (가)는 엘니뇨 시기이다.
ㄴ. 용승은 (나)일 때가 (가)일 때보다 강하다.
ㄷ. (나)일 때 해수면의 높이 편차는 (－) 값이다.

① ㄱ ② ㄷ ③ ㄱ, ㄴ
④ ㄴ, ㄷ ⑤ ㄱ, ㄴ, ㄷ

• 왜 정답일까?

ㄱ. (가)는 전체적으로 동태평양 적도 부근 해역에서 관측된 수온 편차가 '+'이므로 엘니뇨 시기이다.

[문제편 p.070]

ㄴ. 동태평양 적도 부근 해역의 용승은 (가) 엘니뇨 시기보다 (나) 라니냐 시기 때 강하다.
ㄷ. 라니냐 시기에 무역풍의 세기가 평년에 비해 강하기 때문에 동태평양 적도 부근 해수가 서태평양 쪽으로 많이 이동한다. 따라서 동태평양 적도 부근 해역의 해수면 높이 편차는 '−' 값이다.

14 별의 분광형

정답률 49% | 정답 ③

| 문제 보기 |

그림은 분광형이 서로 다른 별 (가), (나), (다)가 방출하는 복사 에너지의 상대적 세기를 파장에 따라 나타낸 것이다.

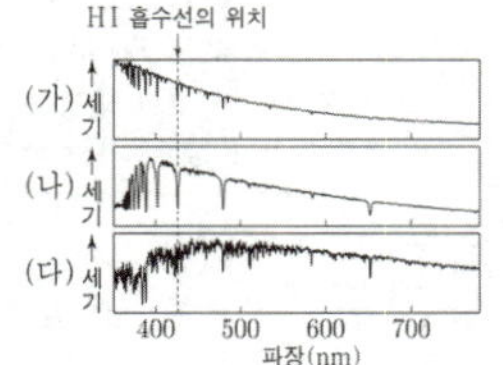

(가)의 분광형은 O형이고, (나)와 (다)는 각각 A형과 G형 중 하나이다.

이 자료에 대한 설명으로 옳은 것만을 〈보기〉에서 있는 대로 고른 것은? [3점]

〈보 기〉
ㄱ. H I 흡수선의 세기는 (가)가 (나)보다 강하게 나타난다.
ㄴ. 복사 에너지를 최대로 방출하는 파장은 (나)가 (다)보다 길다.
ㄷ. 표면 온도는 (나)가 태양보다 높다.

① ㄱ ② ㄴ ③ ㄷ
④ ㄱ, ㄴ ⑤ ㄴ, ㄷ

• 왜 정답일까?

ㄷ. (가), (나), (다) 중 H I 흡수선의 세기가 가장 강한 것은 (나)이다. (나)가 A형이므로 표면 온도는 약 10000 K에 가깝다. 따라서 표면 온도가 약 5800 K인 태양보다 (나)의 표면 온도가 더 높다.

• 왜 오답일까?

ㄱ. 방출하는 복사 에너지의 상대적 세기 중 H I 파장에 해당하는 세기가 약할수록 별의 H I 흡수선의 세기는 강하다.
ㄴ. 별은 흑체에 가까운 성질을 띠므로 별을 흑체라고 가정하면 복사 에너지를 최대로 방출하는 파장과 별의 표면 온도는 반비례한다. (나)와 (다)는 각각 A형(H I 흡수선 세기가 다른 분광형에 비해 강함)과 G형 중 하나이기 때문에 (나)는 A형, (다)는 G형이다. (나)는 A형, (다)는 G형이므로 온도가 더 높은 (나)가 (다)보다 복사 에너지를 최대로 방출하는 파장이 짧다.

15 암흑 물질과 암흑 에너지

정답률 66% | 정답 ④

| 문제 보기 |

그림 (가)와 (나)는 현재와 과거 어느 시기의 우주 구성 요소 비율을 순서 없이 나타낸 것이다. A, B, C는 각각 보통 물질, 암흑 물질, 암흑 에너지 중 하나이다.

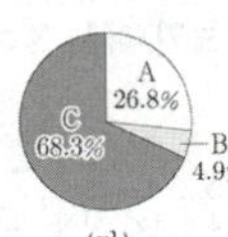

(가)

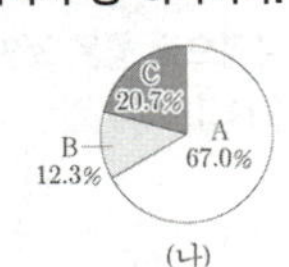

(나)

이에 대한 설명으로 옳은 것만을 〈보기〉에서 있는 대로 고른 것은?

〈보 기〉
ㄱ. (가)일 때 우주는 가속 팽창하고 있다.
ㄴ. B는 전자기파로 관측할 수 있다.
ㄷ. $\frac{\text{A의 비율}}{\text{C의 비율}}$은 (가)일 때와 (나)일 때 같다.

① ㄱ ② ㄴ ③ ㄷ
④ ㄱ, ㄴ ⑤ ㄴ, ㄷ

• 왜 정답일까?

(가)는 현재이므로 A는 암흑 물질, B는 보통 물질, C는 암흑 에너지이다.
ㄱ. 현재 척력으로 작용하여 우주를 가속 팽창시키는 역할을 하는 C의 비율이 가장 높기 때문에 현재 우주는 가속 팽창하고 있다.
ㄴ. B는 보통 물질이므로 전자기파로 관측할 수 있다.

• 왜 오답일까?

ㄷ. (가)와 (나)의 $\frac{\text{A의 비율}}{\text{C의 비율}}$은 각각 약 0.39, 약 3.24로 다르다.

16 퇴적물의 속성 작용

정답률 69% | 정답 ③

| 문제 보기 |

그림 (가)는 어느 쇄설성 퇴적층의 단면을, (나)는 속성 작용이 일어나는 동안 (가)의 모래층에서 모래 입자 사이 공간(㉠)의 부피 변화를 나타낸 것이다.

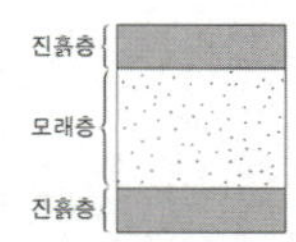

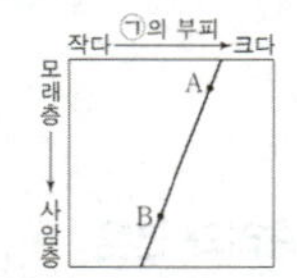

(가)의 모래층에서 속성 작용이 일어나는 동안 나타나는 변화에 대한 설명으로 옳은 것만을 〈보기〉에서 있는 대로 고른 것은?

〈보 기〉
ㄱ. ㉠에 교결 물질이 침전된다.
ㄴ. 밀도는 증가한다.
ㄷ. 단위 부피당 모래 입자의 개수는 A에서 B로 갈수록 감소한다.

① ㄱ ② ㄷ ③ ㄱ, ㄴ
④ ㄴ, ㄷ ⑤ ㄱ, ㄴ, ㄷ

• 왜 정답일까?

ㄱ. 속성 작용이 일어나는 동안 모래 입자 사이 공간(㉠)이 좁아지고 규질, 석회 물질 등의 교결 물질이 퇴적물 사이에 침전되면서 모래 입자들을 서로 붙게 하여 굳어진다.
ㄴ. 속성 작용이 일어나는 동안 ㉠의 부피가 작아지므로 밀도는 증가한다.

• 왜 오답일까?

ㄷ. 속성 작용이 더 많이 일어날수록 ㉠의 부피가 작아지기 때문에 단위부피당 모래 입자의 개수는 증가하므로 속성 작용이 더 많이 일어난 B가 A보다 단위 부피당 모래 입자의 개수가 많다.

17 질량에 따른 별의 특성

정답률 59% | 정답 ③

| 문제 보기 |

그림 (가)는 별의 질량에 따라 주계열 단계에 도달하였을 때의 광도와 이 단계에 머무는 시간을, (나)는 주계열성을 H−R도에 나타낸 것이다. A와 B는 각각 광도와 시간 중 하나이다.

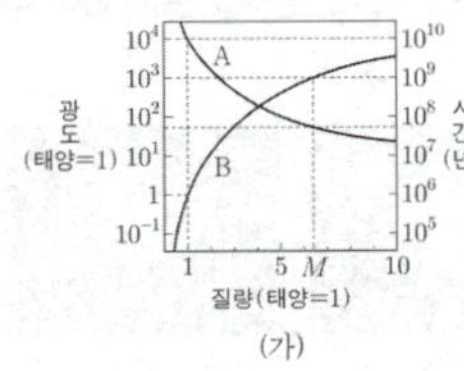

(가)

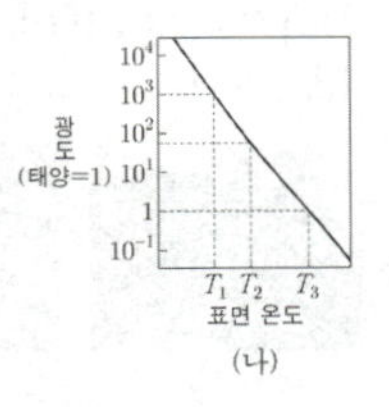

(나)

이 자료에 대한 설명으로 옳은 것만을 〈보기〉에서 있는 대로 고른 것은? [3점]

〈보 기〉
ㄱ. B는 광도이다.
ㄴ. 질량이 M인 별의 표면 온도는 T_2이다.
ㄷ. 표면 온도가 T_3인 별은 T_1인 별보다 주계열 단계에 머무는 시간이 100배 이상 길다.

① ㄱ ② ㄴ ③ ㄱ, ㄷ
④ ㄴ, ㄷ ⑤ ㄱ, ㄴ, ㄷ

• 왜 정답일까?

ㄱ. (가)에서 질량이 클수록 증가하는 B는 광도이고 감소하는 A는 주계열 단계에 머무는 시간이다.
ㄷ. (나)에서 표면 온도가 T_3인 별의 광도는 1이고 (가)에서 별의 광도가 1인 별이 주계열에 머무는 시간은 10^{10}년이다. (나)에서 표면 온도가 T_1인 별의 광도는 10^3이고 (가)에서 별의 광도가 10^3인 별이 주계열에 머무는 시간은 10^8년보다 짧으므로 표면 온도가 T_3인 별은 T_1인 별보다 주계열 단계에 머무는 시간이 100배 이상 길다.

• 왜 오답일까?

ㄴ. (가)에서 질량이 M인 별의 광도는 10^3이고 (나)에서 별의 광도가 10^3인 별의 표면 온도는 T_1이다.

18 태풍

정답률 68% | 정답 ④

| 문제 보기 |

그림 (가)와 (나)는 어느 날 동일한 태풍의 영향을 받은 우리나라 관측소 A와 B에서 측정한 기압, 풍속, 풍향의 변화를 순서 없이 나타낸 것이다.

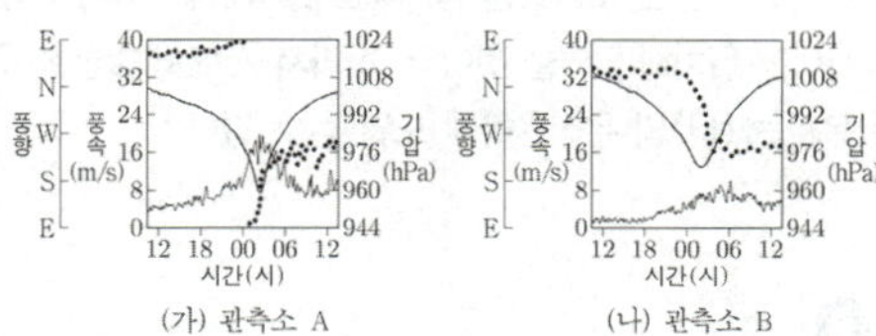

이 자료에 대한 설명으로 옳은 것만을 〈보기〉에서 있는 대로 고른 것은?

〈보 기〉
ㄱ. 최대 풍속은 B가 A보다 크다.
ㄴ. 태풍 중심까지의 최단 거리는 A가 B보다 가깝다.
ㄷ. B는 태풍의 안전 반원에 위치한다.

① ㄱ ② ㄴ ③ ㄱ, ㄷ
④ ㄴ, ㄷ ⑤ ㄱ, ㄴ, ㄷ

• 왜 정답일까?

ㄴ. 태풍의 중심에 가까운 관측소일수록 측정한 최소 기압은 낮아지고 최대 풍속은 커진다. 관측소 B보다 A에서 측정한 태풍의 최소 기압이 더 작고 최대 풍속이 더 크므로 태풍 중심까지의 최단 거리는 B보다 A가 가깝다.
ㄷ. 관측소 A는 시간에 따라 풍향이 시계 방향(북동풍 → 남동풍 → 남서풍)으로 바뀌지만 관측소 B는 시간에 따라 풍향이 시계 반대 방향(북동풍 → 북서풍 → 남서풍)으로 바뀐다. 태풍의 안전 반원에 위치하면 풍향이 시계 반대 방향으로 바뀌며 위험 반원에 위치하면 시계 방향으로 바뀐다. 따라서 관측소 B는 안전 반원에 위치한다.

• 왜 오답일까?

ㄱ. 최대 풍속은 관측소 A에서는 약 20 m/s이고 관측소 B에서는 약 8 m/s이다.

19 우주 배경 복사

정답률 47% | 정답 ③

| 문제 보기 |

그림은 우주의 나이가 38 만 년일 때 A와 B의 위치에서 출발한 우주 배경 복사를 우리은하에서 관측하는 상황을 가정하여 나타낸 것이다. (가)와 (나)는 우주의 나이가 각각 138 억 년과 60 억 년일 때 이다.

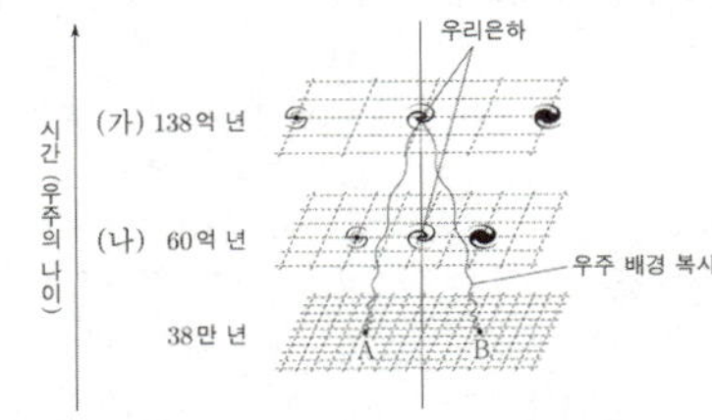

이에 대한 설명으로 옳은 것만을 〈보기〉에서 있는 대로 고른 것은? [3점]

〈보 기〉
ㄱ. A와 B로부터 출발한 우주 배경 복사의 온도가 (가)에서 거의 같게 측정되는 것은 우주의 급팽창으로 설명된다.
ㄴ. (나)에서 측정되는 우주 배경 복사의 온도는 2.7 K보다 높다.
ㄷ. A에서 출발한 우주 배경 복사는 (나)의 우리은하에 도달한다.

① ㄱ ② ㄷ ③ ㄱ, ㄴ
④ ㄴ, ㄷ ⑤ ㄱ, ㄴ, ㄷ

18회

• 왜 정답일까?

ㄱ. 급팽창 이론은 우주 탄생 직후에 매우 짧은 시간 동안 우주가 급격하게 팽창했다고 본다. 급팽창 이전에 상호작용을 하며 열적 평형 상태에 있던 공간이 급팽창으로 아주 멀리 떨어지게 되지만, 그 이전에 가졌던 상호작용으로 인하여 거의 같은 온도를 가지고 있을 수 있기 때문이라고 본다.
ㄴ. 초고온 상태의 초기 우주에서 방출된 우주 배경 복사가 우주가 팽창하게 됨에 따라 점차 냉각되어 우주의 나이가 138억 년인 현재 약 2.7 K에 해당하는 복사로 관측이 된다. 따라서 우주의 나이가 60 억 년인 (나)에서 측정되는 우주 배경 복사의 온도는 2.7 K보다 높다.

• 왜 오답일까?

ㄷ. A에서 출발한 우주 배경 복사는 약 138억 년 동안 이동하여 (가)의 우리은하에 도달하였다. 따라서 A 지점에서 출발한 빛이 60억 년 동안 이동했을 당시에는 A 지점과 (나)의 우리은하 사이에 위치해 있었을 것이다. 따라서 A에서 출발한 우주 배경 복사는 (나)의 우리은하에 도달할 수 없다.

20 지층의 생성 순서

정답률 59% | 정답 ④

| 문제 보기 |

그림 (가)는 어느 지역의 지질 단면도로, A ~ E는 퇴적암, F와 G는 화성암, $f-f'$은 단층이다. 그림 (나)는 F와 G에 포함된 방사성 원소 X의 함량을 붕괴 곡선에 나타낸 것이다. X의 반감기는 1억 년이다.

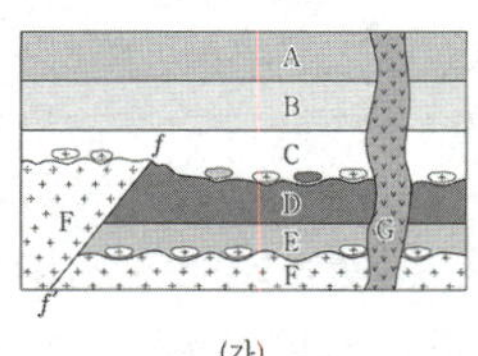

(가)

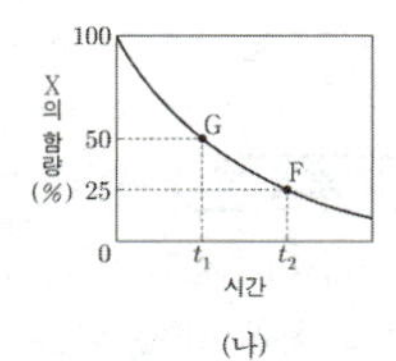

(나)

이에 대한 설명으로 옳은 것만을 <보기>에서 있는 대로 고른 것은? [3점]

<보 기>
ㄱ. A는 고생대에 퇴적되었다.
ㄴ. D가 퇴적된 이후 $f-f'$이 형성되었다.
ㄷ. 단층 상반에 위치한 F는 최소 2회 육상에 노출되었다.

① ㄴ ② ㄷ ③ ㄱ, ㄴ
④ ㄴ, ㄷ ⑤ ㄱ, ㄴ, ㄷ

• 왜 정답일까?

ㄴ. 지층의 생성 순서는 F → (부정합) → E → D → f → f' (단층) → (부정합) → C → B → A → G이므로 D가 퇴적된 이후 $f-f'$이 형성되었다.
ㄷ. 단층이 형성되기 전 F와 E 사이에 F가 침식을 받아 형성된 기저 역암이 발견되기 때문에 육상에 노출이 되었고 단층 형성 이후 C와 D사이에 F가 침식을 받아 형성된 기저 역암이 발견되기 때문에 또 한 번의 육상 노출이 있었다. 따라서 F는 최소 2회 육상에 노출된 적이 있다.

• 왜 오답일까?

ㄱ. A는 F(1억 년 전)와 G(2억 년 전)사이에 퇴적이 되었으므로 중생대에 퇴적되었다.

19회

• 고3 지구과학 I •

2021학년도 6월

01 ③	02 ⑤	03 ①	04 ⑤	05 ⑤
06 ①	07 ③	08 ③	09 ②	10 ④
11 ②	12 ④	13 ①	14 ②	15 ⑤
16 ①	17 ③	18 ②	19 ⑤	20 ④

채점 결과
• 실제 걸린 시간 : 분 초
• 맞은 문항수 : 개
• 틀린 문항수 : 개
• 헷갈린 문항 :

01 사층리와 연흔

정답률 60% | 정답 ③

| 문제 보기 |

다음은 어느 지층의 퇴적 구조에 대한 학생 A, B, C의 대화를 나타낸 것이다.

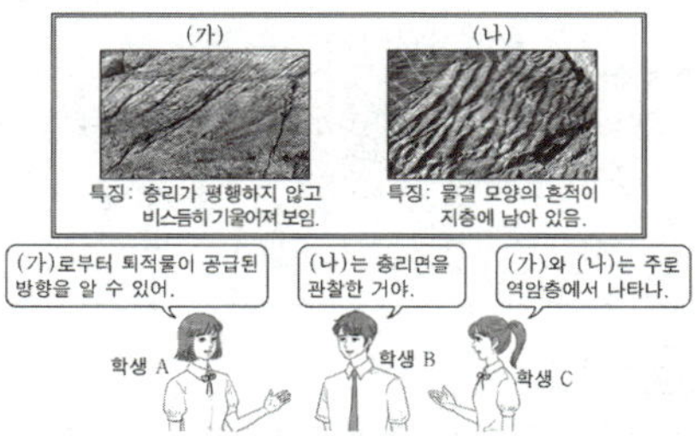

제시한 내용이 옳은 학생만을 있는 대로 고른 것은?

① A ② C ③ A, B ④ B, C ⑤ A, B, C

• 왜 정답일까?

(가)는 사층리이고, (나)는 연흔이다.
A. (가)는 물이 흘러가거나 바람이 불어가는 방향의 비탈면에 퇴적물이 비스듬히 쌓여 형성된 퇴적 구조로, 층리가 형성될 당시 퇴적물이 공급된 방향을 추정할 수 있다.
B. (나)는 퇴적물 표면에 물결 모양의 자국이 나타나므로 지층의 층리면을 관찰한 것이다.

• 왜 오답일까?

C. 사층리와 연흔은 자갈보다는 입자 크기가 상대적으로 작은 모래 등의 퇴적물이 쌓이는 환경에서 주로 형성된다.

02 습곡, 절리, 포획

정답률 67% | 정답 ⑤

| 문제 보기 |

그림 (가), (나), (다)는 습곡, 포획, 절리를 순서 없이 나타낸 것이다.

(가)

(나)

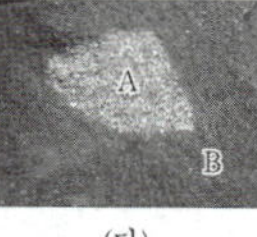

(다)

이에 대한 설명으로 옳은 것만을 <보기>에서 있는 대로 고른 것은? [3점]

<보 기>
ㄱ. (가)는 (나)보다 깊은 곳에서 형성되었다.
ㄴ. (나)는 수축에 의해 형성되었다.
ㄷ. (다)에서 A는 B보다 먼저 생성되었다.

① ㄱ ② ㄷ ③ ㄱ, ㄴ ④ ㄴ, ㄷ ⑤ ㄱ, ㄴ, ㄷ

• 왜 정답일까?

(가)는 습곡, (나)는 주상 절리, (다)는 포획암이다.
ㄱ, ㄴ. (가)는 암석이 비교적 온도가 높은 지하 깊은 곳에서 횡압력을 받아 휘어졌고, (나)는 지표로 분출한 용암이 식을 때 부피가 수축하여 단면이 오각형이나 육각형 등인 긴 기둥 모양으로 갈라졌다.
ㄷ. 포획암(A)은 포획암을 감싸고 있는 암석(B)보다 먼저 생성되었다.

03 별의 분광형에 따른 스펙트럼

정답률 56% | 정답 ①

| 문제 보기 |

그림은 별의 분광형에 따른 흡수선의 상대적 세기를 나타낸 것이다.

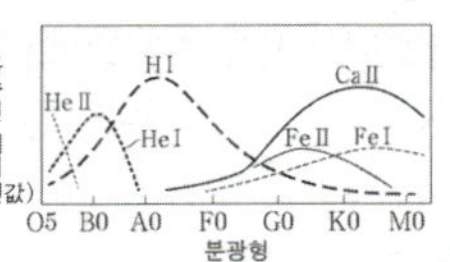

이 자료에 대한 설명으로 옳은 것만을 <보기>에서 있는 대로 고른 것은?

<보 기>
ㄱ. 흰색 별에서 H I 흡수선이 Ca II 흡수선보다 강하게 나타난다.
ㄴ. 주계열에서 B0형보다 표면 온도가 높은 별일수록 H I 흡수선의 세기가 강해진다.
ㄷ. 태양과 광도가 같고 반지름이 작은 별의 Ca II 흡수선은 G2형 별보다 강하게 나타난다.

① ㄱ ② ㄴ ③ ㄱ, ㄷ
④ ㄴ, ㄷ ⑤ ㄱ, ㄴ, ㄷ

• 왜 정답일까?

ㄱ. 분광형이 A형인 흰색 별에서는 H I 흡수선이 Ca II 흡수선보다 강하게 나타난다.

• 왜 오답일까?

ㄴ. 주계열에서 B0형보다 표면 온도가 높은 별일수록 H I 흡수선의 세기가 약해진다.
ㄷ. 태양과 광도가 같고 반지름이 작은 별은 분광형이 G2형인 태양보다 표면 온도가 높다. Ca II 흡수선은 태양보다 표면 온도가 높아질수록 점점 약해진다.

04 해수의 염분과 심층 순환

정답률 76% | 정답 ⑤

| 문제 보기 |

다음은 해수의 염분에 영향을 미치는 요인을 알아보기 위한 실험이다.

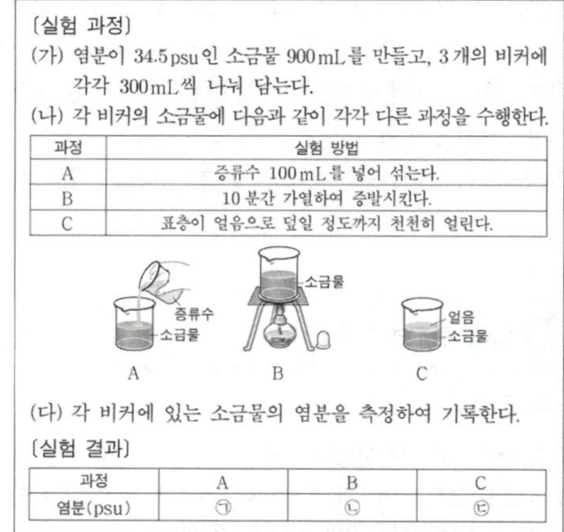
[실험 과정]
(가) 염분이 34.5 psu인 소금물 900 mL를 만들고, 3개의 비커에 각각 300 mL씩 나눠 담는다.
(나) 각 비커의 소금물에 다음과 같이 각각 다른 과정을 수행한다.

과정	실험 방법
A	증류수 100 mL를 넣어 섞는다.
B	10분간 가열하여 증발시킨다.
C	표층이 얼음으로 덮일 정도까지 천천히 얼린다.

(다) 각 비커에 있는 소금물의 염분을 측정하여 기록한다.
[실험 결과]

과정	A	B	C
염분(psu)	㉠	㉡	㉢

이에 대한 설명으로 옳은 것만을 <보기>에서 있는 대로 고른 것은? [3점]

<보 기>
ㄱ. 담수의 유입에 의한 염분 변화를 알아보기 위한 과정은 A에 해당한다.
ㄴ. 실험 결과에서 34.5보다 큰 값은 ㉡과 ㉢이다.
ㄷ. 남극 저층수가 형성되는 과정은 C에 해당한다.

① ㄱ ② ㄴ ③ ㄱ, ㄷ
④ ㄴ, ㄷ ⑤ ㄱ, ㄴ, ㄷ

• 왜 정답일까?

표층 해수의 온도가 낮아지거나 염분이 높아지면 해수의 밀도가 커져 심해로 가라앉아 심층 순환이 형성된다.
ㄱ. 해수에 담수가 유입되면 표층 염분이 낮아지므로 담수의 유입에 의한 염분 변화를 알아보기 위한 과정은 A에 해당한다.
ㄴ. A 과정에서 소금물은 염분이 낮아지며, B 과정과 C 과정에서 소금물은 염분이 높아진다. 따라서 실험 결과에서 34.5보다 큰 값은 ㉡과 ㉢이다.
ㄷ. 남극 웨델해에서 기온이 낮아지면 표층 해수 일부가 얼어 얼음이 형성되는 과정에서 염분이 높아지며, 수온이 낮은 물은 밀도가 커져 남극 저층수를 형성한다.

[문제편 p.072]

05 우리나라 주변의 표층 해류

정답률 72% | 정답 ⑤

| 문제 보기 |

그림 (가)와 (나)는 서로 다른 계절에 관측된 우리나라 주변 표층 해류의 평균 속력과 이동 방향을 나타낸 것이다.

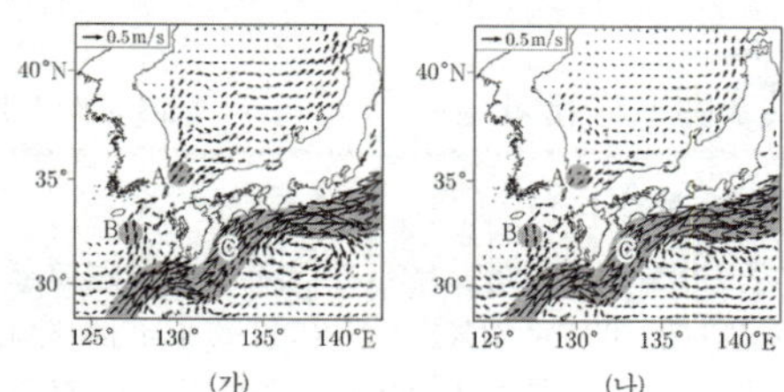
(가) (나)

이 자료에 대한 설명으로 옳은 것만을 〈보기〉에서 있는 대로 고른 것은?

〈보 기〉
ㄱ. (가)와 (나)의 평균 속력 차는 해역 A보다 B에서 크다.
ㄴ. 동한 난류의 평균 속력은 (나)보다 (가)가 빠르다.
ㄷ. 해역 C에 흐르는 해류는 북태평양 아열대 순환의 일부이다.

① ㄱ ② ㄴ ③ ㄷ ④ ㄱ, ㄴ ⑤ ㄴ, ㄷ

• 왜 정답일까?

ㄴ. 동한 난류는 우리나라 동해안을 따라 북상하는 해류이다. 그림을 보면 동한 난류의 평균 속력은 (나)보다 (가)가 빠르다.
ㄷ. 해역 C에 흐르는 해류는 쿠로시오 해류로, 북태평양 아열대 순환의 일부이다.

• 왜 오답일까?

ㄱ. (가)와 (나)의 평균 속력 차는 해역 A보다 B에서 작다.

06 마그마의 생성 장소

정답률 63% | 정답 ①

| 문제 보기 |

그림 (가)는 지하 온도 분포와 암석의 용융 곡선 ㉠, ㉡, ㉢을, (나)는 마그마가 분출되는 지역 A와 B를 나타낸 것이다.

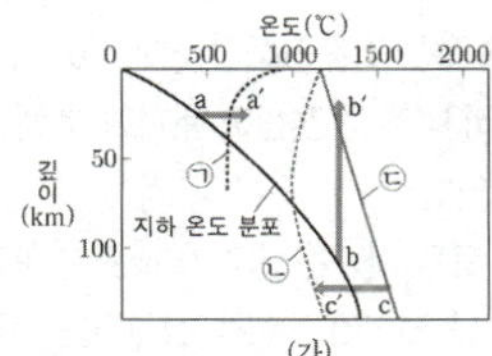
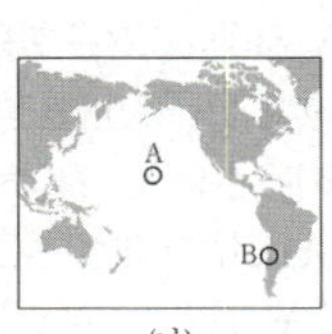
(가) (나)

이에 대한 설명으로 옳은 것만을 〈보기〉에서 있는 대로 고른 것은?

〈보 기〉
ㄱ. (가)에서 물이 포함된 암석의 용융 곡선은 ㉠과 ㉡이다.
ㄴ. B에서는 주로 현무암질 마그마가 분출된다.
ㄷ. A에서 분출되는 마그마는 주로 c→c′ 과정에 의해 생성된다.

① ㄱ ② ㄴ ③ ㄷ ④ ㄱ, ㄷ ⑤ ㄴ, ㄷ

• 왜 정답일까?

ㄱ. (가)에서 ㉠은 물이 포함된 화강암의 용융 곡선, ㉡은 물이 포함된 맨틀의 용융 곡선, ㉢은 물이 포함되지 않은 맨틀의 용융 곡선이다.

• 왜 오답일까?

ㄴ. B는 베니오프대가 발달하는 수렴형 경계로, 이 지역에서는 주로 안산암질 마그마가 분출된다.
ㄷ. A에서 분출되는 마그마는 열점에서 생성된 마그마로, 이 마그마는 주로 맨틀 물질이 상승하여 압력이 감소(b→b′)하면 맨틀 물질이 부분 용융되어 생성된다.

07 음향 측심법과 해저 지형

정답률 83% | 정답 ③

| 문제 보기 |

그림은 대서양의 해저면에서 판의 경계를 가로지르는 P_1-P_6 구간을, 표는 각 지점의 연직 방향에 있는 해수면상에서 음파를 발사하여 해저면에 반사되어 되돌아오는 데 걸리는 시간을 나타낸 것이다.

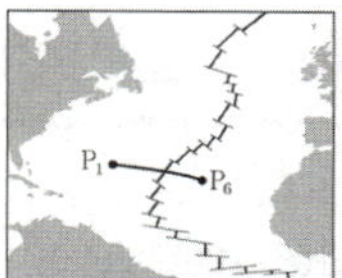

지점	P_1로부터의 거리(km)	시간(초)
P_1	0	7.70
P_2	420	7.36
P_3	840	6.14
P_4	1260	3.95
P_5	1680	6.55
P_6	2100	6.97

이 자료에 대한 설명으로 옳은 것만을 〈보기〉에서 있는 대로 고른 것은? (단, 해수에서 음파의 속도는 일정하다.)

〈보 기〉
ㄱ. 수심은 P_6이 P_4보다 깊다.
ㄴ. P_3-P_5 구간에는 발산형 경계가 있다.
ㄷ. 해양 지각의 나이는 P_4가 P_2보다 많다.

① ㄱ ② ㄷ ③ ㄱ, ㄴ ④ ㄴ, ㄷ ⑤ ㄱ, ㄴ, ㄷ

• 왜 정답일까?

해수면에서 발사한 음파가 해저면에 반사되어 되돌아오는 데 걸리는 시간은 수심에 비례한다.
ㄱ. 수심은 음파가 해저면에 반사되어 되돌아오는 데 걸리는 시간이 긴 P6이 P4보다 깊다.
ㄴ. P3－P5 구간에는 수심이 얕은 해령(P4 부근)이 분포하며, 해령은 판의 발산형 경계에 발달하는 해저 지형이다.

• 왜 오답일까?

ㄷ. 해령에서 멀어질수록 해양 지각의 나이는 증가한다. 따라서 해양 지각의 나이는 해령에 가까운 P4가 P2보다 적다.

08 외계 행성 탐사

정답률 35% | 정답 ③

| 문제 보기 |

그림은 어느 외계 행성과 중심별이 공통 질량 중심을 중심으로 공전하는 모습을 나타낸 것이다. 행성은 원궤도를 따라 공전하며, 공전 궤도면은 관측자의 시선 방향과 나란하다.

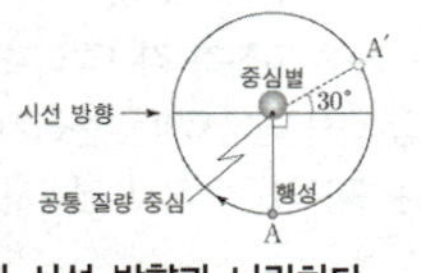

이에 대한 설명으로 옳은 것만을 〈보기〉에서 있는 대로 고른 것은?

〈보 기〉
ㄱ. 식 현상을 이용하여 행성의 존재를 확인할 수 있다.
ㄴ. 행성이 A를 지날 때 중심별의 청색 편이가 나타난다.
ㄷ. 중심별의 어느 흡수선의 파장 변화 크기는 행성이 A를 지날 때가 A′를 지날 때의 2배이다.

① ㄱ ② ㄴ ③ ㄱ, ㄷ ④ ㄴ, ㄷ ⑤ ㄱ, ㄴ, ㄷ

• 왜 정답일까?

ㄱ. 행성의 공전 궤도면이 관측자의 시선 방향과 나란한 경우, 중심별의 주위를 공전하는 행성이 중심별의 앞면을 지날 때 중심별의 일부가 가려지는 식 현상에 의해 중심별의 밝기가 주기적으로 변함을 통해 행성의 존재를 확인할 수 있다.
ㄷ. 행성이 원 궤도를 따라 공전할 때 행성과 중심별의 공전 속도는 각각 일정하며, 중심별의 어느 흡수선의 파장 변화 크기는 행성의 시선 방향의 속도에 비례한다. 또한 행성이 A를 지날 때 행성의 시선 방향의 속도는 행성의 공전 속도와 같고, A′를 지날 때 행성의 시선 방향의 속도는 행성의 공전 속도의 1/2 (=sin30°)배이다. 따라서 중심별의 어느 흡수선의 파장 변화 크기는 행성이 A를 지날 때가 A′를 지날 때의 2배이다.

• 왜 오답일까?

ㄴ. 행성과 중심별은 공통 질량 중심을 중심으로 같은 방향으로 공전한다. 따라서 행성이 A를 지날 때 중심별은 관측자의 시선 방향으로 멀어지는 것처럼 관측되므로, 적색 편이가 나타난다.

09 특이 은하

정답률 36% | 정답 ②

| 문제 보기 |

그림 (가), (나), (다)는 각각 세이퍼트은하, 퀘이사, 전파 은하의 영상을 나타낸 것이다. (가)와 (나)는 가시광선 영상이고, (다)는 가시광선과 전파로 관측하여 합성한 영상이다.

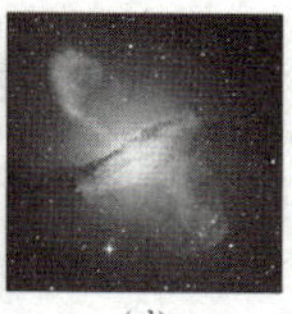
(가) (나) (다)

이 자료에 대한 설명으로 옳은 것만을 〈보기〉에서 있는 대로 고른 것은? [3점]

〈보 기〉
ㄱ. (가)와 (다)의 은하 중심부 별들의 회전축은 관측자의 시선 방향과 일치한다.
ㄴ. 각 은하의 $\frac{중심부의 밝기}{전체의 밝기}$는 (나)의 은하가 가장 크다.
ㄷ. (다)의 제트는 은하의 중심에서 방출되는 별들의 흐름이다.

① ㄱ ② ㄴ ③ ㄷ ④ ㄱ, ㄴ ⑤ ㄴ, ㄷ

• 왜 정답일까?

ㄴ. (나)의 퀘이사는 중심부(은하핵)의 밝기는 매우 밝지만, 매우 멀리 있어서 하나의 별처럼 보이므로 $\frac{중심부의 밝기}{전체의 밝기}$는 (가)와 (다)에 비해 (나)의 은하가 크다.

• 왜 오답일까?

ㄱ. (가)는 은하 중심부 별들의 회전축이 관측자의 시선 방향과 거의 일치하지만, (다)는 은하 중심부 별들의 회전축이 관측자의 시선 방향과 일치하지 않는다.
ㄷ. (다)의 전파 은하에서는 중심부를 기준으로 강력한 물질(이온화된 기체)의 흐름인 제트가 대칭적으로 관측되는데, 이는 은하 중심부에서 일어나는 폭발적인 에너지 생성과 관련이 있다.

10 해수의 심층 순환

정답률 61% | 정답 ④

| 문제 보기 |

그림 (가)는 대서양의 해수 순환의 모식도를, (나)는 ㉠과 ㉡에서 형성되는 각각의 수괴를 수온－염분도에 A와 B로 순서 없이 나타낸 것이다.

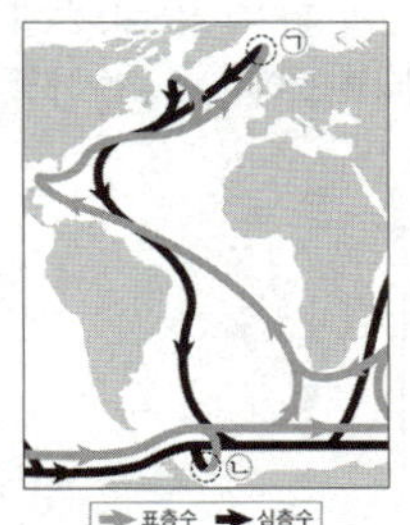
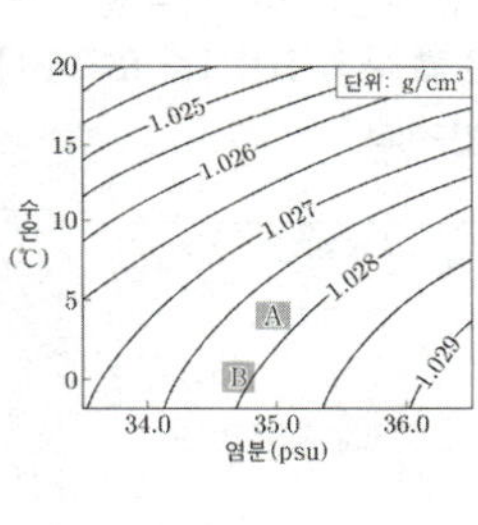
(가) (나)

이에 대한 설명으로 옳은 것만을 〈보기〉에서 있는 대로 고른 것은? [3점]

〈보 기〉
ㄱ. ㉡에서 형성되는 수괴는 A에 해당한다.
ㄴ. A와 B는 심층 해수에 산소를 공급한다.
ㄷ. 심층 순환은 표층 순환보다 느리다.

① ㄱ ② ㄴ ③ ㄱ, ㄷ ④ ㄴ, ㄷ ⑤ ㄱ, ㄴ, ㄷ

• 왜 정답일까?

해양에서 밀도가 큰 해수가 형성되어 침강하는 해역은 남극 대륙 주변의 웨델해(㉡)와 북대서양의 그린란드 주변 해역(㉠)이며, ㉡과 ㉠에서 침강하는 수괴는 각각 남극 저층수와 북대서양 심층수를 이룬다. 또한 해수의 밀도는 남극 저층수가 북대서양 심층수보다 크다.
ㄴ. 용존 산소가 풍부한 A와 B는 모두 침강하여 심층 해수에 산소를 공급한다.
ㄷ. 심층 순환은 매우 느려서 수온과 염분 및 밀도를 조사하여 간접적으로 흐름을 알아낼 수 있다.

• 왜 오답일까?

ㄱ. ㉡에서 형성되는 수괴는 침강하여 남극 저층수가 되므로 (나)에서 A보다 밀도가 큰 B에 해당한다.

11 플룸 구조론

정답률 74% | 정답 ②

| 문제 보기 |

그림 (가)는 지구의 플룸 구조 모식도이고, (나)는 판의 경계와 열점의 분포를 나타낸 것이다. (가)의 ㉠~㉣은 플룸이 상승하거나 하강하는 곳이고, 이들의 대략적 위치는 각각 (나)의 A~D 중 하나이다.

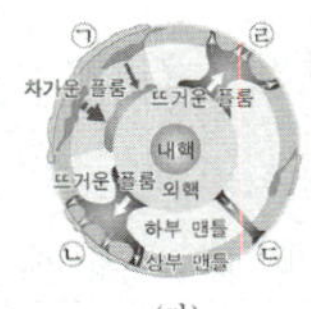

(가)

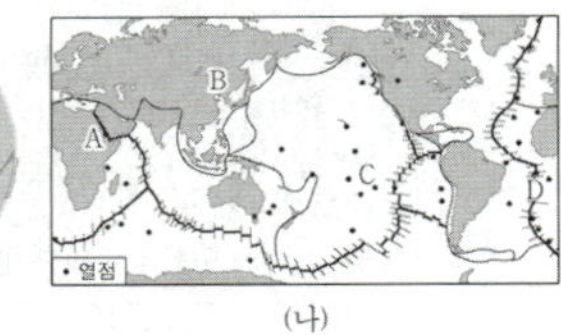

(나)

이에 대한 설명으로 옳은 것만을 <보기>에서 있는 대로 고른 것은? [3점]

<보 기>
ㄱ. A는 ㉠에 해당한다.
ㄴ. 열점은 판과 같은 방향과 속력으로 움직인다.
ㄷ. 대규모의 뜨거운 플룸은 맨틀과 외핵의 경계부에서 생성된다.

① ㄱ ② ㄷ ③ ㄱ, ㄴ ④ ㄴ, ㄷ ⑤ ㄱ, ㄴ, ㄷ

• 왜 정답일까?

뜨거운 플룸은 맨틀에서 주위보다 온도가 높은 곳으로 밀도가 작은 맨틀 물질이 상승하는 곳이고, 차가운 플룸은 맨틀에서 주위보다 온도가 낮은 곳으로 밀도가 큰 물질이 하강하는 곳이다.

ㄷ. 차가운 플룸이 맨틀과 외핵의 경계 쪽으로 하강하면 그 영향으로 맨틀과 외핵의 경계부에서 대규모의 뜨거운 플룸이 상승한다.

• 왜 오답일까?

ㄱ. A는 열점으로, 하부에서 뜨거운 플룸이 상승한다.

ㄴ. 뜨거운 플룸이 상승하여 마그마가 생성되는 곳을 열점이라고 하며, 맨틀이 대류하여 판이 이동해도 열점의 위치는 변하지 않는다.

12 H-R도와 별의 물리적 성질

정답률 37% | 정답 ④

| 문제 보기 |

표는 질량이 서로 다른 별 A~D의 물리적 성질을, 그림은 별 A와 D를 H-R도에 나타낸 것이다. $L_{\odot}$는 태양 광도이다.

별	표면 온도 (K)	광도 ($L_{\odot}$)
A	( )	( )
B	3500	100000
C	20000	10000
D	( )	( )

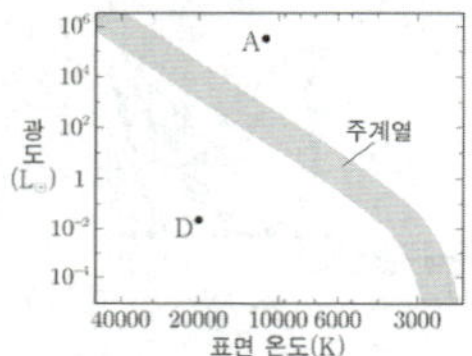

이 자료에 대한 설명으로 옳은 것만을 <보기>에서 있는 대로 고른 것은? [3점]

<보 기>
ㄱ. A와 B는 적색 거성이다.
ㄴ. 반지름은 B > C > D이다.
ㄷ. C의 나이는 태양보다 적다.

① ㄱ ② ㄷ ③ ㄱ, ㄴ ④ ㄴ, ㄷ ⑤ ㄱ, ㄴ, ㄷ

• 왜 정답일까?

A와 B는 초거성, C는 주계열성, D는 백색 왜성이다.

ㄴ. B, C, D 중에서 B는 표면 온도가 가장 낮고 광도가 가장 크므로 반지름이 가장 크다. 또한 D는 표면 온도가 C와 비슷하지만 광도가 작으므로 반지름이 C보다 작다. 따라서 반지름은 B > C > D이다.

ㄷ. 태양과 C는 모두 주계열성으로, 주계열성은 H-R도의 왼쪽 위에 분포할수록 표면 온도가 높고 광도가 크며 반지름과 질량이 크다. 또한 질량이 클수록 주계열 단계에 머무르는 시간과 수명이 짧다. 따라서 태양보다 질량이 큰 C는 태양보다 나이가 적다.

• 왜 오답일까?

ㄱ. A와 B는 초거성이다.

13 지구 자전축의 경사각 변화

정답률 42% | 정답 ①

| 문제 보기 |

그림은 지구 자전축 경사각의 변화를 나타낸 것이다.

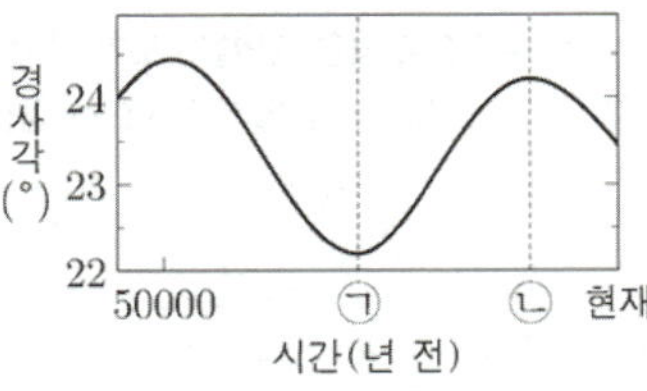

이에 대한 설명으로 옳은 것만을 <보기>에서 있는 대로 고른 것은? (단, 지구 자전축 경사각 이외의 요인은 변하지 않는다.)

<보 기>
ㄱ. 30°S에서 기온의 연교차는 현재가 ㉡시기보다 작다.
ㄴ. 30°N에서 겨울철 태양의 남중 고도는 현재가 ㉠시기보다 높다.
ㄷ. 1년 동안 지구에 입사하는 평균 태양 복사 에너지양은 ㉠시기가 ㉡시기보다 많다.

① ㄱ ② ㄴ ③ ㄷ ④ ㄱ, ㄴ ⑤ ㄱ, ㄷ

• 왜 정답일까?

지구 자전축의 경사각이 변하면 각 위도에서 받는 일사량이 변하므로 기후 변화가 생긴다.

ㄱ. 지구 자전축의 경사각이 현재보다 커지면 북반구와 남반구 모두 기온의 연교차가 커진다. 따라서 30°S에서 기온의 연교차는 지구 자전축의 경사각이 작은 현재가 ㉡ 시기보다 작다.

• 왜 오답일까?

ㄴ. 겨울철에 30°N에서 태양의 남중 고도는 지구 자전축의 경사각이 작을수록 높아진다. 따라서 태양의 남중 고도는 현재가 ㉠ 시기보다 낮다.

ㄷ. 지구 자전축 경사각이 변해도 1년 동안 지구에 입사하는 태양 복사 에너지양은 변하지 않는다. 따라서 연간 지구에 입사하는 평균 태양 복사 에너지양은 ㉠ 시기와 ㉡ 시기가 같다.

14 지질 단면 해석과 암석의 절대 연령

정답률 45% | 정답 ②

| 문제 보기 |

그림 (가)는 어느 지역의 지질 단면을, (나)는 방사성 원소 X에 의해 생성된 자원소 Y의 함량을 시간에 따라 나타낸 것이다. 화성암 A, B, C에는 X와 Y가 포함되어 있으며, Y는 모두 X의 붕괴 결과 생성되었다. 현재 C에 있는 X와 Y의 함량은 같다.

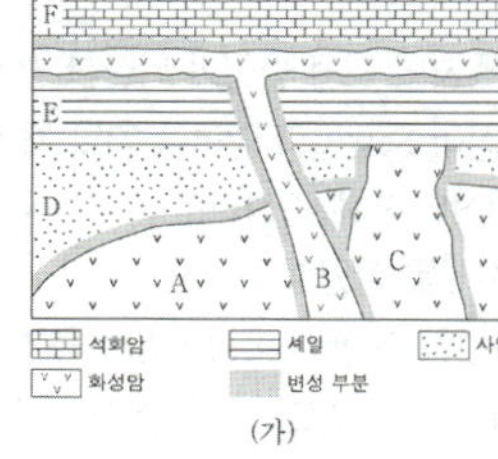

(가)

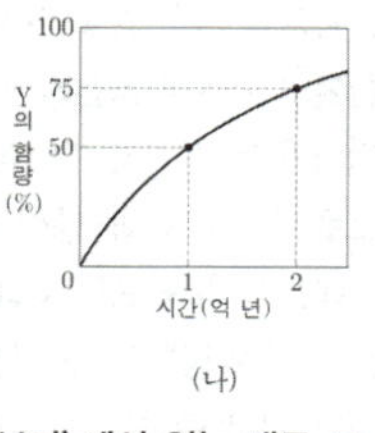

(나)

이에 대한 설명으로 옳은 것만을 <보기>에서 있는 대로 고른 것은? [3점]

<보 기>
ㄱ. D는 화폐석이 번성하던 시대에 생성되었다.
ㄴ. $\frac{\text{Y의 함량}}{\text{X의 함량}}$은 A가 B보다 크다.
ㄷ. 암석의 생성 순서는 D → A → C → E → B → F이다.

① ㄱ ② ㄴ ③ ㄷ ④ ㄱ, ㄴ ⑤ ㄴ, ㄷ

• 왜 정답일까?

시간이 지날수록 암석 속에 포함되어 있는 방사성 원소의 양은 감소하고, 자원소의 양은 증가한다.

ㄴ. 암석의 절대 연령이 많을수록 $\frac{\text{Y의 함량}}{\text{X의 함량}}$은 커진다. 따라서 $\frac{\text{Y의 함량}}{\text{X의 함량}}$은 절대 연령이 많은 A가 B보다 크다.

• 왜 오답일까?

ㄱ. D가 퇴적된 후 절대 연령이 약 1억 년인 C가 관입하였다. 따라서 D는 1억 년 전 이전에 생성되었으므로 화폐석이 번성하던 시대에 생성된 것이 아니다.

ㄷ. 이 지역은 D 퇴적→A 관입→C 관입→(부정합)→E 퇴적→F 퇴적→B 관입의 순으로 지질학적 사건이 일어났다.

15 온대 저기압과 날씨

정답률 52% | 정답 ⑤

| 문제 보기 |

그림 (가)와 (나)는 어느 온대 저기압이 우리나라를 지날 때 12시간 간격으로 작성한 지상 일기도를 순서대로 나타낸 것이다. 일기 기호는 A지점에서 관측한 기상 요소를 표시한 것이다.

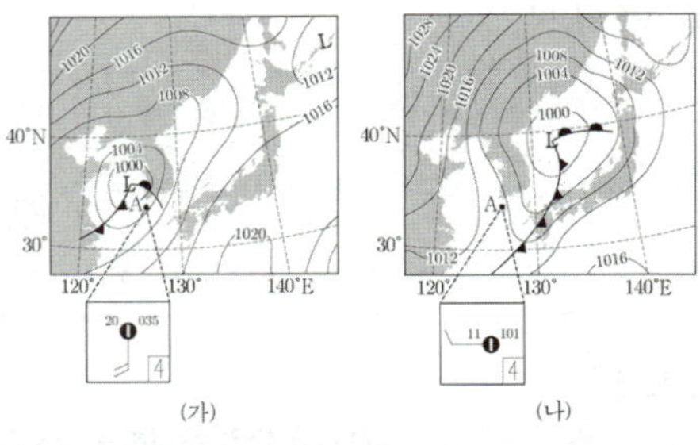

이 자료에 대한 설명으로 옳은 것만을 <보기>에서 있는 대로 고른 것은?

<보 기>
ㄱ. A 지점의 풍향은 시계 방향으로 바뀌었다.
ㄴ. 한랭 전선이 통과한 후에 A에서의 기온은 9℃ 하강하였다.
ㄷ. 온난 전선면과 한랭 전선면은 각각 전선으로부터 지표상의 공기가 더 차가운 쪽에 위치한다.

① ㄱ ② ㄷ ③ ㄱ, ㄴ ④ ㄴ, ㄷ ⑤ ㄱ, ㄴ, ㄷ

• 왜 정답일까?

온대 저기압이 통과할 때 저기압 중심이 관측 지역의 북쪽으로 통과하는 경우 풍향은 시계 방향으로 변하고, 관측 지역의 남쪽으로 통과하는 경우 풍향은 시계 반대 방향으로 변한다.

ㄱ. A 지점은 온대 저기압 중심이 북쪽으로 통과하였으므로 풍향이 시계 방향으로 바뀌었다.

ㄴ. A 지점의 기온은 한랭 전선이 통과하기 전에 20°C, 통과한 후에 11°C이다. 따라서 한랭 전선이 통과한 후에 A에서의 기온은 9°C 하강하였다.

ㄷ. 온난 전선과 한랭 전선 모두 차가운 공기가 따뜻한 공기 아래쪽에 위치한다. 따라서 온난 전선면과 한랭 전선면은 각각 전선으로부터 지표상의 공기가 더 차가운 쪽에 위치한다.

16 우주 팽창 속도 변화

정답률 50% | 정답 ①

| 문제 보기 |

그림 (가)는 현재 우주를 구성하는 요소 A, B, C의 상대적 비율을 나타낸 것이고, (나)는 빅뱅 이후 현재까지 우주의 팽창 속도를 추정하여 나타낸 것이다. A, B, C는 각각 보통 물질, 암흑 물질, 암흑 에너지 중 하나이다.

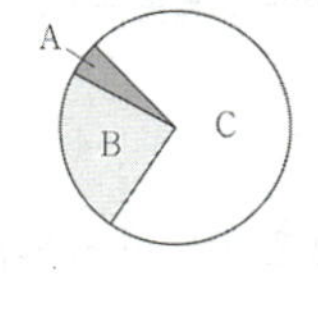

(가)

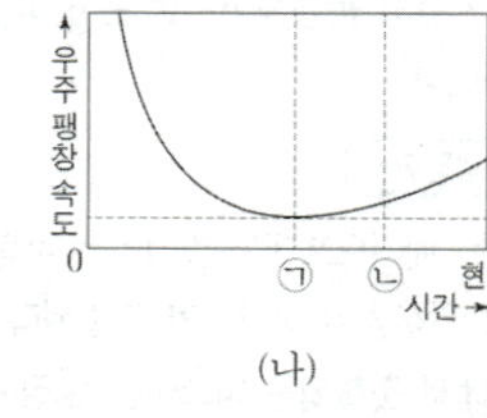

(나)

이에 대한 설명으로 옳은 것만을 <보기>에서 있는 대로 고른 것은? [3점]

<보 기>
ㄱ. 우주가 팽창하는 동안 C가 차지하는 비율은 증가한다.
ㄴ. ㉠시기에 우주는 팽창하지 않았다.
ㄷ. 우주 팽창에 미치는 B의 영향은 ㉡시기가 ㉠시기보다 크다.

① ㄱ ② ㄴ ③ ㄷ ④ ㄱ, ㄴ ⑤ ㄱ, ㄷ

• 왜 정답일까?

A는 보통 물질, B는 암흑 물질, C는 암흑 에너지이다.

ㄱ. 우주가 팽창하는 동안 물질(보통 물질+암흑 물질)의 밀도는 감소하지만 암흑 에너지의 밀도는 상대적으로 거의 일정하

[문제편 p.075]

다. 따라서 우주가 팽창하는 동안 암흑 에너지(C)가 차지하는 비율은 증가한다.

• 왜 오답일까?

ㄴ. ㉠ 시기의 팽창 속도가 0보다 크므로, 우주는 팽창하였다.
ㄷ. 우주는 ㉠ 시기 이전에는 감속 팽창하였고, 그 이후에는 가속 팽창하였다. 따라서 우주 팽창에 미치는 암흑 물질(B)의 영향은 우주 팽창 속도가 증가하고 있던 ㉡ 시기가 ㉠ 시기보다 작다.

17 급팽창 우주론과 정상 우주론

정답률 67% | 정답 ③

| 문제 보기 |

그림 (가)는 우주론 A에 의한 우주의 크기를, (나)는 우주론 B에 의한 우주의 온도를 나타낸 것이다. A와 B는 우주 팽창을 설명한다.

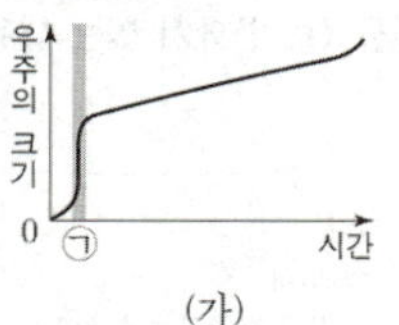

(가)

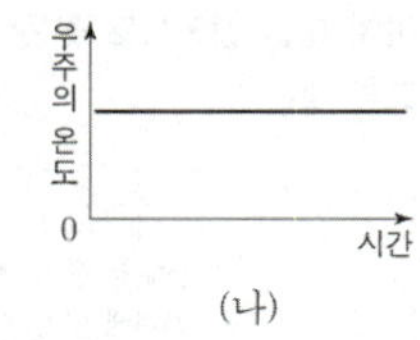

(나)

이에 대한 설명으로 옳은 것만을 <보기>에서 있는 대로 고른 것은?

<보 기>
ㄱ. 우주 배경 복사가 우주의 양쪽 반대편 지평선에서 거의 같게 관측되는 것은 (가)의 ㉠ 시기에 일어난 팽창으로 설명된다.
ㄴ. A는 수소와 헬륨의 질량비가 거의 3 : 1로 관측되는 결과와 부합된다.
ㄷ. 우주의 밀도 변화는 B가 A보다 크다.

① ㄱ ② ㄷ ③ ㄱ, ㄴ
④ ㄴ, ㄷ ⑤ ㄱ, ㄴ, ㄷ

• 왜 정답일까?

A는 급팽창 우주론, B는 정상 우주론이다.
ㄱ. (가)의 우주론은 급팽창 우주론(A)으로, 우주 생성 초기(㉠ 시기)에 우주가 급팽창하였기 때문에 우주 배경 복사가 우주의 양쪽 반대편 지평선에서 거의 같게 관측된다고 주장하여 우주의 지평선 문제를 설명하였다.
ㄴ. 급팽창 우주론(A)에서는 우주에 존재하는 수소와 헬륨의 질량비가 거의 3 : 1로 관측되는 현상을 설명할 수 있다.

• 왜 오답일까?

ㄷ. 급팽창 우주론에서 우주의 밀도는 감소하지만, 정상 우주론에서 우주의 밀도는 변하지 않는다. 따라서 우주의 밀도 변화는 A가 B보다 크다.

18 태풍의 이동 경로

정답률 23% | 정답 ②

| 문제 보기 |

그림은 북반구 해상에서 관측한 태풍의 하층(고도 2km 수평면) 풍속 분포를 나타낸 것이다.

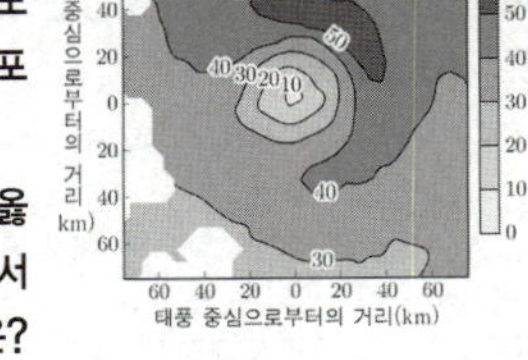

이에 대한 설명으로 옳은 것만을 <보기>에서 있는 대로 고른 것은? (단, 등압선은 태풍의 이동 방향 축에 대해 대칭이라고 가정한다.) [3점]

<보 기>
ㄱ. 태풍은 북동 방향으로 이동하고 있다.
ㄴ. 태풍 중심 부근의 해역에서 수온 약층의 차가운 물이 용승한다.
ㄷ. 태풍의 상층 공기는 반시계 방향으로 불어 나간다.

① ㄱ ② ㄴ ③ ㄷ ④ ㄱ, ㄴ ⑤ ㄴ, ㄷ

• 왜 정답일까?

그림에서 태풍 중심의 북동쪽에 위험 반원이, 남서쪽에 안전 반원이 위치한다.
ㄴ. 북반구에서는 시계 반대 방향으로 지속적으로 부는 저기압성 바람에 의해 표층 해수의 발산이 일어나 수온 약층의 차가운 물이 용승한다.

• 왜 오답일까?

ㄱ. 태풍 중심의 북동쪽에 위험 반원이, 남서쪽에 안전 반원이 위치하므로 태풍은 북서 방향으로 이동하고 있다.
ㄷ. 태풍의 중심부에서 상승한 상층 공기는 전향력의 영향으로 시계 방향으로 불어나간다.

19 수소 핵융합 반응

정답률 48% | 정답 ⑤

| 문제 보기 |

그림 (가)와 (나)는 주계열에 속한 별 A와 B에서 우세하게 일어나는 핵융합 반응을 각각 나타낸 것이다.

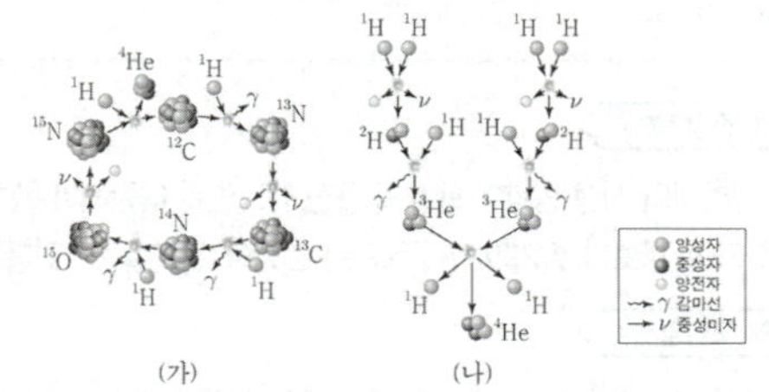

이에 대한 설명으로 옳은 것만을 <보기>에서 있는 대로 고른 것은?

<보 기>
ㄱ. 별의 내부 온도는 A가 B보다 높다.
ㄴ. (가)에서 ^{12}C는 촉매이다.
ㄷ. (가)와 (나)에 의해 별의 질량은 감소한다.

① ㄱ ② ㄷ ③ ㄱ, ㄴ
④ ㄴ, ㄷ ⑤ ㄱ, ㄴ, ㄷ

• 왜 정답일까?

(가)는 CNO 순환 반응, (나)는 p－p 반응이다.
ㄱ. CNO 순환 반응은 p－p 반응보다 중심부 온도가 높은 주계열성에서 주로 일어나는 수소 핵융합 반응이다.
ㄴ. CNO 순환 반응은 4개의 수소 원자핵이 1개의 헬륨 원자핵으로 바뀌면서 에너지를 생성하는 과정에서 탄소, 질소, 산소가 촉매 역할을 한다.
ㄷ. 주계열성 중심부에서 4개의 수소 원자핵이 융합하여 만들어진 헬륨 원자핵 1개의 질량은 4개의 수소 원자핵 질량에 비해 약 0.7% 작으므로, 수소 핵융합 과정에서 질량 결손이 발생한다. 따라서 (가)와 (나)에 의해 별의 질량은 감소한다.

20 엘니뇨와 라니냐

정답률 27% | 정답 ④

| 문제 보기 |

그림 (가)는 어느 해(Y)에 시작된 엘니뇨 또는 라니냐 시기 동안 태평양 적도 부근에서 기상위성으로 관측한 적외선 방출 복사 에너지의 편차(관측값－평년값)를, (나)는 서태평양과 동태평양에 위치한 각 지점의 해면 기압 편차(관측값－평년값)를 나타낸 것이다. (가)의 시기는 (나)의 ㉠에 해당한다.

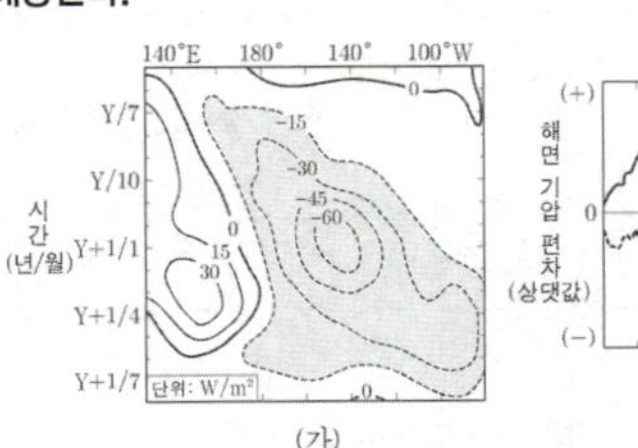

(가)

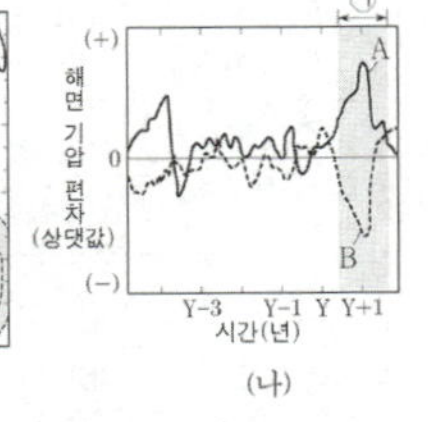

(나)

이 자료에 근거해서 평년과 비교할 때, (가) 시기에 대한 설명으로 옳은 것만을 <보기>에서 있는 대로 고른 것은? [3점]

<보 기>
ㄱ. 동태평양에서 두꺼운 적운형 구름의 발생이 줄어든다.
ㄴ. 워커 순환이 약화된다.
ㄷ. (나)의 A는 서태평양에 해당한다.

① ㄱ ② ㄴ ③ ㄱ, ㄷ
④ ㄴ, ㄷ ⑤ ㄱ, ㄴ, ㄷ

• 왜 정답일까?

(가)는 태평양 중앙부에서 페루 연안에 이르는 해역에 적운형 구름이 발달해 있는 엘니뇨 시기이다.
ㄴ. 평상시 무역풍으로 인해 열대 서태평양은 공기가 따뜻한 해수로부터 열과 수증기를 공급받아 상승하여 강수대가 형성되고, 상대적으로 온도가 낮은 열대 동태평양은 공기가 하강한다. 이로 인해 열대 태평양 지역에서는 동서 방향의 거대한 순환이 형성되는데, 이를 워커 순환이라고 한다. 워커 순환은 열대 동태평양의 표층 수온이 평년보다 높아지는 엘니뇨 시기에 약화된다.
ㄷ. 엘니뇨 시기에 열대 동태평양은 기압이 낮아져 평상시보다 강수량이 많아지고, 열대 서태평양은 기압이 높아져 평상시보다 강수량이 적은 건조한 날씨가 나타난다. 따라서 A는 엘니뇨 시기에 해면 기압이 평년보다 높으므로 서태평양에 해당한다.

• 왜 오답일까?

ㄱ. 그림에서 적외선 방출 복사 에너지의 편차가 음(−)의 값인 지역(중앙 태평양 및 동태평양)은 구름 상층부의 온도가 낮아 높이가 높으므로 적운형 구름이 발달해 있다고 해석할 수 있다. 따라서 (가) 시기에 동태평양에서는 두꺼운 적운형 구름의 발생이 증가한다.

19회

● 고3 지구과학Ⅰ ●

20회 2020학년도 6월

01 ④	02 ⑤	03 ①	04 ③	05 ⑤
06 ②	07 ③	08 ④	09 ①	10 ③
11 ①	12 ①	13 ①	14 ②	15 ⑤
16 ②	17 ④	18 ③	19 ③	20 ③

채점 결과
- 실제 걸린 시간 : 분 초
- 맞은 문항수 : 개
- 틀린 문항수 : 개
- 헷갈린 문항 :

01 판 경계의 특징
정답률 60% | 정답 ④

| 문제 보기 |

다음은 태평양 주변 판의 경계와 A~D 중 두 지역의 특징을 나타낸 것이다.

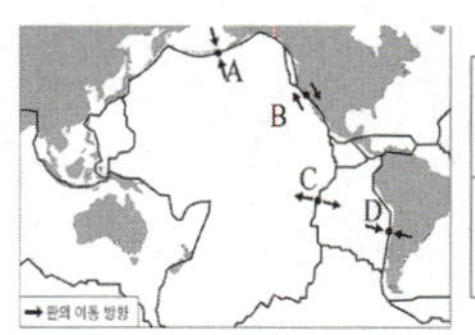

(가)	· 맨틀 대류의 상승부 · 천발 지진과 화산 활동 발생
(나)	· 호상 열도 발달 · 천발 및 심발 지진 발생

(가), (나)에 해당하는 지역을 옳게 짝지은 것은?

	(가)	(나)		(가)	(나)
①	A	D	②	B	A
③	B	D	④	C	A
⑤	C	B			

• 왜 정답일까?

A는 수렴 경계(알류산 해구), B는 보존 경계 (산안드레아스 단층), C는 발산 경계(동태평양 해령), D는 수렴 경계(안데스 산맥)를 나타낸다. 발산 경계의 특징인 (가)는 C이고, 호상 열도가 나타나는 수렴 경계인 (나)는 A이다.

02 지층 단면의 해석
정답률 78% | 정답 ⑤

| 문제 보기 |

그림의 어느 지역의 지질 단면도이다.

이에 대한 해석으로 옳은 것만을 <보기>에서 있는 대로 고른 것은? [3점]

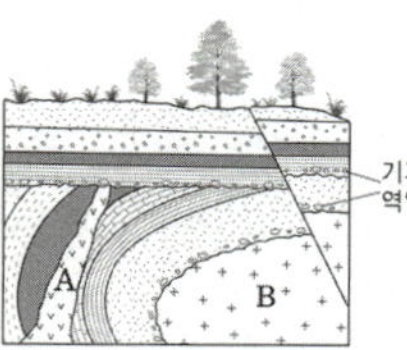

<보 기>
ㄱ. 화성암 B는 A보다 먼저 관입하였다.
ㄴ. 습곡은 단층보다 먼저 형성되었다.
ㄷ. 최소한 3번의 융기가 있었다.

① ㄱ ② ㄴ ③ ㄱ, ㄷ ④ ㄴ, ㄷ ⑤ ㄱ, ㄴ, ㄷ

• 왜 정답일까?

ㄱ. 화성암 B를 포함한 습곡된 지층이 화성암 A에 의해 관입되었으므로 화성암 B가 A보다 먼저 생성되었다.
ㄴ. 습곡을 단층이 자르고 있으므로 습곡이 단층보다 먼저 생성되었다.
ㄷ. 부정합은 지층의 융기-침식-침강-퇴적을 포함하는 긴 시간을 나타낸다. 2개의 부정합이 있고 현재 육지로 드러나 있으므로 최소 3번의 융기가 있었다.

03 식 현상
정답률 33% | 정답 ①

| 문제 보기 |

그림 (가)는 어느 외계 행성이 별 주위를 공전하는 모습을, (나)는 이 별의 겉보기 밝기를 시간에 따라 나타낸 것이다.

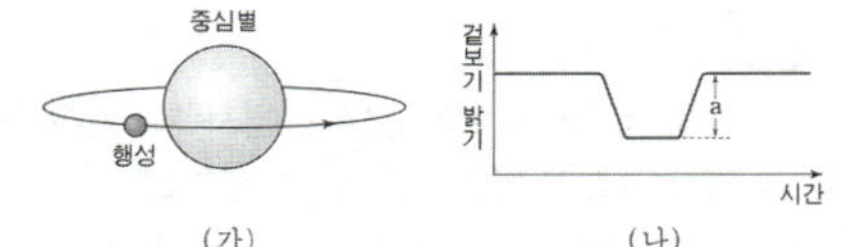

이에 대한 설명으로 옳은 것만을 <보기>에서 있는 대로 고른 것은? [3점]

<보 기>
ㄱ. 관측자의 시선 방향이 행성의 공전 궤도면과 나란할 경우 (나)의 현상을 관측할 수 있다.
ㄴ. 겉보기 밝기가 최소일 때 중심별의 스펙트럼 파장이 가장 길게 관측된다.
ㄷ. 행성의 반지름이 2배가 되면 a는 2배로 커진다.

① ㄱ ② ㄴ ③ ㄷ
④ ㄱ, ㄴ ⑤ ㄱ, ㄷ

• 왜 정답일까?

ㄱ. 관측자의 시선 방향이 행성의 공전 궤도면과 나란해야 행성이 별을 가려 겉보기 밝기가 어두워지는 현상을 관측할 수 있다.

• 왜 오답일까?

ㄴ. 겉보기 밝기가 최소일 때 중심별의 시선 속도는 0(관측자의 시선 방향과 나란하므로)이므로 도플러 효과가 나타나지 않는다.
ㄷ. 행성의 반지름이 2배가 된다면 행성의 겉넓이는 4배 증가한다. 그러므로 a는 2배가 아니고 4배가 될 것이다.

04 태풍의 이동과 날씨
정답률 29% | 정답 ③

| 문제 보기 |

다음은 어느 태풍의 이동 경로와 그에 따른 풍향과 기압 변화를 알아보기 위한 탐구 활동이다.

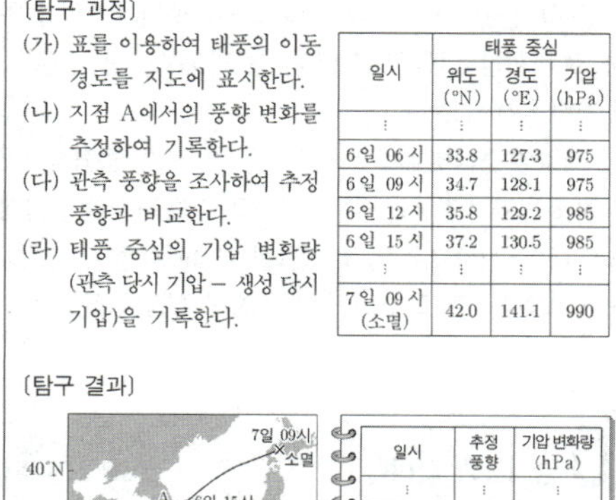

〔탐구 과정〕
(가) 표를 이용하여 태풍의 이동 경로를 지도에 표시한다.
(나) 지점 A에서의 풍향 변화를 추정하여 기록한다.
(다) 관측 풍향을 조사하여 추정 풍향과 비교한다.
(라) 태풍 중심의 기압 변화량(관측 당시 기압 − 생성 당시 기압)을 기록한다.

일시	태풍 중심		
	위도 (°N)	경도 (°E)	기압 (hPa)
⋮	⋮	⋮	⋮
6일 06시	33.8	127.3	975
6일 09시	34.7	128.1	975
6일 12시	35.8	129.2	985
6일 15시	37.2	130.5	985
⋮	⋮	⋮	⋮
7일 09시 (소멸)	42.0	141.1	990

〔탐구 결과〕

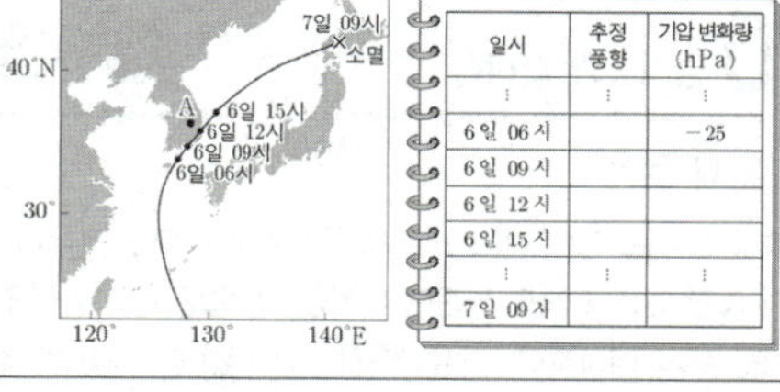

일시	추정 풍향	기압 변화량 (hPa)
⋮	⋮	⋮
6일 06시		−25
6일 09시		
6일 12시		
6일 15시		
⋮	⋮	⋮
7일 09시		

이 자료에 대한 설명으로 옳은 것만을 <보기>에서 있는 대로 고른 것은? [3점]

<보 기>
ㄱ. 6일 06시에 태풍은 편서풍의 영향을 받는다.
ㄴ. 6일 06시부터 6일 15시까지 A의 관측 풍향은 시계 반대 방향으로 변한다.
ㄷ. 이 태풍의 $\frac{\text{소멸 당시 중심 기압}}{\text{생성 당시 중심 기압}}$은 1보다 크다.

① ㄱ ② ㄷ ③ ㄱ, ㄴ
④ ㄴ, ㄷ ⑤ ㄱ, ㄴ, ㄷ

• 왜 정답일까?

ㄱ. 6일 6시에 태풍은 북동쪽으로 이동하였으므로 편서풍의 영향을 받았다.
ㄴ. 6일 6시부터 6일 15시까지 태풍이 이동하는 동안 A는 태풍이 이동하는 방향의 왼쪽에 위치하였다. 따라서 이 기간 동안 A에서 관측된 풍향은 시계 반대 방향으로 변했을 것이다.

• 왜 오답일까?

ㄷ. 6일 6시에 태풍 중심의 기압 변화량은 −25hPa이고, 중심 기압이 975hPa이다. 따라서 6일 6시 이전에 태풍의 중심 기압은 1000hPa이었다. 태풍은 생성 이후 세력이 점점 강해지면서 중심 기압이 낮아진다. 그 후 중심 기압이 높아지고 세력이 약해지다가 소멸한다. 따라서 이 태풍이 최초에 생성될 당시에는 중심 기압이 1000hPa 이상이었을 것이다. 한편 이 태풍이 소멸할 때 중심 기압은 990hPa이었다. 따라서 이 태풍의 $\frac{\text{소멸 당시 중심 기압}}{\text{생성 당시 중심 기압}}$은 1보다 작다.

05 생명 가능 지대
정답률 59% | 정답 ⑤

| 문제 보기 |

그림은 주계열성인 외계 항성 S를 공전하는 5개 행성과 생명 가능 지대를 나타낸 것이다.

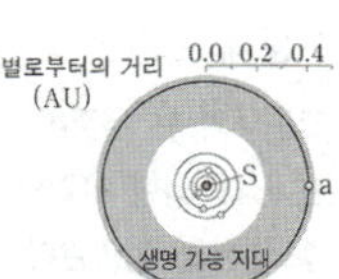

이에 대한 설명으로 옳은 것만을 <보기>에서 있는 대로 고른 것은?

<보 기>
ㄱ. S의 광도는 태양의 광도보다 작다.
ㄴ. a는 액체 상태의 물이 존재할 수 있다.
ㄷ. 생명 가능 지대에 머물 수 있는 기간은 지구가 a보다 짧다.

① ㄱ ② ㄷ ③ ㄱ, ㄴ
④ ㄴ, ㄷ ⑤ ㄱ, ㄴ, ㄷ

• 왜 정답일까?

ㄱ. 중심별에서 생명 가능 지대까지의 거리는 S가 태양보다 가깝다. 따라서 S의 광도는 태양의 광도보다 작다.
ㄴ. 행성 a는 생명 가능 지대에 위치해 있으므로 액체 상태의 물이 존재할 수 있다.
ㄷ. S는 태양보다 질량이 작으므로 수명이 더 길다. 따라서 행성이 생명 가능 지대에 머물 수 있는 기간은 지구가 a보다 짧다.

06 대기와 해양의 에너지 수송
정답률 40% | 정답 ②

| 문제 보기 |

그림은 대기와 해양에서 남북 방향으로의 연평균 에너지 수송량을 위도별로 나타낸 것이다. A와 B는 각각 대기와 해양 중 하나이다.

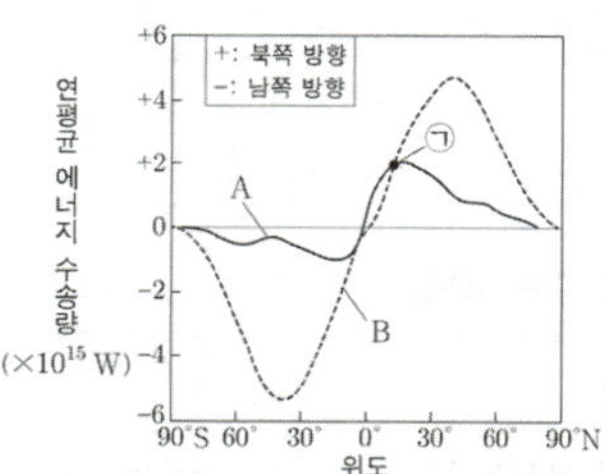

이에 대한 설명으로 옳은 것만을 <보기>에서 있는 대로 고른 것은? [3점]

<보 기>
ㄱ. A는 대기에 해당한다.
ㄴ. A와 B가 교차하는 ㉠의 위도에서 복사 평형을 이루고 있다.
ㄷ. 적도에서는 에너지 과잉이다.

① ㄴ ② ㄷ ③ ㄱ, ㄴ
④ ㄱ, ㄷ ⑤ ㄱ, ㄴ, ㄷ

• 왜 정답일까?

ㄷ. 적도에서는 태양 복사 에너지 흡수량이 지구 복사 에너지 방출량보다 많으므로 에너지 과잉이 나타난다.

• 왜 오답일까?

ㄱ. 저위도에서 고위도 수송하는 에너지양은 대기에 의한 양이 해양에 의한 양보다 많다. 따라서 A는 해양, B는 대기이다.
ㄴ. 태양 복사 에너지 흡수량과 지구 복사 에너지 방출량이 같은 위도(약 38° 부근)에서 대기와 해수에 의한 에너지 수송량이 최대로 나타난다. 따라서 38° 보다 저위도에 위치한 ㉠의 위도에서는 에너지 과잉이 나타난다.

[문제편 p.077]

07 화석과 지질 시대

정답률 85% | 정답 ③

| 문제 보기 |

그림은 어느 지역의 지질 단면과 지층 A, B, C에서 발견되는 화석을 나타낸 것이다.

이에 대한 설명으로 옳은 것을 <보기>에서 고른 것은?

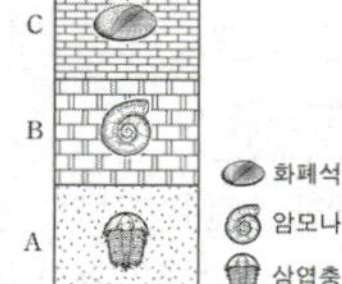

<보 기>

ㄱ. A의 지질 시대 초기에 판게아가 분리되었다.
ㄴ. B의 지질 시대에는 공룡이 번성하였다.
ㄷ. C의 지질 시대에는 포유류가 번성하였다.
ㄹ. A, B, C는 모두 육지에서 형성되었다.

① ㄱ, ㄷ ② ㄱ, ㄹ ③ ㄴ, ㄷ
④ ㄴ, ㄹ ⑤ ㄷ, ㄹ

• 왜 정답일까?

ㄴ. 암모나이트가 발견되는 지층 B는 중생대층이다. 중생대에는 공룡이 번성하였다.
ㄷ. 화폐석이 발견되는 지층 C는 신생대층이다. 신생대에는 포유류가 번성하였다.

08 해수의 용존 기체

정답률 86% | 정답 ④

| 문제 보기 |

그림은 해수에 녹아 있는 두 기체 A와 B의 수심에 따른 농도를 나타낸 것이다. A와 B 중 하나는 산소이고 다른 하나는 이산화 탄소이다.

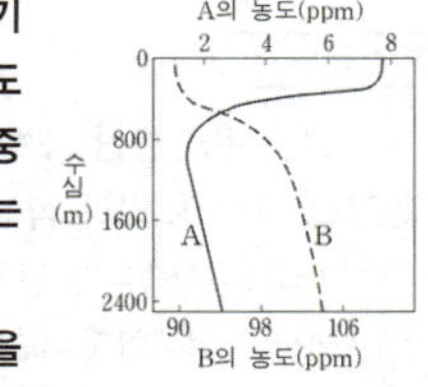

이에 대한 설명으로 옳은 것만을 <보기>에서 있는 대로 고른 것은?

<보 기>

ㄱ. A의 농도는 표층에서 가장 낮다.
ㄴ. B는 이산화 탄소이다.
ㄷ. 심해층의 A는 극지방의 표층 해수로부터 공급된다.

① ㄱ ② ㄴ ③ ㄱ, ㄷ
④ ㄴ, ㄷ ⑤ ㄱ, ㄴ, ㄷ

• 왜 정답일까?

ㄴ. 이산화 탄소는 산소보다 기체의 용해도가 크므로 해수 중 농도가 큰 B가 이산화 탄소이다.
ㄷ. 용존 산소가 풍부한 표층 해수를 심해로 운반하여 심해층에 산소를 공급하는 심층 순환으로 인해 심해에서는 용존 산소량이 약간 높게 나타난다.

• 왜 오답일까?

ㄱ. A는 산소로서 식물성 플랑크톤의 광합성과 대기로부터의 산소 공급 때문에 해수 표층에서 그 양이 가장 높게 나타난다.

09 지질 구조

정답률 72% | 정답 ①

| 문제 보기 |

그림은 어느 지역의 단층 구조를 모식적으로 나타낸 것이다.

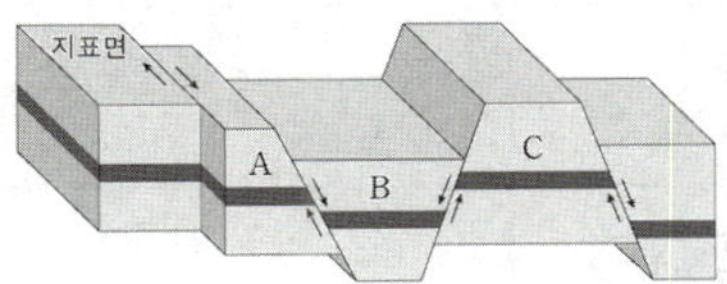

이 지역에 대한 설명으로 옳은 것만을 <보기>에서 있는 대로 고른 것은?

<보 기>

ㄱ. A와 B 사이의 단층은 장력에 의해 형성되었다.
ㄴ. C는 상반이다.
ㄷ. 주향 이동 단층, 정단층, 역단층이 모두 나타난다.

① ㄱ ② ㄴ ③ ㄱ, ㄷ
④ ㄴ, ㄷ ⑤ ㄱ, ㄴ, ㄷ

• 왜 정답일까?

ㄱ. A와 B 사이의 단층은 상반인 B가 하반인 A에서 비해 아래로 이동하였으므로 정단층에 해당한다. 정단층은 장력에 의해 형성되었다.

• 왜 오답일까?

ㄴ. C는 단층면보다 아래에 있는 지괴이므로 하반이다.
ㄷ. 그림에서 가장 왼쪽에 있는 단층이 주향 이동 단층이고, 그 외는 모두 상반이 하반보다 아래로 이동한 정단층이다. 이 지역에서 역단층은 관찰되지 않는다.

10 우주 모형

정답률 94% | 정답 ③

| 문제 보기 |

그림은 어느 팽창 우주 모형에서 시간에 따른 우주의 크기와 우주를 구성하는 요소의 상대량을 나타낸 것이다.

이에 대한 설명으로 옳은 것만을 <보기>에서 있는 대로 고른 것은?

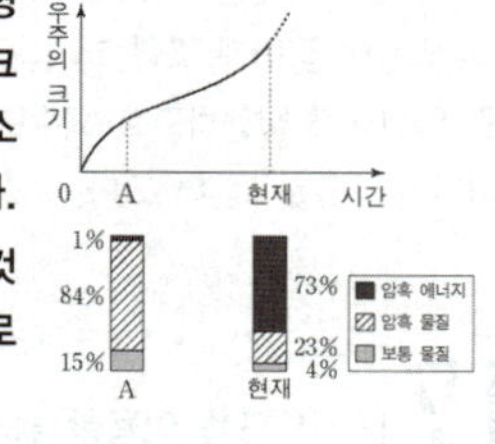

<보 기>

ㄱ. 현재 시점에서 우주의 팽창 속도는 증가하고 있다.
ㄴ. 암흑 에너지의 비율은 A시점보다 현재가 크다.
ㄷ. 우주의 평균 밀도는 A시점보다 현재가 크다.

① ㄱ ② ㄷ ③ ㄱ, ㄴ
④ ㄴ, ㄷ ⑤ ㄱ, ㄴ, ㄷ

• 왜 정답일까?

ㄱ. 그림의 현재 시점에서 가속 팽창이 관찰되고 있다.
ㄴ. 암흑 에너지의 비율은 A시점일 때 1%, 현재는 73%이다.

• 왜 오답일까?

ㄷ. 질량은 같으나 부피가 작은 A시점이 평균 밀도가 더 크다.

11 온대 저기압과 일기 변화

정답률 74% | 정답 ①

| 문제 보기 |

그림 (가), (나), (다)는 우리나라의 어느 지역에서 온대 저기압이 통과하는 동안 관측한 기상 요소를 시간 순으로 나타낸 것이다.

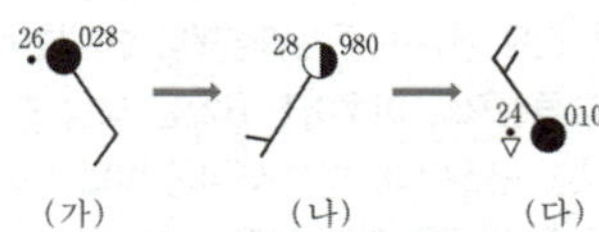

이에 대한 설명으로 옳은 것만을 <보기>에서 있는 대로 고른 것은?

<보 기>

ㄱ. (가), (나), (다) 중 기압이 가장 높은 때는 (가)이다.
ㄴ. (가)와 (나) 사이에 한랭 전선이 통과하였다.
ㄷ. 저기압 중심은 이 지역보다 남쪽에 있는 지역을 통과하였다.

① ㄱ ② ㄴ ③ ㄱ, ㄷ
④ ㄴ, ㄷ ⑤ ㄱ, ㄴ, ㄷ

• 왜 정답일까?

ㄱ. 일기 기호를 해석하면, (가)에서 1002.8hPa으로 가장 기압이 높다.

• 왜 오답일까?

ㄴ. (가)에서 (나)로 변화할 때, 바람이 남동풍에서 남서풍으로 변하고, 비가 그치고, 기온이 상승하고, 기압이 하강한다. 이는 온난 전선이 통과할 때의 특징에 해당한다.
ㄷ. 온대 저기압에서 온난 전선과 한랭 전선은 각각 저기압 중심에서 남동쪽과 남서쪽에 위치한다. (가)와 (나)사이에 온난 전선이 통과하였고, (나)와 (다)사이에 한랭 전선이 통과하였으므로, 저기압 중심이 이 지역의 북쪽에 있는 지역을 통과함을 알 수 있다.

12 복사 에너지와 지구의 열수지

정답률 23% | 정답 ①

| 문제 보기 |

그림 (가)는 지구에 입사하는 파장별 태양 복사 에너지의 세기를, (나)는 복사 평형 상태에 있는 지구의 열수지를 나타낸 것이다.

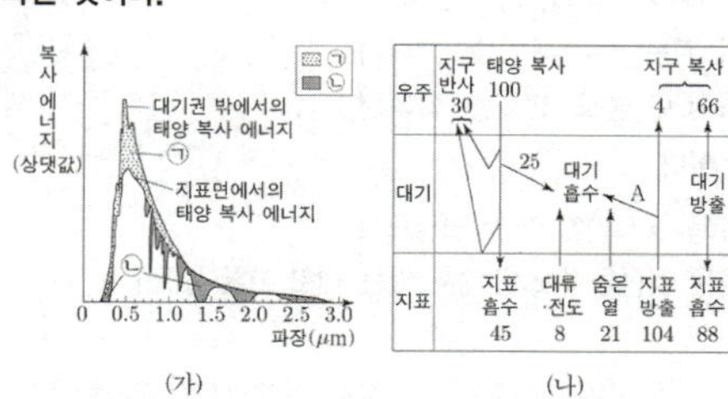

이에 대한 설명으로 옳은 것만을 <보기>에서 있는 대로 고른 것은? [3점]

<보 기>

ㄱ. (가)에서 지표에 흡수되는 태양 복사 에너지는 자외선 영역이 적외선 영역보다 적다.
ㄴ. 성층권에 도달한 다량의 화산재는 ㉠을 감소시킨다.
ㄷ. ㉡은 A에 해당한다.

① ㄱ ② ㄷ ③ ㄱ, ㄴ
④ ㄴ, ㄷ ⑤ ㄱ, ㄴ, ㄷ

• 왜 정답일까?

ㄱ. (가)에서 태양 복사 에너지 중 지표까지 도달하는 비율은 자외선 영역이 적외선 영역에 비해 극히 적다. 따라서 지표에 흡수되는 태양 복사 에너지도 자외선 영역이 적외선 영역보다 적다.

• 왜 오답일까?

ㄴ. ㉠은 지구에 입사한 태양 복사 에너지 중 대기에 의해 반사되는 양에 해당한다. 성층권에 도달한 다량의 화산재는 햇빛을 흡수하거나 산란시키므로 ㉠을 증가시키는 역할을 한다.
ㄷ. ㉡은 대기에 의해 흡수된 태양 복사 에너지양에 해당하며, A는 대기에 의해 흡수된 지표 복사 에너지양에 해당한다.

20회

13 지질 단면도 해석

정답률 70% | 정답 ①

| 문제 보기 |

그림 (가)는 어느 지역의 지질 단면을, (나)는 방사성 원소 X의 붕괴 곡선을 나타낸 것이다. (가)의 화성암 E와 F에 포함된 방사성 원소 X의 양은 각각 처음 양의 $\frac{1}{4}$과 $\frac{1}{2}$이다.

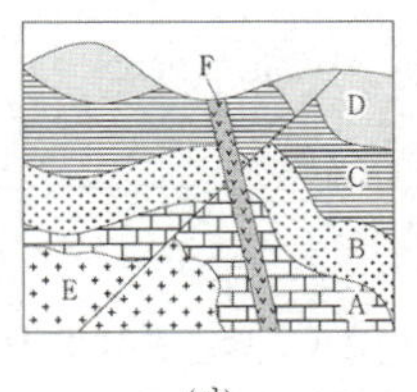

(가)

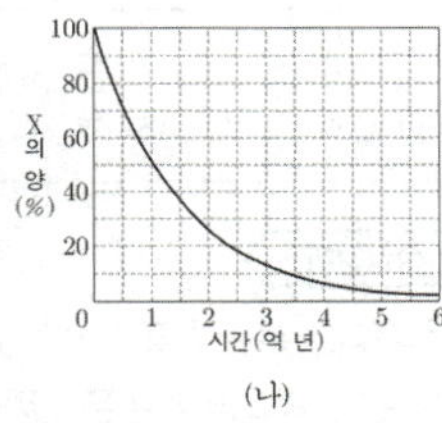

(나)

이에 대한 설명으로 옳은 것만을 <보기>에서 있는 대로 고른 것은? [3점]

<보 기>

ㄱ. 단층은 습곡 생성 이후에 만들어졌다.
ㄴ. 암석 A는 신생대에 생성되었다.
ㄷ. 가장 최근에 생성된 암석은 D이다.

① ㄱ ② ㄴ ③ ㄷ
④ ㄱ, ㄴ ⑤ ㄱ, ㄷ

• 왜 정답일까?

ㄱ. A, B, C, D는 습곡 작용에 의해 휘어져 있고, 또한 단층면에 의해 어긋나 있으므로 단층은 습곡 생성 이후에 만들어졌다.

• 왜 오답일까?

ㄴ. 방사성 원소 X의 반감기는 1억 년이므로 화성암 E의 연령은 2억년, F의 연령은 1억 년이다. 암석 A는 E와 F보다 먼저 생성되었으므로 A의 연령은 적어도 2억년 이상이며 신생대에 생성되지 않았다.
ㄷ. 가장 최근에 생성된 암석은 F이다.

14 빙하 코어 연구

정답률 60% | 정답 ②

| 문제 보기 |

그림은 남극 빙하 연구를 통해 알아낸 과거 40만 년 동안의 해수면 높이, 기온 편차(당시 기온 − 현재 기온), 대기 중 CO_2농도 변화를 나타낸 것이다.

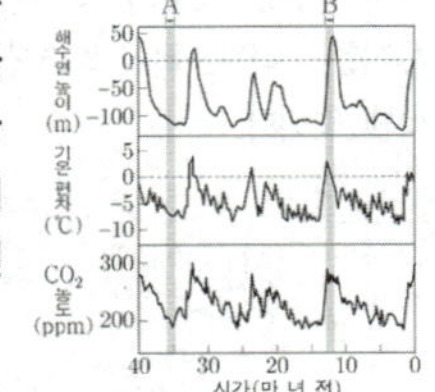

A와 B시기에 대한 설명으로 옳은 것만을 〈보기〉에서 있는 대로 고른 것은?

〈보 기〉

ㄱ. 빙하 코어 속 얼음의 산소 동위 원소비 ($^{18}O/^{16}O$)는 A가 B보다 크다.

ㄴ. 대륙 빙하의 면적은 A가 B보다 넓다.

ㄷ. CO_2 농도가 높은 시기에 평균 기온이 낮다.

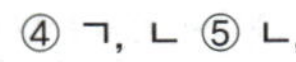

① ㄱ ② ㄴ ③ ㄷ ④ ㄱ, ㄴ ⑤ ㄴ, ㄷ

• 왜 정답일까?

ㄴ. 지구의 평균 기온이 A 시기보다 B 시기에 높았으므로 대륙 빙하의 면적은 B 시기보다 A 시기에 넓었다.

• 왜 오답일까?

ㄱ. 기온 편차는 A 시기보다 B 시기에 크므로 지구의 평균 기온은 A 시기보다 B 시기에 높았다. 따라서 빙하 코어 속 얼음의 산소 동위 원소비 ($^{18}O/^{16}O$)는 A 시기보다 B 시기에 컸다.

ㄷ. 대기 중 CO_2 농도가 높은 시기일수록 기온 편차가 높으므로 지구의 평균 기온이 높다는 것을 알 수 있다.

15 동해 표층 해류

정답률 80% | 정답 ⑤

| 문제 보기 |

그림은 동해의 표층 해류도이다.

이에 대한 설명으로 옳은 것만을 〈보기〉에서 있는 대로 고른 것은? [3점]

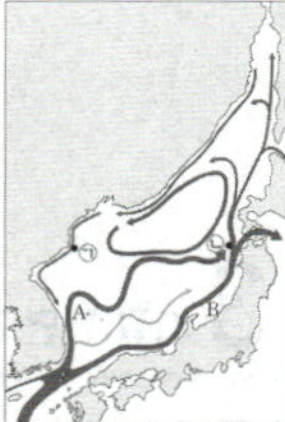

〈보 기〉

ㄱ. 수온은 ㉠지점이 ㉡지점보다 낮다.

ㄴ. A해류는 겨울철에 주변 지역의 대기에 열에너지를 공급한다.

ㄷ. B해류의 일부는 태평양으로 빠져나가고 일부는 재순환된다.

① ㄱ ② ㄷ ③ ㄱ, ㄴ ④ ㄴ, ㄷ ⑤ ㄱ, ㄴ, ㄷ

• 왜 정답일까?

ㄱ. ㉠지점은 북한 한류의 일부분이고 ㉡지점은 쓰시마 난류의 일부분이다. 따라서 수온은 한류인 ㉠지점이 낮다.

ㄴ. A해류는 동한 난류로 겨울철에 상대적으로 육지보다 온도가 높아 주변 지역의 대기에 열에너지를 공급한다.

ㄷ. B해류는 쓰시마 난류로 일본 연안을 따라 북상하다가 일부는 북태평양으로 빠지고 나머지는 동해에서 재순환되거나 오호츠크해로 유출된다.

16 엘니뇨와 라니냐

정답률 65% | 정답 ②

| 문제 보기 |

그림 (가)와 (나)는 평상시와 비교한 라니냐와 엘니뇨 시기의 기후를 순서 없이 나타낸 것이다.

(가)

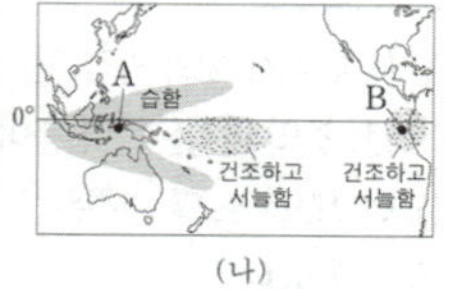

(나)

(가)와 (나) 시기를 비교한 설명으로 옳은 것은? [3점]

① A해역의 강수량은 (가)일 때 더 많다.

② 남적도 해류는 (나)일 때 더 강하다.

③ A해역의 상승 기류는 (가)일 때 더 강하다.

④ B해역의 따뜻한 해수층은 (나)일 때 더 두껍다.

⑤ A와 B해역의 해수면 높이 차는 (가)일 때 더 크다.

• 왜 정답일까?

② (가)는 엘니뇨, (나)는 라니냐 시기의 기후이다. 남적도 해류는 라니냐일 때 더 강하므로 (나)일 때 더 강하다.

• 왜 오답일까?

① A해역은 엘니뇨일 때 가뭄 피해를 입고 라니냐일 때 홍수 피해를 입는다. 따라서 A해역의 강수량은 라니냐인 (나)시기에 더 많다.

③ 상승기류가 발달하면 구름이 생성되고 비가 내린다. 따라서 A해역이 습한 (나)일 때 상승기류가 더 강하다.

④ B해역은 엘니뇨일 때 따뜻하고 라니냐일 때 차갑다. 따라서 B해역의 따뜻한 해수층은 (가)일 때 더 두껍다.

⑤ 무역풍이 강하게 불면 라니냐가 발생하고 무역풍이 약하게 불면 엘니뇨가 발생하므로 해수면의 높이 차는 무역풍이 강한 라니냐인 (나)일 때 더 크다.

17 H−R도를 이용한 별의 진화

정답률 79% | 정답 ④

| 문제 보기 |

그림 (가)는 H−R도에서 별들을 특성에 따라 세 그룹으로 묶은 것이고, (나)는 어느 별의 내부 구조를 나타낸 것이다.

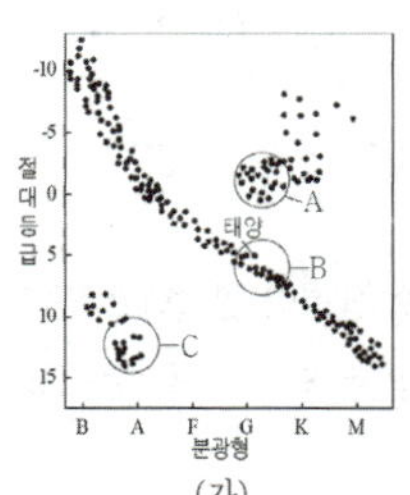

(가)

(나)

A~C그룹에 대한 설명으로 옳은 것만을 〈보기〉에서 있는 대로 고른 것은? [3점]

〈 보 기 〉

ㄱ. A의 별은 B의 별보다 반지름이 작다.

ㄴ. 진화 단계를 가장 많이 거친 것은 C이다.

ㄷ. (나)와 같은 내부 구조를 갖는 별은 B에 속한다.

① ㄱ ② ㄷ ③ ㄱ, ㄴ ④ ㄴ, ㄷ ⑤ ㄱ, ㄴ, ㄷ

• 왜 정답일까?

A는 거성, B는 주계열성, C는 백색 왜성이다.

분광형이 같을 경우 거성이 주계열성보다 반지름이 크다. 중심핵, 복사층, 대류층으로 이루어진 (나)는 태양 정도의 질량을 갖는 별들의 내부 구조이다. 백색 왜성은 별의 진화 단계 중 마지막 단계로 진화 단계를 가장 많이 거친 것이다.

18 세이퍼트 은하

정답률 65% | 정답 ③

| 문제 보기 |

그림 (가)는 가시광선 영역에서 관측된 어느 세이퍼트 은하를, (나)는 이 은하에서 관측된 스펙트럼을 나타낸 것이다.

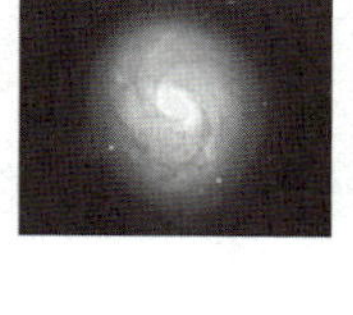

(가)

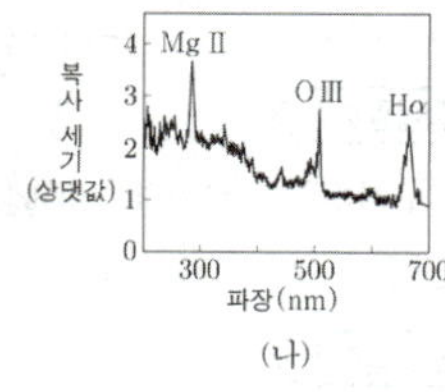

(나)

이에 대한 설명으로 옳은 것만을 〈보기〉에서 있는 대로 고른 것은?

〈보 기〉

ㄱ. (가)는 허블의 은하 분류에서 나선 은하에 해당한다.

ㄴ. (나)는 전파 영역에서 관측된 스펙트럼이다.

ㄷ. (나)에는 폭이 넓은 수소 방출선이 나타난다.

① ㄱ ② ㄴ ③ ㄱ, ㄷ ④ ㄴ, ㄷ ⑤ ㄱ, ㄴ, ㄷ

• 왜 정답일까?

ㄱ. 나선 은하는 은하핵과 나선팔로 구성된 은하이다. 세이퍼트 은하는 대부분 나선 은하의 형태로 관측된다.

ㄷ. 세이퍼트 은하는 다른 은하에 비해 스펙트럼상에 폭이 넓은 방출선을 보인다.

• 왜 오답일까?

ㄴ. (나)에서 관측된 스펙트럼은 주로 가시광선 영역이다. 전파 영역은 가시광선 영역보다 파장이 길다.

19 판의 발산 경계

정답률 76% | 정답 ③

| 문제 보기 |

그림은 아이슬란드의 암석 연령과 활화산 분포를 나타낸 것이다.

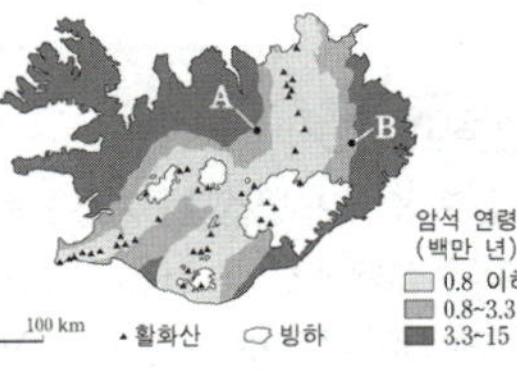

이에 대한 설명으로 옳은 것만을 〈보기〉에서 있는 대로 고른 것은?

〈 보 기 〉

ㄱ. A와 B지역은 서로 멀어지고 있다.

ㄴ. 가장 오래된 암석은 중생대에 생성되었다.

ㄷ. 활화산에서는 주로 현무암질 마그마가 분출된다.

① ㄱ ② ㄴ ③ ㄱ, ㄷ ④ ㄴ, ㄷ ⑤ ㄱ, ㄴ, ㄷ

• 왜 정답일까?

ㄱ. A와 B는 판의 발산 경계를 경계로 서로 다른 판에 위치하고 있으므로 시간에 따라 점점 서로 멀어진다.

ㄷ. 맨틀 대류의 상승부에 위치한 판의 발산 경계는 압력 감소에 의해 생성된 현무암질 마그마가 분출된다.

20 고지자기 분석

정답률 33% | 정답 ③

| 문제 보기 |

그림 (가)는 어느 화산암체에 대한 고지자기 및 절대 연령 측정 결과이고, (나)는 최근 360만 년 동안의 고지자기 연대표이다.

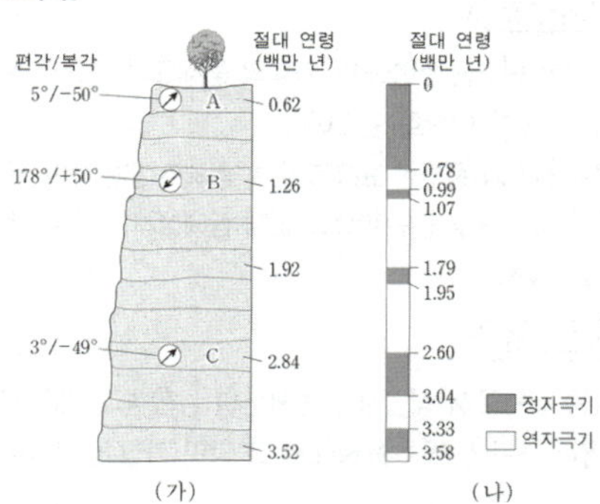

(가) (나)

화산암 A, B, C에 대한 설명으로 옳은 것만을 〈보기〉에서 있는 대로 고른 것은? [3점]

〈보 기〉

ㄱ. A가 형성될 당시에 이 화산암체는 남반구에 위치하였다.

ㄴ. B가 형성된 이후 이 화산암체는 북반구에서 남반구로 이동하였다.

ㄷ. C가 형성된 이후 현재까지 역자극기는 3회 있었다.

① ㄱ ② ㄴ ③ ㄱ, ㄷ ④ ㄴ, ㄷ ⑤ ㄱ, ㄴ, ㄷ

• 왜 정답일까?

ㄱ. A는 정자극기인 62만 년 전에 형성되었고 복각이 −50°이므로 형성 당시 이 화산암체의 위치는 남반구였다.

ㄷ. C는 정자극기인 284만 년 전에 생성되었고 그 후 3번의 역자극기가 있었다.

• 왜 오답일까?

ㄴ. B는 역자극기인 126만 년 전에 생성되었고, 복각이 +50°이므로 형성 당시 이 화산암체의 위치는 남반구였다.

[문제편 p.079]

● 고3 지구과학 I ●

21회 2019학년도 6월

01 ⑤	02 ④	03 ⑤	04 ⑤	05 ①
06 ①	07 ①	08 ①	09 ①	10 ⑤
11 ①	12 ①	13 ④	14 ②	15 ⑤
16 ②	17 ①	18 ①	19 ①	20 ②

채점 결과
- 실제 걸린 시간 : 분 초
- 맞은 문항수 : 개
- 틀린 문항수 : 개
- 헷갈린 문항 :

01 해저 확장설

정답률 86% | 정답 ⑤

| 문제 보기 |

그림 (가)는 대서양 중앙 해령 부근의 고지자기 분포의 일부를, (나)는 고지자기 줄무늬가 형성되는 과정을 모식적으로 나타낸 것이다.

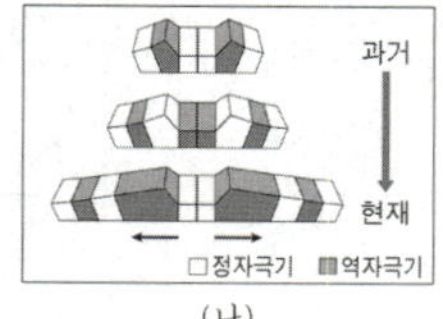

(가) (나)

이에 대한 설명으로 옳은 것만을 <보기>에서 있는 대로 고른 것은?

<보 기>
ㄱ. 해령에서는 현무암질 지각이 생성된다.
ㄴ. 아이슬란드는 발산형 경계에 위치한다.
ㄷ. 해령에서는 해양 지각 생성 당시의 지구 자기장 방향이 기록된다.

① ㄱ ② ㄴ ③ ㄱ, ㄷ ④ ㄴ, ㄷ ⑤ ㄱ, ㄴ, ㄷ

● 왜 정답일까?

해령에서 고온의 맨틀 물질이 상승하여 새로운 해양 지각이 생성되고, 해령을 중심으로 양쪽으로 멀어짐에 따라 해저가 확장된다.

ㄱ. 해령에서 생성되는 해양 지각은 현무암질 마그마가 식어서 된 것 이므로 현무암질 지각이다.

ㄴ. 아이슬란드는 해령축이 통과하는 곳으로 발산형 경계에 위치한다.

ㄷ. 해령에서 분출한 마그마가 식어서 된 해양 지각에는 생성 당시의 지구 자기장 방향이 기록된다.

02 판의 경계와 대륙의 분포

정답률 44% | 정답 ④

| 문제 보기 |

그림은 판의 경계와 대륙의 분포를 나타낸 것이다.

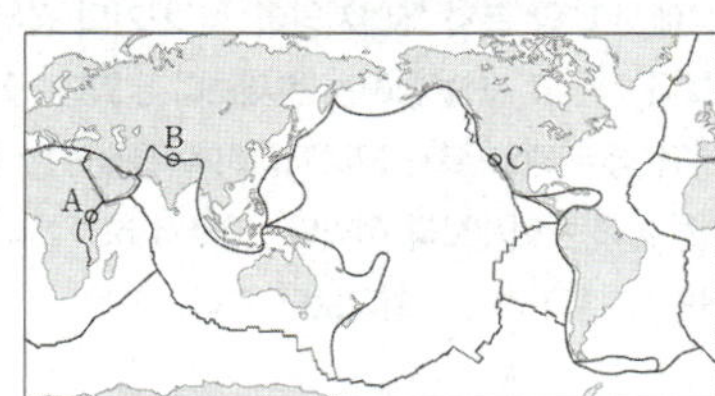

지역 A, B, C에 대한 설명으로 옳은 것만을 <보기>에서 있는 대로 고른 것은?

<보 기>
ㄱ. A의 하부에는 마그마가 생성된다.
ㄴ. B의 하부에는 화강암 관입이 있다.
ㄷ. C의 하부에는 베니오프대가 발달한다.

① ㄱ ② ㄴ ③ ㄷ ④ ㄱ, ㄴ ⑤ ㄴ, ㄷ

● 왜 정답일까?

ㄱ. A는 판의 발산 경계로, 그 하부에는 맨틀 물질의 상승에 의한 압력감소로 현무암질 마그마가 생성된다.

ㄴ. B는 유라시아 판과 인도-오스트레일리아 판이 수렴하는 경계로, 습곡 산맥의 중심부는 큰 횡압력에 의해 화강암질 마그마가 생성되어 화강암의 관입이 있다.

● 왜 오답일까?

ㄷ. C는 판의 보존 경계로 천발 지진이 발생할 수 있다. 베니오프대는 판의 섭입형 수렴 경계에서 밀도가 큰 판이 밀도가 작은 판 아래로 비스듬히 섭입하면서 나타나는 구조이므로 보존 경계인 C에서는 발달하지 않는다.

03 지구 온난화

정답률 61% | 정답 ⑤

| 문제 보기 |

그림은 지구 온난화의 원인과 결과의 일부를 나타낸 것이다.

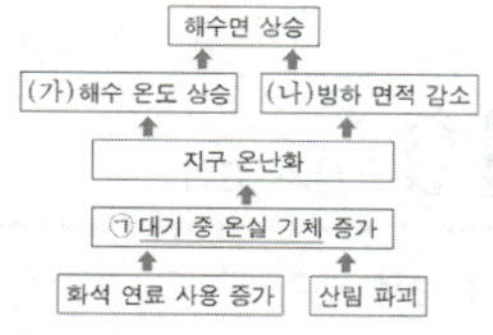

이에 대한 설명으로 옳은 것만을 <보기>에서 있는 대로 고른 것은? [3점]

<보 기>
ㄱ. (가)로 인해 해수의 이산화 탄소 용해도는 감소한다.
ㄴ. (나)로 인해 극지방의 지표면 반사율은 감소한다.
ㄷ. ㉠에 의한 복사 에너지의 흡수율은 적외선 영역이 가시광선 영역보다 높다.

① ㄱ ② ㄷ ③ ㄱ, ㄴ ④ ㄴ, ㄷ ⑤ ㄱ, ㄴ, ㄷ

● 왜 정답일까?

ㄱ. 이산화 탄소의 용해도는 해수의 온도에 반비례한다.

ㄴ. 빙하는 물이나 토양, 숲 등에 비해 햇빛의 반사율이 높다. 따라서 빙하 면적이 감소하면 극지방의 지표면 반사율은 감소한다.

ㄷ. 대기 중 온실 기체는 가시광선 영역보다 주로 적외선 영역의 복사 에너지를 흡수한다.

04 퇴적구조

정답률 75% | 정답 ⑤

| 문제 보기 |

다음은 지질 답사에서 촬영한 퇴적 구조와 관찰 결과이다.

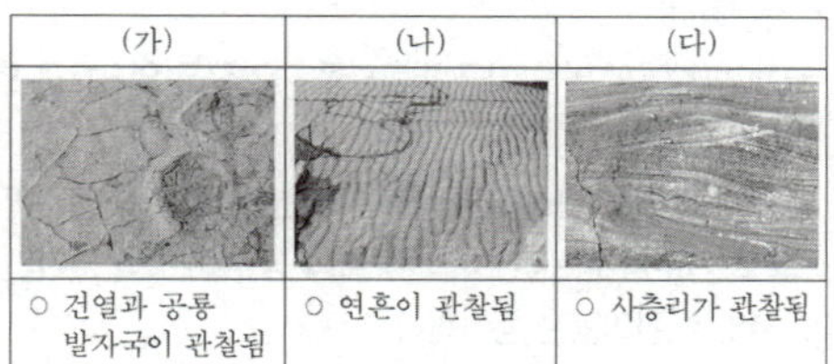

(가)	(나)	(다)
○ 건열과 공룡 발자국이 관찰됨	○ 연흔이 관찰됨	○ 사층리가 관찰됨

이에 대한 설명으로 옳은 것만을 <보기>에서 있는 대로 고른 것은?

<보 기>
ㄱ. (가)는 형성 당시에 건조한 시기가 있었다.
ㄴ. (나)는 얕은 물밑이나 바람의 영향을 받는 환경에서 형성되었다.
ㄷ. (다)는 지층의 단면에서 관찰된다.

① ㄱ ② ㄷ ③ ㄱ, ㄴ ④ ㄴ, ㄷ ⑤ ㄱ, ㄴ, ㄷ

● 왜 정답일까?

ㄱ. 건열은 건조한 기후에서 퇴적층의 표면이 갈라져 생긴 구조이다.

ㄴ. 연흔은 흐르는 물, 파도, 바람 등에 의해 퇴적물 표면에 생긴 구조이다.

ㄷ. 사층리는 흐르는 물이나 바람 등에 의해 퇴적물이 불규칙적으로 운반되면서 지층이 경사진 구조로 (다)는 지층의 단면을 나타낸 것이다.

05 지질 시대와 생물의 변천

정답률 66% | 정답 ①

| 문제 보기 |

그림은 현생 이언 동안 번성한 주요 동물계를 나타낸 것이다.

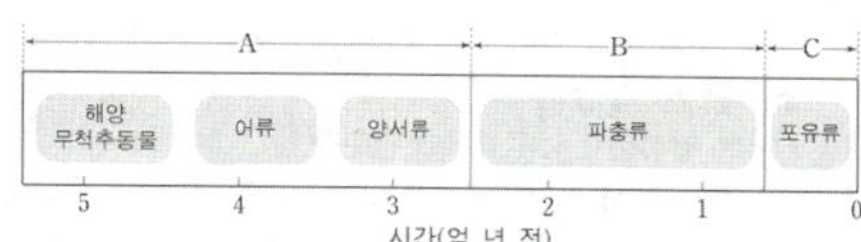

이에 대한 설명으로 옳은 것만을 <보기>에서 있는 대로 고른 것은?

<보 기>
ㄱ. 최초의 육상 식물은 A시기에 출현하였다.
ㄴ. 히말라야 산맥은 B시기에 형성되었다.
ㄷ. 암모나이트는 C시기의 표준 화석이다.

① ㄱ ② ㄷ ③ ㄱ, ㄴ ④ ㄴ, ㄷ ⑤ ㄱ, ㄴ, ㄷ

● 왜 정답일까?

A시기는 고생대, B시기는 중생대, C시기는 신생대이다.

ㄱ. 최초의 육상 식물이 출현한 시기는 양서류의 출현 시기보다 앞선 실루리아기로 A시기에 해당한다.

● 왜 오답일까?

ㄴ. 히말라야 산맥이 형성된 시기는 신생대로 C시기에 해당한다.

ㄷ. 암모나이트는 중생대인 B시기의 표준 화석이다.

06 지질 시대의 생물

정답률 60% | 정답 ①

| 문제 보기 |

그림 (가)는 현생 이언 동안 완족류와 삼엽충의 과의 수 변화를, (나)는 현생 이언 동안 생물 과의 멸종 비율을 나타낸 것이다. A와 B는 각각 완족류와 삼엽충 중 하나이다.

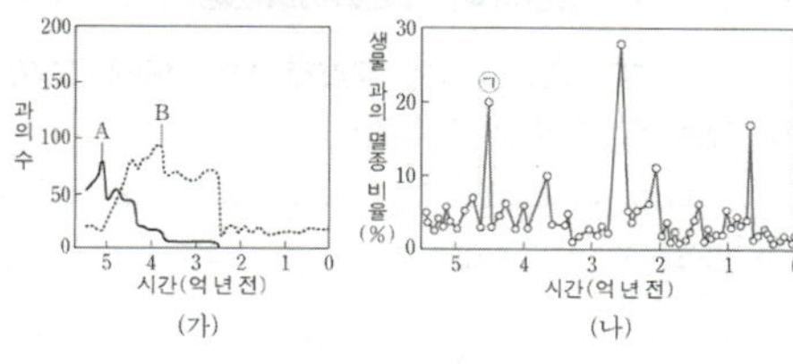

이에 대한 설명으로 옳은 것만을 <보기>에서 있는 대로 고른 것은? [3점]

<보 기>
ㄱ. (가)에서 A는 삼엽충이다.
ㄴ. (나)에서 ㉠ 시기에 갑주어가 멸종하였다.
ㄷ. B의 과의 수는 공룡이 멸종한 시기에 가장 많이 감소하였다.

① ㄱ ② ㄷ ③ ㄱ, ㄴ ④ ㄴ, ㄷ ⑤ ㄱ, ㄴ, ㄷ

● 왜 정답일까?

A는 삼엽충, B는 완족류에 해당한다.

ㄱ. 삼엽충은 고생대 표준 화석이고, 완족류는 지금도 생존하고 있는 생물이다. 따라서 고생대 말에 멸종한 A가 삼엽충이다.

● 왜 오답일까?

ㄴ. (나)에서 ㉠ 시기는 오르도비스기 말에 해당하며, 갑주어는 데본기 말 무렵에 멸종하였다.

ㄷ. B의 과의 수는 고생대 말인 약 2.5억 년 전에 가장 많이 감소하였고, 공룡은 중생대 말인 약 0.66억 년 전에 멸종하였다.

07 은하의 분류

정답률 75% | 정답 ①

| 문제 보기 |

그림 (가)와 (나)는 서로 다른 두 은하의 가시광선 영상이다.

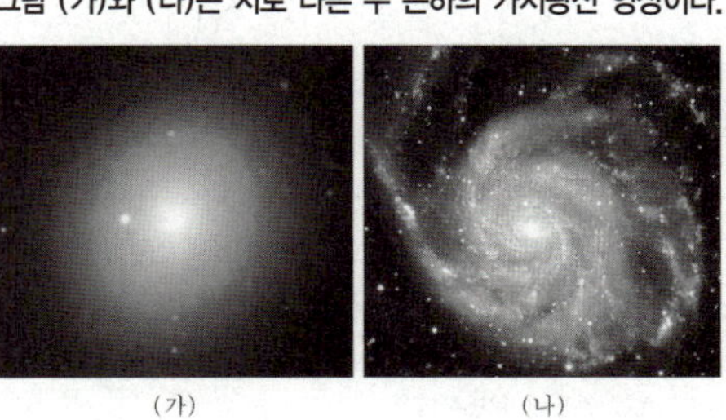

(가) (나)

이에 대한 설명으로 옳은 것만을 <보기>에서 있는 대로 고른 것은?

〈보 기〉

ㄱ. 푸른 별은 (가)보다 (나)에 많다.
ㄴ. (가)가 진화하면 나선팔이 형성된다.
ㄷ. 성간 기체는 (나)보다 (가)에 많이 분포한다.

① ㄱ ② ㄴ ③ ㄱ, ㄷ ④ ㄴ, ㄷ ⑤ ㄱ, ㄴ, ㄷ

• 왜 정답일까?

(가)는 타원 은하이고, (나)는 나선 은하이다.

ㄱ. 타원 은하인 (가)는 비교적 나이 많은 별들로 이루어져 있다.

• 왜 오답일까?

ㄴ. (가)의 타원 은하나 (나)의 나선 은하와 같은 허블의 은하 분류가 은하의 진화 단계를 나타내는 것은 아니다.

ㄷ. 성간 기체를 비롯한 성간 물질은 타원 은하에는 거의 없고 나선 은하의 나선팔에 특히 많이 분포한다.

08 온대 저기압 날씨

정답률 53% | 정답 ①

| 문제 보기 |

그림은 폐색 전선을 동반한 온대 저기압의 모습을 인공위성에서 촬영한 가시광선 영상이다.

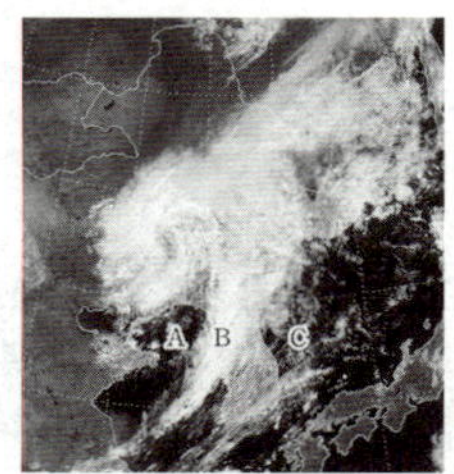

A, B, C 지역의 날씨에 대한 설명으로 옳은 것만을 〈보기〉에서 있는 대로 고른 것은? [3점]

〈보 기〉

ㄱ. 기온은 A가 C보다 낮다.
ㄴ. B에는 층운형 구름이 발달한다.
ㄷ. C에는 북풍이 우세하다.

① ㄱ ② ㄴ ③ ㄷ ④ ㄱ, ㄷ ⑤ ㄴ, ㄷ

• 왜 정답일까?

ㄱ. 그림에서 B부분이 한랭전선, 북동쪽으로 나있는 구름은 온난 전선이다. 그러므로 A지역은 찬 기단, C지역은 따뜻한 기단이므로 기온은 A가 C보다 낮다.

• 왜 오답일까?

ㄴ. B는 한랭전선으로 찬 기단이 파고듦에 따라 따뜻한 기단이 전선면을 타고 상승하게 되어 올려서 적운형 구름을 형성시킨다.

ㄷ. C지역은 한랭 전선의 앞, 온난 전선의 뒷부분이다. 남서풍의 바람이 우세하다.

09 해양의 층상 구조

정답률 77% | 정답 ①

| 문제 보기 |

그림의 A와 B는 동해에서 여름과 겨울에 관측한 해수의 밀도 분포를 순서 없이 나타낸 것이다.

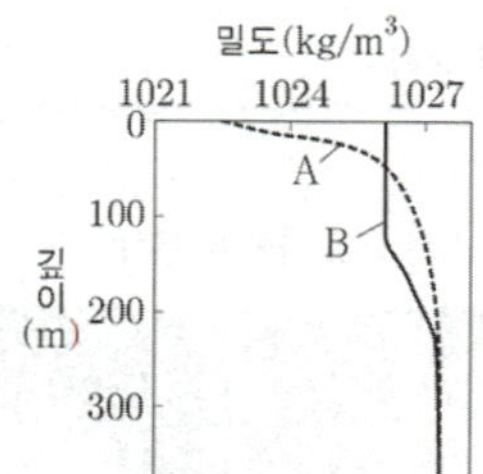

이에 대한 설명으로 옳은 것만을 〈보기〉에서 있는 대로 고른 것은? (단, 밀도는 수온에 의해서만 결정된다.)

〈보 기〉

ㄱ. A는 여름에 해당한다.
ㄴ. B에서 혼합층 두께는 300m보다 크다.
ㄷ. 해수면에서 바람의 세기는 A일 때가 B일 때보다 크다.

① ㄱ ② ㄷ ③ ㄱ, ㄴ
④ ㄴ, ㄷ ⑤ ㄱ, ㄴ, ㄷ

• 왜 정답일까?

ㄱ. A는 B보다 표층 해수의 밀도가 작다. 해수의 밀도는 수온이 높을수록 커지므로 A는 B보다 표층 수온이 높은 여름에 해당한다.

• 왜 오답일까?

ㄴ. 혼합층은 수온이 높고 깊이에 관계없이 수온이 일정한 층이다. B에서 혼합층은 해수면 ~ 약 120m까지 밀도가 일정한 영역에 형성되어 있다.

ㄷ. 혼합층의 두께는 바람이 강한 경우일수록 두껍다. A일 때가 B일 때보다 바람의 세기가 약하다

10 도플러 효과

정답률 50% | 정답 ⑤

| 문제 보기 |

그림은 도플러 효과를 이용한 외계 행성 탐사 방법을 모식적으로 나타낸 것이다.

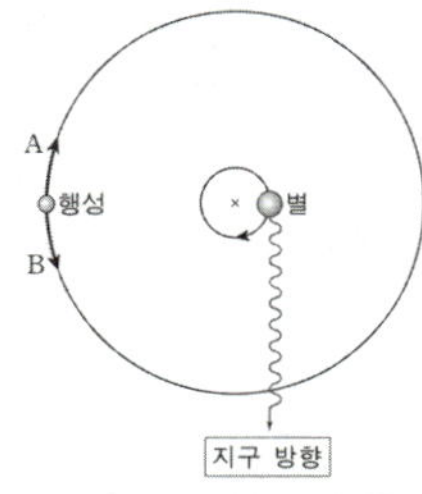

이에 대한 설명으로 옳은 것만을 〈보기〉에서 있는 대로 고른 것은? [3점]

〈보 기〉

ㄱ. 행성은 A 방향으로 공전한다.
ㄴ. 현재 위치에서 별빛은 청색 편이한다.
ㄷ. 같은 조건에서 질량이 큰 행성일수록 별빛의 편이량은 커진다.

① ㄱ ② ㄷ ③ ㄱ, ㄴ
④ ㄴ, ㄷ ⑤ ㄱ, ㄴ, ㄷ

• 왜 정답일까?

ㄱ. 행성과 별의 공전 방향은 동일하다. 따라서 행성은 A 방향으로 공전한다.

ㄴ. 현재 위치에서 별은 지구 방향으로 다가오고 있으므로 별빛은 청색 편이한다.

ㄷ. 같은 조건에서 행성의 질량이 커지면 공통 질량 중심이 행성 쪽으로 치우치게 된다. 따라서 별의 공전 궤도의 크기가 커지고, 별빛의 편이량은 증가한다.

11 태풍과 날씨

정답률 55% | 정답 ①

| 문제 보기 |

그림 (가)는 어느 태풍의 위치를 6시간 간격으로 나타낸 것이고, (나)는 이 태풍이 이동하는 동안 관측소 a와 b 중 한 곳에서 관측한 풍향, 풍속, 기압 자료의 일부를 나타낸 것이다. ㉠과 ㉡은 각각 풍속과 기압 중 하나이다.

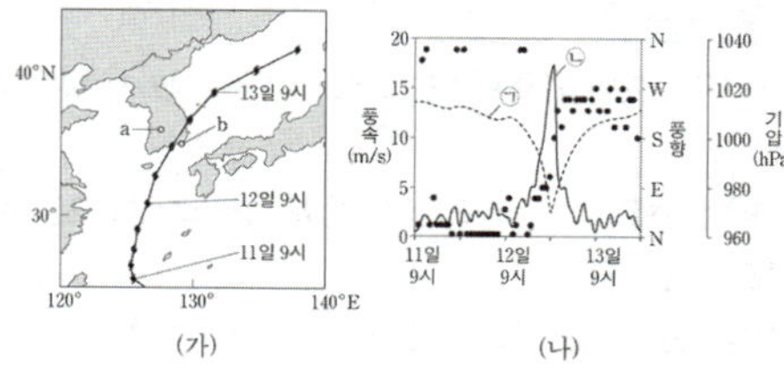

이에 대한 설명으로 옳은 것만을 〈보기〉에서 있는 대로 고른 것은?

〈보 기〉

ㄱ. 9시 ~ 21시 동안 태풍의 이동 속도는 12일이 11일보다 빠르다.
ㄴ. (나)는 a의 관측 자료이다.
ㄷ. (나)에서 12일에 측정된 기압은 9시가 21시보다 낮다.

① ㄱ ② ㄷ ③ ㄱ, ㄴ
④ ㄴ, ㄷ ⑤ ㄱ, ㄴ, ㄷ

• 왜 정답일까?

(나)에서 ㉠은 기압, ㉡은 풍속이다.

ㄱ. 9시 ~ 21시 동안 태풍이 이동한 거리는 12일이 11일보다 크다. 따라서 태풍의 이동 속도는 12일이 11일보다 빠르다.

• 왜 오답일까?

ㄴ. (나)에서 태풍이 관측소 부근을 지나는 동안 풍향은 점차 시계 방향(북풍 → 동풍 → 남풍 → 서풍)으로 변하였다. 따라서 (나)는 태풍의 위험 반원에 위치한 b에서 관측한 자료이다.

ㄷ. (나)에서 ㉠은 관측된 기압을 나타낸 자료이다. 따라서 12일 9시에 측정된 기압보다 12일 21시에 측정된 기압이 더 낮다는 것을 알 수 있다.

12 기후 변동의 천문학적 요인

정답률 27% | 정답 ①

| 문제 보기 |

그림은 밀란코비치 주기를 이용하여, 위도별로 지구에 도달하는 태양 복사 에너지양의 편차 (과거 추정값−현재 평균값) 를 나타낸 것이다. 그림에서 북반구는 7월에 여름이고, 1월에 겨울이다.

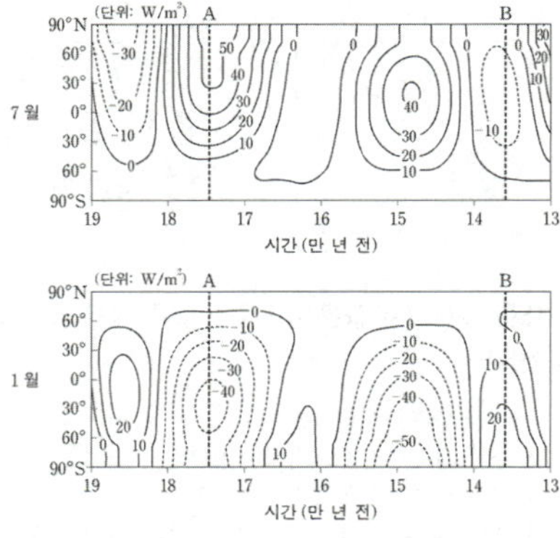

이 자료에 대한 설명으로 옳은 것만을 〈보기〉에서 있는 대로 고른 것은? (단, 공전 궤도 이심률, 자전축 경사각, 세차 운동 이외의 요인은 고려하지 않는다.) [3점]

〈보 기〉

ㄱ. 7월의 30°S에 도달하는 태양 복사 에너지양은 A시기가 현재보다 많다.
ㄴ. 1월의 30°N에 도달하는 태양 복사 에너지양은 A시기가 B시기보다 많다.
ㄷ. 30°S에서 기온의 연교차(1월 평균 기온 − 7월 평균 기온)는 A시기가 B시기보다 크다.

① ㄱ ② ㄴ ③ ㄱ, ㄷ ④ ㄴ, ㄷ ⑤ ㄱ, ㄴ, ㄷ

• 왜 정답일까?

ㄱ. A 시기의 7월에 30 ˚S에 도달하는 태양 복사 에너지양의 편차는 약 +20단위이므로 태양 복사 에너지양이 현재보다 20단위 정도 많다는 것을 알 수 있다.

• 왜 오답일까?

ㄴ. 1월의 30 ˚N에 도달하는 태양 복사 에너지양의 편차는 A 시기에 약 −20 단위이고, B 시기에 약 +5 단위이다. 따라서 태양 복사 에너지양은 A 시기가 B시기보다 적다는 것을 알 수 있다.

ㄷ. 30 ˚S에서 태양 복사 에너지양이 A 시기의 경우 여름철에는 현재보다 적었고, 겨울철에는 현재보다 많았다. 이와 반대로 B 시기의 경우 태양 복사 에너지양이 여름철에는 현재보다 많았고, 겨울철에는 현재보다 적었다. 따라서 30 ˚S에서 기온의 연교차는 B 시기가 A 시기보다 크다.

13 열에너지 수송

정답률 46% | 정답 ④

| 문제 보기 |

그림은 대기와 해양에서 남북 방향으로의 연평균 에너지 수송량을 위도별로 나타낸 것이다.

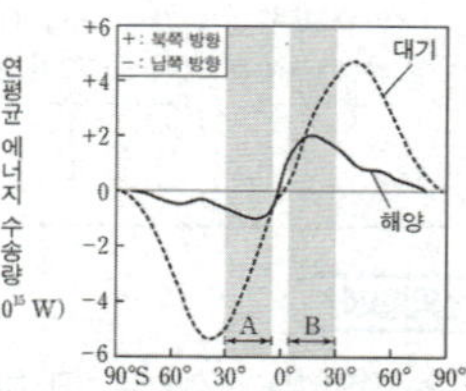

이에 대한 설명으로 옳은 것만을 〈보기〉에서 있는 대로 고른 것은? [3점]

[문제편 p.082]

<보 기>
ㄱ. 흡수하는 태양 복사 에너지양과 방출하는 지구 복사 에너지양의 차는 38°S가 0°보다 크다.
ㄴ. $\frac{\text{대기에 의한 에너지 수송량}}{\text{해양에 의한 에너지 수송량}}$은 A 지역이 B 지역보다 크다.
ㄷ. 위도별 에너지 불균형은 대기와 해양의 순환을 일으킨다.

① ㄱ ② ㄷ ③ ㄱ ㄴ
④ ㄴ ㄷ ⑤ ㄱ ㄴ ㄷ

• 왜 정답일까?

ㄴ. 해양에 의한 에너지 수송량은 A 지역이 B 지역보다 작고, 대기에 의한 에너지 수송량은 A 지역과 B 지역에서 거의 비슷하다. 따라서 $\frac{\text{대기에 의한 에너지 수송량}}{\text{해양에 의한 에너지 수송량}}$은 A 지역이 B 지역보다 크다.
ㄷ. 위도에 따른 에너지 불균형은 대기와 해양의 순환을 일으키는 원인이 되며, 대기와 해양이 저위도의 남는 에너지를 고위도로 수송함으로써 지구는 전체적으로 에너지 평형 상태를 유지한다.

• 왜 오답일까?

ㄱ. 적도 부근에서는 흡수하는 태양 복사 에너지양이 방출하는 지구 복사 에너지양보다 많아 에너지 과잉 상태이고, 위도 38° 부근에서는 태양 복사 에너지양이 방출하는 지구 복사 에너지양과 거의 같아 균형을 이루고 있다.

14 판 경계의 지각 변동

정답률 70% | 정답 ②

| 문제 보기 |

그림은 어느 지역의 판의 경계와 진앙 분포를 나타낸 것이다.

이에 대한 설명으로 옳은 것만을 <보기>에서 있는 대로 고른 것은? [3점]

<보 기>
ㄱ. 해양 지각의 나이는 A 지역이 B 지역보다 많다.
ㄴ. 화산 활동은 C 지역이 B 지역보다 활발하다.
ㄷ. 판의 경계 ㉠을 따라 수렴형 경계가 발달한다.

① ㄱ ② ㄴ ③ ㄱ, ㄷ
④ ㄴ, ㄷ ⑤ ㄱ, ㄴ, ㄷ

• 왜 정답일까?

ㄴ. 섭입형 경계에서 화산 활동은 해양판이 섭입하는 베니오프대 위쪽의 지표에서 일어난다. 따라서 화산 활동은 B 지역보다 C 지역에서 일어난다.

• 왜 오답일까?

ㄱ. A는 판의 발산형 경계인 해령으로 새로운 해양 지각이 생성되어 양 옆으로 이동한다. 따라서 해양 지각의 나이는 A 지역이 B 지역보다 적다.
ㄷ. 수렴형 경계 부근에서는 천발 지진부터 심발 지진까지 다양한 깊이의 지진이 발생한다. 따라서 천발 지진만 발생하는 판의 경계 ㉠에는 발산형 경계 또는 보존형 경계가 발달한다.

15 해수의 순환

정답률 78% | 정답 ⑤

| 문제 보기 |

그림은 전 지구적인 해수 순환을 모식적으로 나타낸 것이다.

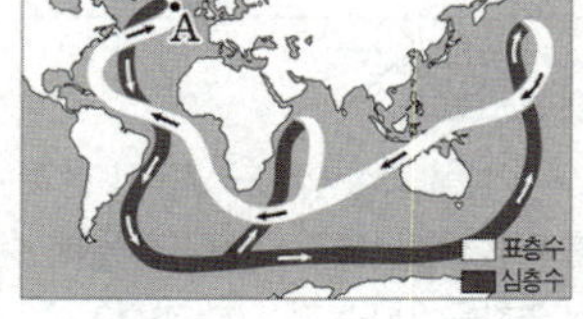

이에 대한 설명으로 옳은 것만을 <보기>에서 있는 대로 고른 것은?

<보 기>
ㄱ. A 해역에서 침강이 강해지면 이 순환이 약화된다.
ㄴ. 이 순환은 열에너지를 고위도로 수송한다.
ㄷ. 이 순환의 변화는 지구의 기후에 영향을 준다.

① ㄱ ② ㄴ ③ ㄷ ④ ㄱ, ㄴ ⑤ ㄴ, ㄷ

• 왜 정답일까?

ㄴ. 해수의 순환은 저위도의 남아도는 열에너지를 고위도로 수송하는 역할을 한다. 난류에 의해 이동해온 저위도의 열에너지는 고위도의 부족한 에너지를 보충하여 전 지구적인 에너지 균형을 이루게 한다.
ㄷ. 저위도의 남는 열에너지를 고위도로 수송해주던 난류의 흐름이 어떤 원인에 의해 멈추게 되면 고위도는 열에너지 공급이 멈추게 되어 점점 추워지게 되며 저위도는 열에너지가 계속 축적되게 되어 점점 더워지게 된다. 이러한 현상이 장기간 계속되게 되면 전 지구적인 기후의 변화를 가져오게 된다.

• 왜 오답일까?

ㄱ. A 해역은 차가워져서 밀도가 커진 해수가 침강하는 곳이다. 해수의 침강이 강해지면 해수의 흐름이 빨라지므로 해수의 순환이 강화된다.

16 판의 경계

정답률 80% | 정답 ②

| 문제 보기 |

그림은 해령 부근의 판 경계를 모식적으로 나타낸 것이다.

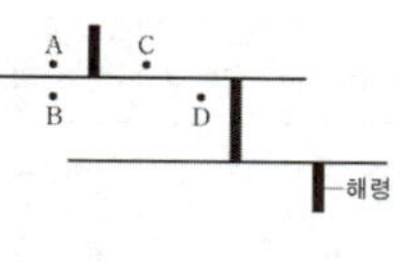

A~D 지점에 대한 설명으로 옳은 것만을 <보기>에서 있는 대로 고른 것은?

<보 기>
ㄱ. A와 B의 지각은 같은 시기에 생성되었다.
ㄴ. 퇴적물의 두께는 B가 D보다 두껍다.
ㄷ. C와 D의 이동 방향은 같다.

① ㄱ ② ㄴ ③ ㄷ ④ ㄱ, ㄴ ⑤ ㄴ, ㄷ

• 왜 정답일까?

ㄴ. D에서 B로 갈수록 해양 지각의 나이가 많아지므로 해수에 노출된 시간도 더 오래되었다. 따라서 해저에 퇴적물이 일정한 속도로 퇴적된다고 볼 때 D에서 B로 갈수록 퇴적된 퇴적물의 양이 더 많을 것이므로, 퇴적물의 두께는 B가 D보다 더 두껍다.

• 왜 오답일까?

ㄱ. 해양 지각은 해령에서 생성되어 해령의 양 옆으로 확장되므로 해령에서 멀어질수록 해양 지각의 나이가 많아지게 된다. 그러므로 해령에서의 거리가 더 먼 B의 지각이 거리가 더 짧은 A의 지각 보다 더 오래 전에 생성되었다.
ㄷ. 해양 지각은 해령에서 생성되어 양 옆으로 확장된다. C는 해령을 기준으로 오른쪽에 있으므로 그 이동 방향은 오른쪽인 반면에, D는 해령을 기준으로 왼쪽에 있으므로 그 이동 방향은 왼쪽이다.

17 절대 연대

정답률 63% | 정답 ①

| 문제 보기 |

그림은 방사성 동위 원소 ㉠과 ㉡의 붕괴 곡선을 각각 나타낸 것이다.

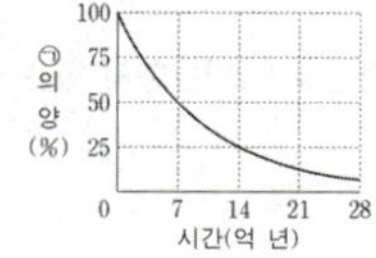

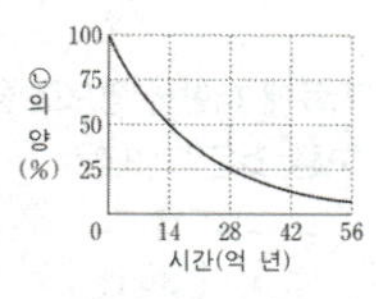

이에 대한 설명으로 옳은 것만을 <보기>에서 있는 대로 고른 것은? [3점]

<보 기>
ㄱ. 암석이 생성되어 14억 년이 지나면 ㉠의 양은 처음의 $\frac{1}{4}$로 줄어든다.
ㄴ. ㉡은 유기물의 절대 연령을 측정하는 데 이용하는 ^{14}C이다.
ㄷ. ㉠의 반감기는 ㉡의 2배이다.

① ㄱ ② ㄷ ③ ㄱ, ㄴ ④ ㄴ, ㄷ ⑤ ㄱ, ㄴ, ㄷ

• 왜 정답일까?

ㄱ. 방사성 원소 ㉠의 반감기는 7억 년이고 생성 후 14억 년이 지나면 반감기가 2회 경과하였으므로 ㉠의 양은 처음의 $\frac{1}{4}$ $(=\frac{1}{2}\times\frac{1}{2})$로 줄어든다.

• 왜 오답일까?

ㄴ. ㉡의 반감기는 14억 년이고, ^{14}C의 반감기는 약 5700년이다.
ㄷ. 7억 년인 ㉠의 반감기는 14억 년인 ㉡의 $\frac{1}{2}$배이다.

18 암석의 용융 곡선과 마그마

정답률 77% | 정답 ①

| 문제 보기 |

그림 (가)는 지하의 온도 분포와 암석의 용융 곡선을, (나)는 마그마의 생성 장소 X와 Y를 나타낸 것이다.

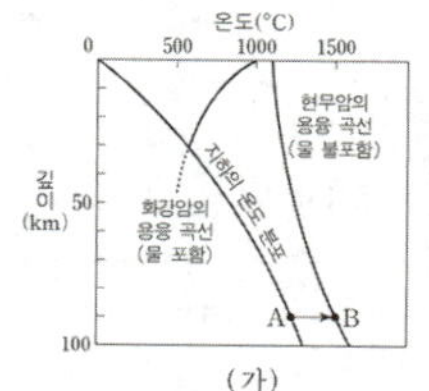

(가)

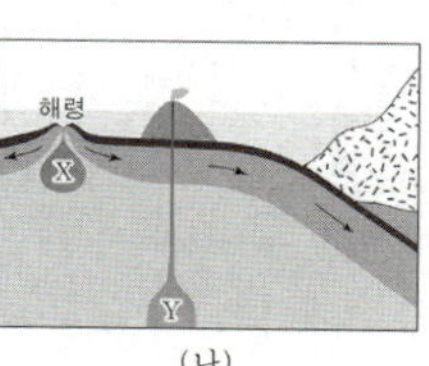

(나)

이에 대한 설명으로 옳은 것만을 <보기>에서 있는 대로 고른 것은?

<보 기>
ㄱ. 20km 깊이에서 암석의 용융 온도는 물을 포함하지 않은 현무암이 물을 포함한 화강암보다 높다.
ㄴ. X에서는 A→B와 같은 과정으로 마그마가 생성된다.
ㄷ. Y에서는 화강암질 마그마가 생성된다.

① ㄱ ② ㄴ ③ ㄱ, ㄷ
④ ㄴ, ㄷ ⑤ ㄱ, ㄴ, ㄷ

• 왜 정답일까?

ㄱ. (가)의 그래프를 보면 암석의 용융 온도는 20km 깊이에서 물을 포함하지 않은 현무암이 물을 포함한 화강암보다 높음을 알 수 있다.

• 왜 오답일까?

ㄴ. X에서 마그마의 생성은 맨틀 물질의 상승에 따른 압력의 감소로 일어나므로 온도가 상승하는 A→B와 같은 과정은 아니다.
ㄷ. Y에서 생성되는 마그마는 맨틀이 용융한 것이므로 화강암질 마그마는 아니다.

19 엘니뇨와 라니냐

정답률 50% | 정답 ①

| 문제 보기 |

표의 (가)와 (나)는 태평양 적도 부근 해역에서 관측된 해수면 높이 편차(관측값−평년값)와 엽록소 a 농도 분포를 엘니뇨 시기와 라니냐 시기로 구분하여 순서 없이 나타낸 것이다.

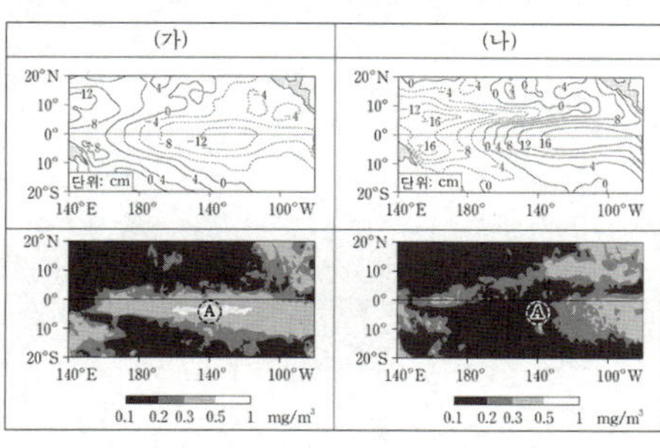

이에 대한 설명으로 옳은 것만을 <보기>에서 있는 대로 고른 것은? [3점]

<보 기>
ㄱ. 무역풍의 세기는 (가)가 (나)보다 강하다.
ㄴ. 동태평양 적도 부근 해역의 따뜻한 해수층의 두께는 (가)가 (나)보다 두껍다.
ㄷ. A 해역의 엽록소 a 농도는 엘니뇨 시기가 라니냐 시기보다 높다.

① ㄱ ② ㄷ ③ ㄱ, ㄴ
④ ㄴ, ㄷ ⑤ ㄱ, ㄴ, ㄷ

21회

• 왜 정답일까?

(가)는 라니냐 시기, (나)는 엘니뇨 시기이다.

ㄱ. 무역풍의 세기는 라니냐 시기인 (가)가 엘니뇨 시기인 (나)보다 강하다.

• 왜 오답일까?

ㄴ. 동태평양 적도 부근 해역에서 따뜻한 해수층의 두께는 용승이 약해지는 엘니뇨 시기에 더 두꺼워진다.

ㄷ. A 해역의 엽록소 농도는 용승이 활발할수록 높아지므로 라니냐 시기가 엘니뇨 시기보다 높다.

20 H－R도와 질량-광도

정답률 82% | 정답 ②

| 문제 보기 |

그림 (가)는 H－R도에 태양과 별 ㉠, ㉡을, (나)는 주계열성의 질량-광도 관계를 나타낸 것이다.

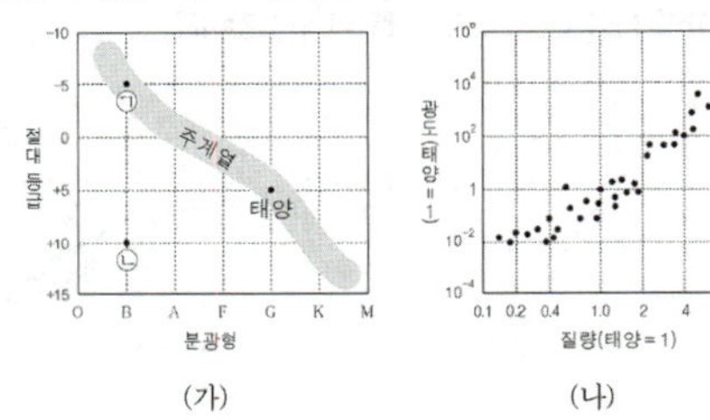

(가) (나)

이에 대한 옳은 설명만을 <보기>에서 있는 대로 고른 것은? [3점]

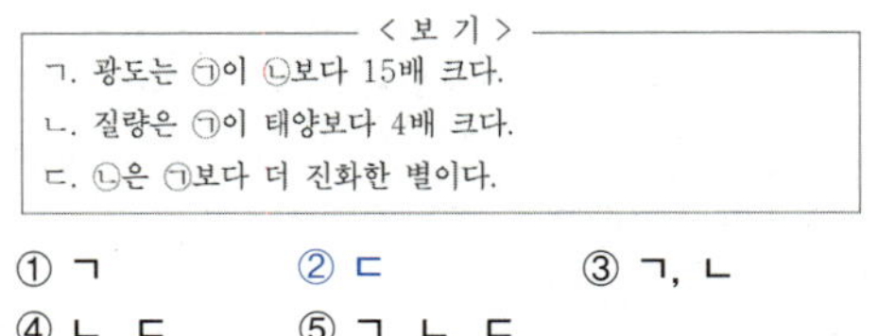
<보 기>

ㄱ. 광도는 ㉠이 ㉡보다 15배 크다.

ㄴ. 질량은 ㉠이 태양보다 4배 크다.

ㄷ. ㉡은 ㉠보다 더 진화한 별이다.

① ㄱ ② ㄷ ③ ㄱ, ㄴ ④ ㄴ, ㄷ ⑤ ㄱ, ㄴ, ㄷ

• 왜 정답일까?

ㄷ. ㉠은 주계열성, ㉡은 백색 왜성이다. 따라서 ㉡은 ㉠보다 더 진화한 별이다.

• 왜 오답일까?

ㄱ. ㉠이 ㉡보다 절대 등급이 15만큼 작으므로 광도는 10^6배 크다.

ㄴ. ㉠이 태양보다 광도가 10^4배 크므로 질량은 약 10배 이상 크다.

● 고3 지구과학 I ●

22회 2024학년도 7월

01 ③	02 ②	03 ④	04 ⑤	05 ③
06 ④	07 ⑤	08 ①	09 ①	10 ③
11 ⑤	12 ③	13 ①	14 ①	15 ③
16 ②	17 ②	18 ④	19 ⑤	20 ②

채점 결과
- 실제 걸린 시간 : 분 초
- 맞은 문항수 : 개
- 틀린 문항수 : 개
- 헷갈린 문항 :

01 플룸 구조론

정답률 76% | 정답 ③

| 문제 보기 |

그림은 플룸 구조론을 나타낸 모식도이다. A와 B는 각각 차가운 플룸과 뜨거운 플룸 중 하나이다.

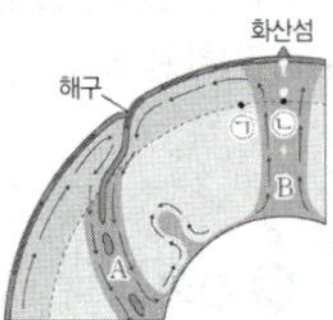

이에 대한 설명으로 옳은 것만을 <보기>에서 있는 대로 고른 것은?

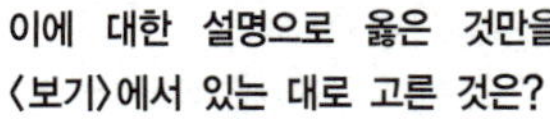
<보 기>

ㄱ. A는 섭입한 해양판에 의해 형성된다.

ㄴ. 밀도는 ㉠ 지점이 ㉡ 지점보다 크다.

ㄷ. B는 내핵과 외핵의 경계에서 생성된다.

① ㄱ ② ㄷ ③ ㄱ, ㄴ ④ ㄴ, ㄷ ⑤ ㄱ, ㄴ, ㄷ

• 왜 정답일까?

주위보다 온도가 낮거나 높은 부분에서는 맨틀 물질이 기둥 모양으로 하강하거나 상승하는데, 이를 플룸이라고 한다.

A는 차가운 플룸이고, B는 뜨거운 플룸이다.

ㄱ. 차가운 플룸(A)은 섭입형 수렴 경계에서 해양판이 섭입하여 가라앉으면서 형성된다.

ㄴ. 뜨거운 플룸(B)은 외핵과 맨틀의 경계에서 상승하며, 상승하는 뜨거운 플룸은 주변보다 밀도가 작다.

• 왜 오답일까?

뜨거운 플룸은 차가운 플룸이 맨틀과 외핵의 경계 쪽으로 가라앉으면 그 영향으로 맨틀과 외핵의 경계에서 뜨거운 맨틀 물질이 상승하면서 생성된다.

02 마그마 생성

정답률 64% | 정답 ②

| 문제 보기 |

그림은 서로 다른 두 지역 (가)와 (나)의 지하 온도 분포와 암석의 용융 곡선을 나타낸 것이다. (가)와 (나)는 각각 해령과 섭입대 중 하나이고, ㉠과 ㉡은 암석의 용융 곡선이다.

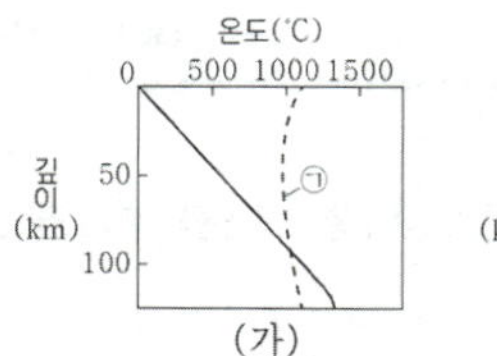

(가) (나)

이 자료에 대한 설명으로 옳은 것만을 <보기>에서 있는 대로 고른 것은? [3점]

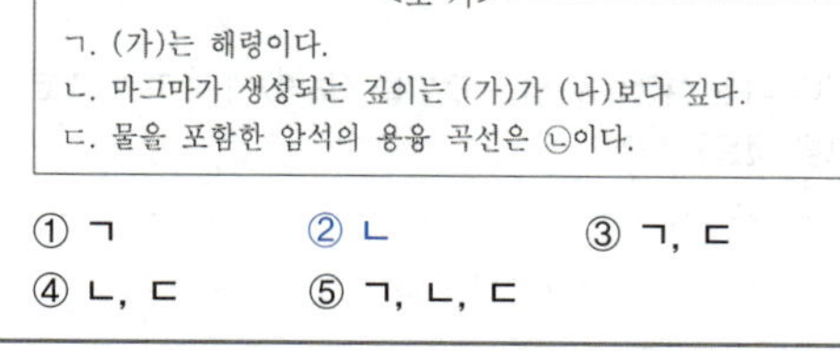
<보 기>

ㄱ. (가)는 해령이다.

ㄴ. 마그마가 생성되는 깊이는 (가)가 (나)보다 깊다.

ㄷ. 물을 포함한 암석의 용융 곡선은 ㉡이다.

① ㄱ ② ㄴ ③ ㄱ, ㄷ ④ ㄴ, ㄷ ⑤ ㄱ, ㄴ, ㄷ

• 왜 정답일까?

ㄴ. 지하의 온도와 암석의 용융 온도가 같아져서 마그마가 생성되는 깊이는 (가)가 (나)보다 깊다.

• 왜 오답일까?

ㄱ. (가)는 섭입대이고, (나)는 해령이다.

ㄷ. 물을 포함한 암석의 용융 곡선은 ㉠이다.

03 지질 시대

정답률 66% | 정답 ④

| 문제 보기 |

그림은 두 생물군의 생존 시기를 나타낸 것이다. A와 B는 각각 양서류와 포유류 중 하나이다.

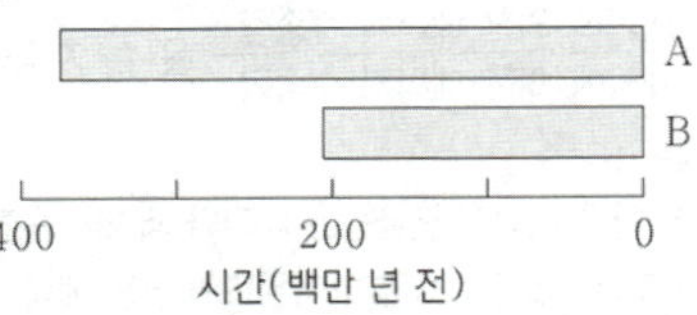

이에 대한 설명으로 옳은 것만을 <보기>에서 있는 대로 고른 것은? [3점]

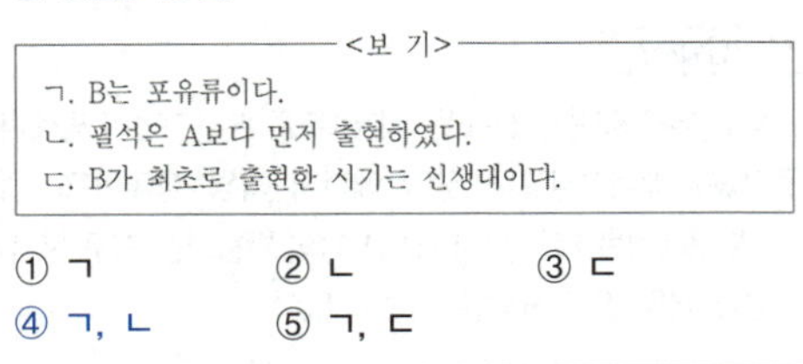
<보 기>

ㄱ. B는 포유류이다.

ㄴ. 필석은 A보다 먼저 출현하였다.

ㄷ. B가 최초로 출현한 시기는 신생대이다.

① ㄱ ② ㄴ ③ ㄷ ④ ㄱ, ㄴ ⑤ ㄱ, ㄷ

• 왜 정답일까?

ㄱ. 고생대 시작은 약 5억 4천만 년 전이고 중생대 시작은 약 2억 5천만 년 전이며 신생대 시작은 약 6천 5백만 년 전이다. 양서류는 고생대 중기에 출현하였고, 포유류는 중생대 초기에 출현하였으므로 A는 양서류, B는 포유류이다.

ㄴ. 필석은 고생대 초기에 출현하였으므로 A보다 먼저 출현하였다.

• 왜 오답일까?

ㄷ. 포유류(B)는 중생대 초기에 출현하였다.

04 심층 순환 형성 원리

정답률 89% | 정답 ⑤

| 문제 보기 |

다음은 심층 순환의 형성 원리를 알아보기 위한 실험이다.

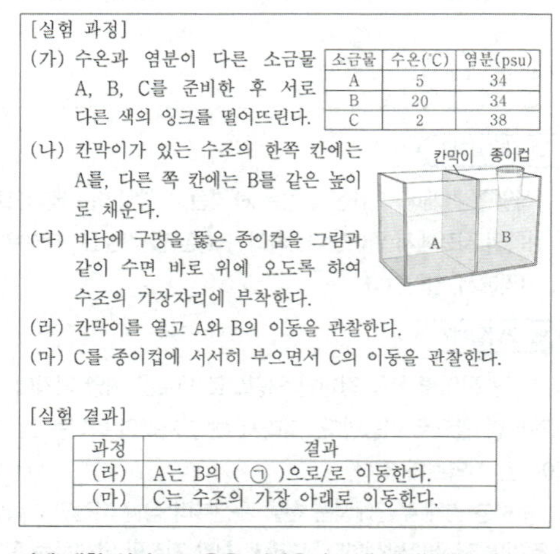
[실험 과정]

(가) 수온과 염분이 다른 소금물 A, B, C를 준비한 후 서로 다른 색의 잉크를 떨어뜨린다.

소금물	수온(℃)	염분(psu)
A	5	34
B	20	34
C	2	38

(나) 칸막이가 있는 수조의 한쪽 칸에는 A를, 다른 쪽 칸에는 B를 같은 높이로 채운다.

(다) 바닥에 구멍을 뚫은 종이컵을 그림과 같이 수면 바로 위에 오도록 하여 수조의 가장자리에 부착한다.

(라) 칸막이를 열고 A와 B의 이동을 관찰한다.

(마) C를 종이컵에 서서히 부으면서 C의 이동을 관찰한다.

[실험 결과]

과정	결과
(라)	A는 B의 (㉠)으로/로 이동한다.
(마)	C는 수조의 가장 아래로 이동한다.

이에 대한 설명으로 옳은 것만을 <보기>에서 있는 대로 고른 것은?

<보 기>

ㄱ. '아래'는 ㉠에 해당한다.

ㄴ. 과정 (라)는 염분이 같을 때 수온이 해수의 밀도에 미치는 영향을 알아보기 위한 것이다.

ㄷ. 밀도는 A, B, C 중 C가 가장 크다.

① ㄱ ② ㄴ ③ ㄱ, ㄷ ④ ㄴ, ㄷ ⑤ ㄱ, ㄴ, ㄷ

• 왜 정답일까?

ㄱ, ㄴ. 실험 과정 (라)는 염분이 같고 수온이 다른 소금물 A, B를 이용하였으므로 염분이 같을 때 수온이 해수의 밀도에 미치는 영향을 알아보기 위한 과정이다. 수온은 B가 A보다 높으므로 밀도는 A가 B보다 커서 A는 B의 아래로 이동한다.

[문제편 p.084]

ㄷ. A, B, C 중 C가 가장 아래로 이동하였으므로 밀도는 C가 가장 크다.

05 퇴적암 생성 과정

정답률 71% | 정답 ③

| 문제 보기 |

그림 (가)와 (나)는 어느 쇄설성 퇴적암의 생성 과정 일부를 순서대로 나타낸 것이다.

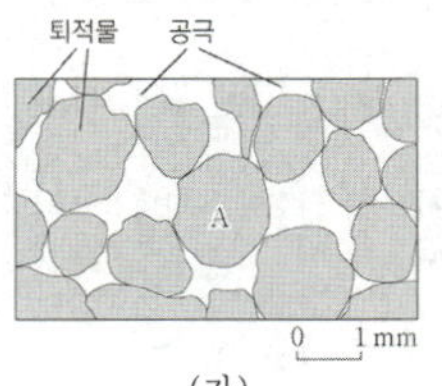

(가)

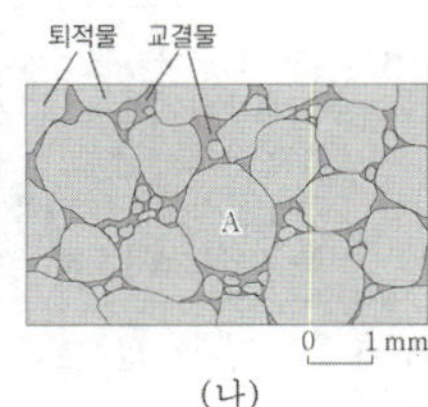

(나)

이에 대한 설명으로 옳은 것만을 <보기>에서 있는 대로 고른 것은?

<보 기>
ㄱ. (가)에서 다짐 작용을 받으면 공극은 감소한다.
ㄴ. (나)에서 교결물은 퇴적물 입자들을 결합시켜 주는 역할을 한다.
ㄷ. 이암은 주로 A와 같은 크기의 퇴적물 입자가 퇴적되어 만들어진다.

① ㄱ ② ㄷ ③ ㄱ, ㄴ
④ ㄴ, ㄷ ⑤ ㄱ, ㄴ, ㄷ

왜 정답일까?

ㄱ. (가)에서 다짐 작용을 받으면 공극은 감소한다.
ㄴ. (나)에서 교결물은 퇴적물 입자들을 결합시켜 준다.

왜 오답일까?

ㄷ. 이암은 주로 $\frac{1}{16}$mm보다 작은 입자들로 구성된다.

06 암석의 절대 연령

정답률 66% | 정답 ④

| 문제 보기 |

그림은 어느 화강암에 포함된 방사성 원소 X와 Y의 붕괴 곡선을, 표는 현재 화강암에 포함된 방사성 원소 X와 Y의 $\frac{\text{자원소 함량}}{\text{방사성 원소 함량}}$을 나타낸 것이다. 자원소는 모두 각각의 모원소가 붕괴하여 생성된다.

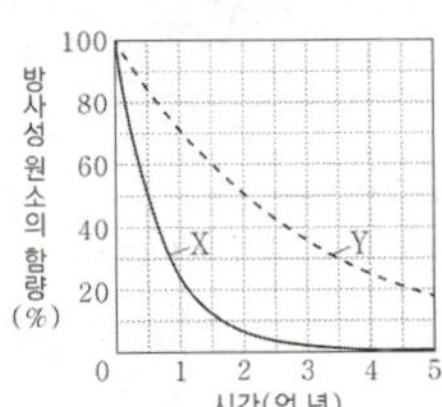

방사성 원소	자원소 함량 / 방사성 원소 함량
X	7
Y	㉠

이에 대한 설명으로 옳은 것만을 <보기>에서 있는 대로 고른 것은? [3점]

<보 기>
ㄱ. 반감기는 X가 Y의 $\frac{1}{4}$배이다.
ㄴ. ㉠은 $\frac{3}{5}$이다.
ㄷ. X의 함량이 현재의 $\frac{1}{2}$이 될 때, Y의 자원소 함량은 Y의 함량과 같다.

① ㄴ ② ㄷ ③ ㄱ, ㄴ
④ ㄱ, ㄷ ⑤ ㄱ, ㄴ, ㄷ

왜 정답일까?

ㄱ. 방사성 원소 X의 반감기는 0.5억 년, 방사성 원소 Y의 반감기는 2억 년이다.

ㄷ. X의 함량이 현재의 $\frac{1}{2}$이 되려면 0.5억 년이 더 지나야 하므로 암석의 나이는 2억 년이 된다. 2억 년은 Y의 반감기이므로 Y의 자원소 함량은 Y의 함량과 같다.

왜 오답일까?

ㄴ. 현재 X는 반감기가 3번 지났으므로 암석의 나이는 1.5억 년이다. 그래프의 1.5억 년에서 Y의 경우 $\frac{\text{자원소 함량}}{\text{방사선 원소 함량}}$ 값은 약 $\frac{2}{3}$이다.

07 태풍

정답률 72% | 정답 ⑤

| 문제 보기 |

그림 (가)는 어느 날 어느 태풍의 이동 경로와 중심 기압을, (나)는 이 태풍이 통과하는 동안 관측소 A와 B 중 한 관측소에서 06시, 09시, 12시, 15시에 관측한 풍향과 풍속을 나타낸 것이다.

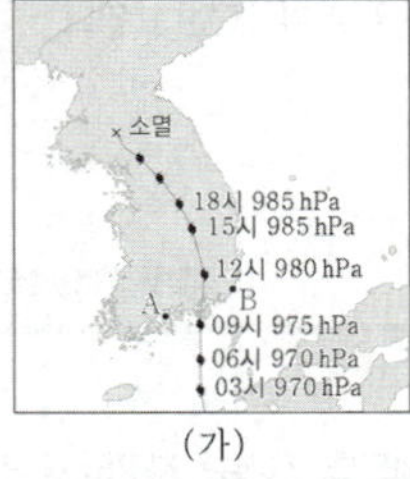

(가)

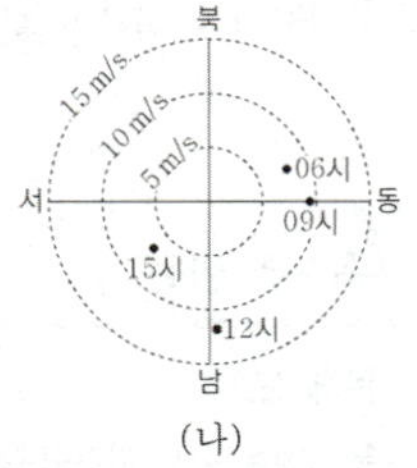

(나)

이 자료에 대한 설명으로 옳은 것만을 <보기>에서 있는 대로 고른 것은?

<보 기>
ㄱ. A는 안전 반원에 위치한다.
ㄴ. (나)는 B에서 관측한 결과이다.
ㄷ. 태풍의 세력은 03시가 18시보다 강하다.

① ㄱ ② ㄴ ③ ㄱ, ㄷ
④ ㄴ, ㄷ ⑤ ㄱ, ㄴ, ㄷ

왜 정답일까?

ㄱ. A는 태풍 중심 이동 경로의 왼쪽에 위치하므로 안전 반원에 해당한다.
ㄴ. (나)에서 풍향이 시간에 따라 시계 방향으로 변하였으므로 (나)는 태풍 이동 경로의 오른쪽에 위치한 B에서 관측한 결과이다.
ㄷ. 03시일 때 중심 기압이 18시보다 낮으므로 태풍의 세력은 03시가 18시일 때보다 강하다.

08 기상 위성 영상 분석

정답률 54% | 정답 ①

| 문제 보기 |

그림 (가)와 (나)는 어느 해 9월에 정체 전선이 우리나라 부근에 위치할 때, 24시간 간격으로 관측한 가시 영상을 순서대로 나타낸 것이다.

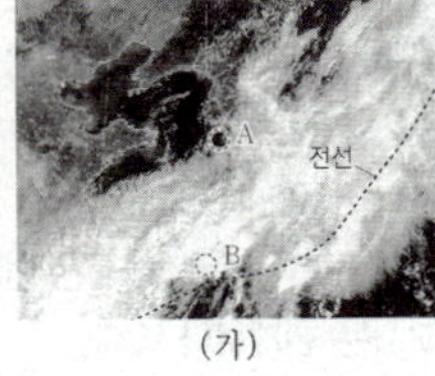

(가)

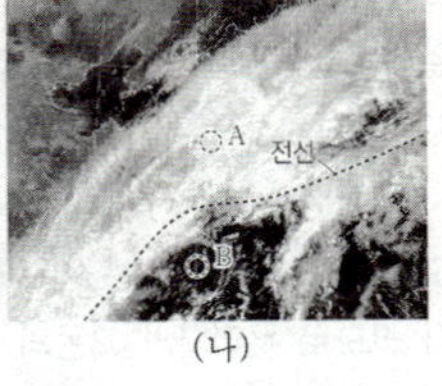

(나)

이 자료에 대한 설명으로 옳은 것만을 <보기>에서 있는 대로 고른 것은? [3점]

<보 기>
ㄱ. (가)에서 구름의 두께는 B 지역이 A 지역보다 두껍다.
ㄴ. (나)에서 A 지역에는 남풍 계열의 바람이 우세하다.
ㄷ. (나)에서 B 지역 상공에는 전선면이 나타난다.

① ㄱ ② ㄷ ③ ㄱ, ㄴ
④ ㄴ, ㄷ ⑤ ㄱ, ㄴ, ㄷ

왜 정답일까?

ㄱ. 가시 영상에서 구름의 두께가 두꺼울수록 밝게 관측되므로 (가)에서 구름의 두께는 B 지역이 A 지역보다 두껍다.

왜 오답일까?

ㄴ. (나)의 A 지역은 정체 전선의 북쪽에 위치하므로 북풍 계열의 바람이 우세하다.
ㄷ. 우리나라에서 정체 전선의 전선면은 전선의 북쪽에 나타나므로 (나)의 B 지역 상공에는 전선면이 나타나지 않는다.

09 지질 단면도

정답률 88% | 정답 ①

| 문제 보기 |

그림은 어느 지역의 지질 단면도를 나타낸 것이다.

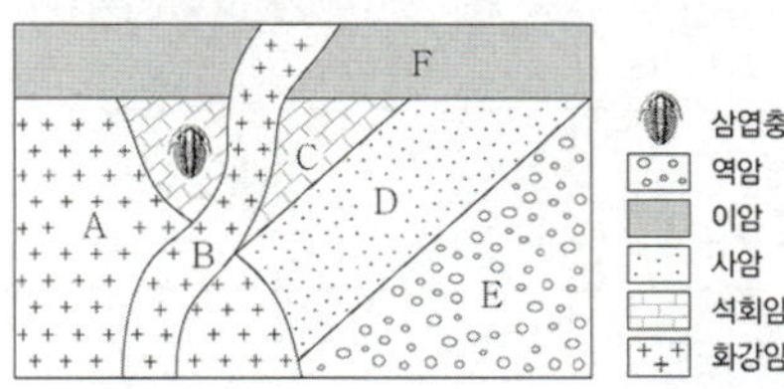

이 자료에 대한 설명으로 옳은 것만을 <보기>에서 있는 대로 고른 것은? (단, 지층의 역전은 없었다.)

<보 기>
ㄱ. 경사 부정합이 나타난다.
ㄴ. 지층 D에서는 매머드 화석이 산출될 수 있다.
ㄷ. 지층과 암석의 생성 순서는 E→D→C→A→B→F이다.

① ㄱ ② ㄷ ③ ㄱ, ㄴ
④ ㄴ, ㄷ ⑤ ㄱ, ㄴ, ㄷ

왜 정답일까?

ㄱ. 이 지역에는 경사 부정합이 나타난다.

왜 오답일까?

ㄴ. C에서 고생대 표준 화석인 삼엽충이 산출되므로 그전에 생성된 D에서 신생대 표준 화석인 매머드는 산출될 수 없다.
ㄷ. 지층과 암석의 생성 순서는 E→D→C→A→F→B이다.

10 대기 대순환

정답률 66% | 정답 ③

| 문제 보기 |

그림은 7월의 지표 부근의 평년 풍향 분포를 나타낸 것이다.

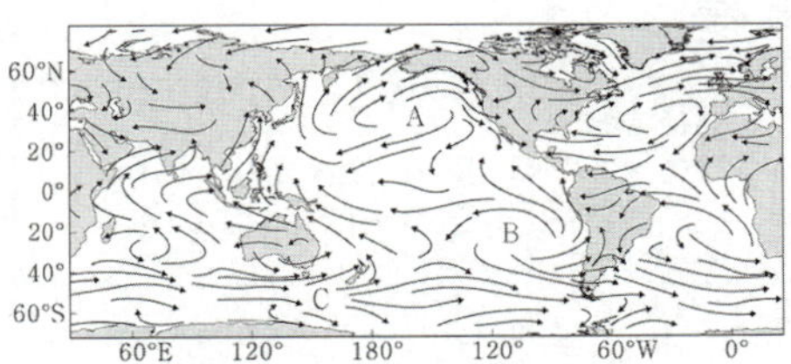

이 자료에 대한 설명으로 옳은 것만을 <보기>에서 있는 대로 고른 것은?

<보 기>
ㄱ. A 지역의 고기압은 해들리 순환의 하강으로 생성된다.
ㄴ. B 지역에는 저기압이 위치한다.
ㄷ. C 지역에는 남극 순환류가 흐른다.

① ㄱ ② ㄴ ③ ㄱ, ㄷ
④ ㄴ, ㄷ ⑤ ㄱ, ㄴ, ㄷ

왜 정답일까?

ㄱ. A 지역에 위치한 고기압은 해들리 순환의 하강으로 생성되었다.
ㄷ. C 지역은 편서풍에 의해 남극 순환류가 흐른다.

왜 오답일까?

ㄴ. B 지역에는 고기압이 위치한다.

11 생명 가능 지대

정답률 65% | 정답 ⑤

| 문제 보기 |

표는 주계열성 A, B, C의 질량, 생명 가능 지대, 생명 가능 지대에 위치한 행성의 공전 궤도 반지름을 나타낸 것이다. A, B, C는 각각 1개의 행성만 가지고 있으며, 행성들은 원 궤도로 공전한다. 별의 나이는 모두 같다.

주계열성	질량 (태양=1)	생명 가능 지대 (AU)	행성의 공전 궤도 반지름(AU)
A	1.0	0.82~1.17	1.16
B	1.2	1.27~1.81	1.28
C	2.0	( )	( )

22회

이에 대한 설명으로 옳은 것만을 <보기>에서 있는 대로 고른 것은?

<보 기>

ㄱ. 광도는 C가 A보다 크다.
ㄴ. C의 생명 가능 지대의 폭은 0.54 AU보다 넓다.
ㄷ. 생명 가능 지대에 머무르는 기간은 A의 행성이 B의 행성보다 길다.

① ㄱ ② ㄷ ③ ㄱ, ㄴ
④ ㄴ, ㄷ ⑤ ㄱ, ㄴ, ㄷ

• 왜 정답일까?

ㄱ. 주계열성의 광도는 질량이 클수록 커지므로 광도는 질량이 큰 C가 A보다 크다.
ㄴ. 주계열성의 질량이 클수록 주계열성에서 생명 가능 지대까지의 거리가 멀고 생명 가능 지대의 폭은 넓다. 질량은 주계열성 C가 주계열성 B보다 크므로 C의 생명 가능 지대 폭은 0.54 AU보다 넓다.
ㄷ. 별의 질량이 클수록 수명이 짧으므로 생명 가능 지대에 머무르는 기간은 중심별의 질량이 작은 A의 행성이 B의 행성보다 길다.

12 빅뱅 우주론

정답률 44% | 정답 ③

| 문제 보기 |

그림은 빅뱅 우주론에 따라 우주가 팽창하는 동안 우주 구성 요소 A와 B의 밀도 변화를 시간에 따라 나타낸 것이다. A와 B는 각각 물질(보통 물질+암흑 물질)과 암흑 에너지 중 하나이다.

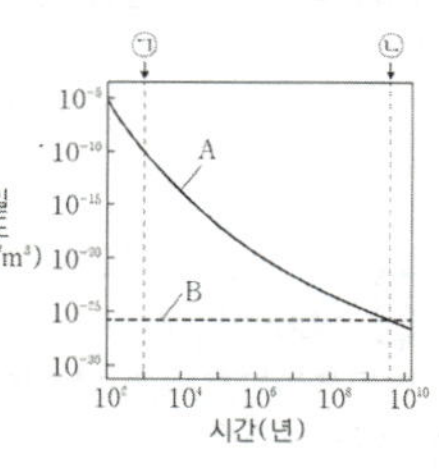

이에 대한 설명으로 옳은 것만을 <보기>에서 있는 대로 고른 것은?

<보 기>

ㄱ. A는 물질이다.
ㄴ. 우주 배경 복사는 ㉠ 시기 이전에 방출된 빛이다.
ㄷ. $\frac{\text{암흑 에너지 밀도}}{\text{물질 밀도}}$는 ㉡ 시기가 ㉠ 시기보다 크다.

① ㄱ ② ㄴ ③ ㄱ, ㄷ
④ ㄴ, ㄷ ⑤ ㄱ, ㄴ, ㄷ

• 왜 정답일까?

ㄱ. 빅뱅 우주론에 따르면 우주가 팽창하는 동안 우주 구성 요소 중 물질 밀도는 감소하고 암흑 에너지 밀도는 일정하므로 A는 물질이고 B는 암흑 에너지이다.
ㄷ. $\frac{\text{암흑 에너지 밀도}}{\text{물질 밀도}}$는 ㉡ 시기가 ㉠ 시기보다 크다.

• 왜 오답일까?

ㄴ. 우주 배경 복사는 빅뱅으로부터 약 38만 년 후에 방출된 빛이므로 ㉠ 시기 이후에 방출되었다.

13 별의 진화

정답률 53% | 정답 ①

| 문제 보기 |

그림 (가)와 (나)는 각각 주계열성 A와 B의 중심으로부터 표면까지 거리에 따른 수소 함량 비율을 나타낸 것이다. A와 B가 주계열 단계에 도달했을 때의 질량은 태양 질량의 5배이다.

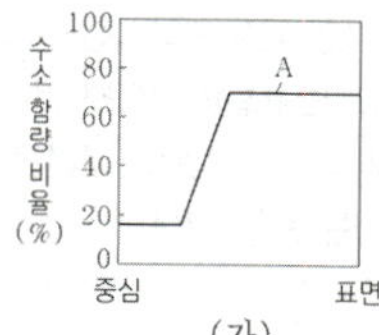

(가)

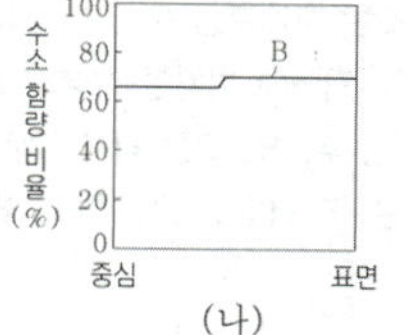

(나)

이 자료에 대한 설명으로 옳은 것만을 <보기>에서 있는 대로 고른 것은? [3점]

<보 기>

ㄱ. A의 중심부에는 대류핵이 존재한다.
ㄴ. A의 중심핵에서는 헬륨 핵융합 반응이 일어난다.
ㄷ. 주계열 단계에 도달한 이후 경과한 시간은 B가 A보다 길다.

① ㄱ ② ㄴ ③ ㄱ, ㄷ ④ ㄴ, ㄷ ⑤ ㄱ, ㄴ, ㄷ

• 왜 정답일까?

ㄱ. A와 B가 주계열성에 도달했을 때의 질량이 태양 질량의 5배이므로 중심부에는 대류핵이 존재한다.

• 왜 오답일까?

ㄴ. 주계열 단계의 핵에서는 수소 핵융합 반응이 일어난다.
ㄷ. 주계열 단계에 도달한 이후 시간이 지날수록 중심부 수소 함량 비율이 감소하므로 주계열 단계에 도달한 이후 경과한 시간은 중심부 수소 함량 비율이 적은 A가 B보다 길다.

14 기후 변화

정답률 52% | 정답 ①

| 문제 보기 |

그림 (가)는 현재 지구의 공전 궤도를, (나)는 지구의 공전 궤도 이심률 변화를 나타낸 것이다. 지구 자전축 세차 운동의 방향은 지구 공전 방향과 반대이고 주기는 약 26000년이다.

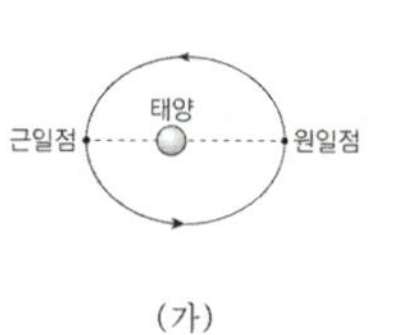

(가)

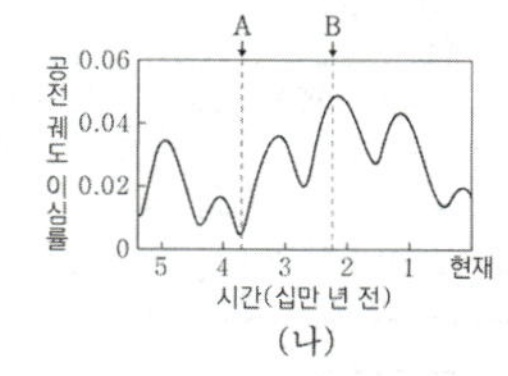

(나)

이에 대한 설명으로 옳은 것만을 <보기>에서 있는 대로 고른 것은? (단, 지구의 공전 궤도 이심률과 지구 자전축 세차 운동 이외의 요인은 변하지 않는다고 가정한다.) [3점]

<보 기>

ㄱ. (가)에서 지구가 근일점에 위치할 때 남반구는 여름철이다.
ㄴ. 근일점과 원일점에서 지구에 도달하는 태양 복사 에너지양의 차는 A 시기가 B 시기보다 크다.
ㄷ. 우리나라에서 기온의 연교차는 약 13만 년 전이 현재보다 크다.

① ㄱ ② ㄷ ③ ㄱ, ㄴ
④ ㄴ, ㄷ ⑤ ㄱ, ㄴ, ㄷ

• 왜 정답일까?

ㄱ. 현재 지구는 근일점에 위치할 때 북반구는 겨울철, 남반구는 여름철이다.

• 왜 오답일까?

ㄴ. 공전 궤도 이심률이 클수록 태양으로부터 근일점까지의 거리와 태양으로부터 원일점까지의 거리 차가 크므로 근일점과 원일점에서 지구에 도달하는 태양 복사 에너지양의 차는 공전 궤도 이심률이 작은 A 시기가 B 시기보다 작다.
ㄷ. 세차 운동의 주기가 약 26000년이므로 약 13만 년 전 지구 자전축의 경사 방향은 현재와 같고 공전 궤도 이심률은 현재보다 크므로 우리나라 기온의 연교차는 현재보다 작다.

15 엘니뇨와 라니냐

정답률 49% | 정답 ③

| 문제 보기 |

그림 (가)는 태평양 적도 부근 해역에서 관측한 무역풍의 동서 방향 풍속 편차를, (나)는 (가)의 A와 B 중 어느 한 시기에 관측한 태평양 적도 해역의 깊이에 따른 수온 편차를 나타낸 것이다. (가)에서 A와 B는 각각 엘니뇨 시기와 라니냐 시기 중 하나이고, (+)는 서풍, (−)는 동풍에 해당한다. 편차는 (관측값−평년값)이다.

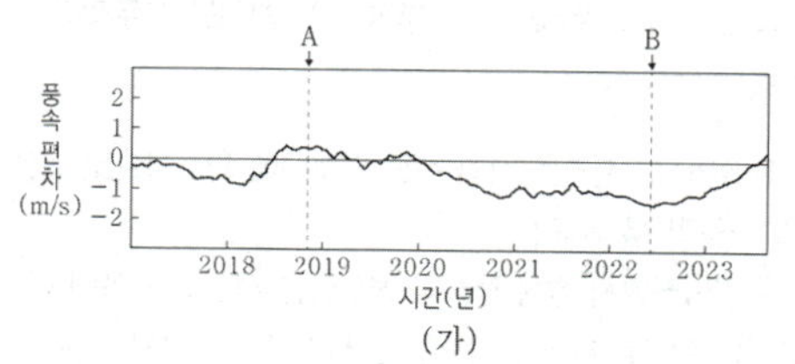

(가)

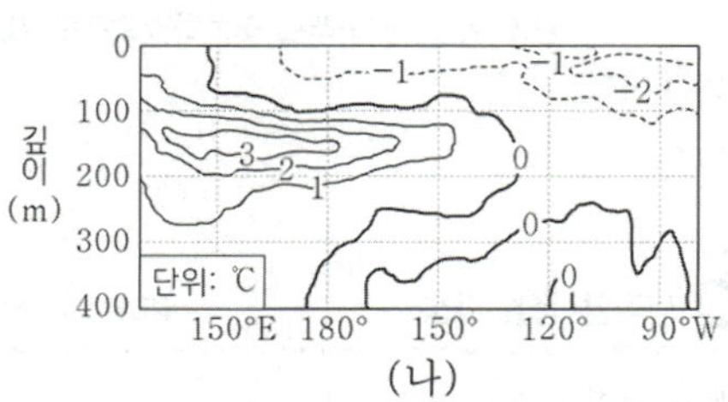

(나)

이에 대한 설명으로 옳은 것만을 <보기>에서 있는 대로 고른 것은? [3점]

<보 기>

ㄱ. (나)는 B에 관측한 것이다.
ㄴ. A일 때 동태평양 적도 부근 해역의 표층 수온 편차는 (−) 값이다.
ㄷ. 동태평양 적도 부근 해역에서 수온 약층이 나타나기 시작하는 깊이는 A가 B보다 깊다.

① ㄱ ② ㄴ ③ ㄱ, ㄷ
④ ㄴ, ㄷ ⑤ ㄱ, ㄴ, ㄷ

• 왜 정답일까?

A는 엘니뇨 시기이고 B는 라니냐 시기이다.
ㄱ. (나)에서는 동태평양 적도 부근의 표층 수온이 평상시보다 낮아졌으므로 라니냐 시기이다. (나)는 라니냐 시기이므로 B에 관측한 것이다.
ㄷ. 동태평양 적도 부근 해역에서 용승은 라니냐 시기에 강해지고 엘니뇨 시기에 약해지므로 수온 약층이 나타나기 시작하는 깊이는 A가 B보다 깊다.

• 왜 오답일까?

ㄴ. 동태평양 적도 부근 해역의 표층 수온은 평상시보다 엘니뇨 시기에 높으므로 엘니뇨 시기인 A일 때 동태평양 적도 부근 해역의 표층 수온 편차는 (+) 값이다.

16 수온과 염분 분포

정답률 58% | 정답 ②

| 문제 보기 |

그림은 동해의 어느 지점에서 두 시기에 측정한 수온과 염분 분포를 나타낸 것이다. ㉠과 ㉡은 각각 1월과 8월 중 하나이다.

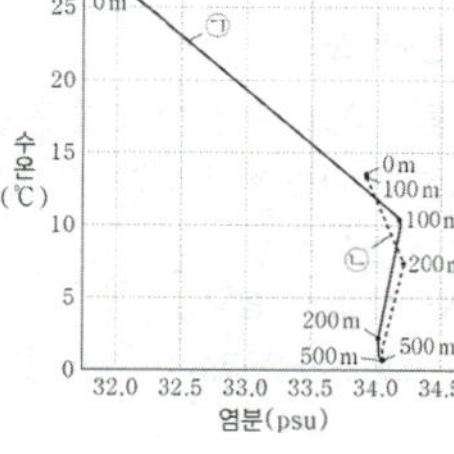

이에 대한 설명으로 옳은 것만을 <보기>에서 있는 대로 고른 것은?

<보 기>

ㄱ. ㉠은 1월에 해당한다.
ㄴ. 혼합층의 두께는 ㉠이 ㉡보다 두껍다.
ㄷ. ㉠에서 해수의 밀도 변화는 0 m ~ 100 m 구간이 100 m ~ 200 m 구간보다 크다.

① ㄱ ② ㄷ ③ ㄱ, ㄴ
④ ㄴ, ㄷ ⑤ ㄱ, ㄴ, ㄷ

• 왜 정답일까?

ㄷ. ㉠에서 해수의 밀도 변화는 수온과 염분이 더 크게 변하는 0m ~ 100m 구간이 100m ~ 200m 구간보다 크다.

• 왜 오답일까?

ㄱ. 우리나라 동해에서 표층 수온은 8월이 1월보다 높으므로 ㉠은 8월에 해당한다.
ㄴ. 수온이 일정한 구간인 혼합층의 두께는 ㉡이 ㉠보다 두껍다.

17 외계 행성계

정답률 50% | 정답 ②

| 문제 보기 |

그림 (가)와 (나)는 두 외계 행성계에 속한 중심별의 시선 속도 변화를 나타낸 것이다. 두 외계 행성계에는 행성이 1개씩 만 존재하고, 중심별의 질량, 중심별과 행성 사이의 거리는 각각 같다. 두 행성은 원 궤도를 따라 공전하며 공전 궤도면은 관측자의 시선 방향과 나란하다.

[문제편 p.087]

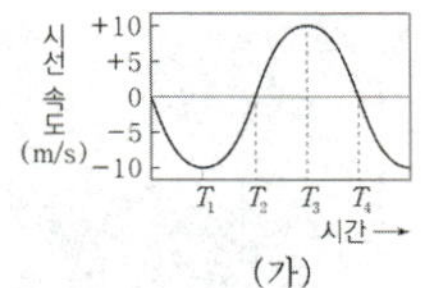
(가)

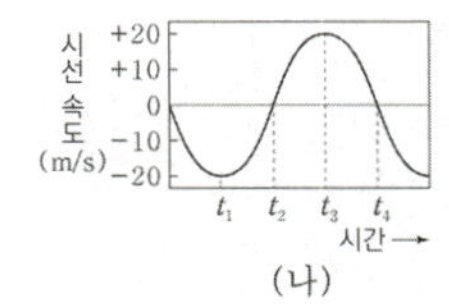
(나)

이에 대한 설명으로 옳은 것만을 <보기>에서 있는 대로 고른 것은? (단, 중심별의 시선 속도 변화는 행성과의 공통 질량 중심에 대한 공전에 의해서만 나타난다.) [3점]

<보 기>
ㄱ. (가)에서 T_2일 때 행성과 지구와의 거리는 가장 가깝다.
ㄴ. 행성의 질량은 (가)가 (나)보다 크다.
ㄷ. 행성과 공통 질량 중심 사이의 거리는 (가)가 (나)보다 멀다.

① ㄱ ② ㄷ ③ ㄱ, ㄴ ④ ㄴ, ㄷ ⑤ ㄱ, ㄴ, ㄷ

• 왜 정답일까?

ㄷ. 중심별의 시선 속도의 최댓값은 (나)가 (가)보다 크기 때문에 행성의 질량은 (나)가 (가)보다 크다. 따라서 행성과 공통 질량 중심 사이의 거리는 (가)가 (나)보다 멀다.

• 왜 오답일까?

ㄱ. (가)에서 T_2는 중심별의 시선 속도가 $(-)$에서 0으로 변한 시기이므로 중심별은 지구와 가장 가까운 곳에 위치한다. 따라서 행성은 지구와의 거리가 가장 멀다.
ㄴ. 주어진 조건에서 중심별의 시선 속도의 최댓값은 (나)가 (가)보다 크기 때문에 행성의 질량은 (나)가 (가)보다 크다.

18 별의 물리량

정답률 56% | 정답 ④

| 문제 보기 |

그림은 별 A, B, C의 물리량을 나타낸 것이다. A, B, C 중 2개는 주계열성, 1개는 거성이다.

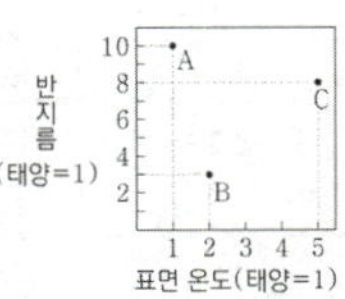

이에 대한 설명으로 옳은 것만을 <보기>에서 있는 대로 고른 것은?

<보 기>
ㄱ. A는 주계열성이다.
ㄴ. C는 B보다 질량이 크다.
ㄷ. A와 C의 절대 등급 차는 5보다 크다.

① ㄱ ② ㄴ ③ ㄱ, ㄷ ④ ㄴ, ㄷ ⑤ ㄱ, ㄴ, ㄷ

• 왜 정답일까?

ㄴ. 광도는 반지름의 제곱과 표면 온도의 네 제곱에 비례한다. $(L=4\pi R^2\sigma T^4)$ 광도는 반지름이 크고 표면 온도가 높은 C가 B보다 크다. 별의 질량이 클수록 광도가 증가하므로 질량은 C가 B보다 크다.
ㄷ. C는 A보다 광도가 400배 크므로 절대 등급 차는 5보다 크다.

• 왜 오답일까?

ㄱ. 태양과 표면 온도가 같고 반지름이 10배인 별 A는 거성이고, 별 B와 C는 주계열성이다.

19 외부 은하

정답률 44% | 정답 ⑤

| 문제 보기 |

다음은 우리은하와 외부 은하 A, B에 대한 설명이다. 적색편이량은 $\left(\frac{\text{관측 파장}-\text{기준 파장}}{\text{기준파장}}\right)$이고, 세 은하는 허블 법칙을 만족한다.

○ 우리은하에서 A를 관측하면, 기준 파장이 500nm인 흡수선은 503.5nm로 관측된다.
○ 우리은하에서 B를 관측하면, 기준 파장이 600nm인 흡수선은 608.4nm로 관측된다.
○ B에서 A를 관측하면, 적색 편이량은 우리은하에서 A를 관측한 적색 편이량의 $\sqrt{3}$배이다.

이에 대한 설명으로 옳은 것만을 <보기>에서 있는 대로 고른 것은? (단, 빛의 속도는 3×10^5km/s이고, 허블 상수는 70km/s/Mpc이다.) [3점]

<보 기>
ㄱ. 우리은하에서 A까지의 거리는 30 Mpc이다.
ㄴ. 우리은하에서 관측한 적색 편이량은 B가 A의 2배이다.
ㄷ. B에서 관측할 때, 우리은하와 A의 시선 방향은 30°를 이룬다.

① ㄱ ② ㄷ ③ ㄱ, ㄴ ④ ㄴ, ㄷ ⑤ ㄱ, ㄴ, ㄷ

• 왜 정답일까?

ㄱ. 우리은하에서 외부 은하 A를 관측한 결과로 은하의 후퇴 속도를 구하면
$\frac{503.5-500}{500}\times3\times10^5\text{km/s}=2100\text{km/s}$이다.
$2100\text{km/s}=70\text{km/s/Mpc}\times r$이므로 우리은하에서 A까지의 거리는 $30\,\text{Mpc}$이다.
ㄴ. 우리은하에서 외부 은하 B를 관측한 결과로부터 은하의 후퇴 속도를 구하면
$\frac{608.4-600}{600}\times3\times10^5\text{km/s}=4200\text{km/s}$이다.
$4200\text{km/s}=70\text{km/s/Mpc}\times r$이므로 우리은하에서 B까지의 거리는 $60\,\text{Mpc}$이다. 따라서 우리은하에서 관측한 적색 편이량은 B가 A의 2배이다.
ㄷ. B에서 A를 관측한 적색 편이량이 우리은하에서 A를 관측한 적색 편이량의 $\sqrt{3}$배이므로 A와 B 사이의 거리는 $30\sqrt{3}\,\text{Mpc}$이다. 따라서 B에서 관측할 때, 우리은하의 시선 방향과 A의 시선 방향이 이루는 각도는 30°이다.

20 고지자기

정답률 39% | 정답 ②

| 문제 보기 |

그림은 어느 지괴의 현재 위치와 시기별 고지자기극의 위치를 나타낸 것이다. 고지자기극은 고지자기 방향으로 추정한 지리상 북극이고, 지리상 북극은 변하지 않았다. 현재 지자기 북극은 지리상 북극과 일치한다.

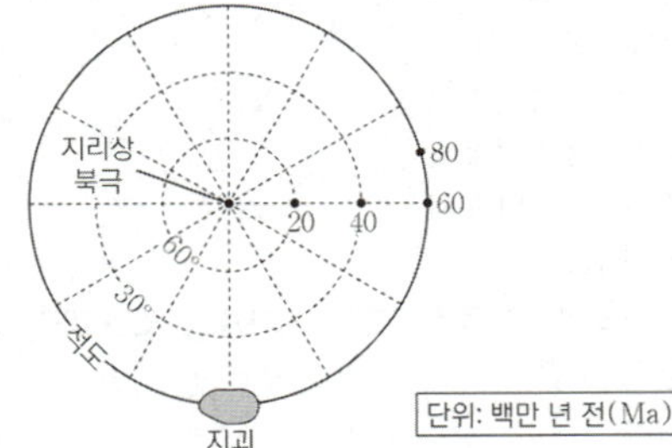

이 지괴에 대한 설명으로 옳은 것만을 <보기>에서 있는 대로 고른 것은? [3점]

<보 기>
ㄱ. 80 Ma에는 적도에 위치하였다.
ㄴ. 40 Ma ~ 20 Ma 동안 고지자기 복각은 증가하였다.
ㄷ. 60 Ma ~ 0 Ma 동안 시계 방향으로 회전하였다.

① ㄱ ② ㄷ ③ ㄱ, ㄴ ④ ㄴ, ㄷ ⑤ ㄱ, ㄴ, ㄷ

• 왜 정답일까?

ㄷ. 60 Ma ~ 0 Ma 동안 고지자기극의 위치는 지자기 북극을 기준으로 시계 방향으로 이동했으므로 지괴는 이 기간에 시계 방향으로 회전하였다.

• 왜 오답일까?

ㄱ. 현재 지괴와 지리상 북극 사이의 위도는 90° 떨어져 있다. 80 Ma에 지괴와 고지자기극 사이는 90° 보다 크게 떨어져 있었으므로 80 Ma에 지괴는 남반구에 위치하였다.
ㄴ. 60 Ma ~ 0 Ma 동안 지괴는 계속 적도에 위치하였으므로 복각은 증가하지 않았다.

● 고3 지구과학 I ●

23회 2023학년도 7월

01 ①	02 ①	03 ②	04 ②	05 ④
06 ③	07 ⑤	08 ④	09 ③	10 ①
11 ⑤	12 ④	13 ①	14 ⑤	15 ③
16 ②	17 ①	18 ⑤	19 ②	20 ③

채점결과
• 실제 걸린 시간 : 분 초
• 맞은 문항수 : 개
• 틀린 문항수 : 개
• 헷갈린 문항 :

01 마그마의 생성

정답률 56% | 정답 ①

| 문제 보기 |

그림 (가)는 깊이에 따른 지하의 온도 분포와 암석의 용융 곡선을, (나)는 화성암 A와 B의 성질을 나타낸 것이다. A와 B는 각각 (가)의 ㉠ 과정과 ㉡ 과정으로 생성된 마그마가 굳어진 암석 중 하나이다.

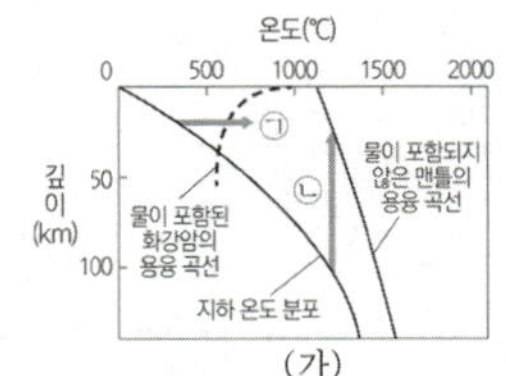

(가)

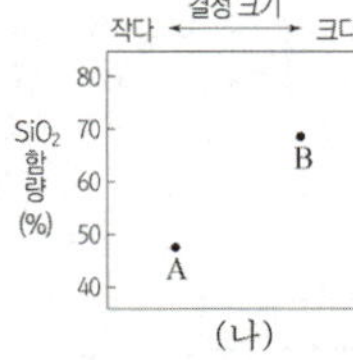

(나)

이 자료에 대한 설명으로 옳은 것만을 <보기>에서 있는 대로 고른 것은?

<보 기>
ㄱ. 압력 감소에 의한 마그마 생성 과정은 ㉡이다.
ㄴ. A는 B보다 마그마가 천천히 냉각되어 생성된다.
ㄷ. A는 ㉠ 과정으로 생성된 마그마가 굳어진 것이다.

① ㄱ ② ㄴ ③ ㄱ, ㄷ ④ ㄴ, ㄷ ⑤ ㄱ, ㄴ, ㄷ

• 왜 정답일까?

ㄱ. 압력 감소에 의한 마그마 생성 과정은 ㉡이다.

• 왜 오답일까?

ㄴ. A는 염기성암, B는 산성암이다.
ㄷ. A는 ㉡ 과정으로 생성된 마그마가 굳어진 것이다.

02 지진파 단층 촬영 영상 분석

정답률 71% | 정답 ①

| 문제 보기 |

그림 (가)와 (나)는 섭입대가 나타나는 서로 다른 두 지역의 지진파 단층 촬영 영상을 진원 분포와 함께 나타낸 것이다.

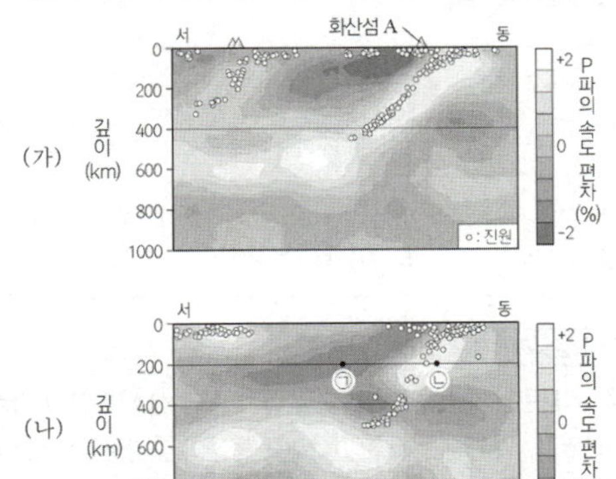

이 자료에 대한 설명으로 옳은 것만을 <보기>에서 있는 대로 고른 것은?

<보 기>
ㄱ. (가)에서 화산섬 A의 동쪽에 판의 경계가 위치한다.
ㄴ. 온도는 ㉡ 지점이 ㉠ 지점보다 높다.
ㄷ. 진원의 최대 깊이는 (가)가 (나)보다 깊다.

① ㄱ ② ㄴ ③ ㄱ, ㄷ ④ ㄴ, ㄷ ⑤ ㄱ, ㄴ, ㄷ

23회

• 왜 정답일까?

ㄱ. (가)에서 진원의 위치로 보아 화산섬 A의 동쪽에 판의 경계가 위치한다.

• 왜 오답일까?

ㄴ. 온도는 ㉡ 지점이 ㉠ 지점보다 낮다.
ㄷ. 진원의 최대 깊이는 (가)가 (나)보다 얕다.

03 퇴적암

정답률 74% | 정답 ②

| 문제 보기 |

표는 퇴적암 A, B, C를 이루는 자갈의 비율과 모래의 비율을 나타낸 것이다. A, B, C는 각각 역암, 사암, 셰일 중 하나이다.

퇴적암	자갈의 비율(%)	모래의 비율(%)
A	5	90
B	4	5
C	80	10

이에 대한 설명으로 옳은 것만을 <보기>에서 있는 대로 고른 것은?

<보 기>
ㄱ. A는 셰일이다.
ㄴ. 연흔은 C층에서 주로 나타난다.
ㄷ. A, B, C는 쇄설성 퇴적암이다.

① ㄱ ② ㄷ ③ ㄱ, ㄴ ④ ㄴ, ㄷ ⑤ ㄱ, ㄴ, ㄷ

• 왜 정답일까?

ㄷ. A는 사암, B는 셰일, C는 역암으로 지표 부근의 암석이 풍화, 침식 작용을 받아 생성된 퇴적물이 쌓여서 생성된 쇄설성 퇴적암이다.

• 왜 오답일까?

ㄱ. A는 사암이다.
ㄴ. 연흔은 역암층보다 셰일층에서 잘 나타난다.

04 지질 시대

정답률 37% | 정답 ②

| 문제 보기 |

표는 누대 A, B, C의 특징을 나타낸 것이다. A, B, C는 각각 현생 누대, 시생 누대, 원생 누대 중 하나이다.

누대	특징
A	초대륙 로디니아가 형성되었다.
B	(　　　)
C	남세균이 최초로 출현하였다.

이에 대한 설명으로 옳은 것만을 <보기>에서 있는 대로 고른 것은? [3점]

<보 기>
ㄱ. A는 시생 누대이다.
ㄴ. 가장 큰 규모의 대멸종은 B 시기에 발생했다.
ㄷ. C 시기 지층에서는 에디아카라 동물군 화석이 발견된다.

① ㄱ ② ㄴ ③ ㄱ, ㄷ ④ ㄴ, ㄷ ⑤ ㄱ, ㄴ, ㄷ

• 왜 정답일까?

원생 누대는 남세균의 광합성으로 대기 중에 산소의 양이 점차 증가하였고, 말기에는 최초의 다세포 동물이 출현하였으며, 그 일부가 에디아카라 동물군 화석으로 남아 있다.
현생 누대 동안 고생대 오르도비스기 말, 데본기 후기, 페름기 말, 중생대 트라이아스기 말, 백악기 말에 생물의 대량 멸종이 있었다.
시생 누대는 대기 중에 산소가 거의 없었고, 육지에는 강한 자외선이 도달하였으므로 바다에서 최초의 생명체가 출현하였다. 원핵 생물인 남세균이 출현하여 얕은 바다에 스트로마톨라이트를 형성하였다.
A는 원생 누대, B는 현생 누대, C는 시생 누대이다.
ㄴ. 가장 큰 규모의 대멸종은 현생 누대에 발생했다.

• 왜 오답일까?

ㄱ. A는 원생 누대이다.
ㄷ. 에디아카라 동물군 화석은 A(원생 누대)의 지층에서 발견된다.

05 지질 단면도

정답률 66% | 정답 ④

| 문제 보기 |

그림은 어느 지역의 지질 단면도를 나타낸 것이다. B와 C는 화성암이고 나머지 층은 퇴적층이다.

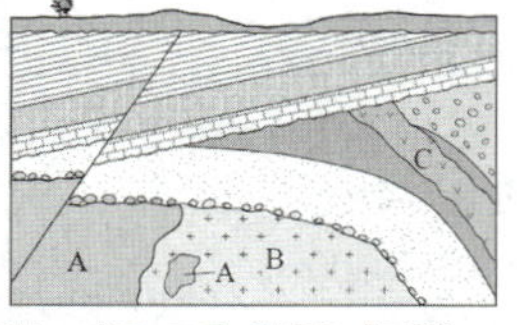

이 지역에 대한 설명으로 옳은 것만을 <보기>에서 있는 대로 고른 것은? [3점]

<보 기>
ㄱ. 습곡은 단층보다 나중에 형성되었다.
ㄴ. 최소 4회의 융기가 있었다.
ㄷ. A, B, C의 생성 순서는 A→B→C이다.

① ㄱ ② ㄷ ③ ㄱ, ㄴ ④ ㄴ, ㄷ ⑤ ㄱ, ㄴ, ㄷ

• 왜 정답일까?

ㄴ. 융기는 최소 4회 있었다.
ㄷ. 화성암 B에서 퇴적암 A의 포획암이 발견되고 화성암 C는 B의 부정합면 위에 나타나므로 암석의 생성 순서는 A→B→C이다.

• 왜 오답일까?

ㄱ. 습곡은 단층보다 먼저 형성되었다.

06 고지자기

정답률 71% | 정답 ③

| 문제 보기 |

그림은 지괴 A와 B의 현재 위치와 시기별 고지자기 극 위치를 나타낸 것이다. 고지자기극은 이 지괴의 고지자기 방향으로 추정한 지리상 북극이고, 실제 지리상 북극의 위치는 변하지 않았다.

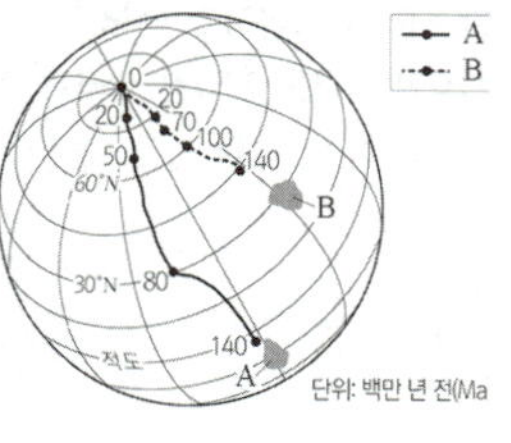

이에 대한 설명으로 옳은 것만을 <보기>에서 있는 대로 고른 것은? [3점]

<보 기>
ㄱ. 140Ma~0Ma 동안 A는 적도에 위치한 시기가 있었다.
ㄴ. 50Ma일 때 복각의 절댓값은 A가 B보다 크다.
ㄷ. 80Ma~20Ma 동안 지괴의 평균 이동 속도는 A가 B보다 빠르다.

① ㄱ ② ㄴ ③ ㄱ, ㄷ ④ ㄴ, ㄷ ⑤ ㄱ, ㄴ, ㄷ

• 왜 정답일까?

ㄱ. 현재 지괴 A는 남반구에 위치하고 140Ma일 때 북반구에 위치했으므로 이 기간 동안 A는 적도에 위치한 시기가 있었다.
ㄷ. 80Ma ~ 20Ma 동안 지괴의 평균 이동 속도는 A가 B보다 빠르다.

• 왜 오답일까?

ㄴ. 50Ma일 때 지괴 B가 A보다 북극에 가까우므로 복각의 절댓값은 B가 A보다 크다.

07 일기도와 위성 영상 분석

정답률 70% | 정답 ⑤

| 문제 보기 |

그림 (가)와 (나)는 8월 어느 날 같은 시각의 지상 일기도와 적외 영상을 나타낸 것이다.

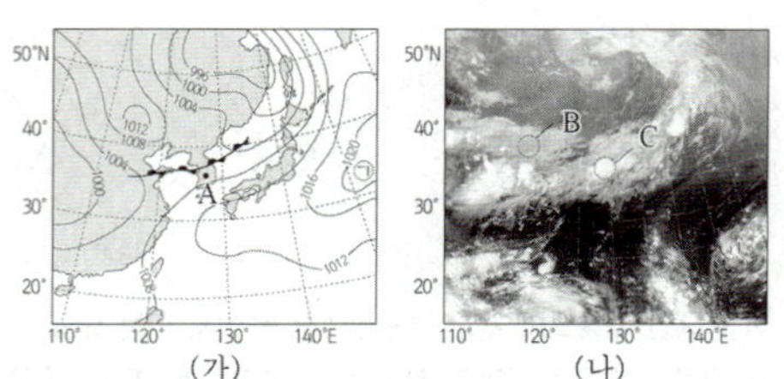

이에 대한 설명으로 옳은 것만을 <보기>에서 있는 대로 고른 것은?

<보 기>
ㄱ. A 지역의 상공에는 전선면이 나타난다.
ㄴ. 구름의 최상부 높이는 C 지역이 B 지역보다 높다.
ㄷ. ㉠은 북태평양 고기압이다.

① ㄱ ② ㄴ ③ ㄷ ④ ㄱ, ㄴ ⑤ ㄴ, ㄷ

• 왜 정답일까?

ㄴ. 적외 영상에서 구름의 최상부 높이가 높을수록 밝게 나타난다.
ㄷ. ㉠은 북태평양 고기압이다.

08 뇌우 자료 분석

정답률 69% | 정답 ④

| 문제 보기 |

그림은 시간에 따라 뇌우에 공급되는 물의 양과 비가 되어 내린 물의 양을 A와 B로 순서 없이 나타낸 것이다. ㉠, ㉡, ㉢은 뇌우의 발달 단계에서 각각 성숙 단계, 적운 단계, 소멸 단계 중 하나이다.

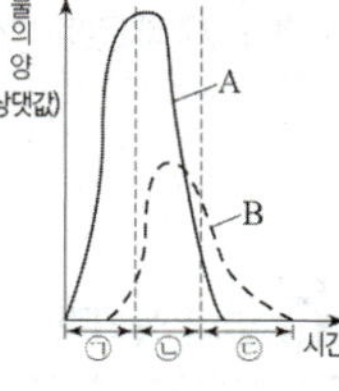

이에 대한 설명으로 옳은 것만을 <보기>에서 있는 대로 고른 것은?

<보 기>
ㄱ. A는 비가 되어 내린 물의 양이다.
ㄴ. 뇌우로 인한 강수량은 ㉠이 ㉡보다 적다.
ㄷ. ㉢은 하강 기류가 상승 기류보다 우세하다.

① ㄱ ② ㄴ ③ ㄱ, ㄷ ④ ㄴ, ㄷ ⑤ ㄱ, ㄴ, ㄷ

• 왜 정답일까?

A는 뇌우에 공급되는 물의 양, B는 비가 되어 내린 물의 양이다. ㉠은 적운 단계, ㉡은 성숙 단계, ㉢은 소멸 단계이다.
ㄴ. 뇌우로 인한 강수량은 성숙 단계(㉡)가 적운 단계(㉠)보다 많다.
ㄷ. 소멸 단계(㉢)에서는 하강 기류가 상승 기류보다 우세하다.

• 왜 오답일까?

ㄱ. A는 뇌우에 공급되는 물의 양이다.

09 암석의 절대 연령

정답률 61% | 정답 ③

| 문제 보기 |

표는 방사성 원소 X와 Y가 포함된 화성암이 생성된 뒤 각각 1억 년과 2억 년이 지난 후 X와 Y의 $\frac{\text{자원소의 함량}}{\text{모원소의 함량}}$을, 그림은 어느 지역의 지질 단면과 산출되는 화석을 나타낸 것이다. 화강암은 X와 Y 중 한 종류만 포함하고, 현재 포함된 방사성 원소의 함량은 처음 양의 12.5%이다. 자원소는 모두 각각의 모원소가 붕괴하여 생성된다.

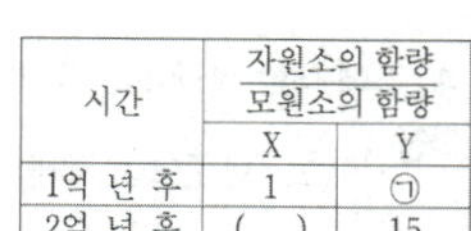

시간	자원소의 함량/모원소의 함량 X	자원소의 함량/모원소의 함량 Y
1억 년 후	1	㉠
2억 년 후	(　)	15

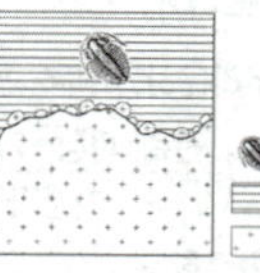
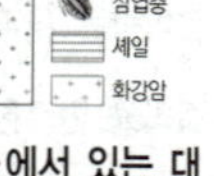

이 자료에 대한 설명으로 옳은 것만을 <보기>에서 있는 대로 고른 것은? [3점]

<보 기>
ㄱ. 화강암에 포함된 방사성 원소는 X이다.
ㄴ. ㉠은 3이다.
ㄷ. 반감기는 X가 Y의 4배이다.

[문제편 p.089]

① ㄱ　② ㄷ　③ ㄱ, ㄴ
④ ㄴ, ㄷ　⑤ ㄱ, ㄴ, ㄷ

• 왜 정답일까?

ㄱ. 화강암에 포함된 방사성 원소는 반감기가 3회 지났고, 화강암은 삼엽충이 산출되는 지층보다 먼저 생성되었으므로 화강암에 포함된 방사성 원소는 X이다.

ㄴ. 1억 년 후 방사성 원소 Y는 반감기가 2회 지났으므로 $\frac{\text{자원소의 함량}}{\text{모원소의 함량}}$은 3이다.

• 왜 오답일까?

ㄷ. 방사성 원소 X와 Y의 반감기는 각각 1억 년, 0.5억 년이다. 반감기는 X가 Y의 2배이다.

10 표층 해수

정답률 63% | 정답 ①

| 문제 보기 |

그림 (가)와 (나)는 북태평양 어느 해역에서 서로 다른 두 시기 해수면 위에서의 바람을 나타낸 것이다. 화살표의 방향과 길이는 각각 풍향과 풍속을 나타낸다.

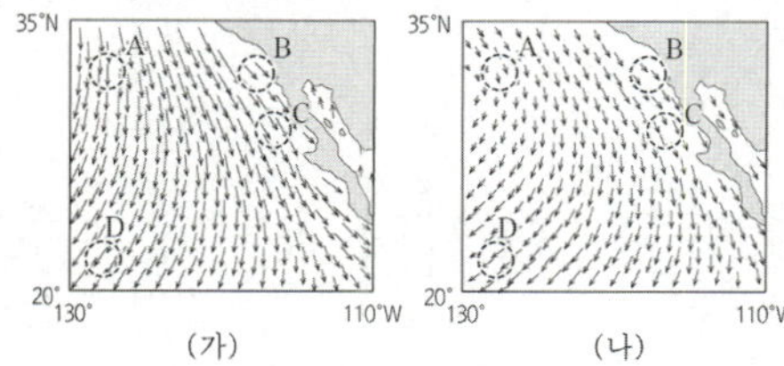

(가)　(나)

이에 대한 설명으로 옳은 것만을 <보기>에서 있는 대로 고른 것은?

<보 기>
ㄱ. C 해역에서 표층 해류는 남쪽 방향으로 흐른다.
ㄴ. B 해역에는 쿠로시오 해류가 흐른다.
ㄷ. 수온만을 고려할 때, (나)에서 표층 해수의 용존 산소량은 D 해역에서가 A 해역에서보다 많다.

① ㄱ　② ㄴ　③ ㄱ, ㄷ　④ ㄴ, ㄷ　⑤ ㄱ, ㄴ, ㄷ

• 왜 정답일까?

ㄱ. C 해역에서 표층 해류는 북서풍의 영향으로 남쪽 방향으로 흐른다.

• 왜 오답일까?

ㄷ. (나)에서 A 해역은 D 해역보다 고위도에 위치하므로 표층 수온이 낮아 표층 해수의 용존 산소량은 A 해역에서가 D 해역에서보다 많다.

11 지구 온난화

정답률 89% | 정답 ⑤

| 문제 보기 |

그림은 1850~2020년 동안 육지와 해양에서의 온도 편차(관측값−기준값)를 각각 나타낸 것이다. 기준값은 1850~1900년의 평균 온도이다.

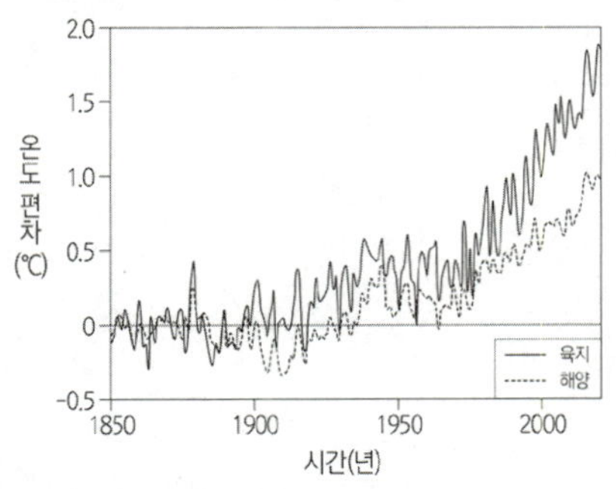

이에 대한 설명으로 옳은 것만을 <보기>에서 있는 대로 고른 것은?

<보 기>
ㄱ. 지구 해수면의 평균 높이는 2000년이 1900년보다 높다.
ㄴ. 이 기간 동안 온도의 평균 상승률은 육지가 해양보다 크다.
ㄷ. 육지 온도의 평균 상승률은 1950~2020년이 1850~1950년보다 크다.

① ㄱ　② ㄴ　③ ㄱ, ㄷ
④ ㄴ, ㄷ　⑤ ㄱ, ㄴ, ㄷ

• 왜 정답일까?

ㄱ. 그림에서 육지와 해양의 온도는 2000년이 1900년보다 높으므로 지구 해수면의 평균 높이는 2000년이 1900년보다 높다.

ㄴ. 이 기간 동안 온도의 평균 상승률은 육지가 해양보다 크다.

ㄷ. 육지 온도의 평균 상승률은 1950 ~ 2020년이 1850 ~ 1950년보다 크다.

12 외계 행성계

정답률 54% | 정답 ④

| 문제 보기 |

표는 중심별이 주계열성인 서로 다른 외계 행성계에 속한 행성 (가), (나), (다)에 대한 물리량을 나타낸 것이다. (가), (나), (다) 중 생명 가능 지대에 위치한 것은 2개이다.

외계 행성	중심별의 질량 (태양=1)	행성의 질량 (지구=1)	중심별로부터 행성까지의 거리(AU)
(가)	1	1	1
(나)	1	2	4
(다)	2	2	4

이에 대한 설명으로 옳은 것만을 <보기>에서 있는 대로 고른 것은? (단, 각각의 외계 행성계는 1개의 행성만 가지고 있으며, 행성 (가), (나), (다)는 중심별을 원 궤도로 공전한다.) [3점]

<보 기>
ㄱ. 별과 공통 질량 중심 사이의 거리는 (나)의 중심별에서가 (다)의 중심별에서보다 길다.
ㄴ. 중심별로부터 단위 시간당 단위 면적이 받는 복사 에너지양은 (나)가 (가)보다 많다.
ㄷ. (다)에는 물이 액체 상태로 존재할 수 있다.

① ㄱ　② ㄴ　③ ㄷ
④ ㄱ, ㄷ　⑤ ㄴ, ㄷ

• 왜 정답일까?

ㄱ. 중심별과 공통 질량 중심 사이의 거리는 중심별의 질량이 작은 (나)의 중심별에서가 (다)의 중심별에서보다 멀다.

ㄷ. (가)와 (다)는 생명 가능 지대에 위치하므로 행성에는 물이 액체 상태로 존재할 수 있다.

• 왜 오답일까?

ㄴ. 중심별의 광도는 같지만 (나)가 (가)보다 중심별로부터 행성까지의 거리가 멀어서 중심별로부터 단위 시간당 단위 면적이 받는 복사 에너지양은 (나)가 (가)보다 적다.

13 대기 대순환

정답률 45% | 정답 ①

| 문제 보기 |

그림은 북반구의 대기 대순환을 나타낸 것이다. A, B, C는 각각 해들리 순환, 페렐 순환, 극순환 중 하나이다.

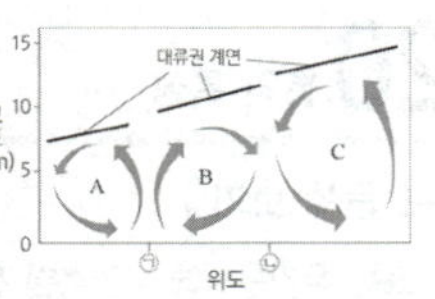

이에 대한 설명으로 옳은 것만을 <보기>에서 있는 대로 고른 것은?

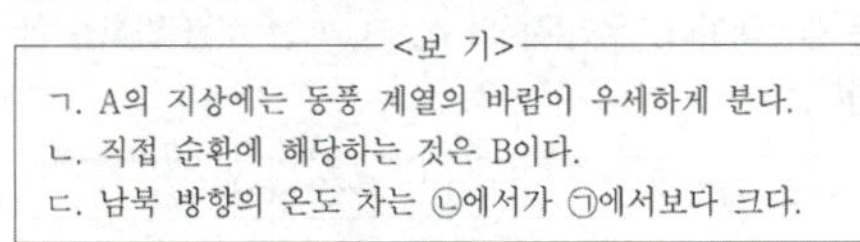
<보 기>
ㄱ. A의 지상에는 동풍 계열의 바람이 우세하게 분다.
ㄴ. 직접 순환에 해당하는 것은 B이다.
ㄷ. 남북 방향의 온도 차는 ㉡에서가 ㉠에서보다 크다.

① ㄱ　② ㄴ　③ ㄱ, ㄷ
④ ㄴ, ㄷ　⑤ ㄱ, ㄴ, ㄷ

• 왜 정답일까?

A는 극순환, B는 페렐 순환, C는 해들리 순환이다.

ㄱ. A의 지상에는 주로 동풍 계열의 바람이 분다.

• 왜 오답일까?

ㄴ. A와 C는 직접 순환, B는 간접 순환이다.

ㄷ. ㉠은 한대 전선대, ㉡은 아열대 고압대로 남북 방향의 온도 차는 한대 전선대에서가 아열대 고압대에서 보다 크다.

14 엘니뇨와 라니냐

정답률 61% | 정답 ⑤

| 문제 보기 |

그림 (가)와 (나)는 엘니뇨와 라니냐 시기에 태평양 적도 부근 해역에서 관측된 깊이에 따른 수온 편차(관측값−평년값)를 순서 없이 나타낸 것이다.

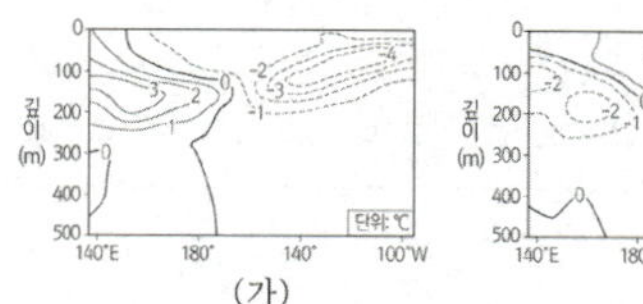

(가)　(나)

이에 대한 설명으로 옳은 것만을 <보기>에서 있는 대로 고른 것은? [3점]

<보 기>
ㄱ. 무역풍의 세기는 (가)가 (나)보다 강하다.
ㄴ. 서태평양 적도 부근 해역의 해면 기압은 (나)가 (가)보다 높다.
ㄷ. 동태평양 적도 부근 해역의 용승 현상은 (가)가 (나)보다 강하다.

① ㄱ　② ㄴ　③ ㄱ, ㄷ
④ ㄴ, ㄷ　⑤ ㄱ, ㄴ, ㄷ

• 왜 정답일까?

(가)는 라니냐 시기, (나)는 엘니뇨 시기이다.

ㄱ. 무역풍의 세기는 (가)가 (나)보다 강하다.

ㄴ. 서태평양 적도 부근 해역의 해면 기압은 (나)가 (가)보다 높다.

ㄷ. 동태평양 적도 부근 해역의 용승 현상은 (가)가 (나)보다 강하다.

15 별의 물리량

정답률 59% | 정답 ③

| 문제 보기 |

표는 별 S_1~S_6의 광도 계급, 분광형, 절대 등급을 나타낸 것이다. (가)와 (나)는 각각 광도 계급 Ib(초거성)와 V(주계열성) 중 하나이다.

별	광도 계급	분광형	절대 등급
S_1	(가)	A0	(㉠)
S_2		K2	(㉡)
S_3		M1	−5.2
S_4	(나)	A0	(㉢)
S_5		K2	(㉣)
S_6		M1	9.4

이에 대한 설명으로 옳은 것만을 <보기>에서 있는 대로 고른 것은? [3점]

<보 기>
ㄱ. (가)는 Ib(초거성)이다.
ㄴ. 광도는 S_4가 S_5보다 작다.
ㄷ. |㉠−㉢| < |㉡−㉣|이다.

① ㄱ　② ㄴ　③ ㄱ, ㄷ
④ ㄴ, ㄷ　⑤ ㄱ, ㄴ, ㄷ

• 왜 정답일까?

ㄱ. (가)는 Ib(초거성), (나)는 V(주계열성)이다.

ㄷ. 초거성과 주계열성의 절대 등급 차이(절댓값)는 분광형이 A0형인 별이 K2형인 별보다 작다.

• 왜 오답일까?

ㄴ. S_4와 S_5는 주계열성이므로 표면 온도가 높을수록 광도가 크다. 따라서 광도는 S_4가 S_5보다 크다.

16 수온 분포

정답률 52% | 정답 ②

| 문제 보기 |

그림 (가)는 해역 A와 B의 위치를, (나)와 (다)는 4월에 측정한 A와 B의 연직 수온 분포를 순서 없이 나타낸 것이다.

[문제편 p.090]

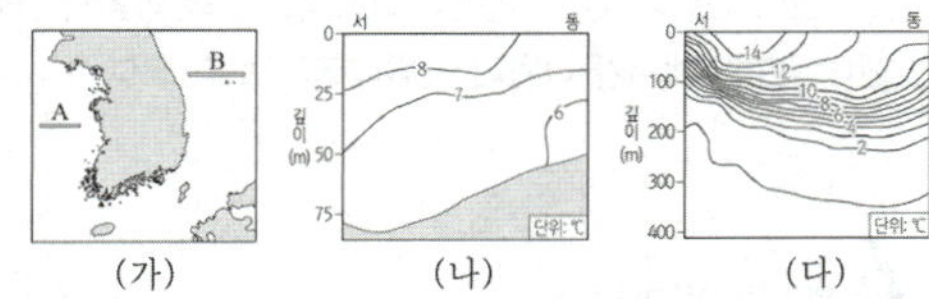

이에 대한 설명으로 옳은 것만을 <보기>에서 있는 대로 고른 것은?

<보 기>

ㄱ. (나)는 B의 측정 자료이다.
ㄴ. 수온 약층은 (다)가 (나)보다 뚜렷하다.
ㄷ. (다)가 (나)보다 표층 수온이 높은 이유는 위도의 영향 때문이다.

① ㄱ ② ㄴ ③ ㄱ, ㄷ ④ ㄴ, ㄷ ⑤ ㄱ, ㄴ, ㄷ

• 왜 정답일까?

ㄴ. 수온 약층은 깊이에 따라 수온의 변화가 크게 나타나므로 (다)가 (나)보다 뚜렷하다.

• 왜 오답일까?

ㄱ. 연직 수온 분포와 수심으로 보아 (나)는 서해(A), (다)는 동해(B)의 관측 자료이다.
ㄷ. (다)가 (나)보다 표층 수온이 높은 이유는 난류의 영향 때문이다.

17 식 현상

정답률 64% | 정답 ①

| 문제 보기 |

다음은 외계 행성 탐사 방법을 알아보기 위한 실험이다.

[실험 과정]

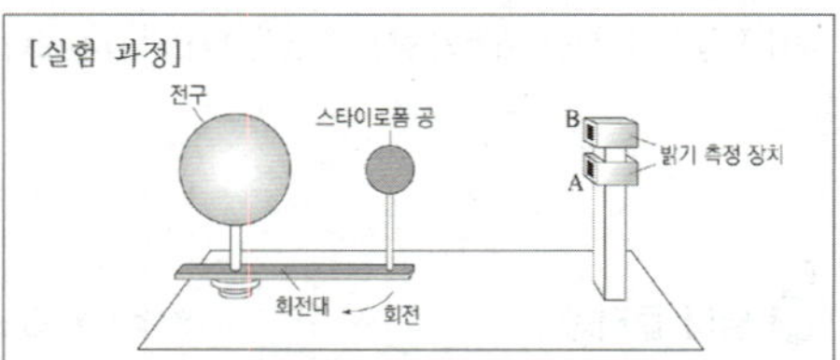

(가) 그림과 같이 전구와 스티로폼 공을 회전대 위에 고정시키고 회전대를 일정한 속도로 회전시킨다.
(나) 회전대가 회전하는 동안 밝기 측정 장치 A와 B로 각각 측정한 밝기를 기록하고 최소 밝기가 나타나는 주기를 표시한다.
(다) 반지름이 $\frac{1}{2}$배인 스티로폼 공으로 교체한 후 (나)의 과정을 반복한다.

[실험 결과]

구분	밝기 측정 장치	
	㉠	㉡
(나)의 결과	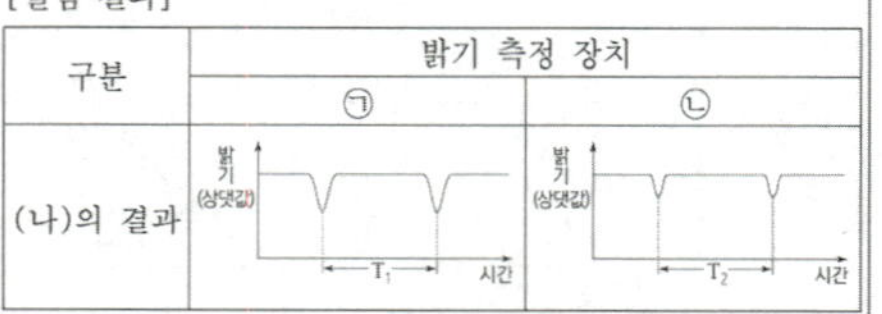	

이에 대한 설명으로 옳은 것만을 <보기>에서 있는 대로 고른 것은? [3점]

<보 기>

ㄱ. 최소 밝기가 나타나는 주기 T_1과 T_2는 같다.
ㄴ. ㉠은 B이다.
ㄷ. A로 측정한 밝기 감소 최대량은 (다) 결과가 (나) 결과의 2배이다.

① ㄱ ② ㄷ ③ ㄱ, ㄴ ④ ㄴ, ㄷ ⑤ ㄱ, ㄴ, ㄷ

• 왜 정답일까?

ㄱ. 실험 과정에서 스티로폼 공의 회전 속도는 동일하므로 T_1과 T_2는 같다.

• 왜 오답일까?

ㄴ. ㉠은 밝기 측정 장치 A로 측정한 결과이다.

18 외부 은하

정답률 55% | 정답 ⑤

| 문제 보기 |

그림 (가)와 (나)는 가시광선 영역에서 관측한 퀘이사와 나선 은하를 나타낸 것이다. A는 은하 중심부이고 B는 나선팔이다.

(가)

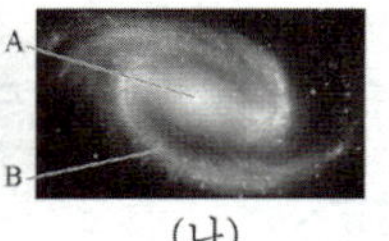

(나)

이에 대한 설명으로 옳은 것만을 <보기>에서 있는 대로 고른 것은?

<보 기>

ㄱ. (가)는 은하이다.
ㄴ. (나)에서 붉은 별의 비율은 A가 B보다 높다.
ㄷ. 후퇴 속도는 (가)가 (나)보다 크다.

① ㄱ ② ㄴ ③ ㄱ, ㄷ
④ ㄴ, ㄷ ⑤ ㄱ, ㄴ, ㄷ

• 왜 정답일까?

ㄱ. 퀘이사는 특이 은하이다.
ㄴ. A는 은하 중심부, B는 나선팔로 붉은 별의 비율은 A가 B보다 높다.
ㄷ. 후퇴 속도는 (가)가 (나)보다 크다.

19 주계열성 내부

정답률 62% | 정답 ②

| 문제 보기 |

그림은 주계열성의 내부에서 대류가 일어나는 영역의 질량을 별의 질량에 따라 나타낸 것이다.

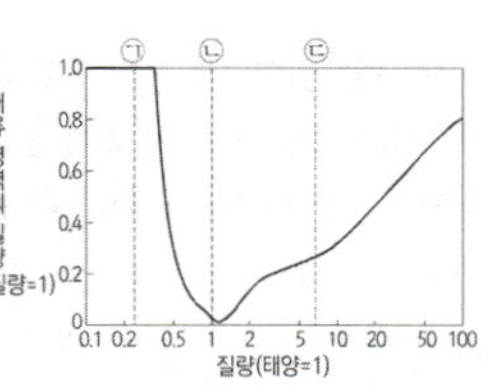

주계열성 ㉠, ㉡, ㉢에 대한 설명으로 옳은 것만을 <보기>에서 있는 대로 고른 것은? [3점]

<보 기>

ㄱ. 별 내부의 $\frac{\text{주계열 단계가 끝난 직후 수소량}}{\text{주계열 단계에 도달한 직후 수소량}}$은 ㉡이 ㉠보다 작다.
ㄴ. ㉢의 중심핵에서는 p-p 반응이 CNO 순환 반응보다 우세하다.
ㄷ. 중심부에서 에너지 생성량은 ㉢이 ㉠보다 크다.

① ㄱ ② ㄷ ③ ㄱ, ㄴ
④ ㄴ, ㄷ ⑤ ㄱ, ㄴ, ㄷ

• 왜 정답일까?

ㄷ. ㉢이 ㉠보다 질량이 크므로 중심부에서 에너지 생성량은 ㉢이 ㉠보다 크다.

• 왜 오답일까?

ㄱ. 별 ㉠은 별 전체에서 대류가 일어나므로 ㉠이 ㉡보다 별 내부의 $\frac{\text{주계열 단계가 끝난 직후 수소량}}{\text{주계열 단계에 도달한 직후 수소량}}$이 작다.
ㄴ. ㉢은 태양의 질량보다 5배 이상 크므로 중심핵에서는 CNO 순환 반응이 p−p 반응보다 우세하다.

20 별의 특성

정답률 56% | 정답 ③

| 문제 보기 |

표는 우리은하에서 관측한 은하 A, B, C의 스펙트럼 관측 결과를 나타낸 것이다. B에서 관측할 때 A와 C의 시선 방향은 정반대이다. 우리은하와 A, B, C는 허블 법칙을 만족한다.

기준 파장 (nm)	관측 파장(nm)		
	A	B	C
300	307.5	㉠	307.5
600		612	

이에 대한 설명으로 옳은 것만을 <보기>에서 있는 대로 고른 것은? (단, 빛의 속도는 3×10^5km/s이다.) [3점]

<보 기>

ㄱ. ㉠은 306이다.
ㄴ. B의 후퇴 속도는 6×10^3km/s이다.
ㄷ. 우리은하, B, C 중 A에서 가장 멀리 있는 은하는 우리은하이다.

① ㄱ ② ㄷ ③ ㄱ, ㄴ
④ ㄴ, ㄷ ⑤ ㄱ, ㄴ, ㄷ

• 왜 정답일까?

ㄱ, ㄴ. 후퇴 속도는 $v=c\times\frac{\Delta\lambda}{\lambda_0}$이므로 은하 B의 후퇴 속도는 6×10^3 km/s이다. 따라서, 은하 B에서 기준 파장 300nm의 관측 파장은 306nm이다.

• 왜 오답일까?

ㄷ. 스펙트럼 관측 결과 우리은하에서 은하 A와 C는 같은 거리에 있고 은하 B에서 은하 A와 C는 정반대에 위치하므로 A에서 후퇴 속도가 가장 크게 나타나는 은하는 C이다. 허블의 법칙을 만족하므로 A에서 가장 멀리 있는 은하는 C이다.

[문제편 p.092]

● 고3 지구과학 I ●

24회 2022학년도 7월

01 ⑤	02 ④	03 ①	04 ③	05 ②
06 ③	07 ⑤	08 ③	09 ①	10 ②
11 ④	12 ⑤	13 ②	14 ①	15 ⑤
16 ④	17 ①	18 ③	19 ②	20 ③

채점 결과
- 실제 걸린 시간 : 분 초
- 맞은 문항수 : 개
- 틀린 문항수 : 개
- 헷갈린 문항 :

01 해저 확장

정답률 71% | 정답 ⑤

| 문제 보기 |

그림은 어느 지역 해양 지각의 나이 분포를 나타낸 것이다.

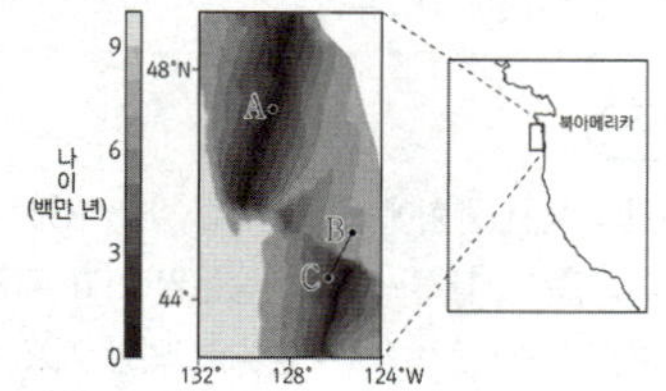

이에 대한 설명으로 옳은 것만을 <보기>에서 있는 대로 고른 것은?

<보 기>
ㄱ. 지점 A에서 현무암질 마그마가 분출된다.
ㄴ. 지점 B와 지점 C를 잇는 직선 구간에는 변환 단층이 있다.
ㄷ. 지각의 나이는 지점 B가 지점 C보다 많다.

① ㄱ ② ㄴ ③ ㄱ, ㄷ
④ ㄴ, ㄷ ⑤ ㄱ, ㄴ, ㄷ

• 왜 정답일까?

ㄱ. 지점 A는 해령에 위치하므로 현무암질 마그마가 분출된다.
ㄴ. 지점 B와 지점 C를 잇는 직선 구간에는 변환 단층이 있다.
ㄷ. 지각의 나이는 해령으로 부터 멀어질수록 많아지므로 지점 B가 지점 C보다 많다.

02 고지자기

정답률 79% | 정답 ④

| 문제 보기 |

표는 현재 40°N에 위치한 A와 B 지역의 암석에서 측정한 연령, 고지자기 복각, 생성 당시 지구 자기의 역전 여부를 나타낸 것이다. 고지자기극은 고지자기 방향으로 추정한 지리상의 북극이고, 지리상 북극은 변하지 않았다.

지역	연령 (백만 년)	고지자기 복각	생성 당시 지구 자기의 역전 여부
A	45	+10°	× (정자극기)
B	10	+40°	× (정자극기)

이에 대한 설명으로 옳은 것만을 <보기>에서 있는 대로 고른 것은?

<보 기>
ㄱ. 4500만 년 전 지구의 자기장 방향은 현재와 반대였다.
ㄴ. A의 현재 위치는 4500만 년 전보다 고위도이다.
ㄷ. B는 1000만 년 전 북반구에 위치하였다.

① ㄱ ② ㄴ ③ ㄱ, ㄷ
④ ㄴ, ㄷ ⑤ ㄱ, ㄴ, ㄷ

• 왜 정답일까?

ㄴ. 암석이 생성된 위도가 높을수록 복각의 크기가 크다. A 지역의 암석이 생성될 당시 지구 자기는 정자극기였고 복각이 +10°이므로 현재보다 저위도에 위치하였다.
ㄷ. B 지역의 암석이 생성될 당시 지구 자기는 정자극기였고 복각이 양(+)의 값을 가지므로 이 지역은 당시 북반구에 위치하였다.

• 왜 오답일까?

ㄱ. 4500만 년 전 지구 자기는 정자극기로 지구 자기장의 방향은 현재와 같았다.

03 지질 시대

정답률 58% | 정답 ①

| 문제 보기 |

표는 고생대와 중생대를 기 단위로 구분하여 시간 순서대로 나타낸 것이다.

대	고생대						중생대		
기	캄브리아기	오르도비스기	A	데본기	B	페름기	C	쥐라기	백악기

이에 대한 설명으로 옳은 것만을 <보기>에서 있는 대로 고른 것은? [3점]

<보 기>
ㄱ. A 시기에 삼엽충이 생존하였다.
ㄴ. B 시기에 은행나무와 소철이 번성하였다.
ㄷ. C 시기에 히말라야산맥이 형성되었다.

① ㄱ ② ㄷ ③ ㄱ, ㄴ
④ ㄴ, ㄷ ⑤ ㄱ, ㄴ, ㄷ

• 왜 정답일까?

A는 실루리아기, B는 석탄기, C는 트라이아스기이다.
ㄱ. 삼엽충은 고생대에 생존하였다.

• 왜 오답일까?

ㄴ. 석탄기에는 양치식물이 번성하였고, 은행나무와 소철은 겉씨식물로 중생대에 번성하였다.
ㄷ. 히말라야산맥은 신생대에 형성되었다.

04 지층의 대비

정답률 78% | 정답 ③

| 문제 보기 |

다음은 서로 다른 지역 A, B, C의 지층에서 산출되는 화석을 이용하여 지층의 선후 관계를 알아보기 위한 탐구 과정이다.

[탐구 자료]

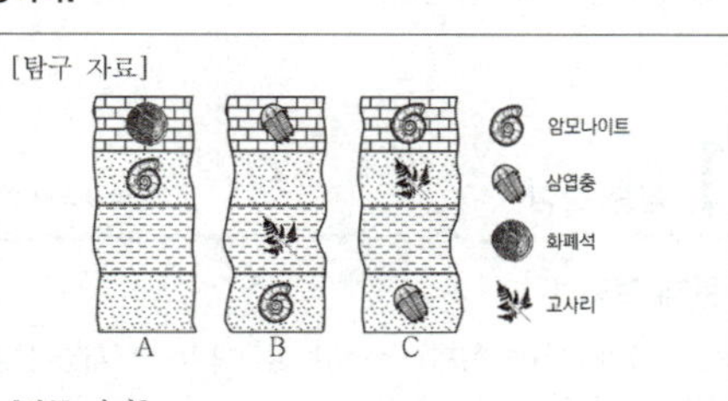

[탐구 과정]
(가) A, B, C의 지층에 포함된 화석의 생존 시기와 서식 환경을 조사한다.
(나) A, B, C의 표준 화석을 보고 지층의 역전 여부를 확인한다.
(다) 같은 종류의 표준 화석이 산출되는 지층을 A, B, C에서 찾아 연결한다.

이에 대한 설명으로 옳은 것만을 <보기>에서 있는 대로 고른 것은? [3점]

<보 기>
ㄱ. 가장 최근에 퇴적된 지층은 A에 위치한다.
ㄴ. B에는 역전된 지층이 발견된다.
ㄷ. C에는 해성층만 분포한다.

① ㄱ ② ㄷ ③ ㄱ, ㄴ
④ ㄴ, ㄷ ⑤ ㄱ, ㄴ, ㄷ

• 왜 정답일까?

ㄱ. 가장 최근에 퇴적된 지층은 신생대의 표준 화석인 화폐석을 포함한 A 지역에 위치한다.
ㄴ. B 지역은 중생대의 표준 화석인 암모나이트가 고생대의 표준 화석인 삼엽충보다 하부에 위치하므로 역전된 지층이 발견된다.

• 왜 오답일까?

ㄷ. C 지역의 고사리는 시상 화석으로 육성층에서 산출된다.

05 마그마의 생성

정답률 67% | 정답 ②

| 문제 보기 |

그림 (가)는 마그마가 분출되는 지역 A, B, C를, (나)는 깊이에 따른 지하의 온도 분포와 암석의 용융 곡선을 마그마 생성 과정과 함께 나타낸 것이다.

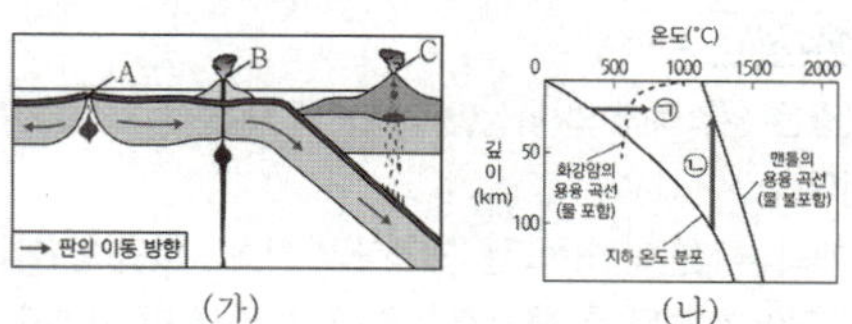

(가) (나)

이에 대한 설명으로 옳은 것만을 <보기>에서 있는 대로 고른 것은?

<보 기>
ㄱ. A에서는 ㉠ 과정으로 형성된 마그마가 분출된다.
ㄴ. B의 하부에서는 플룸이 상승하고 있다.
ㄷ. C에서는 주로 현무암질 마그마가 분출된다.

① ㄱ ② ㄴ ③ ㄱ, ㄷ
④ ㄴ, ㄷ ⑤ ㄱ, ㄴ, ㄷ

• 왜 정답일까?

ㄴ. B는 열점으로 하부에서 플룸 상승류가 있다.

• 왜 오답일까?

ㄱ. A는 해령으로 ㉡ 과정으로 형성된 마그마가 분출된다.
ㄷ. 주로 현무암질 마그마가 분출되는 곳은 해령과 열점이다.

06 퇴적 구조

정답률 78% | 정답 ③

| 문제 보기 |

그림 (가)와 (나)는 퇴적 구조를 나타낸 것이다.

(가) 건열

(나) 연흔

이에 대한 설명으로 옳은 것만을 <보기>에서 있는 대로 고른 것은?

<보 기>
ㄱ. (가)는 형성되는 동안 건조한 대기에 노출된 적이 있다.
ㄴ. (나)는 횡압력에 의해 형성되었다.
ㄷ. (가)와 (나)는 모두 층리면을 관찰한 것이다.

① ㄱ ② ㄴ ③ ㄱ, ㄷ
④ ㄴ, ㄷ ⑤ ㄱ, ㄴ, ㄷ

• 왜 정답일까?

ㄱ. 건열은 퇴적물의 표면이 건조한 대기에 노출되어 갈라진 구조이다.
ㄷ. 사진의 건열과 연흔의 퇴적 구조는 층리면을 관찰한 것이다.

• 왜 오답일까?

ㄴ. 연흔은 수심이 얕은 물 밑에서 물결의 영향으로 형성된 구조이다.

07 지질 단면도

정답률 62% | 정답 ⑤

| 문제 보기 |

그림은 어느 지역의 지질 단면도를 나타낸 것이다.

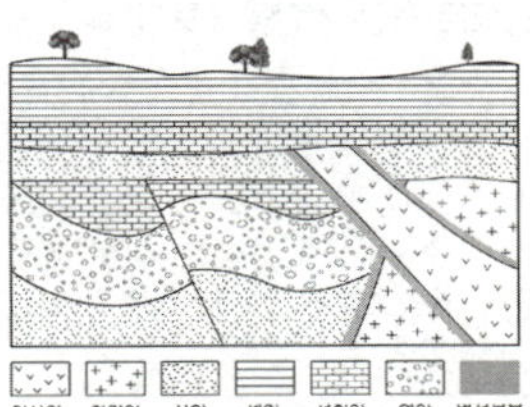

이 지역에 대한 설명으로 옳은 것만을 <보기>에서 있는 대로 고른 것은? (단, 지층의 역전은 없었다.)

<보 기>
ㄱ. 단층은 횡압력에 의해 형성되었다.
ㄴ. 최소 3회의 융기가 있었다.
ㄷ. 역암층은 화강암보다 먼저 생성되었다.

① ㄱ ② ㄴ ③ ㄱ, ㄷ
④ ㄴ, ㄷ ⑤ ㄱ, ㄴ, ㄷ

• 왜 정답일까?

ㄱ. 단층은 횡압력에 의해 상반이 하반에 대해 위로 이동한 역단층이다.

ㄴ. 2개의 부정합이 형성되는 과정에서 최소 2회의 융기가 있었고 셰일이 퇴적된 후 융기가 있었다. 따라서 이 지역에서는 최소 3회 융기가 있었다.

ㄷ. 역암층은 화강암보다 먼저 생성되었다.

08 위성 영상 분석

정답률 63% | 정답 ③

| 문제 보기 |

그림은 전선을 동반한 온대 저기압의 모습을 인공위성에서 촬영한 가시광선 영상이다. ㉠과 ㉡은 각각 온난 전선과 한랭 전선 중 하나이다.

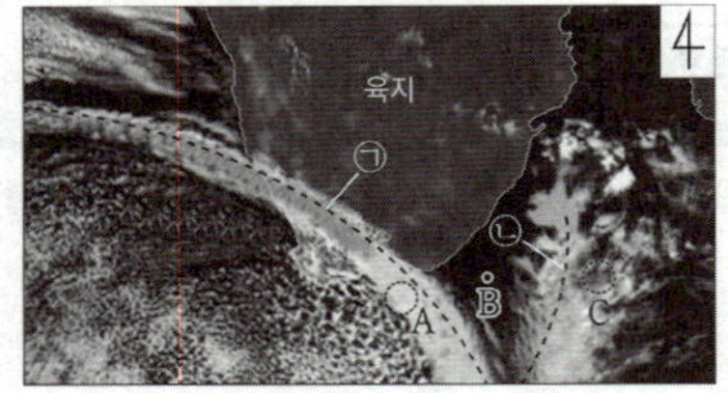

이에 대한 설명으로 옳은 것만을 <보기>에서 있는 대로 고른 것은? [3점]

<보 기>
ㄱ. 온난 전선은 ㉡이다.
ㄴ. 구름의 두께는 A 지역이 C 지역보다 두껍다.
ㄷ. 지점 B의 상공에는 전선면이 발달한다.

① ㄱ ② ㄷ ③ ㄱ, ㄴ
④ ㄴ, ㄷ ⑤ ㄱ, ㄴ, ㄷ

• 왜 정답일까?

ㄱ. 남반구의 온대 저기압으로 ㉠은 한랭 전선, ㉡은 온난 전선이다.

ㄴ. A 지역은 한랭 전선 뒤로 적운형 구름이, C 지역은 온난 전선 앞으로 층운형 구름이 나타나므로 구름의 두께는 A 지역이 C 지역보다 두껍다.

• 왜 오답일까?

ㄷ. 지점 B는 온난 전선과 한랭 전선 사이로 전선면이 발달하지 않는다.

09 태풍 자료 분석

정답률 71% | 정답 ①

| 문제 보기 |

그림은 어느 태풍의 이동 경로를 나타낸 것이다.

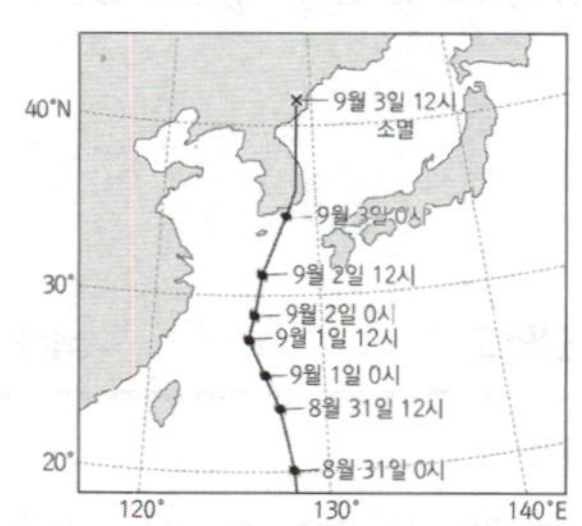

이에 대한 설명으로 옳은 것만을 <보기>에서 있는 대로 고른 것은?

<보 기>
ㄱ. 태풍의 평균 이동 속력은 8월 31일이 9월 1일보다 빠르다.
ㄴ. 9월 3일 0시 이후로 태풍 중심의 기압은 계속 낮아졌다.
ㄷ. 태풍이 우리나라를 통과하는 동안 서울에서의 풍향은 시계 방향으로 바뀌었다.

① ㄱ ② ㄴ ③ ㄱ, ㄷ
④ ㄴ, ㄷ ⑤ ㄱ, ㄴ, ㄷ

• 왜 정답일까?

ㄱ. 하루 동안 태풍의 이동 거리는 8월 31일이 9월 1일보다 크므로 태풍의 평균 이동 속력은 8월 31일이 빠르다.

• 왜 오답일까?

ㄴ. 태풍은 중심 기압이 상승하며 소멸된다.

ㄷ. 태풍 이동 경로 왼쪽에 위치한 서울은 안전 반원에 속하므로 풍향은 시계 반대 방향으로 바뀐다.

10 수온-염분도 분석

정답률 38% | 정답 ②

| 문제 보기 |

그림은 어느 해역에서 측정한 깊이에 따른 수온과 염분을 수온-염분도에 나타낸 것이다.

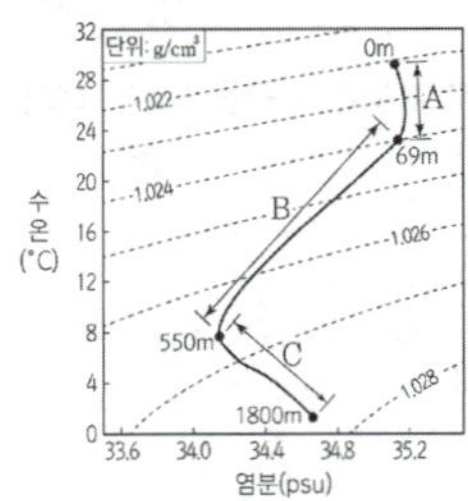

이에 대한 설명으로 옳은 것만을 <보기>에서 있는 대로 고른 것은? [3점]

<보 기>
ㄱ. A 구간은 혼합층이다.
ㄴ. B 구간에서는 해수의 연직 혼합이 활발하게 일어난다.
ㄷ. 깊이에 따른 수온의 평균 변화량은 B 구간이 C 구간보다 크다.

① ㄱ ② ㄷ ③ ㄱ, ㄴ
④ ㄴ, ㄷ ⑤ ㄱ, ㄴ, ㄷ

• 왜 정답일까?

ㄷ. 깊이에 따른 수온의 평균 변화량은 B 구간이 C 구간보다 크다.

• 왜 오답일까?

ㄱ. A 구간은 깊이에 따라 수온이 감소하므로 혼합층이 아니다.

ㄴ. B 구간은 깊이에 따라 밀도가 커지므로 해수의 연직 혼합이 활발하게 일어나지 않는다.

11 심층 순환

정답률 32% | 정답 ④

| 문제 보기 |

그림 (가)와 (나)는 현재와 신생대 팔레오기의 대서양 심층 순환을 순서 없이 나타낸 것이다.

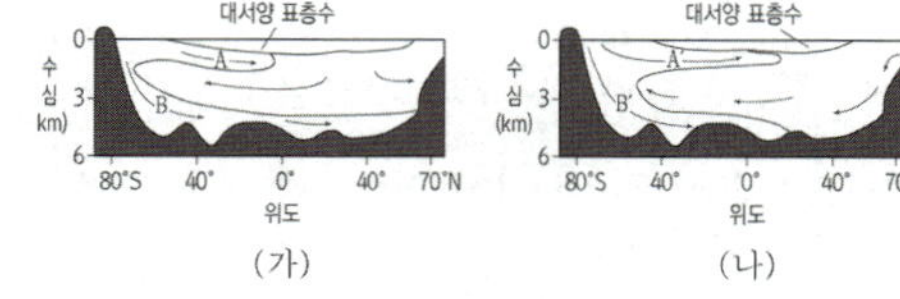

이에 대한 설명으로 옳은 것만을 <보기>에서 있는 대로 고른 것은? [3점]

<보 기>
ㄱ. 지구의 평균 기온은 (나)일 때가 (가)일 때보다 높다.
ㄴ. (나)에서 해수의 평균 염분은 B′가 A′보다 높다.
ㄷ. B는 B′보다 북반구의 고위도까지 흐른다.

① ㄱ ② ㄷ ③ ㄱ, ㄴ
④ ㄴ, ㄷ ⑤ ㄱ, ㄴ, ㄷ

• 왜 정답일까?

(가)는 신생대 팔레오기, (나)는 현재, A′는 남극 중층수, B′는 남극 저층수이다.

ㄴ. 염분은 남극 저층수가 남극 중층수보다 높다.

ㄷ. B는 70°N 부근, B′는 30°N 부근까지 흐른다.

• 왜 오답일까?

ㄱ. 지구의 평균 기온은 신생대 팔레오기일 때가 현재보다 높다.

12 지구의 복사 평형

정답률 38% | 정답 ⑤

| 문제 보기 |

그림은 지구에 도달하는 태양 복사 에너지의 양을 100이라고 할 때, 복사 평형 상태에 있는 지구의 에너지 출입을 나타낸 것이다.

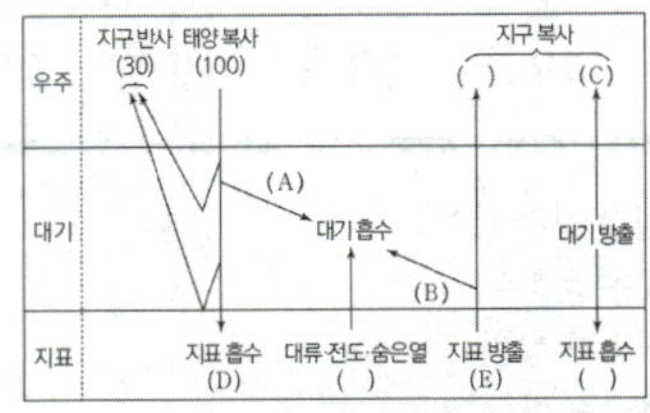

이에 대한 설명으로 옳은 것만을 <보기>에서 있는 대로 고른 것은?

<보 기>
ㄱ. A+B−C=E−D이다.
ㄴ. 지구 온난화가 진행되면 B가 증가한다.
ㄷ. C는 주로 적외선 영역으로 방출된다.

① ㄱ ② ㄴ ③ ㄱ, ㄷ
④ ㄴ, ㄷ ⑤ ㄱ, ㄴ, ㄷ

• 왜 정답일까?

ㄱ. 지구 대기의 복사 평형에 의하면 A+B−C=(대기 방출에 의한 지표 흡수−대류·전도·숨은열)이고 지표면의 복사 평형에 의하면 E−D=(대기 방출에 의한 지표 흡수−대류·전도·숨은열)이다. 따라서 A+B−C=E−D이다.

ㄴ. 지구 온난화로 온실 기체가 증가하면 지구 대기가 흡수하는 에너지(B)는 증가한다.

ㄷ. C는 지구 대기에서 우주로 방출되는 에너지이므로 주로 적외선 영역이다.

13 별의 물리량 분석

정답률 38% | 정답 ②

| 문제 보기 |

표는 별 A~D의 특징을 나타낸 것이다. A~D 중 주계열성은 3개이다.

별	광도(태양=1)	표면 온도(K)
A	20000	25000
B	0.01	11000
C	1	5500
D	0.0017	3000

A~D에 대한 설명으로 옳은 것만을 <보기>에서 있는 대로 고른 것은? [3점]

<보 기>
ㄱ. 별의 반지름은 A가 C보다 10배 이상 크다.
ㄴ. CaⅡ 흡수선의 상대적 세기는 C가 A보다 강하다.
ㄷ. 별의 평균 밀도가 가장 큰 것은 D이다.

① ㄱ ② ㄴ ③ ㄱ, ㄷ
④ ㄴ, ㄷ ⑤ ㄱ, ㄴ, ㄷ

• 왜 정답일까?

ㄴ. CaⅡ 흡수선의 상대적 세기는 태양과 비슷한 C가 A보다 강하다.

• 왜 오답일까?

ㄱ. 별의 광도는 $L \propto R^2T^4$(L:광도, R:반지름, T:표면 온도)이다. A는 C보다 광도는 20000배 크고 표면 온도는 $\frac{50}{11}$배 높으므로, 반지름은 A가 C의 약 7배이다.

ㄷ. 광도가 작고 표면 온도가 높은 별 B는 백색 왜성이다. 따라서, 별의 평균 밀도가 가장 큰 것은 B이다.

14 기후 변화 외적 요인 분석

정답률 34% | 정답 ①

| 문제 보기 |

그림은 지구 공전 궤도 이심률 변화, 지구 자전축의 기울기 변화, 북반구가 여름일 때 지구의 공전 궤도상 위치 변화를 나타낸 것이다.

[문제편 p.094]

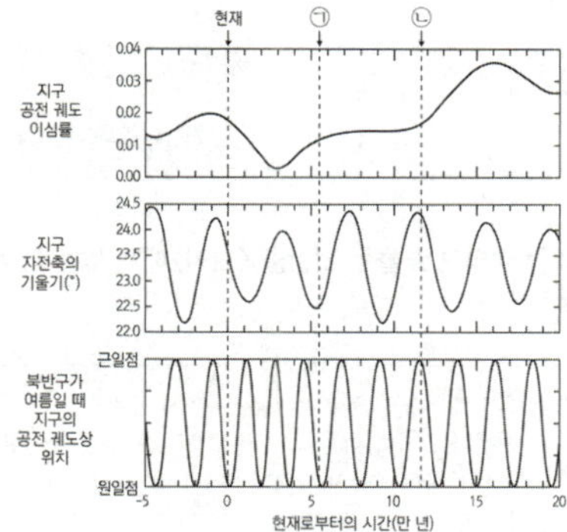

이에 대한 설명으로 옳은 것만을 〈보기〉에서 있는 대로 고른 것은? (단, 지구 공전 궤도 이심률과 자전축의 기울기, 북반구가 여름일 때 지구의 공전 궤도상 위치 이외의 요인은 변하지 않는다고 가정한다.) [3점]

<보 기>

ㄱ. 남반구 기온의 연교차는 현재가 ㉠ 시기보다 크다.
ㄴ. 30°N에서 겨울철 태양의 남중 고도는 ㉡ 시기가 현재보다 높다.
ㄷ. 근일점에서 태양까지의 거리는 ㉡ 시기가 ㉠ 시기보다 멀다.

① ㄱ ② ㄷ ③ ㄱ, ㄴ
④ ㄴ, ㄷ ⑤ ㄱ, ㄴ, ㄷ

• 왜 정답일까?

ㄱ. ㉠ 시기는 현재보다 지구 공전 궤도 이심률이 작은 시기로 남반구 기온의 연교차는 현재가 ㉠ 시기보다 크다.

• 왜 오답일까?

ㄴ. ㉡ 시기는 지구 자전축의 기울기가 현재보다 증가한 시기로, 30°N 겨울철 태양의 남중 고도는 ㉡ 시기가 현재보다 낮다.

ㄷ. 근일점에서 태양까지의 거리는 ㉡ 시기가 ㉠ 시기보다 가깝다.

15 엘니뇨와 라니냐

정답률 48% | 정답 ⑤

| 문제 보기 |

그림 (가)와 (나)는 태평양 적도 부근 해역에서 엘니뇨와 라니냐 시기의 표층 풍속 편차(관측값 − 평년값)를 순서 없이 나타낸 것이다.

(가)

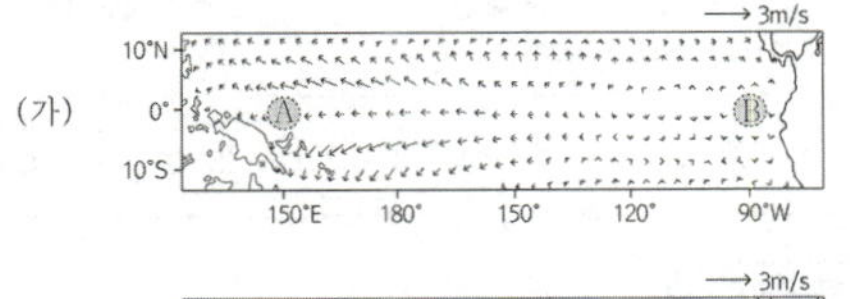

(나)

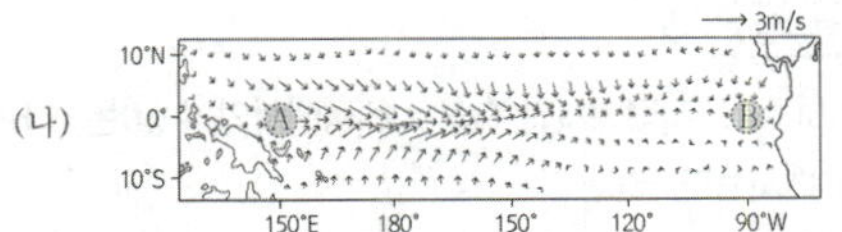

이에 대한 설명으로 옳은 것만을 〈보기〉에서 있는 대로 고른 것은?

<보 기>

ㄱ. A 해역의 강수량은 (가)일 때가 (나)일 때보다 많다.
ㄴ. (나)일 때 B 해역에서 수온 약층이 나타나기 시작하는 깊이 편차(관측값 − 평년값)는 양(+)의 값을 갖는다.
ㄷ. A 해역과 B 해역의 해수면 높이 차는 (가)일 때가 (나)일 때보다 크다.

① ㄱ ② ㄴ ③ ㄱ, ㄷ
④ ㄴ, ㄷ ⑤ ㄱ, ㄴ, ㄷ

• 왜 정답일까?

(가)는 라니냐 시기, (나)는 엘니뇨 시기이다.
ㄱ. A 해역의 강수량은 라니냐일 때가 엘니뇨일 때보다 많다.
ㄴ. 엘니뇨일 때 B 해역은 평상시보다 용승이 약해지므로 수온 약층이 더 깊은 곳에서 나타난다. 따라서 수온 약층이 나타나기 시작하는 깊이 편차(관측값 − 평년값)는 양(+)의 값을 갖는다.
ㄷ. A 해역과 B 해역의 해수면 높이 차는 라니냐일 때가 엘니뇨일 때보다 크다.

16 별의 진화

정답률 54% | 정답 ④

| 문제 보기 |

그림은 어느 별의 진화 경로를 H−R도에 나타낸 것이다.

이 별에 대한 설명으로 옳은 것만을 〈보기〉에서 있는 대로 고른 것은?

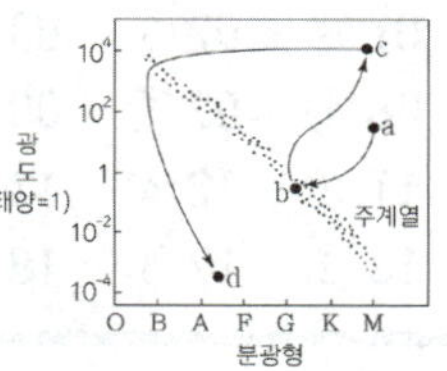

<보 기>

ㄱ. 절대 등급은 a 단계에서 b 단계로 갈수록 작아진다.
ㄴ. $\frac{\text{반지름}}{\text{표면 온도}}$은 c 단계가 b 단계보다 크다.
ㄷ. 반지름은 c 단계가 d 단계보다 크다.

① ㄱ ② ㄷ ③ ㄱ, ㄴ ④ ㄴ, ㄷ ⑤ ㄱ, ㄴ, ㄷ

• 왜 정답일까?

ㄴ. $\frac{\text{반지름}}{\text{표면 온도}}$은 적색 거성이 주계열성보다 크다.
ㄷ. 반지름은 적색 거성이 백색 왜성보다 크다.

• 왜 오답일까?

ㄱ. 태양 정도의 질량을 가진 별의 진화 경로로 a 단계는 원시별, b 단계는 주계열성, c 단계는 적색 거성, d 단계는 백색 왜성이다. a 단계에서 b 단계로 갈수록 광도는 감소하므로 절대 등급은 커진다.

17 외부 은하

정답률 63% | 정답 ①

| 문제 보기 |

그림 (가)는 가시광선 영역에서 관측된 어느 퀘이사를, (나)는 퀘이사의 적색 편이에 따른 개수 밀도를 나타낸 것이다.

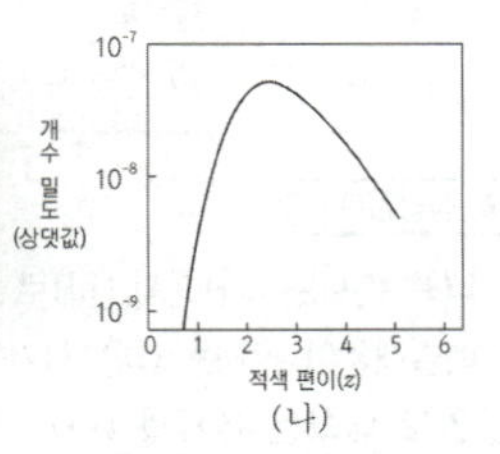

(가) (나)

이에 대한 설명으로 옳은 것만을 〈보기〉에서 있는 대로 고른 것은?

<보 기>

ㄱ. 퀘이사의 광도는 항성의 광도보다 크다.
ㄴ. 퀘이사는 우리은하 내부에 있는 천체이다.
ㄷ. 퀘이사의 개수 밀도는 정상 우주론으로 설명할 수 있다.

① ㄱ ② ㄴ ③ ㄱ, ㄷ ④ ㄴ, ㄷ ⑤ ㄱ, ㄴ, ㄷ

• 왜 정답일까?

ㄱ. 퀘이사는 수많은 별로 이루어진 은하이므로 광도는 항성보다 크다.

• 왜 오답일까?

ㄴ. 퀘이사의 적색 편이가 매우 크게 나타나므로 우리은하 외부에 있는 천체이다.
ㄷ. 정상 우주론에 따르면 적색 편이와 관계없이 퀘이사의 개수 밀도가 일정해야 하므로 퀘이사의 개수 밀도는 정상 우주론으로 설명할 수 없다.

18 허블 법칙

정답률 28% | 정답 ③

| 문제 보기 |

표는 은하 A~D에서 서로 관측하였을 때 스펙트럼에서 기준 파장이 600nm인 흡수선의 파장을 나타낸 것이다. 은하 A~D는 같은 평면상에 위치하며 허블 법칙을 만족한다.

(단위: nm)

은하	A	B	C	D
A		606	608	604
B	606		610	610
C	608	610		㉠

이에 대한 설명으로 옳은 것만을 〈보기〉에서 있는 대로 고른 것은? (단, 광속은 3×10^5km/s이고, 허블 상수는 70km/s/Mpc이다.) [3점]

<보 기>

ㄱ. A와 B 사이의 거리는 $\frac{200}{7}$Mpc이다.
ㄴ. ㉠은 608보다 작다.
ㄷ. D에서 거리가 가장 먼 은하는 B이다.

① ㄱ ② ㄴ ③ ㄷ
④ ㄱ, ㄴ ⑤ ㄴ, ㄷ

• 왜 정답일까?

ㄷ. 은하 D에서 거리가 가장 먼 은하는 은하 B이다.

• 왜 오답일까?

ㄱ. 후퇴 속도는 $v=c\times\frac{\Delta\lambda}{\lambda_0}$이므로 은하 A에서 관측한 은하 B와 은하 C의 후퇴 속도는 각각 3000km/s, 4000km/s이다. 허블 법칙은 $v=H\times r$이므로 은하 A에서 은하 B와 은하 C까지의 거리는 각각 $\frac{300}{7}$Mpc, $\frac{400}{7}$Mpc이다.

ㄴ. 은하 B에서 은하 C까지의 거리는 $\frac{500}{7}$Mpc이므로 은하 A에서 바라보았을 때, 은하 B와 은하 C는 서로 직각인 위치에 있다. 은하 D에서 은하 A와 은하 B까지의 거리는 각각 $\frac{200}{7}$Mpc, $\frac{500}{7}$Mpc이므로 은하 A에서 바라본 은하 D의 위치는 은하 B와 반대의 위치에 있다. 은하 D와 은하 C 사이의 거리는 은하 A와 C 사이의 거리보다 멀기 때문에 은하 C에서 측정한 은하 D의 흡수선 파장은 608nm보다 크다.

19 외계 행성계 탐사

정답률 31% | 정답 ②

| 문제 보기 |

그림은 어느 외계 행성과 중심별이 공통 질량 중심을 중심으로 공전하는 모습을 나타낸 것이다. 행성은 원 궤도로 공전하며 공전 궤도면은 관측자의 시선 방향과 나란하다.

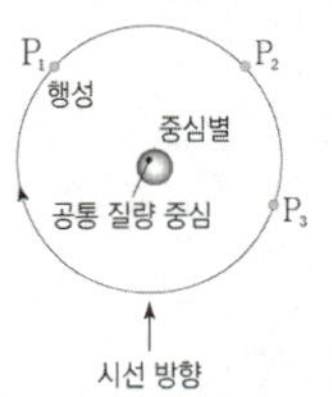

이에 대한 설명으로 옳은 것만을 〈보기〉에서 있는 대로 고른 것은? [3점]

<보 기>

ㄱ. 행성이 P_1에 위치할 때 중심별의 적색 편이가 나타난다.
ㄴ. 중심별의 질량이 클수록 중심별의 시선 속도 최댓값이 커진다.
ㄷ. 중심별의 어느 흡수선의 파장 변화 크기는 행성이 P_3에 위치할 때가 P_2에 위치할 때보다 크다.

① ㄱ ② ㄷ ③ ㄱ, ㄴ
④ ㄴ, ㄷ ⑤ ㄱ, ㄴ, ㄷ

• 왜 정답일까?

ㄷ. 중심별의 어느 흡수선의 파장 변화 크기는 행성이 P_3에 위치할 때가 P_2에 위치할 때보다 크다.

• 왜 오답일까?

ㄱ, ㄴ. 행성이 P_1에 위치할 때 중심별은 지구에 가까워지므로 중심별의 스펙트럼은 청색 편이가 나타나며 질량이 클수록 시선 속도의 최댓값은 작아진다.

20 별의 특성

정답률 47% | 정답 ③

| 문제 보기 |

그림은 별의 중심 온도에 따른 p−p 반응과 CNO 순환 반응, 헬륨 핵융합 반응의 상대적 에너지 생산량을 A, B, C로 순서 없이 나타낸 것이다.

24회

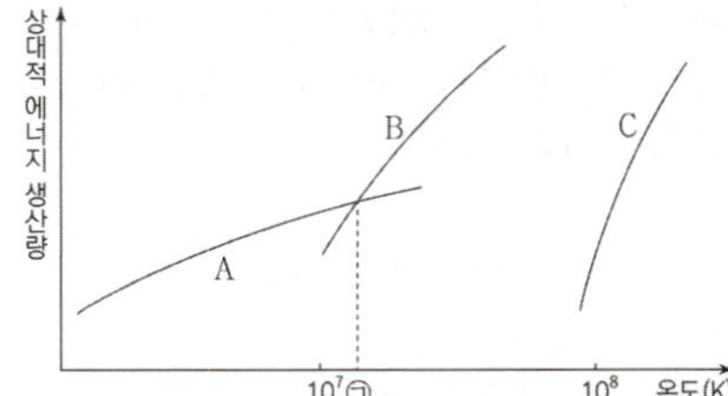

이에 대한 설명으로 옳은 것만을 <보기>에서 있는 대로 고른 것은? [3점]

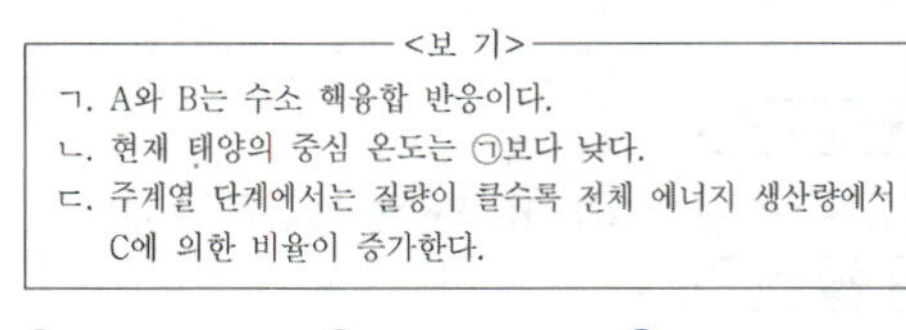
<보 기>
ㄱ. A와 B는 수소 핵융합 반응이다.
ㄴ. 현재 태양의 중심 온도는 ㉠보다 낮다.
ㄷ. 주계열 단계에서는 질량이 클수록 전체 에너지 생산량에서 C에 의한 비율이 증가한다.

① ㄱ ② ㄷ ③ ㄱ, ㄴ
④ ㄴ, ㄷ ⑤ ㄱ, ㄴ, ㄷ

• 왜 정답일까?

A는 p-p 반응, B는 CNO 순환 반응, C는 헬륨 핵융합 반응이다.
ㄱ. A와 B는 수소 핵융합 반응이다.
ㄴ. 현재 태양은 p-p 반응에 의한 상대적 에너지 생산량이 많으므로 중심 온도는 ㉠보다 낮다.

• 왜 오답일까?

ㄷ. 주계열성 단계에서는 헬륨 핵융합 반응이 일어나지 않는다.

25회 2021학년도 7월

● 고3 지구과학 I ●

01 ⑤	02 ③	03 ②	04 ④	05 ④
06 ①	07 ①	08 ②	09 ④	10 ⑤
11 ③	12 ④	13 ①	14 ⑤	15 ②
16 ③	17 ⑤	18 ①	19 ②	20 ③

채점결과
• 실제 걸린 시간 : 분 초
• 맞은 문항수 : 개
• 틀린 문항수 : 개
• 헷갈린 문항 :

01 대륙 이동

정답률 60% | 정답 ⑤

| 문제 보기 |

그림 (가)와 (나)는 고생대 이후 서로 다른 두 시기의 대륙 분포를 나타낸 것이다.

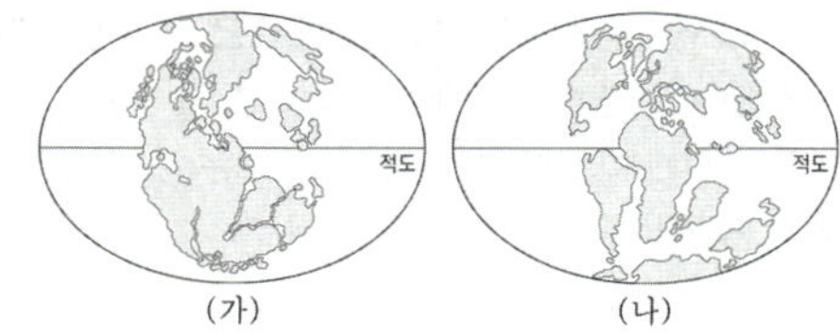

(가) (나)

이에 대한 설명으로 옳은 것만을 <보기>에서 있는 대로 고른 것은

<보 기>
ㄱ. 대륙 분포는 (가)에서 (나)로 변하였다.
ㄴ. (나)에 애팔래치아 산맥이 존재하였다.
ㄷ. (가)와 (나) 모두 인도 대륙은 남반구에 존재하였다.

① ㄱ ② ㄴ ③ ㄱ, ㄷ
④ ㄴ, ㄷ ⑤ ㄱ, ㄴ, ㄷ

• 왜 정답일까?

ㄱ. 대륙 분포는 (가)에서 (나)로 변하였다.
ㄴ. 애팔래치아 산맥은 (나) 시기에 존재하였다.
ㄷ. 인도 대륙은 (가)와 (나) 시기 모두 남반구에 존재하였다.

02 열점

정답률 76% | 정답 ③

| 문제 보기 |

그림은 태평양판에 위치한 열점들에 의해 형성된 섬과 해산의 일부를 나타낸 것이다.

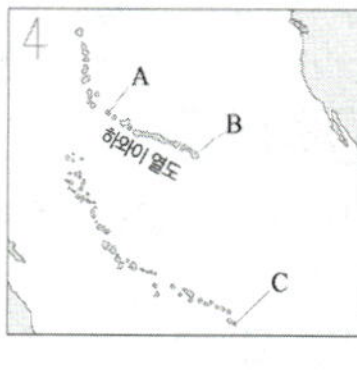

이에 대한 설명으로 옳은 것만을 <보기>에서 있는 대로 고른 것은?

<보 기>
ㄱ. A는 B보다 먼저 형성되었다.
ㄴ. C에는 현무암이 분포한다.
ㄷ. 태평양판의 이동 방향은 남동쪽이다.

① ㄱ ② ㄷ ③ ㄱ, ㄴ
④ ㄴ, ㄷ ⑤ ㄱ, ㄴ, ㄷ

• 왜 정답일까?

ㄱ. B는 열점에 위치하므로 A는 B보다 먼저 형성되었다.
ㄴ. C는 열점에 의해 생성되었으므로 현무암이 분포한다.

• 왜 오답일까?

ㄷ. 태평양판의 이동 방향은 북서쪽이다.

03 퇴적 구조

정답률 88% | 정답 ②

| 문제 보기 |

그림 (가)와 (나)는 서로 다른 퇴적 구조를 나타낸 것이다.

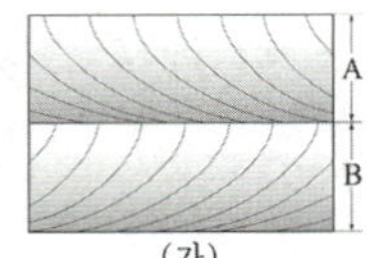

(가)

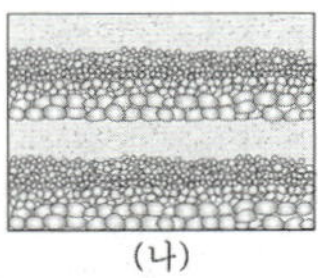
(나)

이에 대한 설명으로 옳은 것만을 <보기>에서 있는 대로 고른 것은?

<보 기>
ㄱ. (가)에서 퇴적물의 공급 방향은 A와 B가 같다.
ㄴ. (나)는 입자 크기에 따른 퇴적 속도 차이에 의해 생성된다.
ㄷ. (가)는 (나)보다 수심이 깊은 곳에서 잘 생성된다.

① ㄱ ② ㄴ ③ ㄱ, ㄷ
④ ㄴ, ㄷ ⑤ ㄱ, ㄴ, ㄷ

• 왜 정답일까?

(가)는 사층리, (나)는 점이 층리이다.
ㄴ. 점이 층리는 크기가 큰 입자가 먼저 가라앉고 다음으로 점점 더 작은 입자들이 가라앉아 생성된다.

• 왜 오답일까?

ㄱ. (가)의 A, B 모양으로 보아, A와 B가 퇴적될 당시 퇴적물의 공급 방향은 반대 방향이다.
ㄷ. 사층리는 점이층리보다 상대적으로 수심이 얕은 곳에서 생성된다.

04 해저 확장

정답률 60% | 정답 ④

| 문제 보기 |

그림 (가)와 (나)는 각각 태평양과 대서양에서 측정한 해령으로부터의 거리에 따른 해양 지각의 연령과 수심을 나타낸 것이다.

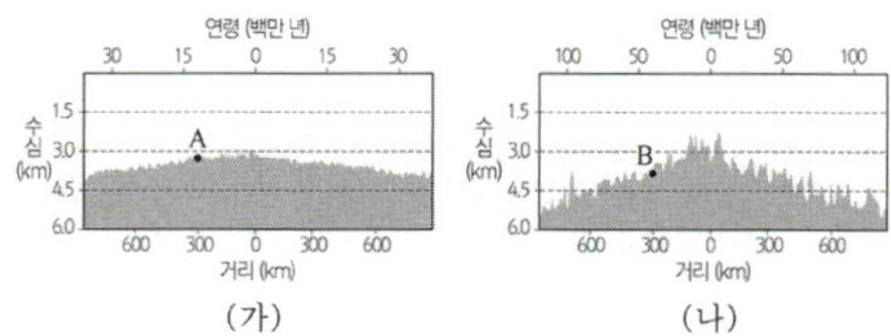

(가) (나)

이에 대한 설명으로 옳은 것만을 <보기>에서 있는 대로 고른 것은? (단, 태평양과 대서양에서 심해 퇴적물이 쌓이는 속도는 같다.) [3점]

<보 기>
ㄱ. 심해 퇴적물의 두께는 A에서가 B에서보다 두껍다.
ㄴ. (해령으로부터 거리가 600 km 지점의 수심 − 해령의 수심)은 (가)에서가 (나)에서보다 작다.
ㄷ. 최근 3천만 년 동안 해양 지각의 평균 확장 속도는 (가)가 (나)보다 빠르다.

① ㄱ ② ㄴ ③ ㄱ, ㄷ ④ ㄴ, ㄷ ⑤ ㄱ, ㄴ, ㄷ

• 왜 정답일까?

ㄴ. (600km 지점에서의 수심 − 해령에서의 수심)은 (나)에서가 (가)에서보다 크다.
ㄷ. 최근 3천만 년 동안 해령으로부터 이동한 거리가 (가)가 (나)보다 멀기 때문에 해양 지각의 확장 속도는 (가)가 (나)보다 빠르다.

• 왜 오답일까?

ㄱ. 해양 지각의 연령은 B에서가 A에서보다 많으므로 심해 퇴적물의 두께는 B에서가 A에서보다 두껍다.

05 지질 단면

정답률 66% | 정답 ④

| 문제 보기 |

그림은 어느 지역의 지질 단면도를, 표는 화성암 P와 Q에 포함된 방사성 원소 X와 이 원소가 붕괴되어 생성된 자원소의 함량을 나타낸 것이다.

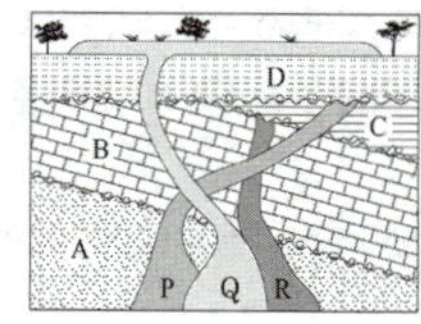

구분	방사성 원소 X(%)	자원소 (%)
P	24	76
Q	52	48

[문제편 p.096]

이에 대한 설명으로 옳은 것만을 〈보기〉에서 있는 대로 고른 것은? (단, 화성암 P, Q는 생성될 당시에 방사성 원소 X의 자원소가 포함되지 않았다.) [3점]

<보 기>
ㄱ. 이 지역에서는 최소한 4회 이상의 융기가 있었다.
ㄴ. $\frac{\text{P의 절대 연령}}{\text{Q의 절대 연령}}$ 은 2보다 크다.
ㄷ. 지층과 암석의 생성 순서는 A→B→C→R→P→D→Q이다.

① ㄱ ② ㄴ ③ ㄷ ④ ㄱ, ㄴ ⑤ ㄴ, ㄷ

• 왜 정답일까?

ㄱ. 이 지역은 부정합면이 3개 존재하고 지표면이 드러나 있으므로, 최소 4회 이상 융기가 있었다.

ㄴ. 화성암 P는 반감기가 2회 이상이고, 화성암 Q는 반감기가 1회 미만이므로, $\frac{\text{P의 절대 연령}}{\text{Q의 절대 연령}}$ 은 2보다 크다.

• 왜 오답일까?

ㄷ. 지층과 암석의 생성 순서는 A→B→R→C→P→D→Q이다.

06 지질 시대

정답률 65% | 정답 ①

| 문제 보기 |

다음은 지질 시대에 대한 원격 수업 장면이다.

제시한 내용이 옳은 학생만을 있는 대로 고른 것은? [3점]

① A ② B ③ A, C
④ B, C ⑤ A, B, C

• 왜 정답일까?

(가)는 데본기, (나)는 석탄기, (다)는 실루리아기이다. 오존층은 실루리아기 전에 형성되었다. 지질 시대 순서는 실루리아기→데본기→석탄기 순이다.

07 지층의 대비

정답률 75% | 정답 ①

| 문제 보기 |

그림은 세 지역 A, B, C의 지질 단면과 지층에서 산출되는 화석을 나타낸 것이다.

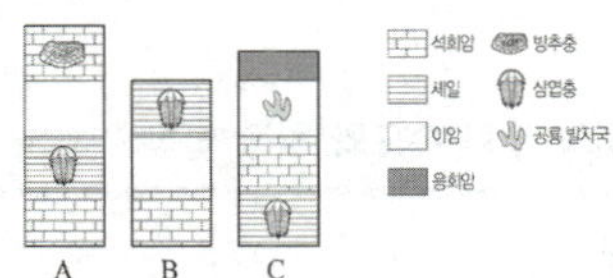

이에 대한 설명으로 옳은 것만을 〈보기〉에서 있는 대로 고른 것은? (단, 세 지역 모두 지층의 역전은 없었다.)

<보 기>
ㄱ. 가장 최근에 생성된 지층은 응회암층이다.
ㄴ. B 지역의 이암층은 중생대에 생성되었다.
ㄷ. 세 지역의 모든 지층은 바다에서 생성되었다.

① ㄱ ② ㄷ ③ ㄱ, ㄴ ④ ㄴ, ㄷ ⑤ ㄱ, ㄴ, ㄷ

• 왜 정답일까?

ㄱ. 응회암층은 공룡 발자국 화석이 있는 이암층 위에 있으므로 가장 최근에 생성된 층이다.

• 왜 오답일까?

ㄴ. B 지역의 이암층은 삼엽충 화석이 있는 셰일층 아래에 있으므로 중생대에 생성된 지층이 아니다. 공룡 발자국 화석은 육성층에서 산출된다.

ㄷ. 삼엽충과 방추충은 고생대 표준 화석이고, 공룡 발자국은 중생대 표준 화석이다.

08 우리나라 주변 해양

정답률 82% | 정답 ②

| 문제 보기 |

그림 (가)와 (나)는 어느 시기 우리나라 주변의 표층 수온과 표층 염분을 나타낸 것이다.

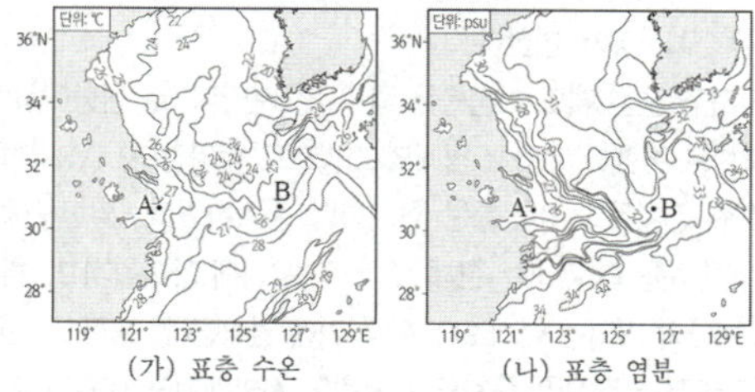

(가) 표층 수온 (나) 표층 염분

이에 대한 설명으로 옳은 것만을 〈보기〉에서 있는 대로 고른 것은

<보 기>
ㄱ. 겨울철에 관측한 것이다.
ㄴ. A 해역에는 담수 유입이 일어나고 있다.
ㄷ. 표층 해수의 밀도는 A 해역이 B 해역보다 크다.

① ㄱ ② ㄴ ③ ㄱ, ㄷ
④ ㄴ, ㄷ ⑤ ㄱ, ㄴ, ㄷ

• 왜 정답일까?

ㄴ. A 해역의 낮은 염분 분포로 보아 담수의 유입이 일어나고 있음을 판단할 수 있다.

• 왜 오답일까?

ㄱ. 우리나라 주변의 수온 분포로 보아 관측 시기는 여름철이다.

ㄷ. A 해역은 B 해역보다 수온이 높고 염분이 낮으므로 A 해역은 B 해역보다 밀도가 낮다.

09 위성 영상 분석

정답률 70% | 정답 ④

| 문제 보기 |

다음은 위성 영상을 해석하는 탐구 활동이다.

[탐구 과정]
(가) 동일한 시각에 촬영한 가시 영상과 적외 영상을 준비한다.
(나) 가시 영상과 적외 영상에서 육지와 바다의 밝기를 비교한다.
(다) 가시 영상과 적외 영상에서 구름 A와 B의 밝기를 비교한다.

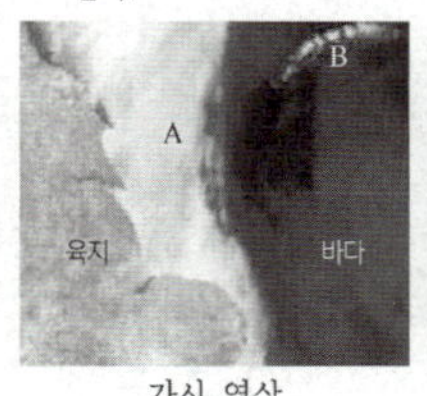

가시 영상

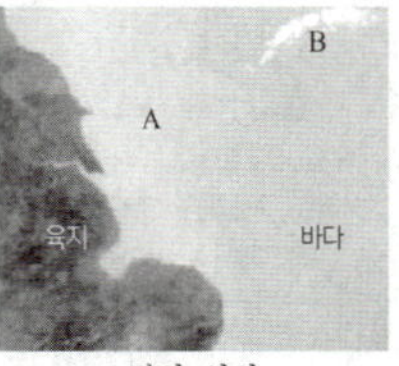

적외 영상

[탐구 결과]

구분	가시 영상	적외 영상
(나)	육지가 바다보다 밝다.	바다가 육지보다 밝다.
(다)	A와 B의 밝기가 비슷하다.	B가 A보다 밝다.

이에 대한 설명으로 옳은 것만을 〈보기〉에서 있는 대로 고른 것은? [3점]

<보 기>
ㄱ. 육지는 바다보다 온도가 높다.
ㄴ. 위성 영상은 밤에 촬영한 것이다.
ㄷ. 구름 최상부의 높이는 B가 A보다 높다.

① ㄱ ② ㄴ ③ ㄷ ④ ㄱ, ㄷ ⑤ ㄴ, ㄷ

• 왜 정답일까?

ㄱ. 적외 영상은 온도가 높을수록 어둡게, 온도가 낮을수록 밝게 나타난다. 따라서 육지가 바다보다 어둡게 나타나므로 바다보다 온도가 높다.

ㄷ. 적외 영상에서는 구름의 최상부 높이가 높을수록 밝게 나타난다. 적외 영상에서 B가 A보다 밝으므로 구름 최상부의 높이는 B가 A보다 높다.

• 왜 오답일까?

ㄴ. 야간에는 태양빛이 없으므로 가시 영상을 이용할 수 없다.

10 일기도 분석

정답률 64% | 정답 ⑤

| 문제 보기 |

그림 (가)와 (나)는 겨울철 어느 날 6시간 간격으로 작성된 지상 일기도를 순서 없이 나타낸 것이다.

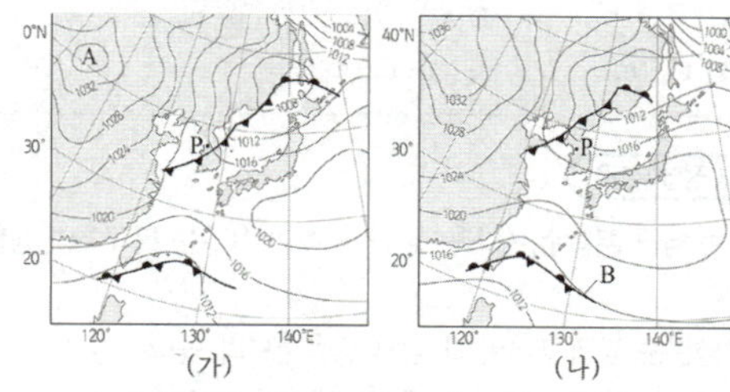

(가) (나)

이에 대한 설명으로 옳은 것만을 〈보기〉에서 있는 대로 고른 것은?

<보 기>
ㄱ. A는 한랭 건조한 고기압이다.
ㄴ. B는 정체 전선이다.
ㄷ. 이 기간 동안 P 지역의 풍향은 시계 방향으로 변했다.

① ㄱ ② ㄷ ③ ㄱ, ㄴ
④ ㄴ, ㄷ ⑤ ㄱ, ㄴ, ㄷ

• 왜 정답일까?

ㄱ. A는 시베리아 고기압으로 한랭 건조하다.

ㄴ. B는 정체 전선이다.

ㄷ. 이 기간 동안 P 지역은 한랭 전선이 통과하므로 풍향은 시계 방향으로 변하였다.

11 태풍 자료 분석

정답률 56% | 정답 ③

| 문제 보기 |

표는 어느 태풍의 중심 기압과 이동 속도를, 그림은 이 태풍이 우리나라를 통과할 때 어느 관측소에서 측정한 기온과 풍향 및 풍속을 나타낸 것이다.

일시	중심 기압 (hPa)	이동 속도 (km/h)
2일 00시	935	23
2일 06시	940	22
2일 12시	945	23
2일 18시	945	32
3일 00시	950	36
3일 06시	960	70
3일 12시	970	45

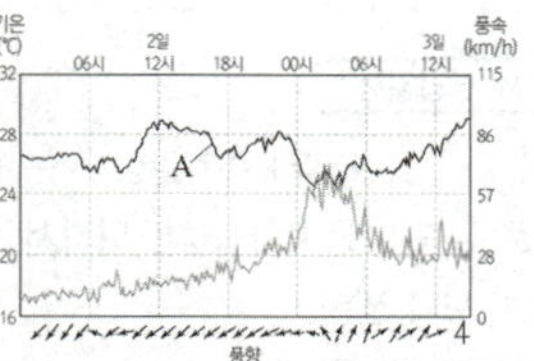

이 자료에 대한 설명으로 옳은 것만을 〈보기〉에서 있는 대로 고른 것은? [3점]

<보 기>
ㄱ. A는 기온이다.
ㄴ. 태풍의 세력이 약해질수록 이동 속도는 빠르다.
ㄷ. 관측소는 태풍 진행 경로의 오른쪽에 위치하였다.

① ㄱ ② ㄴ ③ ㄱ, ㄷ
④ ㄴ, ㄷ ⑤ ㄱ, ㄴ, ㄷ

• 왜 정답일까?

ㄱ. A는 기온 관측 자료이다.

ㄷ. 태풍이 이동하는 동안 풍향이 시계 방향으로 변화하였으므로 관측소는 태풍 진행 경로의 오른쪽에 위치하였다.

• 왜 오답일까?

ㄴ. 태풍의 세력이 약해지면서 이동 속도가 지속적으로 증가하지 않았다.

12 심층 순환

정답률 36% | 정답 ④

| 문제 보기 |

표는 심층 순환을 이루는 수괴에 대한 설명을 나타낸 것이다. (가), (나), (다)는 각각 남극 저층수, 북대서양 심층수, 남극 중층수 중 하나이다.

구분	설명
(가)	해저를 따라 북쪽으로 이동하여 30°N에 이른다.
(나)	수심 1000 m 부근에서 20°N까지 이동한다.
(다)	수심 약 1500 ~ 4000 m 사이에서 60°S까지 이동한다.

이에 대한 설명으로 옳은 것만을 <보기>에서 있는 대로 고른 것은?

<보 기>
ㄱ. (나)는 남극 대륙 주변의 웨델해에서 생성된다.
ㄴ. 평균 염분은 (가)가 (나)보다 높다.
ㄷ. 평균 밀도는 (가)가 (다)보다 크다.

① ㄱ ② ㄴ ③ ㄱ, ㄷ
④ ㄴ, ㄷ ⑤ ㄱ, ㄴ, ㄷ

• 왜 정답일까?

(가)는 남극 저층수, (나)는 남극 중층수, (다)는 북대서양 심층수이다.
ㄴ. 염분은 남극 저층수가 남극 중층수보다 높다.
ㄷ. 밀도는 남극 저층수가 북대서양 심층수보다 크다.

• 왜 오답일까?

ㄱ. 남극 대륙 주변의 웨델 해에서 생성되는 수괴는 남극 저층수이다.

13 별의 진화

정답률 72% | 정답 ①

| 문제 보기 |

그림은 주계열성 A와 B가 각각 거성 A′와 B′로 진화하는 경로의 일부를 H−R도에 나타낸 것이다.

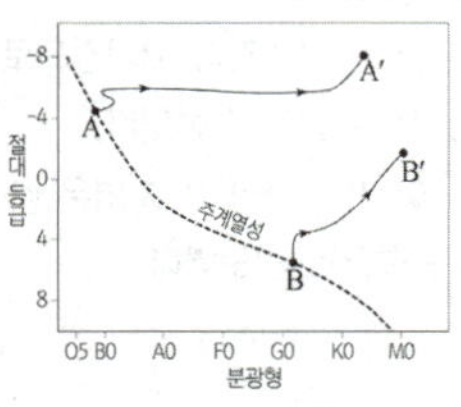

이에 대한 설명으로 옳은 것만을 <보기>에서 있는 대로 고른 것은?

<보 기>
ㄱ. 주계열에 머무는 기간은 A가 B보다 짧다.
ㄴ. 절대 등급의 변화량은 A가 A′로 진화했을 때가 B가 B′로 진화했을 때보다 크다.
ㄷ. $\frac{\text{CNO 순환 반응에 의한 에너지 생성량}}{\text{p−p 반응에 의한 에너지 생성량}}$은 A가 B보다 작다.

① ㄱ ② ㄴ ③ ㄱ, ㄷ ④ ㄴ, ㄷ ⑤ ㄱ, ㄴ, ㄷ

• 왜 정답일까?

ㄱ. H−R도에서 주계열성 A는 B보다 왼쪽 상단에 위치하므로 질량이 B보다 크다. 따라서 주계열에 머무는 기간은 A가 B보다 짧다.

• 왜 오답일까?

ㄴ. 절대 등급의 변화량은 A가 A′로 진화했을 때가 B가 B′로 진화했을 때보다 작다.
ㄷ. 중심부의 온도가 1800만 K 이하인 주계열 하단부의 별은 p−p반응이 우세하고 중심부의 온도가 1800만 K 이상인 주계열 상단부의 별은 CNO 순환 반응이 우세하다. $\frac{\text{CNO 순환반응에 의한 에너지 생성량}}{\text{p−p반응에 의한 에너지 생성량}}$은 A가 B보다 크다.

14 기후 변화 외적 요인

정답률 62% | 정답 ⑤

| 문제 보기 |

그림은 과거 지구 자전축의 경사각과 지구 공전 궤도 이심률 변화를 나타낸 것이다.

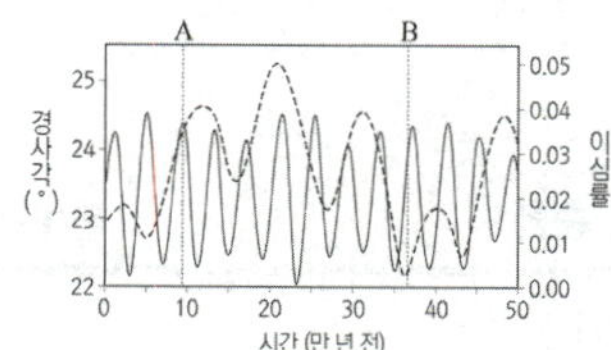

이에 대한 설명으로 옳은 것만을 <보기>에서 있는 대로 고른 것은? (단, 지구 자전축 경사각과 지구 공전 궤도 이심률 이외의 조건은 고려하지 않는다.) [3점]

<보 기>
ㄱ. 지구 자전축 경사각 변화의 주기는 6만 년보다 짧다.
ㄴ. A 시기의 남반구 기온의 연교차는 현재보다 크다.
ㄷ. 원일점과 근일점에서 태양까지의 거리 차는 A 시기가 B 시기보다 크다.

① ㄱ ② ㄷ ③ ㄱ, ㄴ
④ ㄴ, ㄷ ⑤ ㄱ, ㄴ, ㄷ

• 왜 정답일까?

ㄱ. 지구 자전축 경사각은 약 41000년을 주기로 21.5° ~ 24.5° 사이에서 변한다.
ㄴ. 지구 공전 궤도 이심률은 약 10만 년 주기로 원형에서 타원형으로 변했다가 다시 원래의 모양으로 돌아간다. A 시기에 자전축 경사각과 이심률은 현재보다 증가하였다. 남반구에서 근일점(여름)의 거리는 현재 보다 A 시기에 가까워지고, 원일점(겨울)의 거리는 현재보다 A 시기에 멀어진다. 또한, 자전축의 기울기가 커지면 중위도와 고위도 지방에서는 여름과 겨울에 받는 태양 복사 에너지양의 차이가 커져 여름 기온은 더 상승하고 겨울 기온은 더 하강한다. 결론적으로 A 시기의 남반구 기온의 연교차는 현재보다 커진다.
ㄷ. (태양에서 원일점까지의 거리 − 태양에서 근일점까지의 거리)는 이심률이 커질수록 증가하므로 A 시기가 B 시기보다 크다.

15 엘니뇨와 라니냐

정답률 56% | 정답 ②

| 문제 보기 |

그림은 태평양 적도 해역의 해수면으로부터 수심 300m까지의 평균 수온 편차(관측값−평년값)를 나타낸 것이다. A와 B는 각각 엘니뇨와 라니냐 시기 중 하나이다.

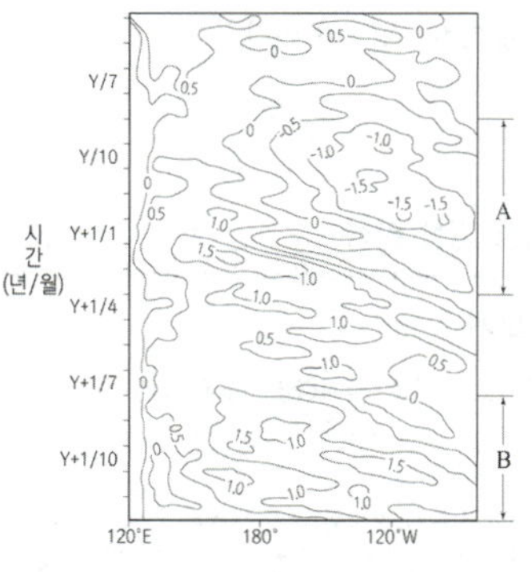

이에 대한 설명으로 옳은 것만을 <보기>에서 있는 대로 고른 것은? [3점]

<보 기>
ㄱ. 남적도 해류의 세기는 A가 B보다 약하다.
ㄴ. 적도 부근의 (동태평양 해면 기압 − 서태평양 해면 기압)은 A가 B보다 작다.
ㄷ. 적도 부근 동태평양 해역에서 수온 약층이 나타나기 시작하는 깊이는 B가 A보다 깊다.

① ㄱ ② ㄷ ③ ㄱ, ㄴ
④ ㄴ, ㄷ ⑤ ㄱ, ㄴ, ㄷ

• 왜 정답일까?

A는 라니냐, B는 엘니뇨이다.
ㄷ. 적도 부근 동태평양 해역에서 수온 약층이 나타나기 시작하는 깊이는 엘니뇨가 라니냐보다 깊다.

• 왜 오답일까?

ㄱ. 남적도 해류의 세기는 라니냐가 엘니뇨보다 강하다.
ㄴ. 적도 부근의 (동태평양 해면 기압 − 서태평양 해면 기압)은 라니냐가 엘니뇨보다 크다.

16 별의 특성

정답률 52% | 정답 ③

| 문제 보기 |

그림은 지구 대기권 밖에서 단위 시간 동안 관측한 주계열성 A, B, C의 복사 에너지 세기를 파장에 따라 나타낸 것이다.

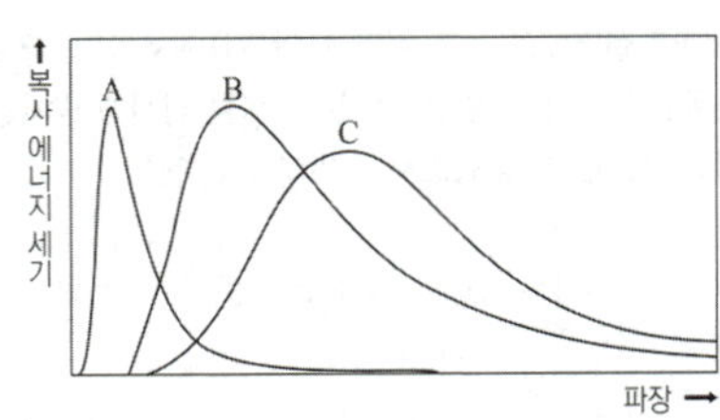

이에 대한 설명으로 옳은 것만을 <보기>에서 있는 대로 고른 것은? [3점]

<보 기>
ㄱ. 표면 온도는 A가 B보다 높다.
ㄴ. 광도는 B가 C보다 크다.
ㄷ. 반지름은 A가 C보다 작다.

① ㄱ ② ㄷ ③ ㄱ, ㄴ
④ ㄴ, ㄷ ⑤ ㄱ, ㄴ, ㄷ

• 왜 정답일까?

복사 에너지 세기가 최대인 파장은 표면 온도가 높은 별일수록 짧다. 따라서 표면 온도는 A가 B 보다 높다.
주계열성은 표면 온도가 높을수록 반지름과 광도가 크므로 반지름과 광도는 A > B > C이다.

17 별의 물리량 분석하기

정답률 37% | 정답 ⑤

| 문제 보기 |

그림은 별 A ~ D의 상대적 크기를, 표는 별의 물리량을 나타낸 것이다. 별 A ~ D는 각각 ㉠~㉣ 중 하나이다.

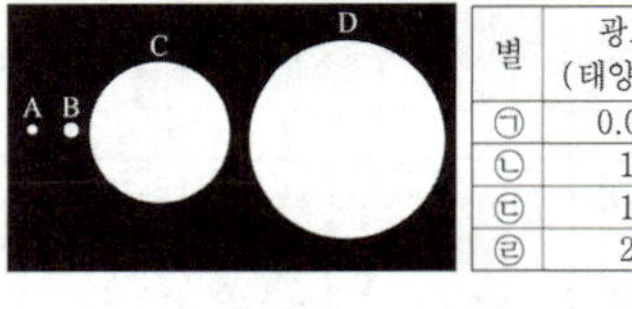

별	광도 (태양=1)	표면 온도 (태양=1)
㉠	0.01	1
㉡	1	1
㉢	1	4
㉣	2	1

이에 대한 설명으로 옳은 것만을 <보기>에서 있는 대로 고른 것은? [3점]

<보 기>
ㄱ. 표면 온도는 A가 B보다 높다.
ㄴ. 광도는 B가 D보다 작다.
ㄷ. C는 주계열성이다.

① ㄱ ② ㄴ ③ ㄱ, ㄷ
④ ㄴ, ㄷ ⑤ ㄱ, ㄴ, ㄷ

• 왜 정답일까?

ㄱ. 표면 온도는 A가 B보다 높다.
ㄴ. $L = 4\pi R^2 \cdot \sigma T^4$(L:광도, R:반지름, T:표면 온도)에 의한 반지름의 상대적 크기는 ㉣>㉡>㉠>㉢이다. 따라서 A는 ㉢, B는 ㉠, C는 ㉡, D는 ㉣이다. 광도는 B가 D보다 작다.
ㄷ. C는 물리량이 태양과 같으므로 주계열성이다.

18 은하의 후퇴 속도와 허블 법칙

정답률 27% | 정답 ①

| 문제 보기 |

표는 우리은하에서 관측한 외부 은하 A와 B의 흡수선 파장과 거리를 나타낸 것이다. A에서 관측한 B의 후퇴 속도는 17300km/s이고, 세 은하는 허블 법칙을 만족한다.

은하	흡수선 파장(nm)	거리(Mpc)
A	404.6	50
B	423	(가)

이에 대한 설명으로 옳은 것만을 <보기>에서 있는 대로 고른 것은? (단, 빛의 속도는 3×10^5 km/s이고, 이 흡수선의 고유 파장은 400nm이다.) [3점]

<보 기>
ㄱ. (가)는 250이다.
ㄴ. 허블 상수는 70 km/s/Mpc보다 크다.
ㄷ. 우리은하로부터 A까지의 시선 방향과 B까지의 시선 방향이 이루는 각도는 60°보다 작다.

① ㄱ ② ㄴ ③ ㄷ ④ ㄱ, ㄴ ⑤ ㄱ, ㄷ

[문제편 p.099]

• 왜 정답일까?

A의 후퇴 속도는 $v=c(\text{광속})\times\dfrac{\Delta\lambda}{\lambda_0}$이므로

$$v=3\times10^5(km/s)\times\frac{(404.6-400)}{400}=3450(km/s)$$

이다. 허블 법칙은 $v=H\times r$이므로 허블 상수는 $3450km/s=H\times50Mpc$, $H=69km/s/Mpc$이다.

B의 후퇴 속도는 $v=c(\text{광속})\times\dfrac{\Delta\lambda}{\lambda_0}$이므로

$$v=3\times10^5(km/s)\times\frac{(423-400)}{400}$$

$=17250(km/s)$이다.

$17250km/s=69km/s/Mpc\times$(가) Mpc이므로 (가)는 250Mpc이다.

외부 은하 A와 B 사이의 거리는 $17300km/s=69km/s/Mpc\times x\,Mpc$이므로 약 250.7Mpc이다.

따라서 우리은하로부터 A까지의 시선 방향과 B까지의 시선 방향이 이루는 각도는 60° 보다 크다.

19 외계 행성계 탐사 이해하기

정답률 50% | 정답 ②

| 문제 보기 |

그림은 외계 행성이 중심별 주위를 공전하며 식현상을 일으키는 모습과 중심별의 밝기 변화를 나타낸 것이다. 이 외계 행성에 의해 중심별의 도플러 효과가 관측된다.

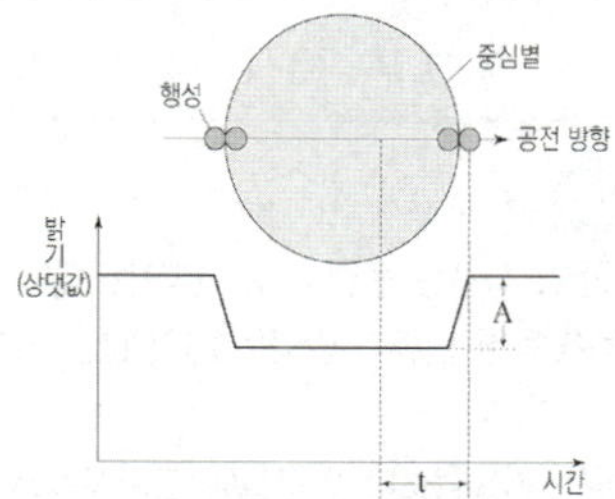

이에 대한 설명으로 옳은 것만을 <보기>에서 있는 대로 고른 것은?

<보 기>
ㄱ. 행성의 반지름이 2배 커지면 A 값은 2배 커진다.
ㄴ. t 동안 중심별의 적색 편이가 관측된다.
ㄷ. 중심별과 행성의 공통 질량 중심을 중심으로 공전하는 속도는 중심별이 행성보다 느리다.

① ㄱ ② ㄷ ③ ㄱ, ㄴ ④ ㄴ, ㄷ ⑤ ㄱ, ㄴ, ㄷ

• 왜 정답일까?

ㄷ. 공통 질량 중심에 중심별이 가까우므로 공전하는 속도는 중심별이 행성보다 느리다.

• 왜 오답일까?

ㄱ. 행성의 반지름이 2배 커지면 A 값은 4배 커진다.

ㄴ. t 동안 중심별은 시선 방향으로 접근하므로 청색 편이가 관측된다.

20 우주론

정답률 62% | 정답 ③

| 문제 보기 |

그림은 우주 모형 A, B와 외부 은하에서 발견된 Ⅰa형 초신성의 관측 자료를 나타낸 것이다. Ω_m과 Ω_Λ는 각각 현재 우주의 물질 밀도와 암흑 에너지 밀도를 임계 밀도로 나눈 값이다.

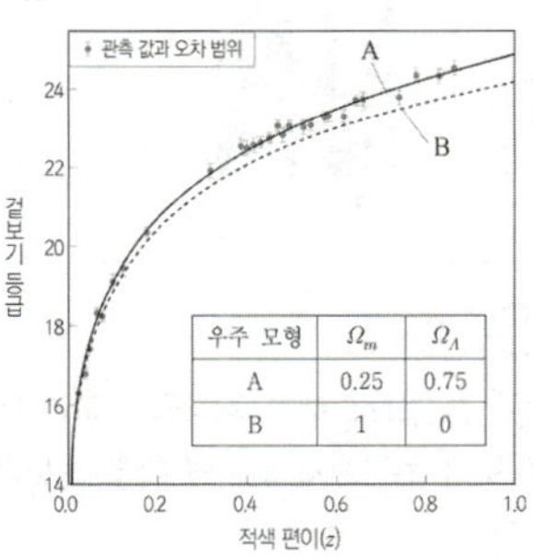

이에 대한 설명으로 옳은 것만을 <보기>에서 있는 대로 고른 것은?

<보 기>
ㄱ. Ⅰa형 초신성의 관측 결과를 설명할 수 있는 우주 모형은 B보다 A이다.
ㄴ. z=0.8인 Ⅰa형 초신성의 거리 예측 값은 A가 B보다 크다.
ㄷ. 보통 물질, 암흑 물질, 암흑 에너지를 모두 고려한 우주 모형은 B이다.

① ㄱ ② ㄷ ③ ㄱ, ㄴ ④ ㄴ, ㄷ ⑤ ㄱ, ㄴ, ㄷ

• 왜 정답일까?

ㄱ. Ⅰa형 초신성의 관측 결과는 우주 모형 B보다 A에 잘 맞는다.

ㄴ. $z=0.8$인 Ⅰa형 초신성의 거리 예측 값은 A가 B보다 크다.

• 왜 오답일까?

ㄷ. 보통 물질, 암흑 물질, 암흑 에너지를 모두 고려한 우주 모형은 A이다.

26회 2020학년도 7월

• 고3 지구과학Ⅰ •

01 ⑤	02 ③	03 ②	04 ②	05 ②
06 ①	07 ②	08 ③	09 ①	10 ⑤
11 ③	12 ③	13 ⑤	14 ⑤	15 ④
16 ②	17 ①	18 ⑤	19 ④	20 ④

채점 결과
• 실제 걸린 시간 : 분 초
• 맞은 문항수 : 개
• 틀린 문항수 : 개
• 헷갈린 문항 :

01 퇴적 구조

정답률 90% | 정답 ⑤

| 문제 보기 |

그림 (가)와 (나)는 퇴적 구조를 나타낸 것이다.

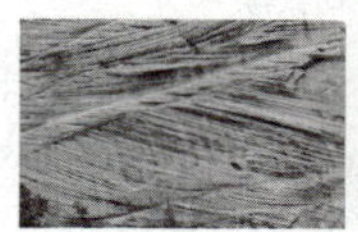
(가) 사층리

(나) 건열

이에 대한 설명으로 옳은 것만을 <보기>에서 있는 대로 고른 것은?

<보 기>
ㄱ. (가)로부터 퇴적물이 공급된 방향을 알 수 있다.
ㄴ. (나)는 형성 당시에 건조한 시기가 있었다.
ㄷ. (가)와 (나)를 통해 지층의 역전 여부를 판단할 수 있다.

① ㄱ ② ㄴ ③ ㄱ, ㄷ ④ ㄴ, ㄷ ⑤ ㄱ, ㄴ, ㄷ

• 왜 정답일까?

(가)는 사층리이고, (나)는 건열이다.

ㄱ. 사층리는 퇴적물이 공급된 방향을 알 수 있다.

ㄴ. 건열은 건조한 환경에 노출되어 퇴적물의 표면이 갈라져 형성된 구조이다.

ㄷ. 사층리와 건열을 통해 지층의 역전 여부를 판단할 수 있다.

02 고지자기 복각

정답률 66% | 정답 ③

| 문제 보기 |

그림은 인도 대륙 중앙의 한 지점에서 채취한 암석 A, B, C의 나이와 암석이 생성될 당시 고지자기의 방향과 복각을 나타낸 것이다.

A
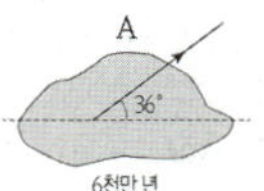

6천만 년

B
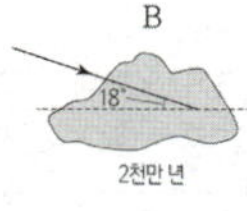

2천만 년

C
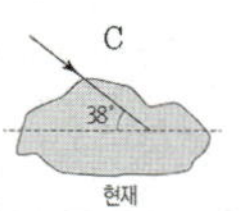

현재

이에 대한 설명으로 옳은 것만을 <보기>에서 있는 대로 고른 것은? (단, A, B, C는 정자극기에 생성되었고, 지리상 북극의 위치는 변하지 않았다.) [3점]

<보 기>
ㄱ. A는 생성될 당시 남반구에 있었다.
ㄴ. B가 C보다 고위도에서 생성되었다.
ㄷ. A가 만들어진 이후 히말라야 산맥이 형성되었다.

① ㄱ ② ㄴ ③ ㄱ, ㄷ ④ ㄴ, ㄷ ⑤ ㄱ, ㄴ, ㄷ

• 왜 정답일까?

ㄱ. A는 고지자기 방향이 수평선에서 위쪽으로 향하므로 생성될 당시에 남반구에 있었다.

ㄷ. 히말라야 산맥은 신생대 이후에 형성되었다.

• 왜 오답일까?

ㄴ. 복각은 저위도에서 고위도로 갈수록 커지므로 C가 B보다 고위도에서 생성되었다.

[문제편 p.100]

03 지질 시대

정답률 71% | 정답 ②

| 문제 보기 |

그림 (가), (나), (다)는 고생대, 중생대, 신생대의 모습을 순서 없이 나타낸 것이다.

(가)

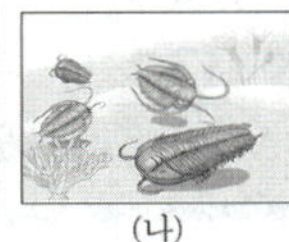
(나)

(다)

이에 대한 설명으로 옳은 것만을 <보기>에서 있는 대로 고른 것은?

<보 기>
ㄱ. (가) 시대에 판게아가 분리되기 시작하였다.
ㄴ. (나) 시대에 양치식물이 번성하였다.
ㄷ. (다) 시대에는 여러 번의 빙하기가 있었다.

① ㄱ ② ㄴ ③ ㄱ, ㄷ ④ ㄴ, ㄷ ⑤ ㄱ, ㄴ, ㄷ

• 왜 정답일까?

(가)는 신생대, (나)는 고생대, (다)는 중생대이다.
ㄴ. 고생대에는 양치식물이 번성하였다.

• 왜 오답일까?

ㄱ. 판게아가 분리되기 시작한 때는 중생대이다.
ㄷ. 중생대에는 전반적으로 기후가 온난하였다.

04 해수의 수온 연직 분포

정답률 70% | 정답 ②

| 문제 보기 |

다음은 해수의 수온 연직 분포를 알아보기 위한 실험이다.

[실험 과정]
(가) 수조에 소금물을 채우고 온도계의 끝이 각각 수면으로부터 깊이 0 cm, 2 cm, 4 cm, 6 cm, 8 cm에 놓이도록 설치한 후 온도를 측정한다.
(나) 전등을 켠 후, 더 이상 온도 변화가 없을 때 온도를 측정한다.
(다) 1분 동안 수면 위에서 부채질을 한 후, 온도를 측정한다.

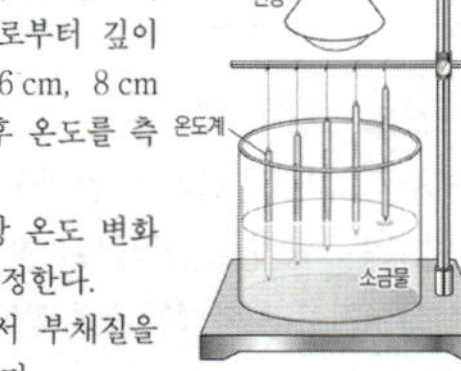

[실험 결과]

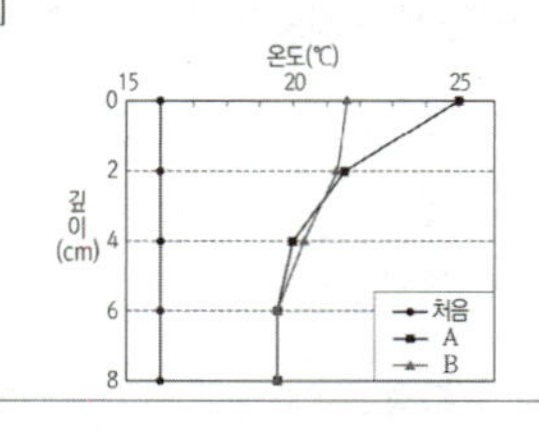

이에 대한 설명으로 옳은 것만을 <보기>에서 있는 대로 고른 것은? [3점]

<보 기>
ㄱ. (나)의 결과는 B이다.
ㄴ. A에서 깊이에 따른 온도 차는 0~4 cm 구간이 4~8 cm 구간보다 크다.
ㄷ. 표면과 깊이 8 cm 소금물의 밀도 차는 B가 A보다 크다.

① ㄱ ② ㄴ ③ ㄱ, ㄷ ④ ㄴ, ㄷ ⑤ ㄱ, ㄴ, ㄷ

• 왜 정답일까?

(나)의 결과는 A, (다)의 결과는 B이다.
ㄴ. A에서 깊이에 따른 온도 차는 4~8 cm 구간보다 0~4 cm 구간이 크다.

• 왜 오답일까?

ㄱ. (나)의 결과는 A이다.
ㄷ. 소금물의 밀도는 수온과 관련이 있으므로 표면과 깊이 8 cm 소금물의 밀도 차는 A가 B보다 크다.

05 열점

정답률 74% | 정답 ②

| 문제 보기 |

그림 (가)는 아메리카 대륙 주변의 열점 분포와 판의 경계를, (나)는 지하의 온도 분포와 암석의 용융 곡선을 나타낸 것이다.

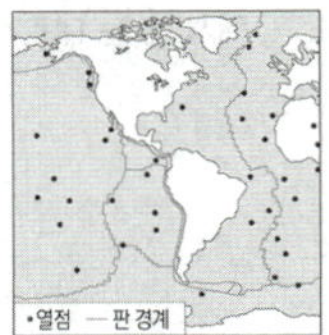

(가)

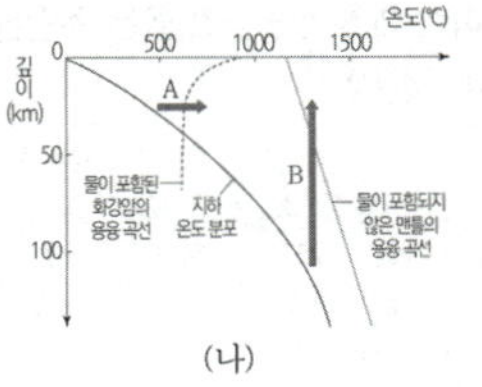

(나)

이에 대한 설명으로 옳은 것만을 <보기>에서 있는 대로 고른 것은?

<보 기>
ㄱ. 열점은 판의 내부에만 존재한다.
ㄴ. 열점에서는 (나)의 B 과정에 의해 마그마가 생성된다.
ㄷ. 열점에서는 안산암질 마그마가 우세하게 나타난다.

① ㄱ ② ㄴ ③ ㄱ, ㄷ ④ ㄴ, ㄷ ⑤ ㄱ, ㄴ, ㄷ

• 왜 정답일까?

ㄴ. 열점에서는 압력 감소에 의해 마그마가 생성된다.

• 왜 오답일까?

ㄱ. 열점은 판의 내부와 경계에 모두 존재한다.
ㄷ. 열점에서는 현무암질 마그마가 우세하게 나타난다.

06 일기도 해석

정답률 62% | 정답 ①

| 문제 보기 |

그림 (가)는 어느 날 우리나라 주변의 지상 일기도를, (나)는 B, C 중 한 곳의 날씨를 일기 기호로 나타낸 것이다.

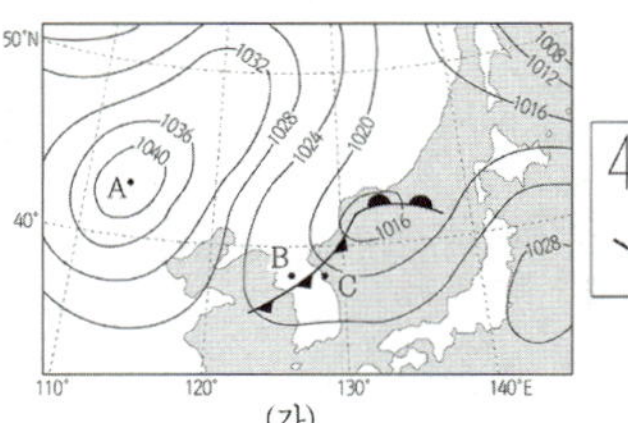

(가) (나)

이에 대한 설명으로 옳은 것만을 <보기>에서 있는 대로 고른 것은?

<보 기>
ㄱ. A에는 하강 기류가 나타난다.
ㄴ. 기온은 B가 C보다 높다.
ㄷ. (나)는 B의 일기 기호이다.

① ㄱ ② ㄴ ③ ㄱ, ㄷ ④ ㄴ, ㄷ ⑤ ㄱ, ㄴ, ㄷ

• 왜 정답일까?

ㄱ. A 지역에는 고기압이 위치하므로 하강 기류가 나타난다.

• 왜 오답일까?

ㄴ. B 지역은 한랭 전선 후면으로 찬 공기의 영향을 받아 C 지역보다 기온이 낮다.
ㄷ. 일기 기호 (나)의 풍향은 남서풍으로 C 지역의 일기 기호이다.

07 퇴적 지형 이해하기

정답률 50% | 정답 ②

| 문제 보기 |

그림 (가)와 (나)는 퇴적암이 나타나는 우리나라의 두 지역을 나타낸 것이다.

(가) 태백시 구문소

(나) 고성군 덕명리 해안

이에 대한 설명으로 옳은 것만을 <보기>에서 있는 대로 고른 것은?

<보 기>
ㄱ. (가)의 암석은 (나)의 암석보다 나중에 생성되었다.
ㄴ. (나)의 암석은 바다에서 퇴적되었다.
ㄷ. (가)와 (나)에는 층리가 나타난다.

① ㄱ ② ㄷ ③ ㄱ, ㄴ
④ ㄴ, ㄷ ⑤ ㄱ, ㄴ, ㄷ

• 왜 정답일까?

강원도 태백시 구문소는 고생대에 퇴적된 석회암 지층으로 이루어져 있다. 경남 고성군 덕명리 해안은 중생대 후기에 퇴적된 사암과 셰일층 암반으로 이루어져 있다.
ㄷ. (가)와 (나)는 퇴적 지형으로 층리가 나타난다.

• 왜 오답일까?

ㄱ. (가)의 암석은 (나)의 암석보다 먼저 생성되었다.
ㄴ. (나)의 암석에서 공룡 발자국과 새 발자국 화석이 발견되는 것으로 보아 이 암석은 호수 환경에서 퇴적되었다.

08 우리나라 주변 해류

정답률 76% | 정답 ③

| 문제 보기 |

다음은 동한 난류, 북한 한류, 대마 난류의 특징을 순서 없이 정리한 것이다.

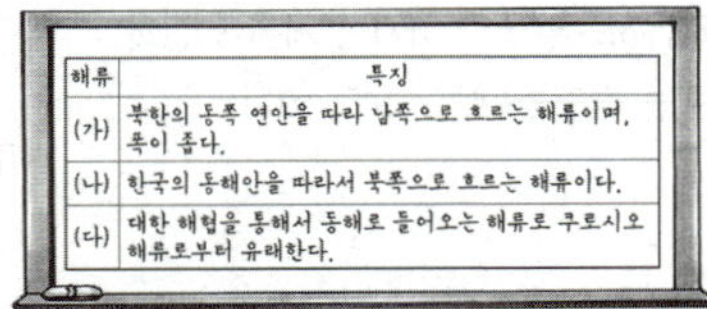

해류	특징
(가)	북한의 동쪽 연안을 따라 남쪽으로 흐르는 해류이며, 폭이 좁다.
(나)	한국의 동해안을 따라서 북쪽으로 흐르는 해류이다.
(다)	대한 해협을 통해서 동해로 들어오는 해류로 쿠로시오 해류로부터 유래한다.

이에 대한 설명으로 옳은 것만을 <보기>에서 있는 대로 고른 것은?

<보 기>
ㄱ. (가)와 (나)가 만나는 해역에는 조경 수역이 나타난다.
ㄴ. (나)는 겨울철보다 여름철에 강하게 나타난다.
ㄷ. 동일 위도에서 용존 산소량은 (가)가 (다)보다 적다.

① ㄱ ② ㄷ ③ ㄱ, ㄴ ④ ㄴ, ㄷ ⑤ ㄱ, ㄴ, ㄷ

• 왜 정답일까?

(가)는 북한 한류, (나)는 동한 난류, (다)는 대마 난류이다.
ㄱ. 북한 한류와 동한 난류가 만나는 해역에는 조경 수역이 나타난다.
ㄴ. 동한 난류는 겨울철보다 여름철에 강하게 나타난다.

• 왜 오답일까?

ㄷ. 용존 산소량은 난류인 (다)보다 한류인 (가)에 많다.

09 해저 확장

정답률 76% | 정답 ①

| 문제 보기 |

그림은 어느 해령 부근의 X − X′ 구간을 직선으로 이동하며 측정한 해양 지각의 나이를 나타낸 것이다.

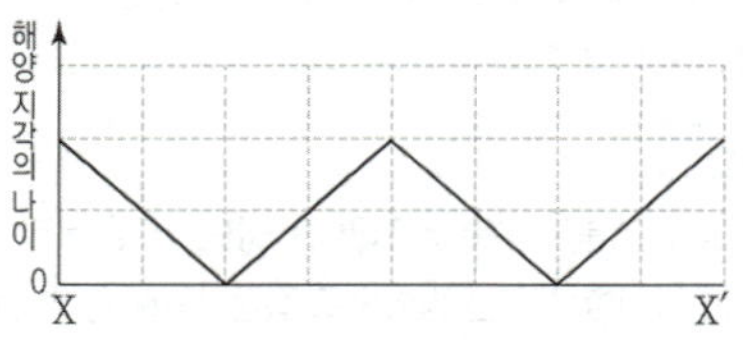

측정한 지역 부근의 고지자기 분포로 가장 적절한 것은? (단, ■은 정자극기, □은 역자극기이다.) [3점]

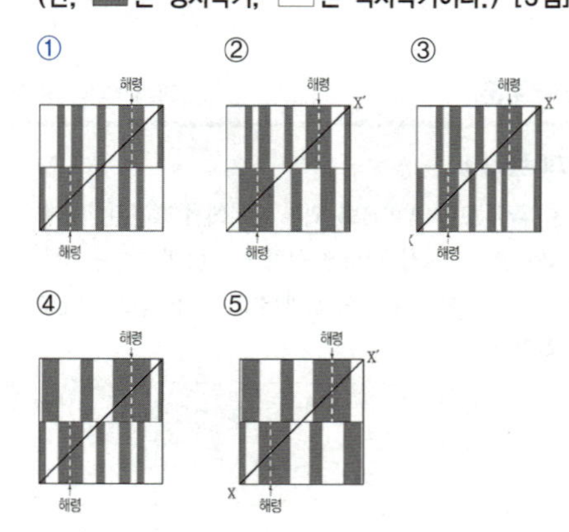

• 왜 정답일까?

그림에서 해령을 중심으로 해양 지각의 나이가 대칭적으로 분포하는 것으로 보아 해령에서 해저의 확장 속도가 일정하다는 것을 알 수 있다.

[문제편 p.101]

또한, 그래프에서 해양 지각의 나이 분포로부터 해령과 해령 사이에 판의 경계가 있다는 것을 판단할 수 있다. 그러므로 고지자기 줄무늬가 해령으로부터 대칭적으로 나타나 있는 ①번이 X－X′로 이동하며 측정한 고지자기 분포이다.

10 지질 단면도

정답률 69% | 정답 ⑤

| 문제 보기 |

그림은 어느 지역의 지질 단면도이다. 관입암 P와 Q에 포함된 방사성 원소 X의 양은 각각 처음의 $\frac{1}{8}$, $\frac{1}{64}$이고, 방사성 원소 X의 반감기는 1억 년이다.

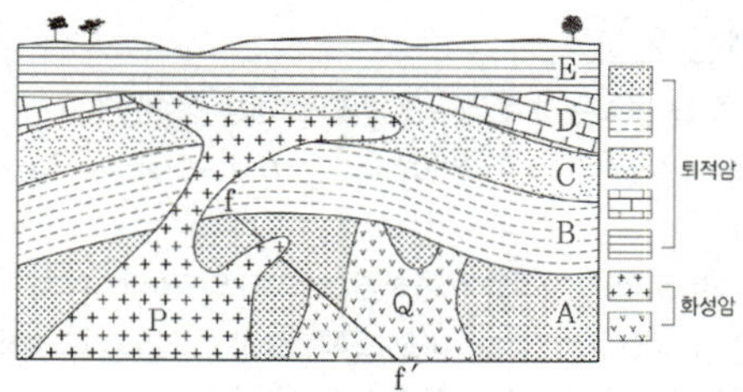

이에 대한 설명으로 옳지 않은 것은? (단, 지층의 역전은 없었다.) [3점]

① P는 3억 년 전에 생성되었다.
② 단층 f－f′는 장력에 의해 형성되었다.
③ 이 지역은 최소 3회의 융기가 있었다.
④ 생성 순서는 A→Q→B→C→D→P→E이다.
⑤ A층이 생성된 시기에 최초의 척추동물이 출현하였다.

• 왜 정답일까?

A층은 6억 년보다 이전에 생성되었다. 최초의 척추동물은 고생대 오르도비스기에 출현하였다.

• 왜 오답일까?

① P의 나이는 3억 년, Q의 나이는 6억 년이다.
② 단층 f－f′는 상반이 아래로 내려가 있으므로 장력에 의해 형성되었다.
③ 이 지역의 지질 단면도에는 과거에 퇴적 작용이 중단되고 침식이 있어났음을 알려주는 부정합면이 최소 2개 있고 최상부가 육지로 드러나 있으므로 최소 3회의 융기가 있었다.
④ 생성 순서는 A →Q →B →C →D →P →E이다.

11 태풍

정답률 54% | 정답 ③

| 문제 보기 |

그림 (가)와 (나)는 어느 날 태풍이 우리나라를 통과하는 동안 서울과 부산에서 관측한 기압, 풍향, 풍속 자료를 순서 없이 나타낸 것이다.

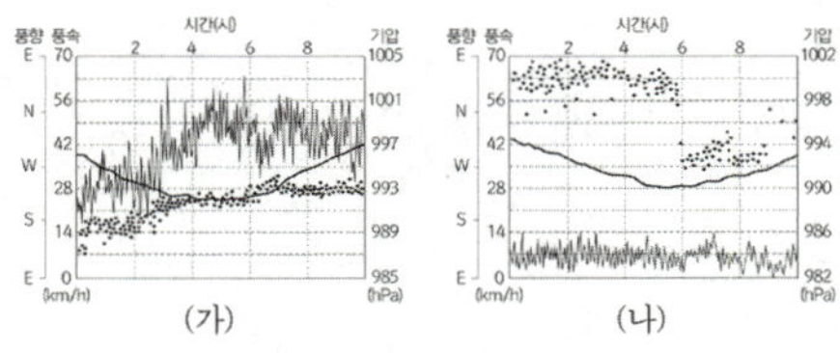

이 자료에 대한 설명으로 옳은 것만을 <보기>에서 있는 대로 고른 것은? [3점]

<보 기>
ㄱ. 태풍의 중심은 (가)가 관측된 장소의 서쪽을 통과하였다.
ㄴ. 최저 기압은 (가)가 (나)보다 낮다.
ㄷ. 평균 풍속은 (가)가 (나)보다 크다.

① ㄱ ② ㄴ ③ ㄱ, ㄷ
④ ㄴ, ㄷ ⑤ ㄱ, ㄴ, ㄷ

• 왜 정답일까?

ㄱ. 태풍이 이동하는 동안 (가) 지역의 풍향은 시계 방향, (나) 지역의 풍향은 시계 반대 방향으로 변화되었다. 그러므로 (가)는 오른쪽 반원 지역으로 태풍의 중심은 이 지역의 서쪽을 통과하였다.
ㄷ. 평균 풍속은 (가)가 (나)보다 크다.

• 왜 오답일까?

ㄴ. 최저 기압은 (가)가 (나)보다 높다.

12 별의 광도와 크기

정답률 41% | 정답 ③

| 문제 보기 |

그림은 별 A와 B에서 단위 시간당 동일한 양의 복사 에너지를 방출하는 면적을 나타낸 것이다. A의 광도는 B의 40배이다.

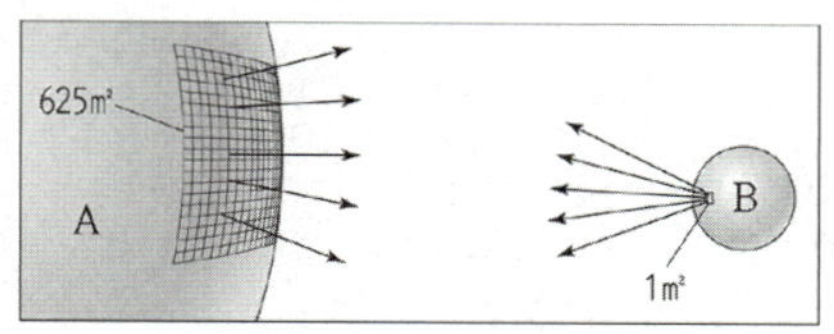

이에 대한 설명으로 옳은 것만을 <보기>에서 있는 대로 고른 것은? (단, A, B는 흑체로 가정한다.) [3점]

<보 기>
ㄱ. 표면 온도는 B가 A보다 5배 높다.
ㄴ. 반지름은 A가 B보다 150배 이상이다.
ㄷ. 최대 에너지를 방출하는 파장은 B가 A보다 길다.

① ㄱ ② ㄷ ③ ㄱ, ㄴ
④ ㄴ, ㄷ ⑤ ㄱ, ㄴ, ㄷ

• 왜 정답일까?

ㄱ. 단위 시간당 동일한 양의 복사 에너지를 방출하는 면적은 A가 B보다 625배 크다. 그러므로 슈테판－볼츠만 법칙에 의해 별 B는 A보다 표면 온도가 5배 높다.
ㄴ. A의 광도는 B의 40배이므로 $L=4\pi R^2 \cdot \sigma T^4$($L$:광도, R:반지름, T:표면 온도)에 의해 반지름은 A가 B의 $50\sqrt{10}$ 배이다.

• 왜 오답일까?

ㄷ. 최대 에너지를 방출하는 파장은 흑체의 표면 온도에 반비례하므로 A가 B보다 길다.

13 해수의 특성

정답률 79% | 정답 ⑤

| 문제 보기 |

그림은 대서양에서 관측되는 수괴의 수온과 염분 분포를 나타낸 것이다. A~D는 북대서양 중앙 표층수, 남극 저층수, 북대서양 심층수, 남극 중층수를 순서 없이 나타낸 것이다.

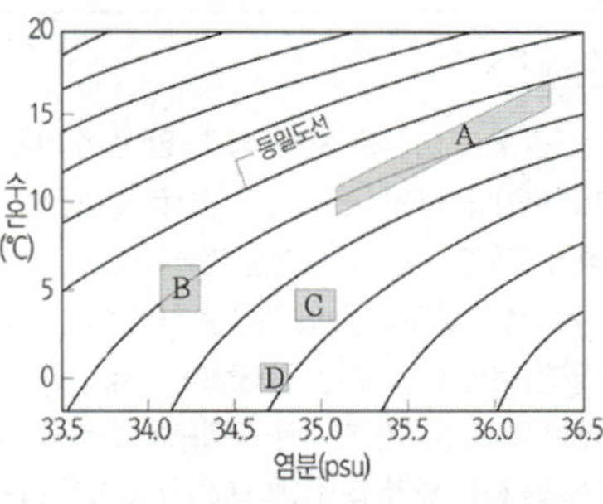

이에 대한 설명으로 옳은 것만을 <보기>에서 있는 대로 고른 것은?

<보 기>
ㄱ. 수온 분포의 폭이 가장 큰 것은 A이다.
ㄴ. C는 그린란드 해역 주변에서 침강한다.
ㄷ. 평균 밀도는 D가 가장 크다.

① ㄱ ② ㄷ ③ ㄱ, ㄴ
④ ㄴ, ㄷ ⑤ ㄱ, ㄴ, ㄷ

• 왜 정답일까?

A는 북대서양 중앙 표층수, B는 남극 중층수, C는 북대서양 심층수, D는 남극 저층수이다.
ㄱ. 수온 변화의 폭이 가장 큰 것은 A이다.
ㄴ. 북대서양 심층수(C)는 그린란드 해역 주변에서 침강한다.
ㄷ.수온－염분도에서 우측 하단으로 갈수록 밀도가 증가하므로 평균 밀도는 남극 저층수(D)가 가장 크다.

14 복사 평형

정답률 52% | 정답 ⑤

| 문제 보기 |

그림은 복사 평형 상태에 있는 지구의 열수지를 나타낸 것이다.

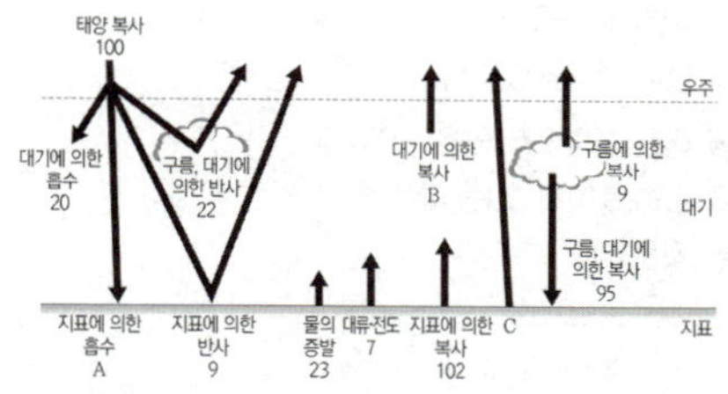

이에 대한 설명으로 옳은 것만을 <보기>에서 있는 대로 고른 것은? [3점]

<보 기>
ㄱ. A는 B보다 크다.
ㄴ. C는 지표에서 우주로 직접 방출되는 에너지양이다.
ㄷ. 대기에서는 방출되는 적외선 영역의 에너지양이 흡수되는 가시광선 영역 에너지양보다 크다.

① ㄱ ② ㄴ ③ ㄱ, ㄷ
④ ㄴ, ㄷ ⑤ ㄱ, ㄴ, ㄷ

• 왜 정답일까?

ㄱ. A는 지표에 의한 흡수로 $100=22+9+20+A$이므로 49이다.
B는 대기에 의한 복사로 $B+9+95=20+23+7+102$이므로 48이다.
ㄴ. C는 지표에서 우주로 직접 방출되는 에너지의 양으로 $49+95=23+7+102+C$이므로 12이다.
ㄷ. 대기에서는 방출되는 적외선 영역의 에너지양이 흡수되는 가시광선 영역 에너지양보다 크다.

15 별의 진화

정답률 53% | 정답 ④

| 문제 보기 |

그림은 주계열성 A, B, C가 원시별에서 주계열성이 되기까지의 경로를 H－R도에 나타낸 것이다.

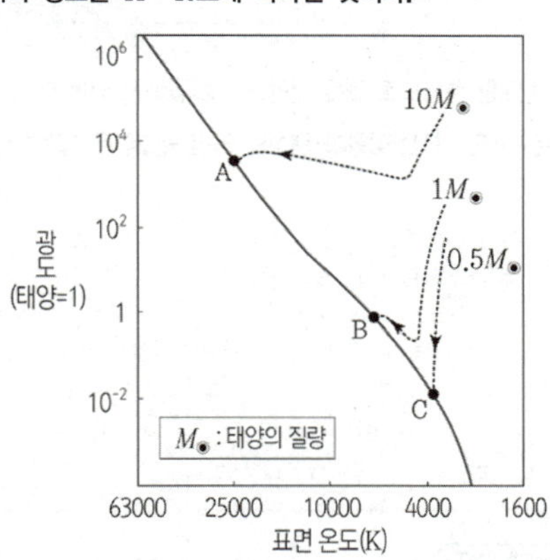

이에 대한 설명으로 옳은 것만을 <보기>에서 있는 대로 고른 것은?

<보 기>
ㄱ. 주계열성이 되는 데 걸리는 시간은 A가 B보다 길다.
ㄴ. A의 내부는 복사층이 대류층을 둘러싸고 있는 구조이다.
ㄷ. 절대 등급은 C가 가장 크다.

① ㄱ ② ㄷ ③ ㄱ, ㄴ
④ ㄴ, ㄷ ⑤ ㄱ, ㄴ, ㄷ

• 왜 정답일까?

ㄴ. A는 태양 질량의 10배이므로 대류층을 복사층이 둘러싸고 있다.
ㄷ. 광도는 C가 가장 작으므로 절대 등급이 가장 크다.

• 왜 오답일까?

ㄱ. 질량이 큰 별일수록 별의 진화 속도가 빠르므로 주계열성이 되는 데 걸리는 시간은 A가 B보다 짧다.

16 별의 에너지원

정답률 58% | 정답 ②

| 문제 보기 |

그림은 중심부 온도에 따른 p−p 반응과 CNO 순환 반응에 의한 광도를 A, B로 순서 없이 나타낸 것이다.

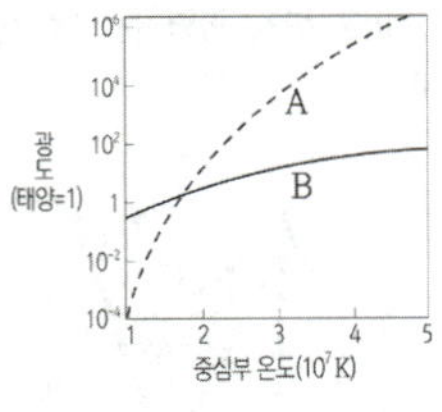

이에 대한 설명으로 옳은 것만을 <보기>에서 있는 대로 고른 것은?

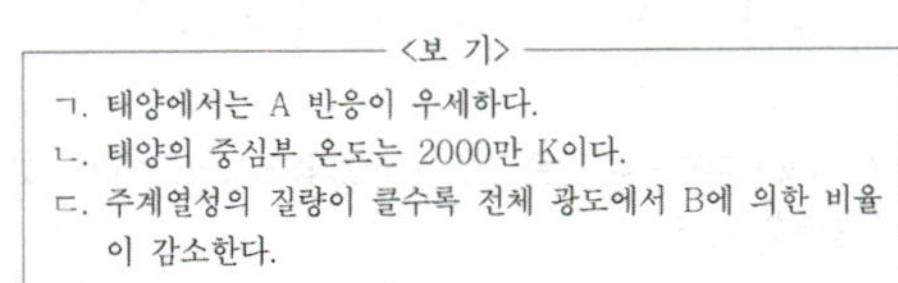

<보 기>

ㄱ. 태양에서는 A 반응이 우세하다.
ㄴ. 태양의 중심부 온도는 2000만 K이다.
ㄷ. 주계열성의 질량이 클수록 전체 광도에서 B에 의한 비율이 감소한다.

① ㄱ ② ㄷ ③ ㄱ, ㄴ ④ ㄴ, ㄷ ⑤ ㄱ, ㄴ, ㄷ

• 왜 정답일까?

A는 CNO 순환 반응이고, B는 p−p 반응이다.

ㄷ. 주계열성의 질량이 클수록 전체 광도에서 p−p 반응에 의한 비율이 감소한다.

• 왜 오답일까?

ㄱ. 태양 중심부의 온도는 약 1500만 K이므로 p−p 반응이 우세하다.

ㄴ. 태양 중심부의 온도는 약 1500만 K이다.

17 외계 행성계

정답률 58% | 정답 ①

| 문제 보기 |

그림은 광도가 동일한 서로 다른 주계열성을 공전하는 행성 A와 B에 의한 중심별의 밝기 변화를 나타낸 것이다.

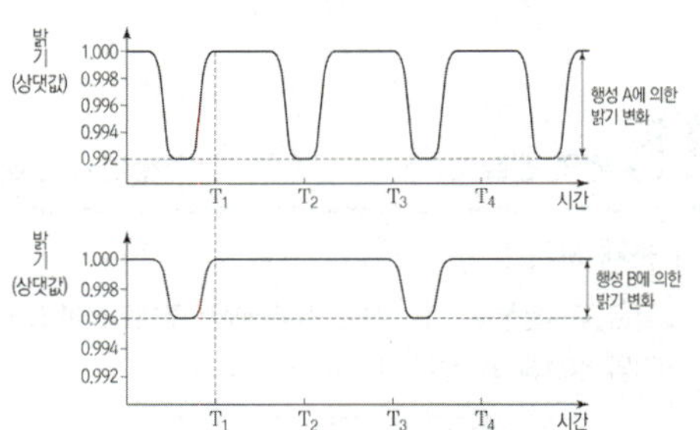

이에 대한 설명으로 옳은 것만을 <보기>에서 있는 대로 고른 것은? (단, 시선 방향과 행성의 공전 궤도면은 일치한다.) [3점]

<보 기>

ㄱ. 공전 주기는 A가 B보다 짧다.
ㄴ. 반지름은 A가 B의 2배이다.
ㄷ. T_1 시기에는 A, B 모두 지구에 가까워지고 있다.

① ㄱ ② ㄴ ③ ㄱ, ㄷ ④ ㄴ, ㄷ ⑤ ㄱ, ㄴ, ㄷ

• 왜 정답일까?

ㄱ. 그림에서 식현상의 주기가 행성 A가 B보다 짧기 때문에 공전 주기는 A가 B보다 짧다.

• 왜 오답일까?

ㄴ. 행성 A에 의한 밝기 감소의 양은 행성 B의 2배이므로 가려진 면적이 2배이다. 그러므로 반지름은 행성 A가 B의 $\sqrt{2}$ 배이다.

ㄷ. T_1 시기는 두 행성이 모두 별 앞을 지나간 직후이므로 지구에서 멀어지고 있다.

18 우주론

정답률 23% | 정답 ⑤

| 문제 보기 |

그림은 서로 다른 평탄 우주 A, B의 모형을 나타낸 것이다.

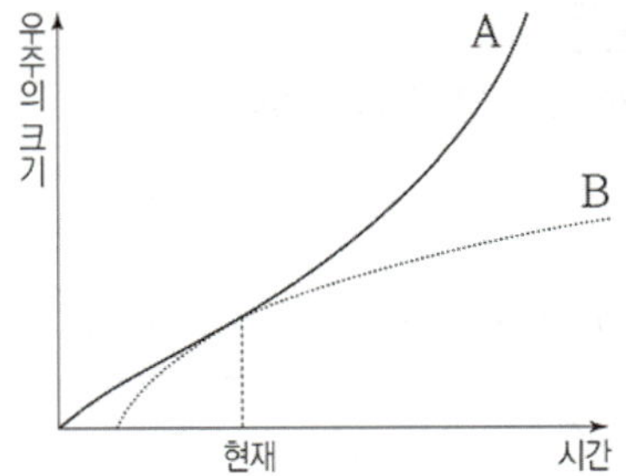

이에 대한 설명으로 옳은 것만을 <보기>에서 있는 대로 고른 것은?

<보 기>

ㄱ. 임계 밀도에 대한 우주의 평균 밀도 비는 A와 B가 같다.
ㄴ. 현재 암흑 에너지의 비율은 A가 B보다 크다.
ㄷ. 현재 우주의 나이는 A가 B보다 많다.

① ㄱ ② ㄴ ③ ㄱ, ㄷ ④ ㄴ, ㄷ ⑤ ㄱ, ㄴ, ㄷ

• 왜 정답일까?

ㄱ. A와 B는 평탄 우주이므로 우주의 밀도와 임계 밀도가 같다.

ㄴ. 현재 이후 우주의 팽창 속도는 A는 증가, B는 감소하였다. 따라서 A의 암흑 에너지 비율이 B보다 높다.

ㄷ. 그래프 상에서 현재 우주의 나이는 A가 B보다 많다.

19 기후 변화의 외적 요인

정답률 48% | 정답 ④

| 문제 보기 |

그림은 지구 공전 궤도 이심률의 변화와 자전축 기울기의 변화를 나타낸 것이다.

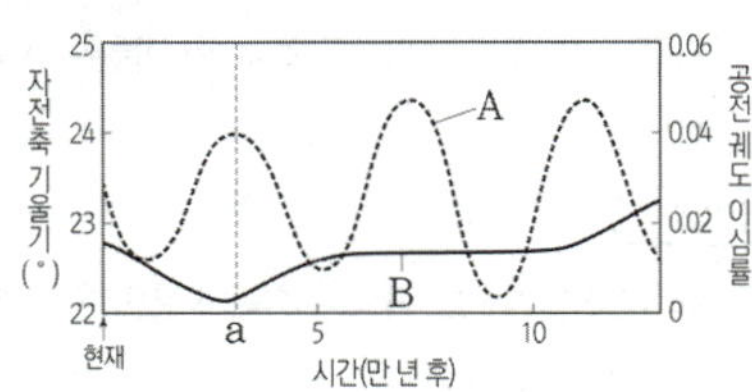

이에 대한 설명으로 옳은 것만을 <보기>에서 있는 대로 고른 것은? (단, 지구 공전 궤도 이심률, 자전축 기울기 외의 요인은 고려하지 않는다.) [3점]

<보 기>

ㄱ. 자전축 기울기의 변화는 B이다.
ㄴ. 10만 년 후 근일점에 위치할 때 우리나라는 겨울이다.
ㄷ. 우리나라에서 기온의 연교차는 현재보다 a 시기에 커진다.

① ㄱ ② ㄷ ③ ㄱ, ㄴ ④ ㄴ, ㄷ ⑤ ㄱ, ㄴ, ㄷ

• 왜 정답일까?

ㄴ. 지구 공전 궤도 이심률(B)은 약 10만 년 주기로 원형에서 타원형으로 변했다가 다시 원래의 모양으로 돌아간다. 10만 년 후 근일점에 위치할 때 우리나라는 겨울이다.

ㄷ. 북반구에서 근일점(겨울)의 거리는 현재보다 a시기에 멀어지고, 원일점(여름)의 거리는 현재보다 a시기에 가까워진다. 또한, 자전축의 기울기가 커지면 중위도와 고위도 지방에서는 여름과 겨울에 받는 태양 복사 에너지양의 차이가 커져 여름 기온은 더 상승하고 겨울 기온은 더 하강한다. 결론적으로 우리나라에서 기온의 연교차는 현재보다 a시기에 커진다.

• 왜 오답일까?

ㄱ. 지구 자전축 기울기(A)는 41000년을 주기로 21.5°~24.5° 사이에서 변한다.

20 은하의 후퇴 속도와 허블 법칙

정답률 33% | 정답 ④

| 문제 보기 |

그림 (가)는 은하 A~D의 상대적인 위치를, (나)는 B에서 관측한 C와 D의 스펙트럼에서 방출선이 각각 적색 편이된 것을 비교 스펙트럼과 함께 나타낸 것이다. A~D는 동일 평면상에 위치하고, 허블 법칙을 만족한다.

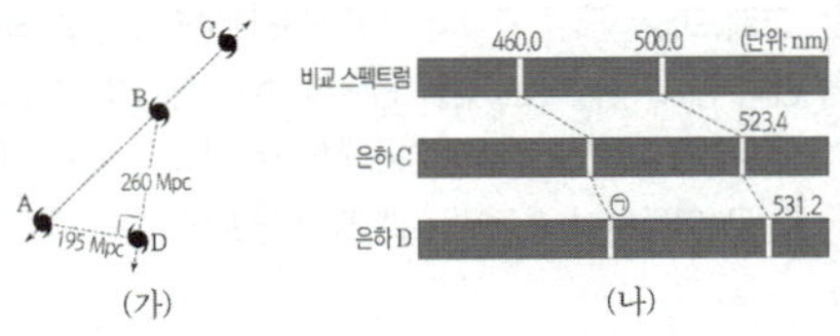

이에 대한 설명으로 옳은 것만을 <보기>에서 있는 대로 고른 것은? (단, 광속은 3×10^5 km/s이다.) [3점]

<보 기>

ㄱ. ㉠은 491.2이다.
ㄴ. 허블 상수는 72 km/s/Mpc이다.
ㄷ. A에서 C까지의 거리는 520 Mpc이다.

① ㄱ ② ㄴ ③ ㄱ, ㄷ ④ ㄴ, ㄷ ⑤ ㄱ, ㄴ, ㄷ

• 왜 정답일까?

ㄴ. 허블 법칙은 $v=H\times r$ 이므로 허블 상수는 $18{,}720\text{km/s}=H\times260\,\text{Mpc}$, $H=72\text{km/s/Mpc}$ 이다.

ㄷ. 피타고라스 정리를 적용하면 A와 B의 거리는 325 Mpc 이다. B와 C의 거리는 비교 스펙트럼과 C의 스펙트럼을 비교하여 속도를 구하고 허블 법칙에 적용하면

$v=3\times10^5(\text{km/s})\times\dfrac{(523.4-500.0)}{500.0}$

$=14{,}040(\text{km/s})$

$14{,}040(\text{km/s})=72(\text{km/s/Mpc})\times x(\text{Mpc})$에 의해 195 Mpc이다.

A에서 C까지의 거리는 325 Mpc+195 Mpc=520 Mpc 이다.

• 왜 오답일까?

ㄱ. D의 후퇴 속도는 $v=c(\text{광속})\times\dfrac{\Delta\lambda}{\lambda_0}$ 이므로

$v=3\times10^5(\text{km/s})\times\dfrac{(531.2-500.0)}{500.0}$

$=18{,}720(\text{km/s})$이다.

$18{,}720(\text{km/s})=3\times10^5(\text{km/s})\times\dfrac{(㉠-460.0)}{460.0}$ 이므로 ㉠은 488.7nm 이다.

● 고3 지구과학 I ●

27회 2019학년도 7월

01 ⑤	02 ④	03 ①	04 ⑤	05 ⑤
06 ①	07 ①	08 ①	09 ④	10 ④
11 ②	12 ③	13 ⑤	14 ①	15 ①
16 ③	17 ④	18 ⑤	19 ③	20 ⑤

채점 결과
- 실제 걸린 시간 : 분 초
- 맞은 문항수 : 개
- 틀린 문항수 : 개
- 헷갈린 문항 :

01 판의 경계

정답률 80% | 정답 ⑤

| 문제 보기 |

그림은 아이슬란드가 형성되는 과정을 나타낸 것이다.

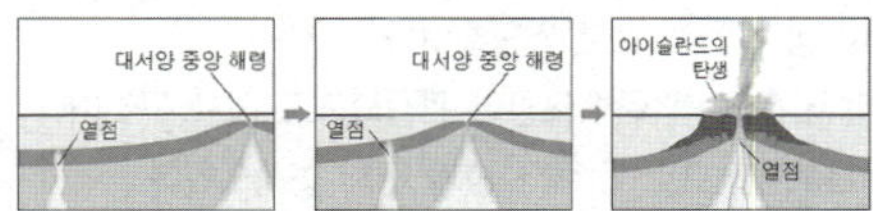

이에 대한 설명으로 옳은 것만을 <보기>에서 있는 대로 고른 것은?

<보 기>
ㄱ. 아이슬란드에서는 새로운 지각이 형성된다.
ㄴ. 아이슬란드는 주로 현무암으로 이루어졌다.
ㄷ. 대서양 중앙 해령 하부와 열점이 합쳐졌다.

① ㄱ ② ㄴ ③ ㄱ, ㄷ ④ ㄴ, ㄷ ⑤ ㄱ, ㄴ, ㄷ

• 왜 정답일까?

아이슬란드는 발산형 경계이므로 새로운 지각이 형성되고 있다. 열점과 해령의 마그마는 현무암질 마그마가 분출되므로 아이슬란드는 주로 현무암으로 이루어져 있다. 열점은 고정되어 있고 판의 경계인 해령이 이동하여 겹쳐진 것이다.

02 생명 가능 지대

정답률 74% | 정답 ④

| 문제 보기 |

그림은 주계열성 A를 돌고 있는 행성 b, c의 공전 궤도를 생명 가능 지대와 함께 나타낸 것이다.

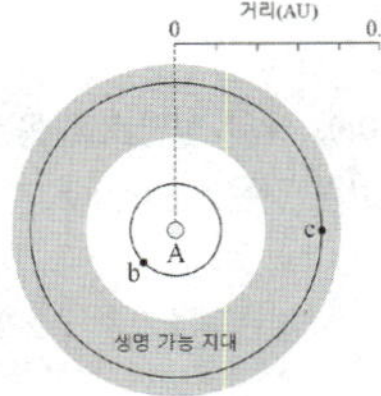

이에 대한 설명으로 옳은 것만을 <보기>에서 있는 대로 고른 것은?

<보 기>
ㄱ. 수명은 태양보다 A가 짧다.
ㄴ. c에서는 물이 액체 상태로 존재할 수 있다.
ㄷ. 단위 시간당 단위 면적에서 받는 A의 복사 에너지양은 c보다 b가 많다.

① ㄱ ② ㄴ ③ ㄱ, ㄷ ④ ㄴ, ㄷ ⑤ ㄱ, ㄴ, ㄷ

• 왜 정답일까?

주계열성 A의 생명 가능 지대가 태양보다 가까우므로 A의 질량은 태양보다 작다. 따라서 A의 광도가 낮아 연료 소모율도 작으므로 수명은 태양보다 길다. 행성 c의 공전 궤도는 생명 가능 지대에 위치한다. 단위 시간당 단위 면적에 도달하는 A의 복사 에너지양은 중심별에서 가까운 행성 b가 행성 c보다 많다.

03 판의 경계

정답률 47% | 정답 ①

| 문제 보기 |

그림은 아라비아 반도 주변 지역 판의 경계와 이동 속도를 화살표로 나타낸 것이다.

이에 대한 설명으로 옳은 것만을 <보기>에서 있는 대로 고른 것은? [3점]

<보 기>
ㄱ. A에는 발산형 경계가 나타난다.
ㄴ. B는 맨틀 대류의 상승부이다.
ㄷ. 화산 활동은 A보다 B에서 활발하다.

① ㄱ ② ㄴ ③ ㄱ, ㄷ ④ ㄴ, ㄷ ⑤ ㄱ, ㄴ, ㄷ

• 왜 정답일까?

판들의 이동 속도로 보아 A 지역은 판이 발산하는 경계, B는 수렴하는 경계이다. 따라서 A 지역에서 맨틀 대류가 상승하고 B 지역에서 맨틀 대류가 하강한다. 화산 활동은 발산 경계가 있는 A 지역이 대륙-대륙 수렴 경계인 B 지역보다 활발하다.

04 태풍

정답률 47% | 정답 ⑤

| 문제 보기 |

그림 (가)는 중위도에서 북상하는 어느 태풍의 단면을, (나)는 이 태풍 내부와 주변과의 기온 편차를 나타낸 것이다.

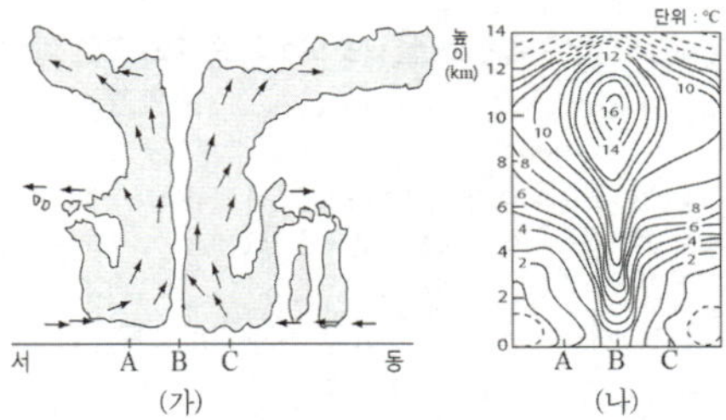

이에 대한 설명으로 옳은 것만을 <보기>에서 있는 대로 고른 것은? (단, 태풍 중심 B로부터 A와 C까지의 거리는 같다.) [3점]

<보 기>
ㄱ. A, B, C 중에 풍속이 가장 빠른 곳은 C이다.
ㄴ. 같은 높이에서 기온은 태풍의 중심으로 갈수록 높아진다.
ㄷ. B 지점의 상공에서는 공기의 단열 압축이 일어난다.

① ㄱ ② ㄷ ③ ㄱ, ㄴ ④ ㄴ, ㄷ ⑤ ㄱ, ㄴ, ㄷ

• 왜 정답일까?

B는 태풍의 눈으로 바람이 약하고, 태풍 진행 방향의 오른쪽인 C는 위험 반원으로 왼쪽인 A보다 풍속이 빠르다.
같은 높이에서 기온은 태풍의 중심으로 갈수록 높아진다.
B 지점의 상공에서는 하강 기류에 의한 공기의 단열 압축으로 주변보다 기온이 높다.

05 순상지와 조산대의 특징

정답률 57% | 정답 ⑤

| 문제 보기 |

그림은 세계의 순상지와 A, B, C 지역을 나타낸 것이다.

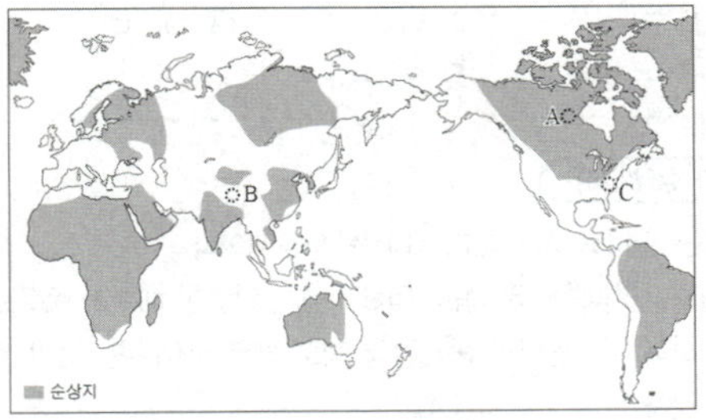

이에 대한 설명으로 옳은 것만을 <보기>에서 있는 대로 고른 것은?

<보 기>
ㄱ. A는 선캄브리아 시대의 암석이 주로 분포한다.
ㄴ. 현재 판의 수렴 경계 부근에 위치한 지역은 B이다.
ㄷ. 지진 활동은 C보다 B에서 활발하다.

① ㄱ ② ㄷ ③ ㄱ, ㄴ ④ ㄴ, ㄷ ⑤ ㄱ, ㄴ, ㄷ

• 왜 정답일까?

순상지에는 선캄브리아 시대의 암석이 주로 분포한다.
B는 히말라야 산맥 부근으로 현재 판의 수렴형 경계이다.
C는 고생대의 조산대인 애팔래치아 산맥 부근으로 현재 지진 활동은 B가 더 활발하다.

06 지층 해석과 지질 시대

정답률 71% | 정답 ①

| 문제 보기 |

그림은 어느 지역의 지질 단면도와 지층에서 산출되는 화석의 범위를 나타낸 것이다.

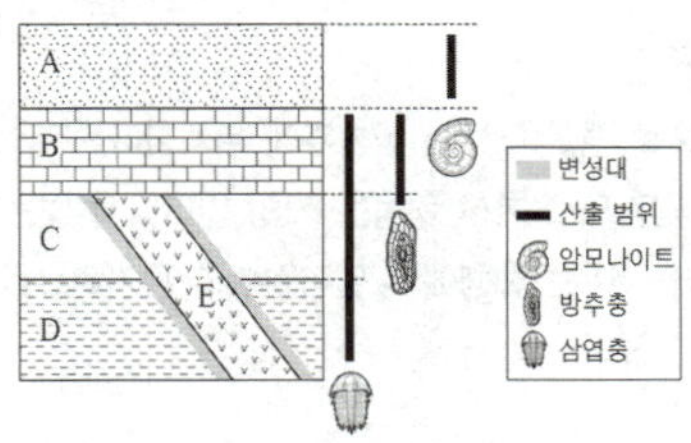

이에 대한 설명으로 옳은 것만을 <보기>에서 있는 대로 고른 것은? [3점]

<보 기>
ㄱ. A~D는 해양 환경에서 퇴적된 지층이다.
ㄴ. E가 관입한 시대에 속씨식물이 번성하였다.
ㄷ. A~D를 2개의 지질 시대로 구분할 때 가장 적합한 위치는 B와 C의 경계이다.

① ㄱ ② ㄴ ③ ㄱ, ㄷ ④ ㄴ, ㄷ ⑤ ㄱ, ㄴ, ㄷ

• 왜 정답일까?

삼엽충, 방추충, 암모나이트는 모두 해양 환경에서 서식한 생물이므로 A~D는 해양 환경에서 퇴적되었음을 알 수 있다. 속씨식물이 번성한 것은 신생대이고 E는 고생대에 관입하였다. A와 B 경계는 화석으로 보아 고생대와 중생대의 경계이다.

07 마그마의 생성

정답률 64% | 정답 ①

| 문제 보기 |

그림은 서로 다른 장소에서 생성되는 마그마 A, B, C의 위치를 간단히 나타낸 것이다.

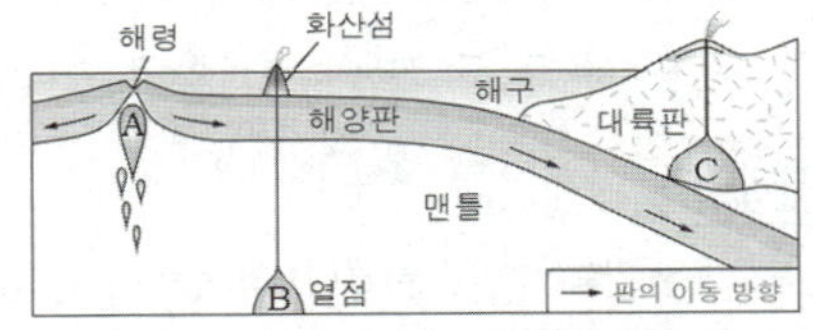

이에 대한 설명으로 옳은 것만을 <보기>에서 있는 대로 고른 것은?

<보 기>
ㄱ. A는 맨틀 물질의 상승으로 인해 압력이 감소하여 생성된다.
ㄴ. B는 주로 안산암질 마그마이다.
ㄷ. A를 구성하는 물질의 성분비는 C와 같다.

① ㄱ ② ㄷ ③ ㄱ, ㄴ ④ ㄴ, ㄷ ⑤ ㄱ, ㄴ, ㄷ

• 왜 정답일까?

ㄱ. 해령 부근의 마그마인 A는 맨틀 물질이 상승하면서 압력이 감소하여 생성된다.

• 왜 오답일까?

ㄴ. 열점에서 생성되는 B는 현무암질 마그마이다.
ㄷ. A는 맨틀 물질이 녹아 생성된 현무암질 마그마이고, C는 해양판이 대륙판 아래로 섭입하는 과정에서 생성된 안산암질 마그마이다.

[문제편 p.105]

08 판의 경계
정답률 80% | 정답 ①

| 문제 보기 |

그림은 판의 경계와 이동 방향을 나타낸 것이다.

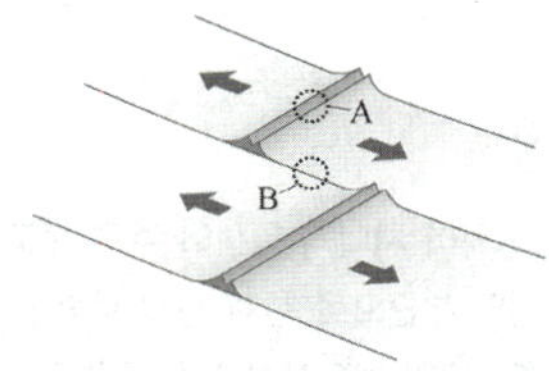

이에 대한 설명으로 옳은 것만을 〈보기〉에서 있는 대로 고른 것은?

〈보 기〉
ㄱ. A는 맨틀 대류의 상승부에 위치한다.
ㄴ. B에서는 화산 활동이 활발하다.
ㄷ. 해양 지각의 나이는 B보다 A가 많다.

① ㄱ ② ㄷ ③ ㄱ, ㄴ
④ ㄴ, ㄷ ⑤ ㄱ, ㄴ, ㄷ

• 왜 정답일까?

A는 해령으로 맨틀 대류의 상승부에 위치한다.
B는 변환 단층으로 화산 활동은 거의 일어나지 않는다.
해양 지각의 나이는 해령에서 멀어질수록 증가하므로 A보다 B의 나이가 많다.

09 대서양의 표층 순환
정답률 74% | 정답 ④

| 문제 보기 |

그림은 대서양의 표층 순환을 나타낸 것이다. A~D는 해류이다.

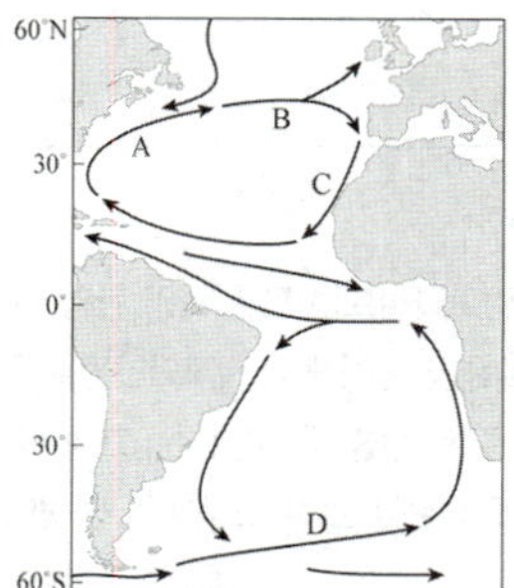

이에 대한 설명으로 옳은 것만을 〈보기〉에서 있는 대로 고른 것은?

〈보 기〉
ㄱ. A는 한류, C는 난류이다.
ㄴ. B와 D는 편서풍의 영향을 받는다.
ㄷ. 아열대 표층 순환의 분포는 북반구와 남반구가 적도를 경계로 대칭적이다.

① ㄱ ② ㄴ ③ ㄱ, ㄷ ④ ㄴ, ㄷ ⑤ ㄱ, ㄴ, ㄷ

• 왜 정답일까?

A는 난류, C는 한류이다. B는 북대서양 해류, D는 남대서양 해류로 편서풍의 영향을 받아 형성되었다.
아열대 표층 순환의 분포는 적도를 기준으로 북반구와 남반구가 대칭적이다.

10 일기도 분석
정답률 36% | 정답 ④

| 문제 보기 |

그림 (가)와 (나)는 12시간 간격으로 작성된 우리나라 주변의 일기도를 순서 없이 나타낸 것이다.

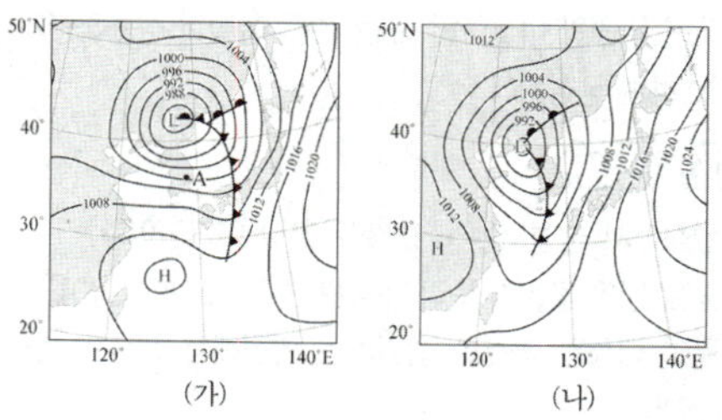
(가) (나)

이에 대한 설명으로 옳은 것만을 〈보기〉에서 있는 대로 고른 것은? [3점]

〈보 기〉
ㄱ. (가)의 A 지역에는 북서풍이 분다.
ㄴ. (나)는 (가)보다 12시간 전의 일기도이다.
ㄷ. 온대 저기압의 세력은 (나)보다 (가)가 크다.

① ㄱ ② ㄴ ③ ㄱ, ㄷ
④ ㄴ, ㄷ ⑤ ㄱ, ㄴ, ㄷ

• 왜 정답일까?

우리나라는 편서풍의 영향을 받으므로 (나) → (가) 순으로 온대 저기압이 이동한다.
저기압 중심으로 바람이 불어 들어가므로 A 지역은 남풍 계열의 바람이 분다.
온대 저기압의 중심 기압은 12시간 후에 낮아졌으므로 저기압의 세력이 강해졌다.

11 퇴적 환경과 퇴적 구조
정답률 69% | 정답 ②

| 문제 보기 |

그림 (가)는 퇴적 환경의 일부를, (나)는 지층의 퇴적 구조를 나타낸 것이다.

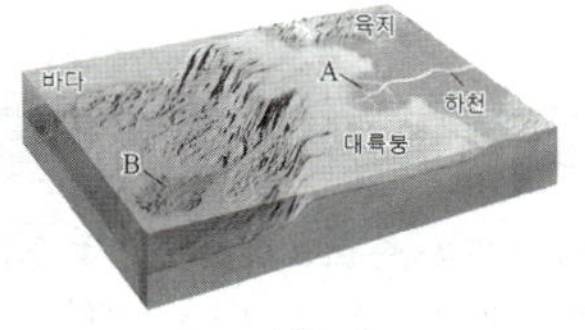

(가) (나)

이에 대한 설명으로 옳은 것만을 〈보기〉에서 있는 대로 고른 것은?

〈보 기〉
ㄱ. A는 선상지이다.
ㄴ. (나)로 지층의 역전 여부를 판단할 수 있다.
ㄷ. (나)와 같은 구조는 B보다 A에서 발견된다.

① ㄱ ② ㄴ ③ ㄱ, ㄷ
④ ㄴ, ㄷ ⑤ ㄱ, ㄴ, ㄷ

• 왜 정답일까?

A는 삼각주이다. (나)는 점이 층리로 지층의 역전을 알 수 있다.
B는 대륙 사면을 따라 퇴적물이 쏟아져 내려 쌓인 지형으로 저탁류에 의해 형성된다.
점이 층리는 저탁류에 의해 만들어진다.

12 엘니뇨
정답률 66% | 정답 ③

| 문제 보기 |

그림 (가)와 (나)는 평상시와 엘니뇨 발생 시기의 태평양 적도 해역 대기 순환을 순서 없이 나타낸 것이다.

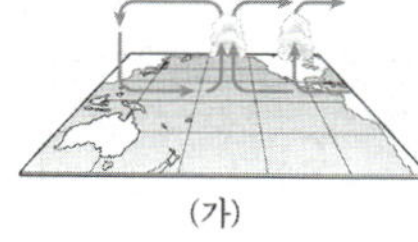
(가)

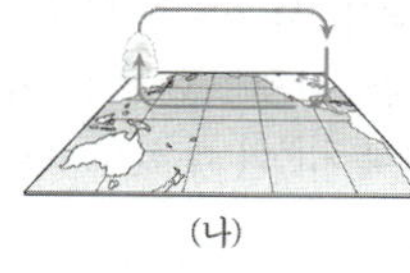
(나)

(가)보다 (나)일 때 큰 값을 갖는 것만을 〈보기〉에서 있는 대로 고른 것은? [3점]

〈보 기〉
ㄱ. 무역풍의 세기
ㄴ. 동태평양 적도 해역의 강수량
ㄷ. 서태평양과 동태평양 적도 해역의 해수면 높이 차

① ㄱ ② ㄴ ③ ㄱ, ㄷ
④ ㄴ, ㄷ ⑤ ㄱ, ㄴ, ㄷ

• 왜 정답일까?

(가)는 엘니뇨 시기이고, (나)는 평상시이다.
엘니뇨 시기에는 무역풍이 약해지면서 따뜻한 해수가 동쪽으로 이동하여 서태평양과 동태평양 적도 해역의 해수면 높이 차는 작아진다.
또한 동태평양 적도 부근 해역에서는 표층 수온이 상승하므로 상승 기류가 발달하여 강수량은 증가한다.

13 지층의 변형 구조
정답률 70% | 정답 ⑤

| 문제 보기 |

다음은 어느 지역의 지질 단면도와 관찰 내용이다.

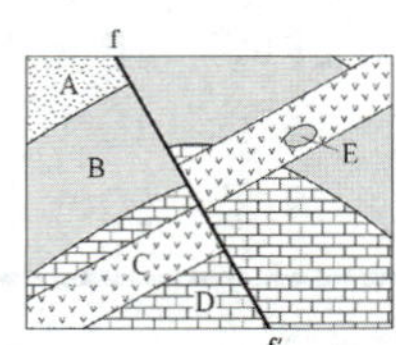

• C는 화성암임
• 습곡이 나타남
• B와 E는 동일 암석임
• f-f′를 경계로 암석이 어긋남

이에 대한 설명으로 옳은 것만을 〈보기〉에서 있는 대로 고른 것은? (단, 지층은 역전되지 않았다.)

〈보 기〉
ㄱ. 역단층이 관찰된다.
ㄴ. 배사 구조가 관찰된다.
ㄷ. C보다 E가 먼저 형성되었다.

① ㄱ ② ㄷ ③ ㄱ, ㄴ
④ ㄴ, ㄷ ⑤ ㄱ, ㄴ, ㄷ

• 왜 정답일까?

상반이 상승하였으므로 역단층이다.
습곡에서 위로 볼록한 모양이 관찰되므로 배사 구조이다.
E는 포획암이므로 C보다 E가 먼저 형성되었다.

14 지구 온난화
정답률 39% | 정답 ①

| 문제 보기 |

그림은 대기 중 이산화 탄소 농도가 현재보다 2배 증가할 경우 위도에 따른 기온 변화량(예측 기온 − 현재 기온) 예상도이다.

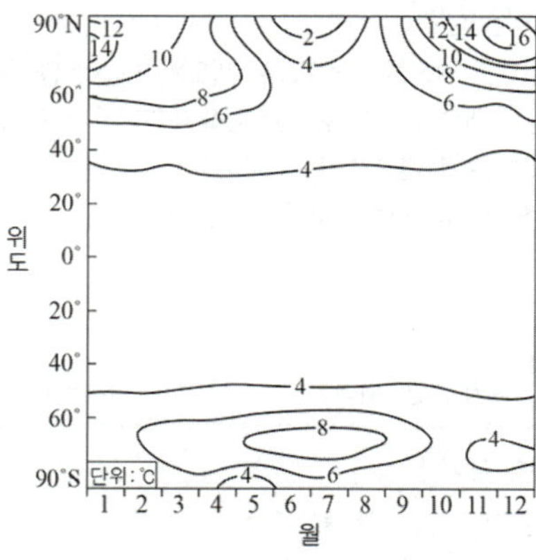

이에 대한 설명으로 옳은 것만을 〈보기〉에서 있는 대로 고른 것은? [3점]

〈보 기〉
ㄱ. 평균 해수면은 상승할 것이다.
ㄴ. 60°N의 기온 연교차는 현재보다 증가할 것이다.
ㄷ. 겨울철 극지방의 기온 변화량은 북반구보다 남반구가 더 크다.

① ㄱ ② ㄷ ③ ㄱ, ㄴ
④ ㄴ, ㄷ ⑤ ㄱ, ㄴ, ㄷ

• 왜 정답일까?

대기 중 이산화 탄소의 농도가 2배가 되면 지구 지표의 기온은 전체적으로 상승하므로 평균 해수면은 상승할 것이다.
60°N의 지표 기온 변화량은 여름철보다 겨울철이 더 크므로 기온 연교차는 현재보다 감소할 것이다.
겨울철 극지방의 기온 변화량은 북반구가 남반구보다 더 크다.

15 고지자기 분석
정답률 64% | 정답 ①

| 문제 보기 |

그림은 서로 다른 두 해역 (가)와 (나)의 해저 퇴적물 시추 코어에서 측정한 잔류 자기의 복각과 자극기를 깊이에 따라 나타낸 것이다. 점선은 두 해저 퇴적물의 절대 연령이 같은 깊이를 연결한 것이다.

[문제편 p.106]

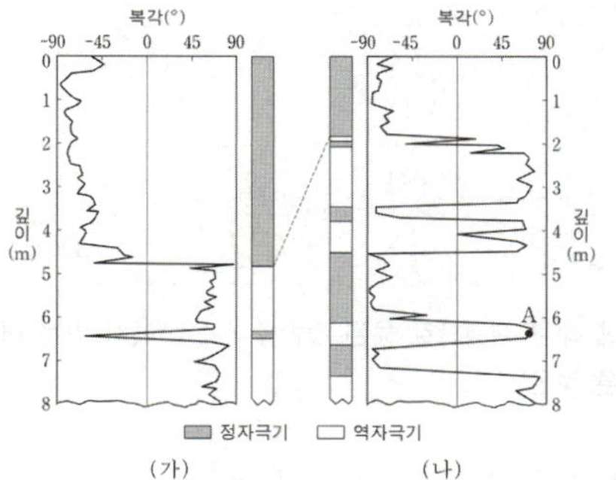

이에 대한 설명으로 옳은 것만을 <보기>에서 있는 대로 고른 것은? [3점]

〈보 기〉
ㄱ. (가)와 (나)의 현재 위치는 남반구이다.
ㄴ. 깊이 0~5m의 퇴적 시간은 (가)가 (나)보다 길다.
ㄷ. A가 형성될 당시의 자북극은 현재의 북반구에 위치한다.

① ㄱ ② ㄴ ③ ㄱ, ㄷ ④ ㄴ, ㄷ ⑤ ㄱ, ㄴ, ㄷ

• 왜 정답일까?

복각은 전자기력이 수평 자기력에 대하여 기울어진 각으로, 자기 적도에서 0° 이고, 자북극 또는 자남극으로 갈수록 그 크기가 커진다.

ㄱ. 현재 위치인 깊이 0 m 에서의 복각이 (가)와 (나) 모두 (−) 값이므로 두 해역은 현재 모두 남반구에 위치한다.

• 왜 오답일까?

ㄴ. 고지자기 분포로 보아 깊이 5 m 위치의 절대 연령이 (가)가 (나)보다 적으므로, 깊이 0~5 m 의 퇴적 시간도 (가)가 (나)보다 짧다.

ㄷ. 남반구에 위치한 이 해역에서 A가 형성될 당시 이 해역의 복각이 (+)이므로, 자북극은 현재의 남반구에 위치하였다.

16 복사 평형

정답률 55% | 정답 ③

| 문제 보기 |

그림은 복사 평형 상태에 있는 지구의 열수지를 나타낸 것이다.

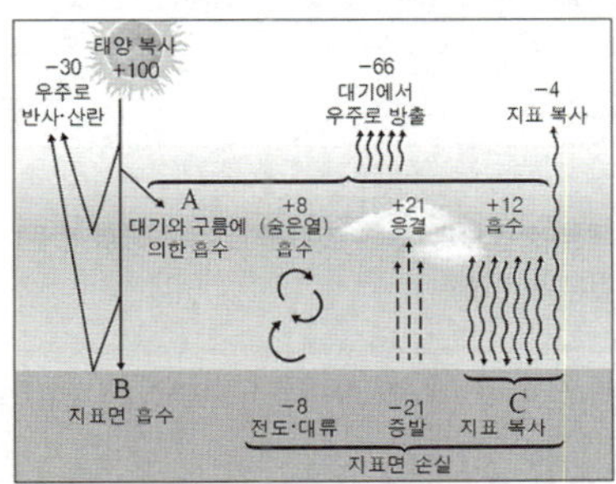

이에 대한 설명으로 옳은 것만을 <보기>에서 있는 대로 고른 것은?

〈보 기〉
ㄱ. A보다 B가 크다.
ㄴ. C는 −12이다.
ㄷ. 적외선 복사 에너지 방출량은 지표면보다 대기가 크다.

① ㄱ ② ㄴ ③ ㄱ, ㄷ ④ ㄴ, ㄷ ⑤ ㄱ, ㄴ, ㄷ

• 왜 정답일까?

A는 25, B는 45이다.

지표의 태양 복사 에너지 흡수량(B) 중 16은 지구 복사 형태로 방출되므로 C는 −16이다. 적외선 복사 에너지 방출량은 지표면보다 대기가 크다.

17 외계 행성 탐사 방법

정답률 30% | 정답 ④

| 문제 보기 |

그림은 P 별의 밝기 변화를 이용해 X 항성계에 속한 외계 행성의 탐사 방법을 나타낸 것이다.

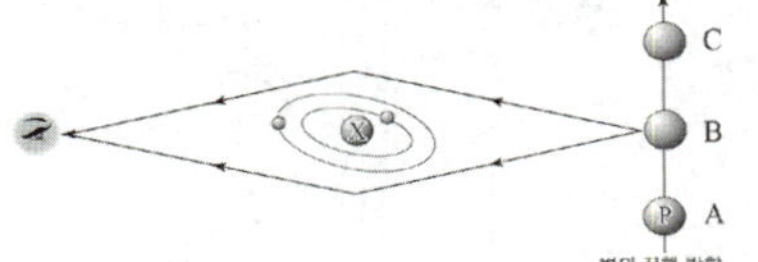

이에 대한 설명으로 옳은 것만을 <보기>에서 있는 대로 고른 것은? [3점]

〈보 기〉
ㄱ. 식 현상을 이용하는 방법이다.
ㄴ. P 별의 밝기는 A 보다 B 위치에서 밝게 관측된다.
ㄷ. X 항성계의 행성 때문에 P 별의 밝기가 불규칙하게 변한다.

① ㄱ ② ㄷ ③ ㄱ, ㄴ
④ ㄴ, ㄷ ⑤ ㄱ, ㄴ, ㄷ

• 왜 정답일까?

주어진 상황은 미세중력렌즈 효과를 이용한 외계행성 탐사 방법이다. 외계 행성의 탐사 방법 중 하나인 미세 중력 렌즈 현상은 앞에 위치한 천체의 중력으로 인해 뒤쪽 천체의 빛이 아주 미세하게 굴절되는데, 이때 앞에 위치한 별이 행성을 가지고 있으면 행성의 중력이 추가적인 밝기 변화를 일으키는 현상이다. 별의 밝기는 중력렌즈 효과에 의해 A 보다 B 위치에서 밝게 관측된다.

• 왜 오답일까?

ㄱ. 식 현상을 이용해 관측하는 방법은 미세중력렌즈 효과와 같이 별의 밝기변화를 관측하나, 식 현상을 이용한 관측방법은 배경별이 아닌 중심별의 밝기변화를 관측하는 방법이다.

18 지구의 기후 변화 자료

정답률 78% | 정답 ⑤

| 문제 보기 |

그림은 남극 빙하 연구를 통해 알아낸 과거 12만 년 동안의 기온 편차와 빙하의 산소 동위 원소 비($^{18}O/^{16}O$)를 나타낸 것이다.

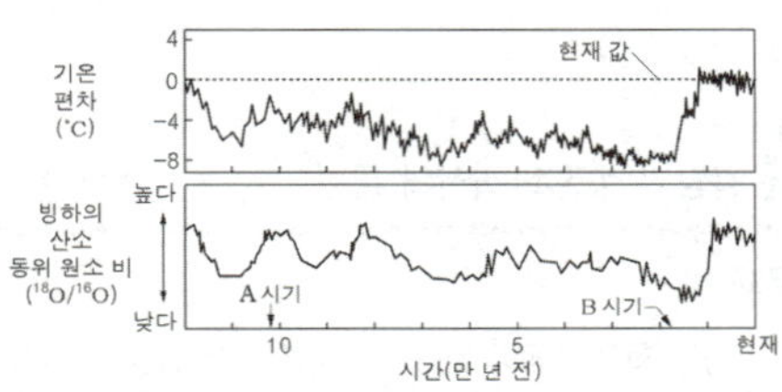

이에 대한 설명으로 옳은 것만을 <보기>에서 있는 대로 고른 것은?[3점]

〈보 기〉
ㄱ. 과거 12만 년 동안의 평균 기온은 현재보다 낮았다.
ㄴ. 해수에서 증발되는 물 분자의 산소 동위 원소 비는 A 시기가 B 시기보다 컸을 것이다.
ㄷ. 빙하의 면적은 B 시기가 현재보다 넓었을 것이다.

① ㄱ ② ㄷ ③ ㄱ, ㄴ
④ ㄴ, ㄷ ⑤ ㄱ, ㄴ, ㄷ

• 왜 정답일까?

^{18}O은 기온이 높아지면 증발이 더 잘 되기 때문에 내린 눈이 녹아 쌓인 빙하의 동위 원소비와 당시의 지구 기온은 비례관계를 갖는다. 한편, ㄱ은 주어진 그림을 보면 현재 기온이 과거 기온보다 높은 것을 알 수 있다.

19 고지자기 분포

정답률 40% | 정답 ③

| 문제 보기 |

그림은 북반구에 위치한 어느 해령의 이동을 알아보기 위해 해령 주변 암석에 기록된 고지자기 복각과 고지자기로 추정한 진북 방향을 진앙 분포와 함께 나타낸 모식도이다.

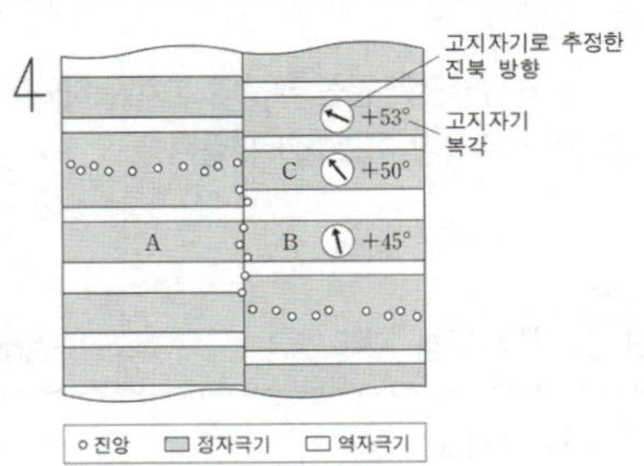

이에 대한 설명으로 옳은 것만을 <보기>에서 있는 대로 고른 것은? (단, 진북의 위치는 변하지 않았다.) [3점]

〈보 기〉
ㄱ. A와 B는 같은 시기에 생성되었다.
ㄴ. 해령은 C 시기 이후에 고위도로 이동하였다.
ㄷ. 이 해령은 시계 반대 방향으로 회전해 오면서 현재에 이르렀다.

① ㄱ ② ㄴ ③ ㄱ, ㄷ
④ ㄴ, ㄷ ⑤ ㄱ, ㄴ, ㄷ

• 왜 정답일까?

ㄱ. A와 B는 해령을 기준으로 각각 첫 번째 정자극기에 해당하므로 같은 시기에 생성되었다.

ㄷ. 암석의 나이가 젊어질수록 고지자기로 추정한 진북 방향이 고정되어 있는 실제 진북 방향에 대하여 시계 방향으로 회전하였으므로, 지괴는 고정되어 있는 실제 진북 방향에 대하여 시계 반대 방향으로 회전하였다.

• 왜 오답일까?

ㄴ. C 시기에서 B 시기로 올수록 복각이 +50°에서 +45°로 감소하였으므로 C 시기 이후에 해령은 저위도로 이동하였다.

20 허블 상수

정답률 73% | 정답 ⑤

| 문제 보기 |

그림은 1920년 이후 관측을 통해 구한 허블 상수의 변화를 나타낸 것이다.

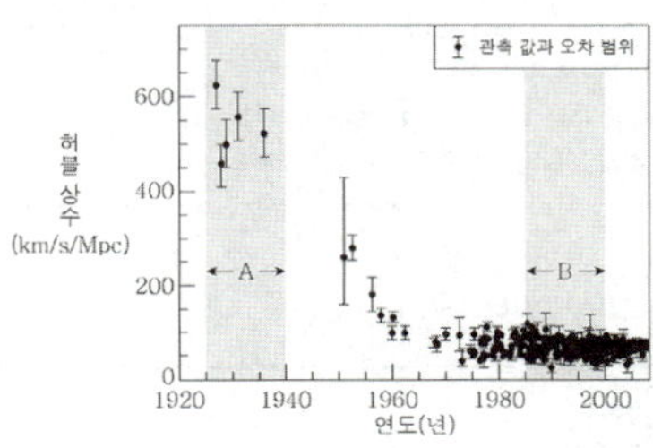

이에 대한 옳은 설명만을 <보기>에서 있는 대로 고른 것은?

〈보 기〉
ㄱ. 허블 상수는 A 시기가 B 시기보다 크게 측정되었다.
ㄴ. 허블 상수를 이용해 구한 우주의 나이는 B 시기가 A 시기보다 크다.
ㄷ. 허블 법칙을 이용해 구한 우주의 크기는 B 시기가 A 시기보다 크다.

① ㄱ ② ㄷ ③ ㄱ, ㄴ
④ ㄴ, ㄷ ⑤ ㄱ, ㄴ, ㄷ

• 왜 정답일까?

ㄴ, ㄷ. 우주의 나이와 크기는 허블 상수에 반비례하므로 B 시기가 A 시기보다 크다.

28회 • 고3 지구과학 I • **2018학년도 7월**

01 ⑤	02 ①	03 ⑤	04 ③	05 ⑤
06 ①	07 ④	08 ③	09 ①	10 ②
11 ②	12 ②	13 ③	14 ④	15 ①
16 ①	17 ④	18 ①	19 ③	20 ⑤

채점 결과
- 실제 걸린 시간 : 분 초
- 맞은 문항수 : 개
- 틀린 문항수 : 개
- 헷갈린 문항 :

01 대폭발 우주론

정답률 66% | 정답 ⑤

| 문제 보기 |

다음은 대폭발 우주론에 대한 설명이다.

> 우주는 처음에 아주 작고 뜨거운 점에서 대폭발이 일어나 급팽창한 후 정상적인 팽창을 거치면서 냉각되어 현재의 형태로 진화하였다고 한다.

이 이론으로 설명할 수 있는 현상으로 옳은 것만을 <보기>에서 있는 대로 고른 것은?

<보 기>
ㄱ. 우주 배경 복사의 온도
ㄴ. 우주에서 관측되는 수소와 헬륨의 비율
ㄷ. 먼 은하의 스펙트럼선에 나타나는 적색 편이

① ㄱ ② ㄷ ③ ㄱ, ㄴ
④ ㄴ, ㄷ ⑤ ㄱ, ㄴ, ㄷ

• 왜 정답일까?

우주의 모든 물질과 에너지가 아주 작고 뜨거운 한 점에 모여 있다가 대폭발을 일으켜 팽창하면서 냉각되어 오늘날과 같은 우주가 형성되었다는 이론이다.

ㄱ. 우주 배경 복사는 우주 온도가 약 $3000K$일 때 방출되었던 복사가 현재 $2.7K$로 관측되고 있는 것이다.

ㄴ. 우주를 구성하는 물질의 약 24%가 헬륨으로 되어 있다는 관측 결과는 대폭발 우주론에서 예측한 것과 잘 일치한다.

ㄷ. 멀리 있는 은하일수록 스펙트럼의 적색 편이가 크게 나타나는데 이는 그 은하의 빠른 후퇴 속도를 나타내며 우주 팽창의 증거이다.

02 판구조론

정답률 36% | 정답 ①

| 문제 보기 |

그림은 세 대륙판의 판 경계와 이동 속도를 나타낸 모식도이다.

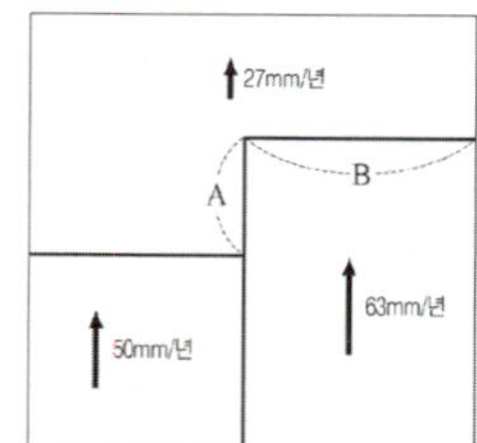

이에 대한 설명으로 옳은 것만을 <보기>에서 있는 대로 고른 것은? [3점]

<보 기>
ㄱ. A는 보존형 경계이다.
ㄴ. B에서는 화산 활동이 활발하다.
ㄷ. 이 지역의 예로는 안데스 산맥이 있다.

① ㄱ ② ㄴ ③ ㄱ, ㄷ
④ ㄴ, ㄷ ⑤ ㄱ, ㄴ, ㄷ

• 왜 정답일까?

A는 경계를 이루는 두 판의 이동 방향은 같으나 속력이 다르므로 보존 경계이다. B는 대륙판과 대륙판의 수렴 경계이므로 화산 활동이 거의 일어나지 않는다. 안데스 산맥은 해양판과 대륙판의 수렴 경계의 부근에서 형성되는 지형의 예이다.

03 북태평양 표층 해류의 특징

정답률 67% | 정답 ⑤

| 문제 보기 |

그림은 북태평양의 표층 해류를 나타낸 것이다.

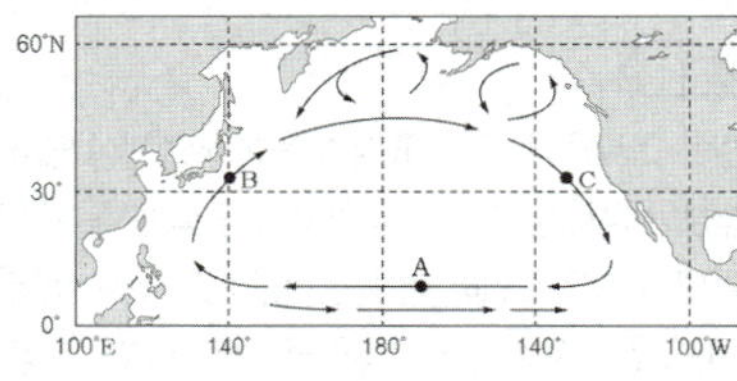

이에 대한 설명으로 옳은 것만을 <보기>에서 있는 대로 고른 것은?

<보 기>
ㄱ. A 해역에는 북적도 해류가 흐른다.
ㄴ. 표층 해수의 용존 산소량은 B 해역이 C 해역보다 적다.
ㄷ. 북태평양에서 아열대 순환의 방향은 시계 방향이다.

① ㄱ ② ㄷ ③ ㄱ, ㄴ ④ ㄴ, ㄷ ⑤ ㄱ, ㄴ, ㄷ

• 왜 정답일까?

A는 북적도 해류, B는 난류인 쿠로시오해류, C는 한류인 캘리포니아 해류이다.

ㄱ. A 해역에는 무역풍에 의해 발생한 북적도 해류가 흐른다.

ㄴ. B 해역에는 난류가 흐르고 C 해역에는 한류가 흐르므로 표층 해수의 용존 산소량은 B 해역이 C 해역보다 적다.

ㄷ. 북태평양에서의 아열대 순환은 편서풍과 무역풍의 영향을 받아 시계 방향으로 순환한다.

04 용암의 성질과 화산의 특성

정답률 57% | 정답 ③

| 문제 보기 |

그림 (가)는 화산 활동이 일어나는 지역 A와 B를, (나)와 (다)는 성질이 다른 두 용암에 의한 화산의 분출 모습을 나타낸 것이다.

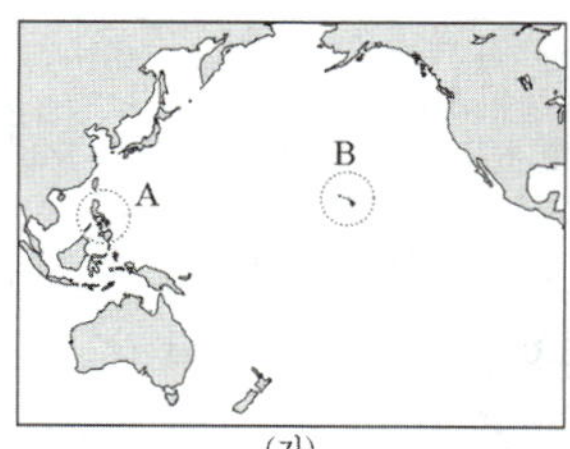

(가)

(나)
(다)

이에 대한 설명으로 옳은 것만을 <보기>에서 있는 대로 고른 것은? [3점]

<보 기>
ㄱ. 수렴형 경계 부근에 위치한 지역은 A이다.
ㄴ. 용암의 점성은 (나)가 (다)보다 크다.
ㄷ. B 지역의 화산은 주로 (나)의 형태로 나타난다.

① ㄱ ② ㄷ ③ ㄱ, ㄴ ④ ㄴ, ㄷ ⑤ ㄱ, ㄴ, ㄷ

• 왜 정답일까?

ㄱ. A는 필리핀 지역으로 필리핀 판이 유라시아 판 아래로 섭입하는 수렴형 경계 부근이다.

ㄴ. (나)는 SiO_2 함량이 높은 용암의 분출 모습을, (다)는 SiO_2 함량이 낮은 용암의 분출 모습을 나타낸 것으로 용암의 점성은 (나)가 (다)보다 크다.

• 왜 오답일까?

ㄷ. B는 태평양판의 중심 부근에 위치한 하와이로 판의 경계가 아니며 현무암질 마그마가 분출된다.

05 생명 가능 지대

정답률 80% | 정답 ⑤

| 문제 보기 |

표는 세 중심별의 광도와 각 중심별의 생명 가능 지대에 속한 행성과 그 행성의 공전 주기를 나타낸 것이다.

중심별 (주계열성)	중심별 광도 (태양 = 1)	행성	행성 공전 주기 (일)
태양	1	지구	365
프록시마 센터우리	0.0017	프록시마 센터우리 b	11.186
베타 픽토리스	8.7	베타 픽토리스 b	8000

이에 대한 설명으로 옳은 것만을 <보기>에서 있는 대로 고른 것은?

<보 기>
ㄱ. 질량은 베타 픽토리스가 태양보다 크다.
ㄴ. 생명 가능 지대의 폭은 프록시마 센터우리가 태양보다 좁다.
ㄷ. 공전 궤도 장반경은 프록시마 센터우리 b가 베타 픽토리스 b보다 작다.

① ㄱ ② ㄷ ③ ㄱ, ㄴ
④ ㄴ, ㄷ ⑤ ㄱ, ㄴ, ㄷ

• 왜 정답일까?

ㄱ. 주계열성의 광도가 클수록 질량이 크다.

ㄴ. 생명 가능 지대는 중심별이 밝을수록 중심별로부터 멀어지며 폭도 넓어진다.

ㄷ. 행성의 공전 주기가 길수록 행성의 공전 궤도 장반경이 증가한다.

06 지질 구조와 절대 연령

정답률 79% | 정답 ①

| 문제 보기 |

그림 (가)는 어느 지역의 지질 단면도를, (나)는 방사성 원소 P, Q의 붕괴 곡선을 나타낸 것이다. 화성암 A에 포함된 방사성 원소 P의 양은 처음 양의 $\frac{1}{8}$, 화성암 B에 포함된 방사성 원소 Q의 양은 처음 양의 $\frac{1}{4}$이다.

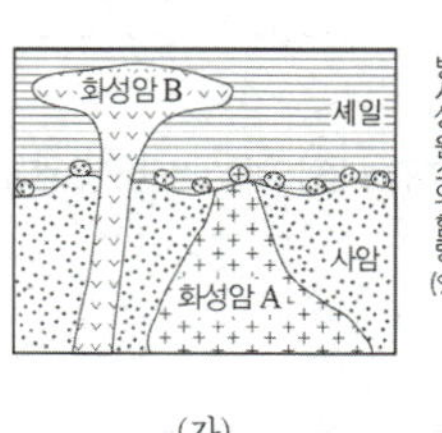

(가)

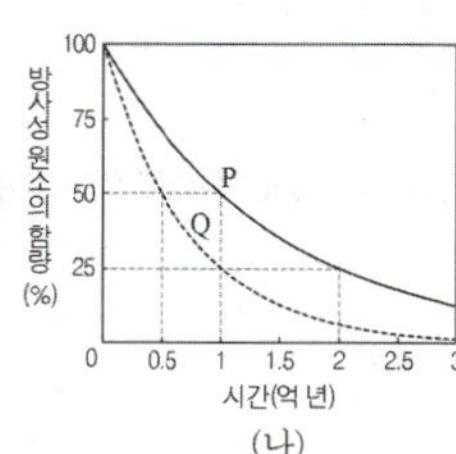

(나)

이에 대한 설명으로 옳은 것만을 <보기>에서 있는 대로 고른 것은? [3점]

<보 기>
ㄱ. 사암→화성암 A→셰일→화성암 B 순으로 생성되었다.
ㄴ. 반감기는 P가 Q보다 짧다.
ㄷ. 셰일층은 신생대 지층이다.

① ㄱ ② ㄷ ③ ㄱ, ㄴ
④ ㄴ, ㄷ ⑤ ㄱ, ㄴ, ㄷ

• 왜 정답일까?

(가)의 생성 순서는 사암→화성암 A→셰일→화성암 B이다. 반감기는 P는 1억 년, Q는 0.5억 년이다. 화성암 A는 3억 년, 화성암 B는 1억 년 전에 생성되었으므로, 셰일층은 고생대 또는 중생대에 형성된 지층이다.

07 일기도

정답률 63% | 정답 ④

| 문제 보기 |

그림 (가)와 (나)는 어느 날 12시간 간격의 지상 일기도를 순서 없이 나타낸 것이다.

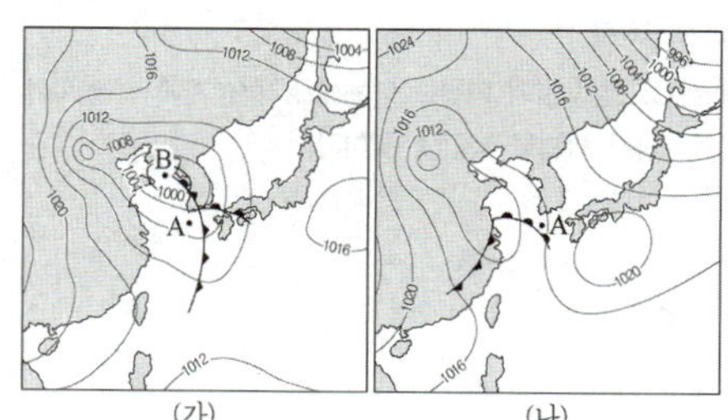

(가) (나)

[문제편 p.109]

이에 대한 설명으로 옳은 것만을 <보기>에서 있는 대로 고른 것은?

<보 기>
ㄱ. (가)의 B 지역에는 하강 기류가 발달한다.
ㄴ. (가)는 (나)보다 12시간 후의 일기도이다.
ㄷ. 이 기간 동안 A 지역의 풍향은 시계 방향으로 변하였다.

① ㄱ ② ㄴ ③ ㄱ, ㄷ
④ ㄴ, ㄷ ⑤ ㄱ, ㄴ, ㄷ

• 왜 정답일까?

ㄴ. 우리나라의 일기는 편서풍의 영향을 받으므로 (나)→(가) 순이다.
ㄷ. 온대 저기압의 이동으로 A 지역은 온난 전선 전면에서 한랭 전선 후면으로 위치가 바뀌므로 풍향은 시계 방향으로 변한다.

• 왜 오답일까?

ㄱ. B 지역은 저기압의 중심에 위치하므로 상승 기류가 발달한다.

08 지구의 복사 평형

정답률 70% | 정답 ③

| 문제 보기 |

그림은 복사 평형 상태에 있는 지구의 열수지를 나타낸 것이다.

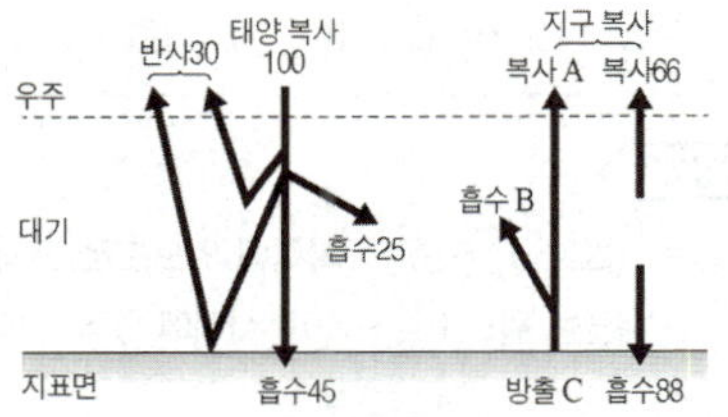

이에 대한 설명으로 옳은 것만을 <보기>에서 있는 대로 고른 것은? [3점]

<보 기>
ㄱ. A는 주로 대기의 창 영역을 통해 빠져나간다.
ㄴ. 대기 중의 이산화 탄소 농도가 증가하면 B는 증가한다.
ㄷ. C는 100보다 작다.

① ㄱ ② ㄷ ③ ㄱ, ㄴ
④ ㄴ, ㄷ ⑤ ㄱ, ㄴ, ㄷ

• 왜 정답일까?

ㄱ. 지구 복사는 주로 적외선 영역으로 방출된다. 파장이 8~13 ㎛인 지구 복사는 대기의 창 영역을 통해 대기에 거의 흡수되지 않고 대부분 우주 공간으로 빠져나간다.
ㄴ. 대기 중 이산화 탄소 농도가 증가하면 온실 기체에 의한 흡수가 증가하므로 B는 증가한다.

• 왜 오답일까?

ㄷ. 복사 평형에 의해 $C = 45 + 88 = 133$이다.

09 표층해류

정답률 56% | 정답 ①

| 문제 보기 |

그림은 북반구 주요 표층 해류가 흐르는 해역과 해류에 영향을 주는 바람을 나타낸 것이다.

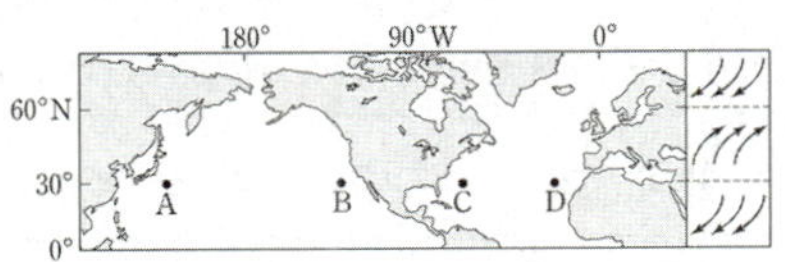

A~D해역에 흐르는 해류에 대한 설명으로 옳은 것만을 <보기>에서 있는 대로 고른 것은?

<보 기>
ㄱ. A해역이 D해역보다 해류의 수온이 높다.
ㄴ. B해역이 A해역보다 해류의 염분이 높다.
ㄷ. C해역의 해류는 남동쪽으로 흐른다.

① ㄱ ② ㄷ ③ ㄱ, ㄴ
④ ㄴ, ㄷ ⑤ ㄱ, ㄴ, ㄷ

• 왜 정답일까?

A : 쿠로시오 해류(난류),
B : 캘리포니아 해류(한류),
C : 멕시코만류(난류),
D ; 카나리아 해류(한류)
ㄱ. A 해역은 저위도에서 고위도로 이동하는 난류가 지나가고, D 해역은 고위도에서 저위도로 이동하는 한류가 지나간다.

• 왜 오답일까?

ㄴ. 난류가 한류보다 해류의 염분이 높다.
ㄷ. C 해역의 해류는 북동쪽으로 흐른다.

10 태평양 주변의 표층 해류

정답률 66% | 정답 ②

| 문제 보기 |

그림은 태평양의 주요 표층 해류를 나타낸 것이다.

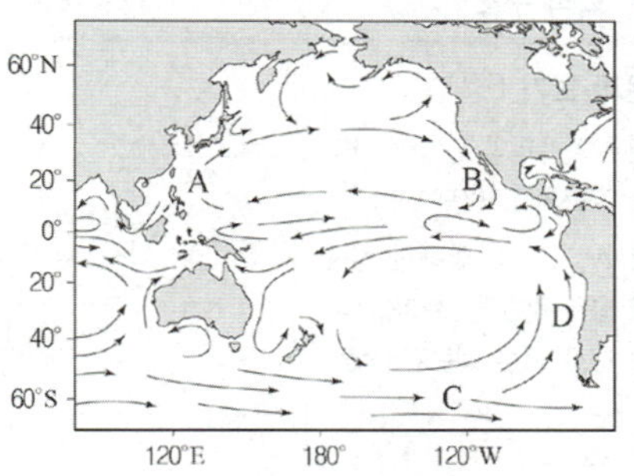

해류 A~D에 대한 설명으로 옳은 것만을 <보기>에서 있는 대로 고른 것은?

<보 기>
ㄱ. A와 D는 난류이다.
ㄴ. 20°N에서 용존 산소량은 A가 B보다 많다.
ㄷ. C는 편서풍에 의해 형성된다.

① ㄱ ② ㄷ ③ ㄱ, ㄴ
④ ㄴ, ㄷ ⑤ ㄱ, ㄴ, ㄷ

• 왜 정답일까?

A는 쿠로시오 해류, B는 캘리포니아 해류, C는 남극 순환류, D는 페루 해류이다.
ㄷ. C는 서에서 동으로 흐르는 해류로 편서풍의 영향을 받아 형성되었다.

• 왜 오답일까?

ㄱ. A는 난류, B와 D는 한류이다.
ㄴ. 동일 위도에서 용존 산소량은 한류가 난류보다 많다.

11 별의 진화

정답률 77% | 정답 ②

| 문제 보기 |

그림은 별의 진화 과정을 나타낸 것이다.

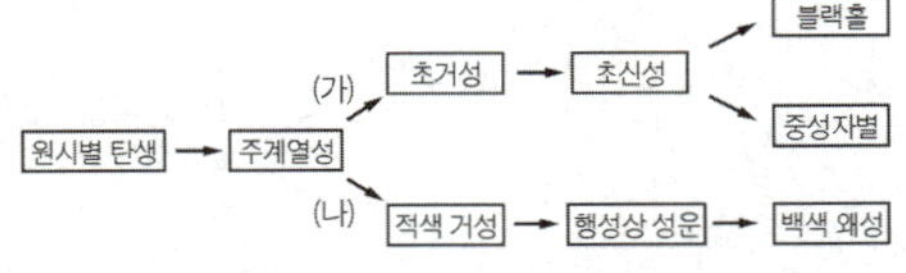

이에 대한 설명으로 옳은 것만을 <보기>에서 있는 대로 고른 것은?

<보 기>
ㄱ. 백색 왜성의 중심부에서 철이 생성된다.
ㄴ. 태양 정도의 질량인 별은 (가) 과정을 따라 진화한다.
ㄷ. 별의 진화 과정 중 주계열성 단계에서 머무르는 시간은 적색 거성 단계보다 길다.

① ㄱ ② ㄷ ③ ㄱ, ㄴ
④ ㄴ, ㄷ ⑤ ㄱ, ㄴ, ㄷ

• 왜 정답일까?

백색 왜성의 중심부에서는 핵융합 반응이 일어나지 않으며, 별의 진화 과정 중 머무르는 시간은 주계열성 단계가 적색 거성 단계보다 길다. 질량이 태양 정도인 별은 (나) 과정을 따라 진화한다.

12 판의 경계

정답률 79% | 정답 ②

| 문제 보기 |

그림은 판의 경계와 이동 방향을 모식적으로 나타낸 것이다.

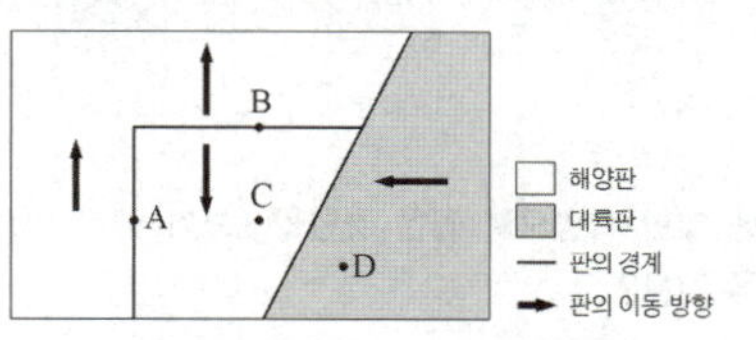

이에 대한 설명으로 옳은 것만을 <보기>에서 있는 대로 고른 것은?

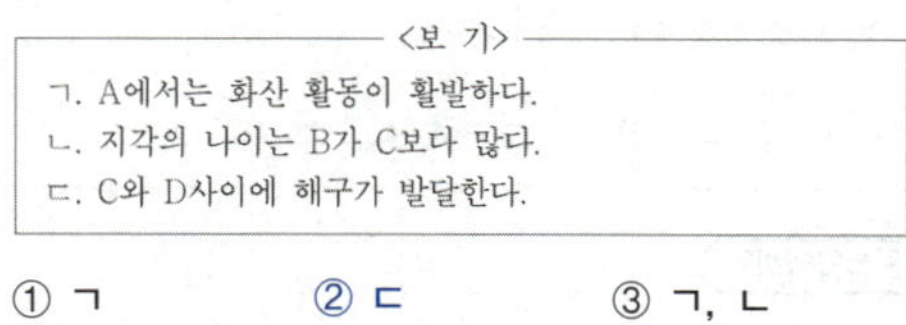
<보 기>
ㄱ. A에서는 화산 활동이 활발하다.
ㄴ. 지각의 나이는 B가 C보다 많다.
ㄷ. C와 D사이에 해구가 발달한다.

① ㄱ ② ㄷ ③ ㄱ, ㄴ
④ ㄴ, ㄷ ⑤ ㄱ, ㄴ, ㄷ

• 왜 정답일까?

ㄷ. C와 D 사이는 해양판이 대륙판 아래로 섭입하는 경계이므로 해구가 발달한다.

• 왜 오답일까?

ㄱ. A는 보존형 경계 지역으로 화산 활동은 거의 일어나지 않고 천발 지진이 자주 발생한다.
ㄴ. B는 해령으로 새로운 해양 지각이 형성되므로 B에서 C로 갈수록 지각의 나이는 증가한다.

13 외계 행성 탐사 방법

정답률 38% | 정답 ③

| 문제 보기 |

그림 (가)와 (나)는 외계 행성에 의한 미세 중력 렌즈 현상과 식 현상의 겉보기 밝기 변화를 순서 없이 나타낸 것이다.

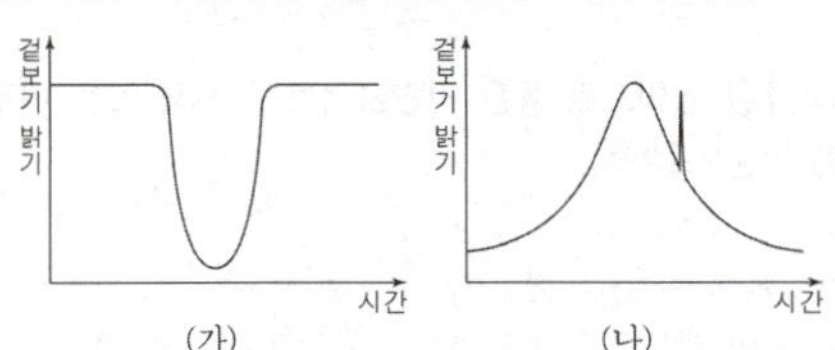

이에 대한 설명으로 옳은 것만을 <보기>에서 있는 대로 고른 것은? [3점]

<보 기>
ㄱ. 미세 중력 렌즈 현상에 의한 겉보기 밝기 변화는 (나)이다.
ㄴ. (가)를 이용한 탐사는 외계 행성의 반지름이 클수록 행성을 발견하는 데 유리하다.
ㄷ. (가)와 (나)는 외계 행성의 공전 궤도면과 관측자의 시선 방향이 나란해야만 외계 행성 탐사에 이용할 수 있다.

① ㄱ ② ㄷ ③ ㄱ, ㄴ
④ ㄴ, ㄷ ⑤ ㄱ, ㄴ, ㄷ

• 왜 정답일까?

ㄱ. (가)는 외계 행성에 의한 식 현상, (나)는 미세 중력 렌즈 현상에 의한 겉보기 밝기 변화를 나타낸 것이다.
ㄴ. 식 현상은 행성이 중심별 앞면을 지나갈 때 별의 일부가 가려지는 현상이므로 외계 행성의 반지름이 클수록 겉보기 밝기 변화가 커져 외계 행성의 발견이 유리하다.

• 왜 오답일까?

ㄷ. 식 현상을 이용한 외계 행성 탐사는 행성의 공전 궤도면과 관측자의 시선 방향이 나란해야 이용 가능하지만 미세 중력 렌즈 현상은 외계 행성의 공전 궤도면의 방향과 시선 방향이 나란하지 않아도 관측 가능하다.

14 퇴적암의 생성 과정과 종류

정답률 53% | 정답 ④

| 문제 보기 |

그림 (가), (나), (다)는 석호에서 퇴적암이 만들어지는 과정을 나타낸 것이다.

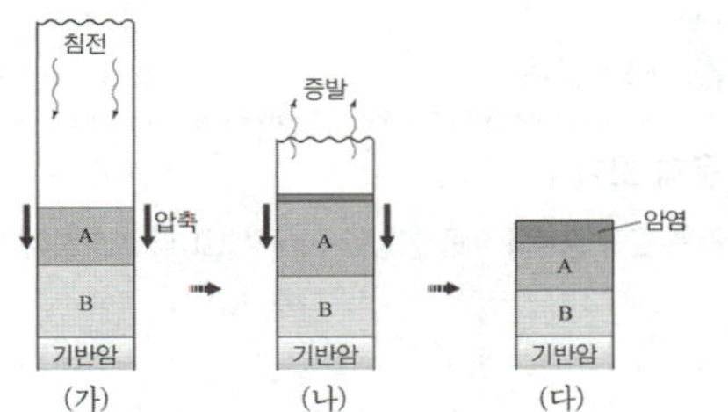

이에 대한 설명으로 옳은 것만을 <보기>에서 있는 대로 고른 것은?

<보 기>
ㄱ. A층에서는 엽리가 나타난다.
ㄴ. B층의 퇴적물 사이 공극의 크기는 (가)>(나)>(다)이다.
ㄷ. 이 과정을 통해 화학적 퇴적암이 생성되었다.

① ㄱ ② ㄴ ③ ㄱ, ㄷ ④ ㄴ, ㄷ ⑤ ㄱ, ㄴ, ㄷ

• 왜 정답일까?

(가)에서 (다)로 갈수록 압축 작용을 받아 공극이 감소하여 B층의 두께가 줄어들었다. 퇴적암에서는 층리가 나타난다. 암염은 화학적 퇴적암이다.

15 고지자기를 이용한 대륙 이동

정답률 65% | 정답 ①

| 문제 보기 |

그림 (가)는 과거 어느 시점에 대륙 A, B의 위치와 대륙 A의 이동 방향을, (나)는 현재 대륙 A, B의 위치와 대륙 A에서 측정한 겉보기 자북극의 이동 경로를 나타낸 것이다.

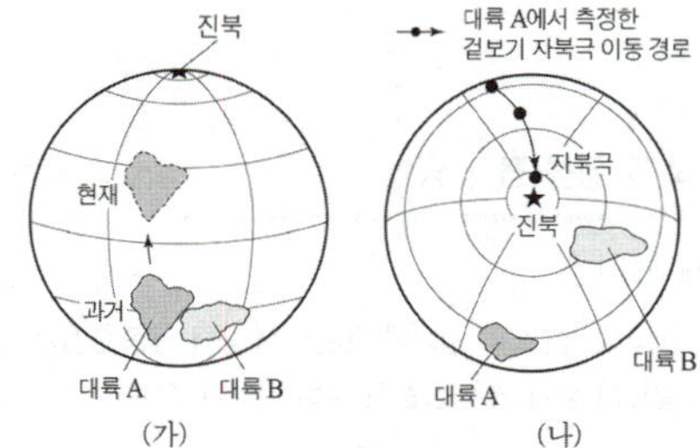

이에 대한 설명으로 옳은 것만을 <보기>에서 있는 대로 고른 것은? [3점]

<보 기>
ㄱ. 대륙을 이동시킨 원동력은 맨틀 대류이다.
ㄴ. (가)→(나) 기간 동안 대륙의 평균 이동 속도는 A가 B보다 빠르다.
ㄷ. (가)→(나) 기간 동안 대륙 A와 B에서 측정한 겉보기 자북극의 이동 경로는 같다.

① ㄱ ② ㄴ ③ ㄱ, ㄷ ④ ㄴ, ㄷ ⑤ ㄱ, ㄴ, ㄷ

• 왜 정답일까?

대륙은 맨틀 대류에 의해 이동한다. 같은 기간 동안 대륙 A보다 B의 변위가 크므로 평균 이동 속도는 대륙 B가 더 빠르다. 대륙 A, B의 이동 경로가 다르므로 겉보기 자북극의 이동 경로도 다르다.

16 엘니뇨

정답률 57% | 정답 ①

| 문제 보기 |

그림은 동태평양 적도 부근 해역에서 2년 동안의 깊이에 따른 온도를 나타낸 것이다. A와 B는 각각 평상시와 엘니뇨 시기 중 하나이다.

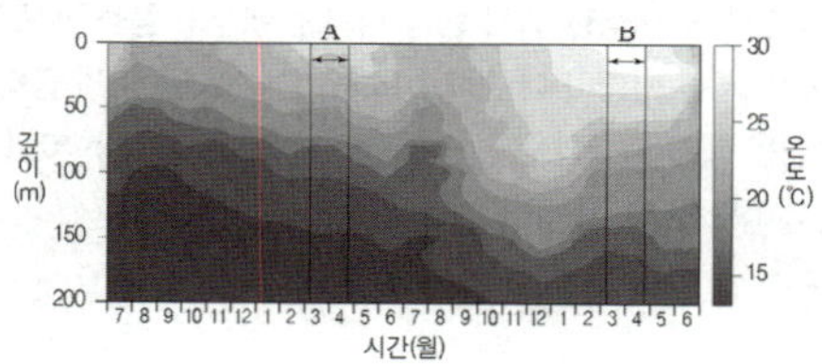

A와 비교한 B에 대한 설명으로 옳은 것만을 <보기>에서 있는 대로 고른 것은?

<보 기>
ㄱ. 무역풍의 세기가 약하다.
ㄴ. 동태평양 적도 부근 해역의 해수면의 높이가 낮다.
ㄷ. 서태평양 적도 부근 해역에서는 상승 기류가 강하다.

① ㄱ ② ㄴ ③ ㄱ, ㄷ
④ ㄴ, ㄷ ⑤ ㄱ, ㄴ, ㄷ

• 왜 정답일까?

ㄱ. 엘니뇨는 무역풍이 약해지면서 따뜻한 해수가 동쪽으로 이동하여 동태평양 적도 부근의 해수면과 표층 수온이 평상시보다 높아지는 현상이다. 그러므로, A는 평상시, B는 엘니뇨 시기이다.

• 왜 오답일까?

ㄴ. 엘니뇨 시기에 동태평양 적도 부근 해역은 서쪽에서 이동해 온 따뜻한 해수에 의해 평상시보다 따뜻한 해수층의 두께가 두꺼워지고 해수면의 높이도 높아진다.

ㄷ. 엘니뇨 시기에 서태평양 적도 부근 해역에서는 하강 기류가 발달한다. 동태평양 적도 부근 해역에서는 표층 수온이 상승하므로 상승 기류가 발달한다.

17 퇴적 구조

정답률 78% | 정답 ④

| 문제 보기 |

그림은 사층리와 건열이 나타나는 지층의 단면이다.

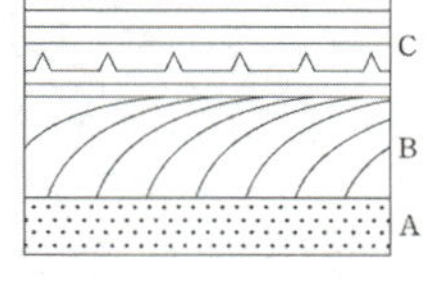

지층 A, B, C에 대한 설명으로 옳은 것만을 <보기>에서 있는 대로 고른 것은? [3점]

<보 기>
ㄱ. A가 가장 오래 전에 형성되었다.
ㄴ. B에서 퇴적 당시 유체의 이동 방향을 알 수 있다.
ㄷ. C가 형성되는 동안 건조한 시기가 있었다.

① ㄱ ② ㄷ ③ ㄱ, ㄴ ④ ㄴ, ㄷ ⑤ ㄱ, ㄴ, ㄷ

• 왜 정답일까?

사층리와 건열은 지층의 역전 여부를 알려주는데, 이 중에서 사층리를 통해 지층이 형성될 당시의 퇴적물의 이동 방향을, 건열을 통해 기후가 건조했음을 알 수 있다.

ㄴ. B는 사층리를 나타낸 것으로 사층리면의 기울어진 방향을 통해 물이나 바람이 이동한 방향을 알 수 있다.

ㄷ. C는 건열을 나타낸 것으로 지층의 표면이 공기 중에 노출되어 갈라진 흔적을 통해 지층이 형성될 당시의 건조한 기후를 알려준다.

• 왜 오답일까?

ㄱ. 사층리(B)와 건열(C)의 모양으로 보아 지층이 역전되어 있으므로 A는 가장 나중에 생성된 지층이다.

18 태풍의 특성

정답률 73% | 정답 ①

| 문제 보기 |

그림 (가)는 어느 태풍의 이동 경로를, (나)는 A, B 중 한 관측소에서 시간에 따른 풍향 변화를 나타낸 것이다.

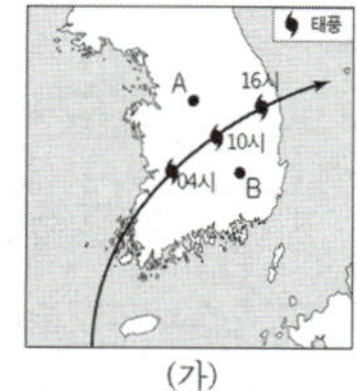

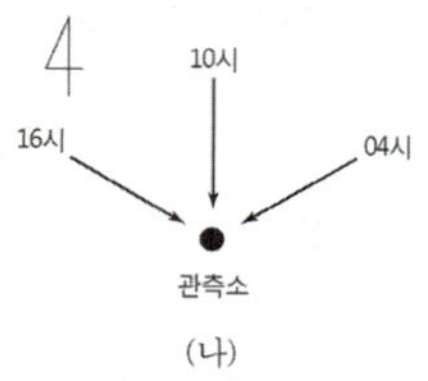

이에 대한 설명으로 옳은 것만을 <보기>에서 있는 대로 고른 것은? [3점]

<보 기>
ㄱ. 태풍이 육지에 상륙하면 세력은 약해진다.
ㄴ. 10시에 풍속은 B보다 A에서 더 클 것이다.
ㄷ. (나)와 같은 풍향 변화는 B에서 나타난다.

① ㄱ ② ㄴ ③ ㄷ ④ ㄱ, ㄷ ⑤ ㄴ, ㄷ

• 왜 정답일까?

열대 저기압인 태풍은 육지에 상륙하면 수증기의 공급이 줄어들고 지표면과의 마찰 증가로 세력이 급격히 약해진다. A지역은 안전 반원에 속하며 태풍 통과 시 풍향이 시계 반대 방향으로 변하고, B는 위험 반원 지역에 속하므로 풍속은 B > A이다.

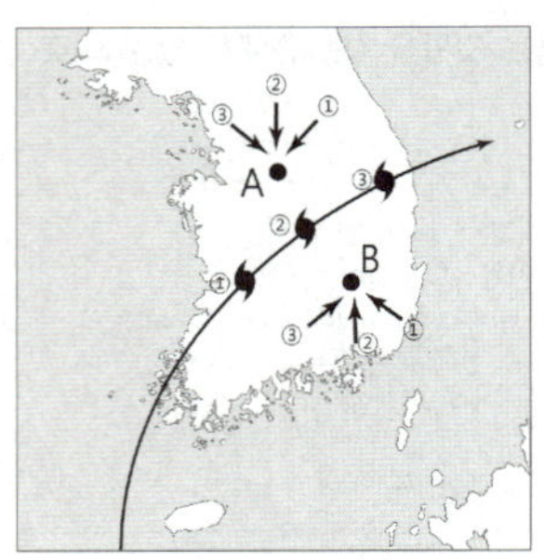

19 북반구 표층 해류

정답률 42% | 정답 ③

| 문제 보기 |

그림은 북반구의 주요 표층 해류가 흐르는 해역을 나타낸 것이다.

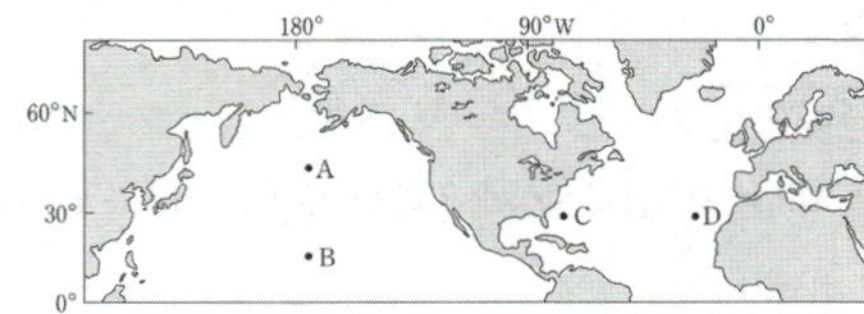

A~D 해역에 대한 설명으로 옳은 것만을 <보기>에서 있는 대로 고른 것은? [3점]

<보 기>
ㄱ. A의 해류는 편서풍의, B의 해류는 무역풍의 영향을 받는다.
ㄴ. 고위도로의 열 수송량은 C의 해류에서 가장 많다.
ㄷ. D에는 북대서양 해류가 흐른다.

① ㄱ ② ㄷ ③ ㄱ, ㄴ ④ ㄴ, ㄷ ⑤ ㄱ, ㄴ, ㄷ

• 왜 정답일까?

ㄱ. A해류는 위도 30° ~ 60° 사이에 있으므로 편서풍의 영향을 받고, B해류는 위도 0° ~ 30° 사이에 있어 무역풍의 영향을 받는다.

ㄴ. 북반구에서는 대기 대순환에 의해 아열대 순환의 서쪽 지역이 저위도에서 고위도로 흐르기 때문에 C의 해류가 가장 많은 열을 수송한다.

• 왜 오답일까?

ㄷ. D는 카나리아 해류이다. 북대서양 해류는 C에 해당한다.

20 외계 행성 탐사 방법

정답률 63% | 정답 ⑤

| 문제 보기 |

그림 (가), (나), (다)는 서로 다른 외계 행성계를 나타낸 것이다. 세 중심별의 질량과 반지름은 태양과 같고, 세 행성의 반지름은 지구와 같다.

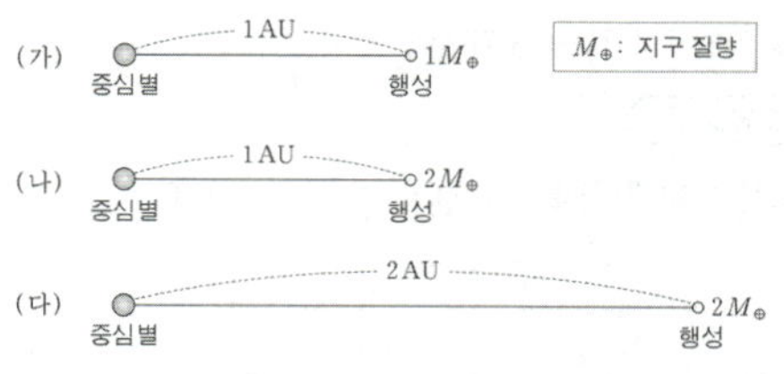

이에 대한 설명으로 옳은 것만을 <보기>에서 있는 대로 고른 것은? (단, 행성은 원 궤도를 따라 공전하며, 공전 궤도면은 관측자의 시선 방향과 나란하다.) [3점]

<보 기>
ㄱ. 중심별과 행성은 공통 질량 중심을 중심으로 공전한다.
ㄴ. 도플러 효과에 의한 별빛의 최대 편이량은 (나)가 (가)보다 크다.
ㄷ. 행성에 의한 식이 진행되는 시간은 (다)가 (나)보다 길다.

① ㄱ ② ㄷ ③ ㄱ, ㄴ ④ ㄴ, ㄷ ⑤ ㄱ, ㄴ, ㄷ

• 왜 정답일까?

ㄱ. 중심별과 행성은 서로 잡아당기는 중력에 의해 공통 질량 중심을 중심으로 회전한다.

ㄴ. 중심별과 행성 사이의 거리가 같을 경우, 행성의 질량이 클수록 중심별의 떨림 현상이 커져 도플러 효과가 크게 나타난다.

ㄷ. (다)의 행성은 (나)의 행성보다 공전 주기가 길고, 공전 속도도 느리다. 따라서 행성이 공전하는 동안 중심별의 일부를 가리는 식의 지속 시간은 (다)가 (나)보다 길다.

[문제편 p.111]

• 고3 지구과학 I •

29회 2025학년도 9월

01 ④	02 ⑤	03 ④	04 ①	05 ④
06 ②	07 ③	08 ②	09 ②	10 ⑤
11 ③	12 ⑤	13 ①	14 ⑤	15 ②
16 ③	17 ①	18 ⑤	19 ⑤	20 ④

채점 결과
- 실제 걸린 시간 : 분 초
- 맞은 문항수 : 개
- 틀린 문항수 : 개
- 헷갈린 문항 :

01 퇴적 구조

정답률 82% | 정답 ④

| 문제 보기 |

그림 (가)와 (나)는 건열과 연흔을 순서 없이 나타낸 것이다.

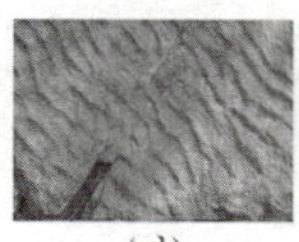
(가)

(나)

이에 대한 설명으로 옳은 것만을 〈보기〉에서 있는 대로 고른 것은?

<보 기>
ㄱ. (가)는 건열이다.
ㄴ. (나)는 역암층보다 이암층에서 흔히 나타난다.
ㄷ. (가)와 (나)는 지층의 역전 여부를 판단하는 데 활용된다.

① ㄱ ② ㄷ ③ ㄱ, ㄴ ④ ㄴ, ㄷ ⑤ ㄱ, ㄴ, ㄷ

• 왜 정답일까?

ㄴ. (나)는 입자의 크기가 작은 이암층에서 흔히 나타난다.
ㄷ. 연흔과 건열 모두 지층의 역전 여부를 판단하는 데 활용된다.

02 플룸 구조론

정답률 87% | 정답 ⑤

| 문제 보기 |

그림은 플룸 구조론을 나타낸 모식도이다. A와 B는 뜨거운 플룸과 차가운 플룸을 순서 없이 나타낸 것이다.

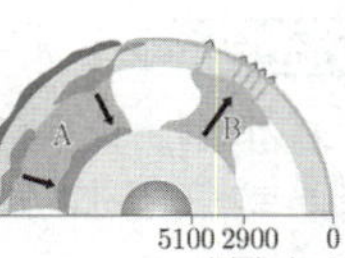

이에 대한 설명으로 옳은 것만을 〈보기〉에서 있는 대로 고른 것은?

<보 기>
ㄱ. A는 섭입한 해양판에 의해 생성된다.
ㄴ. B는 외핵과 맨틀의 경계 부근에서 생성되어 상승한다.
ㄷ. 판의 내부에서 일어나는 화산 활동은 B로 설명할 수 있다.

① ㄱ ② ㄷ ③ ㄱ, ㄴ ④ ㄴ, ㄷ ⑤ ㄱ, ㄴ, ㄷ

• 왜 정답일까?

A는 차가운 플룸, B는 뜨거운 플룸이다.
ㄱ. 차가운 플룸은 섭입한 해양판에 의해 생성된다.
ㄴ. 뜨거운 플룸은 외핵과 맨틀의 경계 부근에서 생성되어 상승한다.
ㄷ. 하와이 열도와 같이 판의 내부에서 일어나는 화산 활동은 뜨거운 플룸(B)으로 설명할 수 있다.

03 마그마의 생성

정답률 60% | 정답 ④

| 문제 보기 |

그림은 마그마가 분출되는 지역 A와 B를, 표는 이 지역 하부에서 생성된 주요 마그마의 특성을 나타낸 것이다. (가)와 (나)는 A와 B를 순서 없이 나타낸 것이고, ㉠과 ㉡은 유문암질 마그마와 현무암질 마그마를 순서 없이 나타낸 것이다.

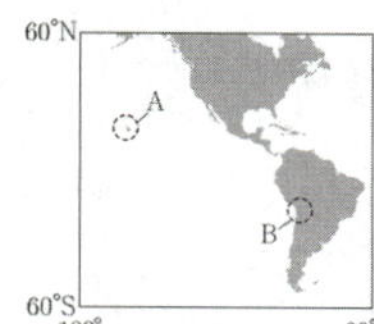

	마그마의 종류	마그마의 주요 생성 요인
(가)	(㉠)	물의 공급
	(㉡)	온도 증가
(나)	현무암질 마그마	(㉢)

이 자료에 대한 설명으로 옳은 것만을 〈보기〉에서 있는 대로 고른 것은? [3점]

<보 기>
ㄱ. SiO_2 함량(%)은 ㉠이 ㉡보다 높다.
ㄴ. '압력 감소'는 ㉢에 해당한다.
ㄷ. B의 하부에서는 화강암이 생성될 수 있다.

① ㄱ ② ㄴ ③ ㄱ, ㄷ ④ ㄴ, ㄷ ⑤ ㄱ, ㄴ, ㄷ

• 왜 정답일까?

ㄴ. A의 하부에서는 맨틀 물질이 상승하면서 압력이 감소하여 현무암질 마그마가 생성된다. 따라서 '압력 감소'는 ㉢에 해당한다.
ㄷ. B는 (가)에 해당하며, B의 하부에서는 유문암질 마그마가 생성되므로, 유문암질 마그마의 냉각으로 화강암이 생성될 수 있다.

• 왜 오답일까?

ㄱ. ㉠은 물의 공급으로 생성된 현무암질 마그마, ㉡은 온도 증가로 생성된 유문암질 마그마이다. 따라서 SiO_2 함량(%)은 ㉠이 ㉡보다 낮다.

04 음향 측심법과 해저 지형

정답률 86% | 정답 ①

| 문제 보기 |

다음은 음향 측심 자료를 이용하여 해저 지형을 알아보기 위한 탐구 활동이다.

[탐구 과정]
(가) 하나의 해구가 나타나는 어느 해역의 음향 측심 자료를 조사한다.
(나) (가)의 해역에서 해구를 가로지르는 직선 구간을 따라 일정한 거리 간격으로 탐사 지점 P_1~P_8을 선정한다.
(다) 각 지점별로 ㉠ 해수면에서 연직 방향으로 발사한 초음파가 해저면에서 반사되어 되돌아오는 데 걸리는 시간을 표에 기록한다.
(라) 초음파의 속력이 1500m/s로 일정하다고 가정한 후, 각 지점의 수심을 계산하여 표에 기록한다.
(마) (라)에서 계산된 수심으로부터 해구가 나타나는 지점을 찾는다.

[탐구 결과]

지점	P_1	P_2	P_3	P_4	P_5	P_6	P_7	P_8
시간(초)	6.8	6.4	5.1	10.0	6.1	7.6	7.8	7.1
수심(m)				(㉡)				

이 자료에 대한 설명으로 옳은 것만을 〈보기〉에서 있는 대로 고른 것은?

<보 기>
ㄱ. ㉠은 수심에 비례한다.
ㄴ. ㉡은 '15000'이다.
ㄷ. P_2는 해구가 위치한 지점이다.

① ㄱ ② ㄴ ③ ㄷ ④ ㄱ, ㄴ ⑤ ㄴ, ㄷ

• 왜 정답일까?

ㄱ. 수심이 깊을수록 초음파가 해저면에서 반사되어 되돌아오는 데 걸리는 시간이 길어진다.

05 수온 - 염분도

정답률 80% | 정답 ④

| 문제 보기 |

그림은 우리나라 동해의 어느 해역에서 깊이 0~200m의 해수 특성을 A 시기와 B 시기에 각각 측정하여 수온 - 염분도에 나타낸 것이다. A와 B는 2월과 8월을 순서 없이 나타낸 것이다.

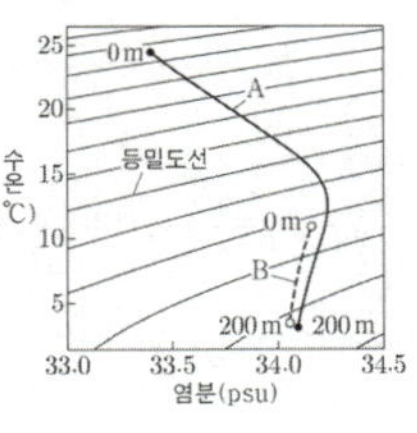

이 자료에 대한 설명으로 옳은 것만을 〈보기〉에서 있는 대로 고른 것은?

<보 기>
ㄱ. A의 해수 밀도는 표층이 깊이 200m보다 크다.
ㄴ. B는 2월이다.
ㄷ. 수온만을 고려할 때, 표층에서 산소 기체의 용해도는 A가 B보다 작다.

① ㄱ ② ㄴ ③ ㄱ, ㄷ ④ ㄴ, ㄷ ⑤ ㄱ, ㄴ, ㄷ

• 왜 정답일까?

ㄴ. 깊이 0m에서 수온은 A가 약 24℃, B가 약 11℃이다. 따라서 표층 수온이 높은 A는 8월, 표층 수온이 낮은 B는 2월이다.
ㄷ. 산소 기체의 용해도는 수온이 낮을수록 크다. 표층에서 수온은 A가 B보다 높으므로, 산소 기체의 용해도는 A가 B보다 작다.

06 온대 저기압과 날씨

정답률 75% | 정답 ②

| 문제 보기 |

표는 어느 온대 저기압이 우리나라를 통과하는 동안 관측소 P에서 $t_1 \rightarrow t_5$ 시기에 6시간 간격으로 관측한 기상 요소를, 그림은 이 중 어느 한 시각의 지상 일기도에 온대 저기압 중심의 이동 경로를 나타낸 것이다. 이 기간 중 온난 전선과 한랭 전선 중 하나가 P를 통과하였다.

시각	기압(hPa)	풍향
t_1	1007	남남서
t_2	1002	남서
t_3	998	남서
t_4	999	남서
t_5	1003	서북서

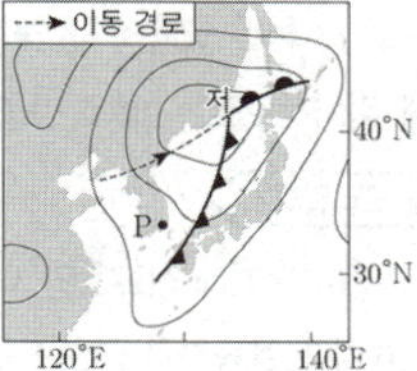

이 자료에 대한 설명으로 옳은 것만을 〈보기〉에서 있는 대로 고른 것은?

<보 기>
ㄱ. t_1~t_2 사이에 전선이 P를 통과하였다.
ㄴ. P의 기온은 t_1일 때가 t_5일 때보다 높다.
ㄷ. t_2일 때, P의 상공에는 전선면이 나타난다.

① ㄱ ② ㄴ ③ ㄷ ④ ㄱ, ㄷ ⑤ ㄴ, ㄷ

• 왜 정답일까?

ㄴ. P는 t_1일 때 한랭 전선 앞쪽에, t_5일 때 한랭 전선 뒤쪽에 위치한다. 따라서 P의 기온은 t_1일 때가 t_5일 때보다 높다.

07 지질 시대의 환경과 생물

정답률 65% | 정답 ③

| 문제 보기 |

그림은 지질 시대에 일어난 주요 사건을 시간 순서대로 나타낸 것이다.

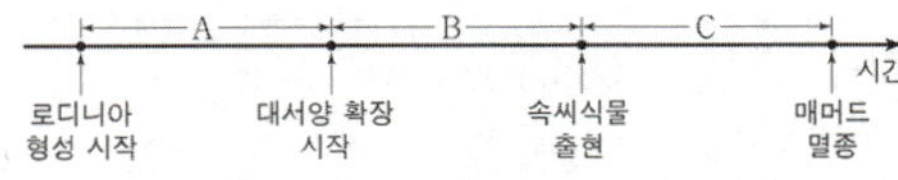

A, B, C 기간에 대한 설명으로 옳은 것만을 〈보기〉에서 있는 대로 고른 것은?

<보 기>
ㄱ. A에 최초의 육상 식물이 출현하였다.
ㄴ. B에 방추충이 번성하였다.
ㄷ. C에 히말라야산맥이 형성되었다.

① ㄱ ② ㄴ ③ ㄱ, ㄷ ④ ㄴ, ㄷ ⑤ ㄱ, ㄴ, ㄷ

• 왜 정답일까?

ㄱ. 최초의 육상 식물 출현은 고생대이므로 A에 해당한다.
ㄷ. 히말라야산맥이 형성된 시기는 신생대이므로 C에 해당한다.

[문제편 p.113]

• 왜 오답일까?

ㄴ. 방추충이 번성한 시기는 고생대 말이므로 A에 해당한다.

08 태풍과 날씨

정답률 67% | 정답 ②

| 문제 보기 |

그림 (가)는 어느 태풍의 이동 경로에 6시간 간격으로 나타낸 태풍 중심의 위치를, (나)는 t_1 시각의 적외 영상을 나타낸 것이다.

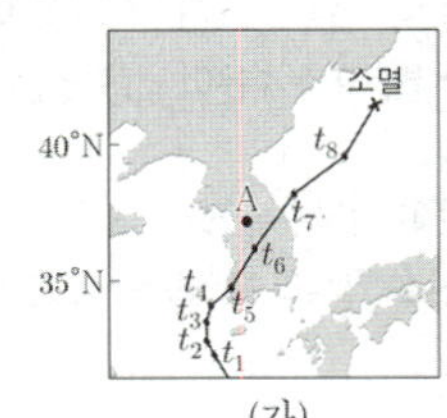

(가)

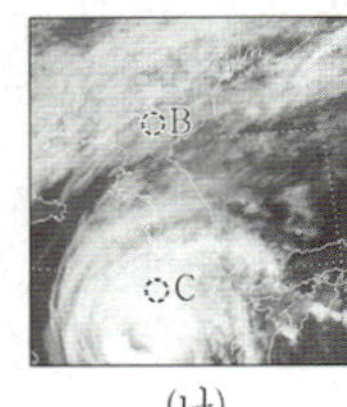

(나)

이 자료에 대한 설명으로 옳은 것만을 <보기>에서 있는 대로 고른 것은? [3점]

<보 기>
ㄱ. 태풍의 중심 기압은 t_4일 때가 t_7일 때보다 높다.
ㄴ. $t_6 \to t_7$ 동안 관측소 A의 풍향은 시계 반대 방향으로 변한다.
ㄷ. (나)에서 구름 최상부의 온도는 영역 B가 영역 C보다 낮다.

① ㄱ ② ㄴ ③ ㄷ
④ ㄱ, ㄴ ⑤ ㄴ, ㄷ

• 왜 정답일까?

ㄴ. $t_6 \to t_7$동안 관측소 A는 태풍 진행 방향의 왼쪽(안전 반원)에 위치하므로 A에서 풍향은 시계 반대 방향으로 변한다.

• 왜 오답일까?

ㄱ. 태풍이 육지에 상륙하면 세력이 약해지므로 태풍의 중심 기압은 육지에 상륙하기 전인 t_4일 때가 육지를 통과한 후인 t_7일 때보다 낮다.

ㄷ. 적외 영상에서는 구름 최상부의 높이가 높을수록 온도가 낮으므로 밝게 나타난다. 따라서 (나)에서 구름 최상부의 온도는 밝게 보이는 영역 C가 영역 B보다 낮다.

09 생명 가능 지대

정답률 74% | 정답 ②

| 문제 보기 |

그림은 서로 다른 외계 행성계에 위치한 행성 A~D가 중심별로부터 단위 시간당 단위 면적에서 받는 복사 에너지(S)와 중심별의 광도(L)를 나타낸 것이다.

이 자료에 대한 설명으로 옳은 것만을 <보기>에서 있는 대로 고른 것은?

<보 기>
ㄱ. 액체 상태의 물이 존재할 가능성은 A가 D보다 높다.
ㄴ. 생명 가능 지대의 폭은 B의 중심별이 C의 중심별보다 넓다.
ㄷ. 중심별의 중심으로부터의 거리는 C가 D보다 멀다.

① ㄱ ② ㄴ ③ ㄷ
④ ㄱ, ㄷ ⑤ ㄴ, ㄷ

• 왜 정답일까?

ㄴ. 광도는 B의 중심별이 C의 중심별보다 크므로 생명 가능 지대의 폭은 B의 중심별이 C의 중심별보다 넓다.

10 퀘이사

정답률 68% | 정답 ⑤

| 문제 보기 |

그림 (가)는 어떤 은하의 모습을, (나)는 이 은하에서 관측된 수소 방출선 A의 위치를 나타낸 것이다. A의 기준 파장은 656.3nm이다.

(가)

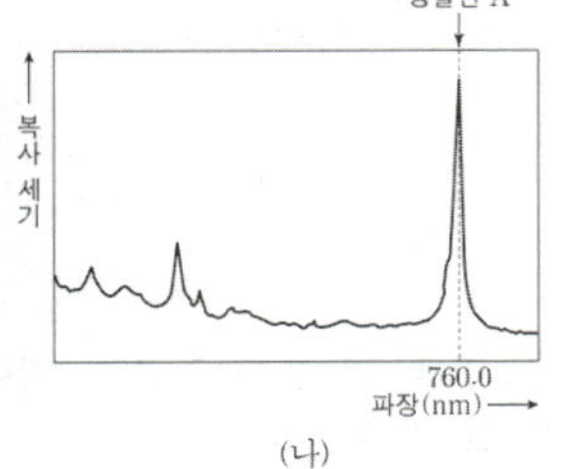

(나)

이 은하에 대한 설명으로 옳은 것만을 <보기>에서 있는 대로 고른 것은? (단, 빛의 속도는 3×10^5km/s이고, 허블 상수는 70km/s/Mpc이다.) [3점]

<보 기>
ㄱ. 단위 시간 동안 방출하는 에너지양은 우리은하보다 적다.
ㄴ. 중심부에는 거대 질량의 블랙홀이 존재할 것으로 추정된다.
ㄷ. 은하까지의 거리는 400Mpc보다 멀다.

① ㄱ ② ㄴ ③ ㄷ ④ ㄱ, ㄴ ⑤ ㄴ, ㄷ

• 왜 정답일까?

ㄴ. 퀘이사는 중심부에 거대 질량의 블랙홀이 존재하여 매우 활동적인 은하핵을 갖고 있는 특이 은하이다.

ㄷ. 방출선 A의 기준 파장은 656.3nm, 관측 파장은 760nm이므로 후퇴 속도 $v = c\times\frac{\Delta\lambda}{\lambda_0} = H\times r$이고, 거리 $r = \frac{c}{H}\times\frac{\Delta\lambda}{\lambda_0} = \frac{3\times10^5}{70}\times\frac{760-656.3}{656.3}$ ≒ 677Mpc이다.

• 왜 오답일까?

ㄱ. 퀘이사는 특이 은하로, 단위 시간 동안 방출하는 에너지양이 보통의 은하에 해당하는 우리은하보다 훨씬 많다.

11 대기와 해양의 에너지 수송량

정답률 74% | 정답 ③

| 문제 보기 |

그림은 대기와 해양에 의한 남북 방향으로의 연평균 에너지 수송량을 위도별로 나타낸 것이다.

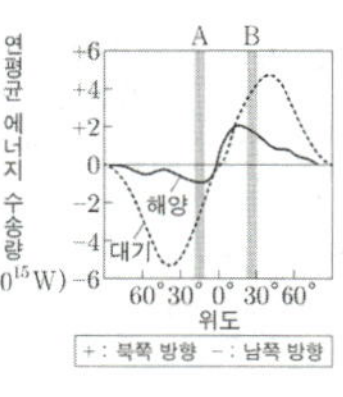

이에 대한 설명으로 옳은 것만을 <보기>에서 있는 대로 고른 것은? [3점]

<보 기>
ㄱ. A에서는 대기에 의한 에너지 수송량이 해양에 의한 에너지 수송량보다 많다.
ㄴ. A는 대기 대순환의 간접 순환 영역에 위치한다.
ㄷ. B의 해역에서 쿠로시오 해류에 의한 에너지 수송이 일어난다.

① ㄱ ② ㄴ ③ ㄱ, ㄷ ④ ㄴ, ㄷ ⑤ ㄱ, ㄴ, ㄷ

• 왜 정답일까?

ㄱ. A에서는 에너지 수송량의 크기가 해양에 의한 것보다 대기에 의한 것이 많다.

ㄷ. B의 해역은 위도 30° 부근에 위치한다. 쿠로시오 해류는 북태평양 아열대 순환을 이루며 대양의 서쪽에서 고위도로 흐르는 난류이다. 따라서 B의 해역에서 쿠로시오 해류에 의한 에너지 수송이 일어난다.

12 엘니뇨와 라니냐

정답률 63% | 정답 ⑤

| 문제 보기 |

그림은 동태평양 적도 부근 해역에서 관측한 해수면의 높이 편차를 시간에 따라 나타낸 것이다. A와 B는 각각 엘니뇨 시기와 라니냐 시기 중 하나이고, 편차는 (관측값−평년값)이다.

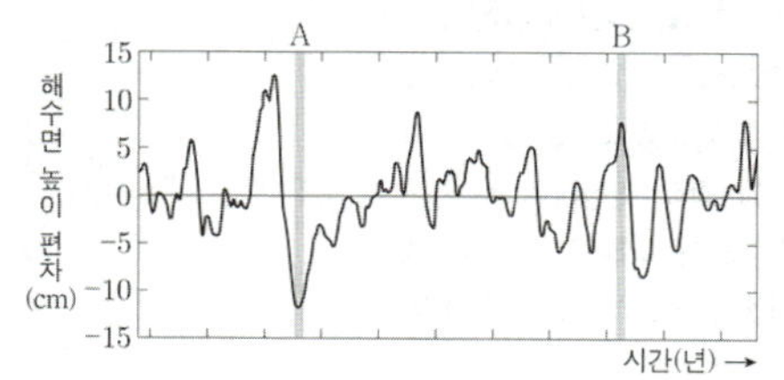

이에 대한 설명으로 옳은 것만을 <보기>에서 있는 대로 고른 것은?

<보 기>
ㄱ. 동태평양 적도 부근 해역의 용승은 A가 B보다 약하다.
ㄴ. 서태평양 적도 부근 해역에서 A의 강수량 편차는 (+) 값이다.
ㄷ. 적도 부근 해역에서 (동태평양 해면 기압 편차 − 서태평양 해면 기압 편차) 값은 A가 B보다 크다.

① ㄱ ② ㄴ ③ ㄷ
④ ㄱ, ㄴ ⑤ ㄴ, ㄷ

• 왜 정답일까?

A는 라니냐 시기이고, B는 엘니뇨 시기이다.

ㄴ. 라니냐 시기인 A에는 서태평양 적도 부근 해역에서 상승 기류가 평년보다 우세하므로 강수량 편차가 (+) 값이다.

ㄷ. 라니냐 시기인 A에는 적도 부근 해역에서 동태평양 해면 기압 편차는 (+) 값, 서태평양 해면 기압 편차는 (−) 값이므로 (동태평양 해면 기압 편차 − 서태평양 해면 기압 편차) 값은 (+) 값이다. 엘니뇨 시기인 B에는 이와 반대로 (동태평양 해면 기압 편차 − 서태평양 해면 기압 편차) 값은 (−) 값이다.

• 왜 오답일까?

ㄱ. 동태평양 적도 부근 해역에서 용승은 라니냐 시기인 A가 엘니뇨 시기인 B보다 강하다.

13 우주 모형 비교

정답률 57% | 정답 ①

| 문제 보기 |

그림은 빅뱅 우주론에 따라 팽창하는 우주 모형 A와 B의 우주 팽창 속도를 시간에 따라 나타낸 것이다. 현재 우주 배경 복사의 온도는 A와 B에서 동일하다.

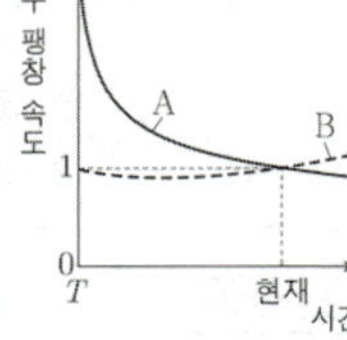

이 자료에 대한 설명으로 옳은 것만을 <보기>에서 있는 대로 고른 것은?

<보 기>
ㄱ. T 시기에 A의 우주는 팽창하고 있다.
ㄴ. T 시기 이후 현재까지 B의 우주는 계속 가속 팽창한다.
ㄷ. T 시기에 우주 배경 복사의 온도는 A가 B보다 낮다.

① ㄱ ② ㄴ ③ ㄱ, ㄷ
④ ㄴ, ㄷ ⑤ ㄱ, ㄴ, ㄷ

• 왜 정답일까?

ㄱ. T 시기에 A의 우주는 팽창 속도가 +1보다 큰 값을 가지므로 빠르게 팽창하고 있다.

• 왜 오답일까?

ㄴ. T 시기 이후 현재까지 B의 우주에서 우주 팽창 속도를 보면, 팽창 속도가 감소하다가 중간의 어느 시점부터 다시 증가한다. 즉, 감속 팽창하다가 가속 팽창한다.

ㄷ. T 시기 이후 현재까지 평균 우주 팽창 속도는 A의 우주가 B의 우주보다 크므로 이 기간 동안 우주의 크기 증가 비율은 A의 우주가 B의 우주보다 크다. 즉, 현재 우주와 비교한 T 시기의 우주 크기는 A의 우주가 B의 우주보다 훨씬 작다. 따라서 현재 우주 배경 복사의 온도가 같다면 T 시기에 우주 배경 복사의 온도는 A의 우주가 B의 우주보다 높다.

14 기후 변화 요인

정답률 50% | 정답 ⑤

| 문제 보기 |

그림은 지구 자전축 경사각과 지구 공전 궤도 이심률을 시간에 따라 나타낸 것이다.

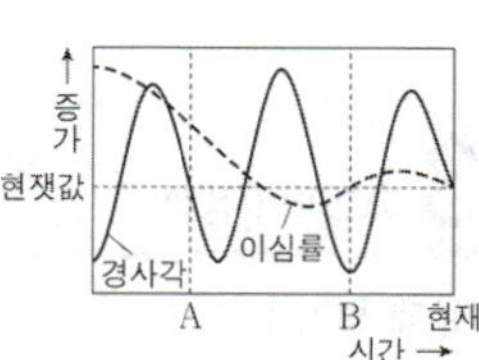

이 자료에 대한 설명으로 옳은 것만을 <보기>에서 있는 대로 고른 것은? (단, 지구 자전축 경사각과 지구 공전 궤도 이심률 이외의 요인은 변하지 않는다고 가정한다.) [3점]

[문제편 p.114]

<보 기>
ㄱ. 35°N에서 기온의 연교차는 A 시기가 현재보다 크다.
ㄴ. 지구가 근일점에 위치할 때 지구에 도달하는 태양 복사 에너지양은 B 시기와 현재가 같다.
ㄷ. 35°S에서 겨울철 평균 기온은 A 시기가 B 시기보다 낮다.

① ㄱ ② ㄴ ③ ㄷ ④ ㄱ, ㄴ ⑤ ㄴ, ㄷ

• 왜 정답일까?

ㄴ. B 시기에는 궤도 이심률이 현재와 같고, 자전축의 경사각이 현재보다 작다. B 시기에 지구가 근일점에 위치하면, 태양으로부터의 거리가 현재와 동일하므로 지구에 도달하는 태양 복사 에너지양은 B 시기와 현재가 같다.

ㄷ. 남반구의 겨울철은 지구가 원일점 부근에 위치할 때 나타난다. A 시기에는 궤도 이심률이 B 시기보다 크므로 원일점 거리가 B 시기보다 멀어져 35°S에서 겨울철 평균 기온이 낮다. 또한 자전축 경사각은 A 시기가 B 시기보다 크므로 35°S에서 겨울철 평균 남중 고도는 A 시기가 B 시기보다 낮아져 겨울철 기온이 낮아진다. 따라서 두 가지 효과를 모두 고려할 때, 35°S에서 겨울철 평균 기온은 A 시기가 B 시기보다 낮다.

• 왜 오답일까?

ㄱ. A 시기에는 자전축 경사각이 현재와 같고, 궤도 이심률이 현재보다 크다. 따라서 35°N에서 기온의 연교차는 A 시기가 현재보다 작다.

15 고지자기극의 위치 변화

정답률 59% | 정답 ②

| 문제 보기 |

그림은 동일 경도를 따라 이동한 지괴의 현재 위치와 시기별 고지자기극의 위치를 나타낸 것이다.

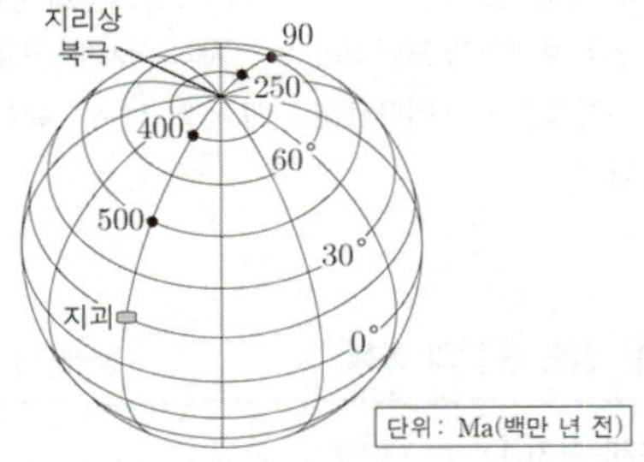

이 지괴에 대한 설명으로 옳은 것만을 〈보기〉에서 있는 대로 고른 것은? (단, 고지자기극은 고지자기 방향으로 추정한 지리상 북극이고, 지리상 북극은 변하지 않았다.) [3점]

<보 기>
ㄱ. 90Ma에 지괴는 북반구에 위치하였다.
ㄴ. 지괴에서 구한 고지자기 복각은 400Ma일 때가 500Ma일 때보다 작다.
ㄷ. 지괴의 평균 이동 속도는 400Ma~250Ma가 90Ma~현재보다 빠르다.

① ㄱ ② ㄴ ③ ㄷ ④ ㄱ, ㄷ ⑤ ㄴ, ㄷ

• 왜 정답일까?

ㄴ. 고지자기극의 위치와 현재 지괴의 위치 간의 위도 차는 400Ma일 때가 500Ma일 때보다 크다. 따라서 지괴에서 구한 고지자기 복각은 400Ma일 때가 500Ma일 때보다 작다.

• 왜 오답일까?

ㄱ. 90Ma에 고지자기극의 위치는 지리상 북극을 기준으로 현재 지괴의 반대 방향으로 30° 남쪽으로 이동한 60°N 지점에 있다. 따라서 90Ma에 지괴는 현재보다 남쪽으로 30° 내려간 15°S에 위치하였다.

ㄷ. 고지자기극의 위도 변화량은 400Ma ~ 250Ma 기간과 90Ma ~ 현재 기간이 같다. 따라서 지괴의 평균 이동 속도는 시간 간격이 큰 400Ma ~ 250Ma가 90Ma ~ 현재보다 느리다.

16 별의 내부 구조

정답률 50% | 정답 ③

| 문제 보기 |

그림은 질량이 다른 주계열성 (가)와 (나)의 내부 구조를 물리량 M과 R에 따라 나타낸 것이다. (가)와 (나)의 질량은 각각 태양 질량의 1배와 5배 중 하나이고, ㉠과 ㉡은 에너지가 전달되는 방식 중 대류와 복사를 순서 없이 나타낸 것이다.

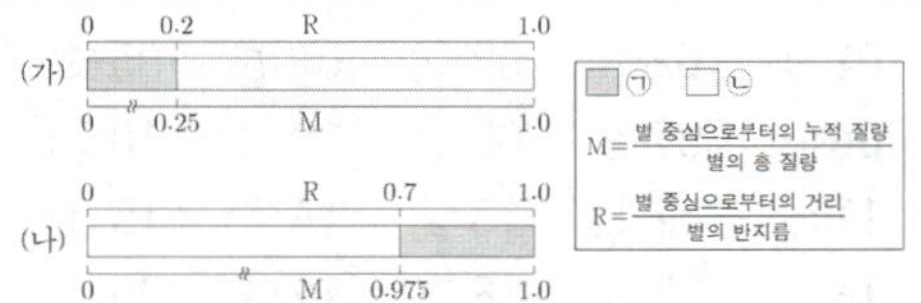

이 자료에 대한 설명으로 옳은 것만을 〈보기〉에서 있는 대로 고른 것은? [3점]

<보 기>
ㄱ. ㉡은 '복사'이다.
ㄴ. 대류가 일어나는 영역의 전체 질량은 (가)가 (나)의 10배이다.
ㄷ. 주계열 단계 동안, 수소 핵융합 반응이 일어나는 영역에서 헬륨 함량비(%)의 평균 증가 속도는 (가)가 (나)보다 빠르다.

① ㄱ ② ㄴ ③ ㄱ, ㄷ
④ ㄴ, ㄷ ⑤ ㄱ, ㄴ, ㄷ

• 왜 정답일까?

ㄱ. (가)는 질량이 태양의 5배인 별이며, ㉠은 대류, ㉡은 복사에 해당한다.

ㄷ. (가)는 (나)보다 질량이 커서 중심부의 온도가 높아 수소 핵융합 반응이 활발하게 일어나므로, 수소 핵융합 반응이 일어나는 영역에서 헬륨 함량비(%)의 평균 증가 속도는 (가)가 (나)보다 빠르다.

17 우주 구성 요소

정답률 34% | 정답 ①

| 문제 보기 |

표는 빅뱅 우주론에 따라 팽창하는 우주에서 우주 구성 요소의 밀도와 우주의 크기를 시기별로 나타낸 것이다. A, B, C는 보통 물질, 암흑 물질, 암흑 에너지를 순서 없이 나타낸 것이다. 현재 우주 구성 요소의 총 밀도는 1이다.

시기	A 밀도	B 밀도	C 밀도	우주의 크기(상댓값)
현재	0.27	( )	0.05	1
T	( )	0.68	( )	0.5

이에 대한 설명으로 옳은 것만을 〈보기〉에서 있는 대로 고른 것은? (단, 우주의 크기는 은하 간 거리를 나타낸 척도이다.) [3점]

<보 기>
ㄱ. 중력 렌즈 현상을 통해 A가 존재함을 추정할 수 있다.
ㄴ. 우주가 팽창하는 동안 B의 총량은 일정하다.
ㄷ. T 시기에 우주 구성 요소 중 C가 차지하는 비율은 10 % 보다 낮다.

① ㄱ ② ㄴ ③ ㄷ
④ ㄱ, ㄴ ⑤ ㄱ, ㄷ

• 왜 정답일까?

ㄱ. A는 암흑 물질이며, 중력 렌즈 현상을 통해 암흑 물질이 존재함을 추정할 수 있다.

• 왜 오답일까?

ㄴ. 암흑 에너지는 공간 자체가 갖는 에너지이다. 따라서 우주가 팽창함에 따라 암흑 에너지인 B의 총량은 증가하지만, 밀도는 변하지 않는다.

ㄷ. T 시기에 은하 간 거리를 나타낸 척도인 우주의 크기가 현재의 $0.5\left(=\frac{1}{2}\right)$이므로, T 시기에 우주 공간의 크기는 현재의 $\frac{1}{8}$이다. 물질인 A와 C의 양은 일정하고, 우주 공간의 크기만 $\frac{1}{8}$로 작았으므로 T 시기에 A와 C의 밀도는 각각 현재의 8배이다. 따라서 A의 밀도는 2.16, C의 밀도는 0.4이다. B의 밀도는 0.68이므로 T 시기에 우주 구성 요소의 총 밀도는 3.24이며, C의 밀도는 0.4이므로, C가 차지하는 비율은 10%보다 높다.

18 별의 물리량

정답률 26% | 정답 ⑤

| 문제 보기 |

표는 별 (가), (나), (다)의 물리량을 나타낸 것이다. (나)와 (다)는 지구로부터의 거리가 같고, 태양의 절대 등급은 +4.8이다.

별	표면 온도 (태양=1)	반지름 (태양=1)	겉보기 등급	광도 계급
(가)	1	10	+4.8	( )
(나)	4	6.25	+3.8	V
(다)	1	( )	+13.8	( )

이 자료에 대한 설명으로 옳은 것만을 〈보기〉에서 있는 대로 고른 것은? [3점]

<보 기>
ㄱ. 질량은 (가)가 (나)보다 작다.
ㄴ. 지구로부터의 거리는 (나)가 (가)의 6배보다 멀다.
ㄷ. 중심핵에서의 $\frac{\text{p-p 반응에 의한 에너지 생성량}}{\text{CNO 순환 반응에 의한 에너지 생성량}}$은 (나)가 (다)보다 작다.

① ㄱ ② ㄴ ③ ㄱ, ㄷ ④ ㄴ, ㄷ ⑤ ㄱ, ㄴ, ㄷ

• 왜 정답일까?

ㄱ. (가)의 표면 온도는 태양과 같지만 반지름이 커 광도가 태양의 100배이므로 거성에 해당한다. 거성의 광도는 주계열성이었을 때의 광도보다 크므로 (가)가 주계열성이었을 때의 광도는 (나)의 광도보다 작다. 주계열성의 질량-광도 관계로부터 질량은 (가)가 (나)보다 작다.

ㄴ. 광도는 (나)가 (가)보다 100배 크므로 (나)가 (가)와 같은 거리에 있다면 겉보기 밝기는 (나)가 (가)보다 100배 밝다. 표에서 (나)는 (가)보다 겉보기 등급이 1등급 작으므로 실제로는 (나)가 (가)보다 약 2.5배 밝게 보인다. 따라서 (나)는 (가)와 같은 거리에 있을 때보다 약 $\frac{2.5}{100}\left(=\frac{1}{40}\right)$배로 어둡게 보인다. 별의 밝기는 거리의 제곱에 반비례하며, 거리가 6배 멀어지면 밝기는 원래의 $\frac{1}{36}$배가 되므로, 지구로부터의 거리는 (나)가 (가)의 6배보다 멀다.

ㄷ. (나)와 (다)는 지구로부터의 거리가 같다. (나)의 절대 등급은 −5.2, 겉보기 등급은 +3.8이므로 거리가 10pc인 지점에서 현재의 거리로 이동시키면 겉보기 등급은 9등급 커진다. 따라서 (다)의 절대 등급은 겉보기 등급보다 9등급 작은 +4.8이다. 결국 (다)는 태양과 표면 온도와 절대 등급이 같은 주계열성이며, (나)는 질량이 매우 큰 주계열성이므로, $\frac{\text{p-p 반응에 의한 에너지 생성량}}{\text{CNO 순환 반응에 의한 에너지 생성량}}$은 (나)가 (다)보다 작다.

19 지층의 연령

정답률 42% | 정답 ⑤

| 문제 보기 |

그림은 어느 지역의 지질 단면을, 표는 화성암 P와 Q에 포함된 방사성 동위 원소 X의 자원소인 Y의 함량을 시기별로 나타낸 것이다. Y는 모두 X가 붕괴하여 생성되었고, X의 반감기는 1.5억 년이다.

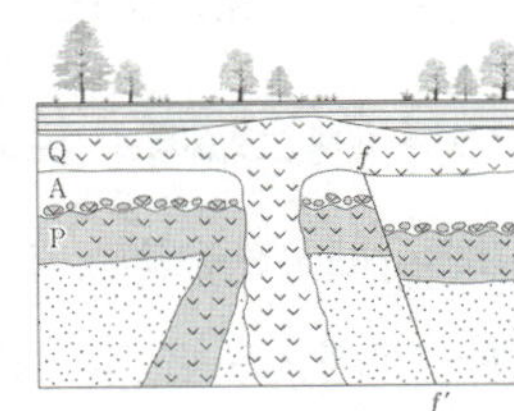

시기	Y 함량(%) P	Y 함량(%) Q
암석 생성 이후 1.5억 년 경과	a	a
현재	$1.8a$	$1.6a$

이 자료에 대한 설명으로 옳은 것만을 〈보기〉에서 있는 대로 고른 것은? (단, Y 함량(%)은 붕괴한 X 함량(%)과 같다.) [3점]

<보 기>
ㄱ. P에는 암석 A가 포획암으로 나타난다.
ㄴ. 단층 f-f'은 고생대에 형성되었다.
ㄷ. 현재로부터 1.5억 년 후까지 P의 X 함량(%)의 감소량은 Q의 Y 함량(%)의 증가량보다 적다.

① ㄱ ② ㄴ ③ ㄷ ④ ㄱ, ㄷ ⑤ ㄴ, ㄷ

[문제편 p.115]

• 왜 정답일까?

ㄴ. X 의 반감기는 1.5억 년이므로, 암석 생성 이후 1.5억 년이 경과했을 때 Y 의 함량은 50%이다. 따라서 a는 50이며, 현재 P와 Q에 남아있는 Y 의 함량은 각각 90%, 80%이다. Y 의 함량은 반감기를 3번 거치면 87.5%, 2번 거치면 75%가 되므로, 현재 P는 반감기가 3번 지나고 시간이 조금 더 지난 상태이며 절대 연령은 4.5억 년보다 조금 많다. Q는 반감기가 2번 지나고 시간이 조금 더 지난 상태이므로 절대 연령이 3억 년보다 조금 많다. 따라서 단층 $f-f'$은 고생대에 형성되었다.

ㄷ. 단위 시간 동안 방사성 동위 원소가 붕괴되는 양은 절대 연령이 많을수록 적어지므로, 단위 시간 동안 X 함량(%) 감소량과 Y 함량(%) 증가량은 절대 연령이 많을수록 적어진다. 절대 연령은 P가 Q보다 많으므로 P의 X 함량(%) 감소량은 Q의 Y 함량(%) 증가량보다 적다.

• 왜 오답일까?

ㄱ. A는 P보다 나중에 생성되었으므로, P에는 A가 포획암으로 나타날 수 없다.

20 외계 행성계 탐사

정답률 35% | 정답 ④

| 문제 보기 |

그림은 어느 외계 행성계에서 중심별과 행성이 공통 질량 중심에 대하여 원 궤도로 공전할 때 중심별의 시선 속도를 일정한 시간 간격에 따라 나타낸 것이다. A는 t_2와 t_3 사이의 어느 한 시기이다.

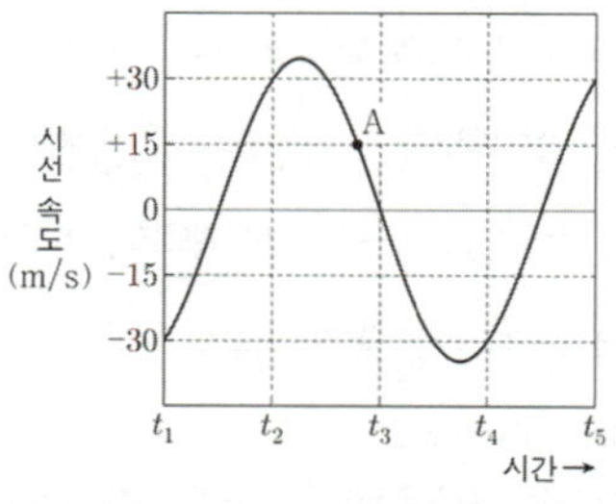

이 자료에 대한 설명으로 옳은 것만을 <보기>에서 있는 대로 고른 것은? (단, 행성의 공전 궤도면은 관측자의 시선 방향과 나란하고, 중심별의 시선 속도 변화는 행성과의 공통 질량 중심에 대한 공전에 의해서만 나타난다.)

<보 기>

ㄱ. A일 때, 공통 질량 중심으로부터 지구와 행성을 각각 잇는 선분이 이루는 사잇각은 30°보다 작다.
ㄴ. $t_4 \rightarrow t_5$ 동안 중심별의 스펙트럼에서 흡수선의 파장은 점차 짧아진다.
ㄷ. 중심별의 공전 속도는 $20\sqrt{3}$ m/s이다.

① ㄱ ② ㄴ ③ ㄷ
④ ㄱ, ㄷ ⑤ ㄴ, ㄷ

• 왜 정답일까?

ㄱ. A일 때 중심별의 위치는 아래 그림과 같이 나타낼 수 있다. 공통 질량 중심으로부터 지구와 행성을 각각 잇는 선분이 이루는 사잇각을 θ, 중심별의 공전 속도를 V라고 할 때, A일 때 중심별의 시선 속도= V·sinθ이다. A일 때 중심별의 시선 속도는 15m/s이며, 공전 속도는 30m/s보다 크므로 θ는 30°보다 작다.

ㄷ. t_2와 t_3일 때 중심별의 위치는 아래 그림에서와 같으며, t_2에서 t_3 까지 공전하는 데 걸린 시간은 공전 주기의 $\frac{1}{3}$에 해당하므로 120°를 공전하였다. 따라서 t_2일 때 시선 속도 = V·cos30°이며, 이 값은 그래프에서 30m/s이다. 따라서 중심별의 공전 속도는 $20\sqrt{3}$ m/s이다.

• 왜 오답일까?

ㄴ. $t_4 \rightarrow t_5$ 동안 시선 속도는 −30m/s에서 0에 가까워지다가 다시 +30m/s로 커지므로, 흡수선의 파장은 점차 길어진다.

30회 2024학년도 9월

• 고3 지구과학Ⅰ •

01 ④	02 ⑤	03 ③	04 ⑤	05 ②
06 ③	07 ⑤	08 ②	09 ②	10 ④
11 ⑤	12 ⑤	13 ②	14 ①	15 ①
16 ③	17 ④	18 ②	19 ③	20 ①

채점 결과
• 실제 걸린 시간 : 분 초
• 맞은 문항수 : 개
• 틀린 문항수 : 개
• 헷갈린 문항 :

01 방사성 동위 원소와 절대 연령

정답률 94% | 정답 ④

| 문제 보기 |

다음은 방사성 동위 원소를 이용하여 암석의 절대 연령을 구하는 원리에 대하여 학생 A, B, C가 나눈 대화를 나타낸 것이다.

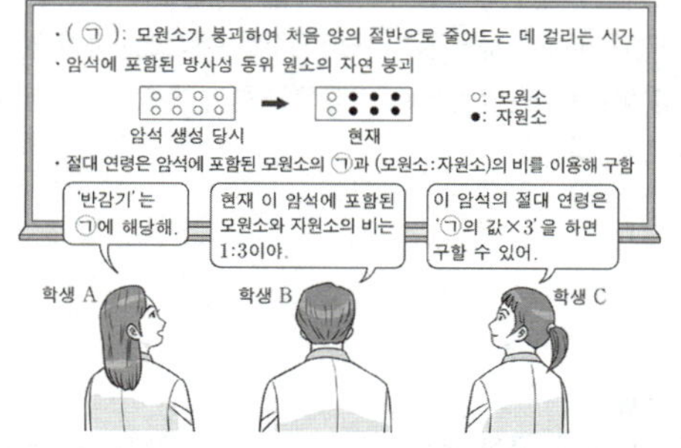

제시한 내용이 옳은 학생만을 있는 대로 고른 것은?

① A ② B ③ C
④ A, B ⑤ A, C

• 왜 정답일까?

A. 모원소가 붕괴하여 처음 양의 절반으로 줄어드는 데 걸리는 시간은 반감기이다.
B. 현재 암석에는 모원소 2개와 자원소 6개가 포함되어 있으므로 이 암석에 포함된 모원소와 자원소의 비는 1 : 3이다.

02 H-R도와 별의 종류

정답률 76% | 정답 ⑤

| 문제 보기 |

그림은 서로 다른 별의 집단 (가)~(라)를 H-R도에 나타낸 것이다. (가)~(라)는 각각 거성, 백색 왜성, 주계열성, 초거성 중 하나이다.

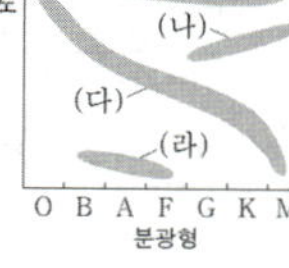

(가)~(라)에 대한 설명으로 옳은 것만을 <보기>에서 있는 대로 고른 것은?

<보 기>

ㄱ. 평균 광도는 (가)가 (라)보다 작다.
ㄴ. 평균 표면 온도는 (나)가 (라)보다 낮다.
ㄷ. 평균 밀도는 (라)가 가장 크다.

① ㄱ ② ㄴ ③ ㄷ
④ ㄱ, ㄴ ⑤ ㄴ, ㄷ

• 왜 정답일까?

ㄴ. (나)는 분광형이 대체로 G, K, M에 해당하며, (라)는 분광형이 대체로 B, A, F에 해당하므로 평균 표면 온도는 (나)가 (라)보다 낮다.

ㄷ. 초거성인 (가)와 거성인 (나)는 주계열성인 (다)가 진화하는 과정에서 별이 팽창한 상태이며, (라)는 별의 중심부가 수축한 상태이므로 평균 밀도는 백색 왜성인 (라)가 가장 크다.

• 왜 오답일까?

ㄱ. (가)는 초거성으로 광도가 매우 크지만, (라)는 백색 왜성으로 광도가 매우 작다. 따라서 평균 광도는 (가)가 (라)보다 크다.

03 우리나라 주변 해수의 특징

정답률 73% | 정답 ③

| 문제 보기 |

그림 (가)는 우리나라 어느 해역의 표층 수온과 표층 염분을, (나)는 이 해역의 혼합층 두께를 나타낸 것이다. (가)의 A와 B는 각각 표층 수온과 표층 염분 중 하나이다.

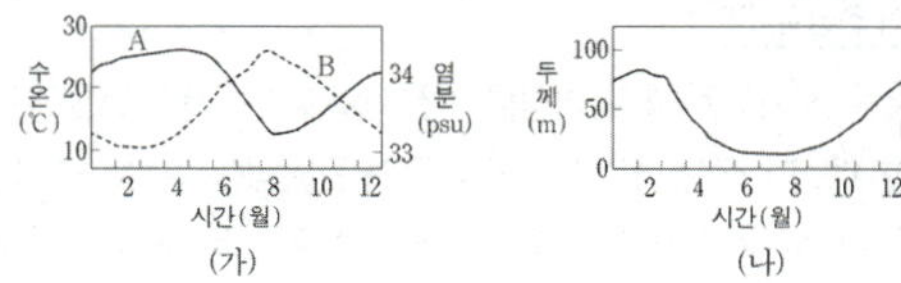

이 자료에 대한 설명으로 옳은 것만을 <보기>에서 있는 대로 고른 것은? [3점]

<보 기>

ㄱ. 표층 해수의 밀도는 4월이 10월보다 크다.
ㄴ. 수온 약층이 나타나기 시작하는 깊이는 1월이 7월보다 깊다.
ㄷ. 표층과 깊이 50m 해수의 수온 차는 2월이 8월보다 크다.

① ㄱ ② ㄷ ③ ㄱ, ㄴ
④ ㄴ, ㄷ ⑤ ㄱ, ㄴ, ㄷ

• 왜 정답일까?

A는 표층 염분이며, B는 표층 수온이다.

ㄱ. 해수의 밀도는 수온이 낮을수록, 염분이 높을수록 크다. 4월은 10월에 비해 표층 수온은 낮고 표층 염분은 높으므로 표층 해수의 밀도가 크다.

ㄴ. 수온 약층은 혼합층 아래에 위치하므로 혼합층의 두께가 두꺼울수록 수온 약층이 나타나기 시작하는 깊이가 깊어진다. 혼합층의 두께는 1월이 7월보다 두꺼우므로 수온 약층이 나타나기 시작하는 깊이는 1월이 7월보다 깊다.

• 왜 오답일까?

ㄷ. 2월은 혼합층의 두께가 약 80m이므로 표층과 깊이 50m 해수가 모두 혼합층에 포함되어 수온 차가 적지만, 8월은 혼합층의 두께가 약 10m이므로 표층과 깊이 50m 해수의 수온 차가 크다.

04 심층 순환의 발생

정답률 84% | 정답 ⑤

| 문제 보기 |

다음은 심층 순환을 일으키는 요인 중 일부를 알아보기 위한 실험이다.

[실험 목표]
○ 해수의 (㉠)에 따른 밀도 차에 의해 심층 순환이 발생할 수 있음을 설명할 수 있다.

[실험 과정]
(가) 위와 아래에 각각 구멍이 뚫린 칸막이를 준비한다.
(나) 칸막이의 구멍을 필름으로 막은 후, 칸막이로 수조를 A 칸과 B 칸으로 분리한다.
(다) 염분이 35psu이고 수온이 20℃인 동일한 양의 소금물을 A와 B에 넣고, 각각 서로 다른 색의 잉크로 착색한다.
(라) 그림과 같이 A와 B에 각각 얼음물과 뜨거운 물이 담긴 비커를 설치한다.
(마) 칸막이의 필름을 제거하고 소금물의 이동을 관찰한다.

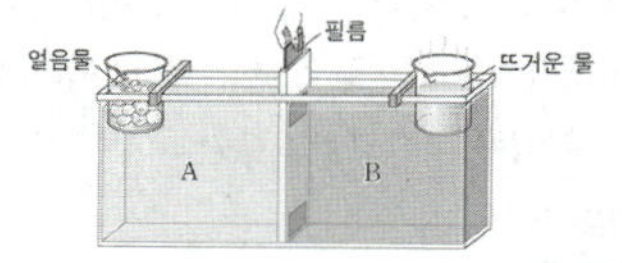

[실험 결과]
○ 아래쪽의 구멍을 통해 (㉡)의 소금물은 (㉢) 쪽으로 이동한다.

이에 대한 설명으로 옳은 것만을 <보기>에서 있는 대로 고른 것은?

<보 기>

ㄱ. '수온 변화'는 ㉠에 해당한다.
ㄴ. A는 고위도 해역에 해당한다.
ㄷ. A는 ㉡, B는 ㉢에 해당한다.

① ㄱ ② ㄷ ③ ㄱ, ㄴ
④ ㄴ, ㄷ ⑤ ㄱ, ㄴ, ㄷ

• 왜 정답일까?

ㄱ. 실험 과정에서 A와 B의 수온을 변화시켰을 때 나타나는 소금물의 이동을 관찰하고 있으므로 이 실험의 목표는 수온 변

[문제편 p.116]

화에 따른 밀도 차에 의해 심층 순환이 발생할 수 있음을 설명하는 것이다.

ㄴ. A에는 얼음물이 담긴 비커를 설치했으므로 A는 고위도 해역에 해당하며, B는 뜨거운 물이 담긴 비커를 설치했으므로 B는 저위도 해역에 해당한다.

ㄷ. A에서는 냉각되어 밀도가 커진 해수가 침강하므로 수조 아래쪽의 구멍을 통해 A의 소금물이 B 쪽으로 이동한다.

05 은하의 특징

정답률 68% | 정답 ②

| 문제 보기 |

그림 (가)와 (나)는 정상 나선 은하와 타원 은하를 순서 없이 나타낸 것이다.

(가)

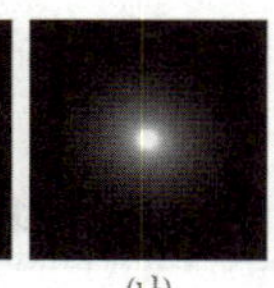
(나)

이에 대한 설명으로 옳은 것만을 〈보기〉에서 있는 대로 고른 것은? [3점]

〈보 기〉
ㄱ. 별의 평균 나이는 (가)가 (나)보다 많다.
ㄴ. 주계열성의 평균 질량은 (가)가 (나)보다 크다.
ㄷ. (나)에서 별의 평균 표면 온도는 분광형이 A0인 별보다 높다.

① ㄱ ② ㄴ ③ ㄷ ④ ㄱ, ㄴ ⑤ ㄴ, ㄷ

• 왜 정답일까?

ㄴ. 주계열성은 질량이 클수록 표면 온도가 높아 파란색을 띠고, 질량이 작을수록 표면 온도가 낮아 붉은색을 띤다. (가)는 (나)보다 파란색을 띠는 별의 비율이 크므로 주계열성의 평균 질량은 (가)가 (나)보다 크다.

• 왜 오답일까?

ㄱ. 별의 평균 나이는 타원 은하인 (나)가 더 많다.

ㄷ. 타원 은하인 (나)는 주로 표면 온도가 낮은 붉은색 별로 이루어져 있으므로, 별의 평균 표면 온도는 흰색을 띠는 분광형이 A0인 별보다 낮다.

06 마그마의 생성 조건

정답률 65% | 정답 ③

| 문제 보기 |

그림은 암석의 용융 곡선과 지역 ㉠, ㉡의 지하 온도 분포를 깊이에 따라 나타낸 것이다. ㉠과 ㉡은 각각 해령과 섭입대 중 하나이다.

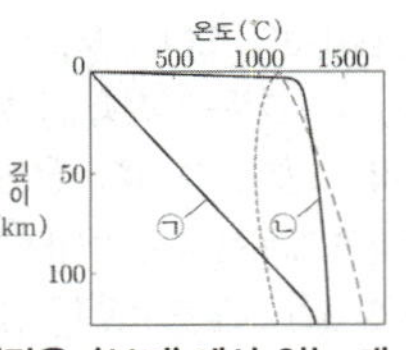

이 자료에 대한 설명으로 옳은 것만을 〈보기〉에서 있는 대로 고른 것은?

〈보 기〉
ㄱ. ㉠에서는 물이 포함된 맨틀 물질이 용융되어 마그마가 생성된다.
ㄴ. ㉡에서는 주로 유문암질 마그마가 생성된다.
ㄷ. 맨틀 물질이 용융되기 시작하는 온도는 ㉠이 ㉡보다 낮다.

① ㄱ ② ㄴ ③ ㄱ, ㄷ ④ ㄴ, ㄷ ⑤ ㄱ, ㄴ, ㄷ

• 왜 정답일까?

㉠은 섭입대이고, ㉡은 해령이다.

ㄱ. 섭입대(㉠)에서는 섭입대에서 공급된 물에 의해 용융점이 낮아져 마그마가 생성된다.

ㄷ. 지하 온도 분포 곡선과 암석의 용융 곡선이 만나는 깊이에서 맨틀 물질이 용융되기 시작된다. ㉠의 경우 물을 포함한 암석의 용융 곡선이 지하 온도 분포 곡선과 만나는 지점의 온도가 약 1000 ~ 1100℃이고, ㉡의 경우 물을 포함하지 않은 암석의 용융 곡선과 지하 온도 분포 곡선이 만나는 지점의 온도가 약 1200℃이다. 따라서 맨틀 물질이 용융되기 시작하는 온도는 ㉠이 ㉡보다 낮다.

• 왜 오답일까?

ㄴ. 해령(㉡)에서는 압력 감소에 의해 맨틀 물질이 용융되어 현무암질 마그마가 형성된다.

07 태풍의 풍속 분포

정답률 80% | 정답 ⑤

| 문제 보기 |

그림은 북쪽으로 이동하는 태풍의 풍속을 동서 방향의 연직 단면에 나타낸 것이다. 지점 A~E는 해수면상에 위치한다.

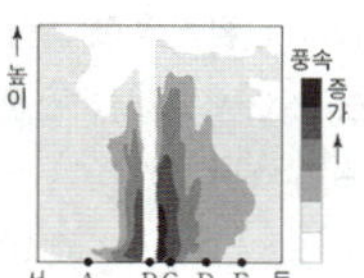

이 자료에 대한 설명으로 옳은 것만을 〈보기〉에서 있는 대로 고른 것은?

〈보 기〉
ㄱ. A는 안전 반원에 위치한다.
ㄴ. 해수면 부근에서 공기의 연직 운동은 B가 C보다 활발하다.
ㄷ. 지상 일기도에서 등압선의 평균 간격은 구간 C-D가 구간 D-E보다 좁다.

① ㄱ ② ㄴ ③ ㄷ ④ ㄱ, ㄴ ⑤ ㄱ, ㄷ

• 왜 정답일까?

ㄱ. 태풍이 북쪽으로 이동하고 있으므로 A는 태풍 진행 방향의 왼쪽인 안전 반원에 위치한다.

ㄷ. 풍속이 강할수록 등압선의 간격이 좁게 나타난다. 풍속은 구간 C－D가 구간 D－E보다 강하므로 지상 일기도에서 등압선의 간격은 구간 C－D가 구간 D－E보다 좁다.

08 기단의 변질과 위성 영상

정답률 52% | 정답 ②

| 문제 보기 |

그림 (가)는 어느 날 21시 우리나라 주변의 지상 일기도를, (나)는 같은 시각의 적외 영상을 나타낸 것이다. 이날 서해안 지역에서는 폭설이 내렸다.

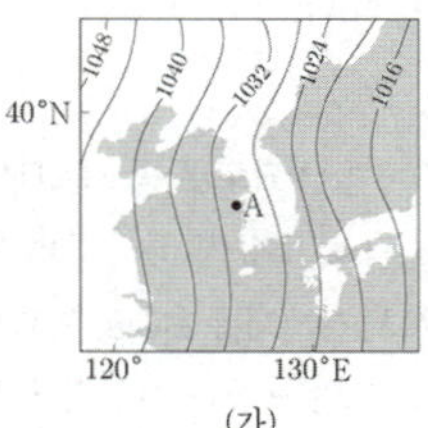

(가)

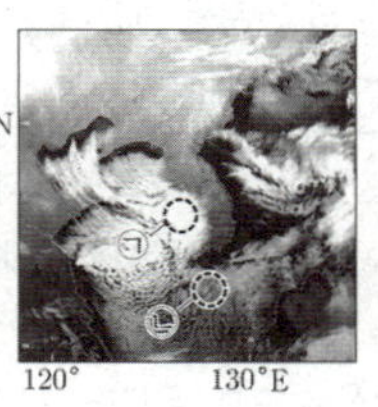

(나)

이 자료에 대한 설명으로 옳은 것만을 〈보기〉에서 있는 대로 고른 것은? [3점]

〈보 기〉
ㄱ. 지점 A에서는 남풍 계열의 바람이 분다.
ㄴ. 시베리아 기단이 확장하는 동안 황해상을 지나는 기단의 하층 기온은 높아진다.
ㄷ. 구름 최상부에서 방출하는 적외선 복사 에너지양은 영역 ㉠이 영역 ㉡보다 많다.

① ㄱ ② ㄴ ③ ㄷ ④ ㄱ, ㄴ ⑤ ㄴ, ㄷ

• 왜 정답일까?

ㄴ. 시베리아 기단이 확장하는 동안 상대적으로 따뜻한 황해상을 지나면서 기단의 하층이 가열된다.

• 왜 오답일까?

ㄱ. 지점 A 부근에는 등압선이 남북 방향으로 분포하고 있으며 서쪽이 동쪽보다 기압이 높다. 북반구에서 바람은 기압이 높은 곳에서 낮은 곳으로 시계 방향으로 불어 나가므로 A에서는 북풍 계열의 바람(북서풍)이 분다.

ㄷ. 적외 영상은 구름 최상부에서 방출하는 적외선 복사 에너지양의 차이를 이용하는 것으로, 온도가 낮을수록 밝게 나타난다. 따라서 구름의 최상부 높이가 높을수록 밝게 나타난다. (나)에서 영역 ㉠은 영역 ㉡보다 밝게 보이므로 적외선 복사 에너지양은 영역 ㉠이 영역 ㉡보다 적다.

09 온대 저기압

정답률 58% | 정답 ②

| 문제 보기 |

그림 (가)와 (나)는 우리나라에 온대 저기압이 위치할 때, 이 온대 저기압에 동반된 온난 전선과 한랭 전선 주변의 지상 기온 분포를 순서 없이 나타낸 것이다. (가)와 (나)는 같은 시각의 지상 기온 분포이고, (나)에서 전선은 구간 ㉠과 ㉡ 중 하나에 나타난다.

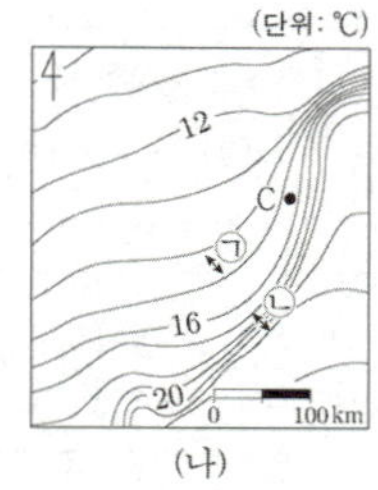

이 자료에 대한 설명으로 옳은 것만을 〈보기〉에서 있는 대로 고른 것은? [3점]

〈보 기〉
ㄱ. (나)에서 전선은 ㉠에 나타난다.
ㄴ. 기압은 지점 A가 지점 B보다 낮다.
ㄷ. 지점 B는 지점 C보다 서쪽에 위치한다.

① ㄱ ② ㄴ ③ ㄷ ④ ㄱ, ㄴ ⑤ ㄴ, ㄷ

• 왜 정답일까?

ㄴ. 기압은 온대 저기압의 중심부에 가까울수록 낮다. (가)에서 기온은 남서쪽이 높고 북동쪽으로 갈수록 낮아지므로 온난 전선이 온대 저기압의 중심으로부터 남동쪽으로 나타난다. 따라서 지점 A가 지점 B보다 온대 저기압의 중심에 가깝고 기압은 지점 A가 지점 B보다 낮다.

• 왜 오답일까?

ㄱ. 전선을 경계로 기온, 기압, 풍향 등이 급격하게 변한다. 따라서 (나)에서 전선은 등온선이 밀집되어 나타나는 ㉡에 나타난다.

ㄷ. 온대 저기압에 동반된 한랭 전선은 온난 전선보다 서쪽에 위치한다. 따라서 온난 전선 부근에 위치한 지점 B는 한랭 전선 부근에 위치한 지점 C보다 동쪽에 위치한다.

10 지질 시대의 특징

정답률 55% | 정답 ④

| 문제 보기 |

그림은 40억 년 전부터 현재까지 지질 시대 A~E의 지속 기간을 비율로 나타낸 것이다.

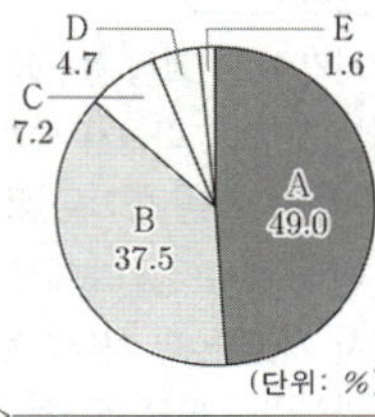

A~E에 대한 설명으로 옳은 것만을 〈보기〉에서 있는 대로 고른 것은? [3점]

〈보 기〉
ㄱ. 최초의 다세포 동물이 출현한 시기는 B이다.
ㄴ. 최초의 척추동물이 출현한 시기는 C이다.
ㄷ. 히말라야 산맥이 형성된 시기는 E이다.

① ㄱ ② ㄷ ③ ㄱ, ㄴ ④ ㄴ, ㄷ ⑤ ㄱ, ㄴ, ㄷ

• 왜 정답일까?

ㄴ. 최초의 척추동물이 출현한 시기는 고생대이므로 C이다.

ㄷ. 히말라야 산맥이 형성된 시기는 신생대이므로 E이다.

• 왜 오답일까?

ㄱ. 최초의 다세포 동물이 출현한 시기는 선캄브리아 시대 말기이므로 원생대 A이다.

11 우주 구성 요소

정답률 56% | 정답 ⑤

| 문제 보기 |

그림은 우주 구성 요소 A, B, C의 상대적 비율을 시간에 따라 나타낸 것이다. A, B, C는 각각 암흑 물질, 보통 물질, 암흑 에너지 중 하나이다.

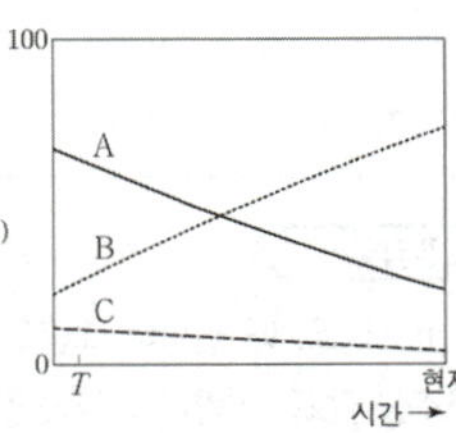

이에 대한 설명으로 옳은 것만을 〈보기〉에서 있는 대로 고른 것은?

<보 기>

ㄱ. 우주 배경 복사의 파장은 T 시기가 현재보다 짧다.
ㄴ. T 시기부터 현재까지 $\frac{\text{A의 비율}}{\text{B의 비율}}$은 감소한다.
ㄷ. A, B, C 중 항성 질량의 대부분을 차지하는 것은 C이다.

① ㄱ ② ㄷ ③ ㄱ, ㄴ
④ ㄴ, ㄷ ⑤ ㄱ, ㄴ, ㄷ

• 왜 정답일까?

A는 암흑 물질, B는 암흑 에너지, C는 보통 물질이다.
ㄱ. 우주 배경 복사의 파장은 시간이 흐를수록 점점 길어졌으므로 T 시기가 현재보다 짧다.
ㄴ. T 시기부터 현재까지 A의 비율은 감소, B의 비율은 증가하고 있으므로 $\frac{\text{A의 비율}}{\text{B의 비율}}$은 감소한다.
ㄷ. 항성은 대부분 수소와 헬륨으로 이루어져 있다. 따라서 항성 질량의 대부분을 차지하는 것은 보통 물질인 C이다.

12 판의 경계와 화산 분포

정답률 70% | 정답 ⑤

| 문제 보기 |

그림은 판의 경계와 최근 발생한 화산 분포의 일부를 나타낸 것이다.

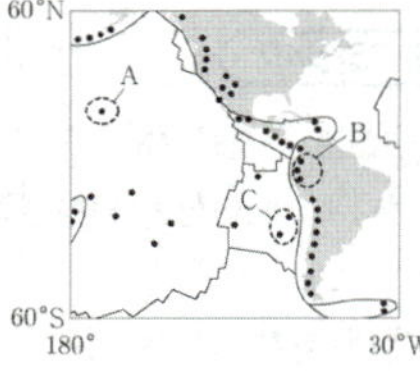

이 자료에 대한 설명으로 옳은 것만을 <보기>에서 있는 대로 고른 것은?

<보 기>

ㄱ. 지역 A의 하부에는 외핵과 맨틀의 경계부에서 상승하는 플룸이 있다.
ㄴ. 지역 B의 하부에는 맨틀 대류의 하강류가 존재한다.
ㄷ. 암석권의 평균 두께는 지역 B가 지역 C보다 두껍다.

① ㄱ ② ㄷ ③ ㄱ, ㄴ
④ ㄴ, ㄷ ⑤ ㄱ, ㄴ, ㄷ

• 왜 정답일까?

ㄱ. 지역 A는 열점 활동에 의해 판의 내부에서 화산 활동이 일어나는 곳이다. 따라서 지역 A의 하부에는 외핵과 맨틀의 경계부에서 상승하는 뜨거운 플룸이 존재한다.
ㄴ. 지역 B는 섭입대에서 생성된 마그마가 분출하는 곳이다. 따라서 지점 B의 하부에는 맨틀 대류의 하강류가 존재한다.
ㄷ. 암석권의 평균 두께는 대륙판에 위치한 지역 B가 해양판에 위치한 지역 C보다 두껍다.

13 질량이 다른 별의 진화

정답률 63% | 정답 ②

| 문제 보기 |

그림은 주계열 단계가 시작한 직후부터 별 A와 B가 진화하는 동안의 표면 온도를 시간에 따라 나타낸 것이다. A와 B의 질량은 각각 태양 질량의 1배와 4배 중 하나이다.

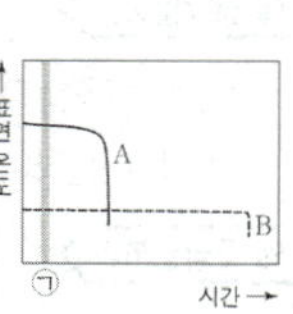

이 자료에 대한 설명으로 옳은 것만을 <보기>에서 있는 대로 고른 것은? [3점]

<보 기>

ㄱ. B는 중성자별로 진화한다.
ㄴ. ㉠ 시기일 때, 대류가 일어나는 영역의 평균 깊이는 A가 B보다 깊다.
ㄷ. ㉠ 시기일 때, 핵에서의 $\frac{\text{p-p 반응에 의한 에너지 생성량}}{\text{CNO 순환 반응에 의한 에너지 생성량}}$은 A가 B보다 크다.

① ㄱ ② ㄴ ③ ㄷ
④ ㄱ, ㄴ ⑤ ㄴ, ㄷ

• 왜 정답일까?

ㄴ. ㉠ 시기일 때 질량이 태양의 4배인 A는 대류핵-복사층의 구조를 갖고, 질량이 태양과 같은 B는 중심핵-복사층-대류층의 구조를 갖는다. 따라서 대류가 일어나는 영역의 평균 깊이는 A가 B보다 깊다.

• 왜 오답일까?

ㄱ. B는 질량이 태양과 같은 별이므로 백색 왜성으로 진화한다.
ㄷ. ㉠ 시기일 때 질량이 태양의 4배인 A는 p-p 반응보다 CNO 순환 반응에 의한 에너지 생성량이 많고, 질량이 태양과 같은 B는 CNO 순환 반응보다 p-p 반응에 의한 에너지 생성량이 많다.

14 별의 물리량

정답률 48% | 정답 ①

| 문제 보기 |

표는 태양과 별 (가), (나), (다)의 물리량을 나타낸 것이다.

별	표면 온도(태양=1)	반지름(태양=1)	절대 등급
태양	1	1	+4.8
(가)	0.5	(㉠)	−5.2
(나)	( )	0.01	+9.8
(다)	$\sqrt{2}$	2	( )

이 자료에 대한 설명으로 옳은 것만을 <보기>에서 있는 대로 고른 것은?

<보 기>

ㄱ. ㉠은 400이다.
ㄴ. 복사 에너지를 최대로 방출하는 파장은 (나)가 (다)의 $\frac{1}{2}$배보다 길다.
ㄷ. 절대 등급은 (다)가 태양보다 크다.

① ㄱ ② ㄴ ③ ㄷ ④ ㄱ, ㄴ ⑤ ㄱ, ㄷ

• 왜 정답일까?

ㄱ. (가)는 절대 등급이 태양보다 10등급 작으므로 광도가 태양의 10000배이고, 표면 온도는 태양의 0.5배이다. 따라서 (가)의 반지름 ㉠은 태양의 400배이다.

• 왜 오답일까?

ㄴ. (나)는 절대 등급이 태양보다 5등급 크므로 광도는 태양의 0.01배이고, 반지름이 태양의 0.01배이다. 따라서 표면 온도는 태양의 $\sqrt{10}$배이다. 한편, 복사 에너지를 최대로 방출하는 파장은 표면 온도에 반비례하고, 표면 온도는 (나)가 (다)의 $\sqrt{5}$배이므로 복사 에너지를 최대로 방출하는 파장은 (나)가 (다)의 $\frac{1}{\sqrt{5}}(<\frac{1}{2})$배이다.
ㄷ. (다)는 표면 온도가 태양의 $\sqrt{2}$배이고, 반지름이 태양의 2배이므로 광도가 태양의 16배이다. 따라서 절대 등급은 (다)가 태양보다 작다.

15 엘니뇨와 라니냐

정답률 47% | 정답 ①

| 문제 보기 |

그림 (가)는 태평양 적도 부근 해역에서 부는 바람의 동서 방향 풍속 편차를, (나)는 A와 B 중 어느 한 시기에 관측한 강수량 편차를 나타낸 것이다. A와 B는 각각 엘니뇨와 라니냐 시기 중 하나이고, 편차는 (관측값−평년값)이다. (가)에서 동쪽으로 향하는 바람을 양(+)으로 한다.

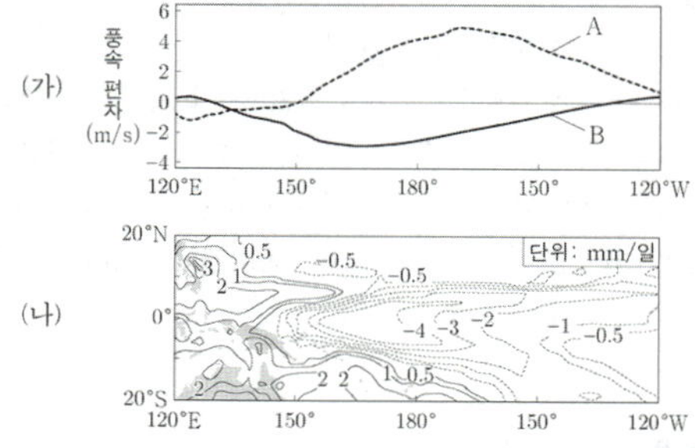

이에 대한 설명으로 옳은 것만을 <보기>에서 있는 대로 고른 것은? [3점]

<보 기>

ㄱ. (나)는 B에 관측한 것이다.
ㄴ. 동태평양 적도 부근 해역의 해면 기압은 A가 B보다 높다.
ㄷ. 적도 부근 해역에서 (서태평양 표층 수온 편차−동태평양 표층 수온 편차) 값은 A가 B보다 크다.

① ㄱ ② ㄴ ③ ㄱ, ㄷ ④ ㄴ, ㄷ ⑤ ㄱ, ㄴ, ㄷ

• 왜 정답일까?

(가)의 A는 엘니뇨 시기, B는 라니냐 시기에 해당한다.
ㄱ. (나)에서 동태평양 적도 부근 해역의 강수량 편차는 대체로 (−)로 나타난다. 따라서 (나)는 라니냐 시기에 해당하며, B에 관측한 것이다.

• 왜 오답일까?

ㄴ. 동태평양 적도 부근 해역의 해면 기압은 하강 기류가 우세한 라니냐 시기(B)가 엘니뇨 시기(A)보다 높다.
ㄷ. 적도 부근에서 (서태평양 표층 수온 편차−동태평양 표층 수온 편차) 값은 용승이 강한 라니냐 시기(B)가 엘니뇨 시기(A)보다 크다.

16 기후 변화의 천문학적 요인

정답률 57% | 정답 ③

| 문제 보기 |

그림은 지구 자전축의 경사각과 세차 운동에 의한 자전축의 경사 방향 변화를 나타낸 것이다.

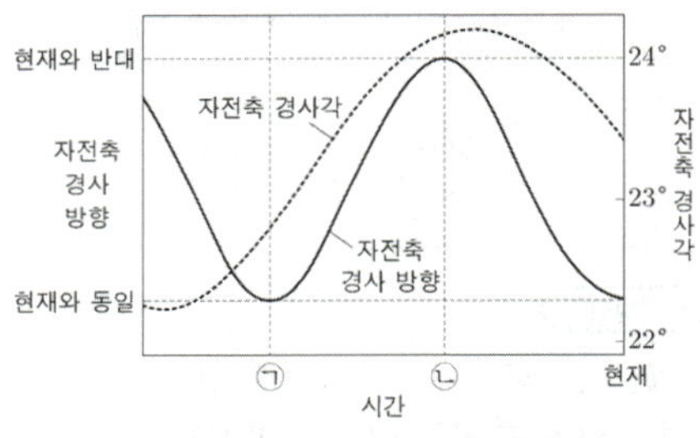

이에 대한 설명으로 옳은 것만을 <보기>에서 있는 대로 고른 것은? (단, 지구 자전축 경사각과 세차 운동 이외의 요인은 변하지 않는다고 가정한다.)

<보 기>

ㄱ. 우리나라의 겨울철 평균 기온은 ㉠ 시기가 현재보다 높다.
ㄴ. 우리나라에서 기온의 연교차는 ㉡ 시기가 현재보다 크다.
ㄷ. 지구가 근일점에 위치할 때 우리나라에서 낮의 길이는 ㉠ 시기가 ㉡ 시기보다 길다.

① ㄱ ② ㄷ ③ ㄱ, ㄴ
④ ㄴ, ㄷ ⑤ ㄱ, ㄴ, ㄷ

• 왜 정답일까?

현재는 지구가 근일점에 위치할 때 북반구의 계절이 겨울이다.
ㄱ. ㉠ 시기는 자전축 경사 방향이 현재와 같고 자전축 경사각은 현재보다 작다. 따라서 겨울철 평균 기온은 현재보다 높다.
ㄴ. ㉡ 시기는 자전축 경사 방향이 현재와 반대이고 자전축 경사각은 현재보다 크다. 현재는 지구가 근일점에 위치할 때 우리나라의 계절은 겨울이지만, 자전축 경사 방향이 현재와 반대가 되면 원일점에 위치할 때 겨울이며, 자전축 경사각도 더 커지므로 우리나라에서 기온의 연교차는 ㉡ 시기가 현재보다 크다.

• 왜 오답일까?

ㄷ. 지구가 근일점에 위치할 때 자전축 경사 방향이 현재와 같은 ㉠ 시기에 우리나라에서 계절은 겨울이지만, ㉡ 시기는 자전축 경사 방향이 반대이므로 우리나라에서 계절은 여름이다. 따라서 지구가 근일점에 위치할 때 우리나라에서 낮의 길이는 겨울철인 ㉠ 시기가 여름철인 ㉡ 시기보다 짧다.

17 지질 단면도 분석

정답률 57% | 정답 ④

| 문제 보기 |

그림은 어느 지역의 지질 단면을 나타낸 것이다.

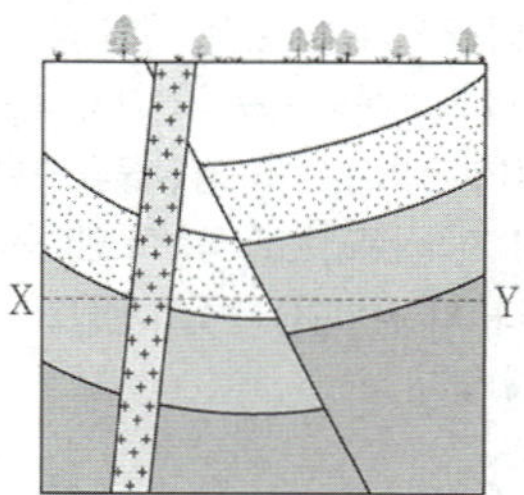

구간 X-Y에 해당하는 지층의 연령 분포로 가장 적절한 것은? [3점]

[문제편 p.119]

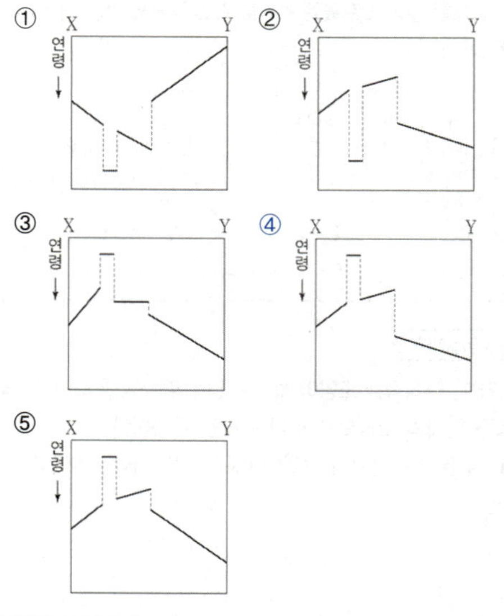

• 왜 정답일까?

지층이 역전되지 않은 경우 퇴적층에서 지표에 가까울수록 지층의 연령이 적어진다.
X 에서 관입암의 경계까지는 지층의 상부로 이동하므로 연령이 적어진다. 관입은 지층 퇴적 후 습곡 작용을 받고 단층이 형성된 후에 일어났으므로 이지역에서 연령이 가장 적고 관입암 내부에서 연령 변화는 없다. 관입암 이후 단층면까지의 구간에서는 다시 지층의 연령이 적어지며, 단층면을 경계로 Y 까지는 지층의 하부로 이동하므로 지층의 연령이 많아진다. X 가 위치한 지층에서 X 는 해당 지층의 중간보다 위쪽에 위치하지만, 단층면 오른쪽에서 구간 X − Y 의 시작 지점은 같은 지층의 중간보다 아래쪽에서 시작되므로, 이 지점의 지층 연령은 X 지점의 지층 연령보다 많아야 한다.

18 외계 행성계 탐사

정답률 50% | 정답 ②

| 문제 보기 |

그림 (가)는 어느 외계 행성계에서 중심별과 행성이 공통 질량 중심에 대하여 원 궤도로 공전하는 모습을 나타낸 것이고, (나)는 행성이 ㉠, ㉡, ㉢에 위치할 때 지구에서 관측한 중심별의 스펙트럼을 A, B, C로 순서 없이 나타낸 것이다.

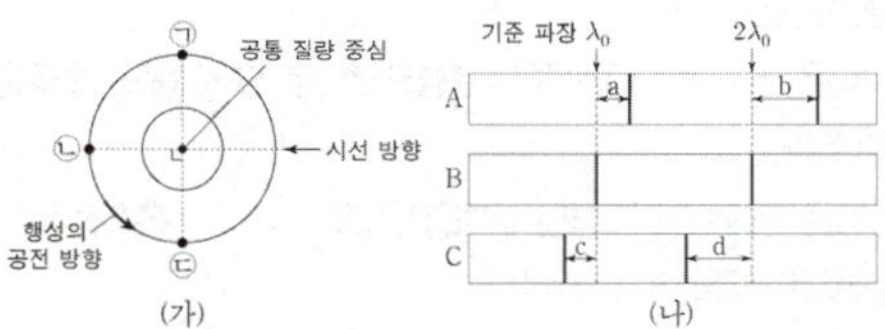

(가) (나)

이 자료에 대한 설명으로 옳은 것만을 <보기>에서 있는 대로 고른 것은? (단, 중심별의 시선 속도 변화는 행성과의 공통 질량 중심에 대한 공전에 의해서만 나타나고, 행성의 공전 궤도면은 관측자의 시선 방향과 나란하다.)

<보 기>
ㄱ. A는 행성이 ㉠에 위치할 때 관측한 결과이다.
ㄴ. 행성이 ㉡→㉢으로 공전하는 동안 중심별의 시선 속도는 커진다.
ㄷ. a×b는 c×d보다 작다.

① ㄱ ② ㄴ ③ ㄷ
④ ㄱ, ㄴ ⑤ ㄴ, ㄷ

• 왜 정답일까?

ㄴ. 행성이 ㉡에 위치할 때는 중심별이 지구에 가장 가까울 때이며, 시선 속도는 0이다. 행성이 ㉢에 위치할 때는 중심별의 시선 속도가 최대일 때이므로 행성이 ㉡→㉢으로 공전하는 동안 중심별의 시선 속도는 커진다.

• 왜 오답일까?

ㄱ. A에서 관측 파장은 기준 파장보다 길어 적색 편이가 나타난다. 따라서 이 시기에 중심별은 지구로부터 멀어지므로 행성은 지구에 가까워진다. 따라서 A는 행성이 ㉢에 위치할 때 관측한 결과이다.
ㄷ. A와 C는 각각 행성이 ㉢과 ㉠에 위치할 때이므로 모두 시선 방향에 수직인 방향에 위치하고 있다. 따라서 두 위치에서 시선 속도의 크기는 같으므로 기준 파장이 같을 때 파장 변화량은 서로 같다. 따라서 a＝c이며 b＝d이다. 결국 a×b와 c×d는 서로 같다.

19 허블 법칙

정답률 46% | 정답 ③

| 문제 보기 |

그림은 우리은하에서 외부 은하 A와 B를 관측한 결과를 나타낸 것이다. B에서 A를 관측할 때의 적색 편이량은 우리은하에서 A를 관측한 적색 편이량의 3배이다. 적색 편이량은 $\left(\frac{\text{관측 파장}-\text{기준 파장}}{\text{기준 파장}}\right)$이고, 세 은하는 허블 법칙을 만족한다.

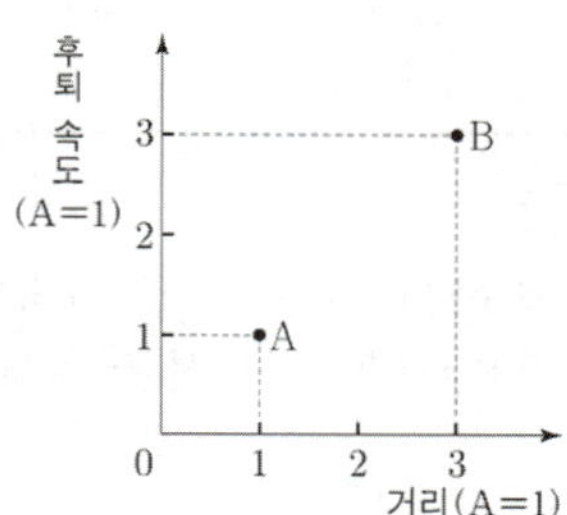

이 자료에 대한 설명으로 옳은 것만을 <보기>에서 있는 대로 고른 것은? [3점]

<보 기>
ㄱ. 우리은하에서 관측한 적색 편이량은 B가 A의 3배이다.
ㄴ. A에서 관측한 후퇴 속도는 B가 우리은하의 3배이다.
ㄷ. 우리은하에서 관측한 A와 B는 동일한 시선 방향에 위치한다.

① ㄱ ② ㄷ ③ ㄱ, ㄴ ④ ㄴ, ㄷ ⑤ ㄱ, ㄴ, ㄷ

• 왜 정답일까?

ㄱ. 우리은하로부터의 거리는 B 가 A 의 3 배이므로 적색 편이량도 B 가 A 의 3 배이다.
ㄴ. A로부터의 거리는 B 가 우리은하의 3 배이다. 따라서 A 에서 관측한 후퇴 속도도 B 가 우리은하의 3 배이다.

• 왜 오답일까?

ㄷ. B 에서 A 까지의 거리는 우리은하에서 A 까지의 거리의 3 배이므로, A와 B 가 동일한 시선 방향에 위치한다면 우리은하에서 B 까지의 거리는 A 까지의 거리의 4 배이어야 한다. 그림에서 B 까지의 거리는 A 까지의 거리의 3 배이므로 동일한 시선 방향에 위치하지 않는다.

20 고지자기

정답률 32% | 정답 ①

| 문제 보기 |

그림은 남반구에 위치한 열점에서 생성된 화산섬의 위치와 연령을 나타낸 것이다. 해양판 A와 B에는 각각 하나의 열점이 존재하고, 열점에서 생성된 화산섬은 동일 경도상을 따라 각각 일정한 속도로 이동한다.

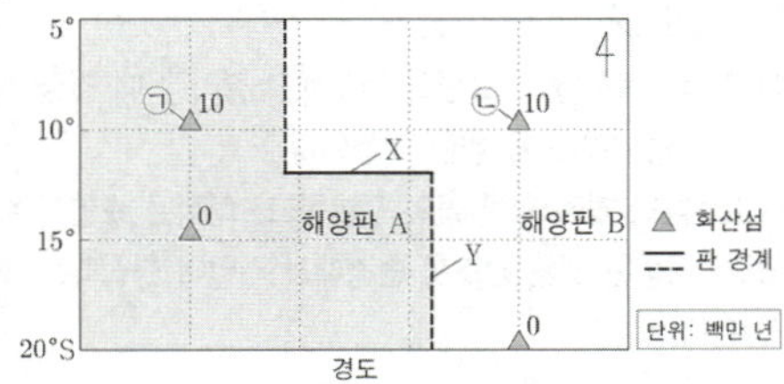

이 자료에 대한 설명으로 옳은 것만을 <보기>에서 있는 대로 고른 것은? (단, 고지자기극은 고지자기 방향으로 추정한 지리상 북극이고, 지리상 북극은 변하지 않았다.) [3점]

<보 기>
ㄱ. 판의 경계에서 화산 활동은 X가 Y보다 활발하다.
ㄴ. 고지자기 복각의 절댓값은 화산섬 ㉠과 ㉡이 같다.
ㄷ. 화산섬 ㉠에서 구한 고지자기극은 화산섬 ㉡에서 구한 고지자기극보다 저위도에 위치한다.

① ㄱ ② ㄴ ③ ㄷ ④ ㄱ, ㄴ ⑤ ㄱ, ㄷ

• 왜 정답일까?

ㄱ. A와 B 의 화산섬은 화산섬의 나이가 0인 지점의 열점에서 생성된 후 모두 북쪽으로 이동하고 있으며, 판의 이동 속도는 B가 A보다 빠르다. 따라서 X는 해령, Y는 변환 단층에 해당하며, 해령인 X도 북쪽으로 함께 이동하고 있다. 변환 단층에서 화산 활동은 거의 없으며, 해령에서는 화산 활동이 활발하므로 화산 활동은 해령인 X가 더 활발하다.

• 왜 오답일까?

ㄴ. ㉠과 ㉡은 현재 위도가 10°S로 같지만 실제로는 각각 위도 15°S, 20°S에서 생성된 것이다. 또한 복각은 위도가 높을수록 절댓값이 커진다. 따라서 고지자기 복각의 절댓값은 상대적으로 저위도에서 생성된 ㉠이 더 작다.
ㄷ. ㉠은 위도 15°S에서 생성되어 동일 경도선을 따라 10°S로 이동하였으므로 ㉠에서 구한 고지자기극의 위도는 약 85°N 부근에, ㉡은 위도 20°S에서 생성되어 동일 경도선을 따라 10°S로 이동하였으므로 ㉠에서 구한 고지자기극의 위도는 약 80°N 부근에 위치한다. 따라서 ㉠에서 구한 고지자기극은 ㉡에서 구한 고지자기극보다 고위도에 위치한다.

31회 2023학년도 9월

01 ①	02 ④	03 ②	04 ④	05 ③
06 ①	07 ②	08 ③	09 ②	10 ⑤
11 ③	12 ①	13 ④	14 ⑤	15 ⑤
16 ③	17 ①	18 ⑤	19 ③	20 ②

채점 결과
- 실제 걸린 시간 : 분 초
- 맞은 문항수 : 개
- 틀린 문항수 : 개
- 헷갈린 문항 :

01 악기상의 종류와 특징

정답률 85% | 정답 ①

| 문제 보기 |

다음은 뇌우, 우박, 황사에 대하여 학생 A, B, C가 나눈 대화를 나타낸 것이다.

제시한 내용이 옳은 학생만을 있는 대로 고른 것은?

① A ② B ③ A, C
④ B, C ⑤ A, B, C

• 왜 정답일까?

A. 뇌우에 동반되는 천둥과 번개 등은 뇌우가 가장 크게 발달하는 성숙 단계에서 잘 나타난다.

02 상부 맨틀의 대류 모형

정답률 64% | 정답 ④

| 문제 보기 |

그림은 상부 맨틀에서만 대류가 일어나는 모형을 나타낸 것이다.

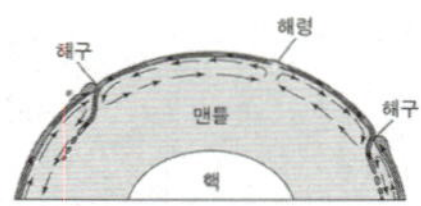

이 모형에 대한 설명으로 옳은 것만을 <보기>에서 있는 대로 고른 것은? [3점]

<보 기>
ㄱ. 판을 이동시키는 힘의 원동력을 설명할 수 있다.
ㄴ. 해양 지각의 평균 연령이 대륙 지각의 평균 연령보다 적은 이유를 설명할 수 있다.
ㄷ. 뜨거운 플룸이 핵과 맨틀의 경계 부근에서 생성되어 상승하는 것을 설명할 수 있다.

① ㄱ ② ㄴ ③ ㄷ
④ ㄱ, ㄴ ⑤ ㄱ, ㄷ

• 왜 정답일까?

ㄱ. 상부 맨틀에서 일어나는 맨틀 대류는 판을 이동시키는 주요 원동력 중 하나이다.

ㄴ. 상부 맨틀의 대류 모형에서는 해령에서 생성된 해양 지각이 수렴형 경계인 해구에서 소멸된다. 이 모형에 따르면 오래된 해양 지각은 대륙 지각과 달리 소멸하기 때문에 현재 해양 지각의 평균 연령이 대륙 지각의 평균 연령보다 적다는 것을 설명할 수 있다.

• 왜 오답일까?

ㄷ. 뜨거운 플룸의 상승은 맨틀과 외핵의 경계 부근에서부터 상승하기 때문에 상부 맨틀의 대류 모형보다는 맨틀 전체에서 일어나는 대류 모형을 이용하여 설명할 수 있다.

03 수온-염분도 해석

정답률 57% | 정답 ②

| 문제 보기 |

그림은 어느 중위도 해역에서 A 시기와 B 시기에 각각 측정한 깊이 0~50m의 해수 특성을 수온-염분도에 나타낸 것이다.

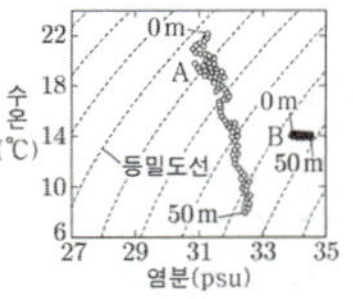

이 자료에 대한 설명으로 옳은 것만을 <보기>에서 있는 대로 고른 것은? [3점]

<보 기>
ㄱ. 수온만을 고려할 때, 해수면에서 산소 기체의 용해도는 A가 B보다 크다.
ㄴ. 수온이 14℃인 해수의 밀도는 A가 B보다 작다.
ㄷ. 혼합층의 두께는 A가 B보다 두껍다.

① ㄱ ② ㄴ ③ ㄷ
④ ㄱ, ㄷ ⑤ ㄴ, ㄷ

• 왜 정답일까?

ㄴ. A와 B에서 수온이 14℃로 동일한 해수의 염분을 비교하면, 염분은 A가 B보다 낮다. 따라서 해수의 밀도는 A가 B보다 작다.

04 건열 형성의 원리 실험

정답률 96% | 정답 ④

| 문제 보기 |

다음은 어느 퇴적 구조가 형성되는 원리를 알아보기 위한 실험이다.

[실험 목표]
○ (㉠)의 형성 원리를 설명할 수 있다.

[실험 과정]
(가) 100mL의 물이 담긴 원통형 유리 접시에 입자 크기가 $\frac{1}{16}$mm 이하인 점토 100g을 고르게 붓는다.
(나) 그림과 같이 백열전등 아래에 원통형 유리 접시를 놓고 전등 빛을 비춘다.
(다) ㉡전등 빛을 충분히 비추었을 때 변화된 점토 표면의 모습을 관찰하여 그 결과를 스케치한다.

[실험 결과]

<위에서 본 모습>

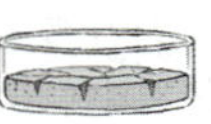
<옆에서 본 모습>

이에 대한 설명으로 옳은 것만을 <보기>에서 있는 대로 고른 것은? [3점]

<보 기>
ㄱ. '건열'은 ㉠에 해당한다.
ㄴ. 건조한 환경에 노출되어 퇴적물의 표면이 갈라진 모습은 ㉡에 해당한다.
ㄷ. 이 퇴적 구조는 주로 역암층에서 관찰된다.

① ㄱ ② ㄴ ③ ㄷ
④ ㄱ, ㄴ ⑤ ㄱ, ㄷ

• 왜 정답일까?

ㄱ. 이 실험은 퇴적물의 표면이 건조해져 갈라질 때 건열이 형성된다는 것을 알아보기 위한 실험이다.

ㄴ. 백열전등의 빛에 의해 물이 증발하고, 퇴적물 표면에 갈라진 구조가 형성된 것은 건조한 환경에서 건열이 형성되는 과정에 해당한다.

05 타원 은하와 불규칙 은하

정답률 76% | 정답 ③

| 문제 보기 |

그림 (가)와 (나)는 가시광선으로 관측한 어느 타원 은하와 불규칙 은하를 순서 없이 나타낸 것이다.

(가)

(나)

이에 대한 설명으로 옳은 것만을 <보기>에서 있는 대로 고른 것은?

<보 기>
ㄱ. (가)는 불규칙 은하이다.
ㄴ. (나)를 구성하는 별들은 푸른 별이 붉은 별보다 많다.
ㄷ. 은하를 구성하는 별들의 평균 나이는 (가)가 (나)보다 적다.

① ㄱ ② ㄴ ③ ㄱ, ㄷ
④ ㄴ, ㄷ ⑤ ㄱ, ㄴ, ㄷ

• 왜 정답일까?

ㄱ. (가)는 규칙적인 모양이 보이지 않는 불규칙 은하이고, (나)는 둥근 형태의 모양으로 보이는 타원 은하이다.

ㄷ. 타원 은하는 불규칙 은하에 비해 나이가 많은 별들로 이루어져 있다.

06 별의 스펙트럼

정답률 72% | 정답 ①

| 문제 보기 |

그림 (가)는 H-R도에 별 ㉠, ㉡, ㉢을, (나)는 별의 분광형에 따른 흡수선의 상대적 세기를 나타낸 것이다.

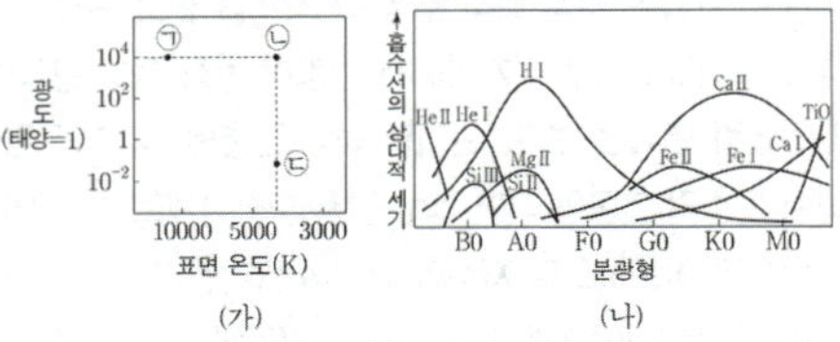

이에 대한 설명으로 옳은 것만을 <보기>에서 있는 대로 고른 것은?

<보 기>
ㄱ. 반지름은 ㉠이 ㉡보다 작다.
ㄴ. 광도 계급은 ㉡과 ㉢이 같다.
ㄷ. ㉢에서는 HⅠ 흡수선이 CaⅡ 흡수선보다 강하게 나타난다.

① ㄱ ② ㄴ ③ ㄱ, ㄷ
④ ㄴ, ㄷ ⑤ ㄱ, ㄴ, ㄷ

• 왜 정답일까?

ㄱ. 별의 광도는 표면 온도의 4제곱과 반지름의 제곱에 비례하며, 광도는 ㉠과 ㉡이 같고, 표면 온도는 ㉠이 ㉡보다 높다. 따라서 반지름은 표면 온도가 높은 ㉠이 ㉡보다 작다.

• 왜 오답일까?

ㄴ. ㉡은 초거성, ㉢은 주계열성으로, 두 별의 광도 계급은 서로 다르다.

ㄷ. ㉢은 분광형이 K형인 주계열성으로, CaⅡ 흡수선이 HⅠ 흡수선보다 강하게 나타난다.

07 지질 시대의 생물과 환경

정답률 64% | 정답 ②

| 문제 보기 |

그림은 현생 누대 동안 생물과의 멸종 비율과 대멸종이 일어난 시기 A, B, C를 나타낸 것이다.

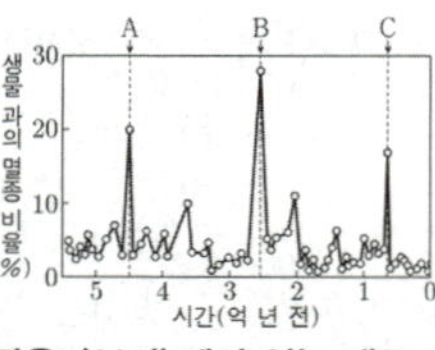

이에 대한 설명으로 옳은 것만을 <보기>에서 있는 대로 고른 것은?

<보 기>
ㄱ. 생물 과의 멸종 비율은 A가 B보다 높다.
ㄴ. A와 B 사이에 최초의 양서류가 출현하였다.
ㄷ. B와 C 사이에 히말라야 산맥이 형성되었다.

① ㄱ ② ㄴ ③ ㄷ
④ ㄱ, ㄷ ⑤ ㄴ, ㄷ

• 왜 정답일까?

A 시기는 고생대 오르도비스기 말, B 시기는 고생대 페름기 말, C 시기는 중생대 백악기 말이다.

ㄴ. 최초의 양서류는 고생대 데본기에 출현하였으므로 A와 B 사이에 출현하였다.

[문제편 p.121]

• 왜 오답일까?

ㄱ. 생물 과의 멸종 비율은 A(약 20%)가 B(약 28%)보다 낮다.

ㄷ. 히말라야 산맥은 신생대에 형성되었으므로 C 이후에 형성되었다.

08 온대 저기압과 날씨

정답률 58% | 정답 ③

| 문제 보기 |

그림은 온대 저기압 중심이 북반구 어느 관측소의 북쪽을 통과하는 36시간 동안 관측한 기상 요소를 나타낸 것이다. 이 기간 동안 온난 전선과 한랭 전선이 모두 이 관측소를 통과하였다.

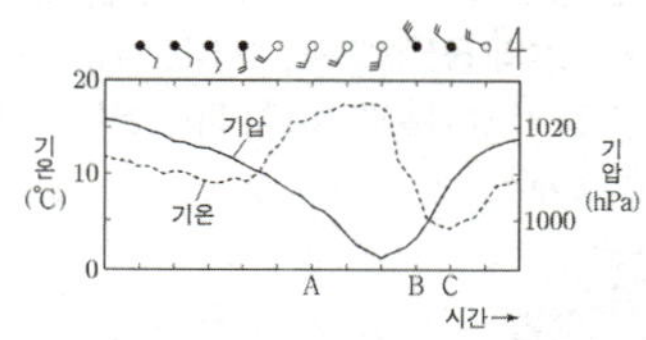

이 자료에 대한 설명으로 옳은 것만을 <보기>에서 있는 대로 고른 것은? [3점]

<보 기>

ㄱ. 기압이 가장 낮게 관측되었을 때 남풍 계열의 바람이 불었다.
ㄴ. A일 때 관측소의 상공에는 온난 전선면이 나타난다.
ㄷ. 관측소에서 B와 C 사이에는 주로 적운형 구름이 관측된다.

① ㄱ ② ㄴ ③ ㄱ, ㄷ ④ ㄴ, ㄷ ⑤ ㄱ, ㄴ, ㄷ

• 왜 정답일까?

ㄱ. 기압이 가장 낮게 관측되었던 시기에 날씨는 맑고 남풍 계열의 바람이 15m/s로 불었다.

ㄷ. B와 C 사이에 기온은 낮아졌고 기압은 높아졌으므로, 그 시기에 한랭 전선은 관측소를 통과한 상태이다. 따라서 B와 C 사이에 관측소는 한랭 전선 후면에 위치하므로 주로 적운형 구름이 관측된다.

• 왜 오답일까?

ㄴ. A 전후로 기온은 높아졌고 기압은 낮아졌으므로, A일 때 온난 전선은 관측소를 통과한 상태이다. 따라서 A일 때 관측소의 상공에는 온난 전선면이 나타나지 않는다. 온난 전선 주변에서 전선면은 전선 전면의 찬 공기 상공에 나타나고, 한랭 전선 주변에서 전선면은 전선 후면의 찬 공기 상공에 나타난다.

09 마그마의 생성

정답률 55% | 정답 ②

| 문제 보기 |

그림 (가)는 마그마가 생성되는 지역 A, B, C를, (나)는 깊이에 따른 암석의 용융 곡선을 나타낸 것이다. (나)의 ㉠은 A, B, C 중 하나의 지역에서 마그마가 생성되는 조건이다.

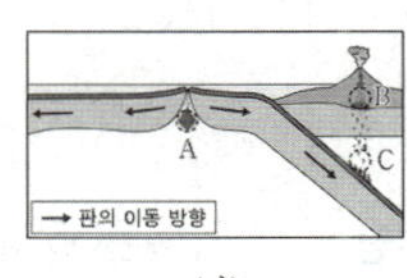

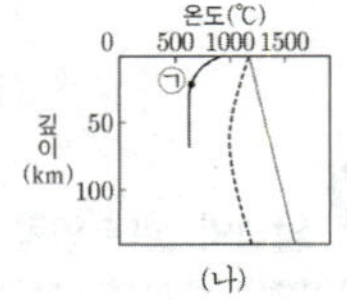

(가) (나)

A, B, C에 대한 설명으로 옳은 것만을 <보기>에서 있는 대로 고른 것은?

<보 기>

ㄱ. A에서는 주로 물이 포함된 맨틀 물질이 용융되어 마그마가 생성된다.
ㄴ. 생성되는 마그마의 SiO_2 함량(%)은 B가 C보다 높다.
ㄷ. ㉠은 C에서 마그마가 생성되는 조건에 해당한다.

① ㄱ ② ㄴ ③ ㄷ ④ ㄱ, ㄴ ⑤ ㄴ, ㄷ

• 왜 정답일까?

ㄴ. B에서는 유문암질 마그마와 안산암질 마그마가, C에서는 현무암질 마그마가 생성된다. 마그마의 SiO_2 함량은 유문암질 마그마 또는 안산암질 마그마가 현무암질 마그마보다 높다.

• 왜 오답일까?

ㄱ. A(해령 하부)에서는 맨틀 물질이 상승하여 압력이 감소하면 맨틀 물질이 부분 용융되어 주로 현무암질 마그마가 생성된다.

ㄷ. ㉠은 온도 상승에 의한 대륙 지각의 용융으로 마그마가 생성되는 조건으로, B에서 마그마가 생성되는 조건에 해당한다.

10 우주의 구성 요소

정답률 63% | 정답 ⑤

| 문제 보기 |

그림 (가)는 현재 우주 구성 요소의 비율을, (나)는 은하에 의한 중력 렌즈 현상을 나타낸 것이다. A, B, C는 각각 암흑 물질, 암흑 에너지, 보통 물질 중 하나이다.

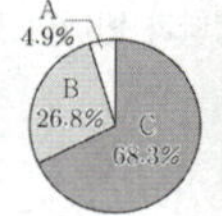

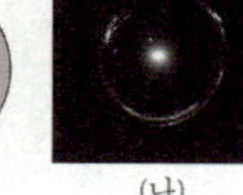

(가) (나)

이에 대한 설명으로 옳은 것만을 <보기>에서 있는 대로 고른 것은? [3점]

<보 기>

ㄱ. A는 암흑 에너지이다.
ㄴ. 현재 이후 우주가 팽창하는 동안 $\frac{\text{B의 비율}}{\text{C의 비율}}$은 감소한다.
ㄷ. (나)를 이용하여 B가 존재함을 추정할 수 있다.

① ㄱ ② ㄴ ③ ㄷ ④ ㄱ, ㄴ ⑤ ㄴ, ㄷ

• 왜 정답일까?

ㄴ. 시간이 흘러도 암흑 에너지(C)의 밀도는 일정하므로 우주가 팽창하는 동안 암흑 에너지의 총량은 증가하는 반면, 암흑 물질(B)의 총량은 일정하다. 따라서 현재 이후 우주가 팽창하는 동안 $\frac{\text{B의 비율}}{\text{C의 비율}}$은 감소한다.

ㄷ. 암흑 물질(B)은 전자기파로 관측되지 않아 우리 눈에 보이지 않기 때문에, 중력 렌즈 현상 등의 방법을 이용하여 존재를 확인할 수 있다.

11 대기 대순환과 해수의 표층 순환

정답률 64% | 정답 ③

| 문제 보기 |

그림은 대기에 의한 남북 방향으로의 연평균 에너지 수송량을 위도별로 나타낸 것이다.

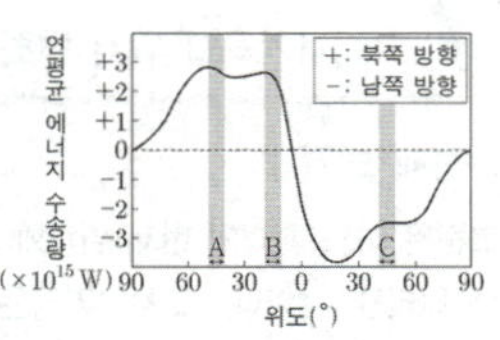

이에 대한 설명으로 옳은 것만을 <보기>에서 있는 대로 고른 것은?

<보 기>

ㄱ. A에서는 대기 대순환의 간접 순환이 위치한다.
ㄴ. B에서는 해들리 순환에 의해 에너지가 북쪽 방향으로 수송된다.
ㄷ. 캘리포니아 해류는 C의 해역에서 나타난다.

① ㄱ ② ㄷ ③ ㄱ, ㄴ ④ ㄴ, ㄷ ⑤ ㄱ, ㄴ, ㄷ

• 왜 정답일까?

ㄱ. A에서는 간접 순환인 페렐 순환(위도 30° 부근에서 공기가 하강하여 고위도로 이동한 다음 위도 60° 부근에서 상승하여 형성)이 위치한다.

ㄴ. B에서는 해들리 순환(적도 지방에서 공기가 상승하여 고위도로 이동한 다음 위도 30° 부근에서 하강하여 형성)에 의해 에너지가 북쪽 방향으로 수송된다.

• 왜 오답일까?

ㄷ. C는 위도 30°S ~ 60°S 사이에 위치한 해역이다. 캘리포니아 해류는 북태평양 아열대 순환에서 북쪽에서 남쪽으로 흐른다.

12 별의 내부 구조

정답률 48% | 정답 ①

| 문제 보기 |

그림은 질량이 태양 정도인 별이 진화하는 과정에서 주계열 단계가 끝난 이후 어느 시기에 나타나는 별의 내부 구조이다.

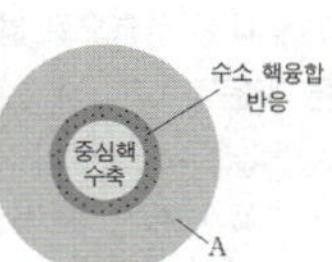

이 시기의 별에 대한 설명으로 옳은 것만을 <보기>에서 있는 대로 고른 것은? [3점]

<보 기>

ㄱ. 중심핵의 온도는 주계열 단계일 때보다 높다.
ㄴ. 표면에서 단위 면적당 단위 시간에 방출하는 에너지양은 주계열 단계일 때보다 많다.
ㄷ. 수소 함량 비율(%)은 중심핵이 A 영역보다 높다.

① ㄱ ② ㄴ ③ ㄷ ④ ㄱ, ㄴ ⑤ ㄱ, ㄷ

• 왜 정답일까?

ㄱ. 주계열성 중심부에서 수소 핵융합 반응이 끝나면 중심에 헬륨핵이 생성되는데, 이때 헬륨핵의 중력 수축으로 발생한 에너지에 의해 중심핵의 온도는 상승한다. 따라서 중심핵의 온도는 주계열 단계일 때보다 높다.

• 왜 오답일까?

ㄴ. 이 시기에 별의 바깥층은 팽창하여 크기가 커지고 표면 온도는 낮아진다. 따라서 표면에서 단위 면적당 단위 시간에 방출하는 에너지양($\propto$ 표면 온도의 4제곱)은 주계열 단계일 때보다 적다.

ㄷ. 중심핵은 대부분 헬륨으로 이루어져 있으며, A 영역은 대부분 수소로 이루어져 있다. 따라서 수소 함량 비율(%)은 중심핵이 A 영역보다 낮다.

13 태풍과 날씨

정답률 70% | 정답 ④

| 문제 보기 |

그림은 태풍의 영향을 받은 우리나라 어느 관측소에서 24시간 동안 관측한 시간에 따른 기압, 풍향, 풍속, 시간당 강수량을 순서 없이 나타낸 것이다. 이 기간 동안 태풍의 눈이 관측소를 통과 하였다.

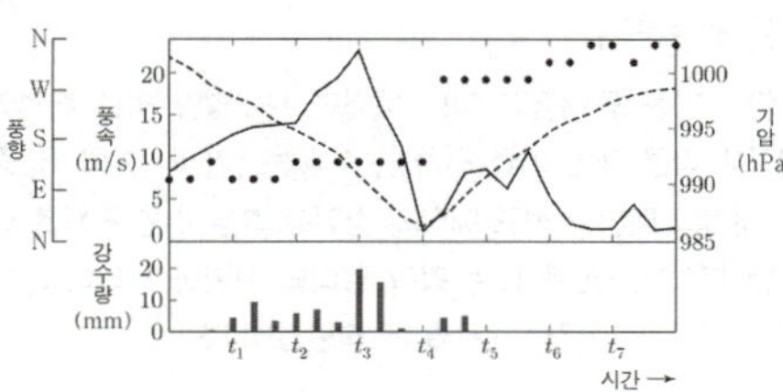

이 자료에 대한 설명으로 옳은 것만을 <보기>에서 있는 대로 고른 것은? [3점]

<보 기>

ㄱ. 관측소에서 풍속이 가장 강하게 나타난 시각은 t_3이다.
ㄴ. 관측소에서 태풍의 눈이 통과하기 전에는 서풍 계열의 바람이 불었다.
ㄷ. 관측소에서 공기의 연직 운동은 t_3이 t_4보다 활발하다.

① ㄱ ② ㄴ ③ ㄷ ④ ㄱ, ㄷ ⑤ ㄴ, ㄷ

• 왜 정답일까?

ㄱ. 관측소에서 풍속이 가장 강하게 나타난 시각은 t_3이다.

ㄷ. 관측소에서 t_3에는 강한 상승 기류가 나타났으며, 태풍의 눈이 통과한 t_4에는 약한 하강 기류가 나타났다. 따라서 관측소에서 공기의 연직 운동은 t_3이 t_4보다 활발하다.

14 별의 물리량

정답률 31% | 정답 ⑤

| 문제 보기 |

표는 별 ㉠, ㉡, ㉢의 표면 온도, 광도, 반지름을 나타낸 것이다. ㉠, ㉡, ㉢은 각각 주계열성, 거성, 백색 왜성 중 하나이다.

[문제편 p.122]

별	표면 온도(태양=1)	광도(태양=1)	반지름(태양=1)
㉠	$\sqrt{10}$	(　)	0.01
㉡	(　)	100	2.5
㉢	0.75	81	(　)

이에 대한 설명으로 옳은 것만을 〈보기〉에서 있는 대로 고른 것은?

<보 기>

ㄱ. 복사 에너지를 최대로 방출하는 파장은 ㉠이 ㉡보다 길다.
ㄴ. (㉠의 절대 등급 − ㉡의 절대 등급) 값은 10이다.
ㄷ. 별의 질량은 ㉡이 ㉢보다 크다.

① ㄱ ② ㄴ ③ ㄷ ④ ㄱ, ㄷ ⑤ ㄴ, ㄷ

• 왜 정답일까?

별의 광도(L)는 $L \propto R^2 \cdot T^4$(R : 별의 반지름, T : 별의 표면 온도)으로 구할 수 있다.

㉠은 백색 왜성, ㉡은 주계열성, ㉢은 거성이다.

ㄴ. 별의 절대 등급은 작을수록 광도가 크며, 10등급 차일 때 광도는 10000배 차이다.

$L \propto R^2 \cdot T^4$에 $T = \sqrt{10}$, $R = 0.01$을 대입하여 계산하면, $L = (10^{-2})^2 \times (\sqrt{10})^4 = 10^{-2}$으로, 광도는 ㉠이 ㉡의 10^{-4}배이다. 따라서 (㉠의 절대 등급−㉡의 절대 등급) 값은 10이다.

ㄷ. 거성인 ㉢의 광도가 주계열성인 ㉡의 광도보다 작으므로 ㉢은 ㉡보다 질량이 작은 주계열성으로부터 진화하였다. 따라서 별의 질량은 ㉡이 ㉢보다 크다.

• 왜 오답일까?

ㄱ. $T \propto \frac{\sqrt[4]{L}}{\sqrt{R}}$에 $L = 100$, $R = 2.5$를 대입하여 계산하면, $\frac{\sqrt[4]{100}}{\sqrt{\frac{10}{4}}} = 2$이므로, 표면 온도는 ㉡이 태양의 2배이다.

또한 복사 에너지를 최대로 방출하는 파장은 표면 온도에 반비례한다. 따라서 복사 에너지를 최대로 방출하는 파장은 표면 온도가 높은 ㉠이 ㉡보다 짧다.

15 엘니뇨와 라니냐

정답률 56% | 정답 ⑤

| 문제 보기 |

그림 (가)는 동태평양 적도 해역과 서태평양 적도 해역의 시간에 따른 해면 기압 편차를, (나)는 (가)의 A와 B 중 한 시기의 태평양 적도 해역의 깊이에 따른 수온 편차를 나타낸 것이다. A와 B는 각각 엘니뇨 시기와 라니냐 시기 중 하나이고, 편차는 (관측값−평년값)이다.

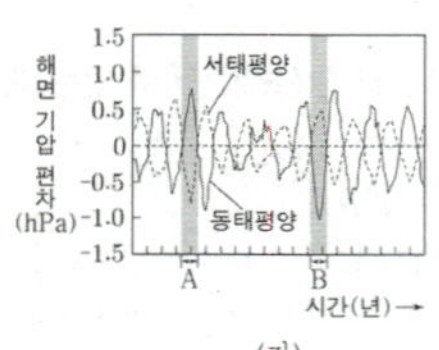

(가)

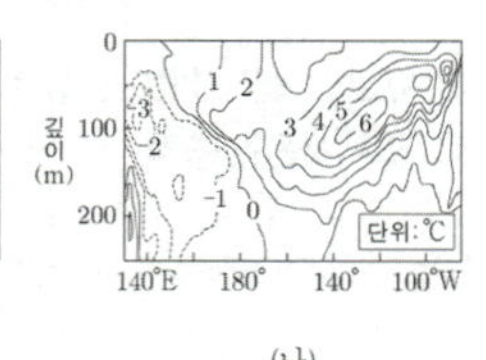

(나)

이에 대한 설명으로 옳은 것만을 〈보기〉에서 있는 대로 고른 것은?

<보 기>

ㄱ. (나)는 B에 측정한 것이다.
ㄴ. 적도 부근에서 (서태평양 평균 표층 수온 편차−동태평양 평균 표층 수온 편차) 값은 A가 B보다 크다.
ㄷ. 적도 부근에서 $\frac{\text{동태평양 평균 해면 기압}}{\text{서태평양 평균 해면 기압}}$은 A가 B보다 크다.

① ㄱ ② ㄷ ③ ㄱ, ㄴ ④ ㄴ, ㄷ ⑤ ㄱ, ㄴ, ㄷ

• 왜 정답일까?

ㄱ. A는 라니냐 시기, B는 엘니뇨 시기이다. (나)는 동태평양 적도 해역의 수온이 평년보다 높으므로 엘니뇨 시기이다. 따라서 (나)는 B에 측정한 것이다.

ㄴ. 엘니뇨 시기에는 서태평양과 동태평양의 표층 수온 차가 작아진다. 반면 라니냐 시기에는 서태평양과 동태평양의 표층 수온 차가 커진다. 따라서 적도 부근에서 (서태평양 평균 표층 수온 편차−동태평양 평균 표층 수온 편차) 값은 라니냐 시기(A)가 엘니뇨 시기(B)보다 크다.

ㄷ. 엘니뇨 시기에 동태평양 적도 해역에서는 평년보다 기압이 낮아지고, 서태평양 적도 해역에서는 평년보다 기압이 높아지며, 라니냐 시기에 동태평양 적도 해역에서는 평년보다 기압이 높아지고, 서태평양 적도 해역에서는 평년보다 기압이 낮아진다. 따라서 적도 부근에서 $\frac{\text{동태평양 평균 해면 기압}}{\text{서태평양 평균 해면 기압}}$은 라니냐 시기(A)가 엘니뇨 시기(B)보다 크다.

16 세차 운동과 자전축 경사각 변화

정답률 56% | 정답 ③

| 문제 보기 |

그림 (가)는 지구의 공전 궤도를, (나)는 지구 자전축 경사각의 변화를 나타낸 것이다. 지구 자전축 세차 운동의 방향은 지구 공전 방향과 반대이고 주기는 약 26000년이다.

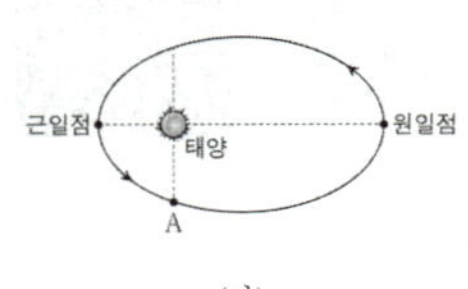

(가)

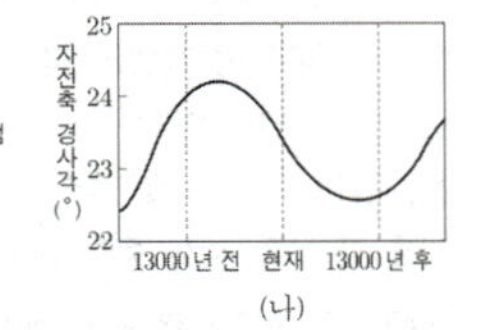

(나)

이에 대한 설명으로 옳은 것만을 〈보기〉에서 있는 대로 고른 것은? (단, 지구 자전축 세차 운동과 지구 자전축 경사각 이외의 요인은 변하지 않는다고 가정한다.) [3점]

<보 기>

ㄱ. 약 6500년 전 지구가 A 부근에 있을 때 북반구는 겨울철이다.
ㄴ. 35°N에서 기온의 연교차는 약 6500년 전이 현재보다 작다.
ㄷ. 35°S에서 여름철 평균 기온은 약 13000년 후가 현재보다 낮다.

① ㄱ ② ㄴ ③ ㄱ, ㄷ
④ ㄴ, ㄷ ⑤ ㄱ, ㄴ, ㄷ

• 왜 정답일까?

ㄱ. 현재 북반구는 지구가 근일점 부근에 있을 때 겨울철이다. 하지만 약 6500년 전에는 세차 운동에 의해 자전축이 회전하기 때문에 북반구는 지구가 A 부근에 있을 때 겨울철이다.

ㄷ. 현재 35°S는 지구가 근일점 부근에 있을 때 여름철이고, 약 13000년 후에는 세차 운동에 의해 지구가 원일점 부근에 있을 때 여름철이다. 또한 자전축 경사각은 현재 보다 약 13000년 후에 작다. 세차 운동과 자전축 경사각 변화를 모두 고려하면 35°S에서 여름철 평균 기온은 현재보다 약 13000년 후에 낮다.

17 고지자기극의 위치 변화

정답률 47% | 정답 ①

| 문제 보기 |

그림은 어느 지괴의 현재 위치와 시기별 고지자기극의 위치를 나타낸 것이다. 고지자기극은 고지자기 방향으로 추정한 지리상 북극이고, 지리상 북극은 변하지 않았다. 현재 지자기 북극은 지리상 북극과 일치한다.

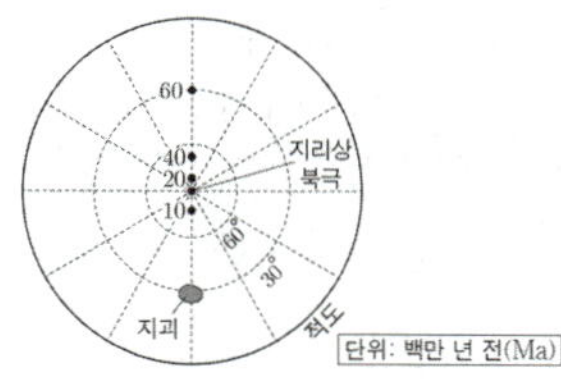

이 지괴에 대한 설명으로 옳은 것만을 〈보기〉에서 있는 대로 고른 것은?

<보 기>

ㄱ. 지괴는 60Ma~40Ma가 40Ma~20Ma보다 빠르게 이동하였다.
ㄴ. 60Ma에 생성된 암석에 기록된 고지자기 복각은 (+) 값이다.
ㄷ. 10Ma부터 현재까지 지괴의 이동 방향은 북쪽이다.

① ㄱ ② ㄴ ③ ㄱ, ㄷ
④ ㄴ, ㄷ ⑤ ㄱ, ㄴ, ㄷ

• 왜 정답일까?

ㄱ. 고지자기극의 위도 변화는 60Ma ~ 40Ma가 40Ma ~ 20Ma보다 크다. 따라서 지괴는 60Ma ~ 40Ma가 40Ma ~ 20Ma보다 빠르게 이동하였다.

• 왜 오답일까?

ㄴ. 60Ma에 생성된 암석의 고지자기극의 위치는 현재 지리상 북극으로 부터 위도 60° 만큼 떨어져 있다. 따라서 60Ma에 지괴는 현재보다 60° 만큼 남쪽인 30°S에 위치하였고, 남반구에 위치하였으므로 이때 생성된 암석에 기록된 고지자기 복각은 (−)값을 갖는다.

ㄷ. 10Ma에 생성된 암석의 고지자기극은 현재 지리상 북극과 지괴 사이에 위치한다. 따라서 이 지괴는 10Ma부터 현재까지 남쪽으로 이동하였다.

18 외계 행성계 탐사와 생명 가능 지대

정답률 38% | 정답 ⑤

| 문제 보기 |

그림 (가)는 중심별이 주계열성인 어느 외계 행성계의 생명 가능지대와 행성의 공전 궤도를, (나)는 (가)의 행성이 식 현상을 일으킬 때 중심별의 상대적 밝기 변화를 시간에 따라 나타낸 것이다.

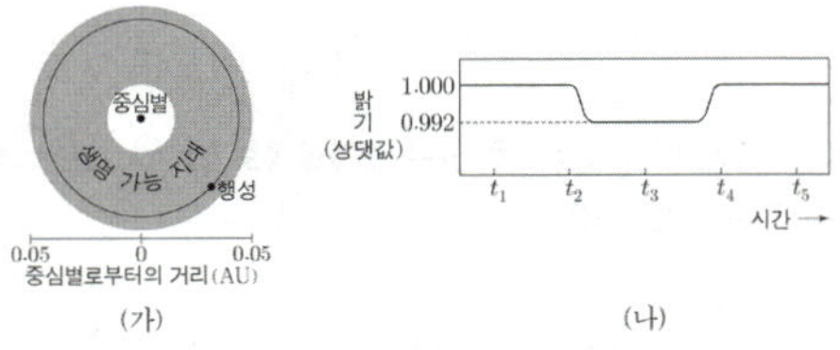

(가) (나)

이 자료에 대한 설명으로 옳은 것만을 〈보기〉에서 있는 대로 고른 것은? (단, 중심별의 시선 속도 변화는 행성과의 공통 질량 중심에 대한 공전에 의해서만 나타나고, 행성은 원 궤도를 따라 공전하며, 행성의 공전 궤도면은 관측자의 시선 방향과 나란하다.) [3점]

<보 기>

ㄱ. 생명 가능 지대의 폭은 이 외계 행성계가 태양계보다 좁다.
ㄴ. $\frac{\text{행성의 반지름}}{\text{중심별의 반지름}}$은 $\frac{1}{125}$이다.
ㄷ. 중심별의 흡수선 파장은 t_2가 t_1보다 짧다.

① ㄱ ② ㄴ ③ ㄷ ④ ㄱ, ㄴ ⑤ ㄱ, ㄷ

• 왜 정답일까?

ㄱ. 중심별에서 생명 가능 지대의 바깥쪽 경계까지의 거리가 약 0.05AU이므로 중심별에서 생명 가능 지대까지의 거리가 태양계보다 가깝다. 따라서 생명 가능 지대의 폭도 태양계보다 좁다.

ㄷ. t_2일 때 행성에 의한 식 현상이 일어나기 시작하고, 이때 행성과 중심별은 시선 방향에 거의 수직한 방향으로 이동하므로 시선 속도는 0에 가까워진다. 한편, t_1일 때는 식 현상이 일어나기 이전이므로 행성이 관측자 방향으로 접근하고, 중심별은 관측자로부터 멀어진다. 따라서 이때 중심별의 시선 속도는 (+)이다. 흡수선 파장은 중심별이 빨리 멀어질수록 길어지므로 t_1이 t_2보다 길다.

• 왜 오답일까?

ㄴ. (나)에서 행성의 식 현상에 의한 중심별의 밝기 변화 감소 비율은 $\frac{1.000 - 0.992}{1.000} = \frac{8}{1000} = \frac{1}{125}$이다. 이 값은 $\frac{\text{행성의 단면적}}{\text{중심별의 단면적}} = \frac{\text{행성의 반지름}^2}{\text{중심별의 반지름}^2}$에 비례한다.

19 암석의 절대 연령 측정

정답률 54% | 정답 ③

| 문제 보기 |

그림 (가)는 어느 지역의 지질 단면을, (나)는 시간에 따른 방사성 원소 X와 Y의 $\frac{\text{자원소 함량}}{\text{방사성 원소 함량}}$을 나타낸 것이다.

화성암 A와 B에는 X와 Y 중 서로 다른 한 종류만 포함하고, 현재 A와 B에 포함된 방사성 원소의 함량은 각각 처음 양의 50%와 25% 중 서로 다른 하나이다.

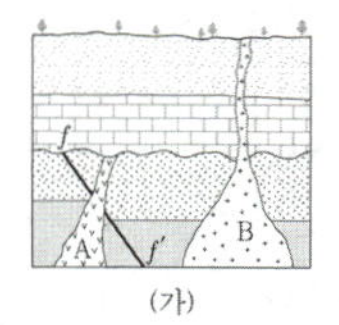

(가)

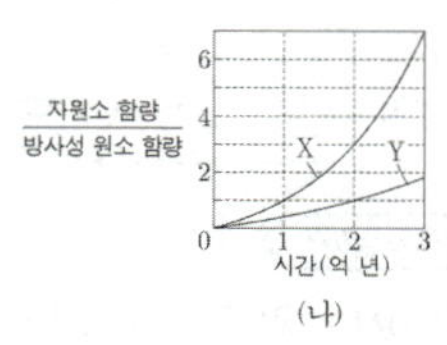

(나)

[문제편 p.123]

이에 대한 설명으로 옳은 것만을 <보기>에서 있는 대로 고른 것은? [3점]

<보 기>

ㄱ. 반감기는 X가 Y의 $\frac{1}{2}$배이다.
ㄴ. A에 포함되어 있는 방사성 원소는 Y이다.
ㄷ. (가)에서 단층 $f-f'$은 중생대에 형성되었다.

① ㄱ ② ㄷ ③ ㄱ, ㄴ ④ ㄴ, ㄷ ⑤ ㄱ, ㄴ, ㄷ

• 왜 정답일까?

ㄱ. (나)에서 모원소와 자원소가 1 : 1이 되는데 걸린 시간은 X가 1억 년, Y가 2억 년이므로 반감기는 X가 1억 년, Y가 2억 년이다. 따라서 반감기는 X가 Y의 $\frac{1}{2}$배이다.

ㄴ. (가)에서 화성암의 절대 연령은 A가 B보다 많다. 만약 A에 포함된 X, B에 Y가 포함되어 있었다면 A가 B보다 절대 연령이 많을 수 없다. 따라서 A에 포함된 방사성 원소는 Y이고, B에 포함된 방사성 원소는 X이다.

• 왜 오답일까?

ㄷ. 화성암의 절대 연령이 A가 B보다 많다는 조건을 만족하려면 A에 Y가 25%, B에 X가 50% 존재해야 하며, A는 Y의 반감기가 2회 지났으므로 절대 연령이 4억 년이고, B는 X의 반감기가 1회 지났으므로 절대 연령이 1억 년이다. (가)에서 단층 $f-f'$는 A보다 먼저 생성되었으므로 4억 년보다 오래되었다. 따라서 단층 $f-f'$는 고생대 또는 선캄브리아 시대에 형성되었다.

20 우주 팽창과 적색 편이

정답률 33% | 정답 ②

| 문제 보기 |

그림 (가)는 어느 우주 모형에서 시간에 따른 우주의 상대적 크기를 나타낸 것이고, (나)는 120억 년 전 은하 P에서 방출된 파장 λ인 빛이 80억 년 전 은하 Q를 지나 현재의 관측자에게 도달하는 상황을 가정하여 나타낸 것이다. 우주 공간을 진행하는 빛의 파장은 우주의 크기에 비례하여 증가한다.

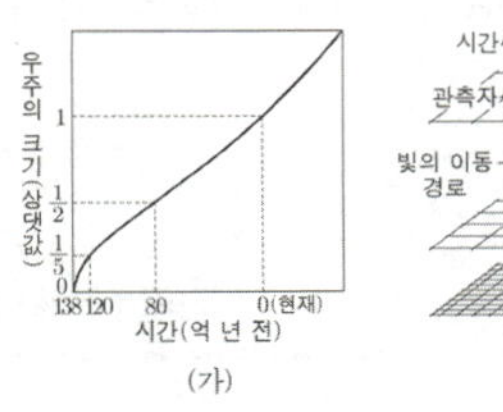

(가)

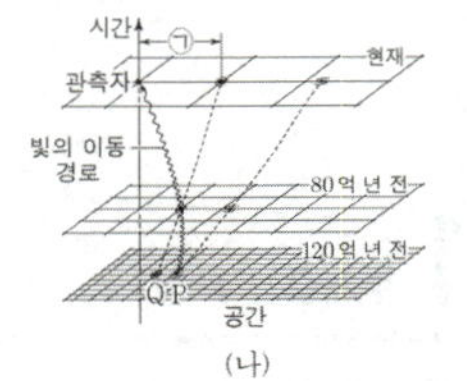

(나)

이 자료에 대한 설명으로 옳은 것만을 <보기>에서 있는 대로 고른 것은? (단, P와 Q는 관측자의 시선과 동일한 방향에 위치한다.)

<보 기>

ㄱ. 120억 년 전에 우주는 가속 팽창하였다.
ㄴ. P에서 방출된 파장 λ인 빛이 Q에 도달할 때 파장은 2.5λ이다.
ㄷ. (나)에서 현재 관측자로부터 Q까지의 거리 ㉠은 80억 광년이다.

① ㄱ ② ㄴ ③ ㄷ ④ ㄱ, ㄷ ⑤ ㄴ, ㄷ

• 왜 정답일까?

ㄴ. 파장 λ인 빛이 P에서 방출되어 Q에 도달하는 동안 우주의 크기는 2.5배로 커졌고, 빛의 파장은 우주의 크기에 비례하여 증가하므로 파장 λ인 빛의 파장도 2.5배 증가하여 2.5λ가 된다.

• 왜 오답일까?

ㄱ. (가)의 그래프에서 기울기는 우주 팽창 속도에 해당한다. 120억 년 전에 그래프의 기울기는 시간에 따라 감소하므로 이 시기에 우주는 감속 팽창하였다.(우주 형성 초기에는 암흑 에너지보다 물질의 영향이 우세하여 감속 팽창하였다.)

ㄷ. (나)에서 빛이 Q를 통과할 때부터 관측자까지 도달하는데 80억 년이 걸린다. 이 빛이 이동한 거리는 광속이 항상 일정하다는 것으로부터 80억 광년임을 알 수 있다. 한편, 빛이 이동하는 동안 Q와 관측자 사이의 공간은 계속 팽창하였으므로 현재 관측자로부터 Q까지의 거리 ㉠은 빛이 이동한 거리보다 크다.

32회

• 고3 지구과학 I •

2022학년도 9월

01 ④	02 ④	03 ①	04 ⑤	05 ②
06 ①	07 ②	08 ⑤	09 ⑤	10 ③
11 ②	12 ③	13 ③	14 ⑤	15 ①
16 ③	17 ④	18 ③	19 ②	20 ⑤

채점 결과
- 실제 걸린 시간 : 분 초
- 맞은 문항수 : 개
- 틀린 문항수 : 개
- 헷갈린 문항 :

01 지질 시대의 생물과 환경

정답률 85% | 정답 ④

| 문제 보기 |

그림은 주요 동물군의 생존 시기를 나타낸 것이다. A, B, C는 어류, 파충류, 포유류를 순서 없이 나타낸 것이다.

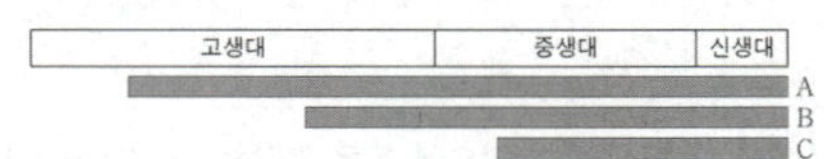

이에 대한 설명으로 옳은 것만을 <보기>에서 있는 대로 고른 것은?

<보 기>

ㄱ. A는 어류이다.
ㄴ. C는 신생대에 번성하였다.
ㄷ. B가 최초로 출현한 시기와 C가 최초로 출현한 시기 사이에 히말라야 산맥이 형성되었다.

① ㄱ ② ㄴ ③ ㄷ ④ ㄱ, ㄴ ⑤ ㄴ, ㄷ

• 왜 정답일까?

A는 어류, B는 파충류, C는 포유류이다.

ㄱ. A는 어류로 고생대 오르도비스기에 출현하여 데본기에 번성하였다.

ㄴ. C는 포유류로 중생대 트라이아스기에 출현하여 신생대에 번성하였다.

02 우주의 구성 요소

정답률 72% | 정답 ④

| 문제 보기 |

다음은 우주의 구성 요소에 대하여 학생 A, B, C가 나눈 대화이다. ㉠과 ㉡은 각각 암흑 물질과 암흑 에너지 중 하나이다.

구성 요소	특징
㉠	질량을 가지고 있으나 빛으로 관측되지 않음.
㉡	척력으로 작용하여 우주를 가속 팽창시키는 역할을 함.

제시한 내용이 옳은 학생만을 있는 대로 고른 것은?

① A ② B ③ C ④ A, B ⑤ A, C

• 왜 정답일까?

암흑 물질은 질량을 가지고 있으나 전자기파로 관측되지 않아 우리 눈에 보이지 않는 물질을 말한다. 암흑 에너지는 우주에서 척력으로 작용해 우주를 가속 팽창시키는 역할을 하는 것으로 추정하고 있다. 따라서 옳은 내용을 제시한 학생은 A, B이다.

03 대서양의 심층 순환

정답률 62% | 정답 ①

| 문제 보기 |

그림은 대서양의 심층 순환을 나타낸 것이다. 수괴 A, B, C는 각각 남극 저층수, 남극 중층수, 북대서양 심층수 중 하나이다.

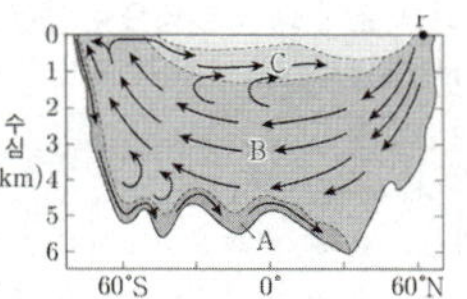

이에 대한 설명으로 옳은 것만을 <보기>에서 있는 대로 고른 것은? [3점]

<보 기>

ㄱ. A는 남극 저층수이다.
ㄴ. 밀도는 C가 A보다 크다.
ㄷ. 빙하가 녹은 물이 해역 P에 유입되면 B의 흐름은 강해질 것이다.

① ㄱ ② ㄴ ③ ㄷ ④ ㄱ, ㄷ ⑤ ㄴ, ㄷ

• 왜 정답일까?

A는 남극 저층수, B는 북대서양 심층수, C는 남극 중층수이다.

ㄱ. A는 남극 대륙 주변의 웨델해에서 만들어진 남극 저층수로 해저를 따라 북쪽으로 이동한다.

• 왜 오답일까?

ㄴ. 대서양 심층 순환에서 수괴의 밀도는 해저를 따라 이동하는 남극 저층수가 수심 1 km 부근에서 이동하는 남극 중층수보다 크다.

ㄷ. 위도 60°N 부근의 그린란드 주변 해역에 빙하가 녹은 물이 유입되면 표층 해수의 염분이 낮아지고, 밀도가 작아져 해수의 침강이 약해진다. 따라서 북대서양 심층수의 흐름이 약해질 것이다.

04 지질 구조

정답률 81% | 정답 ⑤

| 문제 보기 |

다음은 어느 지질 구조의 형성 과정을 알아보기 위한 탐구이다.

〔탐구 과정〕
(가) 지점토 판 세 개를 하나씩 순서대로 쌓은 뒤, Ⅰ과 같이 경사지게 지점토 칼로 자른다.
(나) 잘린 지점토 판 전체를 조심스럽게 들어 올리고, Ⅱ와 같이 ㉠ 양쪽 끝을 서서히 잡아당겨 가운데 조각이 내려가도록 한다.
(다) Ⅲ과 같이 지점토 칼로 지점토 판의 위쪽을 수평으로 자른다.
(라) 잘린 지점토 판 위에 Ⅳ와 같이 새로운 지점토 판을 수평이 되도록 쌓는다.

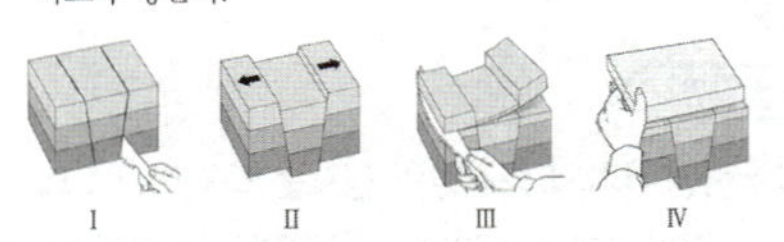

이에 대한 설명으로 옳은 것만을 <보기>에서 있는 대로 고른 것은? [3점]

<보 기>

ㄱ. ㉠에 해당하는 힘은 횡압력이다.
ㄴ. (다)는 지층의 침식 과정에 해당한다.
ㄷ. (라)에서 부정합 형태의 지질 구조가 만들어진다.

① ㄱ ② ㄴ ③ ㄷ ④ ㄱ, ㄴ ⑤ ㄴ, ㄷ

• 왜 정답일까?

ㄴ. 지점토 판의 위쪽을 수평으로 자르는 과정은 수면 위에 드러난 지층이 풍화·침식을 받는 과정에 해당한다.

ㄷ. (라) 과정에서 잘린 지점토 판 위에 새로운 지점토 판을 쌓는 과정에서 부정합 형태의 지질 구조가 만들어진다.

• 왜 오답일까?

ㄱ. 지점토 판의 양쪽 끝을 서서히 잡아당기는 과정에서 작용하는 힘은 장력이고, 이 과정으로 정단층이 형성된다.

05 지구 온난화

정답률 86% | 정답 ②

| 문제 보기 |

그림 (가)는 2004년부터의 그린란드 빙하의 누적 융해량을, (나)는 전 지구에서 일어난 빙하 융해와 해수 열팽창에 의한 평균 해수면의 높이 편차(관측값 − 2004년 값)를 나타낸 것이다.

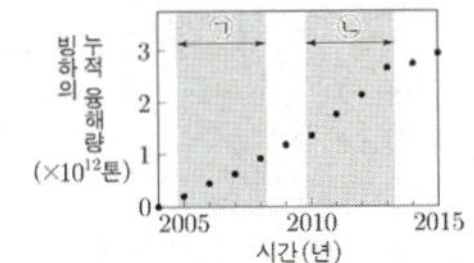

이 자료에 대한 설명으로 옳은 것만을 〈보기〉에서 있는 대로 고른 것은?

〈보 기〉

ㄱ. 그린란드 빙하의 융해량은 ㉠ 기간이 ㉡ 기간보다 많다.
ㄴ. (나)에서 해수 열팽창에 의한 평균 해수면 높이 편차는 2015년이 2010년보다 크다.
ㄷ. (나)의 전 기간 동안, 평균 해수면 높이의 평균 상승률은 해수 열팽창에 의한 것이 빙하 융해에 의한 것보다 크다.

① ㄱ ② ㄴ ③ ㄱ, ㄷ ④ ㄴ, ㄷ ⑤ ㄱ, ㄴ, ㄷ

• 왜 정답일까?

ㄴ. 해수 열팽창에 의한 평균 해수면 높이 편차는 2010년에는 편차 값이 0 cm에 가깝지만, 2015년에는 0.5 cm 정도 되는 것으로 보아 2015년이 2010년보다 크다.

06 생명 가능 지대

정답률 71% | 정답 ①

| 문제 보기 |

표는 서로 다른 외계 행성계에 속한 행성 (가)와 (나)에 대한 물리량을 나타낸 것이다. (가)와 (나)는 생명 가능 지대에 위치하고, 각각의 중심별은 주계열성이다.

외계 행성	중심별의 광도 (태양=1)	중심별로부터의 거리(AU)	단위 시간당 단위 면적이 받는 복사 에너지양(지구=1)
(가)	0.0005	㉠	1
(나)	1.2	1	㉡

이 자료에 대한 설명으로 옳은 것만을 〈보기〉에서 있는 대로 고른 것은?

〈보 기〉

ㄱ. ㉠은 1보다 작다.
ㄴ. ㉡은 1보다 작다.
ㄷ. 생명 가능 지대의 폭은 (나)의 중심별이 (가)의 중심별보다 좁다.

① ㄱ ② ㄷ ③ ㄱ, ㄴ ④ ㄴ, ㄷ ⑤ ㄱ, ㄴ, ㄷ

• 왜 정답일까?

ㄱ. 외계 행성 (가)의 중심별의 광도는 태양의 0.0005배이다. (가)는 생명 가능 지대에 위치하고 있기 때문에, 중심별로부터 (가)까지의 거리는 태양으로부터 지구까지의 거리(1 AU)보다 가깝다.

• 왜 오답일까?

ㄴ. 외계 행성 (나)의 중심별의 광도는 태양의 1.2배이다. 중심별로부터 (나)까지의 거리가 1 AU이므로, 외계 행성 (나)에 단위 시간당 단위 면적이 받는 복사 에너지양은 지구보다 크다. 따라서 ㉡은 1보다 크다.

ㄷ. 생명 가능 지대의 폭은 중심별의 광도가 클수록 넓기 때문에 (나)의 중심별이 (가)의 중심별보다 생명 가능 지대의 폭이 넓다.

07 태풍

정답률 62% | 정답 ②

| 문제 보기 |

그림은 잘 발달한 태풍의 물리량을 태풍 중심으로부터의 거리에 따라 개략적으로 나타낸 것이다. A, B, C는 해수면 상의 강수량, 기압, 풍속을 순서 없이 나타낸 것이다.

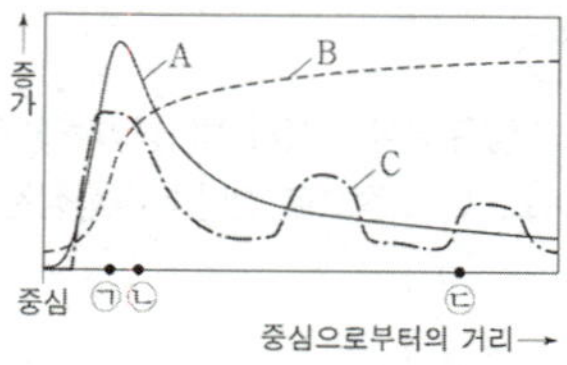

이에 대한 설명으로 옳은 것만을 〈보기〉에서 있는 대로 고른 것은?

〈보 기〉

ㄱ. B는 강수량이다.
ㄴ. 지역 ㉠에서는 상승 기류가 나타난다.
ㄷ. 일기도에서 등압선 간격은 지역 ㉢에서가 지역 ㉡에서보다 조밀하다.

① ㄱ ② ㄴ ③ ㄷ ④ ㄱ, ㄴ ⑤ ㄴ, ㄷ

• 왜 정답일까?

A는 풍속, B는 기압, C는 해수면 상의 강수량이다.

ㄴ. ㉠은 태풍의 풍속이 강하게 나타나고, 해수면 상의 강수량이 매우 많이 나타나는 지역으로 상승 기류가 나타난다.

• 왜 오답일까?

ㄱ. B는 태풍의 중심에서 최저이고, 태풍의 중심으로부터 멀어질수록 값이 증가하는 것으로 보아 기압이다.

ㄷ. 태풍은 일기도상에서 등압선 간격이 좁고 원형에 가깝게 나타나고, 태풍의 중심에 가까워질수록 등압선 간격은 더 좁아지며 풍속은 더 강해진다. 따라서 등압선 간격은 지역 ㉡에서가 지역 ㉢에서보다 조밀하다.

08 변동대와 진앙 분포

정답률 76% | 정답 ⑤

| 문제 보기 |

그림 (가)와 (나)는 남아메리카와 아프리카 주변에서 발생한 지진의 진앙 분포를 나타낸 것이다.

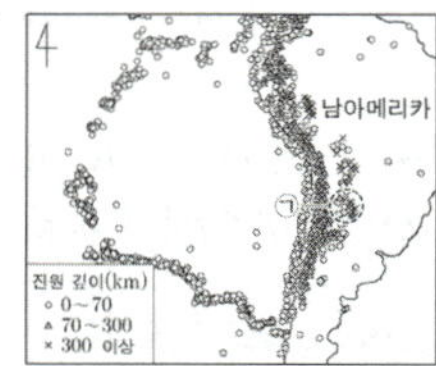

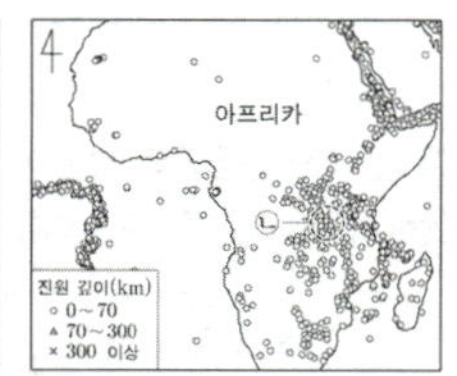

지역 ㉠과 ㉡에 대한 설명으로 옳은 것만을 〈보기〉에서 있는 대로 고른 것은?

〈보 기〉

ㄱ. ㉠의 하부에는 침강하는 해양판이 잡아당기는 힘이 작용한다.
ㄴ. ㉡의 하부에는 외핵과 맨틀의 경계부에서 상승하는 플룸이 있다.
ㄷ. 진원의 평균 깊이는 ㉠이 ㉡보다 깊다.

① ㄱ ② ㄷ ③ ㄱ, ㄴ ④ ㄴ, ㄷ ⑤ ㄱ, ㄴ, ㄷ

• 왜 정답일까?

ㄱ. ㉠의 하부는 침강하는 해양판이 존재하는 곳으로 섭입대가 발달하며, 섭입대에서는 침강하는 판이 잡아당기는 힘이 작용한다.

ㄴ. ㉡은 동아프리카 열곡대가 위치한 곳이다. ㉡의 하부에서는 거대한 뜨거운 플룸의 상승 운동이 나타난다.

ㄷ. ㉠은 다양한 깊이의 지진이 나타나고 있지만, ㉡은 진원 깊이 70 km 이하의 지진만 나타나고 있으므로 진원의 평균 깊이는 ㉠이 ㉡보다 깊다.

09 은하의 종류

정답률 56% | 정답 ⑤

| 문제 보기 |

그림은 두 은하 A와 B가 탄생한 후, 연간 생성된 별의 총질량을 시간에 따라 나타낸 것이다.

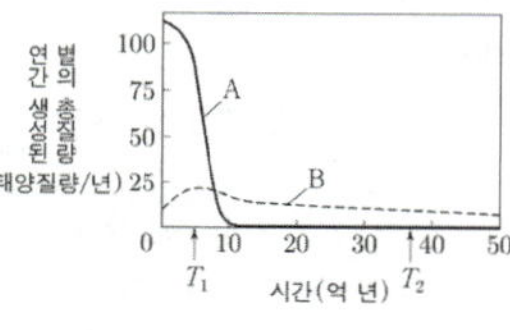

A와 B는 허블 은하 분류 체계에 따른 서로 다른 종류이며, 각각 E0과 Sb 중 하나이다. 이에 대한 설명으로 옳은 것만을 〈보기〉에서 있는 대로 고른 것은?

〈보 기〉

ㄱ. B는 나선팔을 가지고 있다.
ㄴ. T_1일 때 연간 생성된 별의 총질량은 A가 B보다 크다.
ㄷ. T_2일 때 별의 평균 표면 온도는 B가 A보다 높다.

① ㄱ ② ㄷ ③ ㄱ, ㄴ ④ ㄴ, ㄷ ⑤ ㄱ, ㄴ, ㄷ

• 왜 정답일까?

ㄱ. A는 은하가 탄생한 초기에 대부분의 별들이 생성되고 이후에는 별의 생성이 거의 없다. 따라서 시간이 지날수록 나이가 많고 표면 온도가 낮은 별들이 주로 분포하게 된다. 반면, B는 별이 계속 생성되고 있어 나이가 다양한 별들이 골고루 분포하게 되므로 젊은 별들의 비율은 A보다 B가 높다. 따라서 A는 타원 은하, B는 나선팔을 가지고 있는 나선 은하이다.

ㄴ. T_1은 은하 탄생 초기이다. 은하 탄생 초기에 연간 생성된 별의 총질량은 타원 은하인 A가 나선 은하인 B보다 많다.

ㄷ. 타원 은하는 시간이 지날수록 나이가 많고, 표면 온도가 낮은 별들만이 은하에서 주로 관측되는 반면에 나선 은하는 타원 은하에 비해 나이가 적고, 표면 온도가 높은 별이 상대적으로 많이 관측된다. 따라서 T_2일 때 각각의 은하에서 관측되는 별의 평균 표면 온도는 나선 은하인 B가 타원 은하인 A보다 높다.

10 지상 일기도와 적외 영상

정답률 61% | 정답 ③

| 문제 보기 |

그림 (가)와 (나)는 장마 기간 중 어느 날 같은 시각 우리나라 부근의 지상 일기도와 적외 영상을 각각 나타낸 것이다.

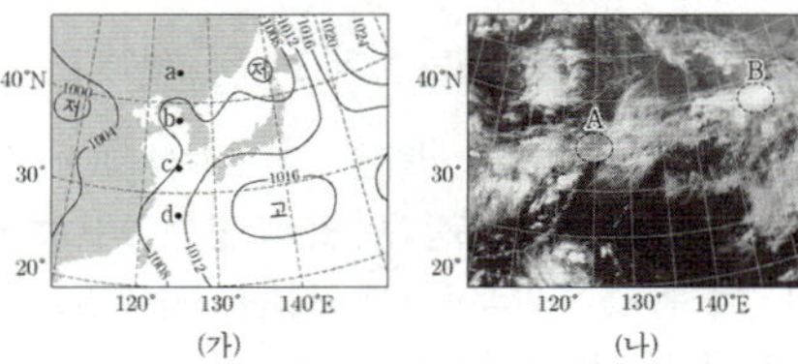

(가) (나)

이 자료에 대한 설명으로 옳은 것만을 〈보기〉에서 있는 대로 고른 것은? [3점]

〈보 기〉

ㄱ. 북태평양 고기압은 고온 다습한 공기를 우리나라로 공급한다.
ㄴ. 125°E에서 장마 전선은 지점 a와 지점 b 사이에 위치한다.
ㄷ. 구름 최상부의 온도는 영역 A가 영역 B보다 높다.

① ㄱ ② ㄴ ③ ㄱ, ㄷ ④ ㄴ, ㄷ ⑤ ㄱ, ㄴ, ㄷ

• 왜 정답일까?

ㄱ. (가)에서 북태평양 고기압의 중심은 우리나라 남동쪽의 태평양에 위치한다. 따라서 장마 기간 동안 우리나라는 북태평양 고기압으로부터 이동해 온 고온 다습한 공기의 영향을 받는다.

ㄷ. (나)의 적외 영상에서 영역 A보다 영역 B가 밝게 나타나고 있으므로 구름 최상부의 높이는 영역 A보다 영역 B가 높고, 온도는 영역 A가 영역 B보다 높다.

• 왜 오답일까?

ㄴ. 장마 전선을 기준으로 남쪽의 더운 공기가 북쪽의 찬 공기를 타고 올라가기 때문에 구름은 대체로 전선의 북쪽에 형성된다. 따라서 (나)의 125°E에서 구름이 형성된 위치를 볼 때 장마 전선은 지점 b와 지점 c 사이에 위치할 것이다.

11 주계열성 특징

정답률 63% | 정답 ②

| 문제 보기 |

그림은 주계열성 ㉠, ㉡, ㉢의 반지름과 표면 온도를 나타낸 것이다.

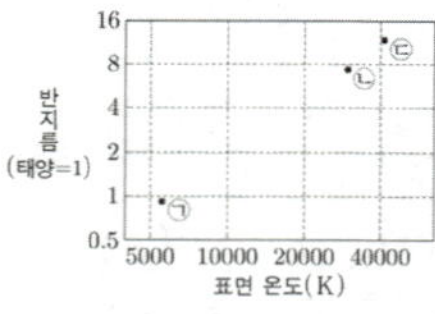

이에 대한 설명으로 옳은 것만을 〈보기〉에서 있는 대로 고른 것은? [3점]

〈보 기〉

ㄱ. ㉠이 주계열 단계를 벗어나면 중심핵에서 CNO 순환 반응이 일어난다.
ㄴ. ㉡의 중심핵에서는 주로 대류에 의해 에너지가 전달된다.
ㄷ. ㉢은 백색 왜성으로 진화한다.

① ㄱ ② ㄴ ③ ㄷ ④ ㄱ, ㄴ ⑤ ㄴ, ㄷ

• 왜 정답일까?

ㄴ. ㉡은 표면 온도가 약 30000 K 이므로 분광형 B형에 해당한다. B형에 해당하는 주계열성은 태양보다 2배 이상 무거운 별이므로 ㉡의 중심핵에서는 주로 대류에 의해 에너지가 전달된다.

• 왜 오답일까?

ㄱ. 주계열성이 주계열 단계를 벗어나면 중심핵에서는 수소 핵융합 반응이 끝나기 때문에 CNO 순환 반응이 일어나지 않는다.

ㄷ. ㉢은 태양보다 질량이 매우 큰 별이므로 중성자별 또는 블랙홀로 진화한다.

[문제편 p.126]

12 해수의 성질

정답률 70% | 정답 ③

| 문제 보기 |

그림 (가)는 어느 날 우리나라 주변 표층 해수의 수온과 염분 분포를, (나)는 수온 – 염분도를 나타낸 것이다.

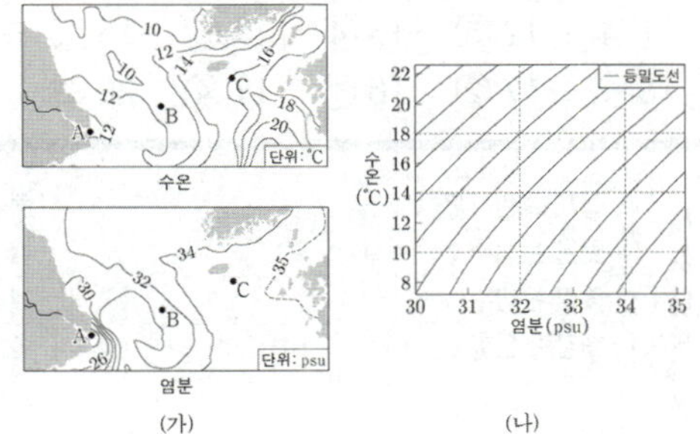

(가) (나)

이 자료에서 해역 A, B, C의 표층 해수에 대한 설명으로 옳은 것만을 <보기>에서 있는 대로 고른 것은? [3점]

<보 기>
ㄱ. 강물의 유입으로 A의 염분이 주변보다 낮다.
ㄴ. 밀도는 B가 C보다 작다.
ㄷ. 수온만을 고려할 때, 산소 기체의 용해도는 B가 C보다 작다.

① ㄱ ② ㄷ ③ ㄱ, ㄴ
④ ㄴ, ㄷ ⑤ ㄱ, ㄴ, ㄷ

• 왜 정답일까?

ㄱ. A는 육지로부터 담수가 흘러들어오는 연안 지역으로 대양의 중심부보다 표층 염분이 낮게 나타난다.

ㄴ. 해수의 밀도는 수온이 낮을수록, 염분이 높을수록 밀도가 커지기 때문에 오른쪽 아래에 가까운 등밀도선일수록 밀도가 크다. 따라서 밀도는 C가 B보다 크다.

• 왜 오답일까?

ㄷ. 수온만을 고려할 때, 산소 기체의 용해도는 수온이 낮을수록 커지므로 수온이 낮은 B가 C보다 산소 기체의 용해도가 크다.

13 지하의 온도 분포와 암석의 용융

정답률 50% | 정답 ③

| 문제 보기 |

그림은 대륙과 해양의 지하 온도 분포를 나타낸 것이고, ㉠, ㉡, ㉢은 암석의 용융 곡선이다.

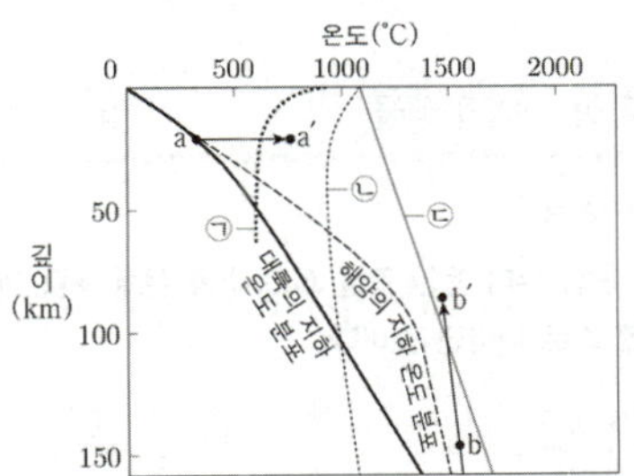

이 자료에 대한 설명으로 옳은 것만을 <보기>에서 있는 대로 고른 것은? [3점]

<보 기>
ㄱ. a→a′ 과정으로 생성되는 마그마는 b→b′ 과정으로 생성되는 마그마보다 SiO_2 함량이 많다.
ㄴ. b→b′ 과정으로 상승하고 있는 물질은 주위보다 온도가 높다.
ㄷ. 물의 공급에 의해 맨틀 물질의 용융이 시작되는 깊이는 해양 하부에서가 대륙 하부에서보다 깊다.

① ㄱ ② ㄷ ③ ㄱ, ㄴ
④ ㄴ, ㄷ ⑤ ㄱ, ㄴ, ㄷ

• 왜 정답일까?

ㄱ. ㉠은 물이 포함된 화강암의 용융 곡선이므로 a→a′ 과정은 온도 상승에 의한 대륙 지각의 용융으로 형성된 마그마이다. ㉢은 물이 포함되지 않은 맨틀의 용융 곡선이므로 b→b′ 과정은 맨틀 물질 상승에 의한 압력 감소로 형성된 마그마이다. 따라서 a→a′ 과정에서 형성된 마그마의 SiO_2 함량이 높다.

ㄴ. 대륙과 해양의 지하 온도 분포 곡선으로 보아 지구 내부로 갈수록 온도는 높아진다. b→b′ 과정으로 지하 깊은 곳에 있는 맨틀 물질이 상승하여 깊이가 얕은 곳으로 이동하면 주위보다 깊은 곳으로부터 이동하여 온 물질이므로 주위보다 온도가 높다.

• 왜 오답일까?

ㄷ. 물의 공급에 의해 맨틀 물질의 용융이 시작되는 깊이는 대륙의 지하 온도 분포 곡선과 해양의 지하 온도 분포 곡선이 각각 ㉡과 교차하는 지점이므로 교차하는 깊이는 대륙 하부에서가 해양 하부에서보다 깊다.

14 별의 광도 계급

정답률 61% | 정답 ⑤

| 문제 보기 |

표는 여러 별들의 절대 등급을 분광형과 광도 계급에 따라 구분하여 나타낸 것이다. (가), (나), (다)는 광도 계급 Ⅰb(초거성), Ⅲ(거성), Ⅴ(주계열성)를 순서 없이 나타낸 것이다.

분광형 \ 광도 계급	(가)	(나)	(다)
B0	−4.1	−5.0	−6.2
A0	+0.6	−0.6	−4.9
G0	+4.4	+0.6	−4.5
M0	+9.2	−0.4	−4.5

이 자료에 대한 설명으로 옳은 것만을 <보기>에서 있는 대로 고른 것은?

<보 기>
ㄱ. (가)는 Ⅴ(주계열성)이다.
ㄴ. (나)에서 광도가 가장 작은 별의 표면 온도가 가장 낮다.
ㄷ. (다)에서 별의 반지름은 G0인 별이 M0인 별보다 작다.

① ㄱ ② ㄴ ③ ㄷ
④ ㄱ, ㄴ ⑤ ㄱ, ㄷ

• 왜 정답일까?

ㄱ. (가)는 표면 온도가 높아질수록 별들의 절대 등급이 작아지므로 Ⅴ(주계열성)이다.

ㄷ. (다)는 광도 계급 Ⅰb(초거성)이다. 별의 절대 등급은 G0인 별과 M0인 별이 같기 때문에 표면 온도가 더 낮은 M0인 별의 반지름이 G0인 별보다 커야 한다.

• 왜 오답일까?

ㄴ. (나)는 광도 계급 Ⅲ(거성)에 해당한다. 광도가 가장 작은 별은 G0이지만, 표면 온도가 가장 낮은 별은 M0 이다.

15 대기 대순환

정답률 38% | 정답 ①

| 문제 보기 |

그림은 해수면 부근에서 부는 바람의 남북 방향의 연평균 풍속을 나타낸 것이다. ㉠과 ㉡은 각각 60°N과 60°S 중 하나이다.

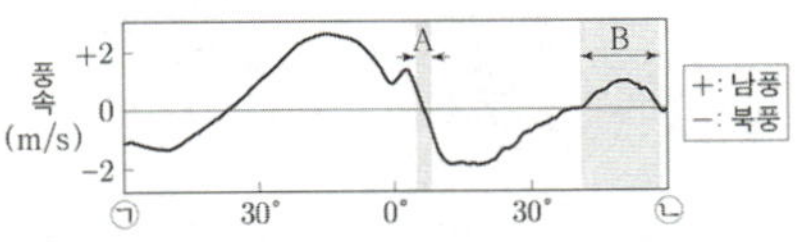

이 자료에 대한 설명으로 옳은 것만을 <보기>에서 있는 대로 고른 것은?

<보 기>
ㄱ. ㉠은 60°S이다.
ㄴ. A에서 해들리 순환의 하강 기류가 나타난다.
ㄷ. 페루 해류는 B에서 나타난다.

① ㄱ ② ㄴ ③ ㄷ
④ ㄱ, ㄴ ⑤ ㄱ, ㄷ

• 왜 정답일까?

ㄱ. 대기 대순환으로 북반구 약 0 ~ 30° 의 해수면 부근에서는 북풍이 불고, 남반구 약 0 ~ 30° 의 해수면 부근에서는 남풍이 불기 때문에 ㉠은 60°S, ㉡은 60°N이다.

• 왜 오답일까?

ㄴ. A는 바람이 거의 불지 않거나 북풍과 남풍이 동시에 부는 지역이며, 공기가 상승하는 곳으로 해들리 순환의 상승 기류가 나타난다.

ㄷ. 페루 해류는 남반구에 존재하는 해류이므로 B에서 나타나지 않는다.

16 우주 배경 복사

정답률 65% | 정답 ③

| 문제 보기 |

그림 (가)와 (나)는 각각 COBE 우주 망원경과 WMAP 우주 망원경으로 관측한 우주 배경 복사의 온도 편차를 나타낸 것이다. 지점 A와 B는 지구에서 관측한 시선 방향이 서로 반대이다.

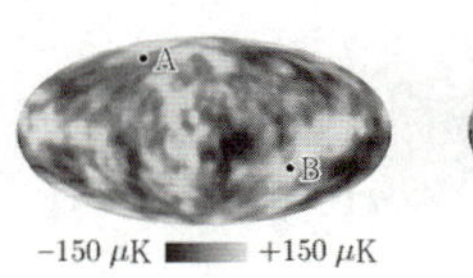

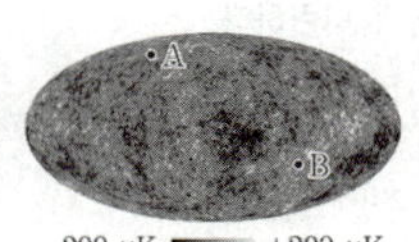

(가) (나)

이에 대한 설명으로 옳은 것만을 <보기>에서 있는 대로 고른 것은? [3점]

<보 기>
ㄱ. (나)가 (가)보다 온도 편차의 형태가 더욱 세밀해 보이는 것은 관측 기술의 발달 때문이다.
ㄴ. A와 B는 빛을 통하여 현재 상호 작용할 수 있다.
ㄷ. A와 B의 온도가 거의 같다는 사실은 급팽창 우주론으로 설명할 수 있다.

① ㄱ ② ㄴ ③ ㄱ, ㄷ ④ ㄴ, ㄷ ⑤ ㄱ, ㄴ, ㄷ

• 왜 정답일까?

ㄱ. 시간이 지날수록 더욱 정밀하게 관측될 수 있는 이유는 관측 기술의 발달 때문이다.

ㄷ. A와 B의 우주 배경 복사가 거의 균일하다는 것은 두 지역이 과거에는 정보 교환이 있었다는 것을 의미한다. 이는 우주 생성 초기에 우주가 급팽창하였기 때문에 팽창이 일어나기 이전에 가까이 있었던 두 지역은 서로 정보를 교환할 수 있었다고 주장하는 급팽창 이론으로 해결할 수 있다.

• 왜 오답일까?

ㄴ. A와 B는 빛을 통하여 현재 상호 작용 할 수 없는 두 지역이다.

17 절대 연령

정답률 49% | 정답 ④

| 문제 보기 |

그림 (가)는 어느 지역의 깊이에 따른 지층과 화성암의 연령을, (나)는 방사성 원소 X와 Y의 붕괴 곡선을 나타낸 것이다. 화성암 B와 D는 X와 Y 중 서로 다른 한 종류만 포함하고, 현재 B와 D에 포함된 방사성 원소의 함량은 각각 처음 양의 50%와 25%이다.

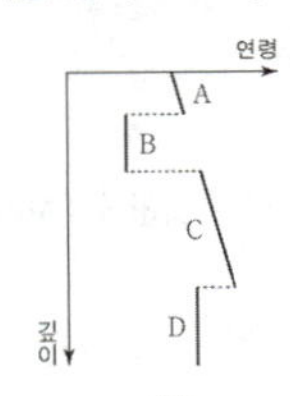

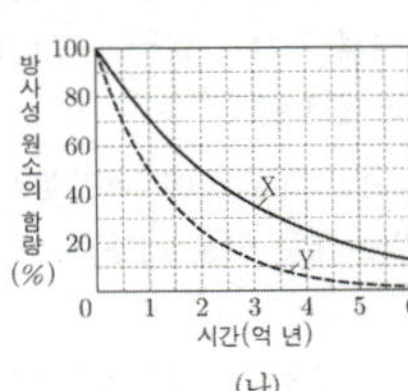

(가) (나)

이에 대한 설명으로 옳은 것만을 <보기>에서 있는 대로 고른 것은? [3점]

<보 기>
ㄱ. A층 하부의 기저 역암에는 B의 암석 조각이 있다.
ㄴ. 반감기는 X가 Y의 2배이다.
ㄷ. B와 D의 연령 차는 3억 년이다.

① ㄱ ② ㄴ ③ ㄱ, ㄷ ④ ㄴ, ㄷ ⑤ ㄱ, ㄴ, ㄷ

• 왜 정답일까?

ㄴ. X의 반감기는 2억 년이고, Y의 반감기는 1억 년이다. 따라서 반감기는 X가 Y의 2배이다.

ㄷ. 만약 B가 방사성 원소 X를 포함한다면 B의 연령은 2억 년이고 D의 연령도 2억 년으로 B와 D의 연령이 같게 된다. B는 D보다 연령이 젊어야 하기 때문에 B는 방사성 원소 Y를 포함해야 하고 D는 방사성 원소 X를 포함해야 한다. 따라서 B는 1억년, D는 4억 년이므로 연령차는 3억 년이다.

• 왜 오답일까?

ㄱ. A층의 연령이 B층의 연령보다 많으므로 B는 관입암이다. 따라서 B층에 A의 암석 조각이 포함될 수 있다.

[문제편 p.127]

18 외계 행성계 탐사

정답률 55% | 정답 ③

| 문제 보기 |

그림 (가)와 (나)는 서로 다른 외계 행성계에서 행성이 식 현상을 일으킬 때, 중심별의 상대적 밝기 변화를 시간에 따라 나타낸 것이다. 두 중심별의 반지름은 같고, 각 행성은 원궤도를 따라 공전하며, 공전 궤도면은 관측자의 시선 방향과 나란하다.

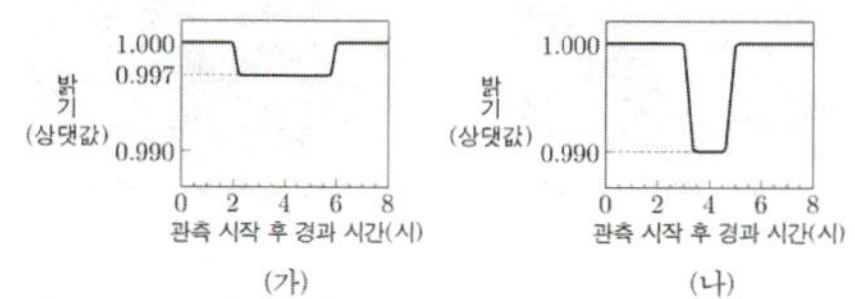

이에 대한 설명으로 옳은 것만을 〈보기〉에서 있는 대로 고른 것은? [3점]

<보 기>

ㄱ. 식 현상이 지속되는 시간은 (가)가 (나)보다 길다.
ㄴ. (가)의 행성 반지름은 (나)의 행성 반지름의 0.3 배이다.
ㄷ. 중심별의 흡수선 파장은 식 현상이 시작되기 직전이 식 현상이 끝난 직후보다 길다.

① ㄱ　② ㄴ　③ ㄱ, ㄷ　④ ㄴ, ㄷ　⑤ ㄱ, ㄴ, ㄷ

• 왜 정답일까?

ㄱ. 중심별의 상대적 밝기가 가장 어둡게 관측되는 동안의 시간이 식 현상이 지속되는 시간이다. 따라서 (가)는 약 4 시간, (나)는 약 1 시간이므로 식 현상이 지속되는 시간은 (가)가 (나)보다 길다.
ㄷ. 식 현상이 시작되기 직전은 행성이 관측자에게 가까워지므로 이 때 중심별은 관측자로부터 멀어진다. 반대로 식 현상이 끝난 직후는 행성이 관측자에게 멀어지고 이때 중심별은 관측자에게 가까워진다. 따라서 중심별의 흡수선 파장은 식 현상이 시작되기 직전(관측자로부터 중심별이 멀어짐)이 식 현상이 끝난 직후 보다 길다.

19 고지자기와 대륙 이동

정답률 40% | 정답 ②

| 문제 보기 |

그림은 남아메리카 대륙의 현재 위치와 시기별 고지자기극의 위치를 나타낸 것이다. 고지자기극은 남아메리카 대륙의 고지자기 방향으로 추정한 지리상 남극이고, 지리상 남극은 변하지 않았다. 현재 지자기 남극은 지리상 남극과 일치한다.

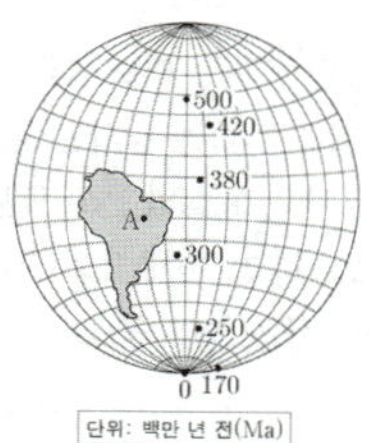

대륙 위의 지점 A에 대한 설명으로 옳은 것만을 〈보기〉에서 있는 대로 고른 것은?

<보 기>

ㄱ. 500 Ma에는 북반구에 위치하였다.
ㄴ. 복각의 절댓값은 300 Ma일 때가 250 Ma일 때보다 컸다.
ㄷ. 250 Ma일 때는 170 Ma일 때보다 북쪽에 위치하였다.

① ㄱ　② ㄴ　③ ㄷ　④ ㄱ, ㄴ　⑤ ㄱ, ㄷ

• 왜 정답일까?

ㄴ. 남아메리카 대륙이 고정되어 있고 지자기 남극의 이동 경로가 그려져 있는 그림을 다른 시각으로 접근해야 한다, 지자기 남극은 현재 지리상 남극에 고정이 되어 있고 남아메리카 대륙이 실제로 이동한 것이다. 따라서 300 Ma일 때의 지자기 남극을 0 Ma 위치로 이동시킨다면 지점 A에서 300 Ma로 향하는 가상의 선 역시 평행이동을 해야 한다. 따라서, 300 Ma일 때가 250 Ma일 때 보다 지리상 남극에 더 가까우므로 복각의 절댓값은 300 Ma일 때가 더 크다.

• 왜 오답일까?

ㄱ. 500 Ma일 때의 지자기 남극을 0 Ma 위치로 이동시키고 대륙 역시 평행 이동시킨다면 그림 반대쪽의 남반구에 남아메리카 대륙이 위치하므로 500 Ma일 때는 남반구에 위치하였다.
ㄷ. 대륙을 복원시켰을 때, 250 Ma일 때 더 남쪽에 위치하고 있다.

20 엘니뇨와 라니냐

정답률 39% | 정답 ⑤

| 문제 보기 |

그림의 유형 Ⅰ과 Ⅱ는 두 물리량 x와 y 사이의 대략적인 관계를 나타낸 것이다. 표는 엘니뇨와 라니냐가 일어난 시기에 태평양 적도 부근 해역에서 동시에 관측한 물리량과 이들의 관계 유형을 Ⅰ 또는 Ⅱ로 나타낸 것이다.

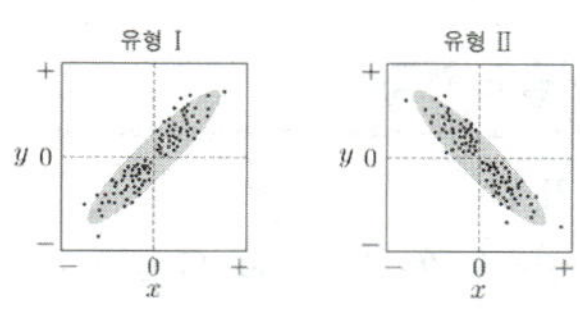

관계 유형 \ 물리량	x	y
ⓐ	동태평양에서 적운형 구름양의 편차	(서태평양 해수면 높이 − 동태평양 해수면 높이)의 편차
Ⅰ	서태평양에서의 해면 기압 편차	(㉠)의 편차
ⓑ	(서태평양 해수면 수온 − 동태평양 해수면 수온)의 편차	워커 순환 세기의 편차

(편차 = 관측값 − 평년값)

이 자료에 대한 설명으로 옳은 것만을 〈보기〉에서 있는 대로 고른 것은? [3점]

<보 기>

ㄱ. ⓐ는 Ⅱ이다.
ㄴ. '동태평양에서 수온 약층이 나타나기 시작하는 깊이'는 ㉠에 해당한다.
ㄷ. ⓑ는 Ⅰ이다.

① ㄱ　② ㄷ　③ ㄱ, ㄴ　④ ㄴ, ㄷ　⑤ ㄱ, ㄴ, ㄷ

• 왜 정답일까?

ㄱ. 만약, 엘니뇨 시기에 물리량 x인 동태평양에서 적운형 구름양의 편차를 관측하면 +이고, 물리량 y인 (서태평양 해수면 높이−동태평양 해수면 높이)의 편차는 −이므로 유형 Ⅱ에 해당한다.
ㄴ. 만약, 엘니뇨 시기에 물리량 x인 서태평양에서의 해면 기압 편차를 관측하면 +이다. 관계 유형이 Ⅰ이면 물리량 y인 ㉠의 편차는 +가 되어야 한다. '동태평양에서 수온 약층이 나타나기 시작하는 깊이' 는 엘니뇨 시기에 깊어지므로 +에 해당한다.
ㄷ. 만약, 엘니뇨 시기에 물리량 x인 (서태평양 해수면 수온−동태평양 해수면 수온)의 편차를 관측하면 −이고, 물리량 y인 워커 순환 세기는 약해지기 때문에 편차 역시 −이다. 따라서 ⓑ는 Ⅰ이다.

● 고3 지구과학Ⅰ ●

33회 2021학년도 9월

01 ③	02 ③	03 ②	04 ②	05 ①
06 ①	07 ⑤	08 ③	09 ④	10 ③
11 ④	12 ⑤	13 ④	14 ⑤	15 ②
16 ①	17 ②	18 ①	19 ④	20 ②

채점 결과
• 실제 걸린 시간 : 분 초
• 맞은 문항수 : 개
• 틀린 문항수 : 개
• 헷갈린 문항 :

01 퇴적암의 종류

정답률 72% | 정답 ③

| 문제 보기 |

표는 퇴적물의 기원에 따른 퇴적암의 종류를 나타낸 것이다.

구분	퇴적물	퇴적암
A	식물	석탄
	규조	처트
B	모래	㉠
	㉡	역암

이에 대한 설명으로 옳은 것만을 〈보기〉에서 있는 대로 고른 것은?

<보 기>

ㄱ. A는 쇄설성 퇴적암이다.
ㄴ. ㉠은 암염이다.
ㄷ. 자갈은 ㉡에 해당한다.

① ㄱ　② ㄴ　③ ㄷ　④ ㄱ, ㄷ　⑤ ㄴ, ㄷ

• 왜 정답일까?

A는 유기적 퇴적암, B는 쇄설성 퇴적암이다.
ㄷ. 역암은 쇄설성 퇴적암 중 입자의 크기가 2㎜ 이상인 자갈(㉡)의 함량이 많은 암석이다.

• 왜 오답일까?

ㄱ. A의 석탄과 처트는 생물체의 유해나 골격의 일부가 쌓여서 만들어진 유기적 퇴적암이다.
ㄴ. 모래가 퇴적되어 만들어진 퇴적암(㉠)은 사암이다. 암염은 바닷물에 녹아 있던 NaCl 성분이 침전하여 만들어진 화학적 퇴적암이다.

02 지질 시대의 생물

정답률 76% | 정답 ③

| 문제 보기 |

그림은 현생 누대 동안 동물 과의 수를 현재 동물 과의 수에 대한 비로 나타낸 것이다.

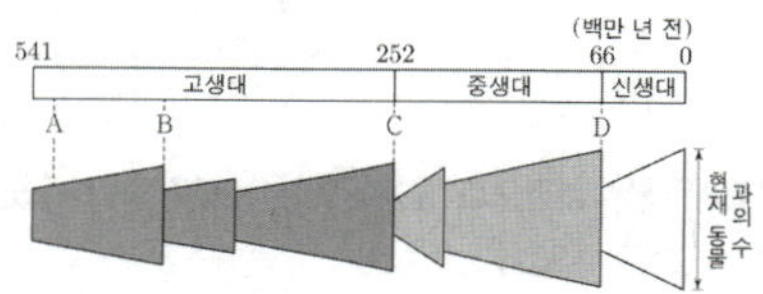

이에 대한 설명으로 옳은 것만을 〈보기〉에서 있는 대로 고른 것은? [3점]

<보 기>

ㄱ. A 시기에 육상 동물이 출현하였다.
ㄴ. 동물 과의 멸종 비율은 B 시기가 C 시기보다 크다.
ㄷ. D 시기에 공룡이 멸종하였다.

① ㄱ　② ㄴ　③ ㄷ　④ ㄱ, ㄴ　⑤ ㄱ, ㄷ

• 왜 정답일까?

고생대 오르도비스기 말(B), 데본기 말, 페름기 말(C), 중생대 트라이아스기 말, 백악기 말(D)에 생물 대멸종이 있었다.
ㄷ. D 시기는 중생대 백악기 말로, 이 시기에 공룡과 암모나이트가 멸종하였다.

• 왜 오답일까?

ㄱ. 육상 동물은 고생대 데본기에 최초로 출현하였다.
ㄴ. 그림을 보면 동물과의 멸종 비율은 C 시기가 B 시기보다 크다. C 시기는 고생대 페름기 말로, 이 시기에 삼엽충이 멸종하였으며, 완족류 과의 수가 급격히 감소하는 등 지질 시대 중 가장 큰 멸종이 있었다.

[문제편 p.128]

03 H－R도와 별의 진화

정답률 87% | 정답 ②

| 문제 보기 |

그림은 분광형과 광도를 기준으로 한 H－R도이고, 표의 (가), (나), (다)는 각각 H－R도에 분류된 별의 집단 ㉠, ㉡, ㉢의 특징 중 하나이다.

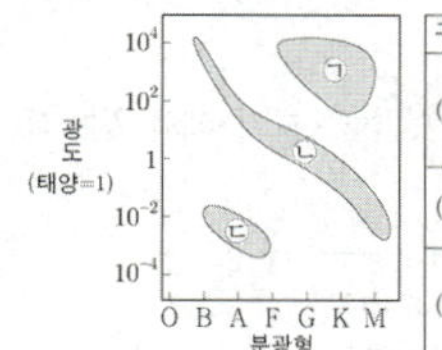

구분	특징
(가)	별이 일생의 대부분을 보내는 단계로, 정역학 평형 상태에 놓여 별의 크기가 거의 일정하게 유지된다.
(나)	주계열을 벗어난 단계로, 핵융합 반응을 통해 무거운 원소들이 만들어진다.
(다)	태양과 질량이 비슷한 별의 최종 진화 단계로, 별의 바깥층 물질이 우주로 방출된 후 중심핵만 남는다.

(가), (나), (다)에 해당하는 별의 집단으로 옳은 것은?

	(가)	(나)	(다)
①	㉠	㉡	㉢
②	㉡	㉠	㉢
③	㉡	㉢	㉠
④	㉢	㉠	㉡
⑤	㉢	㉡	㉠

• 왜 정답일까?

(가)는 주계열성 단계로 ㉡이 이에 해당한다.
(나)는 거성 단계로 ㉠이 이에 해당한다.
(다)는 백색 왜성 단계로 ㉢이 이에 해당한다.

04 온대 저기압과 날씨

정답률 65% | 정답 ②

| 문제 보기 |

그림 (가)는 어느 날 21시 우리나라 주변의 지상 일기도를, (나)는 (가)의 21시부터 14시간 동안 관측소 A와 B중 한 곳에서 관측한 기온과 기압을 나타낸 것이다.

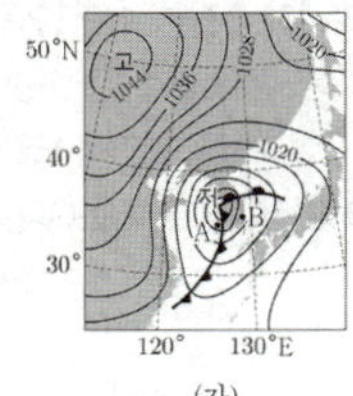

(가)

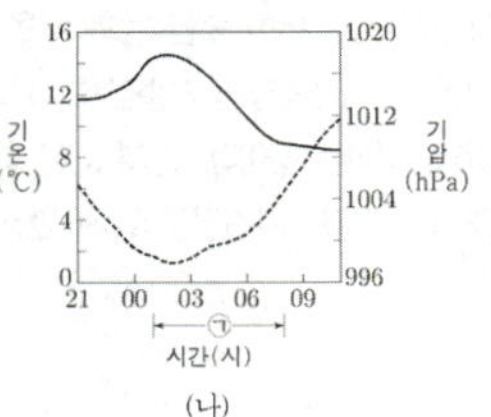

(나)

이 자료에 대한 설명으로 옳은 것만을 〈보기〉에서 있는 대로 고른 것은? [3점]

〈보 기〉
ㄱ. (가)에서 A의 상층부에는 주로 층운형 구름이 발달한다.
ㄴ. (나)는 B의 관측 자료이다.
ㄷ. (나)의 관측소에서 ㉠기간 동안 풍향은 시계 반대 방향으로 바뀌었다.

① ㄱ ② ㄴ ③ ㄱ, ㄷ ④ ㄴ, ㄷ ⑤ ㄱ, ㄴ, ㄷ

• 왜 정답일까?

우리나라를 통과하는 온대 저기압은 편서풍의 영향을 받아 서쪽에서 동쪽으로 이동한다.
ㄴ. (나)에서 02시경 이후에 기온(실선)은 하강하였고, 기압(점선)은 상승하였으므로 02시경에 한랭 전선이 통과하였다. 따라서 (나)는 B의 관측 자료이다.

• 왜 오답일까?

ㄱ. 한랭 전선 후면에 위치한 A의 상층부에는 주로 적운형 구름이 발달한다.
ㄷ. ㉠ 기간 동안 온대 저기압의 중심이 (나) 관측소의 북쪽을 통과하였으므로, (나)의 관측소에서 ㉠ 기간 동안 풍향은 시계 방향으로 바뀌었다.

05 우리나라 주변 표층 해수의 성질

정답률 85% | 정답 ①

| 문제 보기 |

그림 (가)는 우리나라 주변 해역 A, B, C를, (나)는 세 해역 표층 해수의 수온과 염분을 수온－염분도에 나타낸 것이다. B와 C의 수온과 염분 분포는 각각 ㉠과 ㉡ 중 하나이다.

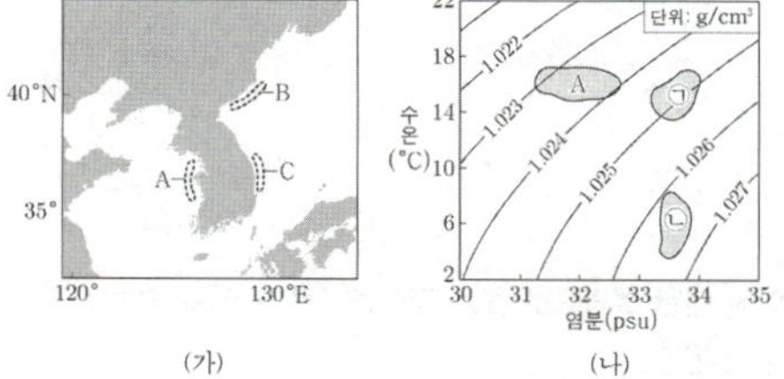

(가) (나)

이 자료에 대한 설명으로 옳은 것만을 〈보기〉에서 있는 대로 고른 것은?

〈보 기〉
ㄱ. ㉡은 B에 해당한다.
ㄴ. 해수의 밀도는 A가 C보다 크다.
ㄷ. B와 C의 해수 밀도 차이는 수온보다 염분의 영향이 더 크다.

① ㄱ ② ㄴ ③ ㄱ, ㄷ
④ ㄴ, ㄷ ⑤ ㄱ, ㄴ, ㄷ

• 왜 정답일까?

해수의 밀도는 주로 수온과 염분에 의해 결정되며 수온이 낮을수록, 염분이 높을수록 밀도가 크다. B와 C는 각각 북한 한류와 동한 난류의 영향을 받는다.
ㄱ. 표층 수온은 한류의 영향을 받는 B가 난류의 영향을 받는 C보다 낮다. 따라서 ㉡이 B에 해당한다.

• 왜 오답일까?

ㄴ. C는 ㉠에 해당하므로, 해수의 밀도는 A가 C보다 작다.
ㄷ. B(㉡)와 C(㉠)는 염분이 거의 같으므로, B와 C의 해수 밀도 차이는 염분보다 수온의 영향이 더 크다.

06 방사성 동위 원소와 절대 연령

정답률 46% | 정답 ①

| 문제 보기 |

그림은 방사성 동위 원소 A와 B의 붕괴 곡선을 나타낸 것이다.

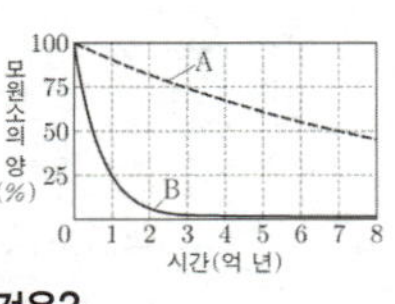

이에 대한 설명으로 옳은 것만을 〈보기〉에서 있는 대로 고른 것은?

〈보 기〉
ㄱ. 반감기는 A가 B의 14배이다.
ㄴ. 7억 년 전 생성된 화성암에 포함된 A는 두 번의 반감기를 거쳤다.
ㄷ. 암석에 포함된 $\frac{\text{B의 양}}{\text{B의 자원소 양}}$이 $\frac{1}{4}$로 되는 데 걸리는 시간은 1억 년이다.

① ㄱ ② ㄴ ③ ㄱ, ㄷ
④ ㄴ, ㄷ ⑤ ㄱ, ㄴ, ㄷ

• 왜 정답일까?

방사성 동위 원소의 양이 처음 양의 $\frac{1}{2}$로 줄어드는 데 걸리는 시간을 반감기라고 한다.
ㄱ. A와 B의 반감기는 각각 7억 년, 0.5억 년이다. 따라서 반감기는 A가 B의 14배이다.

• 왜 오답일까?

ㄴ. A의 반감기는 7억 년이므로, 7억 년 전에 생성된 화성암에 포함된 A는 한 번의 반감기를 거쳤다.
ㄷ. 암석에 포함된 $\frac{\text{B의 양}}{\text{B의 자원소 양}}$이 $\frac{1}{3}$이 되는 데 걸리는 시간은 B 반감기의 2배(1억년)이다. 따라서 암석에 포함된 $\frac{\text{B의 양}}{\text{B의 자원소 양}}$이 $\frac{1}{4}$로 되는 데 걸리는 시간은 1억 년보다 더 길다.

07 엘니뇨와 라니냐

정답률 71% | 정답 ⑤

| 문제 보기 |

그림은 태평양 적도 부근 해역에서의 대기 순환 모습을 나타낸 것이다. (가)와 (나)는 각각 엘니뇨와 라니냐 시기 중 하나이다.

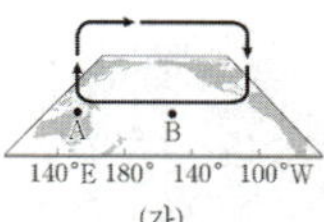

(가)

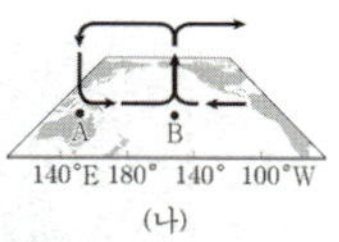

(나)

이에 대한 설명으로 옳은 것만을 〈보기〉에서 있는 대로 고른 것은? [3점]

〈보 기〉
ㄱ. 서태평양 적도 부근 무역풍의 세기는 (가)가 (나)보다 강하다.
ㄴ. 동태평양 적도 부근 해역의 용승은 (가)가 (나)보다 강하다.
ㄷ. (B 지점 해면 기압 － A 지점 해면 기압)의 값은 (가)가 (나)보다 크다.

① ㄱ ② ㄷ ③ ㄱ, ㄴ
④ ㄴ, ㄷ ⑤ ㄱ, ㄴ, ㄷ

• 왜 정답일까?

(가)는 라니냐, (나)는 엘니뇨 시기이다.

• 왜 오답일까?

ㄱ. 서태평양 적도 부근 무역풍의 세기는 라니냐 시기인 (가)가 엘니뇨 시기인 (나)보다 강하다.
ㄴ. 평상시보다 무역풍이 강하게 부는 라니냐 시기에는 동태평양 적도 부근 해역의 용승이 강해지며, 평상시보다 무역풍이 약하게 부는 엘니뇨 시기에는 동태평양 적도 부근 해역의 용승이 약해진다.
ㄷ. 평상시에 해면 기압은 A 지점이 B 지점보다 낮다. 엘니뇨가 발생하면 A 지점의 해면 기압은 평상시보다 높아지고, B 지점의 해면 기압은 평상시보다 낮아져 (B 지점의 해면 기압－A 지점 해면 기압)의 값이 작아지며, 라니냐가 발생하면 반대 현상이 나타난다.

08 해양 지각의 연령 분포

정답률 63% | 정답 ③

| 문제 보기 |

그림은 해양 지각의 연령 분포를 나타낸 것이다.

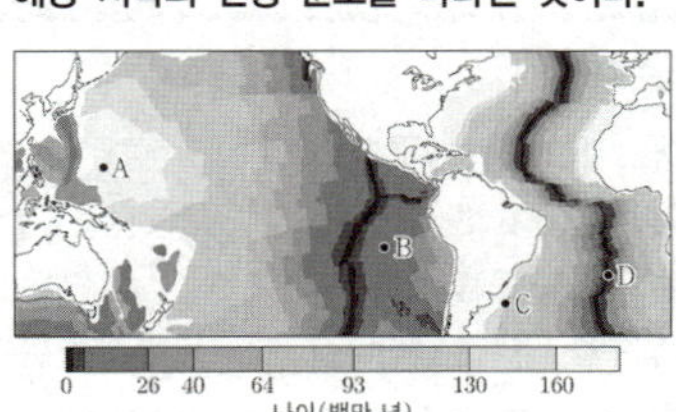

A～D 지점에 대한 설명으로 옳은 것만을 〈보기〉에서 있는 대로 고른 것은?

〈보 기〉
ㄱ. 해저 퇴적물의 두께는 A가 B보다 두껍다.
ㄴ. 최근 4천만 년 동안 평균 이동 속력은 B가 속한 판이 C가 속한 판보다 크다.
ㄷ. 지진 활동은 C가 D보다 활발하다.

① ㄱ ② ㄷ ③ ㄱ, ㄴ
④ ㄴ, ㄷ ⑤ ㄱ, ㄴ, ㄷ

• 왜 정답일까?

해령에서 새로운 해양 지각이 생성되고 해령을 축으로 양쪽으로 확장된다.
ㄱ. 해령에서 멀어질수록 해저 퇴적물의 두께는 증가한다.
ㄴ. 최근 4천만 년 동안 평균 이동 거리를 보면 B가 속한 판이 C가 속한 판보다 크다. 따라서 최근 4천만 년 동안 판의 평균 이동 속력은 B가 속한 판이 C가 속한 판보다 크다.

• 왜 오답일까?

ㄷ. C는 판의 내부에 위치하는 반면, D는 발산형 경계에 위치하므로, 지진 활동은 D가 C보다 활발하다. 발산형 경계인 해령(D)에서는 천발 지진이 주로 발생한다.

09 플룸의 온도와 지진파 속도

정답률 45% | 정답 ④

| 문제 보기 |

그림은 해양판이 섭입하면서 마그마가 생성되는 어느 해구 지역의 지진파 단층 촬영 영상을 나타낸 것이다.

[문제편 p.129]

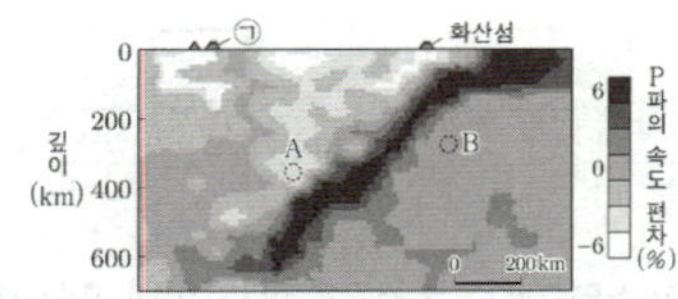

이에 대한 설명으로 옳은 것만을 〈보기〉에서 있는 대로 고른 것은? [3점]

〈보 기〉
ㄱ. ㉠은 열점이다.
ㄴ. A 지점에서는 주로 SiO_2의 함량이 52%보다 낮은 마그마가 생성된다.
ㄷ. B 지점은 맨틀 대류의 하강부이다.

① ㄱ ② ㄴ ③ ㄱ, ㄷ ④ ㄴ, ㄷ ⑤ ㄱ, ㄴ, ㄷ

• 왜 정답일까?

뜨거운 플룸은 주변의 맨틀보다 상대적으로 온도가 높고 지진파의 속도가 느리며, 차가운 플룸은 주변의 맨틀보다 상대적으로 온도가 낮고 지진파의 속도가 빠르다.

ㄴ. A 지점은 섭입대(베니오프대) 상부로 해양판이 섭입하여 온도와 압력이 상승하면 해양 지각 등에 포함된 물이 빠져나오고, 이 물의 영향으로 연약권을 구성하는 광물의 용융 온도가 낮아져 주로 현무암질 마그마가 생성된다. 현무암질 마그마는 SiO_2의 함량이 52%보다 낮다.

ㄷ. A 지점과 B 지점 사이의 지진파 속도가 빠른 영역은 섭입하는 해양판에 해당한다. 따라서 섭입하는 해양판 부근에 위치한 B 지점은 맨틀 대류의 하강부이다.

• 왜 오답일까?

ㄱ. ㉠은 섭입대(베니오프대)가 발달하는 수렴형 경계부에서 주로 안산암질 마그마가 분출하여 생성된 화산섬이다.

10 해수의 표층 순환

정답률 58% | 정답 ③

| 문제 보기 |

그림은 어느 해 태평양에서 유실된 컨테이너에 실려 있던 운동화가 발견된 지점과 표층 해류 A와 B의 일부를 나타낸 것이다.

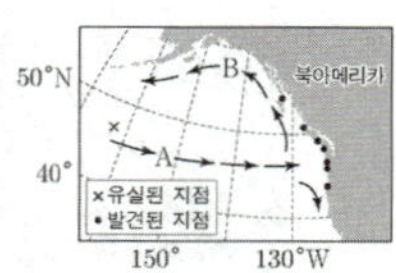

이에 대한 설명으로 옳은 것만을 〈보기〉에서 있는 대로 고른 것은? [3점]

〈보 기〉
ㄱ. A는 편서풍의 영향을 받는다.
ㄴ. B는 아열대 순환의 일부이다.
ㄷ. 북아메리카 해안에서 발견된 운동화는 북태평양 해류의 영향을 받았다.

① ㄱ ② ㄴ ③ ㄱ, ㄷ ④ ㄴ, ㄷ ⑤ ㄱ, ㄴ, ㄷ

• 왜 정답일까?

A는 북태평양 해류, B는 알래스카 해류이다.

ㄱ. A는 편서풍에 의해 형성된 북태평양 해류로 서쪽에서 동쪽으로 흐른다.

ㄷ. 운동화는 중앙 태평양에서 유실된 후, 북태평양 해류의 영향을 받아 서쪽에서 동쪽으로 이동하였다.

• 왜 오답일까?

ㄴ. 알래스카 해류(B)는 북태평양의 아한대 순환의 일부이다.

11 주계열성의 에너지원과 내부 구조

정답률 56% | 정답 ④

| 문제 보기 |

그림 (가)의 A와 B는 분광형이 G2인 주계열성의 중심으로부터 표면까지 거리에 따른 수소 함량 비율과 온도를 순서 없이 나타낸 것이고, ㉠과 ㉡은 에너지 전달 방식이 다른 구간을 표시한 것이다. (나)는 별의 중심 온도에 따른 p−p 반응과 CNO순환 반응의 상대적 에너지 생산량을 비교한 것이다.

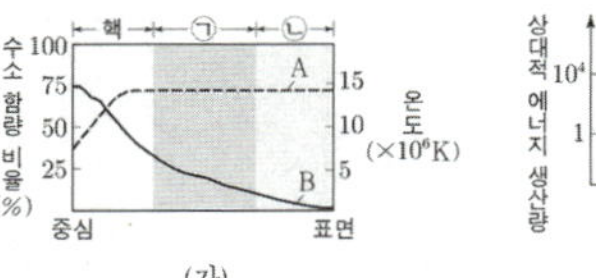

(가)

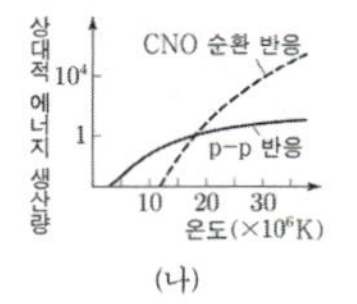

(나)

이에 대한 설명으로 옳은 것만을 〈보기〉에서 있는 대로 고른 것은?

〈보 기〉
ㄱ. A는 온도이다.
ㄴ. (가)의 핵에서는 CNO 순환 반응보다 p-p 반응에 의해 생성되는 에너지의 양이 많다.
ㄷ. 대류층에 해당하는 것은 ㉡이다.

① ㄱ ② ㄴ ③ ㄱ, ㄷ ④ ㄴ, ㄷ ⑤ ㄱ, ㄴ, ㄷ

• 왜 정답일까?

ㄴ. (가)에서 별의 중심부 온도가 1500만 K 이하이므로 CNO 순환 반응보다 p−p 반응에 의해 생성되는 에너지의 양이 많다.

ㄷ. ㉠은 복사층, ㉡은 대류층에 해당한다.

• 왜 오답일까?

ㄱ. 주계열성의 온도는 핵융합 반응이 일어나는 중심부에서 가장 높고, 표면으로 갈수록 점점 낮아지므로 B는 온도이고, A는 수소 함량 비율이다.

12 허블의 은하 분류

정답률 81% | 정답 ⑤

| 문제 보기 |

다음은 세 학생이 다양한 외부 은하를 형태에 따라 분류하는 탐구 활동의 일부를 나타낸 것이다.

[탐구 과정]
(가) 다양한 형태의 은하 사진을 준비한다.
(나) '규칙적인 구조가 있는가?'에 따라 은하를 분류한다.
(다) (나)의 조건을 만족하는 은하를 '(㉠)이/가 있는가?'에 따라 A와 B 그룹으로 분류한다.
(라) A와 B 그룹에 적용할 추가 분류 기준을 만든다.

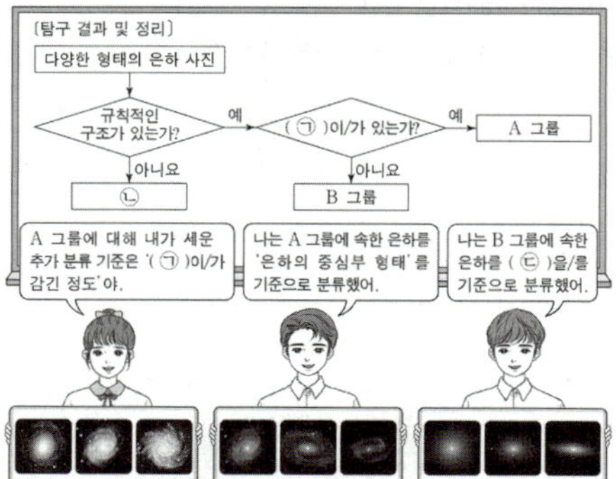

이에 대한 설명으로 옳은 것만을 〈보기〉에서 있는 대로 고른 것은? [3점]

〈보 기〉
ㄱ. 나선팔은 ㉠에 해당한다.
ㄴ. 허블의 분류 체계에 따르면 ㉡은 불규칙 은하이다.
ㄷ. '구에 가까운 정도'는 ㉢에 해당한다.

① ㄱ ② ㄴ ③ ㄱ, ㄷ ④ ㄴ, ㄷ ⑤ ㄱ, ㄴ, ㄷ

• 왜 정답일까?

ㄱ. 규칙적인 구조를 갖는 은하들은 크게 타원 은하와 나선 은하로 구분할 수 있다. 따라서 '나선팔(㉠)이 있는가?'는 타원 은하와 나선 은하를 구분하는 기준이 될 수 있다.

ㄴ. ㉡은 규칙적인 구조가 존재하지 않는 은하이며, 허블의 은하 분류 체계에서 불규칙 은하로 분류된다.

ㄷ. A 그룹에 속한 은하들은 나선 은하이며, B 그룹에 속한 은하들은 타원 은하이다. 타원 은하들은 '구에 가까운 정도(㉢)'에 따라서 E0~E7까지 세분할 수 있다.

13 식 현상을 이용한 외계 행성 탐사

정답률 61% | 정답 ④

| 문제 보기 |

그림 (가)는 어느 외계 행성계에서 식 현상을 일으키는 행성 A, B, C에 의한 시간에 따른 중심별의 겉보기 밝기 변화를, (나)는 A, B, C 중 두 행성에 의한 중심별의 겉보기 밝기 변화를 나타낸 것이다. 세 행성의 공전 궤도면은 관측자의 시선 방향과 나란하다.

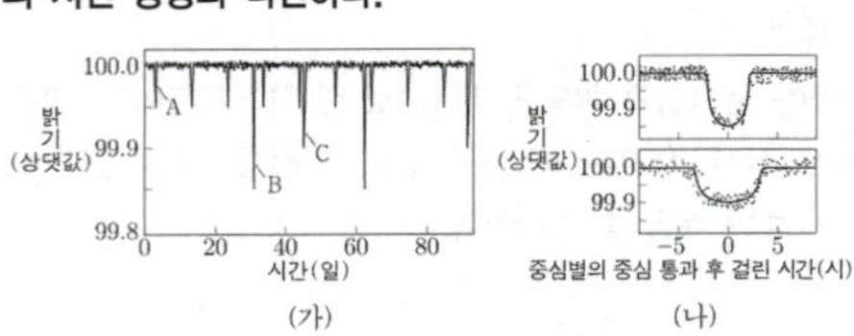

이 자료에 대한 설명으로 옳은 것만을 〈보기〉에서 있는 대로 고른 것은? [3점]

〈보 기〉
ㄱ. 행성의 반지름은 B가 A의 3배이다.
ㄴ. 행성의 공전 주기는 C가 가장 길다.
ㄷ. 행성이 중심별을 통과하는 데 걸리는 시간은 C가 B보다 길다.

① ㄱ ② ㄴ ③ ㄱ, ㄷ ④ ㄴ, ㄷ ⑤ ㄱ, ㄴ, ㄷ

• 왜 정답일까?

ㄴ. 행성에 의한 식 현상이 나타나는 주기는 행성의 공전 주기와 같다. 따라서 행성의 공전 주기는 C가 가장 길다.

ㄷ. (나)에서 중심별의 밝기가 감소한 시간 간격은 행성이 중심별을 통과하는 데 걸리는 시간에 해당하며, 이 시간은 행성의 공전 주기가 길수록 길다. 따라서 행성이 중심별을 통과하는 데 걸리는 시간은 C가 B보다 길다.

• 왜 오답일까?

ㄱ. 행성 A, B의 식 현상에 의한 중심별의 밝기 감소 비율은 B가 A의 3배이다. 중심별의 밝기 감소 비율은 행성의 단면적에 비례하므로 행성의 반지름은 B가 A의 $\sqrt{3}$ 배이다.

14 지구의 기후 변화

정답률 83% | 정답 ⑤

| 문제 보기 |

그림은 기후 변화 요인 ㉠과 ㉡을 고려하여 추정한 지구 평균 기온 편차(추정값−기준값)와 관측 기온 편차(관측값−기준값)를 나타낸 것이다. ㉠과 ㉡은 각각 온실 기체와 자연적 요인 중 하나이고, 기준값은 1880년~1919년의 평균 기온이다.

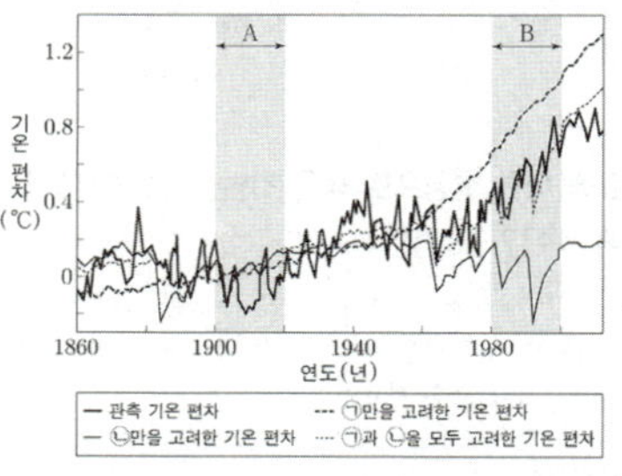

이에 대한 설명으로 옳은 것만을 〈보기〉에서 있는 대로 고른 것은? [3점]

〈보 기〉
ㄱ. 지구 해수면의 평균 높이는 B 시기가 A 시기보다 높다.
ㄴ. 대기권에 도달하는 태양 복사 에너지양의 변화는 ㉡에 해당한다.
ㄷ. B 시기의 관측 기온 변화 추세는 자연적 요인보다 온실 기체에 의한 영향이 더 크다.

① ㄱ ② ㄷ ③ ㄱ, ㄴ ④ ㄴ, ㄷ ⑤ ㄱ, ㄴ, ㄷ

• 왜 정답일까?

ㄱ. 지구의 평균 기온은 B시기가 A 시기보다 높다. 따라서 지구 해수면의 평균 높이는 B 시기가 A 시기보다 높다.

ㄴ. 대기권에 도달하는 태양 복사 에너지의 변화는 지구의 기후 변화를 일으키는 자연적 요인이므로 ㉡에 해당한다.

ㄷ. B 시기의 관측 기온 변화 추세는 뚜렷하게 상승하고 있으므로 자연적 요인만 고려한 ㉡의 기온 편차보다 온실 기체만 고려한 ㉠의 기온 편차와 유사하다.

15 별의 스펙트럼과 물리량

정답률 53% | 정답 ②

| 문제 보기 |

그림은 별의 스펙트럼에 나타난 흡수선의 상대적 세기를 온도에 따라 나타낸 것이고, 표는 별 A, B, C의 물리량과 특징을 나타낸 것이다.

[문제편 p.130]

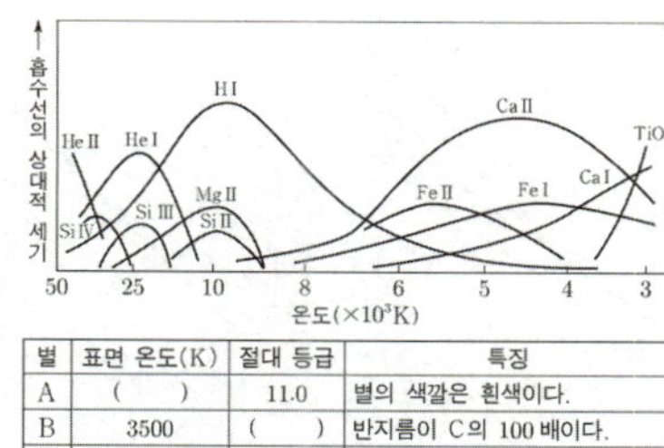

별	표면 온도(K)	절대 등급	특징
A	(　　)	11.0	별의 색깔은 흰색이다.
B	3500	(　　)	반지름이 C의 100 배이다.
C	6000	6.0	(　　)

이에 대한 설명으로 옳은 것은?

① 반지름은 A가 C보다 크다.
② B의 절대 등급은 −4.0보다 크다.
③ 세 별 중 Fe I 흡수선은 A에서 가장 강하다.
④ 단위 시간 당 방출하는 복사 에너지양은 C가 B보다 많다.
⑤ C에서는 Fe II 흡수선이 Ca II 흡수선보다 강하게 나타난다.

• 왜 정답일까?

별의 반지름은 B가 C의 100배이고, 표면 온도는 B가 C의 $\frac{1}{2}$배보다 크다.

광도는 반지름의 제곱에 비례하고, 표면 온도의 4제곱에 비례한다. 따라서 광도는 B가 C의 $(100)^2 \times \left(\frac{1}{2}\right)^4 = \frac{10000}{16}$ 배보다 작다.

한편, 광도가 10000배일 때 절대 등급은 10등급 작다. 따라서 C의 절대 등급이 6.0이므로 B의 절대 등급은 −4.0보다 크다.

• 왜 오답일까?

① A는 C보다 절대 등급이 크고, 표면 온도가 높으므로 반지름이 더 작다.
③ A는 색깔이 흰색이므로 표면 온도가 약 10000 K이다. 따라서 세 별 중 Fe I 흡수선은 A에서 가장 약하다.
④ 단위 시간당 방출하는 복사 에너지양을 광도라고 한다. 광도는 C가 B보다 작다.
⑤ C의 표면 온도는 6000 K이므로 Fe II 흡수선이 Ca II 흡수선보다 약하다.

16 대서양의 심층 순환

정답률 72% | 정답 ①

| 문제 보기 |

그림은 대서양 심층 순환의 일부를 모식적으로 나타낸 것이다. 수괴 A, B, C는 각각 북대서양 심층수, 남극 저층수, 남극 중층수 중 하나이다.

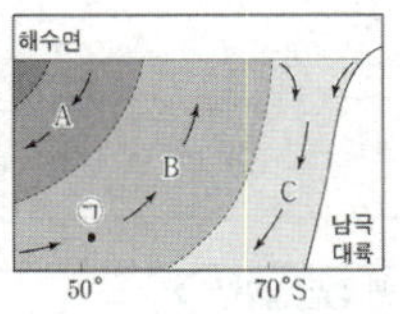

이에 대한 설명으로 옳은 것만을 <보기>에서 있는 대로 고른 것은?

<보 기>
ㄱ. 침강하는 해수의 밀도는 A가 C보다 작다.
ㄴ. B는 형성된 곳에서 ㉠지점까지 도달하는 데 걸리는 시간이 1년보다 짧다.
ㄷ. C는 표층 해수에서 (증발량 − 강수량) 값의 감소에 의한 밀도 변화로 형성된다.

① ㄱ　② ㄴ　③ ㄱ, ㄷ　④ ㄴ, ㄷ　⑤ ㄱ, ㄴ, ㄷ

• 왜 정답일까?

ㄱ. A는 남극 중층수, B는 북대서양 심층수, C는 남극 저층수에 해당한다. 따라서 침강하는 해수의 밀도는 A가 C보다 작다.

• 왜 오답일까?

ㄴ. 북대서양 심층수는 북반구의 그린란드 해역에서 침강하여 남쪽으로 이동한다. 심층수는 표층수에 비해 이동 속도가 매우 느리므로, 북대서양 심층수 B가 형성된 곳에서 ㉠ 지점까지 도달하는 데 걸리는 시간은 1년보다 훨씬 길다.
ㄷ. C는 남극 저층수로, 남극 대륙 주변의 웨델해에서 해수의 결빙 과정을 거쳐 형성된다.

17 표준 우주 모형

정답률 44% | 정답 ②

| 문제 보기 |

그림 (가)는 표준 우주 모형에서 시간에 따른 우주의 크기 변화를, (나)는 플랑크 망원경의 우주 배경 복사 관측 결과로부터 추론한 현재 우주를 구성하는 요소의 비율을 나타낸 것이다.

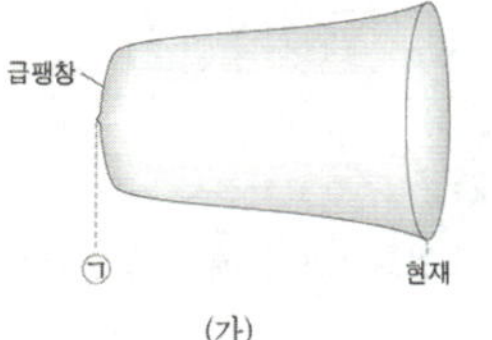

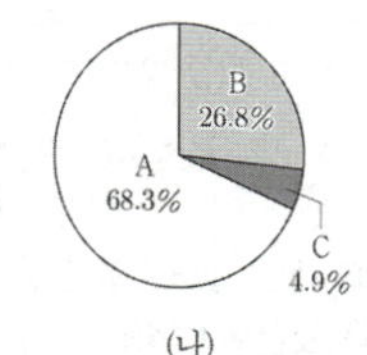

(가)　(나)

이에 대한 설명으로 옳은 것만을 <보기>에서 있는 대로 고른 것은?

<보 기>
ㄱ. 우주 배경 복사는 ㉠시기에 방출된 빛이다.
ㄴ. 현재 우주를 가속 팽창시키는 역할을 하는 것은 A이다.
ㄷ. B에서 가장 큰 비율을 차지하는 것은 중성자이다.

① ㄱ　② ㄴ　③ ㄷ　④ ㄱ, ㄴ　⑤ ㄱ, ㄷ

• 왜 정답일까?

ㄴ. (나)에서 A는 암흑 에너지, B는 암흑 물질, C는 보통 물질에 해당한다. 현재 우주를 가속 팽창시키는 역할을 하는 것은 암흑 에너지(A)이다.

• 왜 오답일까?

ㄱ. 우주 배경 복사는 우주가 생성되고 약 38만 년이 지났을 때 형성되었다. ㉠은 빅뱅이 일어난 시점이다.
ㄷ. 암흑 물질은 전자기파와 상호 작용하지 않는 미지의 물질이다. 중성자는 보통 물질 C에 속한다.

18 우주론

정답률 57% | 정답 ①

| 문제 보기 |

그림은 여러 외부 은하를 관측해서 구한 은하 A ~ I의 성간 기체에 존재하는 원소의 질량비를 나타낸 것이다.

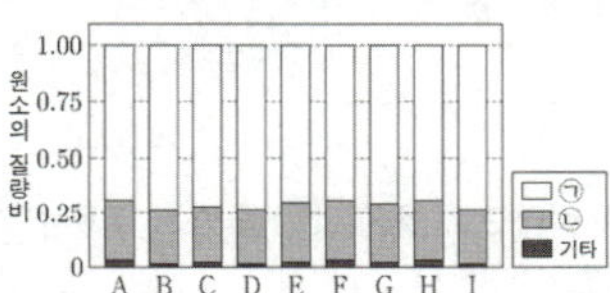

이에 대한 설명으로 옳은 것만을 <보기>에서 있는 대로 고른 것은? [3점]

<보 기>
ㄱ. ㉡은 수소 핵융합으로부터 만들어지는 원소이다.
ㄴ. 성간 기체에 포함된 $\frac{\text{수소의 총 질량}}{\text{산소의 총 질량}}$은 A가 B보다 크다.
ㄷ. 이 관측 결과는 우주의 밀도가 시간과 관계없이 일정하다고 보는 우주론의 증거가 된다.

① ㄱ　② ㄷ　③ ㄱ, ㄴ　④ ㄴ, ㄷ　⑤ ㄱ, ㄴ, ㄷ

• 왜 정답일까?

ㄱ. ㉠은 수소이고, ㉡은 헬륨이다. 헬륨은 수소 핵융합 반응으로부터 만들어지는 원소이다.

• 왜 오답일까?

ㄴ. 산소는 기타에 포함된 원소이다. 따라서 성간 기체에 포함된 $\frac{\text{수소의 총 질량}}{\text{산소의 총 질량}}$은 A가 B보다 작다.
ㄷ. 우주에 존재하는 가벼운 원소의 비율은 빅뱅 우주론의 증거 중 하나이다.

19 기상 영상과 일기도 해석

정답률 71% | 정답 ④

| 문제 보기 |

그림 (가)는 어느 날 05시 우리나라 주변의 적외 영상을, (나)는 다음 날 09시 지상 일기도를 나타낸 것이다.

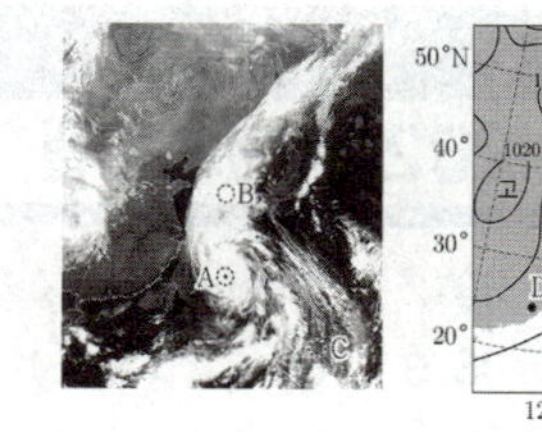

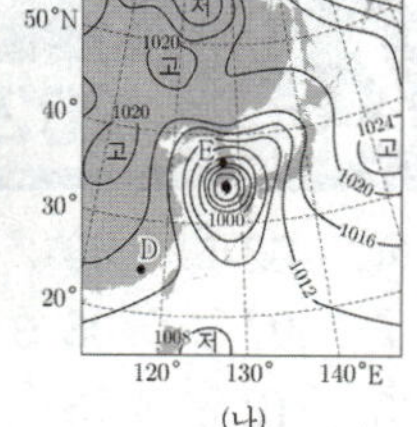

(가)　(나)

이 자료에 대한 설명으로 옳은 것만을 <보기>에서 있는 대로 고른 것은?

<보 기>
ㄱ. (가)의 A 해역에서 표층 해수의 침강이 나타난다.
ㄴ. (가)에서 구름 최상부의 고도는 B가 C보다 높다.
ㄷ. (나)에서 풍속은 E가 D보다 크다.

① ㄱ　② ㄷ　③ ㄱ, ㄴ　④ ㄴ, ㄷ　⑤ ㄱ, ㄴ, ㄷ

• 왜 정답일까?

ㄴ. 적외 영상에서는 구름 최상부의 고도가 높을수록 적외선 방출량이 적어 밝은 흰색으로 나타난다. 따라서 구름 최상부의 고도는 B가 C보다 높다.
ㄷ. (나)의 일기도에서 풍속은 등압선의 간격이 조밀한 E가 D보다 크다.

• 왜 오답일까?

ㄱ. (가)의 A 해역은 태풍의 중심 부근에 위치하므로 저기압성 바람이 불고, 표층 해수의 발산이 일어나 용승이 나타난다.

20 대륙 이동과 고지자기극

정답률 49% | 정답 ②

| 문제 보기 |

그림은 유럽과 북아메리카 대륙에서 측정한 5억 년 전부터 ㉢시기까지 고지자기극의 겉보기 이동 경로를 겹쳤을 때의 대륙 모습을 나타낸 것이다. 고지자기극은 고지자기 방향으로부터 추정한 지리상 북극이고, 실제 진북은 변하지 않았다.

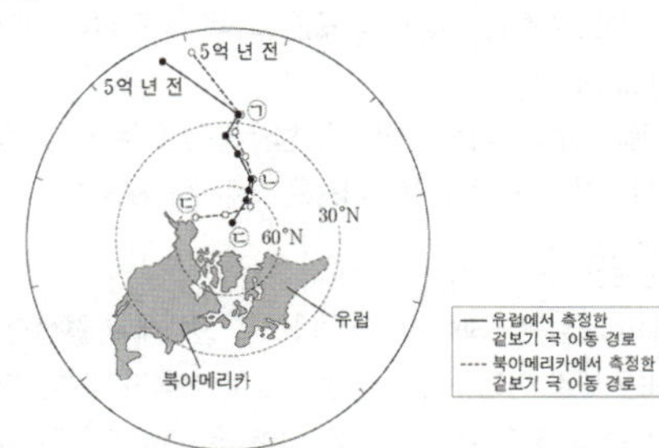

이 자료에 대한 설명으로 옳은 것만을 <보기>에서 있는 대로 고른 것은? [3점]

<보 기>
ㄱ. 5억 년 전에 지자기 북극은 적도 부근에 위치하였다.
ㄴ. 북아메리카에서 측정한 고지자기 복각은 ㉡시기가 ㉠시기보다 크다.
ㄷ. 유럽은 ㉡시기부터 ㉢시기까지 저위도 방향으로 이동하였다.

① ㄱ　② ㄴ　③ ㄱ, ㄷ　④ ㄴ, ㄷ　⑤ ㄱ, ㄴ, ㄷ

• 왜 정답일까?

ㄴ. 북아메리카에서 측정한 고지자기극의 위치는 ㉡ 시기가 ㉠ 시기보다 지리상 북극에 가깝다. 따라서 북아메리카 대륙은 ㉡ 시기가 ㉠ 시기보다 지리상 북극에서 가깝고, 고지자기 복각도 ㉡ 시기가 ㉠ 시기보다 크다.

• 왜 오답일까?

ㄱ. 지질 시대 동안 지자기극은 항상 지리상 북극에 위치하였으나 대륙의 이동으로 지질 시대 동안 고지자극의 겉보기 위치가 다른 곳에 분포한다. 따라서 5억 년 전에도 지자기 북극은 지리상 북극 부근에 위치하였다.
ㄷ. 유럽에서 측정한 고지자기극의 위치는 ㉡ 시기부터 ㉢ 시기까지 지리상 북극에 가까워졌으므로 유럽은 ㉡ 시기부터 ㉢ 시기까지 고위도 방향으로 이동하였다.

● 고3 지구과학 I ●

34회 2020학년도 9월

01 ④	02 ⑤	03 ②	04 ④	05 ③
06 ②	07 ⑤	08 ③	09 ⑤	10 ③
11 ②	12 ③	13 ④	14 ⑤	15 ①
16 ②	17 ③	18 ④	19 ③	20 ②

채점 결과
- 실제 걸린 시간 : 분 초
- 맞은 문항수 : 개
- 틀린 문항수 : 개
- 헷갈린 문항 :

01 지층의 대비

정답률 89% | 정답 ④

| 문제 보기 |

그림은 서로 다른 지역 (가)와 (나)의 지질 주상도와 각 지층에서 산출되는 화석을 나타낸 것이다.

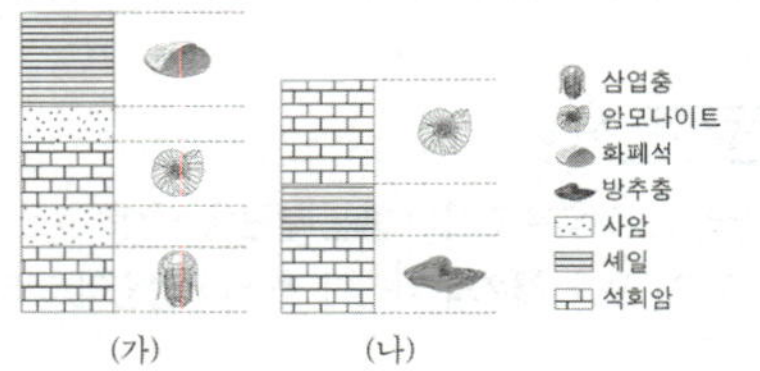

이 자료에 대한 설명으로 옳은 것만을 <보기>에서 있는 대로 고른 것은?

<보 기>
ㄱ. 두 지역의 셰일은 동일한 시대에 퇴적되었다.
ㄴ. 가장 젊은 지층은 (가)에 나타난다.
ㄷ. 화석이 산출되는 지층은 모두 해성층이다.

① ㄱ ② ㄷ ③ ㄱ, ㄴ ④ ㄴ, ㄷ ⑤ ㄱ, ㄴ, ㄷ

• 왜 정답일까?

ㄴ. 가장 젊은 지층은 신생대의 표준 화석인 화폐석이 나타나는 (가)의 셰일이다.
ㄷ. 삼엽충, 암모나이트, 화폐석, 방추충은 모두 해양 생물의 화석이므로 화석이 산출되는 지층은 모두 해성층이다

• 왜 오답일까?

ㄱ. (가)의 셰일은 화폐석이 나타나므로 신생대에 형성되었고, (나)에서는 셰일 아래쪽에 고생대의 표준 화석인 방추충이, 위쪽에 중생대의 표준 화석인 암모나이트 화석이 포함된 지층이 분포하므로 셰일은 고생대 또는 중생대에 형성되었다. 따라서 두 지역의 셰일은 동일한 시대에 퇴적된 것이 아니다.

02 퇴적 구조

정답률 89% | 정답 ⑤

| 문제 보기 |

그림은 퇴적 구조 A, B, C를 나타낸 것이다.

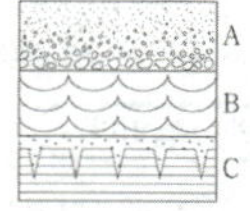

이에 대한 설명으로 옳은 것만을 <보기>에서 있는 대로 고른 것은?

<보 기>
ㄱ. A는 지층의 상하 판단에 이용된다.
ㄴ. B는 연흔이다.
ㄷ. C가 생성되는 동안 건조한 대기에 노출된 시기가 있었다.

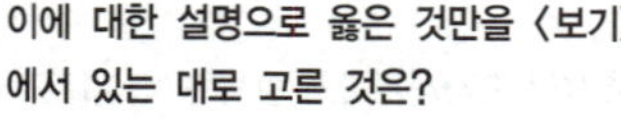

① ㄱ ② ㄴ ③ ㄱ, ㄷ ④ ㄴ, ㄷ ⑤ ㄱ, ㄴ, ㄷ

• 왜 정답일까?

ㄱ. A는 점이 층리이다. 정상적인 점이 층리는 위로 갈수록 입자의 크기가 점점 작아지는 구조를 보이므로 지층의 상하 판단에 이용된다.
ㄴ. B는 연흔이다. 연흔은 흐르는 물이나 파도, 바람 등에 의해 퇴적물의 표면에 생긴 물결 모양의 구조이다.
ㄷ. C는 건열이다. 건열은 건조한 기후에 노출되는 환경에서 퇴적층의 표면이 갈라져 퇴적암 표면에 틈이 생긴 구조이다.

03 마그마의 화학 조성

정답률 89% | 정답 ②

| 문제 보기 |

그림은 마그마 A와 B의 화학 조성을 질량비(%)로 나타낸 것이다. A와 B는 각각 현무암질 마그마와 유문암질 마그마 중 하나이다.

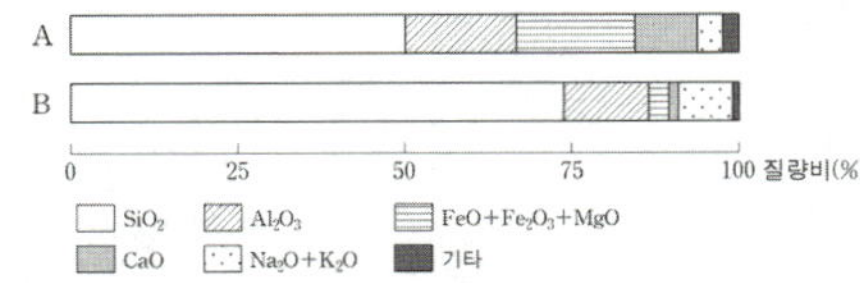

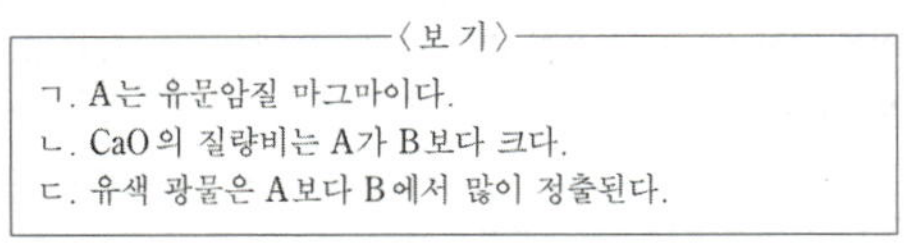

이에 대한 설명으로 옳은 것만을 <보기>에서 있는 대로 고른 것은? [3점]

<보 기>
ㄱ. A는 유문암질 마그마이다.
ㄴ. CaO의 질량비는 A가 B보다 크다.
ㄷ. 유색 광물은 A보다 B에서 많이 정출된다.

① ㄱ ② ㄴ ③ ㄱ, ㄷ ④ ㄴ, ㄷ ⑤ ㄱ, ㄴ, ㄷ

• 왜 정답일까?

유문암질 마그마는 현무암질 마그마보다 SiO_2와 Na_2O+K_2O의 질량비(%)는 크지만, CaO의 질량비(%)는 작다.
ㄴ. 그림에서 CaO의 질량비(%)는 A가 B보다 크다.

• 왜 오답일까?

ㄱ. A는 현무암질 마그마이다.
ㄷ. 유색 광물은 현무암질 마그마인 A에서 더 많이 정출된다.

04 계절별 일기도의 특성

정답률 68% | 정답 ④

| 문제 보기 |

그림 (가)와 (나)는 여름철 어느 날과 겨울철 어느 날의 일기도를 순서 없이 나타낸 것이다.

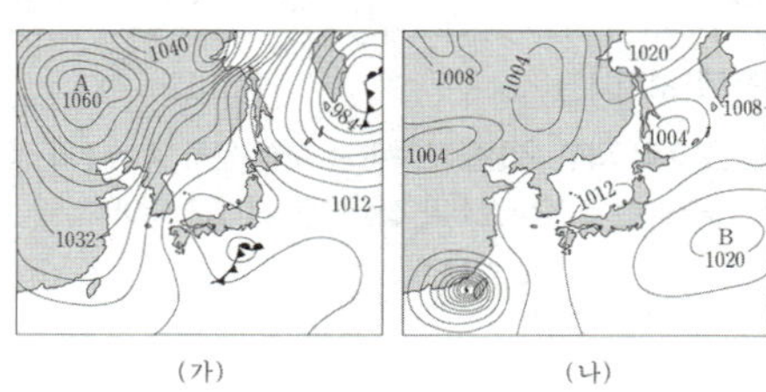

이에 대한 설명으로 옳은 것만을 <보기>에서 있는 대로 고른 것은?

<보 기>
ㄱ. (가)는 여름철의 일기도이다.
ㄴ. 우리나라에서 풍속은 (가)가 (나)보다 크다.
ㄷ. A는 건조한 고기압이고, B는 다습한 고기압이다.

① ㄱ ② ㄷ ③ ㄱ, ㄴ ④ ㄴ, ㄷ ⑤ ㄱ, ㄴ, ㄷ

• 왜 정답일까?

우리나라는 여름철에는 북태평양 기단의 영향을 받아 고온 다습하고, 겨울철에는 시베리아 기단의 영향을 받아 한랭 건조하다.
ㄴ. 등압선 간격이 더 조밀할수록 바람이 강하게 불기 때문에 (가)가 (나)보다 풍속이 세다.
ㄷ. A는 시베리아 고기압으로 한랭 건조하고, B는 북태평양 고기압으로 고온 다습하다.

• 왜 오답일까?

ㄱ. (가)는 서고동저형 기압 배치로 겨울철, (나)는 남고북저형 기압 배치로 여름철 일기도이다.

05 우주 모형

정답률 56% | 정답 ③

| 문제 보기 |

그림 (가)는 물질과 암흑 에너지의 함량이 서로 다른 우주 모형 A, B, C에서 시간에 따른 우주의 상대적 크기를, (나)는 이들 모형에서 적색 편이(z)와 거리 지수 사이의 관계를 나타낸 것이다. Ω_m과 Ω_Λ는 각각 현재 우주의 물질 밀도와 암흑 에너지 밀도를 임계 밀도로 나눈 값이다.

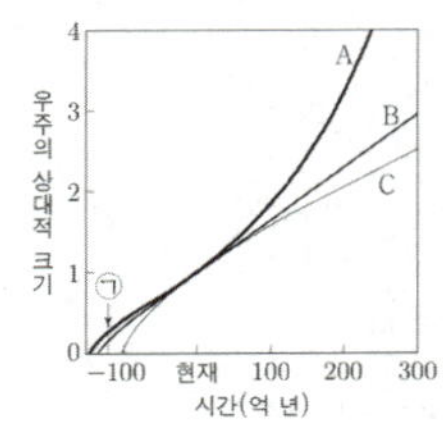

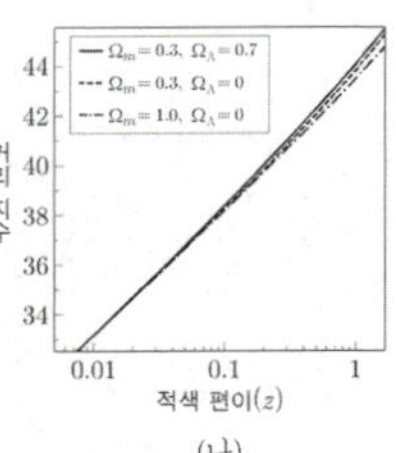

이에 대한 설명으로 옳은 것만을 <보기>에서 있는 대로 고른 것은? [3점]

<보 기>
ㄱ. A는 $\Omega_m=0.3$, $\Omega_\Lambda=0.7$인 우주에 해당한다.
ㄴ. A에서 ㉠시기에 우주 공간의 팽창 속도는 감소한다.
ㄷ. $z=1$인 천체에서 방출된 빛이 지구에 도달하는 데 걸리는 시간은 B의 경우가 C의 경우보다 짧다.

① ㄱ ② ㄷ ③ ㄱ, ㄴ ④ ㄴ, ㄷ ⑤ ㄱ, ㄴ, ㄷ

• 왜 정답일까?

ㄱ. A는 암흑 에너지가 척력으로 작용하여 공간을 가속 팽창시키는 역할을 하므로 물질 밀도가 0.3, 암흑 에너지 밀도가 0.7인 우주에 해당한다.
ㄴ. A에서 ㉠시기로부터 현재까지 그래프의 기울기가 작아지므로 우주 공간의 팽창 속도는 감소한다.

• 왜 오답일까?

ㄷ. $z=1$인 천체는 B의 경우가 C의 경우보다 거리 지수가 크다. 따라서 $z=1$인 천체에서 방출된 빛이 지구에 도달하는 데 걸리는 시간은 B의 경우가 C의 경우보다 길다.

06 표층 순환

정답률 65% | 정답 ②

| 문제 보기 |

그림은 남대서양의 표층 해류 A~D를 나타낸 것이다.

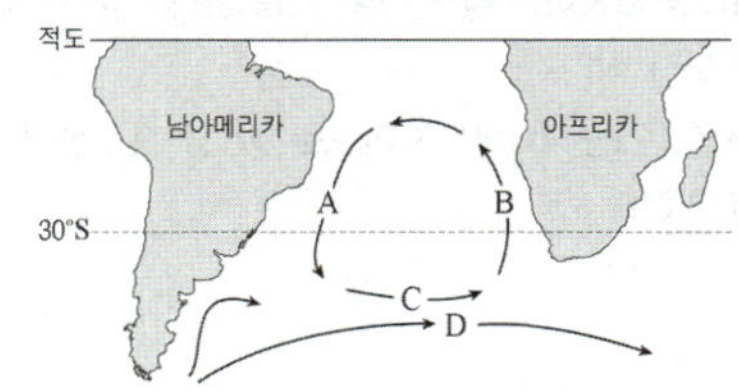

이에 대한 설명으로 옳은 것만을 <보기>에서 있는 대로 고른 것은?

<보 기>
ㄱ. 같은 위도에서 수온은 B가 A보다 높다.
ㄴ. C는 편서풍, D는 극동풍의 영향을 받는다.
ㄷ. 아열대 순환의 중심은 남아메리카 쪽으로 치우쳐 있다.

① ㄱ ② ㄷ ③ ㄱ, ㄴ ④ ㄴ, ㄷ ⑤ ㄱ, ㄴ, ㄷ

• 왜 정답일까?

A는 난류, B는 한류이므로 같은 위도에서 수온은 A가 더 높다. C와 D는 편서풍의 영향을 받는다. 고위도로 갈수록 전향력이 커지므로 아열대 순환의 중심은 서쪽으로 치우친다.

07 황사

정답률 91% | 정답 ⑤

| 문제 보기 |

그림은 황사의 이동 과정을 나타낸 것이다.

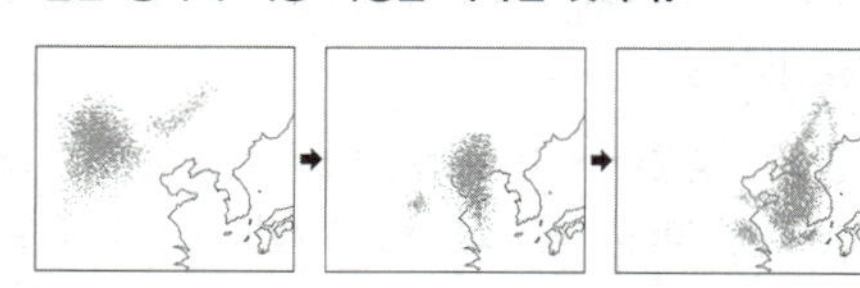

이에 대한 설명으로 옳은 것만을 <보기>에서 있는 대로 고른 것은?

<보 기>
ㄱ. 황사는 편서풍에 의해 이동한다.
ㄴ. 우리나라에서 황사는 주로 봄철에 나타난다.
ㄷ. 중국과 몽골의 사막화가 진행될수록 우리나라에 황사가 자주 나타날 것이다.

① ㄱ ② ㄴ ③ ㄱ, ㄷ ④ ㄴ, ㄷ ⑤ ㄱ, ㄴ, ㄷ

[문제편 p.133]

• 왜 정답일까?

ㄱ. 황사는 발원지에서 서풍인 편서풍을 타고 우리나라로 이동해 온다.

ㄴ. 황사는 겨울 내 얼어 있던 건조한 토양이 봄에 녹으며 잘게 부서져 미세한 모래먼지가 발생하는 현상이다.

08 별의 내부 구조

정답률 58% | 정답 ③

| 문제 보기 |

그림 (가)는 별 ㉠~㉣의 분광형과 절대 등급을 H−R도에 나타낸 것이고, (나)는 중심핵에서 수소 핵융합 반응을 하는 어느 별의 내부 구조를 나타낸 것이다.

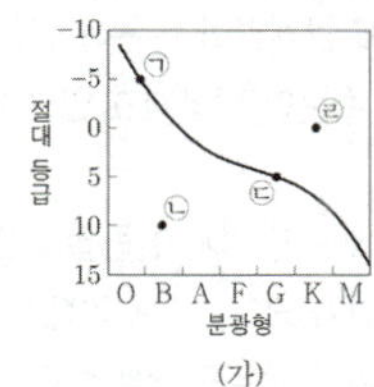

(가)

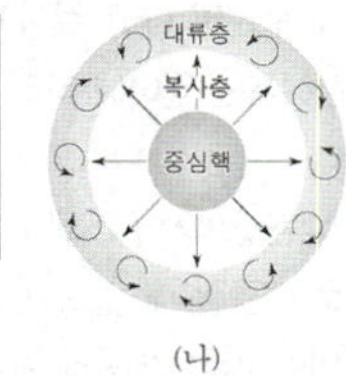

(나)

별 ㉠~㉣에 대한 설명으로 옳은 것만을 〈보기〉에서 있는 대로 고른 것은?

<보 기>

ㄱ. 질량이 가장 큰 별은 ㉠이다.
ㄴ. 표면에서의 중력 가속도는 ㉣이 ㉡보다 크다.
ㄷ. (나)와 같은 내부 구조를 갖는 별은 ㉢이다.

① ㄱ ② ㄴ ③ ㄱ, ㄷ
④ ㄴ, ㄷ ⑤ ㄱ, ㄴ, ㄷ

• 왜 정답일까?

ㄱ. 질량이 큰 별일수록 H−R도에서 주계열의 왼쪽 위에 위치하므로 질량이 가장 큰 별은 ㉠이다.

ㄷ. (나)는 중심핵에서 수소 핵융합 반응을 하는 주계열성으로, 질량이 태양 질량의 2배 이하이다. ㉠은 질량이 태양 질량의 2배 이상이며 내부에는 대류층이 없다.

• 왜 오답일까?

ㄴ. ㉣은 적색 거성, ㉡은 백색 왜성이다. 표면에서의 중력 가속도는 ㉣이 ㉡보다 작다.

09 나이테를 이용한 고기후 연구

정답률 80% | 정답 ⑤

| 문제 보기 |

다음은 나무의 나이테 지수를 이용한 고기후 연구 방법에 대한 설명이다. 그림 (가)는 북반구 A지역과 남반구 B지역의 기온 편차를 각각 나타낸 것이고, (나)는 A지역의 나이테 지수이다.

○ 나이테의 폭을 측정하여 나이테 지수를 구한다.
○ 나이테 지수가 클수록 기온이 높다고 추정한다.

(가)

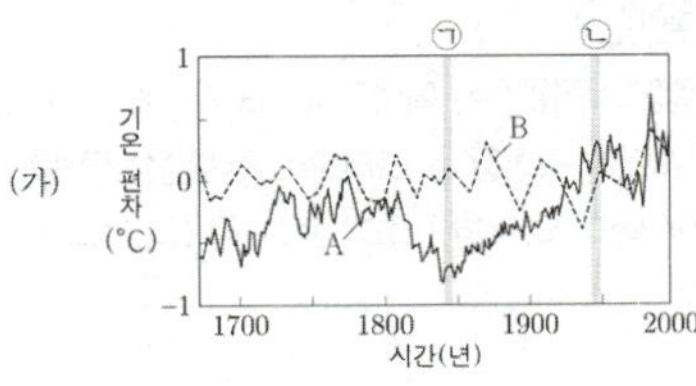

(나)

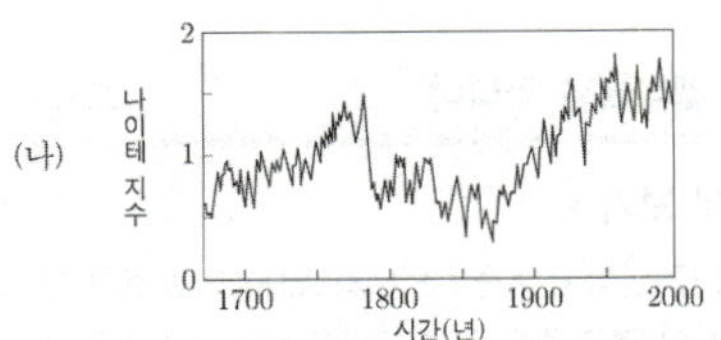

이 자료에 대한 설명으로 옳은 것만을 〈보기〉에서 있는 대로 고른 것은? [3점]

<보 기>

ㄱ. A의 기온은 ㉠시기가 ㉡시기보다 낮다.
ㄴ. 기온 편차의 최댓값과 최솟값의 차는 A가 B보다 작다.
ㄷ. ㉠시기의 나이테 지수와 ㉡시기의 나이테 지수의 차는 B가 A보다 작을 것이다.

① ㄱ ② ㄴ ③ ㄷ
④ ㄱ, ㄴ ⑤ ㄱ, ㄷ

• 왜 정답일까?

ㄱ. A에서는 ㉠ 시기가 ㉡ 시기보다 나이테 지수가 작다. 나이테 지수가 클수록 기온이 높으므로 A의 기온은 ㉠ 시기가 ㉡ 시기보다 낮다.

ㄷ. B에서는 ㉠ 시기와 ㉡ 시기의 기온 편차 값이 거의 비슷하지만 A에서는 ㉠ 시기와 ㉡ 시기의 기온 편차 값의 차가 크다. 따라서 ㉠ 시기와 ㉡ 시기에 나타나는 나이테 지수의 차는 B가 A보다 작을 것이다.

• 왜 오답일까?

ㄴ. (가)에서 측정된 기온 편차의 최댓값과 최솟값이 모두 B보다 A에서 크다. 따라서 기온 편차의 최댓값과 최솟값의 차는 A가 B보다 크다

10 온대 저기압과 날씨

정답률 45% | 정답 ③

| 문제 보기 |

그림 (가)와 (나)는 어느 온대 저기압이 우리나라를 통과하는 동안 A와 B지역의 기압과 풍향을 관측 시작 시각으로부터의 경과 시간에 따라 각각 나타낸 것이다. A와 B는 동일 경도 상이며, 온대 저기압의 영향권에 있었다.

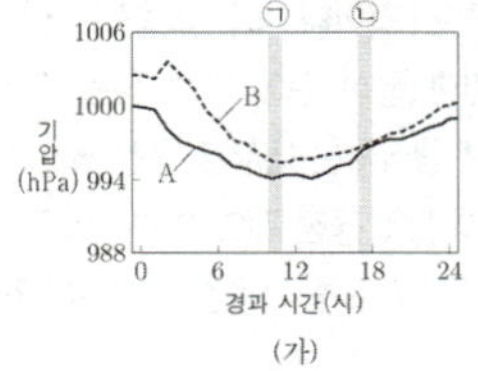

(가)

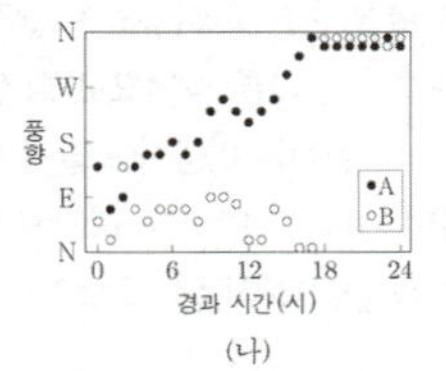

(나)

이에 대한 설명으로 옳은 것만을 〈보기〉에서 있는 대로 고른 것은? [3점]

<보 기>

ㄱ. A는 ㉡시기가 ㉠시기보다 찬 공기의 영향을 받았다.
ㄴ. 한랭 전선은 경과 시간 12~18시에 B를 통과하였다.
ㄷ. A는 B보다 저위도에 위치한다.

① ㄱ ② ㄴ ③ ㄱ, ㄷ ④ ㄴ, ㄷ ⑤ ㄱ, ㄴ, ㄷ

• 왜 정답일까?

ㄱ. A는 ㉠ 시기에 남서풍이 불었고, ㉡ 시기에 북서풍이 불었다. ㉡ 시기는 한랭 전선이 통과한 이후이므로 ㉠ 시기보다 찬 공기의 영향을 많이 받았다.

ㄷ. 온대 저기압은 A의 북쪽으로, B의 남쪽으로 통과하였으므로 A는 B보다 저위도에 위치한다.

• 왜 오답일까?

ㄴ. B에서는 관측 기간 동안 계속 북풍 계열의 바람이 불었으므로 온대 저기압의 중심이 B의 남쪽으로 통과하였다. 따라서 한랭 전선은 B 지역을 통과하지 않았다.

11 퀘이사의 스펙트럼 관측

정답률 70% | 정답 ②

| 문제 보기 |

표는 세 방출선 (가), 나), (다)의 고유 파장과 퀘이사 A와 B의 스펙트럼 관측 결과를 적색 편이(z)와 함께 나타낸 것이다.

방출선	고유 파장(Å)	관측 파장(Å)	
		퀘이사 A ($z=0.16$)	퀘이사 B ($z=0.32$)
(가)	a	5036	5730
(나)	4861	b	c
(다)	5007	d	e

이에 대한 설명으로 옳은 것은?

① $\frac{b}{c}$는 $\frac{d}{e}$의 2배이다.
② c는 d보다 크다.
③ A는 B보다 거리가 멀다.
④ a는 (다)의 고유 파장보다 크다.
⑤ 태양은 A보다 광도가 크다.

• 왜 정답일까?

퀘이사는 적색 편이가 매우 크며, 이를 통해 구한 후퇴 속도가 광속의 0.1~0.82배나 된다.

② $\frac{c-4861}{4861}=0.32$에서 $c=4861\times1.32$이고, $\frac{d-5007}{5007}=0.16$에서 $d=5007\times1.16$이다.

따라서 c는 d보다 크다.

• 왜 오답일까?

① $\frac{b-4861}{4861}=0.16$이고 $\frac{c-4861}{4861}=0.32$이므로 $\frac{b}{c}=\frac{1.16}{1.32}$이다. 또한, $\frac{d-5007}{5007}=0.16$이고 $\frac{e-5007}{5007}=0.32$이므로 $\frac{d}{e}=\frac{1.16}{1.32}$이다.

따라서 $\frac{b}{c}$와 $\frac{d}{e}$는 같다.

③ 적색 편이(z)가 클수록 먼 거리에 있는 퀘이사이므로 A는 B보다 거리가 가깝다.

④ $\frac{5036-a}{a}=0.16$이므로 $a=\frac{5036}{1.16}$다. a는 (다)의 고유 파장인 5007Å보다 작다.

⑤ 퀘이사는 너무 멀리 있어 하나의 별처럼 보이지만 수많은 별들로 이루어진 은하이다. 따라서 태양은 퀘이사 A보다 광도가 작다.

12 태풍과 날씨

정답률 61% | 정답 ③

| 문제 보기 |

그림은 어느 태풍의 이동 경로를, 표는 이 태풍이 이동하는 동안 관측소 A에서 관측한 풍향과 태풍의 중심 기압을 나타낸 것이다. A의 위치는 ㉠과 ㉡ 중 하나이다.

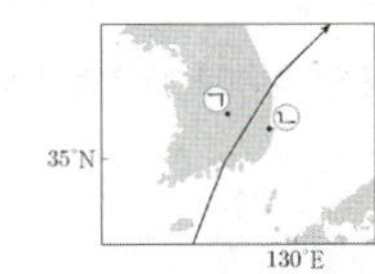

일시	풍향	태풍의 중심 기압 (hPa)
12일 21시	동	955
13일 00시	남동	960
13일 03시	남남서	970
13일 06시	남서	970

이에 대한 설명으로 옳은 것만을 〈보기〉에서 있는 대로 고른 것은? [3점]

<보 기>

ㄱ. A의 위치는 ㉡에 해당한다.
ㄴ. 태풍의 세력은 13일 03시가 12일 21시보다 강하다.
ㄷ. 태풍의 중심과 A 사이의 거리는 13일 06시가 13일 03시보다 멀다.

① ㄱ ② ㄴ ③ ㄱ, ㄷ ④ ㄴ, ㄷ ⑤ ㄱ, ㄴ, ㄷ

• 왜 정답일까?

ㄱ. 태풍이 이동하는 동안 A에서 풍향이 시계 방향으로 변하였으므로 A의 위치는 태풍 진행 방향의 오른쪽(위험 반원)에 해당하는 ㉡이다.

ㄷ. A에서 태풍이 가장 가까웠을 때 태풍은 A의 북서쪽에 위치하였다. 태풍은 저기압이므로 바람은 시계 반대 방향으로 불어 들어간다. 따라서 A에서 태풍이 가장 가까운 북서쪽에 위치했을 때, A의 풍향은 남풍에 가까운 바람이 불었을 것이다. 13일 03시에 남남서풍, 13일 06시에 남서풍이 불었으므로 태풍의 중심과 A 사이의 거리는 13일 03시가 13일 06시보다 가까웠을 것이다.

• 왜 오답일까?

ㄴ. 태풍의 세력은 중심 기압이 낮을수록 강하므로 13일 03시보다 12일 21시에 더 강했다.

13 지구의 열수지 평형

정답률 41% | 정답 ④

| 문제 보기 |

그림은 지구에 도달하는 태양 복사 에너지를 100이라고 할 때, 복사 평형 상태에 있는 지구의 열수지를 나타낸 것이다.

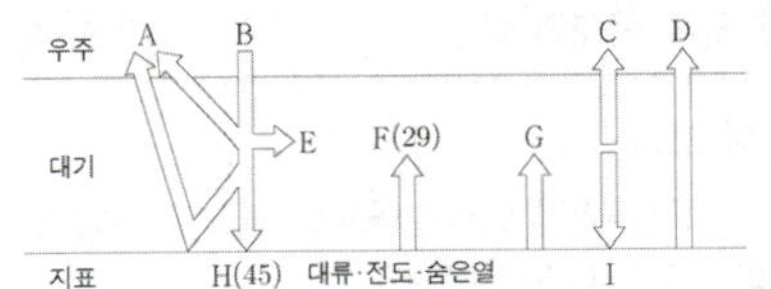

이에 대한 설명으로 옳은 것만을 <보기>에서 있는 대로 고른 것은? [3점]

<보기>
ㄱ. B+I<A+D+E+G
ㄴ. 대기 중 이산화 탄소의 양이 증가하면 I가 증가한다.
ㄷ. 지표에서 적외선 복사 에너지의 방출량은 흡수량보다 많다.

① ㄱ ② ㄴ ③ ㄱ, ㄷ ④ ㄴ, ㄷ ⑤ ㄱ, ㄴ, ㄷ

• 왜 정답일까?

ㄴ. 대기 중 이산화 탄소의 양이 증가하면 온실 효과가 증가하여 대기에서 지표로 재복사되는 에너지(I)가 증가한다.

ㄷ. 지표는 열수지 평형 상태이므로 흡수한 에너지만큼 방출한다. 이때 대류•전도•숨은열로 방출하는 F(29 단위)를 제외한 나머지는 모두 적외선 복사로 방출한다. 한편 지표가 흡수하는 에너지 중 태양 에너지 H(45 단위)의 대부분은 가시광선 복사이고, 나머지 흡수량은 대기의 적외선 복사이다. 따라서 지표에서 적외선 복사로 방출하는 에너지양은 지표가 적외선 복사로 흡수하는 에너지양보다 많다.

• 왜 오답일까?

ㄱ. 우주와 대기는 열수지 평형 상태이므로 우주에서 B＝A＋C＋D이고, 대기에서 I＋C＝E＋F＋G이다. 따라서 B＋I＝(A＋C＋D)＋(E＋F＋G－C) ＝A＋D＋E＋F＋G > A＋D＋E＋G이다.

14 판의 경계와 지각 변동

정답률 34% | 정답 ⑤

| 문제 보기 |

그림은 중앙 아메리카 어느 지역의 판 경계와 진앙 분포를 나타낸 것이다.

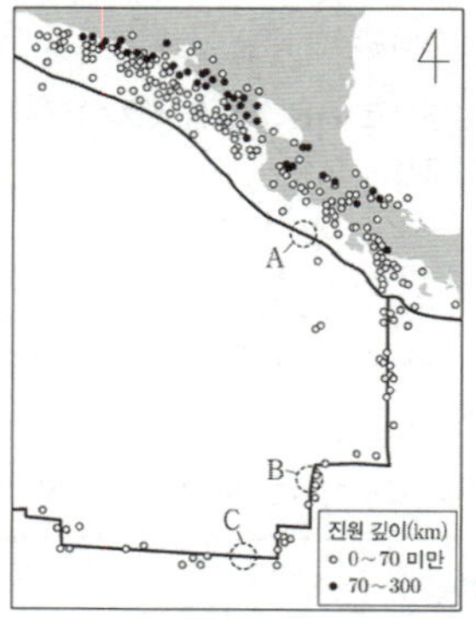

지역 A, B, C에 대한 설명으로 옳은 것만을 <보기>에서 있는 대로 고른 것은? [3점]

<보기>
ㄱ. C에서 인접한 두 판의 이동 방향은 대체로 동서 방향이다.
ㄴ. 인접한 두 판의 밀도 차는 A가 C보다 크다.
ㄷ. 인접한 두 판의 나이 차는 B가 C보다 크다.

① ㄱ ② ㄴ ③ ㄷ ④ ㄱ, ㄴ ⑤ ㄴ, ㄷ

• 왜 정답일까?

A는 수렴형 경계, B는 보존형 경계, C는 발산형 경계이다.

ㄴ. 인접한 두 판의 밀도 차는 해양판이 대륙판 아래로 섭입하는 A에서 가장 크다.

ㄷ. B는 보존형 경계, C는 발산형 경계이므로 인접한 두 판의 나이 차는 B가 C보다 크다.

• 왜 오답일까?

ㄱ. A를 포함한 북쪽의 판 경계에서 해양판이 소멸하므로 C에서는 새로운 해양 지각이 생성되어 남북 방향으로 이동한다.

15 외계 행성의 특징

정답률 72% | 정답 ①

| 문제 보기 |

그림은 여러 탐사 방법을 이용하여 최근까지 발견한 외계 행성의 특징을 나타낸 것이다.

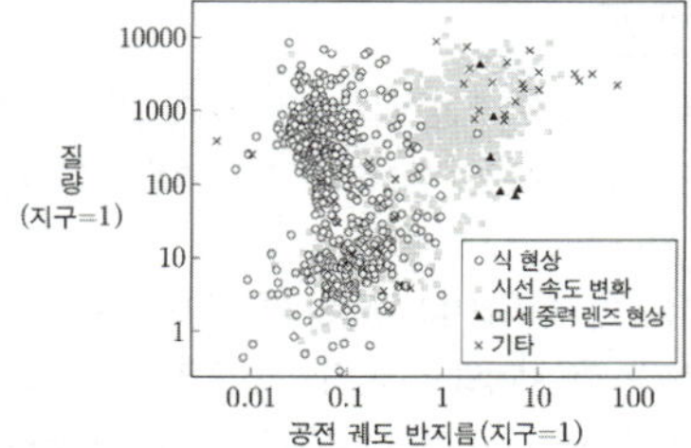

이 자료에 대한 설명으로 옳은 것만을 <보기>에서 있는 대로 고른 것은?

<보기>
ㄱ. 시선 속도 변화 방법은 도플러 효과를 이용한다.
ㄴ. 중력에 의한 빛의 굴절 현상을 이용하여 발견한 행성의 수가 가장 많다.
ㄷ. 행성의 공전 궤도 반지름의 평균값은 식 현상을 이용한 방법이 시선 속도를 이용한 방법보다 크다.

① ㄱ ② ㄷ ③ ㄱ, ㄴ ④ ㄴ, ㄷ ⑤ ㄱ, ㄴ, ㄷ

• 왜 정답일까?

ㄱ. 시선 속도 변화 방법은 중심별이 외계 행성과의 공통 질량 중심을 회전할 때 나타나는 도플러 효과를 이용한다.

• 왜 오답일까?

ㄴ. 미세 중력 렌즈 현상으로 발견한 행성들은 중력에 의한 빛의 굴절 현상을 이용하여 발견한 것이다. 이 방법으로 발견한 행성 수는 다른 방법으로 발견한 행성 수에 비해 적은 편이다.

ㄷ. 식 현상을 이용하여 발견한 행성들은 대부분 공전 궤도 반지름이 1AU 미만이다. 따라서 행성의 공전 궤도 반지름의 평균값은 식 현상을 이용한 방법이 시선 속도를 이용한 방법보다 작다.

16 대기 대순환에 의한 바람

정답률 45% | 정답 ②

| 문제 보기 |

그림은 대기 대순환에 의해 지표 부근에서 부는 동서 방향 바람의 연평균 풍속을 위도에 따라 나타낸 것이다.

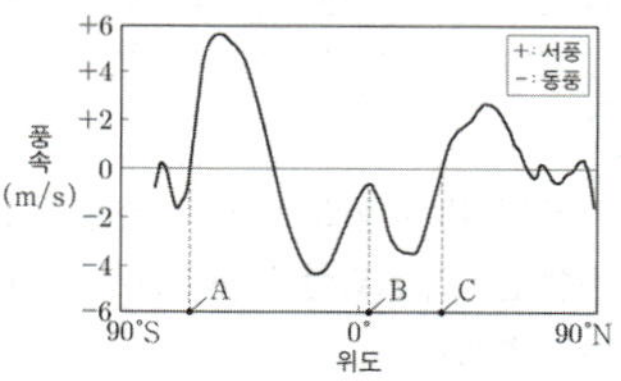

이 자료에 대한 설명으로 옳은 것만을 <보기>에서 있는 대로 고른 것은?

<보기>
ㄱ. 남북 방향의 온도 차는 A가 C보다 작다.
ㄴ. B에서는 해들리 순환의 상승 기류가 나타난다.
ㄷ. C에 생성되는 고기압은 지표면 냉각에 의한 것이다.

① ㄱ ② ㄴ ③ ㄷ ④ ㄱ, ㄴ ⑤ ㄴ, ㄷ

• 왜 정답일까?

ㄴ. 적도 부근에 위치한 B에서는 남동 무역풍과 북동 무역풍이 만나 해들리 순환의 상승 기류가 나타난다.

• 왜 오답일까?

ㄱ. A에서는 극동풍과 편서풍이 수렴하여 한대 전선대를 형성하고, C에서는 무역풍과 편서풍이 불어나간다. 따라서 남북 방향의 온도 차는 찬 공기와 따뜻한 공기가 만나는 A에서 더 크다.

ㄷ. C에 생성되는 아열대 고기압은 대기 대순환에 의해 상층 대기에서 공기가 하강하는 과정에서 형성된 것이다.

17 수온-염분도

정답률 69% | 정답 ③

| 문제 보기 |

그림은 어느 해역에서 깊이에 따른 수온과 염분을 수온-염분도에 나타낸 것이다.

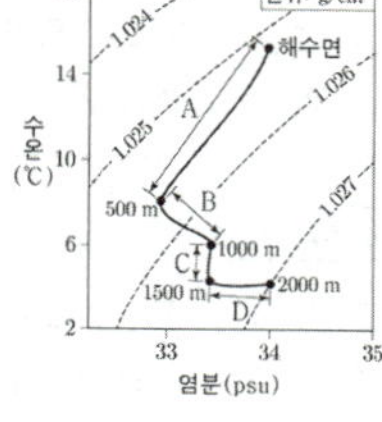

이 자료에 대한 설명으로 옳은 것만을 <보기>에서 있는 대로 고른 것은?

<보기>
ㄱ. A 구간은 혼합층이다.
ㄴ. 해수의 밀도 변화는 C 구간이 B 구간보다 크다.
ㄷ. D 구간에서 해수의 밀도 변화는 수온보다 염분의 영향이 더 크다.

① ㄱ ② ㄴ ③ ㄷ ④ ㄱ, ㄴ ⑤ ㄱ, ㄷ

• 왜 정답일까?

ㄷ. D 구간에서는 깊이에 따라 해수의 밀도가 증가하고 있다. 그런데 이 구간에서 깊이에 따른 수온 변화는 거의 없고 염분은 증가하고 있으므로 해수의 밀도 변화는 주로 염분 변화에 의한 것이다.

• 왜 오답일까?

ㄱ. 혼합층은 태양 복사 에너지에 의한 가열과 바람의 혼합 작용으로 인해 수온이 높고 깊이에 관계없이 수온이 일정한 층이다. A 구간에서는 깊이에 따라 수온이 낮아지고 있으므로 혼합층이 아니다.

ㄴ. 수온-염분도에서 이 해역 해수의 위치가 등밀도선에 수직인 방향으로 이동할 때 밀도 변화가 크다. B 구간에서는 C 구간보다 깊이에 따른 해수의 위치가 등밀도선에 수직인 방향에 가깝게 이동하므로 해수의 밀도 변화가 크다.

18 별의 진화

정답률 70% | 정답 ④

| 문제 보기 |

표는 주계열성 (가), (나), (다)의 질량(M)과 최종 진화 단계를 나타낸 것이다.

주계열성	질량(태양＝1)	최종 진화 단계
(가)	0.26 ≤ M ≤ 1.5	A
(나)	8 ≤ M < 25	중성자별
(다)	M ≥ 25	블랙홀

이에 대한 설명으로 옳은 것만을 <보기>에서 있는 대로 고른 것은? [3점]

<보기>
ㄱ. 주계열성 단계에 머무는 시간은 (가)가 (나)보다 짧다.
ㄴ. (다)의 중심부에서는 CNO 순환 반응이 일어난다.
ㄷ. A는 백색 왜성이다.

① ㄱ ② ㄷ ③ ㄱ, ㄴ ④ ㄴ, ㄷ ⑤ ㄱ, ㄴ, ㄷ

• 왜 정답일까?

ㄴ. 주계열 단계에서 수소 핵융합 반응이 일어날 때, C, N, O 등의 촉매 작용을 통해 4개의 수소 핵이 결합하여 하나의 헬륨 핵을 만들 경우 더 많은 핵에너지를 발생한다. 질량이 태양의 약 2배 이상인 주계열 단계의 별에서는 이와 같은 CNO 순환 반응을 통해 핵융합에너지를 생성한다.

ㄷ. 태양과 비슷한 질량을 가진 별의 최종 진화 단계는 백색왜성이다.

• 왜 오답일까?

ㄱ. 별의 질량이 작을수록 에너지의 소모가 작아서 주계열성 단계에 머무는 시간이 길어진다. 그러므로 주계열성 단계에 머무는 시간은 질량이 보다 작은 별 (가)가 보다 큰 (나)보다 더 길다.

19 엘니뇨와 라니냐

정답률 31% | 정답 ③

| 문제 보기 |

그림 (가)는 적도 부근 해역에서 서태평양과 동태평양의 겨울철 표층의 평균 수온 차(서태평양 수온 − 동태평양 수온)를, (나)는 (가)의 A와 B 중 한 시기에 관측한 적도 부근 태평양 해역의 동서 방향 풍속 편차(관측값 − 평년값)를 나타낸 것이다. A와 B는 각각 엘니뇨 시기와 라니냐 시기 중 하나이다. 동쪽으로 향하는 바람을 양(+)으로 한다.

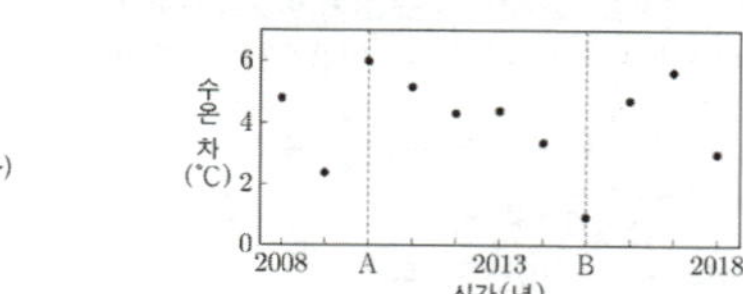

[문제편 p.135]

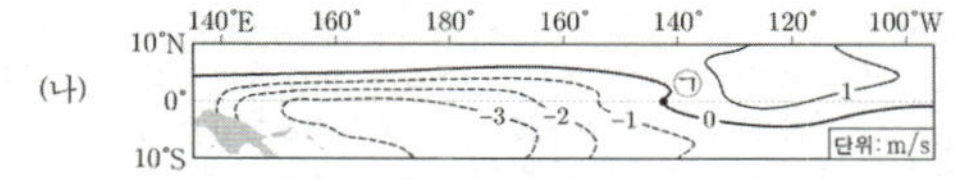

이 자료에 대한 설명으로 옳은 것만을 <보기>에서 있는 대로 고른 것은? [3점]

<보 기>
ㄱ. (나)는 A에 해당한다.
ㄴ. 상승 기류는 (나)의 ㉠ 해역에서 발생한다.
ㄷ. 서태평양 적도 해역과 동태평양 적도 해역 사이의 해수면 높이 차는 A가 B보다 크다.

① ㄱ ② ㄴ ③ ㄱ, ㄷ
④ ㄴ, ㄷ ⑤ ㄱ, ㄴ, ㄷ

• 왜 정답일까?

ㄱ. (나)는 평상시보다 무역풍이 강한 라니냐 시기이므로 (가)의 A에 해당한다.

ㄷ. 엘니뇨 시기인 B일 때, 따뜻한 해수층이 동쪽으로 이동하여 서태평양 적도 해역과 동태평양 적도 해역 사이의 해수면 높이 차가 평상시보다 작아지고, 라니냐 시기인 A일 때는 이와 반대로 높아진다.

• 왜 오답일까?

ㄴ. 적도 태평양 중앙 해역(㉠)은 엘니뇨 시기인 B일 때 상승 기류가 발달한다. 따라서 라니냐 시기인 (나)일 때는 상대적으로 상승 기류가 약하다.

20 지질시대의 변화

정답률 15% | 정답 ②

| 문제 보기 |

그림은 현생 이언 동안 생물 속의 수 변화를 나타낸 것이다.

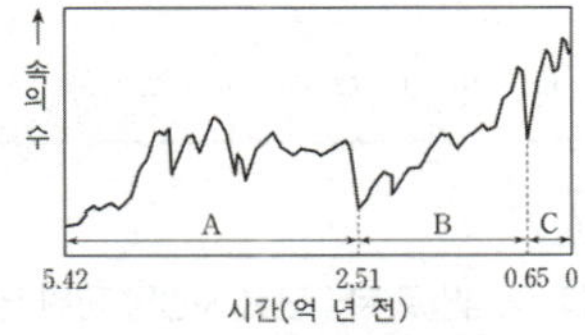

이에 대한 설명으로 옳은 것만을 <보기>에서 있는 대로 고른 것은? [3점]

<보 기>
ㄱ. A 시기 말에 최초의 육상 식물이 출현하였다.
ㄴ. B 시기 말 생물 속의 급격한 감소는 초대륙 형성과 관련이 있다.
ㄷ. C 시기 표준 화석으로 화폐석과 매머드가 있다.

① ㄱ ② ㄷ ③ ㄱ, ㄴ
④ ㄴ, ㄷ ⑤ ㄱ, ㄴ, ㄷ

• 왜 정답일까?

ㄷ. C시기는 0.65억 년 전에서 현재까지로 지질 시대 중 신생대에 해당한다. 신생대의 표준화석으로는 해양 동물인 화폐석과 육상 동물인 매머드가 있다.

• 왜 오답일까?

ㄱ. A시기는 5.42억 년 전에서 2.51억 년 전 사이로 지질 시대 중 고생대에 해당한다. 육상 식물은 고생대 중기에 최초로 등장했다.

ㄴ. B시기는 2.51억 년 전에서 0.65억 년 전 사이로 지질 시대 중 중생대에 해당한다. 이 시기 말에 공룡을 비롯한 중생대 생물의 대멸종이 나타나는데 그 원인에 대해서는 다양한 의견이 있으나 초대륙의 형성과 관련된 내용은 없다. 초대륙의 형성과 관련하여 대멸종이 나타난 시기는 고생대 말이다.

35회

• 고3 지구과학 I •

2019학년도 9월

01 ①	02 ⑤	03 ③	04 ④	05 ③
06 ①	07 ③	08 ④	09 ②	10 ①
11 ②	12 ④	13 ②	14 ②	15 ②
16 ⑤	17 ②	18 ②	19 ③	20 ①

채점 결과
• 실제 걸린 시간 : 분 초
• 맞은 문항수 : 개
• 틀린 문항수 : 개
• 헷갈린 문항 :

01 해수의 층상구조

정답률 80% | 정답 ①

| 문제 보기 |

그림은 겨울철 동해의 혼합층 두께를 나타낸 것이다.

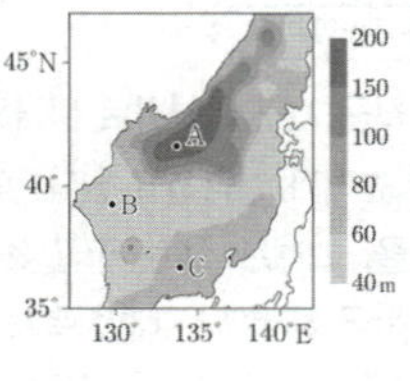

이 자료에서 해역 A, B, C에 대한 설명으로 옳은 것만을 <보기>에서 있는 대로 고른 것은?

<보 기>
ㄱ. 바람의 세기는 A가 B보다 강하다.
ㄴ. 혼합층 두께는 B가 C보다 두껍다.
ㄷ. A의 혼합층 두께는 겨울이 여름보다 얇다.

① ㄱ ② ㄴ ③ ㄱ, ㄷ
④ ㄴ, ㄷ ⑤ ㄱ, ㄴ, ㄷ

• 왜 정답일까?

ㄱ. 바람의 세기가 강할수록 혼합층의 두께가 두껍다. A가 B보다 혼합층의 두께가 두꺼우므로 바람의 세기도 강하다.

• 왜 오답일까?

ㄴ. 그림에서 혼합층의 두께는 B가 40~60 m, C가 60~80 m이므로, B가 C보다 얇다.

ㄷ. 혼합층의 두께는 바람이 강한 겨울이 바람이 약한 여름보다 두껍다.

02 제주도 해안의 주상 절리

정답률 85% | 정답 ⑤

| 문제 보기 |

다음은 영희가 제주도 서귀포시의 어느 지질 명소에 대하여 조사한 탐구 활동의 일부이다.

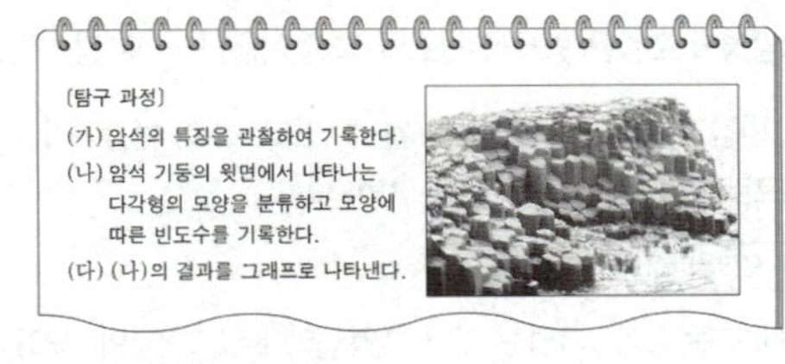

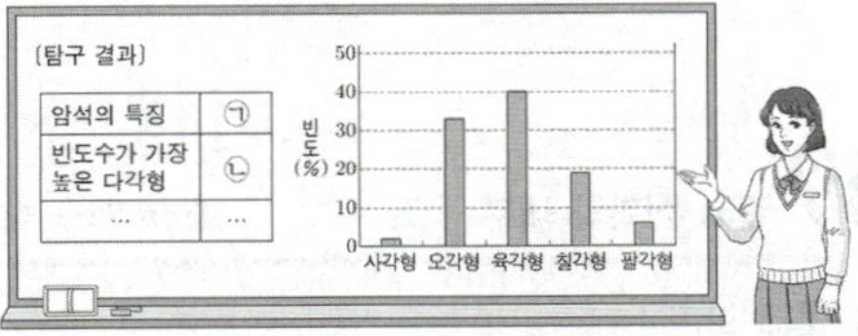

이에 대한 설명으로 옳은 것만을 <보기>에서 있는 대로 고른 것은? [3점]

<보 기>
ㄱ. '색이 어둡고 입자의 크기가 매우 작다.'는 ㉠에 해당한다.
ㄴ. ㉡은 '육각형'이다.
ㄷ. 기둥 모양을 형성하는 절리는 용암이 급격히 냉각 수축하는 과정에서 만들어진다.

① ㄱ ② ㄷ ③ ㄱ, ㄴ ④ ㄴ, ㄷ ⑤ ㄱ, ㄴ, ㄷ

• 왜 정답일까?

ㄱ. 주상 절리가 발달한 제주도 해안 지역의 주요 구성 암석은 현무암이다. 현무암은 색이 어둡고 입자의 크기가 매우 작은 특징을 갖고 있다.

ㄴ. 제시된 자료에서 빈도수가 가장 높은 다각형은 육각형으로 약 40%를 차지한다.

ㄷ. 기둥 모양으로 나타나는 주상 절리는 용암이 지표 부근에서 급격하게 식어 부피가 수축되면서 만들어진다.

03 수온과 염분의 분포

정답률 77% | 정답 ③

| 문제 보기 |

그림 (가)는 대서양의 염분 분포와 수괴를 나타낸 것이고, (나)는 (가)의 9°S에서 깊이에 따른 수온과 염분의 분포를 수온-염분도에 나타낸 것이다. (나)의 A와 B는 각각 남극 저층수와 북대서양 심층수 중 하나이다.

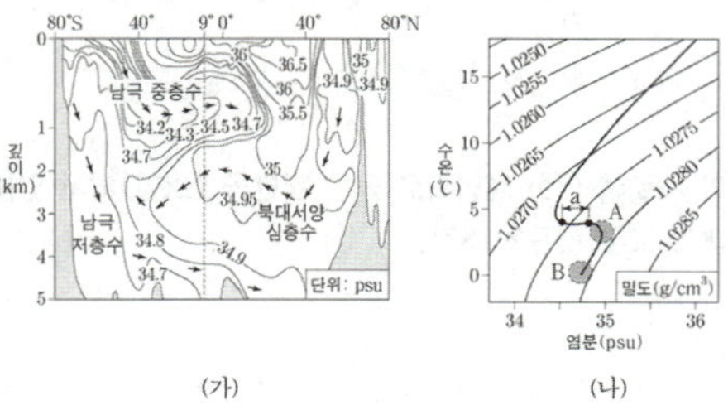

(가) (나)

이에 대한 설명으로 옳은 것만을 <보기>에서 있는 대로 고른 것은?

<보 기>
ㄱ. A는 북대서양 심층수이다.
ㄴ. 남극 중층수는 A와 B가 혼합하여 형성된다.
ㄷ. (나)의 a 구간에서 밀도 변화는 수온보다 염분에 더 영향을 받는다.

① ㄱ ② ㄴ ③ ㄱ, ㄷ
④ ㄴ, ㄷ ⑤ ㄱ, ㄴ, ㄷ

• 왜 정답일까?

ㄱ. (가)에서 북대서양 심층수는 남극 저층수보다 염분이 크지만 밀도가 작은 것으로 보아 수온이 높음을 알 수 있다. 따라서 (나)에서 이에 해당하는 A가 북대서양 심층수이다.

ㄷ. (나)의 a 구간에서 수온은 거의 일정하지만 염분의 변화가 뚜렷하게 나타나므로 밀도 변화는 수온보다 염분의 영향을 더 받는다.

• 왜 오답일까?

ㄴ. 남극 중층수는 60°S 부근에서 하강하여 해양의 중층을 형성하는 수괴로, 남극 저층수나 대서양 심층수와는 구별되는 성질을 갖는다.

04 전선의 특징

정답률 87% | 정답 ④

| 문제 보기 |

그림은 우리나라 주변의 일기도이고, 표의 ㉠, ㉡, ㉢은 각각 일기도에 나타난 전선 A, B, C의 특징 중 하나이다.

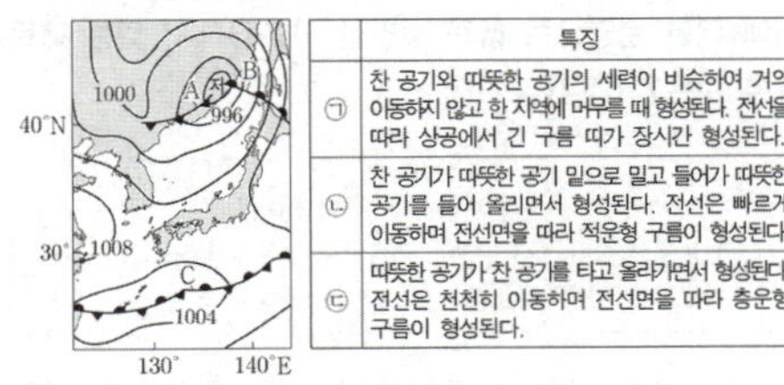

	특징
㉠	찬 공기와 따뜻한 공기의 세력이 비슷하여 거의 이동하지 않고 한 지역에 머무를 때 형성된다. 전선을 따라 상공에서 긴 구름 띠가 장시간 형성된다.
㉡	찬 공기가 따뜻한 공기 밑으로 밀고 들어가 따뜻한 공기를 들어 올리면서 형성된다. 전선은 빠르게 이동하며 전선면을 따라 적운형 구름이 형성된다.
㉢	따뜻한 공기가 찬 공기를 타고 올라가면서 형성된다. 전선은 천천히 이동하며 전선면을 따라 층운형 구름이 형성된다.

㉠, ㉡, ㉢에 해당하는 전선으로 옳은 것은?

	㉠	㉡	㉢
①	A	B	C
②	B	A	C
③	B	C	A
④	C	A	B
⑤	C	B	A

• 왜 정답일까?

㉠은 세력이 비슷한 두 공기에 의해 한 곳에 오랫동안 머무는 정체 전선이므로 C에 해당한다. ㉡은 찬 공기가 따뜻한 공기 쪽으로 이동하면서 형성되는 한랭 전선이므로 A에 해당한다.

㉢은 따뜻한 공기가 찬 공기 쪽으로 이동하면서 형성되는 온난 전선이므로 B에 해당한다.

05 엘니뇨와 라니냐

정답률 65% | 정답 ③

| 문제 보기 |

그림은 동태평양과 서태평양 적도 부근 해역에서 관측한 북반구 겨울철 표층의 평균 수온을 ○와 ×로 순서 없이 나타낸 것이다. A와 B는 각각 엘니뇨와 라니냐 시기 중 하나이다.

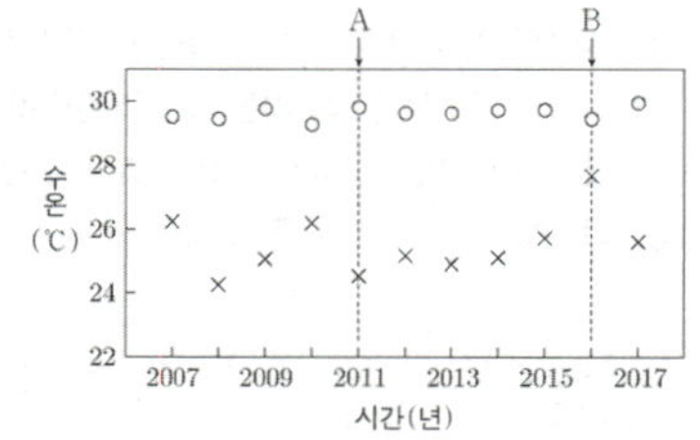

이 자료에 대한 설명으로 옳은 것만을 <보기>에서 있는 대로 고른 것은? [3점]

<보 기>

ㄱ. 남적도 해류는 A가 B보다 강하다.
ㄴ. 동태평양에서 용승은 B가 A보다 강하다.
ㄷ. 서태평양에서 해면 기압은 B가 평년보다 크다.

① ㄱ ② ㄴ ③ ㄱ, ㄷ ④ ㄴ, ㄷ ⑤ ㄱ, ㄴ, ㄷ

• 왜 정답일까?

상대적으로 평균 수온이 높은 'O'는 서태평양, '×'는 동태평양에 해당한다. 동태평양에서 상대적으로 수온이 낮은 A는 라니냐 시기에, B는 엘니뇨 시기에 해당한다.

ㄱ. 남적도 해류는 엘니뇨 시기보다 라니냐 시기에 강하므로, A가 B보다 강하다.

ㄷ. 서태평양에서 해면 기압은 엘니뇨 시기에 평년보다 크므로, 엘니뇨 시기인 B가 평년보다 크다.

• 왜 오답일까?

ㄴ. 동태평양에서 용승은 라니냐 시기가 엘니뇨 시기보다 강하므로 B가 A보다 약하다.

06 섭입대의 특징

정답률 74% | 정답 ①

| 문제 보기 |

그림 (가)는 일본 주변에 있는 판의 경계를, (나)는 (가)의 두 지역에서 섭입하는 판의 깊이를 나타낸 것이다.

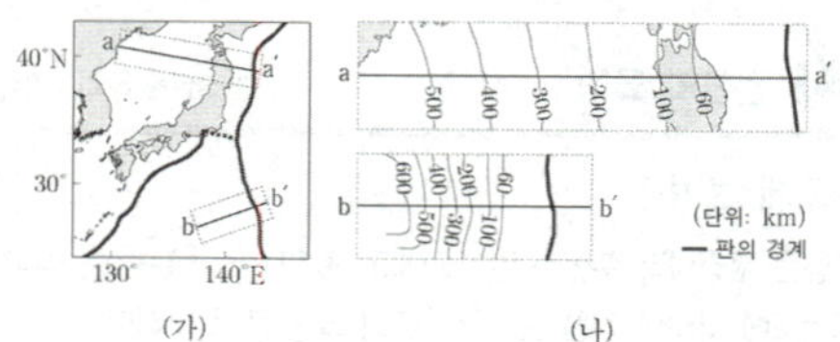

이에 대한 설명으로 옳은 것만을 <보기>에서 있는 대로 고른 것은? [3점]

<보 기>

ㄱ. a-a′에는 해구가 존재하는 지점이 있다.
ㄴ. b-b′에서 지진은 판 경계의 서쪽보다 동쪽에서 자주 발생한다.
ㄷ. 섭입하는 판의 기울기는 a-a′이 b-b′보다 크다.

① ㄱ ② ㄴ ③ ㄱ, ㄷ ④ ㄴ, ㄷ ⑤ ㄱ, ㄴ, ㄷ

• 왜 정답일까?

ㄱ. a－a′에서 해양판이 지구 내부로 섭입하고 있으므로 이 지역에 있는 판의 경계에는 해구가 존재한다.

• 왜 오답일까?

ㄴ. b－b′에서는 판의 섭입 깊이가 서쪽으로 갈수록 깊어진다. 섭입대에서 지진은 섭입하는 판을 따라 발생하므로 이 지역에서 지진은 대부분 판 경계의 서쪽에서 발생한다.

ㄷ. 섭입하는 판의 깊이를 나타내는 등치선의 간격이 a－a′보다 b－b′에서 조밀하다. 따라서 섭입하는 판의 기울기는 a－a′보다 b－b′에서 크다.

07 북극 해역의 환경 변화

정답률 88% | 정답 ③

| 문제 보기 |

그림은 1900년부터 2010년까지 북극해 얼음 면적과 전 지구 평균 해수면 높이를 A와 B로 순서 없이 나타낸 것이다.

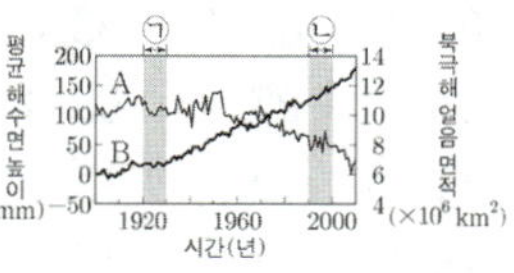

이에 대한 설명으로 옳은 것만을 <보기>에서 있는 대로 고른 것은?

<보 기>

ㄱ. A는 북극해 얼음 면적을 나타낸 것이다.
ㄴ. 북극 해역의 평균 기온은 ㉠기간이 ㉡기간보다 높다.
ㄷ. 북극 해역에서 태양 복사 에너지 반사율은 ㉠기간이 ㉡기간보다 높다.

① ㄱ ② ㄴ ③ ㄱ, ㄷ ④ ㄴ, ㄷ ⑤ ㄱ, ㄴ, ㄷ

• 왜 정답일까?

ㄱ. 최근 지구 온난화로 북극해 얼음 면적이 감소하고 평균 해수면 높이가 상승하고 있다. 따라서 그래프 A는 북극해 얼음 면적을, 그래프 B는 평균 해수면 높이를 나타낸 것이다.

ㄷ. 북극 해역에서 태양 복사 에너지의 반사율은 얼음 면적이 더 넓은 ㉠ 기간이 ㉡ 기간보다 높았을 것이다.

08 방사성 원소의 반감기

정답률 86% | 정답 ④

| 문제 보기 |

그림은 서로 다른 방사성 원소 A, B, C의 붕괴 곡선을 나타낸 것이다.

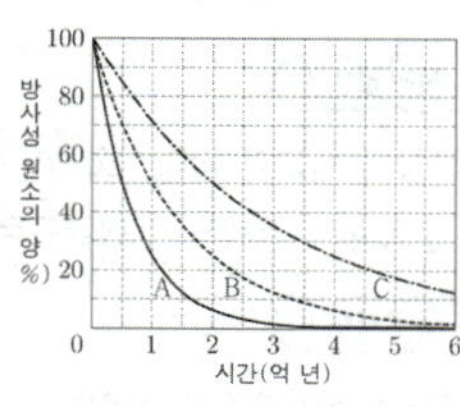

이에 대한 설명으로 옳은 것만을 <보기>에서 있는 대로 고른 것은?

<보 기>

ㄱ. 반감기는 C가 A의 3배이다.
ㄴ. A가 두 번의 반감기를 지나는 데 걸리는 시간은 1억 년이다.
ㄷ. 암석에 포함된 B의 양이 처음의 $\frac{1}{8}$로 감소하는 데 걸리는 시간은 3억 년이다.

① ㄱ ② ㄴ ③ ㄱ, ㄷ ④ ㄴ, ㄷ ⑤ ㄱ, ㄴ, ㄷ

• 왜 정답일까?

ㄴ. A의 반감기가 0.5억 년이므로, 반감기가 두 번 지나는데 걸리는 시간은 1억 년이다.

ㄷ. 암석에 포함된 방사성 원소의 양이 처음의 $\frac{1}{8}$로 감소했으므로 반감기가 세 번 지났음을 알 수 있다. B의 반감기가 1억 년이므로 이 동안 걸린 시간은 3억년이다.

• 왜 오답일까?

ㄱ. 반감기는 A가 0.5억 년, C가 2억 년이므로 C가 A의 4배이다.

09 별의 진화와 내부 구조

정답률 72% | 정답 ②

| 문제 보기 |

그림 (가)는 원시별 A와 B가 주계열성으로 진화하는 경로를, (나)의 ㉠과 ㉡은 A와 B가 주계열 단계에 있을 때의 내부 구조를 순서 없이 나타낸 것이다.

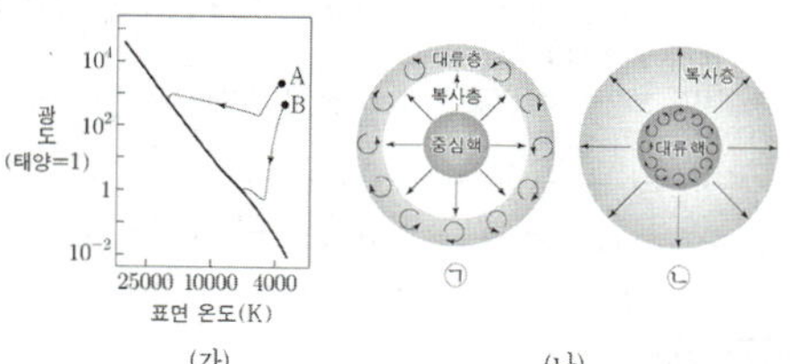

이에 대한 설명으로 옳은 것만을 <보기>에서 있는 대로 고른 것은?

<보 기>

ㄱ. 주계열성이 되는 데 걸리는 시간은 A가 B보다 길다.
ㄴ. A가 주계열 단계에 있을 때의 내부 구조는 ㉡이다.
ㄷ. 핵에서의 CNO 순환 반응은 ㉠이 ㉡보다 우세하다.

① ㄱ ② ㄴ ③ ㄷ ④ ㄱ, ㄴ ⑤ ㄴ, ㄷ

• 왜 정답일까?

ㄴ. A가 B보다 질량이 큰 별이고, ㉡이 ㉠보다 질량이 큰 별의 내부 구조이다. 그러므로 A가 주계열 단계일 때의 내부 구조는 ㉡이다.

• 왜 오답일까?

ㄱ. 주계열이 되는 데 걸리는 시간은 질량이 큰 별일수록 짧으므로, 질량이 큰 A가 B보다 그 시간이 짧다.

ㄷ. CNO 순환 반응은 질량이 큰 별일수록 우세하므로 ㉠보다 ㉡에서 그 반응이 우세하다.

10 생명 가능 지대

정답률 72% | 정답 ①

| 문제 보기 |

그림은 생명 가능 지대에 위치한 외계 행성 A, B, C가 주계열인 중심별로부터 받는 복사 에너지를 중심별의 표면 온도에 따라 나타낸 것이다.

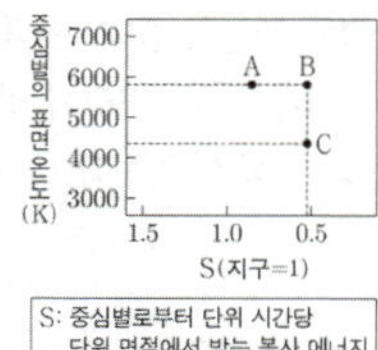

이에 대한 설명으로 옳은 것만을 <보기>에서 있는 대로 고른 것은? [3점]

<보 기>

ㄱ. S는 A가 B보다 크다.
ㄴ. 중심별이 같을 때 행성이 받는 S가 크면 공전 궤도 반지름은 크다.
ㄷ. 행성의 공전 궤도 반지름은 C가 B보다 크다.

① ㄱ ② ㄴ ③ ㄱ, ㄷ ④ ㄴ, ㄷ ⑤ ㄱ, ㄴ, ㄷ

• 왜 정답일까?

ㄱ. S는 행성이 중심별로부터 단위 시간당 단위 면적에서 받는 복사 에너지이다. 제시된 자료에 행성 A는 S가 약 0.8, 행성 B는 S가 약 0.5이다.

• 왜 오답일까?

ㄴ. 행성이 중심별에 가까울수록 중심별로부터 받는 S가 크다. 따라서 행성이 받는 S가 크면 공전 궤도 반지름은 작다.

ㄷ. 중심별의 표면 온도는 C가 B보다 낮다. C는 중심별의 표면 온도가 더 낮으므로 B보다 중심별에서 가까운 곳에 위치해야 S가 같을 수 있다. 따라서 행성의 공전 궤도 반지름은 C가 B보다 작다.

11 판과 지역의 특성

정답률 81% | 정답 ②

| 문제 보기 |

그림은 세계 주요 판의 분포를 나타낸 것이다.

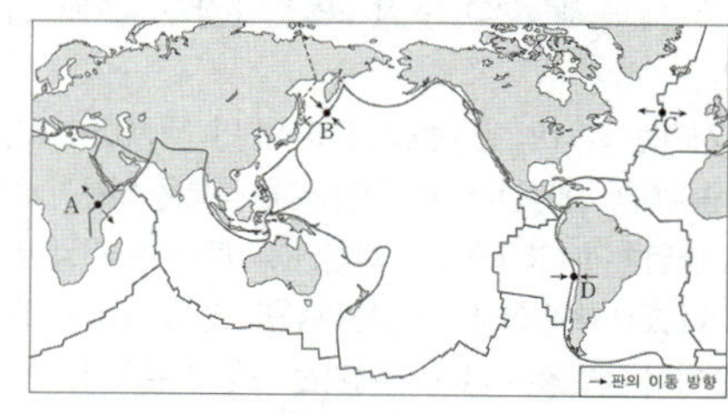

A～D 지역에 대한 설명으로 옳은 것만을 <보기>에서 있는 대로 고른 것은? [3점]

<보 기>

ㄱ. A와 C는 심발 지진이 활발하게 일어난다.
ㄴ. B는 맨틀 대류의 하강부이다.
ㄷ. 인접한 두 판의 밀도 차는 D에서 가장 작다.

① ㄱ ② ㄴ ③ ㄱ, ㄷ ④ ㄴ, ㄷ ⑤ ㄱ, ㄴ, ㄷ

• 왜 정답일까?

ㄴ. B는 수렴형 경계이다. 수렴형 경계에서는 맨틀 대류가 하강한다.

[문제편 p.138]

• 왜 오답일까?

ㄱ. A와 C는 둘 다 판의 발산형 경계이므로 천발 지진과 화산 활동이 활발하다.

ㄷ. 해양판이 대륙판보다 밀도가 크다. 그러므로 대륙판 – 대륙판, 해양판 – 해양판의 경계보다 대륙판 – 해양판의 경계인 D가 밀도 차가 가장 크다.

12 남극 대륙 주변의 기압 배치

정답률 50% | 정답 ④

| 문제 보기 |

그림은 남극 대륙과 그 주변의 전형적인 기압 배치를 나타낸 것이다.

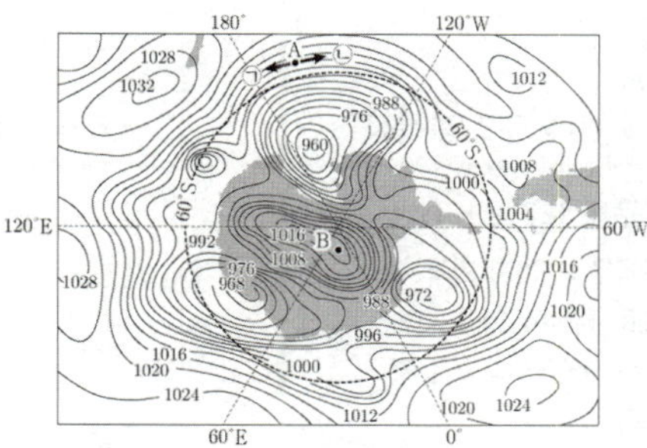

이에 대한 설명으로 옳은 것만을 <보기>에서 있는 대로 고른 것은? [3점]

<보 기>
ㄱ. A 해역에서는 극동풍이 나타난다.
ㄴ. A 해역에서 해류는 ㉡방향으로 흐른다.
ㄷ. B 지역에서는 하강 기류가 발달한다.

① ㄱ ② ㄷ ③ ㄱ, ㄴ ④ ㄴ, ㄷ ⑤ ㄱ, ㄴ, ㄷ

• 왜 정답일까?

ㄴ. A 해역에서는 편서풍에 의해 형성된 남극 순환 해류가 ㉡ 방향(서쪽→동쪽)으로 흐른다.

ㄷ. B는 남극 대륙의 중심 지역이다. 이 지역에서는 냉각에 의해 형성된 하강 기류가 발달한다.

• 왜 오답일까?

ㄱ. A 해역에서는 페렐 순환에 의해 형성된 편서풍이 분다.

13 엘니뇨

정답률 58% | 정답 ②

| 문제 보기 |

그림 (가)는 북반구 여름철에 관측한 태평양 적도 부근 해역의 표층 수온 편차(관측값 – 평년값)를, (나)는 이 시기에 관측한 북서태평양 중위도 해역의 표층 수온 편차를 나타낸 것이다. 이 시기는 엘니뇨 시기와 라니냐 시기 중 하나이다.

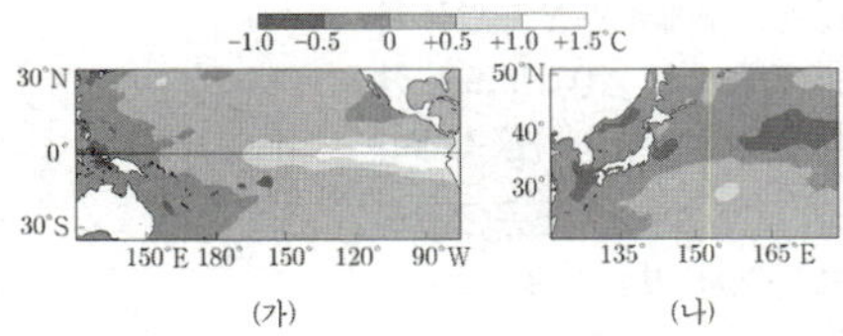

(가) (나)

이 자료에 근거해서 평년과 비교할 때, 이 시기에 대한 설명으로 옳은 것만을 <보기>에서 있는 대로 고른 것은?

<보 기>
ㄱ. 동태평양 적도 부근 연안에서는 가뭄이 심하다.
ㄴ. 서태평양 적도 해역에서는 상승 기류가 강하다.
ㄷ. 우리나라 주변 해역의 수온이 낮다.

① ㄱ ② ㄷ ③ ㄱ, ㄴ ④ ㄴ, ㄷ ⑤ ㄱ, ㄴ, ㄷ

• 왜 정답일까?

ㄷ. (나)에서 우리나라 주변 해역의 표층 수온 편차가 대체로 (−)이므로 이 시기에는 평년과 비교하여 수온이 낮다는 것을 알 수 있다.

• 왜 오답일까?

ㄱ. (가)에서 동태평양 적도 부근 해역의 수온 편차가 (+)이므로 엘니뇨 시기임을 알 수 있다. 엘니뇨 시기에는 동태평양 적도 부근 연안에서 상승 기류가 활발하여 강수량이 증가한다.

ㄴ. 엘니뇨 시기에 서태평양 적도 해역에서는 평상시보다 기압이 상승하여 하강 기류가 우세하여 강수량이 감소한다.

14 기후 변동의 천문학적 요인

정답률 36% | 정답 ②

| 문제 보기 |

그림 (가)는 지구 공전 궤도 이심률의 변화를, (나)는 ㉠ 시기의 지구 자전축 방향과 공전 궤도를 나타낸 것이다. 지구 자전축 세차 운동의 주기는 약 26000년이며 방향은 지구의 공전 방향과 반대이다.

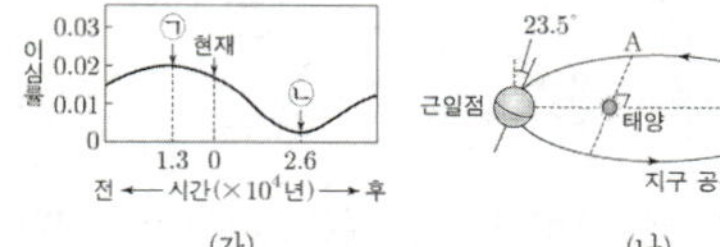

(가) (나)

이에 대한 설명으로 옳은 것만을 <보기>에서 있는 대로 고른 것은? (단, 지구 공전 궤도 이심률과 자전축 경사 방향 이외의 요인은 변하지 않는다고 가정한다.) [3점]

<보 기>
ㄱ. 현재 북반구는 근일점에서 여름철이다.
ㄴ. 현재로부터 약 6500년 전 지구가 A 부근에 있을 때 북반구는 겨울철이 된다.
ㄷ. 북반구 기온의 연교차는 ㉠ 시기가 ㉡ 시기보다 크다.

① ㄱ ② ㄷ ③ ㄱ, ㄴ
④ ㄴ, ㄷ ⑤ ㄱ, ㄴ, ㄷ

• 왜 정답일까?

ㄷ. (나)는 ㉠ 시기이며, 이 시기에 북반구는 지구가 근일점에 위치할 때 여름철이 된다. ㉠으로부터 39000년이 지난 ㉡ 시기에는 세차 운동에 의해 지구
자전축의 경사 방향이 반대가 되어 북반구는 지구가 원일점에 위치할 때 여름철이 된다. 또한 궤도 이심률을 비교하면 북반구가 여름철일 때 지구에서 태양까지의 거리는 ㉠ 시기에 최소가 된다. 따라서 북반구 기온의 연교차는 ㉠ 시기가 ㉡ 시기보다 크다.

• 왜 오답일까?

ㄱ. 13000년 전에 지구가 근일점일 때 북반구가 여름철이었다. 현재는 세차 운동에 의해 지구 자전축의 경사 방향이 반대가 되었으므로 지구가 근일점일 때
북반구는 겨울철이다.

ㄴ. 13000년 전에는 근일점일 때 북반구가 여름이었다. 6500년 전에는 세차 운동에 의해 자전축의 경사 방향이 시계 방향으로 $1/4$바퀴 회전하여 A 위치에서 북반구가 여름철이 된다.

15 사층리의 특징 이해하기

정답률 75% | 정답 ②

| 문제 보기 |

그림은 어느 퇴적 구조를 나타낸 것이다.

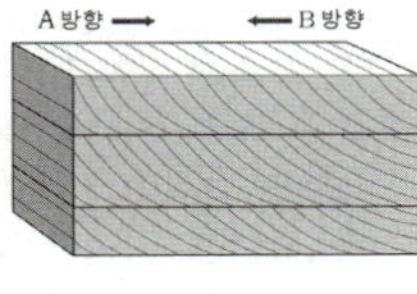

이 퇴적 구조에 대한 설명으로 옳은 것만을 <보기>에서 있는 대로 고른 것은?

<보 기>
ㄱ. 깊은 바다에서 형성되었다.
ㄴ. 퇴적 당시 퇴적물의 이동 방향은 B 방향이다.
ㄷ. 지층의 역전 여부를 판단할 때 이용할 수 있다.

① ㄱ ② ㄷ ③ ㄱ, ㄴ
④ ㄴ, ㄷ ⑤ ㄱ, ㄴ, ㄷ

• 왜 정답일까?

ㄱ. 이 퇴적 구조는 사층리이며 주로 퇴적물의 흐름이 있는 얕은 물속이나 사구에서 형성된다.

ㄴ, ㄷ. 사층리의 기울어진 모양을 통해 퇴적물의 이동 방향과 지층의 역전 여부를 알 수 있다. 이 사층리가 형성될 당시 퇴적물의 이동 방향은 A 방향이다.

16 우주 배경 복사

정답률 76% | 정답 ⑤

| 문제 보기 |

그림은 우주 배경 복사의 파장에 따른 복사 강도를 나타낸 것이다.

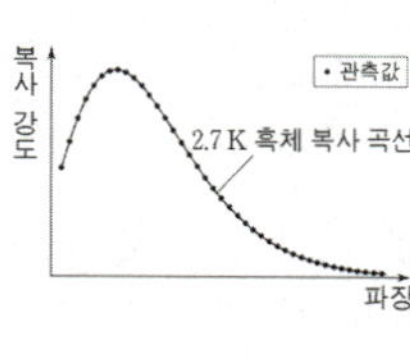

이에 대한 설명으로 옳은 것만을 <보기>에서 있는 대로 고른 것은?

<보 기>
ㄱ. 우주 배경 복사는 빅뱅 우주론의 증거가 된다.
ㄴ. 우주 배경 복사가 방출되었던 시기에 우주의 온도는 2.7 K였다.
ㄷ. 복사 강도가 최대인 파장은 우주 탄생 초기보다 현재가 길다.

① ㄱ ② ㄴ ③ ㄷ ④ ㄱ, ㄴ ⑤ ㄱ, ㄷ

• 왜 정답일까?

ㄱ. 우주 배경 복사는 팽창에 의해 우주의 온도가 감소하고 있음을 나타내므로 빅뱅 우주론의 증거가 된다.

ㄷ. 우주 탄생 초기에 비해 현재는 온도가 낮아졌으므로 복사 강도가 최대인 파장도 길어졌다.

• 왜 오답일까?

ㄴ. 2.7K는 현재 관측되는 우주 배경 복사의 온도이고, 우주 배경 복사가 방출되었던 시기에 우주의 온도는 약 3000K였다.

17 고지자기 분포

정답률 55% | 정답 ②

| 문제 보기 |

그림은 서로 다른 두 해양 지각에서 해령으로부터의 거리에 따른 고지자기 분포를 나타내고, 연령이 같은 지점을 연결한 것이다.

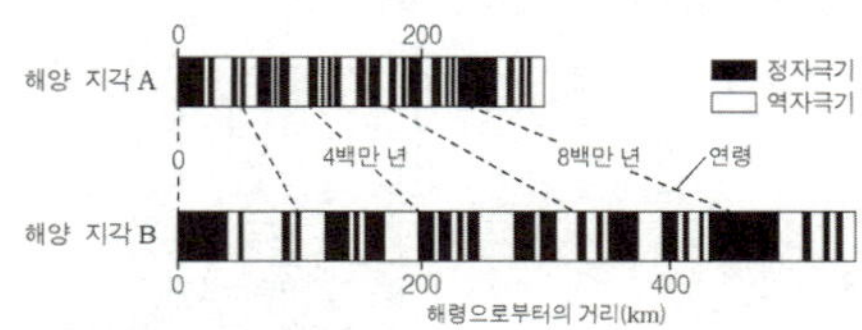

이에 대한 설명으로 옳은 것만을 <보기>에서 있는 대로 고른 것은? [3점]

<보 기>
ㄱ. 고지자기의 역전 주기는 일정하다.
ㄴ. 8백만 년 전의 지구 자기장의 방향은 현재와 같다.
ㄷ. 해양 지각의 이동 속도는 A가 B보다 빠르다.

① ㄱ ② ㄴ ③ ㄱ, ㄴ ④ ㄱ, ㄷ ⑤ ㄴ, ㄷ

• 왜 정답일까?

ㄴ. 8백만 년 전은 정자극기이므로 현재 지구 자기장의 방향과 같다.

• 왜 오답일까?

ㄱ. 고지자기 줄무늬의 간격이 시간에 따라 일정하지 않은 것은 고지자기 역전 주기가 일정하지 않기 때문이다.

ㄷ. 해령으로부터 같은 시간 동안 해양 지각이 이동한 거리는 B가 A보다 멀기 때문에 해양 지각의 이동 속도는 B가 빠르다.

18 외계 행성계

정답률 42% | 정답 ②

| 문제 보기 |

그림 (가)와 (나)는 어느 외계 행성에 의한 중심별의 시선 속도 변화와 겉보기 밝기 변화를 관측하여 각각 나타낸 것이다.

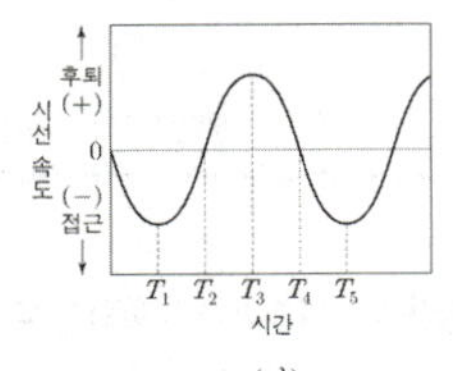

(가)

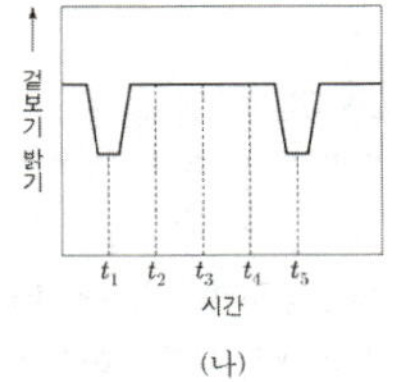

(나)

이에 대한 설명으로 옳은 것만을 <보기>에서 있는 대로 고른 것은? [3점]

<보 기>
ㄱ. (가)에서 T_1일 때 (나)에서 겉보기 밝기는 최소이다.
ㄴ. (가)에서 지구로부터 중심별까지의 거리는 T_2일 때가 T_3일 때보다 가깝다.
ㄷ. (나)에서 t_4일 때 외계 행성은 지구로부터 멀어지고 있다.

① ㄱ ② ㄴ ③ ㄱ, ㄷ
④ ㄴ, ㄷ ⑤ ㄱ, ㄴ, ㄷ

• 왜 정답일까?

ㄴ. 지구로부터 중심별까지의 거리는 중심별이 접근하다가 후퇴하기 시작하는 시점일 때 가장 가깝다. 따라서 시선 속도가 (−)에서 (+)로 바뀌는 T_2일 때 지구에서 중심별까지의 거리가 가장 가깝다.

• 왜 오답일까?

ㄱ. 중심별의 겉보기 밝기가 최소인 시기는 행성에 의해 중심별이 가려질 때이다. 이 때 행성은 지구 방향으로 가까워지다가 멀어지기 시작하고, 중심별은 반대로 멀어지다가 가까워지기 시작한다. 이 시기는 (가)의 T_4에 해당하며, 이 때 중심별의 겉보기 밝기는 최소가 된다.

ㄷ. (나)에서 t_4는 중심별의 겉보기가 밝기가 어두워지기 이전 시기이므로 식 현상이 나타나기 이전 시기에 해당한다. 따라서 t_4일 때 외계 행성은 지구 방향으로 가까워진다.

19 태풍

정답률 68% | 정답 ③

| 문제 보기 |

그림 (가)는 어느 해 7월에 관측된 태풍의 위치를 24시간 간격으로 표시한 이동 경로이고, (나)는 이 시기의 해양 열용량 분포를 나타낸 것이다. 해양 열용량은 태풍에 공급할 수 있는 해양의 단위 면적당 열량이다.

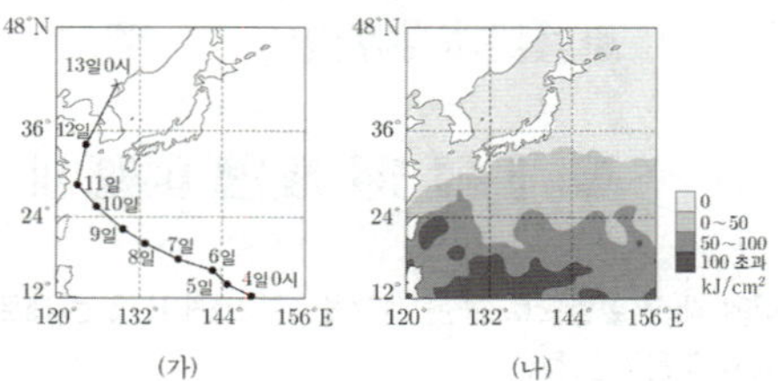

(가) (나)

이에 대한 설명으로 옳은 것만을 <보기>에서 있는 대로 고른 것은?

<보 기>
ㄱ. 12일 0시에 태풍은 편서풍의 영향을 받는다.
ㄴ. 11일 0시부터 13일 0시까지 제주도에서는 풍향이 시계 반대 방향으로 변한다.
ㄷ. 해양에서 이 태풍으로 공급되는 에너지양은 12일이 10일보다 적다.

① ㄱ ② ㄴ ③ ㄱ, ㄷ
④ ㄴ, ㄷ ⑤ ㄱ, ㄴ, ㄷ

• 왜 정답일까?

ㄱ. 12일 0시에 태풍은 편서풍의 영향을 받아 북동쪽으로 진행하였다.

ㄷ. 태풍의 에너지원은 수증기의 잠열이다. 10일에 태풍은 12일보다 수온이 높은 저위도 해역에 위치하였으며, 이동 속도도 느렸기 때문에 해양으로부터 더 많은 열량을 공급받을 수 있었다.

• 왜 오답일까?

ㄴ. 12일 0시부터 13일 0시까지 태풍이 이동하는 동안 제주도는 태풍의 오른쪽 반원(위험 반원)에 위치하였다. 따라서 이 기간 동안 제주도에서는 풍향이 시계 방향으로 변하였다.

20 마그마의 생성

정답률 50% | 정답 ①

| 문제 보기 |

다음은 컴퓨터를 활용하여 태평양에서 마그마가 분출하는 두 지역의 해저 지형과 마그마 특성을 알아보는 탐구 활동이다.

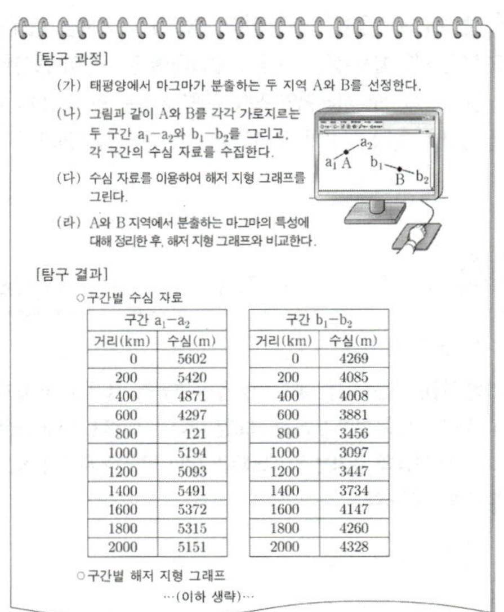
[탐구 과정]

(가) 태평양에서 마그마가 분출하는 두 지역 A와 B를 선정한다.
(나) 그림과 같이 A와 B를 각각 가로지르는 두 구간 a_1-a_2와 b_1-b_2를 그리고, 각 구간의 수심 자료를 수집한다.
(다) 수심 자료를 이용하여 해저 지형 그래프를 그린다.
(라) A와 B 지역에서 분출하는 마그마의 특성에 대해 정리한 후, 해저 지형 그래프와 비교한다.

[탐구 결과]

○구간별 수심 자료

구간 a_1-a_2		구간 b_1-b_2	
거리(km)	수심(m)	거리(km)	수심(m)
0	5602	0	4269
200	5420	200	4085
400	4871	400	4008
600	4297	600	3881
800	121	800	3456
1000	5194	1000	3097
1200	5093	1200	3447
1400	5491	1400	3734
1600	5372	1600	4147
1800	5315	1800	4260
2000	5151	2000	4328

○구간별 해저 지형 그래프

…(이하 생략)…

탐구 결과에 대한 설명으로 옳은 것만을 <보기>에서 있는 대로 고른 것은? [3점]

<보 기>
ㄱ. A와 B에서 현무암질 마그마가 분출한다.
ㄴ. 마그마가 생성될 수 있는 최대 깊이는 B가 A보다 깊다.
ㄷ. B의 마그마는 주로 압력 증가에 의해 생성된다.

① ㄱ ② ㄷ ③ ㄱ, ㄴ
④ ㄴ, ㄷ ⑤ ㄱ, ㄴ, ㄷ

• 왜 정답일까?

ㄱ. A와 B는 해양 지각 내에 분포하므로 분출하는 마그마의 종류는 주로 현무암질 마그마이다.

• 왜 오답일까?

ㄴ. B가 A보다 해저면으로부터의 높이가 낮으므로 마그마가 생성될 수 있는 최대 깊이가 대체로 얕다.

ㄷ. B의 마그마는 맨틀 물질의 상승에 의한 압력 감소에 의해 주로 생성된다.

• 고3 지구과학 I •

36회 2024학년도 10월

01 ③	02 ①	03 ④	04 ①	05 ③
06 ⑤	07 ②	08 ⑤	09 ④	10 ①
11 ④	12 ⑤	13 ③	14 ①	15 ②
16 ⑤	17 ⑤	18 ②	19 ②	20 ③

채점 결과
• 실제 걸린 시간 : 분 초
• 맞은 문항수 : 개
• 틀린 문항수 : 개
• 헷갈린 문항 :

01 퇴적 구조의 특징

정답률 85% | 정답 ③

| 문제 보기 |

다음은 세 가지 퇴적 구조를 특징에 따라 구분하는 과정을 나타낸 것이다.

연흔, 사층리, 건열
물결 모양의 흔적이 남아 있다. → 예 → A
아니요 ↓
㉠ → 예 → 사층리
아니요 ↓
B

이에 대한 설명으로 옳은 것만을 <보기>에서 있는 대로 고른 것은?

< 보 기 >
ㄱ. A는 연흔이다.
ㄴ. '퇴적물이 공급된 방향을 알 수 있다.'는 ㉠에 해당한다.
ㄷ. B는 수심이 깊은 환경에서 형성된다.

① ㄱ ② ㄷ ③ ㄱ, ㄴ
④ ㄴ, ㄷ ⑤ ㄱ, ㄴ, ㄷ

• 왜 정답일까?

ㄱ. 물결 모양의 흔적이 지층에 남아 있는 퇴적 구조이므로 A는 연흔이다.

ㄴ. 사층리는 주로 수심이 얕은 물밑이나 바람의 방향이 자주 바뀌는 곳에서 물이 흘러가거나 바람이 불어가는 방향의 비탈면에 퇴적물이 쌓여 형성된다. 과거에 물이 흘렀던 방향이나 바람이 불었던 방향을 알 수 있다. 즉 퇴적물이 공급된 방향을 알 수 있다.

• 왜 오답일까?

ㄷ. 건열은 퇴적층이 대기에 노출되어야 하므로 수심이 깊은 환경에서는 형성되지 않는다.

02 플룸 구조론

정답률 59% | 정답 ①

| 문제 보기 |

그림은 지구에서 X−Y 단면의 지진파 단층 촬영 영상과 지표면 상의 지점 A와 B를 나타낸 것이다.

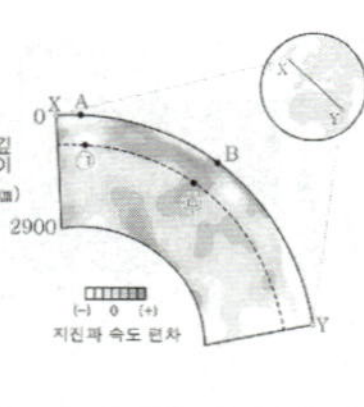

이에 대한 설명으로 옳은 것만을 <보기>에서 있는 대로 고른 것은?

< 보 기 >
ㄱ. 온도는 ㉠ 지점이 ㉡ 지점보다 높다.
ㄴ. A는 판의 수렴형 경계에 위치한다.
ㄷ. B의 하부에는 외핵과 맨틀의 경계에서 상승하는 플룸이 있다.

① ㄱ ② ㄷ ③ ㄱ, ㄴ
④ ㄴ, ㄷ ⑤ ㄱ, ㄴ, ㄷ

• 왜 정답일까?

ㄱ. 지진파 속도 편차가 (−)인 ㉠ 지점이 (+)인 ㉡ 지점보다 온도가 더 높다.

• 왜 오답일까?

ㄴ. A의 하부에는 뜨거운 플룸이 있다.

ㄷ. B의 하부에는 주변보다 차가운 맨틀이 존재한다.

[문제편 p.140]

03 은하의 특징

정답률 75% | 정답 ④

| 문제 보기 |

표는 은하의 종류별 특징을 나타낸 것이고, (가), (나), (다)는 각각 타원 은하, 막대 나선 은하, 불규칙 은하 중 하나이다. 그림은 어느 은하의 가시광선 영상을 나타낸 것이고, 이 은하는 (가), (나), (다) 중 하나에 해당한다.

종류	특징
(가)	E0 ~ E7로 구분한다.
(나)	(㉠)
(다)	중심부에 막대 구조가 보인다.

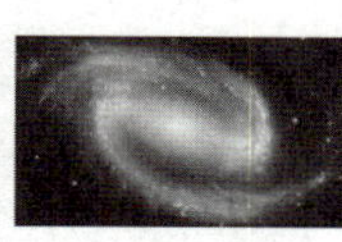

이에 대한 설명으로 옳은 것만을 〈보기〉에서 있는 대로 고른 것은?

〈보 기〉
ㄱ. E7은 E0보다 구 모양에 가깝다.
ㄴ. '규칙적인 구조가 없다.'는 ㉠에 해당한다.
ㄷ. 그림의 은하는 (다)에 해당한다.

① ㄱ ② ㄴ ③ ㄱ, ㄷ ④ ㄴ, ㄷ ⑤ ㄱ, ㄴ, ㄷ

• 왜 정답일까?

ㄴ. (나)는 불규칙 은하이다.
ㄷ. 중심부에 막대 구조가 보이므로 (다)에 해당한다.

• 왜 오답일까?

ㄱ. E0 → E7로 가면서 편평도가 커진다.

04 심층 순환의 원리

정답률 56% | 정답 ①

| 문제 보기 |

다음은 심층수 형성에 빙하가 녹은 물의 유입이 미치는 영향을 알아보기 위한 실험이다.

[실험 과정]
(가) 수조에 ㉠수온이 10℃, 염분이 34 psu인 소금물을 넣는다.
(나) 비커 A에 ㉡수온이 10℃, 염분이 36 psu인 소금물 200 g을 만들고, 비커 B에는 10℃인 증류수 50 g에 조각 얼음 50 g을 넣어 녹인다.
(다) A와 B에 서로 다른 색의 잉크를 몇 방울 떨어뜨린다.
(라) A의 소금물 100 g을 수조의 한쪽 벽을 타고 내려가게 천천히 부으면서 수조 안을 관찰한다.
(마) 비커 C에 A의 소금물 100 g과 B의 물 100 g을 넣고 섞는다.
(바) C의 소금물을 수조의 반대쪽 벽을 타고 내려가게 천천히 부으면서 수조 안을 관찰한다.

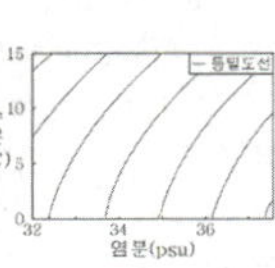

[실험 결과]
○ (라): A의 소금물이 수조 바닥으로 가라앉는다.
○ (바): C의 소금물이 (ⓐ)

[실험 해석]
○ 소금물의 밀도는 C가 A보다 ( )
○ 이 실험 결과는 '심층수 형성 장소에 빙하가 녹은 물이 유입되면, 심층수의 형성이 (ⓑ)'는 것을 나타낸다.

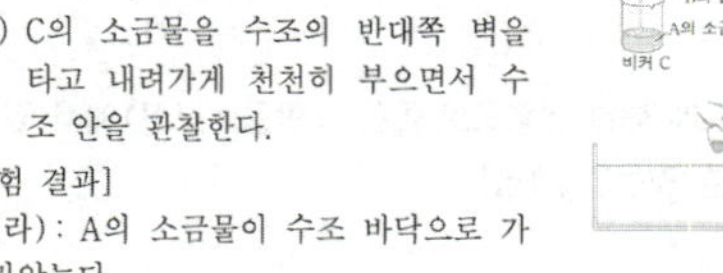

이에 대한 설명으로 옳은 것만을 〈보기〉에서 있는 대로 고른 것은? [3점]

〈보 기〉
ㄱ. 밀도는 ㉠이 ㉡보다 작다.
ㄴ. '수조 밑으로 가라앉아 A의 소금물 아래쪽으로 파고든다.'는 ⓐ에 해당한다.
ㄷ. '활발해진다.'는 ⓑ에 해당한다.

① ㄱ ② ㄴ ③ ㄱ, ㄷ ④ ㄴ, ㄷ ⑤ ㄱ, ㄴ, ㄷ

• 왜 정답일까?

ㄱ. 같은 수온이면 염분이 작은 ㉠이 ㉡보다 밀도가 작다.

• 왜 오답일까?

ㄴ. 밀도는 C 의 물이 ㉠보다 작아 수조물의 위쪽에 위치한다.
ㄷ. 빙하가 녹은 물이 해수의 밀도를 낮추므로 심층수 형성은 약해진다.

05 태양 질량의 별 진화 과정

정답률 21% | 정답 ③

| 문제 보기 |

그림은 태양과 질량이 비슷한 한 별의 시간에 따른 광도 변화를 나타낸 것이다.

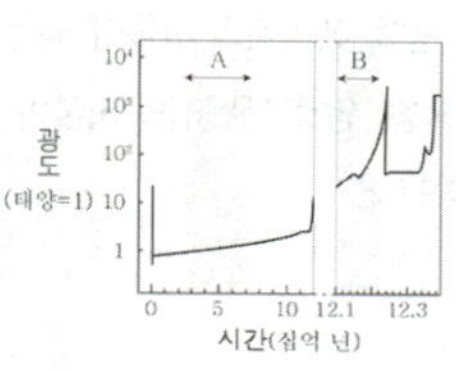

이 자료에 대한 설명으로 옳은 것만을 〈보기〉에서 있는 대로 고른 것은?

〈보 기〉
ㄱ. A 시기는 주계열 단계이다.
ㄴ. 별의 평균 표면 온도는 A 시기가 B 시기보다 높다.
ㄷ. B 시기 별의 중심핵에서는 헬륨 핵융합 반응이 일어난다.

① ㄱ ② ㄷ ③ ㄱ, ㄴ ④ ㄴ, ㄷ ⑤ ㄱ, ㄴ, ㄷ

• 왜 정답일까?

ㄱ, ㄴ. 별의 A 시기는 주계열 단계이고, B 시기는 적색 거성 단계이다.

• 왜 오답일까?

ㄷ. B 시기 별의 중심핵에서는 헬륨 핵융합 반응이 일어나지 않는다.

06 생명 가능 지대

정답률 51% | 정답 ⑤

| 문제 보기 |

표는 중심별 A, B, C의 생명 가능 지대 안쪽 경계와 바깥쪽 경계가 중심별로부터 떨어진 거리를 나타낸 것이다. A, B, C는 주계열성이고, $x<y$이다.

중심별	중심별로부터의 거리(AU)	
	안쪽 경계	바깥쪽 경계
A	2.1	x
B	( )	1.8
C	y	5.5

이 자료에 대한 설명으로 옳은 것만을 〈보기〉에서 있는 대로 고른 것은? [3점]

〈보 기〉
ㄱ. 생명 가능 지대의 폭은 A가 B보다 좁다.
ㄴ. 주계열 단계에 머무는 기간은 A가 C보다 길다.
ㄷ. $x+y<7.6$이다.

① ㄱ ② ㄴ ③ ㄱ, ㄴ ④ ㄱ, ㄷ ⑤ ㄴ, ㄷ

• 왜 정답일까?

ㄴ. A는 C보다 질량이 작다.
ㄷ. 광도는 A가 C보다 작으므로 $x-2.1<5.5-y$ 이다.

• 왜 오답일까?

ㄱ. A는 B보다 광도가 크다.

07 기상 위성 영상

정답률 25% | 정답 ②

| 문제 보기 |

그림 (가)와 (나)는 우리나라 장마 기간 중 어느 날과 서해안 지역에 폭설이 내린 어느 날의 가시 영상을 순서 없이 나타낸 것이다. (가)와 (나)의 촬영 시각은 각각 오전 8시와 오후 7시 중 하나이다.

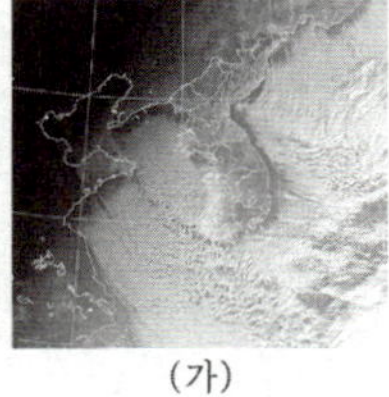
(가)

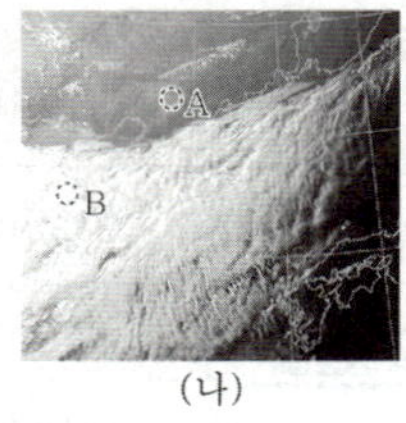

(나)

이 자료에 대한 설명으로 옳은 것만을 〈보기〉에서 있는 대로 고른 것은?

〈보 기〉
ㄱ. (가)의 촬영 시각은 오후 7시이다.
ㄴ. 영상을 촬영한 날 우리나라의 평균 기온은 (가)일 때가 (나)일 때보다 높다.
ㄷ. 구름이 반사하는 태양 복사 에너지의 세기는 영역 A에서가 영역 B에서보다 약하다.

① ㄱ ② ㄷ ③ ㄱ, ㄴ ④ ㄱ, ㄷ ⑤ ㄴ, ㄷ

• 왜 정답일까?

ㄷ. 구름이 두꺼울수록 반사되는 태양 복사 에너지가 많아 흰색으로 밝게 보인다.

• 왜 오답일까?

ㄱ. 지구 자전에 의해 햇빛은 동쪽부터 들어온다.
ㄴ. 장마는 여름철, 폭설은 겨울철에 나타난다.

08 절대 연령

정답률 39% | 정답 ⑤

| 문제 보기 |

표는 화성암 ㉠, ㉡, ㉢에 포함된 방사성 원소 X를 이용하여 암석의 절대 연령을 구한 것이다.

화성암	처음 양에 대한 X의 현재 함량(%)	절대 연령(억 년)
㉠	12.5	3.6
㉡	75	a
㉢	37.5	b

이에 대한 설명으로 옳은 것만을 〈보기〉에서 있는 대로 고른 것은? [3점]

〈보 기〉
ㄱ. X의 반감기는 1.8억 년이다.
ㄴ. ㉡은 신생대에 형성된 암석이다.
ㄷ. (b−a)는 X의 반감기와 같다.

① ㄱ ② ㄴ ③ ㄷ ④ ㄱ, ㄴ ⑤ ㄴ, ㄷ

• 왜 정답일까?

ㄴ. ㉡의 절대 연령은 반감기의 절반보다 적으므로 0.6억 년 미만이다.
ㄷ. 처음 양에 대한 X 의 현재 함량은 ㉢이 ㉡의 절반이므로 (b−a)는 반감기와 같다.

• 왜 오답일까?

ㄱ. 3.6억 년 동안 반감기를 3회 거쳤으므로 반감기는 1.2억 년이다.

09 지질 구조의 생성 과정

정답률 70% | 정답 ④

| 문제 보기 |

그림은 어느 지역의 지질 단면을 나타낸 것이다. 이 지역의 사암층에서는 공룡 화석이 발견되었다.

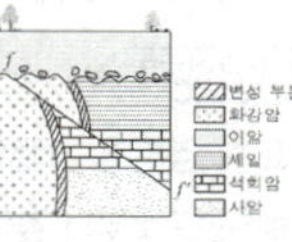

이 자료에 대한 설명으로 옳은 것만을 〈보기〉에서 있는 대로 고른 것은?

〈보 기〉
ㄱ. 화강암이 생성된 시기에 삼엽충이 번성하였다.
ㄴ. 이 지역에서는 난정합이 관찰된다.
ㄷ. 단층 $f-f'$는 정단층이다.

① ㄱ ② ㄷ ③ ㄱ, ㄴ ④ ㄴ, ㄷ ⑤ ㄱ, ㄴ, ㄷ

• 왜 정답일까?

ㄴ. 화강암 위에 부정합이 관찰되므로 난정합이다.
ㄷ. 상반이 하반에 대해 아래로 이동하였다.

• 왜 오답일까?

ㄱ. 삼엽충은 고생대 생물, 공룡은 중생대 생물이고, 공룡 화석이 발견된 사암층이 생성된 이후 관입에 의해 화강암이 생성되었다.

10 마그마의 생성 조건과 종류

정답률 58% | 정답 ①

| 문제 보기 |

그림 (가)는 암석의 용융 곡선과 지역 A, B의 지하 온도 분포를 깊이에 따라 나타낸 것이고, (나)는 마그마 X, Y, Z의 온도와 SiO_2 함량을 나타낸 것이다. A와 B는 각각 섭입대와 해령 중 하나이고, X, Y, Z는 각각 현무암질, 안산암질, 유문암질 마그마 중 하나이다.

[문제편 p.141]

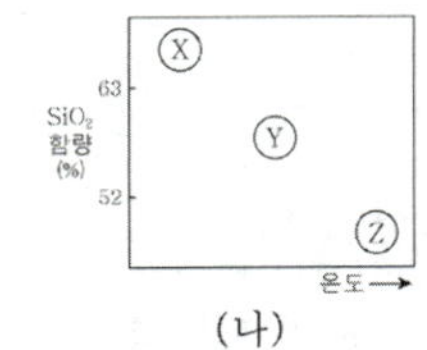

이에 대한 설명으로 옳은 것만을 <보기>에서 있는 대로 고른 것은?

< 보 기 >
ㄱ. A에서 물은 암석의 용융 온도를 감소시키는 요인이다.
ㄴ. Y가 지하 깊은 곳에서 굳으면 반려암이 생성된다.
ㄷ. B에서 생성되는 마그마는 주로 X이다.

① ㄱ ② ㄷ ③ ㄱ, ㄴ ④ ㄴ, ㄷ ⑤ ㄱ, ㄴ, ㄷ

• 왜 정답일까?

ㄱ. A는 섭입대이므로 함수 광물에서 빠져나온 물이 암석의 용융 온도를 낮춘다.

• 왜 오답일까?

ㄴ. Y는 안산암질 마그마이므로 반려암이 생성될 수 없다.
ㄷ. B는 해령이므로 주로 현무암질 마그마인 Z가 생성된다.

11 해수의 성질

정답률 68% | 정답 ④

| 문제 보기 |

그림은 어느 해역에서 측정한 깊이에 따른 해수의 수온과 염분 분포를 나타낸 것이다. 이 해역에는 강물이 유입되고 있으며, 강물의 유입 방향은 ㉠과 ㉡ 중 하나이다. A, B는 해수면에 위치한 지점이다.

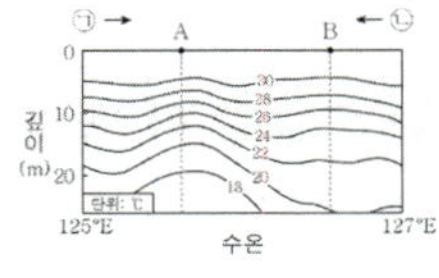

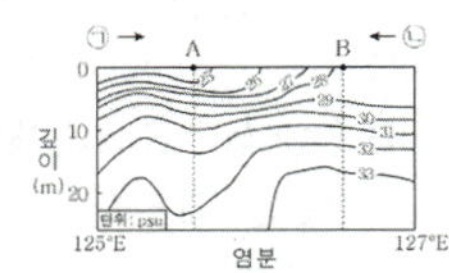

이에 대한 설명으로 옳은 것만을 <보기>에서 있는 대로 고른 것은? [3점]

< 보 기 >
ㄱ. 수온만을 고려할 때, 깊이 20 m에서 산소 기체의 용해도는 A에서가 B에서보다 작다.
ㄴ. 강물의 유입 방향은 ㉠이다.
ㄷ. 해수면과 깊이 20 m의 해수 밀도 차는 A에서가 B에서보다 크다.

① ㄱ ② ㄷ ③ ㄱ, ㄴ ④ ㄴ, ㄷ ⑤ ㄱ, ㄴ, ㄷ

• 왜 정답일까?

ㄴ. 표층 염분이 서쪽으로 갈수록 감소한다.
ㄷ. 해수면으로부터 깊이 20 m 까지 수온과 염분의 차이는 A 에서가 B 에서보다 크다.

• 왜 오답일까?

ㄱ. 산소 기체의 용해도는 수온이 낮을수록 크다.

12 우주 구성 요소의 특징

정답률 61% | 정답 ⑤

| 문제 보기 |

그림은 빅뱅 이후 20억 년부터 현재까지 우주를 구성하는 요소 A, B, C가 차지하는 상대적 비율 변화를 나타낸 것이다. A, B, C는 각각 보통 물질, 암흑 물질, 암흑 에너지 중 하나이다.

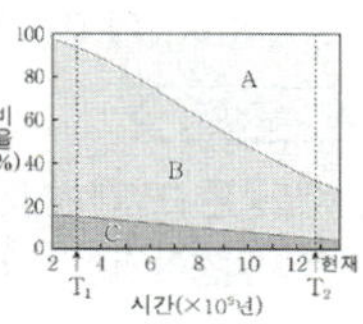

이에 대한 설명으로 옳은 것만을 <보기>에서 있는 대로 고른 것은?

< 보 기 >
ㄱ. A는 암흑 에너지이다.
ㄴ. B는 은하에 의한 중력 렌즈 현상을 이용하여 존재를 추정할 수 있다.
ㄷ. 우주는 T_1 시기에는 감속 팽창, T_2 시기에는 가속 팽창했다.

① ㄱ ② ㄴ ③ ㄱ, ㄷ ④ ㄴ, ㄷ ⑤ ㄱ, ㄴ, ㄷ

• 왜 정답일까?

ㄱ. 시간이 지남에 따라 비율이 높아지는 A는 암흑 에너지이다.
ㄴ. B는 암흑 물질이다.
ㄷ. 암흑 에너지의 비율이 낮은 우주 탄생 초기인 T_1 에는 감속 팽창, 암흑 에너지의 비율이 높은 최근 시기인 T_2에는 가속 팽창했다.

13 허블 법칙

정답률 48% | 정답 ③

| 문제 보기 |

그림 (가)와 (나)는 각각 서로 다른 거리에 있는 외부 은하의 거리와 후퇴 속도, 추세선의 기울기 H_1, H_2를 나타낸 것이다.

은하 ㉠은 추세선 상에 위치하고, H_1=70km/s/Mpc이다.

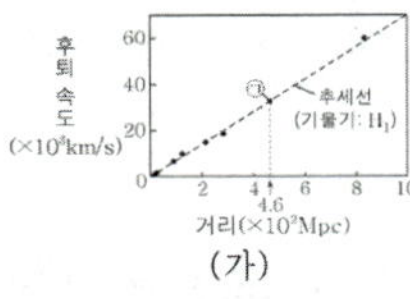

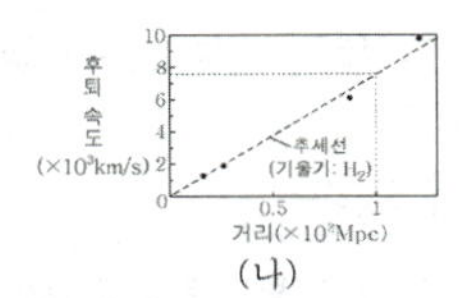

이 자료에 대한 설명으로 옳은 것만을 <보기>에서 있는 대로 고른 것은?

< 보 기 >
ㄱ. 은하 ㉠의 후퇴 속도는 32200 km/s이다.
ㄴ. H_2는 H_1보다 크다.
ㄷ. (가), (나)가 각각 허블 법칙을 만족할 때, 관측 가능한 우주의 크기는 H_2로 구한 값이 H_1로 구한 값보다 크다.

① ㄱ ② ㄷ ③ ㄱ, ㄴ
④ ㄴ, ㄷ ⑤ ㄱ, ㄴ, ㄷ

• 왜 정답일까?

ㄱ. $4.6\times10^2\times70=32200\,(\mathrm{km/s})$이다.
ㄴ. (나)의 추세선에서 $100\,\mathrm{Mpc}$에 해당하는 후퇴 속도는 $7000\,\mathrm{km/s}$보다 크므로 H_2는 $70\,\mathrm{km/s/Mpc}$보다 크다.

• 왜 오답일까?

ㄷ. 관측 가능한 우주의 크기는 $\frac{c}{H}$(c는 광속) 에 비례하므로 H_1보다 H_2로 구한 값이 작다.

14 별의 물리량

정답률 41% | 정답 ①

| 문제 보기 |

표는 별 ㉠, ㉡, ㉢의 물리량을 나타낸 것이다. ㉠은 주계열성이다.

별	분광형	최대 복사 에너지 방출 파장 (상댓값)	절대 등급
㉠	A0	1	+0.6
㉡	A9	(　)	(　)
㉢	(　)	2	-4.6

이 자료에 대한 설명으로 옳은 것만을 <보기>에서 있는 대로 고른 것은? [3점]

< 보 기 >
ㄱ. 단위 시간당 단위 면적에서 방출하는 복사 에너지양은 ㉠이 ㉡보다 크다.
ㄴ. ㉢은 주계열성이다.
ㄷ. $\frac{㉢의\ 반지름}{㉠의\ 반지름}$은 40보다 작다.

① ㄱ ② ㄴ ③ ㄷ ④ ㄱ, ㄷ ⑤ ㄴ, ㄷ

• 왜 정답일까?

ㄱ. A0인 별은 A9인 별보다 표면 온도가 높다.

• 왜 오답일까?

ㄴ. ㉢은 초거성이다.
ㄷ. 광도는 ㉢이 ㉠의 100배보다 크고, 표면 온도는 ㉢이 ㉠의 $\frac{1}{2}$배이다. $L=4\pi R^2\sigma T^4$이므로 반지름은 ㉢이 ㉠의 40배보다 크다.

15 황사

정답률 70% | 정답 ②

| 문제 보기 |

그림 (가)는 관측소 A, B에서 측정한 우리나라에 영향을 준 어느 황사의 시간에 따른 황사 농도를, (나)는 이 기간 중 t 시각의 지상 일기도에 황사가 관측된 위치와 A, B의 위치를 나타낸 것이다. X는 고기압과 저기압 중 하나이다.

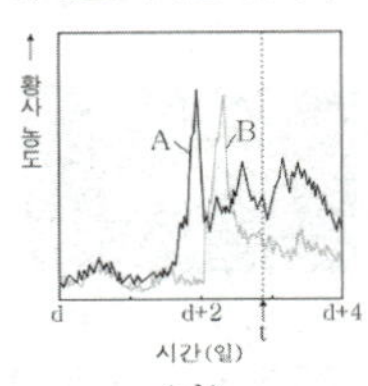

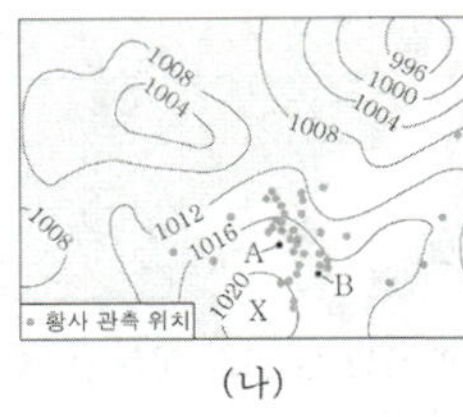

이 자료에 대한 설명으로 옳은 것만을 <보기>에서 있는 대로 고른 것은?

< 보 기 >
ㄱ. 이 황사는 발원지에서 (d+2)일에 발원하였다.
ㄴ. X는 고기압이다.
ㄷ. 이 황사는 극동풍을 타고 이동하였다.

① ㄱ ② ㄴ ③ ㄱ, ㄷ
④ ㄴ, ㄷ ⑤ ㄱ, ㄴ, ㄷ

• 왜 정답일까?

ㄴ. X는 주변보다 기압이 높다.

• 왜 오답일까?

ㄱ, ㄷ. 황사는 발원 후 수일 동안 상층의 편서풍을 타고 이동하여 우리나라에 영향을 준다.

16 ENSO

정답률 47% | 정답 ⑤

| 문제 보기 |

그림 (가)는 엘니뇨 시기와 라니냐 시기 적도 부근 태평양의 평균 표층 수온 분포를 나타낸 것이고, ㉠과 ㉡은 엘니뇨와 라니냐 시기 중 하나이다. 그림 (나)는 적도 부근 해역의 (동태평양 해면 기압 편차−서태평양 해면 기압 편차) 값(ΔP)을 시간에 따라 나타낸 것이고, A 시기는 ㉠과 ㉡ 중 하나이다. 편차는 (관측값−평년값)이다.

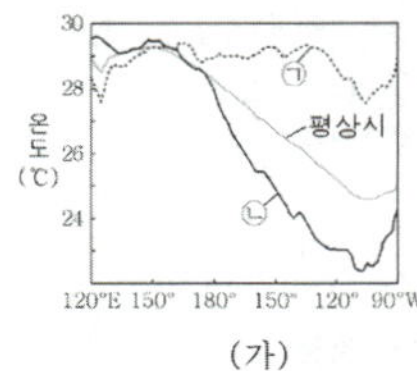

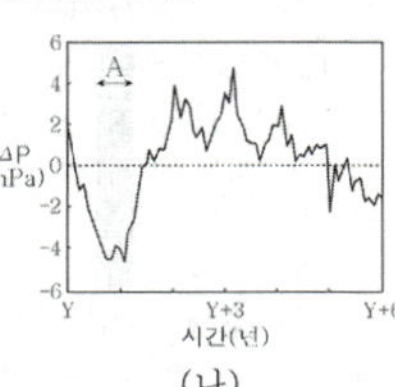

이 자료에 대한 설명으로 옳은 것만을 <보기>에서 있는 대로 고른 것은? [3점]

< 보 기 >
ㄱ. 적도 부근에서 (동태평양 평균 표층 수온 편차−서태평양 평균 표층 수온 편차) 값은 ㉠이 ㉡보다 크다.
ㄴ. 동태평양의 해면 기압은 A 시기가 평년보다 낮다.
ㄷ. A 시기는 ㉠에 해당한다.

① ㄱ ② ㄷ ③ ㄱ, ㄴ
④ ㄴ, ㄷ ⑤ ㄱ, ㄴ, ㄷ

• 왜 정답일까?

ㄱ. (가)에서 ㉠ 시기의 수온 편차 값은 동태평양에서 (+), 서태평양은 (−)가 되어 (+)의 값이, ㉡ 시기에는 (−)의 값이 된다.
ㄴ, ㄷ. A 시기는 엘니뇨, ㉠에 해당한다.

17 태풍이 통과할 때의 특징

정답률 55% | 정답 ⑤

| 문제 보기 |

그림 (가)는 어느 태풍 중심의 이동 경로와 관측소 A, B를, (나)는 $t_1 \to t_5$ 동안 A, B에서 관측한 기압을, (다)는 t_2, t_3, t_4일 때 A와 B에서 관측한 풍속과 풍향을 ㉠과 ㉡으로 순서 없이 나타낸 것이다.

[문제편 p.142]

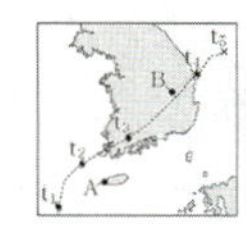
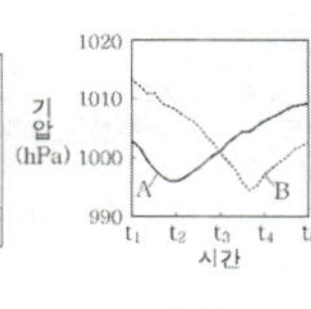
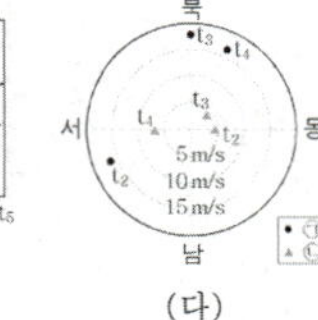

(가) (나) (다)

이 자료에 대한 설명으로 옳은 것만을 <보기>에서 있는 대로 고른 것은? [3점]

< 보 기 >
ㄱ. 태풍의 영향을 받는 동안 A는 위험 반원에 위치한다.
ㄴ. ㉡은 B에서 관측한 자료이다.
ㄷ. 태풍의 중심과 관측소의 거리가 가장 가까울 때 $\frac{\text{관측 기압}}{\text{태풍의 중심 기압}}$은 B에서가 A에서보다 작다.

① ㄱ ② ㄷ ③ ㄱ, ㄴ ④ ㄴ, ㄷ ⑤ ㄱ, ㄴ, ㄷ

• 왜 정답일까?

ㄱ, ㄴ. 태풍 진행 경로 오른쪽인 위험 반원에서는 풍향의 변화가 시계 방향으로 나타난다.
ㄷ. 태풍이 육지에 상륙하면 세력이 약해져 중심 기압은 높아진다.

18 기후 변화 지구 외적 요인

정답률 46% | 정답 ②

| 문제 보기 |

그림은 지구 공전 궤도 이심률과 세차 운동에 의한 자전축의 경사 방향 변화를, 표는 현재와 T 시기의 태양 겉보기 크기 비(근일점에서의 크기 : 원일점에서의 크기)를 나타낸 것이다. T는 ㉠과 ㉡ 중 하나이다.

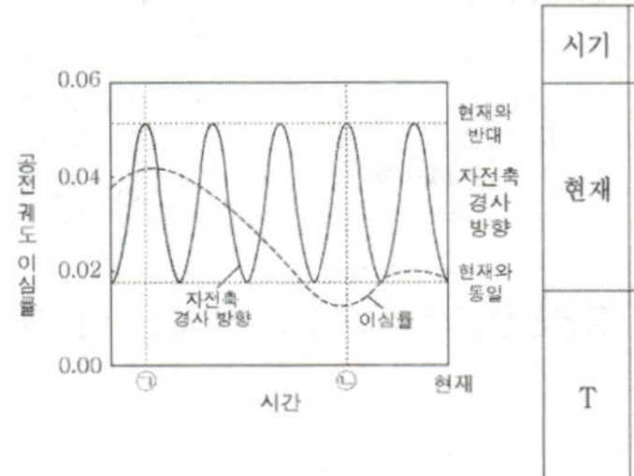
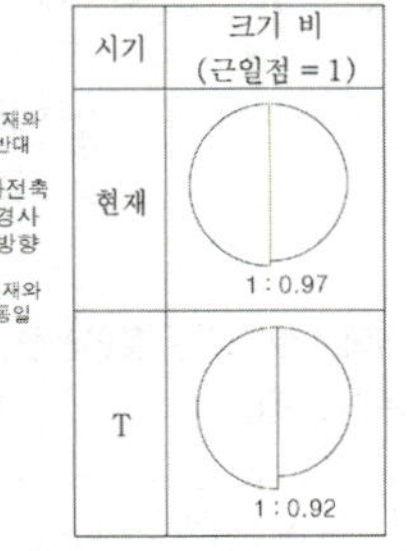

이에 대한 설명으로 옳은 것만을 <보기>에서 있는 대로 고른 것은? (단, 지구 공전 궤도 이심률과 세차 운동 이외의 요인은 고려하지 않는다.) [3점]

< 보 기 >
ㄱ. ㉠일 때, 근일점에서 우리나라는 겨울이다.
ㄴ. T는 ㉡이다.
ㄷ. 우리나라에서 연교차는 ㉠이 ㉡보다 크다.

① ㄱ ② ㄷ ③ ㄱ, ㄴ ④ ㄴ, ㄷ ⑤ ㄱ, ㄴ, ㄷ

• 왜 정답일까?

ㄷ. ㉠, ㉡ 시기에 우리나라의 계절은 근일점에서 여름, 원일점에서 겨울이므로, 연교차는 원일점과 근일점의 거리 차가 큰 ㉠ 시기가 ㉡ 시기보다 크다.

• 왜 오답일까?

ㄱ. 우리나라는 자전축 경사 방향이 반대인 ㉠ 시기가 여름이다.
ㄴ. ㉠ 시기에 원일점과 근일점의 거리 차가 커져 겉보기 태양 크기 차가 커진다.

19 고지자기와 대륙의 이동

정답률 28% | 정답 ②

| 문제 보기 |

그림은 현재 20°S에 위치한 어느 지괴에서 구한 60Ma부터 현재까지 시기별 고지자기극의 위도를 나타낸 것이다. 시기별 고지 자기극의 위치는 특정 경도 상에서 나타나고, 이 기간 동안 지괴도 이와 동일한 경도를 따라 이동하였다.

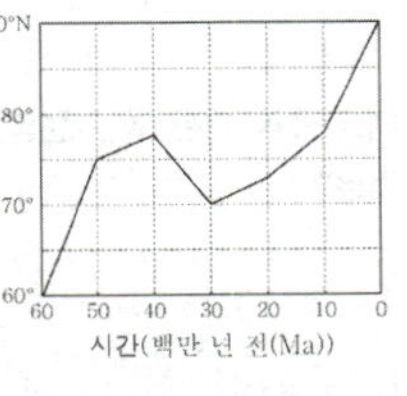

이 자료에 대한 설명으로 옳은 것만을 <보기>에서 있는 대로 고른 것은? (단, 고지자기극은 고지자기 방향으로 추정한 지리상 북극이고, 지리상 북극은 변하지 않았다.) [3점]

< 보 기 >
ㄱ. 이 지괴는 40 Ma ~ 30 Ma 동안 남쪽으로 이동하였다.
ㄴ. 지괴에서 구한 고지자기 복각의 절댓값은 60 Ma가 30 Ma보다 크다.
ㄷ. 이 기간 동안 지괴는 북반구에 머문 기간이 남반구에 머문 기간보다 길다.

① ㄱ ② ㄴ ③ ㄱ, ㄷ
④ ㄴ, ㄷ ⑤ ㄱ, ㄴ, ㄷ

• 왜 정답일까?

ㄴ. 지괴는 60 Ma에 10°N, 30 Ma에 적도에 위치하므로, 복각의 절댓값은 60 Ma가 더 크다.

• 왜 오답일까?

ㄱ. 지괴는 40 Ma ~ 30 Ma 동안 북쪽으로 이동했다.
ㄷ. 고지자기극의 위도가 70°N보다 낮게 나타날 때 지괴는 북반구에 위치한다.

20 외계 행성계의 탐사 방법

정답률 40% | 정답 ③

| 문제 보기 |

그림 (가)와 (나)는 서로 다른 외계 행성계에서 행성이 식 현상을 일으킬 때, 주계열성인 중심별 A와 B의 상대적 밝기 변화를 시간에 따라 나타낸 것이다. 식 현상을 일으키는 두 행성의 반지름은 같고, (가)의 t_2~t_3의 시간은 (나)의 t_4~t_5의 2배이다. 각 행성은 원 궤도를 따라 공전하며, 행성의 공전 궤도면은 관측자의 시선 방향과 나란하다.

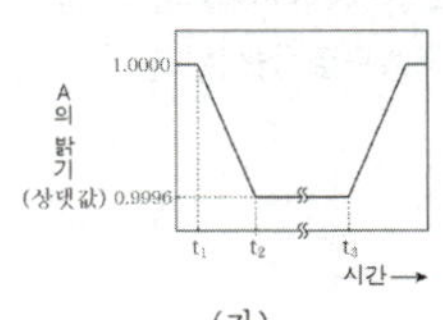
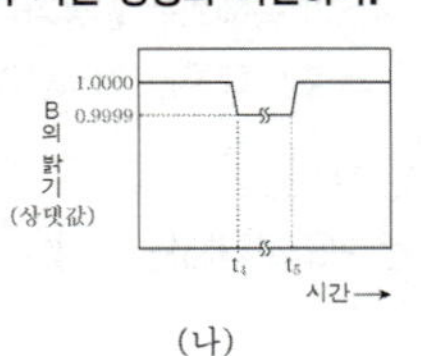

(가) (나)

이 자료에 대한 설명으로 옳은 것만을 <보기>에서 있는 대로 고른 것은? (단, 각 외계 행성계에서 공통 질량 중심과의 거리는 행성이 중심별보다 매우 멀고, 중심별의 시선 속도 변화는 식 현상을 일으키는 행성과의 공통 질량 중심에 대한 공전에 의해서만 나타난다.) [3점]

< 보 기 >
ㄱ. 별의 반지름은 A가 B의 $\frac{1}{2}$배이다.
ㄴ. 행성의 공전 속도는 (가)에서가 (나)에서의 $\frac{1}{4}$배보다 작다.
ㄷ. A의 흡수선 파장은 t_1일 때가 t_3일 때보다 짧다.

① ㄱ ② ㄷ ③ ㄱ, ㄴ
④ ㄴ, ㄷ ⑤ ㄱ, ㄴ, ㄷ

• 왜 정답일까?

ㄱ. 행성의 반지름이 r일 때, A와 B의 반지름 R_A와 R_B는 각각 50r과 100r이다.

ㄴ. $v_{A행성} \simeq \frac{2R_A - 2r}{2T} = \frac{49r}{T}$, $v_{B행성} \simeq \frac{2R_B - 2r}{T}$ 이다.

• 왜 오답일까?

ㄷ. 중심별은 시선 방향에서 t_1일 때 멀어지고 t_3일 때 가까워진다.

37회

• 고3 지구과학 I •

2023학년도 10월

01 ⑤	02 ③	03 ①	04 ③	05 ⑤
06 ③	07 ①	08 ①	09 ④	10 ④
11 ②	12 ①	13 ⑤	14 ⑤	15 ②
16 ⑤	17 ④	18 ③	19 ②	20 ②

채점 결과
• 실제 걸린 시간 : 분 초
• 맞은 문항수 : 개
• 틀린 문항수 : 개
• 헷갈린 문항 :

01 판 구조론

정답률 95% | 정답 ⑤

| 문제 보기 |

그림은 어느 학생이 생성형 인공 지능 서비스를 이용해 대륙 이동설과 해양저 확장설에 대해 검색한 결과의 일부이다.

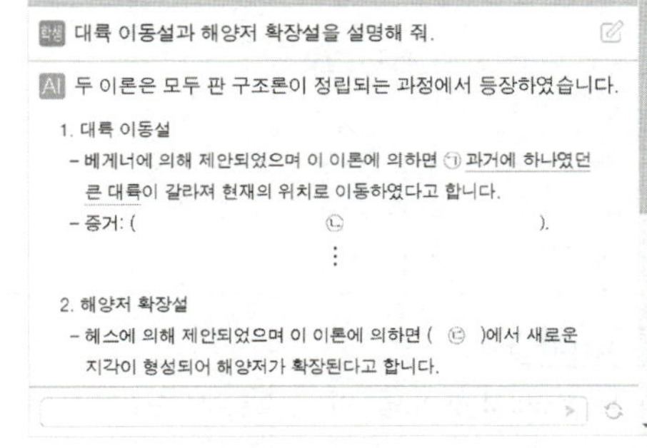
대륙 이동설과 해양저 확장설을 설명해 줘.
두 이론은 모두 판 구조론이 정립되는 과정에서 등장하였습니다.
1. 대륙 이동설
- 베게너에 의해 제안되었으며 이 이론에 의하면 ㉠ 과거에 하나였던 큰 대륙이 갈라져 현재의 위치로 이동하였다고 합니다.
- 증거: (㉡).
⋮
2. 해양저 확장설
- 헤스에 의해 제안되었으며 이 이론에 의하면 (㉢)에서 새로운 지각이 형성되어 해양저가 확장된다고 합니다.

이에 대한 옳은 설명만을 <보기>에서 있는 대로 고른 것은?

< 보 기 >
ㄱ. ㉠은 판게아이다.
ㄴ. '같은 종류의 화석이 멀리 떨어진 여러 대륙에서 발견된다'는 ㉡에 해당한다.
ㄷ. '해령'은 ㉢에 해당한다.

① ㄱ ② ㄷ ③ ㄱ, ㄴ
④ ㄴ, ㄷ ⑤ ㄱ, ㄴ, ㄷ

• 왜 정답일까?

ㄱ. 베게너가 제시한 초대륙의 이름은 판게아이다.
ㄷ. 해양저 확장설에서는 새로운 해양 지각이 해령에서 형성된다고 설명한다.

02 지구 기후 변화의 원인

정답률 67% | 정답 ③

| 문제 보기 |

그림은 2000년부터 2015년까지 연간 온실 기체 배출량과 2015년 이후 지구 온난화 대응 시나리오 A, B, C에 따른 연간 온실 기체 예상 배출량을 나타낸 것이다. 기온 변화의 기준값은 1850년~1900년의 평균 기온이다.

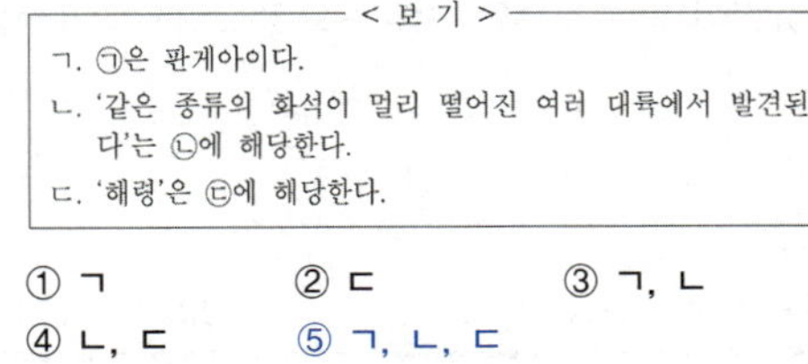
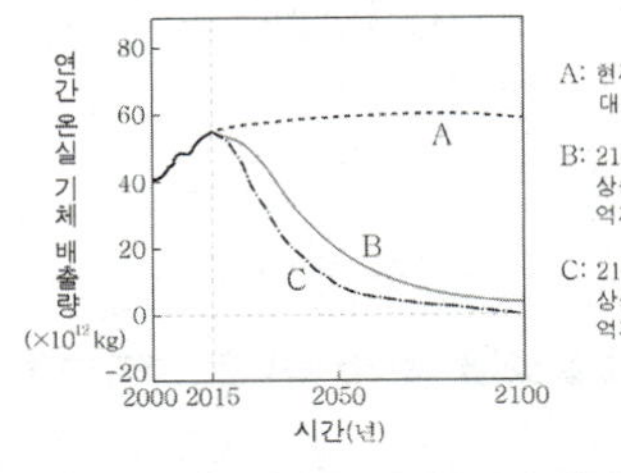

이 자료에 대한 옳은 설명만을 <보기>에서 있는 대로 고른 것은? [3점]

< 보 기 >
ㄱ. 연간 온실 기체 배출량은 2015년이 2000년보다 많다.
ㄴ. C에 따르면 2100년에 지구의 평균 기온은 기준값보다 낮아질 것이다.
ㄷ. A에 따르면 2100년에 지구의 평균 기온은 기준값보다 2℃ 이상 높아질 것이다.

① ㄱ ② ㄴ ③ ㄱ, ㄷ
④ ㄴ, ㄷ ⑤ ㄱ, ㄴ, ㄷ

• 왜 정답일까?

ㄷ. A는 B보다 연간 온실 기체 배출량이 많으므로 지구의 평균 기온은 기준값보다 2℃ 이상 높아질 것이다.

• 왜 오답일까?

ㄴ. C에 따르면 2100년에 지구의 평균 기온은 기준값보다 1.5℃ 높아질 것이다.

03 마그마의 생성 과정

정답률 71% | 정답 ①

| 문제 보기 |

그림은 해양판이 섭입되는 어느 지역에서 생성되는 마그마 A와 B를, 표는 A와 B의 SiO_2 함량을 나타낸 것이다.

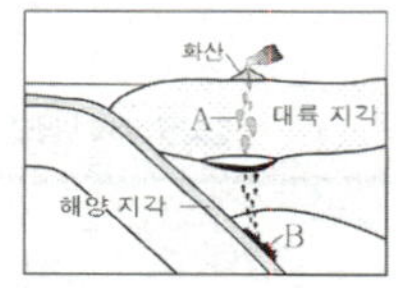

마그마	SiO_2 함량(%)
A	58
B	㉠

이에 대한 옳은 설명만을 〈보기〉에서 있는 대로 고른 것은?

< 보 기 >

ㄱ. A가 분출하면 반려암이 생성된다.
ㄴ. ㉠은 58보다 작다.
ㄷ. B는 주로 압력 감소에 의해 생성된다.

① ㄴ ② ㄷ ③ ㄱ, ㄴ
④ ㄱ, ㄷ ⑤ ㄴ, ㄷ

• 왜 정답일까?

ㄴ. B는 현무암질 마그마로 SiO_2 함량이 52% 이하이다.

• 왜 오답일까?

ㄱ. A가 분출하면 주로 안산암이 생성된다.

ㄷ. 섭입대에서는 주로 맨틀의 용융 온도 감소로 마그마가 생성된다.

04 해수의 성질

정답률 75% | 정답 ③

| 문제 보기 |

다음은 해수의 성질을 알아보기 위한 탐구이다.

[탐구 과정]
(가) 우리나라 어느 해역에서 2월과 8월에 측정한 깊이에 따른 수온과 염분 자료를 준비한다.

<수온과 염분 자료>

	깊이(m)	0	10	20	30	50	75	100
2월	수온(℃)	11.6	11.6	11.3	11.0	9.9	5.8	4.5
	염분(psu)	34.3	34.3	34.3	34.3	34.2	34.0	34.0
8월	수온(℃)	25.4	21.9	13.8	12.9	8.9	4.1	2.7
	염분(psu)	32.7	33.3	34.2	34.3	34.2	34.1	34.0

(나) (가)의 자료를 수온 – 염분도에 나타내고 특징을 분석한다.

[탐구 결과]

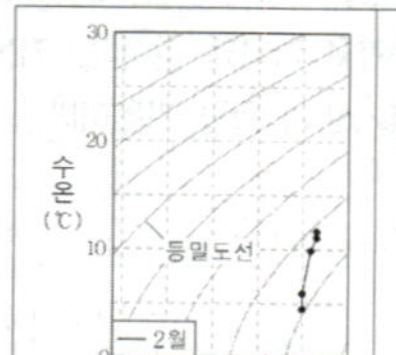

○ 혼합층의 두께는 2월이 8월보다 (㉠).
○ 깊이 0 ~ 100 m에서의 평균 밀도 변화율은 2월이 8월보다 (㉡).

이 자료에 대한 옳은 설명만을 〈보기〉에서 있는 대로 고른 것은? [3점]

< 보 기 >

ㄱ. '두껍다'는 ㉠에 해당한다.
ㄴ. 해수의 밀도는 2월의 75 m 깊이에서가 8월의 50 m 깊이에서보다 크다.
ㄷ. '크다'는 ㉡에 해당한다.

① ㄱ ② ㄷ ③ ㄱ, ㄴ
④ ㄴ, ㄷ ⑤ ㄱ, ㄴ, ㄷ

• 왜 정답일까?

ㄱ. 표층에서부터 수온이 일정한 깊이는 2월이 8월보다 깊다.

• 왜 오답일까?

ㄷ. 깊이 0 ~ 100m에서의 평균 밀도 변화율은 2월이 8월보다 작다.

05 대기와 해양의 상호 작용

정답률 75% | 정답 ⑤

| 문제 보기 |

그림은 표층 해류가 흐르는 해역 A, B, C의 위치와 대기 대순환에 의해 지표면에서 부는 바람을 나타낸 것이다. ㉠과 ㉡은 각각 중위도 고압대와 한대 전선대 중 하나이다.

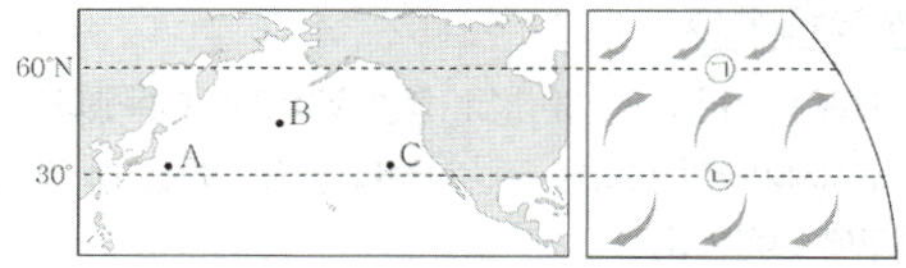

이에 대한 옳은 설명만을 〈보기〉에서 있는 대로 고른 것은?

< 보 기 >

ㄱ. 중위도 고압대는 ㉠이다.
ㄴ. 수온만을 고려할 때, 표층에서 산소의 용해도는 A에서보다 C에서 높다.
ㄷ. B에 흐르는 해류는 편서풍의 영향으로 형성된다.

① ㄴ ② ㄷ ③ ㄱ, ㄴ
④ ㄱ, ㄷ ⑤ ㄴ, ㄷ

• 왜 정답일까?

ㄴ. 산소의 용해도는 한류가 흐르는 C에서 높다.

ㄷ. 북태평양 해류는 편서풍의 영향으로 형성된다.

• 왜 오답일까?

ㄱ. 중위도 고압대는 ㉡이다.

06 외계 생명체 탐사

정답률 66% | 정답 ③

| 문제 보기 |

표는 주계열성 A, B, C의 생명 가능 지대 범위와 생명 가능 지대에 위치한 행성의 공전 궤도 반지름을 나타낸 것이다. A, B, C에는 각각 행성이 하나만 존재하고, 별의 연령은 모두 같다.

중심별	생명 가능 지대 범위(AU)	행성의 공전 궤도 반지름(AU)
A	0.61 ~ 0.83	0.78
B	(㉠) ~ 1.49	1.34
C	1.29 ~ 1.75	1.34

이에 대한 옳은 설명만을 〈보기〉에서 있는 대로 고른 것은?

< 보 기 >

ㄱ. A의 절대 등급은 태양보다 크다.
ㄴ. ㉠은 1.27보다 작다.
ㄷ. 생명 가능 지대에 머무르는 기간은 A의 행성이 C의 행성보다 짧다.

① ㄱ ② ㄷ ③ ㄱ, ㄴ
④ ㄴ, ㄷ ⑤ ㄱ, ㄴ, ㄷ

• 왜 정답일까?

ㄱ. A는 태양보다 질량과 광도가 작다.

ㄴ. B는 A보다 생명 가능 지대 범위가 넓다.

• 왜 오답일까?

ㄷ. 생명 가능 지대에 머무르는 시간은 중심별의 질량이 큰 C의 행성이 짧다.

07 태풍에 의한 날씨 변화

정답률 76% | 정답 ①

| 문제 보기 |

그림 (가)는 어느 태풍의 이동 경로와 관측소 A와 B의 위치를, (나)는 이 태풍이 우리나라를 통과하는 동안 A와 B 중 한 곳에서 관측한 풍향, 풍속, 기압 변화를 나타낸 것이다.

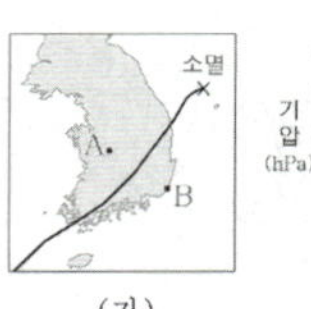

(가)

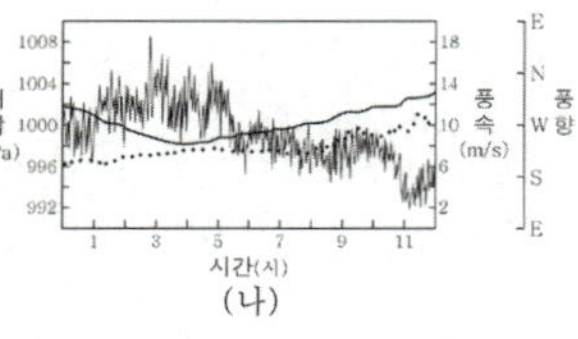

(나)

이에 대한 옳은 설명만을 〈보기〉에서 있는 대로 고른 것은?

< 보 기 >

ㄱ. (나)에서 기압은 4시가 11시보다 낮다.
ㄴ. (나)는 A에서 관측한 것이다.
ㄷ. 태풍이 통과하는 동안 관측된 평균 풍속은 A가 B보다 크다.

① ㄱ ② ㄴ ③ ㄱ, ㄷ
④ ㄴ, ㄷ ⑤ ㄱ, ㄴ, ㄷ

• 왜 정답일까?

ㄱ. 기압은 11시가 4시보다 높다.

• 왜 오답일까?

ㄴ. 풍향이 시계 방향으로 변했으므로 관측소는 위험 반원에 위치한다.

ㄷ. 평균 풍속은 위험 반원에 위치한 B에서 상대적으로 크게 관측된다.

08 지질 시대의 환경과 생물

정답률 60% | 정답 ①

| 문제 보기 |

그림 (가)는 지질 시대 중 어느 시기의 대륙 분포를, (나)와 (다)는 각각 단풍나무와 필석의 화석을 나타낸 것이다.

(가)

(나)

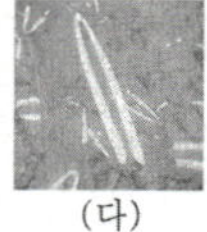

(다)

이에 대한 옳은 설명만을 〈보기〉에서 있는 대로 고른 것은? [3점]

< 보 기 >

ㄱ. 히말라야산맥은 (가)의 시기보다 나중에 형성되었다.
ㄴ. (나)와 (다)의 고생물은 모두 육상에서 서식하였다.
ㄷ. (가)의 시기에는 (다)의 고생물이 번성하였다.

① ㄱ ② ㄴ ③ ㄱ, ㄷ
④ ㄴ, ㄷ ⑤ ㄱ, ㄴ, ㄷ

• 왜 정답일까?

ㄱ. 히말라야산맥은 인도 대륙과 유라시아 대륙이 충돌하여 형성되었다.

• 왜 오답일까?

ㄴ, ㄷ. 필석은 고생대에 해양에서 번성하였다.

09 엘니뇨와 라니냐

정답률 67% | 정답 ④

| 문제 보기 |

그림은 엘니뇨 또는 라니냐가 발생한 어느 해 11월~12월의 태평양의 강수량 편차(관측값–평년값)를 나타낸 것이다.

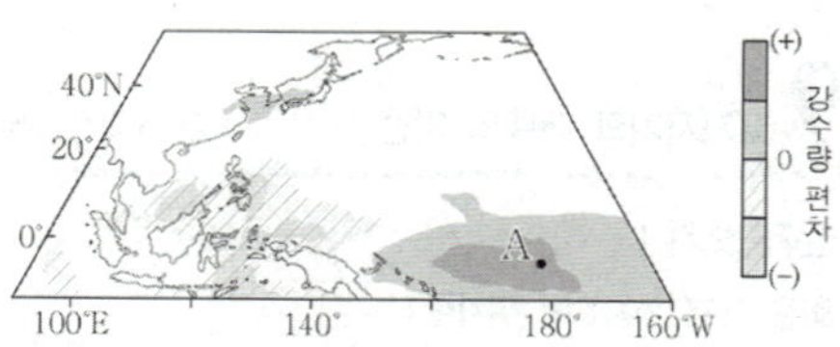

이 자료에 대한 옳은 설명만을 〈보기〉에서 있는 대로 고른 것은?

< 보 기 >

ㄱ. 우리나라의 강수량은 평년보다 많다.
ㄴ. A 해역의 표층 수온은 평년보다 높다.
ㄷ. 무역풍의 세기는 평년보다 강하다.

① ㄱ ② ㄴ ③ ㄷ
④ ㄱ, ㄴ ⑤ ㄴ, ㄷ

[문제편 p.145]

• 왜 정답일까?

ㄴ. 엘니뇨 시기에 동태평양의 표층 수온은 평년보다 높다.

• 왜 오답일까?

ㄷ. 엘니뇨 시기에는 무역풍이 평상시보다 약하다.

10 해수의 심층 순환

정답률 54% | 정답 ④

| 문제 보기 |

그림 (가)와 (나)는 남대서양의 수온과 염분 분포를 나타낸 것이다. A, B, C는 각각 남극 저층수, 남극 중층수, 북대서양 심층수 중 하나이다.

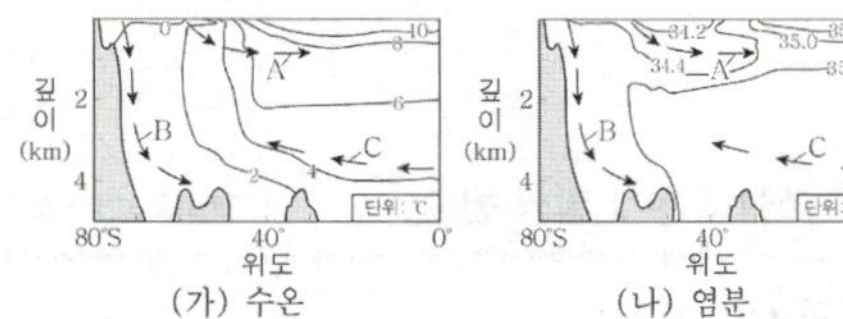

(가) 수온 (나) 염분

이에 대한 옳은 설명만을 <보기>에서 있는 대로 고른 것은?

< 보 기 >
ㄱ. A가 표층에서 침강하는 데 미치는 영향은 염분이 수온보다 크다.
ㄴ. B는 북반구 해역의 심층에 도달한다.
ㄷ. A, B, C는 모두 저위도와 고위도의 에너지 불균형을 줄이는 역할을 한다.

① ㄱ ② ㄴ ③ ㄱ, ㄷ ④ ㄴ, ㄷ ⑤ ㄱ, ㄴ, ㄷ

• 왜 정답일까?

ㄴ. 남극 저층수는 30 °N 부근까지 흐른다.
ㄷ. 심층 순환은 지구의 위도별 에너지 불균형을 줄인다.

• 왜 오답일까?

ㄱ. A는 남극 중층수로 주로 수온의 영향에 의해 침강한다.

11 지층의 상대 연령

정답률 44% | 정답 ②

| 문제 보기 |

그림 (가)는 어느 지역의 지질 단면을, (나)는 X에서 Y까지의 암석의 연령 분포를 나타낸 것이다. P 지점에서는 건열이 ㉠과 ㉡ 중 하나의 모습으로 관찰된다.

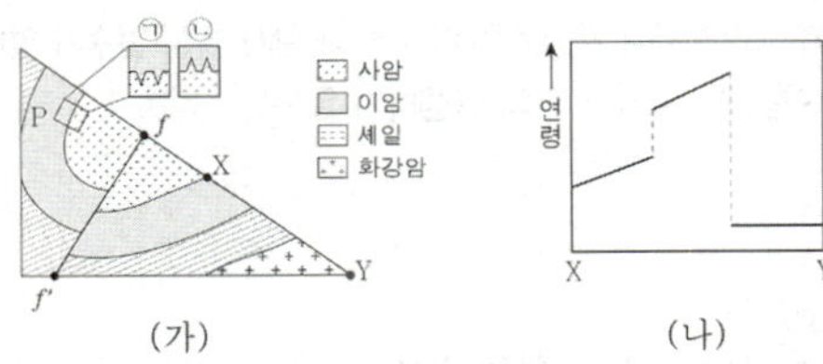

(가) (나)

이에 대한 옳은 설명만을 <보기>에서 있는 대로 고른 것은?

< 보 기 >
ㄱ. P 지점의 모습은 ㉠에 해당한다.
ㄴ. 단층 $f-f'$은 횡압력에 의해 형성되었다.
ㄷ. 이 지역에서는 난정합이 나타난다.

① ㄱ ② ㄴ ③ ㄱ, ㄷ ④ ㄴ, ㄷ ⑤ ㄱ, ㄴ, ㄷ

• 왜 정답일까?

ㄴ. 단층 $f-f'$은 역단층이다.

• 왜 오답일까?

ㄱ. 이암이 사암보다 먼저 퇴적되었으므로 ㉡의 모습으로 관찰된다.
ㄷ. 화강암은 셰일보다 나중에 형성되었다.

12 별의 물리량

정답률 65% | 정답 ①

| 문제 보기 |

그림은 별 ㉠~㉣의 반지름과 광도를 나타낸 것이다. A는 표면 온도가 T인 별의 반지름과 광도의 관계이다.

이 자료에 대한 옳은 설명만을 <보기>에서 있는 대로 고른 것은? (단, 태양의 절대 등급은 4.8이다.) [3점]

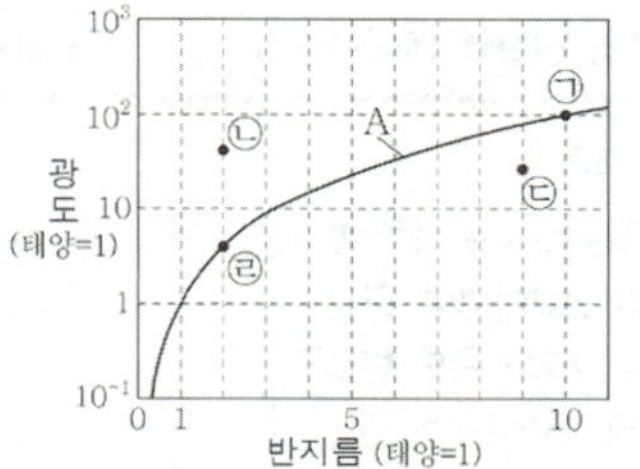

< 보 기 >
ㄱ. ㉠의 절대 등급은 0보다 작다.
ㄴ. ㉢의 표면 온도는 T보다 높다.
ㄷ. CaⅡ 흡수선의 상대적 세기는 ㉡이 ㉣보다 강하다.

① ㄱ ② ㄷ ③ ㄱ, ㄴ
④ ㄴ, ㄷ ⑤ ㄱ, ㄴ, ㄷ

• 왜 정답일까?

ㄱ. ㉠의 절대 등급은 -0.2이다.

• 왜 오답일까?

ㄴ. ㉢은 A보다 아래에 있으므로 표면 온도는 T보다 낮다.
ㄷ. CaⅡ 흡수선의 상대적 세기는 G형보다 표면 온도가 높을수록 약하다.

13 우주 팽창

정답률 52% | 정답 ⑤

| 문제 보기 |

표는 우리은하에서 외부 은하 A와 B를 관측한 결과이다. 우리은하에서 관측한 A와 B의 시선 방향은 90°를 이룬다.

은하	흡수선의 파장(nm)		거리(Mpc)
	기준 파장	관측 파장	
A	400	405.6	60
B	600	606.3	( )

이에 대한 옳은 설명만을 <보기>에서 있는 대로 고른 것은? (단, A와 B는 허블 법칙을 만족하고, 빛의 속도는 3×10^5km/s이다.) [3점]

< 보 기 >
ㄱ. 허블 상수는 70 km/s/Mpc이다.
ㄴ. 우리은하에서 A를 관측하면 기준 파장이 600 nm인 흡수선의 관측 파장은 606.3 nm보다 길다.
ㄷ. A에서 관측한 B의 후퇴 속도는 5250 km/s이다.

① ㄱ ② ㄴ ③ ㄱ, ㄷ
④ ㄴ, ㄷ ⑤ ㄱ, ㄴ, ㄷ

• 왜 정답일까?

ㄱ. $v=Hr$이므로 $H=\frac{c}{r}\times\frac{\Delta\lambda}{\lambda_0}=70\text{ km/s/Mpc}$이다.

ㄴ. B의 거리(r)는 $r=\frac{c}{H}\times\frac{\Delta\lambda}{\lambda_0}=45\text{ Mpc}$이다. 거리가 멀면 흡수선 파장 변화가 크다.

ㄷ. A와 B 사이의 거리는 75 Mpc이므로 후퇴 속도는 5250 km/s이다.

14 위성 영상을 통한 날씨 변화

정답률 62% | 정답 ⑤

| 문제 보기 |

그림 (가)와 (나)는 같은 시각에 우리나라 주변을 관측한 가시 영상과 적외 영상을 순서 없이 나타낸 것이다.

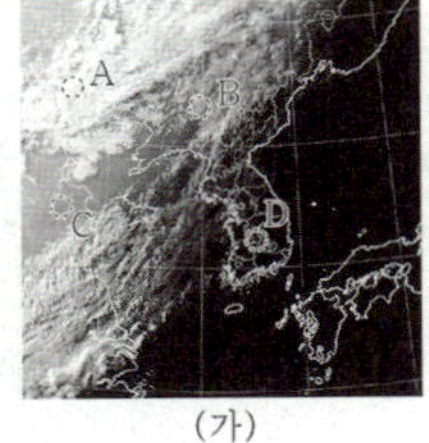

(가)

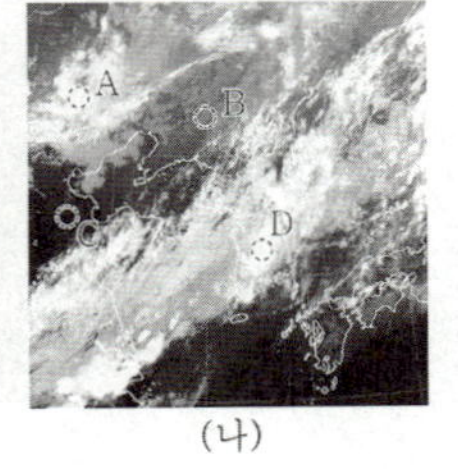

(나)

이에 대한 옳은 설명만을 <보기>에서 있는 대로 고른 것은?

< 보 기 >
ㄱ. 관측 파장은 (가)가 (나)보다 길다.
ㄴ. 비가 내릴 가능성은 A에서가 C에서보다 높다.
ㄷ. 구름 최상부의 온도는 B에서가 D에서보다 높다.

① ㄴ ② ㄷ ③ ㄱ, ㄴ
④ ㄱ, ㄷ ⑤ ㄴ, ㄷ

• 왜 정답일까?

ㄴ. 비가 내릴 가능성은 구름이 많은 A에서 높다.
ㄷ. B보다 D에서 적외 영상이 밝게 나타나므로 구름 최상부 온도는 D에서 낮다.

• 왜 오답일까?

ㄱ. (가)는 가시 영상, (나)는 적외 영상이다.

15 외부 은하의 특징

정답률 61% | 정답 ②

| 문제 보기 |

그림 (가)는 은하 ㉠과 ㉡의 모습을, (나)는 은하의 종류 A와 B가 탄생한 이후 시간에 따라 연간 생성된 별의 질량을 추정하여 나타낸 것이다. ㉠과 ㉡은 각각 A와 B 중 하나에 속한다.

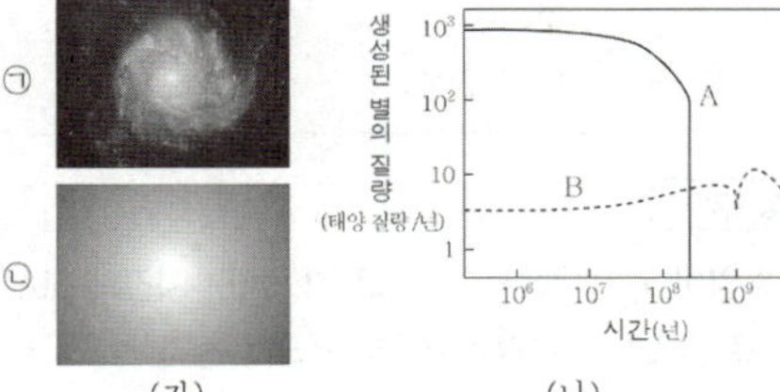

(가) (나)

이 자료에 대한 옳은 설명만을 <보기>에서 있는 대로 고른 것은? [3점]

< 보 기 >
ㄱ. ㉠은 A에 속한다.
ㄴ. 은하의 질량 중 성간 물질이 차지하는 질량의 비율은 ㉠이 ㉡보다 크다.
ㄷ. 은하가 탄생한 이후 10^{10}년이 지났을 때 은하를 구성하는 별의 평균 표면 온도는 A가 B보다 높다.

① ㄱ ② ㄴ ③ ㄱ, ㄷ
④ ㄴ, ㄷ ⑤ ㄱ, ㄴ, ㄷ

• 왜 정답일까?

ㄴ. 은하 질량에서 성간 물질의 질량이 차지하는 비율은 나선 은하(㉠)가 타원 은하(㉡)보다 크다.

• 왜 오답일까?

ㄱ, ㄷ. B는 별이 지속적으로 탄생하므로 나선 은하이고, A는 타원 은하이다. 별들의 평균 표면 온도는 타원 은하가 나선 은하보다 낮다.

16 판 구조 운동

정답률 66% | 정답 ⑤

| 문제 보기 |

그림은 어느 지역의 판 경계 분포와 지진파 단층 촬영 영상을 나타낸 것이다. ㉠과 ㉡에는 각각 발산형 경계와 수렴형 경계 중 하나가 위치한다.

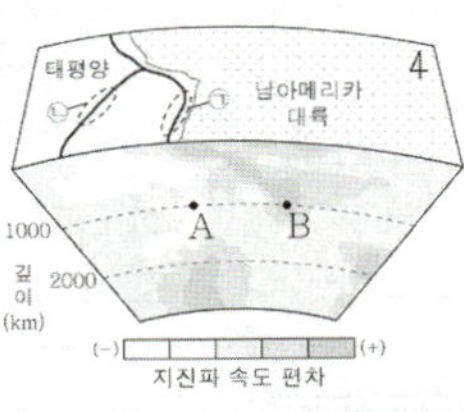

이 자료에 대한 옳은 설명만을 <보기>에서 있는 대로 고른 것은?

< 보 기 >
ㄱ. ㉡의 판 경계에서 동쪽으로 갈수록 지진이 발생하는 깊이는 대체로 깊어진다.
ㄴ. 판 경계 부근의 평균 수심은 ㉠이 ㉡보다 깊다.
ㄷ. 온도는 A 지점이 B 지점보다 높다.

① ㄴ ② ㄷ ③ ㄱ, ㄴ
④ ㄱ, ㄷ ⑤ ㄱ, ㄴ, ㄷ

37회

• 왜 정답일까?

ㄱ, ㄴ. ㉠에는 수렴형 경계가 위치하므로 평균 수심이 깊고, 동쪽으로 갈수록 지진 발생 깊이가 깊어진다.
ㄷ. 지진파 속도 편차가 $(+)$인 곳은 온도가 낮다.

17 암석의 절대 연령

정답률 60% | 정답 ④

| 문제 보기 |

그림은 화성암 A에 포함된 방사성 동위 원소 X의 붕괴 곡선을 나타낸 것이다. Y는 X의 자원소이다.

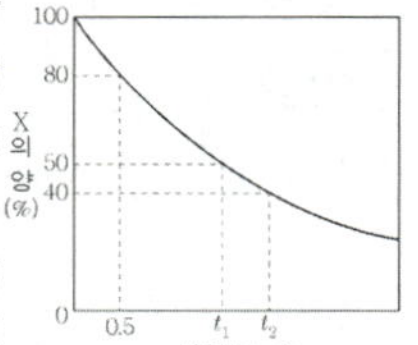

이 자료에 대한 옳은 설명만을 〈보기〉에서 있는 대로 고른 것은? (단, X의 양(%)은 화성암 생성 당시 X의 함량에 대한 남아 있는 함량의 비율이고, Y의 양(%)은 붕괴한 X의 양과 같다.) [3점]

〈 보 기 〉
ㄱ. A가 생성된 후 $2t_1$이 지났을 때 $\frac{\text{X의 양(\%)}}{\text{Y의 양(\%)}}$은 $\frac{1}{4}$이다.
ㄴ. (t_2-t_1)은 0.5억 년이다.
ㄷ. A가 생성된 후 1억 년이 지났을 때 X의 양은 60%보다 크다.

① ㄱ　② ㄴ　③ ㄱ, ㄷ
④ ㄴ, ㄷ　⑤ ㄱ, ㄴ, ㄷ

• 왜 정답일까?

ㄴ. X의 양이 100%에서 80%로 감소하는 시간과 50%에서 40%로 감소하는 시간은 0.5억 년으로 같다.
ㄷ. 1억 년은 0.5억 년이 두 번 지난 시간이므로 X의 양은 64%이다.

• 왜 오답일까?

ㄱ. t_1이 반감기이므로 $2t_1$이 지났을 때 X의 양 : Y의 양 $=1:3$이다.

18 우주 구성 요소

정답률 46% | 정답 ③

| 문제 보기 |

표는 우주 구성 요소의 상대적 비율을 T_1, T_2 시기에 따라 나타낸 것이고, 그림은 표준 우주 모형에 따른 빅뱅 이후 현재까지 우주의 팽창 속도를 나타낸 것이다. ㉠, ㉡, ㉢은 각각 보통 물질, 암흑 물질, 암흑 에너지 중 하나이다.

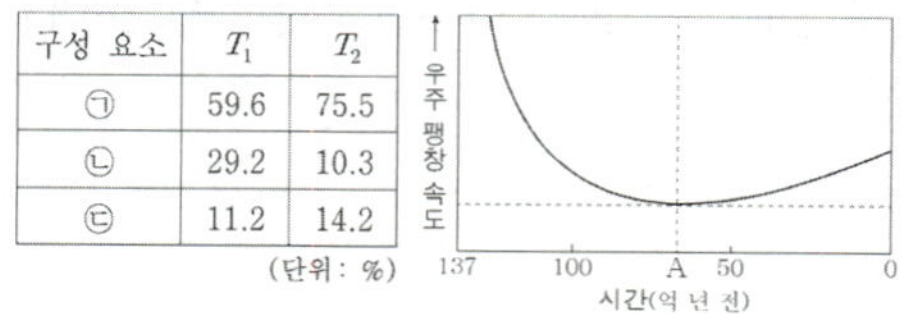

구성 요소	T_1	T_2
㉠	59.6	75.5
㉡	29.2	10.3
㉢	11.2	14.2

(단위 : %)

이에 대한 옳은 설명만을 〈보기〉에서 있는 대로 고른 것은? [3점]

〈 보 기 〉
ㄱ. ㉠은 질량을 가지고 있다.
ㄴ. T_2 시기는 A 시기보다 나중이다.
ㄷ. 우주 배경 복사는 A 시기 이전에 방출된 빛이다.

① ㄱ　② ㄴ　③ ㄱ, ㄷ
④ ㄴ, ㄷ　⑤ ㄱ, ㄴ, ㄷ

• 왜 정답일까?

ㄱ. ㉠은 암흑 물질, ㉡은 암흑 에너지, ㉢은 보통 물질이다. 물질은 질량을 가지고 있다.
ㄷ. 우주 배경 복사는 우주의 나이가 약 38만 년일 때 방출되었다.

• 왜 오답일까?

ㄴ. T_2 시기에는 물질의 밀도가 암흑 에너지 밀도보다 훨씬 커서 감속 팽창이 나타난다. 따라서 T_2는 A보다 앞선 시기이다.

19 별의 진화와 에너지원

정답률 68% | 정답 ②

| 문제 보기 |

그림은 질량이 서로 다른 별 A와 B의 진화에 따른 중심부에서의 밀도와 온도 변화를 나타낸 것이다. ㉠, ㉡, ㉢은 각각 별의 중심부에서 수소 핵융합, 탄소 핵융합, 헬륨 핵융합 반응이 시작되는 밀도-온도 조건 중 하나이다.

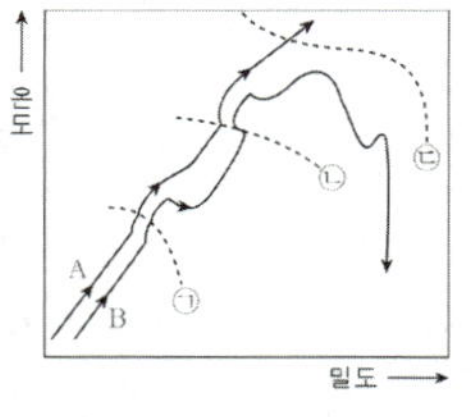

이 자료에 대한 옳은 설명만을 〈보기〉에서 있는 대로 고른 것은? [3점]

〈 보 기 〉
ㄱ. 별의 중심부에서 헬륨 핵융합 반응이 시작되는 밀도-온도 조건은 ㉠이다.
ㄴ. 별의 중심부에서 수소 핵융합 반응이 시작될 때, 중심부의 밀도는 A가 B보다 작다.
ㄷ. 별의 탄생 이후 별의 중심부에서 밀도와 온도가 ㉡에 도달할 때까지 걸리는 시간은 A가 B보다 길다.

① ㄱ　② ㄴ　③ ㄱ, ㄷ
④ ㄴ, ㄷ　⑤ ㄱ, ㄴ, ㄷ

• 왜 정답일까?

ㄴ. 수소 핵융합 반응이 시작될 때 밀도는 A가 작다.

• 왜 오답일까?

ㄱ. ㉠은 수소 핵융합, ㉡은 헬륨 핵융합, ㉢은 탄소 핵융합 반응이 시작되는 밀도 − 온도이다.
ㄷ. 별의 진화 속도는 질량이 클수록 빠르다.

20 외계 행성계 탐사 방법

정답률 49% | 정답 ②

| 문제 보기 |

그림 (가)는 어느 외계 행성과 중심별이 공통 질량 중심을 중심으로 공전할 때 중심별의 시선 속도 변화를, (나)는 t일 때 이 중심별과 행성의 위치 관계를 나타낸 것이다.

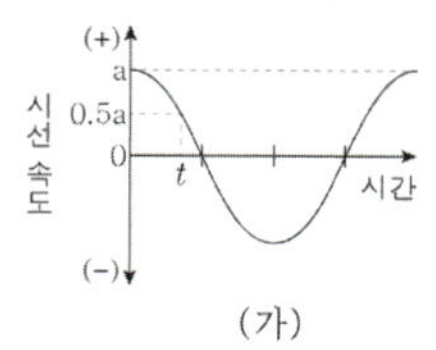

(가)

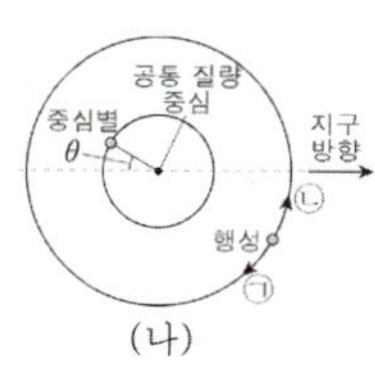

(나)

이에 대한 옳은 설명만을 〈보기〉에서 있는 대로 고른 것은? (단, 외계 행성은 원 궤도로 공전하며, 공전 궤도면은 관측자의 시선 방향과 나란하다.) [3점]

〈 보 기 〉
ㄱ. 공통 질량 중심에 대한 행성의 공전 방향은 ㉠이다.
ㄴ. θ의 크기는 30°이다.
ㄷ. 행성의 공전 주기가 현재보다 길어지면 a는 증가한다.

① ㄱ　② ㄴ　③ ㄱ, ㄷ
④ ㄴ, ㄷ　⑤ ㄱ, ㄴ, ㄷ

• 왜 정답일까?

ㄴ. t일 때 시선 속도가 0.5 a이므로 θ는 30°이다.

• 왜 오답일까?

ㄱ. t일 때 시선 속도는 $(+)$이므로 중심별은 지구에서 멀어지는 방향으로 움직인다. 따라서 행성의 공전 방향은 ㉡이다.
ㄷ. 행성의 공전 주기가 길어지면 a는 감소한다.

38회

● 고3 지구과학 I ●

2022학년도 10월

01 ②	02 ③	03 ③	04 ①	05 ②
06 ⑤	07 ③	08 ②	09 ④	10 ①
11 ①	12 ④	13 ⑤	14 ④	15 ①
16 ③	17 ⑤	18 ③	19 ②	20 ④

채점 결과
• 실제 걸린 시간 : 분 초
• 맞은 문항수 : 개
• 틀린 문항수 : 개
• 헷갈린 문항 :

01 계절별 황사 발생 빈도

정답률 81% | 정답 ②

| 문제 보기 |

그림은 우리나라에 영향을 주는 황사의 발원지와 이동 경로를, 표는 우리나라의 관측소 ㉠과 ㉡에서 최근 20년간 관측한 황사 발생 일수를 계절별로 누적하여 나타낸 것이다. A와 B는 각각 ㉠과 ㉡ 중 한 곳이다.

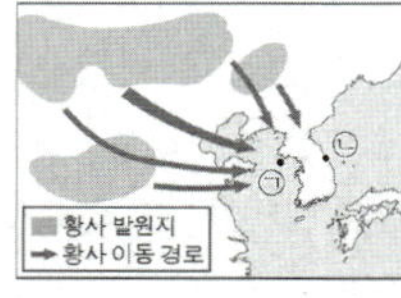

계절 \ 관측소	A	B
봄 (3 ~ 5월)	95	170
여름 (6 ~ 8월)	0	0
가을 (9 ~ 11월)	8	30
겨울 (12 ~ 2월)	22	32

이에 대한 옳은 설명만을 〈보기〉에서 있는 대로 고른 것은?

〈 보 기 〉
ㄱ. A는 ㉠이다.
ㄴ. 우리나라에서 황사는 북태평양 기단의 영향이 우세한 계절에 주로 발생한다.
ㄷ. 황사 발원지에서 사막화가 심해지면 우리나라의 연간 황사 발생 일수는 증가할 것이다.

① ㄱ　② ㄷ　③ ㄱ, ㄴ
④ ㄴ, ㄷ　⑤ ㄱ, ㄴ, ㄷ

• 왜 정답일까?

ㄷ. 사막화가 심해지면 황사 발생 일수는 증가한다.

• 왜 오답일까?

ㄱ. 황사 발원지에 가까운 ㉠이 ㉡보다 황사 발생 일수가 많다.
ㄴ. 여름에는 황사가 거의 발생하지 않는다.

02 심층 순환의 형성 원리

정답률 60% | 정답 ③

| 문제 보기 |

다음은 심층 순환의 형성 원리를 알아보기 위한 탐구이다.

[탐구 과정]
(가) 수조에 ㉠ 20℃의 증류수를 넣는다.
(나) 비커 A와 B에 각각 10 ℃의 증류수 500 g을 넣는다.
(다) A에는 소금 17 g을, B에는 소금 (㉡) g을 녹인다.
(라) A와 B에 각각 서로 다른 색의 잉크를 몇 방울 떨어뜨린다.
(마) 그림과 같이 A와 B의 소금물을 수조의 양 끝에서 동시에 천천히 부으면서 수조 안을 관찰한다.

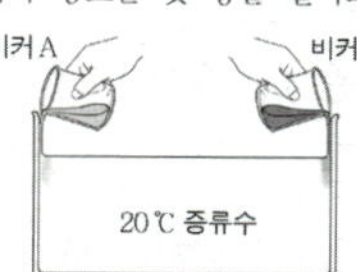

[탐구 결과]
○ A와 B의 소금물이 수조 바닥으로 가라앉아 이동하다가 만나서 A의 소금물이 B의 소금물 아래로 이동한다.

이에 대한 옳은 설명만을 〈보기〉에서 있는 대로 고른 것은?

〈 보 기 〉
ㄱ. (다)에서 A의 소금물은 염분이 34 psu보다 작다.
ㄴ. ㉡은 17보다 작다.
ㄷ. ㉠을 10 ℃의 증류수로 바꾸어 실험하면 A와 B의 소금물이 수조 바닥으로 가라앉는 속도는 더 빠를 것이다.

① ㄱ　② ㄷ　③ ㄱ, ㄴ
④ ㄴ, ㄷ　⑤ ㄱ, ㄴ, ㄷ

[문제편 p.148]

• 왜 정답일까?

ㄱ. 물 500g에 소금 17g을 녹이면 염분은 약 32.9psu이다.
ㄴ. B의 밀도가 A보다 작으므로 ㉡은 17보다 작다.

• 왜 오답일까?

ㄷ. 수조의 물과 비커 속 소금물의 밀도차가 작을수록 소금물이 가라앉는 속도는 느리다.

03 해양 지각의 나이 분포

정답률 72% | 정답 ③

| 문제 보기 |

그림 (가)는 해양 지각의 나이 분포와 지점 A, B, C의 위치를, (나)는 태평양과 대서양에서 관측한 해양 지각의 나이에 따른 해령 정상으로부터 해저면까지의 깊이를 나타낸 것이다.

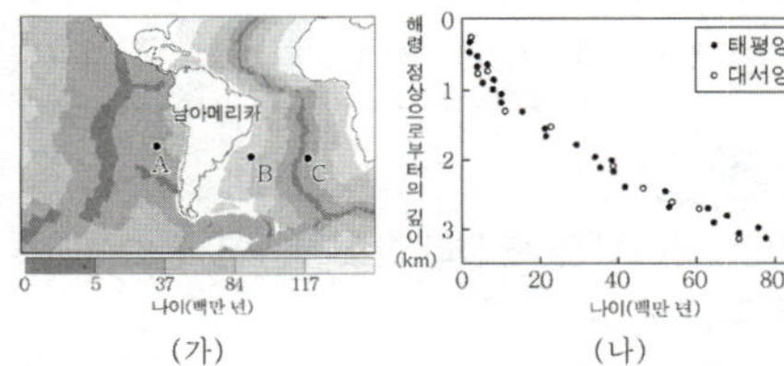

(가) (나)

이 자료에 대한 옳은 설명만을 <보기>에서 있는 대로 고른 것은? [3점]

< 보 기 >

ㄱ. 해양 지각의 평균 확장 속도는 A가 속한 판이 B가 속한 판보다 빠르다.
ㄴ. 해양저 퇴적물의 두께는 B에서가 C에서보다 두껍다.
ㄷ. 해령 정상으로부터 해저면까지의 깊이는 A에서가 B에서보다 깊다.

① ㄱ ② ㄷ ③ ㄱ, ㄴ
④ ㄴ, ㄷ ⑤ ㄱ, ㄴ, ㄷ

• 왜 정답일까?

ㄱ. 해양 지각의 나이가 같은 곳까지의 거리가 멀수록 확장 속도가 빠르다.
ㄴ. 해양 지각의 나이가 많을수록 해양저 퇴적물의 두께는 두껍다.

• 왜 오답일까?

ㄷ. 해양 지각의 나이가 많을수록 해령 정상으로부터의 깊이가 깊다.

04 대륙 분포의 변화

정답률 63% | 정답 ①

| 문제 보기 |

그림은 인도와 오스트레일리아 대륙에서 측정한 1억 4천만 년 전부터 현재까지 고지자기 남극의 겉보기 이동 경로를 천만 년 간격으로 나타낸 것이다.

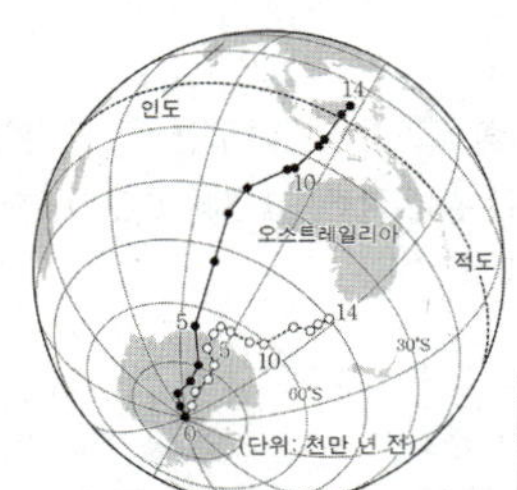

이 자료에 대한 옳은 설명만을 <보기>에서 있는 대로 고른 것은? (단, 고지자기 남극은 각 대륙의 고지자기 방향으로 추정한 지리상 남극이며 실제 지리상 남극의 위치는 변하지 않았다.) [3점]

< 보 기 >

ㄱ. 1억 4천만 년 전에 인도와 오스트레일리아 대륙은 모두 남반구에 위치하였다.
ㄴ. 인도 대륙의 평균 이동 속도는 6천만 년 전~7천만 년 전이 5천만 년 전~6천만 년 전보다 빨랐다.
ㄷ. 오스트레일리아 대륙에서 복각의 절댓값은 현재가 1억 년 전보다 크다.

① ㄱ ② ㄴ ③ ㄱ, ㄷ
④ ㄴ, ㄷ ⑤ ㄱ, ㄴ, ㄷ

• 왜 정답일까?

ㄱ. 1억 4천만 년 전 고지자기 남극의 위치를 고려하여 현재 대륙의 위치를 이동시키면 두 대륙 모두 남반구에 위치한다.

• 왜 오답일까?

ㄴ. 6천만 년 전~7천만 년 전이 5천만 년 전~6천만 년 전보다 고지자기 남극의 이동 거리가 짧다.
ㄷ. 오스트레일리아 대륙은 1억 년 전에 현재보다 남극에 가깝게 위치하였다.

05 판 경계에서의 지각 변동

정답률 71% | 정답 ②

| 문제 보기 |

그림 (가)는 판 A와 B의 경계를, (나)는 A와 B의 이동 속력과 방향을, (다)는 A와 B에 포함된 지각의 평균 두께와 밀도를 나타낸 것이다. A와 B는 각각 대륙판과 해양판 중 하나이다.

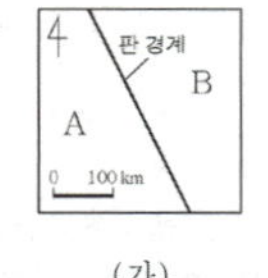

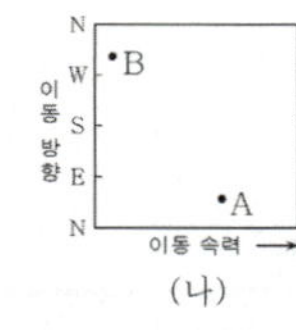

(가) (나) (다)

이 자료에 대한 옳은 설명만을 <보기>에서 있는 대로 고른 것은?

< 보 기 >

ㄱ. B는 해양판이다.
ㄴ. 판 경계에서 북동쪽으로 갈수록 진원의 깊이는 대체로 깊어진다.
ㄷ. 판 경계의 하부에서는 주로 압력 감소에 의해 마그마가 생성된다.

① ㄱ ② ㄴ ③ ㄱ, ㄷ
④ ㄴ, ㄷ ⑤ ㄱ, ㄴ, ㄷ

• 왜 정답일까?

ㄴ. A가 북동쪽으로 섭입하므로 판 경계에서 북동쪽으로 갈수록 진원의 깊이는 대체로 깊어진다.

06 습곡과 단층의 특징

정답률 71% | 정답 ⑤

| 문제 보기 |

그림은 지질 구조 (가), (나), (다)를 나타낸 것이다.

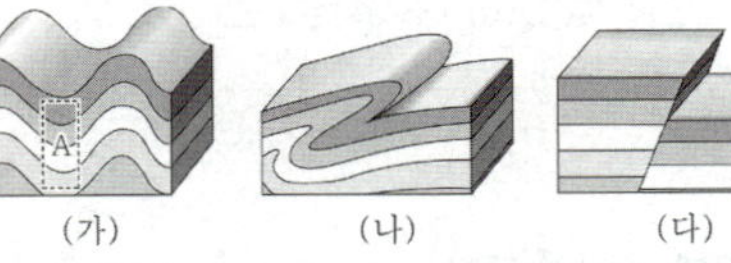
(가) (나) (다)

이에 대한 옳은 설명만을 <보기>에서 있는 대로 고른 것은?

< 보 기 >

ㄱ. A에는 향사 구조가 나타난다.
ㄴ. (나)와 (다)에는 나이가 많은 지층 아래에 나이가 적은 지층이 나타나는 부분이 있다.
ㄷ. (가), (나), (다)는 모두 횡압력에 의해 형성된다.

① ㄱ ② ㄴ ③ ㄱ, ㄷ
④ ㄴ, ㄷ ⑤ ㄱ, ㄴ, ㄷ

• 왜 정답일까?

ㄱ. 습곡에서 아래로 볼록한 구조는 향사 구조이다.
ㄴ. 횡와 습곡과 역단층에서는 나이가 많은 지층보다 나이가 적은 지층이 아래에 나타나는 부분이 있다.

07 표준 우주 모형

정답률 73% | 정답 ③

| 문제 보기 |

그림은 표준 우주 모형에 근거하여 시간에 따른 우주의 크기 변화를 나타낸 것이다.

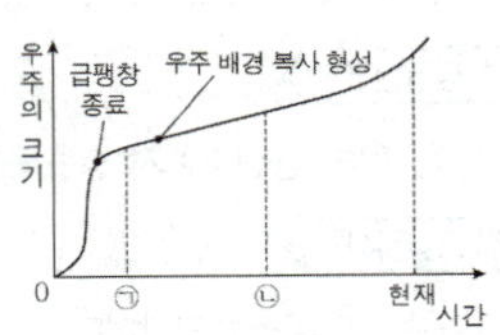

이에 대한 옳은 설명만을 <보기>에서 있는 대로 고른 것은? [3점]

< 보 기 >

ㄱ. ㉠ 시기에 우주의 모든 지점은 서로 정보 교환이 가능하였다.
ㄴ. ㉡ 시기에 우주는 불투명한 상태였다.
ㄷ. $\frac{\text{암흑 에너지 밀도}}{\text{물질 밀도}}$는 현재가 ㉡ 시기보다 크다.

① ㄱ ② ㄴ ③ ㄷ
④ ㄱ, ㄴ ⑤ ㄱ, ㄷ

• 왜 정답일까?

ㄷ. 우주의 크기가 커질수록 물질 밀도는 감소하지만 암흑 에너지 밀도는 일정하다.

• 왜 오답일까?

ㄱ. 우주의 모든 지점 사이의 정보 교환이 가능했던 시기는 급팽창 이전이다.

08 지질 시대의 기후 변화

정답률 75% | 정답 ②

| 문제 보기 |

그림은 현생 누대에 북반구에서 대륙 빙하가 분포한 범위를 나타낸 것이다.

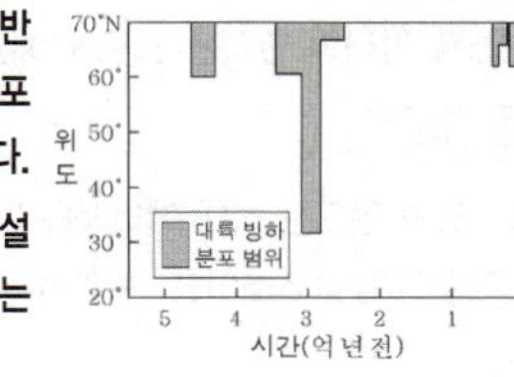

이 자료에 대한 옳은 설명만을 <보기>에서 있는 대로 고른 것은?

< 보 기 >

ㄱ. 지구의 평균 기온은 3억 년 전이 2억 년 전보다 높았다.
ㄴ. 공룡이 멸종한 시기에 35°N에는 대륙 빙하가 분포하였다.
ㄷ. 평균 해수면의 높이는 백악기가 제4기보다 높았다.

① ㄱ ② ㄷ ③ ㄱ, ㄴ
④ ㄴ, ㄷ ⑤ ㄱ, ㄴ, ㄷ

• 왜 정답일까?

ㄷ. 평균 해수면의 높이는 대륙 빙하 분포 범위가 작은 백악기가 제4기보다 높았다.

• 왜 오답일까?

ㄱ. 대륙 빙하 분포 범위가 넓은 3억 년 전이 2억 년 전보다 평균 기온이 낮았다.
ㄴ. 공룡이 멸종한 0.66억 년 전에는 대륙 빙하가 거의 없었다.

09 정체 전선에서의 날씨

정답률 67% | 정답 ④

| 문제 보기 |

그림 (가)와 (나)는 정체 전선이 발달한 두 시기에 한 시간 동안 측정한 강수량을 나타낸 것이다. A에서는 (가)와 (나) 중 한 시기에 열대야가 발생하였다.

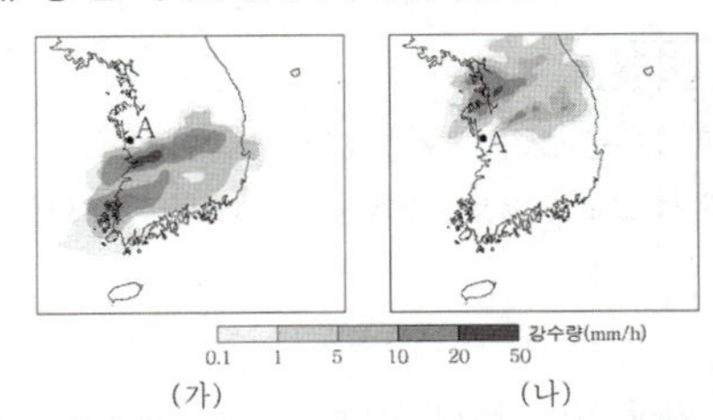

(가) (나)

이에 대한 옳은 설명만을 <보기>에서 있는 대로 고른 것은?

< 보 기 >

ㄱ. 전선은 (가) 시기보다 (나) 시기에 북쪽에 위치하였다.
ㄴ. (가) 시기에 A에서는 주로 남풍 계열의 바람이 불었다.
ㄷ. A에서 열대야가 발생한 시기는 (나)이다.

① ㄱ ② ㄴ ③ ㄱ, ㄴ
④ ㄱ, ㄷ ⑤ ㄴ, ㄷ

• 왜 정답일까?

ㄱ. 강수가 나타나는 지역은 (나) 시기에 더 북쪽이므로 정체 전선의 위치도 더 북쪽이다.
ㄷ. (나)의 A는 북태평양 기단의 영향을 받는다.

[문제편 p.149]

• 왜 오답일까?

ㄴ. 정체 전선의 북쪽 지역은 북풍 계열의 바람이 분다.

10 별의 물리량

정답률 54% | 정답 ①

| 문제 보기 |

그림은 단위 시간 동안 별 ㉠과 ㉡에서 방출된 복사 에너지 세기를 파장에 따라 나타낸 것이다. 그래프와 가로축 사이의 면적은 각각 S, 4S이다.

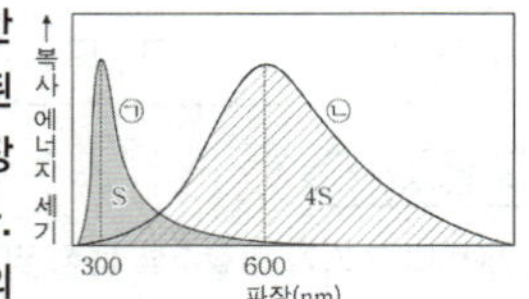

㉠과 ㉡에 대한 옳은 설명만을 <보기>에서 있는 대로 고른 것은?

< 보 기 >

ㄱ. 광도는 ㉡이 ㉠의 4배이다.
ㄴ. 표면 온도는 ㉡이 ㉠의 2배이다.
ㄷ. 반지름은 ㉡이 ㉠의 2배이다.

① ㄱ ② ㄴ ③ ㄱ, ㄷ ④ ㄴ, ㄷ ⑤ ㄱ, ㄴ, ㄷ

• 왜 정답일까?

ㄱ. 그래프 아래의 면적은 광도에 해당한다.

• 왜 오답일까?

ㄴ, ㄷ. 표면 온도는 최대 에너지를 방출하는 파장에 반비례하므로 ㉡이 ㉠의 0.5배이고, 반지름은 ㉡이 ㉠의 8배이다.

11 표층 해류의 분포와 특징

정답률 61% | 정답 ①

| 문제 보기 |

그림은 북극 상공에서 바라본 주요 표층 해류의 방향을 나타낸 것이다.

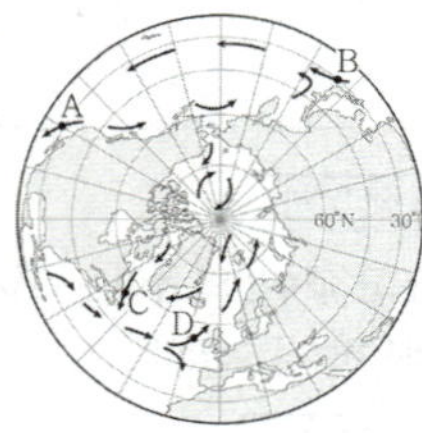

해역 A~D에 대한 옳은 설명만을 <보기>에서 있는 대로 고른 것은?

< 보 기 >

ㄱ. 표층 염분은 A에서가 B에서보다 낮다.
ㄴ. 표층 해수의 용존 산소량은 C에서가 D에서보다 적다.
ㄷ. D에는 주로 극동풍에 의해 형성된 해류가 흐른다.

① ㄱ ② ㄴ ③ ㄷ
④ ㄱ, ㄴ ⑤ ㄴ, ㄷ

• 왜 정답일까?

A는 고위도에서 저위도로 B는 저위도에서 고위도 방향으로 해수가 움직이고 있으므로 A는 한류, B는 난류이다.

ㄱ. 염분은 난류가 높으므로 표층 염분은 A에서가 B에서보다 낮다.

• 왜 오답일까?

ㄴ. 표층 수온은 C가 D보다 낮다.

ㄷ. D에서 흐르는 해류는 편서풍에 의해 형성되었다.

12 지구 기후 변화의 요인

정답률 61% | 정답 ④

| 문제 보기 |

표는 현재와 (가), (나) 시기에 지구의 자전축 경사각, 공전 궤도 이심률, 지구가 근일점에 위치할 때 북반구의 계절을 나타낸 것이다.

시기	자전축 경사각	공전 궤도 이심률	근일점에 위치할 때 북반구의 계절
현재	23.5°	0.017	겨울
(가)	24.0°	0.004	겨울
(나)	24.3°	0.033	여름

이에 대한 옳은 설명만을 <보기>에서 있는 대로 고른 것은? (단, 지구의 자전축 경사각, 공전 궤도 이심률, 세차 운동 이외의 조건은 변하지 않는다고 가정한다.) [3점]

< 보 기 >

ㄱ. 45°N에서 여름철일 때 태양과 지구 사이의 거리는 (가) 시기가 현재보다 멀다.
ㄴ. 45°S에서 겨울철 태양의 남중 고도는 (나) 시기가 현재보다 낮다.
ㄷ. 45°N에서 기온의 연교차는 (가) 시기가 (나) 시기보다 작다.

① ㄱ ② ㄴ ③ ㄱ, ㄷ
④ ㄴ, ㄷ ⑤ ㄱ, ㄴ, ㄷ

• 왜 정답일까?

ㄴ. 45°S에서 겨울철 태양의 남중 고도는 자전축 경사각이 큰 (나) 시기가 현재보다 낮다.

ㄷ. 45°N에서 기온의 연교차는 자전축의 경사각이 작고 근일점에서 겨울인 (가) 시기가 (나) 시기보다 작다.

• 왜 오답일까?

ㄱ. 현재와 (가) 시기에는 45°N이 여름철일 때 지구가 원일점에 위치한다. 원일점까지의 거리는 이심률이 작은 (가) 시기가 현재보다 가깝다.

13 별의 내부 구조

정답률 52% | 정답 ⑤

| 문제 보기 |

그림은 태양 중심으로부터의 거리에 따른 단위 시간당 누적 에너지 생성량과 누적 질량을 나타낸 것이다. ㉠, ㉡, ㉢은 각각 핵, 대류층, 복사층 중 하나이다.

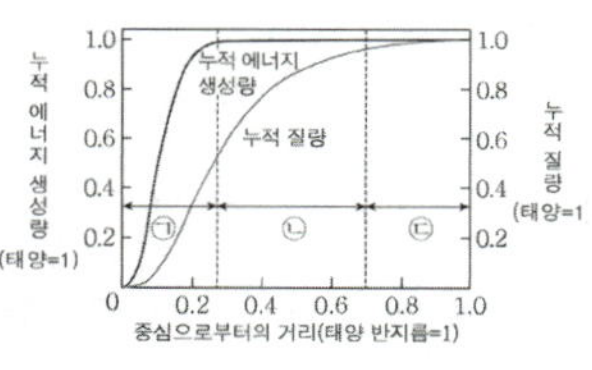

이에 대한 옳은 설명만을 <보기>에서 있는 대로 고른 것은?

< 보 기 >

ㄱ. 단위 시간 동안 생성되는 에너지양은 ㉠이 ㉡보다 많다.
ㄴ. ㉢에서는 주로 대류에 의해 에너지가 전달된다.
ㄷ. 평균 밀도는 ㉡이 ㉢보다 크다.

① ㄱ ② ㄷ ③ ㄱ, ㄴ
④ ㄴ, ㄷ ⑤ ㄱ, ㄴ, ㄷ

• 왜 정답일까?

㉠은 핵, ㉡은 복사층, ㉢은 대류층이다.

ㄱ. 태양 내부에서 에너지는 핵에서 생성된다.

ㄷ. 평균 밀도는 복사층이 대류층보다 크다.

14 전파 은하의 특징

정답률 59% | 정답 ④

| 문제 보기 |

그림 (가)와 (나)는 어느 전파 은하의 가시광선 영상과 전파 영상을 순서 없이 나타낸 것이다.

(가)

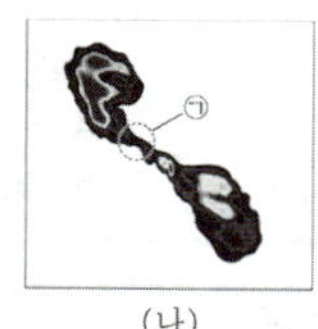

(나)

이 은하에 대한 옳은 설명만을 <보기>에서 있는 대로 고른 것은?

< 보 기 >

ㄱ. (가)는 전파 영상이다.
ㄴ. 허블의 분류 체계에 따르면 타원 은하에 해당한다.
ㄷ. ㉠은 은하 중심부에서 방출되는 물질의 흐름이다.

① ㄱ ② ㄴ ③ ㄱ, ㄷ
④ ㄴ, ㄷ ⑤ ㄱ, ㄴ, ㄷ

• 왜 정답일까?

ㄷ. ㉠은 은하 중심부에서 방출되는 물질의 흐름인 제트이다.

• 왜 오답일까?

ㄱ. (가)는 가시광선 영상이다.

15 허블 법칙

정답률 43% | 정답 ①

| 문제 보기 |

표는 서로 다른 방향에 위치한 은하 (가)와 (나)의 스펙트럼에서 관측된 방출선 A와 B의 고유 파장과 관측 파장을 나타낸 것이다. 우리은하로부터의 거리는 (가)가 (나)의 두 배이다.

방출선	고유 파장(nm)	관측 파장(nm)	
		은하 (가)	은하 (나)
A	(㉠)	468	459
B	650	(㉡)	(㉢)

이에 대한 옳은 설명만을 <보기>에서 있는 대로 고른 것은? (단, (가)와 (나)는 허블 법칙을 만족한다.) [3점]

< 보 기 >

ㄱ. ㉠은 450이다.
ㄴ. ㉡ − 468 = ㉢ − 459이다.
ㄷ. (가)에서 (나)를 관측하면 A의 파장은 477 nm보다 길다.

① ㄱ ② ㄴ ③ ㄱ, ㄷ ④ ㄴ, ㄷ ⑤ ㄱ, ㄴ, ㄷ

• 왜 정답일까?

ㄱ. (가)는 (나)보다 두 배 멀리 있으므로 파장 변화량(관측 파장−고유 파장)이 두 배이다.

• 왜 오답일까?

ㄴ. B는 A보다 고유 파장이 길므로 (㉡−㉢)은 (468−459)보다 크다.

ㄷ. (가)에서 (나)까지의 거리는 우리은하로부터 (나)까지의 거리의 1배~3배이므로 (가)에서 (나)를 관측하면 A의 파장은 459 ~ 477nm 이다.

16 원시별의 진화 과정

정답률 72% | 정답 ③

| 문제 보기 |

그림은 원시별 A, B, C를 H−R도에 나타낸 것이다. 점선은 원시별이 탄생한 이후 경과한 시간이 같은 위치를 연결한 것이다.

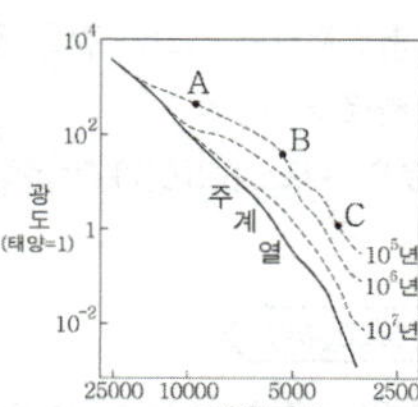

A, B, C에 대한 옳은 설명만을 <보기>에서 있는 대로 고른 것은? [3점]

< 보 기 >

ㄱ. 주계열성이 되기까지 걸리는 시간은 A가 C보다 길다.
ㄴ. B와 C의 질량은 같다.
ㄷ. C는 표면에서 중력이 기체 압력 차에 의한 힘보다 크다.

① ㄱ ② ㄴ ③ ㄷ ④ ㄱ, ㄷ ⑤ ㄴ, ㄷ

• 왜 정답일까?

ㄷ. 원시별은 표면에서 중력이 기체 압력 차에 의한 힘보다 크다.

• 왜 오답일까?

ㄱ, ㄴ. 원시별이 탄생한 이후 경과한 시간이 같을 때, 질량이 큰 별일수록 H−R 도에서 왼쪽 위에 위치하고 진화 속도가 빠르다.

17 태풍에 의한 날씨 변화

정답률 57% | 정답 ⑤

| 문제 보기 |

그림 (가)는 위도가 동일한 관측소 A, B, C의 위치와 태풍의 이동 경로를, (나)는 태풍이 우리나라를 통과하는 동안 A, B, C에서 같은 시각에 관측한 날씨를 ㉠, ㉡, ㉢으로 순서 없이 나타낸 것이다.

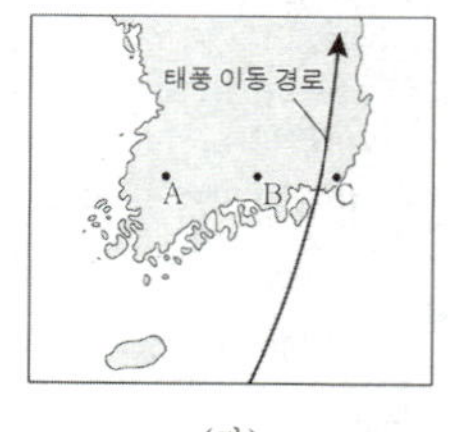

(가)

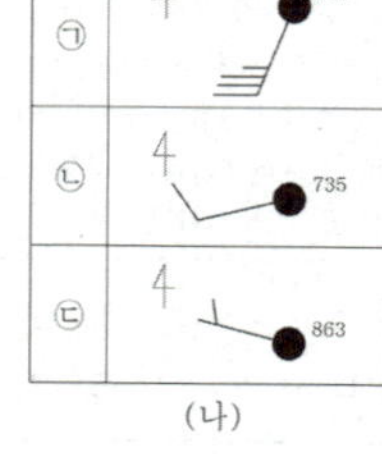

(나)

[문제편 p.150]

이에 대한 옳은 설명만을 〈보기〉에서 있는 대로 고른 것은? [3점]

> < 보 기 >
> ㄱ. A는 태풍의 안전 반원에 위치한다.
> ㄴ. ㉠은 C에서 관측한 자료이다.
> ㄷ. (나)는 태풍의 중심이 세 관측소보다 고위도에 위치할 때 관측한 자료이다.

① ㄱ ② ㄷ ③ ㄱ, ㄴ
④ ㄴ, ㄷ ⑤ ㄱ, ㄴ, ㄷ

• 왜 정답일까?

ㄴ. 기압이 가장 낮고 풍속이 가장 빠른 ㉠은 태풍 이동 경로에 가장 가까운 C에서 관측한 자료이다.
ㄷ. 태풍 중심이 관측소보다 저위도에 위치할 때는 안전 반원에 위치한 관측소에서 남서풍 계열의 바람이 관측될 수 없다.

18 방사성 원소의 반감기

정답률 51% | 정답 ③

| 문제 보기 |

그림 (가)는 현재 어느 화성암에 포함된 방사성 원소 X, Y와 각각의 자원소 X′, Y′의 함량을 ○, □, ●, ■의 개수로 나타낸 것이고, (나)는 X′와 Y′의 시간에 따른 함량 변화를 ㉠과 ㉡으로 순서 없이 나타낸 것이다.

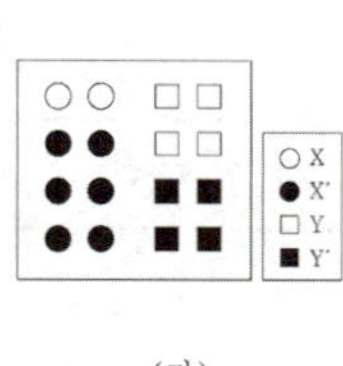

(가)

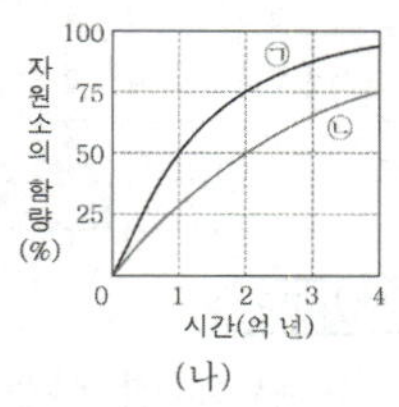

(나)

이에 대한 옳은 설명만을 〈보기〉에서 있는 대로 고른 것은? (단, 암석에 포함된 X′, Y′는 모두 X, Y의 붕괴로 생성되었다.) [3점]

> < 보 기 >
> ㄱ. ㉠은 X′의 함량 변화를 나타낸 것이다.
> ㄴ. 암석 생성 후 1억 년이 지났을 때 $\frac{Y'의\ 함량}{X'의\ 함량}=\frac{1}{2}$이다.
> ㄷ. $\frac{현재로부터\ 1억\ 년\ 후\ 모원소의\ 함량}{현재로부터\ 1억\ 년\ 전\ 모원소의\ 함량}$은 X가 Y보다 작다.

① ㄱ ② ㄴ ③ ㄱ, ㄷ
④ ㄴ, ㄷ ⑤ ㄱ, ㄴ, ㄷ

• 왜 정답일까?

ㄱ. (가)에서 모원소의 함량은 X가 25%, Y가 50%이므로, 반감기는 X가 Y보다 짧다. (나)에서 모원소의 반감기는 ㉠이 1억 년, ㉡이 2억 년이다.
ㄷ. 2억 년 동안 반감기는 X가 두 번, Y는 한 번 지난다.

19 엘니뇨와 라니냐의 특징

정답률 55% | 정답 ②

| 문제 보기 |

그림은 서로 다른 시기에 중앙 태평양 적도 해역에서 관측한 바람의 풍향 빈도를 나타낸 것이다. (가)와 (나)는 각각 엘니뇨 시기와 라니냐 시기 중 하나이다.

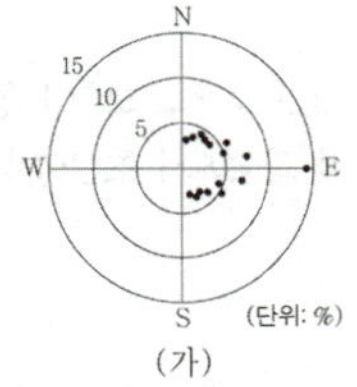

(가)

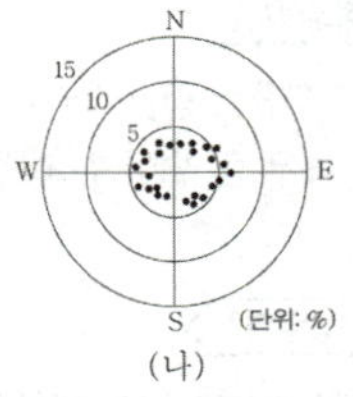

(나)

이에 대한 옳은 설명만을 〈보기〉에서 있는 대로 고른 것은? [3점]

> < 보 기 >
> ㄱ. 무역풍의 세기는 (가)일 때가 (나)일 때보다 약하다.
> ㄴ. (나)일 때 서태평양 적도 해역의 기압 편차(관측값 − 평년값)는 양(+)의 값을 갖는다.
> ㄷ. 동태평양 적도 해역에서 따뜻한 해수층의 두께는 (가)일 때가 (나)일 때보다 두껍다.

① ㄱ ② ㄴ ③ ㄱ, ㄷ
④ ㄴ, ㄷ ⑤ ㄱ, ㄴ, ㄷ

• 왜 정답일까?

(가)는 라니냐, (나)는 엘니뇨 시기이다.
ㄴ. 서태평양 적도 해역에서의 기압은 엘니뇨 시기가 평년보다 크다.

• 왜 오답일까?

ㄱ. 동풍 계열의 바람인 무역풍의 세기는 라니냐 시기가 엘니뇨 시기보다 강하다.

20 외계 행성 탐사 방법

정답률 40% | 정답 ④

| 문제 보기 |

그림 (가)는 어느 외계 행성계에서 공통 질량 중심을 원 궤도로 공전하는 중심별의 모습을, (나)는 중심별의 시선 속도를 시간에 따라 나타낸 것이다. 이 외계 행성계에는 행성이 1개만 존재하고, 중심별의 공전 궤도면과 시선 방향이 이루는 각은 60°이다.

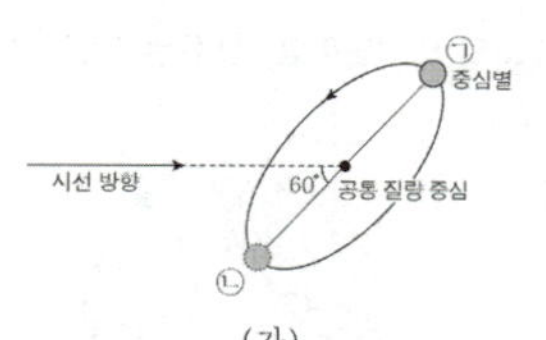

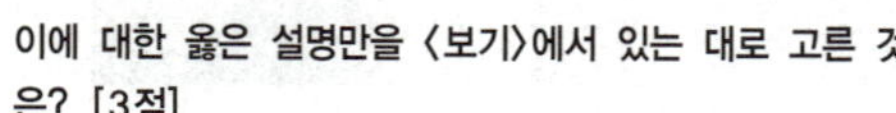

(가) (나)

이에 대한 옳은 설명만을 〈보기〉에서 있는 대로 고른 것은? [3점]

> < 보 기 >
> ㄱ. 지구로부터 행성까지의 거리는 중심별이 ㉠에 있을 때가 ㉡에 있을 때보다 가깝다.
> ㄴ. 중심별의 공전 속도는 $2v$이다.
> ㄷ. 중심별의 공전 궤도면과 시선 방향이 이루는 각이 현재보다 작아지면 중심별의 시선 속도 변화 주기는 길어진다.

① ㄱ ② ㄴ ③ ㄷ
④ ㄱ, ㄴ ⑤ ㄴ, ㄷ

• 왜 정답일까?

ㄱ. 지구로부터 행성까지의 거리는 중심별이 멀리 위치할 때 가깝다.
ㄴ. 시선 속도 크기의 최댓값이 v이므로 $\frac{v}{공전속도}=$ $\cos 60°$이다.

• 왜 오답일까?

ㄷ. 시선 속도 변화 주기는 공전 주기와 같으며, 중심별의 공전 궤도면과 시선 방향이 이루는 각의 변화와는 무관하다.

39회

• 고3 지구과학Ⅰ •

2021학년도 10월

01 ③	02 ⑤	03 ②	04 ④	05 ③
06 ①	07 ①	08 ④	09 ④	10 ⑤
11 ③	12 ④	13 ②	14 ①	15 ③
16 ②	17 ⑤	18 ⑤	19 ①	20 ②

채점 결과
• 실제 걸린 시간 : 분 초
• 맞은 문항수 : 개
• 틀린 문항수 : 개
• 헷갈린 문항 :

01 판 구조론의 정립 과정

정답률 14% | 정답 ③

| 문제 보기 |

다음은 판 구조론이 정립되는 과정에서 등장한 세 이론 (가), (나), (다)와 학생 A, B, C의 대화를 나타낸 것이다.

이론	내용
(가)	㉠ 해령을 중심으로 해양 지각이 양쪽으로 이동하면서 해양저가 확장된다.
(나)	맨틀 상하부의 온도 차로 맨틀이 대류하고 이로 인해 대륙이 이동할 수 있다.
(다)	과거에 하나로 모여 있던 대륙이 분리되고 이동하여 현재와 같은 수륙 분포를 이루었다.

제시한 내용이 옳은 학생만을 있는 대로 고른 것은?

① A ② C ③ A, B
④ B, C ⑤ A, B, C

• 왜 정답일까?

(가)는 해양저 확장설, (나)는 맨틀 대류설, (다)는 대륙 이동설이다.

02 우리나라의 기후 변화

정답률 93% | 정답 ⑤

| 문제 보기 |

그림은 1991년부터 2020년까지 제주 지역의 연간 열대야 일 수와 폭염 일수를 나타낸 것이다.

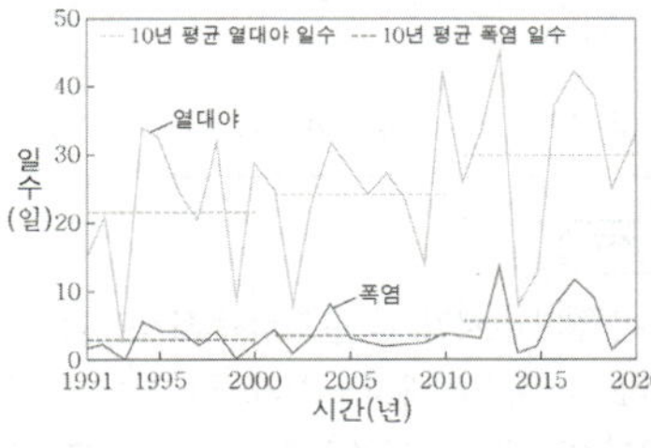

이 기간 동안 제주 지역의 기후 변화에 대한 옳은 설명만을 〈보기〉에서 있는 대로 고른 것은?

> < 보 기 >
> ㄱ. 연간 열대야 일수는 증가하는 추세이다.
> ㄴ. 10년 평균 폭염 일수는 1991년~2000년이 2011년~2020년보다 적다.
> ㄷ. 폭염 일수가 증가한 해에는 대체로 열대야 일수가 증가하였다.

① ㄱ ② ㄷ ③ ㄱ, ㄴ
④ ㄴ, ㄷ ⑤ ㄱ, ㄴ, ㄷ

• 왜 정답일까?

연간 열대야 일수와 연간 폭염 일수 모두 증가하는 추세이다. 폭염 일수가 증가한 해는 대체로 열대야 일수가 증가하였다.

03 해수의 심층 순환

정답률 78% | 정답 ②

| 문제 보기 |

그림 (가)는 대서양의 해수 순환을, (나)는 대서양 해수의 연직 순환을 나타낸 모식도이다. A, B, C는 각각 남극 저층수, 북대서양 심층수, 표층수 중 하나이다.

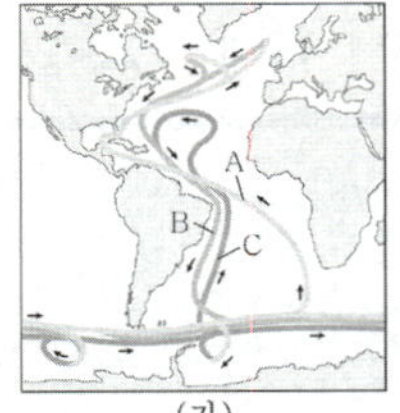

(가)

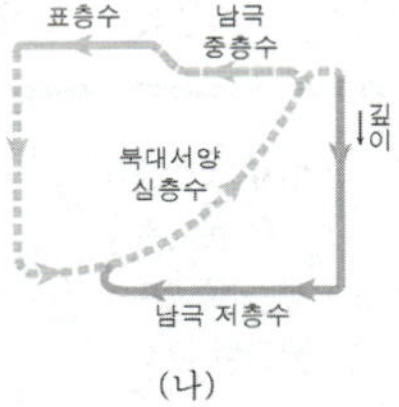

(나)

이에 대한 옳은 설명만을 <보기>에서 있는 대로 고른 것은?

< 보 기 >

ㄱ. 해수의 이동 속도는 A가 C보다 느리다.
ㄴ. B는 북대서양 심층수이다.
ㄷ. 해수의 평균 밀도는 B가 C보다 크다.

① ㄱ ② ㄴ ③ ㄱ, ㄷ ④ ㄴ, ㄷ ⑤ ㄱ, ㄴ, ㄷ

• 왜 정답일까?

ㄴ. A는 표층수, B는 북대서양 심층수, C는 남극 저층수이다.

• 왜 오답일까?

ㄱ, ㄷ. 표층수는 심층수보다 유속이 빠르며 남극 저층수의 밀도가 가장 크다.

04 엘니뇨와 라니냐 현상

정답률 63% | 정답 ④

| 문제 보기 |

그림은 2019년 10월부터 2020년 7월까지 태평양 적도 해역에서 20℃ 등수온선의 깊이 편차(관측값–평년값)를 나타낸 것이다. ㉠과 ㉡은 각각 엘니뇨 시기와 라니냐 시기 중 하나이다.

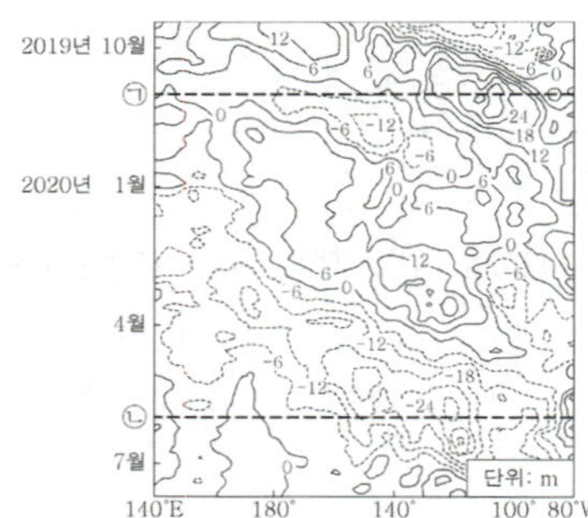

이에 대한 옳은 설명만을 <보기>에서 있는 대로 고른 것은? [3점]

< 보 기 >

ㄱ. ㉠은 라니냐 시기이다.
ㄴ. 이 해역의 동서 방향 해수면 경사는 ㉠보다 ㉡일 때 크다.
ㄷ. ㉡일 때 동태평양 적도 해역의 기압 편차(관측값 – 평년값)는 (+) 값이다.

① ㄱ ② ㄷ ③ ㄱ, ㄴ ④ ㄴ, ㄷ ⑤ ㄱ, ㄴ, ㄷ

• 왜 정답일까?

ㄴ, ㄷ. ㉠은 엘니뇨 시기, ㉡은 라니냐 시기로 동서 방향 해수면 경사는 라니냐 시기가 엘니뇨 시기보다 크며, 라니냐 시기에는 동태평양 적도 해역의 기압 편차가 (+) 값으로 나타난다.

05 판 경계에서의 지각 변동

정답률 74% | 정답 ③

| 문제 보기 |

그림은 어느 판 경계 부근에서 진원의 평균 깊이를 점선으로 나타낸 것이다. A, B 지점 중 한 곳은 대륙판에, 다른 한 곳은 해양판에 위치한다.

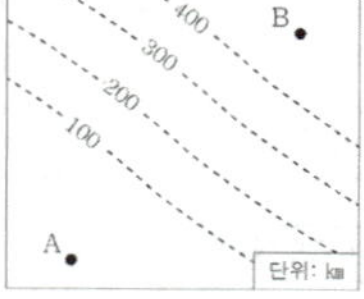

이에 대한 옳은 설명만을 <보기>에서 있는 대로 고른 것은? (단, A와 B는 모두 지표면 상의 지점이다.)

< 보 기 >

ㄱ. 판의 경계는 A보다 B에 가깝다.
ㄴ. 이 지역에서는 정단층이 역단층보다 우세하게 발달한다.
ㄷ. 이 지역에서 화산 활동은 주로 B가 속한 판에서 일어난다.

① ㄱ ② ㄴ ③ ㄷ ④ ㄱ, ㄴ ⑤ ㄴ, ㄷ

• 왜 정답일까?

ㄷ. A가 속한 판이 B가 속한 판 밑으로 섭입하므로 화산 활동은 주로 B가 속한 판에서 일어난다.

• 왜 오답일까?

ㄱ. 진원의 평균 깊이가 B 지점 쪽으로 갈수록 깊어지므로 판의 경계는 A에 가깝다.

06 온대 저기압과 위성 영상

정답률 81% | 정답 ①

| 문제 보기 |

그림 (가)는 어느 날 21시의 일기도이고, (나)는 같은 시각의 위성 영상이다.

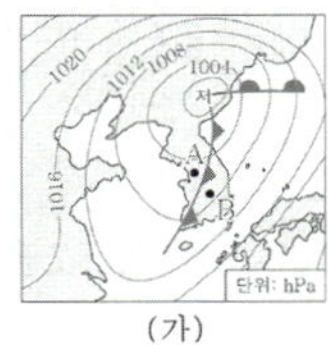

(가)

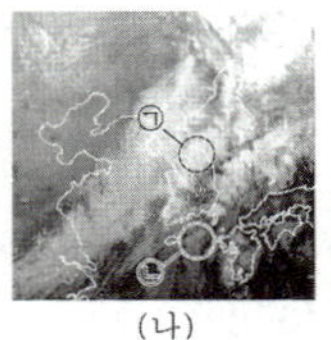

(나)

이에 대한 옳은 설명만을 <보기>에서 있는 대로 고른 것은? [3점]

< 보 기 >

ㄱ. 온대 저기압이 통과하는 동안 B 지점에서 바람의 방향은 시계 방향으로 변한다.
ㄴ. 지표면 부근의 기온은 A 지점이 B 지점보다 높다.
ㄷ. 구름 최상부의 높이는 ㉠보다 ㉡에서 높다.

① ㄱ ② ㄷ ③ ㄱ, ㄴ ④ ㄴ, ㄷ ⑤ ㄱ, ㄴ, ㄷ

• 왜 정답일까?

ㄱ. B 지점은 한랭 전선이 통과하면서 남서풍에서 북서풍으로 변하므로 풍향은 시계 방향으로 변한다.

• 왜 오답일까?

ㄴ. 지표면 부근의 기온은 따뜻한 공기가 위치한 B 지점이 찬 공기가 위치한 A 지점보다 높다.
ㄷ. 적외선 영상은 구름 최상부의 높이가 높을수록 밝게 나타나므로 구름 최상부의 높이는 ㉠이 높다.

07 생명 가능 지대

정답률 58% | 정답 ①

| 문제 보기 |

그림은 행성이 주계열성인 중심별로부터 받는 복사 에너지와 중심별의 표면 온도를 나타낸 것이다. 행성 A, B, C 중 B와 C만 생명 가능 지대에 위치하며 A와 B의 반지름은 같다.

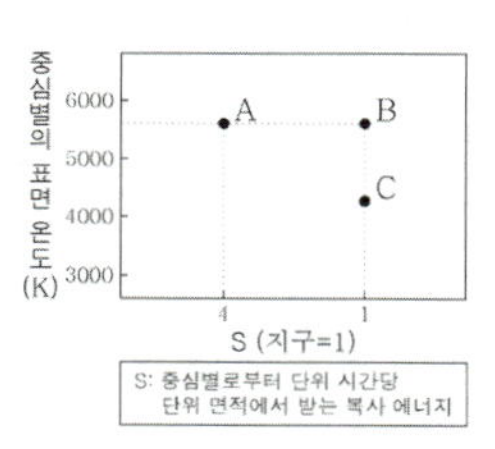

이에 대한 옳은 설명만을 <보기>에서 있는 대로 고른 것은? (단, 행성은 흑체이고, 행성 대기의 효과는 무시한다.) [3점]

< 보 기 >

ㄱ. 행성이 복사 평형을 이룰 때 표면 온도(K)는 A가 B의 $\sqrt{2}$배이다.
ㄴ. 공전 궤도 반지름은 B가 C보다 작다.
ㄷ. A의 중심별이 적색 거성으로 진화하면 A는 생명 가능 지대에 속할 수 있다.

① ㄱ ② ㄴ ③ ㄷ ④ ㄱ, ㄴ ⑤ ㄱ, ㄷ

• 왜 정답일까?

ㄱ. A는 B에 비해 단위 시간당 단위 면적에서 받는 복사 에너지양이 4배이므로 표면 온도는 $\sqrt{2}$ 배이다.

• 왜 오답일까?

ㄴ. 중심별의 표면 온도가 높은 B가 공전 궤도 반지름이 더 크다.
ㄷ. 중심별이 적색 거성으로 진화하면 광도가 커지므로 생명 가능 지대는 현재에 비해 멀어지고 A는 생명 가능 지대에서 멀어진다.

08 해수의 성질

정답률 73% | 정답 ④

| 문제 보기 |

그림 (가)는 어느 해 겨울에 우리나라 주변 바다에서 표층 해수를 채취한 A와 B 지점의 위치를, (나)는 수온 – 염분도에 A와 B의 수온과 염분을 순서 없이 ㉠, ㉡으로 나타낸 것이다.

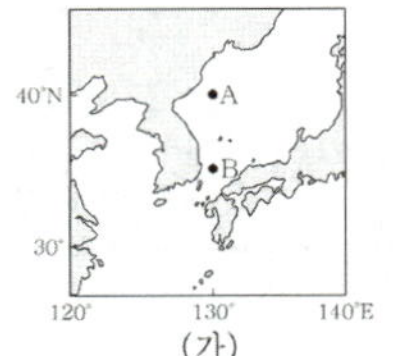

(가)

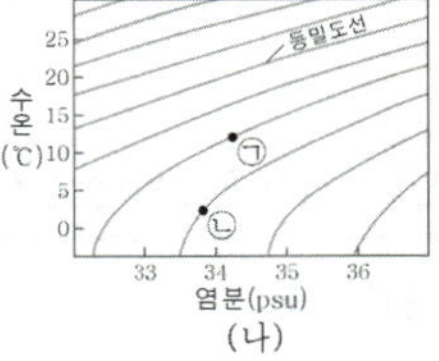

(나)

이에 대한 옳은 설명만을 <보기>에서 있는 대로 고른 것은?

< 보 기 >

ㄱ. 염분은 A에서가 B에서보다 낮다.
ㄴ. ㉠과 ㉡의 해수가 만난다면 ㉠의 해수는 ㉡의 해수 아래로 이동한다.
ㄷ. 여름에는 B의 해수 밀도가 (나)에서보다 감소할 것이다.

① ㄱ ② ㄴ ③ ㄷ ④ ㄱ, ㄷ ⑤ ㄴ, ㄷ

• 왜 정답일까?

ㄱ, ㄷ. A에서 채취한 해수는 ㉡, B에서 채취한 해수는 ㉠이다. 여름에는 B 지점 해수의 수온이 높아지고 염분이 낮아지므로 해수의 밀도가 감소한다.

• 왜 오답일까?

ㄴ. 두 해수가 만나면 밀도가 큰 ㉡이 아래로 이동한다.

09 별의 내부 구조와 진화

정답률 93% | 정답 ④

| 문제 보기 |

그림은 중심부의 핵융합 반응이 끝난 별 (가)와 (나)의 내부 구조를 나타낸 것이다.

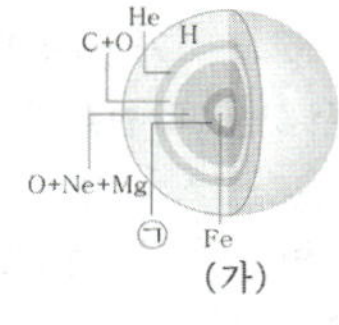

(가)

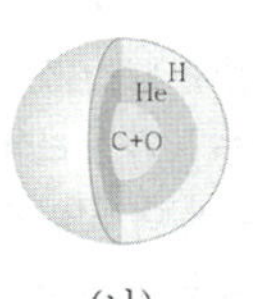

(나)

이에 대한 옳은 설명만을 <보기>에서 있는 대로 고른 것은?(단, 별의 크기는 고려하지 않는다.)

< 보 기 >

ㄱ. ㉠은 Fe보다 무거운 원소이다.
ㄴ. 별의 질량은 (가)가 (나)보다 크다.
ㄷ. (가)는 이후의 진화 과정에서 초신성 폭발을 거친다.

① ㄱ ② ㄷ ③ ㄱ, ㄴ ④ ㄴ, ㄷ ⑤ ㄱ, ㄴ, ㄷ

• 왜 정답일까?

ㄴ, ㄷ. (가)는 중심부에 Fe이 생성된 것으로 보아 태양보다 질량이 매우 큰 별이며, 이후의 진화 과정에서 초신성 폭발을 거친다.

• 왜 오답일까?

ㄱ. ㉠은 철보다 먼저 생성된 원소이므로 철보다 가벼운 원소이다.

10 지질 시대의 환경과 생물

정답률 78% | 정답 ⑤

| 문제 보기 |

그림은 현생 누대의 일부를 기 단위로 구분하여 생물의 생존 기간과 번성 정도를 나타낸 것이다. ㉠과 ㉡은 각각 양치식물과 겉씨식물 중 하나이다.

[문제편 p.153]

지질 시대(기)	생물의 생존 기간과 번성 정도
팔레오기	
A	
쥐라기	
트라이아스기	
B	
석탄기	
데본기	

삼엽충 방추충 어류 양서류 공룡 시조새 암모나이트 포유류 ㉠ ㉡ 속씨식물

이에 대한 옳은 설명만을 <보기>에서 있는 대로 고른 것은? [3점]

< 보 기 >
ㄱ. A 시기는 중생대에 속한다.
ㄴ. ㉠은 겉씨식물이다.
ㄷ. B 시기 말에는 최대 규모의 대멸종이 있었다.

① ㄱ ② ㄴ ③ ㄱ, ㄷ
④ ㄴ, ㄷ ⑤ ㄱ, ㄴ, ㄷ

• 왜 정답일까?

A는 백악기로 중생대에 속하며, B는 페름기이다. 페름기 말에는 최대 규모의 대멸종이 있었다. ㉠은 겉씨식물, ㉡은 양치식물이다.

11 마그마의 생성 과정

정답률 68% | 정답 ③

| 문제 보기 |

그림은 깊이에 따른 지하의 온도 분포와 맨틀의 용융 곡선 X, Y를 나타낸 것이다. X, Y는 각각 물이 포함된 맨틀의 용융 곡선과 물이 포함되지 않은 맨틀의 용융 곡선 중 하나이고, ㉠, ㉡은 마그마의 생성 과정이다.

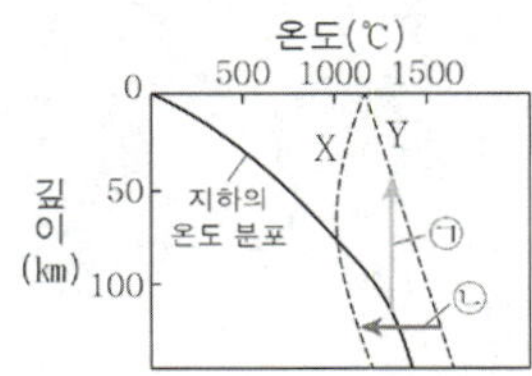

이에 대한 옳은 설명만을 <보기>에서 있는 대로 고른 것은? [3점]

< 보 기 >
ㄱ. X는 물이 포함된 맨틀의 용융 곡선이다.
ㄴ. 해령 하부에서는 마그마가 ㉠으로 생성된다.
ㄷ. ㉡으로 생성된 마그마는 SiO_2 함량이 63% 이상이다.

① ㄱ ② ㄷ ③ ㄱ, ㄴ
④ ㄴ, ㄷ ⑤ ㄱ, ㄴ, ㄷ

• 왜 정답일까?

ㄱ. X는 물이 포함된 맨틀의 용융 곡선, Y는 물이 포함되지 않은 맨틀의 용융 곡선이다.

12 H-R도와 별의 특징

정답률 52% | 정답 ④

| 문제 보기 |

그림 (가)는 H-R도를, (나)는 별 A와 B 중 하나의 중심부에서 일어나는 핵융합 반응을 나타낸 것이다.

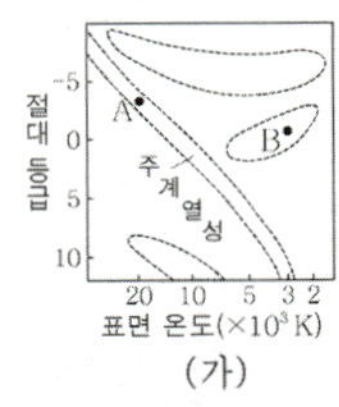

(가)

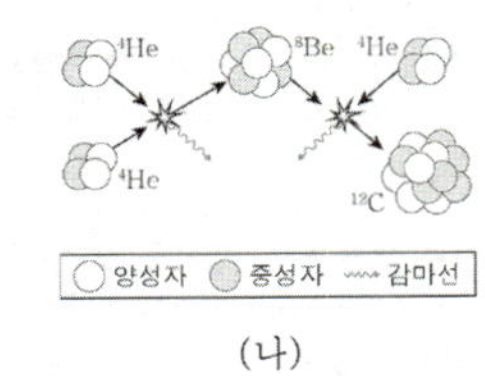

(나)

이에 대한 옳은 설명만을 <보기>에서 있는 대로 고른 것은?

< 보 기 >
ㄱ. (나)는 A의 중심부에서 일어난다.
ㄴ. 별의 평균 밀도는 A가 B보다 크다.
ㄷ. 광도 계급의 숫자는 A가 B보다 크다.

① ㄱ ② ㄴ ③ ㄱ, ㄷ
④ ㄴ, ㄷ ⑤ ㄱ, ㄴ, ㄷ

• 왜 정답일까?

ㄷ. A는 주계열성이므로 광도 계급은 V이고, B는 거성이므로 광도 계급은 Ⅲ이다.

• 왜 오답일까?

ㄱ. (나)는 거성의 중심부에서 일어난다.

13 별의 분광형

정답률 74% | 정답 ②

| 문제 보기 |

그림은 주계열성 (가)와 (나)가 방출하는 복사 에너지의 상대적인 세기를 파장에 따라 나타낸 것이다. (가)와 (나)의 분광형은 각각 A0형과 G2형 중 하나이다.

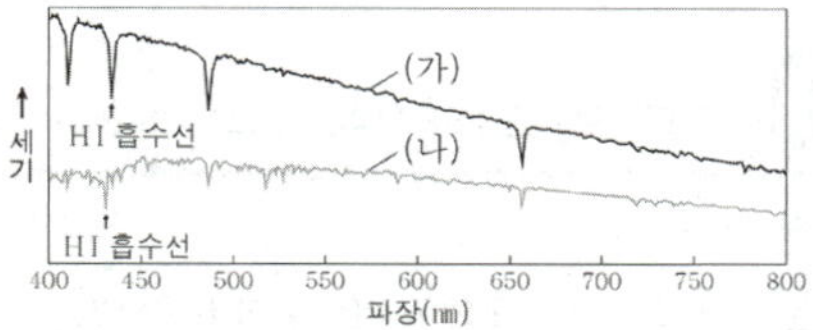

이 자료에 대한 옳은 설명만을 <보기>에서 있는 대로 고른 것은? [3점]

< 보 기 >
ㄱ. HⅠ 흡수선의 세기는 (가)가 (나)보다 약하다.
ㄴ. 복사 에너지를 최대로 방출하는 파장은 (가)가 (나)보다 길다.
ㄷ. 별의 반지름은 (가)가 (나)보다 크다.

① ㄱ ② ㄷ ③ ㄱ, ㄴ
④ ㄴ, ㄷ ⑤ ㄱ, ㄴ, ㄷ

• 왜 정답일까?

ㄷ. 분광형이 A0형인 (가)가 G2형인 (나)보다 표면 온도가 높으므로 반지름이 크다.

• 왜 오답일까?

ㄱ. 스펙트럼에서 방출선이 감소한 정도는 (가)가 (나)보다 크므로 HⅠ 흡수선의 세기는 (가)가 (나)보다 강하다.

14 태풍에 의한 날씨 변화

정답률 63% | 정답 ①

| 문제 보기 |

표는 어느 날 03시, 12시, 21시의 태풍 중심 위치와 중심 기압이고, 그림은 이날 12시의 우리나라 부근의 일기도이다.

시각(시)	태풍 중심 위치		중심 기압(hPa)
	위도(°N)	경도(°E)	
03	35	125	970
12	38	127	990
21	40	131	995

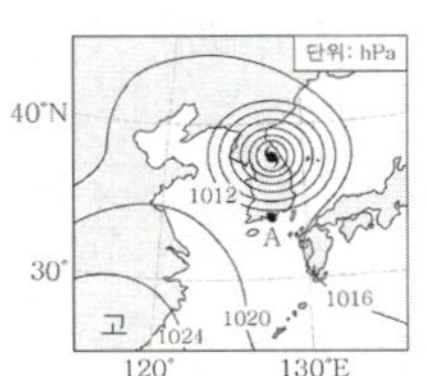

이에 대한 옳은 설명만을 <보기>에서 있는 대로 고른 것은? [3점]

< 보 기 >
ㄱ. 태풍이 지나가는 동안 A 지점의 풍향은 시계 방향으로 변한다.
ㄴ. 12시에 A 지점에서는 북풍 계열의 바람이 우세하다.
ㄷ. 이날 태풍의 최대 풍속은 21시에 가장 크다.

① ㄱ ② ㄷ ③ ㄱ, ㄴ
④ ㄴ, ㄷ ⑤ ㄱ, ㄴ, ㄷ

• 왜 정답일까?

ㄱ. A 지점은 위험 반원에 속하므로 풍향은 시계 방향으로 변한다.

• 왜 오답일까?

ㄴ. 12시에 A 지점에는 남풍 계열의 바람이 분다.
ㄷ. 태풍의 최대 풍속은 중심 기압이 가장 낮은 03시에 가장 크다.

15 지층에 나타나는 구조

정답률 75% | 정답 ③

| 문제 보기 |

그림 (가), (나), (다)는 주상 절리, 습곡, 사층리를 순서 없이 나타낸 것이다.

(가)

(나)

(다)

이에 대한 옳은 설명만을 <보기>에서 있는 대로 고른 것은?

< 보 기 >
ㄱ. (가)는 주로 퇴적암에 나타나는 구조이다.
ㄴ. (나)는 횡압력을 받아 형성된다.
ㄷ. (다)는 지하 깊은 곳에서 생성된 암석이 지표로 융기할 때 형성된다.

① ㄱ ② ㄷ ③ ㄱ, ㄴ
④ ㄴ, ㄷ ⑤ ㄱ, ㄴ, ㄷ

• 왜 정답일까?

ㄱ. 사층리는 사암 등의 퇴적암에서 잘 나타난다.

• 왜 오답일까?

ㄷ. 주상 절리는 주로 지표로 분출된 용암이 냉각되는 과정에서 형성된다.

16 외부 은하의 특징

정답률 76% | 정답 ②

| 문제 보기 |

그림 (가), (나), (다)는 타원 은하, 나선 은하, 불규칙 은하를 순서 없이 나타낸 것이다.

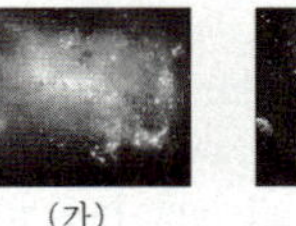
(가)

(나)

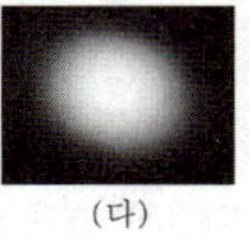
(다)

이에 대한 옳은 설명만을 <보기>에서 있는 대로 고른 것은?

< 보 기 >
ㄱ. (가)는 (나)로 진화한다.
ㄴ. 은하를 구성하는 별들의 평균 나이는 (나)가 (다)보다 많다.
ㄷ. 은하에서 성간 물질이 차지하는 비율은 (가)가 (다)보다 크다.

① ㄱ ② ㄷ ③ ㄱ, ㄴ
④ ㄴ, ㄷ ⑤ ㄱ, ㄴ, ㄷ

• 왜 정답일까?

ㄷ. 성간 물질이 차지하는 비율은 불규칙 은하가 타원 은하보다 크다.

• 왜 오답일까?

ㄴ. 은하를 구성하는 별들의 평균 나이는 타원 은하가 나선 은하보다 많다.

17 지층의 상대 연령과 절대 연령

정답률 40% | 정답 ⑤

| 문제 보기 |

그림 (가)는 어느 지역의 지질 단면을, (나)는 방사성 원소 X와 Y의 붕괴 곡선을 나타낸 것이다. 화성암 P와 Q 중 하나에는 X가, 다른 하나에는 Y가 포함되어 있다. X와 Y의 처음 양은 같았으며, P와 Q에 포함되어 있는 방사성 원소의 양은 각각 처음 양의 25%와 50%이다.

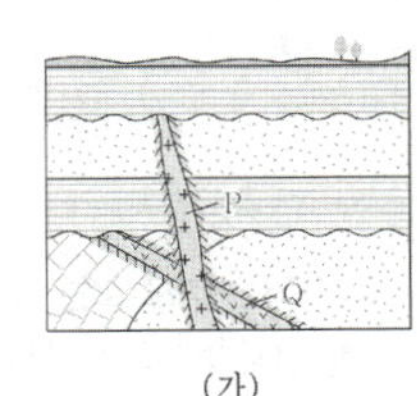

(가)

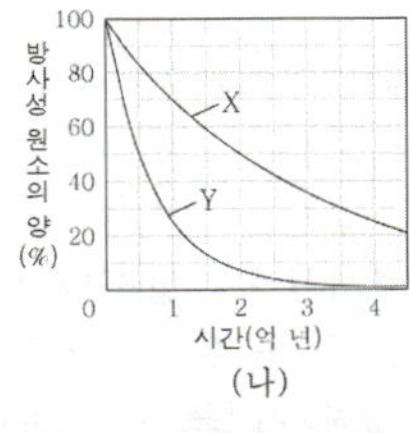

(나)

이에 대한 옳은 설명만을 <보기>에서 있는 대로 고른 것은? [3점]

< 보 기 >
ㄱ. 이 지역은 3번 이상 융기하였다.
ㄴ. P에 포함되어 있는 방사성 원소는 X이다.
ㄷ. 앞으로 2억 년 후의 $\frac{Y의\ 양}{X의\ 양}$은 $\frac{1}{16}$이다.

① ㄱ ② ㄴ ③ ㄷ
④ ㄱ, ㄴ ⑤ ㄱ, ㄷ

• 왜 정답일까?

ㄷ. 2억 년 후에는 $\frac{Y의\ 양}{X의\ 양} = \frac{1/64}{1/4} = \frac{1}{16}$ 이다.

• 왜 오답일까?

ㄴ. P가 Q보다 나중에 관입하였으므로 P에는 Y가 포함되어 있다.

18 은하의 후퇴 속도를 구하는 방법 정답률 48% | 정답 ⑤

| 문제 보기 |

다음은 스펙트럼을 이용하여 외부 은하의 후퇴 속도를 구하는 탐구이다.

[탐구 과정]
(가) 겉보기 등급이 같은 두 외부 은하 A와 B의 스펙트럼을 관측한다.
(나) 정지 상태에서 파장이 410.0 nm와 656.0 nm인 흡수선이 A와 B의 스펙트럼에서 각각 얼마의 파장으로 관측되었는지 분석한다.
(다) A와 B의 후퇴 속도를 계산한다. (단, 빛의 속도는 3×10^5 km/s이다.)

[탐구 결과]

정지 상태에서 흡수선의 파장(nm)	관측된 파장(nm)	
	은하 A	은하 B
410.0	451.0	414.1
656.0	(㉠)	( )

· A의 후퇴 속도: (㉡) km/s
· B의 후퇴 속도: ( ) km/s

이에 대한 옳은 설명만을 〈보기〉에서 있는 대로 고른 것은?(단, A와 B는 허블 법칙을 만족한다.) [3점]

〈보기〉
ㄱ. ㉠은 721.6이다.
ㄴ. ㉡은 3×10^4이다.
ㄷ. A와 B의 절대 등급 차는 5이다.

① ㄱ ② ㄷ ③ ㄱ, ㄴ
④ ㄴ, ㄷ ⑤ ㄱ, ㄴ, ㄷ

• 왜 정답일까?

ㄱ. $\frac{\Delta\lambda}{\lambda_0}$는 일정하므로 $\frac{451.0-410.0}{410.0}=\frac{㉠-656.0}{656.0}$에서 ㉠$=721.6$이다.

ㄴ. $v=\frac{41}{410.0}\times$광속$=3\times10^4$km/s이다.

ㄷ. A는 B보다 후퇴 속도가 10배 크므로, 거리도 10배 멀다. A와 B의 겉보기 등급이 같으므로 광도는 A가 B보다 100배 크고, 절대 등급은 A가 B보다 5등급 작다.

19 지구 기후 변화의 외적 요인 정답률 54% | 정답 ①

| 문제 보기 |

그림은 현재 지구의 공전 궤도와 자전축 경사를 나타낸 것이다. a는 원일점 거리, b는 근일점 거리, θ는 지구의 공전 궤도면과 자전축이 이루는 각이다.

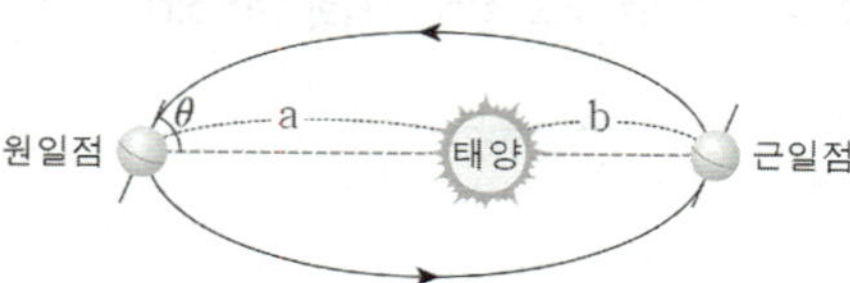

이에 대한 옳은 설명만을 〈보기〉에서 있는 대로 고른 것은? (단, 공전 궤도 이심률과 자전축 경사각 이외의 요인은 고려하지 않는다.) [3점]

〈보기〉
ㄱ. θ가 일정할 때 (a－b)가 커지면 북반구 중위도에서 기온의 연교차는 작아질 것이다.
ㄴ. a, b가 일정할 때 θ가 커지면 남반구 중위도에서 기온의 연교차는 커질 것이다.
ㄷ. θ가 커지면 우리나라에서 여름철 태양의 남중 고도는 현재보다 높아질 것이다.

① ㄱ ② ㄴ ③ ㄷ
④ ㄱ, ㄴ ⑤ ㄴ, ㄷ

• 왜 정답일까?

ㄱ. 공전 궤도 이심률이 커지면 근일점은 가까워지고, 원일점은 멀어지므로 북반구 중위도의 연교차는 작아 진다.

• 왜 오답일까?

ㄴ. θ가 커지면 남반구 중위도의 겨울철 기온은 높아지고, 여름철 기온은 낮아지므로 기온의 연교차는 작아진다.

ㄷ. θ가 커지면 우리나라 여름철 태양의 남중 고도는 현재보다 낮아진다.

20 우주의 구성 요소와 우주의 미래 정답률 81% | 정답 ②

| 문제 보기 |

표는 현재 우주 구성 요소 A, B, C의 비율이고, 그림은 시간에 따른 우주의 상대적 크기 변화를 나타낸 것이다. A, B, C는 각각 보통 물질, 암흑 물질, 암흑 에너지 중 하나이다.

우주 구성 요소	비율(%)
A	68.3
B	26.8
C	4.9

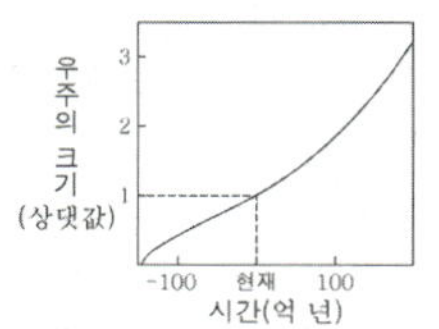

이에 대한 옳은 설명만을 〈보기〉에서 있는 대로 고른 것은?

〈보기〉
ㄱ. B는 보통 물질이다.
ㄴ. 빅뱅 이후 현재까지 우주의 팽창 속도는 일정하였다.
ㄷ. $\frac{\text{B의 비율}+\text{C의 비율}}{\text{A의 비율}}$은 100억 년 후가 현재보다 작을 것이다.

① ㄱ ② ㄷ ③ ㄱ, ㄴ
④ ㄴ, ㄷ ⑤ ㄱ, ㄴ, ㄷ

• 왜 정답일까?

ㄷ. 100억 년 후에는 우주의 팽창 속도가 더 커지므로 암흑 에너지의 비율이 현재보다 커진다.

• 왜 오답일까?

ㄱ. B는 암흑 물질이다.

ㄴ. 빅뱅 이후 우주는 급팽창 이후 감속 팽창하였으며 현재는 가속 팽창하고 있다.

40회 2020학년도 10월

• 고3 지구과학 I •

01 ③	02 ③	03 ②	04 ④	05 ①
06 ③	07 ①	08 ⑤	09 ①	10 ④
11 ⑤	12 ⑤	13 ②	14 ③	15 ②
16 ④	17 ②	18 ③	19 ⑤	20 ①

채점 결과
• 실제 걸린 시간 : 분 초
• 맞은 문항수 : 개
• 틀린 문항수 : 개
• 헷갈린 문항 :

01 심층 순환의 형성 과정 정답률 79% | 정답 ③

| 문제 보기 |

그림 (가)는 북대서양의 표층 순환과 심층 순환의 일부를, (나)는 고위도 해역에서 결빙이 일어날 때 해수의 움직임을 나타낸 것이다.

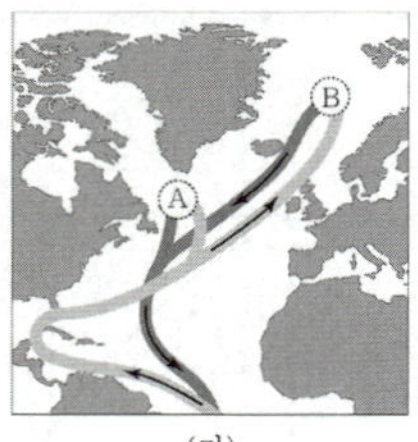

(가)

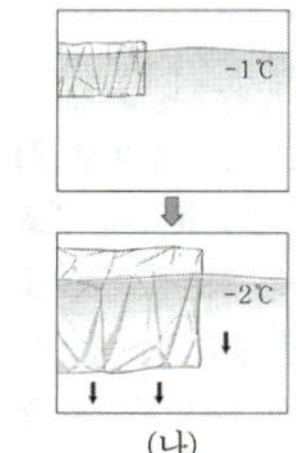

(나)

이에 대한 옳은 설명만을 〈보기〉에서 있는 대로 고른 것은?

〈보기〉
ㄱ. A와 B에서는 표층 해수의 침강이 일어난다.
ㄴ. (나)의 과정에서 빙하 주변 표층 해수의 밀도는 커진다.
ㄷ. A와 B에 빙하가 녹은 물이 유입되면 북대서양의 심층 순환이 강화될 것이다.

① ㄱ ② ㄷ ③ ㄱ, ㄴ
④ ㄱ, ㄷ ⑤ ㄴ, ㄷ

• 왜 정답일까?

ㄱ. A와 B는 심층수가 형성되는 해역이다.

ㄴ. 결빙이 일어날 때 주변 해수의 염분이 높아진다.

• 왜 오답일까?

ㄷ. 빙하가 녹은 물이 유입되면 해수의 밀도가 작아진다.

02 전선의 형성 원리 정답률 57% | 정답 ③

| 문제 보기 |

다음은 전선의 형성 원리를 알아보기 위한 실험이다.

[실험 과정]
(가) 수조의 가운데에 칸막이를 설치하고, 양쪽 칸에 온도계를 설치한 후 ㉠ 칸에 드라이아이스를 넣는다.
(나) 5분 후 ㉠ 칸과 ㉡ 칸의 기온을 측정하여 비교한다.
(다) 칸막이를 천천히 들어 올리면서 공기의 움직임을 살펴본다.

[실험 결과]
○ (나)에서 기온은 ㉠ 칸이 ㉡ 칸보다 낮았다.
○ (다)에서 A 지점의 공기는 수조의 바닥을 따라 ㉡ 칸 쪽으로 이동하였다.

이에 대한 옳은 설명만을 〈보기〉에서 있는 대로 고른 것은?

〈보기〉
ㄱ. (나)에서 공기의 밀도는 ㉠ 칸이 ㉡ 칸보다 크다.
ㄴ. (다)에서 A 지점 부근의 공기 움직임으로 한랭 전선의 형성 과정을 설명할 수 있다.
ㄷ. 수조 안 전체 공기의 무게 중심은 (나)보다 (다)에서 높다.

① ㄱ ② ㄷ ③ ㄱ, ㄴ
④ ㄴ, ㄷ ⑤ ㄱ, ㄴ, ㄷ

[문제편 p.156]

• 왜 정답일까?

ㄱ. ㉠ 칸이 ㉡ 칸보다 온도가 낮으므로 밀도가 크다.
ㄴ. A 지점 부근에서 찬 공기가 더운 공기의 아래로 파고든다.

• 왜 오답일까?

ㄷ. ㉠ 칸과 ㉡ 칸의 공기가 섞이면 찬 공기가 아래쪽으로 이동하기 때문에 무게 중심이 낮아진다.

03 태풍에 의한 현상

정답률 70% | 정답 ②

| 문제 보기 |

그림 (가)는 어느 해 우리나라에 상륙한 태풍의 이동 경로를, (나)는 B 지점에서 태풍이 통과하기 전과 통과한 후에 측정한 깊이에 따른 수온 분포를 각각 ㉠과 ㉡으로 순서 없이 나타낸 것이다.

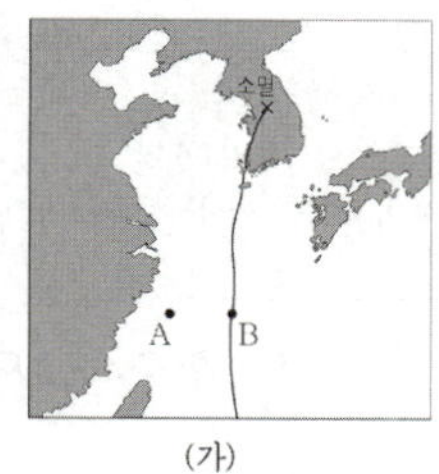

(가)

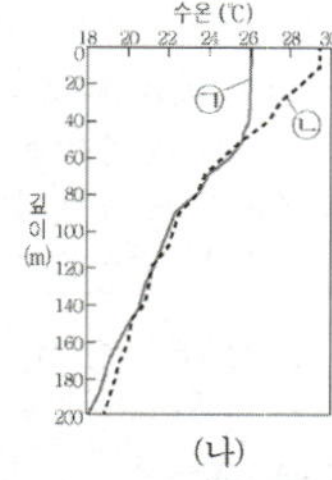

(나)

이에 대한 옳은 설명만을 <보기>에서 있는 대로 고른 것은? [3점]

< 보 기 >

ㄱ. 태풍이 통과하기 전의 수온 분포는 ㉠이다.
ㄴ. 태풍이 지나가는 동안 A 지점에서는 풍향이 시계 방향으로 변한다.
ㄷ. 태풍이 지나가는 동안 관측된 최대 풍속은 A 지점보다 B 지점에서 크다.

① ㄱ ② ㄷ ③ ㄱ, ㄴ
④ ㄴ, ㄷ ⑤ ㄱ, ㄴ, ㄷ

• 왜 정답일까?

ㄷ. 태풍 중심 주변에서 풍속이 가장 크다.

• 왜 오답일까?

ㄱ. 태풍에 의해 표층 해수가 섞이게 된다.
ㄴ. A 지점은 태풍이 지나갈 때 풍향이 시계 반대 방향으로 변한다.

04 엘니뇨와 라니냐

정답률 58% | 정답 ④

| 문제 보기 |

그림 (가)와 (나)는 각각 엘니뇨 또는 라니냐가 발생한 어느 시기의 겨울철 기후 변화를 순서 없이 나타낸 것이다.

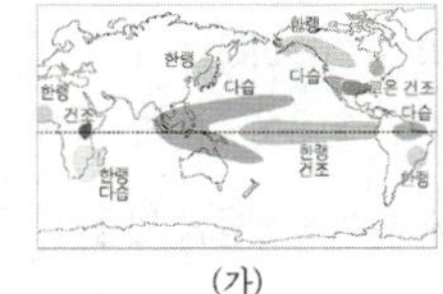
(가)

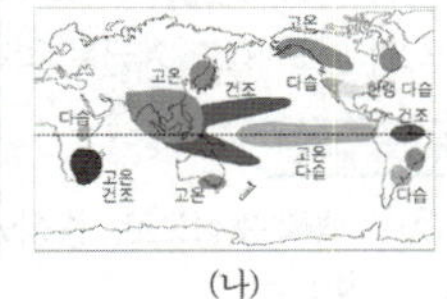
(나)

이에 대한 옳은 설명만을 <보기>에서 있는 대로 고른 것은?

< 보 기 >

ㄱ. 태평양에서 워커 순환의 상승 기류가 나타나는 지역은 (가)일 때가 (나)일 때보다 동쪽에 위치한다.
ㄴ. 서태평양에서 홍수가 발생할 가능성은 (가)일 때가 (나)일 때보다 높다.
ㄷ. 동태평양에서 수온 약층이 나타나는 깊이는 (가)일 때가 (나)일 때보다 얕다.

① ㄱ ② ㄴ ③ ㄱ, ㄷ
④ ㄴ, ㄷ ⑤ ㄱ, ㄴ, ㄷ

• 왜 정답일까?

ㄴ. 라니냐 시기인 (가) 시기에는 서태평양에서 강수량이 많아진다.
ㄷ. (가)일 때는 동태평양에서 용승이 활발하여 수온 약층이 나타나는 깊이가 얕아진다.

• 왜 오답일까?

ㄱ. (나) 시기에는 상승 기류가 나타나는 지역이 중앙 태평양 쪽으로 이동하게 된다.

05 플룸 구조론

정답률 69% | 정답 ①

| 문제 보기 |

그림은 뜨거운 플룸이 상승하는 모습을 나타낸 것이다.

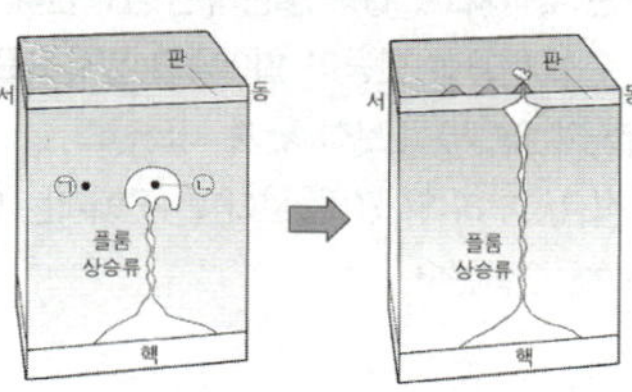

이에 대한 옳은 설명만을 <보기>에서 있는 대로 고른 것은?

< 보 기 >

ㄱ. 판은 서쪽으로 이동하였다.
ㄴ. 밀도는 ㉠ 지점이 ㉡ 지점보다 작다.
ㄷ. 뜨거운 플룸은 내핵과 외핵의 경계에서부터 상승한다.

① ㄱ ② ㄷ ③ ㄱ, ㄴ
④ ㄴ, ㄷ ⑤ ㄱ, ㄴ, ㄷ

• 왜 정답일까?

ㄱ. 화산섬은 판의 이동으로 서쪽으로 이동하였다.

• 왜 오답일까?

ㄴ. ㉡은 주변보다 온도가 높아 밀도가 작다.
ㄷ. 뜨거운 플룸은 외핵과 맨틀 경계부의 고온인 부분에서 형성되어 상승한다.

06 마그마의 생성 과정

정답률 31% | 정답 ③

| 문제 보기 |

그림 (가)는 지하의 온도 분포와 암석의 용융 곡선을, (나)는 어느 판 경계 주변의 단면을 나타낸 것이다.

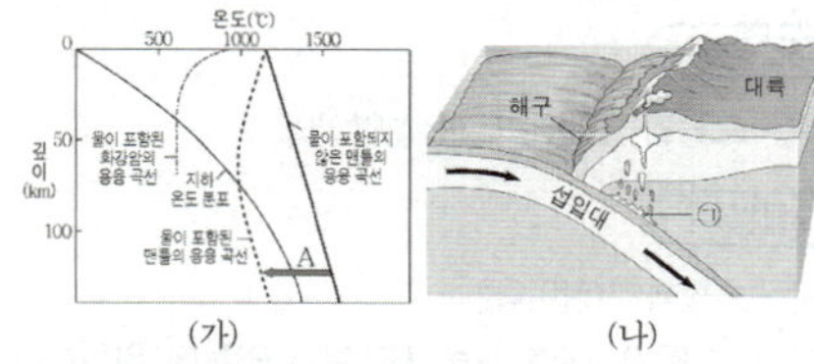

(가) (나)

이에 대한 옳은 설명만을 <보기>에서 있는 대로 고른 것은?

< 보 기 >

ㄱ. 대륙 지각은 맨틀보다 용융 온도가 대체로 낮다.
ㄴ. ㉠의 마그마는 (가)의 A와 같은 과정으로 생성된다.
ㄷ. ㉠의 마그마는 주로 해양 지각이 용융된 것이다.

① ㄱ ② ㄷ ③ ㄱ, ㄴ
④ ㄴ, ㄷ ⑤ ㄱ, ㄴ, ㄷ

• 왜 정답일까?

ㄱ. 그래프에서 화강암의 용융점이 맨틀보다 낮다.
ㄴ. 섭입대에서 빠져나온 물에 의해 맨틀의 용융점이 낮아진다.

• 왜 오답일까?

ㄷ. 섭입대 부근에서 생성되는 마그마는 주로 맨틀 물질이 용융된 것이다.

07 지질 시대

정답률 61% | 정답 ①

| 문제 보기 |

다음은 스트로마톨라이트에 대한 설명과 A, B, C 누대의 특징이다. A, B, C는 각각 시생 누대, 원생 누대, 현생 누대 중 하나이다.

스트로마톨라이트는 광합성을 하는 (㉠)이 만든 층상 구조의 석회질 암석으로 따뜻하고 수심이 얕은 바다에서 형성된다.

누대	특징
A	대륙 지각 형성 시작
B	에디아카라 동물군 출현
C	겉씨식물 출현

이에 대한 옳은 설명만을 <보기>에서 있는 대로 고른 것은?

< 보 기 >

ㄱ. ㉠은 A 누대에 출현하였다.
ㄴ. 지질 시대의 길이는 A 누대가 C 누대보다 짧다.
ㄷ. B 누대에는 초대륙이 존재하지 않았다.

① ㄱ ② ㄷ ③ ㄱ, ㄴ
④ ㄴ, ㄷ ⑤ ㄱ, ㄴ, ㄷ

• 왜 정답일까?

A는 시생 누대, B는 원생 누대, C는 현생 누대이다.
ㄱ. 스트로마톨라이트(남세균)은 시생 누대(A)에 출현하였다.

• 왜 오답일까?

ㄴ. 시생 누대(A)가 현생 누대(C)보다 길다.
ㄷ. 원생 누대(B)에 로디니아라는 초대륙이 존재했다.

08 판 구조론

정답률 84% | 정답 ⑤

| 문제 보기 |

다음은 판 구조론이 정립되기까지 제시되었던 이론을 ㉠, ㉡, ㉢으로 순서 없이 나타낸 것이다.

㉠	㉡	㉢
대륙 이동설	해양저 확장설	맨틀 대류설

이에 대한 옳은 설명만을 <보기>에서 있는 대로 고른 것은?

< 보 기 >

ㄱ. 이론이 제시된 순서는 ㉠→㉢→㉡이다.
ㄴ. ㉠에서는 여러 대륙에 남아 있는 과거의 빙하 흔적들이 증거로 제시되었다.
ㄷ. 해령 양쪽의 고지자기 분포가 대칭을 이루는 것은 ㉡의 증거이다.

① ㄱ ② ㄴ ③ ㄱ, ㄷ
④ ㄴ, ㄷ ⑤ ㄱ, ㄴ, ㄷ

• 왜 정답일까?

ㄱ. 대륙 이동설 (㉠) → 해양저 확장설 (㉡) → 맨틀 대류설 (㉢) 순으로 이론이 제시되었다.
ㄴ. 베게너는 과거 빙하의 흔적을 증거로 제시했다.
ㄷ. 해령 양쪽의 고지자기 분포가 대칭을 이루는 것은 해양저 확장설의 증거이다.

09 기후 변화의 천문학적 원인

정답률 47% | 정답 ①

| 문제 보기 |

표는 A, B, C 시기의 지구 공전 궤도 이심률을, 그림은 B 시기에 지구가 근일점과 원일점에 위치할 때 남반구에서 같은 배율로 관측한 태양의 모습을 각각 ㉠과 ㉡으로 순서 없이 나타낸 것이다.

시기	이심률
A	0.011
B	0.017
C	0.023

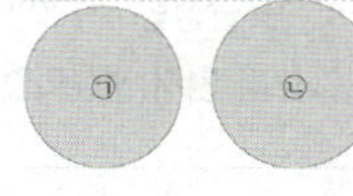

㉠을 관측한 시기가 남반구의 겨울철일 때, 이에 대한 옳은 설명만을 <보기>에서 있는 대로 고른 것은? (단, 공전 궤도 이심률 이외의 요인은 변하지 않는다.) [3점]

< 보 기 >

ㄱ. B 시기에 지구가 근일점을 지날 때 북반구는 겨울철이다.
ㄴ. 남반구의 겨울철 평균 기온은 A보다 B 시기에 높다.
ㄷ. 북반구에서 기온의 연교차는 A보다 C 시기에 크다.

① ㄱ ② ㄴ ③ ㄱ, ㄷ
④ ㄴ, ㄷ ⑤ ㄱ, ㄴ, ㄷ

• 왜 정답일까?

ㄱ. 근일점에서 북반구는 겨울철이다.

• 왜 오답일까?

ㄴ. 남반구의 겨울철에 태양과의 거리는 B 시기가 A 시기보다 멀다.
ㄷ. 북반구의 연교차는 A보다 C 시기에 작다.

10 우주 구성 요소의 특징

정답률 55% | 정답 ④

| 문제 보기 |

그림 (가)는 가속 팽창 우주 모형에 의한 시간에 따른 우주의 크기를, (나)는 T_1 시기와 T_2 시기의 우주 구성 요소의 비율을 ㉠과 ㉡으로 순서 없이 나타낸 것이다. A, B, C는 각각 보통 물질, 암흑 물질, 암흑 에너지 중 하나이다.

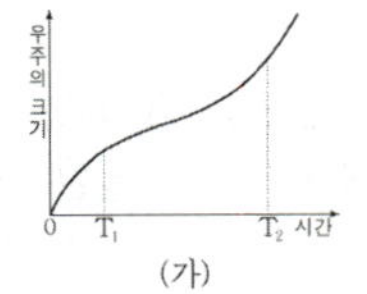

(가)

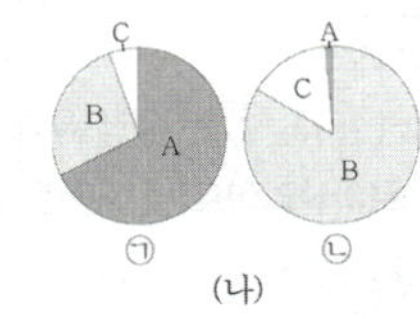

(나)

이에 대한 옳은 설명만을 <보기>에서 있는 대로 고른 것은? [3점]

< 보 기 >

ㄱ. T_1 시기에 우주의 팽창 속도는 증가하고 있다.
ㄴ. T_2 시기의 우주 구성 요소의 비율은 ㉠이다.
ㄷ. 전자기파를 이용해 직접 관측할 수 있는 것은 C이다.

① ㄱ ② ㄷ ③ ㄱ, ㄴ ④ ㄴ, ㄷ ⑤ ㄱ, ㄴ, ㄷ

• 왜 정답일까?

A는 암흑 에너지, B는 암흑 물질, C는 보통 물질이다.
ㄴ. T_2 시기엔 암흑 에너지(A)가 가장 많은 비율을 차지한다.
ㄷ. 보통 물질은 전자기파로 직접 관측이 가능하다.

• 왜 오답일까?

ㄱ. T_1 시기에 우주의 팽창 속도는 감소한다.

11 지층 구조의 특성

정답률 35% | 정답 ⑤

| 문제 보기 |

그림은 어느 지역의 지질 구조를 나타낸 것이다. A는 화성암, B~E는 퇴적암이고, 단층은 C와 D층이 기울어지기 전에 형성되었다.

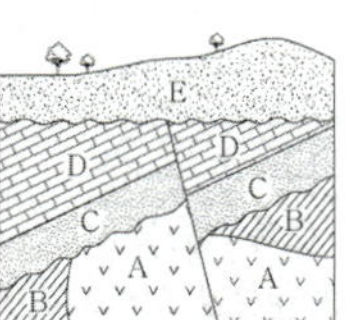

이 지역에 대한 설명으로 옳은 것은?

① 수면 위로 2회 융기하였다.
② A와 C는 평행 부정합 관계이다.
③ A에는 C의 암석 조각이 포획되어 나타난다.
④ 암석의 생성 순서는 A → B → C → D → E이다.
⑤ 단층은 횡압력에 의해 형성되었다.

• 왜 정답일까?

C, D층을 수평 상태로 생각하면 상반이 위로 올라가 있으므로 단층은 횡압력에 의해 형성되었다.

• 왜 오답일까?

① 수면 위로 3회 이상 융기하였다.
② A와 C는 난정합 관계이다.
③ A가 C보다 먼저 생성되었으므로 C의 암석 조각을 포획할 수 없다.
④ 암석의 생성 순서는 B → A → C → D → E이다.

12 별의 내부 구조

정답률 23% | 정답 ⑤

| 문제 보기 |

그림 (가)와 (나)는 서로 다른 두 시기에 태양 중심으로부터의 거리에 따른 수소와 헬륨의 질량비를 나타낸 것이다. A와 B는 각각 수소와 헬륨 중 하나이다.

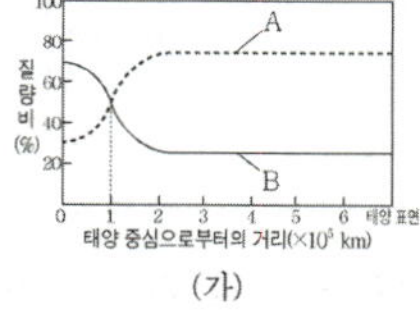

(가)

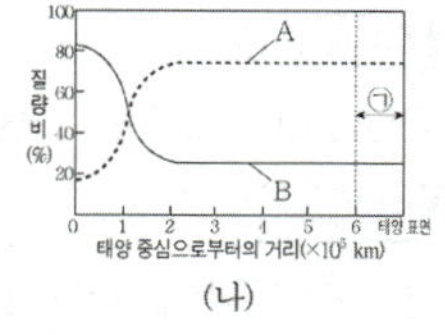

(나)

이에 대한 옳은 설명만을 <보기>에서 있는 대로 고른 것은? [3점]

< 보 기 >

ㄱ. 태양의 나이는 (가)보다 (나)일 때 많다.
ㄴ. (가)일 때 핵의 반지름은 1×10^5 km보다 크다.
ㄷ. ㉠에서는 주로 대류에 의해 에너지가 전달된다.

① ㄱ ② ㄴ ③ ㄱ, ㄷ ④ ㄴ, ㄷ ⑤ ㄱ, ㄴ, ㄷ

• 왜 정답일까?

(나) 시기가 (가) 시기보다 이르고, A는 헬륨, B는 수소이다.
ㄱ. 시간이 지날수록 수소 핵융합 반응에 의해 태양 중심부의 수소 질량비는 낮아지고, 헬륨 질량비는 높아진다.
ㄴ. 핵에서 수소 핵융합 반응이 일어나고 있으므로, 핵에서는 수소의 질량비가 약 75%보다 낮게 나타난다.
ㄷ. 태양 중심으로부터 약 70%보다 먼 곳에서는 에너지가 주로 대류에 의해 전달된다.

13 외계 행성 탐사

정답률 60% | 정답 ②

| 문제 보기 |

다음은 한국 천문 연구원에서 발견한 어느 외계 행성계에 대한 설명이다.

국제 천문 연맹은 보현산 천문대에서 ㉠분광 관측 장비로 별의 주기적인 움직임을 관측해 발견한 외계 행성계의 중심별 8 UMi와 외계 행성 8 UMi b의 이름을 각각 백두와 한라로 결정했다. 한라는 목성보다 무거운 가스 행성으로 백두로부터 약 0.49 AU 떨어져 있다.

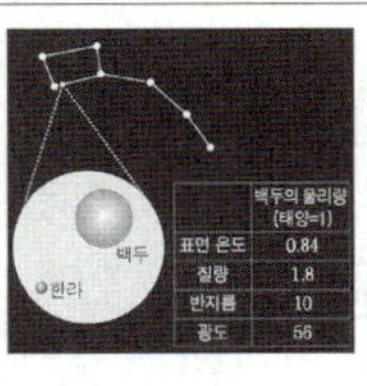

백두의 물리량 (태양=1)	
표면 온도	0.84
질량	1.8
반지름	10
광도	56

이에 대한 옳은 설명만을 <보기>에서 있는 대로 고른 것은? [3점]

< 보 기 >

ㄱ. 백두는 주계열성이다.
ㄴ. ㉠의 과정에서 백두의 도플러 효과를 관측하였다.
ㄷ. 한라는 백두의 생명 가능 지대에 위치한다.

① ㄱ ② ㄴ ③ ㄱ, ㄷ
④ ㄴ, ㄷ ⑤ ㄱ, ㄴ, ㄷ

• 왜 정답일까?

ㄴ. ㉠은 도플러 효과에 대한 설명이다.

• 왜 오답일까?

ㄱ. 백두는 적색 거성이다.
ㄷ. 한라는 백두의 생명 가능 지대보다 안쪽에 위치한다.

14 기상 위성 영상

정답률 35% | 정답 ③

| 문제 보기 |

그림 (가)와 (나)는 어느 날 같은 시각에 우리나라 부근을 촬영한 기상 위성 영상을 나타낸 것이다.

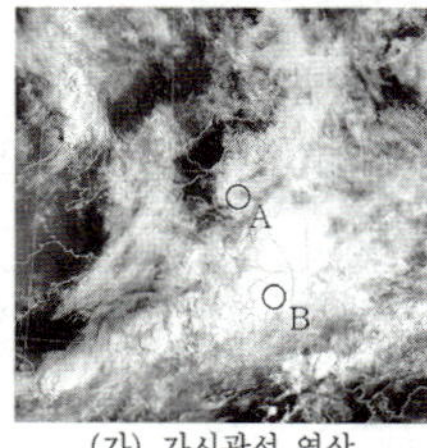

(가) 가시광선 영상

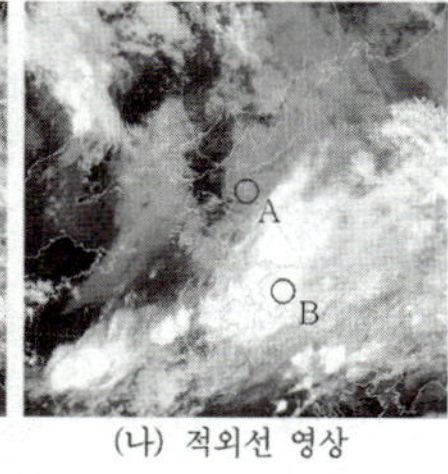

(나) 적외선 영상

이에 대한 옳은 설명만을 <보기>에서 있는 대로 고른 것은?

< 보 기 >

ㄱ. (가)에서는 구름이 두꺼운 곳일수록 밝게 보인다.
ㄴ. 구름 최상부에서 방출되는 적외선은 B가 A보다 강하다.
ㄷ. 집중 호우가 발생할 가능성은 B가 A보다 높다.

① ㄱ ② ㄴ ③ ㄱ, ㄷ ④ ㄴ, ㄷ ⑤ ㄱ, ㄴ, ㄷ

• 왜 정답일까?

ㄱ. 가시광선 영상에서 두꺼운 구름은 밝게, 얇은 구름은 어둡게 나타난다.
ㄷ. 두 영상 모두 B가 더 밝으므로 집중 호우가 발생할 가능성은 B가 높다.

• 왜 오답일까?

ㄴ. 온도가 높을수록 적외선이 강하게 방출된다.

15 별의 분광형

정답률 37% | 정답 ②

| 문제 보기 |

그림은 세 별 (가), (나), (다)의 스펙트럼에서 세기가 강한 흡수선 4개의 상대적 세기를 나타낸 것이다. (가), (나), (다)의 분광형은 각각 A형, O형, G형 중 하나이다.

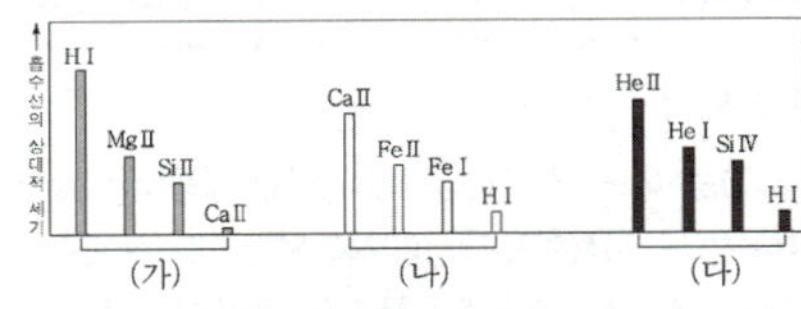

이에 대한 옳은 설명만을 <보기>에서 있는 대로 고른 것은? [3점]

< 보 기 >

ㄱ. 표면 온도가 태양과 가장 비슷한 별은 (가)이다.
ㄴ. (나)의 구성 물질 중 가장 많은 원소는 Ca이다.
ㄷ. 단위 시간당 단위 면적에서 방출되는 에너지양은 (나)가 (다)보다 적다.

① ㄱ ② ㄷ ③ ㄱ, ㄴ ④ ㄴ, ㄷ ⑤ ㄱ, ㄴ, ㄷ

• 왜 정답일까?

ㄷ. (나)는 G형, (다)는 O형 별이므로 (나)는 (다)보다 온도가 낮아 단위 면적당 방출되는 에너지가 적다.

• 왜 오답일까?

ㄱ. 표면 온도가 태양과 가장 비슷한 별은 (나)이다.
ㄴ. G형 별의 구성 물질 중 대부분은 수소와 헬륨이다.

16 별의 물리량

정답률 53% | 정답 ④

| 문제 보기 |

표는 별 ㉠~㉣의 절대 등급과 분광형을 나타낸 것이다. ㉠~㉣ 중 주계열성은 2개, 백색 왜성과 초거성은 각각 1개다.

별	절대 등급	분광형
㉠	+12.2	B1
㉡	+1.5	A1
㉢	−1.5	B4
㉣	−7.8	B8

이에 대한 옳은 설명만을 <보기>에서 있는 대로 고른 것은? [3점]

< 보 기 >

ㄱ. ㉠의 중심에서는 수소 핵융합 반응이 일어난다.
ㄴ. 별의 질량은 ㉡이 ㉢보다 작다.
ㄷ. 광도 계급의 숫자는 ㉡이 ㉣보다 크다.

① ㄱ ② ㄴ ③ ㄱ, ㄷ ④ ㄴ, ㄷ ⑤ ㄱ, ㄴ, ㄷ

• 왜 정답일까?

ㄴ. ㉡은 ㉢보다 온도와 광도가 낮아 질량이 더 작다.
ㄷ. ㉡과 ㉣의 광도 계급은 각각 V와 I이다.

• 왜 오답일까?

ㄱ. ㉠은 백색 왜성으로, 중심에서 수소 핵융합 반응이 일어나지 않는다.

17 고지자기와 대륙 이동

정답률 65% | 정답 ②

| 문제 보기 |

그림은 6000만 년 전부터 현재까지 인도 대륙의 고지자기 방향으로 추정한 지리상 북극의 위치 변화를 현재 인도 대륙의 위치를 기준으로 나타낸 것이다. 이 기간 동안 실제 지리상 북극의 위치는 변하지 않았다.

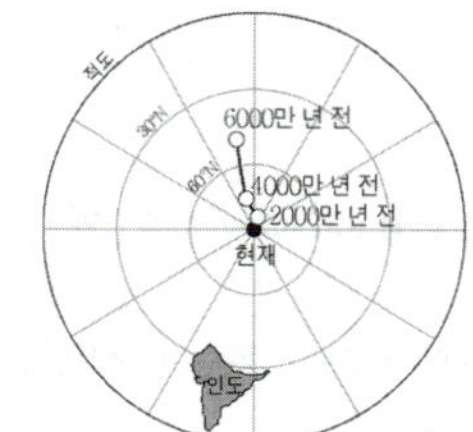

[문제편 p.158]

이에 대한 옳은 설명만을 <보기>에서 있는 대로 고른 것은? [3점]

< 보 기 >
ㄱ. 이 기간 동안 인도 대륙의 이동 속도는 계속 빨라졌다.
ㄴ. 인도 대륙은 6000만 년 전~4000만 년 전에 적도 부근에 위치하였다.
ㄷ. 4000만 년 전부터 현재까지 인도 대륙에서 고지자기 복각의 크기는 계속 작아졌다.

① ㄱ ② ㄴ ③ ㄱ, ㄷ ④ ㄴ, ㄷ ⑤ ㄱ, ㄴ, ㄷ

• 왜 정답일까?

ㄴ. 인도 대륙은 6000만 년 전에는 적도 부근 남반구에, 4000만 년 전에는 적도 부근 북반구에 위치했다.

• 왜 오답일까?

ㄱ. 대륙의 이동 속도는 느려졌다.
ㄷ. 복각의 크기는 계속 커졌다.

18 암석의 절대 연령

정답률 64% | 정답 ③

| 문제 보기 |

그림 (가)는 마그마가 식으면서 두 종류의 광물이 생성된 때의 모습을, (나)는 (가) 이후 P의 반감기가 n회 지났을 때 화성암에 포함된 두 광물의 모습을 나타낸 것이다. 이 화성암에는 방사성 원소 P, Q와 P, Q의 자원소 P′, Q′가 포함되어 있다.

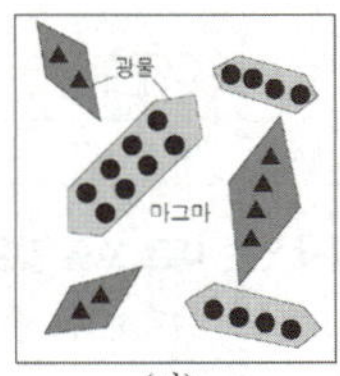

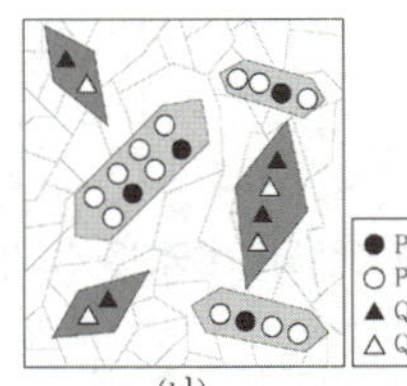

(가) (나)

이에 대한 옳은 설명만을 <보기>에서 있는 대로 고른 것은? [3점]

< 보 기 >
ㄱ. 반감기는 P가 Q보다 짧다.
ㄴ. (나)의 화성암의 절대 연령은 P의 반감기의 약 2배이다.
ㄷ. (가)에서 광물 속 P의 양이 많을수록 P와 P′의 양이 같아질 때까지 걸리는 시간이 길어진다.

① ㄱ ② ㄷ ③ ㄱ, ㄴ ④ ㄴ, ㄷ ⑤ ㄱ, ㄴ, ㄷ

• 왜 정답일까?

ㄱ. P의 반감기는 Q의 $\frac{1}{2}$이다.

ㄴ. P의 양이 처음의 $\frac{1}{4}$이므로 절대 연령은 P의 반감기의 약 2배이다.

• 왜 오답일까?

ㄷ. 광물 속 P의 양이 다르더라도 P와 P′의 양이 같아지는 시간은 일정하다.

19 해수의 온도와 염분 분포

정답률 51% | 정답 ⑤

| 문제 보기 |

그림 (가)와 (나)는 전 세계 해수면의 평균 수온 분포와 평균 표층 염분 분포를 순서 없이 나타낸 것이다. 등치선은 각각 등수온선과 등염분선 중 하나이다.

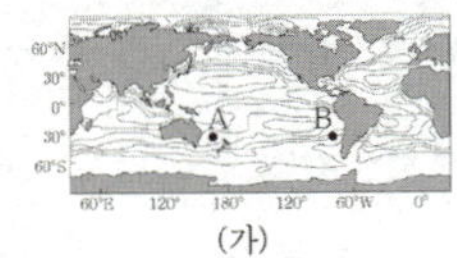

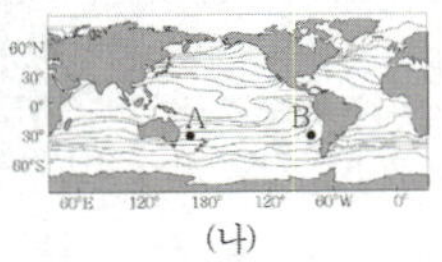

(가) (나)

이에 대한 옳은 설명만을 <보기>에서 있는 대로 고른 것은? [3점]

< 보 기 >
ㄱ. 해수면의 평균 수온 분포를 나타낸 것은 (나)이다.
ㄴ. 수온과 염분은 A 해역이 B 해역보다 높다.
ㄷ. 염류 중 염화 나트륨이 차지하는 비율은 A와 B 해역에서 거의 같다.

① ㄱ ② ㄷ ③ ㄱ, ㄴ ④ ㄴ, ㄷ ⑤ ㄱ, ㄴ, ㄷ

• 왜 정답일까?

ㄱ. 표층 염분은 대양의 중심에서 높고, 표층 수온은 저위도로 갈수록 높아지는 경향이 있다.
ㄴ. A 해역에는 고온 고염의 해류가 흐른다.
ㄷ. 염분비 일정의 법칙에 의해 염화 나트륨이 차지하는 비율은 두 해역에서 거의 같다.

20 외부 은하

정답률 66% | 정답 ①

| 문제 보기 |

그림 (가)와 (나)는 서로 다른 두 은하의 스펙트럼과 H_α 방출선의 파장 변화(→)를 나타낸 것이다. (가)와 (나)는 각각 퀘이사와 일반 은하 중 하나이다.

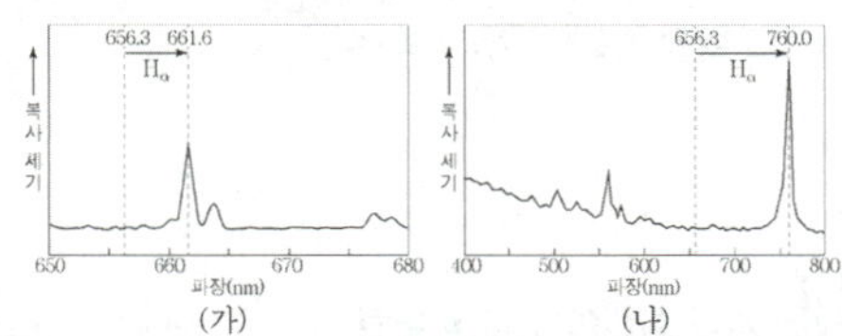

(가) (나)

이에 대한 옳은 설명만을 <보기>에서 있는 대로 고른 것은?

< 보 기 >
ㄱ. 퀘이사의 스펙트럼은 (나)이다.
ㄴ. 은하의 후퇴 속도는 (가)가 (나)보다 크다.
ㄷ. $\frac{\text{은하 중심부에서 방출되는 에너지}}{\text{은하 전체에서 방출되는 에너지}}$는 (가)가 (나)보다 크다.

① ㄱ ② ㄴ ③ ㄷ ④ ㄱ, ㄷ ⑤ ㄴ, ㄷ

• 왜 정답일까?

ㄱ. 퀘이사는 일반 은하보다 적색 편이가 크다.

• 왜 오답일까?

ㄴ. 후퇴 속도는 H_α 방출선의 파장 변화가 더 큰 (나)가 더 빠르다.
ㄷ. 퀘이사는 일반 은하보다 중심부에서 방출되는 에너지가 매우 크다.

• 고3 지구과학 I •

41회 2019학년도 10월

01 ④	02 ③	03 ①	04 ③	05 ②
06 ②	07 ②	08 ②	09 ①	10 ②
11 ②	12 ③	13 ①	14 ③	15 ④
16 ③	17 ②	18 ③	19 ②	20 ⑤

채점 결과
• 실제 걸린 시간 : 분 초
• 맞은 문항수 : 개
• 틀린 문항수 : 개
• 헷갈린 문항 :

01 생명 가능 지대

정답률 86% | 정답 ④

| 문제 보기 |

그림은 공전 궤도 반지름이 0.5AU인 어느 외계 행성 P의 표면 온도 변화를 중심별의 나이에 따라 나타낸 것이다.

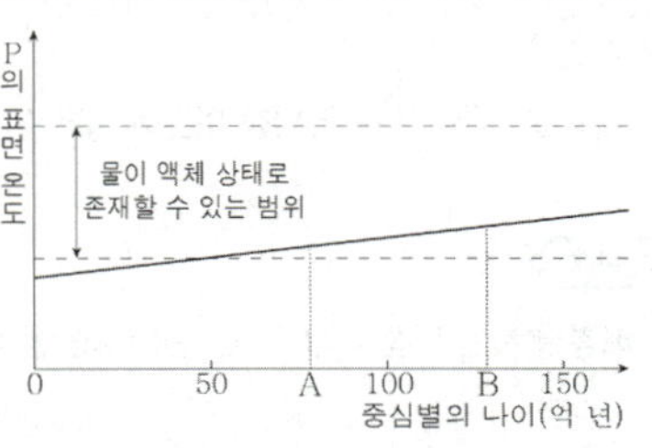

이에 대한 옳은 설명만을 <보기>에서 있는 대로 고른 것은? (단, P의 중심별은 주계열성이고, 행성의 표면 온도는 중심별의 광도에 의한 효과만 고려한다.)

< 보 기 >
ㄱ. 중심별의 광도는 증가하고 있다.
ㄴ. A 시기에 P는 생명 가능 지대에 위치한다.
ㄷ. 생명 가능 지대의 폭은 A 시기가 B 시기보다 넓다.

① ㄱ ② ㄴ ③ ㄷ ④ ㄱ, ㄴ ⑤ ㄴ, ㄷ

• 왜 정답일까?

ㄱ. 행성 P의 표면 온도가 증가하므로 중심별의 광도는 증가하고 있다.

• 왜 오답일까?

ㄷ. A 시기는 B 시기보다 중심별의 광도가 작으므로 생명 가능 지대의 폭이 좁다.

02 마그마의 종류와 성분

정답률 88% | 정답 ③

| 문제 보기 |

그림은 마그마 A, B, C를 이루고 있는 성분들의 질량비(%)를 나타낸 것이다. A, B, C는 각각 안산암질, 유문암질, 현무암질 마그마 중 하나이다.

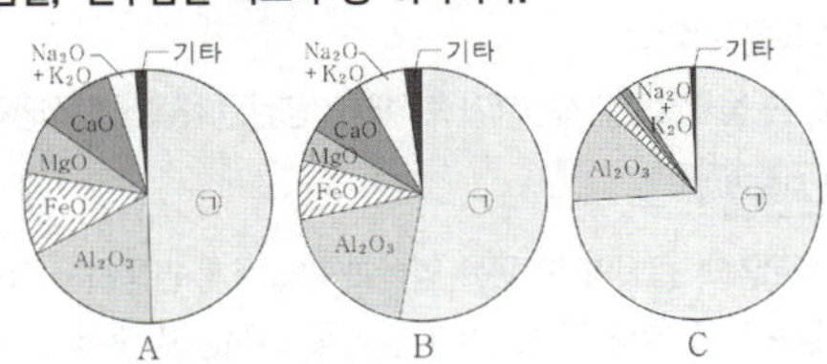

이에 대한 옳은 설명만을 <보기>에서 있는 대로 고른 것은?

< 보 기 >
ㄱ. ㉠은 SiO_2이다.
ㄴ. B는 현무암질 마그마이다.
ㄷ. 마그마에서 $(FeO+MgO)$이 차지하는 질량비는 A가 C보다 크다.

① ㄱ ② ㄴ ③ ㄱ, ㄷ
④ ㄴ, ㄷ ⑤ ㄱ, ㄴ, ㄷ

• 왜 정답일까?

ㄱ. 마그마 중에 가장 많이 포함된 성분은 SiO_2이다.
ㄷ. SiO_2가 적은 마그마에 $(FeO+MgO)$이 많다.

41회

• 왜 오답일까?

ㄴ. 현무암질 마그마는 SiO_2가 적다.

03 대폭발 우주론과 급팽창 이론

정답률 72% | 정답 ①

| 문제 보기 |

그림은 대폭발 우주론과 급팽창 이론에 따른 우주의 크기 변화를 A, B로 순서 없이 나타낸 것이다. 이에 대한 옳은 설명만을 <보기>에서 있는 대로 고른 것은?

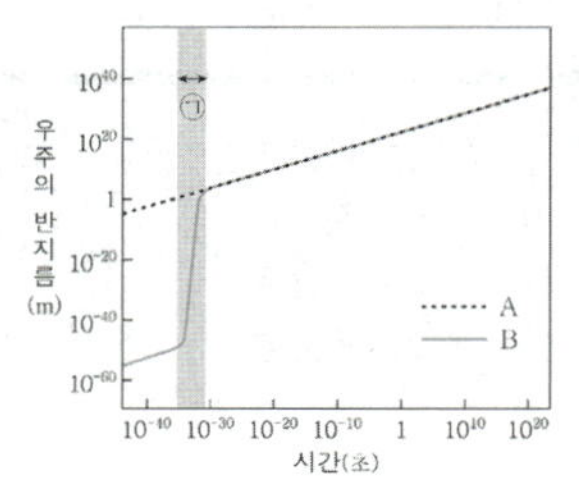

< 보 기 >
ㄱ. A는 대폭발 우주론에 따른 우주의 크기 변화이다.
ㄴ. A에서 우주 배경 복사는 ㉠ 시기에 방출되었다.
ㄷ. B에서 ㉠ 시기에 우주의 온도가 증가하였다.

① ㄱ ② ㄴ ③ ㄱ, ㄷ ④ ㄴ, ㄷ ⑤ ㄱ, ㄴ, ㄷ

• 왜 정답일까?

ㄱ. A는 대폭발 이론, B는 급팽창 이론에 따른 우주의 크기 변화이다.

• 왜 오답일까?

ㄴ. 우주 배경 복사는 빅뱅 이후 38만 년이 지났을 때 방출되었다.

ㄷ. B에서 ㉠ 시기에 우주의 온도는 급격히 낮아졌다.

04 퇴적암

정답률 69% | 정답 ③

| 문제 보기 |

그림은 세 가지 퇴적암을 구분하는 과정을 나타낸 것이다.

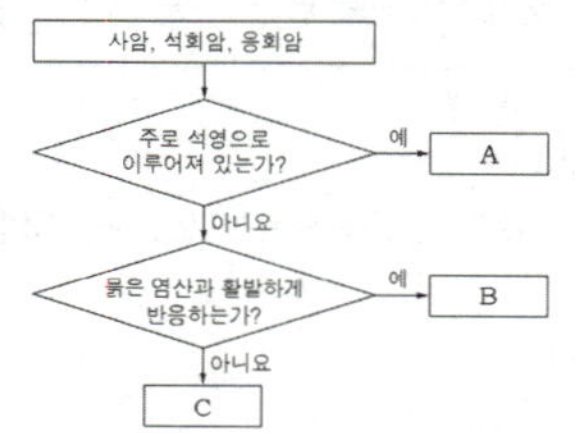

이에 대한 설명으로 옳은 것만을 <보기>에서 있는 대로 고른 것은?

< 보 기 >
ㄱ. A는 사암이다.
ㄴ. B는 쇄설성 퇴적암에 속한다.
ㄷ. C는 화산재가 퇴적되어 생성된 암석이다.

① ㄱ ② ㄴ ③ ㄱ, ㄷ ④ ㄴ, ㄷ ⑤ ㄱ, ㄴ, ㄷ

• 왜 정답일까?

ㄱ. 사암, 석회암, 응회암 중 주로 석영 성분의 모래로 이루어진 암석은 사암이다.

ㄷ. C는 응회암으로 화산재가 퇴적되어 생성된 쇄설성 퇴적암이다.

• 왜 오답일까?

ㄴ. 석회암과 응회암 중 묽은 염산과 활발하게 반응하는 암석은 석회암으로 화학적 퇴적암이나 유기적 퇴적암에 속한다.

05 해저 확장설

정답률 85% | 정답 ②

| 문제 보기 |

그림 (가)와 (나)는 서로 다른 해령 부근에서 측정된, 각 해령으로부터의 거리와 수심에 따른 해양 지각의 연령을 나타낸 것이다.

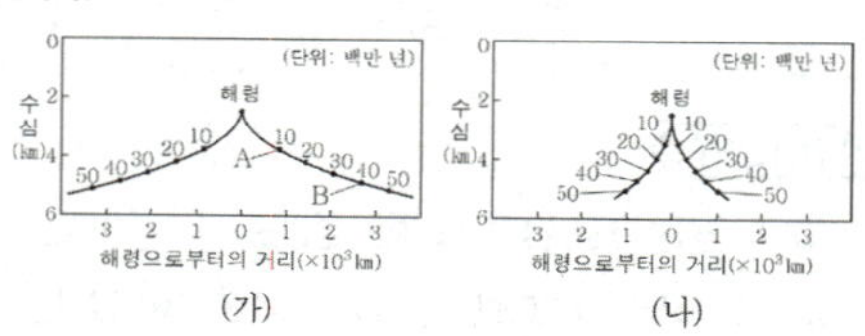

이에 대한 옳은 설명만을 <보기>에서 있는 대로 고른 것은?

< 보 기 >
ㄱ. 해령으로부터의 거리에 따른 수심 변화는 (가)보다 (나)에서 작다.
ㄴ. 해양 지각의 확장 속도는 (가)보다 (나)에서 빠르다.
ㄷ. 지각 열류량은 A보다 B에서 작다.

① ㄱ ② ㄷ ③ ㄱ, ㄴ
④ ㄴ, ㄷ ⑤ ㄱ, ㄴ, ㄷ

• 왜 정답일까?

ㄷ. 지각 열류량은 해령에서 멀어질수록 작아진다.

• 왜 오답일까?

ㄱ. 해령으로부터 같은 거리에서 수심은 (나)가 (가)보다 깊다.

ㄴ. 같은 시간 동안 해양 지각이 멀어진 거리가 (나)보다 (가)에서 크므로 확장 속도는 (가)가 빠르다.

06 지질 시대의 생물계 변화

정답률 79% | 정답 ②

| 문제 보기 |

그림은 현생 이언에 생존했던 생물 종류의 수와 육상 식물의 생존 시기를 나타낸 것이다.

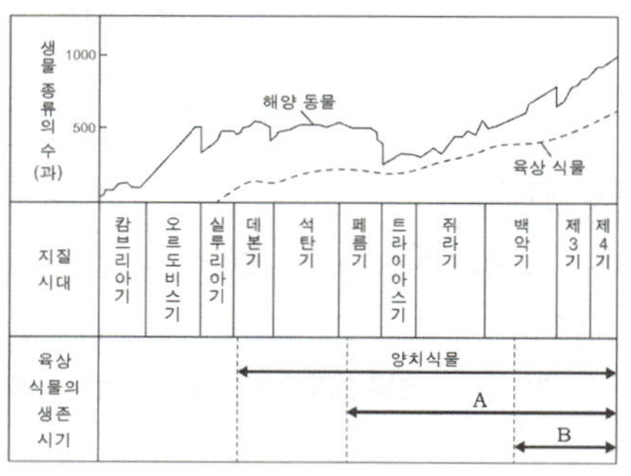

이에 대한 설명으로 옳은 것만을 <보기>에서 있는 대로 고른 것은? [3점]

< 보 기 >
ㄱ. A는 속씨식물, B는 겉씨식물이다.
ㄴ. 육상 식물 출현의 원인은 오존층의 형성과 관계가 있다.
ㄷ. 백악기 말에 해양 동물 종류의 수가 감소한 이유는 판게아가 형성되었기 때문이다.

① ㄱ ② ㄴ ③ ㄱ, ㄷ
④ ㄴ, ㄷ ⑤ ㄱ, ㄴ, ㄷ

• 왜 정답일까?

ㄴ. 오존층이 형성된 후 지표에 도달하는 자외선의 양이 감소하여 육상 식물이 출현할 수 있었다.

• 왜 오답일까?

ㄱ. 양치식물이 출현한 이후 겉씨식물, 속씨식물 순으로 출현하였으므로 A는 겉씨식물, B는 속씨식물이다.

ㄷ. 판게아의 형성이 해양 동물 종류의 수 감소에 영향을 준 시기는 고생대 페름기 말이다.

07 태풍 이동 속도와 기압 변화

정답률 71% | 정답 ②

| 문제 보기 |

그림은 어느 해 10월 4일 00시부터 6일 00시까지 태풍이 이동한 경로와 4일의 해수면 온도 분포를, 표는 태풍의 중심 기압과 최대 풍속을 나타낸 것이다.

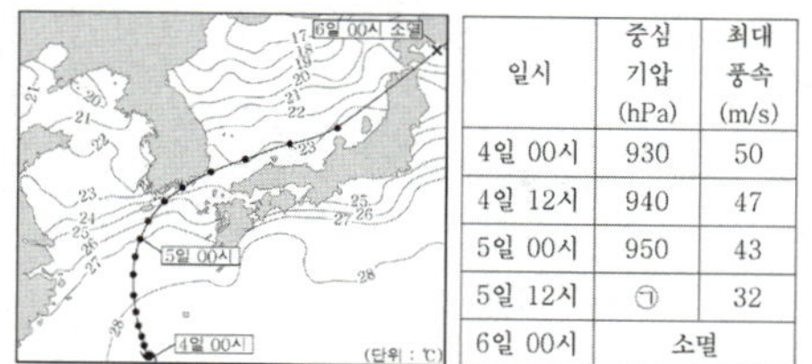

일시	중심 기압 (hPa)	최대 풍속 (m/s)
4일 00시	930	50
4일 12시	940	47
5일 00시	950	43
5일 12시	㉠	32
6일 00시	소멸	

이에 대한 옳은 설명만을 <보기>에서 있는 대로 고른 것은?(단, 태풍의 이동 경로는 3시간 간격으로 나타낸 것이다.) [3점]

< 보 기 >
ㄱ. 4일 하루 동안 태풍 이동 경로상의 해수면 온도는 고위도로 갈수록 높아진다.
ㄴ. 태풍의 평균 이동 속도는 4일이 5일보다 빠르다.
ㄷ. ㉠은 950보다 컸을 것이다.

① ㄱ ② ㄷ ③ ㄱ, ㄴ
④ ㄴ, ㄷ ⑤ ㄱ, ㄴ, ㄷ

• 왜 정답일까?

ㄷ. 태풍의 세력이 약해지고 있으므로 5일 12시에는 태풍의 중심 기압이 950hPa보다 컸을 것이다.

• 왜 오답일까?

ㄱ. 4일에 태풍이 북상할 때 해수면 온도는 낮아지고 있다.

ㄴ. 5일에는 3시간 간격의 위치가 멀어졌으므로 4일보다 이동 속도가 빨라졌다.

08 화산 분출물의 특성

정답률 71% | 정답 ②

| 문제 보기 |

표는 화산체 A, B, C를 형성한 용암의 SiO_2 함량과 온도, 화산 분출 시 측정한 화산 가스의 성분을 나타낸 것이다.

화산체	용암		화산 가스의 성분(%)			
	SiO_2 함량(%)	온도(℃)	㉠	㉡	SO_2	기타
A	59	900	87.0	9.5	2.3	1.2
B	45	1150	75.0	19.0	4.5	1.5
C	70	820	94.0	4.5	1.3	0.2

이에 대한 옳은 설명만을 <보기>에서 있는 대로 고른 것은?

< 보 기 >
ㄱ. A는 현무암질 용암이 분출하여 생성되었다.
ㄴ. B는 C보다 경사가 완만하다.
ㄷ. ㉠은 이산화 탄소, ㉡은 수증기이다.

① ㄱ ② ㄴ ③ ㄱ, ㄷ ④ ㄴ, ㄷ ⑤ ㄱ, ㄴ, ㄷ

• 왜 정답일까?

ㄱ. A는 안산암질, B는 현무암질, C는 유문암질 용암에 의해 생성되었다.

• 왜 오답일까?

ㄷ. 화산 가스에서 가장 많이 차지하는 성분 ㉠은 수증기이다.

09 판의 경계의 종류와 특징

정답률 68% | 정답 ①

| 문제 보기 |

그림은 중앙아메리카 부근의 판 경계와 지진의 진앙 분포를 나타낸 것이다.

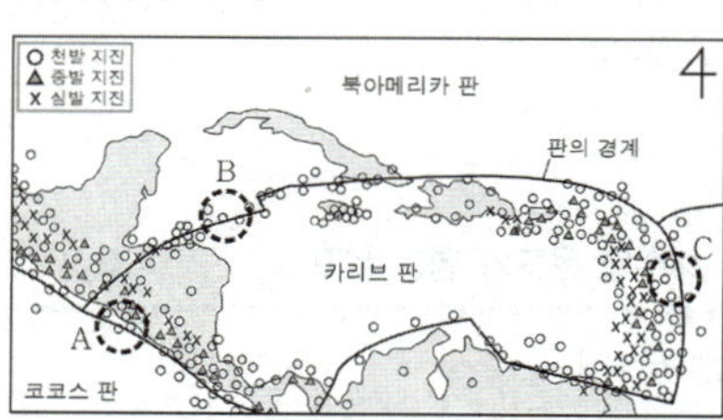

이에 대한 옳은 설명만을 <보기>에서 있는 대로 고른 것은? [3점]

< 보 기 >
ㄱ. A에서는 정단층보다 역단층이 발달한다.
ㄴ. B에서는 해구가 발달한다.
ㄷ. A와 C에서 판이 섭입하는 방향은 대체로 같다.

① ㄱ ② ㄴ ③ ㄷ ④ ㄱ, ㄴ ⑤ ㄴ, ㄷ

• 왜 정답일까?

ㄱ. A에서는 횡압력에 의한 역단층이 발달한다.

• 왜 오답일까?

ㄴ. B에서는 변환 단층이 발달한다.

ㄷ. 판의 섭입 방향은 대체로 A에서는 북동쪽, C에서는 서쪽 방향이다.

[문제편 p.161]

10 대기 대순환

정답률 52% | 정답 ②

| 문제 보기 |

그림은 60°S ~ 60°N 사이에서 나타나는 대기 대순환의 순환 세포 A~D를 모식적으로 나타낸 것이다.

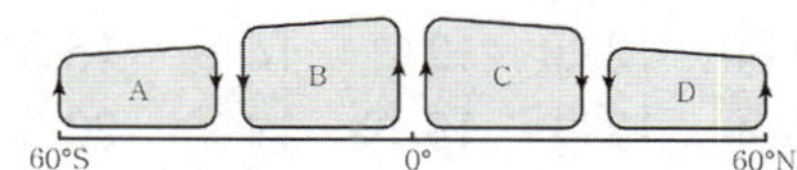

이에 대한 옳은 설명만을 <보기>에서 있는 대로 고른 것은?

< 보 기 >
ㄱ. A는 직접 순환이다.
ㄴ. B와 C의 지상에서는 주로 동풍 계열의 바람이 분다.
ㄷ. 온대 저기압은 주로 C와 D의 경계 부근에서 형성된다.

① ㄱ ② ㄴ ③ ㄱ, ㄷ ④ ㄴ, ㄷ ⑤ ㄱ, ㄴ, ㄷ

• 왜 정답일까?

ㄴ. B와 C의 지상에는 해들리 순환에 의해 동풍 계열의 무역풍이 발달한다.

• 왜 오답일까?

ㄱ. B와 C는 직접 순환이고 A와 D는 간접 순환이다.
ㄷ. 온대 저기압은 한대 전선대에서 주로 형성된다.

11 허블 법칙과 우주의 팽창

정답률 80% | 정답 ②

| 문제 보기 |

그림은 절대 등급이 같은 외부 은하 A, B, C의 거리에 따른 후퇴 속도를 나타낸 것이다.

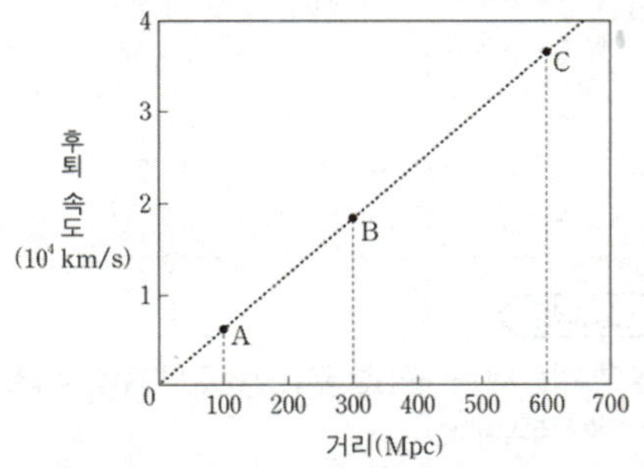

이에 대한 설명으로 옳은 것만을 <보기>에서 있는 대로 고른 것은?

< 보 기 >
ㄱ. 겉보기 밝기는 B보다 A가 약 3배 밝다.
ㄴ. B에서 관찰하면 A와 C는 모두 후퇴한다.
ㄷ. 20억 년 전 우리 은하에서 본 C의 후퇴 속도는 현재와 동일하다.

① ㄱ ② ㄴ ③ ㄷ ④ ㄱ, ㄴ ⑤ ㄴ, ㄷ

• 왜 정답일까?

ㄴ. 우주에는 특별한 중심이 없이 어느 은하에서 보더라도 서로 멀어지는 것으로 관측된다.

• 왜 오답일까?

ㄱ. 우리 은하에서 볼 때 A는 B보다 거리가 3배 가까우므로 겉보기 밝기는 9배 밝다.
ㄷ. 우리 은하에서 볼 때 C는 20억 년 전에는 지금보다 더 가까웠으므로 후퇴 속도가 더 느렸다.

12 궤도 이심률 변화의 영향

정답률 68% | 정답 ③

| 문제 보기 |

그림 (가)는 현재 지구 자전축의 방향과 공전 궤도를, (나)는 지구가 근일점과 원일점에 위치할 때 태양과 지구 사이의 거리와 공전 속도를 나타낸 것이다. (나)에서 Δr는 '원일점 거리와 근일점 거리의 차'이고, Δv는 '근일점과 원일점에서의 공전 속도 차'이다.

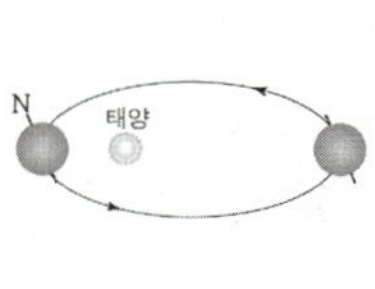

(가)

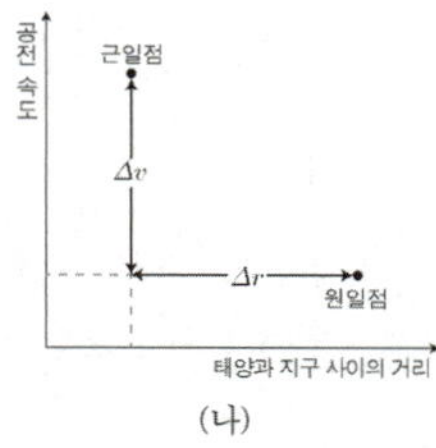

(나)

Δr가 현재보다 증가할 때 나타날 수 있는 현상만을 <보기>에서 있는 대로 고른 것은? (단, 지구 공전 궤도 이심률의 변화 이외의 요인은 고려하지 않는다.) [3점]

< 보 기 >
ㄱ. Δv가 증가한다.
ㄴ. 북반구에서 기온의 연교차는 작아진다.
ㄷ. 원일점에 위치할 때 지구에 도달하는 태양 복사 에너지양은 증가한다.

① ㄱ ② ㄷ ③ ㄱ, ㄴ ④ ㄴ, ㄷ ⑤ ㄱ, ㄴ, ㄷ

• 왜 정답일까?

ㄱ. Δr가 증가하면 공전 속도가 근일점에서 증가, 원일점에서 감소하여 Δv가 커진다.
ㄴ. Δr가 증가하면 북반구에서 겨울철에 태양과 지구 사이의 거리가 가까워져 기온의 연교차가 작아진다.

• 왜 오답일까?

ㄷ. Δr가 증가하면 원일점이 멀어져 지구에 도달하는 태양 복사 에너지양이 감소한다.

13 온대 저기압과 날씨 변화

정답률 66% | 정답 ①

| 문제 보기 |

그림 (가)와 (나)는 북반구 어느 지점에서 온대 저기압이 통과하는 동안 관측한 풍향과 기온을 나타낸 것이다. 이 기간 동안 온난 전선과 한랭 전선이 이 지점을 통과하였다.

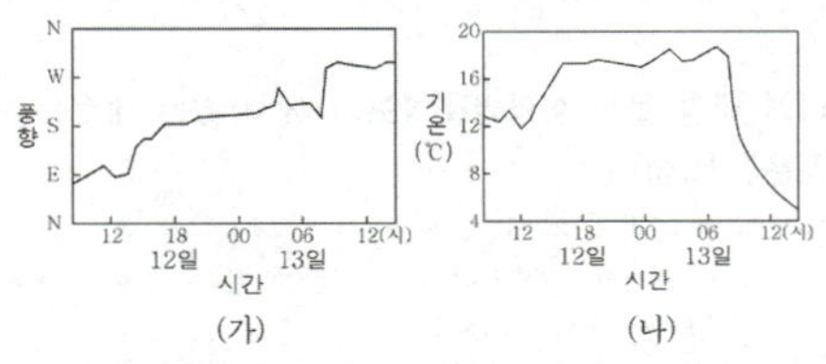

이 지점에서 나타난 현상에 대한 옳은 설명만을 <보기>에서 있는 대로 고른 것은? [3점]

< 보 기 >
ㄱ. 풍향은 대체로 시계 방향으로 변하였다.
ㄴ. 한랭 전선은 13일 06시 이전에 통과하였다.
ㄷ. 저기압 중심은 이 지점의 남쪽으로 통과하였다.

① ㄱ ② ㄴ ③ ㄱ, ㄷ ④ ㄴ, ㄷ ⑤ ㄱ, ㄴ, ㄷ

• 왜 정답일까?

ㄱ. 이 기간 동안 풍향은 동풍→남동풍→남서풍→북서풍으로 변했으므로 대체로 시계 방향으로 변했다.

• 왜 오답일까?

ㄴ. 13일 06시~12시 사이에 기온이 급격하게 낮아졌으므로, 이때 한랭 전선이 통과하였다.
ㄷ. 풍향이 시계 방향으로 변하였으므로 온대 저기압의 중심은 이 지점의 북쪽으로 통과하였다.

14 엘니뇨와 라니냐의 특징

정답률 80% | 정답 ③

| 문제 보기 |

그림 (가)와 (나)는 엘니뇨와 라니냐 시기의 태평양 적도 해역의 연직 수온 분포를 순서 없이 나타낸 것이다.

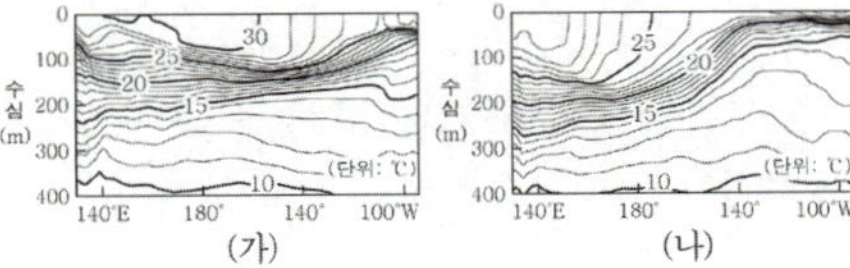

이에 대한 옳은 설명만을 <보기>에서 있는 대로 고른 것은?

< 보 기 >
ㄱ. (가)는 엘니뇨 시기, (나)는 라니냐 시기이다.
ㄴ. 동태평양 적도 해역에서의 용승은 (가) 시기보다 (나) 시기에 약하다.
ㄷ. 무역풍의 세기는 (가) 시기보다 (나) 시기에 강하다.

① ㄱ ② ㄴ ③ ㄱ, ㄷ ④ ㄴ, ㄷ ⑤ ㄱ, ㄴ, ㄷ

• 왜 정답일까?

ㄱ. (가)는 따뜻한 해수가 동쪽까지 확장되어 있으므로 엘니뇨 시기이다.
ㄷ. 라니냐 시기에는 엘니뇨 시기보다 무역풍의 세기가 강하다.

• 왜 오답일까?

ㄴ. 동태평양 적도 해역에서의 용승은 라니냐 시기가 엘니뇨 시기보다 강하다.

15 해류

정답률 78% | 정답 ④

| 문제 보기 |

그림은 태평양의 표층 해류를 나타낸 것이다.

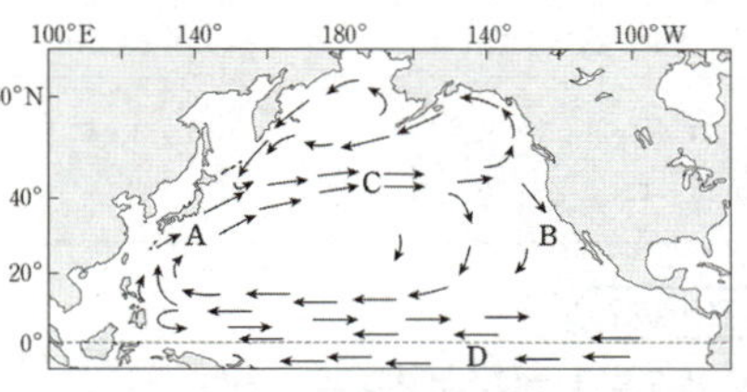

A~D 해역에 대한 설명으로 옳은 것만을 <보기>에서 있는 대로 고른 것은? [3점]

< 보 기 >
ㄱ. A는 B보다 수온이 낮다.
ㄴ. C에는 편서풍에 의한 해류가 흐른다.
ㄷ. D에 흐르는 해류는 남적도 해류이다.

① ㄱ ② ㄴ ③ ㄱ, ㄷ ④ ㄴ, ㄷ ⑤ ㄱ, ㄴ, ㄷ

• 왜 정답일까?

ㄴ. C는 편서풍에 의해서 서에서 동으로 흐르는 북태평양 해류이다.
ㄷ. D는 무역풍에 의해 형성된 남적도 해류이다.

• 왜 오답일까?

ㄱ. A는 수온이 높은 쿠로시오 해류(난류)이고, B는 수온이 낮은 캘리포니아 해류(한류)이다. 따라서 수온은 A가 B보다 높다.

16 판의 경계

정답률 90% | 정답 ③

| 문제 보기 |

그림은 어느 두 판의 경계를 나타낸 것이다.

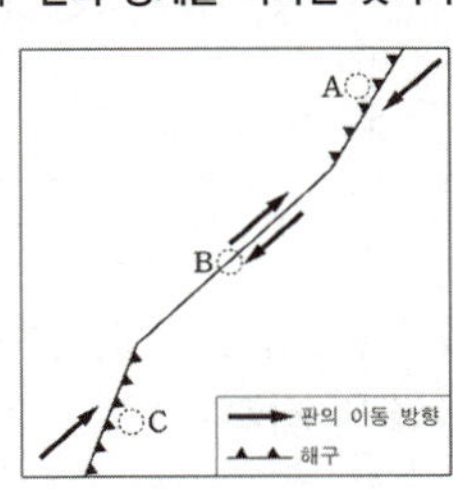

A, B, C지역에 대한 설명으로 옳은 것만을 <보기>에서 있는 대로 고른 것은?

< 보 기 >
ㄱ. 지진은 A, B, C에서 모두 발생한다.
ㄴ. 화산 활동은 B에서 가장 활발하다.
ㄷ. A와 C의 하부에 베니오프대가 나타난다.

① ㄱ ② ㄴ ③ ㄱ, ㄷ ④ ㄴ, ㄷ ⑤ ㄱ, ㄴ, ㄷ

• 왜 정답일까?

판의 경계에는 두 판이 서로 멀어지는 발산형 경계, 서로 가까워지는 수렴형 경계, 그리고 서로 어긋나는 보존형 경계가 있다.

ㄱ. A와 C는 판의 수렴형 경계이고, B는 판의 보존형 경계로 모두 지진이 발생한다.

ㄷ. A와 C는 해구가 나타나는 판의 수렴형 경계로 어느 한 판이 다른 판 아래로 섭입하는 베니오프대가 나타난다.

• 왜 오답일까?

ㄴ. B는 판의 보존형 경계로 인접한 두 판이 서로 어긋나지만 마그마의 생성이 없으므로 화산 활동은 나타나지 않는다.

17 별의 진화

정답률 81% | 정답 ②

| 문제 보기 |

그림은 주계열성 A, B가 적색 거성 A′, B′으로 진화하는 경로를 H-R도에 나타낸 것이다.

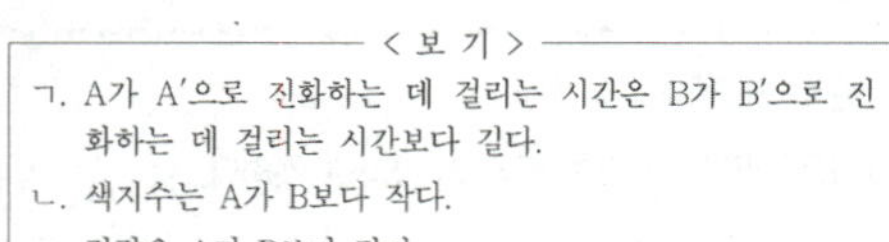

이에 대한 옳은 설명만을 <보기>에서 있는 대로 고른 것은? [3점]

< 보 기 >
ㄱ. A가 A′으로 진화하는 데 걸리는 시간은 B가 B′으로 진화하는 데 걸리는 시간보다 길다.
ㄴ. 색지수는 A가 B보다 작다.
ㄷ. 질량은 A가 B보다 작다.

① ㄱ ② ㄴ ③ ㄱ, ㄷ
④ ㄴ, ㄷ ⑤ ㄱ, ㄴ, ㄷ

• 왜 정답일까?

ㄴ. 별의 온도가 높을수록 색지수가 작다.

• 왜 오답일까?

ㄱ, ㄷ. H-R도에서 오른쪽 아래에 있는 주계열성일수록 질량이 작고, 진화 속도가 느리다.

18 상대 연대와 절대 연대

정답률 63% | 정답 ③

| 문제 보기 |

그림 (가)는 어느 지역의 지질 단면도이고, (나)는 (가)의 화성암 F에 들어있는 방사성 원소 X의 붕괴 곡선이다. F에 들어있는 X의 모원소와 자원소의 함량비는 1:3이다.

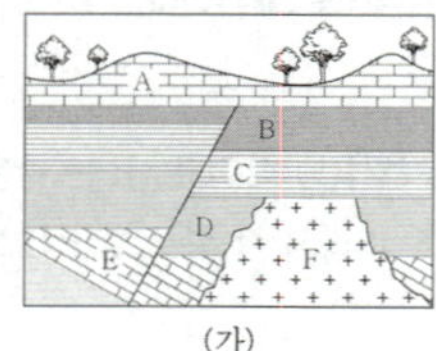

(가)

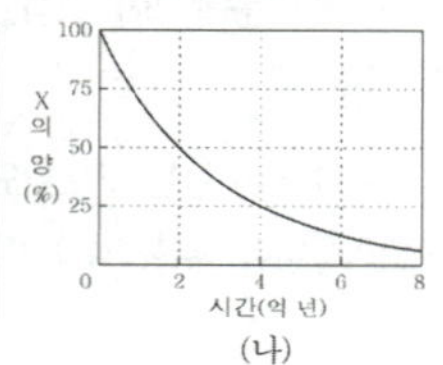

(나)

이에 대한 옳은 설명만을 <보기>에서 있는 대로 고른 것은? [3점]

< 보 기 >
ㄱ. 지층의 생성 순서는 E→D→F→C→B→A이다.
ㄴ. D에서는 암모나이트 화석이 산출될 수 있다.
ㄷ. 이 지역은 4번 이상 융기하였다.

① ㄱ ② ㄴ ③ ㄱ, ㄷ
④ ㄴ, ㄷ ⑤ ㄱ, ㄴ, ㄷ

• 왜 정답일까?

ㄷ. A와 B, C와 D, D와 E 사이는 부정합면이다. 부정합면이 3개이므로 4번 융기하였다.

• 왜 오답일까?

ㄴ. 암모나이트는 중생대의 표준 화석이므로 4억 년 이전에 쌓인 D에서 산출될 수 없다.

19 엘니뇨와 라니냐

정답률 64% | 정답 ②

| 문제 보기 |

그림은 태평양 적도 부근 해역에서 깊이에 따른 수온을 측정하여 수온이 20℃인 곳의 깊이를 나타낸 것이다. (가)와 (나)는 각각 엘니뇨 시기와 라니냐 시기 중 하나이다.

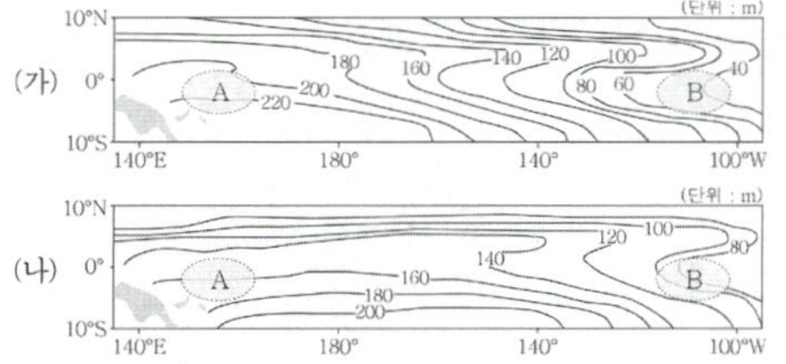

이에 대한 옳은 설명만을 <보기>에서 있는 대로 고른 것은? [3점]

< 보 기 >
ㄱ. B 해역에서 수온이 20℃ 이상인 해수층의 평균 두께는 (가)가 (나)보다 두껍다.
ㄴ. A 해역의 강수량은 (가)가 (나)보다 많다.
ㄷ. 남적도 해류는 (가)가 (나)보다 약하다.

① ㄱ ② ㄴ ③ ㄱ, ㄷ
④ ㄴ, ㄷ ⑤ ㄱ, ㄴ, ㄷ

• 왜 정답일까?

ㄴ. (가)는 라니냐 시기, (나)는 엘니뇨 시기이다. A 해역에서 강수량은 (가)가 (나)보다 많다.

• 왜 오답일까?

ㄷ. 남적도 해류는 무역풍이 강한 시기에 강하다.

20 외계 행성 탐사 방법

정답률 43% | 정답 ⑤

| 문제 보기 |

그림 (가)는 어느 외계 행성의 식 현상에 의한 중심별의 밝기 변화를, (나)는 이 외계 행성의 공전 궤도면과 시선 방향이 이루는 각이 달라졌을 때 예상되는 식 현상에 의한 중심별의 밝기 변화를 나타낸 것이다.

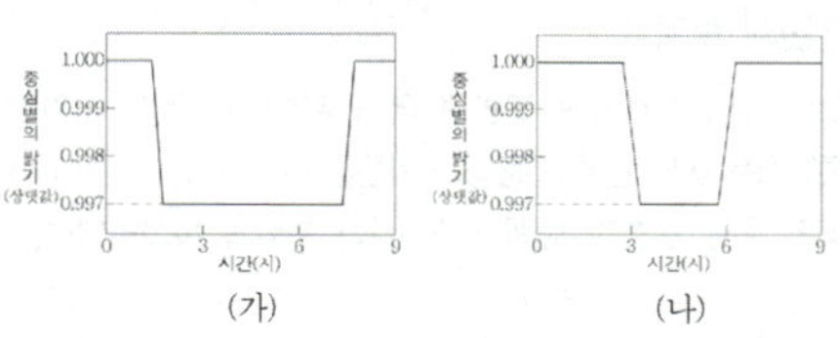

이에 대한 옳은 설명만을 <보기>에서 있는 대로 고른 것은? [3점]

< 보 기 >
ㄱ. 외계 행성의 공전 궤도면이 시선 방향과 이루는 각은 (가)보다 (나)일 때 크다.
ㄴ. $\frac{\text{중심별의 단면적}}{\text{행성의 단면적}}$은 100보다 크다.
ㄷ. 식 현상이 반복되는 주기는 (가)와 (나)에서 같다.

① ㄱ ② ㄴ ③ ㄱ, ㄷ
④ ㄴ, ㄷ ⑤ ㄱ, ㄴ, ㄷ

• 왜 정답일까?

ㄱ. 외계 행성에 의한 식 현상이 지속되는 시간은 행성의 공전 궤도면과 시선 방향이 이루는 각이 나란할 때가 기울어져 있을 때보다 길다.

ㄴ. 식 현상에 의해 중심별의 밝기가 감소하는 비율은 $\frac{\text{행성의 단면적}}{\text{중심별의 단면적}}$에 해당한다. (가)와 (나)에서 행성에 의해 중심별의 밝기가 가장 작아졌을 때 0.997이므로 $\frac{\text{중심별의 단면적}}{\text{행성의 단면적}} \fallingdotseq \frac{1000}{3}$이다.

ㄷ. 식 현상이 반복되는 주기는 행성의 공전 주기와 같으므로 (가)와 (나)에서 같다.

42회

● 고3 지구과학 I ●

2018학년도 10월

01 ⑤	02 ⑤	03 ④	04 ②	05 ③
06 ②	07 ④	08 ⑤	09 ⑤	10 ④
11 ④	12 ⑤	13 ②	14 ⑤	15 ①
16 ④	17 ③	18 ⑤	19 ①	20 ①

채점 결과
• 실제 걸린 시간 : 분 초
• 맞은 문항수 : 개
• 틀린 문항수 : 개
• 헷갈린 문항 :

01 케플러 186의 생명 가능 지대

정답률 89% | 정답 ⑤

| 문제 보기 |

그림은 최근 발견된 외계 행성 케플러 186f가 중심별 케플러 186 주위를 공전하는 궤도와 태양계 행성들의 공전 궤도를 나타낸 것이다.

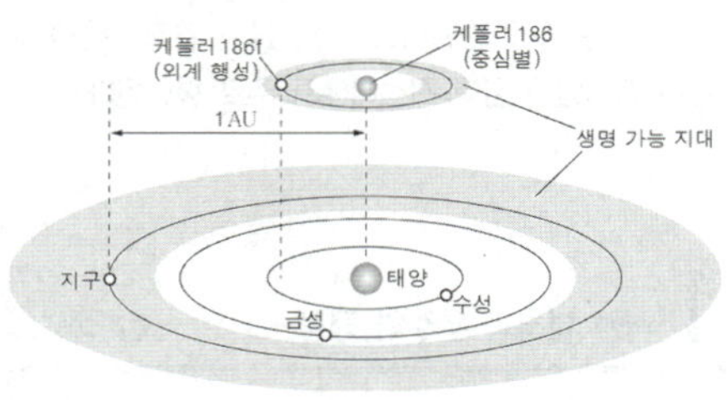

이에 대한 옳은 설명만을 <보기>에서 있는 대로 고른 것은?

< 보 기 >
ㄱ. 행성 케플러 186f에는 물이 액체 상태로 존재할 수 있다.
ㄴ. 중심별 케플러 186은 태양보다 질량이 작다.
ㄷ. 생명 가능 지대의 폭은 케플러 186 주변이 태양 주변보다 좁다.

① ㄱ ② ㄷ ③ ㄱ, ㄴ
④ ㄴ, ㄷ ⑤ ㄱ, ㄴ, ㄷ

• 왜 정답일까?

ㄱ. 생명 가능 지대는 중심별 주위에서 물이 액체 상태로 존재할 수 있는 영역이다.

ㄴ, ㄷ. 주어진 그림에서 중심별 케플러 186의 질량과 생명 가능 지대 폭이 태양에 비해 작음을 알 수 있다.

02 특이 은하의 특징

정답률 68% | 정답 ⑤

| 문제 보기 |

그림은 특이 은하 (가)와 (나)의 스펙트럼을 나타낸 것이다. (가)와 (나)는 각각 퀘이사와 세이퍼트 은하 중 하나이다.

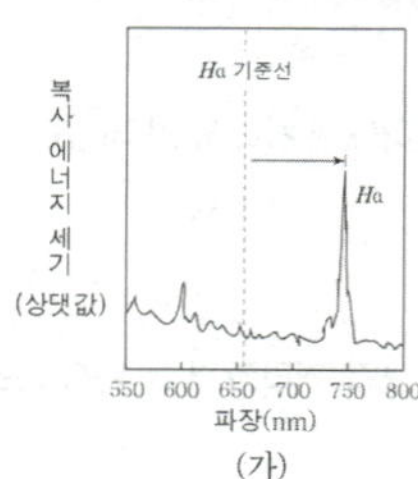

(가)

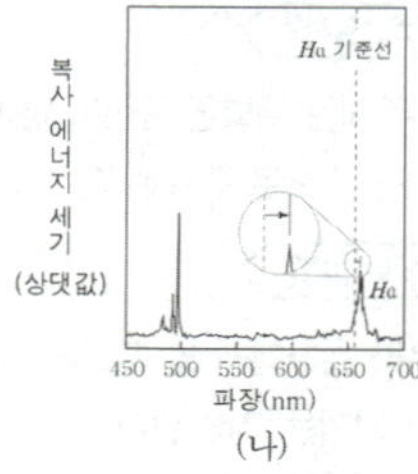

(나)

이에 대한 옳은 설명만을 <보기>에서 있는 대로 고른 것은? [3점]

< 보 기 >
ㄱ. 은하의 후퇴 속도는 (가)가 (나)보다 크다.
ㄴ. (가)는 퀘이사이다.
ㄷ. (나)와 같은 종류의 특이 은하는 대부분 나선 은하의 형태로 관측된다.

① ㄱ ② ㄷ ③ ㄱ, ㄴ
④ ㄴ, ㄷ ⑤ ㄱ, ㄴ, ㄷ

• 왜 정답일까?

ㄱ. 스펙트럼에 나타난 적색 편이가 (나)보다 (가)에서 크므로 후퇴 속도는 (가)가 (나)보다 크다.

[문제편 p.164]

ㄴ. 퀘이사는 매우 먼 거리에 있어 적색 편이가 매우 크다.
ㄷ. 세이퍼트 은하는 대부분 나선 은하이다.

03 판의 경계에서 나타나는 지진

정답률 64% | 정답 ④

| 문제 보기 |

그림 (가)는 어느 지역의 진원 분포를, (나)는 판의 경계와 이동 방향을 나타낸 것이다.

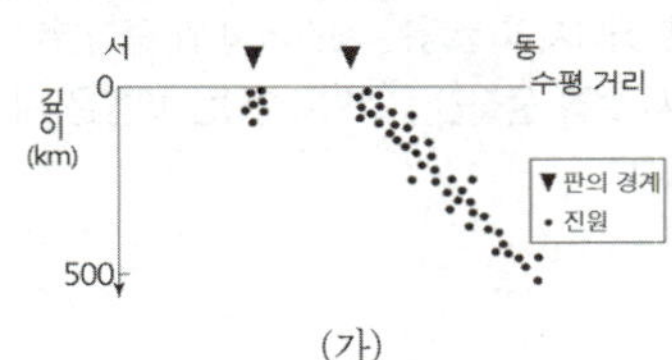

(가)

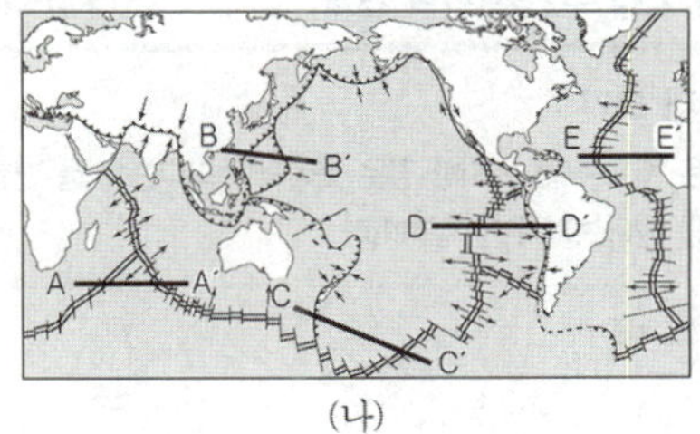

(나)

그림 (가)에 해당하는 지역을 (나)에서 옳게 고른 것은? (단, (가)에서 수평 거리는 실제 비례와 맞지 않는다.)

① A－A′ ② B－B′ ③ C－C′
④ D－D′ ⑤ E－E′

• 왜 정답일까?

천발 지진은 판의 경계에서 모두 발생하며, 섭입대가 나타나는 수렴형 경계에서는 경계에서 멀어질수록 진원의 깊이가 섭입대를 따라 깊어진다. 따라서 (가)의 분포는 서쪽이 발산형 경계(해령)이고 동쪽이 수렴형 경계(해구)인 D－D′에서 나타날 수 있다.

04 별의 에너지 생성 과정

정답률 76% | 정답 ②

| 문제 보기 |

그림 (가)는 질량이 다른 주계열성 ㉠, ㉡의 내부 구조를, (나)는 중심핵의 온도에 따른 p－p 연쇄 반응과 CNO 순환 반응에 의한 에너지 생성량을 순서 없이 A, B로 나타낸 것이다.

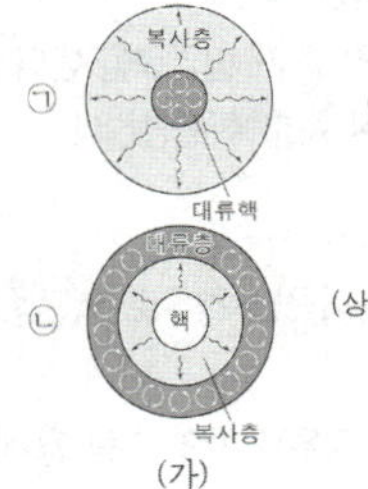

(가)

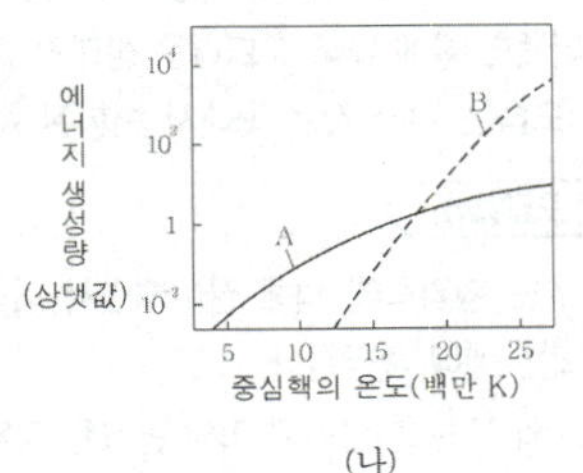

(나)

이에 대한 옳은 설명만을 〈보기〉에서 있는 대로 고른 것은? (단, ㉠과 ㉡의 크기는 고려하지 않는다.) [3점]

〈보 기〉
ㄱ. 별의 질량은 ㉠이 ㉡보다 작다.
ㄴ. A는 p－p 연쇄 반응에 의한 에너지 생성량이다.
ㄷ. CNO 순환 반응에 의한 에너지 생성량은 ㉡이 ㉠보다 많다.

① ㄱ ② ㄴ ③ ㄱ, ㄷ
④ ㄴ, ㄷ ⑤ ㄱ, ㄴ, ㄷ

• 왜 정답일까?

ㄴ. 중심핵의 온도가 높은 별에서는 CNO 순환 반응이 p－p 연쇄 반응보다 우세하므로 A는 p－p 연쇄 반응에 의한 에너지 생성량이다.

• 왜 오답일까?

ㄷ. CNO 순환 반응에 의한 에너지 생성량은 질량이 큰 ㉠이 질량이 작은 ㉡보다 많다.

05 지층의 상대 연대와 절대 연대

정답률 82% | 정답 ③

| 문제 보기 |

그림 (가)는 어느 지역의 지질 단면을, (나)는 시간에 따른 방사성 원소 X의 붕괴 곡선을 나타낸 것이다. (가)의 화강암에 포함되어 있는 X와 X 자원소의 비율은 1 : 3이다.

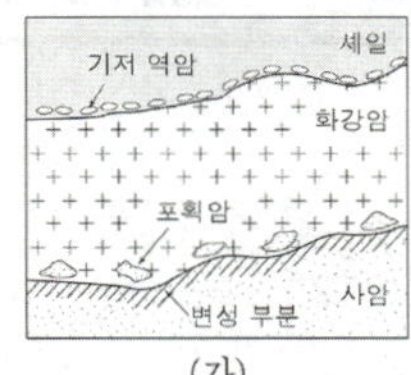

(가)

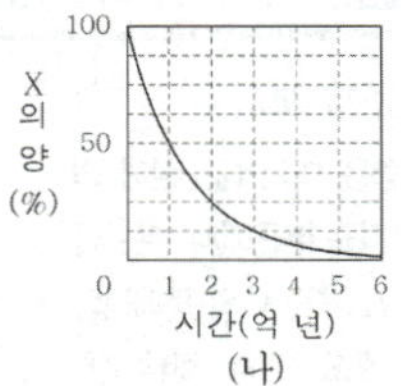

(나)

이에 대한 옳은 설명만을 〈보기〉에서 있는 대로 고른 것은? [3점]

〈보 기〉
ㄱ. 사암은 화강암보다 먼저 형성되었다.
ㄴ. 셰일에서는 삼엽충 화석이 발견될 수 있다.
ㄷ. 변성 부분에서는 규암이 나타난다.

① ㄱ ② ㄴ ③ ㄱ, ㄷ
④ ㄴ, ㄷ ⑤ ㄱ, ㄴ, ㄷ

• 왜 정답일까?

ㄱ, ㄷ. 먼저 형성된 사암에 마그마가 관입하여 접촉 변성암(규암)을 형성한다.

• 왜 오답일까?

ㄴ. 셰일의 연령은 2억 년 미만이므로, 고생대의 표준 화석인 삼엽충이 발견될 수 없다.

06 지질주상도 해석

정답률 61% | 정답 ②

| 문제 보기 |

그림은 인접한 세 지역 A, B, C의 지질 주상도이다. 이 지역에는 동일한 시기에 분출된 화산재가 쌓여 만들어진 암석이 있다.

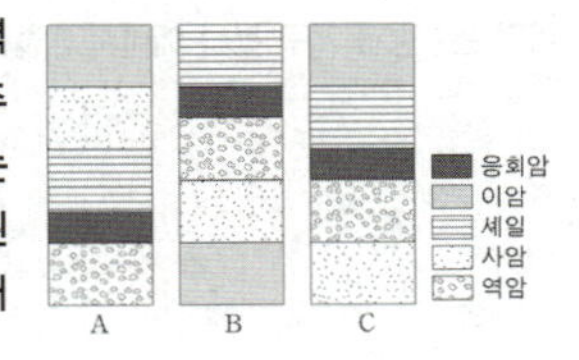

이 지역에 대한 설명으로 옳은 것만을 〈보기〉에서 있는 대로 고른 것은?

〈보 기〉
ㄱ. A와 C의 사암층은 같은 시기에 퇴적되었다.
ㄴ. 가장 오래된 암석층은 B에 있다.
ㄷ. 이 지역에는 화학적 퇴적암이 존재한다.

① ㄱ ② ㄴ ③ ㄱ, ㄷ ④ ㄴ, ㄷ ⑤ ㄱ, ㄴ, ㄷ

• 왜 정답일까?

ㄴ. 세 지역에서 기준이 되는 응회암층 아래로 A에서는 역암층이, B에서는 역암층과 사암층, 이암층이, C에서는 역암층과 사암층이 나타난다. 이 중에서 B의 이암층이 가장 오래된 암석층이므로 B에서 가장 오래된 암석층이 나타난다.

• 왜 오답일까?

ㄱ. A의 사암층은 응회암층 위에, C의 사암층은 응회암층 아래에 나타난다. 응회암층은 두 지역에서 같은 시기에 퇴적된 것이므로 A의 사암층이 C의 사암층보다 나중에 퇴적된 것이다.
ㄷ. 화학적 퇴적암은 생물의 유해가 교결되거나 물속에서 퇴적물이 침전되어 생성되는 퇴적암이다. 그림에 제시된 세 지역은 구성입자의 크기에 따라 분류된 이암, 셰일, 사암, 역암 및 응회암 등 쇄설성 퇴적암으로 되어 있다.

07 태풍의 특징

정답률 84% | 정답 ④

| 문제 보기 |

그림은 2015년 7월 우리나라 주변을 통과한 태풍 찬홈의 이동 경로와 중심 기압의 변화를 나타낸 것이다. 이에 대한 옳은 설명만을 〈보기〉에서 있는 대로 고른 것은? [3점]

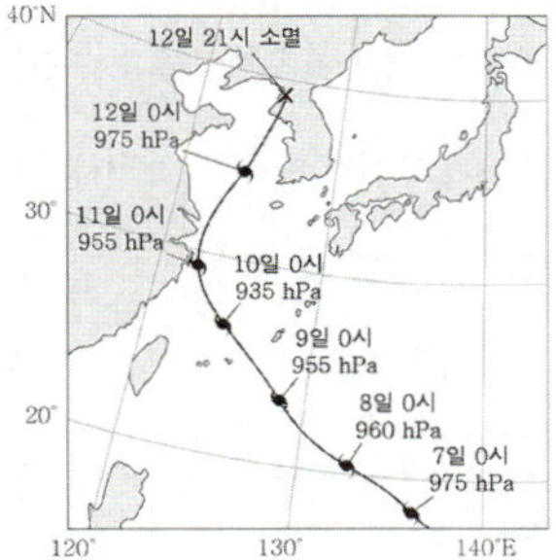

〈보 기〉
ㄱ. 8일에 태풍의 이동 방향은 무역풍의 영향을 받았을 것이다.
ㄴ. 12일 0시 이후 태풍의 중심 기압은 낮아졌을 것이다.
ㄷ. 태풍이 황해를 지나는 동안 서울 지역의 풍향은 시계 방향으로 바뀌었을 것이다.

① ㄴ ② ㄷ ③ ㄱ, ㄴ
④ ㄱ, ㄷ ⑤ ㄱ, ㄴ, ㄷ

• 왜 정답일까?

ㄴ. 주어진 그림에서 12일 0시 이후 태풍은 세력이 약해져서 중심 기압은 높아진다.

• 왜 오답일까?

ㄷ. 태풍이 황해를 지나는 동안 서울 지역의 풍향은 북동풍 → 동풍 → 남동풍으로 풍향이 바뀐다.

08 판의 종류와 경계

정답률 80% | 정답 ⑤

| 문제 보기 |

그림은 북아메리카 대륙 주변의 판 경계와 섭입하는 판의 깊이를 나타낸 것이다.

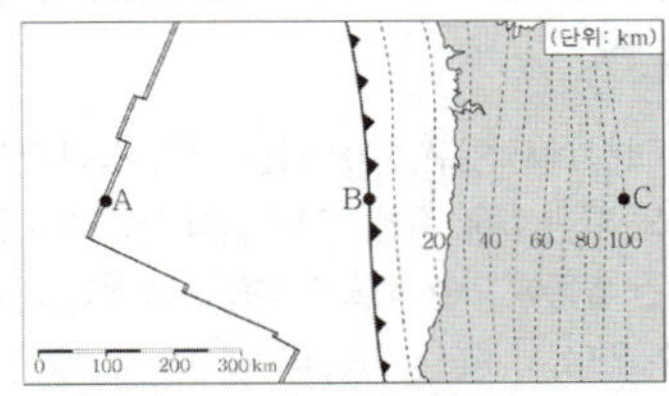

이에 대한 설명으로 옳은 것은? [3점]

① 화산 활동은 A보다 B에서 활발하다.
② B는 맨틀 대류의 상승부에 위치한다.
③ 섭입하는 판의 평균 기울기는 45°보다 크다.
④ A에서 B로 갈수록 해양 지각의 연령은 감소한다.
⑤ B에서 C로 갈수록 진원의 깊이는 대체로 깊어진다.

• 왜 정답일까?

해구에서는 대륙 쪽으로 갈수록 진원의 깊이가 깊어진다.

• 왜 오답일까?

① A는 해령으로 화산 활동이 활발하다. B는 판의 수렴형 경계인 해구이므로 화산 활동은 일어나지 않는다.
③ B에서 C까지 수평 거리는 약 350 km이고, 판이 섭입한 깊이는 약 100 km이다. 따라서 섭입하는 판의 평균 기울기는 45°보다 작다.

09 대폭발 우주론

정답률 77% | 정답 ⑤

| 문제 보기 |

그림은 대폭발 우주론에서 우주 구성 요소인 복사 에너지, 물질, 암흑 에너지의 시간에 따른 밀도 변화를 나타낸 것이다.

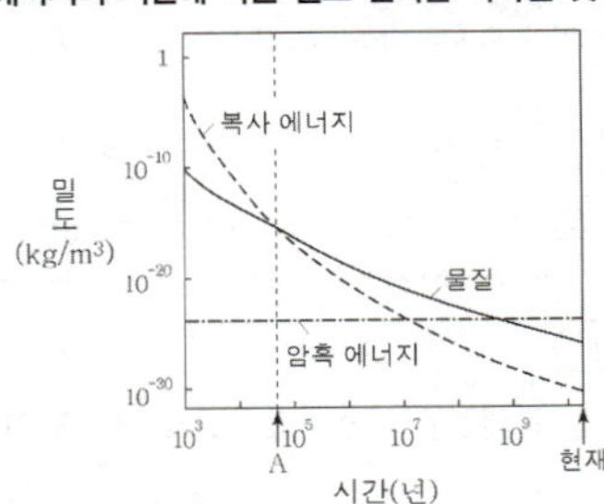

이에 대한 옳은 설명만을 〈보기〉에서 있는 대로 고른 것은?

< 보 기 >

ㄱ. A 시기 이전에는 복사 에너지의 밀도가 물질의 밀도보다 크다.
ㄴ. 우주 구성 요소 중 암흑 에너지가 차지하는 비율은 계속 증가하였다.
ㄷ. 현재 우주는 가속 팽창하고 있다.

① ㄱ ② ㄴ ③ ㄱ, ㄷ
④ ㄴ, ㄷ ⑤ ㄱ, ㄴ, ㄷ

• 왜 정답일까?

ㄴ. 시간에 따라 복사 에너지와 물질의 밀도는 감소 하였고, 암흑 에너지의 밀도는 일정하였으므로 암흑 에너지가 차지하는 비율은 증가했다.

10 사막화의 진행 과정

정답률 80% | 정답 ④

| 문제 보기 |

그림은 몽골 지역의 사막화 과정을 나타낸 것이다.

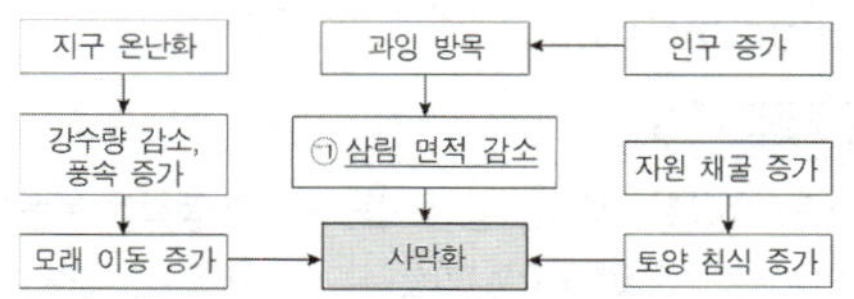

이에 대한 옳은 설명만을 <보기>에서 있는 대로 고른 것은?

< 보 기 >

ㄱ. ㉠으로 인해 지표면의 반사율은 감소한다.
ㄴ. 몽골 지역의 사막화는 인간 활동에 의해 가속화되고 있다.
ㄷ. 몽골 지역의 사막화가 계속되면 우리나라의 황사 발생 가능성은 커진다.

① ㄱ ② ㄴ ③ ㄱ, ㄷ
④ ㄴ, ㄷ ⑤ ㄱ, ㄴ, ㄷ

• 왜 정답일까?

ㄴ. '사막화 과정'에서 인구 증가, 과잉 방목, 삼림 면적 감소에 따른 사막화와 자원 채굴 증가, 토양 침식 증가에 따른 사막화 과정에서 인간 활동에 의한 몽골 지역의 사막화가 가속화 되고 있음을 알 수 있다.

ㄷ. 우리나라에 영향을 미치는 황사의 주요 발원지는 중국과 몽골의 사막 지대와 황하 중류의 황토 지대이다. 따라서 몽골 지역의 사막화가 계속되면 우리나라의 황사 발생 가능성은 커진다.

• 왜 오답일까?

ㄱ. 삼림 면적이 감소하여 사막화가 진행될수록 지표면의 반사율은 증가한다.

11 정체 전선과 날씨

정답률 69% | 정답 ④

| 문제 보기 |

그림 (가)와 (나)는 2018년 7월에 약 일주일 간격으로 작성한 일기도를 나타낸 것이다.

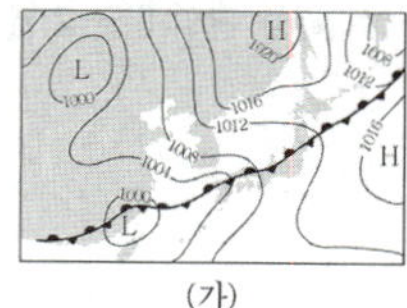
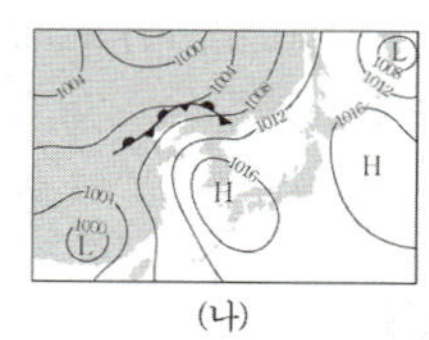

(가) (나)

이에 대한 옳은 설명만을 <보기>에서 있는 대로 고른 것은? [3점]

< 보 기 >

ㄱ. (가)일 때 우리나라의 날씨는 오호츠크해 기단의 영향을 받는다.
ㄴ. (나)일 때 우리나라 남부 지방에서는 상승 기류가 발달한다.
ㄷ. 서울의 하루 중 최고 기온은 (가)보다 (나)일 때 높다.

① ㄱ ② ㄷ   ③ ㄱ, ㄴ 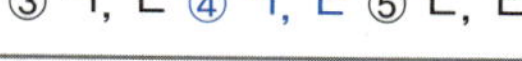 ④ ㄱ, ㄷ ⑤ ㄴ, ㄷ

• 왜 정답일까?

ㄱ. 장마 전선은 북태평양 기단과 오호츠크 해 기단이 만나 형성된다.

ㄷ. 서울의 하루 중 최고 기온은 북태평양 고기압의 영향을 받는 (나)일 때 더 높다.

• 왜 오답일까?

ㄴ. (나)일 때 우리나라의 남부 지방은 고기압의 영향으로 하강 기류가 발달한다.

12 대기 대순환과 표층 순환

정답률 78% | 정답 ⑤

| 문제 보기 |

그림은 대기 대순환에 의해 지표 부근에서 부는 바람 A, B, C와 북태평양의 주요 표층 해류 ㉠, ㉡, ㉢을 나타낸 것이다.

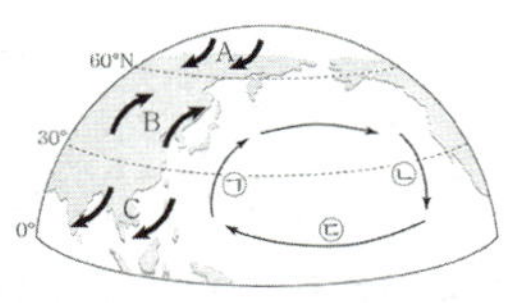

이에 대한 옳은 설명만을 <보기>에서 있는 대로 고른 것은? [3점]

< 보 기 >

ㄱ. 페렐 순환에 의해 형성된 바람은 B이다.
ㄴ. ㉠은 난류, ㉡은 한류이다.
ㄷ. ㉢은 C에 의해 형성된 해류이다.

① ㄱ ② ㄷ ③ ㄱ, ㄴ
④ ㄴ, ㄷ ⑤ ㄱ, ㄴ, ㄷ

• 왜 정답일까?

ㄱ. B는 대기 대순환 중 페렐 순환에 의해 형성된 편서풍이다.
ㄴ. ㉠은 쿠로시오 난류, ㉡은 캘리포니아 한류이다.
ㄷ. ㉢은 무역풍(C)에 의해 동쪽에서 서쪽으로 흐르는 해류이다.

13 지구의 에너지 수송

정답률 63% | 정답 ②

| 문제 보기 |

그림 (가)와 (나)는 각각 대기와 해양에 의한 에너지 수송이 일어나는 경우와 일어나지 않는 경우에 위도에 따른 태양 복사 에너지 흡수량과 지구 복사 에너지 방출량을 나타낸 것이다.

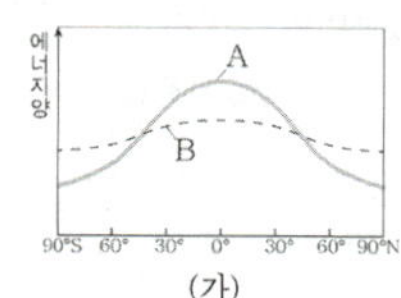

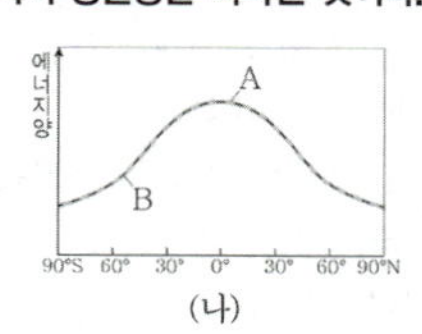

(가) (나)

이에 대한 옳은 설명만을 <보기>에서 있는 대로 고른 것은? [3점]

< 보 기 >

ㄱ. A는 지구 복사 에너지 방출량이다.
ㄴ. (가)에서 적도 지방은 에너지 과잉 상태이다.
ㄷ. 적도와 극지방에서의 연평균 기온 차는 (가)가 (나)보다 크다.

① ㄱ ② ㄴ ③ ㄱ, ㄷ
④ ㄴ, ㄷ ⑤ ㄱ, ㄴ, ㄷ

• 왜 정답일까?

ㄴ. (가)에서 적도 지방은 에너지 과잉, 극지방은 에너지 부족 상태이다.

• 왜 오답일까?

ㄷ. 적도와 극지방의 연평균 기온 차는 에너지 수송이 일어나는 (가)가 (나)보다 작다.

14 우주의 구성

정답률 46% | 정답 ⑤

| 문제 보기 |

그림은 어느 가속 팽창 우주 모형에서 시간에 따른 우주 구성 요소 A, B, C의 밀도를 나타낸 것이다. A, B, C는 각각 보통 물질, 암흑 물질, 암흑 에너지 중 하나이다. 이에 대한 설명으로 옳은 것만을 <보기>에서 있는 대로 고른 것은?

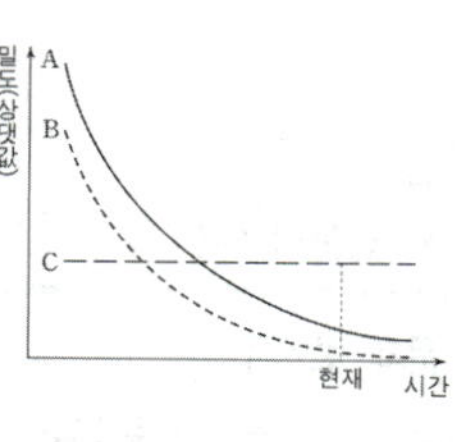

< 보 기 >

ㄱ. A는 암흑 물질이다.
ㄴ. 우주에 존재하는 암흑 에너지의 총량은 시간에 따라 증가한다.
ㄷ. 보통 물질이 차지하는 비율은 시간에 따라 감소한다.

① ㄱ ② ㄴ ③ ㄱ, ㄷ
④ ㄴ, ㄷ ⑤ ㄱ, ㄴ, ㄷ

• 왜 정답일까?

ㄱ. A는 현재 두 번째로 많으므로 암흑 물질이다.
ㄴ. 우주가 팽창하고 있는데 암흑 에너지인 C의 밀도는 일정하므로 암흑 에너지의 총량은 시간에 따라 증가한다.
ㄷ. 그림에서 보통 물질인 B가 차지하는 비율은 시간에 따라 감소하고 있다.

15 지질 구조와 판의 경계

정답률 81% | 정답 ①

| 문제 보기 |

다음은 지표 부근과 지하 깊은 곳에서 일어나는 지층 변형의 차이를 알아보기 위한 실험이다.

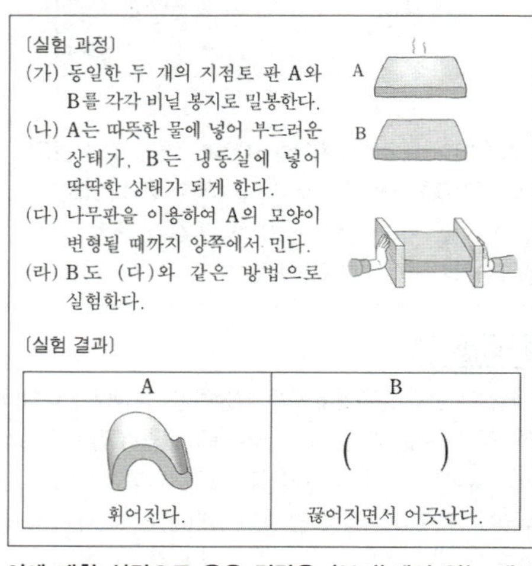

[실험 과정]

(가) 동일한 두 개의 지점토 판 A와 B를 각각 비닐 봉지로 밀봉한다.
(나) A는 따뜻한 물에 넣어 부드러운 상태가, B는 냉동실에 넣어 딱딱한 상태가 되게 한다.
(다) 나무판을 이용하여 A의 모양이 변형될 때까지 양쪽에서 민다.
(라) B도 (다)와 같은 방법으로 실험한다.

[실험 결과]

A	B
휘어진다.	(　　) 끊어지면서 어긋난다.

이에 대한 설명으로 옳은 것만을 <보기>에서 있는 대로 고른 것은?

< 보 기 >

ㄱ. A는 지하 깊은 곳에서 변형되는 지층에 해당한다.
ㄴ. B는 정단층의 모양과 유사하게 변형된다.
ㄷ. A와 B는 주로 발산 경계에서 나타나는 변형에 해당한다.

① ㄱ ② ㄴ ③ ㄱ, ㄷ
④ ㄴ, ㄷ ⑤ ㄱ, ㄴ, ㄷ

• 왜 정답일까?

암석에 힘이 가해질 때 암석의 물성, 변형이 일어나는 온도, 압력(깊이) 등에 따라 변형의 종류가 결정된다.

ㄱ. 따뜻한 물에 넣어 부드러운 상태인 A가 횡압력을 받아 휘어진 모습은 지하 깊은 곳에서 변형된 지층에 해당한다.

• 왜 오답일까?

ㄴ. B는 횡압력에 의해 끊어지면서 어긋난 경우로 역단층이 생성되는 예에 해당한다.
ㄷ. A와 B는 횡압력에 의해 변형된 경우로 판의 수렴 경계에서 주로 나타나는 변형에 해당한다.

16 지구 자전축의 경사각 변화

정답률 52% | 정답 ④

| 문제 보기 |

그림은 지구 자전축의 경사각이 22.5°에서 θ로 변할 때, 지구에 도달하는 위도별 태양 복사 에너지의 월별 변화량을 나타낸 것이다.

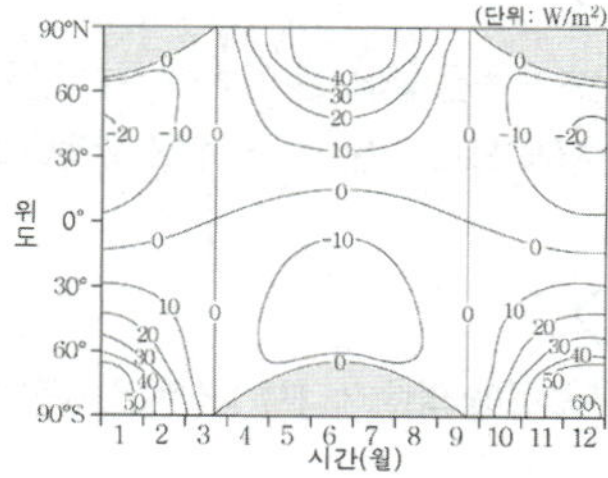

[문제편 p.166]

지구 자전축의 경사각이 22.5°에서 θ로 변할 때 증가하는 값만을 <보기>에서 있는 대로 고른 것은? (단, 지구 자전축 경사각 이외의 요인은 변하지 않는다고 가정한다.) [3점]

< 보 기 >
ㄱ. 지구 공전 궤도면과 자전축이 이루는 각
ㄴ. 위도 40°N에서 여름철에 입사하는 태양 복사 에너지양
ㄷ. 남반구 중위도에서 기온의 연교차

① ㄱ ② ㄷ ③ ㄱ, ㄴ ④ ㄴ, ㄷ ⑤ ㄱ, ㄴ, ㄷ

• 왜 정답일까?

ㄷ. 지구 자전축의 경사각 θ 는 22.5°보다 크다. 지구 자전축의 경사각이 증가하였으므로 남반구 중위도에서 기온의 연교차는 증가한다.

• 왜 오답일까?

ㄱ. 공전 궤도면과 자전축이 이루는 각은 (90°－지구 자전축의 경사각)과 같으므로 공전 궤도면과 자전축이 이루는 각은 감소하였다.

17 고지자기

정답률 58% | 정답 ③

| 문제 보기 |

그림은 남대서양 중앙 해령과 동태평양 해령의 주변 해양 지각에서 측정한 4000만 년 동안의 고지자기 줄무늬를 나타낸 것이다.

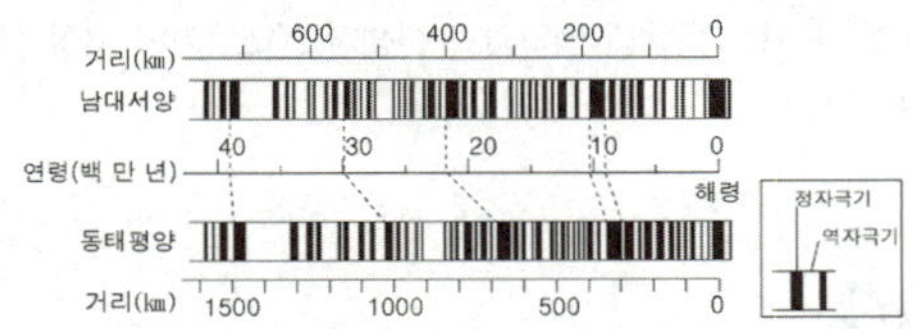

이에 대한 옳은 설명만을 <보기>에서 있는 대로 고른 것은?

< 보 기 >
ㄱ. 이 기간에는 정자극기와 역자극기가 반복되어 나타났다.
ㄴ. 1000만 년 전 지구 자기장의 방향은 현재와 반대였다.
ㄷ. 해저의 확장 속도는 남대서양보다 동태평양에서 빨랐다.

① ㄱ ② ㄴ ③ ㄱ, ㄷ ④ ㄴ, ㄷ ⑤ ㄱ, ㄴ, ㄷ

• 왜 정답일까?

ㄱ. 고지자기 줄무늬는 정자극기와 역자극기가 반복되었음을 나타낸다.
ㄷ. 동일한 연령의 암석이 해령으로부터 더 먼 거리에서 나타나는 동태평양이 남대서양보다 해양저의 확장 속도가 빨랐다.

• 왜 오답일까?

ㄴ. 1000만 년 전에 형성된 암석의 지구 자기의 줄무늬는 현재와 같은 정자극기이다.

18 해수의 심층 순환

정답률 81% | 정답 ⑤

| 문제 보기 |

그림은 전 지구적인 해수의 순환을 나타낸 것이다.

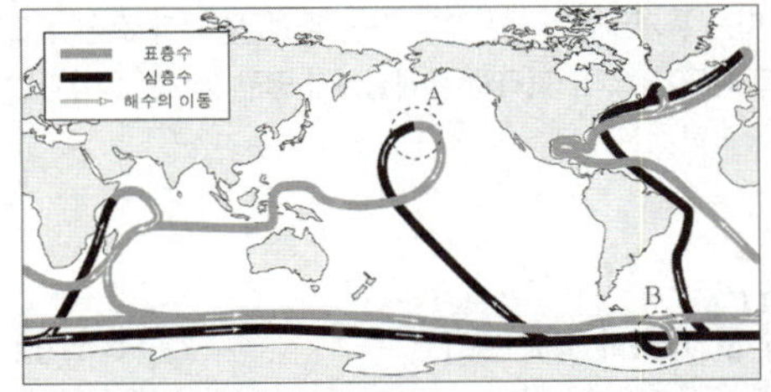

이에 대한 옳은 설명만을 <보기>에서 있는 대로 고른 것은?

< 보 기 >
ㄱ. A 해역에서는 심층 해수의 용승이 일어난다.
ㄴ. B 해역에서 침강하는 해수는 주변의 해수보다 밀도가 크다.
ㄷ. 해수의 순환은 위도에 따른 에너지 불균형을 줄이는 역할을 한다.

① ㄱ ② ㄴ ③ ㄱ, ㄷ
④ ㄴ, ㄷ ⑤ ㄱ, ㄴ, ㄷ

• 왜 정답일까?

ㄴ. B 해역에서는 주변 해수보다 밀도가 큰 해수가 침강하여 심층수를 형성한다.

19 엘니뇨와 라니냐

정답률 79% | 정답 ①

| 문제 보기 |

그림은 동태평양 적도 부근 해역의 수온 편차를 나타낸 것이다.

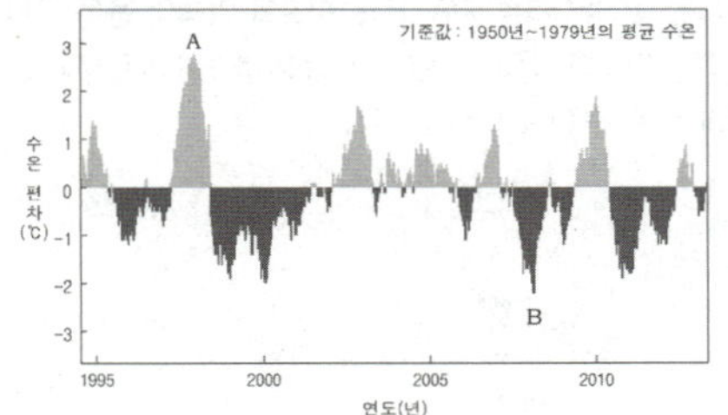

이에 대한 옳은 설명만을 <보기>에서 있는 대로 고른 것은?[3점]

< 보 기 >
ㄱ. A 시기에는 엘니뇨가 발생하였다.
ㄴ. 무역풍의 풍속은 A 시기보다 B 시기에 작았다.
ㄷ. B 시기에는 동태평양 페루 해역의 강수량이 평년보다 많았다.

① ㄱ ② ㄷ ③ ㄱ, ㄴ
④ ㄴ, ㄷ ⑤ ㄱ, ㄴ, ㄷ

• 왜 정답일까?

ㄱ. A 시기에는 동태평양에서 수온이 상승하였으므로 엘니뇨가 발생하였다.

• 왜 오답일까?

ㄴ. 무역풍의 풍속은 엘니뇨가 발생한 A 시기가 라니냐가 발생한 B 시기보다 작았다.
ㄷ. 라니냐 시기에는 동태평양 페루 해역의 수온이 낮아져 평년보다 강수량이 적어진다.

20 외계 행성 탐사 방법

정답률 41% | 정답 ①

| 문제 보기 |

그림 (가)와 (나)는 외계 행성을 탐사하는 서로 다른 방법을 나타낸 것이다.

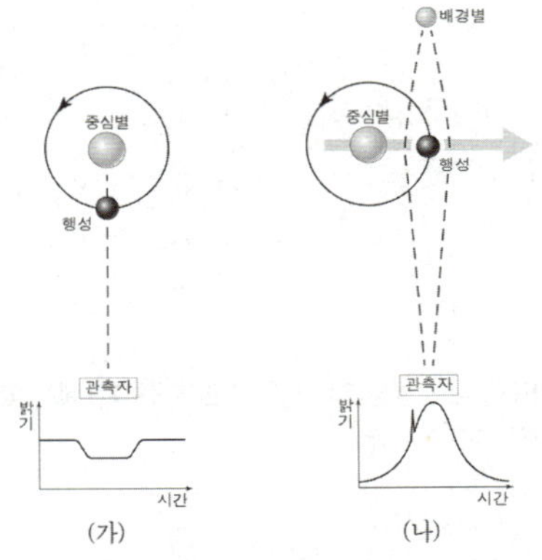

이에 대한 옳은 설명만을 <보기>에서 있는 대로 고른 것은?

< 보 기 >
ㄱ. (가)는 행성의 반지름이 클수록 행성을 발견하기 쉽다.
ㄴ. (나)의 그래프는 행성의 중심별의 밝기 변화를 나타낸 것이다.
ㄷ. (가)와 (나)는 행성의 공전 궤도면이 시선 방향에 나란한 경우에만 이용할 수 있다.

① ㄱ ② ㄴ ③ ㄱ, ㄷ
④ ㄴ, ㄷ ⑤ ㄱ, ㄴ, ㄷ

• 왜 정답일까?

ㄱ. (가)는 별 주위를 공전하는 행성이 중심별 앞면을 지날 때 별의 일부가 가려지는 식 현상에 의한 별의 밝기 변화를 관측하여 행성의 존재를 확인하는 외계 행성 탐사 방법이다. 이때 행성의 반지름이 클수록 별의 밝기 변화가 크므로 행성의 존재를 확인하기 쉽다.

• 왜 오답일까?

ㄴ. (나)에서는 배경별의 밝기 변화를 관측한다.
ㄷ. 행성의 공전 궤도면과 시선 방향이 나란하지 않을 경우에도 미세 중력 렌즈 현상이 나타날 수 있다.

43회

• 고3 지구과학 I •

2024학년도 수능

01 ④	02 ⑤	03 ⑤	04 ①	05 ③
06 ④	07 ③	08 ②	09 ①	10 ⑤
11 ③	12 ③	13 ②	14 ①	15 ④
16 ⑤	17 ③	18 ②	19 ⑤	20 ⑤

채점 결과
• 실제 걸린 시간 : 분 초
• 맞은 문항수 : 개
• 틀린 문항수 : 개
• 헷갈린 문항 :

01 생명 가능 지대

정답률 89% | 정답 ④

| 문제 보기 |

다음은 생명 가능 지대에 대하여 학생 A, B, C가 나눈 대화를 나타낸 것이다.

제시한 내용이 옳은 학생만을 있는 대로 고른 것은?

① A ② B ③ C
④ A, B ⑤ A, C

• 왜 정답일까?

A. 생명 가능 지대는 별의 주위에서 물이 액체 상태로 존재할 수 있는 거리의 범위를 의미한다. 따라서 생명 가능 지대에 위치한 행성에서는 물이 액체 상태로 존재할 가능성이 있다.
B. 생명 가능 지대는 중심별의 광도의 영향을 받으며, 중심별의 광도가 클수록 생명 가능 지대까지의 거리는 중심별로부터 멀어진다. 별의 광도가 클수록 별이 단위 시간당 방출하는 에너지가 많아 별 주변에서 물이 액체 상태로 존재할 수 있는 거리 범위, 즉 생명 가능 지대가 중심별로부터 멀어진다.

02 퇴적 구조

정답률 88% | 정답 ⑤

| 문제 보기 |

그림 (가), (나), (다)는 사층리, 연흔, 점이층리를 순서 없이 나타낸 것이다.

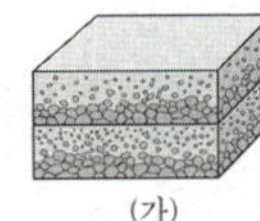
(가)

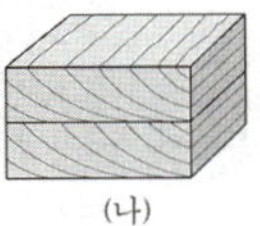
(나)

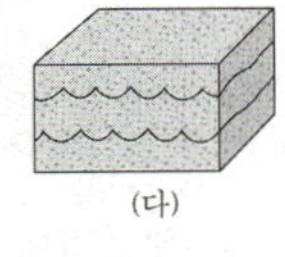
(다)

이에 대한 설명으로 옳은 것만을 <보기>에서 있는 대로 고른 것은?

<보 기>
ㄱ. (가)는 점이층리이다.
ㄴ. (나)는 지층의 역전 여부를 판단할 수 있는 퇴적 구조이다.
ㄷ. (다)는 역암층보다 사암층에서 주로 나타난다.

① ㄱ ② ㄷ ③ ㄱ, ㄴ
④ ㄴ, ㄷ ⑤ ㄱ, ㄴ, ㄷ

• 왜 정답일까?

ㄱ. (가)는 한 지층 내에서 위로 갈수록 입자의 크기가 점점 작아지는 모습을 보이므로 점이층리에 해당한다.
ㄴ. (나)는 층리가 나란하지 않고 비스듬히 기울어져 나타나므로 사층리이다. 사층리는 퇴적 구조의 하나로, 사층리의 모양으로부터 지층의 역전 여부를 판단할 수 있다.
ㄷ. (다)는 물결 모양의 흔적이 나타나므로 연흔이다. 연흔은 수심이 얕은 물밑에서 퇴적물이 퇴적될 때 물결의 영향을 받아 형성되므로 퇴적 입자가 작은 이암층, 셰일층, 사암층 등에서 잘 형성되며, 퇴적 입자의 크기가 큰 역암층에서는 형성되기 어렵다.

[문제편 p.168]

03 대서양의 심층 순환

정답률 83% | 정답 ⑤

| 문제 보기 |

그림 (가)는 대서양 심층 순환의 일부를 나타낸 것이고, (나)는 수온-염분도에 수괴 A, B, C의 물리량을 ㉠, ㉡, ㉢으로 순서 없이 나타낸 것이다. A, B, C는 각각 남극 저층수, 남극 중층수, 북대서양 심층수 중 하나이다.

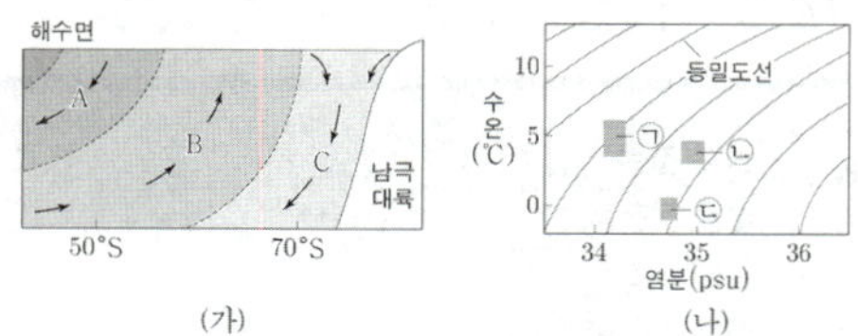

이에 대한 설명으로 옳은 것만을 <보기>에서 있는 대로 고른 것은? [3점]

<보 기>
ㄱ. A의 물리량은 ㉠이다.
ㄴ. B는 A와 C가 혼합하여 형성된다.
ㄷ. C는 심층 해수에 산소를 공급한다.

① ㄱ ② ㄴ ③ ㄷ ④ ㄱ, ㄴ ⑤ ㄱ, ㄷ

• 왜 정답일까?

A, B, C 중 수괴의 밀도는 대양의 가장 아래쪽에 위치하는 C가 가장 크고, 가장 위쪽에 위치하는 A가 가장 작다. A는 남극 중층수, B는 북대서양 심층수, C는 남극 저층수이다.
ㄱ. (가)의 대양에서 각 수괴가 차지하는 깊이로 보아 수괴의 밀도는 C > B > A이다. (나)의 수온-염분도에서 그림의 오른쪽 아래로 갈수록, 즉 수온이 낮고, 염분이 높을수록 해수의 밀도가 증가하므로, 수괴의 밀도는 ㉢>㉡>㉠이다. 따라서 A의 물리량은 ㉠, B의 물리량은 ㉡, C의 물리량은 ㉢이다.
ㄷ. 표층에는 식물성 플랑크톤 등의 광합성 및 대기로부터의 공급에 의해 산소가 풍부하다. 이 때문에 해수의 침강은 용존 산소가 풍부한 해수를 심해로 운반하여 심해에 산소를 공급하는 역할을 한다. 따라서, 남극 대륙 주변에서 침강하는 남극 저층수(C)는 심층 해수에 산소를 공급한다.

04 해수의 염분

정답률 88% | 정답 ①

| 문제 보기 |

다음은 담수의 유입과 해수의 결빙이 해수의 염분에 미치는 영향을 알아보기 위한 실험이다.

[실험 과정]
(가) 수온이 15℃, 염분이 35 psu인 소금물 600 g을 만든다.
(나) (가)의 소금물을 비커 A와 B에 각각 300 g씩 나눠 담는다.
(다) A의 소금물에 수온이 15℃인 증류수 50 g을 섞는다.
(라) B의 소금물을 표층이 얼 때까지 천천히 냉각시킨다.
(마) A와 B에 있는 소금물의 염분을 측정하여 기록한다.

(그림: 증류수, 소금물, A / 얼음, 소금물, B)

[실험 결과]

비커	A	B
염분(psu)	(㉠)	(㉡)

[결과 해석]
○ 담수의 유입이 있는 해역에서는 해수의 염분이 감소한다.
○ 해수의 결빙이 있는 해역에서는 해수의 염분이 (㉢).

이에 대한 설명으로 옳은 것만을 <보기>에서 있는 대로 고른 것은?

<보 기>
ㄱ. (다)는 담수의 유입에 의한 해수의 염분 변화를 알아보기 위한 과정에 해당한다.
ㄴ. ㉠은 ㉡보다 크다.
ㄷ. '감소한다'는 ㉢에 해당한다.

① ㄱ ② ㄴ ③ ㄷ ④ ㄱ, ㄴ ⑤ ㄱ, ㄷ

• 왜 정답일까?

ㄱ. 과정 (다)는 A의 소금물에 수온이 동일하고 염분이 0인 증류수를 섞는 과정이다. 즉, 담수의 유입에 의한 염분 변화를 알아보기 위한 과정에 해당한다.

05 마그마의 생성

정답률 76% | 정답 ③

| 문제 보기 |

그림 (가)는 판 경계 주변에서 마그마가 생성되는 모습을, (나)는 깊이에 따른 지하 온도 분포와 암석의 용융 곡선을 나타낸 것이다. ㉠과 ㉡은 안산암질 마그마와 현무암질 마그마를 순서 없이 나타낸 것이다.

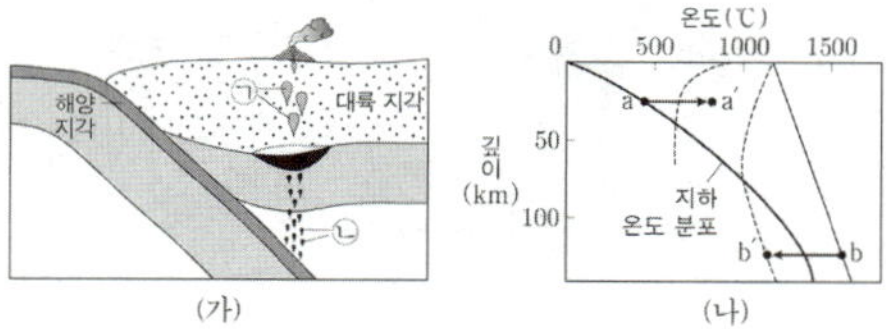

이에 대한 설명으로 옳은 것만을 <보기>에서 있는 대로 고른 것은? [3점]

<보 기>
ㄱ. ㉠이 분출하여 굳으면 섬록암이 된다.
ㄴ. ㉡은 a→a' 과정에 의해 생성된다.
ㄷ. SiO_2 함량(%)은 ㉠이 ㉡보다 높다.

① ㄱ ② ㄴ ③ ㄷ ④ ㄱ, ㄴ ⑤ ㄴ, ㄷ

• 왜 정답일까?

㉠은 안산암질 마그마, ㉡은 현무암질 마그마이다.
ㄷ. SiO_2 함량은 안산암질 마그마인 ㉠이 현무암질 마그마인 ㉡보다 높다.

06 온대 저기압과 날씨 변화

정답률 70% | 정답 ④

| 문제 보기 |

그림 (가)는 어느 날 t_1 시각의 지상 일기도에 온대 저기압 중심의 이동 경로를 나타낸 것이고, (나)는 이날 관측소 A와 B에서 t_1부터 15시간 동안 측정한 기압, 기온, 풍향을 순서 없이 나타낸 것이다. A와 B의 위치는 각각 ㉠과 ㉡ 중 하나이다.

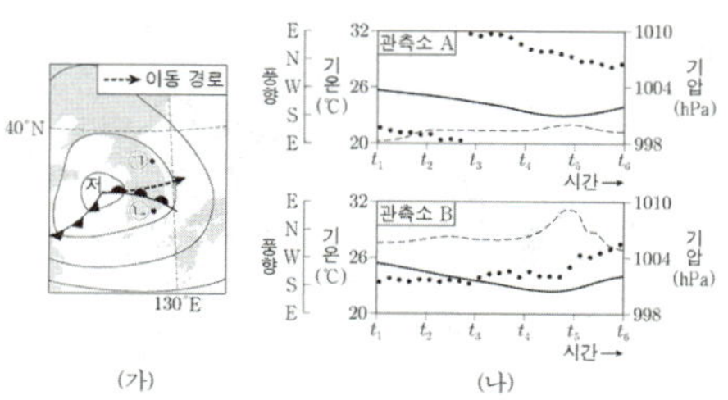

이 자료에 대한 설명으로 옳은 것만을 <보기>에서 있는 대로 고른 것은? [3점]

<보 기>
ㄱ. A의 위치는 ㉠이다.
ㄴ. t_2에 기온은 A가 B보다 낮다.
ㄷ. t_3에 ㉡의 상공에는 전선면이 있다.

① ㄱ ② ㄴ ③ ㄷ ④ ㄱ, ㄴ ⑤ ㄱ, ㄷ

• 왜 정답일까?

(나)에서 실선은 기압, 점(•)은 풍향, 점선은 기온이다.
ㄱ. 온대 저기압이 이동하는 과정에서 A에서 풍향이 시계 반대 방향으로 변하는 것으로 보아 A는 온대 저기압이 이동하는 과정에서 온대 저기압 중심 이동 경로의 북쪽에 위치한다. 따라서 A의 위치는 ㉠이다.
ㄴ. (나)에서 점선은 온도이다. 따라서 t_2일 때 기온은 A가 약 22℃이고 B가 약 28℃이며, t_2에 기온은 A가 B보다 낮다.

• 왜 오답일까?

ㄷ. t_1일 때 ㉡은 온난 전선과 한랭 전선 사이에 위치하며, t_4 이후에 한랭 전선이 ㉡을 통과한다. t_3일 때 ㉡은 온난 전선과 한랭 전선 사이에 위치하므로 t_3에 ㉡의 상공에는 전선면이 없다.

07 대멸종

정답률 63% | 정답 ③

| 문제 보기 |

그림은 현생 누대 동안 해양 생물 과의 수와 대멸종 시기 A, B, C를 나타낸 것이다.

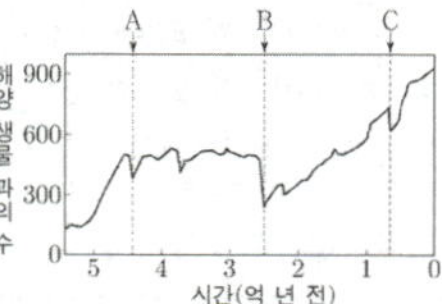

이에 대한 설명으로 옳은 것만을 <보기>에서 있는 대로 고른 것은?

<보 기>
ㄱ. 해양 생물 과의 수는 A가 B보다 많다.
ㄴ. B와 C 사이에 생성된 지층에서 양치식물 화석이 발견된다.
ㄷ. C는 쥐라기와 백악기의 지질 시대 경계이다.

① ㄱ ② ㄷ ③ ㄱ, ㄴ ④ ㄴ, ㄷ ⑤ ㄱ, ㄴ, ㄷ

• 왜 정답일까?

A 시기는 고생대 오르도비스기 말, B 시기는 고생대 페름기 말, C 시기는 중생대 백악기 말이다.
ㄱ. 그림을 보면 해양 생물 과의 수는 A 시기가 B 시기보다 많다.
ㄴ. B 시기는 고생대 페름기 말, C 시기는 중생대 백악기 말이다. B와 C 시기 사이는 중생대에 해당하며 양치식물은 고생대에 출현하여 현재까지 생존하고 있다. 따라서 B와 C 시기 사이에 생성된 지층에서 양치식물 화석이 발견된다.

• 왜 오답일까?

ㄷ. C 시기는 중생대 백악기와 신생대 팔레오기의 지질 시대 경계이다.

08 허블의 은하 분류

정답률 75% | 정답 ②

| 문제 보기 |

표는 허블의 은하 분류 기준과 이에 따라 분류한 은하의 종류를 나타낸 것이다. (가), (나), (다)는 각각 막대 나선 은하, 불규칙 은하, 타원 은하 중 하나이다.

분류 기준	(가)	(나)	(다)
(㉠)	○	○	×
나선팔이 있는가?	○	×	×
편평도에 따라 세분할 수 있는가?	×	○	×

(○: 있다, ×: 없다)

이에 대한 설명으로 옳은 것만을 <보기>에서 있는 대로 고른 것은?

<보 기>
ㄱ. '중심부에 막대 구조가 있는가?'는 ㉠에 해당한다.
ㄴ. 주계열성의 평균 광도는 (가)가 (나)보다 크다.
ㄷ. 은하의 질량에 대한 성간 물질의 질량비는 (나)가 (다)보다 크다.

① ㄱ ② ㄴ ③ ㄷ ④ ㄱ, ㄴ ⑤ ㄴ, ㄷ

• 왜 정답일까?

(가)는 막대 나선 은하, (나)는 타원 은하, (다)는 불규칙 은하이다.
ㄴ. (가)는 막대 나선 은하로, 중심부는 붉은색을 띠고 나선팔은 푸른색을 띤다. (나)는 타원 은하로, 붉은색을 띤다. 푸른색을 띠는 주계열성은 붉은색을 띠는 주계열성보다 표면 온도가 높고 광도가 크다. 따라서 주계열성의 평균 광도는 (가)가 (나)보다 크다.

09 태풍과 날씨 변화

정답률 68% | 정답 ①

| 문제 보기 |

그림 (가)는 어느 날 어느 태풍의 이동 경로에 6시간 간격으로 태풍 중심의 위치와 중심 기압을, (나)는 이날 09시의 가시 영상을 나타낸 것이다.

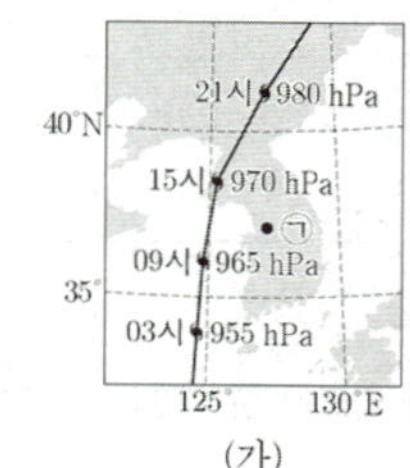

(가)

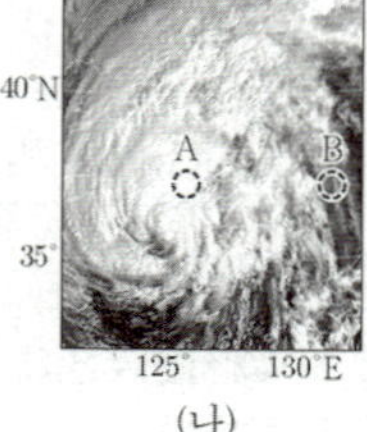

(나)

[문제편 p.169]

이 자료에 대한 설명으로 옳은 것만을 <보기>에서 있는 대로 고른 것은?

<보 기>
ㄱ. 태풍의 영향을 받는 동안 지점 ㉠은 위험 반원에 위치한다.
ㄴ. 태풍의 세력은 03시가 21시보다 약하다.
ㄷ. (나)에서 구름이 반사하는 태양 복사 에너지의 세기는 영역 A가 영역 B보다 약하다.

① ㄱ ② ㄴ ③ ㄷ ④ ㄱ, ㄴ ⑤ ㄱ, ㄷ

• 왜 정답일까?

ㄱ. 지점 ㉠은 태풍 이동 경로의 오른쪽에 위치하므로 태풍의 영향을 받는 동안 지점 ㉠은 위험 반원에 위치한다.

10 해수의 표층 순환

정답률 55% | 정답 ⑤

| 문제 보기 |

그림은 태평양 표층 해수의 동서 방향 연평균 유속을 위도에 따라 나타낸 것이다. (+)와 (−)는 각각 동쪽으로 향하는 방향과 서쪽으로 향하는 방향 중 하나이다.

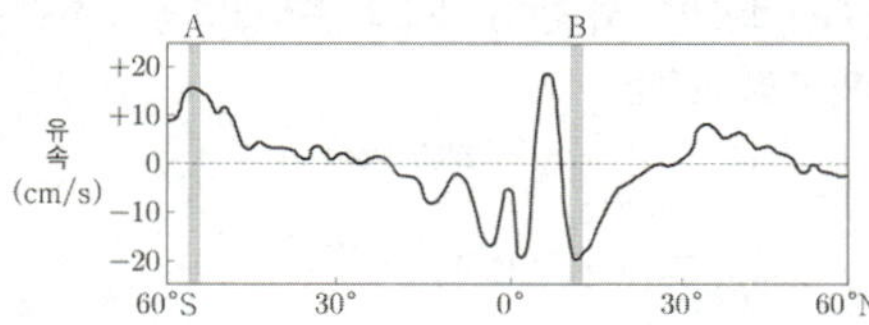

이 자료에 대한 설명으로 옳은 것만을 <보기>에서 있는 대로 고른 것은? [3점]

<보 기>
ㄱ. (+)는 동쪽으로 향하는 방향이다.
ㄴ. A의 해역에서 나타나는 주요 표층 해류는 극동풍에 의해 형성된다.
ㄷ. 북적도 해류는 B의 해역에서 나타난다.

① ㄱ ② ㄴ ③ ㄷ ④ ㄱ, ㄴ ⑤ ㄱ, ㄷ

• 왜 정답일까?

ㄱ. A의 해역에서 나타나는 주요 표층 해류인 남극 순환 해류는 동쪽으로 흐르고 B의 해역에서 나타나는 주요 표층 해류인 북적도 해류는 서쪽으로 흐른다. 따라서 (+)는 동쪽으로 향하는 방향이고 (−)는 서쪽으로 향하는 방향이다.
ㄷ. 북적도 해류는 B의 해역에서 나타난다.

• 왜 오답일까?

ㄴ. A의 해역에서 나타나는 주요 표층 해류는 남극 순환 해류이며, 남극 순환 해류는 편서풍에 의해 형성된다.

11 상대 연령과 절대 연령

정답률 76% | 정답 ③

| 문제 보기 |

그림은 어느 지역의 지질 단면을 나타낸 것이다. 현재 화성암에 포함된 방사성 원소 X의 함량은 처음 양의 $\frac{1}{32}$이고, 지층 A에서는 방추층 화석이 산출된다.

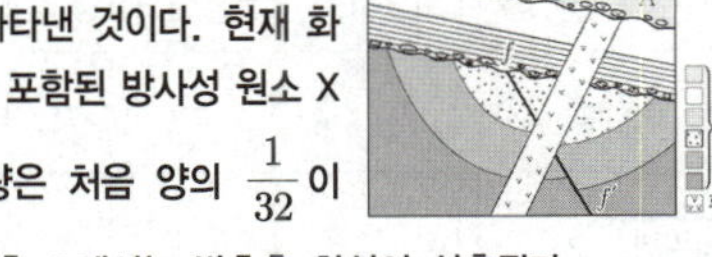

이 자료에 대한 설명으로 옳은 것만을 <보기>에서 있는 대로 고른 것은?

<보 기>
ㄱ. 경사 부정합이 나타난다.
ㄴ. 단층 $f-f'$은 화성암보다 먼저 형성되었다.
ㄷ. X의 반감기는 0.4억 년보다 짧다.

① ㄱ ② ㄷ ③ ㄱ, ㄴ ④ ㄴ, ㄷ ⑤ ㄱ, ㄴ, ㄷ

• 왜 정답일까?

ㄱ. 경사 부정합은 부정합면을 경계로 상하 지층의 경사가 서로 다른 부정합이다. 화성암이 관입되기 이전에 형성된 부정합은 경사 부정합이다.
ㄴ. 이 지역에서는 퇴적암 생성→단층 $f-f'$→경사 부정합→퇴적암 생성→화성암 관입→부정합→지층 A 생성 순으로 지질학적 사건이 있었다. 따라서 단층 $f-f'$은 화성암보다 먼저 형성되었다.

12 허블 법칙

정답률 63% | 정답 ③

| 문제 보기 |

다음은 외부 은하 A, B, C에 대한 설명이다.

○ A와 B 사이의 거리는 30 Mpc이다.
○ A에서 관측할 때 B와 C의 시선 방향은 90°를 이룬다.
○ A에서 측정한 B와 C의 후퇴 속도는 각각 2100 km/s와 2800 km/s이다.

이 자료에 대한 설명으로 옳은 것만을 <보기>에서 있는 대로 고른 것은? (단, 빛의 속도는 3×10^5 km/s이고, 세 은하는 허블 법칙을 만족한다.) [3점]

<보 기>
ㄱ. 허블 상수는 70 km/s/Mpc이다.
ㄴ. B에서 측정한 C의 후퇴 속도는 3500 km/s이다.
ㄷ. B에서 측정한 A의 $\left(\frac{관측\ 파장-기준\ 파장}{기준\ 파장}\right)$은 0.07이다.

① ㄱ ② ㄷ ③ ㄱ, ㄴ ④ ㄴ, ㄷ ⑤ ㄱ, ㄴ, ㄷ

• 왜 정답일까?

ㄱ. A와 B 사이의 거리가 30 Mpc이고 A에서 측정한 B의 후퇴 속도가 2100 km/s이다. 따라서 허블 상수 $H=\frac{v}{r}$ $=\frac{2100\,km/s}{30\,Mpc}=70\,km/s/Mpc$ 이다.
ㄴ. A와 B 사이의 거리는 30 Mpc이고, A에서 관측할 때 B와 C의 시선 방향은 90°를 이루며, A에서 측정한 B와 C의 후퇴 속도는 각각 2100 km/s와 2800 km/s이다. 따라서 A와 C의 거리는 40 Mpc, B와 C의 거리는 50 Mpc이며 B에서 측정한 C의 후퇴 속도는 3500 km/s(=70 km/s/Mpc×50 Mpc)이다.

13 해양 지각과 고지자기

정답률 65% | 정답 ②

| 문제 보기 |

그림은 남반구 중위도에 위치한 어느 해양 지각의 연령과 고지자기 줄무늬를 나타낸 것이다. ㉠과 ㉡은 각각 정자극기와 역자극기 중 하나이다.

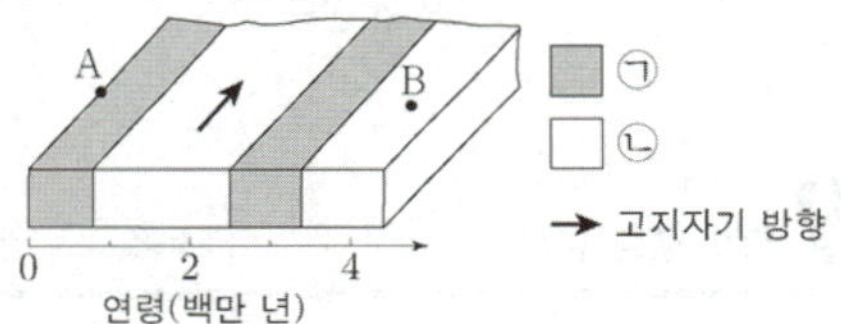

지역 A와 B에 대한 설명으로 옳은 것만을 <보기>에서 있는 대로 고른 것은? (단, 해저 퇴적물이 쌓이는 속도는 일정하다.) [3점]

<보 기>
ㄱ. 해저 퇴적물의 두께는 A가 B보다 두껍다.
ㄴ. A의 하부에는 맨틀 대류의 상승류가 존재한다.
ㄷ. B는 A의 동쪽에 위치한다.

① ㄱ ② ㄴ ③ ㄷ ④ ㄱ, ㄷ ⑤ ㄴ, ㄷ

• 왜 정답일까?

A 부근에 해령의 열곡이 분포하고, ㉠은 정자극기이며 ㉡은 역자극기이다.
ㄴ. A 부근에 해령의 열곡이 분포한다. 따라서 A의 하부에는 맨틀 대류의 상승류가 존재한다.

14 우주의 팽창과 우주 구성 요소

정답률 63% | 정답 ①

| 문제 보기 |

그림은 빅뱅 우주론에 따라 우주가 팽창하는 동안 우주 구성 요소 A와 B의 상대적 비율(%)을 시간에 따라 나타낸 것이다. A와 B는 각각 암흑 에너지와 물질(보통 물질+암흑 물질) 중 하나이다.

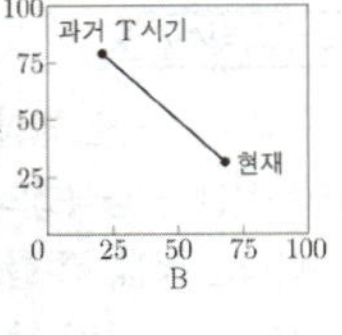

이에 대한 설명으로 옳은 것만을 <보기>에서 있는 대로 고른 것은?

<보 기>
ㄱ. A는 물질에 해당한다.
ㄴ. 우주 배경 복사의 온도는 과거 T 시기가 현재보다 낮다.
ㄷ. 우주가 팽창하는 동안 B의 총량은 일정하다.

① ㄱ ② ㄴ ③ ㄷ
④ ㄱ, ㄴ ⑤ ㄱ, ㄷ

• 왜 정답일까?

A는 물질, B는 암흑 에너지에 해당한다.
ㄱ. 우주가 팽창하는 과정에서 상대적 비율이 감소하는 A는 물질에 해당한다.

15 기후 변화의 지구 외적 요인

정답률 55% | 정답 ④

| 문제 보기 |

그림 (가)는 지구 자전축 경사각과 지구 공전 궤도 이심률의 변화를, (나)는 위도별로 지구에 도달하는 태양 복사 에너지양의 편차(추정값−현잿값)를 나타낸 것이다. (나)는 ㉠, ㉡, ㉢ 중 한 시기의 자료이다.

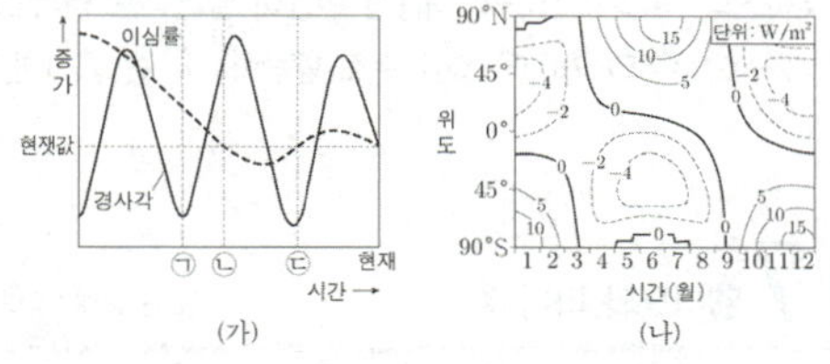

이 자료에 대한 설명으로 옳은 것만을 <보기>에서 있는 대로 고른 것은? (단, 자전축 경사각과 지구의 공전 궤도 이심률 이외의 요인은 변하지 않는다고 가정한다.) [3점]

<보 기>
ㄱ. 근일점과 원일점에서 지구에 도달하는 태양 복사 에너지양의 차는 ㉠이 ㉡보다 크다.
ㄴ. (나)는 ㉡의 자료에 해당한다.
ㄷ. 35°S에서 여름철 낮의 길이는 ㉢이 현재보다 길다.

① ㄱ ② ㄴ ③ ㄷ
④ ㄱ, ㄴ ⑤ ㄱ, ㄷ

• 왜 정답일까?

ㄱ. 지구 공전 궤도 이심률이 커지면 태양과 근일점의 거리는 가까워지고 태양과 원일점의 거리는 멀어진다. 지구 공전 궤도 이심률은 ㉠ 시기가 ㉡ 시기보다 크다. 따라서 근일점과 원일점에서 지구에 도달하는 태양 복사 에너지양의 차는 ㉠ 시기가 ㉡ 시기보다 크다.
ㄴ. ㉡ 시기에 지구 자전축 경사각은 현재보다 크고 지구 공전 궤도 이심률은 현재와 같다. (나)를 보면 북반구와 남반구 모두에서, 여름철에 지구에 도달하는 태양 복사 에너지양의 편차는 (+)이고 겨울철에 지구에 도달하는 태양 복사 에너지양의 편차는 (−)이다. 따라서 (나)는 ㉡의 자료에 해당한다.

• 왜 오답일까?

ㄷ. ㉢ 시기에 지구 자전축 경사각은 현재보다 작고 지구 공전 궤도 이심률은 현재와 같다. 따라서 35°S에서 여름철 낮의 길이는 ㉢ 시기가 현재보다 짧다.

16 H-R도와 별의 종류

정답률 32% | 정답 ⑤

| 문제 보기 |

표는 중심핵에서 핵융합 반응이 일어나고 있는 별 (가), (나), (다)의 반지름, 질량, 광도 계급을 나타낸 것이다.

별	반지름 (태양=1)	질량 (태양=1)	광도 계급
(가)	50	1	( )
(나)	4	8	V
(다)	0.9	0.8	V

이에 대한 설명으로 옳은 것만을 <보기>에서 있는 대로 고른 것은? [3점]

[문제편 p.170]

<보 기>

ㄱ. 중심핵의 온도는 (가)가 (나)보다 높다.
ㄴ. (다)의 핵융합 반응이 일어나는 영역에서, 별의 중심으로부터 거리에 따른 수소 함량비(%)는 일정하다.
ㄷ. 단위 시간 동안 방출하는 에너지양에 대한 별의 질량은 (나)가 (다)보다 작다.

① ㄱ ② ㄴ ③ ㄷ ④ ㄱ, ㄴ ⑤ ㄱ, ㄷ

• 왜 정답일까?

ㄱ. (가)는 질량이 태양과 같지만 반지름이 태양의 50배이므로 적색 거성에 해당한다. 적색 거성의 중심핵에서 일어나는 핵융합 반응은 헬륨 핵융합 반응으로 주계열성인 (나)의 중심핵에서 일어나는 수소 핵융합 반응에 비해 연소 온도가 높다. 따라서 중심핵의 온도는 (가)가 (나)보다 높다.

ㄷ. 단위 시간 동안 방출하는 에너지양은 별의 광도에 해당한다. 주계열성의 경우 별의 질량이 클수록 광도가 증가하지만, 별의 질량은 광도에 비해 변화량이 작으므로, 단위 시간동안 방출하는 에너지양에 대한 별의 질량, 즉, $\frac{질량}{광도}$은 질량이 큰 (나)가 질량이 작은 (다)보다 작다.

• 왜 오답일까?

ㄴ. 주계열성에서 수소 핵융합 반응에 의한 에너지 생성률은 온도가 높을수록 높고, 별의 중심으로부터 표면쪽으로 갈수록 온도가 낮아진다. 따라서 (다)의 핵융합 반응이 일어나는 영역에서, 별의 중심으로부터 거리에 따른 수소 함량비(%)는 증가한다.

17 엘니뇨와 라니냐

정답률 61% | 정답 ③

| 문제 보기 |

그림 (가)는 기상 위성으로 관측한 서태평양 적도 부근의 수증기량 편차를, (나)는 A와 B 중 한 시기에 관측한 태평양 적도 부근 해역의 해수면 높이 편차를 나타낸 것이다. A와 B는 각각 엘니뇨와 라니냐 시기 중 하나이고, 편차는 (관측값−평년값)이다.

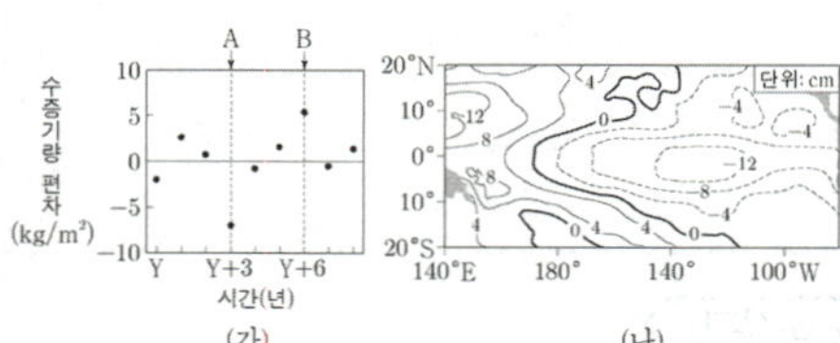

이에 대한 설명으로 옳은 것만을 <보기>에서 있는 대로 고른 것은?

<보 기>

ㄱ. (나)는 B에 해당한다.
ㄴ. 동태평양 적도 부근 해역에서 수온 약층이 나타나기 시작하는 깊이는 A가 B보다 깊다.
ㄷ. 적도 부근 해역에서 (동태평양 해면 기압 편차 − 서태평양 해면 기압 편차) 값은 A가 B보다 크다.

① ㄱ ② ㄷ ③ ㄱ, ㄴ ④ ㄴ, ㄷ ⑤ ㄱ, ㄴ, ㄷ

• 왜 정답일까?

ㄱ. (나)에서 동태평양 적도 부근 해역의 해수면 높이 편차가 (−)로 나타나므로 이 시기는 라니냐 시기, 즉 B에 해당한다.

ㄴ. 해수면 높이 편차와 수온 약층이 시작되는 깊이는 대체로 반대로 나타난다. 수온 약층이 나타나기 시작하는 깊이는 엘니뇨 시기가 라니냐 시기보다 깊으므로, A가 B보다 깊다.

18 별의 물리량

정답률 44% | 정답 ②

| 문제 보기 |

표는 별 (가), (나), (다)의 물리량을 나타낸 것이다. 태양의 절대 등급은 +4.8 등급이다.

별	단위 시간당 단위 면적에서 방출하는 복사 에너지 (태양=1)	겉보기 등급	지구로부터의 거리(pc)
(가)	16	( )	( )
(나)	$\frac{1}{16}$	+4.8	1000
(다)	( )	−2.2	5

이에 대한 설명으로 옳은 것만을 <보기>에서 있는 대로 고른 것은?

<보 기>

ㄱ. 복사 에너지를 최대로 방출하는 파장은 (가)가 (나)의 $\frac{1}{2}$배이다.
ㄴ. 반지름은 (나)가 태양의 400배이다.
ㄷ. $\frac{(다)의 광도}{태양의 광도}$는 100보다 작다.

① ㄱ ② ㄴ ③ ㄷ ④ ㄱ, ㄴ ⑤ ㄴ, ㄷ

• 왜 정답일까?

ㄴ. 별의 절대 등급은 별의 거리가 10pc에 있을 때의 겉보기 등급이며, 별의 광도는 거리의 제곱에 반비례한다. (나)의 겉보기 등급은 태양의 절대 등급과 같은 +4.8등급이고, 거리가 1000pc이므로, 10pc의 거리로 옮기면 광도가 10^4배 밝아진다. 즉, 절대 등급은 태양보다 10등급 작고, 광도는 태양의 10000배이다. (나)가 태양 광도의 10000배이고, 표면 온도(T)의 네제곱, 즉 E는 태양의 $\frac{1}{16}$배이므로 (나)의 반지름은 태양의 400배($=\sqrt{10000\times16}$)이다.

• 왜 오답일까?

ㄱ. 복사 에너지를 최대로 방출하는 파장(λ_{max})은 표면 온도(T)에 반비례한다. (가)와 (나)의 E가 $16:\frac{1}{16}$이므로 T는 $2:\frac{1}{2}$이고, λ_{max}는 $\frac{1}{2}:2$이다. 따라서 복사 에너지를 최대로 방출하는 파장(λ_{max})은 (가)가 (나)의 $\frac{1}{4}$배이다.

ㄷ. 태양의 절대 등급이 +4.8등급이므로 태양의 광도보다 광도가 100배 큰 별은 −0.2 등급이다. (다)의 겉보기 등급이 −2.2등급이고, 지구로부터의 거리가 10pc의 $\frac{1}{2}$인 5pc이므로 (나)의 절대 등급은 −2.2등급의 $\frac{1}{4}$배 밝은, 즉 4배 어두운 별의 등급으로 나타난다. 별의 등급이 1등급 차일 때 밝기는 약 2.5배 차이가 나므로 (다)의 겉보기 등급인 −2.2등급보다 4배 어두운 별의 절대 등급은 −0.2등급보다 작게, 즉 광도가 더 크게 나타난다. 따라서 $\frac{(다)의 광도}{태양의 광도}$는 100보다 크다.

19 외계 행성 탐사

정답률 33% | 정답 ⑤

| 문제 보기 |

그림은 어느 외계 행성과 중심별이 공통 질량 중심을 중심으로 공전하는 원 궤도를, 표는 행성이 A, B, C에 위치할 때 중심별의 어느 흡수선 관측 결과를 나타낸 것이다. 행성의 공전 궤도면은 관측자의 시선 방향과 나란하다.

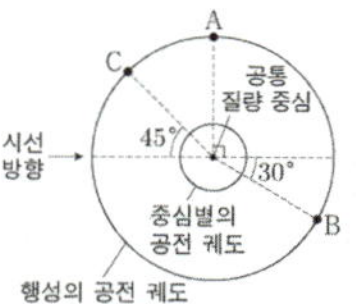

기준 파장 (nm)	관측 파장(nm)		
	A	B	C
λ_0	499.990	500.005	(㉠)

이 자료에 대한 설명으로 옳은 것만을 <보기>에서 있는 대로 고른 것은? (단, 빛의 속도는 3×10^5km/s이고, 중심별의 시선 속도 변화는 행성과의 공통 질량 중심에 대한 공전에 의해서만 나타난다.) [3점]

<보 기>

ㄱ. 행성이 B에 위치할 때, 중심별의 스펙트럼에서 적색 편이가 나타난다.
ㄴ. ㉠은 499.995보다 작다.
ㄷ. 중심별의 공전 속도는 6km/s이다.

① ㄱ ② ㄷ ③ ㄱ, ㄴ ④ ㄴ, ㄷ ⑤ ㄱ, ㄴ, ㄷ

• 왜 정답일까?

ㄱ. A와 B의 공전 방향은 시선 방향에 대해 반대이고, 행성이 B에 위치할 때 중심별의 흡수선 관측 파장은 시선 속도가 최대로 나타나는 지점, 즉 행성이 A에 있을 때에 비해 길게 나타난다. 행성이 B에 위치할 때, 중심별의 스펙트럼에서 적색 편이가 나타나고 지구로부터 멀어진다.

ㄴ. 행성이 A에 있을 때 별의 스펙트럼에는 청색 편이가 나타나므로 기준 파장에 대한 파장 변화량은 (−)로, B에 있을 때는 적색 편이가 나타나므로 파장 변화량은 (+)로 나타난다. 또한 행성이 A와 B에 있을 때 시선 속도 비가 2 : 1이므로 흡수선의 기준 파장에 대한 관측 파장 변화량 비도 2 : 1로 나타난다. 행성이 A에 있을 때의 관측 파장이 499.990, 행성이 B에 있을 때의 관측 파장이 500.005이므로 기준 파장(λ_0)은 500nm이고, 별의 흡수선 파장 변화량은 행성이 A에 있을 때는 −0.01nm, 행성이 B에 있을 때는 +0.005nm로 나타남을 알 수 있다. 행성이 C에 있을 때의 시선 속도인 ㉠은 행성이 A에 있을 때의 $\frac{\sqrt{2}}{2}$배이므로, 행성이 A에 있을 때의 파장 변화량 값은 기준 파장에 대해 −0.01nm과 −0.005nm 사이의 값으로 나타난다. 따라서, ㉠은 499.995보다 작게 나타난다.

ㄷ. 중심별은 공통 질량 중심에 대해 원 궤도로 공전하고, 시선 속도 변화는 행성과의 공통 질량 중심에 대한 공전에 의해서만 나타나므로, 중심별의 공전 속도는 행성이 A에 있을 때의 중심별의 시선 속도인 v와 같다. 따라서, 중심별의 공전 속도 v는 $\frac{A의\ 파장\ 변화량}{\lambda_0}=\frac{v}{빛의\ 속도}$, $\frac{0.01}{500}=\frac{v}{300000}$, $v=6$km/s이다.

20 고지자기

정답률 36% | 정답 ⑤

| 문제 보기 |

그림은 지괴 A와 B의 현재 위치와 ㉠ 시기부터 ㉡ 시기까지 시기별 고지자기극의 위치를 나타낸 것이다. A와 B는 동일 경도를 따라 일정한 방향으로 이동하였으며, ㉠부터 현재까지의 어느 시기에 서로 한 번 분리된 후 현재의 위치에 있다.

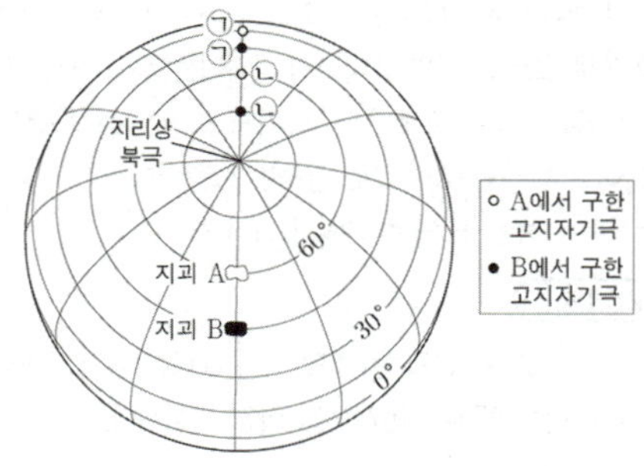

이 자료에 대한 설명으로 옳은 것만을 <보기>에서 있는 대로 고른 것은? (단, 고지자기극은 고지자기 방향으로 추정한 지리상 북극이고, 지리상 북극은 변하지 않았다.) [3점]

<보 기>

ㄱ. A에서 구한 고지자기 복각의 절댓값은 ㉠이 ㉡보다 작다.
ㄴ. A와 B는 북반구에서 분리되었다.
ㄷ. ㉡부터 현재까지의 평균 이동 속도는 A가 B보다 빠르다.

① ㄱ ② ㄷ ③ ㄱ, ㄴ ④ ㄴ, ㄷ ⑤ ㄱ, ㄴ, ㄷ

• 왜 정답일까?

ㄱ. A에서 구한 ㉠ 시기의 고지자기극은 현재 30°N에, ㉡ 시기의 고지자기 극은 현재 60°N에 위치한다. A는 동일 경도를 따라 일정한 방향으로 이동하였고, 각 시기에 고지자기극은 지리상 북극에 있었으므로, ㉠일 때 현재 60°N에 위치하는 지괴 A는 동일 경도상의 0°에, ㉡일 때 A는 동일 경도상의 30°N에 있었다. 고지자기 복각의 절댓값은 극으로 갈수록 증가하므로 A에서 구한 고지자기 복각의 절댓값은 ㉠이 ㉡보다 작다.

ㄴ. 고지자기로 대륙 이동을 복원하면 ㉠과 ㉡ 시기 사이에 A와 B는 동일하게 동일 경도상을 따라 0°에서 30°N으로 이동하였다. 현재 A는 60°N에 B는 45°N에 있으므로 A와 B는 ㉡ 시기 이후 분리되었다. 즉, A와 B는 북반구에서 분리되었다.

ㄷ. ㉡부터 현재까지 A는 동일 경도를 따라 30° 이동하였고, B는 동일 경도를 따라 15° 이동하였으므로 ㉡부터 현재까지의 평균 이동 속도는 A가 B보다 빠르다.

[문제편 p.172]

● 고3 지구과학 I ●

44회 2023학년도 수능

01 ⑤	02 ③	03 ②	04 ③	05 ⑤
06 ④	07 ②	08 ③	09 ①	10 ④
11 ①	12 ④	13 ③	14 ①	15 ②
16 ⑤	17 ②	18 ②	19 ⑤	20 ⑤

채점 결과
- 실제 걸린 시간 : 분 초
- 맞은 문항수 : 개
- 틀린 문항수 : 개
- 헷갈린 문항 :

01 지구 온난화와 CO_2 농도 변화

정답률 95% | 정답 ⑤

| 문제 보기 |

그림 (가)는 1850~2019년 동안 전 지구와 아시아의 기온 편차(관측값−기준값)를, (나)는 (가)의 A 기간 동안 대기 중 CO_2농도를 나타낸 것이다. 기준값은 1850 ~ 1900년의 평균 기온이다.

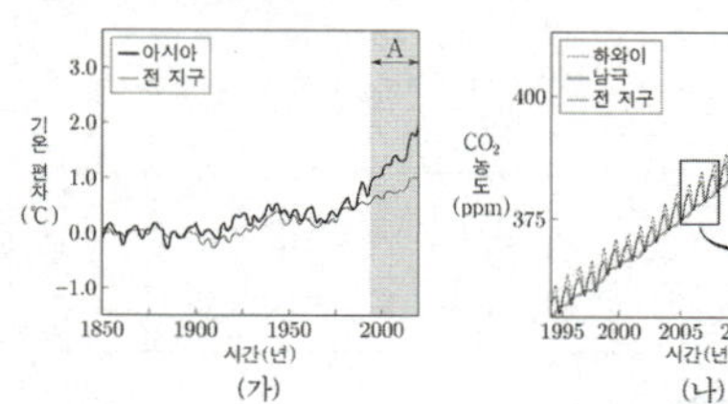

이 자료에 대한 설명으로 옳은 것만을 <보기>에서 있는 대로 고른 것은?

<보 기>
ㄱ. (가) 기간 동안 기온의 평균 상승률은 아시아가 전 지구보다 크다.
ㄴ. (나)에서 CO_2 농도의 연교차는 하와이가 남극보다 크다.
ㄷ. A 기간 동안 전 지구의 기온과 CO_2 농도는 높아지는 경향이 있다.

① ㄱ ② ㄷ ③ ㄱ, ㄴ ④ ㄴ, ㄷ ⑤ ㄱ, ㄴ, ㄷ

• 왜 정답일까?

ㄱ. (가)에서 1850년 ~ 2019년 동안 기온 편차 증가량은 아시아가 전 지구보다 크므로 이 기간 동안 기온의 평균 상승률은 아시아가 전 지구보다 크다.

ㄴ. (나)에서 CO_2 농도의 연교차는 하와이(점선)가 남극(굵은 실선)보다 크다.

ㄷ. (가)와 (나)에서 A 기간 동안 전 지구의 기온과 CO_2 농도는 높아지는 경향이 뚜렷하다.

02 플룸 구조론

정답률 77% | 정답 ③

| 문제 보기 |

그림은 플룸 구조론을 나타낸 모식도이다. A와 B는 각각 차가운 플룸과 뜨거운 플룸 중 하나이고, ㉠은 화산섬이다.

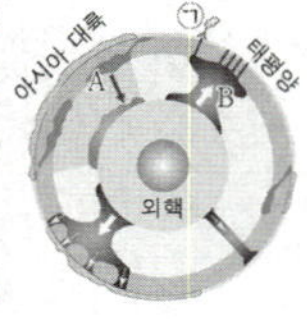

이에 대한 설명으로 옳은 것만을 <보기>에서 있는 대로 고른 것은?

<보 기>
ㄱ. A는 섭입한 해양판에 의해 형성된다.
ㄴ. B는 태평양에 여러 화산을 형성한다.
ㄷ. ㉠을 형성한 열점은 판과 같은 방향으로 움직인다.

① ㄱ ② ㄷ ③ ㄱ, ㄴ ④ ㄴ, ㄷ ⑤ ㄱ, ㄴ, ㄷ

• 왜 정답일까?

ㄱ. A는 차가운 플룸으로, 판의 섭입형 경계에서 섭입한 해양판이 상부 맨틀과 하부 맨틀의 경계에 머물다가 일정량 이상이 되면 맨틀과 외핵의 경계 쪽으로 가라앉으면서 형성된다.

ㄴ. B는 뜨거운 플룸이며, 상승하는 과정에서 마그마가 생성된다. 태평양에서는 뜨거운 플룸이 상승하고 있으므로 여러 화산이 형성된다.

03 전파 은하

정답률 60% | 정답 ②

| 문제 보기 |

그림 (가)와 (나)는 어느 은하를 각각 가시광선과 전파로 관측한 영상이며, ㉠은 제트이다.

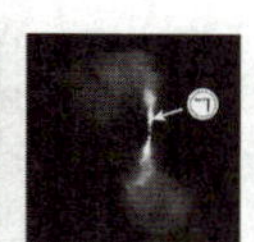

(가) (나)

이 은하에 대한 설명으로 옳은 것만을 <보기>에서 있는 대로 고른 것은? [3점]

<보 기>
ㄱ. 나선팔을 가지고 있다.
ㄴ. 대부분의 별은 분광형이 A0인 별보다 표면 온도가 낮다.
ㄷ. ㉠은 암흑 물질이 분출되는 모습이다.

① ㄱ ② ㄴ ③ ㄷ ④ ㄱ, ㄷ ⑤ ㄴ, ㄷ

• 왜 정답일까?

이 은하는 타원 은하에 해당한다.

ㄴ. 타원 은하는 대부분 나이가 많은 붉은색 별들로 이루어져 있다. 따라서 이 은하의 별들은 대부분 분광형이 A0인 별보다 표면 온도가 낮다.

04 다짐 작용

정답률 63% | 정답 ③

| 문제 보기 |

다음은 퇴적암이 형성되는 과정의 일부를 알아보기 위한 실험이다.

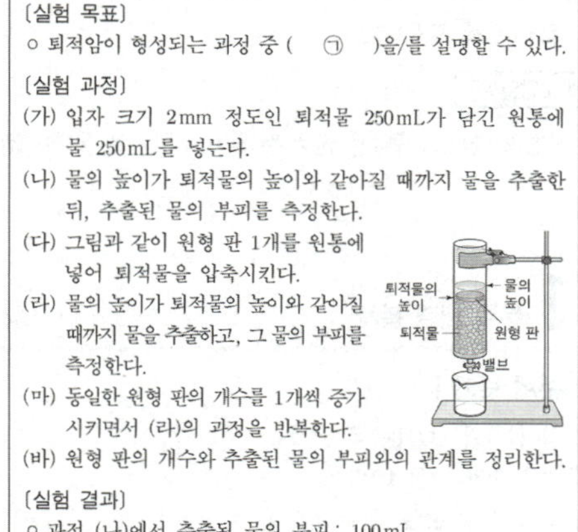

[실험 목표]
○ 퇴적암이 형성되는 과정 중 (㉠)을/를 설명할 수 있다.

[실험 과정]
(가) 입자 크기 2mm 정도인 퇴적물 250mL가 담긴 원통에 물 250mL를 넣는다.
(나) 물의 높이가 퇴적물의 높이와 같아질 때까지 물을 추출한 뒤, 추출된 물의 부피를 측정한다.
(다) 그림과 같이 원형 판 1개를 원통에 넣어 퇴적물을 압축시킨다.
(라) 물의 높이가 퇴적물의 높이와 같아질 때까지 물을 추출하고, 그 물의 부피를 측정한다.
(마) 동일한 원형 판의 개수를 1개씩 증가시키면서 (라)의 과정을 반복한다.
(바) 원형 판의 개수와 추출된 물의 부피와의 관계를 정리한다.

[실험 결과]
○ 과정 (나)에서 추출된 물의 부피 : 100mL
○ 과정 (다)~(마)에서 원형 판의 개수에 따른 추출된 물의 부피

원형 판 개수(개)	1	2	3	4	5
추출된 물의 부피(mL)	27.5	8.0	6.5	5.3	4.5

이 자료에 대한 설명으로 옳은 것만을 <보기>에서 있는 대로 고른 것은? [3점]

<보 기>
ㄱ. '다짐 작용'은 ㉠에 해당한다.
ㄴ. 과정 (나)에서 원통 속에 남아 있는 물의 부피는 222.5mL이다.
ㄷ. 원형 판의 개수가 증가할수록 단위 부피당 퇴적물 입자의 개수는 증가한다.

① ㄱ ② ㄴ ③ ㄱ, ㄷ ④ ㄴ, ㄷ ⑤ ㄱ, ㄴ, ㄷ

• 왜 정답일까?

ㄱ. 다짐 작용은 퇴적물이 쌓이면서 아랫부분의 퇴적물이 윗부분에 쌓인 퇴적물에 의해 치밀하게 다져지는 작용이다. 따라서 '다짐 작용'은 ㉠에 해당한다.

ㄷ. 원형 판의 개수가 증가할수록 퇴적물에 작용하는 압력이 증가하여 단위 부피당 퇴적물 입자의 개수, 즉 퇴적물의 밀도는 증가한다.

• 왜 오답일까?

ㄴ. 과정 (나)에서 추출된 물의 부피가 100 mL 이므로 원통 속에 남아 있는 물의 부피는 150 mL 이다.

05 생명 가능 지대

정답률 74% | 정답 ⑤

| 문제 보기 |

표는 주계열성 A와 B의 질량, 생명 가능 지대에 위치한 행성의 공전 궤도 반지름, 생명 가능 지대의 폭을 나타낸 것이다.

주계열성	질량 (태양=1)	행성의 공전 궤도 반지름 (AU)	생명 가능 지대의 폭 (AU)
A	5	(㉠)	(㉢)
B	0.5	(㉡)	(㉣)

이에 대한 설명으로 옳은 것만을 <보기>에서 있는 대로 고른 것은?

<보 기>
ㄱ. 광도는 A가 B보다 크다.
ㄴ. ㉠은 ㉡보다 크다.
ㄷ. ㉢은 ㉣보다 크다.

① ㄱ ② ㄷ ③ ㄱ, ㄴ ④ ㄴ, ㄷ ⑤ ㄱ, ㄴ, ㄷ

• 왜 정답일까?

ㄱ. 주계열성은 질량이 클수록 광도가 크다. 따라서 광도는 질량이 큰 A가 질량이 작은 B보다 크다.

ㄴ. 생명 가능 지대에 위치한 행성의 공전 궤도 반지름은 중심별의 광도가 클수록 크므로 ㉠은 ㉡보다 크다.

ㄷ. 생명 가능 지대의 폭은 중심별의 광도가 클수록 넓으므로 ㉢은 ㉣보다 크다.

06 섭입대에서의 화성 활동

정답률 61% | 정답 ④

| 문제 보기 |

그림은 해양판이 섭입되는 모습을 나타낸 것이다. A, B, C는 각각 마그마가 생성되는 지역과 분출되는 지역 중 하나이다.

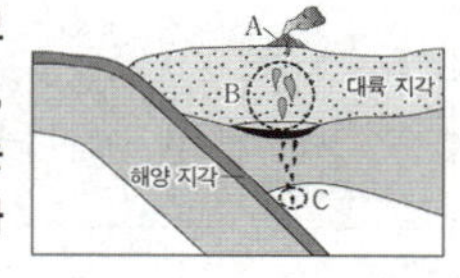

이에 대한 설명으로 옳은 것만을 <보기>에서 있는 대로 고른 것은?

<보 기>
ㄱ. A에서는 주로 조립질 암석이 생성된다.
ㄴ. B에서는 안산암질 마그마가 생성될 수 있다.
ㄷ. C에서는 맨틀 물질의 용융으로 마그마가 생성된다.

① ㄱ ② ㄴ ③ ㄱ, ㄷ ④ ㄴ, ㄷ ⑤ ㄱ, ㄴ, ㄷ

• 왜 정답일까?

해양판이 대륙판 아래로 섭입하는 수렴형 경계 부근에서는 주로 안산암질 마그마가 분출된다.

ㄴ. C에서 형성된 현무암질 마그마가 상승하여 대륙 지각 하부에 도달하면 대륙 지각을 이루고 있는 암석이 가열되어 유문암질 마그마가 생성될 수 있다. 이때, B에서는 유문암질 마그마와 C에서 상승한 현무암질 마그마가 혼합되어 안산암 질 마그마가 생성될 수 있다.

ㄷ. 맨틀 상부인 연약권에 물이 공급되면 용융 온도가 낮아져 마그마가 생성될 수 있다. 따라서 C에서는 맨틀 물질의 용융으로 마그마가 생성된다.

07 태풍과 날씨

정답률 62% | 정답 ②

| 문제 보기 |

그림 (가)는 어느 날 18시의 지상 일기도에 태풍의 이동 경로를 나타낸 것이고, (나)는 이 시기에 태풍에 의해 발생한 강수량 분포를 나타낸 것이다.

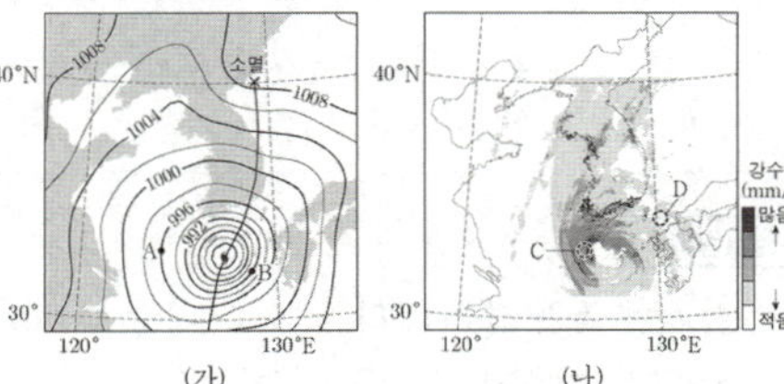

(가) (나)

이 자료에 대한 설명으로 옳은 것만을 <보기>에서 있는 대로 고른 것은? [3점]

<보 기>
ㄱ. 풍속은 A 지점이 B 지점보다 크다.
ㄴ. 공기의 연직 운동은 C 지점이 D 지점보다 활발하다.
ㄷ. C 지점에서는 남풍 계열의 바람이 분다.

① ㄱ ② ㄴ ③ ㄷ
④ ㄱ, ㄴ ⑤ ㄴ, ㄷ

• 왜 정답일까?

일반적으로 구름의 두께가 두꺼울수록 강수량이 많다.

ㄴ. (나)를 보면 C 지점이 D 지점보다 강수량이 많은데 이는 C 지점이 D 지점보다 상승 기류가 더 활발하여 구름이 두껍게 형성되었기 때문이다.

08 온대 저기압과 날씨

정답률 67% | 정답 ③

| 문제 보기 |

그림은 어느 온대 저기압이 우리나라를 지나는 3시간($T_1 \rightarrow T_4$) 동안 전선 주변에서 발생한 번개의 분포를 1시간 간격으로 나타낸 것이다. 이 기간 동안 온난 전선과 한랭 전선 중 하나가 A 지역을 통과하였다.

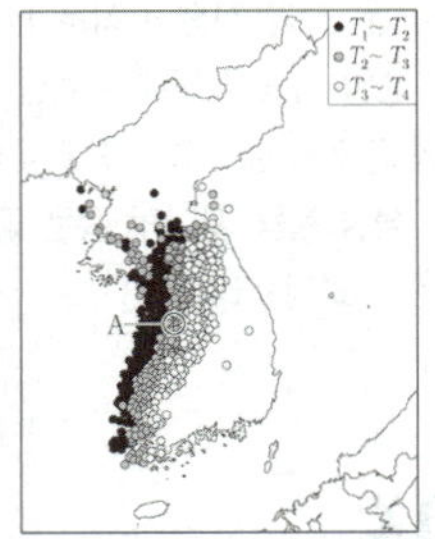

이 자료에 대한 설명으로 옳은 것만을 <보기>에서 있는 대로 고른 것은? [3점]

<보 기>
ㄱ. 이 기간 중 A의 상공에는 전선면이 나타났다.
ㄴ. $T_2 \sim T_3$ 동안 A에서는 적운형 구름이 발달하였다.
ㄷ. 전선이 통과하는 동안 A의 풍향은 시계 반대 방향으로 바뀌었다.

① ㄱ ② ㄷ ③ ㄱ, ㄴ
④ ㄴ, ㄷ ⑤ ㄱ, ㄴ, ㄷ

• 왜 정답일까?

ㄱ. 이 기간 중 A 지역에서 번개가 발생하였으므로 A의 상공에는 한랭 전선면이 나타났다.

ㄴ. $T_2 \sim T_3$동안 A에는 한랭 전선이 통과하였으므로 적운형 구름이 발달하였다.

09 북대서양 해수의 성질

정답률 61% | 정답 ①

| 문제 보기 |

그림 (가)는 북대서양의 해역 A와 B의 위치를, (나)와 (다)는 A와 B에서 같은 시기에 측정한 물리량을 순서 없이 나타낸 것이다. ㉠과 ㉡은 각각 수온과 용존 산소량 중 하나이다.

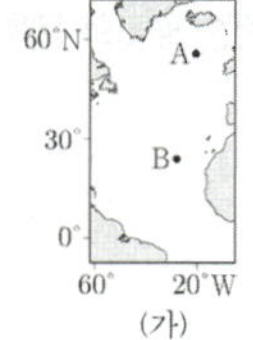

(가)

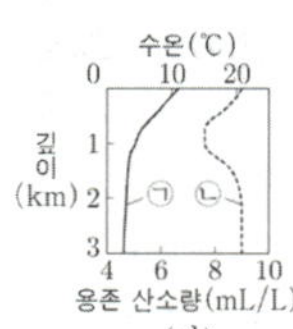

(나)

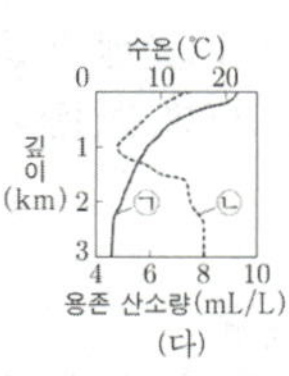

(다)

이 자료에 대한 설명으로 옳은 것만을 <보기>에서 있는 대로 고른 것은? [3점]

<보 기>
ㄱ. (나)는 A에 해당한다.
ㄴ. 표층에서 용존 산소량은 A가 B보다 작다.
ㄷ. 수온 약층은 A가 B보다 뚜렷하게 나타난다.

① ㄱ ② ㄴ ③ ㄷ
④ ㄱ, ㄴ ⑤ ㄱ, ㄷ

• 왜 정답일까?

㉠은 수온, ㉡은 용존 산소량이다.

ㄱ. A 해역이 B 해역보다 고위도에 위치하므로, 표층 해수의 수온은 A 해역이 B 해역보다 낮고, 표층 해수의 용존 산소량은 A 해역이 B 해역보다 많다. 따라서 (나)는 A에 해당한다.

10 지질 시대의 환경과 생물

정답률 39% | 정답 ④

| 문제 보기 |

그림 (가)는 40억 년 전부터 현재까지의 지질 시대를 구성하는 A, B, C의 지속 기간을 비율로 나타낸 것이고, (나)는 초대륙 로디니아의 모습을 나타낸 것이다. A, B, C는 각각 시생 누대, 원생 누대, 현생 누대 중 하나이다.

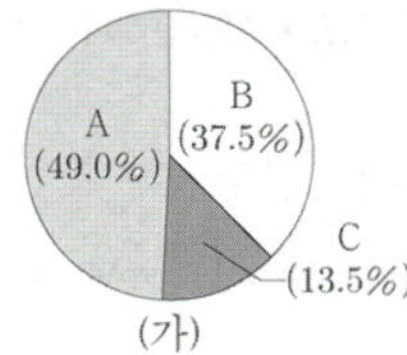

(가)

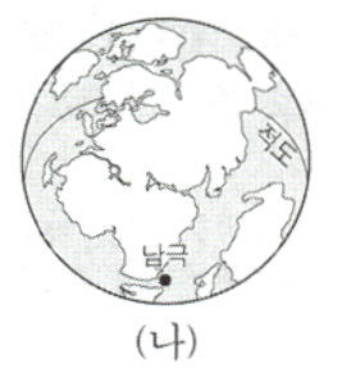

(나)

이 자료에 대한 설명으로 옳은 것만을 <보기>에서 있는 대로 고른 것은?

<보 기>
ㄱ. A는 원생 누대이다.
ㄴ. (나)는 A에 나타난 대륙 분포이다.
ㄷ. 다세포 동물은 B에 출현했다.

① ㄱ ② ㄴ ③ ㄷ
④ ㄱ, ㄴ ⑤ ㄴ, ㄷ

• 왜 정답일까?

A는 원생 누대(약 25억 년 전~약 5.41억 년 전), B는 시생 누대(약 40억 년 전~약 25억 년 전), C는 현생 누대(약 5.41억 년 전~현재)이다.

ㄱ. 시생 누대, 원생 누대, 현생 누대 중 지속 기간이 가장 긴 지질 시대는 원생 누대이다. 따라서 A는 원생 누대이다.

ㄴ. 초대륙 로디니아는 약 12억 년 전에 형성되었다가 약 8억 년 전부터 분리되기 시작하였다. 따라서 (나)는 A(원생 누대)에 나타난 대륙 분포이다.

• 왜 오답일까?

ㄷ. 최초의 다세포 동물은 원생 누대(A) 말기에 출현하였다.

11 우주 배경 복사

정답률 48% | 정답 ①

| 문제 보기 |

그림 (가)와 (나)는 우주의 나이가 각각 10만 년과 100만 년일 때에 빛이 우주 공간을 진행하는 모습을 순서 없이 나타낸 것이다.

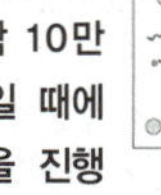

(가)

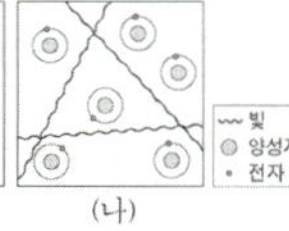

(나)

이에 대한 설명으로 옳은 것만을 <보기>에서 있는 대로 고른 것은?

<보 기>
ㄱ. (가) 시기 우주의 나이는 10만 년이다.
ㄴ. (나) 시기에 우주 배경 복사의 온도는 2.7 K이다.
ㄷ. 수소 원자핵에 대한 헬륨 원자핵의 함량비는 (가) 시기가 (나) 시기보다 크다.

① ㄱ ② ㄴ ③ ㄷ
④ ㄱ, ㄴ ⑤ ㄱ, ㄷ

• 왜 정답일까?

우주 배경 복사는 빅뱅 후 약 38만 년이 지났을 때 방출되었던 복사로, 우주가 팽창하는 동안 온도가 낮아지고 파장이 길어져 현재는 약 2.7 K 복사로 관측된다.

ㄱ. (가)는 불투명한 우주의 모습으로 우주 배경 복사가 방출되기 이전 시기이고, (나)는 투명한 우주의 모습으로 우주 배경 복사가 방출된 이후의 시기이다. 따라서 (가) 시기 우주의 나이는 10만 년이다.

• 왜 오답일까?

ㄴ. 현재 우주 배경 복사의 온도가 약 2.7 K이므로, (나) 시기에 우주 배경 복사의 온도는 2.7 K보다 높다.

ㄷ. 빅뱅 후 약 3분이 지났을 때 수소 원자핵에 대한 헬륨 원자핵의 질량비가 약 3 : 1이 되었다. 따라서 수소 원자핵에 대한 헬륨 원자핵의 질량비는 (가) 시기와 (나) 시기 모두 약 3 : 1로 같다.

12 해수의 심층 순환

정답률 69% | 정답 ④

| 문제 보기 |

그림 (가)와 (나)는 어느 해역의 수온과 염분 분포를 각각 나타낸 것이고, (다)는 수온-염분도이다. A, B, C는 수온과 염분이 서로 다른 해수이고, ㉠과 ㉡은 이 해역의 서로 다른 수괴이다.

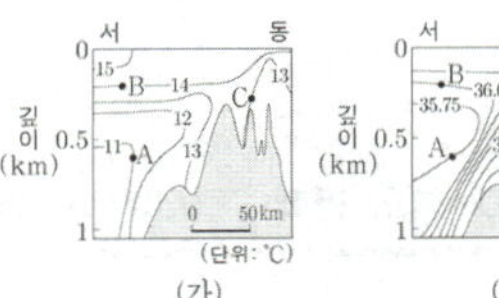

(가) (나)

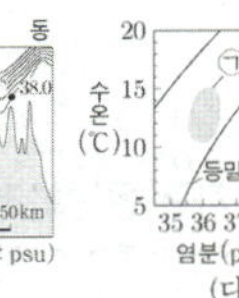

(다)

이 자료에 대한 설명으로 옳은 것만을 <보기>에서 있는 대로 고른 것은?

<보 기>
ㄱ. B는 ㉡에 해당한다.
ㄴ. A와 B의 수온에 의한 밀도 차는 A와 B의 염분에 의한 밀도 차보다 크다.
ㄷ. C의 수괴가 서쪽으로 이동하면, C의 수괴는 B의 수괴 아래쪽으로 이동한다.

① ㄱ ② ㄴ ③ ㄱ, ㄷ
④ ㄴ, ㄷ ⑤ ㄱ, ㄴ, ㄷ

• 왜 정답일까?

수온과 염분은 A가 각각 11℃과 35.75 psu, B가 각각 14℃과 36.0 psu, C가 각각 13℃과 38.0 psu이다.

ㄴ. A와 B의 온도 차는 3℃, A와 B의 염분 차는 0.25 psu이다. 따라서 A와 B의 수온에 의한 밀도 차는 A와 B의 염분에 의한 밀도 차보다 크다.

ㄷ. 밀도는 C가 B보다 크다. 따라서 C의 수괴가 서쪽으로 이동하여 B의 수괴와 만나면 C의 수괴는 B의 수괴 아래쪽으로 이동한다.

13 별의 진화

정답률 45% | 정답 ③

| 문제 보기 |

그림은 질량이 태양 정도인 어느 별이 원시별에서 주계열 단계 전까지 진화하는 동안의 반지름과 광도 변화를 나타낸 것이다. A, B, C는 이 원시별이 진화하는 동안의 서로 다른 시기이다.

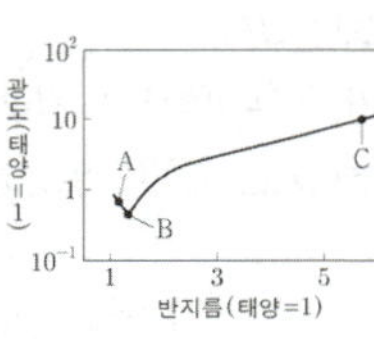

이 원시별에 대한 설명으로 옳은 것만을 <보기>에서 있는 대로 고른 것은? [3점]

<보 기>
ㄱ. 평균 밀도는 C가 A보다 작다.
ㄴ. 표면 온도는 A가 B보다 낮다.
ㄷ. 중심부의 온도는 B가 C보다 높다.

① ㄱ ② ㄴ ③ ㄱ, ㄷ
④ ㄴ, ㄷ ⑤ ㄱ, ㄴ, ㄷ

• 왜 정답일까?

이 원시별은 C→B→A 순으로 진화한다.

ㄱ. 원시별이 주계열성으로 진화하는 동안 중력 수축으로 반지름은 대체로 감소하고 평균 밀도는 대체로 증가한다. 따라서 평균 밀도는 C가 A보다 작다.

ㄷ. 원시별이 진화하는 동안 중력 수축 에너지에 의해 중심부의 온도는 점차 높아진다. 따라서 중심부의 온도는 B가 C보다 높다.

• 왜 오답일까?

ㄴ. 원시별이 중력 수축할 때 발생하는 에너지에 의해 내부 온도와 표면 온도가 높아진다. 따라서 표면 온도는 A가 B보다 높다.

[문제편 p.174]

14 해수의 표층 순환

정답률 42% | 정답 ①

| 문제 보기 |

그림은 1월과 7월의 지표 부근의 평년 바람 분포 중 하나를 나타낸 것이다. A, B, C는 주요 표층 해류가 흐르는 해역이다.

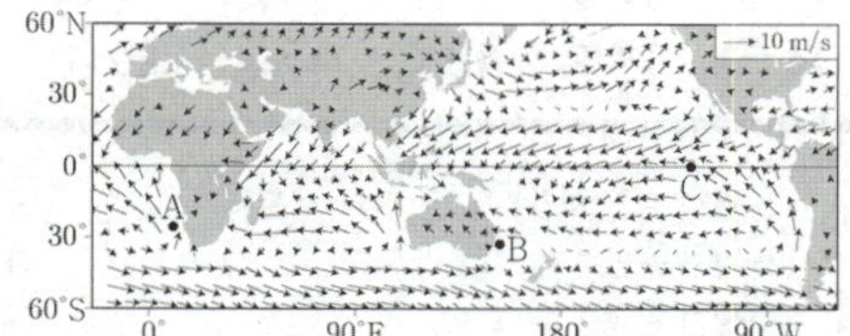

이에 대한 설명으로 옳은 것만을 <보기>에서 있는 대로 고른 것은? [3점]

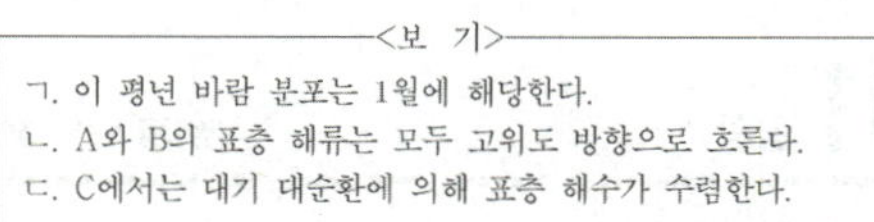

<보 기>

ㄱ. 이 평년 바람 분포는 1월에 해당한다.
ㄴ. A와 B의 표층 해류는 모두 고위도 방향으로 흐른다.
ㄷ. C에서는 대기 대순환에 의해 표층 해수가 수렴한다.

① ㄱ ② ㄴ ③ ㄷ ④ ㄱ, ㄴ ⑤ ㄱ, ㄷ

• 왜 정답일까?

ㄱ. 우리나라에서 북서풍 계열의 바람이 불므로, 우리나라의 북서쪽에 고기압이 발달해 있다. 따라서 이 평년 바람 분포는 1월에 해당한다.

• 왜 오답일까?

ㄴ. A에서는 한류(벵겔라 해류)가 저위도 방향으로 흐르고, B에서는 난류(동오스트레일리아 해류)가 고위도 방향으로 흐른다.

ㄷ. 적도 부근에서 북동 무역풍은 해수를 북서쪽으로, 남동 무역풍은 해수를 남서쪽으로 이동시킨다. 따라서 C에서는 대기 대순환에 의해 표층 해수가 발산한다.

15 해양판의 고지자기 분포

정답률 16% | 정답 ②

| 문제 보기 |

그림은 어느 해양판의 고지자기 분포와 지점 A, B의 연령을 나타낸 것이다. 해양판의 이동 속도와 해저 퇴적물이 쌓이는 속도는 일정하고, 현재 해양판의 이동 방향은 남쪽과 북쪽 중 하나이다.

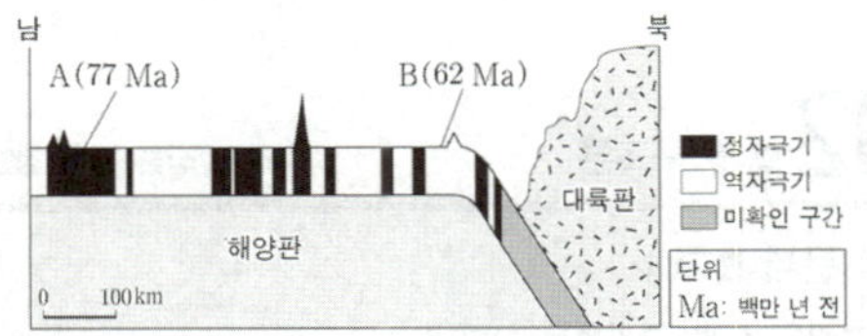

이 자료에 대한 설명으로 옳은 것만을 <보기>에서 있는 대로 고른 것은? (단, 해양판의 이동 속도는 대륙판보다 빠르다.) [3점]

<보 기>

ㄱ. A와 B 사이에 해령이 위치한다.
ㄴ. 해저 퇴적물의 두께는 A가 B보다 두껍다.
ㄷ. 현재 A의 이동 방향은 남쪽이다.

① ㄱ ② ㄴ ③ ㄱ, ㄷ ④ ㄴ, ㄷ ⑤ ㄱ, ㄴ, ㄷ

• 왜 정답일까?

해양판에 기록된 고지자기 줄무늬는 해령과 거의 나란하며, 해령을 축으로 대칭 분포를 이룬다.

ㄴ. 해양판의 이동 속도와 해저 퇴적물이 쌓이는 속도가 일정하므로, 해양 지각의 연령이 많을수록 해저 퇴적물의 두께는 두껍다. 따라서 해저 퇴적물의 두께는 A가 B보다 두껍다.

• 왜 오답일까?

ㄱ. A와 B 사이에 고지자기 줄무늬의 대칭축이 나타나지 않으므로, A와 B 사이에 해령은 존재하지 않는다.

ㄷ. 그림에서 해양판과 대륙판 사이에 해구가 존재하는데, 만약 대륙판이 남쪽 방향으로 이동하는 경우 이동 속도가 더 빠른 해양판이 남쪽 방향으로 이동한다면 해양판과 대륙판 사이에 해구가 발달할 수 없다. 또한 대륙판이 북쪽 방향으로 이동하는 경우 이동 속도가 더 빠른 해양판이 북쪽 방향으로 이동해야지만 해양판과 대륙판 사이에 해구가 발달할 수 있다. 따라서 현재 A의 이동 방향은 북쪽이다. 이런 경우는 해령이 북쪽 방향으로 해양판의 확장 속도보다 빠른 속도로 이동할 때 나타날 수 있으며, 해령은 이미 대륙판 밑으로 섭입된 상태이다.

16 별의 물리량

정답률 28% | 정답 ⑤

| 문제 보기 |

표는 태양과 별 (가), (나), (다)의 물리량을 나타낸 것이다. (가), (나), (다) 중 주계열성은 2개이고, (나)와 (다)의 겉보기 밝기는 같다.

별	복사 에너지를 최대로 방출하는 파장(μm)	절대 등급	반지름 (태양=1)
태양	0.50	+4.8	1
(가)	(㉠)	−0.2	2.5
(나)	0.10	( )	4
(다)	0.25	+9.8	( )

이 자료에 대한 설명으로 옳은 것만을 <보기>에서 있는 대로 고른 것은?

<보 기>

ㄱ. ㉠은 0.125이다.
ㄴ. 중심핵에서의 $\frac{\text{p−p 반응에 의한 에너지 생성량}}{\text{CNO 순환 반응에 의한 에너지 생성량}}$은 (나)가 태양보다 작다.
ㄷ. 지구로부터의 거리는 (나)가 (다)의 1000배이다.

① ㄱ ② ㄴ ③ ㄷ ④ ㄱ, ㄴ ⑤ ㄴ, ㄷ

• 왜 정답일까?

(가), (나), (다) 중에서 주계열성은 (가)와 (나)이다.

ㄴ. (나)는 복사 에너지를 최대로 방출하는 파장이 태양보다 짧으므로 표면 온도가 태양보다 높고, 광도가 태양보다 큰 주계열성이다. 주계열성은 광도가 클수록 p−p 반응보다 CNO 순환 반응에 의한 에너지 생성량이 많다. 따라서 별의 중심핵에서의 $\frac{\text{p−p 반응에 의한 에너지 생성량}}{\text{CNO 순환 반응에 의한 에너지 생성량}}$은 (나)가 태양보다 작다.

ㄷ. (나)는 반지름이 태양의 4배, 표면 온도가 태양의 5배이므로 광도는 태양의 $4^2 \times 5^4 = 10000$배이다. 따라서 절대 등급은 태양보다 10만큼 작은 −5.2이다. (다)는 절대 등급이 +9.8이므로 광도가 태양의 $\frac{1}{100}$배이다. 따라서 광도는 (나)가 (다)의 10^6배이다. 겉보기 밝기는 거리의 제곱에 반비례하는데, (나)와 (다)의 겉보기 밝기가 같다고 했으므로 지구로부터의 거리는 (나)가 (다)의 10^3배이다.

• 왜 오답일까?

ㄱ. (가)는 절대 등급이 태양보다 5만큼 작으므로 광도가 태양의 100배이다. 반지름은 (가)가 태양보다 2.5배 크므로 슈테판-볼츠만 법칙으로부터 표면 온도가 태양의 2배임을 알 수 있다. 한편, (가)에서 복사 에너지를 최대로 방출하는 파장(㉠)은 표면 온도에 반비례하므로 ㉠은 태양의 $\frac{1}{2}$배인 0.25이다.

17 엘니뇨와 라니냐

정답률 37% | 정답 ②

| 문제 보기 |

그림 (가)는 태평양 적도 부근 해역에서 관측한 바람의 동서 방향 풍속 편차를, (나)는 이 해역에서 A와 B 중 어느 한 시기에 관측된 20°C 등수온선의 깊이 편차를 나타낸 것이다. A와 B는 각각 엘니뇨와 라니냐 시기 중 하나이고, (+)는 서풍, (−)는 동풍에 해당한다. 편차는 (관측값−평년값)이다.

(가)

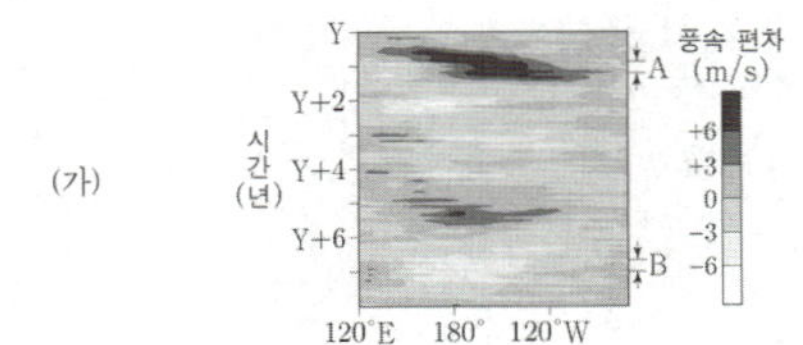

(나) 15°N 0° 15°S 180° 120°W (단위: m)

이에 대한 설명으로 옳은 것만을 <보기>에서 있는 대로 고른 것은?

<보 기>

ㄱ. (나)는 B에 해당한다.
ㄴ. 동태평양 적도 부근 해역에서 해수면 높이는 B가 평년보다 낮다.
ㄷ. 적도 부근의 (동태평양 해면 기압−서태평양 해면 기압) 값은 A가 B보다 크다.

① ㄱ ② ㄴ ③ ㄷ
④ ㄱ, ㄷ ⑤ ㄴ, ㄷ

• 왜 정답일까?

A는 엘니뇨 시기, B는 라니냐 시기에 해당한다.

ㄴ. B는 라니냐 시기에 해당하므로 동태평양 적도 부근 해역에서 해수면 높이가 평년보다 낮다.

• 왜 오답일까?

ㄱ. (나)에서 20℃ 등수온선의 깊이 편차는 동태평양 적도 부근 해역에서 (+)값을 갖는다. 따라서 (나)는 동태평양 적도 부근 해역에서 따뜻한 해수층이 평년보다 두꺼워진 A(엘니뇨 시기)에 해당한다.

ㄷ. 엘니뇨 시기에는 동태평양 적도 부근의 해면 기압이 평년보다 낮고, 서태평양 적도 부근의 해면 기압이 평년보다 높다. 라니냐 시기에는 이와 반대로 나타난다. 따라서 적도 부근의 (동태평양 해면 기압−서태평양 해면 기압) 값은 엘니뇨 시기인 A가 라니냐 시기인 B보다 작다.

44회

18 우주의 구성 요소

정답률 38% | 정답 ②

| 문제 보기 |

표 (가)는 외부 은하 A와 B의 스펙트럼 관측 결과를, (나)는 우주 구성 요소의 상대적 비율을 T_1, T_2 시기에 따라 나타낸 것이다. T_1, T_2는 관측된 A, B의 빛이 각각 출발한 시기 중 하나이고, a, b, c는 각각 보통 물질, 암흑 물질, 암흑 에너지 중 하나이다.

은하	기준 파장	관측 파장
A	120	132
B	150	600

(단위: nm)

(가)

우주 구성 요소	T_1	T_2
a	62.7	3.4
b	31.4	81.3
c	5.9	15.3

(단위: %)

(나)

이 자료에 대한 설명으로 옳은 것만을 <보기>에서 있는 대로 고른 것은?
(단, 빛의 속도는 3×10^{5}km/s이다.)

<보 기>

ㄱ. 우리은하에서 관측한 A의 후퇴 속도는 3000km/s이다.
ㄴ. B는 T_2 시기의 천체이다.
ㄷ. 우주를 가속 팽창시키는 요소는 b이다.

① ㄱ ② ㄴ ③ ㄷ
④ ㄱ, ㄴ ⑤ ㄴ, ㄷ

• 왜 정답일까?

T_2 시기는 T_1 시기보다 과거이며, a는 암흑 에너지, b는 암흑 물질, c는 보통 물질이다.

ㄴ. (가)의 스펙트럼 관측 결과에서 적색 편이는 B가 A보다 크므로 빛이 출발한 시기는 B가 A보다 먼저이다. 따라서 B는 T_2 시기의 천체이다.

• 왜 오답일까?

ㄱ. A에서 관측된 적색 편이 $z = \frac{132-120}{120} = 0.1$이고, $z = \frac{v}{c}$(v: 후퇴 속도, c: 빛의 속도)이다. 따라서 우리은하에서 관측한 A의 후퇴 속도는 30000 km/s이다.

ㄷ. 우주를 가속 팽창시키는 요소는 암흑 에너지이므로 a이다.

19 암석의 상대 연령과 절대 연령

정답률 36% | 정답 ⑤

| 문제 보기 |

그림 (가)와 (나)는 어느 두 지역의 지질 단면을, (다)는 시간에 따른 방사성 원소 X와 Y의 붕괴 곡선을 나타낸 것이다. 화강암 A와 B에는 한 종류의 방사성 원소만 존재하고, X와 Y 중 서로 다른 한 종류만 포함한다. 현재 A와 B에 포함된 방사성 원소의 함량은 각각 처음 양의 25%, 12.5% 중 서로 다른 하나이다. 두 지역의 셰일에서는 삼엽충 화석이 산출된다.

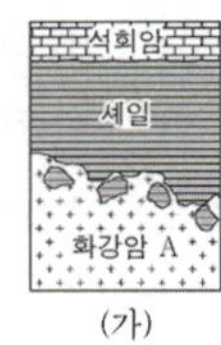

(가)

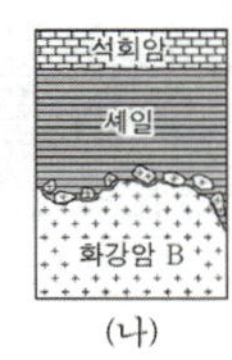

(나)

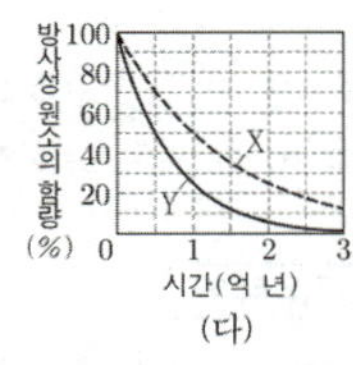

(다)

이 자료에 대한 설명으로 옳은 것만을 <보기>에서 있는 대로 고른 것은? [3점]

<보 기>
ㄱ. (가)에서는 관입이 나타난다.
ㄴ. B에 포함되어 있는 방사성 원소는 X이다.
ㄷ. 현재의 함량으로부터 1억 년 후의 $\frac{\text{A에 포함된 방사성 원소 함량}}{\text{B에 포함된 방사성 원소 함량}}$은 1이다.

① ㄱ ② ㄷ ③ ㄱ, ㄴ
④ ㄴ, ㄷ ⑤ ㄱ, ㄴ, ㄷ

• 왜 정답일까?

(다)에서 X의 반감기는 1억 년이고, Y의 반감기는 0.5억 년이다.

ㄱ. (가)에서는 셰일 조각이 화강암 A에서 포획암으로 발견되므로 A가 셰일을 관입하였다.

ㄴ. (가)와 (나)의 셰일에서 모두 삼엽충 화석이 산출되므로 셰일의 형성 시기는 고생대이며, 절대 연령은 약 2억 5천 2백만 년보다 많아야 한다. 또한 (나)에서 화강암 B는 셰일보다 먼저 생성되었으므로 절대 연령이 2억 5천 2백만 년보다 많다. 따라서 B에는 방사성 원소 X가 12.5%가 존재해야 절대 연령이 2억 5천 2백만 년보다 많을 수 있다.

ㄷ. 현재 A에는 Y가 25%, B에는 X가 12.5% 존재한다. X의 반감기는 1억 년이고, Y의 반감기는 0.5억 년이므로 현재의 함량으로부터 1억 년 후에는 X와 Y가 모두 6.25%가 남는다. 따라서 1억 년 후의 $\frac{\text{A에 포함된 방사성 원소 함량}}{\text{B에 포함된 방사성 원소 함량}}$은 1이다.

20 중심별의 밝기 변화

정답률 14% | 정답 ⑤

| 문제 보기 |

그림은 어느 외계 행성계에서 식 현상을 일으키는 행성에 의한 중심별의 상대적 밝기 변화를 일정한 시간 간격에 따라 나타낸 것이다. 중심별의 반지름에 대하여 행성 반지름은 $\frac{1}{20}$배, 행성의 중심과 중심별의 중심 사이의 거리는 4.2배이다. A는 식 현상이 끝난 직후이다.

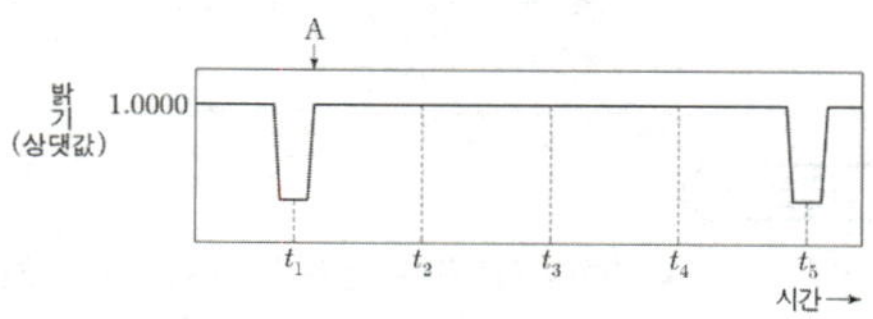

이 자료에 대한 설명으로 옳은 것만을 <보기>에서 있는 대로 고른 것은? (단, 행성은 원 궤도를 따라 공전하며, t_1, t_5일 때 행성의 중심과 중심별의 중심은 관측자의 시선과 동일한 방향에 위치하고, 중심별의 시선 속도 변화는 행성과의 공통 질량 중심에 대한 공전에 의해서만 나타난다.) [3점]

<보 기>
ㄱ. t_1일 때, 중심별의 상대적 밝기는 원래 광도의 99.75%이다.
ㄴ. $t_2 \to t_3$ 동안 중심별의 스펙트럼에서 흡수선의 파장은 점차 길어진다.
ㄷ. 중심별의 시선 속도는 A일 때가 t_2일 때의 $\frac{1}{4}$배이다.

① ㄱ ② ㄷ ③ ㄱ, ㄴ
④ ㄴ, ㄷ ⑤ ㄱ, ㄴ, ㄷ

• 왜 정답일까?

ㄱ. t_1일 때, 행성에 의한 중심별의 식 현상이 일어나며, 이때 가려지는 면적은 행성의 단면적에 비례한다. 행성의 반지름이 중심별의 $\frac{1}{20}$배이므로 중심별의 상대적 밝기는 $\frac{1}{400}$배만큼 감소하여 원래 광도의 99.75%이다.

ㄴ. t_1과 t_5일 때 행성의 중심과 중심별의 중심이 관측자의 시선과 동일한 방향에 위치하므로 t_2일 때 중심별은 관측자에게 접근하는 시선 속도의 크기가 최대로 나타나고, t_3일 때 중심별의 시선 속도는 0이 된다. 따라서 $t_2 \to t_3$ 동안 중심별의 스펙트럼에서 청색 편이가 점점 감소하여 흡수선의 파장은 점차 길어진다.

ㄷ. $t_1 \to$A 동안 중심별이 공통 질량 중심을 회전한 각을 θ, 중심별의 공전 속도를 v라고 하면 A일 때 중심별의 시선 속도의 크기는 $v \times \sin\theta$이다. t_2일 때 중심별의 시선 속도의 크기는 최대이며, 이때 시선 속도의 크기는 공전 속도의 크기와 같다. 따라서 $\frac{\text{A일 때 시선 속도}}{t_2\text{일 때 시선 속도}} = \frac{v \times \sin\theta}{v} = \sin\theta$이고,

$\sin\theta = \frac{\text{중심별 반지름}+\text{행성 반지름}}{\text{중심별 중심과 행성 중심 사이의 거리}}$이므로

$\sin\theta = \frac{1+\frac{1}{20}}{4.2} = \frac{1}{4}$ 이다.

45회 2022학년도 수능

01 ①	02 ①	03 ③	04 ③	05 ②
06 ⑤	07 ④	08 ②	09 ④	10 ⑤
11 ⑤	12 ③	13 ②	14 ①	15 ③
16 ⑤	17 ②	18 ③	19 ④	20 ①

채점 결과
• 실제 걸린 시간 : 분 초
• 맞은 문항수 : 개
• 틀린 문항수 : 개
• 헷갈린 문항 :

01 황사

정답률 82% | 정답 ①

| 문제 보기 |

그림 (가)는 우리나라에 영향을 준 어느 황사의 발원지와 관측소 A와 B의 위치를 나타낸 것이고, (나)는 A와 B에서 측정한 이 황사 농도를 ㉠과 ㉡으로 순서 없이 나타낸 것이다.

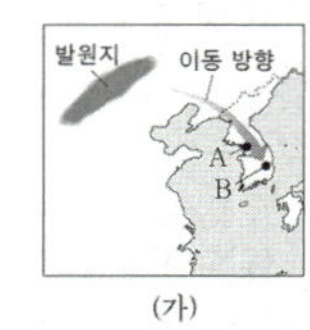

(가)

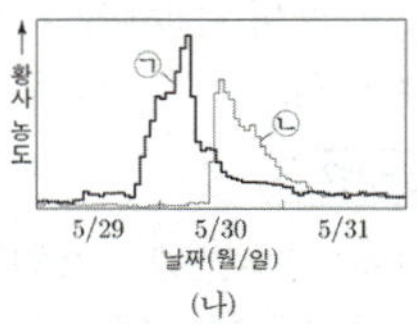

(나)

이 황사에 대한 설명으로 옳은 것만을 <보기>에서 있는 대로 고른 것은?

<보 기>
ㄱ. A에서 측정한 황사 농도는 ㉠이다.
ㄴ. 발원지에서 5월 30일에 발생하였다.
ㄷ. 무역풍을 타고 이동하였다.

① ㄱ ② ㄴ ③ ㄱ, ㄷ
④ ㄴ, ㄷ ⑤ ㄱ, ㄴ, ㄷ

• 왜 정답일까?

ㄱ. 황사가 이동할 때 관측소 B보다 관측소 A를 먼저 지나게 되므로, A에서 측정한 황사 농도는 (나)에서 황사 농도가 먼저 높게 나타난 ㉠이다.

02 플룸 구조론

정답률 48% | 정답 ①

| 문제 보기 |

그림은 플룸 구조론을 나타낸 모식도이다. A와 B는 각각 차가운 플룸과 뜨거운 플룸 중 하나이다.

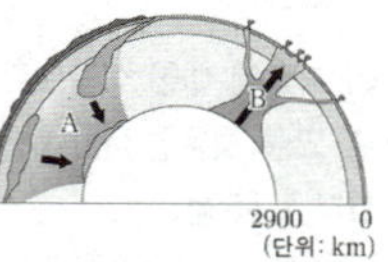

이에 대한 설명으로 옳은 것만을 <보기>에서 있는 대로 고른 것은?

<보 기>
ㄱ. A는 차가운 플룸이다.
ㄴ. B에 의해 호상 열도가 형성된다.
ㄷ. 상부 맨틀과 하부 맨틀 사이의 경계에서 B가 생성된다.

① ㄱ ② ㄴ ③ ㄷ
④ ㄱ, ㄴ ⑤ ㄱ, ㄷ

• 왜 정답일까?

ㄱ. A는 판의 섭입형 수렴형 경계에서 섭입한 판이 상부 맨틀과 하부 맨틀의 경계 부근에 쌓여 있다가 밀도가 커지면 맨틀과 외핵의 경계 쪽으로 가라앉으면서 생성되는 차가운 플룸이다.

• 왜 오답일까?

ㄴ. 뜨거운 플룸(B)으로 형성된 열점에서는 마그마가 지각을 뚫고 분출하여 화산섬이나 해산을 형성하는데, 이와 같이 생성된 화산섬이나 해산은 판의 이동 방향으로 배열되어 하와이 섬과 같은 화산 열도를 형성한다.

ㄷ. 차가운 플룸(A)이 맨틀과 외핵의 경계 쪽으로 가라앉으면

[문제편 p.176]

그 영향으로 맨틀과 외핵의 경계에서 뜨거운 맨틀 물질이 상승하면서 B (뜨거운 플룸)가 생성된다.

03 수온-염분도 해석

정답률 55% | 정답 ③

| 문제 보기 |

그림은 어느 고위도 해역에서 A 시기와 B 시기에 각각 측정한 깊이 50 ~ 500m의 해수 특성을 수온 - 염분도에 나타낸 것이다. 이 해역의 수온과 염분은 유입된 담수의 양에 의해서만 변화하였다.

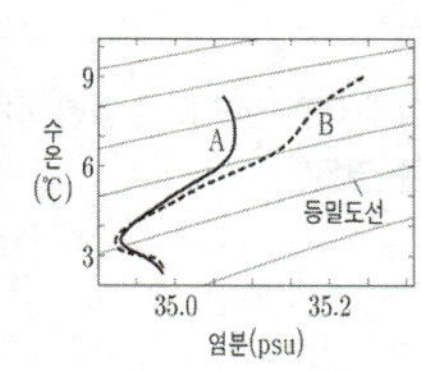

이 자료에 대한 설명으로 옳은 것만을 〈보기〉에서 있는 대로 고른 것은?

<보 기>
ㄱ. A 시기에 깊이가 증가할수록 밀도는 증가한다.
ㄴ. 50 m 깊이에서 산소의 용해도는 A 시기가 B 시기보다 높다.
ㄷ. 유입된 담수의 양은 A 시기가 B 시기보다 적다.

① ㄱ ② ㄷ ③ ㄱ, ㄴ
④ ㄴ, ㄷ ⑤ ㄱ, ㄴ, ㄷ

• 왜 정답일까?

ㄱ. 해수의 밀도는 수온이 낮을수록, 염분이 높을수록 커지므로, 수온-염분도에서 오른쪽 아래에 있는 등밀도선일수록 밀도값이 크다. 따라서 A 시기에 깊이가 증가할수록 밀도는 증가한다.
ㄴ. 기체의 용해도는 수온에 반비례한다. 50 m 깊이에서 A 시기가 B 시기보다 수온이 낮으므로, 50 m 깊이에서 산소의 용해도는 A 시기가 B 시기보다 높다.

04 퇴적 구조의 형성 원리

정답률 74% | 정답 ③

| 문제 보기 |

다음은 어느 퇴적 구조가 형성되는 원리를 알아보기 위한 실험이다.

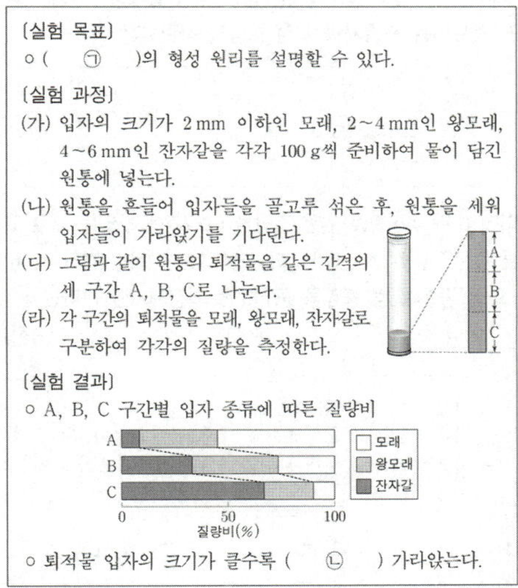

[실험 목표]
○ (㉠)의 형성 원리를 설명할 수 있다.

[실험 과정]
(가) 입자의 크기가 2 mm 이하인 모래, 2 ~ 4 mm인 왕모래, 4 ~ 6 mm인 잔자갈을 각각 100 g씩 준비하여 물이 담긴 원통에 넣는다.
(나) 원통을 흔들어 입자들을 골고루 섞은 후, 원통을 세워 입자들이 가라앉기를 기다린다.
(다) 그림과 같이 원통의 퇴적물을 같은 간격의 세 구간 A, B, C로 나눈다.
(라) 각 구간의 퇴적물을 모래, 왕모래, 잔자갈로 구분하여 각각의 질량을 측정한다.

[실험 결과]
○ A, B, C 구간별 입자 종류에 따른 질량비

○ 퇴적물 입자의 크기가 클수록 (㉡) 가라앉는다.

이에 대한 설명으로 옳은 것만을 〈보기〉에서 있는 대로 고른 것은? [3점]

<보 기>
ㄱ. '점이 층리'는 ㉠에 해당한다.
ㄴ. '느리게'는 ㉡에 해당한다.
ㄷ. 경사가 급한 해저에서 빠르게 이동하던 퇴적물의 유속이 갑자기 느려지면서 퇴적되는 과정은 (나)에 해당한다.

① ㄱ ② ㄴ ③ ㄱ, ㄷ
④ ㄴ, ㄷ ⑤ ㄱ, ㄴ, ㄷ

• 왜 정답일까?

ㄱ. 모래, 왕모래, 잔자갈이 퇴적 될 때 입자의 크기에 따른 퇴적 속도 차이로 인해 위로 갈수록 입자 크기가 작아지는 실험 결과로부터 점이 층리의 형성 원리를 설명할 수 있다.
ㄷ. 경사가 급한 해저에서 퇴적물이 빠르게 이동할 때에는 다양한 크기의 퇴적물 입자가 뒤섞여 흐르다가 유속이 갑자기 느려지면 퇴적물이 입자의 크기에 따라 분급되어 퇴적되는 과정은 실험에서 점이 층리가 형성되는 과정인 (나)에 해당한다.

05 전파 은하

정답률 53% | 정답 ②

| 문제 보기 |

그림은 전파 은하 M87의 가시광선 영상과 전파 영상을 나타낸 것이다.

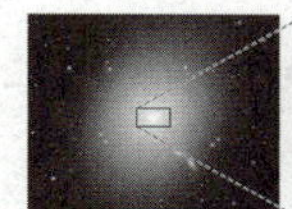
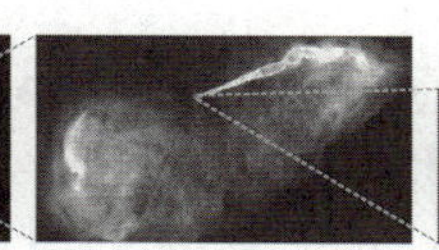

이 은하에 대한 설명으로 옳은 것만을 〈보기〉에서 있는 대로 고른 것은?

<보 기>
ㄱ. 은하를 구성하는 별들은 푸른 별이 붉은 별보다 많다.
ㄴ. 제트에서는 별이 활발하게 탄생한다.
ㄷ. 중심에는 질량이 거대한 블랙홀이 있다.

① ㄱ ② ㄷ ③ ㄱ, ㄴ
④ ㄴ, ㄷ ⑤ ㄱ, ㄴ, ㄷ

• 왜 정답일까?

ㄷ. 전파 은하의 제트와 로브의 일부 영역에서는 강한 X선을 방출하는데, 이것은 전파 은하의 중심부에 질량이 거대한 블랙홀이 있기 때문으로 추정된다.

• 왜 오답일까?

ㄱ. 전파 은하는 전파 영역에서 보면 제트로 연결된 로브가 중심부의 양쪽에 대칭으로 나타나는 모습으로 관측되지만, 가시광선 영역에서 보면 대부분 타원 은하로 관측된다. 타원 은하는 성간 물질이 거의 없으며, 비교적 나이가 많고 표면 온도가 낮은 붉은 별들로 이루어져 있다.
ㄴ. 제트는 전파 은하 중심부의 블랙홀에서 강하게 뿜어져 나오는 물질의 흐름으로, 여기에서 별이 활발하게 탄생하지는 않는다.

06 지질 시대의 생물과 환경

정답률 54% | 정답 ⑤

| 문제 보기 |

그림은 지질 시대에 일어난 주요 사건을 시간 순서대로 나타낸 것이다.

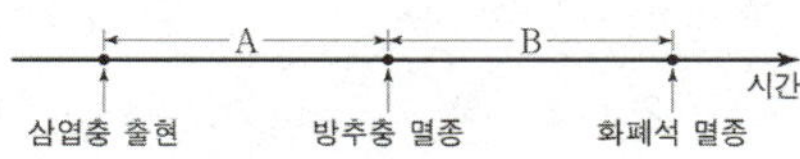

이에 대한 설명으로 옳은 것만을 〈보기〉에서 있는 대로 고른 것은?

<보 기>
ㄱ. A 기간에 최초의 척추동물이 출현하였다.
ㄴ. B 기간에 판게아가 분리되기 시작하였다.
ㄷ. B 기간의 지층에서는 양치식물 화석이 발견된다.

① ㄱ ② ㄴ ③ ㄱ, ㄷ
④ ㄴ, ㄷ ⑤ ㄱ, ㄴ, ㄷ

• 왜 정답일까?

A 기간은 고생대, B 기간은 중생대와 신생대 전반부이다.
ㄱ. 최초의 척추동물인 어류는 고생대 오르도비스기에 출현하였으므로 A 기간에 출현하였다.
ㄴ. 생대 말에 형성된 판게아는 중생대 초(트라이아스기 말)에 분리되기 시작하였으므로 B 기간에 분리되기 시작하였다.
ㄷ. 양치식물은 고생대에 번성하였지만 현재까지도 생존하고 있으므로 B 기간의 지층에서는 양치식물 화석이 발견된다.

07 우주 물질과 암흑 에너지

정답률 76% | 정답 ④

| 문제 보기 |

그림은 빅뱅 우주론에 따라 팽창하는 우주에서 물질, 암흑 에너지, 우주 배경 복사를 시간에 따라 나타낸 것이다.

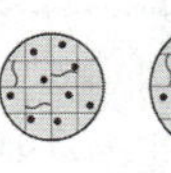
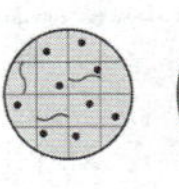
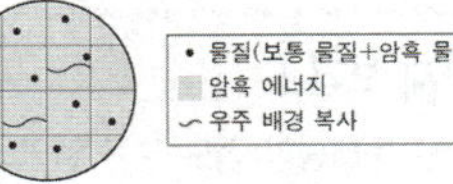

시간이 흐름에 따라 나타나는 우주의 변화에 대한 설명으로 옳은 것만을 〈보기〉에서 있는 대로 고른 것은?

<보 기>
ㄱ. 물질 밀도는 일정하다.
ㄴ. 우주 배경 복사의 온도는 감소한다.
ㄷ. 물질 밀도에 대한 암흑 에너지 밀도의 비는 증가한다.

① ㄱ ② ㄴ ③ ㄱ, ㄷ
④ ㄴ, ㄷ ⑤ ㄱ, ㄴ, ㄷ

• 왜 정답일까?

ㄴ. 우주 배경 복사는 우주의 온도가 약 3000 K일 때 방출되었던 복사로, 우주가 팽창하는 동안 온도가 낮아지고 파장이 길어져 현재는 약 2.7 K 복사로 관측되고 있다.
ㄷ. 우주가 팽창함에 따라 물질 밀도는 감소하지만 암흑 에너지는 빈 공간 자체가 갖는 에너지이기 때문에 우주의 팽창하더라도 밀도가 일정하다. 따라서 우주가 팽창함에 따라 물질 밀도에 대한 암흑 에너지 밀도의 비는 증가한다.

08 태풍의 이동에 따른 일기 요소

정답률 76% | 정답 ②

| 문제 보기 |

그림 (가)는 어느 태풍이 이동하는 동안 관측소 P에서 관측한 기압과 풍속을 ㉠과 ㉡으로 순서 없이 나타낸 것이고, (나)는 이 기간 중 어느 한 시점에 촬영한 가시 영상에 태풍의 이동 경로, 태풍의 눈의 위치, P의 위치를 나타낸 것이다.

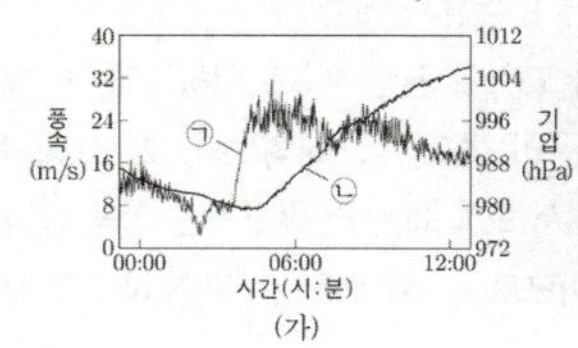

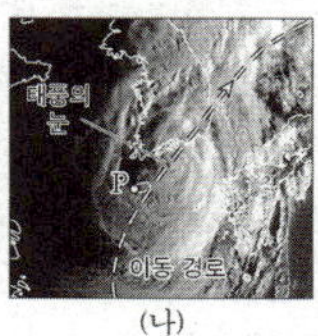

이 자료에 대한 설명으로 옳은 것만을 〈보기〉에서 있는 대로 고른 것은? [3점]

<보 기>
ㄱ. 기압은 ㉠이다.
ㄴ. (가)의 기간 동안 P에서 풍향은 시계 반대 방향으로 변했다.
ㄷ. (나)의 영상은 (가)에서 풍속이 최소일 때 촬영한 것이다.

① ㄱ ② ㄴ ③ ㄷ ④ ㄱ, ㄴ ⑤ ㄴ, ㄷ

• 왜 정답일까?

ㄴ. 관측소 P는 태풍의 안전 반원에 위치하므로, (가)의 기간 동안 P에서 풍향은 시계 반대 방향으로 변했다.

09 마그마의 생성과 화성암

정답률 57% | 정답 ④

| 문제 보기 |

그림 (가)는 깊이에 따른 지하의 온도 분포와 암석의 용융 곡선을 나타낸 것이고, (나)는 반려암과 화강암을 A와 B로 순서 없이 나타낸 것이다. A와 B는 각각 (가)의 ㉠ 과정과 ㉡ 과정으로 생성된 마그마가 굳어진 암석 중 하나이다.

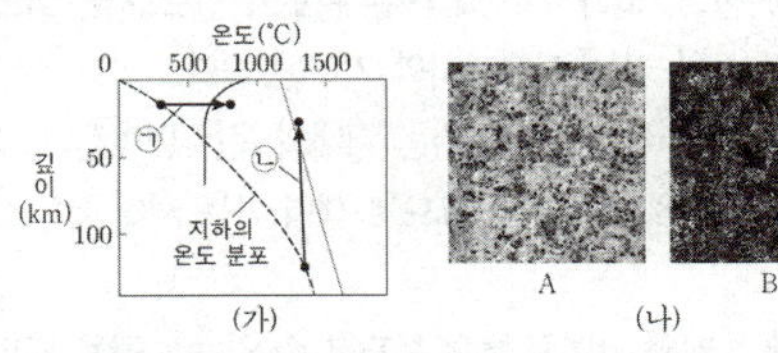

이에 대한 설명으로 옳은 것만을 〈보기〉에서 있는 대로 고른 것은?

<보 기>
ㄱ. ㉠ 과정으로 생성된 마그마가 굳으면 B가 된다.
ㄴ. ㉡ 과정에서는 열이 공급되지 않아도 마그마가 생성된다.
ㄷ. SiO_2 함량(%)은 A가 B보다 높다.

① ㄱ ② ㄷ ③ ㄱ, ㄴ
④ ㄴ, ㄷ ⑤ ㄱ, ㄴ, ㄷ

• 왜 정답일까?

A는 화강암이고, B는 반려암이다.
ㄴ. ㉡ 과정은 맨틀 물질 상승에 의한 압력 감소로 마그마가 생성되는 과정으로, 열의 공급 없이 마그마가 생성된다.

ㄷ. A(화강암)는 산성암이고, B(반려암)는 염기성암이므로, SiO2 함량(%)은 A가 B보다 높다.

10 대기 대순환

정답률 42% | 정답 ⑤

| 문제 보기 |

그림은 평균 해면 기압을 위도에 따라 나타낸 것이다.

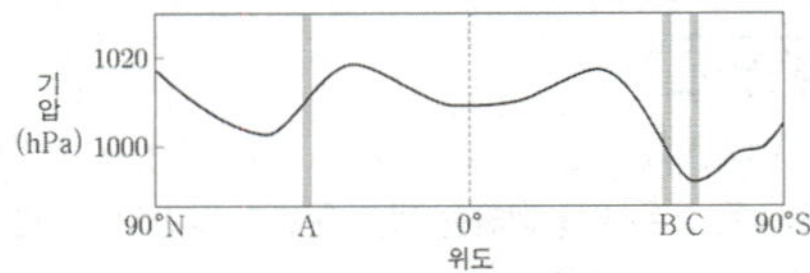

이 자료에 대한 설명으로 옳은 것만을 <보기>에서 있는 대로 고른 것은? [3점]

<보 기>
ㄱ. A는 대기 대순환의 간접 순환 영역에 위치한다.
ㄴ. B 해역에서는 남극 순환류가 흐른다.
ㄷ. C 해역에서는 대기 대순환에 의해 표층 해수가 발산한다.

① ㄱ ② ㄷ ③ ㄱ, ㄴ ④ ㄴ, ㄷ ⑤ ㄱ, ㄴ, ㄷ

• 왜 정답일까?

ㄱ. A는 북반구의 중위도 고압대와 고위도 저압대 사이의 페렐 순환 영역에 해당하므로 대기 대순환의 간접 순환 영역에 위치한다.

ㄴ. B 해역은 남반구의 중위도 고압대와 고위도 저압대 사이의 편서풍 지대에 위치한다. 따라서 B 해역에서는 편서풍에 의해 서에서 동으로 남극 순환류가 흐른다.

ㄷ. C 해역은 남반구의 고위도 저압대에 위치하는데, C 해역보다 저위도에서는 편서풍이 불고, C 해역보다 고위도에서는 극동풍이 분다. 남반구에서 표층 해수의 평균적인 이동 방향은 바람 방향의 왼쪽 90° 이므로 C 해역에서는 표층 해수의 발산이 일어난다.

11 생명 가능 지대

정답률 42% | 정답 ⑤

| 문제 보기 |

그림은 별 A, B, C를 H−R도에 나타낸 것이다.

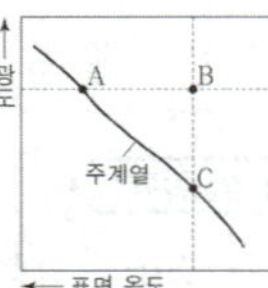

이에 대한 설명으로 옳은 것만을 <보기>에서 있는 대로 고른 것은?

<보 기>
ㄱ. 별의 중심으로부터 생명 가능 지대까지의 거리는 A와 B가 같다.
ㄴ. 생명 가능 지대의 폭은 B가 C보다 넓다.
ㄷ. 생명 가능 지대에 위치하는 행성에서 액체 상태의 물이 존재할 수 있는 시간은 C가 A보다 길다.

① ㄱ ② ㄴ ③ ㄱ, ㄷ ④ ㄴ, ㄷ ⑤ ㄱ, ㄴ, ㄷ

• 왜 정답일까?

ㄱ. 별의 중심으로부터 생명 가능 지대까지의 거리는 별의 광도에 따라 다르게 나타난다. 광도가 클수록 생명 가능 지대까지의 거리는 멀어진다. 따라서 A와 B는 광도가 같으므로, 별의 중심으로부터 생명 가능 지대까지의 거리는 같다.

ㄴ. 별의 광도가 클수록 생명 가능 지대의 폭은 넓어진다. 따라서 별의 광도는 B가 C보다 크므로 생명 가능 지대 폭은 B가 C보다 넓다.

ㄷ. 행성에서 액체 상태의 물이 존재할 수 있는 시간은 별의 수명이 길수록 길어진다. 별은 질량이 클수록 수명은 짧아진다. A와 C는 주계열성이며, 표면 온도가 높은 A가 질량이 크므로 수명이 짧다. 따라서 액체 상태의 물이 존재할 수 있는 시간은 C가 A보다 길다.

12 온대 저기압

정답률 54% | 정답 ③

| 문제 보기 |

그림 (가)와 (나)는 우리나라에 온대 저기압이 위치할 때, 온난 전선과 한랭 전선 주변의 지상 기온 분포를 순서 없이 나타낸 것이다.

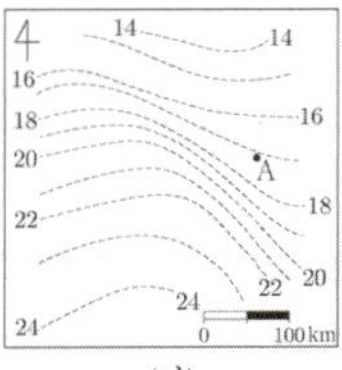

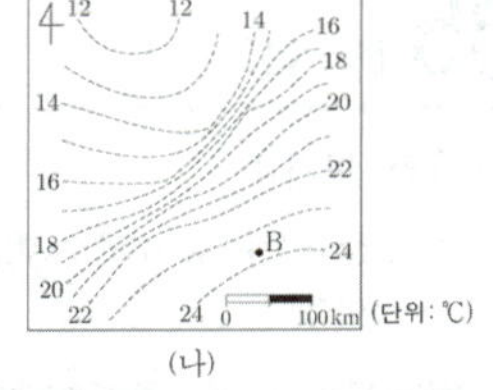

(가) (나)

이에 대한 설명으로 옳은 것만을 <보기>에서 있는 대로 고른 것은? [3점]

<보 기>
ㄱ. 온난 전선 주변의 지상 기온 분포는 (가)이다.
ㄴ. A 지역의 상공에는 전선면이 나타난다.
ㄷ. B 지역에서는 북풍 계열의 바람이 분다.

① ㄱ ② ㄷ ③ ㄱ, ㄴ ④ ㄴ, ㄷ ⑤ ㄱ, ㄴ, ㄷ

• 왜 정답일까?

ㄱ. (가)는 온난 전선 주변의 지상 기온 분포를, (나)는 한랭 전선 주변의 지상 기온 분포를 나타낸 것이다.

ㄴ. (가)의 A 지역은 온난 전선의 전면에 해당하므로, A 지역의 상공에는 전선면이 나타난다.

• 왜 오답일까?

ㄷ. (나)의 B 지역은 온난 전선과 한랭 전선 사이에 위치한다. 이 지역에서는 대체로 날씨가 맑고, 남풍 계열의 바람이 분다.

13 별의 물리량

정답률 50% | 정답 ②

| 문제 보기 |

표는 별 (가), (나), (다)의 분광형, 반지름, 광도를 나타낸 것이다.

별	분광형	반지름 (태양=1)	광도 (태양=1)
(가)	(　)	10	10
(나)	A0	5	(　)
(다)	A0	(　)	10

(가), (나), (다)에 대한 설명으로 옳은 것만을 <보기>에서 있는 대로 고른 것은? [3점]

<보 기>
ㄱ. 복사 에너지를 최대로 방출하는 파장은 (가)가 가장 짧다.
ㄴ. 절대 등급은 (나)가 가장 작다.
ㄷ. 반지름은 (다)가 가장 크다.

① ㄱ ② ㄴ ③ ㄷ ④ ㄱ, ㄴ ⑤ ㄴ, ㄷ

• 왜 정답일까?

ㄴ. (나)의 분광형이 A0이므로 표면 온도는 10000K 이다. 태양의 표면 온도가 약 5800K이므로 (나)의 표면 온도는 약 $1.72T_{\odot}$로 표현할 수 있다. 별의 광도는 반지름의 제곱, 표면 온도의 네제곱에 비례한다.

$L_{\odot} \propto R_{\odot}^2 \times T_{\odot}^4$, $xL_{\odot} \propto (5R_{\odot})^2 \times (1.72T_{\odot})^4$,

$\therefore x = 220$

따라서 별 (나)의 광도가 가장 크므로 절대 등급이 가장 작다.

• 왜 오답일까?

ㄱ. 복사 에너지를 최대로 방출하는 파장은 표면 온도가 높을수록 짧아진다.

별 (가)의 표면 온도는 다음과 같이 구할 수 있다.

$L_{\odot} \propto R_{\odot}^2 \times T_{\odot}^4$, $10L_{\odot} \propto (10R_{\odot})^2 \times (xT_{\odot})^4$,

$\therefore x = (0.1)^{\frac{1}{4}}$

별 (가)의 표면 온도가 가장 낮으므로, 복사 에너지를 최대로 방출하는 파장이 가장 길다.

ㄷ. 별 (나)와 (다)의 표면 온도는 같지만, 광도는 (나)가 더 크다. 따라서 반지름은 (다)가 (나)보다 작으므로 별 (가)의 반지름이 가장 크다.

14 엘니뇨

정답률 65% | 정답 ①

| 문제 보기 |

그림은 동태평양 적도 부근 해역에서 A 시기와 B 시기에 관측한 구름의 양을 높이에 따라 나타낸 것이다. A와 B는 각각 엘니뇨 시기와 평상시 중 하나이다.

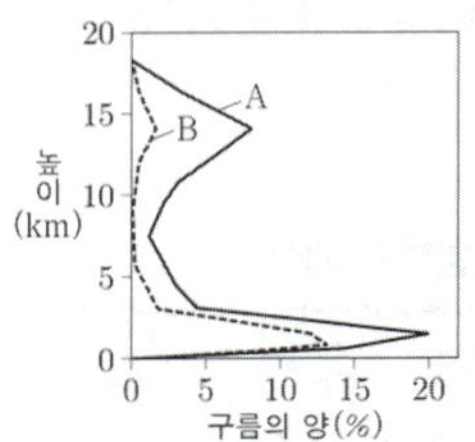

이에 대한 설명으로 옳은 것만을 <보기>에서 있는 대로 고른 것은?

<보 기>
ㄱ. A는 엘니뇨 시기이다.
ㄴ. 서태평양 적도 부근 해역에서 상승 기류는 A가 B보다 활발하다.
ㄷ. 동태평양 적도 부근 해역에서 수온 약층이 나타나기 시작하는 깊이는 A가 B보다 얕다.

① ㄱ ② ㄴ ③ ㄱ, ㄷ ④ ㄴ, ㄷ ⑤ ㄱ, ㄴ, ㄷ

• 왜 정답일까?

ㄱ. 엘니뇨 시기와 평상시 중 동태평양 적도 부근 해역에서 구름의 양이 많을 때는 엘니뇨 시기이다. 따라서 A는 엘니뇨 시기이다.

• 왜 오답일까?

ㄴ. 평상시(B)가 엘니뇨 시기(A)보다 서태평양 적도 부근 해역에서 상승 기류가 더 활발하다.

ㄷ. 엘니뇨 시기(A)에는 동태평양 적도 부근 해역에서 용승이 활발하게 일어나지 않으므로, 수온 약층이 나타나기 시작하는 깊이는 평상시(B)보다 깊다.

15 외계 행성계 탐사

정답률 57% | 정답 ③

| 문제 보기 |

표는 주계열성 A, B, C를 각각 원 궤도로 공전하는 외계 행성 a, b, c의 공전 궤도 반지름, 질량, 반지름을 나타낸 것이다. 세 별의 질량과 반지름은 각각 같으며, 행성의 공전 궤도면은 관측자의 시선 방향과 나란하다.

외계 행성	공전 궤도 반지름 (AU)	질량 (목성=1)	반지름 (목성=1)
a	1	1	2
b	1	2	1
c	2	2	1

이에 대한 설명으로 옳은 것만을 <보기>에서 있는 대로 고른 것은? (단, A, B, C의 시선 속도 변화는 각각 a, b, c와의 공통 질량 중심을 공전하는 과정에서만 나타난다.) [3점]

<보 기>
ㄱ. 시선 속도 변화량은 A가 B보다 작다.
ㄴ. 별과 공통 질량 중심 사이의 거리는 B가 C보다 짧다.
ㄷ. 행성의 식 현상에 의한 겉보기 밝기 변화는 A가 C보다 작다.

① ㄱ ② ㄷ ③ ㄱ, ㄴ ④ ㄴ, ㄷ ⑤ ㄱ, ㄴ, ㄷ

• 왜 정답일까?

ㄱ. 별의 공전 속도가 빠를수록 별의 시선 속도 변화량은 크다. A와 B에서 각 행성의 공전 궤도 반지름은 같지만, 행성의 질량은 b가 a의 2배이다. 두 별의 질량은 같으므로, 행성의 질량이 큰 별 B의 공전 주기가 짧다. 따라서 별 B의 공전 속도가 별 A 보다 빠르므로 시선 속도 변화량 역시 크다.

ㄴ. 별의 질량이 같고 행성의 질량이 같을 때, 공전 궤도 반지름이 길수록 공통 질량 중심은 행성 쪽으로 이동한다. 따라서 별과 공통 질량 중심 사이의 거리는 B가 C보다 더 짧다.

16 지층의 상대 연령

정답률 54% | 정답 ⑤

| 문제 보기 |

그림은 습곡과 단층이 나타나는 어느 지역의 지질 단면도이다.

[문제편 p.178]

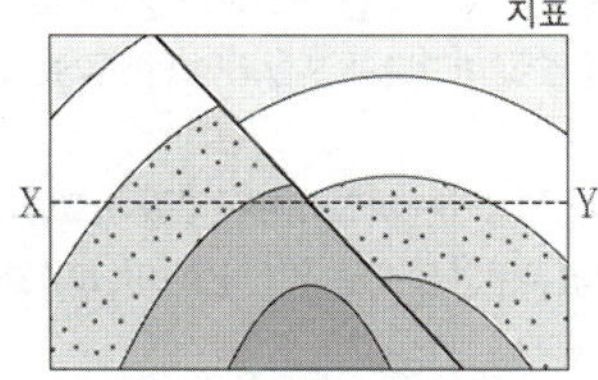

X－Y 구간에 해당하는 지층의 연령 분포로 가장 적절한 것은? [3점]

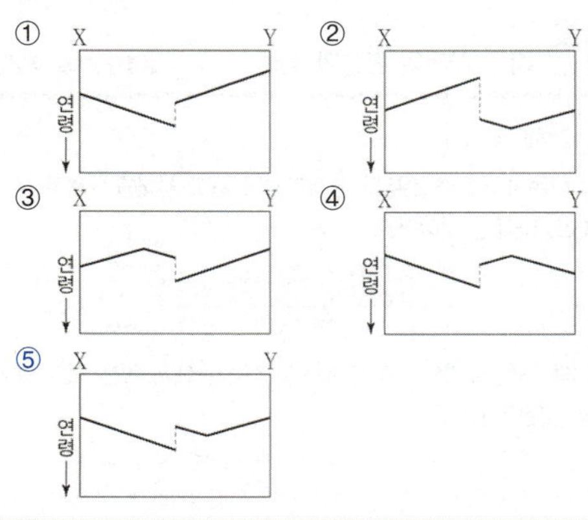

• 왜 정답일까?

X에서 Y로 가는 동안 단층을 만나기 전까지는 연령이 증가해야 한다. 단층을 만나기 직전과 단층을 지난 직후의 연령을 비교하면 단층을 경계로 불연속적으로 연령이 감소해야 한다. 이후 배사 구조가 나타나므로 배사의 중심축으로 갈수록 연령은 증가해야 하고 배사의 중심축을 지나면 연령은 다시 감소해야 한다.

17 기후 변화 요인

정답률 53% | 정답 ②

| 문제 보기 |

그림 (가)는 현재와 A 시기의 지구 공전 궤도를, (나)는 현재와 A 시기의 지구 자전축 방향을 나타낸 것이다. (가)의 ㉠, ㉡, ㉢은 공전 궤도상에서 지구의 위치이다.

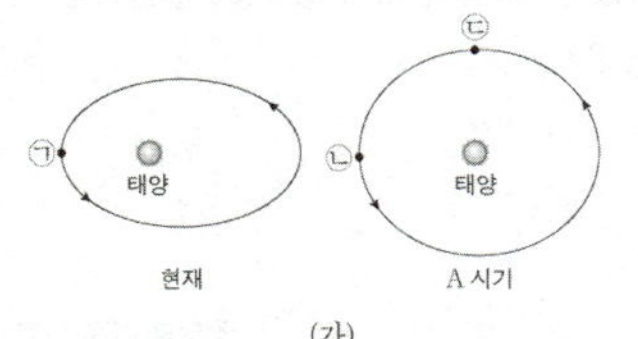

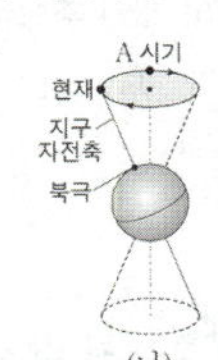

이에 대한 설명으로 옳은 것만을 <보기>에서 있는 대로 고른 것은? (단, 지구의 공전 궤도 이심률, 세차 운동 이외의 요인은 변하지 않는다고 가정한다.)

<보 기>

ㄱ. ㉠에서 북반구는 여름이다.
ㄴ. 37°N에서 연교차는 현재가 A 시기보다 작다.
ㄷ. 37°S에서 태양이 남중했을 때, 지표에 도달하는 태양 복사 에너지양은 ㉢이 ㉡보다 적다.

① ㄱ ② ㄴ ③ ㄷ ④ ㄱ, ㄴ ⑤ ㄴ, ㄷ

• 왜 정답일까?

ㄴ. A 시기에는 북반구가 여름일 때 현재 여름보다 태양과의 거리가 가까워지고, 겨울일 때 현재 겨울보다 태양과의 거리가 멀어진다. 따라서 37°N에서 연교차는 현재가 A 시기보다 작다.

• 왜 오답일까?

ㄱ. 지구 자전축의 방향을 고려하면, ㉠에서 북반구는 겨울이고 남반구가 여름이다.

ㄷ. A 시기의 지구 자전축 방향은 현재에서 시계 방향으로 90° 회전하였으므로, 남반구 여름의 위치는 ㉢이다. 따라서 37°S에서 태양이 남중했을 때, 지표에 도달하는 태양 복사 에너지양은 여름인 ㉢이 가을인 ㉡보다 많다.

18 별의 진화

정답률 31% | 정답 ③

| 문제 보기 |

그림은 별 A와 B가 주계열 단계가 끝난 직후부터 진화하는 동안의 반지름과 표면 온도 변화를 나타낸 것이다. A와 B의 질량은 각각 태양 질량의 1 배와 6 배 중 하나이다.

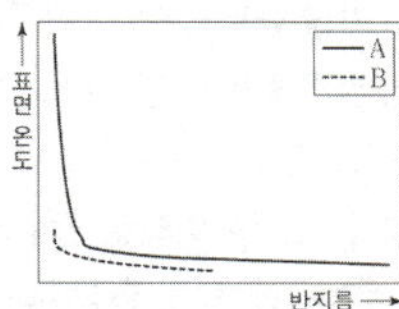

이 자료에 대한 설명으로 옳은 것만을 <보기>에서 있는 대로 고른 것은? [3점]

<보 기>

ㄱ. 진화 속도는 A가 B보다 빠르다.
ㄴ. 절대 등급의 변화 폭은 A가 B보다 크다.
ㄷ. 주계열 단계일 때, 대류가 일어나는 영역의 평균 온도는 A가 B보다 높다.

① ㄱ ② ㄴ ③ ㄱ, ㄷ ④ ㄴ, ㄷ ⑤ ㄱ, ㄴ, ㄷ

• 왜 정답일까?

ㄱ. 주계열 단계가 끝난 후 질량이 태양보다 더 큰 별은 반지름도 크며, 표면 온도 역시 크게 변한다. 따라서 A는 태양 질량의 6배, B는 태양 질량의 1배이다. 별의 진화 속도는 질량이 클수록 빠르므로 질량이 큰 A가 질량이 작은 B보다 진화 속도가 빠르다.

ㄷ. 질량이 태양 질량의 약 2배보다 큰 주계열성은 중심부의 온도가 매우 높기 때문에 중심부에 대류가 일어나는 대류핵이 나타나고, 바깥쪽에 복사층이 나타난다. 태양 정도의 질량을 가진 별의 주계열성은 중심부에 복사핵이 나타나고, 바깥쪽에 대류층이 나타난다. 따라서 주계열 단계일 때, 대류가 일어나는 영역의 평균 온도는 중심부에서 대류가 일어나는 A가 B보다 높다.

• 왜 오답일까?

ㄴ. 절대 등급의 변화 폭은 광도 변화 폭으로 알 수 있다. 질량이 큰 별은 H－R도에서 대체로 광도 변화 폭보다 표면 온도 변화 폭이 크며, 태양 정도의 질량을 가진 별은 대체로 표면 온도 변화 폭보다 광도 변화 폭이 크다. 따라서 질량이 더 큰 A가 질량이 더 작은 B보다 광도 변화 폭이 더 작고 절대 등급의 변화 폭은 더 작다.

19 고지자기와 판의 이동

정답률 28% | 정답 ④

| 문제 보기 |

그림은 고정된 열점에서 형성된 화산섬 A, B, C를, 표는 A, B, C의 연령, 위도, 고지자기 복각을 나타낸 것이다. A, B, C는 동일 경도에 위치한다.

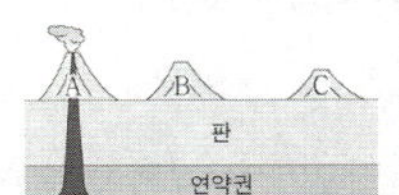

화산섬	A	B	C
연령(백만 년)	0	15	40
위도	10°N	20°N	40°N
고지자기 복각	( )	(㉠)	(㉡)

이 자료에 대한 설명으로 옳은 것만을 <보기>에서 있는 대로 고른 것은? (단, 고지자기극은 고지자기 방향으로 추정한 지리상 북극이고, 지리상 북극은 변하지 않았다.) [3점]

<보 기>

ㄱ. ㉠은 ㉡보다 작다.
ㄴ. 판의 이동 방향은 북쪽이다.
ㄷ. B에서 구한 고지자기극의 위도는 80°N이다.

① ㄱ ② ㄴ ③ ㄱ, ㄷ ④ ㄴ, ㄷ ⑤ ㄱ, ㄴ, ㄷ

• 왜 정답일까?

ㄴ. A, B, C는 동일 경도에 위치하고 A, B, C 모두 북반구에 위치하므로 A, B, C 중 가장 먼저 형성된 C가 위도가 가장 높다. 따라서 판의 이동 방향은 북쪽이다.

ㄷ. 만약, 현재 적도에서 형성된 화산섬이 있다면 고지자기 방향은 현재 지리상 북극과 지구 중심을 잇는 축에 평행한 방향일 것이다. 그런데 동일한 경도상에서 계속 북쪽으로 이동하여 위도 30°N로 이동하였다면, 이때 적도에서 이미 형성된 고지자기 방향으로 추정한 지리상 북극은 위도 60°N일 것이다. B가 형성될 때 위도 10°N이었고 현재는 위도 20°N에 위치하므로 북쪽으로 10° 이동하였다. 따라서 B에서 구한 고지자기극의 위도는 80°N이다.

• 왜 오답일까?

ㄱ. 고정된 열점에서 형성된 화산섬 A, B, C이므로 모두 위도 10°N에서 형성되었다. 지리상 북극은 변하지 않았으므로 ㉠과 ㉡은 같다.

20 Ia형 초신성 관측

정답률 26% | 정답 ①

| 문제 보기 |

그림은 외부 은하 A와 B에서 각각 발견된 Ia형 초신성의 겉보기 밝기를 시간에 따라 나타낸 것이다. 우리은하에서 관측하였을 때 A와 B의 시선 방향은 60°를 이루고, F_0은 Ia형 초신성이 100Mpc에 있을 때 겉보기 밝기의 최댓값이다.

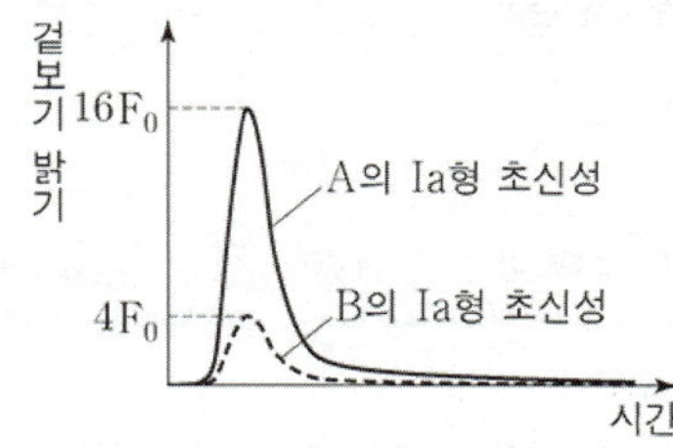

이 자료에 대한 설명으로 옳은 것만을 <보기>에서 있는 대로 고른 것은? (단, 빛의 속도는 3×10^5km/s이고, 허블 상수는 70km/s/Mpc이며, 두 은하는 허블 법칙을 만족한다.) [3점]

<보 기>

ㄱ. 우리은하에서 관측한 A의 후퇴 속도는 1750 km/s이다.
ㄴ. 우리은하에서 B를 관측하면, 기준 파장이 600 nm인 흡수선은 603.5 nm로 관측된다.
ㄷ. A에서 B의 Ia형 초신성을 관측하면, 겉보기 밝기의 최댓값은 $\frac{4}{\sqrt{3}}F_0$이다.

① ㄱ ② ㄴ ③ ㄱ, ㄷ
④ ㄴ, ㄷ ⑤ ㄱ, ㄴ, ㄷ

• 왜 정답일까?

ㄱ. Ia형 초신성의 절대 밝기 최댓값은 같으므로 겉보기 밝기의 최댓값을 관측하면 Ia형 초신성까지의 거리를 알 수 있다. 외부 은하 A에서 발견된 Ia형 초신성의 겉보기 밝기가 $16F_0$이므로

$F_0 \propto \frac{1}{(100Mpc)^2}$, $16F_0 \propto \frac{1}{(xMpc)^2}$

$\therefore x = 25$이다.

외부 은하 A에서 발견된 Ia형 초신성까지의 거리가 25Mpc이므로

$v = H \times d = 70km/s/Mpc \times 25\,Mpc = 1750km/s$

• 왜 오답일까?

ㄴ. 외부 은하 A와 B에서 발견된 각각의 초신성의 겉보기 밝기 최댓값을 비교하면 B의 Ia형 초신성 겉보기 밝기가 A의 Ia형 초신성 겉보기 밝기보다 $\frac{1}{4}$배 밝으므로 2배 더 멀리 있는 초신성이다.

우리은하로부터 외부 은하 A까지의 거리가 25Mpc이므로 외부 은하 B까지의 거리는 50Mpc이다. 외부 은하 B의 후퇴 속도는

$v = H \times d = 70km/s/Mpc \times 50Mpc = 3500km/s$

이다. 후퇴 속도에 따른 적색편이량은 다음과 같이 구할 수 있다.

$\frac{v}{c} = \frac{\Delta\lambda}{\lambda_0} = \frac{3500km/s}{3\times10^5km/s} = \frac{\Delta\lambda}{600nm}$,

$\therefore \Delta\lambda = 7nm$ 이므로 기준 파장이 600nm인 흡수선은 607nm로 관측된다.

ㄷ. 우리은하에서 관측하였을 때 A와 B의 시선 방향은 60°를 이루면, 외부 은하 A와 B 사이의 거리는 $25\sqrt{3}$ Mpc이다. A에서 B의 Ia형 초신성을 관측하였을 때, 겉보기 밝기의 최댓값은 다음과 같이 구할 수 있다.

$F_0 \propto \frac{1}{(100\,Mpc)^2}$, $xF_0 \propto \frac{1}{(25\sqrt{3}\,Mpc)^2}$

$\therefore x = \frac{16}{3}$이다.

따라서 겉보기 밝기의 최댓값은 $\frac{16}{3}F_0$이다.

45회

46회

● 고3 지구과학 I ●

2021학년도 수능

01 ①	02 ⑤	03 ②	04 ①	05 ④
06 ③	07 ⑤	08 ⑤	09 ②	10 ④
11 ②	12 ③	13 ③	14 ①	15 ①
16 ⑤	17 ③	18 ②	19 ③	20 ④

채점 결과
- 실제 걸린 시간 : 분 초
- 맞은 문항수 : 개
- 틀린 문항수 : 개
- 헷갈린 문항 :

01 판 구조론의 정립 과정

정답률 87% | 정답 ①

| 문제 보기 |

다음은 판 구조론이 정립되는 과정에서 등장한 두 이론에 대하여 학생 A, B, C가 나눈 대화를 나타낸 것이다.

이론	내용
㉠	고생대 말에 판게아가 존재하였고, 약 2억 년 전에 분리되기 시작하여 현재와 같은 대륙 분포가 되었다.
㉡	맨틀이 대류하는 과정에서 대륙이 이동할 수 있다.

제시한 내용이 옳은 학생만을 있는 대로 고른 것은?

① A ② B ③ A, C
④ B, C ⑤ A, B, C

• 왜 정답일까?

㉠은 베게너의 대륙 이동설, ㉡은 홈즈의 맨틀 대류설이다.

A. 베게너는 대륙 이동설(㉠)을 주장하였는데, 그 증거로 대서양 양쪽 대륙 해안선 굴곡의 유사성 등을 제시하였다.

• 왜 오답일까?

B. ㉡(맨틀 대류설)에 의하면 맨틀 대류가 상승하는 곳에서는 대륙 지각이 분리되면서 새로운 해양이 생성되고, 맨틀 대류가 하강하는 곳에서는 산맥과 해구가 생성된다.

C. 음향 측심법을 이용하여 알아낸 해령 등의 해저 지형은 해저확장설이 등장하는 데 중요한 역할을 하였다.

02 표층 순환과 해수의 성질

정답률 72% | 정답 ⑤

| 문제 보기 |

그림 (가)는 태평양의 해역 A, B, C를, (나)는 이 세 해역에서 관측한 수온과 염분을 수온-염분도에 ㉠, ㉡, ㉢으로 순서 없이 나타낸 것이다.

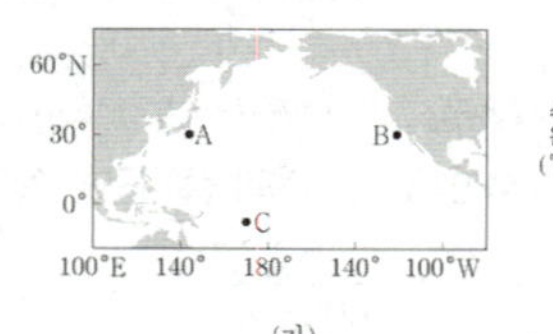

(가)

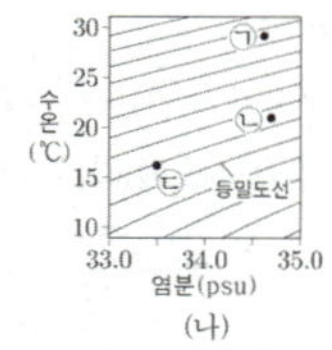

(나)

이에 대한 설명으로 옳은 것만을 〈보기〉에서 있는 대로 고른 것은?

<보 기>
ㄱ. A의 관측값은 ㉡이다.
ㄴ. A, B, C 중 해수의 밀도가 가장 큰 해역은 B이다.
ㄷ. C에 흐르는 해류는 무역풍에 의해 형성된다.

① ㄱ ② ㄷ ③ ㄱ, ㄴ
④ ㄴ, ㄷ ⑤ ㄱ, ㄴ, ㄷ

• 왜 정답일까?

난류는 한류보다 상대적으로 수온과 염분이 높다. A는 난류, B는 한류가 흐르는 해역이며, A, B, C 중 수온이 가장 높은 해역은 가장 저위도에 위치한 C이다.

ㄱ. (나)에서 수온이 가장 높은 ㉠은 C의 관측값이다. 또한 ㉡과 ㉢ 중 수온과 염분이 높은 ㉡은 A의 관측값이며, 수온과 염분이 낮은 ㉢은 B의 관측값이다.

ㄴ. 수온-염분도에서 오른쪽 아래로 갈수록 밀도가 커진다.

ㄷ. 남적도 해류는 무역풍에 의해 형성된다.

03 계절에 따른 연직 수온 분포

정답률 83% | 정답 ②

| 문제 보기 |

그림은 북반구 중위도 어느 해역에서 1년 동안 관측한 수온 변화를 등수온선으로 나타낸 것이다.

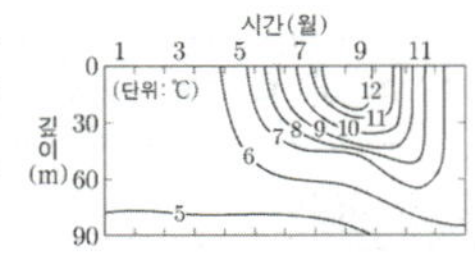

이 자료에 대한 설명으로 옳은 것만을 〈보기〉에서 있는 대로 고른 것은?

<보 기>
ㄱ. 표층에서 수온의 연교차는 10℃보다 크다.
ㄴ. 수온 약층은 9월이 5월보다 뚜렷하게 나타난다.
ㄷ. 6℃ 등수온선은 5월이 11월보다 깊은 곳에서 나타난다.

① ㄱ ② ㄴ ③ ㄱ, ㄷ
④ ㄴ, ㄷ ⑤ ㄱ, ㄴ, ㄷ

• 왜 정답일까?

해수는 깊이에 따른 수온 분포에 의해 혼합층, 수온 약층, 심해층으로 구분한다.

ㄴ. 수온 약층은 표층 수온이 높을수록 대체로 뚜렷하게 발달한다. 따라서 수온 약층은 표층 수온이 높은 9월이 5월보다 뚜렷하게 나타난다.

• 왜 오답일까?

ㄱ. 표층에서 수온의 연교차는 약 7 °C로, 10 °C보다 작다.

ㄷ. 6 °C 등수온선이 나타나는 깊이는 5월에 약 15~50 m이고, 11월에 약 80 m이므로 6 °C 등수온선은 5월이 11월보다 얕은 곳에서 나타난다.

04 판의 경계와 마그마의 생성

정답률 76% | 정답 ①

| 문제 보기 |

그림 (가)는 마그마가 생성되는 지역 A ~ D를, (나)는 마그마가 생성되는 과정 중 하나를 나타낸 것이다.

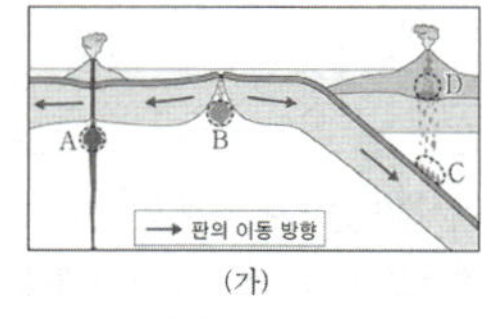

(가)

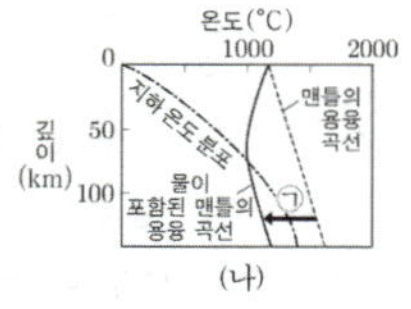

(나)

이에 대한 설명으로 옳은 것만을 〈보기〉에서 있는 대로 고른 것은? [3점]

<보 기>
ㄱ. A의 하부에는 플룸 상승류가 있다.
ㄴ. (나)의 ㉠ 과정에 의해 마그마가 생성되는 지역은 B이다.
ㄷ. 생성되는 마그마의 SiO_2 함량(%)은 C에서가 D에서보다 높다.

① ㄱ ② ㄴ ③ ㄱ, ㄷ
④ ㄴ, ㄷ ⑤ ㄱ, ㄴ, ㄷ

• 왜 정답일까?

SiO_2 함량은 안산암질 마그마가 현무암질 마그마보다 높다.

ㄱ. A는 열점으로 뜨거운 플룸이 상승하여 마그마가 생성되는 곳이다. 따라서 A의 하부에는 플룸 상승류가 있다.

• 왜 오답일까?

ㄴ. (나)의 ㉠은 맨틀에 물이 공급되어 맨틀 물질의 용융 온도가 낮아져 마그마가 생성되는 과정으로, 이 과정에 의해 마그마가 생성되는 지역은 C이다.

ㄷ. C에서는 섭입하는 해양 지각에서 빠져나온 물이 연약권에 공급되면서 연약권을 이루는 맨틀 물질의 용융점이 낮아져 현무암질 마그마가 생성된다.

D에서는 C에서 생성된 현무암질 마그마에 의해 대륙 지각이 가열되어 용융되면 유문암질 마그마가 생성되고, 이 유문암질 마그마와 현무암질 마그마가 혼합되면 안산암질 마그마가 생성될 수 있다.

따라서 C에서 생성되는 마그마(현무암질 마그마)는 D에서 생성되는 마그마(유문암질 또는 안산암질 마그마)보다 SiO_2 함량이 낮다.

05 지질 시대의 환경과 생물

정답률 70% | 정답 ④

| 문제 보기 |

그림은 40억 년 전부터 현재까지의 지질 시대를 3개의 누대로 나타낸 것이다.

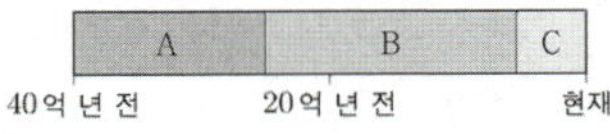

이에 대한 설명으로 옳은 것만을 〈보기〉에서 있는 대로 고른 것은? [3점]

<보 기>
ㄱ. 대기 중 산소의 농도는 A 시기가 B 시기보다 높았다.
ㄴ. 다세포 동물은 B 시기에 출현했다.
ㄷ. 가장 큰 규모의 대멸종은 C 시기에 발생했다.

① ㄱ ② ㄷ ③ ㄱ, ㄴ
④ ㄴ, ㄷ ⑤ ㄱ, ㄴ, ㄷ

• 왜 정답일까?

A는 시생 누대, B는 원생 누대, C는 현생 누대이다.

ㄴ. 다세포 동물이 최초로 출현한 시기는 B 시기(원생 누대) 후기이다.

ㄷ. 가장 큰 규모의 대멸종은 C 시기(현생 누대)의 고생대 말기에 있었다.

• 왜 오답일까?

ㄱ. A 시기(시생 누대)에는 대기 중에 산소가 거의 없었으며, B 시기(원생 누대)에는 남세균의 광합성으로 대기 중에 산소의 양이 점차 증가하였다. 따라서 대기 중 산소의 농도는 A 시기가 B 시기보다 낮았다.

06 퇴적 구조

정답률 40% | 정답 ③

| 문제 보기 |

그림 (가)는 해수면이 하강하는 과정에서 형성된 퇴적층의 단면이고, (나)는 (가)의 퇴적층에서 나타나는 퇴적 구조 A와 B이다.

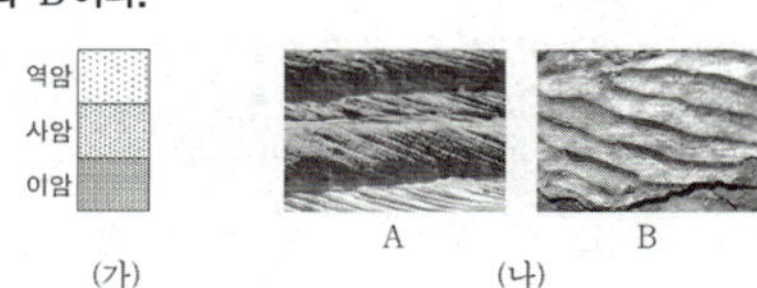

(가) (나)

이 자료에 대한 설명으로 옳은 것만을 〈보기〉에서 있는 대로 고른 것은?

<보 기>
ㄱ. (가)의 퇴적층 중 가장 얕은 수심에서 형성된 것은 이암층이다.
ㄴ. (나)의 A와 B는 주로 역암층에서 관찰된다.
ㄷ. (나)의 A와 B 중 층리면에서 관찰되는 퇴적 구조는 B이다.

① ㄱ ② ㄴ ③ ㄷ ④ ㄱ, ㄷ ⑤ ㄴ, ㄷ

• 왜 정답일까?

A는 사층리이고, B는 연흔이다.

ㄷ. B(연흔)는 층리면과 단면 모두에서 관찰할 수 있지만, A(사층리)는 단면에서만 관찰할 수 있다. (나)의 A는 단면, B는 층리면에서 관찰한 모습이다.

• 왜 오답일까?

ㄱ. (가)의 퇴적층은 해수면이 하강하는 과정에서 형성되었으므로 가장 얕은 수심에서 형성된 지층은 가장 나중에(위에) 퇴적된 역암층이다.

ㄴ. A(사층리)와 B(연흔)는 입자 크기가 작은 모래나 점토가 퇴적될 때 주로 형성되므로 사암층이나 셰일층에서 주로 관찰된다.

[문제편 p.181]

07 허블의 은하 분류

정답률 67% | 정답 ⑤

| 문제 보기 |

표는 허블의 은하 분류 기준과 이에 따라 분류한 은하의 종류를 나타낸 것이고, 그림은 은하 A의 가시광선 영상이다. (가)~(라)는 각각 타원 은하, 정상 나선 은하, 막대 나선 은하, 불규칙 은하 중 하나이고, A는 (가)~(라) 중 하나에 해당한다.

분류 기준	(가)	(나)	(다)	(라)
규칙적인 구조가 있는가?	○	○	×	○
나선팔이 있는가?	○	○	×	×
중심부에 막대 구조가 있는가?	○	×	×	×

(○: 있다, ×: 없다)

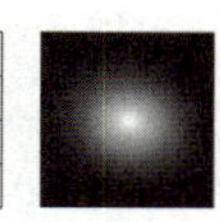
A

이 자료에 대한 설명으로 옳은 것만을 <보기>에서 있는 대로 고른 것은?

<보 기>

ㄱ. 은하의 질량에 대한 성간 물질의 질량비는 (가)가 (다)보다 작다.
ㄴ. 은하를 구성하는 별의 평균 표면 온도는 (나)가 (라)보다 높다.
ㄷ. A는 (라)에 해당한다.

① ㄱ ② ㄷ ③ ㄱ, ㄴ
④ ㄴ, ㄷ ⑤ ㄱ, ㄴ, ㄷ

• 왜 정답일까?

(가)는 막대 나선 은하, (나)는 정상 나선 은하, (다)는 불규칙 은하, (라)는 타원 은하이다.

ㄱ. 불규칙 은하 (다)는 막대 나선 은하 (가)에 비해 질량이 작고 상대적으로 성간 물질과 성간 기체가 많다.

ㄴ. 정상 나선 은하 (나)의 중심부에는 주로 표면 온도가 낮은 별들이 많고 나선팔에는 성간 물질이 많아서 새로운 별들이 많이 생성되므로 주로 표면 온도가 높은 별들이 많다. 반면 타원 은하 (라)를 구성하는 별들은 대부분 표면 온도가 낮다.

ㄷ. A는 나선팔이 없는 타원 은하이므로 (라)에 해당한다.

08 정체 전선과 기상 위성 영상

정답률 73% | 정답 ⑤

| 문제 보기 |

그림 (가)와 (나)는 어느 날 같은 시각 우리나라 부근의 가시 영상과 지상 일기도를 각각 나타낸 것이다.

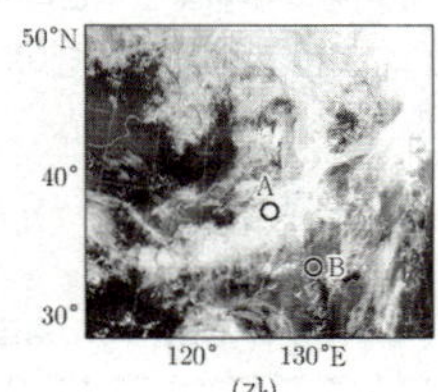

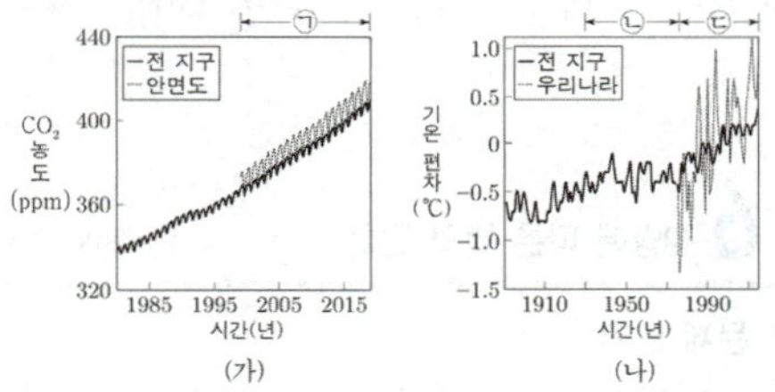

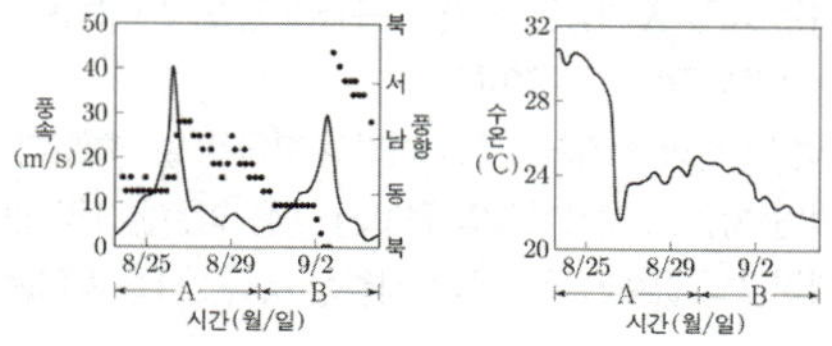

(가)

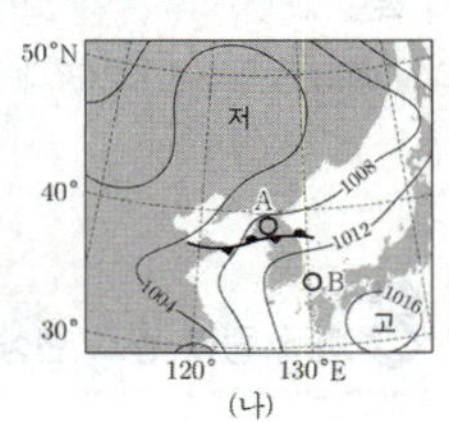

(나)

이 자료에 대한 설명으로 옳은 것만을 <보기>에서 있는 대로 고른 것은?

<보 기>

ㄱ. 구름의 두께는 A 지역이 B 지역보다 두껍다.
ㄴ. A 지역의 구름을 형성하는 수증기는 주로 전선의 남쪽에 위치한 기단에서 공급된다.
ㄷ. B 지역의 지상에서는 남풍 계열의 바람이 분다.

① ㄱ ② ㄴ ③ ㄱ, ㄷ
④ ㄴ, ㄷ ⑤ ㄱ, ㄴ, ㄷ

• 왜 정답일까?

가시 영상은 구름과 지표면에서 반사된 햇빛의 반사 강도를 나타내는 것으로, 반사도가 큰 부분은 밝게 나타나고 반사도가 작은 부분은 어둡게 나타나며, 구름이 두꺼울수록 햇빛을 많이 반사하므로 층운형 구름보다 적운형 구름이 더 밝게 보인다.

ㄱ. 가시 영상에서 더 밝게 보이는 A 지역이 B 지역보다 구름의 두께가 두껍다.

ㄴ. 정체 전선 주변의 구름대는 보통 전선의 북쪽에 형성되는데, 이는 남쪽의 따뜻한 공기가 북쪽의 찬 공기를 타고 올라가면서 구름이 형성되기 때문이다. 따라서 정체 전선의 북쪽에 위치한 A 지역의 구름을 형성하는 수증기는 주로 전선의 남쪽에 위치한 따뜻한 기단에서 공급된다.

ㄷ. 바람은 대체로 고기압에서 저기압으로 분다. 따라서 B 지역의 지상에서는 남풍계열의 바람이 분다.

09 별의 분광형과 절대 등급

정답률 31% | 정답 ②

| 문제 보기 |

표는 별 (가), (나), (다)의 분광형과 절대 등급을 나타낸 것이다.

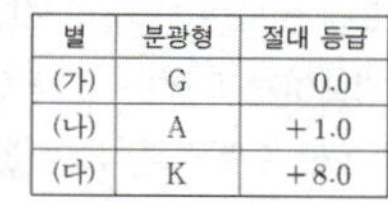

별	분광형	절대 등급
(가)	G	0.0
(나)	A	+1.0
(다)	K	+8.0

(가), (나), (다)에 대한 설명으로 옳은 것만을 <보기>에서 있는 대로 고른 것은? [3점]

<보 기>

ㄱ. (가)의 중심핵에서는 주로 양성자·양성자 반응(p-p 반응)이 일어난다.
ㄴ. 단위 면적당 단위 시간에 방출하는 에너지양은 (나)가 가장 많다.
ㄷ. (다)의 중심핵 내부에서는 주로 대류에 의해 에너지가 전달된다.

① ㄱ ② ㄴ ③ ㄷ
④ ㄱ, ㄴ ⑤ ㄴ, ㄷ

• 왜 정답일까?

(가)는 거성, (나)와 (다)는 주계열성이다.

ㄴ. 단위 면적당 단위 시간에 방출하는 에너지양은 표면 온도의 네제곱에 비례한다. 따라서 단위 면적당 단위 시간에 방출하는 에너지양이 가장 많은 별은 표면 온도가 가장 높은 (나)이다.

• 왜 오답일까?

ㄱ. (가)는 중심핵에서 주로 헬륨 핵융합 반응이 일어난다.

ㄷ. 중심핵 내부에서 주로 대류에 의해 에너지가 전달되는 별은 질량이 태양 질량의 약 2배보다 큰 주계열성이다. (다)는 질량이 태양보다 작은 주계열성이므로 중심핵 내부에서 주로 대류에 의해 에너지가 전달된다고 할 수 없다.

10 지구 온난화

정답률 86% | 정답 ④

| 문제 보기 |

그림 (가)는 전 지구와 안면도의 대기 중 CO_2 농도를, (나)는 전 지구와 우리나라의 기온 편차(관측값－평년값)를 나타낸 것이다.

(가): CO_2 농도(ppm) — 전 지구, 안면도 / 시간(년) 1985, 1995, 2005, 2015 / ㉠
(나): 기온 편차(℃) — 전 지구, 우리나라 / 시간(년) 1910, 1950, 1990 / ㉡, ㉢

이 자료에 대한 설명으로 옳은 것만을 <보기>에서 있는 대로 고른 것은?

<보 기>

ㄱ. ㉠ 시기 동안 CO_2 평균 농도는 안면도가 전 지구보다 낮다.
ㄴ. ㉢ 시기 동안 기온 상승률은 전 지구가 우리나라보다 작다.
ㄷ. 전 지구 해수면의 평균 높이는 ㉡ 시기가 ㉢ 시기보다 낮다.

① ㄱ ② ㄷ ③ ㄱ, ㄴ
④ ㄴ, ㄷ ⑤ ㄱ, ㄴ, ㄷ

• 왜 정답일까?

ㄴ. (나)에서 ㉢ 시기 동안 기온 상승률은 전 지구가 우리나라보다 작다.

ㄷ. 전 지구 해수면의 평균 높이는 지구의 평균 기온이 높을수록 대체로 높다. 따라서 전 지구 해수면의 평균 높이는 평균 표면 온도가 낮은 ㉡ 시기가 ㉢ 시기보다 낮다.

11 태풍과 날씨

정답률 51% | 정답 ②

| 문제 보기 |

그림 (가)는 우리나라의 어느 해양 관측소에서 관측된 풍속과 풍향 변화를, (나)는 이 관측소의 표층 수온 변화를 나타낸 것이다. A와 B는 서로 다른 두 태풍의 영향을 받은 기간이다.

(가): 풍속(m/s), 풍향(북, 서, 남, 동, 북) / 시간(월/일) 8/25, 8/29, 9/2 / A, B
(나): 수온(℃) / 시간(월/일) 8/25, 8/29, 9/2 / A, B

이 자료에 대한 설명으로 옳은 것만을 <보기>에서 있는 대로 고른 것은? [3점]

<보 기>

ㄱ. A 시기에 태풍의 눈은 관측소를 통과하였다.
ㄴ. B 시기에 관측소는 태풍의 안전 반원에 위치하였다.
ㄷ. A 시기의 급격한 수온 하강은 B 시기에 통과하는 태풍을 강화시켰다.

① ㄱ ② ㄴ ③ ㄷ
④ ㄱ, ㄴ ⑤ ㄴ, ㄷ

• 왜 정답일까?

ㄴ. B 시기에 태풍이 이동하는 동안 관측소에서는 풍향이 시계 반대 방향(북동풍→북서풍)으로 변하였다. 따라서 이 관측소는 태풍의 안전 반원에 위치하였다.

• 왜 오답일까?

ㄱ. 태풍의 눈에서는 바람이 비교적 약하게 분다. A 시기에 태풍이 통과하는 동안 관측소에서는 풍속이 가장 큰 시기 사이에 급격하게 감소하는 시기가 나타나지 않았으므로 태풍의 눈은 관측소를 통과하지 않았다.

ㄷ. 태풍의 주요 에너지원은 수증기의 잠열이므로, 우리나라 주변 해역의 수온이 낮을수록 태풍의 세력이 빠르게 약해질 수 있다. 따라서 A 시기에 나타난 표층 수온의 급격한 하강은 B 시기에 통과하는 태풍을 약화시키는 역할을 하였다.

46회

12 대륙의 이동과 고지자기 변화

정답률 59% | 정답 ③

| 문제 보기 |

다음은 고지자기 자료를 이용하여 대륙의 과거 위치를 알아보기 위한 탐구 활동이다.

[가정]
○ 고지자기극은 고지자기 방향으로 추정한 지리상 북극이고, 지리상 북극은 변하지 않았다.
○ 현재 지자기 북극은 지리상 북극과 일치한다.

[탐구 과정]
(가) 대륙 A의 현재 위치, 1억 년 전 A의 고지자기극 위치, 회전 중심이 표시된 지구본을 준비한다.
(나) 오른쪽 그림과 같이 회전 중심을 중심으로 1억 년 전 A의 고지자기극과 지리상 북극 사이의 각(θ)을 측정한다. 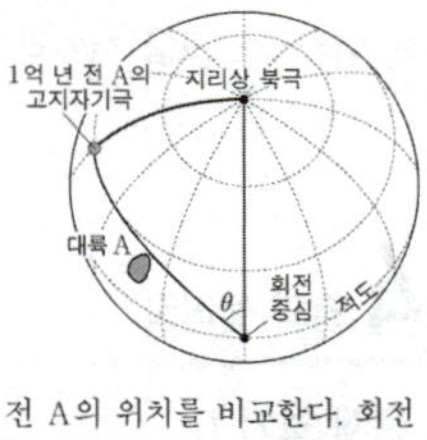
(다) 회전 중심을 중심으로 A를 θ만큼 회전시키고, 1억 년 전 A의 위치를 표시한 후, 현재와 1억 년 전 A의 위치를 비교한다. 회전 방향은 1억 년 전 A의 고지자기극이 (㉠)을/를 향하는 방향이다.

(그림: 1억 년 전 A의 고지자기극, 지리상 북극, 대륙 A, θ, 회전 중심, 적도)

[탐구 결과]
○ 각(θ): (　　)
○ 대륙 A의 위치 비교: 1억 년 전 A의 위치는 현재보다 (㉡)에 위치한다.

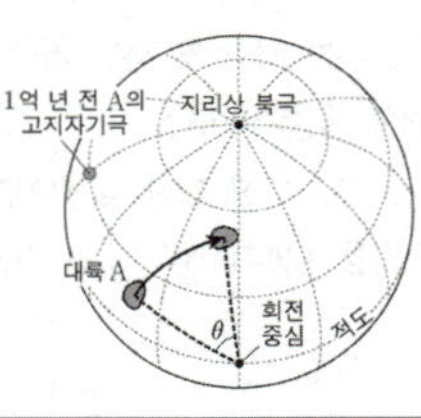

이에 대한 설명으로 옳은 것만을 <보기>에서 있는 대로 고른 것은? [3점]

<보 기>

ㄱ. 지리상 북극은 ㉠에 해당한다.
ㄴ. 고위도는 ㉡에 해당한다.
ㄷ. A의 고지자기 복각은 1억 년 전이 현재보다 작다.

① ㄱ ② ㄷ ③ ㄱ, ㄴ
④ ㄴ, ㄷ ⑤ ㄱ, ㄴ, ㄷ

• 왜 정답일까?

지리상 북극의 위치가 변하지 않았으므로, 암석의 잔류 자기에 나타나는 지질 시대동안 지자기 북극의 겉보기 이동은 대륙의 이동에 의해 만들어진 것이다.

ㄱ. 1억 년 전의 고지자기극과 지리상 북극은 일치하였다. 따라서 1억년 동안 고지자기극의 겉보기 이동 방향은 1억 년 전의 고지자기극의 겉보기 위치에서 지리상 북극(㉠)을 향하는 방향이다.

ㄴ. 1억 년 전에 대륙 A의 위치는 회전 중심으로부터 θ만큼 회전한 곳이다. 탐구 결과로부터 이 위치는 현재보다 고위도(㉡)에 해당한다.

• 왜 오답일까?

ㄷ. 대륙 A는 현재보다 1억 년 전에 고위도에 위치하였다. 따라서 고지자기 복각은 1억 년 전이 현재보다 크다.

13 북대서양 심층 순환의 세기 변화 정답률 47% | 정답 ③

| 문제 보기 |

그림은 북대서양 심층 순환의 세기 변화를 시간에 따라 나타낸 것이다.

A 시기와 비교할 때, B 시기의 북대서양 심층 순환과 관련된 설명으로 옳은 것만을 <보기>에서 있는 대로 고른 것은? [3점]

<보 기>
ㄱ. 북대서양 심층수가 형성되는 해역에서 침강이 약하다.
ㄴ. 북대서양에서 고위도로 이동하는 표층 해류의 흐름이 강하다.
ㄷ. 북대서양에서 저위도와 고위도의 표층 수온 차가 크다.

① ㄱ ② ㄴ ③ ㄱ, ㄷ ④ ㄴ, ㄷ ⑤ ㄱ, ㄴ, ㄷ

• 왜 정답일까?

ㄱ. 해수의 침강이 강할수록 심층 순환도 강하게 나타난다. 따라서 북대서양 심층수가 형성되는 해역에서 침강의 세기는 B 시기가 A 시기보다 약하다.

ㄷ. 심층 순환이 활발할수록 저위도에서 고위도로 이동하는 에너지 수송이 활발하므로 저위도와 고위도에서 표층 수온 차가 작다.
B 시기는 A 시기보다 북대서양 심층 순환이 약하므로 북대서양에서 저위도와 고위도의 표층 수온 차가 크다.

• 왜 오답일까?

ㄴ. 심층 순환은 표층 순환과 연결되어 있다. B 시기에 북대서양 심층 순환의 세기가 A 시기보다 약하므로 북대서양에서 고위도로 이동하는 표층 해류의 흐름도 B 시기에 더 약하다.

14 별의 물리량 정답률 45% | 정답 ①

| 문제 보기 |

그림은 별 A, B, C의 반지름과 절대 등급을 나타낸 것이다. A, B, C는 각각 초거성, 거성, 주계열성 중 하나이다.

A, B, C에 대한 설명으로 옳은 것만을 <보기>에서 있는 대로 고른 것은? [3점]

<보 기>
ㄱ. 표면 온도는 A가 B의 $\sqrt{10}$배이다.
ㄴ. 복사 에너지를 최대로 방출하는 파장은 B가 C보다 길다.
ㄷ. 광도 계급이 V인 것은 C이다.

① ㄱ ② ㄴ ③ ㄷ ④ ㄱ, ㄷ ⑤ ㄴ, ㄷ

• 왜 정답일까?

$L=4\pi R^2\sigma T^4 \Rightarrow R\propto \frac{\sqrt{L}}{T^2}$

ㄱ. A와 B는 절대 등급이 같고, 반지름은 A가 B의 $\frac{1}{10}$배이다. 절대 등급이 같으면 광도가 같으므로, 표면 온도는 A가 B의 $\sqrt{10}$ 배이다.

• 왜 오답일까?

ㄴ. 복사 에너지를 최대로 방출하는 파장은 표면 온도가 낮을수록 길다. B와 C는 반지름이 같고, 광도는 B가 C보다 크므로 표면 온도는 B가 C보다 높다. 따라서 복사 에너지를 최대로 방출하는 파장은 B가 C보다 짧다.

ㄷ. A는 주계열성, B는 초거성, C는 거성이다. 광도 계급이 V인 별은 주계열성인 A이다.

15 팽창 우주 모형 정답률 75% | 정답 ①

| 문제 보기 |

그림은 어느 팽창 우주 모형에서 시간에 따른 우주의 크기 변화를 나타낸 것이다.

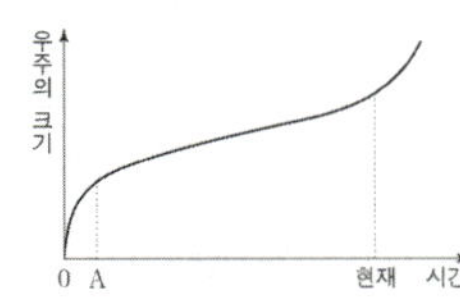

이에 대한 설명으로 옳은 것만을 <보기>에서 있는 대로 고른 것은?

<보 기>
ㄱ. A 시기에 우주는 감속 팽창했다.
ㄴ. 현재 우주에서 물질이 차지하는 비율은 암흑 에너지가 차지하는 비율보다 크다.
ㄷ. 우주 배경 복사의 파장은 A 시기가 현재보다 길다.

① ㄱ ② ㄷ ③ ㄱ, ㄴ ④ ㄴ, ㄷ ⑤ ㄱ, ㄴ, ㄷ

• 왜 정답일까?

ㄱ. 그래프에서 기울기는 시간에 따른 우주의 크기 변화를 나타내므로 우주 팽창 속도에 해당한다. 따라서 A 시기에 우주는 감속 팽창했다.

• 왜 오답일까?

ㄴ. 현재 우주는 우주 팽창 속도를 감소시키는 역할을 하는 물질의 비율보다 우주 팽창 속도를 증가시키는 역할을 하는 암흑 에너지의 비율이 크다.

ㄷ. 우주가 팽창할수록 우주 배경 복사의 파장이 길어진다. 따라서 우주 배경 복사의 파장은 A 시기가 현재보다 짧다.

16 질량에 따른 별의 진화 정답률 30% | 정답 ⑤

| 문제 보기 |

그림은 주계열성 A와 B가 각각 A′와 B′로 진화하는 경로를 H-R도에 나타낸 것이다. B는 태양이다.

이에 대한 설명으로 옳은 것만을 <보기>에서 있는 대로 고른 것은?

<보 기>
ㄱ. A가 A′로 진화하는 데 걸리는 시간은 B가 B′로 진화하는 데 걸리는 시간보다 짧다.
ㄴ. B와 B′의 중심핵은 모두 탄소를 포함한다.
ㄷ. A는 B보다 최종 진화 단계에서의 밀도가 크다.

① ㄱ ② ㄷ ③ ㄱ, ㄴ ④ ㄴ, ㄷ ⑤ ㄱ, ㄴ, ㄷ

• 왜 정답일까?

ㄱ. 별의 질량이 클수록 진화 속도가 빠르다. 주계열성의 질량은 A가 B보다 크므로, A가 A′로 진화하는 데 걸리는 시간은 B가 B′로 진화하는 데 걸리는 시간보다 짧다.

ㄴ. B는 질량이 태양과 비슷한 주계열성이며, 주계열 단계일 때 중심부에서는 p-p반응과 CNO순환 반응이 모두 일어난다. 따라서 B와 B′의 중심핵은 모두 탄소를 포함한다.

ㄷ. A는 최종 진화 단계에서 중성자별 또는 블랙홀이 되며, B는 최종 진화 단계에서 백색 왜성이 될 것이다. 따라서 최종 진화 단계에서 천체의 밀도는 A가 B보다 크다.

17 외부 은하의 후퇴 속도 정답률 52% | 정답 ③

| 문제 보기 |

다음은 우리은하와 외부 은하 A, B에 대한 설명이다. 세 은하는 일직선상에 위치하며, 허블 법칙을 만족한다.

○ 우리은하에서 A까지의 거리는 20 Mpc이다.
○ B에서 우리은하를 관측하면, 우리은하는 2800 km/s의 속도로 멀어진다.
○ A에서 B를 관측하면, B의 스펙트럼에서 500 nm의 기준 파장을 갖는 흡수선이 507 nm로 관측된다.

우리은하에서 A와 B를 관측한 결과에 대한 설명으로 옳은 것만을 <보기>에서 있는 대로 고른 것은? (단, 허블 상수는 70 km/s/Mpc이고, 빛의 속도는 3×10^5 km/s이다.)

<보 기>
ㄱ. A의 후퇴 속도는 1400 km/s이다.
ㄴ. 스펙트럼에서 기준 파장이 동일한 흡수선의 파장 변화량은 B가 A의 2배이다.
ㄷ. A와 B는 동일한 시선 방향에 위치한다.

① ㄱ ② ㄷ ③ ㄱ, ㄴ ④ ㄴ, ㄷ ⑤ ㄱ, ㄴ, ㄷ

• 왜 정답일까?

$v=c\times\frac{\Delta_\lambda}{\lambda_0}$ (c: 빛의 속도, λ_0: 원래의 흡수선 파장, Δ_λ: 흡수선의 파장 변화량)

ㄱ. 은하의 후퇴 속도를 v, 거리를 r라고 할 때, 허블 법칙은 $v=H\times r$ (H : 허블 상수)로 나타낼 수 있다. 따라서 A의 후퇴 속도는
$H\times r=70\,\text{km/s/Mpc}\times20\,\text{Mpc}=1400\,\text{km/s}$이다.

ㄴ. B에서 관측한 우리은하의 후퇴 속도가 2800 km/s이므로 우리은하에서 관측한 B의 후퇴 속도도 2800 km/s이다. 스펙트럼에서 기준 파장이 동일한 흡수선의 파장 변화량은 후퇴 속도에 비례하므로 B가 A의 2배이다.

• 왜 오답일까?

ㄷ. A에서 B를 관측하면, B의 스펙트럼에서 500 nm의 기준 파장을 갖는 흡수선이 507 nm로 관측되므로 A에서 관측한 B의 후퇴 속도는 4200 km/s$\left(=c\times\frac{7}{500}\right)$이다. 이 값은 우리은하에서 관측한 A의 후퇴 속도 1400 km/s와 B의 후퇴 속도 2800 km/s를 합한 값이다. 따라서 우리은하에서 관측할 때, A의 시선 방향과 B의 시선 방향은 정반대이다.

18 미세 중력 렌즈 현상 정답률 38% | 정답 ②

| 문제 보기 |

그림 (가)는 별 A와 B의 상대적 위치 변화를 시간 순서로 배열한 것이고, (나)는 (가)의 관측 기간 동안 이 중 한 별의 밝기 변화를 나타낸 것이다. 이 기간 동안 B는 A보다 지구로부터 멀리 있고, 별과 행성에 의한 미세 중력 렌즈 현상이 관측되었다.

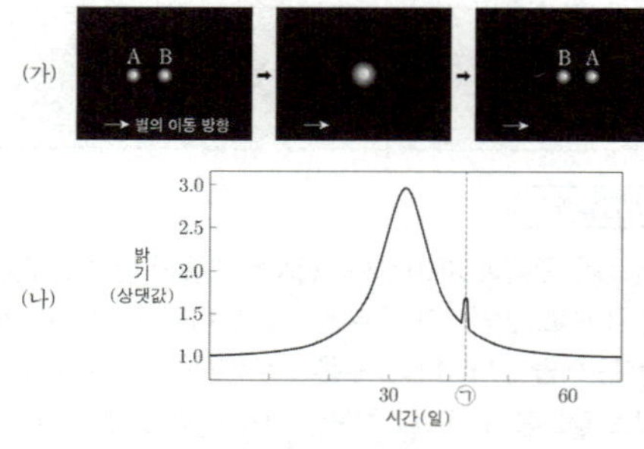

이 자료에 대한 설명으로 옳은 것만을 <보기>에서 있는 대로 고른 것은? [3점]

<보 기>
ㄱ. (나)의 ㉠ 시기에 관측자와 두 별의 중심은 일직선상에 위치한다.
ㄴ. (나)에서 별의 겉보기 등급 최대 변화량은 1등급보다 작다.
ㄷ. (나)로부터 A가 행성을 가지고 있다는 것을 알 수 있다.

① ㄱ ② ㄷ ③ ㄱ, ㄴ ④ ㄴ, ㄷ ⑤ ㄱ, ㄴ, ㄷ

[문제편 p.183]

• 왜 정답일까?

ㄷ. (나)에서는 별 A와 그 주변에 위치한 행성에 의해 미세 중력 렌즈 현상이 모두 나타났으므로 A가 행성을 가지고 있다는 것을 알 수 있다.

• 왜 오답일까?

ㄱ. (나)에서 ㉠ 시기는 행성에 의한 미세 중력 렌즈 현상이 나타난 시기이다. 따라서 ㉠ 시기에는 관측자와 행성, 별 B가 거의 일직선상에 위치한다.

ㄴ. (나)에서 별의 겉보기 등급 최대 변화량은 3배에 가깝다. 1등급 차이가 날 때 밝기 차이는 약 2.5배이므로, (나)에서 별의 겉보기 등급 최대 변화량은 1등급보다 크다.

19 지층의 상대 연령과 절대 연령

정답률 47% | 정답 ③

| 문제 보기 |

그림 (가)는 어느 지역의 지표에 나타난 화강암 A, B와 셰일 C의 분포를, (나)는 화강암 A, B에 포함된 방사성 원소의 붕괴 곡선 X, Y를 순서 없이 나타낸 것이다. A는 B를 관입하고 있고, B와 C는 부정합으로 접하고 있다. A, B에 포함된 방사성 원소의 양은 각각 처음 양의 20%와 50%이다.

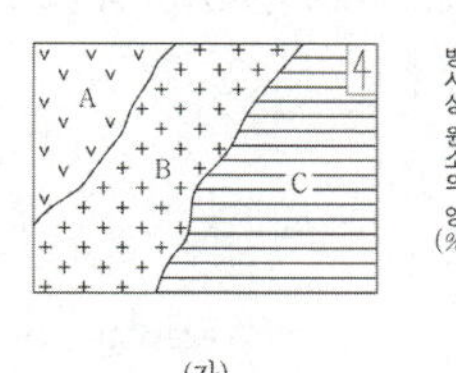

(가)

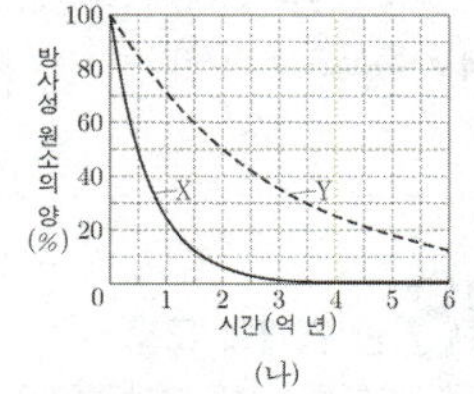

(나)

A, B, C에 대한 설명으로 옳은 것만을 <보기>에서 있는 대로 고른 것은? [3점]

<보 기>
ㄱ. A에 포함된 방사성 원소의 붕괴 곡선은 X이다.
ㄴ. 가장 오래된 암석은 B이다.
ㄷ. C는 고생대 암석이다.

① ㄱ ② ㄷ ③ ㄱ, ㄴ
④ ㄴ, ㄷ ⑤ ㄱ, ㄴ, ㄷ

• 왜 정답일까?

ㄱ. A가 B를 관입하였으므로 화강암의 연령은 B가 A보다 많다. 따라서 A에는 방사성 원소 X가 20% 포함되어 있어 연령이 1억 년보다 약간 많고, B에는 Y가 50% 포함되어 있어 연령이 약 2억 년이다.

ㄴ. B와 C는 부정합 관계이므로 부정합의 법칙으로부터 연령은 B가 C보다 많다. 따라서 가장 오래된 암석은 B이다.

• 왜 오답일까?

ㄷ. 가장 먼저 생성된 B가 중생대에 생성되었으므로 C는 중생대 이후에 생성되었다.

20 엘니뇨와 라니냐

정답률 39% | 정답 ④

| 문제 보기 |

그림 (가)는 서태평양 적도 부근 해역의 표층에 도달하는 태양 복사 에너지 편차(관측값−평년값)를, (나)는 태평양 적도 부근 해역에서 A와 B중 한 시기에 1년 동안 관측한 20℃ 등수온선의 깊이 편차를 나타낸 것이다. A와 B는 각각 엘니뇨와 라니냐 시기 중 하나이다.

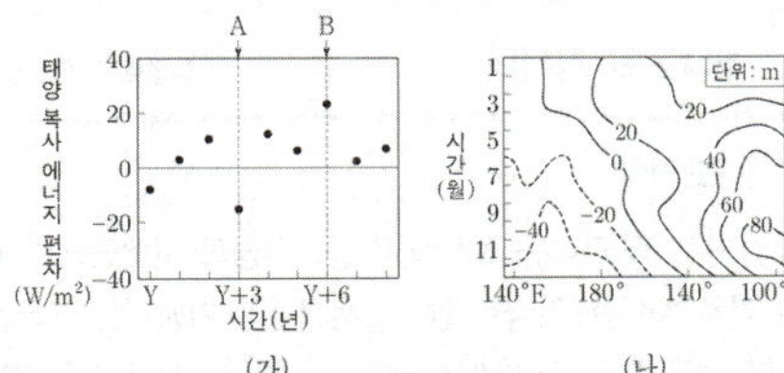

(가) (나)

이에 대한 설명으로 옳은 것만을 <보기>에서 있는 대로 고른 것은? [3점]

<보 기>
ㄱ. (나)는 A에 해당한다.
ㄴ. B일 때는 서태평양 적도 부근 해역이 평년보다 건조하다.
ㄷ. 적도 부근에서 $\frac{\text{서태평양 해면 기압}}{\text{동태평양 해면 기압}}$은 A가 B보다 작다.

① ㄱ ② ㄴ ③ ㄱ, ㄷ
④ ㄴ, ㄷ ⑤ ㄱ, ㄴ, ㄷ

• 왜 정답일까?

A는 라니냐 시기, B는 엘니뇨 시기이다.

ㄴ. B(엘니뇨 시기)일 때, 서태평양 적도 부근 해역에서 평년보다 하강 기류가 우세하여 건조하다.

ㄷ. 적도 부근의 서태평양 해면 기압은 라니냐 시기에 평년보다 낮고, 엘니뇨 시기에 평년보다 높다. 적도 부근의 동태평양 해면 기압은 서태평양과 반대로 나타난다. 따라서 적도 부근에서 $\frac{\text{서태평양 해면 기압}}{\text{동태평양 해면 기압}}$은 라니냐 시기인 A가 엘니뇨 시기인 B보다 작다.

• 왜 오답일까?

ㄱ. (나)에서 따뜻한 해수층의 두께는 서태평양 적도 부근 해역에서 얇아졌고, 동태평양 적도 부근 해역에서 두꺼워졌다. 따라서 이 시기는 엘니뇨 시기인 B에 해당한다.

47회

• 고3 지구과학 I •

2020학년도 수능

01 ④	02 ③	03 ①	04 ②	05 ①
06 ③	07 ⑤	08 ③	09 ②	10 ③
11 ①	12 ②	13 ②	14 ⑤	15 ①
16 ③	17 ④	18 ①	19 ②	20 ⑤

채점 결과
- 실제 걸린 시간 : 분 초
- 맞은 문항수 : 개
- 틀린 문항수 : 개
- 헷갈린 문항 :

01 빅뱅 우주론

정답률 91% | 정답 ④

| 문제 보기 |

그림은 우주의 물리량을 시간에 따라 나타낸 것이다.

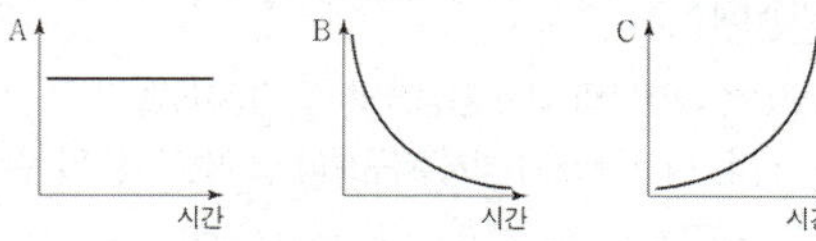

빅뱅 우주론에서 A, B, C에 해당하는 물리량으로 가장 적절한 것은?

	A	B	C
①	부피	밀도	온도
②	부피	온도	질량
③	온도	질량	부피
④	질량	온도	부피
⑤	질량	밀도	온도

• 왜 정답일까?

④ 빅뱅 우주론에서는 질량이 일정한 상태에서 우주가 팽창하므로 부피는 증가하고 온도는 하강하고 밀도는 감소하게 된다.

• 왜 오답일까?

⑤ 빅뱅 우주론에서 시간에 따라 질량은 일정하고 밀도는 감소한다. 또한 우주가 팽창하면서 온도는 점차 하강한다.

02 퇴적 구조

정답률 91% | 정답 ③

| 문제 보기 |

그림 (가), (나), (다)는 어느 지역에서 관찰되는 건열, 사층리, 연흔을 순서 없이 나타낸 것이다.

(가)

(나)

(다)

이에 대한 설명으로 옳은 것만을 <보기>에서 있는 대로 고른 것은?

<보 기>
ㄱ. (가)는 연흔이다.
ㄴ. (나)는 심해 환경에서 생성된다.
ㄷ. (다)에서는 퇴적물의 공급 방향을 알 수 있다.

① ㄱ ② ㄴ ③ ㄱ, ㄷ
④ ㄴ, ㄷ ⑤ ㄱ, ㄴ, ㄷ

• 왜 정답일까?

ㄱ. (가)는 흐르는 물, 파도, 바람 등에 의해 퇴적물의 표면에 생긴 물결 모양의 구조인 연흔이다.

ㄷ. (다)는 바람이나 물이 흐르는 환경에서 형성된 구조인 사층리로, 퇴적물의 공급 방향을 알 수 있다.

• 왜 오답일까?

ㄴ. (나)는 건조한 기후에 노출되는 환경에서 퇴적층의 표면에 갈라져 표면에 쐐기 모양의 틈이 생긴 구조인 건열이다. 건열은 심해 환경에서는 생성되지 않는다.

47회

[문제편 p.184]

03 식현상을 이용한 외계 행성 탐사

정답률 76% | 정답 ①

| 문제 보기 |

그림은 항성의 밝기 변화를 이용하여 2014년 9월까지 발견한 모든 외계 행성들의 공전 궤도 긴반지름과 질량을 나타낸 것이다.

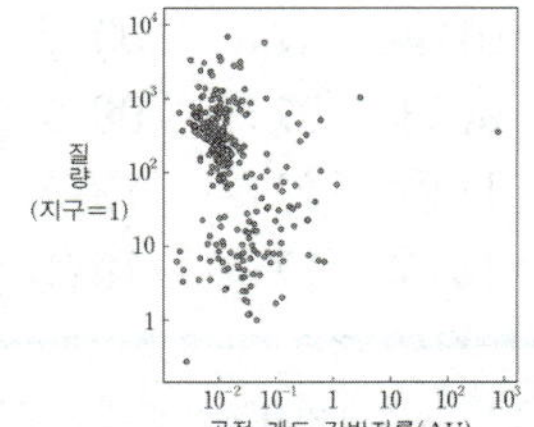

이 자료에 대한 설명으로 옳은 것만을 <보기>에서 있는 대로 고른 것은? [3점]

<보기>

ㄱ. 외계 행성들의 크기는 대부분 지구보다 크다.
ㄴ. 공전 궤도 긴반지름은 지구보다 외계 행성들이 대부분 크다.
ㄷ. 이 방법을 이용한 외계 행성 탐사는 관측자의 시선 방향이 외계 행성의 공전 궤도면에 수직일 때 가능하다.

① ㄱ　② ㄷ　③ ㄱ, ㄴ　④ ㄴ, ㄷ　⑤ ㄱ, ㄴ, ㄷ

• 왜 정답일까?

ㄱ. 자료에서 대부분의 외계 행성들의 질량이 지구보다 큰 것을 확인할 수 있다. 따라서 크기 역시 지구보다 크다는 것을 알 수 있다.

• 왜 오답일까?

ㄴ. 지구의 공전 궤도 긴반지름은 1 AU인데 반해 대부분의 외계 행성 공전 궤도 긴반지름은 1 AU보다 작다는 것을 확인할 수 있다.
ㄷ. 이 방법을 이용한 외계 행성 탐사는 관측자의 시선 방향이 외계 행성의 공전 궤도면에 나란할 때 가능하다.

04 지질 단면도 해석하기

정답률 73% | 정답 ②

| 문제 보기 |

그림 (가)는 어느 지역의 지질 단면을, (나)는 방사성 원소 X의 붕괴 곡선을 나타낸 것이다. 화성암 Q에 포함된 방사성 원소 X의 양은 암석이 생성될 당시의 $\frac{1}{4}$이다.

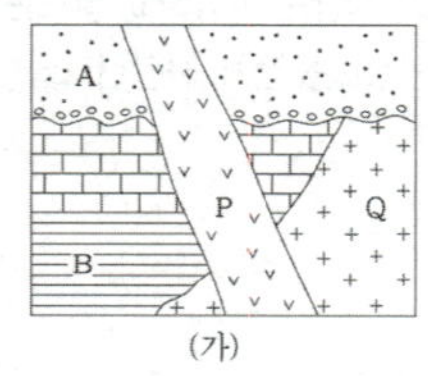

(가)

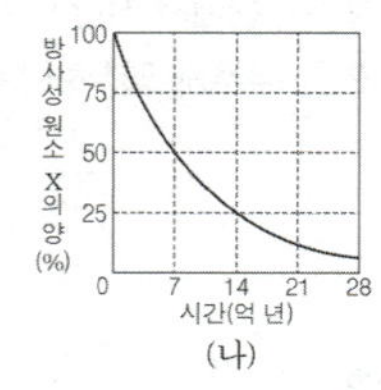

(나)

이에 대한 설명으로 옳은 것만을 <보기>에서 있는 대로 고른 것은? [3점]

<보기>

ㄱ. A는 역전된 지층이다.
ㄴ. B의 절대 연령은 14억 년보다 크다.
ㄷ. P는 Q보다 먼저 생성되었다.

① ㄱ　② ㄴ　③ ㄱ, ㄷ　④ ㄴ, ㄷ　⑤ ㄱ, ㄴ, ㄷ

• 왜 정답일까?

ㄴ. Q에 포함된 방사성 원소 X의 양은 생성될 당시의 $\frac{1}{4}$이므로 Q의 절대 연령은 14억 년이다. Q가 B를 관입했으므로 B가 먼저 생성된 것이고, B의 절대 연령은 14억 년보다 크다.

• 왜 오답일까?

ㄱ. 부정합면을 경계로 기저 역암이 A에 존재하므로 A는 역전된 지층이 아니다.
ㄷ. P가 Q를 관입했으므로 Q가 먼저 생성되었다.

05 판의 발산형 경계

정답률 59% | 정답 ①

| 문제 보기 |

그림 (가)는 판 경계와 해양판 A, B를 나타낸 것이고, (나)는 시간에 따른 A와 B의 확장 속도를 순서 없이 나타낸 것이다.

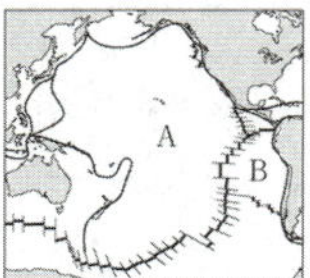

(가)

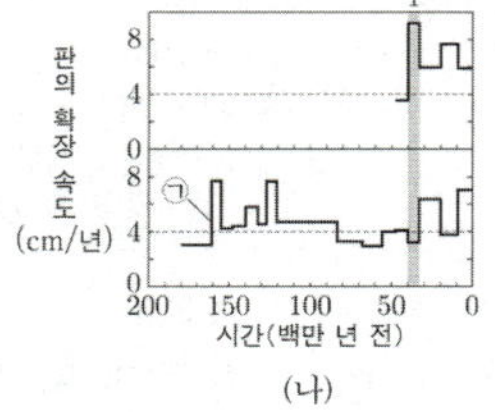

(나)

이 자료에 대한 설명으로 옳은 것만을 <보기>에서 있는 대로 고른 것은? (단, 태평양에서 심해 퇴적물이 쌓이는 속도는 일정하다.) [3점]

<보기>

ㄱ. ㉠은 A의 확장 속도에 해당한다.
ㄴ. T 기간에 판의 확장 속도는 A가 B보다 빠르다.
ㄷ. T 기간에 생성된 판 위에 쌓인 심해 퇴적물의 두께는 A가 B보다 3배 두껍다.

① ㄱ　② ㄴ　③ ㄷ　④ ㄱ, ㄴ　⑤ ㄱ, ㄷ

• 왜 정답일까?

ㄱ. ㉠은 약 1억 8천만 년 전에 생성된 판까지도 확장하고 있고 ㉡은 약 5천만 년 전에 생성된 판까지 확장하고 있으므로 ㉠은 해령에서 해구까지의 거리가 더 먼 A의 확장 속도에 해당한다.

• 왜 오답일까?

ㄴ. (나)에서 아래쪽 그래프는 A, 위쪽 그래프는 B의 확장 속도를 나타낸 것이다. T 기간에 A의 확장 속도는 4 cm/년이 안되고, B의 확장 속도는 약 9 cm/년이므로 A가 B보다 느리다.
ㄷ. 태평양에서 심해 퇴적물이 쌓이는 속도는 일정하다고 하였으므로 T 기간에 생성된 판 위에 쌓인 심해 퇴적물의 두께가 A가 B보다 두꺼운 것은 아니다.

06 판의 발산형 경계

정답률 37% | 정답 ③

| 문제 보기 |

그림은 동서 방향으로 이동하는 두 해양판의 경계와 이동 속도를 나타낸 것이다.

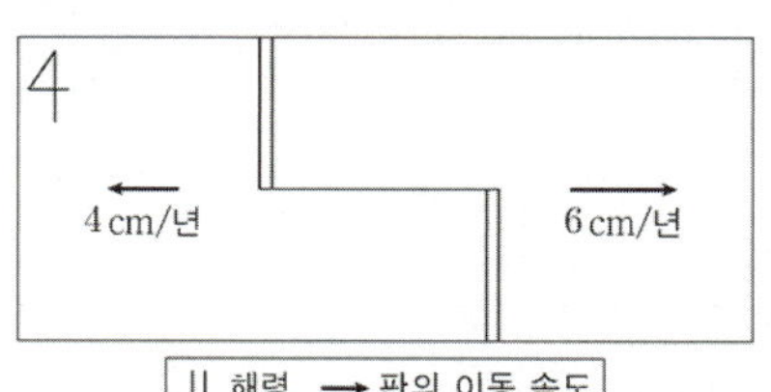

고지자기 줄무늬가 해령을 축으로 대칭일 때, 이에 대한 설명으로 옳은 것만을 <보기>에서 있는 대로 고른 것은? [3점]

<보기>

ㄱ. 두 해양판의 경계에는 변환 단층이 있다.
ㄴ. 해령에서 두 해양판은 1년에 각각 5 cm씩 생성된다.
ㄷ. 해령은 1년에 2 cm씩 동쪽으로 이동한다.

① ㄱ　② ㄷ　③ ㄱ, ㄴ　④ ㄴ, ㄷ　⑤ ㄱ, ㄴ, ㄷ

• 왜 정답일까?

ㄱ. 두 해양판이 서로 어긋나는 경계에서는 해령을 가로질러 형성된 변환 단층이 발달한다.
ㄴ. 고지자기 줄무늬가 해령을 축으로 대칭이므로 두 해양판을 이루는 암석은 해령으로부터 같은 속도로 생성된다. 두 해양판은 상대적으로 10 cm/년의 속도로 멀어지는데, 해령으로부터 암석이 같은 속도로 생성되므로 두 해양판은 각각 5 cm/년씩 생성된다.

• 왜 오답일까?

ㄷ. 해령은 1 cm/년의 속도로 동쪽으로 이동한다.

07 전 세계의 평년 풍향 분포

정답률 72% | 정답 ⑤

| 문제 보기 |

그림은 1월과 7월의 지표 부근의 평년 풍향 분포 중 하나를 나타낸 것이다.

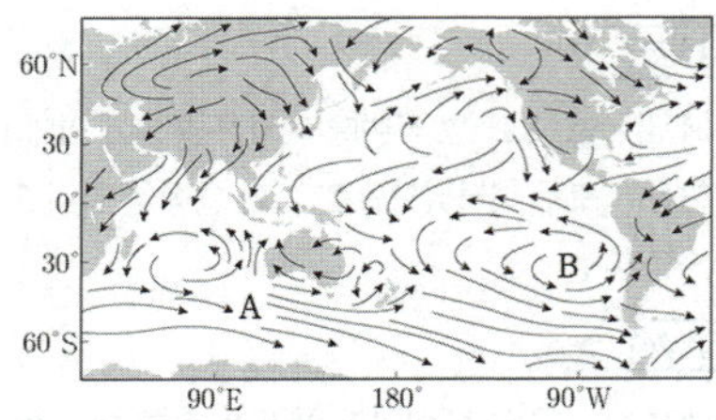

이 자료에 대한 설명으로 옳은 것만을 <보기>에서 있는 대로 고른 것은?

<보기>

ㄱ. 1월의 평년 풍향 분포에 해당한다.
ㄴ. 지역 A의 표층 해류의 방향과 북태평양 해류의 방향은 반대이다.
ㄷ. 지역 B의 고기압은 해들리 순환의 하강으로 생성된다.

① ㄱ　② ㄴ　③ ㄷ　④ ㄱ, ㄴ　⑤ ㄱ, ㄷ

• 왜 정답일까?

ㄱ. 북반구에서 바람이 대체로 대륙에서 바다로 불고 있다. 따라서 이 자료는 북반구의 대륙에 고기압이 발달한 1월의 평년 풍향 분포에 해당한다.
ㄷ. B의 고기압은 중위도 고압대인 30°S 지역에 발달해 있다. 따라서 해들리 순환의 하강으로 생성된 고기압이다.

• 왜 오답일까?

ㄴ. A의 표층 해류는 편서풍의 영향으로 서쪽에서 동쪽으로 흐르는 남극 순환류이며, 북태평양 해류도 편서풍의 영향으로 서쪽에서 동쪽으로 흐른다.

08 판 경계의 특징

정답률 81% | 정답 ③

| 문제 보기 |

그림은 태평양 어느 지역의 판 경계를 나타낸 것이다.

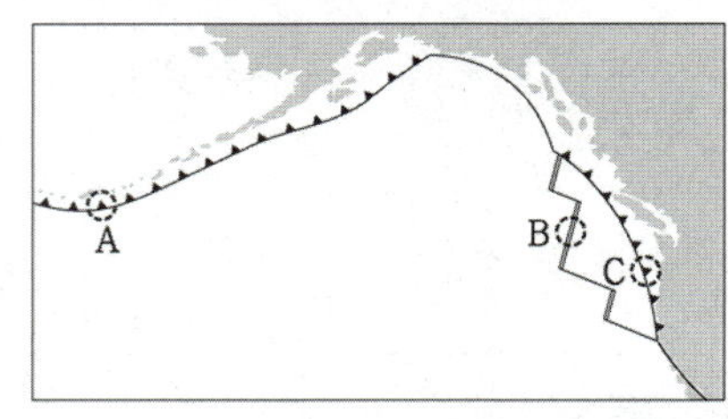

지역 A, B, C에 대한 설명으로 옳은 것만을 <보기>에서 있는 대로 고른 것은? [3점]

<보기>

ㄱ. 판의 두께가 가장 얇은 곳은 B이다.
ㄴ. 분출된 용암의 평균 점성은 B가 A보다 작다.
ㄷ. 인접한 두 판의 밀도 차는 C가 B보다 작다.

① ㄱ　② ㄷ　③ ㄱ, ㄴ　④ ㄴ, ㄷ　⑤ ㄱ, ㄴ, ㄷ

• 왜 정답일까?

ㄱ. B는 새로운 해양판이 생성되어 발산하고 있는 지역이므로 판의 두께가 A~C 중에서 가장 얇은 곳이다.
ㄴ. A에서는 주로 안산암질 용암이 분출하고, B에서는 현무암질 용암이 분출한다. 따라서 분출된 용암의 평균 점성은 B가 A보다 작다.

• 왜 오답일까?

ㄷ. B에서는 두 해양판이 서로 멀어지고 있고, C에서는 해양판이 대륙판 아래로 섭입하고 있다. 따라서 인접한 두 판의 밀도 차는 C가 B보다 크다.

09 엘니뇨와 라니냐

정답률 71% | 정답 ②

| 문제 보기 |

그림 (가)는 적도 부근 해역에서 동태평양과 서태평양의 해수면 기압 차(동태평양 기압 − 서태평양 기압)를, (나)는 태평양 적도 부근 해역에서 ㉠과 ㉡ 중 한 시기에 관측된 따뜻한 해수층의 두께 편차(관측값 − 평년값)를 나타낸 것이다. ㉠과 ㉡은 각각 엘니뇨와 라니냐 시기 중 하나이다.

[문제편 p.185]

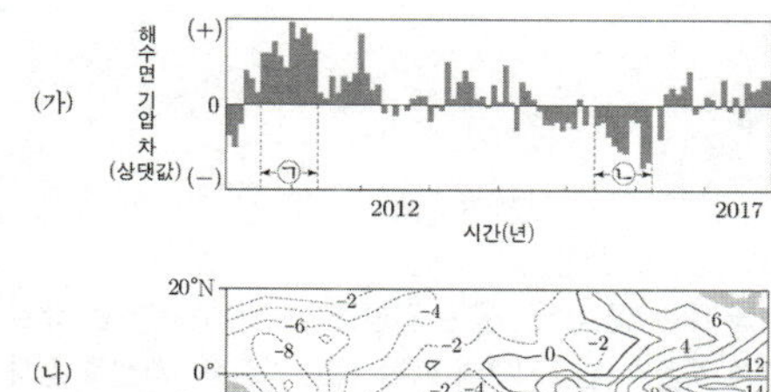

(나)
20°N 0° 20°S 150°E 180° 150° 120° 90°W (단위: m)

이에 대한 설명으로 옳은 것만을 <보기>에서 있는 대로 고른 것은? [3점]

<보 기>
ㄱ. (나)는 ㉠에 해당한다.
ㄴ. 서태평양 적도 해역과 동태평양 적도 해역 사이의 해수면 높이 차는 ㉠이 ㉡보다 크다.
ㄷ. 동태평양 적도 부근 해역에서 구름양은 ㉠이 ㉡보다 많다.

① ㄱ ② ㄴ ③ ㄷ
④ ㄱ, ㄴ ⑤ ㄴ, ㄷ

• 왜 정답일까?

㉠ 시기는 (동태평양 기압−서태평양 기압) > 0이므로 동에서 서로 부는 무역풍이 우세한 라니냐 시기이고, ㉡ 시기는 이와 반대로 무역풍이 약해지는 엘니뇨 시기이다.
ㄴ. 엘니뇨 시기에는 따뜻한 해수가 동쪽으로 이동하여 서태평양 적도 해역과 동태평양 적도 해역 사이의 해수면 높이 차가 작아지므로 라니냐 시기인 ㉠이 엘니뇨 시기인 ㉡보다 동서 간의 해수면 높이 차가 크다.

• 왜 오답일까?

ㄱ. (나)에서 동태평양 해역은 따뜻한 해수층의 두께가 평상시보다 두꺼워졌다. 따라서 (나)는 엘니뇨 시기인 ㉡에 해당한다.
ㄷ. 라니냐 시기에는 동태평양 적도 부근 해역에서 하강 기류가 평상시보다 우세하다. 따라서 이 해역에서 구름양은 라니냐 시기인 ㉠이 엘니뇨 시기인 ㉡보다 적다.

10 지구의 열수지 평형

정답률 64% | 정답 ③

| 문제 보기 |

그림 (가)는 복사 평형 상태에 있는 지구의 열수지를, (나)는 파장에 따른 대기의 지구 복사 에너지 흡수도를 나타낸 것이다. ㉠, ㉡, ㉢은 파장 영역에 해당한다.

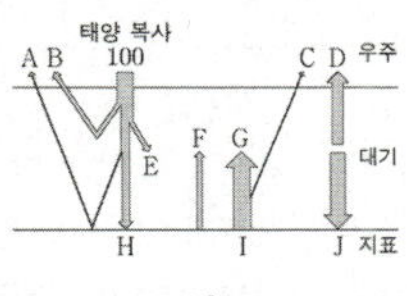

(가)

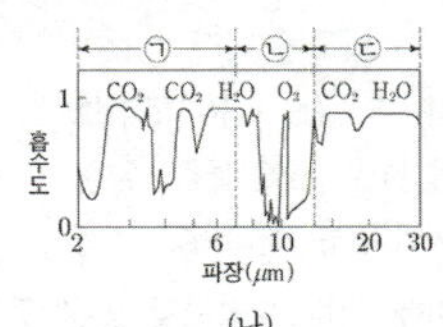

(나)

이에 대한 설명으로 옳은 것만을 <보기>에서 있는 대로 고른 것은?

<보 기>
ㄱ. $\frac{E+H-C}{D}=1$이다.
ㄴ. C는 대부분 ㉠으로 방출되는 에너지양이다.
ㄷ. 대규모 산불이 진행되는 동안 발생하는 다량의 기체는 대기의 지구 복사 에너지 흡수도를 증가시킨다.

① ㄱ ② ㄴ ③ ㄱ, ㄷ
④ ㄴ, ㄷ ⑤ ㄱ, ㄴ, ㄷ

• 왜 정답일까?

ㄱ. 태양 복사 $100=(A+B)+E+H$이고, 지구는 복사 평형 상태이므로 $100=(A+B)+C+D$이다. 따라서 $E+H=C+D$이고, $\frac{E+H-C}{D}=1$이다.
ㄷ. 대규모 산불이 진행되는 동안 수증기와 이산화 탄소가 발생한다. 두 기체는 모두 온실 기체이며 대기의 지구 복사 에너지 흡수도를 증가시키는 역할을 한다.

• 왜 오답일까?

ㄴ. C는 대기의 창을 통해 지표면에서 우주로 직접 복사되는 에너지양이다. 따라서 C는 대기에 의한 에너지 흡수도가 상대적으로 낮은 ㉡으로 방출되는 에너지양이다.

11 엘니뇨와 라니냐

정답률 55% | 정답 ①

| 문제 보기 |

그림 (가)는 동태평양과 서태평양의 적도 부근 해역에서 관측한 표층 수온을 ○와 ×로 순서 없이 나타낸 것이다. 그림 (나)는 태평양 적도 부근 해역에서 2년 동안의 강수량 변화에 따른 표층 염분 편차(관측값−평년값)를 나타낸 것이다. A와 B는 각각 엘니뇨와 라니냐 시기 중 하나이고, ㉠은 A와 B 중 하나이다.

(가) 수온(℃) 시간(년) 2003 2008
(나) 130°E 180° 130° 80°W 시간(월) −0.5 −0.3 −0.1 0.1 0.3 0.5psu

이 자료에 대한 설명으로 옳은 것만을 <보기>에서 있는 대로 고른 것은? [3점]

<보 기>
ㄱ. (가)에서 시간에 따른 표층 수온 변화는 동태평양이 서태평양보다 크다.
ㄴ. 남적도 해류는 A일 때가 B일 때보다 강하다.
ㄷ. ㉠의 표층 염분 편차는 B일 때 나타난다.

① ㄱ ② ㄴ ③ ㄱ, ㄷ
④ ㄴ, ㄷ ⑤ ㄱ, ㄴ, ㄷ

• 왜 정답일까?

ㄱ. 동태평양 적도 부근 해역에서는 엘니뇨 시기에 용승 현상이 약해지고 표층 수온이 높아지고 라니냐 시기에는 용승 현상이 강해지고 표층 수온이 낮아진다. 따라서 ○는 동태평양, ×는 서태평양의 수온 분포이므로 시간에 따른 표층 수온 변화는 동태평양이 서태평양보다 크다.

• 왜 오답일까?

ㄴ. A는 B보다 동태평양 적도 부근 해역의 표층 수온이 높게 나타나므로 A는 엘니뇨 시기이고, B는 라니냐 시기이다. 엘니뇨 시기일 때는 라니냐 시기일 때보다 남동 무역풍의 세기가 약하고 남적도 해류도 약하다.
ㄷ. ㉠의 표층 염분 편차는 동태평양 적도 부근 해역에서 표층 염분이 낮게 나타난다. 즉, 이 시기는 동태평양 적도 부근 해역에서 강수량이 많고 표층 수온이 높으므로 엘니뇨 시기이다.

12 정체 전선과 날씨

정답률 45% | 정답 ②

| 문제 보기 |

표의 (가)는 1일 강수량 분포를, (나)는 지점 A의 1일 풍향 빈도를 나타낸 것이다. $D_1 \rightarrow D_2$는 하루 간격이고 이 기간 동안 우리나라는 정체 전선의 영향권에 있었다.

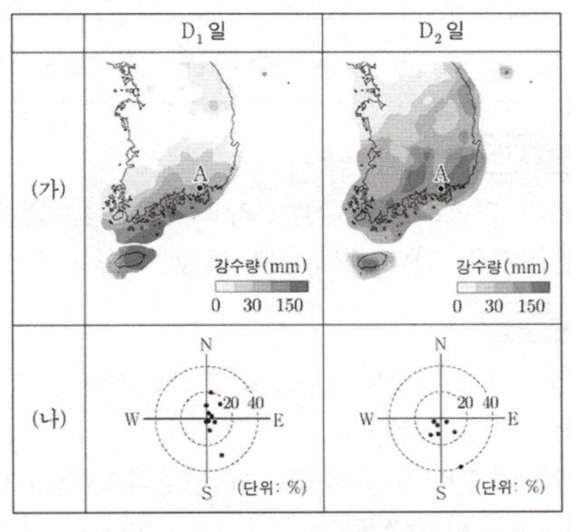

지점 A에 대한 설명으로 옳은 것만을 <보기>에서 있는 대로 고른 것은? [3점]

<보 기>
ㄱ. D_1일 때 정체 전선의 위치는 D_2일 때보다 북쪽이다.
ㄴ. D_2일 때 남동풍의 빈도는 남서풍의 빈도보다 크다.
ㄷ. D_1일 때가 D_2일 때보다 북태평양 기단의 영향을 더 받는다.

① ㄱ ② ㄴ ③ ㄱ, ㄷ
④ ㄴ, ㄷ ⑤ ㄱ, ㄴ, ㄷ

• 왜 정답일까?

ㄴ. D_2일 때 A에서 풍향 빈도는 남서풍이 20% 미만으로 4회이며, 남동풍이 20% 미만으로 2회, 40%로 1회 관측되었다. 누적 비율을 비교하면, 남동풍의 빈도가 남서풍의 빈도보다 크다는 것을 알 수 있다.

• 왜 오답일까?

ㄱ. 강수 구역은 D_1일 때가 D_2일 때보다 남쪽에 분포한다. 따라서 정체 전선의 위치는 D_1일 때가 D_2일 때보다 남쪽이다.
ㄷ. 북태평양 기단의 영향이 우세할수록 정체 전선의 위치가 북쪽으로 이동한다. 따라서 D_2일 때가 D_1일 때보다 북태평양 기단의 영향을 더 받는다.

13 태풍과 날씨

정답률 61% | 정답 ②

| 문제 보기 |

그림 (가)와 (나)는 태풍의 영향을 받은 우리나라 관측소 A와 B에서 $T_1 \sim T_5$ 동안 측정한 기온, 기압, 풍향을 순서 없이 나타낸 것이다.

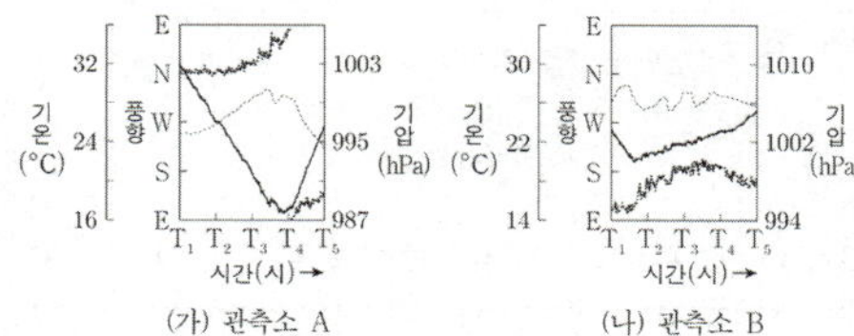

(가) 관측소 A (나) 관측소 B

이 자료에 대한 설명으로 옳은 것만을 <보기>에서 있는 대로 고른 것은?

<보 기>
ㄱ. $T_1 \sim T_4$ 동안 A는 위험 반원, B는 안전 반원에 위치한다.
ㄴ. 태풍의 중심이 가장 가까이 통과한 시각은 A가 B보다 늦다.
ㄷ. $T_4 \sim T_5$ 동안 A와 B의 기온은 상승한다.

① ㄱ ② ㄴ ③ ㄱ, ㄷ ④ ㄴ, ㄷ ⑤ ㄱ, ㄴ, ㄷ

• 왜 정답일까?

ㄴ. 태풍이 통과하는 동안 태풍의 중심이 관측소에 가장 가까워졌을 때 기압이 최소가 된다. 태풍의 중심이 관측소를 가장 가까이 통과한 시각은 A에서 T_4 부근이고, B에서 T_2 부근이다. 따라서 태풍이 통과한 시각은 A가 B보다 늦다.

• 왜 오답일까?

ㄱ. $T_1 \sim T_4$ 동안 A에서 풍향은 북풍→북동풍→동풍으로 변하였고, B에서 풍향은 동풍→남동풍→남풍으로 변하였다. 두 관측소에서 모두 풍향이 시계 방향으로 변하였으므로 위험 반원에 위치하였다.
ㄷ. $T_4 \sim T_5$ 동안 A와 B에서 모두 기온(점선)이 하강하였다.

14 수온−염분도

정답률 67% | 정답 ⑤

| 문제 보기 |

그림은 같은 시기에 관측한 두 해역의 표층에서 심층까지의 수온과 염분을 수온−염분도에 나타낸 것이다. A와 B는 각각 저위도와 고위도 해역 중 하나이고, ㉠과 ㉡은 밀도가 같은 해수이다.

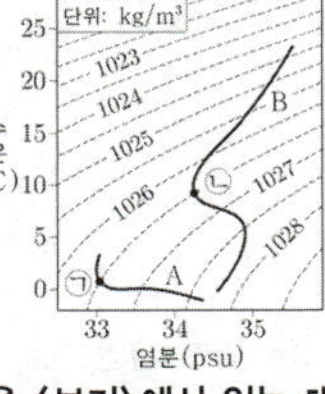

이 자료에 대한 설명으로 옳은 것만을 <보기>에서 있는 대로 고른 것은?

<보 기>
ㄱ. A는 저위도 해역이다.
ㄴ. 같은 부피의 ㉠과 ㉡이 혼합되어 형성된 해수의 밀도는 ㉠보다 크다.
ㄷ. 염분이 일정할 때, 수온 변화에 따른 밀도 변화는 수온이 높을 때가 낮을 때보다 크다.

① ㄱ ② ㄴ ③ ㄷ ④ ㄱ, ㄷ ⑤ ㄴ, ㄷ

• 왜 정답일까?

ㄴ. 같은 부피의 ㉠과 ㉡이 혼합되어 형성된 해수의 밀도는 ㉠과 ㉡을 직선으로 연결할 때 중간 지점에 위치하므로 ㉠, ㉡보다 크다.

[문제편 p.186]

ㄷ. 세로축에 나란한 선을 그어보면, 수온이 높을 때가 낮을 때보다 등밀도선의 간격이 좁으므로 수온 변화에 따른 밀도 변화가 크다.

• 왜 오답일까?

ㄱ. A는 B보다 표층 수온이 낮으므로 고위도 해역이다.

15 생명 가능 지대

정답률 58% | 정답 ①

| 문제 보기 |

그림은 태양보다 질량이 작은 주계열성이 중심별인 어느 외계 행성계를 나타낸 것이다. 각 행성의 위치는 중심별로부터 행성까지의 거리에 해당하고, S 값은 그 위치에서 단위 시간당 단위 면적이 받는 복사 에너지이다. 생명 가능 지대에 존재하는 행성은 A이다.

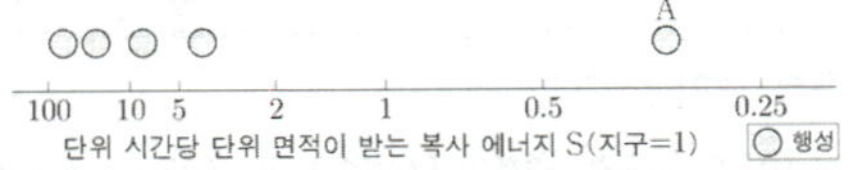

이 행성계가 태양계보다 큰 값을 가지는 것만을 <보기>에서 있는 대로 고른 것은? [3점]

<보 기>
ㄱ. 중심별로부터 생명 가능 지대 안쪽 경계까지의 행성 수
ㄴ. S=1인 위치에서 중심별까지의 거리
ㄷ. 생명 가능 지대에 존재하는 행성의 S 값

① ㄱ ② ㄷ ③ ㄱ, ㄴ ④ ㄴ, ㄷ ⑤ ㄱ, ㄴ, ㄷ

• 왜 정답일까?

중심별로부터 가까이 위치할수록 단위 시간당 단위 면적이 받는 복사 에너지 S가 크다. 따라서 이 외계 행성계에서 중심별에서 가장 멀리 위치해 있는 행성은 A이다.

ㄱ. 행성들 중 A만 생명 가능 지대에 위치해 있으므로 중심별로부터 생명 가능 지대 안쪽 경계까지의 행성 수는 총 4개이며, 태양계는 2개(수성, 금성)이다.

• 왜 오답일까?

ㄴ. 중심별의 질량이 태양보다 작으므로 광도도 태양보다 작다. 따라서 별에서 S=1인 위치의 거리는 이 행성계가 태양계보다 가깝다.

ㄷ. 생명 가능 지대는 물이 액체 상태로 존재할 수 있는 영역으로 중심별에서 단위 시간당 단위 면적이 받는 에너지양 S에 의해 결정된다. 따라서 생명 가능 지대에 존재하는 행성의 S 값은 이 행성계와 태양계에서 같다.

16 별의 진화 경로 이해하기

정답률 36% | 정답 ③

| 문제 보기 |

그림 (가)는 H-R도 상에 별의 진화 경로를, (나)는 이 진화 경로 상에 있는 어떤 별의 내부 구조를 나타낸 것이다.

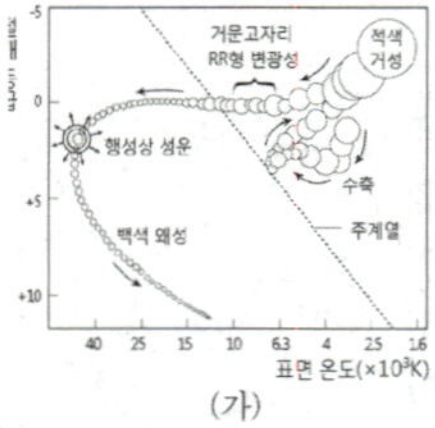

(가)

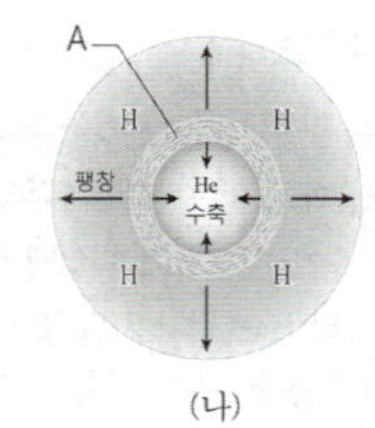

(나)

이에 대한 설명으로 옳은 것만을 <보기>에서 있는 대로 고른 것은?

<보 기>
ㄱ. (가)는 태양 정도 질량을 가진 별이 진화하는 경로이다.
ㄴ. A층의 수소 핵융합 반응으로 별의 크기가 커질 것이다.
ㄷ. (나) 별의 진화 과정은 (가)의 주계열 단계에 해당한다.

① ㄱ ② ㄷ ③ ㄱ, ㄴ ④ ㄴ, ㄷ ⑤ ㄱ, ㄴ, ㄷ

• 왜 정답일까?

주계열에서 적색 거성을 거쳐 백색 왜성으로 진화하는 경로를 갖는 별은 태양 정도의 질량을 가진다. A층의 수소 핵융합 반응으로 인해 온도가 급상승하여 별의 부피가 팽창하므로 표면 온도는 낮아진다. He으로 이루어진 중심핵이 수축하고 외층은 팽창하는 내부 구조를 가진 별은 주계열을 떠나 적색 거성으로 이동하는 단계이다.

17 허블의 법칙과 우주의 팽창

정답률 88% | 정답 ④

| 문제 보기 |

그림 (가)와 (나)는 허블의 법칙에 따라 팽창하는 어느 대폭발 우주를 풍선 모형으로 나타낸 것이다. 풍선 표면에 고정시킨 단추 A, B, C는 은하에, 물결 무늬(~)는 우주 배경 복사에 해당한다.

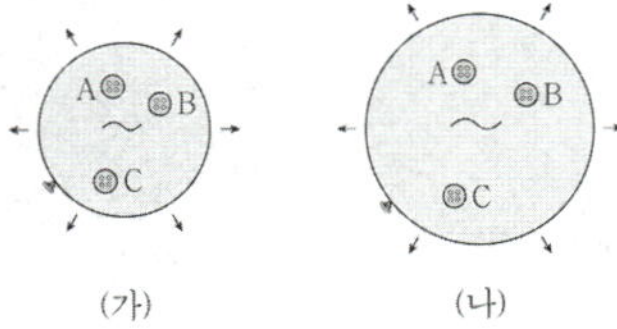

(가) (나)

이에 대한 설명으로 옳은 것만을 <보기>에서 있는 대로 고른 것은? [3점]

<보 기>
ㄱ. A로부터 멀어지는 속도는 B가 C보다 크다.
ㄴ. 우주 배경 복사의 온도는 (가)에 해당하는 우주가 (나)보다 높다.
ㄷ. 우주의 밀도는 (가)에 해당하는 우주가 (나)보다 크다.

① ㄱ ② ㄷ ③ ㄱ, ㄴ ④ ㄴ, ㄷ ⑤ ㄱ, ㄴ, ㄷ

• 왜 정답일까?

ㄴ. 우주가 팽창하면서 우주의 온도가 낮아졌으므로 우주 배경 복사의 온도는 (가)에 해당하는 우주가 (나)보다 높다.

ㄷ. 우주가 팽창하면서 우주의 밀도는 작아졌으므로 우주의 밀도는 (가)에 해당하는 우주가 (나)보다 크다.

• 왜 오답일까?

ㄱ. 허블 법칙에 따르면 은하들의 후퇴 속도는 거리에 비례하여 커진다. 따라서 A로부터 멀어지는 속도는 B가 C보다 작다.

18 지질 시대의 생물의 변천

정답률 75% | 정답 ①

| 문제 보기 |

그림은 현생 이언 동안의 해수면 높이와 해양 생물 과의 수를 나타낸 것이다.

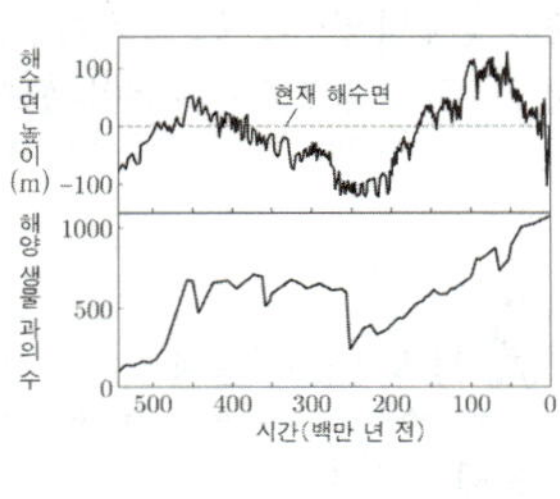

이에 대한 설명으로 옳은 것만을 <보기>에서 있는 대로 고른 것은?

<보 기>
ㄱ. 최초의 다세포 생물은 캄브리아기 전에 출현하였다.
ㄴ. 중생대 말에 감소한 해양 생물 과의 수는 고생대 말보다 크다.
ㄷ. 판게아가 분리되기 시작했을 때의 해수면은 현재보다 높았다.

① ㄱ ② ㄷ ③ ㄱ, ㄴ ④ ㄴ, ㄷ ⑤ ㄱ, ㄴ, ㄷ

• 왜 정답일까?

ㄱ. 최초의 다세포 생물은 선캄브리아 시대 원생 이언 후기에 출현하였으므로 고생대 캄브리아기 이전에 출현하였다.

• 왜 오답일까?

ㄴ. 해양 생물 과의 수는 고생대 말(약 2억 5천만 년 전)에 가장 급격하게 감소하였다.

ㄴ. 판게아가 분리되기 시작했을 때는 중생대 초이므로 이때의 해수면은 현재보다 낮았다.

19 기후 변화의 천문학적 요인

정답률 33% | 정답 ②

| 문제 보기 |

그림 (가)와 (나)는 지구의 공전 궤도 이심률과 자전축 경사각의 변화를 각각 나타낸 것이다. 지구 자전축 세차 운동의 주기는 약 26000년이고 방향은 지구 공전 방향과 반대이다.

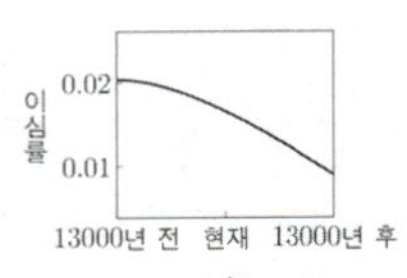

(가)

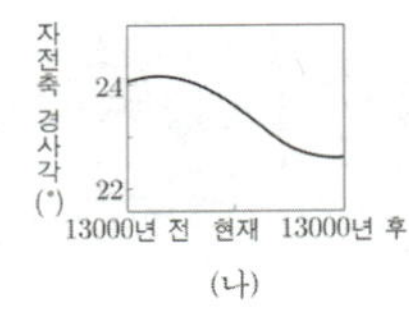

(나)

이에 대한 설명으로 옳은 것만을 <보기>에서 있는 대로 고른 것은? (단, 지구의 공전 궤도 이심률, 자전축 경사각, 세차 운동 이외의 요인은 변하지 않는다.)

<보 기>
ㄱ. 원일점에서 30°S의 밤의 길이는 현재가 13000년 전보다 짧다.
ㄴ. 30°N에서 기온의 연교차는 현재가 13000년 전보다 작다.
ㄷ. 30°S의 겨울철 태양의 남중 고도는 6500년 후가 현재보다 낮다.

① ㄱ ② ㄴ ③ ㄱ, ㄷ
④ ㄴ, ㄷ ⑤ ㄱ, ㄴ, ㄷ

• 왜 정답일까?

ㄴ. 13000년 전에는 세차 운동에 의해 지구가 원일점에 위치할 때 30°N에서 겨울이다. 궤도 이심률은 13000년 전이 현재보다 크므로 30°N에서 겨울철(원일점 부근)에 태양까지의 거리가 현재보다 더 멀다. 자전축의 경사각은 13000년 전이 현재보다 크므로 겨울철에 태양의 남중 고도가 더 낮다. 따라서 세 가지 요인을 모두 고려할 때, 30°N에서 기온의 연교차는 현재가 13000년 전보다 작다.

• 왜 오답일까?

ㄱ. 13000년 전에는 세차 운동에 의해 지구가 원일점에 위치할 때 30°S에서 여름이고, 자전축의 경사각이 현재보다 크므로 원일점에 위치할 때 30°S에서 태양의 남중 고도가 더 높다. 따라서 원일점에서 30°S의 밤의 길이는 13000년 전이 현재보다 짧다.

ㄷ. 겨울철 태양의 남중 고도는 지구 자전축의 경사각이 작을수록 높다. 6500년 후에는 지구 자전축의 경사각이 현재보다 작으므로 30°S의 겨울철 태양의 남중 고도가 현재보다 높다.

20 우주의 구성

정답률 49% | 정답 ⑤

| 문제 보기 |

그림은 어느 가속 팽창 우주 모형에서 시간에 따른 우주 구성 요소 A, B, C의 밀도를 나타낸 것이다. A, B, C는 각각 보통 물질, 암흑 물질, 암흑 에너지 중 하나이다.

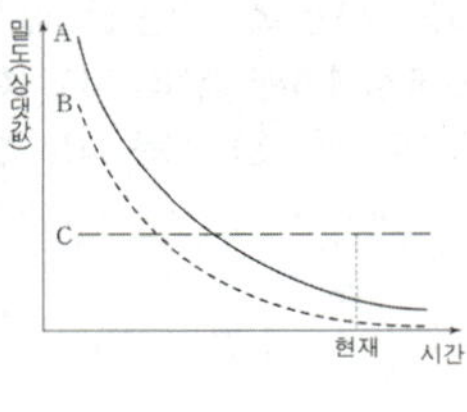

이에 대한 설명으로 옳은 것만을 <보기>에서 있는 대로 고른 것은?

<보 기>
ㄱ. A는 암흑 물질이다.
ㄴ. 우주에 존재하는 암흑 에너지의 총량은 시간에 따라 증가한다.
ㄷ. 보통 물질이 차지하는 비율은 시간에 따라 감소한다.

① ㄱ ② ㄷ ③ ㄱ, ㄷ
④ ㄴ, ㄷ ⑤ ㄱ, ㄴ, ㄷ

• 왜 정답일까?

ㄱ. A는 현재 두 번째로 많으므로 암흑 물질이다.

ㄴ. 우주가 팽창하고 있는데 암흑 에너지인 C의 밀도는 일정하므로 암흑 에너지의 총량은 시간에 따라 증가한다.

ㄷ. 그림에서 보통 물질인 B가 차지하는 비율은 시간에 따라 감소하고 있다.

[문제편 p.187]

48회

● 고3 지구과학 I ●

2019학년도 수능

01 ②	02 ①	03 ④	04 ④	05 ⑤
06 ③	07 ④	08 ②	09 ①	10 ④
11 ⑤	12 ②	13 ①	14 ②	15 ④
16 ①	17 ⑤	18 ②	19 ①	20 ②

채점 결과
- 실제 걸린 시간 : 분 초
- 맞은 문항수 : 개
- 틀린 문항수 : 개
- 헷갈린 문항 :

01 절대 연령과 상대 연령

정답률 71% | 정답 ②

| 문제 보기 |

그림은 어느 지역의 지질 단면도를, 표는 화성암 D와 F에 포함된 방사성 원소 X와 이 원소가 붕괴되어 생성된 자원소의 함량비를 나타낸 것이다.

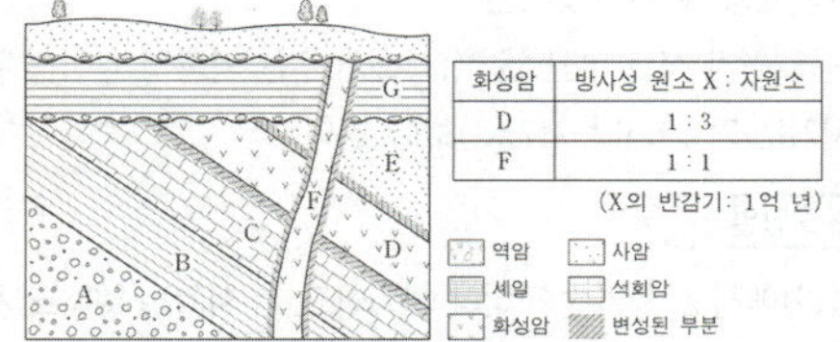

화성암	방사성 원소 X : 자원소
D	1 : 3
F	1 : 1

(X의 반감기: 1억 년)

이 지역에 대한 설명으로 옳은 것만을 <보기>에서 있는 대로 고른 것은?

<보 기>
ㄱ. D는 E보다 먼저 생성되었다.
ㄴ. D의 절대 연령은 2억 년이다.
ㄷ. G는 속씨식물이 번성한 시대에 생성되었다.

① ㄱ ② ㄴ ③ ㄷ ④ ㄱ, ㄴ ⑤ ㄴ, ㄷ

• 왜 정답일까?

반감기는 방사성 원소가 붕괴하여 처음 양의 절반으로 줄어드는 데 걸리는 시간으로 온도나 압력에 관계없이 일정하다.
ㄴ. 방사성 원소 X의 반감기는 1억 년이고, 화성암 D에 포함된 X는 반감기가 2번 경과했으므로 D의 절대 연령은 2억 년이다.

• 왜 오답일까?

ㄱ. D의 관입에 의해 E와의 경계부가 변성되었으므로 D는 E보다 나중에 생성되었다.
ㄷ. G는 1억 년 전 이전에 퇴적되었으므로 속씨식물이 번성한 시기인 신생대보다 앞선 시기에 생성되었다.

02 해수의 성질

정답률 85% | 정답 ①

| 문제 보기 |

그림은 동해에서 측정한 수괴 A, B, C의 성질을 나타낸 것이다. (가)는 수온과 염분 분포이고, (나)는 수온과 용존 산소량 분포이다.

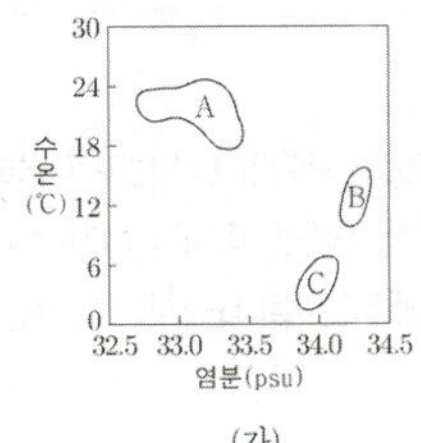

(가)

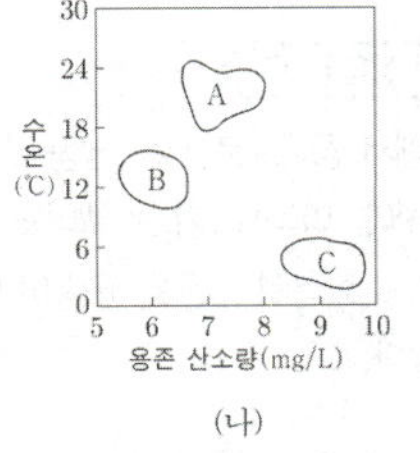

(나)

A, B, C에 대한 설명으로 옳은 것만을 <보기>에서 있는 대로 고른 것은?

<보 기>
ㄱ. 밀도는 A가 가장 낮다.
ㄴ. 염분이 높은 수괴일수록 용존 산소량이 많다.
ㄷ. B는 A와 C가 혼합되어 형성되었다.

① ㄱ ② ㄴ ③ ㄱ, ㄷ ④ ㄴ, ㄷ ⑤ ㄱ, ㄴ, ㄷ

• 왜 정답일까?

ㄱ. 해수의 밀도는 수온이 낮을수록, 염분이 높을수록 커진다. 따라서 수온이 가장 높고 염분이 가장 낮은 A의 밀도가 가장 낮다.

• 왜 오답일까?

ㄴ. (가)에서 B의 염분이 가장 높지만 (나)에서 B의 용존 산소량이 가장 적다.
ㄷ. (가)에서 B는 A와 C보다 염분이 높고 (나)에서 A와 C보다 용존 산소량이 적으므로 B는 A와 C가 혼합되어 형성되지 않았다.

03 별의 진화 과정

정답률 45% | 정답 ④

| 문제 보기 |

표는 질량이 서로 다른 별 (가)와 (나)의 진화 과정을 나타낸 것이다.

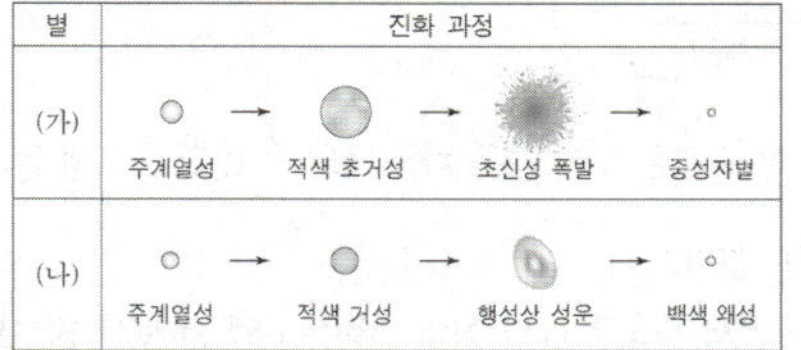

별
진화 과정
(가)
주계열성
적색 초거성
초신성 폭발
중성자별
(나)
주계열성
적색 거성
행성상 성운
백색 왜성

이에 대한 설명으로 옳은 것만을 <보기>에서 있는 대로 고른 것은?

<보 기>
ㄱ. 주계열 단계에 머무르는 기간은 (가)가 (나)보다 길다.
ㄴ. 주계열 단계의 수소 핵융합 반응 중에서 CNO 순환 반응이 차지하는 비율은 (가)가 (나)보다 크다.
ㄷ. (가)의 진화 과정에서 철보다 무거운 원소가 생성된다.

① ㄱ ② ㄷ ③ ㄱ, ㄴ ④ ㄴ, ㄷ ⑤ ㄱ, ㄴ, ㄷ

• 왜 정답일까?

ㄴ. 질량이 작은 주계열성에서는 p–p 연쇄 반응이, 질량이 큰 주계열성에서는 CNO 순환 반응이 우세하다. 따라서 주계열 단계의 수소 핵융합 반응 중에서 CNO 순환 반응이 차지하는 비율은 (가)가 (나)보다 크다.
ㄷ. 질량이 매우 큰 별은 헬륨 핵융합 반응 이후 탄소, 산소, 네온, 마그네슘, 규소를 거쳐 철로 이루어진 중심핵까지 형성한다. 이후 초신성 폭발 단계를 거치면서 철보다 무거운 원소가 생성된다.

• 왜 오답일까?

ㄱ. (가)는 (나)보다 질량이 큰 별의 진화 경로이다. 질량이 큰 별은 수소 핵융합 반응을 통해 더 많은 에너지를 만들어내는데, 이때 소모되는 수소의 양이 많아 주계열성으로 지내는 시간이 더 짧고 수명이 더 짧다. 따라서 주계열 단계에 머무르는 기간은 (가)가 (나)보다 짧다.

04 판의 경계

정답률 70% | 정답 ④

| 문제 보기 |

그림은 우리나라 주변의 주요 판 경계를 나타낸 것이다.

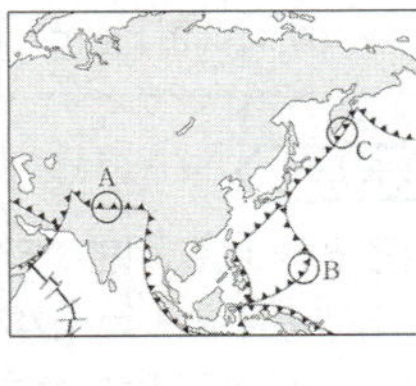

A, B, C 지역의 공통점으로 옳은 것만을 <보기>에서 있는 대로 고른 것은? [3점]

<보 기>
ㄱ. 안산암질 마그마가 분출한다.
ㄴ. 천발 지진이 발생한다.
ㄷ. 수렴형 경계이다.

① ㄱ ② ㄷ ③ ㄱ, ㄴ ④ ㄴ, ㄷ ⑤ ㄱ, ㄴ, ㄷ

• 왜 정답일까?

ㄴ. 천발 지진은 모든 판의 경계에서 발생한다.
ㄷ. A는 대륙판과 대륙판이, B는 해양판과 해양판이, C는 대륙판과 해양판이 서로 수렴하는 경계이다.

• 왜 오답일까?

ㄱ. 안산암질 마그마는 C와 같이 대륙판과 해양판이 수렴하는 경계에서 주로 생성된다. A에서는 화강암질 마그마가, C에서는 현무암질 마그마가 주로 생성된다.

05 뇌우와 우박

정답률 60% | 정답 ⑤

| 문제 보기 |

다음은 뇌우와 우박에 대하여 학생 A, B, C가 나눈 대화를 나타낸 것이다.

제시한 내용이 옳은 학생만을 있는 대로 고른 것은?

① A ② B ③ A, C
④ B, C ⑤ A, B, C

• 왜 정답일까?

뇌우는 강한 상승 기류에 의해 적란운이 발달하면서 천둥, 번개와 함께 소나기, 우박 등이 내리는 현상이다. 따라서 열대 저기압에서 강한 상승 기류가 발달할 때 뇌우가 발생할 수 있다. 자료에서 월평균 우박 일수는 여름철인 6월~8월보다 겨울철인 12월~2월이 더 많다는 것을 알 수 있다. 여름철에는 지표 부근의 온도가 높아 우박이 내리는 도중 대부분 녹기 때문에 상대적으로 우박 일수가 적다.

06 H–R도

정답률 40% | 정답 ③

| 문제 보기 |

그림은 같은 성단의 별 a~d를 H–R도에 나타낸 것이다. a~d에 대한 설명으로 옳은 것만을 <보기>에서 있는 대로 고른 것은? [3점]

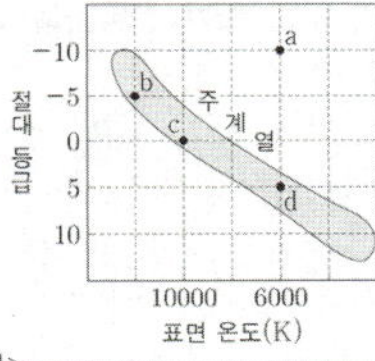

<보 기>
ㄱ. 반지름은 a가 d의 1000배이다.
ㄴ. 중심 온도가 가장 높은 별은 b이다.
ㄷ. 수소 흡수선이 가장 강한 별은 c이다.

① ㄱ ② ㄴ ③ ㄱ, ㄷ
④ ㄴ, ㄷ ⑤ ㄱ, ㄴ, ㄷ

• 왜 정답일까?

ㄱ. $L = 4\pi R^2 \cdot \sigma T^4$에서 $R \propto \frac{\sqrt{L}}{T^2}$이다. a는 d보다 절대 등급이 15만큼 작으므로 광도가 10^6배 크고, 표면 온도는 같다. 따라서 a는 d보다 반지름이 1000배 크다.
ㄷ. 수소 흡수선이 가장 강한 별은 분광형이 A0인 별로, 표면 온도가 10000K인 흰색의 별이다.

• 왜 오답일까?

ㄴ. 중심 온도가 가장 높은 별은 초거성인 a이다.

07 판의 수렴형 경계

정답률 69% | 정답 ④

| 문제 보기 |

그림 (가)는 어느 지역의 판 경계 부근에서 발생한 진앙 분포를, (나)는 (가)의 X – X′에 따른 지형의 단면을 나타낸 것이다.

[문제편 p.189]

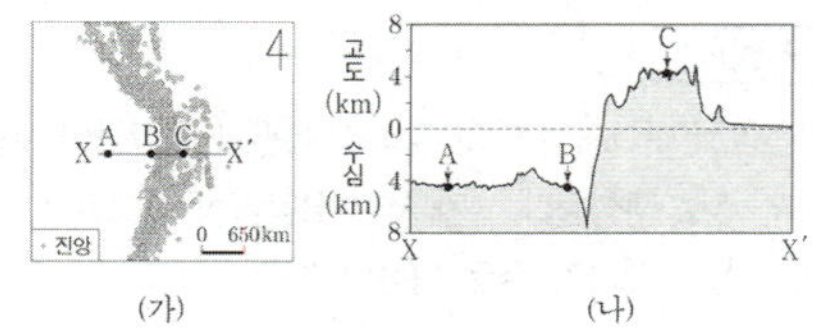

(가) (나)

지역 A, B, C에 대한 설명으로 옳은 것만을 <보기>에서 있는 대로 고른 것은? [3점]

<보 기>

ㄱ. 지각의 나이는 A가 B보다 많다.
ㄴ. B와 C 사이에는 수렴형 경계가 존재한다.
ㄷ. 화산 활동은 C가 A보다 활발하다.

① ㄱ ② ㄷ ③ ㄱ, ㄴ ④ ㄴ, ㄷ ⑤ ㄱ, ㄴ, ㄷ

• 왜 정답일까?

ㄴ. B와 C 사이에는 수렴형 경계인 해구가 존재한다.
ㄷ. 해구에서 판이 섭입할 때, 섭입하는 판의 위쪽에 놓여 있는 판에서 화산 활동이 활발하게 나타난다. 따라서 화산 활동은 C에서 활발하며, A는 판의 경계가 아니므로 화산 활동이 일어나지 않는다.

• 왜 오답일까?

ㄱ. 지각의 나이는 해령에서 해구로 갈수록 많아진다. A는 심해저 평원이고, B 부근에는 수심이 깊은 해구가 발달해 있고, C에는 습곡 산맥이 존재한다. 따라서 지각의 나이는 B가 A보다 많다.

08 북대서양의 아열대 순환 방향

정답률 81% | 정답 ②

| 문제 보기 |

다음은 북대서양의 표층 해류와 관련된 내용이다.

18세기에 미국의 벤자민 프랭클린이 우체국장을 지내던 시절이었다. 그는 a에서 b로 오는 우편 선박이 A 항로보다 B 항로로 운항할 때 2주 정도 빨리 도착하는 이유가 궁금했다. 어느 날 그는 항해 경험이 많은 선장으로부터 표층 해류가 항해에 영향을 준다는 사실을 들었다.

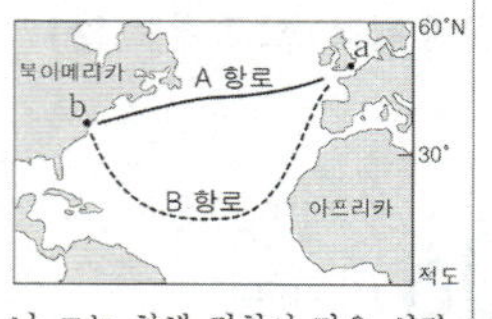

이에 대한 옳은 설명만을 <보기>에서 있는 대로 고른 것은?

<보 기>

ㄱ. A 항로 부근의 해류는 주로 무역풍의 영향을 받는다.
ㄴ. b에서 a로 이동할 경우에도 A보다 B 항로를 이용하는 것이 시간이 적게 걸릴 것이다.
ㄷ. 북대서양 표층 해류의 아열대 순환 방향은 시계 방향이다.

① ㄱ ② ㄷ ③ ㄱ, ㄴ ④ ㄴ, ㄷ ⑤ ㄱ, ㄴ, ㄷ

• 왜 정답일까?

ㄷ. 북대서양 아열대 해역에서 표층 해류의 순환 방향은 시계 방향이다. 따라서 b에서 a로 이동할 경우에는 A 항로를 이용하면 해류와 편서풍의 영향으로 항해 시간을 줄일 수 있다.

• 왜 오답일까?

ㄱ. A 항로 부근의 해류는 북대서양 해류로 편서풍에 의해 형성된다..
ㄴ. A 항로 부근의 해류는 서에서 동으로 흐르고 B 항로 부근의 해류는 동에서 서로 흐르므로 b에서 a로 이동할 경우 A 항로를 이용하는 것이 시간이 적게 걸린다.

09 지질도 해석과 암석의 절대 연령

정답률 74% | 정답 ①

| 문제 보기 |

그림 (가)는 어느 지역의 지질도를, (나)는 방사성 원소 X의 붕괴 곡선을 나타낸 것이다. 화성암 C와 D에 포함되어 있는 X의 양은 각각 처음 양의 $\frac{1}{4}$과 $\frac{1}{2}$이다. 지층 A와 B는 화성암 C에 의해 접촉 변성 작용을 받았다.

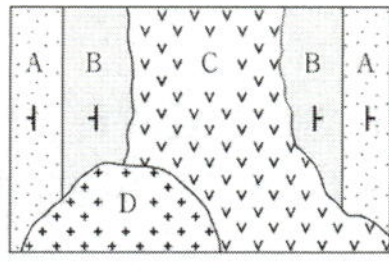

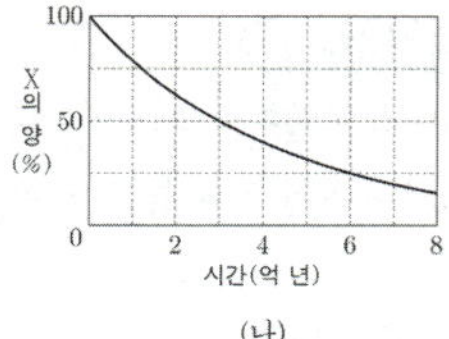

(가) (나)

이에 대한 설명으로 옳은 것만을 <보기>에서 있는 대로 고른 것은? [3점]

<보 기>

ㄱ. D가 관입한 시기는 고생대이다.
ㄴ. B에서 필석이 산출될 수 있다.
ㄷ. 암석의 생성 순서는 A→B→C→D이다.

① ㄱ ② ㄴ ③ ㄱ, ㄷ ④ ㄴ, ㄷ ⑤ ㄱ, ㄴ, ㄷ

• 왜 정답일까?

ㄱ. (나)에서 방사성 원소 X의 반감기는 3억 년이다. D에 포함된 X의 양은 처음 양의 $\frac{1}{2}$이므로 D의 절대 연령은 3억 년이며 이 시기는 고생대에 해당한다.

• 왜 오답일까?

ㄴ. C에 포함된 X의 양은 처음 양의 $\frac{1}{4}$이므로 C의 절대 연령은 6억 년이다.
C보다 먼저 생성된 B의 절대 연령은 6억 년 보다 많으므로 B는 선캄브리아 시대에 형성되었다. 따라서 B에서는 고생대의 표준 화석인 필석이 산출될 수 없다.
ㄷ. C를 경계로 양쪽의 지층이 대칭을 이루고, 위로 볼록한 부분이 나타나므로 배사구조를 이룬다. A와 B는 지층 누중의 원리에 따라 B → A의 순으로 생성되었다. A와 B는 C에 의해 접촉 변성 작용을 받았고 D는 A, B, C 모두를 관입하였으므로 관입의 원리에 따라 B → A → C → D의 순으로 생성되었다.

10 전선과 날씨

정답률 61% | 정답 ④

| 문제 보기 |

그림 (가)는 어느 날 06시부터 21시간 동안 우리나라 어느 관측소에서 높이에 따른 기온을, (나)는 이날 06시의 우리나라 주변 지상 일기도를 나타낸 것이다. 관측 기간 동안 온난 전선과 한랭 전선 중 하나가 이 관측소를 통과하였다.

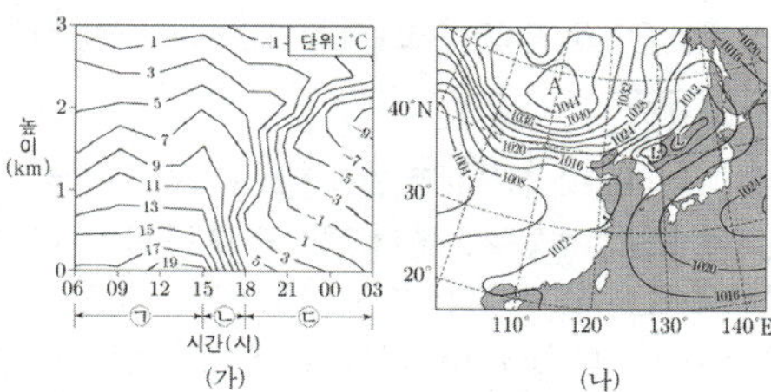

(가) (나)

이에 대한 설명으로 옳은 것만을 <보기>에서 있는 대로 고른 것은? [3점]

<보 기>

ㄱ. 관측소를 통과한 전선은 온난 전선이다.
ㄴ. 관측소의 지상 평균 기압은 ㉢ 시기가 ㉠ 시기보다 높다.
ㄷ. ㉢ 시기에 관측소는 A 지역 기단의 영향을 받는다.

① ㄱ ② ㄴ ③ ㄱ, ㄷ ④ ㄴ, ㄷ ⑤ ㄱ, ㄴ, ㄷ

• 왜 정답일까?

ㄴ. 한랭 전선이 통과하면 기압은 상승한다. 따라서 관측소의 평균 기압은 통과 후인 ㉢ 시기가 통과 전인 ㉠ 시기보다 높다.
ㄷ. ㉢ 시기는 한랭 전선이 통과 후인 시기에 해당하며 찬 기단의 영향을 받는다. 따라서 관측소는 A 지역에서 이동해 오는 시베리아 기단의 영향을 받는다.

11 엘니뇨와 라니냐

정답률 69% | 정답 ⑤

| 문제 보기 |

그림 (가)는 태평양 적도 부근 해역에서 무역풍의 동서 성분 풍속 편차를, (나)는 해역 A와 B에서의 기압 편차를 나타낸 것이다. a시기와 b시기는 각각 엘니뇨 시기와 라니냐 시기 중 하나이고, A와 B는 각각 동태평양 적도 부근 해역과 서태평양 적도 부근 해역 중 하나이다. 편차는 (관측값－평년값)이다.

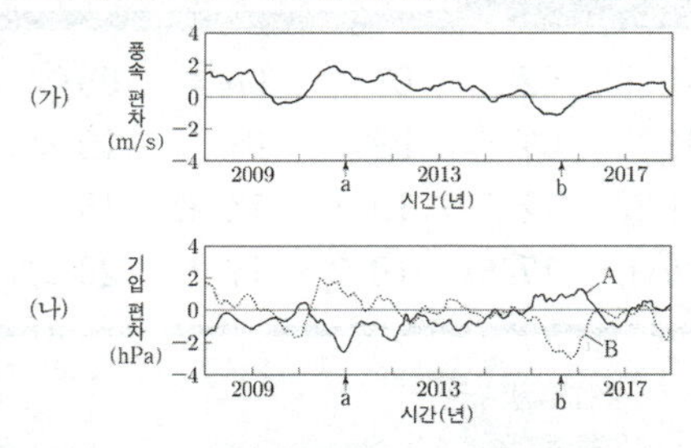

이 자료에 대한 설명으로 옳은 것만을 <보기>에서 있는 대로 고른 것은? (단, 무역풍에서 서쪽으로 향하는 방향을 양(+)으로 한다.) [3점]

<보 기>

ㄱ. A는 동태평양 적도 부근 해역이다.
ㄴ. a 시기에 표층 수온 편차가 음(－)의 값을 갖는 해역은 B이다.
ㄷ. B에서 수온 약층의 깊이는 b 시기가 a 시기보다 깊다.

① ㄱ ② ㄴ ③ ㄷ ④ ㄱ, ㄴ ⑤ ㄴ, ㄷ

• 왜 정답일까?

ㄴ. 라니냐 시기(a)에 동태평양 적도 부근 해역(B)에서는 평상시보다 표층 수온이 낮아진다.
ㄷ. 동태평양 적도 부근 해역(B)에서 수온 약층의 깊이는 엘니뇨 시기(b)가 라니냐 시기(a)보다 깊다.

• 왜 오답일까?

ㄱ. (가)에서 a 시기는 라니냐 시기이고, b 시기는 엘니뇨 시기이다. 라니냐 시기에는 페루 연안에서 기압이 높아지므로 (나)에서 해역 B는 동태평양 적도 부근 해역이고, 인도네시아 연안에서 기압이 낮아지므로 해역 A는 서태평양 적도 부근 해역이다. 엘니뇨 시기에는 페루 연안에서 기압이 낮아지므로 (나)에서 해역 B는 동태평양 적도 부근 해역이고, 인도네시아 연안에서 기압이 높아지므로 해역 A는 서태평양 적도 부근 해역이다.

12 엘니뇨와 라니냐

정답률 76% | 정답 ②

| 문제 보기 |

표의 (가)와 (나)는 태평양 적도 부근 해역에서 관측된 바람과 구름양의 분포를 엘니뇨 시기와 라니냐 시기로 구분하여 순서 없이 나타낸 것이다.

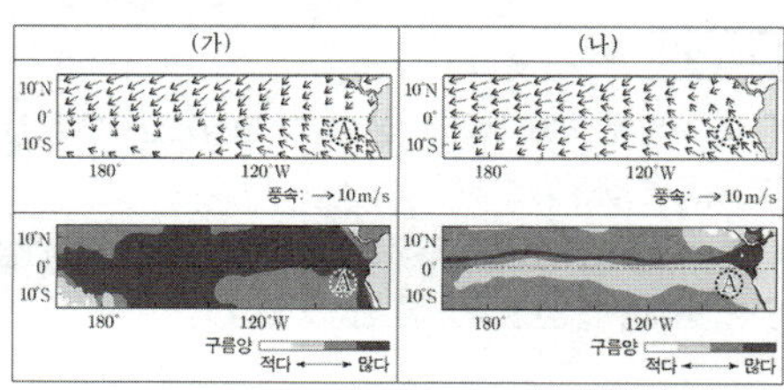

이에 대한 설명으로 옳은 것만을 <보기>에서 있는 대로 고른 것은? [3점]

<보 기>

ㄱ. 태평양 적도 부근 해역에서 구름양은 라니냐 시기가 엘니뇨 시기보다 많다.
ㄴ. A 해역의 수온은 (가)가 (나)보다 높다.
ㄷ. 남적도 해류는 (가)가 (나)보다 강하다.

① ㄱ ② ㄴ ③ ㄷ ④ ㄱ, ㄴ ⑤ ㄱ, ㄷ

• 왜 정답일까?

서쪽에서 동쪽으로 부는 남동 무역풍의 세기가 (가)보다 (나)에서 뚜렷하다. 따라서 (가)는 엘니뇨 시기, (나)는 라니냐 시기이다.
ㄴ. A 해역의 수온은 용승이 약해지는 엘니뇨 시기 (가)일 때 더 높다.

13 태풍과 날씨

정답률 65% | 정답 ①

| 문제 보기 |

그림 (가)는 어느 태풍의 중심 기압을 22일부터 24일까지 3시간 간격으로, (나)는 이 태풍의 위치를 6시간 간격으로 나타낸 것이다.

[문제편 p.190]

(가)

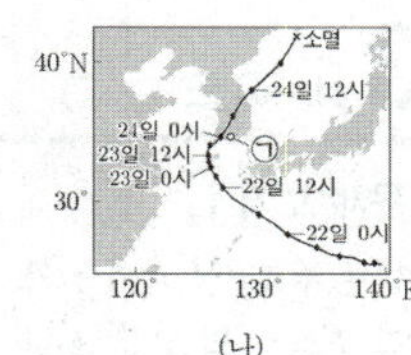

(나)

이에 대한 설명으로 옳은 것만을 <보기>에서 있는 대로 고른 것은?

<보 기>
ㄱ. 태풍의 세력은 A 시기가 B 시기보다 강하다.
ㄴ. 태풍의 평균 이동 속도는 A 시기가 B 시기보다 빠르다.
ㄷ. 23일 18시부터 24일 06시까지 ㉠ 지점에서 풍향은 시계 반대 방향으로 변한다.

① ㄱ ② ㄷ ③ ㄱ, ㄴ
④ ㄴ, ㄷ ⑤ ㄱ, ㄴ, ㄷ

• 왜 정답일까?

ㄱ. 태풍의 세력은 중심 기압이 낮을수록 강하므로 A 시기가 B 시기보다 강하다.

• 왜 오답일까?

ㄴ. 태풍의 평균 이동 속도는 전향점 부근에 위치한 A 시기보다 전향점을 지난 B 시기에 빠르다.

ㄷ. 23일 18시부터 24일 06시까지 태풍은 ㉠ 지점의 왼쪽으로 지나갔다. 따라서 ㉠ 지점은 위험 반원에 위치하여 이 기간 동안 풍향이 시계 방향으로 변하였다.

14 대기 대순환과 해류

정답률 57% | 정답 ②

| 문제 보기 |

그림은 태평양 주변에서의 1월과 7월의 평년 기압 분포 중 하나를 나타낸 것이다.

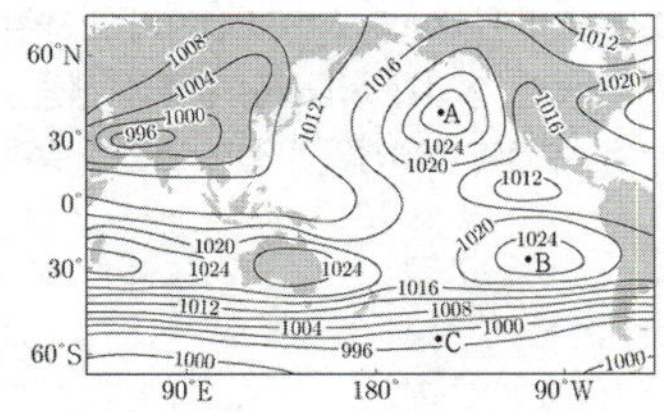

이에 대한 설명으로 옳은 것만을 <보기>에서 있는 대로 고른 것은?

<보 기>
ㄱ. 이 평년 기압 분포는 1월에 해당한다.
ㄴ. A와 B 지점의 고기압은 해들리 순환의 하강으로 생성된다.
ㄷ. C 지점의 표층 해류는 동쪽에서 서쪽으로 흐른다.

① ㄱ ② ㄴ ③ ㄱ, ㄷ ④ ㄴ, ㄷ ⑤ ㄱ, ㄴ, ㄷ

• 왜 정답일까?

ㄴ. A와 B 지점의 고기압은 아열대 고기압이다. 아열대 고기압은 해들리 순환의 하강 기류가 나타나는 위도 30° 부근에 발달한다.

• 왜 오답일까?

ㄱ. 북반구 대륙에 저기압이 발달해 있으므로 이 평년 기압 분포는 여름철인 7월에 해당한다.

ㄷ. C 지점의 표층 해류는 남극 순환 해류로 편서풍에 의해 서쪽에서 동쪽으로 흐른다.

15 퇴적암 분류

정답률 81% | 정답 ④

| 문제 보기 |

표는 퇴적암을 퇴적물의 기원에 따라 분류하고 그 예를 나타낸 것이다.

구분	퇴적물의 기원	퇴적암의 예
쇄설성 퇴적암	(A)	응회암, 집괴암
	풍화·침식 쇄설물	역암, 사암, 이암
유기적 퇴적암	식물체	(B)
	석회질 생물체	석회암
화학적 퇴적암	해수에 녹아 있던 NaCl	암염

이에 대한 설명으로 옳은 것만을 <보기>에서 있는 대로 고른 것은?

<보 기>
ㄱ. A는 화산 쇄설물이다.
ㄴ. 석탄은 B에 해당한다.
ㄷ. 암염은 다습한 환경에서 생성된다.

① ㄱ ② ㄴ ③ ㄷ
④ ㄱ, ㄴ ⑤ ㄴ, ㄷ

• 왜 정답일까?

ㄱ. 응회암과 집괴암은 화산 폭발 시 분출된 화산 쇄설물을 기원 물질로 하는 쇄설성 퇴적암이다.

ㄴ. 석탄은 식물체를 기원 물질로 하는 유기적 퇴적암이다.

• 왜 오답일까?

ㄷ. 암염은 해수의 증발에 의해 침전된 NaCl을 기원 물질로 하는 화학적 퇴적암이므로 건조한 환경에서 생성된다.

16 지구의 열수지

정답률 45% | 정답 ①

| 문제 보기 |

그림은 복사 평형 상태에 있는 지구의 열수지를 나타낸 것이다.

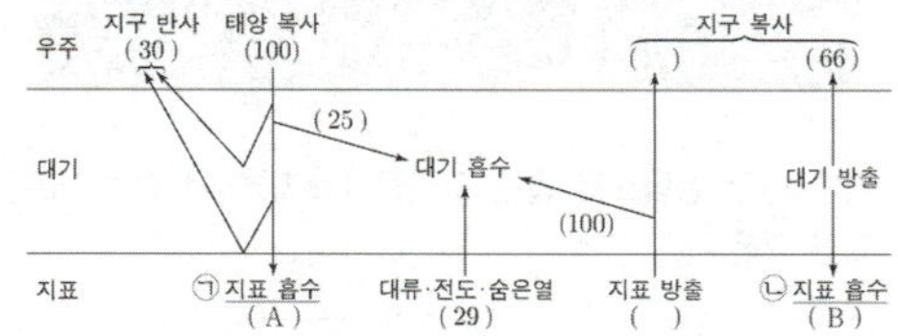

이에 대한 설명으로 옳은 것만을 <보기>에서 있는 대로 고른 것은?

<보 기>
ㄱ. A < B이다.
ㄴ. (A+B)는 지표가 방출하는 복사 에너지 양과 같다.
ㄷ. $\frac{\text{가시광선 영역 에너지의 양}}{\text{적외선 영역 에너지의 양}}$은 ㉠이 ㉡보다 작다.

① ㄱ ② ㄷ ③ ㄱ, ㄴ
④ ㄴ, ㄷ ⑤ ㄱ, ㄴ, ㄷ

• 왜 정답일까?

지구에서 반사된 에너지가 30이므로 지표에서 우주로 직접 방출되는 에너지는 4이다. 따라서 지표 방출은 104이다.

ㄱ. 태양 복사 100=(지구 반사 30+대기 흡수~25+지표 흡수A)이므로 A는 45이다. 한편, 지표가 흡수하는 총에너지는 지표가 방출하는 총에너지와 같아야 하므로 (지표 흡수 45+지표 흡수 B)=(대류·전도·숨은열 29+지표 방출 104)이고, B는 88이다.

• 왜 오답일까?

ㄴ. (A+B)는 지표가 흡수하는 총에너지에 해당한다. 지표는 복사 평형 상태에 있으므로 같은 값의 에너지를 복사와 대류·전도·숨은열로 방출한다. 따라서 지표가 방출하는 복사 에너지 양은 (A+B)보다 적다.

ㄷ. ㉠은 태양으로부터 지표에 흡수되는 복사 에너지이므로 가시광선 영역의 에너지 양이 가장 많고, ㉡은 대기로부터 지표에 흡수되는 복사 에너지이므로 적외선 영역의 에너지가 대부분을 차지한다. 따라서 $\frac{\text{가시광선 영역 에너지의 양}}{\text{적외선 영역 에너지의 양}}$은 ㉠이 ㉡보다 많다.

17 허블의 은하 분류

정답률 73% | 정답 ⑤

| 문제 보기 |

그림 (가)는 은하 A와 B의 가시광선 영상을, (나)는 A와 B의 특성을 나타낸 것이다.

A

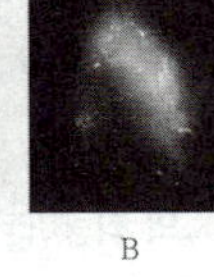
B

(가)

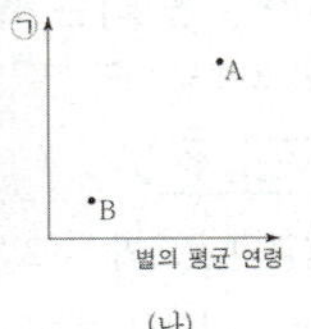

(나)

이에 대한 설명으로 옳은 것을 <보기>에서 고른 것은? [3점]

<보 기>
ㄱ. 허블의 은하 분류에 의하면 A는 E0에 해당한다.
ㄴ. 은하는 B의 형태에서 A의 형태로 진화한다.
ㄷ. 은하의 질량에 대한 성간 물질의 비는 A가 B보다 작다.
ㄹ. 색지수는 (나)의 ㉠에 해당한다.

① ㄱ, ㄴ ② ㄱ, ㄷ ③ ㄱ, ㄹ ④ ㄴ, ㄷ ⑤ ㄷ, ㄹ

• 왜 정답일까?

ㄷ. A는 타원 은하, B는 불규칙 은하이다. 타원 은하는 성간 물질이 거의 없는 타원형 은하이고 불규칙 은하에는 성간 물질이 많이 분포한다. 따라서 은하의 질량에 대한 성간 물질의 비는 A가 B보다 작다.

ㄹ. 타원 은하는 불규칙 은하보다 붉은 별의 비율이 크고 색지수가 크다. (나)에서 A는 B보다 ㉠이 크므로 색지수는 ㉠에 해당한다.

• 왜 오답일까?

ㄱ. 타원 은하는 E0에서 E7으로 갈수록 편평도가 커진다. 따라서 A는 은하의 형태가 원형인 E0에 해당하지 않는다.

ㄴ. 불규칙 은하가 시간에 흘러 타원 은하로 진화하는 것은 아니다.

18 외계 행성 탐사

정답률 50% | 정답 ②

| 문제 보기 |

그림 (가)는 어느 외계 행성과 중심별이 공통 질량 중심을 중심으로 공전하는 모습을, (나)는 도플러 효과를 이용하여 측정한 이 중심별의 시선 속도 변화를 나타낸 것이다.

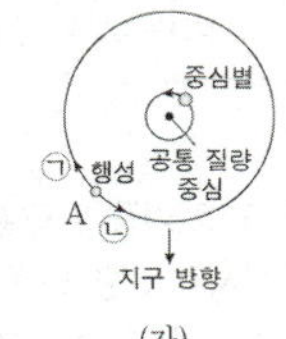

(가)

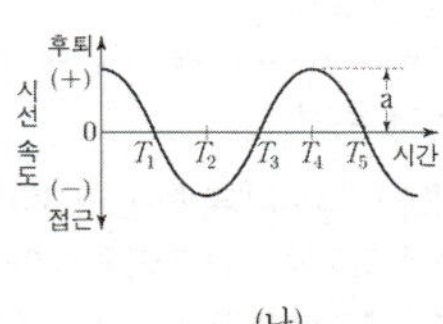

(나)

이에 대한 설명으로 옳은 것만을 <보기>에서 있는 대로 고른 것은?

<보 기>
ㄱ. 공통 질량 중심에 대한 행성의 공전 방향은 ㉠이다.
ㄴ. 행성의 질량이 클수록 (나)에서 a가 커진다.
ㄷ. 행성이 A에 위치할 때 (나)에서는 $T_3 \sim T_4$에 해당한다.

① ㄱ ② ㄴ ③ ㄱ, ㄷ
④ ㄴ, ㄷ ⑤ ㄱ, ㄴ, ㄷ

• 왜 정답일까?

ㄴ. 행성의 질량이 클수록 중심별이 공통 질량 중심을 회전하는 속도가 커져 시선 속도의 변화량이 커진다. 따라서 행성의 질량이 클수록 (나)에서 a가 커진다.

• 왜 오답일까?

ㄱ. 외계 행성계에서 중심별과 행성은 공통 질량 중심을 같은 방향으로 회전하므로 행성의 공전 방향은 ㉡이다.

ㄷ. 행성이 A에 위치할 때 중심별은 지구로부터 멀어지며, 멀어지는 속도는 점점 감소하는 구간에 위치한다. 따라서 (나)에서 $T_4 \sim T_5$에 해당한다.

19 기후 변동의 천문학적 요인

정답률 36% | 정답 ①

| 문제 보기 |

그림 (가)는 현재의 지구 공전 궤도와 자전축 경사 방향을, (나)는 13000년 후 이심률이 변화된 지구 공전 궤도와 자전축 경사 방향을 나타낸 것이다.

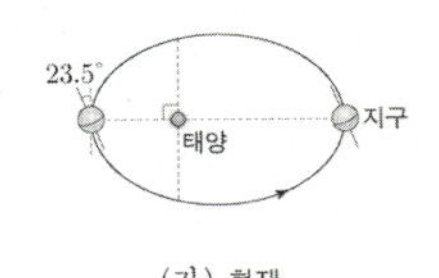

(가) 현재

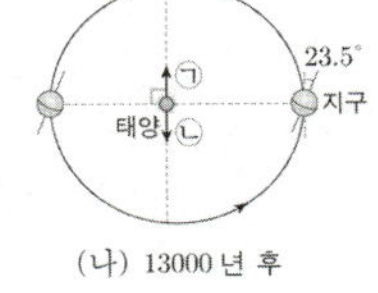

(나) 13000 년 후

[문제편 p.191]

이에 대한 설명으로 옳은 것만을 〈보기〉에서 있는 대로 고른 것은? (단, 지구 자전축 경사 방향과 이심률 이외의 조건은 고려하지 않는다.) [3점]

〈보 기〉
ㄱ. 북반구 위도 30°에서 하짓날 지표에 도달하는 태양 복사 에너지양은 (가)가 (나)보다 작다.
ㄴ. 남반구 위도 30°에서 기온의 연교차는 (가)가 (나)보다 작다.
ㄷ. (나)에서 춘분점의 방향은 ㉠이다.

① ㄱ ② ㄴ ③ ㄷ ④ ㄱ, ㄷ ⑤ ㄴ, ㄷ

• 왜 정답일까?

하짓날은 태양의 적위가 가장 큰 날이다. (가)에서는 하짓날에 지구가 원일점 부근에 위치하고, (나)에서는 근일점 부근에 위치한다.

ㄱ. 북반구 위도 30°에서 하짓날에 태양의 남중 고도는 같지만, 지구에서 태양까지의 거리는 (가)보다 (나)에서 가깝다. 따라서 하짓날 지표에 도달하는 태양 복사 에너지양은 (가)가 (나)보다 작다.

• 왜 오답일까?

ㄴ. (가)에서 남반구는 근일점에서 여름이고 원일점에서 겨울이지만, (나)에서는 원일점에서 여름이고 근일점에서 겨울이 된다. 따라서 남반구 위도 30°에서 기온의 연교차는 (가)가 (나)보다 크다.

ㄷ. 춘분점은 태양이 연주 운동함에 따라 적위가 (−)에서 (+)로 변할 때 천구의 적도상을 지나는 지점이다. (나)에서 태양의 적위는 근일점에서 (+), 원일점에서 (−)이므로 지구가 원일점에서 근일점으로 이동하는 동안 태양은 춘분점을 지난다. 따라서 (나)에서 춘분점의 방향은 ㉡이다.

20 고지자기

정답률 65% | 정답 ②

| 문제 보기 |

그림은 어느 지괴의 현재 위치와 시기별 고지자기극 위치를 나타낸 것이다. 고지자기극은 이 지괴의 고지자기 방향으로 추정한 지리상 북극이고, 실제 지리상 북극의 위치는 변하지 않았다.

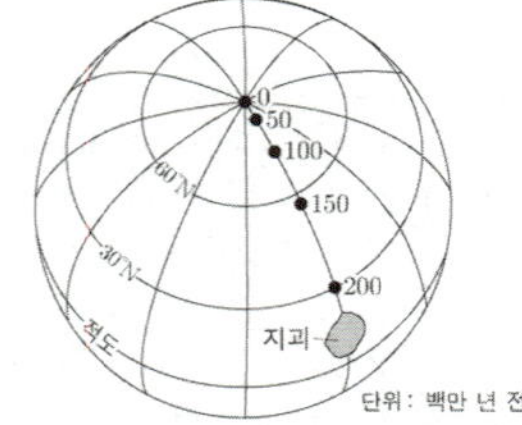

이 지괴에 대한 설명으로 옳은 것만을 〈보기〉에서 있는 대로 고른 것은? [3점]

〈보 기〉
ㄱ. 200Ma에는 남반구에 위치하였다.
ㄴ. 150Ma~100Ma 동안 고지자기 복각은 감소하였다.
ㄷ. 200Ma~0Ma 동안 이동 속도는 점점 빨라졌다.

① ㄱ ② ㄴ ③ ㄷ ④ ㄱ, ㄴ ⑤ ㄴ, ㄷ

• 왜 정답일까?

ㄴ. 150Ma~100Ma 동안 지괴는 고지자기극에서 멀어졌으므로 고지자기 복각은 감소하였다.

• 왜 오답일까?

ㄱ. 200Ma에 지괴는 현재보다 고위도에 위치하였다.

ㄷ. 200Ma~0Ma 동안 지괴의 이동 속도는 점점 느려졌다.

49회 2018학년도 수능

● 고3 지구과학 I ●

01 ⑤	02 ④	03 ④	04 ⑤	05 ②
06 ③	07 ⑤	08 ④	09 ③	10 ⑤
11 ②	12 ②	13 ③	14 ⑤	15 ③
16 ④	17 ①	18 ③	19 ④	20 ③

채점 결과
• 실제 걸린 시간 : 분 초
• 맞은 문항수 : 개
• 틀린 문항수 : 개
• 헷갈린 문항 :

01 지질구조

정답률 92% | 정답 ⑤

| 문제 보기 |

그림 (가)~(다)는 서로 다른 지질 구조를 나타낸 것이다.

(가)

(나)

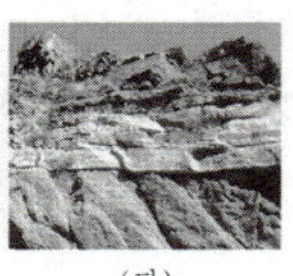
(다)

이에 대한 설명으로 옳은 것만을 〈보기〉에서 있는 대로 고른 것은?

〈보 기〉
ㄱ. (가)는 단층 구조가 발달되어 있다.
ㄴ. (나)는 횡압력에 의해 형성되었다.
ㄷ. (다)는 퇴적이 중단된 시기가 있었다.

① ㄱ ② ㄴ ③ ㄱ, ㄷ
④ ㄴ, ㄷ ⑤ ㄱ, ㄴ, ㄷ

• 왜 정답일까?

ㄱ. (가)에서는 장력에 의한 정단층이 발달해 있다.

ㄴ. (나)에서는 횡압력에 의한 습곡구조가 발달해 있다.

ㄷ. (다)에서는 부정합이 나타나므로 지층의 퇴적이 중단된 시기가 있었다.

02 용암의 성질

정답률 90% | 정답 ④

| 문제 보기 |

그림 (가)는 용암 A와 B의 특성을, (나)는 어느 화산체의 단면을 모식적으로 나타낸 것이다.

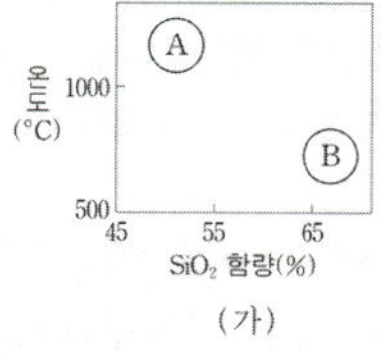

(가)

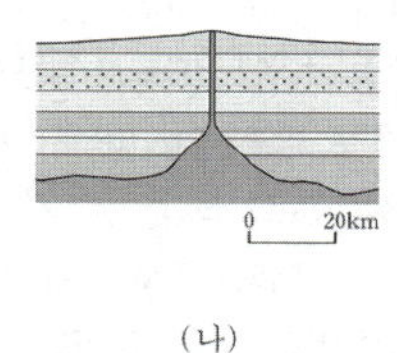

(나)

이에 대한 설명으로 옳은 것만을 〈보기〉에서 있는 대로 고른 것은? [3점]

〈보 기〉
ㄱ. 유동성은 A가 B보다 크다.
ㄴ. 화산이 분출할 때 A가 B보다 격렬하게 분출한다.
ㄷ. (나)를 형성하는 용암의 특성은 A에 가깝다.

① ㄱ ② ㄴ ③ ㄷ ④ ㄱ, ㄷ ⑤ ㄴ, ㄷ

• 왜 정답일까?

ㄱ. 용암의 유동성은 온도가 높고 SiO_2의 함량비가 낮을수록 크다. 따라서 A가 B보다 크다.

ㄷ. (나)는 유동성이 큰 용암에 의해 형성된 경사가 완만한 순상 화산이다. 따라서 이와 같은 화산체를 형성하는 용암은 A이다.

• 왜 오답일까?

ㄴ. 용암의 온도가 낮고 SiO_2의 함량비가 클수록 폭발적으로 분출한다. 따라서 A보다 B가 격렬하게 폭발한다.

03 H－R도

정답률 84% | 정답 ④

| 문제 보기 |

그림은 주계열성 A와 B가 각각 거성 C와 D로 진화하는 경로를 H－R도에 나타낸 것이다. 이에 대한 설명으로 옳은 것은? [3점]

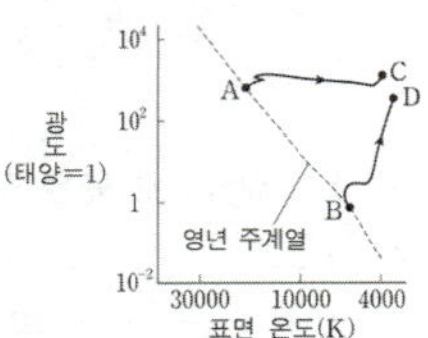

① 색지수는 A가 C보다 크다.
② 질량은 B가 A보다 크다.
③ 절대 등급은 D가 B보다 크다.
④ 주계열에 머무는 기간은 B가 A보다 길다.
⑤ B의 중심핵에서는 헬륨 핵융합 반응이 일어난다.

• 왜 정답일까?

H－R도는 가로축에 별의 표면 온도, 세로축에 별의 광도를 나타낸 것으로 별의 분광형이나 색지수, 절대 등급, 반지름 등을 비교하기 쉽다. B가 A보다 질량이 작아 에너지 소모도 적으므로 주계열에 머무는 기간이 길다.

• 왜 오답일까?

① A가 C보다 표면 온도가 높으므로 색지수가 작다.
② B가 A보다 표면 온도가 낮고 광도도 작으므로 질량이 작다.
③ D가 B보다 광도가 크므로 절대 등급이 작다.
⑤ B는 광도와 표면 온도가 태양과 비슷하므로 중심핵에서 헬륨 핵융합 반응이 일어나지는 않는다.

04 지질 단면도 해석

정답률 41% | 정답 ⑤

| 문제 보기 |

그림은 서로 다른 두 지역의 지질 단면과 지층에서 관찰된 퇴적 구조를 나타낸 것이다. (가)와 (나)의 퇴적층은 각각 해수면이 상승하는 동안과 하강하는 동안에 생성된 것 중 하나이다. 두 지역에서 화강암의 절대 연령은 같다.

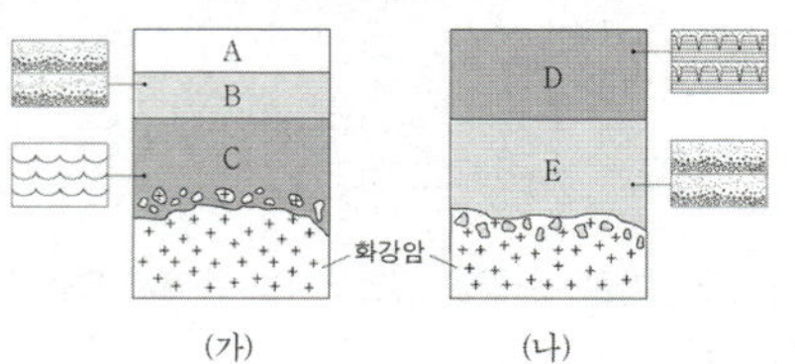

이에 대한 설명으로 옳은 것만을 〈보기〉에서 있는 대로 고른 것은?

〈보 기〉
ㄱ. (가)는 해수면이 상승하는 경우에 해당한다.
ㄴ. 지층 D는 생성 과정 중 대기에 노출된 적이 있다.
ㄷ. 지층 A~E 중 가장 오래된 것은 E이다.

① ㄱ ② ㄴ ③ ㄱ, ㄷ ④ ㄴ, ㄷ ⑤ ㄱ, ㄴ, ㄷ

• 왜 정답일까?

ㄱ. (가)에서 B와 C는 지층 누중의 원리에 따라 C → B의 순으로 생성되었다. C에서는 연흔이, B에서는 점이 층리가 나타나는데, 연흔은 점이 층리보다 얕은 환경에서 생성되므로 (가)는 해수면이 상승하는 경우에 해당한다.

ㄴ. D에서는 지층이 건조 기후에 노출되는 경우에 생성되는 건열이 나타나므로 D는 대기에 노출된 적이 있다.

ㄷ. (가)는 C의 하부에 기저 역암이 존재하므로 화강암 → C → B → A의 순으로 생성되었고, (나)는 화강암에 E의 포획암이 존재하므로 E → D → 화강암의 순으로 생성되었다. 두 지역에서 화강암의 절대 연령이 같으므로 (가)와 (나)에서 지층과 암석의 생성 순서는 E → D → 화강암 → C → B → A이다. 따라서 지층 A~E 중 가장 오래된 것은 E이다.

05 태평양의 화산 분포와 판의 경계

정답률 42% | 정답 ②

| 문제 보기 |

그림은 태평양 주변에서 최근 1만 년 이내에 분출한 적이 있는 화산의 분포를 나타낸 것이다.

[문제편 p.192]

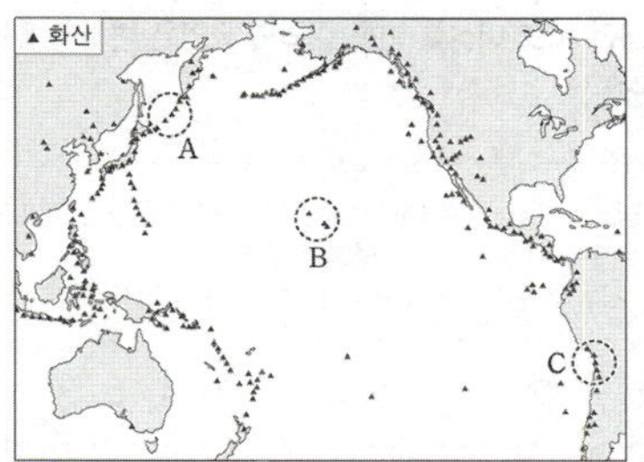

지역 A, B, C에 대한 설명으로 옳은 것만을 〈보기〉에서 있는 대로 고른 것은? [3점]

〈보 기〉
ㄱ. B의 화산은 판의 발산형 경계에 위치한다.
ㄴ. 화산에서 분출된 용암의 SiO_2 평균 함량은 B가 C보다 낮다.
ㄷ. 해구에서 섭입하는 판의 지각 나이는 A가 C보다 적다.

① ㄱ ② ㄴ ③ ㄷ ④ ㄱ, ㄴ ⑤ ㄴ, ㄷ

• 왜 정답일까?

ㄴ. B에서는 주로 SiO_2 함량이 낮은 현무암질 용암이 분출하고, C에서는 주로 SiO_2 함량이 높은 안산암질 용암이 분출한다. 화산에서 분출된 용암의 SiO_2 평균 함량은 B가 C보다 낮다.

• 왜 오답일까?

ㄱ. B는 판의 내부에 위치한 화산이다.
ㄷ. 태평양의 해령은 동쪽에 위치한다. 해령으로 부터의 거리는 A가 C보다 멀기 때문에 판의 지각나이 또한 A가 C보다 많다.

06 우리나라 주변의 표층 해류 분포

정답률 84% | 정답 ③

| 문제 보기 |

그림은 우리나라 동해와 그 주변의 표층 해류 분포를 나타낸 것이다.

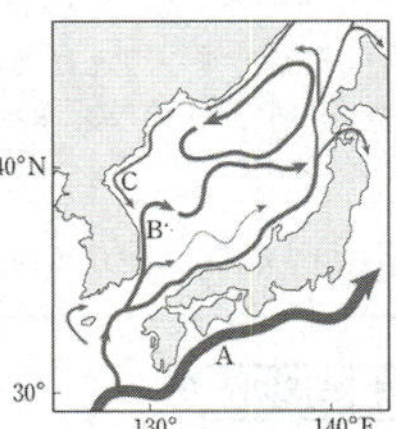

해류 A, B, C에 대한 설명으로 옳은 것만을 〈보기〉에서 있는 대로 고른 것은? [3점]

〈보 기〉
ㄱ. A는 북태평양 아열대 표층 순환의 일부이다.
ㄴ. B는 겨울에 주변 대기로 열을 공급한다.
ㄷ. 용존 산소량은 C가 B보다 적다.

① ㄱ ② ㄷ ③ ㄱ, ㄴ ④ ㄴ, ㄷ ⑤ ㄱ, ㄴ, ㄷ

• 왜 정답일까?

ㄱ. A는 북태평양 아열대 표층 순환의 일부인 쿠로시오 해류이다.
ㄴ. B는 난류로 겨울에 주변 대기로 열을 공급한다.

• 왜 오답일까?

ㄷ. C는 한류로 산소에 대한 용해도가 높아 난류인 B보다 용존 산소량이 크다.

07 판의 경계

정답률 80% | 정답 ⑤

| 문제 보기 |

그림은 쿠릴 열도 주변의 판 경계를 나타낸 것이다.

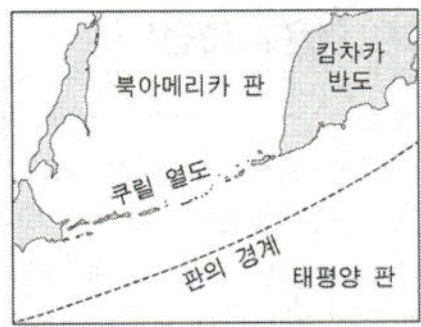

이에 대한 설명으로 옳은 것만을 〈보기〉에서 있는 대로 고른 것은? [3점]

〈보 기〉
ㄱ. 쿠릴 열도는 북아메리카 판이 태평양 판 아래로 섭입하여 형성되었다.
ㄴ. 쿠릴 열도에는 해령 지역에 비해 안산암이 많이 분포한다.
ㄷ. 쿠릴 열도는 호상 열도이다.

① ㄱ ② ㄴ ③ ㄷ ④ ㄱ, ㄴ ⑤ ㄴ, ㄷ

• 왜 정답일까?

ㄴ. 쿠릴 열도는 판의 수렴 경계에 위치한다. 판의 수렴 경계에서는 물의 첨가에 의해 맨틀 물질이 용융되어 현무암질 마그마가 생성되고, 생성된 마그마가 상승하다가 대륙지각 하부에 머물면서 화강암질 마그마를 형성하거나 혼합 등의 과정으로 안산암질 마그마를 생성할 수 있다. 그에 비해 해령에서는 주로 현무암질 마그마가 생성되므로 쿠릴 열도에는 해령 지역에 비해 안산암이 많이 분포하게 된다.
ㄷ. 쿠릴 열도는 판의 섭입에 의해 생성된 마그마가 상승하여 생성된 일련의 화산섬으로 구성되어 있다. 그러므로 쿠릴 열도는 호상 열도이다.

• 왜 오답일까?

ㄱ. 판의 수렴 경계에서 호상 열도는 섭입 되는 판 쪽에 생성된다. 쿠릴 열도의 위치가 북아메리카 판 쪽에 있으므로 판의 경계를 기준으로 태평양 판이 북아메리카 판 쪽으로 섭입하고 있음을 알 수 있다.

08 엘니뇨와 라니냐

정답률 59% | 정답 ④

| 문제 보기 |

그림은 엘니뇨 또는 라니냐 시기에 태평양 적도 부근 해역에서 관측된, 수온 약층이 나타나기 시작하는 깊이의 편차(관측 깊이−평년 깊이)를 나타낸 것이다.

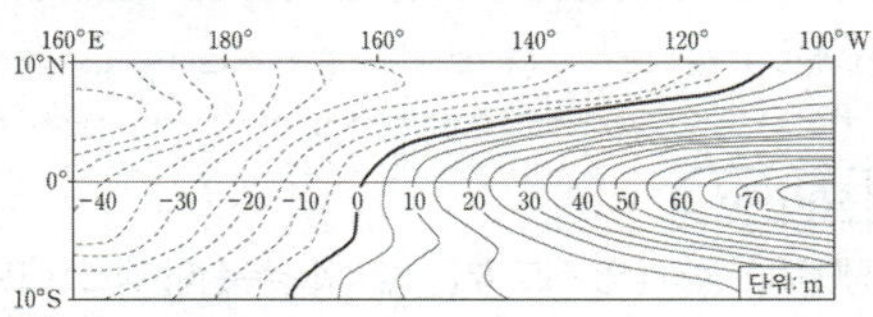

이 시기에 대한 설명으로 옳은 것만을 〈보기〉에서 있는 대로 고른 것은?

〈보 기〉
ㄱ. 엘니뇨 시기이다.
ㄴ. 평년에 비해 동태평양 적도 해역에서 혼합층의 두께는 증가한다.
ㄷ. 평년에 비해 동태평양 적도 해역에서 표층 수온은 낮아진다.

① ㄱ ② ㄴ ③ ㄷ ④ ㄱ, ㄴ ⑤ ㄴ, ㄷ

• 왜 정답일까?

ㄱ. 이 시기는 평년에 비해 동태평양 적도 해역의 표층 수온이 높아지는 엘니뇨 시기에 해당한다.
ㄴ. 동태평양 적도 해역에서 수온 약층이 나타나기 시작하는 깊이의 편차가 (+)이므로 평년에 비해 동태평양 적도 해역에서 혼합층의 두께가 증가한다.

• 왜 오답일까?

ㄷ. 엘니뇨 시기에는 평년에 비해 동태평양 적도 해역에서 표층 수온이 높아진다.

09 해수의 밀도

정답률 90% | 정답 ③

| 문제 보기 |

다음은 수온과 염분이 해수의 밀도에 미치는 영향을 알아보기 위한 실험이다.

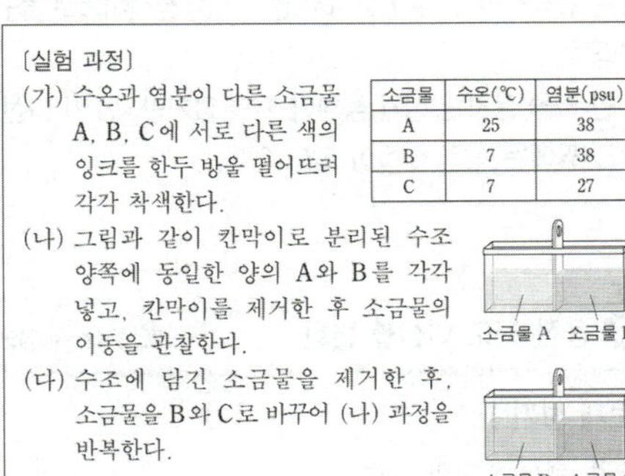

[실험 과정]
(가) 수온과 염분이 다른 소금물 A, B, C에 서로 다른 색의 잉크를 한두 방울 떨어뜨려 각각 착색한다.

소금물	수온(℃)	염분(psu)
A	25	38
B	7	38
C	7	27

(나) 그림과 같이 칸막이로 분리된 수조 양쪽에 동일한 양의 A와 B를 각각 넣고, 칸막이를 제거한 후 소금물의 이동을 관찰한다.

소금물 A 소금물 B

(다) 수조에 담긴 소금물을 제거한 후, 소금물을 B와 C로 바꾸어 (나) 과정을 반복한다.

소금물 B 소금물 C

[실험 결과]

과정	결과
(나)	소금물 (㉠)가 소금물 (㉡) 아래로 이동한다.
(다)	㉢ 소금물 B가 소금물 C 아래로 이동한다.

이에 대한 설명으로 옳은 것만을 〈보기〉에서 있는 대로 고른 것은?

〈보 기〉
ㄱ. 실험 과정 (나)는 염분이 같을 때 수온이 밀도에 미치는 영향을 알아보기 위한 것이다.
ㄴ. ㉠은 A, ㉡은 B이다.
ㄷ. ㉢은 수온이 같을 때 염분이 높을수록 밀도가 크기 때문이다.

① ㄱ ② ㄴ ③ ㄱ, ㄷ ④ ㄴ, ㄷ ⑤ ㄱ, ㄴ, ㄷ

• 왜 정답일까?

해수의 밀도는 염분이 높을수록, 수온이 낮을수록 크다.
ㄱ. 실험 과정 (나)는 수온이 밀도에 미치는 영향을 알아보기 위해 소금물 A와 B의 염분은 같게 하고 수온은 서로 다르게 하였다.
ㄷ. 실험 과정 (다)에서는 수온은 같지만 염분이 높은 소금물 B가 C 아래로 이동하였으므로 수온이 같을 때 염분이 높을수록 밀도가 크다는 것을 알 수 있다.

• 왜 오답일까?

ㄴ. B가 A보다 밀도가 크므로, ㉠은 B, ㉡은 A이다.

10 태풍과 날씨

정답률 63% | 정답 ⑤

| 문제 보기 |

그림 (가)는 어느 해 9월 9일부터 18일까지 태풍 중심의 위치와 기압을 1일 간격으로 나타낸 것이고, (나)는 12일, 14일, 16일에 관측한 이 태풍 중심의 이동 방향과 이동 속도를 ㉠, ㉡, ㉢으로 순서 없이 나타낸 것이다. 화살표의 방향과 길이는 각각 이동 방향과 속도를 나타낸다.

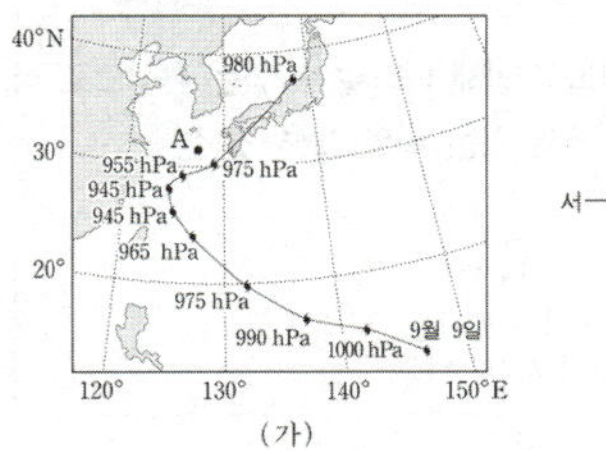

(가)

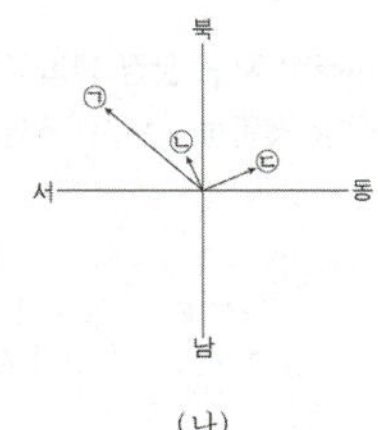

(나)

이에 대한 설명으로 옳은 것만을 〈보기〉에서 있는 대로 고른 것은? [3점]

〈보 기〉
ㄱ. 태풍의 세력은 10일이 16일보다 약하다.
ㄴ. 14일 태풍 중심의 이동 방향과 이동 속도는 ㉡에 해당한다.
ㄷ. 16일과 17일 사이에는 A지점의 풍향이 반시계 방향으로 변한다.

① ㄱ ② ㄴ ③ ㄱ, ㄷ ④ ㄴ, ㄷ ⑤ ㄱ, ㄴ, ㄷ

• 왜 정답일까?

ㄱ. 태풍의 중심기압이 10일에는 1000hPa로 16일(955hPa)보다 기압이 높으므로 태풍의 세력은 16일일 때가 10일일 때보다 세다.
ㄴ. (가)에서 하루 동안 태풍 중심의 이동 방향과 이동 속도를 고려했을 때 ㉠은 12일, ㉡은 14일, ㉢은 16일에 관측한 자료임을 알 수 있다.
ㄷ. 16일과 17일 사이에 A지점은 안전 반원인 태풍 진행 방향의 왼쪽에 있었다. 고로 이 기간 동안 A지점의 풍향은 반시계 방향으로 변했다.

11 온대 저기압과 날씨

정답률 58% | 정답 ②

| 문제 보기 |

그림 (가)는 어느 날 온대 저기압이 우리나라 어느 관측소를 통과하는 동안 관측한 기온과 기압을, (나)는 이날 6시, 12 시, 18시에 관측한 풍향과 풍속을 ㉠, ㉡, ㉢으로 순서 없이 나타낸 것이다.

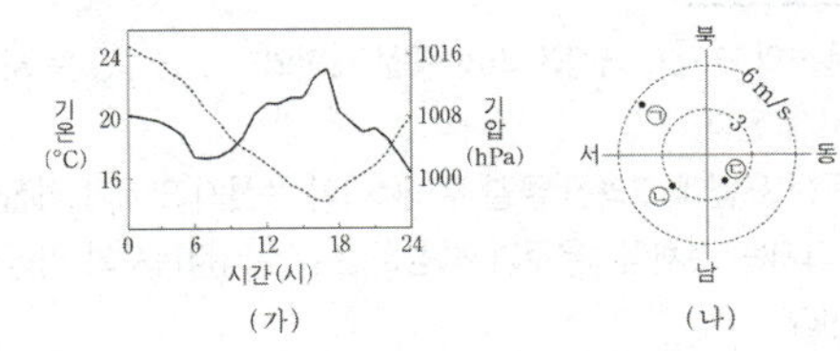

[문제편 p.194]

이에 대한 설명으로 옳은 것만을 〈보기〉에서 있는 대로 고른 것은? [3점]

〈보 기〉

ㄱ. 12시에 관측한 바람은 ㉠이다.
ㄴ. 온난 전선은 17시경에 통과하였다.
ㄷ. 이 온대 저기압의 중심은 관측소의 북쪽을 통과하였다.

① ㄱ ② ㄷ ③ ㄱ, ㄴ ④ ㄴ, ㄷ ⑤ ㄱ, ㄴ, ㄷ

• 왜 정답일까?

ㄷ. 온대 저기압의 중심이 관측소의 북쪽으로 통과하면 풍향은 시계 방향으로 변한다. 이때, (나)로부터 이 온대 저기압의 중심이 관측소의 북쪽을 통과하였다는 것을 알 수 있다.

• 왜 오답일까?

ㄱ. 온대 저기압이 관측소를 통과하는 동안 풍향은 ㉢ 남동풍 → ㉡ 남서풍 → ㉠ 북서풍으로 변한다. 따라서 ㉢은 6시, ㉡은 12시, ㉠은 18시에 관측한 바람이다.

ㄴ. 온난 전선은 풍향이 남동풍에서 남서풍으로 바뀌는 6시에서 12시 사이에 통과하였다.

12 지구 온난화

정답률 90% | 정답 ②

| 문제 보기 |

다음은 최근에 지구에서 일어나고 있는 변화를 나타낸 것이다.

○ 남극 대륙의 빙하 면적이 점차 감소하고 있다.
○ 고산 지대의 빙하가 녹아 점점 줄어들고 있다.
○ 고위도 지역의 호수와 강의 연중 결빙 기간이 짧아지고 있다.

이러한 지구 환경 변화로 인해 나타날 수 있는 현상으로 적절한 것만을 〈보기〉에서 있는 대로 고른 것은?

〈보 기〉

ㄱ. 전 세계 해수면이 하강한다.
ㄴ. 지표면의 반사율이 감소한다.
ㄷ. 표층 해수의 염분이 증가한다.

① ㄱ ② ㄴ ③ ㄷ ④ ㄱ, ㄴ ⑤ ㄴ, ㄷ

• 왜 정답일까?

ㄴ. 남극대륙의 빙하 면적이 감소하고 있고 고산지대의 빙하가 녹아 점점 줄어들고 있다. 그 결과 지표면을 덮고 있는 빙하 면적이 감소하고 있으므로 지표면의 반사율은 감소하고 있다.

13 허블의 법칙

정답률 87% | 정답 ③

| 문제 보기 |

그림은 허블의 법칙에 따라 팽창하는 우주의 모습을 나타낸 풍선 모형이다. 풍선 표면에 고정시킨 단추 A, B, C는 은하를, 물결 무늬(~)는 우주 배경 복사를 나타낸다.

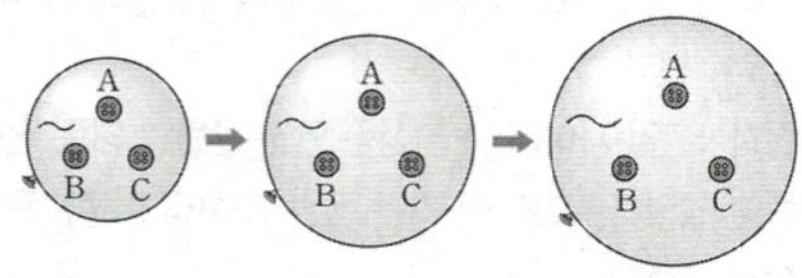

이에 대한 설명으로 옳은 것만을 〈보기〉에서 있는 대로 고른 것은?

〈보 기〉

ㄱ. 풍선 표면의 A, B, C는 서로 멀어진다.
ㄴ. 풍선 표면의 중심은 B의 위치에 있다.
ㄷ. 우주가 팽창하면 우주 배경 복사의 파장이 길어진다.

① ㄱ ② ㄴ ③ ㄱ, ㄷ
④ ㄴ, ㄷ ⑤ ㄱ, ㄴ, ㄷ

• 왜 정답일까?

ㄱ. 풍선의 크기가 커짐에 따라 풍선 표면의 A, B, C는 서로 멀어지게 된다.

ㄷ. 풍선 표면에 그려진 물결 무늬(~)가 풍선의 크기가 커짐에 따라 커지는 것처럼, 우주가 팽창하면 우주배경복사의 파장도 길어진다.

• 왜 오답일까?

ㄴ. 우주에는 특정한 중심이 없다. 풍선 표면의 중심 또한 특정한 지점이 아니다.

14 엘니뇨와 라니냐

정답률 69% | 정답 ⑤

| 문제 보기 |

그림은 엘니뇨 또는 라니냐 중 어느 한 시기의 강수량 편차(관측값−평년값)를 나타낸 것이다.

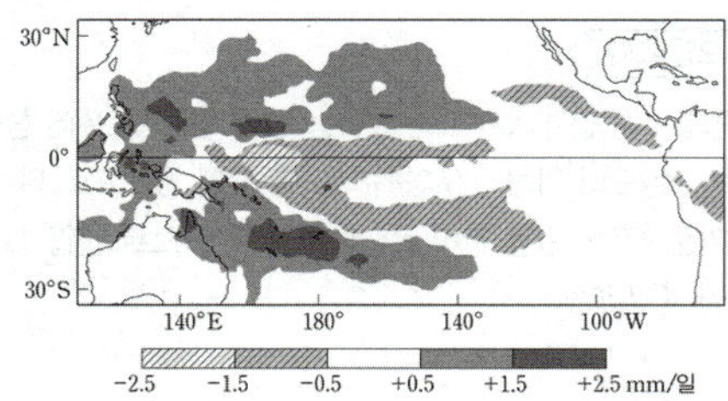

이 자료에 근거해서 평년과 비교할 때, 이 시기에 대한 설명으로 옳은 것만을 〈보기〉에서 있는 대로 고른 것은? [3점]

〈보 기〉

ㄱ. 강수량 편차가 +0.5 mm/일 이상인 해역은 주로 동태평양 적도 부근에 위치한다.
ㄴ. 서태평양 적도 해역과 동태평양 적도 해역 사이의 해수면 높이 차가 크다.
ㄷ. 남적도 해류가 강하다.

① ㄱ ② ㄴ ③ ㄷ ④ ㄱ, ㄴ ⑤ ㄴ, ㄷ

• 왜 정답일까?

ㄴ. 평년보다 동태평양 적도 부근 해역의 강수량이 감소했으므로 이 시기는 라니냐이다. 라니냐 시기에는 서태평양 적도 해역과 동태평양 적도 해역 사이의 해수면 높이 차는 평상시보다 크다.

ㄷ. 라니냐 시기에는 무역풍이 강해져 남적도 해류도 강해진다.

15 은하의 분류

정답률 79% | 정답 ③

| 문제 보기 |

그림은 허블의 은하 분류상 서로 다른 형태의 세 은하 A, B, C를 가시광선으로 관측한 것이다.

A B C

이에 대한 설명으로 옳은 것만을 〈보기〉에서 있는 대로 고른 것은?

〈보 기〉

ㄱ. A는 불규칙 은하이다.
ㄴ. B의 경우 별의 평균 색지수는 은하 중심부보다 나선팔에서 크다.
ㄷ. 보통 물질 중 성간 물질이 차지하는 질량의 비율은 B가 C보다 크다.

① ㄱ ② ㄴ ③ ㄱ, ㄷ ④ ㄴ, ㄷ ⑤ ㄱ, ㄴ, ㄷ

• 왜 정답일까?

ㄱ. A는 규칙적인 모양이 보이지 않고 비대칭적이므로 불규칙 은하이다.

ㄷ. C인 타원 은하는 성간 물질이 거의 없지만, B인 나선 은하의 나선팔에는 성간 물질이 많이 있다.

16 공전 궤도 이심률 변화

정답률 54% | 정답 ④

| 문제 보기 |

그림은 현재 지구의 공전 궤도를 나타낸 것이다.

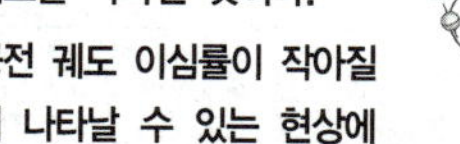
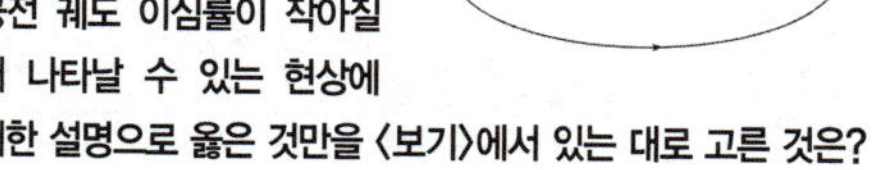

공전 궤도 이심률이 작아질 때 나타날 수 있는 현상에 대한 설명으로 옳은 것만을 〈보기〉에서 있는 대로 고른 것은? (단, 공전 궤도 이심률 변화 이외의 요인은 변하지 않는다고 가정한다.)

〈보 기〉

ㄱ. 1월에 지구에 입사하는 태양 복사 에너지 양은 감소한다.
ㄴ. 우리나라에서 기온의 연교차는 작아진다.
ㄷ. 1월과 7월에서의 공전 속도 차는 작아진다.

① ㄱ ② ㄴ ③ ㄷ ④ ㄱ, ㄷ ⑤ ㄴ, ㄷ

• 왜 정답일까?

ㄱ. 공전 궤도 이심률이 작아지면 현재보다 근일점 거리는 멀어지고, 원일점 거리는 가까워진다. 1월에 지구와 태양의 거리가 멀어지므로 지구에 입사하는 태양 복사 에너지의 양은 감소한다.

ㄷ. 공전 궤도 이심률이 작아질 경우 원 궤도에 가까워져 1월과 7월에서의 공전 속도 차는 작아진다.

• 왜 오답일까?

ㄴ. 1월에 지구에 입사하는 태양 복사 에너지는 감소하고 7월에 지구에 입사하는 태양 복사 에너지는 증가하므로 우리나라의 연교차는 커진다.

17 우주의 구성 요소와 미래

정답률 86% | 정답 ①

| 문제 보기 |

그림은 우주를 구성하는 요소의 시간에 따른 비율 변화를 예측하여 나타낸 것이다.

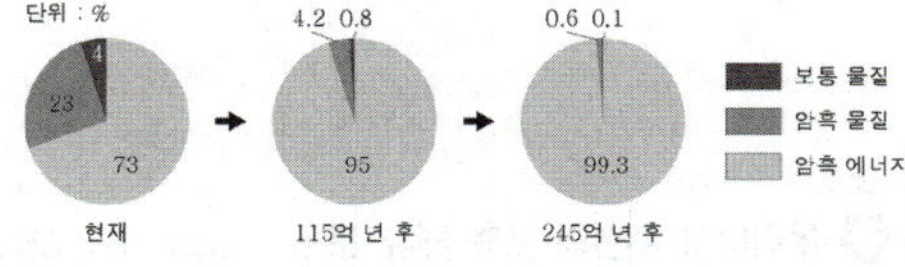

이에 대한 설명만을 〈보기〉에서 있는 대로 고른 것은?

〈 보 기 〉

ㄱ. 현재 우주에는 암흑 물질이 보통 물질보다 많다.
ㄴ. 우주의 물질 밀도는 점점 커질 것이다.
ㄷ. 115억 년 후에는 현재보다 우주의 팽창 속도가 느려질 것이다.

① ㄱ ② ㄷ ③ ㄱ, ㄴ ④ ㄴ, ㄷ ⑤ ㄱ, ㄴ, ㄷ

• 왜 정답일까?

ㄱ. 현재 우주는 암흑 물질이 23%, 보통 물질이 4%를 차지한다.

18 지구의 열수지

정답률 44% | 정답 ③

| 문제 보기 |

그림은 지구에 도달하는 태양 복사 에너지의 양을 100이라고 할 때 복사 평형 상태에 있는 지구의 열수지를 나타낸 것이다.

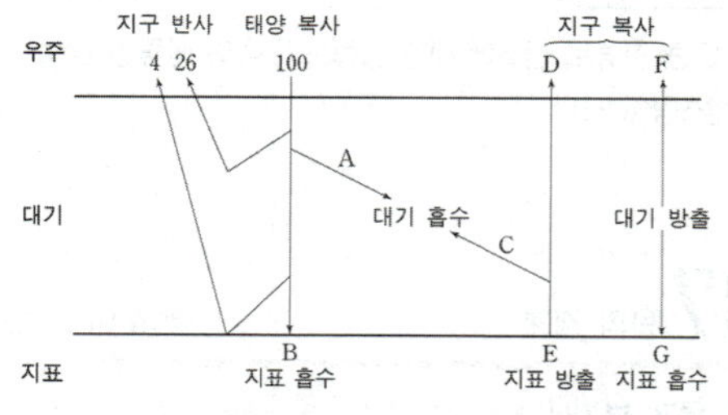

이에 대한 설명으로 옳은 것만을 〈보기〉에서 있는 대로 고른 것은? [3점]

〈보 기〉

ㄱ. A+E=D+F+G이다.
ㄴ. D는 지표에서 우주로 직접 방출되는 에너지 양이다.
ㄷ. 적외선 영역에서 대기가 흡수하는 에너지 양은 방출하는 에너지 양과 같다.

① ㄱ ② ㄷ ③ ㄱ, ㄴ ④ ㄴ, ㄷ ⑤ ㄱ, ㄴ, ㄷ

• 왜 정답일까?

ㄱ. 열수지 평형 상태이므로 A+C=F+G이고, E=C+D이다. C=E−D이므로, A+(E−D)=F+G. 따라서 A+E=D+F+G이다.

[문제편 p.195]

ㄴ. D는 대기로 흡수되지 않고 우주로 직접 방출되는 에너지양이다.

• 왜 오답일까?

ㄷ. 대기가 흡수하는 에너지양과 방출하는 에너지의 양은 같으나 대기가 에너지를 흡수할 때 태양으로부터는 적외선, 가시광선, 자외선을 통해 받고 지표로부터는 잠열, 적외선, 대류 등을 통해 받는 것에 비해 대기가 에너지를 방출할 때에는 대부분 적외선 영역으로 방출하기 때문에 적외선 영역에서 대기가 흡수하는 에너지양은 방출하는 에너지양과 같지 않다.

19 지층의 대비

정답률 69% | 정답 ④

| 문제 보기 |

그림은 인접한 세 지역의 지층 단면과 지층에서 산출되는 화석을 나타낸 것이다.

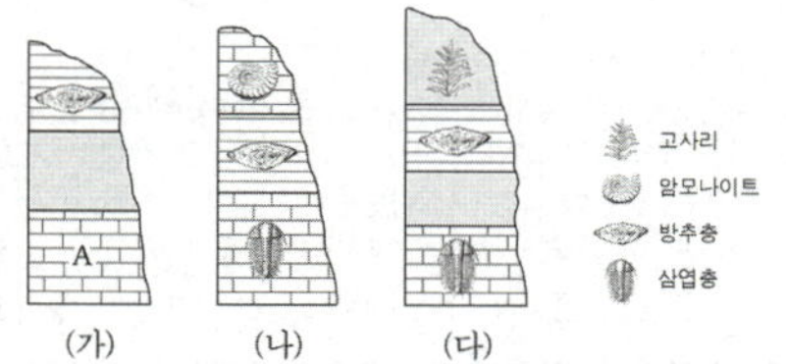

이에 대한 설명으로 옳은 것만을 〈보기〉에서 있는 대로 고른 것은?

〈보 기〉
ㄱ. A 층에서는 암모나이트가 산출될 수 있다.
ㄴ. (나)에서 부정합이 발견된다.
ㄷ. (다)에는 육성층이 존재한다.

① ㄱ ② ㄴ ③ ㄱ, ㄷ
④ ㄴ, ㄷ ⑤ ㄱ, ㄴ, ㄷ

• 왜 정답일까?

ㄴ. (가)와 (다)에서 방추충이 산출되는 지층의 하부 층이 (나)에서는 발견되지 않는다.

ㄷ. (다)의 고사리 화석이 산출되는 층은 육성층이다.

• 왜 오답일까?

ㄱ. 방추충은 고생대의 표준 화석이며 A 층은 방추충이 산출된 층보다 먼저 생성되었으므로 A 층에서는 중생대 화석인 암모나이트가 산출될 수 없다.

20 H-R도와 별의 특성

정답률 70% | 정답 ③

| 문제 보기 |

그림 (가)는 H-R도에서 주계열성을, (나)는 주계열성의 질량-광도 관계를 나타낸 것이다.

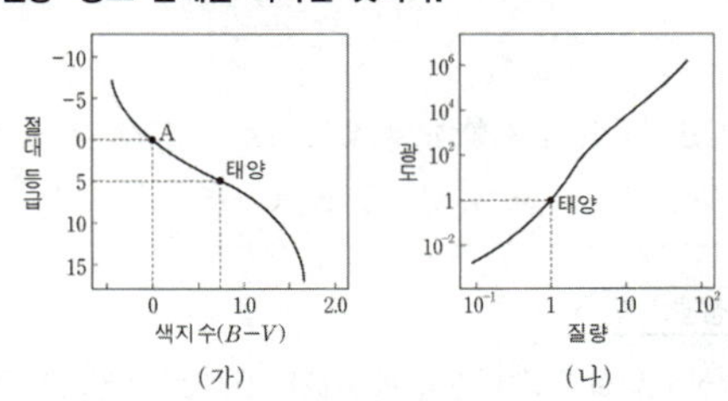

이에 대한 설명으로 옳은 것만을 〈보기〉에서 있는 대로 고른 것은? [3점]

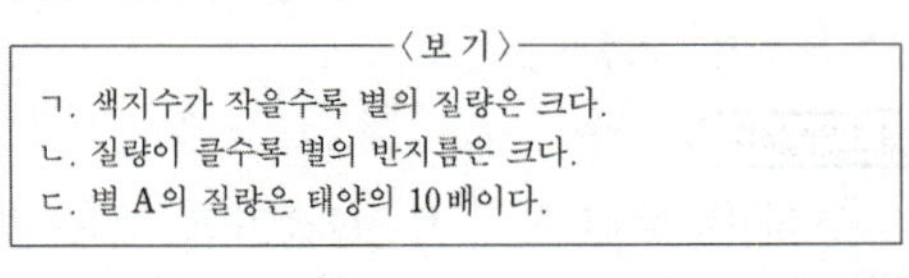
〈보 기〉
ㄱ. 색지수가 작을수록 별의 질량은 크다.
ㄴ. 질량이 클수록 별의 반지름은 크다.
ㄷ. 별 A의 질량은 태양의 10배이다.

① ㄱ ② ㄷ ③ ㄱ, ㄴ ④ ㄴ, ㄷ ⑤ ㄱ, ㄴ, ㄷ

• 왜 정답일까?

H-R도에서 주계열성은 좌측 상단에 분포할수록 표면 온도가 높고, 광도가 높으며, 반지름과 질량이 크다.

ㄱ. 색지수가 작을수록 H-R도의 좌측 상단에 분포하므로 광도가 높고 질량이 크다.

ㄴ. 주계열성의 밀도는 거의 같으므로 질량이 클수록 부피도 커진다. 즉, 질량이 클수록 별의 반지름이 크다.

50회 2017학년도 수능

• 고3 지구과학Ⅰ •

01 ③	02 ⑤	03 ②	04 ③	05 ②
06 ④	07 ⑤	08 ⑤	09 ③	10 ④
11 ①	12 ②	13 ⑤	14 ⑤	15 ④
16 ③	17 ①	18 ⑤	19 ⑤	20 ②

채점 결과
• 실제 걸린 시간 : 분 초
• 맞은 문항수 : 개
• 틀린 문항수 : 개
• 헷갈린 문항 :

01 지질 단면도 해석

정답률 80% 정답 ③

| 문제 보기 |

그림 (가)와 (나)는 두 지역의 지질 단면도이다. (가)와 (나)에서 화강암의 관입 시기는 같다.

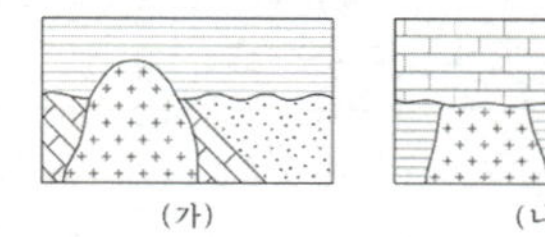

이에 대한 설명으로 옳은 것만을 〈보기〉에서 있는 대로 고른 것은?

〈보 기〉
ㄱ. (가)에는 경사 부정합이 나타난다.
ㄴ. (나)의 셰일은 화강암의 관입에 의해 접촉 변성 작용을 받았다.
ㄷ. (가)의 석회암은 (나)의 석회암보다 나중에 생성되었다.

① ㄱ ② ㄷ ③ ㄱ, ㄴ
④ ㄴ, ㄷ ⑤ ㄱ, ㄴ, ㄷ

• 왜 정답일까?

(가)에서 암석의 생성 순서는 석회암→사암→셰일→화강암이고, (나)에서 암석의 생성 순서는 셰일→화강암→석회암이다.

ㄱ. (가)에서는 부정합면을 경계로 상하 지층의 층리가 서로 경사져 있으므로, (가)의 부정합은 경사 부정합이다.

ㄴ. (나)의 셰일은 마그마가 관입할 때 방출된 열에 의해 마그마와의 접촉부를 따라 접촉 변성 작용을 받았을 것이다.

• 왜 오답일까?

ㄷ. (가)와 (나)에서 화강암의 생성 시기는 같지만, (가)의 석회암은 화강암 생성 이전에, (나)의 석회암은 화강암 생성 이후 생성되었다.

02 고지자기와 대륙의 이동

정답률 35% 정답 ⑤

| 문제 보기 |

표는 대륙의 이동을 알아보기 위해 어느 지괴의 암석에 기록된 지질 시대별 고지자기 복각과 진북 방향을 나타낸 것이다.

지질 시대	쥐라기	전기 백악기	후기 백악기	제 3기
고지자기 복각	+25°	+36°	+44°	+50°
진북 방향	지괴 63°	35°	17°	0°

(←--- 진북 방향 ←— 고지자기로 추정한 진북 방향)

이 지괴에 대한 설명으로 옳은 것만을 〈보기〉에서 있는 대로 고른 것은? (단, 진북의 위치는 변하지 않았다.)

〈보 기〉
ㄱ. 제 3기에 북반구에 위치하였다.
ㄴ. 백악기 동안 고위도 방향으로 이동하였다.
ㄷ. 쥐라기 이후 시계 방향으로 회전하였다.

① ㄱ ② ㄷ ③ ㄱ, ㄴ
④ ㄴ, ㄷ ⑤ ㄱ, ㄴ, ㄷ

• 왜 정답일까?

자성 광물의 자화 방향을 측정하면 지질 시대의 지구 자기장의 방향과 자극의 위치를 알 수 있다.

ㄱ. 제3기에 복각이 +50°이므로 지괴는 북반구에 위치하였다.

ㄴ. 백악기 동안 복각의 크기가 커졌으므로 지괴는 고위도 방향으로 이동하였다.

ㄷ. 쥐라기 이후 진북 방향과 고지자기로 추정한 진북 방향이 이루는 각의 크기가 작아지고 있으므로 지괴는 시계 방향으로 회전하였다.

03 콜럼버스의 북대서양 항해

정답률 74% | 정답 ②

| 문제 보기 |

그림은 1492~1493년에 콜럼버스가 바람과 해류를 이용하여 북대서양을 왕복 항해한 경로와 지점 A, B, C를 나타낸 것이다.

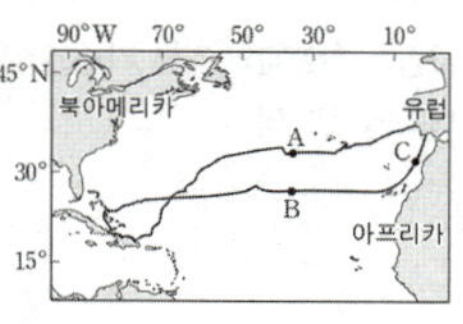

이에 대한 설명으로 옳은 것만을 〈보기〉에서 있는 대로 고른 것은? [3점]

〈보 기〉
ㄱ. A를 항해할 때는 무역풍을 이용하였다.
ㄴ. B를 통과할 때는 동쪽에서 서쪽으로 항해하였다.
ㄷ. C에 흐르는 해류는 난류이다.

① ㄱ ② ㄴ ③ ㄷ ④ ㄱ, ㄷ ⑤ ㄴ, ㄷ

• 왜 정답일까?

ㄴ. B 지역에서는 무역풍이 분다. 그러므로 B를 통과할 때는 동쪽에서 서쪽으로 항해하였다.

• 왜 오답일까?

ㄱ. A 지역에서는 편서풍이 분다. 따라서 A에서는 서쪽에서 동쪽으로 항해중이다.

ㄷ. A에서는 서쪽에서 동쪽으로 항해중이고 B에서는 동쪽에서 서쪽으로 항해중이다. 따라서 A에서 C를 거쳐 B를 통과하게 된다. C는 남하하는 해류이므로 한류에 해당한다.

04 해수의 심층 순환

정답률 68% | 정답 ③

| 문제 보기 |

다음은 해수의 결빙에 따른 염분의 변화를 알아보기 위한 실험이다.

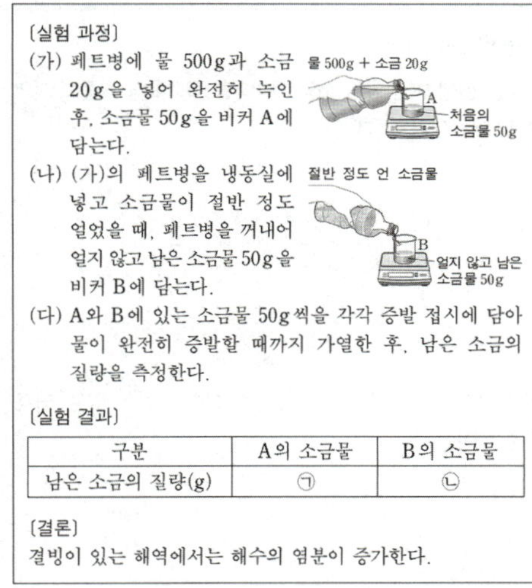
[실험 과정]
(가) 페트병에 물 500 g과 소금 20 g을 넣어 완전히 녹인 후, 소금물 50 g을 비커 A에 담는다.
(나) (가)의 페트병을 냉동실에 넣고 소금물이 절반 정도 얼었을 때, 페트병을 꺼내어 얼지 않고 남은 소금물 50 g을 비커 B에 담는다.
(다) A와 B에 있는 소금물 50 g씩을 각각 증발 접시에 담아 물이 완전히 증발할 때까지 가열한 후, 남은 소금의 질량을 측정한다.

[실험 결과]

구분	A의 소금물	B의 소금물
남은 소금의 질량(g)	㉠	㉡

[결론]
결빙이 있는 해역에서는 해수의 염분이 증가한다.

이에 대한 설명으로 옳은 것만을 〈보기〉에서 있는 대로 고른 것은? [3점]

〈보 기〉
ㄱ. ㉡이 ㉠보다 크다.
ㄴ. (나)의 페트병 속에 남은 얼음을 녹인 물은 A의 소금물보다 염분이 낮다.
ㄷ. 극지방의 빙하가 녹을 경우 해수의 심층 순환이 강화될 것이다.

① ㄱ ② ㄷ ③ ㄱ, ㄴ
④ ㄴ, ㄷ ⑤ ㄱ, ㄴ, ㄷ

• 왜 정답일까?

소금물을 절반 정도 얼릴 때 얼음은 주로 물 성분으로 구성되므로, 얼음 속보다 얼지 않고 남은 소금물 속에 소금 성분의 함량이 많다.

ㄱ. 얼지 않고 남은 소금물 속에 소금 성분이 더 많으므로 ㉡이

같은 양의 처음 소금물 속의 소금 질량인 ㉠보다 많다.

ㄴ. 얼음 속에는 소금 성분이 상대적으로 적으므로 A의 소금물보다 (나)의 페트병 속에 남은 얼음을 녹인 물의 염분이 낮다.

• 왜 오답일까?

ㄷ. 극지방의 빙하가 녹을 경우 해수의 염분이 낮아지므로 해수의 심층 순환이 약화된다.

05 화성암의 분류

정답률 90% | 정답 ②

| 문제 보기 |

그림은 화성암의 분류 기준에 암석 A와 B의 상대적인 위치를 나타낸 것이다.

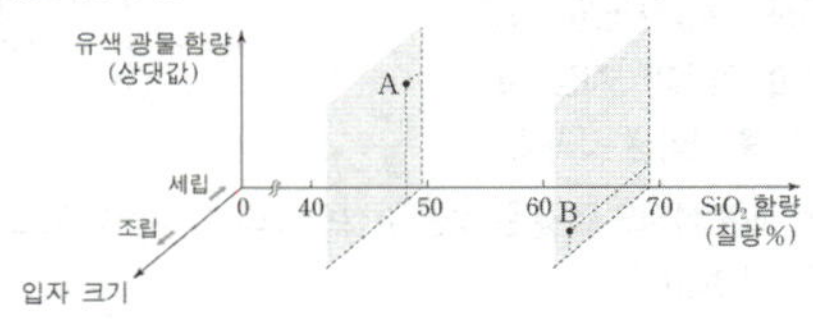

A와 B에 해당하는 화성암으로 가장 적절한 것은?

	A	B
①	현무암	반려암
②	현무암	화강암
③	화강암	반려암
④	화강암	유문암
⑤	화강암	현무암

• 왜 정답일까?

화성암은 화학 조성에 따라 염기성암, 중성암, 산성암으로, 조직에 의해 세립질 조직인 화산암, 조립질 조직인 심성암 등으로 구분한다.

· A는 유색 광물의 함량이 상대적으로 많으며 SiO_2함량이 52% 이하인 염기성암이고, 세립질 조직을 가지므로 현무암에 해당한다.

· B는 유색 광물의 함량이 상대적으로 적으며 SiO_2함량이 66% 이상인 산성암이고, 조립질 조직을 가지므로 화강암에 해당한다.

06 지질 시대의 생물

정답률 90% | 정답 ④

| 문제 보기 |

그림은 현생 이언 동안 해양 무척추동물과 육상 식물의 과의 수 변화를 나타낸 것이다.

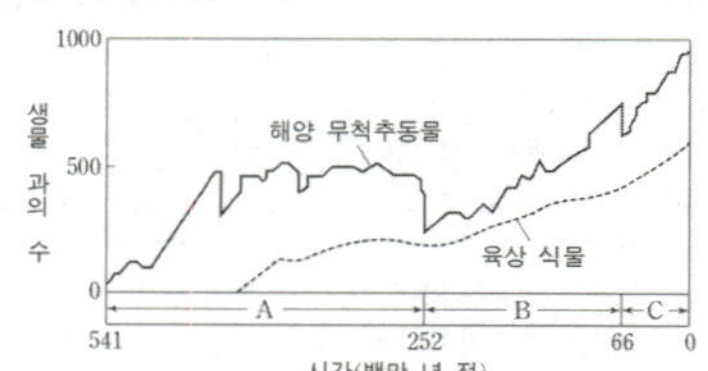

이에 대한 설명으로 옳은 것만을 〈보기〉에서 있는 대로 고른 것은?

〈보 기〉

ㄱ. 육상 식물이 해양 무척추동물보다 먼저 출현하였다.

ㄴ. 해양 무척추동물의 과의 수는 A시기 말이 B시기 말보다 적었다.

ㄷ. C시기에는 화폐석이 번성하였다.

① ㄱ ② ㄷ ③ ㄱ, ㄴ
④ ㄴ, ㄷ ⑤ ㄱ, ㄴ, ㄷ

• 왜 정답일까?

생물 과의 수는 지질 시대 동안에 대멸종의 시기가 있었지만 대체로 증가해왔으며, 생물은 육지보다 바다에서 먼저 출현하였다.

ㄴ. 해양 무척추동물의 과의 수는 평균적으로 A 시기 말이 500보다 적고 B 시기 말이 500보다 많다.

ㄷ. C 시기는 신생대로 초기에 화폐석이 번성하였다.

• 왜 오답일까?

ㄱ. 육상 식물은 A 시기 중엽에, 해양 무척추동물은 A 시기 초에 출현하였다.

07 지질 시대 구분

정답률 61% | 정답 ⑤

| 문제 보기 |

그림은 현생 이언에 생존했던 생물 종류의 수와 생물 A, B, C의 생존 시기를 나타낸 것이다.

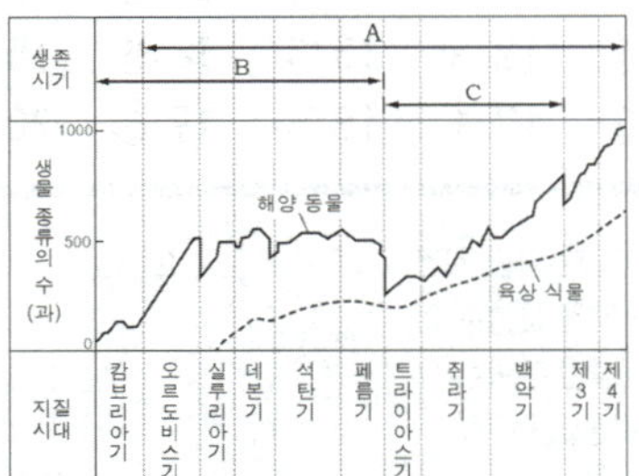

이에 대한 설명으로 옳은 것만을 〈보기〉에서 있는 대로 고른 것은? [3점]

〈보 기〉

ㄱ. 판게아의 형성은 페름기 말 생물 종류의 수를 감소시켰다.

ㄴ. A~C 중 중생대의 표준 화석으로 적합한 생물은 C이다.

ㄷ. 지질 시대의 구분 기준으로는 육상 식물보다 해양 동물 종류의 수 변화가 더 적합하다.

① ㄱ ② ㄷ ③ ㄱ, ㄴ
④ ㄴ, ㄷ ⑤ ㄱ, ㄴ, ㄷ

• 왜 정답일까?

ㄱ. 페름기 말에는 판게아가 형성되었으며, 판게아의 형성으로 환경이 변하여 생물 종류의 수가 감소하였다.

ㄴ. 중생대는 트라이아스기부터 백악기까지이므로 중생대의 표준 화석으로 적합한 생물은 C이다.

ㄷ. 각 지질 시대의 경계에서 해양 동물 종류의 수 변화가 육상 식물 종류의 수 변화보다 급격히 나타나므로 지질 시대의 구분 기준으로 더 적합하다.

08 일기도 해석과 예보

정답률 64% | 정답 ⑤

| 문제 보기 |

그림은 2010년 9월 21일에 2hPa 간격으로 작성된 우리나라 주변의 지상 일기도이다.

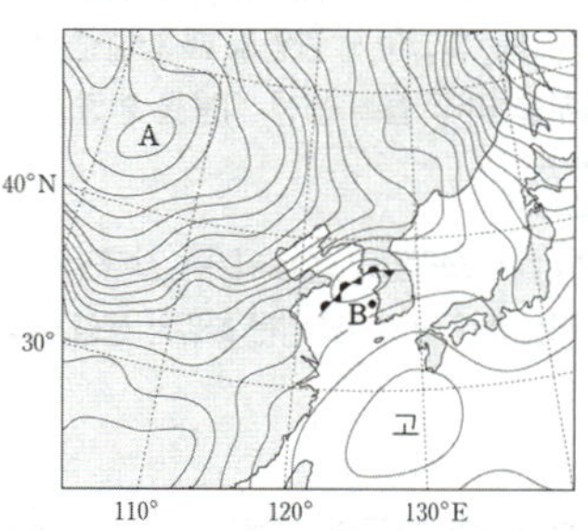

이에 대한 해석으로 옳은 것만을 〈보기〉에서 있는 대로 고른 것은? [3점]

〈보 기〉

ㄱ. A는 한랭 건조한 고기압이다.

ㄴ. B 지역에 고온 다습한 공기가 유입되고 있다.

ㄷ. 우리나라 중부 지방에는 정체 전선이 형성되어 있다.

① ㄱ ② ㄴ ③ ㄱ, ㄷ
④ ㄴ, ㄷ ⑤ ㄱ, ㄴ, ㄷ

• 왜 정답일까?

ㄱ. 일기도의 북서쪽에 위치한 A는 시베리아 고기압으로 한랭 건조하다.

ㄴ. B 지역은 남쪽에 위치한 북태평양 고기압으로부터 고온 다습한 공기가 유입된다.

ㄷ. 우리나라 중부 지방에는 시베리아 기단과 북태평양 기단이 만나 정체 전선이 형성되어 있다.

09 심층 순환 실험

정답률 83% | 정답 ③

| 문제 보기 |

다음은 심층 순환에서 염분이 해수의 침강 속도에 미치는 영향을 알아보기 위한 실험이다.

[실험 Ⅰ]

(가) 수조 바닥의 중앙에 P점을 표시하고, 밑면에 구멍이 뚫린 종이컵을 수조 가장자리에 부착한다.

(나) 수조에 상온의 물을 종이컵의 아랫면이 잠길 때까지 채운다.

(다) 4℃의 물 100mL에 소금 3.0g을 완전히 녹인 후 붉은 색 잉크를 몇 방울 떨어뜨린다.

(라) (다)의 소금물을 수조의 종이컵에 천천히 부으면서 소금물이 P점에 도달하는 시간을 측정한다.

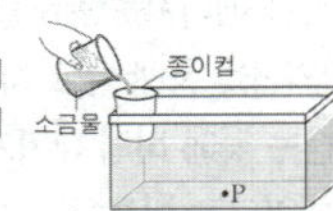

[실험 Ⅱ]

실험 Ⅰ의 (다) 과정에서 소금의 양을 1.0g으로 바꾸어 (가)~(라) 과정을 반복한다.

[실험 결과]

실험	P점에 소금물이 도달하는 시간(초)
Ⅰ	8
Ⅱ	(㉠)

이에 대한 설명으로 옳은 것만을 〈보기〉에서 있는 대로 고른 것은? [3점]

〈보 기〉

ㄱ. 실험 결과에서 ㉠은 8보다 크다.

ㄴ. 소금물은 극지방의 침강하는 표층 해수에 해당한다.

ㄷ. 실험 Ⅱ에서 소금물의 농도를 낮춘 것은 극지방 표층 해수가 결빙되는 경우에 해당한다.

① ㄱ ② ㄷ ③ ㄱ, ㄴ ④ ㄴ, ㄷ ⑤ ㄱ, ㄴ, ㄷ

• 왜 정답일까?

ㄱ. 염분이 감소했으므로 침강 속도가 감소하여 소금물이 도달하는 시간은 8초보다 길어졌을 것이다.

ㄴ. 염분이 커지면 해수의 밀도가 커져서 해수의 침강이 일어날 수 있다. 실험에서 소금물은 염분 증가에 따른 밀도 증가로 침강하는 표층 해수에 해당한다.

• 왜 오답일까?

ㄷ. 극지방의 표층 해수가 결빙되면 염분이 증가한다.

10 지구 기후 변화의 요인과 영향

정답률 81% | 정답 ④

| 문제 보기 |

다음은 지구 기후 변화의 요인과 영향에 대하여 학생 A, B, C가 나눈 대화를 나타낸 것이다.

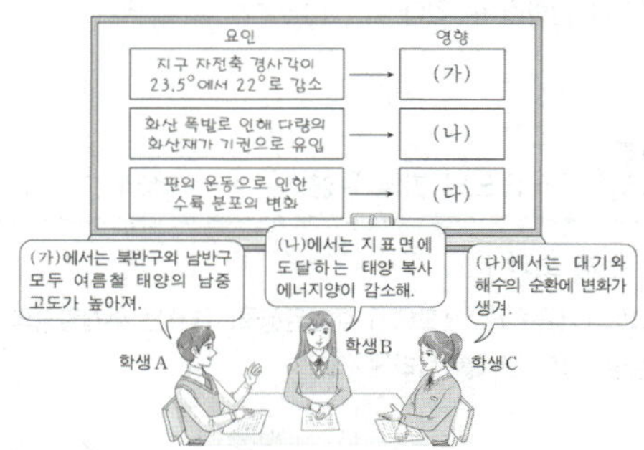

제시한 내용이 옳은 학생만을 있는 대로 고른 것은?

① A ② C ③ A, B ④ B, C ⑤ A, B, C

• 왜 정답일까?

B : 화산 폭발로 인해 다량의 화산재가 기권으로 유입되면 햇빛을 반사시켜 지표면에 도달하는 태양 복사 에너지양이 감소한다.

C : 판의 이동으로 수륙 분포가 변하면 대기와 해수의 순환에 변화가 생겨 지구 기후가 변할 수 있다.

• 왜 오답일까?

A : 지구 자전축 경사각이 22°로 감소했으므로 태양은 최대 22°의 적위를 가질 수 있다. 지구 자전축의 경사각이 23.5°일 때는 태양의 적위가 최대 23.5°까지 증가하므로 여름철 태양의 남중 고도가 낮아진다.

11 태풍과 날씨

정답률 67% | 정답 ①

| 문제 보기 |

그림 (가)와 (나)는 태풍이 우리나라를 지나는 동안 어느 지점에서 관측한 기압, 풍속, 풍향을 나타낸 것이다.

[문제편 p.197]

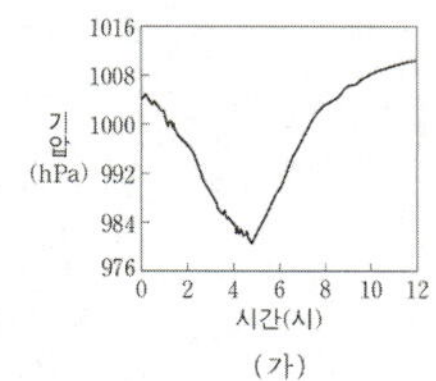

(가)

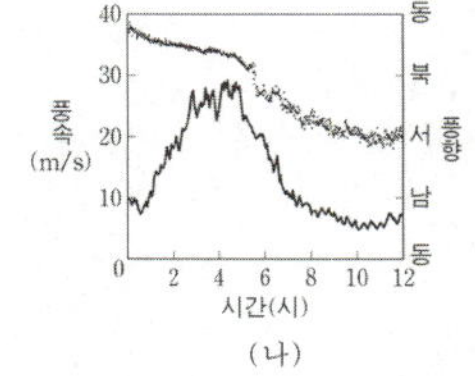

(나)

이 지점에 대한 설명으로 옳은 것만을 <보기>에서 있는 대로 고른 것은?

〈보 기〉
ㄱ. 4~6시에 상승 기류가 우세하였다.
ㄴ. 풍속이 최대일 때 기압이 가장 높았다.
ㄷ. 태풍 진행 경로의 오른쪽에 위치하였다.

① ㄱ ② ㄴ ③ ㄷ ④ ㄱ, ㄷ ⑤ ㄴ, ㄷ

• 왜 정답일까?

ㄱ. 기압으로 보아 우리나라는 4~6시에 태풍과 가장 가까웠다. 이때 풍속이 강한 걸로 보아 태풍의 눈에 위치하지는 않았다. 따라서 4~6시에 상승 기류가 우세하였다.

• 왜 오답일까?

ㄷ. 풍향이 북동풍 → 북풍 → 북서풍 → 서풍으로 바뀐다. 풍향이 시계 반대 방향으로 변하므로 태풍 경로의 왼쪽에 위치한다.

12 엘니뇨 시기의 특징

정답률 69% | 정답 ②

| 문제 보기 |

그림은 동태평양 적도 부근 해역의 관측 수온과 평년 수온을 나타낸 것이다.

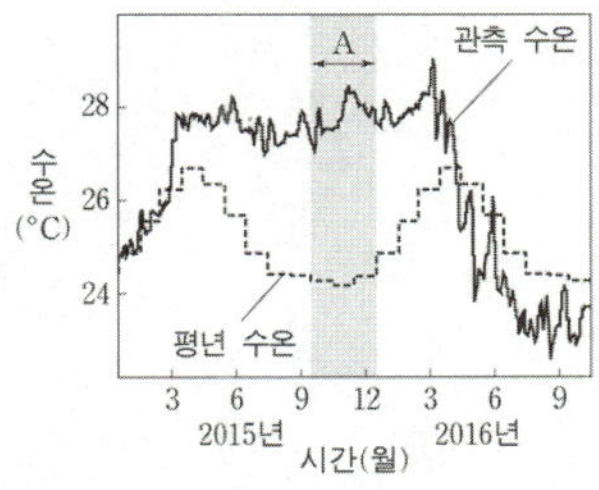

평상시와 비교했을 때, A 시기의 동태평양 적도 부근 해역에 대한 설명으로 옳은 것만을 <보기>에서 있는 대로 고른 것은? [3점]

〈보 기〉
ㄱ. 강수량이 적다.
ㄴ. 해수면이 높다.
ㄷ. 표층에서 영양 염류의 양이 많다.

① ㄱ ② ㄴ ③ ㄱ, ㄷ
④ ㄴ, ㄷ ⑤ ㄱ, ㄴ, ㄷ

• 왜 정답일까?

ㄴ. 엘니뇨 시기에 동태평양 적도 부근에선 해수의 온도가 증가하므로 해수면이 높아진다.

• 왜 오답일까?

ㄱ. 엘니뇨 시기에 동태평양 적도 부근에선 강수량이 증가한다.
ㄷ. 용승이 약해지므로 심해에서 올라오는 영양 염류의 양이 줄어들므로 동태평양 적도 부근의 영양 염료의 양은 적어진다.

13 주계열성의 생명 가능 지대

정답률 52% | 정답 ⑤

| 문제 보기 |

표는 주계열성 A, B, C의 질량, 생명 가능 지대, 생명 가능 지대에 위치한 행성의 공전 궤도 반지름을 나타낸 것이다.

주계열성	질량 (태양=1)	생명 가능 지대 (AU)	행성의 공전 궤도 반지름(AU)
A	2.0	( )	4.0
B	( )	0.3~0.5	0.4
C	1.2	1.2~2.0	1.6

이에 대한 설명으로 옳은 것만을 <보기>에서 있는 대로 고른 것은?

〈보 기〉
ㄱ. 별의 광도는 A가 B보다 크다.
ㄴ. A에서 생명 가능 지대의 폭은 0.8AU보다 크다.
ㄷ. 생명 가능 지대에 머무르는 기간은 B의 행성이 C의 행성보다 길다.

① ㄱ ② ㄷ ③ ㄱ, ㄴ
④ ㄴ, ㄷ ⑤ ㄱ, ㄴ, ㄷ

• 왜 정답일까?

ㄱ. B의 생명 가능 지대에 존재하는 행성의 공전 궤도 반지름의 길이가 지구보다 작으므로, B의 질량은 태양보다 작다. A의 질량은 태양보다 크므로 A의 별의 광도가 B보다 크다.
ㄴ. C의 생명 가능 지대의 폭은 0.8AU이다. A의 질량은 C보다 크므로 A의 생명 가능 지대의 폭 또한 0.8AU보다 크다.
ㄷ. 별의 질량이 작을수록 별의 내부 연료 소모율이 작아 수명이 길다. B의 질량은 태양보다 작고 C의 질량은 태양보다 크므로 B의 행성이 C의 행성보다 길다.

14 사막화 현상

정답률 73% | 정답 ⑤

| 문제 보기 |

그림은 사막과 사막화 지역 분포를, 표는 지표면 상태에 따른 태양 복사 에너지의 반사율을 나타낸 것이다.

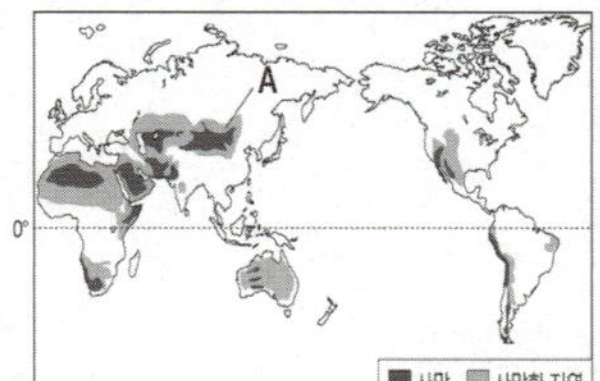

지표면 상태	반사율 (%)
사막	35~45
식물이 없는 땅	20~35
초원	20~30
삼림	10~20

이에 대한 설명으로 옳은 것만을 <보기>에서 있는 대로 고른 것은?

〈보 기〉
ㄱ. A가 확대되면 우리나라의 황사 피해는 증가할 것이다.
ㄴ. 강수량이 감소하고 가뭄이 지속되면 사막이 확대될 것이다.
ㄷ. 과다한 방목으로 초원과 삼림이 감소하면 지표면의 반사율은 증가할 것이다.

① ㄱ ② ㄷ ③ ㄱ, ㄴ
④ ㄴ, ㄷ ⑤ ㄱ, ㄴ, ㄷ

• 왜 정답일까?

강수량이 줄고, 가뭄이 지속되면 사막이 확대되며, 중국 고비 사막 부근(A)의 사막화는 우리나라의 황사 피해를 증가시킬 것이다. 과다한 방목으로 인한 초원과 삼림의 감소는 지표면의 반사율을 증가시켜 사막화를 가속시킨다.

15 우주의 가속 팽창

정답률 75% | 정답 ④

| 문제 보기 |

그림은 외부 은하에서 발견된 Ia형 초신성의 관측 자료와 우주팽창을 설명하기 위한 두 모델 A와 B를, 표는 A와 B의 특징을 나타낸 것이다.

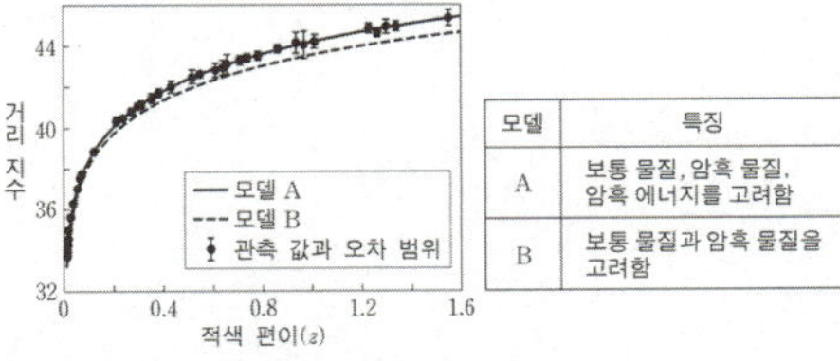

모델	특징
A	보통 물질, 암흑 물질, 암흑 에너지를 고려함
B	보통 물질과 암흑 물질을 고려함

이에 대한 설명으로 옳은 것만을 <보기>에서 있는 대로 고른 것은? [3점]

〈보 기〉
ㄱ. Ia형 초신성의 절대 등급은 거리가 멀수록 커진다.
ㄴ. z=1.2인 Ia형 초신성의 거리 예측 값은 A가 B보다 크다.
ㄷ. 관측 자료에 나타난 우주의 팽창을 설명하기 위해서는 암흑 에너지도 고려해야 한다.

① ㄱ ② ㄷ ③ ㄱ, ㄴ ④ ㄴ, ㄷ ⑤ ㄱ, ㄴ, ㄷ

• 왜 정답일까?

Ia형 초신성 관측을 통해 우주가 가속 팽창하고 있음이 밝혀졌고 그 원인으로 암흑 에너지를 가정한다.
ㄴ. 거리 지수가 큰 A가 B보다 거리 예측값이 크다.
ㄷ. 암흑 에너지는 척력으로 작용해 우주를 가속 팽창시키는 역할을 하는 것으로 여겨진다.

16 해양판과 해양판의 수렴

정답률 72% | 정답 ③

| 문제 보기 |

그림은 같은 방향으로 이동하는 두 해양판 A와 B의 경계와 진앙의 분포를 모식적으로 나타낸 것이고, 표는 판의 이동 방향과 이동 속력이다.

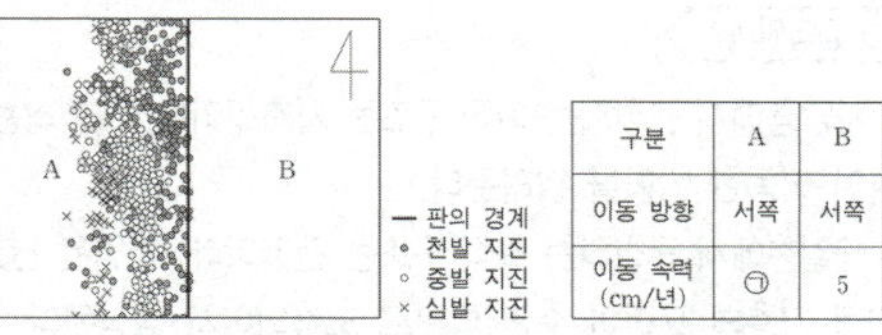

구분	A	B
이동 방향	서쪽	서쪽
이동 속력 (cm/년)	㉠	5

이에 대한 설명으로 옳은 것만을 <보기>에서 있는 대로 고른 것은? [3점]

〈보 기〉
ㄱ. ㉠은 5보다 작다.
ㄴ. 판의 경계는 맨틀 대류의 하강부에 해당한다.
ㄷ. 판의 경계를 따라 습곡 산맥이 발달한다.

① ㄱ ② ㄷ ③ ㄱ, ㄴ
④ ㄴ, ㄷ ⑤ ㄱ, ㄴ, ㄷ

• 왜 정답일까?

ㄱ. 같은 방향으로 이동 중이므로 B가 A 밑으로 섭입하기 위해서는 A의 속력이 B의 속력보다 작아야 한다.
ㄴ. B가 A 밑으로 섭입하고 있으므로 판의 경계는 맨틀 대류의 하강부에 해당한다.

• 왜 오답일까?

ㄷ. 해양판과 해양판이 밑으로 섭입할 경우에는 습곡 산맥이 형성되지 않는다. 습곡 산맥은 해양판이 대륙판의 밑으로 섭입할 때 생성된다.

17 지층과 화석

정답률 85% | 정답 ①

| 문제 보기 |

그림은 (가)와 (나) 지역의 지질 주상도와 각 지층에서 산출되는 화석을 나타낸 것이다.

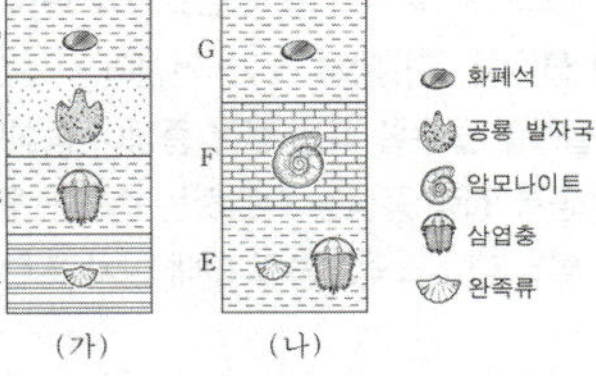

이에 대한 설명으로 옳은 것만을 <보기>에서 있는 대로 고른 것은?

〈보 기〉
ㄱ. (가)에서 고생대 지층은 A와 B이다.
ㄴ. (나)에는 중생대 지층이 없다.
ㄷ. (가)와 (나)의 퇴적층은 모두 해성층이다.

① ㄱ ② ㄴ ③ ㄱ, ㄷ
④ ㄴ, ㄷ ⑤ ㄱ, ㄴ, ㄷ

• 왜 정답일까?

삼엽충은 고생대층에서, 암모나이트와 공룡 발자국은 중생대층에서, 화폐석은 신생대층에서 산출되며, 완족류는 고생대에 출현하여 현재까지 생존하고 있다.
ㄱ. 완족류를 포함하는 A는 B보다 아래에 있으므로 B보다 오래된 지층이며, B에서 삼엽충이 출현하므로 A와 B는 고생대층이다.

18 퇴적암과 퇴적 구조

정답률 90% | 정답 ⑤

| 문제 보기 |

그림은 어느 지역의 퇴적암과 퇴적 구조를 나타낸 것이다.

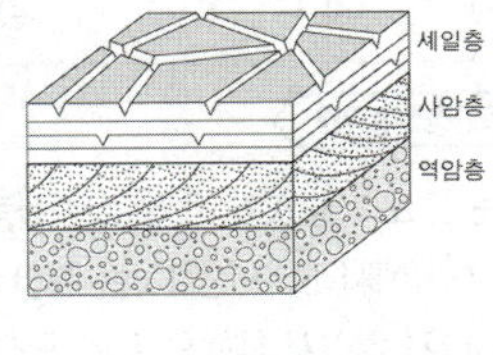

이에 대한 설명으로 옳은 것만을 <보기>에서 있는 대로 고른 것은?

〈보 기〉

ㄱ. 역암층을 이루는 자갈은 둥글고 크기가 같다.
ㄴ. 사암층에서는 퇴적 당시의 퇴적물 이동 방향을 알 수 있다.
ㄷ. 셰일층이 형성되는 동안에 수면 밖으로 노출된 시기가 있었다.

① ㄱ ② ㄴ ③ ㄷ ④ ㄱ, ㄴ ⑤ ㄴ, ㄷ

• 왜 정답일까?

ㄴ. 사암층에서 관찰되는 퇴적 구조는 사층리이다. 사층리는 퇴적물이 이동한 방향을 알려준다.
ㄷ. 셰일층에서 관찰되는 퇴적 구조는 건열이다. 건열은 건조한 시기에 지층의 표면이 수면 밖으로 노출되어서 생성된다.

19 외계 행성 탐사

정답률 37% | 정답 ⑤

| 문제 보기 |

그림 (가)는 원궤도로 공전하는 어느 외계 행성에 의한 중심별의 밝기 변화를, (나)는 $t_1 \sim t_6$ 중 어느 한 시점부터 일정한 시간 간격으로 관측한 중심별의 스펙트럼을 순서대로 나타낸 것이다. $\Delta\lambda_{max}$은 스펙트럼의 최대 편이량이다.

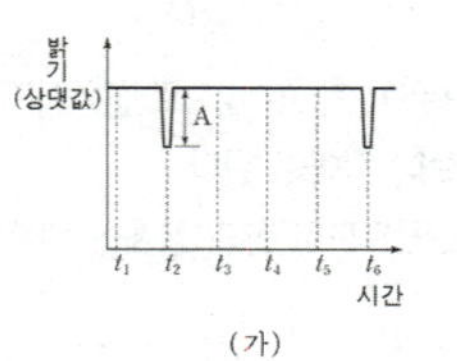

(가)

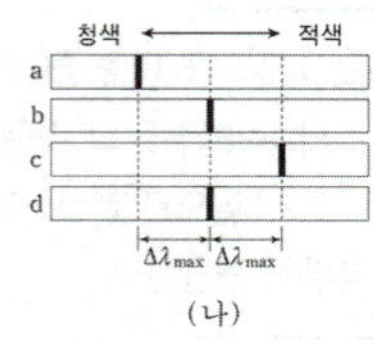

(나)

이에 대한 설명으로 옳은 것만을 〈보기〉에서 있는 대로 고른 것은? [3점]

〈보 기〉

ㄱ. (가)의 t_3에 관측한 스펙트럼은 (나)에서 a에 해당한다.
ㄴ. 행성의 반지름이 클수록 (가)에서 A가 커진다.
ㄷ. 행성의 질량이 클수록 (나)에서 $\Delta\lambda_{max}$이 커진다.

① ㄱ ② ㄴ ③ ㄱ, ㄷ ④ ㄴ, ㄷ ⑤ ㄱ, ㄴ, ㄷ

• 왜 정답일까?

ㄱ. (가)의 t_3에 관측한 스펙트럼은 (나)에서 a에 해당한다.
ㄴ. 행성의 반지름이 클수록 식 현상이 일어날 때 중심별을 더 잘 가릴 수 있으므로, 밝기가 크게 감소하게 된다. 따라서 행성의 반지름이 클수록 (가)에서 A가 커진다.
ㄷ. 행성의 질량이 클수록 공통 질량 중심이 중심별로부터 멀어져 중심별이 공통 질량 중심을 회전하는 속도가 빨라진다. 회전하는 속도가 빨라지면 스펙트럼의 최대 편차 또한 커지게 된다.

20 별의 진화

정답률 80% | 정답 ②

| 문제 보기 |

그림 (가)와 (나)는 질량이 다른 두 별 A와 B의 진화 경로 일부를 주계열 이전과 이후로 나누어 H-R도에 각각 나타낸 것이다. $L_{\odot}$는 태양 광도이다.

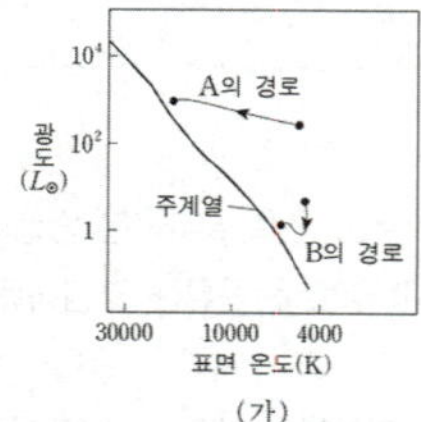

(가)

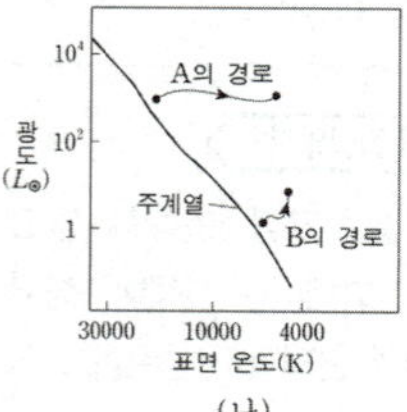

(나)

이에 대한 설명으로 옳은 것만을 〈보기〉에서 있는 대로 고른 것은? [3점]

〈보 기〉

ㄱ. 주계열에 머무르는 시간은 B보다 A가 길다.
ㄴ. (가)에서 A가 진화하는 동안의 주요 에너지원은 핵융합 반응이다.
ㄷ. (나)에서 B가 진화하는 동안 중심부는 수축한다.

① ㄱ ② ㄷ ③ ㄱ, ㄴ ④ ㄴ, ㄷ ⑤ ㄱ, ㄴ, ㄷ

• 왜 정답일까?

A는 B보다 광도가 큰 별로서 질량이 크고 진화 속도가 빠르다.
ㄷ. (나)에서 B가 진화하는 동안 중심부에서는 수소 핵융합이 일어나지 않아서 헬륨으로 된 중심부의 중력 수축이 일어난다.

[문제편 p.200]

MEMO

MEMO

수능기출 베스트셀러
리얼 오리지널

The Real series ipsifly provide questions in previous real test and you can practice as real college scholastic ability test.

지구과학 I

수능기출 최다 회분·최다 문항 수록

We are all of us star and deserve to twinkle.

우리는 모두 별이고 반짝일 권리가 있다.

리얼 오리지널 | 수능기출 학력평가 7개년 모의고사 50회 [지구과학 I]

발행처 수능 모의고사 전문 출판 입시플라이 **발행일** 2024년 12월 19일 **등록번호** 제 2017-0022호

홈페이지 www.ipsifly.com **대표전화** 02-433-9979 **구입문의** 02-433-9975 **팩스** 02-433-9905

발행인 조용규 **편집책임** 양창열 김유 이혜민 임명선 김선영 **물류관리** 김소희 이혜리 **주소** 서울특별시 중랑구 용마산로 615 정민빌딩 3층

※ 페이지가 누락되었거나 파손된 교재는 구입하신 곳에서 교환해 드립니다. ※ 발간 이후 발견되는 오류는 입시플라이 홈페이지 정오표를 통해서 알려드립니다.

하루 20분 루틴으로 1등급 Fix!

30일 완성 [미니 모의고사]

하루 20분! 30일 완성으로 국어·영어 1등급 Fix!

가볍게 *'하루 20분'*
하루 12문제씩 20분을 학습하는
매일 루틴(Routine)은 수능에 대한 감을 잡아주기 때문에
꾸준한 *'수능 대비'*가 가능합니다.

• 수능기출 미니 모의고사 [30일 완성] 특징

- 고1 국어, 고2 국어 | 고1 영어, 고2 영어, 고3 영어
- 최근 7개년 수능기출 학력평가 문제 중 **[우수 문항 선별] 후 총 360문항** 수록
- 매일 정기적인 학습으로 **수능의 감을 잡는 꾸준한 연습**
- **하루 12문제를 20분씩 학습**하는 효율적인 **30일 완성 PLAN**
- 과목별로 **매일 전 유형을 골고루 풀어 볼 수 있는 체계적인 문항 배치**
- **A4 사이즈로 제작**해 간편한 휴대와 편리한 학습